國家社科基金項目
2011—2020年國家古籍整理出版規劃項目
國家古籍整理出版專項經費資助項目

簡帛古書通假字大系

JIANBO GUSHU TONGJIAZI DAXI

白於藍　編著

海峽出版發行集團 THE STRAITS PUBLISHING & DISTRIBUTING GROUP | 福建人民出版社 FUJIAN PEOPLE'S PUBLISHING HOUSE

圖書在版編目（CIP）數據

簡帛古書通假字大系/白於藍編著. 一福州：福建人民出版社，2017.12（2023.8 重印）

ISBN 978-7-211-07846-2

Ⅰ.①簡… Ⅱ.①白… Ⅲ.①簡（考古）－古文字－通假字－研究②帛書－古文字－通假字－研究 Ⅳ.①H121

中國版本圖書館 CIP 數據核字（2017）第 255804 號

簡帛古書通假字大系

JIANBO GUSHU TONGJIAZI DAXI

作　　者：白於藍
責任編輯：賴炳偉
封面設計：黄　勤
出版發行：福建人民出版社　　**電　　話**：0591－87533169（發行部）
網　　址：http：//www.fjpph.com　　**電子郵箱**：fjpph7211@126.com
地　　址：福州市東水路 76 號　　**郵政編碼**：350001
經　　銷：福建新華發行（集團）有限責任公司
印　　刷：福州德安彩色印刷有限公司　　**地　　址**：福州市金山浦上工業區 B 區 42 幢
開　　本：787mm×1092mm　1/16
印　　張：102
插　　頁：5
字　　數：2546 千字
版　　次：2017 年 12 月第 1 版　　2023 年 8 月第 2 次印刷
書　　號：ISBN 978-7-211-07846-2
定　　價：480.00 元

本書如有印裝質量問題，影響閱讀，請直接向承印廠調換

目　録

前　　言

2008 年，筆者編撰的《簡牘帛書通假字字典》一書是對楚帛書、信陽簡、郭店簡、九店簡和上博簡（第一冊—第五冊）這五種材料中通假字的彙編整理。2012 年，筆者編撰了《戰國秦漢簡帛古書通假字彙纂》，該書爲戰國秦漢簡帛古書通假字彙編，該書在前書的基礎上增補了上博簡（第六冊—第七冊）以及睡虎地秦簡、張家山漢簡等十五種秦漢簡帛古書中的通假字材料，并吸收了學界當時的最新研究成果，對前書的部分觀點做了修訂。本書又在前書的基礎上增補了上博簡（第八冊—第九冊）、清華楚簡（第一冊—第六冊）、天水放馬灘秦簡、嶽麓書院藏秦簡（第一冊—第四冊）、北京大學藏漢簡（第一冊—第五冊）以及銀雀山漢簡（第二冊）的材料，并吸收當前學界最新的研究成果，對前書的部分觀點再做修訂。

這裏就與本書編撰有關的兩方面問題做些説明。

一、本書的資料來源及所使用的底本

本書所取材的資料分爲兩類，一類是戰國楚簡帛，另一類是秦漢簡帛。

戰國楚簡帛資料來自以下六種：楚帛書、信陽簡、郭店簡、九店簡、上博簡和清華簡。其中，信陽簡原有兩組，第一組爲書籍（學界一般認爲是《墨子》逸篇），第二組爲遣策，本書僅收第一組。爲方便整理，本書在編撰過程中使用以下著作爲底本：

1. 饒宗頤、曾憲通：《楚帛書》，（香港）中華書局，1985 年。
2. 河南省文物研究所：《信陽楚墓》，文物出版社，1986 年。
3. 荊門市博物館：《郭店楚墓竹簡》，文物出版社，1998 年。
4. 湖北省文物考古研究所、北京大學中文系：《九店楚簡》，中華書局，2000 年。
5. 馬承源主編：《上海博物館藏戰國楚竹書（一）》，上海古籍出版社，2001 年。
6. 馬承源主編：《上海博物館藏戰國楚竹書（二）》，上海古籍出版社，2002 年。
7. 馬承源主編：《上海博物館藏戰國楚竹書（三）》，上海古籍出版社，2003 年。
8. 馬承源主編：《上海博物館藏戰國楚竹書（四）》，上海古籍出版社，2004 年。
9. 馬承源主編：《上海博物館藏戰國楚竹書（五）》，上海古籍出版社，2005 年。
10. 馬承源主編：《上海博物館藏戰國楚竹書（六）》，上海古籍出版社，2007 年。
11. 馬承源主編：《上海博物館藏戰國楚竹書（七）》，上海古籍出版社，2008 年。
12. 馬承源主編：《上海博物館藏戰國楚竹書（八）》，上海古籍出版社，2011 年。
13. 馬承源主編：《上海博物館藏戰國楚竹書（九）》，上海古籍出版社，2012 年。
14. 清華大學出土文獻研究與保護中心編、李學勤主編：《清華大學藏戰國竹簡

（壹）》，中西書局，2010 年。

15. 清華大學出土文獻研究與保護中心編、李學勤主編：《清華大學藏戰國竹簡（貳）》，中西書局，2011 年。

16. 清華大學出土文獻研究與保護中心編、李學勤主編：《清華大學藏戰國竹簡（叁）》，中西書局，2012 年。

17. 清華大學出土文獻研究與保護中心編、李學勤主編：《清華大學藏戰國竹簡（肆）》，中西書局，2013 年。

18. 清華大學出土文獻研究與保護中心編、李學勤主編：《清華大學藏戰國竹簡（伍）》，中西書局，2015 年。

19. 清華大學出土文獻研究與保護中心編、李學勤主編：《清華大學藏戰國竹簡（陸）》，中西書局，2016 年。

在本書的按語中，有關戰國楚簡的部分涉及《老子》、《緇衣》、《五行》和《周易》等書（或篇）的版本問題。其中，《老子》中的“今本”是王弼本、傅奕本、河上本、嚴遵本這四種本子的合稱，凡以上四種本子用字相同者，就稱“今本作某”；如以上四種本子用字不同，就稱“某本作某”。由於條件所限，對以上四種本子，筆者並未核檢原書，而是轉引朱謙之《老子校釋》（中華書局，1984 年）和高明《帛書老子校注》（中華書局，1996 年）二書。《老子》帛書本來源於國家文物局古文獻研究室《馬王堆漢墓帛書［壹］》（文物出版社，1980 年）。《五行》篇的帛書本來源於龐樸《帛書五行篇研究》（齊魯書社，1980 年）。《周易》的帛書本來源於馬王堆漢墓帛書整理小組《馬王堆帛書〈六十四卦〉釋文》（《文物》1984 年 3 期），阜陽漢簡本來源於韓自強《阜陽漢簡〈周易〉研究》（上海古籍出版社，2004 年）。《緇衣》和《周易》的今本均來源於阮刻《十三經注疏》（中華書局，1980 年）。

秦漢簡帛資料來自以下十八種：青川木牘、睡虎地秦簡、關沮秦漢簡牘、龍崗秦簡、天水放馬灘秦簡、嶽麓書院藏秦簡、張家山漢簡、馬王堆帛書、阜陽漢簡、北京大學藏漢簡、虎溪山漢簡、銀雀山漢簡、孔家坡漢簡、大通漢簡、漢長安城未央宮漢簡、敦煌懸泉月令詔條、尹灣漢簡和武威漢簡。爲方便整理，本書在編撰過程中使用以下論著作爲底本：

1. 四川省博物館、青川縣文化館：《青川縣出土秦更修田律木牘——四川青川縣戰國墓發掘簡報》，《文物》1982 年 1 期。

2. 睡虎地秦墓竹簡整理小組：《睡虎地秦墓竹簡》，文物出版社，2001 年。

3. 湖北省荊州市周梁玉橋遺址博物館：《關沮秦漢墓簡牘》，中華書局，2001 年。

4. 中國文物研究所、湖北省文物考古研究所：《龍崗秦簡》，中華書局，2001 年。

5. 孫占宇、晏昌貴：《放馬灘秦墓簡牘》，陳偉：《秦簡牘合集》，武漢大學出版社，2014 年。

6. 朱漢民、陳松長：《嶽麓書院藏秦簡（壹）》，上海辭書出版社，2010 年。

7. 朱漢民、陳松長：《嶽麓書院藏秦簡（貳）》，上海辭書出版社，2011 年。

8. 朱漢民、陳松長:《嶽麓書院藏秦簡(叁)》,上海辭書出版社,2013年。
9. 朱漢民、陳松長:《嶽麓書院藏秦簡(肆)》,上海辭書出版社,2015年。
10. 張家山二四七號漢墓竹簡整理小組:《張家山漢墓竹簡〔二四七號墓〕(釋文修訂本)》,文物出版社,2006年。
11. 國家文物局古文獻研究室:《馬王堆漢墓帛書[壹]》,文物出版社,1980年。
12. 馬王堆漢墓帛書整理小組:《馬王堆漢墓帛書[叁]》,文物出版社,1983年。
13. 馬王堆漢墓帛書整理小組:《馬王堆漢墓帛書[肆]》,文物出版社,1985年。
14. 馬王堆漢墓帛書整理小組:《馬王堆帛書〈六十四卦〉釋文》,《文物》1984年3期。
15. 张政烺:《馬王堆帛書〈周易·繫辭〉校讀》,《道家文化研究》第三輯,上海古籍出版社,1993年。
16. 陳松長、廖名春:《帛書〈二三子問〉、〈易之義〉、〈要〉釋文》,《道家文化研究》第三輯,上海古籍出版社,1993年。
17. 陳松長:《馬王堆帛書〈繆和〉、〈昭力〉釋文》,《道家文化研究》第六輯,上海古籍出版社,1995年。
18. 胡平生、韓自強:《阜陽漢簡〈詩經〉研究》,上海古籍出版社,1988年。
19. 文物局古文獻研究室、安徽省阜陽地區博物館(阜陽漢簡整理組):《阜陽漢簡〈蒼頡篇〉》,《文物》1983年2期。
20. 文化部古文獻研究室、安徽阜陽地區博物館(阜陽漢簡整理組):《阜陽漢簡〈萬物〉》,《文物》1988年4期。
21. 韓自強:《阜陽漢簡〈周易〉研究:附〈儒家者言〉章題、〈春秋事語〉章題及相關竹簡》,上海古籍出版社,2004年。
22. 韓自強、韓朝:《阜陽出土的〈莊子·雜篇〉漢簡》,《道家文化研究》第十八輯,三聯書店,2000年。
23. 北京大學出土文獻研究所:《北京大學藏西漢竹書[壹]》,上海古籍出版社,2015年。
24. 北京大學出土文獻研究所:《北京大學藏西漢竹書[貳]》,上海古籍出版社,2012年。
25. 北京大學出土文獻研究所:《北京大學藏西漢竹書[叁]》,上海古籍出版社,2015年。
26. 北京大學出土文獻研究所:《北京大學藏西漢竹書[肆]》,上海古籍出版社,2015年。
27. 北京大學出土文獻研究所:《北京大學藏西漢竹書[伍]》,上海古籍出版社,2015年。

28. 湖南省文物考古研究所、懷化市文物處、沅陵縣博物館:《沅陵虎溪山一號漢發掘簡報》,《文物》2003 年 1 期。
29. 銀雀山漢墓竹簡整理小組:《銀雀山漢墓竹簡[壹]》,文物出版社,1985 年。
30. 銀雀山漢墓竹簡整理小組:《銀雀山漢墓竹簡[貳]》,文物出版社,2010 年。
31. 湖北省文物考古研究所、隨州市考古隊:《隨州孔家坡漢墓簡牘》,文物出版社,2006 年。
32. 陳公柔、徐元邦、曹延尊、格桑本:《青海大通馬良墓出土漢簡的整理與研究》,《考古學集刊》第五集,中國社會科學出版社,1987 年。
33. 中國社會科學院考古研究所:《漢長安城未央宮》,中國大百科全書出版社,1996 年。
34. 中國文物研究所、甘肅省文物考古研究所:《敦煌懸泉月令詔條》,中華書局,2001 年。
35. 連雲港市博物館、東海縣博物館、中國社會科學院簡帛研究中心、中國文物研究所:《尹灣漢墓簡牘》,中華書局,1997 年。
36. 甘肅省博物館、武威縣文化館:《武威漢代醫簡》,文物出版社,1975 年。
37. 武威地區博物館:《甘肅武威旱灘坡東漢墓》,《文物》1993 年 10 期。
38. 中國科學院考古研究所、甘肅省博物館:《武威漢簡》,文物出版社,1964 年。

以上論著,張政烺《馬王堆帛書〈周易·繫辭〉校讀》在原釋文中"胃"直接寫作"謂"、"耶"直接寫作"聖"、"閪"直接寫作"闔"、"斿"直接寫作"游"、"毄"直接寫作"繫"等;陳松長、廖名春《帛書〈二三子問〉、〈易之義〉、〈要〉釋文》在原釋文中"胃"直接寫作"謂","朕"直接寫作"勝"、"悔"直接寫作"悔"等。凡此,本書均據原文寫出原字,用"( )"注明通假字或異體字之本字。陳公柔、徐元邦、曹延尊、格桑本四位《青海大通馬良墓出土漢簡的整理與研究》的原釋文使用簡體字,且未注明通假字,本書中關於這批材料的通假字多據國家文物局古文獻研究室、大通上孫家寨漢簡整理小組《大通上孫家寨漢簡釋文》(《文物》1981 年第 2 期)補出。甘肅省博物館、武威縣文化館《武威漢代醫簡》的原釋文無標點符號,本書據張延昌主編《武威漢代醫簡注解》(中醫古籍出版社,2006 年)加注了標點符號。中國文物研究所、甘肅省文物考古研究所《敦煌懸泉月令詔條》所録材料原本不屬於出土簡帛文獻,但因其内容亦与書籍有關,文字通假現象亦十分普遍,故本書亦予以收録。

在本書的按語中,有關秦漢簡帛的部分亦涉及《老子》、《周易》(含《六十四卦》和《繫辭》)、《詩經》和《儀禮》等書的版本問題,其中,《老子》之通行本即王弼注本。《周易》、《詩經》、《儀禮》之今本均來源於阮刻《十三經注疏》(中華書局,1980 年)。《孫子兵法》之今本來源於楊丙安《十一家注孫子校理》(中華書局,1999 年)。

本書正編部分按語中所提到的"整理者",即以上論著中釋文與注釋部分的原作者。本書通假字字例，凡與“整理者”意見相同者，均直接引録，不作説明。凡與“整理者”意見不同者，或有必要加以補充説明者，加按語説明。

二、竹簡的編聯與拼接

近幾年，隨著郭店簡和上博簡的陸續公佈，竹簡的編聯拼接逐漸成爲一個學界關心的問題。竹簡的編聯拼接，直接涉及本書所録辭條的標點斷句以及句子的完整性問題，甚至還牽扯到部分語句的篇章歸屬問題，因此同本書所録辭條的關係較爲密切。下面，就本書編撰過程中涉及竹簡編聯拼接的部分作一説明，以方便讀者在使用本書採録辭條時核對。

郭店簡的簡序，本書所採用的調整方案涉及《老子》乙、《窮達以時》、《唐虞之道》、《成之聞之》、《尊德義》、《語叢一》、《語叢四》等七篇。

《老子》乙篇採用李家浩先生《讀〈郭店楚墓竹簡〉瑣議》(《郭店楚簡研究》,《中國哲學》第二十輯，遼寧教育出版社，1999 年）的看法，將第 10 簡與竹簡殘片中的第 20 簡拼接。

《窮達以時》篇採用陳劍先生《郭店簡〈窮達以時〉、〈語叢四〉的幾處簡序調整》(《國際簡帛研究通訊》第二卷第五期，2002 年）的看法，將第 14 簡從第 13 簡和第 15 簡中間抽出，改排在第 8 簡和第 9 簡之間，同時將第 13 簡與第 15 簡連讀。

《唐虞之道》篇採用陳偉先生《郭店竹書別釋》(湖北教育出版社，2002 年，65 頁）的看法，將第 11 簡從第 10 簡和第 12 簡中間抽出，同時將第 10 簡與第 12 簡連讀。此外，筆者認爲第 14—17 簡應排在第 28 簡之後。

《成之聞之》篇採用王博先生《關於郭店楚墓竹簡分篇與連綴的幾點想法》(《郭店簡與儒學研究》,《中國哲學》第二十一輯，遼寧教育出版社，2000 年）的看法，將第 24—28 簡改排在第 36 簡之後。

《尊德義》篇採用王博先生（同上）的看法，將第 12—16 簡改排在第 27 簡之後。採用陳偉先生（同上，107 頁）的看法，將第 17—23 簡改排在第 39 簡之後。採用顧史考先生《郭店楚簡〈尊德義〉篇簡序調整三則》(復旦大學出土文獻與古文字研究中心網，2010 年 12 月 15 日）的看法，將第 20 與第 23 兩支簡分別拆分成上下兩段。其中，第 20 簡的上段與第 23 簡的下段拼合爲一支整簡，第 23 簡的上段與第 20 簡的下段拼合爲一支整簡，具體連讀順序爲: 19+20 上+ 23 下; 22+23 上+ 20 下; 將第 18 與第 32 兩支簡亦分別拆分成上下兩段。其中，第 18 簡的上段與第 32 簡的下段拼合爲一支整簡，第 32 簡的上段與第 18 簡的下段拼合爲一支整簡，具體連讀順序爲：17+18 上+ 32 下；31+32 上+18 下。

《語叢一》篇採用廖名春《郭店楚簡儒家著作考》(《孔子研究》1998 年 3 期)、龐樸《初讀郭店楚簡》(《歷史研究》1998 年 4 期）和陳偉（同上，215—216 頁）三位先生的看法，將竹簡殘片中的第 8 簡與本篇第 77、82、79 三支簡連讀，並補足缺字。同時，採用陳偉先生（同上，209 頁）的看法，將第 31 簡與第 97 簡連讀。

《語叢三》篇採用李零先生《郭店楚簡校讀記（增訂本）》（北京大學出版社，2002 年，148 頁）、陳偉先生《郭店竹書別釋》（湖北教育出版社，2003 年，227 頁）的看法，將第 55 簡與第 60 簡連讀。

《語叢四》篇採用陳劍先生（同上）的看法，將第 3 簡從第 2 簡和第 4 簡中抽出，改排在第 25 簡之後。同時，採用趙鋒先生（參陳劍上文）的看法，將第 15 簡從第 14 簡和第 16 簡中抽出，改排在第 5 和第 6 簡之間。

上博簡的簡序，本書所採用的調整方案涉及《孔子詩論》、《子羔》、《從政》、《昔者君老》、《容成氏》、《仲弓》、《恆先》、《柬大王泊旱》、《內豊》、《曹沫之陣》、《競建內之》、《鮑叔牙與隰朋之諫》、《季康子問於孔子》、《苦成家父》、《君子爲禮》、《弟子問》、《三德》、《競公瘧》、《孔子見季桓子》、《平王與王子木》、《凡物流形》、《吴命》、《子道餓》、《顏淵問於孔子》、《成王既邦》、《命》、《王居》、《志書乃言》、《有皇將起》、《鶹鷅》、《成王爲城濮之行》、《陳公治兵》、《舉治王天下・文王訪之於尚父舉治》、《邦人不稱》和《史蒥問於夫子》等三十五篇。

《孔子詩論》篇採用陳劍先生《〈孔子詩論〉補釋一則》（《國際簡帛研究通訊》第二卷第三期，2002 年）的看法，將第 16 簡與第 24 簡連讀。

《子羔》和《從政》均採用陳劍先生《上博簡〈子羔〉、〈從政〉篇的竹簡拼合與編聯問題小議》（簡帛研究網，2003 年 1 月 8 日）的看法，對簡序進行調整。

《子羔》篇簡序調整涉及兩處：將第 1、6、2 這三支簡連讀；將第 11 簡上段、第 10 簡、第 11 簡下段、香港中文大學文物舘藏戰國楚簡第 3 簡、第 12 簡、第 13 簡這六支簡拼合連讀。

《從政》篇，原整理者將其分作甲、乙兩篇，依照陳劍先生的看法將兩篇合爲一篇，篇名統稱《從政》，簡序調整涉及三處：將甲 17、甲 18、甲 12、乙 5、甲 11 連讀；將第 15 簡綴於第 5—7 三簡之前；將甲 16 與乙 3 連讀。

《昔者君老》篇採用福田哲之先生《上博四〈內禮〉附簡、上博五〈季康子問於孔子〉第十六簡的歸屬問題》（簡帛網，2006 年 3 月 7 日）的看法，將上博五《季康子問於孔子》篇的第 16 簡置於本篇第 2 簡之後。相應的在本書正文中，將《季康子問於孔子》篇第 16 簡簡文的篇名改爲《昔者》（《昔者君老》篇篇名簡稱）。

《仲弓》篇採用陳劍先生《上博竹書〈仲弓〉篇新編釋文（稿）》（簡帛研究網，2004 年 4 月 18 日）的看法，將第 17、11、13 三簡拼合連讀；將第 27 簡與第 15 簡拼合；將第 6、23 下、23 上簡拼合連讀；將第 12 簡與第 21 簡連讀。

《恆先》篇採用龐樸先生《〈恆先〉試讀》（簡帛研究網，2004 年 4 月 26 日）的看法，將第 8、9 兩支簡置於第 4 簡和第 5 簡之間，同時將第 7 簡與第 10 簡連讀。

《內豊》篇採用董珊先生《讀〈上博藏戰國楚竹書（四）〉雜記》（簡帛研究網，2005 年 2 月 20 日）和魏宜輝先生《讀上博楚簡（四）劄記》（簡帛研究網，2005 年 3 月 10 日）的看法，將第 6 簡與第 8 簡連讀。

《競建内之》、《鮑叔牙與隰朋之諫》、《季康子問於孔子》、《君子爲禮》、《弟子問》、《三德》這六篇均依照陳劍先生《談談〈上博（五）〉的竹簡分篇、拼合與編聯問題》（簡帛網，2006年2月19日）的看法，對簡序集中進行了調整，同時參照其他學者的觀點，在陳劍先生調整的基礎上，對個別地方進行了修正。

《競建内之》和《鮑叔牙與隰朋之諫》依照陳劍先生的看法將兩篇合爲一篇，篇名定爲《鮑叔牙與隰朋之諫》，編排次序是：競1、競5—6、競2、競7、競4、競3、競8—10、鮑4—6、鮑7、鮑3、鮑1—2、鮑8。

《季康子問於孔子》篇依照陳劍先生的看法，將該篇中的一個編聯組依照如下次序排列：21+22A+13+14+15A+9+10+19+20+23。同時，參照牛新房先生（《讀上博（五）〈季康子問於孔子〉瑣議》，簡帛網，2006年3月9日）的看法，將第11簡的下段與第18簡上段連讀。

《君子爲禮》篇依照陳劍先生的看法將第1—3簡與第9簡連讀；將第7簡與第8簡拼合連讀；將第11、15、13、16、14、12簡拼合連讀，並將《弟子問》篇的第22簡次於其後；將《弟子問》第18簡歸入本篇。相應的在本書正文中，將《弟子問》篇的第18、22兩簡簡文的篇名改爲《君子》（《君子爲禮》篇篇名簡稱）。同時，參照陳偉先生《〈君子爲禮〉9號簡的綴合問題》（簡帛網，2006年3月6日）的看法，將第9簡分拆爲上下兩段，兩段之間拼入第4簡，編排次序是：1—3、9上、4、9下。又依照周波先生《上博五補釋二則》（簡帛網，2006年4月5日）的看法，對相關個別地方的斷句進行了調整。

《弟子問》篇依照陳劍先生的看法，將第2簡與第1簡拼合連讀；將第7簡與第8簡拼合連讀；將第11簡與第24簡拼合連讀；將第12簡與第15簡拼合連讀；將第17簡與第20簡拼合連讀。

《三德》篇依照陳劍先生的看法，將第1簡與第4、5簡連讀；將第13、14簡與第19簡連讀；將第17簡與第15、16簡連讀；將第21簡與第18簡連讀；將第22簡與第6簡連讀。同時，參照陳劍先生另一篇文章《〈三德〉竹簡編聯的一處補正》（簡帛網，2006年4月1日）的看法，將第6簡與第17簡連讀。

《苦成家父》篇採用沈培先生《上博簡〈姑成家父〉一個編聯組位置的調整》（簡帛網，2006年2月22日）的看法，將第6—8簡改接在第1簡之後。

《競公瘧》篇採用程鵬萬先生《上博三〈彭祖〉第4簡的歸屬與拼合》（復旦大學出土文獻與古文字研究中心網，2010年1月17日）的看法，將上博三《彭祖》篇第4簡與本篇第5簡拼合連讀。相應的在本書正文中，將《彭祖》篇第4簡簡文的篇名改爲《競公瘧》。同時，採用李天虹先生《〈景公瘧〉校讀二則》（簡帛網，2007年07月26日）的看法，將本篇第6簡與第11簡拼合連讀。

《孔子見季桓子》篇採用陳劍先生《〈上博（六）·孔子見季桓子〉重編新釋》（復旦大學出土文獻與古文字研究中心，2008年3月22日）的看法，將第1、4、20、3、24簡拼合連讀；將第 16、6、10、8 簡拼合連讀；將第 12、2、7、26、14、11、22、19、17、18、13 簡拼合連讀。

《平王與王子木》篇採用沈培先生《〈上博（六）〉中〈平王問鄭壽〉和〈平王與王子木〉應是連續抄寫的兩篇》（簡帛網，2007 年 7 月 12 日）的看法，將《平王問鄭壽》的第 6 簡與《平王與王子木》的第 1 簡連讀。同時，參照沈培先生另一篇文章《〈上博（六）〉和〈上博（八）〉竹簡相互編聯之一例》（復旦大學出土文獻與古文字研究中心網，2011 年 7 月 17 日）的看法，將《平王與王子木》篇的第 4 簡與上博八《志書乃言》篇第 8 簡連讀。相應的在本書正文中，將《志書乃言》篇第 8 簡簡文的篇名改爲《王子木》（《平王與王子木》篇篇名簡稱）。

《吳命》篇採用陳偉先生《讀〈吳命〉小劄》（簡帛網，2009 年 1 月 2 日）的看法，將第 3 簡與第 1 簡連讀。

《子道餓》篇採用復旦吉大古文字專業研究生聯合讀書會《上博八〈子道餓〉校讀》（復旦大學出土文獻與古文字研究中心網，2011 年 7 月 17 日）的看法，將前五支簡的簡序調整爲簡 4+5、3、2、1。

《顔淵問於孔子》篇採用復旦吉大古文字專業研究生聯合讀書會《〈上博八・顔淵問於孔子〉校讀》（復旦大學出土文獻與古文字研究中心網，2011 年 7 月 17 日）的看法，調整出一個大的編聯組，編聯次序爲：簡 1、12 上+2 下、2 上+11+12 下、5、6、7、9、10。

《成王既邦》篇採用復旦吉大古文字專業研究生聯合讀書會《上博八〈成王既邦〉校讀》（復旦大學出土文獻與古文字研究中心網，2011 年 7 月 17 日）的看法，調整出一個編聯組，編聯次序爲：簡 6+8、7。

上博八《命》、《王居》、《志書乃言》三篇編聯情況較爲複雜，情況如下：

《命》篇採用復旦吉大古文字專業研究生聯合讀書會《上博八〈命〉校讀》（復旦大學出土文獻與古文字研究中心網，2011 年 7 月 17 日）的看法將第 4、5 簡抽出，編聯次序爲：簡 1、2、3、6、7、8、9、10、11。

《王居》全篇、《志書乃言》篇第 1—7 簡與《命》篇第 4、5 兩簡當合併爲一篇。復旦吉大古文字專業研究生聯合讀書會《上博八〈王居〉、〈志書乃言〉校讀》（復旦大學出土文獻與古文字研究中心網，2011 年 7 月 17 日）以及單玉辰、陳偉、李鋭、淺野裕一、陳劍等多位先生參與了跟帖討論。本書最終採用陳劍的看法，將編聯次序最終確定爲：王居 1、志書 1、志書 2、志書 3、命 4、命 5、志書 5、志書 4、志書 6、志書 7、王居 5、王居 6、王居 2、王居 3、王居 4、王居 7。陳劍在《〈上博（八）・王居〉復原》（復旦大學出土文獻與古文字研究中心，2011 年 7 月 20 日）一文中原本將《王居》第 3、4 兩簡剔除出本篇，但在文后的跟帖中做了“補正”，認爲王居 3 和王居 4 兩簡當置於《王居》第 2、7 兩簡之間。三篇整合之後，本書正文中將篇名定爲《王居》。

《志書乃言》篇第 8 簡採用沈培《〈上博（六）〉與〈上博（八）〉竹簡相互編聯之一例》

（復旦大學出土文獻與古文字研究中心網，2011 年 7 月 17 日）看法，從該篇當中去除，編在上博六《平王與王子木》簡 4 之後。相應的在本書正文中，將《志書乃言》第 8 簡簡文的篇名改爲《王子木》(《平王與王子木》篇篇名簡稱）。

《有皇將起》篇採用鄔可晶在復旦吉大古文字專業研究生聯合讀書會《上博八〈有皇將起〉校讀》(復旦大學出土文獻與古文字研究中心，2011 年 7 月 17 日）一文下跟帖的看法，將第 1 簡拆分爲上下兩段，將第 3 簡和第 1 簡下編聯爲一支整簡。

《鶹鷅》篇採用程少軒在復旦吉大古文字專業研究生聯合讀書會《上博八〈鶹鷅〉校讀》（復旦大學出土文獻與古文字研究中心網，2011 年 7 月 17 日）一文下跟帖的看法，將第 1 簡與第 2 簡拼接爲一支整簡。

《邦人不稱》篇採用 ee《上博九識小》(簡帛網“簡帛論壇”，2013 年 1 月 5 日）和李松儒《談上博九〈邦人不稱〉的歸篇與拼合編聯》(《簡帛》第九輯，上海古籍出版社，2014 年）二位先生的看法，將第 2 簡拆分爲上下兩段，不再連讀。同時採用沈培先生《清華簡和上博九“就”字用法合證》(簡帛網，2013 年 1 月 6 日）的看法，將第 11、12、10 簡連讀。

《容成氏》、《柬大王泊旱》、《曹沫之陣》、《凡物流形》、《成王爲城濮之行》、《陳公治兵》、《舉治王天下・文王訪之於尚父舉治》和《史蒥問於夫子》這八篇的情況較爲複雜，簡序調整的幅度較大，故這裏不擬對各家調整的意見做具體介紹，而僅就本書所使用的簡序情況作一點簡單説明。

《容成氏》在陳劍先生《上博簡〈容成氏〉的拼合與編聯問題小議》(簡帛研究網，2003 年 1 月 9 日）編聯的基礎上，參照白於藍《〈容成氏〉編聯問題補議》(《華南師範大學學報》2004 年 4 期)、郭永秉《從上博楚簡〈容成氏〉的“有虞迥”説到唐虞史事的疑問》(簡帛研究網，2005 年 11 月 7 日）和子居《上博二〈容成氏〉再編聯》(復旦大學出土文獻與古文字研究中心網，2008 年 6 月 7 日）等的看法，將全篇分作四個編聯組，依次排列。第一組：1；第二組：35 下、43、7 下；第三組：32、4、5、6、7 上；第四組：9、10、11、13、14、8、12、23、15、24、25、26、27、28、29、30、16、17、18、19、20、21、22、31、33、34、35 上、38、39、40、41、36、37、2、3、42、44、45、46、47、48、49、50、51、52、53 正。

《柬大王泊旱》篇參照陳劍《上博竹書〈昭王與龔之脽〉和〈柬大王泊旱〉讀後記》(簡帛研究網，2005 年 2 月 15 日)、陳斯鵬《〈柬大王泊旱〉編聯補議》(簡帛研究網，2005 年 3 月 10 日）和張桂光《〈柬大王泊旱〉編聯與釋讀略説》(《古文字研究》第二十六輯，中華書局，2006 年）三位先生的看法，將全篇分爲七個編聯組，依次排列。第一組：1、2；第二組：8、3、4、5、7；第三組：19、20、21、6、22、23；第四組：17、18；第五組：9、10；第六組：11、12、14；第七組：13、15、16。

《曹沫之陣》參照廖名春《讀楚竹書〈曹沫之陳〉劄記》(簡帛研究網，2005 年 2 月 12 日)、陳劍《上博竹書〈曹沫之敶〉新編釋文（稿）》(簡帛研究網，2005 年 2 月 12 日)、陳斯鵬《上海博物館藏楚簡〈曹沫之陳〉釋文校理稿》（簡帛研究網，2005年2月20日）、李銳《〈曹沫之陳〉釋文新編》（簡帛研究網，2005年2月25日）和白於藍《上博簡〈曹沫之陳〉新編釋文》（簡帛研究網，2005年4月10日）、《〈曹沫之陳〉新編釋文及相關問題探討》（《中國文字》新三十一期，藝文印書館，2006年）等先生看法的基礎上，將全篇分作八個編聯組，依次排列。第一組：1、2、3；第二組：41+4、5、6、7上+8下、9、10、11+12、13、14、17、18、19、20、21、22、29+24下、25；第三組：23下、24上；第四組：26+62、58；第五組：37下、38、39、40、42、43、44、45、46上+47、63上+27、23上+51下、50、51上+31、32上+30、52、53上；第六組：32下、61+53下、54、55、56、57+15、16；第七組：59、60、48+46下、33、34、35、36、28、37上+49；第八組：63下、64、65上+7下、8上+65下。

《凡物流形》甲篇採用復旦大學出土文獻與古文字研究中心研究生讀書會《〈上博（七）·凡物流形〉重編釋文》（復旦大學出土文獻與古文字研究中心網，2008年12月31日）和張崇禮先生《〈凡物流形〉新編釋文》（復旦大學出土文獻與古文字研究中心，2009年3月20日）的看法，將第12、13兩支簡分別拆分爲上下兩段。其中，簡12上與13下拼合連讀，簡13上與12下拼合連讀；將除簡27外的其他簡文依照如下次序排列：1、2、3、4、5、6、7、8、9、10、11、12上+13下、14、16、26、18、28、15、24、25、21、13上+12下、22、23、17、19、20、29、30。

《成王爲城濮之行》篇，原整理者將其分爲甲、乙兩篇，本書正文中依照陳偉《〈成王爲城濮之行〉初讀》（簡帛網，2013年1月5日）、汗天山（在海天遊蹤《讀〈成王爲城濮之行〉札記》一文下跟帖，簡帛網“簡帛論壇”，2013年1月5日）、不求甚解（在海天遊蹤《讀〈成王爲城濮之行〉札記》一文下跟帖，簡帛網“簡帛論壇”，2013年1月5日）、蘇建洲《初讀〈上博九〉劄記（一）》（簡帛網，2013年1月6日）、曹方向《上博九〈成王爲城濮之行〉通釋》（簡帛網，2013年1月7日）和李松儒《戰國簡帛字迹研究——以上博簡爲中心》（上海古籍出版社，2015年，第470頁）等多位先生的看法，將兩篇合爲一篇，篇名統稱《成王》（《成王爲城濮之行》篇篇名簡稱），編聯次序最終採用曹方向的看法，調整出一個大的編聯組：甲1、甲2、甲3、乙1、乙2、甲4、乙3上。

《陳公治兵》篇參照高佑仁《〈上博九〉初讀》（簡帛網，2013年1月8日）、蘇建洲《讀〈上博九〉劄記（二）》（簡帛網，2013年1月14日）、張崇禮《讀上博九〈陳公治兵〉劄記》（復旦網，2013年1月29日）、馬楠《上博九〈陳公治兵〉初讀》（清華大學出土文獻研究與保護中心網，2013年4月22日）、洪德榮《〈上博九·陳公治兵〉編聯校讀》（《學行堂語言文字論叢》第四輯，四川大學出版社，2014年）、房鄭《〈上博九·陳公治兵〉集釋》（安徽大學碩士學位論文，2015年）和林清源《〈上博九·陳公治兵〉編聯及相關問題》（《“中央研究院”歷史語言研究所集刊》第八十六本第三分冊，2015年）等先生看法的基礎上，將全篇分作八個編聯組，依次排列。第一組：1；第二組：9、6、11；第三組：10、7、8；第四組：13、12、14；第五組：3、2、4、5、15、16；第六組：17；第七組：18、19；第八組：20。

《舉治王天下・文王訪之於尚父舉治》篇在諸家研究的基礎上，本書採用鄔可晶《〈上博（九）・舉治王天下〉“文王訪之於尚父舉治”篇編連小議》（簡帛網，2013年1月11日）的看法，將上博簡第八冊《成王既邦》篇的第9簡和第16簡歸入本篇，調整出三個大的編聯組，編聯次序爲：第一組：11、成王16、9、7、5、6、成王9；第二組：28、10、16、17、14；第三組：19、15、18、20、27、13、21。相應的在本書正文中，將《成王既邦》篇第9簡和第16簡簡文的篇名改爲《文王》（《舉治王天下・文王訪之於尚父舉治》篇篇名簡稱）。

《史蒥問於夫子》篇在諸家研究的基礎上，本書採用季旭昇《〈上博九・史蒥問於夫子〉釋讀及相關問題》（《吉林大學社會科學學報》2015年4期）的看法，將上博簡第六冊《孔子見季桓子》篇的第9簡和第25簡歸入本篇，認爲以下幾組的編聯意見合理可取：第一組：史蒥3+史蒥10；第二組：史蒥4+季桓子9；第三組：季桓子25+史蒥5；第四組：史蒥6+史蒥7。相應的在本書正文中，將《孔子見季桓子》篇第9簡和第25簡簡文的篇名改爲《史蒥》（《史蒥問於夫子》篇篇名簡稱）。

九店簡的編聯拼接，本書所採用的調整方案僅涉及《相宅》篇，即在該篇第45簡後採用劉國勝先生《九店〈日書〉“相宅”篇釋文校補》（長沙三國吳簡及百年來簡帛發現與研究國際學術研討會會議論文，2001年）的看法，加綴第116號殘簡，並補全釋文爲：“盍（蓋）東南之遇（寓），君子凥（居）之□夫□□□”。

清華簡的編聯拼接，本書所採用的調整方案僅涉及《保訓》篇，即採用白於藍、段凱《清華簡《保訓》篇竹簡編聯問題芻議》（《古文字研究》第三十輯，中華書局，2014年）的看法，將該篇第3簡從第2簡與第4簡中間抽出，置於第10簡與第11簡之間。

秦漢簡帛方面，本書所採用的調整方案涉及睡虎地秦簡《日書》乙種、馬王堆漢簡帛《古醫書》、阜陽漢簡《春秋事語》、張家山漢簡《二年律令》和北大漢簡《妄稽》、《反淫》等。

睡虎地秦簡《日書》乙種《楚除》，採用李家浩先生《九店楚簡》（中華書局，2000年，188頁）的看法，將第16和第19壹兩支簡分別拆分爲上下兩段。其中，第19壹簡的上段與第16簡的下段拼合爲一支殘簡；第19壹簡的下段則接於第20壹簡之下，與第20壹簡拼合爲一支整簡。

馬王堆漢簡帛《古醫書》中《十問》篇，採用裘錫圭先生《馬王堆醫書釋讀瑣議》（《古文字論集》，中華書局，1992年，525頁）的看法，將第40簡置於第72、73兩簡之間，將第51簡與第41簡連讀，將第39簡與第52—59簡連讀。《古醫書》中《雜禁方》篇的簡序，亦採用裘錫圭先生（同上）的看法，將第10簡與第7簡連讀。

阜陽漢簡《春秋事語》第二十五篇《晉公子重耳亡之曹₌（曹曹）無禮》，筆者認爲簡序當調整爲：91、96、93、92、94、95。簡文中有幾處缺字，但可據相關文獻補足。

張家山漢簡《二年律令》，採用張家山漢簡研讀班《張家山漢簡〈二年律令〉校讀記》（《簡帛研究 2002、2003》，廣西師範大學出版社，2005 年）的看法，將第 103 簡從第 102、104 這兩支簡當中抽出，同时将第 102 簡與第 104 簡連讀，將第 284 簡與第 289 簡連讀。同時採用楊建《西漢初期津關制度研究》（武漢大學 2002 年博士論文，152 頁）所附《〈津關令〉簡釋》的看法，將第 501 簡與第 499 簡連讀；將第 509 簡與第 508 簡連讀；將第 507 簡與第 510、511 簡連讀。

北大漢簡《妄稽》篇的拼接編聯，在綜合參考楊元途《北大漢簡〈妄稽〉、〈反淫〉校讀筆記》（復旦大學出土文獻與古文字研究中心網，2016 年 6 月 3 日）、abc（在易泉《北大漢簡〈妄稽〉初讀》一文下的跟帖，簡帛網“簡帛論壇”，2016 年 6 月 4 日）、何有祖《讀北大簡〈妄稽〉條記（一）》（簡帛網，2016 年 6 月 5 日）、勞曉森《北大漢簡〈妄稽〉編聯一則》（復旦大學出土文獻與古文字研究中心網站，2016 年 6 月 7 日）、補白《北大簡〈妄稽〉中與簡 61、62 有關的簡序試調》（復旦大學出土文獻與古文字研究中心網，2016 年 6 月 7 日）和張傳官《北大漢簡〈妄稽〉拼綴、編聯瑣記》（復旦大學出土文獻與古文字研究中心網，2016 年 7 月 13 日）等多位學者觀點的基礎上，本書將該篇分爲以下數個編聯組，次序如下：第一組：1、2、3、4、5、6、7、8、9；第二組：10、11、12、13、14、15、16、17、18、19、20、21、22、23、24、25、26+41、42、27、28、29、30、31、33、34、35、36、37、38、39、40、32；第三組：84；第四組：51、52、53、54、55、56、57、58、59、60、61、85+86、71+50、47、48、49；第五組：43、44、45、46、62、63、64、65、66；第六組：87；第七組：83；第八組：67、68、69、70、72、73、74；第九組：75、76、77、78、79、80、81；第十組：82。

北大漢簡《反淫》篇採用楊元途《北大漢簡〈妄稽〉、〈反淫〉校讀筆記》（復旦大學出土文獻與古文字研究中心網，2016 年 6 月 3 日）的看法，將該篇第 35、36 這兩支簡拼合爲一支整簡。

本書收入了部分異體字和分化字。筆者在前兩書的“前言”中，已就相關問題做了比較詳細的說明。因此，這裏就從略不再贅述了。

凡　　例

一、　本書正文以韻部爲綱，依照陳復華、何九盈《古韻通曉》（中國社會科學出版社，1987年）分作三十部編排，依次是：之幽宵侯魚支歌脂微職覺藥屋鐸錫月質物緝葉蒸冬東陽耕元真文侵談。同一韻部之字，按所屬聲系編排。不同聲系的字，再按《古韻通曉》的聲母排列次序排列，依次是：幫滂並明端透喻定泥來精清從心邪章昌船書禪日見溪群疑曉匣影。

二、　爲閱讀方便，本書釋文一般用通行字寫出，不嚴格按簡文原來的字形隸定。原簡無法辨認的字或竹簡殘斷而殘缺的字，能確定所缺字數的，本書釋文用□標示（一字對應一個□），字數不能確定的用☑表示，根據文例補出的字在字外加□。

三、　通假字和異體字，用（ ）隨文注明（郭店簡本《老子》因有今本、帛書本對照，而今本本書又分王弼本、傅奕本、河上本、嚴遵本，帛書本又分甲、乙本，情況較爲複雜。故本書在具體字例下，未用（ ）直接注明其通假字和異體字，而用按語的形式説明其在不同版本中的用字；同義換讀的字，用［ ］隨文注明；脱文能補出者，用【 】隨文注明；衍文用〖 〗注明；確認的錯字，用〈 〉隨文注明；合文和重文，下加＝，用（ ）隨文注明；不識之字和尚無定論之字僅作隸定，不便隸定之字直接粘貼圖片。

四、　對於追加聲符的雙聲字，本書作兩條出現，但於母字下羅列有關例證，於所追加聲符的字下不再重列，僅注明“見某部某字聲系”。

五、　本書通假例證儘量採用公認的説法，慎加抉擇。爲節省篇幅，凡有異説者，本書僅取自認爲理由較充分的一説，而不備列諸説。

六、　引述學者觀點，在被引述者之後用（ ）隨文注明出處，其中專著（含學位論文）還列出引述内容所在頁或起止頁碼。書末附有“主要參考文獻”。

七、　本書對於簡帛書籍的篇名多用簡稱，書前附有“篇名對照表”。

八、　爲方便檢索，書末附有條目索引和筆畫檢字表。

篇名對照表

簡　稱	全　　稱	簡　稱	全　　稱
郭店楚墓竹簡		多薪	多薪
老子	老子	昭王	昭王毀室　昭王與龔之脽
太一	太一生水	柬大王	柬大王泊旱
緇衣	緇衣	內禮	內禮
魯穆公	魯穆公問子思	相邦	相邦之道
窮達	窮達以時	曹沫	曹沫之陣
五行	五行	上海博物館藏戰國楚竹書（五）	
唐虞	唐虞之道	鮑叔牙	競建內之　鮑叔牙與隰朋之諫
忠信	忠信之道	季康子	季康子問於孔子
成之	成之聞之	苦成	苦成家父
尊德義	尊德義	君子	君子爲禮
性自	性自命出	弟子問	弟子問
六德	六德	三德	三德
語叢一	語叢一	鬼神	鬼神之明
語叢二	語叢二	融師	融師有成氏
語叢三	語叢三	上海博物館藏戰國楚竹書（六）	
語叢四	語叢四	競公瘧	競公瘧
上海博物館藏戰國楚竹書（一）		季桓子	孔子見季桓子
詩論	孔子詩論	莊王	莊王既成
緇衣	緇衣	申公	申公臣靈王
性情論	性情論	鄭壽	平王問鄭壽
上海博物館藏戰國楚竹書（二）		王子木	平王與王子木
民之	民之父母	慎子	慎子曰恭儉
子羔	子羔	用曰	用曰
昔者	昔者君老	天子甲	天子建州（甲本）
魯邦	魯邦大旱	天子乙	天子建州（乙本）
從政	從政	上海博物館藏戰國楚竹書（七）	
容成氏	容成氏	武王甲	武王踐阼（甲本）
上海博物館藏戰國楚竹書（三）		武王乙	武王踐阼（乙本）
周易	周易	鄭子甲	鄭子家喪（甲本）
仲弓	仲弓	鄭子乙	鄭子家喪（乙本）
亙先	亙先	君人甲	君人者何必安哉（甲本）
彭祖	彭祖	君人乙	君人者何必安哉（乙本）
上海博物館藏戰國楚竹書（四）		凡物甲	凡物流形（甲本）
采風	采風曲目	凡物乙	凡物流形（乙本）
交交	交交鳴烏	吳命	吳命

簡　稱	全　　稱	簡　稱	全　　稱
上海博物館藏戰國楚竹書（八）		楚帛書	
子道餓	子道餓	楚帛書	楚帛書
顔淵問	顔淵問於孔子	清華大學藏戰國竹簡（壹）	
成王	成王既邦	尹至	尹至
命	命	尹誥	尹誥
王居	王居　志書乃言	程寤	程寤
李頌	李頌	保訓	保訓
蘭賦	蘭賦	耆夜	耆夜
有皇	有皇將起	金縢	周武王有疾周公所自以代王之志（金縢）
鶹鷅	鶹鷅		
上海博物館藏戰國楚竹書（九）		皇門	皇門
城濮	成王爲城濮之行（甲本、乙本）	祭公	祭公之顧命（祭公）
靈王	靈王遂申	楚居	楚居
陳公	陳公治兵	清華大學藏戰國竹簡（貳）	
舉治王天下（五篇）		繫年一	第一章
古公	古公見太公望	繫年二	第二章
文王	文王訪之於尚父舉治	繫年三	第三章
堯王	堯王天下	繫年四	第四章
舜王	舜王天下	繫年五	第五章
禹王	禹王天下	繫年六	第六章
邦人	邦人不稱	繫年七	第七章
史蒥	史蒥問於夫子	繫年八	第八章
卜書	卜書	繫年九	第九章
九店楚簡		繫年十	第十章
數量	巂、梅等數量	繫年十一	第十一章
建除	建除	繫年十二	第十二章
叢辰	叢辰	繫年十三	第十三章
宜忌	成日、吉日和不吉日宜忌	繫年十四	第十四章
禁忌	五子、五卯和五亥日禁忌	繫年十五	第十五章
告武夷	告武夷	繫年十六	第十六章
相宅	相宅	繫年十七	第十七章
盜疾	占出入盜疾	繫年十八	第十八章
太歲	太歲	繫年十九	第十九章
宿位	十二月宿位	繫年二十	第二十章
往亡	往亡	繫年二一	第二十一章
移徙	移徙	繫年二二	第二十二章
裁衣	裁衣	繫年二三	第二十三章
生亡日	生、亡日	清華大學藏戰國竹簡（叁）	
季子	季子女訓	説命上	説命上
信陽楚簡		説命中	説命中
墨子	墨子	説命下	説命下

簡　稱	全　　稱	簡　稱	全　　稱
琴舞	周公之琴舞	命訓	命訓
芮良夫	芮良夫毖	湯丘	湯處於湯丘
良臣	良臣	啻門	湯在啻門
祝辭	祝辭	三壽	殷高宗問於三壽
赤鵠	赤鵠之集湯之屋	清華大學藏戰國竹簡（陸）	
清華大學藏戰國竹簡（肆）		鄭武	鄭武夫人規孺子
筮法		管仲	管仲
筮法一	第一節　死生	鄭甲	鄭文公問太伯（甲）
筮法二	第二節　得	鄭乙	鄭文公問太伯（乙）
筮法三	第三節　享	子儀	子儀
筮法四	第四節　支	子產	子產
筮法五	第五節　至	青川木牘	
筮法六	第六節　娶妻	更修田律	更修田律
筮法七	第七節　讎	睡虎地秦墓竹簡	
筮法八	第八節　見	編年記	編年記
筮法九	第九節　咎	答問	法律答問
筮法十	第十節　瘳	封診式	封診式
筮法十一	第十一節　雨旱	秦律	秦律十八種
筮法十二	第十二節　男女	雜抄	秦律雜抄
筮法十三	第十三節　行	效律	效律
筮法十四	第十四節　貞丈夫女子	語書	語書
筮法十五	第十五節　小得	爲吏	爲吏之道
筮法十六	第十六節　戰	日甲	日書甲種
筮法十七	第十七節　成	除	除
筮法十八	第十八節　志事	秦除	秦除
筮法十九	第十九節　志事、軍旅	叢辰	叢辰
筮法二十	第二十節　四位表	衣一	衣（一）
筮法二一	第二十一節　四季吉凶	玄戈	玄戈
筮法二二	第二十二節　乾坤運轉	歲	歲
筮法二三	第二十三節　果	星	星
筮法二四	第二十四節　卦位圖、人身圖	病	病
筮法二五	第二十五節　天干與卦	啻	啻
筮法二六	第二十六節　祟	室忌	室忌
筮法二七	第二十七節　地支與卦	土忌一	土忌（一）
筮法二八	第二十八節　地支與爻	作事	作事
筮法二九	第二十九節　爻象	毀棄	毀棄
筮法三十	第三十節　十七命	直室門	直室門
別卦	別卦	行	行
算表	算表	歸行	歸行
清華大學藏戰國竹簡（伍）		到室	到室
厚父	厚父	禹一	禹須臾（一）
封許	封許之命	生子	生子

簡　稱	全　　稱	簡　稱	全　　稱
人字	人字	除室一	除室（一）
娶妻	娶妻	除室二	除室（二）
作女子	作女子	葬	葬
吏	吏	初冠	初冠
入官	入官良日	寄人室	寄人室
夢	夢	行日	行日
宅居	原無篇題	行者	行者
詰	詰咎	入官一	入官（一）
盜者	盜者	行忌	行忌
禹二	禹須臾（二）	行祠	行祠
衣良日	衣良日	行行祠	行行祠
衣二	衣二	□祠	□祠
土忌二	土忌（二）	祠	祠
門	門	亡日	亡日
反枳	反枳	亡者	亡者
馬禖	馬禖	見人	見人
日乙	**日書乙種**	有疾	有疾
楚除	原無篇題	病	病
除	除	夢	夢
秦	秦	嫁子□	嫁子□
木日	木日	入官二	入官（二）
马日	马日	生	生
牛日	牛日	失火	失火
羊日	羊日	盜	盜
豬日	豬日	**周家臺秦簡**	
犬日	犬日	周曆譜	曆譜
雞日	雞日	周日書	日書
正月	正月	周病方	病方及其它
官	官	**龍崗秦簡**	
三月	三月	龍簡	竹簡
四月	四月	龍牘	木牘
五月	五月	**放馬灘秦墓簡牘**	
六月	六月	**天甲**	**日書甲種**
七月	七月	建除	建除
八月	八月	剛柔日	剛柔日
九月	九月	生男女	生男女
十月	十月	干占盜	十干占盜
十二月	十二月	土功	土功
人日	人日	支占盜	十二支占盜
男子日	男子日	禹行日	禹須臾行日
室忌	室忌	禹見人	禹須臾所以見人日
蓋屋	蓋屋	吏	吏
蓋忌	蓋忌	禹擇日	禹須臾行不得擇日

簡稱	全稱	簡稱	全稱
衣	衣	生男女	生男女
填穴	填穴	四時首	四時首
犬忌	犬忌	雜忌	雜忌
田龍	田龍	無毒	無毒之方
塞穴	塞穴置鼠壁囷日	六甲圖	六甲圖
天乙	日書乙種	候歲	候歲
建除	建除	土功三	土功（三）
直室門	直室門	刑德	刑德
爲門	爲門	五種忌	五種忌
禹行日	禹須臾行日	禹擇日	禹須臾行不得擇日
禹見人	禹須臾所以見人日	伐木三	伐木忌（三）
吏	吏	犬忌	犬忌
往見	往見貴人	邦居軍	邦居軍
門	門	司	司
干占盜	十干占盜	五音一	五音（一）
旦心	旦心	納音	六甲納音
日夜	日夜	律數一	律數（一）
支占盜	十二支占盜	日辰	日辰
五行	五行	占圖	占圖
禹行喜	禹須臾行喜	時一	時（一）
塞穴	塞穴置鼠壁囷日	時二	時（二）
衣	衣	生律	生律
牝牡	牝牡月日	律數二	律數（二）
臽日	臽日及日夜	占黃鐘	占黃鐘
剛柔一	剛柔日（一）	陰陽鐘	陰陽鐘
日衝	日衝	星分度	星分度
帝	帝	日分	日分
乘馬	乘馬	問病	問病
五音日	五音日卜死	占疾	占疾
建除日	建除日占死	占病	占病
剛柔二	剛柔日（二）	祟除	占病祟除
干占行	十干占行	占盜一	占盜（一）
伐木一	伐木忌（一）	占盜二	占盜（二）
支占行	十二支占行	占亡貨	占亡貨
遠行	遠行凶	占亡人	占亡人
土功一	土功（一）	日爭勝	日爭勝
六甲	六甲孤虛	五音二	五音（二）
鼠食	鼠食	黃鐘	黃鐘
歸行	歸行	五音三	五音（三）
反支	反支	自天	自天降令
土功二	土功（二）	貞在	貞在黃鐘
伐木二	伐木忌（二）	律吉凶	十二律吉凶
門戶	門戶	即有生	即有生

簡　稱	全　　稱	簡　稱	全　　稱
殘篇	殘篇	第二組	第二組
丹	丹	第三組	第三組
	嶽麓書院藏秦簡（壹）		**張家山漢簡**
質日	質日	二年	二年律令
治官	爲吏治官及黔首	奏讞書	奏讞書
占夢書	占夢書	脈書	脈書
	嶽麓書院藏秦簡（貳）	引書	引書
數		算數書	算數書
租稅	租稅	蓋廬	
面積	面積類算題		**馬王堆漢墓帛書〔壹〕**
營軍	營軍之術	帛甲老子	老子甲本
合分	合分與乘分	帛乙老子	老子乙本
衡制	衡制	帛五行	五行
背	背、马甲	九主	九主
穀物	穀物換算類算題	明君	明君
衰分	衰分類算題	德聖	德聖
少廣	少廣類算題	**經法**	
體積	體積類算題	道法	道法
贏不足	贏不足類算題	國次	國次
句股算題	句股算題	君正	君正
其他	其他	六分	六分
殘片	殘片	四度	四度
	嶽麓書院藏秦簡（叁）	論	論
癸瑣	癸、瑣相移謀購案	亡論	亡論
尸等	尸等捕盜疑購案	論約	論約
猩敞	猩、敞知盜分贓案	名理	名理
芮盜	芮盜賣公列地案	十六經	
多小	多小未能與謀案	立命	立命
暨過	暨過誤失坐官案	觀	觀
識劫	識劫娓案	五正	五正
譊妘	譊、妘刑殺人等案	果童	果童
同顯	同、顯盜殺人案	正亂	正亂
魏盜	魏盜殺安、宜等案	姓爭	姓爭
得之	得之强與棄妻奸案	雌雄節	雌雄節
田與	田與市和奸案	兵容	兵容
善等	善等去作所案	成法	成法
學爲	學爲偽書案	三禁	三禁
綰等	綰等畏耎還走案	本伐	本伐
待考	待考殘簡	前道	前道
	嶽麓書院藏秦簡（肆）	行守	行守
第一組	第一組	順道	順道

簡稱	全稱	簡稱	全稱
稱	稱	戰國二二	蘇秦謂陳軫章
道原	道原	戰國二三	虞卿謂春申君章
馬王堆漢墓帛書〔叁〕		戰國二四	公仲倗謂韓王章
春秋事語		戰國二五	李園謂辛梧章
春秋一	殺里克章	戰國二六	見田併於梁南章
春秋二	燕大夫章	戰國二七	麛皮對邯鄲君章
春秋三	韓魏章	馬王堆漢墓帛書〔肆〕	
春秋四	魯文公卒章	足臂脈	足臂十一脈灸經
春秋五	晉獻公欲得隋會章	陰陽脈甲	陰陽十一脈灸經甲本
春秋六	伯有章	脈法	脈法
春秋七	齊桓公與蔡夫人乘舟章	脈死候	陰陽脈死候
春秋八	晉獻公欲襲虢章	**五十二病方**	
春秋九	衛獻公出亡章	目録	目録
春秋一〇	吳人會諸侯章	諸傷	諸傷
春秋一一	魯桓公少章	傷痙	傷痙
春秋一二	長萬章	嬰兒索痙	嬰兒索痙
春秋一三	宋荊戰泓水之上章	嬰兒病癇	嬰兒病癇方
春秋一四	吳伐越章	嬰兒瘛	嬰兒瘛
春秋一五	魯莊公有疾章	狂犬齧人	狂犬齧人
春秋一六	魯桓公與文姜會齊侯于樂章	犬噬人	犬噬人傷者
戰國縱横家書		脎者	脎者
戰國一	蘇秦自趙獻書燕王章	腋下	腋下
戰國二	蘇秦使韓山獻書燕王章	毒烏喙	毒烏喙者
戰國三	蘇秦使盛慶獻書於燕王章	蠆	蠆
戰國四	蘇秦自齊獻書於燕王章	蛭蝕	蛭蝕人胻股膝
戰國五	蘇秦謂燕王章	蚖	蚖
戰國六	蘇秦自梁獻書於燕王章（一）	疣	疣
戰國七	蘇秦自梁獻書於燕王章（二）	癲疾	癲疾
戰國八	蘇秦謂齊王章（一）	白處	白處方
戰國九	蘇秦謂齊王章（二）	大帶	大帶者
戰國一〇	蘇秦謂齊王章（三）	螟	螟病方
戰國一一	蘇秦自趙獻書於齊王章（一）	□蠸者	□蠸者
戰國一二	蘇秦自趙獻書於齊王章（二）	□者	□者
戰國一三	韓𦗟獻書於齊章	㿈	㿈
戰國一五	須賈説穰侯章	馬不癇	人病馬不癇者
戰國一六	朱己謂魏王章	□不癇	人病□不癇
戰國一七	謂起賈章	羊不癇	人病羊不癇
戰國一八	觸龍見趙太后章	蛇不癇	人病蛇不癇
戰國一九	秦客卿造謂穰侯章	諸食病	諸食病
戰國二〇	謂燕王章	諸□病	諸□病
戰國二一	蘇秦獻書趙王章	癃病	癃病

簡稱	全稱	簡稱	全稱
溺□淪	溺□淪者	殘片一七	殘片一七
膏溺	膏溺	殘片一八	殘片一八
腫橐	腫橐	殘片一九	殘片一九
癩	癩	卻穀	卻穀食氣
脈者	脈者	陰陽脈乙	陰陽十一脈灸經乙本
牡痔	牡痔	題記	導引圖題記
牝痔	牝痔	養生方	養生方
溝癢	溝癢	雜療方	雜療方
疽病	疽病	胎產書	胎產書
□□	□□	**十問**	
□爛者	□爛者方	天師	黃帝問於天師曰
胻膫	胻膫	大成	黃帝問於大成曰
胻傷	胻傷	曹熬	黃帝問於曹熬曰
痂	痂	容成	黃帝問於容成曰
蛇齧	蛇齧	舜	堯問於舜曰
癰	癰	王子	王子喬父問彭祖曰
髤	髤	耇老	帝盤庚問於耇老曰
蟲蝕	蟲蝕	師癸	禹問於師癸曰
乾瘙	乾瘙方	文摯	文摯見齊威王
身疕	身疕	王期	王期見，秦昭王問道焉
蠱	□蠱者	合陰陽	合陰陽
鬾	鬾	雜禁方	雜禁方
去人馬疣	去人馬疣方	天下至道	天下至道談
治瘑	治瘑	**馬王堆漢墓帛書《周易》經傳**	
□嗌	□嗌	帛易	周易（六十四卦）
殘片一	殘片一	繫辭	繫辭
殘片二	殘片二	二三子	二三子問
殘片三	殘片三	易之義	易之義
殘片四	殘片四	要	要
殘片五	殘片五	繆和	繆和
殘片六	殘片六	昭力	昭力
殘片七	殘片七	**阜陽漢簡**	
殘片八	殘片八	**詩經·國風**	
殘片九	殘片九	周南	周南
殘片一〇	殘片一〇	召南	召南
殘片一一	殘片一一	邶風	邶風
殘片一二	殘片一二	鄘風	鄘風
殘片一三	殘片一三	衛風	衛風
殘片一四	殘片一四	王風	王風
殘片一五	殘片一五	鄭風	鄭風
殘片一六	殘片一六	齊風	齊風

簡稱	全稱	簡稱	全稱
魏風	魏風	北京大學藏西漢竹書［壹］	
唐風	唐風	**北蒼**	**蒼頡篇**
秦風	秦風	之職	之職合韻部
陳風	陳風	之	之部
曹風	曹風	幽宵	幽宵合韻部
豳風	豳風	幽	幽部
詩經·小雅		魚	魚部
鹿鳴之什	鹿鳴之什	支脂	支脂合韻部
蒼頡篇	蒼頡篇	支	支部
萬物	萬物	脂	脂部
阜易	周易	陽	陽部
儒言	儒家者言	耕	耕部
春秋事語		未分	未能分韻部
章題	章題	北京大學藏西漢竹書［貳］	
阜春一	楚令尹死、景公遇成公乾曰	北大老子	老子
阜春二	齊侯問於晏子曰	北京大學藏西漢竹書［叁］	
阜春三	陳成子謂鴟夷子皮曰	周馴	周馴
阜春四	趙簡子以襄子爲後	趙正書	趙正書
阜春五	鄭伐宋宋人將與戰	儒説	儒家説叢
阜春六	魯人攻鄭	陰陽家	陰陽家言
阜春七	宋司城子罕之貴子韋	北京大學藏西漢竹書［肆］	
阜春八	晉平公問於叔向曰民役歲饑	妄稽	妄稽
阜春九	晉平公問於叔向曰白犯與趙衰孰賢	反淫	反淫
阜春一〇	管仲有疾桓公往問	北京大學藏西漢竹書［伍］	
阜春一一	田子顔自大術至於平陵	節	節
阜春一二	晉人已勝智氏	雨書	雨書
阜春一三	石益謂孫伯曰	揕輿	揕輿
阜春一四	中行文子出亡至邊	荊决	荊决
阜春一五	趙簡子問於封翟荼曰	六博	六博
阜春一六	王子建出守於城父	虎溪山漢簡	
阜春一七	趙文子問於叔向	閻氏	閻氏五勝
阜春一八	魏文侯出遊見路人反裘而負芻	銀雀山漢墓竹簡〔壹〕	
阜春一九	晉平公問於叔向曰	**孫子兵法上編**	
阜春二〇	晉文君田於虢	計	計
阜春二一	晉平公過於九原而歎曰	作戰	作戰
阜春二二	葉公諸梁問樂王鮒	謀攻	謀攻
阜春二三	趙襄子問曰	形甲	形（甲）
阜春二四	晉伐曹魯使臧文仲往	形乙	形（乙）
阜春二五	晉公子重耳亡之曹曹無禮	勢	勢
莊子		實虛	實虛
雜篇	雜篇	九變	九變

簡稱	全稱	簡稱	全稱
行軍	行軍	李法	李法
地形	地形	王法	王法
九地	九地	委法	委法
火攻	火攻	田法	田法
用間	用間	兵令	兵令
孫子兵法下編		篇題	篇題木牘
吳問	吳問	**銀雀山漢墓竹簡〔貳〕**	
四變	四變	**論政論兵之類**	
黃帝	黃帝伐赤帝	將敗	將敗
地形二	地形二	將失	將失
見吳王	見吳王	恆失	兵之恆失
孫臏兵法		王道	王道
擒龐涓	擒龐涓	五議	五議
見威王	見威王	效賢	效賢
威王問	威王問	爲國	爲國之過
陳忌	陳忌問壘	務過	務過
篡卒	篡卒	觀庳	觀庳
月戰	月戰	持盈	持盈……
八陣	八陣	分士	分士
地葆	地葆	三亂	三亂三危
勢備	勢備	地典	地典
兵情	兵情	客主	客主人分
行篡	行篡	善者	善者
殺士	殺士	五名	五名五共
延氣	延氣	起師	起師
官一	官一	奇正	奇正
五教法	五教法	將義	將義
強兵	強兵	觀法	觀法
尉繚子		程兵	程兵
兵談	兵談	將德	將德
攻權	攻權	將過	將過
守權	守權	曲將	曲將之法
將理	將理	雄牝城	雄牝城
原官	原官	五度	五度九奪
六韜		積疏	積疏
文師	文師	選卒	選卒
六守	六守	務過	有國務過
守土	守土	十官	十官
守國	守國	患之	患之……
發啟	發啟	六舉	六舉
文啟	文啟	四伐	四伐

簡稱	全稱	簡稱	全稱
亡地	亡地	天二	二
議	議	天三	三
君臣問答		天四	四
善卷	堯與善卷、許由	天五	五
牟成犳	舜與牟成犳	天六	六
禹	禹	占書	占書
務光	湯與務光、伊尹	**其他**	
太公	文王與太公	唐勒	唐勒
周公旦	成王與周公旦	定心	定心固氣
管子	齊桓公與管子	相狗方	相狗方
百里奚	秦穆公與百里奚	作醬法	作醬法
郭偃	晉文公與郭偃	算書	算書
孫叔敖	楚莊王與孫叔敖	選	選……
杜子	魏襄王與杜子	許則	許則……
論士	郭偃論士	清禾	清禾
民之情	民之情	國□	國□□□
有國	有國之效	□忌	□忌
有主	有主以爲任者	能	能……
自危	自危自忘	官	官……
國法	國法之荒	傳言	傳言
聽有	聽有五患		**隨州孔家坡漢墓簡牘**
德在	德在民利	**隨日**	**日書**
十陣	十陣	建除	建除
十問	十問	伐木日	伐木日
略甲	略甲	金錢	金錢良日
萬乘	萬乘	叢辰	叢辰
富國	富國	星官	星官
三算	三算	擊	擊
陰陽時令、占候之類		刑德	刑德
曹氏	曹氏陰陽	徙時	徙時
陰陽散	陰陽散	□□	□□
禁	禁	□生	□生
三十時	三十時	五勝	五勝
迎四時	迎四時	臨日	臨日
四時令	四時令	時	時
五令	五令	徙	徙
不時	不時之應	孤虛	孤虛
爲政	爲政不善之應	反支	反支
人君	人君不善之應	日廷	日廷
天地八風五行客主五音之居		歸行	歸行
天一	一	到室	到室

簡　稱	全　　稱	簡　稱	全　　稱
窮日	窮日	日時	日時
亡日	亡日	馬牛亡者	馬牛亡者
亡者	亡者	天牢	天牢
離日	離日	盜日	盜日
來	來	人字	人字
禹須臾行	禹須臾行日	生子	生子
行日	行日	忌日	忌日
見人	見人	血忌	血忌
禹須臾見人	禹須臾所以見人日	□稼	□稼
嫁女	嫁女	占	占
牝牡月	牝牡月	司歲	司歲
牝牡日	牝牡日	主歲	主歲
出入人	出入人	朔占	朔占
裁衣	裁衣	糴	糴
入官	入官	始種	始種
直心	直心	歲	歲
四季日	四季日	附簡	附録
五子	五子	隨曆日	曆日
土功	土功	告地書	告地書
司空	司空	青海大通漢簡	
穿地	穿地	兵法	
土忌	土忌	佈陣	關於佈陣及列隊
雞	雞	戰守	關於戰守進退之法
豕	豕	部曲	關於部曲、佈敶及操典
囷	囷	軍法	
井	井	軍令	軍令與軍爵
屏圂	屏圂	獎懲	獎懲、軍紀
入內	入內	循行	循行嚴劾、車騎
天剌	天剌	大通目録	目録
殺日	殺日	漢長安城未央宮木簡	
土功事	土功事	未央宮	漢長安城未央宮木簡
垣	垣	敦煌懸泉月令詔條	
蓋屋	蓋屋築室	月令	敦煌懸泉月令詔條
垣日	垣日	尹灣漢墓簡牘	
直室門	直室門	神龜占	神龜占
門	門	六甲占雨	六甲占雨
死咎	死咎	博局占	博局占
死失	死失	刑德行時	刑德行時
報日	報日	行道吉凶	行道吉凶
有疾	有疾	神烏賦	神烏賦
死	死	武威漢代醫簡	

簡稱	全稱	簡稱	全稱
一類	第一類簡	少牢	甲本《少牢》
二類	第二類簡	有司	甲本《有司》
木牘	木牘	燕禮	甲本《燕禮》
武威旱灘坡漢簡		泰射	甲本《泰射》
旱灘坡	武威旱灘坡漢簡	服傳乙	乙本《服傳》
武威漢簡		喪服	丙本《喪服》
儀禮		王杖	王杖十簡
士相見	甲本《士相見之禮》	日占	日忌、雜占木簡
服傳甲	甲本《服傳》		

説明：

1．部分古書下分有若干篇，如《經法》、《孫子兵法》和《儀禮》等，對於這類古書，本表中凡書名採用加黑宋體顯示，篇名則採用楷體顯示。爲簡省篇幅，正文中僅列篇名。

2．九店楚簡《日書》、睡虎地秦簡《日書》甲、乙種以及隨州孔家坡漢墓簡牘《日書》中的篇名多有相同重複者，爲避免正文部分之簡稱出現混淆，本表及正文對睡虎地秦簡《日書》甲、乙種與隨州孔家坡漢墓簡牘《日書》書名亦使用簡稱，正文部分中則採用書名加篇名的格式，如《日甲・除》、《隨日・建除》等。阜陽漢簡和北京大學藏西漢竹書中均有《蒼頡篇》，本表和正文中將北京大學藏西漢竹書《蒼頡篇》簡稱爲《北蒼》。

3．睡虎地秦簡《日書》有些簡文原無篇題，整理者亦未定篇題。爲便於查檢辭條、核對原文，本表及正文中，亦未據己意增擬篇題（除個別外，如《日書》甲種之《宅居》以及《日書》乙種之《楚除》），而是在所引文字前直接沿用前一篇有篇題簡文的篇題。

4．睡虎地秦簡《日書》甲種之《宅居》，原無標題，整理者亦未定篇名，本表及正文中據王子今《睡虎地秦簡〈日書〉甲種疏證》（湖北教育出版社，2003年版）的意見補出。

5．睡虎地秦簡《日書》乙種第一篇《楚除》，原無篇題，整理者亦未定篇名，本表及正文中據李家浩《睡虎地秦簡〈日書〉“楚除”的性質及其他》（《“中研院”歷史語言研究所集刊》第七十本第四分冊，1999年；又載《著名中年語言學家自選集・李家浩卷》，安徽教育出版社，2002年版，363頁）的意見補出。

6．睡虎地秦簡《日書》中有些内容的篇題相同，如《衣》、《土忌》、《禹須臾》等，均出現兩次。凡此均依其先後增補序號，并簡稱爲《衣一》、《衣二》；《土忌一》、《土忌二》；《禹一》、《禹二》等。

7．睡虎地秦簡《日書》甲種之《直室門》，整理者原定篇題爲《直室》，本表及正文據劉樂賢《睡虎地秦簡日書研究》（文津出版社，1994年版，148頁）的意見改爲《直室門》。

8．馬王堆漢墓《五十二病方》原有病方“目録”，而每一病方前亦書有病方名稱，二者互相對應，但不盡相同，亦互有缺損。本表“全稱”部分的名稱是以病方前之病方名稱爲依據，同時參以“目録”部分的名稱校補而成。

9．《銀雀山漢墓竹簡［貳］》“論政論兵之類”第三五篇，整理者原篇名爲《五議》，與第五篇篇名重複。本表及正文中據楊安《〈銀雀山漢墓竹簡・貳〉讀書記之一——釋文校訂和一些問題的説明》（簡帛網，2012年10月19日）將第三五篇篇名改爲《議》。

之部第一

不字聲系

不與丕

《成之》：“《君奭》曰：‘唯髟（冒）不（丕）單爯（稱）悳（德）。’害（蓋）言疾也。”按，今本《尚書·君奭》不作丕。

《詩論》：“乍〈亡〉競隹（維）人，不（丕）㬎（顯）隹（維）悳（德）。”

《保訓》：“其有所卣（由）矣，不（丕）訓！”按，“不（丕）”字從白於藍、段凱《清華簡〈保訓〉篇竹簡編連問題芻議》（《古文字研究》第三十輯，中華書局，2014年）讀。

《耆夜》：“不（丕）㬎（顯）逨（來）各（格），歆（歆）畢醒（禋）明（盟）。”

《皇門》：“我䎽（聞）昔才（在）二又（有）或（國）之折（哲）王，則不（丕）共（恭）于卹（恤）。”按，“不（丕）”字從孫飛燕在復旦大學出土文獻與古文字研究中心研究生讀書會《清華簡〈皇門〉研讀札記》（復旦大學出土文獻與古文字研究中心網，2011年1月5日）一文下跟帖讀。

《皇門》：“王用能盍（奄）又（有）四㚇（鄰），遠土不（丕）承，孫₌（子孫）用穠（末）被先王之耿光。”

《祭公》：“公爯（稱）不（丕）㬎（顯）悳（德）。”

《祭公》：“不（丕）隹（惟）周之蒡（旁），不（丕）隹（惟）句（后）禝（稷）之受命是羕（永）㫗（厚）。”

《祭公》：“隹（惟）我後嗣，方建宗子，不（丕）隹（惟）周之㫗（厚）荓（屏）。”

《祭公》：“藍（鑑）于夏商之既敗，不（丕）則亡遺後，至于萬啻₍₌₎（億）年₍₌₎，參舒（敘）之。”

《祭公》：“既沁（咸），乃又（有）履宗，不（丕）隹（惟）文武之由。”

《祭公》：“於（嗚）虖（呼），天子，不（丕）則𩂣（畏）言孳（哉）。”

《琴舞》：“允不（丕）承不（丕）㬎（顯），思坙（攸）亡睪（斁）。”

《琴舞》：“不（丕）寍（寧）其又（有）心，翼₌（翼翼）其才（在）立（位），㬎（顯）于上下。”

《琴舞》：“不（丕）㬎（顯）其又（有）立（位），右帝才（在）茖（落），不逵（佚）隹（惟）同。”

《封許》：“桓₌（桓桓）不（丕），嚴𤪣（莊）天命。”

不與否

《周易·師》：“初六：帀（師）出以聿（律），不（否）𢼒（臧）凶。”

《曹沫》：“虗（吾）言氏（是）不（否），而毋或（惑）者（諸）少（小）道與（歟）？”

《琴舞》：“日内（入）辠舉（舉）不（否），寍（寧）是隹（惟）。”按，“不”似當讀作“否”，訓爲“惡”。

《帛易·否》：“六二，枹（包）承，小人吉，大人不（否），亨。”

《帛易·遯》：“九四，好掾（遯），君子吉，小人不（否）。”

《帛易·師》：“初六，師出以律，不（否）臧，兇（凶）。”

《帛易·鼎》："初六，鼎填（顛）止（趾），利出不（否），得妾以其子，无咎。"

《阜易·否》："□□吉，大人不（否）。"

《晏子一〇》："順則進，不（否）則退，不與君行邪，此忠臣之行也。"

不與朋

《周易·蹇》："九五：大訐（蹇）不（朋）桼（來）。"

不與背

《卜書》："兆（兆）女（如）印（仰）首出止（趾），而屯（沌）不（背）困（混）廓（膺），是胃（謂）狮（蔽）卜。"按，"不（背）"字從程少軒《小議上博九〈卜書〉的"三族"和"三末"》（復旦大學出土文獻與古文字研究中心網，2013年1月16日）引鄧少平説讀。

伓與否

《窮達》："善伓（否），㠯（己）也。"按，"伓（否）"字從顏世鉉《郭店楚簡散論（二）》（《江漢考古》2000年1期）讀。

《阜易·否》："先伓（否），後喜。"

《妄稽》："伓（否），何極之有？"

《妄稽》："伓（否），小妾不徹（孅），陵且（祖）徹（微）父，猷有與賁（憤）。"

伓與伾

《妄稽》："笞擊伓（伾）伓（伾），誶（捽）挀（搣）緄（混）緄（混）。"

伓與倍

《老子》甲："丝（絕）智弃攴（辯），民利百伓。"按，今本和帛書乙本伓作倍。

《緇衣》："信以結之，則民不伓（倍）。"

《語叢二》："念（貪）生於谷（欲），伓（倍）生於念（貪），稊生於伓（倍）。"按，"伓（倍）"字從劉釗師《郭店楚簡〈語叢二〉箋釋》（《古墓新知——紀念郭店楚簡出土十周年論文專輯》，國際炎黃文化出版社，2003年）讀。

《四度》："伓（倍）約則宭（窘），達（汰）刑則傷。"

《四度》："伓（倍）逆合當，爲若又（有）事，雖无成功，亦无天央（殃）。"

《論約》："伓（倍）天之道，國乃无主。"

《五正》："反義伓（倍）宗，其法死亡以窮。"

《妄稽》："將伓（倍）去之，有（又）踵躗之。"

伓與培

《北大老子》："物或行或隨，或熱（噓）或炊（吹），或強或桊（挫），或伓（培）或隋（墮）。"

伓與陪

《少牢》："主婦不興，遂受，伓（陪）設于東，韭菹在南，葵菹在北。"

《有司》："主婦不興，受，伓（陪）設于南，昌在東方。"

《泰射》："大師及少師、上工皆降，立于鼓北，群工伓（陪）于後。"

伓與負

《老子》甲："丝（絕）智弃攴（辯），民利百伓。"按，帛書甲本伓作負。

伓與伏

《妄稽》："勇士五（圄）伓（伏），巧能近御。"按，"伓（伏）"字從張傳官《北大漢簡〈妄稽〉拼綴、編聯瑣記》（復旦大學出土文獻與古文字研究中心網，2016年7月13日）引陳劍説讀。下同。

《妄稽》："若（諾），吾察其請（情）必得。一小婦人，亦甚易〈易〉伓（伏）。"

伓與北

《周易·艮》："艮：其伓（背），不膢（獲）其身，行其廷（庭），不□。"按，帛書本伓（背）作北。

伓與背

《忠信》："忠人亡譌，信人不伓（背）。"

《忠信》："君子女（如）此，古（故）不皇（誑）生，不伓（背）死也。"

《忠信》："至忠亡譌，至信不伓（背），夫此之胃（謂）此。"

《子羔》："觀於伊而得之，寠（懷）厽（三）忈（年）而畫於伓（背）而生₌（生，生）而能言，是𡍨（禹）也。"

《從政》："小人藥（樂）則恔（疑），惪（憂）則晤（昏），忞（怒）則𠠝（勝），䀠（懼）則伓（背），恥則軋（犯）。"

《周易·艮》："艮：其伓（背），不膄（獲）其身，行其廷（庭），不▨。"

《陳公》："▨之帀（師）徒乃出，伓（背）軍而戟（陣），酒（將）軍後出安（焉），名之曰弇行。"

《文王》："天斎₌（之所）向，若或與之；天斎₌（之所）伓（背），若【或】佢（拒）之。"

《晏子五》："及夏之裒也，其王桀伓（背）行棄義，作爲頃宮𡑞（靈）臺。"

伓與偪

《晏子七》："節飲食，毋敢多田（畋）魚（漁），以毋伓（偪）川睪（澤）。"

伓與附

《鮑叔牙》："不出三年，糴（狄）人之伓（附）者七百邦。"按，"伓（附）"字從李天虹《上博五〈競〉、〈鮑〉篇校讀四則》（簡帛網，2006年2月19日）讀。

伓與服

《保訓》："昔𡵂（微）叚（假）中于河，以復又₌易₌（有易，有易）伓（服）氒（厥）辠（罪）。"

《祭公》："康□之，𢓊（䡒）伓（服）之，肰（然）母（毋）夕（斁）□，維我周又（有）祟（常）型（刑）。"

倍與倍

《曹沫》："凡畜羣臣，貴㦰（賤）同走（等），彔（祿）毋𠊎（倍）。"按，"倍（倍）"字從陳劍《上博竹書〈曹沫之陳〉新編釋文》（簡帛研究網，2005年2月12日）讀。

倍與負

《周易·睽》："上九：楑（睽）伓（孤），見豕𠊎（負）坔（塗），載▨寇，昏（婚）佝（媾），往，遇雨則吉。"

《周易·解》："六厽（三）：𠊎（負）虘（且）輮（乘），至（致）寇至。"

坏與培

《帛甲老子·道經》："或強或挫，或坏（培）或撱（墮）。"

否與不

《周易·遯》："九四：好豚（遯）。君子吉。尖₌（小人）否。"按，帛書本否作不。

否與附

《子產》："得民天央（殃）不至，外栽（仇）否（附）。"按，"否（附）"字從暮四郎在ee《清華六〈子產〉初讀》（簡帛網"簡帛論壇"，2016年4月16日）一文下跟帖讀。

伓與富

《子產》："乃埶（設）六尃（輔）：子羽、子剌、䙵（蔑）明、卑登、伓（富）之𢦏、王子百。"按，"伓（富）"字從暮四郎在ee《清華六〈子產〉初讀》（簡帛網"簡帛論壇"，2016年4月16日）一文下跟帖讀。

丕與背

《詩論》："《浴（谷）風》丕（背）。"

桮與杯

《封診式》："里節（即）有祠，丙與里人及甲等會飲食，皆莫肯與丙共桮（杯）器。"

《周病方》："以脩（滫）清一桮（杯），礠

（皦）赤叔（菽）各二七，并之。”
《脈書》：“在腸中，小者如馬戻（矢），大者如桮（杯），而堅痛。”
《諸傷》：“取三指最（撮）到節一，醇酒盈一衷（中）桮（杯）。”
《諸傷》：“不者，酒半桮（杯）。”
《嬰兒瘈》：“爲湮汲三渾，盛以桮（杯）。”
《嬰兒瘈》：“因以匕周揩嬰兒瘛（瘈）所，而洒（洗）之桮（杯）水中。”
《毒烏喙》：“屑勺（芍）藥，以□半桮（杯），以三指大捽（撮）飲之。”
《癃病》：“□□三湮汲，取桮（杯）水歕（噴）鼓三。”
《癃病》：“上有□□□□□□□□□□□鋭某□□□□□飲之而復（覆）其桮（杯）。”
《癩》：“夕毋食，旦取丰（蜂）卵一，漬美醯一桮（杯），以飲之。”
《疽病》：“并以三指大最（撮）一入桮（杯）酒中，日五六飲之。”
《疽病》：“其一骨□□□三□□以酒一桮（杯）□□□□筋者倏倏翟（躍）翟（躍）□□之其□□□□□。”
《蠱》：“令病者每旦以三指三最（撮）藥入一桮（杯）酒若鬻（粥）中而飲之。”
《殘片一》：“☐最者一桮（杯）酒中，飲病者☐。”
《養生方》：“取黄蜂駘（子）廿，置一桮（杯）醴中，□□日中飲之，一十。”
《養生方》：“取黄蜂百，以美醬一桮（杯）漬，一日一夜而出。”
《養生方》：“欲廿用七最（撮），欲十用三最（撮），酒一桮（杯）。”
《養生方》：“令蠱其乾，即冶，參（三）指最（撮），以□半桮（杯）飲之。”
《養生方》：“節（即）行，漬，掛（棄）東行水一桮（杯）。”
《雜療方》：“益内利中：取醇酒半桮（杯），溫之勿熱。”
《胎産書》：“及取嬰兒所已浴者水半桮（杯）飲母，母亦毋（無）餘病。”
《守法》：“五人之大桮（杯）、三人之小桮（杯）。”
《木牘》：“浚去宰（滓），溫飲一小桮（杯），日三飲，即藥宿當更沸之。”

杯與坏

《妄稽》：“我姤也，疾躋（墮）纍瓦毀襲杯（坏），解擇（釋）成索別瓶橘（繘），而離（罹）卑李（悝），晝肖（宵）不瞑（眠）。”
按，“杯（坏）”字從蕭旭《北大漢簡（四）〈妄稽〉校補》（復旦大學出土文獻與古文字研究中心網，2016年7月4日）讀。

杏與否

《儒説》：“杏₌（否否），不然。”

音與杯

《諸傷》：“毀一垸（丸）音（杯）酒中，飲之。”
《諸傷》：“即冶，入三指最（撮）半音（杯）溫酒☐。”
《諸傷》：“冶而□□□□□□□□一垸（丸）溫酒一音（杯）中，飲之。”
《諸傷》：“取三指最（撮）一，入溫酒一音（杯）中而飲之。”
《傷痙》：“即有頸（痙）者，冶，以三指一撮，和以溫酒一音（杯），飲之。”
《狂犬齧人》：“狂【犬】齧人者，孰澡（操）湮汲，注音（杯）中。”
《狂犬齧人》：“狂犬傷人，冶礜與橐莫（吾），醯半音（杯），飲之。”
《毒烏喙》：“穿地□尺，而煮水一甕□□□□□□□□□□□□一音（杯）。”
《蚖》：“湮汲一音（杯）入奚蠡中，左承之，北鄉（嚮），鄉（嚮）人禹步三。”

《蚖》："飲半音（杯），曰：'病□□已，徐去徐已。'"
《癃病》："以酒一音（杯），漬襦頸及頭垢中，令沸而飲之。"
《㿗》："三指最（撮）至節，入半音（杯）酒中飲之，三、四日。"
《㿗》："破卵音（杯）醯中，飲之。"
《癰》："取□□羽□二□二，禹步三，□□一音（杯）☐。"
《鬃》："□□□鼠□擘（腕），飲其□一音（杯），令人終身不鬃。"
《蠱》："漬女子未嘗丈夫者布□□音（杯），冶桂入中。"
《養生方》："以餔食飲一音（杯）。"

音與衃

《封診式》："即置盎水中榣（搖）之，音（衃）血子殹（也）。"
《封診式》："出水中有（又）音（衃）血狀。"

倍與踣

《得之》："叓弗聽，即捽倍（踣）庰（屏）叓，欲強與叓奸。"

倍與背

《第二組》："發繇（徭），自不更以下繇（徭）戍，自一日以上盡券書，及署于牒，將陽倍（背）事者亦署之。"
《蓋廬》："倍（背）陵而軍，命曰乘埶（勢）。"
《蓋廬》："倍（背）水而軍，命曰絕紀。"
《蓋廬》："晝倍（背）日、夜倍（背）月可以戰，是胃（謂）用天之八時。"
《蓋廬》："左太歲、右五行可以戰，前赤鳥、後倍（背）天鼓可以戰。"
《蓋廬》："壹左壹右、壹逆再倍（背）可以戰，是胃（謂）順天之時。"
《蓋廬》："此胃（謂）倍（背）生擊死，此四時勝也。"
《戰國三》："勺（趙）以（已）用薛公、徐爲之謀謹齊，故齊趙相倍（背）也。"
《戰國一五》："夫輕倍（背）楚、趙之兵，陵七刃（仞）之城，犯卅萬之眾。"
《戰國一六》："倍（背）鄴、朝歌，絕漳、鋪（滏）水，與趙兵決於邯鄲之鄗（郊）。"
《戰國一六》："倍（背）大粱（梁），右蔡、召，兵〈與〉楚兵夬（決）於陳鄗（郊）。"
《戰國一七》："晉國不敢倍（背）秦伐齊，有（又）不敢倍（背）秦收齊。"
《戰國二六》："秦必不倍（背）粱（梁）而東，是何也？"
《軍爭》："倍（背）丘勿迎，詳（佯）北勿從，圍師遺闕，歸師勿謁（遏）。"
《行軍》："陵丘隄防處其陽，而右倍（背）之。"
《九地》："入人之地深，倍（背）城邑多者，爲重。"
《九地》："倍（背）固前隘者，圍地也；倍（背）固前適（敵）者，死地也。"
《黃帝伐赤帝》："戰於反（阪）山之原（泉），右陰，順術，倍（背）衝，大威（滅）有之。"
《黃帝伐赤帝》："右陰，順術，倍（背）衝，大威（滅）有之。"
《黃帝伐赤帝》："戰于薄田，右陰，順術，倍（背）衝，大威（滅）有之。"
《一類》："倍（背）恿（痛）者，臥藥中，當出血久瘀。"
《恆失》："善陳（敶），知倍（背）鄉（嚮），知地刑（形），而兵數困，不明於國勝兵勝者也。"
《雄牝城》："城前名谷，倍（背）亢山，雄城也，不可攻也。"
《雄牝城》："城倍（背）名谷，无亢山其左右，虛城也，可轂（擊）也。"

《雄牝城》："城前亢山，倍（背）名谷，前高後下者，牝城也，可轂（擊）也。"

《占書》："天德莑鈞侵（祲）恙（祥），件而倍（背）眾，侍（恃）強以幸殆於天下者，雖勝其民，不有其土。"

《周馴》："二子已發（廢），夷吾乃代，棄德反施，無仁而善倍（背）。"

《趙正書》："夫逆天道而倍（背）其鬼神，【社稷】之神零福。"

《趙正書》："燕王喜而（以）軻（軻）之謀而倍（背）秦之約。"

《反淫》："臨深谿，倍（背）槁楊。"

剖與蔀

《帛易·豐》："六二，豐其剖（蔀），日中見斗，往得疑疾，有復（孚），洫（發）若，吉。"

《帛易·豐》："九四，豐其剖（蔀），日中見斗，禺（遇）其夷主，吉。"

《帛易·豐》："尚（上）六，豐其屋，剖（蔀）其家，閨（闚）其戶，㫘〈瞑（闃）〉其无人，三歲不遂，兇（凶）。"

掊與背

《戰國二六》："必不能掊（背）粱（梁）、黃、濟陽陰、睢陽而攻單父。"

悟與倍

《語叢二》："谷（欲）生於眚（性），慮生於谷（欲），悟（倍）生於慮，靜（爭）生於悟（倍），尚（黨）生於靜（爭）。"按，"悟（倍）"字從劉釗師《郭店楚簡〈語叢二〉箋釋》（《古墓新知——紀念郭店楚簡出土十周年論文專輯》，國際炎黃文化出版社，2003年）讀。

部與踣

《正亂》："纍而高之，部（踣）而弗救也。"

陪與培

《帛乙老子·道經》："物或行或隋（隨），或熱【或吹，或強】或硃，或陪（培）或墮。"

棓與杯

《天乙·無毒》："毋（無）毒之方：歓（飲）必審鳴棓（杯）中，不見童（瞳）子勿歓（飲）。"

《天乙·五音二》："角音榣（搖），其畜尺蠖，其器棓（杯），其種叔（菽），其事有辠（罪）、【其】處榣（搖），其味咸，其病久。"

《引書》："游（遊）堂下，逆霜（露）之清，受天之精，歓（飲）水一棓（杯）。"

《引書》："步足堂下，有閒而歓（飲）水一棓（杯）。"

脴與衃

《嬰兒瘛》："噴者豦（劇）噴，上如彗（彗），下如脴（衃）血。"

䘩與衃

《封診式》："已前以布巾裹，如䘩（衃）血狀，大如手，不可智（知）子。"

咅字聲系

咅與否

《別卦》："咅（否）。"

母字聲系

母與毋

《語叢二》："母（毋）遊（失）虐（吾）㘣（圖），此㘣（圖）得矣。"

《語叢四》："鋊之而不可，必𡕒（文）以訛，母（毋）命（令）智（知）我。"

《魯邦》："女（如）母（毋）㤅（愛）珪璧𢆶（幣）帛於山川，政（正）型（刑）與☐。"

《魯邦》："女（若）夫母（毋）㤅（愛）珪璧𢆶（幣）帛於山川，母（毋）乃不可。"

《周易·豫》："九四：猷（由）余（豫），大又（有）得。母（毋）頾（疑），堋（朋）欨（盍）蠶（簪）。"

《周易·井》："井：改邑不改井，亡（无）喪亡（无）得，往來井₌（井井）。气（汔）至，亦母（毋）龔（達）井。羸（羸）其缾（瓶），凶。"

《采風》："《狗（苟）虐（吾）君母（毋）死》。"按，整理者直接釋"母"爲"毋"。不確。

《昭王》："僕（僕）之母（毋）辱君王。"按，"母（毋）"字從董珊《讀〈上博藏戰國楚竹書（四）〉雜記》（簡帛研究網，2005年2月20日）讀。

《昭王》："樊（返）逃珤，王命龏（龔）之腓（脽）母（毋）見。"

《昭王》："今君王或命腓（脽）母（毋）見，此則僕（僕）之辠也。"

《柬大王》："夫唯（雖）母（毋）螒（旱），而百眚（姓）迻（移）以迲（去）邦家。"

《柬大王》："君王母（毋）敢戝（戴）害（蓋）羿，相屖（徙）、中余（謝）與五連少（小）子及龍（寵）臣皆逗，母（毋）敢執槳䈴（笠）。"

《内豊》："母（毋）忘姑姊妹而遠敬之，則民又（有）豊（禮），肰（然）句（後）奉之中章（庸）。"

《曹沬》："毋上（尚）䕶（獲）而上（尚）䎽（聞）命，所以爲母（毋）退。"

《曹沬》："三軍出，君自衒（率），必訋（約）邦之貴人及邦之可（奇）士敓卒，使兵母（毋）復前祟（常）。"

《三德》："㮣（更）旦母（毋）哭，䎁（晦）母（毋）訶（歌），（弦）望齊（齋）宿（素），是胃（謂）川（順）天之祟（常）。"

《三德》："母（毋）詢（詬）政卿於神宔，母（毋）享逸安。"

《三德》："惪（憂）懼之閟（閒），怷（疏）達之宗（際），母（毋）胃（謂）之不敢，母（毋）胃（謂）之不肰（然）。"

《三德》："母（毋）曰榠₌（冥冥），上天又（有）下政，晝□☑。"

《三德》："母（毋）不能而爲之，母（毋）能而愓（易）之。"

《三德》："母（毋）爲角言，母（毋）爲人昌（倡）；母（毋）作大事，母（毋）剗祟（常）；母（毋）雝（壅）川，母（毋）剆（斷）阬（岡）；母（毋）威（滅）宗，母（毋）虛牀；母（毋）□敔，母（毋）弁（變）事；母（毋）焚（煩）古（姑）謏（嫂），母（毋）恥父䚟（兄）；母（毋）冡（傲）貧，母（毋）笑型（刑）；母（毋）椯（揣）深，母（毋）厇（度）山；母（毋）逸其身而多其言。居母（毋）惁，作母（毋）康；善勿威（滅），不恙（祥）勿爲；内（入）虛母（毋）樂，陞（登）丘母（毋）訶（歌），所以爲天豊（禮）。監川之都，睘澗之邑，百輮（乘）之家，十室之，宮室汙池，各慼（慎）其厇（度），母（毋）遳（失）其道。"

《三德》："母（毋）爲愊（僞）懥（詐），上帝䣐（將）憎之。"

《三德》："母（毋）凶備（服）以享祀，母（毋）衾（錦）衣交（絞）祖傒子。"

《楚帛書》甲："曰：非九天則大峽，則母（毋）敢叡天霝（靈）。"

《楚帛書》甲："母（毋）思（使）百神風雨䢅（辰）禕（緯）嬰（亂）乍（作）。"

《楚帛書》乙："母（毋）童（動）群民以□。"

《楚帛書》乙："母（毋）弗或敬，隹（惟）天乍（作）福，神則各（格）之，隹（惟）天乍（作）夭（妖），神則惠之。"

《用曰》："用曰：母（毋）事縸₌（莫莫）。"按，整理者直接釋"母"爲"毋"。不確。下一例同。

《用曰》："非憮於福，亦力免（勉）以母（毋）忘（妄）。"

《凡物甲》："女（如）欲戠（察）鼠（一），卬（仰）而視之，府（俯）而□之，母（毋）遠悈（求）乇（度），於身旨（稽）之。"

《凡物乙》："女（如）欲戠（察）鼠（一），卬（仰）而視之，府（俯）而□之，母（毋）遠悈（求）乇（度），於身旨（稽）之。"

《保訓》："今女（汝）祗備（服）母（毋）解（懈）。"

《保訓》："敬才（哉）！母（毋）淫！日不足隹（維）宿不羕（詳）。"

《耆夜》："母（毋）已大藥（樂），則終以康₌（康。康）藥（樂）而母（毋）忘（荒），是（寔）隹（惟）良士之迈₌（方方）。"

《耆夜》："母（毋）已大康，則終以乍（祚）。"

《耆夜》："康藥（樂）而母（毋）忘，是（寔）隹（惟）良士之愳₌（懼懼）。"

《耆夜》："母（毋）已大康，則終以愳（懼）。"

《金縢》："尔（爾）母（毋）乃有備子之責才（在）上？"

《皇門》："母（毋）隹（惟）尔（爾）身之嚻，皆卹（恤）尔（爾）邦，叚（假）余憲。"

《皇門》："母（毋）乍（作）殂（祖）考脜（羞）才（哉）。"

《祭公》："女（汝）母（毋）以戾孳（兹）辠䖒（辜）芒（亡）寺（時）𡨦（遠）大邦，女（汝）母（毋）以俾（嬖）諓（御）息（塞）尔（爾）蔵（莊）句（后），女（汝）母（毋）以少（小）悔（謀）敗大𢡺（作），女（汝）母（毋）以俾（嬖）士息（塞）夫₌（大夫）卿孶（士），女（汝）母（毋）各家相而（爾）室，肰（然）莫血（恤）其外。"

《祭公》："女（汝）母（毋）絸（瞑）㝵（眩）悳₌（壤壤），㫗（厚）𤈞（顏）忍恥，寺（時）隹（惟）大不弔（淑）孳（哉）。"

《祭公》："康□之，夸（鬘）伓（服）之，肰（然）母（毋）夕（斁）□，維我周又（有）祟（常）型（刑）。"

《説命下》："敚（説），女（汝）母（毋）痓（誑），曰：'余克享于朕辟。'其又廼司四方民不克明。"

《説命下》："敬之孳（哉）！若賈，女（汝）母（毋）非（揮）貨女（如）戠（埴）石。"

《説命下》："敚（説），母（毋）蜀（獨）乃心，専（敷）之于朕政。"

《琴舞》："母（毋）曰高₌（高高）才（在）上，砺（陟）降其事（士），卑藍（監）才（在）孳（兹）。"

《芮良夫》："母（毋）脜（擾）䎽（聞）繇（繇），乇（度）母（毋）又（有）諮（咎）。"

《芮良夫》："母（毋）惏（婪）悆（貪）、狎（淆）昆（混）、圂（滿）湿（盈）、康戲而不智（知）壴（寤）告（覺）。"

《芮良夫》："敬孳（哉）君子！恪孳（哉）母（毋）巟（荒），畏天之降載（災），卹邦之不朋（臧）。"

《芮良夫》："母（毋）自縦（縱）于逸，以嚣（傲）不惜（圖），韙（悍）弁（變）改祟（常），絉（𪾔）而亡（無）又（有）絽（紀）統（綱）。"

《芮良夫》："母（毋）潛（害）天祟（常），各堂（當）尔（爾）惪（德）。"

《芮良夫》："和剸（專）同心，母（毋）又（有）相放（負）。"

《日甲·病》："壬癸有疾，母（毋）逢人，外鬼爲祟。”
《帛甲老子·德經》：“母（毋）閘（狎）其所居，毋猒（厭）其所生。”
《顔淵問》：“而母（毋）谷（欲）得安（焉）。”
《王居》：“忨（愿）夫₌（大夫）之母（毋）𧗧徒，以員（損）不𣪊（穀）之☐。”
《陳公》：“不智（知）其敀卒塞行述（遂）内王卒而母（毋）走（止）帀（師）徒虐（乎）？”
《陳公》：“女（如）内王卒而母（毋）走（止）帀（師）徒，母（毋）亦善虐（乎）？”
《卜書》：“貞卜邦，兆（兆）唯（雖）记（起）句（椇），母（毋）白母（毋）赤，母（毋）卒（萃）以易（逖）。”
《文王》：“昔𢦏（我）得中，殜₌（世世）母（毋）有後悔（悔）。”
《文王》：“上（尚）父曰：‘敬人而新（親）道，母（毋）自□而□☐。’”按，“母（毋）”字從鳲鳩在youren《〈舉治王天下〉初讀》（簡帛網“簡帛論壇”，2013年1月5日）一文下跟帖釋讀。
《堯王》：“曰：‘母（毋）忘其所不能。’”
《繫年九》：“晉壤（襄）公卒，霝（靈）公高幼，夫₌（大夫）聚𢘓（謀）曰：‘君幼，未可奉承也，母（毋）乃不能邦？’”
《繫年十四》：“所不復頓（詬）於齊，母（毋）能涉白水。”
《繫年二二》：“母（毋）攸（修）長城，毋伐稟（廩）丘。”
《厚父》：“母（毋）湛于酉（酒）。”
《命訓》：“或司不義而隆（降）之禍₌（禍，禍）怹（過）才（在）人₌（人，人）□母（毋）諻（懲）嘑（乎）？”
《命訓》：“夫民生而樂生𣪊（穀），上以𣪊（穀）之，能母（毋）懽（勸）嘑（乎）？”
《命訓》：“夫民生而痌（痛）死喪，上以䰟（畏）之，能母（毋）忎（恐）嘑（乎）？”
《湯丘》：“女（如）我弗見，夫人母（毋）以我爲㠯（怠）於其事虗（乎）？”
《鄭武》：“孨₌（孺子）女（如）母（毋）智（知）邦正（政），譶（屬）之夫₌（大夫）。”
《鄭武》：“女（如）母（毋）又（有）良臣，三年無君，邦家䜌（亂）巳（矣）。”
《鄭武》：“孨₌（孺子）亦母（毋）以埶（褻）豎（豎）卑（嬖）御，勤力射馯（御）。”
《鄭武》：“老婦亦𨟻（將）丩（糾）攸（修）宮中之正（政），門檻之外母（毋）敢又（有）智（知）安（焉）。”
《鄭武》：“自是旮（幾）以至𣨛（葬）日，孨₌（孺子）母（毋）敢又（有）智（知）安（焉）。”
《鄭武》：“二三老母（毋）交於死。”
《鄭武》：“母（毋）乍（措）手止（趾），㠯（殆）於☐。”
《鄭武》：“二三夫₌（大夫）不尚（當）母（毋）然，二三夫₌（大夫）膚（皆）虗（吾）先君斎₌（之所）付孫也。”
《鄭甲》：“君，老臣□□□□母（毋）言而不堂（當）。”
《子産》：“子産専（傅）於六正，與善爲徒，以谷（慤）事不善，母（毋）茲愇（違）㳍（拂）其事。”

母與拇

《周病方》：“取大白礜，大如母（拇）指，置晉（煎）斧（釜）中，涂而燔之。”
《引書》：“聾在左，信（伸）左臂，撟母（拇）指端，信（伸）臂，力引頸與耳。”

母與侮

《帛甲老子·道經》：“其下母（侮）之。”
《帛乙老子·道經》：“其下母（侮）之。”
《稱》：“行曾（憎）而索愛，父弗得子；

行母（侮）而索敬，君弗得臣。”
《北大老子》：“其次，親譽之；其次，畏之；其下，母（侮）之。”

母與梅

《窮達》：“母（梅）白（伯）初湝（醢）酭（醢），後名昜（揚），非其悳（德）加。”按，“母（梅）”字從陳劍《郭店簡〈窮達以時〉、〈語叢四〉的幾處簡序調整》（《國際簡帛研究通訊》第二卷第五期，2002年）讀。

母與晦

《季康子》：“孝₌（君子）敬成其悳（德），尖₌（小人）母（晦）寐（昧）☒。”按，“母（晦）”字從李天虹《讀〈季康子問於孔子〉劄記》（簡帛網，2006年2月24日）讀。

母與謀

《程寤》：“人甬（用）女（汝）母（謀），炁（愛）日不跌（足）。”

每與悔

《繆和》：“渙，賁其階，每（悔）亡。此辭吾甚疑焉，請問此之所胃（謂）。”
《繆和》：“將何无每（悔）之又（有）？”
《繆和》：“故易曰：‘渙，賁其階，每（悔）亡。’”

每與敏

《子羔》：“虗（吾）昏（聞）夫舜其幼也，每（敏）以好寺（詩），其言☒。”按，“每（敏）”字從安徽大學古文字研究室《上海楚竹書（二）研讀記》（簡帛研究網，2003年1月13日）引何琳儀説讀。

每與梅

《萬物》：“□□與每（梅）實也。”

每與晦

《天乙・時二》：“每（晦）食、大晨八。”

每與霉

《萬物》：“□已每（霉）也。”
《萬物》：“□已每（霉）也。”

每與毋

《泰射》：“興，順羽，且左環（還），每（毋）周，反面揖。”
《泰射》：“坐兼取乘矢，興，順羽，且左環（還），每（毋）周，反面揖。”

毎與悔

《阜易・同人》：“□九，同人于鄗（郊），无毎（悔）。”
《阜易・豫》：“歌（盱）豫，毎（悔）。”
《阜易・豫》：“夷（遲），有毎（悔）。”
《阜易・蠱》：“小有毎（悔），无□□。”
《阜易・復》：“敦復，无毎（悔）。”
《阜易・睽》：“初九，毎（悔）亡。”
《阜易・卜辭》：“毎（悔）亡。”

姆與媢

《北蒼・之職》：“嬛替（咎）蜎黑，媿（褢）姆（媢）款（窾）餌。”按，“姆（媢）”字從曰古氏在jileijilei《北大漢簡〈蒼頡篇〉釋文商榷》（復旦大學出土文獻與古文字研究中心網“學術討論”，2015年11月14日）一文下跟帖讀。

海與晦

《帛五行・説》：“嬰（燕），與〈興〉也，言其相送海（晦）也。”
《帛易・明夷》：“尚（上）六，不明海（晦），初登于天，後人〈入〉于地。”
《反淫》：“菌鶴鶬義（鵝），孔鵯（鸞）鴉鶇（鵯），芬（紛）雲（紜）窈（幽）海（晦），浩洋於上。”

海與誨

《周馴》：“堯欲其賢，而弗能教海（誨），乃廢弗立，而吳（虞）舜是置。”

悔與敏

《妄稽》：“孝弟（悌）兹（慈）悔（敏），恭敬仁孫（遜）。”按，“悔（敏）”字從黔之菜《説北大簡〈妄稽〉篇之"孝弟（悌）茲（慈）悔"》（復旦大學出土文獻與古文字研究中心網，2016年7月15日）讀。

晦與每

《晏子一二》："晏子爲壯（莊）公臣，言用，晦（每）朝，賜爵益邑。"

《晏子一二》："我（俄）而不用，晦（每）朝，致邑與爵。"

晦與海

《三算》："☐下莫敢御其令，德信則晦（海）内莫不樂褱（懷）其德。天下莫敢御其令而晦（海）内莫不樂褱（懷）其德，則王之實已☐。"

敏與每

《泰射》："若中，則澤（釋）獲敏（每）一个澤（釋）一筭，上射於右，下射於左。"

《泰射》："敏（每）委異之，有餘純，則横諸下。"

誨與每

《脈者》："誨（每）旦先食，取三指大撮三，以溫酒一杯和，飲之。"

《殘片三》："☐冶之，誨（每）食，入三指撮☐。"

《養生方》："誨（每）飲，三指最（撮）入酒中。"

《養生方》："☐稻醴孰（熟），即誨（每）朝厭（饜）歠（歠）□□□□□□□更☐。"

《養生方》："誨（每）食，以酒飲三指最（撮）。"

誨與悔

《要》："易曰：'不遠復，无莫（祇）誨（悔），元吉。'"

《荊決》："盈意中欲，其後不誨（悔）。"

誨與謀

《厚父》："今民莫不曰余娱（保）季（教）明惪（德），亦鮮克以誨（謀）。"

勖與敏

《彭祖》："朕孥（幼）不勖（敏），既得昏（聞）道，忈（恐）弗能守。"

拇與栂

《周易·咸》："初六：欽（咸）其拇。"按，帛書本拇作栂。下同。

《周易·解》："九四：繲（解）其拇☐。"

拇與脢

《周易·咸》："九五：欽（咸）其拇（脢），亡（无）悔（悔）。"

沔與海

《老子》甲："江沔（海）所以爲百浴（谷）王，以其能爲百浴（谷）下，是以能爲百浴（谷）王。"

《老子》甲："卑（譬）道之才（在）天下也，猷（猶）少（小）浴（谷）之與江沔（海）。"

《窮達》："穿（窮）四沔（海），至（致）千里，堣（遇）造古（故）也。"

《性自》："四沔（海）之内，其眚（性）弌（一）也。"

《民之》："系（傾）耳而聖（聽）之，不可得而箺（聞）也；明目而視之，不可得而視〈見〉也，而得（德）既塞於四沔（海）矣，此之胃（謂）三亡（無）。"

《民之》："亡（無）膿（體）之豊（禮），塞於四沔（海）。"

《容成氏》："四沔（海）之外寘（賓），四沔（海）之内貞。"

《容成氏》："會才（在）天陛（地）之閖（閒），而橐（包）才（在）四沔（海）之内，遲（畢）能其事，而立爲天子。"

《容成氏》："墨（禹）迵（通）淮與忻（沂），東豉（注）之沔（海），於是虖（乎）競州、簷（莒）州旬（始）可尻（處）也。"

《容成氏》："墨（禹）乃迵（通）蔞（淒）與湯（易），東豉（注）之沔（海），於是虖

（乎）荓（幷）州刣（始）可尻（處）也。”

《容成氏》：“⿱禹土（禹）乃迵（通）三江五沽（湖），東⿰豆攵（注）之⿰氵母（海），於是虖（乎）⿱刑田（荊）州、⿰昜阝（揚）州刣（始）可尻（處）也。”

《容成氏》：“四⿰氵母（海）之内⿱丞土（及），四⿰氵母（海）之外皆青（請）⿰礻工（貢）。”

《容成氏》：“湯於是虖（乎）諻（徵）九州之帀（師），以⿸厂各（略）四⿰氵母（海）之内。”

《仲弓》：“昔三弋（代）之明王，又（有）四⿰氵母（海）之内，猷（猶）來⧄。”

《凡物甲》：“之〈先〉智（知）四⿰氵母（海），至聖（聽）千里，達見百里。”

《凡物甲》：“侳（坐）而思之，姊（際）於千里；⿺辶己（起）而甬（用）之，練（陳）於四⿰氵母（海）。”

《凡物乙》：“先智（知）四⿰氵母（海），至聖（聽）千里，達見百里。”

《吳命》：“余必攼芒（亡）尔社禝（稷），以宔（廣）東⿰氵母（海）之表。”

《繫年二十》：“述（遂）以伐齊=（齊，齊）人安（焉）始爲長城於濟，自南山逗（屬）之北⿰氵母（海）。”

《九主》：“伊尹受令（命）於湯，乃論⿰氵母（海）内四邦□□□□□□□□□□圖。”

《明君》：“稾（豪）巽（選）⿰氵母（海）内之眾，以爲兵首釰（刃）。”

⿱母日與悔

《周易·革》：“革：改（巳）日迺（乃）孚，元羕（亨）貞，利貞，⿱母日（悔）亡。”

《曹沬》：“思（使）其志⿺辶己（起），⿰甬戈（勇）者思（使）憙（喜），⿱艹幸（葸）者思（使）⿱母日（悔），肰（然）句（後）改刣（始）。”

⿱母日與⿰母卜

《筮法七》：“凸（凡）讎（售），參（三）男同女=（女，女）才（在）⿱母日（⿰母卜）上，妻夫相見，讎（售）。”

⿱母日與謀

《繫年九》：“晉壤（襄）公卒，霝（靈）公高幼，夫=（大夫）聚⿱母日（謀）曰：‘君幼，未可奉承也，母（毋）乃不能邦？’”

《鄭武》：“自𧗿（衛）與奠（鄭）若，卑（比）耳而⿱母日（謀）。”

《鄭武》：“夫=（大夫）聚⿱母日（謀），乃吏（使）臱（邊）父於君。”

《子儀》：“⿱母日（謀）慶而賞之，乃关（券）冊秦邦之孯（賢），余（敘）自⿱䜌黽月⿱至于=（至于）秋窒，備安（焉）。”

⿰忄母與侮

《春秋一五》：“⿰忄母（侮）德詐（詐）惌（怨），何叚（瑕）之不圖。”按，“⿰忄母（侮）”字從裘錫圭《帛書〈春秋事語〉校讀》（《湖南省博物館館刊》第1期，《船山學社》雜誌社編輯出版，2004年7月）讀。

⿰忄母與⿰母卜

《周易·豫》：“六厽（三）：可（盱）余（豫）⿰忄母，迟（遲）又（有）⿰忄母（悔）。”按，阜陽漢簡本⿰忄母（悔）作⿰母卜。下同。

《周易·復》：“⧄⿱亯羊（敦）復，亡（无）⿰忄母（悔）。”

《周易·睽》：“初九：⿰忄母（悔）芒=（亡，亡）馬勿由（逐），自復。見亞（惡）人，亡（无）咎。”

⿰忄母與悔

《從政》：“⿰忄母（悔）而共（恭）孫（遜），⿱爻子（教）之⿰糹雚（勸）也。”按，“⿰忄母（悔）”字從陳偉《上海博物館藏楚竹書〈從政〉校讀》（簡帛研究網，2003年1月10日）讀。

《周易·豫》：“六厽（三）：可（盱）余（豫）⿰忄母（悔），迟（遲）又（有）⿰忄母（悔）。”

《周易·復》："☐𦏧（敦）復，亡（无）悔（悔）。"
《周易·咸》："九四：貞吉亡（无）悔（悔），憧（憧）☐志。"
《周易·咸》："九五：欽（咸）其拇（脢），亡（无）悔（悔）。"
《周易·恆》："九二：悔（悔）亡。"
《周易·睽》："初九：悔（悔）芒₌（亡，亡）馬勿由（逐），自復。見亞（惡）人，亡（无）咎。"
《周易·睽》："六五：悔（悔）亡，隍宗簪（噬）肤（膚），𢓊（往）可（何）咎。"
《周易·夬》："九四：誫（臀）亡（无）肤（膚），其行緀（次）疋（且）。芒（亡）羊悔（悔）亡，䎽（聞）言不終。"
《周易·困》："上六：困于𦬁（葛）藟，于剶（鷳）☐，曰：迖（動）悔（悔）又（有）悔（悔），征吉。"
《周易·艮》："六五：艮其頌（輔），言又（有）舒（序），悔（悔）亡。"
《周易·渙》："初六：𢽳（拯）馬藏（壯），吉，悔（悔）亡。"
《周易·渙》："九二：𣿅（渙）走其尻，悔（悔）亡。"
《曹沫》："𠷡（勇）者憙（喜）之，巟者悔（悔）之，墻（萬）民黷（黔）首皆欲或之。"
《武王甲》："右耑（端）曰：'毋行可悔（悔）。'"
《吳命》："隹三夫₌（大夫）其辱昏（問）之，今日隹（雖）不悔（悔），既𢀵（犯）矣。"
《琴舞》："無悔（悔）享君，罔𩔢（墜）其考（孝），享隹（惟）滔（慆）帀（思），考（孝）隹（惟）型帀（思）。"
《芮良夫》："各恪（圖）乓（厥）羕（永），以交罔悔（悔）。"按，"悔（悔）"字從馮勝君《讀清華簡〈芮良夫毖〉劄記》（《紀念何琳儀先生誕辰七十周年暨古文字學國際學術研討會會議論文集》，安徽大學漢字發展與應用研究中心，2013年）讀。
《命訓》："女（如）諻（懲）而悔（悔）怂（過），則𢈥（度）至于亟（極）。"
《繫辭》："悔（悔）閵（吝）也者，憂虞之馬〈象〉也。"
《繫辭》："悔（悔）閵（吝）也者，言如小疵也。"
《繫辭》："憂悔（悔）閵（吝）者存乎分〈介〉，振（震）無咎存乎謀（悔）。"
《繫辭》："抗（亢）龍有悔（悔）。"
《繫辭》："貴而無立（位），禀（崇）而無民，賢人在其下，☐立（位）而无輔，是以動而有悔（悔）也。"
《繫辭》："吉凶悔（悔）閵（吝）也者，生乎動者也。"
《繫辭》："是故吉凶生而悔（悔）閵（吝）著也。"
《繫辭》："是故愛惡相攻而吉凶生，遠近相取而悔（悔）㚣（吝）生，請（情）僞相欽（感）而利害生。"
《繫辭》："凡易之請（情），近而不相得則凶，或害之則悔（悔）且㚣（吝），將反（叛）則其辭乳（亂）。"
《二三子》："易曰：'抗（亢）龍有悔（悔）。'"
《二三子》："聖人之立正（政）也，若遁（循）木，俞（愈）高俞（愈）畏下，故曰'抗（亢）龍有悔（悔）'。"
《易之義》："易曰'潛龍勿用'，'炕（亢）龍有悔（悔）'，言其過也。"
《恆失》："兵多悔（悔），信疑者也。"

悔與敏

《仲弓》："售（雖）也不悔（敏），唯（雖）

又（有）臤（賢）才，弗智（知）舉（舉）也。”

《君子》：“肙（顏）困（淵）作而畣（答）曰：‘韋（回）不母（敏），弗能少居也。’”

悔與誨

《六德》：“既生畜之，或從而季（教）悔（誨）之，胃（謂）之聖。”

《詩論》：“《隰又（有）長（萇）楚》，得而悔（誨）之也。”按，“悔”似當讀作“誨”。《詩·檜風·隰有萇楚》孔穎達《正義》：“此國人疾君淫恣情欲，思得無情欲之人。”“得而悔（誨）之也”之“得”蓋即“思得無情欲之人”之“得”。“得而悔（誨）之”似即得無情欲之人並教誨之。

《仲弓》：“爲之，余悔（誨）女（汝）。”按，“悔（誨）”字從禤健聰《上博簡（三）小札》（簡帛研究網，2004年5月12日）讀。

《芮良夫》：“疋（胥）怨（訓）疋（胥）季（教），疋（胥）戠（語）疋（胥）悔（誨）。”按，“悔（誨）”字從黄傑《初讀清華簡（叁）〈芮良夫毖〉筆記》（簡帛網，2013年1月6日）讀。

悔與謀

《老子》甲：“其未茈（兆）也，易悔也。”按，今本和帛書甲本悔作謀。

《緇衣》：“古（故）君不與少（小）悔（謀）大，則大臣不情（怨）。”

《緇衣》：“毋以少（小）悔（謀）敗大愭（作），毋以卑（嬖）御息（疾）妝（莊）句（后），毋以卑（嬖）士息（疾）夫₌（大夫）、卿事（士）。”

《尊德義》：“叁（教）以懽（權）悔（謀），則民[illegible]悃遠豊（禮）亡新（親）息（仁）。”

《性自》：“速，悔（謀）之方也，又（有）怯（過）則咎。”

《語叢三》：“智錮者寡（寡）悔（謀）。”

《語叢四》：“不與智悔（謀），是胃（謂）自惎；蚤（早）與智悔（謀），是胃（謂）童（重）基。”

《語叢四》：“君又（有）悔（謀）臣，則壤（壤）陸（地）不鈔（削）；士又（有）悔（謀）友，則言談不勺（弱）。”

《語叢四》：“金玉涅（盈）室，不女（如）悔（謀）。”

《語叢四》：“古（故）悔（謀）爲可貴。”

《彭祖》：“□□之悔（謀）不可行，述（朮）惕（易）之心不可長，遠慮甬（通）索（素），心白（泊）身澳（釋）。”

《曹沫》：“臣聒（聞）之：又（有）固悔（謀）而亡固成（城），又（有）克正（政）而亡克戟（陳）。”

《三德》：“邦虞（且）亡，亞（惡）聖人之悔（謀）。”

《三德》：“至型（刑）㠯（以）依（哀），矰迲（去）以悔（謀）。”

《用曰》：“韓（諱）眾詌（孳）諫，脜（羞）䎽（聞）亞（惡）悔（謀）。”

《程寤》：“人悔（謀）疆（彊），不可以瘨（藏）。”

《耆夜》：“宓（毖）情（精）悔（謀）猷，裕（裕）惪（德）乃救（求）。”

《祭公》：“天子，悔（謀）父朕（朕）疾隹（惟）不瘳。”

《祭公》：“三公，悔（謀）父朕（朕）疾隹（惟）不瘳。”

《祭公》：“女（汝）母（毋）以少（小）悔（謀）敗大慮（作）。”

《芮良夫》：“閗（間）鬲（隔）若（若）否，以自訾讀（委）由（揄），求聖人以繡（申）尔（爾）悔（謀）猷。”

《芮良夫》：“寇（寇）戎方晉，悔（謀）猷隹（惟）戒。”

《芮良夫》："民亦又（有）言曰：'悔（謀）亡（無）少（小）大，而器不再利，屯可與忨，而鮮可與惟。'"

《湯丘》："乃與少（小）臣忍（基）悔（謀）夏邦。"

《三壽》："句（苟）我與尔（爾）相念相悔（謀），殜₌（世世）至于後飤（嗣）。"

《子產》："賔勛（溫）和憙（喜），可用而不動（遇）大₌或₌（大國，大國）古（故）肎（肯）复（作）其悔（謀）。"

《子產》："雌（惟）能智（知）其身，以能智₌其₌所₌生₌（知其所生，知其所生）以先₌悔₌人₌（先謀人，先謀人）以復于身₌（身，身）、室、邦或（國）、者（諸）侯、天隉（地），固用不悖，以能成卒。"

悔與毋

《三壽》："内坖（基）而外比，上下毋倉（爽），友₌（左右）悔（毋）比，弜（強）敇（勑）丩（收）出（絀）。"

悔與撫

《三壽》："卹（恤）遠而悔（撫）新（親），憙（喜）神而履（禮）人，寺（時）名曰恴（仁）。"按，"悔（撫）"字從段凱《〈清華藏簡（五）〉拾遺》(《簡帛》第十四輯，上海古籍出版社，2017年）讀。

晦與海

《楚帛書》甲："山陛（陵）不䜌，乃命山川四晦（海）□寞（熱）既（氣）寒既（氣），以爲其䜌。"

《説命上》："其隹（惟）敚（説）邑，才（在）北晦（海）之州，是隹（惟）員（圜）土。"

《赤鵠》："少（小）臣受其余（餘）而嘗之，亦卲（超）然四晦（海）之外，亡（無）不見也。"

《三壽》："四晦（海）之巨（夷）則复（作），九牧九矣（有）䣭（將）喪。"

晦與晦

《亙先》："先又（有）晦（晦），安（焉）又（有）明。"

《融師》："☐晤（聞）瑶易，顏色深晦（晦），而志行㬎（顯）明。"

《三壽》："古（胡）曰晦（晦？晦）則☐。"

《三壽》："民之有晦（晦，晦）而本由生光。"按，整理者將"晦"隸定爲"畮"。不確。

朗與晦

《筮法二二》："臾（坤）朗（晦）之日逆軌（乾）以長（當）巽。"

栂與拇

《帛易·解》："九四，解其栂（拇），傰（朋）至斯復（孚）。"

《帛易·咸》："欽（咸）其栂（拇）。"

畮與畝

《容成氏》："堯於是虖（乎）爲車十又五輮（乘），以三從舜於旬（畎）畮（畝）之中。"

《子羔》："采（抽）者（諸）畎（畎）畮（畝）之中，而使君天下而爯（偁）。"

《慎子》："首峕（戴）茅芙（蒲），樸（撰）筱（銚）執櫨（鉏），送（蹲）畎備（伏）畂〈畮（畝）〉。"按，"畂〈畮（畝）〉"字從劉洪濤《上博竹書〈慎子曰恭儉〉校讀》（簡帛網，2007年7月6日）釋讀。

《繫年一》："昔周武王監觀商王之不龏（恭）帝₌（上帝），禋祀不寅（畏），乃作帝攸（籍），以登（登）祀帝₌（上帝）天神，名之曰千畮（畝），以克反商邑，尃（敷）政天下。"

《繫年一》："洹（宣）王是刣（始）弃（棄）帝攸（籍），弗畋（田），立卅₌（三十）又九年，戎乃大敗周自（師）于千畮（畝）。"

《繫年十七》："焚其四章（郭），敺（驅）車至₌（至于）東畮（畝）。"

畕與牧

《容成氏》："武王乃出革車五百輮（乘），綿（帶）麔（甲）三千，以少（宵）會者（諸）侯之市（師）於畕（牧）之埜（野）。"

誨與悔

《有皇》："☑自誨（悔）含可（兮），又（有）怂（過）而能改含可（兮）。"按，"誨（悔）"字從程少軒在復旦吉大古文字專業研究生聯合讀書會《上博八〈有皇將起〉校讀》（復旦大學出土文獻與古文字研究中心網，2011年7月17日）一文下跟帖讀。

誨與誨

《易之義》："大蓄（畜），兑而誨（誨）也。"

誨與畝

《凡物甲》："九囟（域）出誨（畝），箮（孰）爲之佳（封）？"按，"誨（畝）"字從沈培《〈上博（七）〉字詞補説二則》（復旦大學出土文獻與古文字研究中心網，2009年1月3日）讀。下同。

《凡物乙》："九囟（域）出誨（畝），箮（孰）爲之佳（封）？"

誨與謀

《天子甲》："弜（強）行、忠誨（謀）、信言，此所不孳（教）於市（師）也。"

某字聲系

某與謀

《爲吏》："思₌〈忽忽〉之某（謀）不可遺。"

《天乙·貞在》："中呂，利毆，材（財）毆，市販事毆，有合某（謀）毆。"

《治官》："同某（謀）相去，起居不指。"

《治官》："敃₌（昏昏）之某（謀）不可行，術（痳）狄（易）之心不可長。"

《治官》："謹₌之₌（謹之謹之），某（謀）不可遺。"

楳與誨

《容成氏》："凡民俾（罷）攸（弊）者，教而楳（誨）之，歙（飲）而飤（食）之，思（使）役百官而月青（請）之。"

楪與某

《日甲·詰》："鬼恆召（詔）人曰：壐（爾）必以楪（某）月日死。"

楪與梅

《召南》："□□楪（梅），其實三也。"

脢與脢

《引書》："引脢（脢）者，屈前厀（膝），信（伸）後，昔（錯）手，撟而後旋。"

《引書》："反旋以利兩胠，熊經以利脢（脢）背，復據以利要（腰）。"

謀與媒

《順道》："不爲亂首，不爲宛（怨）謀（媒）。"

《妄稽》："謀（媒）勺（妁）隨之，爲取（娶）妄稽。"

謀與悔

《繫辭》："憂悔（悔）閵（吝）者存乎分〈介〉，振（震）無咎存乎謀（悔）。"

謀與誨

《養生方》："故曰：飲□□，有（又）教謀（誨）之。"按，"謀（誨）"字從周一謀、蕭佐桃《馬王堆醫書考注》（天津科學技術出版社，1988年，310頁）讀。下一例同。

《㒸》："必愛而喜之，教而謀（誨）之，飲而食之，使其題頏〈頷〉堅強而緩事之。"

《繫辭》："曼（慢）暴謀（誨）盜思奪之。"

謀與默

《繫辭》："君子之道，或出或居（處），或謀（默）或語。"

《繫辭》："謀（默）而成，不言而信，存乎德行。"

婦字聲系

婦與否

《帛易·否》："婦（否）之非（匪）人，不利君子貞，大往小來。"

《帛易·否》："九五，休婦（否），大人吉。其亡其亡，擊（繫）于枹（苞）桑。"

《帛易·否》："尚（上）九，頃（傾）婦（否），先不（否）後喜。"

《易之義》："婦（否）者，陰陽姦矣，下多陰而紑閉也。"

負字聲系

負與倍

《帛甲老子·道經》："絕聲（聖）棄知（智），民利百負（倍）。"

《地形二》："三軍出陳（陳），不問朝夕，右負（倍）丘陵，左前水澤。"

《客主》："客負（倍）主人半，然可啻（敵）也。"

《客主》："不能分人之兵，不能案（按）人之兵，則數負（倍）而不足。"

《十問》："交和而舍，我人兵則眾，車騎則少，適（敵）人什（十）負（倍）。"

《十問》："交和而舍，我車騎則眾，人兵則少，適（敵）人什（十）負（倍）。"按，整理者"倍"誤爲"信"，下二例同。

《十問》："適（敵）唯（雖）什（十）負（倍），便我車騎，三軍可毄（擊）。"

《十問》："交和而舍，粱（糧）食不屬，人兵不足徒（恃），絕根而攻，適（敵）人什（十）負（倍）。"

負與務

《春秋四》："其宰公襄負人曰。"按，《左傳·文公十八年》"負"作"務"。

稦與稖

《北蒼·耕》："踝企瘟（掩）散，稦（稖）犺（伉）播耕。"

臣字聲系

臣與熙

《緇衣》："穆₌（穆穆）文王，於卙（緝）逦（熙）敬走（止）。"按，上博簡本《緇衣》卙（緝）逦（熙）作𨻻₌（緝熙）。"𨻻₌（緝熙）"從李家浩《釋上博戰國竹書〈緇衣〉中的"兹臣"合文》（《康樂集：曾憲通教授七十壽慶論文集》，中山大學出版社，2006年，21頁）釋讀。

配與姬

《吳命》："管（孰）爲帀（師）徒，䟡（踐）履陳陛（地），以陳邦非它也，先王姑姊大配（姬）之邑☐。"按，"配（姬）"字從宋華強《〈上博（七）·吳命〉"姑姊大姬"小考》（簡帛網，2009年1月1日）釋讀。

配與熙

《帛甲老子·道經》："眾人配（熙）配（熙），若鄉（饗）於大牢，而春登臺。"

《帛乙老子·道經》："眾人配（熙）配（熙），若鄉（饗）於大牢，而春登臺。"

《行守》："言之采，行之配（熙），得而勿以。"

《道原》："神微周盈，精靜不配（熙）。"

《北大老子》："眾人配配（熙熙），若鄉（享）大牢，而春登臺。"

配與基

《告武夷》："尔居復山之配（基），不周之野，帝胃（謂）尔無事，命尔司兵死者。"

葩與改

《春秋九》："夫子失德以亡，☐亡而不葩（改），其德惡矣。"

趣與熙

《琴舞》："䜭（欲）皮（彼）趣（熙）不茖（落），思逝（慎）。"

洍與頤

《周易・頤》："六二：曰遞（顛）頤，翟（拂）經，于北洍（頤），征凶。"

茝與改

《爲吏》："當務而治，不有可茝（改）。"

《鄭風》："□予有（又）茝（改）造猗（兮）。"

茝與芷

《癰》："白茝（芷）、白衡、菌桂、枯畺（薑）、薪（辛）雉（夷），凡五物等。"

《二類》："蜀椒四升，弓（芎）窮（藭）一升，白茝（芷）一升。"

《木牘》："當歸十分，白茝（芷）四分。"

《木牘》："白茝（芷）四分，當歸十分。"

《木牘》："蜀椒四升，白茝（芷）一升。"

茝與苔

《養生方》："復鬻（煮）瓦茝（苔）長如中指，置□□□□汁，出茝（苔）。"

逗與臣

《緇衣》："穆=（穆穆）文王，於卙（緝）逗（熙）敬走（止）。"按，上博簡本《緇衣》卙（緝）逗（熙）作𦃇=（緝熙）。"𦃇=（緝熙）"從李家浩《釋上博戰國竹書〈緇衣〉中的"㘽臣"合文》（《康樂集：曾憲通教授七十壽慶論文集》，中山大學出版社，2006年，21頁）釋讀。

逗與熙

《緇衣》："穆=（穆穆）文王，於卙（緝）逗（熙）敬走（止）。"

洍與汜

《繫年十五》："爲長瀲（壑）而洍（汜）之，以敗楚自（師），是雞父之洍（汜）。"

㠯字聲系

以與已

《答問》："以（已）乞鞫及爲人乞鞫者，獄已斷乃聽，且未斷猶聽殹（也）？"

《戰國三》："勺（趙）以（已）用薛公、徐爲之謀謹齊，故齊趙相倍（背）也。"

《戰國一一》："臣以（已）好處於齊，齊王終臣之身不謀燕〖燕〗。"

《戰國一四》："王以（已）和三晉伐秦，秦必不敢言救宋。"

以與似

《脈書》："衝（腫）頭，目以（似）脱，項以（似）伐（拔），胸痛，要（腰）以（似）折，脾（髀）不可運。"

《脈書》："領〈頷〉穜（腫）痛，不可以顧，肩以（似）脱，臑以（似）折。"

《陰陽脈甲》："不可以顧，肩以（似）脱，臑以（似）折，是肩脈（脈）主治。"

《陰陽脈乙》："潼（腫），頭痛，□□□□脊痛，要（腰）以（似）折。"

《陰陽脈乙》："嗌痛，頷腫甬（痛），不可以顧，肩以（似）脱，臑以（似）折。"

以與始

《北大老子》："執古之道，以御今之有，以智（知）古以（始），是謂道紀。"

《妄稽》："且女（汝）脰若詘（屈）蠲，面以（似）腐蠐。"

以與姒

《服傳甲》："夫之姑、姊妹、弟（娣）以（姒）婦，報。"

《服傳甲》："弟（娣）以（姒）婦者，弟長也，何以服小功也？"

《服傳乙》："夫之姑、姊妹、弟（娣）以（姒）婦，報。"

《服傳乙》："弟（娣）以（姒）婦者，弟長也，何以服小功也？"

以與與

《春秋一五》："訊公子牙曰：'吾將誰（誰）以（與）爲子？'"

以與能

《帛乙老子·道經》："以（能）知古始，是胃（謂）道紀。"按，通行本以作能。

似與姒

《喪服》："夫之姑、姊妹、弟（娣）似（姒）婦，報。"

饮與篙

《禁》："春毋伐木，華饮（篙）生；夏毋犯火，精薪（煋）綘（豐）；秋毋犯金，當（鎏）銀昭；冬毋犯水，甘泉出。"

枱與耜

《繫辭》："斲木爲枱（耜），楺木爲耒，槈（耨）〚槈（耨）〛耒之利，以教天下，蓋取者（諸）益也。"

台與以

《用曰》："視（示）之台（以）康樂，慝（忒）之台（以）兇（凶）坓（刑）。"

《用曰》："克轋（獵）戎事，台（以）員（損）四戔（踐）。"

《用曰》："隹（唯）君之賈臣，非貨台（以）賵（酬）。"

《用曰》："□人亡（無）旻（文），言台（以）爲章。"

《用曰》："番（播）愭（圖）絡（裕）眾，台（以）免民生。"

《用曰》："□□僨言，台（以）忘民悳（德）。"

《用曰》："茅（務）之台（以）元色，柬（簡）其又（有）亙（恆）井（形）。"

《用曰》："冒還氒（厥）辟，台（以）民乍（作）康。"

《文王》："昔者舜台（以）大畣（合）〼。"按，"台（以）"字從蘇建洲《初讀〈上博九〉劄記（一）》（簡帛網，2013年1月6日）釋讀。

《易之義》："萬物莫不欲長生而亞（惡）死，會心者，而台（以）作易，和之至也。"

台與始

《日甲·衣一》："毋以楚九月己未台（始）被新衣，衣手□必死。"

《日甲·毀棄》："毋以酉台（始）寇〈冠〉、帶劍，恐御矢兵。"

《天乙·自天》："主台（始）有□殹，後智（知）其請（情）。"

《引書》："引瘴病之台（始）也，意回₌（回回）然欲步，體（體）浸₌（浸浸）痛。"

《帛甲老子·德經》："百仁（仞）之高，台（始）於足下。"

《養生方》："禹乃□□入於璇（璇）房，其狀變，色甚雄以美，乃若台（始）壯。"

台與治

《緇衣》："邦家之不寍（寧）也，則大臣不台（治），而埶（邇）臣怋（託）也。"

台與怡

《戰國二七》："台（怡）乎其所後者。"

《天下至道》："必徐以久，必微以持，如已不已，女乃大台（怡）。"

《妄稽》："入（納）妾之日，妄稽不台（怡）。"

台與殆

《前道》："正道不台（殆），可後可始。"

《春秋五》："魏州餘來也，台（殆）□□隨會也，君弗□也。"

台與胎

《兵談》："〼□□不殺殀（夭）台（胎），不膾不成之財（材）〼。"

《節》："弓弩不張，毋取鷇卵台（胎）夭。"

台與怠

《用曰》："良（荒）台（怠）家（稼）嗇（穡）。"按，"台"似當讀作"怠"。

《蓋廬》："適（敵）人侍（待）我以戒，

吾侍（待）之以台（怠）。”

《蓋廬》：“我敬（警）皮（彼）台（怠），何爲弗衰。”

《正亂》：“夫天行正信，日月不處，啟然不台（怠），以臨天下。”

佁與始

《明君》：“已而曰我□□□佁（始）服軨䡅（敵），皆巫祝之言也。”

佁與殆

《帛乙老子·德經》：“既得其母，以知其子，既知其子，復守其母，沒身不佁（殆）。”

《二三子》：“孔子曰：此言爲上而驕下，驕下而不佁（殆）者，未之有也。”按，整理者直接釋“佁”爲“殆”。不確。此從廖名春《帛書〈周易〉論集》（上海古籍出版社，2008年，370頁）釋爲“佁”，從整理者讀作“殆”。

佁與似

《帛乙老子·道經》：“淵呵（兮）佁（似）萬物之宗。”

《帛乙老子·道經》：“湛呵（兮）佁（似）或存。”

《帛乙老子·道經》：“纍（儽）呵（兮）佁（似）无所歸。”

《北大老子》：“淵旖（兮），佁（似）萬物之宗。”

《北大老子》：“湛旖（兮），佁（似）或存，吾不智（知）其誰子，象帝之先。”

《周馴》：“故《書》曰‘大智佁（似）狂’，其此之謂乎？”

冶與與

《戰國二四》：“冶（與）國非可持（恃）也。”

始與以

《隨日·星官》：“可始（以）冠，可□□，可田獵。”按，整理者釋“始”爲“以”。不確。參張顯成《〈孔家坡漢簡·日書〉文字釋讀訂誤劄記（摘要）》（“網絡時代與中國文字研究”國際高級專家研討會論文，華東師範大學中國文字與應用研究中心，2010年8月16日）。但“始”仍當從整理者讀作“以”。

《三十時》：“可始（以）脩（修）田野溝，可始（以）入人之地，不可亟刃₌（亟刃，亟刃）有央（殃），壹得而三其央（殃）。”按，“始”似當讀作“以”。

始與似

《帛甲老子·道經》：“潚（淵）呵（兮）始（似）萬物之宗。”

始與笞

《隨日·叢辰》：“可以攻軍、圍城、始（笞）殺。”

始與貸

《帛乙老子·德經》：“夫唯道，善始（貸）且善成。”

始與辭

《帛乙老子·道經》：“萬物昔（作）而弗始（辭），爲而弗侍（恃）也。”

《繫辭》：“所樂而妧（玩），教（爻）之始（辭）也。”

抬與怡

《耇老》：“至五而止，精神日抬（怡）。”

治與似

《帛甲老子·道經》：“上善治（似）水。”

治與怠

《天下至道》：“毋予（豫）毋治（怠），毋作毋疑。”按，“治（怠）”字從魏啟鵬、胡翔驊《馬王堆漢墓醫書校釋（貳）》（成都出版社，1992年，155頁）讀。

治與笞

《秦律·廄苑律》：“其以牛田，牛減絜，治（笞）主者寸十。”

《秦律・廄苑律》："有（又）里課之，最者，賜田典日旬；殿，治（笞）卅。"
《秦律・司空》："城旦舂毀折瓦器、鐵器、木器，爲大車折鍪（鞣），輒治（笞）之。"
《秦律・司空》："直（值）一錢，治（笞）十；直（值）廿錢以上，孰（熟）治（笞）之，出其器。"
《秦律・司空》："弗輒治（笞），吏主者負其半。"
《雜抄》："使其弟子贏律，及治（笞）之，貲一甲。"
《雜抄》："城旦爲工殿者，治（笞）人百。"
《雜抄》："大車殿，貲司空嗇夫一盾，徒治（笞）五十。"
《答問》："工盜以出，臧（贓）不盈一錢，其曹人當治（笞）不當？不當治（笞）。"
《答問》："人奴妾治（笞）子，子以貼（枯）死，黥顏頯，畀主。"
《答問》："未論而自出，當治（笞）五十，備毄（繫）日。"
《答問》："不會，治（笞）；未盈卒歲得，以將陽有（又）行治（笞）。"
《答問》："今士五（伍）甲不會，治（笞）五十；未卒歲而得，治（笞）當駕（加）不當？"
《封診式》："治獄，能以書從（蹤）迹其言，毋治（笞）諒（掠）而得人請（情）爲上；治（笞）諒（掠）爲下；有恐爲敗。"
《封診式》："其律當治（笞）諒（掠）者，乃治（笞）諒（掠）。"
《封診式》："治（笞）諒（掠）之必書曰：爰書：以某數更言，毋（無）解辭，治（笞）訊某。"
《天乙・反支》："以歐（毆）治（笞）人者，必辱（辱）。"
《田與》："弗治（笞）諒（掠），田、市仁（認）奸。"
《田與》："夏陽吏不治（笞）諒（掠），田、市仁（認）奸。"
《學爲》："學父秦居貲，吏治（笞）秦，以故數爲學怒，苦㪅（恥）之。"
《第一組》："其獄未鞫而自出殹（也），治（笞）五十，復爲司寇。"
《第二組》："非緣故徼縣殹（也），貲一盾；典、老弗告，治（笞）□□。"
《奏讞書》："銚即磔治（笞）講北（背）可□餘，北（背）□數日。"
《奏讞書》："講恐復治（笞），即自誣曰：與毛謀盜牛，如毛言。"
《奏讞書》："治（笞）紖（朋）大如指者十三所，小紖（朋）瘢相質五也。"
《奏讞書》："即磔治（笞）毛北（背）臀（臀）股，不審伐數，血下汙沱（地）。"
《奏讞書》："毛不能支治（笞）疾痛，即誣指講。"
《奏讞書》："治（笞）毛北（背），不審伐數。"
《奏讞書》："覆者初訊毛，毛欲言請（情），恐不如前言，即復治（笞）。"

苔與笞

《奏讞書》："公夫₌（大夫）昌苔（笞）奴相如，以辜死，先自告。"

殆與怠

《晏子一五》："立令（命）而殆（怠）𤰈，不可使守職。"

怠與治

《李頌》："相虛（吾）官（館）桓（樹），桐虞（且）怠（治）可（兮）。"按，"怠（治）"字從復旦吉大古文字專業研究生聯合讀書會《上博八〈李頌〉校讀》（復旦大學出土文獻與古文字研究中心網，2011年7月17日）讀。

怠與殆

《老子》甲："古（故）智（知）足不辱，智（知）止不怠，可以長舊（久）。"按，今本和帛書甲本怠作殆。

《帛甲老子·道經》："沕（沒）身不怠（殆）。"按，通行本怠作殆。

《春秋一五》："君以逆德入，怠（殆）有後患。"

《王兵》："計未定而兵起者，兵自怠（殆）者也。"按，"怠"似當讀作"殆"，訓敗。

胎與枲

《窮達》："叴（皋）繇（陶）衣胎（枲）蓋（褐）冒（帽）袿（絰）冡（冢）慬（巾），斁（釋）板筥（築）而差（佐）天子，堣（遇）武丁也。"按，"胎（枲）"字從李零《郭店楚簡校讀記（增訂本）》（北京大學出版社，2002年，86頁）讀。

紿與治

《子羔》："昔者【禪】而弗殜（世）也，善與善相尋也，古（故）能紿（治）天下，坪（平）萬邦。"

紿與詒

《龍簡》："復以紿（詒）假它人，取☑。"

紿與怠

《龍簡》："南郡用節不紿（怠）時令☑。"

詒與怡

《日甲·吏》："午，朝見，不詒（怡）。"

《日甲·吏》："晏見，不詒（怡）。"

飴與怠

《順道》："若此者其民勞不□，几（飢）不飴（怠），死不宛（怨）。"

駘與怠

《十問》："使適（敵）弗織（識），因轂（擊）其不□，攻其不御（禦），厭（壓）其駘（怠），攻其疑。"

《安稽》："守者解（懈）駘（怠），稽得虞士。"

駘與飴

《痂》："財（纔）冶犁（藜）盧，以蠭（蜂）駘（飴）弁和之。"按，"駘（飴）"字從施謝捷《武威、馬王堆漢墓出土古醫籍雜考》（《古籍整理研究學刊》1991年5期）讀。

駘與子

《養生方》："取黃蜂駘（子）廿，置一桮（杯）醴中，□□日中飲之，一十。"

《大成》："春뙦（雀）員（圓）駘（子），興坡（彼）鳴雄。"

《大成》："盛乃從之，員（圓）駘（子）送之。"

㠯與以

《三德》："敚（奪）民旹（時）以水事，是胃（謂）（籥），喪㠯（以）係（繼）樂，四方來囂（虐）。"按，"㠯（以）"字從范常喜《〈上博五·三德〉劄記三則》（簡帛網，2006年2月24日）讀。

《三德》："至型（刑）㠯（以）恷（哀），矰迲（去）以悔（謀）。"

㠯與姒

《繫年二》："周幽王取妻于西繡（申），生坪（平）王=（王，王）或叚〈取〉孚（褒）人之女，是孚（褒）㠯（姒），生白（伯）盤。"

《繫年二》："孚（褒）㠯（姒）辟（嬖）于王=（王，王）與白（伯）盤迖（逐）坪=王=（平王，平王）走西繡（申）。"

孠與嗣

《鄭甲》："今及虐（吾）君，溺（弱）學（幼）而孠（嗣）長。"按，"孠（嗣）"字從紫竹道人在心包《清華六〈鄭文公問太伯〉初讀》（簡帛網"簡帛論壇"，2016年4月16日）一文下跟帖釋讀。下同。

《鄭乙》："今及吾君，溺（弱）幽（幼）

而豤（嗣）長。”

能與態

《容成氏》：“民乃賽，喬（驕）能（態）訂（始）乍（作），乃立咎（皋）垁（陶）以爲李（李）。”

《守法》：“以視適（敵）進芮（退）變能（態）請（情）爲（僞）。”

《妄稽》：“尚（上）堂扶（匍）服（匐），卑耳户樞。以聽其能（態），而不敢大息。”

能與怠

《行篹》：“▨□□□□民皆盡力，近者弗則（賊），遠者無能（怠）。”按，“能（怠）”字從張震澤《孫臏兵法校理》（中華書局，1984 年，92 頁）讀。

《威王問》：“□□毋動，以侍（待）適（敵）能（怠）。”按，“能”似當讀作“懈怠”之“怠”。

能與耐

《旱灘坡》：“吏部中有蝗蟲水火比盜賊，不以求移，能（耐）爲司寇□▨。”

㲋與翌

《子儀》：“㲋（翌）明，公遳（送）子義（儀）。”

㲋與翌

《子儀》：“臣見遺者弗復，㲋（翌）明而反（返）之。”

態與怠

《芮良夫》：“悳（德）型（刑）態（怠）絉（惰），民所訞（妖）訛（僻）。”

態與慝

《三壽》：“晨（振）若（若）敘（除）態（慝），冒神之福，同民之力，寺（時）名曰悳（德）。”

㷱與怠

《子產》：“宅大心張，𢆉（美）外㷱（怠）諭（命），乃自逵（失）。”按，“㷱（怠）”字從 ee 在 ee《清華六〈子產〉初讀》（簡帛網“簡帛論壇”，2016 年 4 月 16 日）一文下跟帖讀。

罷與一

《太一》：“罷（一）块（缺）罷（一）涅（盈），以忌（己）爲墧（萬）勿（物）經。”

《五行》：“‘嫑（淑）人君子，其義（儀）罷（一）也。’能爲罷（一），肰（然）句（後）能爲君[=]子[=]（君子，君子）𧦝（慎）其蜀（獨）也。”

《語叢四》：“罷（一）言之善，足以終殜（世）；厽（三）殜（世）之福，不足以出芒（妄）。”

《季康子》：“肥，從又（有）司之後，罷（一）不智（知）民矛力（務）之安才（在）。”按，“罷（一）”字從季旭昇《上博五芻議（上）》（簡帛網，2006 年 2 月 18 日）讀。

《王居》：“王𦎧（就）之，曰：‘夫彭徒罷（一）裳（勞），爲虗（吾）謐（蔽）之。’”按，“罷（一）”字從復旦吉大古文字專業研究生聯合讀書會《上博八〈王居〉、〈志書乃言〉校讀》（復旦大學出土文獻與古文字研究中心網，2011 年 7 月 17 日）讀。

《邦人》：“而并是二者以邦君₌（君，君）猶少之，罷（一）瞿（懼）君之不終殜（世）保邦。”按，“罷（一）”字從蘇建洲《初讀〈上博九〉劄記（一）》（簡帛網，2013 年 1 月 6 日）讀。

《啻門》：“耆（胡）猷（猶）是人，而罷（一）亞（惡）罷（一）好？”

罷與揖

《成之》：“貴而罷（揖）𧫷（讓），則民谷（欲）其貴之上也。”按，“罷（揖）”字從李天虹《郭店楚簡文字雜釋》（《郭店楚簡國際學術研討會論文集》，湖北人民出版社，2000 年）讀。

訇與治
見之部司字聲系。
訇與怡
見之部司字聲系。
訇與始
見之部司字聲系。
訇與絧
見之部司字聲系。
訇與辭
見之部司字聲系。
訇與夷
見之部司字聲系。
怡與始
見之部司字聲系。
怡與治
見之部司字聲系。
怡與殆
見之部司字聲系。
怡與怠
見之部司字聲系。
怡與貽
見之部司字聲系。
怡與詒
見之部司字聲系。
怡與辭
見之部司字聲系。
僫與怠
見之部司字聲系。
皼與司
見之部司字聲系。
祠與異
見之部司字聲系。
祠與祠
見之部司字聲系。
紿與治
見之部司字聲系。
紿與事
見之部司字聲系。
絧與治
見之部司字聲系。
絧與始
見之部司字聲系。
絧與治
見之部司字聲系。
絧與司
見之部司字聲系。
絧與治
見之部司字聲系。
詒與治
見之部司字聲系。
詒與始
見之部司字聲系。
詒與殆
見之部司字聲系。
詒與郃
見之部司字聲系。
詒與詞
見之部司字聲系。
詒與辭
見之部司字聲系。
詒與訇
見之部司字聲系。
詞與治
見之部司字聲系。
詞與始
見之部司字聲系。
諰與始
見之部司字聲系。

乃字聲系

乃與仍
《爲吏》："乃（仍）署其籍曰：故某慮

（閭）贅壻某叟之乃（仍）孫。”

乃與汈

《癃病》：“以醯、西（酒）三乃（汈）煮黍稷而飲其汁，皆□□。”

乃與扔

《帛甲老子・德經》：“[則]攘臂而乃（扔）之。”

《帛甲老子・德經》：“是胃（謂）行无行，襄（攘）无臂，執无兵，乃（扔）无敵矣。”

《帛乙老子・德經》：“上禮爲之而莫之𤸰（應）也，則攘臂而乃（扔）之。”

《帛乙老子・德經》：“是胃（謂）行无行，攘无臂，執无兵，乃（扔）无敵。”

《北大老子》：“上禮爲之而莫之應，則攘臂而乃（扔）之。”

叻與仍

《戰國一二》：“寡人之叻（仍）功（攻）宋也，請於粱（梁）閉關於宋而不許。”

迈與應

《柬大王》：“大（太）𠟭（宰）迈（應）而胃（謂）之。”按，“迈（應）”字從孟蓬生《“迈”讀爲“應”補證》（復旦大學出土文獻與古文字研究中心網，2009年1月6日）讀。

《鄭子甲》：“含（今）晉人酒（將）救子家，君王必進帀（師）以迈（應）之！”按，“迈（應）”字從復旦大學出土文獻與古文字研究中心研究生讀書會《〈上博七・鄭子家喪〉校讀》（復旦大學出土文獻與古文字研究中心網，2008年12月31日）讀。下同。

《鄭子甲》：“王安，還軍迈（應）之，與之戰於兩棠，大敗晉帀（師）安（焉）。”

《鄭子乙》：“含（今）晉[人將救]子家，君王必進帀（師）以迈（應）之！”

《鄭子乙》：“王安，還軍以迈（應）之，與之戰於兩棠，大敗晉帀（師）安（焉）。”

廼字聲系

廼與乃

《周易・萃》：“初六：又（有）孚不終，乃𡚁（亂）廼（乃）啐（萃），若唇（號），一斛（握）于芺（笑），勿䘏（恤），往亡（无）咎。”

《周易・革》：“革：改（巳）日廼（乃）孚，元羕（亨）貞，利貞，母（悔）亡。”

《保訓》：“廼（乃）易立（位）埶（設）詣（稽），測会（陰）旟（陽）之勿（物），咸川（順）不諍（逆）。”

《保訓》：“㣲（微）亡（無）𡩜（害），廼（乃）追（歸）中于河。”

《阜易・屯》：“□□貞不字，十年廼（乃）字。”

廼與娀

《子羔》：“禼（契）之母，又（有）廼（娀）是（氏）之女也。”

耐字聲系

耐與能

《答問》：“耤（藉）秦人使，它邦耐（能）吏、行旞（隊）與偕者。”

《帛五行・説》：“兄弟不相耐（能）者，非无所用説（悅）心也，弗遷於兄弟也。”

耐與乃

《日乙・行行祠》：“其謞（號）曰大常行，合三土皇，耐（乃）爲四席。”

里字聲系

里與理

《成之》：“天𡬓（格）大禜（常），以里（理）人侖（倫）。”

《性自》：“體其宜（義）而即（節）𢘫（文）之，里（理）其青（情）而出内（入）之。”

《語叢一》：“臤（賢）者能里（理）之。”

按，“里”似當讀作“理”。《鹽鐵論·非鞅》：“賢聖不能自理於亂世。”

《天下至道》：“走里（理）毛，置杅（腰）心，脣盡白，汗留（流）至國（膕）。”

《天下至道》：“此謂陰陽之數，牝牡之里（理），爲之弗得，過在數已。”

《地形二》：“九地之法，人請（情）之里（理），不可不察。”

里與鯉

《儒言》：“子曰里（鯉）君子不可不學。”

理與吏

《十問》：“其將則威，其兵則武，而理（吏）強粱（糧）疌（接），諸侯莫之或侍（待）。毄（擊）之奈何？”

捚與理

《身疕》：“已傅灰，灰盡漬□□□摹以捚（理）去之。”

《身疕》：“已捚（理），輒復傅灰，捚（理）如前。”

浬與理

《容成》：“補寫（瀉）之時，於卧爲之，出入以脩奏（腠）浬（理）。”

悝與俚

《帛甲老子·道經》：“我獨頑以悝（俚）。”

悝與理

《北蒼·之》：“袉（蛇）虺鴎闔，鈐鏞閏（潤）悝（理）。”按，“悝”似當讀作“理”。《廣雅·釋詁二》：“潤，飾也。”《文選·傅毅〈舞賦〉》：“夸容乃理。”李善《注》：“理，謂裝飾也。”

郢與鄙

《競公瘧》：“□之臣，出喬（矯）於郢（鄙）。”

腫與理

《子產》：“整政才（在）身，閔（文）腫（理）、型（形）體（體）、惴（端）㑥（冕）。”

裏與賚

《稱》：“毋籍（藉）賊兵，毋裏（賚）盜量（糧）。”按，“裏（賚）”字從戎輝兵《〈馬王堆漢墓帛書·老子乙本卷前古佚書〉校讀劄記》（《東南文化》2005年2期）釋讀。下同。

《稱》：“籍（藉）賊兵，裏（賚）盜量（糧），短者長，弱者強。”

裏與嘻

《帛易·家人》：“九三，家人爍（嗃）爍（嗃），悔厲吉。婦子裏（嘻）裏（嘻），終閵（吝）。”

貍與埋

《封診式》：“令甲以布帬剝（掩）貍（埋）男子某所，侍（待）令。”

《日甲·叢辰》：“可葬貍（埋）。”

《日甲·叢辰》：“可取（娶）婦、家（嫁）女、葬貍（埋）。”

《日甲·叢辰》：“不可又（有）爲也，□□□□□可葬貍（埋）。”

《日甲·叢辰》：“不可又（有）爲也，而可以葬貍（埋）。”

《日甲·詰》：“正立而貍（埋），其上旱則淳，水則乾。”

《日甲·詰》：“是=（此是）㚃鬼貍（埋）焉。”

《日甲·詰》：“有祭，十日收祭，裹以白茅，貍（埋）野，則毋（無）央（殃）矣。”

《日乙·秦》：“□葬貍（埋）祠。”

《周病方》：“見垣有瓦，乃禹步，已，即取垣瓦貍（埋）東陳垣止（址）下。”

《周病方》：“置垣瓦下，置牛上，乃以所操瓦蓋之，堅貍（埋）之。”

《周病方》：“操兩瓦，之東西垣日出所燭，先貍（埋）一瓦垣止（址）下。”

《第一組》：“匿罪人雖弗敝（蔽）貍（埋），

智（知）其請（情），舍其室。”
《二年・金布律》：“不智（知）何人，庵（掩）貍（埋）而讂之。”
《春秋四》：“東門襄[仲]殺而貍（埋）□□□□中。”
《牝痔》：“乾薑（薑）二果（顆），十沸，抒置甕中，貍（埋）席下。”
《養生方》：“盛以缶，沃以美瀸（截）三斗，蓋涂（塗），貍（埋）竈中。”
《養生方》：“貍（埋）竈口下，深□□□□□水染其汁，以染女子辟（臂）。”
《養生方》：“以囊盛，□□□□日棄貍（埋）□□財（滓）。”
《雜療方》：“禹臧（藏）貍（埋）包（胞）圖法。”
《雜療方》：“貍（埋）包（胞），避小時、大時所在。”
《雜療方》：“善密蓋以瓦甌，令虫勿能入，貍（埋）清地陽處久見日所。”
《胎產書》：“貍（埋）包（胞）席下，不疕騷（瘙）。”
《胎產書》：“字而多男毋（無）女者而欲女，後□□□□包（胞）貍（埋）陰垣下。”
《胎產書》：“多女毋（無）男，亦反〈取〉[胞]貍（埋）陽垣下。”
《胎產書》：“以甗衣約包（胞），貍（埋）之。”
《胎產書》：“即令它人善貍（埋）之。”
《容成》：“俗人芒生（性），乃持（恃）巫醫，行年未半，刑（形）必夭貍（埋）。”
《三十時》：“可箳（葬）貍（埋），分異。”
《三十時》：“箳（葬）貍（埋），分異，芰（祓）除。”
《三十時》：“☐貍（埋）白骨□農夫出。”
《三十時》：“下六：以遇二，箳（葬）貍（埋），分異，芰（祓）除。”
《三十時》：“☐□箳（葬）貍（埋），分異☐。”
《周馴》：“唯（雖）已弇（掩）貍（埋）之，寇出其骸，莫守其墳，人發其丘，扣以爲壑，剴（豈）或禁之？”
《周馴》：“今曹君之貴善言也，入之於地而已，深貍（埋）而弗視，不亡系（奚）侍（待）？”

貍與薶

《答問》：“王室祠，貍（薶）其具，是謂‘庢’。”
《答問》：“或自殺，其室人弗言吏，即葬貍（薶）之。”

貍與黎

《大成》：“民何失而藿（顏）色鹿〈麄〉貍〈貍（黎）〉，黑而蒼？”

賚與理

見之部來字聲系。

賚與薶

見之部來字聲系。

賚與賚

見之部來字聲系。

賚與釐

見之部來字聲系。

來字聲系

來與勑

《北大老子》：“塞其脫（兑），閉其門，終身不僅（勤）；啟其脫（兑），齊（濟）其事，終身不來（勑）。”

勑與飾

《子產》：“子產不大宅竘（域），不窐（經）臺寢，不勑（飾）岦（美）車馬衣裘，曰：‘勿以賆巳（矣）。’”
《子產》：“乃歠（禁）尭單、相會、臮樂、勑（飾）岦（美）宮室衣裘、好畬（飲）飤（食）、以爰（遠）賆（屏）者。”

𥝢與理

《子産》："又（有）道樂才［存］，亡道樂亡，此胃（謂）劼（懿）𥝢（理）。"

萊與來

《周易·豐》："六五：萊（來）章，又（有）慶譽（譽），吉。"

孷與李

《楚帛書》乙："山陵（陵）其登（廢），又（有）淵（淵）氒（厥），是胃（謂）孷₌（李，李）戠（歲）□月，内（入）月吉（七日）𠔀（八日）又（有）電、雺（霜）、雨土，不得其參職。"按，"孷（李）"字從鄭剛《戰國文字中的"陵"和"李"》（中國古文字學研究會成立十周年學術研討會論文，1988年）釋。下同。

《楚帛書》乙："隹（惟）孷（李）悳（德）匿，出自黄淵（淵），土身亡鰥（翼），出内（入）□同，乍（作）其下凶。"

《容成氏》："民乃賽，喬（驕）能（態）訂（始）乍（作），乃立咎（皋）𡊞（陶）以爲孷（李）。"

孷與賚

《尹誥》："句（后）其孷（賚）之其又（有）夏之金玉、田邑，舍（予）之吉言。"

孷與士

《祭公》："女（汝）母（毋）以俾（嬖）士息（塞）夫₌（大夫）卿孷（士）。"

《繫年一》："𦤹₌（至于）東₌王₌（厲王，厲王）大瘧（虐）于周，卿孷（士）、者（諸）正、萬民弗刃（忍）于氒（厥）心，乃歸東（厲）王于䰜（彘），龍（共）白（伯）和立。"

孷與使

《繫年二三》："楚自（師）牆（將）救（救）武昜（陽），王命坪（平）亦（夜）悼武君孷（使）人於齊陳淏求自（師）。"

孷與翼

《琴舞》："不（丕）寍（寧）其又（有）心，孷₌（翼翼）其才（在）立（位），㬎（顯）于上下。"按，"孷₌"似當讀作"翼翼"。《詩·大雅·文王》："厥猶翼翼。"毛《傳》："翼翼，恭敬。"

棶與來

《周易·蹇》："九五：大訐（蹇）不（朋）棶（來）。"

棶與棘

《程寤》："隹（惟）王元祀貞（正）月既生朗（霸），大（太）姒夢見商廷隹（惟）棶（棘）。"

《程寤》："朋棶（棘）戕（仇）杍₌松₌（梓松，梓松）柏副棫䨉（包）柞₌（柞，柞）𠯑₌（化爲）䐗。"

《程寤》："卑（俾）行量亡乏，明₌（明明）才（在）向（上），隹（惟）容内（納）棶（棘），意（抑）欲隹（惟）柏。"

𣌭與勑

《説命下》："𧮫（欲）女（汝）其又（有）𠬪（友）𣌭（勑）朕命𢦏（哉）。"

杢與賚

《性自》："雚（觀）《杢（賚）》、《武》，則齊女（如）也斯乍（作）。"

《性自》："《杢（賚）》、《武》樂取，《卲（韶）》、《夏》樂情。"

杢與𧶃

《性自》："《杢（賚）》、《武》樂取，《卲（韶）》、《夏》樂情。"按，上博簡本《性情論》杢（賚）作𧶃。

杢與釐

《筮法二一》："春：杢（釐）、巽大吉，褮（勞）少（小）吉，艮、羅（離）大凶，兑少（小）凶。"

《筮法二一》："夏：褮（勞）大吉，杢（釐）、巽少（小）吉，艮、羅（離）㐫₌（小凶），兑大凶。”

《筮法二一》：“冬：艮、羅（離）大吉，兑少（小）吉，埜（釐）、巽大凶。”

埜與邰

《容成氏》：“於是虐（乎）九邦畔（叛）之，豐、禧（鎬）、郍（舟）、䢵、于（邘）、鹿、埜（邰）、宗（崇）、畬（密）須是（氏）。”按，“埜（邰）”字從陳劍《上博楚簡〈容成氏〉與古史傳説》（臺灣“中央研究院”史語所“中國南方文明研討會”論文，2003年）讀。

埜與救

《老子》乙：“閟（閉）其門，賽（塞）其逸（兑），終身不孞（勤）；啟其逸（兑），賽（思）其事，終身不埜。”按，今本埜作救。

埜與棘

《老子》乙：“閟（閉）其門，賽（塞）其逸（兑），終身不孞（勤）；啟其逸（兑），賽（思）其事，終身不埜。”按，帛書乙本埜作棘。

《窮達》：“郘（呂）室（望）爲牂（臧）埜（棘）澫（津），戰監門埜陸，行年七十而賭（屠）牛於朝訶（歌）。”按，“埜（棘）”字從裘按（《郭店楚墓竹簡·窮達以時》篇注［六］）讀。

《窮達》：“驥（驥）駒（約）張（腸）山，驥塞於訡（鳩）埜（棘），非亡（無）體壯也。”按，“埜（棘）”字從徐在國《郭店楚簡文字三考》（《簡帛研究2001》，廣西教育出版社，2001年）、白於藍《郭店楚簡考釋（四篇）》（《簡帛研究2001》，廣西教育出版社，2001年）讀。

埜與理

《吴命》：“埜（理）先王之福，天子之靁（靈）。”按，“埜（理）”字從復旦大學出土文獻與古文字研究中心研究生讀書會《〈上博七·吴命〉校讀》（復旦大學出土文獻與古文字研究中心網，2008年12月30日）讀。

栽與仇

《緇衣》：“《寺（詩）》員（云）：‘皮（彼）求我則，女（如）不我得；執我栽₌（仇仇），亦不我力。’”按，今本《禮記·緇衣》栽作仇。下一例同。

《緇衣》：“《寺（詩）》員（云）：‘君子好栽（仇）。’”

《天子甲》：“栽（仇）戠（讎）戔（殘）亡。”按，“栽（仇）”字從陳偉《〈天子建州〉校讀》（簡帛網，2007年7月13日）讀。下一例同。

《天子乙》：“栽（仇）戠（讎）戔（殘）亡。”

《陳公》：“女（如）既至栽（仇）人之閒，酒（將）出帀（師）。”按，“栽（仇）”字從蘇建洲《初讀〈上博九〉札記（一）》（簡帛網，2013年1月6日）釋讀。

《耆夜》：“方臧（壯）方武，克燮（襲）栽（仇）戬（讎）。”

《繫年二》：“立廿₌（二十）又一年，晉文侯栽（仇）乃殺惠王于鄬（虢）。”

《琴舞》：“叚（假）才（哉）古之人，夫明思慙（慎），甬（用）栽（仇）其又（有）辟。”

《芮良夫》：“以力及乍（作），燮（襲）栽（仇）啟郕（國），以武丞（及）恿（勇），衛（衛）想（相）社禝（稷）。”

《子儀》：“臣見二人栽（仇）競，一人至，詞（辭）於儷，獄乃成。”

《子產》：“得民天央（殃）不至，外栽（仇）否（附）。”

戟與戤

《緇衣》："《寺（詩）》員（云）：'皮（彼）求我則，女（如）不我得；執我戟₌（仇仇），亦不我力。'"按，上博簡本《緇衣》戟作戤。"戤"字從徐在國、黃德寬《〈上海博物館藏戰國楚竹書（一）緇衣·性情論〉釋文補正》（《古籍整理研究學刊》2002年2期）釋。

救與仇

《緇衣》："《寺（詩）》員（云）：'君子好戟（仇）。'"按，上博簡本《緇衣》戟（仇）作救。

贅與鼇

《措輿》："申、酉，贅〈贅（鼇）〉尹也。"

慭與慭

《繫年八》："晉文公立七年，秦、晉回（圍）奠₌（鄭，鄭）降秦不降晉₌（晉，晉）人以不慭（慭）。"

《芮良夫》："褢（懷）忞（慈）學（幼）溺（弱）、羸（鰥）寡、贀（煢）蜀（獨），萬民具（俱）慭（慭），邦甬（用）昌簉（熾）。"

蚕與理

《窮達》："無（璑）茖（璐）堇（瑾）愈（瑜）坅（包）山石，不爲□□□□不蚕（理）。"按，"蚕（理）"字從陳劍《郭店簡〈窮達以時〉、〈語叢四〉的幾處簡序調整》（《國際簡帛研究通訊》第二卷第五期，2002年）讀。

《尊德義》："民心又（有）恆（極），求其羕（養），童（重）義菓（集）蚕（理），言此章也，行此旻（文）也，然句（後）可逾（諭）也。"

蚕與薶

《太一》："此天斎₌（之所）不能殺，陛（地）斎₌（之所）不能蚕（薶），侌（陰）昜（陽）斎₌（之所）不能成。"按，"蚕（薶）"字從白於藍《郭店楚簡補釋》（《江漢考古》2001年2期）讀。

蚕與賚

《性自》："《賚（賚）》、《武》樂取，《卲（韶）》、《夏》樂情。"按，上博簡本《性情論》賚（賚）作蚕。

蚕與釐

《皇門》："自蚕（釐）臣至于又（有）貧（分）私子，句（苟）克又（有）琼（諒），亡（罔）不罶達，獻言才（在）王所。"

《封許》："珷（武王）司（嗣）明型（刑），蚕（釐）氒（厥）猷，祇事帝（上帝）。"

陸與陵

《楚帛書》甲："山陸（陵）不𢦏，乃命山川四晦（海）□寊（熱）既（氣）寒既（氣），以爲其𢦏。"

《楚帛書》甲："以涉山陸（陵），瀧汨凼漾（瀨），未又（有）昌₌（日月）。"

《楚帛書》甲："千又百戢（歲），昌₌（日月）允生，九州不坪（平），山陸（陵）備（崩）峡，四神□乍（作）。"

《楚帛書》乙："山陸（陵）其登（廢），又（有）淵（淵）氒（厥）㶣，是胃（謂）孛（孛）。"

《楚帛書》乙："不見陸（陵）□，是則兒（䘏）至。"

《容成氏》："舜聖（聽）正（政）三年，山陸（陵）不尻（處），水湶（潦）不湝（？），乃立墨（禹）以爲司工。"

《容成氏》："墨（禹）乃因山陸（陵）坪（平）隰（隰）之可坓（封）邑者而緐（繁）實之。"

《柬大王》："王内（入），以告安君與陸（陵）尹子高。"

《柬大王》："陸（陵）尹、贅尹皆紿其言以告大（太）剀（宰）。"

《柬大王》："大（太）剌（宰）胃（謂）陵（陵）尹。"
《柬大王》："陵（陵）尹與贅尹：'又（有）古（故）唐（乎）？忨（願）䎽（聞）之。'"
《弟子問》："脡（延）陵（陵）季子，其天民也唐（乎）？生而不因其浴（俗）。"
《弟子問》："脡（延）陵（陵）季₌（季子）僑而弗受。脡（延）陵（陵）季₌（季子），其天民也唐（乎）？"
《鄭壽》："女（如）毀新都戕陵（陵）、臨昜（陽），殺左尹𩟃（宛）、少帀（師）亡（無）忌（忌）。"

𧂭與毳

《雜療方》："衣赤纓（纓）衣及黑涅衣，屯（純）以馬𧂭（毳）。"

李字聲系

李與悝

《妄稽》："而離（罹）卑李（悝），晝肖（宵）不瞑（眠）。"按，"李（悝）"字從蕭旭《北大漢簡（四）〈妄稽〉校補》（復旦大學出土文獻與古文字研究中心網，2016年7月4日）讀。

李與理

《李頌》："氏（是）古（故）聖人兼此和勿（物），以李（理）人情。"按，"李（理）"字從復旦吉大古文字專業研究生聯合讀書會《上博八〈李頌〉校讀》（復旦大學出土文獻與古文字研究中心網，2011年7月17日）讀。
《文王》："埶（設）皆紀，四正受績（任），五事皆李（理）。"
《日甲・門》："天李（理）正月居子。"
《九主》："制命在主，下不別黨，邦无私門，諍（爭）李（理）皆塞。"
《九主》："二道之邦，長諍（爭）之李（理），辨黨長爭。"
《九主》："兩主異過同罪，破邦之李（理）也，故曰臣主同罪。"
《明君》："已而人主非有守禦戰鬬之勝李（理）也，以爲軨（鄰）適（敵）必危之矣。"
《明君》："而先王不失其天[下]□□以夫先王之守取天下，固與世異李（理）矣。"
《明君》："不得已於其有勝李（理）也。"
《四度》："極而反，盛而衰，天地之道也，人之李（理）也。"
《論約》："四時有度，天地之李（理）也。"
《春秋一六》："知（智）者疽（置）李（理）長[慮]而身得比（庇）焉。"
《春秋一六》："彭生其不免[乎]，禍李（理）屬焉。"
《揕輿》："子、丑、慶（卿）李（理）也。"
《揕輿》："甲、乙，慶（卿）李（理）也。"

甾字聲系

甾與輜

《帛甲老子・道經》："是以君子衆（終）日行，不蘺（離）其甾（輜）重。"
《帛乙老子・道經》："是以君子冬（終）日行，不遠其甾（輜）重。"

菑與淄

《奏讞書》："臨菑（淄）獄史闌令女子南冠繳（縞）冠，詳（佯）病臥車中。"
《奏讞書》："闌送行，取（娶）爲妻，與偕歸臨菑（淄），未出關得，它如刻（劾）。"
《奏讞書》："闌非當得取（娶）南爲妻也，而取（娶）以爲妻，與偕歸臨菑（淄）。"
《奏讞書》："鞫（鞫）：闌送南，取（娶）以爲妻，與偕歸臨菑（淄）。"

菑與災

《月令》："降〈隋（惰）〉農自安，不堇

（勤）作勞，是以數被菑（災）害。”

《二三子》：“天地無菑（災），民□不傷，甘露時雨聚降，剽（飄）風苦雨不至，民也相觴以壽。”按，“菑”字從廖名春《帛書〈周易〉論集》（上海古籍出版社，2008年，371頁）釋，當讀作“災”。

《五令》：“□之，則五穀有菑（災），民多單（癉）疾。”

《五令》：“故德令失則羽虫（蟲）爲菑（災），義令失則毛虫（蟲）爲菑（災），惠令失則羸〈蠃〉虫（蟲）爲菑（災），威令失則界（介）虫（蟲）爲菑（災）。”

《五令》：“羸〈蠃〉虫（蟲）爲菑（災）則發德令，□□□菑（災）則發罰令，界（介）虫（蟲）爲菑（災）則發義令，羽虫（蟲）爲菑（災）則發威令。”

緇與緦

《服傳甲》：“緇（緦）麻之經，小功之帶也，去五分一以爲帶。”

鬒與鬄

《封診式》：“診首□鬒（鬄）髮，其右角痏一所，袤五寸，深到骨，類劍迹。”

茲字聲系

茲與滋

《易之義》：“文人内其光，外其龍，不以其白陽人之黑，故其文茲（滋）章（彰）。”

茲與慈

《唐虞》：“昏（聞）舜茲（慈）虖（乎）弟□□□□□□爲民宔（主）也。”

《楚居》：“逆上汌水，見盤庚之子，凥（處）于方山，女曰比（妣）隹，秉茲（慈）衛（率）相，詈冑四方。”

《周馴》：“四主無後，重耳乃置，李〈孝〉弟（悌）茲（慈）仁，眾莫弗喜，述（遂）長有晉。”

《周馴》：“今女（汝）能茲（慈）孝，尊仁貴信。”

《周馴》：“爾遠信仁而不能茲（慈）孝，惡學曾（憎）善而不聽教道（導）。”

《周馴》：“二子者，長孺子頑愚而不能聽親，中山之君慧而孝以茲（慈）仁。”

《周馴》：“無卹（恤）好學而智（知）貴善言，孝弟（悌）茲（慈）仁而主令弗曼（慢）。”

《周馴》：“爲人主者，茲（慈）惠温良，其胡可毋好也？”

《周馴》：“昔堯舜之所愛子曰丹朱，不好茲（慈）孝，蘩（繁）欒以惀（淪）。”

《妄稽》：“孝弟（悌）茲（慈）悔（敏），恭敬仁孫（遜）。”

茲與磁

《木牘》：“茲（磁）石、玄石、消（硝）石。”

茲與哉

《繫辭》：“其誰能爲此茲（哉）？”

茲與孳

《觀》：“乃夢（萌）者夢（萌）而茲（孳）者茲（孳），天因而成之。”

茲與滋

《亙先》：“虛青（靜）爲弌（一），若淑=夢=（寂寂夢夢），青（靜）同而未或明（萌），未或茲（滋）生。”

《蓋廬》：“義（我）有靜志，起而擊之，可使毋茲（滋）。”

《帛甲老子·德經》：“民多利器，而邦家茲（滋）昏。”

《帛甲老子·德經》：“人多知（智），而何（奇）物茲（滋）起。”

《帛乙老子·德經》：“法物茲（滋）章（彰），而盜賊多有。”

《觀》：“然則五穀溜孰（熟），民乃蕃茲（滋）。”

《戰國一九》："《詩》曰：樹德者莫如茲（滋），除怨者莫如盡。"

《養生方》："我欲合氣，男女蕃茲（滋），爲之若何？"按，"茲（滋）"字從周一謀、蕭佐桃《馬王堆醫書考注》（天津科學技術出版社，1988年，309頁）讀。

《晏子八》："是以其士民藩（蕃）茲（滋）而尚同，民安樂而尚親。"

《晏子一五》："威儀加多而民行茲（滋）薄，聲樂虋（繁）充而世茲（滋）衰。"

《北大老子》："夫天多忌諱而民璽（彌）貧，民多利器而固〈國〉家茲（滋）昏，人多智而苛（奇）物茲（滋）起，灋物茲（滋）章（彰）而盜賊多有。"

《反淫》："茲（滋）味雜陳，殽柔（羞）措倈（該）。"

茲與慈

《爲吏》："茲（慈）下勿陵，敬上勿犯，聽閒（諫）勿塞。"

《爲吏》："爲人父則茲（慈），爲人子則孝。"

《爲吏》："君鬼（惠）臣忠，父茲（慈）子孝，政之本殹（也）。"

《爲吏》："除害興利，茲（慈）愛萬姓。"

《治官》："龏（恭）敬讓禮，敬長茲（慈）少。"

《治官》："茲（慈）下勿淩（陵），敬士〈上〉勿犯。"

《治官》："爲人父則茲（慈），爲人子則孝。"

《蓋廬》："不茲（慈）穉（稚）弟，不入倫雉（第）者，攻之。"

《帛甲老子·德經》："一曰茲（慈），二曰檢（儉），三曰不敢爲天下先。"

《帛甲老子·德經》："今舍其茲（慈），且勇；舍其後，且先；則必死矣。"

《帛甲老子·德經》："夫茲（慈），以戰則勝，以守則固。天將建之，女（如）以茲（慈）垣（援）之。"

《帛甲老子·道經》："六親不和，案（焉）有畜（孝）茲（慈）。"

《帛乙老子·德經》："一曰茲（慈），二曰檢（儉），三曰不敢爲天下先。"

《帛乙老子·德經》："夫茲（慈），故能勇。"

《帛乙老子·德經》："今舍其茲（慈），且勇。"

《帛乙老子·德經》："夫茲（慈），以單（戰）則朕（勝），以守則固。"

《帛乙老子·德經》："天將建之，如以茲（慈）垣（援）之。"

《帛乙老子·道經》："六親不和，安又（有）孝茲（慈）。"

《帛乙老子·道經》："絕仁棄義，而民復孝茲（慈）。"

《順道》："常後而不先，體（體）正信以仁，茲（慈）惠以愛人。"

《稱》："□□□來，胡不來相教順弟兄茲（慈），昆弟之親尚可易戈（哉）。"

《北大老子》："一曰茲（慈），二曰，歛（儉），三曰不敢爲天下先。"

《北大老子》："茲（慈），故能勇；歛（儉），故能廣。"

《北大老子》："今舍其茲（慈）且勇，舍其歛（儉）且廣，舍其後且先，則死矣。"

《北大老子》："夫茲（慈），以陳（陳）則正，以守則固。天之救之，若以茲（慈）衛之。"

《北大老子》："六親不和，安（焉）有孝茲（慈）。"

《北大老子》："絕仁棄義，民復孝茲（慈）。"

茲與孜

《治官》：“故君子日有茲₌（孜孜）之志，以去其輸（偷）也。”

茲與牸

《養生方》：“□□茲（牸）肉肥□□□膏者，皆陰乾，冶，以三指最（撮）一⊠。”

茲與哉

《帛乙老子・德經》：“吾何以知天下之然茲（哉）？”

茲與災

《帛易・无妄》：“六三，无妄之災，或擊（繫）之牛。行人之得，邑人之茲（災）。”

《帛易・小過》：“尚（上）六，弗愚（遇）過之，翡（飛）鳥羅（離）之，凶。是謂茲（災）省（眚）。”

《帛易・復》：“尚（上）六，迷復，兇（凶）。有茲（災）省（眚），用行師，終有大敗。”

茲與緇

《緇衣》：“好㜪（美）女（如）好茲（緇）衣，亞₌（惡惡）女（如）亞（惡）遆（巷）白（伯）。”

茲與紂

《緇衣》：“好㜪（美）女（如）好茲（緇）衣，亞₌（惡惡）女（如）亞（惡）遆（巷）白（伯）。”按，上博簡本《緇衣》茲（緇）作紂。

孳與茲

《老子》丙：“六新（親）不和安（焉），又（有）孝孳。”按，帛書本孳作茲。

孳與慈

《老子》丙：“六新（親）不和安（焉），又（有）孝孳。”按，今本孳作慈。

《緇衣》：“古（故）孳（慈）以悉（愛）之，則民又（有）新（親）。”

𦨶與茲

《融師》：“蔑帀（師）見，毀折鹿戔（踐），隹（惟）𦨶（茲）作章（彰），皮（彼）獸鼠，又（有）足而⊠。”

𦨶與茲

《耆夜》：“复（作）𦨶（茲）祝誦，萬壽亡疆。”

《祭公》：“縢（朕）身尚才（在）𦨶（茲），縢（朕）䰟（魂）才（在）縢（朕）辟卲（昭）王斎₌（之所）。”

《祭公》：“𦨶（茲）由（迪）彝斈（學）于文武之曼悳（德），克夾卲（紹）成康，甬（用）臧（畢）成大商。”

《祭公》：“女（汝）母（毋）以戾𦨶（茲）辠𩁹（辜）芒（亡）寺（時）寰（遠）大邦。”

《祭公》：“女（汝）其敬𦨶₌（哉。茲）皆缶（保）舍（胥）一人。”

《説命中》：“女（汝）隹（惟）𦨶（茲），敓（説），砥（底）之于乃心。”

《琴舞》：“母（毋）曰高₌（高高）才（在）上，矽（陟）降其事（士），卑藍（監）才（在）𦨶（茲）。”

《三壽》：“我思天風既𡩜（回）或走（止），虗（吾）孛（勉）自印（抑）畏以敬，夫𦨶（茲）□。”

𦨶與字

《老子》甲：“未智（知）其名，𦨶之曰道，虗（吾）㢾（強）爲之名曰大。”按，今本和帛書本𦨶作字。

𦨶與災

《從政》：“⊠而不知則奉（逢）𦨶（災）害。”

《尹至》：“𦨶（災）乃柔（擾），大禜（禜）。”按，“𦨶（災）”字從陳民鎮在復旦大學出土文獻與古文字研究中心研究生讀書會《清華簡〈尹至〉、〈尹誥〉研讀札記（附：〈尹至〉、〈尹誥〉、〈程寤〉釋文）》（復旦大學出土文獻與古文字研究網，2011 年 1

月 5 日）一文下跟帖讀。

䇂與在

《三壽》:“我𨸝（寅）晨共（降）䇂（在）九厇（宅），𥉻（診）夏之遈（歸）商，方曼（般）于茖（路）。”

䇂與哉

《祭公》:“於（嗚）虖（呼），公，女（汝）念䇂（哉）！”

《祭公》:“公蕜（懋）拜₌（拜手）韻₌（稽首），曰:‘允䇂（哉）！’”

《祭公》:“於（嗚）虖（呼），天子，不（丕）則𩕢（畏）言䇂（哉）。”

《祭公》:“於（嗚）虖（呼），天子，三公，女（汝）念䇂（哉）。”

《祭公》:“女（汝）母（毋）絸（瞑）㝠（眩）㥧₌（壤壤），厚（厚）𢉖（顏）忍恥。”

《祭公》:“女（汝）其敬䇂₌（哉。玆）皆缶（保）舍（胥）一人。”

《説命中》:“敬之䇂（哉），啟乃心，日沃朕心。”

《説命中》:“敬之䇂（哉），甬（用）隹（惟）多𢛳（德）。”

《説命下》:“若賈，女（汝）母（毋）非（揮）貨女（如）𢧢（熾）石。”

《説命下》:“𧟹（欲）女（汝）其又（有）𠦪（友）𠦬（勑）朕命䇂（哉）。”

《琴舞》:“𤔔（亂）曰:已，不曹（造）䇂（哉）！思型之，思毷（勖）𢏷（𢷁）之，甬（用）求其定。”

《琴舞》:“𤔔（亂）曰:訖（遹）我敬之，弗其𩏧（墜）䇂（哉）。”

《芮良夫》:“敬之䇂（哉）君子！天猷（猶）畏（威）矣。敬䇂（哉）君子！𧃭（瘏）敗改繇（繇）。”

《芮良夫》:“尚（當）𢓊₌（恆恆）敬䇂（哉）！寡（顧）皮（彼）後復。”

《芮良夫》:“敬䇂（哉）君子！恪䇂（哉）母（毋）㠩（荒），畏天之降𢦏（災），卹邦之不䀠（臧）。”

《芮良夫》:“𥦶（咎）可（何）其女（如）怡（台）䇂（哉）！”

《芮良夫》:“於（嗚）虐（呼）畏䇂（哉）！言罙（深）于𣶒（淵），莫之能𢡱（測）。”

䇂與葸

《曹沬》:“爲之賞𦞦（獲）□䇂（葸），以懽（勸）其志。”

《曹沬》:“思（使）其志记（起），𢦤（勇）者思（使）憙（喜），䇂（葸）者思（使）𢘅（悔），肰（然）句（後）改𡥈（始）。”

𢝊與玆

《顏淵問》:“必不才（在）𢝊（玆）之内矣。”按，“𢝊（玆）”字從復旦吉大古文字專業研究生聯合讀書會《〈上博八·顏淵問於孔子〉校讀》（復旦大學出土文獻與古文字研究中心網，2011 年 7 月 17 日）釋讀。

𢝊與慈

《内豊》:“古（故）爲人侃（兄）者，言人之侃（兄）之不能𢝊（慈）俤（弟）者，不與言人之俤（弟）之不能承侃（兄）者。”

《内豊》:“與侃（兄）言₌（言，言）𢝊（慈）俤（弟），與俤（弟）言₌（言，言）承侃（兄）。”

《顏淵問》:“敬（矜）又（有）（過）而先又（有）司，老₌（老老）而𢝊（慈）學（幼），豫（予）絞（約）而收貧。”按，“𢝊（慈）”字從復旦吉大古文字專業研究生聯合讀書會《〈上博八·顏淵問於孔子〉校讀》（復旦大學出土文獻與古文字研究中心網，2011 年 7 月 17 日）釋讀。下同。

《顏淵問》:“老₌（老老）而𢝊（慈）學（幼），所以凥（處）𢝋（仁）也。”

慈與兹

《老子》甲："民多利器，而邦慈昏。人多智（知），天〈而〉戓（奇）勿（物）慈记（起）。"按，帛書甲本慈作兹。

《老子》甲："灋勿（物）慈章（彰），覜（盜）惻（賊）多又（有）。"按，帛書乙本慈作兹。

慈與滋

《老子》甲："民多利器，而邦慈昏。"按，王弼、傅奕本慈作滋。

《老子》甲："人多智（知），天〈而〉戓（奇）勿（物）慈记（起）。灋勿（物）慈章（彰），覜（盜）惻（賊）多又（有）。"按，今本慈作滋。

慈與磁

《木牘》："慈（磁）石一斤半，百三。"

子字聲系

子與兹

《季桓子》："女（如）子（兹）皋〈罜（親）〉急（仁）、行叟（聖）人之道。"按，"子"似當讀作"兹"，訓爲則、斯或若。

子與茲

《老子》甲："丝（絕）憍（僞）弃虘（詐），民复（復）季（惠）子。"按，帛書本子作茲。

《妄稽》："子（茲）若人言不行，民稱將止。"按，"子"似當讀作"茲"，訓爲此。

子與慈

《老子》甲："丝（絕）憍（僞）弃虘（詐），民复（復）季（惠）子。"按，今本子作慈。

《尊德義》："羕（養）心於子（慈）俍（良），忠信日益而不自智（知）也。"按，"子（慈）"從裘按（《郭店楚墓竹簡·尊德義》篇注［七］）讀。

《語叢二》："子（慈）生於眚（性），易生於子（慈）。"

《妄稽》："教（姣）美佳好，致（至）京（諒）以子（慈）。"

字與子

《二年·襍律》："吏六百石以上及宦皇帝，而敢字（子）貸錢財者，免之。"按，"字（子）"字從張家山漢簡研讀班《張家山漢簡〈二年律令〉校讀記》(《簡帛研究2002、2003》，廣西師範大學出版社，2005年）讀。

字與支

《隨日·離日》："數從上右方數朔初，日及字（支）各居一日。"

《隨日·離日》："日與字（支）夾根山是胃（謂）離日。"

孖與字

《筮法二六》："巽祟：孖（字）殤（殤）。"

杍與梓

《多薪》："多₌新₌（多薪多薪），莫奴（如）松杍（梓）。"

《程寤》："廼孛₌（小子）鍙（發）取周廷杍（梓）梪（樹）于氒（闕）閒，䙴₌（化爲）松柏棫柞。"

《程寤》："朋棶（棘）戥（仇）杍₌松₌（梓松，梓松）柏副棫槖（包）柞₌（柞，柞）䙴₌（化爲）檴。"

《程寤》："隹（惟）杍（梓）敽（敝），不義（宜）迯于商。"

紓與裏

《順道》："能一乎？能止乎？能毋有已，能自擇而尊理乎？紓（裏）也毛（表）也，其如莫存。"

宰字聲系

宰與滓

《諸傷》："☐孰（熟）□□□歙其汁，汁

宰（滓）皆索，食之自次（恣）。”
《腋下》：“□□□□□□□搗（搗）而煮之，令沸，而潛（䍐）去其宰（滓）。”
《蚖》：“坌（齏）蘭，以酒沃，飲其汁，以宰（滓）封其痏，數更之。”
《牡痔》：“各□一分，即取蓑（鋊）末、菽醬之宰（滓）半，并奮（擣）。”
《養生方》：“以雚堅稠節者爨之，令大潰（沸）一，即□□□去其宰（滓），以其清煮黑騭犬卒歲以上者之心肺肝□。”
《養生方》：“段烏豙（喙）一升，以淳酒漬之，□去其宰（滓）。”
《養生方》：“以淳酒四斗漬之，毋去其宰（滓）。”
《一類》：“豬肪三斤，煎之五沸，浚去宰（滓）。”
《一類》：“與宰（滓）搗之，丸大如赤豆。”
《二類》：“以醇醯漬卒時，去宰（滓）。”
《木牘》：“浚去宰（滓），温飲一小桮（杯），日三飲，即藥宿當更沸之。”
《木牘》：“枚煎藥□□□□□□□浚，去宰（滓）。”

莘與滓

《雜療方》：“□□□□去其莘（滓）。”按，“莘（滓）”字從劉釗師《馬王堆漢墓帛書〈雜療方〉校釋劄記》（《古文字研究》第二十八輯，中華書局，2010年）釋讀。

梓與梓

《泰射》：“工人、士與梓（梓）人升自北階，兩楹之閒。”

再字聲系

再與載

《行篡》：“正衡再（載）纍暨（既）忠（中），是謂不窮。”

采字聲系

采與彩

《妄稽》：“吾請奉女（汝），以車馬金財，纍組五采（彩）。”

采與悈

《性自》：“不又（有）夫柬=（簡簡）之心則采（悈）。”按，“采（悈）”字從陳偉《郭店楚簡〈六德〉諸篇零釋》（《武漢大學學報》1999年5期）讀。上博簡《性情論》采正作悈。

采與菜

《秦律·傳食律》：“食粺米半斗，醬駟（四）分升一，采（菜）羹，給之韭蔥。”
《秦律·傳食律》：“不更以下到謀人，粺米一斗，醬半升，采（菜）羹，芻稾各半石。”
《秦律·傳食律》：“糲（糲）米一斗，有采（菜）羹。”
《治官》：“毋積聚畜産，疏食蓄采（菜）。”
《引書》：“夏日，數沐、希浴，毋莫（暮）【起】，多食采（菜）。”
《諸傷》：“毋食魚、彘肉、馬肉、桑蟲、葷、麻洙采（菜），毋近内。”
《反淫》：“楚英之昔（腊），采〈采（菜）〉以山膚。”按，“采〈采（菜）〉”字從陳劍《〈妄稽〉〈反淫〉校字拾遺》（復旦大學出土文獻與古文字研究中心網，2016年7月4日）釋讀。
《一類》：“▨魚葷采（菜），舉□□□，勿見風。”
《一類》：“禁豬肉魚葷采（菜）。”
《二類》：“毋得力作，禁食諸采（菜）。”
《三十時》：“可以嫁女，取婦、築室，當（嘗）蓄采（菜），剽（漂）麻，取稾▨。”

采與綵

《亙先》：“䆁=（䆁䆁）天陛（地），焚=（紛紛）而多采（綵）勿（物）。”按，“采（綵）”字從廖名春《上博藏楚竹書〈恆先〉簡釋（修訂稿）》（confucius2000 網，2004年4月22日）讀。下同。

《亙先》：“恙（祥）宜（義）、利丂（巧）、采（綵）勿（物）出於乍₌（作。作）安（焉）又（有）事，不乍（作）無事。”

菜與采

《詩論》：“《菜（采）萬〈藚（葛）〉》之悉（愛）婦☐。”按，“菜（采）”字從何琳儀《滬簡詩論選釋》（簡帛研究網，2002年1月17日）等讀。

菜與彩

《十陣》：“參（三）聲氣（既）全，五菜（彩）必具，辯（辨）吾號聲，知五旗。”

菜與喜

《周易·无妄》：“九五：亡（无）忘（妄）又（有）疾，勿藥又（有）菜（喜）。”

士字聲系

士與仕

《爲吏》：“三枼（世）之後，欲士₌（仕仕）之。”

《二年·傳律》：“當士（仕）爲上造以上者，以適（嫡）子。”

《二年·傳律》：“須其傅，各以其傅時父定爵士（仕）之。”

《二年·傳律》：“當爲父爵後而傳者，士（仕）之如不爲後者。”

《稱》：“不士（仕）於盛盈之國，不嫁子於盛盈之家。”

《服傳甲》：“士（仕）焉而已者。何以服資（齊）衰三月也？”

《服傳乙》：“士（仕）焉而已者。”

士與事

《帛五行·說》：“君子從而士（事）之也图。”

《帛五行·說》：“士（事）之者成（誠）士（事）之也。”

《帛五行·說》：“知而弗士（事），未可胃（謂）尊賢也。”

《妄稽》：“壹接周春，無所用士（事）。”

士與恃

《見威王》：“夫兵者，非士（恃）恆埶（勢）也。”

才字聲系

才與在

《楚帛書》丙：“不見月才（在）□□，不可以享祀，凶。”

《老子》甲：“聖人之才（在）民前也，以身後之；其才（在）民上也，以言下之。其才（在）民上也，民弗厚也；其才（在）民前也，民弗害（害）也。”

《老子》甲：“卑（譬）道之才天下也，猷（猶）少（小）浴（谷）之與江海（海）。”按，今本和帛書本才作在。

《五行》：“明₌（明明）才（在）下，虩₌（赫赫）才（在）上。”

《緇衣》：“昔才（在）上帝，戡（割）紳（申）觀（勸）文王之悳（德），其集大命于氒（厥）身（躬）。”

《窮達》：“身（窮）達以旹（時），悳（德）行弌（一）也；譽皇（毀）才（在）仿（旁），聖（聽）之弋（任）之。”

《唐虞》：“方才（在）下立（位），不以匹夫爲坙（輕）；及其又（有）天下也，不以天下爲重。”

《唐虞》：“聖者不才（在）上，天下北（必）壞。”

《成之》：“古（故）君子之立（莅）民也，身備（服）善以先之，敬新（慎）以肘（導）

之，其所才（在）者内（入）俟（矣）。”
《成之》：“是古（故）凡勿（物）才（在）疾之。”
《成之》：“是以上之亙（恆）柔（務）才（在）信於眾。”
《六德》：“唯（雖）才（在）艸（草）茆（茅）之宙（中），句（苟）臤（賢）☐。”
《六德》：“雚（觀）者（諸）《時（詩）》、《箸（書）》則亦才（在）喜（矣），雚（觀）者（諸）《豊（禮）》、《樂》則亦才（在）喜（矣），雚（觀）者（諸）《易》、《春秋》則亦才（在）喜（矣）。”
《六德》：“新（親）還（戚）遠近，唯其人所才（在），得其人則舉（舉）安（焉），不得其人則止也。”
《性自》：“☐逃（過）十丞（舉），其心必才（在）安（焉）。”
《語叢三》：“陸（地）能貪（含）之生之者，才（在）棗（早）。”
《語叢四》：“臤（賢）人不才（在）昃（側），是胃（謂）迷惑。”
《詩論》：“《桸（樛）木》福斯才（在）君=（君子）。”
《詩論》：“《文王》曰：‘文王才（在）上，於卲（昭）于天。’虛（吾）党（美）之。”
《民之》：“其才（在）許（語）也，敗（美）矣！厷（宏）矣！大矣！”
《子羔》：“女（如）舜才（在）含（今）之殜（世）則可（何）若？”
《從政》：“君=（君子）之相譹（就）也，不必才（在）近逞（邇）。”
《從政》：“行才（在）己（己）而名才（在）人，名難靜（爭）也。”
《容成氏》：“會才（在）天陸（地）之閾（閒），而棗（包）才（在）四沺（海）之內，遲（畢）能其事，而立爲天子。”
《周易·師》：“九二：才（在）帀（師）宙（中）吉，亡（无）咎，王厽（三）賜（錫）命。”
《周易·隨》：“九四：隓（隨）又（有）臒（獲），貞工（功）。又（有）孚才（在）道，巳（以）明，可（何）咎。”
《周易·小過》：“取皮（彼）才（在）坹（穴）。”
《內豊》：“才（在）少（小）不靜（爭），才（在）大不𤔲（亂）。”
《昭王》：“不幸儯（僕）之父之骨才（在）於此室之曛（階）下，儯（僕）酒（將）埮（掩）亡老☐。”
《曹沫》：“二厽（三）子免（勉）之，怂（過）不才（在）子才（在）寡人。”
《季康子》：“從又（有）司之後，罷（一）不智（知）民矛力（務）之安才（在）。”
《季康子》：“君=（君子）才（在）民之上，執民之中，紡（施）叴（教）於百眚（姓），而民不備（服）安（焉），氏（是）君=（君子）之恥也。”
《君子》：“其才（在）庭則欲齊=（齊齊），其才（在）堂則□□□。”
《盜疾》：“以又疾，午少翏（瘳），申大翏（瘳），死生才（在）□。”
《盜疾》：“以又（有）疾，未少翏（瘳），申大翏（瘳），死生才（在）丑。”
《盜疾》：“以又（有）疾，栖（西）少翏（瘳），戌大翏（瘳），死生才（在）子。”
《盜疾》：“☐翏（瘳），死生才（在）寅。”
《盜疾》：“以又（有）疾，戌少翏（瘳），辰大翏，死生才（在）寅。”
《盜疾》：“以又（有）疾，子少翏（瘳），卯大翏（瘳），死生才（在）寅。”
《盜疾》：“辰大翏（瘳），死生才（在）栖

（西）。”
《盜疾》：“以又（有）疾，卯少翏（瘳），巳大翏（瘳），死生才（在）申。”
《盜疾》：“☐大翏（瘳），死生才（在）子。”
《盜疾》：“☐翏（瘳），死生才（在）□。”
《太歲》：“大（太）歲：亖（十月）、屈柰、亯〓（享月）才（在）西，𠭯〓（負月）、遠柰、夏柰才（在）北，獻馬、䂗尸、八月才（在）東，冬柰、夏尸、九月才南。”
《宿位》：“☐□恚（奎），丙□□才（在）甇☐。”
《用曰》：“又（有）膭才（在）心，嘉悳（德）吉猷。”
《用曰》：“言才（在）家室，而莫執朕𦧝（舌）。”
《天子甲》：“才（在）道不䛠（語）匿，凥（居）正（政）不䛠（語）樂。”
《天子乙》：“才（在）道不䛠（語）匿，凥正（政）不䛠（語）樂。”
《武王甲》：“帀（師）上（尚）父曰：‘才（在）丹箸（書），王女（如）谷（欲）䚋〈觀（觀）〉之，盍䢘（齋）乎？’”
《凡物甲》：“五言才（在）人，篙（孰）爲之公？”
《凡物乙》：“五言才（在）人，篙（孰）爲之公？”
《吳命》：“才（在）攴（波）戠（濤）之閒。”
《顏淵問》：“必不才（在）㦤（茲）之内矣。”
《成王》：“周公曰：‘旦之聒（聞）之也，各才（在）其身，而☐。’”
《成王》：“夫夏曾（繒）是（氏）之道，可以智（知）善否，可以智（知）亡才（在），可胃（謂）又（有）道虐（乎）？”按，“才（在）”字從復旦吉大古文字專業研究生聯合讀書會《上博八〈成王既邦〉校讀》（復旦大學出土文獻與古文字研究中心網，2011年7月17日）讀。
《成王》：“☐之至，才（在）周之東。”
《成王》：“王才（在）鎬，卲（召）周公旦曰。”
《蘭賦》：“夬（決）迲（去）選勿（物），宅才（在）學（幽）宔（中）。”
《邦人》：“卲（昭）夫人胃（謂）鄴（葉）公子高：‘先君之子聚才（在）外☐。’”
《尹至》：“隹（惟）尹自夏𨽍（徂）白（亳），彔（逯）至才（在）湯。”
《尹至》：“夏又（有）恙（陽），才（在）西才（在）東，見章于天。”
《程寤》：“隹（惟）商慼才（在）周〓（周，周）慼才（在）商。”
《程寤》：“卑（俾）行量亡乏，明〓（明明）才（在）向（上）。”
《耆夜》：“周公复（作）訶（歌）一終曰蟲〓䗃〓（《蟋蟀》：蟋蟀）才（在）尚（堂），役車其行。”
《耆夜》：“蟲（蟋）䗃（蟀）才（在）笞（席），戢（歲）矞（聿）員（云）茖（莫）。”
《耆夜》：“蟲（蟋）䗃（蟀）才（在）舒（序），戢（歲）矞（聿）員（云）□。”
《金縢》：“尔（爾）母（毋）乃有備子之責才（在）上？”
《金縢》：“臺（就）後武王力（陟），成王由（猶）學（幼）才（在）立（位）。”
《皇門》：“隹（惟）正【月】庚午，公𢓍（格）才（在）者（皇）門。”
《皇門》：“我聒（聞）昔才（在）二又（有）或（國）之折（哲）王，則不（丕）共（恭）于卹（恤）。”
《皇門》：“自蚤（釐）臣至于又（有）貧

（分）私子，句（苟）克又（有）𤸰（諒），亡（罔）不譻達，獻言才（在）王所。”

《皇門》：“百眚（姓）萬民，用亡（罔）不腨（柔）比才（在）王廷。”

《皇門》：“先［＝］（先人）神示（祇）復式（式）用休，卑（俾）備（服）才（在）氒（厥）家。”

《皇門》：“曰‘余蜀（獨）備（服）才（在）寢’，以自零（落）氒（厥）家。”

《皇門》：“忢（媢）夫又（有）埶（邇）亡（無）遠，乃弇（掩）盍（蓋）善＝夫＝（善夫，善夫）莫達才（在）王所。”

《祭公》：“且（祖）禝（祭）公，哀（哀）余少（小）子，𦘔（昧）其才（在）位，詃（旻）天疾畏（威），余多寺（時）砠懲。”

《祭公》：“朕（朕）身尚才（在）丝（兹），朕（朕）䰟（魂）才（在）朕（朕）辟卲（昭）王𣄃＝（之所）。”

《祭公》：“甬（用）繼（膺）受天之命，尃（敷）䎽（聞）才（在）下。”

《祭公》：“昔才（在）先王，我亦不以我辟竄（陷）于戁（難），弗遂（失）于政，我亦隹（惟）以沒我殀（世）。”

《説命上》：“其隹（惟）敚（説）邑，才（在）北晦（海）之州，是隹（惟）員（圜）土。”

《説命中》：“武丁朝于門，内（入）才（在）宗。”

《説命中》：“𡳿（且）天出不恙（祥），不虘（徂）遠，才（在）氒（厥）胳（落）。”

《説命下》：“少（小）臣罔㚇（俊）才（在）朕備（服），余隹（惟）命女（汝）敚（説）鬷（融）朕命。”

《説命下》：“女（汝）隹（惟）又（有）萬𠷎（壽）才（在）乃政。”

《説命下》：“女（汝）亦隹（惟）又（有）萬福㸚＝（業業）才（在）乃備（服）。”

《説命下》：“敚（説），昔才（在）大戊，克漸（漸）五祀，天章（彰）之甬（用）九悳（德），弗易百青（姓）。”按，“才”字原形作“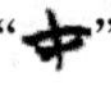”，整理者直接釋爲“在”。不確。

《琴舞》：“母（毋）曰高＝（高高）才（在）上，砌（陟）降其事（士），卑藍（監）才（在）丝（兹）。”

《琴舞》：“不（丕）寍（寧）其又（有）心，𦐂＝（翼翼）其才（在）立（位），㬎（顯）于上下。”

《琴舞》：“𤔔（亂）曰：逸（肆）其㬎（顯）思，皇天之社（功），晝之才（在）視日，夜之才（在）視晨（辰）。”

《琴舞》：“五啟曰：於（嗚）虖（呼）！天多降悳（德），汸＝（滂滂）才（在）下。”

《琴舞》：“六啟曰：“其舍（余）㴻（沖）人，備（服）才（在）清宙（廟），隹（惟）克少（小）心。”

《琴舞》：“𤔔（亂）曰：弜（弗）敢巟（荒）才（在）立（位），龏（恭）畏才（在）上，敬㬎（顯）才（在）下。”

《琴舞》：“七啟曰：思又（有）息，思憙才（在）上。”

《琴舞》：“不（丕）㬎（顯）其又（有）立（位），右帝才（在）茖（落），不遂（佚）隹（惟）同。”

《芮良夫》：“昔才（在）先王，幾（既）又（有）眔俑（庸），□□庶戁（難），甬（用）建其邦，坪（平）和庶民，莫敢烈憧。”

《筮法一》：“噬（筮）死妻者，相見才（在）上，乃曰死。”

《筮法一》：“噬（筮）死夫者，相見才（在）上，乃曰死。”

《筮法七》：“凸（凡）雔（售），參（三）

男同女₌（女，女）才（在）昬（緐）上，妻夫相見，讎（售）。”

《筮法十一》：“呇（凡）雨，堂（當）日才（在）下，響（數）而內（入），雨。堂（當）日才（在）上，響（數）而出，乃宇（旱）。”

《筮法十一》：“金木相見才（在）上，侌（陰）。水火相見才（在）下，風。”

《筮法二三》：“呇（凡）果，大事戢（歲）才（在）前，果；中事月才（在）前，果；省（小）事日乃前，果；其余（餘）佋（昭）穆，果。”

《筮法二九》：“才（在）上爲飢（篙），下爲[illegible]。”

《厚父》：“才（在）夏之折（哲）王，迺嚴禎（寅）鬼（畏）皇天上帝之令（命）。”

《厚父》：“其才（在）寺（時）後王之卿（享）國，禄（肆）祀三后，永敘才（在）服，隹（惟）女（如）怡（台）？”

《厚父》：“迺弗悊（慎）乓（厥）悳（德），甬（庸）敘才（在）服？”

《厚父》：“若山乓（厥）高，若水乓（厥）淵（淵），女（如）玉之才（在）石，女（如）丹之才（在）朱，迺是（寔）隹（惟）人。”

《封許》：“雩（越）才（在）天下，古（故）天藿（勸）之乍〈亡〉臭（斁）。”

《命訓》：“夫司悳（德）司義，而易（賜）之福（福，福）录（禄）才（在）人₌（人，人）能居，女（如）不居而左（重）義，則厇（度）至于亟（極）。”

《命訓》：“或司不義而陸（降）之禍₌（禍，禍）怶（過）才（在）人₌（人，人）□母（毋）謹（懲）嘘（乎）？”

《啻門》：“貞（正）月己咳（亥），湯才（在）啻門，瑉（問）於少（小）臣。”

《子儀》：“君欲汽（氣）丹才（在）公。”

《子產》：“愳（懼）遳（失）又₌戒₌（有戒，有戒）所以紬（申）命固立₌（位，位）固邦₌安₌（邦安，邦安）民䢴（遂），邦危民麗（離），此胃（謂）才［存］亡才（在）君。”

《子產》：“整政才（在）身，闅（文）腥（理）、型（形）體（體）、惴（端）敂（冕）。”

《子產》：“又（有）道之君，能攸（修）其邦或（國）以和₌民₌（和民。和民）又（有）道，才（在）大能政，才（在）少（小）能枳（支）；才（在）大可舊（久），才（在）少（小）可大。”

《秦律·倉律》：“廥才（在）都邑，當□□□□□□□□者與雜出之。”

《封診式》：“市南街亭求盜才（在）某里曰甲縛詣男子丙，及馬一匹，騅牝右剽。”

《封診式》：“某亭校長甲、求盜才（在）某里曰乙、丙縛詣男子丁。”

《封診式》：“士五（伍）咸陽才（在）某里曰丙，坐父甲謁鋈其足。”

《封診式》：“某里士五（伍）甲、公士鄭才（在）某里曰丙共詣斬首一。”

《天乙·貞在》：“貞才（在）南₌呂₌（南呂，南呂）之數，出於大（太）族。”

《發啟》：“文王才（在）酆，召大（太）公望曰。”

《荊決》：“玄龔（龍）在淵，雲持（待）才（在）天。”

才與材

《容成氏》：“述（遂）迷（弭）天下，而一其志，而寢其兵，而官其才（材）。”

《守國》：“夫天生四時，地生萬才（材），天下有民☒。”

《有國》：“效曰：才（材）士□☒。”

才與哉

《魯穆公》：“恢（噫），善才（哉），言虐（乎）！”

《窮達》：“句（苟）又（有）其殜（世），

可（何）慬（艱）之又（有）才（哉）。”
《成之》：“《君奭》曰：‘䍐（襄）我二人，毋又（有）合才（哉）音（言）。’”按，今本《尚書·君奭》才作哉。
《性自》：“戠（察）其見者，青（情）安�（失）才（哉）？”
《民之》：“善才（哉）！商也，𨟻（將）可孝（教）時（詩）矣。”
《魯邦》：“☐之可（何）才（哉）？”
《魯邦》：“女（若）夫政（正）型（刑）與悳（德），以事上天，此是才（哉）！”
《魯邦》：“公剴（豈）不飯杺（粱）飤（食）肉才（哉）！殹（繄），亡女（如）𢊁（庶）民可（何）。”
《仲弓》：“善才（哉）昏（問）虖（乎）！足以孝（教）喜（矣）。”
《亙先》：“燹（氣）信神才（哉）！”
《彭祖》：“休才（哉）！乃𨟻（將）多昏（問）因由，乃不遳（失）厇（度）。”
《曹沫》：“曼（晚）才（哉），虛（吾）䎽（聞）此言。”
《鮑叔牙》：“公身爲亡道，不遴（遷）於善而敚（說）之，可虖（乎）才（哉）？”按，“才（哉）”字從陳劍《談談〈上博（五）〉的竹簡分篇、拼合與編聯問題》（簡帛網，2006年2月19日）釋讀。
《鮑叔牙》：“寡人之不𧚍（肖）也，幾（豈）不二子之惪（憂）也才（哉）？”
《鮑叔牙》：“甚才（哉）！虛（吾）不澫（勵），二三子不諦（責）忞（怒）寡人，至於弁（變）日飤（食）。”按，“才（哉）”字從陳偉《〈競建内之〉〈鮑叔牙與隰朋之諫〉零識》（簡帛網，2006年2月22日）讀。
《苦成》：“爲此殜（世）也從事，可（何）以女（如）是其疾與（歟）才（哉）？”
《苦成》：“𧙛（𩕏）裕（頷）以至於含（今）才（哉）！”
《苦成》：“虛（吾）敢欲𧙛（𩕏）裕（頷）以事殜（世）才（哉）？”
《苦成》：“句（苟）義毋舊（久）立，死可（何）𥏼（傷）才（哉）！”
《苦成》：“天下爲君者，隹（誰）欲畜女（汝）者才（哉）？”
《三德》：“善₌才₌（善哉，善哉），參（三）善才（哉）。”
《三德》：“天才（哉）人才（哉），朋（凭）可（何）新（親）才（哉），旻（沒）其身才（哉）。”
《競公瘧》：“善才（哉）！虛（吾）甬（用）晏子，是䍐（襄）逗（桓）之言也！”
《君人甲》：“虛（吾）𨶹（焉）又（有）白玉三回（圍）而不戔（箋）才（哉）？”
《君人甲》：“戊行年七₌（七十）矣，言（然）不敢睪（懌）身，君人者可（何）必安才（哉）！”
《君人甲》：“君人者可（何）必安才（哉）！”
《君人乙》：“虛（吾）𨶹（焉）又（有）白玉三回（圍）而不戔（箋）才（哉）？”
《君人乙》：“戊行年七₌（七十）矣，言（然）不敢睪（懌）身，君人者可（何）必安才（哉）！”
《君人乙》：“君人者可（何）必安才（哉）！”
《成王》：“☐道大才（哉）！”
《成王》：“亞（嗚）虖（呼），敬之才（哉）！輮（朕）䎽（聞）才（哉）☐。”
《蘭賦》：“緩才（哉）蘭（蘭）可（兮）。”
《城濮》：“☐言虖（乎）！君子才（哉）！䎽（聞）☐。”
《史蒥》：“自詞（始）又（有）民以來，未或能才（哉）！”按，“才”似當讀作“哉”。

《史蒥》："古（故）酓（教）於訡（始）虘（乎）才（哉）？"
《史蒥》："夫子曌（曰）：'善才（哉）！臨事而矍（懼），希不☐。'"
《程寤》："於（嗚）虘（呼），敬才（哉）！"
《保訓》："欽才（哉）！勿淫！"
《保訓》："於（嗚）虘（呼）！祗之才（哉）！"
《保訓》："於（嗚）虘（呼）！發，敬才（哉）！"
《保訓》："敬才（哉）！母（毋）淫！日不足隹（維）宿不羕（詳）。"
《皇門》："於（嗚）虘（呼）！敬才（哉），監（鑑）于茲。"
《皇門》："母（毋）隻（作）俎（祖）考脜（羞）才（哉）。"
《琴舞》："叚（假）才（哉）古之人，夫明思慙（慎），甬（用）戟（仇）其又（有）辟。"
《琴舞》："不易畏（威）義（儀）才（哉），言隹（惟）克敬之！"按，"才（哉）"字從黄傑《再讀清華簡（叁）〈周公之琴舞〉筆記》（簡帛網，2013年1月14日）讀。
《封許》："於（嗚）虘（呼），丁，戒才（哉）！"
《湯丘》："善才（哉）！子之員（云）。"
《湯丘》："善才（哉）！君天王之言也。"
《湯丘》："善才（哉）！子之員（云）也。"
《湯丘》："又（有）夏之悳（德）可（何）若才（哉）？"
《湯丘》："若自使朕身巳（已）傑（桀）之疾，句（后）牆（將）君又（有）夏才（哉）！"
《啻門》："又（有）才（哉）。"
《啻門》："其既（氣）曆鯀（歜）發絧（治），是其爲長虞（且）好才（哉）。"
《管仲》："君子孚（學）才（哉），孚（學）於（烏）可以巳（已）？"
《管仲》："君子孚（學）才（哉），孚（學）於（烏）可以巳（已）？"
《管仲》："若夫湯者，可以爲君才（哉）！"
《管仲》："若句（后）辛者，不可以爲君才（哉）。"
《管仲》："若武王者，可以爲君才（哉）！"
《管仲》："若學（幽）王者，不可以爲君才（哉）！"
《管仲》："爲臣袋（勞）才（哉）！"
《管仲》："善才（哉）！女（汝）果若氏（是），則爲君袋（勞）才（哉）！"
《帛甲老子·道經》："古[之][所][謂][曲][全][者]，[豈]語（虛）才（哉）。"
《帛乙老子·德經》："吾何以知其然也才（哉）？"
《帛乙老子·道經》："望（荒）呵其未央才（哉）！"
《帛乙老子·道經》："古之所胃（謂）曲全者，幾（豈）語（虛）才（哉）！"
《帛五行·説》："有（又）從而畏忌之則夫閒何繇（由）至乎才（哉）？"
《帛五行·説》："曰幾（豈）不☐☐☐[小]不勝大，賤不勝貴也才（哉）？"
《帛五行·説》："繇（悠）才（哉）繇（悠）才（哉），婘（輾）槫（轉）反廁（側）。"
《九主》："大矣才（哉）！大矣才（哉）！不失乏（範）。"
《九主》："至矣才（哉）！至矣才（哉）！法君法臣。"
《九主》："耑見必得，得有巨才（哉）！得主之才（哉）！"
《九主》："於（嗚）乎（呼）危才（哉）！得主之才（哉）！"
《九主》："於（嗚）乎（呼）危才（哉）！半君！"
《九主》："哀才（哉）寄主！臣主同罪何

也？”
《明君》：“明君之實奚若才（哉）？”
《明君》：“此其請（情）美才（哉）闌（爛）乎。”
《明君》：“剴（豈）直不得有其大呂鄭勞耳才（哉），不得有其王后。”
《明君》：“剴（豈）直不得有其王后耳才（哉），不得【有】其身。”
《明君》：“人之言必勝者胃（謂）何才（哉）？”
《明君》：“此剴（豈）夫見制者才（哉），此制人者也。”
《五正》：“單（戰）才（哉）。”
《正亂》：“單（戰）盈才（哉）。”
《天下至道》：“於（嗚）虖（呼）謓（慎）才（哉），神明之事，在於所閉。”
《繆和》：“至於其失之也，唯（雖）欲爲人用，剴（豈）可得也才（哉）？”
《繆和》：“子曰：異才（哉），天下之士所貴。”
《繆和》：“成人也者，世無一夫，剴（豈）可強及輿才（哉）？”
《繆和》：“君子於仁義之道也，雖弗身能，剴（豈）能已才（哉）。”
《晏子一二》：“吾罪輿（歟）才（哉）！吾亡也！”
《晏子一二》：“嬰幾（豈）婢子才（哉）！”
《文師》：“樂才（哉）聖人。”
《發啟》：“美（微）才（哉）！”
《發啟》：“微才（哉）！執（鷙）鳥將執，庳（卑）蜚（飛）翕翼。”
《發啟》：“聖人之悳（德）□乎蜀（獨）聞蜀（獨）見，樂才（哉）聖人。”
《三疑》：“敬之才（哉）！”
《虎韜》：“樂才（哉）☐。”
《葆啟》：“沇（允）才（哉）！日不足。”
《聽有》：“幾（豈）直二賢從之而已才（哉）！”

才與兹

《封許》：“余既監（鑑）于殷之不若，囷童才（兹）𢝊（憂），𢇛（靡）念非尚（常）。”

才與災

《容成氏》：“𤻬（癘）役（疫）不至，祅（妖）羕（祥）不行，祡（禍）才（災）迲（去）亡，脍（禽）獸肥大，卉木晉長。”

才與讒

《語叢三》：“所以異於父者，君臣不相才（讒）也，則可已；不敓（悦），可去也；不我（義）而加者（諸）已，弗受也。”按，“才（讒）”字從白於藍《郭店楚簡補釋》（《江漢考古》2001年2期）讀。

在與載

《少牢》：“膿（體）其在（載）于柤（俎），皆進下。”

在與塞

《蚖》：“父居北在（塞），母居南止（阯），同産三夫，爲人不德。”按，“在（塞）”字從馬繼興《馬王堆古醫書考釋》（湖南科學技術出版社，1992年，414頁）讀。

芓與材

《程寤》：“於（嗚）虖（呼）！可（何）敬（警）非朋？可（何）戒非商？可（何）甬（用）非桓₌（樹？樹）因欲，不違芓（材）。”

芓與災

《程寤》：“思（使）卑脜（柔）和川（順），眚（生）民不芓（災），褱（懷）允。”

材與才

《命訓》：“豊（禮）無時則不貴，埶（藝）逕（淫）則割（害）於材（才）。”
《儒言》：“子思曰學所以盡材（才）。”
《妄稽》：“過（猾）盜不材（才）者，皆與交通。”按，“材”似當讀作“才”。“不才”乃古之習語，指無能力或一技之長之人。

材與財

《尊德義》：“让（上）思〈畏（威）〉則往者復，依（哀）惠則民材（財）足，不時則亡懽（勸）。”按，“材（財）”字從陳偉《郭店竹書别釋》（湖北教育出版社，2002年，164頁）讀。

《答問》：“人戶、馬牛及者（諸）貨材（財）直（值）過六百六十錢爲‘大誤’。”

《爲吏》：“臨材（財）見利，不取句（苟）富；臨難見死，不取句（苟）免。”

《爲吏》：“戒₌（戒戒）之材（財）不可歸。”

《爲吏》：“不精於材（財）。”

《日甲·毀棄》：“毋以申出入臣妾、馬牛、貨材（財），是胃（謂）□□□。”

《天乙·貞在》：“中呂，利毆，材（財）毆，市販事毆，有合某（謀）毆。”

《癸瑣》：“受人貸材（財）以枉律令。”

《魏盜》：“即買大刀，欲復以盜殺人，得錢材（財）以爲用，亡之巍（魏）。”

《繫辭》：“何以守立（位）？曰人（仁）；何以聚人？曰材（財）；理材（財）正辭，爱民安行，曰義。”按，今本材作財。

《晏子一五》：“積材（財）不能譫（贍）其樂。”

《三算》：“算天下之材（財），則勝僑（敵）國之力。”

材與裁

《秦律·徭律》：“縣嗇夫材（裁）興有田其旁者，無貴賤，以田少多出人。”

《答問》：“將軍材（裁）以錢若金賞，毋（無）恒數。”按，“材”似當讀作“裁”。下一例同。

《答問》：“内史材（裁）鼠（予）購。”

《日甲·衣良日》：“丁丑材（裁）衣，媚人。”

《日甲·衣良日》：“入十月十日乙酉、十一月丁酉材（裁）衣，終身衣絲。”

《日甲·衣良日》：“十月丁酉材（裁）衣，不卒歲必衣絲。”

《日甲·衣良日》：“癸丑、寅、申、亥，秋丙、庚、辛材（裁）衣，必入之。”

《日甲·衣良日》：“月不盡五日，不可材（裁）衣。”

《日甲·衣二》：“丁丑材（裁）衣，媚人。”

《日甲·衣二》：“入七月七日日乙酉，十一月丁酉材（裁）衣，終身衣絲。”

《日甲·衣二》：“十月丁酉材（裁）衣，不卒歲必衣絲。”

《日甲·衣二》：“癸丑、寅、申、亥，秋丙、庚、辛材（裁）衣，必入之。”

《日甲·衣二》：“月不盡五日，不可材（裁）衣。”

《日甲·衣二》：“丁酉材（裁）衣常（裳），以西有（又）以東行。”

《隨日·五子》：“五酉不可蓋室，材（裁）衣常（裳）。”

《算數書·以圜裁方》：“以睘（圜）材（裁）方。”

《算數書·以方裁圜》：“以方材（裁）睘（圜）。”

《戰國四》：“故王能材（裁）之，臣以死任事。”

《□爛者》：“善削瓜壯者，而其瓣材（裁）其瓜。”按，“材（裁）”字從周一謀、蕭佐桃《馬王堆醫書考注》（天津科學技術出版社，1988年，182頁）讀。

材與載

《四度》：“女樂玩好燔（繁）材（載），亂之基也。”

忎與才

《金縢》：“是年（佞）若丂（巧）能，多忎（才）多埶（藝），能事禔（鬼）神。”

《芮良夫》：“恂（營）求又（有）忎（才），聖智恿（勇）力。”

忎與慈

《芮良夫》：“褱（懷）忎（慈）孿（幼）溺（弱）、羸（鰥）寡、熙（煢）蜀（獨），萬民具（俱）慭（憖），邦甬（用）昌簹（熾）。”

《三壽》：“衣備（服）惴（端）而好訐（信），丂（孝）忎（慈）而怵（哀）眔（鰥）。”

忎與戴

《尊德義》：“非豊（禮）而民兑（悦）忎（戴），此少（小）人矣。”按，“忎（戴）”字從陳偉《郭店竹書别釋》（湖北教育出版社，2002年，163頁）讀。

忎與字

《太一》：“道亦其忎（字）也，青（請）昏（問）其名。”按，“忎（字）”字從裘按（《郭店楚墓竹簡·太一生水》篇注［一六］）讀。

《太一》：“天陞（地）名忎（字）並=（並立）。”

忎與災

《鮑叔牙》：“含（今）豎逜（刁），佖（匹）夫而欲智（知）墡（萬）輮（乘）之邦而貴尹，其爲忎（災）也深矣。”

《鮑叔牙》：“日旋亦不爲忎（災），公蟲（瘧）亦不爲戠（害）。”

烖與災

《周易·无妄》：“行人之得，邑人之烖（災）。”

《周易·小過》：“上六：弗遇化（過）之，飛鳥羅（離）之，凶，是胃（謂）亦烖（災）眚（眚）。”

烖與兹

《周易·无妄》：“行人之得，邑人之烖（災）。”按，帛書本烖（災）作兹。下同。

《周易·小過》：“上六：弗遇化（過）之，飛鳥羅（離）之，凶，是胃（謂）亦烖（災）眚（眚）。”

財與滓

《養生方》：“浚去其財（滓），以汁漬饡（滫）飯。”

《養生方》：“以囊盛，□□□□日棄貍（埋）□□財（滓）。”

𢦏與哉

《厚父》：“兹咸又（有）神，能畧（格）于上，智（知）天之鬼（威）𢦏（哉），聒（問）民之若否，隹（惟）天乃永保夏邑。”

《厚父》：“欽之𢦏（哉），厚父！”

《鄭甲》：“攼（爲）大其宫，君而虢（狎）之，不善𢦏（哉）。”

《鄭甲》：“戒之𢦏（哉），君。”

《鄭乙》：“攼（爲）大其宫，君而虢（狎）之，不善𢦏（哉）。”

《奏讞書》：“君曰：善𢦏（哉）！”

《奏讞書》：“君曰：當𢦏（哉）！”

《算數書·狐出關》：“犬謂貍=（貍、貍）謂狐：而皮倍我，出租當倍𢦏（哉）。”

《帛甲老子·德經》：“吾何以知其然也𢦏（哉）？”

《稱》：“□□□來，胡不來相教順弟兄兹（慈），昆弟之親尚可易𢦏（哉）。”

《戰國四》：“臣豈敢強王𢦏（哉）。”

《戰國一一》：“乾（韓）、粱（梁）豈能得此於燕𢦏（哉）。”

《戰國一五》：“夫秦何厭（饜）之有𢦏（哉）。”

《戰國一五》：“且君之得地也，豈必以兵𢦏（哉）。”

《戰國一八》："剴（豈）非計長久，子孫相繼爲王也戈（哉）。"
《戰國一八》："剴（豈）人主之子侯，則必不善戈（哉）。"
《戰國二一》："臣竊以事觀之，秦幾（豈）夏〈憂〉趙而曾（憎）齊戈（哉）。"
《戰國二三》："所道攻燕，非齊則魏，齊魏新惡楚，唯（雖）欲攻燕，將何道戈（哉）？"
《戰國二三》："若夫越趙、魏，關（擐）甲於燕，幾（豈）楚之任戈（哉）。"
《戰國二七》："主君何爲亡邯鄲以敝魏氏，而兼爲楚人禽（擒）戈（哉）。"
《養生方》："禹曰：善戈（哉）言歈（乎）！"
《養生方》："善戈（哉）言歈（乎）！今我血氣外揖。"
《容成》："頌事白〈自〉殺，亦傷（傷）悲戈（哉）。"
《易之義》："子曰：耶（聖）人信戈（哉）！隱文且靜，必見之胃（謂）也。"
《易之義》："大明在上，正其是非，則□□□□□□□□□□占，危戈（哉）。"
《要》："校（謬）戈（哉），賜！"
《實虛》："☐益於勝戈（哉）？"
《用閒》："密戈（哉）密戈（哉），毋（無）所不用閒也。"
《威王問》："善戈（哉）言！兵埶（勢）不窮。"
《晏子三》："異戈（哉）□□☐。"
《晏子一四》："善戈（哉）！問事君。"

戈與災

《蓋廬》："鳳＝（鳳鳥）下之，毋有疾戈（災）。"
《謀攻》："城不□□□□□戈（災）也。"
《晏子四》："師若果進，軍必有戈（災）。"

戈與裁

《算數書·狐皮》："狐皮卅五戈（裁）、貍皮廿五戈（裁）、犬皮十二戈（裁）偕出關＝（關，關）并租廿五錢，問各出幾何。"

戈與豺

《采風》："卭讙：《戈（豺）虎》。"按，"戈（豺）"字從楊澤生《讀〈上博四〉劄記》（簡帛研究網，2005年3月24日）讀。

戠與戴

《柬大王》："君王母（毋）敢戠（戴）害（蓋）笄，相𡰥（徙）、中余（謝）與五連少（小）子及龍（寵）臣皆逗，母（毋）敢執篥籢（笠）。"按，"戠"似當讀作"戴"。

䢦與哉

《發敂》："於（嗚）乎（呼）！謀念䢦（哉）！"

䢦與災

《發敂》："人道无䢦（災），不可先謀。"
《發敂》："必見其央（殃），有（又）見其䢦（災），乃可以謀。"
《患之》："五患曰：有國，天地之莅（凶）行其國，國多䢦（災）訣（殃），所謂溺國也。"

哉與載

《楚居》："逆流哉（載）水，乓（厥）脜（狀）聑（聶）耳，乃妻之，生侸雪（叔）、麗季。"

哉與滋

《湯丘》："飤（食）時不旨（嗜）饍（珍），五味皆哉（滋），不又（有）所𡒊（褻）。"按，"哉（滋）"字從蚊首在ee《清華五〈湯處於湯丘〉初讀》（簡帛網"簡帛論壇"，2015年4月9日）一文下跟帖讀。

𥙆與災

《周馴》："禍𥙆（災）不至，國安而身利。"

栽與才

《陳公》："君王不智（知）性（狂）之無

栽（才），命性（狂）相執事人整帀（師）徒。”

《陳公》：“君王不智（知）臣之無栽（才），命臣相執事人整帀（師）徒。”

憱與滋

《尹至》：“隹（惟）憱（滋）虐（虐）悳（德）、瀑（暴）熥（重）、亡眞（典）。”按，“憱（滋）”字從馮勝君《清華簡〈尹至〉“玆乃柔大縈”解》（《出土文獻研究》第十三輯，中西書局，2014年）讀。

憱與載

《説命中》：“隹（惟）惊（衣）憱（載）恦（病）。”

載與哉

《芮良夫》：“龏（恭）天之畏（威）載（哉），聖（聽）民之繇（繇）。”按，“載”似當讀作“哉”。

載與裁

《治官》：“女子之作，紡織載（裁）縫（縫），補褆（綻）治家。”

載與災

《芮良夫》：“敬孳（哉）君子！恪孳（哉）毋（毋）巟（荒），畏天之降載（災），卹邦之不䀐（臧）。”

載與忌

《琴舞》：“敢（嚴）余不解（懈），業＝（業業）畏載（忌）。”

載與則

《琴舞》：“桼（咨）尔多子，笁（篤）其絸（勉）卲（劭），舍（余）彖（逯）思念，畏天之載（則），勿請福之侃（愆）。”按，“載（則）”字從白於藍《〈清華大學藏戰國竹簡（三）〉拾遺》（《中國文字研究》第二十輯，上海書店出版社，2014年）讀。

戴與載

《阜易·小畜》：“□得（德）戴（載）。”

濊與憱

《養生方》：“盛以缶，沃以美濊（憱）三斗，蓋涂（塗）,貍（埋）竈中。”

《養生方》：“以三〼茜濊（憱）□，孰（熟）煮，令濆（沸）。”

《養生方》：“取羸四斗，以浩（酢）濊（憱）漬二日，去羸。”

材與災

《三德》：“天材（災）繿＝〈緷＝（混混）〉，弗殺（滅）不隕。”

《三德》：“諆而不諆，天乃降材（災）；已而不已，天乃降祀（異）。”

《三德》：“〼賨（保），乃無凶材（災）。”

《三德》：“上帝憙（喜）之，乃無凶材（災）。”

《名理》：“名□□循名廄（究）理之所之，是必爲福，非必爲材（災）。”

《名理》：“禍〈福〉材（災）廢立，如景（影）之隋（隨）刑（形）。”

《觀》：“此材（災）□生，如此者舉事將不成。”

紂與緇

《緇衣》：“好娧（美）女（如）好玆（緇）衣，亞＝（惡惡）女（如）亞（惡）遊（巷）白（伯）。”按，上博簡本《緇衣》玆（緇）作紂。

財與才

《胎產書》：“是謂財（才）貞。”按，“財（才）”字從周一謀、蕭佐桃《馬王堆醫書考注》（天津科學技術出版社，1988年，350頁）讀。

《易之義》：“兼三財（才）兩之，六畫而成卦。”

財與材

《名理》：“凡萬物群財（材），絩（佻）長非恒者，其死必應之。”

《春秋一五》："慶父財（材）。"
《兵談》："□□□不殺殀（夭）台（胎），不膾不成之財（材）□。"
《十問》："二者延陳（陬）長（張）習（翼），一者財（材）士練（柬）兵。"
《十問》："毄（擊）此者，渴者不飲，飢者不食，三分用其二，期於中極，皮（彼）氣（既）□□，財（材）士練（柬）兵。"

財與裁

《第二組》："財（裁）爲候，晦令人宿候，二人備火，財（裁）爲□□水。"
《第二組》："宫中不可爲池者財（裁）爲池宫旁。"
《第二組》："其故徼縣道各令，令守城邑害所，豫先分善署之，財（裁）爲置將吏而皆令先智（知）所主。"
《第三組》："其可爲傳者，爲傳，財（裁）期之蜀，毋故，令蜀□黔首戍。"
《奏讞書》："上書言財（裁）新黔首罪，它如書。"
《奏讞書》："不以灋論之，而上書言獨財（裁）新黔首罪，是庫欲繹（釋）縱罪人也。"
《奏讞書》："今庫繹（釋）灋而上書言獨財（裁）新黔首罪。"
《奏讞書》："庫上書言獨財（裁）新黔首罪，欲縱勿論，得，審。"
《日占》："申毋財（裁）衣，不煩必亡。"
《六博》："以丑財（裁）衣，以酉衣之，必大吉。"
《六博》："入月十七日不可以財（裁）衣，六月己未不可以衣新衣，必死水中。"

財與纔

《諸傷》："不可，財（纔）益藥，至不癰而止。"按，"財（纔）"字從徐莉莉《帛書〈五十二病方〉中的"財"》(《辭書研究》1999年6期）讀。下同。
《傷痙》："傷而頸（痙）者，以水財（纔）煮李實。"
《傷痙》："冶黄黔（芩）、甘草相半，即以彘膏財（纔）足以煎之。"
《犬噬人》："令▨者卧，而令人以酒財（纔）沃其傷。"
《㾪》："□□□□□□□以財（纔）餘薤□。"
《蟲》："冶之以鮮產魚，□而以鹽財（纔）和之。"
《癩》："酒飲財（纔）足以醉。"
《痂》："財（纔）冶犁（藜）盧，以蠭（蜂）駘（飴）弁和之。"

軴與載

《莊王》："軴（載）之塼（轉）車以走（上）虖（乎）？殹（抑）四牖（艖）以逾（輪）虖（乎）？"
《文王》："子爲我得上（尚）父，軴（載）我天下；子遂（失）上（尚）父，垜（墜）我周阻（祚）。"

釷與錙

《算表》："釷（錙）。"

孳與茲

見之部茲字聲系。

孳與玆

見之部茲字聲系。

孳與字

見之部茲字聲系。

孳與災

見之部茲字聲系。

孳與在

見之部茲字聲系。

孳與哉

見之部茲字聲系。

孳與葸

見之部茲字聲系。

嫠與茲

見之部玆字聲系。

嫠與慈

見之部玆字聲系。

史字聲系

史與使

《史蕾》："含（今）史（使）子帀（師）之，君之睪（擇）之訢（慎）矣。"

《爲吏》："審民能，以賃（任）吏，非以官禄夬〈史（使）〉助治。"

《爲吏》："將發令，索其政（正），毋發可異史（使）煩請。"

《戰國二一》："史（使）秦廢令，疏服而聽。"

《戰國二二》："陳軫曰：'若何史（使）毋東？'"

《戰國二四》："發信臣，多其車，重其敝（幣），史（使）信王之救己也。"

吏與使

《阜易·觀》："吏（使）君先進而後退，復〼。"

吏與事

《同顯》："同和不首一吏（事）者，而言〈音（意）〉毋（無）坐殹（也）？"

《同顯》："敦毅（愨）；守吏（事），心平端禮。"

《巍盜》："守吏（事），心平端禮。"

《第二組》："隸臣以庶人爲妻，若羣司寇、隸臣妻懷子，其夫免若冗以免、已拜免，子乃產，皆如其已免吏（事）之子。"

《第二組》："女子懷夫子而有辠（罪），耐隸妾以上，獄已斷而產子，子爲隸臣妾，其獄未斷而產子，子各如其夫吏（事）子。"

《阜易·无妄》："不吏（事）君，不吉。"

《阜易·習坎》："卜百吏（事），盡吉。"

《阜易·卜辭》："卜吏（事）君者，小吉。"

使與史

《帛易·巽》："九二，筭（巽）在牀下，用使（史）巫，忿（紛）若，吉，无咎。"

《反淫》："乃使₌（使史）蘇焯（灼）龜卜兆，芵（琴）摯齎（齊）戒。"

《燕禮》："祝使（史）立于門東，北面東上。"

使與士

《緇衣》："毋以少（小）恈（謀）敗大惜（作），毋以卑（嬖）御息（疾）妝（莊）句（后），毋以卑（嬖）士息（疾）夫₌（大夫）、卿事（士）。"按，上博簡本《緇衣》事（士）作使。

使與事

《曹氏》："是故使（事）而不使，則无以爲春，賞而不喜，則无以爲夏。"

事與使

《緇衣》："毋以少（小）恈（謀）敗大惜（作），毋以卑（嬖）御息（疾）妝（莊）句（后），毋以卑（嬖）士息（疾）夫₌（大夫）、卿事（士）。"按，上博簡本《緇衣》事（士）作使。

《命訓》："事（使）身₌（信人）魂（畏）天，則厇（度）至于亟（極）。"

《第二組》："當繇（徭）戍，病不能出及作盈卒歲以上，爲除其病歲繇（徭），勿聶（躡）□□論毄（繫），除毄（繫）日繇（徭）戍，以出日事（使）之。"按，整理者釋"事"爲"倳"，不確。

《帛易·損》："六四，損其疾，事（使）端（遄）有喜，无咎。"

《阜春一一》："〼事（使）其眾甚矣。"

倳與使

《第二組》："興繇（徭）及車牛及興繇（徭）而不當者及擅倳（使）人屬弟子、人復復子、小敖童、弩，鄉嗇夫吏主者，貲各二甲。”

《第二組》：“毋敢傳（使）叚（假）典居旬于官府。”

《第二組》：“郡各請其守，皆言所爲及用積徒數，勿敢擅興，及毋敢擅傳（使）敖童、私屬、奴及不從車牛。”

《第二組》：“凡免老及敖童未傅者，縣勿敢傳（使）。節（即）載粟乃發敖童年十五歲以上，史子未傅先覺（學）覺（學）室，令與粟事。”

《第二組》：“爲吏而置吏于縣及都官，其身有辠（罪）耐以上及傳（使）故徼外不來復令而臣□者，其所置者皆免之。”按，整理者直接釋“傳”是“使”。不確。

事與士

《緇衣》：“毋以少（小）悔（謀）敗大惰（作），毋以卑（嬖）御息（疾）妝（莊）句（后），毋以卑（嬖）士息（疾）夫₌（大夫）、卿事（士）。”

《琴舞》：“母（毋）曰高₌（高高）才（在）上，砃（陟）降其事（士），卑藍（監）才（在）舜（兹）。”

司字聲系

司與伺

《春秋一四》：“刑人佴（耻）刑而哀不辜，□窓（怨）以司（伺）閒，千萬必有幸矣。”

《戰國一四》：“臣負齊、燕以司（伺）薛公，薛公必不敢反王。”

《胎產書》：“□司（伺）之。”

司與嗣

《封許》：“珷（武王）司（嗣）明型（刑），蚤（釐）氒（厥）猷，祗事帝（上帝）。”按，“司（嗣）”字從駱珍伊《試説〈封許之命〉的“武王司明型”》（復旦大學出土文獻與古文字研究中心網，2015 年 7 月 10 日）讀。

祠與伺

《日甲・詰》：“人毋（無）故而鬼祠（伺）其宮，不可去。”

笥與伺

《戰國一七》：“是以秦、晉皆倈（策）若計以相笥（伺）也。”

《戰國二七》：“彼笥（伺）齊□□□□□守其□□□利矣。”

䛐與治

《容成氏》：“於是於（乎）䛐（治）爵（爵）而行录（禄），以嬰（讓）於又₌吳₌迵₌（有虞迵，有虞迵）曰：‘悳（德）速蓑（衰）□。’”

《仲弓》：“售（雖）也從於剚（宰）夫之後，售（雖）也憧愚，忎（恐）怡（貽）虐（吾）子恧（羞），忨（愿）因虐（吾）子而䛐（治）。”

《季康子》：“唯子之䛐（治）脜（擾），青（請）昏（問）：孝₌（君子）之從事者，於民之□。”

䛐與怡

《三德》：“䰟（鬼）神禋（禋）祀，上帝乃䛐（怡）。”

䛐與始

《五行》：“[君]子之爲善也，又（有）與䛐（始），又（有）與冬（終）也；君子之爲悳（德）也，[又與䛐]，[亡與]終也。”

《性自》：“衍（道）䛐（始）於青₌（情，情）生於眚（性）。䛐（始）者近青（情），終者近義。”

《性自》：“《時（詩）》、《箸（書）》、《豊（禮）》、《樂》，其䛐（始）出皆生於人。”

《性自》：“其居即（次）也舊（久），其反善復詒（始）也新（慎），其出内（入）也訓（順），䛐（始）其悳（德）也。”按，

“㠯(始)”字從李零《郭店楚簡校讀記(增訂本)》(北京大學出版社, 2002年, 106頁)讀。上博簡本《性情論》訂(始)亦作㠯。

《六德》:“是古(故)先王之𡥈(教)民也, 㠯(始)於孝弟。”

《從政》:“弇戒先𨓍則自㠯(己)㠯(始)。”

《容成氏》:“舜於是虗(乎)㠯(始)免蓺(笠)幵(攜)槈(耨)、萎(芰)㤅(芥)而坐之。”

《容成氏》:“子堯南面, 舜北面, 舜於是虗(乎)㠯(始)語堯天陸(地)人民之道。”

《容成氏》:“墨(禹)親執枌(畚)丮(耜), 以波(陂)明者(都)之澤, 決九河之𣳫(阻), 於是虗(乎)夾州、涂(徐)州㠯(始)可凥(處)。”

《容成氏》:“墨(禹)迵(通)淮與忻(沂), 東豉(注)之𣴎(海), 於是虗(乎)競州、簷(莒)州㠯(始)可凥(處)也。”

《容成氏》:“墨(禹)乃迵(通)蔞(漊)與湯(易), 東豉(注)之𣴎(海), 於是虗(乎)菥(并)州㠯(始)可凥(處)也。”

《容成氏》:“墨(禹)乃迵(通)三江五沽(湖), 東豉(注)之𣴎(海), 於是虗(乎)𦏴(荊)州、鄒(揚)州㠯(始)可凥(處)也。”

《容成氏》:“墨(禹)乃迵(通)泒(伊)、洛, 並里〈廛(瀍)〉、干(澗), 東豉(注)之河, 於是於(乎)敍(豫)州㠯(始)可凥(處)也。”

《容成氏》:“墨(禹)乃迵(通)經(涇)與渭, 北豉(注)之河, 於是虗(乎)虞州㠯(始)可凥(處)也。”

《容成氏》:“民又(有)余(餘)飤(食), 無求不得, 民乃賽, 喬(驕)能(態)㠯(始)乍(作)。”

《容成氏》:“墨(禹)肰(然)句(後)㠯(始)爲之唇(號)羿(旗), 以𨑢(辨)其左右, 思(使)民毋惑。”

《容成氏》:“墨(禹)肰(然)句(後)㠯(始)行以僉(儉)。”

《容成氏》:“民乃宜肙(怨), 唇(虐)疾㠯(始)生。”

《容成氏》:“於是唇(乎)又(有)諠(喑)、聾、皮(跛)、瞑、瘦(瘻)、秃、婁(僂)㠯(始)记(起)。”

《仲弓》:“☐皋, 正(政)之㠯(始)也。”

《昭王》:“君王㠯(始)内(入)室, 君之備(服)不可以進。”

《相邦》:“先其欲, 備(服)其㬎(強), 牧其惓(倦), 青(靜)以寺(待)時₌(時。時)出古此₌〈古₌(故, 故)出〉事₌(事, 事)出政₌(政, 政)毋忘所㠯(始)。”按,“㠯(始)”字從裘錫圭《上博簡〈相邦之道〉1號簡考釋》(《中國文字學報》第一輯, 商務印書館, 2006年)讀。

《曹沫》:“思(使)其志记(起), 俑(勇)者思(使)憙(喜), 㝔(葸)者思(使)𢘿(悔), 肰(然)句(後)改㠯(始)。”

《弟子問》:“余(予), 女(汝)能訢(慎)㠯(始)與終, 斯善歖(矣)! 爲君子唇(乎)? 女(汝)安(焉)能也。”

《凡物甲》:“十回(圍)之木, 其㠯(始)生女(如)(蘖)。”

《凡物甲》:“足𨠭(將)至(致)千里, 必從㝷(寸)㠯(始)。”

《凡物甲》:“日之㠯(始)出, 可(何)古(故)大而不𦣻(炎)?”

《凡物乙》:“十回(圍)之木, 其㠯(始)生女(如)(蘖)。”

《凡物乙》:“日之㠯(始)出, 可(何)古(故)大而不𦣻(炎)?”

《堯王》："☐譔（察）之於堯₌（堯，堯）詞（始）甬（用）之嘉悳（德）☐。"

《楚居》："至武王酓（熊）䵣自宵逷（徙）居免，安（焉）詞（始）□□□□□福。"

《繫年一》："洹（宣）王是詞（始）弃（棄）帝㪟（籍），弗畋（田），立卅₌（三十）又九年，戎乃大敗周𠂤（師）于千畮（畝）。"

《繫年二》："周亡王九年，邦君者（諸）侯安（焉）詞（始）不朝于周，晉文侯乃逆坪（平）王于少鄂，立之于京𠂤（師）。"

《繫年二》："晉人安（焉）詞（始）啓于京𠂤（師），奠（鄭）武公亦政（正）東方之者（諸）侯。"

《繫年二》："奠（鄭）以詞（始）政（正）。"

《繫年三》："秦中（仲）安（焉）東居周坨（地），以獸（守）周之坴（墳）䕅（墓），秦以詞（始）大。"

《繫年六》："秦晉安（焉）詞（始）會（合）好，穆（戮）力同心。"

《繫年八》："秦安（焉）詞（始）與晉執亂，牙（與）楚爲好。"

《繫年十五》："安（焉）詞（始）迵（通）吳晉之逄（路），教吳人反（叛）楚。"

《繫年二十》："晉競（景）公立十又五年，繡（申）公屈晉（巫）自晉迈（蹠）吳，安（焉）詞（始）迵（通）吳晉之逄（路），二邦爲好。"

《赤鵠》："其一白兔不得，是詞（始）爲埤（畢），（覆）者（諸）屋，以䟫（御）白兔。"

《命訓》："凡氒（厥）六者，正（政）之所詞。"按，今本《逸周書·命訓》詞作始。

《命訓》："以耑（權）從𤜣（法）則不行₌（行，行）不必𤜣₌（法，法）以智（知）耑₌（權，權）以智（知）散₌（微，微）以智（知）詞₌（始，始）以智（知）終。"

《啻門》："𠃉（一）月詞（始）𠣔（揚），二月乃裹，三月乃刑（形）。"

詞與怠

《湯丘》："女（如）我弗見，夫人母（毋）以我爲詞（怠）於其事虖（乎）？我詞（怠）於其事，而不智（知）喪，虐（吾）可（何）君是爲？"

詞與殆

《命訓》："凡氒（厥）六者，正（政）之所詞（殆）。"

《鄭武》："母（毋）乍（措）手止（趾），詞（殆）於☐。"

詞與絧

《性自》："其居即（次）也舊（久），其反善復詞（始）也訢（慎），其出内（入）也訓（順），詞（始）其悳（德）也。"按，上博簡本《性情論》詞（始）作絧。

詞與辭

《成之》："《君奭》曰：'嬰（襄）我二人，毋又（有）合才（哉）音（言）。'害（蓋）道（導）不説（悦）之詞（辭）也。"

《容成氏》："𣪘（擊）鼓，垔（禹）必速出，冬不敢以蒼（寒）詞（辭），夏不敢以㬅（暑）詞（辭）。"

《季桓子》："上不皋〈罩（親）〉悬（仁），而奚（敷）〖専〗䎽（聞）其詞（辭）於遶（逸）人虐（乎）？"

詞與嗣

《命》："先夫₌（大夫）詞（嗣）命（令）尹，受司馬，絧（治）楚邦之正（政）。"按，"詞（嗣）"字從劉雲在復旦吉大古文字專業研究生聯合讀書會《上博八〈命〉校讀》（復旦大學出土文獻與古文字研究中心網，2011年7月17日）一文下跟帖讀。

詞與夷

《周易·渙》："六四：䜭（渙）其群，元

吉。䨲（渙）其丘，非（匪）㠯（夷）所思。”

怡與台

《尹至》：“今其女（如）怡（台）？”

《琴舞》：“䜌（亂）曰：良悳（德）其女（如）怡（台）？曰享人大☐。”

《芮良夫》：“㝐（咎）可（何）其女（如）怡（台）孳（哉）！”

《厚父》：“其才（在）寺（時）後王之卿（享）國，祿（肆）祀三后，永敘才（在）服，隹（惟）女（如）怡（台）？”

《厚父》：“兹少（小）人之悳（德），隹（惟）女（如）怡（台）？”

《湯丘》：“湯或（又）䎽（問）於少（小）臣：‘虐（吾）戓（戡）夏女（如）怡（台）？’”

《湯丘》：“湯或（又）䎽（問）於少（小）臣：‘悉（愛）民女（如）怡（台）？’”

《湯丘》：“湯或（又）䎽（問）於少（小）臣：‘共（恭）命女（如）怡（台）？’”

怡與始

《老子》甲：“臨事之紀，訢（慎）冬（終）女（如）怡，此亡敗事矣。”按，今本和帛書本怡作始。

《老子》甲：“萬勿（物）㑅（作）而弗怡也，爲而弗志（恃）也，成而弗居。”按，傅奕本及帛書乙本怡作始。

怡與治

《曹沫》：“☐競（境）必勳（勝），可以又（有）怡（治）邦，周等（志）是鳶（存）。”

《曹沫》：“卒谷（欲）少以多，少則惕（易）轅，圪成則惕（易）怡（治）。”

怡與殆

《從政》：“凡此七者，正（政）𣁋=（之所）怡（殆）也。”按，“怡（殆）”字從周鳳五《讀上博楚竹書〈從政（甲篇）〉劄記》（簡帛研究網，2003 年 1 月 10 日）讀。

《曹沫》：“既戰而又（有）怡=（殆心），此既戰之幾（機）。”

《命訓》：“亟（極）命則民陸（墮）乏，乃室（曠）命以弋（代）其上，怡（殆）於𤔲（亂）矣。”

怡與怠

《曹沫》：“三行之後，句（苟）見耑（短）兵，攸毋怡（怠），毋思（使）民矣（疑）。”按，“怡（怠）”字從陳劍《上博竹書〈曹沫之敶〉新編釋文》（簡帛研究網，2005 年 2 月 12 日）讀。

《三德》：“敬者得之，怡（怠）者遳（失）之，是胃（謂）天棠（常）。”

《琴舞》：“䜌（亂）曰：仡（遹）舍（余）龏（恭）害怡（怠），孜（孝）敬肥（非）綯（怠）亢（荒）。”

《管仲》：“中（仲）父，千乘之都，型（刑）正（政）既萬（亂），民人陸（惰）怡（怠）。”

《管仲》：“𠂤（乘）其欲而緪（恆）其怹（過），既怡（怠）於正（政），或（又）以民戲。”

《子產》：“我是亢（荒）怡（怠），民屯萿（散）然。”

怡與貽

《仲弓》：“售（雖）也從於㓞（宰）夫之後，售（雖）也憧愚，忑（恐）怡（貽）虐（吾）子愢（羞），怺（愿）因虐（吾）子而㠯（治）。”按，“怡（貽）”字從陳劍《上博竹書〈仲弓〉篇新編釋文（稿）》（簡帛研究網，2004 年 4 月 18 日）讀。

怡與駘

《繫年二二》：“晉公獻齊俘馘於周王，述（遂）以齊侯貣（貸）、魯侯羴（顯）、宋公畋（田）、衛侯虔、奠（鄭）白（伯）怡（駘）朝周王于周。”

《繫年二三》：“楚聖（聲）𧻚（桓）王立四年，宋公畋（田）、奠（鄭）白（伯）怡（駘）

皆朝于楚。”

怡與詒

《老子》甲：“臨事之紀，訢（慎）冬（終）女（如）怡，此亡敗事矣。”按，郭店楚簡《老子》丙怡作詒。

怡與辭

《老子》甲：“萬勿（物）复（作）而弗怡也，爲而弗志（恃）也，成而弗居。”按，河上、王弼本怡作辭。

《季康子》：“孔₌（孔子）□怡（辭）曰。”

《莊王》：“酳（沈）尹固怡（辭），王固昏（問）之。”

《鄭壽》：“奠（鄭）壽怡（辭）不敢畣（答）。”

偲與怠

《武王乙》：“敬勳（勝）偲（怠）則吉，偲（怠）勳（勝）敬則烕（滅）。”

詞與司

《語叢一》：“容頳（色），目詞（司）也；聖（聲），耳詞（司）也；臭（嗅），畀（鼻）詞（司）也；未（味），口詞（司）也；既（氣），容詞（司）也；志₌（志，心）詞（司）。”按，“詞（司）”字從裘按（《郭店楚墓竹簡·語叢一》篇注［八］）讀。

祠與異

《三德》：“諆而不諆，天乃降材（災）；已而不已，天乃降祠（異）。”

祠與祠

《叢辰》：“以爲卡₌（上下）之禱祠（祠），禩（鬼）神卿（饗）之，乃浧（盈）其志。”

約與治

《唐虞》：“埾（禹）約（治）水，膉（益）約（治）火，后禝（稷）約（治）土，足民敹（養）囮。”

《唐虞》：“炁（愛）而正之，吳（虞）夏之約（治）也。”

《唐虞》：“古者㽅（聖）人廿而冠，卅而又（有）家，五十而約（治）天下，七十而至（致）正（政）。”

《唐虞》：“約（治）之，至養不喿（肖）；亂之，至滅臤（賢）。”

《唐虞》：“悬（仁）者爲此進約（治）也。”

約與事

《唐虞》：“昏（聞）舜弟，智（知）其能約（事）天下之長也。”按，“約（事）”字從裘按（《郭店楚墓竹簡·唐虞之道》篇注［二七］）讀。

絧與始

《語叢一》：“凡勿（物）又（有）螽（本）又（有）卯（流），又（有）終又（有）絧（始）。”

《性自》：“其居即（次）也舊（久），其反善復詞（始）也訢（慎），其出内（入）也訓（順），訇（始）其悳（德）也。”按，上博簡本《性情論》訇（始）作絧。“訇（始）”字從李零《郭店楚簡校讀記（增訂本）》（北京大學出版社，2002 年，106 頁）讀。

絧與怡

《容成氏》：“夫是以逐（邇）者敓（悅）絧（怡），而遠者自至。”按，“絧（怡）”字從陳劍《上博簡〈容成氏〉的竹簡拼合與編連問題小議》（簡帛研究網，2003 年 1 月 10 日）讀。

絧與治

《老子》甲：“爲之於其亡又（有）也，絧之於其未亂。”按，今本絧作治。

《老子》乙：“絧人事天，莫若嗇。”按，今本和帛書乙本絧作治。

《性自》：“門内之絧（治），谷（欲）其𤰇也；門外之絧（治），谷（欲）其折（制）也。”

《六德》：“門内之絧（治）紉（恩）弇（掩）

宜（義），門外之絧（治）宜（義）斬紉（恩）。”按，“絧（治）”字從龐樸《初讀郭店楚簡》（《歷史研究》1998年4期）讀。

《容成氏》：“其政絧（治）而不賞，官而不箞（爵），無萬（勵）於民，而絧（治）𤔔（亂）不□。”

《曹沫》：“能絧（治）百人，使倀（長）百人；能絧（治）三軍，思（使）衡（帥）。”

《苦成》：“躳與士凥（處）埨，旦夕絧（治）之，思（使）有君臣之節。”

《苦成》：“君貴我而受（授）我眾，以我爲能絧（治）。”

《苦成》：“今虗（吾）亡（無）能絧（治）也，而因以害君，不義，型（刑）莫大安（焉）。”

《苦成》：“初，虗（吾）弫（強）立絧（治）眾，欲以長建宔（主）君而迲（御）難。”

《君子》：“子贑（貢）曰：‘夫子絧（治）十室之邑亦樂，絧（治）墻（萬）室之邦亦樂，肰（然）則〼喜（矣）。’”

《君子》：“墨（禹）絧（治）天下之川，□以爲异（己）名；夫子絧（治）《時（詩）》、《箸（書）》，非以异（己）名。”

《天子甲》：“文悳（德）絧（治），武悳（德）伐，文生武殺。”

《天子乙》：“文直（德）絧（治），武直（德）伐，文生武殺。”

《顔淵問》：“悳（德）成則名至矣，名至必俾（卑）身＝（身，身）絧（治）大則录（禄）〼。”

《命》：“先夫＝（大夫）訇（嗣）命（令）尹，受司馬，絧（治）楚邦之正（政）。”

《舜王》：“明則保或（國），智臤（賢）正（政）絧（治），教娓（美）民備（服）。”

《皇門》：“不肯惠聖（聽）亡（無）辠（罪）之詞（辭），乃隹（惟）不訓（順）是絧（治）。”

《芮良夫》：“氒（厥）辟、馭（御）事，各縈（營）其身，恆静（爭）于福（富），莫絧（治）庶懃（難），莫衄邦之不寍（寧）。”

《啻門》：“其熨（氣）朁緐（歡）發絧（治），是其爲長虘（且）好才（哉）。”

絧與怠

《琴舞》：“𤔔（亂）曰：仡（遹）舍（余）龏（恭）害怠（怠），孜（孝）敬肥（非）絧（怠）㠩（荒）。”

《子產》：“絧（怠）䌛（慢）𦆽（懈）思（緩），怲（更）則任之，善則爲人，勛（黽）勉救善。”

絧與治

《從政》：“孝＝（君子）藥（樂）則絧（治）正（政），𢝊（憂）則〼復。”

《從政》：“從正（政），不絧（治）則𤔔（亂）。絧（治）已至，則〼。”

絧與司

《從政》：“興邦家絧（司）正（政）教從命則正（政）不㔻。”

絧與治

《亙先》：“先者又（有）善，又（有）絧（治）無𤔔（亂）。”

詞與治

《成之》：“是古（故）小人𤔔（亂）天祟（常）以逆大道，君子詞（治）人侖（倫）以川（順）天悳（德）。”

《尊德義》：“墨（禹）以人道詞（治）其民，傑（桀）以人道𤔔（亂）其民。”

《尊德義》：“傑（桀）不易墨（禹）民而句（後）𤔔（亂）之，湯不易傑（桀）民而句（後）詞（治）之。”

《尊德義》：“聖人之詞（治）民也，民之道也。”

《尊德義》：“詞（治）民非還生而已也。”

《尊德義》："詞（治）樂和依（哀），民不可或（惑）也。"

《尊德義》："君民者，詞（治）民復豊（禮）。"

《尊德義》："善者民必眾，眾未必詞（治），不詞（治）不川（順），不川（順）不坪（平）。"

詞與始

《老子》甲："詞折（制）又（有）名。"按，今本和帛書本詞作始。下一例同。

《老子》丙："新（慎）終若詞，則無敗事喜（矣）。"

《性自》："其居即（次）也舊（久），其反善復詞（始）也新（慎）。"

《亙先》："又（有）或（域）安（焉）又₌既₌（有氣，有氣）安（焉）又₌又₌（有有，有有）安（焉）又₌詞₌（有始，有始）安（焉）又（有）往者。"

《史蒥》："自詞（始）又（有）民以來，未或能才（哉）！"按，"詞（始）"字從季旭昇《〈上博九·史蒥問於夫子〉釋讀及相關問題》（《吉林大學社會科學學報》2015年4期）釋讀。

《史蒥》："古（故）䂊（教）於詞（始）虐（乎）才（哉）？"

《史蒥》："詞（始）得可人而与（舉）之，怠（仁）爰（援）怠（仁）而進之，不怠（仁）人弗得進矣；詞（始）得不可人而与（舉）☐。"

詞與殆

《老子》甲："名亦既又（有），夫亦牆（將）智（知）止，智（知）止所以不詞。"按，今本和帛書乙本詞作殆。

詞與部

《子羔》："句（后）稷之母，又（有）詞（部）是（氏）之女也。"

詞與訂

《性自》："其居即（次）也舊（久），其反善復詞（始）也新（慎），其出内（入）也訓（順），訂（始）其悳（德）也。"按，上博簡本《性情論》詞（始）作訂。

詞與詞

《語叢一》："快（决）与信，器也，各以澮（詹）詞（詞）毀也。"

《性自》："帀（幣）帛，所以爲信與諻（徵）也，其詞（詞）宜（義）道也。"

《性自》："人之攷（巧）言利詞（詞）者，不又（有）夫詘₌（詘詘）之心則流。"

詞與辭

《緇衣》："臣事君，言其所不能，不詞（辭）其所能，則君不裻（勞）。"按，"詞（辭）"字從裘按（《郭店楚墓竹簡·緇衣》篇注［二〇］）讀。

《成之》："是古（故）亡虐（乎）其身而廌（存）虐（乎）其詞（辭），唯（雖）厚其命，民弗從之俟（矣）。"按，"詞（辭）"字從李零《郭店楚簡校讀記（增訂本）》（北京大學出版社，2002年，121頁）讀。

《競公瘧》："安（晏）子詞（辭）。"

《顏淵問》："录（禄）不足則青（請），又（有）余（餘）則詞（辭），所以易（揚）信也。"

《邦人》："詞（辭）曰：'君王☐臣之青（請）命，未尚（嘗）不許。'詞（辭）不受賞。"

《邦人》："命之爲命（令）尹，詞（辭）。"

《邦人》："命之爲司馬，詞（辭）曰：'以鄴（葉）之遠，不可畜也。'"

《繫年五》："文王命見之，賽（息）侯詞（辭），王固命見之。"

詞與治

《柬大王》："者（諸）侯之君之不能詞（治）者，而𠛬（刑）之以𩂈（旱）。"按，

"詞（治）"字從陳劍《上博竹書〈昭王與龔之脽〉和〈柬大王泊旱〉讀後記》（簡帛研究網，2005年2月15日）讀。

《柬大王》："王印（仰）而〈天〉而泣胃（謂）大（太）剚（宰）：'一人不能詞（治）正（政），而百眚（姓）以噝（絕）。'"

《凡物甲》："是古（故）戠（察）道，所以攸（修）身而詞（治）邦家。"

《凡物甲》："得𠤳（一）[而]惰（圖）之，女（如）并天下而虘（扭）之；得𠤳（一）而思之，若并天下而詞（治）之。"按，"詞（治）"字從復旦大學出土文獻與古文字研究中心研究生讀書會《〈上博（七）·凡物流形〉重編釋文》（復旦大學出土文獻與古文字研究中心網，2008年12月31日）釋讀。

《凡物甲》："大之以智（知）天下，少（小）之以詞（治）邦。"

《凡物乙》："大之以智（知）天下，少（小）之以詞（治）邦。"

詞與始

《凡物甲》："女（如）月出惻（則）或（又）内（入），終則或（又）詞（始），至則或（又）反。"按，"詞（始）"字從復旦大學出土文獻與古文字研究中心研究生讀書會《〈上博（七）·凡物流形〉重編釋文》（復旦大學出土文獻與古文字研究中心網，2008年12月31日）釋讀。下同。

《凡物乙》："女（如）月出惻（則）或（又）内（入），終則或（又）詞（始），至則或（又）反。"

詞與辭

《顏淵問》："录（禄）不足則青（請），又（有）余（餘）則詞（辭）。"

《文王》："☐子訪之，上（尚）父毀（與）詞（辭）。"按，"詞（辭）"字從鄔可晶《〈上博（九）·舉治王天下〉"文王訪之於尚父舉治"篇編連小議》（復旦大學出土文獻與古文字研究中心網，2013年1月11日）讀。

《皇門》："弗畏不恙（祥），不肯惠聖（聽）亡（無）辠（罪）之詞（辭），乃隹（惟）不訓（順）是綯（治）。"

《子儀》："臣見二人裁（仇）競，一人至，詞（辭）於儷，獄乃成。"

詒與始

《凡物甲》："天陞（地）立終立詒（始）。"

《凡物乙》："天陞（地）立終立詒（始）。"

駉與貽

《城濮》："子〖=〗叟（文）舉（舉）脘駉（貽）白（伯）珵（贏）曰。"按，"駉（貽）"字從張崇禮在海天遊蹤《讀〈成王爲城濮之行〉劄記》（簡帛網"簡帛論壇"，2013年1月5日）一文下跟貼釋讀。

貽與貽

《保訓》："岦（微）寺（志）弗忘，連（傳）貽（貽）孫=（子孫）。"

嗣與司

《鮑叔牙》："公乃身命祭，又（有）嗣（司）祭備（服）毋紋（黼）。"按，"嗣（司）"字從陳斯鵬《讀〈上博竹書（五）〉小記》（簡帛網，2006年4月1日）釋讀。下同。

《鮑叔牙》："乃命又（有）嗣（司）箸祚浮，老溺（弱）不型（刑）。"

《鮑叔牙》："乃命百又（有）嗣（司）曰。"

辭字聲系

辭與始

《北大老子》："萬物作而弗辭（始），爲而弗侍（持），成功而弗居。"

巳字聲系

巳與已

《湯丘》："若自使朕身巳（已）傑（桀）

之疾，句（后）將（將）君又（有）夏才（哉）！”按，“巳”字原形作“乙”，整理者釋爲“也”，並在“也”字下斷句。不確。當釋爲“巳”，讀作“已”。《呂氏春秋·至忠》：“王之疾，必可已也。”高誘《注》：“已，猶愈也。”《史記·扁鵲倉公列傳》：“一飲汗盡，再飲熱去，三飲病已。”

《管仲》：“君子季（學）才（哉），季（學）於（烏）可以巳（已）？”

《管仲》：“君子季（學）才（哉），季（學）於（烏）可以巳（已）？”

《癸瑣》：“州陵守綰令癸與令佐士五（伍）行將柳等追□□，迹行到沙羡界中，瑣等巳（已）捕。”

《癸瑣》：“瑣、渠、樂、得、潘、沛巳（已）共捕。”

《癸瑣》：“瑣等巳（已）捕，治等四人曰邦亡，不智（知）它人辠（罪）。”

《尸等》：“治等巳（已）有辠（罪）秦=（秦，秦）不□歸義（義）。”

《猩敞》：“不告猩，冢巳（已）㣻（徹），分器，乃告猩。”

《猩敞》：“到舍，達巳（已）分錫。”

《猩敞》：“巳（已）到前，不得錫。”

《猩敞》：“今冢中尚有器=（器，器）巳（已）出，買（賣）敞所。”

《芮盜》：“巳（已）有棺列，不利。”

《芮盜》：“材巳（已）治蓋，喜欲，與喜貿。”

《芮盜》：“方前顧（雇）芮千，巳（已）盡用錢買漁具。”

《芮盜》：“材、喜、芮妻佞皆巳（已）受棺列，不當重受。”

《芮盜》：“可（何）故紿方曰巳（已）受，盜買（賣）于方？”

《芮盜》：“巳（已）盡用錢，後撓益賈（價），欲令勿取。”

《芮盜》：“巳（已）用錢，毋（無）以賞（償）。”

《芮盜》：“☐千四百，巳（已）受千錢，盡用。”

《芮盜》：“獄巳（已）斷，令黥芮爲城旦。”

《多小》：“今廿（二十）二歲，巳（已）削爵爲士五（伍）。”

《多小》：“今年廿（二十）二歲，巳（已）削爵爲士五（伍）。”

《暨過》：“巳（已）論一甲，餘未論，皆相遝。”

《識劫》：“沛巳（已）爲識取（娶）齡，即爲識買室，分識馬、田，異識，而不以肆、舍客室鼠（予）識。”

《識劫》：“軍歸，沛巳（已）死。”

《識劫》：“巳（已）爲識更買室，分識田、馬，異識。”

《識劫》：“沛死時有（又）不令，義（義）巳（已）代爲戶後，有肆、宅，識弗當得。”

《同顯》：“巳（已）論磔同、顯。”

《魏盜》：“求城旦赤衣，操，巳（已）殺人，置死（屍）所。”

《魏盜》：“臧（贓）四百一十六錢，巳（已）論磔魏。”

《魏盜》：“巳（已）殺，置死（屍）所，以□令吏弗得。”

《得之》：“未巳（已），聞人聲，即起，和與偕之吏里門宿。”

《得之》：“得之去毄（繫）亡，巳（已）論毄（繫）十二歲，而來气=鞫=（乞鞫，乞鞫）鞫不如辤（辭）。”

《田與》：“巳（已）服仁（認）奸，今獄夬（決）乃曰不奸。”

《學爲》：“新壄（野）丞主巳（已）☐。”

《學爲》：“毋擇巳（已）爲卿，貲某、某各一盾。”

《儒説》：“一曰毋内疎（疏）而外親，二曰毋身不善而怨它（他）人，三曰毋刑罰巳（已）至而▨。”

巳與祀

《成之》：“是古（故）君子訢（慎）六位以巳（祀）天祟（常）。”

巳與起

《周易·姤》：“九四：橐（包）亡（无）魚，巳（起）凶。”

巳與以

《周易·隨》：“九四：陸（隨）又（有）䑋（獲），貞工（功）。又（有）孚才（在）道，巳（以）明，可（何）咎。”

《帛易·蒙》：“初六，廢（發）蒙。利用刑人，用説桎梏。巳（以）往，閵（吝）。”

《帛易·隨》：“九四，隋（隨）有獲，貞凶。有復（孚）在道，巳（以）明，何咎？”

《天一》：“▨□也卒（猝），其巳（已）也勿（忽）。”

巳與矣

《老子》甲：“皆智（知）善，此其不善巳。”按，帛書本巳作矣。

《王居》：“尔（爾）思（使）我得忧（尤）於邦多巳（矣）。”按，“巳”似當讀作“矣”。下一例同。

《王居》：“是言既聒（聞）於眾巳（矣），邦人其溏（沮）志解體，胃（謂）▨。”

《城濮》：“子玉之帀（師），既敗帀（師）巳（矣）。”按，“巳”字從不求甚解《上博簡〈成王爲城濮之行〉重編簡釋》（海天遊蹤《讀〈成王爲城濮之行〉劄記》，簡帛網“簡帛論壇”，2013年1月5日）釋。似當讀作“矣”。

《繫年八》：“我既得奠（鄭）之門筦（管）巳（矣），坓（來）韲（襲）之。”按，“巳”字從復旦大學出土文獻與古文字研究中心讀書會《〈清華（貳）〉討論記録》（復旦大學出土文獻與古文字研究中心網，2011年12月23日）引陳劍説釋。似當讀作“矣”。

《湯丘》：“唯（雖）臣死而或（又）生，此言弗或（又）可得而聒（聞）巳（矣）。”按，“巳”字原形作“”，整理者釋爲“也”。不確。當釋爲“巳”，讀作“矣”。

《鄭武》：“女（如）母（毋）又（有）良臣，三年無君，邦家𤔔（亂）巳（矣）。”按，“巳（矣）”字從明珍在ee《清華六〈鄭武夫人規孺子〉初讀》（簡帛網“簡帛論壇”，2016年4月16日）一文下跟帖讀。

《子產》：“子產不大宅䢃（域），不坙（經）臺寢，不㓥（飾）㠭（美）車馬衣裘，曰：‘勿以骿巳（矣）。’”

《奏讞書》：“以爲夫人炊，而欲蔡毋入飯中，不可得巳（矣）。”按，“巳”似當讀作“矣”。

《六分》：“如此而有（又）不能重士而師有道，則國人之國巳（矣）。”

改與巳

《周易·革》：“革：改（巳）日迺（乃）孚，元羕（亨）貞，利貞，𢘅（悔）亡。”

《周易·革》：“六二：改（巳）日乃革之，征吉，亡（无）咎。”

改與茝

《周易·井》：“井：改邑不改井，亡（无）喪亡（无）得，往來井=（井井）。”按，帛書本改作茝。

祀與耜

《容成氏》：“墨（禹）親執枌（畚）祀（耜），以波（陂）明者（都）之澤，決九河之淙（阻），於是虗（乎）夾州、涂（徐）州刣（始）可尻（處）。”

祀與俟

《泰射》：“偶（耦）祀（俟）于次比，西面北上。”

《泰射》：“述（遂）取符（撲）箁（搢）之，以汜（俟）于所執（設）中之南，東面。”
《泰射》：“負侯者皆適侯，執菁（旌）負侯而汜（俟）。”
《泰射》：“[皆][左]足履物，環（還）視侯中，合足而汜（俟）。”
《泰射》：“授護（獲）者，退立于西方。護（獲）者興，共而汜（俟）。”
《泰射》：“負侯許若（諾），如去侯，皆執其菁（旌）以負其侯而汜（俟）。”
《泰射》：“澤（釋）獲者坐取中之八笲，改實八笲，興，執而汜（俟）。”
《泰射》：“大史實入〈八〉笲于中，橫委其餘于中西，興，共而汜（俟）。”
《泰射》：“興，執而汜（俟）。”
《泰射》：“公將射，則司馬命負侯，皆執其菁（旌）以負其侯而汜（俟）。”
《泰射》：“小臣正退汜（俟）于東堂，小射正有（又）坐取拾，興。”
《泰射》：“公既發，太（大）射正受弓而汜（俟），柙（拾）發以將乘矢。”
《泰射》：“反位，坐委餘獲于中西，興，共而汜（俟）。”
《泰射》：“興，共而汜（俟）。”
《泰射》：“取觗（觶）實之，反鄭（奠）于豐上，退汜（俟）于序端。”
《泰射》：“司射命澤（釋）獲者退中與笲而汜（俟）。”

汜與竢

《李頌》：“鸜（鳳）鳥之所集（集），汜（竢）時（時）而使（作）可（兮）。”
《繫年二三》：“楚自（師）大敗，旅（魯）昜（陽）公、坪（平）亦（夜）悼（悼）武君、昜（陽）城洹（桓）忎（定）君，三執珪之君與右尹卲（昭）之汜（竢）死安（焉）。”
《子儀》：“臺上又（有）兔，枝枳（枝）堂（當）樞（榢），汜（竢）客而韓（翰）之。”

汜與職

《慎子》：“中尻（處）而不皮（頗），貢（任）悳（德）以汜（職）。”按，“汜”似當讀作“職”。

祀與祠

《皇門》：“少（小）民用旨（禱）亡（無）用祀（祠）。”

祀與嗣

《皇門》：“少（小）民用旨（禱）亡（無）用祀。”按，今本《逸周書·皇門》“祀”作“嗣”。

飤與饎

《特牲》：“主婦視飤（饎）爨于西堂下。”
《特牲》：“飽〈飤（饎）〉爨在西辟（壁）。”
《特牲》：“尸卒食，而祭飽〈飤（饎）〉爨、雝爨。”

苣與改

《帛易·井》：“井，苣（改）邑不苣（改）井，无亡（喪）无得，往來井井。”
《帛易·革》：“九四，悔[亡]，有復（孚）苣（改）命，吉。”

翌與翼

《十問》：“二者延陳（敶）長（張）翌（翼），一者財（材）士練（柬）兵。”

顫與頤

《別卦》：“顫（頤）。”

配與姬

見之部匠字聲系。

配與基

見之部匠字聲系。

止字聲系

止與址

《周病方》：“見垣有瓦，乃禹步，已，即取垣瓦貍（埋）東陳垣止（址）下。”

《周病方》："操兩瓦，之東西垣日出所燭，先貍（埋）一瓦垣止（址）下。"
《周病方》："嘑（呼）！垣止（址）。"
《隨日·蓋屋》："☐除止（址），丙子築止（址）、蓋之皆吉，毋（無）鳥、鼠。"

止與阯

《蚖》："伏（服）食，父居北在（塞），母居南止（阯），同産三夫，爲人不德。"按，"止（阯）"字從馬繼興《馬王堆古醫書考釋》（湖南科學技術出版社，1992 年，414 頁）讀。

止與趾

《周易·艮》："☐其止（趾），亡（无）咎，利羕（永）貞。"
《卜書》："㫙（兆）印（仰）首出止（趾），是胃（謂）闢。"
《卜書》："㫙（兆）頧₌（頫首）内（納）止（趾），是胃（謂）沓（沈），尻（處）宫無咎，又（有）疾乃瘞（漸）。"
《卜書》："㫙（兆）女（如）印（仰）首出止（趾），而屯（沌）不（背）困（混）鄜（膺），是胃（謂）犻（蔽）卜。"
《鄭武》："母（毋）乍（措）手止（趾），　（殆）於☐。"按，"止"當讀作"趾"。
《管仲》："從人之道，止（趾）則心之沓（本），手則心之枳（枝），目、耳則心之末，口則心之窔（竅）。"
《管仲》："止（趾）不正則心卓（逴），心不情（靜）則手褺（躁）。心亡（無）煮（圖）則目、耳豫，心煮（圖）亡（無）獸（守）則言不道。"
《第一組》："正泰（大）廄城旦不將司從（縱）馬，亡而得者，斬其左止（趾），復爲城旦。"
《二年·具律》："故劓者斬₌左₌止₌（斬左趾，斬左趾）者斬₌右₌止₌（斬右趾，斬右趾）者府（腐）之。"
《二年·具律》："死罪，斬左止（趾）爲城旦，它各以其罪論之。"
《二年·告律》："奴婢自訟不審，斬奴左止（趾），黥婢顔（顔）頯，畀其主。"
《二年·襍律》："强略人以爲妻及助者，斬左止（趾）以爲城旦。"
《二年·津關令》："越塞，斬左止（趾）爲城旦。"
《奏讞書》："當以取（娶）亡人爲妻論，斬左止（趾）爲城旦。"
《帛易·艮》："初六，根（艮）其止（趾），无咎，利永貞。"
《帛易·大壯》："初九，壯于止（趾），正（征）凶，有復（孚）。"
《帛易·夬》："初九，牀（壯）于前止（趾），往不勝，爲咎。"
《帛易·噬嗑》："初九，句（屨）[校滅]止（趾），无咎。"
《帛易·鼎》："初六，鼎填（顛）止（趾），利[出]不（否），得妾以其子，无咎。"
《繫辭》："易曰：'構（屨）校滅止（趾），無咎也者。'此之謂也。"
《帛易·賁》："初九，賁其止（趾），舍□□□。"

阯與止

《繫年二》："齊襄公會者（諸）侯于首阯（止），殺子沫（亹）壽，車𨍏（轘）高之巨（渠）爾（彌），改立東（厲）公。"

雌與雌

《天下至道》："雌（雌）牝屬，爲陰，陰者内也。"

齒與祉

《帛易·否》："九四，有命，无咎，檮（疇）羅（離）齒（祉）。"
《帛易·泰》："[六五]，帝乙歸妹，以齒（祉），[元吉]。"

之字聲系

之與志

《五行》："善弗爲亡近，悳（德）弗之（志）不成，智弗思不得。"

《帛五行·經》："士有志於君子道，胃（謂）之之（志）士。"

《帛五行·經》："善弗爲无近，得（德）弗之（志）不成，知（智）弗思不得。"

之與蚩

《五正》："以禺（遇）之（蚩）尤，因而禽（擒）之。"

《五正》："反義逆時，其刑視之（蚩）尤。"

《正亂》："黄帝身禺（遇）之（蚩）尤，因而禽（擒）之。"

《正亂》："剬（翦）其髮而建之天，名曰之（蚩）尤之署（旌）。"

《正亂》："其上帝未先而擅興兵，視之（蚩）尤共工。"

之與止

《琴舞》："訖（遹）我宿（夙）夜，不㲋（僭）敬之（止）。"

之與治

《老子》甲："以正之邦，以𢦏（奇）甬（用）兵，以亡事取天下。"按，今本之作治。

《帛甲老子·德經》："以正之（治）邦，以畸（奇）用兵，以无事取天下。"

《帛乙老子·德經》："以正之（治）國，以畸（奇）用兵，以無事取天下。"

《北大老子》："以正之（治）國，以倚（奇）用兵，以無事取天下。"

寺與㞢

《緇衣》："《寺（詩）》員（云）：'悉（儀）坓（刑）文王，萬邦乍（作）孚。'"按，上博簡本《緇衣》寺（詩）作㞢。下同。

《緇衣》："《寺（詩）》員（云）：'情（靖）共尔（爾）立（位），好氏（是）貞（正）植（直）。'"

《緇衣》："《寺（詩）》員（云）：'弔（淑）人君子，其義（儀）不弋（忒）。'"

《緇衣》："《寺（詩）》員（云）：'隹（誰）秉㝎（國）成，不自爲貞（正），卒裳（勞）百眚（姓）。'"

《緇衣》："《寺（詩）》員（云）：'又（有）㮚（梏）悳（德）行，四方㥪（順）之。'"

《緇衣》："《寺（詩）》員（云）：'成王之孚，下土之弋（式）。'"

《緇衣》："《寺（詩）》員（云）：'虩=（赫赫）帀（師）尹，民具尔瞻。'"

《緇衣》："《寺（詩）》員（云）：'皮（彼）求我則，女（如）不我得；執我栽=（仇仇），亦不我力。'"

《緇衣》："《寺（詩）》員（云）：'虗（吾）夫=（大夫）共（恭）虘（且）韹（儉），𣝗（靡）人不斂。'"

《緇衣》："《寺（詩）》員（云）：'弔（淑）誓（慎）尔走（止），不侃（諐）于義（儀）。'"

《緇衣》："《寺（詩）》員（云）：'穆=（穆穆）文王，於丮（緝）遞（熙）敬走（止）。'"

《緇衣》："《寺（詩）》員（云）：'備（服）之亡（無）㦔（斁）。'"

《緇衣》："《寺（詩）》員（云）：'人之好我，旨（示）我周行。'"

《緇衣》："《寺（詩）》員（云）：'君子好栽（仇）。'"

《緇衣》："《寺（詩）》員（云）：'倗（朋）友卣（攸）㶿=（攝，攝）以愄（威）義（儀）。'"

寺與待

《性自》："凡人唯（雖）又（有）眚（性），心亡奠志，走（待）勿（物）而句（後）复

（作），走（待）兑（悦）而句（後）行，走（待）習而句（後）奠。”按，上博簡本《性情論》“走（待）兑（悦）”、“走（待）習”之“走（待）”作“寺”。

《魯邦》：“夫山，石以爲膚，木以爲民，女（如）天不雨，石牆（將）焦，木牆（將）死，其欲雨，或甚於我，或必寺（待）虖（乎）名（禜）虖（乎）？”

《魯邦》：“夫川，水以爲膚，魚以爲民，女（如）天不雨，水牆（將）沽（涸），魚牆（將）死，其欲雨，或甚於我，或必寺（待）虖（乎）名（禜）虖（乎）？”

《相邦》：“先其欲，備（服）其甥（強），牧其惓（倦），青（靜）以寺（待）時₌（時。時）出古此₌〈古₌（故，故）出〉事₌（事，事）出政₌（政，政）毋忘所飼（始）。”

《日甲·詰》：“以莎芾（茇）、牡棘枋（柄），熱（爇）以寺（待）之，則不來矣。”

《日甲·詰》：“以脩（滫）康（糠），寺（待）其來也，沃之，則止矣。”

《明君》：“所積者兵也，所寺（待）者時也，所務（養）者暴也。”

《明君》：“積兵則必勝，寺（待）時則功大，務（養）暴則害除而天下利。”

《觀》：“得天之微，時若□□□□□□□□□□寺（待）地氣之發也。”

《五正》：“左右執規，以寺（待）逆兵。”

《正亂》：“寺（待）其來事之遂刑（形）而私〈和〉焉。”

《前道》：“責道以並世，柔身以寺（待）之時。”

《天下至道》：“萃（猝）而暴用，不寺（待）其莊（壯），不刃（忍）兩熱，是故亟傷。”

《天下至道》：“五曰和沫，六曰竊（積）氣，七曰寺（待）贏，八曰定頃（傾）。”

《繫辭》：“上練〈練（棟）〉下楣，以寺（待）風雨，蓋取者（諸）大莊（壯）也。”

《火攻》：“火可發於外，毋寺（待）於內，以時發之。”

《燕禮》：“則勝（媵）爵者鄭（奠）觚（觶）于匪（篚），一人寺（待）于洗南。”

《泰射》：“騰（媵）爵者執觚（觶）寺（待）于洗南。”

寺與侍

《陳公》：“君王憙（喜）之，安（焉）命陳公性（狂）寺₌（侍之）。”按，“寺₌（侍之）”字從林清源《〈上博九·陳公治兵〉編聯及相關問題》（《“中央研究院”歷史語言研究所集刊》第八十六本第三分，2015年）讀。

《秦律·傳食律》：“及卜、史、司御、寺（侍）、府。”

《第一組》：“寺（侍）車府、少府、中府、中車府、泰（大）官、御府、特庫、私官隸臣，免爲士五（伍）、隱官，及隸妾以巧及勞免爲庶人，復屬其官者。”

寺與持

《城濮》：“遠（蔿）白（伯）玴（嬴）猶約（弱），寡（拒）寺（持）俯（舟）畬₌（飲酒）。”

《琴舞》：“弼寺（持）其又（有）肩，貽（示）告舍（余）㬎（顯）悳（德）之行。”

《琴舞》：“甬（用）頌（容）祝舍（余），甬（用）少（小）心寺（持）隹（惟）文人之若（若）。”

《三壽》：“楑（揆）审（中）水（準）奐（衡），不力，寺（持）型（刑）罰訪（赦）。”按，“寺（持）”字從鵬宇《〈清華大學藏戰國竹簡（伍）〉零識》（清華大學出土文獻研究與保護中心網，2015年4月10日）讀。

《成法》：“握一以知多，除民之所害，而寺（持）民之所宜。”

《行守》：“故言寺（持）首，行志（識）

卒。”

寺與恃

《琴舞》：“介（匃）睪（澤）寺（恃）悳（德），不畀甬（用）非頌（雝）。”

《帛甲老子·德經》：“生而弗有也，爲而弗寺（恃）也，長而弗宰也，此之謂玄德。”

《三禁》：“人道剛柔，剛不足以，柔不足寺（恃）。”

寺與時

《楚帛書》甲：“四神相弋（代），乃走（止）以爲戢（歲），是隹（惟）四寺（時）。”

《楚帛書》甲：“共攻（工）亢步，十日四寺（時）。”

《楚帛書》乙：“卉木民人以□四淺之尚（常），□□上夭（妖），三寺（時）是行。”

《楚帛書》乙：“隹（惟）悳（德）匿之戢（歲），三寺（時）□緐（繫）之以素降。”

《楚帛書》乙：“寺（時）雨進退，亡（無）又（有）尚（常）亙（恆）。”

《堯王》：“墨（禹）畣（答）曰：‘隹（惟）寺（時）。’”按，“寺”似當讀作“時”。

《堯王》：“凥（居）寺（時）可（何）先？”

《尹至》：“湯曰：‘女（汝）告我夏覭衛（率）若寺（時）？’尹曰：‘若寺（時）。’”

《祭公》：“旼（旻）天疾畏（威），余多寺（時）佃懲。”

《祭公》：“余隹（惟）寺（時）逨（來）視，不淑（淑）疾甚，余畏天之乍（作）畏（威）。”

《祭公》：“隹（惟）寺（時）皇上帝乇（度）其心，卿（享）其明悳（德），府（付）畀四方。”

《祭公》：“其皆自寺（時）中（中）乂（乂）萬邦。”

《祭公》：“女（汝）母（毋）緄（瞑）㝈（眩）慐₌（壞壞），氒（厚）㡯（顏）忍恥，寺（時）隹（惟）大不弔（淑）孳（哉）。”

《祭公》：“女（汝）母（毋）以戾孳（兹）辠誥（辜）芒（亡）寺（時）瓊（遠）大邦。”

《説命中》：“敚（説）曰：‘允若寺（時）。’”

《説命中》：“余告女（汝）若寺（時），䞣（志）之于乃心。”

《説命下》：“敚（説），晝女（汝）視日，夜女（汝）視晨（辰），寺（時）罔非乃載。”

《説命下》：“隹（惟）寺（時）大戊盍（謙）曰。”

《琴舞》：“弼寺其又（有）肩，貽（示）告舍（余）㬎（顯）悳（德）之行。”按，今本《詩·周頌·敬之》寺作時。

《芮良夫》：“邦其康寍（寧），不奉（逢）庶戁（難），年穀（穀）焚（紛）成，風雨寺（時）至。”

《芮良夫》：“曰其罰寺（時）堂（當），其悳（德）型（刑）義（宜）利。”

《厚父》：“其才（在）寺（時）後王之卿（享）國，隶（肆）祀三后，永敘才（在）服，隹（惟）女（如）怡（台）？”

《厚父》：“隹（惟）寺（時）下民㕜（共）帝之子，咸天之臣民。”

《厚父》：“隹（惟）寺（時）余經念乃高且（祖）克害（憲）皇天之政工（功）。”

《三壽》：“余（餘）亯（享）獻社（攻），逌（禬）還（禜）蚕（妖）𧴪（祥），寺（時）名曰恙（祥）。”按，“寺”似當讀作“時”。《爾雅·釋詁下》：“時，是也。”下十例同。

《三壽》：“尃（輔）民之怣（化），民䜛（勸）毋皮（罷），寺（時）名曰義。”

《三壽》：“晨（振）若（若）敘（除）態（慝），冒神之福，同民之力，寺（時）名曰悳（德）。”

《三壽》：“四方䜛（勸）季（教），監（濫）莣（媢）莫淦（感），寺（時）名曰音。”

《三壽》：“卹（恤）遠而悔（撫）新（親），

憙（喜）神而履（禮）人，寺（時）名曰悳（仁）。"
《三壽》："元折（哲）並進，讒（讒）谿（諛）則敓（屏），寺（時）名曰聖（聖）。"
《三壽》："昔（措）勤不居，𤅷（攝）祇不易，共（供）枉（皇）思坙（修），内（納）諫受訾，神民莫責，寺（時）名曰智。"
《三壽》："經緯𢘓（順）齊，土（妒）情（怨）毋𢀜（作），而天目毋眉（眯），寺（時）名曰利。"
《三壽》："天下甖（甄）再（稱），以𦓤（誥）四方，寺（時）名曰觀（叡）訐（信）之行。"
《三壽》："於（嗚）虖（呼）！若寺（時）。"
《三壽》："於（嗚）虖（呼）！若寺（時）。"

寺與痔

《足臂脈·足》："膊（腨）痛，胳（郤）䜌（攣），脽（臀）痛，產寺（痔）。"

寺與跱

《王居》："王未畣（答）之，觀無愄（畏）寺（跱）箸（躇），乃言。"按，"寺（跱）"字從無爲中人在陳劍《〈上博（八）·王居〉復原》（復旦大學出土文獻與古文字研究中心網，2011年7月20日）一文下跟帖讀。

寺與詩

《緇衣》："《寺（詩）》員（云）：'𢘊（儀）刑（刑）文王，萬邦乍（作）孚。'"
《緇衣》："《寺（詩）》員（云）：'情（靖）共尔（爾）立（位），好氏（是）貞（正）植（直）。'"
《緇衣》："《寺（詩）》員（云）：'隹（誰）秉㦻（國）成，不自爲貞（正），卒裟（勞）百眚（姓）。'"
《緇衣》："《寺（詩）》員（云）：'又（有）𥎦（梏）悳（德）行，四方𢘓（順）之。'"
《緇衣》："《寺（詩）》員（云）：'成王之孚，下土之弋（式）。'"
《緇衣》："《寺（詩）》員（云）：'虩＝（赫赫）帀（師）尹，民具尔瞻。'"
《緇衣》："《寺（詩）》員（云）：'皮（彼）求我則，女（如）不我得；執我𢦏＝（仇仇），亦不我力。'"
《緇衣》："《寺（詩）》員（云）：'虛（吾）夫＝（大夫）共（恭）虘（且）𩎟（儉），𣋡（靡）人不斂。'"
《緇衣》："《寺（詩）》員（云）：'誓（慎）尔出話（話），敬尔愄（威）義（儀）。'"
《緇衣》："《寺（詩）》員（云）：'弔（淑）誓（慎）尔𧺆（止），不侃（𡭊）于義（儀）。'"
《緇衣》："《寺（詩）》員（云）：'穆＝（穆穆）文王，於卙（緝）迡（熙）敬𧺆（止）。'"
《緇衣》："《寺（詩）》員（云）：'備（服）之亡（無）𢜬（斁）。'"
《緇衣》："《寺（詩）》員（云）：'人之好我，旨（示）我周行。'"
《緇衣》："《寺（詩）》員（云）：'倗（朋）友卣（攸）㬎＝（攝，攝）以愄（威）義（儀）。'"
《緇衣》："《寺（詩）》員（云）：'我龜既猒（厭），不我告猷。'"
《子羔》："虛（吾）昏（聞）夫舜其幼也，每（敏）以好寺（詩）。"按，"寺（詩）"字從黃德寬《戰國楚竹書（二）釋文補正》（簡帛研究網，2003年1月21日）讀。
《尹至》："湯曰：'女（汝）告我夏䀨衛（率）若寺？'尹曰：'若寺。'"按，《呂氏春秋·慎大》："湯謂伊尹曰：'若告我曠夏盡如詩。'""寺"作"詩"。

寺與志

《正亂》："吾將因其事，盈其寺（志），䠶其力，而投之代，子勿言也。"

《保訓》："㣈（微）寺（志）弗忘，連（傳）畃（貽）孫₌（子孫）。"

寺與俟

《泰射》："總弓矢、楅，皆適次而寺（俟）。"

寺與夷

《窮達》："关（管）寺（夷）虐（吾）旬（拘）繇（囚）束縛。"

《良臣》："齊軭（桓）公又（有）龠〈管〉寺（夷）虐（吾），又（有）寅（賓）須亡，又（有）堊（隰）朋。"

寺與事

《琴舞》："八啟曰：差（佐）寺（事）王恖（聰）明，其又（有）心不易。"

寺與待

《筮法一》："參（三）吉同兇，寺（待）死。"

《筮法一》："參（三）兇同吉，寺（待）死。"

侍與寺

《第二組》："黔首室、侍（寺）舍有與廥、倉、庫、實官補屬者，絕之，毋下六丈。"

侍與待

《子道餓》："於妝（偃）僞，於子員（損），於是虖（乎）可（何）侍（待）？"

《封診式》："令甲以布帬劙（掩）貍（埋）男子某所，侍（待）令。"

《封診式》："即以甲封付某等，與里人更守之，侍（待）令。"

《蓋廬》："適（敵）人侍（待）我以戒，吾侍（待）之以台（怠）。"

《蓋廬》："皮（彼）有勝意，我善侍（待）〖我伏侍（待）〗之。"

《蓋廬》："皮（彼）有勝意，我善侍（待）之，可使毋歸。"

《脈書》："脈盈而洫之，虛而實之，諍（靜）則侍（待）之。"

《明君》："有積也，有侍（待）也，有務（養）也。"

《觀》："耶（聖）人正以侍（待）天，靜以須人。"

《果童》："夫民印（仰）天而生，侍（待）地而食。"

《正亂》："上人正一，下人靜之，正以侍（待）天，靜以須人。"

《戰國三》："臣止於勺（趙）而侍（待）其魚肉，臣□不利於身。"

《戰國七》："齊王以燕爲必侍（待）其礬（弊）而功（攻）齊，未可解（懈）也。"

《戰國一三》："今秦王請侍（待）王以三、四年。"

《戰國一七》："天下齊（擠）齊不侍（待）夏。"

《戰國二〇》："秦□岦（擯）以侍（待）破，秦王必患之。"

《戰國二五》："楚不侍（待）伐，割摯（縶）馬免而西走。"

《曹敖》："侍（待）坡（彼）合氣，而微動其刑（形）。"

《天下至道》："微出微入，侍（待）盈是常。"

《天下至道》："印（抑）下之，靜身須之，曰侍（待）贏。"

《天下至道》："八曰侍（待）盈，九曰齊（濟）生，十曰息刑（形）。"

《易之義》："☐忠身失量，故曰慎而侍（待）也。"

《易之義》："龍不侍（待）光而僮（動），无階而登，□□□□□□□□□□□□□，此鍵（乾）之羊（詳）説也。"

《易之義》："是故文人之義，不侍（待）人以不善，見亞（惡）墨（默）然弗反，是謂以前戒後，武夫昌慮，文人緣序。”
《昭力》：“古之伎強者也，伎強以侍（待）難也。”
《謀攻》：“以虞侍（待）不⧄。”
《形甲》：“昔善者，先爲不可勝，以侍（待）適（敵）之可勝。”
《勢》：“以此動之，以卒侍（待）之。”
《實虛》：“先處戰地而侍（待）戰者失（佚），後處戰地而趨戰者勞。”
《軍爭》：“以失（佚）待勞，以飽侍（待）飢，此治力者也。”
《行軍》：“上雨水，水流至，止涉侍（待）其定。”
《九地》：“適（敵）眾以正（整）將來，侍（待）之若何？”
《見吳王》：“君王居臺上而侍（待）之。”
《威王問》：“□□毋動，以侍（待）適（敵）能（罷）。”
《威王問》：“⧄可以侍（待）生計矣。”
《八陣》：“誨陳（陣）有蜂（鋒），誨逢（鋒）有後，皆侍（待）令而動。”
《將理》：“罷囚之請（情），不侍（待）陳水（箠）楚囚而之請（情）可畢。”
《將理》：“其侍（待）佰（拍）人之北（背），炤（灼）人之脅□。”
《晏子六》：“不若脩（修）德而侍（待）其亂也。”
《殘簡三》：“往者不可及，來者不可侍（待）。”
《王兵》：“使百官共（恭）敬悉畏，毋敢怠隨（惰）行□，以侍（待）主令。”
《王兵》：“伐國破邑，不侍（待）權⧄。”
《善者》：“我飽食而侍（待）其飢也，安處以侍（待）其勞也，正靜以侍（待）其動也。”
《五名》：“夫威強之兵，則詘（屈）耎〈需（懦）〉而侍（待）之。”
《十問》：“交和而舍，適（敵）氣（既）眾以強，延陳（陣）以衡（橫），我陳（陣）而侍（待）之，人少不能，毄（擊）之奈何？”
《十問》：“其將則威，其兵則武，而理（吏）強粱（糧）疌（接），諸侯莫之或侍（待）。毄（擊）之奈何？”
《十問》：“毄（擊）此者，告之不敢，示之不能，坐拙而侍（待）之，以驕其意，以隨（惰）其志。”
《周馴》：“今曹君之貴善言也，人之於地而已，深貍（埋）而弗視，不亡系（奚）侍（待）？”
《周馴》：“處三年，晉靈公欲殺宣孟，伏士於房中以侍（待）。”
《周馴》：“成王既弗信，而積其志以侍（待）周公。”
《周馴》：“女（汝）尚勉德以侍（待）天福，而毋自使廢。”

侍與時

《養生方》：“三曰勞實，四曰侍（時）節。”
《易之義》：“易之義，贊始反冬（終）以爲質，六肴（爻）相雜，唯侍（時）物也。”

侍與恃

《帛乙老子·道經》：“萬物昔（作）而弗始（辭），爲而弗侍（恃）也。”
《亡論》：“守國而侍（恃）其地險者削，用國而侍（恃）其強者弱。”
《稱》：“而侍（恃）其城郭之固，古（怙）其勇力之御。”
《戰國一八》：“侍（恃）〖鬻〗鬻（粥）耳。”
《戰國二七》：“□□□□□和於魏，楚兵不足侍（恃）也。”
《戰國二七》：“人許子兵甚俞（愉），何爲而不足侍（恃）也？”
《戰國二七》：“臣之□□不足侍（恃）者

以其俞（愉）也。”

《八瞰》：“知（智）不足，將兵，自侍（恃）也。”

《王兵》：“巠（輕）犯山河，故能制侍（恃）固【之】國。”

《占書》：“天德筆鈞侵（祲）恙（祥），件而倍（背）眾，侍（恃）強以幸殆於天下者，雖勝其民，不有其土。”

侍與持

《周病方》：“即取腏（餟）以歸，到困下，先侍（持）豚。”

《北大老子》：“我恆有三葆（寶），侍（持）而葆（保）之。”

《北大老子》：“萬物作而弗辭（始），爲而弗侍（持），成功而弗居。”

侍與偫

《癲疾》：“先侍（偫）白雞、犬矢。”

《養生方》：“漿□□□□□□□□□□□□□□□侍（偫）其汁。”

侍與植

《稱》：“有義（儀）而義（儀）則不過，侍（植）表而望則不惑，案法而治則不亂。”按，“侍（植）”字從劉樂賢《馬王堆帛書劄記四則》（《簡帛研究 2002、2003》，廣西師範大學出版社，2005 年）讀。

侍與置

《第二組》：“它垣屬焉者，獨高其侍（置），不從律者，貲二甲。”

痔與痔

《脈書》：“在篡，癰如棗，爲牡痔（痔）；其癰有空，汁出，爲牝痔（痔）。”

《脈書》：“北（背）痛，要（腰）痛，尻痛，痔（痔），肱痛，腨痛。”

時與侍

《君子》：“斉（顏）困（淵）時（侍）於夫子₌（夫子。夫子）曰：‘韋（回）！君子爲豊（禮），以依於悬（仁）。’”

《君子》：“斉（顏）困（淵）時（侍）於夫子₌（夫子。夫子）曰：‘韋（回），蜀（獨）智，人所亞（惡）也；蜀（獨）貴，人所亞（惡）也；蜀（獨）𩑻（富），人所亞（惡）〼。’”

時與待

《從政》：“是古（故）𡥈₌（君子）勥（強）行，以時（待）名之至也。”

《弟子問》：“〼從，虐（吾）子皆能有時（待）虖（乎）？”

《莊王》：“以共（供）春秋之祟（嘗），以時（待）四笑（鄰）之僉（賓）。”按，“時（待）”字從蘇建洲《初讀〈上博（六）〉》（簡帛網，2007 年 7 月 19 日）讀。

時與持

《從政》：“亯（庸）行不佚（倦），時（持）善不猒（厭），唯（雖）殜（世）不儑，必或智（知）之。”

《陳公》：“屈啰與鄗（巴）令尹戰於墟，戰而時₌（持之）。”按，“時₌（持之）”字從林清源《〈上博九·陳公治兵〉編聯及相關問題》（《“中央研究院”歷史語言研究所集刊》第八十六本第三分，2015 年）讀。

《陳公》：“〼車爲宔（主）安（焉），或時（持）八鼓。”

時與時

《從政》：“命無時（時），事必又（有）羿（期），則惻（賊）。”

《從政》：“三折（制）：時（時）行視，上（常）衣飤（食）〼。”按，“時”似當讀作“時”。

《李頌》：“𩾃（鳳）鳥之所寏（集），汜（竢）時（時）而𠇷（作）可（兮）。”

《蘭賦》：“備坙（修）庶戒，方（旁）時（時）安（焉）㝵（作）。”

《程寤》:“女(如)天降疾,旨味既甬(用),不可藥,時(時)不遠。”

時與詩

《六德》:“雚(觀)者(諸)《時(詩)》、《箸(書)》則亦才(在)喜(矣)。”

《民之》:“善才(哉)!商也,牆(將)可季(教)時(詩)矣。”

《季康子》:“夫時(詩)也者,以等(誌)孝₌(君子)志₌(之志)。”

《君子》:“夫子綌(治)《時(詩)》、《箸(書)》,非以异(己)名,肰(然)則臤(賢)於垔(禹)也。”

時與志

《五行》:“士又(有)志於君子道,胃(謂)之時(志)士。”

持與待

《燕禮》:“勝(媵)爵者執觚(觶)持(待)于洗南。”

《莿決》:“玄龔(龍)在淵,雲持(待)才(在)天。”

持與恃

《戰國一八》:“老婦持(恃)連(輦)而睘(還)。”

《戰國二四》:“冶(與)國非可持(恃)也。”

持與特

《周馴》:“余恐而(爾)輕國而不好文理,不愛民而乏絕吾祀,持(特)令我猝(卒)而若闔廬不死(孝)而已。”

恃與志

《語叢一》:“《詩》所以會古含(今)之恃(志)也者。”按,“恃(志)”字從裘按(《郭店楚墓竹簡·語叢一》篇注[六])讀。

恃與枲

《服傳乙》:“牡麻者,恃(枲)麻也。”

迼與寺

《昔者》:“大(太)子、母俤(弟)至(致)命於闈₌(閤門),以告迼₌人₌(寺人,寺人)內(入)告於君₌(君。君)曰:‘卲(召)之。’”

時與詩

《唐虞》:“《吳(虞)䢅(詩)》曰:‘大明不出,𠦪(萬)勿(物)膚(皆)訇(暗)。’”按,“䢅(詩)”字從裘按(《郭店楚墓竹簡·唐虞之道》篇注[三二])讀。

時與持

《容成氏》:“文王時(持)故時而季(教)民時,高下肥毳(磽)之利𦘔(盡)智(知)之。”

《慎子》:“均分天〈而〉生(廣)貤(施),時(持)悳(德)而方(秉)義。”按,“時(持)”字從范常喜《讀〈上博六〉劄記六則》(簡帛網,2007年7月20日)讀。

《啻門》:“六以行之,晝、夜、春、夏、秋、冬,各時(持)不解(懈),此隹(惟)事首,亦隹(惟)天道。”按,“時”似當讀作“持”。

時與蒔

《猩敞》:“猩獨居舍爲養,達與僕徒時(蒔)等謀埱冢。”

《猩敞》:“時(蒔)告達,請與敞出餘器,分敞。”

時與等

《天子甲》:“時(等)言而殜(世)行,因悳(德)而爲之折(制)。”按,“時”似當讀作“等”。

時與詩

《性自》:“《時(詩)》、《箸(書)》、《豊(禮)》、《樂》,其訂(始)出皆生於人。”

《性自》:“《時(詩)》,又(有)爲₌(爲爲)之也。”

時與峕

《性自》："《時（詩）》、《箸（書）》、《豊（禮）》、《樂》，其訂（始）出皆生於人。"按，上博簡本《性情論》時（詩）作峕。

時與植

《荊決》："海有琅干（玕），南山有時（植）。"

杫與持

《文王》："我左串（患）右難，虐（吾）欲達中杫（持）道。"

《文王》："隹（惟）杫（持）〖市〗明之悳（德），其殜（世）也☐。"

杫與峙

《天師》："距而兩杫（峙），参（三）築而毋遂，神風乃生，五聲乃對。"

胕與痔

《陰陽脈甲》："瘧，北（背）痛，要（腰）痛，尻痛，胕（痔），胳（郤）痛，腨痛。"

《牝痔》："血胕（痔），以弱（溺）孰（熟）煮一牡鼠，以氣熨。"

《陰陽脈乙》："胕（痔），胳（郤）痛，腨痛，足小指廁，爲☐☐病。"

畤與沚

《召南》："☐☐于畤（沚），于以用☐。"

𨛜與志

《説命中》："余告女（汝）若寺（時），𨛜（志）之于乃心。"

等與持

《北蒼·之》："闊錯（粗）蹵（就）葆（保），堂據（歫）趆等（持）。"按，"等"似當讀作"持"，"堂"、"歫"、"趆"、"持"四字均有抗拒之義。

等與志

《曹沫》："☐競（境）必勳（勝），可以又（有）怡（治）邦，周等（志）是廌（存）。"

《季康子》："虞（且）夫戲含（今）之先₌（先人），塟（世）三代之連（傳）史，幾（豈）敢不以其先₌（先人）之連（傳）等（志）告。"按，"等（志）"字從陳劍《談談〈上博（五）〉的竹簡分篇、拼合與編聯問題》（簡帛網，2006年2月19日）讀。

等與誌

《季康子》："夫時（詩）也者，以等（誌）䂞₌（君子）志₌（之志）。"

箬與志

《緇衣》："爲上可瞗（望）而智（知）也，爲下可頪〈槓（述）〉而箬（志）也，則君不悞（疑）其臣₌（臣，臣）不惑於君。"

箬與峕

《緇衣》："爲上可瞗（望）而智（知）也，爲下可頪〈槓（述）〉而箬（志）也，則君不悞（疑）其臣₌（臣，臣）不惑於君。"按，上博簡本《緇衣》箬（志）作峕。

詩與待

《戰守》："☐莫詩（待）鼓止，行者不當行而行，斬將☐☐。"

詩與誘

《泰射》："當物北面揖，及物揖，由下物少退，詩（誘）射。"

峕與詩

《緇衣》："《寺（詩）》員（云）：'悉（儀）垩（刑）文王，萬邦乍（作）孚。'"按，上博簡本《緇衣》寺（詩）作峕。下同。

《緇衣》："《寺（詩）》員（云）：'情（靖）共尔（爾）立（位），好氏（是）貞（正）植（直）。'"

《緇衣》："《寺（詩）》員（云）：'弔（淑）人君子，其義（儀）不弋（忒）。'"

《緇衣》："《寺（詩）》員（云）：'隹（誰）秉宬（國）成，不自爲貞（正），卒裳（勞）百眚（姓）。'"

《緇衣》："《寺（詩）》員（云）：'又（有）犅（梏）悳（德）行，四方𢘓（順）之。'"

《緇衣》："《寺（詩）》員（云）：'成王之孚，下土之弋（式）。'"

《緇衣》："《寺（詩）》員（云）：'虩=（赫赫）帀（師）尹，民具尔瞻。'"

《緇衣》："《寺（詩）》員（云）：'皮（彼）求我則，女（如）不我得；執我栽=（仇仇），亦不我力。'"

《緇衣》："《寺（詩）》員（云）：'虗（吾）夫=（大夫）共（恭）虘（且）韙（儉），䊵（靡）人不斂。'"

《緇衣》："《寺（詩）》員（云）：'雪（淑）誓（慎）尔走（止），不侃（愆）于義（儀）。'"

《緇衣》："《寺（詩）》員（云）：'穆=（穆穆）文王，於訐（緝）逗（熙）敬走（止）。'"

《緇衣》："《寺（詩）》員（云）：'備（服）之亡（無）懌（斁）。'"

《緇衣》："《寺（詩）》員（云）：'人之好我，旨（示）我周行。'"

《緇衣》："《寺（詩）》員（云）：'君子好栽（仇）。'"

《緇衣》："《寺（詩）》員（云）：'倗（朋）友卣（攸）䙴=（攝，攝）以愄（威）義（儀）。'"

旹與志

《凡物甲》："其來亡（無）尾（度），虗（吾）系（奚）旹（志）之？"按，"旹"似當讀作"志"或"識"。

旹與時

《窮達》："穿（窮）達以旹（時），悳（德）行弌（一）也；譽皇（毀）才（在）仿（旁），聖（聽）之弋（任）之。"

《窮達》："穿（窮）達以旹（時），學（幽）明不再。"

《唐虞》："夫聖人上事天，效（教）民又（有）尊也；下事陛（地），效（教）民又（有）新（親）也；旹（時）事山川，效（教）民又（有）敬也。"

《唐虞》："古者堯生於天子而又（有）天下，聖以堣（遇）命，息（仁）以遣（逢）旹（時），未嘗□。"

《唐虞》："並於大旹（時），神明[illegible]從，天陛（地）右（佑）之。"

《唐虞》："從（縱）息（仁）聖可牙（譽），旹（時）弗可及歒（矣）。"

《語叢四》："善使其民者，若四旹（時）一遖（逝）一迷（來），而民弗害也。"

《語叢四》："眾弜（強）甚多，不女（如）旹（時）。"

《詩論》："《梂（樛）木》之旹（時）。"

《詩論》："《梂（樛）木》之旹（時），則以其彔（祿）也。"

《詩論》："《又（有）兔》不奉（逢）旹（時）。"

《容成氏》："古（故）堂（當）是旹（時）也，亡并□。"

《容成氏》："堯戔（賤）貤（施）而旹=（時時）賽，不懽（勸）而民力。"

《容成氏》："堂（當）是旹（時），弜（強）溺（弱）不紿諹，眾寡不聖訟，天陛（地）四旹（時）之事不攸（修）。"

《曹沫》："毋穫（獲）民旹（時），毋敚（奪）民利。"

《鮑叔牙》："至亞（惡）何（苛），而上不旹（時）使。"

《三德》："天共旹（時），陛（地）共材，民共力，褁（明）王無思，是胃（謂）參（三）德。"

《三德》："川（順）天旹=（之時），迟（起）陛（地）之□。"

《三德》："智（知）天足以川（順）旹（時），智（知）陛（地）足以由（育）材，智（知）人足以會新（親）。"
《三德》："聚（驟）敚（奪）民旹（時），天飴（饑）必來。敚（奪）民旹（時）以土攻（功），是胃（謂）頧（稽），不湓（絕）悥（憂）卹（恤），必喪其佖（匹）；敚（奪）民旹（時）以水事，是胃（謂）𤆍（籥），喪怠（以）係（繼）樂，四方來嚻（虐）；敚（奪）民旹（時）以兵事，是☐。"
《三德》："☐解（懈）于旹（時），上帝憙（喜）之，乃無凶材（災）。"
《成王》："☐四旹（時）；長（常）事必至，西行弗埊（來）。"
《程寤》："可（何）監非旹（時）？可（何）柔（務）非和？可（何）褁（畏）非彣（文）？可（何）保非道？可（何）炁（愛）非身？可（何）力非人？"
《命訓》："事不賝（震），正（政）不成，埶（藝）不逕（淫），豊（禮）又（有）旹（時）。"
《墨子》："☐□三杏（本）一子旹（時）□☐。"按，"旹（時）"字從李零《長台關楚簡〈申徒狄〉研究》（簡帛研究網，2000年8月8日）釋。
《文敀》："旹（時）之所在，莫知其移。"

湝與識

《靈王》："緡（申）成公湝（識）其子虎未畜頮（髮），命之適（逝）。"按，"湝（識）"字從高榮鴻《〈上博九・靈王遂申〉2號簡"溍"字釋讀》（簡帛網，2013年1月10日）釋讀。

志與侍

《老子》甲："萬勿（物）㑅（作）而弗忋（始）也，爲而弗志也，成而弗居。"按，帛書乙本志作侍。

志與恃

《老子》甲："萬勿（物）㑅（作）而弗忋（始）也，爲而弗志也，成而弗居。"按，今本志作恃。
《帛甲老子・道經》："萬物作而弗始也，爲而弗志（恃）也，成功而弗居也。"

志與持

《相宅》："☐垑於西北，不利於子，三增三殜（沮）不相志（持），無竇（藏）貨。"

志與特

《雜抄》："志（特）馬舍乘車馬後，毋敢炊（箠）飭，犯令，貲一盾。"

志與詩

《民之》："亡（無）聖（聲）之樂、亡（無）膿（體）之豊（禮）、亡（無）備（服）之桑（喪），可（何）志（詩）是汇（迡）？"
《金縢》："於後周公乃遺王志（詩）曰《周（鴟）鴞》，王亦未逆公。"
《芮良夫》："周公之頌志（詩）。"

志與旹

《緇衣》："古（故）君子多聕（聞），齊而獸（守）之；多志，齊而新（親）之；精智（知），逄（略）而行之。"按，上博簡本《緇衣》志作旹。

志與幟

《第二組》："敢任除戰北、耎、故徼外盜不援及廢官者以爲吏及軍吏、御右、把鉦鼓志（幟）及它論官者。"

志與職

《養生方》："冶柳付（柎），與志（職）膏相挐（滓）和，以傅穜（腫）者。"

志與職

《師癸》："禹於是飲湩，酒食五味，以志（職）治氣。"按，"志（職）"字從魏啟鵬、胡翔驊《馬王堆漢墓醫書校釋（貳）》（成都出版社，1992年，108頁）讀。

志與識

《老子》甲："古之善爲士者，必非（微）溺（妙）玄達，深不可志，是以爲之頌（容）。"

按，今本志作識。

《史蕕》：“聸（聞）子之言，大夒（懮），不志（識）所爲。”按，“志（識）”字從季旭昇《〈上博九·史蕕問於夫子〉釋讀及相關問題》（《吉林大學社會科學學報》2015年4期）讀。

《二年·置吏律》：“諸使而傳不名取卒、甲兵、禾稼志（識）者，勿敢擅予。”

《帛甲老子·道經》：“深不可志（識）。”

《帛甲老子·道經》：“夫唯不可志（識），故強爲之容。”

《帛乙老子·道經》：“古之□爲道者，微眇（妙）玄達，深不可志（識）。”

《帛乙老子·道經》：“夫唯不可志（識），故強爲之容。”

《行守》：“故言寺（持）首，行志（識）卒。”

《順道》：“不辨陰陽，不數日月，不志（識）四時。”

志與止

《靈王》：“虎厽（三）徒出，執事人志₌（止之）。”

恷與恃

《十問》：“交和而舍，粱（糧）食不屬，人兵不足恷（恃），絕根而攻，適（敵）人什（十）負（倍），毄（擊）之奈何？”

誌與誘

《泰射》：“二偶（耦）栝（拾）取矢，亦如之，後者取誌（誘）射之矢。”

𣥂與之

《五行》：“‘亦既見𣥂（之），亦既訽（覯）𣥂（之），我心則[兌]（悅）。’此之胃（謂）[也]。”

《楚帛書》甲：“咎（晷）而〈天〉𣥂（之）達，乃卡₌（上下）朕（？）□。”按，“𣥂（之）”字從楊澤生《〈太一生水〉“成歲而止”和楚帛書“止以爲歲”》（《古墓新知——紀念郭店楚簡出土十周年論文專輯》，國際炎黃文化出版社，2003年）讀。

《繫年五》：“鄬（蔡）哀侯取妻於陳，賽〖₌〗（息）侯亦取妻於陳，是賽₌爲₌（息媯。息媯）𨟻（將）歸于賽（息），𨑹（過）鄬₌（蔡，蔡）哀侯命𣥂（止之）。”

𣥂與止

《太一》：“四時復補（輔）也，是以成倉〈寒〉₌然₌（寒熱。寒熱）復相補（輔）也，是以成溼₌澡₌（濕燥。濕燥）復相補（輔）也，成戢（歲）而𣥂（止）。”

《五行》：“君子集大成，能進之爲君子，弗能進也，各𣥂（止）於其里。”

《緇衣》：“非其𣥂（止）之共，唯王【之】慸（邛）。”

《緇衣》：“㝅（淑）誓（慎）尔𣥂（止），不侃（諐）于義（儀）。”

《緇衣》：“穆₌（穆穆）文王，於卝（緝）逦（熙）敬𣥂（止）。”

《尊德義》：“傑（桀）不胃（謂）其民必亂，而民又（有）爲亂矣；受（紂）不迪其民，而民不可𣥂（止）也。”

《性自》：“樂谷（欲）睪（釋）而又（有）𣥂（止）。”

《内豊》：“善則從之，不善則𣥂₌之₌（止之；止之）而不可，𢛳（隱）而任之，如從㠯（己）记（起）。”

《靈王》：“君爲王臣，王𨟻（將）述（墜）邦，弗能𣥂（止）而或欲得安（焉）？”

《陳公》：“不智（知）進帀（師）徒逦（極）於王所而𣥂（止）帀（師）徒虐（乎）？不智（知）其敢卒𡨦行述（遂）内王卒而母（毋）𣥂（止）帀（師）徒虐（乎）？”

《陳公》：“女（如）内王卒而母（毋）𣥂（止）帀（師）徒，母（毋）亦善虐（乎）？”

《陳公》："鼓以進之，鼙（鼙）以趡（止）之。"

《陳公》："三鼓乃行，埅内王卒，不趡（止）。"

《邦人》："固祝而趡=（止之），郗（蔡）大祝趡（止）。"

《楚帛書》甲："四神相弋（代），乃趡（止）以爲戢（歲），是隹（惟）四寺（時）。"按，"趡（止）"字從楊澤生《〈太一生水〉"成歲而止"和楚帛書"止以爲歲"》（《古墓新知——紀念郭店楚簡出土十周年論文專輯》，國際炎黃文化出版社，2003年）讀。

《繫年五》："郗（蔡）哀侯取妻於陳，賽〖=〗（息）侯亦取妻於陳，是賽=爲=（息嬀。息嬀）酒（將）歸于賽（息），逃（過）郗=（蔡，蔡）哀侯命趡（止之）。"

《芮良夫》："甬（用）莫能趡（止）欲，而莫冐（肯）齊好。"

《三壽》："我思天風既寍（回）或趡（止），虛（吾）孚（勉）自印（抑）畏以敬，夫𢆶（兹）□。"

趡與寺

《性自》："凡人唯（雖）又（有）眚（性），心亡奠志，趡（待）勿（物）而句（後）乍（作），趡（待）兑（悦）而句（後）行，趡（待）習而句（後）奠。"按，上博簡本《性情論》"趡（待）兑（悦）"、"趡（待）習"之"趡（待）"作"寺"。

趡與待

《性自》："凡人唯（雖）又（有）眚（性），心亡奠志，趡（待）勿（物）而句（後）乍（作），趡（待）兑（悦）而句（後）行，趡（待）習而句（後）奠。"

趡與等

《五行》："貴=（貴貴），其趡（等）障（尊）臤（賢），義也。"

《曹沫》："凡畜羣臣，貴戔（賤）同趡（等），彔（禄）毋貣（倍）。"按，"趡（等）"字從陳劍《上博竹書〈曹沫之陳〉新編釋文》（簡帛研究網，2005年2月12日）釋讀。

侍與侍

《弟子問》："巨（蘧）白（伯）玉侍（侍）虖（乎）？子膻=（庸庸）女（如）也其聖（聲）。"按，"侍（侍）"字從陳斯鵬《讀〈上博竹書（五）〉小記》（簡帛網，2006年4月1日）讀。

朱與持

《老子》甲："其安也，易朱也。"按，今本和帛書甲本朱作持。

《老子》甲："朱而浧（盈）之，不〖不〗若已【也】。"按，今本朱作持。

朱與揁

《老子》甲："朱而浧（盈）之，不〖不〗若已【也】。"按，帛書本朱作揁。

㞢與志

《緇衣》："爲上可賶（望）而智（知）也，爲下可頪〈槙（述）〉而篩（志）也，則君不怪（疑）其臣=（臣，臣）不惑於君。"按，上博簡本《緇衣》篩（志）作㞢。

㞢與詩

《性自》："《時（詩）》、《箸（書）》、《豊（禮）》、《樂》，其訂（始）出皆生於人。"按，上博簡本《性情論》時（詩）作㞢。

《詩論》："孔=（孔子）曰：'《㞢（詩）》亡隱（隱）志，樂亡隱（隱）情，文亡隱（隱）言。'"

《詩論》："《㞢（詩）》，其猶坪（平）門。"

貴與市

《競公瘧》："舉（舉）邦爲欽（禁），約夾（挾）者（諸）闈（關），縛纏（棄）者（諸）貴（市）。"按，"貴（市）"字從陳偉《讀〈上博六〉條記》（簡帛網，2007年7月9日）釋讀。

貴與得

《老子》甲：“貴與貢（亡）篙（孰）疠（病）？”按，今本和帛書甲本貴作得。

寊與持

《春秋四》：“不與君者，顧寊（持）君令（命）以召子，其事惡矣。”按，“寊”似當讀作“持”。

皆與植

《金縢》：“周公立安（焉），秉璧皆（植）珪。”

皆與戴

《慎子》：“首皆（戴）茅芙（蒲），檏（撰）筱（銚）執樝（鉏），送（蹲）畎備（伏）畂〈畓（畝）〉，必於☒。”按，“皆（戴）”字從劉洪濤《上博竹書〈慎子曰恭儉〉校讀》（簡帛網，2007年7月6日）引劉建民説釋讀。

《金縢》：“周公立安（焉），秉璧皆珪。”按，《史記·魯周公世家》“皆”作“戴”。

皆與械

《申公》：“敔（禦）於枋述（隧），繙（陳）公子㞷皆（械）皇子。”按，“皆”似當讀作“械”。

皆與弒

《鬼神》：“此以桀折於鬲山，而受（紂）皆（弒）於只（岐）社，身不叟（沒）爲天下笑。”按，“皆”似當讀作“弒”。

楷與置

《尊德義》：“悳（德）之流，速虐（乎）楷（置）丞（郵）而速（傳）命。”按，“楷（置）”字從裘按（《郭店楚墓竹簡·尊德義》篇注［一五］）讀。

壴與臺

《老子》甲：“九成之壴（臺）。”

《子羔》：“遊於央（瑤）壴（臺）之上，又（有）鷃（燕）監（銜）卵而階（錯）者（諸）其前，取而軟（吞）之。”

《容成氏》：“□北迲（去）其邦，□爲㫚〈冋（傾）〉宮，篁（築）爲璿室，弍（飾）爲柔（瑤）壴（臺），立爲玉閨（門）。”

《容成氏》：“於是虐（乎）乍（作）爲九成之壴（臺），視（寘）盂炭（炭）其下，加𡨦（圜）木於其上，思（使）民道（蹈）之。”

《容成氏》：“受（紂）聒（聞）之，乃出文王於夏壴（臺）之下而聒（問）安（焉）。”

《湯丘》：“君天王，是又（有）壴（臺）僕（僕）。”

市與持

《帛乙老子·德經》：“我恆有三琛（寶），市（持）而琛（寶）之。”

市與食

《日甲·禹二》：“莫（暮）市（食）以行有九喜。”

《日甲·禹二》：“市（食）日以行有七喜。”

《日甲·禹二》：“莫（暮）市（食）以行有三喜。”

而字聲系

而與尔

《魯邦》：“出遇子贛（貢），曰：‘賜，而（尔）昏（聞）衙（巷）逄（路）之言，毋乃胃（謂）丘之畣（答）非與（歟）？’”

《曹沫》：“臧（莊）公曰：‘昔沱（施）舶（伯）語寡人曰：君子得之遊（失）之，天命。今異於而（尔）言。’”

《曹沫》：“☒又戒言曰：‘牪尔正社；不牪而（尔）或㝢（興）或康以會。”

而與爾

《子羔》：“善！而（爾）昏（問）之也。舊（久）矣。”

《仲弓》：“㝢（舉）而（爾）所智（知），

而（爾）所不智（知），人其豫（舍）之者？”
《祭公》：“女（汝）母（毋）各家相而（爾）室，肰（然）莫血（恤）其外。”按，“而”似當讀作“爾”。
《天師》：“食陰之道，虛而（爾）五臧（藏），廣而（爾）三咎。”按，“而（爾）”字從馬繼興《馬王堆古醫書考釋》（湖南科學技術出版社，1992年，871頁）讀。
《阜易・頤》：“初九，舍而（爾）靈龜，觀我□□。”
《帛易・頤》：“初九，舍而（爾）靈龜，觀我掇（朵）頤，凶。”
《周馴》：“余恐而（爾）輕國而不好文理，不愛民而乏絕吾祀，持（特）令我殚（卒）而若闔廬不死（孝）而已。”按，“而（爾）”字從段凱説釋讀。

而與邇

《武王甲》：“後右耑（端）曰：‘殹諫（鑑）不遠，視而（邇）所弋（代）。’”

而與以

《戰國五》：“孝如增（曾）參，乃不離親，不足而（以）益國；信如尾星（生），乃不延（誕），不足而（以）益國。”
《趙正書》：“燕王喜而（以）軻（軻）之謀而倍（背）秦之約。”按，“而（以）”字從段凱説讀。

而與能

《成之》：“聖人之眚（性）與中人之眚（性），其生而未又（有）非之，節於而（能）也，則猷（猶）是也。”按，“而（能）”字從陳偉《郭店楚簡別釋》（湖北教育出版社，2002年，142頁）讀。

耳字聲系

耳與佴

《效律》：“器職（識）耳（佴）不當籍者，大者貲官嗇夫一盾，小者除。”
《效律》：“馬牛誤職（識）耳（佴），及物之不能相易者，貲官嗇夫一盾。”
《效律》：“以職（識）耳（佴）不當之律論之。”

耳與珥

《凡物甲》：“日之又（有）耳（珥），腘（將）可（何）聖（聽）？”
《筮法二九》：“四之象爲陸（地），爲圓，爲壴（鼓），爲耳（珥），爲環，爲腫，爲雪，爲零（露），爲霓（霰）。”
《胎產書》：“欲產女，佩蠶（簪）耳（珥），呻（紳）朱（珠）子，是謂內象成子。”

佴與恥

《命訓》：“夫民生而佴（恥）不明，走（上）以明之，能亡（無）佴（恥）噓（乎）？女（如）又（有）佴（恥）而亙（恆）行，則厇（度）至于亟（極）。”
《命訓》：“人又（有）佴（恥），又（有）市冒（帽[絻]），又（有）鈙（斧）戉（鉞）。”
《命訓》：“以人之佴（恥）尚（當）天之命，以其市冒（帽[絻]）尚（當）天之福，以其斧戉（鉞）尚（當）天之禍（禍）。”
《命訓》：“亟（極）佴（恥）則民₌只₌（民枳，民枳）則瘍₌人₌（傷人，傷人）則不罚（義）。”
《命訓》：“福莫大於行，禍（禍）莫大於逕（淫）祭，佴（恥）莫大於瘍（傷）人，賞莫大於壤（讓），罰莫大於多虘（詐）。”
《君正》：“民富則有佴（恥），有佴（恥）則號令成俗而刑伐（罰）不犯。”
《稱》：“諸侯不報仇，不脩（滌）佴（恥），唯□所在。”
《民之情》：“三曰：卿夫₌（大夫）官吏士民儆（敬）節，高其誼（義），佴（恥）其□。民行其俗，民之請（情）也。”

佴與耻

《春秋三》：“是辱二主□□□□□□子恐兵之環之而佴（耻）爲人臣。”

《春秋一三》：“且宋君不佴（耻）不全宋人之腹踁（頸），而佴（耻）不金〈全〉荊陳（陬）之義，逆矣。”

《春秋一四》：“刑人佴（耻）刑而哀不辜，□愬（怨）以司（伺）閒，千萬必有幸矣。”

姐與恥

《學爲》：“學父秦居貲，吏治（笞）秦，以故數爲學怒，苦姐（恥）之。”

恥與止

《天子甲》：“與卿、夫（大夫）同恥（止）厇（度）。”按，“恥（止）”字從侯乃峰《〈天子建州〉“恥度”解》（簡帛網，2008年2月16日）讀。下同。

《天子甲》：“不可以不聒（聞）恥（止）厇（度），民之也。”

《天子乙》：“與卿、夫（大夫）同恥（止）厇（度）。”

《天子乙》：“不可以不聒（聞）恥（止）厇（度），民之也。”

恥與耻

《春秋一二》：“今罪而弗誅，恥（耻）而近之。”

茸與戎

《邶風》：“狐裘蒙茸（戎），誹（匪）□□□。”

餌與耳

《曹沫》：“思（使）忘其死而見其生，思（使）良車良士往取之餌（耳）。”

餌與耻

《戰國一七》：“以燕王之賢，伐齊，足以佩（刷）先王之餌（耻）。”

醜與耻

《戰國一九》：“報惠王之醜（耻），成昭襄王之功，除萬世之害。”

醜與恥

《戰國四》：“雖費，毋齊、趙之患，除群臣之醜（恥）。”

《周馴》：“徒步之人，布衣之士，猷（猶）有羞蓐（辱），惡大詢醜（恥），皇（況）在千乘人君之大子？”

《周馴》：“虜以入秦，身大蓐（辱）醜（恥），歸而從堯（蕘）。”

《妄稽》：“虞士枋（方）醜（恥），色若疪（紫）英。”

醜與餌

《官一》：“僞遺小亡，所以醜（餌）敵也。”

《官一》：“僞遺小亡，所以醜（餌）敵也。”

麛與麝

《二年·田律》：“燔草爲灰，取產麛（麝）卵彀（鷇）。”

《戰國二七》：“麛（麝）皮歸，復令（命）於邯鄲君。”

《戰國二七》：“麛（麝）皮曰。”

《戰國二七》：“夫頳然（赧）見於左耳，麛（麝）皮已計之矣。”

龜字聲系

龜與昆

《緇衣》：“《寺（詩）》員（云）：‘我龜既猒（厭），不我告猷。’”按，上博簡本《緇衣》龜作昆，劉釗師《讀〈上海博物館藏戰國竹書（一）〉劄記》（《上博館藏戰國楚竹書研究》，上海書店出版社，2002年）讀昆爲龜。

龜與皸

《萬物》：“東與醯使人不龜（皸）手也。”

龜與舊

《管仲》：“中（仲）父，龜（舊）天下之邦君，管（孰）可以爲君？管（孰）不可以爲君？”

其字聲系

亓與期

《語叢三》：“思亡彊（疆），思亡亓（期），思亡紉（邪）。”按，“亓（期）”字從陳偉《郭店楚簡別釋》（《江漢考古》1998年4期）讀。

《曹沫》：“☐亓（期）會之不難，所以爲和於豫（舍）。”

《競公瘧》：“古（故）死亓（期）牆（將）至，可（何）急（仁）☐。”

异與己

《緇衣》：“章志以卲（昭）百眚（姓），則民至（致）行异（己）以敓（悅）上。”

《尊德義》：“爻（教）非改道也，敎（教）之也；學非改侖（倫）也，學异（己）也。”

《從政》：“弇戒先遼則自异（己）訂（始）。”按，“异（己）”字從王中江《〈從政〉重編校注》（簡帛研究網，2003年1月16日）讀。

《從政》：“聒（聞）之曰：行才（在）异（己）而名才（在）人，名難靜（爭）也。”

《君子》：“墨（禹）絧（治）天下之川，☐以爲异（己）名；夫子絧（治）《時（詩）》、《箸（書）》，非以异（己）名，肰（然）則臤（賢）於墨（禹）也。”

惎與惎

《尊德義》：“淮忿繼（憚），改惎（惎）勳（勝），爲人上者之柔（務）也。”

丌與其

《六德》：“孝，𡴀（本）也。下攸（修）丌（其）𡴀（本），可以剸（斷）釟。”

丌與期

《良臣》：“楚韶（昭）王又（有）命（令）君（尹）子西，又（有）司馬子丌（期），又（有）郜（葉）公子高（高）。”

丌與忌

《季桓子》：“㒸（色）不僕（樸），此〈出〉言不丌（忌）。”按，“丌（忌）”字從李銳《〈孔子見季桓子〉新編（稿）》（簡帛網，2007年7月11日）釋讀。

《王居》：“殹（抑）丌（忌）韋（違）謊（讒）託（媢），以隆（墮）亞（惡）虐（吾）外臣，而居虐（吾）左₌（左右）。”

丌與欺

《忠信》：“不丌（欺）弗智（知），信之至也。”按，“丌（欺）”字從裘按（《郭店楚墓竹簡·忠信之道》篇注［一］）讀。

异與忌

《老子》甲：“夫天多异韋（諱），而民爾（彌）畔（叛）。”按，今本和帛書乙本异作忌。“异”爲《説文》“期”字古文。

《天子甲》：“古（故）龜又（有）五异（忌）。”

《天子乙》：“古（故）龜又（有）五异（忌）。”

惎與忌

《鄭壽》：“畬（答）：‘女（如）毀新都戕陵（陵）、臨昜（陽），殺左尹𩰫（宛）、少帀（師）亡（無）惎（忌）。’”

㫷與基

《尊德義》：“賞與坓（刑），祡（禍）福之㫷（基）也，或前之者矣。”按，“㫷（基）”字從裘按（《郭店楚墓竹簡·尊德義》篇注［二］）讀。

㫷與期

《從政》：“命無時（時），事必又（有）㫷（期），則惻（賊）。”按，“㫷（期）”字從陳劍《上博簡〈子羔〉、〈從政〉篇的竹簡拼合與編連問題小議》（簡帛研究網，2003年1月8日）讀。

《鮑叔牙》："迿（驅）逐畋斆（弋），亡（無）羿（期）尾（度）。"按，"羿（期）"字從季旭昇《上博五芻議（上）》（簡帛網，2006年2月18日）讀。

《吳命》："毋敢又（有）遲（遲）速之羿（期），敢告刟日。"

《成王》："☐童=光=（重光，重光）其昌也，可羿（期）而須也。"按，"羿（期）"字從復旦吉大古文字專業研究生聯合讀書會《上博八〈成王既邦〉校讀》（復旦大學出土文獻與古文字研究中心網，2011年7月17日）讀。

畲與基

《民之》："成王不敢康，迺（夙）夜畲（基）命又（宥）窨（密）。"

其與期

《繫辭》："既辱且危，死其（期）將至。"按，今本其作期。

《帛甲老子·德經》："民之從事也，恆於其（期）成事而敗之。"按，"其"似當讀作"期"。此字通行本作"幾"。《詩·楚茨》："如幾如式。"毛《傳》："幾，期也。"幾、期同義。下同。

《帛乙老子·德經》："民之從事也，恆於其（期）成而敗之。"

其與杞

《日甲·詰》："雷攻人，以其（杞）木毄（擊）之，則已矣。"按，"其"似當讀作"杞"。

其與忌

《治官》："復悔其（忌）勝，毋忿怒以夬（決）。"按，"其"當讀作"忌"。

基與期

《服傳甲》："疎（疏）衰常（裳）資（齊）、牡麻絰、冠布纓、削杖、布帶、疎（疏）屨（屨）基（期）者。"

《服傳甲》："父在爲母，何以基（期）也？"

《服傳甲》："爲妻何以基（期）也？"

《服傳甲》："出妻之子爲母基（期），爲外祖父母無服。"

《服傳甲》："祖父母何以基（期）也？"

《服傳甲》："世父、叔父何以基（期）也？"

《服傳甲》："然則昆弟之子何以亦基（期）也？"

《服傳甲》："世母、叔母，何以基（期）也？"

《服傳甲》："夫之昆弟之子何以亦基（期）也？"

《服傳甲》："大夫之適子爲妻何以基（期）也？"

《服傳甲》："大夫之庶子爲適昆弟何以基（期）也？"

《服傳甲》："適孫何以基（期）也？"

《服傳甲》："爲人後者爲其父母何以基（期）也？"

《服傳甲》："爲父何以基（期）也？"

《服傳甲》："爲昆弟之爲父後者何以基（期）也？"

《服傳甲》："婦人雖在外，必歸宗，曰小宗，故服基（期）也。"

《服傳甲》："繼父同居者何以基（期）也？"

《服傳甲》："同居則資（齊）衰基（期），異居則資（齊）衰三月。"

《服傳甲》："爲夫之君何以基（期）也？"

《服傳甲》："何以基（期）也？爲其無祭主也。"

《服傳甲》："爲君之父母、妻、長子、祖父母何以基（期）也？"

《服傳甲》："妾爲女君何以基（期）也？"

《服傳甲》："婦爲咎（舅）姑何以基（期）也？"
《服傳甲》："公妾、大夫之妾爲其子何以基（期）也？"
《服傳甲》："女子=（子子）適人者爲父母基（期），故不言報。"
《服傳甲》："言其餘皆報也，何以服基（期）也？"
《服傳甲》："大夫爲祖父母、適孫爲士者何以基（期）也？"
《服傳乙》："疎（疏）衰常（裳）資（齊）、牡麻絰、冠布纓、削杖、布帶、疏屨（屨）基（期）者。"
《服傳乙》："父在爲母何以基（期）也？"
《服傳乙》："爲妻何以基（期）也？"
《服傳乙》："出妻之子爲母基（期），爲外祖父母無服。"
《服傳乙》："祖父母何以基（期）也？"
《服傳乙》："世父、叔父何以基（期）也？"
《服傳乙》："然則昆弟之子，何以亦基（期）也？"
《服傳乙》："世母、叔母何以基（期）也？"
《服傳乙》："夫之昆弟之子何以亦基（期）也？"
《服傳乙》："大夫之適子爲妻何以基（期）也？"
《服傳乙》："大夫之庶子爲適昆弟何以基（期）也？"
《服傳乙》："適孫何以基（期）也？"
《服傳乙》："爲人後者爲其父母，何以基（期）也？"
《服傳乙》："爲父何以基（期）也？"
《服傳乙》："爲昆弟之爲父後者何以基（期）也？"
《服傳乙》："婦人雖在外，必歸宗，曰小宗，故服基（期）也。"
《服傳乙》："繼父同居者，何以基（期）也？"
《服傳乙》："爲夫之君何以基（期）也？"
《服傳乙》："爲君之父母、妻、長子、祖父母何以基（期）也？"
《服傳乙》："妾爲女君何以基（期）也？"
《服傳乙》："公妾、大夫之妾爲其子何以基（期）也？"
《服傳乙》："同居則資（齊）衰基（期），異居則資（齊）衰三月。"
《服傳乙》："婦爲咎（舅）姑，何以基（期）也？"
《服傳乙》："女子=（子子）適人者爲父母基（期），故不言報也。"
《服傳乙》："言其餘皆報也，何以服基（期）也？"
《服傳乙》："大夫爲祖父母、適孫爲士者，何以基（期）也？"
《服傳乙》："公妾以及士妾爲其父母，何以基（期）也？"

基與祺

《掑輿》："日、辰在歲後而星在歲對，名之胃（謂）重基（祺）。"
《掑輿》："若皆吉，卒歲必五喜，君子拜高吏，小人有大得重基（祺）。"

萁與基

《儒説》："辟（譬）若秋蓬之美其支（枝）葉而惡其根萁（基）也。"

期與倛

《北蒼・脂》："媿（謾）欺蒙期（倛），耒旬（楟）隸氏。"按，"期"似當讀作"倛"。《類篇・人部》："倛，詐欺也。"

期與欺

《蒼頡篇》："蒙期（欺）□旬。"

期與旗

《蓋廬》："毋要（邀）堤=（正正）之期

（旗），毋擊堂₌（堂堂）之陳（陣）。”按，今本《孫子·軍爭》期作旗。

期與忌

《爲吏》：“嚴剛毋暴，廉而毋刖（劌），毋復期（忌）勝，毋以忿怒夬（決）。”按，“期（忌）”字從白於藍《睡虎地秦簡〈爲吏之道〉校讀劄記》（《江漢考古》2010年3期）讀。

萠與淇

《衛風》：“萠（淇）則有□。”

旗與箕

《日乙·十二月》：“五月旗（箕）十四日。”

䫏與極

《繫年十五》：“少帀（師）亡（無）䫏（極）誂（讒）連尹頟（奢）而殺之，其子五（伍）員與五（伍）之雞逃歸吳。”

己字聲系

昌與期

《用曰》：“不昌（期）於天，而昌（期）於人。”按，“昌（期）”字從劉信芳《上博藏六〈用曰〉12、13號簡試解》（簡帛網，2008年7月28日）讀。

㠯與己

《管仲》：“歬（前）又（有）道之君所以寶（保）邦，天子之明者，能得僕（僕）四人同心，而㠯（己）五安（焉）；者（諸）侯之明者，能得僕（僕）三人同心，而㠯（己）四安（焉）；夫₌（大夫）之明者，能得僕（僕）二人同心，而㠯（己）三安（焉）。”

芑與杞

《周易·姤》：“九五：以芑（杞）橐（包）苽（瓜）。欽（含）章，又（有）愿（隕）自天。”

芑與忌

《周易·姤》：“九五：以芑（杞）橐（包）苽（瓜）。欽（含）章，又（有）愿（隕）自天。”按，帛書本芑（杞）作忌。

芑與芝

《墨子》：“☐猷（猶）芑（芝）蘭（蘭）與（歟）？”按，“芑（芝）”字從李零《長台關楚簡〈申徒狄〉研究》（簡帛研究網，2000年8月8日）讀。

记與紀

《文王》：“啟行五尾（度），湯行三记（紀）。”按，“记”似當讀作“紀”。

记與起

《老子》甲：“人多智（知），天〈而〉戟（奇）勿（物）慈（滋）记。”按，今本记作起。

《語叢三》：“记（起）習𡕒（文）彰（章），嗌（益）。”按，“记（起）”字從李零《郭店楚簡校讀記（增訂本）》（北京大學出版社，2002年，147頁）讀。

《容成氏》：“不量其力之不足，记（起）帀（師）以伐昏（岷）山是（氏），取其兩女琰（琰）、𡢁（琬）。”

《容成氏》：“於是唐（乎）天下之兵大记（起），於是唐（乎）樊（判）宗鹿（戮）族，戔（殘）群安備（服）。”

《容成氏》：“於是唐（乎）又（有）諳（暗）、聾、皮（跛）、瞑、瘦（瘻）、秃、婁（僂）飦（始）记（起）。”

《容成氏》：“文王乃记（起）帀（師）以卿（嚮）豐、喬（鎬），三鼓而進之，三鼓而退之。”

《容成氏》：“受（紂）不智（知）其未又（有）成正（政），而得（德）遾（失）行於民之厚（厚）也，或亦记（起）帀（師）以逆之。”

《内豊》：“㥯（隱）而任之，如從昌（己）记（起）。”

《曹沫》：“思（使）其志记（起），㪘（勇）

者思（使）憙（喜），筭（蒽）者思（使）毋（悔），肰（然）句（後）改訂（始）。”
《曹沫》：“昔之明王之记（起）於天下者，各以其殜（世），以及其身。”
《鮑叔牙》：“伋（隰）倗（朋）與鞄（鮑）弔（叔）牙皆拜，记（起）而言曰。”
《季康子》：“▨亞（惡）勿使，先₌（先人）斎₌（之所）瀍（廢）勿记（起）。”
《君子》：“▨困（淵）记（起），迲（去）笮（席）曰：‘敢䎽（問）可（何）胃（謂）也？’”
《三德》：“川（順）天旹₌（之時），记（起）陊（地）之▨。”
《三德》：“舉（興）而记（起）之，思迵（周）而勿救。”
《競公瘧》：“公勥（強）记（起），違笮（席）曰。”
《申公》：“緍（陳）坐（跪）拜，记（起）畣（答）。”
《王子木》：“成公记（起）曰。”
《用曰》：“记（起）事乍（作）志，叡其又（有）审（中）成。”
《用曰》：“請命之所繕，而言語（語）斎₌（之所）记（起）。”
《鄭子甲》：“乃记（起）帀（師），回（圍）奠（鄭）三月。”
《鄭子甲》：“君王之记（起）此帀（師），以子家之古（故）。”
《鄭子乙》：“乃记（起）帀（師），回（圍）奠（鄭）三月。”
《鄭子乙》：“君王之记（起）此帀（師），以子家之古（故）。”
《凡物甲》：“侳（坐）而思之，姊（際）於千里；记（起）而甬（用）之，練（陳）於四海（海）。”
《凡物甲》：“戠（察）此，言记（起）於䶵（一）耑（端）。”
《凡物甲》：“戠（察）此，言记（起）於䶵（一）耑（端）。”
《凡物乙》：“戠（察）此，言记（起）於䶵（一）耑（端）。”
《王居》：“邦人其胃（謂）我不能爯（稱）人，朝记（起）而夕瀍（廢）之。”
《有皇》：“又（有）皇（凰）牆（將）记（起）含可（兮）。”
《蘭賦》：“天道其逑（越）也，莡（荑）薛之方记（起），夫亦啻（適）其戢（歲）也。”
《陳公》：“五爯（稱）：鉦、[illegible]以左，鈍（錞）釪（于）以右，鎂₌（金鐸）以跪（坐），木鎂（鐸）以记（起）。”
《禹王》：“堯乃章（就）垔（禹）曰：‘气（訖）安其往，疋（疏）㲋（川）记（起）浴（谷），以瀆天下。’”
《卜書》：“貞卜邦，料（兆）唯（雖）记（起）句（棋），母（毋）白母（毋）赤，母（毋）卒（萃）以易（逖）。”
《金縢》：“是夕，天反風，禾斯记（起），凡大木斎₌（之所）䡾（拔），二公命邦人聿（盡）復笙（築）之。”
《祭公》：“天子，参（三）公，余隹（惟）弗记（起）滕（朕）疾。”
《楚居》：“若嚻（敖）记（起）禍，安（焉）遅（徙）居承₌之₌埜₌（蒸之野，蒸之野）□□□，□衮（襲）爲郢。”
《楚居》：“白公记（起）禍，安（焉）遅（徙）衮（襲）湫郢。”
《楚居》：“审（中）豁（謝）记（起）禍，安（焉）遅（徙）衮（襲）肥遺。”
《繫年二三》：“奠（鄭）太剌（宰）慜（欣）亦记（起）禑（禍）於奠₌（鄭，鄭）子旟（陽）用滅，亡後於奠（鄭）。”

《説命中》："叏（且）隹（惟）口记（起）戎出好（羞）。"
《芮良夫》："自记（起）俴（殘）蠹（虐），邦甬（用）不寍（寧）。"
《赤䳨》："晉（巫）鶩（烏）乃歎少（小）臣之朐（喉）渭（胃），少（小）臣乃记（起）而行。"
《啻門》："记（起）事又（有）穫，民長萬（賴）之，此胃（謂）㚧（美）事；记（起）事亡（無）穫，疠（病）民亡（無）古（故），此胃（謂）亞（惡）事。"
《啻門》："记（起）役時訓（順），民備（力）不俑（庸），此胃（謂）㚧（美）役；记（起）役不時，大弼（費）於邦，此胃（謂）亞（惡）役。"
《三壽》："殷邦之蚕（妖）羊（祥）並记（起）。"
《鄭武》："不是肰（然），或（又）再（稱）记（起）虐（吾）先君於大難之中？"
《管仲》："中（仲）父，记（起）事之沓（本）系（奚）從？"

忌與己

《太一》："罷（一）块（缺）罷（一）浧（盈），以忌（己）爲墧（萬）勿（物）經。"按，"忌（己）"字從裘按（《郭店楚墓竹簡·太一生水》篇注［一二］）讀。
《帛五行·説》："故□善□□□□□□□也者，忌（己）有弗爲而美者也。"
《帛五行·説》："然笱（後）忌（己）仁而以人仁，忌（己）義而以人義。"
《九主》："則賤不事貴，袁（遠）不事近，皆反其職，信□在忌（己）心。"
《帛五行·説》："不嚴不尊，嚴而笱（後）忌（己）尊。"

忌與杞

《帛易·姤》："五〈九〉五，以忌（杞）枹（包）瓜，含章，或（有）塤（隕）自天。"

惎與萁

《田法》："叔（菽）惎（萁）民得用之，稾民得用其什一，芻人一斗。"

异與己

見之部其字聲系。

惎與惎

見之部其字聲系。

久字聲系

久與灸

《封診式》："其腹有久（灸）故瘢二所。"
《第二組》："令廄嗇夫丈齒令、丞前，久（灸）右肩。"
《第二組》："不當乘，竊久（灸）及詐僞令人久（灸），皆䙴（遷）之，沒入馬縣官。"
《脈書》："少陰之脈，久（灸）則强食產肉，緩帶，被髮，大丈（杖），重屨而步，久（灸）幾息則病已矣。"
《脈書》："故氣上而不下，則視有過之脈，當環而久（灸）之。"
《脈書》："病甚而上於環二寸益爲一久（灸）。"
《脈書》："有農（膿）者不可久（灸）殹（也）。"
《足臂脈·足》："諸病此物者，皆久（灸）泰（太）陽温（脈）。"
《足臂脈·足》："諸【病】此物者，皆久（灸）少陽温（脈）。"
《足臂脈·足》："諸病此物者，皆久（灸）陽明温（脈）。"
《足臂脈·足》："諸病此物者，皆久（灸）足泰（太）陰温（脈）。"
《足臂脈·臂》："諸病此物者，皆久（灸）臂泰（太）陰温（脈）。"
《足臂脈·臂》："諸病此物者，皆久（灸）

臂泰（太）陽温（脈）。”
《足臂脈·臂》：“諸病此物者，皆久（灸）臂少陽之温（脈）。”
《足臂脈·臂》：“諸病此物者，皆久（灸）臂陽明脈（脈）。”
《陰陽脈甲》：“久（灸）幾（既）息則病已矣。”
《脈法》：“□□□□□□過之□，會〈當〉環而久（灸）之。”
《脈法》：“病甚，陽上於環二寸而益爲一久（灸）。”
《脈法》：“氣出胎（卻）與肘，□一久（灸）而□。”
《疣》：“以久（灸）尤（疣）末，熱，即拔尤（疣）去之。”
《瘙病》：“久（灸）左足中指。”
《㿗》：“取梟垢，以艾裹，以久（灸）穨（㿗）者中顛，令闌（爛）而已。”
《㿗》：“有（又）久（灸）其痏，勿令風及，易瘳。”
《㿗》：“而久（灸）其泰（太）陰、泰（太）陽□□。”
《㿗》：“穨（㿗）□久（灸）左胻□。”
《牡痔》：“□之，疾久（灸）熱，把其本小者而盭（戾）絕之。”
《陰陽脈乙》：“少陰之脈，久（灸）則強食產肉。”
《陰陽脈乙》：“大杖，被髮，重履而步，久（灸）希息則病已矣。”
《北蒼·之職》：“毒藥醫工，抑按啟久（灸）。”
《一類》：“人生五歲毋久（灸）足，六日而死。”
《木牘》：“治加（痂）及久（灸）創（瘡）馬育方。”
《木牘》：“五辰辛不可始久（灸）刺，飲藥必死。”
《木牘》：“甲寅、乙卯，不可久（灸）刺，不出旬死。”
《木牘》：“凡六日、十六日、十八日、廿二日，皆不可久（灸）刺。”
《木牘》：“可久（灸）刺見血，止已□。”

久與記

《答問》：“亡久（記）書、符券、公璽、衡羸（纍），已坐以論。”
《二年·賊律》：“筭〈符〉券，入門衛〈衛〉木久（記），搴（塞）門、城門之蘥（鑰）。”
《行篡》：“然則爲民賕也，吾所以爲賕也，此兵之久（記）也。”按，“久（記）”字從張震澤《孫臏兵法校理》（中華書局，1984 年，92 頁）讀。

匛與柩

《蒼頡篇》：“冢章（椁）棺匛（柩）。”

宄與究

《爲吏》：“令數宄（究）環，百姓榣（搖）貳乃難請。”

杦與簋

《鹿鳴之什》：“於粲洒騷（埽），每食以杦（簋）。”

丘字聲系

丘與蚯

《犬噬人》：“取丘（蚯）引（蚓）矢二升，以井上甕盬（係）處土與等，并熬之。”
《養生方》：“煎白罌（嬰）丘（蚯）引（蚓），殺智（蜘）蛛罔（網）及苦瓠。”
《雜療方》：“取丘（蚯）引（蚓）之矢，烝（蒸），以熨之。”

畀字聲系

畀與棋

《體積》：“有玉方八寸，欲以爲方半寸畀

（棋），問得幾可（何）？”

啚與騏

《曹風》：“□弁伊啚（騏）。”

矣字聲系

矣與矣

《季桓子》：“𢑀又（有）此佫（貌）也，而亡（無）以合者（諸）此矣（矣）。”按，“矣（矣）”字從蘇建洲《〈上博楚竹書〉文字及相關問題研究》（臺北萬卷樓圖書股份有限公司，2008年，111—112頁）釋讀。下同。

《季桓子》：“言即至矣（矣），唯（雖）虗（吾）子勿𦖞（問），古（固）牆（將）以告。”

《季桓子》：“君子𢀩之以其所𢀩，𧠑（畦）之以其所谷（欲），智（知）不行矣（矣）。”

疑與凝

《衛風》：“□如疑（凝）脂，領如鰌（蝤）餔〈餢（蠐）〉。”

疑與儗

《第一組》：“其室人存而年十八歲者，各與其疑（儗）同灋（法），其奴婢弗坐。”

疑與擬

《稱》：“故立天子[者]，[不]使諸侯疑（擬）焉；立正敵（嫡）者，不使庶孽疑（擬）焉；立正妻者，不使婢（嬖）妾疑（擬）焉。”

《稱》：“疑（擬）則相傷，雜則相方（妨）。”

《繫辭》：“耶（聖）人具以見天下之業，而□疑（擬）者（諸）其刑（形）容。”

《繫辭》：“是[故]夫馬〈象〉，耶（聖）人具以見天下之請（情）而不疑（擬）者（諸）其刑（形）容。”

《易之義》：“□則初如疑（擬）之，敬以成之，冬（終）而无咎。”

凝與凝

《禁》：“定冬水冰，血氣堇凝（凝），毋以聚眾夬（決）口（漏）□澤通水。”

《禁》：“定冬水冰，血氣堇凝（凝），毋以聚眾鑿土。”

頞與色

《語叢一》：“飤（食）牙（與）頞（色）牙（與）疾。”按，“頞（色）”字從裘按（《郭店楚墓竹簡·語叢一》篇注［二二］）釋讀。

楳與凝

《天師》：“食陰楳（凝）陽，稽於神明。”

𪓰與色

見職部色字聲系。

䛀字聲系

䛀與攝

《競公瘧》：“自古（姑）、丞（尤）以西，翏（聊）、䛀（攝）以東，其人婁（數）多巳。”按，“䛀（攝）”字從徐在國《上博（六）文字考釋二則》（簡帛網，2007年7月23日）釋讀。

𤸎與瘞

《金縢》：“尔（爾）之䛡（許）我₌（我，我）則𤸎（瘞）璧與珪。”按，“𤸎（瘞）”字從陳劍《清華簡〈金縢〉研讀三題》（《出土文獻與古文字研究》第四輯，上海古籍出版社，2011年）讀。

𤸎與期

《繫年二三》：“𤸎（期）年，倝（韓）緅（取）、嵬（魏）繐（擊）衛（率）自（師）回（圍）武旓（陽），以復郚（部）之自（師）。”按，“𤸎”似當讀作“期”。《說文》：“䛀，盛皃。从孨从日。讀若薿薿。一曰若存。”上古音“疑”爲疑母之部字，“期”爲群母之部字，古音十分接近。“期年”一詞先秦典籍習見。

喜字聲系

喜與嘻

《妄稽》："妄稽喜（嘻）鬘（嗟），左走绝力。"按，"喜（嘻）"字從王挺斌《北大簡〈妄稽〉與〈反淫〉研讀劄記》（簡帛網，2016年6月29日）讀。

喜與嚭

《春秋一〇》："子贛（貢）見大（太）寧〈宰〉喜（嚭），語及衛〈衛〉故。"

《春秋一〇》："大（太）宰喜（嚭）曰：'其來後，是以止之。'"

喜與矣

《老子》丙："新（慎）終若詞（始），則無敗事喜（矣）。"按，傅奕本、帛書乙本及郭店楚簡《老子》甲喜作矣。楚簡之"喜"多作"壴"，本書中凡"壴"這種寫法的"喜"，均直接釋寫作"喜"。

《性自》："句（苟）又（有）其青（情），唯（雖）未之爲斯，人信之喜（矣）。"

《性自》："凡學者隶〈求〉其心爲難，從其所爲，近得之喜（矣），不女（如）以樂之速也。"

《性自》："求其心又（有）爲（僞）也，弗得之喜（矣）。"

《性自》："慮（僞）斯叜（吝）喜（矣），叜（吝）斯慮喜（矣），慮斯莫牙（與）之結喜（矣）。"

《性自》："人不新（慎）斯，又（有）怨（過），信喜（矣）。"

《仲弓》："☐以行喜（矣），爲之☐。"

《仲弓》："中（仲）弓曰：'若夫老＝（老老）慈幼，既昏（聞）命喜（矣）。夫先又（有）司，爲之女（如）可（何）？'"

《仲弓》："善才（哉）昏（問）虖（乎）！足以季（教）喜（矣）。"

《仲弓》："中（仲）弓曰：'若此三者，既昏（聞）命喜（矣）。敢昏（問）道（導）民興悳（德）女（如）可（何）？'"

《君子》："子贛（貢）曰：'夫子綯（治）十室之邑亦樂，綯（治）墹（萬）室之邦亦樂，肰（然）則☐喜（矣）。'"

《弟子問》："貧戔（賤）而不約者，虐（吾）見之喜（矣）；賏（富）貴而不喬（驕）者，虐（吾）聒（聞）而☐士，虐（吾）見之喜（矣）；事而弗受者，虐（吾）聒（聞）而未見之也。"

《六德》："聖與智憙（就）喜（矣），悬（仁）與宜（義）憙（就）喜（矣），忠與信憙（就）☐。"按，"喜（矣）"字從裘按（《郭店楚墓竹簡·六德》篇注[一]）讀。

《六德》："能與之齊，終身弗改之喜（矣）。"

《六德》："雚（觀）者（諸）《時（詩）》、《箸（書）》則亦才（在）喜（矣），雚（觀）者（諸）《豊（禮）》、《樂》則亦才（在）喜（矣），雚（觀）者（諸）《易》、《春秋》則亦才（在）喜（矣）。"

《六德》："君子不帝（諦），明虐（乎）民（萌）散（微）而已，或以智（知）其弌（一）喜（矣）。"

《子道餓》："虐（吾）子齒年長喜（矣）。"

歖與矣

《唐虞》："窮＝（身躬）不聊，叟（沒）而弗利窮（躬），仁歖（矣）。北（必）正其身，肰（然）后（後）正世，聖道備歖（矣）。"

《唐虞》："從（縱）悬（仁）聖可牙（譽），旹（時）弗可及歖（矣）。"

《唐虞》："☐之正者，能以天下禝（禪）歖（矣）。"

《君子》："皆可以爲者（諸）侯相歖（矣）。"

《弟子問》："宰我昏（問）'君子＝

（子'。子）曰：'余（予），女（汝）能訢（慎）訂（始）與終，斯善歘（矣）！爲君子虖（乎）？女（汝）安（焉）能也。'"

《弟子問》："☐弗王，善歘（矣）夫！安（焉）能王人？繇（由）！"

憙與喜

《性自》："昏（聞）芺（笑）聖（聲），則羴（鮮）女（如）也斯憙（喜）。"

《性自》："憙（喜）斯慆₌（陶，陶）斯奮₌（奮，奮）斯羕₌（咏，咏）斯猷₌（猶，猶）斯迮₌（舞。舞），憙（喜）之終也。"

《性自》："憙（喜）惹（怒）哀（哀）悲之既（氣），眚（性）也。及其見於外，則勿（物）取之也。"

《性自》："憙（喜）谷（欲）智而亡末，樂谷（欲）睪（釋）而又（有）走（止），恴（憂）谷（欲）僉而毋惛，惹（怒）谷（欲）涅（盈）而毋暴。"

《語叢一》："凡又（有）血既（氣）者，膚（皆）又（有）憙（喜）又（有）忞（怒），又（有）昚（慎）又（有）懟。"

《語叢二》："憙（喜）生於眚（性），樂生於憙（喜），悲生於樂。"

《詩論》："《折（杕）杜》，則情憙（喜）其至也。"

《詩論》："《於（猗）差（嗟）》虛（吾）憙（喜）之。"

《詩論》："《於（猗）差（嗟）》曰：'四矢弁（反），以御（禦）嬰（亂）。'虛（吾）憙（喜）之。"

《昔者》："憙（喜）於内，不見於外；憙（喜）於外，不見於内。"

《采風》："羽讙：《嘉賓逍（道）憙（喜）》。"按，"憙（喜）"字從董珊《讀〈上博藏戰國楚竹書（四）〉雜記》（簡帛研究網，2005年2月20日）讀。

《曹沫》："埇（勇）者憙（喜）之，巟者母（悔）之，墧（萬）民贛（黔）首皆欲或之。"

《曹沫》："思（使）其志记（起），䤾（勇）者思（使）憙（喜），葬（葸）者思（使）昏（悔），肰（然）句（後）改訂（始）。"

《三德》："民之所憙（喜），上帝是有（祐）。"

《三德》："憙（喜）樂無堇（期）厇（度），是胃（謂）大巟（荒），皇天弗京（諒），必復之以恴（憂）喪。"

《三德》："☐解（懈）于岩（時），上帝憙（喜）之，乃無凶材（災）。"

《天子甲》："洛（格）尹（伊）行，身和二：一憙（喜）一忞（怒）。"

《天子乙》："洛（格）尹（伊）行，身和二：一憙（喜）一忞（怒）。"

《命》："黷（黔）頁（首）墧（萬）民莫不忻（欣）憙（喜），四海之内莫弗聑（信）。"

《城濮》："王歸，客於子₌夏[₌]（子文，子文）甚憙（喜）。"

《城濮》："君爲楚邦老，憙（喜）君之善而不憖（誅）子玉之帀（師）之☐。"

《陳公》："君王憙（喜）之，安（焉）命陳公性（狂）寺₌（侍之）。"

《耆夜》："今夫君子，不憙（喜）不藥（樂）。夫日□□，□□□忘（荒）。"

《耆夜》："今夫君子，不憙（喜）不藥（樂）。"

《三壽》："卹（恤）遠而母（撫）新（親），憙（喜）神而履（禮）人，寺（時）名曰悬（仁）。"

《子產》："虞助（温）和憙（喜），可用而不勘（遇）大₌或₌（大國，大國）古（故）肎（肯）乍（作）其母（謀）。"

《要》："是以察於損益之變者，不可勭（動）以憂憙（喜）。"按，"憙（喜）"字從裘錫圭《帛書〈要〉篇釋文校記》(《道家文化研究》第十八輯，三聯書店，2000年)釋讀。

《王兵》："所憙（喜）之國能蜀（獨）利之，所亞（惡）之國能蜀（獨）害之。"

《天甲・支占盜》："以亡，其盜從北方【入】，憙（喜）大息。"

《天乙・支占盜》："以亡，其盜從北方【入】，憙（喜）大息。"

《天乙・禹行喜》："夕行，九憙（喜）。"

《天乙・禹行喜》："日失（昳）行，七憙（喜）。"

《天乙・禹行喜》："日中行，五憙（喜）。"

《天乙・禹行喜》："日莫（暮）食行，三憙（喜）。"

《天乙・禹行喜》："平旦行，二憙（喜）。"

憙與禧

《日乙・嫁子□》："春三月，甲乙死者，其後有憙（禧），正東有得。"

《日乙・嫁子□》："丙丁死者，其東有憙（禧），正西惡（厭）之，死者主也。"

《日乙・嫁子□》："丙丁死者，去室西南受兇（凶），東有憙（禧）。"

《日乙・嫁子□》："戊己死者，正西南有憙（禧）。"

《日乙・嫁子□》："庚辛死者，其東受兇（凶），其西北有憙（禧）。"

《日乙・嫁子□》："壬癸死者，其南有憙（禧）。"

《日乙・嫁子□》："戊已死者，有憙（禧）。"

《日乙・嫁子□》："壬癸死者，有憙（禧），南室有亡子，且晉之。"

《日乙・嫁子□》："庚辛死者，其東北受兇（凶），正北有憙（禧）。"

《博局占》："行者有憙（禧）。"按，"憙"似當讀作"禧"。下同。

《博局占》："行者有憙（禧）"

《刑德行時》："以行，有憙（禧）。"

熹與喜

《日占》："☐有熹（喜）事。"

《日占》："有熹（喜）事。"

矣字聲系

矣與疑

《曹沬》："是古（故）矣（疑）戟（陳）敗，矣（疑）戰死。"

《曹沬》："三行之後，句（苟）見耑（短）兵，攸毋怡（怠），毋思（使）民矣（疑）。"

《湯丘》："古先₌（之先）聖人所以自炁（愛），不弁（偏）聒（聞），不屋（處）矣（疑）。"

矣與擬

《尊德義》："可學也而不可矣（擬）也，可季（教）也而不可若也，可從也而不可及也。"按，"矣（擬）"字從陳劍《郭店簡〈尊德義〉和〈成之聞之〉的簡背數字與其簡序關係的考察》(《簡帛》第二輯，上海古籍出版社，2007年，209頁）讀。

矣與喜

《老子》甲："臨事之紀，訢（慎）冬（終）女（如）怡（始），此亡敗事矣。"按，郭店楚簡《老子》丙矣作喜。

矣與恃

《唐虞》："☐年不弋，君民而不喬（驕），卒王天下而不矣（恃）。"按，"矣"似當讀作"恃"，同篇有"升爲天子而不喬（驕），不湅（恃）也"語，可參。

矣與有

《三壽》："四晦（海）之𡰥（夷）則乍（作），九牧九矣（有）牆（將）喪。"

俟與市

《繫辭》："日中爲俟（市），至（致）天下之民，聚天下之貨，交易而退，各得其所欲，蓋取者（諸）筮（噬）蓋（嗑）。”

俟與癡

《皇門》：“乃隹（惟）又（有）奉俟（癡）夫，是䅿（陽）是繩（繩），是以爲上，是受（授）司事帀（師）長。”按，“俟（癡）”字從復旦大學出土文獻與古文字研究中心研究生讀書會《清華簡〈皇門〉研讀札記》（復旦大學出土文獻與古文字研究中心網，2011年1月5日）讀。

悘與矣

《成之》：“古（故）君子之立（莅）民也，身備（服）善以先之，敬新（慎）以肘（導）之，其所才（在）者内（入）悘（矣）。”

《成之》：“君子之于叴（教）也，其道民也不憲（浸），則其潭也弗深悘（矣）。”

《成之》：“是古（故）亡虖（乎）其身而廌（存）虐（乎）其訇（辭），唯（雖）厚其命，民弗從之悘（矣）。”

《成之》：“走（上）句（苟）昌（倡）之，則民鮮不從悘（矣）。”

《成之》：“唯（雖）肰（然），其廌也不厚，其重也弗多悘（矣）。”

《成之》：“不求者（諸）其沓（本）而戉（攻）者（諸）其末，弗得悘（矣）。”

《成之》：“戎（農）夫柔（務）飤（食），不弖（強）耕，糧弗足悘（矣）；士成（誠）言，不行，名弗得悘（矣）。”

《成之》：“句（苟）不從其䌛（由），不反其沓（本），唯（雖）弖（強）之弗内悘（矣）。”

《成之》：“是以智（知）而求之不疾，其迲（去）人弗遠悘（矣）；戠（勇）而行之不果，其悘（疑）也弗枉（往）悘（矣）。”

《成之》：“型（形）於中，發於色，其鴋也固悘（矣），民管（孰）弗信。”

《成之》：“君子簟（簟）笞（席）之上，㲋（讓）而□學（幼）；朝廷之立（位），㲋（讓）而凥（處）戔（賤），所氏（宅）不逡（陵）悘（矣）。”

《成之》：“害（蓋）言新（慎）求之於吕（己），而可以至川（順）天祟（常）悘（矣）。”

悘與疑

《緇衣》：“爲上可䀠（望）而智（知）也，爲下可頪〈槓（述）〉而篩（志）也，則君不悘（疑）其臣₌（臣，臣）不惑於君。”

《緇衣》：“上人悘（疑）則百眚（姓）賊（惑），下難智（知）則君倀（長）褮（勞）。”

《緇衣》：“此以𢕟（邇）者不賊（惑），而遠者不悘（疑）。”

《成之》：“戠（勇）而行之不果，其悘（疑）也弗枉（往）悘（矣）。”

《語叢二》：“悘（疑）生於休〈溺（弱）〉，北生於悘（疑）。”

《語叢二》：“悘（疑）取再。”

《語叢四》：“⺻（盡）之而悘（疑），必攴鉻之。”

《詩論》：“《少（小）文（旻）》，多悘₌（疑矣）！言不中志者也。”

《從政》：“小人藥（樂）則悘（疑），惪（憂）則昏（昏），妄（怒）則勅（勝），思（懼）則伓（背），恥則䡅（犯）。”

《亙先》：“凡言名，先者又（有）悘（疑），慌言之，後者孥（效）比安（焉）。”

《慎子》：“氏（是）以孥₌（君子）向方，智（知）道不可以悘（疑），臨〼。”

悘與儗

《相宅》：“盍（蓋）西南之遇（寓），孥₌（君子）凥（居）之，幽（怮）悘（儗）不出。”按，“悘（儗）”字從李家浩説讀。

悘與擬

《詩論》：“以琴㣽（瑟）之敓（悦），悘

（擬）好色之忨（愿）。”按，“惿（擬）”字從李學勤《〈詩論〉説〈關雎〉等七篇釋義》(《齊魯學刊》2002年2期）讀。

《蘭賦》：“尻（處）立（位）竅（限）下而比惿（擬）高矣。”

惿與噫

《魯穆公》：“惿（噫），善才（哉），言虖（乎）！”

挨與待

《繫辭》：“重門擊枳（柝），以挨（待）旅客，蓋取余（豫）也。”

挨與等

《繫辭》：“耶（聖）人具以見天下之動，而觀其會同（通），以行其挨（等）膿（禮）。”

《繫辭》：“耶（聖）人有以見天下之動，而觀其會同（通），以行其挨（等）膿（禮）。”

誒與矣

《周南》：“□□□誒（矣），我馬屠（瘏）誒（矣），我□□□。”

《邶風》：“就其深誒（矣），放（方）之州（舟）之。”

《衛風》：“□之洛（落）誒（矣）。”

《王風》：“日之㫺（夕）誒（矣）。”

《王風》：“□□㫺（夕）誒（矣），羊牛□□。”

《鄭風》：“印（殷）其盈誒（矣），女曰觀吾（乎）？”

誒與嘻

《晏子一三》：“誒（嘻），夕（亦）善矣，能爲君請壽。”

頮與疑

《周易·豫》：“九四：猷（由）余（豫），大又（有）得。母（毋）頮（疑）。”

亥字聲系

亥與核

《奏讞書》：“臧（贓）千二百錢，已亥（核），孔完爲城旦。”

亥與孩

《老子》甲：“蜀（獨）立不亥，可以爲天下母。”按，帛書乙本亥作孩。

亥與改

《老子》甲：“蜀（獨）立不亥，可以爲天下母。”按，今本亥作改。

侅與該

《反淫》：“茲（滋）味雜陳，殽柔（羞）措侅（該）。”

刻與劾

《奏讞書》：“刻（劾）曰。”

《奏讞書》：“闌送行，取（娶）爲妻，與偕歸臨菑（淄），未出關得，它如刻（劾）。”

《奏讞書》：“南言如刻（劾）及闌。”

《奏讞書》：“八年十月己未，安陸丞忠刻（劾）獄史平舍匿無名數大男子種一月。”

《奏讞書》：“平曰：誠智（知）種無【名】數，舍匿之，罪，它如刻（劾）。”

《奏讞書》：“七月甲辰淮陽守偃刻（劾）曰。”

《奏讞書》：“刻（劾）下與脩（攸）守媱、丞魁治。”

《奏讞書》：“蒼梧守已刻（劾）論貲□□□□□□□鬾（鬘）及吏卒不救援義等去北者。”

《旱灘坡》：“奏年七十以上，比吏六百石，出入官府不趨，毋二尺告刻（劾）。”

刻與核

《龍簡》：“然租不平而刻（核）者。”

劾與刻

《趙正書》：“更劾（刻）畫斗甬（桶），度量壹，文章布之天下，以樹秦之名者。”

劾與核

《二年·行書律》：“書以縣次傳，及以郵行而封毀，過縣輒劾（核）印。”

咳與亥

《啻門》：“貞（正）月己咳（亥），湯才（在）啻門，䎽（問）於少（小）臣。”

咳與該

《曹氏》：“時者，理₌謝₌終₌始₌（理序終始，理序終始）而神₌咳₌（神該，神該）而智₌瀠₌（智繁，智繁）然后（後）生具象焉。”

核與楖

《北大老子》：“是以兵強則不勝，木強則核（楖），故強大居下，柔弱居上。”

晐與孩

《北大老子》：“而百姓皆屬（注）其耳目焉，聖人而皆晐（孩）之。”

欬與恢

《兵談》：“☐大而不咷（窕）；闢之，細而不欬（恢）。”

欬與咳

《脈書》：“在肺，爲上氣欬（咳）。”

《脈書》：“面黯若炧（灺）色，欬（咳）則有血，此爲骨蹷（厥）。”

《脈書》：“者〈耆〉臥，欬（咳），音（瘖）。”

《引書》：“引虖及欬（咳），端立，將壁。”

㤥與改

《北大老子》：“肅（寂）覺（寥），獨立而不㤥（改）。”

琘與改

《帛乙老子·道經》：“蕭（寂）呵漻（寥）呵，獨立而不琘（改）。”

胲與陔

《燕禮》：“秦〈奏〉《胲（陔）》。”

晐與孩

《北大老子》：“我衵（泊）旖（兮）未佻（兆），若嬰兒之未晐（孩）。”

該與陔

《北蒼·之職》：“戲（麾）蘘奢掩（奄），顛顯（願）重該（陔）。”

骸與駭

《妄稽》：“外骸（駭）州鄉，內骸（駭）里巷。”

尤字聲系

尤與疣

《目録》：“去人馬尤（疣）。”

《疣》：“尤（疣）。”

《疣》：“以久（灸）尤（疣）末，熱，即拔尤（疣）去之。”

《疣》：“令尤（疣）者抱禾，令人嘑（呼）曰：‘若胡爲是？’應曰：‘吾尤（疣）。’”

《疣》：“以月晦日之丘井有水者，以敝帚騷（埽）尤（疣）二七，祝曰：‘今日月晦，騷（埽）尤（疣）北。’”

《疣》：“今日月晦，靡（磨）尤（疣）北。”

《疣》：“祝尤（疣），以月晦日之室北，靡（磨）宥（疣），男子七，女子二七。”

忧與尤

《用曰》：“㦸（攝）好弃（棄）忧（尤），五井（刑）不行。”按，“忧（尤）”字從何有祖《讀〈上博六〉劄記》（簡帛網，2007年7月9日）釋讀。

《王居》：“尔（爾）思（使）我得忧（尤）於邦多巳（矣）。”按，“忧（尤）”字從復旦吉大古文字專業研究生聯合讀書會《上博八〈王居〉、〈志書乃言〉校讀》（復旦大學出土文獻與古文字研究中心網，2011年7月17日）釋讀。

蚘與尤

《融師》：“蚩蚘（尤）作兵。”

又字聲系

又與有

《老子》甲：“㡭（絕）攷（巧）弃利，覜

（盜）惻（賊）亡又。”按，今本和帛書本又作有。

《老子》甲：“又亡之相生也，難（難）惕（易）之相成也。”按，今本和帛書甲本又作有。下三例同。

《老子》甲：“訂（始）折（制）又名，名亦既又，夫亦牆（將）智（知）止，智（知）止所以不訂（殆）。”

《老子》甲：“又脂（狀）蟲〈蚰（混）〉成，先天陛（地）生。”

《老子》甲：“天大，陛（地）大，道大，王亦大。囿（域）中又四大安，王凥（居）一安。”

《老子》甲：“爲之於其亡又也，絧（治）之於其未亂。”按，今本又作有。下一例同。

《老子》甲：“灋勿（物）慈（滋）章（彰），覜（盜）惻（賊）多又。”

《老子》甲：“天下之勿（物）生於又【＝（又，又）】生於亡。”按，今本和帛書乙本又作有。

《老子》乙：“亡不克則莫智（知）其亙（極），莫智（知）其亙（極）可以又郕（國）。”按，今本和帛書本又作有。下一例同。

《老子》乙：“虐（吾）所以又大患者，爲虐（吾）又身。”

《老子》乙：“是以建言又之：明道女（如）孛（昧），遅（夷）道女（如）繢（纇），□道若退。”按，今本和帛書乙本又作有。

《老子》乙：“攸（修）之家，其悳（德）又舍（餘）。”按，河上本及帛書乙本又作有。

《老子》丙：“大上下智（知）又之，其即（次）新（親）譽之，其既〈即（次）〉愄（畏）之，其即（次）柔（侮）之。”按，今本和帛書甲本又作有。

《老子》丙：“信不足，安（焉）又不信。”按，今本和帛書本又作有。

《老子》丙：“古（故）大道登（廢）安（焉），又悬（仁）義；六新（親）不和安（焉），又孝孳（慈）；邦家緍（昏）□安（焉），又正臣。”按，今本又作有。

《太一》：“□□□□者，又（有）余（餘）於下；不足於下者，又（有）余（餘）於上。”

《魯穆公》：“夫爲其君之古（故）殺其身者，嘗又（有）之矣。”

《魯穆公》：“亙（亟）爯（稱）其君之亞（惡）者未之又（有）也。”

《五行》：“士又（有）志於君子道，胃（謂）之時（志）士。”

《五行》：“君子之爲善也，又（有）與訂（始），又（有）與冬（終）也。”

《五行》：“金聖（聲）而玉晷（振）之，又（有）悳（德）者也。”

《五行》：“唯又（有）悳（德）者，肰（然）句（後）能金聖（聲）而玉晷（振）之。”

《五行》：“見臤（賢）人而不智（知）其又（有）悳（德）也，胃（謂）之不智。”

《五行》：“又（有）大辠而大豉（誅）之，行也。”

《五行》：“又（有）大辠而大豉（誅）之，柬（簡）也；又（有）少（小）辠而亦（赦）之，匿也。又（有）大辠而弗大豉（誅）也，不行也；又（有）少（小）辠而弗亦（赦）也，不辨於道也。”

《五行》：“大而晏者，能又（有）取安（焉）。少（小）而軫者，能又（有）取安（焉）。”

《緇衣》：“又（有）郕（國）者章好章亞（惡），以視民厚，則民青（情）不紅（忒）。”

《緇衣》：“隹（惟）尹允及湯，咸又（有）一悳（德）。”

《緇衣》："又（有）㮚（梏）悳（德）行，四方怸（順）之。"

《緇衣》："一人又（有）慶，墇（萬）民贎（賴）之。"

《緇衣》："上好此勿（物）也，下必又（有）甚安（焉）者矣。"

《緇衣》："倀（長）民者，衣備（服）不改，簭（從）頌（容）又（有）常，則民悳（德）弌（一）。"

《緇衣》："《寺（詩）》員（云）：'其頌（容）不改，出言又（有）丨（章），利（黎）民所[illegible]（望）。'"

《緇衣》："倀（長）民者耈（教）之以悳（德），齊之以豊（禮），則民又（有）懽（勸）心；耈（教）之以正（政），齊之以埑（刑），則民又（有）免（諼）心。"

《緇衣》："古（故）孥（慈）以悉（愛）之，則民又（有）新（親）；信以結之，則民不伓（倍）；共（恭）以位（涖）之，則民又（有）愻（遜）心。"

《緇衣》："君子言又（有）勿（物），行又（有）迲（格），此以生不可敓（奪）志，死不可敓（奪）名。"

《緇衣》："句（苟）又（有）車，必見其䡈（轢）；句（苟）又（有）衣，必見其敝（敝）；人句（苟）又（有）言，必昏（聞）其聖（聲）；句（苟）又（有）行，必見其成。"

《緇衣》："古（故）君子之友也又（有）向（鄉），其亞（惡）又（有）方。"

《緇衣》："宋人又（有）言曰：人而無死（恆），不可爲卜筮也。"

《窮達》："又（有）天又（有）人，天人又（有）分。"

《窮達》："又（有）其人，亡其殜（世），唯（雖）臤（賢）弗行矣。句（苟）又（有）其殜（世），可（何）慬（艱）之又（有）才（哉）。"

《忠信》："忠信䅶（積）而民弗罕（親）信者，未之又（有）也。"

《唐虞》："夫聖人上事天，效（教）民又（有）尊也；下事陸（地），效（教）民又（有）新（親）也；旹（時）事山川，效（教）民又（有）敬也。"

《唐虞》："古者堯生於天子而又（有）天下，聖以堣（遇）命，忎（仁）以逹（逢）旹（時），未嘗□。"

《唐虞》："方才（在）下立（位），不以匹夫爲巠（輕）；及其又（有）天下也，不以天下爲重。又（有）天下弗能益，亡天下弗能員（損）。"

《唐虞》："上直（德）則天下又（有）君而世明，受（授）臤（賢）則民興效（教）而蟡（化）虖（乎）道。不禪（禪）而能蟡（化）民者，自生民未之又（有）也。"

《唐虞》："古者聖（聖）人廿而冠，卅而又（有）家，五十而紿（治）天下，七十而至（致）正（政）。"

《成之》："民不從上之命，不信其言，而能念（念）悳（德）者，未之又（有）也。"

《成之》："古（故）君子不貴𢒼（庶）勿（物）而貴與民又（有）同也。"

《成之》："君子曰：疾之。行之不疾，未又（有）能深之者也。"

《成之》："唯（雖）其於善道也，亦非又（有）譯婁以多也。"

《成之》："及其専（溥）長而厚大也則聖，人不可由與𡓂之。此以民皆又（有）眚（性）而聖人不可莫也。"

《成之》："《君奭》曰：'𨸏（襄）我二人，毋又（有）合才（哉）音（言）。'"按，今本《尚書·君奭》又作有。

《成之》："唯（雖）又（有）其亙（恆）

而可，能終之爲難。”
《尊德義》：“莫不又（有）道安（焉），人道爲近。”
《尊德義》：“又（有）智（知）吕（己）而不智（知）命者，亡智（知）命而不智（知）吕（己）者；又（有）智（知）豊（禮）而不智（知）樂者，亡智（知）樂而不智（知）豊（禮）者。”
《尊德義》：“又（有）是虘（施）少（小）又（有）利，退（遭）而大又（有）憲（害）者，又（有）之；又（有）是虘（施）少（小）又（有）憲（害），退（遭）而大又（有）利者，又（有）之。”
《尊德義》：“傑（桀）不胃（謂）其民必亂，而民又（有）爲亂矣；受（紂）不迪其民，而民不可走（止）也。”
《尊德義》：“民心又（有）恆（極）。”
《尊德義》：“夫生而又（有）戠（職）事者也，非叠（教）所及也。”
《六德》：“乍（作）豊（禮）樂，折（制）坓（刑）瀍，季（教）此民尔（而）使之又（有）向也，非聖智者莫之能也。”
《六德》：“又（有）衛（率）人者，又（有）從人者；又（有）使人者，又（有）事人者；有教者，又（有）學者。此六戠（職）也。”
《六德》：“既又（有）夫六立（位）也，以貢（任）此六職也。”
《六德》：“是古（故）夫死又（有）宔（主），終身不緣（變），胃（謂）之婦，以信從人多也。”
《六德》：“生民斯必又（有）夫婦、父子、君臣，君子明虘（乎）此六者，肰（然）句（後）可以剸（斷）狃。”
《性自》：“凡人唯（雖）又（有）眚（性），心亡奠志。”
《性情論》：“金石之又（有）聖（聲）也，弗鉤（扣）不鳴。”
《性自》：“☐唯（雖）又（有）眚（性），心弗取不出。凡心又（有）志也，亡牙不☐。”
《性自》：“凡見者之胃（謂）勿（物），快於吕（己）者之胃（謂）兑（悦），勿（物）之埶（勢）者之胃（謂）埶（勢），又（有）爲也者之胃（謂）古（故）。”
《性自》：“習也者，又（有）以習其眚（性）也。”
《性自》：“《時（詩）》，又（有）爲＝（爲爲）之也；《箸（書）》，又（有）爲言之也；《豊（禮）》、《樂》，又（有）爲𤔲（舉）之也。”
《性自》：“句（苟）又（有）其青（情），唯（雖）未之爲斯，人信之喜（矣）。”
《性自》：“未型（刑）而民愄（畏），又（有）心愄（畏）者也；戔（賤）而民貴之，又（有）悳（德）者也；貧而民聚安（焉），又（有）衍（道）者也；蜀（獨）凥（處）而樂，又（有）内䜌者也。”
《性自》：“樂谷（欲）睪（釋）而又（有）走（止）。”
《性自》：“君＝（君子）執志必又（有）夫生＝（往往）之心，出言必又（有）夫柬＝（柬柬）之信，賓客之豊（禮）必又（有）夫齊＝（齊齊）之頌（容），祭祀之豊（禮）必又（有）夫齊＝（齊齊）之敬，居喪必又（有）夫繺＝（戀戀）之依（哀）。”
《性自》：“凡交毋剌（烈），必使又（有）末。”
《性自》：“求其心又（有）爲（僞）也，弗得之喜（矣）。”
《性自》：“又（有）其爲人之迎＝（節節）女（如）也，不又（有）夫柬＝（簡簡）之心則采（悇）；又（有）其爲人之柬＝（簡簡）女（如）也，不又（有）夫亙（恆）怡之志則緩（慢）。人之攷（巧）言利詞（詞）者，不又（有）夫詘₌（詘詘）之心則流；人之兑肰（然）可牙（與）和安者，不又（有）夫憤（奮）猝（作）之青（情）則悉（侮）。又（有）其爲人之快女（如）也，弗牧不可；又（有）其爲人之蒹女（如）也，弗校（輔）不足。”

《性自》：“速，悔（謀）之方也，又（有）怨（過）則咎。”

《性自》：“人不斱（慎）斯，又（有）怨（過），信喜（矣）。”

《語叢一》：“亡又（有）自埊（來）也。”

《語叢一》：“又（有）天又（有）命（命），又（有）勿（物）又（有）名。”

《語叢一》：“又（有）命又（有）𡩛（文）又（有）名，而句（後）又（有）緐（倫）。”

《語叢一》：“又（有）迱（地）又（有）型（形）又（有）𦘔，而句（後）又（有）厚。”

《語叢一》：“又（有）生又（有）智（知），而句（後）好亞（惡）生。”

《語叢一》：“又（有）勿（物）又（有）豯又（有）綶，而句（後）教生。”

《語叢一》：“又（有）天又（有）命，又（有）迱（地）又（有）㘿（形），又（有）勿（物）又（有）容，又（有）家又（有）名。”

《語叢一》：“又（有）勿（物）又（有）容，又（有）𦘔又（有）厚，又（有）頾（美）又（有）膳（善）。”

《語叢一》：“又（有）息（仁）又（有）智，又（有）義又（有）豊（禮），又（有）聖又（有）善。”

《語叢一》：“凡又（有）血既（氣）者，虐（皆）又（有）憙（喜）又（有）忞（怒），又（有）昚（慎）又（有）㦼。”

《語叢一》：“其豊（體）又（有）容，又（有）頟（色）又（有）聖（聲），又（有）臭（嗅）又（有）未（味），又（有）既（氣）又（有）志。”

《語叢一》：“又（有）睪（親）有障（尊）。”

《語叢一》：“又（有）生虐（乎）名。”

《語叢一》：“虐（皆）又（有）之。”

《語叢一》：“又（有）憏（察）膳（善），亡爲膳（善）。”

《語叢二》：“凡𠀓（必），又（有）不行者也。”

《語叢二》：“未又（有）善事人而不返者。”

《語叢二》：“又（有）悳（德）者不迻。”

《語叢二》：“又（有）行𠕒〈而〉不邎（由），又（有）邎（由）而不行。”

《語叢三》：“父孝子憠（愛），非又（有）爲也。”

《語叢三》：“未又（有）其至，則息（仁）𥚃者至亡閒，則成名。”

《語叢三》：“又（有）天又（有）命又（有）□。”

《語叢三》：“又（有）眚（性）又（有）生虐（乎）□。”

《語叢三》：“又（有）眚（性）又（有）生。”

《語叢三》：“又（有）眚（性）又生虐（乎）生又（有）逍。”

《語叢四》：“言而狗（苟），牅（牆）又（有）耳。”

《語叢四》：“凡敚（説）之道，級（急）者爲首。既得其級（急），言必又（有）及。”

《語叢四》：“邦又（有）巨𩣡（雄），必先與之以爲堋（朋）。”

《語叢四》：“女（如）酒（將）又（有）敗，𩣡（雄）是爲割（害）。”

《語叢四》：“君又（有）悔（謀）臣，則㲹

（壤）陧（地）不鈔（削）；士又（有）悔（謀）友，則言談不勺（弱）。”

《語叢四》：“家事乃又（有）叚。”

《詩論》：“行此者其又（有）不王虐（乎）？”

《詩論》：“又（有）成工（功）者可（何）女（如）？”

《詩論》：“又（有）命自天，命此文王。”

《詩論》：“《訫（祈）父》之責（刺），亦又（有）以也。”

《詩論》：“其陖（隱）志必又（有）以俞（喻）也，其言又（有）所載而句（後）内（納），或前之而句（後）交。”

《詩論》：“《木苽（瓜）》又（有）藏（臧）忨（愿）而未得達也。”

《詩論》：“《東方未明》又（有）利詞。”

《詩論》：“《又（有）兔》不奉（逢）時。”

《詩論》：“《大田》之卒章，智（知）言而又（有）豊（禮）。”

《詩論》：“《翏（蓼）莪》又（有）孝志。”

《詩論》：“《隰又（有）長（萇）楚》，得而悔（誨）之也。”

《詩論》：“《甸（宛）丘》曰：‘訽（洵）又（有）情，而亡（無）望。’虛（吾）善之。”

《詩論》：“‘昊=（昊天）又（有）成命，二句（后）受之。’貴虞（且）㬎（顯）矣！”

《詩論》：“《牆（牆）又（有）薺（茨）》，慙（慎）畜（密）而不智（知）言。”

《民之》：“四方又（有）敗，必先智（知）之，其之胃（謂）民之父母矣。”

《子羔》：“又（有）吳（虞）是（氏）之樂正宫宑之子也。”

《子羔》：“禼（契）之母，又（有）廼（娀）是（氏）之女也。”

《子羔》：“使亡（無）又（有）少（小）大、忈（絕）寵（饒），使虗（皆）得其社稷百眚（姓）而奉守之。”

《子羔》：“遊於央（瑤）臺（臺）之上，又（有）鷃（燕）監（銜）卵而階（錯）者（諸）其前，取而軟（吞）之。”

《子羔》：“句（后）稷之母，又（有）詔（邰）是（氏）之女也。”

《從政》：“昏（聞）之曰：昔三弋（代）之明王之又（有）天下者，莫之舍也，而□取之，民皆以爲義。”

《從政》：“命無時（時），事必又（有）羿（期），則惻（賊）。”

《從政》：“從正（政）又（有）七幾（機）。”

《從政》：“又（有）所又（有）舍（餘）而不敢聿（盡）之，又（有）所不足而不敢弗□。”

《容成氏》：“尊膚（盧）是（氏）、茖（赫）疋（胥）是（氏）、喬（高）結（辛）是（氏）、倉頡是（氏）、軒緩（轅）是（氏）、訢（神）戎（農）是（氏）、[illegible]丨是（氏）、壚遲是（氏）之又（有）天下也，皆不受（授）其子而受（授）臤（賢）。”

《容成氏》：“□是（氏）之又（有）天下，厚悉（愛）而泊（薄）僉（斂）安（焉），身力以袋（勞）百眚（姓）。”

《容成氏》：“於是於（乎）訇（治）籊（爵）而行录（祿），以叚（讓）於又=吳=迵=（有虞迵，有虞迵）曰：‘悳（德）速蓑（衰）□’”

《容成氏》：“又（有）吳（虞）迵生（匡）天下之正（政）十又九年而王天下，卅=（三十）又七年而[illegible]終。”

《容成氏》：“堯又（有）子九人，不以其子爲後，見舜之臤（賢）也，而欲以爲後。”

《容成氏》：“民又（有）余（餘）飤（食），無求不得，民乃賽，喬（驕）能（態）訇（始）

乍（作）。”
《容成氏》：“舜又（有）子七人，不以其子爲後，見墨（禹）之臤（賢）也，而欲以爲後。”
《容成氏》：“墨（禹）乃建鼓於廷，以爲民之又（有）詓（謁）告者訏（訊）安（焉）。”
《容成氏》：“墨（禹）又（有）子五人，不以其子爲後，見咎（皋）咎（陶）之臤（賢）也，而欲以爲後。”
《容成氏》：“於是虖（乎）又（有）諳（喑）、聾、皮（跛）、瞑、瘦（癭）、禿、婁（僂）訂（始）记（起）。”
《容成氏》：“受（紂）不智（知）其未又（有）成正（政），而得（德）遳（失）行於民之厚（厚）也，或亦记（起）市（師）以逆之。”
《周易·蒙》：“六厽（三）：勿用取女；見金夫，不又（有）躳（躬），亡（无）卣（攸）利。”
《周易·需》：“孠（需）：又（有）孚，光卿（亨），貞吉，利涉大川。”
《周易·需》：“九☐：孠（需）于堰（沙）。少（小）又（有）言，終吉。”
《周易·訟》：“訟：又（有）孚，懥（窒）悳（惕），中吉，終凶。利用見大人，不利涉大川。”
《周易·訟》：“初六：不出御（所）事，少（小）又（有）言，終吉。”
《周易·師》：“六五：畋（田）又（有）禽，利執言，亡（无）咎。長子衒（帥）市（師），弟子舉（輿）㞗（尸），貞凶。”
《周易·師》：“上六：大君子又（有）命，啟邦承家，尐=（小人）勿用。”
《周易·比》：“初六：又（有）孚比之，亡（无）咎。又（有）孚汈（盈）缶，終來又（有）它吉。”
《周易·謙》：“壓（謙）：卿（亨），君子又（有）終（終）。”
《周易·豫》：“六厽（三）：可（盱）余（豫）悔（悔），迟（遲）又（有）悔（悔）。”
《周易·豫》：“九四：猷（由）余（豫），大又（有）得。母（毋）頪（疑），堋（朋）坎（盍）璒（簪）。”
《周易·隨》：“初九：官又（有）愈（渝），貞吉。出門交又（有）工（功）。”
《周易·隨》：“六厽（三）：係丈夫，遳（失）少（小）子。陸（隨）求又（有）得，利尻（居）貞。”
《周易·隨》：“九四：陸（隨）又（有）膢（獲），貞工（功）。又（有）孚才（在）道，巳（以）明，可（何）咎。”
《周易·蠱》：“初六：榦（幹）父之蠱，又（有）子，攷（考）亡（无）咎，厲終吉。”
《周易·蠱》：“九厽（三）：榦（幹）父之蠱，少（小）又（有）☐。”
《周易·无妄》：“亡（无）忘（妄）：元卿（亨）利貞。其非（匪）復又（有）禬（眚），不利又（有）卣（攸）往。”
《周易·无妄》：“九五：亡（无）忘（妄）又（有）疾，勿藥又（有）菜（喜）。”
《周易·大畜》：“初九：又（有）厲利巳。”
《周易·大畜》：“九厽（三）：良馬由（逐），利堇（艱）貞。曰：班（閑）車（輿）戏（衛），利又（有）卣（攸）往。”
《周易·遯》：“初六：脉（遯）其尾厲，勿用又（有）卣（攸）往。”
《周易·遯》：“九厽（三）：係脉（遯），又（有）疾厲，畜臣妾，吉。”
《周易·睽》：“六厽（三）：見車（輿）遏（曳），其牛觢（掣），其人天虞（且）劓，亡（无）初又（有）終。”
《周易·解》：“繲（解）：利西南，亡（无）

所往，其來復，吉。又（有）卣（攸）往，宿（夙）吉。”

《周易·夬》：“九厽（三）：藏（壯）于頄，又（有）凶。君子夬₌（夬夬），蜀（獨）行遇雨，女（如）霁又（有）厲，亡（无）咎。”

《周易·夬》：“上六：忘（无）啓（號），中（終）又（有）凶。”

《周易·姤》：“初六：繫于金柅（柅），貞吉。又（有）卣（攸）往，見凶。羸（羸）豕孚是（蹢）蜀（躅）。”

《周易·萃》：“啐（萃）：王畧（假）于富（廟），利見大人，卿（亨），利貞。用大牲，利又（有）卣（攸）往。”

《周易·萃》：“初六：又（有）孚不終，乃嬰（亂）迺（乃）啐（萃），若啓（號），一斛（握）于芙（笑），勿卹（恤），往亡（无）咎。”

《周易·井》：“上六：井朻（收）勿寞（幕），又（有）孚元吉。”

《周易·革》：“九厽（三）：征凶，革言厽（三）簱（就），又（有）孚。”

《周易·艮》：“六五：艮其頌（輔），言又（有）舒（序），悔（悔）亡。”

《周易·漸》：“初六：鳿（鴻）澌（漸）于澗（干），少（小）子厲，又（有）言，不終。”

《周易·豐》：“六五：莱（來）章，又（有）慶懇（譽），吉。”

《仲弓》：“▨子又（有）臣墧（萬）人道女（汝），思老其家，夫▨。”

《仲弓》：“老₌（老老）慈幼，先又（有）司，礜（舉）臤（賢）才，惑（宥）怂（過）懇（赦）辠▨。”

《仲弓》：“夫先又（有）司，爲之女（如）可（何）？”

《仲弓》：“▨又（有）成，是古（故）又（有）司不可不先也。”

《仲弓》：“唯（雖）又（有）臤（賢）才，弗智（知）礜（舉）也。”

《仲弓》：“山又（有）堋（崩），川又（有）渫（竭），昍₌（日月）星辰（辰）猷（猶）差，民亡（無）不又（有）怂（過）。”

《仲弓》：“昔三弋（代）之明王，又（有）四海（海）之内，猷（猶）來▨。”

《仲弓》：“夫子唯（雖）有與（舉），女（汝）蜀（獨）正之，幾（豈）不又（有）狂（匡）也？”

《恆先》：“亙（極）先無又（有），樸（質）、清（靜）、虛。”

《亙先》：“又（有）或（域）安（焉）又₌既₌（有氣，有氣）安（焉）又₌又₌（有有，有有）安（焉）又₌詒₌（有始，有始）安（焉）又（有）往者。”

《亙先》：“未又（有）天隆（地），未又（有）乍（作）行、出生，虛清（靜）爲弌（一）。”

《亙先》：“先者又（有）善，又（有）絧（治）無嬰（亂）。又（有）人安（焉）又（有）不善，嬰（亂）出於人。”

《亙先》：“先又（有）审（中），安（焉）又（有）外；先又（有）少（小），安（焉）又（有）大；先又（有）矛（柔），安（焉）又（有）剛；先又（有）囩（圓），安（焉）又（有）枋（方）；先又（有）晦（晦），安（焉）又（有）明；先又（有）耑（短），安（焉）又（有）長。”

《亙先》：“又（有）出於或（域），生（性）出於又（有），音（意）出於生（性），言出於音（意），名出於言，事出於名。”

《亙先》：“又（有）非又（有），無胃（謂）又（有）。”

《亙先》：“恙（祥）宜（義）、利丂（巧）、采（綵）勿（物）出於复₌（作。作）安（焉）

又（有）事，不隻（作）無事。”

《亙先》：“凡言名，先者又（有）俟（疑），慌言之，後者季（效）比安（焉）。”

《恆先》：“舉（舉）天下之隻（作），弜（強）者果天下之大隻（作），其𩐁尨不自若=隻=（若作，若作），甬（庸）又（有）果與不果？兩者不灋（廢）。”

《亙先》：“舉（舉）天下之名，無又（有）灋（廢）者與（歟）？天下之明王、明君、明士，甬（庸）又（有）求而不患？”

《采風》：“宮訐（衍）：《疋[illegible]月》，《埜（野）又（有）[illegible]（葛）》，《出門以東》。”

《采風》：“□商：《要丘》，又訖，《奚言不從》，《豊（禮）又（有）酉（酒）》。”

《昭王》：“又（有）一君子殜（喪）備（服）曼廷，牆（將）迈（蹠）閨。”

《昭王》：“大尹之言脽（脽），可（何）訙又（有）安（焉）？”

《昭王》：“楚邦之良臣所㬥（暴）骨，虛（吾）未又（有）以憂（憂）。”

《柬大王》：“虛（吾）所得陛（地）於膚（莒）中者，無又（有）名山名溪。”

《柬大王》：“贅尹㑹（答）曰：‘楚邦（又）有棠（常）古（故），安敢殺祭？以君王之身殺祭，未尚（嘗）又（有）。’”

《柬大王》：“陵（陵）尹與贅尹：‘又（有）古（故）虐（乎）？忨（愿）聒（聞）之。’”

《柬大王》：“命（令）尹子林聒（問）於大（太）剚（宰）子步：‘爲人臣者亦又（有）靜（諍）虐（乎）？’”

《柬大王》：“王事可（何）必三軍又（有）大事，邦家以軒（杌）軌〈軏（隉）〉，社稷（稷）以逆（危）與（歟）？”

《柬大王》：“厽（三）日，王又（有）埜（野）色，逗者又（有）㬎人。”

《内豊》：“考（孝）子，父母又（有）疾，冕（冠）不奐（縮），行不頌（容），不卒立，不庶語。時昧社（攻）縈（禜），行祝於五祀，剴（豈）必又（有）益，君子以成其考（孝）。”

《内豊》：“母（毋）忘姑姊妹而遠敬之，則民又（有）豊（禮），肰（然）句（後）奉之中章（庸）。”

《相邦》：“虛（吾）見於君，不昏（問）又（有）邦之道，而昏（問）相邦之道，不亦墜虐（乎）？”

《曹沫》：“東西七百，南北五百，非山非澤，亡又（有）不民。”

《曹沫》：“昔堯之卿（饗）舜也，飯於土輜（塯），欲〈歠〉於土型（鉶），而攺（撫）又（有）天下。”

《曹沫》：“□競（境）必勳（勝），可以又（有）怡（治）邦，周等（志）是廌（存）。”

《曹沫》：“兼㤅（愛）𤔲（萬）民，而亡又（有）厶（私）也。”

《曹沫》：“臣聒（聞）之：又（有）固悔（謀）而亡固成（城），又（有）克正（政）而亡克戦（陳）。”

《曹沫》：“成（城）章（郭）必攸（修），緩（繕）麐（甲）利兵，必又（有）戰心以獸（守），所以爲倀（長）也。”

《曹沫》：“緍（陳）攻（功）而飤（食），坓（刑）罰又（有）辠，而賞簹（爵）又（有）悳（德）。”

《曹沫》：“《詩》於又（有）之曰：‘幾（豈）屖（弟）君子，民之父母。’”

《曹沫》：“進必又（有）二牆（將）軍，毋牆（將）軍必又（有）嚳（數）辟（嬖）夫=（大夫），毋俾（嬖）夫=（大夫）必又（有）嚳（數）大官之帀（師）、公孫公子。凡又（有）司衛（率）倀（長）□。”

《曹沫》：“□五（伍）之閼（間）必又（有）

公孫公子，是胃（謂）軍紀。”
《曹沬》：“五人以敔（伍），𠀀₌（一人）又（有）多，四人皆賞，所以爲剸（斷）。”
《曹沬》：“戰又（有）㬎（顯）道，勿兵以克。”
《曹沬》：“𨛭（莊）公曰：‘既成𡥈（教）矣，出帀（師）又（有）𢍰（機）虖（乎）？’”
《曹沬》：“倉（答）曰：‘又（有）。臣䎽（聞）之：三軍出，其逹（將）逯（卑），父䍃（兄）不廌，䌛（由）邦𩣺（御）之。此出帀（師）之𢍰（機）。’”
《曹沬》：“臧（莊）公或（又）䎽（問）曰：‘三軍𢍰果又（有）𢍰（機）虖（乎）？’”
《曹沬》：“倉（答）曰：‘又（有）。臣䎽（聞）之：三軍未成戟（陳），未豫（舍），行阪淒（濟）障，此𢍰果之𢍰（機）。’”
《曹沬》：“臧（莊）公或（又）䎽（問）曰：‘戰又（有）𢍰（機）虖（乎）？’”
《曹沬》：“倉（答）曰：‘又（有）。其去之不速，其𨖼（就）之不尃（迫），其壆（啓）節不疾，此戰之𢍰（機）。是古（故）矣（疑）戟（陳）敗，矣（疑）戰死。’”
《曹沬》：“臧（莊）公或（又）䎽（問）曰：‘既戰又（有）𢍰（機）虖（乎）？’”
《曹沬》：“倉（答）曰：‘又（有）。其賞譏（淺）㪅（且）不中，其詎（誅）𡍮（重）㪅（且）不諓（察），死者弗收，𠸜（傷）者弗䎽（問），既戰而又（有）怠₌（殆心），此既戰之𢍰（機）。’”
《曹沬》：“復敗戰又（有）道虖（乎）？”
《曹沬》：“倉（答）曰：‘又（有）。三軍大敗，死者收之，𠸜（傷）者䎽（問）之，善於死者爲生者。’”
《曹沬》：“君女（如）䙷（親）衛（率），必聚羣又（有）司而告之。”
《曹沬》：“𨛭（將）復戰，則彔（祿）𥫩（爵）又（有）祟（常），𢍰莫之𡈼（當）。”
《曹沬》：“臧（莊）公或（又）䎽（問）曰：‘復盤戰又（有）道虖（乎）？’”
《曹沬》：“倉（答）曰：‘又（有）。既戰復豫（舍），虗（號）命（令）於軍中曰：緐（繕）麐（甲）利兵，明日𨛭（將）戰。’”
《曹沬》：“臧（莊）公或（又）䎽（問）曰：‘復甘戰又（有）道虖（乎）？’”
《曹沬》：“倉（答）曰：‘又（有）。必☐。’”
《曹沬》：“臧（莊）公或（又）䎽（問）曰：‘復故戰又（有）道虖（乎）？’”
《曹沬》：“倉（答）曰：‘又（有）。收而聚之，𣏟（束）而厚之，䡉（重）賞泊（薄）坓（刑），思（使）忘其死而見其生，思（使）良車良士往取之餌（耳）。思（使）其志记（起），䞇（勇）者思（使）憙（喜），㛸（葸）者思（使）𠊳（悔），肰（然）句（後）改訂（始）。此復故戰之道。’”
《曹沬》：“民又（有）寶（保）：曰成（城），曰固，曰蘆（阻）。”
《曹沬》：“善攻者必以其所又（有），以攻人之所亡又（有）。”
《曹沬》：“虗（吾）又（有）所䎽（聞）之：一出言三軍皆懽（勸），一出言三軍皆往。又（有）之虖（乎）？”
《曹沬》：“倉（答）曰：‘又（有）。明𢝊（慎）以戒，如𨛭（將）弗克，毋冒以追（陷），必逃（禍）前攻（功），不可不𢝊（慎）。不卒則不亙（恆），不和則不祊（篤），不兼（謙）畏則不勳（勝）。卒谷（欲）少以多。少則惕（易）軙，圪成則惕（易）怠（治）。果勳（勝）矣，䙷（親）衛（率）勳（勝）。使人不親則不𦆡（庸），不和則不祝（篤），不㤅（義）則不備（服）。’”
《曹沬》：“受（授）又（有）智（知），舍又（有）能，則民宜之。”
《曹沫》：“虞（且）臣聒（聞）之：卒又（有）倀（長），三軍又（有）衒（帥），邦又（有）君，此三者所以戰。”
《曹沫》：“肰（然）而古亦又（有）大道安（焉），必共（恭）僉（儉）以得之，而喬（驕）大（泰）以遊（失）之。”
《鮑叔牙》：“公乃身命祭，又（有）嗣（司）祭備（服）毋紋（黼），器必蠲懇（潔），毋内錢器，犧（犧）生（牲）珪璧必全，女（如）砉，伽（加）之以敬。”
《鮑叔牙》：“乃命又（有）嗣（司）箸祚浮，老㝅（弱）不型（刑），畝纆緕（短），田纆長，百糧筻（鐘）。”
《鮑叔牙》：“乃命百又（有）嗣（司）曰。”
《鮑叔牙》：“又（有）夏是（氏）觀其容以使，及其薨（亡）也，皆爲其容。”
《鮑叔牙》：“是戢（歲）也，晉人戮（伐）齊，既至齊陞（地），晉邦又（有）嬰（亂），帀（師）乃歸。”
《季康子》：“肥，從又（有）司之後，罷（一）不智（知）民矛（務）之安才（在）。”
《季康子》：“虞（且）筦（管）中（仲）又（有）言曰：‘孶₌（君子）龏（恭）則述（遂），喬（驕）則涹（侮），澅言多難☐。’”
《季康子》：“其嚾（勸）而弜（強）之，則邦又（有）榦童，百眚（姓）送之以☐。”
《季康子》：“复（作）而輮（乘）之，則邦又（有）穫。”
《季康子》：“氏（是）古（故）臤（賢）人大於邦，而又（有）㝁心，能爲䰡（鬼）☐。”
《苦成》：“於言又（有）之。”
《苦成》：“虗（吾）毋又（有）它，正公事，唯（雖）死，安（焉）逃之？”
《苦成》：“虗（吾）聒（聞）爲臣者必思（使）君得志於㠯（己）而又（有）後青（請）。”
《弟子問》：“☐也，求爲之言；又（有）夫言也，求爲之行。言行相惌（宜），肰（然）句（後）君子。”
《弟子問》：“子遊曰：‘又（有）陞（施）之胃（謂）也虐（乎）？’”
《弟子問》：“毋又（有）柔孷（教），毋又（有）首猷，植☐。”
《弟子問》：“君子亡（無）所不足，無所又（有）余（餘）。”
《三德》：“母（毋）曰槇₌（冥冥），上天又（有）下政，晝□☐。”
《三德》：“齊₌（齊齊）節₌（節節），外内又（有）諚（辨），男女又（有）節，是胃（謂）天豊（禮）。”
《鬼神》：“今夫䰡（鬼）神又（有）所明，又（有）所不明，則以其賞善罰暴也。”
《鬼神》：“此以貴爲天子，䙴（富）又（有）天下，長年又（有）嬰（譽），後殜（世）遂（述）之。”
《鬼神》：“虗（吾）因加䰡（鬼）神不明，則必又（有）古（故）。”
《鬼神》：“☐所明，又（有）所不明，此之胃（謂）虐（乎）？”
《融師》：“虤（融）帀（師）又（有）成，氏（是）腯（狀）若生（猩），又（有）耳不聒（聞），又（有）口不鳴，又（有）目不見，又（有）足不趣（趨）。”
《融師》：“蔑帀（師）見，毀折鹿戔（踐），隹（惟）孶（茲）作章（彰），皮（彼）獸鼠，又（有）足而☐。”
《競公瘧》：“今内寵又（有）割（會）痰（譴），外₌（外亦）又（有）與梨（梁）丘坓（據）。”
《季桓子》：“又（有）此佫（貌）也，

而亡（無）以合者（諸）此矣（矣）。”
《季桓子》：“審二逃（道）者以觀於民，唯（雖）又（有）□弗遠矣。”
《季桓子》：“君子又（有）道，生民之賜〼。”
《申公》：“可（何）敢心之又（有）？”
《鄭壽》：“奠（鄭）壽告又（有）疾，不事。”
《王子木》：“臣牆（將）又（有）告。”
《用曰》：“□定又（有）紹（紀），而亦不可虞（阻）。”
《用曰》：“又（有）眛【＝（眛眛）】其不見，不〈而〉卲（昭）其甚明；又（有）泯＝（昏昏）之不達，而㬎（顯）其甚章（彰）。”
《用曰》：“詉（？）其又（有）絕惜（圖），而難其又（有）惪。”
《用曰》：“民之乍（作）勿（物），隹（唯）言之又（有）信。”
《用曰》：“又（有）賔才（在）心，嘉惪（德）吉猷。”
《用曰》：“陪心懷惟，各又（有）其異惜（圖）。”
《用曰》：“戔其又（有）綸（倫）紹（紀）。”
《用曰》：“记（起）事乍（作）志，叡其又（有）审（中）成。”
《用曰》：“丨其又（有）成惪（德），閟（閉）言自闢（關）。”
《用曰》：“諡其又（有）审（中）墨，良人真（貞）安（焉）。”
《用曰》：“柬＝（簡簡）疋＝（疏疏），事非與又（有）方。”
《用曰》：“用曰：自其又（有）保（寶）貨，寍（寧）又（有）保（寶）惪（德）。”
《用曰》：“又（有）但（祖）之深，而又（有）弔之湔（淺）。”
《用曰》：“又（有）饛＝（坎坎）之綌（裕），而又（有）縸＝（莫莫）之衺（褊）。”
《用曰》：“茅（務）之台（以）元色，柬（簡）其又（有）亙（恆）井（形）。”
《用曰》：“纏其又（有）戥（威）頌（容），而綏其又（有）寍（寧）□。”
《天子甲》：“古（故）龜又（有）五忌（忌）。”
《天子乙》：“古（故）龜又（有）五忌（忌）。”
《武王乙》：“亦又（有）不浧（盈）於十言而百殜（世）不遂（失）之道，又（有）之虖（乎）？”
《武王乙》：“大（太）公䁥（望）畣（答）曰：‘又（有）。’”
《武王乙》：“丹箸（書）之言又（有）之曰。”
《武王乙》：“丹箸（書）之言又（有）之。”
《君人甲》：“君王又（有）白玉三回（圍）而不戔（篓）。”
《君人甲》：“虛（吾）㲋（焉）又（有）白玉三回（圍）而不戔（篓）才（哉）？”
《君人甲》：“楚邦之中又（有）飤（食）田五貞（畛），竽麗（篪）臭（衡）於前。”
《君人甲》：“君王又（有）楚，不聖（聽）鼓鐘之聖（聲），此其一回（圍）也。”
《君人甲》：“君王又（有）楚，侯子三人，一＝（一人）土（杜）門而不出，此其二回（圍）也。”
《君人甲》：“民又（有）不能也，䰟（鬼）亡（無）不能也。”
《君人乙》：“君王又（有）白玉三回（圍）而不戔（篓）。”
《君人乙》：“虛（吾）㲋（焉）又（有）白玉三回（圍）而不戔（篓）才（哉）？”
《君人乙》：“楚邦之中又（有）飤（食）田五貞（畛），竽麗（篪）臭（衡）於前。”

《君人乙》："君王又（有）楚，不聖（聽）鼓鐘之聖（聲），此其一回（圍）也。"
《君人乙》："君王又（有）楚，侯子三人，一人土（杜）門而不出，此其二回（圍）也。"
《君人乙》："民又（有）不能也，䰟（鬼）亡（無）不能也。"
《凡物甲》："又（有）得而成，未智（知）左右之請（情）？"
《凡物甲》："日之又（有）耳（珥），牆（將）可（何）聖（聽）？"
《凡物甲》："月之又（有）軍（輪），牆（將）可（何）正（征）？"
《凡物甲》："是古（故）又（有）鼠（一），天下亡（無）不又（有）；亡（無）鼠（一），天下亦亡（無）鼠（一）又（有）。"
《凡物甲》："是（？）古（故）鼠（一），𧆨（咀）之又（有）未（味），（嗅）【之有臭】，鼓之又（有）聖（聲），忻（近）之可見，操之可操，㩼（握）之則遊（失），敗之則高（槁），測（賊）之則滅。"
《凡物甲》："鼠（一）言而禾〈終〉不躳（窮），鼠（一）言而又（有）眾〖眾〗，鼠（一）言而萬民之利，鼠（一）言而爲天陛（地）旨。"
《凡物乙》："月之又（有）軍（輪），牆（將）可（何）正（征）？"
《凡物乙》："𧆨（咀）之又（有）未（味），（嗅）之有（臭），鼓之又（有）聖（聲），近之可見，操之可操，㩼（握）⧄。"
《凡物乙》："鼠（一）言而禾〈終〉不躳（窮），鼠（一）言而又（有）眾，鼠（一）言⧄。"
《吳命》："先=（先人）又（有）言曰：'馬牆（將）害（猲），或童（恫）之，速羕。'"
《吳命》："又（有）軒轅（冕）之賞，或又（有）釜（斧）戉（鉞）之慣（威）。"
《吳命》："古（故）甬（用）使其三臣，毋敢又（有）遲（遲）速之羿（期），敢告刏日。"
《吳命》："孤也可（何）䊄（勞）力之又（有）安（焉）！"
《子道餓》："家眚甚級（急），生未又（有）所奠。"
《顏淵問》："敢𧮫（問）君子之内事也又（有）道虐（乎）？"
《顏淵問》："孔=（孔子）曰：'又（有）。'"
《顏淵問》："敬（矜）又（有）（過）而先又（有）司，老=（老老）而慈（慈）學（幼），豫（予）絞（約）而收貧，录（禄）不足則青（請），又（有）余（餘）則詒（辭）。"
《顏淵問》："敬（矜）又（有）（過），所以爲縵（寬）也。"
《顏淵問》："录（禄）不足則青（請），又（有）余（餘）則詒（辭），所以昜（揚）信也。"
《顏淵問》："敢𧮫（問）君子之内教也又（有）道虐（乎）？"
《顏淵問》："孔=（孔子）曰：'又（有）。'"
《成王》："夫夏曾（繒）是（氏）之道，可以智（知）善否，可以智（知）亡才（在），可胃（謂）又（有）道虐（乎）？"
《成王》："乃命之曰：'昔者又（有）神⧄。'"
《成王》："此六者皆逆，民皆又（有）夬（解）鹿〈麗（離）〉之心，而或（國）又（有）相串（患）割（害）之志，是胃（謂）童=⧄。"
《王居》："虗（吾）父䚮（兄）眚（甥）咎（舅）之又（有）□善。"
《蘭賦》："䚨（親）眾秉志，綽（逴）遠行道，不䑩又（有）折，蘪（蘭）斯秉悳（德）。"
《蘭賦》："蘪（蘭）又（有）異勿（物）。"
《有皇》："又（有）皇（凰）牆（將）记（起）含可（兮）。"

《有皇》："□自誨（悔）含可（兮），又（有）⿱化心（過）而能改含可（兮）。亡（無）郗又（有）風含可（兮），同郗異心含可（兮），又（有）郗□。"

《有皇》："又（有）不善心耳含可（兮），莫不弁（變）改含可（兮）。"按，"又（有）"字從復旦吉大古文字專業研究生聯合讀書會《上博八〈有皇將起〉校讀》（復旦大學出土文獻與古文字研究中心網，2011年7月17日）讀。

《陳公》："又（有）所胃（謂）䰠（威），又（有）所胃（謂）恭，又（有）所胃（謂）谿，又（有）所胃（謂）一，又（有）所胃（謂）剸（斷）。"

《史蕾》："自訂（始）又（有）民以來，未或能才（哉）！"

《史蕾》："立於陞（地）之上，⿰鼠一（一）或不免又（有）謂（禍）。"

《卜書》："兆（兆）道=（頫首）内（納）止（趾），是胃（謂）沓（沈），凥（處）宫無咎，又（有）疾乃瘳（瀸）。"

《卜書》："炮龜其又（有）吝，凥（處）不沾大汙，乃沾大浴（谷）。"

《卜書》："□□吉，邦北（必）又（有）疾。"

《卜書》："凡三族又（有）此（疵），三末唯（雖）吉，女（如）白女（如）黄，貞邦□。"

《卜書》："三族之敓（奪），周邦又（有）吝，亦不㡭（絕）。"

《卜書》："若卜貞邦，三族句（梖）旨（枳）而惕（逖），三末唯（雖）敗，亡（無）大咎，又（有）吝于外。"

《卜書》："女（如）三末唯（雖）吉，三族是卒（萃），亦亡（無）大咎，又（有）吝於内。"

《文王》："昔者又（有）神寡（顧）監于下，乃語周之先祖曰。"

《文王》："勿（物）又（有）所總，道有所攸（修），非天之所向，莫之能得。"

《文王》："文王曰：'道又（有）獸（守）⿸虍口（乎）？'"

《文王》："文王曰：'道又（有）要⿸虍口（乎）？'"

《文王》："文王曰：'又（有）□盍⿸虍口（乎）？'"

《禹王》："墨（禹）奮中疾志，又（有）欲而弗達；深僡固疋（疏），又（有）社（功）而弗登（伐）。"

《建除》："凡坐日，無爲而可，女（如）以祭祀，必又（有）三□。"

《叢辰》："生子，無俤（弟）；女（如）又（有）俤（弟），必死。"

《叢辰》："又（有）志百事，大吉。"

《叢辰》："曰：居又（有）飤（食），行又（有）得。"

《禁忌》："凡五子，不可以作大事，不成，必毁，其身又（有）大咎；非其身，倀（長）子受其咎。"

《相宅》："北、南高，二方下，不可凥（居），是胃（謂）□土，聚□見吉，東北又（有）□□□。"

《相宅》："盍（蓋）東南之遇（寓），□□凥（居），必又（有）□□出□□。"

《盜疾》："以又（有）疾□。"

《盜疾》："□西亡行，北吉，南又（有）得。"

《盜疾》："□北吉，西亡行，南又（有）得。"

《盜疾》："□北見疾，西吉，南又（有）得。卯，朝閟夕啟。凡五卯，朝逃得，夕不得。以内（入），必又（有）大死。

以又（有）疾，未少翏（瘳），申大翏（瘳），死生才（在）丑。”

《盜疾》：“☒□又（有）□。辰，朝啟夕閟（閉）。凡五辰，朝逃不得，晝得，夕得。以內（入），吉。以又（有）疾，栖（酉）少翏（瘳），戌大翏（瘳），死生才（在）子。”

《盜疾》：“☒又（有）得，西兇（凶），南見疾。”

《盜疾》：“以又（有）疾，戌少翏（瘳），辰大翏，死生才（在）寅。”

《盜疾》：“未以東吉，又（有）得，北兇（凶），西南吉。未，朝啟夕閟（閉）。凡五未，朝逃（盜）不得，晝得，夕得。以內（入），吉。以又（有）疾，子少翏（瘳），卯大翏（瘳），死生才（在）寅。”

《盜疾》：“☒以內（入），又（有）得，非盜乃引。亥，朝閟（閉）夕啟。凡五亥，朝逃（盜）得，晝得，夕不得。以又（有）疾，卯少翏（瘳），巳大翏（瘳），死生才（在）申。”

《盜疾》：“☒吉，南又（有）☒。”

《盜疾》：“☒□□□內（入），吉。以又（有）疾☒。”

《裁衣》：“☒□於人，丁亥又（有）靁（靈），丁巳終（衷）其身，亡□☒。”

《墨子》：“周公曰：‘易，夫戔（賤）人剛恃而□於型（刑）者，又（有）走（上）腎（賢）☒。’”

《墨子》：“☒含（今）爲州，昊=（昊昊）榠=（冥冥），又（有）胷日☒。”

《墨子》：“☒又（有）首，行又（有）道，尾（宅）又（有）□☒。”

《墨子》：“☒其谷（欲）能又（有）弃也，能☒。”

《墨子》：“☒□聒（聞）之也，武又（有）☒。”

《楚帛書》甲：“思（使）又（有）宵又（有）潮（朝），又（有）晝又（有）夕。”

《楚帛書》乙：“春夏秋冬，又（有）□尚=（尚尚）；䏍=（日月）星辰（辰），𤔔（亂）遳（失）其行。”

《楚帛書》乙：“山陵（陵）其發（廢），又（有）𣶒（淵）氒（厥），是胃（謂）李=（李，李）戠（歲）□月，內（入）月𠮷（七日）㕣（八日）又（有）電、雺（霜）、雨土，不得其參職，天雨喜=（譆譆），是遳（失）月，閏之勿行。”

《楚帛書》乙：“西或（國）又（有）吝，女（如）䏍=（日月）既𤔔（亂），乃又（有）兒（䚻）□；東或（國）又（有）吝，□□乃兵，𡨦（害）于其王。”

《楚帛書》乙：“是月以婁（數）曆爲之正，隹（惟）十又（有）二□。”

《楚帛書》乙：“寺（時）雨進退，亡又（有）尚（常）亙（恆）。”

《楚帛書》乙：“民則又（有）㲉，亡又（有）相蚤（擾）。”

《楚帛書》乙：“□則返民，少又（有）□，土事勿從，凶。”

《楚帛書》丙：“壬子、㔷（丙）子凶，乍（作）□北征，衛（帥）又（有）咎，武□□其𢽾。”

《楚帛書》丙：“倉（相），不可以川□，大不訓（順）于邦，又（有）梟內（入）於卡=（上下）。”

《楚帛書》丙：“脨（脪）不復，其邦又（有）大𤔔（亂）；取（娶）女，凶。”

《尹至》：“湯曰：‘各（格）！女（汝）其又（有）吉志。’”

《尹至》：“余𢼸（美）其又（有）夏眾□吉好，其又（有）句（后）氒（厥）志其倉（爽），龍（寵）二玉，弗𢘅（虞）其又（有）

眾。”
《尹至》：“夏又（有）恙（陽），才（在）西才（在）東，見章于天。”
《尹至》：“其又（有）民衛（率）曰：‘隹（惟）我束（速）禍（禍）。’”
《尹至》：“自西戢（翦）西邑，夸（戡）其又（有）夏。”
《尹誥》：“夏自蕝（絕）其又（有）民，亦隹（惟）氒（厥）眾，非民亡與戰（守）邑。”
《尹誥》：“執（摯）曰：‘句（后）其孷（賚）之其又（有）夏之金玉、田邑，舍（予）之吉言。’”
《保訓》：“氒（厥）又（有）𢼊（施）于上下遠埶（邇）。”
《保訓》：“昔𢼸（微）叚（假）中于河，以復又=易=（有易，有易）伓（服）氒（厥）辠（罪）。”
《耆夜》：“王又（有）脂（旨）酉（酒），我悳（憂）以颬（拋）。”
《耆夜》：“月又（有）城（盈）䍂（缺），戢（歲）又（有）剸（歂）行。”
《金縢》：“武王既克𣪘（殷）三年，王不㾓（豫）又（有）𡱒（遲）。”
《金縢》：“命于帝𨗖（庭），尃（溥）又（有）四方。”
《金縢》：“戢（歲）大又（有）年，萩（秋）則𣦸（刈）。”
《金縢》：“周武王又（有）疾，周公所自以弋（代）王之志。”
《皇門》：“於（嗚）虖（呼）！朕寡邑少（小）邦，𥡴（蔑）又（有）耆耇㭊（慮）事啰（屏）朕立（位）。”
《皇門》：“我䎽（聞）昔才（在）二又（有）或（國）之折（哲）王，則不（丕）共（恭）于卹（恤）。”
《皇門》：“乞（迄）又（有）寶（孚），以蠹（助）氒（厥）辟，堇（勤）卹（恤）王邦王家。”
《皇門》：“自𧊧（釐）臣至于又（有）貧（分）私子，句（苟）克又（有）㾥（諒），亡（罔）不𦕟達，獻言才（在）王所。”
《皇門》：“王用又（有）監，多憲正（政）命，用克和又（有）成，王用能承天之魯命。”
《皇門》：“先王用又（有）藋（勸），以瀕（賓）右（佑）于上。”
《皇門》：“王用能盍（奄）又（有）四𡍭（鄰），遠土不（丕）承，孫=（子孫）用𥡴（末）被先王之耿光。”
《皇門》：“卑（譬）女（如）戎夫，喬（驕）用從肣（禽），其由（猶）克又（有）䨼（獲）？”
《皇門》：“卑（譬）女（如）䛁（鞫）夫之又（有）悉（媢）妻。”
《皇門》：“悉（媢）夫又（有）埶（邇）亡（無）遠，乃弇（掩）盍（蓋）善=夫=（善夫，善夫）莫達才（在）王所。”
《皇門》：“乃隹（惟）又（有）奉俟（癡）夫，是𦒱（陽）是𦀗（繩），是以爲上，是受（授）司事帀（師）長。”
《祭公》：“我䎽（聞）且（祖）不余（豫）又（有）𡱒（遲）。”
《祭公》：“我亦隹（惟）又（有）若且（祖）周公概（暨）且（祖）卲（召）公。”
《祭公》：“我亦隹（惟）又（有）若且（祖）𥛚（祭）公，攸（修）和周邦，保朗（乂）王家。”
《祭公》：“既沁（咸），乃又（有）履宗，不（丕）隹（惟）文武之由。”
《祭公》：“康□之，𢦏（蠻）伓（服）之，肰（然）母（毋）夕（斁）□，維我周又（有）祟（常）型（刑）。”
《楚居》：“季䜌（連）䎽（聞）其又（有）

咢（聘），從，及之盤（判），爰生綅白（伯）、遠中（仲）。”
《説命下》：“女（汝）隹（惟）又（有）萬𠷎（壽）才（在）乃政。”
《説命下》：“女（汝）亦隹（惟）又（有）萬福業=（業業）才（在）乃備（服）。”
《説命下》：“𧮫（欲）女（汝）其又（有）各（友）𠧪（勑）朕命𢦔（哉）。”
《琴舞》：“叚（假）才（哉）古之人，夫明思𢝊（慎），甬（用）𢦏（仇）其又（有）辟。”
《琴舞》：“宿（夙）夜不解（懈），𢘛（懋）尃（敷）其又（有）敓（悦）。”
《琴舞》：“四啓曰：文=（旼旼）其又（有）家，缶（保）藍（監）其又（有）後，需（孺）子王矣。”
《琴舞》：“不（丕）㝥（寧）其又（有）心，李=（翼翼）其才（在）立（位），㬎（顯）于上下。”
《琴舞》：“𤔲（亂）曰：恒（桓）爯（稱）其又（有）若（若），曰享畣（答）舍（余）一人。”
《琴舞》：“於（嗚）虖（呼）！弋（式）克其又（有）辟。”
《琴舞》：“七啓曰：思又（有）息，思憙才（在）上。”
《琴舞》：“不（丕）㬎（顯）其又（有）立（位），右帝才（在）茖（落），不遂（佚）隹（惟）同。”
《琴舞》：“八啓曰：差（佐）寺（事）王恖（聰）明，其又（有）心不易。”
《琴舞》：“畏（威）義（儀）誌=（藹藹），大其又（有）慕（謨）。”
《芮良夫》：“周邦聚（驟）又（有）𥙡（禍），宼（寇）戎方晉。”
《芮良夫》：“母（毋）脜（擾）䎽（聞）繇（繇），乇（度）母（毋）又（有）諮（咎）。”
《芮良夫》：“母（毋）自縱（縱）于逸，以囂（傲）不㥄（圖），戁（悍）弁（變）改𡪞（常），紩（疾）而亡（無）又（有）絽（紀）綂（綱）。”
《芮良夫》：“先人又（有）言，則畏（威）𧆯（虐）之。”
《芮良夫》：“和𠜾（專）同心，母（毋）又（有）相放（負）。”
《芮良夫》：“恂（營）求又（有）𢘓（才），聖智恿（勇）力。”
《芮良夫》：“昔才（在）先王，幾（既）又（有）眾俑（庸），□□庶戁（難），甬（用）建其邦，坪（平）和庶民，莫敢烈憧。”
《芮良夫》：“□□□□□□□□□甬（用）劦（協）保，罔又（有）肙（怨）誦（痛）。”
《芮良夫》：“古□□□□□□□□□□元君，甬（用）又（有）聖政惪（德）。”
《芮良夫》：“莫好安情，于可（何）又（有）靜（爭）？”
《芮良夫》：“□□社（功）𧘦（績），龏（恭）𥫄（虔）享祀，和惪（德）定型（刑），政（正）百又（有）司。”
《芮良夫》：“𨚕（適）易兇心，𡗹（研）𢥞（甄）嘉惟，枌（敉）和庶民，政命惪（德）型（刑）各又（有）𡪞（常）𣏌（次）。”
《芮良夫》：“𡙪（朕）隹（惟）𣶏（沖）人，則女（如）禾之又（有）𥝩（稺）。”
《芮良夫》：“民亦又（有）言曰：‘㤈（謀）亡（無）少（小）大，而器不再利，屯可與忨，而鮮可與惟。’”
《良臣》：“堯之相𡕚=（舜，舜）又（有）禹=（禹，禹）又（有）白（伯）𡰥（夷），又（有）嗌（益），又（有）史皇，又（有）咎（皋）囚（陶）。”
《良臣》：“康（湯）又（有）伊君（尹），

又（有）伊陟，又（有）臣庅（扈）。"
《良臣》："武丁又（有）敓（傅）鴋（説），又（有）保奐（衡）。"
《良臣》："文王又（有）忶（閎）夭，又（有）[illegible]（泰）㚇（顛），又（有）柬（散）宜生，又（有）南宮适（括），又（有）南宮夭，又（有）郙（芮）白（伯），又（有）白（伯）适（适），又（有）帀（師）上（尚）父，又（有）虗（虢）弔（叔）。"
《良臣》："武王又（有）君奭，又（有）君陣（陳），又（有）君牙，又（有）周公旦，又（有）邵（召）公，述（遂）差（佐）成王。"
《良臣》："晉文公又（有）子範（犯），又（有）子余（餘），又（有）咎範（犯），後又（有）弔（叔）向。"
《良臣》："楚成王又（有）命（令）君（尹）子昬（文）。"
《良臣》："楚韶（昭）王又（有）命（令）君（尹）子西，又（有）司馬子忈（期），又（有）鄴（葉）公子高（高）。"
《良臣》："齊桓（桓）公又（有）龠〈管〉寺（夷）虐（吾），又（有）寅（賓）須亡，又（有）㙉（隰）朋。"
《良臣》："吳王光又（有）五（伍）之疋（胥）。"
《良臣》："雩（越）王句戔（踐）又（有）大（舌）同（庸），又（有）範（范）羅（蠡）。"
《良臣》："秦穆公又（有）㸑（毀）大夫〖=〗。"
《良臣》："宋又（有）左帀（師）。"
《良臣》："魯哀公又（有）季孫，又（有）孔丘。"
《良臣》："奠（鄭）定公之相又（有）子皷（皮），又（有）子産，又（有）子大弔（叔）。"
《良臣》："楚恭（共）王又（有）郘（伯）州利（犁），以爲大宰。"
《祝辭》："又（有）上㠩=（茫茫），又（有）下堂=（湯湯），司湍彭=（滂滂），句（侯）兹某也癹（發）陽（揚）。"
《赤鵠》："曰故（古）又（有）赤鵠（鳩），集于湯之屋。"
《赤鵠》："夏句（后）又（有）疾，牆（將）禚（禦）楚，于飤（食）其祭。"
《赤鵠》："乃埅陞（地），又（有）二菸（陵）麂（屯），乃斬之。
《筮法二九》："凸（凡）肴（爻），奴（如）大奴（如）少（小），乍（作）於上，外又（有）荌（吝）；乍（作）於下，内又（有）荌（吝）；上下皆乍（作），邦又（有）兵命、鷹忍、風雨，日月又（有）此（疵）。"
《別卦》："㚇=（小有）。"
《厚父》："兹咸又（有）神，能畧（格）于上，智（知）天之鬼（威）弋（哉），聕（問）民之若否，隹（惟）天乃永保夏邑。"
《命訓》："大命又（有）掌（常），少（小）命日=成=（日成。日成）則敬，又（有）尚（常）則室（廣，廣）以敬命，則尾（度）至于亟（極）。"
《命訓》："女（如）又（有）佴（恥）而亙（恆）行，則尾（度）至于亟（極）。"
《命訓》："達道=（道道）天以正=人=（正人。正人）莫女（如）又（有）亟（極），道天莫女（如）亡（無）亟（極）。"
《命訓》："道天又（有）亟（極）則不=䰟=（不威，不威）則不卲（昭），正人亡（無）亟（極）則不=㕧=（不信，不信）則不行。"
《命訓》："天又（有）命，又（有）福，又（有）禍（禍）。人又（有）佴（恥），又（有）市冒（帽[絻]），又（有）鈙（斧）戉（鉞）。"
《命訓》："事不䜣（震），正（政）不成，埶（藝）不遥（淫），豊（禮）又（有）旹（時）。"

《湯丘》:“湯屋（處）於湯（唐）坙（丘），取妻於又=郲=（有莘。有莘）媵（媵）以少=臣=（小臣，小臣）善爲飤（食），享（烹）之和。”
《湯丘》:“又（有）郲（莘）之女飤（食）之，䋈（絕）芳（芳）旨以飿（滑）。”
《湯丘》:“君天王，是又（有）臺（臺）僕（僕）。”
《湯丘》:“今少（小）臣又（有）疾，女（如）思（使）䀏（召），少閒（閒）於疾，朝而䅭（稽）之，不猷（猶）受君賜？”
《湯丘》:“先=（先人）又（有）言。”
《湯丘》:“若自使朕身巳（已）傑（桀）之疾，句（后）牆（將）君又（有）夏才（哉）!”
《湯丘》:“飤（食）時不旨（嗜）饍（珍），五味皆哉（滋），不又（有）所䊩（䊩）。”
《湯丘》:“遠又（有）所亟，袋（勞）又（有）所思（息），飢（饑）又（有）所飤（食）。”
《啻門》:“又（有）才（哉）。”
《啻門》:“女（如）亡（無）又（有）良言清（情）至於今。”
《啻門》:“㠯（起）事又（有）穫，民長萬（賴）之，此胃（謂）㒹（美）事。”
《三壽》:“尔（爾）是先生，尔（爾）是智（知）二又（有）郕（國）之請（情）。”
《鄭武》:“昔虗（吾）先君，女（如）邦牆（將）又（有）大事，北（必）再三進夫=（大夫）而與之慮（偕）㥥（圖）。”
《鄭武》:“女（如）母（毋）又（有）良臣，三年無君，邦家斸（亂）巳（矣）。”
《鄭武》:“老婦亦牆（將）丩（糾）攸（修）宮中之正（政），門檻之外母（毋）敢又（有）智（知）安（焉）。”
《鄭武》:“自是旮（幾）以至瓶（葬）日，孚=（孺子）母（毋）敢又（有）智（知）安（焉）。”
《鄭武》:“□爲敗，耆（姑）寍（寧）君，是又（有）臣而爲埶（褻）辟（嬖）。”
《管仲》:“中（仲）父，𣥺（前）又（有）道之君可（何）以寶（保）邦？”
《管仲》:“𣥺（前）又（有）道之君所以寶（保）邦，天子之明者，能得僕（僕）四人同心，而佀（已）五安（焉）。”
《管仲》:“和民以悳（德），執事又（有）棇（敘）。”
《管仲》:“好宜（義）秉悳（德），又（有）攷（虔）不解（懈），爲民紀紞（綱）。”
《管仲》:“夫年（佞）又（有）利燹（氣），篙（篤）利而弗行。”
《管仲》:“疋（胥）舍之邦，此以又（有）或（國），天下又（有）其㡬（機）。”
《管仲》:“夫年（佞）者之事君，必𣥺（前）敧（傾）與考（巧），而後簪（讒）與譌（僞），以大又（有）求。”
《鄭甲》:“犬白（伯）又（有）疾，吝（文）公遳（往）聒（問）之。”
《鄭甲》:“故（古）之人又（有）言曰：‘爲臣而不諫，卑（譬）若饙（饋）而不酨（貳）。’”
《鄭乙》:“犬白（伯）又（有）疾，吝（文）公遳（往）聒（問）之。”
《子儀》:“義（儀）父！不㲄（穀）繻左，右繅；繻右，左繅，女（如）權之又（有）加橈也。”
《子儀》:“先=（先人）又（有）言曰：‘咎者不元。’”
《子儀》:“臺上又（有）兔，梭枳（枝）䇦（當）橿（欞），边（竢）客而翰（翰）之。”
《子儀》:“民恆不實（寘）乃毀崇（常），各敄（務）降上品之㝵（辨），官相弋（代）乃又（有）見工。”
《子產》:“求諂（信）又（有）事，淺（淺）以諂（信）罙=（深，深）以諂（信）淺（淺）。”

《子產》:“愳（懼）逹（失）又=戒=（有戒，有戒）所以紳（申）命固立=（位，位）固邦=安=（邦安，邦安）民𩞃（遂），邦危民麗（離），此胃（謂）才［存］亡才（在）君。”

《子產》:“曰：‘固身堇訫=（謹信。’謹信）又（有）事，所以自乘（勝）立宙（中），此胃（謂）亡好惡。”

《子產》:“㑥（勉）政、利政、固政又（有）事。”

《子產》:“共（恭）憸（儉）整齊，弇見（現）又（有）桼=（次。次）所以從即（節）行=禮=（行禮，行禮）後（踐）政又（有）事。”

《子產》:“出言復（覆），所以智（知）自又（有）自喪也。”

《子產》:“又（有）道樂才［存］，亡道樂亡，此胃（謂）劼（懿）穀（理）。”

《子產》:“貶（損）難又（有）事，多難忻（近）亡，此胃（謂）宰（卑）逸樂。”

《子產》:“君人立（蒞）民又（有）道，青（情）以㑥（勉），得立（位）命固。”

《子產》:“臣人畏君又（有）道，智（知）畏亡辠（罪）。”

《子產》:“又（有）道之君，能攸（修）其邦或（國）以和=民=（和民。和民）又（有）道，才（在）大能政，才（在）少（小）能枳（支）；才（在）大可舊（久），才（在）少（小）可大。”

《子產》:“又（有）以畣（答）天，能同（通）於神，又（有）以逨（徠）民，又（有）以得臤（賢），又（有）以御（禦）割（害）鴋（傷），先聖君所以徫（達）成邦或（國）也。”

《子產》:“以勸（助）上牧民=（民。民）又（有）怹（過）逹（失）、囂（傲）逹（佚），弗誼（誅）。”

《子產》:“子產用𢉖（尊）老先生之畯（俊），乃又（有）喪（桑）丘中（仲）髪（文）、坾（杜）誓（逝）、肥中（仲）、王子白（伯）忨（願）。”

《日甲·叢辰》:“正陽，是胃（謂）滋昌，小事果成，大事又（有）慶。”

《日甲·叢辰》:“又（有）疾，不死。”

《日甲·叢辰》:“死者，又（有）毁。”

《日甲·叢辰》:“敫，是胃（謂）又（有）小逆，毋（無）大央（殃）。”

《日甲·叢辰》:“正月以朔，旱，又（有）歲，又（有）小兵，毋（無）大兵。”

《日甲·叢辰》:“陰，是胃（謂）乍陰乍陽，先辱而後又（有）慶。”

《日甲·叢辰》:“不可又（有）爲也，□□□□□可葬貍（埋）。”

《日甲·叢辰》:“不可又（有）爲也，而可以葬貍（埋）。”

《日甲·叢辰》:“歲中，又（有）兵，又（有）雨。”

《隨日·叢辰》:“正陽，是胃（謂）番昌，小事果成，大事又（有）慶。”

《帛乙老子·德經》:“生之徒十有三，死之徒十又（有）三，而民生生。”

《帛乙老子·德經》:“又（有）周（舟）車无所乘之，有甲兵无所陳之。”

《帛乙老子·德經》:“用兵又（有）言曰：吾不敢爲主而爲客，不敢進寸而退尺。”

《帛乙老子·德經》:“夫言又（有）宗，事又（有）君。”

《帛乙老子·德經》:“若民恆且必畏死，則恆又（有）司殺者。”

《帛乙老子·德經》:“故天之道，云（損）有余（餘）而益不足；人之道，云（損）不足而奉又（有）余（餘）。”

《帛乙老子·德經》:“夫孰能又（有）余（餘）而有以奉於天者，唯又（有）道者

乎？”
《帛乙老子·德經》：“是以耶（聖）人爲而弗又（有），成功而弗居也。”
《帛乙老子·道經》：“恆又（有）欲也，以觀其所噭（徼）。”
《帛乙老子·道經》：“大上下知又（有）之。”
《帛乙老子·道經》：“六親不和，安又（有）孝茲（慈）。”
《帛乙老子·道經》：“眾人皆又（有）余（餘），【我獨遺】。”
《帛乙老子·道經》：“沕（忽）呵望（恍）呵（兮），中又（有）象呵（兮）。”
《國次》：“功成而不止，身危又（有）央（殃）。”
《六分》：“國无小大，又（有）者威（滅）亡。”
《六分》：“有天焉，有人焉，又（有）地焉。”
《四度》：“伓（倍）逆合當，爲若又（有）事，雖无成功，亦无天央（殃）。”
《果童》：“人有其中，物又（有）其刑（形），因之若成。”
《果童》：“險若得平，諶若得正，貴賤必諶（勘），貧富又（有）等。”
《雜禁方》：“又（有）犬善皋（嗥）於亶（壇）與門，坌（塗）井上方五尺。”
《繫辭》：“无又（有）遠近幽險（深），述（遂）知來勿（物）。”
《繫辭》：“君子藏器於身，待者〈時〉而童（動），何不利之又（有）？”
《繫辭》：“動而不矰，是以出而又（有）獲也，言舉成器而動者也。”
《繫辭》：“是故變化具爲，吉事又（有）羊（祥）；馬〈象〉事知器，筭事知來。”
《易之義》：“易曰又（有）名焉曰鍵（乾）。”
《易之義》：“君子窮不忘達，安不忘亡，靜居而成章，首福又（有）皇。”
《易之義》：“子曰：易又（有）名曰川（坤），雌道也。”
《易之義》：“外又（有）美刑（形），則中又（有）□□□□□□□□乎昃以來羣，文德也。”
《易之義》：“易曰‘先迷，後得主’，學人胃（謂）也，何先主之又（有）？”
《易之義》：“武夫又（有）拂，文人有輔，拂不橈（撓），輔不絕，何不吉之又（有）？”
《易之義》：“易曰‘或從事，无成又（有）冬（終）’。”
《易之義》：“君子言於无罪之外，不言于又（有）罪之内，是謂重福。”
《易之義》：“又（有）口能斂之，无舌罪，言不當其時則閉慎而觀。”
《易之義》：“子曰：不言之胃（謂）也，□□何咎之又（有）？”
《易之義》：“易曰□□既沒，又（有）爵□□□□□□居其德不忘。”
《易之義》：“作易者，其又（有）患憂與（歟）？”
《易之義》：“不可爲典要，唯變所次，出入又（有）度，外内〖内〗皆瞿（懼）。”
《易之義》：“又知患故，无又（有）師保，而親若父母。”
《易之義》：“印衛（率）其辭，楑（揆）度其方，无又（有）典常。”
《要》：“見幾，又（有）不善，未嘗弗知；知之，未嘗復行之。”
《要》：“尚書多於矣，周易未失也，且又（有）古之遺言焉。”
《要》：“故易又（有）天道焉，而不可以日月生（星）辰盡稱也，故爲之以陰陽。”

《要》："又（有）地道焉，不可以水火金土木盡稱也，故律之以柔剛。"

《要》："又（有）人道焉，不可以父子君臣夫婦先後盡稱也，故要之以上下。"

《要》："又（有）人道焉，不可以父子君臣夫婦先後盡稱也，故要之以上下。"

《要》："又（有）君道焉，五官六府不足盡稱之，五正之事不足以產之。"

《繆和》："將何无每（悔）之又（有）？"

《繆和》："故曰貴福又（有）央（殃）。"

《繆和》："耶（聖）人知福之難得而貴也，是以又（有）矣。"

《繆和》："今《周易》曰：困，亨，貞，大人吉，无咎，又（有）言不信。"

《繆和》："曰又（有）言不信，凡天之道，壹陰壹陽，壹短壹長，壹晦壹明，夫人道尗（讎）之。"

《繆和》："故曰：劳謙，君子又（有）冬（終），吉，不亦宜乎？"

《繆和》："今又（有）土之君，及至布衣□□□□□□□其妻奴（孥）粉白黑涅□□□□□□□□□□□□□。"

《繆和》："非能焉而又（有）功名於天下者，殆無又（有）也。"

《繆和》："是以動則又（有）功，靜則又（有）名，列埶（設）尤奠〈尊〉，賞祿甚厚。"

《繆和》："能弄傅君而國不損敝者，蓋無又（有）矣。"

《繆和》："君子能思此四者，是以長又（有）其利而名與天地俱。"

《繆和》："且夫君國又（有）人而厚僉（斂）致正以自封也，而不顧其人。"

《繆和》："此古亡國敗家之法也，明君之所行罰也，將何元吉之又（有）矣？"

《繆和》："吾聞類大又（有）焉耳，而未能以辨也，願先生進之，以明少者也。"

《繆和》："以昌之和〈私〉，以爲夫設身無方，思索不察，進退無節，讀（瀆）焉則不吉矣，而能亨其利者，古又（有）之乎？"

《繆和》："子曰：□有也，而又（有）不然者。"

《繆和》："夫蒙者，然少未又（有）知也。"

《繆和》："非我求童蒙，童蒙求我者，又（有）知（智）能者不求无能者，无能者求有能者，非我求童蒙，童蒙求我。"

《繆和》："易中復之九二，其辭曰：鳴額（鶴）在陰，其子和之，我又（有）好肘（爵），吾與璽（爾）羸之，何胃（謂）也？"

《繆和》："恶又（有）然，願先生式（試）略之，以爲毋忘，以匡弟子。"

《繆和》："我又（有）好肘（爵），吾與璽（爾）羸之者。"

《繆和》："故易曰：'鳴額（鶴）【在】陰，其子和之，我又（有）好肘（爵），吾與璽（爾）羸之。'其此之胃（謂）乎？"

《繆和》："子曰：夫務尊顯者，其心又（有）不足者也。"

《繆和》："耶（聖）人不敢又（有）立（位）也，以又（有）知爲无知也，以又（有）能爲无能也，以又（有）見爲无見也，憧焉无敢設也。"

《繆和》："君子之所以折其身者，明察所以□□□□丑，是以能既致天下之人而又（有）之。"

《繆和》："今《周易》曰：嗛（謙），亨，君子又（有）冬（終）。敢問君子何享於此乎？"

《繆和》："能至天下之人而又（有）之，□□□□□□孰能以此冬（終）？"

《繆和》："夫人盡忠於上，其於小人也，必談（淡）博（泊），知其又（有）无而□

□□□。”

《繆和》：“貪亂之君不然，羣臣虛立（位），皆又（有）外志，君无賞禄以勸之。”

《繆和》：“財盡而人力屈，不朕（勝）上求，眾又（有）離□而上弗卹，此所以亡其國以及其身也。”

《繆和》：“夫明君之畜其臣也，不虛忠臣之事，其君也又（有）實，上下迥（通）實，此所以長又（有）令名於天下也。”

《繆和》：“且夫求於无又（有）者，此凶之所產也。”

《繆和》：“君人者又（有）大德於臣而不求其報，則□□□要，晉齊宋之君是也。”

《繆和》：“臣人者，又（有）大德於□”

《繆和》：“君人者，又（有）大德於臣而不求其報，生道也。”

《繆和》：“婦德一人之爲，不可以又（有）它；又（有）它矣，凶□產焉。”

《繆和》：“其男德不□，□安者之又（有）弱德，必立而好比於人。”

《繆和》：“湯出輒（巡）守，東北又（有）火。”

《繆和》：“又（有）司對曰：漁者也。”

《繆和》：“湯之德及禽（禽）獸魚鱉矣，故共（供）皮幣以進者卌又（有）餘國。”

《繆和》：“易卦其義曰：又（有）覆（孚），惠心，勿問，元吉；又（有）復（孚），惠我德也。”

《繆和》：“其士好學，則又（有）外志也。”

《繆和》：“閒（簡）子大怒，以爲又（有）外志也。”

《繆和》：“□□□□又（有）是心者，侃（況）□□而伐之乎？”

《昭力》：“昭力問曰：‘易又（有）卿大夫之義乎？’”

《昭力》：“見事而能左（佐）其主，何咎之又（有）？”

《昭力》：“易曰：‘闌輿之衛，利又（有）攸往。’”

《昭力》：“若輿且可以闌然衛之，侃（況）以德乎？可（何）不吉之又（有）？”

《昭力》：“又（有）芺（笑）而後見，言國脩（修）兵不單（戰）而威之胃（謂）也。”

《昭力》：“昭力問曰：‘易又（有）國君之義乎？’”

《昭力》：“爲人君而能亟賜其命，无〈夫〉國何失之又（有）？”

《昭力》：“爲上且猶又（有）不能，人爲下，何无過之又（有）？”

《昭力》：“若爲人君毆（驅）者，其人孫（遜）戒在前，何不吉之又（有）？”

《昭力》：“昭力問先生曰：‘君、卿、大夫之事既已聞之矣，易或又（有）乎？’”

《昭力》：“士數言數百，猶又（有）所廣用之，兄（況）于易乎？”

《昭力》：“比卦六十又□，冬（終）六合之內；四勿之卦，何不又（有）焉？”

《士相見》：“某子以命命某見，吾子又（有）辱。”

又與佑

《金縢》：“命于帝謚（庭），尃（溥）又四方，以奠（定）尔（爾）子孫于下陸（地）。”按，今本《尚書·金縢》和《史記·魯周公世家》又作佑。

《三壽》：“甬（用）肖（艾）卲（昭）句（后）成湯，弋（代）傑（桀）尃（敷）又（佑）下方。”

又與疚

《疚》：“曰：‘今日晦，弱（搦）又（疚）內北。’靡（磨）又（疚）內辟（壁）二七。”

《疚》：“以朔日，葵莖靡（磨）又（疚）

二七。”

《疣》：“今日朔，靡（磨）又（疣）以葵戟。”

又與或

《周易·豫》：“上六：榠（冥）余（豫），成又愈（渝），亡（无）咎。”按，帛書本又作或。下同。

《周易·隨》：“初九：官又愈（渝），貞吉。”

右與又

《引書》：“右（又）以左手據權，右手引右足指，十而已。”

右與佑

《唐虞》：“並於大旹（時），神明[illegible]從，天陛（地）右（佑）之。”

《容成氏》：“昔者天陛（地）之差（佐）舜而右（佑）善，女（如）是牐（狀）也。”

《皇門》：“先王用又（有）薑（勸），以瀕（賓）右（佑）于上。”

《帛易·大有》：“尚（上）九，自天右（佑）之，吉，无不利。”

《繫辭》：“是以自天右（佑）之，吉，無不利也。”

《繫辭》：“易曰：‘自天右（佑）之，吉，無不利。’右（佑）之者，助之也。”

《繫辭》：“體（履）信思乎順，以上（尚）賢，是以‘自天右（佑）之，吉，无不利也’。”

《繫辭》：“易冬（終）則變，迵（通）則久，是以自天右（佑）之，吉，无不利也。”

右與祐

《周易·大有》：“上九：自天右（祐）之，吉亡（无）不利。”

右與有

《天乙·貞在》：“貞身右（有）苛（疴）疵，憂心申₌（申申），不可以告人。”

《鬃》：“啻（帝）右（有）五兵，壐（爾）亡。不亡，瀉刀爲裝。”

《燕禮》：“如右（有）諸公，則先卿就之，如就卿之禮。”

《泰射》：“若右（有）士與大夫爲偶（耦），則以大夫之偶（耦）爲上。”

《泰射》：“兼乘矢而取之，以授右（有）司于次中。”

右與囿

《天下至道》：“力事弗使，哀樂弗以，飲食弗右（囿）。”按，“右（囿）”字從馬繼興《馬王堆古醫書考釋》（湖南科學技術出版社，1992 年，1013 頁）讀。

囿與域

《老子》甲：“天大，陛（地）大，道大，王亦大。囿中又（有）四大安，王凥（居）一安。”按，今本囿作域。“囿”字從裘錫圭《郭店〈老子〉簡初探》（《道家文化研究》第十七輯，三聯書店，1999年）隸定。

囿與國

《老子》甲：“天大，陛（地）大，道大，王亦大。囿中又（有）四大安，王凥（居）一安。”按，帛書本囿作國。“囿”字從裘錫圭《郭店〈老子〉簡初探》（《道家文化研究》第十七輯，三聯書店，1999年）隸定。

醢與醢

《特牲》：“葵菹、蠃（蝸）醢（醢），醢（醢）在北。”

《特牲》：“薦脯醢（醢），埶（設）折柤（俎）。”

《泰射》：“宰胥薦脯醢（醢）。”

《泰射》：“賓坐，左執柧（觚），右祭脯醢（醢）。”

《泰射》：“宰胥薦脯醢（醢），由左房。”

《泰射》：“乃薦脯醢（醢）。”

《泰射》：“薦脯醢（醢）。”

《泰射》："辨（辯）有脯盄（醢），弗祭。"
《泰射》："澤（釋）獲者就其薦坐，左執爵，【右】祭脯盄（醢）。"
《泰射》："薦脯盄（醢）、折柤（俎），皆有祭。"

橐與右

《封許》："則隹（惟）女（汝）呂丁，肁（肇）橐（右）玟（文王），謐（畢）光氒（厥）剌（烈）。"

囻與囿

《晏子二》："居囻（囿）中臺上以觀之，嬰子説（悦）之，因爲請，公許之。"

囻與域

《凡物甲》："九囻（域）出誨（畝），管（孰）爲之佳（封）？"按，"囻（域）"字從復旦大學出土文獻與古文字研究中心研究生讀書會《〈上博（七）·凡物流形〉重編釋文》（復旦大學出土文獻與古文字研究中心網，2008年12月31日）釋讀。下同。
《凡物乙》："九囻（域）出誨（畝），管（孰）爲之佳（封）？"

有與又

《語書》："有（又）且課縣官，獨多犯令而令、丞弗得者，以令、丞聞。"
《語書》："有（又）廉絜（潔）敦慤而好佐上。"
《語書》："有（又）能自端殹（也），而惡與人辨（別）治，是以不爭書（署）。"
《秦律·廄苑律》："有（又）里課之，最者，賜田典日旬；殿，治（笞）卅。"
《秦律·倉律》："駕傳馬，一食禾，其顧來有（又）一食禾，皆八馬共。"
《秦律·倉律》："駕縣馬勞，有（又）益壺〈壹〉禾之。"
《秦律·效》："其出禾，有（又）書其出者，如入禾然。"
《秦律·效》："有（又）與主廥者共賞（償）不備。"
《效律》："其出禾，有（又）書其出者，如入禾然。"
《效律》："有（又）與主廥者共賞（償）不備。"
《雜抄》："有（又）後察不死，奪後爵，除伍人。"
《答問》："五人盜，臧（贓）一錢以上，斬左止，有（又）黥以爲城旦。"
《答問》："律曰'與盜同法'，有（又）曰'與同罪'。"
《答問》："誣人盜直（值）廿，未斷，有（又）有它盜，直（值）百，乃後覺。"
《答問》："當幷臧（贓）以論，且行真罪、有（又）以誣人論？"
《答問》："廷行事吏爲詛（詐）僞，貲盾以上，行其論，有（又）廢之。"
《答問》："有（又）曰：'不能定罪人，而告它人，爲告不審。'"
《答問》："'州（周）告'者，告罪人，其所告且不審，有（又）以它事告之。"
《答問》："告[者]罪已行，它人有（又）襲其告之，亦不當聽。"
《答問》："其罪當刑爲隸臣，勿刑，行其耐，有（又）毄（繫）城旦六歲。"
《答問》："[其罪]當刑鬼薪，勿刑，行其耐，有（又）毄（繫）城旦六歲。"
《答問》："當耐爲隸臣，有（又）毄（繫）城旦六歲。"
《答問》："今甲從事，有（又）去亡，一月得，可（何）論？"
《答問》："從事有（又）亡，卒歲得，可（何）論？"
《答問》："會赦未論，有（又）亡，赦期已盡六月而得，當耐。"

《答問》："不會，治（笞）；未盈卒歲得，以將陽有（又）行治（笞）。"
《封診式》："詰之有（又）盡聽書其解辭，有（又）視其它毋（無）解者以復詰之。"
《封診式》："有（又）令隸妾數字者，診甲前血出及癰狀。"
《封診式》："有（又）訊甲室人甲到室居處及復（腹）痛子出狀。"
《封診式》："出水中有（又）音（衃）血狀。"
《日甲・星》："生子，老爲人治也，有（又）數詣風雨。"
《日甲・衣二》："丁酉裚（製）衣常（裳），以西有（又）以東行。"
《日甲・衣二》："丁酉材（裁）衣常（裳），以西有（又）以東行。"
《日甲・反枳》："戌亥朔，一日反枳（支），復卒其日，子有（又）復反枳（支）。"
《日乙・失火》："丙失火，有（又）公〈火〉起。"
《龍簡》："盜同灋，有（又）駕（加）其罪，如守縣□金錢☐。"
《龍簡》："除其罪，有（又）賞之。"
《天甲・支占盜》："以亡，盜者從東方入，有（又）從【之】出，取者臧（藏）谿谷、竆穴中，外人殹。"
《天甲・支占盜》："盜從南方入，有（又）從之出，亭（側）在廄廡芻☐。"
《天甲・支占盜》："盜者從南方【入】，有（又）從【之】出，亭（側）在牢圈中。"
《天乙・支占盜》："以亡，盜從南方入，有（又）從【之】出，臧（藏）山谷中。"
《天乙・支占盜》："☐方入，有（又）從之出，取者臧（藏）谿谷、竆穴中，外人殹。"
《天乙・支占盜》："盜從南方入，有（又）從之出，亭（側）在廄廡芻稾中。"
《天乙・支占盜》："盜者從南方【入】，有（又）從之出，亭（側）在牢圈中。"
《天乙・陰陽鐘》："中期如參（三）合之數，遠數有（又）參（三）之，即以鐘音之數矣。"
《天乙・占盜一》："投□□□，除一到九有（又）除一□上，復除九。"
《天乙・五音日》："母死，有毀，少者【死】，小【者】有（又）死。"
《天乙・五音日》："☐燔（蕃）昌；小者以死，有（又）之少者。"
《租稅》："直（置）所得四升半升者，曰半者倍爲九，有（又）三□之爲廿七，以爲法。"
《租稅》："其得曰：益禾四斗有（又）七分斗之二。"
《租稅》："租十兩八朱（銖）有（又）十五分朱（銖）四。"
《租稅》："今復租之，三步廿八寸當三步有（又）百九十六分步之八十七而一束。"
《租稅》："六步有（又）廿八分步之十七。"
《租稅》："述（術）曰：以十六爲法，直（置）五升有（又）七分升之二而七之。"
《租稅》："亦七其法，以廿步乘五升有（又）七分二，如法而成一步。"
《租稅》："令廿二而成一步₌（步，步）居二斗有（又）九分之四。"
《面積》："成田廿一步有（又）四分步之一。"
《面積》："成田五十九步有（又）十五分步之十四。"
《面積》："成田一畝卅一步有（又）卅六分步之廿九。"
《面積》："有田五分步四，六分步五，七分步六，成田二步有（又）二百一☐。"

《面積》："成田五步有（又）四百卅二分之☐。"
《面積》："因而參之，有（又）參五之，爲田三頃七十五畝。"
《營軍》："先得大卒數而除兩和各千二百人而半棄之，有（又）令十而一。"
《合分》："少半乘十，三有（又）少半也。"
《穀物》："以麥求粟，因倍之，有（又）五之，九成一。"
《穀物》："有（又）直（置）三壹方而九之，以爲法，如法成一。"
《穀物》："因而三之，有（又）九之，直（置）五壹方而□【之】，以爲法，如法而成一。"
《穀物》："毀（毇）米一升爲粟二升有（又）十分升一。"
《衰分》："其述（術）曰：并五人錢以爲法，有（又）各異置錢□☐。"
《衰分》："曰：牛五斗有（又）七☐。"
《衰分》："☐羊出二斗有（又）七分斗之六，犢出一斗有（又）七分斗☐。"
《衰分》："曰：千者歸四百五十四人有（又）二千二百分人千二百，七百者歸三百一十八人有（又）二千二百分人四百，五百歸二百廿七人有（又）二千二百分人六百。"
《衰分》："曰：一兩有（又）六十四分兩之六十一。"
《衰分》："當五斗有（又）十三分斗十。"
《衰分》："曰：米取三斗有（又）廿七分升廿四，粟取三斗有（又）廿七分升三。"
《衰分》："有（又）置粟六斗，米十斗，麥六斗大半斗。"
《少廣》："除之，如法得一步，爲從（縱）百一十五步有（又）廿五分步五，成一畝。"
《少廣》："除之，如法得一步，爲從（縱）百五步有（又）百卅七分步十五，成一畝。"
《少廣》："爲從（縱）九十二步有（又）千八十九分步六百一十二，成田一畝。"
《少廣》："爲從（縱）八十一步有（又）七千三百八十一分步之六千九百卅九，成田一畝。"
《體積》："术（術）曰：以廣乘袤有（又）乘深即成。"
《體積》："有（又）并上下袤相乘也，同之二千六百，以高乘之，六成一。"
《體積》："上方耤之下各自乘也，而并之，令上方有（又）相乘也，以高乘之，六成一。"
《體積》："述（術）：置八寸，有（又）耤置八寸，相乘爲六十四。"
《體積》："有（又）耤置六□城下后（厚）三丈□二☐。"
《贏不足》："凡以贏不足有（又）求足，耤之。"
《贏不足》："☐有（又）贏一錢，即直（置）一斗、二斗，各直（置）☐。"
《句股》："有（又）以深益之，即材徑也。"
《其他》："☐可（何）？曰：四升有（又）七分升一。"
《癸瑣》："有（又）不智（知）羣盜購多。"
《尸等》："有（又）曰：'它邦人□□□盜。非吏所興，毋（無）什伍將長者捕之，購金二兩。'"
《芮盜》："方弗取，有（又）弗環（還）錢，去往漁，是即盜紿人買（賣）公列地，非令。"
《識劫》："居可二歲，沛免婉爲庶人，妻婉₌（婉，婉）有（又）產男必、女若。"
《識劫》："沛死時有（又）不令，鶼（義）巳（已）代爲戶後，有肆、宅，識弗當得。"
《識劫》："沛妻危死，沛免婉爲庶人，以爲妻，有（又）產必、若。"
《巍盜》："有（又）買大刀，欲□盜殺人，以亡之巍（魏）。"

《得之》："攴弗聽，有（又）毆攴。"
《得之》："攴不肎（肯），有（又）毆之。"
《得之》："得之气（乞）鞫；廷有（又）論毄（繫）城旦，皆不當。"
《田與》："田嘗□毋智，令轉□，且有（又）□辠（罪）。"
《學爲》："毄（繫）官，有（又）撟（矯）爲私書，詣請□□□。"
《學爲》："有（又）曰。"
《學爲》："癸穜（種）姓雖賤，能權任人，有（又）能下人。"
《學爲》："有（又）撟（矯）爲私書，自言胡陽固所。"
《綰等》："有（又）取卒畏耎最先去、先者□十二人，完以爲城旦、鬼薪。"
《綰等》："有（又）取其□十四人，耐以☐。"
《綰等》："其故上造以上，有（又）令戍四歲，公士六歲，公卒以下八歲。"
《隨日·徙》："居九日，有（又）以宰☐。"
《第一組》："未盈卒歲而得，以將陽辟（癖），卒歲而得，以闌癖，有（又）行其笞。"
《第一組》："☐有（又）以亡律論之。"
《第一組》："正其隸臣妾毆（也），有（又）以亡日臧（藏）數，與盜同灋（法）。"
《第一組》："其錢財當入縣道官而逋未入去亡者，有（又）坐逋錢財臧（藏），與盜同灋（法）。"
《第一組》："其工毆（也），笞五十，有（又）毄（繫）城旦舂，拾（給）逋事。"
《第二組》："逋其入而死、亡有辠（罪）毋（無）後不可得者，有（又）令官嗇夫、吏代償。"
《二年·賊律》："流殺傷人，殺馬牛，有（又）亡粟米它物者，不負。"
《二年·盜律》："其能自捕若斬之，除其罪，有（又）賞如捕斬。"
《二年·盜律》："若告吏₌（吏，吏）捕頗得之，除告者罪，有（又）購錢人五萬。"
《二年·盜律》："其叚（假）別在它所，有（又）物故毋道歸叚（假）者。"
《二年·捕律》："捕從諸侯來爲間者一人，捧（拜）爵一級，有（又）購二萬錢。不當捧（拜）爵者，級賜萬錢，有（又）行其購。"
《二年·錢律》："有（又）復告者一人身，毋有所與。"
《二年·置吏律》："罰金各二兩，有（又）以亡律駕（加）論不自致事者。"
《二年·戶律》："爲人名田宅，能先告，除其罪，有（又）畀之所名田宅。"
《二年·興律》："有（又）償乏繇（徭）日，車☐。"
《二年·金布律》："其鼓銷以爲成器，有（又）五稅一。"
《二年·史律》："有（又）以八體（體）試之，郡移其八體（體）課太史。"
《奏讞書》："銚有（又）礫講坨（地），以水責（漬）講北（背）。"
《奏讞書》："其大不安，有（又）須南郡復者即來捕。"
《奏讞書》："義死，脩（攸）有（又）益發新黔首往毄（繫）。"
《奏讞書》："其大不安，有（又）須南郡復者即來捕。"
《奏讞書》："義死，黔首當坐者多，皆榣（搖）恐吏罪之，有（又）別離居山谷中。"
《奏讞書》："臣有（又）診炙肉具，桑炭甚美，鐵盧（爐）甚礊。"
《奏讞書》："有（又）不類炙者之罪。"
《奏讞書》："臣有（又）診夫人食室，涂𧃷（塈）甚謹，張帷幕甚具。"

《奏讞書》："臣有（又）診視媚臥，莞席敝而經絶。"
《奏讞書》："有（又）曰：諸以縣官事訑（訑）其上者，以白徒罪論之。"
《奏讞書》："今丁有宵（小）人心，盜君子節，有（又）盜君子學。"
《奏讞書》："有（又）曰：有死父，不祠其家三日，子當何論？"
《奏讞書》："有（又）曰：夫生而自嫁罪，誰（誰）與夫死而自嫁罪重？"
《奏讞書》："有（又）曰：欺生夫，誰（誰）與欺死夫罪重？"
《奏讞書》："有（又）曰：夫爲吏居官，妻居家，日與它男子奸，吏捕之弗得。"
《奏讞書》："舉關有（又）將司寇裘等☑。"
《奏讞書》："落莫行正旗下，有頃即歸，明有（又）然。"
《奏讞書》："雅佩鞞刀，有（又）曰未嘗？"
《算數書·徑分》："五人分三有（又）半少半，各受卅分之廿三。"
《算數書·徑分》："有（又）曰，术（術）曰。"
《算數書·負米》："有（又）直（置）米一斗而三之，有（又）三倍之而關數焉爲實。"
《算數書·舂粟》："有（又）直（置）一石米粟升數而以秏（耗）米升數乘之【以爲實】。"
《算數書·婦織》："長者受廿五尺，中者受十六尺有（又）十八分尺之十二，少者受八尺有（又）十八分尺之六。"
《算數書·婦織》："有（又）十而五之以爲實，如法而一尺。"
《算數書·息錢》："有（又）以日數乘之爲實=（實，實）如【法】得息一錢。"
《算數書·飲漆》："有（又）直（置）廿七、十升者各三之爲實=（實，實）如法而一。"
《算數書·取程》："減田十〈卅〉一〈五〉步有（又）【一百】九十七分步七十九步而一斗。"
《算數書·取枲程》："生自乘有（又）以生一束步數乘之爲實=（實，實）如法得十一步有（又）九十八分步卌七而一束。"
《算數書·秏》："稟【米】一斗者得粟一斗九升有(又)二百六十三分升之三，稟【米】一石者得粟十九斗有（又）二百六十三分升之卅。"
《算數書·秏》："稟【米】一升者得粟一升有（又）二百八十五分升之二百七十五，稟【米】一斗者　楊　得粟稟十七升有（又）二百八十五分升之百五十【五】，稟【米】一石者得粟十七斗五升有（又）二百八十五分升之百廿五。"
《算數書·行》："既道甲數到壬九日，直（置）九，有（又）增☑。"
《算數書·囷蓋》："直（置）如其周令相乘也，有（又）以高乘之，卅六成一。"
《算數書·少廣》："有（又）曰：復之，即以廣乘從（縱），令復爲二百卌步田一畝。"
《算數書·少廣》："【如法】得從（縱）百卅步有（又）十一分步之十。"
《算數書·少廣》："【如法】得從（縱）百一十五步有（又）廿五分步之五。"
《算數書·少廣》："【如法】得從（縱）百五步有（又）百卅七分步之十五。"
《算數書·少廣》："【如法】得從（縱）九十七步有(又)百卌七分【步之百卌一】。"
《算數書·少廣》："【如法】得從（縱）八十八步有（又）二千二百八十三分步之六

百九十六。”
《算數書·少廣》：“【如法】得從（縱）八十四步有（又）七千一百廿九分步之五千七〈九〉百六十四。”
《算數書·少廣》：“【如法】得從（縱）八十一步有（又）七千三百八十一分步之六千八〈九〉百卌九。”
《算數書·大廣》：“有（又）各令分母相乘爲法。”
《算數書·里田》：“廣、從（縱）各一里，即直（置）一因而三之，有（又）三五之。”
《算數書·里田》：“已乃因而三之，有（又）三五之，乃成。”
《算數書·里田》：“有（又）曰：里乘里₌（里，里）也。”
《引書》：“有（又）復之五而☐。”
《引書》：“乃歠（啜）咽，有（又）復之，三而已。”
《引書》：“而引左之股三，有（又）引右股三。”
《引書》：“☐鳧沃卅，虎雇（顧）卅，有（又）復炎（倓）臥如前，廿而休。”
《引書》：“有（又）起，危坐，鳧沃卌，虎雇（顧）卌，復炎（倓）臥如前，卅而休。”
《引書》：“有（又）前右足，後左足，曲左手，雇（顧）右，三而已。”
《引書》：“有（又）復撟兩手以偃，極之三。”
《引書》：“已，有（又）復之，三而已。”
《引書》：“力張左輯（頜），有（又）力張右輯（頜），乇（吒）而勿發，此皆三而已。”
《引書》：“有（又）弗智（知）眗（呴）虖（呼）而除去之，是以多病而昜〈易〉死。”
《帛甲老子·道經》：“玄之有（又）玄，眾眇（妙）之門。”
《帛乙老子·德經》：“聞道者日云（損），云（損）之有（又）云（損），以至於无爲。”
《帛乙老子·道經》：“道沖，而用之有（又）弗盈也。”
《帛乙老子·道經》：“孰爲此？天地，而弗能久，有（又）兄（況）於人乎？”
《帛五行·説》：“有（又）從而畏忌之則夫間何繇（由）至乎才（哉）？”
《帛五行·説》：“既安之止矣，而有（又）秋（愀）秋（愀）然而敬之者，禮氣也。”
《明君》：“其所以侑之者有（又）非如慶忌之材也，以爲不過□□盜必奪之矣。”
《明君》：“有（又）以丹、桼（漆）、青、黄、硍〈銀〉、玉、□□。”
《六分》：“如此而有（又）不能重士而師有道，則國人之國已（矣）。”
《四度》：“已逆陰陽，有（又）逆其立（位）。”
《觀》：“已陽而有（又）陽，重時而无光，如此者舉事將不行。”
《兵容》：“逆天之極，有（又）重有功。”
《稱》：“大（太）下不鬬不訟有（又）不果。”
《春秋八》：“其埶（勢）有（又）庳（卑）。”
《春秋一六》：“使吾失親戚之，有（又）勒（力）成吾君之過，以□二邦之惡。”
《戰國一》：“有（又）不欲臣之之韓、粱（梁）也。”
《戰國六》：“今有（又）告薛公之使者田林。”
《戰國七》：“有（又）慮從勺（趙）取秦。”
《戰國七》：“今有（又）譥天下以取秦。”
《戰國七》：“有（又）愼毋非令群臣眾義（議）功（攻）齊。”
《戰國九》：“臣有（又）來，則大夫之謀齊者大解矣。”
《戰國九》：“有（又）使蘇秦□□□大貴

□□□□□□□□□□□□□□□□□□□□□□齊□蕢（珉）之□□□□之車也。"

《戰國一二》："寡人有（又）聞粱（梁）入兩使陰成於秦。"

《戰國一二》："王有（又）使周濕、長馹重令（命）挩（兑），挩（兑）也敬受令（命）。"

《戰國一四》："王有（又）欲得兵以功（攻）平陵，是害功（攻）秦也。"

《戰國一五》："今有（又）走孟卯，入北宅，此非敢【攻】粱（梁）也。"

《戰國一五》："今有（又）走孟卯，入北宅，以攻大粱（梁），是以天幸自爲常也。"

《戰國一五》："有（又）爲陶啓兩幾（機），盡故宋，而衛〈衛〉效蟬（單）尤〈父〉。"

《戰國一六》："氏（是）知伯之過也，秦有（又）不敢。"

《戰國一六》："所行甚遠，所攻甚難，秦有（又）弗爲也。"

《戰國一六》："兵〈與〉楚兵夬（决）於陳鄗（郊），秦有（又）不敢。"

《戰國一六》："秦必不伐楚兵〈與〉趙矣，有（又）不攻燕兵〈與〉齊矣。"

《戰國一六》："有（又）長敺（驅）粱（梁）北。"

《戰國一七》："晉國不敢倍（背）秦伐齊，有（又）不敢倍（背）秦收齊。"

《戰國二二》："煮棘（棗）將榆（渝），齊兵有（又）進。"

《戰國二四》："且楚韓非兄弟之國也，有（又）非素謀伐秦也。"

《足臂脈·足》："皆有此五病者，有（又）煩心，死。"

《足臂脈·足》："煩心，有（又）腹張（脹），死。不得臥，有（又）煩心，死。"

《蚖》："吙：'譆（嗟），年，蚕殺人今茲。'有（又）復之。"

《疣》："有（又）以殺（椴）本若道旁葥（葥）根二七，投澤若淵下。"

《白處》："不已，有（又）復之而□灌青，再飲而已。"

《癃病》："不已，有（又）復□，如此數。"

《癃病》："盈隋（脽），有（又）以涂（塗）隋（脽）□下及其上，而暴（曝）若▨。"

《癃病》："孰（熟），去滓，有（又）煮一分，如此以盡三分。"

《膏溺》："以水與弱（溺）煮陳葵種而飲之，有（又）齏（齏）陽□而羹之。"

《㿗》："有（又）久（灸）其痏，勿令風及，易瘳。"

《脈者》："到莫（暮）有（又）先食飲，如前數。"

《牡痔》："有（又）以脩（滫）之，孰（熟），分以爲二。"

《牡痔》："不已，有（又）復之，如此數。"

《牝痔》："有（又）可以領傷。"按，"有（又）"字從裘錫圭《馬王堆醫書釋讀瑣議》（《古文字論集》，中華書局，1992年，525頁）讀。

《□爛者》："乾，有（又）傅之，三而已。"

《瘫》："幷以金銚煏桑炭，毚（纔）弟（沸），發享（歊），有（又）復煏弟（沸）。"

《蟲蝕》："□□□□□□□□□□明日有（又）洒（洗）以湯，傅藥如前。"

《乾瘙》："有（又）飲熱酒其中，雖久騷（瘙）已。"

《殘片二》："▨如前，有（又）復▨。"

《養生方》："若已施，以寒水淺（濺），毋□□必有（又）欬（歡）。"

《養生方》："有（又）冶白松脂之□□□□□□□□□□□□□□□各半之。"

《養生方》："有（又）更飲一，明飲二，明飲三，如此盡卌二卵，令人強益色美。"

《養生方》："有（又）取全黑雄雞，合翼成□□□三雞之心㺸（腦）匈（胸）。"
《養生方》："厭，有（又）徙之，令以蚃死。"
《養生方》："炊沸，休，有（又）炊沸，有（又）休，三而出肉食之。"
《養生方》："三指最（撮）以爲後飯，益氣，有（又）令人免（面）澤。"
《養生方》："□□□□瀆（沸），有（又）復漬穚（煬）如前，盡汁而已。"
《養生方》："有（又）浚鞠（麴）、麥鞠（麴）各一斗。"
《養生方》："有（又）以美酒十斗沃之，勿撓，□□□涂（塗）之。"
《養生方》："稍□□清汁盡，有（又）以□□酒沃，如此三而□□。"
《養生方》："如食頃，□□乾，乾有（又）復□□乾，索汁而成。"
《養生方》："有（又）即周中。"
《養生方》："食引：利益氣，食飲恆移音（陰）撞（動）之，卧有（又）引之。"
《養生方》："故曰：飲□□，有（又）教謀（誨）之。"
《養生方》："令嬦急毋猌（垂），有（又）令男子足▨。"
《胎產書》："有（又）以洒䩭（澣）□□□□□□□□小□□□□□□□□□□□□□□以瓦甌。"
《胎產書》："懷子者，爲享（烹）白牡狗首，令獨食之，其子美皙，有（又）易出。"
《師癸》："既信（伸）有（又）詘（屈），此胃（謂）練骨。"
《天下至道》："氣有八益，有（又）有七孫（損）。"
《二三子》："龍既能雲變，有（又）能蛇變，有（又）能魚變。"
《鄭風》："□予有（又）茝（改）造猗（兮）。"
《阜春七》："來，復有（又）召而貴之。"
《阜春七》："來，復有（又）召而貴▨。"
《謀攻》："□距闉（闉），有（又）三月然▨。"
《見吳王》："有（又）三告而五申之，鼓而前之，婦人亂而笑。"
《晏子二》："今夫駕六駕八，固非先王之制也，今有（又）重之，此其▨。"
《晏子一〇》："公有（又）問曰。"
《晏子一一》："有（又）問▨。"
《晏子一一》："有（又）問曰。"
《晏子一一》："不能自養有（又）不能分人之謂愛。"
《發啟》："必見其央（殃），有（又）見其𢦏（災），乃可以謀。"
《發啟》："必見其外，有（又）見其内，乃知其遂。"
《發啟》："必見其陽，有（又）見其陰，乃知其心。"
《發啟》："必見其人，有（又）見其親，乃知其請（情）。"
《五度》："救者至，有（又）重敗之。"
《聽有》："叚（假）而有（又）叚（假），果有天下；耤（借）而有（又）耤（借），果成王伯（霸）。"
《算書》："▨尾五分去三，有（又）分之五，咸步去□▨。"
《北大老子》："【損】之有（又）損之，至於無【爲】。"
《北大老子》："及其有事，有（又）不足以取天下。"
《北大老子》："孰能有餘而有（又）取奉於天者？"
《北大老子》："玄之有（又）玄之，眾眇

（妙）之門。”

《北大老子》：“道沖而用之，有（又）弗盈。”

《周馴》：“夫天之與地相去遠矣，而爲人君與爲人臣之相遠也，有（又）遠於天之去地也。”

《周馴》：“予而失之，則非徒亡國而已，有（又）將傷其先人，承國主者，其胡可毋務遂孝而謹慎其身？”

《周馴》：“昭王有失郢之行，而無德於民，其乏祀必矣，剴（豈）有（又）尚得爲君？”

《周馴》：“子孫繼嗣，非徒不廢，有（又）柏（伯）於世，大盈（逞）其志。”

《周馴》：“今我不如趙閒（簡）鞅，而爾有（又）不及襄子無邺（恤）。”

《周馴》：“〼主者，唯毋失臣，剴（豈）有（又）尚得復君民？”

《趙正書》：“有（又）欲起屬車萬乘以扶（撫）天下，曰：‘且與天下更始。’”

《趙正書》：“後三年，有（又）欲殺丞相斯。”

《趙正書》：“故冬（終）以脅韓而弱魏，有（又）破趙而夷燕代，平齊楚。”

《妄稽》：“姑咎（舅）弗應，妄稽有（又）言。”

《妄稽》：“姑咎（舅）弗應，妄稽有（又）□。”

《妄稽》：“壐（爾）貌可以懼彪（魅），有（又）何辯傷。”

《妄稽》：“將伓（倍）去之，有（又）踵篗之。”

《妄稽》：“妾甚端仁，行有（又）忠篤。”

《節》：“有（又）卌六日，瑕（蝦）莫（蟆）鳴，燕降，天地氣通。”

《節》：“有（又）卌六日，陰乃壞降百泉，百泉始廣大，利大宮室及道，以小爲大。”

《節》：“有（又）卌六日，日夏至，草木番（蕃）昌，人主利居高明。”

《節》：“有（又）卌六日，涼風至，白露降，令圄毇，枸藩閉。”

《節》：“有（又）卌六日，雷戒（駴）執（蟄），燕登，令暴布，敬（儆）禁，始言盜賊，收斂會計。”

《節》：“有（又）卌六日，天氣始并〈升〉，地氣始臧（藏），斬殺毄（擊）伐，毋有天央（殃）。”

《節》：“有（又）卌六日，日冬至，大寒之榴（隆），毋作事，毋動眾，天地氣絕之時也。”

《節》：“日至卌六日春立，有（又）卌六日日夜分。二月之時，陰陽相遇門。有（又）卌六日夏立，有（又）卌六日夏至，有（又）卌六日秋立，有（又）卌六日日夜分。八月之時，陰陽復遇門。有（又）卌六日冬立，有（又）卌六日冬至。”

《堪輿》：“且亡其民於北方，後而有（又）得之，以其冣（聚）於壬子，而有（又）冣（聚）於丁巳之吉。”

《堪輿》：“受丁巳後七日大憂福，有（又）後七日大憂，客至。”

《特牲》：“尸有（又）三飯，告飽。”

《少牢》：“若不吉，則及遠日，有（又）筮日如初。”

《少牢》：“尸拜，許，主人有（又）再拜稽首。”

《少牢》：“有（又）興受贊者敦黍，坐設于稷南。”

《少牢》：“主人有（又）再拜稽首。”

《少牢》：“下佐食有（又）取一豕刑（鉶）于房中以從。”

《少牢》：“有（又）食，上佐食舉尸腊肩，尸受，振祭，嚌之，受加于甄（肵）。”

《少牢》：“有（又）食，上佐食舉尸牢胳

（骼），如初。”
《少牢》：“有（又）食，尸告飽。”
《少牢》：“尸有（又）食，上佐食舉尸牢肩，尸受，振祭，嚌之。”
《少牢》：“主人西面鄭（奠）爵，有（又）拜。”
《少牢》：“主人左執爵，右受佐食，坐祭之，有（又）祭酒，不興，遂啐酒。”
《少牢》：“主人有（又）獻下佐食，亦如之。”
《少牢》：“又進一刑（鉶）于饌（餈），有（又）進二豆汁（湆）于兩下。”
《有司》：“主婦反位，有（又）拜。”
《燕禮》：“小臣有（又）請騰（媵）爵者，二夫₌（大夫）騰（媵）爵如初。”
《燕禮》：“公有（又）舉鄭（奠）觗（觶）。”
《泰射》：“有（又）尊于泰（大）侯之乏東北，兩獻酒。”
《泰射》：“幕（冪）錫若絺，綴諸箸（箭），蓋幕（冪），加〈如〉勺，有（又）反之。”
《泰射》：“反命，有（又）命之。”
《泰射》：“酌者加勺，有（又）反之。”
《泰射》：“公有（又）行一爵，若賓若長，唯公所賜。”
《泰射》：“射三侯，將乘矢，始射竿（干），有（又）射參，泰（大）侯再發。”
《泰射》：“有（又）若（諾）以商，適（至）乏，聲止。”
《泰射》：“若矢不備，則司馬正有（又）但（袒）執弓，升，命取矢如初。”
《泰射》：“有（又）取中之八筭，改實人〈八〉筭。”
《泰射》：“小臣正退𨑳（俟）于東堂，小射正有（又）坐取拾，興。”
《泰射》：“公有（又）舉鄭（奠）觗（觶），唯公所賜。”

有與右

《北蒼·之》：“祁（祈）紨（豐）鐔（尋）幅，芒隒偏有（右）。”

有與祐

《三德》：“民之所憙（喜），上帝是有（祐）。”
《三德》：“民之所欲，䰠（鬼）神是有（祐）。”

侑與友

《春秋一五》：“訊公子侑（友）。”
《春秋一五》：“君召，公子侑（友）俱入。”
《春秋一五》：“今召而公子侑（友）俱人〈入〉，不𢙴（怨）也。”

宥與痏

《毒烏喙》：“取麋（蘼）蕪本若□薺一□□□□□□□□□□傅宥（痏）。”

宥與佑

《蒼頡篇》：“骫奊佐宥（佑）。”

宥與疣

《疣》：“祝尤（疣），以月晦日之室北，靡（磨）宥（疣），男子七，女子二七。曰：‘今日月晦，靡（磨）宥（疣）室北。’不出一月宥（疣）已。”

醢與醯

《窮達》：“母（梅）白（伯）初湝（醯）酭（醢），後名昜（揚），非其悳（德）加。”按，“酭（醢）”字從趙平安《〈窮達以時〉第九號簡考論——兼及先秦兩漢文獻中比干故事的衍變》（《古籍整理研究學刊》2002年2期）讀。
《正亂》：“腐其骨肉，投之苦酭（醢），使天下雒（㗱）之。”
《正亂》：“毋乏（犯）吾禁，毋留（流）吾酭（醢），毋亂吾民，毋絕吾道。”
《正亂》：“止〈乏（犯）〉禁留（流）酭

（醢）亂民，絕道反義逆時。”
《有司》：“主婦自東房薦韭、菹、酭（醢），坐墳（奠）于延（筵）前，菹在西方。”
《有司》：“婦贊者執昌、菹、酭（醢）以授主婦。”
《有司》：“主婦薦韭、菹、酭（醢），坐墳（奠）于延（筵）前，酭（醢）在南方。”
《有司》：“主婦不興，受之，墳（奠）糟（麷）于酭（醢）南。”
《有司》：“或（侑）坐，左執爵，右取菹擩〈揳〉于酭（醢），祭于豆閒。”
《有司》：“主婦薦韭、菹、酭（醢），坐墳（奠）于延（筵）前，菹在北方。”
《有司》：“婦贊者薦韭、菹、酭（醢），坐設于延（筵）前，菹在西方。”
《有司》：“主婦坐，左執爵，右取菹擩〈揳〉于酭（醢），祭于豆閒。”
《有司》：“宰夫自東房薦脯、酭（醢），酭（醢）在西。”
《有司》：“賓坐，左執爵，取脯擩〈揳〉于酭（醢），祭之。”

湁與醢

《儒言》：“衛人湁（醢）子路。”

醓與醢

《北蒼·之職》：“胡無噍類，菹醓（醢）離異。”
《北蒼·耕》：“樊厭絁秩（佚），私醓（醢）救醒。”

蚤與郵

《尊德義》：“悳（德）之流，速虐（乎）楷（置）蚤（郵）而連（傳）命。”按，“蚤（郵）”字從裘按（《郭店楚墓竹簡·尊德義》篇注［一五］）讀。

蚤與尤

《競公瘧》：“自古（姑）、蚤（尤）以西，翏（聊）、旮（攝）以東，其人婁（數）多已。”

怪與恢

《北大老子》：“天罔（網）怪怪（恢恢），疏而不失。”

袏與恢

《帛乙老子·德經》：“天罔（網）袏（恢）袏（恢），疏而不失。”

友字聲系

友與櫌

《王子木》：“成公軌（乾）友（櫌）於蕎（疇）中。”按，整理者釋“友”爲“㼌”。不確。當釋爲“友”，似讀作“櫌”，訓耕種。

友與柔

《慎子》：“忠疐（質）以反俞（渝），迁（寬）友（柔）以載道，精瀍以巽（順）埶（勢）。”按，“友”似當讀作“柔”。
《帛甲老子·道經》：“友（柔）弱勝強。”

沓與友

《命》：“亡僕（僕）之尚（掌）楚邦之正（政），迣（坐）沓（友）五人，立沓（友）七人。”按，“沓（友）”字從復旦吉大古文字專業研究生聯合讀書會《上博八〈命〉校讀》（復旦大學出土文獻與古文字研究中心網，2011年7月17日）讀。下三例同。
《命》：“必内㼌之於十沓（友）又厽（三），皆亡慁（留）安（焉）而行之。”
《命》：“安豉（樹）迣（坐）沓（友）三人，立沓（友）三人。”
《命》：“迣（坐）沓（友）亡一人，立沓（友）亡一人，而邦正（政）不敗。”
《尹誥》：“執（摯）告湯曰：‘我克爇（協）我沓（友），今隹（惟）民遠邦歸志。’”
《説命下》：“豰（欲）女（汝）其又（有）沓（友）沓（勑）朕命孳（哉）。”

《厚父》：“曰民心隹（惟）本，氒（厥）复（作）隹（惟）枼（葉），引（矧）其能丁，良于沓（友）人，廼洹（宣）弔（淑）氒（厥）心。”

《三壽》：“羣₌（君子）而不諱（讀）箸（書）占，則若尖₌（小人）之寵（聾）痓（狂）而不沓（友）。”

蠢與侑

《耆夜》：“既醉又蠢（侑），明日勿稻（慆）。”

蠢與尤

《三壽》：“神民並蠢（尤）而九（仇）情（怨）所聚，天罰是加，甬（用）兇以見訽。”

幽部第二

勹字聲系

包與苞

《安稽》:“玉瑤玦印,色若秋包(苞)之英。”

包與保

《答問》:“已斷已令,未行而死若亡,其所包(保)當詣署(遷)所。”

《答問》:“當署(遷),署(遷)者妻當包(保)不當?不當包(保)。”

《答問》:“當署(遷),其妻先自告,當包(保)。”

《第一組》:“諸署(遷)者,署(遷)者所包(保)去署(遷)所。”

《第一組》:“署(遷)者,署(遷)者所包(保)其有罪它縣道官者,罪自刑城旦舂以下。”

《封診式》:“以律包(保)。”

包與胞

《雜療方》:“禹臧(藏)貍(埋)包(胞)圖法。”

《雜療方》:“貍(埋)包(胞),避小時、大時所在,以產月,視數多者貍(埋)包(胞)□。”

《雜療方》:“即以流水及井水清者,孰(熟)洵(洗)較(澣)其包(胞)。”

《胎產書》:“凡治字者,以清水幹(澣)包(胞)〼。”

《胎產書》:“貍(埋)包(胞)席下,不疕騷(瘙)。”

《胎產書》:“字而多男毋(無)女者而欲女,後□□□□包(胞)貍(埋)陰垣下。”

《胎產書》:“以甗衣約包(胞),貍(埋)之。”

《胎產書》:“以去□□濯其包(胞),以新布裹之,爲三約以斂之。”

包與皰

《脈書》:“在面,疕爲包(皰)。”

佨與報

《趙正書》:“然而見疑如此,臣等盡當僇(戮)死,以佨(報)於天下者也。”

苞與汎

《邶風》:“二子乘州(舟),苞=(汎汎)其光(景)。”

《邶風》:“二子乘州(舟),苞=(汎汎)其甏(逝)。”

抱與孚

《四度》:“名功相抱(孚),是故長久。”

《四度》:“名功不相抱(孚),名進實退,是胃(謂)失道,其卒必□身咎。”

抱與桴

《安稽》:“身若胃(猬)棘,必好抱(桴)區(毆)。”按,“抱(桴)”字從王寧《讀北大簡四〈安稽〉零識》(簡帛網,2016年7月14日)讀。

炮與炰

《北蒼·幽》:“寠(謬)閻堪況,燎灼煎炮(炰)。”

枹與包

《帛易·否》:“六二,枹(包)承,小人吉,大人不(否),亨。”

《帛易·否》:“六三,枹(包)憂(羞)。”

《帛易·姤》:“九二,枹(包)有魚,无咎,不利賓。”

《帛易·姤》："九四，枹（包）无魚，正兇（凶）。"
《帛易·姤》："五〈九〉五，以忌（杞）枹（包）瓜，含章，或（有）塤（隕）自天。"
《帛易·蒙》："九二，枹（包）蒙，吉。入（納）婦吉，子克家。"
《帛易·泰》："九二，枹（包）妄（荒），用馮河，不騢（遐）遺，弗忘，得尚于中行。"
《阜易·否》："六三，枹（包）羞（憂）。"

枹與庖

《奏讞書》："史猷（猷）曰：臣謹案説所以切肉刀新磨甚利，其且置枹（庖）【俎】。"

枹與抱

《成法》："夫達望四海，困極上下，四鄉（向）相枹（抱），各以其道。"

枹與苞

《帛易·否》："九五，休婦（否），大人吉。其亡其亡，擊（繫）于枹（苞）桑。"
《要》："易曰：'其亡其亡，殸（繫）于枹（苞）桑。'"

胞與雹

《爲政》："爲正（政）壹暴則胞（雹），再則如垸（丸）。"

袍與抱

《士相見》："凡與大人言，始視面，中視袍（抱），卒視面，無（毋）改。"

鞄與枹

《五正》："黄帝於是出其鏘鉞，奮其戎兵，身提鼓鞄（枹）。"

靁與包

《楚帛書》甲："曰（粤）故（古）□熊靁（包）虘（戲），出自□霆，凥（居）於巀□。"

髟字聲系

髟與冒

《成之》："唯髟（冒）不（丕）單爯（稱）悳（德）。"按，今本《尚書·君奭》髟作冒。"髟"字從李守奎《楚文字編》（華東師範大學出版社，2003年，540頁）釋。

缶字聲系

缶與缹

《阜春一〇》："易牙缶（缹）其子☐。"

缶與保

《祭公》："女（汝）其敬孳₌（哉。兹）皆缶（保）舍（胥）一人。"
《琴舞》："四㪒曰：文₌（旼旼）其又（有）家，缶（保）藍（監）其又（有）後，需（孺）子王矣。"

缶與抱

《繫年九》："壤（襄）而〈夫〉人聒（聞）之，乃缶（抱）霝（靈）公以唐（號）于廷。"

匋與陶

《窮達》："舜耕於鬲（歷）山，匋（陶）笞（拍）於河匿（浦）。"
《容成氏》："昔舜靜（耕）於鬲（歷）丘，匋（陶）於河賓（濱），魚（漁）於靁（雷）澤。"

陶與抽

《服傳甲》："緦者，十五升陶（抽）其半，有事其縷，無事其布，曰緦。"
《服傳甲》："錫者，十五升陶（抽）其半，無事其縷，有事其布，曰錫也。"
《特牲》："鼎西面措（錯），右人陶（抽）扃，委于鼎北。"
《服傳乙》："緦者，十五升陶（抽）其半，有事其縷，無事其布，曰緦。"
《服傳乙》："錫者，十五升陶（抽）其半，無事其縷，有事其布，曰錫也。"

垖與包

《窮達》："無（璑）茖（璐）菫（瑾）愈（瑜）垖（包）山石，不爲□□□□不蜜

（理）。”按，“𡍫（包）”字從張富海《北大中國古文獻研究中心“郭店楚簡研究”項目新動態》（簡帛研究網，2003 年 6 月 2 日）引裘錫圭説讀。

㼶與陶

《容成氏》：“民乃賽，喬（驕）能（態）訂（始）乍（作），乃立咎（皋）㼶（陶）以爲李（李）。”

《容成氏》：“咎（皋）㼶（陶）既已受命，乃支（辨）侌（陰）昜（陽）之氣（氣），而聖（聽）其訟獄。”

寶與保

《曹沫》：“民又（有）寶（保）：曰成（城），曰固，曰蔖（阻）。”

《皇門》：“天用弗寶（保），忞（媢）夫先受吝（殄）罰，邦亦不寍。”

《鄭武》：“今是臣₌（臣臣），其可（何）不寶（保）？”

《管仲》：“中（仲）父，寿（前）又（有）道之君可（何）以寶（保）邦？”

寶與孚

《皇門》：“乞（迄）又（有）寶（孚），以蘢（助）氒（厥）辟，堇（勤）卹（恤）王邦王家。”

鞄與鮑

《鮑叔牙》：“級（隰）倗（朋）與鞄（鮑）弔（叔）牙從。”

《鮑叔牙》：“鞄（鮑）弔（叔）牙盒（答）曰：‘星弁（變）子曰：爲齊☐。’”

《鮑叔牙》：“鞄（鮑）弔（叔）牙盒（答）曰：‘害牆（將）來，牆（將）有兵，有悳（憂）於公身。’”

《鮑叔牙》：“鞄（鮑）弔（叔）牙與汲（隰）倗（朋）曰。”

《鮑叔牙》：“伋（隰）倗（朋）與鞄（鮑）弔（叔）牙皆拜。”

《鮑叔牙》：“鞄（鮑）弔（叔）牙盒（答）曰。”

《鮑叔牙》：“鞄（鮑）弔（叔）牙與級（隰）倗（朋）之諫。”

㯱與包

《容成氏》：“會才（在）天陛（地）之閒（間），而㯱（包）才（在）四海（海）之内，遲（畢）能其事，而立爲天子。”

《周易·姤》：“九二：㯱（包）又（有）魚，亡（无）咎，不利宕（賓）。”

《周易·姤》：“九四：㯱（包）亡（无）魚，巳（起）凶。”

《周易·姤》：“九五：以芑（杞）㯱（包）苽（瓜）。欽（含）章，又（有）惪（隕）自天。”

《程寤》：“朋棶（棘）戬（仇）杍₌松₌（梓松，梓松）柏副棫㯱（包）柞₌（柞，柞）𢀩₌（化爲）䕶。”按，“㯱（包）”字從復旦大學出土文獻與古文字研究中心研究生讀書會《清華簡〈尹至〉、〈尹誥〉研讀劄記（附〈尹至〉、〈尹誥〉、〈程寤〉釋文）》（復旦大學出土文獻與古文字研究中心網，2011 年 1 月 5 日）讀。

㯱與枹

《周易·姤》：“九二：㯱（包）又（有）魚，亡（无）咎，不利宕（賓）。”按，帛書本㯱（包）作枹。下同。

《周易·姤》：“九四：㯱（包）亡（无）魚，巳（起）凶。”

《周易·姤》：“九五：以芑（杞）㯱（包）苽（瓜）。欽（含）章，又（有）惪（隕）自天。”

保字聲系

保與葆

《老子》甲：“保此衍（道）者不谷（欲）

党（尚）呈（盈）。”按，帛書本保作葆。下同。

《老子》甲：“湍（揣）而羣之，不可長保也。”

保與抱

《老子》甲：“視索（素）保菐（樸），少厶（私）寡欲。”按，河上、王弼本及帛書本保作抱。

《老子》乙：“善建者不杲（拔），善休〈保〉者不兑（脱），子孫以其祭祀不乚（輟）。”按，河上、王弼本保作抱。

保與褒

《老子》甲：“視索（素）保菐（樸），少厶（私）寡欲。”按，傅奕本保作褒。下同。

《老子》乙：“善建者不杲（拔），善休〈保〉者不兑（脱），子孫以其祭祀不乚（輟）。”

保與報

《詩論》：“《閘（關）疋（雎）》之改、《梂（樛）木》之旹（時）、《灘（漢）生（廣）》之智、《鵲樔（巢）》之歸、《甘棠》之保（報）、《綠衣》之思、《鷃₌（燕燕）》之情害（曷）？”按，“保（報）”字從李學勤《〈詩論〉説〈關雎〉等七篇釋義》（《齊魯學刊》2002年2期）等讀。

《詩論》：“☐及其人，敬蟋（愛）其査（樹），其保（報）厚矣！”

《詩論》：“因《木苽（瓜）》之保（報），以俞（喻）其悁者也。”

保與寶

《用曰》：“用曰：自其又（有）保（寶）貨，寍（寧）又（有）保（寶）悳（德）。”

《保訓》：“王念日之多鬲（歷），忎（恐）述（墜）保（寶）訓。”

《保訓》：“昔前人連（傳）保（寶），必受（授）之以詷（誦）。”

《春秋八》：“是吾保（寶）也，且宫之柯（奇）在焉。”

寚與保

《嗇門》：“此胃（謂）岦（美）悳（德），可以寚（保）成。”

《管仲》：“四或（國）和同，邦以安寍（寧），民乃寚（保）昌。”

葆與保

《奏讞書》：“□□取葆（保）庸，里人、智（知）識、弟兄貧窻（窮）。”

《帛甲老子·道經》：“揣而□之□之，□可長葆（保）之。”按，通行本葆作保。下二例同。

《帛甲老子·道經》：“葆（保）此道不欲盈。”

《帛乙老子·道經》：“葆（保）此道者不欲盈。”

《稱》：“數舉參（三）者，有身弗能葆（保），何國能守？”

《戰國二六》：“皆令從粱（梁）王葆（保）之東地單父，善爲守備。”

《形乙》：“臧（藏）九地之下，勭（動）九天之上，故能自葆（保）全勝。”

《十陣》：“數陳（陳）之法，毋疏鉅（距）閒（間），戚（蹙）而行，首積刃而信（伸）之，前後相葆（保）。”

《十問》：“毄（擊）此者，當葆（保）險帶隘，慎避光（廣）易。故易則利車，險則利徒。此毄（擊）車之道也。”

《十問》：“交和而舍，適（敵）人葆（保）山而帶阻，我遠則不椄（接），近則毋（無）所，毄（擊）之奈何？”

《十問》：“此毄（擊）葆（保）固之道也。”

《要言》：“身不治，不能自葆（保）。”

《北蒼·之》：“闊錯（粗）蹵（就）葆（保），堂據（距）趆等（持）。”按，“就”、“保”二字都有歸附、依附之義。

《漢書・高帝紀上》："踰城保高祖。"
《三國志・魯肅傳》："南到居巢就瑜。"
《北大老子》："善人之葆（寶），不善人之所葆（保）也。"
《北大老子》："我恆有三葆（寶），侍（持）而葆（保）之。"
《北大老子》："梪（揣）而允（捃）之，不可長葆（保）。"
《少牢》："主人受祭之福，胡壽葆（保）建家室。"

葆與抱

《天下至道》："氣上面熱，徐呴（响）；乳堅鼻汗，徐葆（抱）。"

葆與飽

《文摯》："其受天氣也蚤（早），其受地氣也葆（飽）。"按，"葆（飽）"字從馬繼興《馬王堆古醫書考釋》（湖南科學技術出版社，1992年，954頁）讀。

葆與寶

《蓋廬》："治民之道，食爲大葆（寶），刑罰爲末，德正（政）爲首。"
《帛甲老子・德經》："我恆有三葆（寶），【持而保】之。"
《帛甲老子・德經》："无適（敵）斤（近）亡吾〖吾〗葆（寶）矣。"
《戰國二一》："此三葆（寶）者，或非王之有也。"
《用閒》："五閒俱起，莫知其道，是謂神紀，人君之葆（寶）也。"
《篡卒》："是胃（謂）泰（大）武之葆（寶）。"
《地葆》："地葆（寶）。"
《行篡》："用兵之国之葆（寶）也。"
《六守》："六守安君能長，三葆（寶）定則君□。"
《北大老子》："善人之葆（寶），不善人之所葆（保）也。"
《北大老子》："我恆有三葆（寶），侍（持）而葆（保）之。"
《北大老子》："禍莫大於無適（敵），無適（敵）則幾亡吾葆（寶）矣。"

僂與背

《繫年六》："惠公既内（入），乃僂（背）秦公，弗叙（予）。"按，"僂（背）"字從清華大學出土文獻讀書會《〈清華大學藏戰國竹簡〉（貳）研讀劄記（二）》（復旦大學出土文獻與古文字研究中心網，2011年12月31日）釋讀。

褒與葆

《北蒼・之職》："係孫褒（葆）俗，豤（懇）鬻（僭）吉忌。"

褓與袍

《昭王》："王訋（召）而余（予）之衽（領）褓（袍）。"按，"褓（袍）"字從陳劍《上博竹書〈昭王與龔之脽〉和〈柬大王泊旱〉讀後記》（簡帛研究網，2005年2月15日）讀。

賲與保

《三德》："□賲（保），乃無凶材（災）。"

宲與寶

《六守》："□三宲（寶）。"
《六守》："□三宲（寶）有處，民乃□。"

琛與寶

《帛甲老子・德經》："善人之琛（寶）也，不善人之所琛（保）也。"
《帛乙老子・德經》："善人之琛（寶）也，不善人之所保也。"

琛與保

《帛甲老子・德經》："善人之琛（寶）也，不善人之所琛（保）也。"

捊與抱

《戰國二一》："齊捊（抱）社稷事王，天

下必重王。”

琛與寶

《帛乙老子·德經》:“我恆有三琛(寶),市(持)而琛(寶)之。”

《帛乙老子·德經》:“无敵近亡吾琛(寶)矣。”

孚字聲系

孚與復

《周易·隨》:“九五:孚于嘉,吉。”按,帛書本和阜陽漢簡本孚作復。

《周易·比》:“初六:又(有)孚比之,亡(无)咎。又(有)孚沕(盈)缶,終來又(有)它吉。”按,帛書本孚作復。下同。

《周易·大有》:“六五:氒(厥)孚洨(交)女(如),愇(威)女(如),吉。”

《周易·隨》:“九四:陸(隨)又(有)䑉(獲),貞工(功)。又(有)孚才(在)道,巳(以)明,可(何)咎。”

《周易·睽》:“九四:楑(睽)伓(孤),遇元夫,交孚,厲亡(无)咎。”

《周易·姤》:“初六:繫于金柅(柅),貞吉。又(有)卣(攸)往,見凶。羸(羸)豕孚是(蹢)蜀(獨)。”

《周易·萃》:“初六:又(有)孚不終,乃䜌(亂)迺(乃)啐(萃),若唐(號),一斛(握)于芺(笑),勿卹(恤)。”

《周易·井》:“上六:井朻(收)勿寞(幕),又(有)孚元吉。”

《周易·革》:“革:改(巳)日迺(乃)孚,元羕(亨)貞,利貞,㤹(悔)亡。”

孚與愎

《仲弓》:“中(仲)弓曰:‘含(今)之君=(君子),孚(愎)怸(過)攼析,難(難)以內(納)柬(諫)。’”按,“孚(愎)”字從陳劍《上博竹書〈仲弓〉篇新編釋文(稿)》(簡帛研究網,2004年4月18日)讀。

孚與褒

《繫年二》:“周幽王取妻于西繡(申),生坪(平)王=(王,王)或敓〈取〉孚(褒)人之女,是孚(褒)忌(姒),生白(伯)盤。”

《繫年二》:“孚(褒)忌(姒)辟(嬖)于王=(王,王)與白(伯)盤送(逐)坪=王=(平王,平王)走西繡(申)。”

孚與

《緇衣》:“《寺(詩)》員(云):‘悉(儀)埅(刑)文王,萬邦乍(作)孚。’”按,上博簡本《緇衣》孚作。

浮與罘

《官一》:“浮(罘)沮(罝)而翼,所以燧鬬也。”

《佈𠻝》:“□爲浮(罘)苴(罝)之法一校▨。”按,“浮苴”當讀作“罘罝”。

浮與剽

《春秋九》:“衛獻公出亡,公子浮□□寧召子在立(位)。”按,《左傳·襄公十四年》“浮”作“剽”。

浮與焱

《春秋九》:“衛獻公出亡,公子浮□□寧召子在立(位)。”按,《漢書·古今人表》“浮”作“焱”。

浮與秋

《春秋九》:“衛獻公出亡,公子浮□□寧召子在立(位)。”按,《史記·衛世家》“浮”作“秋”。

烰與炮

《日甲·詰》:“以桑皮爲□□之,烰(炮)而食之,則止矣。”

《日甲·詰》:“取牡棘烰(炮)室中,龔(龍)去矣。”

浮與孚

《帛易·兑》："九二，浮（孚）【兑】吉，悔亡。"

孜與保

《楚帛書》甲："炎帝乃命祝融（融）以四神降奠三天□□，思（使）孜（保）奠四亟（極）。"按，"孜（保）"字從何琳儀《長沙帛書通釋》（《江漢考古》1986年2期）讀。叔向父禹簋"奠保我邦我家"。可參。

孜與抛

《吳命》："寍（寧）心孜（抛）悳（憂），亦隹（唯）吳白（伯）父。"按，"孜"似當讀作"抛"。《説文》新附："抛，棄也。从手从尤从力，或从手尥聲。"徐鉉："案，《左氏傳》通用摽。《詩》：'摽有梅。'摽，落也。義亦同。"《集韻·爻韻》："抛，棄也。或作摽。"

颩與抛

《耆夜》："王又（有）脂（旨）酉（酒），我悳（憂）以颩（抛）。"按，"颩"似當讀作"抛"。

戊字聲系

戊與牡

《老子》甲："未智（知）牝戊之合鷹（朘）惹（怒），精之至也。"按，今本和帛書本戊作牡。

《六德》："紖（疏）衰齊戊（牡）褍（麻）實（絰），爲昆弟也，爲妻亦肰（然）。"按，"戊（牡）"字從裘按（《郭店楚墓竹簡·六德》篇注［一七］）讀。

《説命上》："王曰：'旦（亶）肰（然）。天廼命敓（説）伐遂₌审₌（失仲。'失仲）是（適）生子，生二戊（牡）豕。"

《筮法三》："月夕屯（純）戊（牡），乃亦鄉（饗）。"

《養生方》："取芍（菌）桂二，細辛四，萩一，戊（牡）厲（蠣）一，秦林（椒）二。"

戊與茂

《更修田律》："王命丞相戊（茂）、内史匽、吏臂更脩（修）爲田律。"

卯字聲系

卯與昴

《日甲·星》："卯（昴），邋（獵）、賈市，吉。"

《日乙·雞日》："凡壞垣，卯在房，午在七星，子在虛，酉在卯（昴），凶。"

《日乙·三月》："卯（昴），邋（獵）、賈市，吉。"

《周日書》："三月：胃，卯（昴）。"

《周日書》："日毚（纔）入，卯（昴）。"

《周日書》："卯（昴）：斗乘卯（昴），門有客，所言者惡事也。"

《雨書》："九日卯（昴），小雨霅（雪）。"

卯與留

《雜療方》："□□烝（蒸），盡汁，善臧（藏）卯（留）。"

卯與流

《語叢一》："凡勿（物）又（有）畬（本）又（有）卯（流），又（有）終又（有）絧（始）。"按，"卯（流）"字從白於藍《郭店楚墓竹簡釋讀劄記》（《古文字論集（二）》，考古與文物叢刊第四號，2001年）讀。

茆與茅

《六德》："唯（雖）才（在）艸（草）茆（茅）之审（中），句（苟）臤（賢）☐。"按，"茆（茅）"字從馮勝君《讀〈郭店楚墓竹簡〉劄記》（《古文字研究》第二十二輯，中華書局，2000年）釋讀。

窌與抑

《安稽》："泰擊擣之，隨（揗）而猶之，執而穿（抑）之，楬（磔）解□之。”按，“穿（抑）”字從蕭旭《北大漢簡（四）〈妄稽〉校補》（復旦大學出土文獻與古文字研究中心網，2016年7月4日）讀。

穿與窨

《天乙·自天》：“是₌（此是）有□大木，有穿（窨）罙（深）□☐。”

《節》：“毋鄉（嚮）室以兵，不可塞污淋（壑）井穿（窨）。”

留與瘤

《萬物》：“□□久膏之已骨留（瘤）也。”

《萬物》：“☐□已骨留（瘤）也。”

留與流

《脈書》：“夫留（流）水不腐，戶貙（樞）不槖（蠹）。”

《觀》：“黃帝令力黑（牧）浸（潛）行伏匿，周留（流）四國。”

《正亂》：“毋乏（犯）吾禁，毋留（流）吾酭（醢），毋亂吾民，毋絕吾道。”

《正亂》：“止〈乏（犯）〉禁留（流）酭（醢）亂民，絕道反義逆時。”

《胎產書》：“一月名曰留（流）刑，食飲必精，酸羹必熟，毋食辛星（腥）。”

《天下至道》：“陰氣不用，淉（灌）泣留（流）出。”

《天下至道》：“走里（理）毛，置枖（腰）心，脣盡白，汗留（流）至國（膕）。”

《地葆》：“不留（流），死水也。”

《地典》：“水而不留（流），其名爲檡，其骨獨，居之死。”

《奇正》：“使民唯（雖）不利，進死而不筍（旋）踵，孟賁之所難也，而責之民，是使水逆留（流）也。”

《奇正》：“故行水得其理，剽（漂）石折舟；用民得其生（性），則令行如留（流）。”

《富國》：“☐年而兵出，州（周）留（流）天下，不服之國莫之能距（拒）☐。”

《妄稽》：“吾周留（流）天下，大未有許（所）聞。”

畱與留

《三壽》：“龏（恭）神以敬，和民甬（用）政（正），畱（留）邦晏（偃）兵，四方達寍（寧）。”

溜與霤

《燕禮》：“所執脯，以賜鐘人于門内溜（霤），遂士〈出〉。”

《泰射》：“賓所執，以賜鐘人于門内溜（霤），遂出。”

溜與流

《容成》：“民始蒲（敷）淳溜（流）刑，何得而生？”

《容成》：“溜（流）刑成膿（體），何失而死？”

《容成》：“飲榣（瑤）泉靈尊以爲經，去惡好俗，神乃溜（流）刑。”

《容成》：“水溜（流）能遠，龔（龍）登能高，疾不力倦。”

《文摯》：“其人〈入〉中散溜（流），其人〈入〉理也徹而周。”

《地葆》：“絕水、迎陵、逆溜（流）、居殺地、迎眾樹者，鈞（均）舉也，五者皆不勝。”

《雄牝城》：“軍食溜（流）水□□□，不可攻也。”

溜與婁

《唐風》：“弗褋（曳）弗溜（婁）。”

蕾與留

《緇衣》：“厶（私）惠不壞〈壞（懷）〉悳（德），君子不自畱（留）女〈安（焉）〉。”按，上博簡本《緇衣》畱（留）作蕾。

《叢辰》：“生子，男不蕾（留）。”按，“蕾（留）”字從周波《〈九店楚簡〉釋文注釋校補》（簡帛研究網，2004年9月10

日）釋讀。

䨓與留

《緇衣》："厶（私）惠不壞〈壞（懷）〉悳（德），君子不自䨓（留）女〈安（焉）〉。"

䨓與萺

《緇衣》："厶（私）惠不壞〈壞（懷）〉悳（德），君子不自䨓（留）女〈安（焉）〉。"按，上博簡本《緇衣》䨓（留）作萺。

遛與柳

《宿位》："㽕层朔於䇘（營室），夏层恚（奎），享月胃，夏栾畢（畢）。八月東井，九月遛（柳），十月□，□□□，獻馬房，冬栾心☒。"

榴與隆

《節》："有（又）卌六日，日冬至，大寒之榴（隆），毋作事，毋動眾，天地氣絕之時也。"

㽞與留

《命》："必内𠨑之於十沓（友）又厽（三），皆亡㽞（留）安（焉）而行之。"按，"㽞（留）"字從單育辰《佔畢隨録之十五》（復旦大學出土文獻與古文字研究中心網，2011年7月22日）釋讀。

膃與腦

《耇老》："三曰合疌（睫）毋聽，翕氣以充膃（腦）。"

《師癸》："於膃（腦）也施（弛），於味也移（侈），道（導）之以志，動之以事。"按，"膃（腦）"字從周一謀、蕭佐桃《馬王堆醫書考注》（天津科學技術出版社，1988年，388頁）讀。

轁與塯

《曹沫》："昔堯之卿（饗）舜也，飯於土轁（塯），欲〈歠〉於土型（鉶）。"

聊與摎

《北萏·幽》："□鋭斟掇，訾譔（嘤）觮（搦）聊（摎）。"

䬲與飽

《凡物甲》："奚祭員系（奚）逐，虛（吾）女（如）之可（何）思（使）䬲（飽）？"

《凡物乙》："奚祭員系（奚）逐，虛（吾）女（如）之可（何）思（使）䬲（飽）？"

鄶與劉

《鄭甲》："枼（世）及虛（吾）先君武公，西城洢（伊）閒（澗），北遼（就）郗（鄔）、鄶（劉）。"

《鄭乙》："枼（世）及虛（吾）先君武公，西城湨〈洢（伊）〉閒（澗），北儥（就）郗（鄔）、鄶（劉）。"

冒字聲系

冒與帽

《窮達》："𠳵（皋）繇（陶）衣胎（枲）蓋（褐）冒（帽）衽（絰）冡（冡）慬（巾），斁（釋）板筥（築）而差（佐）天子，堣（遇）武丁也。"

《容成氏》："𢀛（禹）既已受命，乃卉備（服）薵（箁）若（箬），冒（帽）芺（蒲）蓺（笠）□足□☒面倝（乾）䐑（皵），俓（脛）不生之毛，□遝湝流。"

《命訓》："人又（有）佴（恥），又（有）市冒（帽[絻]），又（有）鈙（斧）戉（鉞）。"按，今本《逸周書·命訓》冒作絻。簡文蓋讀"冒"爲"帽"，又同義換讀爲"絻"。下一例同。

《命訓》："以人之佴（恥）尚（當）天之命，以其市冒（帽[絻]）尚（當）天之福，以其斧戉（鉞）尚（當）天之禍（禍）。"

榍與矇

《容成氏》："於是虖（乎）唫（喑）聾埶燭，榍（矇）戉（瞽）鼓瑟，㾊（跛）㞷（躃）獸（守）門，敉（侏）需（儒）爲矢。"

毷與勖

《琴舞》："嚻（亂）曰：已，不曹（造）孳（哉）！思型之，思毷（勖）彊（勑）之，甬（用）求其定。"

蝐與貓

《養生方》："治巾，取楊思一升、赤蛾（蟻）一升、盤（斑）蝐（貓）廿。"

《養生方》："以秋取斑蝐（貓）□□首□□□□□三□□□之，強。"

蝐與蝥

《養生方》："取楊思一升、赤蛾（蟻）一升、盤（斑）蝐（貓）廿。"按，典籍中"斑貓"或作"盤蝥"、"斑蝥"。下同。

《養生方》："以秋取斑蝐（貓）□□首□□□□□三□□□之，強。"

矛字聲系

矛與柔

《五行》："彊（剛），義之方。矛（柔），息（仁）之方也。'不彊（競）不梂（絿），不彊（剛）不矛（柔）'，此之胃（謂）也。"

矛與務

《從政》："從正（政）所矛（務）三：敬、詸（謙）、信₌（信。信）則得眾，詸（謙）則遠₌戾₌（遠戾，遠戾）所以☐。"

教與務

《季康子》："肥，從又（有）司之後，罷（一）不智（知）民教（務）之安才（在）。"

《季康子》："☐悳（德），此君子之大教（務）也。"

柔與侮

《老子》丙："大上下智（知）又（有）之，其即（次）新（親）譽之，其既〈即（次）〉愄（畏）之，其即（次）柔之。"按，今本柔作侮。

《融師》："名則可畏，𡧍（實）則可柔（侮）。"按，"柔（侮）"字從廖名春《讀〈上博五・融師有成氏〉篇劄記四則》（簡帛研究網，2006年2月20日）讀。

《三壽》："古民人迷矞（亂），毚（僭）柔（侮）康賢（昏），而不智（知）邦之牁（將）喪。"按，"柔"似當讀作"侮"。《宋書・黃回傳》："僭侮無厭，罔顧天極。"

柔與務

《成之》："戎（農）夫柔（務）飤（食），不弜（強）耕，糧弗足𠈓（矣）；士成（誠）言，不行，名弗得𠈓（矣）。"按，"柔（務）"字從裘按（《郭店楚墓竹簡・成之聞之》篇注［一五］）讀。

《成之》："是以上之亙（恆）柔（務）才（在）信於眾。"按，"柔（務）"字從裘按（《郭店楚墓竹簡・成之聞之》篇注［二四］）讀。

《尊德義》："濰忿䜌（憚），改忌（惎）勑（勝），爲人上者之柔（務）也。"

《從政》："九曰軋（犯）人之柔（務），十曰口惠而不係（繼）。"

《昔者》："君卒，大（太）子乃亡聒（聞）、亡聖（聽），不䎽（問）、不命，唯依（哀）悲是思，唯邦之大柔（務）是敬。"按，何琳儀《滬簡二冊選釋》（簡帛研究網，2003年1月14日）釋"柔"爲"矛"，讀作"務"。讀作"務"可信，但字當釋作"柔"，"柔"字亦見於郭店楚簡《老子》丙簡1、《成之聞之》簡13等，疑爲"侮"之異構，參白於藍《〈郭店楚墓竹簡〉釋文正誤一例》（《吉林大學學報》1999年2期）。

柔與母

《老子》丙："大上下智（知）又（有）之，其即（次）新（親）譽之，其既〈即（次）〉愄（畏）之，其即（次）柔之。"按，帛書本柔作母。

柔與柔

《亙先》："先又（有）柔（柔），安（焉）又（有）剛。"

湪與侮

《季康子》："虞（且）筦（管）中（仲）又（有）言曰：'㝁₌（君子）龏（恭）則述（遂），喬（驕）則湪（侮），潘言多難☐。'"

騃與瞀

《三壽》："古民人迷𤔲（亂），龜（僭）柔（侮）康騃（瞀），而不智（知）邦之𨟻（將）喪。"按，"騃"似當讀作"瞀"。荀子·非十二子》："世俗之溝猶瞀儒。"楊倞《注》："瞀，闇也。"

𠳝與務

《管仲》："凡其民人，遅（畢）𠳝（務）不愈（偷），莫忢（愛）袭（勞）力於其王。"

𢼎與務

《程寤》："朕聠（聞）周長不弍（貳），𢼎（務）亡勿甬（用）。"

《程寤》："可（何）監非旹（時）？可（何）𢼎（務）非和？可（何）褢（畏）非彣（文）？可（何）保非道？可（何）忢（愛）非身？可（何）力非人？"

𢆶與穆

《鬼神》："邌（秦）𢆶（穆）公者，天下之𤔲（亂）人也，長年而𡕒（沒）。"按，"𢆶（穆）"字從李家浩、楊澤生《談上博竹書〈鬼神之明〉中的"送𢆶公"》（《簡帛》第四輯，上海古籍出版社，2009年）釋讀。

茅與務

《鄭甲》："君女（如）是之不能茅（務），則卑（譬）若疾之亡瘖（醫）。"按，"茅（務）"字從ee在心包《清華六〈鄭文公問太伯〉初讀》（簡帛網"簡帛論壇"，2016年4月16日）一文下跟帖讀。下同。

《鄭乙》："君女（如）是之不能茅（務），則卑（譬）若疾之亡瘖（醫）。"

茅與昴

《堪輿》："胃、茅（昴）、畢。"

茅與茂

《蘭賦》："日月遂（失）時，荁（蕙）薛茅（茂）豐。"

敄與務

《三德》："卬（仰）天事君，嚴䍐（恪）必信；府（俯）視☐☐，敄（務）䢉（農）敬戒。"

《子儀》："民恆不實（寘）乃毀祟（常），各敄（務）降上品之㝶（辨），官相弋（代）乃又（有）見工。"

敄與鶩

《養生方》："六曰淺之，七曰兔敄（鶩）。"

務與鶩

《天下至道》："七曰瞻（詹）諸，八曰兔務（鶩）。"

婺與務

《積疏》："☐其☐則疏，美其欲則虛，動其婺（務）則行（枉），驕（驕）其志則徐，☐其輕則寡，欲其☐則勞。"

《務光》："湯問婺（務）光曰：'顥（愿）聞有國之大失。'婺（務）光☐。"

《務光》："婺（務）光曰：'名不正不立。攘於事則分職不☐☐。'"

《務光》："湯曰：'人君何守？'婺（務）光曰：'☐☐。'"

《務光》"'☐何如？'婺（務）光曰☐。"

婺與須

《占書》："☐受牽牛、婺₌（須女），其日丁，其辰☐。"

柔與柔

《秦律·司空》："令縣及都官取柳及木楘（柔）可用書者，方之以書。"

《五名》："兵有五名：一曰威強，二曰軒

（宣）驕，三曰剛至（怪），四曰肋（冒）忌，五曰重桼（柔）。”

濳與霧

《容成》：“秋辟（避）霜濳（霧），冬辟（避）淩陰。”

濳與霧

《王期》：“五音進合（答），孰短孰長，翕其神濳（霧），飲夫天將（漿）。”

鞏與鞣

《秦律·司空》：“城旦舂毀折瓦器、鐵器、木器，爲大車折鞏（鞣），輒治（笞）之。”

霚與霧

《陰陽家》：“霚（霧）氣陽₌（陽陽），宜死者生，宜蟄者鳴。”

《陰陽家》：“地氣發，天氣弗應，則爲霚（霧）。”

《卻穀》：“秋食一去□□、霜霚（霧）〖霜霚（霧）〗和以輸陽、銚（黃）【光】”

《卻穀》：“霜霚（霧）者，□□□□□□□。”

《卻穀》：“濁陽者，黑四塞，天之亂氣也，及日出而霚（霧）也。”

《北蒼·陽》：“雲雨賈零，霚（霧）露雪霜。”

柔與懋

《祭公》：“亦岂（美）柔（懋）妥（綏）心，敬龏（恭）之。”

柔與茂

《祭公》：“亦岂（美）柔妥（綏）心，敬龏（恭）之。”按，今本《逸周書·祭公》柔作茂。

柔與務

《彭祖》：“多柔（務）者多惪（憂），惻（賊）者自賊也。”

《仲弓》：“中（仲）弓曰：‘敢昏（問）民柔（務）。’”按，“柔（務）”字從陳劍《上博竹書〈仲弓〉篇新編釋文（稿）》（簡帛研究網，2004年4月18日）讀。

柔與侮

《性自》：“人之逸肰（然）可牙（與）和安者，不又（有）夫慉（奮）犿（作）之青（情）則柔（侮）。”按，“柔（侮）”字從趙建偉《郭店竹簡〈忠信之道〉、〈性自命出〉校釋》（《中國哲學史》1999年2期）讀。

《容成氏》：“受（紂）爲亡道，聒（昏）者（捨）百眚（姓），至（縶）約者（諸）侯，𢇍（絕）穜（種）柔（侮）眚（姓），土玉水酉（酒）。”

柔與媢

《皇門》：“卑（譬）女（如）𦋬（鞫）夫之又（有）柔（媢）妻。”

《皇門》：“柔（媢）夫又（有）埶（邇）亡（無）遠，乃弇（掩）盍（蓋）善₌夫₌（善夫，善夫）莫達才（在）王所。”

《皇門》：“天用弗寶（保），柔（媢）夫先受吝（殄）罰，邦亦不寍。”

悉與懋

《祭公》：“公悉（懋）拜₌（拜手）䭫₌（稽首），曰：‘允孳（哉）！’”

《琴舞》：“宿（夙）夜不解（懈），悉（懋）尃（敷）其又（有）敓（悅）。”

柔與揉

《泰射》：“公親柔（揉）之。”

柔與羞

《反淫》：“茲（滋）味雜陳，殽柔（羞）措侅（該）。”

柔與擾

《尹至》：“孳（災）乃柔（擾），大縈（禜）。”按，“柔（擾）”字從陳民鎮在復旦大學出土文獻與古文字研究中心研究生讀書會《清華簡〈尹至〉、〈尹誥〉研讀札記（附：〈尹至〉、〈尹誥〉、〈程寤〉釋文》（復旦大學出土文獻與古文字研究網，2011 年 1 月 5 日）一文下跟帖讀。

菉與茅

《明君》：“先王之目非弗美也，已而周何故爲菉（茅）疢（茨）枯〈栝〉柱？”

楺與柔

《天甲·剛柔》：“男日亦如是，謂岡（剛）楺（柔）之日。”

脎與約

《反淫》：“胜（猩）胜（猩）之啗，旄象之脎（約）。”

輮與柔

《道法》：“天地之恒常，四時、晦明、生殺，輮（柔）剛。”

糅與稷

《文摯》：“后楔（稷）半（播）糅（稷），草千歲者唯韭，故因而命之。”

湝與務

《容成》：“朝息之志，其出也湝（務）合於天。”

袤與懋

《北蒼·幽》：“飫猒（厭）然（熯）稀（晞），丈袤（懋）牒（諜）膠。”

秫與柔

《老子》甲：“骨溺（弱）堇（筋）秫而捉固。”按，今本和帛書本秫作柔。

楙與懋

《皇門》：“廼隹（惟）大門宗子埶（邇）臣，楙（懋）昜（揚）嘉悳（德）。”

楙與茂

《皇門》：“廼隹（惟）大門宗子埶（邇）臣，楙昜（揚）嘉悳（德）。”按，今本《逸周書·皇門》楙作茂。

髳與鬆

《北蒼·之》：“泫沄孃（娘）娙，髳（鬆）弟經臬。”

牟字聲系

牟與侔

《合陰陽》：“上常山，入玄門，御交筋，上欲精神，乃能久視而與天地牟（侔）存。”

牟與務

《牟成杓》：“牟（務）成杓（昭）曰：‘實居是去非。’”

《牟成杓》：“牟（務）成杓（昭）曰：‘進能是退是▨’。”

《牟成杓》：“牟（務）成杓（昭）曰：‘當世事之▨。’”

《牟成杓》：“牟（務）成杓曰。”

《牟成杓》：“牟（務）成杓（昭）▨。”

《牟成杓》：“牟（務）成杓（昭）曰。”

《牟成杓》：“牟（務）成杓（昭）曰。”

《牟成杓》：“牟（務）成杓（昭）曰：‘有唐□▨’。”

牟與侮

《國法》：“▨□靡相尚，強乘弱，眾暴寡，知（智）牟（侮）愚，吏污資之所生也。”按，“牟”似當讀作“侮”。

肘字聲系

肘與疛

《脈書》：“肘（疛），其從脊胸（胸）起，使腹張（脹）。”

《足臂脈·足》：“復□，不耆（嗜）食，善意（噫），心□，善肘（疛）。”

肘與導

《成之》：“古（故）君子之立（莅）民也，身備（服）善以先之，敬新（慎）以肘（導）之。”按，“肘（導）”字從李天虹《釋郭店楚簡〈成之聞之〉篇中的“肘”》（《古文字研究》第二十二輯，中華書局，2000 年）釋讀。

守與狩

《帛易·明夷》："九三，明夷，夷于南守（狩），得其大首，不可疾。貞。"

守與獸

《戰國一六》："笱（苟）有利焉，不顧親戚弟兄，若禽守（獸）耳。"

《二三子》："陵處則雷神養之，風雨辟（避）鄉（嚮），鳥守（獸）弗干。"

肘與肘

《合陰陽》："出揗（腕）陽，揗肘（肘）房（旁），抵夜（腋）旁，上竈綱。"

《合陰陽》："一曰接手，二曰信（伸）肘（肘）。"

《合陰陽》："信（伸）肘（肘）者，欲上之攠（摩）且距也。"

肘與抽

《養生方》："善挑，即漬巾中，卒（晬）其時而肘（抽）之，□□□乾，輒復漬。"

紂與肘

《天下至道》："信（伸）紂（肘）者，欲上之麻（摩）且據（距）也。"

《天下至道》："一曰接手，二曰信（伸）紨〈紂（肘）〉，三曰平甬（踊），四曰直踵。"按，"紨"應即"紂"之誤字，讀作"肘"。

鳥字聲系

搗與搗

《腋下》："□□□□□□□搗（搗）而煮之，令沸，而湇（䉛）去其宰（滓）。"

丑字聲系

羞與好

《子產》："子產既由善用聖，班羞（好）勿（物）畯（俊）之行。"

羞與憂

《阜易·否》："六三，枹（包）羞（憂）。"

攸字聲系

攸與修

《老子》乙："攸之身，其悳（德）乃貞（真）；攸之家，其悳（德）又（有）舍（餘）；攸之向（鄉），其悳（德）乃長；攸之邦，其悳（德）乃奉（豐）；攸之天下□□□□□。"按，今本和帛書甲本攸作修。

《六德》："孝，查（本）也。下攸（修）丌（其）查（本），可以剴（斷）犲。"

《六德》："□人民少者，以攸（修）其身，爲衍（道）者必繇（由）此。"

《性自》："昏（聞）道反吕（己），攸（修）身者也。"

《性自》："上交近事君，下交得衆近，從正（政）攸（修）身近至急（仁）。"

《從政》："不攸（修）不武〈戒〉，謂之必成，則暴。"

《容成氏》："堂（當）是旹（時），弝（強）溺（弱）不綯諹，衆寡不聖訟，天陞（地）四旹（時）之事不攸（修）。"

《柬大王》："此所胃（謂）之'𩞁（旱）母'，帝酒（將）命之攸（修）。"

《柬大王》："女（如）君王攸（修）郢高（郊），方若肰（然）里。"

《柬大王》："王許諾攸（修）四蒿（郊）。"

《曹沫》："毊（鄰）邦之君明，則不可以不攸（修）政而善於民。不肰（然），忑（恐）亡焉；芺（鄰）邦之君亡道，則亦不可以不攸（修）政而善於民。不肰（然），亡以取之。"

《曹沫》："成（城）章（郭）必攸（修），繕（繕）虖（甲）利兵，必又（有）戰心以獸（守），所以爲倀（長）也。"

《鮑叔牙》："近臣不訐（諫），遠者不方（謗），則攸（修）者（諸）向（鄉）里。"

《鮑叔牙》："含（今）此祭之得福者也，

青（請）量之以衰瀠。既祭之後安（焉），攸（修）先王之瀌。”

《三德》：“不攸（修）其成，而聖（聽）其縈（營），百事不述（遂），慮事不成。”

《凡物甲》：“是古（故）戠（察）道，所以攸（修）身而詞（治）邦家。”

《子道餓》：“粧（偃）也攸（修）其悳（德）行，以受商攻（工）之飤（食）於子。”

《顔淵問》：“攸（修）身以先，則民莫不從矣；前以尃（博）恴〈炁（愛）〉，則民莫遺新（親）矣。”

《成王》：“□先弍（二）事之攸（修）也。”

《文王》：“勿（物）又（有）所總，道有所攸（修），非天之所向，莫之能得。”按，“攸（修）”字從蘇建洲《初讀〈上博九〉札記（一）》（簡帛網，2013年1月6日）釋讀。

《文王》：“上（尚）父曰：‘黄帝攸（修）三員（損），備日行，習女智，於是甬（用）酒（將）安。’”

《文王》：“上（尚）父曰：‘黄帝攸（修）厽（三）員（損）□。’”

《繫年十六》：“競（景）公使翟（糴）之伐（茷）聘（聘）於楚，虘（且）攸（修）成。”

《繫年二二》：“母（毋）攸（修）長城，毋伐稟（廩）丘。”

《湯丘》：“以和利萬民，以攸（修）四時之正（政），以埶（設）九事之人，以長奉社禝（稷）。”

《鄭武》：“老婦亦酒（將）丩（糾）攸（修）宮中之正（政），門檻之外母（毋）敢又（有）智（知）安（焉）。”

《管仲》：“正五紀，誓（慎）四爯（稱），執五尼（度），攸（修）六正（政）。”

《子儀》：“義（儀）父！以不敫（穀）之攸（修）遠於君，可（何）爭而不好。”

《子產》：“又（有）道之君，能攸（修）其邦或（國）以和=民=（和民。和民）又（有）道，才（在）大能政，才（在）少（小）能枳（支）；才（在）大可舊（久），才（在）少（小）可大。”

攸與絛

《容成氏》：“桀（桀）乃逃之鬲（歷）山是（氏），湯或（又）從而攻之，降自鳴攸（絛）之述（遂），以伐高神之門。”

攸與逐

《周易·頤》：“六四：遞（顛）頤，吉，虎視𧠨=（眈眈），其猷（欲）攸=（逐逐），亡（无）咎。”

攸與笛

《周易·頤》：“六四：遞（顛）頤，吉，虎視𧠨=（眈眈），其猷（欲）攸=（攸攸），亡（无）咎。”按，帛書本攸作笛。

攸與搖

《蘭賦》：“□□攸（搖）蓄（落）而猷（猶）不遠（失）厥（厥）芳=（芳，芳）浧（馨）訛（佖）迡（迡）而達聤（聞）于四方。”按，“攸（搖）”字從復旦吉大古文字專業研究生聯合讀書會《上博八〈蘭賦〉校讀》（復旦大學出土文獻與古文字研究中心網，2011年7月17日）讀。

攸與儵

《疸病》：“血雎（疽）始發，攸（儵）攸（儵）以熱，痛毋適。”

坙與攸

《琴舞》：“允不（丕）承不（丕）㬎（顯），思坙（攸）亡斁（斁）。”

坙與修

《蘭賦》：“備坙（修）庶戒，方（旁）時（時）安（焉）乍（作）。”

《祭公》：“我亦隹（惟）又（有）若且（祖）𩛥（祭）公，坙（修）和周邦，保𦣞（乂）

王家。”

《三壽》：“昔（措）勤不居，㢘（攝）祗不易，共（供）枉（皇）思㸒（修），内（納）諫受訾，神民莫責，寺（時）名曰智。”

條與悠

《性自》：“樂之皷（動）心也，濬深賊（鬱）舀（陶），其剌（烈）則流女（如）也以悲，條（悠）肰（然）以思。”按，“條（悠）”字從劉釗師《讀郭店楚簡字詞劄記》（《郭店楚簡國際學術研討會論文集》，湖北人民出版社，2000年）讀。

條與脩

《妄稽》：“齒若膾骨，口類變（臠）條（脩）。”

條與牖

《繆和》：“文王絢（拘）於條（牖）里。”按，“條”字從廖名春《帛書〈周易〉論集》（上海古籍出版社，2008年，390頁）釋。當讀作“牖”。

脩與修

《語書》：“故騰爲是而脩（修）法律令、田令及爲閒（奸）私方而下之。”

《更修田律》：“王命丞相戊（茂）、内史匽、吏臂更脩（修）爲田律。”

《更修田律》：“以秋八月脩（修）封捋（埒），正彊（疆）畔。”

《更修田律》：“十月爲橋，脩（修）波（陂）隄，利津沠（梁），鮮草離。”

《帛乙老子·德經》：“脩（修）之身，其德乃真；脩（修）之家，其德有餘；脩（修）之鄉，其德乃長；脩（修）之國，其德乃夆（豐）；脩（修）之天下，其德乃愽（溥）。”按，通行本脩作修。

《觀》：“宿陽脩（修）刑，童（重）陰長夜氣閉地繩（孕）者，所以繼之也。”

《觀》：“正名脩（修）刑，執（蟄）虫不出，雪霜復清（凊），孟穀乃蕭（肅）。”

《要》：“君子脩（修）於此三者，故存也。”

《昭力》：“忠信以先之，脩（修）其兵甲而衛之，長賢而勸之。”按，“脩”當讀作“修”。下三例同。

《昭力》：“城郭弗脩（修），五兵弗實，而天下皆服焉。”

《昭力》：“脩（修）兵不解（懈），卒伍必固；權謀不讓，怨弗先昌。”

《昭力》：“又（有）芺（笑）而後見，言國脩（修）兵不單（戰）而威之胃（謂）也。”

《謀攻》：“攻城之法，脩（修）櫓☐”

《形甲》：“故善者脩（修）道而保法，故能爲勝敗正。”

《晏子六》：“不若脩（修）德而侍（待）其亂也。”

《晏子九》：“古者百里異名，千里異習，故明王脩（修）道☐。”

《晏子一三》：“景公令脩（修）茖（路）寑（寢）之臺，臺成，公不尚（上）焉。”

《晏子一三》：“前日公令脩（修）臺=（臺，臺）成而公不尚（上）焉。”

《發啟》：“王其脩（修）身，下賢，惠民，以觀天道。”

《葆啟》：“☐前行已脩（修）矣。”

《葆啟》：“王姑脩（修）身下賢，□須其時。”

《殘簡三》：“夫湯之伐桀也，非其戰□脩（修）也。”

《守法》：“戰國者，外脩（修）城郭，内脩（修）甲戟矢弩。”

《起師》：“冬則主人策會，脩（修）戍要塞，移水并險，竭（荷）戟而守沮（阻）。”

《管子》：“☐脩（修）霸，不脩（修）霸道，而欲以兵□□☐。”

《三十時》：“可始（以）脩（修）田野溝，

可始（以）入人之地，不可亟刃₌（亟刃，亟刃）有央（殃），壹得而三其央（殃）。”

《三十時》：“可脩（修）外□，□人弗入也。可脩（修）關閉，鑄錠（管）籥（鑰）。”

《五令》：“惠令者，求行年八十者，脩（修）其牀席，問其飲食，以固守。”

《五令》：“毋脩₌義₌賞₌之₌令₌（修議賞之令，修議賞之令），羊□遅。”

《定心》：“一志成（誠）必，脩（修）獨内慬（奮），終身不拳（倦）。”

《月令》：“脩（修）利隄防。”

《月令》：“脩（修）宫室，坏垣藩（牆），補城郭。”

《月令》：“〼築城郭，建都邑，穿竇窖，脩（修）困倉。”

《月令》：“戒門閭，脩（修）鍵閉，慎管籥，固封印。”

脩與悠

《妄稽》：“脩（悠）脩（悠）傷心，不能相去。”

脩與條

《妄稽》：“柘脩（條）百束，竹笞九秉。”

脩與滌

《帛甲老子・道經》：“脩（滌）除玄藍（鑑），能毋疵乎？”

《帛乙老子・道經》：“脩（滌）除玄監（鑑），能毋有疵乎？”

《稱》：“諸侯不報仇，不脩（滌）佴（恥），唯□所在。”

《北大老子》：“脩（滌）除玄鑑，能毋有疵虖？”

脩與滫

《日甲・詰》：“以脩（滫）康（糠），寺（待）其來也，沃之，則止矣。”

《周病方》：“以脩（滫）清一桮（杯），礅（皦）赤叔（菽）各二七，并之。”

《牡痔》：“有（又）以脩（滫）之，孰（熟），分以爲二。”

《痂》：“冶雄黄，以彘膏脩（滫），少殽以醯，令其寒溫適，以傅之。”

《養生方》：“以鞠（麴）汁脩（滫）之，如恆飯。”

滫與夆

《北蒼・支》：“癰效姁（佝）卧，滫（夆）餢（鴝）鶩趚（跂）。”

滌與脩

《反淫》：“夫子何不游於埍（道）垗（遥），處於大廓，以萬物爲一，滌（脩）死生同宅？”

《反淫》：“滌（脩）鐔（掞）曲校，蕵（棼）壇（椽）緫（窗）雷（欞）。”

滌與脩

《反淫》：“葉菀蓨（脩），斡車（枯）槁。”

饈與滫

《養生方》：“浚去其財（滓），以汁漬饈（滫）飯。”

筱與銚

《慎子》：“首岢（戴）茅芙（蒲），樸（撰）筱（銚）執樝（鉏），送（蹲）畎備（伏）畮〈畱（畝）〉，必於〼。”按，“筱”似當讀作“銚”。《説文》：“銚，溫器也。一曰田器。”《晏子春秋・内篇諫上・景公遊公阜一日有三過言晏子諫第十八》：“君將戴笠衣褐，執銚耨，以蹲行畎畝之中。”

夆與誘

《日甲・詰》：“人毋（無）故而鬼惑之，是夆（誘）鬼，善戲人。”

攸與攸

《奏讞書》：“南郡卒史蓋廬、摯田叚（假）、卒史䳸復攸（攸）庫等獄簿。”按，整理者釋“攸”爲“攸”。不確。下同。

《奏讞書》：“庫爲攸（攸）令，失聞。”

《奏讞書》：“問南郡復吏，到攸₌（攸，攸）

逻跂（鬈）未來，未有新黔首當捕者名籍。”

絛與絛

《服傳甲》：“緟縷，絛（絛）屬。”

《服傳乙》：“緟縷，絛（絛）屬。”

脩與攸

《奏讞書》：“刻（劾）下與脩（攸）守媱、丞魁治。”按，整理者釋“脩”爲“脩”。不確。下同。

《奏讞書》：“義死，脩（攸）有（又）益發新黔首往毄（繫）。”

《奏讞書》：“南郡復吏乃以智巧令脩（攸）誘召冣（聚）城中。”

《奏讞書》：“當逻（逮）跂（鬈），傳調脩（攸），須來以別黔首當捕者。”

脩與修

《有司》：“興，入于房，取臬（糗）與段（腶）脩（修），執以出，坐設之，臬（糗）在賁（蕡）西，脩（修）在白西。”

《有司》：“尸坐，左執爵，祭臬（糗）、脩（修），同祭于豆祭。”

《有司》：“主婦羞臬（糗）、脩（修），坐墥（奠）臬（糗）于禮（醴）南，脩（修）在賁（蕡）南。”

《有司》：“或（侑）坐，左執爵，取臬（糗）、脩（修），兼祭于豆祭。”

《有司》：“主婦設二刑（鉶）與臬（糗）、脩（修），如尸禮。”

《有司》：“主人其祭臬（糗）、脩（修），祭刑（鉶）、祭酒、受豕匕汁（湆）。”

滫與幽

《反淫》：“精氣洞於九野，至大極之虛无，騎豹從虎，滫（幽）閔（冥）浩洋。”按，“滫閔”似當讀作“幽冥”。典籍中“幽冥”或作“幽昏”、“幽晤”、“窈冥”、“杳冥”、“窅冥”等，參朱啟鳳《辭通》（長春古籍書店，1991年，544頁、978頁）。

由字聲系

由與迪

《祭公》：“斿（茲）由（迪）彝孶（學）于文武之曼悳（德），克夾卲（紹）成康，甬（用）臧（畢）成大商。”

由與逐

《周易·大畜》：“九厽（三）：良馬由（逐），利堇（艱）貞。曰：班（閑）車（輿）戔（衛），利又（有）卣（攸）往。”

《周易·睽》：“初九：悔（悔）芒=（亡，亡）馬勿由（逐），自復。見亞（惡）人，亡（无）咎。”

由與育

《三德》：“智（知）天足以川（順）旹（時），智（知）陛（地）足以由（育）材，智（知）人足以會新（親）。”按，“由（育）”字從秦曉華《上博（五）〈三德〉釋讀一則》（簡帛網，2006年2月27日）釋讀。

由與猶

《用曰》：“絕原（源）流滮（瀦），其由（猶）能不沽（涸）？”按，“由（猶）”字從楊澤生《讀〈上博六〉小劄》（簡帛網，2008年7月21日）釋讀。

《金縢》：“臺（就）後武王力（陟），成王由（猶）學（幼）才（在）立（位）。”

《皇門》：“卑（譬）女（如）戎夫，喬（驕）用從肣（禽），其由（猶）克又（有）篗（獲）？”

《芮良夫》：“卑（譬）之若童（重）載以行隋（崝）險，莫之敖（扶）道（導），其由（猶）不遉（顛）（覆）？”

由與揂

《芮良夫》：“閒（間）鬲（隔）菪（若）否，以自訾讃（委）由（揂），求聖人以繡（申）尔（爾）悔（謀）猷。”按，“由”似當讀作“揂”。《說文》：“揂，聚也。”《詩·商頌·長發》：“百祿是遒。”毛《傳》：

“遒，聚也。”馬瑞辰《毛詩傳箋通釋》：“《傳》以遒爲揂之假借，故訓爲聚。”

迪與由

《緇衣》：“《君迪（陳）》員（云）：‘未見聖，如其弗克見；我既見，我弗迪聖。’”按，今本《禮記·緇衣》迪作由。

《緇衣》：“《呂坓（刑）》員（云）：‘翻（播）坓（刑）之迪。’”按，上博簡本《緇衣》迪作由。

迪與胄

《緇衣》：“《君迪（陳）》員（云）：‘未見聖，如其弗克見；我既見，我弗迪聖。’”按，上博簡本《緇衣》迪作胄。“胄”字從白於藍《〈上海博物館藏戰國楚竹書（一）〉釋注商榷》（《華南師範大學學報》2002年5期）釋。

胄與由

《緇衣》：“《君迪（陳）》員（云）：‘未見聖，如其弗克見；我既見，我弗迪聖。’”按，今本《禮記·緇衣》迪作由，上博簡本《緇衣》迪作胄。“胄”字從白於藍《〈上海博物館藏戰國楚竹書（一）〉釋注商榷》（《華南師範大學學報》2002年5期）釋。

胄與熟

《閻氏》：“萬物皆興，歲乃大胄（熟），年讎（壽）益乣（引），民不疾役（疫）。”按，整理者釋“胄”爲“育”。不確，當釋爲“胄”，讀作“熟”。《尚書·金縢》：“凡大木所偃，盡起而築之，歲則大熟。”《風俗通義·佚文》：“開成都兩江，溉田萬頃，無複水旱之災，歲大豐熟。”可參。

攸與逐

《彭祖》：“毋攸（逐）貴（富），毋叻臤（賢），毋向（尚）梪（樹）。”按，“攸（逐）”字從孟蓬生《〈彭祖〉字義疏證》（簡帛研究網，2005年6月21日）讀。

笛與逐

《帛易·頤》：“六四，顛頤，吉。虎視沈（眈）沈（眈），其容（欲）笛（逐）笛（逐），无咎。”

犢與由

《稱》：“因地以爲齎（資），因民以爲師。弗因无犢（由）也。”

繇字聲系

繇與繇

《芮良夫》：“敬之孳（哉）君子！天猷（猶）畏（威）矣。敬孳（哉）君子！壹（寤）敗改繇（繇）。”

《芮良夫》：“龏（恭）天之畏（威）載（哉），聖（聽）民之繇（繇）。”

《芮良夫》：“母（毋）貟（擾）䎽（聞）繇（繇），尾（度）母（毋）又（有）諮（咎）。”

《厚父》：“啟隹（惟）后，帝亦弗巠（邛）啟之經悳（德）少，令（命）咎（皋）繇（繇）下爲之卿事。”

繇與囚

《窮達》：“关（管）寺（夷）虗（吾）寽（拘）繇（囚）束縛，叙（釋）杙（桎）榑（柙）而爲者（諸）侯相，堣（遇）齊逗（桓）也。”按，“繇（囚）”字從裘按（《郭店楚墓竹簡·窮達以時》篇注［七］）讀。

《苦成》：“長魚矞（矯）熨自公所，敂（拘）人於百豫以内，繇（囚）之。”按，“繇（囚）”字從陳劍《〈上博（五）〉零劄兩則》（簡帛網，2006年2月21日）讀。下同。

《苦成》：“女（汝）出繇（囚）而余（予）之内庫之兵。”

繇與陶

《窮達》：“叴（皋）繇（陶）衣胎（枲）蓋（褐）冒（帽）衽（絰）冡（冢）慬（巾），叙（釋）板箮（築）而差（佐）天子。”按，

“繇（陶）”字從徐在國《釋“尖繇”》（《古籍整理研究學刊》1999年3期）讀。

繇與由

《成之》：“是古（故）畏（威）備（服）型（刑）罰之婁（屢）行也，繇（由）走（上）之弗身也。”

《成之》：“句（苟）不從其繇（由），不反其沓（本），未有可得也者。”

《成之》：“句（苟）不從其繇（由），不反其沓（本），唯（雖）弜（強）之弗内俟（矣）。”

《尊德義》：“不繇（由）其道，不行。”

《尊德義》：“繇（由）豊（禮）智（知）樂，繇（由）樂智（知）依（哀）。”

《尊德義》：“或侖（論）之，或羕之，或繇（由）宔（中）出，或埶（設）之外。”

《六德》：“苟不繇（由）其衍（道），唯（雖）堯（橈）求之弗得也。”

《六德》：“六者客（各）行其戠（職），而狃耆亡繇（由）迮（作）也。”

《六德》：“古（故）夫夫、婦婦、父父、子子、君君、臣臣，此六者客（各）行其戠（職），而狃耆蔑繇（由）亡〈乍〉也。”

《六德》：“其返（反），夫不夫，婦不婦，父不父，子不子，君不君，臣不臣，緍（昏）所繇（由）迮（作）也。”

《六德》：“☐人民少者，以攸（修）其身，爲衍（道）者必繇（由）此。”

《語叢一》：“凡勿（物）繇（由）室生。”

《語叢三》：“亡=（亡亡）繇（由）也者。”

《周易·頤》：“上九：繇（由）頤厲吉，利涉大川。”

《曹沫》：“三軍出，其逞（將）逮（卑），父䀠（兄）不廌，繇（由）邦馭（御）之。此出帀（師）之幾（機）。”

《季康子》：“繇（由）丘嚾（觀）之，則敚（美）言也已。”

《季桓子》：“☐繇（由）恴（仁）與（歟）？”

《弟子問》：“女（汝）弗智（知）也虖（乎）？繇（由）！”按，“繇（由）”字從牛新房《讀上博（五）〈弟子問〉劄記一則》（簡帛網，2006年3月4日）讀。下一例同。

《弟子問》：“☐弗王，善歖（矣）夫！安（焉）能王人？繇（由）！”

《繫年十五》：“執吴王子鱲（蹶）繇（由），吴人安（焉）或（又）服於楚。”

《帛五行·經》：“仁義禮知（智）之所繇（由）生也。”

《帛五行·説》：“金聲□□□□□□□繇（由）德重善也者。”

《帛五行·説》：“聖知（智）必繇（由）嘍（聰）明。”

《帛五行·説》：“有（又）從而畏忌之則夫閒何繇（由）至乎才（哉）？”

《帛五行·説》：“明明，知□□也者，繇（由）所見知所不見也。”

《帛五行·説》：“仁義，禮樂所繇（由）生也。”

《帛五行·説》：“知（智）者言繇（由）所見知所不見也。”

《帛五行·説》：“仁知（智），禮之所繇（由）生也。”

《帛五行·説》：“大成至矣，神耳矣，人以爲弗可爲□□繇（由）至焉耳，而不然。”

《帛五行·説》：“仁復（覆）四海、義襄天下而成，繇（由）其中心行之，亦君子已。”

《帛五行·説》：“繇（由）色榆（喻）於禮，進耳。”

《明君》：“大君必出繇（由）於兵。”

《名理》：“如繇（由）如驕（矯），生之反

也。”

《果童》：“今余欲畜而正之，均而平之，誰敵（適）繇（由）始？”

《果童》：“前世法之，後世既員（損），繇（由）果童始。”

《三禁》：“是故王公慎令，民知所繇（由）。”

《本伐》：“道之行也，繇（由）不得已。”

《本伐》：“繇（由）不得已，則无窮。”

《文摯》：“不胥卧而九（究）理，故以爲百藥繇（由）。”

《二三子》：“猶地之有川浴（谷）也，財用所繇（由）出也；猶山林陵澤也，衣食家物[所]繇（由）生也。”按，“繇”字從廖名春《帛書〈周易〉論集》（上海古籍出版社，2008 年，372 頁）釋，當讀作“由”。

《要》：“能者繇（由）一求之。”

《王風》：“□□簧，右撓（招）我繇（由）房。”

繇與抽

《少牢》：“史朝服，左執筮，右繇（抽）上韇（韇），兼與筮執之，東面受命于主人。”

《少牢》：“西面于門西，繇（抽）下韇（韇），左執筮，右兼執韇（韇）以擊筮。”

繇與滔

《齊風》：“□□繇₌（滔滔），行人□₌（□□）。”

繇與悠

《帛五行・説》：“繇（悠）才（哉）繇（悠）才（哉），婘（輾）槫（轉）反廁（側）。”

繇與徭

《鄭武》：“吏（使）人姚（遙）聕（聞）於邦₌（邦，邦）亦無大繇（徭）賦（賦）於萬民。”按，“繇（徭）”字從清華大學出土文獻讀書會《清華六整理報告補正》（清華大學出土文獻研究與保護中心網，2016 年 4 月 16 日）引王挺斌説讀。

《秦律・工律》：“邦中之繇（徭）及公事官（館）舍。”

《秦律・徭律》：“令其徒復垣之，勿計爲繇（徭）。”

《秦律・徭律》：“未卒歲或壞陕（決），令縣復興徒爲之，而勿計爲繇（徭）。”

《秦律・徭律》：“至秋毋（無）雨時而以繇（徭）爲之。”

《秦律・徭律》：“以垣繕之，不得爲繇（徭）。”

《秦律・徭律》：“其不審，以律論度者，而以其實爲繇（徭）徒計。”

《秦律・徭律》：“繇（徭）律。”

《秦律・司空》：“或欲籍（藉）人與并居之，許之，毋除繇（徭）戍。”

《秦律・司空》：“春城旦出繇（徭）者，毋敢之市及留舍闠外。”

《雜抄》：“免，賞（償）四歲繇（徭）戍。”

《答問》：“或盜采人桑葉，臧（贓）不盈一錢，可（何）論？貲繇（徭）三旬。”

《答問》：“可（何）謂‘逋事’及‘乏繇（徭）’？”

《答問》：“律所謂者，當繇（徭），吏、典已令之，即亡弗會，爲‘逋事’。”

《答問》：“已閲及敦（屯）車食若行到繇（徭）所乃亡，皆爲‘乏繇（徭）’。”

《答問》：“匿戶弗繇（徭）、使，弗令出戶賦之謂殹（也）。”

《答問》：“有大繇（徭）而曹鬭相趣（聚），是謂‘逵卒’。”

《爲吏》：“均繇（徭）賞罰。”

《第二組》：“繇（徭）律曰。”

《第二組》：“興繇（徭）及車牛及興繇（徭）而不當者及擅傳（使）人屬弟子、人復復子、小敖童、弩，鄉嗇夫吏主者，貲各二甲。”

《第二組》:“給邑中事，傳送委輸，先悉縣官車牛及徒給之，其急不可留，乃興繇（徭）如律。”
《第二組》:“不先悉縣官車牛徒，而興黔首及其車牛以發繇（徭），力足以均而弗均，論之。”
《第二組》:“繇（徭）律曰。”
《第二組》:“除郵道、橋、駝（馳）道，行外者，令從戶□□徒爲之，勿以爲繇（徭）。”
《第二組》:“繇（徭）律曰。”
《第二組》:“繇（徭）律曰。”
《第二組》:“發繇（徭），興有爵以下到人弟子、復子，必先請屬所執灋（法）。”
《第二組》:“仗城旦勿將司，舂城旦出繇（徭）者，毋敢之市及留舍闠外，當行市中者，回，勿行。”
《第二組》:“繇（徭）發，親父母、泰（大）父母、妻、子死，遣歸葬。”
《第二組》:“已葬，輒聶（躡）以平其繇（徭）。”
《第二組》:“能捕犯令者，爲除半歲繇（徭），其不當繇（徭）者，得以除它人繇（徭）。”
《第二組》:“歲興繇（徭）徒，人爲三尺券一，書其厚焉。節（即）發繇（徭），鄉嗇夫必身與典以券行之。”
《第二組》:“其當行而病及不存，署于券，後有繇（徭）而聶（躡）行之。”
《第二組》:“節（即）券繇（徭），令典各操其里繇（徭）徒券來與券以畀繇（徭）徒，勿徵贅，勿令費日。”
《第二組》:“其移徙者，輒移其行繇（徭）數徙所，盡歲而更爲券，各取其當聶（躡）及有贏者日數，皆署新券以聶（躡）。”
《第二組》:“繇（徭）律曰。”
《第二組》:“食牛，牛胔（胔），將牛者不得券繇（徭）。”
《第二組》:“盡興隸臣妾、司寇、居貲贖責（債），縣官□之□傳輸之，其急事，不可留殹（也），乃爲興繇（徭）。”
《第二組》:“有貲贖責（債）拾（給）日而身居，其居縣官者，縣節（即）有繇（徭）戍。”
《第二組》:“其等當得出，令繇（徭）戍、繇（徭）戍已，輒復居。”
《第二組》:“當繇（徭）戍，病不能出及作盈卒歲以上，爲除其病歲繇（徭），勿聶（躡）□□論毄（繫），除毄（繫）日繇（徭）戍，以出日事（使）之。”
《第二組》:“繇（徭）律曰。”
《第二組》:“發繇（徭），自不更以下繇（徭）戍，自一日以上盡券書，及署于牒，將陽倍（背）事者亦署之，不從令及繇（徭）不當券書，券書之，貲鄉嗇夫、吏主者各一甲，丞、令、令史各一盾。”
《第二組》:“繇（徭）多員少員，穨（隤）計後年繇（徭）戍數。”
《第二組》:“發吏力足以均繇（徭）日，盡歲弗均，鄉嗇夫、吏及令史、尉史主者貲各二甲，左罨（遷）。”
《第二組》:“令、尉、丞繇（徭）已盈員弗請而擅發者貲二甲，免。”
《第二組》:“□□繇（徭）□均，僞爲其券書以均者貲二甲，廢。”
《第三組》:“或者以澍（樹）穜時繇（徭）黔首而不顧其時，及令所謂春秋試射者，皆必以春秋閒時殹（也）。”
《第三組》:“丞相其以制明告郡縣，及毋令吏以苛繇（徭）奪黔首春夏時，令皆明焉。”
《二年・行書律》:“郵人勿令繇（徭）戍，毋事其戶，毋租。”
《二年・復律》:“丁女子各二人，它各一人，勿筭（算）繇（徭）賦。”

《二年·復律》：“家毋當繇（徭）者，得復縣中它人。”

《二年·興律》：“乏繇（徭）及車牛當繇（徭）而乏之，皆貲日廿二錢，有（又）償乏繇（徭）日，車☐。”

《二年·徭律》：“睆老各半其爵繇（徭）員，入獨給邑中事。”

《二年·徭律》：“當繇（徭）戍而病盈卒歲及毄（繫），勿聶（攝）。”

《二年·徭律》：“免老、小未傅者、女子及諸有除者，縣道勿敢繇（徭）使。”

《二年·徭律》：“自公夫₌（大夫）以下□□□□勿以爲繇（徭）。”

《二年·徭律》：“縣弩春秋射各旬五日，以當繇（徭）。”

《二年·徭律》：“興□□爲□□□□及發繇（徭）戍不以次，若擅興車牛，及繇（徭）不當繇（徭）使者，罰金各四兩。”

《二年·徭律》：“而歲上繇（徭）員及行繇（徭）數二千石官。”

《二年·徭律》：“繇（徭）律。”

《二年·史律》：“學佴敢擅繇（徭）使史、卜、祝學童者，罰金四兩。”

《二年·津關令》：“相國、御史請關外人宦爲吏若繇（徭）使，有事關中，不幸死，縣道若屬所官謹視收斂。”

《二年·津關令》：“節（即）歸休、繇（徭）使，郎中爲傳出津關。”

《奏讞書》：“變（蠻）夷大男子歲出五十六錢以當繇（徭）賦，不當爲屯。”

《奏讞書》：“律變（蠻）夷男子歲出賨錢，以當繇（徭）賦。”

《奏讞書》：“有君長，歲出賨錢，以當繇（徭）賦，即復也，存吏，毋解。”

《奏讞書》：“毋憂變（蠻）夷大男子，歲出賨錢，以當繇（徭）賦。”

《奏讞書》：“今廷史申繇（徭）使而後來，非廷尉當。”

繇與籀

《要》：“孔子繇（籀）易，至於損益一〈二〉卦，未尚（嘗）不廢書而英（歎）。”

《周馴》：“賢主之貴善言也，令工庸（誦）之於廟，令史繇（籀）之於朝，日聞於耳。”

《周馴》：“昔趙閒（簡）子身書二牘，而親自繇（籀）之。”

《周馴》：“已繇（籀）玆書，右手把一以予柏（伯）魯，左手把一以予無卹〈卹（恤）〉。”

繇與諛

《三壽》：“元折（哲）並進，誂（讒）繇（諛）則敝（屏），寺（時）名曰惠（聖）。”按，“繇（諛）”從陳劍《〈清華簡（伍）〉與舊説互證兩則》（復旦大學出土文獻與古文字研究中心網，2015 年 4 月 14 日）讀。

蘨與柚

《北萫·幽》：“猜常衮土，橘蘨（柚）蔞苞。”

𨖃與由

《語叢一》：“人之道也，或𨖃（由）中出，或𨖃（由）外内（入）。𨖃（由）中出者，息（仁）、忠、信。𨖃（由）☐。”

《語叢一》：“☐生悳（德），悳（德）生豊（禮），豊（禮）生樂，𨖃（由）樂智（知）型。”

《語叢一》：“𡉚𨖃（由）敬乍（作）。”

《語叢二》：“惻，退人也，名婁也，𨖃（由）𩒨鯀（倫）生。”

《語叢二》：“又（有）行〈而〉不𨖃（由），又（有）𨖃（由）而不行。”

《語叢三》：“或𨖃（由）其闢（避？），或由其不𦘔（進？），或𨖃（由）其可。”

《語叢三》：“亡不𨖃（由）我者。”

𦓏與由

《語叢一》：“凡勿（物）𦓏（由）望生。”

斿字聲系

斿與游

《論士》："一曰辯士，二曰斿（游）議之士，三曰強士。"

《論士》："斿（游）議士之所欲=國=治=之=無=成=風=（欲，欲國治之無成風。國治之無成風）也，則斿（游）議之士能以誹譽取顯於國。"

斿與遊

《趙正書》："昔者，秦王趙正出斿（遊）天下，環（還）至白（柏）人而病。"

《趙正書》："故出斿（遊）天下，欲以變氣易命，不可于（乎）？"

《趙正書》："秦王胡亥弗聽，遂行其意，殺其兄夫（扶）胥（蘇）、中尉恬，立高爲郎中令，出斿（遊）天下。"

《趙正書》："臣謹悉意壹智，陰行謀臣，齊之金玉，使斿（遊）諸侯。"

《趙正書》："治馳道，興斿（遊）觀，以見王之得志者，吾罪六矣。"

游與遊

《引書》："游（遊）堂下，逆露（露）之清，受天之精，歙（飲）水一棓（杯）。"

《衛風》："駕言出游（遊）。"

《北蒼・陽》："鰓（鰓）展賁（奮）達，游（遊）敖（遨）周章。"

《士相見》："如父，則游（遊）目，無（毋）上於面，無（毋）下於帶。"

游與流

《合陰陽》："一曰虎游，二曰蟬柎（附），三曰斥（尺）蠖，四曰囷（麕）桷。"按，馬王堆帛書《天下至道談》"游"作"流"。

《周馴》："今寡人適爲下游（流），而欲勿使從，其可得乎？"

《堪輿》："以其會庚辰，昭甲得罪，以七月游（流）西南，四鄉（嚮）皆然。"

《堪輿》："至十一月，司馬除，除而游（流）於狂，狂衺（正）在楚國西南。"

遊與留

《春秋一四》："刑不昚（慎），使守布周（舟），遊（留）其禍也。"

䢔與輶

《耆夜》："乍（作）訶（歌）一終曰䢔=乘=（《輶乘》：輶乘）既飭（飭），人備（服）余不冑（冑）。"

卣字聲系

卣與由

《保訓》："其有所卣（由）矣，不（丕）訓！"

卣與攸

《緇衣》："《寺（詩）》員（云）：'倗（朋）友卣（攸）嬰=（攝，攝）以愄（威）義（儀）。'"

《周易・蒙》："六厽（三）：勿用取女；見金夫，不又（有）躳（躬），亡（无）卣（攸）利。"

《周易・无妄》："亡（无）忘（妄）：元卿（亨）利貞。其非（匪）復又（有）禚（眚），不利又（有）卣（攸）往。"

《周易・无妄》："上九：亡（无）忘（妄），行又禚（眚），亡（无）卣（攸）利。"

《周易・大畜》："九厽（三）：良馬由（逐），利堇（艱）貞。曰：班（閑）車（輿）戔（衛），利又（有）卣（攸）往。"

《周易・頤》："六厽（三）：䨽（拂）頤，貞凶，十年勿用，亡（无）卣（攸）利。"

《周易・恆》："初六：叡（浚）亙（恆），貞凶。亡（无）卣（攸）利。"

《周易・遯》："初六：豚（遯）其尾厲，勿用又（有）卣（攸）往。"

《周易・解》："繲（解）：利西南，亡（无）

所往，其來復，吉。又（有）卣（攸）往，宿（夙）吉。”
《周易·姤》：“初六：繫于金柅（柅），貞吉。又（有）卣（攸）往，見凶。羸（羸）豕孚是（蹢）蜀（獨）。”
《周易·萃》：“啐（萃）：王畧（假）于宙（廟），利見大人，卿（亨），利貞。用大牲，利又（有）卣（攸）往。”
《厚父》：“亡㬎（顯）于民，亦隹（惟）骰（禍）之卣（攸）及，隹（惟）司民之所取。”
《湯丘》：“型（刑）亡（無）卣（攸）恋（赦），民人皆緖（僅）禺（虞）瑟₌（瑟瑟），夏王不得其愭（圖）。”
《二三子》：“卦曰：‘未濟，亨。小狐涉川，幾（汔）濟，濡其尾，无卣（攸）利。’”按，整理者釋“卣”爲“迺”。不確。
《阜易·蒙》：“无卣（攸）利。”
《阜易·賁》：“小利有卣（攸）往。”
《阜易·无妄》：“不利有卣（攸）往。”
《阜易·大過》：“大過，橦（棟）橈（撓），利用卣（攸）往，亨。”
《阜易·遯》：“勿用有卣（攸）□。”
《阜易·解》：“吉，有卣（攸）往。”
《阜易·卜辭》：“□卣（攸）往。”
《阜易·卜辭》：“有卣（攸）往。”

卣與修

《琴舞》：“不籋（墜）卣（修）彥（彥）。”

卣與牖

《武王甲》：“卣（牖）名（銘）隹（唯）曰。”

舀字聲系

舀與慆

《性自》：“樂之鼓（動）心也，濬深賊（鬱）舀（陶），其剌（烈）則流女（如）也以悲，條（悠）肰（然）以思。”按，上博簡本《性情論》舀（陶）作慆。

舀與陶

《性自》：“昏（聞）訶（歌）詻（謠），則舀（陶）女（如）也斯奮。”按，“舀（陶）”字從李零《郭店楚簡校讀記（增訂本）》（北京大學出版社，2002年，109頁）讀。
《性自》：“樂之鼓（動）心也，濬深賊（鬱）舀（陶），其剌（烈）則流女（如）也以悲，條（悠）肰（然）以思。”按，“舀（陶）”字從劉釗師《讀郭店楚簡字詞劄記》（《郭店楚簡國際學術研討會論文集》，湖北人民出版社，2000年）讀。下同。
《性自》：“目之好色，耳之樂聖（聲），賊（鬱）舀（陶）之炁（氣）也，人不難爲之死。”

滔與慆

《琴舞》：“無思（悔）享君，罔籋（墜）其考（孝），享隹（惟）滔（慆）帀（思），考（孝）隹（惟）型帀（思）。”

慆與陶

《性自》：“憙（喜）斯慆₌（陶，陶）斯奮₌（奮，奮）斯羕₌（咏，咏）斯猷₌（猶，猶）斯迮₌（舞。舞），憙（喜）之終也。”按，“慆₌（陶，陶）”字從龐樸《初讀郭店楚簡》（《歷史研究》1998年4期）讀。
《性自》：“樂之鼓（動）心也，濬深賊（鬱）舀（陶），其剌（烈）則流女（如）也以悲，條（悠）肰（然）以思。”按，上博簡本《性情論》舀（陶）作慆。“舀（陶）”字從劉釗師《讀郭店楚簡字詞劄記》（《郭店楚簡國際學術研討會論文集》，湖北人民出版社，2000年）讀。

逌與道

《采風》：“羽譔：《嘉賓逌（道）憙（喜）》。”按，“逌（道）”字從董珊《讀〈上博藏戰國楚竹書（四）〉雜記》（簡帛研究網，2005年2月20日）讀。

稻與慆

《耆夜》：“既醉又叡（侑），明日勿稻（慆）。”

鋊與鋊

《封許》：“贈尔廌（薦）彝：斸□彖、鼎（鈋），龍鬹（鬲）、緐（璉）、雚（鑵）、鉦（盨）、斉、丏（爵）、盤、監（鑑）、鑅（罌）、䀇（鑼）、周（雕）匿（鈁）、鬳、盤（簋）、鈄（觥）、鋊（鋊）、咎（格）。”按，“鋊”似當讀作“鋊”。《説文》：“鋊，古器也。”

酉字聲系

酉與酒

《容成氏》：“既爲金桎，或（又）爲酉（酒）池，浚（厚）樂於酉（酒）。”

《容成氏》：“受（紂）爲亡道，䁱（昏）者（捨）百眚（姓），至（絷）約者（諸）侯，𢇍（絕）穜（種）悉（侮）眚（姓），土玉水酉（酒）。”

《采風》：“□商：《要丘》，又訖，《奚言不從》，《豊（禮）又（有）酉（酒）》。”

《弟子問》：“虐（吾）䎽（聞）父母之喪，飤（食）肉女（如）飯土，畬（飲）酉（酒）如淫〈歠水〉，信啓（乎）？”

《季桓子》：“不味酉（酒）肉，不飤（食）五觳（穀）。”

《史蒥》：“内（納）牙（與）賜（貨），幽（流）色牙（與）酉（酒），大鐘貞（鼎），美宫（宫）室，區（驅）軖（騁）畋邋（獵），与（舉）獄諮（訟），此所以遂（失）☐。”

《耆夜》：“郘（呂）上（尚）甫（父）命爲司政（正），監畬（飲）酉（酒）。”

《耆夜》：“乍（作）訶（歌）一終曰藥=脂=酉=（《樂樂旨酒》：樂樂旨酒），宴（宴）以二公。”

《耆夜》：“王又（有）脂（旨）酉（酒），我恴（憂）以颬（拋）。”

《厚父》：“母（毋）湛于酉（酒）。民曰隹（惟）酉（酒）甬（用）褘（肆）祀，亦隹（惟）酉（酒）甬（用）庚（康）樂；曰酉（酒）非飤（食），隹（惟）神之卿（饗）；民亦【曰】隹（惟）酉（酒）甬（用）敗鬼（威）義（儀），亦隹（惟）酉（酒）甬（用）恆（癡）痤（狂）。”

《秦律·田律》：“百姓居田舍者毋敢醢（酤）酉（酒），田嗇夫、部佐謹禁御之。”

《秦律·廏苑律》：“賜田嗇夫壺酉（酒）束脯。”

《日甲·病》：“得之赤肉、雄雞、酉（酒）。”

《日甲·病》：“得之於黄色索魚、堇酉（酒）。”

《日甲·病》：“得之於酉（酒）脯脩節（鼈）肉。”

《日甲·生子》：“丙午生子，耆（嗜）酉（酒）而疾，後富。”

《日甲·生子》：“戊午生子，耆（嗜）酉（酒）及田邋（獵）。”

《日甲·衣二》：“以坐而飲酉（酒），矢兵不入于身，身不傷。”

《日乙·有疾》：“得於酉（酒）、脯脩節肉。”

《日乙·生》：“乙亥生，利酉（酒）醴。”

《日乙·生》：“丁酉生，吉，旨（嗜）酉（酒）。”

《天乙·無毒》：“言酉（酒）甘□□子之，惡主笱（苟）把毒毆。”

《第三組》：“材官、趨發、發弩、善士敢有相責（債）入舍錢酉（酒）肉及予者，捕者盡如此令，士吏坐之，如鄉嗇夫。”

《春秋六》：“伯有亦弗芒（茫），自歸其

□，伯有閉室，縣（懸）鐘而長歙=（飲酒）。”
《春秋六》：“令有不行而□□咎君□□□□□□□□□□□□□□縣（懸）鐘而長飲酉（酒）。”
《癃病》：“以醯、酉（酒）三乃（沥）煮黍稷而飲其汁，皆□□。”

酉與柳

《日乙·六月》：“酉（柳），百事吉。”
《帛五行·說》：“酉（柳）下子輕思於翟，路人如斬，酉（柳）下子見其如斬也。”
《摭輿》：“酉（柳）、七星、張。”
《摭輿》：“朔星：正月營室，二月奎，三月胃，四月觜觿，五月東井，六月酉（柳），七月翼，八月角，九月氐，十月尾，十一月斗，十二月婺女。”

酉與猶

《帛乙老子·德經》：“天之道，酉（猶）張弓也。高者印（抑）之，下者舉之，有余（餘）者云（損）之，不足者補之。”
《九主》：“是故敦（專）授失正之君也，過在主。雖然，酉（猶）君也主吾（悟）則酉（猶）制其臣者也。”
《九主》：“唯（雖）然，酉（猶）君也，自制其臣者也，非作人者。”

逎與猶

《戰國四》：“止某不道，逎（猶）免寡人之冠也。”

逎與遒

《得之》：“即逯謂得之：‘逎（遒）之叏里門宿。’”
《得之》：“叏謂得之：‘逎（遒）之叏里門宿。’”

栖與酉

《建除》：“工於栖（酉）。”
《建除》：“盜於栖（酉）。”
《建除》：“坪於栖（酉）。”
《建除》：“敫於栖（酉）。”
《建除》：“韄於栖（酉）。”
《建除》：“建於栖（酉）。”
《建除》：“散於栖（酉）。”
《建除》：“葡於栖（酉）。”
《建除》：“復於栖（酉）。”
《建除》：“成於栖（酉）。”
《建除》：“盇於栖（酉）。”
《建除》：“坐於栖（酉）。”
《叢辰》：“寅、卯、辰、巳、午、未、申、栖（酉）、戌、亥、子、丑，是胃（謂）結日。”
《叢辰》：“卯、辰、巳、午、未、申、栖（酉）、戌、亥、子、丑、寅，是胃（謂）昜（陽）日。”
《叢辰》：“辰、巳、午、未、申、栖（酉）、戌、亥、子、丑、寅、卯，是胃（謂）交日。”
《叢辰》：“巳、午、未、申、栖（酉）、戌、亥、子、丑、寅、卯、辰，是胃（謂）□日。”
《叢辰》：“午、未、申、栖（酉）、戌、亥、子、丑、寅、卯、辰、巳，是胃（謂）侌（陰）日。”
《叢辰》：“未、申、栖（酉）、戌、亥、子、丑、寅、卯、辰、巳、午，是胃（謂）達日。”
《叢辰》：“申、栖（酉）、戌、亥、子、丑、寅、卯、辰、巳、午、未，是胃（謂）外昜（陽）日。”
《叢辰》：“戌、亥、子、丑、寅、卯、辰、巳、午、未、申、栖（酉），是胃（謂）侌（陰）日。”
《叢辰》：“亥、子、丑、寅、卯、辰、巳、午、未、申、栖（酉）、戌，是胃（謂）𢇍（絕）日。”
《叢辰》：“子、丑、寅、卯、辰、巳、午、未、申、栖（酉）、戌、亥，是胃（謂）光日。”

《叢辰》："丑、寅、卯、辰、巳、午、未、申、梄（酉）、戌、亥、子，是胃（謂）采〈采〉日。"

《盜疾》："以又（有）疾，梄（酉）少翏（瘳），戌大翏（瘳），死生才（在）子。"

《盜疾》："☐梄（酉），朝啟夕閟（閉）。凡五梄（酉）☐。"

《盜疾》："辰大翏（瘳），死生才（在）梄（酉）。"

《筮法二七》："卯、梄（酉），羅（離）。"

《筮法二八》："卯、梄（酉），六。"

梄與柳

《子儀》："楊梄（柳）可（兮）依=（依依），其下之溼=（浩浩）。"

猶與猶

《戰國一一》："盡以爲齊，王猶（猶）聽惡燕者，燕王甚苦之。"

酞與猶

《春秋三》："□君□□□□而用之，酞（猶）尚莫敢不□。"

《戰國一八》："酞（猶）不能持無功之尊，不勞之奉，而守金玉之重也。"

酞與猷

《奏讞書》："史酞（猷）治，曰：説毋罪，媢當賜衣。"

《奏讞書》："君曰：問史酞（猷）治獄非是。"

《奏讞書》："史酞（猷）曰：臣謹案説所以切肉刀新磨甚利，其且置梚（庖）【俎】。"

《奏讞書》："史酞（猷）曰：炙中髮，臣度之。"

《奏讞書》："亟出說，而賜媢新衣，如史酞（猷）當。"

鰌與鰌

《北蒼·幽》："竊鮒鮮鰷，鱣鮪鯉鰌（鰌）。"

夒字聲系

幓與玃

《北蒼·魚》："瓦蓋焚（棼）櫋，晋（垔）溉（塈）幓（玃）杅。"

擾與玃

《北蒼·幽》："塵埃票（飄）風，嫯（傲）鬓（漠）寡（煩）擾（玃）。"

幓與擾

《北蒼·耕》："婟嬸竀髩（盱），恩幓（擾）嫖娙。"按，"幓（擾）"字從張存良《〈蒼頡篇〉研讀獻芹（八）——北大簡〈蒼頡篇〉釋文商兑（六）》（簡帛網，2015年12月24日）釋讀。

牢字聲系

牢與陸

《疽病》："睢（疽）始起，取商〈商〉牢（陸）漬醯中，以熨其種（腫）處。"

翏字聲系

翏與蓼

《詩論》："《翏（蓼）莪》又（有）孝志。"

翏與戮

《窮達》："子疋（胥）前多社（功），後翏（戮）死，非其智懷（衰）也。"

《禁忌》："凡五亥，不可以畜六牲腯（擾），帝之所以翏（戮）六腯（擾）之日。"

《答問》："'譽適（敵）以恐眾心者，翏=（戮。'戮）者可（何）如？"

《答問》："生翏=（戮，戮）之已乃斬之之謂殹（也）。"

翏與瘳

《盜疾》："以又疾，午少翏（瘳），申大翏（瘳），死生才（在）□。"

《盜疾》："以又（有）疾，未少翏（瘳），申大翏（瘳），死生才（在）丑。"

《盜疾》："以又（有）疾，栖（西）少翏（瘳），戌大翏（瘳），死生才（在）子。"
《盜疾》："⍁翏（瘳），死生才（在）寅。"
《盜疾》："以又（有）疾，戌少翏（瘳），辰大翏，死生才（在）寅。"
《盜疾》："以又（有）疾，子少翏（瘳），卯大翏（瘳），死生才（在）寅。"
《盜疾》："辰大翏（瘳），死生才（在）栖（西）。"
《盜疾》："以又（有）疾，卯少翏（瘳），巳大翏（瘳），死生才（在）申。"
《盜疾》："⍁大翏（瘳），死生才（在）子。"
《盜疾》："⍁翏（瘳），死生才（在）□。"
《日乙・見人》："以有疾，振（辰）少翏（瘳），午大翏（瘳），死生在申。"
《日乙・見人》："以有疾，卯少翏（瘳），巳大翏（瘳）、死生。"
《日乙・見人》："以有疾，午少翏（瘳），申大翏（瘳），死生在子。"
《日乙・見人》："以有疾，未少翏（瘳），申大翏（瘳），死生在亥。"
《日乙・見人》："以有疾，酉少翏（瘳），戌大翏（瘳），死生在子。"
《日乙・見人》："以有疾，申少翏（瘳），亥大翏（瘳），死生在寅。"
《日乙・見人》："【以】有疾，丑少翏（瘳），辰大翏（瘳），死生在寅。"
《日乙・見人》："以有疾，子少翏（瘳），卯大翏（瘳），死生在寅。"
《日乙・見人》："以有疾，子少翏（瘳），□大翏（瘳），死生在辰。"
《日乙・見人》："以有疾，戌少翏（瘳），子大翏（瘳），死生在未。"
《日乙・見人》："以有疾，卯少翏（瘳），辰大翏（瘳），死生在酉。"
《日乙・見人》："以有疾，巳少翏（瘳），酉大翏（瘳），死生在子。"

翏與繆

《順道》："新故不翏（繆），我有所周。"按，"翏（繆）"字從抱小《簡帛拾遺》（國學網，2004年8月26日）讀。
《繆和》："翏（繆）和問先生曰。"
《繆和》："其次秦翏（繆）公、荊莊、晉文、齊軭（桓）是也。"

翏與聊

《競公瘧》："自古（姑）、蚤（尤）以西，翏（聊）、舂（攝）以東。"

僇與戮

《四度》："内外皆逆，是胃（謂）重央（殃），身危爲僇（戮），國危破亡。"
《亡論》："大殺服民，僇（戮）降人，刑无罪，過（禍）皆反自及也。"
《論約》："不有人僇（戮），必有天刑。"
《正亂》："吾將遂是（寔）其逆而僇（戮）其身，更置六直〈相〉而合以信。"
《葆啟》："嚴，殺僇（戮）毋（無）常。"
《周馴》："或進閒（諫）曰：'夷吾之罪大矣，奈何不以爲僇（戮）而授之相也？'"
《趙正書》："然而見疑如此，臣等盡當僇（戮）死，以佨（報）於天下者也。"

僇與繆

《姓爭》："居則无法，動作爽名。是以僇（繆）受其刑。"

嫪與嫽

《反淫》："嫪（嫽）艾男女，相引爲友。"

漻與寥

《帛乙老子・道經》："蕭（寂）呵漻（寥）呵，獨立而不孩（改）。"

漻與樛

《服傳甲》："故喪（殤）之絰不漻（樛）垂，蓋弗（未）成也。"

蓼與寥

《妄稽》："周春虞士，潚（寂）蓼（寥）皆嘿（默）。"

鄝與蓼

《鄭甲》："縈厄（軛）郢（蔦）、竽（邘）之國，魯、違（衛）、鄝（蓼）、郗（蔡）逨（來）見。"

《鄭乙》："縈厄（軛）郢（蔦）、竽（邘）之國，魯、衛、鄝（蓼）、郟〈郗〉（蔡）逨（來）見。"

膠與摎

《日甲・詰》："人毋（無）故而鬼取爲膠（摎），是=（此是）哀鬼。"

膠與戮

《聽有》："□貴爲天子，富有天下，殺王子比干，膠（戮）箕子胥餘。"

《聽有》："至於身死爲膠（戮）邦爲虛（墟），可胃（謂）不能誅矣。"

瘳與戮

《隨日・星官》："司瘳（戮）。"

《四度》："身必有瘳（戮）。"

瘳與畱

《節》："農夫毋休禦（御）、灰瘳（畱）萉菅、弋邋（獵）羅罔（網），毋操斧鑁入山林中，毋罪田吏，毋執人田山林中，有央（殃）。"

瘳與艽

《木牘》："秦瘳（艽）五分，付（附）子一分。"

繆與謬

《效律》："計校相繆（謬）殹（也），自二百廿錢以下，誶官嗇夫。"

《暨過》："與從事廿（二十）一年庫計，劾繆（謬）弩百。"

繆與寥

《帛甲老子・道經》："繡（寂）呵（兮）繆（寥）呵（兮），獨立而不改。"

繆與穆

《姓爭》："繆（穆）繆（穆）天刑，非德必頃（傾）。"

《陳忌問壘》："終秦繆（穆）公之身，秦不敢與（舉）☐。"

《百里奚》："秦繆（穆）公☐。"

《百里奚》："繆（穆）公曰☐。"

繆與僚

《反淫》："繆（僚）艾男女，雜坐奄留。"

謬與嗷

《妄稽》："大（太）息歌誄（吟），謬（嗷）謬（嗷）爰（猨）恤（鹹）。"按，"謬（嗷）謬（嗷）"字從黔之菜《讀北大漢簡〈妄稽〉小札一則》（復旦大學出土文獻與古文字研究中心網，2016年6月22日）讀。

蚤字聲系

蚤與爪

《脈書》："内癉，身痛，艮（眼）蚤（爪）黄，弱（溺）赤，爲黄癉（疸）。"

《帛甲老子・德經》："矢（兕）无所椯（揣）其角，虎无所昔（措）其蚤（爪）。"

《帛乙老子・德經》："兕无所椯其角，虎无所措其蚤（爪）。"

《明君》："以夫先王者爲□□□俞（揄）蚤（爪）衙（牙）之士。"

《癰》："柱若以虎蚤（爪），抉取若刀，而割若葦（韋），而刖若肉。"按，"蚤（爪）"字從周一謀、蕭佐桃《馬王堆醫書考注》（天津科學技術出版社，1988年，200頁）讀。

《雜禁方》："取雄=（雄隹）左蚤（爪）四，小女子左蚤（爪）四，以鍪熬。"

《北大老子》："虎無所錯（措）其蚤（爪），冢（兕）無所椯（揣）其角，兵無所容其刃。"

《萬物》："爲熒=（熒熒）之火以鳥蚤（爪）

也。”

《勢備》：“夫陷（含）齒戴角，前蚤（爪）後鋸（距）。”

《曹氏》：“☐□以物有蚤（爪）牙傷害人者，觀之不善亦不□☐。”

蚤與搔

《白處》：“雞湮居二□□之□，以蚤（搔）挈（契）虘（瘧）令赤，以□之。”按，“蚤（搔）”字從馬繼興《馬王堆古醫書考釋》（湖南科學技術出版社，1992年，435頁）讀。

《癩》：“積（癩）者及股癰、鼠復者，□中指蚤（搔）二七，必瘳。”

蚤與早

《封診式》：“不智（知）盜者可（何）人及蚤（早）莫（暮），毋（無）意殹（也）。”

《日甲·行》：“有爲而禺（遇）雨，命曰央（殃）蚤（早）至。”

《日乙·寄人室》：“命之央（殃）蚤（早）至，不出三月，有死亡之志致（至）。”

《天甲·干占盜》：“戊亡，盜在南方，食者五口一于（宇）閒，男子殹。亡蚤（早）不得，亡莫（暮）而得。”

《天乙·干占盜》：“戊亡，盜在南方，食者五口一于（宇）閒，男子殹。亡蚤（早）不得，亡莫（暮）而得。”

《天乙·時一》：“蚤（早）食七，栩（羽），火。”

《天乙·陰陽鐘》：“大呂多二，蚤（早）莫（暮）自死。”

《隨日·臨日》：“以有爲而遇雨，命曰央（殃）蚤（早）至。”

《隨日·死》：“丁卯蚤（早）食有疾，赤色死。”按，“蚤”當讀作“早”。

《隨日·朔占》：“申朔蚤（早）殺。”

《隨日·歲》：“必溫，寒，名曰執，蚤（早）寒蚤（早）執，莫（暮）寒莫（暮）執。”

《隨日·歲》：“九月爲計於卯，蚤（早）風以於草木，溫以清。”

《奏讞書》：“覆者訊毛₌（毛，毛）何故不蚤（早）言請（情）？”

《奏讞書》：“此以不蚤（早）言請（情）。”

《引書》：“蚤（早）起，棄水之後，用水澡漱（漱），疏齒，被髮。”

《引書》：“人之所以善蹶（瘚），蚤（早）衰於陰，以其不能節其氣也。”

《引書》：“春日，蚤（早）起之後，棄水，澡漱（漱），洒齒，泃（呴），被髮。”

《帛甲老子·道經》：“物壯而老，是胃（謂）之不道，不道蚤（早）已。”

《帛乙老子·德經》：“物[壯]則老，胃（謂）之不道，不道蚤（早）已。”

《帛乙老子·德經》：“治人事天，莫若嗇。夫唯嗇，是以蚤（早）服。”

《帛乙老子·德經》：“夫唯嗇，是以蚤（早）服。”

《帛乙老子·德經》：“蚤（早）服是胃（謂）重積[德]。”

《帛乙老子·道經》：“物壯而老，胃（謂）之不道，不道蚤（早）已。”

《戰國二三》：“今楚王之春秋高矣，[君之封]地不可不蚤（早）定。”

《繆和》：“潚（肅）潚（肅）宵正（征），蚤（早）夜在公，是（寔）命不同。”

《文摯》：“其受天氣也蚤（早），其受地氣也葆（飽）。”

《文摯》：“辟（譬）如鳴〈鳥〉獸，蚤（早）卧蚤（早）起，莫（暮）卧莫（暮）起。”

《攻權》：“發童（動）必蚤（早），畝凌而兵毋與戰矣。”

《王兵》：“☐无將，不蚤（早）知。野无吏，无蓄積。”

《德在》："☐在蚤（早）豫，☐。"
《三十時》："不可取婦₌（婦，婦）蚤（早）操令。"
《三十時》："不可取婦₌（婦，婦）蚤（早）操令。"
《五令》："毋發₌贛₌賜₌（發贛賜。發贛賜），大風至，蚤（早）殺，馬牛遅。"
《北大老子》："物壯則老，謂之不道，不道蚤（早）已。"
《北大老子》："夫唯嗇，是以蚤（早）服，蚤（早）服是謂重積德。"
《北大老子》："物壯則老，謂之不道，不道蚤（早）已矣。"
《妄稽》："必與婦生，不若蚤（早）死。"
《妄稽》："今不蚤（早）計，後將奈何。"
《妄稽》："擊陰，騂（錐）簄之，蚤（早）死之。"
《雨書》："辰雨，毋蚤（早）莫（暮），皆少，巳霽。"
《雨書》："巳雨，毋蚤（早）莫（暮），多，而夕霽。"
《雨書》："申雨，毋蚤（早）莫（暮），少，石（遮）日也。"
《雨書》："酉雨，毋蚤（早）莫（暮），多，戌霽。"
《雨書》："亥雨，毋蚤（早）莫（暮），多。"
《士相見》："凡侍坐於君子，君子吹〈欠〉伸，問日之蚤（早）宴（晏），以食具告。"

蚤與竈

《隨日·有疾》："蚤（竈）神及水祟（患）。"

搔與埽

《有司》："有司徹，搔（埽）堂。"

騷與埽

《疣》："以月晦日之丘井有水者，以敝帚騷（埽）尤（疣）二七，祝曰：'今日月晦，騷（埽）尤（疣）北。'"
《泰射》："祿（隸）仆人騷（埽）侯道。"
《服傳乙》："大夫去，君騷（埽）其宗廟，故服資（齊）衰三月也，言與民同也。"
《唐風》："☐☐☐內，弗☐弗騷（埽）。"
《鹿鳴之什》："於粲洒騷（埽），每食以杁（簋）。"

騷與掃

《丹》："祠者必謹騷（掃）除，毋以淘☐祠所。毋以羹沃腏（餟）上，鬼弗食毆。"
《治官》："官中多草，☐不灑除，棧曆（櫪）浚除，窖內直（置）槩，涂（塗）壂（塈）騷（掃）除。"
《節》："田脩封彊（疆），司空脩社稷，鄉騷（掃）除術，伐枯弇青，天將下享氣。"

騷與瘙

《脈書》："身病養（癢），農（膿）出，爲騷（瘙）。"
《乾瘙》："乾騷（瘙）方。"
《乾瘙》："先孰（熟）洒（洗）騷（瘙）以湯，潰其灌，撫以布，令☐☐而傅之。"
《乾瘙》："善洒（洗），乾，節（即）炙裹樂（藥），以靡（磨）其騷（瘙），☐靡（磨）脂☐☐脂，騷（瘙）即已。"
《乾瘙》："有（又）飲熱酒其中，雖久騷（瘙）已。"
《乾瘙》："乾騷（瘙）。"
《胎產書》："貍（埋）包（胞）席下，不疕騷（瘙）。"
《胎產書》："字者已，即燔其蓐，置水中，☐☐嬰兒，不疕騷（瘙）。"

棗字聲系

棗與早

《日甲·秦除》："利棗（早）不利莫（暮），可以入人、始寇（冠）、乘車。"

棗與早

《老子》乙："夫唯嗇，是以棗，是以棗備（服），是胃（謂）▨。"按，今本棗作早。

《語叢三》："陸（地）能貪（含）之生之者，才（在）棗（早）。"

《語叢四》："棗（早）與臤（賢）人，是胃（謂）瘚（訣）行。"

《語叢四》："棗（早）與智悔（謀），是胃（謂）童（重）基。"

《曹沬》："曦（諜）人來告曰：其逕（將）衛（帥）聿（盡）剔（傷），車連（輦）皆栽，曰迺（將）棗（早）行。"按，"棗（早）"字從陳劍《上博竹書〈曹沬之陳〉新編釋文》（簡帛研究網，2005年2月12日）讀。下一例同。

《曹沬》："棗（早）飤（食）戕（葷）兵，各載尔臧（藏），既戰迺（將）斅。"

《繫年十八》："晉臧（莊）坪（平）公即殜（世），卲（昭）公、同（頃）公虐（皆）棗（早）殜（世），柬（簡）公即立（位）。"

《鄭武》："昔虛（吾）先君吏（使）二三臣，印（抑）棗（早）歬（前）句（後）之以言。"

棗與蚤

《老子》乙："夫唯嗇，是以棗，是以棗備（服），是胃（謂）▨。"按，嚴遵本和帛書乙本棗作蚤。

爈與造

《鄭甲》："以韻於倿幷，籁（笠）皐（冑）鞶（菫）虢（甲），列戈盾以爈（造）勛。"

《鄭乙》："以猷於倿幷，籁（笠）皐（冑）鞶（菫）虢（甲），列戈盾以爈（造）勛。"

早字聲系

早與皂

《二類》："付（附）子一分，早（皂）莢一分。"

早與草

《北蒼・支》："某柟早（草）蠸（權），窫椅（倚）姘（騈）鮭。"

艸字聲系

艸與草

《六德》："唯（雖）才（在）艸（草）茆（茅）之宙（中），句（苟）臤（賢）▨。"按，"艸（草）"字從馮勝君《讀〈郭店楚墓竹簡〉劄記》（《古文字研究》第二十二輯，中華書局，2000年）釋讀。

秋字聲系

秋與愀

《帛五行・説》："既安之止矣，而有（又）秋（愀）秋（愀）然而敬之者，禮氣[也]。"

《帛五行・説》："既行之矣，[又]秋（愀）秋（愀）然敬之者，禮氣也。"

秋與愁

《易之義》："'橊（晉）如秋（愁）如'，所以辟（避）怒[也]。"

萩與秋

《相宅》："萩（秋）三月，作高尻（居）於西得▨。"

《金縢》："是戢（歲）也，萩（秋）大簹（熟），未殽（刈）。"

《金縢》："戢（歲）大又（有）年，萩（秋）則大殽（刈）。"

萩與皂

《養生方》："[取]萩（皂）莢二，冶之，以水一參沃之，善挑，即漬巾中，卒（晬）其時而拊（抽）之，□□□乾，輒復漬。"

愁與揫

《北蒼・幽》："鷂（蹻）氵□冉（姌）愁（揫），雋雠□□。"

詠與啾

《性自》："惪（吟）遊恘（哀）也，喿（噪）遊樂也，詠（啾）遊聖（聲），戠遊心也。"按，"詠（啾）"字從趙建偉《郭店竹簡〈忠信之道〉、〈性自命出〉校釋》（《中國哲學史》1999年2期）讀。

曹字聲系

曹與糟

《養生方》："令蠭（蜂）□□□□□□□□□□□□□□□□□□淳（醇）曹（糟）四斗。"

曹與遭

《戰國一九》："三王者皆賢矣，不曹（遭）時不王。"

《晏子一三》："柏常騫出，曹（遭）晏子於涂（途）。"

《論士》："不曹（遭）時，危☑。"

曹與造

《琴舞》："𠷎（亂）曰：已，不曹（造）孳（哉）！思型之，思毷（勖）彊（𠻳）之，甬（用）求其定。"

《琴舞》："𠷎（亂）曰：非天諗（含）悳（德），殹（繄）莫肎（肯）曹（造）之。"

曹與霤

《燕禮》："執（設）洗匪（篚）于作（阼）階東南，當東曹（霤）。"

漕與曹

《曹氏》："漕（曹）是（氏）陰陽。"

造字聲系

散與遭

《彭祖》："一命弌（一）臏，氏（是）胃（謂）散（遭）央（殃）。"

散與曹

《曹沫》："散（曹）蔑（沫）之戟（𠻳）。"

《曹沫》："散（曹）穠（沫）内（入）見曰。"

《曹沫》："散（曹）𡐦（沫）曰：'君其毋員（昏），臣聒（聞）之曰：䜌（鄰）邦之君明，則不可以不攸（修）政而善於民。不肰（然），忎（恐）亡焉；㚙（鄰）邦之君亡道，則亦不可以不攸（修）政而善於民。不肰（然），亡以取之。'"

《曹沫》："散（曹）穠（沫）曰：'亡以異於臣之言。君弗𦘔（盡），臣聒（聞）之曰：君子以臤（賢）爯（稱）而遂（失）之，天命；以亡道爯（稱）而叟（沒）身遼（就）殀（殂），亦天命。不肰（然），君子以臤（賢）稱，害（曷）又（有）弗得？以亡道爯（稱），害（曷）又（有）弗遂（失）？'"

《曹沫》："還年而聒（問）於散（曹）𢾾（沫）曰。"

《曹沫》："散（曹）𢾾（沫）畣（答）曰。"

莃與曹

《曹沫》："莃（曹）藃（沫）畣（答）曰。"

《曹沫》："莃（曹）藃（沫）曰。"

《曹沫》："莃（曹）穠（沫）畣（答）曰：'臣聒（聞）之：昔之明王之记（起）於天下者，各以其殜（世），以及其身。今與古亦𠟭（閒），不同矣。臣是古（故）不敢以古畣（答）。肰（然）而古亦又（有）大道安（焉），必共（恭）僉（儉）以得之，而喬（驕）大（泰）以遂（失）之。君其亦隹（唯）聒（聞）夫墨（禹）、康（湯）、傑（桀）、受（紂）矣。'"

竈與竈

《吳命》："竈（竈）桼（來）告曰。"

酉字聲系

酉與輶

《容成氏》："其惪（德）酉（輶）清，而

上悉（愛）下，而一其志，而寑其兵，而官其才（材）。”按，“酉（輶）”字從楊澤生《讀上博竹簡劄記（六則）》(《古文字研究》第二十五輯，中華書局，2004年）讀。

道與猶

《戰國四》：“魚（吾）必不聽眾口與造言，魚（吾）信若（汝）遒（猶）齕也。”

猷與猶

《緇衣》：“龜筮猷（猶）弗智（知），而皇（況）於人虖（乎）？”

《五行》：“柬（簡）之爲言猷（猶）練也，大而晏者也；匿之爲言也猷（猶）匿₌（匿匿）也，少（小）而訪〈診（軫）〉者也。”

《性自》：“□蜀（獨）行，猷（猶）口之不可蜀（獨）言也。”

《性自》：“憙（喜）斯慆₌（陶，陶）斯奮₌（奮，奮）斯羕₌（咏，咏）斯猷₌（猶，猶）斯迒₌（舞。舞），憙（喜）之終也。”

《成之》：“節於而（能）也，則猷（猶）是也。”

《尊德義》：“爲邦而不以豊（禮），猷（猶）戾之亡（無）𡍮也。”

《六德》：“敔之爲言也，猷（猶）敔敔也。”

《語叢三》：“君猷（猶）父也，其弗亞（惡）也，猷（猶）三軍之旃也，正也。”

《詩論》：“□□志，既曰天也，猷（猶）又（有）情（怨）言。”

《詩論》：“《審（湛）零（露）》之賹也，其猷（猶）軋與？”

《仲弓》：“山又（有）堋（崩），川又（有）渫（竭），昌₌（日月）星唇（辰）猷（猶）差，民亡（無）不又（有）怂（過）。”

《仲弓》：“昔三弋（代）之明王，又（有）四海（海）之内，猷（猶）來□。”

《弟子問》：“人而下臨，猷（猶）上臨也。”

《蘭賦》：“□□攸（搖）茖（落）而猷（猶）不遳（失）乒（厥）芳₌（芳，芳）浧（馨）訛（佖）匸（迡）而達睧（聞）于四方。”按，“猷（猶）”字從鄔可晶在復旦吉大古文字專業研究生聯合讀書會《上博八〈蘭賦〉校讀》(復旦大學出土文獻與古文字研究中心網，2011年7月17日)一文下跟帖釋讀。

《楚居》：“競（景）坪（平）王即立（位），猷（猶）居秦（乾）溪之上。”

《楚居》：“至恖（悼）折（哲）王猷（猶）居鄘（鄘）郢。”

《芮良夫》：“敬之孳（哉）君子！天猷（猶）畏（威）矣。”

《老子》甲：“猷虖（乎）其奴（若）愄（畏）四𠳋（鄰）。”按，傅奕本猷作猶。

《老子》甲：“是以聖人猷𧸤（難）之，古（故）終亡𧸤（難）。”按，今本猷作猶。下二例同。

《老子》甲：“卑（譬）道之才（在）天下也，猷少（小）浴（谷）之與江海（海）。”

《老子》甲：“天陛（地）之刎（間），其猷囦（橐）雚〈籥〉與？”

《老子》丙：“信不足，安（焉）又（有）不信。猷虖（乎）其貴言也。”按，河上、傅奕本猷作猶。

《湯丘》：“今少（小）臣又（有）疾，女（如）思（使）呺（召），少閑（間）於疾，朝而旨（稽）之，不猷（猶）受君賜？”

《啻門》：“耇（胡）猷（猶）是人，而罷（一）亞（惡）罷（一）好？”

《鄭武》：“虗（吾）先君女（如）忍孨₌（孺子）志₌（之志），亦猷（猶）歫（足）。”

《帛甲老子·德經》：“多易必多難，是以聖人猷（猶）難之，故終於无難。”

《帛乙老子·道經》：“天地之閒，其猷

（猶）橐籥輿（與）？”

《帛乙老子·道經》：“猷（猶）呵（兮）其若畏四叜（鄰）。”

《帛乙老子·道經》：“猷（猶）呵（兮），其貴言也。”

《帛乙老子·道經》：“卑（譬）道之在天下也，猷（猶）小浴（谷）之與江海也。”

《帛五行·經》：“簡之爲言也猷（猶）賀，大而罕者。”

《帛五行·經》：“匿之爲言也猷（猶）匿匿，小而軫者。”

《帛五行·説》：“有猷（猶）五聲之和也。”

《成法》：“請問天下猷（猶）有一虖（乎）？”

《戰國一七》：“魏亡晉國，猷（猶）重秦也。”

《二三子》：“故厥客恐懼，日慎一日，猷（猶）有詖行。”

《鹿鳴之什》：“□□□矣，猷（猶）求友□。”

《兵情》：“矢唯（雖）輕重得，前後適，猷（猶）不中招也”按，“猷（猶）”字從張震澤《孫臏兵法校理》（中華書局，1984年，87頁）釋讀。

《周馴》：“置貴而不賢，是猷（猶）獨令岐山之二女爲府史也，剴（豈）能自守？”

《周馴》：“徒步之人，布衣之士，猷（猶）有羞蓐（辱），惡大訽瑰（恥）。”

《周馴》：“罪猷（猶）有敕〈赦（赦）〉，而皇（況）無罪乎？”

《周馴》：“且已去其民矣，而尚猷（猶）有不惠之名，其何以彌久而侖思於百姓？”

猷與憖

《性自》：“同兑（悦）而交，以悳（德）者也；不同兑（悦）而交，以猷者也。”按，上博簡本《性情論》猷作憖。

猷與俗

《北大老子》：“猷（俗）人昭昭，我蜀（獨）若昏；猷（俗）人計計（察察），我獨昏昏。”

猷與由

《周易·豫》：“九四：猷（由）余（豫），大又（有）得。母（毋）頪（疑），堋（朋）坎（盍）壅（簪）。”

猷與悠

《老子》丙：“信不足，安（焉）又（有）不信。猷虐（乎）其貴言也。”按，王弼本猷作悠。

猷與允

《周易·豫》：“九四：猷（由）余（豫），大又（有）得。”按，帛書本猷（由）作允。

猷與容

《周易·頤》：“六四：遚（顛）頤，吉，虎視䟢₌（眈眈），其猷（欲）攸₌（逐逐），亡（无）咎。”按，帛書本猷（欲）作容。

猷與欲

《周易·頤》：“六四：遚（顛）頤，吉，虎視䟢₌（眈眈），其猷（欲）攸₌（逐逐），亡（无）咎。”

鰌與蝤

《衛風》：“□如疑（凝）脂，領如鰌（蝤）餔〈蝕（蠐）〉。”

叟字聲系

傁與叟

《蓋廬》：“不孝父兄，不敬長傁（叟）者，攻之。”

寃字聲系

寃與宿

《王子木》：“𡊄（過）繡（申），睹（舍）飤（食）於鼪寃（宿）。”按，“寃（宿）”

字從何有祖《讀〈上博六〉劄記》(簡帛網，2007年7月9日)隸定，從陳劍《釋上博竹書和春秋金文的“羹”字異體》(復旦大學出土文獻與古文字研究中心網，2008年1月6日)讀。下同。

《王子木》：“睹(舍)飤(食)於鼪寃(宿)，醢(酪)盉(羹)不焌(酸)。”

秀字聲系

秀與陶

《容成氏》：“叴(皋)秀(陶)乃五嬲(讓)以天下之臤(賢)者。”

秀與牖

《叢辰》：“利以串(穿)戶秀(牖)，舀(鑿)汬(井)，行水事，吉。”

秀與誘

《有皇》：“膠膰秀(誘)余含可(兮)，蜀(獨)諭三夫含可(兮)。”

《將過》：“勇而主〈坙(輕)〉死者可秀(誘)，急而心逴(促)者可久。”

琇與牖

《雜禁方》：“嬰兒善泣，坴(塗)琇(牖)上方五尺。”

莠與誘

《官一》：“禪祏(髻)虆(磐)避(辟)，所以莠(誘)桑(躡)也。”

誘與秀

《秦律·田律》：“雨爲澍〈澍〉，及誘(秀)粟，輒以書言澍〈澍〉稼、誘(秀)粟及豤(墾)田暘毋(無)稼者頃數。”

《妄稽》：“靡免(曼)白皙，長髮誘(秀)紿。”

采字聲系

采與由

《忠信》：“古(故)行而鯖兑(悦)民，君子弗采(由)也。”按，“采(由)”字從裘按(《郭店楚墓竹簡·忠信之道》篇注[一五])讀。

《唐虞》：“六帝興於古，壆(咸)采(由)此也。”按，“采(由)”字從裘按(《郭店楚墓竹簡·唐虞之道》篇注[一一])讀。

采與抽

《子羔》：“采(抽)者(諸)畎(畎)畝(畝)之中，而使君天下而爯(偁)。”按，“采(抽)”字從季旭昇《〈上海博物館藏戰國楚竹書(二)〉讀本》(臺北萬卷樓圖書股份有限公司，2003年，35頁)讀。

采與陶

《唐虞》：“咎(皋)采(陶)内用五型(刑)，出弋(式)兵革。”

采與秀

《日乙·秦》：“正月、二月，子采(秀)。”按，睡虎地《日書》甲种“采”作“秀”，下同。

《日乙·秦》：“三月、四月，寅采(秀)。”

《日乙·秦》：“五月、六月，辰采(秀)。”

《日乙·秦》：“七月、八月，午采(秀)。”

《日乙·秦》：“九月、十月，申采(秀)。”

褎與袖

《封診式》：“市南街亭求盜才(在)某里曰甲縛詣男子丙，及馬一匹，騅牝右剽，緹覆(複)衣，帛裏，莽緣領褎(袖)，及履。”

《奏讞書》：“其莞淬(碎)，媚衣褎(袖)有敝而絮出，淬(碎)莞席麗其絮。”

囚字聲系

囚與陶

《良臣》：“堯之相叒=(舜，舜)又(有)禹=(禹，禹)又(有)白(伯)𡰥(夷)，又(有)嗌(益)，又(有)史皇，又(有)咎(皋)囚(陶)。”

囚與由

《善卷》："堯問許囚（由）曰：'顥（愿）聞有國之大失。'"

《善卷》："許囚（由）曰：'以言高，以行庳（卑），俱可。'"

《善卷》："許囚（由）曰：'惡☐。'"

《周馴》："晉粱（梁）囚（由）靡已扣穆公之左驂矣。"

舟字聲系

舟與輈

《戰國一六》："天下西舟（輈）而馳秦，而入朝爲臣不久矣。"

侜與舟

《城濮》："遠（蔿）白（伯）珵（嬴）猶約（弱），寡（拒）寺（持）侜（舟）酓＝（飲酒）。"

洀與盜

《赤鵠》："湯忞（怒）曰：'簹（孰）洀（盜）虗（吾）羹（羹）？'"按，"洀（盜）"從梁月娥《說清華（叁）〈赤鵠之集湯之屋〉之"洀"》（簡帛網，2013年1月8日）讀。

郍與舟

《容成氏》："於是虐（乎）九邦畔（叛）之，豐、禞（鎬）、郍（舟）、䢵、于（邘）、鹿、坴（部）、宗（崇）、畲（密）須是（氏）。"

逷與周

《太一》："逷（周）而或□□□□壖（萬）勿（物）母。"按，"逷（周）"字從裘按（《郭店楚墓竹簡·太一生水》篇注［一二］）讀。

《有皇》："逷（周）流天下含可（兮），牆（將）莫皇含可（兮）。"

鵃與雛

《反淫》："鳿（鴻）鵠鶬鵃（雛），弋（鳶）鵕鷫（鸛）相（鵝），運翯（翅）比翼，棱（接）遝（沓）苛（柯）閒。"按，整理者釋"鵃"爲"鴇"。不確。

周字聲系

周與凋

《趙正書》："芬茝未根而生周（凋）嘗同，天地相去遠而陰陽氣合。"

周與調

《文師》："緡周（調）餌香，中魚食之。"

《唐勒》："馬汁（協）險（斂）正（整）齊，周（調）均不摯（縶），步驟（趨）競（恆）久疾數（速）。"

周與雕

《封許》："贈尔鹿（薦）彝：斸□豚、龖（銚），龍蠶（鬲）、緜（璉）、雚（鑵）、鉦（龕）、孝、丏（爵）、盤、監（鑑）、鑅（罍）、䍃（鎜）、周（雕）匯（鈁）、鬳、盤（簋）、鈄（觥）、鐳（罍）、恪（格）。"

《王法》："諸周（雕）文、刻婁（鏤）、補（黼）紱（黻）、纂（纂）組、鍼縩（綫）之事。"

周與州

《天下至道》："飲食，垂尻，直脊，翕周（州），通氣焉，曰致沫。"

《天下至道》："爲而耎脊，翕周（州），卬（抑）下之，曰蓄氣。"

《官一》："制卒以周（州）閭，授正（政）以鄉曲。"

周與舟

《占夢書》："夢乘周（舟）船，爲遠行。"

《帛甲老子·德經》："有車周（舟）无所乘之，有甲兵无所陳之。"

《帛乙老子·德經》："又（有）周（舟）車无所乘之，有甲兵无所陳之。"

《春秋七》："齊亘（桓）公與蔡夫人乘周（舟），夫人湯（蕩）周（舟）。"

《春秋一四》："吳伐越，復其民，以歸，弗復□□刑之，使守布周（舟）。"
《春秋一四》："刑不旮（慎），使守布周（舟），遊（留）其禍也。"
《春秋一四》："吳子餘蔡觀周（舟），閩（閽）人殺之。"
《繫辭》："杅（刳）木爲周（舟），剡木而爲楫，齍（濟）不達，至（致）遠以利天下，蓋取者（諸）奐（渙）也。"
《繆和》："人力所不至，周（舟）車所不達，請爲君服之。"
《九地》："越人與吳人相惡也，當其同周（舟）而濟也，相救若左〼。"

周與鴟

《金縢》："於後周公乃遺王志（詩）曰《周（鴟）鴞》，王亦未逆公。"按，"周（鴟）"字從復旦大學出土文獻與古文字研究中心研究生讀書會《清華簡〈金縢〉研讀札記》（復旦大學出土文獻與古文字研究中心網，2011年1月5日）讀。

凋與綢

《唐風》："此右《凋（綢）穆（繆）》。"

敔與雕

《湯丘》："不備（服）兼文，器不敔（雕）鏤，不瘧（虐）殺，與民分利，此以自恣（愛）也。"

州字聲系

州與舟

《邶風》："就其深誒（矣），放（方）之州（舟）之。"
《邶風》："二子乘州（舟），苞₌（汎汎）其光（景）。"
《邶風》："二子乘州（舟），苞₌（汎汎）其憖（逝）。"
《鄘風》："□□□州（舟），在彼中河。"
《鄘風》："此右《柏州（舟）》。"
《衛風》："□□松州（舟）。"

州與周

《答問》："可（何）謂'州（周）告'？"
《答問》："'州（周）告'者，告罪人，其所告且不審，有（又）以它事告之。"
《富國》："〼年而兵出，州（周）留（流）天下，不服之國莫之能距（拒）〼。"

州與調

《陳公》："〼檐（擔）徒，州（調）其徒彶（衛）。"按，"州（調）"字從林清源《〈上博九·陳公治兵〉編聯及相關問題》（《"中央研究院"歷史語言研究所集刊》第八十六本第三分，2015年）讀。

州與壽

《春秋五》："晉獻公欲得隨會也，魏州餘請召之。"按，《左傳·文公十三年》"州"作"壽"。下同。
《春秋五》："魏州餘來也，台（殆）□□隨會也，君弗□也。"

州與酬

《特牲》："主人洗觶（觶），酌于西方之尊，西階前北面州（酬）賓。"
《特牲》："作（阼）階前北面舉觶（觶）于長兄弟，如主人州（酬）賓義（儀）。"
《特牲》："賓坐舉（取）觶（觶），作（阼）階前北面州（酬）長兄弟，長兄弟在右。"
《特牲》："長兄弟州（酬）賓，如賓州（酬）兄弟之義（儀），以辨（辯）。"
《有司》："主人賓〈賓〉觶，州（酬）尸，東楹東，北面坐墺（奠）爵，拜。"
《有司》："主人受，酌，降州（酬）長賓于西階南，北面。"
《有司》："尸遂執觶（觶）以【興】，北面于作（阼）階上州（酬）主人，主人在右。"
《有司》："酌，鄭（奠）于阼階上州（酬）

主人。”
《有司》：“主人以州（酬）侑于西楹西，或（侑）在左。”
《有司》：“或（侑）州（酬）之，如主人之禮。”
《有司》：“相州（酬）辨（辯）。”
《有司》：“賓及兄弟交錯其州（酬），皆遂及私人，爵無筭。”
《有司》：“其薦脀，其位、其作（酢）州（酬），皆如賓（儐）體（禮）。”
《有司》：“賓、兄弟交錯與〈其〉州（酬），無筭爵。”
《燕禮》：“公坐，取夫₌（大夫）所勝（媵）觚（觶），興以州（酬）賓。”
《燕禮》：“賓以旅州（酬）於西階上。”
《燕禮》：“大夫辨（辯）受州（酬），如受賓州（酬）之禮，不祭。”
《燕禮》：“公又行一爵，若賓若長，唯公所州（酬）。”
《燕禮》：“受賜者如初受州（酬）之禮，降，更爵洗，升，酌膳，下拜爵。”
《燕禮》：“司正命執爵者爵辨（辯），卒受者興，以州（酬）士。”
《燕禮》：“大夫卒受者以爵興，西階上州（酬）士。”
《燕禮》：“卒受者興，以州（酬）士于西階上。”
《燕禮》：“凡公所州（酬），既拜，請旅侍臣。”
《泰射》：“公坐取大夫所騰（媵）觚（觶），興以州（酬）賓。”
《泰射》：“受者如初受州（酬）之禮，降，更爵，洗。”
《泰射》：“司政（正）命：‘執爵者爵辨（辯），卒受者興以州（酬）。’”
《泰射》：“大夫卒受者以爵興，西階上州（酬）士。”
《泰射》：“卒受者興，以州（酬）士于西階上。”

州與讎

《春秋五》：“晉獻公欲得隨會也，魏州餘請召之。”按，《史記·秦本紀》“州”作“讎”。下同。
《春秋五》：“魏州餘來也，台（殆）□□隨會也，君弗□也。”

帚字聲系

𣏿與奧

《北大老子》：“道者，萬物之𣏿（奧）也。”

臭字聲系

臭與嗅

《語叢一》：“其豊（體）又（有）容，又（有）𩑦（色）又（有）聖（聲），又（有）臭（嗅）又（有）未（味），又（有）𣱛（氣）又（有）志。”
《語叢一》：“臭（嗅），畀（鼻）𧦝（司）也。”
《養生方》：“如（茹），濕靡（磨），盛之，飽食飲酒□□者臭（嗅）之。”

糗與臭

《天下至道》：“壹已清漊（涼）出，再已而糗（臭）如靡骨。”

糗與嗅

《日甲·馬禖》：“令其鼻能糗（嗅）鄉（香），令耳悤（聰）目明。”

手字聲系

手與首

《足臂脈·足》：“手（首）痛，𩓐（顏）寒，產聾，目痛。”按，“手（首）”字從馬繼興《馬王堆古醫書考釋》（湖南科學技術出版社，1992年，181頁）讀。

首字聲系

首與手

《禹王》:“首（手）𠄌（椇）旨（枳），身鯩（鱗）䱜（散）。”按，“首（手）”字從蔡偉《釋“百𠄌旨身鯩䱜”》（復旦大學出土文獻與古文字研究中心網，2013年1月16日）讀。

道與

《緇衣》：“墨（禹）立三年，百眚（姓）以息（仁）道，剴（豈）必聿（盡）息（仁）。”按，上博簡本《緇衣》道作。

道與導

《成之》：“是以民可敬道（導）也，而不可弇（按）也；可馯（御）也，而不可擊（牽）也。”

《成之》：“《君奭》曰：‘䙴（襄）我二人，毋又（有）合才（哉）音（言）。’害（蓋）道（導）不説（悦）之訇（辭）也。”按，“道（導）”字從牛新房説讀。

《從政》：“君子先人則啟道（導）之，後人則奉相之，是以曰孝₌（君子）難得而惕（易）事也，其使人，器之。”按，“道（導）”字從陳劍《上博簡〈子羔〉、〈從政〉篇的竹簡拼合與編連問題小議》（簡帛研究網，2003年1月8日）讀。

《仲弓》：“敢昏（問）道（導）民興悳（德）女（如）可（何）？”

《季桓子》：“是詧（察），求之於中，此以不慁（惑），而民道（導）之。”

《子產》：“道（導）之以季（教），乃恋（迹）天陞（地）、逆川（順）、強柔，以咸歔（禁）御（禦）。”

《顏淵問》：“道（導）之以僉（儉），則民智（知）足矣。”

《禹王》：“墨（禹）疋（疏）江爲三，疋（疏）河爲九，百沠（川）皆道（導），賽（塞）尃（湖）仐₌（九十），夬（決）瀆三百。”

《禹王》：“百沠（川）既道（導），天下能亙（極）。”

《芮良夫》：“卑（譬）之若童（重）載以行隋（峭）險，莫之敊（扶）道（導），其由（猶）不遱（顛）（覆）？”

《芮良夫》：“尚藍（鑑）于先舊，道（導）譯（讀）善敗，卑坓（匡）以戒（誡）。”

《語書》：“凡法律令者，以教道（導）民。”

《牝痔》：“先道（導）以滑夏（榎）鋌（梃），令血出。”

《師癸》：“於腦（腦）也施（弛），於味也移（侈），道（導）之以志，動之以事。”

《二三子》：“聖人出瀌教以道（導）民，亦猶龍之文也，可胃（謂）“玄黃”矣，故曰‘龍’。”

《軍爭》：“不用鄉（嚮）道（導）□。”

《晏子一五》：“其道不可以視（示）世，其教不可以道（導）眾。”

《晏子一五》：“今君封之移齊俗，非所以道（導）國先民也。”

《月令》：“道（導）達溝瀆。”

《十問》：“毃（擊）此者，慎避險且（阻），決而道（導）之，牴（抵）諸易。”

《周馴》：“爾遠信仁而不能玆（慈）孝，惡學曾（憎）善而不聽教道（導）。”

《周馴》：“舜之所愛子曰商均，舜啟道（導）之，欲其能賢，學（教）之而不可，乃放遂〈逐〉之，弗使王民。”

道與蹈

《容成氏》：“思（使）民道（蹈）之，能述（遂）者述（遂），不能述（遂）者，内（墜）

而死，不從命者，從而桎舉（梏）之。”

《善者》：“故民見進而不見退，道（蹈）白刃而不還（旋）𡏮（踵）。”

《奇正》：“故民見□人而未見死，道（蹈）白刃而不筍（旋）踵。”

獸字聲系

獸與守

《老子》甲：“侯王女（如）能獸之，萬勿（物）㯇（將）自賓。”按，今本和帛書本獸作守。下二例同。

《老子》甲：“至虛，亙（恆）也；獸中，筥（篤）也。”

《老子》甲：“金玉浧（盈）室，莫能獸也。”

《緇衣》：“古（故）君子多聒（聞），齊而獸（守）之；多志，齊而新（親）之；精智（知），逄（略）而行之。”

《六德》：“衍（道）不可徧也，能獸（守）弌（一）曲安（焉），可以緯其亞（惡），是以其剴（斷）犺速。”

《從政》：“夫是則獸（守）之以信，叁（教）之以義，行之以豊（禮）也。”

《容成氏》：“於是虐（乎）唫（喑）聾執燭，帽（矇）戉（瞽）鼓瑟，宼（跛）皇（躃）獸（守）門，敉（侏）需（儒）爲矢。”

《昭王》：“老臣爲君王獸（守）視之臣，辠其容於死。”

《曹沫》：“虐（吾）欲與齊戰，聒（問）戟（陳）奚女（如）？獸（守）鄒（邊）成（城）奚女（如）？”

《曹沫》：“成（城）章（郭）必攸（修），緮（繕）庨（甲）利兵，必又（有）戰心以獸（守），所以爲倀（長）也。”

《曹沫》：“臧（莊）公曰：‘善獸（守）者奚女（如）？’”

《季康子》：“句（苟）能固獸（守）而行之，民必備（服）矣。”按，“獸（守）”字從季旭昇《上博五芻議（上）》（簡帛網，2006年2月18日）釋讀。

《三德》：“慙（慎）獸（守）虛□▨。”

《武王甲》：“忎（仁）以得之，忎（仁）以獸（守）之，其箽（運）百卌；不忎（仁）以得之，忎（仁）以獸（守）之，其箽（運）十殜（世）；不忎（仁）以得之，不忎（仁）以獸（守）之，及於身。”

《成王》：“▨□而臤（賢）者，能以其六䜌（藏）之獸（守）取新（親）安（焉），是胃（謂）六新（親）之約。”按，“獸（守）”字從復旦吉大古文字專業研究生聯合讀書會《上博八〈成王既邦〉校讀》（復旦大學出土文獻與古文字研究中心網，2011年7月17日）讀。

《李頌》：“獸（守）勿（物）㢡（強）榦（幹），木一心可（兮）。”

《文王》：“文王曰：‘道又（有）獸（守）虐（乎）？’”

《尹誥》：“夏自蕝（絕）其又（有）民，亦隹（惟）氒（厥）眾，非民亡與獸（守）邑。”

《繫年三》：“秦中（仲）安（焉）東居周坨（地），以獸（守）周之坴（墳）𦼦（墓），秦以㠯（始）大。”

《管仲》：“心亡（無）愭（圖）則目、耳豫，心愭（圖）亡（無）獸（守）則言不道。”

雔字聲系

雔與讎

《第二組》：“以中辨券案雔（讎）錢，錢輒輸少內，皆相與靡（磨）除封印，中辨臧（藏）縣廷。”

憔與讎

《九主》：“是□□□昔擣□□施□伐□旮（仇）憔（讎），民知之无所告朔（訴）。”

讎與酬

《明君》："故曰論材而讎（酬）職，論功而厚□□□□□□□□□而令行。"

讎與壽

《引書》："所以益讎（壽）也。"

《閻氏》："年讎（壽）益廴（引），民不疾役（疫）。"按，"讎（壽）"字從劉樂賢《虎溪山漢簡〈閻氏五勝〉及相關問題》（《文物》2003年7期）讀。

《晏子一五》："纍（累）讎（壽）不能亶（殫）其教。"

讎與仇

《戰國三》："以惡可也，以蓐（辱）可也，以與勹（趙）爲大讎（仇）可也。"按，"讎（仇）"字整理者釋爲"仇"。不確。

讎與售

《筮法七》："凸（凡）讎（售），參（三）男同女₌（女，女）才（在）母（毋）上，妻夫相見，讎（售）。"

《筮法七》："槑（少）肴（淆），讎（售）。嘼（數）出，乃亦讎（售）。"

《筮法三十》："凸（凡）十七命：曰果，曰至，曰亯，曰死生，曰得，曰見，曰瘳，曰咎，曰男女，曰雨，曰取（娶）妻，曰戰，曰成，曰行，曰讎（售），曰宇（旱），曰祟。"

犨與臭

《帛五行·說》："鼻口者，説（悦）犨（臭）味者也。"

《帛五行·說》："有天下之美犨（臭）味於此，不義則弗求弗食也。"

《帛五行·說》："源鼻口之生（性）而知其好犨（臭）味也。"

受字聲系

受與授

《唐虞》："禪（禪）也者，上直（德）受（授）臤（賢）之胃（謂）也。上直（德）則天下又（有）君而世明，受（授）臤（賢）則民興效（教）而蟡（化）虖（乎）道。"

《唐虞》："堯禪（禪）天下而受（授）之，南面而王而〈天〉下而甚君。"

《唐虞》："四枳（肢）朕（倦）陸（惰），耳目眆（聒）明衰，禪（禪）天下而受（授）臤（賢），退而敎（養）其生，此以智（知）其弗利也。"

《容成氏》："皆不受（授）其子而受（授）臤（賢）。"

《曹沬》："受（授）又（有）智（知），舍又（有）能，則民宜之。"按，"受（授）"字從陳劍《上博竹書〈曹沬之陳〉新編釋文》（簡帛研究網，2005年2月12日）讀。

《苦成》："君貴我而受（授）我眾，以我爲能絧（治）。"

《保訓》："發，朕疾壼（漸）甚，忎（恐）不女（汝）及受（授）之。"

《保訓》："帝堯嘉之，甬（用）受（授）氒（厥）緒。"

《保訓》："昔前人連（傳）保（寶），必受（授）之以詷（誦）。"按，"受（授）"字從白於藍、段凱《清華簡〈保訓〉篇竹簡編連問題芻議》（《古文字研究》第三十輯，中華書局，2014年）讀。

《皇門》："乃隹（惟）又（有）奉俟（癡）夫，是緆（陽）是䋲（繩），是以爲上，是受（授）司事帀（師）長。"

《赤鵠》："少（小）臣自堂下受（授）紝茺盨（羹）。"

《鄭武》："虐（吾）先君智（知）二三子之不忎₌（二心），甬（用）廉（兼）受（授）之邦。"

《秦律·金布律》："受（授）衣者，夏衣以四月盡六月稟之。"

《二年・置吏律》："受（授）爵及除人關於尉。"

《胎產書》："四月而水受（授）之，乃始成血，其食稻麥，蟬（鱓）魚□□。"

《胎產書》："五月而火受（授）之，乃始成氣。"

《胎產書》："六月而金受（授）之，乃始成筋。"

《胎產書》："七月而木受（授）之，乃始成骨，居燥處，毋使定止。"

《胎產書》："八月而土受（授）之。"

《市法》："市化（貨）□貴者，受（授）肆毋過☐。"

《市法》："下化（貨）賤者受（授）肆毋過十尺。"

《田法》："州、鄉以地次受（授）田於野，百人爲區，千人爲或（域）。"

《四時令》："繱（總）版（別），列爵，選賢不宵（肖），受（授）士☐。"

《少牢》："婦贊者一人，亦被錫，衣袳（移）袂，執葵菹、醢以受（授）主婦。"

《有司》："尸卻手受（授）朼（匕）枋，坐祭。"

《泰射》："一小射正受（授）弓。"

《有司》："祝易爵，洗，酌，受（授）尸。"

《周馴》："欺〈斯〉乃受（授）之書，而〖曰〗自身屬（囑）之曰：女（汝）勉毋忘歲正月更旦之馴（訓）。"

《周馴》："斯乃受（授）之書，而自身屬（囑）之曰：女（汝）勉毋忘歲二月更旦之馴（訓）。"

《周馴》："斯乃受（授）之書，而自身屬（囑）之曰：女（汝）勉毋忘歲三月更旦之馴（訓）。"

《周馴》："斯乃受（授）之書，而自身屬（囑）之曰：女（汝）勉毋忘歲四月更旦之馴（訓）。"

《周馴》："斯乃受（授）之書，而自身屬（囑）之曰：女（汝）勉毋忘歲六月更旦之馴（訓）。"

《周馴》："斯乃受（授）之書，而自身屬（囑）之曰：女（汝）勉毋忘歲七月更旦之馴（訓）。"

《周馴》："斯乃受（授）之書，而自身屬（囑）之曰：女（汝）勉毋忘歲八月更旦之馴（訓）。"

《周馴》："斯乃受（授）之書，而自身屬（囑）之曰：女（汝）勉毋忘歲九月更旦之馴（訓）。"

《周馴》："斯乃受（授）之書，而自身屬（囑）之曰：女（汝）勉毋忘歲十月更旦之馴（訓）。"

《周馴》："斯乃受（授）之書，而自身屬（囑）之曰：女（汝）勉毋忘歲十一月更旦之馴（訓）。"

《周馴》："斯乃受（授）之書，而自身屬（囑）之曰：女（汝）勉毋忘歲閏月更旦之馴（訓）。"

《周馴》："斯乃受（授）之書，而自身屬（囑）之曰：女（汝）勉毋忘臘之明日親（新）歲之馴（訓）。"

受與紂

《尊德義》："傑（桀）不胃（謂）其民必亂，而民又（有）爲亂矣；受（紂）不迪其民，而民不可走（止）也。"按，"受（紂）"字從李零《郭店楚簡校讀記》（《道家文化研究》第十七輯，三聯書店，1999年）釋讀。

《容成氏》："湯王天下卅=（三十）又一傑（世）而受（紂）乍（作），受（紂）不述其先王之道，自爲芑爲。"

《容成氏》："受（紂）聒（聞）之，乃出文王於夏坮（臺）之下而聒（問）安（焉）。"

《容成氏》："昔者文王之差（佐）受（紂）也，女（如）是牀（狀）也。"
《容成氏》："含（今）受（紂）爲無道，䀭（昏）者（捨）百眚（姓），至（縶）約者（諸）侯，天䣋（將）戝（誅）安（焉）。"
《容成氏》："受（紂）不智（知）其未又（有）成正（政），而得（德）遳（失）行於民之厚（厚）也，或亦记（起）帀（師）以逆之。"
《容成氏》："受（紂）爲亡道，䀭（昏）者（捨）百眚（姓），至（縶）約者（諸）侯，䋭（絕）穜（種）忞（侮）眚（姓），土玉水西（酒）。"
《曹沫》："君其亦隹（唯）䎽（聞）夫禹（禹）、康（湯）、傑（桀）、受（紂）矣。"
《鬼神》："返（及）桀受（紂）學（幽）萬（厲），焚聖人，殺訐（諫）者，惻（賊）百眚（姓），𤔲（亂）邦家。"
《鬼神》："此以桀折於鬲山，而受（紂）𦣻（弒）於只（岐）社，身不叟（沒）爲天下笑。"
《君人甲》："傑（桀）、受（紂）、幽、萬（厲）殄（戮）死於人手。"
《君人乙》："傑（桀）、受（紂）、幽、萬（厲）殄（戮）死於人手。"
《封許》："亦隹（惟）女（汝）呂丁，敤（扞）補（輔）珷（武王），攼（翦）敦殷受（紂），咸成商邑。"
《鄭甲》："虗（吾）若䎽（聞）夫𣪘（殷）邦。"按，"受（紂）"字從余小真在心包《清華六〈鄭文公問太伯〉初讀》（簡帛網"簡帛論壇"，2016年4月16日）一文下跟帖讀。下一例同。
《鄭乙》："虗（吾）若䎽（聞）夫鄐〈𨛜（殷）〉邦曰。"
《葆敵》："夫受（紂）爲无道，忍□。"
《葆敵》："□之帀（師）以東伐受（紂），至於河上。"
《葆敵》："今夫受（紂）外失天下，內失百生（姓）。"
《葆敵》："禽（擒）受（紂），毄（繫）其首於白旗。"

受與叟

《迎四時》："春養八稺（稚）於東堂，夏養七嬬婦於南堂，秋養九老於西堂，冬養六受（叟）於北堂。"

授與受

《少牢》："祝酌，授（受）尸，【尸醋主人】。"
《有司》："祝授（受），加于肵。"

綬與受

《服傳甲》："資（齊）衰、大功，冠其綬（受）。"
《服傳甲》："踈（疏）衰常（裳）資（齊）、牡麻絰，無綬（受）者。"
《服傳甲》："大功布衰常（裳）、牡麻絰，無綬（受）者。"
《服傳甲》："何以無綬（受）也？喪成人者，其文儒（縟）。"
《服傳乙》："資（齊）衰、大功，冠其綬（受）。"
《服傳乙》："踈（疏）衰常（裳）資（齊）、牡麻絰，無綬（受）者。"
《服傳乙》："大功布衰常（裳）、牡麻絰，無綬（受）者。"
《服傳乙》："何以無綬（受）也？喪成人者，其文儒（縟）。"
《喪服》："踈（疏）衰常（裳）齊、牡麻絰，無綬（受）者。"
《喪服》："大功布衰常（裳）、牡麻絰，無綬（受）者。"
《喪服》："以其冠爲綬（受），綬（受）冠七升。”

《喪服》：“以其冠爲綬（受），綬（受）冠八升。”

綬與紂

《管子》：“桓公曰：‘桀、綬（紂）以取人亡，湯、武☐。’”

𠷎字聲系

𠷎與壽

《皇門》：“少（小）民用𠷎亡（無）用祀（祠）。”按，今本《逸周書·皇門》𠷎作壽。

《繫年二十》：“以至晉悼=公=（悼公。悼公）立十又一年，公會者（諸）侯，以與吳王𠷎（壽）夢相見于鄉（虢）。”

《説命下》：“女（汝）隹（惟）又（有）萬𠷎（壽）才（在）乃政。”

𠷎與禱

《皇門》：“少（小）民用𠷎（禱）亡（無）用祀（祠）。”

𠷎與州

《吳命》：“☐𠷎（州）逨（來）。”按，“𠷎（州）”字從陳偉《讀〈吳命〉小劄》（簡帛網，2009年1月2日）讀。

𠷎與酬

《耆夜》：“王夜（舉）籊（爵）𠷎（酬）縪（畢）公。”

《耆夜》：“王夜（舉）籊（爵）𠷎（酬）周公。”

《耆夜》：“周公夜（舉）籊（爵）𠷎（酬）縪（畢）公。”

《耆夜》：“周公或夜（舉）籊（爵）𠷎（酬）王。”

薵與疇

《王子木》：“成公𠭯（乾）友（櫌）[illegible]於薵（疇）中。”按，“薵（疇）”字從凡國棟《〈上博六〉楚平王逸篇初讀》（簡帛網，2007年7月9日）讀。下同。

《王子木》：“成公畣（答）曰：‘薵（疇）。’”

《王子木》：“王子曰：‘薵（疇）可（何）以为？’”

戩與讎

《尊德義》：“民悉（愛），則子也；弗悉（愛），則戩（讎）也。”按，“戩（讎）”字從裘按（《郭店楚墓竹簡·尊德義》篇注［一一］）讀。

《耆夜》：“方臧（壯）方武，克燮（襲）栽（仇）戩（讎）。”

《芮良夫》：“恆靜（爭）獻其力，畏（威）燮（襲）方戩（讎），先君以多社（功）。”

戩與濤

《吳命》：“才（在）攷（波）戩（濤）之閒。”按，“㪷（濤）”字從復旦大學出土文獻與古文字研究中心研究生讀書會《〈上博七·吳命〉校讀》（復旦大學出土文獻與古文字研究中心網，2008年12月30日）釋讀。

賶與讎

《語叢四》：“非（靡）言不賶（讎），非（靡）惪（德）亡復。”按，“賶（讎）”字從陳偉《郭店竹書別釋》（湖北教育出版社，2002年，231頁）讀。

賶與酬

《用曰》：“隹（唯）君之賈臣，非貨台（以）賶（酬）。”按，“賶（酬）”字從凡國棟《上博六〈用曰〉篇初讀》（簡帛網，2008年7月10日）讀。

戢與仇

《程寤》：“朋梂（棘）戢（仇）杍=松=（梓松，梓松）柏副棫橐（包）柞=（柞，柞）𢍁=（化爲）䑺。”按，“戢（仇）”字從宋華強《清華簡校讀散札》（簡帛網，2011年1

月10日）讀。

戠與讎

《天子甲》："㦰（仇）戠（讎）戔（殘）亡。"按，"戠（讎）"字從陳偉《〈天子建州〉校讀》（簡帛網，2007年7月13日）讀。下同。

《天子乙》："㦰（仇）戠（讎）戔（殘）亡。"

壽與擣

《痂》："壽（擣）慶（蜣）良（螂），饍以醯，封而炙之，蟲環出。"

《乾瘙》："以般〈服〉服（茯）零（苓），最（撮）取大者一枚，壽（擣）。"

《乾瘙》："壽（擣）之以惷（舂），脂弁之，以爲大丸，操。"

《雜療方》："取闌（蘭）葉，產壽（擣），烝（蒸），熨之。"

壽與禱

《日甲·毀棄》："毋以巳壽（禱），反受其英（殃）。"

《癩》："縣（懸）茅比（祉）所，且塞壽（禱）。"

壽與疇

《人君》："人君好馳騁田邋（獵），則野草□，田壽（疇）薉（穢），國多衝風，折樹木，褱（壞）大牆。"

壽與悠

《三禁》："天道壽（悠）壽（悠），番（播）于下土，施于九州。"

壽與讎

《春秋一〇》："欲其來者子之黨也，不欲其來者子之壽（讎）也。"

《春秋一〇》："今止衛君，是隨（墮）黨而崇壽（讎）也。"

《春秋一〇》："隨（墮）黨崇壽（讎），以思（懼）諸侯，難以霸矣。"

擣與籌

《泰射》："君之弓矢適東堂，賓之弓矢與中、擣（籌）、豐皆止于西堂下。"

檮與疇

《帛易·否》："九四，有命，无咎，檮（疇）羅（離）齒（祉）。"

檮與籌

《帛甲老子·道經》："善數者不以檮（籌）䇿（策）。"

《帛乙老子·道經》："善數者不用檮（籌）笄（策）。"

《北大老子》："善數者不用檮（籌）筴（策）。"

檮與凋

《禁》："不效天之道，□地之宜，五穀不番（蕃），六畜不遂，草木檮（凋）枎（枯），萬物果蓏不成。"

𩉂與醜

《帛易·離》："尚（上）九，王出正（征），有嘉折首，獲不𩉂（醜），无咎。"按，"𩉂（醜）"字從于豪亮《帛書〈周易〉》（《文物》1984年3期）讀。

鑄與禱

《日甲·夢》："人有惡瞢（夢），譽（覺），乃縪（釋）髮西北面坐，鑄（禱）之曰。"

𡚁與擣

《治瘑》："用良叔（菽）、雷矢各□□□□□□□□□□而𡚁（擣）之。"

《牡痔》："各□一分，即取袞（鎔）末、菽醬之宰（滓）半，并𡚁（擣）。"按，整理者將"𡚁（擣）"釋讀爲"舂（舂）"。不確。

脜字聲系

脜與羞

《用曰》："韓（諱）眾誚（孽）諫，脜

（羞）䎽（聞）亞（惡）悔（謀）。”按，“䏌（羞）”字從何有祖《讀〈上博六〉劄記》（簡帛網，2007年7月9日）釋讀。

《皇門》：“母（毋）复（作）俎（祖）考䏌（羞）才（哉）。”

䏌與擾

《禁忌》：“凡五亥，不可以畜六牲䏌（擾），帝之所以翏（戮）六䏌（擾）之日。”

《相宅》：“西方高，三方下，其宙（中）不壽，宜人民、六䏌（擾）。”

《季康子》：“唯子之訂（治）䏌（擾），青（請）昏（問）：君₌（君子）之從事者，於民之☐。”按，“䏌（擾）”字從季旭昇《上博五芻議（上）》（簡帛網，2006年2月18日）讀。

《季康子》：“凡欲勿崇，凡遊（失）勿跪（危），各堂（當）其曲以成之。肰（然）則邦坪（平）而民䏌（擾）矣。”按，“䏌（擾）”字從陳劍《談談〈上博（五）〉的竹簡分篇、拼合與編聯問題》（簡帛網，2006年2月19日）讀。

《芮良夫》：“母（毋）䏌（擾）聒（聞）繇（繇），厇（度）毋（毋）又（有）諮（咎）。”

《管仲》：“是古（故）六䏌（擾）不脨（瘠），五穜時管（熟），民人不夭。”

䏌與柔

《程寤》：“思（使）卑䏌（柔）和川（順），眚（生）民不芽（災），褱（懷）允。”

《皇門》：“百眚（姓）萬民，用亡（罔）不䏌（柔）比才（在）王廷。”按，“䏌（柔）”字從張崇禮在復旦大學出土文獻與古文字研究中心研究生讀書會《清華簡〈皇門〉研讀札記》（復旦大學出土文獻與古文字研究中心網，2011年1月5日）一文下跟帖讀。“柔比”一詞亦見於清華簡，《芮良夫毖》：“緗（繩）剸（準）既政（正）而五（互）想（相）柔訿（比）。”

《説命下》：“余䏌（柔）遠能逐（邇），以嗌（益）視事。”

䁈與羞

《周易·恆》：“九厽（三）：不經（恆）其悳（德），或承其䁈（羞），貞吝。”按，“䁈（羞）”字從孟蓬生《上博竹書（三）字詞考釋》（簡帛研究網，2004年4月26日）釋讀。

《仲弓》：“售（雖）也從於剠（宰）夫之後，售（雖）也憧愚，忎（恐）怡（貽）虐（吾）子䁈（羞），忨（愿）因虐（吾）子而訂（治）。”按，“䁈（羞）”字從陳劍《上博竹書〈仲弓〉篇新編釋文（稿）》（簡帛研究網，2004年4月18日）讀。

咎字聲系

咎與晷

《楚帛書》甲：“咎（晷）而〈天〉步（之）達，乃卡₌（上下）朕（？）☐。”

咎與皋

《唐虞》：“咎（皋）采（陶）内用五型（刑），出弋（式）兵革，皋（罪）滛暴☐。”

《容成氏》：“民乃賽，喬（驕）能（態）訂（始）复（作），乃立咎（皋）㚔（陶）以爲李（李）。”

《容成氏》：“咎（皋）㚔（陶）既已受命，乃支（辨）侌（陰）昜（陽）之𣱼（氣），而聖（聽）其訟獄。”

《良臣》：“堯之相叒₌（舜，舜）又（有）禹₌（禹，禹）又（有）白（伯）𡰥（夷），又（有）嗌（益），又（有）史皇，又（有）咎（皋）囚（陶）。”

《厚父》：“啟隹（惟）后，帝亦弗巠（邛）啟之經悳（德）少，令（命）咎（皋）繇（繇）下爲之卿事。”

咎與丘

《子羔》："遊於玄咎（丘）之内，冬見芺，攼（搴）而薦之，乃見人武。"按，"咎（丘）"字從白於藍《"玄咎"考》（《吉林大學古籍整理研究所建所二十周年紀念文集》，吉林文史出版社，2003 年）讀。

《陳公》："☐戰於鄴咎（丘），帀（師）不幽（絕）。"按，"咎"似當讀作"丘"。

咎與陶

《容成氏》："墨（禹）又（有）子五人，不以其子爲後，見𠯑（皋）咎（陶）之臤（賢）也，而欲以爲後。"

咎與舅

《吳命》："咎（舅）生（甥）之邦，聶（攝）周孫₌（子孫）。"按，"咎（舅）"字從復旦大學出土文獻與古文字研究中心研究生讀書會《〈上博七·吳命〉校讀》（復旦大學出土文獻與古文字研究中心網，2008 年 12 月 30 日）讀。

《王居》："虐（吾）父䍧（兄）眚（甥）咎（舅）之又（有）□善。"按，"咎（舅）"字從復旦吉大古文字專業研究生聯合讀書會《上博八〈王居〉、〈志書乃言〉校讀》（復旦大學出土文獻與古文字研究中心網，2011 年 7 月 17 日）讀。

《戰國一六》："穰侯，咎（舅）也，功莫多焉，而諒（竟）逐之。"

《鹿鳴之什》："既有肥牡，以速者（諸）咎（舅）。"

《妄稽》："姑咎（舅）弗應，妄稽有（又）言。"

《妄稽》："姑咎（舅）弗應，妄稽有（又）□。"

《妄稽》："姑咎（舅）弗應，妄稽曰。"

《妄稽》："姑咎（舅）胃（謂）妄稽。"

《妄稽》："姑咎（舅）胃（謂）妄稽。"

《服傳甲》："妾之事女君，與婦之事咎（舅）姑等。"

《服傳甲》："婦爲咎（舅）姑何以基（期）也？從服也。"

《服傳甲》："胃（謂）我咎（舅）者吾之甥。"

《服傳甲》："咎（舅）何以緦也？"

《服傳甲》："咎（舅）之子何以緦也？"

《服傳甲》："女子₌（子子）適人者爲父母，婦爲咎（舅）姑，惡枽（笄）有首以絓（髽）。"

《服傳乙》："妾之事女君，與婦之事咎（舅）姑等。"

《服傳乙》："婦爲咎（舅）姑何以基（期）也？"

《服傳乙》："胃（謂）我咎（舅）者吾胃（謂）之甥。"

《服傳乙》："咎（舅）何以緦也？"

《服傳乙》："咎（舅）之子何以緦也？"

《服傳乙》："女子₌（子子）適人者爲父母，婦爲咎（舅）姑，惡枽（笄）有首以絓（髽）。"

咎與高

《曹氏》："以四時官人。春宜少年，夏宜耆（耆）年，秋宜咎（高）年，冬宜□☐。"按，"咎（高）"字從鄔可晶《銀雀山漢簡"陰陽時令、占候之類"叢札》（《出土文獻》第七輯，中西書局，2015年）釋讀。

㝍與咎

《芮良夫》："君子而受柬萬民之㝍（咎），所而弗敬。"

《芮良夫》："㝍（咎）可（何）其女（如）怡（台）孳（哉）！"

𠤳與咎

《神烏賦》："何命不壽，狗（拘）麗此𠤳（咎）。"

《北蒼·之職》："嫘𠤳（咎）蜎黑，媿

（裹）娒（媢）款（竅）餌。”

砮與舅

《喪服》：“砮（舅）、砮（舅）之子、夫之姑姊妹之長殤（殤）。”

《喪服》：“庶子爲後，爲其外祖父母、從母、砮（舅）無服。”

《喪服》：“女子子適人者爲父母，婦爲砮（舅）姑，惡笄有首以縰（髽）。”

榕與藁

《雜療方》：“冶陵榕（藁）一升，漬美醯一參中，五宿，去陵榕（藁）。”

戕與仇

《緇衣》：“《寺（詩）》員（云）：‘皮（彼）求我則，女（如）不我得；執我栽₌（仇仇），亦不我力。’”按，上博簡本《緇衣》栽₌（仇仇）作戕₌。“戕”字從徐在國、黄德寬《〈上海博物館藏戰國楚竹書（一）緇衣・性情論〉釋文補正》（《古籍整理研究學刊》2002年2期）釋。

窖與奥

《妄稽》：“與女（汝）徹（媚）於窖（奥），甯徹（媚）於竈。”

諮與咎

《芮良夫》：“母（毋）脜（擾）聒（聞）繇（繇），厇（度）母（毋）又（有）諮（咎）。”

鵒與鳩

《赤鵒》：“曰故（古）又（有）赤鵒（鳩），集于湯之屋。”按，“鵒（鳩）”字從侯乃峰《〈赤鵠之集湯之屋〉的“赤鵠”或當是“赤鳩”》（簡帛網，2013年1月8日）讀。

九字聲系

九與仇

《君正》：“若號令發，必廄（究）而上九（仇），壹道同心。”

《三壽》：“神民並蠢（尤）而九（仇）情（怨）所聚，天罰是加，甬（用）兇以見詢。”

九與究

《文摯》：“不胥卧而九（究）理，故以爲百藥繇（由）。”

《文摯》：“天者受明，地者受晦，道者九（究）其事而止。”

厹與仇

《九主》：“是□□□昔撝□□施□伐□厹（仇）戁（讎），民知之无所告朔（訴）。”

《明君》：“三軍之士握鐱（劍）者（屠）敵（敵）若報父母之厹（仇）者。”

厹與鳩

《窮達》：“驥（驥）馰（約）張（腸）山，騹塞於厹（鳩）棶（棘），非亡（無）體壯也。”按，“厹（鳩）”字從徐在國《郭店楚簡文字三考》（《簡帛研究2001》，廣西教育出版社，2001年）釋讀。

《帛五行・經》：“尸（鳲）厹（鳩）在桑，其子七氏（兮）。”

《帛五行・説》：“尸（鳲）厹（鳩）在桑，直（飼）之其子七也。”

《帛五行・説》：“尸（鳲）厹（鳩）二子耳，曰七也，與〈興〉言也。”

厹與讎

《繆和》：“曰又（有）言不信，凡天之道，壹陰壹陽，壹短壹長，壹晦壹明，夫人道厹（讎）之。”

厹與皋

《窮達》：“厹（皋）繇（陶）衣胎（枲）蓋（褐）冒（帽）衽（絰）冡（冡）慬（巾），叙（釋）板筥（築）而差（佐）天子，堣（遇）武丁也。”按，“厹（皋）”字從徐在國《釋“厹繇”》（《古籍整理研究學刊》1999年3期）釋讀。

《容成氏》：“壐（禹）又（有）子五人，不以其子爲後，見厹（皋）咎（陶）之臤（賢）

也，而欲以爲後。”

《容成氏》：“咎（皋）秀（陶）乃五𧫷（讓）以天下之臤（賢）者，述（遂）爯（稱）疾不出而死。”

敂與皋

《楚帛書》丙：“敂（皋）出睹。”

《楚帛書》丙：“敂（皋），鳶□□得□□以匿。”

鴼與鳩

《詩論》：“《尸（鳲）鴼（鳩）》虗（吾）信之。”

《詩論》：“《尸（鳲）鴼（鳩）》曰：‘其義（儀）一氏（兮），心女（如）結也。’虗（吾）信之。”

杋與救

《晏子八》：“其正（政）刻上而饒下，正𢕟（徹）而杋（救）窮。”

尬與鼽

《足臂脈·足》：“尬（鼽）洫（衄），數瘨（癲）疾。”按，“尬（鼽）”字從裘錫圭《馬王堆醫書釋讀瑣議》（《古文字論集》，中華書局，1992年，525頁）釋讀。下同。

《足臂脈·足》：“尬（鼽）洫（衄），數熱汗出，脞瘦，顔（顏）寒。”

肍與鼽

《脈書》：“在鼻，爲肍（鼽）。”

《脈書》：“顔（顏）痛，鼻肍（鼽），領〈頷〉疢，乳痛，脊痛。”

《陰陽脈甲》：“顔（顏）痛，鼻肍（鼽），領〈頷〉頸痛，乳痛，心與胠痛。”

《陰陽脈乙》：“顔（顏）甬（痛），鼻肍（鼽），領〈頷〉頸甬（痛），乳甬（痛）。”

究與搯

《妄稽》：“適得其耳，究（搯）㓞（劫）而起。”按，“究”似當讀作“搯”。《説文》：“搯，引也。从手留聲。抽，搯或从由。摛，搯或从秀。”

宊與戮

《爲吏》：“敎（傲）悍宊（戮）暴。”

頄與頯

《周易·夬》：“九厽（三）：藏（壯）于頄，又（有）凶。君子夬=（夬夬），蜀（獨）行遇雨，女（如）霑又（有）厲，亡（无）咎。”按，帛書本頄作頯。

馗與頯

《卜書》：“兆（兆）馗=（頯首）内（納）止（趾），是胃（謂）沓（沈），凥（處）宮無咎，又（有）疾乃𤔡（漸）。”

軌與咎

《荊決》：“齊其翠羽，或（又）與（舉）旌旗。非以爲首，如登高丘，安而毋軌（咎）。”

飢與簋

《筮法二九》：“才（在）上爲飢（簋），下爲[illegible]。”按，“飢”似當讀作“簋”。

漻與樛

《反淫》：“挂滂浩之艾，游同（洞）庭之薄（浦）；臨石岸之上，陰（蔭）漻（樛）楊之下。”

皋字聲系

皋與嘷

《雜禁方》：“又（有）犬善皋（嘷）於亶（壇）與門，坙（塗）井上方五尺。”

《妄稽》：“謕（號）謼（呼）哭泣，音若皋（嘷）牛。”

皋與翱

《齊風》：“□□有惕（蕩），齊子皋（翱）羊（翔）。”

緈與皋

《日乙·夢》：“緈（皋）！敢告璽（爾）宛奇。”

睪字聲系

睪與皋

《瘧》：“睪（皋）！敢【告】大山陵。”按，“睪（皋）”字從裘錫圭《馬王堆醫書釋讀瑣議》(《古文字論集》，中華書局，1992年，525頁）釋讀。

《周病方》：“睪（皋）！敢告東陳垣君子。”按，“睪”當讀作“皋”。下同。

《周病方》：“睪（皋）！敢告泰₌山₌（泰山，泰山）高也，人居之，□□之孟也。”

《周病方》：“睪（皋）！敢告曲沱（池），某瘧某波（破）。”

《周病方》：“睪（皋）！敢告鬻。”

睪與羔

《士相見》：“上大夫相見，以睪（羔），飾之以布，四維之。”

睪與橐

《兵談》：“夫治且富之國，車不發軔，甲不出睪（橐）。”

《兵談》：“睪（橐）甲而勝，主勝也。”

睪與奭

《耆夜》：“縪（畢）公高爲客，卲公保睪（奭）爲夾，周公弔（叔）旦爲宔（主）。”

丩字聲系

丩與收

《三壽》：“内垦（基）而外比，上下毋倉（爽），犮₌（左右）悔（毋）比，弜（強）敊（劝）丩（收）出（絀）。”按，“丩（收）”字從補白《清華簡〈殷高宗問於三壽〉臆説四則》(復旦大學出土文獻與古文字研究中心網，2015年4月16日）讀。

丩與糾

《鄭武》：“老婦亦𨢽（將）丩（糾）攸（修）宮中之正（政），門檻之外母（毋）敢又（有）智（知）安（焉）。”

丩與棋

《禹王》：“首（手）丩（棋）旨（枳），身鯩（鱗）鰭（散）。”按，“丩（棋）”字從蔡偉《釋“百丩旨身鯩鰭”》(復旦大學出土文獻與古文字研究中心網，2013年1月16日）讀。

朻與收

《周易·井》：“上六：井朻（收）勿寞（幕），又（有）孚元吉。”

朻與樛

《周南》：“《南有朻（樛）木》。”

收與糾

《芮良夫》：“疋（胥）收（糾）疋（胥）由，疋（胥）𧥢（穀）疋（胥）垧（均）。”

收與兜

《見威王》：“舜擊讙收（兜），方（放）之宗（崇）。”

收與褎

《啻門》：“四月乃貼（固），五月或收（褎），六月生肉，七月乃臓（肌）。”

攸與皦

《帛甲老子·道經》：“一者，其上不攸（皦），其下不忽（昧）。”

㣙與從

《緇衣》：“言從行之，則行不可匿。”按，上博簡本《緇衣》從作㣙。

𢓊與從

《緇衣》：“下之事上也，不從其所以命，而從其所行。”按，上博簡本《緇衣》從作、，中間上部所從爲“丩”，可隸定作“𢓊”。同篇“言從行之，則行不可匿”之“從”，上博簡本《緇衣》作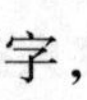，可隸定作“㣙”。上古音“丩”爲見母幽部字，“從”爲從母東部字。《説文》：“脩，眣也。从目攸聲。䀩，脩或从丩。”同從“攸”聲之脩、滫爲心母幽部字，聲母與“從”同

爲齒頭音。《説文》："句，曲也，从口丩聲"。"句"爲見母侯部字，韻部與"從"爲對轉關係。

𣪘字聲系

𩚔與軌

《尊德義》："上也不以旨（嗜）谷（欲）害（害）其義（儀）𩚔（軌）。"按，"𩚔（軌）"字從李零《郭店楚簡校讀記（增訂本）》（北京大學出版社，2002 年，142 頁）讀。但李零釋爲"簋"似不確，此字原形作""、""，似即"𩚔"。下同。

《尊德義》："悳裻（勞）之𩚔（軌）也。"

廏與究

《六分》："文德廏（究）於輕細，武刃於□□，王之本也。"

《名理》："名□□循名廏（究）理之所之，是必爲福，非必爲材（災）。"

《名理》："審察名理〖名〗冬（終）始，是胃（謂）廏（究）理。"

《名理》："能與（舉）曲直，能與（舉）冬（終）始，故能循名廏（究）理。"

《稱》："毋失天極，廏（究）數而止。"

《君正》："若號令發，必廏（究）而上九（仇），壹道同心。"按，"廏"當讀作"究"。

瘕與廏

《隨日·盜日》："其爲人我₌（娥娥）然，好歌（歌）舞，臧（藏）之芻稾瘕（廏）中。"

丂字聲系

丂與巧

《亙先》："恙（祥）宜（義）、利丂（巧）、采（綵）勿（物）出於叏₌（作。作）安（焉）又（有）事，不叏（作）無事。"按，"丂（巧）"字從董珊《楚簡〈恆先〉"詳宜利巧"解釋》（簡帛研究網，2004 年 11 月 9 日）釋讀。

《金縢》："是年（佞）若丂（巧）能，多忐（才）多埶（藝），能事禝（鬼）神。"

《三壽》："䚓（觀）䙷（覺）恖（聰）明，音色柔丂（巧）而觀（叡）武不罔，夭（效）屯（純）佢（宣）猷，牧民而馯（御）王。"

丂與考

《金縢》："是年（佞）若丂能，多忐（才）多埶（藝），能事禝（鬼）神。"按，今本《尚書·金縢》丂作考。

《三壽》："衣備（服）惴（端）而好訐（信），丂（孝）忐（慈）而㤅（哀）罙（鰥）。"

巧與考

《帛易·履》："尚（上）九，視禮（履），巧（考）翔（祥）；其睘（旋），元吉。"

《帛易·蠱》："初六，榦父之箇（蠱）。有子巧（考），无咎。厲，終吉。"

《田法》："☐□巧（考）參以爲歲均計。"

《周馴》："此《書》之所謂曰'女（汝）毋遺祖巧（考）羞哉'者，其此之謂乎？"

《反淫》："以下巧（考）諸衰世之成敗，論天下之精徹（微），理萬物是非。"

巧與喬

《王子》："王子巧（喬）父問彭祖曰：'人氣何是爲精虖（乎）？'"

巧與簋

《帛易·損》："𥶷（曷）之用，二巧（簋），可用芳（享）。"

《帛易·坎》："六四，尊（樽）酒巧（簋）訞（簋）用缶，人〈入（納）〉葯（約）自牖，終无咎。"

攷與巧

《性自》："進谷（欲）孫（遜）而毋攷（巧）。"

《性自》："人之攷（巧）言利詞（詞）者，

不又（有）夫詘₌（詘詘）之心則流。”

《周易·蠱》：“初六：榦（幹）父之蠱，又（有）子，攷（考）亡（无）咎，厲終吉。”按，帛書本攷（考）作巧。

《内豊》：“君子孝子，不▢若才腹中攷（巧）弁（變），古（故）父母安。”

《老子》甲：“㡭（絕）攷弃利，覜（盜）惻（賊）亡又（有）。”按，今本和帛書本攷作巧。下同。

《老子》乙：“大攷若㑁（拙），大成若詘，大植（直）若屈。”

攷與考

《周易·蠱》：“初六：榦（幹）父之蠱，又（有）子，攷（考）亡（无）咎，厲終吉。”

攷與孝

《琴舞》：“𤔔（亂）曰：仡（遹）舍（余）龏（恭）害怠（怠），攷（孝）敬肥（非）紿（怠）巟（荒）。”

考與巧

《詩論》：“《少（小）弁》、《考（巧）言》，則言譺（流）人之害也。”

《弟子問》：“考（巧）言𡩜（令）色，未可胃（謂）急（仁）也。”

《鄭武》：“媺（媚）妬之臣躳（躬）共（恭）其䫉（顏）色，盦（掩）於其考（巧）語，以𤔔（亂）夫₌（大夫）之正（政）。”

《管仲》：“夫年（佞）者之事君，必㳒（前）敬（傾）與考（巧），而後晉（譏）與譌（僞），以大又（有）求。”

《日乙·生》：“乙丑生，不武乃工考（巧）。”

《日乙·生》：“丁亥生，考（巧）。”

考與孝

《用曰》：“非（誹）考（孝）免（謾）訢（慎），良（荒）台（怠）家（稼）嗇（穡）。”按，“考”似當讀作“孝”。《尚書·微子之命》：“恪慎克孝，肅恭神人。”

《内豊》：“考（孝）子，父母又（有）疾，冐（冠）不奐（綰），行不頌（容），不卒立，不庶語。時昧社（攻）禜（禜），行祝於五祀，剴（豈）必又（有）益，君子以成其考（孝）。”按，“考（孝）”字從陳斯鵬《初讀上博竹書（四）文字小記》（簡帛研究網，2005年3月6日）、孟蓬生《上博竹書（四）閒詁（續）》（簡帛研究網，2005年3月6日）釋讀。下一例同。

《内豊》：“考（孝）子事父母，以飤（食）亞（惡）𡵂（美）下之。”

《琴舞》：“無悔（悔）享君，罔𩔗（墜）其考（孝），享隹（惟）滔（慆）帀（思），考（孝）隹（惟）型帀（思）。”

歿與孝

《周馴》：“余恐而（爾）輕國而不好文理，不愛民而乏絕吾祀，持（特）令我碎（卒）而若闔盧不歿（孝）而已。”

《周馴》：“𧫒（諺）有言曰：‘生人曰飽，死人曰歿（孝）。’”

求字聲系

求與救

《武王甲》：“𨫼名（銘）曰：‘與其溺於人，寍（寧）溺₌於₌宋₌（溺於淵，溺於淵）猶可游，溺於人不可求（救）。’”

求與賕

《春秋八》：“▢聽，遂受其求（賕）而假之道。”按，“求（賕）”字從裘錫圭《帛書〈春秋事語〉校讀》（《湖南省博物館館刊》第1期，《船山學社》雜誌社編輯出版，2004年7月）釋讀。

剌與絿

《順道》：“中請（情）不剌（絿），執一毋求。”

浗與求

《唐虞》："浗（求）虖（乎）大人之興，溦（美）也。"按，"浗（求）"字從裘按（《郭店楚墓竹簡·唐虞之道》篇注［二三］）讀。

怺與求

《凡物甲》："女（如）欲戠（察）鼠（一），印（仰）而視之，府（俯）而𢍰之，母（毋）遠怺（求）厇（度），於身旨（稽）之。"

《凡物乙》："女（如）欲戠（察）鼠（一），印（仰）而視之，府（俯）而𢍰之，母（毋）遠怺（求）厇（度），於身旨（稽）之。"

怺與救

《帛甲老子·道經》："是以聲（聖）人恆善怺（救）人，而无棄人。"

《帛乙老子·道經》："是以耶（聖）人恆善怺（救）人，而无棄人。"

怺與赳

《耆夜》："复（作）訶（歌）一終曰贔₌（《蟋蟀》："蟋蟀）戎備（服），臧（壯）武怺₌（赳赳）。"

逑與就

《民之》："亡（無）膿（體）之豊（禮），日逑（就）月相（將）。"

梂與樛

《詩論》："《閘（關）疋（雎）》之改、《梂（樛）木》之峕（時）、《灘（漢）生（廣）》之智、《鵲樔（巢）》之歸、《甘棠》之保（報）、《綠衣》之思、《鵔₌（燕燕）》之情害（曷）？"

《詩論》："《梂（樛）木》之峕（時），則以其彔（祿）也。"

《詩論》："《梂（樛）木》福斯才（在）孝₌（君子）。"

梂與絿

《五行》："㝁（剛），義之方。矛（柔），悬（仁）之方也。'不㝁（競）不梂（絿），不㝁（剛）不矛（柔）'，此之胃（謂）也。"

烌與燠

《反淫》："伊尹煎熬，狄（易）牙調和，芬芳烌（燠）熱，過之咽唾。"

救與求

《三德》："救（求）利，戔（殘）其新（親），是胃（謂）違（皋）。"

《保訓》："昔夋（舜）舊（久）复（作）尖₌（小人），親勂（耕）于鬲（歷）茅，忎（恐）救（求）中。"

《耆夜》："宓（毖）情（精）悬（謀）猷，裕（裕）惪（德）乃救（求）。"

《皇門》："廼方（旁）救（求）巽（選）睪（擇）元武聖夫，膳（羞）于王所。"

《祝辭》："隓（隨）弓：'涵（將）玫（注）爲死，陽（揚）武即救（求）尚（當）。'"

《祝辭》："外弓：'涵（將）玫（注）爲肉，陽（揚）武即救（求）尚（當）。'"

《祝辭》："踵弓：'涵（將）䠶（射）㝵（干）音（函），陽（揚）武即救（求）尚（當）。'"

《子產》："善君必豸（察）昔寿（前）善王之瀌（法）聿（律），救（求）㜽（蓋）之臤（賢）可。"

《租稅》："救（求）此之述（術）曰。"

《體積》："救（求）隄廣袤不等者，同袤半之，亦同廣半之，乃各以其徐廣袤相乘。"

《體積》："救（求）除之述（術）曰：半其袤以廣高乘之，即成尺數也。"

《殘片》："☐救（求）城之□□☐。"

《算數書·少廣》："救（求）少廣之術曰。"

《算數書·少廣》："積分以盡所救（求）分同之以爲法。"

救與絿

《帛五行·經》："《詩》曰：'不勮（競）不救（絿），不剛不柔。'此之胃（謂）也。"

《帛五行·説》："勮（競）者，強也；詸（絿）者，急也。"

贅與賕

《三德》："天之所敗，卬其贅（賕）而寡其悥（憂）。嬰（興）而记（起）之，思逷（周）而勿救。"按，"贅（賕）"字從季旭昇《上博五芻議（下）》（簡帛網，2006年2月18日）釋。

戕與仇

《帛易·鼎》："九二，鼎有實，我戕（仇）有疾，不我能節（即），吉。"

秫與柔

見幽部矛字聲系。

臼字聲系

臼與咎

《阜春九》："臼（咎）犯與趙衰孰賢？"

舊與久

《老子》乙："長生舊視之道也。"按，今本和帛書乙本舊作久。

《苦成》："唯（雖）不尝（當）殜（世），句（苟）義毋舊（久）立，死可（何）歇（傷）才（哉）！"按，"舊（久）"字從沈培《上博簡〈姑成家父〉一個編聯組位置的調整》（簡帛網，2006年2月22日）讀。

舊與久

《老子》甲："古（故）智（知）足不辱，智（知）止不怠（殆），可以長舊。"按，今本和帛書甲本舊作久。

《性自》："其居即（次）也舊（久），其反善復詒（始）也新（慎），其出内（入）也訓（順）。"按，"舊（久）"字從李零《郭店楚簡校讀記（增訂本）》（北京大學出版社，2002年，106頁）讀。

《子羔》："善！而（爾）昏（問）之也。舊（久）矣。"

《叢辰》："以遠行，舊（久）。"

《季桓子》："行年民（彌）舊（久），聒（問）學不誓（察）不儫。"

《保訓》："昔叜（舜）舊（久）𠭊（作）尖₌（小人），親勸（耕）于鬲（歷）茅，忑（恐）救（求）中。"

《保訓》："朕聒（聞）'兹不舊（久）命，未有所涎（誕）'。"

《鄭武》："女（如）訢（慎）䢖（重）君斃（葬）而舊（久）之於上，三月少（小）羕（祥）。"

舊與疚

《季桓子》："女（如）迷〈悉〉言之，則忑（恐）舊（疚）虐（吾）子。"按，"舊"似當讀作"疚"，訓爲"病"。

夰字聲系

䫣與告

《日甲·人字》："雖求䫣（告）啻（帝）必得。"

䫣與頄

《帛易·夬》："九三，牀（壯）于䫣（頄），有凶。君子缺（夬）缺（夬），獨行愚（遇）雨若濡。有温（慍），无咎。"

臱字聲系

臱與傲

《三德》："母（毋）臱（傲）貧，母（毋）笑型（刑）。"按，"臱（傲）"字從趙平安《上博簡〈三德〉"毋臱貧"解讀》（簡帛網，2007年1月1日）釋讀。

好字聲系

好與羞

《説命中》："叀（且）隹（惟）口记（起）戎出好（羞）。"

孝字聲系

孝與老

《鄭壽》："君王遶（遷）凥（處），辱於孝（老）夫。"

孝與畜

《老子》丙："六新（親）不和安（焉），又（有）孝孳（慈）。"按，帛書甲本孝作畜。

狰與淆

《芮良夫》："母（毋）惏（婪）悆（貪）、狰（淆）昆（混）、圂（滿）湓（盈）、康戲而不智（知）甍（寤）告（覺）。"按，"狰"似當讀作"淆"或"殽"。《後漢書·黃憲傳》："淆之不濁。"李賢《注》："淆，混也。"《廣雅·釋詁三》："殽，亂也。"

躾與孝

《仲弓》："唯（雖）有躾（孝）悳（德），其☐。"按，"躾（孝）"字原形作""，整理者隸定作"羿"。不確。

休字聲系

休與謖

《特牲》："尸休（謖），祝前，主人降。"

《少牢》："祝入，尸休（謖）。"

《有司》："尸休（謖），祝洗（前），尸從，遂出于廟門。"

昊字聲系

滘與浩

《子儀》："楊栖（柳）可（兮）依₌（依依），其下之滘₌（浩浩）。"

息字聲系

息與憂

《老子》甲："終日唐（呼）而不息，和之至也。"按，帛書甲本息作憂。

《老子》乙："㡭（絕）學亡息，唯與可（呵），相去幾可（何）？"按，今本和帛書乙本息作憂。

《五行》："君子亡审（中）心之息（憂）則亡₌审₌心₌之₌智₌（亡中心之智，亡中心之智）則亡₌审₌心₌之₌兑₌（亡中心之悦，亡中心之悦）則不₌安₌（不安，不安）則不₌藥₌（不樂，不樂）則亡惪（德）。"

《五行》："不息（仁）不智，未見君子，息（憂）心不能惙₌（惙惙）；既見君子，心不能兑（悦）。"

《五行》："不息（仁）不聖，未見君子，息（憂）心不能慫₌（忡忡）；既見君子，心不能降。"

《唐虞》："夫古者舜佢（居）於茅₌（艸茅）之中而不息（憂），升爲天子而不喬（驕）。佢（居）茅₌（艸茅）之中而不息（憂），智（知）命也；升爲天子而不喬（驕），不涷（恃）也。"

《六德》："是古（故）先王之季（教）民也，不叓（使）此民也息（憂）其身，遾（失）其𢿜。"

《性自》："凡息（憂），思而句（後）悲；凡樂，思而句（後）忻。"

《性自》："凡息（憂）患之事谷（欲）妊（任），樂事欲谷（欲）後。"

《性自》："息（憂）谷（欲）僉而毋惛。"

《性自》："恩（慍）斯息₌（憂，憂）斯慼₌（戚，戚）斯懃（歎，歎）斯₌（辟，辟）斯通₌（踊。踊），恩（慍）之終也。"

《語叢二》："恩（慍）生於息（憂）。"

《語叢二》："息（憂）生於恩（慍），惊（哀）生於息（憂）。"

《詩論》："《綠衣》之息（憂），思古人也。"

《從政》："孝₌（君子）藥（樂）則絧（治）

正（政），惪（憂）則☒復。”
《從政》：“小人藥（樂）則恢（疑），惪（憂）則昬（昏），妄（怒）則勳（勝），思（懼）則伓（背），恥則軋（犯）。”
《彭祖》：“多忞（務）者多惪（憂），惻（賊）者自賊也。”
《昭王》：“楚邦之良臣所𣪘（暴）骨，虐（吾）未又（有）以惪（憂）。”
《内豊》：“君子事父母，亡厶（私）遯（樂），亡厶（私）惪（憂）。父母所樂＝（樂，樂）之，父母所惪＝（憂，憂）之。”
《鮑叔牙》：“鞄（鮑）弔（叔）牙盒（答）曰：‘害牆（將）來，牆（將）有兵，有惪（憂）於公身。’”
《鮑叔牙》：“寡人之不綵（肖）也，幾（豈）不二子之惪（憂）也才（哉）？”
《君子》：“凡色毋惪（憂）、毋佻、毋復（怍）、毋誎（謠）、毋☒。”
《弟子問》：“虐（吾）未見邦而信者，未見善事人而惪（憂）者。”
《三德》：“惪（憂）懼之閼（閒），怟（疏）達之宋（際），母（毋）胃（謂）之不敢，母（毋）胃（謂）之不肰（然）。”
《三德》：“天之所敗，卬其賫（賕）而寡其惪（憂）。”
《三德》：“敓（奪）民旹（時）以土攻（功），是胃（謂）顗（稽），不幽（絕）惪（憂）衃（恤），必喪其佖（匹）。”
《三德》：“皇天弗京（諒），必復之以惪（憂）喪。”
《吳命》：“寍（寧）心敎（拋）惪（憂），亦隹（唯）吳白（伯）父。”
《耆夜》：“王又（有）脂（旨）西（酒），我惪（憂）以䬂（拋）。”
《皇門》：“朕遺父兄眔朕律（藎）臣，夫明尔（爾）惪（德），以㽙（助）余一人惪（憂）。”
《芮良夫》：“此惪（德）型（刑）不齊，夫民甬（用）惪（憂）慯（傷）。”
《芮良夫》：“心之惪（憂）矣，䨾（靡）所告眔（懷）。”
《芮良夫》：“民不日幸，尚（當）惪（憂）思殹（也）。”
《筮法二九》：“五象爲天，爲日，爲貴人，爲兵，爲血，爲車，爲方，爲惪（憂）、惎（懼），爲譔。”
《封許》：“余既監（鑑）于殷之不若，囸童才（兹）惪（憂），𢗬（靡）念非尚（常）。”
《日甲·盜者》：“乙名曰舍徐可不詠亡惪（憂）。”
《鄭武》：“幾（豈）孤其跃（足）爲免（勉），印（抑）亡（無）女（如）虐（吾）先君之惪（憂）可（何）？”
《子產》：“孯＝（君子）智（知）思（懼）乃惪＝（憂，憂）乃少惪（憂）。”

惪與嚘

《老子》甲：“終日㕸（呼）而不惪，和之至也。”按，嚴遵本和帛書乙本惪作嚘。

惪與㱝

《老子》甲：“終日㕸（呼）而不惪，和之至也。”按，傅奕本惪作㱝。

憂與擾

《脈書》：“肉痛如浮，氣勫（動）則憂（擾）。”
《二三子》：“不憂（擾）乘牝馬□□□□□□□□□□粟時至，芻稾不重。”

憂與羞

《帛易·否》：“六三，枹（包）憂（羞）。”
《二三子》：“卦曰：‘不恆其德，國承之憂（羞），貞藺（吝）。’”

獿與擾

《行軍》：“軍獿（擾）者，將不重也。”

慢與憂

《神烏賦》：“烏獸且相慢（憂），何兄（況）人乎？”

槾與擾

《周病方》：“㮙（恆）多取槾（擾）桑木，燔以爲炭火，而取牛肉剝（劙）之。”

䖵與擾

《楚帛書》乙：“民則又（有）穀，亡又（有）相䖵（擾）。”

叜與嚘

《帛甲老子·德經》：“終曰〈日〉號而不叜（嚘），和之至也。”按，“叜”應即“憂”之省形。

幼字聲系

幼與窈

《帛乙老子·道經》：“幼（窈）呵（兮）冥呵（兮），其中有請（精）呵（兮）。”

幼與幽

《鹿鳴之什》：“出自幼（幽）浴（谷）。”

窈與幽

《反淫》：“菌鶴鳪義（鶼），孔鵻（鸞）鴉鶒（鵻），芬（紛）雲（紜）窈（幽）海（晦），浩洋於上。”

丝字聲系

𢆶與幼

《彭祖》：“旺₌（旺旺）舍（余），朕𢆶（幼）未則于天，敢昏（問）爲人？”按，“𢆶（幼）”字從牛新房《戰國竹書研究方法探析》（華南師範大學博士學位論文，2010年，103頁）釋讀。下同。

《彭祖》：“于（吁）！女（汝）𢆶₌（幼子）尃（博）昏（問），舍（余）告女（汝）人綸（倫）。”

《彭祖》：“朕𢆶（幼）不勄（敏），既得昏（聞）道，忎（恐）弗能守。”

幽與幼

《鄭乙》：“白（伯）父，不㲷（穀）幽（幼）溺（弱）。”

《鄭乙》：“今[及][吾]君，溺（弱）幽（幼）而䛐（嗣）長。”

幽與怮

《相宅》：“盇（蓋）西南之遇（寓），孠₌（君子）凥（居）之，幽（怮）俟（擬）不出。”按，“幽（怮）”字從李家浩説讀。

幽與流

《史蒥》：“内（納）牙（與）䝭（貨），幽（流）色牙（與）西（酒），大鐘貞（鼎），美宫（宫）室，區（驅）䡊（騁）畋邋（獵），与（舉）獄訟（訟），此所以遠（失）☐。”按，“幽”似當讀作“流”。《禮記·樂記》：“使其聲足樂而不流。”鄭玄《注》：“流，謂淫放也。”《國語·晉語一》：“肆侈不違，流志而行，無所不疚，是以及亡而不獲追鑑。”韋昭《注》：“流，放也。”《典論·論文》：“貧賤則懾於飢寒，富貴則流於逸樂。”《抱樸子·君道》：“厚嬖幸而薄戰士，流聲色而忘庶事。”可參。《周易·頤》：“六四：顛頤，吉，虎視眈眈，其欲逐逐，无咎。”上博簡本《周易》“眈”作“䜣”。據此，“幽”似亦可讀作“耽”，沉湎之義。

幽與嚘

《北大老子》：“終日號而不幽（嚘），和之至也。”

𢇍與幽

《窮達》：“穿（窮）達以旹（時），𢇍（幽）明不再。”

《鬼神》：“返（及）桀受（紂）𢇍（幽）萬（厲），焚聖人，殺訐（諫）者，惻（賊）百眚（姓），𤔔（亂）邦家。”

《蘭賦》：“夬（決）迲（去）選勿（物），

宅才（在）學（幽）宙（中）。"
《管仲》："及學（幽）王之身，好吏（使）年（佞）人而不訐（信）慙（貞）良。"
《管仲》："若學（幽）王者，不可以爲君才（哉）！"
《管仲》："然則或弛（弛）或張，或緩或緪（急），田陘（地）室（壙）虛，眾利不及，是胃（謂）學（幽）悳（德）。"

學與幼

《成之》："君子簟（簟）筶（席）之上，諹（讓）而學（幼）；朝廷之立（位），諹（讓）而凥（處）戔（賤），所厇（宅）不逡（陵）悛（矣）。"
《叢辰》："倀（長）者吉，學（幼）者不吉。"
《顏淵問》："敬（矜）又（有）（過）而先又（有）司，老=（老老）而慈（慈）學（幼），豫（予）絞（約）而收貧。"按，"學（幼）"字從復旦吉大古文字專業研究生聯合讀書會《〈上博八·顏淵問於孔子〉校讀》（復旦大學出土文獻與古文字研究中心網，2011年7月17日）讀。下一例同。
《顏淵問》："老=（老老）而慈（慈）學（幼），所以凥（處）息（仁）也。"
《靈王》："尖=（小人）學（幼），不能以它器。"
《金縢》："臺（就）後武王力（陟），成王由（猶）學（幼）才（在）立（位）。"
《芮良夫》："褱（懷）忿（慈）學（幼）溺（弱）、羸（鰥）寡、暋（惸）蜀（獨），萬民具（俱）憖（憖），邦甬（用）昌篙（熾）。"
《鄭甲》："白（伯）父，不享（穀）學（幼）溺（弱）。"
《鄭甲》："今及虐（吾）君，溺（弱）學（幼）而禈（嗣）長。"

滲與窈

《帛甲老子·道經》："滲（窈）呵（兮）鳴（冥）呵（兮），中有請（精）吔〈呵（兮）〉。"按，通行本滲作窈。

宵部第三

猋字聲系

猋與飆

《官一》："猋（飆）凡（風）振（震）陳（陣），所以乘疑也。"

麃字聲系

麃與僄

《語書》："誈（駤）訋（誇）醜言麃（僄）斫以視（示）險（檢）。"

票字聲系

票與剽

《日甲·盜者》："盜者大鼻而票（剽）行，馬脊，其面不全，疵在䙝〈要〉。"

票與飄

《日甲·詰》："野獸若六畜逢人而言，是票（飄）風之氣。"

《日甲·詰》："凡有大票（飄）風害人，擇（釋）以投之，則止矣。"

《日甲·詰》："票（飄）風入人宮而有取焉，乃投以屨，得其所，取盎之中道。"

《北蒼·幽》："塵埃票（飄）風，嫯（傲）鬓（漠）寡（煩）攖（玃）。"

《反淫》："夏即票（飄）風雷辟（霹）磿（靂）之所繳（激）也，冬即蜚（飛）雪焦（霄）霓（霰）之所雜。"

票與驃

《君正》："能收天下豪桀（傑）票（驃）雄，則守御（禦）之備具矣。"

剽與漂

《奇正》："故行水得其理，剽（漂）石折舟；用民得其生（性），則令行如留（流）。"

剽與飄

《二三子》："天地無菑（災），民□不傷，甘露時雨聚降，剽（飄）風苦雨不至，民也相醻以壽，故曰'番（藩）庶'。"

《威王問》："剽（飄）風之陳（陣）者何也？"

《威王問》："剽（飄）風之陳（陣）者，所以回□□□也。"

《北大老子》："故剽（飄）風不終朝，趨（驟）雨不終日。"

薊與剽

《奏讞書》："言雅欲薊（剽）盜，詳（佯）爲券，操。"

薊與漂

《三十時》："下六：生。可以嫁女，取婦、築室，當（嘗）蓄采（菜），薊（漂）麻，取稾◩。"

薊與飄

《帛乙老子·道經》："薊（飄）風不冬（終）朝，暴雨不冬（終）日。"

嫖與眇

《妄稽》："嫖（眇）蕒（緜）便圜（旋），桃（逃）入北房。"按，"嫖蕒"似當讀作"眇緜"。《法言·先知》："忽眇緜作眪。"司馬光《集注》："眇緜，遠視。"

歑與剽

《官一》："歑（剽）陳（陣）輊車，所以從遺也。"

《官一》："澗（簡）練歑（剽）便，所以逆喙也。"

毛字聲系

毛與表

《順道》："紓（裏）也毛（表）也，其如莫存。"

肊與芼

《反淫》："濮之肉，肊（芼）以筍蒲。"

秏與耗

《秦律・效》："禾粟雖敗而尚可食殹（也），程之，以其秏（耗）石數論負之。"

《效律》："程之，以其秏（耗）石數論饞（負）之。"

《算數書・舂粟》："當益秏（耗）粟幾何？"

《算數書・舂粟》："有（又）直（置）一石米粟升數而以秏（耗）米升數乘之【以爲實】。"

《算數書・銅秏》："銅秏（耗）。"

《算數書・銅秏》："鑄銅一石秏（耗）七斤八兩。"

《算數書・銅秏》："今有銅一斤八兩八朱（銖），問秏（耗）幾何。"

《算數書・秏租》："秏（耗）租。"

《算數書・秏租》："秏（耗）租產多乾少。"

《算數書・秏》："秏（耗）。"

《算數書・秏》："粟一石秏（耗）一斗二升少半升。"

《算數書・秏》："粟石秏（耗）五升。"

《閻氏》："常以困、罰（伐）日舉事，其國日秏（耗）。"

《恆失》："欲以國兵之所短，難僑（敵）國兵之所長，秏（耗）兵也。"

《五名》："五舉而暴，兵必大秏（耗）。"

託與媢

《王居》："殹（抑）忑（忌）韋（違）詤（讒）託（媢），以隆（墮）亞（惡）虗（吾）外臣，而居虗（吾）右=（左右）。"按，"託（媢）"字從黃傑《初讀〈上海博物館藏戰國楚竹書（八）〉筆記》（簡帛網，2011年7月19日）讀。

髦與貓

《二類》："班（斑）髦（貓）十枚，地膽一枚，桂一寸。"

髦與蝥

《二類》："班（斑）髦（貓）十枚，地膽一枚，桂一寸。"按，典籍中"斑貓"或作"盤蝥"、"斑蝥"。

覒與苗

《緇衣》："《呂荎（刑）》員（云）：'非甬（用）臸（令），折（制）以荎（刑），隹（惟）乍（作）五瘧（虐）之荎（刑）曰灋。'"按，今本《禮記・緇衣》"非甬（用）臸（令）"作"苗民匪用命"，上博簡本《緇衣》苗作覒。

《舜王》："舜王天下，三覒（苗）不賓。"

表與服

《叢辰》："利以冠，㪟（探）車馬，折（製）衣緖（裳）、表（服）紱（飾）。"

《容成氏》："衣不褻（疊）娧（文），飤（食）不童（重）味，朝不車逆，穜（舂）不程（毇）米，罶（羹）不折骨，裚（製）表（服）皾（皮）專（黼）。"按，"表（服）"字從白於藍《〈容成氏〉編連問題補議》（《華南師範大學學報》2004年4期）讀。

毷與勖

見幽部冒字聲系。

苗字聲系

庿與朝

《語叢四》："聖（聽）君而會，視庿（朝）而內（入）。"

庿與廟

《鄭壽》："競坪（平）王豪（就）奠（鄭）

壽，僫（稽）之於尿（禰）庿（廟）。”

寊與貌

《性自》：“至（致）頌（容）寊（貌），所以𤇾（文）即（節）也。”按，“寊（貌）”字從裘按（《郭店楚墓竹簡·性自命出》篇注［一四］）讀。

《性自》：“寊（貌）谷（欲）壯而毋梟（拔）。”按，“寊（貌）”字從裘按（《郭店楚墓竹簡·性自命出》篇注［四九］）讀。

寊與廟

《詩論》：“《清寊（廟）》，王悳（德）也，至矣！敬宗寊（廟）之豊（禮），以爲其杳（本）；秉文之悳（德），以爲其業。”

《周易·萃》：“啐（萃）：王畧（假）于寊（廟），利見大人，卿（亨），利貞。用大牲，利又（有）卣（攸）往。”

《周易·渙》：“𩆑（渙）：卿（亨）。王叚（假）於寊（廟），利見大人，利涉大川。”

《天子甲》：“豊（禮）之於尿（禰）寊（廟）也。”

《天子乙》：“豊（禮）之於尿（禰）寊（廟）也。”

《琴舞》：“六啟曰：“其舍（余）濬（沖）人，備（服）才（在）清寊（廟），隹（惟）克少（小）心。”

媌與訬

《北萶·魚》：“端直準繩，媌（訬）噲（獪）菁華。”

刀字聲系

召與招

《日甲·土忌二》：“是胃（謂）召（招）䍃（搖）合日，不可垣，凶。”

《日甲·土忌二》：“四月丙午，是胃（謂）召（招）䍃（搖）合日，不可垣，凶。”

《春秋一一》：“夫奉孤以君令者，百圖之召（招）也。”按，“召（招）”字從裘錫圭《帛書〈春秋事語〉校讀》（《湖南省博物館館刊》第 1 期，《船山學社》雜誌社編輯出版，2004 年 7 月）讀。

《王法》：“小而不事大，胃（謂）之召（招）害。”

召與詔

《日甲·詰》：“鬼恆召（詔）人曰：壐（爾）必以某（某）月日死。”

召與悼

《春秋九》：“獻公使公子段胃（謂）寧（甯）召（悼）子。”

《春秋九》：“寧（甯）召（悼）子弗聽。”

《春秋九》：“而入□□□□□□□□餘伐[寧]召（悼）子而尿（尸）之朝。”

召與的

《兵情》：“兵勝適（敵）也，不異於弩之在中召（的）也。”按，“召（的）”字從段凱説讀。下同。

《十陣》：“進則必遂，退則不戚（蹙），方（旁）戚（蹙）從流，以適（敵）之人爲召（的）。”

佋與昭

《筮法八》：“凸（凡）見大人，佋（昭）穆，見。”

《筮法九》：“凸（凡）咎，見述（術）日、妻夫、佋（昭）穆、上毀，亡咎。”

《筮法二三》：“其余（餘）佋（昭）穆，果。”

卲與召

《昔者》：“大（太）子、母俤（弟）至（致）命於闈₌（閤門），以告逹₌人₌（寺人，寺人）內（入）告於君₌（君。君）曰：‘卲（召）之。’”

《祭公》：“我亦隹（惟）又（有）若且（祖）周公概（暨）且（祖）卲（召）公。”

《繫年九》："猷求強君，乃命左行痮（蔑）牙（與）陸（隨）會卲（召）壤（襄）公之弟癰（雝）也于秦。"

《繫年九》："豫（舍）其君之子弗立，而卲（召）人于外，而安（焉）牆（將）實（寘）此子也？"

《繫年九》："夫=（大夫）忥（悶），乃膚（皆）北（背）之曰：'我莫命卲（召）之。'"

《繫年十三》："邻（趙）單（旃）不欲成，弗卲（召），射（席）于楚軍之門。"

《繫年十四》："公命郇（駒）之克先哰（聘）于齊，旻（且）卲（召）高之固曰：'今春其會者（諸）侯，子其與臨之。'"

卲與劭

《琴舞》："寀（咨）尔多子，笁（篤）其絻（勉）卲（劭），舍（余）彔（逯）思念，畏天之載（則），勿請福之侃（愆）。"

卲與昭

《緇衣》："古（故）倀（長）民者，章志以卲（昭）百眚（姓），則民至（致）行异（己）以敓（悦）上。"按，上博簡本《緇衣》卲（昭）作卲。

《詩論》："《文王》曰：'文王才（在）上，於卲（昭）于天。'虗（吾）岂（美）之。"

《昭王》："卲（昭）王爲室於死涎（沮）之滸（滸），室既成，牆（將）袼（落）之。"

《昭王》："卲（昭）王迈（蹠）逃珤，龏（龔）之脽（脽）馭王。"

《用曰》："又（有）眛【=（眛眛）】其不見，不〈而〉卲（昭）其甚明。"

《有皇》："族援=（援援）必繇（慎）毋瑩（忤）含可（兮），日月卲（昭）明含可（兮）。"

《邦人》："豪（就）卲（昭）王之亡，要王於陸（隨）寺。"

《邦人》："卲（昭）夫人胃（謂）鄴（葉）公子高：'先君之子聚才（在）外☐。'"

《禹王》："壐（禹）王天下，卲（昭）大之不私☐。"

《祭公》："朕（朕）身尚才（在）孳（兹），朕（朕）䰟（魂）才（在）朕（朕）辟卲（昭）王斎=（之所）。"

《祭公》："以余少（小）子颺（揚）文、武之剌（烈），颺（揚）成、康、卲（昭）宔（主）之剌（烈）。"

《楚居》："至卲（昭）王自秦（乾）溪之上遷（徙）居㜸=郢=（㜸郢，㜸郢）遷（徙）居鄂=郢=（鄂郢，鄂郢）遷（徙）袲（襲）爲郢。"

《繫年二》："武公即殜（世），臧（莊）公即立（位）；臧（莊）公即殜（世），卲（昭）公即立（位）。"

《繫年二》："其大=〈夫=（大夫）〉高之巨（渠）爾（彌）殺卲（昭）公而立其弟子沬（疊）壽。"

《繫年十五》："競（景）坪（平）王即殜（世），卲（昭）王即立（位）。"

《繫年十五》："卲（昭）王歸隨（隨），與吳人戰于析（沂）。"

《繫年十五》："吳王子晨牆（將）迟（起）禍（禍）於吳=（吳，吳）王盍（闔）虏（盧）乃歸，卲（昭）王安（焉）復邦。"

《繫年十八》："晉臧（莊）坪（平）公即殜（世），卲（昭）公、同（頃）公膚（皆）㬪（早）殜（世），柬（簡）公即立（位）。"

《繫年十八》："競（景）坪（平）王即殜（世），卲（昭）王即立（位）。"

《繫年十八》："楚卲（昭）王戠（侵）泗（伊）洛以復方城之自（師）。"

《繫年十九》："卲（昭）王即立（位），陳、鄒（蔡）、䝬（胡）反楚，與吳人伐楚。"

《繫年十九》:“卲（昭）王既復邦，安（焉）克𪰀（胡）、回（圍）鄒（蔡）。”

《繫年十九》:“卲（昭）王即殜（世），獻惠王立十又一年，鄒（蔡）卲（昭）侯繡（申）懼，自歸於吳。”

《繫年十九》:“吳縵（洩）用（庸）以自（師）逆鄒（蔡）卲（昭）侯，居于州坴（來），是下鄒（蔡）。楚人安（焉）閈（縣）鄒（蔡）。”

《繫年二三》:“楚自（師）大敗，旅（魯）昜（陽）公、坪（平）亦（夜）悼（悼）武君、昜（陽）城洹（桓）恧（定）君，三執珪之君與右尹卲（昭）之𨾊（竢）死安（焉）。”

《命訓》:“道天又（有）亟（極）則不=䰲=（不威，不威）則不卲（昭），正人亡（無）亟（極）則不=㕧=（不信，不信）則不行。”

《命訓》:“夫明王卲（昭）天訐（信）人以乇（度）攻=（功，功）陛（地）以利之。”

《命訓》:“天古（故）卲（昭）命以命力（之）曰：‘大命殜（世）罰，少（小）命=（命命）身。’”

《三壽》:“走（上）卲（昭）𢘻（順）穆而敬（警）民之行。”

《三壽》:“甬（用）肖（艾）卲（昭）句（后）成湯，弋（代）傑（桀）尃（敷）又（佑）下方。”

卲與紹

《祭公》：“孳（兹）由（迪）彝季（學）于文武之曼悳（德），克夾卲（紹）成康，甬（用）臧（畢）成大商。”

卲與韶

《性自》：“雚（觀）《卲（韶）》、《夏》，則免（勉）女（如）也斯僉（儉）。”

《性自》：“《坴（賚）》、《武》樂取，《卲（韶）》、《夏》樂情。”

卲與超

《赤鵠》：“紝㐬受少（小）臣而嘗之，乃卲（超）然四㐬（荒）之外，亡（無）不見也；少（小）臣受其余（餘）而嘗之，亦卲（超）然四晦（海）之外，亡（無）不見也。”按，“卲”似當讀作“超”。“超然”一詞典籍習見。

𦔻與召

《繫年十八》:“述（遂）明（盟）者（諸）侯於𦔻（召）陵，伐中山。”

悼與悼

《繫年二三》:“楚自（師）大敗，旅（魯）昜（陽）公、坪（平）亦（夜）悼（悼）武君、昜（陽）城洹（桓）恧（定）君，三執珪之君與右尹卲（昭）之𨾊（竢）死安（焉）。”

詔與召

《成王》:“王才（在）鎬，詔（召）周公旦曰。”

《祭公》：“乃詔（召）𦌔（畢）𩨨（桓），丼（井）利、毛班。”

詔與詔

《祭公》：“乃詔𦌔（畢）𩨨（桓），丼（井）利、毛班。”按，今本《逸周書·祭公》詔作詔。

邵與召

《良臣》：“武王又（有）君奭，又（有）君陣（陳），又（有）君牙，又（有）周公旦，又（有）邵（召）公，述（遂）差（佐）成王。”

招與遥

《戰國二〇》：“則莫若招（遥）霸齊而尊之，使明（盟）周室而棼（焚）秦符。”

炤與灼

《將理》：“其侍（待）佰（拓）人之北（背），炤（灼）人之[䏧]□。”

柖與招

《日甲·玄戈》：“柖（招）榣（搖）毄（繫）未，玄戈毄（繫）尾。”

《日甲·玄戈》："柖（招）榣（搖）毄（繫）午，玄戈毄（繫）心。"
《日甲·玄戈》："柖（招）榣（搖）毄（繫）巳，玄戈毄（繫）房。"
《日甲·玄戈》："柖（招）榣（搖）毄（繫）辰，玄戈毄（繫）翼。"
《日甲·玄戈》："柖（招）榣（搖）毄（繫）卯，玄戈毄（繫）張。"
《日甲·玄戈》："柖（招）榣（搖）毄（繫）寅，玄戈毄（繫）七星。"
《日甲·玄戈》："柖（招）榣（搖）毄（繫）丑，玄戈毄（繫）此（觜）巂。"
《日甲·玄戈》："柖（招）榣（搖）毄（繫）子，玄戈毄（繫）畢。"
《日甲·玄戈》："柖（招）榣（搖）毄（繫）亥，玄戈毄（繫）茅（昴）。"
《日甲·玄戈》："柖（招）榣（搖）毄（繫）戌，玄戈毄（繫）營室。"
《日甲·玄戈》："柖（招）榣（搖）毄（繫）酉，玄戈毄（繫）危。"
《日甲·玄戈》："柖（招）榣（搖）毄（繫）申，玄戈毄（繫）虛。"
《蓋廬》："柖（招）榣（搖）在上、大陳其後可以戰。"
《天六》："柖（招）榣（搖）〼。"
《北蒼·陽》："顓項祝融，柖（招）榣（搖）奮光。"

柖與昭

《容成》："□□□□□□□巫（務）成柖（昭）□□不死。"
《容成》："巫（務）成柖（昭）以四時爲輔，天地爲經。"
《容成》："巫（務）成柖（昭）與陰陽皆生。"
《容成》："陰陽不死，巫（務）成柖（昭）興〈與〉相視，有道之士亦如此。"

昭與召

《聽有》："昔者周武王舉大（太）公望，昭（召）公昔（奭）、周公旦從之，何□□類利耳。"

昭與的

《兵情》："發者非也，猶不中昭（的）也。"按，"昭（的）"字從段凱説讀。

昭與沼

《反淫》："前有昭（沼）沱（池），後有莞蒲；中有州堆，往來復路。"

袑與趬

《妄稽》："狗桀（趨）袑（趬）馬趯（躍），往來之裴（斐）裴（斐）。"按，"袑（趬）"字從蕭旭《北大漢簡（四）〈妄稽〉校補》（復旦大學出土文獻與古文字研究中心網，2016年7月4日）讀。

詔與召

《鮑叔牙》："昔高宗祭，有䲨（雉）雊於僕（彝）前。詔（召）祖已而昏（問）安（焉），曰：'是可（何）也？'"按，"詔（召）"字從陳劍《談談〈上博（五）〉的竹簡分篇、拼合與編聯問題》（簡帛網，2006年2月19日）釋讀。

卲與昭

《緇衣》："古（故）倀（長）民者，章志以卲（昭）百眚（姓），則民至（致）行异（己）以敓（悦）上。"

卲與卲

《緇衣》："古（故）倀（長）民者，章志以卲（昭）百眚（姓），則民至（致）行异（己）以敓（悦）上。"按，上博簡本《緇衣》卲（昭）作卲。

船與炤

《妄稽》："曰日短歲船（炤），命毋眾辭。"按，"船"字從何有祖《讀北大簡〈妄稽〉條記（一）》（簡帛網，2016年6月5日）隸定，從蕭旭《北大漢簡（四）〈妄稽〉校補》（復旦大學出土文獻與古文字研究中心網，2016 年 7 月 4 日）讀爲“炤”。

翌與召

《程寤》：“翌（召）大（太）子登（發），卑（俾）霝（靈）名兑（總）敄（蔽）。”按，“翌（召）”字從裘錫圭《説清華簡〈程寤〉篇的“敄”》（《出土文獻與古文字研究》第四輯，上海古籍出版社，2011 年）讀。

軺與昭

《良臣》：“楚軺（昭）王又（有）命（令）肙（尹）子西，又（有）司馬子忍（期），又（有）鄴（葉）公子亯（高）。”

鞀與柖

《行軍》：“□□□天井、天窨、天離（羅）、天鞀（柖）、天郤（隙），必亟去之。”

到與倒

《牝痔》：“膏出者，而到（倒）縣（懸）其人，以寒水戔（濺）其心腹，入矣。”

到與葪

《日甲·詰》：“到（葪）雷焚人，不可止，以人火鄉（嚮）之，則已矣。”

到與操

《定心》：“隱居而不失其志，踐軒到（操）戈，制萬乘之眾而不易其氣。”按，“到（操）”字從白於藍《銀雀山漢簡（二）校讀六記》（《簡帛》第十輯，上海古籍出版社，2015 年）讀。

卲與嗥

《芮良夫》：“罔肎（肯）獻言，人頌（訟）攼（扞）違（違），民乃卲（嗥）囂，靡（靡）所并（屏）怵（依）。”

鼂字聲系

鼂與朝

《爲吏》：“二曰不安其鼂（朝）。”

《北蒼·陽》：“顛（覞）視歒（就）暨，偃（晏）鼂（朝）運糧。”

兆字聲系

兆與眺

《妄稽》：“兆（眺）目鉤（流）折（睇），蟻（蛾）犁（眉）暎（連）管（娟）。”

兆與頫

《易之義》：“爲九之狀，浮首兆（頫）下，蛇身僂曲，其爲龍類也。”

兆與遥

《反淫》：“蜚（飛）鳥聞之，簫（躡）翺（蹀）蜚（飛）陽（揚）；孟（猛）獸聞之，垂耳不行；王孫聞之，兆（遥）思心惕（傷）。”

兆與盜

《日乙·見人》：“朝啟夕閉，朝兆（盜）不得，晝夕得。”按，“兆（盜）”字從李家浩《讀睡虎地秦簡〈日書〉“占盜疾”等劄記三則》（《北京大學古文獻研究所集刊（1）》，北京燕山出版社，1999 年）讀。下同。

《日乙·見人》：“朝閉夕啟，朝兆（盜）得，晝夕不得。”

《日乙·見人》：“朝閉夕啟，朝兆（盜）得，晝夕不得。”

《日乙·見人》：“朝閉夕啟，朝兆（盜）得，晝夕不得。”

《日乙·見人》：“朝啟夕閉，朝兆（盜）不得，夕晝得。”

《日乙·見人》：“朝閉夕啟，朝兆（盜）得，晝夕不得。”

《日乙·見人》：“朝閉夕啟，朝兆（盜）得，晝夕不得。”

《日乙·見人》：“朝啟〖多〗夕閉，朝兆（盜）不得，晝夕得。”

《日乙·見人》：“朝閉夕啟，朝兆（盜）

得，晝夕不得。”

《日乙・見人》：“朝啟夕閉，朝兆（盜）不得，晝夕得。”

《日乙・見人》：“朝啟夕閉，朝兆（盜）不得，晝夕得。”

《日乙・見人》：“朝啟夕閉，朝兆（盜）不得。”

佻與兆

《帛甲老子・道經》：“我泊焉未佻（兆），若嬰兒未咳。”

《北大老子》：“我袙（泊）旖（兮）未佻（兆），若嬰兒之未晐（孩）。”

惱與盜

《凡物甲》：“邦家之硊（危）侒（安）廌（存）忘（亡），惻（賊）惱（盜）之复（作）。”

《凡物乙》：“邦家之危侒（安）廌（存）忘（亡），惻（賊）惱（盜）之复（作）。”

咷與窕

《兵談》：“☐大而不咷（窕）；關之，細而不欬（恢）。”

垗與兆

《帛乙老子・道經》：“我博（泊）焉未垗（兆），若嬰兒未咳。”

垗與遥

《反淫》：“夫子何不游於埍（道）垗（遥），處於大廓，以萬物爲一，鷂（脩）死生同宅？”

姚與遙

《鄭武》：“吏（使）人姚（遙）聕（聞）於邦₌（邦，邦）亦無大繇（徭）賻（賦）於萬民。”

《爲吏》：“不時怒，民將姚（遙）去。”

姚與趫

《師癸》：“以安后姚（趫），家乃復寧。”按，“姚（趫）”字從裘錫圭《馬王堆醫書釋讀瑣議》（《古文字論集》，中華書局，1992年，525頁）讀。

荞與兆

《老子》甲：“其未荞也，易悔（謀）也。”按，今本荞作兆。

猇與笑

《鮑叔牙》：“含（今）内之不得百生（姓），外之爲者（諸）侯猇（笑）。”

逃與兆

《楚帛書》甲：“是䍜而堎，是各（格）參柰（化）瀌逃（兆）。”

逃與咷

《繫辭》：“同人先號逃（咷）而後哭〈笑〉。”

逃與桃

《叢辰》：“逃人不得。”按，睡虎地秦簡《日書》甲種楚除絕日占辭作“桃人不得”。

逃與盜

《語叢二》：“浸（侵）生於忿（欲），恧生於浸（侵），逃（盜）生於恧。”

《容成氏》：“☐惻（賊）逃（盜），夫是以得眾而王天下。”

《叢辰》：“利於寇逃（盜）。”

《叢辰》：“不利以行复（作），迒（蹠）四方埜（野）外，必無堣（遇）寇逃（盜），必兵。”

《盜疾》：“凡五子，朝逃（盜）得，晝不得，夕不得。”

《盜疾》：“凡五巳，朝逃（盜）得，夕不得。”

《盜疾》：“凡五午，朝逃（盜）得，夕不得。”

《盜疾》：“凡五未，朝逃（盜）不得，晝得，夕得。”

《盜疾》：“凡五申，朝逃（盜）得☐。”

《盜疾》：“凡五亥，朝逃（盜）得，晝得，夕不得。”

逃與道

《季桓子》："審二逃（道）者以觀於民，唯（雖）又（有）□弗遠矣。"按，"逃（道）"字從李鋭《〈孔子見季桓子〉新編（稿）》（簡帛網，2007年7月11日）讀。

桃與咷

《帛易·同人于野》："九五，同人，先號桃（咷）後芺（笑），大師克相遇。"

《帛易·旅》："尚（上）九，鳥棼（焚）其巢，旅人先芺（笑）後掳（號）桃（咷）。亡（喪）牛于易，兇（凶）。"

桃與逃

《妄稽》："嫖（眇）蕢（緜）便圜（旋），桃（逃）入北房。"

桃與鼗

《迎四時》："▨天之□，昌（唱）之以羽，舞之以鼓桃（鼗），此迎▨。"

《泰射》："桃（鼗）倚于頌磬西或（紘）。"

眺與耀

《帛乙老子·德經》："直而不紲（肆），光而不眺（耀）。"

袟與逃

《龍簡》："而輿軌（？）疾毆（驅）入之，其未能袟（逃），亟散離之。"

絩與佻

《名理》："凡萬物群財（材），絩（佻）長非恒者，其死必應之。"

兆與銚

《封許》："贈尔廌（薦）彝：斸□脒、兆（銚），龍鑑（鬲）、緣（璉）、雚（鑵）、鉦（盞）、弃、丐（爵）、盤、監（鑑）、鏉（罍）、䀌（鋰）、周（雕）匜（鈁）、鬴、盤（簋）、釙（觥）、鋁（鰡）、恪（格）。"按，"兆（銚）"字從王寧《讀〈封許之命〉散札》（復旦大學出土文獻與古文字研究網，2015年4月28日）讀。

覜與盜

《老子》甲："㡭（絕）攷（巧）弃利，覜惻（賊）亡又（有）。"按，今本和帛書本覜作盜。下同。

《老子》甲："灋勿（物）慈（滋）章（彰），覜惻（賊）多又（有）。"

誂與謙

《從政》："從正（政）所矛（務）三：敬、誂（謙）、信₌（信。信）則得眾，誂（謙）則遠₌戾₌（遠戾，遠戾）所以▨。"按，"誂（謙）"字從陳美蘭《〈上海博物館藏戰國楚竹書（二）〉讀本》（臺北萬卷樓圖書股份有限公司，2003年，79頁）釋讀。

頫與盜

《容成氏》："不懽（勸）而民力，不型（刑）殺而無頫（盜）惻（賊）。"

頫與腐

《北蒼·支》："頫（腐）壞蠉虩，㥁序茂讙（虇）。"按，"頫"似當讀作"腐"。"腐"、"壞"均有"敗"義。

朝字聲系

潮與廟

《唐虞》："旹（時）事山川，效（教）民又（有）敬也；新（親）事且（祖）潮（廟），效（教）民孝也。"

潮與貌

《語叢一》："穹（賓）客，青（情）潮（貌）之叟（文）也。"按，"潮（貌）"字從李家浩《説"青廟"——關於郭店竹簡〈語叢一〉88號的解釋》（"2007年中國簡帛學國際論壇"論文，臺灣大學，2007年11月）讀。

潮與朝

《楚帛書》甲："思（使）又（有）宵又（有）潮（朝），又（有）晝又（有）夕。"

遡與招

《成王》："弗遡（招）而自至，弗審而自周，弗會（劊）而自剸（斷）。"按，"遡（招）"字從孟蓬生在復旦吉大古文字專業研究生聯合讀書會《上博八〈成王既邦〉校讀》（復旦大學出土文獻與古文字研究中心網，2011年7月17日）一文下跟帖讀。

廟與庿

《特牲》："牲爨在廟（庿）門外東南，魚腊爨在其南，皆西面。"

《少牢》："筮于廟（庿）門之外。"

《少牢》："既宿尸，反，爲期于廟（庿）門外。"

《少牢》："祝先，尸從，遂于廟（庿）門。"

褭字聲系

褭與嬈

《北蒼·魚》："盨（嬬）娶褭（嬈）嬛（嬛），鄭舞炊竽。"

勞字聲系

濚與潦

《容成氏》："舜聖（聽）正（政）三年，山陸（陵）不凥（處），水濚（潦）不湝（？），乃立壐（禹）以爲司工。"

憥與勞

《六德》："句（苟）淒夫人之善，憥（勞）其㶾忧之力弗敢單（憚）也，危其死弗敢悉（愛）也。"

勞與佻

《秦律·司空》："爲車不勞（佻）稱議脂之。"

尞字聲系

潦與澇

《雨書》："六日角，雨大澍，暑大至，大〈天〉氣大來，水乃壯，歲潦（澇）。"

膫與䕩

《胻䕩》："胻膫（䕩）。"

《胻䕩》："治胻膫（䕩），取陳黍、叔（菽），冶，以犬膽和，以傅。"

繚與料

《威王問》："繚（料）適（敵）計險，必察遠近。"

《北蒼·耕》："豣（研）潭（算）僂（數）繚（料），頗（柀）科樹莖。"按，"繚（料）"字從胡平生《讀〈蒼〉劄記五》（復旦大學出土文獻與古文字研究中心網，2015年12月31日）讀。

焦字聲系

焦與憔

《日甲·玄戈》："戊午去父母同生，異者焦（憔）寠，居痒（癃）。"

焦與樵

《占夢書》："夢新（薪）夫焦（樵），乃大旱。"

焦與霄

《反淫》："夏即票（飄）風雷辟（霹）磿（靂）之所繳（激）也，冬即蜚（飛）雪焦（霄）霓（霰）之所雜。"

焦與椒

《疽病》："□、畺（薑）、蜀焦（椒）、樹（茱）臾（萸）四物而當一物。"

《殘片一》："☐者□詐，治以蜀焦（椒）一委（桵），熘☐。"

蕉與皂

《雜療方》："内加：取桂、薑、椒、蕉（皂）莢等，皆冶，并合。"

《雜療方》："約：取蕃（礬）石、蕉（皂）莢、禹熏三物等，□□□一物，皆治。"

《雜療方》："約：取桂、乾薑各一，蕃

（礬）石二，蕉（皂）㚇三，皆冶，合。”

《雜療方》：“取巴叔（菽）三，蛇牀二，桂、薑各一，蕉（皂）莢四，皆冶，并合。”

《雜療方》：“取犬骨燔，與蕃（礬）石各二，桂、彊（薑）各一，蕉（皂）莢三。”

蕉與巢

《燕禮》：“《召南》：《誰（鵲）蕉（巢）》、《采芣（蘩）》、《采雛（藻）》。”

巢字聲系

巢與臊

《目録》：“巢（臊）者。”

《臊者》：“巢（臊）者：矦（候）天匃（雹）而兩手相靡（摩），鄉（嚮）匃（雹）祝之。”

勦與巢

《月令》：“毋擿勦（巢）。”

《月令》：“謂勦（巢）空實皆不得擿也。”

《月令》：“空勦（巢）盡夏，實者四時常禁。”

薻與藻

《召南》：“□以采薻（藻），于彼□□。”

樔與巢

《詩論》：“《閘（關）疋（雎）》之改、《梂（樛）木》之旹（時）、《灘（漢）圭（廣）》之智、《鵲樔（巢）》之歸、《甘棠》之保（報）、《緑衣》之思、《鴳=（燕燕）》之情害（曷）？”

《詩論》：“《鵲樔（巢）》之歸，則遷者〼。”

《詩論》：“《鵲樔（巢）》出以百兩，不亦有遷虗（乎）？”

趮與躁

《性情論》：“凡用心之趮（躁）者，思为甚。

雛與藻

《燕禮》：“《召南》：《誰（鵲）蕉（巢）》、《采芣（蘩）》、《采雛（藻）》。”

喿字聲系

喿與噪

《性自》：“譣（吟）遊恢（哀）也，喿（噪）遊樂也，湫（啾）遊聖（聲），𡨘遊心也。”按，“喿（噪）”字從趙建偉《郭店竹簡〈忠信之道〉、〈性自命出〉校釋》（《中國哲學史》1999年2期）讀。

《蓋廬》：“眾有臞（懼）心，我則疾喿（噪），從而擊之，可使毋到。”

喿與燥

《老子》乙：“喿（燥）勅（勝）蒼（寒），青（清）勅（勝）然（熱），清=（清靜）爲天下定（正）。”

《李頌》：“䡅（晉）冬之旨（祁）寒，喿（燥）其方莟（落）可（兮）。”

喿與臊

《占夢書》：“夢見貑、豚、狐生（腥）喿（臊），在丈夫取（娶）妻，女子家（嫁）。”

喿與躁

《老子》乙：“喿勅（勝）蒼（寒），青（清）勅（勝）然（熱），清=（清靜）爲天下定（正）。”按，今本喿作躁。

《性自》：“凡甬（用）心之喿（躁）者，思爲戡（甚）。”

喿與趮

《老子》乙：“喿勅（勝）蒼（寒），青（清）勅（勝）然（熱）。”按，帛書本喿作趮。

喿與譟

《日甲·詰》：“鬼來，陽（揚）灰毄（擊）箕以喿（譟）之，則止。”

《日甲·詰》：“男女未入宮者毄（擊）鼓奮鐸喿（譟）之，則不來矣。”

喿與肖

《唐虞》：“紿（治）之，至養不喿（肖）；亂之，至滅臤（賢）。”按，“喿（肖）”字從裘按（《郭店楚墓竹簡·唐虞之道》篇注［三五］）讀。

《顔淵問》："或迪而教之能₌（能能），戔（賤）不臬（肖）而遠之，則民智（知）欽（禁）矣。"按，"臬（肖）"字從復旦吉大古文字專業研究生聯合讀書會《〈上博八·顔淵問於孔子〉校讀》（復旦大學出土文獻與古文字研究中心網，2011年7月17日）讀。

澡與操

《狂犬齧人》："狂【犬】齧人者，孰澡（操）湮汲，注音（杯）中。"

澡與燥

《太一》："四時復楠（輔）也，是以成倉〈寒〉₌然₌（寒熱。寒熱）復相楠（輔）也，是以成溼₌澡₌（濕燥。濕燥）復相楠（輔）也，成戢（歲）而走（止）。"

《太一》："古（故）戢（歲）者，溼（濕）澡（燥）斎₌（之所）生也。溼（濕）澡（燥）者，倉〈寒〉然（熱）斎₌（之所）生也。倉〈寒〉然（熱）者。"

《合陰陽》："三已而澡，四已而膏。"按，馬王堆帛書《天下至道談》"澡"作"燥"。

澡與消

《成王》："☐安（焉）不曰日章（彰）而冰澡（消）虐（乎）？"按，"澡（消）"字從復旦吉大古文字專業研究生聯合讀書會《上博八〈成王既邦〉校讀》（復旦大學出土文獻與古文字研究中心網，2011年7月17日）讀。

藻與巢

《容成氏》："傑（桀）乃逃之南藻（巢）是（氏），湯或（又）從而攻之，述（遂）逃迲（去），之桑（蒼）虐（梧）之埜（野）。"

嬠與澡

《喪服》："小功布衰常（裳）、嬠（澡）麻帶絰五月者。"

操與躁

《天甲·干占盜》："癸亡，其盜女子毆，必得，爲人操（躁）不靖。"

《天乙·干占盜》："癸亡，其盜女子，必得，爲人操（躁）不靖。"

操與搔

《蟲蝕》："毋[以]手操（搔）痏。"

橾與梢

《守法》："恆木及橾（梢）面爲四積，小石面爲二所。"

斁與躁

《管仲》："止（趾）不正則心卓（逴），心不情（静）則手斁（躁）。"

繰與肖

《鮑叔牙》："寡人之不繰（肖）也，幾（豈）不二子之惪（憂）也才（哉）？"按，"繰（肖）"字從陳劍《談談〈上博（五）〉的竹簡分篇、拼合與編聯問題》（簡帛網，2006年2月19日）釋讀。

蟍與燥

《天下至道》："三已而蟍（燥），四已而膏，五已而鄉（薌），六已而精如黍粱。"

小字聲系

小與少

《日乙·生》："己亥生，小（少）孤。"

《四度》："斗石之量曰小（少）多有數。"

《戰國一五》："王若欲講，必小（少）割而有質，不然必欺。"

《戰國一五》："今魏方疑，可以小（少）割而收也。"

《戰國一五》："願君遝（逮）楚、趙之兵未至於粱（梁）也，亟以小（少）割收魏。"

《戰國一五》："魏方疑而得以小（少）割爲和，必欲之，則君得所欲矣。"

《狂犬齧人》："小（少）多如再食淳

（漿），取竈末灰三指最（撮）□□水中。”
《養生方》：“爲布多小（少）以此衰之。”
《雜療方》：“☐孰□小（少）多□□升煮□□下□其上☐。”

眇與眇

《帛易·履》：“六三，眇（眇）能視，跛能利。禮（履）虎尾，真（咥）人，兇（凶）。武人迥于大君。”

少與小

《老子》甲：“大少之多惕（易）必多難（難）。”按，今本和帛書甲本少作小。
《老子》甲：“卑（譬）道之才（在）天下也，猷（猶）少浴（谷）之與江海（海）。”按，帛書乙本少作小。
《五行》：“不以少（小）道夆（害）大道，柬（簡）也。”
《五行》：“又（有）大辠而大豉（誅）之，柬（簡）也；又（有）少（小）辠而亦（赦）之，匿也。又（有）大辠而弗大豉（誅）也，不行也；又（有）少（小）辠而弗亦（赦）也，不辨於道也。”
《五行》：“匿之爲言也猷（猶）匿₌（匿匿）也，少（小）而訪〈診（軫）〉者也。”
《五行》：“大而晏者，能又（有）取安（焉）；少（小）而軫者，能又（有）取安（焉）。”
《緇衣》：“《少（小）夏（雅）》員（云）：‘非其走（止）之共，唯王【之】惎（邛）。’”
《緇衣》：“日昬（暑）雨，少（小）民隹（惟）日情（怨），晉冬旨（祁）寒，少（小）民亦隹（惟）日情（怨）。”
《緇衣》：“古（故）君不與少（小）悔（謀）大，則大臣不情（怨）。”
《緇衣》：“毋以少（小）悔（謀）敗大惰（作），毋以卑（嬖）御息（疾）妝（莊）句（后），毋以卑（嬖）士息（疾）夫₌（大夫）、卿事（士）。”
《緇衣》：“古（故）君子褱（顧）言而行，以成其信，則民不得大其媺（美）而少（小）其亞（惡）。”
《緇衣》：“《少（小）夏（雅）》員（云）：‘允也君子，碮（展）也大成。’”
《緇衣》：“唯君子能好其駜（匹），少（小）〖₌〗人剴（豈）能好其駜（匹）。”
《成之》：“少（小）人不緹（逞）人於刃（恩），君子不緹（逞）人於豊（禮）。”
《尊德義》：“非豊（禮）而民兑（悦）志（戴），此少（小）人矣。”
《尊德義》：“又（有）是攺（施）少（小）又（有）利，迲（邅）而大又（有）害（害）者，又（有）之；又（有）是攺（施）少（小）又（有）害（害），迲（邅）而大又（有）利者，又（有）之。”
《六德》：“子弟大材埶（設）者（諸）大官，少（小）材埶（設）者（諸）少（小）官，因而它（施）录（禄）安（焉）。”
《語叢二》：“少（小）不忍伐大芈（圖）。”
《詩論》：“多言難而悳（怨）退（懟）者也；衰矣，少（小）矣！”
《詩論》：“《少（小）文（旻）》，多矣₌（疑矣）！言不中志者也。”
《詩論》：“《少（小）䰩（宛）》，其言不亞（惡），少有忎（佞）安（焉）。”
《詩論》：“《少（小）弁》、《考（巧）言》，則言譌（流）人之害也。”
《詩論》：“《君子暘₌（陽陽）》，少（小）人。”
《詩論》：“《少（小）明》，不☐。”
《子羔》：“使亡（無）又（有）少（小）大、𢇍（絕）𥧙（饒），使虘（皆）得其社稷百眚（姓）而奉守之。”
《從政》：“少（小）人先₌（先人）則𡊩敌之，後人則暴毀之，是以曰少（小）人惕（易）

得而難事也，其使人，必求備安（焉）。”
《周易·需》：“九二：䇓（需）于堰（沙）。少（小）又（有）言，終吉。”
《周易·訟》：“初六：不出御（所）事，少（小）又（有）言，終吉。”
《周易·隨》：“六二：係少（小）子，遊（失）丈夫。”
《周易·隨》：“六厽（三）：係丈夫，遊（失）少（小）子。隓（隨）求又（有）得，利凥（居）貞。”
《周易·蠱》：“九厽（三）：榦（幹）父之蠱，少（小）又（有）□。”
《周易·遯》：“隊（遯）：卿（亨），少（小）利貞。”
《周易·睽》：“楑（睽）：少（小）事吉。”
《周易·漸》：“初六：鳿（鴻）澌（漸）于澗（干），少（小）子厲，又（有）言，不終。”
《周易·旅》：“遊（旅）：少（小）卿（亨），遊（旅）貞吉。”
《亙先》：“先又（有）少（小），安（焉）又（有）大。”
《昭王》：“少（小）人之告䜌酒（將）剆（斷）於含（今）日，爾必止少=人=（小人，小人）酒（將）訋（召）寇。”
《柬大王》：“相屘（徙）、中余（謝）與五連少（小）子及龍（寵）臣皆逗，母（毋）敢執櫐籔（笠）。”
《内豊》：“才（在）少（小）不靜（爭），才（在）大不䜌（亂）。”
《曹沬》：“今邦惡（彌）少（小）而鐘愈大，君其煮（圖）之。”
《曹沬》：“虞（且）臣聒（聞）之：少（小）邦凥（處）大邦之閒（間），啻（敵）邦交陸（地），不可以先复（作）悁（怨）。”
《曹沬》：“虐（吾）言氏（是）不（否），而毋或（惑）者（諸）少（小）道與（歟）？”
《季康子》：“大辠殺之，臧辠型（刑）之，少（小）辠罰之。”
《季康子》：“誓（慎）少（小）以畣（答）大，疋（疏）言而𥧌（密）守之。”
《弟子問》：“少（小）子，來，取余言，豈年不亙（恆）至，者老不復壯。”
《三德》：“邦遊（失）䡅（憲）祟（常），少（小）邦則𢦔（剗），大邦逃（過）䝁（傷）。”
《建除》：“凡㱠日，可以爲少（小）社（攻）。”
《凡物甲》：“其人宙（中），系（奚）古（故）少（小）𡈼暲（彰）豉（著）？”
《凡物甲》：“心不勳（勝）心，大嬰（亂）乃复（作）；心女（如）能勳（勝）心，是胃（謂）少（小）𢽳（徹）。”
《凡物甲》：“系（奚）胃（謂）少（小）𢽳（徹）？人白（泊）爲𢧧（察）。”
《凡物甲》：“大之以智（知）天下，少（小）之以訇（治）邦。”
《凡物乙》：“大之以智（知）天下，少（小）之以訇（治）邦。”
《顏淵問》：“□君子讓而得之，少（小）人靜（爭）而遊（失）之。”
《卜書》：“兆（兆）少（小）䣈（沈），是胃（謂）族。”
《卜書》：“少（小）子吉，倀=（丈人）乃哭，甬（用）凥（處）宫□。”
《堯王》：“乃聒（問）於垔（禹）曰：‘大割（害）既折（制），少（小）□。’”
《叢辰》：“邦君得年，少（小）夫四成。”
《叢辰》：“以祭，少（小）大吉。”
《皇門》：“於（嗚）虐（呼）！朕寡邑少（小）邦，穠（蔑）又（有）耆耇梡（慮）事噂（屏）朕立（位）。”
《皇門》：“今我卑（譬）少（小）于大。”

《皇門》："王邦用寍，少（小）民用叚（格）、能家（稼）嗇（穡），戕（咸）祀天神，戎兵以能興，軍用多實。"

《皇門》："少（小）民用訔（禱）亡（無）用祀（祠）。"

《祭公》："且（祖）禚（祭）公，衮（哀）余少（小）子，㶊（昧）其才（在）位，訟（旻）天疾畏（威），余多寺（時）佃懲。"

《祭公》："以余少（小）子颺（揚）文、武之剌（烈），颺（揚）成、康、卲（昭）宔（主）之剌（烈）。"

《祭公》："女（汝）母（毋）以少（小）悔（謀）敗大慏（作）。"

《説命下》："少（小）臣罔夋（俊）才（在）朕備（服），余隹（惟）命女（汝）敚（説）鬷（融）朕命。"

《説命下》："女（汝）亦隹（惟）克㬎（顯）天，迵（恫）眔（瘝）少（小）民，申（中）乃罰。"

《琴舞》："六啟曰："其舍（余）湝（沖）人，備（服）才（在）清宙（廟），隹（惟）克少（小）心。"

《琴舞》："甬（用）頌（容）祝舍（余），甬（用）少（小）心寺（持）隹（惟）文人之若（若）。"

《芮良夫》："民亦又（有）言曰：'悔（謀）亡（無）少（小）大，而器不再利，屯可與忨，而鮮可與惟。'"

《赤鵠》："湯㣇（射）之䐓（獲）之，乃命少（小）臣曰：'脂（旨）䍃（羹）之，我其享之。'"

《赤鵠》："少（小）臣既䍃（羹）之，湯句（后）妻紝㠩胃（謂）少（小）臣曰：'嘗我於而（尔）䍃（羹）。'"

《赤鵠》："少（小）臣弗敢嘗，曰：'句（后）其殺我。'"

《赤鵠》："紝㠩胃（謂）少（小）臣曰：'尔不我嘗，虗（吾）不亦殺尔？'"

《赤鵠》："少（小）臣自堂下受（授）紝㠩䍃（羹）。"

《赤鵠》："紝㠩受少（小）臣而嘗之，乃卲（超）然四㠩（荒）之外，亡（無）不見也；少（小）臣受其余（餘）而嘗之，亦卲（超）然四晦（海）之外，亡（無）不見也。"

《赤鵠》："湯㚆（返）䮊，少（小）臣饋（匱）。"

《赤鵠》："少（小）臣愳（懼），乃逃于夏。"

《赤鵠》："湯乃䄙（祓）之。少（小）臣乃痃（忽）而帰（寢）於逄（路），視而不能言。"

《赤鵠》："是少（小）臣也，不可飤（食）也。"

《赤鵠》："晉（巫）鶩（烏）乃㰾少（小）臣之朐（喉）渭（胃），少（小）臣乃记（起）而行。"

《赤鵠》："少（小）臣曰：'我天晉（巫）。'"

《赤鵠》："夏句（后）乃𩠐（稽）少（小）臣曰：'女（如）尔天晉（巫），而智（知）朕疾？'"

《赤鵠》："少（小）臣曰：'我智（知）之。'"

《赤鵠》："少（小）臣曰。"

《赤鵠》："夏句（后）乃從少（小）臣之言，𢿣（撤）屋，殺二黄它（蛇）與一白兔。"

《筮法十五》："凸（凡）少（小）得，乃得之。"

《筮法十五》："凸（凡）少（小）得，乃得之。"

《筮法二一》："春：𡊄（釐）、巽大吉，袭（勞）少（小）吉，艮、羅（離）大凶，兑少（小）凶。"

《筮法二一》："夏：袭（勞）大吉，𡊄（釐）、巽少（小）吉，艮、羅（離）凶=（小凶），兑大凶。”

《筮法二一》：“秋：兑大吉，艮、羅（離）少（小）吉，裳（勞）大凶。”

《筮法二一》：“冬：艮、羅（離）大吉，兑少（小）吉，坙（鳌）、巽大凶。”

《筮法二九》：“奴（如）大奴（如）少（小），复（作）於上，外又（有）笑（吝）。”

《別卦》：“琵=（小過）。”

《別卦》：“𡭠=（小有）。”

《別卦》：“䆱=（小畜）。”

《厚父》：“兹少（小）人之悳（德），隹（惟）女（如）怡（台）？”

《命訓》：“大命又（有）祟（常），少（小）命日=成=（日成。日成）則敬，又（有）尚（常）則室（廣，廣）以敬命，則尼（度）至于亟（極）。”

《命訓》：“天古（故）卲（昭）命以命力（之）曰：‘大命殜（世）罰，少（小）命=（命命）身。’”

《湯丘》：“湯屋（處）於湯（唐）坓（丘），取妻於又=鄩=（有莘。有莘）嫪（媵）以少=臣=（小臣，小臣）善爲飤（食），享（烹）之和。”

《湯丘》：“少（小）臣畣（答）曰：‘可’。”

《湯丘》：“乃與少（小）臣忍（基）悔（謀）夏邦。”

《湯丘》：“湯反復見少（小）臣，逯（歸）必夜。”

《湯丘》：“今少（小）臣又（有）疾，女（如）思（使）㕦（召），少閒（閒）於疾，朝而䜌（稽）之，不猷（猶）受君賜？”

《湯丘》：“今少（小）臣能䃚（展）章（彰）百義。”

《湯丘》：“湯或（又）聒（問）於少（小）臣：‘又（有）夏之悳（德）可（何）若才（哉）？’”

《湯丘》：“少（小）臣畣（答）。”

《湯丘》：“湯或（又）聒（問）於少（小）臣：‘虐（吾）戏（戡）夏女（如）怡（台）？’”

《湯丘》：“少（小）臣畣（答）。”

《湯丘》：“湯或（又）聒（問）於少（小）臣：‘古先=（之先）聖人，可（何）以自悉（愛）？’”

《湯丘》：“少（小）臣畣（答）。”

《湯丘》：“湯或（又）聒（問）於少（小）臣：‘爲君系（奚）若？爲臣系（奚）若？’”

《湯丘》：“少（小）臣畣（答）：‘爲君悉（愛）民，爲臣共（恭）命。’”

《湯丘》：“湯或（又）聒（問）於少（小）臣：‘悉（愛）民女（如）怡（台）？’”

《湯丘》：“少（小）臣畣（答）曰。”

《湯丘》：“湯或（又）聒（問）於少（小）臣：‘共（恭）命女（如）怡（台）？’”

《湯丘》：“少（小）臣畣（答）：‘君既濬（睿）明，既受君命，退不寡（顧）死生，是非共（恭）命虐（乎）？’”

《啻門》：“貞（正）月己咳（亥），湯才（在）啻門，聒（問）於少（小）臣。”

《啻門》：“少（小）臣畣（答）曰。”

《啻門》：“湯或（又）聒（問）於少（小）臣曰。”

《啻門》：“少（小）臣畣（答）曰。”

《啻門》：“湯或（又）聒（問）於少（小）臣曰。”

《啻門》：“少（小）臣畣（答）曰。”

《啻門》：“湯或（又）聒（問）於少（小）臣。”

《啻門》：“少（小）臣畣（答）曰。”

《啻門》：“湯或（又）聒（問）於少（小）臣。”

《啻門》：“少（小）臣畣（答）。”

《啻門》：“湯或（又）聒（問）於少（小）

臣。”
《啻門》:“少（小）臣倉（答）曰。”
《啻門》:“湯或（又）瑉（問）於少（小）臣。”
《啻門》:“少（小）臣倉（答）曰。”
《鄭武》:“女（如）訢（慎）軴（重）君斃（葬）而舊（久）之於上，三月少（小）羕（祥）。”
《管仲》:“少（小）事逸以惕，大事柬（簡）以成（誠）。”
《管仲》:“少（小）大之事，必智（知）其古（故）。”
《日甲·行》:“少（小）顮（顧）是胃（謂）少（小）楮（佇），吝。”
《算數書·約分》:“少（小）以母除子＝（子，子）母等以爲法，子母各如法而成一。”
《脈書》:“丈夫則穨（癩）山（疝），婦人則少（小）腹穜（腫）。”
《瘛》:“以少（小）嬰兒弱（溺）漬羖羊矢，卒其時，以傅之。”
《帛易·訟》:“初六，不永所事，少（小）有言，冬（終）吉。”
《帛易·蠱》:“九三，榦父之箇（蠱），少（小）有悔，无大咎。”
《帛易·坎》:“九二，贑（坎）有訦（險），求少（小）得。”
《帛易·需》:“九二，襦（需）于沙，少（小）有言，冬（終）吉。”
《帛易·小過》:“少（小）過，亨，利貞，可小事，不可大事。”
《帛易·萃》:“六三，卒（萃）若㖷（嗟）若，无攸利。往无咎，少（小）閵（吝）。”
《帛易·旅》:“旅，少（小）亨，旅，貞吉。”
《帛易·噬嗑》:“六三，筮（噬）臘肉，愚（遇）毒。少（小）閵（吝），无咎。”
《帛易·小畜》:“少（小）蓺（畜），亨。密雲不雨，自我西茭（郊）。”
《繫辭》:“斷木爲杵，掇（掘）地爲臼，臼杵之利，萬民以次（濟），蓋取者（諸）少（小）過也。”

少與宵

《容成氏》:“武王乃出革車五百輮（乘），縪（帶）虙（甲）三千，以少（宵）會者（諸）侯之市（師）於吕（牧）之埜（野）。”按，“少（宵）”字從陳偉《〈上海博物館藏戰國楚竹書（二）〉零釋》（簡帛研究網，2003年3月17日）讀。

省與小

《凡物甲》:“夫此之胃（謂）省（小）成。”
《凡物乙》:“夫此之胃（謂）省（小）成。”
《筮法二三》:“凸（凡）果，大事戠（歲）才（在）前，果；中事月才（在）前，果；省（小）事日乃前，果。”

邵與趙

《繫年十八》:“霝（靈）王爲命＝尹＝（令尹，令尹）會邵（趙）文子及者（諸）侯之夫＝（大夫），明（盟）于鄭（虢）。”

灼與趙

《繫年二十》:“晉敬公立十又一年，灼（趙）趄（桓）子會【諸】侯之夫＝（大夫），以與戉（越）命（令）尹宋槊（盟）于邧（紅）。”
《繫年二十》:“晉幽公立四年，灼（趙）狗衛（率）自（師）與戉（越）公株（朱）句伐齊，晉師閔（門）長城句俞（瀆）之門。”
《繫年二一》:“晉鬼（魏）畀〈斯〉、灼（趙）夬（浣）、訙（韓）啓章衛（率）自（師）回（圍）黃沱（池），遳（衝）迵（通）而歸之於楚。”
《繫年二一》:“鬼（魏）畀〈斯〉、灼（趙）夬（浣）、訙（韓）啓章衛（率）自（師）栽

（救）奕（赤）墟（岸），楚人豫（舍）回（圍）而還，與晉自（師）戰於長城。”

《繫年二二》：“倝（韓）虔、屶（趙）蘆（籍）、鬼（魏）繫（擊）衒（率）自（師）與戉（越）公殹（翳）伐齊₌（齊，齊）與戉（越）成，以建（開）昜（陽）、郘陵之田，旻（且）男女服。”

眇與妙

《帛甲老子·道經》：“[故]恆无欲也，以觀其眇（妙）。”

《帛甲老子·道經》：“玄之有（又）玄，眾眇（妙）之[門]。”

《帛甲老子·道經》：“唯（雖）知（智）乎大眯（迷），是胃（謂）眇（妙）要。”

《帛乙老子·道經》：“玄之又玄，眾眇（妙）之門。”

《帛乙老子·道經》：“古之□爲道者，微眇（妙）玄達，深不可志（識）。”

《帛乙老子·道經》：“雖知（智）乎大迷，是胃（謂）眇（妙）要。”

《北大老子》：“故恆無欲，以觀其眇（妙）；恆有欲，以觀其所僥（徼）。”

《北大老子》：“玄之有（又）玄之，眾眇（妙）之門。”

《北大老子》：“古之爲士者，微眇（妙）玄達，深不可識。”

《北大老子》：“不貴其師，不愛其資，唯（雖）智必大迷，此謂眇（妙）要。”

《反淫》：“天下至神眇（妙），夫子弗欲□邪？”

笇與篎

《繫年十四》：“齊人爲成，以鶾（甗）、骼（鉻）、玉笇（篎）與辜（淳）于之田。”

鈔與削

《語叢四》：“君又（有）悔（謀）臣，則㙤（壤）陛（地）不鈔（削）；士又（有）悔（謀）友，則言談不勺（弱）。”按，“鈔（削）”字從劉釗師《讀郭店楚簡字詞劄記》（《郭店楚簡國際學術研討會論文集》，湖北人民出版社，2000年）讀。

雀與少

《筮法七》：“雀（少）肴（淆），讎（售）。譻（數）出，乃亦讎（售）。”

蔈與表

《緇衣》：“古（故）上之好亞（惡），不可不誓（慎）也，民之蔈（表）也。”按，上博簡本《緇衣》蔈作藨。蔈與藨應是一字。

肖與小

《爲吏》：“肖（小）人聶（懾）心，不敢徒語恐見惡。”

《阜易·卜辭》：“☒子肖（小）人皆拙（詘）□☒。”

肖與消

《脈書》：“腹盈，身、面、足、胻盡肖（消），爲水。”

肖與宵

《繫年二一》：“楚自（師）亡工（功），多云（棄）旃（旃）、莫（幕），肖（宵）遯（遁）。”

《妄稽》：“我妬也，疾蹢（墮）纍瓦毀襲杯（坏），解擇（釋）成索別瓶橘（繘），而離（罹）卑李（悝），晝肖（宵）不瞑（眠）。”

肖與蛸

《二類》：“消（硝）石二兩，桂一尺，桑卑（蜱）肖（蛸）十四枚，䗪虫三枚。”

肖與趙

《春秋三》：“□□□□□□肖（趙）氏□□□□□亡，二家之憂也。”

削與宵

《答問》：“削（宵）盜，臧（贓）直（值）百一十。”

《答問》：“削（宵）盜，臧（贓）直（值）百五十。”

削與旓

《官一》："賤（踐）令以采章，乘削（旓）以倫物，序行以□□。"按，"削（旓）"字從張震澤《孫臏兵法校理》（中華書局，1984年，104頁）讀。下同。

《官一》："囚險解谷以□遠，草駔（苴）沙荼（塗）以陽削（旓）。"

《官一》："脩行連削（旓），所以結陳（陳）也。"

《官一》："疏削（旓）明旗，所以疑適（敵）也。"

《官一》："▨荼（途）以陽削（旓），戰▨。"

《官一》："疏削（旓）明▨。"

埍與逍

《反淫》："夫子何不游於埍（逍）垗（遥），處於大廓？"

宵與小

《奏讞書》："今丁有宵（小）人心，盜君子節，有（又）盜君子學。"

宵與肖

《帛甲老子·德經》："夫唯因，故不宵（肖）。"

《帛甲老子·德經》："若宵（肖），細久矣。"

《帛乙老子·德經》："天下皆胃（謂）我大，大而不宵（肖）。"

《帛乙老子·德經》："夫唯不宵（肖），故能大。"

《帛乙老子·德經》："若宵（肖），久矣其細也夫。"

《道法》："貴賤之恒立（位），賢不宵（肖）不相放（方）。"

《君正》："號令者，連爲什伍，巽（選）練賢不宵（肖）有別毄（也）。"

《君正》："貴賤有別，賢不宵（肖）衰也。"

《四度》："賢不宵（肖）並立胃（謂）之亂。"

《四度》："賢不宵（肖）當立（位）胃（謂）之正。"

《四度》："以賢下不宵（肖），□□不□。"

《本伐》："伐亂禁暴，起賢廢不宵（肖），所胃（謂）義也。"

《戰國一八》："老臣賤息訏（舒）旗最少，不宵（肖）。"

《胎產書》："三月始脂，果隋（蓏）宵（肖）效。"

《繆和》："凡生於天下者，無愚知（智）賢不宵（肖），莫不願利達顯榮。"

《繆和》："賢不宵（肖），人得其宜，則吉，自恆也，則凶。"

《將理》："以得囚請（情），則國士勝□，不宵（肖）自□。"

《晏子一〇》："身殷存所義（議）而好論賢不宵（肖）。"

《晏子一六》："此諸臣之不宵（肖）也。"

《晏子一六》："此諸臣之不宵（肖）也。"

《四時令》："繱（總）版（別），列爵，選賢不宵（肖），受（授）士▨。"

《北大老子》："天下皆謂我大，以不宵（肖）。夫唯大，故不宵（肖）；若宵（肖），久矣其細也夫！"

《周馴》："綽（卓）子繼之，不宵（肖）以疑，其下既不柎（附），民莫之戴。"

《周馴》："賢主兼國，不宵（肖）無慧，失其彊（疆）士〈土〉，其誰有常所？"

《儒説》："愚者自慧，不宵（肖）者多悔。"

《妄稽》："虞士雖不宵（肖），願以自教（效）也。"

宵與削

《鄭武》："二三臣吏（事）於邦，㤅=安="

（惶惶焉，焉）宵（削）昔（錯）器於巽（選）臧（藏）之中。”

宵與消

《文摯》：“夫臥，使食靡（糜）宵（消），散藥以流刑者也。”

消與硝

《二類》：“消（硝）石二兩，桂一尺，桑卑（蜱）肖（蛸）十四枚，蟅虫三枚。”

《二類》：“藥用大黄肉二分，曾青二分，消（硝）石二分，蟅虫三分，虻頭二分。”

《二類》：“〼梵四兩，消（硝）石二兩，人參、方（防）風、細辛各一兩，肥棗五。”

《木牘》：“茲（磁）石、玄石、消（硝）石。”

消與銷

《四時令》：“然則天爲下寒合冰，毛虫（蟲）不犢（殰），繩（孕）婦不消（銷）汁（棄），草木根本必美矣。”

稍與消

《諸傷》：“稍（消）石直（置）溫湯中，以洒（洗）癰。”

稍與蛸

《胎產書》：“以方苴（咀）時，取蒿、牡（杜）、卑（蜱）稍（蛸）三。”

稍與艄

《治官》：“孤寡痒（癃）病當巢，興繇毋擅，路賦稍（艄）賦毋銆。”

銷與消

《疽病》：“以彘膏未湔（煎）者炙銷（消）以和□傅之。”

莦與槊

《秦律·司空》：“毋（無）菅（菅）者以蒲、藺以枲莦（槊）之。”

箾與爵

《緇衣》：“古（故）上不可以埶（褻）坓（刑）而翌（輕）雀（爵）。”按，上博簡本《緇衣》雀（爵）作，馮勝君《讀上博簡〈緇衣〉劄記二則》（《上博館藏戰國楚竹書研究》，上海書店出版社，2002年）釋爲箾，可從。

𣪊與幽

《阜易·履》：“𣪊（幽）人□□。”

笑字聲系

芺與妖

《北大老子》：“其無正，正復爲倚（奇），善復爲芺（妖）。”按，“芺”即“笑”字。

嫐字聲系

嫐與嬈

《天下至道》：“娚〈嫐（嬈）〉樂之要，務在屖（遲）久。”

交字聲系

交與絞

《三德》：“高昜（陽）曰：‘母（毋）凶備（服）以亯祀，母（毋）衾（錦）衣交（絞）祖俫子。’是胃（謂）忘神。”按，“交（絞）”字從陳偉《上博五〈三德〉初讀》（簡帛網，2006年2月19日）讀。

交與蛟

《神烏賦》：“魚鱉得於芘（笵）笱，交（蛟）龍執（蟄）而深臧（藏）。”

交與邀

《繫年七》：“命（令）尹子玉述（遂）衛（率）奠（鄭）、衛、陳、鄒（蔡）及群緣（蠻）尸（夷）之自（師）以交（邀）文=公=（文公，文公）衛（率）秦、齊、宋及群戎之自（師）以敗楚自（師）於城僕（濮）。”按，“交（邀）”字從復旦大學出土文獻與古文字研究中心讀書會《〈清華（貳）〉討論記録》（復旦大學出土文獻與古文字研究中心網，2011年12月23日）引陳劍説讀。

交與竅

《湯丘》："身體騥（痊）肭（平），九交（竅）發明，以道心嗌，惜（懌）快以恆。"

洨與交

《周易·大有》："六五：氒（厥）孚洨（交）女（如），愇（威）女（如），吉。"

茭與郊

《帛易·同人于野》："尚（上）九，同人于茭（郊），无悔。"

《帛易·需》："初九，襦（需）于茭（郊），利用恆，无咎。"

《帛易·小過》："六五，密雲不雨，自我西茭（郊），公射取皮（彼）在穴。"

《帛易·小畜》："少（小）蓻（畜），亨。密雲不雨，自我西茭（郊）。"

茭與窈

《帛五行·説》："'茭（窈）芍（窕）淑女，寤眛（寐）求之'，思色也。"

郊與交

《帛甲老子·德經》："天下之郊（交）也，牝恆以靚（靜）勝牡。"

这與邀

《繫年二三》："鴋（陽）城洹（桓）忎（定）君衛（率）韋（榆）闡（關）之自（師）與上或（國）之自（師）以这（邀）之。"按，"这（邀）"字從復旦大學出土文獻與古文字研究中心讀書會《〈清華（貳）〉討論記録》（復旦大學出土文獻與古文字研究中心網，2011年12月23日）引陳劍説讀。下同。

《繫年二三》："旅（魯）昜（陽）公衛（率）自（師）以这（邀）晉=人=（晉人，晉人）還，不果內（入）王子。"

《繫年二三》："昷（明）戢（歲），郎臧（莊）坪（平）君衛（率）自（師）戠（侵）奠=（鄭，鄭）皇子=（子、子）馬、子沱（池）、子垏（封）子衛（率）自（師）以这（邀）楚=人=（楚人，楚人）涉汖。"

效與校

《計》："故輕（經）之以五，效（校）之以計，以索其請（情）。"

校與效

《繫辭》："與天地相校（效），故不回（違）。"按，今本校作似。整理者釋"校"爲"枝"，讀作"似"。不確。陳松長《帛書〈繫辭〉釋文》（《道家文化研究》第三輯，上海古籍出版社，1993年）釋爲"校"，可從，但在此似當讀作"效"。《説文》："效，象也。"《説文》："似，象也。"

校與謬

《要》："校（謬）戈（哉），賜！吾告女（汝）。"

校與撓

《妄稽》："勇若孟賁，未嘗色校（撓）。"

效與爻

《繫辭》："效（爻）馬〈象〉動乎內，吉凶見乎外，功業見乎變，耶（聖）人之請（情）見乎辭。"

烄與交

《北蒼·耕》："戠（截）烄（交）熱樠，藮（燋）火燭熒。"

皎與皦

《王風》："□□不信，有如皎（皦）日。"

窔與竅

《管仲》："從人之道，止（趾）則心之沓（本），手則心之枳（枝），目、耳則心之末，口則心之窔（竅）。"

窔與妖

《北蒼·魚》："姣窔（妖）娃媑（孎），啜啗黎（梨）樝。"

絞與約

《顏淵問》："敬（矜）又（有）𢓊（過）

而[先]又（有）司，老₌（老老）而慸（慈）學（幼），豫（予）絞（約）而收貧。”按，“絞（約）”字從孟蓬生在復旦吉大古文字專業研究生聯合讀書會《〈上博八·顔淵問於孔子〉校讀》（復旦大學出土文獻與古文字研究中心網，2011年7月17日）一文下跟帖讀。下同。

《顔淵問》：“豫（予）絞（約）而收貧，所以取新（親）也。”

高字聲系

高與喬

《采風》：“趨（曾）商：《高（喬）木》。”

高與槁

《凡物甲》：“鼓之又（有）聖（聲），忻（近）之可見，操之可操，椂（握）之則逵（失），敗之則高（槁），測（賊）之則滅。”

高與歊

《蒼頡篇》：“高（歊）囂平夷。”

高與膏

《木牘》：“凡七物以朌膊高（膏）舍之。”

《木牘》：“凡七物以朌膊高（膏）之。”

高與郊

《柬大王》：“女（如）君王攸（修）郢高（郊），方若肰（然）里。”按，“高（郊）”字從季旭昇《〈上博四·柬大王泊旱〉三題》（簡帛研究網，2005年2月12日）讀。

嗃與號

《反淫》：“乘靈（軨）獵車，駕誘騁之馬，攝下（夏）服之筴，載烏嗃（號）之弓，馬四扶，車折風，取射千金之重。”

蒿與槁

《北大老子》：“萬物草木之生也柔弱，其死也苦（枯）蒿（槁）。”

蒿與茭

《周易·需》：“初九：孠（需）于蒿（郊），利用亙（恆），亡（无）咎。”按，帛書本蒿（郊）作茭。

蒿與郊

《容成氏》：“武王素虖（甲）以申（陳）於𠷎（殷）蒿（郊），而𠷎（殷）☐。”

《周易·需》：“初九：孠（需）于蒿（郊），利用亙（恆），亡（无）咎。”

《柬大王》：“王許諾攸（修）四蒿（郊）。”

《明君》：“戰於邦蒿（郊），齊人不勝，邦□□□，不得有其大呂鄭勞。”

蒿與確

《繫辭》：“夫鍵（乾），蒿（確）然視（示）人易；夫川（坤），魋（隤）然視（示）人閒（簡）。”

鄗與郊

《金縢》：“王乃出逆公至鄗（郊）。”

《戰國一六》：“倍（背）鄴、朝歌，絕漳、鋪（滏）[水]，[與趙兵決於]邯鄲之鄗（郊）。”

《戰國一六》：“倍（背）大粱（梁），右蔡、召，兵〈與〉楚兵夬（決）於陳鄗（郊）。”

《阜易·小畜》：“□□□雨，自我西鄗（郊）。”

《阜易·同人》：“□九，同人于鄗（郊），无𠬝（悔）。”

《北大老子》：“天下有道，卻走馬以糞。天下無道，戎馬產於鄗（郊）。”

暠與皓

《蒼頡篇》：“暠（皓）□昭穆。”

㝑與敲

《日甲·詰》：“以棘椎桃秉（柄）以㝑（敲）其心，則不來。”

辜與歊

《癰》：“并以金銚熘桑炭，毚（纔）㳈（沸），發辜（歊），有（又）復熘㳈（沸）。”

稾與犒

《春秋一三》：“士匽爲魯君稾（犒）師。”

稾與毫

《道法》：“虛无有，秋稾（毫）成之，必有刑（形）名。”

稾與豪

《明君》：“稾（豪）巽（選）𣶒（海）内之眾，以爲兵首釰（刃）。”

《攻權》：“□□□故進迌（退）不稾（豪），從（縱）適（敵）不禽（擒）。”

稾與藁

《周病方》：“取稾（藁）本小弱者，齊約大如小指。”

《周病方》：“沐（和）稾（藁）本東〈柬（欄）〉灰中，以靡（摩）之，令血欲出。”

《養生方》：“爲醴，用石膏一斤少半，稾（藁）本、牛𦞙（膝）□□□□□□□□□□□□□□□□□□□□□□□□二斗。”

藁與豪

《守權》：“鼓其藁（豪）桀（傑）俊雄，堅甲利兵勁弩仁（韌）矢幷於前。”

縞與犒

《北蒼・支》：“箸涏（筳）縞（犒）給，勸怖槈桂。”

嚣與矯

《苦成》：“公愳（懼），乃命長魚嚣（矯）☐。”

《苦成》：“長魚嚣（矯）㪟自公所，敂（拘）人於百豫以内，繇（囚）之。”

《苦成》：“姑（苦）成家父尃（捕）長魚嚣（矯），桲（梏）者（諸）廷，與其妻，與其母。”

《苦成》：“弜（強）門大夫衛（率）以睪（釋）長魚嚣（矯），惻（賊）參（三）垺=（郤，郤）守（錡）、垺（郤）至、姑（苦）成家父立死，不用其眾。”

謞與號

《日乙・行行祠》：“其謞（號）曰大常行，合三土皇，耐（乃）爲四席。”

謞與譟

《兵令》：“先謞（譟）者虛，後謞（譟）胃（謂）之實，不謞（譟）胃（謂）之閉=（祕。祕）、實、虛、兵體也。”

豪與毫

《胎產書》：“乃始成豪（毫）毛。”

《北大老子》：“合抱之木，作於豪（毫）末，九成之臺，作於彖（虆）土。”

豪與壕

《爲吏》：“攻城用其不足，將軍以堙豪（壕）。”

喬與驕

《成王》：“其㴰（狀）喬（驕）𢀜（淫）。”按，“喬（驕）”字從復旦吉大古文字專業研究生聯合讀書會《上博八〈成王既邦〉校讀》（復旦大學出土文獻與古文字研究中心網，2011 年 7 月 17 日）讀。

㝵與槁

《帛甲老子・德經》：“萬物草木之生也柔脆，其死也椊（枯）㝵（槁）。”

驕與驕

《帛甲老子・道經》：“貴富而騗（驕），自遺咎也。”

《帛甲老子・道經》：“果而毋騗（驕），果而勿矜，果而勿伐，果而毋得已居。”

《帛五行・經》：“尊而不騗（驕），共（恭）也；共（恭）而博交，禮也。”

《積疏》：“□其□則疏，美其欲則虛，動其婺（務）則行（枉），騗（驕）其志則徐，□其輕則寡，欲其□則勞。”

喬字聲系

喬與矯

《競公瘧》：“☐之臣，出喬（矯）於郢（鄙）。”

喬與驕

《老子》甲："果而弗喬。"按，今本和帛書乙本喬作驕。下一例同。

《老子》甲："貴福（富）喬，自遺咎也。"

《五行》："障（尊）而不喬（驕），共（恭）也。"

《唐虞》："☐年不弋，君民而不喬（驕），卒王天下而不矣（恃）。"

《唐虞》："夫古者舜佢（居）於茅₌（艸茅）之中而不㥑（憂），升爲天子而不喬（驕）。佢（居）茅₌（艸茅）之中而不㥑（憂），智（知）命也；升爲天子而不喬（驕），不涑（恃）也。"

《容成氏》："民又（有）余（餘）飤（食），無求不得，民乃賽，喬（驕）能（態）訂（始）乍（作）。"

《容成氏》："其喬（驕）大（泰）女（如）是脜（狀）。"

《彭祖》："戒之毋喬（驕），訢（慎）終保裳（勞）。"

《曹沫》："肰（然）而古亦又（有）大道安（焉），必共（恭）僉（儉）以得之，而喬（驕）大（泰）以遂（失）之。"

《弟子問》："貧戔（賤）而不約者，虗（吾）見之喜（矣）；賜（富）貴而不喬（驕）者，虗（吾）聒（聞）而☐。"

《季康子》："君₌（君子）龏（恭）則述（遂），喬（驕）則洖（侮），滿言多難☐。"

《吳問》："主喬（驕）臣奢，冀功數戰，故曰先[亡]。"

《吳問》："主喬（驕）臣奢，冀功數戰，故爲笵（范）、中行是（氏）次。"

《吳問》："主喬（驕）臣奢，冀功數戰，故爲智是（氏）次。"

《皇門》："卑（譬）女（如）戎夫，喬（驕）用從肣（禽），其由（猶）克又（有）臒（獲）？"

《楚居》："前出于喬（驕）山，乇（宅）凥（處）爰波（陂）。"

《晏子八》："上无喬（驕）行，下无凷（諂）德，上毋（無）私眾，下无私義。"

《定心》："是以侍立不喬（驕），神悠（怵）而☐。"

喬與高

《容成氏》："喬（高）結（辛）是（氏）。"按，"喬（高）"字從廖名春《讀上博簡〈容成氏〉劄記（一）》（簡帛研究網，2002年12月27日）讀。

喬與鎬

《容成氏》："七邦逨（來）備（服），豐、喬（鎬）不備（服）。"

《容成氏》："文王乃记（起）帀（師）以卿（鄉）豐、喬（鎬）。"

《容成氏》："豐、喬（鎬）之民聒（聞）之，乃陞〈降〉文王。"

喬與驕

《老子》甲："果而弗喬。"按，帛書甲本喬作驕。下同。

《老子》甲："貴福（富）喬，自遺咎也。"

僑與矯

《答問》："'僑（矯）丞令'可（何）殹（也）？"

撟與矯

《學爲》："毄（繫）官，有（又）撟（矯）爲私書，詣請☐☐☐。"

《學爲》："歸居室，心不樂，即獨撟（矯）自以爲五大夫馮將軍毋擇子。"

《學爲》："有（又）撟（矯）爲私書，自言胡陽固所。"

《學爲》："學撟（矯）爵爲僞書、時馮毋擇爵五大夫，將軍。"

《學爲》："學撟（矯）自以【爲】五大夫將軍馮毋擇子，以名爲僞私書，詣𤸎。"

《二年·賊律》："撟（矯）制害者，棄市；不害，罰金四兩。"

禞與鎬

《容成氏》："於是虖（乎）九邦畔（叛）之，豐、禞（鎬）、郍（舟）、䢼、于（邘）、鹿、䢵（郜）、宗（崇）、畬（密）須是（氏）。"

橋與矯

《爲吏》："審智（知）民能，善度民力，勞以衛（率）之，正以橋（矯）之。"

《二年·盜律》："橋（矯）相以爲吏，自以爲吏以盜。"

橋與驕

《封診式》："丙，甲臣，橋（驕）悍，不田作，不聽甲令。"

《二三子》："吉，嗛（謙）也；凶，橋（驕）也。"

驕與矯

《名理》："如繇（由）如驕（矯），生之反也。"

《戰國一四》："是故臣以王令（命）甘薛公，驕（矯）敬（檠）三晉，勸之爲一。"

驕與高

《日甲·毀棄》："毋以丑徐（除）門戶，害於驕（高）母。"

鷸與蹻

《北蒼·幽》："鷸（蹻）氾冄（姌）愁（摯），雋鶅□□。"

杲字聲系

杲與皦

《北大老子》："參（三）也，其上不杲（皦），其下不沒（忽）。"

菒與藁

《木牘》："弓大鄭十分，菒（藁）草二束。"

《木牘》："菒（藁）草二束，弓大鄭十枚。"

梟字聲系

梟與鴞

《晏子一三》："今夜尚聞梟聲乎？"按，明活字本《晏子春秋》"梟"作"鴞"。下同。

《晏子一三》："柏常騫曰：'□令人視之，梟□□矣。'"

《晏子一三》："公令人視之，梟布翼伏地而死乎臺下。"

《晏子一三》："有梟夜鳴焉，吾惡之，故不尚（上）焉。"

《晏子一三》："騫爲君睘（禳）之而梟已死矣。"

《晏子一三》："女（汝）能請鬼神殺梟而不能益寡人之壽乎？"

敖字聲系

敖與傲

《爲吏》："一曰見民杲（倨）敖（傲）。"

《雌雄節》："憲（悍）敖（傲）驕居（倨），是胃（謂）雄節。"

敖與遨

《北蒼·陽》："䑿（鰓）展賁（奮）達，游（遊）敖（遨）周章。"

敖與熬

《□爛者》："煮秫米期足，䲆（纔）孰（熟），浚而敖（熬）之，令爲灰，傅之數日。"按，"敖（熬）"字從馬繼興《馬王堆古醫書考釋》（湖南科學技術出版社，1992年，552頁）讀。

敖與驁

《蓋廬》："公耳公孫，與耳□門，暴敖（驁）不鄰者，攻之。"

《戰國二五》："君无功，胡不解君之璽以

佩蒙敖（鷔）、王齮也。”

勢與傲

《爲吏》：“勢（傲）悍褎（戮）暴。”

《奏讞書》：“勢（傲）悍，完爲城旦舂，鐵纇其足，輸巴縣鹽。”按，“勢”當讀作“傲”。下二例同。

《奏讞書》：“勢（傲）悍，完之。”

《奏讞書》：“致次不孝、勢（傲）悍之律二章，捕者雖弗案校上，甲當完爲舂。”

《五令》：“威令者，求不孝弟（悌）、凌暴勢（傲）悍而罰之，以助損氣，使穀毋復。”

勢與慠

《北蒼・之職》：“勢（慠）悍驕裾（倨），誅罰貲耐。”

嫯與傲

《北蒼・幽》：“塵埃票（飄）風，嫯（傲）鬤（漠）窮（煩）擾（玃）。”

敖與傲

《蒼頡篇》：“敖（傲）悍驕裾（倨）。”

鷔與傲

《晏子八》：“在上不犯下，任治不鷔（傲）窮。”

《治官》：“一曰視黔首渠（倨）鷔（傲），二曰不安其朝，三曰居官善取，四曰受令不僂，五曰安其家忘官府。”

鏊與熬

《疽病》：“令謞叔（菽）□鏊（熬）可□，以酒沃。”

囂字聲系

囂與夭

《三德》：“弁（變）棠（常）惕（易）豊（禮），土隉（地）乃坧（坼），民乃囂（夭）死。”按，“囂（夭）”字從李天虹《〈上博（五）〉零識三則》（簡帛網，2006 年 2 月 26 日）讀。

囂與虐

《三德》：“敚（奪）民旹（時）以水事，是胃（謂）（籥），喪忌（以）係（繼）樂，四方來囂（虐）。”按，“囂（虐）”字從范常喜《〈上博五・三德〉劄記三則》（簡帛網，2006 年 2 月 24 日）讀。

囂與槁

《隨日・□稼》：“丙丁雨，田囂（槁）。”

囂與鷔

《泰射》：“公入，《囂（鷔）》。”

囂與敖

《邦人》：“古（故）爲鄴（葉）連囂（敖）與郗（蔡）樂尹。”

《楚居》：“至酓（熊）甬（勇）及酓（熊）嚴、酓（熊）相（霜）及酓（熊）霝（雪）及酓（熊）訓（徇）、酓（熊）咢及若囂（敖）酓（熊）義（儀），皆居喬多。”

《楚居》：“若囂（敖）酓（熊）義（儀）遈（徙）居箬（鄀）。”

《楚居》：“至宵囂（敖）酓（熊）鹿自焚遈（徙）居宵。”

《楚居》：“至𡌶（堵）囂（敖）自福丘遈（徙）衰（襲）箬（鄀）郢。”

《楚居》：“若囂（敖）𨑓（起）禍，安（焉）遈（徙）居承=之=埜=（蒸之野，蒸之野）□□□，□衰（襲）爲郢。”

《繫年五》：“殺賽（息）侯，取賽（息）爲（嬀）以歸，是生𡌶（堵）囂（敖）及成王。”

《繫年二一》：“王命莫囂（敖）昜（陽）爲衡（率），自（師）以定公室，城黃沱（池），城䧺（雝）丘。”

《繫年二一》：“二年，王命莫囂（敖）昜（陽）爲衡（率），自（師）뎺（侵）晉，敓（奪）宜昜（陽），回（圍）𡗝（赤）㟭（岸），以復黃沱（池）之自（師）。”

《孫叔敖》：“楚莊王問孫叔囂（敖）曰：‘欲善爲☒。’”
《孫叔敖》：“孫叔囂（敖）曰：‘其立本朝☒。’”
《孫叔敖》：“孫叔囂（敖）曰：‘國□☒。’”
《孫叔敖》：“孫叔囂（敖）曰：‘不□☒。’”

囂與傲

《芮良夫》：“母（毋）自縱（縱）于逸，以囂（傲）不恤（圖），懯（悍）弁（變）改祟（常），絉（痳）而亡（無）又（有）紀（紀）統（綱）。”按，“囂（傲）”字從白於藍《清華簡〈芮良夫毖〉6—8號簡校釋》（《古文字研究》第三十一輯，中華書局，2016年）讀。
《三壽》：“返（急）利囂（傲）神，慕（莫）龏（恭）而不寡（顧）于迖（後）。”按，“囂”似當讀作“傲”。《廣雅·釋詁三》：“傲，輕也。”《爾雅·釋言》：“敖，傲也。”郭璞《注》：“傲，慢也。”《玄應音義》卷二“倨傲”《注》：“傲，不恭敬也。”
《子產》：“以勤（助）上牧民₌（民。民）又（有）怨（過）遙（失）、囂（傲）遙（佚），弗誼（誅）。”按，“囂（傲）”字從bulang在ee《清華六〈子產〉初讀》（簡帛網“簡帛論壇”，2016年4月16日）一文下跟帖讀。
《定心》：“☒□□□之行不止於身，蓋囂（傲）然唯道之親而已矣。”按，“囂（傲）”字從林志鵬《銀雀山漢墓竹書〈定心固氣〉探論》（《傳統中國研究集刊》第九、十合輯，上海人民出版社，2012年）讀。

戳與矯

《君人甲》：“含（今）君王𦘒（盡）去耳目之欲，人以君王爲仸（忤）以戳（矯）。”按，“戳（矯）”字從孟蓬生《〈君人者何必安哉〉賸義掇拾》（復旦大學出土文獻與古文字研究中心網，2009年1月4日）、李天虹《〈君人者何必安哉〉補說》（簡帛網，2009年1月21日）讀。下同。
《君人乙》：“含（今）君王𦘒（盡）去耳目之欲，人以君王爲□[以]戳（矯）。”

爊與熬

《諸傷》：“取薺孰（熟）乾實，爊（熬）令焦黑，冶一。”
《傷痙》：“治之，爊（熬）鹽令黃。”
《傷痙》：“爲□裹更[熨]，[熨]寒，更爊（熬）鹽以熨，熨勿絕。”

堯字聲系

堯與橈

《六德》：“[苟][不]繇（由）其衍（道），唯（雖）堯（橈）求之弗得也。”按，“堯”似當讀作“橈”，訓爲“曲”。

僥與蟯

《姓爭》：“天地已定，規（蚑）僥（蟯）畢掙（爭）。”
《道原》：“一度不變，能適規（蚑）僥（蟯）。”
《道原》：“規（蚑）行僥（蟯）重（動），戴根之徒，皆取生，道弗爲益少。”

僥與徼

《北大老子》：“故恆無欲，以觀其眇（妙）；恆有欲，以觀其所僥（徼）。”

撓與澆

《癩》：“□□汁及膏□，撓（澆）以醇□。”按，“撓（澆）”字從馬繼興《馬王堆古醫書考釋》（湖南科學技術出版社，1992年，492頁）讀。

撓與繞

《戰國一六》：“今韓受兵三年，秦撓（繞）以講，識亡不聽，投質於趙。”

撓與譊

《王法》："弱而不事強，胃（謂）之撓（譊）央（殃）。"

撓與招

《繫辭》："易曰：'負且乘，致寇至'，盜之撓（招）也。"

《王風》："□□簧，右撓（招）我繇（由）房。"

《唐勒》："不叱啫（咤），不撓（招）指。"

曉與繞

《春秋五》："曉（繞）朝曰：'魏州餘來也，台（殆）□□隨會也，君弗□也。'"

《春秋五》："萎（魏）州余果與隋會出，曉（繞）朝蹭（贈）之以策。"

《春秋五》："是以二子弗知畏難而□□□□晉邦□□□□謀而曉（繞）朝得之。"

《春秋五》："秦大夫信之，君殺曉（繞）朝。"

橈與撓

《耆老》："一曰垂枝（肢），直脊，橈（撓）尻。"

《易之義》："武夫又（有）拂，文人有輔，拂不橈（撓），輔不絕，何不吉之又（有）？"

《阜易·大過》："大過，橦（棟）橈（撓），利用卣（攸）往，亨。"

燒與磽

《雄牝城》："□盡燒（磽）者，死襄（壤）也，可毄（擊）也。"

膮與磽

《田法》："量土地肥膮（磽）而立邑建城，以城爯（稱）〼。"

譊與撓

《計》："故利而誘之，亂而取之，實而備之，強而避之，怒而譊（撓）之。"

鞀與柖

見宵部刀字聲系。

毳字聲系

毳與磽

《容成氏》："文王時（持）故時而孥（教）民時，高下肥毳（磽）之利𦘠（盡）智（知）之，智（知）天之道，智（知）陛（地）之利，思（使）民不疾。"

竁與饒

《子羔》："使亡（無）又（有）少（小）大、𢗰（絕）竁（饒），使虘（皆）得其社稷百眚（姓）而奉守之。"按，"竁（饒）"字從白於藍《讀上博簡（二）劄記》（《江漢考古》2005年4期）讀。

号字聲系

号與皋

《祝辭》："号（皋）！旨（詣）五（武）𡰥（夷），𢇍（絕）昷（明）榠＝（冥冥），兹我經（逞）。"

鴞與旄

《邶風》："鴞（旄）丘之□□。"

爻字聲系

佼與貌

《五行》："㢜＝（顏色）伀（容）佼（貌）悃（溫）弁（變）也，以其审（中）心與人交兑（悅）也。"

佫與貌

《季桓子》："𧰼又（有）此佫（貌）也，而亡（無）以合者（諸）此矣（矣）。"按，"佫（貌）"字從何有祖《讀〈上博六〉劄記》（簡帛網，2007年7月9日）釋讀。下同。

《季桓子》："急（仁）人之道，衣備（服）北（必）中，頌（容）佫（貌）不求異於人。"

孥與教

《老子》甲："聖人谷（欲）不谷（欲），

不貴難得之貨，季（教）不季（教），復眾之所化（過）。”

《老子》甲：“是以聖人居亡爲之事，行不言之季。”按，今本和帛書乙本季作教。

《緇衣》：“正（政）之不行，季（教）之不成也，則坓（刑）罰不足恥，而雀（爵）不足懽（勸）也。”

《尊德義》：“可學也而不可矣（擬）也，可季（教）也而不可若也，可從也而不可及也。”

《六德》：“乍（作）豊（禮）樂，折（制）坓（刑）瀍，季（教）此民尔（而）使之又（有）向也，非聖智者莫之能也。”

《六德》：“既生畜之，或從而季（教）悔（誨）之，胃（謂）之聖。”

《六德》：“是古（故）先王之季（教）民也，不使此民也㥑（憂）其身，遼（失）其戰。”

《性自》：“其甬（用）心各異，𡥈（教）使肰（然）也。”按，上博簡本《性情論》𡥈（教）作季。下三例同。

《性自》：“肰（然）句（後）復以𡥈₌（教。教），所以生悳（德）於审（中）者也。”

《性自》：“孨₌（君子）媺（美）其青（情），貴其宜，善其即（節），好其頌（容），樂其衍（道），兑（悦）其𡥈（教）。”

《性自》：“未𡥈（教）而民亙（恆），眚（性）善者也。”

《民之》：“善才（哉）！商也，牆（將）可季（教）時（詩）矣。”

《容成氏》：“堯爲之季（教）曰：‘自内（納）安（焉），余穴規（窺）安（焉），以求臤（賢）者而罥（讓）安（焉）。’”

《容成氏》：“文王時（持）故時而季（教）民時，高下肥毳（磽）之利𦘔（盡）智（知）之。”

《仲弓》：“善才（哉）昏（問）虗（乎）！足以季（教）喜（矣）。”

《仲弓》：“型（刑）正（政）不緩（緩），悳（德）季（教）不恙（倦）。”

《仲弓》：“宜尖₌（小人）之至者，季（教）而使之，孨₌（君子）亡（無）所猒（厭）人。”

《弟子問》：“毋又（有）柔季（教），毋又（有）首猷，植☐。”

《天子甲》：“所不季（教）於帀（師）者三：弝（強）行、忠謀（謀）、信言，此所不季（教）於帀（師）也。”

《有皇》：“䔻（助）余季（教）保子含可（兮）。”

《芮良夫》：“疋（胥）𢘓（訓）疋（胥）季（教），疋（胥）戠（語）疋（胥）悔（誨）。”

《厚父》：“今民莫不曰余媬（保）季（教）明悳（德），亦鮮克以誨（謀）。”

《命訓》：“夫女（如）忎（恐）而承季（教），則厇（度）至于亟（極）？”

《三壽》：“四方䚷（勸）季（教），監（濫）莧（媚）莫淦（感），寺（時）名曰音。”

《三壽》：“聒（聞）季（教）𢘓（訓），舍（餘）敬恙（養），龏（恭）神褮（勞）民，楑（揆）审（中）而䰟（參）祟（常）。”

《子產》：“道（導）之以季（教），乃恋（迹）天陛（地）、逆川（順）、強柔，以咸數（禁）御（禦）。”

《子產》：“行以尜（尊）命（令）、裕義（儀），以臭（釋）亡季（教）、不姑（辜）。”

季與學

《老子》甲：“聖人谷（欲）不谷（欲），不貴難得之貨，季不季，復眾之所化（過）。”按，今本、帛書本和郭店楚簡《老子》丙季作學。

《祭公》：“𢆶（兹）由（迪）彝季（學）

于文武之曼悳（德），克夾卲（紹）成康，甬（用）臧（畢）成大商。”

《琴舞》：“𤔔（亂）曰：訖（遹）我宿（夙）夜，不毚（僭）敬之（止），日臺（就）月腯（將），斈（學）其光明。”按，今本《詩·周頌·敬之》斈作學。

《管仲》：“中（仲）父，君子斈（學）與不斈（學），女（如）可（何）？”

《管仲》：“君子斈（學）才（哉），斈（學）於（烏）可以巳（已）？”

《管仲》：“君子斈（學）才（哉），斈（學）於（烏）可以巳（已）？”

斈與效

《亙先》：“凡言名，先者又（有）㤚（疑），巟言之，後者斈（效）比安（焉）。”

斈與傚

《詩論》：“《鹿（鹿）鳴》以樂司而會，以道交，見善而斈（傚），終虖（乎）不猒（厭）人。”

效與教

《唐虞》：“夫聖人上事天，效（教）民又（有）尊也；下事陸（地），效（教）民又（有）新（親）也；旹（時）事山川，效（教）民又（有）敬也；新（親）事且（祖）滰（廟），效（教）民孝也；大（太）教（學）之中，天子睪（親）齒，效（教）民弟也；先聖牙（與）後耶（聖），考後而歸先，效（教）民大川（順）之道也。”按，“效”爲《説文》“教”字古文。

《唐虞》：“☐豊（禮），愄（夔）守樂，孫（遜）民效（教）也。”

《唐虞》：“上直（德）則天下又（有）君而世明，受（授）臤（賢）則民興效（教）而蝎（化）虖（乎）道。”

戔與暴

《季桓子》：“☐輂（婁）戔（暴），興道學𢓊（淫），言不嘗（當）其所，膚（皆）同其☐，此与（邪）民也。”按，“戔”似當讀作“暴”。

《用曰》：“凡龏（寵）人，非人是龏（寵），氒（厥）身是戔（暴）。”按，“戔”似當讀作“暴”。《左傳·襄公十七年》：“臣也不唯其宗室是暴，大亂宋國之政。”可參。

㬥與暴

《昭王》：“楚邦之良臣所㬥（暴）骨，虗（吾）未又（有）以𢝊（憂）。”按，“㬥（暴）”字從陳劍《上博竹書〈昭王與龔之脽〉和〈柬大王泊旱〉讀後記》（簡帛研究網，2005年2月15日）讀。

𡥈與教

《緇衣》：“大人不新（親）其所臤（賢），而信其所戔（賤），𡥈（教）此以遊（失），民此以絴（變）。”

《緇衣》：“倀（長）民者𡥈（教）之以悳（德），齊之以豊（禮），則民又（有）懽（勸）心；𡥈（教）之以正（政），齊之以坓（刑），則民又（有）免（謾）心。”

《成之》：“君子之于𡥈（教）也，其道民也不憲（浸），則其渟也弗深㤚（矣）。”

《尊德義》：“悬（仁）爲可新（親）也，義爲可尊也，忠爲可信也，學爲可益也，𡥈（教）爲可頪（類）也。”

《尊德義》：“𡥈（教）非改道也，𢽴（教）之也；學非改侖（倫）也，學异（己）也。”

《尊德義》：“是以爲正（政）者𡥈（教）道之取先。”

《尊德義》：“𡥈（教）以豊（禮），則民果以巠。𡥈（教）以樂，則民[illegible]悳（德）清酒。𡥈（教）以支（辯）兑（説），則民埶（褻）陸（陵）張（長）貴以忘（妄）。𡥈（教）以埶（勢），則民埜（野）以靜（爭）。𡥈（教）以只（技），則民少以㕢（吝）。𡥈（教）以言，則民詬（訏）以寡信。𡥈（教）以事，則民力𦏓（嗇）以面利。𡥈（教）以懽（權）悔（謀），則民[illegible]悃遠豊（禮）亡新（親）𢘉（仁）。”

《尊德義》：“夫生而又（有）戠（職）事者也，非𡥈（教）所及也。𡥈（教）其正（政），不𡥈（教）其人，正（政）弗行矣。”

《六德》：“是古（故）先王之𡥈（教）民也，訇（始）於孝弟。”

《性自》：“其甬（用）心各異，𡥈（教）使肰（然）也。”

《性自》：“肰（然）句（後）復以𡥈=（教。教），所以生悳（德）於审（中）者也。”

《性自》：“𡆥=（君子）㜁（美）其青（情），貴其宜，善其即（節），好其頌（容），樂其衍（道），兑（悦）其𡥈（教）。”

《性自》：“凡古樂龍（愉）心，嗌（益）樂龍（愉）指，皆𡥈（教）其人者也。”

《性自》：“未𡥈（教）而民亙（恆），眚（性）善者也。”

《從政》：“夫是則獸（守）之以信，𡥈（教）之以義，行之以豊（禮）也。”

《從政》：“不𡥈（教）而殺，則𧙈（虐）。”

《從政》：“[illegible]悔（悔）而共（恭）孫（遜），𡥈（教）之纏（勸）也；𢘈（溫）良而忠敬，𢘉（仁）之宗也。”

《曹沫》：“既成𡥈（教）矣，出帀（師）又（有）幾（機）虗（乎）？”

《曹沫》：“是古（故）倀（長）民偖（者）毋𡆥簷（爵），毋飲軍，毋辟（避）辠，甬（用）都𡥈（教）於邦□於民。”

《曹沫》：“禔（鬼）神𢦏武，非所以𡥈（教）民，唯君其智（知）之。”

《季康子》：“𡆥=（君子）才（在）民之上，執民之中，紽（施）𡥈（教）於百眚（姓）。”

《城濮》：“成王爲成（城）僕（濮）之行，王囟（使）子𡕒（文）𡥈（教）子玉。”

《城濮》：“君王胃（謂）子玉未患（貫），命君𡥈（教）之。”

《史蒥》：“古（故）𡥈（教）於訇（始）虖（乎）才（哉）？”

𧥺與教

《從政》：“教之以豊（禮）則寡（恪）而爲𢘉（仁），𧥺（教）之以刑則逐〈遯〉。”

𡥈與效

《蘭賦》：“蓉（容）惻（則）柬（閑）逸而莫之能𡥈（效）矣。”

𣌭與効

《墨子》：“〼乃𣌭（効）。”按，“𣌭（効）”字從李零《長台關楚簡〈申徒狄〉研究》（簡帛研究網，2000年8月8日）釋讀。

𢽾與教

《尊德義》：“𡥈（教）非改道也，𢽾（教）之也；學非改侖（倫）也，學㠯（己）也。”

《皇門》：“至于𠂤（厥）後嗣立王，廼弗肯用先王之明刑，乃隹（維）誢=（汲汲）疋（胥）區（驅）疋（胥）𢽾（教）于非彝。”

𢽾與學

《皇門》：“至于𠂤（厥）後嗣立王，廼弗肯用先王之明刑，乃隹（維）誢=（汲汲）疋（胥）區（驅）疋（胥）𢽾于非彝。”按，今本《逸周書·皇門》𢽾作學。

教與爻

《繫辭》：“所樂而妧（玩），教（爻）之始（辭）也。”

《繫辭》：“係（繫）辭焉以斷其吉凶，是故胃（謂）之教（爻），言天下之至業而不可惡也。”

《繫辭》：“毄（繫）辭焉，以斷其吉凶，是故胃（謂）之教（爻）。”

《繫辭》：“因而動（重）之，教（爻）在其中矣。”

《繫辭》：“教（爻）也者，效此者也；馬〈象〉也者，馬〈象〉此者也。”

《繫辭》：“若天離物撰德，辨是與非，則下，中教（爻）不備。”

《繫辭》：“八卦以馬〈象〉告也，教（爻）順（彖）以論語。”按，今本教作爻。

教與學

《唐虞》：“大（太）教（學）之中，天子罣（親）齒，效（教）民弟也。”按，“教（學）”字從裘按（《郭店楚墓竹簡·唐虞之道》篇注［八］）讀。

教與姣

《妄稽》：“教（姣）美佳好，致（至）京（諒）以子（慈）。”

教與效

《繫辭》：“成馬〈象〉之胃（謂）鍵（乾），教（效）法之胃（謂）川（坤）。”

《妄稽》：“虞士雖不宵（肖），願以自教（效）也。”按，“教（效）”字從何有祖《讀北大簡〈妄稽〉條記（一）》（簡帛網，2016年6月5日）讀。

肴與爻

《筮法一》：“參（三）吉同兇，亞（惡）肴（爻）凥（處）之，今旇（焉）死。”

《筮法一》：“參（三）兇同吉，亞（惡）肴（爻）凥（處）之，今旇（焉）死。”

《筮法二三》：“奴（如）封（卦）奴（如）肴（爻），卡₌（上下）同脜（狀），果。”

《筮法二九》：“凸（凡）肴（爻）象，八爲風，爲水，爲言，爲非（飛）鳥。”

《筮法二九》：“凸（凡）肴（爻），奴（如）大奴（如）少（小），复（作）於上，外又（有）笑（吝）。”

《繫辭》：“肴（爻）者，言如變者也。”

《繫辭》：“故筮之德員（圓）而神；卦之德方以知；六肴（爻）之義易以工（貢）。”

《繫辭》：“緣（彖）也者，制也；肴（爻）也者，效天下之動者也。”

《易之義》：“九也者，六肴（爻）之大也。”

《易之義》：“易之義，贊始反冬（終）以爲質，六肴（爻）相雜，唯侍（時）物也。”

《要》：“☒肴（爻）有☒。”按，“肴（爻）”字從廖名春《帛書〈要〉釋文》（《國際易學研究》第一輯，華夏出版社，1995年1月）釋讀。

肴與淆

《筮法七》：“槑（少）肴（淆），雠（售）。譻（數）出，乃亦雠（售）。”

《筮法二六》：“肴（淆）乃父之不瓶₌（葬死）。”

夭字聲系

夭與妖

《鮑叔牙》：“昔先君客（格）王，天不見夭（妖），陛（地）不生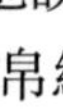（孽）。”按，“夭（妖）”字從陳劍《也談〈竞建内之〉簡7的所謂“害”字》（簡帛網，2006年6月16日）釋讀。

《楚帛書》乙：“綅（嬴）絀遊（失）□，卉木亡尚（常）；□□□夭（妖），天陛（地）乍（作）羕（祥）。”按，“夭”字從吳九龍《簡牘帛書中的“夭”字》（《出土文獻研究》，文物出版社，1985年）釋。下二例同。

《楚帛書》乙：“凡戠（歲）悳（德）匿，女（如）□□隹（惟）邦所□夭（妖）之行。”

《楚帛書》乙：“母（毋）弗或敬，隹（惟）天乍（作）福，神則各（格）之，隹（惟）天乍（作）夭（妖），神則惠之。”

《日甲·詰》：“□鳥獸能言，是夭（妖）也，不過三言。”

《不時》：“秋三月：一不時，多夭（妖）

言。”

《占書》：“此古之亡德之夭（妖）也，亡徵也。”

《占書》：“夫名川絕，大徼（沼）固（涸），天雨血，星月並出，星貫月，反景，倍伷（僪），篲（慧）星，營（熒）或（惑），雲□，夭（妖）恙（祥）見於天。”

《隨日・直室門》：“五歲弗更，其主爲巫，有夭（妖）。”

夭與沃

《繫年十七》：“緣（欒）浧（盈）出奔齊₌（齊。齊）臧（莊）公光衛（率）自（師）以逐緣₌浧₌（欒盈。欒盈）讍（襲）鄑（絳）而不果，奔内（入）於曲夭（沃）。”

《繫年十七》：“晉人既殺緣（欒）浧（盈）于曲夭（沃），坪（平）公衛（率）自（師）會者（諸）侯，伐齊。”

夭與效

《三壽》：“顴（觀）臺（覺）恖（聰）明，音色柔丂（巧）而觀（叡）武不罔，夭（效）屯（純）怚（宣）猷，牧民而馯（御）王。”

妖與夭

《北蒼・支》：“齎購件妖（夭），羕橞（椿）杪柴。”

抉與校

《妄稽》：“力勁夬（決）觡，不好手抉（校）。”按，“抉（校）”字從王寧《讀北大簡四〈妄稽〉零識》（簡帛網，2016年7月14日）讀。

迗與要

《柬大王》：“龜尹智（知）王之庶（炙）於日而疠（病），芥（筵）愁（儀）愈迗（要）。”按，“迗”似當讀作“要”，訓爲“簡約”。

祆與妖

《容成氏》：“戝（癘）役（疫）不至，祆（妖）恙（祥）不行，祡（禍）才（災）迲（去）亡。”

枖與腰

《天下至道》：“走里（理）毛，置枖（腰）心，脣盡白，汗留（流）至國（膕）。”

殀與夭

《兵談》：“☐□□不殺殀（夭）台（胎），不膾不成之財（材）☐。”

肤與趺

《妄稽》：“臂肤（趺）八寸，指長二尺。”按，“肤（趺）”字從蔡偉《試說北大漢簡〈妄稽〉之“臂肤八寸”》（復旦大學出土文獻與古文字研究中心網，2012年12月22日）讀。

蚕與妖

《三壽》：“殷邦之蚕（妖）茟（祥）並记（起）。”

《三壽》：“余（餘）亯（享）獻祏（攻），迠（禬）還（禜）蚕（妖）蠡（祥），寺（時）名曰恙（祥）。”

訞與夭

《陰陽家》：“野有熯者，磨〈磨（歷）〉八時，則妃主傰（崩），國訞（夭）死，多女喪。”按，“訞（夭）”字從王寧《北大簡三〈陰陽家言〉零釋》（簡帛網，2016年1月2日）讀。

訞與妖

《芮良夫》：“悳（德）型（刑）態（怠）絉（惰），民所訞（妖）訿（僻）。約結纓（繩）剌（準），民之闢（關）閟（閉）。”

《蓋廬》：“凡用兵之謀，必得天時，王名可成，訞（妖）孼不來。”

朕與飫

《文摯》：“夫春朕（飫）寫（瀉）人人〈入〉以韭者，何其不與酒而恒與卵邪？”按，“朕（飫）”字從周一謀、蕭佐桃《馬王堆醫書考注》（天津科學技術出版社，1988年，392頁）讀。

窅字聲系

窅與窈

《曹氏》："〼□月陰也；月陽也，星陰也；星陽也，窅（窈）瞑（冥）陰也。凡此皆天地陰陽之大柈（判）也。"

要字聲系

要與腰

《日甲・生子》："乙卯生子，要（腰）不翥（翥）。"

《日甲・宅居》："宇有要（腰），不窮必刑。"

《日甲・盜者》："盜者男子，青赤色，爲人不轂（縠），要（腰）有疵。"

《天乙・土功二》："到刹（膝）少子死，到要（腰）中子死，到夜（腋）長子死，到巠（脛）妻死，沒人母父死。"

《天乙・黄鐘》："惡，行僂₌（僂僂），要，白色，善病要（腰）。"

《天乙・黄鐘》："鐵（纖）色，大口，長要（腰）。"

《天乙・黄鐘》："隋（橢）頤，長目，長要（腰）。"

《天乙・黄鐘》："圜面，陰□下，吊目，□□□大，蒼皙，善病要（腰）、腹。"

《天乙・黄鐘》："土黄色，折頸，長要（腰）延₌（延延）。"

《天乙・黄鐘》："啟顏，兑（鋭）頤，反應（膺），細肵，色蒼皙，善病要（腰）、脾。"

《天乙・黄鐘》："廣顏，兑（鋭）頤，□□殹，要（腰）僂。"

《天乙・黄鐘》："葴眉，多□，色□，免（俛）僂，皙色，善病要（腰）。"

《天乙・黄鐘》："鐵色，大口，多黄艮（眼），長要（腰）延₌（延延）殹，皙。"

《天乙・黄鐘》："連面，大口，大目伿₌（伿伿）殹，色黄、黑，善病要（腰）、卑（脾）。"

《天乙・黄鐘》："啟顏，兑（鋭）喙，長要（腰），色黄，善病腹、腸、要（腰）、脾。"

《二年・賊律》："不堅守而棄去之若降之，及謀反者，皆要（腰）斬。"

《二年・賊律》："僞寫皇帝信璽、皇帝行璽，要（腰）斬以均（徇）。"

《二年・盜律》："徼外人來入爲盜者，要（腰）斬。"

《二年・具律》："女子當磔若要（腰）斬者，棄市。"

《奏讞書》："毋憂當要（腰）斬，或曰不當論。"

《奏讞書》："廷報：當要（腰）斬。"

《奏讞書》："道肩下到要（腰），稠不可數。"

《奏讞書》："診毛北（背），笞紖（朋）瘢相質五也，道肩下到要（腰），稠不可數。"

《脈書》："胸痛，要（腰）以（似）折，脾（髀）不可運。"

《脈書》："北（背）痛，要（腰）痛，尻痛，胕（痔），胠痛，腨痛。"

《脈書》："要（腰）痛，不可以印（仰），則嗌乾，面驪，是蹶（厥）陰之脈主治。"

《引書》："支爽者，以手□要（腰），撟一臂與足□而匽（偃）。"

《引書》："引腸辟（澼），端伏，加頤枕上，交手頸下，令人踐其要（腰），毋息。"

《引書》："引要（腰）甬（痛），兩手之指夾脜（脊），力輣以印（仰），極之。"

《引書》："據兩股，折要（腰），信（伸）少腹。"

《引書》："引瘁（癃），端立，抱柱，令人軵其要（腰），毋息，而力引尻。"

《引書》："夸（跨）足，折要（腰），空（控）丈（杖）而力引之，三而已。"

《引書》："左手承下，右手無（撫）上，

折要（腰），信（伸）少腹，力引尻。”

《引書》：“反旋以利兩胠，熊經以利膵（脢）背，復據以利要（腰）。”

《引書》：“信（伸）復（腹）折要（腰），力信（伸）手足，軵踵（踵）曲指。”

《足臂脈・足》：“要（腰）痛，夾（挾）脊痛，□痛，項痛。”

《陰陽脈甲》：“瘧，北（背）痛，要（腰）痛，尻痛，肘（痔），胳（郤）痛，腨痛。”

《陰陽脈乙》：“潼（腫），頭痛，□□□□脊痛，要（腰）以（似）折。”

《陰陽脈乙》：“頭痛，耳聾，項痛，耳彊，瘧（瘧），北（背）痛，要（腰）尻痛。”

《陰陽脈乙》：“要（腰）甬（痛）不可以印（仰），甚則嗌乾。”

要與幽

《帛易・困》：“初六，辰（臀）困于株木，入于要（幽）浴（谷），三歲不擯（覿），凶。”

《反淫》：“新（辛）雉（夷）槀本，木蘭之柴（牀），卑（薜）離（荔）要（幽）惠（蕙），江羅（離）雜芳。”

要與邀

《蓋廬》：“毋要（邀）堤₌（正正）之期（旗），毋擊堂₌（堂堂）之陳（敶）。”按，今本《孫子・軍爭》要作邀。下一例同。

《軍爭》：“毋要（邀）𤺌𤺌（正正）之旗，毋擊堂堂之陳（敶），此治變者也。”

《十陣》：“凡疏陳（敶）之法，在爲數醜，或進或退，或毄（擊）或䫉，或與之佂，或要（邀）其衰。”

要與蔈

《養生方》：“取乾桓（薑），桂、要（蔈）苕、蛇牀、□□，皆治之，各等。”

侯部第四

付字聲系

付與弣

《泰射》："立于物閒，左執付（弣），右執簫，南陽（揚）弓，命去侯。"

《泰射》："左執付（弣），右執簫，以授公。"

付與坿

《雄牝城》："城在溥（禆）澤中，无亢山名谷，而有付（坿）丘於其四方者，雄城也。"

《雄牝城》："城中有付（坿）丘者，雄城也，不可攻也。"

《雄牝城》："城在發（沛）澤中，无名谷付（坿）丘者，牝城也，可毄（擊）也。"

付與柎

《養生方》："冶柳付（柎），與志（膱）膏相挐（溼）和，以傅穜（腫）者。"

付與符

《乾瘙》："取闌（蘭）根、白付（符），小刌一升，舂之。"

付與跗

《陰陽脈甲》："腹外穜（腫），陽（腸）痛，厀（膝）跳，付（跗）□□。"

付與俯

《晏子四》："晏子付（俯），有閒，卬（仰）而合（答）曰。"

《晏子一三》："柏常騫付（俯），有閒，合（答）曰：'然。'"

付與附

《天下至道》："一曰虎流，二曰蟬付（附），思外。"

《一類》："付（附）子三分，蜀椒三分，澤舃（瀉）五分，烏喙三分，細辛五分。"

《一類》："術、方（防）風、細辛、姜、桂、付（附）子、蜀椒、桔梗，凡八物。"

《一類》："蜀椒一升，付（附）子廿果（顆），皆父（㕮）【咀】。"

《二類》："厚朴、石膏、苦參各六分，烏喙、付（附）子各二分。"

《二類》："弓（芎）窮（藭）一升，白茝（芷）一升，付（附）子卅果（顆）。"

《二類》："藥用利（藜）廬一本，亭（葶）磨〈曆（藶）〉二分，付（附）子一分。"

《木牘》："秦瘳（艽）五分，付（附）子一分。"

《木牘》："取□駱蘇（酥）一[升]，付（附）子廿枚，蜀椒一升，乾（幹）當歸二兩。"

《木牘》："付（附）子卅枚，甘草七分。"

《木牘》："甘草七分，付（附）子卅枚。"

《木牘》："弓（芎）窮（藭）一升，付（附）子卅果（顆）。"

《月戰》："是以必付（附）與而□戰，不得已而後戰。"按，"付（附）"字從張震澤《孫臏兵法校理》（中華書局，1984年，63頁）讀。下同。

《月戰》："无方（傍）而戰者，小勝，以付（附）磿（歷）者也。"

付與撲

《泰射》："司射去付（撲），倚于階西，適作（阼）階下，北面告于公。"

付與鮒

《帛易·井》："九二，井瀆（谷）射付（鮒）唯敝句（漏）。"

坿與蔀

《周易·豐》:“九四:豐其坿(蔀),日中見斗,遇其𡰥(夷)宔(主),吉。”

《周易·豐》:“上六:豐其芾(屋),坿(蔀)其家,閨(闚)其床(戶),歖(闃)其亡(无)人,厽(三)戢(歲)不覿,凶。”

坿與剖

《周易·豐》:“九四:豐其坿(蔀),日中見斗,遇其𡰥(夷)宔(主),吉。”按,帛書本坿(蔀)作剖。下同。

《周易·豐》:“上六:豐其芾(屋),坿(蔀)其家,閨(闚)其床(戶),歖(闃)其亡(无)人,厽(三)戢(歲)不覿,凶。”

府與付

《祭公》:“隹(惟)寺(時)皇上帝厇(度)其心,卿(享)其明悳(德),府(付)畀四方。”

《祭公》:“𢘅(遜)惜(措)乃心,𦘒(盡)府(付)畀余一人。”

府與俯

《三德》:“卬(仰)天事君,嚴畧(恪)必信;府(俯)視□□,敄(務)𦤺(農)敬戒。”

《凡物甲》:“女(如)欲戠(察)𠁤(一),卬(仰)而視之,府(俯)而之。”按,“府”字從劉洪濤《上博竹簡〈凡物流形〉釋字二則》(《簡帛》第六輯,上海古籍出版社,2011年)釋,從陳偉《讀〈凡物流形〉小札》(簡帛網,2009年1月2日)等讀作“俯”。下一例同。

《凡物乙》:“女(如)欲戠(察)𠁤(一),卬(仰)而視之,府(俯)而之,母(毋)遠怺(求)厇(度),於身旨(稽)之。”

《繫辭》:“卬(仰)則觀馬〈象〉於天,府(俯)則觀法於地。”

《說命中》:“女(汝)克䀠(覞)視,四方乃府(俯);視陘(地),心毀隹(惟)備(服)。”

府與腐

《答問》:“其有府(腐)罪,[贖]宮。”

《二年·具律》:“故劓者斬₌左₌止₌(斬左趾,斬左趾)者斬₌右₌止₌(斬右趾,斬右趾)者府(腐)之。”

《二年·具律》:“贖斬、府(腐),金一斤四兩。”

《二年·具律》:“有罪當府(腐)者,移內₌官₌(內官,內官)府(腐)之。”

《二年·告律》:“鬼薪白粲及府(腐)罪耐爲隸臣妾。”

《二年·收律》:“罪人完城旦、鬼薪以上,及坐奸府(腐)者。”

《二年·襍律》:“强與人奸者,府(腐)以爲宮隸臣。”

府與輔

《祭公》:“𢘅(遜)惜(措)乃心,𦘒(盡)府畀余一人。”按,今本《逸周書·祭公》府作輔。

苻與符

《養生方》:“取白苻(符)、紅符、伏(茯)霝(苓)各二兩,桓(薑)十果(顆)。”

附與符

《卻穀》:“〼青附(符),青附(符)即多朝暇(霞)。”按,“附(符)”字從魏啟鵬《帛書〈卻穀食氣〉研究》(《四川大學學報》,1990年2期)讀。下同。

《卻穀》:“昏失(佚)氣爲附(符),附(符)即多輸□。”

拊與弣

《泰射》:“見鋏(鏃)於拊(弣),右鉅(巨)指句(鉤)弦。”

柎與符

《去人馬疣》:“取夾□、白柎(符)□,

繩之以堅絜□□手結□□□□疣去矣。”

柎與跗

《脈書》：“腹外穜（腫），腸痛，厀（膝）外、柎（跗）上踝〈踝（痹）〉。”

《脈書》：“蹶（厥）陰之脈，毄（繫）與足大指叢毛之上，乘足柎（跗）上廉。”

柎與附

《合陰陽》：“一曰虎游，二曰蟬柎（附），三曰斥（尺）蠖，四曰囷（麕）桷。”

《周馴》：“綽（卓）子繼之，不宵（肖）以疑，其下既不柎（附），民莫之戴。”

柎與胕

《足臂脈·足》：“足柎（胕）穜（腫），疾畀（痹）。”按，“柎（胕）”字從裘錫圭《馬王堆醫書釋讀瑣議》（《古文字論集》，中華書局，1992年，525頁）讀。

柎與樸

《□爛者》：“爵（嚼）蘗米，足（捉）取汁而煎，令類膠，即冶厚柎（樸）和傅。”

胕與腐

《痂》：“燔胕（腐）荊箕，取其灰□□三□□巳。”

胕與跗

《脈書》：“氣壹上壹下，當胎（郤）與胕（跗）之脈而砭（砭）之。”

肘與腐

《脈死候》：“三陰肘（腐）臧（臟）煉（爛）腸而主殺。”

《二類》：“鼻柱鼻中當肘（腐）血出。”

肘與跗

《陰陽脈乙》：“毄（繫）於足大指菆（叢）毛上，乘足肘（跗）上廉。”

符與弣

《泰射》：“下射進，坐橫弓，復（覆）手自弓上取一个，兼諸符（弣）。”

《泰射》：“上射揖進，坐衡（橫）弓，卻（卻）手自弓下取一个，兼諸符（弣）。”

符與撲

《泰射》：“述（遂）取符（撲）簮（搢）之，以卍（俟）于所埶（設）中之南。”

《泰射》：“反，簮（搢）符（撲），復位。”

《泰射》：“司射先降，簮（搢）符（撲），反位。”

《泰射》：“司射適西階西，倚符（撲），升自西階，東面請射于公。”

《泰射》：“司射猶挾一个，去符（撲），與司馬交于階前，適作（阼）階下。”

《泰射》：“反，晉（搢）符（撲），述（遂）命澤（釋）獲者埶（設）中。”

《泰射》：“司射去符（撲），作（阼）階下，告射于公。”

《泰射》：“述（遂）晉（搢）符（撲），反位。”

《泰射》：“司射適階西，澤（釋）弓，去符（撲），襲。”

《泰射》：“司射適階西，去符（撲），適堂西，澤（釋）弓，捝（説）決、拾，襲。”

《泰射》：“適西階，簮（搢）符（撲）以反位。”

《泰射》：“反簮（搢）符（撲），適次。”

《泰射》：“司射倚符（撲）于階西，適作（阼）階下，北面請射于公，如初。”

《泰射》：“司馬與司射交于階前，倚符（撲）于階西。”

《泰射》：“司射反，簮（搢）符（撲）。”

《泰射》：“司射適次，澤（釋）弓，捝（説）決、拾，去符（撲），襲，反位。”

箁與僕

《命》：“女（如）以箁（僕）之觀視日也，十又厽（三）亡箁（僕）。”

《命》：“箁（僕）以此胃（謂）視日十又厽（三）亡箁（僕）。”

搴與俯

《彭祖》："一命弍（一）搴（俯），氏（是）胃（謂）嗌（益）愈。一命三搴（俯），氏（是）胃（謂）自厚。三命四搴（俯），氏（是）胃（謂）百眚（姓）之宔（主）。"按，"搴"字從劉洪濤《上博竹簡〈凡物流形〉釋字二則》（《簡帛》第六輯，上海古籍出版社，2011年）隸定，從陳斯鵬《上海博物館藏楚簡〈彭祖〉新釋》（《華學》第七輯，中山大學出版社，2004年）等讀作"俯"。

麚與蕉

《服傳乙》："疎（疏）屨（屨）者，麚（蕉）類（蒯）之菲也。"

斗字聲系

斗與主

《繫辭》："區（樞）幾（機）之發，營（榮）辰〈辱〉之斗（主）也。"按，今本斗作主。

枓與斗

《天子甲》："冃₌（日月）得其甫（輔），想（相）之以玉枓（斗）。"

《天子乙》："冃₌（日月）直（得）其甫（輔），想（相）之以玉枓（斗）。"

豆字聲系

豆與鼓

《筮法二九》："四之象爲陞（地），爲圓，爲豆（鼓），爲耳（珥），爲環，爲腫，爲雪，爲零（露），爲霓（霰）。"

俞字聲系

俞與偷

《戰國一二》："乃貴（珉）固於齊，使人於齊大夫之所而俞（偷）語則有之。"

俞與喻

《詩論》："《鬧（關）疋（雎）》以色俞（喻）於豊（禮）。"按，"俞（喻）"字從李學勤《〈詩論〉説〈關雎〉等七篇釋義》（《齊魯學刊》2002年2期）等讀。

《詩論》："其四章則俞（喻）矣！"

《詩論》："其陧（隱）志必有以俞（喻）也，其言又（有）所載而句（後）内（納），或前之而句（後）交，人不可犁也。"

《詩論》："因《木苽（瓜）》之保（報），以俞（喻）其悁者也。"

《唐勒》："☐胸中，精（精）神俞（喻）六馬。"

俞與婾

《皇門》："以家相氒（厥）室，弗衈王邦王家，隹（維）俞（婾）悳（德）用。"

俞與渝

《忠信》："大舊而不俞（渝），忠之至也。"

《帛易·訟》："九四，不克訟，復即命。俞（渝）安，貞吉。"

《慎子》："忠寔（質）以反俞（渝），迀（寬）友（柔）以載道。"按，"俞（渝）"字從清華大學出土文獻讀書會《清華六整理報告補正》（清華大學出土文獻與保護中心網，2016年4月16日）引許可説讀。

俞與愉

《戰國二七》："人許子兵甚俞（愉），何爲而不足侍（恃）也？"

《戰國二七》："臣之□□不足侍（恃）者以其俞（愉）也。"

《戰國二七》："必其心與□□□□□俞（愉）許我兵，我必列（裂）地以和於魏。"

《戰國二七》："故俞（愉）許我兵者，所勁吾國，吾國勁而魏氏敝。"

俞與逾

《白處》："此藥已成，居雖餘歲到□歲，俞（逾）良。"

《兵談》："絕苦（阽）俞（逾）根（垠）而無主，左提鼓右慮（攎）枹而無生焉。"

《兵談》："得帶甲十萬，□車千乘，兵絕苦（阽）俞（逾）根（垠），不□▨。"

俞與愈

《引書》："治身欲與天㘸（地）相求，猶橐籥也，虛而不屈，勭（動）而俞（愈）出。"

《帛甲老子・道經》："虛而不淈（屈），踵（動）而俞（愈）出。"

《帛乙老子・德經》："耶（聖）人无積，既以爲人，己俞（愈）有；既以予人矣，己俞（愈）多。"

《帛乙老子・道經》："虛而不淈（屈），勭（動）而俞（愈）出。"

《明君》："故利俞（愈）大而天下之欲之也愉（愈）甚。"

《順道》："刑（形）恒自定，是我俞（愈）靜。"

《戰國一二》："今燕勺（趙）之兵皆至矣，俞（愈）疾功（攻）菑，四。"

《白處》："而止施□□雖俞（愈）而毋去其藥。"

《癃病》："壹飲病俞（愈），日壹歓，三日，病已。"

《胻傷》："朝已食而入湯中，到餔（晡）時出休，病即俞（愈）矣。"

《殘片四》："▨病即俞（愈）▨。"

《二三子》："聖人之立正（政）也，若遁（循）木，俞（愈）高俞（愈）畏下，故曰'抗（亢）龍有悔（悔）'。"

《北大老子》："聖人無責（積），氣（既）以爲人，己俞（愈）有；氣（既）以予人，己俞（愈）多。"

《妄稽》："妄稽自飭（飾），周春俞（愈）惡。"

《反淫》："魄子乃洫（侐）然㬎（隱）机（几），衍然汗出，渙然病俞（愈）。"

俞與輸

《北大老子》："天地相合，以俞（輸）甘露，民莫之令而自均安（焉）。"

俞與降

《帛甲老子・道經》："天地相谷〈合〉，以俞（降）甘洛（露）。"按，通行本俞作降。下同。

《帛乙老子・道經》："天地相合，以俞（降）甘洛（露）。"

俞與瀆

《繫年二十》："晉幽公立四年，勺（趙）狗衛（率）自（師）與戉（越）公株（朱）句伐齊，晉師閔（門）長城句俞（瀆）之門。"

俞與逾

《競公瘧》："齊競（景）公瘧（疥）虞（且）瘧（瘧），俞（逾）戢（歲）不已。"

《競公瘧》："公瘧（疥）虞（且）瘧（瘧），俞（逾）戢（歲）不已，是虛（吾）亡（無）良祝、史也。"

堬與踰

《春秋五》："乃令君羊（佯）囚己，斬桎堬（踰）□□□□□□□。"

窬與愈

《五正》："吾既正既靜，吾國家窬（愈）不定，若何？"

揄與愈

《北大老子》："虛而不屈，動而揄（愈）出。"

揄與輸

《趙正書》："其亟日夜揄（輸），趣（趨）至甘泉之置，毋須後者。"

愉與愈

《明君》："故利俞（愈）大而天下之欲之也愉（愈）甚。"

萮與逾

《戰國五》："晉將不萮（逾）泰（太）行。"

逾與俞

《老子》甲："天陊（地）相合也，以逾甘零（露）。"按，帛書本逾作俞。

逾與愈

《木牘》："不過三、四日逾（愈）。"

逾與諭

《尊德義》："童（重）義葉（集）蚉（理），言此章也，行此鬘（文）也，然句（後）可逾（諭）也。"按，"逾"似應讀作"諭"。《淮南子·主術》："而諭文王之志。"高誘《注》："諭，教。"《淮南子·修務》"此教訓之所諭也。"高誘《注》："諭，導也。"

逾與輸

《莊王》："財（載）之塼（轉）車以圭（上）虏（乎）？殹（抑）四艊（艖）以逾（輸）虏（乎）？"按，"逾"似當讀作"輸"，指輸送、運送。下同。

《莊王》："醓（沈）尹子桱（莖）曰：'四艊（艖）以逾（輸）。'"

逾與降

《老子》甲："天陊（地）相合也，以逾甘零（露）。"按，今本逾作降。

《武王甲》："武王嚌（齋）三日，耑（端）備（服）曼（冕），逾（降）堂幾（階），南面而立。"按，"逾（降）"字從侯乃峰《〈上博七·武王踐阼〉小劄三則》（復旦大學出土文獻與古文字研究中心網，2009年1月3日）讀。

《繫年二三》："楚自（師）回（圍）之於鄭（蔑），聿（盡）逾（降）奠（鄭）自（師）與其四邇（將）軍，以歸於郢。"按，"逾"似當讀作"降"。下同。

《繫年二三》："逾（降）郶（部），戠（捷）郑（滕）公涉澗以歸，以復長陵之自（師）。"

隃與逾

《秦律·金布律》："其責（債）毋敢隃（逾）歲，隃（逾）歲而弗入及不如令者。"

隃與踰

《第二組》："黔首其爲大隃（踰）取義，亦先以平賈（價）直之。"

《繆和》："是知晉之不能□□□□，齊之不能隃（踰）騶（鄒）魯。"

愈與俞

《老子》甲："虛而不屈，違（動）而愈出。"按，帛書本愈作俞。下一例同。

《周易·訟》："九四：不克訟，復即命愈，安貞吉。"

愈與偷

《競公瘧》："盍（蓋）必（比）死愈（偷）爲樂虖（乎）！"按，"愈（偷）"字從董珊《讀〈上博六〉雜記（續二）》（簡帛網，2007年7月11日）讀。

《管仲》："凡其民人，遈（畢）𨁏（務）不愈（偷），莫悉（愛）裳（勞）力於其王。"

愈與愉

《用曰》："民日愈（愉）樂，逌相弋（代）盟。"

愈與渝

《老子》乙："建悳（德）女（如）□□貞女（如）愈。"按，河上、王弼本愈作渝。

《周易·訟》："九四：不克訟，復即命愈（渝），安貞吉。"

《周易·豫》："上六：榠（冥）余（豫），成又（有）愈（渝），亡（无）咎。"

《周易·隨》："初九：官又（有）愈（渝），貞吉。出門交又（有）工（功）。"

愈與瑜

《窮達》："無（璑）茖（璐）堇（瑾）愈（瑜）坃（包）山石。"按，"愈（瑜）"

字從劉釗師《讀郭店楚簡字詞劄記》(《郭店楚簡國際學術研討會論文集》，湖北人民出版社，2000年）讀。

愈與瘉

《一類》："☐日病愈（瘉）。"

愈與諭

《周易·豫》："上六：榠（冥）余（豫），成又（有）愈（渝），亡（无）咎。"按，帛書本愈作諭。下同。

《周易·隨》："初九：官又（有）愈（渝），貞吉。出門交又（有）工（功）。"

愈與輸

《老子》乙："建悳（德）女（如）□□貞女（如）愈。"按，傅奕本愈作輸。

榆與偷

《北大老子》:"廣德如不足，建德如榆（偷），桎（質）真如輸（渝）。"

榆與喻

《帛五行·説》："榆（喻）之也者，自所小好榆（喻）虖（乎）所大好。"

《帛五行·説》："繇（由）色榆（喻）於禮，進耳。"

榆與渝

《戰國二二》："煮棘（棗）將榆（渝），齊兵有（又）進。"

榆與揄

《反淫》："危冠纚服，榆（揄）袂容與。"

榆與逾

《將德》："賞不榆（逾）日，罰不睘（還）面，不維其人，不何☐。"

緰與偷

《語書》："緰（偷）隨（惰）疾事，易口舌，不羞辱，輕惡言而易病人。"

緰與逾

《君正》："衣備（服）不相緰（逾），貴賤等也。"

窬與竇

《正亂》："屈其脊，使甘其窬（竇）。"

諭與喻

《帛五行·經》："辟（譬）而知之胃（謂）之進之，諭（喻）而知之胃（謂）之進☐。"

《戰國四》："今齊有過辭王不諭（喻）齊王多不忠也，而以爲臣罪，臣甚懼。"

諭與渝

《帛易·豫》："尚（上）六，冥餘（豫）成，或（有）諭（渝），无咎。"

《帛易·隨》："初九，官或（有）諭（渝），貞吉。出門交，有功。"

踰與喻

《有國》："效曰：愛踰（喻），信結，威立，士用，陳（陳）固，備應，兵中其用☐。"

《有國》："愛不踰（喻），信不結，威不立，士不用，陳（陳）不固、備不應，□☐。"

輸與腧

《一類》："留箴（鍼）百廿息，乃出箴（鍼），名曰肺輸（腧）。"

輸與偷

《治官》："故君子日有茲₌（孜孜）之志，以去其輸（偷）也。"

輸與渝

《北大老子》："廣德如不足，建德如榆（偷），桎（質）真如輸（渝）。"

癒與瘉

《一類》："病立癒（瘉），石即出。"

《一類》："☐濂（滿）癒（瘉），出箴（鍼）。"

《一類》："剌後三日病癒（瘉）平復。"

《二類》："良甚，皆癒（瘉）。"

《二類》："其不癒（瘉）者。"

《二類》："其毋農（膿）者，行癒（瘉）；已有農（膿）者，潰。"

《二類》："卅日知癒（瘉），六十日須麋

（眉）生。”
《木牘》：“以偸（瘉）爲度。”
《木牘》：“服藥十日，知，小便數多，廿日偸（瘉）。”
《木牘》：“爲後飯，偸（瘉）。”
《木牘》：“卅日知，六十日偸（瘉）。”

臾字聲系

臾與萸

《癃病》：“□茜（皂）莢一、棗十四、豙（藙）之朱（茱）臾（萸）、椒。”
《疽病》：“冶白薟（蘝）、黄蓍（耆）、芍樂（藥）、桂、畺（薑）、椒、朱（茱）臾（萸）。”
《疽病》：“□、畺（薑）、蜀焦（椒）、樹（茱）臾（萸）四物而當一物。”
《胎產書》：“其食稻麥，其羹牛羊，和以茱臾（萸），毋食□，以養氣。”
《北蒼・魚》：“薺芥萊荏，茱臾（萸）蓼蘓（蘇）。”
《萬物》：“理石、朱（茱）臾（萸）可以損勞也。”
《萬物》：“☒朱（茱）臾（萸）也。”
《木牘》：“山朱（茱）臾（萸）。”按，“朱臾”當讀作“茱萸”。下同。
《木牘》：“朱（茱）臾（萸）二升半，廿五。”
《木牘》：“山朱（茱）臾（萸）二升半，直（值）五十。”

臾與諛

《晏子一六》：“今諸臣凷（諂）臾（諛）以弋利，故出質而昌（唱）善若出一口。”
《晏子一六》：“是反晏子之義而順凷（諂）臾（諛）之欲也。”

臾與猶

《稱》：“國若不危，君臾（猶）存也，失君必危。”
《稱》：“家若不亂，親臾（猶）存也，失親必危〈亂〉。”

⿰亻臾與窳

《王兵》：“官府毋（無）長，器戒（械）苦⿰亻臾（窳）。”

豎字聲系

豎與⿰金豎

《封許》：“贈尔鳫（薦）彝：斸□豚、⿰爿兆（銚），龍䍃（鬲）、縺（璉）、藿（鑵）、鉦（鏊）、孝、丂（爵）、盤、監（鑑）、鑗（罌）、豎（⿰金豎）、周（雕）匜（鈁）、肅、盤（簋）、釙（觚）、鋊（齠）、恪（格）。”

⿰氵豎與瀆

《啻門》：“悳（德）㝉（變）亟執譌以亡（妄）成，此胃（謂）亞（惡）悳（德），唯（雖）成或（又）⿰氵豎（瀆）。”

斲與鬬

《答問》：“問殺人者爲賊殺人，且斲=殺=（鬬殺？鬬殺）人，廷行事爲賊。”
《日甲・星》：“以生子，喜斲（鬬）。”
《日甲・宅居》：“大宮小門，女子喜宮斲（鬬）。”按，“斲”當讀作“鬬”。
《日甲・詰》：“一室井血而星（腥）臭，地蟲斲（鬬）于下，血上扇（漏）。”
《日乙・三月》：“不可食六畜。以生，喜斲（鬬）。”
《日乙・嫁子□》：“正南盡，西南斲（鬬）。”
《日乙・嫁子□》：“正西盡，【西】北斲（鬬）。”
《日乙・嫁子□》：“正北盡，東北斲（鬬）。”
《周日書》：“【占】戰斲（鬬），不合。”
《周日書》：“占戰斲（鬬），不合。”
《周日書》：“占戰斲（鬬），不吉。”
《周日書》：“占戰斲（鬬），不合。”
《周日書》：“【占】戰斲（鬬），不合。”
《周日書》：“占戰斲（鬬），勝，不合。”

《周日書》:“占戰斵(鬬),不合。”
《周日書》:“占戰斵(鬬),不合。”
《周日書》:“占戰斵(鬬),勝之不勝。”
《周日書》:“占戰斵(鬬),不吉。”
《周日書》:“占戰斵(鬬),不合。”
《周日書》:“占戰斵(鬬),吉。”
《周日書》:“占戰斵(鬬),不合。”
《周日書》:“占戰斵(鬬),不合。”
《周日書》:“占戰斵(鬬),不合,吉。”
《周日書》:“占戰斵(鬬),不吉。”
《周日書》:“占戰斵(鬬),有憂。”
《周日書》:“占戰斵(鬬),怒,不合。”
《周日書》:“占戰斵(鬬),勝之,不合。”
《周日書》:“占戰斵(鬬),不合。”
《周日書》:“【占】戰斵(鬬),不合。”
《周日書》:“占戰斵(鬬),不合。”
《周日書》:“占戰斵(鬬),吉。”
《周日書》:“占戰斵(鬬),不吉。”
《周日書》:“占戰斵(鬬),不合。”
《周日書》:“占戰斵(鬬),勝。”
《周日書》:“占戰斵(鬬),不合。”
《周日書》:“占戰斵(鬬),不合。”
《周日書》:“以此見人及戰斵(鬬)皆可。”
《天乙·日爭勝》:“卜獄訟、□斵(鬬),多者勝客。”
《天乙·自天》:“□□二人西行,詣虎之斵(鬬),或折其首,或□其頸殹。”
《天乙·自天》:“非(飛)鳥□□,其黑如鳥,皆相爭斵(鬬),立死其□。”
《天乙·貞在》:“南呂,廁殹,斵(鬬)事也。”
《天乙·貞在》:“歺人相求,夜半而斵(鬬)。”
《隨日·徙時》:“東南斵(鬬),正南別離。”
《隨日·徙時》:“西南斵(鬬),正西別離。”
《隨日·徙時》:“西北斵(鬬),正北別離。”
《隨日·徙時》:“東北斵(鬬),正東別離。”
《隨日·星官》:“以生子,喜斵(鬬)。”
《阜易·同人》:“戰斵(鬬),適(敵)強不得志。”
《阜易·大過》:“戰斵(鬬)適(敵)強而有勝,有罪而䙴(遷)徙。”
《阜易·卜辭》:“斵(鬬),不吉。”
《阜易·卜辭》:“戰斵(鬬),□□。”
《阜易·卜辭》:“戰斵(鬬),不吉。”
《發啟》:“全勝不斵(鬬),大兵无創,與鬼神通。”
《守法》:“□毋得□十七尺,后可以守及便斵(鬬)。”
《兵令》:“卒有將則斵(鬬),毋(無)將則北。”
《周馴》:“環(還)斵(鬬)而死。宜孟述(遂)生。”

豆字聲系

豆與頭

《足臂脈·足》:“枝之下胂,其直(植)者貫□,夾(挾)脊,□□,上於豆(頭)。”按,“豆(頭)”字從周一謀、蕭佐桃《馬王堆醫書考注》(天津科學技術出版社,1988年,3頁)讀。

豆與屬

《老子》甲:“三言以爲使不足,或命(令)之或㾐(所)豆。”按,今本和帛書本豆作屬。

逗與屬

《繫年二十》:“述(遂)以伐齊₌(齊,齊)人安(焉)始爲長城於濟,自南山逗(屬)之北海(海)。”

郖與逗

《北蒼·之》:“騁虧(騫)刻柳,𣅀(詣)津郖(逗)鄙。”按,“郖(逗)”字從胡平生《讀〈蒼〉劄記七》(復旦大學出土文獻與古文字研究中心網,2016年1月4日)讀。

梪與頭

《士相見》:“左梪(頭)奉之,曰:‘某也願見,無由達。某子以命命某見。’”

梪與揣

《北大老子》:“梪(揣)而允(捃)之,不可長葆(保)。”

豉與注

《容成氏》:“墨(禹)迥(通)淮與忻(沂),東豉(注)之海(海),於是虐(乎)競州、簷(莒)州訂(始)可凥(處)也。”

《容成氏》:“墨(禹)乃迥(通)蔞(漊)與湯(易),東豉(注)之海(海),於是虖(乎)荓(并)州訂(始)可凥(處)也。”

《容成氏》:“墨(禹)乃迥(通)三江五沽(湖),東豉(注)之海(海),於是虐(乎)𦓐(荊)州、鄸(揚)州訂(始)可凥(處)也。”

《容成氏》:“墨(禹)乃迥(通)洍(伊)、洛,並里〈廛(瀍)〉、干(澗),東豉(注)之河,於是於(乎)敍(豫)州訂(始)可凥(處)也。”

《容成氏》:“墨(禹)乃迥(通)經(涇)與渭,北豉(注)之河,於是虖(乎)虘州訂(始)可凥(處)也。”

《祝辭》:“徣(隨)弓:‘湎(將)豉(注)爲死,陽(揚)武即救(求)尚(當)。’”

《祝辭》:“外弓:‘湎(將)豉(注)爲肉,陽(揚)武即救(求)尚(當)。’”

豉與誅

《五行》:“又(有)大辠而大豉(誅)之,行也。”

《五行》:“又(有)大辠而大豉(誅)之,柬(簡)也;又(有)少(小)辠而亦(赦)之,匿也。又(有)大辠而弗大豉(誅)也,不行也;又(有)少(小)辠而弗亦(赦)也,不辨於道也。”

《競公瘧》:“虛(吾)欲(欲)豉(誅)者(諸)祝、史。”

《競公瘧》:“尚(倘)肰(然),是虛(吾)所䀚(望)於女(汝)也,盍豉(誅)之。”

《競公瘧》:“是信虛(吾)亡(無)良祝、史,公盍豉(誅)之。”

《競公瘧》:“則忎(恐)後豉(誅)於史者。”

豉與樹

《相宅》:“凡相坦(墠)、豉(樹)邦(封)、作邑之道。”按,“豉(樹)”字從劉信芳《九店楚簡日書與秦簡日書比較研究》(《第三屆國際中國古文字研討會論文集》,香港中文大學,1997年)讀。

《命》:“安豉(樹)逊(坐)晉(友)三人,立晉(友)三人。”

豉與著

《凡物甲》:“其人审(中),系(奚)古(故)少(小)⿸疒生暲(彰)豉(著)?”按,“豉(著)”字從楊澤生《楚竹書〈問日〉章新釋》(《古文字研究》第二十八輯,中華書局,2010年)讀。

豉與屬

《繫年八》:“秦人豫(舍)戍於奠=(鄭,鄭)人豉(屬)北門之筦(管)於秦=之=戍=人=(秦之戍人,秦之戍人)使人歸告。”

斪與鬭

《雜禁方》:“姑婦善斪(鬭),坴(塗)戶方五尺。”

《實虛》:“適(敵)唯(雖)眾,可毋斪(鬭)也。”

《勢備》："喜而合，怒而斫（鬬），天之道也，不可止也。"
《將失》："二曰，收亂民而睘（還）用之，止北卒而睘（還）斫（鬬）之，无資而有資，可敗也。"
《奇正》："分之以奇數，㓞（制）之以五行，斫（鬬）之以□□。"

鬪與鬬

《趙正書》："牛馬鬪（鬬），而閩（蚊）寅（虻）死其下；大臣爭，齎（齊）民古（苦）。"
《趙正書》："臣謹奉法令，陰脩甲兵，飭正（政）教，官鬪（鬬）士，尊大臣，盈其爵禄。"
《趙正書》："今國危適（敵）必（比），鬪（鬬）士在外，而内自夷宗族。"
《趙正書》："是内使羣臣不相信，而外使鬪（鬬）士之意離也。"
《趙正書》："先王之所謂牛馬鬪（鬬）而閩（蚊）寅（虻）死其下，大臣爭而齎（齊）民苦，此之謂夫！"
《趙正書》："而陰脩甲兵〔=〕，飭鬪（鬬）士，尊大臣，盈其爵禄。"

豉與珠

《天下至道》："十一曰赤豉（珠）九，十二曰磲石。"

戝與誅

《語叢四》："敚（竊）鉤（鈎）者戝（誅），敚（竊）邦者爲者（諸）侯。者（諸）侯之門，義士之所廌（存）。"按，"戝（誅）"字從裘按（《郭店楚墓竹簡·語叢四》篇注［七］）釋讀。
《容成氏》："含（今）受（紂）爲無道，聒（昏）者（捨）百眚（姓），至（縶）約者（諸）侯，天酒（將）戝（誅）安（焉），虗（吾）勮（勵）天畏（威）之。"
《容成氏》："受（紂）爲亡道，聒（昏）者（捨）百眚（姓），至（縶）約者（諸）侯，𢇍（絕）穜（種）悉（侮）眚（姓），土玉水酉（酒），天酒（將）戝（誅）安（焉），虗（吾）勮（勵）天畏（威）之。"
《弟子問》："子迻（路）往唐（乎）？子𩒦=（路路）女（如）也女（如）戝（誅）。"

戝與鬥

《鄭甲》："爲是牢鼦（鼠）不能同穴，朝夕戝（鬥）戕（鬩），亦不逸（失）斬伐。"
《鄭乙》："其爲是牢鼦（鼠）不能同〈同〉穴，朝夕戝（鬥）戕（鬩），亦不逸（失）斬伐。"
《子產》："不用民於兵庫（甲）戰戝（鬥），曰武悉（愛），以成政惪（德）之悉（愛）。"

誀與誅

《曹沫》："其賞識（淺）虘（且）不中，其誀（誅）至（重）虘（且）不讙（察）"
《曹沫》："君乃自怂（過）以敚（悦）於壥（萬）民，弗琗（陷）跪（危）地，毋火飤（食）□，毋誀（誅）而賞，毋辠百眚（姓）而改其逕（將）。"
《子產》："以勤（助）上牧民=（民。民）又（有）怂（過）遠（失）、囂（傲）遠（佚），弗誀（誅）。"

誀與屬

《建除》："凡坪日，利以祭祀、和人民、誀（屬）事。"
《鄭武》："匀=（孺子）女（如）母（毋）智（知）邦正（政），誀（屬）之夫=（大夫）。"
《鄭武》："誀（屬）之夫=（大夫）及百執事，人唐（皆）思（懼），各共（恭）其事。"

桓與柱

《性自》："剛之梪（柱）也，剛取之也。柔之約，柔取之也。"按，"梪（柱）"字從劉昕嵐《郭店楚簡〈性自命出〉篇箋釋》（《郭店楚簡國際學術研討會論文集》，湖北人民出版社，2000年）、陳劍《郭店簡補釋三篇》（《古墓新知——紀念郭店楚簡出土十周年論文專輯》，國際炎黃文化出版社，2003年）讀。

梪與樹

《彭祖》："毋畋（逐）䮾（富），毋𠡷臤（賢），毋向（尚）梪（樹）。"按，"梪（樹）"字從季旭昇《〈上海博物館藏戰國楚竹書（三）〉讀本》（臺北萬卷樓圖書股份有限公司，2005年，253頁）讀。

《李頌》："相虗（吾）官（館）梪（樹），桐虘（且）怠（治）可（兮）。"

《李頌》："差=（嗟嗟）君子，觀虗（吾）梪（樹）之蓉（容）可（兮）。"

《李頌》："忨（愿）歲之敀時，思（使）虗（吾）梪（樹）秀可（兮）。"

《程寤》："於（嗚）虖（呼）！可（何）敬（警）非朋？可（何）戒非商？可（何）甬（用）非梪=（樹？樹）因欲，不違芀（材）。"

《程寤》："迺孚=（小子）登（發）取周廷杍（梓）梪（樹）于氒（闕）閒，𢀛=（化爲）松柏棫柞。"

《筮法二四》："司梪（樹），是古（故）胃（謂）之袋（勞）。"

查與樹

《詩論》："〼及其人，敬𢜛（愛）其查（樹），其保（報）厚矣！"

梪與柱

《楚帛書》乙："天梪（柱）𨠭（將）乍（作）𣿅（湯），降於其方。"按，"梪（柱）"字從李學勤《"梪"字與真山楚官璽》（《國學研究》第八卷，北京大學出版社，2001年）讀。

豎與豎

《史菑》："眾之所植，莫之能瀳（廢）也；眾之□□，莫之能豎（豎）也。"

《鄭武》："孚=（孺子）亦母（毋）以埶（褻）豎（豎）卑（嬖）御，勤力射馯（御）。"

梪與樹

《禁忌》："凡五卯，不可以作大事；帝以命嗌（益）淒（齎）墨（禹）之火，午不可以梪=（樹木）。"

尌與樹

《季康子》："肥民則安，𦞠（瘠）民不尌（樹）。"按，"尌（樹）"字從季旭昇《上博五芻議（上）》（簡帛網，2006年2月18日）釋讀。

《日甲・土忌一》："筑（築）室，壞；尌（樹）木，死。"

《日乙・除室二》："□□□□亥不可伐室中尌（樹）木。"

《日乙・除室二》："〼畜生，伐尌（樹）木。"

《治官》："術尌（樹）毋有，城門不密（閉），難開不利。"

《隨日・五子》："五未不可尌（樹）宮中，澍（樹）產[人]死。"

《隨日・歲》："於是名東方而尌（樹）之木，胃（謂）之青；名南方而尌（樹）之火，[謂之青]；[名西方而樹]之金，胃（謂）之白；名北方而尌（樹）之水，胃（謂）之黑；名中央而尌（樹）之土，胃（謂）之黃。"

《蒼頡篇》："尌（樹）莖稷穜。"

尌與澍

《隨日・占》："入正月三日雨，三月尌（澍）；四日雨，四月尌（澍）；五日雨，五月尌（澍）。"

尌與柱

《語叢三》："彊（強）之尌（柱）也，彊（強）取之也。"按，"尌（柱）"字從劉昕嵐《郭店楚簡〈性自命出〉篇箋釋》（《郭店楚簡國際學術研討會論文集》，湖北人民出版社，2000 年）、陳劍《郭店簡補釋三篇》（《古墓新知——紀念郭店楚簡出土十周年論文專輯》，國際炎黃文化出版社，2003 年）讀。

尌與駐

《安稽》：“陰象簪，尌（駐）觭（奇）牙，步蘭（闌）下。”

樹與茱

《疽病》：“□、畺（薑）、蜀焦（椒）、樹（茱）臾（萸）四物而當一物。”

樹與屬

《兵令》：“將與卒，非有父子之親、血□之樹（屬）、六親之私也。”

澍與樹

《日甲・直室門》：“未不可以澍（樹）木，木長，澍（樹）者死。”

《第三組》：“而澍（樹）不同，是吏不以田爲事殹（也）。”

《第三組》：“或者以澍（樹）穜時繇（徭）黔首而不顧其時，及令所謂春秋試射者，皆必以春秋閒時殹（也）。”

《隨日・始種》：“五月東井利澍（樹）藍、韭，司清。”

《隨日・五子》：“五未不可尌（樹）宮中，澍（樹）產人死。”

湗與澍

《天乙・候歲》：“七月雨爲湗（澍），正月湗（澍）。八月雨，二月湗（澍）。九月雨，三月湗（澍）。十月雨，四月湗（澍）。十一月雨，五月湗（澍）。十二月雨，六月湗（澍）。”

梪與樹

《文師》：“大（太）上歸【之】，其次梪（樹）斂。”

《文師》：“梪（樹）斂何如而天下歸之？”

《文師》：“大人之梪（樹）□☐。”

《文師》：“☐□以人梪（樹）也。”

《文師》：“梪（樹）才（財）以□☐。”

《文師》：“☐□□，梪（樹）□以取國，梪（樹）國以取天下，□☐。”

短與頭

《士相見》：“結于面，左短（頭），麃〈麛〉執之。”

搥與揣

《帛乙老子・道經》：“搥（揣）而兑（鋭）之，不可長葆也。”

搥與朵

《帛易・頤》：“初九，舍而（爾）靈龜，觀我搥（朵）頤，凶。”

婁字聲系

婁與僂

《容成氏》：“長者酥尾（宅），婁（僂）者坆嚳（數），瘦（瘻）者煮盧（鹽），尾匽者鮍（漁）澤。”

《容成氏》：“於是唐（乎）又（有）詮（喑）、聾、皮（跛）、瞑、瘦（瘻）、禿、婁（僂）旬（始）记（起）。”

婁與屨

《成之》：“是古（故）畏（威）備（服）型（刑）罰之婁（屨）行也。”

《牝痔》：“冶黃黔（芩）而婁（屨）傅之。”

《痂》：“以□脂若豹膏□而炙之，□□□而不痛，婁（屨）復之。”

婁與數

《楚帛書》乙：“是月以婁（數）厤爲之正，隹（惟）十又（有）二□。”按，“婁（數）”字從李零《長沙子彈庫戰國楚帛書研究》（中華書局，1985 年，58 頁）釋讀。

《語叢一》：“婁（數），不聿（盡）也。”按，“婁（數）”字從裘按（《郭店楚墓竹簡·語叢一》篇注［一九］）讀。
《彭祖》："大箸之婁（數），戁（難）易歆（滯）欲。"
《競公瘧》："自古（姑）、蚤（尤）以西，翏（聊）、舂（攝）以東，其人婁（數）多巳。"
《君人甲》："珪₌（珪玉）之君，百貞（眕）之宔（主），宮妾以十百婁（數）。"
《君人乙》："珪₌（珪玉）之君，百貞（眕）之宔（主），宮妾以十百婁（數）。"
《鄭武》："女（如）弗果善，欨虐（吾）先君而孤孚₌（孺子），其辠（罪）亦跌（足）婁（數）也。"
《天乙·占黃鐘》："下婁（數）多者爲上立（位），賈市、行販有，諸群美，皆吉。"
《天乙·陰陽鐘》："凡陰陽鐘，各殳（投）所卜大婁（數）曰置婁（數）者。"
《天乙·陰陽鐘》："凡殳（投）黃鐘不合音婁（數）者，是謂天絕紀毆。"
《天乙·陰陽鐘》："婁（數）者六十六，旦從六十八，夕從六十四；婁（數）七十五，占七十六；婁（數）有卌四，占卌二。"
《引書》："燥則婁（數）虖（呼）婁（數）臥，溼則婁（數）炊（吹）毋臥實陰（陰）。"
《引書》："暑則精婁（數）昫（呴），寒則勞身。"
《陰陽脈甲》："洒洒病寒，喜龍〈伸〉，婁（數）吹〈欠〉，顔（顏）黑。"

婁與鏤

《王法》："諸周（雕）文、刻婁（鏤）、補（黼）紱（黻）、纂（纂）組、鍼綫（綫）之事。"

婁與鸜

《鸜鷅》："子遺余婁（鸜）栗（鷅）含可（兮），婁（鸜）栗（鷅）之止含可（兮）。"按，"婁（鸜）"字從復旦吉大古文字專業研究生聯合讀書會《上博八〈鸜鷅〉校讀》（復旦大學出土文獻與古文字研究中心網，2011年7月17日）釋讀。下同。
《鸜鷅》："婁（鸜）栗（鷅）之羽含可（兮），子可（何）舍₌（舍余）含可（兮）。婁（鸜）栗（鷅）翯（翩）飛含可（兮），不戠（織）而欲衣含可（兮）。"

僂與數

《北蒼·耕》："犴（研）潭（算）僂（數）繚（料），頗（柀）科樹莖。"按，"僂（數）"字從胡平生《讀〈蒼〉劄記五》（復旦大學出土文獻與古文字研究中心網，2015年12月31日）讀。

僂與鏤

《北大老子》："不得已而用之，恬（銛）僂（鏤）爲上，弗美。"

僂與屬

《九地》："輕地，吾將使之僂（屬）。"

嘍與數

《子儀》："取（驟）及七年，車逸於舊嘍（數）三百，徒逸於舊典六百，以視楚子義（儀）於杏采。"

嘍與陋

《忠信》："氏（是）古₌（故，古）之所以行虖（乎）闢（辟）嘍（陋）者，女（如）此也。"按，"嘍（陋）"字從劉剛《説"閔嘍"》（復旦大學出土文獻與古文字研究中心網，2008年10月27日）讀。

嫢與縷

《妄稽》："蕢（繢）嫢（縷）之紽（袉），夏暴（襮）短常（裳）。"按，"嫢"似當讀作"縷"。《管子·侈靡》："朝縷綿，明輕財而重名。"尹知章《注》："縷，帛也。"

蔞與漊

《容成氏》："墨（禹）乃迵（通）蔞（漊）與湯（易），東斿（注）之海（海），於是虖

（乎）荓（并）州訂（始）可凥（處）也。”按，“蔞（漊）”字從晏昌貴《上博簡〈容成氏〉九州柬釋》（簡帛研究網，2003 年 4 月 6 日）讀。

遱與摟

《鮑叔牙》：“二人也倗（朋）堂（黨），羣獸遱（摟）倗（朋），取與贓公。”按，“遱（摟）”字從林志鵬《上博楚竹書〈競建内之〉重編釋文》（簡帛網，2006 年 2 月 25 日）讀。

屨與屨

《阜易·噬嗑》：“初九，屨（屨）校威（滅）□。”

《服傳甲》：“斬衰常（裳），苴絰、杖、絞帶，冠繩纓，菅屨（屨）者。”

《服傳甲》：“衰三升，菅屨（屨）者，菅菲，外納。”

《服傳甲》：“繩屨（屨）者，繩菲也。”

《服傳甲》：“踈（疏）衰常（裳）資（齊）、牡麻絰、冠布纓、削杖、布帶、踈（疏）屨（屨）基（期）者。”

《服傳甲》：“不杖、麻屨（屨）者。”

《燕禮》：“賓反入，及卿大夫皆説屨（屨），升就席。”

《泰射》：“司政（正）升賓，賓、諸公、卿、大夫皆捝（説）屨（屨），升就席。”

《服傳乙》：“斬衰常（裳），苴絰、杖、絞帶，冠繩纓，菅屨（屨）者。”

《服傳乙》：“衰三升，菅屨（屨）者，菅菲也，外納。”

《服傳乙》：“踈（疏）衰常（裳）資（齊）、牡麻絰、冠布纓、削杖、布帶、踈（疏）屨（屨）三年者。”

《服傳乙》：“踈（疏）屨（屨）者，廌（藨）類（蒯）之菲也。”

《服傳乙》：“踈（疏）衰常（裳）資（齊）、牡麻絰、冠布纓、削杖、布帶、疏屨（屨）基（期）者。”

《服傳乙》：“不杖、麻屨（屨）者。”

《喪服》：“斬衰常（裳），苴絰、杖、絞帶，冠繩纓，菅屨（屨）者。”

《喪服》：“疏衰常（裳）【齊】、牡麻絰、冠布纓、削杖、布帶、踈（疏）屨（屨）三年者。”

《喪服》：“不杖、麻屨（屨）者。”

屨與漏

《阜易·井》：“□敝屨（漏）。”

鄽與屨

《日甲·詰》：“㲉（擊）以桃丈（杖），繹（釋）鄽（屨）而投之，則已矣。”

數與窶

《天乙·直室門》：“徙門：數實數=（數窶），并黔首家。”

數與速

《繫辭》：“唯深，故達天下之□；唯幾（機），故能定天下之務；唯神，故不疾而數（速），不行【而】至。”

《九地》：“兵之請（情）主數（速）也，乘人之不給也。”

《晏子一二》：“何憛（嘆）笑相從之數（速）也？”

《晏子一三》：“公喜，令數（速）爲之。”

《晏子一三》：“爲之無益，弗爲損年，數（速）爲之而毋求財官。”

《唐勒》：“馬汁（協）險（斂）正（整）齊，周（調）均不摯（縶），步騶（趨）競（恆）久疾數（速）。”

瘻與瘻

《引書》：“引瘻（瘻），其在右恆陽之胕脈，視左足之指，偆（俛），力引之。”按，整理者將“瘻”隸定爲“瘻”。不確。

《足臂脈·足》：“脅痛，□痛，產馬（瘍），缺盆痛，瘷（瘻）。”

寠與婁

《足臂脈・足》：“出外踝寠（婁）中，上貫膞（腨），出於郤。”

《足臂脈・足》：“出内踝寠（婁）中，上貫膞（腨），入胎（郤），出股，入腹。”

籔與摟

《北蒼・支》：“戾（菮）弇（黔）焉（蔫）宛，郃（佮）籔（摟）埒畦。”

籔與數

《戰國二七》：“故籔（數）和爲可矣。”

《癩》：“炙蠶卵，令籔（數）籔（數）黄，冶之。”

縷與屢

《周易・井》：“九二：井浴（谷）弦（射）豨（鮒），隹（唯）袭（敝）縷（漏）。”按，阜陽漢簡本縷（漏）作屢。

縷與句

《周易・井》：“九二：井浴（谷）弦（射）豨（鮒），隹（唯）袭（敝）縷（漏）。”按，帛書本縷（漏）作句。

縷與漏

《周易・井》：“九二：井浴（谷）弦（射）豨（鮒），隹（唯）袭（敝）縷（漏）。”

嬰與數

《容成氏》：“長者酥厇（宅），婁（僂）者坆嬰（數），瘻（瘻）者煮盧（鹽），厇藎者鮁（漁）澤。”

《曹沫》：“進必又（有）二䣋（將）軍，毋䣋（將）軍必又（有）嬰（數）辟（嬖）夫=（大夫），毋俾（嬖）夫=（大夫）必又（有）嬰（數）大官之帀（師）、公孫公子。”

《君子》：“產（顏）囦（淵）退，嬰（數）日不出。”

《筮法二》：“見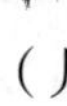嬰（數），乃亦得。”

《筮法四》：“凸（凡）支（弁），嬰（數）而出，乃述（遂）。”

《筮法四》：“凸（凡）支（弁），嬰（數）而内（入），乃復。”

《筮法七》：“咠（少）肴（淆），讎（售）。嬰（數）出，乃亦讎（售）。”

《筮法十一》：“凸（凡）雨，尝（當）日才（在）下，嬰（數）而内（入），雨。尝（當）日才（在）上，嬰（數）而出，乃宇（旱）。”

《筮法十三》：“凸（凡）行，嬰（數）出，述（遂）；嬰（數）内（入），復。”

《筮法二三》：“外事嬰（數）而出，乃果；内事嬰（數）内（入），亦果。”

謱與嫂

《三德》：“母（毋）焚（煩）古（姑）謱（嫂），母（毋）恥父䏁（兄）。”按，“謱（嫂）”字從劉國勝《上博（五）零劄（六則）》（簡帛網，2006年3月31日）讀。

扇字聲系

扇與漏

《秦律・效》：“倉扇（漏）朽（朽）禾粟，及積禾粟而敗之。”

《秦律・效》：“入禾、發扇（漏）倉，必令長吏相雜以見之。”

《效律》：“倉扇（漏）朽（朽）禾粟，及積禾粟而敗之。”

《效律》：“入禾及發扇（漏）倉，必令長吏相雜以見之。”

《爲吏》：“扇（漏）屋塗溼（墍）。”

《日甲・詰》：“一室井血而星（腥）臭，地蟲斲（鬬）于下，血上扇（漏）。”

《治官》：“室屋聯（裂）扇（漏）。”

《治官》：“臧（藏）蓋聯（裂）扇（漏），毋薦毋草。”

《治官》：“扇（漏）表不審，徽蝕（識）不齊。”

《蟲蝕》："燔扇（漏）篋（蘆），冶之。"
《養生方》："即漬之醯中，反復挑之，即扇（漏）之；已扇（漏），陰乾煬（煬）之。"
《容成》："坡（彼）生有央（殃），必其陰精扇（漏）泄，百脈宛（菀）廢。"
《容成》："死生安在，徹士製（制）之，實下閉精，氣不扇（漏）泄。"
《庫法》："恐處瓶（藏）之空扇（漏），室屋毀敗而吏嗇夫弗知，大罪也。"
《牟成杓》："☐正壞、塞扇（漏）、□失者。"
《國法》："☐者，以其國法之芒（荒），正（政）之壞，塞之扇（漏），俗之失，令之相傷、教之相害、物衡失、禁失。"
《作醬法》："☐□足以□器扇（漏）取其汁以湛醬可也。"
《作醬法》："☐扇（漏）□□其汁□□□☐。"

㔷字聲系

㔷與陋

《日甲・宅居》："囷居宇西北㔷（陋），不利；囷居宇東南㔷（陋），不盈，不利室；囷居宇西南㔷（陋），吉；囷居宇東北㔷（陋），吉。"
《日甲・宅居》："井居西南㔷（陋），其君不瘁（癃）必窮。"
《日甲・宅居》："井居西北㔷（陋），必絕後。"
《日甲・宅居》："圂居西北㔷（陋），利豬，不利人。"

走字聲系

走與腠

《引書》："因□也，力拘毋息，須臾之頃，汗出走（腠）理，極已。"

取字聲系

取與娶

《建除》："凡建日，大吉，利以取（娶）妻、祭祀、竺（築）室、立社禝（稷）、縛（帶）鐱（劍）、冠。"
《建除》："凡盜日，利以取（娶）妻、内（入）人、屡（徙）家室。"
《建除》："凡成日，大吉，利以結言、取（娶）妻、家（嫁）子、内（入）人、成言。"
《叢辰》："利以爲室家，祭，取（娶）妻，家（嫁）女，内（入）貨，吉。"
《宜忌》："凡成日，利以取（娶）妻、家（嫁）女、冠，利以成事，利以内（入）邦中（中），利以内（納）室，利以内（納）田邑，利以内（入）人民，利。"
《楚帛書》甲："乃取（娶）虘遅子之子曰女埜（希），是生子四□。"
《楚帛書》丙："余取（娶）女。"按，"取（娶）"字從李零《長沙子彈庫戰國楚帛書研究》（中華書局，1985 年，76 頁）讀。下二例同。
《楚帛書》丙："少□其□□，龍其□，取（娶）女，爲邦芺（笑）。"
《楚帛書》丙："脨（膌）不復，其邦又（有）大嬰（亂）；取（娶）女，凶。"
《繫年十五》："繡（申）公曰：'氏（是）余受妻也。'取（娶）以爲妻。"
《筮法六》："凸（凡）取（娶）妻，參（三）女同男，吉。"
《筮法六》："凸（凡）取（娶）妻，參（三）男同女，兇。"
《筮法三十》："凸（凡）十七命：曰果，曰至，曰亯，曰死生，曰得，曰見，曰瘳，曰咎，曰男女，曰雨，曰取（娶）妻，曰戰，曰成，曰行，曰讎（售），曰宇（旱），曰祟。"
《答問》："甲取（娶）人亡妻以爲妻，不

智（知）亡，有子焉。”
《日甲·除》：“祭祀、家（嫁）子、取（娶）婦、入材，大吉。”
《日甲·秦除》：“平日，可以取（娶）妻、入人、起事。”按，“取”當讀作“娶”。下十四例同。
《日甲·秦除》：“收日，可以入人民、馬牛、禾粟，入（納）室取（娶）妻及它物。”
《日甲·叢辰》：“可取（娶）婦、家（嫁）女、尋（探）衣常（裳）。”
《日甲·叢辰》：“不可取（娶）婦、家（嫁）女，不可見人。”
《日甲·叢辰》：“不可取（娶）婦、家（嫁）女、出入貨及生（牲）。”
《日甲·叢辰》：“取（娶）婦、家（嫁）女，兩寡相當。”
《日甲·叢辰》：“可取（娶）婦、家（嫁）女、葬貍（埋）。”
《日甲·叢辰》：“不可以見人、取（娶）婦、家（嫁）女，出入貨及生（牲）。”
《日甲·叢辰》：“可以取（娶）婦、家（嫁）女。”
《日乙·楚除》：“贏陽之日，利以見人、祭、作大事、取（娶）妻，吉。”
《日乙·秦》：“入人民、畜生，取（娶）妻、嫁女，□□□□□□□不可復（覆）室。”
《日乙·秦》：“危陽，不成其行，利□□事，不可取（娶）妻、嫁女、見人。”
《日乙·秦》：“利以穿井、蓋屋，不可取（娶）妻、嫁女，祠，出入人民、畜生。”
《日乙·秦》：“可取（娶）婦〼。”
《日乙·秦》：“不可以見人、取（娶）妻、嫁女，出入人民、畜生。”
《周日書》：“取（娶）婦、嫁女，吉。”
《天甲·建除》：“平日：可取（娶）妻、祝祠、賜客，可以入黔首，作事吉。”
《天乙·建除》：“平日：可取（娶）妻、祝祠、賜客，可以入黔首，作事吉毆。”
《天乙·牝牡》：“牡月牝日、牝月牡日取（娶）妻皆吉。”
《天乙·帝》：“殺日勿以殺六畜，不可出女、取（娶）妻、祠祀、出財。”
《天乙·反支》：“不可冠帶、見人、取（娶）婦、嫁女、入臣妾。”
《天乙·土功二》：“不可築室、爲嗇夫、取（娶）妻、嫁女，兇（凶）。”
《天乙·貞在》：“卜疾人不死，取（娶）婦、嫁女吉。”
《天乙·律吉凶》：“請謁得，有爲成，取（娶）婦嫁女者吉，病者不死，毄（繫）囚者免。”
《天乙·律吉凶》：“請謁不得，有爲不成，取（娶）妻嫁女不吉，疾人死，毄（繫）囚者不免。”
《天乙·律吉凶》：“請謁難得，有爲難成，取（娶）婦嫁女可毆，疾人危，毄（繫）囚難出。”
《占夢書》：“夢見貘、豚、狐生（腥）喿（臊），在丈夫取（娶）妻，女子家（嫁）。”
《識劫》：“沛妻危以十歲時死，沛不取（娶）妻。”
《識劫》：“沛有子婏所四人，不取（娶）妻矣。”
《識劫》：“沛以三歲時爲識取（娶）妻。”
《識劫》：“沛爲取（娶）妻，欲以肆、舍客室鼠（予）識，後弗鼠（予）。”
《第三組》：“二歲以來家不居其所爲吏之郡縣，而爲舍室即取（娶）妻焉〼。”
《第三組》：“家不居咸陽而取（娶）妻咸陽及前取（娶）妻它縣而後爲吏焉，不用此令。”
《隨日·建除》：“平日，可以取（娶）婦、嫁女〼。”

《隨日・建除》:“可以入(納)室、取(娶)妻。”
《隨日・建除》:“居室,取(娶)妻,入奴婢,破隄(堤)。”
《隨日・叢辰》:“可取(娶)妻、嫁女,□衣常(裳)、冠帶。”
《隨日・叢辰》:“不可取(娶)妻、嫁女、出入畜生(牲)、爲嗇夫、臨官、畲(飲)食、歌樂、祠祀。”
《隨日・叢辰》:“取(娶)妻、嫁女,兩寡相當。”
《隨日・叢辰》:“可以取(娶)妻、嫁女、葬。”
《隨日・叢辰》:“不可見人、取(娶)妻、嫁女,出入人、畜生(牲)。”
《隨日・星官》:“取(娶)妻,妻妬。”
《隨日・星官》:“☐□室、爲門、取(娶)妻,嫁女,入貨、生子,皆吉。”
《隨日・星官》:“取(娶)妻、妻□□。”
《隨日・星官》:“取(娶)妻,妻爲□□□。”
《隨日・星官》:“不可取(娶)妻、嫁女。”
《隨日・星官》:“不可取(娶)妻、嫁女。”
《隨日・星官》:“以取(娶)妻,不甯。”
《隨日・星官》:“以取(娶)妻(妻,妻)愛而口臭。”
《隨日・星官》:“以取(娶)妻(妻,妻)愛。”
《隨日・星官》:“以取(娶)妻(妻,妻)愛而棄。”
《隨日・星官》:“不可取(娶)妻,必二妻。”
《隨日・星官》:“取(娶)妻吉。”
《隨日・星官》:“不可以取(娶)妻、嫁女。”
《隨日・星官》:“取(娶)妻(妻,妻)棄。”
《隨日・□□》:“取(娶)妻、嫁女、遷徙、啟門。”
《隨日・孤虛》:“凡取(娶)婦、嫁女,毋從孤之虛,出不吉。”
《隨日・離日》:“離日不可取(娶)妻、嫁女及入人、畜生(牲)、貨。”
《隨日・嫁女》:“☐牽牛日及庚辰、辛巳,不可取(娶)婦、嫁女。”
《隨日・嫁女》:“庚寅取(娶)妻₌(妻,妻)□☐夫。”
《隨日・嫁女》:“亥不可取(娶)妻、嫁女,姄夫之建,姄婦之日也。”
《隨日・嫁女》:“壬申、癸酉,百事不吉,不可取(娶)妻。”
《隨日・嫁女》:“戊申、己酉以取(娶)妻₌(妻,妻)不出三歲,棄、亡。”
《隨日・嫁女》:“子取(娶)妻,有□☐。”
《隨日・嫁女》:“癸丑、戊午、己未以取(娶)妻₌(妻,妻)死,不必棄。”
《隨日・嫁女》:“☐□□取(娶)婦,其夫不出三歲,死。”
《隨日・嫁女》:“凡是日,不取(娶)妻、嫁女及言事,不成。”
《隨日・嫁女》:“戊己毋取(娶)妻,取(娶)妻瘱(厭)姑一。”
《隨日・忌日》:“戌不可取(娶)妻嫁女,且作且喪。”
《二年・亡律》:“取(娶)人妻及亡人以爲妻,及爲亡人妻,取(娶)及所取(娶),爲媒者智(知)其請(情)。”
《二年・襍律》:“奴取(娶)主₌(主、主)之母及主妻、子以爲妻。”
《二年・襍律》:“同產相與奸,若取(娶)以爲妻,及所取(娶),皆棄市。”
《奏讞書》:“闌送行,取(娶)爲妻,與

偕歸臨菑（淄），未出關得，它如刻（劾）。”
《奏讞書》：“闌非當得取（娶）南爲妻也，而取（娶）以爲妻，與偕歸臨菑（淄）。”
《奏讞書》：“闌曰：來送南而取（娶）爲妻，非來誘也。”
《奏讞書》：“詰闌：律所以禁從諸侯來誘者，令它國毋得取（娶）它國人也。”
《奏讞書》：“鞠（鞫）：闌送南，取（娶）以爲妻，與偕歸臨菑（淄）。”
《奏讞書》：“符有名數明所，解以爲毋恢人也，取（娶）以爲妻，不智（知）前亡。”
《奏讞書》：“取（娶）亡人爲妻，黥爲城旦，弗智（知），非有減也。”
《奏讞書》：“解雖弗智（知），當以取（娶）亡人爲妻論。”
《奏讞書》：“符亡，詐（詐）自占書名數，解取（娶）爲妻，不智（知）甚亡，審。”
《奏讞書》：“當以取（娶）亡人爲妻論，斬左止（趾）爲城旦。”
《奏讞書》：“廷報曰：取（娶）亡人爲妻論之，律白，不當瀻（讞）。”
《奏讞書》：“夫生而自嫁，及取（娶）者，皆黥爲城旦舂。”
《奏讞書》：“夫死而妻自嫁，取（娶）者毋罪。”
《稱》：“取（娶）婦姓（生）子陽，有喪陰。”
《阜易・卜辭》：“嫁女、取（娶）婦，不合。”
《阜易・卜辭》：“□取（娶）婦、嫁女。”
《阜易・卜辭》：“取（娶）婦，亡▨。”
《阜易・卜辭》：“□不取（娶）。”
《妄稽》：“謀鄉長者，欲爲取（娶）妻。”
《妄稽》：“謀（媒）勺（妁）隨之，爲取（娶）妄稽。”
《妄稽》：“其姑卒取（娶）之，以爲子妾。”
《六博》：“問取（娶）婦，在方中者，冬（終）生，安家。”
《博局占》：“占取（娶）婦嫁女。”

取與陬

《楚帛書》丙：“取（陬）于下。”
《楚帛書》丙：“取（陬），云則至，不可以□殺。”

取與聚

《隨日・臨日》：“不可遠行、畬（飲）食、吹（歌）樂、取（聚）眾、畜生（牲）。”

取與趣

《擒龐涓》：“龐子果棄其輜重，兼取（趣）舍而至。”
《雄牝城》：“營軍取（趣）舍，毋回名水，傷氣弱志，可毄（擊）也。”

取與驟

《子儀》：“取（驟）及七年，車逸於舊嘍（數）三百，徒逸於舊典六百。”

冣與聚

《周日書》：“甲子，其下有白衣之冣（聚），黔首疢疾。”
《隨日・直室門》：“冣（聚）眾、使國，八歲如虛。”
《二年・賊律》：“賊燔城、官府及縣官積冣（聚），棄市。”
《二年・賊律》：“賊燔寺舍、民室屋廬舍、積冣（聚），黥爲城旦舂。”
《奏讞書》：“南郡復吏乃以智巧令脩（攸）誘召冣（聚）城中。”
《明君》：“豚天世而冣（聚）材士。”
《明君》：“冣（聚）天下之良而獨有之，故能乏（氾）強。”
《繫辭》：“方以類冣（聚），物以群分，吉凶生□。”
《昭力》：“君之自大而亡國者，其臣厲以冣（聚）謀。”按，“冣”字從廖名春《帛書〈周易〉論集》(上海古籍出版社，2008年，400頁)釋，從整理者讀作“聚”。

《阜春·章題》：“韓武子田獸已冣(聚)。”

《行篹》：“陰陽，所以冣(聚)眾合適(敵)也。”

《守土》：“方夏甚暑，不能冣(聚)功。”

《要言》：“家不治，不能相冣(聚)。”

《揕輿》：“司馬昭叚以五月甲辰冣(聚)於北方，以城陽糴(翟)。”

《揕輿》：“以其冣(聚)於壬子，而有(又)冣(聚)於丁巳之吉。”

《揕輿》：“以其冣(聚)甲戌，占之，凶，以寅對戌。”

《揕輿》：“不至七月庚辰冣(聚)，必至。”

菆與叢

《陰陽脈甲》：“毄(繫)於足大指菆(叢)毛之上，乘足跗上廉，去内踝(踝)一寸。”

《陰陽脈乙》：“毄(繫)於足大指菆(叢)毛上，乘足肙(跗)上廉。”

趣與趨

《融師》：“又(有)耳不䎽(聞)，又(有)口不鳴，又(有)目不見，又(有)足不趣(趨)。”

《王居》：“縱不隻(獲)辠(罪)，或猶走趣(趨)事王，邦人其胃(謂)之可(何)？”按，“趣(趨)”字從復旦吉大古文字專業研究生聯合讀書會《上博八〈王居〉、〈志書乃言〉校讀》(復旦大學出土文獻與古文字研究中心網，2011年7月17日)讀。

緅與取

《繫年二三》：“䂂(期)年，䡛(韓)緅(取)、鬼(魏)繡(擊)衔(率)自(師)回(圍)武旟(陽)，以復郚(部)之自(師)。”

聚與趣

《繫辭》：“剛柔也者，立本者也；變迵(通)也者，聚(趣)者也；吉凶者，上朕(勝)者也。”按，今本聚作趣。

聚與驟

《柬大王》：“不敦(穀)瘵甚疠(病)，聚(驟)夢高山深溪。”

《三德》：“聚(驟)敚(奪)民旹(時)，天䭲(饑)必來。”

《相宅》：“北方高，三方下，凥(居)之安壽，宜人民，土田聚(驟)得。”

《芮良夫》：“周邦聚(驟)又(有)禍(禍)，寇(寇)戎方晉。”

諏與趣

《湯丘》：“又(有)夏之悳(德)，事貨以惑，春秋改則，民人諏(趣)貣(忒)。”

趣與聚

《答問》：“有大繇(徭)而曹鬭相趣(聚)，是謂‘逵卒’。”

趣與促

《妄稽》：“朝勸出棄，莫(暮)趣(促)遂去。”按，“趣(促)”字從補白《北大簡〈妄稽〉中與簡61、62有關的簡序試調》(復旦大學出土文獻與古文字研究中心網，2016年6月7日)讀。

趣與趨

《昭王》：“腓(脽)介趣(趨)君王，不隻(獲)要頸之辠君王，至於定冬而被襦₌(襦衣)！”

《日甲·詰》：“復疾，趣(趨)出。”

《九地》：“重地也，吾將趣(趨)其後。”

《趙正書》：“其亟日夜揄(輸)，趣(趨)至甘泉之置，毋須後者。”

趣與奏

《三十時》：“入之一日，趣(奏)夷則。”

鯫與雛

《鄭甲》：“忞(閔)奰(喪)虛(吾)君，卑(譬)若鶏鯫(雛)。”

遷與送

《繫年十》："秦康公衛（率）自（師）以遷（送）癰（雝）子，晉人䢅（起）自（師），敗之于䢵（堇）䢵（陰）。"

《子儀》："奞（翌）明，公遷（送）子義（儀）。"

芻字聲系

騶與鄒

《繆和》："是知晉之不能□□□□，齊之不能隃（踰）騶（鄒）魯。"

騶與趨

《成法》："夫唯一不失，一以騶（趨）化，少以知多。"

《晏子一〇》："堵（睹）貧窮若弗式（識），騶（趨）富利若弗及。"

《十陣》："車毋馳，徒人毋騶（趨）。"

《唐勒》："馬汁（協）險（斂）正（整）齊，周（調）均不摯（縶），步騶（趨）兢（恆）久疾數（速）。"

騶與蹻

《相狗方》："騶（蹻）長三寸，及大禽，騶（蹻）下欲生毛。"按，"騶"似當讀作"蹻"。《廣雅·釋獸》："蹻，足也。"《玉篇·足部》："蹻，獸足也。"

騶與鶵

《萬物》："騶（鶵）鳥之解惑也。"

趨與驟

《威王問》："勁弩趨（驟）發者何也？"按，"趨（驟）"字從張震澤《孫臏兵法校理》（中華書局，1984年，39頁）讀。下同。

《威王問》："勁弩趨（驟）發者，所以甘戰持久也。"

《北大老子》："故剽（飄）風不終朝，趨（驟）雨不終日。"

須字聲系

須與懦

《爲吏》："須（懦）身旞（遂）過。"

須與辱

《安稽》："口臭腐鼠，必欲鉗須（辱）。"按，"須"似當讀作"辱"。《廣雅·釋詁三》："辱、鉗，惡也。"

嬃與須

《第二組》："謹爲鉤空（孔），嬃（須）毋令錢能出。"

蕦與蔟

《三十時》："雔（鵲）居巢，鶵居蕦（蔟），君子登臺，賤人☐。"按，"蕦"似當讀作"蔟"。《周禮·秋官·大司寇》："䂝蔟氏。"鄭玄《注》引鄭司農云："蔟，讀爲爵蔟之蔟，謂巢也。"《玉篇·艸部》："蔟，巢也。"《楚辭·九思·遭厄》："鵶雕遊兮華屋，鵕鸃棲兮柴蔟。"

�與須

《繫年十四》："乃先歸，䢾（須）者（諸）侯于𢇍（斷）道。"

盨與嬬

《北蒼·魚》："盨（嬬）娶裹（嬈）嬛（嬛），鄭舞炊竽。"

需字聲系

需與儒

《容成氏》："於是虐（乎）唫（喑）聾執燭，楣（矇）戉（瞽）鼓瑟，㢋（跛）𡎺（躃）獸（守）門，敉（侏）需（儒）爲矢。"

需與孺

《金縢》："官（管）弔（叔）返（及）其羣兄（兄）俤（弟）乃流言于邦曰：'公𨟻（將）不利于需（孺）子。'"

《琴舞》："四啟曰：文=（旼旼）其又（有）家，缶（保）藍（監）其又（有）後，需（孺）

子王矣。”

需與濡

《周易·既濟》：“上六：需（濡）其首，厲。”

《封診式》：“相耎〈需（濡）〉，廣各一寸，皆臽中類斧，出（腦）角出（頔）皆血出。”按，“耎”應是“需”之誤字，讀作“濡”。

需與懦

《春秋八》：“夫立（位）下而心需（懦）□□□也。”

《五名》：“夫威強之兵，則詘（屈）耎〈需（懦）〉而侍（待）之。”按，“耎〈需（懦）〉”字從劉桓《讀〈孫臏兵法〉劄記》（《簡帛研究》第二輯，法律出版社，1996年）、楊安《〈銀雀山漢墓竹簡·貳〉讀書記之一——釋文校訂和一些問題的説明》（簡帛網，2012年10月19日）釋讀。

《將過》：“有剛𩓡（毅）自用者，有耎〈需（懦）〉而☐。”按，“耎”似爲“需”之誤字，讀作“懦”。

需與繻

《周易·既濟》：“六四：需（繻）又（有）衣絮（袽），終日戒。”

需與襦

《周易·既濟》：“六四：需（繻）又（有）衣絮（袽），終日戒。”按，帛書本需（繻）作襦。

儒與縟

《服傳甲》：“喪成人者，其文儒（縟）；喪未成人者，其文不儒（縟）。”

《服傳乙》：“何以無綬（受）也？喪成人者，其文儒（縟）。”

《服傳乙》：“喪未成人者，其文不儒（縟）。”

嬬與需

《易之義》：“余（豫）之卦，歸而強，士静也；嬬（需）□□□□□□□□□□知未騰朕（勝）也。”

嬬與須

《帛易·歸妹》：“六三，歸妹以嬬（須），反歸以苐（娣）。”

嬬與嫛

《北蒼·支》：“媄（快）婞點媿（愧），詧嫛嬬（嫛）媞。”

濡與孺

《妄稽》：“濡（孺）子，人之有妾也，以爲榮華；濡（孺）子之有妾，適亂室家。”

《妄稽》：“人有妾也，比之子生（姓）；濡（孺）子有妾也，比之禍【星】。”

《妄稽》：“命舍周春，蜀（獨）事濡（孺）子。”

《妄稽》：“濡（孺）子誠有賜小妾矣，妾合以中（衷）心報。”

濡與臑

《反淫》：“䜌（鸞）馮（鳳）之卵，腹=（雚雚）之濡（臑）。”

繻與襦

《泰射》：“小臣正贊但（袒），公朱繻（襦），卒但（袒）。”

襦與需

《帛易·需》：“襦（需），有復（孚）。光亨，貞吉。利涉大川。”

《帛易·需》：“初九，襦（需）于茭（郊），利用恆，无咎。”

《帛易·需》：“九二，襦（需）于沙，少（小）有言，冬（終）吉。”

《帛易·需》：“九三，襦（需）于泥，致寇至。”

《帛易·需》：“六四，襦（需）于血，出自穴。”

《帛易·需》：“六〈九〉五，襦（需）于酒食，貞吉。”

襦與儒

《明君》："朱（侏）襦（儒）食良（粱）肉，戰士食參（驂）䮃之食。"

襦與繻

《亡論》："抹（昧）利，襦（繻）傳，達刑，爲亂首，爲怨媒。"

《亡論》："約而倍之，胃（謂）之襦（繻）傳。"

《觀》："不達天刑，不襦（繻）不傳。"

《兵容》："耶（聖）人不達刑，不襦（繻）傳。"

濡與儒

《奏讞書》："吏初捕丁來，冠鉥（鷸）冠，臣案其上功牒，署能治禮、濡（儒）服。"

《奏讞書》："夫濡（儒）者君子之節也，禮者君子學也，盜者小人之心也。"

主字聲系

庄與濁

《亙先》："庄（濁）煲（氣）生隉（地），清煲（氣）生天。"

厇與重

《命訓》："女（如）不居而厇（重）義，則厇（度）至于亟（極）。"

宔與主

《老子》甲："以衍（道）差（佐）人宔者，不谷（欲）以兵弜（強）於天下。"按，今本和帛書本宔作主。

《唐虞》："昏（聞）舜茲（慈）虖（乎）弟□□□□□□爲民宔（主）也。"

《六德》："是古（故）夫死又（有）宔（主），終身不繎（變），胃（謂）之婦，以信從人多也。"

《性自》："凡眚（性）爲宔（主），勿（物）取之也。"

《性自》："凡衍（道），心述（術）爲宔（主）。"

《性自》："君子身以爲宔（主）心。"

《周易·睽》："九二：遇宔（主）于衖（巷），亡（无）咎。"

《周易·豐》："九四：豐其坿（蔀），日中見斗，遇其巳（夷）宔（主），吉。"

《彭祖》："三命四㞧（俯），氏（是）胃（謂）百眚（姓）之宔（主）。"

《柬大王》："贅尹爲楚邦之魂（鬼）神宔（主），不敢以君王之身弁（變）𤔔（亂）魂（鬼）神之祟（常）古（故）。"

《季康子》："庚（康）子曰：'肰（然）其宔（主）人亦曰：古之爲邦者必以此。'"

《苦成》："參（三）垟（郤）家叓（度）取宔（主）君之眾以不聖（聽）命，牆（將）大害。"

《苦成》："初，虐（吾）弜（強）立絧（治）眾，欲以長建宔（主）君而还（御）難。今宔（主）君不适（褻）於虐（吾），古（故）而反，亞（惡）之。"

《三德》："君無宔（主）臣，是胃（謂）畏（危），邦家其褱（壞）。"

《君人甲》："珪₌（珪玉）之君，百貞（畛）之宔（主），宮妾以十百婁（數）。"

《君人乙》："珪₌（珪玉）之君，百貞（畛）之宔（主），宮妾以十百婁（數）。"

《陳公》："▨車爲宔（主）安（焉），或時（持）八鼓。"

《耆夜》："縪（畢）公高爲客，卲公保睪（奭）爲夾，周公弔（叔）旦爲宔（主）。"

《祭公》："以余少（小）子颺（揚）文、武之剌（烈），颺（揚）成、康、卲（昭）宔（主）之剌（烈）。"

《楚居》："思（懼）其宔（主），夜而内（納）层（尸），氏（抵）今曰㮆₌（㮆，㮆）北（必）夜。"

注與主

《帛甲老子·德經》："道者，萬物之注（主）也。"

《帛乙老子·德經》："道者，萬物之注（主）也。"

《用閒》："非民之將也，非主之佐也，非勝之注（主）也。"

迬與動

《老子》甲："竺（孰）能濁以朿（靜）者，牆（將）舍（徐）清；竺（孰）能庀以迬者，牆（將）舍（徐）生。"按，今本迬作動。

迬與重

《老子》甲："竺（孰）能濁以朿（靜）者，牆（將）舍（徐）清；竺（孰）能庀以迬者，牆（將）舍（徐）生。"按，帛書本迬作重。

㣫與重

《老子》甲："辠莫㣫（重）虐（乎）甚欲。"按，"㣫（重）"字從劉信芳《荊門郭店竹簡〈老子〉解詁》（藝文印書館，1999年，6頁）等釋讀。下三例同。

《緇衣》："翌（輕）㡭（絕）貧戔（賤），而㣫（重）㡭（絕）䨪（富）貴，則好㥆（仁）不硻（堅），而亞₌（惡惡）不紑（著）也。"

《成之》："反此道也，民必因此㣫（重）也以復（覆）之，可不新（慎）虐（乎）？"

《成之》："害（蓋）此言也，言不䨝（奉）大祟（常）者，文王之型（刑）莫㣫（重）安（焉）。"

《仲弓》："中（仲）尼（尼）曰："夫民安舊而㣫（重）舉（遷）☐。""

《曹沫》："其賞譤（淺）虘（且）不中，其誅（誅）㣫（重）虘（且）不詧（察）。"

《季康子》："子之言也已㣫（重），丘也昏（聞）孝₌（君子）☐。'"

《成王》："成王既邦（封）周公二年，而王㣫（重）其貢（任），乃訪於☐。"按，"㣫（重）"字從復旦吉大古文字專業研究生聯合讀書會《上博八〈成王既邦〉校讀》（復旦大學出土文獻與古文字研究中心網，2011年7月17日）釋讀。

《堯王》："金㣫（重）不流，玉則不戡。"按，"㣫（重）"字從苦行僧在 youren《〈舉治王天下〉初讀》（簡帛網"簡帛論壇"，2013年1月5日）一文下跟帖釋讀。

《子產》："古之狂君，宷（卑）不足先善君之憸（驗），以自余（餘）智，民亡可事，任㣫（重）不果，邦以褱（壞）。"

《子產》："善君必豨（察）昔寿（前）善王之灋（法）聿（律），救（求）婕（蓋）之臤（賢）可，以自分㣫（重）任以果𦒧（將）。"

舡與屬

《皇門》："卑（譬）女（如）舡（屬）舟，輔余于險，罌余于淒（濟）。"按，"舡（屬）"字從唐洪志《清華簡〈皇門〉"舡舟"試釋》（復旦大學出土文獻與古文字研究中心網，2011年1月10日）讀。

䭃與重

《曹沫》："收而聚之，㯤（束）而厚之，䭃（重）賞泊（薄）埅（刑），思（使）忘其死而見其生，思（使）良車良士往取之餌（耳）。"

《蘭賦》："身體䭃（重）寈（靜）而目耳褮（勞）矣。"

䡴與重

見東部東字聲系。

朱字聲系

朱與侏

《明君》："朱（侏）襦（儒）食良（粱）肉，戰士食參（驂）駟之食。"

《胎產書》："毋使朱（侏）儒，不觀木（沐）候（猴），不食茵（蔥）薑，不食兔羹。"

朱與珠

《答問》："盜出朱（珠）玉邦關及買（賣）於客者，上朱（珠）玉内史。"

《養生方》："赤朱（珠）。"

《胎產書》："欲產女，佩蠶（簪）耳（珥），呻（紳）朱（珠）子，是謂内象成子。"

朱與株

《封診式》："一宇二内，各有戶，内室皆瓦蓋，木大具，門桑十木〈朱（株）〉。"

朱與茱

《瘙病》："□莤（皂）莢一、棗十四、豕（藾）之朱（茱）臾（萸）、椒。"

《疽病》："冶白薟（蘞）、黃蓍（耆）、芍樂（藥）、桂、畺（薑）、椒、朱（茱）臾（萸）。"

《萬物》："理石、朱（茱）臾（萸）可以損勞也。"

《萬物》："〼朱（茱）臾（萸）也。"

《木牘》："山朱（茱）臾（萸）。"按，"朱臾"當讀作"茱萸"。下同。

《木牘》："朱（茱）臾（萸）二升半，廿五。"

《木牘》："山朱（茱）臾（萸）二升半，直（值）五十。"

朱與銖

《效律》："斤不正，三朱（銖）以上。"

《效律》："黃金衡羸（纍）不正，半朱（銖）以上，貲各一盾。"

《租稅》："如法一朱（銖），不盈朱（銖）者，以法命分。"

《租稅》："租一兩十七朱（銖）七分朱（銖）一。"

《租稅》："租一斤六兩五朱（銖）三分朱（銖）一。"

《租稅》："租一兩二朱（銖）大半朱（銖）。"

《租稅》："租一兩十七朱（銖）廿一分朱（銖）十九。"

《租稅》："租一斤九兩七朱（銖）半朱（銖）。"

《租稅》："租二兩十五朱（銖）。"

《租稅》："租十兩八朱（銖）有（又）十五分朱（銖）四。"

《租稅》："租十九束〈朱（銖）〉百六十五分朱（銖）一。"

《租稅》："租十四兩八朱（銖）廿五分朱（銖）廿四。"

《租稅》："租八斤五兩八朱（銖）。"

《租稅》："租七斤四兩三束〈朱（銖）〉九分朱（銖）五。"

《衡制》："三百八十四朱（銖）一斤。"

《衡制》："萬一千五百廿朱（銖）一鈞。"

《衡制》："四萬六千八十朱（銖）一石。"

《貲》："馬甲一，金三兩一垂，直（值）錢千九百廿，金一朱（銖）直（值）錢廿四。"

《穀物》："券朱（銖）升，券兩斗，券斤石，券鈞般（鞶），券十朱（銖）者〼。"

《衰分》："銅斤十二者，兩得十六分十二，朱（銖）得廿四分錢十二。"

《其他》："〼兩九朱（銖）十三分朱（銖）三。"

《殘片》："〼□二斤八兩十二朱（銖）〼。"

《算數書·出金》："有金三朱（銖）九分朱（銖）五，今欲出其七分朱（銖）六，問餘金幾何。"

《算數書·出金》："餘金二朱（銖）六十三分朱（銖）卌四。"

《算數書·出金》："以九分朱（銖）乘三朱（銖）與小五相除〈加〉。"

《算數書·出金》："今有金七分朱（銖）之三，益之幾何而爲九分【銖】七？"

《算數書·出金》："益之六十三分朱（銖）廿二。"

《算數書·金價》："金賈（價）兩三百一十五錢，今有一朱（銖），問得錢幾何。"
《算數書·金價》："直（置）一兩朱（銖）數以爲法。"
《算數書·金價》："廿四朱（銖）一兩，三百八十四朱（銖）一斤，萬一千五百廿朱（銖）一鈞，四萬六千八十朱（銖）一石。"
《算數書·銅秏》："今有銅一斤八兩八朱（銖），問秏（耗）幾何。"
《算數書·銅秏》："一兩十一朱（銖）百卌四分朱（銖）九十一。"
《算數書·銅秏》："直一石朱（銖）數爲法，亦直（置）七斤八兩者朱（銖）數，以一斤八兩八朱（銖）者朱（銖）數乘之【爲實】，如法一朱（銖）。"
《算數書·石率》："有斗、升、斤、兩、朱（銖）者亦皆破其上，令下從之以爲法。"
《算數書·挐脂》："爲挐脂十斤十二兩十九朱（銖）五分朱（銖）一。"
《形甲》："勝兵如以洫（鎰）稱朱（銖），敗兵如以朱（銖）稱洫（鎰）。"
《形乙》："勝兵如以洫（鎰）稱朱（銖），敗兵如以朱（銖）稱洫（鎰）。"
《將理》："□知（智），不得關一言，□□□□□得用一朱（銖）。"

迭與速

《筮法十八》："凸（凡）噬（筮）志事，而見堂（當）日奴（如）堂（當）晨（辰），乃曰迭（速），疾亦然。"

邾與朱

《繫年三》："西遷商盍（奄）之民于邾（朱）虛（圉），以御奴虞（虘）之戎。"
《繫年十八》："述（遂）以伐郤（徐），克濿（賴）、邾（朱）邡（方）。"
《繫年二十》："灼（趙）狗衛（率）自（師）與戉（越）公株（朱）句伐齊。"

邾與主

《順道》："不廣（曠）其眾，不以兵邾（主）。"

株與誅

《帛五行·說》："然親執株（誅），閒也。"

敉與侏

《容成氏》："於是虖（乎）唫（喑）聾執燭，帽（矇）戉（瞽）鼓瑟，埅（跛）坓（躃）獸（守）門，敉（侏）需（儒）爲矢。"

絑與朱

《帛易·困》："九二，困于酒食，絑（朱）發（紱）方來，利用芳（享）祀。正（征）凶，无咎。"

誅與屬

《晏子四》："今吾欲使人誅（屬）祝史。"按，"誅（屬）"字從白於藍《銀雀山漢簡校釋》（《考古》2010年12期）讀。

愗與誅

《城濮》："君爲楚邦老，憙（喜）君之善而不愗（誅）子玉之帀（師）之□。"按，"愗（誅）"字從 youren 在海天遊蹤《讀〈成王爲城濮之行〉劄記》（簡帛網"簡帛論壇"，2013年1月5日）一文下跟貼釋讀。

殳字聲系

殳與投

《天乙·陰陽鐘》："凡陰陽鐘，各殳（投）所卜大婁（數）曰置婁（數）者。"
《天乙·陰陽鐘》："殳（投）者參（三）合日辰求星從，期三而一。"
《天乙·陰陽鐘》："凡殳（投）黃鐘不合音婁（數）者，是謂天絕紀毆。"
《胎產書》："冶之，殳（投）酒中。"

投與殳

《答問》："邦客與主人鬬，以兵刃、投

（殳）梃、拳指傷人，擘（揞）以布。”

《答問》：“小畜生入人室，室人以投（殳）梃伐殺之。”

《第一組》：“子殺傷、毆詈、投（殳）殺父母，父母告子不孝及奴婢殺傷、毆、投（殳）殺主、主子父母，及告殺，其奴婢及子亡已命而自出者，不得爲自出。”

投與投

《祝辭》：“既祝，乃投（投）以土。”

句字聲系

句與勾

《引書》：“左手句（勾）左足指，後引之，十而已。”

《引書》：“引□，其在左，反左手頭上，右手句（勾）左手而力引之。”

《引書》：“信（伸）左足，右股危坐，右手據坨（地），左手句（勾）左足指。”

《引書》：“信（伸）右足，左股危坐，左手據坨（地），右手句（勾）右足指。”

《引書》：“右手撫股，左手句（勾）左足之指而引，極之。”

《戰國二〇》：“句（勾）淺（踐）棲會稽，其後殘吳，霸天下。”

句與苟

《緇衣》：“句（苟）又（有）車，必見其㪏（轍）；句（苟）又（有）衣，必見其敝（敝）；人句（苟）又（有）言，必聞（聞）其聖（聲）；句（苟）又（有）行，必見其成。”

《窮達》：“句（苟）又（有）其殜（世），可（何）慬（艱）之又（有）才（哉）。”

《成之》：“是古（故）走（上）句（苟）身備（服）之，則民必有甚安（焉）者。”

《成之》：“走（上）句（苟）昌（倡）之，則民鮮不從恢（矣）。”

《成之》：“句（苟）不從其繇（由），不反其杳（本），未有可得也者。”

《成之》：“句（苟）不從其繇（由），不反其杳（本），唯（雖）弝（強）之弗内恢（矣）。”

《六德》：“唯（雖）才（在）艸（草）茆（茅）之审（中），句（苟）臤（賢）☐”

《六德》：“句（苟）淒夫人之善，懱（勞）其𦙶忧之力弗敢單（憚）也，危其死弗敢悉（愛）也。”

《性自》：“句（苟）以其青（情），唯（雖）怂（過）不亞（惡）；不以其青（情），唯（雖）難（戁）不貴。句（苟）又（有）其青（情），唯（雖）未之爲斯，人信之喜（矣）。”

《性自》：“句（苟）毋（無）大害，少枉内（入）之可也，已則勿復言也。”

《彭祖》：“句（苟）是執心不忘（妄），受命羕（永）長。”按，“句（苟）”字從鄭玉珊《讀〈上博（三）〉劄記》（簡帛研究網，2005年4月15日）、湯志彪《上博簡（三）〈彭祖〉篇校讀瑣記》（《江漢考古》2005年3期）讀。

《曹沫》：“三行之後，句（苟）見耑（短）兵，攸毋怡（怠），毋思（使）民矣（疑）。”

《季康子》：“句（苟）能固獸（守）而行之，民必備（服）矣。”

《苦成》：“虐（吾）植（直）立經（徑）行，遠慮（慮）惛（圖）後，唯（雖）不堂（當）殜（世），句（苟）義毋舊（久）立，死可（何）褻（傷）才（哉）！”按，“句（苟）”字從沈培《上博簡〈姑成家父〉一個編聯組位置的調整》（簡帛網，2006年2月22日）讀。

《皇門》：“自蜜（釐）臣至于又（有）貧（分）私子，句（苟）克又（有）㤌（諒），亡（罔）不䛷達，獻言才（在）王所。”

《繫年六》：“秦穆公乃内（納）惠公于晉，惠公賂秦公曰：‘我句（苟）果内（入），囟

（使）君涉河，至于梁城。'" 按，"句（苟）"字從清華大學出土文獻讀書會《〈清華大學藏戰國竹簡〉（貳）研讀劄記（一）》（復旦大學出土文獻與古文字研究中心網，2011年12月22日）引劉釗師説讀。

《子產》："句（苟）我固善，不我能亂（亂），我是㠩（荒）怡（怠），民乇𦺼（散）然。"

《爲吏》："臨材（財）見利，不取句（苟）富；臨難見死，不取句（苟）免。"

《日甲·行》："句（苟）毋（無）直（值）赤啻（帝）臨日。"

《隨日·歲》："結解句（苟）當，五穀必成，草木盡實，兵革不作，刑正（政）盡治。"

《立命》："吾句（苟）能親親而興賢，吾不遺亦至矣。"

《戰國四》："句（苟）得時見，盈願矣。"

《戰國一〇》："士民句（苟）可復用，臣必王之无外患也。"

《戰國一四》："王句（苟）爲臣安燕王之心而毋聽傷事者之言。"

《戰國一四》："是故事句（苟）成，臣雖死不醜。"

《天下至道》："句（苟）能遲久，女乃大喜，親之弟兄，愛之父母。"

《繫辭》："句（苟）足（錯）者（諸）地而可矣，藉之用茅，何咎之有？慎之至也。"

《妄稽》："句（苟）稱吾子，不憂无賢。"

句與耇

《琴舞》："思豐其復，隹（惟）福思甬（庸），黄句（耇）隹（惟）程（盈）。"

句與鉤

《合陰陽》："三曰直踵，四曰側句（鉤），五曰上句（鉤），六曰交股。"

《合陰陽》："側句（鉤）者，旁欲攠（摩）也。"

《合陰陽》："上句（鉤）者，欲下攠（摩）也。"

《三十時》："二繩四句（鉤），分此有道。"

《相狗方》："膂欲長以前句（鉤），次□直。"

《泰射》："見鋏（鏃）於柎（弣），右鉅（巨）指句（鉤）弦。"

句與姤

《易之義》："是故鍵（乾）之'炕（亢）龍'，壯之'觸蕃（藩）'，句（姤）之'離角'，鼎之'折足'，酆（豐）之'虛盈'，五繇者，剛之失也。"

《易之義》："川（坤）之'牝馬'，小蓄（畜）之'密雲'，句（姤）之'[躅]屬（躅）'，[漸]之'繩（孕）婦'，肫（屯）之'泣血'，五繇者，陰之失也。"

句與後

《五行》："'要（淑）人君子，其義（儀）罷（一）也。'能爲罷（一），肰（然）句（後）能爲君[=]子[=]（君子，君子）慙（慎）其蜀（獨）也。"

《五行》："能遲（差）沱（池）其羿（羽），肰（然）句（後）能至哀。"

《五行》："[唯]又（有）悳（德）者，肰（然）句（後）能金聖（聲）而玉晨（振）之。"

《尊德義》："傑（桀）不易堣（禹）民而句（後）亂之，湯不易傑（桀）民而句（後）訂（治）之。"

《尊德義》："智（知）命而句（後）智（知）道，智（知）道而句（後）智（知）行。"

《尊德義》："民五之方各（格），十之方静（爭），百之而句（後）葡（服）。"

《尊德義》："童（重）義葉（集）釐（理），言此章也，行此㝅（文）也，然句（後）可逾（諭）也。"

《六德》："生民斯必又（有）夫婦、父子、君臣，君子明虘（乎）此六者，肰（然）句（後）可以剸（斷）犾。”

《六德》：“厽（三）者皆迵（同），肰（然）句（後）是也。”

《性自》：“凡人唯（雖）又（有）眚（性），心亡奠志，走（待）勿（物）而句（後）复（作），走（待）兑（悦）而句（後）行，走（待）習而句（後）奠。”

《性自》：“肰（然）句（後）復以𡥄=（教。教），所以生悳（德）於审（中）者也。”

《性自》：“凡聖（聲），其出於情也信，肰（然）句（後）其内拔（撥）人之心也敂（厚）。”

《性自》：“凡惪（憂），思而句（後）悲；凡樂，思而句（後）忻。”

《語叢一》：“又（有）命又（有）𡿪（文）又（有）名，而句（後）又（有）緐（倫）。”

《語叢一》：“又（有）迱（地）又（有）型（形）又（有）𦘔，而句（後）又（有）厚。”

《語叢一》：“又（有）生又（有）智（知），而句（後）好亞（惡）生。”

《語叢一》：“又（有）勿（物）又（有）繇又（有）繅，而句（後）教生。”

《語叢一》：“智（知）昌（己）而句（後）智（知）人，智（知）人而句（後）智（知）豊（禮），智（知）豊（禮）而句（後）智（知）行。”

《語叢一》：“其智（知）尃（博），肰（然）句（後）智（知）命。”

《語叢一》：“智（知）天所爲，智（知）人所爲，肰（然）句（後）智（知）道，智（知）道肰（然）句（後）智（知）命。”

《語叢一》：“善里而句（後）樂生。”

《詩論》：“其㥯（隱）志必又（有）以俞（喻）也，其言又（有）所載而句（後）内（納），或前之而句（後）交。”

《從政》：“肰（然）句（後）能立道。”

《昔者》：“大（太）子前之母=俤=（母弟，母弟）㚔（送），退，前之大（太）子，再三，肰（然）句（後）並聖（聽）之。”

《容成氏》：“墨（禹）乃五䜆（讓）以天下之臤（賢）者，不得已，肰（然）句（後）敢受之。”

《容成氏》：“墨（禹）肰（然）句（後）㠯（始）爲之唬（號）羿（旗），以支（辨）其左右，思（使）民毋惑。”

《容成氏》：“墨（禹）肰（然）句（後）㠯（始）行以僉（儉）。”

《容成氏》：“女（如）是而不可，肰（然）句（後）從而攻之，陞（升）自戎（陑）述（遂），内（入）自北門，立於中[illegible]。”

《内豊》：“母（毋）忘姑姊妹而遠敬之，則民又（有）豊（禮），肰（然）句（後）奉之中𦭞（庸）。”

《曹沫》：“思（使）其志记（起），猷（勇）者思（使）憙（喜），葬（蒠）者思（使）昚（悔），肰（然）句（後）改㠯（始）。”

《弟子問》：“☐也，求爲之言；又（有）夫言也，求爲之行。言行相怷（宜），肰（然）句（後）君子。”

《三德》：“卉木須時而句（後）奮，天亞（惡）女（如）忻。”

《季桓子》：“君子亙（恆）以眾福，句（後）☐四方之立（位）以童（動）。”

《鄭武》：“昔虘（吾）先君吏（使）二三臣，印（抑）㬏（早）歬（前）句（後）之以言。”

《帛乙老子·德經》：“故失道而后德，失德而句（後）仁，失仁而句（後）義，失義而句（後）禮。”按，“句”當讀作“後”。

《繫辭》：“知之而句（後）言，義（議）之而句（後）動矣，義（議）以成其變化。”

《作戰》：“車甲之奉，日千金，然句（後）□☒。”

句與后

《尊德義》：“句（后）禝（稷）之埶（藝）陘（地），陘（地）之道也。”

《詩論》：“句（后）稷之見貴也，則以文武之悳（德）也。”

《詩論》：“昊₌（昊天）又（有）成命，二句（后）受之。”

《子羔》：“句（后）稷之母，又（有）詒（邰）是（氏）之女也。”

《子羔》：“履以慸（祈）禱曰：‘帝之武尚使☒。’是句（后）稷之母也。”

《容成氏》：“天下之民居奠，乃飭飤（食），乃立句（后）禝（稷）以爲緹（田）。”

《容成氏》：“句（后）禝（稷）既已受命，乃飤（食）於埜（野），宿於埜（野），復敎（穀）豢土，五年乃䍐（穰）。”

《三德》：“皇句（后）曰立。”

《三德》：“埤（卑）牖（牆）勿增，灋（廢）人勿舉（興），皇天之所弃，而句（后）帝之所憎。”按，“句”字似當讀作“后”。“后帝”一詞典籍習見，指天帝。

《尹至》：“句（后）！我逨（來）越今昀₌（旬日）。”

《尹至》：“其又（有）句（后）氒（厥）志其倉（爽），龍（寵）二玉，弗㥂（虞）其又（有）眾。”

《尹誥》：“今句（后）害（曷）不藍（鑑）？”

《尹誥》：“執（摯）曰：‘句（后）其李（賚）之其又（有）夏之金玉、田邑，舍（予）之吉言。’”

《祭公》：“不（丕）隹（惟）周之旁（旁），不（丕）隹（惟）句（后）禝（稷）之受命是羕（永）䍐（厚）。”

《祭公》：“女（汝）母（毋）以俾（嬖）設（御）息（塞）尔（爾）臧（莊）句（后）。”

《赤鵠》：“少（小）臣既䍐（羹）之，湯句（后）妻紝巟胃（謂）少（小）臣曰：‘嘗我於而（尔）䍐（羹）。’”

《赤鵠》：“少（小）臣弗敢嘗，曰：‘句（后）其殺我。’”

《赤鵠》：“夏句（后）又（有）疾，牆（將）禮（禦）楚，于飤（食）其祭。”

《赤鵠》：“眾鴍（烏）乃綇（稽）晉（巫）鴍（烏）曰：‘夏句（后）之疾女（如）可（何）？’”

《赤鵠》：“帝命二黃它（蛇）與二白兔尻（處）句（后）之帰（寢）室之棟。”

《赤鵠》：“其下舍（予）句（后）疾，是囟（使）句（后）瘮（疾）疾而不智（知）人。”

《赤鵠》：“帝命句（后）土爲二荍（陵）屯，共尻（處）句（后）之牀下。”

《赤鵠》：“其䢒（上）片（刺）句（后）之體，是思（使）句（后）之身蚵（疴）蠚（蠚），不可䢒（極）于箬（席）。”

《赤鵠》：“至于夏₌句₌（夏后。夏后）曰：‘尔隹（惟）䍐（䍐）？’”

《赤鵠》：“夏句（后）乃綇（稽）少（小）臣曰：‘女（如）尔天晉（巫），而智（知）朕疾？’”

《赤鵠》：“夏句（后）曰：‘朕疾女（如）可（何）？’”

《赤鵠》：“帝命二黃它（蛇）與二白兔尻（處）句（后）之帰（寢）室之棟。”

《赤鵠》：“其下舍（予）句（后）疾，是思（使）句（后）棼₌（棼棼）恂₌（眩眩）而不智（知）人。”

《赤鵠》：“帝命句（后）土爲二荍（陵）屯，共尻（處）句（后）之牀下。”

《赤鵠》："其圭（上）片（刺）句（后）之身，是思（使）句（后）瘖（昏）𤔔（亂）甘（憨）心。"

《赤鵠》："句（后）女（如）𢼸（撤）屋，殺黄它（蛇）與白兔，坙陸（地）斬莅（陵），句（后）之疾其瘳。"

《赤鵠》："夏句（后）乃從少（小）臣之言，𢼸（撤）屋，殺二黄它（蛇）與一白兔。"

《湯丘》："句（后）古（固）共（恭）天畏（威），敬祀，雩（淑）慈我民。"

《湯丘》："若自使朕身巳（已）傑（桀）之疾，句（后）牆（將）君又（有）夏才（哉）!"

《三壽》："甬（用）肯（艾）卲（昭）句（后）成湯，弋（代）傑（桀）尃（敷）又（佑）下方。"

《管仲》："敢瘖（問）歬（前）文句（后）爲之奴（如）可（何）？"

《管仲》："及句（后）辛之身，其童（動）亡（無）豊（禮），其言亡（無）宜（義）。"

《管仲》："若句（后）辛者，不可以爲君才（哉）。"

句與侯

《祝辭》："又（有）上巟₌（茫茫），又（有）下堂₌（湯湯），司湍彭₌（滂滂），句（侯）兹某也登（發）陽（揚）。"

句與漏

《帛易·井》："九二，井瀆（谷）射付（鮒）唯敝句（漏）。"按，今本句作漏。

句與屨

《帛易·噬嗑》："初九，句（屨）校滅止（趾），无咎。"按，今本句作屨。

句與枲

《合陰陽》："三曰直踵，四曰側句（鉤），五曰上句（鉤），六曰交股。"按，馬王堆帛書《天下至道談》"上句"之"句"作"枲"。

句與椇

《卜書》："貞卜邦，兆（兆）唯（雖）记（起）句（椇），母（毋）白母（毋）赤，母（毋）卒（萃）以易（逖）。"按，"句"似當讀作"枳椇"之"椇"。下同。

《卜書》："若卜貞邦，三族句（椇）旨（枳）而惕（逖），三末唯（雖）敗，亡（無）大咎，又（有）吝于外。"

佝與拘

《葆啟》："☐之佝（拘）。"

《葆啟》："凡受（紂）之所佝（拘）刑☐。"

佝與冓

《周易·睽》："上九：楑（睽）佤（孤），見豕僨（負）𡍬（塗），截☐寇，昏（婚）佝（媾），往，遇雨則吉。"按，阜陽漢簡本佝（媾）作冓。

佝與媾

《周易·睽》："上九：楑（睽）佤（孤），見豕僨（負）𡍬（塗），截☐寇，昏（婚）佝（媾），往，遇雨則吉。"

佝與厚

《周易·睽》："上九：楑（睽）佤（孤），見豕僨（負）𡍬（塗），截☐寇，昏（婚）佝（媾），往，遇雨則吉。"按，帛書本佝（媾）作厚。

厚與厚

《老子》甲："甚㤅（愛）必大賫（費），厚贇（藏）必多貢（亡）。"按，今本"厚贇（藏）必多貢（亡）"作"多藏必厚亡"。

《容成氏》："身言孝厚（厚），方爲三佶，救聖之紀：東方爲三佶，西方爲三佶，南方爲三佶，北方爲三佶。"按，"厚（厚）"字從白於藍《〈容成氏〉編連問題補議》(《華南師範大學學報》2004 年 4 期）讀。

《容成氏》："受（紂）不智（知）其未又（有）成正（政），而得（德）遳（失）行於民之㕗（厚）也，或亦记（起）帀（師）以逆之。”按，“㕗（厚）”字從白於藍《讀上博簡（二）劄記》（《江漢考古》2005年4期）釋讀。

均與姤

《易之義》：“均（姤）者，□□□□□□□□□□□□□□□□□□□□也。”

《易之義》：“均（姤）之卦，足而知余。”

沟與呴

《引書》：“春日，蚤（早）起之後，棄水，澡漱（漱），洒齒，沟（呴），被髮。”

苟與句

《周馴》：“昔越王苟（句）賤（踐）過闔廬之丘，見人發之，歸而貳〈貣（敕）〉其嗣。”

迿與驅

《鮑叔牙》：“遣（擁）芋（華）倗（孟）子以馳於倪（郳）者（都），迿（驅）逐畋䋣（弋），亡（無）羿（期）尾（度）。”按，“迿（驅）”字從季旭昇《上博五芻議（上）》（簡帛網，2006年2月18日）釋讀。

《戰國二〇》：“天下服聽因迿（驅）韓、魏以伐齊。”

狗與拘

《日乙·見人》：“外鬼父枼（世）見而欲，巫爲姓（眚），室鬼欲狗（拘）。”

《神烏賦》：“何命不壽，狗（拘）麗此咎（咎）。”

狗與苟

《語叢四》：“言而狗（苟），牆（牆）又（有）耳。”

《采風》：“《狗（苟）虘（吾）君母（毋）死》。”

狗與耇

《彭祖》：“狗（耇）老昏（問）于彭祖曰。”

《彭祖》：“狗（耇）老曰：‘眊＝（眊眊）舍（余），朕孳（幼）未則于天，敢昏（問）爲人？’”

《彭祖》：“狗（耇）老弍（二）拜旨（稽）首曰：‘朕孳（幼）不劬（敏），既得昏（聞）道，忑（恐）弗能守。’”

狗與姤

《帛易·姤》：“尚（上）九，狗（姤）其角，閵（吝），无咎。”

郇與駒

《繫年十四》：“公命郇（駒）之克先聘（聘）于齊，㝵（且）卲（召）高之固曰：‘今春其會者（諸）侯，子其與臨之。’”

《繫年十四》：“齊同（頃）公囟（使）其女子自房中觀郇＝之＝克＝（駒之克，駒之克）牆（將）受齊侯帋（幣）。”

《繫年十四》：“郇（駒）之克隆（降）堂而折（誓）曰。”

《繫年十四》：“既會者（諸）侯，郇（駒）之克乃執南章（郭）子、鄒（蔡）子、安（晏）子以歸。”

《繫年十四》：“郇（駒）之克衛（率）自（師）救（救）魯。”

《繫年十四》：“郇（駒）之克走敥（援）齊侯之縛（帶），獻之競（景）公。”

枸與鉤

《天下至道》：“五曰交股，六曰振銅（動），七曰廁（側）枸（鉤），八曰上㮴（鉤）。”

《天下至道》：“廁（側）枸（鉤）者，旁欲麻（摩）也。”

《繫辭》：“深（探）備〈賾〉錯（索）根（隱），枸（鉤）險（深）至（致）遠。”

《二年·秩律》：“中發弩、枸（鉤）盾發弩、中司空、輕車。”按，“枸（鉤）”字從郭永秉《張家山漢簡〈二年律令〉釋文校讀記》（復旦大學出土文獻與古文字研究中心網，2008年4月4日）釋讀。

昫與呴

《引書》："俛（俛），極，因余（徐）縱而精昫（呴）之，端印（仰）而已，定。"

《引書》："當此之時，急治八經之引，急虖（呼）急昫（呴），引陰。"

《引書》："因昫（呴）之卅，去臥，據則（側）而精虖（呼）之卅，精昫（呴）之卅，精炊（吹）卅。"

《引書》："無益，精昫（呴）之十。"

《引書》："是以必治八經之引，炊（吹）昫（呴）虖（呼）吸天地（地）之精氣。"

《引書》："偃臥炊（吹）昫（呴）、引陰（陰），春日再昫（呴）。"

《引書》："夏日再虖（呼），壹昫（呴）壹炊（吹）；冬日再炊（吹），壹昫（呴）壹虖（呼）。"

《引書》："是以道者喜則急昫（呴）、怒則劇炊（吹）以和之。"

《引書》："有（又）弗智（知）昫（呴）虖（呼）而除去之，是以多病而易〈易〉死。"

《引書》："暑則精婁（數）昫（呴），寒則勞身。"

《卻穀》："爲首重足輕體（體）軫（胗），則昫（呴）炊（吹）之，視利止。"

《卻穀》："食穀者食質而□，食□者爲昫（呴）炊（吹），則以始卧與始興。"

《卻穀》："凡昫（呴）中息而炊（吹）。"

《天下至道》："氣上面熱，徐昫（呴）；乳堅鼻汗，徐葆（抱）。"

敂與拘

《周易·隨》："上六：係而敂（拘）之，從乃䙖（維）之。王用享（亨）于西山。"

《苦成》："長魚翯（矯）焚自公所，敂（拘）人於百豫以内，繇（囚）之。"按，"敂（拘）"字從陳劍《〈上博（五）〉零劄兩則》（簡帛網，2006年2月21日）讀。

敂與狗

《周易·姤》："敂（姤）：女藏（壯），勿用取女。"按，帛書本敂（姤）作狗。下同。

《周易·姤》："上九：敂（姤）其角，吝，亡（无）咎。"

敂與枸

《周易·隨》："上六：係而敂（拘）之，從乃䙖（維）之。王用享（亨）于西山。"按，帛書本敂（拘）作枸。

敂與姤

《周易·姤》："敂（姤）：女藏（壯），勿用取女。"

《周易·姤》："上九：敂（姤）其角，吝，亡（无）咎。"

敂與厚

《性自》："凡聖（聲），其出於情也信，肰（然）句（後）其内拔（撥）人之心也敂（厚）。"按，"敂（厚）"字從裘按（《郭店楚墓竹簡·性自命出》篇注［二〇］）讀。

炣與煦

《季子》："▨事又器四放不倝（乾）炣（煦）窒（煎）齊（劑）□▨。"

《季子》："▨少則□之新（薪）炣（煦）齊（劑）▨。"

《季子》："▨□飤（食）炣（煦）（煦）辶𠬪母□齊（劑）▨。"

《季子》："▨□陳炣（煦）方内▨。"

《季子》："▨可缶□□□□炣（煦）□□□□▨。"

𠧪與厚

《祭公》："不（丕）隹（惟）句（后）禝（稷）之受命是羕（永）𠧪（厚）。"

《祭公》："隹（惟）我後嗣，方建宗子，不（丕）隹（惟）周之𠧪（厚）荓（屏）。"

《祭公》："𠧪（厚）𢈈（顏）忍恥，寺（時）隹（惟）大不弔（淑）𢦏（哉）。"

朐與呴

《脈書》："肉者附毆（也），氣者朐（呴）毆（也）。"

朐與絇

《妄稽》："高朐（絇）大綦，翡（翡）翠護式。"按，"朐（絇）"字從蕭旭《北大漢簡（四）〈妄稽〉校補》（復旦大學出土文獻與古文字研究中心網，2016年7月4日）讀。

朐與喉

《赤鵠》："晋（巫）鶩（烏）乃歝少（小）臣之朐（喉）渭（胃）。"

朐與溝

《目録》："朐（溝）養（癢）。"按，"朐（溝）"字從魏啟鵬、胡翔驊《馬王堆漢墓醫書校釋（壹）》（成都出版社，1992年，113頁）讀。下同。

《溝癢》："朐（溝）養（癢）。"。

昫與昫

《二年·秩律》："陰密、郁郅、薗（鹵）、楬邑、歸德、昫（昫）衍。"按，整理者釋"昫"爲"朐"。不確，但讀作"昫"則可從。

袧與句

《守法》："☐眾少裾（倨）袧（句）而應之，此守城之數也。"

筍與苟

《周病方》："某病齲齒，筍（苟）令某齲已，請獻驪牛子母。"

《周病方》："某病齒齲，筍（苟）能令某齲已，令若毋見風雨。"

《周病方》："筍（苟）令某齲已，予若叔（菽）了〈子〉而徼之齲已。"

《周病方》："先農筍（苟）令某禾多一邑，先農桓（恆）先泰父食。"

《周病方》："某爲農夫畜，農夫筍（苟）如□□，歲歸其禱。"

《周病方》："若筍（苟）令某瘧已，□₌□₌□言若☐。"

《天乙·無毒》："言西（酒）甘□□子之，惡主筍（苟）把毒毆。"

《治官》："臨財見利，不取筍（苟）富；臨難見死，不取筍（苟）免。"

《奏讞書》："毛筍（苟）不與講盗牛，覆者訊毛。"

《戰國四》："王筍（苟）有所善而欲用之，臣請爲王事之。"

《戰國一五》："秦兵筍（苟）全而君制之。"

《戰國一六》："筍（苟）有利焉，不顧親戚弟兄，若禽守（獸）耳。"

《戰國二〇》："秦王之心筍（苟）得窮齊，不難以國壹棲〈捷〉。"

《易之義》："君子筍（苟）得其冬（終），可必可盡也。"

《晏子九》："筍（苟）所求於民，不以☐。"

《晏子九》："筍（苟）所求於民，不以事逆，故下不敢犯禁也。"

《妄稽》："死生於氏（是），筍（苟）得少安。"

筍與後

《帛五行·經》："唯有德者然筍（後）能金聲而玉振之〖之〗。"

《帛五行·説》："能爲一，然筍（後）能爲君子。"按，"筍"當讀作"後"。下同。

《帛五行·説》："言舍夫五而慎其心之胃（謂）□□然筍（後）一。"

《帛五行·説》："一也者，夫五夫爲□心也，然筍（後）德之一也。"

《帛五行·説》："能駐（差）貤（池）其羽，然筍（後）能至哀。"

《帛五行·説》："不在嗺（衰）經也，然

笱（後）能至哀。”
《帛五行·説》：“雖（唯）有德者然笱（後）能金聲而玉辰（振）之。”
《帛五行·説》：“變而笱（後）能説（悦）。”
《帛五行·説》：“不説（悦）不慼，説（悦）而笱（後）能慼所慼。”
《帛五行·説》：“不慼不親，慼而笱（後）能親之。”
《帛五行·説》：“不親不愛，親而笱（後）能愛之。”
《帛五行·説》：“不愛不仁，愛而笱（後）仁。”
《帛五行·説》：“□變者而笱（後）能説（悦）仁。”
《帛五行·説》：“直而笱（後）能迣，迣也者，終之者也。”
《帛五行·説》：“不嚴不尊，嚴而笱（後）忌（己）尊。”
《帛五行·説》：“共（恭）而笱（後）禮也，有以體（體）氣也。”
《帛五行·説》：“安而笱（後）能樂，不樂无德。”
《帛五行·説》：“樂而笱（後）有悳（德）。”
《帛五行·説》：“心□然笱（後）顏（顏）色容貌溫以説（悦），變也。”
《帛五行·説》：“信其□而笱（後）能相親。”
《帛五行·説》：“築（篤）之者厚，厚親而笱（後）能相愛也。”
《帛五行·説》：“愛父，其殺愛人，仁也。言愛父而笱（後）及人也。”
《帛五行·説》：“伯者辯也，言其能柏，然笱（後）禮也。”
《帛五行·説》：“樂而笱（後）有悳（德），有德而國家與〈興〉。”
《帛五行·説》：“然笱（後）忌（己）仁而以人仁，忌（己）義而以人義。”
《帛五行·説》：“唯有天德者，然笱（後）鐖（譏）而知之。”

約與拘

《繆和》：“文王約（拘）於條（牖）里。”

約與袧

《喪服》：“常（裳），内削幅，幅三約（袧）。”

約與鉤

《引書》：“兩手約（鉤）兩股而力引。”

詢與覯

《五行》：“亦既見疌（之），亦既詢（覯）疌（之），我心則兑（悦）。”

詢與詬

《三德》：“毋（毋）詢（詬）政卿於神宋，毋（毋）享逸安。”
《帛甲老子·德經》：“受邦之詢（詬），是胃（謂）社稷之主。”
《帛乙老子·德經》：“受國之詢（詬），是胃（謂）社稷之主。”

寠與句

《三壽》：“惠民由壬（任），坸（徇）寠（句）傑（遏）悭〈悭（淫）〉。”

寠與詢

《三壽》：“諗（感）高玟（文）福（富）而昏忘寠（詢）。”

鉤與呴

《養生方》：“飲食□□□棄水已必以□□□□□氣鉤（呴）口卬（仰）之。”

鉤與扣

《性情論》：“金石之又（有）聖（聲）也，弗鉤（扣）不鳴。”

鉤與覯

《帛五行·經》：“亦既見之，亦既鉤（覯）

之，我心則說（悅）。”

鉤與流

《妄稽》：“兆（眺）目鉤（流）折（睇），蟻（蛾）犂（眉）腴（連）管（娟）。”按，“鉤折”似當讀作“流睇”。《文選·張平子〈南都賦〉》：“微眺流睇，蛾眉連卷。”可參。

頓與詬

《繫年十四》：“所不復頓（詬）於齊，母（毋）能涉白水。”

冓字聲系

冓與溝

《占夢書》：“夢□入井冓（溝）中及沒淵，居室而毋戶，封死，大吉。”

溝與講

《戰國一二》：“寡人恐梁（梁）氏之棄與國而獨取秦也，是以有溝（講）慮。”

構與屨

《繫辭》：“易曰：‘構（屨）校滅止（趾），無咎也者。’此之謂也。”按，今本構作屨，唐石經、岳本、閩本、監本、毛本均作“屨”。作“屨”是。參《十三經注疏》（中華書局，1980年，92頁）阮元校勘記。

蠎與溝

《陳忌問壘》：“疾（蒺）利（藜）者，所以當蠎（溝）池也。”

講與冓

《鄘風》：“中講（冓）□□。”

購與構

《要》：“天地困（混），萬勿（物）潤，男女購（構）請（精）而萬物成。”

口字聲系

口與漏

《禁》：“定冬水冰，血氣堇凝（凝），毋以聚眾夬（決）口（漏）□澤通水。若以聚眾夬（決）口（漏）□澤通水，其鄉曲殚（頹）。”

《禁》：“⧄不口（漏）澤，不用數□⧄。”

寇字聲系

寇與桷

《帛易·漸》：“六四，鳿（鴻）漸于木，或直（得）其寇（桷），𣪠，无咎。”按，今本寇作桷。

區字聲系

區與樞

《繫辭》：“言行，君子之區（樞）幾（機）。”

《繫辭》：“區（樞）幾（機）之發，營（榮）辰〈辱〉之斗（主）也。”

區與毆

《妄稽》：“身若胃（猬）棘，必好抱（捊）區（毆）。”按，“區（毆）”字從王寧《讀北大簡四〈妄稽〉零識》（簡帛網，2016年7月14日）讀。

區與甌

《癃病》：“合而一區（甌）。”按，“區（甌）”字從馬繼興《馬王堆古醫書考釋》（湖南科學技術出版社，1992年，461頁）讀。

區與驅

《史蕾》：“内（納）牙（與）賜（貨），幽（流）色牙（與）西（酒），大鐘貞（鼎），美宙（宫）室，區（驅）軖（騁）畋邋（獵），与（舉）獄諮（訟），此所以遾（失）⧄。”

《皇門》：“乃隹（維）訯₌（汲汲）疋（胥）區（驅）疋（胥）敎（教）于非彝。”

區與詬

《皇門》：“我王訪良言於是人，斯乃非休悳（德）以𢡱（應），乃隹（維）乍（詐）

區（詬）以畲（答），卑（俾）王之亡（無）依亡（無）蕢（助）。”

區與厚

《語叢三》：“悳（德）至區（厚）者，戔者至亡閒。”按，“區（厚）”字從黃傑《説楚簡中的兩個“區”字》（《簡帛》第十三輯，2016年11月）讀。

摳與握

《北大老子》：“骨弱筋柔而摳（握）固，未智（知）牝牡之合而狻（朘）怒。”

傴與奧

《少牢》：“司宫延（筵）于傴（奧），祝設几于延（筵）上，右之。”

歐與嘔

《陰陽脈甲》：“食欲歐（嘔），得後與氣則怢〈快〉然衰，是鉅陰脈（脈）主治。”

《陰陽脈乙》：“上當走心，使腹張（脹），善意（噫），食則欲歐（嘔）。”

《一類》：“☐鬲（膈）上[當]歐（嘔），在鬲（膈）下當泄。”

歐與毆

《天乙·反支》：“以歐（毆）治（笞）人者，必蓐（辱）。”

歐與驅

《傷痙》：“下膏勿絶，以歐（驅）寒氣。”

毆與驅

《猩敞》：“禄等亡居荑（夷）道界中，有廬舍，欲毆（驅）從禄。”

軀與軀

《答問》：“可（何）謂‘羊軀（軀）’？”

《答問》：“‘羊軀（軀）’，草實可食殹（也）。”

貙與樞

《脈書》：“夫留（流）水不腐，戶貙（樞）不橐（蠹）。”

𡟫與姝

《邶風》：“☐女其𡟫（姝），☐我乎城隅。”

按，“𡟫”字左殘。

具字聲系

具與俱

《舜》：“何故而陰與人具（俱）生而先身去？”

《芮良夫》：“褱（懷）忞（慈）學（幼）溺（弱）、羸（鰥）寡、貹（煢）蜀（獨），萬民具（俱）慭（慭），邦甬（用）昌窸（熾）。”

《命訓》：“六亟（極）既達，九迁（間）具（俱）寊（塞）。”

纍與羣

《養生方》：“取牛車枲纍（羣）帶之，欲疾，一約之。”

纍與鉤

《天下至道》：“七曰廁（側）枸（鉤），八曰上纍（鉤）。”

《天下至道》：“上纍（鉤）者，下不級（及）心也。”

禺字聲系

禺與偶

《語叢四》：“佖（匹）婦禺（偶）夫，不智（知）其向（鄉）之小人君子。”按，“禺（偶）”字從陳偉《郭店竹書別釋》（湖北教育出版社，2002年，236頁）讀。

《天乙·即有生》：“投日、辰、星而参（三）合之，奇者男殹，禺（偶）者女殹。”

禺與寓

《服傳甲》：“寄公爲所禺（寓）。”

《服傳甲》：“何以爲所禺（寓）服資（齊）衰三月也？言與民同也。”

《服傳乙》：“何以爲所禺（寓）服資（齊）衰三月也？言與民同也。”

《服傳乙》：“寄公爲所禺（寓）。”

《喪服》：“寄公爲所禺（寓）。”

禺與遇

《三德》："女（如）反之，必禺（遇）凶央（殃）。"

《日甲·歲》："以東大羊（祥），南旦（殫）亡，西禺（遇）英（殃），北數反其鄉。"

《日甲·歲》："以南大羊（祥），西旦（殫）亡，北禺（遇）英（殃），東數反其鄉。"

《日甲·歲》："以西大羊（祥），北旦（殫）亡，東禺（遇）英（殃），南數反其鄉。"

《日甲·行》："有爲而禺（遇）雨，命曰央（殃）蚤（早）至。"

《日甲·吏》："晝見，禺（遇）奴（怒）。"

《日甲·吏》："申，朝見，禺（遇）奴（怒）。"

《日甲·吏》："日虒見，有告，禺（遇）奴（怒）。"

《日乙·見人》："亥以東南得，北吉，西禺（遇）□。"

《日乙·有疾》："甲乙有疾，禺（遇）御於豕肉，王父欲殺，生人爲姓（眚）。"

《天乙·貞在》："卜疾人三禺（遇）黃鐘死，卜事君吉。"

《蓋廬》："適（敵）人陳（陣）以實，吾禺（遇）以希。"

《蓋廬》："適（敵）人鄉（嚮）我以心，吾以胠禺（遇）之。"

《蓋廬》："皮（彼）人陳（陣）以實，吾禺（遇）以希。"

《五正》："以禺（遇）之（蚩）尤，因而禽（擒）之。"

《正亂》："黃帝身禺（遇）之（蚩）尤，因而㑒（擒）之。"

《戰國一九》："舜雖賢，非適禺（遇）堯，不王也。"

《毒烏喙》："禺（遇）人毒者。"

《帛易·豐》："初九，禺（遇）其肥（配）主，唯（雖）旬，无咎，往有尚。"

《帛易·豐》："九四，豐其剖（蔀），日中見斗，禺（遇）其夷主，吉。"

《曲將》："☐臣之能曲將之法，我使夸用而好見功伐於將長者，使之先禺（遇）之。"

《荊決》："氣（既）已行之，乘雲冥冥，行禺（遇）大神。"

《荊決》："泰（大）官甚敬，身獨禺（遇）惡。"

禺與隅

《老子》乙："大方亡禺，大器曼成。"按，今本禺作隅。

《帛乙老子·德經》："大方无禺（隅），大器免（晚）成。"

禺與愚

《帛甲老子·道經》："我禺（愚）人之心也，惷（沌）惷（沌）呵（兮）。"

禺與虞

《湯丘》："民人皆紑（憔）禺（虞）瑟＝（瑟瑟）。"按，"禺"似當讀作"虞"。《大戴禮記·文王官人》："營之以物而不虞。"王聘珍《解詁》："虞，憂也。"

偶與耦

《泰射》："卑者與尊者爲偶（耦），不異侯。"

《泰射》："述（遂）比三偶（耦）。"

《泰射》："卒，述（遂）命三偶（耦）取弓矢于次。"

《泰射》："偶（耦）㔾（俟）于次比，西面北上。"

《泰射》："司射適次，作上偶（耦）射。"

《泰射》："三偶（耦）卒射，亦如之。"

《泰射》："曰：'三偶（耦）卒射。'"

《泰射》："司射東面于大夫之西比偶（耦）。"

《泰射》："卒，述（遂）比眾偶（耦）。"

《泰射》："若右（有）士與大夫爲偶（耦），則以大夫之偶（耦）爲上。"
《泰射》："命大夫之偶（耦）曰：'子與某子射。'"
《泰射》："諸公、卿則以偶（耦）告于上，大夫則降，復位而後告。"
《泰射》："命眾偶（耦），如命三偶（耦）之辤（辭）。"
《泰射》："述（遂）命三偶（耦）各與其偶（耦）梒（拾）取矢。"
《泰射》："一偶（耦）出，西面揖，當楅北面揖，及楅揖。"
《泰射》："揖，以偶（耦）左瞏（還），上射於左。"
《泰射》："一偶（耦）揖，升如初。"
《泰射》："三偶（耦）卒射。"
《泰射》："諸公、卿則適次，繼三偶（耦）以南。"
《泰射》："出，西面揖，揖如三偶（耦），升射。"
《泰射》："卒射，降如三偶（耦），適次，澤（釋）弓挩（説）決、拾，襲，反位。"
《泰射》："三偶（耦）及眾射者皆升，飲射爵于西階上。"
《泰射》："一偶（耦）出，揖如升射。"
《泰射》："升飲者如初，三偶（耦）卒飲。"
《泰射》："若賓、諸公、卿、大夫不勝，則不降，不執弓，偶（耦）不升。"
《泰射》："命三偶（耦）皆但（袒）、決、述（遂），執弓，徐（序）出取矢。"
《泰射》："三偶（耦）柙（拾）取泰如初，小射正作取矢如初。"
《泰射》："三偶（耦）既取矢。"
《泰射》："偶（耦）揖進，坐兼取乘矢。"
《泰射》："大夫進坐，亦兼取乘矢，如其偶（耦）。"
《泰射》："大夫與其偶（耦）皆適次，擇（釋）弓，挩（説）決、拾，襲，反位。"
《泰射》："眾射者繼柙（拾）取矢，皆如三偶（耦）。"
《泰射》："一偶（耦）揖升如初。"
《泰射》："三偶（耦）卒射，賓待于物如初。"
《泰射》："三偶（耦）及諸公、卿、大夫、眾射者皆但（袒）、決、述（遂）。"

勛與遇

《子產》："虘勛（溫）和憙（喜），可用而不勛（遇）大₌或₌（大國，大國）古（故）肎（肯）乍（作）其悔（謀）。"

遇與禺

《周易·豐》："九四：豐其坿（蔀），日中見斗，遇其𡰥（夷）宔（主），吉。"按，帛書本遇作禺。

堣與寓

《叢辰》："以堣（寓）人，敚（奪）之室。"

堣與遇

《窮達》："舜耕於鬲（歷）山，匋（陶）笞（拍）於河匠（浦），立而爲天子，堣（遇）堯也。"
《窮達》："堣（遇）不堣（遇），天也。"
《窮達》："孫雪（叔）三弜（謝）邸（期）思少司馬，出而爲命（令）尹，堣（遇）楚臧（莊）也。"
《窮達》："穿（窮）四沔（海），至（致）千里，堣（遇）造古（故）也。"
《窮達》："㕣（皋）𦅫（陶）衣胎（枲）蓋（褐）冒（帽）袶（絰）冡（冢）慬（巾），𥃲（釋）板筥（築）而差（佐）天子，堣（遇）武丁也。"
《窮達》："关（管）寺（夷）虐（吾）寍（拘）𦅫（囚）束縛，𥃲（釋）杙（桎）榛（柙）而爲者（諸）侯相，堣（遇）齊逗（桓）也。”
《窮達》：“郘（呂）皇（望）爲牂（臧）棗（棘）潪（津），戰監門棗陛，行年七十而賭（屠）牛於朝訶（歌），興而爲天子帀（師），堣（遇）周文也。”
《窮達》：“白（百）里迴（轉）迭（鬻）五羊，爲敀（伯）斀（牧）牛，叡（釋）板（鞭）栓（箠）而爲𠕇卿，堣（遇）秦穆。”
《唐虞》：“古者堯生於天子而又（有）天下，聖以堣（遇）命，𢗼（仁）以遺（逢）旹（時），未嘗□。”
《叢辰》：“迈（蹠）四方埜（野）外，必無堣（遇）寇逃（盜），必兵。”

遇與寓

《相宅》：“盍（蓋）西南之遇（寓），孝₌（君子）凥（居）之，幽（怮）悞（懝）不出。”
《相宅》：“盍（蓋）東南之遇（寓），君子凥（居）之□夫□□□。”
《相宅》：“盍（蓋）西北之遇（寓），芒（亡）倀（長）子。”
《相宅》：“盍（蓋）東南之遇（寓），□□凥（居），必又（有）□□出□□。”
《相宅》：“遇（寓），不可以抒（序）。凡宮垛於西南之南，凥（居）之貴。”
《相宅》：“□□不竺（築），東北之遇（寓），西南之□。”
《日乙·楚除》：“而遇（寓）人，人必奪其室。”

遇與愚

《周易·睽》：“九二：遇宔（主）于衢（巷），亡（无）咎。”按，帛書本遇作愚。下三例同。
《周易·睽》：“九四：楑（睽）佤（孤），遇元夫，交孚，厲亡（无）咎。”
《周易·夬》：“九厽（三）：藏（壯）于頄，又（有）凶。君子夬₌（夬夬），蜀（獨）行遇雨，女（如）雺又（有）厲，亡（无）咎。”
《周易·小過》：“上六：弗遇𨑩（過）之，飛鳥羅（離）之，凶，是胃（謂）亦㣇（災）褙（眚）。”
《守權》：“遇（愚）夫僮婦無不敝（蔽）城盡資。”

愚與寓

《春秋一六》：“吾聞之，賢者死忠以辱〈振〉尤而百姓愚（寓）焉。”按，《管子·大匡》“愚”作“寓”。

愚與遇

《帛易·小過》：“六二，過其祖，愚（遇）其比（妣），不及其君，愚（遇）其僕，无咎。”
《帛易·小過》：“九四，无咎，弗過愚（遇）之，往厲必革（戒），勿用永貞。”
《帛易·小過》：“尚（上）六，弗愚（遇）過之，翡（飛）鳥羅（離）之，凶。是謂茲（災）省（眚）。”
《帛易·夬》：“九三，牀（壯）于額（頄），有凶。君子缺（夬）缺（夬），獨行愚（遇）雨若濡。有溫（慍），无咎。”
《帛易·睽》：“九二，愚（遇）主于巷，无咎。”
《帛易·睽》：“九四，乖（睽）苽（孤）愚（遇）元夫，交復（孚），厲，无咎。”
《帛易·睽》：“非（匪）寇，闉（婚）厚（媾）。往愚（遇）雨，即（則）吉。”
《帛易·噬嗑》：“六三，筮（噬）臘肉，愚（遇）毒。少（小）閵（吝），无咎。”
《帛易·噬嗑》：“六五，筮（噬）乾肉，愚（遇）毒，貞厲，无咎。”

耦與遇

《日甲·除》：“之四方野外，必耦（遇）寇盜，見兵。”

𡋦禺與踽

《唐風》：“獨行𡋦禺₌（踽踽）。”按，“𡋦禺”字左殘。

后字聲系

后與後

《唐虞》：“北（必）正其身，肰（然）后（後）正世，聖道備歖（矣）。”

《帛五行·經》：“能爲一，然后（後）能爲君子，君子慎其獨[也]。”按，“后”當讀作“後”。

《春秋九》：“負路（賂）以塞后（後）憂□之□□□□□□□□□功大矣而不賞。”按，“后（後）”字從裘錫圭《帛書〈春秋事語〉校讀》（《湖南省博物館館刊》第1期，《船山學社》雜誌社編輯出版，2004年7月）讀。

《春秋一三》：“故□□□□□□□□□於百姓，上下无郤（隙），然后（後）可以濟。”按，整理者直接釋“后”爲“後”。不確。

《戰國一五》：“楚、趙怒於魏之先己也，必爭事秦，從（縱）已散而君后（後）擇焉。”

《乾瘙》：“取茹盧（蘆）本，鳖（齏）之，以酒漬之，后（後）日一夜，而以[塗]之，已。”按，“后（後）”字從裘錫圭《馬王堆醫書釋讀瑣議》（《古文字論集》，中華書局，1992年，525頁）釋讀。

《要》：“君子安其身而後勭（動），易其心而后（後）評（呼），定【其】位而后（後）求。”按，“后（後）”字從池田知久《〈馬王堆漢墓帛書周易〉要篇之研究》（《東洋文化研究所紀要》第一百二十三冊，1994年2月，156頁）釋讀。下一例同。

《要》：“諱而辟（避）咎，然后（後）易始興也。”

《阜春六》：“寇罷而后（後）復來，請姑使狗希（豨）毋☐。”

《曹氏》：“時者，理₌謝₌終₌始₌（理序終始，理序終始）而神₌咳₌（神該，神該）而智₌瀿₌（智繁，智繁）然后（後）生具象焉。”按，“后”似當讀作“後”。

《揕輿》：“唯（雖）不當是日與是星，后（後）其方之辰與其星，其三月。”

《服傳甲》：“父必三年然后（後）娶，達子之志也。”

《服傳甲》：“必嘗同居，然后（後）爲異居；未嘗同居，不爲異居。”

《燕禮》：“受賜者以爵就庶（席）坐，公卒爵，祭〈然〉后（後）飲。”

《燕禮》：“君與射，則爲下射，袒朱襦，樂作而后（後）就物。”

《泰射》：“上射既發，挾矢，而后（後）下射射，拾發以將乘矢。”

《泰射》：“司馬澤（釋）弓，反位，而后（後）卿、大夫升就席。”

《泰射》：“公樂作而后（後）就物，稍屬，不以樂志，其也（他）如初義（儀）。”

《泰射》：“受賜者以爵就席坐，公卒爵，然后（後）飲。”

《服傳乙》：“父必三年然后（後）娶，達子之志也。”

《服傳乙》：“必嘗同居，然后（後）爲異居。”

后與茍

《春秋九》：“后（茍）入我□正（政）必[寧]氏之門出，蔡（祭）則我也。”

《易之義》：“后（茍）非其人，則道不[虛行]。”

后與厚

《體積》：“城下后（厚）三丈，上后（厚）二丈，高三丈，袤丈，爲積尺七千五百尺。”

《體積》：“术（術）曰：上后（厚）乘上袤，

下后（厚）乘下袤，并之。”

《體積》：“有（又）稓置六□城下后（厚）三丈□二□。”

詬與媾

《帛易·賁》：“六四，蘩（賁）茹（如）蕃（皤）茹（如），白馬榦（翰）茹（如），非（匪）寇閩（婚）詬（媾）。”

《帛易·震》：“辰（震）不于其躳（躬），于其鄰，往无咎。閩（婚）詬（媾）有言。”

後字聲系

後與后

《士相見》：“退，坐取屨，隱辟而後（后）屨。”

後與厚

《鄭子甲》：“天後（厚）楚邦，囟（使）爲者（諸）侯正。”按，“後（厚）”字從侯乃峰《〈上博（七）·鄭子家喪〉“天後（厚）楚邦”小考》（復旦大學出土文獻與古文字研究中心網，2009年1月6日）讀。下同。

《鄭子乙》：“天後（厚）楚邦，囟（使）爲者（諸）侯正。”

詯與厚

《容成氏》：“詯（厚）樂於酉（酒），尃（溥）亦（夜）以爲槿（淫）。”

厚字聲系

厚與蓐

《曹沫》：“乃□□厚（蓐）飤（食），思（使）爲前行。”按，“厚（蓐）”字從陳劍《上博竹書〈曹沫之陳〉新編釋文》（簡帛研究網，2005年2月12日）讀。

厚與媾

《帛易·屯》：“六二，屯如壇（邅）如，乘馬煩（班）如，匪寇閩（婚）厚（媾）。”

《帛易·屯》：“六四，乘馬□如，求閩（婚）厚（媾），往吉，无不利。”

《帛易·睽》：“非（匪）寇，闠（婚）厚（媾）。往愚（遇）雨，即（則）吉。”

侯字聲系

侯與候

《秦律·内史雜》：“侯（候）、司寇及群下吏毋敢爲官府佐、史及禁苑憲盜。”

《雜抄》：“爲（僞）聽命書，灋（廢）弗行，耐爲侯（候）。”

《雜抄》：“當（倘）除弟子籍不得，置任不審，皆耐爲侯（候）。”

《天乙·候歲》：“□□二月□□侯（候）歲：戊雨，堇（堇）蒿毆。”

《癸瑣》：“癸、瑣等當耐爲侯（候），令瑣等環（還）癸等錢。”

《臊者》：“侯（候）天甸（電）而兩手相靡（摩），鄉（嚮）甸（電）祝之。”

《三十時》：“侯（候）燕始下，可以鼓舞，天不陰雨。”

侯與喉

《陰陽脈乙》：“領〈頷〉甬（痛），侯（喉）淠（痹），臂甬（痛），肘甬（痛），爲四病。”

《天下至道》：“侯（喉）息，下咸土（吐）陰光陽；槫（喘）息，氣上相薄，自宮（宮）張。”

侯與猴

《題記》：“木（沐）侯（猴）讙引炅（熱）中。”按，原文本作“木侯讙引炅中”，整理者直接讀寫作“沐猴讙引熱中”。

侯與瘊

《天甲·支占盜》：“盜從西方入，復從西方出，再（側）在囷屋東㕎水旁，名曰灌，有黑子侯（瘊）。”

《天乙·支占盜》：“盜從西方入，復從西

方出，再（側）在囷屋東屍水旁，名曰灌。有黑子侯（瘊）。”

侯與豭

《算數書・羽矢》：“羽二喉（豭）五錢。今有五十七分侯（豭）卌〈卅〉七，問得幾何？”

侯與後

《二年・置後律》：“關内侯後子爲關内侯，卿侯（後）子爲公乘。”

候與侯

《答問》：“‘賫玉’，者（諸）候（侯）客節（即）來使入秦，當以玉問王之謂殹（也）。”

候與喉

《天下至道》：“五言〈音〉：一曰候（喉）息，二曰槅（喘）息，三曰纍哀，四曰疢（吹），五曰齘（齧）。”

候與猴

《胎產書》：“毋使朱（侏）儒，不觀木（沐）候（猴），不食茵（蔥）薑，不食兔羹。”

喉與豭

《算數書・羽矢》：“羽二喉（豭）五錢，今有五十七分侯（豭）卌〈卅〉七，問得幾何？”

猴與篌

《天乙・殘篇》：“蕭（簫）猴（篌），男子如射（麝）麋，女子如鴿聞聲殹，如此者閒事。”

睺與喉

《脈書》：“在睺（喉）中，痛，睺（喉）踝〈踝（痹）〉殹（也）。”

《脈書》：“領〈頷〉痛，睺（喉）踝〈踝（痹）〉，肩痛，肘外痛，爲四病。”

《引書》：“引睺（喉）痹，無（撫）乳，上舉頤，令下齒包上齒，力印（仰），三而已。”

《引書》：“撫心舉頤以利睺（喉）胭（咽），臯栗以利柎項，虎雇（顧）以利項尼。”

《蟲蝕》：“□□在於睺（喉），若在它所，其病所在曰□□□□□□□□□□霰（核）。”

魚部第五

巴字聲系

牠與把

《奏讞書》："牠（把）曰：不亡牛。"

《奏讞書》："史騰訊毛謂盜牠（把）牛，騰曰誰（誰）與盜？"

《奏讞書》："謂毛：牠（把）不亡牛，安亡牛？"

杷與把

《引書》："其在右手，左手杷（把）右捾（腕），前後榣（搖）之，千而休。"

夫字聲系

夫與扶

《趙正書》："王死而胡亥立，即殺其兄夫（扶）胥（蘇）、中尉恬。"

《趙正書》："秦王胡亥弗聽，遂行其意，殺其兄夫（扶）胥（蘇）、中尉恬，立高爲郎中令，出斿（遊）天下。"

夫與芙

《安稽》："夫（芙）容（蓉）江離，蘭名〈茖〉熏（薰）妨（芳）。"

扶與匍

《安稽》："尚（上）堂扶（匍）服（匐），卑耳户樞。"按，"扶（匍）"從陳劍《〈安稽〉〈反淫〉校字拾遺》（復旦大學出土文獻與古文字研究中心網，2016年7月4日）讀。

扶與撫

《趙正書》："有（又）欲起屬車萬乘以扶（撫）天下，曰：'且與天下更始。'"

芙與蒲

《容成氏》："墨（禹）既已受命，乃卉備（服）蓋（箬）若（箬），冒（帽）芙（蒲）執（笠）□足□☐面軌（乾）鮨（皵），脛（脛）不生之毛，□湿湝流。"按，"芙（蒲）"字從陳劍《上博楚簡〈容成氏〉與古史傳説》注30（臺灣"中央研究院"史語所"中國南方文明研討會"論文，2003年）讀。

《慎子》："首沓（戴）茅芙（蒲），櫂（撰）筱（銚）執檀（鉏），送（蹲）畎備（伏）畞〈旹（畝）〉，必於☐。"按，"芙（蒲）"字從何有祖《〈慎子曰恭儉〉劄記》（簡帛網，2008年7月5日）讀。

敷與傅

《良臣》："武丁又（有）敷（傅）鴋（説），又（有）保奐（衡）。"

栿與扶

《北蒼·魚》："嬰捐（娟）媥嬞，柳櫟檀柘，枉橈枝栿（扶）。"

《反淫》："西游昆（崑）侖（崙），東觀栿（扶）桑。"

栿與枯

《禁》："不效天之道，□地之宜，五穀不番（蕃），六畜不遂，草木檮（凋）栿（枯），萬物果蓏不成。"

肤與逋

《周易·訟》："九二：不克訟，歸肤（逋），其邑人厽（三）四戶，亡（无）禬（眚）。"

肤與膚

《周易·睽》："六五：悔（悔）亡，隥宗噬（噬）肤（膚），敳（往）可（何）咎。"

《周易·夬》："九四：誫（臀）亡（无）肤（膚），其緀（次）疋（且）。芒（亡）羊悔（悔）亡，聑（聞）言不終。”

《周易·姤》：“九厽（三）：諓（臀）亡（无）肤（膚），其行緀（次）疋（且），厲，亡（无）大咎。”

誅與簠

《帛易·坎》：“六四，尊（樽）酒巧（簋）誅（簠）用缶，人〈入（納）〉葯（約）自牖，終无咎。”按，“誅（簠）”字從于豪亮《帛書〈周易〉》（《文物》1984年3期）釋讀。

𢼸與胡

《繫年十九》：“競（景）坪（平）王即殜（世），卲（昭）王即立（位），陳、鄀（蔡）、𢼸（胡）反楚，與吳人伐楚。”

《繫年十九》：“卲（昭）王既復邦，安（焉）克𢼸（胡）、回（圍）鄀（蔡）。”

父字聲系

父與㕮

《雜療方》：“取空壘二斗，父（㕮）且（咀），段之，□□成汁。”

《一類》：“蜀椒一升，付（附）子廿果（顆），皆父（㕮）【咀】。”

《二類》：“凡七物皆父（㕮）且（咀），漬以淳（醇）酒五升，卒（晬）時。”

《二類》：“凡四物皆冶父（㕮）且（咀），置銅器中。”

《二類》：“皆並父（㕮）且（咀）。”

《木牘》：“凡十物皆父（㕮）且（咀）。”

《木牘》：“半夏毋父（㕮）且（咀），洎水斗六升，炊令六沸。”

《木牘》：“皆父（㕮）且（咀）之。”

《木牘》：“凡四物父（㕮）且（咀），漬以淳（醇）醯三升。”

父與輔

《阜易·咸》：“□其父（輔）□□。”

《阜易·艮》：“艮其父（輔）。”

《妄稽》：“好聲宜笑，厭（靨）父（輔）之有巽（選）。”

父與膚

《阜易·剝》：“□四，僕（剝）牀以父（膚），兇（凶）。”

仪與父

《帛甲老子·道經》：“自今及古，其名不去，以順眾仪（父）。”

《帛甲老子·道經》：“吾何以知眾仪（父）之然？以此。”

仪與傅

《鮑叔牙》：“高宗命仪（傅）𩣡（說）量之以祭，既祭安（焉），命行先王之灋。”

布與甫

《荊決》：“布（甫）有美人，弗召自來。”

布與補

《天下至道》：“精羸（羸）必舍，精夬（缺）必布（補），布（補）舍之時，精夬（缺）爲之。”

布與邦

《戰國二一》：“秦盡韓、魏之上黨，則地兵〈與〉王布（邦）屬壤芥（挈）者七百里。”

斧與釜

《周病方》：“取大白礜，大如母（拇）指，置晉（煎）斧（釜）中，涂而燔之。”

斧與補

《見威王》：“昔者，神戎（農）戰斧（補）遂。”

杈與輔

《性自》：“又（有）其爲人之㝬女（如）也，弗杈（輔）不足。”按，“杈（輔）”字從李零《郭店楚簡校讀記（增訂本）》（北京大學出版社，2002年，107頁）讀。

肞與輔

《帛易·艮》：“六五，根（艮）其肞（輔），言有序，悔亡。”

《帛易・咸》：“尚（上）六，欽（咸）其胶（輔）陕（頰）舌。”

紋與黼

《鮑叔牙》：“又（有）嗣（司）祭備（服）毋紋（黼），器必蠲悳（潔），毋内錢器，犠（犧）生（牲）珪璧必全。”按，“紋（黼）”字從季旭昇《上博五芻議（上）》（簡帛網，2006年2月18日）、唐洪志《上博（五）劄記（兩則）》（簡帛網，2006年3月8日）讀。

緻與敷

《季桓子》：“上不皋〈罕（親）〉急（仁），而緻（敷）〖専〗聒（聞）其訇（辭）於遠（逸）人唐（乎）？”按，“緻（敷）”字從陳劍《〈上博（六）・孔子見季桓子〉重編新釋》（復旦大學出土文獻與古文字研究中心網，2008年3月22日）讀。

釜與圃

《春秋一一》：“公使人戕（攻）隱公□□釜（圃）。”

釜與斧

《吳命》：“又（有）軒轅（冕）之賞，或又（有）釜（斧）戉（鉞）之愄（威）。”

鈙與斧

《申公》：“臣为君王臣，君王免之死，不以厝〈辱〉鈙（斧）疐（鑕），可（何）敢心之又（有）？”按，“鈙（斧）”字從陳偉《讀〈上博六〉條記》（簡帛網，2007年7月9日）、何有祖《讀〈上博六〉劄記》（簡帛網，2007年7月9日）釋讀。

頌與父

《周易・咸》：“上六：欽（咸）頌（輔）夾（頰）舌。”按，阜陽漢簡本頌（輔）作父。下同。

《周易・艮》：“六五：艮其頌（輔），言又（有）舒（序），悔（悔）亡。”

頌與胶

《周易・咸》：“上六：欽（咸）頌（輔）夾（頰）舌。”按，帛書本頌（輔）作胶。下同。

《周易・艮》：“六五：艮其頌（輔），言又（有）舒（序），悔（悔）亡。”

頌與輔

《周易・咸》：“上六：欽（咸）頌（輔）夾（頰）舌。”

《周易・艮》：“六五：艮其頌（輔），言又（有）舒（序），悔（悔）亡。”

甫與父

《耆夜》：“郘（吕）上（尚）甫（父）命爲司政（正），監歙（飲）酉（酒）。”

甫與蒲

《繫年十九》：“秦異〈畢〉公命子甫（蒲）、子虎衛（率）自（師）栽（救）楚，與楚自（師）會伐陽（唐），閒（縣）之。”

甫與輔

《天子甲》：“肙₌（日月）得其甫（輔），想（相）之以玉枓（斗）。”按，“甫（輔）”字從蘇建洲《讀〈上博（六）・天子建州〉筆記》（簡帛網，2007年7月22日）釋讀。下同。

《天子乙》：“肙₌（日月）直（得）其甫（輔），想（相）之以玉枓（斗）。”

哺與捕

《老子》甲：“蟲（蜎）蠆₌（蠆虺）它（蛇）弗蓋，攫鳥猷（猛）獸弗哺。”按，帛書乙本哺作捕。“哺”字原形作“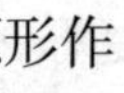”，左旁所從即“甫”字殘文。整理者及以往諸家均將此字釋爲“扣”。不確。

哺與搏

《老子》甲：“蟲（蜎）蠆₌（蠆虺）它（蛇）弗蓋，攫鳥猷（猛）獸弗哺。”按，今本哺作搏。“哺”字原形作“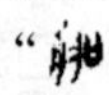”，左旁所從即

“甫”字殘文。整理者及以往諸家均將此字釋爲“扣”。不確。

娒與嫫

《北萏・支》：“魃移娒（嫫）再，簟晕輴（輴）解。”

尃與傅

《説命上》：“王命氒（厥）百攻（工）向（像），以貨旬（營）求敓（説）于邑人，隹（惟）弜（罪）人得敓（説）于尃（傅）厰（巖）。”

《説命上》：“尃（傅）敓（説）之命。”

《説命中》：“敓（説）逨（來）自尃（傅）厰（巖），才（在）礜（殷）。”

《説命中》：“尃（傅）敓（説）之命。”

《説命下》：“尃（傅）敓（説）之命。”

《子產》：“子產尃（傅）於六正，與善爲徒，以谷（慾）事不善，母（毋）兹憘（違）悑（拂）其事。”

尃與博

《五行》：“障（尊）而不喬（驕），共（恭）也；共（恭）而尃（博）交，豊（禮）也。”按，“尃（博）”字從李零《郭店楚簡校讀記（增訂本）》（北京大學出版社，2002年，80頁）讀。

《尊德義》：“尃（博）不足以智（知）善，快（慧）不足以智（知）侖（倫），殺不足以勳（勝）民。”

《語叢一》：“其智（知）尃（博），肰（然）句（後）智（知）命。”

《語叢二》：“旻（文）生於豊（禮），尃（博）生於旻（文）。”按，“尃（博）”字從李零《郭店楚簡校讀記（增訂本）》（北京大學出版社，2002年，170頁）讀。

《彭祖》：“于（吁）！女（汝）孿₌（幼子）尃（博）昏（問），舍（余）告女（汝）人綸（倫）。”按，“尃（博）”字從湯志彪《上博簡（三）〈彭祖〉篇校讀瑣記》（《江漢考古》2005年3期）讀。

《顏淵問》：“攸（修）身以先，則民莫不從矣；前以尃（博）怎〈炁（愛）〉，則民莫遺新（親）矣。”按，“尃（博）”字從復旦吉大古文字專業研究生聯合讀書會《〈上博八・顏淵問於孔子〉校讀》（復旦大學出土文獻與古文字研究中心網，2011年7月17日）讀。

《管仲》：“既埶（設）承，既立楠（輔），僉（斂）之晶〈厽（三）〉，尃（博）之以五，其侌（陰）則晶〈厽（三）〉，其昜（陽）則五。”

尃與溥

《成之》：“及其尃（溥）長而厚大也則聖，人不可由與皇之。此以民皆又（有）眚（性）而聖人不可莫也。”按，“尃（溥）”字從陳偉《郭店竹簡別釋》（湖北教育出版社，2002年，142頁）讀。

《詩論》：“《邦風》，其内（納）勿（物）也尃（溥），觀人谷（俗）安（焉），大僉（斂）材安（焉），其言文，其聲善。”

《容成氏》：“既爲金桎，或（又）爲西（酒）池，謱（厚）樂於西（酒），尃（溥）亦（夜）以爲槿（淫），不聖（聽）其邦之正（政）。”

《金縢》：“命于帝廷（庭），尃（溥）又（有）四方。”

尃與敷

《凡物甲》：“掾（握）之不浧（盈）掾（握），尃（敷）之亡（無）所峹（容）。”

《凡物乙》：“掾（握）之不浧（盈）掾（握），尃（敷）之亡（無）所峹（容）。”

《金縢》：“命于帝廷（庭），尃又（有）四方，以奠（定）尔（爾）子孫于下陰（地）。”按，今本《尚書・金縢》和《史記・魯周公世家》尃作敷。

《祭公》：“甬（用）繼（膺）受天之命，尃（敷）聒（聞）才（在）下。”

《祭公》：“三公，尃（敷）求先王之共（恭）明悳（德）。”按，“尃（敷）”字從復旦大學出土文獻與古文字研究中心研究生讀書會《清華簡〈祭公〉研讀札記》（復旦大學出土文獻與古文字研究中心網，2011年1月5日）釋讀。

《繫年一》：“昔周武王監觀商王之不龔（恭）帝₌（上帝），禋祀不寅（畏），乃作帝钕（籍），以鼜（登）祀帝₌（上帝）天神，名之曰千畮（畝），以克反商邑，尃（敷）政天下。”

《説命下》：“弋（式）隹（惟）參（三）悳（德）賜我，虛（吾）乃尃（敷）之于百青（姓）。”

《説命下》：“攺（説），母（毋）蜀（獨）乃心，尃（敷）之于朕政。”

《琴舞》：“宿（夙）夜不解（懈），惁（懋）尃（敷）其又（有）攺（悦）。”

《三壽》：“甬（用）肖（艾）卲（昭）句（后）成湯，弋（代）傑（桀）尃（敷）又（佑）下方。”

《北蒼・耕》：“增增尃（敷）斯。”

尃與薄

《語叢一》：“悬（仁），人也；義，道也。厚於仁，薄於義，罕（親）而不障（尊）；厚于義，尃（薄）於悬（仁），障（尊）而不罕（親）。”

《競公瘧》：“□君祝攺（説）毋〈女（如）〉尃（薄）青（情）忍辠〈罕（親）〉虖（乎）？”

尃與捕

《苦成》：“姑（苦）成家父尃（捕）長魚翯（矯），梓（梏）者（諸）廷，與其妻，與其母。”

尃與補

《三壽》：“束柬（簡）和募（慕），尃（補）鞅（缺）而救枉。”

尃與輔

《老子》甲：“是古（故）聖人能尃萬勿（物）之自肰（然），而弗能爲。”按，今本和帛書本尃作輔。

《三壽》：“尃（輔）民之怂（化），民懃（勸）毋皮（罷），寺（時）名曰義。”

《子產》：“乃埶（設）六尃（輔）：子羽、子剌、鬩（蔑）明、卑登、佸（富）之支、王子百。”

尃與黼

《容成氏》：“衣不褻（疊）媺（文），飤（食）不童（重）味，朝不車逆，穜（春）不糗（毇）米，𦉥（羹）不折骨，裚（製）表（服）皾（皮）尃（黼）。”按，“尃（黼）”字從白於藍《〈容成氏〉編連問題補議》（《華南師範大學學報》2004年4期）讀。

尃與布

《三壽》：“高宗恭（恐）愳（懼），乃尃（布）語彭且（祖）曰。”按，“尃”似當讀作“布”。《左傳・昭公十六年》：“敢私布之。”杜預《注》：“布，陳也。”《國語・晉語四》：“敢私布於吏。”韋昭《注》：“布，陳也。”“布語”蓋即典籍習見之“陳言”。

《鄭武》：“孨₌（孺子）其童（重）得良臣，吏（使）戡（禦）寇也，尃（布）愊（圖）於君。”

尃與迫

《曹沫》：“其去之不速，其邍（就）之不尃（迫），其坐（啟）節不疾，此戰之幾（機）。”按，“尃（迫）”字從陳斯鵬《上海博物館藏楚簡〈曹沫之陳〉釋文校理稿》（簡帛研究網，2005年2月20日）讀。

尃與附

《忠信》：“孠[₌]（君子）其它（施）也忠，古（故）緿（蠻）罕（親）尃（附）也。”按，

“尃（附）”字從李零《郭店楚簡校讀記》（《道家文化研究》第十七輯，三聯書店，1999年）、周鳳五《郭店楚簡〈忠信之道〉考釋》（《郭店簡與儒學研究》，《中國哲學》第二十一輯，遼寧教育出版社，2000年）讀。

尃與湖

《禹王》：“墨（禹）疋（疏）江爲三，疋（疏）河爲九，百汌（川）皆道（導），賽（塞）尃（湖）卆₌（九十），夬（決）瀆三百。”按，“尃（湖）”字從蔡偉《釋“百丩旨身鯩鮨”》（復旦大學出土文獻與古文字研究中心網，2013年1月16日）引陳劍說讀。

傅與痡

《日甲・入官》：“此大敗日，取妻，不終；蓋屋，燔；行，傅（痡）；毋可有爲，日衝。”

傅與搏

《日甲・詰》：“乃解衣弗衽，入而傅（搏）者之，可得也乃。”

《引書》：“傅（搏）足離翕，䍃（蹉）卅，曰僉指。”

傅與敷

《一類》：“皆冶合，以乳汁和，盛以銅器，以傅（敷）目，良。”

《木牘》：“以駱蘇（酥）煎之，三沸，藥取以傅（敷）之，良甚。”

《木牘》：“煩狼毒，冶以傅（敷）之。”

《木牘》：“創（瘡）乾（幹）者，和以膏傅（敷）之。”

《木牘》：“煩□羅冶以傅（敷）之，良甚。”

傅與薄

《善者》：“進則傅（薄）於前，退則絕於後，左右則臽（陷）於柤（阻），墨（默）然而處，軍不免於患。”

《十問》：“毄（擊）此者，三軍之眾分而爲四五，或傅（薄）而佯北，而示之懼。皮（彼）見我懼，則遂分而不顧。”

《十問》：“駟（四）鼓同舉，五遂（隊）俱傅（薄）。五遂（隊）俱至，三軍同利。此毄（擊）員（圓）之道也。”按，“傅”似當讀作“薄”，訓爲“迫”。

傅與賦

《原官》：“均地分，節傅（賦）斂。”

《神烏賦》：“誠寫懸（？）以意傅（賦）之。”

《神烏賦》：“神烏傅（賦）。”

傅與附

《引書》：“壹倚左，信（伸）右股，厀（膝）傅（附）坨（地）。”

《引書》：“壹倚右，信（伸）左足股，厀（膝）傅（附）坨（地）。”

《擒龐涓》：“於是段（斷）齊城、高唐爲兩，直將蟻傅（附）平陵。”

《守法》：“守城之法，客四面蛾（蟻）傅（附）之，主人先知之，主人利。”

《守法》：“守城之法，適（敵）在城下，及且傅（附）攻，不□☐。”按，“傅”當讀作“附”。下同。

《守法》：“非適（敵）人傅（附）城及在城下。”

博與泊

《帛乙老子・道經》：“我博（泊）焉未垗（兆），若嬰兒未咳。”

《繆和》：“夫人盡忠於上，其於小人也，必談（淡）博（泊），知其又（有）无而□□□□。”按，“博”似當讀作“泊”。

薄與搏

《北大老子》：“䗬（蜂）蠆蚖蛇弗赫（螫），猛獸攫（玃）鳥弗薄（搏）。”

埔與薄

《競公瘧》：“夫子使其厶（私）吏聖（聽）獄于晉邦，埔（薄）情而不[illegible]。”按，“埔（薄）”字從陳偉《讀〈上博六〉條記》（簡帛網，2007年7月9日）讀。

愽與溥

《帛乙老子・德經》："脩（修）之天下，其德乃愽（溥）。"

溥與薄

《天乙・貞在》："貞在大呂，陰陽溥（薄）氣，翼凡三□，居引其心。"

《亡論》："德溥（薄）而功厚者隋（隳），名禁而不王者死。"

《合陰陽》："三曰舌溥（薄）而滑，徐屯。"

《十陣》："末不閱（鋭）則不入，刃不溥（薄）則不剸。"

《十陣》："是故末必閱（鋭），刃必溥（薄），本必鳿（鴻）。"

薄與溥

《北大老子》："脩之國，其德乃逢（豐）；脩之天下，其德乃薄（溥）。"

薄與膊

《嬰兒瘛》："取若門左，斬若門右，爲若不已，磔薄（膊）若市。"

薄與髆

《足臂脈・足》："枝之肩薄（髆）。"

薄與簿

《奏讞書》："告啓₌（啓，啓）詐（詐）薄（簿）曰治官府，疑罪。"

《奏讞書》："即薄（簿）出入所以爲衣食者，謙（廉）問其居處之狀。"

薄與浦

《反淫》："挂滂浩之艾，游同（洞）庭之薄（浦）；臨石岸之上，陰（蔭）潒（樛）楊之下。"

薄與拍

《養生方》："穆（煬）之□脩，即以椎薄（拍）段（腶）之，令澤。"按，"薄（拍）"字從周一謀、蕭佐桃《馬王堆醫書考注》（天津科學技術出版社，1988年，292頁）讀。

薄與迫

《稱》："是胃（謂）身薄（迫），身薄（迫）則貸（殆）。"

薄與普

《少牢》："敢用柔毛、剛腸（鬣）、嘉薦、薄（普）淖，用薦歲事于皇祖伯某。"

榑與薄

《易之義》："山澤通氣，火水相射，雷風相榑（薄），八卦相厝（錯）。"

敷與敷

《皇門》："是人斯壽（助）王共（恭）明祀，敷明刑。"按，今本《逸周書・皇門》敷作敷。

敷與布

《皇門》："是人斯壽（助）王共（恭）明祀，敷（布）明刑。"

敷與輔

《陳公》："執事人必善命之，命相敷（輔）緩（援）。"按，"敷（輔）"字從馬楠《〈上博九・陳公治兵〉初讀》（清華大學出土文獻研究與保護中心網，2013年4月22日）讀。

醻與薄

《十陣》："枋（方）陳（陣）之法，必醻（薄）中厚方（旁），居陳（陣）在後。中之醻（薄）也，將以吠也。重□其□，將以剸也。居陳（陣）在後，所以□□。"

餺與鎛

《泰射》："尊士旅食于西餺（鎛）之南，北面，兩員（圜）壺。"

莆與蒲

《陳公》："先君武王與郘（郧）人戰於莆（蒲）寞，帀（師）不幽（絕）。"按，"莆（蒲）"字從高佑仁《〈上博九〉初讀》（簡帛網，2013年1月8日）釋讀。

浦與輔

《繆和》："衛使攄（籧）柏（伯）玉相，子路爲浦（輔）。"

浦與怖

《妄稽》："周春大浦（怖），趣召虞士。"

逋與補

《治瘧》："有去者，輒逋（補）之，勿泅（洗）。"按，"逋（補）"字從周一謀、蕭佐桃《馬王堆醫書考注》（天津科學技術出版社，1988年，225頁）讀。

捕與撫

《金縢》："王捕（撫）箸（書）以湮（泣）。"按，今本《尚書·金縢》捕作執。"捕"似當讀作"撫"。《説文》："俌，輔也。从人甫聲。讀若撫。"《廣雅·釋詁三》："撫，持也。"王念孫《疏證》："撫，亦把也。"

郙與巴

《陳公》："酓（熊）霥（雪）子繼與郙（巴）人戰於翳州，帀（師）不𢇍（絕），安（焉）得其䝙（猨）羿（旗）。"按，"郙（巴）"字從蘇建洲《初讀〈上博九〉札記（二）》（簡帛網，2013年1月14日）讀。下同。

《陳公》："屈嘐與郙（巴）令尹戰於墭，戰而時₌（持之）。"

楠與輔

《老子》丙："是以能楠𡑞（萬）勿（物）之自肰（然），而弗敢爲。"按，今本和帛書本楠作輔。

《太一》："大（太）一生水₌（水，水）反楠（輔）大（太）一，是以成天₌（天。天）反楠（輔）大（太）一，是以成陸（地）。天[陸]（地）□□□也，是以成神₌明₌（神明。神明）復相楠（輔）也，是以成侌₌昜₌（陰陽。陰陽）復相楠（輔）也，是以成四₌時₌（四時。四時）復楠（輔）也，是以成倉〈寒〉₌然₌（寒熱。寒熱）復相楠（輔）也，是以成溼₌澡₌（濕燥。濕燥）復相楠（輔）也，成戢（歲）而走（止）。"

《王居》："不爯（稱）孯（賢）進可，以嘐（屏）楠（輔）我？則戠（職）爲民窮窗。"

《管仲》："豎（堅）磸（質）以亢（抗），吉凶侌（陰）昜（陽），遠逐（邇）卡₌（上下），可立於楠（輔）。"

《管仲》："中（仲）父，埶（設）承女（如）之可（何）？立楠（輔）女（如）之可（何）？"

《管仲》："既埶（設）承，既立楠（輔），僉（斂）之晶〈厽（三）〉，尃（博）之以五，其侌（陰）則晶〈厽（三）〉，其昜（陽）則五。"

楠與輔

《封許》："亦隹（惟）女（汝）呂丁，䡔（扞）楠（輔）珷（武王），攼（翦）敦殷受（紂），咸成商邑。"

補與黼

《王法》："諸周（雕）文、刻婁（鏤）、補（黼）紱（黻）、綦（纂）組、鍼緋（綫）之事。"

誧與甫

《答問》："家人之論，父時家罪殹（也），父死而誧（甫）告之，勿聽。"

《答問》："葆子以上，未獄而死若已葬，而誧（甫）告之，亦不當聽治，勿收。"

輔與補

《北大老子》："高者抑之，下者舉之，有餘者損之，不足者輔（補）之。"

賻與賦

《鄭武》："吏（使）人姚（遙）聒（聞）於邦₌（邦，邦）亦無大繇（徭）賻（賦）於萬民。"

鋪與滏

《戰國一六》："若道河内，倍（背）鄴、朝歌，絕漳、鋪（滏）[水]。"

鋪與鬴

《蠱》："以烏雄雞一、蛇一，并直（置）瓦赤鋪（鬴）中。"

餔與哺

《神烏賦》："其姓（性）好仁，反餔（哺）於親。"

餔與晡

《疢》："以月晦日日下餔（晡）時，取凷（塊）大如雞卵者。"

《胻傷》："朝已食而入湯中，到餔（晡）時出休，病即俞（愈）矣。"按，"餔（晡）"字從周一謀、蕭佐桃《馬王堆醫書考注》（天津科學技術出版社，1988年，187頁）讀。

《養生方》："以餔（晡）食食之，多少次（恣）☐。"按，"餔（晡）"字從周一謀、蕭佐桃《馬王堆醫書考注》（天津科學技術出版社，1988年，278頁）讀。

蒲與敷

《容成》："民始蒲（敷）淳溜（流）刑，何得而生？"

痡與餔

《日甲・詰》："以望之日₌（日日）始出而食之，已乃痡（餔），則止矣。"

㒟字聲系

㒟與附

《尹至》："湯往征弗㒟（附）。"按，"㒟（附）"字從復旦大學出土文獻與古文字研究中心研究生讀書會《清華簡〈尹至〉、〈尹誥〉研讀札記（附：〈尹至〉、〈尹誥〉、〈程寤〉釋文）》（復旦大學出土文獻與古文字研究網，2011年1月5日）讀。

無字聲系

無與廡

《蒼頡篇》："□圂廬無（廡）。"

無與撫

《引書》："度狼者，兩手各無（撫）夜（腋）下，旋膺。"

《引書》："引内瘅，危坐，□尻，左手無（撫）項，右手無（撫）左手。"

《引書》："以兩手據兩顫，尚（上）無（撫）産（顔）而上下榣（搖）之。"

《引書》："無（撫）之以手而精炊（吹）之，卅而已。"

《引書》："左手承下，右手無（撫）上，折要（腰），信（伸）少腹，力引尻。"

《引書》："引睺（喉）痹，無（撫）乳。"

《引書》："令人騎其北（背），無（撫）顔（顔），舉頤而卬（仰）之，亟（極）而已。"

《引書》："以手力循（揗）鼻以卬（仰），極，無（撫）心，以力引之，三而已。"

《引書》："其左手指痛，右手無（撫）左手指，反引之；其右手指痛，左手無（撫）右手指，力引之，十而休。"

《引書》："左目痛，右手指壓（厭）内脈，左手指無（撫）顫而力引之，三而已。"

《引書》："其在前陰（陰）筋（筋），兩手無（撫）乳上，以力舉頤，此物皆十而已。"

《戰國一四》："毋牙（與）它人矣，以安無（撫）薛公之心。"

無與蕪

《胻膫》："取無（蕪）夷（荑）中覈（核），冶，豶膏以糒。"

《雜療方》："令毋（無）汁，以故瓦甗毋（無）無（蕪）者盛。"

《二三子》："昔者晉厲公路其國，無（蕪）其地，出田七月不歸。"

《妄稽》："衡（蘅）若麋（蘪）無（蕪），茝惠（蕙）連房。"按，"無（蕪）"字從楊元途《北大漢簡〈妄稽〉、〈反淫〉校讀筆記》（復旦大學出土文獻與古文字研究中心網，2016年6月3日）釋讀。

無與璑

《窮達》："無（璑）茖（璐）堇（瑾）愈（瑜）坴（包）山石，不爲□□□□不䨾（理）。"按，"無（璑）"字從劉樂賢《郭店楚簡雜考（五則）》（《古文字研究》第二十二輯，中華書局，2000年）讀。

無與舞

《日甲·盜者》："盜者長須（鬚）耳，爲人我₌（娥娥）然好歌無（舞），疵在肩。"

無與毋

《士相見》："凡與大人言，始視面，中視袍（抱），卒視面，無（毋）改。"

《士相見》："如父，則游（遊）目，無（毋）上於面，無（毋）下於帶。"

無與誣

《繫辭》："無（誣）善之人其辭斿（游），失其所守其辭屈。"按，今本無作誣。

膴與甒

《少牢》："司宫尊兩膴（甒）于房戶之閒，同棜，皆有幕（冪），膴（甒）有玄酒。"

撫與撫

《疽病》："撫（撫）靡（摩）□而□□□□□□□□□□□□□□□□□□二果（顆）。"

《月戰》："故撫（撫）時而戰，不復使其眾。"

甕與舞

《琴舞》："周公复（作）多士敬（儆）怭（毖），鋻（琴）甕（舞）九絉（闋）。"

《琴舞》："成王复（作）敬（儆）怭（毖），鋻（琴）甕（舞）九絉（闋）。"

鄦與許

《繫年十四》："齊回（頃）公回（圍）魯₌（魯，魯）臧（臧）孫鄦（許）迈（蹠）晉求救（援）。"

《繫年十七》："述（遂）以遷鄦（許）於鄴（葉）而不果。"

《繫年十八》："鄦（許）人亂（亂），鄦（許）公旍出奔晉₌（晉，晉）人羅（罹），城汝昜（陽），居鄦（許）公旍於頌（容）城。"

襪與禦

《赤鵠》："夏句（后）又（有）疾，𤕤（將）襪（禦）楚，于飤（食）其祭。'"按，"襪"似當讀作"禦"。《説文》："禦，祀也。"錢坫《斠詮》："沴，古厲字。厲者須禦之，故禦訓爲祀也。"

鄦與許

《封許》："命女（汝）侯于鄦（許）。"

毋字聲系

毋與無

《語書》："惡吏不明法律令，不智（知）事，不廉絜（潔），毋（無）以佐上。"

《語書》："毋（無）公端之心，而有冒柢（抵）之治。"

《秦律·田律》："輒以書言澍〈澍〉稼、誘（秀）粟及狠（墾）田場毋（無）稼者頃數。"

《秦律·田律》："稟大田而毋（無）恒籍者，以其致到日稟之，勿深（甚）致。"

《秦律·倉律》："嬰兒之毋（無）母者各半石。"

《秦律·金布律》："小官毋（無）嗇夫者，以此鼠（予）僕、車牛。"

《秦律·金布律》："貧窶毋（無）以賞（償）者，稍減其秩、月食以賞（償）之，弗得居。"

《秦律·金布律》："毋（無）用，乃燔之。"

《秦律·金布律》："隸臣、府隸之毋（無）妻者及城旦，冬人百一十錢，夏五十五錢。"

《秦律·工律》："人叚（假）而〖而〗毋（無）久及非其官之久也，皆沒入公。"

《秦律·工律》："其叚（假）者死亡、有罪毋（無）責也，吏代賞（償）。”
《秦律·徭律》：“至秋毋（無）雨時而以繇（徭）爲之。”
《秦律·司空》：“毋（無）方者乃用版。”
《秦律·司空》：“毋（無）苃（菅）者以蒲、藺以枲萷（製）之。”
《秦律·置吏律》：“官嗇夫節（即）不存，令君子毋（無）害者若令史守官。”
《秦律·傳食律》：“上造以下到官佐、史毋（無）爵者。”
《秦律·屬邦》：“必署其已稟年日月，受衣未受，有妻毋（無）有。”
《雜抄》：“非歲紅（功）及毋（無）命書，敢爲它器，工師及丞貲各二甲。”
《雜抄》：“牛大牝十，其六毋（無）子，貲嗇夫、佐各一盾。”
《雜抄》：“羊牝十，其四毋（無）子，貲嗇夫、佐各一盾。”
《答問》：“將軍材（裁）以錢若金賞，毋（無）恒數。”
《答問》：“今生子，子身全毆（也），毋（無）怪物。”
《答問》：“士五（伍）甲毋（無）子，其弟子以爲後。”
《答問》：“鬭，爲人毆毆（也），毋（無）痍痏，毆者顧折齒，可（何）論？”
《答問》：“將司人而亡，能自捕及親所智（知）爲捕，除毋（無）罪。”
《答問》：“内公孫毋（無）爵者當贖刑，得比公士贖耐不得？”
《封診式》：“其辭已盡書而毋（無）解，乃以詰者詰之。”
《封診式》：“詰之有（又）盡聽書其解辭，有（又）視其它毋（無）解者以復詰之。”
《封診式》：“以某數更言，毋（無）解辭，治（笞）訊某。”
《封診式》：“可定名事里，所坐論云可（何），可（何）罪赦，或覆問毋（無）有。”
《封診式》：“甲封具此，毋（無）它當封者。”
《封診式》：“[或]覆問毋（無）有，幾籍亡=（亡，亡）及逋事各幾可（何）日。”
《封診式》：“毋（無）它坐，來自告，告丙。”
《封診式》：“甲毋（無）它坐。”
《封診式》：“丁與戊去亡，流行毋（無）所主舍。”
《封診式》：“皆毋（無）它坐罪。”
《封診式》：“丙毋（無）病毆（也），毋（無）它坐罪。”
《封診式》：“其定名事里，所坐論云可（何），可（何）罪赦，或覆問毋（無）有。”
《封診式》：“乙妾毆（也），毋（無）它坐。”
《封診式》：“定名事里，所坐論云可（何），或覆問毋（無）有，以書言。”
《封診式》：“甲親子，誠不孝甲所，毋（無）它坐罪。”
《封診式》：“以三歲時病疕，麋（眉）突，不可智（知）其可（何）病，毋（無）它坐。”
《封診式》：“丙毋（無）麋（眉），艮（根）本絕，鼻腔壞。”
《封診式》：“它度毋（無）兵刃木索迹。”
《封診式》：“不智（知）穴盜者可（何）人、人數，毋（無）它亡毆（也），來告。”
《封診式》：“不智（知）盜者可（何）人及蚤（早）莫（暮），毋（無）意毆（也）。”
《封診式》：“丙而不把毒，毋（無）它坐。”
《封診式》：“士五（伍），居某里，以迺二月不識日去亡，毋（無）它坐，今來自出。”
《封診式》：“毋（無）它坐，莫覆問。”
《爲吏》：“必精絜（潔）正直，慎謹堅固，審悉毋（無）私，微密韱（纖）察。”
《爲吏》：“毋=罪=（毋罪無罪），可赦孤寡窮困、老弱獨轉（傳）。”

《爲吏》："賦斂毋（無）度。"
《爲吏》："倨驕毋（無）人。"
《爲吏》："長不行，死毋（無）名；富不施，貧毋（無）告也。"
《爲吏》："壐而不發，身亦毋（無）辥（孽）。"
《日甲·除》："生子毋（無）弟，有弟必死。"
《日甲·除》："以見君上，數達，毋（無）咎。"
《日甲·叢辰》："它毋（無）小大盡吉。"
《日甲·叢辰》："歲善，毋（無）兵。"
《日甲·叢辰》："歲半入，毋（無）兵。"
《日甲·叢辰》："敫，是胃（謂）又（有）小逆，毋（無）大央（殃）。"
《日甲·叢辰》："正月以朔，旱，又（有）歲，又（有）小兵，毋（無）大兵。"
《日甲·叢辰》："歲中，毋（無）兵，多盜。"
《日甲·叢辰》："歲善，毋（無）兵。"
《日甲·星》："生子，三月死，不死毋（無）晨（唇）。"
《日甲·星》："以生子，毋（無）它同生。"
《日甲·直室門》："寡門，興，興毋（無）定處，凶。"
《日甲·直室門》："云門，其主必富三渫（世），八歲更，利毋（無）爵者。"
《日甲·行》："不可具爲百事，皆毋（無）所利。"
《日甲·行》："凡民將行，出其門，毋（無）敢顧（顧），毋止。"
《日甲·行》："它日雖有不吉之名，毋（無）所大害。"
《日甲·生子》："丁未生子，不吉，毋（無）母，必賞（嘗）毄（繫）囚。"
《日甲·生子》："癸亥生子，毋（無）冬（終）。"
《日甲·入官》："甲寅之旬，不可取妻，毋（無）子。雖有，毋（無）男。"
《日甲·宅居》："宇北方高，南方下，毋（無）寵。"
《日甲·宅居》："水瀆（竇）北出，毋（無）臧（藏）貨。"
《日甲·宅居》："内居西北，毋（無）子。"
《日甲·詰》："人毋（無）故鬼攻之不已，是=（此是）刺（烈）鬼。"
《日甲·詰》："人毋（無）故鬼昔（藉）其宮，是=（此是）丘鬼。"
《日甲·詰》："人毋（無）故而鬼惑之，是夆（誘）鬼，善戲人。"
《日甲·詰》："人毋（無）故而鬼取爲膠（摎），是=（此是）哀鬼。"
《日甲·詰》："毋（無）家，與人爲徒，令人色柏（白）然毋（無）氣，喜契（潔）清。"
《日甲·詰》："一宅中毋（無）故而室人皆疫，或死或病，是=（此是）棘鬼在焉。"
《日甲·詰》："一宅之中毋（無）故室人皆疫，多瞢（夢）米（寐）死。"
《日甲·詰》："其上毋（無）草，如席處。"
《日甲·詰》："人毋（無）故一室人皆疫，或死或病。"
《日甲·詰》："夏大暑，室毋（無）故而寒，幼蠪（龍）處之。"
《日甲·詰》："竈毋（無）故不可以孰（熟）食，陽鬼取其氣。"
《日甲·詰》："人之六畜毋（無）故而皆死，欲鬼之氣入焉。"
《日甲·詰》："毋（無）氣之徒而𡍬（動），終日，大事也；不終日，小事也。"
《日甲·詰》："人毋（無）故而心悲也，以桂長尺有尊（寸）而中折。"
《日甲·詰》："一室人皆毋（無）氣以息，不能童（動）作，是狀（戕）神在其室。"
《日甲·詰》："人毋（無）故而鬼祠（伺）

其宮，不可去。"
《日甲·詰》："有祭，十日收祭，裹以白茅，貍（埋）野，則毋（無）央（殃）矣。"
《日甲·詰》："人毋（無）故而憂也，爲桃更（梗）而敃（揢）之。"
《日甲·詰》："人毋（無）故而弩（怒）也，以戊日=（日日）中而食黍於道，遽則止矣。"
《日甲·詰》："人毋（無）故室皆傷，是粲迓之鬼處之。"
《日甲·詰》："人毋（無）故而鈸（髮）撟若虫及須（鬚）睂（眉）。"
《日甲·詰》："則毋（無）央（殃）矣。"
《日甲·詰》："鬼恆召人出宮，是=（此是）遽鬼毋（無）所居。"
《日甲·詰》："人毋（無）故而鬼有鼠（予），是夭鬼，以水沃之，則已矣。"
《日甲·詰》："人毋（無）故一室人皆箠（垂）延（涎），爰母處其室，大如杵，赤白。"
《日甲·禹二》："譁（呼）：'皋，敢告曰：某行毋（無）咎，先爲禹除道。'"
《日乙·秦》："毋（無）可爲。"
《日乙·秦》："正月以朔多雨，歲半，毋（無）兵。"
《日乙·秦》："正月以朔多雨，歲中，毋（無）兵。"
《日乙·秦》："正月以朔多雨，歲善，毋（無）兵。"
《日乙·十二月》："生子，三月死，毋（無）晨（脣）。"
《日乙·十二月》："以生子，毋（無）它同生。"
《日乙·除室二》："不可築興土攻（功），命曰毋（無）後。"
《日乙·除室二》："毋以子卜筮，視□□□□□，命曰毋（無）上剛。"
《日乙·寄人室》："不可具爲百𦥑，皆毋（無）所利。"
《日乙·行行祠》："其祝曰：'毋（無）王事，唯福是司，勉飲食，多投福。'"
《日乙·生》："庚午生，貧，武有力，毋（無）終。"
《日乙·生》："癸亥，貧，毋（無）終。"
《龍簡》："竇出入及毋（無）符傳而闌入門者，斬其男子左趾。"
《天甲·禹擇日》："出邑門，禹步三，鄉（向）北斗，質畫地，視之曰：'禹有直五横，今利行，行毋（無）咎，爲禹前除道。'"
《天乙·直室門》："寡門：不寡濡泥興，興毋（無）所定。妻不吉，必參（三）寡。"
《天乙·直室門》："顧門：是=（此是）□甚多，毋（無）與居。"
《天乙·五音日》："角日：長者死，有從女吉；少男死，毋（無）後央（殃）。"
《天乙·無毒》："毋（無）毒之方：歈（飲）必審鳴棓（杯）中，不見童（瞳）子勿歈（飲）。"
《天乙·禹擇日》："禹有直五横，今利行，行毋（無）咎，爲禹前除道。"
《天乙·律數一》："夾十四萬七千四百五十六，下毋（無）射。"
《天乙·律數一》："毋（無）射九萬八千三百四，上中呂。"
《天乙·生律》："夾鐘生毋（無）射。"
《天乙·律數二》："毋（無）射卌五，昏陽。"
《天乙·占黄鐘》："中數中律，是謂有同，毋（無）所不利，大吉。"
《天乙·占黄鐘》："中麗首者可以見人，有初毋（無）後。因而三之，中六律，□□，毋（無）初有後。"
《天乙·占黄鐘》："上多下少，事君有初毋（無）後。"

《天乙・陰陽鐘》："下毋（無）所比者，旦以至日中以其雄占，日中以至晦以其雌占。"
《天乙・占盜一》："毋（無）余（餘），盜在中。"按，"毋（無）"字從劉青《放馬灘秦簡〈日書〉乙種集釋》（武漢大學碩士學位論文，2010年，68頁）讀。
《天乙・黄鐘》："旦至日中投中毋（無）射，犬殹。"
《天乙・黄鐘》："日中至日入投中毋（無）射，□殹。"
《天乙・黄鐘》："日入至晨投中毋（無）射，狐殹。"
《天乙・自天》："大（太）族、蕤賓、毋（無）射之卦曰。"
《天乙・自天》："蕤賓、毋（無）射、大（太）族之卦曰。"
《天乙・自天》："毋（無）射、大（太）族、蕤賓之卦曰。"
《天乙・自天》："寇盜且起，大備耐₌（耐耐），先是毋（無）事。"
《天乙・自天》："室毋（無）大正，必有□者。"
《天乙・自天》："有士毋（無）妻，當□其田；有女毋（無）辰，大息申₌（申申）。"
《天乙・貞在》："斬伐冥₌（冥冥），殺戮申₌（申申），死不生憂心，毋（無）所從容。"
《天乙・貞在》："[貞]在毋（無）射，禹以成略，溉（既）就溉（既）成。"
《天乙・律吉凶》："夾鐘、毋（無）射、應鐘皆曰。"
《尸等》："非吏所興，毋（無）什伍將長者捕之，購金二兩。"
《芮盜》："毋（無）爭者鼠（予）材。"
《芮盜》："迺十一月欲與人共漁，毋（無）[錢]。"
《芮盜》："芮毋（無）錢環（還）。"
《芮盜》："巳（已）用錢，毋（無）以賞（償）。"
《芮盜》："上即以芮謂爲盜買（賣）公地，辠（罪）芮，芮毋（無）以避。毋（無）它解。"
《暨過》："此以曰羸（纍）重。毋（無）它解。"
《識劫》："上以識爲劫娩，辠（罪）識，識毋（無）以避。"
《識劫》："毋（無）它解，辠（罪）。"
《同顯》："同和不首一吏（事）者，而言〈音（意）〉毋（無）坐殹（也）？"
《同顯》："毋（無）坐殹（也），不智（知）所問。"
《同顯》："敗傷，洋毋（無）得同、顯。同、顯大害殹（也）。"
《同顯》："此黔首大害殹（也），毋（無）徵物，難得。"
《同顯》："洋精（清）絜（潔），毋（無）害。"
《魏盜》："毋（無）音（意）殹（也）。"
《魏盜》："魏曰：'辠（罪）。毋（無）解。'"
《魏盜》："皆請（清）絜（潔），毋（無）害，敦殼（愨）。"
《田與》："田幸除毋（無）辠（罪），即弗止。"
《田與》："毋（無）它解。"
《田與》："田曰：'未奸，而毋（無）以解市言。'"
《田與》："田雖不服，而毋（無）以解驩、路、毋智、市言。"
《田與》："田不服，而毋（無）以解市、毋智言。"
《學爲》："毋（無）以爲衣被資用，去環（還）歸。"
《綰等》："積、秙等伍束符，卒毋（無）死傷者。”

《緡等》:“毋(無)解。”

《第一組》:“其奴婢之毋(無)罪者殹(也),黥其顧(顏)頯,畀其主。”

《第二組》:“黔首將陽及諸亡者,已有奔書及亡毋(無)奔書盈三月者,輒筋〈削〉爵以爲士五(伍);有爵寡,以爲毋(無)爵寡。”

《第二組》:“置典、老,必里相誰(推),以其里公卒、士五(伍)年長而毋(無)害者爲典、老,毋(無)長者令它里年長者。”

《第二組》:“毋(無)爵者不足,以公士,縣毋(無)命爲典、老者,以不更以下,先以下爵。”按,“毋(無)命”之“毋(無)”字從陳偉《嶽麓秦簡“尉卒律”校讀(一)》(簡帛網,2016年3月21日)讀。

《第二組》:“下爵欲代上爵、上爵代下爵及毋(無)爵欲代有爵者戍,皆許之。”

《第二組》:“縣除小佐毋(無)秩者,各除其縣中,皆擇除不更以下到士五(伍)史者爲佐。”

《第二組》:“誤,毋(無)所害□□□□殹(也),減辠(罪)一等。”

《第二組》:“留過二月,奪爵一級;毋(無)爵者,以卒戍江東、江南四歲。”

《第二組》:“諸當叚(假)官器者,必有令、丞致乃叚(假),毋(無)致官擅叚(假),貲叚(假)及假者各二甲。”

《第三組》:“隸臣妾老、病、攣、毋疣、睆、毋(無)賴,縣官☐。”

《第三組》:“☐□□□□爲隸臣妾而皆老、毋(無)賴,縣官□☐。”

《第三組》:“死,皆毋(無)父母妻子同居責(債)殹(也),出之。”

《第三組》:“令吏毋(無)害者一人與蠻夷偕,即爲御。”

《第三組》:“令縣遣司寇入禾,其縣毋(無)禾當貣(貸)者,告作所縣償及貸。”

《第三組》:“馲卒從破趙軍,長輓粟徒壹夫身貧毋(無)糧,貣(貸)縣官者,死軍,爲長☐。”

《第三組》:“所以爲秏□物及它當賣買者,令相監,毋(無)律令。”

《第三組》:“隸臣妾、城旦、城旦舂司寇、鬼薪、白粲及毄(繫)城旦舂老、瘁(癃)病、毋(無)賴不能作者,遣就(僦)食蜀守。”

《第三組》:“徒隸老、瘁(癃)病毋(無)賴,縣官當就食者,請止,勿遣就食。”

《第三組》:“縣輸從反者、收人、材官,多毋(無)衣履,毋(無)以蔽。”

《第三組》:“毋(無)衡石斗甬(桶)以縣米。”

《隨日·叢辰》:“正月以朔,歲美,毋(無)兵。”

《隨日·叢辰》:“正月以朔,多雨,歲半入,毋(無)兵。”

《隨日·叢辰》:“見人,若之,有小喪,毋(無)央(殃)。”

《隨日·叢辰》:“正月以朔,多雨,歲美,毋(無)兵。”

《隨日·星官》:“以生,毋(無)它同生。”

《隨日·臨日》:“凡舉事,苟毋直(值)臨日,它雖不吉,毋(無)大害。”

《隨日·嫁女》:“甲寅旬,此□□辰,存也,不可嫁,毋(無)子。”

《隨日·嫁女》:“甲午旬,嫁女,毋(無)辰。”

《隨日·雞》:“今日庚午爲雞血社,此毋(無)央(殃)邪。”

《隨日·雞》:“雄□□堵旬,雞毋(無)

亡。”
《隨日・蓋屋》：“☐除止（址），丙子築止（址）、蓋之皆吉，毋（無）鳥、鼠。”
《隨日・直室門》：“寡門：不寡，日□興=（興，興）毋（無）所定處。”
《隨日・直室門》：“宜六畜，利毋（無）爵者。”按，“毋”當讀作“無”。
《隨日・生子》：“女一日、八月不死，毋（無）子，八十九年以辛卯死。”
《隨日・占》：“南方毋（無）年，有旱。”
《隨日・占》：“三丁己雨，毋（無）歲。”
《隨日・司歲》：“寅朔，執郤（徐）司歲，日食毋（無）寒。”
《姓爭》：“作爭者凶，不爭亦毋（無）以成功。”
《養生方》：“服之百日，令腸中毋（無）病。”
《雜療方》：“令毋（無）汁，以故瓦甗毋（無）無（蕪）者盛。”
《胎產書》：“使嬰兒毋（無）疕，曼理，壽□。”
《胎產書》：“字而多男毋（無）女者而欲女，後□□□□包（胞）貍（埋）陰垣下。”
《胎產書》：“多女毋（無）男，亦反〈取〉胞貍（埋）陽垣下。”
《胎產書》：“及取嬰兒所已浴者水半桮（杯）飲母，母亦毋（無）餘病。”
《文摯》：“寡人恆善莫（暮）飲而連於夜，苟毋（無）苛（疴）虖（乎）？”
《文摯》：“毋（無）芳（妨）也。”
《天下至道》：“諱其名，匿其軆（體），至多暴事而毋（無）禮。”
《唐風》：“好樂毋（無）□。”
《唐風》：“□□□憂，好樂毋（無）□。”
《勢》：“奇正環（還）相生，如環之毋（無）端，孰能窮之？”
《軍爭》：“☐軍毋（無）輜重則亡，無糧食則亡，无委責（積）則亡。”
《九地》：“投之毋（無）所往，死且不北。”
《九地》：“毋（無）所往者，窮地也。”
《用閒》：“密戋（哉）密戋（哉），毋（無）所不用閒也。”
《五教法》：“是故善射爲左，善御爲御，畢毋（無）爲右。”按，整理者釋“毋”爲“母”。不確。
《攻權》：“囚險者毋（無）戰心，摿戰毋（無）勝兵，佻戰毋（無）全氣。”
《晏子八》：“上无喬（驕）行，下无凷（諂）德，上毋（無）私眾，下无私義。”
《晏子八》：“毋（無）歹丂（朽）槖（蠹）之臧（藏），毋（無）涷（凍）餒之民。”
《發啟》：“毋（無）甲兵而勝，毋（無）衝龍（隆）而功（攻），毋（無）渠詹（幨）而守。”
《虎韜》：“故賞於民生，而罰於毋（無）罪。”
《葆啟》：“嚴，殺僇（戮）毋（無）常。”
《要言》：“有長位毋（無）長道者，匹夫也。”
《要言》：“有長毋（無）長道者☐。”
《王兵》：“有雷神（電）之戰則能獨制而毋（無）適（敵）。”
《王兵》：“獨行而毋（無）適（敵），故令行天下。”
《王兵》：“官府毋（無）長，器戒（械）苦偀（窳）。”
《兵令》：“將有威則生，失威則死，有威則勝，毋（無）威則敗。”
《兵令》：“卒有將則斲（鬬），毋（無）將則北。”
《兵令》：“☐奪一功，其毋（無）軍功者戍三歲。”

《五名》：“再舉而共（恭），軍毋（無）所粱（糧）。”
《十問》：“適（敵）將勇而難懼，兵強人眾自固，三軍之士皆勇而毋（無）慮。”
《十問》：“交和而舍，適（敵）人葆（保）山而帶阻，我遠則不椄（接），近則毋（無）所，毄（擊）之奈何？”
《三十時》：“人之☐日，奏毋（無）射。”
《服傳甲》：“妾之毋（無）子者，妾【子】之毋（無）母者也。”
《服傳甲》：“名者，人治之大者也，可毋（無）慎乎？”
《特牲》：“爵毋（無）筭。”
《泰射》：“公曰：‘毋（無）不醉。’”
《服傳乙》：“有適子者毋（無）適孫₌（孫，孫）婦亦如之。”
《獎懲》：“☐☐奪爵爲士五（伍）毋（無）爵☐。”
《刑德行時》：“毄（繫）者，毋（無）罪。”按，“毋”當讀作“無”。下二例同。
《刑德行時》：“毄（繫）者，毋（無）罪。”
《刑德行時》：“毄（繫）者，毋（無）罪。”
《妄稽》：“虞士左走，曾毋（無）所逃死。”按，“毋（無）”字從補白《北大簡〈妄稽〉中與簡61、62有關的簡序試調》（復旦大學出土文獻與古文字研究中心網，2016年6月7日）讀。
《神烏賦》：“幾（豈）□君子，毋（無）信儳（讒）言。”
《神烏賦》：“長炊〈歎〉泰（太）息，憂𢟪（懣）嘑〈嘑〉呼，毋（無）所告愬（訴）。”

毋與无

《帛易·屯》：“六三，即鹿毋（无）華（虞），唯人〈入〉于林中，君子幾不如舍，往㒼（吝）。”
《阜易·屯》：“六三，㱾（即）鹿毋（无）吳（虞），惟入于□□。”
《阜易·比》：“比之，毋（无）□。”
《阜易·比》：“□六，比毋（无）首。”

㑄與悔

《文王》：“昔埶（我）得中，殜₌（世世）母（毋）有後㑄（悔）。”

㑄與敏

《禹王》：“㪔（施）于四或（國），㑄（敏）以㔯民，□而聿（盡）力。”按，“㑄（敏）”字從蔡偉《釋“百丩旨身鯩䱜”》（復旦大學出土文獻與古文字研究中心網，2013年1月16日）引陳劍説讀。

㑄與侮

《史蒥》：“☐民嚚（𥦮）不可㑄（侮）。”按，“㑄（侮）”字從陳劍《〈上博（六）·孔子見季桓子〉重編新釋》（復旦大學出土文獻與古文字研究中心網，2008年3月22日）讀。

巫字聲系

巫與莁

《痂》：“冶巫（莁）夷（荑）半參。”

巫與務

《容成》：“□□□□□□□巫（務）成柖（昭）□□不死。”
《容成》：“巫（務）成柖（昭）以四時爲輔，天地爲經。”
《容成》：“巫（務）成柖（昭）與陰陽皆生。”
《容成》：“陰陽不死，巫（務）成柖（昭）興〈與〉相視，有道之士亦如此。”

䜷與謝

《楚居》：“宙（中）䜷（謝）迟（起）禍，安（焉）遷（徙）衮（襲）肥遺。”

䜷與舒

《繫年二三》：“競（景）之賈與䜷（舒）

子共戡（捷）而死。"

馬字聲系

馬與瘍

《足臂脈·足》："脅痛，□痛，產馬（瘍），缺盆痛，瘻（瘻）。"

土字聲系

土與吐

《天下至道》："侯（喉）息，下咸土（吐）陰光陽。"

土與杜

《君人甲》："君王又（有）楚，侯子三人，一=（一人）土（杜）門而不出。"

《君人乙》："君王又（有）楚，侯子三人，一人土（杜）門而不出。"

《良臣》："奠（鄭）桓（桓）公與（舉）周之遺老史百（伯）、宦中（仲）、虔（虢）弔（叔）、土（杜）白（伯），後出邦（封）。"

《良臣》："子產之帀（師）：王子白（伯）忨（願）、肥中（仲）、土（杜）逝（逝）、鼾（渾）厈（罕）。"

《反淫》："□紹，結以奇（琦）璜，土（杜）若申椒，燕茝秦衡（蘅），新（辛）雉（夷）槀本，木蘭之柴（牀），卑（薜）離（荔）要（幽）惠（蕙），江羅（離）雜芳。"

土與妒

《三壽》："經緯恖（順）齊，土（妒）情（怨）毋乍（作），而天目毋眉（眯），寺（時）名曰利。"

坉與杜

《子產》："乃又（有）喪（桑）丘中（仲）髩（文）、坉（杜）瞥（逝）、肥中（仲）、王子白（伯）忨（願）。"

杜與牡

《蟲蝕》："以杜（牡）豬膏□。"

《天下至道》："是以雄杜（牡）屬，爲陽，陽者外也。"

牡與杜

《胎產書》："以方苴（咀）時，取蒿、牡（杜）、卑（蜱）稍（蛸）三，冶，飲之。"

詁與睹

《武王甲》："音（意）幾（豈）喪不可得而詁（睹）虖（乎）？"

𡈼與圖

《語叢二》："母（毋）遠（失）虐（吾）𡈼（圖），此𡈼（圖）得矣。"按，"𡈼（圖）"字從白於藍《釋"𡈼"》（《中國文字研究》第十四辑，大象出版社，2011年）釋讀。下同。

《語叢二》："少（小）不忍伐大𡈼（圖）。"

兔字聲系

兔與菟

《養生方》："石韋、方（防）風、伏（茯）兔（菟）各□。"

《一類》："兔（菟）系（絲）實、滑石各七分。"

兔與斥

《守法》："莫（暮）必置兔（斥）者城外，以視適（敵）進芮（退）變能（態）請（情）爲（僞）。"

余字聲系

余與敘

《子儀》："昚（謀）慶而賞之，乃关（券）冊秦邦之孯（賢），余（敘）自靁月乎=（至于）秋窐，備安（焉）。"

余與徐

《引書》："偆（俛），極，因余（徐）縱而精昫（呴）之，端印（仰）而已，定。"

《帛甲老子·道經》："濁而情（靜）之余

（徐）清，女〈安〉以重（動）之余（徐）生。”

《容成》：“探（深）余（徐）去埶（勢），六府皆發，以長爲極。”

《神烏賦》：“良馬僕於衡下，勒（騏）蘄（驥）爲之余（徐）行。”

余與除

《日乙·除》：“正月，建寅，余（除）卯。”

《戰國一九》：“吳亡於越，齊亡於燕，余（除）疾不盡也。”

余與餘

《太一》：“□□□□者，又（有）余（餘）於下；不足於下者，又（有）余（餘）於上。”

《容成氏》：“民又（有）余（餘）飤（食），無求不得，民乃賽，喬（驕）能（態）訂（始）乍（作）。”

《弟子問》：“君子亡（無）所不足，無所又（有）余（餘）。”

《天子甲》：“凡天子欽（歆）𣪠（氣），邦君飤（食）盨（濁），夫=（大夫）承廌（餕），士受余（餘）。”

《周易·豫》：“余（豫）：利建侯行市（師）。”按，帛書本余作餘。下四例同。

《周易·豫》：“初六：鳴余，凶。”

《周易·豫》：“六厽（三）：可（盱）余（豫）悔（悔），遲（遲）又（有）悔（悔）。”

《周易·豫》：“九四：猷（由）余（豫），大又（有）得。母（毋）類（疑），堋（朋）坎（盍）瑟（簪）。”

《周易·豫》：“上六：榠（冥）余（豫），成又（有）愈（渝），亡（无）咎。”

《顏淵問》：“录（祿）不足則青（請），又（有）余（餘）則詞（辭）。”

《顏淵問》：“录（祿）不足則青（請），又（有）余（餘）則詞（辭），所以昜（揚）信也。”

《良臣》：“晉文公又（有）子範（犯），又（有）子余（餘），又（有）咎範（犯），後又（有）弔（叔）向。”

《赤鵠》：“少（小）臣受其余（餘）而嘗之，亦卲（超）然四晦（海）之外，亡（無）不見也。”

《筮法五》：“其余（餘）惖（易）向，乃亦至。”

《筮法二三》：“其余（餘）佋（昭）穆，果。”

《三壽》：“余（餘）亯（享）獻社（攻），适（禬）還（禜）蚕（妖）羕（祥），寺（時）名曰恙（祥）。”

《天乙·占盜一》：“毋（無）余（餘），盜在中。”按，“毋（無）”字從劉青《放馬灘秦簡〈日書〉乙種集釋》（武漢大學碩士學位論文，2010年，68頁）讀。

《帛乙老子·德經》：“高者印（抑）之，下者舉之，有余（餘）者云（損）之，不足者補之。”

《帛乙老子·德經》：“故天之道，云（損）有余（餘）而益不足；人之道，云（損）不足而奉又（有）余（餘）。”

《帛乙老子·德經》：“夫孰能又（有）余（餘）而有以奉於天者，唯又（有）道者乎？”

《帛乙老子·道經》：“眾人皆又（有）余（餘），【我獨遺】。”

《稱》：“兩虎相爭，奴（駑）犬制其余（餘）。”按，“余”當讀作“餘”。

余與舒

《繫年十五》：“減（莊）王立十又五年，陳公子譖（徵）余（舒）殺其君需（靈）公，減（莊）王衒（率）自（師）回（圍）陳。”

余與予

《昭王》：“王訋（召）而余（予）之衽（領）袖（袍）。”按，“余（予）”字從孟蓬生

《上博竹書（四）閒詁》（簡帛研究網，2005年2月15日）讀。

《芮良夫》："乇員（圓）團（滿）溢（溢），曰余（予）未均。"

《苦成》："女（汝）出緐（囚）而余（予）之内庫之兵。"按，"余（予）"字從季旭昇《上博五芻議（下）》（簡帛網，2006年2月18日）讀。

《弟子問》："余（予），女（汝）能訢（慎）𠮷（始）與終，斯善歖（矣）！爲君子𢡺（乎）？女（汝）安（焉）能也。"

《皇門》："隹莫覓（開）余嘉悳（德）之兑（説）。"按，今本《逸周書·皇門》余作予。下四例同。

《皇門》："曰'余蜀（獨）備（服）才（在）寢'，以自零（落）氒（厥）家。"

《皇門》："朕遺父兄眔朕俥（蓋）臣，夫明尔（爾）悳（德），以𧖮（助）余一人悥（憂）。"

《皇門》："母（毋）隹（惟）尔（爾）身之𦐦，皆卹（恤）尔（爾）邦，叚（假）余憲。"

《皇門》："卑（譬）女（如）舡（屬）舟，輔余于險，𦐦余于淒（濟）。"

《祭公》："且（祖）𩛥（祭）公，衮（哀）余少（小）子，𥂘（昧）其才（在）位，旼（旻）天疾畏（威），余多寺（時）砌懲。"按，今本《逸周書·祭公》余作予。下四例同。

《祭公》："余隹（惟）寺（時）逨（來）視，不淠（淑）疾甚，余畏天之𢓜（作）畏（威）。"

《祭公》："以余少（小）子颺（揚）文、武之剌（烈）。"

《祭公》："𨒪（遜）惜（措）乃心，𦘔（盡）府（付）畀余一人。"

《祭公》："天子，參（三）公，余隹（惟）弗记（起）縢（朕）疾。"

余與豫

《周易·豫》："余（豫）：利建侯行帀（師）。"

《周易·豫》："初六：鳴余（豫），凶。"

《周易·豫》："六厽（三）：可（盱）余（豫）悔（悔），逞（遲）又（有）悔（悔）。"

《周易·豫》："九四：猷（由）余（豫），大又（有）得。母（毋）𡖩（疑），堋（朋）欲（盍）𤨏（簪）。"

《周易·豫》："上六：榠（冥）余（豫），成又（有）愈（渝），亡（无）咎。"

《祭公》："我䎽（聞）且（祖）不余（豫）又（有）𡰥（遲）。"

《繫辭》："重門擊柝（柝），以挨（待）旅客，蓋取余（豫）也。"

《易之義》："余（豫）之卦，歸而強，士静也。"按，"余"字從廖名春《帛書〈周易〉論集》（上海古籍出版社，2008年，372頁）釋，當讀作"豫"。

余與謝

《柬大王》："𠃧（以）告相𢓊（徙）與中余（謝）。"按，"余（謝）"字從陳偉《〈柬大王泊旱〉新研》（《簡帛》第2輯，上海古籍出版社，2007年）讀。下同。

《柬大王》："相𢓊（徙）與中余（謝）倉（答）。"

《柬大王》："相𢓊（徙）、中余（謝）與五連少（小）子及龍（寵）臣皆逗。"

叙與餘

《繫年四》："乃先建衛弔（叔）𡉚（封）于庚（康）丘，以侯殷之叙（餘）民。"

叙與予

《繫年六》："惠公既内（入），乃𡢁（背）秦公，弗叙（予）。"

《繫年十五》："王内（入）陳，殺𡷫（徵）郐（舒），取其室以叙（予）繙（申）公。"

徐與徐

《君子》："聖（聲）之㑽（疾）俆（徐），再（稱）其眾寡。"按，"俆（徐）"字從季旭昇《上博五芻議（下）》（簡帛網，2006年2月18日）讀。

徐與途

《四變》："徐（途）之所不由者。"

《起師》："春則溝澮枯，□徐（途）達，者（諸）君（郡）嬰兒桑蠶巨事在外，六畜散而在野，故□□爲客者利矣。"

《起師》："秋則主人小城并，瀌（廢）邑移，大木□，□木伐，清徐（途）道，焚□澤，𨟻（撤）廬屋，熱（刈）外利。"

徐與除

《日甲·毀棄》："毋以丑徐（除）門戶，害於驕（高）母。"

《日乙·除》："四月，建巳，徐（除）午。"

《日乙·除》："五月，建午，徐（除）□。"

《日乙·除》："六月，建未，徐（除）申。"

《日乙·除》："七月，建申，徐（除）酉。"

《日乙·除》："八月，建酉，徐（除）戌。"

《日乙·除》："九月，建戌，徐（除）亥。"

《日乙·除》："十月，建亥，徐（除）子。"

《日乙·除》："十一月，建子，徐（除）丑。"

《日乙·除》："十二月，建丑，徐（除）寅。"

《日乙·除》："徐（除）日，可以請謁，有▨。"按，"徐"當讀作"除"。

《論》："變則伐死養生，化則能明德徐（除）害。"

《反淫》："高堂邃（邃）宇，連徐（除）相注。"

徐與餘

《算數書·方田》："方十五步不足十五步，方十六步有徐（餘）十六步。"

《脈書》："治病者取有徐（餘）而益不足。"

徐與序

《少牢》："鼎徐（序）入，雝正執一枇（匕）以從，雝府執四枇（匕）以從。"

《少牢》："司士三人執魚、腊、膚柤（俎），徐（序）升自西階，相從入。"

《泰射》："升自西階，徐（序）進，酌散，交于楹北。"

《泰射》："如命皆致，則徐（序）鄭（奠）觚（觶）于匪（篚）。"

《泰射》："媵（媵）爵者洗瑑（象）觚（觶），升實之，徐（序）進。"

《泰射》："命三偶（耦）皆但（袒）、決、述（遂），執弓，徐（序）出取矢。"

塗與塗

《周易·睽》："上九：楑（睽）伓（孤），見豕負（負）塗（塗），載▨。"

《雜禁方》："又（有）犬善皋（嗥）於亶（壇）與門，塗（塗）井上方五尺；夫妻相惡，塗（塗）戶□方五尺；欲微（媚）貴人，塗（塗）門左右方五尺；多惡薨（夢），塗（塗）牀下方七尺；姑婦善斪（鬬），塗（塗）戶方五尺；嬰兒善泣，塗（塗）㮌（牖）上方五尺。"

荼與涂

《楚帛書》丙："荼（涂）司冬。"

敘與涂

《楚帛書》丙："敘（涂），不可以▨。"

涂與途

《擒龐涓》："吾攻平陵，南有宋，北有衛，當涂（途）有市丘，是吾糧涂（途）絕也。"

《擒龐涓》："四達環涂（途），□横（黄）、卷所□𣻜也。"

《擒龐涓》："環涂（途）𩊚（被）甲之所處也。"

《擒龐涓》："環涂（途）毄（擊）梂（破）其後，二大夫可殺也。"
《擒龐涓》："挾莁環涂（途），夾擊其後，齊城、高唐當術而大敗。"
《要》："吾求其德而已，吾與史巫同涂（途）而殊歸者也。"按，"涂（途）"字從郭沂《帛書〈要〉篇考釋》（《周易研究》2004年4期）讀。
《晏子三》："令所堵（睹）於涂（途）☐。"
《晏子一三》："柏常鶱出，曹（遭）晏子於涂（途）。"
《殘簡四》："文王曰：'何涂（途）之從？'"
《殘簡四》："從上涂（途）往而毋顧。"
《殘簡四》："上涂（途）不遠，戒之毋反（返）。"
《五度》："一曰取糧，二曰取水，三曰取津，四曰取涂（途）。"
《民之情》："賞罰信，功貴勞利，所以致顯榮，佚（逸）樂之涂（途）陝（狹）。"
《有主》："士涂（途）不利，賢者蔽，有主以爲任[者]☐。"

涂與塗

《治官》："窨内直（置）檠，涂（塗）瀝（塈）騷（掃）除。"按，"涂（塗）"字從復旦大學出土文獻與古文字研究中心研究生讀書會《讀〈嶽麓書院藏秦簡（壹）〉》（復旦大學出土文獻與古文字研究中心網，2011年2月28日）釋讀。下一例同。
《治官》："涂（塗）瀝（塈）陀（阤）隋（墮），苑水歙（飲）不利。"
《蚖》："盛以新瓦甕，冥（冪）口以布三☐，即封涂（塗）厚二寸。"
《白處》："已涂（塗）之，即縣（懸）陰燥☐。"
《白處》："☐而乾，不可以涂（塗）身，少取藥，足以涂（塗）施者。"
《白處》："發之☐☐☐☐涂（塗），冥（冪）以布，蓋以鍢（甂），縣（懸）之陰燥所。"
《大帶》："以清煮膠，以涂（塗）之。"
《瘙病》："盈隋（脽），有（又）以涂（塗）隋（脽）☐下及其上，而暴（曝）若☐。"
《牝痔》："痔者，以醬灌黄雌雞，令自死，以菅裹，涂（塗）上〈土〉，炮之。"
《牝痔》："涂（塗）乾，食雞，以羽熏纂（篡）。"
《痂》："刑赤蜴，以血涂（塗）之。"
《痂》："炙牛肉，以久脂涂（塗）其上。"
《蛇齧》："以桑汁涂（塗）之。"
《鬾》："天啻（帝）下若，以桼（漆）弓矢，今若爲下民疕，涂（塗）若以豕矢。"
《鬾》："若不能桼（漆）甲兵，令某傷，奚（雞）矢鼠襄（壤）涂（塗）桼（漆）王。"
《養生方》："盛以缶，沃以美㵴（截）三斗，蓋涂（塗），貍（埋）竈中。"
《養生方》："取邑鳥卵潰，并以涂（塗）新布巾。"
《養生方》："有（又）以美酒十斗沃之，勿撓，☐☐☐涂（塗）之。"
《晏子一三》："柏常鶱出，曹（遭）晏子於涂（途）。"按，明活字本《晏子春秋》"涂"作"塗"。
《妄稽》："必殺周春，請要於涂（塗）。"

涂與豫

《陳公》："☐戰於涂（豫）漳（章）之溏（滸），帀（師）不𢇍（絕）。"按，"涂（豫）"字從賴怡璇《〈上博九·陳公治兵〉簡4"戰於涂（豫）漳之☐（滸）"考》（簡帛網，2013年5月31日）讀。

塗與途

《五教法》："☐壘塗（途）道，使三軍之士皆見死而不見生。"

捈與賒

《北蒼·魚》："細小貧窶，气（乞）匄貰捈（賒）。"

荼與除

《子道餓》："荼（除）虐（乎）！司寇酒（將）見我。"按，"荼（除）"字從復旦吉大古文字專業研究生聯合讀書會《上博八〈子道餓〉校讀》（復旦大學出土文獻與古文字研究中心網，2011年7月17日）讀。下同。

《子道餓》："門人既荼（除），而司寇不至。"

荼與途

《官一》："☐荼（途）以陽削（旓），戰☐。"

荼與塗

《官一》："囚險解谷以□遠，草䭾（苴）沙荼（塗）以陽削（旓）。"

郐與徐

《繫年十八》："執郐（徐）公，述（遂）以伐郐（徐）。"

郐與舒

《繫年十五》："陳公子諻（徵）郐（舒）取妻于奠（鄭）穆公，是少盁。"

《繫年十五》："王内（入）陳，殺㞑（徵）郐（舒），取其室以叙（予）繡（申）公。"

梌與塗

《日甲·入官》："禹以取梌（塗）山之女日也，不棄，必以子死。"

梌與敘

《管仲》："和民以悳（德），執事又（有）梌（敘）。"按，"梌（敘）"字從 bulang 在 bulang《清華六〈管仲〉初讀》（簡帛網"簡帛論壇"，2016年4月17日）一文下跟帖讀。

斜與餘

《北大老子》："其在道也，斜（餘）食叕（贅）行，物或惡之，故有欲者弗居。"

敘與除

《從政》："從正（政）章（庸）五悳（德）、匿（固）三折（制）、敘（除）十惰（怨）。"

《從政》："不共（恭）則無以敘（除）辱，不惠則無以聚民。"

《鮑叔牙》："命九月敘（除）迲（路），十月而徒秎（梁）成。"

《叢辰》："利以達（解）兇（凶），敍（除）不羊（祥）。"

《叢辰》："利以祭門、祭（行），敍（除）疾。"

《叢辰》："利以敍（除）盟（盟）禮（詛）。"按，"敍"字，整理者釋爲"敓"，讀爲"説"。實爲"敍"字，當讀爲"除"。

《三壽》："晨（振）若（若）敘（除）態（慝），冒神之福，同民之力，寺（時）名曰悳（德）。"

瘵與豫

《保訓》："惟王五=（五十）年，不瘵（豫）。"

《金縢》："武王既克𩁹（殷）三年，王不瘵（豫）又（有）𡰥（遲）。"

粽與餘

《帛甲老子·道經》："其在道，曰：'粽（餘）食、贅行。'"

《帛乙老子·道經》："其在道也，曰：'粽（餘）食、贅行。'"

除與塗

《養生方》："以布麗（曬）之，已，而以邑棗之脂弁之，而以除（塗）布巾。"

虡與菟

《城濮》："彀（穀）虡（菟）余爲楚邦老，君王免余辠（罪）。"按，"虡（菟）"字從陳劍《〈成王爲城濮之行〉的"受"字和"穀菟余"》（復旦大學出土文獻與古文字研究中心網，2013年10月21日）讀。

鋡與餘

《脈書》："此所以論有過之脈殹（也），其鋡（餘）謹當視脈之過。"

詥與塗

《養生方》："汁盡，即取穀（穀）、椅桐汁□□□□□詥（塗）所漬布，乾之。"

餘與徐

《胕𧜁》："取雉弍，孰（熟）者（煮）餘（徐）疾，雞羽自解，隋（墮）其尾。"按，"餘（徐）"字從馬繼興《馬王堆古醫書考釋》（湖南科學技術出版社，1992 年，564 頁）讀。

餘與畬

《帛易・无妄》："六二，不耕，獲，不菑餘（畬），則利有攸往。"

餘與豫

《帛五行・説》："手足者，説（悦）㑊（佚）餘（豫）者也。"

《帛五行・説》："源手足之生（性）而知其好㑊（佚）餘（豫）也。"

《帛易・豫》："餘（豫），利建侯，行師。初六，鳴餘（豫），凶。"

《帛易・豫》："六三，杅（盱）餘（豫），悔，遲有悔。"

《帛易・豫》："九四，允〈穴〉餘（豫），大有得，勿疑，傰（朋）甲（盍）讒（簪）。"

《帛易・豫》："尚（上）六，冥餘（豫）成，或（有）諭（渝），无咎。"

餘與與

《戰國二五》："秦餘（與）楚爲上交，秦禍案環（還）中梁（梁）矣。"

《戰國二五》："餘（與）燕爲上交，秦禍案環（還）歸於趙矣。"

䊧與徐

《啻門》："熈（氣）戚（促）乃老，熈（氣）䊧（徐）乃猷，熈（氣）逆矞（亂）以方（妨），是其爲疾央（殃）。"

舍與捨

《學爲》："□毋擇舍（捨）妻。"

《蒼頡篇》："縱舍（捨）擣挈。"

舍與余

《老子》甲："竺（孰）能濁以朿（静）者，酒（將）舍清；竺（孰）能庀以迬（動）者，酒（將）舍生。"按，帛書甲本舍作余。

《彭祖》："狗（耇）老曰：'眊=（眊眊）舍（余），朕孥（幼）未則于天，敢昏（問）爲人？'"

《彭祖》："于（吁）！女（汝）孥=（幼子）専（博）昏（問），舍（余）告女（汝）人綸（倫）。"

《彭祖》："舍（余）告女（汝）。"

《彭祖》："舍（余）告女（汝）。"

《吳命》："咎（舅）生（甥）之邦，聶（攝）周孫=（子孫），隹（唯）舍（余）一人所豊（禮）。"

《鸜鵒》："婁（鸜）栗（鵒）之羽含可（兮），子可（何）舍=（舍余）含可（兮）。"

《繫年二》："邦君者（諸）正乃立幽王之弟舍（余）臣于虢（虢），是嚋（攜）惠王。"

《説命上》："王廼僭（稽）敚（説）曰：'帝殹（抑）尔以畀舍（余），殹（抑）非？'"

《琴舞》："弼寺（持）其又（有）肩，䏿（示）告舍（余）㬎（顯）悳（德）之行。"

《琴舞》："㓒（欲）其文人，不逸藍（監）舍（余）。"

《琴舞》："𤔲（亂）曰：𠗨（桓）爯（稱）其又（有）若（若），曰享畣（答）舍（余）一人。"

《琴舞》："思輔舍（余）于勤（艱），廼是（寔）隹（惟）民，亦思不忘。"

《琴舞》："六啟曰："其舍（余）湝（沖）人，備（服）才（在）清宙（廟），隹（惟）

克少（小）心。"

《琴舞》："甬（用）頌（容）祝舍（余），甬（用）少（小）心寺（持）隹（惟）文人之若（若）。"

《琴舞》："𤔲（亂）曰：仡（通）舍（余）龏（恭）害怠（怠），孜（孝）敬肥（非）絧（怠）巟（荒）。"

舍與徐

《老子》甲："竺（孰）能濁以束（靜）者，牆（將）舍清；竺（孰）能庀以迬（動）者，牆（將）舍生。"按，今本和帛書乙本舍作徐。

舍與敘

《性自》："堂（當）事因方而折（制）之，其先後之舍（敘）則宜（義）道也，或舍（敘）爲之即（節）則𡕒（文）也。"按，"舍（敘）"字從裘按（《郭店楚墓竹簡·性自命出》篇注［一二］）讀。

舍與餘

《老子》乙："攸（修）之家，其悳（德）又（有）舍。"按，今本和帛書本舍作餘。

《從政》："又（有）所又（有）舍（餘）而不敢𦘔（盡）之，又（有）所不足而不敢弗〼。"

《天子乙》："凡天子欽（歆）㲈（氣），邦君飤（食）盨（濁），夫₌（大夫）承廌（餕），士受舍（餘）。"

《三壽》："聒（聞）季（教）𢘓（訓），舍（餘）敬恙（養），龏（恭）神袋（勞）民，楑（揆）审（中）而𩲢（參）棠（常）。"

舍與予

《文王》："五□不毀（舉），其民能相分舍（予）。"按，"舍"似當讀作"予"。《史記·夏本紀》："食少，調有餘相給。"

《宜忌》："利以見公王與貴人，利以取貨於人之所，毋以舍（予）人貨於外。"

《尹誥》："執（摯）曰：'句（后）其李（賚）之其又（有）夏之金玉、田邑，舍（予）之吉言。'"按，"舍（予）"字從廖名春《清華簡〈尹誥〉篇補釋》（Confucius2000網，2011年1月4日）讀。

《赤鵠》："其下舍（予）句（后）疾，是囟（使）句（后）㾓（疾）疾而不智（知）人。"

《赤鵠》："其下舍（予）句（后）疾，是思（使）句（后）棼₌（棼棼）恂₌（眩眩）而不智（知）人。"

舍與釋

《少牢》："乃舍（釋）犢（韇），立筮。"

《有司》："乃搋（摭）于魚、腊柤（俎），柤（俎）舍（釋）三个。"

《泰射》："舍（釋）弓，挩（說）決、拾，襲，反位。"

《泰射》："既埶（設）楅，司馬正適次，舍（釋）弓，挩（說）決、拾，襲，反位。"

《泰射》："命曰：'不關（貫）不舍（釋）。'"

《泰射》："司射述（遂）適堂下，北面視上射，命曰：'不鼓不舍（釋）。'"

舍與胥

《祭公》："女（汝）其敬𢦏₌（哉。茲）皆缶（保）舍（胥）一人。"

涻與徐

《容成氏》："墨（禹）親執枌（畚）耜（耜），以波（陂）明者（都）之澤，決九河之渫（阻），於是虖（乎）夾州、涻（徐）州訂（始）可凥（處）。"

郐與徐

《隨日·司歲》："寅朔，執郐（徐）司歲，日食毋（無）寒。"

敍與豫

《容成氏》："墨（禹）乃迵（通）洍（伊）、

洛，並里〈廛（瀍）〉、干（澗），東豉（注）之河，於是於（乎）叙（豫）州刣（始）可凥（處）也。”

叙與除

《楚帛書》丙：“昜（陽），不□燬（毀）事，可□折，叙（除）敓（去）不義于四▨。”

舒與序

《周易·艮》：“六五：艮其頌（輔），言又（有）舒（序），悔（悔）亡。”

《祭公》：“藍（鑑）于夏商之既敗，不（丕）則亡遺後，至于萬啻〖=〗（億）年〖=〗，參舒（敘）之。”按，今本《逸周書·祭公》舒作序。

舒與敘

《祭公》：“藍（鑑）于夏商之既敗，不（丕）則亡遺後，至于萬啻〖=〗（億）年〖=〗，參舒（敘）之。”

予字聲系

予與抒

《傷痙》：“煎之瀆（沸），即以布足（捉）之，予（抒）其汁，□傅□。”

予與杼

《養生方》：“削予（杼）木，去其上箁亞（惡）者，而卒（猝）斬之。”

予與豫

《天下至道》：“毋予（豫）毋治（怠），毋作毋疑。”按，“予（豫）”字從周一謀、蕭佐桃《馬王堆醫書考注》（天津科學技術出版社，1988年，440頁）讀。

《二三子》：“卦曰：‘盱予（豫），悔。’”

《二三子》：“卒至之患，盱予（豫）而不□□□□□□□□。”

予與與

《春秋一》：“是塞□□□□□□□□□□□□□□□□□□□□於□□路（賂）弗予（與）。”

夈與舍

《祝辭》：“乃夈（舍）釆（幣）。”

圩與序

《日甲·啻》：“筑（築）右圩（序），長子婦死。筑（築）左圩（序），中子婦死。”按，“圩（序）”字從李家浩《九店五六號墓竹簡釋文與考釋》（湖北省文物考古研究所、北京大學中文系《九店楚簡》，中華書局，2000年，114頁）釋讀。

芧與杼

《繫年十七》：“齊襄（崔）芧（杼）殺其君臧（莊）公，以爲成於晉。”

豣與舒

《士相見》：“執玉者則唯豣（舒）戒〈武〉，舉前肆（曳）踵。”

評與舒

《戰國一八》：“老臣賤息評（舒）旗最少，不宵（肖）。”

豫與予

《顏淵問》：“敬（矜）又（有）㔯（過）而先又（有）司，老=（老老）而慈（慈）學（幼），豫（予）絞（約）而收貧。”按，“豫”似當讀作“予”，訓賜。下同。

《顏淵問》：“豫（予）絞（約）而收貧，所以取新（親）也。”

豫與預

《脈書》：“不此豫（預）治，且聞哭音。”

豫與舍

《周易·頤》：“初九：豫（舍）尔（爾）需（靈）龜，觀我敚（朵）頤，凶。”

《仲弓》：“遐（舉）而（爾）所智（知），而（爾）所不智（知），人其豫（舍）之者？”

《用曰》：“參（三）節之未得，豫（舍）命乃縈。”

《曹沫》：“不和於邦，不可以出豫（舍）；不和於豫（舍），不可以出戟（陳）；不和於戟（陳），不可以戰。”按，“豫（舍）”字從陳劍《上博竹書〈曹沫之陳〉新編釋文》（簡帛研究網，2005年2月12日）讀。下四例同。

《曹沫》：“臧（莊）公曰：‘爲和於豫（舍）女（如）可（何）？’”

《曹沫》：“☐亓（期）會之不難，所以爲和於豫（舍）。”

《曹沫》：“三軍未成戟（陳），未豫（舍），行阪淒（濟）障，此▨果之幾（機）。”

《曹沫》：“既戰復豫（舍），虐（號）命（令）於軍中曰：‘綅（繕）虖（甲）利兵，明日牆（將）戰。’”

《繫年七》：“楚王豫（舍）回（圍）歸，居（據）方城。”

《繫年八》：“秦人豫（舍）戍於奠₌（鄭，鄭）人致（屬）北門之笶（管）於秦₌之₌戍₌人₌（秦之戍人，秦之戍人）使人歸告。”按，“豫（舍）”字從孫飛燕《讀〈繫年〉劄記三則》（復旦大學出土文獻與古文字研究中心網，2012年3月9日）釋讀。

《繫年九》：“豫（舍）其君之子弗立，而卲（召）人于外，而安（焉）牆（將）實（寘）此子也？”

《繫年二一》：“嵬（魏）畀〈斯〉、zhao（趙）关（浣）、倝（韓）啓章衛（率）自（師）栽（救）赤（赤）㟁（岸），楚人豫（舍）回（圍）而還，與晉自（師）戰於長城。”

《芮良夫》：“二啟曰：天猷畏矣，豫（舍）命亡（無）成。”

《筮法二二》：“内（入）月五日豫（舍）巽，倝（乾）臾（坤）長（當）艮。”

《鄭甲》：“所天不豫（舍）白₌父₌（伯父，伯父）而□□□□□□□□□□□享（穀）。”

《鄭乙》：“所天不豫（舍）白₌父₌（伯父，伯父）☐。”

豫與捨

《成王》：“民皆欲豫（捨）其新（親）而新（親）之，皆欲以其邦臺（就）之，是胃（謂）天子之正道。”按，“豫（捨）”字從復旦吉大古文字專業研究生聯合讀書會《上博八〈成王既邦〉校讀》（復旦大學出土文獻與古文字研究中心網，2011年7月17日）釋讀。

舒與序

見魚部余字聲系。

舒與敘

見魚部余字聲系。

鼫與鼠

見魚部鼠字聲系。

與字聲系

與與輿

《老子》甲：“天陸（地）之刎（間），其猷（猶）囯（橐）蘥〈籥〉與？”按，帛書本與作輿。

《帛易·師》：“六三，師或與（輿）层（尸），兇（凶）。”

與與舉

《五行》：“君子智（知）而與（舉）之，胃（謂）之障（尊）臤（賢）；智（知）而事之，胃（謂）之障（尊）臤（賢）者也。”

《唐虞》：“古者堯之與（舉）舜也，昏（聞）舜孝，智（知）其能敊（養）天下之老也；昏（聞）舜弟，智（知）其能紿（事）天下之長也。”按，“與”似當讀作“舉”。

《仲弓》：“夫子唯（雖）有與（舉），女（汝）蜀（獨）正之，幾（豈）不又（有）狂（匡）也？”

《良臣》：“奠（鄭）桓（桓）公與（舉）周之遺老史百（伯）、宦中（仲）、虐（虢）

弔（叔）、土（杜）白（伯），後出邦（封）。”按，“與（舉）”字從黄傑《初讀清華簡（叁）〈良臣〉、〈祝辭〉筆記》（簡帛網，2013年1月7日）讀。

《帛甲老子·道經》：“將欲去之，必古（固）與（舉）之。”

《帛乙老子·道經》：“將欲去之，必古（固）與（舉）之。”

《名理》：“能與（舉）曲直，能與（舉）冬（終）始。”

《九地》：“是故正（政）與（舉）□之日。”

《陳忌問壘》：“終秦繆（穆）公之身，秦不敢與（舉）☒。”按，“與”似當讀作“舉”。《戰國策·趙策二》：“然而秦不敢舉兵甲而伐趙者，何也？”《史記·刺客列傳》：“燕王誠振怖大王之威，不敢舉兵以逆軍吏。”可參。

《荊決》：“齊其翠羽，或（又）與（舉）旌旗。”

與與歟

《民之》：“可得而䎽（聞）與（歟）？”

《子羔》：“厽（三）王者之乍（作）也，虞（皆）人子也，而其父戔（賤）而不足爯（偁）也與（歟）？殹（抑）亦成天子也與（歟）？”

《魯邦》：“毋乃胃（謂）丘之畣（答）非與（歟）？”

《魯邦》：“否，殹（繄）虐（吾）子女適（重）命，其與（歟）！”

《亙先》：“舉（舉）天下之名，無又（有）灋（廢）者與（歟）？”按，“與（歟）”字從丁四新《楚簡〈恆先〉章句釋義》（簡帛研究網，2003年7月25日）讀。

《柬大王》：“邦家以軒（杌）輗〈輗（隉）〉，社禝（稷）以逃（危）與（歟）？”

《曹沫》：“此不貧於散（美）而福（富）於悳（德）與（歟）？”

《曹沫》：“虐（吾）言氏（是）不（否），而毋或（惑）者（諸）少（小）道與（歟）？”

《鮑叔牙》：“肰（然）則可敚（説）與（歟）？”按，“與（歟）”字從陳劍《談談〈上博（五）〉的竹簡分篇、拼合與編聯問題》（簡帛網，2006年2月19日）讀。

《苦成》：“爲此殜（世）也從事，可（何）以女（如）是其疾與（歟）才（哉）？”

《墨子》：“☒猷（猶）芑（芝）蕑（蘭）與（歟）？”

《季桓子》：“☒繇（由）悬（仁）與（歟）？”

《季桓子》：“趄（桓）子曰：‘二道者可得䎽（聞）與（歟）？’”

《治官》：“此治官、黔首及身之要也與（歟）？”

《見吳王》：“不穀好□□□□□□□□□□兵者與（歟）？”

《晏子一四》：“☒心壹與（歟）？夫子之心三與（歟）？”

《易之義》：“其辯名也，雜而不戉（越），於指（稽）易□，衰世之僮與（歟）？”按，“與”當讀作“歟”。下一例同。

《易之義》：“作易者，其又（有）患憂與（歟）？”

《繆和》：“吾□□不達，問學不上與（歟）？”

與與邪

《季桓子》：“與（邪）蟡（僞）之民，亦以其勿（物）。”按，“與（邪）”字從陳劍《〈上博（六）·孔子見季桓子〉重編新釋》（復旦大學出土文獻與古文字研究中心網，2008年3月22日）讀。下五例同。

《季桓子》：“殹（抑）與（邪）民之行也。”

《季桓子》："夫與（邪）蝺（僞）之民，其述（術）多方。"
《季桓子》："與（邪）蝺（僞）之民，衣備（服）丑（好）□，□□□皆求異於人。"
《季桓子》："此與（邪）民也。"
《季桓子》："䆐（色）不僕（樸），此〈出〉言不忑（忌）；見於孝₌（君子），大爲毋槼（攝）；此與（邪）民也。"
《繫辭》："鍵（乾）川（坤），其易之經與（邪）？"按，今本與作邪。

與與旟

《鄘風》："□□□與（旟），在孫（浚）之都。"

與與譽

《帛甲老子·德經》："故致數與（譽）无與（譽）。"

與與蕷

《木牘》："肉從（葰）容（蓉）、天雄、署（薯）與（蕷）、虵（蛇）☐。"

與與豫

《帛甲老子·道經》："與（豫）呵（兮）其若冬涉水。"按，通行本與作豫。下同。
《帛乙老子·道經》："與（豫）呵（兮）其若冬涉水。"

舉與與

《戰國一二》："寡人已舉（與）宋講矣，乃來諍（爭）得，三。"

舉與輿

《戰守》："不得扶傷舉（輿）死。"

舉與譽

《帛易·豐》："六五，來章有慶舉（譽），吉。"
《帛易·旅》："六五，射雉，一矢亡，冬（終）以舉（譽）命。"

舉與取

《特牲》："賓坐舉（取）觶（觶），作（阼）階前北面州（酬）長兄弟，長兄弟在右。"

舉與舉

《城濮》："子〖₌〗叓（文）舉（舉）脏眮（貽）白（伯）珵（嬴）曰。"

舉與舉

《少牢》："上佐食舉（舉）尸牢肺、正脊以授尸。"

𦥑與與

《緇衣》："宋人又（有）言曰：人而無亙（恆），不可爲卜筮也。其古之遺言𦥑（與）？"
《周易·師》："六厽（三）：帀（師）或𦥑（輿）殜（尸），凶。"按，帛書本𦥑（輿）作與。
《文王》："☐子訪之，上（尚）父𦥑（與）詞（辭）。"按，"𦥑（與）"字從鄔可晶《〈上博（九）·舉治王天下〉"文王訪之於尚父舉治"篇編連小議》（復旦大學出土文獻與古文字研究中心網，2013年1月11日）讀。

𦥑與譽

《鬼神》："此以貴爲天子，𩒴（富）又（有）天下，長年又（有）𦥑（譽），後殜（世）遂（述）之。"按，"𦥑（譽）"字從廖名春《讀〈上博五·鬼神之明〉篇劄記》（簡帛研究網，2006年2月20日）讀。
《祭公》："王拜䭫₌（稽首）𦥑（譽）言，乃出。"按，"𦥑（譽）"字從復旦大學出土文獻與古文字研究中心研究生讀書會《清華簡〈祭公〉研讀札記》（復旦大學出土文獻與古文字研究中心網，2011年1月5日）讀。

𦥑與輿

《周易·師》："六厽（三）：帀（師）或𦥑（輿）殜（尸），凶。"
《周易·師》："六五：畋（田）又（有）禽，利執言，亡（无）咎。長子銜（帥）帀

（師），弟子𦦗（輿）殍（尸），貞凶。”

𦦗與舉

《尊德義》：“坓（刑）罰，所以□𦦗（舉）也。”

《六德》：“得其人則𦦗（舉）安（焉），不得其人則止也。”

《性自》：“《豊（禮）》、《樂》，又（有）爲丞（舉）之也。”按，上博簡本《性情論》丞（舉）作𦦗。下一例同。

《性自》：“凡兑（悦）人勿吝（吝）也，身必從之，言及則明丞（舉）之而毋憍（僞）。”

《仲弓》：“唯（雖）又（有）臤（賢）才，弗智（知）𦦗（舉）也。敢昏（問）𦦗（舉）才女（如）之可（何）？”

《仲弓》：“𦦗（舉）而（爾）所智（知），而（爾）所不智（知），人其豫（舍）之者？”

《亙先》：“𦦗（舉）天之事，自复（作）爲，事甬（庸）以不可賡也。”

《亙先》：“𦦗（舉）天下之名，虛豆（樹），習以不可改也。”

《亙先》：“𦦗（舉）天下之爲也，無夜（舍）也，無與也，而能自爲也。𦦗（舉）天下之生，同也，其事無不復。”

《亙先》：“𦦗（舉）天下之复（作）也，無不得其亟（極）而果述（遂），甬（庸）或得之？甬（庸）或遊（失）之？𦦗（舉）天下之名，無又（有）灋（廢）者與（歟）？”

《競公瘧》：“公𦦗（舉）頁（首）畣（答）之。”按，“𦦗（舉）”字從何有祖《讀〈上博六〉劄記》（簡帛網，2007年7月9日）讀。

《競公瘧》：“𦦗（舉）邦爲欽（禁），約夾（挾）者（諸）閘（關），縛纙（棨）者（諸）貴（市）。”

《用曰》：“用曰：𦦗（舉）竿（竿）於埜（野）☐。”

《成王》：“宅（沌）虖＝（乎！吾）欲𦦗（舉）之，不果，以進則昜（傷）安（焉）。”

《城濮》：“𦦗（舉）邦加（賀）子旻（文），以其善行帀（師）。”

《城濮》：“王爲余賓，𦦗（舉）邦加（賀）余，女（汝）蜀（獨）不余見。”

《靈王》：“爲之惹（怒）：‘𦦗（舉）邦隶（盡）隻（獲），女（汝）獨亡（無）得。’”

《文王》：“五□不𦦗（舉），其民能相分舍（予）。”

《繫年十五》：“以敗楚自（師）于白（柏）𦦗（舉），述（遂）内（入）郢。”

《湯丘》：“唯（雖）余孤之與卡＝（上下）交，剴（豈）敢以衾（貪）𦦗（舉）？”

𦦗與歟

《子羔》：“堯之得舜也，舜之悳（德）則成（誠）善𦦗（歟）？伊（抑）堯之悳（德）則甚盟（明）𦦗（歟）？”按，“𦦗”當讀作“歟”。

𦦗與野

《陳公》：“申（陳）於埸𦦗（野）、罙（深）卉、霜雾（露），車則☐。”按，“𦦗（野）”字從曹建敦《上博簡（九）〈陳公治兵〉研讀劄記（一）》（復旦大學出土文獻與古文字研究中心，2013年4月23日）讀。

𦦗與赦

《仲弓》：“中（仲）弓曰：‘惑（宥）怭（過）𦦗（赦）辠，則民可（何）系？’”

𦦗與舉

《琴舞》：“日内（入）辠𦦗（舉）不（否），寍（寧）是隹（惟）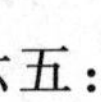。”

懇與舉

《周易・豐》：“六五：萊（來）章，又（有）慶懇（譽），吉。”按，帛書本懇（譽）作舉。

惥與譽

《語叢二》：“凡敓（悦），乍（作）於惥（譽）者也。”按，“惥（譽）”字從李零《郭店楚簡校讀記（增訂本）》（北京大學出版社，2002年，170頁）讀。

《周易·豐》：“六五：萊（來）章，又（有）慶惥（譽），吉。”

惥與赦

《成之》：“《康弇（誥）》曰：‘不還大暊，文王复（作）罰，型（刑）兹亡惥（赦）。’”按，今本《尚書·康誥》惥作赦。

《仲弓》：“先又（有）司，睪（舉）臤（賢）才，惑（宥）怸（過）惥（赦）辠⧄。”按，“惥（赦）”字從陳劍《上博竹書〈仲弓〉篇新編釋文（稿）》（簡帛研究網，2004年4月18日）讀。

睪與舉

《昔者》：“君子曰：睪（舉）敚（美）瀌（廢）亞（惡）⧄。”按，“睪”字原形作“[illegible]”，下部所從似即“予”字。下同。

《仲弓》：“先又（有）司，睪（舉）臤（賢）才，惑（宥）怸（過）惥（赦）辠⧄。”按，“睪”字原形作“[illegible]”。

譽與輿

《周易·蹇》：“初六：往訐（蹇）來譽。”按，帛書本譽作輿。

《北蒼·魚》：“旃（氈）翳簦笠，羽扇翣（翣）譽（輿）。”按，“譽”似當讀作“輿”。晉崔豹《古今注·輿服》：“輿輦有翣，即緝雉羽爲扇，翣以障翳風塵也。”

譽與夜

《周易·夬》：“啻（惕）唇（號），莫譽（夜）又（有）戎，勿卹（恤）。”

輿與與

《帛甲老子·德經》：“不胃（謂）[求以]得，有罪以免輿（與）？故爲天下貴。”

《帛甲老子·道經》：“天地[之]閒，[其]猶橐籥輿（與）？”

《帛甲老子·道經》：“不以其无[私]輿（與）？故能成其私。”

《帛乙老子·道經》：“天地之閒，其猷（猶）橐籥輿（與）？”

《帛乙老子·道經》：“不以其无私輿（與）？故能成其私。”

《明君》：“意（抑）以三者爲㚒（峽）輿（與）？”

《戰國一八》：“輿（與）恐玉體（體）之有所郄（隙）也，故願望見大（太）后。”

輿與舉

《明君》：“是以賢士明君，知其存功（攻）戰也，故輿（舉）邦□積於兵。”

輿與歟

《晏子一二》：“獨吾君輿（歟）！吾死也！”

《晏子一二》：“吾罪輿（歟）才（哉）！吾亡也！”

輿與旟

《官一》：“辯（辨）疑以旌輿（旟），申令以金鼓。”

輿與譽

《帛乙老子·德經》：“故至（致）數輿（譽）无輿（譽）。”

《帛易·蠱》：“六五，榦父之箇（蠱），用輿（譽）。”

《帛易·蹇》：“初六，往蹇（蹇）來輿（譽）。”

《北大老子》：“故致數輿（譽）無輿（譽）。”

㼌字聲系

窳與蓏

《月令》：“盡十月，隋（墮）窳（蓏）。”

宁字聲系

忬與褚

《北蒼·陽》："鉼畚忬（褚）箱。"

女字聲系

女與如

《老子》甲："臨事之紀，訢（慎）冬（終）女忖（始），此亡敗事矣。"按，今本女作如。

《老子》甲："侯王女（如）能獸（守）之，萬勿（物）酒（將）自賓。"

《老子》乙："明道女孛（昧），遲（夷）道女繢（纇），□道若退。上悳（德）女浴（谷），大白女辱，㞷（廣）悳（德）女不足，建悳（德）女□。"按，帛書乙本女作如。

《魯穆公》："可（何）女（如）而可胃（謂）忠臣？"

《五行》："'瞻望弗及，深（泣）涕女（如）雨'。能遲（差）沱（池）其羿（羽），肰（然）句（後）能至哀。"

《五行》："和則轢₌（樂，樂）則又₌悳₌（有德，有德）則邦家譽（興）。文王之見也女（如）此。"

《緇衣》："好娩（美）女（如）好茲（緇）衣，亞₌（惡惡）女（如）亞（惡）遊（巷）白（伯）。"

《緇衣》："《寺（詩）》員（云）：'皮（彼）求我則，女（如）不我得；執我栽₌（仇仇），亦不我力。'"

《緇衣》："《君迪（陳）》員（云）：'未見聖，如其弗克見；我既見，我弗迪聖。'"按，上博簡本《緇衣》如作女。

《緇衣》："王言女（如）絲，其出女（如）緍；王言女（如）索，其出女（如）綍（紼）。"

《忠信》："至忠女（如）土，蟡（化）物而不發（伐）。"

《忠信》："君子女（如）此，古（故）不皇（誑）生，不伓（背）死也。"

《忠信》："至信女（如）時，北（必）至而不結。"

《忠信》："氏（是）古₌（故，古）之所以行虖（乎）闢（辟）嘍（陋）者，女（如）此也。"

《唐虞》："古（故）昔臤（賢）急（仁）聖者女（如）此。"

《唐虞》："古（故）堯之徸（禪）虖（乎）舜也，女（如）此也。"

《唐虞》："女（如）此也。"

《六德》："君子不卞（變）女（如）衍（道）。衍（道），人之▨。"

《六德》："君子女（如）谷（欲）求人衍（道）▨。"

《六德》："非我血燹（氣）之新（親），畜我女（如）其子弟。"

《性自》："聍（聞）芺（笑）聖（聲），則羴（鮮）女（如）也斯憙（喜）。"

《性自》："昏（聞）訶（歌）謠（謠），則舀（陶）女（如）也斯奮。"

《性自》："聖（聽）嵾（琴）厈（瑟）之聖（聲），則謗（悸）女（如）也斯戁（歎）。"

《性自》："雚（觀）《柔（賚）》、《武》，則齊女（如）也斯钗（作）；雚（觀）《卲（韶）》、《夏》，則免（勉）女（如）也斯僉（儉）。"

《性自》："羕（永）思而螤（動）心，胄（喟）女（如）也。"

《性自》："哭之螤（動）心也，濈（踧）潊（殺），其剌（烈）䜌₌（戀戀）女（如）也，慼（戚）肰（然）以終。樂之螤（動）心也，濬深臧（鬱）舀（陶），其剌（烈）則流女（如）也以悲，條（悠）肰（然）以思。"

《性自》："凡學者隶〈求〉其心爲難，從

其所爲，近得之喜（矣），不女（如）以樂之速也。”

《性自》：“又（有）其爲人之迎₌（節節）女（如）也，不又（有）夫柬₌（簡簡）之心則采（悸）；又（有）其爲人之柬₌（簡簡）女（如）也，不又（有）夫亙（恆）怡之志則縵（慢）。”

《性自》：“又（有）其爲人之快女（如）也，弗牧不可；又（有）其爲人之㬫女（如）也，弗校（輔）不足。”

《語叢四》：“唯（雖）戠（勇）力聒（聞）於邦，不女（如）材；金玉浧（盈）室，不女（如）悔（謀）；眾弖（強）甚多，不女（如）旹（時）。”

《詩論》：“《旹（詩）》，其猶坪（平）門，與戔（賤）民而豫之，其甬（用）心也酒（將）可（何）女（如）？”

《詩論》：“民之有慼惓（患）也，卡₌（上下）之不和者，其甬（用）心也酒（將）可（何）女（如）？”

《詩論》：“又（有）成工（功）者可（何）女（如）？”

《詩論》：“□女（如）此可（何）？斯雀之矣。”

《詩論》：“《𤖯（將）大車》之嚣也，則以爲不可女（如）可（何）也。”

《詩論》：“《𡰥（鳲）鳩（鳩）》曰：‘其義（儀）一氏（兮），心女（如）結也。’虗（吾）信之。”

《民之》：“敢䎽（問）可（何）女（如）而可胃（謂）民之父母？”

《子羔》：“女（如）舜才（在）含（今）之殜（世）則可（何）若？”

《子羔》：“厽（三）王者之乍（作）也女（如）是。”

《魯邦》：“女（如）母（毋）悉（愛）珪璧𤸰（幣）帛於山川，政（正）型（刑）與□。”

《魯邦》：“夫山，石以爲膚，木以爲民，女（如）天不雨，石酒（將）焦，木酒（將）死。”

《魯邦》：“夫川，水以爲膚，魚以爲民，女（如）天不雨，水酒（將）沽（涸），魚酒（將）死。”

《魯邦》：“公剴（豈）不飯枊（粱）飤（食）肉才（哉）！戝（繄），亡女（如）𤕌（庶）民可（何）。”

《昔者》：“大（太）子内（入）見，女（如）祭祀之事□。”

《昔者》：“□之必敬，女（如）賓客之事也。君曰：‘廌（薦）豊（禮）□。’”

《容成氏》：“昔者天陛（地）之差（佐）舜而右（佑）善，女（如）是脜（狀）也。”

《容成氏》：“其喬（驕）大（泰）女（如）是脜（狀）。”

《容成氏》：“女（如）是而不可，肰（然）句（後）從而攻之，陞（升）自戎（陑）述（遂），内（入）自北門，立於中[illegible]。”

《容成氏》：“昔者文王之差（佐）受（紂）也，女（如）是脜（狀）也。”

《周易·大有》：“六五：𠨭（厥）孚洨（交）女（如），愄（威）女（如），吉。”

《周易·夬》：“九厽（三）：藏（壯）于頄，又（有）凶。君子夬₌（夬夬），蜀（獨）行遇雨，女（如）雺又（有）厲，亡（无）咎。”

《周易·既濟》：“九五：東峇（鄰）殺牛，不女（如）西峇（鄰）之酌（禴）祭，是受福吉。”

《仲弓》：“中（仲）弓曰：‘若夫老₌（老老）慈幼，既昏（聞）命喜（矣）。夫先又（有）司，爲之女（如）可（何）？’”

《仲弓》：“敢昏（問）𦥯（舉）才女（如）

之可（何）？”
《仲弓》：“中（仲）弓曰：‘若此三者，既昏（聞）命喜（矣）。敢昏（問）道（導）民興悳（德）女（如）可（何）？’”
《柬大王》：“女（如）褱，牆（將）祭之。”
《柬大王》：“王曰：‘女（如）㬎（吝），速祭之，虐（吾）瘵鼠（益）疠（病）。’”
《柬大王》：“女（如）君王攸（修）郢高（郊），方若肰（然）里。”
《相邦》：“子贛（貢）罖（曰）：‘虐（吾）子之畣（答）也可（何）女（如）？’”
《相邦》：“孔₌（孔子）曰：‘女（如）迺（訊）。’”
《曹沫》：“還年而睧（問）於敔（曹）蔑（沫）曰：‘虐（吾）欲與齊戰，睧（問）戟（陳）奚女（如）？獸（守）鄸（邊）成（城）奚女（如）？’”
《曹沫》：“臧（莊）公曰：‘爲和於邦女（如）之可（何）？’”
《曹沫》：“臧（莊）公曰：‘爲和於豫（舍）女（如）可（何）？’”
《曹沫》：“牆（莊）公或（又）睧（問）：‘爲和於戟（陳）女（如）可（何）？’”
《曹沫》：“臧（莊）公曰：‘勿兵以克奚女（如）？’”
《曹沫》：“君女（如）䙶（親）衛（率），必聚羣又（有）司而告之。”
《曹沫》：“臧（莊）公或（又）睧（問）曰：‘善攻者奚女（如）？’”
《曹沫》：“臧（莊）公曰：‘善獸（守）者奚女（如）？’”
《曹沫》：“臧（莊）公曰：‘爲䙶（親）女（如）可（何）？’”
《曹沫》：“臧（莊）公或（又）睧（問）：‘爲和女（如）可（何）？’”
《曹沫》：“臧（莊）公或（又）睧（問）：‘爲義女（如）可（何）？’”
《柬大王》：“女（如）㬎（吝），牆（將）祭之。”
《鮑叔牙》：“毋内錢器，犠（犧）生（牲）珪璧必全，女（如）峇，伽（加）之以敬。”
《鮑叔牙》：“公曰：‘肰（然）則奚女（如）？’”
《季康子》：“古（故）子以此言爲奚女（如）？”
《季康子》：“庚（康）子曰：‘毋乃肥之昏也，是左虐（乎）？古（故）女（如）虐（吾）子之疋（疏）肥也。’”
《苦成》：“爲此殜（世）也從事，可（何）以女（如）是其疾與（歟）才（哉）？”
《弟子問》：“虐（吾）睧（聞）父母之喪，飤（食）肉女（如）飯土，畬（飲）酉（酒）如淫〈歠水〉，信虐（乎）？”
《弟子問》：“巨（蘧）白（伯）玉侹（侍）虐（乎）？子膧₌（庸庸）女（如）也其聖（聲）；子迲（路）往虐（乎）？子噩₌（諮諮）女（如）也女（如）戜（誅）。”
《三德》：“卉木須時而句（後）奮，天亞（惡）女（如）忻。”
《三德》：“女（如）反之，必禺（遇）凶央（殃）。”
《鬼神》：“女（如）以此詰之，則善者或不賞，而暴▨。”按，“女（如）”字從陳偉《上博五〈鬼神之明〉篇初讀》（簡帛網，2006年2月18日）讀。
《競公瘧》：“▨君祝敓（説）毋〈女（如）〉尃（薄）青（情）忍辠〈罡（親）〉虐（乎）？”按，“毋〈女（如）〉”字從凡國棟《上博六〈景公瘧〉劄記》（簡帛網，2007年7月17日）釋讀。
《競公瘧》：“女（如）川（順）言弇（掩）亞（惡）虐（乎）？”

《季桓子》:“女（如）子（兹）皋〈睪（親）〉息（仁）、行叟（聖）人之道。”
《季桓子》:“女（如）夫見人不猒（厭），昏（問）豊（禮）不券（倦）。”
《季桓子》：“□者也，女（如）此者安（焉）。”
《季桓子》：“女（如）夫息（仁）人之未詧（察），其行居（處）可明而智（知）牙（歟）？”
《季桓子》：“女（如）迷〈悉〉言之，則忎（恐）舊（疚）虔（吾）子。”按，“女（如）”字從陳劍《〈上博（六）·孔子見季桓子〉重編新釋》（復旦大學出土文獻與古文字研究中心網，2008年3月22日）釋讀。
《季桓子》：“虔（吾）子迷〈悉〉言之，猶忎（恐）弗智（知），皇（況）其女（如）岂（微）言之虛（乎）？”
《季桓子》：“爲詥以事其上，息（仁）其女（如）此也。”
《莊王》：“女（如）四與五之閒。”
《申公》：“女（如）臣智（知）君王之爲君，臣牆（將）或（有）至（致）安（焉）。”
《鄭壽》：“畣（答）：‘女（如）毁新都戕陵（陵）、臨昜（陽），殺左尹㝃（宛）、少帀（師）亡（無）忌（忌）。’”按，“女（如）”字從陳偉《讀〈上博六〉條記》（簡帛網，2007年7月9日）讀。
《鄭壽》：“奠（鄭）壽：‘女（如）不能，君王與楚邦懼戁（難）。’”
《鄭壽》：“王芺（笑）：‘女（如）我得免，後之人可（何）若？’”
《武王甲》:“帀（師）上（尚）父曰：‘才（在）丹箸（書），王女（如）谷（欲）雚〈雚（觀）〉之，盍詟（齋）乎？’”
《鄭子甲》：“女（如）上帝禮（鬼）神以爲惹（怒），虔（吾）牆（將）可（何）以畣（答）？”
《鄭子乙》：“女（如）上帝禮（鬼）神以爲惹（怒），虔（吾）牆（將）可（何）以畣（答）？”
《凡物甲》：“奎祭員系（奚）逐，虔（吾）女（如）之可（何）思（使）飠（飽）？”
《凡物甲》：“十回（圍）之木，其刣（始）生女（如）[illegible]（蘖）。”
《凡物甲》：“心女（如）能勳（勝）心，是胃（謂）少（小）䈞（徹）。”
《凡物甲》：“女（如）月出惻（則）或（又）内（入），終則或（又）詞（始），至則或（又）反。”
《凡物甲》：“能戠（察）鼠（一），則百勿（物）不遂（失）；女（如）不能戠（察）鼠（一），則百勿（物）具遂（失）。”
《凡物甲》：“女（如）欲戠（察）鼠（一），卬（仰）而視之，府（俯）而[illegible]之，母（毋）遠怺（求）厇（度），於身旨（稽）之。”
《凡物乙》：“奎祭員系（奚）逐，虔（吾）女（如）之可（何）思（使）飠（飽）？”
《凡物乙》：“十回（圍）之木，其刣（始）生女（如）[illegible]（蘖）。”
《凡物乙》：“女（如）欲戠（察）鼠（一），卬（仰）而視之，府（俯）而[illegible]之，母（毋）遠怺（求）厇（度），於身旨（稽）之。”
《凡物乙》：“得鼠（一）而惃（圖）之，女（如）幷天下而虘（担）之；得鼠（一）而思之，若幷天下□。”
《凡物乙》：“心女（如）能勳（勝）心□。”
《凡物乙》：“女（如）月出惻（則）或（又）内（入），終則或（又）詞（始），至則或（又）反。”
《顏淵問》：“耆（顏）困（淵）：‘敢䎽（問）可（何）女（如）？’”
《顏淵問》:“害（盍）君子之内事也女（如）

此矣。”
《顔淵問》:“䇾(顔)囦(淵):‘敢䎽(問)可(何)女(如)?’”
《顔淵問》:“女(如)進者雚(勸)行,退者智(知)欽(禁),則其於教也不遠矣。”
《命》:“女(如)以僕(僕)之觀視日也,十又厽(三)亡僕(僕)。”
《王居》:“唯(雖)我悉(愛)尔(爾),虗(吾)無女(如)社禝(稷)可(何)!而必良慭(慎)之。”
《蘭賦》:“年(佞)前其約僉(儉),完(美)後其不長,女(如)菓(蘭)之不芳。”
《陳公》:“女(如)内王卒而母(毋)走(止)帀(師)徒,母(毋)亦善虐(乎)?”按,“女(如)”字從高佑仁《〈上博九〉初讀》(簡帛網,2013年1月8日)讀。
《陳公》:“女(如)既至栽(仇)人之閒,牆(將)出帀(師)。”
《陳公》:“女(如)閔(門),女(如)逆閔(門),女(如)開(扞)䢵(術),女(如)攻䢵(術),女(如)御逗,必新(慎)☐。”
《陳公》:“女(如)既滐成(城)安(焉),紳兩和而紉之,必新(慎)☐。”
《史留》:“史留䁂(曰):‘留也,古(故)齊邦乑(敝)吏之子也,亡(無)女(如)者(圖)也。’”
《卜書》:“兆(兆)女(如)印(仰)首出止(趾),而屯(沌)不(背)困(混)鄺(膺),是胃(謂)狒(蔽)卜。”
《卜書》:“凡三族又(有)此(疵),三末唯(雖)吉,女(如)白女(如)黃,貞邦☐。”
《卜書》:“貞邦無咎,殹(抑)牆(將)有役,女(如)☐。”
《卜書》:“女(如)三末唯(雖)吉,三族是卒(萃),亦亡(無)大咎,又(有)吝於内。女(如)三族☐。”
《建除》:“凡坐日,無爲而可,女(如)以祭祀,必又(有)三□。”
《叢辰》:“生子,無俤(弟);女(如)又(有)俤(弟),必死。”
《叢辰》:“利於畬(飲)飤(食);女(如)遠行,剉(侳)。”
《生、亡日》:“☐女(如)以行,必頁□又□。”
《墨子》:“☐天下,爲之女(如)可(何)?”按,“女(如)”字從李零《長台關楚簡〈申徒狄〉研究》(簡帛研究網,2000年8月8日)讀。
《楚帛書》乙:“凡戢(歲)悳(德)匿,女(如)□□隹(惟)邦所□夭(妖)之行。”
《楚帛書》丙:“女(如)北(必)武。”
《楚帛書》丙:“女(如),可以出帀(師)簽(築)邑。不可以家(嫁)女取臣妾,不火得,不成。”
《尹至》:“今其女(如)怡(台)?”
《程寤》:“女(如)天降疾,旨味既甬(用),不可藥,時(時)不遠。”
《程寤》:“明武禐(威),女(如)棫柞亡堇(根)。”
《皇門》:“卑(譬)女(如)戎夫,喬(驕)用從肣(禽),其由(猶)克又(有)臒(獲)?”
《皇門》:“卑(譬)女(如)䍜(鞫)夫之又(有)忞(媢)妻。”
《皇門》:“卑(譬)女(如)舡(屬)舟,輔余于險,䌛余于淒(濟)。”
《説命上》:“氒(厥)敚(説)之䐗(狀),䳡(鳶)肩女(如)惟(椎)。”
《説命中》:“若藥,女(如)不䁧(瞑)眴(眩),邚(越)疾罔瘳。”
《説命下》:“女(如)飛鶴(雀)罔鬼(覺)觀,不隹(惟)䳺(鷹)唯(椎),迺弗䝱(虞)

民，氒（厥）其怭（禍）亦羅于罟（罨）罘（罭）。”
《説命下》：“敬之孳（哉）！若賈，女（汝）母（毋）非（揮）貨女（如）戠（埴）石。”
《琴舞》：“𤔔（亂）曰：良悳（德）其女（如）怡（台）？曰享人大☐。”
《芮良夫》：“女（如）闢（關）柭扂（扃）銎（管），繩（繩）剸（準）既政（正）而五（互）想（相）柔訛（比）。”
《芮良夫》：“女（如）闢（關）柭不閟（閉）而繩（繩）剸（準）遂（失）楑，五（互）想（相）不彊（䵷）。”
《芮良夫》：“窨（咎）可（何）其女（如）怡（台）孳（哉）！”
《芮良夫》：“㷉（朕）隹（惟）湝（沖）人，則女（如）禾之又（有）稆（穉）。”
《赤鵠》：“眾鴍（烏）乃𥝩（稽）晉（巫）鴍（烏）曰：‘夏句（后）之疾女（如）可（何）？’”
《赤鵠》：“夏句（后）乃𥝩（稽）少（小）臣曰：‘女（如）尔天晉（巫），而智（知）朕疾？’”
《赤鵠》：“夏句（后）曰：‘朕疾女（如）可（何）？’”
《赤鵠》：“句（后）女（如）𢼸（撤）屋，殺黃它（蛇）與白兔，垐陊（地）斬菼（陵），句（后）之疾其瘳。”
《厚父》：“其才（在）寺（時）後王之卿（享）國，逮（肆）祀三后，永敘才（在）服，隹（惟）女（如）怡（台）？”
《厚父》：“肄（肆）女（如）其若龜筮之言，亦勿可遈（專）改。”
《厚父》：“兹少（小）人之悳（德），隹（惟）女（如）怡（台）？”
《厚父》：“若山氒（厥）高，若水氒（厥）𣶒（淵），女（如）玉之才（在）石，女（如）丹之才（在）朱，迺是（寔）隹（惟）人。”
《厚父》：“曰天𥃝（監）司民，氒（厥）女（如）有之服于人，民弋（式）克芍（敬）悳（德）。”
《命訓》：“女（如）不居而㫃（重）義，則厇（度）至于亟（極）。”
《命訓》：“女（如）諻（懲）而悔（悔）怭（過），則厇（度）至于亟（極）。”
《命訓》：“女（如）又（有）佴（恥）而亙（恆）行，則厇（度）至于亟（極）。”
《命訓》：“女（如）懽（勸）以忠訐（信），則厇（度）至于亟（極）。”
《命訓》：“夫女（如）忎（恐）而承孝（教），則厇（度）至于亟（極）？”
《命訓》：“達道₌（道道）天以正₌人₌（正人。正人）莫女（如）又（有）亟（極），道天莫女（如）亡（無）亟（極）。”
《湯丘》：“今少（小）臣又（有）疾，女（如）思（使）吗（召），少閼（閒）於疾，朝而𥝩（稽）之，不猷（猶）受君賜？”
《湯丘》：“女（如）我弗見，夫人母（毋）以我爲訇（怠）於其事虐（乎）？”
《湯丘》：“女（如）幸余閈（干）於天畏（威），朕隹（惟）逆訓（順）是惰（圖）。”
《湯丘》：“湯或（又）聒（問）於少（小）臣：‘虐（吾）戏（戡）夏女（如）怡（台）？’”
《湯丘》：“湯或（又）聒（問）於少（小）臣：‘悉（愛）民女（如）怡（台）？’”
《湯丘》：“湯或（又）聒（問）於少（小）臣：‘共（恭）命女（如）怡（台）？’”
《啻門》：“女（如）亡（無）又（有）良言清（情）至於今。”
《鄭武》：“昔虐（吾）先君，女（如）邦𨟻（將）又（有）大事，北（必）再三進夫₌（大夫）而與之膚（偕）惛（圖）。”
《鄭武》：“孠₌（孺子）女（如）母（毋）

智（知）邦正（政），諨（屬）之夫₌（大夫）。”按，“女（如）”字從清華大學出土文獻讀書會《清華六整理報告補正》（清華大學出土文獻研究與保護中心網，2016年4月16日）引劉光説讀。

《鄭武》：“女（如）母（毋）又（有）良臣，三年無君，邦家䜌（亂）巳（矣）。”

《鄭武》：“孠₌（孺子）女（如）共（恭）夫₌（大夫），虘（且）以教安（焉）。”按，“女（如）”字從劉孟瞻在ee《清華六〈鄭武夫人規孺子〉初讀》（簡帛網“簡帛論壇”，2016年4月18日）一文下跟帖讀。

《鄭武》：“女（如）及三戢（歲），幸果善之。”

《鄭武》：“女（如）弗果善，欧虐（吾）先君而孤孠₌（孺子），其辠（罪）亦跌（足）婁（數）也。”

《鄭武》：“虐（吾）先君女（如）忍孠₌（孺子）志₌（之志），亦猷（猶）跌（足）。”

《鄭武》：“女（如）訢（慎）重（重）君葬（葬）而舊（久）之於上，三月少（小）恙（祥）。”按，“女（如）”字從暮四郎在ee《清華六〈鄭武夫人規孺子〉初讀》（簡帛網“簡帛論壇”，2016年4月18日）一文下跟帖讀。

《鄭武》：“幾（豈）孤其跌（足）爲免（勉），印（抑）亡（無）女（如）虐（吾）先君之㥑（憂）可（何）？”

《管仲》：“中（仲）父，君子斈（學）與不斈（學），女（如）可（何）？”

《管仲》：“中（仲）父，執（設）承女（如）之可（何）？立補（輔）女（如）之可（何）？”

《管仲》：“敢聒（問）歬（前）文句（后）爲之奴（如）可（何）？”

《管仲》：“執悳（德）女（如）縣，執正（政）女（如）繩（繩）。”

《鄭甲》：“女（如）容社之尻（處），亦虐（吾）先君之力也。”

《鄭甲》：“君女（如）由皮（彼）孔雪（叔）、遠（佚）之旦（夷）、帀（師）之佢鹿、臯（堵）之俞瓚（彌）。”

《鄭甲》：“君女（如）是之不能茅（務），則卑（譬）若疾之亡瘉（醫）。”

《鄭乙》：“女（如）容社之尻（處），亦虐（吾）先君之力也。”

《鄭乙》：“君女（如）由皮（彼）孔雪（叔）、遠（佚）之旦（夷）、帀（師）之佢鹿、臯（堵）之俞瓚（彌）。”

《鄭乙》：“君女（如）是之不能茅（務），則卑（譬）若疾之亡瘉（醫）。”

《子儀》：“義（儀）父！不敦（穀）繻左，右縕；繻右，左縕，女（如）權之又（有）加橈也。”

《子儀》：“辟（譬）之女（如）兩犬鯀（延）河歠（啜）而猌（狀），敳（豈）愧（畏）不跌（足），心則不敥（察）？”

《帛甲老子・德經》：“天將建之，女（如）以茲（慈）垣（援）之。”

《帛甲老子・道經》：“愛以身爲天下，女（如）何（可）以寄天下。”按，通行本女作如。

《曹氏》：“是以兩禾（和）女（如）化刑₌（形，形）成女（如）離，陽明女（如）昭明。”

女與汝

《五行》：“‘上帝賢〈臨〉女（汝），毋弍（貳）尔心’，此之胃（謂）也。”

《仲弓》：“☐子又（有）臣墧（萬）人道女（汝），思老其家，夫☐。”

《仲弓》：“爲之，余恦（誨）女（汝）。”

《仲弓》：“售（雖），女（汝）智（知）者（諸）？”

《仲弓》："孔₌（孔子）曰：'售（雖），𡗗₌（古之）事君者以忠與敬，唯（雖）其𤅊（難）也，女（汝）隹（惟）以☐。'"
《仲弓》："含（今）女（汝）相夫子所，渫（竭）其青（精）、𢘝（盡）其𣂹（慎）者，三害近𣪊矣。"
《仲弓》："夫子唯（雖）有與（舉），女（汝）蜀（獨）正之，幾（豈）不又（有）狂（匡）也？"
《彭祖》："女（汝）㝅₌（幼子）尃（博）昏（問），舍（余）告女（汝）人綸（倫）。"
《苦成》："唯（雖）得字（免）而出，以不能事君，天下爲君者，隹（誰）欲畜女（汝）者才（哉）？"
《苦成》："女（汝）出䌛（因）而余（予）之内庫之兵。"
《君子》："迲（坐），虐（吾）語女（汝）。"
《弟子問》："余（予），女（汝）能𣂹（慎）䎿（始）與終，斯善歖（矣）！爲君子䖒（乎）？女（汝）安（焉）能也。"
《弟子問》："韋（回），來，虐（吾）告女（汝）。"
《弟子問》："女（汝）弗智（知）也䖒（乎）？䌛（由）！"
《告武夷》："含（今）日某𨡓（將）欲飤（食），某敢以其妻☐妻女（汝）。"
《競公瘧》："尚（倘）肰（然），是虐（吾）所㝔（望）於女（汝）也，盍𢾋（誅）之。"
《吳命》："𦿒（荊）爲不道，胃（謂）余曰：'女（汝）周之肯（孽）子☐。'"
《城濮》："王爲余賓，嬖（舉）邦加（賀）余，女（汝）蜀（獨）不余見。"按，"女（汝）"字從不求甚解《上博簡〈成王爲城濮之行〉重編簡釋》（海天遊蹤《讀〈成王爲城濮之行〉劄記》，簡帛網"簡帛論壇"，2013年1月5日）讀。
《靈王》："爲之惹（怒）：'嬖（舉）邦𦘔（盡）隻（獲），女（汝）獨亡（無）得。'"
《尹至》："湯曰：'各（格）！女（汝）其又（有）吉志。'"
《尹至》："民沇（率）曰：'余返（及）女（汝）皆（偕）芒（亡）。'"
《尹至》："湯曰：'女（汝）告我夏䚄衛（率）若寺（時）？'"
《程寤》："發！女（汝）敬聖（聽）吉夢。"
《程寤》："人甬（用）女（汝）母（謀），炁（愛）日不跌（足）。"
《保訓》："發，朕疾㥪（漸）甚，忎（恐）不女（汝）及受（授）之。"
《保訓》："今女（汝）祗備（服）母（毋）解（懈）。"
《保訓》："今朕疾允病，忎（恐）弗念（堪）終，女（汝）以箸（書）及尔（爾）身受大命。"
《皇門》："既告女（汝）忨（元）悳（德）之行。"
《祭公》："於（嗚）虖（呼），公，女（汝）念孳（哉）！"
《祭公》："女（汝）母（毋）以戾孳（兹）辠䛇（辜）芒（亡）寺（時）㝨（遠）大邦，女（汝）母（毋）以俾（嬖）𧫒（御）息（塞）尔（爾）𦵯（莊）句（后），女（汝）母（毋）以少（小）悔（謀）敗大𢜛（作），女（汝）母（毋）以俾（嬖）士息（塞）夫₌（大夫）卿李（士），女（汝）母（毋）各家相而（爾）室，肰（然）莫血（恤）其外。"
《祭公》："於（嗚）虖（呼），天子，三公，女（汝）念孳（哉）。"
《祭公》："女（汝）母（毋）䁂（瞑）㑤（眩）㥢₌（壤壤），𠫤（厚）𢈰（顏）忍恥，寺（時）隹（惟）大不弔（淑）孳（哉）。"
《祭公》："女（汝）其敬孳₌（哉。兹）皆缶（保）舍（胥）一人。”
《説命中》：“㞢（咨）！各（格）女（汝）敓（説），聖（聽）戒朕言，漸（漸）之于乃心。”
《説命中》：“若金，甬（用）隹（惟）女（汝）乍（作）礪（礪）。”
《説命中》：“朕畜女（汝），隹（惟）乃复（腑）非（肺）乃身。”
《説命中》：“若天𣅈（旱），女（汝）乍（作）淫〈怪（淫）〉雨；若圛（厲）水，女（汝）乍（作）舟。”
《説命中》：“女（汝）隹（惟）孳（兹），敓（説），砥（底）之于乃心。”
《説命中》：“女（汝）克䚕（覞）視，四方乃府（俯）；視陛（地），心毀隹（惟）備（服）。”
《説命中》：“余告女（汝）若寺（時），𢡱（志）之于乃心。”
《説命下》：“少（小）臣罔夋（俊）才（在）朕備（服），余隹（惟）命女（汝）敓（説）䖵（融）朕命。”
《説命下》：“敓（説），女（汝）母（毋）瘂（誑），曰：‘余克享于朕辟。’其又廼司四方民不克明。”
《説命下》：“女（汝）隹（惟）又（有）萬𠷎（壽）才（在）乃政；女（汝）亦隹（惟）克𣌭（顯）天，迵（恫）眔（瘝）少（小）民，中（中）乃罰；女（汝）亦隹（惟）又（有）萬福𡗝₌（業業）才（在）乃備（服）。”
《説命下》：“敓（説），晝女（汝）視日，夜女（汝）視晨（辰），寺（時）罔非乃載。”按，“女（汝）”字從黄傑《讀清華簡（叁）〈説命〉筆記》（簡帛網，2013年1月9日）讀。
《説命下》：“敬之孳（哉）！若賈，女（汝）母（毋）非（揮）貨女（如）戠（織）石。”
《説命下》：“敓（説），余既訳（諟）故（劼）訟（毖）女（汝），思（使）若玉冰，上下罔不我義（儀）。”
《説命下》：“䜭（欲）女（汝）其又（有）𣀔（友）𦍒（勑）朕命孳（哉）。”
《封許》：“則隹（惟）女（汝）呂丁，庳（肇）𦤶（右）玟（文王），訟（畢）光𢆯（厥）剌（烈）。”
《封許》：“亦隹（惟）女（汝）呂丁，𣪊（扞）補（輔）珷（武王），攼（翦）敦殷受（紂），咸成商邑。”
《封許》：“命女（汝）侯于䣙（許）。”
《封許》：“女（汝）隹（惟）臧（壯）耆尔猷，虔（虔）血（恤）王家，柬（簡）膀（乂）亖（四）方不𡚱（賓），以堇（勤）余𠀚（一人）。”
《封許》：“易（錫）女（汝）倉（蒼）珪、巨（秬）鬯一卣。”
《封許》：“女（汝）亦隹（惟）𦤹（淑）章（彰）尔𢦏（慮），祗敬尔猷，以永厚周邦，勿灋（廢）朕命，經嗣枼（世）亯（享）。”
《管仲》：“善才（哉）！女（汝）果若氏（是），則爲君袋（勞）才（哉）！”
《子儀》：“公曰：‘義（儀）父！歸女（汝）其可（何）言？’”
《帛五行·經》：“設〈詩〉曰：‘上帝臨女（汝），毋膩（貳）爾心。’”
《帛五行·説》：“撝（剮）而（爾）四膿（體），予女（汝）天下，弗爲也。”
《帛五行·説》：“撝（剮）如（汝）兄弟，予女（汝）天下，弗悉〈悉（屑）〉也。”
《帛五行·説》：“上帝臨女（汝），毋潰（貳）壐（爾）心。”
《帛五行·説》：“上帝臨女（汝），□鐖（譏）之也。”
《雜療方》：“某，女（汝）弟兄五人，某索智（知）其名。”

《要》："校（謬）戈（哉），賜！吾告女（汝）。"
《儒言》："子路行辭中=尼=（仲尼仲尼）曰曾（贈）女（汝）以車。"
《見吳王》："□婦人而告之曰：'知女（汝）右手？'"
《見吳王》："'知女（汝）心？'曰'知之。'"
《見吳王》："'知女（汝）北（背）？'曰'知之。'"
《見吳王》："胃（謂）女（汝）前，從女（汝）心。"
《見吳王》："胃（謂）女（汝）☐。"
《晏子一三》："女（汝）能請鬼神殺梟而不能益寡人之壽乎？"
《晏子一三》："昔吾見維星絕，樞星散，地其幾動，女（汝）以是乎？"
《發敀》："女（汝）嘗助予務謀，今我何如？"
《周馴》："欺〈斯〉乃受（授）之書，而〖曰〗自身屬（囑）之曰：女（汝）勉毋忘歲正月更旦之馴（訓）。"
《周馴》："剴（豈）獨女（汝）宜？它斯可置。"
《周馴》："女（汝）不好善，其庸智（知）不代？"
《周馴》："爾□□□，□義（義）奠（尊）仁，而隊（遂）爲民天；女（汝）弗能勉，而自令爲地。"
《周馴》："今女（汝）不能蔥（聰）明元聖，其何以獨得奉祭祀？"
《周馴》："爾有蓴（鄟）邑，而成周之人不爲女（汝）民，其何以守國？"
《周馴》："斯乃受（授）之書，而自身屬（囑）之曰：女（汝）勉毋忘歲二月更旦之馴（訓）。"
《周馴》："斯乃受（授）之書，而自身屬（囑）之曰：女（汝）勉毋忘歲三月更旦之馴（訓）。"
《周馴》："吾將去女（汝），往適遠方。"
《周馴》："斯乃受（授）之書，而自身屬（囑）之曰：女（汝）勉毋忘歲四月更旦之馴（訓）。"
《周馴》："吾所屬（囑）女（汝）無它，其要既盡於不善而勿爲。"
《周馴》："余告女（汝）於三江之間，其歌謠之詩，而女（汝）謹聽之。"
《周馴》："今我去女（汝），往臧（藏）跋（髮）齒。"
《周馴》："女（汝）勉毋忘歲五月更旦之馴（訓）。"
《周馴》："今女（汝）能玆（慈）孝，尊仁貴信。"
《周馴》："眾之立女（汝）也，若日之必出，猶將戴天。"
《周馴》："余唯（雖）身置女（汝），人將代女（汝），民莫而骨〈肎（肯）〉好。"
《周馴》："非我與而言，告女（汝）其然，它人其孰敢既出玆言？"
《周馴》："斯乃受（授）之書，而自身屬（囑）之曰：女（汝）勉毋忘歲六月更旦之馴（訓）。"
《周馴》："斯乃受（授）之書，而自身屬（囑）之曰：女（汝）勉毋忘歲七月更旦之馴（訓）。"
《周馴》："今我語女（汝），而爾弗能行，余恐而有代也。"
《周馴》："斯乃受（授）之書，而自身屬（囑）之曰：女（汝）勉毋忘歲八月更旦之馴（訓）。"
《周馴》："宣孟曰：'斯食之，吾更予女（汝）。'"
《周馴》："斯乃受（授）之書，而自身屬（囑）之曰：女（汝）勉毋忘歲九月更旦之馴（訓）。"
《周馴》："今女（汝）能賢，則蓴（鄟）邑雖小，其庸不如三晉之始也？"
《周馴》："此《書》之所謂曰'女（汝）毋遺祖巧（考）羞哉'者，其此之謂乎？"
《周馴》："斯乃受（授）之書，而自身屬（囑）

之曰：女（汝）勉毋忘歲十月更旦之馴（訓）。”
《周馴》：“於（嗚）乎（呼）！小子未智（知）臧否，余故畢告女（汝）於得國失國，廢興之所以。”
《周馴》：“女（汝）有子六人，甯（寧）利一人而亡五人乎？”
《周馴》：“今女（汝）無孝而難聽親，則周唯（雖）小國，其庸可得有？”
《周馴》：“斯乃受（授）之書，而自身屬（囑）之曰：女（汝）勉毋忘歲十一月更旦之馴（訓）。”
《周馴》：“斯乃受（授）之書，而自身屬（囑）之曰：女（汝）勉毋忘歲閏月更旦之馴（訓）。”
《周馴》：“爾不畏天，其安得見日？爾不事神，將予女（汝）疾，身病而體（體）痛，剴（豈）能有卹（恤）？”
《周馴》：“發謂庸（誦）曰：‘天監臨下，日臨九野，爾殺不當，司命在户，所遠不處，居以視女（汝）。’”
《周馴》：“女（汝）試往視闔廬之丘，見其爲壑也，而毋輕吾國。”
《周馴》：“餘剴（豈）能爲士，而尚令女（汝）道？”
《周馴》：“女（汝）已爲城，而無有壞（懷）德，則城必有隙（隙）。”
《周馴》：“女（汝）尚勉德以侍（待）天福，而毋自使廢。”
《周馴》：“今女（汝）有民而不能聖，則齊侯之生（姓），剴（豈）必爲吕？”
《周馴》：“斯乃受（授）之書，而自身屬（囑）之曰：女（汝）勉毋忘臘之明日親（新）歲之馴（訓）。”
《妄稽》：“女（汝）貌狀甚惡，口舌甚詛（粗）。”
《妄稽》：“吾自爲買妾，終不夬（決）女（汝）。”
《妄稽》：“我今與女（汝）豦（詛）㫖，孰之瘣（媿）者。”
《妄稽》：“何然日月，與女（汝）相得。”
《妄稽》：“訨（叱）！來！女（汝）猶賓（頻）言虖（乎）？”
《妄稽》：“女（汝）始來之日，女（汝）固設變故。”
《妄稽》：“女（汝）未見我黑白也，绝我曰必妬。”
《妄稽》：“女（汝）婦居中閒，使家大潞（露）。”
《妄稽》：“我爲女（汝）大賜，乃始笞駡。”
《妄稽》：“且春未行也，我固告女（汝）。”
《妄稽》：“與女（汝）微（媚）於窖（奥），甯微（媚）於竈。”
《妄稽》：“冬（終）不與女（汝）相留。”
《妄稽》：“女（汝）冥冥不我聽，與春謀予。”
《妄稽》：“女（汝）枕春之臂，宿遂其胠下。”
《妄稽》：“春亦不賓，未骨〈肯〉聽女（汝）。”
《妄稽》：“若快女（汝）心志，我幾（豈）得少處。”
《妄稽》：“人處妾，雖百貴之，名終不與女（汝）資（齊）。”
《妄稽》：“且女（汝）脰若詘（屈）鐲，面以（似）腐蟦。”
《妄稽》：“女（汝）爲長亦足矣，何必求私。”
《妄稽》：“吾遬（速）殺女（汝），善也爲我不利！”
《妄稽》：“怒頸觸牖：‘女（汝）亦蜀（獨）不我直！’”
《妄稽》：“女（汝）固羞父兄，計何子？”
《妄稽》：“念女（汝）之事我，亦誠苦勞矣。”
《妄稽》：“爲告周春，必不女（汝）求〈來〉。”
《妄稽》：“女（汝）面目事人，誰事不喜。”
《妄稽》：“吾請奉女（汝），以車馬金財，纂組五采（彩）。”

《少牢》:“假(假)女(汝)大筮有常。”
《神烏賦》:“女(汝)不亟走,尚敢鼓(?)口。”
《神烏賦》:“命也夫!吉凶浮泭,□與女(汝)俱。”

女與若

《老子》甲:“臨事之紀,誓(慎)冬(終)女忖(始),此亡敗事矣。”按,帛書本女作若。
《老子》甲:“侯王女能獸(守)之,萬勿(物)酒(將)自實。”按,今本和帛書本女作若。
《老子》乙:“明道女孛(昧),遟(夷)道女績(纇),□道若退。上悳(德)女浴(谷),大白女辱,生(廣)悳(德)女不足,建悳(德)女□□貞(真)女愉。”按,今本女作若。
《魯邦》:“女(若)夫政(正)型(刑)與悳(德),以事上天,此是才(哉)!女(若)夫母(毋)悉(愛)珪璧帀(幣)帛於山川,母(毋)乃不可。”

妄與怒

《從政》:“小人藥(樂)則悏(疑),息(憂)則昏(昏),妄(怒)則勳(勝),思(懼)則伓(背),恥則軋(犯)。”
《鄭壽》:“懼䰠(鬼)神以爲妄(怒),囟(使)先王亡所遠(饋)。”按,“妄(怒)”字從陳偉《讀〈上博六〉條記》(簡帛網,2007年7月9日)、何有祖《讀〈上博六〉劄記》(簡帛網,2007年7月9日)讀。

忞與怒

《語叢一》:“凡又(有)血既(氣)者,虘(皆)又(有)憙(喜)又(有)忞(怒),又(有)昚(慎)又(有)㥁。”
《語叢二》:“惡生於眚(性),忞(怒)生於惡,乘生於忞(怒),惎生於輮(乘),惻(賊)生於惎。”
《鮑叔牙》:“甚才(哉)!虗(吾)不邁(勵),二三子不諦(責)忞(怒)寡人,至於弁(變)日飤(食)。”按,“忞(怒)”字從陳偉《〈競建内之〉〈鮑叔牙與隰朋之諫〉零識》(簡帛網,2006年2月22日)讀。
《天子甲》:“洛(格)尹(伊)行,身和二:一憙(喜)一忞(怒)。”
《天子乙》:“洛(格)尹(伊)行,身和二:一憙(喜)一忞(怒)。”
《禹王》:“忞(怒)而不寡,不悉(愛)其☐。”
《赤鵠》:“湯忞(怒)曰:‘簹(孰)洀(盜)虗(吾)羹(羹)?’”

𢘓與怒

《老子》甲:“未智(知)牝戊(牡)之合鳶(朘)𢘓,精之至也。”按,帛書乙本𢘓作怒。
《性自》:“憙(喜)𢘓(怒)忞(哀)悲之既(氣),眚(性)也。及其見於外,則勿(物)取之也。”
《性自》:“𢘓(怒)谷(欲)浧(盈)而毋暴。”
《鄭子甲》:“女(如)上帝䰠(鬼)神以爲𢘓(怒),虗(吾)酒(將)可(何)以畣(答)?”
《鄭子乙》:“女(如)上帝䰠(鬼)神以爲𢘓(怒),虗(吾)酒(將)可(何)以畣(答)?”
《靈王》:“爲之𢘓(怒):‘舉(舉)邦聿(盡)隻(獲),女(汝)獨亡(無)得。’”
《靈王》:“虎不畣(答),或爲之𢘓(怒)。”

訯與恕

《性自》:“訯(恕),宜(義)之方也;宜(義),敬之方也;敬,勿(物)之即(節)也。”按,“訯(恕)”字從白於藍《郭店楚簡考釋（四篇）》（《簡帛研究2001》，廣西教育出版社，2001年）釋讀。

奴字聲系

奴與弩

《勢備》：“何以知弓奴（弩）之爲埶（勢）也？”

奴與孥

《戰國四》：“以奴（孥）自信，可。”

《繆和》：“今又（有）土之君，及至布衣□□□□□□□其妻奴（孥）粉白黑涅□□□□□□□□□□□□□。”

奴與怒

《日甲·吏》：“丑，朝見，有奴（怒）。”

《日甲·吏》：“晝見，禺（遇）奴（怒）。”

《日甲·吏》：“寅，朝見，有奴（怒）。”

《日甲·吏》：“夕見，有奴（怒）。”

《日甲·吏》：“申，朝見，禺（遇）奴（怒）。”

《日甲·吏》：“日虒見，有告，禺（遇）奴（怒）。”

奴與駑

《稱》：“兩虎相爭，奴（駑）犬制其余（餘）。”

奴與如

《采風》：“《子奴（如）思我》。”按，“奴（如）”字從季旭昇《上博四零拾》（簡帛研究網，2005年2月15日）讀。

《多薪》：“多₌新₌（多薪多薪），莫奴（如）藋葦。”

《多薪》：“多₌人₌（多人多人），莫奴（如）䚮（兄）□。”

《多薪》：“莫奴（如）同生。”

《多薪》：“多₌新₌（多薪多薪），莫奴（如）松杍（梓）。”

《多薪》：“多₌人₌（多人多人），莫奴（如）同父母。”

《筮法十八》：“吕（凡）噬（筮）志事，而見堂（當）日奴（如）堂（當）晨（辰），乃曰迭（速），疾亦然。”

《筮法十九》：“奴（如）噬（筮）軍遊（旅），乃曰不禾（和）。”

《筮法二三》：“奴（如）刲（卦）奴（如）肴（爻），卡₌（上下）同脜（狀），果。”

《筮法二九》：“奴（如）大奴（如）少（小），笡（作）於上，外又（有）笅（吝）。”

奴與若

《老子》甲：“夜（豫）虐（乎）奴冬涉川，猷（猶）虐（乎）其奴愄（畏）四笅（鄰），敢（嚴）虐其奴客，觀（渙）虐（乎）其奴懌（釋），屯（敦）虐（乎）其奴樸，坉（混）虐（乎）其奴濁。”按，今本和帛書乙本奴作若。

弩與奴

《奏讞書》：“武雖不當受軍弩（奴），視以告捕武。”

《奏讞書》：“武不當復爲軍奴，軍以亡弩（奴）告沱（池）。”

弩與怒

《日甲·詰》：“人毋（無）故而弩（怒）也。”

絮與袽

《周易·既濟》：“六四：需（繻）又（有）衣絮（袽），終日戒。”

絮與茹

《周易·既濟》：“六四：需（繻）又（有）衣絮（袽），終日戒。”按，帛書本絮（袽）作茹。

鹵字聲系

鹵與虜

《蓋廬》：“適（敵）人出鹵（虜），毋迎其斥，皮（彼）爲戰氣，我戒不鬭。”

《蓋廬》：“卒鹵（虜）則重，眾環（還）不恐，將去不戒。”

菌與鹵

《二年·金布律》：“諸私爲菌（鹵）鹽，煮濟、漢，及有私鹽井煮者，税之。”

《二年·秩律》：“陰密、郁郅、菌（鹵）、楬邑、歸德、眗（眴）衍。”

旅字聲系

旅與魯

《繫年二三》：“旅（魯）昜（陽）公衛（率）自（師）以这（邀）晉=人=（晉人，晉人）還，不果内（入）王子。”

《繫年二三》：“旅（魯）昜（陽）公衛（率）自（師）救（救）武昜（陽），與晉自（師）戰於武昜（陽）之城下。”

《繫年二三》：“楚自（師）大敗，旅（魯）昜（陽）公、坪（平）亦（夜）悼（悼）武君、昜（陽）城洹（桓）恧（定）君，三執珪之君與右尹卲（昭）之迡（竢）死安（焉）。”

旅與舉

《春秋一五》：“夫共中（仲）踽（圍）人欒旅（舉）其族以犯尚（黨）民〈氏〉之眾。”按，“旅（舉）”字從郭永秉《馬王堆漢墓帛書〈春秋事語〉補釋三則》（復旦大學出土文獻與簡帛研究中心網，2007年12月24日）讀。

膂與臚

《養生方》：“即取刑馬膂（臚）肉十□，善脯之。”

闟與旅

《爲吏》：“叚（賈）門逆闟（旅），贅壻後父，或衛（率）民不作，不治室屋。”

《蒼頡篇》：“輒（跋）僋（涉）闟（旅）屠（途）。”

《阜易·卜辭》：“卜軍闟（旅），不吉。”

吕字聲系

吕與旅

《爲吏》：“叚（賈）門逆吕（旅），贅壻後父，勿令爲戶，勿鼠（予）田宇。”

郘與吕

《緇衣》：“《郘（吕）䇐（刑）》員（云）：‘一人又（有）慶，𡉚（萬）民贎（賴）之。’”

《窮達》：“郘（吕）室（望）爲牂（臧）𡋬（棘）瀘（津），戰監門𡋬陛。”

《容成氏》：“𢽴（質）既受命，复（作）爲六頛（律）六郙〈郘（吕）〉，支（辨）爲五音，以定男女之聖（聲）。”按，“郙〈郘（吕）〉”字從陳劍《上博簡〈容成氏〉的拼合與編連問題小議》（簡帛研究網，2003年1月9日）釋讀。

《耆夜》：“郘（吕）上（尚）甫（父）命爲司政（正），監猷（飲）酉（酒）。”

閭與濾

《養生方》：“炊上書日而火□絕，四日出，閭（濾）棄其滓。”

遏與曳

《周易·睽》：“六厽（三）：見車（輿）遏（曳），其牛𢼸（掣），其人天虔（且）劓，亡（无）初又（有）終。”

遏與詍

《周易·睽》：“六厽（三）：見車（輿）遏（曳），其牛𢼸（掣），其人天虔（且）劓，亡（无）初又（有）終。”按，帛書本遏（曳）作詍。

遏與渫

《周易·睽》：“六厽（三）：見車（輿）遏（曳），其牛𢼸（掣），其人天虔（且）劓，亡（无）初又（有）終。”按，阜陽漢簡本遏（曳）作渫。

䱷與禦

《緇衣》："句（苟）又（有）車，必見其䱷（禦）；句（苟）又（有）衣，必見其帣（敝）。"按，"䱷（禦）"字從白於藍《釋"[illegible]"》（《古文字研究》第二十四輯，中華書局，2002年）釋讀。下同。

《語叢四》："車䱷（禦）之荃酭，不見江沽（湖）之水。"

䱷與蟄

《緇衣》："句（苟）又（有）車，必見其䱷（禦）；句（苟）又（有）衣，必見其帣（敝）。"按，上博簡本《緇衣》䱷作蟄。

䱷與徹

《凡物甲》："心不勳（勝）心，大䁀（亂）乃㚆（作）；心女（如）能勳（勝）心，是胃（謂）少（小）䱷（徹）。"

《凡物甲》："系（奚）胃（謂）少（小）䱷（徹）？人白（泊）爲戠（察）。"

《鄭甲》："枼（世）及虐（吾）先君臧（莊）公，乃東伐齊酄之戎，爲䱷（徹），北城郘（溫）、原，遺鄶（陰）桑宋（次）。"

《鄭乙》："枼（世）及虐（吾）先君臧（莊）公，乃東伐齊酄之戎，爲䱷（徹），北城郘（溫）、原，遺鄶（陰）桑事。"

䱷與撤

《赤鵠》："句（后）女（如）䱷（撤）屋，殺黃它（蛇）與白兔，坌陞（地）斬菸（陵），句（后）之疾其瘳。"

《赤鵠》："夏句（后）乃從少（小）臣之言，䱷（撤）屋，殺二黃它（蛇）與一白兔。"

䱷與缺

《耆夜》："月又（有）城（盈）䱷（缺），戠（歲）又（有）剌（䪥）行。"

䱷與毳

《繫年一》："孚=（至于）柬=王=（厲王，厲王）大瘧（虐）于周，卿李（士）、者（諸）正、萬民弗刃（忍）于氒（厥）心，乃歸柬（厲）王于䱷（毳），龍（共）白（伯）和立。"

䱷與烈

《鄭甲》："不能莫虐（吾）先君之武䱷（烈）臧（莊）社（功）。"按，"䱷（烈）"字從 ee 在心包《清華六〈鄭文公問太伯〉初讀》（簡帛網"簡帛論壇"，2016年4月16日）一文下跟帖讀。下同。

《鄭乙》："不能莫虐（吾）先君之武䱷（烈）臧（莊）社（功）。"

且字聲系

且與咀

《雜療方》："取空壘二斗，父（㕮）且（咀），段之，□□成汁。"

《二類》："凡七物皆父（㕮）且（咀），漬以淳（醇）酒五升，卒（晬）時。"

《二類》："凡四物皆冶父（㕮）且（咀），置銅器中。"

《二類》："皆並父（㕮）且（咀）。"

《木牘》："凡十物皆父（㕮）且（咀）。"

《木牘》："半夏毋父（㕮）且（咀），洎水斗六升，炊令六沸。"

《木牘》："皆父（㕮）且（咀）之。"

《木牘》："凡四物父（㕮）且（咀），漬以淳（醇）醠三升。"

且與阻

《十問》："毄（擊）此者，慎避險且（阻），決而道（導）之，柢（抵）諸易。"

且與俎

《天子甲》："畬（尊）且（俎）不折（制）事，聚眾不訢（語）愲（逸）。"

《天子乙》："畬（尊）且（俎）不折（制）事，聚眾不訢（語）愲（逸）。"

且與祖

《唐虞》："新（親）事且（祖）漳（廟），效（教）民孝也。"

《祭公》："且（祖）𧾷（祭）公，衮（哀）余少（小）子，𥝌（昧）其才（在）位，訤（旻）天疾畏（威），余多寺（時）砠懲。"

《祭公》："我䎽（聞）且（祖）不余（豫）又（有）𡰥（遲）。"

《祭公》："滕（朕）之皇且（祖）周文王、剌（烈）且（祖）武王，𡰪（宅）下鄭（國），乍（作）戦（陳）周邦。"

《祭公》："我亦隹（惟）又（有）若且（祖）周公概（暨）且（祖）卲（召）公。"

《祭公》："我亦隹（惟）又（有）若且（祖）𧾷（祭）公，攸（修）和周邦，保𥃰（乂）王家。"

《厚父》："隹（惟）寺（時）余經念乃高且（祖）克害（憲）皇天之政工（功）。"

《三壽》："高宗乃或（又）䎽（問）與彭且（祖）曰。"

《三壽》："高文成且（祖），敢䎽（問）人可（何）胃（謂）長？可（何）胃（謂）𨻸（險）？可（何）胃（謂）肩（厭）？可（何）胃（謂）亞（惡）？"

《三壽》："彭且（祖）畣（答）曰。"

《三壽》："高宗恭（恐）愳（懼），乃尃（布）語彭且（祖）曰。"

《三壽》："於（嗚）虖（呼），彭且（祖）！"

《三壽》："彭且（祖）畣（答）曰。"

《三壽》："彭且（祖）曰。"

《三壽》："高宗或（又）䎽（問）與彭且（祖）曰。"

《三壽》："高文成且（祖），敢䎽（問）疋（胥）民古（胡）曰昜（揚？揚）則𡿺（悍）逵（佚）亡（無）棠（常）。"

《安稽》："伓（否），小妾不𢼸（孅），陵且（祖）𢼸（微）父，猷有與賁（憒）。"

𠑹與且

《繫年十四》："公命郇（駒）之克先哘（聘）于齊，𠑹（且）卲（召）高之固曰：'今春其會者（諸）侯，子其與臨之。'"

《繫年十六》："龍（共）王使芸（鄖）公哘（聘）於晉，𠑹（且）許成。"

《繫年十八》："晉人𠑹（且）有軋（范）氏與中行氏之禍（禍），七戢（歲）不解𩊠（甲）。"

《繫年二二》："𣪊（韓）虔、㸒（趙）蘆（籍）、䰲（魏）繫（擊）衛（率）𠂤（師）與戉（越）公殹（翳）伐齊=（齊，齊）與戉（越）成，以建（開）昜（陽）、邸陵之田，𠑹（且）男女服。"

《繫年二二》："齊人𠑹（且）有陳𪊨子牛之禍（禍），齊與晉成，齊侯明（盟）於晉軍。"

宴與祖

《筮法二六》："𣪊（乾）祟：屯（純）、五，宴（祖）宗。"按，"宴"字原形作""，似從"且"聲，讀作"祖"。

沮與咀

《胻𧔥》："夏日取堇葉，冬日取其本，皆以甘〈口〉沮（咀）而封之。"

沮與阻

《邶風》："既沮（阻）我直（德）。"

沮與罝

《官一》："浮（罘）沮（罝）而翼，所以燧𨷺也。"

苴與咀

《胎產書》："以方苴（咀）時，取蒿、牡（杜）、卑（蜱）稍（蛸）三，冶，飲之。"

苴與罝

《佈𡄣》："☐爲浮（罘）苴（罝）之法一校☑。"按，"浮苴"當讀作"罘罝"。

俎與祖

《皇門》："母（毋）乍（作）俎（祖）考

脜（羞）才（哉）。”

柤與菹

《有司》：“左執爵，右取韭、柤（菹），擩〈抨〉于三豆，祭于豆閒。”

柤與阻

《善者》：“故善者制僉（險）量柤（阻），敦三軍，利詘（屈）信（伸）。”

《善者》：“故進不可迎於前，退不可絕於後，左右不可臽（陷）於柤（阻），墨（默）然而處，威加於敵之人。”

《善者》：“進則傅（薄）於前，退則絕於後，左右則臽（陷）於柤（阻），墨（默）然而處，軍不免於患。”

柤與俎

《原官》：“柤（俎）豆同利制天下☐。”

《特牲》：“執事之柤（俎），陳于階閒，二列，北上。”

《特牲》：“柤（俎）入，執（設）于豆東。魚次，腊直（特）于柤（俎）北。”

《特牲》：“主婦執（設）兩敦黍稷于柤（俎）南，北上。”

《特牲》：“執（設）菹醢、柤（俎）。”

《特牲》：“興加于柤（俎），坐祭酒，啐酒，肝從。”

《特牲》：“取肝擩〈抨〉于監（鹽），振祭，嚌之，加于柤（俎），卒角，拜。”

《特牲》：“薦脯盍（醢），執（設）折柤（俎）。”

《特牲》：“加于柤（俎），坐捝手，祭酒，卒爵，拜。”

《特牲》：“薦柤（俎）從執（設）。”

《特牲》：“薦柤（俎）執（設）于其位，辨。”

《特牲》：“命佐食徹尸柤₌（俎，俎）出于廟門。”

《特牲》：“兩選（簨）鄭（奠）舉于柤（俎），許若（諾），合（荅）拜。”

《特牲》：“祝命徹作（阼）柤（俎）、籩（籩）、豆，執（設）于東序下。”

《特牲》：“祝執其柤（俎）出，東面于戶西。”

《特牲》：“宗婦徹祝籩（籩）、豆入于房，徹主婦薦、柤（俎）。”

《特牲》：“佐食徹尸薦、柤（俎）、敦，執（設）于西北隅。”

《特牲》：“佐食徹作（阼）柤（俎），堂下柤（俎）畢出。”

《特牲》：“心立、舌摵（縮）柤（俎）。”

《特牲》：“賓從尸，柤（俎）出廟門，乃反位。”

《特牲》：“尸柤（俎）。”

《特牲》：“祝柤（俎）。”

《特牲》：“作（阼）柤（俎）。”

《特牲》：“主婦柤（俎）。”

《特牲》：“穀（觳）折，其餘如作（阼）柤（俎）。”

《特牲》：“佐食柤（俎）。”

《特牲》：“長兄弟及宗人，折，其餘如佐食柤（俎）。”

《少牢》：“雝人溉（概）鼎、朼（匕）、柤（俎）于雝爨，雝爨在門東南，北上。”

《少牢》：“司士合執二柤（俎）以從。”

《少牢》：“司士贊者二人，皆合執二柤（俎）以相，從入。”

《少牢》：“柤（俎）皆執（設）于鼎西，西肆（肆）。”

《少牢》：“甄（肵）柤（俎）在羊柤（俎）之北，亦西肆（肆）。”

《少牢》：“佐食上私〈利〉升牢心、舌，載于甄（肵）柤（俎）。”

《少牢》：“佐食遷甄（肵）柤（俎）于作（阼）階西，西摵（縮），乃反。”

《少牢》："腸三、胃三，長皆及柤（俎）梠（拒）。"
《少牢》："膿（體）其在（載）于柤（俎），皆進下。"
《少牢》："魚用鮒，十有五而柤（俎），摵（縮）載，右首，進腴。"
《少牢》："腊一肫（純）而柤（俎），亦進下，肩在上。"
《少牢》："膚九而柤（俎），亦橫載。"
《少牢》："佐食上利執羊柤（俎），下利執豕柤（俎）。"
《少牢》："司士三人執魚、腊、膚柤（俎），徐（序）升自西階，相從入。"
《少牢》："設柤（俎），羊在豆東，豕悪（亞）其北，魚在羊東，腊在豕東，直（特）膚當柤（俎）北端。"
《少牢》："主婦自東房執一金敦黍，有蓋，坐設于羊柤（俎）之南。"
《少牢》："主婦興受，坐設于魚柤（俎）南。"
《少牢》："上佐食取黍稷于四敦，下佐食取牢一刌肺于柤（俎），以授上佐食。"
《少牢》："賓長羞牢肝，用柤（俎），摵（縮）執柤（俎），肝亦摵（縮）。"
《少牢》："尸左執爵，右兼取肝，擩〈揳〉于柤（俎）鹽，振祭，嚌之。"
《少牢》："餕（養）者鄭（奠）舉于柤（俎），皆合（荅）拜，皆反，取舉。"
《有司》："縮執柤（俎）以升。"
《有司》："司士摵（縮）鄭（奠）柤（俎）于羊柤（俎）南，衡（横）載于羊柤（俎），卒，乃摵（縮）執柤（俎）以降。"
《有司》："司士歸尸、或（侑）之柤（俎）。"
《有司》："尸食，乃盛柤（俎），臑、臂、肫、脡脊、衡（横）脊、短脅、伐脅，皆牢。"
《有司》："佐食取一柤（俎）于堂下以入，鄭（奠）于羊柤（俎）東。"
《有司》："乃撫（摭）于魚、腊柤（俎），柤（俎）舍（釋）三个，其餘皆取之，實于一柤（俎）以出。"
《有司》："次賓羞牢燔，用柤（俎），監（鹽）左〈在〉右。"
《有司》："佐食埶（設）柤（俎），臂、脊、脅、肺皆牢，膚三，魚一，腊臂。"
《有司》："興，加于柤（俎），坐挩手，祭酒，執爵以興，坐卒爵，拜。"
《有司》："興，加于柤（俎），坐挩手，祭酒，執興，延（筵）北東面立卒爵，拜。"
《有司》："祝執〈執〉其柤（俎）以出，立于西階上，東面。"
《有司》："祝告利成，乃執柤（俎）以出于廟門外，有司受，歸之。"
《燕禮》："興，加于柤（俎），坐梲（挩）手，執爵。"
《燕禮》："升自西階，東楹之東，請徹柤（俎），公許。"
《燕禮》："告于賓₌（賓，賓）北面取柤（俎）以出。"
《燕禮》："膳宰徹公柤（俎），降自作（阼）階以東。"
《燕禮》："唯公與賓有柤（俎）。"
《泰射》："諸（庶）子埶（設）折柤（俎）。"
《泰射》："興加于柤（俎），坐挩手，執爵，遂祭酒。"
《泰射》："諸（庶）子埶（設）折柤（俎），升自西階。"
《泰射》："卿升席，諸（庶）子埶（設）折柤（俎）。"
《泰射》："興，加于柤（俎），坐挩手，取爵，遂祭酒。"
《泰射》："諸（庶）子埶（設）折柤（俎）。"

《泰射》："埶（設）薦柤（俎），立卒爵。"
《泰射》："卒措（錯），獲者適右个，薦柤（俎）從之。"
《泰射》："護（獲）者左執爵，右祭薦柤（俎），二手祭酒。"
《泰射》："薦脯盍（醢）、折柤（俎），皆有祭。"
《泰射》："護（獲）者皆執其薦，諸（庶）子執柤（俎）從，埶（設）于乏少南。"
《泰射》："師命護（獲）者以菁（旌）與薦柤（俎）退。"
《泰射》："司政（正）升自西階，東楹之東，北面告于公：'請徹柤（俎）。'"
《泰射》："賓北面取柤（俎）以出。"
《泰射》："諸公、卿皆取柤（俎）如賓，從出，授從者于門外。"
《泰射》："請〈諸（庶）〉子正徹公柤（俎），降自阼階以東。"

沮與阻

《王兵》："察知天下，□御機數，而圖險沮（阻）。"
《起師》："冬則主人策會，脩（修）成要塞，移水并險，竭（荷）戟而守沮（阻）。"

沮與沮

《王兵》："山陵、林陸、丘虛、沮（沮）澤、蒲葦、平蒻（蕩）、尺（斥）魯（鹵）。"

沮與祖

《占書》："先沮（祖）棄之，宗人起兵。"

祖與詛

《競公瘧》："夫婦皆祖（詛），一丈夫執尋（尋）之帀（幣）、三布之玉。"按，"祖（詛）"字從李天虹《〈景公瘧〉校讀二則》（簡帛網，2007年7月26日）讀。

睚與祚

《文王》："子爲我得上（尚）父，軵（載）我天下；子遂（失）上（尚）父，坏（墜）我周睚（祚）。"按，"睚（祚）"字從鄔可晶《〈上博（九）·舉治王天下〉"文王訪之於尚父舉治"篇編連小議》（復旦大學出土文獻與古文字研究中心網，2013年1月11日）引陳劍説讀。

組與詛

《日甲·除》："利以兑（説）明（盟）組（詛）、百不羊（祥）。"

組與作

《晏子一六》："公組（作）色大（太）息，蕃（播）弓矢。"

虘與且

《楚帛書》丙："虘（且）司夏。"
《楚帛書》丙："虘（且），不可出帀（師），水帀（師）不□。"
《老子》丙："人之敗也，亙（恆）於其虘（且）成也敗之。"
《緇衣》："《寺（詩）》員（云）：'虗（吾）夫₌（大夫）共（恭）虘（且）韙（儉），靡（靡）人不敛。'"
《尊德義》："亡（明）悳（德）者，虘（且）莫大虖（乎）豊（禮）樂。"
《詩論》："'昊₌（昊天）又（有）成命，二句（后）受之。'貴虘（且）㬎（顯）矣！"
《周易·睽》："六厽（三）：見車（輿）遏（曳），其牛放（掣），其人天虘（且）劓，亡（无）初又（有）終。"
《周易·解》："六厽（三）：價（負）虘（且）輮（乘），至（致）寇至。"
《柬大王》："陵（陵）尹、贅尹皆絧其言以告大（太）剸（宰）：'君聖人，虘（且）良倀（長）子，牆（將）正於君。'"
《曹沬》："虘（且）臣睧（聞）之：少（小）邦尻（處）大邦之閼（間），啻（敵）邦交陸（地），不可以先复（作）悁（怨）。"
《曹沬》："虘（且）臣之睧（聞）之：不

和於邦，不可以出豫（舍）。”

《曹沫》：“其賞譏（淺）虘（且）不中，其誛（誅）臸（重）虘（且）不譢（察）。”

《曹沫》：“卡=（上下）和虘（且）祝（篤），緍（因）紀於大=國=（大國，大國）新（親）之，而下☐。”

《曹沫》：“虘（且）臣䎽（聞）之：卒又（有）倀（長），三軍又（有）衛（帥），邦又（有）君，此三者所以戰。”

《季康子》：“虘（且）笶（管）中（仲）又（有）言曰。”

《季康子》：“虘（且）夫戱含（今）之先=（先人），桀（世）三代之連（傳）史。”

《三德》：“身虘（且）有痣（病），亞（惡）𥁕（羹）與飤（食）；邦虘（且）亡，亞（惡）聖人之悔（謀）；室虘（且）弃，不隓（綏）祭祀，唯蕙是備（服）。”

《競公瘧》：“齊競（景）公瘙（疥）虘（且）瘔（瘧），𡖊（逾）戢（歲）不巳。”

《競公瘧》：“公瘙（疥）虘（且）瘔（瘧），𡖊（逾）戢（歲）不巳，是虗（吾）亡（無）良祝、史也。”

《吳命》：“孤使一介使，𢜶（親）於桃逜裻（勞）其夫=（大夫），虘（且）青（請）其行。”

《李頌》：“相虗（吾）官（館）桓（樹），桐虘（且）怠（治）可（兮）。”

《史蒥》：“子以氏（是）視之，不其難牙（與）言也？虘（且）夫□☐。”

《卜書》：“三末飤（食）墨虘（且）𡢁，我周之孫=（子孫），其𢾺（散）于百邦。”

《繫年十六》：“競（景）公使翟（糴）之伐（茷）嗙（聘）於楚，虘（且）攸（修）成。”

《繫年十八》：“晉自（師）大疫，虘（且）飢，飤（食）人。”

《祝辭》：“引虘（且）言之，童（同）以心，𢼸（撫）𠰔（額），𢎪（射）戎也。”

《祝辭》：“引虘（且）言之，童（同）以目，𢼸（撫）𠰔（額），𢎪（射）禽也。”

《祝辭》：“引虘（且）言之，童（同）以骮，𢼸（撫）𠰔（額），𢎪（射）音（函）也。”

《筮法十九》：“𠮱（凡）𡁒（筮）志事，而見同𠂔（次）於四立（位）之中，乃曰爭之虘（且）相亞（惡）也。”

《筮法十九》：“奴（如）𡁒（筮）軍𨔵（旅），乃曰不禾（和），虘（且）不相用命。”

《啻門》：“其𣪘（氣）晉䌛（歡）發絧（治），是其爲長虘（且）好才（哉）。”

《鄭武》：“孪=（孺子）女（如）共（恭）夫=（大夫），虘（且）以教安（焉）。”

虘與徂

《説命中》：“𡜏（且）天出不恙（祥），不虘（徂）遠，才（在）乎（厥）胳（落）。”

虘與咀

《凡物甲》：“虘（咀）之又（有）未（味），（嗅）【之有臭】。”按，“虘（咀）”字從復旦大學出土文獻與古文字研究中心研究生讀書會《〈上博（七）·凡物流形〉重編釋文》（復旦大學出土文獻與古文字研究中心網，2008年12月31日）讀。下同。

《凡物乙》：“虘（咀）之又（有）未（味），（嗅）之有（臭）。”

虘與阻

《用曰》：“□定又（有）絽（紀），而亦不可虘（阻）。”

虘與抯

《凡物甲》：“得鼠（一）而惛（圖）之，女（如）并天下而虘（抯）之；得鼠（一）而思之，若并天下而詞（治）之。”

《凡物乙》：“得鼠（一）而惛（圖）之，女（如）并天下而虘（抯）之；得鼠（一）

而思之，若并天下☐。”

虘與詐

《老子》甲：“㡭(絕)憍(僞)弃虘(詐)，民复(復)季(惠)子(慈)。”按，“虘(詐)”字從裘按（《郭店楚墓竹簡·老子甲》篇注［三］）讀。

《命訓》：“亟（極）罰則民多₌虘₌（多詐，多詐）則不₌忠₌（不忠，不忠）則亡（無）復。”

《命訓》：“福莫大於行，禍（禍）莫大於遥（淫）祭，佴（恥）莫大於瘍（傷）人，賞莫大於壤（讓），罰莫大於多虘（詐）。”

虘與嗟

《耆夜》：“虘（嗟）士奮刃，殹（繄）民之秀。”

澞與沮

《王居》：“是言既睧（聞）於眾已（矣），邦人其澞（沮）志解體，胃（謂）☐。”

慮與詐

《三德》：“母（毋）爲憍（僞）慮（詐），上帝牆（將）憎之。”

慮與作

《祭公》：“女（汝）母（毋）以少（小）悔（謀）敗大慮（作）。”

鄺與鄗

《楚居》：“柬（簡）大王自疆郢遷（徙）居藍₌郢₌（藍郢，藍郢）遷（徙）居䣊₌郢₌（䣊郢，䣊郢）復於鄺（鄗）。”

藘與徂

《尹至》：“隹（惟）尹自夏藘（徂）白（亳），彔（逯）至才（在）湯。”

藘與阻

《曹沫》：“民又（有）寶（保）：曰成（城），曰固，曰藘（阻）。”

瘧與瘥

《柬大王》：“君内（入）而語儯（僕）之言于君₌王₌（君王：君王）之瘬從含（今）日以瘧（瘥）。”

蘆與罝

《詩論》：“《兔蘆（罝）》其甬（用）人則虐（吾）取☐。”

蘆與籍

《繫年二二》：“倝（韓）虔、灼（趙）蘆（籍）、嵬（魏）繫（擊）衛（率）自（師）與戉（越）公殹（翳）伐齊₌（齊，齊）與戉（越）成，以建（開）昜（陽）、邱陵之田，旻（且）男女服。”

樝與鉏

《慎子》：“首呰（戴）茅芙（蒲），檏（撰）筱（銚）執樝（鉏），送（蹲）畎備（伏）畋〈畮（畝）〉。”按，“樝（鉏）”字從劉洪濤《上博竹書〈慎子曰恭儉〉校讀》（簡帛網，2007年7月6日）引劉建民說讀。

禮與組

《叢辰》：“利以敍（除）盟（盟）禮（詛）。”按，睡虎地秦簡《日書》甲種楚除絕日占辭作“利以兑（説）明（盟）組（詛）”。

禮與詛

《叢辰》：“利以敍（除）盟（盟）禮（詛）。”

《競公瘧》：“禮（詛）爲亡（無）䬖（傷），祝亦亡（無）嗌（益）。”

禮與詐

《叢辰》：“利以敍（除）盟（盟）禮（詛）。”按，睡虎地秦簡《日書》乙種楚除蓋、絕紀之日占辭作“利以褺（製）衣常（裳）、説孟（盟）詐（詛）”。

詛與粗

《妄稽》：“女（汝）貌狀甚惡，口舌甚詛（粗）。”

詛與詐

《荅問》：“廷行事吏爲詛（詐）僞，貲盾以上，行其論，有（又）廢之。”

詛與諏

《特牲》："不詛（諏）日。"

《特牲》："孝孫某，筮來日某，詛（諏）此某事，適其皇祖其〈某〉子。"

《特牲》："孝孫某，詛（諏）此某事，適其皇祖某子，筮某之某爲尸。"

雎與沮

《戰國五》："楚將不出雎（沮）、章（漳）。"

雎與疽

《目録》："雎（疽）病。"

《疽病》："雎（疽）病。"

《疽病》："骨雎（疽）倍白蘞（蘝），肉雎（疽）倍黄蓍（耆），腎雎（疽）倍芍藥，其餘各一。"

《疽病》："三沥煮逢（蓬）虆，取汁四斗，以洒雎（疽）癰。"

《疽病》："雎（疽）始起，取商〈商〉牢（陸）漬醯中，以熨其種（腫）處。"

《疽病》："雎（疽），以白蘝、黄莒（耆）、芍藥、甘草四物者（煮）。"

《疽病》："以□□斗□□□□□□□□□□□□□□□□□□□□□□□已洒雎（疽）□□□□□以虆▨。"

《疽病》："雎（疽）未□□□□烏豙（喙）十四果（顆）。"

《疽病》："益（嗌）雎（疽）者，白蘝三，罷（百）合一，并冶，□□□□□□□飲之。"

《疽病》："血雎（疽）始發，倏（儵）倏（儵）以熱，痛毋適。"

《疽病》："□□□□□□雎（疽）□□□□□□□□□□□□□戴糵（糝）、黄芩、白蔹（蘝），皆居三日。"

《疽病》："氣雎（疽）始發，涓（員）涓（員）以痒，如□狀。"

《疽病》："□雎（疽）發，出禮（體），如人猝之□。"

《疽病》："▨雎（疽），橿（薑）、桂、椒□居四▨。"

《天下至道》："氣血充贏，九激（竅）不道，上下不用，產痤雎（疽）。"

雎與鄘

《二年・秩律》："新豐、槐里、雎（鄘）、好畤、沛、部陽。"

駔與苴

《官一》："因險解谷以□遠，草駔（苴）沙荼（塗）以陽削（旓）。"

穌字聲系

穌與蘇

《王居》："王居穌（蘇）潢之室。"

疋字聲系

疋與胥

《窮達》："子疋（胥）前多杠（功），後翏（戮）死，非其智懷（衰）也。"

《容成氏》："荅（赫）疋（胥）是（氏）。"

《周易・夬》："九四：誫（臀）亡（无）肤（膚），其行緀（次）疋（且）。"按，帛書本疋（且）作胥。

《鬼神》："返（及）五（伍）子疋（胥）者，天下之聖人也，鴟烒（夷）而死。"

《皇門》："至于阜（厥）後嗣立王，廼弗肯用先王之明刑，乃隹（維）訯₌（汲汲）疋（胥）區（驅）疋（胥）敎（教）于非彝。"

《芮良夫》："疋（胥）收（糾）疋（胥）由，疋（胥）糳（縠）疋（胥）均（均）。"

《芮良夫》："疋（胥）怭（訓）疋（胥）季（教），疋（胥）餓（語）疋（胥）悔（誨）。"

《良臣》："吳王光又（有）五（伍）之疋（胥）。"

《三壽》："高文成且（祖），敢晤（問）疋

（胥）民古（胡）曰昜（揚？揚）則畐（悍）�（佚）亡（無）棠（常）。”

《管仲》：“疋（胥）舍之邦，此以又（有）或（國），天下又（有）其幾（機）。”

疋與疎

《老子》甲：“古（故）不可得天〈而〉新（親），亦不可得而疋。”按，河上本疋作疎。

疋與疏

《老子》甲：“古（故）不可得天〈而〉新（親），亦不可得而疋。”按，王弼、傅奕和帛書甲本疋作疏。

《季康子》：“訢（慎）少（小）以畣（答）大，疋（疏）言而簪（密）守之。”按，“疋（疏）”字從陳劍《談談〈上博（五）〉的竹簡分篇、拼合與編聯問題》（簡帛網，2006年2月19日）讀。下一例同。

《季康子》：“庚（康）子曰：‘毋乃肥之昏也，是左虖（乎）？古（故）女（如）虗（吾）子之疋（疏）肥也。’”

《用曰》：“難之少疋（疏）於穀，亦不埶（邇）於惻（賊）。”按，“疋（疏）”字從何有祖《讀〈上博六〉劄記》（簡帛網，2007年7月9日）釋讀。下一例同。

《用曰》：“柬₌（簡簡）疋₌（疏疏），事非與又（有）方。”

《禹王》：“堯乃亯（就）坙（禹）曰：‘气（訖）安其往，疋（疏）汌（川）记（起）浴（谷），以瀆天下。’”

《禹王》：“坙（禹）疋（疏）江爲三，疋（疏）河爲九，百汌（川）皆道（導），賽（塞）専（湖）卆₌（九十），夬（決）瀆三百。”

《禹王》：“坙（禹）奮中疾志，又（有）欲而弗達；深傹固疋（疏），又（有）社（功）而弗登（伐）。”

疋與且

《周易·夬》：“九四：誫（臀）亡（无）肤（膚），其行緀（次）疋（且）。芒（亡）羊悔（悔）亡，聒（聞）言不終。”

《周易·姤》：“九厽（三）：誫（臀）亡（无）肤（膚），其行緀（次）疋（且），厲，亡（无）大咎。”

疋與雎

《詩論》：“《閘（關）疋（雎）》之改、《梂（樛）木》之旹（時）、《灘（漢）生（廣）》之智、《鵲樔（巢）》之歸、《甘棠》之保（報）、《綠衣》之思、《鸔₌（燕燕）》之情害（曷）？”

《詩論》：“《閘（關）疋（雎）》以色俞（喻）於豊（禮）。”

《詩論》：“《閘（關）疋（雎）》之改，則其思賹（益）矣。”

疋與索

《五行》：“疋膚₌（纑纑）達者（諸）君子道，胃（謂）之臤（賢）。”按，馬王堆漢墓帛書本《五行·經》篇“疋”作“索”。

疋與衡

《五行》：“疋膚₌（纑纑）達者（諸）君子道，胃（謂）之臤（賢）。”按，馬王堆漢墓帛書本《五行·說》篇“疋”作“衡”。

浞與沮

《昭王》：“卲（昭）王爲室於死浞（沮）之滸（滸），室既成，牆（將）袼（落）之。”按，“浞（沮）”字從董珊《讀〈上博藏戰國楚竹書（四）〉雜記》（簡帛研究網，2005年2月20日）讀。

《子儀》：“公及三方者（諸）邘（任）君不瞻皮（彼）浞（沮）漳之川屛（開）而不廅（闔）欧（也）!”

怔與疏

《三德》：“扈（憂）懼之閟（閒），怔（疏）達之宋（際），母（毋）胃（謂）之不敢，母（毋）胃（謂）之不肰（然）。”按，“�майл（疏）”字從陳偉《上博五〈三德〉初讀》（簡帛網，2006年2月19日）讀。

綋與疏

《六德》：“綋（疏）斬布實（絰）丈（杖），爲父也，爲君亦肰（然）。綋（疏）衰齊戊（牡）𦂗（麻）實（絰），爲昆弟也，爲妻亦肰（然）。”

《鄭子甲》：“命思（使）子家利（梨）木三畚（寸），綋（疏）索以紻（紘），毋敢丁門而出，𢾅（掩）之成（城）坖（基）。”

《鄭子乙》：“命思（使）子家利（梨）木三畚（寸），綋（疏）索以紻（紘），毋敢丁門而出，𢾅（掩）之成（城）坖（基）。”

罡與疏

《成王》：“外道之明者，少罡（疏）於身，非天子☑。”

《李頌》：“剸（摶）外罡（疏）审（中），眾木之紀可（兮）。”

楚與胥

《子道餓》：“魯司寇奇，𧦝（言）遊於迒（術）楚（胥）。”按，“楚（胥）”字從陳劍《〈上博（八）·子道餓〉補説》（復旦大學出土文獻與古文字研究中心網，2011年7月19日）讀。

楚與速

《帛易·需》：“尚（上）六，人〈入〉于穴，有不楚（速）之客三人來，敬之，終吉。”

胥與諝

《正亂》：“事成勿發，胥（諝）備自生。”

胥與且

《帛易·夬》：“九四，脤（臀）无膚，其行鄹（次）胥（且），牽羊悔亡，聞言不信。”

胥與蘇

《趙正書》：“王死而胡亥立，即殺其兄夫（扶）胥（蘇）、中尉恬。”

《趙正書》：“秦王胡亥弗聽，遂行其意，殺其兄夫（扶）胥（蘇）、中尉恬，立高爲郎中令，出斿（遊）天下。”

糈與婿

《北蒼·耕》：“禋（姻）糈（婿）姪娣，叚（假）耤（籍）合冥。”

聟與婿

《服傳甲》：“聟（婿），何以緦也？”按，“聟”爲“壻”之俗字。《集韻·霽韻》：“壻，俗作聟。”下同。

《服傳乙》：“聟（婿），何以緦也？”

疏與梳

《北蒼·魚》：“粉黱（黛）脂膏，鏡籋（籢）比（篦）疏（梳）。”

疏與蘇

《帛易·震》：“六三，辰（震）疏（蘇）疏（蘇），辰（震）行無省（眚）。”

疏與咀

《安稽》：“疏（咀）齕鉗錯（笮），疾齾筮（噬）之。”按，“疏”似當讀作“咀”。《漢書·王嘉傳》：“何謂咀藥而死？”顔師古《注》：“咀，嚼也。”

者字聲系

者與屠

《明君》：“三軍之士握鐱（劍）者（屠）戠（敵）若報父母之台（仇）者。”

者與煮

《傷痙》：“傷脛（痙）者，擇薤一把，以敦（淳）酒半斗者（煮）潰（沸）。”

《癃病》：“湮汲水三斗，以龍須（鬚）一束并者（煮）☑。”

《疽病》：“睢（疽），以白蘞、黃旹（耆）、芍藥、甘草四物者（煮）。”

《□爛者》：“取秋竹者（煮）之，而以氣熏其痏，已。”

《肵𩟊》："取雉弌，孰（熟）者（煮）餘（徐）疾，雞羽自解，隋（墮）其尾。"

者與諸

《楚帛書》丙："姑（辜），利戠（侵）伐，可以攻成（城），可以聚眾，會者（諸）侯，型百事，殄（戮）不義。"

《五行》："疋膚₌（𢡺𢡺）達者（諸）君子道，胃（謂）之臤（賢）。"按，"者（諸）"字從裘按（《郭店楚墓竹簡·五行》篇注［五七］）讀。

《五行》："大陞（施）者（諸）其人，天也。其人陞（施）者（諸）人，也。"

《窮達》："关（管）寺（夷）虗（吾）訽（拘）繇（囚）束縛，斁（釋）杙（桎）榛（柙）而爲者（諸）侯相。"

《尊德義》："戢（察）者（諸）出所以智（知）言（己），智（知）言（己）所以智（知）人。"按，"者（諸）"字從陳偉《郭店竹書別釋》（湖北教育出版社，2002年，154頁）讀。

《成之》："是古（故）君子之求者（諸）言（己）也深。不求者（諸）其査（本）而戏（攻）者（諸）其末，弗得矣（矣）。"

《成之》："古（故）君子所復之不多，所求之不遠（陵），戢（察）反者（諸）言（己）而可以智（知）人。"

《六德》："☐父兄，貢（任）者（諸）子弟。"按，"者（諸）"字從李零《郭店楚簡校讀記（增訂本）》（北京大學出版社，2002年，131頁）讀。

《六德》："雚（觀）者（諸）《時（詩）》、《箸（書）》則亦才（在）喜（矣），雚（觀）者（諸）《豊（禮）》、《樂》則亦才（在）喜（矣），雚（觀）者（諸）《易》、《春秋》則亦才（在）喜（矣）。"

《語叢三》："不我（義）而加者（諸）己，弗受也。"

《語叢四》："敚（竊）鉤（鈎）者戓（誅），敚（竊）邦者爲者（諸）侯。者（諸）侯之門，義士之所廌（存）。"

《子羔》："采（抽）者（諸）畎（畎）畮（畝）之中，而使君天下而禹（偁）。"

《子羔》："堯之取舜也，從者（諸）卉茅之中，與之言豊（禮），敓（悦）☐。"

《子羔》："遊於央（瑤）臺（臺）之上，又（有）鷃（燕）監（銜）卵而階（錯）者（諸）其前，取而軟（吞）之。"

《魯邦》："邦大旱，毋乃遊（失）者（諸）型（刑）與悳（德）虗（乎）？"

《容成氏》："含（今）受（紂）爲無道，晤（昏）者（捨）百眚（姓），至（縶）約者（諸）侯，天酒（將）戓（誅）安（焉）。"

《容成氏》："武王乃出革車五百輮（乘），紼（帶）麞（甲）三千，以少（宵）會者（諸）侯之帀（師）於畧（牧）之埜（野）。"

《容成氏》："受（紂）爲亡道，晤（昏）者（捨）百眚（姓），至（縶）約者（諸）侯，𢇁（絕）穜（種）烝（侮）眚（姓）。"

《仲弓》："售（雖），女（汝）智（知）者（諸）？"

《柬大王》："者（諸）侯之君之不能詞（治）者，而型（刑）之以旱（旱）。"

《曹沫》："虗（吾）言氏（是）不（否），而毋或（惑）者（諸）少（小）道與（歟）？"

《鮑叔牙》："昔先君客（格）王，天不見夭（妖），陞（地）不生（孽），則訢（祈）者（諸）禔（鬼）神。"

《鮑叔牙》："含（今）内之不得百生（姓），外之爲者（諸）侯㸚（笑）。"

《苦成》："幸則晉邦之社稷可得而事也，不幸則取字（免）而出，者（諸）侯畜我，隹（誰）不以厚？"

《苦成》：“姑（苦）成家父尃（捕）長魚矞（矯），梏（梏）者（諸）廷，與其妻，與其母。”

《君子》：“皆可以爲者（諸）侯相歑（矣）。”

《競公瘧》：“虗（吾）欲（欲）豉（誅）者（諸）祝、史。”

《競公瘧》：“舉（舉）邦爲欽（禁），約夾（挾）者（諸）闈（關），縛纏（棄）者（諸）貴（市）。”按，“者（諸）”字從陳偉《讀〈上博六〉條記》（簡帛網，2007 年 7 月 9 日）讀。

《季桓子》：“[illegible]又（有）此佫（貌）也，而亡（無）以合者（諸）此矣（矣）。”

《天子甲》：“者（諸）侯飤（食）同牆（狀），視百正，寡（顧）還肯（肩）。”

《天子乙》：“者（諸）侯飤（食）同牆（狀），視百正，寡（顧）還肯（肩）。”

《鄭子甲》：“天後（厚）楚邦，囟（使）爲者（諸）侯正。”

《鄭子乙》：“天後（厚）楚邦，囟（使）爲者（諸）侯正。”

《邦人》：“鄴（葉）之者（諸）老皆柬（諫）曰：‘不可，必以帀（師）。’”

《繫年一》：“乎₌（至于）東₌王₌（厲王，厲王）大瘧（虐）于周，卿孪（士）、者（諸）正、萬民弗刃（忍）于氒（厥）心，乃歸東（厲）王于鼓（彘），龍（共）白（伯）和立。”

《繫年二》：“邦君者（諸）正乃立幽王之弟舍（余）臣于鄉（虢），是嚪（攜）惠王。”

《繫年二》：“周亡王九年，邦君者（諸）侯安（焉）飤（始）不朝于周。”

《繫年二》：“晉人安（焉）飤（始）啓于京自（師），奠（鄭）武公亦政（正）東方之者（諸）侯。”

《繫年二》：“齊襄公會者（諸）侯于首壯（止），殺子沫（亹）壽，車敱（轘）高之巨（渠）爾（彌），改立東（厲）公。”

《繫年四》：“瞖（戴）公卒，齊趄（桓）公會者（諸）侯以成（城）楚丘。”

《繫年七》：“晉文公立四年，楚成王衛（率）者（諸）侯以回（圍）宋伐齊，戍穀（穀）居（據）鑊（緡）。”

《繫年七》：“述（遂）朝周襄王于衡雝，獻楚俘馘，盟（盟）者（諸）侯於堞（踐）土。”

《繫年十一》：“楚穆王立八年，王會者（諸）侯于犮（厥）魚（貉）。”

《繫年十一》：“乃行穆王，思（使）毆（驅）盟（孟）者（諸）之麋，𡰥（徙）之徒莤。”

《繫年十二》：“楚臧（莊）王立十又四年，王會者（諸）侯于躪（厲）。”

《繫年十二》：“晉成公會者（諸）侯以救（救）奠（鄭），楚自（師）未還，晉成公卒于扈。”

《繫年十四》：“晉競（景）公立八年，陸（隨）會衛（率）自（師），會者（諸）侯于㡭（斷）道。”

《繫年十四》：“公命郇（駒）之克先哻（聘）于齊，旻（且）卲（召）高之固曰：‘今春其會者（諸）侯，子其與臨之。’”

《繫年十四》：“乃先歸，逿（須）者（諸）侯于㡭（斷）道。”

《繫年十四》：“既會者（諸）侯，郇（駒）之克乃執南章（郭）子、鄡（蔡）子、安（晏）子以歸。”

《繫年十五》：“五（伍）員爲吳大剸（宰），是教吳人反楚邦之者（諸）侯。”

《繫年十六》：“晉競（景）公會者（諸）侯以救（救）鄭₌（鄭，鄭）人戩（捷）芸（鄖）公義（儀）。”

《繫年十六》："獻者（諸）競=公=（景公，景公）以歸。"

《繫年十六》："昷（明）戢（歲），楚王子彼（罷）會晉文子燮（燮）及者（諸）侯之夫=（大夫），明（盟）於宋。"

《繫年十六》："昷（明）戢（歲），柬（厲）公先起兵，衒（率）𠂤（師）會者（諸）侯以伐秦，𦤶=（至于）涇。"

《繫年十七》："晉臧（莊）坪（平）公即立（位）兀（元）年，公會者（諸）侯於瞑（湨）梁。"

《繫年十七》："坪（平）公衒（率）𠂤（師）會者（諸）侯，爲坪（平）侌（陰）之𠂤（師）以回（圍）齊。"

《繫年十七》："坪（平）公衒（率）𠂤（師）會者（諸）侯，伐齊，以復朝訶（歌）之𠂤（師）。"

《繫年十八》："命（令）尹子木會邹（趙）文子武及者（諸）侯之夫=（大夫），明（盟）于宋，曰：'爾（弭）天下之甗（甲）兵。'"

《繫年十八》："霝（靈）王爲命=尹=（令尹，令尹）會邩（趙）文子及者（諸）侯之夫=（大夫），明（盟）于鄵（虢）。"

《繫年十八》："霝（靈）王先起兵，會者（諸）侯于繡（申）。"

《繫年十八》："述（遂）明（盟）者（諸）侯於𨻰（召）陵，伐中山。"

《繫年十八》："者（諸）侯同明（盟）于鹹泉以反晉，至今齊人以不服于晉=（晉，晉）公以弜（弱）。"

《繫年二十》："以至晉悼=公=（悼公。悼公）立十又一年，公會者（諸）侯，以與吳王𠷎（壽）夢相見于鄵（虢）。"

《繫年二十》："晉柬（簡）公會者（諸）侯，以與夫秦（差）王相見于黃沱（池）。"

《繫年二二》："楚聖（聲）𧻚（桓）王即立（位），兀（元）年，晉公止會者（諸）侯於邳（任）。"

《琴舞》："流（攸）自求敚（悦），者（諸）尔多子，逐（篤）思㳽（忱）之。"

《赤鵠》："其一白兔不得，是刣（始）爲埤（畢），（覆）者（諸）屋，以戠（御）白兔。"

《子儀》："君及不敎（穀）剸（專）心穋（戮）力以左右者（諸）侯，則可（何）爲而不可？"

《子儀》："救兄弟以見東方之者（諸）侯！敳（豈）曰奉晉軍以相南面之事？"

《子儀》："公及三方者（諸）邳（任）君不瞻皮（彼）沍（沮）漳之川屛（開）而不𢫉（闔）欧（也）！"

《子產》："雊（惟）能智（知）其身，以能智=其=所=生=（知其所生，知其所生）以先=悔=人=（先謀人，先謀人）以復于身=（身，身）、室、邦或（國）、者（諸）侯、天陸（地），固用不悖，以能成卒。"

《秦律・工律》："者（諸）擅叚（假）公器者有罪，毀傷公器及□者令賞（償）。"

《秦律・效》："及者（諸）移贏以賞（償）不備。"

《效律》："禾、芻稾積廥，有贏不備，而匿弗謁，及者（諸）移贏以賞（償）不備。"

《答問》："盜及者（諸）它罪，同居所當坐。"

《答問》："部佐匿者（諸）民田，者（諸）民弗智（知），當論不當？"

《答問》："已租者（諸）民，弗言，爲匿田。"

《答問》："者（諸）侯客來者，以火炎其衡厄（軛）。"

《答問》："當（倘）者（諸）侯不治騷馬。"

《答問》："使者（諸）侯、外臣邦，其邦徒及僞（爲）吏不來，弗坐。"

《答問》："'賫玉'，者（諸）候（侯）客節

（即）來使入秦，當以玉問王之謂殹（也）。"

《答問》："人戶、馬牛及者（諸）貨材（財）直（值）過六百六十錢爲'大誤'。"

《帛五行・説》："其人它（施）者（諸）人也者，如文王之它（施）者（諸）弘（閎）夭、散宜生也。"

《帛五行・説》："其人它（施）者（諸）人，不得其人不爲法。"

《九主》："者（諸）侯時有讎罪，過不在主。"

《養生方》："三曰蟬傅，四曰蟾者（諸）。"

《繫辭》："耶（聖）人具以見天下之業，而□疑（擬）者（諸）其刑（形）容，以馬〈象〉其物義（宜），是故胃（謂）之馬〈象〉。"

《繫辭》："句（苟）足（錯）者（諸）地而可矣，藉之用茅，何咎之有？慎之至也。"

《繫辭》："是故夫馬〈象〉，耶（聖）人具以見天下之請（情）而不疑（擬）者（諸）其刑（形）容。"

《繫辭》："觀鳥獸之文與地之義（宜），近取諸身，遠取者（諸）物。"

《繫辭》："作結繩而爲古（罟），以田以漁，蓋取者（諸）羅（離）。"

《繫辭》："斲木爲杈（耜），楺木爲耒，槈（耨）〖槈（耨）〗耒之利，以教天下，蓋取者（諸）益也。"

《繫辭》："日中爲倈（市），至（致）天下之民，聚天下之貨，交易而退，各得其所欲，蓋取者（諸）筮（噬）蓋（嗑）。"

《繫辭》："黄帝、堯、舜陲（垂）衣常（裳）而天下治，蓋取者（諸）取諸鍵（乾）川（坤）也。"

《繫辭》："杅（刳）木爲周（舟），剡木而爲楫，齍（濟）不達，至（致）遠以利天下，蓋取者（諸）奐（渙）也。"

《繫辭》："備（服）牛乘馬，引重行遠，以利天下，蓋取者（諸）隋（隨）也。"

《繫辭》："斷木爲杵，掇（掘）地爲臼，臼杵之利，萬民以次（濟），蓋取者（諸）少（小）過也。"

《繫辭》："弦木爲柧（弧），棪（剡）木爲矢，柧（弧）矢之利，以威天下，蓋取者（諸）諦（睽）也。"

《繫辭》："上古穴居而野處，後世耶（聖）人易之以宮室，上練〈練（棟）〉下楣，以寺（待）風雨，蓋取者（諸）大莊（壯）也。"

《繫辭》："古之葬者，厚裹之以薪，葬諸中野，不封不樹，葬（喪）期無數，後世耶（聖）人易之以棺章（椁），蓋取者（諸）大過也。"

《繫辭》："上古結繩而治，後世耶（聖）人易之以書契（契），百官以治，萬民以察，蓋取者（諸）大有也。"

《鹿鳴之什》："既有肥牡，以速者（諸）咎（舅）。"

《起師》："春則溝澮枯，□徐（途）達，者（諸）君（郡）嬰兒桑蠶巨事在外，六畜散而在野，故□□爲客者利矣。"

者與都

《容成氏》："墨（禹）親執枌（畚）邞（耜），以波（陂）明者（都）之澤，決九河之渫（阻）。"

《鮑叔牙》："公身爲亡（無）道，遣（擁）芋（華）倗（孟）子以馳於倪（郳）者（都），迿（驅）逐畋繳（弋），亡（無）羿（期）乇（度）。"按，"者（都）"字從禤健聰《上博楚簡（五）零札（一）》（簡帛網，2006年2月24日）釋，從大丙《〈吳命〉篇"暑日"補説》（復旦大學出土文獻與古文字研究網，2009年1月5日）讀。

《厚父》："者（都）！魯天子！古天降下民，

埶（設）萬邦，复（作）之君，复（作）之帀（師），隹（惟）曰其勳（助）上帝。”

者與捨

《容成氏》：“含（今）受（紂）爲無道，昬（昏）者（捨）百眚（姓），至（縶）約者（諸）侯，天牺（將）戜（誅）安（焉）。”

《容成氏》：“受（紂）爲亡道，昬（昏）者（捨）百眚（姓），至（縶）約者（諸）侯，𢇍（絕）種（種）悉（侮）眚（姓）。”

耆與署

《牝痔》：“取蒀莖乾冶二升，取耆（署）苽（蕷）汁二斗以漬之，以爲漿。”

偖與者

《曹沫》：“是古（故）倀（長）民偖（者）毋図爵（爵），毋焚軍，毋辟（避）辠，甬（用）都𡢃（教）於邦□於民。”按，整理者釋“偖”爲“者”。不確。該字左旁從人，當隸定爲“偖”，讀作“者”。

《鮑叔牙》：“惕（易）牙，人之與偖（者）而飤（食）人，其爲不悬（仁）厚矣。”

啫與咤

《唐勒》：“不叱啫（咤），不撓（招）指。”

圕與圖

《魯邦》：“魯邦大旱，哀公胃（謂）孔=（孔子）：‘子不爲我圕（圖）之？’”

憪與圖

《鄭武》：“昔虗（吾）先君，女（如）邦牺（將）又（有）大事，北（必）再三進夫=（大夫）而與之𢉖（偕）憪（圖）。既得憪（圖），乃爲之；毀憪（圖）所臤（賢）者，安（焉）䌌（申）之以龜𥫔（筮）。”

《鄭武》：“孴=（孺子）其童（重）得良臣，吏（使）戠（禦）寇也，尃（布）憪（圖）於君。”

《管仲》：“心亡（無）恪（圖）則目、耳豫，心恪（圖）亡（無）獸（守）則言不道。”

堵與吐

《帛五行・説》：“故父諕（呼），口□食則堵（吐）之，手執□則投☒。”

堵與睹

《晏子三》：“令所堵（睹）於涂（途）☒。”

《晏子一〇》：“堵（睹）貧窮若弗式（識），騶（趨）富利若弗及。”

《十問》：“皮（彼）氣（既）貴氣（既）武，三軍徒舍，前後不相堵（睹），故中而毄（擊）之，若有徒與。”

堵與覩

《天下至道》：“來者弗堵（覩），吾鄉（饗）其賞（饋）。”

堵與曙

《爲吏》：“一堵（曙）失言，四馬弗能追也。”

屠與瘏

《周南》：“□□□誒（矣），我馬屠（瘏）誒（矣），我□□□。”

屠與途

《蒼頡篇》：“軷（跋）儋（涉）闒（旅）屠（途）。”

緒與紵

《二年・□市律》：“絺緒（紿）、縞繙、纔緣、朱縷、罽（㘓）、緒（紵）布、縠（縠）、荃蔞，不用此律。”

惜與作

《緇衣》：“毋以少（小）悔（謀）敗大惜（作）。”

惜與著

《成之》：“行不信則命不從，信不惜（著）則言不樂。”

《成之》：“折（制）爲君臣之義，惜（著）爲父子之新（親），分爲夫婦之支（辨）。”

惜與圖

《曹沫》：“今邦𢜔（彌）少（小）而鐘愈

大，君其惛（圖）之。”
《鮑叔牙》：“公弗惛（圖），必霋（害）公身。”
《苦成》：“亡道正也，伐厇适，虗（吾）子惛（圖）之。”
《苦成》：“虗（吾）植（直）立經（徑）行，遠慮惛（圖）後。”
《凡物甲》：“得䶃（一）[而]惛（圖）之，女（如）并天下而虘（抯）之；得䶃（一）而思之，若并天下而詞（治）之。”
《凡物乙》：“得䶃（一）[而]惛（圖）之，女（如）[并]天下而虘（抯）之；得䶃（一）而思之，若并天下⊠。”
《用曰》：“階心懷惟，各又（有）其異惛（圖）。”按，“惛（圖）”字從陳偉《讀〈上博六〉條記》（簡帛網，2008年7月9日）讀。下二例同。
《用曰》：“訯（？）其又（有）絕惛（圖），而難其又（有）惠。”
《用曰》：“番（播）惛（圖）紷（裕）眾，台（以）免民生。”
《子道餓》：“元（愿）虗（吾）子之惛（圖）之也。”
《史蒥》：“史蒥曰（曰）：‘蒥也，古（故）齊邦乕（敝）吏之子也，亡（無）女（如）惛（圖）也。’”按，“惛（圖）”字從張峰《〈上博九·史蒥問於夫子〉初讀》（簡帛網，2013年1月6日）讀。
《祭公》：“芒（亡）惛（圖）不智（知）命。”
《芮良夫》：“母（毋）自縱（縱）于逸，以嚻（傲）不惛（圖），懣（悍）弁（變）改祟（常），絉（疢）而亡（無）又（有）絽（紀）紌（綱）。”
《芮良夫》：“各惛（圖）氒（厥）羕（永），以交罔悔（悔）。”
《湯丘》：“女（如）幸余閒（干）於天畏（威），朕隹（惟）逆訓（順）是惛（圖）。”
《湯丘》：“型（刑）亡（無）卣（攸）恋（赦），民人皆絚（懂）禹（虞）瑟=（瑟瑟），夏王不得其惛（圖）。”

睹與舍

《王子木》：“𢓜（過）緇（申），睹（舍）飤（食）於鼪寬（宿）。”按，“睹（舍）”字從陳劍《釋上博竹書和春秋金文的“羹”字異體》（復旦大學出土文獻與古文字研究中心網，2008年1月6日）讀。下同。
《王子木》：“睹（舍）飤（食）於鼪寬（宿），醓（酪）盉（羹）不焌（酸）。”

楮與奢

《帛甲老子·道經》：“是以聲（聖）人去甚，去大（泰），去楮（奢）。”

楮與佇

《日甲·行》：“少（小）顮（顧）是胃（謂）少（小）楮（佇），吝。”
《日甲·行》：“大顮（顧）是胃（謂）大楮（佇），兇（凶）。

書與署

《語書》：“是以善斥（訴）事，喜爭書（署）。”
《語書》：“爭書（署），因恙（佯）瞋目扼捾（腕）以視（示）力。”
《語書》：“有（又）能自端殹（也），而惡與人辨（別）治，是以不爭書（署）。”

䐗與屠

《窮達》：“行年七十而䐗（屠）牛於朝訶（歌），興而爲天子帀（師）。”

褚與緒

《明君》：“已而大君非壹褚（緒）興邦而積於兵者，□不得其說。”

褚與儲

《聽有》：“中心不虛，耳目不閒（宣），唯

（雖）聞善言，不褚（儲）於心，内二患也。”

署與薯

《木牘》：“肉從（葰）容（蓉）、天雄、署（薯）與（蕷）、虵（蛇）□。”

箸與著

《奏讞書》：“謀令夫₌（大夫）武窬舍上造熊馬傳，箸（著）其馬職（識）物。”

《引書》：“因去伏，足距壁，固箸（著）少腹及股厀（膝）於席。”

《引書》：“印（抑）頤，引之，而賈（固）箸（著）少腹及股厀（膝）。”

《易之義》：“墨（默）亦毋譽，君子美其慎而不自箸（著）也。”

箸與書

《六德》：“雚（觀）者（諸）《時（詩）》、《箸（書）》則亦才（在）喜（矣）。”

《性自》：“《時（詩）》、《箸（書）》、《豊（禮）》、《樂》，其訂（始）出皆生於人。”

《性自》：“《箸（書）》，又（有）爲言之也。”

《季康子》：“夫箸₌（書者），以箸（書）孝₌（君子）之悳（德）也。”

《苦成》：“鑾（樂）箸（書）欲乍（作）鄞（難），害参（三）垶（郤）。”

《苦成》：“鑾（樂）箸（書）乃退。”

《苦成》：“参（三）垶（郤）既亡，公家乃溺（弱），鑾（樂）箸（書）弋（弑）敕（厲）公。”

《君子》：“夫子綯（治）《時（詩）》、《箸（書）》，非以异（己）名，肰（然）則臤（賢）於墨（禹）也。”

《武王甲》：“帀（師）上（尚）父曰：‘才（在）丹箸（書），王女（如）谷（欲）雚〈雚（觀）〉之，盍遯（齋）乎？’”

《武王甲》：“帀（師）上（尚）父曰：‘夫先王之箸（書），不畀（與）北面。’”

《武王甲》：“帀（師）上（尚）父弄（奉）箸（書），道箸（書）之言曰。”

《武王乙》：“武王齋七日，大（太）公䁢（望）弄（奉）丹箸（書）以朝。”

《武王乙》：“丹箸（書）之言又（有）之曰。”

《武王乙》：“丹箸（書）之言又（有）之。”

《凡物甲》：“戠（察）道，坐不下笞（席）。祟（揣）叟（文），箸（書）不與事。”

《凡物乙》：“□箸（書）不與事。”

《墨子》：“教箸（書）三戢（歲），教言厽（三）戢（歲），教射與馭（御）□。”按，“箸（書）”字從李零《長台關楚簡〈申徒狄〉研究》（簡帛研究網，2000年8月8日）讀。下一例同。

《墨子》：“□箸（書），是胃（謂）□□□□。”

《保訓》：“女（汝）以箸（書）及尔（爾）身受大命。”

《金縢》：“王捕（撫）箸（書）以遷（泣）。”

《三壽》：“孝₌（君子）而不譚（讀）箸（書）占，則若尖₌（小人）之瘫（聾）痓（狂）而不沓（友）。”

《周馴》：“此《書》之所謂曰‘主擇臣，臣亦擇主’者也，既箸（書）於志。”

箸與躇

《王居》：“王未倉（答）之，觀無愄（畏）寺（跱）箸（躇），乃言。”按，“箸（躇）”字從無爲中人在陳劍《〈上博（八）·王居〉復原》（復旦大學出土文獻與古文字研究中心網，2011年7月20日）一文下跟帖讀。

緒與紵

《二年·□市律》：“絺緒（紵）、縞繙、纔緣、朱縷、繎（罽）、緍（紵）布、穀（縠）、荃蔞，不用此律。”

諸與奢

《帛乙老子·道經》："是以耶（聖）人去甚，去大（泰），去諸（奢）。"

諸與儲

《本伐》："諸（儲）庫臧（藏）兵之國，皆有兵道。"

諸與庶

《泰射》："諸（庶）子埶（設）折柤（俎）。"

《泰射》："公祭，如賓禮，諸（庶）子贊肺。"

《泰射》："諸（庶）子埶（設）折柤（俎），升自西階。"

《泰射》："卿升席，諸（庶）子埶（設）折柤（俎）。"

《泰射》："宰夫有司薦，諸（庶）子埶（設）折柤（俎）。"

《泰射》："護（獲）者皆執其薦，諸（庶）子執柤（俎）從，埶（設）于乏少南。"

《泰射》："請〈諸（庶）〉子正徹公柤（俎），降自阼階以東。"

額與奢

《繫年十五》："少帀（師）亡（無）期（極）諕（讒）連尹額（奢）而殺之，其子五（伍）員與五（伍）之雞逃歸吳。"

鬻與翥

《日甲·生子》："乙卯生子，要（腰）不鬻（翥）。"

車字聲系

車與輿

《周易·大畜》："九二：車（輿）敓（説）复（輹）。"

《周易·大畜》："九厽（三）：良馬由（逐），利堇（艱）貞。曰：班（閑）車（輿）戔（衛），利又（有）卣（攸）往。"

《周易·睽》："六厽（三）：見車（輿）遏（曳），其牛攰（掣），其人天虞（且）劓，亡（无）初又（有）終。"

《帛易·大畜》："九二，車（輿）説緮（輹）。"按，今本車作輿。下同。

《帛易·大畜》："九三，良馬遂〈逐〉，利根（艱）貞。曰闌（閑）車（輿）衛，利有攸往。"

《帛易·剥》："尚（上）九，石（碩）果不食，君子得車（輿），小人剥蘆（廬）。"

《帛易·大壯》："九四，貞吉，悔亡。藩（藩）块（决）不羸，壯于泰（大）車（輿）之緮（輹）。"

《帛易·睽》："六三，見車（輿）恝（掣），其牛讘（曳），其人天且劓，无初，有終。"

《帛易·小畜》："九三，車（輿）説緮（輹），夫妻反目。"

《阜易·睽》："六三，見車（輿）渫（曳），其牛絜（掣），其人天且劓。"

車與枯

《反淫》："葉菀蘧（脩），榦車（枯）槁。"

庫與褲

《妄稽》："邯鄲直美，鄭庫（褲）繒（鄫）帶，翡（翡）翠爲當（璫）。"

楱與枯

《帛甲老子·德經》："萬物草木之生也柔脆，其死也楱（枯）薨（槁）。"

《帛乙老子·德經》："萬物草木之生也柔椊（脆），其死也楱（枯）槁。"

鼠字聲系

鼠與予

《秦律·倉律》："有米委賜，稟禾稼公，盡九月，其人弗取之，勿鼠（予）。"

《秦律·金布律》："都官佐、史不盈十五人者，七人以上鼠（予）車牛、僕，不盈七人者，三人以上鼠（予）養一人。"

《秦律·金布律》："小官毋（無）嗇夫者，以此鼠（予）僕、車牛。"
《秦律·軍爵律》："其已拜，賜未受而死及法耐䙴（遷）者，鼠（予）賜。"
《答問》："内史材（裁）鼠（予）購。"
《答問》："廷行事強質人者論，鼠（予）者不論；和受質者，鼠（予）者□論。"
《爲吏》："叚（賈）門逆呂（旅），贅壻後父，勿令爲戸，勿鼠（予）田宇。"
《爲吏》："享（烹）牛食士，賜之參飯而勿鼠（予）殽。"
《日甲·叢辰》："可取，不可鼠（予）。"
《日甲·詰》："鬼嬰兒恆爲人號曰：'鼠（予）我食。'"
《日甲·詰》："人毋（無）故而鬼有鼠（予），是夭鬼，以水沃之，則已矣。"
《日甲·詰》："鬼恆胃（謂）人：'鼠（予）我而女。'"
《日甲·衣良日》："己、戊、壬、癸，丙申、丁亥，必鼠（予）死者。"
《日甲·衣二》："衣忌日，己、戊、壬、癸、丙申、丁亥，必鼠（予）死者。"
《日乙·秦》："可魚（漁）邋（獵），不可攻，可取不可鼠（予）。"
《日乙·秦》："五穀良日，己□□□□出種及鼠（予）人。"
《日乙·秦》："壬辰乙巳，不可以鼠（予）。"
《癸瑣》："癸、行請告瑣等曰：'瑣等弗能詣告，移鼠（予）癸等。"
《癸瑣》："癸等詣州陵，盡鼠（予）瑣等▨。"
《癸瑣》："鼠（予）瑣等，以爲購錢數。"
《癸瑣》："得公購，備鼠（予）瑣等。"
《癸瑣》："▨移鼠（予）癸等。"
《癸瑣》："癸等詣，盡鼠（予）瑣等死辠（罪）購。瑣等鼠（予）。癸先以私錢二千鼠（予）以爲購數。"
《癸瑣》："所出購，以死辠（罪）購，備鼠（予）瑣等，有券。"
《芮盜》："公卒芮與大夫材共蓋受棺列，吏後弗鼠（予）。"
《芮盜》："更即自言駕，駕鼠（予）更₌（更。更）等欲治蓋相移，材爭弗得。"
《芮盜》："毋（無）爭者鼠（予）材。"
《芮盜》："走馬喜爭，賀即不鼠（予）材₌（材。材）私與喜謀。"
《芮盜》："賀不鼠（予）材、芮，將材、芮、喜言感曰。"
《芮盜》："皆故有棺肆，弗鼠（予），擅治蓋相爭。"
《芮盜》："感曰：'勿鼠（予）。'"
《識劫》："以肆、室鼠（予）識。不鼠（予）識₌（識，識）且告媛匿訾（貲）。"
《識劫》："媛恐，即以肆、室鼠（予）識。"
《識劫》："沛未死時言以肆、舍客室鼠（予）識₌（識。識）欲得。"
《識劫》："沛死時不令鼠（予）識₌（識。識）弗當得。"
《識劫》："媛匿訾（貲），不鼠（予）識，識且告媛₌（媛。'媛）以匿訾（貲）故，即鼠（予）肆、室。沛未死，弗欲以肆、舍客室鼠（予）識。"
《識劫》："且以布肆、舍客室鼠（予）識。"
《識劫》："沛巳（已）爲識取（娶）齡，即爲識買室，分識馬、田，異識，而不以肆、舍客室鼠（予）識。"
《識劫》："媛不以肆、室鼠（予）識，識且告媛匿訾（貲）。"
《識劫》："媛乃鼠（予）識，識即弗告。"
《識劫》："沛未死雖告狗、羽，且以肆、舍客室鼠（予）識，而後不鼠（予）識₌（識。

識）弗求。”

《識劫》：“不鼠（予）識，識且告娩匿訾（貲）？”

《識劫》：“娩即以其故鼠（予）識，是劫娩。”

《識劫》：“□欲得肆、室，娩不鼠（予）識₌（識。識）誠恐謂且告娩，娩乃鼠（予）識₌（識。識）實弗當得。”

《識劫》：“沛爲取（娶）妻，欲以肆、舍客室鼠（予）識，後弗鼠（予）。”

《識劫》：“娩弗鼠（予），識恐謂娩，且告娩匿訾（貲）。”

《識劫》：“娩以故鼠（予）肆₌室₌（肆室。肆室）直（值）過六百六十錢。”

鼫與鼠

《鄭甲》：“爲是牢鼫（鼠）不能同穴，朝夕戢（鬥）戕（鬩），亦不逸（失）斬伐。”

《鄭乙》：“其爲是牢鼫（鼠）不能同〈同〉穴，朝夕戢（鬥）戕（鬩），亦不逸（失）斬伐。”

如字聲系

如與諾

《五行》：“心曰唯，莫敢不唯；如（諾），莫敢不如（諾）。”

如與茹

《日甲·詰》：“東北鄉（嚮）如（茹）之乃臥，則止矣。”

《養生方》：“如（茹），濕靡（磨），盛之，飽食飲酒□□者臭（嗅）之。”

《阜易·泰》：“拔茅如（茹）。”

《二類》：“藥用代廬（藺）如（茹）、巴豆各一分。”

茹與如

《帛易·賁》：“九三，蘩（賁）茹（如）濡茹（如），永貞吉。”

《帛易·賁》：“六四，蘩（賁）茹（如）蕃（皤）茹（如），白馬榦（翰）茹（如），非（匪）寇閩（婚）詬（媾）。”

茹與袽

《帛易·既濟》：“六四，襦有衣茹（袽），冬（終）日戒。”

挐與滐

《□爛者》：“以湯大熱者熬彘矢，以酒挐（滐），封之。”

《養生方》：“冶柳付（柎），與志（膱）膏相挐（滐）和，以傅穜（腫）者。”

古字聲系

古與固

《尊德義》：“因亙（恆）則古（固），戩（察）匸（匿）則亡避（僻），不黨（黨）則亡情（怨）。”

《語叢三》：“亡（毋）意（意），亡（毋）古（固），亡（毋）義（我），亡（毋）必。”按，“古（固）”字從裘按（《郭店楚墓竹簡·語叢三》篇注［一三］）讀。

《詩論》：“吾以《蕅（葛）軸（覃）》得氏（祗）初之訔（詩），民眚（性）古（固）肰（然）。”

《詩論》：“虗（吾）以《甘棠》得宗宙（廟）之敬，民眚（性）古（固）肰（然）。”

《詩論》：“☐希（幣）帛之不可去也，民眚（性）古（固）肰（然）。”

《鬼神》：“意（抑）其力古（固）不能至安（焉）虖（乎）？虗（吾）或（又）弗智（知）也。”按，“古（固）”字從陳偉《上博五〈鬼神之明〉篇初讀》（簡帛網，2006年2月18日）讀。

《季桓子》：“言即至矦（矣），唯（雖）虗（吾）子勿聒（問），古（固）牆（將）以告。”按，“古（固）”字從陳劍《〈上博（六）·孔子見季桓子〉重編新釋》（復旦大學出土文獻與古文字研究中心網，2008年3月22日）讀。

《湯丘》："句（后）古（固）共（恭）天畏（威），敬祀，雪（淑）慈我民。"

《帛甲老子·道經》："將欲拾（翕）之，必古（固）張之；將欲弱之，必固強之；將欲去之，必古（固）與（舉）之；將欲奪之，必古（固）予之。"

《帛乙老子·道經》："將欲擒（翕）之，必古（固）張之；將欲弱之，必古（固）強之；將欲去之，必古（固）與（舉）之；將欲奪之，必古（固）予之。"

《王兵》："然則兵者，古（固）所以外誅亂，内禁邪。"

《曹氏》："夫物古（固）從其鄉（向）動其類矣。"

《北大老子》："將欲敀（翕）之，必古（固）張之；將欲弱之，必古（固）強之；將欲廢之，必古（固）與之；將欲奪之，必古（固）予之，是謂微明。"

古與姑

《三德》："毋（毋）焚（煩）古（姑）謱（嫂），母（毋）恥父兄（兄）。"按，"古（姑）"字從劉國勝《上博（五）零劄（六則）》（簡帛網，2006年3月31日）讀。

《競公瘧》："自古（姑）、蚤（尤）以西，翏（聊）、聶（攝）以東，其人婁（數）多巳。"

《天乙·自天》："参（三）黄鐘、古（姑）先（洗）、夷則之卦曰。""按，"古（姑）"字從劉青《放馬灘秦簡〈日書〉乙種集釋》（武漢大學碩士學位論文，2010年，32頁）讀。

《見吳王》："孫子曰：'古（姑）試之，得而用之，無不□⧄。'"

《三十時》："⧄不盡三日，奏古（姑）洗。"

古與沽

《服傳乙》："牡麻經，右本在上，冠者古（沽）功也。"

古與怙

《子產》："不良君古（怙）立（位）劼（固）福（富），不愳（懼）遂（失）民。"

《稱》："而侍（恃）其城郭之固，古（怙）其勇力之御。"

古與苦

《趙正書》："大臣爭，齎（齊）民古（苦）。"

《趙正書》："卒士勞古（苦），委輸不給，外毋適（敵）而内有爭臣之志。"

古與故

《老子》甲："以其不静（爭）也，古天下莫能與之静（爭）。"按，今本和帛書本古作故。下二例同。

《老子》甲："是以聖人猷（猶）難（難）之，古終亡難（難）。"

《老子》甲："古不可得天〈而〉新（親），亦不可得而疋（疏）；不可得而利，亦不可得而害；不可得而貴，亦可不可得而戔（賤）。古爲天下貴。"

《老子》甲："爲之者敗之，執之者遠之。是以聖人亡爲古亡敗。"按，今本古多作故。

《老子》甲："亡執古亡遂（失）。"按，今本古多作故，帛書甲本亦作故。

《老子》甲："古智（知）足不辱，智（知）止不怠（殆），可以長舊（久）。"按，嚴遵本及帛書本古作故。

《老子》甲："是古（故）聖人能尃（輔）萬勿（物）之自肰（然），而弗能爲。"

《老子》丙："古道□□□，淡可（呵）其無味也。"按，帛書本古作故。下一例同。

《老子》丙："古曰兵者□□□□□，□得

已而甬（用）之，銛（恬）繅（愉）爲上，弗媺（美）也。”

《老子》丙：“古吉事上左，喪事上右。”按，王弼、傅奕本古作故。

《老子》丙：“聖人無爲，古無敗也；無執，古（故）☐。”按，今本古作故。

《老子》丙：“古（故）殺☐☐則以依（哀）悲位（莅）之，戰動（勝）則以喪豊（禮）居之。”

《太一》：“古（故）戢（歲）者，溼（濕）澡（燥）斎₌（之所）生也。”

《太一》：“是古（故）大（太）一贇（藏）於水，行於時。”

《太一》：“以道從事者，必怇（託）其名，古（故）事成而身長。聖人之從事也，亦怇（託）其名，古（故）社（功）成而身不剔（傷）。”

《太一》：“天隆（地）名志（字）竝₌（並立），古（故）怫（過）其方，不囟（使）相☐。”

《魯穆公》：“夫爲其君之古（故）殺其身者，嘗又（有）之矣。”

《魯穆公》：“夫爲其君之古（故）殺其身者，交彔（禄）隺（爵）者也。”

《緇衣》：“古（故）君民者，章好以視（示）民谷（俗），慬（謹）亞（惡）以渫（遏）民淫〈淫〉，則民不賊（惑）。”

《緇衣》：“古（故）心以體瀍〈廌（全）〉，君以民芒（亡）。”

《緇衣》：“古（故）倀（長）民者，章志以卲（昭）百眚（姓），則民至（致）行异（己）以敓（悅）上。”

《緇衣》：“古（故）上之好亞（惡），不可不誓（慎）也，民之蕖（表）也。”

《緇衣》：“古（故）君不與少（小）悔（謀）大，則大臣不悁（怨）。”

《緇衣》：“古（故）孳（慈）以悉（愛）之，則民又（有）新（親）。”

《緇衣》：“古（故）上不可以埶（褻）坓（刑）而翌（輕）雀（爵）。”

《緇衣》：“王言女（如）絲，其出女（如）緍；王言女（如）索，其出女（如）紼（紼）。古（故）大人不昌（倡）流。”

《緇衣》：“古（故）言必慮（慮）其所終，行則餡（稽）其所帀（敝），則民誓（慎）於言而慬（謹）於行。”

《緇衣》：“古（故）君子覭（顧）言而行，以成其信，則民不得大其媺（美）而少（小）其亞（惡）。”

《緇衣》：“古（故）君子多昏（聞），齊而獸（守）之；多志，齊而新（親）之；精智（知），逄（略）而行之。”

《緇衣》：“古（故）君子之友也又（有）向（鄉），其亞（惡）又（有）方。”

《窮達》：“穿（窮）四海（海），至（致）千里，堣（遇）造古（故）也。”

《窮達》：“童（動）非爲達也，古（故）穿（窮）而不☐☐☐爲名也。”

《窮達》：“古（故）莫之智而不哭☐☐☐☐☐☐☐☐☐☐嗅而不芳。”

《窮達》：“古（故）君子憧（庸）於恆（反）吕（己）。”

《忠信》：“君子女（如）此，古（故）不皇（誑）生，不伓（背）死也。”

《忠信》：“古（故）行而鯖兑（悅）民，君子弗采（由）也。”

《忠信》：“䇂[₌]（君子）其它（施）也忠，古（故）繺（蠻）睪（親）尃（附）也；其言尔信，古（故）怛（亶）而可受也。”

《忠信》：“氏（是）古₌（故，古）之所以行虖（乎）闢（辟）嘍（陋）者，女（如）此也。”

《唐虞》："古（故）昔臤（賢）悬（仁）聖者女（如）此。"

《唐虞》："古（故）湯（唐）吳（虞）之□□。"

《唐虞》："堯舜之行，炁（愛）罕（親）障（尊）臤（賢）。炁（愛）罕（親）古（故）孝，尊臤（賢）古（故）禮（禪）。"

《唐虞》："古（故）其爲宖（瞽）寞（瞙）子也，甚孝。及其爲堯臣也，甚忠。"

《唐虞》："古（故）堯之禮（禪）虖（乎）舜也，女（如）此也。"

《成之》："古（故）君子之立（莅）民也，身備（服）善以先之，敬新（慎）以肘（導）之，其所才（在）者内（入）悉（矣）。"

《成之》："是古（故）亡虐（乎）其身而廌（存）虐（乎）其詞（辭），唯（雖）厚其命，民弗從之悉（矣）。"

《成之》："是古（故）畏（威）備（服）型（刑）罰之婁（屢）行也，繇（由）走（上）之弗身也。"

《成之》："是古（故）走（上）句（苟）身備（服）之，則民必有甚安（焉）者。"

《成之》："是古（故）君子之求者（諸）吕（己）也深。"

《成之》："是古（故）君子之於言也，非從末流者之貴，窮（窮）湶（源）反沓（本）者之貴。"

《成之》："古（故）君子不貴德（庶）勿（物）而貴與民又（有）同也。"

《成之》："古（故）君子所復之不多，所求之不遠（陵），戢（察）反者（諸）吕（己）而可以智（知）人。"

《成之》："是古（故）谷（欲）人之炁（愛）吕（己）也，則必先炁（愛）人；谷（欲）人之敬吕（己）也，則必先敬人。"

《成之》："是古（故）凡勿（物）才（在）疾之。"

《成之》："是古（故）小人變（亂）天祟（常）以逆大道，君子訂（治）人侖（倫）以川（順）天悳（德）。"

《成之》："是古（故）君子新（慎）六位以巳（祀）天祟（常）。"

《尊德義》："古（故）衛（率）民向方者，唯悳（德）可。"

《尊德義》："古（故）爲正（政）者，或侖（論）之，或兼之，或繇（由）宔（中）出，或埶（設）之外。"

《尊德義》："夫唯是古（故），悳（德）可易而汥（施）可迪（遭）也。"

《尊德義》："古（故）（終？）是勿（物）也而又深安（焉）者。"

《六德》："古（故）曰：句（苟）淒夫人之善，懞（勞）其胔忧之力弗敢單（憚）也，危其死弗敢炁（愛）也，胃（謂）之[臣]，以忠事人多。"

《六德》："是古（故）夫死又（有）宔（主），終身不𢇍（變），胃（謂）之婦，以信從人多也。"

《六德》："子也者，會壇（庸）長材以事上，胃（謂）之宜（義），上共下之宜（義）以奔䢃=（社稷），胃（謂）之孝，古（故）人則爲□□□□悬（仁）。"

《六德》："古（故）夫夫、婦婦、父父、子子、君君、臣臣，六者客（各）行其戠（職），而狃峇亡繇（由）迮（作）也。"

《六德》："古（故）夫夫、婦婦、父父、子子、君君、臣臣，此六者客（各）行其戠（職），而狃峇蔑繇（由）亡〈乍〉也。"

《六德》："是古（故）先王之耆（教）民也，訇（始）於孝弟。"

《六德》："是古（故）先王之季（教）民也，不使此民也慐（憂）其身，遂（失）其戱。”
《六德》：“古（故）曰：民之父母。”
《性自》：“交眚（性）者，古（故）也。”
《性自》：“凡見者之胃（謂）勿（物），快於㠯（己）者之胃（謂）兑（悦），勿（物）之埶（勢）者之胃（謂）埶（勢），又（有）爲也者之胃（謂）古（故）。”
《性自》：“哀（哀）、樂，其眚（性）相近也，是古（故）其心不遠。”
《性情論》：“同方而交，以道者也；不同方而交，以古（故）者也。”
《語叢四》：“及之而弗亞（惡），必𦘔（盡）其古（故）。”
《語叢四》：“古（故）悔（謀）爲可貴。”
《詩論》：“《天保》，其得录（禄）蔑畺（疆）矣！巽寡悳（德）古（故）也。”
《詩論》：“《黄鳥》，則困而谷（欲）反其古（故）也，多恥者其忞（怲）之虖（乎）？”
《子羔》：“子羔曰：‘可（何）古（故）以得爲帝？’”
《子羔》：“昔者【禪】而弗𣦼（世）也，善與善相尋也，古（故）能紿（治）天下，坪（平）萬邦。”
《子羔》：“堯見舜之悳（德）臤（賢），古（故）譲（讓）之。”
《子羔》：“古（故）夫舜之悳（德）其成（誠）臤（賢）矣。”
《容成氏》：“古（故）堂（當）是旹（時）也，亡并☐。”
《容成氏》：“古（故）曰：臤（賢）及□☐。”
《周易・蹇》：“六二：王臣訐₌（蹇蹇），非今（躬）之古（故）。”
《仲弓》：“☐又（有）成，是古（故）又（有）司不可不先也。”
《競公瘧》：“古（故）君之忨（願）、良、恩（溫）、聖，外内不𤼵（廢），可因於民者。”
《柬大王》：“楚邦又（有）祟（常）古（故），安敢殺祭？”
《柬大王》：“陵（陵）尹與𧶠尹：‘又（有）古（故）虖（乎）？忨（愿）䎽（聞）之。’”
《柬大王》：“君王元君，不以其身弁（變）𧶠尹之祟（常）古（故）；𧶠尹爲楚邦之䰠（鬼）神宔（主），不敢以君王之身弁（變）𤔔（亂）䰠（鬼）神之祟（常）古（故）。”
《内豊》：“古（故）爲人君者，言人之君之不能使其臣者，不與言人之臣之不能事其君者；古（故）爲人臣者，言人之臣之不能事其君者，不與言人之君之不能使其臣者。古（故）爲人父者，言人之父之不能畜子者，不與言人之子之不孝者；古（故）爲人子者，言人之子之不孝者，不與言人之父之不能畜子者。古（故）爲人侃（兄）者，言人之侃（兄）之不能慈（慈）俤（弟）者，不與言人之俤（弟）之不能承侃（兄）者；古（故）爲人俤（弟）者，言人之俤（弟）之不能承侃（兄）。”
《内豊》：“古（故）爲𡭔（少）必聖（聽）長之命，爲戔（賤）必聖（聽）貴之命。”
《相邦》：“先其欲，備（服）其㣈（強），牧其𢍏（倦），青（靜）以寺（待）時₌（時。時）出古此₌〈古₌（故，故）出〉事₌（事，事）出政₌（政，政）毋忘所㚸（始）。”
《曹沫》：“是古（故），夫戦（陳）者，三教之末。”
《曹沫》：“古（故）衒（帥）不可思（使）牪₌（牪，牪）則不行。”
《曹沫》：“是古（故）𠬪（疑）戦（陳）敗，𠬪（疑）戰死。”
《曹沫》：“是古（故）倀（長）民偖（者）毋図箸（爵），毋炊軍，毋辟（避）辠。”
《曹沫》：“今與古亦夃（閒），不同矣，臣是古（故）不敢以古畣（答）。”
《苦成》：“今宔（主）君不逅（褻）於虐（吾），古（故）而反，亞（惡）之。”
《三德》：“古（故）祟（常）不利，邦遳（失）骫（憲）祟（常）。”
《從政》：“是古（故）㝵₌（君子）勥（強）行，以時（待）名之至也。”
《季康子》：“是古（故），㝵₌（君子）玉其言而磴（展）其行，敬成其悳（德）以臨民。”
《季康子》：“古（故）子以此言爲奚女（如）？”
《季康子》：“是古（故）臤（賢）人之居邦家也，夙曌（興）夜寐，□耑以比。”
《季康子》：“□冞佝，氏（是）古（故），夫故邦甚難，民能多□□。”
《季康子》：“□者，因古（故）册豊（禮）而章(彰)之，毋逆百事。”按，“古(故)”字從陳偉《〈季康子問孔子〉零釋（續）》(簡帛網，2006年3月2日）讀。
《季康子》：“古（故）女（如）虐（吾）子之疋（疏）肥也。”
《季康子》：“氏（是）古（故）臤（賢）人大於邦。”
《鬼神》：“虐（吾）因加䰠（鬼）神不明，則必又（有）古（故）。”
《鬼神》：“此兩者枳（歧），虐（吾）古（故）□。”
《叢辰》：“是古（故）胃（謂）不利於行作（作）、埜（野）事，不吉。”
《叢辰》：“是古（故）不利以行□。”
《墨子》：“□君子。古（故）昔□。”按，“古（故）”字從李零《長台關楚簡〈申徒狄〉研究》(簡帛研究網，2000年8月8日）讀。
《競公瘧》：“古（故）其祝，史婜蔑耑折，祝之多堣言。”
《競公瘧》：“古（故）死亓（期）牆（將）至，可（何）悬（仁）□。”
《季桓子》：“是古（故）魚道之㝵₌（君子）。”
《慎子》：“古（故）曰：‘青剌（斷）□□。’”
《慎子》：“不纍（羸）其志，古（故）曰強。”
《慎子》：“爲民之古（故），悬（仁）之至。”
《用曰》：“善古（故）君之。”
《天子甲》：“古（故）亡豊（禮）大灋（廢），亡義（儀）大諎（孽）。”
《天子甲》：“古（故）龜又（有）五㠯（忌）。”
《天子甲》：“古（故）見傷而爲之葯（祈），見窔而爲之内。”
《天子乙》：“古（故）亡豊（禮）大灋（廢），亡義（儀）大諎（孽）。”
《天子乙》：“古（故）龜又（有）五㠯（忌）。”
《天子乙》：“古（故）視傷而爲之葯（祈）。”
《鄭子甲》：“奠（鄭）人青（請）其古（故）。”
《鄭子甲》：“君王之迟（起）此帀（師），以子家之古（故）。”
《鄭子乙》：“奠（鄭）人情（請）其古（故）。”
《鄭子乙》：“君王之迟（起）此帀（師），以子家之古（故）。”
《凡物甲》：“䰠（鬼）生於人，系（奚）古（故）神䁹（明）？”
《凡物甲》：“䰠（鬼）生於人，虐（吾）系（奚）古（故）事之？”

《凡物甲》："日之訂（始）出，可（何）古（故）大而不詔（炎）？"
《凡物甲》："其人审（中），系（奚）古（故）少（小）𤬪暲（彰）豉（著）？"
《凡物甲》："是古（故）聖人屎〈尻〉於其所。"
《凡物甲》："氏（是）古（故）陳爲新，人死復爲人，水復於天，凡百勿（物）不死。"
《凡物甲》："是古（故）又（有）𠤎（一），天下亡（無）不又（有）；亡（無）𠤎（一），天下亦亡（無）𠤎（一）又（有）。"
《凡物甲》："是古（故）戠（察）道，所以攸（修）身而詞（治）邦家。"
《凡物甲》："是（？）古（故）𠤎（一），虘（咀）之又（有）未（味），𪔭（嗅）【之有臭】，鼓之又（有）聖（聲），忻（近）之可見，操之可操，掾（握）之則遊（失），敗之則高（槁），測（賊）之則滅。"
《凡物甲》："敔（？）牅（墻）而豊（禮），并（屏）燹（氣）而言，不遊（失）其所然，古（故）曰力㝷（賢）。"
《凡物乙》："槐（鬼）生於人，系（奚）古（故）神盟（明）？"
《凡物乙》："槐（鬼）生於人，虐（吾）系（奚）古（故）事之？"
《凡物乙》："日之訂（始）出，可（何）古（故）大而不詔（炎）？"
《凡物乙》："是古（故）聖人尻於其所。"
《凡物乙》："氏（是）古（故）陳爲新，人死復爲人，水復於天，凡百勿（物）不死。"
《吴命》："古（故）甬（用）使其三臣，毋敢又（有）遅（遲）速之羿（期），敢告刓日。"
《命》："子胃（謂）昜（陽）爲堅（賢）於先夫=（大夫），請昏（問）其古（故）。"
《李頌》："氏（是）古（故）聖人兼此和勿（物），以李（理）人情。"
《李頌》："氏（是）古（故）聖人兼此。"
《邦人》："☐亡（無）名安（焉），是古（故）弗智（知）也。"
《邦人》："古（故）爲鄴（葉）連囂（敖）與鄐（蔡）樂尹。"
《史蒥》："史蒥㫚（曰）：'蒥也，古（故）齊邦昋（敝）吏之子也，亡（無）女（如）愭（圖）也。'"
《史蒥》："古（故）季（教）於訂（始）唇（乎）才（哉）？"
《繫年五》："曰：'以同生（姓）之古（故），必内（入）。'"
《繫年十一》："叚（假）逄（路）於宋=（宋，宋）人是古（故）殺孫（申）白（伯）亡（無）愧（畏），敓（奪）其玉帛。"
《筮法二四》："系（奚）古（故）胃（謂）之䨓（震）？司雷，是古（故）胃（謂）之䨓（震）。"
《筮法二四》："系（奚）古（故）胃（謂）之裳（勞）？司桓（樹），是古（故）胃（謂）之裳（勞）。"
《筮法二四》："系（奚）古（故）胃（謂）之兑？司收，是古（故）胃（謂）之兑。"
《筮法二四》："系（奚）古（故）胃（謂）之羅（離）？司𡨦（藏），是古（故）胃（謂）羅（離）。"
《封許》："雩（越）才（在）天下，古（故）天藿（勸）之乍〈亡〉臭（斁）。"
《命訓》："天古（故）卲（昭）命以命力（之）曰。"
《命訓》："是古（故）明王奉此六者，以牧墹（萬）民=（民，民）甬（用）不遊（失）。"
《啻門》："记（起）事亡（無）穫，疠（病）民亡（無）古（故）。"
《鄭武》："古（故）君與夫=（大夫）龕（晏）

安（焉），不相得啞（惡）。”
《管仲》：“是古（故）它（施）正（政）命（令），得以時厇（度）；是古（故）六脜（擾）不腜（瘠），五穜時簹（熟），民人不夭。”
《管仲》：“少（小）大之事，必智（知）其古（故）。”
《子儀》：“迻（移）易古（故）戠（職），欲民所安。”
《子儀》：“厭（期）年而見之，亦唯咎之古（故）。”
《子産》：“簠勛（溫）和憙（喜），可用而不勂（遇）大₌或₌（大國，大國）古（故）肎（肯）复（作）其慔（謀）。”
《道原》：“古（故）未有以，萬物莫以。”
《道原》：“古（故）无有刑（形），大迵（通）无名。”
《繫辭》：“古（故）神無方、易無體。”
《繆和》：“古（故）易曰：女承匡无實，士刲羊，无血，无攸利，此之胃（謂）也。”按，“古”字從廖名春《帛書〈周易〉論集》（上海古籍出版社，2008年，395頁）釋。當讀作“故”。
《趙正書》：“燔其律令及古（故）世之臧（藏）。”
《趙正書》：“齊王建遂殺其古（故）世之忠臣而后勝之議（議）。”
《趙正書》：“燔其律令及古（故）世之臧（藏）。”
《趙正書》：“變古（故）亂常，不死必亡。”按，“古”似當讀作“故”。下一例同。
《趙正書》：“所謂變古（故）而亂常者也。”

古與胡

《昭王》：“虗（吾）不智（知）其尔葲（墓），尔古（胡）須既袼（落）安（焉）從事。”按，“古（胡）”字從董珊《讀〈上博藏戰國楚竹書（四）〉雜記》（簡帛研究網，2005年2月20日）讀。
《三壽》：“高文成且（祖），敢聒（問）疋（胥）民古（胡）曰昜（揚？揚）則悍（悍）逵（佚）亡（無）棠（常）。”
《三壽》：“古（胡）曰晦（晦？晦）則☐。”
《荊決》：“有隱者，雲（云）古（胡）滿₌（濊濊）。”

古與罟

《繫辭》：“作結繩而爲古（罟），以田以漁，蓋取者（諸）羅（離）。”
《田法》：“小溪浴（谷）古（罟）罔（網）不得入焉，百而當一。”
《禁》：“☐數古（罟）罔（網）。”

古與腒

《日甲·毀棄》：“大祠，以大生（牲）大凶，以小生（牲）小凶，以腊古（腒）吉。”

古與楛

《忠信》：“忠之爲衍（道）也，百工不古（楛），而人敚（養）膚（皆）足。”按，“古（楛）”字從裘按（《郭店楚墓竹簡·忠信之道》篇注［一六］）讀。

古與孤

《陳公》：“陳公性（狂）安（焉）巽（選）楚邦之古（孤）童（踵）之於後，以厚王卒。”按，“古”似當讀作“孤”。《周禮·地官·司門》：“以其財養死政之老與其孤。”鄭玄《注》“死政之老，死國事者之父母也。孤，其子。”《管子·中匡》：“外存亡國，繼絕世，起諸孤。”尹知章《注》：“孤，謂死王事者子孫。”

固與固

《從政》：“從正（政）章（庸）五惪（德）、固（固）三折（制）、敘（除）十情（怨）。”

固與浦

《窮達》：“舜耕於鬲（歷）山，匋（陶）笘

（拍）於河匠（浦），立而爲天子，堣（遇）堯也。”按，“匠（浦）”字從李家浩《讀〈郭店楚墓竹簡〉瑣議》（《郭店楚簡研究》，《中國哲學》第二十輯，遼寧教育出版社，1999年）讀。

劼與固

《子產》：“不良君古（怙）立（位）劼（固）福（富），不思（懼）逹（失）民。”

姑與苦

《苦成》：“姑（苦）成家父事敕（厲）公，爲士序，行正（政）迺（迅）弖（強）。”

《苦成》：“姑（苦）成家父以其族參（三）垺（郤）征百豫，不思（使）反。”

《苦成》：“胃（謂）姑（苦）成家父曰：‘爲此殜（世）也從事，可（何）以女（如）是其疾與（歟）才（哉）？’”

《苦成》：“姑（苦）成家父曰：‘虗（吾）敢欲祴（顧）裣（頷）以事殜（世）才（哉）？虗（吾）植（直）立經（徑）行，遠慮慞（圖）後，唯（雖）不堂（當）殜（世），句（苟）義毋舊（久）立，死可（何）敭（傷）才（哉）！’”

《苦成》：“垺（郤）宥（錡）聕（聞）之，告姑（苦）成家父曰。”

《苦成》：“姑（苦）成家父曰：‘不可。’”

《苦成》：“姑（苦）成家父乃寍（寧）百豫，不思（使）從㠯（己）立（蒞）於廷。”

《苦成》：“姑（苦）成家父尃（捕）長魚畧（矯），棒（梏）者（諸）廷，與其妻，與其母。”

《苦成》：“弖（強）門大夫衜（率）以睪（釋）長魚畧（矯），惻（賊）參（三）垺₌（郤，郤）宥（錡）、垺（郤）至、姑（苦）成家父立死，不用其眾。”

姑與辜

《楚帛書》丙：“姑（辜）分長。”

《楚帛書》丙：“姑（辜），利戠（侵）伐，可以攻成（城），可以聚眾，會者（諸）侯，型百事，殄（戮）不義。”

《子產》：“行以恙（尊）命（令）、裕義（儀），以臭（釋）亡孛（教）、不姑（辜）。”

姑與嫴

《雜抄》：“戍者城及補城，令姑（嫴）堵一歲。”

固與涸

《占書》：“夫名川絕，大徼（沼）固（涸），天雨血，星月並出，星貫月，反景，倍倠（僪），篲（慧）星，營（熒）或（惑），雲□，夭（妖）恙（祥）見於天。”

《雨書》：“暑不至，是₌（此是）兄未，春有霤（雪），澤水固（涸），有急令。”

固與姑

《妄稽》：“君固（姑）察吾言，毋及（急）求勝。”按，“固（姑）”字從ee在易泉《北大漢簡〈妄稽〉初讀》（簡帛網“簡帛論壇”，2016年6月4日）一文下跟帖讀。

沽與湖

《語叢四》：“車敼（槷）之鳌酭，不見江沽（湖）之水。”

《容成氏》：“墨（禹）乃迵（通）三江五沽（湖），東敃（注）之沺（海），於是虖（乎）䣍（荊）州、鄡（揚）州刣（始）可凥（處）也。”

沽與孤

《弟子問》：“寡聕（聞）則沽（孤），寡見則㒸；多聕（聞）則賊（惑），多見則▨。”

沽與固

《鮑叔牙》：“公弗詰躅（誅），臣唯（雖）欲訏（諫），或不得見，公沽（固）弗諓（察）。”按，“沽”似當讀作“固”。

沽與涸

《用曰》：“絕原（源）流澞（瀦），其由

（猶）能不沽（涸）？”

《蘭賦》：“☐汗（旱）其不雨，可（何）湫而不沽（涸）？”

苦與枯

《明君》：“卷（圈）馬食叔（菽）粟，戎馬食苦（枯）芊（稈）。”

《三十時》：“☐□蘅，鳴草₌木₌（草木。草木）不鳴者，枝苦（枯）。”

《北大老子》：“萬物草木之生也柔弱，其死也苦（枯）蒿（槁）。”

楛與枯

《帛易·大過》：“九二，楛（枯）楊生荑（稊），老夫得其女妻，无不利。”

《帛易·大過》：“六〈九〉五，楛（枯）楊生華，老婦得其士夫，无咎无譽。”

瘩與苦

《競公瘧》：“是皆貧瘩（苦）〖約〗疻（瘠）病。”

枯與苦

《帛易·節》：“節，亨。枯（苦）節，不可貞。”

《帛易·節》：“尚（上）六，枯（苦）節，貞凶，悔亡。”

《特牲》：“刑（鉶）芼，用枯（苦），若微（薇），皆有滑，夏葵、各（冬）亘（荁）。”

故與古

《楚帛書》甲：“曰（粵）故（古）□熊靁（包）虘（戲），出自□霆，凥（居）於鍜□。”

《説命中》：“故（古）我先王減（滅）夏，燮（襲）弻（強），戠（翦）春（蠢）邦。”

《赤鵠》：“曰故（古）又（有）赤鵠（鳩），集于湯之屋。”

《鄭甲》：“故（古）之人又（有）言曰：‘爲臣而不諫，卑（譬）若饋（饋）而不貮（貳）。’”

《易之義》：“易之興也，於中故（古）乎？”

《富國》：“☐賢相所以成功者，故（古）今一也。”

故與固

《戰國七》：“如是而薛公、徐爲不能以天下爲其所欲，則天下故（固）不能謀齊矣。”

故與辜

《戰國一四》：“王不可以不故（辜）解之。”

故與布

《鄭甲》：“故（布）其腹心，奮其胥（股）抾（肱）。”按，“故（布）”字從無痕在心包《清華六〈鄭文公問太伯〉初讀》（簡帛網“簡帛論壇”，2016年4月16日）一文下跟帖讀。下同。

《鄭乙》：“故（布）其腹心，奮其胋（股）抾（肱）。”

居與倨

《雌雄節》：“憲（悍）敖（傲）驕居（倨），是胃（謂）雄節。”

《晏子四》：“☐逢（豐）下，居（倨）身而陽（揚）聲。”

居與腒

《士相見》：“摯（摯），冬用雉，夏用居（腒）。”

居與裾

《曹沫》：“居（裾）不褻（疊）㝅（文），飤（食）不貮（貳）盥（羹）。”按，“居（裾）”字從白於藍《〈簡牘帛書通假字字典〉部分按語的補充説明》（《新果集——慶祝林澐先生七十歲論文集》，科學出版社，2008年12月）讀。

居與踞

《牝痔》：“置般（盤）中而居（踞）之，其蟲出。”

《溝癢》：“即令痔者居（踞）葅，令直（脏）直（值）葅空（孔），令煙熏直（脏）。”

居與車

《邶風》："惠然好我，攜手同居（車）。"

居與處

《老子》丙："是以支（偏）酒（將）軍居左，上酒（將）軍居右。"按，傅奕本居作處。

《老子》丙："言以喪豊（禮）居之也。"按，今本居作處。

《老子》丙："戰勳（勝）則以喪豊（禮）居之。"按，今本和帛書本居作處。

《繫辭》："君子之道，或出或居（處），或謀（默）或語。"按，今本居作處。

居與吾

《老子》甲："萬勿（物）方（旁）复（作），居以寡（顧）復也。"按，今本和帛書本居作吾。

居與據

《繫年七》："楚成王衛（率）者（諸）侯以回（圍）宋伐齊，戍穀（穀）居（據）鑁（緡）。"按，"居"似當讀作"據"。下同。

《繫年七》："楚王豫（舍）回（圍）歸，居（據）方城。"

据與踞

《奏讞書》："以謂武₌（武，武）据（踞）不趨（跪），其應對有不善。"

椐與拒

《少牢》："腸三、胃三，長皆及柤（俎）椐（拒）。"

裾與倨

《蒼頡篇》："愁（傲）悍驕裾（倨）。"

《守法》："☐眾少裾（倨）袧（句）而應之，此守城之數也。"

《北蒼·之職》："勢（慠）悍驕裾（倨），誅罰貲耐。"

鋸與距

《勢備》："夫陷（含）齒戴角，前蚤（爪）後鋸（距）。"

恩與固

《鄭壽》："王恩（固）瘔（稽）之。"

箇與涸

《地典》："☐☐蓬，毋居宿死，毋居箇（涸）魚（鹵），毋居☐☐。"

《地典》："☐箇（涸）澤，毋☐。"

箇與蠱

《帛易·蠱》："箇（蠱），元吉，亨。利涉大川。先甲三日，後甲三日。"

《帛易·蠱》："初六，榦父之箇（蠱）。有子巧（考），无咎。厲，終吉。"

《帛易·蠱》："九二，榦母之箇（蠱），不可貞。"

《帛易·蠱》："九三，榦父之箇（蠱），少（小）有悔，无大咎。"

《帛易·蠱》："六四，浴（裕）父之箇（蠱），往見閵（吝）。"

《帛易·蠱》："六五，榦父之箇（蠱），用輿（譽）。"

胡與湖

《反淫》："左江右胡（湖），其樂无有。"

耇與胡

《古公》："耇（胡）公見太公宔（望）於呂陸（隧），曰：'虐（吾）聒（聞）周宗有難而不☐。'"按，"耇（胡）"字從鄔可晶《〈上博（九）·舉治王天下〉"文王訪之於尚父舉治"篇編連小議》（復旦大學出土文獻與古文字研究中心網，2013 年 1 月 11 日）引陳劍説讀。下二例同。

《古公》："☐楷，聒（聞）光剌（烈）之族。耇（胡）公☐。"

《古公》："子嘗以此謡之，其白墨（黑）酒（將）可智（知）也。耇（胡）公☐。"

《齊門》："耇（胡）猷（猶）是人，而翟（一）亞（惡）翟（一）好？"按，"耇（胡）"字從陳劍《〈清華簡（伍）〉與舊説互證兩則》（復旦大學出土文獻與古文字研究中心網，2015 年 4 月 14 日）讀。

耇與姑

《鄭武》:“☐爲敗，耇（姑）寍（寧）君，是又（有）臣而爲埶（褻）辟（嬖）。”

耇與故

《子產》:“此胃（謂）因歬（前）遂耇（故）。”

耇與皇

《皇門》:“隹（惟）正【月】庚午，公䅗（格）才（在）耇（皇）門。”按，“耇（皇）”字從王志平《清華簡“皇門”異文與周代的朝儀制度》（《〈清華大學藏戰國竹簡（壹）〉國際學術研討會會議論文集》，清華大學出土文獻研究與保護中心，2011 年，110 頁）讀。

胋與枯

《答問》:“人奴妾治（笞）子，子以胋（枯）死，黥顏頯，畀主。”

胋與固

《啻門》:“四月乃胋（固），五月或收（褎），六月生肉，七月乃臘（肌）。”

胋與股

《鄭乙》:“故（布）其腹心，奮其胋（股）拡（肱）。”

結與嫴

《秦律·徭律》:“興徒以爲邑中之紅（功）者，令結（嫴）堵卒歲。”

《第二組》:“黔【首】之闌亡者卒歲而不歸，結（嫴）其計，籍書其初亡之年月于結（嫴），善臧（藏）以戒其得。”按，“結（嫴）”字從何有祖《讀嶽麓秦簡肆札記（一）》（簡帛網，2016 年 3 月 24 日）讀。

結與裾

《封診式》:“自宵臧（藏）乙復（複）結（裾）衣一乙房内中，閉其戶。”

《封診式》:“㣪（徹）内中，結（裾）衣不得。”

《封診式》:“☐結（裾）衣袑中央。”

《封診式》:“見乙有結（裾）復（複）衣，繆緣及殿（純），新毆（也）。”

辜與雇

《北蒼·魚》:“幣帛羞獻，請謁任（賃）辜（雇）。”按，“辜”似當讀作“雇”。《集韻·莫韻》:“雇，傭也。”《廣韻·暮韻》:“雇，相承借爲雇賃字。”

軲與固

《容成》:“出入以脩奏（腠）浬（理），軲（固）白（薄）内成，何病之有？”

《王期》:“五臧（藏）軲（固）白（薄），玉色重光，壽參日月，爲天地英。”

祻與蠱

《别卦》:“祻（蠱）。”

䖒與辜

《祭公》:“女（汝）母（毋）以戾兹（兹）辠䖒（辜）芒（亡）寺（時）寏（遠）大邦。”

盬與酤

《秦律·田律》:“百姓居田舍者毋敢盬（酤）酉（酒），田嗇夫、部佐謹禁御之。”

《治官》:“數貰盬（酤）弗言。”

《第二組》:“黔首居田舍者毋敢醯〈盬（酤）〉酒，不從令者畧（遷）之。”

《第二組》:“黔首居田舍者毋敢醯〈盬（酤）〉酒，有不從令者畧（遷）之，田嗇夫、士吏、吏部弗得，貲二甲。”

夃字聲系

䍙與殺

《良臣》:“秦穆公又（有）䍙（殺）大夫〖=〗。”

䍙與股

《鄭甲》:“故（布）其腹心，奮其䍙（股）

抎（肱）。”

蠱字聲系

蠱與箇

《周易·蠱》：“初六：榦（幹）父之蠱，又（有）子，攷（考）亡（无）咎，厲終吉。”按，帛書本蠱作箇。下同。

《周易·蠱》：“九二：榦（幹）母之蠱，不可貞。”

《周易·蠱》：“九厽（三）：榦（幹）父之蠱，少（小）又（有）▨。”

蠱與冶

《養生方》：“各蠱（冶），并以□若棗脂完（丸），大如羊矢。”

《養生方》：“□□□□□□□□去其羚□□蠱（冶）五物，入酒中一日一夜。”

《養生方》：“烏家（喙）二，北南陳陽□骨一，蠱（冶），并以細新白布裹三。”

凥字聲系

凥與居

《老子》甲：“天大，陸（地）大，道大，王亦大。囷（域）中又（有）四大安，王凥一安。”按，河上本和帛書本凥作居。

《性自》：“蜀（獨）凥則習父兄之所樂。”按，上博簡本《性情論》凥作居。

《語叢三》：“凥（居）而亡譤（獵）習也，員（損）。”按，“凥”似當讀作“居”。

《容成氏》：“昔堯凥（居）於丹府與藋陵之閟（閒）。”

《周易·隨》：“六厽（三）：係丈夫，遾（失）少（小）子。隓（隨）求又（有）得，利凥（居）貞。”

《周易·頤》：“六五：讆（拂）經，凥（居）貞吉，不可涉大川。”

《周易·咸》：“六二：欽（咸）其脣（腓），凶，凥（居）吉。”

《周易·渙》：“九五：𩰫（渙）其大啓（號），𩰫（渙）其凥（居），亡（无）咎。”

《昭王》：“王遷（徙）凥（居）於坪澫，卒以夫₌（大夫）飮₌（飲酒）於坪澫，因命（令）至（致）俑（庸）毀室。”

《季康子》：“𦸗（葛）戱含（今）語肥也以凥（居）邦家之述（術）。”

《天子甲》：“才（在）道不訨（語）匿，凥（居）正（政）不訨（語）樂。”

《天子乙》：“才（在）道不訨（語）匿，凥（居）正（政）不訨（語）樂。”

《凡物甲》：“和凥（居）和熨（氣），㘏聖（聲）好色▨。”按，“凥（居）”字從何有祖《〈凡物流形〉劄記》（簡帛網，2009年1月1日）釋讀。

《有皇》：“鹿〈麗（離）〉凥（居）而同欲含可（兮）。”

《堯王》：“凥（居）寺（時）可（何）先？”

《相宅》：“盇（蓋）西南之遇（寓），孠₌（君子）凥（居）之，幽（怮）俟（憝）不出。”

《相宅》：“北方高，三方下，凥（居）之安壽，宜人民，土田聚（驟）得。”

《相宅》：“盇（蓋）東南之遇（寓），君子凥（居）之□夫□□□。”

《相宅》：“北、南高，二方下，不可凥（居），是胃（謂）□土，聚□見吉，東北又（有）□□▨。”

《相宅》：“盇（蓋）東南之遇（寓），□□凥（居），必又（有）□□出□▨。”

《相宅》：“中坦，中□，又汙（穿）安（洝），凥（居）之不湿（盈）志。”

《相宅》：“東、北高，二方下，黃帝□□庶民凥（居）之▨。”

《相宅》：“凡宮垑於西南之南，凥（居）

之貴。”
《相宅》：“▨水凥（居）之□，婦人正。”
《相宅》：“筥（廩）凥（居）西北，不吉，凥（居）是室▨。”
《相宅》：“萩（秋）三月，作高凥（居）於西得▨。”
《相宅》：“▨□凥（居）東南多亞（惡）▨。”
《相宅》：“▨□之□□□之西，凥（居）之福。”
《相宅》：“窮凥（居）南、北，不利人民；凥（居）西北利，不利豕；凥（居）西南□▨。”
《楚帛書》甲：“曰（粵）故（古）□竈靁（包）虘（戲），出自□霆，凥（居）於䨏□。”
凥與處
《老子》甲：“天大，陀（地）大，道大，王亦大。囶（域）中又（有）四大安，王凥一安。”按，傅奕本凥作處。
《成之》：“君衰䋎（絰）而凥（處）位，一宮之人不勳（勝）其㤅。”
《成之》：“朝廷之立（位），䛡（讓）而凥（處）戔（賤）。”
《性情論》：“居凥（處）谷（欲）豫□而毋曼（慢）。”
《容成氏》：“舜聖（聽）正（政）三年，山陵（陵）不凥（處），水桼（潦）不湝（？），乃立禹（禹）以爲司工。”按，“凥”似當讀爲“處”，訓爲“止”，“山陵不處”指山陵崩解。
《容成氏》：“禹（禹）親執枌（畚）䎘（耜），以波（陂）明者（都）之澤，決九河之淉（阻），於是虖（乎）夾州、涂（徐）州訇（始）可凥（處）。”
《容成氏》：“禹（禹）迵（通）淮與忻（沂），東政（注）之海（海），於是虐（乎）競州、簹（莒）州訇（始）可凥（處）也。”
《容成氏》：“禹（禹）乃迵（通）蔞與湯（易），東政（注）之海（海），於是虖（乎）荓（幷）州訇（始）可凥（處）也。”
《容成氏》：“禹（禹）乃迵（通）三江五沽（湖），東政（注）之海（海），於是虐（乎）䎍（荊）州、鄒（揚）州訇（始）可凥（處）也。”
《容成氏》：“禹（禹）乃迵（通）泲（伊）、洛，並里〈廛（瀍）〉、干（澗），東政（注）之河，於是於（乎）敘（豫）州訇（始）可凥（處）也。”
《容成氏》：“禹（禹）乃迵（通）經（涇）與渭，北政（注）之河，於是虖（乎）虞州訇（始）可凥（處）也。”
《周易·隨》：“六厽（三）：係丈夫，遊（失）少（小）子。陸（隨）求又（有）得，利凥（居）貞。”按，阜陽漢簡本凥（居）作處。
《曹沫》：“虘（且）臣䎽（聞）之：少（小）邦凥（處）大邦之閯（閒），啻（敵）邦交陀（地），不可以先复（作）悁（怨）。”
《曹沫》：“凡貴人囟（使）凥（處）前立（位）一行，後則見亡。”
《苦成》：“躬與士凥（處）埍，旦夕絧（治）之，思（使）有君臣之節。”按，“凥（處）”字從季旭昇《上博五芻議（下）》（簡帛網，2006年2月18日）讀。
《語叢三》：“牙（與）䐈（莊）者凥（處），嗌（益）。”
《語叢三》：“悉（義），凥（處）之也。”
《季桓子》：“臭（擇）凥（處）圭杆，剴（豈）不難虐（乎）？”按，“凥（處）”字從陳劍《〈上博（六）·孔子見季桓子〉重編新釋》（復旦大學出土文獻與古文字研究中心網，2008年3月22日）讀。
《鄭壽》：“君王遂（遷）凥（處），辱於孝

（老）夫。”按，“凥（處）”字從凡國棟《〈上博六〉楚平王逸篇初讀》（簡帛網，2007年7月9日）讀。

《慎子》：“中凥（處）而不皮（頗），貢（任）悳（德）以卲（職）。”

《凡物甲》：“侌（陰）昜（陽）之尻〈凥（處）〉，系（奚）得而固？”

《顏淵問》：“老₌（老老）而慈（慈）學（幼），所以凥（處）急（仁）也。”按，“凥（處）”字從復旦吉大古文字專業研究生聯合讀書會《〈上博八·顏淵問於孔子〉校讀》（復旦大學出土文獻與古文字研究中心網，2011年7月17日）讀。下一例同。

《顏淵問》：“未行而信，先凥（處）忠也，貧而安樂，先凥（處）☐”

《蘭賦》：“凥（處）宅幽录（麓）☐。”

《蘭賦》：“凥（處）立（位）蝕（限）下而比恠（擬）高矣。”按，“凥（處）”字從鄔可晶在復旦吉大古文字專業研究生聯合讀書會《上博八〈蘭賦〉校讀》（復旦大學出土文獻與古文字研究中心網，2011年7月17日）一文下跟帖釋讀。

《卜書》：“兆（兆）馗₌（頯首）内（納）止（趾），是胃（謂）沓（沈），凥（處）宮無咎，又（有）疾乃瘳（漸）。”

《卜書》：“炮龜其又（有）吝，凥（處）不沾大汗，乃沾大浴（谷）。”

《卜書》：“少（小）子吉，伥₌（丈人）乃哭，甬（用）凥（處）宮☐。”

《楚居》：“前出于喬（驕）山，乇（宅）凥（處）爰波（陂）。”

《楚居》：“逆上汌水，見盤庚之子，凥（處）于方山，女曰比（妣）隹，秉茲（慈）銜（率）相，詈胄四方。”

《楚居》：“婝（毓）裳（徜）羊（徉），先凥（處）于京（景）宗。”

《楚居》：“至霝（靈）王自爲郢遷（徙）居秦（乾）溪之上，以爲凥（處）於章華之臺。”

《楚居》：“以爲凥（處）於栖₌湈₌（栖湈，栖湈）遷（徙）居郊₌郢₌（鄢郢，鄢郢）遷（徙）居鄩吁。”

《楚居》：“王大（太）子以邦居䣄（鄘）郢，以爲凥（處）於鬷郢。”

《赤鵠》：“帝命二黄它（蛇）與二白兔凥（處）句（后）之帰（寢）室之棟。”按，“凥”字似當讀作“處”。下三例同。

《赤鵠》：“帝命二黄它（蛇）與二白兔凥（處）句（后）之帰（寢）室之棟。”

《赤鵠》：“帝命句（后）土爲二茷（陵）屯，共凥（處）句（后）之牀下。”

《赤鵠》：“句（后）女（如）散（撤）屋，殺黄它（蛇）與白兔，坔陞（地）斬茷（陵），句（后）之疾其瘳。”

《筮法一》：“參（三）吉同兇，亞（惡）肴（爻）凥（處）之，今旌（焉）死。”

《筮法一》：“參（三）兇同吉，亞（惡）肴（爻）凥（處）之，今旌（焉）死。”

《鄭武》：“虐（吾）君函（陷）於大難之中，凥（處）於衛（衛）三年，不見其邦，亦不見其室。”

《鄭甲》：“女（如）容社之凥（處），亦虐（吾）先君之力也。”

《鄭乙》：“女（如）容社之凥（處），亦虐（吾）先君之力也。”

《子儀》：“此恩（慍）之昜（傷）僮，是不攺而猶，僮是尚求，弔（蹙）易（惕）之作，凥（處）虐（吾）以休，萬（賴）子是救。”

凥與處

《季桓子》：“與之凥（處）而詧（察）聒（問）其所學，先☐。”按，“凥（處）”字從李鋭《〈孔子見季桓子〉新編（稿）》（簡帛網，2007年7月11日）釋讀。下同。

《季桓子》："其行居（處）可明而智（知）牙（歟）？"

居與處

《湯丘》："湯屋（處）於湯（唐）垔（丘），取妻於又=郳=（有莘。有莘）嫥（媵）以少=臣=（小臣，小臣）善爲飤（食），享（烹）之和。"

《湯丘》："古先=（之先）聖人所以自悉（愛），不弁（偏）聒（聞），不屋（處）矣（疑）。"

昬與處

《王居》："蟲材以爲獻，或（又）不能節昬（處）所以辠（罪）人，然以謫（讒）言相忢（謗）。"

昬與暑

《緇衣》："日昬（暑）雨，少（小）民隹（惟）日情（怨），晉冬旨（祁）寒，少（小）民亦隹（惟）日情（怨）。"按，"昬（暑）"字從李家浩《讀〈郭店楚墓竹簡〉瑣議》（《郭店楚簡研究》，《中國哲學》第二十輯，遼寧教育出版社，1999年）釋讀。

《容成氏》："嗀（擊）鼓，垔（禹）必速出，冬不敢以蹇（寒）訇（辭），夏不敢以昬（暑）訇（辭）。"

家字聲系

家與嫁

《楚帛書》丙："女（如），可以出帀（師）籔（築）邑。不可以家（嫁）女取臣妾，不火得，不成。"

《建除》："凡成日，大吉，利以結言、取（娶）妻、家（嫁）子、内（入）人、成言。"

《建除》："凡散日，利以家（嫁）女、見人、瑃（佩）玉。"

《叢辰》："利以爲室家，祭，取（娶）妻，家（嫁）女，内（入）貨，吉。"

《宜忌》："凡成日，利以取（娶）妻、家（嫁）女、冠，利以成事。"

《日甲·除》："祭祀、家（嫁）子、取（娶）婦、入材，大吉。"

《日甲·叢辰》："可取（娶）婦、家（嫁）女、尋（探）衣常（裳）。"

《日甲·叢辰》："不可取（娶）婦、家（嫁）女，不可見人。"

《日甲·叢辰》："不可取（娶）婦、家（嫁）女、出入貨及生（牲）。"

《日甲·叢辰》："取（娶）婦、家（嫁）女，兩寡相當。"

《日甲·叢辰》："可取（娶）婦、家（嫁）女、葬貍（埋）。"

《日甲·叢辰》："不可以見人、取（娶）婦、家（嫁）女，出入貨及生（牲）。"

《日甲·叢辰》："可以取（娶）婦、家（嫁）女。"

《日甲·玄戈》："離日不可以家（嫁）女、取婦及入人民畜生，唯利以分異。"

《日甲·星》："房，取婦、家（嫁）女、出入貨及祠，吉。"

《日甲·啻》："殺日，勿以殺六畜，不可以取婦、家（嫁）女、禱祠、出貨。"

《日甲·禹一》："凡臽日，可以取婦、家（嫁）女，不可以行，百事凶。"

《日甲·作女子》："毋以戌亥家（嫁）子、取婦，是謂相（霜）。"

《日甲·入官》："甲子午、庚辰、丁巳，不可取妻、家（嫁）子。"

《日甲·入官》："以巳丑、酉、巳，不可家（嫁）女、取妻，交徙人也可也。"

《日乙·楚除》："家（嫁）子、攻嗀（擊），吉、勝。"

《日乙·楚除》："成決光之日，利以起大事、祭、家（嫁）子，吉。"

《日乙·楚除》："祭、作大事、家（嫁）

子，皆可，吉。”
《日乙・九月》：“方（房），取婦、家（嫁）女、出入貨，吉。”
《日乙・除室二》：“凡月望，不可取婦、家（嫁）女、入畜生。”
《日乙・除室二》：“可以家（嫁）女、取婦、寇〈冠〉帶、祠。”
《占夢書》：“夢見貙、豚、狐生（腥）臊（臊），在丈夫取（娶）妻，女子家（嫁）。”
《占夢書》：“夢見豆，不出三日家（嫁）。”

家與稼

《用曰》：“非（誹）考（孝）免（謾）訢（慎），良（荒）台（怠）家（稼）嗇（穡）。”按，“家（稼）”字從陳偉《讀〈上博六〉條記》（簡帛網，2008年7月9日）讀。
《皇門》：“王邦用寍，少（小）民用叚（格）、能家（稼）嗇（穡），戉（咸）祀天神，戎兵以能興，軍用多實。”
《天乙・貞在》：“三人偕行，不家（稼）不嗇（穡），不差不德（忒），分資或₌（或或）。”

賈字聲系

賈與價

《秦律・廄苑律》：“以其筋、革、角及其賈（價）錢效。”
《秦律・廄苑律》：“即入其筋、革、角，及索（索）入其賈（價）錢。”
《秦律・金布律》：“有買（賣）及買殹（也），各嬰其賈（價）。”
《效律》：“其有贏、不備，物直（值）之，以其賈（價）多者罪之，勿贏（纍）。”
《效律》：“縣料而不備其見（現）數五分一以上，直（值）其賈（價）。”
《效律》：“直（值）其賈（價），不盈廿二錢，除。”
《答問》：“即出禾以當叔₌、麥₌（菽、麥，菽、麥）賈（價）賤禾貴。”
《封診式》：“謁買（賣）公，斬以爲城旦，受賈（價）錢。”
《封診式》：“令少内某、佐某以市正賈（價）賈丙丞某前，丙中人，賈（價）若干錢。”
《封診式》：“以此直（值）衣賈（價）。”
《龍簡》：“盜死獸直（值）賈（價）以開（關）□☐。”
《衰分》：“以端賈（價）爲法，以欲糴（糴）米錢數乘一石爲實₌（實，實）如法得一升。”
《衰分》：“米賈（價）石五十錢，今有廿七錢，欲糴（糴）米，得幾可（何）？”
《衰分》：“米賈（價）石六十四錢，今有粟四斗，問得錢幾可（何）？”
《芮盜》：“芮買（賣），與朵別賈（價）地，且吏自別直？”
《芮盜》：“欲即并賈（價）地、蓋千四百。”
《芮盜》：“欲益賈（價）令方勿取，即枉（誑）謂方：‘賤！’”
《芮盜》：“五日備賞（償）錢；不賞（償），朵以固賈（價）取肆。”
《芮盜》：“芮後益賈（價），弗取。”
《芮盜》：“巳（已）盡用錢，後撓益賈（價），欲令勿取。”
《芮盜》：“芮、方并賈（價），豬以芮不☐。”
《識劫》：“居一歲爲識買室，賈（價）五千錢。”
《第二組》：“欲貣（貸）芻稾、禾、粟、米及買叔（菽）者，縣以朔日平賈（價）受錢，先爲錢及券。”
《第二組》：“金布律曰：有買及賣殹（也），各嬰其賈（價），小物不能各一錢者，勿嬰。”
《第二組》：“以爲義者，以平賈（價）買之，輒予其主錢。”

《第二組》："黔首其爲大隃（踰）取義，亦先以平賈（價）直之。"
《第二組》："黔首及司寇、隱官、榦官人居貲贖責（債）或病及雨不作，不能自食者，貸食，以平賈（價）賈。"
《二年·盜律》："諸盜□，皆以罪（？）所平賈（價）直（值）論之。"
《二年·傳食律》："毋得以傳食焉，而以平賈（價）責錢。"
《二年·田律》："芻稾節（即）貴於律，以入芻稾時平賈（價）入錢。"
《二年·賜律》："諸當賜，官毋其物者，以平賈（價）予錢。"
《二年·金布律》："各以其二千石官治所縣十月金平賈（價）予錢，爲除。"
《二年·金布律》："其肉、革腐敗毋用，皆令以平賈（價）償。"
《二年·金布律》："入死、傷縣官，賈（價）以減償。"
《二年·金布律》："亡、毀、傷縣官器財物，令以平賈（價）償。"
《二年·金布律》："入毀、傷縣官，賈（價）以減償。"
《二年·津關令》："皆以馬賈（價）訛過平令論，及賞捕告者。"
《奏讞書》："六年二月中買婢媚士五（伍）點所，賈（價）錢萬六千，迺三月丁巳亡。"
《奏讞書》："妻子已賣者〖者〗，縣官爲贖。它收已賣，以賈（價）畀之。"
《蓋廬》："商販賈市，約賈（價）强買不已者，攻之。"
《算數書·金價》："金賈（價）。"
《算數書·金價》："金賈（價）兩三百一十五錢，今有一朱（銖），問得錢幾何。"
《算數書·繒幅》："繒幅廣廿二寸，袤十寸，賈（價）廿三錢。"
《算數書·繒幅》："令欲買從利廣三寸、袤六十寸，問積寸及賈（價）錢各幾何。"
《算數書·繒幅》："八寸十一分寸二，賈（價）十八錢十一分錢九。"
《算數書·繒幅》："以所得寸數乘一尺賈（價）錢數爲實₌（實，實）如法得一錢。"
《戰國二〇》："齊紫，敗素也，賈（價）十倍。"

賈與假

《引書》："指端浸₌（浸浸）善畀（痹），賈（假）縛兩胕於兩脅，而力揮之。"

賈與固

《引書》："印（抑）頤，引之，而賈（固）箸（著）少腹及股䣛（膝）。"

叚字聲系

叚與假

《周易·渙》："𩎟（渙）：卿（亨）。王叚（假）於寤（廟），利見大人，利涉大川。"
《保訓》："昔㣲（微）叚（假）中于河，以復又₌易₌（有易，有易）伓（服）氒（厥）辠（罪）。"
《皇門》："母（毋）隹（惟）尔（爾）身之𤔔，皆卹（恤）尔（爾）邦，叚（假）余憲。"
《繫年十一》："叚（假）洛（路）於宋₌（宋，宋）人是古（故）殺孫（申）白（伯）亡（無）愧（畏），敓（奪）其玉帛。"
《琴舞》："叚（假）才（哉）古之人，夫明思慼（慎），甬（用）㦰（仇）其又（有）辟。"
《管仲》："夫₌（大夫）叚（假）事（使），支（便）俾（嬖）智（知）官事長。"
《管仲》："受命唯（雖）絅（約），出外必張，晨（蠢）童（動）蓮（謹）畏，叚（假）龍（寵）以方（放）。"

《秦律·廄苑律》:“叚（假）鐵器，銷敝不勝而毀者，爲用書，受勿責。”
《秦律·倉律》:“妾未使而衣食公，百姓有欲叚（假）者，叚（假）之。”
《秦律·金布律》:“食其母日粟一斗，旬五日而止之，別紂（奉）以叚（假）之。”
《秦律·金布律》:“百姓叚（假）公器及有責（債）未賞（償）。”
《秦律·工律》:“叚（假）試即正。”
《秦律·工律》:“其叚（假）公，叚（假）而有死亡者，亦令其徒、舍人任其叚（假），如從興戍然。”
《秦律·工律》:“其叚（假）百姓甲兵，必書其久，受之以久。”
《秦律·工律》:“入叚（假）而〚而〛毋（無）久及非其官之久也，皆沒入公。”
《秦律·工律》:“其或叚（假）公器，歸之，久必乃受之。”
《秦律·工律》:“官輒告叚（假）器者曰：器敝久恐靡者，遝其未靡，謁更其久。”
《秦律·工律》:“叚（假）器者，其事已及免，官輒收其叚（假），弗亟收者有罪。”
《秦律·工律》:“其叚（假）者死亡、有罪毋（無）責也，吏代賞（償）。”
《秦律·工律》:“毋擅叚（假）公器，者（諸）擅叚（假）公器者有罪。”
《秦律·司空》:“官府叚（假）公車牛者□□□叚（假）人所。”
《秦律·司空》:“或私用公車牛，及叚（假）人食牛不善，牛訾（胔）。”
《秦律·內史雜》:“計其官，毋叚（假）百姓。”
《雜抄》:“有興，除守嗇夫、叚（假）佐居守者，上造以上不從令，貲二甲。”
《雜抄》:“尚有棲未到戰所，告曰戰圍以折亡，叚（假）者，耐。”
《答問》:“今叚（假）父盜叚（假）子，可（何）論？”
《答問》:“把其叚（假）以亡，得及自出，當爲盜不當？”
《答問》:“今舍公官（館），旞（遺）火燔其叚（假）乘車馬，當負不當出？”
《龍簡》:“諸叚（假）兩雲夢池魚（籞）及有到雲夢禁中者。”
《租稅》:“田五十五畝，租四石三斗而三室共叚（假）之。”
《癸瑣》:“南郡叚（假）守賈報州陵守綰、丞越。”
《尸等》:“廿（二十）五年六月丙辰朔己卯，南郡叚（假）守賈報州陵守綰、丞越。”
《田與》:“市，田故姊子，雖與和奸，與叚（假）子□☑。”
《學爲》:“☑叚（假）子。”
《學爲》:“顒（願）丞主叚（假）錢二萬貣（貸）、食支卒歲。”
《學爲》:“癸田新壄（野），新壄（野）丞主幸叚（假）癸錢、食一歲。”
《第二組》:“吏有縣官事使而無僕者，郵爲飭，有僕，叚（假）之器，勿爲飭，皆給水醬（漿）。”
《第二組》:“毋敢傳（使）叚（假）典居旬于官府。”
《第二組》:“諸官縣料者各有衡石贏（纍）、斗甬（桶），期足，計其官，毋叚（假）黔首。”
《第二組》:“諸當叚（假）官器者，必有令、丞致乃叚（假），毋（無）致官擅叚（假），貲叚（假）及假者各二甲。”
《第三組》:“叚（假）裘者，勿假袍；叚（假）袍者，勿假裘。”
《二年·賊律》:“子牧殺父母，毆詈泰（太）父〓母〓（父母、父母）、叚（假）大母、主母、後母，及父母告子不孝，皆棄市。”
《二年・盜律》：“諸有叚（假）於縣道官，事已，叚（假）當歸。”
《二年・盜律》：“弗歸，盈廿日，以私自叚（假）律論。”
《二年・盜律》：“其叚（假）别在它所，有（又）物故毋道歸叚（假）者，自言在所縣=道=官=（縣道官，縣道官）以書告叚（假）在所縣道官收之。”
《二年・具律》：“相國、御史及二千石官所置守、叚（假）吏。”
《二年・行書律》：“有僕者，叚（假）器，皆給水漿（漿）。”
《二年・賜律》：“吏各循行其部中，有疾病□者收食，寒者叚（假）衣，傳詣其縣。”
《二年・戶律》：“諸（？）後欲分父母、子、同産、主母、叚（假）母，及主母、叚（假）母欲分孽子、叚（假）子田以爲戶者，皆許之。”
《奏讞書》：“南郡卒史蓋廬、摯田叚（假）、卒史瞗復攸（攸）庳等獄簿。”
《奏讞書》：“義等戰死，新黔首恐，操其叚（假）兵匿山中。”
《奏讞書》：“詰氏=（氏：氏）告庳曰義等戰死，新黔首恐，操其叚（假）兵匿山中。”
《戰國五》：“叚（假）臣孝如增（曾）参，信如尾星（生），廉如相〈伯〉夷。”
《帛易・豐》：“豐，亨，王叚（假）之。勿憂，宜日中。”
《帛易・萃》：“卒（萃），亨，王叚（假）于廟，利見大人，亨，利貞。用大生（牲），吉。利有攸往。”
《帛易・渙》：“渙，亨。王叚（假）于廟，利涉大川，利貞。”
《帛易・家人》：“九四，富有，大吉。九五，王叚（假）有家，勿血（恤），往吉。”
《二三子》：“龍刑（形）䙴（遷），叚（假）賓于帝，俔（見）神聖之德也。”
《二三子》：“卦曰：‘豐，亨，王叚（假）之，勿自憂，宜日中。’”
《三疑》：“☐以叚（假）眾=（眾，眾）以叚（假）賢。”
《三疑》：“叚（假）則有（又）叚（假）☐。”
《三疑》：“叚（假）則有（又）叚（假），以王天下。”
《聽有》：“故曰：叚（假）而有（又）叚（假），果有天下。耤（借）而有（又）耤（借），果成王伯（霸）。叚（假）耤（借）務其道存乎聽。”
《天六》：“此黃帝之見適（敵），不叚（假）焯（灼）龜而卜□☐。”
《北蒼・耕》：“禋（姻）稰（婿）姪娣，叚（假）耤（籍）合冥。”

叚與暇

《本伐》：“所胃（謂）爲利者，見□□□飢，國家不叚（暇），上下不當。”
《文摯》：“寡人已宗廟之祠，不叚（暇）其聽，欲聞道之要者，二、三言而止。”
《妄稽》：“應對□□，出辭禾（和）叚（暇）。”
《妄稽》：“君來適遬（速），被（彼）未給叚（暇）。”

叚與煆

《癃病》：“燔叚（煆）□□□□火而焠酒中，沸盡而去之。”
《牝痔》：“叚（煆）駱阮少半斗，布炭上，以布周蓋，坐以熏下竅。”

叚與瑕

《説命下》：“余隹（惟）弗进（雝）天之叚（瑕）命。”

叚與瘕

《周病方》：“叚（瘕）者，燔劍若有方之

端，卒（淬）之醇酒中。”
《周病方》：“赤槐獨指，搕某叚（瘕）心疾。”
《脈書》：“榣（搖），爲牡叚（瘕）。”
《脈書》：“在腸中，痛，爲血叚（瘕）。”
《脈書》：“得氣而少可，氣叚（瘕）殹（也）。”
《脈書》：“其腹胗₌（胗胗）如膚張（脹）狀，鳴如鼃（蛙）音，膏叚（瘕）殹（也）。”
《脈書》：“其衷（中）約隋（墮），上下不通，栚（矢）叚（瘕）殹（也）。”
《脈書》：“在腸中，痛，左右不化，泄，爲唐（溏）叚（瘕）。”
《脈書》：“弱（溺）出白，如沐，爲白叚（瘕）。”
《脈書》：“胸痛，脘痛，心痛，四末痛，叚（瘕），爲五病。”
《陰陽脈甲》：“脑（胸）痛，瘛（脘）痛，【心痛】，四末痛，叚（瘕），爲五病。”

叚與瑕

《春秋一五》：“悔（侮）德詐（詐）惌（怨），何叚（瑕）之不圖。”

叚與遐

《戰國二六》：“齊、楚見亡不叚（遐），爲粱（梁）賜矣。”

叚與賈

《爲吏》：“叚（賈）門逆呂（旅），贅壻後父，勿令爲戶，勿鼠（予）田宇。”
《爲吏》：“叚（賈）門逆闟（旅），贅壻後父，或衛（率）民不作，不治室屋。”

假與瘕

《陰陽脈乙》：“胸甬（痛），瘛（脘）甬（痛），心甬（痛），四始甬（痛），假（瘕）。”

假與㗅

《少牢》：“卒命祝，祝受以東，北面于戶西，以假（㗅）于主人。”
《少牢》：“其繻〈縲（綏）〉祭如主人之禮，不假（㗅）。”

假與假

《少牢》：“假（假）女（汝）大筮有常。”

葭與𩌏

《節》：“燔其席葭（𩌏），有去人，女子出，男子隨之。”

暇與霞

《卻穀》：“春食一去濁陽，和以銧光、朝暇（霞），昏清可。”
《卻穀》：“夏食一去湯風，和以朝暇（霞）、行（沆）暨（瀣），昏清可。”
《卻穀》：“朝暇（霞）者，□□□□□□□□□□□□□□□□者，日出二干。”
《卻穀》：“夏氣暇（霞）□□□□□□□□□□□□□□多陰。”
《卻穀》：“☐青附（符），青附（符）即多朝暇（霞）。”

瑕與蝦

《曹氏》：“蠃虫（蟲）最陰者瑕（蝦）蟆也。”
《節》：“有（又）卌六日，瑕（蝦）莫（蟆）鳴，燕降，天地氣通。”

睱與假

《邦人》：“安（焉）睱（假）爲司馬，不取其折（實），而邦人不爯（稱）還（榮）安（焉）。”按，“睱（假）”字從蘇建洲《初讀〈上博九〉劄記（一）》（簡帛網，2013年1月6日）讀。

騢與遐

《帛易·泰》：“九二，枹（包）妄（荒），用馮河，不騢（遐）遺，弗忘，得尚于中行。”

䀠字聲系

㥵與懼

《從政》：“小人藥（樂）則悘（疑），㥵

（憂）則聕（昏），妄（怒）則勑（勝），愳（懼）則伓（背），恥則軋（犯）。”
《芮成》：“公愳（懼），乃命長魚毊（矯）☐。”
《耆夜》：“康藥（樂）而母（毋）忘，是（寔）隹（惟）良士之愳₌（懼懼）。”
《耆夜》：“母（毋）已大康，則終以愳（懼）。康藥（樂）而母（毋）忘（荒），是（寔）隹（惟）良士之愳₌（懼懼）。”
《楚居》：“愳（懼）其宔（主），夜而内（納）层（尸），氏（抵）今曰栾₌（栾，栾）北（必）夜。”
《赤鴼》：“少（小）臣愳（懼），乃逃于夏。”
《三壽》：“高宗恭（恐）愳（懼），乃尃（布）語彭且（祖）曰。”
《鄭武》：“誣（屬）之夫₌（大夫）及百執事，人膚（皆）愳（懼），各共（恭）其事。”
《子產》：“𡈼₌（君子）智（知）愳（懼）乃惪₌（憂，憂）乃少惪（憂）。”
《子產》：“不良君古（怙）立（位）劼（固）福（富），不愳（懼）遊（失）民。”
《子產》：“愳（懼）遊（失）又₌戒₌（有戒，有戒）所以紳（申）命固立₌（位，位）固邦₌安₌（邦安，邦安）民𩰫（遂），邦危民麗（離），此胃（謂）才［存］亡才（在）君。”
《帛甲老子·德經》：“奈何以殺愳（懼）之也？”
《春秋一〇》：“且會諸侯而止衛〈衛〉君，誰（誰）則不愳（懼）。”
《春秋一〇》：“隨（墮）黨崇壽（讎），以愳（懼）諸侯，難以霸矣。”
《春秋一一》：“其□有□□□□□□□□□□夫奉孤者□素以暴（曝）忠□伐以□□□愳（懼）□□□□有姦心而□□□□正也害君耳聞□□心不怒□志也。”

偲與懼

《武王甲》：“武王聕（聞）之忎（恐）偲（懼）。”按，“偲（懼）”字從復旦大學出土文獻與古文字研究中心研究生讀書會《〈上博七·武王踐阼〉校讀》（復旦大學出土文獻與古文字研究中心網，2008 年 12 月 30 日）釋讀。

瞿與懼

《語叢二》：“瞿（懼）生於眚（性），監生於瞿（懼），望生於監。”按，“瞿（懼）”字從李零《郭店楚簡校讀記（增訂本）》（北京大學出版社，2002 年，169 頁）讀。
《邦人》：“而幷是二者以邦君₌（君，君）猶少之，罷（一）瞿（懼）君之不終殜（世）保邦。”
《易之義》：“林（臨）之卦，自誰（推）不无瞿（懼）。”
《易之義》：“不可爲典要，唯變所次，出入又（有）度，外内〖内〗皆瞿（懼）。”
《易之義》：“其善不同，二多譽，四多瞿（懼），近也。”
《要》：“夫易，剛（剛）者使知瞿（懼），柔者使知圖，愚人爲而不忘（妄），慚人爲而去詐（詐）。”

瞿與衢

《帛易·大畜》：“尚（上）九，何天之瞿（衢），亨。”
《九變》：“瞿（衢）地☐。”
《九地》：“有散地，有輕地，有爭地，有交地，有瞿（衢）地，有重地，有泛地，有圍地，有死地。”
《九地》：“☐絕，瞿（衢）☐。”
《殘簡四》：“☐人當瞿（衢）而立。”

攫與攫

《北大老子》：“蠭（蜂）蠆虺蛇弗赫（螫），猛獸擢（攫）鳥弗薄（搏）。”

懼與矍

《帛易·震》："尚（上）六，辰（震）昔（索）昔（索），視懼（矍）懼（矍），正（征）凶。"

臞與懼

《蓋廬》："軍急以卻，甚雨甚風，衆有臞（懼）心者，攻之。"

《蓋廬》："衆有臞（懼）心，我則疾喿（噪），從而擊之，可使毋到。"

瞿與懼

《帛乙老子·德經》："若民恆且不畏死，若何以殺矅（懼）之也？"

矍與戄

《史留》："晤（聞）子之言，大矍（戄），不志（識）所爲。"

《史留》："夫子曰（曰）：'善才（哉）！臨事而矍（戄），希不☐。'"

矍與衢

《九地》："先至而得天下之衆者，爲矍（衢）。"

《九地》："四勶（徹）者，矍（衢）地也。"

《九地》："矍（衢）地也，吾將謹其恃。"

攫與擢

《老子》甲："蟲（蜎）蠆₌（蠆虺）它（蛇）弗蓋，攫鳥猷（猛）獸弗哺（搏）。"按，帛書甲本攫作擢。

攫與據

《老子》甲："蟲（蜎）蠆₌（蠆虺）它（蛇）弗蓋，攫鳥猷（猛）獸弗哺（搏）。"按，帛書乙本攫作據。

戄與懼

《蒼頡篇》："恐戄（懼）□□。"

《北蒼·陽》："恐戄（懼）懷歸，趨走病狂。"

《北大老子》："民恆不畏死，奈何其以殺戄（懼）之也？"

臞與臞

《蒼頡篇》："殣棄臞（臞）瘦。"

《北蒼·陽》："殣（墐）棄臞（臞）瘦，兒孺旱殤（殤）。"

瓜字聲系

佤與孤

《周易·睽》："九四：楑（睽）佤（孤），遇元夫，交孚，厲亡（无）咎。"

《周易·睽》："上九：楑（睽）佤（孤），見豕僨（負）坌（塗），載☐。"

佤與苽

《周易·睽》："九四：楑（睽）佤（孤），遇元夫，交孚，厲亡（无）咎。"按，帛書本佤（孤）作苽。下同。

《周易·睽》："上九：楑（睽）佤（孤），見豕僨（負）坌（塗），載☐。"

弧與孤

《反淫》："受而裁之，野繭絲爲弦，石岸之欞爲槧，弧（孤）子之鉤爲隱，寡女珥爲穀（彀）。"

㼌與孤

《周日書》："甲子旬，戌亥爲㼌（孤），辰巳爲虛，從東南入。"

《周日書》："甲戌旬，申酉爲㼌（孤），寅卯爲虛，從西南入。"

《周日書》："甲申旬，午未爲㼌（孤），子丑爲虛，從南方入。"

《周日書》："甲午旬，辰巳爲㼌（孤），戌亥爲虛，從西北入。"

《周日書》："甲辰旬，寅卯爲㼌（孤），申酉爲虛，從南方入。"

《周日書》："甲寅旬，子丑爲㼌（孤），午未爲虛，從北方入。"

宖與瞽

《唐虞》："古者吳（虞）舜管（篤）事宖

（瞽）寞（瞙），乃弋（式）其孝。”按，“𡧛（瞽）”字從李零《郭店楚簡校讀記（增訂本）》（北京大學出版社，2002年，97頁）釋讀。下同。

《唐虞》：“古（故）其爲𡧛（瞽）寞（瞙）子也，甚孝。及其爲堯臣也，甚忠。”

苽與瓜

《詩論》：“因《木苽（瓜）》之保（報），以俞（喻）其悁者也。”

《詩論》：“《木苽（瓜）》又（有）䊆（臧）忨（愿）而未得達也。”

《周易·姤》：“九五：以芑（杞）橐（包）苽（瓜）。欽（含）章，又（有）𢘓（隕）自天。”

苽與孤

《帛易·睽》：“九四，乖（睽）苽（孤）愚（遇）元夫，交復（孚），厲，无咎。”

《帛易·睽》：“尚（上）九，乖（睽）苽（孤）。見豨（豕）負塗，載鬼一車，先張之柧（弧），後説之壺（弧）。”

苽與菰

《反淫》：“陽山之蔡（穄），鶩水之苽（菰）。”

苽與蘋

《牝痔》：“取䓘莖乾冶二升，取署（署）苽（蘋）汁二斗以漬之，以爲漿。”

柧與弧

《帛易·睽》：“尚（上）九，乖（睽）苽（孤）。見豨（豕）負塗，載鬼一車，先張之柧（弧），後説之壺（弧）。”

《繫辭》：“弦木爲柧（弧），棪（剡）木爲矢，柧（弧）矢之利，以威天下，蓋取者（諸）誁（睽）也。”

柧與觚

《特牲》：“匪（篚）在洗西，南順，實二爵、柧（觚）、四觗（觶）、一角、一散。”

《少牢》：“司宮溉（摡）豆、邊（籩）、勺、爵、柧（觚）、觗（觶）、几、洗、匪（篚），于房東堂下，勺、爵、柧（觚）、觗（觶），實于匪（篚）。”

《燕禮》：“主人北面盥，坐取柧（觚）洗。”

《燕禮》：“主人坐鄭（奠）柧（觚）于匪（篚），興對。”

《燕禮》：“主人賓右鄭（奠）柧（觚）合（荅）拜，降盥。”

《燕禮》：“主人升，坐取柧（觚）。”

《燕禮》：“賓洗南坐鄭（奠）柧（觚），少進，辤（辭）降，主人東面對。”

《燕禮》：“卿升，拜受柧（觚），主人拜送柧（觚）。”

《燕禮》：“士長升，拜受柧（觚），主人拜送。”

《燕禮》：“賓降洗，升勝（媵）柧（觚）于公，酌散，下拜。”

《燕禮》：“賓降洗象柧（觚），升酌膳，坐鄭（奠）于薦南，降拜。”

《燕禮》：“公坐取賓所揚（媵）柧（觚），興。”

《泰射》：“主人升，坐取柧（觚）。”

《泰射》：“賓坐，左執柧（觚），右祭脯醢（醢）。”

《泰射》：“賓坐取柧（觚），鄭（奠）于匪（篚）下，浣（盥）洗。”

《泰射》：“賓坐鄭（奠）柧（觚）于匪（篚），興對，卒洗，及階，揖升。”

《泰射》：“賓洗南，西北面，坐鄭（奠）析〈柧（觚）〉，少進，辤（辭）降。”

《泰射》：“主人浣（盥）洗，升騰（媵）柧（觚）于賓，酌散。”

《泰射》：“主人洗柧（觚），升實散，獻卿于西階上。”

《泰射》："卿升，拜受柧（觚）。"
《泰射》："主人拜送柧（觚）。"
《泰射》："大夫升，拜受柧（觚）。"
《泰射》："主人拜送柧（觚）。"
《泰射》："賓降，洗瑑（象）柧（觚），升酌膳以致。"
《泰射》："適洗，洗柧（觚），升實之。"
《泰射》："士長升，拜受柧（觚），主人拜送。"
《泰射》："賓降洗，升，騰（媵）柧（觚）于公，酌散，下拜。"
《泰射》："賓降，洗瑑（象）柧（觚），升酌膳，坐鄭（奠）于薦南，降拜。"
《泰射》："公坐取賓所騰（媵）柧（觚），興。"

㓗與略

《容成氏》："湯於是虐（乎）諻（徵）九州之币（師），以㓗（略）四㴟（海）之內。"按，"㓗（略）"字從陳劍《上博楚簡〈容成氏〉與古史傳説》注56（臺灣"中央研究院"史語所"中國南方文明研討會"論文，2003年）釋讀。

寡字聲系

寡與顧

《老子》甲："萬勿（物）方（旁）⿱乍又（作），居以寡（顧）復也。"按，"寡（顧）"字從白於藍《郭店楚簡拾遺》（《華南師範大學學報》2000年3期）釋讀。
《緇衣》："晉（祭）公之寡（顧）命員（云）：'毋以少（小）悔（謀）敗大愭（作），毋以卑（嬖）御息（疾）妝（莊）句（后），毋以卑（嬖）士息（疾）夫₌（大夫）、卿事（士）。'"
《緇衣》："言從行之，則行不可匿。古（故）君子䫆（顧）言而行，以成其信，則民不得大其媺（美）而少（小）其亞（惡）。"按，上博簡本《緇衣》䫆（顧）作寡。
《用曰》："視前寡（顧）後，九惠是貞。"
《天子甲》："天子坐以巨（矩），飤（食）以義（宜），立以縣（懸），行以䋲，視侯量，寡（顧）還身。"
《天子甲》："者（諸）侯飤（食）同䏁（狀），視百正，寡（顧）還肩（肩）。"
《天子甲》："士視目亙（恆），寡（顧）還面。"
《天子乙》："天子坐以巨（矩），飤（食）以義（宜），立以縣（懸），行以興（繩），視侯量，寡（顧）還身。"
《天子乙》："者（諸）侯飤（食）同䏁（狀），視百正，寡（顧）還肩（肩）。"
《天子乙》："士視目亙（恆），寡（顧）還面。"
《文王》："昔者又（有）神寡（顧）監于下，乃語周之先祖曰。"按，"寡（顧）"字從鄔可晶《〈上博（九）·舉治王天下〉"文王訪之於尚父舉治"篇編連小議》（復旦大學出土文獻與古文字研究中心網，2013年1月11日）讀。
《芮良夫》："尚（當）亙₌（恆恆）敬孳（哉）！寡（顧）皮（彼）後復。"
《湯丘》："少（小）臣倉（答）：'君既濬（睿）明，既受君命，退不寡（顧）死生，是非共（恭）命虖（乎）？'"
《三壽》："返（急）利嚻（傲）神，慕（莫）龏（恭）而不寡（顧）于込（後）。"
《三壽》："則隹（唯）小心異₌（翼翼），寡（顧）復孪（勉）祗。"
《三壽》："天寡（顧）復之甬（用）休，唯（雖）侌（陰）或（又）明。"

寡與恪

《從政》："教之以豊（禮）則寡（恪）而

爲息（仁），設（教）之以刑則逐〈遯〉。”按，“寡”似當讀作“恪”，訓爲“敬”。

寡與拒

《城濮》：“遠（蔿）白（伯）理（嬴）猶約（弱），寡（拒）寺（持）俞（舟）酓₌（飲酒）。”按，“寡”似當讀作“拒”。

憂與懼

《筮法二九》：“五象爲天，爲日，爲貴人，爲兵，爲血，爲車，爲方，爲𢝊（憂）、憂（懼），爲譔。”

覍與顧

《緇衣》：“古（故）君子覍（顧）言而行，以成其信，則民不得大其㜲（美）而少（小）其亞（惡）。”

《鮑叔牙》：“列（厲）民轍（獵）樂，篙（篤）𨒅伓忨，皮（疲）敽（敝）齊邦，日成（盛）于縱，弗覍（顧）前後。”

《弟子問》：“子贛（貢）𡰥（曰）：‘莫新（親）虐（乎）父母，死不覍（顧）生，可（何）言虐（乎）其信也？’”

覍與寡

《緇衣》：“古（故）君子覍（顧）言而行，以成其信，則民不得大其㜲（美）而少（小）其亞（惡）。”按，上博簡本《緇衣》覍（顧）作寡。

覍與顧

《祭公》：“𧦅（祭）公之覍（顧）命。”

賫與寡

《語叢三》：“智𨥶者賫（寡）悔（謀）。”按，“賫”字下部所從應即“寡”之省。

去字聲系

去與呿

《曹氏》：“☐□兵相當，問其將之名，名去（呿）者勝而唫者敗何也？夫去（呿）生而唫死，此其大柈（判）也。”

《曹氏》：“若事之陰陽不然，夫春夏者方啟，去（呿）者順陽勝，秋冬者閉臧（藏），唫者順陰勝，故以其時決成敗。”

去與卻

《卻穀》：“去（卻）穀者食石韋，朔日食質，日駕（加）一節，旬五而[止]。”

去與阹

《天下至道》：“七曰嬰女，八曰反去（阹）。”按，“去（阹）”字從周一謀、蕭佐桃《馬王堆醫書考注》（天津科學技術出版社，1988年，438頁）讀。

胠與阹

《官一》：“爲畏（隈）以山胠（阹），秦（蓁）佛（茀）以委（逶）施（迤）。”按，“胠（阹）”字從張震澤《孫臏兵法校理》（中華書局，1984年，111頁）讀。

阹與隙

《爲吏》：“上毋閒阹（隙），下雖善欲獨可（何）急？”按，整理者認爲“阹”爲“卻”之誤字，通假爲“隙”。“阹”與“隙”亦音近可通。

迲與寓

《老子》乙：“☐爲天下，若可以厇（託）天下矣；㤅（愛）以身爲天下，若可以迲天下矣。”按，“迲”似當讀作“寓”。上古音去爲爲溪母魚部字，寓爲疑母侯部字。聲母同爲喉音，韻亦很近。從禺聲之字多可以和魚部字相通，參高亨《古字通假會典》（齊魯書社，1989年，326—327頁）。《禮記·郊特牲》：“諸侯不臣寓公。”鄭玄《注》：“寓，寄也。寄公子非賢者，是不足尊也。寓，或爲託。”

豦字聲系

豦與劇

《嬰兒瘈》：“噴者豦（劇）噴，上如彗

（彗），下如脂（衃）血。”

虡與遽

《蟲蝕》：“虡（遽）斬乘車鬖椁☐。”

虡與詛

《妄稽》：“我今與女（汝）虡（詛）訾，孰之瘣（媿）者。”按，“虡（詛）”字從蕭旭《北大漢簡（四）〈妄稽〉校補》（復旦大學出土文獻與古文字研究中心網，2016 年 7 月 4 日）讀。

勮與劇

《周日書》：“占病者，勮（劇）。”

勮與據

《繫辭》：“非其所困而困焉，名必辱；非所勮（據）而據焉，身必危。”按，今本勮作據。

勮與卻

《稱》：“陽親而陰亞（惡），胃（謂）外其膚（傅）而内其勮（卻）。”

《稱》：“膚（傅）既爲膚（傅），勮（卻）既爲勮（卻），内亂不至，外客乃卻。”

勮與競

《帛五行·經》：“《詩》曰：‘不勮（競）不救（絿），不剛不柔。’此之胃（謂）也。”

《帛五行·說》：“《詩》員（云）：‘不勮（競）不[誺]（絿），不剛不柔’。”

《帛五行·說》：“勮（競）者，強也；誺（絿）者，急也。”

據與懅

《妄稽》：“勇（踴）趯（躍）顤（俛）印（仰），揆（鶟）據（懅）鹿驚。”

據與籧

《繆和》：“衛使據（籧）柏（伯）玉相，子路爲浦（輔），孔子客焉，史子突焉，子贛出入於朝而莫之留也。”

據與居

《合陰陽》：“五曰蝗磔，六曰爰（猨）據，七曰瞻（詹）諸，八曰兔鶩。”按，馬王堆帛書《天下至道談》“據”作“居”。

據與炬

《閻氏》：“火之數勝金，一據（炬）之火不能爍千鈞之金。”按，“據（炬）”字從晏昌貴《虎溪山漢簡〈閻氏五勝〉校釋》（《長江學術》第五輯，長江文藝出版社，2003 年）、劉樂賢《虎溪山漢簡〈閻氏五勝〉及相關問題》（《文物》2003 年 7 期）讀。

據與歫

《北蒼·之》：“闊錯（粗）甓（就）葆（保），堂據（歫）趆等（持）。”按，“據”似當讀作“歫”，“堂”、“歫”、“趆”、“持”四字均有抗拒之義。

據與距

《天下至道》：“信（伸）紂（肘）者，欲上之麻（摩）且據（距）也。”

據與膚

《養生方》：“怒而不大者，據（膚）不至[也]。”

《養生方》：“據（膚）不至[而用]則腄（垂），筋不至而用則避，氣不至而用則隋（惰）。”

據與攫

《帛乙老子·德經》：“據（攫）鳥盂（猛）獸弗捕（搏）。”按，“據（攫）”字從高明《帛書老子校注》（中華書局，1996 年，92 頁）讀。

丗字聲系

虡與據

《弟子問》：“至老丘，有戎（農）植（持）其梅（槈）而詞（歌）安（焉）。子虡（據）唐（乎）軒（軾）而☐。”按，“虡（據）”字從陳劍《談談〈上博（五）〉的竹簡分篇、拼合與編聯問題》（簡帛網，2006 年 2 月 19 日）釋讀。

《競公瘧》："割（會）疾（譴）與梨（梁）丘虡（據）言於公曰。"按，"虡（據）"字從徐在國《上博（六）文字考釋二則》（簡帛網，2007年7月23日）釋讀。下同。

《競公瘧》："命割（會）疾（譴）不敢監祭，梨（梁）丘虡（據）不敢監正（貞）。"

丵與據

《競公瘧》："今内寵又（有）割（會）疾（譴），外₌（外亦）又（有）與梨（梁）丘丵（據）。"按，"丵（據）"字從徐在國《上博（六）文字考釋二則》（簡帛網，2007年7月23日）釋讀。

祟與豦

《筮法二六》："艮祟：隶（殔）。九乃祟（豦）。五乃槵鼓（髮）。"

《筮法二六》："九，戊（牡）祟（豦）。"

巨字聲系

巨與歫

《語書》："令吏明布，令吏民皆明智（知）之，毋巨（歫）於罪。"

《龍簡》："勿令巨（歫）罪。"

《第三組》："令到縣，縣各盡以見（現）錢，不禁者，勿令巨（歫）辠（罪）。"

巨與拒

《戰國二二》："義（儀）且以韓、秦之兵東巨（拒）齊、宋。"

《妄稽》："謹築高甬（墉），重門設巨（拒）。"

巨與秬

《封許》："易（錫）女（汝）倉（蒼）珪、巨（秬）鬯一卣。"

巨與矩

《天子甲》："天子坐以巨（矩），飤（食）以義（宜），立以縣（懸），行以繩，視侯量，寡（顧）還身。"

《天子乙》："天子坐以巨（矩），飤（食）以義（宜），立以縣（懸），行以興（繩），視侯量，寡（顧）還身。"

《見吳王》："引而員（圓）之，員（圓）中規；引而方之，方中巨（矩）。"

巨與渠

《繫年二》："其大₌〈夫₌（大夫）〉高之巨（渠）爾（彌）殺卲（昭）公而立其弟子沫（亹）壽。"

《繫年二》："齊襄公會者（諸）侯于首壯（止），殺子沫（亹）壽，車轂（轘）高之巨（渠）爾（彌），改立束（厲）公。"

巨與鉅

《戰國二一》："今燕盡齊之河南〈北〉，距莎（沙）丘、巨（鉅）鹿之囿三百里。"

巨與蘧

《弟子問》："巨（蘧）白（伯）玉侁（侍）虐（乎）？子膻₌（庸庸）女（如）也其聖（聲）。"

佢與拒

《文王》："天斎₌（之所）向，若或與之；天斎₌（之所）伓（背），若【或】佢（拒）之。"

佢與距

《曹沫》："疆陘（地）毋先而必取□焉，所以佢（距）鄡（邊）。毋忎（愛）貨資子女，以事其㑊（便）逮（嬖），所以佢（距）内。"

佢與居

《唐虞》："夫古者舜佢（居）於茅₌（艸茅）之中而不悥（憂），升爲天子而不喬（驕）。佢（居）茅₌（艸茅）之中而不悥（憂），智（知）命也；升爲天子而不喬（驕），不淶（忕）也。"

洰與渠

《楚居》："至畬（熊）只〈孓（艾）〉、畬

（熊）艄（熙）、酓（熊）樊（盤）及酓（熊）䞣（錫）、酓（熊）逗（渠），聿（盡）居𨛫（夷）宅（屯）。”

《楚居》：“酓（熊）逗（渠）遷（徙）居發漸。”

柜與矩

《四度》：“規之内曰員（圓），柜（矩）之内曰[方]，[縣]之下曰正，水之曰平。”

《五正》：“左執規，右執柜（矩），何患天下？”

杲與榘

《要》：“君子言以杲（榘）方也。”

杲與倨

《爲吏》：“一曰見民杲（倨）敖（傲），二曰不安其鼂（朝）。”

蕖與蘧

《曹氏》：“其下者□芙蕖（蘧）生之，其下者魚鼈生之。”

䝞與榘

《禁》：“故萬物之動也，日師之也，謀聰明；星辰，謀䝞（榘）衡；風，謀動靜；謀精。”

渠與倨

《治官》：“一曰視黔首渠（倨）驁（傲），二曰不安其朝，三曰居官善取，四曰受令不僂，五曰安其家忘官府。”

岠與距

《封診式》：“類足岠（距）之₌（之之）迹，皆不可爲廣袤。”

距與拒

《客主》：“退敢物（刎）頸，進不敢距（拒）啇（敵）。”

《富國》：“〼年而兵出，州（周）留（流）天下，不服之國莫之能距（拒）〼。”

距與據

《合陰陽》：“信（伸）扗（肘）者，欲上之攠（摩）且距也。”按，馬王堆帛書《天下至道談》“距”作“據”。

跙與距

《兵令》：“及至兩適（敵）之相跙（距），行伸（陳）薄近〼。”

鉅與巨

《泰射》：“見鏃（鏃）於拊（弣），右鉅（巨）指句（鉤）弦。”

鉅與距

《十陣》：“故必疏鉅（距）閒（間），多其旌旗羽旄，砥刃以爲旁。”

《十陣》：“數陳（陣）之法，毋疏鉅（距）閒（間），戚（蹙）而行，首積刃而信（伸）之，前後相葆（保）。”

蝁與渠

《威王問》：“困適（敵）者險也，壁延不得者蝁（渠）塞也。”

吳字聲系

吳與娛

《命訓》：“秅（撫）之以季（惠），和之以均，䜕（斂）之以哀，吳（娛）之以樂。”

吳與誤

《算數書・租誤券》：“租吳（誤）券。”

吳與虞

《唐虞》：“湯（唐）吳（虞）之道，禪（禪）而不徝（傳）。”

《唐虞》：“古（故）湯（唐）吳（虞）之□□。”

《唐虞》：“古者吳（虞）舜簹（篤）事宖（瞽）寞（瞙），乃弋（式）其孝；忠事帝堯，乃弋（式）其臣。炁（愛）罙（親）尊臤（賢），吳（虞）舜其人也。”

《唐虞》：“炁（愛）而正之，吳（虞）夏之紿（治）也。”

《唐虞》：“《吳（虞）寺（詩）》曰：‘大

明不出，兮（萬）勿（物）虐（皆）訇（暗）。’”按，“吳（虞）”字從裘按（《郭店楚墓竹簡·唐虞之道》篇注［三二］）讀。

《子羔》：“又（有）吳（虞）是（氏）之樂正宫宑之子也。”

《競公瘧》：“今新（薪）登（蒸）思（使）吳（虞）守之。”

《容成氏》：“於是於（乎）飤（治）篧（爵）而行录（禄），以䚷（讓）於又₌吳₌迵₌（有虞迵，有虞迵）曰：‘悳（德）速蓑（衰）▨。’”按，“吳（虞）”字從郭永秉《從上博楚簡〈容成氏〉的“有虞迵”説到唐虞史事的疑問》（簡帛研究網，2005 年 11 月 7 日）讀。下一例同。

《容成氏》：“又（有）吳（虞）迵㞷（匡）天下之正（政）十又九年而王天下，卅₌（三十）又七年而𢀛終。”

《阜易·屯》：“六三，即（即）鹿毋（无）吳（虞），惟入于□□。”

《阜易·中孚》：“初九，吳（虞）□。”

《占書》：“月六垣（暈），有吳（虞）民亡。”

《周馴》：“堯欲其賢，而弗能教海（誨），乃廢弗立，而吳（虞）舜是置。”

吳與餘

《季康子》：“丘昏（聞）之孟者吳（餘）曰。”

恳與虞

《尹至》：“其又（有）句（后）氒（厥）志其倉（爽），龍（寵）二玉，弗恳（虞）其又（有）眾。”

《説命下》：“不隹（惟）鏖（鷹）唯（椎），廼弗恳（虞）民，氒（厥）其怭（禍）亦羅于罟（罨）罘（罬）。”

虞與娛

《戰國一七》：“是以晉國之慮，奉秦，以重虞（娛）秦。”按，“虞（娛）”字從裘錫圭《讀〈戰國縱横家書釋文注釋〉劄記》（《文史》第 36 輯，中華書局，1992 年）讀。

《三疑》：“▢之以味，虞（娛）【之】以樂。”

《文師》：“今吾虞（娛）▨。”按，“虞（娛）”字從白於藍《銀雀山漢簡校釋》（《考古》2010 年 12 期）讀。下一例同。

《文師》：“□何胃（謂）虞（娛）□□佁（似）？”

《反淫》：“練色淫目，流聲虞（娛）耳。”

《反淫》：“此天下之至虞（娛）樂也，夫子弗欲爲邪？”

虞與衡

《雜療方》：“取白松脂、杜虞（衡）、□石脂等冶。”

五字聲系

五與伍

《曹沫》：“▨五（伍）之閯（閒）必又（有）公孫公子，是胃（謂）軍紀。”

《鬼神》：“返（及）五（伍）子疋（胥）者，天下之聖人也，鴟𡰥（夷）而死。”

《繫年十五》：“少帀（師）亡（無）期（極）誂（讒）連尹額（奢）而殺之，其子五（伍）員與五（伍）之雞逃歸吳。”

《繫年十五》：“五（伍）雞䢜（將）吳人以回（圍）州埊（來）。”

《繫年十五》：“五（伍）員爲吳大剸（宰），是教吳人反楚邦之者（諸）侯。”

《良臣》：“吳王光又（有）五（伍）之疋（胥）。”

《秦律·内史雜》：“除佐必當壯以上，毋除士五（伍）新傅。”

《答問》：“士五（伍）甲盜一羊，羊頸有索，索直（值）一錢，問可（何）論？”

《答問》：“士五（伍）甲盜，以得時直（值）

臧₌（贜，贜）直（值）過六百六十。”
《答問》：“士五（伍）甲盜，以得時直（值）臧₌（贜，贜）直（值）百一十”
《答問》：“士五（伍）甲毋（無）子，其弟子以爲後。”
《答問》：“士五（伍）甲鬭，拔劍伐，斬人髮結，可（何）論？”
《答問》：“今士五（伍）甲不會，治（笞）五十。”
《封診式》：“士五（伍），居某里。”
《封診式》：“封有鞫者某里士五（伍）甲家室、妻、子、臣妾、衣器、畜產。”
《封診式》：“士五（伍），居某縣某里，去亡。”
《封診式》：“以五月晦與同里士五（伍）丙盜某里士五（伍）丁千錢。”
《封診式》：“甲故士五（伍），居某里，迺四月中盜牛，去亡以命。”
《封診式》：“某里士五（伍）甲、乙縛詣男子丙、丁及新錢百一十錢、容（鎔）二合。”
《封診式》：“某里公士甲、士五（伍）乙詣牛一，黑牝曼靡（縻）有角。”
《封診式》：“士五（伍），居某里。”
《封診式》：“此首某里士五（伍）戊毆（也），與丁以某時與某里士五（伍）己、庚、辛，強攻群某里公士某室，盜錢萬，去亡。”
《封診式》：“某里士五（伍）甲縛詣男子丙，及斬首一，男子丁與偕。”
《封診式》：“某里士五（伍）甲、公士鄭才（在）某里曰丙共詣斬首一。”
《封診式》：“某里士五（伍）甲縛詣男子丙。”
《封診式》：“某里士五（伍）甲臣。”
《封診式》：“某里士五（伍）甲告曰。”
《封診式》：“謁鋈親子同里士五（伍）丙足。”
《封診式》：“士五（伍）咸陽才（在）某里曰丙，坐父甲謁鋈其足。”
《封診式》：“某里士五（伍）甲告曰：‘甲親子同里士五（伍）丙不孝，謁殺，敢告。’”
《封診式》：“某里典甲詣里人士五（伍）丙。”
《封診式》：“男子死（屍）所到某亭百步，到某里士五（伍）丙田舍二百步。”
《封診式》：“里人士五（伍）丙經死其室，不智（知）故，來告。”
《封診式》：“某里士五（伍）乙告曰。”
《封診式》：“訊丁、乙伍人士五（伍）□。”
《封診式》：“某里士五（伍）妻甲告曰。”
《封診式》：“某里公士甲等廿人詣里人士五（伍）丙。”
《封診式》：“某里士五（伍）甲詣男子乙、女子丙。”
《封診式》：“士五（伍），居某里，以迺二月不識日去亡，毋（無）它坐，今來自出。”
《癸瑣》：“迺四月辛酉，校長癸、求盜上造柳、士五（伍）轎、沃詣男子治等八人、女子二人，告群盜₌（盜盜）殺人。”
《癸瑣》：“士五（伍）瑣等捕治䓁，移鼠（予）癸等。”
《癸瑣》：“州陵守綰令癸與令佐士五（伍）行將柳等追□□，迹行到沙羨界中，瑣等巳（已）捕。”
《癸瑣》：“士五（伍）瑣、渠、樂曰。”
《猩敞》：“掾（録）江陵獄：上造敞、士五（伍）猩智（知）人埱冢，分臧（贜）。”
《猩敞》：“獄史窣詣士五（伍）去疾、號曰。”
《猩敞》：“執一男子。男子士五（伍），定名猩。”
《猩敞》：“孱陵獄史民詣士五（伍）達。”
《芮盜》：“芮買（賣）其分肆士五（伍）朵，地直（值）千，蓋二百六十九錢。”
《芮盜》：“朵子士五（伍）方販棺其列下。”
《多小》：“今廿（二十）二歲，巳（已）削爵爲士五（伍）。”

《多小》:“今年廿(二十)二歲,巳(已)削爵爲士五(伍)。”
《識劫》:“羛(義)當□大夫建、公卒昌、士五(伍)積、喜、遺錢六萬八千三百。”
《譊妘》:“士五(伍)譊刑□市舍□☑。”
《魏盜》:“☑□□妾宜、士五(伍)安□□☑。”
《善等》:“聞士五(伍)善、公士定、公卒良□☑。”
《綰等》:“其餘皆奪爵以爲士五(伍)。”
《第一組》:“佐弋隸臣、湯家臣,免爲士五(伍),屬佐弋而亡者,論之,比寺車府。”
《第一組》:“內官、中官隸臣妾、白粲以巧及勞免爲士五(伍)、庶人、工、工隸隱官而復屬內官、中官者,其或亡☑。”
《第一組》:“寺(侍)車府、少府、中府、中車府、泰(大)官、御府、特庫、私官隸臣,免爲士五(伍)、隱官,及隸妾以巧及勞免爲庶人,復屬其官者。”
《第二組》:“黔首將陽及諸亡者,已有奔書及亡毋(無)奔書盈三月者,輒筋〈削〉爵以爲士五(伍)。”
《第二組》:“爵而傅及公士以上子皆籍以爲士五(伍)。”
《第二組》:“置典、老,必里相誰(推),以其里公卒、士五(伍)年長而毋(無)害者爲典、老,毋(無)長者令它里年長者。”
《第二組》:“毋令士五(伍)爲吏養、養馬。”
《第二組》:“盡旬不足以索(索)繕之,言不足用積徒數屬所尉,毋敢令公士、公卒、士五(伍)爲它事,必與繕城塞。”
《第二組》:“害(憲)盜,除不更以下到士五(伍),許之。”
《第二組》:“縣除小佐毋(無)秩者,各除其縣中,皆擇除不更以下到士五(伍)史者爲佐,不足,益除君子子、大夫子、小爵及公卒、士五(伍)子年十八歲以上備員。”
《二年・戶律》:“公士一頃半頃,公卒、士五(伍)、庶人各一頃。”
《二年・戶律》:“公士一宅半宅,公卒、士五(伍)、庶人一宅。”
《二年・傅律》:“公士、公卒及士五(伍)、司寇、隱官子,皆爲士五(伍)。”
《奏讞書》:“六年二月中買婢媚士五(伍)點所,賈(價)錢萬六千,迺三月丁巳亡。”
《奏讞書》:“問武:士五(伍),年卅七歲,診如辤(辭)。”
《奏讞書》:“令舍人士五(伍)興、義與石賣,得金六斤三兩,錢萬五千五十。”
《奏讞書》:“故樂人,不與士五(伍)毛謀盜牛,雕以講爲與毛謀,論黥講爲城旦。”
《奏讞書》:“毛曰:盜士五(伍)把牛,毋它人與謀。”
《奏讞書》:“與樂人講盜士五(伍)和牛,牽之講室,講父士五(伍)處見。”
《奏讞書》:“乃收訊其士五(伍)武。”
《繆和》:“[關]龍逢、王子比干、五(伍)子[胥]、[介]子雋(推)是也。”
《奬懲》:“☑[皆]奪爵爲士五(伍)毋(無)爵☑。”

五與互

《芮良夫》:“女(如)闢(關)枝㢈(扃)銼(管),縹(繩)剸(準)既政(正)而五(互)想(相)柔訛(比)。”
《芮良夫》:“女(如)闢(關)枝不閟(閉)而縹(繩)剸(準)遱(失)楑,五(互)想(相)不彊(暾)。”

五與吾

《隨日・歲》:“二月發春氣於丑,是胃(謂)五(吾)已生矣。”
《帛甲老子・德經》:“五(吾)是以知无爲[之][有]益也。”

五與圄

《妄稽》:"勇士五（圄）伓（伏），巧能近御。"按，"五（圄）"字從張傳官《北大漢簡〈妄稽〉拼綴、編聯瑣記》（復旦大學出土文獻與古文字研究中心網，2016 年 7 月 13 日）引陳劍説讀。

五與語

《日乙·生》:"丁丑生，好言五（語），有生（眚）目。"

五與武

《祝辭》:"号（皋）！旨（詣）五（武）𡰥（夷），𢇍（絕）㬅（明）榠=（冥冥），茲我絰（逞）。"

伍與五

《天乙·占盜二》:"得其後伍（五）爲不得，不得其前後之伍（五）爲復亡。"

《第一組》:"男女無少長，伍（五）人，誶鄉部嗇夫；廿人，貲鄉部嗇夫一盾；卅人以上，貲鄉部嗇夫一甲，令丞誶。"

伍與吾

《隨日·歲》:"春徼戌也，是胃（謂）伍（吾）且生，子毋敢殺，盡春三月解於戌。"

吾與伍

《陳公》:"五人於吾（伍），十人於行=（行，行）戚（蹙）不成。"

吾與悟

《九主》:"雖然，酉（猶）君也主吾（悟）則酉（猶）制其臣者也。"

《九主》:"勞君者剸（專）授之能吾（悟）者也，□吾（悟）於剸（專）授主者也。"

《九主》:"能吾（悟）不能反道，自爲其邦者，主勞臣失（佚）。"

《九主》:"乘主之不吾（悟），以侵其君。"

《九主》:"是故擅主之臣，見主之不吾（悟），故用其主嚴殺僇。"

《九主》:"寄主者，半君之不吾（悟）者。"

《九主》:"是故或聞道而能吾（悟），吾（悟）正其橫臣者□。"

《九主》:"□□□未聞寄主之能吾（悟）者也。"

《九主》:"破邦之主，剸（專）授之不吾（悟）者也。"

《四度》:"亓〈失〉主道離人理，處狂惑之立（位）處〈而〉不吾（悟）。"

《養生方》:"☐昏有吾（悟）。"

《養生方》:"☐堅病而□而不已，恐過而不吾（悟）。"

吾與梧

《一類》:"凡三物皆冶合，丸以密（蜜），大如吾（梧）實。"

《二類》:"☐相得丸之，大如吾（梧）實。"

《木牘》:"丸以白密（蜜），丸大如吾（梧）實。"

吾與語

《季桓子》:"吾（語），僉弗見也。"按，"吾（語）"字從陳劍《〈上博（六）·孔子見季桓子〉重編新釋》（復旦大學出土文獻與古文字研究中心網，2008 年 3 月 22 日）讀。

《癲》:"天神下干疾，神女倚序聽神吾（語）。"

吾與寤

《衛風》:"□未（寐）吾（寤）言，柄（永）矢弗緩（諼）。"

《衛風》:"□□吾（寤）宿，柄（永）矢弗告。"

《曹風》:"氣（愾）我吾（寤）難（嘆），念彼□□。"

《妄稽》:"勞者未畢，虞士吾（寤）瞑（眠）。"

吾與忤

《九主》：“臣主始不相吾（忤）也。”

吾與乎

《鄭風》：“印（殷）其盈誒（矣），女曰觀吾（乎）？”

俉與伍

《曹沫》：“畣（答）曰：‘車閥（閒）容俉₌（伍，伍）閥（閒）容兵，貴□。’”

唔與寤

《帛五行・説》：“‘求之弗得，唔（寤）眛（寐）思伏’，言其急也。”

悟與寤

《程寤》：“悟（寤）敬（驚），告王₌（王。王）弗敢占。”

牾與寤

《容成》：“夜半之息也，覺牾（寤）毋變侵（寢）刑（形）。”

敔與伍

《曹沫》：“五人以敔（伍），𠆢₌（一人）又（有）多，四人皆賞，所以爲剸（斷）。”

敔與禦

《申公》：“敔（禦）於杋述（隧），繡（陳）公子〓谐（械）皇子。”按，“敔（禦）”字從陳偉《讀〈上博六〉條記》（簡帛網，2007 年 7 月 9 日）讀。

敌與禦

《鄭武》：“孚₌（孺子）其童（重）得良臣，吏（使）敌（禦）寇也，尃（布）慖（圖）於君。”

御與牙

《明君》：“以夫先王者爲□□□侖（掄）蚤（爪）御（牙）之士。”

語與娛

《君人甲》：“州徒之樂，而天下莫不語（娛），之〈先〉王𣂋₌（之所）以爲目觀（歡）也。”按，“語（娛）”字從董珊《讀〈上博七〉雜記（一）》（復旦大學出土文獻與古文字研究中心網，2008 年 12 月 31 日）讀。下同。

《君人乙》：“州徒之樂，而天下莫不語（娛），先王𣂋₌（之所）以爲目觀（歡）也。”

語與禦

《五行》：“悳（直）而述（遂）之，遙（肆）也；遙（肆）而不畏勥（強）語（禦），果也。”

語與虚

《帛甲老子・道經》：“古之所謂曲全者，豈語（虚）才（哉）！”按，“語”似當讀作“虚”。通行本“語”作“虚言”。語、虚音近。下同。

《帛乙老子・道經》：“古之所胃（謂）曲全者，幾（豈）語（虚）才（哉）！”

詓與語

《鄭壽》：“王與之詓（語）。”

《用曰》：“請命之所繬，而言詓（語）𣂋₌（之所）记（起）。”

《天子甲》：“才（在）道不詓（語）匿，凥（居）正（政）不詓（語）樂；畬（尊）且（俎）不折（制）事，聚眾不詓（語）憍（逸）；男女不詓（語）鹿（剥），堋（朋）友不語分；臨飤（食）不詓（語）亞（惡）。”

《天子乙》：“才（在）道不詓（語）匿，凥（居）正（政）不詓（語）樂；畬（尊）且（俎）不折（制）事，聚眾不詓（語）憍（逸）；男女不詓（語）鹿（剥），堋（朋）友不詓（語）分；臨飤（食）不詓（語）亞（惡）。”

瑩與忤

《有皇》：“族援₌（援援）必繇（慎）毋瑩（忤）含可（兮），日月卲（昭）明含可（兮）。”按，“瑩（忤）”字從復旦吉大古文字專業研究生聯合讀書會《上博八〈有皇將起〉校讀》(復旦大學出土文獻與古文字研究中心網，2011年7月17日)讀。

禹與圉

《春秋一五》："夫共中(仲)禹(圉)人欒旅(舉)其族以犯尚(黨)民〈氏〉之眾。"

禹與扈

《春秋一五》："夫共中(仲)禹(圉)人欒旅(舉)其族以犯尚(黨)民〈氏〉之眾。"按，《公羊傳·閔公元年》"禹"作"扈"。

虗與御

《九主》："干主之不明，虗(御)下蔽(蔽)上，□法亂常，以危主者，恆在臣。"

《九主》："剸(專)授之臣擅主之前，虗(御)下蔽(蔽)上。"

吾與悟

《六分》："其謀臣在外立(位)者，其國不安，其主不吾(悟)則社稷殘。"

薨與寤

《芮良夫》："敬之孳(哉)君子！天猷(猶)畏(威)矣。敬孳(哉)君子！薨(寤)敗改繇(繇)。"

《芮良夫》："母(毋)惏(婪)憃(貪)、猂(淆)昆(混)、圂(滿)盈(盈)、康戲而不智(知)薨(寤)告(覺)。"

午字聲系

午與忤

《春秋一》："☐韓閒(簡)午(忤)秦□□今君將先□。"

午與杵

《第二組》："以鐵午(杵)閒(扃)甬(桶)口，皆壹用方欆(槩)，欆(槩)毋得，用槩及圜欆(槩)。"

御與御

《老子》甲："侯王能御(御)之，而萬勿(物)牆(將)自懮(化)。"按，"御(御)"字從牛新房《釋郭店楚簡〈老子〉中的"御"字》(《古文字研究》第二十八輯，中華書局，2010年)釋讀。

訏與御

《祭公》："女(汝)母(毋)以俾(嬖)訏(御)息(塞)尔(爾)臧(莊)句(后)。"

馭與御

《繫年十一》："宋公之車募(暮)𨋬(駕)，用逸(抶)宋公之馭(御)。"

《繫年二二》："戉(越)公内(入)享(饗)於魯=(魯，魯)侯馭(御)，齊侯厶(驂)乘(乘)以内(入)。"

迕與御

《苦成》："初，虐(吾)弜(強)立絢(治)眾，欲以長建宔(主)君而迕(御)難。"

耶與聒

《唐虞》："四枳(肢)胅(倦)陸(惰)，耳目耶(聒)明衰，禪(禪)天下而受(授)臤(賢)。"按，"耶(聒)"字從白於藍《郭店楚簡補釋》(《江漢考古》2001年2期)釋讀。

許與迕

《亙先》："天下之乍(作)也，無許(迕)亟(極)，無非其所。"按，"許(迕)"字從廖名春《上博藏楚竹書〈恆先〉簡釋(修訂稿)》(confucius2000網，2004年4月22日)讀。

許與吁

《帛五行·說》："有天下美飲食於此，許(吁)𡴉(嗟)而予之。"

《帛五行·說》："惡許(吁)𡴉(嗟)而不受許(吁)差(嗟)。"

《帛五行·說》："不受許(吁)𡴉(嗟)者，義之理也。"

《帛五行·說》："終(充)其不受許(吁)𡴉(嗟)之心，而義襄天下。"

許與語

《民之》："其才（在）許（語）也，敗（美）矣！厷（宏）矣！大矣！"按，"許（語）"字從劉信芳《上博藏竹書試讀》（簡帛研究網，2003年1月9日）讀。

許與所

《安稽》："吾周留（流）天下，大未有許（所）聞。"

詶與許

《金縢》："尔（爾）之詶（許）我₌（我，我）則晉（瘞）璧與珪。"

《金縢》："尔不我詶（許），我乃以璧與珪逯（歸）。"

敔與御

《芮良夫》："氒（厥）辟、敔（御）事，各縈（營）其身，恒靜（爭）于褔（富），莫綌（治）庶艱（難），莫衈邦之不寍（寧）。"

《赤䶦》："其一白兔不得，是刣（始）爲埤（畢），（覆）者（諸）屋，以敔（御）白兔。"

馯與御

《成之》："是以民可敬道（導）也，而不可弇（按）也；可馯（御）也，而不可孯（牽）也。"按，"馯"即《説文》"御"字古文"馭"之異構。

《尊德義》："戚（造）父之馯（御）馬₌（馬，馬）也之道也。"

《靈王》："得此車，或不能馯（御）之以歸，命以其策歸。"

《三壽》："夭（效）屯（純）佢（宣）猷，牧民而馯（御）王。"

《鄭武》："孨₌（孺子）亦母（毋）以埶（褻）豎（豎）卑（嬖）御，勤力射馯（御）。"

馯與御

《曹沫》："其逘（將）連（卑），父䀠（兄）不薦，繇（由）邦馯（御）之。"按，"馯"即《説文》"御"字古文"馭"之異構。

御與禦

《詩論》："《於（猗）差（嗟）》曰：'四矢弁（反），以御（禦）嬰（亂）。'"

《周易·蒙》："上九：毄（擊）尨（蒙）；不利爲寇，利御（禦）寇。"

《繫年八》："晉文公卒，未圝（葬），壤（襄）公新（親）衛（率）自（師）御（禦）秦自（師）于嵫（崤），大敗之。"

《子產》："又（有）以埜（徠）民，又（有）以得臤（賢），又（有）以御（禦）割（害）戕（傷），先聖君所以達（達）成邦或（國）也。"

《子產》："道（導）之以季（教），乃恋（迹）天陀（地）、逆川（順）、強柔，以咸數（禁）御（禦）。"按，"御（禦）"字從徐在國《談清華六〈子產〉中的三個字》（簡帛網，2016年4月19日）讀。

《日甲·詰》："弗御（禦），五來，女子死矣。"

《日甲·詰》："天火燔人宮，不可御（禦），以白沙救之，則止矣。"

《君正》："能收天下豪桀（傑）票（驃）雄，則守御（禦）之備具矣。"

《十問》："使適（敵）弗織（識），因毄（擊）其不□，攻其不御（禦），厭（壓）其駘（怠），攻其疑。"

御與所

《周易·蒙》："上九：毄（擊）尨（蒙）；不利爲寇，利御寇。"按，帛書本御作所。

《周易·訟》："初六：不出御（所）事，少（小）又（有）言，終吉。"

禦與御

《九地》："諸侯之請（情）：遝則禦（御），不得已則鬬，過則從。"

《節》："農夫毋休禦（御）、灰瘳（瞘）萉菅、弋邋（獵）羅罔（網）。"

戠與語

《芮良夫》："疋（胥）𢘽（訓）疋（胥）季（教），疋（胥）戠（語）疋（胥）悔（誨）。"按，"戠"似當讀作"語"。《孟子·梁惠王上》："人語曰。"朱熹《集注》："語，告也。"《尚書·無逸》："猶胥訓告，胥保惠，胥教誨。"可參。

魚字聲系

魚與漁

《容成氏》："昔舜靜（耕）於鬲（歷）丘，匋（陶）於河賓（濱），魚（漁）於靁（雷）澤。"

《日乙·秦》："可魚（漁）邋（獵），不可攻，可取不可鼠（予）。"

《第三組》："魚（漁）陽外廏□賃□薄，故□以其故壞，疑它縣官有等。"

《隨日·叢辰》："利以田（畋）魚（漁）、弋邋（獵）、報讎。"

《阜易·无妄》："田（畋）魚（漁），不得。"按，"魚"當讀作"漁"。下十四例同。

《阜易·無妄》："卜田（畋）魚（漁）得而□。"

《阜易·卜辭》："田（畋）魚（漁）。"

《阜易·卜辭》："田（畋）魚（漁）。"

《阜易·卜辭》："田（畋）魚（漁）。"

《阜易·卜辭》："田（畋）魚（漁），不得。"

《阜易·卜辭》："田（畋）魚（漁）。"

《阜易·卜辭》："田（畋）魚（漁）。"

《阜易·卜辭》："田（畋）魚（漁）者，□□。"

《阜易·卜辭》："卜田（畋）魚（漁）。"

《阜易·卜辭》："□魚（漁），獲。"

《阜易·卜辭》："田（畋）魚（漁）。"

《阜易·卜辭》："田（畋）魚（漁）不獲。"

《阜易·卜辭》："田（畋）魚（漁）不獲。"

《阜易·卜辭》："田（畋）魚（漁）。"

《兵談》："小魚（漁）魚（漁）淵而禽（擒）其魚，中魚（漁）魚（漁）國而禽（擒）其士大夫，大魚（漁）魚（漁）天下而禽（擒）其萬國諸侯。"

《晏子七》："節飲食，毋敢多田（畋）魚（漁），以毋伓（偪）川睪（澤）。"

魚與吾

《戰國三》："魚（吾）將與子□有謀也。"

《戰國四》："魚（吾）必不聽眾口與造言，魚（吾）信若（汝）遒（猶）齕也。"

《戰國四》："今王使慶令（命）臣曰：'魚（吾）欲用所善。'"

魚與籞

《龍簡》："諸叚（假）兩雲夢池魚（籞）及有到雲夢禁中者。"

魚與貉

《繫年十一》："楚穆王立八年，王會者（諸）侯于犮（厥）魚（貉）。"按，"魚"字原形作""，整理者未釋，似即"魚"字。

魚與鹵

《地典》："□□蓬，毋居宿死，毋居箇（涸）魚（鹵），毋居□□。"

敍與漁

《競公瘧》："辠（澤）梁（梁）使敍（漁）守之。"按，"敍（漁）"字從何有祖《讀〈上博六〉劄記》（簡帛網，2007年7月9日）讀。

魯與櫓

《守法》："爲蜚（飛）橦（衝）及轍張，可以破蔽魯（櫓）百步之內者，遂十五。"

魯與暇

《皇門》："王用又（有）監，多憲正（政）命，用克和又（有）成。王用能承天之魯命。"按，今本《逸周書·皇門》魯作嘏。

魯與鹵

《王兵》："山陵、林陸、丘虛、沮（沮）澤、蒲葦、平募（蕩）、尺（斥）魯（鹵）。"

蘇與酥

《木牘》："取□駱蘇（酥）一升，付（附）子廿枚，蜀椒一升，乾（幹）當歸二兩。"

《木牘》："以駱蘇（酥）煎之，三沸，藥取以傅（敷）之，良甚。"

蘇與御

《鄭風》："鋈（琴）瑟在蘇（御）。"

慮與御

《緇衣》："古（故）君民者，章好以視（示）民忩（欲），慬（謹）亞（惡）以濼（遏）民涇〈淫〉，則民不賊（惑）。"按，今本《禮記·緇衣》濼作御，上博簡本《緇衣》作慮。

圉字聲系

圉與御

《帛五行·經》："□□不㒰強圉（御），果也。"

《官一》："圉（御）裹以羸渭，取喙以闔燧。"

《官一》："合雜，所以圉（御）裹也。"

《官一》："剛者，所以圉（御）劫也。"

《官一》："□者，所以圉（御）□也。"

《官一》："☐雲陳（陳），圉（御）裹以羸渭，取喙以闔☐。"

《官一》："☐所以圉（御）□也。"

牙字聲系

牙與邪

《語叢一》："啓牙（邪）容牙（邪），夫其行者。"按，"牙（邪）"字從李零《郭店楚簡校讀記（增訂本）》（北京大學出版社，2002年，162頁）讀。下一例同。

《語叢三》："命牙（邪）曼（文）牙（邪）。"

《季桓子》："□輦（婁）戔（暴），興道學丞（淫），言不堂（當）其所，皆（皆）同其□，此牙（邪）民也。"按，"牙（邪）"字從陳劍《〈上博（六）·孔子見季桓子〉重編新釋》（復旦大學出土文獻與古文字研究中心網，2008年3月22日）釋讀。

牙與與

《唐虞》："大（太）教（學）之中，天子罤（親）齒，效（教）民弟也；先聖牙（與）後耶（聖），考後而歸先，效（教）民大川（順）之道也。"

《性自》："人之兑肰（然）可牙（與）和安者，不又（有）夫憺（奮）犮（作）之青（情）則悉（侮）。"

《性自》："憍（僞）斯旻（吝）喜（矣），旻（吝）斯慮喜（矣），慮斯莫牙（與）之結喜（矣）。"

《語叢一》："飤（食）牙（與）頹（色）牙（與）疾。"

《語叢三》："牙（與）爲恙（義）者遊，嗌（益）；牙（與）賍（莊）者尻（處），嗌（益）；起習曼（文）彰（章），嗌（益）。牙（與）[illegible]者尻（處），員（損）；牙（與）不好學者遊，員（損）。"

《季桓子》："玨（好）刓㟁（嬍）以爲□，此牙（與）悬（仁）人弍（二）者也。"

《凡物甲》："天筥（孰）高與？陛（地）筥（孰）遠牙（與）？"

《史蕾》："子以氏（是）視之，不其難牙（與）言也？虘（且）夫□☐。"

《史蕾》："内（納）牙（與）賜（貨），幽（流）色牙（與）西（酒），大鐘貞（鼎），美宀(宮)室，區(驅)軭(騁)畋邋(獵)，牙(舉)獄訟(訟)，此所以遠(失)☒。"
《繫年六》："立六年，秦公衜(率)自(師)牙(與)惠公戰于畞(韓)。"
《繫年八》："秦安(焉)訇(始)與晉執亂，牙(與)楚爲好。"
《繫年九》："猷求強君，乃命左行瘽(蔑)牙(與)隓(隨)會卲(召)壤(襄)公之弟癰(雍)也于秦。"
《戰國六》："寡人牙(與)子謀功(攻)宋，寡人恃燕勹(趙)也。"按，"牙(與)"字從裘錫圭《讀〈戰國縱橫家書釋文注釋〉劄記》(《文史》第36輯，中華書局，1992年)釋讀。下同。
《戰國六》："今燕王牙(與)群臣謀破齊於宋而功(攻)齊，甚急。"
《戰國六》："天下之欲傷燕者牙(與)群臣之欲害臣者將成之。"
《戰國七》："毋牙(與)奉陽君言事，非於齊，一言毋舍也。"
《戰國八》："身衜(率)粱(梁)王牙(與)成陽君北面而朝奉陽君於邯鄲。"
《戰國八》："今三晉之敢據薛公牙(與)不敢據，臣未之識。"
《戰國九》"南方之事齊者，欲得燕牙(與)天下之師，而入之秦牙(與)宋以謀齊。"
《戰國一〇》："復牙(與)粱(梁)王遇，□功(攻)宋之事。"
《戰國一〇》："兄(況)臣能以天下功(攻)秦，疾牙(與)秦相萃也而不解。"
《戰國一一》："楚無秦事，不敢牙(與)齊遇。"
《戰國一二》："寡人有反(返)貴(珉)之慮，必先牙(與)君謀之。"
《戰國一二》："若牙(與)楚遇，將與乾(韓)粱(梁)四遇，以約功(攻)秦。"
《戰國一二》："若楚不遇，將牙(與)粱(梁)王復遇於圍地，收秦等。"
《戰國一二》："大(太)上破之，其[次]賓(擯)之，其下完交而□講，牙(與)國毋相離也。"
《戰國一二》："牙(與)國不先反而天下有功(攻)之者，雖知不利，必據之。"
《戰國一二》："王不棄牙(與)國而先取秦，不棄䄇而反(返)貴(珉)也。"
《戰國一二》："粱(梁)、乾(韓)無變，三晉牙(與)燕爲王功(攻)秦。"
《戰國一二》："[天]下將入地牙(與)重摯(贄)於秦，而獨爲秦臣以怨王。"
《戰國一二》："牙(與)燕也，講亦以是，疾以是。"
《戰國一四》："宋以淮北牙(與)齊講，王功(攻)之，毄(擊)勹(趙)信。"
《戰國一四》："前事願王之盡加之於豎也，毋牙(與)它人矣，以安無(撫)薛公之心。"
《戰國一四》："臣請終事而牙(與)，王勿計，願王之固爲終事也。"
《戰國一四》："不然則賓(擯)之，不則牙(與)齊共講，欲而復之。"
《戰國一四》："天下之兵皆去秦而牙(與)齊諍(爭)宋地，此其爲禍不難矣。"
《戰國一四》："臣欲王以平陵予薛公，然而不欲王之先事牙(與)之也。"

牙與舉

《史蒥》："訇(始)得可人而牙(舉)之，㤅(仁)爰(援)㤅(仁)而進之，不㤅(仁)人弗得進矣；訇(始)得不可人而牙(舉)☒。"按，"牙(舉)"字從季旭昇《〈上博九·史蒥問於夫子〉釋讀及相關問題》(《吉林大學社會科學學報》2015年4期)讀。

《史留》："内（納）牙（與）賜（貨），幽（流）色牙（與）西（酒），大鐘貞（鼎），美宙（宮）室，區（驅）輕（騁）畋邋（獵），牙（舉）獄詥（訟），此所以遠（失）☐。"按，"牙（舉）"字從高佑仁《〈上博九〉初讀》（簡帛網，2013年1月8日）讀。

牙與歟

《季桓子》："其行居（處）可明而智（知）牙（歟）？"

牙與譽

《唐虞》："從（縱）急（仁）聖可牙（譽），旹（時）弗可及歖（矣）。"按，"牙"似當讀作"譽"。

邪與耶

《威王問》："賞罰者，兵之急者邪（耶）？"

《威王問》："權、埶（勢）、謀、詐，兵之急者邪（耶）？"

邪與敘

《市法》："爲肆邪（敘）分列疏數㐅。"

《市法》："此肆邪（敘）市列之數也。"

睵與邪

《嬰兒瘈》："嬰兒瘛（瘈）者，目繲（奊）睵（邪）然，脅痛。"按，"睵（邪）"字從孟蓬生《〈五十二病方〉詞語拾零》（《中國語文》2003年3期）讀。

衺與袞

《脈死候》："面黑，目環（瞏）視衺（袞），則氣先死。"

丕與舉

《性自》："《豊（禮）》、《樂》，又（有）爲丕（舉）之也。"

《性自》："凡兑（悦）人勿䜣（吝）也，身必從之，言及則明丕（舉）之而毋㦖（僞）。"

《性自》："☐迯（過）十丕（舉），其心必才（在）安（焉）。"

丕與舉

《性自》："《豊（禮）》、《樂》，又（有）爲丕（舉）之也。"按，上博簡本《性情論》丕（舉）作𦥷。下同。

《性自》："凡兑（悦）人勿䜣（吝）也，身必從之，言及則明丕（舉）之而毋㦖（僞）。"

紆與邪

《語叢三》："思亡彊（疆），思亡亓（期），思亡紆（邪）。"按，"紆（邪）"字從陳偉《郭店楚簡別釋》（《江漢考古》1998年4期）讀。

頢與邪

《隨日·盜日》："盜者曲身而頢（邪）行，有病，足胻，依販（阪）險，稯之。"

虍字聲系

虏與乎

《湯丘》："湯亦飤（食）之，曰：'允！此可以和民虏（乎）？'"按，整理者釋"虏"爲"虎"。不確。該字下部從"力"，當隸定作"虏"，似即"虜"字異體。下同。

《湯丘》："女（如）我弗見，夫人母（毋）以我爲䛧（怠）於其事虏（乎）？"

《湯丘》："罙（深）淵（淵）是淒（濟），高山是逾（逾），遠民皆亟（極），是非炁（愛）民虏（乎）？"

《湯丘》："少（小）臣畣（答）：'君既濬（睿）明，既受君命，退不寡（顧）死生，是非共（恭）命虏（乎）？'"

《啻門》："古之先帝亦有良言青（情）至於今虏（乎）？"

《管仲》："中（仲）父，其從人之道可得䎽（聞）虏（乎）？"

《管仲》："中（仲）父，今夫年（佞）者之利既（氣）亦可得而䎽（聞）虖（乎）？”
《管仲》：“☒不褮（勞）而爲臣褮（勞）虖（乎）？”
《管仲》：“爲君不褮（勞）而爲臣褮（勞）虖（乎）？”

虐與呼

《成王》：“成王曰：‘於（嗚）虐（呼）！道☒。’”
《尹誥》：“於（嗚）虐₌（呼！吾）可（何）复（作）于民，卑（俾）我眾勿韋（違）朕言？”
《琴舞》：“五啟曰：於（嗚）虐（呼）！天多降悳（德），汸₌（滂滂）才（在）下。”
《琴舞》：“於（嗚）虐（呼）！弋（式）克其又（有）辟。”
《琴舞》：“九啟曰：於（嗚）虐（呼）！”
《芮良夫》：“於（嗚）虐（呼）畏孳（哉）！言罙（深）于淵（淵），莫之能惻（測）；民多勤（艱）戁（難），我心不快。”按，“虐”當讀作“呼”。
《三壽》：“於（嗚）虐（呼），彭且（祖）！”
《三壽》：“於（嗚）虐（呼）！”
《三壽》：“於（嗚）虐（呼）！若寺（時）。”
《三壽》：“於（嗚）虐（呼）！若寺（時）。”

虐與吾

《老子》甲：“未智（知）其名，孳（字）之曰道，虐㫄（強）爲之名曰大。”按，帛書本虐作吾。
《老子》甲：“虐可（何）以智（知）其肰（然）也。”按，今本和帛書本虐作吾。下一例同。
《老子》乙：“虐所以又（有）大患者，爲虐又（有）身。返（及）虐亡身，或可☒。”
《老子》乙：“□□□家，以向（鄉）觀向（鄉），以邦觀邦，以天下觀天下。虐可（何）以智（知）天☒。”按，今本和帛書乙本虐作吾。
《魯穆公》：“向（嚮）者虐（吾）昏（問）忠臣於子思。”
《魯穆公》：“義而遠彔（祿）蓍（爵），非子思，虐（吾）亞（惡）昏（聞）之矣。”
《緇衣》：“《寺（詩）》員（云）：‘虐（吾）夫₌（大夫）共（恭）虘（且）䚡（儉），林（靡）人不斂。’”
《緇衣》：“人唯（雖）曰不利，虐（吾）弗信之矣。”
《窮達》：“关（管）寺（夷）虐（吾）旬（拘）繇（囚）束縛，叞（釋）杙（桎）檊（柙）而爲者（諸）侯相。”
《語叢二》：“母（毋）遂（失）虐（吾）㘸（圖），此㘸（圖）得矣。”
《詩論》：“虐（吾）以《甘棠》得宗宙（廟）之敬，民告（性）古（固）肰（然）。”
《詩論》：“虐（吾）以《折（杕）杜》得雀☒。”
《詩論》：“𨑳其所悉（愛），必曰：‘虐（吾）奚舍之？賓贈氏（是）已。’”
《詩論》：“《兔蘆（罝）》其甬（用）人則虐（吾）取☒。”
《詩論》：“孔₌（孔子）曰：‘《甸（宛）丘》虐（吾）善之，《於（猗）差（嗟）》虐（吾）憙（喜）之。《尸（鳲）鴡（鳩）》虐（吾）信之。《文王》虐（吾）㺯（美）之。《清廟》☒。’”
《詩論》：“《甸（宛）丘》曰：‘訋（洵）又（有）情，而亡（無）望。’虐（吾）善之。《於（猗）差（嗟）》曰：‘四矢弁（反），以御（禦）𤔲（亂）。’虐（吾）憙（喜）之。《尸（鳲）鴡（鳩）》曰：‘其義（儀）一氏（兮），心女（如）結也。’虐（吾）信之。《文王》曰：‘文王才（在）上，於卲（昭）于天。’虐（吾）㺯（美）之。”

《詩論》："'☐多士，秉文之悳（德）。'虐（吾）敬之。《剌（烈）文》曰：'乍〈亡〉競隹（維）人，不（丕）㬎（顯）隹（維）悳（德）。'於（呜）唇（乎）！前王不忘。虐（吾）敚（悦）之。"

《子羔》："虐（吾）昏（聞）夫舜其幼也，每（敏）以好寺（詩），其言☐。"

《魯邦》："否，殹（繄）虐（吾）子女適（重）命，其與（歟）！"

《容成氏》："虐（吾）所智（知）多廌，一人爲亡道，百眚（姓）其可（何）辠？"

《容成氏》："成悳（德）者，虐（吾）敚（說）而弋（代）之；其即（次），虐（吾）伐而弋（代）之。"

《容成氏》："含（今）受（紂）爲無道，聒（昏）者（捨）百眚（姓），至（縶）約者（諸）侯，天䣭（將）戠（誅）安（焉），虐（吾）𢼸（勴）天畏（威）之。"

《容成氏》："受（紂）爲亡道，聒（昏）者（捨）百眚（姓），至（縶）約者（諸）侯，𢇍（絕）穜（種）悉（侮）眚（姓），土玉水酉（酒），天䣭（將）戠（誅）安（焉），虐（吾）𢼸（勴）天畏（威）之。"

《仲弓》："售（雖）也從於剴（宰）夫之後，售（雖）也憧愚，忎（恐）怡（貽）虐（吾）子愳（羞），忨（愿）因虐（吾）子而訇（治）。"

《采風》："《䣭岿（孅）人》，《毋逃（過）虐（吾）門》，《不要之媑》。"

《采風》："《狗（苟）虐（吾）君母（毋）死》。"

《昭王》："虐（吾）不智（知）其尔蒃（墓），尔古（胡）須既祒（落）安（焉）從事。"

《昭王》："楚邦之良臣所𣌭（暴）骨，虐（吾）未又（有）以悥（憂）。"

《昭王》："其子脽（脽）既與虐（吾）同車，或舍之衣，囟（使）邦人麔（皆）見之。"

《柬大王》："虐（吾）所得陛（地）於膚（莒）中者，無又（有）名山名溪。"

《柬大王》："王曰：'女（如）㲋（吝），速祭之，虐（吾）瘺鼠（益）疠（病）。'"

《相邦》："虐（吾）見於君，不昏（問）又（有）邦之道，而昏（問）相邦之道，不亦墜唇（乎）？"

《相邦》："子贛（貢）曰（曰）：'虐（吾）子之畣（答）也可（何）女（如）？'"

《曹沫》："臧（莊）公曰：'曼（晚）才（哉），虐（吾）聒（聞）此言。'"

《曹沫》："虐（吾）欲與齊戰，聒（問）戟（陳）奚女（如）？獸（守）鄙（邊）成（城）奚女（如）？"

《曹沫》："虐（吾）戰啻（敵）不訓（順）於天命，反帀（師）。"

《曹沫》："虐（吾）又（有）所聒（聞）之：一出言三軍皆懽（勸），一出言三軍皆往。又（有）之虖（乎）？"

《曹沫》："虐（吾）言氏（是）不（否），而毋或（惑）者（諸）少（小）道與（歟）？虐（吾）一谷（欲）聒（聞）三弋（代）斋=（之所）。"

《鮑叔牙》："甚才（哉）！虐（吾）不澫（勵），二三子不諦（責）忞（怒）寡人，至於弁（變）日飤（食）。"

《鮑叔牙》："虐（吾）不智（知）其爲不善也。含（今）内之不得百生（姓），外之爲者（諸）侯㚷（笑）。"

《季康子》："庚（康）子曰：'毋乃肥之昏也，是左虖（乎）？古（故）女（如）虐（吾）子之疋（疏）肥也。'"

《苦成》："亡道正也，伐尾适☐，虐（吾）子恷（圖）之。"

《苦成》："虐（吾）敢欲褫（顧）袷（頷）以事殜（世）才（哉）？虐（吾）植（直）立經（徑）行，遠慮（慮）惛（圖）後。"

《苦成》："以虐（吾）族參（三）垰（郤）與□□□□於君，幸則晉邦之社稷可得而事也，不幸則取字（免）而出。"

《苦成》："今虐（吾）亡（無）能絧（治）也，而因以害君，不義，型（刑）莫大安（焉）。"

《苦成》："初，虐（吾）弜（強）立絧（治）眾，欲以長建宔（主）君而迮（御）難。今宔（主）君不适（褻）於虐（吾），古（故）而反，亞（惡）之。"

《苦成》："虐（吾）毋又（有）它，正公事，唯（雖）死，安（焉）逃之？虐（吾）聒（聞）爲臣者必思（使）君得志於㠯（己）而又（有）後青（請）。"

《君子》："迖（坐），虐（吾）語女（汝）。"

《君子》："虐（吾）子可（何）其膢（瘠）也？"

《君子》："虐（吾）新（親）聒（聞）言於夫子，欲行之不能，欲迲（去）之而不可，虐（吾）是以膢（瘠）也。"

《君子》："中（仲）尼（尼）與虐（吾）子₌（子子）產管（孰）臤（賢）？"

《君子》："賜，不虐（吾）智（知）也。夙興夜牀（寐），以求聒（聞）☒。"

《弟子問》："虐（吾）聒（聞）父母之喪，飤（食）肉女（如）飯土，酓（飲）酉（酒）如淫〈歠水〉，信㕻（乎）？"

《弟子問》："韋（回），來，虐（吾）告女（汝）。"

《弟子問》："貧戔（賤）而不約者，虐（吾）見之喜（矣）；賕（富）貴而不喬（驕）者，虐（吾）聒（聞）而☒士，虐（吾）見之喜（矣）；事而弗受者，虐（吾）聒（聞）而未見之也。"

《弟子問》："☒從，虐（吾）子皆能有時（待）㕻（乎）？"

《弟子問》："虐（吾）未見邦而信者，未見善事人而息（憂）者。"

《鬼神》："虐（吾）因加褢（鬼）神不明，則必又（有）古（故）。"

《鬼神》："其力能至安（焉）而弗能爲㕻（乎）？虐（吾）弗智（知）也。啻（抑）其力古（固）不能至安（焉）㕻（乎）？虐（吾）或（又）弗智（知）也。"

《鬼神》："此兩者枳（歧），虐（吾）古（故）☒。"

《競公瘧》："虐（吾）帋（幣）帛甚娓（偉）於虐（吾）先君之量矣，虐（吾）珪璧大於虐（吾）先君之☒。"

《競公瘧》："公瘖（疥）虘（且）瘧（瘧），逾（逾）戢（歲）不巳，是虐（吾）亡（無）良祝、史也，虐（吾）欿（欲）政（誅）者（諸）祝、史。"

《競公瘧》："尚（倘）肰（然），是虐（吾）所寛（望）於女（汝）也，盍政（誅）之。"

《競公瘧》："是信虐（吾）亡（無）良祝、史，公盍政（誅）之。"

《競公瘧》："善才（哉）！虐（吾）甬（用）晏子，是嬰（襄）亘（桓）之言也！"

《競公瘧》："祭、正（貞）不膭（獲）祟，以至於此，神見虐（吾）逕〈淫〉暴☒。"

《季桓子》："虐（吾）聒（聞）之，唯息（仁）人□□☒。"

《季桓子》："言即至矦（矣），唯（雖）虐（吾）子勿聒（問），古（固）牆（將）以告。"

《季桓子》："女（如）迷〈悉〉言之，則忑（恐）舊（疚）虐（吾）子。"按，"虐（吾）"字從陳偉《讀〈上博六〉條記》（簡帛網，

2007年7月9日）釋讀。

《季桓子》："虗（吾）子迷〈悉〉言之，猶忈（恐）弗智（知），皇（況）其女（如）㣲（微）言之啓（乎）？"按，"虗（吾）"字從陳偉《讀〈上博六〉條記》（簡帛網，2007年7月9日）釋讀。

《莊王》："虗（吾）既果成無鎛〈鐸（射）〉。"

《鄭壽》："虗（吾）可（何）改而可？"

《王子木》："虗（吾）先君臧（莊）王迈（蹠）河雝之行。"

《鄭子甲》："女（如）上帝禨（鬼）神以爲惹（怒），虗（吾）牆（將）可（何）以畣（答）？"

《鄭子乙》："女（如）上帝禨（鬼）神以爲惹（怒），虗（吾）牆（將）可（何）以畣（答）？"

《君人甲》："虗（吾）軌（焉）又（有）白玉三回（圍）而不戔（箋）才（哉）？"

《君人乙》："虗（吾）軌（焉）又（有）白玉三回（圍）而不戔（箋）才（哉）？"

《凡物甲》："天隆（降）五厇（度），虗（吾）系（奚）奐（衡）系（奚）從（縱）？"

《凡物甲》："五既（氣）竝至，虗（吾）系（奚）異系（奚）同？"

《凡物甲》："虗（吾）既長而或（又）老，管（孰）爲稱（薦）奉？"

《凡物甲》："禨（鬼）生於人，虗（吾）系（奚）古（故）事之？"

《凡物甲》："骨=（骨肉）之既䊣（靡），身豊（體）不見，虗（吾）系（奚）自飤（食）之？"

《凡物甲》："其來亡（無）厇（度），虗（吾）系（奚）㫖（志）之？"

《凡物甲》："室祭員系（奚）逐，虗（吾）女（如）之可（何）思（使）餈（飽）？"

《凡物甲》："川（順）天之道，虗（吾）系（奚）以爲頁（首）？"

《凡物甲》："虗（吾）欲得百眚（姓）之和，虗（吾）系（奚）事之？"

《凡物乙》："天隆（降）五厇（度），虗（吾）系（奚）奐（衡）系（奚）從（縱）？五既（氣）竝至，虗（吾）系（奚）異系（奚）同？"

《凡物乙》："虗（吾）既長而或（又）老，管（孰）爲稱（薦）奉？"

《凡物乙》："禨（鬼）生於人，虗（吾）系（奚）古（故）事之？"

《凡物乙》："骨=（骨肉）之既䊣（靡），身豊（體）不見，虗（吾）系（奚）自飤（食）之？"

《凡物乙》："室祭員系（奚）逐，虗（吾）女（如）之可（何）思（使）餈（飽）？"

《凡物乙》："川（順）天之道，虗（吾）系（奚）以爲頁（首）？"

《凡物乙》："虗（吾）☐。"

《凡物乙》："能寡言，虗（吾）能𪐺（一）虗（吾）。"

《凡物甲》："能寡言，虗（吾）能𪐺（一）虗（吾）。"

《子道餓》："虗（吾）子齒年長喜（矣），家眚甚級（急），生未又（有）所奠，元（愿）虗（吾）子之惛（圖）之也。"

《命》："君王窮（窮）亡（無）人，命虗（吾）爲楚邦。"

《王居》："虗（吾）安尔（爾）而埶（設）尔=（爾，爾）亡（無）以㪅（勵）枉（匡）正我。"

《王居》："殹（抑）忍（忌）韋（違）誂（讒）話（媢），以陸（墮）亞（惡）虗（吾）外臣，而居虗（吾）左=（左右）。"

《王居》："虗（吾）聒（聞）古之善臣，不以厶（私）思〈惠〉厶（私）情（怨）内（入）于王門。”
《王居》：“虗（吾）以尔（爾）爲遠目耳，而縱不爲虗（吾）爯（稱）睪（擇）。”
《王居》：“虗（吾）父覭（兄）眚（甥）咎（舅）之又（有）□善。”
《王居》：“虗（吾）欲至（致）尔（爾）於辠（罪）。”
《王居》：“唯（雖）我恣（愛）尔（爾），虗（吾）無女（如）社禝（稷）可（何）!”
《王居》：“王豪（就）之，曰：‘夫彭徒罷（一）裳（勞），爲虗（吾）誋（蔽）之。’”
《王居》：“王胃（謂）：‘虗（吾）谷（欲）速。’”
《王居》：“於此，虗（吾）鼠一（一）恥於告夫=（大夫）。”
《王居》：“虗（吾）未〼。”
《李頌》：“相虗（吾）官（館）梪（樹），桐虞（且）怠（治）可（兮）。”
《李頌》：“差=（嗟嗟）君子，觀虗（吾）梪（樹）之蓉（容）可（兮）。”
《李頌》：“忨（愿）歲之敀時，思（使）虗（吾）梪（樹）秀可（兮）。”
《墨子》：“虗（吾）幾（豈）不智（知）也夫！”按，“虗（吾）”字從李零《長台關楚簡〈申徒狄〉研究》（簡帛研究網，2000年8月8日）讀。下一例同。
《墨子》：“虗（吾）聕（聞）周公〼。”
《邦人》：“天加訛（禍）於楚邦，虗（吾）君𨒅□爨褭〼。”
《邦人》：“虗（吾）敳（豈）敢以尔（爾）𤔔（亂）邦。”
《尹誥》：“於（嗚）虗=（呼！吾）可（何）复（作）于民，卑（俾）我眾勿韋（違）朕言？”
《古公》：“者（胡）公見太公室（望）於呂陸（隧），曰：‘虗（吾）聕（聞）周宗有難而不〼。’”
《説命下》：“弋（式）隹（惟）參（三）惪（德）賜我，虗（吾）乃尃（敷）之于百青（姓）。”
《芮良夫》：“非㝅（覯）折（哲）人，虗（吾）靅（靡）所爰（援）□詣（稽）。”
《芮良夫》：“虗（吾）宙（中）心念詿（絓），莫我或聖（聽）。”
《芮良夫》：“虗（吾）忑（恐）辠（罪）之□身，我之不□，□□是遂（失），而邦受其不寍（寧）。”
《芮良夫》：“虗（吾）甬（用）复（作）訟（毖）再終，以寓命達聖（聽）。”
《良臣》：“齊桓（桓）公又（有）龠〈管〉寺（夷）虗（吾），又（有）穸（賓）須亡，又（有）堊（隰）朋。”
《赤鵠》：“紝巟胃（謂）少（小）臣曰：‘尔不我嘗，虗（吾）不亦殺尔？’”
《赤鵠》：“湯忞（怒）曰：‘管（孰）洀（盜）虗（吾）䵼（羹）？’”
《湯丘》：“民人聕（聞）之，其胃（謂）虗（吾）君可（何）？”
《湯丘》：“虗（吾）此是爲見之。”
《湯丘》：“我訇（怠）於其事，而不智（知）喪，虗（吾）可（何）君是爲？”
《湯丘》：“湯或（又）聕（問）於少（小）臣：‘虗（吾）戏（戡）夏女（如）怡（台）？’”
《啻門》：“正（政）柬（簡）以成，此胃（謂）嵬（美）正（政）；正（政）兼（濫）𤔔（亂）以亡（無）祟（常），民咸解體自卹（恤），此胃（謂）亞（惡）正（政）。”
《三壽》：“虗（吾）聕（聞）夫長莫長於風，虗（吾）聕（聞）夫隂（險）莫隂（險）於心，肙（厭）非（必）䏁（藏），亞（惡）非（必）喪。”

《三壽》："虗（吾）䎽（聞）夫長莫長於水，虗（吾）䎽（聞）夫險（險）莫險（險）於䰡（鬼），肩（厭）非（必）坪（平），亞（惡）非（必）䏰（傾）。"

《三壽》："虗（吾）䎽（聞）夫長莫長於□，虗（吾）䎽（聞）夫險（險）非（必）矛返（及）干，肩（厭）非（必）福（富），亞（惡）非（必）亡（無）飤（食）。"

《三壽》："我思天風既寧（回）或走（止），虗（吾）孛（勉）自印（抑）畏以敬，夫綒（兹）□。"

《鄭武》："昔虗（吾）先君，女（如）邦牆（將）又（有）大事，北（必）再三進夫=（大夫）而與之虘（偕）慁（圖）。"

《鄭武》："區=（區區）奠（鄭）邦，䁂（望）虗（吾）君亡（無）不溋（盈）其志於虗（吾）君之君㠯（己）也。"

《鄭武》："虗（吾）君函（陷）於大難之中，凥（處）於衛（衛）三年，不見其邦，亦不見其室。"

《鄭武》："虗（吾）先君之祟（常）心，其可（何）不述（遂）？"

《鄭武》："今虗（吾）君既〈即〉枼（世）。"

《鄭武》："昔虗（吾）先君吏（使）二三臣，印（抑）棗（早）寿（前）句（後）之以言。"

《鄭武》："思（斯）羣臣得執安（焉），□臣、四䣓（鄰）以虗（吾）先君爲能敍。"

《鄭武》："女（如）弗果善，欿虗（吾）先君而孤孠=（孺子），其辠（罪）亦跌（足）婁（數）也。"

《鄭武》："虗（吾）先君女（如）忍孠=（孺子）志=（之志），亦猷（猶）跌（足）。"

《鄭武》："虗（吾）先君北（必）牆（將）相孠=（孺子），以定奠（鄭）邦之社禝（稷）。"

《鄭武》："幾（豈）既臣之䒺（獲）辠（罪），或（又）辱虗（吾）先君，曰是其㣿（藎）臣也？"

《鄭武》："二三夫=（大夫）不尚（當）毋（毋）然，二三夫=（大夫）虘（皆）虗（吾）先君斎=（之所）付孫也。"

《鄭武》："虗（吾）先君智（知）二三子之不忈=（二心），甬（用）㡭（兼）受（授）之邦。"

《鄭武》："不是肰（然），或（又）爯（稱）记（起）虗（吾）先君於大難之中？"

《鄭武》："幾（豈）孤其跌（足）爲免（勉），印（抑）亡（無）女（如）虗（吾）先君之慐（憂）可（何）？"

《鄭甲》："忞（閔）䘮（喪）虗（吾）君，卑（譬）若鷄䳄（雛）。"

《鄭甲》："昔虗（吾）先君逗（桓）公後出自周，以車七乘，徒卅=（三十）人。"

《鄭甲》："戰於魚羅（麗），虗（吾）乃䒺（獲）䣜（函）、邶（訾），輹（覆）車闟（襲）緌（介）。"

《鄭甲》："女（如）容社之凥（處），亦虗（吾）先君之力也。"

《鄭甲》："枼（世）及虗（吾）先君武公，西城洢（伊）閒（澗），北還（就）䣕（鄔）、鄙（劉）。"

《鄭甲》："枼（世）及虗（吾）先君臧（莊）公，乃東伐齊䕭之戎，爲䵛（徹），北城鄵（溫）、原，遺鄶（陰）桑宋（次）。"

《鄭甲》："東啟遺（隤）、樂，虗（吾）迖（逐）王於鄗（葛）。"

《鄭甲》："枼（世）及虗（吾）先君卲公、剌（厲）公，殹（抑）天也，其殹（抑）人也。"

《鄭甲》："今及虗（吾）君，溺（弱）學（幼）而䋫（嗣）長。"

《鄭甲》："不能莫虗（吾）先君之武䵛（烈）臧（莊）社（功）。"

《鄭甲》:“是四人者，方諫虐（吾）君於外，茲瞻（詹）父内讁於中。”
《鄭甲》:“虐（吾）若聒（聞）夫醫（殷）邦:‘庚（湯）爲語而受（紂）亦爲語。’”
《鄭乙》:“忞（閔）冟（喪）虐（吾）君，卑（譬）〼。”
《鄭乙》:“戰於魚羅（麗），虐（吾）乃膢（獲）鄆（函）、邶（訾），輹（覆）車閿（襲）繇（介）。”
《鄭乙》:“女（如）容社之凥（處），亦虐（吾）先君之力也。”
《鄭乙》:“枼（世）及虐（吾）先君武公，西城淇〈泝（伊）〉閒（澗），北籥（就）郲（鄔）、鄙（劉）。”
《鄭乙》:“枼（世）及虐（吾）先君臧（莊）公，乃東伐齊酄之戎，爲敭（徹），北城邲（溫）、原，遺郐（陰）桑事。”
《鄭乙》:“東啟遺（隤）、樂，虐（吾）迖（逐）王於鄗（葛）。”
《鄭乙》:“枼（世）及虐（吾）先君卲公、刺〈剌（厲）〉公，殹（抑）天也，其殹（抑）人也。”
《鄭乙》:“不能莫虐（吾）先君之武敭（烈）臧（莊）社（功）。”
《鄭乙》:“是四人者，方諫虐（吾）君於外，茲瞻（詹）父内讁於中。”
《鄭乙》:“虐（吾）若聒（聞）夫鄙〈鄨（殷）〉邦曰:‘康（湯）爲語而受（紂）亦爲語。’”
《子儀》:“弔（蹙）易（惕）之怍，凥（處）虐（吾）以休，萬（賴）子是救。”
《子儀》:“織紝之不成，虐（吾）可（何）以祭稷。”

虐與梧

《容成氏》:“傑（桀）乃逃之南藻（巢）是（氏），湯或（又）從而攻之，述（遂）逃迲（去），之桑（蒼）虐（梧）之埜（野）。”

虐與乎

《成之》:“是古（故）亡虐（乎）其身而廌（存）唐（乎）其詞（辭），唯（雖）厚其命，民弗從之悞（矣）。”
《六德》:“君子不帝（諦），明虐（乎）民（萌）散（微）而已，或以智（知）其弌（一）喜（矣）。”
《六德》:“生民斯必又（有）夫婦、父子、君臣，君子明虐（乎）此六者，肰（然）句（後）可以剸（斷）訕。”
《魯邦》:“邦大旱，毋乃遳（失）者（諸）型（刑）與悳（德）虐（乎）？”
《魯邦》:“夫山，石以爲膚，木以爲民，女（如）天不雨，石牆（將）焦，木牆（將）死，其欲雨，或甚於我，或必寺（待）虐（乎）名（禜）虐（乎）？夫川，水以爲膚，魚以爲民，女（如）天不雨，水牆（將）沽（涸），魚牆（將）死，其欲雨，或甚於我，或必寺（待）虐（乎）名（禜）虐（乎）？”
《魯邦》:“孔=（孔子）曰:‘於虐（乎）〼。’”
《成王》:“〼安（焉）不曰日章（彰）而冰澡（消）虐（乎）？”
《成王》:“夫夏曾（繒）是（氏）之道，可以智（知）善否，可以智（知）亡才（在），可胃（謂）又（有）道虐（乎）？”

虐與恕

《民之》:“亡（無）備（服）之桑（喪），内虐（恕）䍃悲。”

虐與圉

《繫年三》:“西遷商盍（奄）之民于邾（朱）虐（圉），以御奴虞（虘）之戎。”

嘑與乎

《命訓》:“或司不義而陞（降）之禍=（禍，禍）怂（過）才（在）人=（人，人）□毋（毋）謹（懲）嘑（乎）？”

《命訓》："夫民生而樂生㝅（穀），上以㝅（穀）之，能母（毋）懽（勸）嘑（乎）？"
《命訓》："夫民生而佴（恥）不明，走（上）以明之，能亡（無）佴（恥）嘑（乎）？"
《命訓》："夫民生而痌（痛）死喪，上以䰟（畏）之，能母（毋）忎（恐）嘑（乎）？"

虖與乎

《莊王》："四與五之閒虖（乎）？"
《莊王》："軙（載）之塼（轉）車以走（上）虖（乎）？殹（抑）四䑺（艖）以逾（輸）虖（乎）？"
《申公》："王曰：'䋊（陳）公，忘夫杕述（隧）之下虖（乎）？'"
《武王甲》："啻（意）幾（豈）喪不可得而誌（睹）虖（乎）？"

虖與呼

《堯王》："堯曰：'於（嗚）虖（呼），日月闕閒，戝（歲）建□。'"
《祭公》："於（嗚）虖（呼），公。"
《祭公》："於（嗚）虖（呼），公，女（汝）念孳（哉）！"
《祭公》："於（嗚）虖（呼），天子。"
《祭公》："於（嗚）虖（呼），天子，不（丕）則𩩿（畏）言孳（哉）。"
《祭公》："於（嗚）虖（呼），天子，三公，女（汝）念孳（哉）。"

虗與乎

《詩論》："□好，反内（納）於豊（禮），不亦能改虗（乎）？"
《詩論》："《鵲槕（巢）》出以百兩，不亦有遟虗（乎）？"
《詩論》："《廌（鹿）鳴》以樂司而會，以道交，見善而季（傚），終虗（乎）不猒（厭）人。"
《季康子》："庚（康）子曰：'毋乃肥之昏也，是左虗（乎）？古（故）女（如）虗（吾）子之疋（疏）肥也。'"
《文王》："尚（嘗）退而思之，其唯臤（賢）民虗（乎）？"

虗與虐

《緇衣》："《呂埜（刑）》員（云）：'非甬（用）臸（令），折（制）以埜（刑），隹（惟）乍（作）五瘧（虐）之埜（刑）曰灋。'"按，上博簡本《緇衣》瘧（虐）作虗。

虚與墟

《國次》："禁伐當罪當亡，必虚（墟）其國。"
《阜春二〇》："虢之爲虚（墟）大矣，子□。"
《聽有》："至於身死爲膠（戮）邦爲虚（墟），可胃（謂）不能誅矣。"
《節》："地有七死毋居，天牡、地牝、虚虚（墟）、乾魚、宿死、虚埸、蜚（飛）蓬，居此者不死必亡。"

處與居

《繫辭》："八卦以馬〈象〉告也，教（爻）順（象）以論語，剛柔雜處（居），吉[凶]可識。"按，今本處作居。
《阜易·隨》："利處（居）貞。"按，整理者釋"處"爲"虚"。不確。
《儒言》："孔子閒（閑）處（居）氣焉歎。"

虘與戲

《楚帛書》甲："曰（粵）故（古）□熊䨱（包）虘（戲），出自□霆，凥（居）於䨣□。"

戲與䖒

《正亂》："以其民作而自戲（䖒）也，吾或（又）使之自靡也。"

戲與犧

《繫辭》："古者【包】戲（犧）是（氏）之王天下也。"按，今本戲作犧。下同。

《繫辭》："肆（包）戱（犧）是（氏）沒，神戎（農）是（氏）作。"

戱與麾

《北蒼·之職》："戱（麾）蕞奢掩（奄），顛顟（願）重該（陔）。"

虖與據

《語叢三》："志於衍（道），虖（據）於悳（德），肰（依）於悬（仁），遊於埶（藝）。"按，"虖（據）"字從龐樸《初讀郭店楚簡》（《歷史研究》1998年4期）讀。

虧與騫

《北蒼·之》："騁虧（騫）刻柳，齝（詣）津郖（逗）鄙。"

滤與號

《封診式》："令滤（號），其音氣敗。"

虜與廬

《楚居》："盍（闔）虜（廬）内（入）郢，安（焉）復遷（徙）居秦=溪=之=上=（乾溪之上，乾溪之上）復遷（徙）衮（襲）娧（媺）郢。"

慮與攎

《兵談》："左提鼓右慮（攎）枹而[無]生焉。"按，"慮（攎）"字從劉冬《銀雀山漢簡校讀叢劄》（南京師範大學2004年碩士學位論文，29頁）讀。

慮與臚

《妄稽》："慮（臚）聞一里，遬（速）若建鼓。"按，"慮（臚）"字從蕭旭《北大漢簡（四）〈妄稽〉校補》（復旦大學出土文獻與古文字研究中心網，2016年7月4日）讀。

慮與間

《爲吏》："乃（仍）署其籍曰：故某慮（閭）贅壻某叟之乃（仍）孫。"

篋與慮

《鮑叔牙》："癹（發）古篋（慮），行古迮（措）。"按，"篋（慮）"字從季旭昇《上博五芻議（上）》（簡帛網，2006年2月18日）釋讀。

篋與蘆

《蟲蝕》："燔扇（漏）篋（蘆），冶之。"

膚與慮

《五行》："疋膚=（慮慮）達者（諸）君子道，胃（謂）之臤（賢）。"按，"膚=（慮慮）"字從李零《郭店楚簡校讀記（增訂本）》（北京大學出版社，2002年，81頁）讀。

膚與盧

《五行》："疋膚=（慮慮）達者（諸）君子道，胃（謂）之臤（賢）。"按，馬王堆漢墓帛書本《五行·説》篇"膚"作"盧"。

《容成氏》："[尊]膚（盧）是（氏）。"

膚與臚

《秦律·廄苑律》："以四月、七月、十月、正月膚（臚）田牛。"

《雜抄》："膚（臚）吏乘馬，篤、辈（胔），及不會膚（臚）期，貲各一盾。"

膚與纑

《五行》："疋膚=（慮慮）達者（諸）君子道，胃（謂）之臤（賢）。"按，馬王堆漢墓帛書本《五行·經》篇"膚"作"纑"。

膚與傅

《稱》："陽親而陰亞（惡），胃（謂）外其膚（傅）而内其勮（卻）。"

《稱》："膚（傅）既爲膚（傅），勮（卻）既爲勮（卻），内亂不至，外客乃卻。"

膚與莒

《柬大王》："虐（吾）所得隆（地）於膚（莒）中者，無又（有）名山名溪。"按，"膚（莒）"字從陳斯鵬《〈柬大王泊旱〉編聯補議》（簡帛研究網，2005年3月10日）讀。

膚與間

《建除》："凡盍日，利以折（製）衣常

（裳）、絶褈，折（製）布𡨍（褐），爲門膚（閭）。”

䣿與勴

《王居》：“虗（吾）安尔（爾）而埶（設）尔₌（爾，爾）亡（無）以䣿（勴）枉（匡）正我。”按，“䣿（勴）”字從小松在復旦吉大古文字專業研究生聯合讀書會《上博八〈王居〉、〈志書乃言〉校讀》（復旦大學出土文獻與古文字研究中心網，2011 年 7 月 17 日）一文下跟帖讀。

慮與慮

《緇衣》：“古（故）言必慮（慮）其所終，行則䭫（稽）其所𢝖（敝）。”

《苦成》：“虗（吾）植（直）立經（徑）行，遠慮（慮）㥏（圖）後。”

《有皇》：“慮（慮）余子其速倀（長）含可（兮）。”

𦼮與露

《三德》：“凡宅官於人，是胃（謂）邦固；宅人於官，是胃（謂）邦𦼮（露）；建五官弗散（措），是胃（謂）反逆。”按，“𦼮（露）”字從陳劍《〈上博（五）〉零劄兩則》（簡帛網，2006 年 2 月 21 日）讀。

䣿與勴

《容成氏》：“天𨡓（將）𢦏（誅）安（焉），虗（吾）䣿（勴）天畏（威）之。”

《容成氏》：“𢇍（絕）穜（種）𢘓（侮）眚（姓），土玉水西（酒），天𨡓（將）𢦏（誅）安（焉），虗（吾）䣿（勴）天畏（威）之。”

篖與莒

《容成氏》：“墨（禹）迵（通）淮與忻（沂），東豉（注）之海（海），於是𪱶（乎）競州、篖（莒）州𠮛（始）可凥（處）也。”

鸕與𣝷

《周易・井》：“六四：井鸕（甃），亡（无）咎。”

鸕與椒

《周易・井》：“六四：井鸕（甃），亡（无）咎。”按，帛書本鸕（甃）作椒。

盧與爐

《奏讞書》：“臣有（又）診炙肉具，桑炭甚美，鐵盧（爐）甚礊。”

《禁》：“定夏大暑𦫿治，毋以聚眾鼓盧（爐）樂（鑠）金。”

《禁》：“若以聚眾鼓盧（爐）樂（鑠）金，遺火亥國，臺廟將有焚者，君大堵亥焉。”

《人君》：“人君好𦉥（埵）盧（爐）橐，抏金盧，反山破石。”

《陰陽家》：“人君好垂（埵）盧（爐）。”

《陰陽家》：“人君抏金炭，垂（埵）盧（爐）橐，鼓金石。”

盧與蘆

《算數書・蘆箬》：“盧（蘆）唐（箬）。”

《算數書・蘆箬》：“一日伐竹六十箇，一日爲盧（蘆）唐（箬）十五，一竹爲三盧（蘆）唐（箬）。”

《算數書・蘆箬》：“欲令一人自伐竹，因爲盧（蘆）唐（箬），一日爲幾何？”

《算數書・蘆箬》：“曰：爲十三〈二〉盧（蘆）唐（箬）四分之三。”

《乾瘙》：“取茹盧（蘆）本，鑿（齏）之，以酒漬之。”

盧與顱

《勢備》：“□盧（顱）毀肩，故曰，長兵權也。”按，“盧（顱）”字從張震澤《孫臏兵法校理》（中華書局，1984 年，83 頁）讀。

盧與慮

《治官》：“望之不往者，萬世不到；盧（慮）之弗爲，與已鈞（均）也。”

《戰國一七》：“盧（慮）齊（擠）齊而生事於韓、周，與天下交長，秦亦過矣。”

盧與藺

《腋下》："合（菴）盧（藺）大如□□豆卅，去皮而并冶。"按，"盧（藺）"字從馬繼興《馬王堆古醫書考釋》（湖南科學技術出版社，1992年，390頁）讀。

《牝痔》："萴者，荊名曰盧（藺）茹。"按，"盧（藺）"字從施謝捷《武威、馬王堆漢墓出土古醫籍雜考》(《古籍整理研究學刊》1991年5期）讀。

盧與旅

《燕禮》："以盧（旅）于西階上，如初。"

《燕禮》："主人就盧（旅）食之尊而獻之，盧（旅）食不拜，受爵，坐祭，立飲。"

廬與膚

《脈書》："身、面、足、胻盡盈，爲廬（膚）張。"

廬與蘆

《一類》："牡丹二分，漏廬（蘆）二分。"

廬與藺

《二類》："藥用代廬（藺）如（茹）、巴豆各一分。"

蘆與廬

《帛易·剥》："尚（上）九，石（碩）果不食，君子得車（輿），小人剥蘆（廬）。"

瘧與瘧

《陰陽脈乙》："頭痛，耳聾，項痛，耳彊，瘧（瘧），北（背）痛，要（腰）尻痛。"

纑與盧

《帛五行·經》："索纑（懥）纑（懥），達於君子道，胃（謂）之賢。"按，帛書《五行·説》纑作盧。

纑與懥

《帛五行·經》："索纑（懥）纑（懥），達於君子道，胃（謂）之賢。"

纑與蘆

《養生方》："八月取毚〈菟〉纑（蘆）實陰乾，乾析取其米，冶，以韋裹。"

艫與櫨

《北蒼·耕》："魁鉅圜艫（櫨），與瀕庚請。"

澛與瀘

《奏讞書》："今杜澛（瀘）女子甲夫公士丁疾死，喪棺在堂上，未葬。"

桒與衢

《周易·大畜》："上九：𣏾（何）天之桒（衢），卿（亨）。"按，"桒"字似當分析爲從木虛省聲。

桒與瞿

《周易·大畜》："上九：𣏾（何）天之桒（衢），卿（亨）。"按，帛書本桒（衢）作瞿。"桒"字似當分析爲從木虛省聲。

虎字聲系

虎與乎

《民之》："民之父母虎（乎），必達於豊（禮）樂之簱（源），以至（致）五至、以行三亡（無），以皇（横）于天下。"

《民之》："五至虎（乎），勿（物）之所至者，志亦至安（焉）；志之所至者，豊（禮）亦至安（焉）；豊（禮）之所至者，樂亦至安（焉）；樂之所至者，哀亦至安（焉）。"

《民之》："三亡（無）虎（乎），亡（無）聖（聲）之樂，亡（無）膿（體）之豊（禮），亡（無）備（服）之桑（喪）。"

虜與盧

《繫年十五》："吳王子晨酒（將）记（起）禍（禍）於吳₌（吳，吳）王盍（闔）虜（盧）乃歸，卲（昭）王安（焉）復邦。"

《繫年二十》："晉柬（簡）公立五年，與吳王盍（闔）虜（盧）伐楚。"

《繫年二十》："盍（闔）虜（盧）即碟（世），夫秦（差）王即立（位）。"

崤與殽

《子儀》："君不尚芒鄗王之北叟，迵（通）之于崤（殽）道，豈（豈）于孫₌（子孫）若？"

虐與乎

《老子》甲："皋莫至（重）虐（乎）甚欲，咎莫僉（憯）虐谷（欲）得，化（禍）莫大虐不智（知）足。"

《老子》甲："夜（豫）虐（乎）奴冬涉川，猷（猶）虐（乎）其奴悃（畏）四夋（鄰），敢（嚴）虐（乎）其奴客，覯（渙）虐（乎）其奴懌（釋），屯（敦）虐（乎）其奴樸，坉（混）虐（乎）其奴濁。"

《老子》丙："信不足，安（焉）又（有）不信。猷（猶）虐（乎）其貴言也。"

《魯穆公》："怣（噫），善才（哉），言虐（乎）！"

《緇衣》："龜筮猷（猶）弗智（知），而皇（況）於人虐（乎）？"

《成之》："是古（故）亡虐（乎）其身而廌（存）虐（乎）其詞（辭），唯（雖）厚其命，民弗從之怣（矣）。"

《成之》："反此道也，民必因此至（重）也以復（覆）之，可不新（慎）虐（乎）？"

《尊德義》："尊悳（德）義，明虐（乎）民侖（倫），可以爲君。"

《尊德義》："悳（德）之流，速虐（乎）楷（置）蚤（郵）而連（傳）命。"

《尊德義》："亡（明）悳（德）者，虞（且）莫大虐（乎）豊（禮）樂。"

《詩論》："行此者其又（有）不王虐（乎）？"

《詩論》："此命也夫！文王隹（雖）谷（欲）已，得虐（乎）？"

《詩論》："《黃鳥》，則困而谷（欲）反其古（故）也，多恥者其忞（怲）之虐（乎）？"

《詩論》："▨可得，不攻不可能，不亦智（知）亙（極）虐（乎）？"

《詩論》："於（鳴）虐（乎）！前王不忘。虛（吾）敚（悦）之。"

《容成氏》："子堯南面，舜北面，舜於是虐（乎）飼（始）語堯天陛（地）人民之道。"

《容成氏》："▨□於是虐（乎）不賞不罰，不型（刑）不殺，邦無飢（？）人，道逄（路）無殤死者。"

《容成氏》："於是虐（乎）天下之人，以堯爲善興臤（賢），而卒立之。"

《容成氏》："墨（禹）迵（通）淮與忻（沂），東豉（注）之沺（海），於是虐（乎）競州、簹（莒）州飼（始）可尻（處）也。"

《容成氏》："墨（禹）乃迵（通）三江五沽（湖），東豉（注）之沺（海），於是虐（乎）㔾（荊）州、鄸（揚）州飼（始）可尻（處）也。"

《容成氏》："墨（禹）於是虐（乎）䛐（讓）嗌（益），啓於是虐（乎）攻嗌（益）自取。"

《容成氏》："湯聒（聞）之，於是虐（乎）新（慎）戒陞（徵）臤（賢），悳（德）惠而不暇，秕（訾）三十仁而能之。"

《容成氏》："湯於是虐（乎）諻（徵）九州之帀（師），以雳（略）四沺（海）之内。"

《容成氏》："於是虐（乎）天下之兵大记（起），於是虐（乎）樊（判）宗鹿（戮）族，戔（殘）群安備（服）。"

《容成氏》："於是虐（乎）又（有）詮（喑）、聾、皮（跛）、瞑、瘦（癭）、秃、婁（僂）飼（始）记（起）。"

《容成氏》："於是虐（乎）乍（作）爲九成之臺（臺），視（寘）盂炭（炭）其下。"

《容成氏》："於是虐（乎）乍（作）爲金桎三千。"

《容成氏》:“於是虖（乎）九邦畔（叛）之，豐、禱（鎬）、郍（舟）、䡘、于（邘）、鹿、枈（郜）、宗（崇）、畬（密）須是（氏）。”
《容成氏》:“文王於是虖（乎）素耑（端）裳以行九邦，七邦逨（來）備（服），豐、喬（鎬）不備（服）。”
《仲弓》:“善才（哉）昏（問）虖（乎）！足以季（教）喜（矣）。”
《仲弓》:“百₌（一日）以善立，所學皆終；百₌（一日）以不善立，所學皆堋（崩），可不訢（慎）虖（乎）？”
《柬大王》:“欲祭於楚邦者虖（乎）？尚（當）詇（蔽）而卜之於大頣（夏）。”
《柬大王》:“陸（陵）尹與贅尹：‘又（有）古（故）虖（乎）？忨（愿）聕（聞）之。’”
《柬大王》:“命（令）尹子林聕（問）於大（太）剸（宰）子步：‘爲人臣者亦又（有）靜（諍）虖（乎）？’”
《相邦》:“虐（吾）見於君，不昏（問）又（有）邦之道，而昏（問）相邦之道，不亦塹虖（乎）’”
《鮑叔牙》:“汲（隰）俚（朋）畣（答）曰：‘公身爲亡道，不遂（還）於善而敓（説）之，可虖（乎）才（哉）？’”按，“虖（乎）”字從陳劍《談談〈上博（五）〉的竹簡分篇、拼合與編聯問題》（簡帛網，2006年2月19日）讀。
《弟子問》:“脡（延）陸（陵）季子，其天民也虖（乎）？生而不因其浴（俗）。”
《弟子問》:“脡（延）陸（陵）季₌（季子）僑而弗受。脡（延）陸（陵）季₌（季子），其天民也虖（乎）？”
《弟子問》:“虐（吾）聕（聞）父母之喪，飤（食）肉女（如）飯土，畬（飲）西（酒）如滏〈歡水〉，信虖（乎）？”
《弟子問》:“子贛（貢）曰（曰）：‘莫新（親）虖（乎）父母，死不覭（顧）生，可（何）言虖（乎）其信也？’”
《弟子問》:“余（予），女（汝）能訢（慎）飼（始）與終，斯善歖（矣）！爲君子虖（乎）？女（汝）安（焉）能也。”
《弟子問》:“其組縺虖（乎）？隹（雖）多聕（聞）而不晉（友）臤（賢），其□。”
《弟子問》:“𤔔（亂）節而悿（哀）聖（聲）。曹之喪，其必此虖（乎）？”
《弟子問》:“子遊曰：‘又（有）陸（施）之胃（謂）也虖（乎）？’”
《弟子問》:“女（汝）弗智（知）也虖（乎）？繇（由）！”
《弟子問》:“□從，虐（吾）子皆能有時（待）虖（乎）？”
《弟子問》:“巨（蘧）白（伯）玉侍（侍）虖（乎）？子臃₌（庸庸）女（如）也其聖（聲）；子迻（路）往虖（乎）？子噩₌（諮諮）女（如）也女（如）戓（誅）。”
《弟子問》:“剌（賴）虖（乎）其下，不折其枳（枝），飤（食）其實□。”
《鬼神》:“其力能至安（焉）而弗能爲虖（乎）？虐（吾）弗智（知）也。啻（抑）其力古（固）不能至安（焉）虖（乎）？虐（吾）或（又）弗智（知）也。”
《鬼神》:“□所明，又（有）所不明，此之胃（謂）虖（乎）？”
《墨子》:“□不員（云）虖（乎）？敳（愷）弟君子，民之父母。”
《墨子》:“‘□久利虖（乎）？’畣（答）□。”
《競公瘧》:“□君祝敓（説）毋〈女（如）〉専（薄）青（情）忍辠〈罪（親）〉虖（乎）？”
《競公瘧》:“女（如）川（順）言弇（掩）亞（惡）虖（乎）？”
《競公瘧》:“盍（蓋）必（比）死愈（偷）

爲樂虐（乎）!”

《季桓子》:“上不皋〈罣（親）〉慐（仁），而Ꮕ（敷）〖専〗聒（聞）其訇（辭）於逵（逸）人虐（乎）？”

《季桓子》:“臭（擇）尻（處）𡉏杆，剴（豈）不難虐（乎）？”

《季桓子》:“虛（吾）子迷〈悉〉言之，猶忎（恐）弗智（知），皇（況）其女（如）岂（微）言之虐（乎）？”按，“虐（乎）”字從陳偉《讀〈上博六〉條記》（簡帛網，2007年7月9日）釋讀。

《武王甲》:“不智（知）黃帝、耑（顓）琂（頊）、堯、舜之道在［存］虐（乎）？”

《武王乙》:“亦又（有）不浧（盈）於十言而百殜（世）不逵（失）之道，又（有）之虐（乎）？”

《武王乙》:“其道可得以聒（聞）虐（乎）？”

《子道餓》:“荼（除）虐（乎）! 司寇牆（將）見我。”

《子道餓》:“於妝（偃）僞，於子員（損），於是虐（乎）可（何）侍（待）？”

《顏淵問》:“敢䎽（問）君子之内事也又（有）道虐（乎）？”

《城濮》:“□言虐（乎）! 君子才（哉）! 聒（聞）□。”

《陳公》:“不智（知）進帀（師）徒亟（極）於王所而走（止）帀（師）徒虐（乎）？不智（知）其敓卒塞行述（遂）内王卒而母（毋）走（止）帀（師）徒虐（乎）？”

《陳公》:“女（如）内王卒而母（毋）走（止）帀（師）徒，母（毋）亦善虐（乎）？”

《邦人》:“君之言怹（過），昔周盍罣（擇）而立之？邦既有王，毋亦藋（歡）虐（乎）？”

《史蒥》:“古（故）叜（教）於訇（始）虐（乎）才（哉）？”

《文王》:“文王曰：‘道又（有）獸（守）虐（乎）？’”

《文王》:“文王曰：‘道又（有）要虐（乎）？’”

《文王》:“文王曰：‘又（有）□盍虐（乎）？’”

《文王》:“上（尚）父曰：‘日行虐（乎）？甬以果而潛以成，各而均庶，遠而方達。此日行也。’”

虐與呼

《老子》甲：“終日虐（呼）而不惪（憂），和之至也。”

《成王》:“亞（嗚）虐（呼），敬之才（哉）！輮（朕）聒（聞）才（哉）□。”

《程寤》:“於（嗚）虐（呼）! 可（何）敬（警）非朋？可（何）戒非商？可（何）甬（用）非桓＝（樹？樹）因欲，不違芽（材）。”

《程寤》:“於（嗚）虐（呼），敬才（哉）!”

《程寤》:“於（嗚）虐（呼）!”

《保訓》:“於（嗚）虐（呼）！祗之才（哉）！”

《保訓》:“於（嗚）虐（呼）！發，敬才（哉）！”

《皇門》:“於（嗚）虐（呼）！朕寡邑少（小）邦，穠（蔑）又（有）耆耇梡（慮）事嘪（屏）朕立（位）。”

《皇門》:“於（嗚）虐（呼）！敬才（哉），監（鑑）于兹。”

《封許》:“於（嗚）虐（呼），丁，戒才（哉）！”

虐與所

《老子》甲：“三言以爲使不足，或命（令）之或虐豆（屬）。”按，今本和帛書本虐作所。

虐與虐

《容成氏》:“民乃宜肙（怨），虐（虐）疾㚸（始）生。”

《苦成》：“厲公無道，虐（虐）於百₌豫₌（百豫，百豫）反之。”

《子產》：“用身之道，不以榠₌（冥冥）印（仰）福，不以逸求得，不以利行直（德），不以虐（虐）出民力。”

虐與號

《容成氏》：“堲（禹）肰（然）句（後）㚸（始）爲之虐（號）羿（旗），以支（辨）其左右，思（使）民毋惑。”

《周易·夬》：“啻（惕）虐（號），莫譽（夜）又（有）戎，勿卹（恤）。”

《周易·夬》：“上六：忘（无）虐（號），中（終）又（有）凶。”

《周易·萃》：“初六：又（有）孚不終，乃𤔔（亂）迺（乃）啐（萃），若虐（號），一斛（握）于芺（笑），勿卹（恤），往亡（无）咎。”

《周易·渙》：“九五：𩁹（渙）其大虐（號），𩁹（渙）其凥（居），亡（无）咎。”

《繫年九》：“壤（襄）而〈夫〉人𦖞（聞）之，乃𢴢（抱）靈（靈）公以虐（號）于廷。”

虐與慮

《六德》：“新（親）父子，和大臣，帰（寢）四哭（鄰）之柬（策）虐（慮），非息（仁）宜（義）者莫之能也。”按，“虐（慮）”字從白於藍《包山楚簡補釋》（《中國文字》新二十七期，藝文印書館，2001年）讀。

虐與殺

《子儀》：“既敗於虐（殺），忎（恐）民之大肪（病）。”

滤與滸

《昭王》：“卲（昭）王爲室於死涎（沮）之滤（滸），室既成，𨠭（將）洛（落）之。”按，“滤（滸）”字從孟蓬生《上博竹書（四）閒詁》（簡帛研究網，2005年2月15日）讀。

《陳公》：“☐戰於涂（豫）漳（章）之滤（滸），帀（師）不𢇍（絕）。”

嘘與崤

《繫年八》：“晉文公卒，未𦊑（葬），壤（襄）公新（親）衡（率）自（師）御（禦）秦自（師）于嘘（崤），大敗之。”

褫與虐

《從政》：“毋暴、毋褫（虐）、毋惻（賊）、毋念（貪）。”按，“褫（虐）”字從陳劍《上博簡〈子羔〉、〈從政〉篇的竹簡拼合與編連問題小議》（簡帛研究網，2003年1月8日）讀。

《從政》：“不㚇（教）而殺，則褫（虐）。”

瘧與虍

《緇衣》：“《呂𡋟（刑）》員（云）：‘非甬（用）𨑨（令），折（制）以𡋟（刑），隹（惟）乍（作）五瘧（虐）之𡋟（刑）曰灋。’”按，上博簡本《緇衣》瘧（虐）作虍。

瘧與虐

《緇衣》：“《呂𡋟（刑）》員（云）：‘非甬（用）𨑨（令），折（制）以𡋟（刑），隹（惟）乍（作）五瘧（虐）之𡋟（刑）曰灋。’”

《繫年一》：“𦤶₌（至于）柬₌王₌（厲王，厲王）大瘧（虐）于周，卿李（士）、者（諸）正、萬民弗刃（忍）于氒（厥）心，乃歸柬（厲）王于𢧵（彘），龍（共）白（伯）和立。”

《湯丘》：“不備（服）兼文，器不敂（雕）鏤，不瘧（虐）殺，與民分利，此以自悉（愛）也。”

瘧與瘧

《競公瘧》：“齊競（景）公痙（疥）虘（且）瘧（瘧），𠷓（逾）戢（歲）不已。”

《競公瘧》：“公痙（疥）虘（且）瘧（瘧），𠷓（逾）戢（歲）不已，是虗（吾）亡（無）

良祝、史也。”

《競公瘧》：“競（景）公瘧（瘧）。”

虘與虐

《尹至》：“隹（惟）荿（滋）虘（虐）悳（德）、瀑（暴）𤲞（重）、亡典（典）。”

《金縢》：“尔（爾）元孫𤼈（發）也，𦘔（遘）遠（害）虘（虐）疾。”

《芮良夫》：“先人又（有）言，則畏（威）虘（虐）之。”

《芮良夫》：“自记（起）俴（殘）虘（虐），邦甬（用）不寍（寧）。”

摅與號

《帛易·旅》：“尚（上）九，鳥棼（焚）其巢，旅人先芺（笑）後摅（號）桃（咷）。亡（喪）牛于易，兇（凶）。”

滤與豬

《用曰》：“絕原（源）流滤（豬），其由（猶）能不沽（涸）？”按，“滤”似當讀作“豬”，訓水停聚之處。

梡與虐

《用曰》：“弜（強）君梡（虐）政，䊮（揚）武於外。”

梡與慮

《皇門》：“於（嗚）虗（呼）！朕寡邑少（小）邦，穟（蔑）又（有）耆耇梡（慮）事屛（屏）朕立（位）。”

《封許》：“女（汝）亦隹（惟）𦎧（淑）章（彰）尔梡（慮），祗敬尔猷，以永厚周邦，勿灋（廢）朕命，經嗣枼（世）亯（享）。”

梡與據

《皇門》：“於（嗚）虗（呼）！朕寡邑少（小）邦，穟（蔑）又（有）耆耇梡事屛（屏）朕立（位）。”按，今本《逸周書·皇門》梡作據。

謔與號

《妄稽》：“謔（號）謼（呼）哭泣，音若皋（嗥）牛。”

譗與號

《封診式》：“訊甲亭人及丙，智（知）男子可（何）日死，聞譗（號）寇者不毆（也）？”

乎字聲系

乎與呼

《九主》：“於（嗚）乎（呼）危才（哉）！得主之才（哉）！”

《九主》：“於（嗚）乎（呼）危才（哉）！半君！”

《發敃》：“於（嗚）乎（呼）！謀念𢦏（哉）！”

《文敃》：“於（嗚）乎（呼）！何愛何穡，萬物皆得。”

《文敃》：“於（嗚）乎（呼）！聖人務靜之，愚人務正之。”

《殘簡四》：“於（嗚）乎（呼）！”

《殘簡四》：“於（嗚）乎（呼）！”

《周馴》：“烏（嗚）乎（呼）！戒哉！尚勉承教，而謹慎勿曼（慢）。”

《周馴》：“於（嗚）乎（呼）！小子未智（知）臧否。”

乎與墟

《三十時》：“天地重閉，地小乎（墟），不可〼。”

乎與於

《齊風》：“□我乎（於）堂乎而。”

乎與虛

《易之義》：“觀之卦，盈而能乎（虛）。”

虖與乎

《忠信》：“氏（是）古=（故，古）之所以行虖（乎）閵（辟）嘍（陋）者，女（如）此也。”

《唐虞》：“□虖（乎）脂膚血𣱼（氣）之青（情），敎（養）眚（性）命之正。”

《唐虞》："浗（求）虖（乎）大人之興，$\square$（美）也。"

《唐虞》："受（授）臤（賢）則民興效（教）而蟡（化）虖（乎）道。"

《唐虞》："昏（聞）舜茲（慈）虖（乎）弟□□□□□□爲民宔（主）也。"

《唐虞》："古（故）堯之𨔶（禪）虖（乎）舜也，女（如）此也。"

《語叢一》："正其𢉩（然）而行㥯安尔也。正不達𡕥生虖（乎）不達其𢉩（然）也。"

《語叢一》："其生也亡爲虖（乎）其型（形）。"

《語叢一》："夬（缺）生虖（乎）未得也。"

《語叢一》："又（有）生虖（乎）名。"

《語叢三》："人之眚（性）非與止虖（乎）其▨。"

《語叢三》："又（有）眚（性）又生虖（乎）生又（有）逌。"

《語叢三》："虖（乎）勿（物）。"

《語叢三》："又（有）眚（性）又（有）生虖（乎）▨。"

《容成氏》："於是虖（乎）唫（喑）聾執燭，相（矇）戉（瞽）鼓瑟，㾊（跛）𡎺（躃）獸（守）門，敉（侏）需（儒）爲矢。"

《容成氏》："於是虖（乎）方百里之审（中），衛（率）天下之人𨗨（就），奉而立之，以爲天子。於是虖（乎）方日千日▨。"

《容成氏》："堯於是虖（乎）爲車十又五輮（乘），以三從舜於旬（甽）畮（畝）之中。"

《容成氏》："舜於是虖（乎）㚸（始）免蓻（笠）幵（攜）槈（耨）、蒌（芰）攺（芥）而坐之。"

《容成氏》："墨（禹）親執枌（畚）耜（耜），以波（陂）明者（都）之澤，決九河之滐（阻），於是虖（乎）夾州、湁（徐）州㚸（始）可尻（處）。"

《容成氏》："墨（禹）乃迵（通）蔞（漊）與湯（易），東敨（注）之沺（海），於是虖（乎）荓（并）州㚸（始）可尻（處）也。"

《容成氏》："墨（禹）乃迵（通）經（涇）與渭，北敨（注）之河，於是虖（乎）虘州㚸（始）可尻（處）也。"

《容成氏》："唯（雖）君亡道，臣敢勿事虖（乎）？唯（雖）父亡道，子敢勿事虖（乎）？"

《容成氏》："九邦者其可逨（來）虖（乎）？"

《容成氏》："武王於是虖（乎）复（作）爲革車千輮（乘），𦄂（帶）㢩（甲）𡑞（萬）人，戊午旹=（之日），涉於孟𣼇（津）。"

《容成氏》："武王於是虖（乎）素冡（冠）弁（弁），以造吝（類）于天。"

《曹沫》："是古（故），夫戟（陳）者，三教之末。君必不已，則繇其杲（末）虖（乎）？"

《曹沫》："𤖯（莊）公曰：'既成𡥈（教）矣，出帀（師）又（有）幾（機）虖（乎）？'"

《曹沫》："臧（莊）公或（又）䎽（問）曰：'三軍𡰥果又（有）幾（機）虖（乎）？'"

《曹沫》："臧（莊）公或（又）䎽（問）曰：'戰又（有）幾（機）虖（乎）？'"

《曹沫》："臧（莊）公或（又）䎽（問）曰：'既戰又（有）幾（機）虖（乎）？'"

《曹沫》："臧（莊）公或（又）䎽（問）曰：'復敗戰又（有）道虖（乎）？'"

《曹沫》："臧（莊）公或（又）䎽（問）曰：'復盤戰又（有）道虖（乎）？'"

《曹沫》："臧（莊）公或（又）䎽（問）曰：'復甘戰又（有）道虖（乎）？'"

《曹沫》："臧（莊）公或（又）䎽（問）曰：'復故戰又（有）道虖（乎）？'"

《曹沫》："一出言三軍皆懽（勸），一出言三軍皆往。又（有）之虖（乎）？"

《曹沫》："臧（莊）公曰：'此三者足以戰虖（乎）？'"

《成王》："宅（沌）虖=（乎！吾）欲舉（舉）之，不果，以進則遏（傷）安（焉）。"按，"虖（乎）"字從黄傑在復旦吉大古文字專業研究生聯合讀書會《上博八〈成王既邦〉校讀》（復旦大學出土文獻與古文字研究中心網，2011年7月17日）一文下跟帖讀。

《奏讞書》："今佐丁盜一斗粟，直（值）三錢，完爲倡，不已重虖（乎）？"

《奏讞書》："捕者弗案校上，獨完爲舂，不亦重虖（乎）？"

《帛五行·説》："榆（喻）之也者，自所小好榆（喻）虖（乎）所大好。"

《成法》："請問天下猷（猶）有一虖（乎）？"

《戰國一六》："東至虖（乎）陶、衛之郊，北至乎監（闞）。"

《王子》："王子巧（喬）父問彭祖曰：'人氣何是爲精虖（乎）？'"

《文摯》："寡人恆善莫（暮）飲而連於夜，茍毋（無）苛（疴）虖（乎）？"

《二三子》："高尚行虖（乎）星辰日月而不眺，能陽也；下綸窮深潚〈淵〉之潚〈淵〉而不沬，能陰也。"

《二三子》："非其任也而任之，能毋折虖（乎）？"

《阜春一》："故曰☐☐歸於屈春虖（乎）！"

《阜春二》："⌧者，能但善虖（乎）君，而不與君⌧。"按，"虖"當讀作"乎"。

《阜春七》："不愧君之忠臣虖（乎）？"

《阜春一〇》："中（仲）父棄寡人，豎刁可使爲正（政）虖（乎）？"

《阜春一〇》："然則易牙可虖（乎）？"

《阜春一一》："其以陵反虖（乎）？"

《阜春一三》："⌧知之虖（乎）？"

《阜春一五》："趙簡子問於翟荼曰：'吾聞翟雨冠〈穀〉三日，信虖（乎）？'"

《阜春一六》："⌧社稷虖（乎）？"

《阜春一七》："其中行是（氏）虖（乎）？"

《阜春一九》："⌧虖（乎）？"

《阜春二一》："髪（嗟）子虖（乎）！此地出吾良臣多矣。"

《阜春二一》："⌧與歸虖（乎）？"

《阜春二一》："⌧武虖（乎）？"

《富國》："⌧歲耕必達利有道虖（乎）？"

《周馴》："故彭祖曰'戒=之=（戒之戒之），言不可追'，此之謂虖（乎）？"按，"虖"當讀作"乎"。下二例同。

《周馴》："夫爲人君而有所唯，則還（旋）唯之，則所唯者，其庸必唯虖（乎）？"

《周馴》："故壹德一士，猶生其身，兄（況）德萬人虖（乎）？"

《妄稽》："訐（叱）！來！女（汝）猶賓（頻）言虖（乎）？"按，"虖（乎）"字從陳劍《〈妄稽〉〈反淫〉校字拾遺》（復旦大學出土文獻與古文字研究中心網，2016年7月4日）讀。

《妄稽》："起見周春：'竽（吁）！來虖（乎）！'"

《妄稽》："能過虖（乎）度（宅），不可當月而睇。"

《妄稽》："我妬也，不智（知）天命虖（乎）？"

《妄稽》："禍生虖（乎）妬之，爲我病也，將常難止。"

虖與吾

《成王》："宅（沌）虖=（乎！吾）欲舉（舉）之，不果，以進則遏（傷）安（焉）。"按，"虖（吾）"字從黄傑在復旦吉大古文字專業研究生聯合讀書會《上博八〈成王既邦〉

校讀》（復旦大學出土文獻與古文字研究中心網，2011年7月17日）一文下跟帖讀。

《北大老子》："善者虖（吾）亦善之，不善者虖（吾）亦善之，直（得）善也；信者虖（吾）信之，不信者虖（吾）亦信之，直（得）信也。"

虖與呼

《厚父》："於（嗚）虖（呼），天子！天令（命）不可漗（僭）。"

《引書》："當此之時，急治八經之引，急虖（呼）急昫（呴），引陰。"

《引書》："據則（側）而精虖（呼）之卅，精昫（呴）之卅，精炊（吹）卅。"

《引書》："是以必治八經之引，炊（吹）昫（呴）虖（呼）吸天坨（地）之精氣。"

《引書》："春日再昫（呴），壹虖（呼）壹炊（吹）。"

《引書》："夏日再虖（呼），壹昫（呴）壹炊（吹）。"

《引書》："冬日再炊（吹），壹昫（呴）壹虖（呼）。"

《引書》："有（又）弗智（知）昫（呴）虖（呼）而除去之，是以多病而易〈易〉死。"

《引書》："燥則婁（數）虖（呼）婁（數）臥，濕則婁（數）炊（吹）毋臥實險（陰）。"

《容成》："晝息之志，虖（呼）吸必微，耳目蔥（聰）明。"

《天下至道》："於（嗚）虖（呼）誋（慎）才（哉），神明之事，在於所閉。"

《三十時》："不可入井窌，虖（呼）而不得吸。"

虖與墲

《三十時》："地大虖（墲），天地不☐。"

虖與虛

《天下至道》："虖（虛）實有常，誋（慎）用勿忘。"

虖與號

《曹沫》："既戰復豫（舍），虖（號）命（令）於軍中。"

嘑與呼

《周病方》："嘑（呼）！垣止（址）。"

《周病方》："嘑（呼）！我智（知）令=某=瘧=（令某瘧，令某瘧）者某也。"

《蓋廬》："徒卒飢恐，我則疾嘑（呼）。"

《引書》："苦腹張（脹），夜日談（倓）臥而精炊（吹）之卅，無益，精嘑（呼）之十。"

《疣》："令尤（疣）者抱禾，令人嘑（呼）曰：'若胡爲是？'"

《瘨》："步嘑（呼）曰：'吁！狐麃。'"

《行軍》："夜嘑（呼）者，恐也。"

《特牲》："凡祝嘑（呼），佐食許若（諾）。"

墲與呼

《題記》："爰（猨）墲（呼）。"按，"墲（呼）"字從馬繼興《馬王堆古醫書考釋》（湖南科學技術出版社，1992年，863頁）讀。

槫與樗

《北蒼·魚》："樛梗移棘，條篲（彗）欒槫（樗）。"

歑與乎

《養生方》："禹曰：善𢦔（哉）言歑（乎）！"按，"歑（乎）"字從裘錫圭《馬王堆醫書釋讀瑣議》（《古文字論集》，中華書局，1992年，525頁）讀。

《養生方》："禹曰：善𢦔（哉）言歑（乎）！今我血氣外揖。"按，此段文字整理者漏録，此從裘錫圭《馬王堆醫書釋讀瑣議》（《古文字論集》，中華書局，1992年，525頁）補釋。

謼與呼

《日甲·詰》："凡邦中之立叢，其鬼恆夜謼

（呼）焉，是遽鬼執人以自伐〈代〉也。”
《日甲・詰》：“謼（呼）之曰：‘復疾，趣（趨）出。今日不出，以牡刀皮而衣。’”
《日甲・詰》：“罔謼（呼）其召，以白石投之，則止矣。”
《日甲・詰》：“狼恆謼（呼）人門曰：‘啟吾。’”
《日甲・禹二》：“謼（呼）：‘皋，敢告曰：某行毋（無）咎，先爲禹除道。’”
《奏讞書》：“謼（呼）盜，女子齔出，謂婢北（背）有笄刀，乃自智（知）傷。”
《引書》：“口謼₌（呼。呼），皆十而已。”
《引書》：“指據髮，更上更下而謼（呼）虖₌（虖虖），手與口俱上俱下，卅而已。”
《帛五行・説》：“故父謼（呼），口□食則堵（吐）之，手執□則投☐。”
《題記》：“卬（仰）謼（呼）。”按，“謼（呼）”字從馬繼興《馬王堆古醫書考釋》（湖南科學技術出版社，1992年，860頁）讀。
《養生方》：“行宿，自謼（呼）。”
《養生方》：“東鄉（嚮）謼（呼）。”
《地典》：“☐□□軍法令，毋登丘而謼（呼），毋遂☐。”
《妄稽》：“諕（號）謼（呼）哭泣，音若皋（嗥）牛。”

夏字聲系

夏與廈

《反淫》：“今有廣夏（廈）宮加（架），連垝接粱（梁）。”

夏與榎

《牝痔》：“先道（導）以滑夏（榎）鋌（梃），令血出。”按，“夏（榎）”字從魏啟鵬、胡翔驊《馬王堆漢墓醫書校釋（壹）》（成都出版社，1992年，110頁）讀。

夏與雅

《緇衣》：“《大夏（雅）》員（云）：‘上帝板₌（板板），下民卒担（癉）。’”
《緇衣》：“《少（小）夏（雅）》員（云）：‘非其走（止）之共，唯王【之】蒊（邛）。’”
《緇衣》：“《大夏（雅）》云：‘白圭之石，尚可鹊（磨）也；此言之砧（玷），不可爲也。’”
《緇衣》：“《少（小）夏（雅）》員（云）：‘允也君子，碮（展）也大成。’”
《詩論》：“《大夏（雅）》，盛德也，多言☐。”
《帛五行・説》：“猶孔子之聞輕者之鼓而得夏（雅）之盧也。”按，“夏”似當讀作“雅”。
《反淫》：“於是處閒靜之宮，冠弁以聽朝，族天下博徹閒夏（雅）之士。”

羽字聲系

栩與羽

《天乙・時一》：“蚤（早）食七，栩（羽），火。”
《天乙・日分》：“宮一，徵三，栩（羽）五，商七，角九。”
《天乙・五音三》：“布栩（羽）。”
《天乙・貞在》：“乃作爲□，比于反栩（羽）。”

戶字聲系

戶與扈

《見威王》：“亡有戶（扈）是（氏）。”
《妄稽》：“户（扈）佩淮珠，飭（飾）八漢光（珖）。”

所與禦

《帛易・蒙》：“上九，擊蒙，不利爲寇，利所（禦）寇。”按，今本所作禦。下同。
《帛易・漸》：“九三，鳿（鴻）漸于陸，

天征不復，婦繩（孕）不□，凶。利所（禦）寇。”

㸚與忤

《君人甲》：“含（今）君王𦘔（盡）去耳目之欲，人以君王爲㸚（忤）以戠（矯）。”按，“㸚（忤）”字從蘇建洲《也説〈君人者何必安哉〉“人以君王爲所以囂”》（復旦大學出土文獻與古文字研究中心網，2009年1月10日）讀。

㡿與扈

《良臣》：“康（湯）又（有）伊君（尹），又（有）伊陟，又（有）臣㡿（扈）。”

雇與顧

《引書》：“陽見者，反昔（錯）手北（背）而印（仰），後雇（顧）。”

《引書》：“窮（窮）視者，反昔（錯）手北（背）而俻（俛），後雇（顧）踵。”

《引書》：“項痛不可以雇（顧），引之，炎（倓）臥。”

《引書》：“□鳧沃卅，虎雇（顧）卅，有（又）復炎（倓）臥如前，廿而休。”

《引書》：“有（又）起，危坐，鳧沃卌，虎雇（顧）卌，復炎（倓）臥如前，卅而休。”

《引書》：“因起，鳧沃五十，虎雇（顧）五十而已。”

《引書》：“詘（屈）左厀（膝），後信（伸）右足，詘（屈）右手而左雇（顧）三。”

《引書》：“有（又）前右足，後左足，曲左手，雇（顧）右，三而已。”

《引書》：“其在左則（側）险（陰）筋（筋）胕脈，雇（顧）右足蹱（踵），力引之。”

《引書》：“撫心舉頤以利睺（喉）胭（咽），臬栗以利柎項，虎雇（顧）以利項尼。”

顧與雇

《芮盜》：“方前顧（雇）芮千，巳（已）盡用錢買漁具。”

下字聲系

下與夏

《反淫》：“乘靈（軨）獵車，駕誘騁之馬，攝下（夏）服之筴，載烏嗃（號）之弓，馬四扶，車折風，取射千金之重。”

壺字聲系

壺與弧

《帛易·睽》：“尚（上）九，乖（睽）苽（孤）。見豨（豕）負塗，載鬼一車，先張之柧（弧），後説之壺（弧）。”

《阜易·睽》：“□兑（説）之壺（弧）。”

于字聲系

于與吁

《彭祖》：“于（吁）！女（汝）孳₌（幼子）專（博）昏（問），舍（余）告女（汝）人綸（倫）。”

于與宇

《天甲·干占盜》：“甲亡，盜在西方一于（宇）中食者五口，疵在上，得，男子殹。”

《天甲·干占盜》：“戊亡，盜在南方，食者五口一于（宇）閒，男子殹。亡蚤（早）不得，亡莫（暮）而得。”

《天乙·干占盜》：“甲亡，盜在西方一于（宇）中食者五口，疵在上，得，男子殹。”

《天乙·干占盜》：“戊亡，盜在南方，食者五口一于（宇）閒，男子殹。亡蚤（早）不得，亡莫（暮）而得。”

于與邘

《容成氏》：“於是虐（乎）九邦畔（叛）之，豐、禞（鎬）、郍（舟）、䢵、于（邘）、鹿、坓（部）、宗（崇）、畬（密）須是（氏）。”

于與迂

《九地》：“易其居，于（迂）其途，使民不得慮。”

于與雩

《緇衣》："《君迪（陳）》員（云）：'出內（入）自尔帀（師）于（虞），庶言同。'"按，上博簡本《緇衣》于（虞）作雩。

于與虞

《緇衣》："《君迪（陳）》員（云）：'出內（入）自尔帀（師）于（虞），庶言同。'"

于與乎

《趙正書》："天命不可變于（乎）？吾未嘗病如此。"按，"于（乎）"字從紫竹道人《北大漢簡〈趙正書〉注釋小議》（復旦大學出土文獻與古文字研究中心網"學術討論"，2015年11月14日）讀。下同。

《趙正書》："故出斿（遊）天下，欲以變氣易命，不可于（乎）？"

《趙正書》："可道其罪，足以死于（乎）？"

吁與訏

《語叢二》："㥞（諼）生於忩（欲），吁（訏）生於㥞（諼），忘（妄）生於吁（訏）。"按，"吁（訏）"字從劉釗師《郭店楚簡〈語叢二〉箋釋》（《古墓新知——紀念郭店楚簡出土十周年論文專輯》，國際炎黃文化出版社，2003年）讀。

話與訏

《尊德義》："⿱爻言（教）以言，則民話（訏）以寡信。"

夸與姱

《妄稽》："顔色容貌，美好夸（姱）麗；精絜（潔）貞廉，不肯淫議。"

夸與瓠

《癩》："即令穨（癩）者煩（反）夸（瓠），東鄉（嚮）坐於東陳垣下。"

夸與誇

《治官》："一曰夸（誇）而夬，二曰貴而企，三曰亶（擅）歺割，四曰犯上不智（知）其害，五曰閒（賤）士貴貨貝。"

夸與跨

《引書》："引詘（屈）筋（筋），夸（跨）立，據兩股，壹倚左。"

《引書》："引北（背）甬（痛），熊經十，前據十，端立，夸（跨）足。"

《引書》："益陰氣，恆坐夸（跨）股，勿相悔食。"

《引書》："危坐，夸（跨）股，□手交指以癴（摩）面，以下盾（揗）之至股。"

《引書》："夸（跨）足，折要（腰），空（控）丈（杖）而力引之，三而已。"

《引書》："夸（跨）股，把捾（腕），印（抑）股，以力榣（搖）肩，百而已。"

《引書》："去立，夸（跨）足，以俌（俛）據㙛（地），極之，三而已。"

夸與枯

《身疕》："久疕不已，乾夸（枯）竈，潰以傅之，已。"按，"夸（枯）"字從周一謀、蕭佐桃《馬王堆醫書考注》（天津科學技術出版社，1988年，216頁）讀。

汙與迂

《軍爭》："後人發，先人至者，知汙（迂）直之計者也。"

《軍爭》："先知汙（迂）直之道者勝，軍爭之法也。"

汙與窊

《相宅》："中坦，中□，又汙（窊）安（洝），尻（居）之不浧（盈）志。"

汙與挎

《泰射》："相者皆左何瑟，後首，內弦，汙（挎）越，右相。"

汙與蠖

《引書》："信（伸）胻詘（屈）指卅，曰尺汙（蠖）。"

《大成》："君欲練色鮮白，則察觀尺汙（蠖）。"

《大成》："尺汙（蠖）之食方，通於陰陽，食蒼則蒼，食黄則黄。"

《晏子一六》："臣聞斥（尺）汙（蠖）食黄其身黄，食青其身青。"

扜與蠖

《天下至道》："三曰尺扜（蠖），四曰囷（麕）㯻，五曰黄（蝗）柘（磔），息内。"

芋與于

《九地》："芋（于）之亡地然而后（後）存，陷☐。"按，"芋（于）"字從李家浩《讀書劄記四則》（《盡心集——張政烺先生八十慶壽論文集》，中國社會科學出版社，1996年，326頁）讀。

芋與盂

《繫年十一》："宋公爲左芋（盂），奠（鄭）白（伯）爲右芋（盂），繡（申）公弔（叔）侯智（知）之。"

芋與華

《詩論》："《棠₌（裳裳）者芋（華）》，則☐。"按，"芋（華）"字從胡平生《讀上博藏戰國楚竹書〈詩論〉劄記》（簡帛研究網，2002年6月4日）讀。

《交交》："戔（豈）敚（豫）是好，隹心是□；䦃㞢悔司，皆芋（華）皆英。"

《鮑叔牙》："公身爲亡（無）道，遣（擁）芋（華）倗（孟）子以馳於倪（郳）者（都）。"

《李頌》："豐芋（華）緟（重）光，民之所好可（兮）。"

《繫年十一》："䣊（將）以伐宋₌（宋。宋）右帀（師）芋（華）孫兀（元）欲袋（勞）楚帀（師）。"

《繫年十一》："宋人安（焉）爲成，以女子與兵車百輮（乘），以芋（華）孫兀（元）爲執（贄）。"

《繫年十六》："王或（又）使宋右帀（師）芋（華）孫兀（元）行晉楚之成。"

迂與㝗

《十陣》："往者弗送，來者弗止，或毄（擊）其迂（㝗），或辱（衄）其閲（鋭）。"

杅與盱

《帛易·豫》："六三，杅（盱）餘（豫），悔，遲有悔。"

杅與虞

《帛易·中孚》："初九，杅（虞）吉，有它不寧。"

杅與刳

《繫辭》："杅（刳）木爲周（舟），剡木而爲楫，齍（濟）不達，至（致）遠以利天下，蓋取者（諸）奂（涣）也。"

盱與迂

《北蒼·支脂》："淺汙盱（迂）復。"

盂與虚

《周馴》："越之城旦發墓於干（邗），吴既爲盂（虚），其孰㣺〈衛〉闔廬？"

汚與污

《禁》："汚（污）池清水害大海，是謂陰☐。"

竽與吁

《妄稽》："起見周春：'竽（吁）！來虖（乎）！'"

竽與盂

《戰國二一》："箸之鈑（盤）竽（盂），屬之祝譜（詛）。"

竽與邗

《鄭甲》："縈厄（軛）鄎（蔿）、竽（邗）之國，魯、𨑳（衛）、鄝（蓼）、郲（蔡）逨（來）見。"

《鄭乙》："縈厄（軛）鄎（蔿）、竽（邗）之國，魯、衛、鄝（蓼）、郏〈郲〉（蔡）逨（來）見。"

羿與羽

《五行》："能遅（差）沱（池）其羿（羽），肰（然）句（後）能至哀。"按，"羿"爲

《説文》"雩"字或體。

訏與汙

《北蒼·幽》："鞫（鞠）竣（窹）訏（汙）窬，賸籥陘沙。"

釪與于

《陳公》："五爯（稱）：鉦、以左，鈍（錞）釪（于）以右，鍈₌（金鐸）以跪（坐），木鍈（鐸）以迟（起）。"

雩與虞

《緇衣》："《君迪（陳）》員（云）：'出内（入）自尔帀（師）于（虞），庶言同。'"按，上博簡本《緇衣》于（虞）作雩。

雩與雨

《鮑叔牙》："雩（雨）坪（平）陛（地）至厀（膝），復。"按，"雩（雨）"字從侯乃峰《上博（五）幾個固定詞語和句式補説》（簡帛網，2006年3月20日）讀。

雩與越

《良臣》："雩（越）王句戔（踐）又（有）大（舌）同（庸），又（有）範（范）羅（蠡）。"

《封許》："雩（越）才（在）天下，古（故）天雚（勸）之乍〈亡〉臭（斁）。"

榭與輿

《反淫》："檀榭（輿）棘檕，接措（錯）交横。"

華字聲系

華與譁

《晏子一〇》："〼[諫]乎前，弗華（譁）於外。"

《葆啟》："夫以百生（姓）而攻天子，可華（譁）而舍乎？"

華與虞

《帛易·屯》："六三，即鹿毋（无）華（虞），唯人〈入〉于林中，君子幾不如舍，往笅（吝）。"

嘩與誇

《語叢二》："嘩（誇），自惎也。"按，"嘩（誇）"字從劉釗師《郭店楚簡〈語叢二〉箋釋》（《古墓新知——紀念郭店楚簡出土十周年論文專輯》，國際炎黄文化出版社，2003年）讀。下同。

《語叢二》："未又（有）嘩（誇）而忠者。"

禹字聲系

禹與齲

《脈書》："在齒，痛，爲虫〈蟲〉禹（齲）。"

《脈書》："其癰，爲血禹（齲）。"

禹與羽

《天五》："禹（羽）。"

《天五》："禹（羽）風：壬辰、癸巳、壬戌、癸亥□□〼。"

墨與禹

《緇衣》："墨（禹）立三年，百眚（姓）以㤅（仁）道，剴（豈）必𦘔（盡）㤅（仁）。"

《唐虞》："墨（禹）約（治）水，膉（益）約（治）火，后禝（稷）約（治）土，足民敄（養）[也]。"

《成之》："《大墨（禹）》曰：'余才厇（度）天心。'"

《尊德義》："墨（禹）以人道訂（治）其民，傑（桀）以人道嬰（亂）其民。傑（桀）不易墨（禹）民而句（後）嬰（亂）之，湯不易傑（桀）民而句（後）訂（治）之。"

《尊德義》："墨（禹）之行水，水之道也。"

《子羔》："觀於伊而得之，寇（懷）厽（三）忩（年）而畫於伓（背）而生₌（生，生）而能言，是墨（禹）也。"

《容成氏》："舜聖（聽）正（政）三年，

山陛（陵）不凥（處），水衆（潦）不湝（？），乃立壐（禹）以爲司工。”

《容成氏》：“壐（禹）既已受命，乃卉備（服）蓋（笞）若（箬），冒（帽）芙（蒲）蓻（笠）□足□▨面𤕱（乾）䐑（皵），脛（脛）不生之毛，□遝湝流。”

《容成氏》：“壐（禹）親執枌（畚）汜（耜），以波（陂）明者（都）之澤，決九河之淭（阻），於是虖（乎）夾州、涂（徐）州訇（始）可凥（處）。”

《容成氏》：“壐（禹）迵（通）淮與忻（沂），東豉（注）之泂（海），於是虖（乎）競州、篖（莒）州訇（始）可凥（處）也。”

《容成氏》：“壐（禹）乃迵（通）蔞與湯（易），東豉（注）之泂（海），於是虖（乎）荓（幷）州訇（始）可凥（處）也。”

《容成氏》：“壐（禹）乃迵（通）三江五沽（湖），東豉（注）之泂（海），於是虖（乎）䓞（荊）州、鄒（揚）州訇（始）可凥（處）也。”

《容成氏》：“壐（禹）乃迵（通）洢（伊）、洛，並里〈廛（瀍）〉、干（澗），東豉（注）之河，於是於（乎）敘（豫）州訇（始）可凥（處）也。”

《容成氏》：“壐（禹）乃從灘（漢）以南爲名浴（谷）五百，從灘（漢）以北爲名浴（谷）五百。”

《容成氏》：“舜又（有）子七人，不以其子爲後，見壐（禹）之臤（賢）也，而欲以爲後。”

《容成氏》：“壐（禹）乃五䜭（讓）以天下之臤（賢）者。”

《容成氏》：“壐（禹）聖（聽）正（政）三年，不折（製）革，不釰（刃）金，不鉻（略）矢，田無𠜱（蔡），厇（宅）不工（空），閘（關）市無賦。”

《容成氏》：“壐（禹）乃因山陛（陵）坪（平）徑（隰）之可坓（封）邑者而緐（繁）實之。”

《容成氏》：“壐（禹）肰（然）句（後）訇（始）爲之㖂（號）羿（旗），以攴（辨）其左右，思（使）民毋惑。”

《容成氏》：“壐（禹）肰（然）句（後）訇（始）行以僉（儉）。”

《容成氏》：“壐（禹）乃建鼓於廷，以爲民之又（有）詓（謁）告者訏（訊）安（焉）。”

《容成氏》：“毄（擊）鼓，壐（禹）必速出，冬不敢以蓑（寒）訇（辭），夏不敢以㬠（暑）訇（辭）。”

《容成氏》：“壐（禹）又（有）子五人，不以其子爲後。”

《容成氏》：“壐（禹）於是㖂（乎）䜭（讓）嗌（益），啓於是㖂（乎）攻嗌（益）自取。”

《曹沫》：“君其亦隹（唯）䎽（聞）夫壐（禹）、康（湯）、傑（桀）、受（紂）矣。”

《君子》：“與壐（禹）䈞（孰）臤（賢）？”

《君子》：“壐（禹）絧（治）天下之川，□以爲异（己）名；夫子絧（治）《時（詩）》、《箸（書）》，非以异（己）名，肰（然）則臤（賢）於壐（禹）也。”

《鬼神》：“昔者堯舜壐（禹）湯，㤡（仁）義聖智，天下灋之。”

《史蒥》：“北（必）跪（危）其邦家，則能貴於壐=漮=（禹湯，禹湯）則學。”

《堯王》：“壐（禹）畣（答）曰：‘隹（惟）寺（時）。’”

《堯王》：“乃䎽（問）於壐（禹）曰：‘大割（害）既折（制），少（小）▨。’”

《禹王》：“壐（禹）王天下備深，亙（恆）□▨。”

《禹王》："埀（禹）事堯，天下大水。"
《禹王》："堯乃亯（就）埀（禹）曰：'气（訖）安其往，疋（疏）州（川）記（起）浴（谷），以瀆天下。'"
《禹王》："埀（禹）疋（疏）江爲三，疋（疏）河爲九，百州（川）皆道（導），賽（塞）専（湖）卆₌（九十），夬（決）瀆三百。"
《禹王》："埀（禹）使民以二和，民乃𦘦（盡）力。"
《禹王》："埀（禹）奮中疾志，又（有）欲而弗達；深傯固疋（疏），又（有）社（功）而弗登（伐）。"
《禹王》："埀（禹）王天下，卲（昭）大之不私▨。"
《禁忌》："凡五卯，不可以作大事；帝以命嗌（益）淒（齎）埀（禹）之火，午不可以樳₌（樹木）。"

烏字聲系

烏與嗚

《周馴》："烏（嗚）乎（呼）！戒哉！尚勉承教，而謹慎勿曼（慢）。"

於字聲系

於與棜

《特牲》："壺、於（棜）禁，選（饌）于東序，南順，覆兩壺焉，蓋在南。"

於與烏

《管仲》："君子孥（學）才（哉），孥（學）於（烏）可以巳（已）？"
《管仲》："君子孥（學）才（哉），孥（學）於（烏）可以巳（已）？"

於與嗚

《詩論》："於（鸣）虖（乎）！前王不忘。虐（吾）敓（悦）之。"按，"於"當讀作"嗚"。
《成王》："成王曰：'於（嗚）虗（呼）！道▨。'"
《堯王》："堯曰：'於（嗚）虖（呼），日月閟閒，戠（歲）建▨。'"
《尹誥》："於（嗚）虗₌（呼！吾）可（何）乍（作）于民，卑（俾）我眾勿韋（違）朕言？"
《程寤》："於（嗚）虖（呼）！可（何）敬（警）非朋？可（何）戒非商？可（何）甬（用）非桓₌（樹？樹）因欲，不違𦬁（材）。"
《程寤》："於（嗚）虖（呼），敬才（哉）！"
《程寤》："於（嗚）虖（呼）！"
《保訓》："於（嗚）虖（呼）！祗之才（哉）！"
《保訓》："於（嗚）虖（呼）！發，敬才（哉）！"
《皇門》："於（嗚）虖（呼）！朕寡邑少（小）邦，穠（蔑）又（有）耆耇梡（慮）事啰（屏）朕立（位）。"
《皇門》："於（嗚）虖（呼）！敬才（哉），監（鑑）于茲。"
《祭公》："於（嗚）虖（呼），公。"
《祭公》："於（嗚）虖（呼），公，女（汝）念孳（哉）！"
《祭公》："於（嗚）虖（呼），天子。"
《祭公》："於（嗚）虖（呼），天子，不（丕）則𩕆（畏）言孳（哉）。"
《祭公》："於（嗚）虖（呼），天子，三公，女（汝）念孳（哉）。"
《琴舞》："五啟曰：於（嗚）虗（呼）！天多降㥁（德），汸₌（滂滂）才（在）下。"
《琴舞》："於（嗚）虗（呼）！弋（式）克其又（有）辟。"
《琴舞》："九啟曰：於（嗚）虗（呼）！"
《芮良夫》："於（嗚）虗（呼）！畏孳

（哉）！”
《厚父》：“於（嗚）虖（呼），天子！天令（命）不可漗（僭）。”
《封許》：“於（嗚）虐（呼），丁，戒才（哉）！”
《三壽》：“於（嗚）虐（呼），彭且（祖）!”
《三壽》：“於（嗚）虐（呼）!”
《三壽》：“於（嗚）虐（呼）! 若寺（時）。”
《三壽》：“於（嗚）虐（呼）! 若寺（時）。”
《九主》：“於（嗚）乎（呼）危才（哉）！得主之才（哉）！”
《九主》：“於（嗚）乎（呼）危才（哉）！半君！”
《天下至道》：“於（嗚）虖（呼）讃（慎）才（哉），神明之事，在於所閉。”
《發啟》：“於（嗚）乎（呼）！謀念戋（哉）！”
《文啟》：“於（嗚）乎（呼）! 何愛何穡，萬物皆得。”
《文啟》：“於（嗚）乎（呼）! 聖人務靜之，愚人務正之。”
《殘簡四》：“於（嗚）乎（呼）!”
《殘簡四》：“於（嗚）乎（呼）！”
《周馴》：“於（嗚）乎（呼）！小子未智（知）臧否，余故畢告女（汝）於得國失國，廢興之所以。”

於與謁

《楚帛書》甲：“□□水□，風雨是於（謁）。”

於與猗

《詩論》：“《於（猗）差（嗟）》虐（吾）憙（喜）之。”
《詩論》：“《於（猗）差（嗟）》曰：‘四矢弁（反），以御（禦）孌（亂）。’”

於與乎

《容成氏》：“□於是於（乎）㞢板正立，四向际禾（和），[illegible]以衡（率）天下之民。”
《容成氏》：“於是於（乎）訇（治）筥（爵）而行录（禄），以䛁（讓）於又=吳=迵=（有虞迵，有虞迵）曰：‘悳（德）速蓑（衰）☐。’”
《容成氏》：“𡔜（禹）乃迵（通）泒（伊）、洛，並里〈廛（瀍）〉、干（澗），東䢵（注）之河，於是於（乎）敍（豫）州訇（始）可凥（處）也。”

郑與鄔

《鄭甲》：“枼（世）及虐（吾）先君武公，西城洢（伊）閒（澗），北遠（就）郑（鄔）、鄙（劉）。”
《鄭乙》：“枼（世）及虐（吾）先君武公，西城淇〈洢（伊）〉閒（澗），北𢔶（就）郑（鄔）、鄙（劉）。”

䁥與覰

《君子》：“☐免（俛）視，毋昃（側）䁥（覰）。”按，“䁥”字似當讀作“覰”，字亦作“覷”。

鴍與烏

《交交》：“交=（交交）鳴鴍（烏），集于中渚。”
《交交》：“交=（交交）鳴鴍（烏），集于中澫（瀨）。”
《赤鵠》：“衆鴍（烏）牆（將）飤（食）之。”
《赤鵠》：“晉（巫）鴍（烏）曰：‘是少（小）臣也，不可飤（食）也。夏句（后）又（有）疾，牆（將）禚（禦）楚，于飤（食）其祭。’”
《赤鵠》：“衆鴍（烏）乃僐（稽）晉（巫）鴍（烏）曰：‘夏句（后）之疾女（如）可（何）？’”
《赤鵠》：“晉（巫）鴍（烏）乃曰。”
《赤鵠》：“衆鴍（烏）乃往。”

《赤鵠》："晉（巫）鶩（烏）乃歟少（小）臣之朐（喉）渭（胃），少（小）臣乃记（起）而行。"

亞字聲系

亞與惡

《老子》甲："天下皆智（知）敚（美）之爲娧（美）也，亞已；皆智（知）善，此其不善巳。"按，今本和帛書甲本亞作惡。

《老子》乙："岀（美）與亞，相去可（何）若？"按，今本和帛書甲本亞作惡。

《魯穆公》："恆（亟）爯（稱）其君之亞（惡）者，可胃（謂）忠臣矣。"

《魯穆公》："亙（亟）爯（稱）其君之亞（惡）者，可胃（謂）忠臣矣。"

《魯穆公》："亙（亟）爯（稱）其君之亞（惡）者未之又（有）也。"

《魯穆公》："亙（亟）□□□之亞（惡）□□□彔（祿）薔（爵）者□。"

《魯穆公》："義而遠彔（祿）薔（爵），非子思，虛（吾）亞（惡）昏（聞）之矣。"

《緇衣》："好娧（美）女（如）好茲（緇）衣，亞₌（惡惡）女（如）亞（惡）遳（巷）白（伯）。"

《緇衣》："又（有）郕（國）者章好章亞（惡），以視民厚，則民青（情）不紅（忒）。"

《緇衣》："古（故）君民者，章好以視（示）民忿（俗），慬（謹）亞（惡）以渫（遏）民淫〈淫〉，則民不賊（惑）。"

《緇衣》："古（故）上之好亞（惡），不可不斱（慎）也，民之蕖（表）也。"

《緇衣》："古（故）君子顅（顧）言而行，以成其信，則民不得大其娧（美）而少（小）其亞（惡）。"

《緇衣》："古（故）君子之友也又（有）向（鄉），其亞（惡）又（有）方。"

《緇衣》："翌（輕）巤（絕）貧戔（賤），而垔（重）巤（絕）賹（富）貴，則好息（仁）不臤（堅），而亞₌（惡惡）不紙（著）也。"

《六德》："衍（道）不可徧也，能獸（守）弌（一）曲安（焉），可以緯其亞（惡），是以其剌（斷）狄速。"

《性自》："好亞（惡），眚（性）也；所好所亞（惡），勿（物）也。"

《性自》："句（苟）以其青（情），唯（雖）怂（過）不亞（惡）。"

《性自》："亞（惡）之而不可非者，達於義者也；非之而不可亞（惡）者，筐（篤）於息（仁）者也。"

《性自》："亞（惡）頪（類）厽（三），唯亞（惡）不息（仁）爲忻（近）宜（義）。"

《性自》："凡人慍（僞）爲可亞（惡）也。"

《性自》："斱（慎），息（仁）之方也，肰（然）而其怂（過）不亞（惡）。"

《語叢一》："又（有）生又（有）智（知），而句（後）好亞（惡）生。"

《語叢三》："父亡亞（惡）。君猷（猶）父也，其弗亞（惡）也，猷（猶）三軍之旃也，正也。"

《語叢四》："口不斱（慎）而床（戶）之閟（閉），亞（惡）言復己而死無日。"

《語叢四》："飤（食）韭亞（惡）智（知）終其[illegible]。"

《語叢四》："及之而弗亞（惡），必聿（盡）其古（故）。"

《詩論》："《少（小）鑁（宛）》，其言不亞（惡），少有忎（佞）安（焉）。"

《詩論》："甚貴其人，必敬其立（位）；敓（悅）其人，必好其所爲。亞（惡）其人者亦肰（然）。"

《詩論》："☐亞（惡）而不𡈼（憫）。"
《從政》："毋占（佔）民賧（斂）則同不膚，灋贏亞（惡）則民不悄（怨）。"
《昔者》："君子曰：譽（舉）敚（美）灋（廢）亞（惡）☐。"
《周易·睽》："初九：悔（悔）芒₌（亡，亡）馬勿由（逐），自復。見亞（惡）人，亡（无）咎。"
《内豊》："考（孝）子事父母，以飤（食）亞（惡）岜（美）下之。"
《鮑叔牙》："齊邦至亞（惡）死，而𨑒（上）穆其型（刑）；至欲飤（食），而上厚其僉（斂）；至亞（惡）何（苛），而上不肯（時）使。"
《季康子》："亞（惡）人勿𩟧（陷），好人勿貴。"
《季康子》："是古（故）臤（賢）人之居邦家也，夙𦦨（興）夜寐，☐耑以比。民之☐敚（美），棄亞（惡）毋歸。"
《季康子》："☐亞（惡）勿使，先₌（先人）斎₌（之所）灋（廢）勿㞢（起）。"
《季康子》："毋亙（恆）才後₌（後，後）殜（世）比𤔲（亂），邦相褱（壞）毀，眾必亞（惡）善。"
《苦成》："以見亞（惡）於敕₌公₌（厲公。厲公）無道。"
《苦成》："今宔（主）君不适（褻）於虐（吾），古（故）而反，亞（惡）之。"
《君子》："蜀（獨）智，人所亞（惡）也；蜀（獨）貴，人所亞（惡）也；蜀（獨）賑（富），人所亞（惡）☐。"
《三德》："卉木須時而句（後）奮，天亞（惡）女（如）忻。"
《三德》："身虞（且）有瘂（病），亞（惡）盉（羹）與飤（食）；邦虞（且）亡，亞（惡）聖人之悔（謀）；室虞（且）弃，不墮（綏）祭祀，唯蕙是備（服）。"
《三德》："宮室逃（過）厇（度），皇天之所亞（惡），唯（雖）成弗居。"
《相宅》："☐□尻（居）東南多亞（惡）☐。"按，"亞（惡）"字從李守奎《江陵九店五六號墓竹簡考釋四則》（《江漢考古》1997年4期）釋讀。
《競公瘧》："女（如）川（順）言弇（掩）亞（惡）唇（乎）？"
《競公瘧》："縈（營）狂（誑）公退（納）武夫、亞（惡）聖人。"
《用曰》："韓（諱）眾誚（孽）諫，脜（羞）𦖞（聞）亞（惡）悔（謀）。"
《用曰》："□亞（惡）猷慨，𢆉（亂）節晉（僭）行。"
《天子甲》："臨飤（食）不䛐（語）亞（惡）。"
《天子乙》："臨飤（食）不䛐（語）亞（惡）。"
《武王甲》："亞（惡）危₌（危？危）於忿連（憚）。亞（惡）迭₌（失？失）道於脂（嗜）谷（慾）。亞（惡）忘₌（忘？忘）於貴福（富）。"
《王居》："㧊（抑）忈（忌）韋（違）詤（讒）託（媢），以陸（墮）亞（惡）虐（吾）外臣，而居虐（吾）右₌（左右）。"
《王居》："☐毀亞（惡）之。"
《鶹鷅》："欲衣而亞（惡）枲含可（兮）。"
《筮法一》："参（三）吉同兇，亞（惡）肴（爻）尻（處）之，今旇（焉）死。"
《筮法一》："参（三）兇同吉，亞（惡）肴（爻）尻（處）之，今旇（焉）死。"
《筮法十九》："凸（凡）噬（筮）志事，而見同㳄（次）於四立（位）之中，乃曰爭之虞（且）相亞（惡）也。"
《訔門》："者（胡）猷（猶）是人，而罷（一）亞（惡）罷（一）好？"

《啻門》:“娩（美）悳（德）系（奚）若？亞（惡）悳（德）系（奚）若？壴（美）事系（奚）若？亞（惡）事系（奚）若？壴（美）役系（奚）若？亞（惡）役系（奚）若？壴（美）正（政）系（奚）若？亞（惡）正（政）系（奚）若？壴（美）型（刑）系（奚）若？亞（惡）型（刑）系（奚）若？”

《啻門》:“悳（德）㝯（變）亟埶譌以亡（妄）成，此胃（謂）亞（惡）悳（德），唯（雖）成或（又）澀（瀆）。”

《啻門》:“记（起）事亡（無）穫，疠（病）民亡（無）古（故），此胃（謂）亞（惡）事。”

《啻門》:“记（起）役不時，大弼（費）於邦，此胃（謂）亞（惡）役。”

《啻門》:“正（政）兼（濫）𤔔（亂）以亡（無）棠（常），民咸解體自卹（恤），此胃（謂）亞（惡）正（政）。”

《啻門》:“型（刑）情（清）以不方（放），此胃（謂）壴（美）型₌（刑；刑）𡢃（褻）以亡（無）棠（常），此胃（謂）亞（惡）型（刑）。”

《三壽》:“敢聒（問）人可（何）胃（謂）長？可（何）胃（謂）險（險）？可（何）胃（謂）肩（厭）？可（何）胃（謂）亞（惡）？”

《三壽》:“敢聒（問）人可（何）胃（謂）長？可（何）胃（謂）險（險）？可（何）胃（謂）肩（厭）？可（何）胃（謂）亞（惡）？”

《三壽》:“虐（吾）聒（聞）夫險（險）莫險（險）於心，肩（厭）非（必）䏍（藏），亞（惡）非（必）喪。”

《三壽》:“敢聒（問）人可（何）胃（謂）長？可（何）胃（謂）險（險）？可（何）胃（謂）肩（厭）？可（何）胃（謂）亞（惡）？”

《三壽》:“虐（吾）聒（聞）夫險（險）莫險（險）於䰠（鬼），肩（厭）非（必）坪（平），亞（惡）非（必）聖（傾）。”

《三壽》:“虐（吾）聒（聞）夫險（險）非（必）矛退（及）干，肩（厭）非（必）福（富），亞（惡）非（必）亡（無）飤（食）。”

《子產》:“此胃（謂）張壴（美）弃（棄）亞（惡）。”

《帛乙老子·德經》：“人之所亞（惡），唯孤寡不橐（穀），而王公以自稱也。”

《帛乙老子·德經》：“天之所亞（惡），孰知其故？”

《帛乙老子·道經》：“天下皆知美之爲美，亞（惡）已。”

《帛乙老子·道經》：“居眾人之所亞（惡），故幾於道矣。”

《帛乙老子·道經》：“美與亞（惡），其相去何若？”

《帛乙老子·道經》：“物或亞（惡）之，故有欲（裕）者弗居。”

《帛乙老子·道經》：“物或亞（惡）之，故有欲者弗居。”

《四度》：“高下不敝（蔽）其刑（形），美亞（惡）不匿其請（情）。”

《四度》：“美亞（惡）有名，逆順有刑（形），請（情）僞有實。”

《觀》：“地□□□□□□□□□則亞（惡）。”

《果童》：“夫地有山有澤，有黑有白，有美有亞（惡）。”

《行守》:“天亞（惡）高，地亞（惡）廣，人亞（惡）荷（苛）。”

《稱》:“宮室過度，上帝所亞（惡），爲者弗居，唯（雖）居必路（落）。”

《稱》：“陽親而陰亞（惡），胃（謂）外其膚（傅）而內其𠠝（卻）。”

《道原》：“无好无亞（惡），上用□□而民不麋（迷）惑。”

《陰陽脈乙》："病至則亞（惡）人與火，聞木音則易（惕）然驚。"
《養生方》："削予（杼）木，去其上箁亞（惡）者，而卒（猝）斬之。"
《帛易·睽》："初九，悔亡。亡（喪）馬勿遂〈逐〉，自復。見亞（惡）人，无咎。"
《二三子》："天乳（亂）驕而成嗛（謙），地徹驕而實嗛（謙），鬼神禍福嗛（謙），人亞（惡）驕而好謙。"
《二三子》："塞人之美，陽人之亞（惡），可胃（謂）无德，其凶亦宜矣。"
《二三子》："塞人之亞（惡），陽人之美，可胃（謂）'有序'矣。"
《易之義》："萬物莫不欲長生而亞（惡）死，會心者，而台（以）作易，和之至也。"
《易之義》："是故文人之義，不侍（待）人以不善，見亞（惡）墨（默）然弗反，是謂以前戒後，武夫昌慮，文人緣序。"
《繆和》："古〈自〉古至今，柏（霸）王之君，未嘗憂困而能□□曰美亞（惡）不□□□也。"
《昭力》："昔之賢君也，明以察乎人之欲亞（惡），《詩》、《書》以成其慮，外内親賢以爲紀岡（綱）。"
《文師》："凡民者，樂生而亞（惡）死，亞（惡）危而歸利。"
《發啟》："同利相死，同請（情）相成，同亞（惡）相助，同好相趨。"
《發啟》："維文維悳（德），孰爲之戒？弗觀【弗視】，亞（惡）知其極？"
《王兵》："所意（喜）之國能蜀（獨）利之，所亞（惡）之國能蜀（獨）害之。"
《田法》："循行立稼之狀，而謹□□美亞（惡）之所在。"
《田法》："令皆受地美亞（惡）□均之數也。"
《北大老子》："天下皆智（知）美之爲美，亞（惡）已。"

亞與啞

《帛易·震》："辰（震）來朔（虩）朔（虩），芙（笑）言亞（啞）亞（啞）。"

亞與胡

《武王甲》："毋曰亞（胡）害，祡（禍）將大。"

亞與嗚

《成王》："亞（嗚）虖（呼），敬之才（哉）！輮（朕）聒（聞）才（哉）☐。"

啞與惡

《鄭武》："古（故）君與夫＝（大夫）饔（晏）安（焉），不相得啞（惡）。"

惡與亞

《特牲》："主婦洗爵于房，酌，惡（亞）獻尸。"
《少牢》："羊在豆東，豕惡（亞）其北，魚在羊東，腊在豕東。"

惡與堊

《日甲·盜者》："其後必有別，不皆（偕）居，咎在惡（堊）室。"

擟與擭

《妄稽》："股不盈拼（棊），脛大五擟（擭）。"按，"擟（擭）"字從王寧《讀北大簡四〈妄稽〉零識》（簡帛網，2016年7月14日）讀。

晉與堊

《北蒼·魚》："瓦蓋焚（棼）楊，晉（堊）溉（塈）幔（獿）杇。"

支部第六

卑字聲系

卑與俾

《老子》甲："卑道之才（在）天下也，猷（猶）少（小）浴（谷）之與江沺（海）。"按，帛書甲本卑作俾。

《文王》："☐乃往，既見，牺（將）反（返），文王乃卑（俾）☐。"按，"卑（俾）"字從李松儒《上博九編聯二題》（《"簡帛文獻與古代史"——第二屆出土文獻青年學者國際論壇論文集》，中西書局，2015年）釋讀。

《尹誥》："於（嗚）虐=（呼！吾）可（何）乍（作）于民，卑（俾）我眾勿韋（違）朕言？"

《程寤》："習（召）大（太）子發（發），卑（俾）霝（靈）名兇（總）敂（蔽）。"

《程寤》："卑（俾）行量亡乏，明=（明明）才（在）向（上），隹（惟）容内（納）棶（棘），意（抑）欲隹（惟）柏。"

《皇門》："先[=]（先人）神示（祇）復式（式）用休，卑（俾）備（服）才（在）氒（厥）家。"

《皇門》："乃隹（維）乍（詐）區（詬）以倉（答），卑（俾）王之亡（無）依亡（無）薦（助）。"

《奏讞書》："其所以得者甚徵（微）巧，卑（俾）令盜賊不敢發。"

《説命上》："氒（厥）卑（俾）繃（繃）弓紳（引）弹（卷）辟矢。"

《説命下》："敚（説），罘（懷）亦詣（祇）乃備（服），勿易卑（俾）邚（越）。"

《同顯》："綏任謁以補卒史，勸它吏，卑（俾）盜賊不發。"

卑與披

《荊決》："山有玄木，其葉卑（披）離。"

卑與婢

《第二組》："黔首賣奴卑（婢）、馬牛及買者，各出廿二錢以質市亭。"

《第二組》："皇帝其買奴卑（婢）、馬，以縣官馬牛羊貿黔首馬牛羊及買，以爲義者，以平賈（價）買之，輒予其主錢。"

《第二組》："賣奴卑（婢）、馬、牛者，皆以帛書質，不從令者，貲一甲。"

卑與脾

《天乙·黃鐘》："連面，大口，大目炽=（炽炽）殹，色黃、黑，善病要（腰）、卑（脾）。"

卑與裨

《良臣》："子產之輔：子羽、子剌、蔑明、卑（裨）登（諶）、富〈富〉之厇、王子百。"

卑與蜱

《胎產書》："以方苴（咀）時，取蒿、牡（杜）、卑（蜱）稍（蛸）三，冶，飲之。"

《二類》："消（硝）石二兩，桂一尺，桑卑（蜱）肖（蛸）十四枚，蟅虫三枚。"

卑與比

《鄭武》："自衛（衛）與奠（鄭）若，卑（比）耳而昏（謀）。"按，"卑（比）"字從清華大學出土文獻讀書會《清華六整理報告補正》（清華大學出土文獻研究與保護中心網，2016年4月16日）引王挺斌説讀。

卑與辟

《緇衣》："毋以少（小）悔（謀）敗大惜

（作），毋以卑（嬖）御息（疾）妝（莊）句（后），毋以卑（嬖）士息（疾）夫₌（大夫）、卿事（士）。”按，上博簡本《緇衣》卑（嬖）作辟。

《皇門》：“今我卑少（小）于大。”按，今本《逸周書・皇門》卑作辟。

卑與嬖

《緇衣》：“毋以少（小）悔（謀）敗大惜（作），毋以卑（嬖）御息（疾）妝（莊）句（后），毋以卑（嬖）士息（疾）夫₌（大夫）、卿事（士）。”

《鄭武》：“孚₌（孺子）亦母（毋）以埶（褻）豈（豎）卑（嬖）御，勤力射馯（御）。”按，“卑（比）”字從清華大學出土文獻讀書會《清華六整理報告補正》（清華大學出土文獻研究與保護中心網，2016年4月16日）引石小力説讀。

卑與薜

《反淫》：“□紹，結以奇（琦）璜，土（杜）若申椒，燕茝秦衡（蘅），新（辛）雉（夷）槀本，木蘭之柒（牀），卑（薜）離（荔）要（幽）惠（蕙），江羅（離）雜芳。”

卑與譬

《老子》甲：“卑道之才（在）天下也，猷（猶）少（小）浴（谷）之與江海（海）。”按，今本卑作譬。

《帛乙老子・道經》：“卑（譬）道之在天下也，猷（猶）小浴（谷）之與江海也。”

《皇門》：“今我卑（譬）少（小）于大。”

《皇門》：“卑（譬）女（如）戎夫，喬（驕）用從肣（禽），其由（猶）克又（有）䨾（獲）？”

《皇門》：“卑（譬）女（如）䍐（鞫）夫之又（有）悉（媢）妻。”

《皇門》：“卑（譬）女（如）舡（屬）舟，輔余于險，𨷳余于淒（濟）。”

《祭公》：“天子，三公，我亦走（上）下卑（譬）于文武之受命，室（皇）㝗（苦）方邦。”

《芮良夫》：“卑（譬）之若童（重）載以行陮（崝）險，莫之敖（扶）道（導），其由（猶）不遉（顛）[illegible]（覆）？”

《鄭甲》：“忞（閔）㽎（喪）虗（吾）君，卑（譬）若鷄䧕（雛）。”

《鄭甲》：“故（古）之人又（有）言曰：‘爲臣而不諫，卑（譬）若饙（饋）而不貮（貳）。’”

《鄭甲》：“君女（如）是之不能茅（務），則卑（譬）若疾之亡瘖（醫）。”

《鄭乙》：“忞（閔）㽎（喪）虗（吾）君，卑（譬）□。”

《鄭乙》：“君女（如）是之不能茅（務），則卑（譬）若疾之亡瘖（醫）。”

《十陣》：“錐行之陳（陣），卑（譬）之若劍，末不閱（鋭）則不入，刃不溥（薄）則不剸，本不厚則不可以列陳（陣）。”

俾與卑

《顏淵問》：“悳（德）成則名至矣，名至必俾（卑）身₌（身，身）絧（治）大則录（禄）□。”按，“俾（卑）”字從復旦吉大古文字專業研究生聯合讀書會《〈上博八・顏淵問於孔子〉校讀》（復旦大學出土文獻與古文字研究中心網，2011年7月17日）讀。

俾與嬖

《曹沫》：“進必又（有）二牆（將）軍，毋牆（將）軍必又（有）𧫷（數）辟（嬖）夫₌（大夫），毋俾（嬖）夫₌（大夫）必又（有）𧫷（數）大官之帀（師）、公孫公子。”

《曹沫》：“毋辟（嬖）於佊（便）俾（嬖），毋倀（長）於父䏴（兄），賞坸（均）聖（聽）中，則民和之。”

《祭公》：“女（汝）母（毋）以俾（嬖）詨（御）息（塞）尔（爾）臧（莊）句（后）。”

《祭公》：“女（汝）母（毋）以俾（嬖）

士息（塞）夫₌（大夫）卿李（士）。”

《管仲》：“夫₌（大夫）叚（假）事（使），攴（便）俾（嬖）智（知）官事長。”

俾與譬

《帛甲老子·道經》：“俾（譬）道之在天下也，猶小浴（谷）之與江海也。”

俾與罷

《容成氏》：“凡民俾（罷）敂（弊）者，教而悔（誨）之，歙（飲）而飤（食）之，思（使）役百官而月青（請）之。”按，“俾（罷）”字從裘錫圭《讀上博簡〈容成氏〉劄記二則》（《古文字研究》第二十五輯，中華書局，2004年）讀。

庳與卑

《二年·具律》：“皆令監臨庳（卑）官，而勿令坐官。”

《春秋八》：“其埶（勢）有（又）庳（卑）。”

《春秋八》：“夫晉之使者敝（幣）厚而辭庳（卑）。”

《繫辭》：“天奠〈尊〉地庳（卑），鍵（乾）川（坤）定矣。”

《繫辭》：“庳（卑）高以陳，貴賤立（位）矣。”

《行軍》：“辭庳（卑）而備益者，進也。”

《發啟》：“微才（哉）！執（鷙）鳥將執，庳（卑）蜚（飛）翕翼。”

《五議》：“能知言之所至，能爲有天下有國者定治之高庳（卑）。不能知言之所至，不能爲有天下有國者定治之高庳（卑）。”

《觀庳》：“觀庳（卑）。”

《觀庳》：“有國之觀庳（卑）：一也，不見亡地。”

《觀庳》：“有國之觀庳（卑）：一也，不見自忘₌（忘忘）國之理。”

《分士》：“伊₌（伊尹）曰：‘志小論臣庳（卑）者也。’”

《善卷》：“許囚（由）曰：‘以言高，以行庳（卑），俱可。’”

庳與捭

《北蒼·支》：“狛（帛）賜（貨）溓滎，竊纚展庳（捭）。”

宑與卑

《繫年三》：“周室即〈既〉宑（卑），坪（平）王東遷，止于成周。”

《子產》：“敗（損）難又（有）事，多難忎（近）亡，此胃（謂）宑（卑）逸樂。”

《子產》：“古之狂君，宑（卑）不足先善君之儈（驗）。”

埤與卑

《三德》：“埤（卑）牃（牆）勿增，灋（廢）人勿畀（興），皇天之所弃，而句（后）帝之所憎。”按，“埤（卑）”字從陳劍《談談〈上博（五）〉的竹簡分篇、拼合與編聯問題》（簡帛網，2006年2月18日）讀。

《凡物甲》：“逐高從埤（卑），至（致）遠從迩（邇）。”

《凡物乙》：“逐高從埤（卑），至（致）遠從迩（邇）。”

《蓋廬》：“軍之道，冬軍₌（軍軍）於高者，夏軍₌（軍軍）於埤（卑）者，此其勝也。”

《稱》：“埤（卑）而正者增，高而倚者倗（崩）。”

《晏子五》：“廣大者有賞，埤（卑）小者有罪，是以身及焉。”

《晏子五》：“今君埤（卑）亦有罪，高亦有罪。”

《將失》：“十七曰，埤（卑）壘无其資，眾恐，可敗也。”

《曹氏》：“☐地埤（卑）陰，山陵亦以高爲陽而☐。”

埤與畢

《赤鹄》：“其一白兔不得，是刣（始）爲

埤（畢），（覆）者（諸）屋，以戟（御）白兔。”按，“埤（畢）”字從白於藍《〈清華大學藏戰國竹簡（三）〉拾遺》（《中國文字研究》第二十輯，上海書店出版社，2014年）讀。

婢與髀

《引書》：“雞信（伸）以利肩婢（髀），反榣（搖）以利腹心。”

婢與嬖

《稱》：“立正妻者，不使婢（嬖）妾疑（擬）焉。”

《繫年六》：“晉獻公之婢（嬖）妾曰驪姬，欲其子（奚）肰（齊）之爲君也。”按，“婢（嬖）”字從復旦大學出土文獻與古文字研究中心讀書會《〈清華（貳）〉討論記録》（復旦大學出土文獻與古文字研究中心網，2011年12月23日）引陳劍説讀。

淠與裨

《雄牝城》：“城在淠（裨）澤中，无亢山名谷，而有付（坿）丘於其四方者，雄城也，不可攻也。”

逋與嬖

《曹沫》：“毋忞（愛）貨資子女，以事其佼（便）逋（嬖），所以佢（距）内。”

逋與卑

《曹沫》：“三軍出，其逕（將）逋（卑），父䂥（兄）不廌，繇（由）邦馭（御）之。此出帀（師）之幾（機）。”

㙗與蹕

《容成氏》：“於是虐（乎）唫（喑）聾執燭，相（矇）戉（瞽）鼓瑟，䟁（跛）㙗（蹕）獸（守）門，敉（侏）需（儒）爲矢。”

棹與陴

《爲吏》：“樓棹（陴）矢閲（穴）。”

脾與髀

《脈書》：“在腸，有農（膿）血，篡、脾（髀）、尻、少腹痛，爲腸辟（澼）。”

《脈書》：“胸痛，要（腰）以（似）折，脾（髀）不可運。”

《脈書》：“節盡痛，脾（髀）廉痛，魚股痛。”

《足臂脈·足》：“䣛（膝）外兼（廉）痛，股外兼（廉）痛，脾（髀）外兼（廉）痛。”

《陰陽脈甲》：“□□□頭頸痛，脅痛，瘧，汗出，節盡痛，脾（髀）【外】廉痏。”

《陰陽脈乙》：“要（腰）以（似）折，脾（髀）不可以運。”

《曹熬》：“五至勿星，尻脾（髀）能方。”

《合陰陽》：“四而脊脅強，五而尻脾（髀）方，六而水道行。”

《天下至道》：“五嶂（動）尻脾（髀）方，六嶂（動）水道行。”

《妄稽》：“脾（髀）若枍版，少肉骨多。”

《特牲》：“脾（髀）脰、脊二骨，脅二骨。”

《少牢》：“司馬升羊右辨（胖），脾（髀）不升。”

《少牢》：“司士升豕右辨（胖），脾（髀）不升。”

《少牢》：“上利升羊，右辨（胖），脾（髀）不升，肩、臂、臑、肫、胳（骼）。”

《少牢》：“衡（横）之，腊兩脾（髀）屬于尻。”

《有司》：“魚七，腊辨（辯），無脾（髀）。”

錍與鼙

《泰射》：“朔錍（鼙）在其北。”

鞞與埤

《日甲·盜者》：“盜者園（圓）面，其爲人也鞞₌（埤埤）然。”

鼙與革

《鄭甲》：“以頟於俟丼，籖（笠）辜（冑）鼙（革）䩞（甲），列戈盾以爆（造）勛。”按，“鼙”字從 ee 在心包《清華六〈鄭文公問太伯〉初讀》(簡帛網“簡帛論壇”,2016年4月16日)一文下跟帖釋,從紫竹道人在心包《清華六〈鄭文公問太伯〉初讀》(簡帛網“簡帛論壇”,2016年4月16日)一文下跟帖讀作“革”。下同。

《鄭乙》:“以猷於俟抍,籖(笠)辠(冑)鞶(革)虓(甲),列戈盾以爆(造)勛。”

買字聲系

買與賣

《秦律·廄苑律》:“其乘服公馬牛亡馬者而死縣,縣診而雜買(賣)其肉。”

《秦律·倉律》:“猪、雞之息子不用者,買(賣)之,別計其錢。”

《秦律·金布律》:“有買(賣)及買殹(也),各嬰其賈(價)。”

《秦律·金布律》:“都官輸大内,内受買(賣)之,盡七月而觱(畢)。”

《秦律·金布律》:“都官遠大内者輸縣,縣受買(賣)之。”

《秦律·金布律》:“糞其有物不可以須時,求先買(賣),以書時謁其狀内史。”

《秦律·金布律》:“凡糞其不可買(賣)而可以爲薪及蓋蘙〈蘙(翳)〉者,用之。”

《雜抄》:“軍人買(賣)稟₌(稟稟)所及過縣,貲戍二歲。”

《答問》:“人臣甲謀遣人妾乙盜主牛,買(賣),把錢偕邦亡。”

《答問》:“盜₌(盜盜)人,買(賣)所盜,以買它物,皆畀其主。”

《答問》:“今盜₌(盜盜)甲衣,買(賣),以買布衣而得,當以衣及布畀不當?”

《答問》:“人固買(賣),子小不可別,弗買(賣)子母謂殹(也)。”

《答問》:“盜出朱(珠)玉邦關及買(賣)於客者,上朱(珠)玉内史。”

《封診式》:“謁買(賣)公,斬以爲城旦,受賈(價)錢。”

《猩敞》:“虢乘軺之醴陽,與去疾買銅錫〈錫〉冗募樂一男子所,載欲買(賣)。”

《猩敞》:“今冢中尚有器₌(器,器)巳(已)出,買(賣)敞所。”

《芮盜》:“芮買(賣)其分肆士五(伍)朵,地直(值)千,蓋二百六十九錢。”

《芮盜》:“芮買(賣),與朵別賈(價)地,且吏自別直?”

《芮盜》:“聞主市曹臣史,隸臣更不當受列,受棺列,買(賣)。”

《芮盜》:“可(何)故紿方曰巳(已)受,盜買(賣)于方?”

《芮盜》:“方弗取,有(又)弗環(還)錢,去往漁,是即盜紿人買(賣)公列地,非令。”

《芮盜》:“以方、多終不告芮,芮即紿買(賣)方。”

《芮盜》:“上即以芮謂爲盜買(賣)公地,辠(罪)芮,芮毋(無)以避。毋(無)它解。”

《芮盜》:“買(賣)分四百卅(三十)五尺,直(值)千錢。”

《暨過》:“女子蓄馬一匹,買(賣)。”按,“買(賣)”字從陶安《〈嶽麓書院藏秦簡(叁)〉校勘記》(復旦大學出土文獻與古文字研究中心網,2013年8月20)釋讀。

《魏盜》:“魏伐刑殺安等,置赤衣死(屍)所,盜取衣器,去買(賣)行道者所。”

《奏讞書》:“毛買(賣)牛一,質,疑盜,謁論。”

《奏讞書》:“講謂毛勉獨捕牛,買(賣),分講錢。”

賵與密

《爲吏》:“治則敬自賴之,施(弛)而息之,賵(密)而牧之。”

賣與買

《第三組》:“毋木者，爲賣（買），出之。”

知字聲系

知與智

《帛甲老子·德經》:“人多知（智），而何（奇）物茲（滋）起。”

《帛甲老子·德經》:“民之難治也，以其知（智）也。”

《帛甲老子·德經》:“故以知（智）知邦，邦之賊也；以不知（智）知邦，邦之德也。”

《帛甲老子·道經》:“知（智）快（慧）出，案（焉）有大僞。”

《帛甲老子·道經》:“絕聲（聖）棄知（智），民利百負（倍）。”

《帛甲老子·道經》:“唯（雖）知（智）乎大眯（迷），是胃（謂）眇（妙）要。”

《帛甲老子·道經》:“知人者，知（智）也。”

《帛乙老子·德經》:“夫民之難治也，以其知（智）也。”

《帛乙老子·德經》:“故以知（智）知國，國之賊也；以不知（智）知國，國之德也。”

《帛乙老子·道經》:“知（智）慧出，安有大僞。”

《帛乙老子·道經》:“絕耶（聖）棄知（智），而民利百倍。”

《帛乙老子·道經》:“雖知（智）乎大迷，是胃（謂）眇（妙）要。”

《帛乙老子·道經》:“知人者，知（智）也；自知，明也。”

《帛五行·經》:“知（智）刑（形）於内胃（謂）之德之行。”

《帛五行·經》:“君子毋（无）中心之憂則无中心之知（智），无中心之知（智）則无中心之説（悦）。”

《帛五行·經》:“善弗爲无近，得（德）弗之（志）不成，知（智）弗思不得。”

《帛五行·經》:“不仁，思不能睛（精）；不知（智），思不能長。”

《帛五行·經》:“不仁不知（智）。”

《帛五行·經》:“不忘則明，明則□□□□□□□□則刑（形），刑（形）則知（智）。”

《帛五行·經》:“不聖不知（智），不知（智）不仁。”

《帛五行·經》:“見賢人而不知其有德也，胃（謂）之不知（智）。”

《帛五行·經》:“見而知之，知（智）也；聞而知之，聖也。”

《帛五行·經》:“明明，知（智）也；壑（赫）壑（赫），聖。”

《帛五行·經》:“見而知之，知（智）也；知而安之，仁也。”

《帛五行·經》:“見而知之，知（智）也；知而【安】之，仁也。”

《帛五行·經》:“仁義禮知（智）之所繇（由）生也。”

《帛五行·説》:“明也者，知（智）之臧（藏）於目者也。”

《帛五行·説》:“嘍（聰），聖之始也；明，知（智）之始也。”

《帛五行·説》:“故曰不嘍（聰）明則不聖知（智），聖知（智）必繇（由）嘍（聰）明。”

《帛五行·説》:“聖始天，知（智）始人；聖爲崇，知（智）爲廣。”

《帛五行·説》:“不知（智）不仁。”

《帛五行·説》:“見賢人而不知其有悳（德）也，謂之不知（智）。”

《帛五行·説》:“見賢人而不色然，不知其所以爲之，故胃（謂）之不知（智）。”

《帛五行·説》:“見而知之，知（智）

也。”

《帛五行·説》：“□□□□□胃（謂）聖知（智）也。”

《帛五行·説》：“明也者，知（智）之臧（藏）於目者。”

《帛五行·説》：“孰休烝此而遂得之，是知（智）也。”

《帛五行·説》：“見而知之，知（智）也。”

《帛五行·説》：“知（智）者言繇（由）所見知所不見也。”

《帛五行·説》：“仁知（智），禮之所繇（由）生也。”

《德聖》：“知人道曰知（智），知天道曰聖。”

《德聖》：“聖者知（智），聖之知（智）知天，其事化翟（燿）。”

《德聖》：“知天者有聲，知其不化，知（智）也。”

《道法》：“无私者知（智），至知（智）者爲天下稽。”

《六分》：“賤財而貴有知（智），故功得而財生。”

《名理》：“已若（諾）不信，則知（智）大惑矣。”

《成法》：“滑（猾）民將生，年（佞）辯用知（智），不可法組。”

《前道》：“知（智）以辯之，強以行之。”

《春秋九》：“知（智）者弗親，仁者弗貞。”按，“知（智）”字從裘錫圭《帛書〈春秋事語〉校讀》（《湖南省博物館館刊》第1期，《船山學社》雜誌社編輯出版，2004年7月）讀。

《春秋一六》：“知（智）者痘（置）李（理）長[慮]而身得比（庇）焉。”

《戰國一》：“知（智）能免國，未能免身。”

《戰國一五》：“知（智）者不然。”

《戰國二〇》：“唯（雖）然，夫知（智）者之[舉]事，因過（禍）[而爲]福，轉敗而爲功。”

《戰國二〇》：“夫去尊、安，取卑、危，知（智）者弗爲。”

《戰國二四》：“兵爲秦禽（擒），知（智）爲楚笑者，過聽於陳軫，失計韓傰（倗）。”

《二三子》：“知（智）者不能察其變，辯者不能察其義，至巧不能羸其文。”

《二三子》：“夫唯知（智）其難也，故重言之，以戒今也。”

《二三子》：“君子知（智）難而備[之]，則不難矣；見幾而務之，[則]有功矣。”

《二三子》：“禍福雜至，知（智）者知之。”

《易之義》：“恐以守功，敬以承事，知（智）以辟（避）患。”

《要》：“悳（德）行亡者，神靁（靈）之趨；知（智）謀遠者，卜筮之蘩（繁）。”

《繆和》：“凡生於天下者，無愚知（智）賢不宵（肖），莫不願利達顯榮。”

《繆和》：“非我求童蒙，童蒙求我者，又（有）知（智）能者不求无能者，无能者[求有]能者，非我求童蒙，童蒙求我。”

《繫辭》：“古之蔥（聰）明叡知（智），神武而不恙者也乎？”按，“知”當讀作“智”。下三例同。

《繆和》：“蔥（聰）明夐（睿）知（智）守以愚，博聞強試（識）守[以]□。”

《繆和》：“耶（聖）君之道，尊嚴夐（睿）知（智）而弗以驕人。”

《繆和》：“夫无實而承之，无血而卦（封）之，不亦不知（智）乎？”

《計》：“將者，知（智）□□。”

《作戰》：“雖知（智）者，不能善其後矣。”

《形甲》："勝可智（知）而不可爲也。"
《實虛》："至於无=刑=（无形，无形）則深閒弗能規（窺）也，知（智）者弗能謀也。"
《八陣》："知（智）不足，將兵，自侍（恃）也。"
《兵談》："知（智）士不給慮，甬（勇）士不▨。"
《將理》："▨知（智），不得關一言，□□□□□得用一朱（銖）。"
《發啟》："大知（智）不知（智）。"
《爲國》："欲下之盡知（智）渴（竭）能也，而无數以知合與不合，中與不中。故其下无道爲上盡知（智）渴（竭）能。"
《將過》："有知（智）而心祛〈怯〉者，有知（智）而精絜（潔）者，有知（智）而心緩者。"
《將過》："知（智）而心祛〈怯〉者可戰，知（智）而精絜（潔）者可後，知（智）而心緩者可牧。"
《國法》："▨□靡相尚，強乘弱，眾暴寡，知（智）牟（侮）愚，吏污資之所生也。"
《聽有》："先王之經紀天下，非一人之知（智）也。"
《聽有》："然則貴、美、親，不必知（智）；賤、惡、疏，不必愚。"
《三算》："算天下之知（智），則勝僑（敵）國之謀。"
《三算》："謀勝則知（智）不用，力勝則刑（形）不用，威勝則氣不用。"
《反淫》："▨緩刑（形）擾中，棄知（智）遺物。"

智與知

《楚帛書》乙："恭（恐）民未智（知），厝以爲則。"
《楚帛書》乙："民人弗智（知）戢（歲），則無ㄙ糸祭。"
《老子》甲："智足之爲足，此亙（恆）足矣。"按，今本智作知。
《老子》甲："夫亦湉（將）智=足=（知足，知足）以束（靜），萬勿（物）湉（將）自定。"
《老子》甲："天下皆智敓（美）之爲娸（美）也，亞（惡）已；皆智善，此其不善巳。"按，今本和帛書本智作知。下五例同。
《老子》甲："未智其名，爭（字）之曰道，虐（吾）勥（強）爲之名曰大。"
《老子》甲："智之者弗言，言之者弗智。"
《老子》甲："和曰県〈祟（常）〉，智和曰明。"
《老子》甲："未智牝戊（牡）之合廌（朘）惹（怒），精之至也。"
《老子》丙："大上下智又（有）之，其即（次）新（親）譽之，其既〈即（次）〉愄（畏）之，其即（次）柔（侮）之。"
《老子》甲："名亦既又（有），夫亦湉（將）智止，智止所以不詞（殆）。"按，今本和帛書乙本智作知。下三例同。
《老子》甲："虐（吾）可（何）以智其肰（然）也。"
《老子》乙："亡不克則莫智其亙（極），莫智其亙（極）可以又（有）鄭（國）。"
《老子》乙："□□□家，以向（鄉）觀向（鄉），以邦觀邦，以天下觀天下。虐（吾）可（何）以智天▨。"
《老子》甲："人多智，天〈而〉敧（奇）勿（物）慈（滋）记（起）。"按，傅奕本及帛書甲本智作知。
《老子》甲："古（故）智足不辱，智止不怠（殆），可以長舊（久）。"按，今本和帛書甲本智作知。
《太一》："君子智（知）此之胃（謂）▨。"
《五行》："昏（聞）君子道而不智（知）

其君子道也，胃（謂）之不聖；見臤（賢）人而不智（知）其又（有）悳（德）也，胃（謂）之不智。見而智（知）之，智也；籥（聞）而智（知）之，聖也。”

《五行》：“籥（聞）君子道，聣（聰）也。籥（聞）而智（知）之，聖也。聖人智（知）而〈天〉道也。”

《五行》：“智（知）而行之，義也；行之而時，悳（德）也；見臤（賢）人，明也；見而智（知）之，智也；智（知）而安之，息（仁）也；安而敬之，豊（禮）也。”

《五行》：“見而智（知）之，智也；智（知）而安之，息（仁）也；安而行之，義也；行而敬之，豊（禮）也。”

《五行》：“君子智（知）而與（舉）之，胃（謂）之隮（尊）臤（賢）；智（知）而事之，胃（謂）之隮（尊）臤（賢）者也。”

《五行》：“目而智（知）之胃（謂）之進之。俞（喻）而智（知）之，胃（謂）之進之。辟（譬）而智（知）之，胃（謂）之進之。幾而智（知）之，天也。”

《緇衣》：“爲上可賥（望）而智（知）也，爲下可頪〈楨（述）〉而篩（志）也。”

《緇衣》：“上人悔（疑）則百眚（姓）賊（惑），下難智（知）則君倀（長）裳（勞）。”

《緇衣》：“古（故）君子多聒（聞），齊而獸（守）之；多志，齊而新（親）之；精智（知），逄（略）而行之。”

《緇衣》：“龜筮猷（猶）弗智（知），而皇（況）於人虖（乎）？”

《窮達》：“諓（察）天人之分，而智（知）所行矣。”

《忠信》：“不忑（欺）弗智（知），信之至也。”

《唐虞》：“佢（居）茅₌（艸茅）之中而不惪（憂），智（知）命也。”

《唐虞》：“古者堯之與（舉）舜也，昏（聞）舜孝，智（知）其能犮（養）天下之老也；昏（聞）舜弟，智（知）其能紿（事）天下之長也。”

《唐虞》：“禪（禪）天下而受（授）臤（賢），退而犮（養）其生，此以智（知）其弗利也。”

《成之》：“古（故）君子所復之不多，所求之不逡（陵），戠（察）反者（諸）吕（己）而可以智（知）人。”

《成之》：“是以智（知）而求之不疾，其迲（去）人弗遠悏（矣）。”

《尊德義》：“戠（察）者（諸）出所以智（知）吕（己），智（知）吕（己）所以智（知）人，智（知）人所以智（知）命，智（知）命而句（後）智（知）道，智（知）道而句（後）智（知）行。”

《尊德義》：“繇（由）豊（禮）智（知）樂，繇（由）樂智（知）依（哀）。”

《尊德義》：“又（有）智（知）吕（己）而不智（知）命者，亡智（知）命而不智（知）吕（己）者；又（有）智（知）豊（禮）而不智（知）樂者，亡智（知）樂而不智（知）豊（禮）者。”

《尊德義》：“其載也亡厚安（焉），交矣而弗智（知）也。”

《尊德義》：“専（博）不足以智（知）善，快（慧）不足以智（知）侖（倫），殺不足以勳（勝）民。”

《尊德義》：“羕（養）心於子俍（諒），忠信日益而不自智（知）也。”

《尊德義》：“民可使道之，而不可使智（知）之。”

《六德》：“▨賞慶安（焉），智（知）其以又（有）所逯（歸）也。”

《六德》：“智（知）可爲者，智（知）不

可爲者；智（知）行者，智（知）不行者，胃（謂）之夫，以智衒（率）人多。”
《六德》：“君子不帝（諦），明虗（乎）民（萌）骰（微）而已，或以智（知）其弌（一）喜（矣）。”
《性自》：“智（知）青者能出之，智（知）宜（義）者能内（入）之。”
《性自》：“行之不怂（過），智（知）道者也。”
《性自》：“人之不能以爲（僞）也，可智（知）也。”
《語叢一》：“又（有）生又（有）智（知），而句（後）好亞（惡）生。”
《語叢一》：“☐生悳（德），悳（德）生豊（禮），豊（禮）生樂，⿺辶䌛（由）樂智（知）型。”
《語叢一》：“智（知）昌（己）而句（後）智（知）人，智（知）人而句（後）智（知）豊（禮），智（知）豊（禮）而句（後）智（知）行。”
《語叢一》：“其智（知）尃（博），肰（然）句（後）智（知）命。”
《語叢一》：“智（知）天所爲，智（知）人所爲，肰（然）句（後）智（知）道，智（知）道肰（然）句（後）智（知）命。”
《語叢一》：“智（知）豊（禮）肰（然）後智（知）型。”
《語叢一》：“憏（察）所智（知），憏（察）所不智（知）。”
《語叢二》：“智（知）命者亡北（必）。”
《語叢四》：“鉻之而不可，必曼（文）以訛，母（毋）命（令）智（知）我。”
《語叢四》：“佖（匹）婦禺（偶）夫，不智（知）其向（鄉）之小人君子。”
《語叢四》：“飤（食）韭亞（惡）智（知）終其𣎆。”

《詩論》：“《灘（漢）坓（廣）》之智，則智（知）不可得也。”
《詩論》：“☐可得，不攻不可能，不亦智（知）亙（極）虗（乎）？”
《詩論》：“孔=（孔子）曰：《七（蟋）衒（蟀）》智（知）難。”
《詩論》：“《大田》之卒章，智（知）言而又（有）豊（禮）。”
《詩論》：“《青蠅（蠅）》智（知）☐。”
《詩論》：“☐巻（患）而不智（知）人。”
《詩論》：“《河水》智（知）☐。”
《詩論》：“《牆（牆）又（有）薺（茨）》，慙（慎）寍（密）而不智（知）言。”
《民之》：“四方又（有）敗，必先智（知）之，其之胃（謂）民之父母矣。”
《魯邦》：“汞（庶）民智（知）敚（説）之事禝（鬼）也，不智（知）型（刑）與悳（德）。”
《從政》：“𠭯（庸）行不倦（倦），時（持）善不猒（厭），唯（雖）殜（世）不儼，必或智（知）之。”
《容成氏》：“乃因迡（迡）以智（知）遠，迲（去）𧖴（苛）而行柬（簡）。”
《容成氏》：“虗（吾）所智（知）多廌，一人爲亡道，百眚（姓）其可（何）辠？”
《容成氏》：“文王時（持）故時而孝（教）民時，高下肥毳（磽）之利聿（盡）智（知）之，智（知）天之道，智（知）隉（地）之利，思（使）民不疾。”
《容成氏》：“受（紂）不智（知）其未又（有）成正（政），而得（德）遳（失）行於民之厚（厚）也。”
《仲弓》：“唯（雖）又（有）臤（賢）才，弗智（知）𦦙（舉）也。”
《仲弓》：“𦦙（舉）而（爾）所智（知），而（爾）所不智（知），人其豫（舍）之者？”

《仲弓》："售（雖），女（汝）智（知）者（諸）？"
《亙先》："智（知）既而巟（荒）思不宎（殄）。"
《彭祖》："不智（知）所終。"
《昭王》："虐（吾）不智（知）其尔𦵏（墓），尔古（胡）須既䃨（落）安（焉）從事。"
《柬大王》："龜尹智（知）王之庶（炙）於日而疠（病），疥（筮）悉（儀）愈迗（要）。"
《柬大王》："贅尹智（知）王之疠（病），乘龜尹速卜。"
《柬大王》："夫帝=（上帝）䰟（鬼）神高明甚，𣶒（將）必智（知）之。君王之疠（病）𣶒（將）從含（今）日以已。"
《曹沫》："臧（莊）公曰：'今天下之君子既可智（知）已，筥（孰）能並兼人才（哉）？'"
《曹沫》："又智（知）不足，亡所不中，則民新（親）之。"
《曹沫》："受（授）又（有）智（知），舍又（有）能，則民宜之。"
《曹沫》："䰟（鬼）神勿武，非所以𤕫（教）民，唯君其智（知）之。"
《鮑叔牙》："虐（吾）不智（知）其爲不善也。含（今）内之不得百生（姓），外之爲者（諸）侯矣（笑）。"
《鮑叔牙》："含（今）豎逗（刁），佖（匹）夫而欲智（知）墧（萬）輮（乘）之邦而貴尹。"按，"智（知）"字從季旭昇《上博五芻議（上）》（簡帛網，2006年2月18日）讀。
《季康子》："肥，從又（有）司之後，罷（一）不智（知）民矛力（務）之安才（在）。"
《君子》："子聒（聞）之，曰：'賜，不虐（吾）智（知）也。夙興夜牀（寐），以求聒（聞）☑。'"
《弟子問》："子戁（歎）曰：'於！莫我智（知）也夫。'"
《弟子問》："女（汝）弗智（知）也虐（乎）？𨑳（由）！"
《三德》："智（知）天足以川（順）旹（時），智（知）陉（地）足以由（育）材，智（知）人足以會新（親）。"
《鬼神》："其力能至安（焉）而弗能爲虐（乎）？虐（吾）弗智（知）也。啻（抑）其力古（固）不能至安（焉）虐（乎）？虐（吾）或（又）弗智（知）也。"
《季桓子》："其行居（處）可明而智（知）牙（歟）？"
《季桓子》："虐（吾）子迷〈悉〉言之，猶忎（恐）弗智（知）。"
《季桓子》："君子罖之以其所罖，䚅（眭）之以其所谷（欲），智（知）不行矣（矣）。"
《季桓子》："上唯逃，智（知）亡（無）不𤔔（亂）矣。"
《申公》："臣不智（知）君王之𣶒（將）爲君，女（如）臣智（知）君王之爲君，臣𣶒（將）或（有）至（致）安（焉）。"
《鄭壽》："畣（答）曰：'臣弗智（知）。'"
《王子木》："先君智（知）醓（甕）不盍（蓋），醢（酪）不焌（酸）。"
《王子木》："王子不智（知）𦬻（麻）。"
《慎子》："氏（是）以孝=（君子）向方，智（知）道不可以悹（疑），臨☑。"
《武王甲》："不智（知）黃帝、耑（顓）琂（項）、堯、舜之道在［存］虐（乎）？"
《武王甲》："毋堇（勤）弗志，曰余智（知）之。"
《凡物甲》："又（有）得而成，未智（知）

左右之請（情）？”
《凡物甲》：“其夬（訣）系（奚）埅（適），筥（孰）智（知）其疆？”
《凡物甲》：“之〈先〉智（知）四沺（海），至聖（聽）千里，達見百里。”
《凡物甲》：“邦家之硊（危）佞（安）廌（存）忘（亡），惻（賊）慫（盜）之复（作），可之〈先〉智（知）。”
《凡物甲》：“系（奚）以智（知）其白（泊）？終身自若。”
《凡物甲》：“至情而智（知），戠（察）智（知）而神。”
《凡物甲》：“亡（無）□而智（知）名，亡（無）耳而睧（聞）聖（聲）。”
《凡物甲》：“大之以智（知）天下，少（小）之以詞（治）邦。”
《凡物乙》：“又（有）得而成，未智（知）左右之請（情）？”
《凡物乙》：“亓夬（訣）系（奚）埅（適），筥（孰）智（知）其疆？”
《凡物乙》：“先智（知）四沺（海），至聖（聽）千里，達見百里。”
《凡物乙》：“邦家之危佞（安）廌（存）忘（亡），惻（賊）慫（盜）之复（作），可先智（知）。”
《凡物乙》：“奚以智（知）其白（泊）？終身自若。”
《凡物乙》：“至情而智（知），戠（察）智（知）而神。”
《凡物乙》：“大之以智（知）天下，少（小）之以詞（治）邦。”
《顏淵問》：“道（導）之以僉（儉），則民智（知）足矣。”
《顏淵問》：“或迪而教之能=（能能），戔（賤）不喿（肖）而遠之，則民智（知）欽（禁）矣。”
《顏淵問》：“女（如）進者蘿（勸）行，退者智（知）欽（禁），則其於教也不遠矣。”
《成王》：“夫夏曾（繒）是（氏）之道，可以智（知）善否，可以智（知）亡才（在），可胃（謂）又（有）道虖（乎）？”
《成王》：“⊠□欲明智（知）之。”
《陳公》：“君王不智（知）性（狂）之無栽（才），命性（狂）相執事人整帀（師）徒。”
《陳公》：“君王不智（知）臣之無栽（才），命臣相執事人整帀（師）徒。”
《陳公》：“不智（知）進帀（師）徒亟（極）於王所而疌（止）帀（師）徒虖（乎）？不智（知）其敂卒塞行述（遂）內王卒而母（毋）疌（止）帀（師）徒虖（乎）？”
《邦人》：“⊠亡（無）名安（焉），是古（故）弗智（知）也。”
《古公》：“子嘗以此諑之，其白墨（黑）牆（將）可智（知）也。”
《堯王》：“⊠則勿（物）生，瀆則智（知）成。”
《墨子》：“虐（吾）幾（豈）不智（知）也夫！”按，“智（知）”字從李零《長台關楚簡〈申徒狄〉研究》（簡帛研究網，2000年8月8日）讀。
《墨子》：“⊠□□智（知）其敗，三⊠。”
《金縢》：“昔公堇（勤）勞王家，隹（惟）余湝（沖）人亦弗返（及）智（知）。”
《祭公》：“芒（亡）𢙇（圖）不智（知）命。”
《繫年五》：“鄒（蔡）侯智（知）賽（息）侯之誘吕（己）也，亦告文王曰：‘賽（息）侯之妻甚媺（美），君必命見之。’”
《繫年十一》：“宋公爲左芋（盂），奠（鄭）白（伯）爲右芋（盂），緒（申）公弔（叔）侯智（知）之。”
《芮良夫》：“母（毋）惏（婪）憃（貪）、猈

（淆）昆（混）、圂（滿）浧（盈）、康戲而不智（知）蠠（寤）告（覺）。”按，“智”當讀作“知”。

《芮良夫》：“莫爯（稱）乇（厥）立（位），而不智（知）允（滿）浧（盈）。”

《赤鴼》：“其下舍（予）句（后）疾，是囟（使）句（后）瘀（疾）疾而不智（知）人。”

《赤鴼》：“女（如）尔天晉（巫），而智（知）朕疾？”

《赤鴼》：“少（小）臣曰：‘我智（知）之。’”

《赤鴼》：“是思（使）句（后）棼=（棼棼）恂=（眩眩）而不智（知）人。”

《厚父》：“茲咸又（有）神，能畧（格）于上，智（知）天之鬼（威）戈（哉），睧（問）民之若否，隹（惟）天乃永保夏邑。”

《命訓》：“□方三述，其亟（極）鼠（一），弗智（知）則不行。”

《命訓》：“季（惠）而不忍=（忍人），人不乘（勝）害=（害，害）不智（知）死。”

《命訓》：“以耑（權）從瀌（法）則不行=（行，行）不必瀌=（法，法）以智（知）耑=（權，權）以智（知）散=（微，微）以智（知）訇=（始，始）以智（知）終。”

《湯丘》：“我訇（怠）於其事，而不智（知）喪，虐（吾）可（何）君是爲？”

《三壽》：“尔（爾）是先生，尔（爾）是智（知）二又（有）郕（國）之請（情）。”

《三壽》：“古民人迷𤔔（亂），㲋（僭）柔（侮）康馶（沓），而不智（知）邦之湎（將）喪。”

《三壽》：“可（何）胃（謂）智（知）？”

《鄭武》：“孠=（孺子）女（如）母（毋）智（知）邦正（政），詎（屬）之夫=（大夫）。”

《鄭武》：“門檻之外母（毋）敢又（有）智（知）安（焉）。”

《鄭武》：“孠=（孺子）母（毋）敢又（有）智（知）安（焉）。”

《鄭武》：“虐（吾）先君智（知）二三子之不忈=（二心）。”

《管仲》：“夫=（大夫）叚（假）事（使），支（便）俾（嬖）智（知）官事長。”

《管仲》：“君堂（當）戢（歲），夫=（大夫）堂（當）月，帀（師）君（尹）堂（當）日，安（焉）智（知）少多。”

《管仲》：“少（小）大之事，必智（知）其古（故）。”

《子產》：“子產所旨（嗜）欲，不可智（知），內君子亡支（偏）。”

《子產》：“出言復（覆），所以智（知）自又（有）自喪也。”

《子產》：“孠=（君子）智（知）愳（懼）乃㥑=（憂，憂）乃少㥑（憂）。”

《子產》：“臣人畏君又（有）道，智（知）畏亡辠（罪）。”

《子產》：“雖（惟）能智（知）其身，以能智=其=所=生=（知其所生，知其所生）以先=悔=人=（先謀人，先謀人）以復于身=（身，身）、室、邦或（國）、者（諸）侯、天陊（地），固用不悖，以能成卒。”

《語書》：“令吏明布，令吏民皆明智（知）之，毋巨（歫）於罪。”

《語書》：“自從令、丞以下智（知）而弗舉論。”

《語書》：“若弗智（知），是即不勝任、不智殹（也）。”

《語書》：“智（知）而弗敢論，是即不廉殹（也）。”

《語書》：“此皆大罪殹（也），而令、丞弗明智（知），甚不便。”

《語書》：“惡吏不明法律令，不智（知）事，不廉絜（潔），毋（無）以佐上。”

《秦律·工律》：“其久靡不可智（知）者，令齎賞（償）。”
《秦律·效》：“大嗇夫、丞智（知）而弗罪，以平罪人律論之。”
《效律》：“大嗇夫、丞智（知）而弗罪，以平罪人律論之。”
《答問》：“乙智（知）其盜，受分臧（贓）不盈一錢，問乙可（何）論？”
《答問》：“其見智（知）之而弗捕，當貲一盾。”
《答問》：“甲盜錢以買絲，寄乙，乙受，弗智（知）盜，乙論可（何）殹（也）？”
《答問》：“甲乙雅不相智（知），甲往盜丙，毚（纔）到，乙亦往盜丙。”
《答問》：“妻智（知）夫盜而匿之，當以三百論爲盜；不智（知），爲收。”
《答問》：“妻智（知）夫盜，以百一十爲盜；弗智（知），爲守臧（贓）。”
《答問》：“其妻、子智（知），與食肉，當同罪。”
《答問》：“告甲，甲與其妻、子智（知），共食肉，甲妻、子與甲同罪。”
《答問》：“甲有罪，吏智（知）而端重若輕之，論可（何）殹（也）？”
《答問》：“甲盜羊，乙智（知），即端告曰甲盜牛，問乙爲誣人，且爲告不審？”
《答問》：“甲盜羊，乙智（知）盜羊，而不智（知）其羊數，即告吏曰盜三羊。”
《答問》：“發僞書，弗智（知），貲二甲。”
《答問》：“今咸陽發僞傳，弗智（知）。”
《答問》：“咸陽及它縣發弗智（知）者當皆貲。”
《答問》：“拔人髮，大可（何）如爲‘提’？智（知）以上爲‘提’。”
《答問》：“將司人而亡，能自捕及親所智（知）爲捕，除毋（無）罪。”
《答問》：“部佐匿者（諸）民田，者（諸）民弗智（知），當論不當？”
《答問》：“甲取（娶）人亡妻以爲妻，不智（知）亡，有子焉。”
《答問》：“丙弗智（知），丙論可（何）殹（也）？”
《答問》：“智（知）人通錢而爲臧（藏），其主已取錢。”
《答問》：“宦及智（知）於王，及六百石吏以上，皆爲‘顯大夫’。”
《答問》：“視檢智（知）小大以論及以齎（資）負之。”
《封診式》：“雖智（知）其訑，勿庸輒詰。”
《封診式》：“以三歲時病疕，麋（眉）突，不可智（知）其可（何）病，毋（無）它坐。”
《封診式》：“署中某所有賊死、結髮、不智（知）可（何）男子一人，來告。”
《封診式》：“地堅，不可智（知）賊迹。”
《封診式》：“訊甲亭人及丙，智（知）男子可（何）日死，聞譗（號）寇者不殹（也）？”
《封診式》：“里人士五（伍）丙經死其室，不智（知）故，來告。”
《封診式》：“地堅，不可智（知）人迹。”
《封診式》：“不智（知）穴盜者可（何）人、人數，毋（無）它亡殹（也），來告。”
《封診式》：“不智（知）盜人數及之所。”
《封診式》：“不智（知）盜者可（何）人及蚤（早）莫（暮），毋（無）意殹（也）。”
《封診式》：“不智（知）其裹□可（何）物及亡狀。”
《封診式》：“已前以布巾裹，如衃（衃）血狀，大如手，不可智（知）子。”
《封診式》：“而不可智（知）目、耳、鼻、男女。”
《封診式》：“甲等及里人弟兄及它人智（知）

丙者，皆難與丙飲食。”
《爲吏》：“審智（知）民能，善度民力，勞以衛（率）之，正以橋（矯）之。”
《爲吏》：“四曰犯上弗智（知）害。”
《爲吏》：“二曰不智（知）所使，不智（知）所使則以權衡求利。”
《龍簡》：“智（知）請（情）入之，與同罪。”
《龍簡》：“典、田典令黔首皆智（知）之。”
《周病方》：“人席之，不智（知）歲實。”
《周病方》：“而心疾不智（知）而咸戴。”
《周病方》：“嘑（呼）！我智（知）令=某=瘧=（令某瘧，令某瘧）者某也。”
《天乙・問病》：“多四、五、六曰久未智（知）已時。”
《天乙・占疾》：“此所以智（知）病疵之所毆。”
《天乙・自天》：“主台（始）有□毆，後智（知）其請（情）。”
《治官》：“人請（情）難智（知），非親毋親。”
《治官》：“智（知）人者智，自智（知）者明。”
《治官》：“聽閒（諫）勿塞，審智（知）民能，善度黔首力。”
《治官》：“徼迣不數，要害弗智（知）。”
《治官》：“一曰夸（誇）而夬，二曰貴而企，三曰亶（擅）歾割，四曰犯上不智（知）其害，五曰閒（賤）士貴貨貝。”
《治官》：“二曰不智（知）所使則以藋（權）索利。”
《治官》：“䫻（禍）所道來，毋云莫智（知）之，禍與畐（福）鄰。”
《衰分》：“倉中有米，不智（知）〼米粟且各得幾可（何）。”
《句股》：“□有圜（圓）材薶（埋）地，不智（知）小大。”
《癸瑣》：“瑣等言治等四人邦亡，不智（知）它人何辠（罪）。”
《癸瑣》：“癸等智（知），利得羣盜=（盜盜）殺人購。”
《癸瑣》：“未到沙羨，實不智（知）治等何辠（罪），弗能告。”
《癸瑣》：“有（又）不智（知）羣盜購多。”
《癸瑣》：“沛等不智（知）瑣等弗詣、相移受錢。”
《癸瑣》：“癸等智（知）治等羣盜=（盜盜）殺人，利得其購，紿瑣等約死辠（罪）購。”
《癸瑣》：“瑣等巳（已）捕，治等四人曰邦亡，不智（知）它人辠（罪）。”
《猩敞》：“淥（錄）江陵獄：上造敞、士五（伍）猩智（知）人垗冢，分臧（贓）。”
《芮盜》：“喜爭，芮乃智（知）材弗得，弗敢居。”
《芮盜》：“芮後智（知）材不得受列，弗敢居，是公列地毆（也）。”
《識劫》：“不告婉，不智（知）戶籍不爲妻、爲免妾故。”
《識劫》：“識以沛言求肆、室，非劫婉，不智（知）婉曰劫之故。”
《識劫》：“今籍爲免妾，不智（知）它。”
《同顯》：“毋（無）坐毆（也），不智（知）所問。”
《魏盜》：“安、宜及不智（知）可（何）一女子死（屍）皆在內中，頭頸有伐刑痏。”
《魏盜》：“不智（知）殺者，□□□□□赤帬（裙）襦，類城旦衣。”
《魏盜》：“嘗見死女子與安等作，不智（知）可（何）人。”
《魏盜》：“不智（知）盜及死女子可（何）人。”

《魏盜》:“甚矣！以人莫智（知）。”
《魏盜》：“今吏智（知）之，未可奈可（何），請言請（情）。”
《魏盜》：“以二錢買不智（知）可（何）官城旦敞赤帬（裙）襦，以縢盛。”
《得之》：“顛弗救，去，不智（知）它。”
《得之》：“不智（知）它。”
《田與》：“毋智□受錢，恐吏智（知），不敢自言。環（還）錢。”
《田與》：“不智（知）市、毋智云故。”
《學爲》：“吏節（即）不智（知）學爲僞書，不許貣（貸）學錢。”
《學爲》：“吏節（即）不智（知）學爲僞【書】，不貣（貸）學錢。”
《第一組》：“匿罪人雖弗敝（蔽）貍（埋），智（知）其請（情），舍其室。”
《第一組》：“亡不仁（認）邑里、官，毋以智（知）何人殹（也）。”
《第一組》：“令人智（知）其所，爲人識，而以律論之。”
《第一組》：“舍人室，室主舍者，智（知）其請（情），以律䙴（遷）之。”
《第一組》：“不智（知）其請（情），主舍，貲二甲；典、伍不告，貲一盾。”
《第一組》：“盜賊旞（遂）者及諸亡坐所去亡與盜同灋（法）者當黥城旦舂以上及命者、亡城旦舂、鬼薪、白粲舍人室、人舍、官舍，主舍者不智（知）其亡，贖耐。”
《第一組》：“當完城旦舂以下到耐罪及亡收、司寇、隸臣妾、奴婢闌亡者舍人室、人舍、官舍，主舍者不智（知）其亡，貲二甲。”
《第一組》：“取罪人、羣亡人以爲庸，智（知）其請（情），爲匿之；不智（知）其請（情），取過五日以上，以舍罪人律論之。”
《第二組》：“其故徼縣道各令，令守城邑害所，豫先分善署之，財（裁）爲置將吏而皆令先智（知）所主。”
《第二組》：“老弱痒（癃）病不足以守，豫遺重卒期足以益守，令先智（知）所主。”
《第三組》：“鄉嗇吏智（知）而弗言，縣廷亦論。”
《第三組》：“敢擅晝閉里門，不出入□□，貲鄉嗇夫吏，智（知）弗言，縣廷貲☐。”
《第三組》：“當就（僦）食，其親、所智（知）者賣之。”
《第三組》：“☐當就（僦）食，其親、所智（知）欲買，勿令就（僦）食，許。”
《第三組》：“其先自告，貲典、老各一甲；弗智（知），貲各一盾。”
《二年・盜律》：“人即以其言□□□□□□及智（知）人盜與分，皆與盜同灋。”
《二年・盜律》：“智（知）人爲羣盜而通歓（飲）食餽遺之，與同罪；弗智（知），黥爲城旦舂。”
《二年・盜律》：“智（知）人略賣人而與賈，與同罪。”
《二年・盜律》：“買者智（知）其請（情），與同罪。”
《二年・盜律》：“同居智（知）弗告吏，皆與劫人者同罪。”
《二年・盜律》：“盜出財物于邊關徼，及吏部主智（知）而出者，皆與盜同灋；弗智（知），罰金四兩。”
《二年・盜律》：“使者所以出，必有符致，毋符致，吏智（知）而出之，亦與盜同灋。”
《二年・盜律》：“盜出黃金邊關徼，吏、卒、徒部主者智（知）而出及弗索（索），與同罪；弗智（知），索（索）弗得，戍邊二歲。”
《二年・捕律》：“盜賊發，士吏、求盜部者，及令、丞、尉弗覺智（知）。”
《二年・捕律》：“令、丞、尉能先覺智

（知），求捕其盜賊。”
《二年・捕律》：“一歲中盜賊發而令、丞、尉所（？）不覺智（知）三發以上，皆爲不勝任，免之。”
《二年・亡律》：“其自出殹（也），若自歸主＝（主，主）親所智（知），皆笞百。”
《二年・亡律》：“奴婢亡，自歸主＝（主，主）親所智（知）。”
《二年・亡律》：“取（娶）及所取（娶），爲媒者智（知）其請（情）。”
《二年・亡律》：“弗智（知）者不□。”
《二年・亡律》：“諸舍亡人及罪人亡者，不智（知）其亡。”
《二年・亡律》：“取亡罪人爲庸，不智（知）其亡，以舍亡人律論之。”
《二年・亡律》：“智（知）其請（情）而捕告。”
《二年・錢律》：“錢徑十分寸八以上，雖缺鑠，文章頗可智（知）。”
《二年・錢律》：“智（知）人盜鑄錢，爲買銅、炭，及爲行其新錢。”
《二年・錢律》：“盜鑄錢及佐者，智（知）人盜鑄錢，爲買銅、炭，及爲行其新錢。”
《二年・錢律》：“智（知）爲及買鑄錢具者，與同罪。”
《二年・爵律》：“吏智（知）而行者，與同罪。”
《二年・金布律》：“不智（知）何人，蔨（掩）貍（埋）而讂之。”
《二年・津關令》：“智（知）其請（情）而出入之。”
《二年・津關令》：“將吏智（知）其請（情），與同罪。”
《二年・津關令》：“津關吏＝卒＝（吏卒、吏卒）乘塞者智（知），弗告劾，與同罪；弗智（知），皆贖耐。”

《奏讞書》：“變（蠻）夷律不曰勿令爲屯，即遣之，不智（知）亡故，它如毋憂。”
《奏讞書》：“解以爲毋恢人也，取（娶）以爲妻，不智（知）前亡。”
《奏讞書》：“取（娶）亡人爲妻，黥爲城旦，弗智（知），非有減也。”
《奏讞書》：“解雖弗智（知），當以取（娶）亡人爲妻論。”
《奏讞書》：“符亡，詐（詐）自占書名數，解取（娶）爲妻，不智（知）甚亡，審。”
《奏讞書》：“符有【名】數明所，明嫁爲解妻，解不智（知）其亡。”
《奏讞書》：“解雖不智（知）其請（情），當以取（娶）亡人爲妻論。”
《奏讞書》：“鞠（鞫）：平智（知）種無名數，舍匿之，審。”
《奏讞書》：“不智（知）在所，求弗得。”
《奏讞書》：“復（覆）其姦（奸）詐（詐）及智（知）縱不捕賊〈賊〉者，必盡得。”
《奏讞書》：“毛牽黑牝牛來，即復牽去，不智（知）它。”
《奏讞書》：“名籍副并居一笥中，㕙（鬘）亡，不得，未有以別智（知）當捕者。”
《奏讞書》：“庳問，氏以告庳，不智（知）庳上書，它如庳。”
《奏讞書》：“皆并居一笥中，未有以別智（知）當捕者。”
《奏讞書》：“新黔首戰北當捕者，與後所發新黔首籍并，未有以別智（知）。”
《奏讞書》：“不署前後發，毋章，杂不可智（知）。”
《奏讞書》：“不智（知）何人刺女子婢冣里中，奪錢，不智（知）之所。”
《奏讞書》：“或道後類壍（暫）軵，婢僨，有頃乃起，錢已亡，不智（知）何人、之所。”
《奏讞書》：“謼（呼）盜，女子齘出，謂婢北（背）有笄刀，乃自智（知）傷。”
《奏讞書》:“里人、智（知）識、弟兄貧窶（窶），疑盜傷婢者？”
《奏讞書》：“公士孔以此鞞予僕，不智（知）安取。”
《奏讞書》：“未嘗予僕鞞，不智（知）去故。”
《奏讞書》：“孔雅佩（佩）刀，今弗佩（佩），不智（知）存所。”
《奏讞書》:“買鞞刀不智（知）何人所，佩（佩）之市。”
《奏讞書》:“孔端爲券，賊刺人，盜奪錢，置券其旁，令吏勿智（知）。”
《蓋廬》:“羊₌（洋洋）下之，孰智（知）其始？央之所至，孰智（知）其止？天之所奪，孰智（知）其已？訽（禍）之所發，孰智（知）其起？福之所至，孰智（知）而喜？”
《算數書·負米》:“人負米不智（知）其數以出關。”
《脈書》:“在身，頯₌（頯頯）然，□之不智（知）人，爲踝〈踝（痹）〉。”
《引書》:“人生於清（情），不智（知）愛其氣，故多病而昜〈易〉死。”
《引書》:“自入水中，及臥寒突之坨（地），不智（知）收衣，故得病焉。”
《引書》:“有（又）弗智（知）昫（呴）虖（呼）而除去之，是以多病而昜〈易〉死。”
《九主》：“□智（知）存亡若會符者，得八主。”
《戰國一四》：“若三晉相竪〈堅〉也以功（攻）秦，案以負王而取秦則臣必先智（知）之。”
《戰國一八》：“少益耆（嗜）食，智（知）於身。”
《㿗》：“若智（知）某病狐▨。”
《牝痔》：“始食一，不智（知）益一，□爲極。”
《養生方》：“▨不智（知），即取籥中樂（藥）大如黍。”
《雜療方》：“以絲繒裹之，大如指，入前中，智（知）而出之。”
《雜療方》：“及爲，爲小囊裹，以嗛前，智（知）而出之。”
《雜療方》：“以棗膏□□□前，智（知）而出之。”
《雜療方》：“某，女（汝）弟兄五人，某索智（知）其名。”
《容成》:“有徵可智（知），閒雖聖人，非其所能，唯道者智（知）之。”
《師癸》：“非志也，無以智（知）其中虛興〈與〉實。”
《天下至道》：“一曰治氣，二曰致沫，三曰智（知）時，四曰畜氣。”
《天下至道》：“先戲兩樂，交欲爲之，曰智（知）時。”
《天下至道》：“乃智（知）五言〈音〉，孰後孰先。”
《天下至道》：“審蔡（察）五言〈音〉，以智（知）其心。”
《天下至道》：“審祭（察）八嫜（動），以智（知）其所樂所通。”
《萬物》：“陰陽【之】化不可不智（知）也。”
《阜春八》：“其患之大有者也，而君弗智（知）。”按，“智”當讀作“知”。
《阜春一三》:“吾何爲不智（知）。”
《九地》:“四五者，一不智（知），非王霸之兵也。”
《四變》:“▨變者，則智（知）用兵矣。”
《擒龐涓》：“吾將示之不智（知）事。”
《陳忌問壘》：“曰智（知）孫氏之道者，必合於天地。”

《陳忌問壘》："田忌請問智（知）道奈何。"

《陳忌問壘》："☐而先智（知）勝不勝之謂智（知）道，已戰而智（知）其所☐。"

《陳忌問壘》："☐所以智（知）敵，所以曰智，故兵無☐。"

《勢備》："非孟賁之勇也敢將而進者，不智（知）兵之至（實）也。"

《行篡》："唯明王、聖人智（知）之，故能留之。"

《晏子四》："不易行□□□進師以戰，禍非嬰之所智（知）也。"

《晏子一二》："過（禍）始弗智（知）也，過（禍）眾（終）弗智（知）也，吾何爲死？"

《晏子一六》："智不足以智（知）君之不善，勇不足不以犯君之顏（顏）。"

《客主》："故明主、智（知）道之將必先□可有功於未戰之前。"

《奇正》："刑（形）莫不可以勝，而莫智（知）其所以勝之刑₌（形。形）勝之變，與天地相敝（畢）而不窮。"

《奇正》："故善戰者，見適（敵）之所長，則智（知）其所短；見適（敵）之所不足，則智（知）其所有餘。"

《將義》："將者，不可以不₌智₌勝₌（不知勝，不知勝）☐。"

《將德》："☐不失，將軍之知（智）也。"

《曹氏》："以因智（知）彼，以彼智（知）己，是胃（謂）不殆。"

《定心》："天下智（知）之弗爲勸，弗知弗爲殆。"

《北大老子》："吾是以智（知）無爲之有益也。"

《北大老子》："故智（知）足不辱，智（知）止不殆，可以長久。"

《北大老子》："故罪莫大於可欲，禍莫大於不智（知）足，咎莫灊（慘）於欲得。故智（知）足之足，恆足矣。"

《北大老子》："不出於戶，以智（知）天下；不規（窺）於牖，以智（知）天道。"

《北大老子》："其出璽（彌）遠，其智（知）璽（彌）少。"

《北大老子》："是以聖人弗行而智（知），弗見而命（名），弗爲而成。"

《北大老子》："既得其母，以智（知）其子；既智（知）其子，復守其母，歿身不殆。"

《北大老子》："使我介（挈）有智（知），行于大道，唯蛇（迤）是畏。"

《北大老子》："吾何以智（知）天下然哉？以此。"

《北大老子》："骨弱筋柔而搵（握）固，未智（知）牝牡之合而狻（朘）怒。"

《北大老子》："和曰常，智（知）和曰明，益生曰詳（祥），心使氣曰強。"

《北大老子》："智（知）者弗言，言者弗智（知）。"

《北大老子》："吾何以智（知）其然也？"

《北大老子》："福，禍之所倚；禍，福之所伏。夫孰智（知）其極？"

《北大老子》："無不克則莫智（知）其極，莫智（知）其極則可以有國。"

《北大老子》："故以智智（知）國，國之賊也；不以智智（知）國，國之德也。恆智（知）此兩者，亦楷式。恆智（知）楷式，是謂玄德。"

《北大老子》："吾言甚易智（知），甚易行；而天下莫之能智（知），莫之能行。"

《北大老子》："天〈夫〉唯無智，是以不吾智（知）。智（知）我者希，則我貴矣。"

《北大老子》："智（知）不智（知），上矣；不智（知）智（知），病矣。"

《北大老子》："是以聖人自智（知）而不自

見也，自愛而不自貴也。”
《北大老子》:“天之所惡，孰智(知)其故？”
《北大老子》：“故水之勝剛，弱之勝強，天下莫弗智（知），而莫能居，莫能行。”
《北大老子》：“天下皆智（知）美之爲美，亞（惡）已；皆智（知）善之爲善，斯不善矣。”
《北大老子》：“恆使民無智（知）無欲，使夫智（知）不敢、弗爲，則無不治矣。”
《北大老子》：“湛旖（兮），佁（似）或存，吾不智（知）其誰子，象帝之先。”
《北大老子》：“執古之道，以御今之有，以智（知）古以（始），是謂道紀。”
《北大老子》：“智（知）常，明也。不智（知）常，忘（妄）作，兇。”
《北大老子》：“智（知）常曰容，容乃公。”
《北大老子》：“大（太）上，下智（知）有之。”
《北大老子》：“吾不智（知）其名，其字曰道，吾強爲之名曰大。”
《北大老子》：“智（知）其雄，守其雌，爲天下谿。”
《北大老子》：“智（知）其白，守其辱，爲天下谷。”
《北大老子》：“智（知）其白，守其黑，爲天下武〈式〉。”
《北大老子》：“始正有名，名亦既有，夫亦將智（知）止，智（知）止所以不殆。”
《北大老子》：“故智（知）人者智，自智（知）者明。”
《北大老子》：“智（知）足者富，強行者有志。”
《周馴》:“爲人君者，不可以不₌好₌聽₌（不好聽，不好聽）則毋從智（知）下之請（情），故必聽而勿聞，智（知）而默前。”
《周馴》：“通其羣臣之言，則臣₌相₌智₌情₌（臣相知情，臣相知情）則不和。”
《周馴》：“女（汝）不好善，其庸智（知）不代？”
《周馴》:“後世聞之，莫不稱譽文王之聖也，皆以文王爲善立嗣，而智（知）所屬任。”
《周馴》：“發酒，宣孟智（知）之，中飲而出。”
《周馴》:“於（嗚）乎（呼）！小子未智（知）臧否，余故畢告女（汝）於得國失國，廢興之所以。”
《周馴》:“及桓公之爲君也，論（掄）其賢臣，而智（知）其莫能及管夷吾也，於是召管夷吾於魯而授之相。”
《周馴》:“魯也，不智（知）好學之有賴也，不智（知）從（縱）欲之日敗也，不智（知）自以爲少而年已筶（暮）也。”
《周馴》:“無卹（恤）好學而智（知）貴善言，孝弟（悌）兹（慈）仁而主令弗曼（慢）。”
《趙正書》:“吾當以今[歲]死，而不智（知）其月日。”
《趙正書》:“其謹徹（微）密之，毋令羣臣智（知）病。”
《趙正書》:“察豊（登）高智（知）其危矣，而不智（知）其所以自安者；前擄白刃自智（知）且死，而不智（知）所以自生者。”
《妄稽》:“地室五達，莫智（知）其處。”
《妄稽》:“我妬也，不智(知)天命虖(乎)？”
《妄稽》:“妄稽遺一言而智（知）志説☐。”
《荊決》:“美人將來，與議(我)相智(知)。”
《荊決》：“中心愛之，不智（知）其疵。”
《荊決》：“勞心將死，人莫之智（知）。”
《六博》:“問毄（繫）及會論者，在方中者，罪輕重未可智（知）。”

智與蜘

《養生方》：“煎白罌（嬰）丘（蚯）引（蚓），殺智（蜘）蛛罔（網）及苦瓠。”

《萬物》:“智(蜘)蛛令人疾行也。”

智與祇

《阜易·復》:“□九,不遠□,□智(祇)悔。”

鳫字聲系

鳫與薦

《昔者》:“☒之必敬,女(如)賓客之事也。君曰:‘鳫(薦)豊(禮)☒。’”

《封許》:“贈尔鳫(薦)彝:斸□豚、𨬛(銚),龍䰜(鬲)、䜌(璉)、藿(鑵)、鉦(𥁕)、孝、丂(爵)、盤、監(鑑)、𨯉(罍)、㽬(鍶)、周(雕)匧(鈁)、𧀍、盤(簋)、釙(觥)、鋊(䌛)、恪(格)。”

鳫與存

《成之》:“是古(故)亡虖(乎)其身而鳫(存)虐(乎)其訽(辭),唯(雖)厚其命,民弗從之倏(矣)。”按,“鳫(存)”字從裘按(《郭店楚墓竹簡·成之聞之》篇注[四])讀。

《語叢四》:“敚(竊)鉤(鉤)者戓(誅),敚(竊)邦者爲者(諸)侯。者(諸)侯之門,義士之所鳫(存)。”按,“鳫(存)”字從裘按(《郭店楚墓竹簡·語叢四》篇注[八])讀。

《曹沫》:“☒競(境)必勳(勝),可以又(有)怡(治)邦,周等(志)是鳫(存)。”

《曹沫》:“三弋(代)之戟(陳)皆鳫(存),或以克,或以亡。”

《凡物甲》:“邦家之硊(危)侒(安)鳫(存)忘(亡)。”

《凡物乙》:“邦家之危侒(安)鳫(存)忘(亡)。”

鳫與全

《緇衣》:“古(故)心以體瀍〈鳫(全)〉,君以民芒(亡)。”按,上博簡本《緇衣》瀍作鳫,郭店簡本《緇衣》之“瀍”當是“鳫”之誤字,應從今本讀作全。

鳫與朘

《老子》甲:“未智(知)牝戊(牡)之合鳫(朘)蒸(怒),精之至也。”按,“鳫(朘)”字從郭永秉《由〈凡物流形〉“鳫”字寫法推測郭店〈老子〉甲組與“朘”相當之字應爲“鳫”字變體》(復旦大學出土文獻與古文字研究中心網,2008年12月31日)釋讀。

鳫與餕

《天子甲》:“凡天子欽(歆)既(氣),邦君飤(食)蜀(濁),夫=(大夫)承鳫(餕),士受余(餘)。”按,“鳫(餕)”字從裘錫圭《〈天子建州〉(甲本)小劄》(簡帛網,2007年7月16日)讀。下同。

《天子乙》:“凡天子欽(歆)既(氣),邦君飤(食)蜀(濁),夫=(大夫)承鳫(餕),士受舍(餘)。”

鳫與屯

《赤鵠》:“乃埅陛(地),又(有)二陵(陵)鳫(屯),乃斬之。”

僡與節

《性自》:“又(有)其爲人之迎=(節節)女(如)也,不又(有)夫柬=(簡簡)之心則采(悎)。”按,上博簡本《性情論》迎作僡。“僡”字從李天虹《郭店竹簡〈性自命出〉研究》(湖北教育出版社,2003年,261頁)釋。

瀗與津

《窮達》:“郘(呂)㞷(望)爲牂(臧)來(棘)瀗(津),戰監門來陛,行年七十而賭(屠)牛於朝訶(歌),舉而爲天子帀(師),堣(遇)周文也。”按,“瀗(津)”字從裘按(《郭店楚墓竹簡·窮達以時》篇注[六])讀。

《容成氏》："戊午昔₌（之日），涉於孟濾（津），至於共、縢（滕）之隖（閒），三軍大軋（犯）。"

傷與津

《成之》："傷（津）沕（梁）靕（爭）舟，其先也不若其後也。言語嗥（狎）之，其勳（勝）也不若其已也。"按，"傷（津）"字從裘按（《郭店楚墓竹簡·成之聞之》篇注［三一］）讀。

此字聲系

此與疵

《卜書》："凡三族又（有）此（疵），三末唯（雖）吉，女（如）白女（如）黃，貞邦☐。"按，"此（疵）"字從程少軒《小議上博九〈卜書〉的"三族"和"三末"》（復旦大學出土文獻與古文字研究中心網，2013年1月16日）讀。

《筮法二九》："上下皆乍（作），邦又（有）兵命、廌忍、風雨，日月又（有）此（疵）。"按，"此"似當讀作"疵"。《史記·日者列傳》："公見夫被髮童子乎？日月照之則行，不照則止，問之日月疵瑕吉凶則不能理。"

此與呰

《老子》甲："皆智（知）善，此其不善巳。"按，今本和帛書甲本此作呰。

此與觜

《日甲·玄戈》："畢、此（觜）巂大吉，張、翼少吉。"

《日甲·玄戈》："危、營室大吉，畢此（觜）巂少吉。"

《日甲·玄戈》："畢、張、翼大凶，畢、此（觜）巂致死。"

《日甲·玄戈》："張、畢、此（觜）巂大凶，危、營室致死。"

《日甲·星》："觜₌（觜巂），百事凶。"

《日乙·四月》："☐此（觜）禞（巂），百事兇（凶）。"

《周日書》："四月：畢，此（觜）觿（巂）、參。"

《周日書》："夕時，此（觜）觿（巂）。"

《周日書》："此（觜）巂：斗乘此（觜）巂，門有客，所言者錢財事也。"

《天乙·星分度》："此（觜）觽六，參九，東井廿九，五月。"

《揕輿》："此（觜）畦（觿）、參。"

《揕輿》："夏三月，丙、丁爲危陽，此（觜）畦（觿）、參爲杓，翼、軫爲筴。"

《揕輿》："秋三月，庚、辛爲危陽〈陰〉，營室、東辟（壁）爲杓，此（觜）畦（觿）、參爲筴。"

此與斯

《老子》甲："皆智（知）善，此其不善巳。"按，今本和帛書乙本此作斯。

《周易·旅》："初六：遊（旅）羸₌（瑣瑣），此（斯）其所取愳。"

《帛易·旅》："初六，旅瑣瑣，此（斯）其所，取火。"

《繫辭》："慎此（斯）述（術）也以往，其毋所失之。"按，今本此作斯。下同。

《繫辭》："夫易，古物定（成）命，樂天下之道，如此（斯）而已者也。"

茈與柴

《一類》："茈（柴）胡、桔梗、蜀椒各二分，桂、烏喙、薑各一分。"

《木牘》："茈（柴）胡、枯〈桔〉梗、蜀椒各二分。"

茈與紫

《養生方》："以汁煮茈（紫）威□□□□□□□□。"

《養生方》："非（蜚）廉（蠊）、方（防）葵、石韋、桔梗、茈（紫）威各一小束。"

《萬物》："玼（紫）蕠（参）之□□已辟（癖）也。"

《木牘》："玼（紫）䓤七束，門冬一升，款東（冬）一升，橐吾一升。"

《妄稽》："虞士枋（方）瑰（恥），色若玼（紫）英。"

《妄稽》："絳熏（纁）贊玼（紫），穴〈丸（紈）〉冰絹霜。"

邺與訾

《鄭甲》："戰於魚羅（麗），虗（吾）乃䨼（獲）鄅（函）、邺（訾），輹（覆）車闅（襲）㚔（介）。"

《鄭乙》："戰於魚羅（麗），虗（吾）乃䨼（獲）鄅（函）、邺（訾），輹（覆）車闅（襲）㚔（介）。"

柴與訾

《善者》："敵人眾能使寡，積糧盈軍能使飢，安處不動能使勞，得天下能使離，三軍和能使柴（訾）。"

衹與訾

《容成氏》："湯聒（聞）之，於是虖（乎）新（慎）戒隉（徵）臤（賢），悳（德）惠而不暇，衹（訾）三十仁而能之。"按，"衹（訾）"字從白於藍《讀上博簡（二）劄記》（《江漢考古》2005年4期）讀。

詘與貲

《季康子》："救民以辟，大辠則夜（赦）之以型（刑），㙒辠則夜（赦）之以罰，小則詘（貲）之。"按，"詘（貲）"字從季旭昇《上博五芻議（上）》（簡帛網，2006年2月18日）讀。

訾與齒

《秦律・司空》："或私用公車牛，及叚（假）人食牛不善，牛訾（齒）。"

訾與貲

《識劫》："七月爲子小走馬羛（義）占家訾（貲）。"

《識劫》："羛（義）當□大夫建、公卒昌、士五（伍）積、喜、遺錢六萬八千三百，有券，娩匿不占吏爲訾（貲）。"

《識劫》："以肆、室鼠（予）識。不鼠（予）識₌（識，識）且告娩匿訾（貲）。"

《識劫》："娩匿訾（貲），不鼠（予）識，識且告娩₌（娩。'娩）以匿訾（貲）故，即鼠（予）肆、室。"

《識劫》："娩不以肆、室鼠（予）識，識且告娩匿訾（貲）。"

《識劫》："不鼠（予）識，識且告娩匿訾（貲）？"

《識劫》："匿訾（貲）税及室、肆，臧（贓）直（值）各過六百六十錢。"

《識劫》："娩匿訾（貲），税直（值）過六百六十錢。"

《識劫》："娩弗鼠（予），識恐謂娩，且告娩匿訾（貲）。"

《第二組》："諸有貲贖責（債）者，訾（貲）之，能入者令入，貧弗能入，令居之。"

《二年・徭律》："令夫₌（大夫）以下有訾（貲）者，以訾（貲）共出車牛及益，令其毋訾（貲）者與共出牛食、約、載具。"

訾與觜

《雨書》："六日訾（觜）巂，小雨。"

《雨書》："四日訾（觜）巂，小雨。"

《雨書》："二旬七日訾（觜）巂，雨。"

訾與斯

《帛甲老子・道經》："天下皆知美爲美，惡已；皆知善，訾（斯）不善矣。"

柴與齒

《雜抄》："膚（臚）吏乘馬，篤、柴（齒），及不會膚（臚）期，貲各一盾。"

《爲吏》："畜産肥柴（齒）。"

《治官》："贏柴（齒）弗行，毋靡費。"

按，“𦋺（嵴）”字從復旦大學出土文獻與古文字研究中心研究生讀書會《讀〈嶽麓書院藏秦簡（壹）〉》（復旦大學出土文獻與古文字研究中心網，2011年2月28日）讀。《第二組》：“食牛，牛𦋺（嵴），將牛者不得券繇（徭）。”

虒字聲系

虒與嗁

《癃病》：“以己巳晨虒（嗁），東鄉（嚮）弱（溺）之。”按，“虒（嗁）”字從裘錫圭《馬王堆醫書釋讀瑣議》（《古文字論集》，中華書局，1992年，525頁）釋讀。

斯字聲系

斯與訾

《曹沫》：“則斯（訾）乇（度）𠛬（傷）亡，盤（擊）𨖅（蔥）行遊（失）車𢉼（甲），命之毋行。”按，“斯（訾）”字從白於藍《〈曹沫之陳〉新編釋文及相關問題探討》（《中國文字》新三十一期，藝文印書館，2006年）讀。

斯與廝

《帛五行·説》：“故斯（廝）役人之道□□共（恭）焉。”

斯與蟖

《雜療方》：“棲木者爲䗬（蜂）、䗪（蛅）斯（蟖），蜚（飛）而之荊南者爲蜮。”

斯與徙

《陳公》：“既斯（徙）軍，左右司馬進於酒（將）軍，命出帀（師）徒，酒（將）軍乃許若（諾）。”按，“斯（徙）”字從鳲鳩在youren《〈陳公治兵〉初讀》（簡帛網“簡帛論壇”，2013年1月5日）一文下跟貼讀。

㯕與嘶

《二類》：“音殹（聲）雖㯕（嘶）敗能復精（清）。”

支字聲系

支與岐

《阜易·隨》：“□□亨于支（岐）山。”

支與枝

《諸傷》：“獨□長支（枝）者二廷（梃），黃黔（芩）二梃，甘草□廷（梃）。”

《㿉》：“穨（㿉），以奎（奚）蠡蓋其堅（腎），即取桃支（枝）東鄉（嚮）者。”

《儒説》：“辟（譬）若秋蓬之美其支（枝）葉而惡其根萁（基）也，見時風至而厥（蹷）矣。”

《妄稽》：“桃支（枝）象笞，鑑蔚粉墨。”

《神烏賦》：“高樹綸（輪）棍（困），支（枝）格相連。”

支與肢

《答問》：“祠固用心腎及它支（肢）物，皆各爲一具。”

《答問》：“鬭折脊項骨，可（何）論？比折支（肢）。”

《答問》：“妻悍，夫毆治之，夬（決）其耳，若折支（肢）指、肤體（體）。”

《答問》：“‘大痍’者，支（肢）或未斷，及將長令二人扶出之，爲‘大痍’。”

《丹》：“其狀類益、少麋（眉）、墨，四支（肢）不用。”

《隨日·忌日》：“未不可行作，不可上山，斧斤不折，四支（肢）必傷。”

《脈書》：“動則實四支（肢）而虛五=臧=（五臟，五臟）虛則玉體利矣。”

《嬰兒病癇》：“浴之道頭上始，下盡身，四支（肢）毋濡。”

《師癸》：“非事也，無以動其四支（肢）而移去其疾。”

《攻權》：“群下【者】，支（肢）節也。”

《攻權》："☐心童（動）疑，支（肢）節☐。"
《神烏賦》："支（肢）躬折傷，卒以死亡。"
支與屐
《治官》："【卑】茈不亶，履紺矗支（屐）。"
岐與蚑
《論》："岐（蚑）行喙息，扇（蠉）蜚（飛）耎（蝡）動。"
枝與支
《戰國二二》："子來救寡人可也，不救寡人，寡人弗能枝（支）。"
枝與岐
《皇易·升》："□□亨于枝（岐）山。"
枝與肢
《耇老》："一曰垂枝（肢），直脊，橈（撓）尻。"
《師癸》："今四枝（肢）不用，家大紊（亂），治之奈何？"
菝與芰
《痂》："以小童弱（溺）漬陵（菱）菝（芰），以瓦器盛，以布蓋。"
《痂》："冶烏彖（喙）四果（顆）、陵（菱）菝（芰）一升半。"
《乾瘙》："熬陵（菱）菝（芰）一參，令黃，以淳酒半斗煮之，三沸止。"
《身疕》："疕毋名而養（癢），用陵（菱）叔〈菝（芰）〉熬，冶之。"
詖與規
《鄭武》："奠（鄭）武公卒，既斃（殯），武夫人詖（規）孠₌（孺子）。"
《鄭武》："魯（邊）父詖（規）夫₌（大夫）。"
觖與觶
《泰射》："興，右環（還），北面少立，坐取觖（觶）。"
跂與企
《王法》："不能審此三者而言王者，是虛而爲大，跂（企）而爲長，臣以爲美（難）。"
歧與跂
《北蒼·支》："癰效姁（佝）卧，滃（𠊳）雂（鴿）鸒歧（跂）。"
攱與芰
《雜療方》："每朝啜闌（蘭）實三，及啜陵（菱）攱（芰）。"

只字聲系

只與枳
《命訓》："亟（極）佴（恥）則民₌只₌（民枳，民枳）則瘍₌人₌（傷人，傷人）則不罚（義）。"
只與支
《天乙·反支》："是胃（謂）反只（支）。"
只與技
《尊德義》："叴（教）以只（技），則民少以夋（吝）。"按，"只（技）"字從李零《郭店楚簡校讀記》(《道家文化研究》第十七輯，三聯書店，1999年）等釋讀。
只與岐
《鬼神》："此以桀折於鬲山，而受（紂）耆（弒）於只（岐）社。"
只與跂
《競公瘧》："既只（跂）於天，或（又）椎（墜）於困（淵）。"按，"只"似當讀作"跂"。《方言》卷一："跂，登也。"
怾與佳
《三壽》："鬲（厤）龜（參）天時，枉（往）厇（宅）毋謠（徙），戟（申）豊（禮）懃（勸）怾（佳）。"按，"怾"似當讀作"佳"。《説文》："佳，善也。"《廣雅·釋詁一》："佳，好也。"《淮南子·説林》："佳人不同體。"高誘《注》："佳，美也。"《廣雅·釋言》："善，佳也。"簡文"勸佳"蓋即典籍習見之"勸善"。

枳與支

《子產》："才（在）大能政，才（在）少（小）能枳（支）。"

《日甲·玄戈》："從上右方數朔之初日及枳（支）各一日，數之而復從上數。"

《日甲·玄戈》："□與枳（支）刺艮山之胃（謂）離日。"

《日甲·反枳》："反枳（支）。"

《日甲·反枳》："子丑朔，六日反枳（支）；寅卯朔，五日反枳（支）；辰巳朔，四日反枳（支）；午未朔，三日反支；申酉朔，二日反枳（支）；戌亥朔，一日反枳（支），復卒其日，子有（又）復反枳（支）。"

《日甲·反枳》："一月當有三反枳（支）。"

《芮良夫》："天之所𩏩（壞），莫之能枳（支）；天之所枳（支），亦不可𩏩（壞）。"

枳與歧

《鬼神》："此兩者枳（歧），虗（吾）古（故）〼。"

枳與枝

《弟子問》："剌（賴）虐（乎）其下，不折其枳（枝），飤（食）其實〼。"

《用曰》："皋之枳（枝）葉，良人可思□□。"

《武王甲》："枳（枝）名（銘）隹（唯）曰。"

《李頌》："𤔔（亂）本曾（層）枳（枝），𣹷（浸）𨸏（毁）丿可（兮）。"

《管仲》："從人之道，止（趾）則心之查（本），手則心之枳（枝），目、耳則心之末，口則心之窔（竅）。"

《子儀》："臺上又（有）兔，梫枳（枝）堂（當）橝（榱），汜（竢）客而𩊚（翰）之。"

《魃》："禹步三，取桃東枳（枝），中别爲□□□之僧而笲門戶上各一。"

枳與肢

《唐虞》："四枳（肢）胅（倦）陸（惰），耳目𦕍（聒）明衰。"按，"枳（肢）"字從裘按（《郭店楚墓竹簡·唐虞之道》篇注［三〇］）讀。

《相邦》："百攻（工）懽（勸）於事，以實府庫；泵（庶）人懽（勸）於四枳（肢）之褻（藝），以備軍旅。"

《二年·盜律》："羣盜及亡從羣盜，毆折人枳（肢），胅體。"

《繆和》："所以皆牧焉勞其四枳（肢）之力，渴（竭）其腹心而索（索）者。"

榣與枝

《語叢四》："利木侌（陰）者，不折其榣（枝）；利其渚者，不賽（塞）其溪（溪）。"按，"榣（枝）"字從裘按（《郭店楚墓竹簡·語叢四》篇注［一三］）讀。

訳與諟

《説命下》："敓（説），余既訳（諟）故（劼）詠（毖）女（汝），思（使）若玉冰，上下罔不我義（儀）。"

軹與枳

《曹氏》："〼軹（枳），諸刺傷害人者亦陰而刑也。"

是字聲系

是與寔

《亙先》："㫖是（寔）自生，亙（極）莫生㫖=（氣。氣）是（寔）自生自叏（作）。"按，"是（寔）"字從董珊《楚簡〈恆先〉初探》（簡帛研究網，2004年5月12日）讀。

《耆夜》："康藥（樂）而母（毋）忘（荒），

是（寔）隹（惟）良士之迈₌（方方）。”

《耆夜》：“康藥（樂）而母（毋）[忘]，是（寔）隹（惟）良士之愳₌（懼懼）。”

《耆夜》：“康藥（樂）而母（毋）忘（荒），是（寔）隹（惟）良士之愳₌（懼懼）。”

《琴舞》：“思輔舍（余）于勤（艱），廼是（寔）隹（惟）民，亦思不忘。”按，“是（寔）”字從黃傑《再讀清華簡（叁）〈周公之琴舞〉筆記》（簡帛網，2013 年 1 月 14 日）讀。

《厚父》：“若山氒（厥）高，若水氒（厥）㴱（淵），女（如）玉之才（在）石，女（如）丹之才（在）朱，廼是（寔）隹（惟）人。”

《正亂》：“吾將遂是（寔）其逆而僇（戮）其身，更置六直〈相〉而合以信。”

《繆和》：“惠（嘒）彼小星，参（三）五在東，瀟（肅）瀟（肅）宵正（征），蚤（早）夜在公，是（寔）命不同。”按，“是（寔）”字從今本《詩·國風·小星》讀。

是與示

《十陣》：“武者在旌旗，是（示）人者在兵。”

是與氏

《子羔》：“又（有）吳（虞）是（氏）之樂正宫㝁之子也。”

《子羔》：“离（契）之母，又（有）廼（娀）是（氏）之女也。”

《子羔》：“句（后）稷之母，又（有）詓（邰）是（氏）之女也。”

《容成氏》：“[尊]膚（盧）是（氏）、茖（赫）疋（胥）是（氏）、喬（高）結（辛）是（氏）、倉頡是（氏）、軒緩（轅）是（氏）、訢（神）戎（農）是（氏）、[illegible]丨是（氏）、壚運是（氏）之又（有）天下也，皆不受（授）其子而受（授）臤（賢）。”

《容成氏》：“☒是（氏）之又（有）天下，厚恖（愛）而泊（薄）僉（斂）安（焉），身力以袋（勞）百眚（姓）。”

《容成氏》：“不量其力之不足，记（起）帀（師）以伐昏（岷）山是（氏），取其兩女琰（琰）、鱻（琬）。”

《容成氏》：“桀（桀）乃逃之鬲（歷）山是（氏），湯或（又）從而攻之，降自鳴攸（條）之述（遂），以伐高神之門。”

《容成氏》：“傑（桀）乃逃之南藻（巢）是（氏），湯或（又）從而攻之。”

《容成氏》：“於是虐（乎）九邦畔（叛）之，豐、禞（鎬）、郍（舟）、䢼、于（邘）、鹿、埊（部）、宗（崇）、畬（密）須是（氏）。”

《仲弓》：“中（仲）弓以告孔₌（孔子），曰：‘季是（氏）☒。’”

《仲弓》：“夫季是（氏），河東之城（成）家也。”

《鮑叔牙》：“又（有）夏是（氏）觀其容以使，及其薨（亡）也，皆爲其容。”

《成王》：“夫夏曾（繒）是（氏）之道，可以智（知）善否，可以智（知）亡才（在），可胃（謂）又（有）道虐（乎）？”

《戰國八》：“欲以取勺（趙），勺（趙）是（氏）不得。”

《戰國一二》：“吾縣（懸）免（勉）於粱（梁）是（氏），不能辭已。”

《戰國一六》：“王之使者大過，而惡安陵是（氏）於秦。”

《戰國一六》：“聽使者之惡，墮安陵是（氏）而亡之。”

《戰國二二》：“齊宋攻魏，楚回（圍）翁（雝）是（氏），秦敗屈匄。”

《戰國二二》：“秦、韓之兵毋東，旬餘，魏是（氏）槫（轉），韓是（氏）從。”

《戰國二二》：“[韓]是（氏）之兵不用而得

地於楚，□□□□□何。”

《戰國二二》：“秦兵不用而得三川，伐楚、韓以窘魏，魏是（氏）不敢不聽。”

《戰國二二》：“魏是（氏）□□□□□□□□□魏是（氏）轉，秦、韓爭事齊楚。”

《戰國二四》：“秦韓戰於蜀潢，韓是（氏）急。”

《戰國二四》：“秦因大怒，益師，兵〈與〉韓是（氏）戰於岸門。”

《戰國二四》：“楚救不至，韓是（氏）大敗。”

《戰國二四》：“故韓是（氏）之兵非弱也，其民非愚蒙也。”

《繫辭》：“古者【包】虙（犧）是（氏）之王天下也。”

《繫辭》：“誹（包）虙（犧）是（氏）沒，神戎（農）是（氏）作。”

《繫辭》：“神戎（農）是（氏）沒，黃帝、堯、舜是（氏）作。”

《阜春一七》：“其中行是（氏）虖（乎）？”

《吳問》：“笵（范）、中行是（氏）先亡。”

《吳問》：“智是（氏）爲次。”

《吳問》：“笵（范）、中行是（氏）制田，以八十步爲婉（畹），以百六十步爲畛。”

《吳問》：“主喬（驕）臣奢，冀功數戰，故爲笵（范）、中行是（氏）次。”

《吳問》：“主喬（驕）臣奢，冀功數戰，故爲智是（氏）次。”

《吳問》：“趙是（氏）制田，以百廿步爲婉（畹），以二百卌步爲畛。”

《見威王》：“亡有戶（扈）是（氏）。”

《曹氏》：“漕（曹）是（氏）陰陽。”

《周馴》：“故趙是（氏）之所以始也千乘，已而爲萬乘者，其二賢主也。”

《少牢》：“用薦歲事于皇祖伯某，以其〈某〉肥（妃）肥（配）某是（氏）。”

《少牢》：“用薦歲事于皇祖伯某，以其〈某〉肥（妃）肥（配）某是（氏）。”

《少牢》：“用薦歲事于皇祖伯某，以某肥肥（配）某是（氏），以某之某爲尸。”

《少牢》：“用薦歲事于皇祖伯某，以某肥肥某是（氏）。”

《少牢》：“用薦歲事于皇祖伯某，以其〈某〉肥（妃）肥（配）某是（氏）。”

是與寘

《繫年二三》：“王衛（率）宋公以城皞（榆）闈（關），是（寘）武旟（陽）。”

是與實

《周易·既濟》：“九五：東䢅（鄰）殺牛，不女（如）西䢅（鄰）之酌（禴）祭，是受福吉。”按，帛書本是作實。

《鄭甲》：“白（伯）父是（實）被複（覆），不𡥈（穀）以能與遼（就）𡪞（次）。”

是與適

《周易·姤》：“又（有）卣（攸）往，見凶。羸（羸）豕孚是（蹢）蜀（獨）。”按，帛書本是（蹢）作適。

《説命上》：“王曰：‘旦（亶）肰（然）。天廼命敓（説）伐遳₌宔₌（失仲。’失仲）是（適）生子，生二戊（牡）豕。”按，“是（適）”字從沈奇石説讀。

《鹿鳴之什》：“寧是（適）不來，微我有咎。”

是與蹢

《周易·姤》：“初六：繫于金柅（柅），貞吉。又（有）卣（攸）往，見凶。羸（羸）豕孚是（蹢）蜀（獨）。”

是與此

《天乙·直室門》：“倉門：是₌（此是）富【門】。井居西南，囷居西北，廥必南鄉（向）。”按，“是₌”似當讀作“此是”。

下同。

《天乙・直室門》："南門：是₌（此是）將軍門。可聚邦、使客，八歲更。"

《天乙・直室門》："屈門：其主必昌富，婦人必宜疾，是₌（此是）鬼束之〖之〗門。"

《天乙・直室門》："顧門：是₌（此是）□甚多，毋（無）與居。"

《天乙・直室門》："東門：是₌（此是）邦君子門，賤人居之凶，不吉。"

《天乙・日衝》："雖（唯）利壞徹，是₌（此是）日衝（衝）。"

《天乙・剛柔二》："是₌（此是）柔日、陰日、牝日殹，男子之吉日殹。"

《天乙・土功二》："春子，夏卯，秋午，冬酉，是₌（此是）人彼（破）日。"

《天乙・土功二》："春乙卯，夏丙午，秋辛酉，冬壬子，是₌（此是）咸池旱牛晨弃日殹。"

《天乙・土功二》："春乙亥，夏丁亥，秋辛亥，冬癸亥，是₌（此是）牝日。"

《天乙・土功二》："凡是₌（此是）土禁，不可垣。"

《天乙・土功二》："凡是₌（此是）土星，不可興垣、土攻（功），大兇（凶）。"

《天乙・土功二》："凡是₌（此是）土□月，不可取土其□。"

《天乙・土功二》："凡是₌（此是）地司空，不可操土攻（功），不死必亡。"

《天乙・土功二》："凡是₌（此是）地杓，不可垣，穿地井。"

《天乙・自天》："是₌（此是）大羸，以□三，以子爲貞。"

《天乙・自天》："是₌（此是）自天以戒，室有大司壽。"

《天乙・自天》："是₌（此是）可亡不復，可求弗得。"

《天乙・自天》："是₌（此是）龍出投☒。"

《天乙・自天》："是₌（此是）非（飛）龍之□□，食□之所□。"

《天乙・自天》："是₌（此是）□者□☒。"

《天乙・自天》："是₌（此是）夫婦皆居，若不居□，□其居家。"

《天乙・自天》："是₌（此是）反☒。"

《天乙・自天》："是₌（此是）水火之貧₌（貧貧），雖憂以云☒。"

《天乙・自天》："是₌（此是）有□大木，有穿（窖）罙（深）□☒。"

《天乙・自天》："是₌（此是）乍居乍行，左右可（何）壆，日中爲期，劇此羭羊。"

《天乙・自天》："是₌（此是）大木有槐，其水耐₌（耐耐），居室離別。"

《恆失》："兵見善而怠，時至而疑，去非而處邪，是₌（此是）而弗能居。"

《太公》："☒邪，是₌（此是）而弗能居，止道也。"

《雨書》："暑不至，是₌（此是）兄未，春有㚘（雪），澤水固（涸），有急令。"

偍與適

《鄭風》："偍（適）子□□□。"

堤與題

《秦律・倉律》："令度之，度之當堤（題），令出之。"

《秦律・倉律》："其它人是增積，積者必先度故積，當堤（題），乃入焉。"

堤與祗

《帛易・坎》："九五，贛（坎）不盈，塭〈堤（祗）〉既平，无咎。"按，今本堤作祗。

堤與正

《蓋廬》："毋要（邀）堤₌（正正）之期（旗），毋擊堂₌（堂堂）之陳（陣）。"按，今本《孫子・軍爭》堤作正。

提與祇

《帛易·復》："初九，不遠復，无提（祇）悔，元吉。"

莛與祇

《要》："易曰：'不遠復，无莛（祇）誨（悔），元吉。'"

隄與堤

《隨日·建除》："居室，取（娶）妻，入奴婢，破隄（堤）。"

隄與緹

《妄稽》："韱（纖）隄（緹）襲糙（屣），虞士宜服。"

隄與題

《秦律·倉律》："見雜封者，以隄（題）效之，而復雜封之，勿度縣。"

《秦律·效》："嗇夫免而效，效者見其封及隄（題），以效之，勿度縣。"

《效律》："嗇夫免而效，效者見其封及隄（題）以效之。"

禔與褆

《治官》："女子之作，紡織載（裁）絳（縫），補禔（褆）治家。"

㫐與是

《吳命》："自㫐（是）日以往，必（比）五六日，皆吊（敝）邑之异（期）也。"按，"㫐（是）"字從沈培《〈上博（七）〉字詞補説二則》（復旦大學出土文獻與古文字研究中心網，2009年1月3日）釋讀。

翟與翅

《反淫》："鳿（鴻）鵠鵷鶵（雛），弋（鳶）鶨肅（鸘）相（鶆），運翟（翅）比翼，棲（接）遝（沓）苛（柯）閒。"

氏字聲系

氏與祇

《詩論》："吾以《蓠（葛）覃（覃）》得氏（祇）初之訔（詩），民眚（性）古（固）肰（然）。"按，"氏（祇）"字從陳劍《〈孔子詩論〉補釋一則》（《國際簡帛研究通訊》第二卷第三期，2002年）讀。

氏與是

《緇衣》："《寺（詩）》員（云）：'情（靖）共尔（爾）立（位），好氏（是）貞（正）植（直）。'"

《忠信》："氏（是）古₌（故，古）之所以行虖（乎）闢（辟）嘍（陋）者，女（如）此也。"

《詩論》："《邦風》氏（是）也。"

《詩論》："☐氏（是）也。"

《詩論》："《訟（頌）》氏（是）已。"

《詩論》："遳其所悉（愛），必曰：'虗（吾）奚舍之？賓贈氏（是）已。'"

《彭祖》："一命弍（一）鬲（俯），氏（是）胃（謂）嗌（益）愈；一命三鬲（俯），氏（是）胃（謂）自厚；三命四鬲（俯），氏（是）胃（謂）百眚（姓）之宔（主）。一命弍（一）臐，氏（是）胃（謂）敨（遭）央（殃）；弍（一）命三臐，氏（是）胃（謂）不長；三命四臐，氏（是）胃（謂）𢇍（絕）䌸。"

《曹沫》："虗（吾）言氏（是）不（否），而毋或（惑）者（諸）少（小）道與（歟）？"

《季康子》："孠₌（君子）才（在）民之上，執民之中，紽（施）䜭（教）於百眚（姓），而民不備（服）安（焉），氏（是）孠₌（君子）之恥也。"

《季康子》："☐寀佝，氏（是）古（故），夫敀邦甚難，民能多□☐。"

《季康子》："氏（是）古（故）臤（賢）人大於邦，而又（有）㣇心，能爲䰠（鬼）☐。"

《融師》："螎（融）帀（師）又（有）成，

氏（是）湄（狀）若生（猩）。”按，“氏（是）”字從單育辰《上博五短劄（三則）》（簡帛網，2006年4月30日）讀。

《申公》：“不斁（穀）以芺（笑）繡（陳）公，氏（是）言弃（棄）之，含（今）日繡（陳）公事不斁（穀），必以氏（是）心。”

《慎子》：“氏（是）以孝₌（君子）向方，智（知）道不可以恃（疑），臨☐。”

《凡物甲》：“氏（是）古（故）陳爲新，人死復爲人，水復於天，凡百勿（物）不死。”

《凡物乙》：“氏（是）古（故）陳爲新，人死復爲人，水復於天，凡百勿（物）不死。”

《史蒥》：“子以氏（是）視之，不其難牙（與）言也？虞（且）夫□☐。”

《史蒥》：“害（曷）鹿（僇）而不敬，子亦氏（是）之惻。”

《繫年十五》：“繡（申）公曰：‘氏（是）余受妻也。’取（娶）以爲妻。”

《管仲》：“善才（哉）！女（汝）果若氏（是），則爲君裻（勞）才（哉）！”

《周日書》：“氏（是）謂小뾽（徹），利以羈（奇）謀。”

《明君》：“夫故以氏（是）功（攻）戰，天下弗敢塞。”

《明君》：“以氏（是）守禦，天下弗敢試也。”

《明君》：“曰美氏（是）不若美城。”

《明君》：“然□□□□者，曰務氏（是）不若禁暴。”

《戰國一五》：“此臣之所聞於魏也，願君之以氏（是）慮事也。”

《戰國一六》：“氏（是）復閼輿之事也，秦必弗爲也。”

《戰國一六》：“氏（是）知伯之過也，秦有（又）不敢。”

《戰國一八》：“於氏（是）爲長安君約車百乘，質於齊，兵乃出。”

《文摯》：“威王曰：‘子澤（繹）之，卧時食何氏（是）有？’”

《地典》：“右水而戰，氏（是）胃（謂）順□，大將氏（是）取。”

《地典》：“☐山林責草澤，氏（是）胃（謂）☐。”

《妄稽》：“見富不爲變，見美不爲嶸（營），氏（是）胃（謂）大誠。”

《妄稽》：“吾視虞士若氏（是）矣。”

《妄稽》：“錯（措）氏（是）而弗爲，安辟（避）箠笞。”

《妄稽》：“死生於氏（是），笱（苟）得少安。”

氏與提

《隨日・司歲》：“正月子朔，聞〈聶（攝）〉民〈氏（提）〉挌（格）司歲。”按，“民〈氏（提）〉”字從何有祖《也説孔家坡漢簡〈日書〉所見歲名》（簡帛網，2006年10月10日）釋讀。

氏與兮

《詩論》：“《𡰪（鳲）鴶（鳩）》曰：‘其義（儀）一氏（兮），心女（如）結也。’虗（吾）信之。”

《帛五行・經》：“尸（鳲）㕣（鳩）在桑，其子七氏（兮）。”

《帛五行・經》：“叔（淑）人君子，其宜（儀）一氏（兮）。”

氏與斯

《詩論》：“《中（螽）氏（斯）》君子。”按，“氏（斯）”字從李零《上博楚簡三篇校讀記》（臺北萬卷樓圖書股份有限公司，2002年，30頁）讀。

㢭與跌

《君子》：“肩（肩）毋登（廢）毋同（聳），身毋躳（偃）毋倩（傾），行毋㢭（跌）毋㪔

（搖），足毋支（偏）毋高。”按，“𧿹”似當讀作“跌”。《説文》：“跌，踢也。”《廣韻·宕韻》：“踢，跌踢，行失正。”《集韻·唐韻》：“踢，跌踢，行不正皃。”

紙與扺

《日甲·詰》：“乃鬵（煮）桼（蕢）屨以紙（扺），即止矣。”

兒字聲系

兒與婗

《語叢四》：“三駄（雄）一鴜（雌），三䍃（瓶）一䓕，一王母保三殹（嫛）兒（婗）。”按，“兒（婗）”字從劉釗師《讀郭店楚簡字詞劄記》（《郭店楚簡國際學術研討會論文集》，湖北人民出版社，2000年）讀。

兒與䦧

《楚帛書》乙：“西䣙（國）又（有）吝，女（如）䏍₌（日月）既䚯（亂），乃又（有）兒（䦧）□。”按，“兒（䦧）”字從高明《楚繒書研究》（《古文字研究》第十二輯，中華書局，1985年）釋讀。下同。

《楚帛書》乙：“三亙（恆）登（廢），四興兒（䦧），以□天尚（常）。”

《楚帛書》乙：“不見陵（陵）□，是則兒（䦧）至。”

䛐與鬩

《從政》：“昏（聞）之曰：行險至（致）命，飢（饑）滄〈寒〉而毋畝（覷），從事而毋䛐（鬩），君子不以流言戡（傷）人。”按，“䛐”字從王輝《釋上博藏竹書〈從政〉甲篇第19簡的畝和䛐》（《江漢考古》2014年2期）釋。似當讀作“鬩”。《説文》：“鬩，恆訟也。”《玉篇·鬥部》：“鬩，爭訟也。”

倪與郳

《鮑叔牙》：“公身爲亡（無）道，遣（擁）芋（華）倗（孟）子以馳於倪（郳）者（都），迿（驅）逐畋䋣（弋），亡（無）羿（期）乇（度）。”

淣與厓

《芮良夫》：“此心目亡（無）亟（極），福（偪）而亡（無）淣（厓）。”按，“淣（厓）”字從蕭旭《清華簡〈芮良夫毖〉“富而無淣”補證》（復旦大學出土文獻與古文字研究中心網，2013年3月9日）讀。

䦧與鬩

《鄭甲》：“爲是牢鼦（鼠）不能同穴，朝夕戜（鬥）䦧（鬩），亦不逸（失）斬伐。”

䨲與霓

《兵談》：“☐之㚑（壓）人，如雲䨲（霓）復（覆）人。”

解字聲系

解與懈

《三德》：“☐解（懈）于旹（時），上帝憙（喜）之，乃無凶材（災）。”

《保訓》：“身兹備（服），隹（惟）允，翼₌（翼翼）不解（懈），用作三隆（降）之悳（德）。”

《保訓》：“至于成康（湯），祗備（服）不解（懈），甬（用）受大命。”

《保訓》：“今女（汝）祗備（服）母（毋）解（懈）。”

《琴舞》：“敢（嚴）余不解（懈），𤔲₌（業業）畏載（忌）。”

《琴舞》：“宿（夙）夜不解（懈），惹（懋）尃（敷）其又（有）敚（悦）。”

《嘗門》：“六以行之，晝、夜、春、夏、秋、冬，各時（持）不解（懈），此隹（惟）事首，亦隹（惟）天道。”

《管仲》：“好宜（義）秉悳（德），又（有）攼（虔）不解（懈），爲民紀統（綱）。”

《帛五行·經》：“敬而不解（懈），嚴。”

《帛五行·説》："嚴也者，敬之不解（懈）者，□之責（積）者也。"
《道原》："不爲治勸，不爲亂解（懈）。"
《戰國七》："齊王以燕爲必侍（待）其瀓（弊）而功（攻）齊，未可解（懈）也。"
《昭力》："脩（修）兵不解（懈），卒伍必固；權謀不讓，怨弗先昌。"
《田法》："☐□□□□□□□示民明（萌）毋解（懈）怠。"
《妄稽》："守者解（懈）駘（怠），稽得虞士。"

解與徑

《帛甲老子·德經》："大道甚夷，民甚好解（徑）。"按，通行本解作徑。

僻與徑

《帛乙老子·德經》："大道甚夷，民甚好僻（徑）。"按，通行本僻作徑。

繲與解

《周易·解》："繲（解）：利西南，亡（无）所往，其來復，吉。"
《周易·解》："九四：繲（解）其拇☐。"

繲與懈

《子產》："絢（怠）紤（慢）繲（懈）思（緩），恼（更）則任之。"

繲與睳

《嬰兒瘈》："嬰兒瘛（瘈）者，目繲（睳）䀮（邪）然，脅痛。"按，"繲（睳）"字從孟蓬生《〈五十二病方〉詞語拾零》（《中國語文》2003年3期）讀。

圭字聲系

圭與奎

《隨日·嫁女》："圭（奎）、□□、營室☐。"

封與圭

《官一》："攻兼用行城□地□□用方，迎陵而陳（陳）用封（圭）。"

封與卦

《筮法一》："嗌（筮）疾者，弌（一）封（卦）亢之，乃曰湎（將）死。"
《筮法五》："至，四正之封（卦）見，乃至。"
《筮法二三》："奴（如）封（卦）奴（如）肴（爻），卡=（上下）同脜（狀），果。"
《筮法三十》："凸（凡）是，各堂（當）其封（卦），乃力（扐）占=之=（占之，占之）必力（扐），封（卦）乃不誋（忒）。"
《少牢》："封（卦）者在左坐，封（卦）以木。"
《少牢》："筮、封（卦）、占如初。"

刲與封

《少牢》："司馬刲（封）羊，司土〈士〉擊豕。"

卦與刲

《繆和》："夫无實而承之，无血而卦（刲）之，不亦不知（智）乎？"

卦與挂

《特牲》："詩褱（懷）于左袂，卦（挂）于季指。"
《少牢》："詩壞（懷）之，實于左袂，卦（挂）于季指，執爵以興。"

奎與奚

《癲》："穨（癲），以奎（奚）蠡蓋其堅（腎），即取桃支（枝）東鄉（嚮）者。"

挂與攜

《周馴》："於是乃挂（攜）幼扶老，抱負赤子，以從昭王。"按，"挂（攜）"字從華東師範大學中文系出土文獻研究工作室《讀新出版〈北京大學藏西漢竹書〉書後（一）》（簡帛網，2015年11月12日）讀。

迼與解

《叢辰》："利以迼（解）兇（凶），敍（除）

不羊（祥）。”

恚與奎

《宿位》：“翌屖朔於縈（營室），夏屖恚（奎），享月胃，夏栾畢（畢）。”

《宿位》：“☐□恚（奎），丙□□才（在）縈☐。”

恚與跬

《北蒼・支》：“娓敁讐娧，䜌▯㨝趍（跢）恚（跬）。”

娃與孅

《北蒼・魚》：“姣窔（妖）娃娃（孅），啜咯黎（梨）樝。”按，“娃”似當讀作“孅”，與“娃”義近。《説文》：“娃，圜深目皃。或曰吳楚之間謂好曰娃。”《集韻》：“孅，好皃。”

奊與謑

《日甲・入官》：“十四日奊（謑）詢，十五日曰臣代主。”

《日甲・入官》：“代主及奊（謑）詢，不可取妻。”

珪與桂

《繫年二三》：“與之戰於珪（桂）陵，楚自（師）亡工（功）。”

畦與觿

《堪輿》：“此（觜）畦（觿）、參。”

《堪輿》：“夏三月，丙、丁爲危陽，此（觜）畦（觿）、參爲杓，翼、軫爲筴。”

《堪輿》：“秋三月，庚、辛爲危陽〈陰〉，營室、東辟（壁）爲杓，此（觜）畦（觿）、參爲筴。”

挂與蠲

《周馴》：“挂（蠲）而餔之，餓人再咽而能視矣。”

街與徑

《北大老子》：“大道甚夷，而民好街（徑）。”

詿與絓

《芮良夫》：“虗（吾）宔（中）心念詿（絓），莫我或聖（聽）。”

規與窺

《容成氏》：“堯爲之季（教）曰：‘自内（納）安（焉），余穴規（窺）安（焉），以求臤（賢）者而罬（讓）安（焉）。’”

《帛乙老子・德經》：“不規（窺）於牖，以知天道。”

規與闚

《帛易・觀》：“六二，規（闚）觀，利女貞。”

觟與佳

《北大老子》：“夫觟（佳）美，不恙（祥）之器也。”

閨與圭

《帛易・益》：“六三，益之，用工事，无咎。有復（孚）中行，告公用閨（圭）。”

閨與闚

《周易・豐》：“上六：豐其芾（屋），坿（蔀）其家，閨（闚）其床（戶），歖（闃）其亡（无）人，厽（三）戢（歲）不覿，凶。”

《帛易・豐》：“尚（上）六，豐其屋，剖（蔀）其家，閨（闚）其戶，哭〈睸（闃）〉其无人，三歲不遂，兇（凶）。”

蠤與鬲

《封許》：“贈尔廌（薦）彝：斸□豚、濉（銚），龍蠤（鬲）、緟（璉）、藿（鑵）、鉦（螽）、𠨬、丂（爵）、盤、監（鑑）、鑗（罌）、㽭（鋞）、周（雕）匼（鈁）、鬳、盌（簋）、鈄（觥）、鋁（鋁）、恪（格）。”

規字聲系

規與窺

《帛甲老子・德經》：“不規（窺）於牖，以知天道。”

《實虛》:“至於无=刑=（无形，无形）則深閒弗能規（窺）也，知（智）者弗能謀也。”

《北大老子》:“不規（窺）於牖，以智（知）天道。”

《妄稽》:“周春規（窺）户不及履，踐而追之，虞士逃之。”

規與蚑

《姓爭》:“天地已定，規（蚑）僥（蟯）畢掙（爭）。”

《道原》:“一度不變，能適規（蚑）僥（蟯）。”

《道原》:“規（蚑）行僥（蟯）重（動），戴根之徒，皆取生，道弗爲益少。”

企字聲系

企與畦

《龍簡》:“侵食道、千（阡）邵（陌）及斬（塹）人疇企（畦），貲一甲。”

启字聲系

剆與啟

《少牢》:“乃剆（啟）二尊之蓋幕（冪），鄭（奠）于棜上。”

《少牢》:“祝酌，鄭（奠），遂命佐食剆（啟）會。”

《少牢》:“佐食剆（啟）會【蓋】，二以重，設于敦南。”

堂與啟

《曹沫》:“其去之不速，其遼（就）之不尃（迫），其堂（啟）節不疾，此戰之幾（機）。”

肩與肩

《君子》:“肩（肩）毋登（廢）毋同（聳），身毋躲（偃）毋倩（傾），行毋𧿒（跌）毋敹（搖），足毋支（偏）毋高。”按，“肩（肩）”字從宋華強《由新蔡簡“肩背疾”説到平夜君成所患爲心痛之症》（簡帛網，2005年12月7日）釋。

《天子甲》:“者（諸）侯飤（食）同脂（狀），視百正，寡（顧）還肩（肩）。”按，“肩（肩）”字從趙平安《上博簡釋字四篇》（《簡帛》第四輯，上海古籍出版社，2009年）釋讀。下同。

《天子乙》:“者（諸）侯飤（食）同脂（狀），視百正，寡（顧）還肩（肩）。”

歌部第七

𣏟字聲系

𣏟與麻

《六德》："紁（疏）衰齊戊（牡）𣏟（麻）實（絰），爲昆弟也，爲妻亦肰（然）。"按，"𣏟（麻）"字從裘按（《郭店楚墓竹簡·六德》篇注［一七］）讀。

《王子木》："以穜（種）𣏟（麻）。"

《王子木》："可（何）以𣏟（麻）爲？"

《王子木》："王子不智（知）𣏟（麻）。"

𣏟與靡

《緇衣》："虗（吾）夫₌（大夫）共（恭）虘（且）韓（儉），𣏟（靡）人不斂。"按，"𣏟（靡）"字從劉樂賢《讀郭店楚簡劄記三則》（《郭店楚簡研究》，《中國哲學》第二十輯，遼寧教育出版社，1999年）釋讀。

《凡物甲》："骨₌（骨肉）之既𣏟（靡），其智愈暲？"

《凡物甲》："骨₌（骨肉）之既𣏟（靡），身豊（體）不見，虗（吾）系（奚）自飤（食）之？"

《凡物乙》："骨₌（骨肉）之既𣏟（靡），身豊（體）不見，虗（吾）系（奚）自飤（食）之？"

《陳公》："俩（兩）申（陳）後，乃右𣏟（靡）左𣏟（靡），申（陳）後若繩；或俩（兩）申（陳）前，右𣏟（靡）左▨。"

《封許》："余既監（鑑）于殷之不若，囬童才（兹）悳（憂），𣏟（靡）念非尚（常）。"

𣟈與靡

《芮良夫》："罔肎（肯）獻言，人頌（訟）攼（扞）嘩（違），民乃𡎦（嗥）囂，𣟈（靡）所幷（屏）怟（依）。"

《芮良夫》："心之慐（憂）矣，𣟈（靡）所告眔（懷）。"

《芮良夫》："非㲉（觀）折（哲）人，虗（吾）𣟈（靡）所爰（援）□詣（稽）。"

䃺與磨

《緇衣》："《大夏（雅）》云：'白圭之石，尚可䃺（磨）也；此言之砧（玷），不可爲也。'"

𥝮與靡

《繫年十四》："郇（駒）之克衛（率）自（師）栽（救）魯，敗齊自（師）于𥝮（靡）开（笄）。"

麻與摩

《天下至道》："信（伸）紂（肘）者，欲上之麻（摩）且據（距）也。"

《天下至道》："廁（側）枸（鉤）者，旁欲麻（摩）也。"

麻與磨

《蚖》："以產豚冢（喙）麻（磨）之。"

麻與糜

《一類》："先餔飯米麻（糜），飲藥耳。"

《一類》："▨飲水，常作赤豆麻（糜）洙〈沬〉服之，卅日止。"

摩與麾

《守法》："舉手指摩（麾），姦詐之所橐（托）也。"

《佈陳》："▨把摩（麾）□▨。"

《軍令》："▨□其亡摩（麾）▨。"

《軍令》："兵車御右及把摩（麾）干（竿）、鼓正（鉦）成者，拜爵賜論。"

𪎭與縻

《封診式》:"某里公士甲、士五(伍)乙詣牛一,黑牝曼𪎭(縻)有角。"

靡與摩

《周病方》:"沐(和)稾(藁)本東〈柬(欄)〉灰中,以靡(摩)之,令血欲出。"

《周病方》:"☐乾者,令人孰(熟)以靡(摩)之。"

《周病方》:"即午畫坨(地),而最(撮)其土,以靡(摩)其鼻中。"

《引書》:"以足靡(摩)胻,陰陽各卅而更。"

《朦者》:"侯(候)天甸(電)而兩手相靡(摩),鄉(嚮)甸(電)祝之。"

《疽病》:"撫(撫)靡(摩)□而□□□□□□□□□□□□□□□□□□□二果(顆)。"

《殘片一》:"☐靡(摩)如數。"

《殘片一三》:"☐靡(摩)☐。"

《殘片一四》:"☐靡(摩)身體(體)。"

《殘片一四》:"☐令人靡(摩)身☐。"

《養生方》:"而係縣竿□□□□雞靡(摩)逢(蜂)房一大者,令蠡蚉之。"

《養生方》:"即以巾靡(摩)足□□□四五乃復,以二巾爲卒。"

《養生方》:"已飲,身體(體)養(癢)者,靡(摩)之。"

《王子》:"是故道者發明唾手循辟(臂),靡(摩)腹從陰從陽。"

《天下至道》:"凡牡之屬靡(摩)表,凡牝之屬靡(摩)裏。"

靡與磨

《第二組》:"以中辨券案雔(讎)錢,錢輒輸少内,皆相與靡(磨)除封印,中辨臧(藏)縣廷。"

《狂犬齧人》:"取恆石兩,以相靡(磨)殹(也)。"

《狂犬齧人》:"取其靡(磨)如麋(糜)者,以傅犬所齧者,已矣。"

《疣》:"今日月晦,靡(磨)尤(疣)北。"

《疣》:"凷(塊)一靡(磨)□。"

《疣》:"已靡(磨),置凷(塊)其處,去勿顧。"

《疣》:"靡(磨)大者。"

《疣》:"靡(磨)又(疣)内辟(壁)二七。"

《疣》:"以朔日,葵莖靡(磨)又(疣)二七。"

《疣》:"今日朔,靡(磨)又(疣)以葵戟。"

《疣》:"祝尤(疣),以月晦日之室北,靡(磨)宥(疣),男子七,女子二七。"

《疣》:"今日月晦,靡(磨)宥(疣)室北。"

《癃病》:"令病者北(背)火炙之,兩人爲靡(磨)其尻,痒(癃)已。"

《㿗》:"熬蠶種令黄,靡(磨)取蠶種冶,亦靡(磨)白魚、長足。"

《㿗》:"一□□,再靡(磨)之。"

《疽病》:"入藥中□□□令如□□□□□炙手以靡(磨)□□□傅□□□□□之。"

《□爛者》:"其□如兩指,以靡(磨)般(瘢)令□□之,以□□傅之。"

《□爛者》:"□□者,靡(磨)□□以□,以汁傅,産膚。"

《痂》:"善洒(洗),靡(磨)之血,以水銀傅,又以金鐐(鋊)冶末皆等。"

《㿦》:"如此□□□布抒取汁,即取水銀靡(磨)掌中,以和藥,傅。"

《髼》:"以履下靡(磨)抵(砥)之。"

《蟲蝕》:"傅□□□□□□□□□湯,以羽靡(磨)□□□□□,即傅藥。"

《乾瘙》:"□雄黄靡(磨)水銀手□□□□□□□雄黄,孰(熟)撓之。"

《乾瘙》："善洒（洗），乾，節（即）炙裹樂（藥），以靡（磨）其騷（瘙），□靡（磨）脂□□脂，騷（瘙）即已。"
《養生方》："如（茹），濕靡（磨），盛之，飽食飲酒□□者臭（嗅）之。"

靡與糜

《治官》："歹（朽）敗猥（溷）靡（糜）。資責（債）不收。"按，"靡"似當讀作"糜"。《文選·盧諶〈贈劉琨〉》："靡軀不悔。"李善《注》："《説文》曰'靡，爛也'，靡與糜古字通。"
《脈書》："在目際，靡（糜），爲赧。"
《脈書》："在口中，靡（糜），爲篡。"
《胻傷》："胻久傷者癰，癰潰，汁如靡（糜）。"
《文摯》："夫臥，使食靡（糜）宵（消），散藥以流刑者也。"按，"靡（糜）"字從周一謀、蕭佐桃《馬王堆醫書考注》（天津科學技術出版社，1988年，393頁）讀。

靡與黴

《觀》："不靡（黴）不黑（纆），而正之以刑與德。"

攠與摩

《合陰陽》："信（伸）拊（肘）者，欲上之攠（摩）且距也。"
《合陰陽》："側句（鉤）者，旁欲攠（摩）也。"
《合陰陽》："上句（鉤）者，欲下攠（摩）也。"

癧與糜

《日甲·詰》："乃疾癧（糜）瓦以還□□□□□已矣。"

摩與摩

《引書》："摩（摩）足跗各卅而更。"
《引書》："起臥而危坐，摩（摩）兩手，令指熱，以循（揗）兩目，十而已。"按，整理者將"摩"隸定爲"瘳"。不確。

瘳與摩

《引書》："危坐，夸（跨）股，□手交指以瘳（摩）面，以下盾（揗）之至股。"
《引書》："極因下手瘳（摩）面，以下印（抑）兩股，力引之，三百而已。"按，整理者將"瘳"隸定爲"摩"。不確。

皮字聲系

皮與彼

《緇衣》："《寺（詩）》員（云）：'皮（彼）求我則，女（如）不我得；執我𢦏₌（仇仇），亦不我力。'"
《周易·小過》："取皮（彼）才（在）坹（穴）。"
《彭祖》："皮（彼）天之道，唯亙（恆）⧄。"
《柬大王》："君王尚（當）以昏（問）大（太）剌（宰）晉侯，皮（彼）聖人之孫₌（子孫），牆（將）必智之。"
《融師》："蔑币（師）見，毀折鹿戔（踐），隹（惟）孳（茲）作章（彰），皮（彼）獸鼠，又（有）足而⧄。"
《琴舞》："豩（欲）皮（彼）趣（熙）不茖（落），思逝（慎）。"
《芮良夫》："尚（當）亙₌（恆恆）敬孳（哉）！寡（顧）皮（彼）後復。"
《芮良夫》："皮（彼）人不敬，不藍（鑑）于夏商。"
《啻門》："唯皮（彼）五味之燹（氣），是哉以爲人。"
《啻門》："唯皮（彼）四神，是胃（謂）四正，五以相之，悳（德）、事、役、正（政）、型（刑）。"
《啻門》："唯皮（彼）九神，是胃（謂）陛（地）真。"

《啻門》："唯皮（彼）九神，是胃（謂）九宏。"

《鄭甲》："印滛〈淫〉枽（慆）于庚（康），贌（獲）皮（彼）𥁕（荊）俑（寵）。"

《鄭甲》："君女（如）由皮（彼）孔雪（叔）、逵（佚）之𡰥（夷）、帀（師）之佢鹿、臯（堵）之俞瓓（彌）。"

《鄭乙》："孚滛〈淫〉枽（慆）于康，贌（獲）皮（彼）𥁕（荊）甬（寵）。"

《鄭乙》："君女（如）由皮（彼）孔雪（叔）、逵（佚）之𡰥（夷）、帀（師）之佢鹿、臯（堵）之俞瓓（彌）。"

《子儀》："公及三方者（諸）邘（任）君不瞻皮（彼）泟（沮）漳之川屛（開）而不䀎（闔）欧（也）！"

《蓋廬》："建埶（設）四輔，及皮（彼）大（太）極，行皮（彼）四時，環皮（彼）五德。"

《蓋廬》："皮（彼）興之以金，吾擊之以火；皮（彼）興以火，吾擊之以水；皮（彼）興以水，吾擊之以土；皮（彼）興之以土，吾擊之以木；皮（彼）興以木，吾擊之以金。此用五行勝也。"

《蓋廬》："皮（彼）欲擊我₌（我，我）其不能；皮（彼）則數出，有趮（躁）氣。"

《蓋廬》："皮（彼）有樂志，吾示以悲；皮（彼）有勝意，我善侍（待）〖我伏侍（待）〗之。"

《蓋廬》："皮（彼）易〈易〉勝我₌（我，我）以誘之。"

《蓋廬》："皮（彼）人陳（陴）以實，吾禺（遇）以希；皮（彼）有樂志，吾示以悲；皮（彼）有勝意，我善侍（待）之，可使毋歸。"

《蓋廬》："皮（彼）有勝慮，我環（還）擊之；皮（彼）必不虞，從而觸之。"

《蓋廬》："皮（彼）必去，將有環（還）志，卒有歸慮，從而擊之，可使毋顧。"

《蓋廬》："適（敵）人出鹵（虜），毋迎其斥，皮（彼）爲戰氣，我戒不鬬。"

《蓋廬》："我敬（警）皮（彼）台（怠），何爲弗衰。"

《蓋廬》："皮（彼）有勝志，我擊其後，走者不復，□□勿就，皮（彼）則失枋，開而擊之，可使甚病。"

《蓋廬》："適（敵）人進舍，天暨（氣）甚暑，多腸辟者，我侚皮（彼）病，何爲弗勝。"

《帛甲老子・德經》："故去皮（彼）取此。"

《帛易・小過》："六五，密雲不雨，自我西茭（郊），公射取皮（彼）在穴。"

《二三子》："此言聲（聖）君之下舉乎山林𤰈（畎）畝之中也，故曰'公射取皮（彼）在穴。'"

《論約》："逆節始生，慎毋[先]正，皮（彼）且自氐（抵）其刑。"

《謀攻》："故兵知皮（彼）知己，百戰不[殆]。"

《發啟》："今皮（彼）殷商，眾口相惑。"

《十問》："毄（擊）此者，三軍之眾分而爲四五，或傅（薄）而佯北，而示之懼。皮（彼）見我懼，則遂分而不顧。"

《十問》："皮（彼）氣（既）貴氣（既）武，三軍徙舍，前後不相堵（睹），故中而毄（擊）之，若有徒與。"

《十問》："毄（擊）此者，渴者不飲，飢者不食，三分用其二，期於中極，皮（彼）氣（既）□□，財（材）士練（柬）兵。"

《十問》："毄（擊）其兩翼，故皮（彼）先喜後□，三軍大北。此毄（擊）箕之道也。"

《掑輿》："若皆榑（轉），利皮（彼）正鄉

（嚮）。”

皮與破

《語叢四》：“皮（破）邦芒（亡）𤕸（將），流澤而行。”按，“皮（破）”字從陳偉《郭店竹書別釋》（湖北教育出版社，2002年，234頁）讀。

皮與疲

《鮑叔牙》：“列（厲）民轞（獵）樂，篙（篤）伓忨，皮（疲）敹（敝）齊邦，日成（盛）于縱，弗覞（顧）前後。”

皮與被

《陰陽脈甲》：“皮（被）髮，大丈（杖），重履而步。”

皮與跛

《容成氏》：“於是虖（乎）又（有）訟（喑）、聾、皮（跛）、瞑、瘦（瘻）、秃、婁（僂）笥（始）记（起）。”

皮與頗

《慎子》：“中凥（處）而不皮（頗），責（任）悳（德）以䛐（職）。”

皮與罷

《命訓》：“亟（極）禍（禍）則民=䰟=（民畏，民畏）則逕=祭=（淫祭，淫祭）皮（罷）家。”

《三壽》：“尃（輔）民之怴（化），民觀（勸）毋皮（罷），寺（時）名曰義。”按，“皮”似當讀作“罷”。《國語·齊語》：“罷士無伍，罷女無家。”韋昭《注》：“罷，病也。無行曰罷。”《管子·小匡篇》：“罷士無伍，罷女無家。”尹知章《注》：“罷，謂乏於德義者。”

《帛易·中孚》：“六三，得敵，或鼓或皮（罷），或汲（泣）或歌。”

皮與避

《十問》：“毄（擊）此者，皮（避）斂（險）阻移□□□□□則危之。”按，“皮（避）”字從吳九龍《銀雀山漢簡釋文》（文物出版社，1985年，16頁）讀。

佊與彼

《妄稽》：“丈夫新譜（措），錯我美佊（彼）。”

佊與跛

《二年·盜律》：“毆折人枳（肢），胅體，及令佊（跛）蹇（蹇）。”

彼與披

《隨日·嫁女》：“入妾，有家環死，必彼（披）刑若亡。”

彼與破

《天甲·建除》：“正月：建寅、除卯、盈辰、平巳、定午、摯（執）未、彼（破）申、危酉、成戌、收亥、開子、閉丑。”

《天甲·建除》：“二月：建卯、除辰、盈巳、平午、定未、摯（執）申、彼（破）酉、危戌、成亥、收子、開丑、閉寅。”

《天甲·建除》：“三月：建辰、除巳、盈午、平未、定申、摯（執）酉、彼（破）戌、危亥、成子、收丑、開寅、閉卯。”

《天甲·建除》：“四月：建巳、除午、盈未、平申、定酉、摯（執）戌、彼（破）亥、危子、成丑、收寅、開卯、閉辰。”

《天甲·建除》：“五月：建午、除未、盈申、平酉、定戌、摯（執）亥、彼（破）子、危丑、成寅、收卯、開辰、閉巳。”

《天甲·建除》：“六月：建未。除申、盈酉、平戌、定亥、摯（執）子、彼（破）丑、危寅、成卯、收辰、開巳、閉午。”

《天甲·建除》：“七月：建申、除酉、盈戌、平亥、定子、摯（執）丑、彼（破）寅、危卯、成辰、收巳、開午、閉未。”

《天甲·建除》：“八月：建酉、除戌、盈亥、平子、定丑、摯（執）寅、彼（破）卯、危辰、成巳、收午、開未、閉申。”

《天甲·建除》：“九月：建戌、除亥、盈

子、平丑、定寅、摯（執）卯、彼（破）辰、危巳、成午、收未、開申、閉酉。”

《天甲・建除》：“十月：建亥、除子、盈丑、平寅、定卯、摯（執）辰、彼（破）巳、危午、成未、收申、開酉、閉戌。”

《天甲・建除》：“十一月：建子、除丑、盈寅、平卯、定辰、摯（執）巳、彼（破）午、危未、成申、收酉、開戌、閉亥。”

《天甲・建除》：“十二月：建丑、除寅、盈卯、平辰、定巳、摯（執）午、彼（破）未、危申、成酉、收戌、開亥、閉子。”

《天甲・建除》：“彼（破）日：毋可以有爲毆。雖（唯）利彼（破）水。”

《天乙・建除》：“正月：建寅，除卯，盈辰，平巳，定午，摯（執）未，彼（破）申，危酉，成戌，收亥，開子，閉丑。”

《天乙・建除》：“二月：建卯，除辰，盈巳，平午，定未，摯（執）申，彼（破）酉，危戌，成亥，收子，開丑，閉寅。”

《天乙・建除》：“三月：建辰，除巳，盈午，平未，定申，摯（執）酉，彼（破）戌，危亥，成子，收丑，開寅，閉卯。”

《天乙・建除》：“四月：建巳，除午，盈未，平申，定酉，摯（執）戌，彼（破）亥，危子，成丑，收寅，開卯，閉辰。”

《天乙・建除》：“五月：建午，除未，盈申，平酉，定戌，摯（執）亥，彼（破）子，危丑，成寅，收卯，開辰，閉巳。”

《天乙・建除》：“六月：建未，除申，盈酉，平戌，定亥，摯（執）子，彼（破）丑，危寅，成卯，收辰，開巳，閉午。”

《天乙・建除》：“七月：建申，除酉，盈戌，平亥，定子，摯（執）丑，彼（破）寅，危卯，成辰，收巳，開午，閉未。”

《天乙・建除》：“八月：建酉，除戌，盈亥，平子，定丑，摯（執）寅，彼（破）卯，危辰，成巳，收午，開未，閉申。”

《天乙・建除》：“九月：建戌，除亥，盈子，平丑，定寅，摯（執）卯，彼（破）辰，危巳，成戌〈午〉，收亥〈未〉，開子〈申〉，閉丑〈酉〉。”

《天乙・建除》：“十月：建亥，除子，盈丑，平寅，定卯，摯（執）辰，彼（破）巳，危午，成未，收申，開酉，閉戌。”

《天乙・建除》：“十一月：建子，除丑，盈寅，平卯，定辰，摯（執）巳，彼（破）午，危未，成申，收酉，開戌，閉亥。”

《天乙・建除》：“十二月：建丑，除寅，盈卯，平辰，定巳，摯（執）午，彼（破）未，危申，成酉，收戌，開亥，閉子。”

《天乙・建除》：“彼（破）日：毋可以有爲毆，雖（唯）利彼（破）水。”

《天乙・土功二》：“春子，夏卯，秋午，冬酉，是₌（此是）人彼（破）日。”按，“彼（破）”字從劉青《放馬灘秦簡〈日書〉乙種集釋》（武漢大學碩士學位論文，2010年，32頁）讀。

《阜易・井》：“卜半（判）及家彼（破）半（判）▨。”

彼與被

《周病方》：“令欲出血，即以并傅，彼（被）其上以□梟絮。”

《陰陽脈甲》：“彼（被）胃，出魚股陰下廉，腨上廉，出[内]踝之上廉。”

彼與賊

《秦律・效》：“群它物當負賞（償）而僞出之以彼（賊）賞（償）。”

《效律》：“群它物當負賞（償）而僞出之以彼（賊）賞（償）。”

彼與頗

《天下至道》：“粲（纍）滾（哀）者，尻彼（頗）疾而嗹（銜）封紀。”按，“彼

（頗）”字從周一謀、蕭佐桃《馬王堆醫書考注》（天津科學技術出版社，1988 年，441 頁）讀。

彼與罷

《繫年十六》：“昷（明）戢（歲），楚王子彼（罷）會晉文子燮（燮）及者（諸）侯之夫₌（大夫），明（盟）於宋。”

坡與彼

《天師》：“淺（濺）坡（彼）陽（勃），堅蹇不死。”

《大成》：“春䲭（雀）員（圓）駘（子），興坡（彼）鳴雄。”

《大成》：“大（太）上埶（藝）遇，靡（壅）坡（彼）玉竇。”

《曹熬》：“侍（待）坡（彼）合氣，而微動其刑（形）。”

《容成》：“其入也楑（揆）坡（彼）閨誦〈譎（滿）〉。”

《容成》：“坡（彼）生有央（殃），必其陰精屚（漏）泄。”

《容成》：“坡（彼）生之多，尚（上）察於天，下播於地。”

波與陂

《容成氏》：“墨（禹）親執枌（畚）耜（耜），以波（陂）明者（都）之澤，決九河之湶（阻），於是虖（乎）夾州、涂（徐）州刣（始）可凥（處）。”

《楚居》：“前出于喬（驕）山，乇（宅）凥（處）爰波（陂）。”按，“波（陂）”字從復旦大學出土文獻與古文字研究中心研究生讀書會《清華簡〈楚居〉研讀札記》（復旦大學出土文獻與古文字研究中心網，2011 年 1 月 5 日）讀。

《楚居》：“衆不容於免，乃渭（潰）疆湦（郢）之波（陂）而宇人安（焉），氏（抵）今曰郢。”

《更修田律》：“十月爲橋，脩（修）波（陂）隄，利津沵（梁），鮮草離。”按，“波（陂）”字從于豪亮《釋青川秦墓木牘》（《文物》1982 年 1 期）釋讀。

《天甲・建除》：“閉日：可以波（陂）渴（堨），入人、奴、妾。”

《天乙・建除》：“閉日：可以波（陂）渴（堨），入人、奴、妾。”

《第二組》：“補繕邑院、除田道橋、穿汲〈波（陂）〉池、漸（塹）奴苑。”

《二年・田律》：“十月爲橋，脩波（陂）隄，利津梁。”

《二年・徭律》：“補繕邑□，除道橋，穿波（陂）沱（池），治溝渠，塹奴苑。”

《帛易・泰》：“九三，无平不波（陂），无往不復，根（艱）貞，无咎。勿恤其復（孚），于食有福。”

《三十時》：“不可瀆溝漆（洫）波（陂）池，不可以爲百丈千丈城，必弗有也。”

《妄稽》：“腹若抱臾，僕（犖）膂膺波（陂）。”

波與破

《日甲・土忌二》：“冬三月之日，勿以筑（築）室及波（破）地，是胃（謂）發蟄。”

《周病方》：“睪（皋）！敢告曲沱（池），某癰某波（破）。”

皮與波

《吳命》：“才（在）皮（波）戠（濤）之閒。”按，“皮（波）”字從復旦大學出土文獻與古文字研究中心研究生讀書會《〈上博七・吳命〉校讀》（復旦大學出土文獻與古文字研究中心網，2008 年 12 月 30 日）釋讀。

皮與彼

《建除》：“皮於午。”按，睡虎地秦簡《日書》楚除甲種皮作彼。下同。

《建除》：“皮於未。”

《建除》："敓於申。"
《建除》："敓於栖（酉）。"
《建除》："敓於戌。"
《建除》："敓於亥。"
《建除》："敓於子。"
《建除》："敓於丑。"
《建除》："敓於寅。"
《建除》："敓於卯。"
《建除》："敓於晨（辰）。"
《建除》："敓於巳。"
《建除》："凡敓日，㦍矍呰=（之日），不利以祭祀、聚眾、□去、遲（徙）家。"

柀與破

《封診式》："其穴壤在小堂上，直穴播壤，柀（破）入內中。"
《日甲·秦除》："柀（破）申。"
《日甲·秦除》："柀（破）酉。"
《日甲·秦除》："柀（破）戌。"
《日甲·秦除》："柀（破）亥。"
《日甲·秦除》："柀（破）子。"
《日甲·秦除》："柀（破）丑。"
《日甲·秦除》："柀（破）寅。"
《日甲·秦除》："柀（破）卯。"
《日甲·秦除》："柀（破）辰。"
《日甲·秦除》："柀（破）巳。"
《日甲·秦除》："柀（破）午。"
《日甲·秦除》："柀（破）未。"
《日甲·秦除》："柀（破）日，毋可以有爲也。"
《養生方》："女子與男子戲，□即柀（破）缺；□臥，即去。"
《擒龐涓》："環涂（途）毄（擊）柀（破）其後，二大夫可殺也。"

柀與被

《封診式》："柀（被）污頭北（背）及地，皆不可爲廣袤。"

柀與疲

《日甲·叢辰》："正月以朔，多雨，歲善而柀（疲）不產，有兵。"
《日乙·秦》："正月以朔，多雨，歲善而柀（疲）不全，有兵。"
《隨日·叢辰》："正月以朔，多雨，□歲而柀（疲）不全，有兵。"

柀與罷

《秦律·倉律》："令就衣食焉，吏輒柀（罷）事之。"

被與皮

《曹熬》："三至勿星，被（皮）革有光。"
《師癸》："目明耳蔥（聰），被（皮）革有光，百脈充盈，陰乃□生。"

被與彼

《帛甲老子·德經》："故去被（彼）取此。"
《北大老子》："故去被（彼）取此。"
《北大老子》："故去被（彼）取此。"
《北大老子》："是以聖人爲腹不爲目，故去被（彼）取此。"
《妄稽》："殷紂大亂，用被（彼）亶（妲）己。"
《妄稽》："君來適遫（速），被（彼）未給叚（暇）。"

被與披

《妄稽》："毛若被（披）衰（蓑），未⍁。"

被與柀

《秦律·倉律》："萬石之積及未盈萬石而被（柀）出者，毋敢增積。"

鞁與被

《擒龐涓》："環涂（途）鞁（被）甲之所處也。"

頗與彼

《神烏賦》："吾自取材，於頗（彼）深萊。"

《神烏賦》："視頗（彼）不仁。"

頗與秛

《北蒼·耕》："犴（研）潭（算）僂（數）繚（料），頗（秛）科樹莖。"

頗與皤

《妄稽》："目若别杏，逢（蓬）髮頗（皤）白。"

罷字聲系

罷與擺

《官一》："便罷（擺）以鴈（雁）行，險厄以雜管。"按，"罷（擺）"字從張震澤《孫臏兵法校理》（中華書局，1984年，112頁）讀。

《官一》："秦（蓁）怫（茀）以委（逶）施（迤），便罷（擺）以鴈（雁）☐。"

罷與羆

《文師》："☐非罷（羆），非虎非狼，得王侯公。"

罷與彼

《帛甲老子·道經》："故去罷（彼）耳〈取〉此。"

《帛乙老子·德經》："故去罷（彼）而取此。"

《帛乙老子·德經》："是故去罷（彼）而取此。"

《成法》："罷（彼）必正人也，乃能操正以正奇。"

罷與疲

《戰國一五》："攻而弗拔，秦兵必罷（疲），陶必亡，則前功有必棄矣。"

《五教法》："廢車罷（疲）馬，將軍之人必任焉，所以衛（率）☐。"

《恆失》："兵不稱，内罷（疲）之兵也。"

罷與百

《疽病》："益（嗌）雎（疽）者，白蘞三，罷（百）合一，并冶，□□□□□□□□飲之。"按，"罷（百）"字從馬繼興《馬王堆古醫書考釋》（湖南科學技術出版社，1992年，539頁）、魏啟鵬、胡翔驊《馬王堆漢墓醫書校釋（壹）》（成都出版社，1992年，118頁）讀。

多字聲系

多與侈

《繆和》："故奢多（侈）廣大斿（游）樂之鄉不敢渝其身焉，是以而〈天〉下驩（歡）然歸之而弗猒（厭）也。"

侈與移

《定心》："心不僮（動），氣不侈（移）。"

庈與侈

《妄稽》："庶人有言：'謀毋失（佚）庈（侈）。'"按，"庈"似當讀作"侈"。"佚侈"蓋同義複詞。《晏子春秋第一·内篇諫上》："而姦驅尤佚。"王念孫《讀書雜誌·晏子春秋第一·内篇諫上》"佚，與溢同。"《莊子·駢拇》："而侈於德。"陸德明《釋文》引司馬云"侈""溢也"。

迻與移

《柬大王》："夫唯（雖）母（毋）旱（旱），而百眚（姓）迻（移）以迲（去）邦家。"

《子儀》："迻（移）易古（故）戠（職），欲民所安。"

移與侈

《師癸》："於腦（腦）也施（弛），於味也移（侈），道（導）之以志，動之以事。"按，"移（侈）"字從周一謀、蕭佐桃《馬王堆醫書考注》（天津科學技術出版社，1988年，389頁）讀。

袳與移

《少牢》："主婦被鍚，衣袳（移）袂，薦自東房。"

《少牢》：“婦贊者一人，亦被錫，衣袳（移）袂，執葵菹、醢以受（授）主婦。”

䜌與諺

《北蒼·幽》：“䜌（諺）閻堪況，燎灼煎炮（煲）。”

趍與跢

《北蒼·支》：“娓敂讆娧，孌▯喊趍（跢）恚（跬）。”

离字聲系

离與離

《帛乙老子·道經》：“爲天下鶏（溪），恆德不离（離）。恆德不离（離），復歸於嬰兒。”按，通行本离作離。

離與籬

《秦律·徭律》：“興徒以斬（塹）垣離（籬）散及補繕之。”

《二年·津關令》：“緣關塞縣道羣盜₌（盜、盜）賊及亡人越關垣離（籬）、格塹、封刊，出入塞界。”

離與麗

《反淫》：“天下至淫樂也，夫子弗欲離（麗）邪？”

離與驪

《占書》：“其在古之亡國志也，月十三垣（暈），共工亡，離（驪）民亡。”

離與鸝

《反淫》：“朝日即離（鸝）黃、蓋（鴿）且〈旦（鴠）〉鳴焉，募（暮）日即奇（羈）雌獨鳥宿焉。”

離與罹

《妄稽》：“我妬也，疾蹢（墮）纍瓦毀襲杯（坏），解擇（釋）成索別瓶橘（繘），而離（罹）卑李（悝），晝肖（宵）不瞑（眠）。”

離與羅

《周曆譜》：“己丑，宿迣離涌西。”按，同篇下文有“辛卯，宿迣羅涌西。”“迣離涌西”與“迣羅涌西”應是一地。

《行軍》：“□□□天井、天窖、天離（羅）、天翹（柖）、天郤（隙），必亟去之。”

《地形二》：“⊠天離（羅）、天井、天宛□⊠。”

《地葆》：“五地之殺曰：天井、天宛、天離（羅）、天埢（隙）、天柖。”

離與雷

《召南》：“□□離（雷），在南山之側。”

《召南》：“印（殷）其離（雷），在南山之下。”

離與荔

《反淫》：“⊠紹，結以奇（琦）璜，土（杜）若申椒，燕茝秦衡（蘅），新（辛）雉（夷）槀本，木蘭之桀（牀），卑（薜）離（荔）要（幽）惠（蕙），江羅（離）雜芳。”

蘺與離

《帛甲老子·道經》：“是以君子眾（終）日行，不蘺（離）其甾（輜）重。”按，“蘺（離）”字從高明《帛書老子校注》（中華書局，1996年，354頁）釋讀。

妥字聲系

妥與綏

《程寤》：“睪（擇）用周，果拀不忍，妥（綏）用多福。”

《祭公》：“亦岂（美）丞妥（綏）心，敬龏（恭）之。”

它字聲系

它與蛇

《老子》甲：“蟲（蜎）蠆₌（蠆虺）它弗蛬，攫鳥猷（猛）獸弗哺（搏）。”按，王弼本及帛書乙本它作蛇。

《容成氏》：“東方之羿（旗）以日，西方

之羿（旗）以月，南方之羿（旗）以它（蛇），宙（中）正之羿（旗）以澳（熊），北方之羿（旗）以鳥。”
《赤鵠》：“帝命二黄它（蛇）與二白兔凥（處）句（后）之帰（寢）室之棟。”
《赤鵠》：“帝命二黄它（蛇）與二白兔凥（處）句（后）之帰（寢）室之棟。”
《赤鵠》：“句（后）女（如）𢾾（撤）屋，殺黄它（蛇）與白兔，坴陸（地）斬陖（陵），句（后）之疾其瘳。”
《赤鵠》：“夏句（后）乃從少（小）臣之言，𢾾（撤）屋，殺二黄它（蛇）與一白兔；乃坴陸（地），又（有）二陖（陵）䳄（屯），乃斬之。”
《筮法二九》：“九象爲大獸，爲木，爲備戒，爲首，爲足，爲它（蛇），〖爲它〗，爲曲，爲瑞，爲弓、琥、玩（璜）。”

它與詑

《奏讞書》：“令戝〈賊〉殺武，以此不窮（窮）治甲之它₌（詑，它）如蒼。”

它與他

《帛五行·説》：“外心者非有它（他）心也。”
《帛五行·説》：“無它（他）焉，目也。”
《儒説》：“一曰毋内踈（疏）而外親，二曰毋身不善而怨它（他）人，三曰毋刑罰巳（已）至而☒。”

它與施

《忠信》：“𡈼[₌]（君子）其它（施）也忠，古（故）𢇍（蠻）罙（親）尃（附）也。”
《六德》：“子弟大材埶（設）者（諸）大官，少（小）材埶（設）者（諸）少（小）官，因而它（施）录（禄）安（焉）。”
《民之》：“亡（無）聖（聲）之樂，它（施）返（及）孫₌（孫子）。”
《民之》：“亡（無）備（服）【之】喪，它（施）返（及）四國。”
《管仲》：“中（仲）父，它（施）正（政）之道系（奚）若？”
《管仲》：“是古（故）它（施）正（政）命（令），得以時厇（度）。”
《帛五行·説》：“其人它（施）者（諸）人也者。”
《帛五行·説》：“其人它（施）者（諸）人，不得其人不爲法。”
《帛五行·説》：“言所它（施）之者，不得如散宜生、弘（閎）夭者也。”
《反淫》：“乃使陽文、洛（閭）簒（娵），西它（施）、毛菘（嬙），含芳被澤，燕服從容。”

佗與它

《李頌》：“愇（違）與佗（它）木，非與從風可（兮）。”

佗與施

《巍盜》：“佗（施）行出高门，視可盜者。”

𢙇與施

《仲弓》：“迪（申）之備之，緩（緩）𢙇（施）而巻（遜）放（服）之。”按，“𢙇（施）”字從陳劍《上博竹書〈仲弓〉篇新編釋文（稿）》（簡帛研究網，2004 年 4 月 18 日）讀。

坨與地

《周病方》：“前見坨（地）瓦，操。”按，整理者釋“坨”爲“地”。不確。下三例同。
《周病方》：“□步，投米坨（地），祝投米曰。”
《周病方》：“即以左手撟杯水歙（飲）女子，而投杯坨（地）。”
《周病方》：“即午畫坨（地），而最（撮）其土，以靡（摩）其鼻中。”
《二年·田律》：“上郡坨（地）惡，頃入

二石。”按，整理者釋“坨”爲“地”。不確。下十七例同。
《二年·行書律》：“北坨（地）、上、隴西，卅里一郵。”
《二年·行書律》：“坨（地）險陝（狹）不可郵者，得進退就便處。”
《二年·戶律》：“自五夫₌（大夫）以下，比坨（地）爲伍。”
《二年·戶律》：“民宅園戶籍、年細籍、田比坨（地）籍、田命籍、田租籍。”
《二年·津關令》：“長沙坨（地）卑濕，不宜馬。”
《奏讞書》：“人婢清助趙邯鄲城，已即亡，從兄趙坨（地），以亡之諸侯論。”
《奏讞書》：“北坨（地）守瀐（讞）。”
《奏讞書》：“北坨（地）守瀐（讞）。”
《奏讞書》：“銚有（又）磔講坨（地），以水責（漬）講北（背）。”
《奏讞書》：“所取荊新坨（地），多羣盜。”
《蓋廬》：“盾（循）天之則，何去何服？行坨（地）之德，何范何極？”
《蓋廬》：“行坨（地）之德，得時則歲年孰（熟），百生（姓）飽食。”
《蓋廬》：“日爲坨（地）纍（約），月爲天則，以治下民，及破不服。”
《蓋廬》：“其瀍曰：天爲父，坨（地）爲母。”
《蓋廬》：“天坨（地）爲方圜，水火爲陰陽，日月爲刑德。”
《蓋廬》：“坨（地）橦（衝）八日，日橦（衝）八日，日臽十二日，皆可以攻。”
《蓋廬》：“坨（地）大而無守備，城眾而無合者，攻之。”
《脈書》：“凡三陰，坨（地）氣殹（也），死脈殹（也）。”
《引書》：“大決者，兩手據坨（地），前後足出人閒。”
《引書》：“壹倚左，信（伸）右股，厀（膝）傅（附）坨（地）。”
《引書》：“壹倚右，信（伸）左足股，厀（膝）傅（附）坨（地）。”
《引書》：“係其兩端，以新纍縣（懸）之，令其高坨（地）四尺。”
《引書》：“前後俻（俛），手傅坨（地），十而已。”
《引書》：“左手據坨（地），右手把飯，垂到口，因吸飯氣。”
《引書》：“信（伸）左足，右股危坐，右手據坨（地），左手句（勾）左足指。”
《引書》：“信（伸）右足，左股危坐，左手據坨（地），右手句（勾）右足指。”
《引書》：“引腹甬（痛），縣（懸）纍版（板），令人高去坨（地）尺，足踐其上。”
《引書》：“去立，夸（跨）足，以俻（俛）據坨（地），極之，三而已。”
《引書》：“是以必治八經之引，炊（吹）昫（呴）虖（呼）吸天坨（地）之精氣。”
《引書》：“吸天坨（地）之精氣，實其陰（陰），故能毋病。”
《引書》：“自入水中，及臥寒突之坨（地），不智（知）收衣，故得病焉。”
《引書》：“治身欲與天坨（地）相求，猶橐籥也，虛而不屈，勭（動）而俞（愈）出。”

坨與陁

《語叢四》：“山亡[illegible]則坨（陁），成（城）無蓑則坨（陁）。”

陀與拖

《説命上》：“一家陀（拖）审（仲）之自行，是爲赤敦之戎。”按，“陀”似當讀作“拖”或“奪”。《淮南子·人間》：“拖其衣服。”高誘《注》：“拖，奪也。”

陀與施

《五行》：“大陀（施）者（諸）其人，天

也。其人陸（施）者（諸）人，[illegible]也。”

《弟子問》：“子遊曰：‘又（有）陸（施）之胃（謂）也虐（乎）？’”

敓與奪

《繫年二一》：“二年，王命莫囂（敖）易（陽）爲衛（率），自（師）戠（侵）晉，敓（奪）宜易（陽），回（圍）爽（赤）壍（岸）。”

沱與池

《五行》：“能遲（差）沱（池）其羿（羽），肰（然）句（後）能至哀。”

《繫年十四》：“高之固至莆沱（池），乃逃歸。”按，“沱”字原形從“它”，整理者直接釋爲“池”。不確。下五例同。

《繫年二十》：“晉柬（簡）公會者（諸）侯，以與夫秦（差）王相見于黃沱（池）。”

《繫年二一》：“王命莫囂（敖）易（陽）爲衛（率），自（師）以定公室，城黃沱（池），城蘳（雝）丘。”

《繫年二一》：“晉嵬（魏）畁〈斯〉、肑（趙）关（浣）、軓（韓）啓章衛（率）自（師）回（圍）黃沱（池）。”

《繫年二一》：“二年，王命莫囂（敖）易（陽）爲衛（率），自（師）戠（侵）晉，敓（奪）宜易（陽），回（圍）爽（赤）壍（岸），以復黃沱（池）之自（師）。”

《繫年二三》：“昷（明）戢（歲），郎減（莊）坪（平）君衛（率）自（師）戠（侵）奠₌（鄭，鄭）皇子₌（子、子）馬、子沱（池）、子坢（封）子衛（率）自（師）以这（邀）楚₌人₌（楚人，楚人）涉汦。”

《周病方》：“罼（皋）！敢告曲沱（池），某癰某波（破）。”

《二年・徭律》：“補繕邑□，除道橋，穿波（陂）沱（池），治溝渠，塹奴苑。”按，整理者釋“沱”爲“池”。不確。下十一例同。

《二年・金布律》：“租、質、戶賦、園沱（池）入錢，縣道官勿敢擅用。”

《二年・秩律》：“沱（池）陽、長陵、濮（濮）陽。”

《奏讞書》：“迺五月庚戌，校長沱（池）曰。”

《奏讞書》：“士五（伍）軍告沱（池）曰，大奴武亡，見沱（池）亭西₌（西，西）行。”

《奏讞書》：“沱（池）以告，與求盜視追捕武。”

《奏讞書》：“視捕武，誠挌（格）鬭，以劍擊傷視，它如沱（池）。”

《奏讞書》：“以軍告，與沱（池）追捕武。”

《奏讞書》：“軍曰：武，故軍奴，楚時亡，見沱（池）亭西。”

《奏讞書》：“以武當復爲軍奴，即告沱（池）所，曰武軍奴，亡。”

《奏讞書》：“告誠不審，它如沱（池）、武。”

《奏讞書》：“軍以亡弩（奴）告沱（池），沱（池）以告與視捕武。”

《反淫》：“前有昭（沼）沱（池），後有莞蒲；中有州堆，往來復路。”

沱與地

《奏讞書》：“即磔治（笞）毛北（背）厰（臀）股，不審伐數，血下汙沱（地）。”按，整理者釋“沱”爲“池”，認爲“池”爲“地”之誤字。不確。

沱與施

《曹沫》：“昔沱（施）舶（伯）語寡人曰：君子得之遊（失）之，天命。”

拕與弛

《君正》：“[有]得者，發禁拕（弛）關市之正（征）殹（也）。”

迱與它

《語叢二》：“凡逃（過），正一以遊（失）

其迆（它）者也。”

迆與地

《語叢一》：“又（有）迆（地）又（有）型（形）又（有）聿，而句（後）又（有）厚。”

《語叢一》：“又（有）天又（有）命，又（有）迆（地）又（有）慏（形），又（有）勿（物）又（有）容，又（有）家又（有）名。”

陀與他

《蚖》：“炊五穀（穀）、兔□肉陀（他）甗中。”

陀與池

《北蒼·陽》：“崋巒岑崩，阮（阢）嵬陀（池）阬。”按，“陀”似當讀作“池”。《玉篇·阜部》：“阬，池也。”

陀與陁

《治官》：“涂（塗）瀝（塈）陀（陁）隋（墮），苑水歙（飲）不利。”

柁與袘

《日甲·直室門》：“其主昌，柁（袘）衣常（裳），十六歲弗更，乃狂。”

炨與灺

《脈書》：“面黯若炨（灺）色，欬（咳）則有血，此爲骨蹶（厥）。”按，整理者釋“炨”爲“灺”。不確。

敀與弛

《管仲》：“然則或敀（弛）或張，或緩或纋（急），田陞（地）室（壙）虛，眾利不及，是胃（謂）學（幽）悳（德）。”

敀與施

《尊德義》：“夫唯是古（故），悳（德）可易而敀（施）可逭（遭）也。又（有）是敀（施）少（小）又（有）利，逭（遭）而大又（有）憲（害）者，又（有）之；又（有）是敀（施）少（小）又（有）憲（害），逭（遭）而大又（有）利者，又（有）之。”

《禹王》：“墨（禹）奉舜童（重）悳（德），敀（施）于四或（國），悔（敏）以勞民，□而聿（盡）力。”

《保訓》：“氒（厥）又（有）敀（施）于上下遠埶（邇），迺（乃）易立（位）埶（設）詣（稽）。”

敀與奪

《子儀》：“昔之襛（臘）可（兮）余不與，今茲之襛（臘）余或不與，敀（奪）之練（績）可（兮）而勫（奮）之。”

紽與袉

《妄稽》：“蕢（續）嫂（縷）之紽（袉），夏暴（襮）短常（裳）。”按，“紽（袉）”字從蕭旭《北大漢簡（四）〈妄稽〉校補》（復旦大學出土文獻與古文字研究中心網，2016年7月4日）讀。

紽與施

《季康子》：“孝₌（君子）才（在）民之上，執民之中，紽（施）჻（教）於百眚（姓），而民不備（服）安（焉），氏（是）孝₌（君子）之恥也。”

蛇與弛

《戰國五》：“三王代立，五相〈伯〉蛇（弛）政，皆以不復其掌（常）。”

蛇與貤

《戰國一二》：“欲以平陵〈陸〉蛇（貤）薛，以陰〈陶〉封君。”

蛇與迤

《北大老子》：“使我介（挈）有智（知），行于大道，唯蛇（迤）是畏。”

貤與施

《慎子》：“均分天〈而〉生（廣）貤（施），時（持）悳（德）而方（秉）義。”

貤與奪

《繫年十一》：“叚（假）逄（路）於宋₌

（宋，宋）人是古（故）殺孫（申）白（伯）亡（無）愧（畏），敓（奪）其玉帛。”

駝與馳

《第二組》：“除郵道、橋、駝（馳）道。”按，整理者認爲“駝”是“馳”之誤字。不確。“駝”可讀作“馳”。

《反淫》：“此天下至康樂也，夫子弗欲駝（馳）邪？”

《反淫》：“乘其閣（格）天之車，駝（馳）騁八徹（轍）之道，處大廓之究，以靈浮游化府。”

也字聲系

也與他

《士相見》：“如也（他）國之人，則使擯者還其埶（摯）。”

《士相見》：“也（他）國之人則曰‘外臣’。”

《燕禮》：“其也（他）不拜，坐祭，立飲。”

《泰射》：“公樂作而后（後）就物，稍屬，不以樂志，其也（他）如初義（儀）。”

《泰射》：“其也（他）不拜，坐祭，立飲。”

《喪服》：“兄弟皆在也（他）國，駕（加）一等。”

《喪服》：“崩（朋）友皆在也（他）國，但（袒）免，歸則已。”

《軍令》：“軍吏賜爵三級，也（他）吏賜☐。”

竾與弛

《稱》：“環私傷威，竾（弛）欲傷法，无隋（隳）傷道。”

竾與施

《順道》：“事恒自竾（施），是我无爲。”

《稱》：“贏絀變化，後將反竾（施）。”

施與弛

《爲吏》：“處如資（齋），言如盟，出則敬，毋施（弛）當（常）。”

《爲吏》：“治則敬自賴之，施（弛）而息之，熶（密）而牧之。”

《天乙·自天》：“婦是熒₌（熒熒），施（弛）登於城，朝作而夕不成。”

《觀》：“正名施（弛）刑，執（蟄）虫發聲，草苴復榮。”

《容成》：“欲聞民氣贏屈施（弛）張之故。”

《師癸》：“於腦（腦）也施（弛），於味也移（侈），道（導）之以志，動之以事。”按，“施（弛）”字從周一謀、蕭佐桃《馬王堆醫書考注》（天津科學技術出版社，1988年，388頁）讀。

《泰射》：“述（遂）命勝者執張弓，不勝者執施（弛）弓。”

施與馳

《見威王》：“伐共工而后兵寑（寢）而不起，施（馳）而不用。”

施與迆

《官一》：“爲畏（限）以山胠（陸），秦（蓁）怫（茀）以委（逶）施（迆）。”

《官一》：“秦（蓁）怫（茀）以委（逶）施（迆），便罷（擺）以鴈（雁）☐。”

施與袘

《天乙·直室門》：“則光門：其主☐☐。好歌舞。必施（袘）衣常（裳）。”

施與拕

《妄稽》：“髮若龜尾，宿（縮）宿（縮）必施（拕）。”

施與虒

《阜春·章題》：“晉平公築施（虒）祁之臺。”

他與施

《帛乙老子·德經》：“使我介有知，行於大道，唯他（施）是畏。”

地與蛇

《帛甲老子·德經》："逢（蜂）㾊（蠆）蜾（虺）地（蛇）弗螫。"

吔與䑛

《㢠》："濡，以鹽傅之，令牛吔（䑛）之。"

池與它

《帛易·比》："初六，有復（孚），比之，无咎。有復（孚）盈缶，冬（終）來或（有）池（它），吉。"

阤與弛

《月令》："謂附阤（弛）薄也，從七月□〼。"

虵與蛇

《木牘》："肉從（蓯）容（蓉）、天雄、署（薯）與（蕷）、虵（蛇）〼。"

貤與弛

《戰國一六》："今不存韓，貳（二）周、安陵必貤（弛），楚、趙大破，燕、齊甚卑。"

貤與池

《帛五行·說》："嬰（燕）嬰（燕）于翡（飛），跂（差）貤（池）其羽。"

《帛五行·說》："能跂（差）貤（池）其羽，然笱（後）能至哀，言至也。"

《帛五行·說》："跂（差）貤（池）者言不在嗺（衰）經。"

貤與施

《容成氏》："堯戔（賤）貤（施）而旹₌（時時）賽，不懽（勸）而民力，不型（刑）殺而無頪（盜）惻（賊），甚緩而民備（服）。"

鉇與匜

《特牲》："奉般（盤）東面，執鉇（匜）者西面淳沃，執巾者在鉇（匜）北。"

《少牢》："小祝設般（盤）、鉇（匜）與匰（箪）、巾于西階東。"

《少牢》："一宗人奉鉇（匜）水，西面于般（盤）東。"

鉇與施

《諸傷》："金傷者，以方（肪）膏、烏家（喙）□□，皆相□煎，鉇（施）之。"

虒與瘲

《白處》："雞湮居二□□之□，以蚤（搔）挈（契）虒（瘲）令赤，以□之。"

瘧與瘲

《白處》："白瘧（瘲）。"

《白處》："白瘧（瘲）者，白毋奏（腠），取丹沙與鱣魚血，若以雞血，皆可。"

羅字聲系

羅與罹

《繫年十八》："鄦（許）公蛇出奔晉₌（晉，晉）人羅（罹），城汝昜（陽）。"

羅與蘿

《雜療方》："□□來到蜮□□□□□□□□□名曰女羅（蘿）。"

羅與離

《周易·小過》："上六：弗遇化（過）之，飛鳥羅（離）之，凶，是胃（謂）亦烖（災）禬（眚）。"

《筮法二一》："春：垄（釐）、巽大吉，袋（勞）少（小）吉，艮、羅（離）大凶，兑少（小）凶。"

《筮法二一》："夏：袋（勞）大吉，垄（釐）、巽少（小）吉，艮、羅（離）凶₌（小凶），兑大凶。"

《筮法二一》："秋：兑大吉，艮、羅（離）少（小）吉，袋（勞）大凶。"

《筮法二一》："冬：艮、羅（離）大吉，兑少（小）吉，垄（釐）、巽大凶。"

《筮法二四》："系（奚）古（故）胃（謂）之羅（離）？司賔（藏），是古（故）胃（謂）羅（離）。"

《筮法二五》：“袭（勞），戊。羅（離），己。嚳（震），庚。巽，辛。”
《筮法二六》：“羅（離）祟：寘（熱）、休（溺）者。”
《筮法二七》：“卯、栖（酉），羅（離）。”
《帛易·否》：“九四，有命，无咎，檮（疇）羅（離）齒（祉）。”
《帛易·小過》：“尚（上）六，弗愚（遇）過之，翡（飛）鳥羅（離）之，凶。是謂茲（災）省（眚）。”
《帛易·離》：“羅（離），利貞，亨。畜牝牛，吉。”
《帛易·離》：“六二，黃羅（離），元吉。”
《帛易·離》：“九三，日禝（昃）之羅（離），不鼓垢（缶）而歌，即（則）大絰（耋）之駐（嗟），凶。”
《繫辭》：“作結繩而爲古（罟），以田以漁，蓋取者（諸）羅（離）。”
《反淫》：“☐紹，結以奇（琦）璜，土（杜）若申椒，燕茝秦衡（蘅），新（辛）雉（夷）槀本，木蘭之柴（茈），卑（薜）離（荔）要（幽）惠（蕙），江羅（離）雜芳。”

羅與麗

《鄭甲》：“戰於魚羅（麗），虗（吾）[乃]膢（獲）郙（函）、邶（訾），輹（覆）車閡（襲）絲（介）。”
《鄭乙》：“戰於魚羅（麗），虗（吾）乃膢（獲）郙（函）、邶（訾），輹（覆）車閡（襲）絲（介）。”

羅與蠡

《良臣》：“雩（越）王句戔（踐）又（有）大（舌）同（庸），又（有）範（范）羅（蠡）。”

麗字聲系

麗與曬

《養生方》：“[以]布麗（曬）之，已，而以邑棗之脂弁之，而以榦（塗）布巾。”

麗與罹

《日甲·詰》：“道（導）令民毋麗（罹）兇（凶）央（殃）。”

麗與篪

《君人甲》：“楚邦之中又（有）飤（食）田五貞（畛），竽麗（篪）奐（衡）於前。”按，“麗（篪）”字原形作“”，整理者釋讀作“竾（管）”。不確。《說文》“麗”字篆文作“”，《古文四聲韻》卷一引馬日磾《集幷群經古文》“鱺”作“”，卷四引《古史記》“麗見”字作“”。古文字正反每無别，麗字及麗旁與此字字形相近。上古音麗、篪俱爲舌音支部字，音近可通。《說文》“覼”與“褫”俱云“讀若池。”即其證。《玉篇·竹部》：“篪，管有七孔也。”《漢書·禮樂志》：“給《盛德》主調篪員二人。”顔師古《注》：“篪以竹爲之，七孔，亦笛之類也，音池。”可見“篪”爲管類樂器。《淮南子·時則》：“命樂師，修鞀鼙琴瑟注管簫，調竽篪，飾鐘磬，執干戚戈羽。”亦見“竽篪”一詞，可參。
《君人乙》：“楚邦之中又（有）飤（食）田五貞（畛），竽麗（篪）奐（衡）於前。”按，“麗（篪）”字原形作“”，整理者釋讀作“竾（管）”。不確。

麗與離

《成王》：“此六者皆逆，民皆又（有）夬（解）鹿〈麗（離）〉之心，而或（國）又（有）相串（患）割（害）之志，是胃（謂）童=☐。”按，“鹿〈麗（離）〉”字從復旦吉大古文字專業研究生聯合讀書會《上博八〈成王既邦〉校讀》（復旦大學出土文獻與古文字研究中心網，2011年7月17日）、《上博八〈有皇將起〉校讀》（復旦大學出土文獻與古文字研究中心網，2011年7月17日）

釋讀。下一例同。

《有皇》："鹿〈麗（離）〉尻（居）而同欲含可（兮）。"按，"鹿〈麗（離）〉"字從復旦吉大古文字專業研究生聯合讀書會《上博八〈有皇將起〉校讀》（復旦大學出土文獻與古文字研究中心網，2011年7月17日）釋讀。

《尹誥》："乎（厥）辟复（作）悁（怨）于民₌（民，民）復之甬（用）麗（離）心，我戠（翦）洓（滅）夏。"

《子儀》："遠人可（何）麗（離）宿，君又謃（尋）言（焉），余隼（誰）思（使）于告之。"按，"麗（離）"字從ee在ee《清華六〈子儀〉初讀》（簡帛網"簡帛論壇"，2016年4月16日）一文下跟帖讀。

《子產》："愳（懼）逵（失）又₌戒₌（有戒，有戒）所以紳（申）命固立₌（位，位）固邦₌安₌（邦安，邦安）民蘻（遂），邦危民麗（離），此胃（謂）才［存］亡才（在）君。"

羸字聲系

羸與雷

《占書》："□寅羸〈羸（雷）〉五月，凡廿八宿，三百九〈六〉十五度四分度一。凡羸（雷）之所，毋先起兵。"

《占書》："春羸〈羸（雷）〉會旦，爲大襄（攘），爲亂，爲役（疫）。夏羸〈羸（雷）〉會晝，爲幾（機），爲▨□爲兵氣。羸〈羸（雷）〉□□會莫（暮），爲役（疫）。凡羸〈羸（雷）〉之日，毋以事君入室及營軍，皆大兇。"

羸與羸

《天下至道》："精羸（羸）必舍，精夬（缺）必布（補）。"

羸與纍

《秦律·内史雜》："有實官縣料者，各有衡石羸（纍）、斗甬（桶），期踐（足）。"

《效律》："以其賈（價）多者罪之，勿羸（纍）。"

《效律》："黃金衡羸（纍）不正，半朱（銖）以上，貲各一盾。"

《答問》："亡久（記）書、符券、公璽、衡羸（纍），已坐以論。"

《治官》："衡石權羸（纍），丈量斗甬（桶）。"

《暨過》："卿（鄉）遣以羸（纍）論暨。"按，"羸（纍）"字從陶安《〈嶽麓書院藏秦簡（叁）〉校勘記》（復旦大學出土文獻與古文字研究中心網，2013年8月20）釋讀。

《暨過》："相遝，羸（纍）論重。"

《暨過》："言夬（決）相遝，不羸（纍）。"

《暨過》："羸（纍）論有令，可（何）故曰羸（纍）重？可（何）解？"

《暨過》："此以曰羸（纍）重。毋（無）它解。"

《暨過》："審。疑暨不當羸（纍）論。"

《暨過》："貲暨一甲，勿羸（纍）。"

《第二組》："諸官縣料者各有衡石羸（纍）、斗甬（桶），期足，計其官，毋叚（假）黔首。"

羸與虆

《帛甲老子·德經》："九成之臺，作於羸（虆）土。"

羸與裸

《日甲·詰》："鬼恆羸（裸）入人宮，是幼殤死不葬。"

羸與靡

《帛易·中孚》："九二，鳴鶴在陰，其子和之。我有好爵，吾與爾羸（靡）之。"

《繫辭》："鳴顫（鶴）在陰，其子和之。我有好爵，吾與壐（爾）羸（靡）之。"

羸與羸

《禁》："▨□□羸（羸）虫（蟲）螫。"

羸與盈

《算數書·分錢》："羸（盈）不足巨〈互〉乘母【并以】爲實，子相從爲法。"

《算數書·分錢》："皆羸（盈）若不足，子巨〈互〉乘母而各異。"

《算數書·米出錢》："令偕（皆）糲〈粺〉也，錢羸（盈）二。"

《算數書·米出錢》："同羸（盈）、不足以爲法，以羸（盈）乘十斗爲粺〈糲〉【實】。"

《算數書·米出錢》："以羸（盈）不足，令皆爲米，多三分錢二。"

《算數書·方田》："并羸（盈）、不足以爲法，不足子乘羸（盈）母，羸（盈）子乘不足母。"

羸與羸

《養生方》："平陵呂樂道，羸（羸）中蟲陰乾冶。"

羸與纍

《秦律·工律》："縣及工室聽官爲正衡石羸（纍）、斗用（桶）、升，毋過歲壺〈壹〉。"

羸與蝸

《特牲》："主婦浣（盥）于房中，薦南〈兩〉豆，葵菹、羸（蝸）盍（醢）。"

羸與羸

《周易·姤》："初六：繫于金柅（柅），貞吉。又（有）卣（攸）往，見凶。羸（羸）豕孚是（蹢）蜀（獨）。"

《周易·井》："井：改邑不改井，亡（无）喪亡（无）得，往來井₌（井井）。气（汔）至，亦母（毋）欚（達）井。羸（羸）其缾（瓶），凶。"

羸與纍

《周易·井》："井：改邑不改井，亡（无）喪亡（无）得，往來井₌（井井）。气（汔）至，亦母（毋）欚（達）井。羸（羸）其缾（瓶），凶。"按，帛書本羸（羸）作纍。

羸與瑣

《周易·旅》："初六：遊（旅）羸₌（瑣瑣），此（斯）其所取愳。"

羸與鰥

《芮良夫》："褱（懷）恣（慈）學（幼）溺（弱）、羸（鰥）寡、煛（煢）蜀（獨），萬民具（俱）慦（愁），邦甬（用）昌篙（熾）。"按，"羸"似當讀作"鰥"。

左字聲系

左與佐

《天乙·直室門》："刑門：主必富，不爲興□爲左（佐）吏。"

《昭力》："見事而能左（佐）其主，何咎之又（有）？"

左與差

《吳命》："以此前後之，猷（猶）不能以牧民，而反志下之相敵（擠）也，幾（豈）不左（差）才（哉）！"按，"左（差）"字從復旦大學出土文獻與古文字研究中心研究生讀書會《〈上博七·吳命〉校讀》（復旦大學出土文獻與古文字研究中心網，2008年12月30日）釋讀。

佐與左

《燕禮》："小臣佐（左）何瑟，面鼓，<u>瓡</u><u>越</u>，内弦，右相。"

佐與嗟

《神烏賦》："佐₌子₌（嗟子，嗟子）！"按，"佐子"讀作"嗟子"從裘锡圭《"佐子"應讀爲"嗟子"》（《文物》1998年3期）引蔡偉説讀。

跍與佐

《王子》："竣（朘）之葆愛，兼予成跍（佐）。"

⿰镸去與差

《帛五行·經》：“嬰（燕）嬰（燕）于蜚（飛），⿰镸去（差）池其羽。”

《帛五行·經》：“能⿰镸去（差）池其羽，然后能至哀。”

《帛五行·説》：“嬰（燕）嬰（燕）于翡（飛），⿰镸去（差）貤（池）其羽。”

《帛五行·説》：“能⿰镸去（差）貤（池）其羽，然笱（後）能至哀，言至也。”

《帛五行·説》：“⿰镸去（差）貤（池）者言不在嗺（衰）絰。”

《稱》：“失君不危者，臣故⿰镸去（差）也。”

《稱》：“失親不亂，子故⿰镸去（差）也。”

《繆和》：“吳王夫⿰镸去（差）攻當夏。”

《周馴》：“務若闔廬之自令柏（伯）也，而勉毋效其置夫⿰镸去（差）也。”

⿰镸去與嗟

《帛五行·説》：“有天下美飲食於此，許（吁）⿰镸去（嗟）而予之。”

《帛五行·説》：“悪許（吁）⿰镸去（嗟）而不受許（吁）差（嗟）。”

《帛五行·説》：“不受許（吁）⿰镸去（嗟）者，義之理也。”

《帛五行·説》：“終（充）其不受許（吁）⿰镸去（嗟）之心，而義襄天下。”

《帛易·離》：“九三，日禝（昃）之羅（離），不鼓埳（缶）而歌，即（則）大絰（耋）之⿰镸去（嗟），凶。”

《帛易·離》：“六五，出涕沱若，□⿰镸去（嗟）若，吉。”

《帛易·萃》：“六三，卒（萃）若⿰镸去（嗟）若，无攸利。往无咎，少（小）閵（吝）。”

⿰镸去與鬚

《奏讞書》：“令史⿰镸去（鬚）與義發新黔首往候視，反盜多，益發與戰。”

《奏讞書》：“凡三輩，⿰镸去（鬚）并主籍。”

《奏讞書》：“名籍副并居一笥中，⿰镸去（鬚）亡，不得，未有以别智（知）當捕者。”

《奏讞書》：“好畤辟⿰镸去（鬚）有鞫，氏以爲南郡且來復治。”

《奏讞書》：“⿰镸去（鬚）主新黔首籍，三輩，戰北。”

《奏讞書》：“逻⿰镸去（鬚）未來未捕，前後不同。”

《奏讞書》：“⿰镸去（鬚）主逻未來，獄留須⿰镸去（鬚）。”

《奏讞書》：“實須⿰镸去（鬚）來別籍，以偕捕之，請（情）也。”

《奏讞書》：“問南郡復吏，到攸₌（攸，攸）逻⿰镸去（鬚）未來，未有新黔首當捕者名籍。”

《奏讞書》：“⿰镸去（鬚）來會。”

《奏讞書》：“蒼梧守已刻（劾）論貲□□□□□□□⿰镸去（鬚）及吏卒不救援義等去北者。”

《奏讞書》：“當逻（逮）⿰镸去（鬚），傳調脩（攸），須來以別黔首當捕者。”

髪與嗟

《阜春二一》：“髪（嗟）子虖（乎）！此地出吾良臣多矣。”

有與左

《厚父》：“曰天顩（監）司民，氒（厥）女（如）有之服于人，民弋（式）克芍（敬）悳（德）。”

差與佐

《老子》甲：“以衍（道）差人宝（主）者，不谷（欲）以兵弜（強）於天下。”按，今本和帛書本差作佐。

《窮達》：“佁（皋）谿（陶）衣胎（枲）蓋（褐）冒（帽）衽（絰）冡（冢）慬（巾），䢅（釋）板筥（築）而差（佐）天子，堣（遇）武丁也。”

《容成氏》：“昔者天陞（地）之差（佐）

舜而右（佑）善，女（如）是牐（狀）也。”

《容成氏》：“湯乃㥾戒求臤（賢），乃立泗（伊）尹以爲差（佐）。”

《容成氏》：“昔者文王之差（佐）受（紂）也，女（如）是牐（狀）也。”

《文王》：“☑也，非天子之差（佐）也。”

《琴舞》：“八啟曰：差（佐）寺（事）王悤（聰）明，其又（有）心不易。”

《良臣》：“武王又（有）君奭，又（有）君阩（陳），又（有）君牙，又（有）周公旦，又（有）邵（召）公，述（遂）差（佐）成王。”

差與嗟

《詩論》：“《於（猗）差（嗟）》虛（吾）憙（喜）之。”

《詩論》：“《於（猗）差（嗟）》曰：‘四矢弁（反），以御（禦）嬰（亂）。’虛（吾）憙（喜）之。”

《李頌》：“差=（嗟嗟）君子，觀虛（吾）梪（樹）之蓉（容）可（兮）。”

《帛五行·説》：“惡許（吁）駐（嗟）而不受許（吁）差（嗟）。”

《九主》：“后曰：‘差（嗟）！夏桀氏已夫。三臣之罪何？’”

《阜易·離》：“□差（嗟）若，吉。”

《妄稽》：“差（嗟）！皆得所欲，莫得所宜。”

膳與瘠

《季康子》：“肥民則安，膳（瘠）民不尌（樹）。”按，“膳（瘠）”字從陳劍《談談〈上博（五）〉的竹簡分篇、拼合與編聯問題》（簡帛網，2006年2月19日）讀。

《君子》：“虛（吾）子可（何）其膳（瘠）也？”

《君子》：“虛（吾）新（親）聕（聞）言於夫子，欲行之不能，欲迲（去）之而不可，虛（吾）是以膳（瘠）也。”

鬈與嗟

《妄稽》：“妄稽喜（嘻）鬈（嗟），左走绝力。”按，“鬈（嗟）”字從王挺斌《北大簡〈妄稽〉與〈反淫〉研讀劄記》（簡帛網，2016年6月29日）讀。

坐字聲系

坐與挫

《帛甲老子·德經》：“和其光，同其墊（塵），坐（挫）其閱（鋭），解其紛。”

坐與㘴

《建除》：“坐於戌。”按，睡虎地秦簡《日書》楚除乙種坐作㘴。下同。

《建除》：“坐於亥。”

《建除》：“坐於子。”

《建除》：“坐於丑。”

《建除》：“坐於寅。”

《建除》：“坐於卯。”

《建除》：“坐於晨（辰）。”

《建除》：“坐於巳。”

《建除》：“坐於午。”

《建除》：“坐於未。”

《建除》：“坐於申。”

《建除》：“坐於栖（酉）。”

《建除》：“凡坐日，無爲而可，女（如）以祭祀，必又（有）三□。”

坐與跪

《申公》：“紳（陳）坐（跪）拜，记（起）畣（答）。”按，“坐（跪）”字從陳偉《讀〈上博六〉條記》（簡帛網，2007年7月9日）釋讀。

䅝與䅗

《數量》：“奮二䅝，敔䄯之四檐（擔）。奮二䅝又五來，敔䄯之五檐（擔）。”按，同篇中“䅝”或作“䅗”參李家浩《九店楚簡》(中華書局，2000年，59頁)。

侳與坐

《凡物甲》："侳（坐）而思之，姊（際）於千里；迟（起）而甬（用）之，練（陳）於四㳙（海）。"

《凡物乙》："侳（坐）而思之，姊（際）於☐。"

《凡物甲》："戠（察）道，侳（坐）不下笞（席）；耑（揣）叟（文），箸（書）不與事。"

《凡物乙》："戠（察）道，侳（坐）不下笞（席）；耑（揣）叟（文）☐。"

剉與侳

《叢辰》："利於酓（飲）飤（食）；女（如）遠行，剉（侳）。"

坐與挫

《恆失》："器用不利，僑（敵）之備固，坐（挫）兵也。"

迱與危

《柬大王》："王事可（何）必三軍又（有）大事，邦家以軒（杌）輗〈輗（隉）〉，社禝（稷）以迱（危）與(歟)？"按，"迱(危)"字從陳劍《上博竹書〈昭王與龔之脽〉和〈柬大王泊旱〉讀後記》(簡帛研究網，2005年2月15日)讀。

迱與坐

《君子》："迱（坐），虐（吾）語女（汝）。"

《命》："亡僕（僕）之尚（掌）楚邦之正（政），迱（坐）春（友）五人，立春（友）七人。"

《命》："安攺（樹）迱（坐）春（友）三人，立春（友）三人。"

《命》："迱（坐）春（友）亡一人，立春（友）亡一人，而邦正（政）不敗。"

桗與挫

《北大老子》："物或行或隨，或熱（噓）或炊（吹），或強或桗（挫），或伓（培）或隋（墮）。"按，整理者認爲"桗"爲"挫"之訛。"桗"可直接讀作"挫"。

《北大老子》："桗（挫）其脫（銳），解其紛，和其光，同其袗（塵）。"

磋與差

《凡物甲》："水火之和，系（奚）得而不磋（差）？"按，"磋（差）"字從宋華強《〈上博（七）·凡物流形〉劄記四則》(簡帛網，2009年1月3日)讀。下同。

《凡物乙》："水火之和，系（奚）得而不磋（差）？"

磋與危

《凡物甲》："邦家之磋（危）佞（安）廌（存）忘（亡）。"按，"磋（危）"字從復旦大學出土文獻與古文字研究中心研究生讀書會《〈上博（七）·凡物流形〉重編釋文》(復旦大學出土文獻與古文字研究中心網，2008年12月31日)讀。

絓與髽

《服傳甲》："布總，晉（箭）栞（笄），絓（髽），衰，三年。"

《服傳甲》："女子₌（子子）適人者爲父母，婦爲咎（舅）姑，惡栞（笄）有首以絓（髽）。"

《服傳乙》："布總，晉（箭）栞（笄），絓（髽），衰，三年。"

《服傳乙》："女子₌(子子)適人者爲父母，婦爲咎(舅)姑，惡栞(笄)有首以絓(髽)。"

《喪服》："[女子子在室]爲父，布總，晉（箭）栞（笄），絓（髽），衰，三年。"

《喪服》："女子子適人者爲父母，婦爲咎（舅）姑，惡笄有首以絓（髽）。"

銼與挫

《帛甲老子·道經》："銼（挫）其【銳】，解其紛，和其光，同[其塵]。"

《帛乙老子·德經》："和其光，同其塵，

銼（挫）其兑（鋭）而解其紛。”
《帛乙老子・道經》：“銼（挫）其兑（鋭），解其芬（紛），和其光，同其塵。”

惢字聲系

繠與蕤

《北蒼・耕》：“姑繠（蕤）姗（刪）賸（勝），訐蔞寙甇。”

眥字聲系

瑣與差

《反淫》：“若張義（儀）、薛（蘇）秦，孟柯（軻）、敦（淳）于髡，陽（楊）朱、墨翟，子贛（貢）、孔穿，屈原、唐革（勒），宋玉、景瑣（差）之偷〈倫〉。”

沙字聲系

沙與砂

《日甲・詰》：“以沙（砂）人（仁）一升挃（實）其舂臼，以黍肉食宲人，則止矣。”
《木牘》：“雄黃、丹沙（砂）、礜石。”

沙與躐

《戰國二〇》：“夫實得所利，尊得所願，燕、趙之棄齊，説（脱）沙（躐）也。”

娑與沙

《北蒼・耕》：“煅（毀）顡（頽）娑（沙）孅，媎婈眇靖（婧）。”

莎與沙

《戰國二一》：“今燕盡齊之河南〈北〉，距莎（沙）丘、巨（鉅）鹿之圍三百里。”

屖與徙

《建除》：“凡盜日，利以取（娶）妻、内（入）人、屖（徙）家室。”按，“屖”應分析爲從尾沙省聲。
《柬大王》：“王夢厽（三），閨未啟。以告相屖（徙）與中余（謝）：‘含（今）夕不觳（穀）夢若此，可（何）？’相屖（徙）與中余（謝）畣（答）：‘君王尚（當）聕（問）大（太）宰（宰）晉侯，皮（彼）聖人之孫₌（子孫），牆（將）必智之。’”按，“屖（徙）”字從陳劍《上博竹書〈昭王與龔之脽〉和〈柬大王泊旱〉讀後記》（簡帛研究網，2005年2月15日）讀。下同。
《柬大王》：“相屖（徙）、中余與五連少（小）子及龍（寵）臣皆逗。”

埶與沙

《周易・需》：“九二：孠（需）于埶（沙）。少（小）又（有）言，終吉。”

遲與徙

《楚帛書》丙：“玄，可以□□，吁□□遲（徙）乃□□。”按，“遲（徙）”字從李零《〈長沙子彈庫戰國楚帛書研究〉補正》（《古文字研究》第二十輯，中華書局，2000年）釋。
《昭王》：“王遲（徙）凥（居）於坪瀟，卒以夫₌（大夫）飤₌（飲酒）於坪瀟，因命（令）至（致）俑（庸）毀室。”
《建除》：“凡啟日，𢦏矍旹₌（之日），不利以祭祀、聚眾、□去、遲（徙）家。”
《楚居》：“穴畬（熊）遅（遲）遲（徙）於京（景）宗，爰得妣㡴（列）。”
《楚居》：“思（使）若（鄀）嗌卜遲（徙）於臺（夷）宅（屯）。”
《楚居》：“畬（熊）逗（渠）遲（徙）居發漸。”
《楚居》：“畬（熊）埶（摯）遲（徙）居旁屽。”
《楚居》：“至畬（熊）繟（延）自旁屽遲（徙）居喬多。”
《楚居》：“若囂（敖）畬（熊）義（儀）遲（徙）居箬（鄀）。”
《楚居》：“至焚（蚡）冒、畬（熊）帥（率）

自箬（鄀）遷（徙）居焚。”

《楚居》：“至宵嚻（敖）酓（熊）鹿自焚遷（徙）居宵。”

《楚居》：“至武王酓（熊）䵣自宵遷（徙）居免，安（焉）䛏（始）□□□□□福。”

《楚居》：“至文王自疆浧（郢）遷（徙）居湫₌郢₌（湫郢，湫郢）遷（徙）居樊₌郢₌（樊郢，樊郢）遷（徙）居爲₌郢₌（爲郢，爲郢）復遷（徙）居免郢，安（焉）改名之曰福丘。”

《楚居》：“至𡍬（堵）嚻（敖）自福丘遷（徙）衮（襲）箬（鄀）郢。至成王自箬（鄀）郢遷（徙）衮（襲）湫₌浧₌（湫郢，湫郢）遷（徙）□□□□居睽（睽）郢。至穆王自睽（睽）郢遷（徙）衮（襲）爲郢。至減（莊）王遷（徙）衮（襲）樊₌郢₌（樊郢，樊郢）遷（徙）居同宮之北。若嚻（敖）记（起）禍，安（焉）遷（徙）居承₌之₌埜₌（蒸之野，蒸之野）□□□，□衮（襲）爲郢。”

《楚居》：“至靁（靈）王自爲郢遷（徙）居秦（乾）溪之上，以爲凥（處）於章華之臺。”

《楚居》：“至卲（昭）王自秦（乾）溪之上遷（徙）居媺₌郢₌（媺郢，媺郢）遷（徙）居鶚₌郢₌（鄂郢，鄂郢）遷（徙）衮（襲）爲郢。”

《楚居》：“盍（闔）虜（廬）内（入）郢，安（焉）復遷（徙）居秦₌溪₌之₌上₌（乾溪之上，乾溪之上）復遷（徙）衮（襲）媺（媺）郢。至獻惠王自媺（媺）郢遷（徙）衮（襲）爲郢。白公记（起）禍，安（焉）遷（徙）衮（襲）湫郢，改爲之，安（焉）曰肥遺，以爲凥（處）於栖₌溝₌（栖溝，栖溝）遷（徙）居郊₌郢₌（鄢郢，鄢郢）遷（徙）居郇吁。王大（太）子以邦復於湫郢，王自郇吁遷（徙）鄀（蔡），王大（太）子自湫郢遷（徙）居疆郢。”

《楚居》：“柬（簡）大王自疆郢遷（徙）居藍₌郢₌（藍郢，藍郢）遷（徙）居郙₌郢₌（鄘郢，鄘郢）復於鄻（鄘）。”

《楚居》：“审（中）謠（謝）记（起）禍，安（焉）遷（徙）衮（襲）肥遺。邦大瘷（疵），安（焉）遷（徙）居鄩郢。”

《繫年二》：“三年，乃東遷（徙），止于成周。”

《繫年六》：“二邦伐緒（鄀），遷（徙）之中城，回（圍）商寳（密），戳（捷）繡（申）公子義（儀）以歸。”

遷與差

《五行》：“能遷（差）沱（池）其羿（羽），肰（然）句（後）能至哀。君子慙（慎）其獨也。”按，“遷（差）”字從李零《郭店楚簡校讀記（增訂本）》（北京大學出版社，2002年，79頁）讀。

屣與徙

《繫年十一》：“乃行穆王，思（使）毆（驅）累（孟）者（諸）之麋，屣（徙）之徒莒。”

譔與徙

《三壽》：“遻（邇）則文之偽（化），鬲（麻）㝁（参）天時，杠（往）乇（宅）毋譔（徙），戟（申）豊（禮）懽（勸）怾（佳）。”

屖與斯

《季桓子》：“屖（斯）聒（聞）之。”按，“屖（斯）”字從陳劍《〈上博（六）·孔子見季桓子〉重編新釋》（復旦大學出土文獻與古文字研究中心網，2008年3月22日）釋讀。下同。

《季桓子》：“則屖（斯）不足，豉〈剴（豈）〉敢訨（望）之？”

《季桓子》：“則屖（斯）忠₌（中心）樂之。”

《季桓子》：“屖（斯）不迅（佞）。”

徙字聲系

縰與屣

《妄稽》："踵長於跗，跋廢攝（躡）縰（屣）。"

《妄稽》："韱（纖）隄（緹）襲縰（屣），虞士宜服。"

吹字聲系

吹與歠

《服傳甲》："吹（歠）粥，朝一溢（溢）米、夕一溢（溢）米。"

《服傳乙》："吹（歠）粥，朝一溢（溢）米、夕一溢（溢）米。"

炊與吹

《周病方》："人所恆炊（吹）者，上橐莫以丸礜，大如扁（蝙）蝠矢（屎）而乾之。"

《第一組》："虜學、炊（吹）稃（枸）邑、壞（懷）德、杜陽、陰密、沂陽及在左樂、樂府者，及左樂、樂府謳隸臣妾，免爲學子、炊（吹）人。"

《第一組》："後復亡，軵盈三月，亦復以爲隸臣妾，皆復炊（吹）謳于官署（遷），貲二甲。"

《隨日・占》："正月朔日，風從南方來，五日不更，炊（吹）地瓦石見。"

《引書》："當張（脹）之時，屬意少腹而精炊（吹）之，百而已。"

《引書》："據則（側）而精虖（呼）之卅，精昫（呴）之卅，精炊（吹）卅。"

《引書》："無（撫）之以手而精炊（吹）之，卅而已。"

《引書》："苦腹張（脹），夜日談（倓）臥而精炊（吹）之卅，無益，精嘑（呼）之十。"

《引書》："無益，復精炊（吹）之卅。"

《引書》："是以必治八經之引，炊（吹）昫（呴）虖（呼）吸天㙩（地）之精氣。"

《引書》："偃臥炊（吹）昫（呴）、引陰（陰），春日再昫（呴），壹虖（呼）壹炊（吹）。"

《引書》："夏日再虖（呼），壹昫（呴）壹炊（吹）。"

《引書》："冬日再炊（吹），壹昫（呴）壹虖（呼）。"

《引書》："是以道者喜則急昫（呴）、怒則劇炊（吹）以和之。"

《引書》："燥則婁（數）虖（呼）婁（數）臥，濕則婁（數）炊（吹）毋臥實陰（陰）。"

《牝痔》："炊（吹）之，引出，徐以刀劙去其巢。"

《卻穀》："爲首重足輕體（體）軫（胗），則昫（呴）炊（吹）之，視利止。"

《卻穀》："食穀者食質而□，食□者爲昫（呴）炊（吹），則以始臥與始興。"

《卻穀》："凡昫（呴）中息而炊（吹）。"

《北大老子》："物或行或隨，或熱（噓）或炊（吹）。"

炊與箠

《雜抄》："志（特）馬舍乘車馬後，毋敢炊（箠）飭，犯令，貲一盾。"

炊與企

《北大老子》："炊（企）者不立，自見者不明，自視（是）者不章（彰），自發（伐）者無功，矜者不長。"

𡍮字聲系

垂與埵

《陰陽家》："人君好垂（埵）盧（爐）。"

《陰陽家》："人君抏金炭，垂（埵）盧（爐）橐，鼓金石。"

垂與頠

《妄稽》："穜（腫）肵廣肺，垂（頠）顡折骼（額）。"按，"垂（頠）"字從蕭旭

《北大漢簡（四）〈妄稽〉校補》（復旦大學出土文獻與古文字研究中心網，2016 年 7 月 4 日）讀。

䍋與垂

《春秋八》："君胡不以屈產之乘與䍋（垂）革（棘）璧假道於虞？"按，"䍋（垂）"字從裘錫圭《帛書〈春秋事語〉校讀》（《湖南省博物館館刊》第 1 期，《船山學社》雜誌社編輯出版，2004 年 7 月）釋讀。

《見威王》："曰我將欲責（積）仁義，式禮樂，䍋（垂）衣常（裳），以禁爭挩（奪）。"

《葆啟》："▨三年而天下二䍋（垂）歸之。"

䍋與埵

《人君》："人君好䍋（埵）盧（爐）橐，抏金盧，反山破石。"

䍋與甀

《行軍》："懸䍋（甀）者不反（返）其舍者，窮寇也。"

涶與垂

《妄稽》："辟（臂）涶（垂）九寸，耳刑（形）堇（僅）存。"

涶與唾

《蠱》："涶（唾）之，賁（噴）。"

《瘴》："涶（唾）□□□□□朝日未食，東鄉（嚮）涶（唾）之。"

《□爛者》："即三涶（唾）之。"

《妄稽》："趍（跪）進涶（唾）淺（濺），以時閒之。"

捶與垂

《王法》："及爲末作，捶（垂）拱倚立談語，皆勿得爲也。"

《王法》："臣聞今世捶（垂）拱牟戎（農）粟而食者二人。"

陲與垂

《天乙・問病》："上多下占病已，上下等曰陲（垂）已。"

《繫辭》："黃帝、堯、舜陲（垂）衣常（裳）而天下治。"

《昭力》："上正（政）陲（垂）衣常（裳）以來遠人，次正（政）橐弓矢以伏天下。"

《周馴》："昔吳攻郢，昭王陲（垂）泣以舜（辭）其民曰。"

歃與垂

《養生方》："令膚急毋歃（垂），有（又）令男子足▨。"

腄與垂

《養生方》："據（膚）不至而用則腄（垂），筋不至而用則避，氣不至而用則隋（惰）。"

箠與垂

《日甲・詰》："人毋（無）故一室人皆箠（垂）延（涎），爰母處其室。"

果字聲系

果與踝

《陰陽脈乙》："被胃，出魚股陰下廉，腨上廉，出內果（踝）之上廉。"

果與婐

《日甲・作女子》："女果（婐）以死，以作女子事，必死。"

果與裹

《日甲・詰》："旦而最（撮）之，苞以白茅，果（裹）以賁（奔）而遠去之，則止矣。"

果與顆

《嬰兒病癇》："取雷尾〈戾（矢）〉三果（顆），冶，以豬煎膏和之。"

《牝痔》："乾薑（薑）二果（顆），十沸，抒置甕中，貍（埋）席下。"

《疽病》："睢（疽）未□□□□烏家（喙）十四果（顆）。"

《疽病》："攗（撫）靡（摩）□而□□□□□□□□□□□□□□□□□二果（顆）。"

《痂》："取慶（蜣）良（螂）一斗，去其甲足，以烏家（喙）五果（顆），礜大如李。"
《痂》："冶烏家（喙）四果（顆）、陵（菱）⿰（芰）一升半。"
《殘片一九》："☐三果（顆），擣☐。"
《養生方》："取白苻（符）、紅符、伏（茯）霝（苓）各二兩，桓（薑）十果（顆）。"
《養生方》："☐莢、桔梗、厚☐二尺，烏家（喙）十果（顆），并冶。"
《養生方》："取熏烏家（喙）八果（顆），☐取桼（漆）。"
《養生方》："取烏家（喙）三果（顆），乾畺（薑）五，焦☐☐，凡三物。"
《養生方》："烏家（喙）三果（顆）。"
《雜療方》："每朝啜禁（蒜）二三果（顆），及服食之。"
《一類》："蜀椒一升，付（附）子廿果（顆），皆父（㕮）【咀】。"
《二類》："弓（芎）窮（藭）一升，白茝（芷）一升，付（附）子卅果（顆）。"
《木牘》："弓（芎）窮（藭）一升，付（附）子卅果（顆）。"

果與和

《易之義》："是故履以果（和）行也，嗛（謙）以制禮也。"

淉與灌

《天下至道》："陰氣不用，淉（灌）泣留（流）出。"

腂與踝

《陰陽脈甲》："毄（繫）於足大指菆（叢）毛之上，乘足跗上廉，去内腂（踝）一寸。"
《陰陽脈甲》："毄（繫）於内腂（踝）外廉，穿腨，出胕（郤）中央。"
《陰陽脈乙》："潼外腂（踝）婁中，出郤中，上穿踬，出猒（厭）中。"
《陰陽脈乙》："毄（繫）於外腂（踝）之前廉，出魚股之外，出☐上，出目前。"
《陰陽脈乙》："毄（繫）於内腂（踝）外廉，穿臑。"
《陰陽脈乙》："去内腂（踝）一寸，上腂（踝）五寸而出於大（太）陰之後。"

加字聲系

加與架

《反淫》："今有廣夏（廈）宫加（架），連垝接粱（梁）。"

加與賀

《城濮》："嬰（舉）邦加（賀）子曼（文），以其善行帀（師）。"
《城濮》："王爲余賓，嬰（舉）邦加（賀）余，女（汝）蜀（獨）不余見。"

加與痂

《脈書》："在身，疕如疏，養（癢），爲加（痂）。"
《痂》："加（痂）。"
《痂》："先孰（熟）洇（洗）加（痂）以湯，乃傅。"
《痂》："冶牛厀（膝）、燔髶灰等，并☐☐，孰（熟）洇（洗）加（痂）而傅之。"
《痂》："濡加（痂）。"
《痂》："以肥滿剡豶膏☐夷☐☐☐☐☐☐☐善以水洒加（痂），乾而傅之，以布約之。"
《痂》："乾加（痂）。"
《痂》："冶蛇牀實，以牡彘膏饍，先括（刮）加（痂）潰，即傅而☐☐，乾。"
《痂》："加（痂）方。"
《痂》："即孰☐☐☐☐加（痂）☐而已。"
《木牘》："冶加（痂）及久（灸）創（瘡）馬育方。"

伽與加

《鮑叔牙》："女（如）耆，伽（加）之以敬。"

賀與加

《帛甲老子·德經》："美言可以市，尊行可以賀（加）人。"

《帛乙老子·德經》："美言可以市，尊行可以賀（加）人。"

賀與嘉

《日乙·七月》："生子，必賀（嘉）。"

賀與衡

《帛五行·經》："簡之爲言也猷（猶）賀，大而罕者。"按，帛書《五行·説》賀作衡。

駕與加

《答問》："害盜別徼而盜，駕（加）罪之。"

《答問》："可（何）謂'駕（加）罪'？"

《答問》："求盜₌（盜盜），當刑爲城旦，問罪當駕（加）如害盜不當？"

《答問》："盜百，即端盜駕（加）十錢，問告者可（何）論？"

《答問》："甲告乙盜直（值）□□，問乙盜卅，甲誣駕（加）乙五十。"

《答問》："當爲告盜駕（加）臧（贓）。"

《答問》："爲告盜駕（加）臧（贓）。"

《答問》："未卒歲而得，治（笞）當駕（加）不當？"

《龍簡》："故罪當完城旦舂以上者，駕（加）其□。"

《龍簡》："盜同灋，有（又）駕（加）其罪，如守縣□金錢☐。"

《第二組》："後有盈十日，輒駕（加）貲一甲。"

《第二組》："其後弗遣復過五日，弗傳過二日到十日，輒駕（加）貲二甲。"

《第二組》："後有盈十日，輒駕（加）一甲。"

《第二組》："過十日到廿日，貲二甲，後有盈十日，輒駕（加）一甲。"

《二年·具律》："其受賕者，駕（加）其罪二等。"

《二年·具律》："所予臧（贓）罪重，以重者論之，亦駕（加）二等。"

《二年·具律》："气（乞）鞫不審，駕（加）罪一等。"

《二年·置吏律》："罰金各二兩，有（又）以亡律駕（加）論不自致事者。"

《奏讞書》："有白徒罪二者，駕（加）其罪一等。"

《卻穀》："去（卻）穀者食石韋，朔日食質，日駕（加）一節，旬五而[止]。"

《周馴》："維歲冬（終）享駕（賀）之日，龏（共）太子朝，周昭文公自身貳〈貣（敕）〉之，用兹念也。"

《特牲》："爲駕（加）爵者作止爵，如長兄弟之義（儀）。"

《喪服》："兄弟皆在也（他）國，駕（加）一等。"

《喪服》："不及知父母，與兄弟居，駕（加）一等。"

駕與嘉

《日甲·星》："以生子，必駕（嘉）。"

《隨日·星官》："以生子，必駕（嘉）。"

戈字聲系

枝與壺

《反淫》："六博投枝（壺），相引爲曹。"

䳄與説

《鮑叔牙》："高宗命伩（傅）䳄（説）量之以祭，既祭安（焉），命行先王之灋。"按，"䳄"字整理者直接釋爲"鳶"。此字右旁似從"戈"得聲。

䳄與鳶

《北蒼·魚》："鶵（鶉）䧳䳄（鳶）䧳（鵲），䧳兔鳥烏。"

餀與餓

《成王》："白（伯）𡰥（夷）、峕（叔）齊餀

（餓）而死於雝（窮）瀆，不辱其身。”

冎字聲系

咼與過

《日甲・詰》：“大神，其所不可咼（過）也，善害人。”

《日甲・詰》：“以犬矢爲完（丸），操以咼（過）之，見其神以投之，不害人矣。”

搗與剮

《帛五行・説》：“搗（剮）而（爾）四膿（體），予女（汝）天下，弗爲也。”

《帛五行・説》：“搗（剮）如（汝）兄弟，予女（汝）天下，弗悉〈悉（屑）〉也。”

過與禍

《爲吏》：“正行脩身，過（禍）去福存。”

《治官》：“可傷可傷，過（禍）之貴也。”

《亡論》：“大殺服民，僇（戮）降人，刑无罪，過（禍）皆反自及也。”

《戰國三》：“齊勺（趙）循善，燕之大過（禍）。”

《戰國二〇》：“夫一齊之強，燕猶弗能支，今以三齊臨燕，其過（禍）必大。”

《戰國二〇》：“唯（雖）然，夫知（智）者之舉事，因過（禍）而爲福，轉敗而爲功。”

《戰國二〇》：“此皆因過（禍）爲福，轉敗而爲功。”

《戰國二〇》：“今王若欲因過（禍）而爲福，轉敗而爲功。”

《戰國二一》：“韓亡参（三）川，魏亡晉國，市朝未罷，過（禍）及於趙。”

《戰國二一》：“今從強秦久伐齊，臣恐其過（禍）出於此也。”

《月戰》：“十戰而十勝，將善而生過（禍）者也。”

《晏子一二》：“過（禍）始弗智（知）也，過（禍）眾（終）弗智（知）也，吾何爲死？”

《春秋一六》：“使吾失親戚之，有（又）勒（力）成吾君之過，以□二邦之惡。”按，《管子・大匡》“過”作“禍”。下同。

《春秋一六》：“君以怒遂過，不畏惡也。”

過與猾

《妄稽》：“過（猾）盗不材（才）者，皆與交通。”按，“過”似當讀作“猾”。《漢書・叔孫通傳》：“今不進臣等，剸言大猾，何也？”顔師古《注》：“猾，狡猾之人。”《後漢書・班超傳》：“以禁郡縣奸猾盗賊也。”

過與化

《語叢三》：“膳（善）日過（化）我，我日過（化）膳（善），臤（賢）〼。”

骫與過

《天乙・直室門》：“食骫門：所利，數出骫喪，必瘁（癃）。”按，睡虎地秦簡《日書》甲種《直室門》“骫”作“過”。

懸與禍

《帛甲老子・德經》：“罪莫大於可欲，懸（禍）莫大於不知足，咎莫憯於欲得。”

《帛甲老子・德經》：“懸（禍），福之所倚；福，懸（禍）之所伏。”

《帛甲老子・德經》：“懸（禍）莫於〈大〉於无適（敵）。”

諣與禍

《蓋廬》：“循天之時，逆之有諣（禍），順之有福。”

《蓋廬》：“諣（禍）之所發，孰智（知）其起？”

價與貨

《帛甲老子・道經》：“難得之價（貨）使人之行方（妨）。”

𨘢與禍

《治官》：“𨘢（禍）所道來，毋云莫智（知）之，禍與畐（福）鄰。”

滑與猾

《成法》："滑（猾）民將生，年（佞）辯用知（智），不可法組。"

骱與禍

《厚父》："亡㬎（顯）于民，亦隹（惟）骱（禍）之卣（攸）及，隹（惟）司民之所取。"

禍與禍

《三德》："凡若是者，不有大禍（禍）必大恥。"

《三德》："爲善福乃來，爲不善禍（禍）乃或之。"

《鄭壽》："禍（禍）敗因童（重）於楚邦。"

《用曰》："禍（禍）不降自天，亦不出自隉（地），隹（唯）心自惻（賊）。"

《邦人》："亯（就）白公之禍（禍），聒（聞）命（令）尹、司馬既死，牆（將）迈（蹠）郢。"

《邦人》："☑寍（寧）禍（禍），賞之以西畦田百貞（畛）。"

《尹至》："其又（有）民衛（率）曰：'隹（惟）我束（速）禍（禍）。'"

《金縢》："周公石（宅）東三年，禍（禍）人乃斯得。"

《繫年十五》："吳王子晨牆（將）迟（起）禍（禍）於吳₌（吳，吳）王盍（闔）虜（盧）乃歸，卲（昭）王安（焉）復邦。"

《繫年十六》："柬（厲）公亦見禍（禍）以死，亡後。"

《繫年十八》："霝（靈）王見禍（禍），競（景）坪（平）王即立（位）。"

《繫年十八》："晉人旻（且）有軋（范）氏與中行氏之禍（禍），七戢（歲）不解甂（甲）。"

《繫年二二》："齊人旻（且）有陳慶子牛之禍（禍），齊與晉成。"

《繫年二三》："奠（鄭）太剸（宰）愆（欣）亦迟（起）禍（禍）於奠₌（鄭，鄭）子旟（陽）用滅，亡後於奠（鄭）。"

《芮良夫》："周邦聚（驟）又（有）禍（禍），寇（寇）戎方晉。"

《命訓》："□生民而成大命₌（命。命）司悳（德），正以禍（禍）福，立明王以愻（訓）之。"

《命訓》："或司不義而隆（降）之禍₌（禍，禍）怹（過）才（在）人₌（人，人）□毋（毋）諻（懲）嘑（乎）？"

《命訓》："天又（有）命，又（有）福，又（有）禍（禍）。"

《命訓》："以人之佴（恥）尚（當）天之命，以其市冒（帽［絻］）尚（當）天之福，以其斧戉（鉞）尚（當）天之禍（禍）。"

《命訓》："亟（極）禍（禍）則民₌褢₌（民畏，民畏）則逕₌祭₌（淫祭，淫祭）皮（罷）家。"

《命訓》："福莫大於行，禍（禍）莫大於逕（淫）祭，佴（恥）莫大於瘍（傷）人，賞莫大於壤（讓），罰莫大於多虘（詐）。"

諣與禍

《史蒥》："立於隉（地）之上，鼠（一）或不免又（有）諣（禍）。"按，"諣（禍）"字從季旭昇《〈上博九·史蒥問於夫子〉釋讀及相關問題》（《吉林大學社會科學學報》2015年4期）讀。

顝與滑

《繫年八》："秦自（師）乃復，伐顝（滑），取之。"

羈字聲系

羈與寄

《秦律·内史雜》："有事請殹（也），必以書，毋口請，毋羈（寄）請。"

羉與奇

《周日書》："氏（是）謂小斆（徹），利以羉（奇）謀。"按，"羉"應即"羈"之異構。

可字聲系

可與何

《老子》甲："虐（吾）可以智（知）其肰（然）也。"按，河上、王弼及帛書本可作何。

《老子》乙："𢼸（美）與亞（惡），相去可若？"按，今本和帛書本可作何。

《老子》乙："可胃（謂）態（寵）辱？態（寵）爲下也。"按，今本和帛書乙本可作何。

《老子》乙："□□□家，以向（鄉）觀向（鄉），以邦觀邦，以天下觀天下。虐（吾）可以智（知）天〼。"按，河上、王弼本及帛書乙本可作何。

《魯穆公》："可（何）女（如）而可胃（謂）忠臣？"

《窮達》："句（苟）又（有）其殜（世），可（何）慬（艱）之又（有）才（哉）。"

《六德》："可（何）胃（謂）六悳（德）？聖智也，急（仁）宜（義）也，忠信也。"

《詩論》："《訔（詩）》，其猶坪（平）門，與戔（賤）民而豫之，其甬（用）心也𨟻（將）可（何）女（如）？"

《詩論》："民之有慼惓（患）也，卡₌（上下）之不和者，其甬（用）心也𨟻（將）可（何）女（如）？"

《詩論》："又（有）成工（功）者可（何）女（如）？"

《詩論》："〼女（如）此可（何）？斯雀之矣。"

《詩論》："《𨟻（將）大車》之囂也，則以爲不可女（如）可（何）也。"

《民之》："敢𦖞（問）可（何）女（如）而可胃（謂）民之父母？"

《民之》："子夏曰：'敢𦖞（問）可（何）胃（謂）五至？'"

《民之》："子夏曰：'五至既𦖞（聞）之矣，敢𦖞（問）可（何）胃（謂）三亡（無）？'"

《民之》："亡（無）聖（聲）之樂、亡（無）膿（體）之豊（禮）、亡（無）備（服）之桑（喪），可（何）志（詩）是迡（迡）？"

《子羔》："子羔曰：'可（何）古（故）以得爲帝？'"

《子羔》："女（如）舜才（在）含（今）之殜（世）則可（何）若？"

《魯邦》："〼之可（何）才（哉）？"

《魯邦》："公剴（豈）不飯枂（粱）飤（食）肉才（哉）！𢻮（繄），亡女（如）豖（庶）民可（何）。"

《容成氏》："虐（吾）所智（知）多廌，一人爲亡道，百眚（姓）其可（何）辠？"

《周易·隨》："九四：陏（隨）又（有）膢（獲），貞工（功）。又（有）孚才（在）道，巳（以）明，可（何）咎。"

《周易·睽》："六五：悔（悔）亡，隚宗噬（噬）肤（膚），𨑥（往）可（何）咎。"

《仲弓》："中（仲）弓曰：'敢昏（問）爲正（政）可（何）先？'"

《仲弓》："中（仲）弓曰：'若夫老₌（老老）慈幼，既昏（聞）命喜（矣）。夫先又（有）司，爲之女（如）可（何）？'"

《仲弓》："敢昏（問）舉（舉）才女（如）之可（何）？"

《仲弓》："中（仲）弓曰：'惑（宥）怟（過）舉（赦）罪，則民可（何）系？'"

《仲弓》："中（仲）弓曰：'若此三者，既昏（聞）命喜（矣）。敢昏（問）道（導）

民興悳（德）女（如）可（何）？’”

《競公瘧》：“夫子之悳（德）登（升）矣，可（何）其宗（崇）。”

《彭祖》：“臣可（何）埶（設）可（何）行，而舉（遷）於朕身，而謐于帝崇（常）？”

《昭王》：“大尹之言脽（雁），可（何）訟又（有）安（焉）？”

《柬大王》：“大（太）剶（宰）畣（答）曰：‘君王元君₌（君，君）善，夫₌（大夫）可（何）羕（用）抍（静）。’”

《柬大王》：“王事可（何）必三軍又（有）大事，邦家以軒（杌）輆〈輗（隉）〉，社禝（稷）以迷（危）與（歟）？”

《柬大王》：“王夢厽（三），閨未啟。以告相屖（徙）與中余：‘含（今）夕不敫（穀）夢若此，可（何）？’”

《柬大王》：“☐鼓而涉之，此可（何）？”

《柬大王》：“☐大（太）剶（宰）：‘我可（何）爲，戢（歲）安（焉）筥（熟）？’”

《相邦》：“子贛（貢）曰（曰）：‘虗（吾）子之畣（答）也可（何）女（如）？’”

《曹沫》：“臧（莊）公曰：‘爲和於邦女（如）之可（何）？’”

《曹沫》：“牆（莊）公或（又）聒（問）：‘爲和於戟（陳）女（如）可（何）？’”

《曹沫》：“臧（莊）公曰：‘爲親（親）女（如）可（何）？’”

《曹沫》：“臧（莊）公或（又）聒（問）：‘爲和女（如）可（何）？’”

《曹沫》：“臧（莊）公或（又）聒（問）：‘爲義女（如）可（何）？’”

《鮑叔牙》：“昔高宗祭，有鸔（雉）雊於僕（彝）前。詔（召）祖已而昏（問）安（焉），曰：‘是可（何）也？’”

《季康子》：“庚（康）子曰：‘青（請）昏（問）：可（何）胃（謂）息（仁）之以悳（德）？’”

《苦成》：“爲此殜（世）也從事，可（何）以女（如）是其疾與（歟）才（哉）？”

《苦成》：“虗（吾）植（直）立經（徑）行，遠慮（慮）恉（圖）後，唯（雖）不堂（當）殜（世），句（苟）義毋舊（久）立，死可（何）鬳（傷）才（哉）！”

《君子》：“虗（吾）子可（何）其膧（瘠）也？”

《君子》：“☐困（淵）记（起），迲（去）笞（席）曰：‘敢聒（問）可（何）胃（謂）也？’”

《弟子問》：“子贛（貢）曰（曰）：‘莫新（親）虖（乎）父母，死不覠（顧）生，可（何）言虖（乎）其信也？’”按，“可（何）”字從陳偉《〈弟子問〉零識（續）》（簡帛網，2006年3月7日）讀。

《三德》：“天才（哉）人才（哉），朋（凭）可（何）新（親）才（哉），叟（沒）其身才（哉）。”

《墨子》：“☐天下，爲之女（如）可（何）？”按，“可（何）”字從李零《長台關楚簡〈申徒狄〉研究》（簡帛研究網，2000年8月8日）讀。

《競公瘧》：“身爲新（親），或（又）可（何）悉（愛）安（焉）。”按，“可（何）”字董珊《讀〈上博六〉雜記（續一）》（簡帛網，2007年7月11日）讀。

《競公瘧》：“古（故）死亓（期）牆（將）至，可（何）息（仁）☐。”

《莊王》：“□後之人，幾可（何）保之？”按，“可（何）”字從陳偉《讀〈上博六〉條記》（簡帛網，2007年7月9日）讀。

《申公》：“可（何）敢心之又（有）？”

《鄭壽》：“虗（吾）可（何）改而可？”按，“可（何）”字從陳偉《讀〈上博六〉條記》（簡帛網，2007年7月9日）讀。
《鄭壽》："前冬言曰邦必芒（亡）我，及含（今）可（何）若？"
《鄭壽》："王芖（笑）：'女（如）我得免，後之人可（何）若？'"
《王子木》："王子聒（問）成公：'此可（何）？'"
《王子木》："王子曰：'萶（疇）可（何）以为？'"
《王子木》："王子曰：'可（何）以𪎮（麻）爲？'"
《武王甲》："毋曰可（何）惕（傷），祡（禍）將長；毋曰亞（胡）害，祡（禍）將大；毋曰可（何）戔（殘），祡（禍）將言（然）。"
《鄭子甲》："女（如）上帝禮（鬼）神以爲惹（怒），虗（吾）晒（將）可（何）以畣（答）？"
《鄭子乙》："女（如）上帝禮（鬼）神以爲惹（怒），虗（吾）晒（將）可（何）以畣（答）？"
《君人甲》："君人者可（何）必安才（哉）！"
《君人甲》："君人者可（何）必安才（哉）！"
《君人乙》："君人者可（何）必安才（哉）！"
《君人乙》："君人者可（何）必安才（哉）！"
《凡物甲》："室祭員系（奚）逐，虗（吾）女（如）之可（何）思（使）飤（飽）？"
《凡物甲》："日之又（有）耳（珥），晒（將）可（何）聖（聽）？"
《凡物甲》："月之又（有）軍（輪），晒（將）可（何）正（征）？"
《凡物甲》："水之東流，晒（將）可（何）浧（盈）？"
《凡物甲》："日之訂（始）出，可（何）古（故）大而不𦖞（炎）？"
《凡物乙》："室祭員系（奚）逐，虗（吾）女（如）之可（何）思（使）飤（飽）？"
《凡物乙》："☐可（何）聖（聽）？"
《凡物乙》："月之又（有）軍（輪），晒（將）可（何）正（征）？"
《凡物乙》："水之東流，晒（將）可（何）浧（盈）？"
《凡物乙》："日之訂（始）出，可（何）古（故）大而不𦖞（炎）？"
《吳命》："孤也可（何）褮（勞）力之又（有）安（焉）！"
《子道餓》："於妝（偃）僞，於子員（損），於是虖（乎）可（何）侍（待）？"
《顔淵問》："𡩜（顔）困（淵）：'敢𦖞（問）可（何）女（如）？'"
《顔淵問》："𡩜（顔）困（淵）：'敢𦖞（問）可（何）女（如）？'"
《王居》："縱不隻（獲）辠（罪），或猶走趣（趨）事王，邦人其胃（謂）之可（何）？"
《王居》："唯（雖）我怸（愛）尔（爾），虗（吾）無女（如）社禝（稷）可（何）！"按，"可（何）"字從復旦吉大古文字專業研究生聯合讀書會《上博八〈王居〉、〈志書乃言〉校讀》（復旦大學出土文獻與古文字研究中心網，2011年7月17日）讀。
《蘭賦》："☐汗（旱）其不雨，可（何）湫而不沽（涸）？"
《鶹鷅》："婁（鶹）栗（鷅）之羽含可（兮），子可（何）舍₌（舍余）含可（兮）。"
《邦人》："鄴（葉）公子高曰：'不得王，晒（將）必死，可（何）以帀（師）爲？'"按，"可（何）"字從高佑仁《〈上博九〉初讀》（簡帛網，2013年1月8日）讀。

《史蒥》："史蒥曰：'可（何）胃（謂）八？'"
《史蒥》："史蒥𡆥（曰）：'可（何）胃（謂）嚚（疇）？可（何）胃（謂）☐？'"
《堯王》："☐訪之於子曰：'從正（政）可（何）先？'"
《堯王》："尻（居）寺（時）可（何）先？"
《尹誥》："於（嗚）虐=（呼！吾）可（何）㥏（作）于民，卑（俾）我眾勿韋（違）朕言？"
《程寤》："於（嗚）虗（呼）！可（何）敬（警）非朋？可（何）戒非商？可（何）甬（用）非梪=（樹？樹）因欲，不違芽（材）。"
《程寤》："可（何）監非旹（時）？可（何）柔（務）非和？可（何）褁（畏）非彣（文）？可（何）保非道？可（何）炁（愛）非身？可（何）力非人？"
《繫年九》："死人可（何）辠（罪）？生人可（何）黏（辜）？"
《琴舞》："参（三）啟曰：悳（德）元隹（惟）可（何）？曰開（淵）亦印（抑）。"
《芮良夫》："莫好安情，于可（何）又（有）静（爭）？"按，"可（何）"字從王坤鵬《清華簡〈芮良夫毖〉篇箋釋》（簡帛網，2013年2月26日）讀。
《芮良夫》："峉（咎）可（何）其女（如）怡（台）𢦏（哉）！"
《赤鵠》："夏句（后）之疾女（如）可（何）？"
《赤鵠》："夏句（后）曰：'朕疾女（如）可（何）？'"
《湯丘》："民人䎽（聞）之，其胃（謂）虗（吾）君可（何）？"
《湯丘》："我𠫤（怠）於其事，而不智（知）喪，虗（吾）可（何）君是爲？"
《湯丘》："湯或（又）䎽（問）於少（小）臣：'又（有）夏之悳（德）可（何）若才（哉）？'"
《湯丘》："湯或（又）䎽（問）於少（小）臣：'古先=（之先）聖人，可（何）以自炁（愛）？'"
《啻門》："則可（何）以成人？可（何）以成邦？可（何）以成陸（地）？可（何）以成天？"
《啻門》："人可（何）得以生？可（何）多以長？管（孰）少而老？"
《啻門》："夫四以成邦，五以嬰（相）之，可（何）也？"
《啻門》："九以成陸（地），五以𤔲（將）之，可（何）也？"
《啻門》："夫九以成天，六以行之，可（何）也？"
《啻門》："湯曰：'天尹，唯古先=（之先）帝之良言，則可（何）以改之？'"
《三壽》："敢䎽（問）人可（何）胃（謂）長？可（何）胃（謂）陰（險）？可（何）胃（謂）肩（厭）？可（何）胃（謂）亞（惡）？"
《三壽》："敢䎽（問）人可（何）胃（謂）長？可（何）胃（謂）陰（險）？可（何）胃（謂）肩（厭）？可（何）胃（謂）亞（惡）？"
《三壽》："敢䎽（問）人可（何）胃（謂）長？可（何）胃（謂）陰（險）？可（何）胃（謂）肩（厭）？可（何）胃（謂）亞（惡）？"
《三壽》："可（何）胃（謂）恙（祥）？可（何）胃（謂）義？可（何）胃（謂）悳（德）？可（何）胃（謂）音？可（何）胃（謂）𢘍（仁）？可（何）胃（謂）聖（聖）？可（何）胃（謂）智（知）？可（何）胃（謂）利？可（何）胃（謂）計（信）？"
《鄭武》："今是臣=（臣臣），其可（何）不寶（保）？虗（吾）先君之祟（常）心，其可（何）不述（遂）？"

《鄭武》:“幾(豈)孤其跌(足)爲免(勉),印(抑)亡(無)女(如)虐(吾)先君之悳(憂)可(何)?”
《管仲》:“中(仲)父,君子季(學)與不季(學),女(如)可(何)?”
《管仲》:“中(仲)父,埶(設)承女(如)之可(何)?立補(輔)女(如)之可(何)?”
《管仲》:“敢聒(問)歬(前)文句(后)爲之奴(如)可(何)?”
《管仲》:“中(仲)父,既埶(設)其紀,既訓(順)其經,敢聒(問)可(何)以執成?”
《管仲》:“中(仲)父,歬(前)又(有)道之君可(何)以賨(保)邦?”
《子儀》:“君及不敦(穀)剸(專)心穋(戮)力以左右者(諸)侯,則可(何)爲而不可?”
《子儀》:“鳥飛可(兮)瑬(漸)永,余可(何)矰以遼(就)之。”
《子儀》:“遠人可(何)麗(離)宿,君又譚(尋)言(焉),余隼(誰)思(使)于告之。”
《子儀》:“莫往可₌(兮何)以實(寘)言(焉),余愧(畏)其式(式)而不訐(信),余隼(誰)思(使)于劦(協)之。”
《子儀》:“織紝之不成,虐(吾)可(何)以祭稷。”
《子儀》:“義(儀)父!以不敦(穀)之攸(修)遠於君,可(何)爭而不好。”
《子儀》:“公曰:‘義(儀)父!歸女(汝)其可(何)言?’”
《答問》:“可(何)謂‘駕(加)罪’?”
《答問》:“把錢偕邦亡,出徼,得,論各可(何)殹(也)?”
《答問》:“盜牛時高六尺,毄(繫)一歲,復丈,高六尺七寸,問甲可(何)論?”
《答問》:“或盜采人桑葉,臧(贓)不盈一錢,可(何)論?”
《答問》:“司寇盜百一十錢,先自告,可(何)論?”
《答問》:“乙智(知)其盜,受分臧(贓)不盈一錢,問乙可(何)論?”
《答問》:“甲盜不盈一錢,行乙室,乙弗覺,問乙論可(何)殹(也)?”
《答問》:“甲盜錢以買絲,寄乙,乙受,弗智(知)盜,乙論可(何)殹(也)?”
《答問》:“夫盜千錢,妻所匿三百,可(何)以論妻?”
《答問》:“夫盜三百錢,告妻,妻與共飲食之,可(何)以論妻?”
《答問》:“夫盜二百錢,妻所匿百一十,可(何)以論妻?”
《答問》:“今叚(假)父盜叚(假)子,可(何)論?”
《答問》:“今或益〈盜〉₌一₌腎₌(盜一腎,盜一腎)臧(贓)不盈一錢,可(何)論?”
《答問》:“可(何)謂‘祠未闟〈闋〉’?”
《答問》:“可(何)謂‘盜埱厓’?”
《答問》:“士五(伍)甲盜一羊,羊頸有索,索直(值)一錢,問可(何)論?”
《答問》:“可(何)謂‘抉₌籥₌(抉鑰’?抉鑰)者已抉啟之乃爲抉。”
《答問》:“抉之弗能啟即去,一日而得,論皆可(何)殹(也)?”
《答問》:“可(何)謂‘府中’?”
《答問》:“以論耐,問甲及吏可(何)論?”
《答問》:“黥甲爲城旦,問甲及吏可(何)論?”
《答問》:“甲有罪,吏智(知)而端重若輕之,論可(何)殹(也)?”
《答問》:“或以赦前盜千錢,赦後盡用之而得,論可(何)殹(也)?”
《答問》:“告人盜百一十,問盜百,告者可

（何）論？”
《答問》：“盜百，即端盜駕（加）十錢，問告者可（何）論？”
《答問》：“告人盜千錢，問盜六百七十，告者可（何）論？”
《答問》：“誣人盜千錢，問盜六百七十，誣者可（何）論？”
《答問》：“甲告乙盜牛若賊傷人，今乙不盜牛、不傷人，問甲可（何）論？”
《答問》：“甲告乙盜牛，今乙盜羊，不盜牛，問可（何）論？”
《答問》：“貲盾不直，可（何）論？”
《答問》：“當貲盾，沒錢五千而失之，可（何）論？”
《答問》：“乙智（知）盜羊，而不智（知）其羊數，即告吏曰盜三羊，問乙可（何）論？”
《答問》：“告人曰邦亡，未出徼闌亡，告不審，論可（何）殹（也）？”
《答問》：“上造甲盜一羊，獄未斷，誣人曰盜一豬，論可（何）殹（也）？”
《答問》：“‘譽適（敵）以恐眾心者，翏=（戮。’戮）者可（何）如？”
《答問》：“‘僑（矯）丞令’可（何）殹（也）？”
《答問》：“盜封嗇夫可（何）論？”
《答問》：“嗇夫不以官爲事，以奸爲事，論可（何）殹（也）？”
《答問》：“將上不仁邑里者而縱之，可（何）論？”
《答問》：“可（何）如爲‘封’？‘封’即田千（阡）佰（陌）。”
《答問》：“而盜徙之，贖耐，可（何）重也？”
《答問》：“今內（納）人，人未蝕（食）奸而得，可（何）論？”
《答問》：“甲謀遣乙盜殺人，受分十錢，問乙高未盈六尺，甲可（何）論？”
《答問》：“直以多子故，不欲其生，即弗舉而殺之，可（何）論？”
《答問》：“可（何）謂‘後子’？”
《答問》：“臣強與主奸，可（何）論？”
《答問》：“鬭折脊項骨，可（何）論？”
《答問》：“可（何）謂牧（謀）？”
《答問》：“今毆高大父母，可（何）論？”
《答問》：“夫毆治之，夬（決）其耳，若折支（肢）指、胅膻（體），問夫可（何）論？”
《答問》：“今夬（決）耳故不穿，所夬（決）非珥所入殹（也），可（何）論？”
《答問》：“或與人鬭，縛而盡拔其須麋（眉），論可（何）殹（也）？”
《答問》：“拔人髮，大可（何）如爲‘提’？”
《答問》：“或鬭，嚙斷人鼻若耳若指若脣，論各可（何）殹（也）？”
《答問》：“士五（伍）甲鬭，拔劍伐，斬人髮結，可（何）論？”
《答問》：“鬭以箴（針）、鉥、錐，若箴（針）、鉥、錐傷人，各可（何）論？”
《答問》：“或與人鬭，夬（決）人脣，論可（何）殹（也）？”
《答問》：“或鬭，嚙人頯若顏，其大方一寸，深半寸，可（何）論？”
《答問》：“鬭，爲人毆殹（也），毋（無）疻痏，毆者顧折齒，可（何）論？”
《答問》：“可（何）謂‘擎=（搢’？搢）布入公，如貲布，入齎錢如律。”
《答問》：“可（何）謂‘梃’？”
《答問》：“所殺直（值）二百五十錢，可（何）論？”
《答問》：“可（何）謂‘縱囚’？”
《答問》：“贖罪不直，史不與嗇夫和，問史可（何）論？”
《答問》：“可（何）謂‘官長’？”
《答問》：“可（何）謂‘嗇夫’？”
《答問》：“可（何）謂‘四鄰’？”

《答問》："可（何）謂‘州（周）告’？"
《答問》："‘非公室告’可（何）殹（也）？"
《答問》："可（何）謂‘非公室告’？"
《答問》："可（何）謂‘家罪’？"
《答問》："可（何）謂‘家罪’？"
《答問》："可（何）謂‘當刑爲隸臣’？"
《答問》："可（何）謂‘當刑爲鬼薪’？"
《答問》："可（何）謂‘贖鬼薪鋈足’？"
《答問》："可（何）謂‘贖宫’？"
《答問》："失鋈足，論可（何）殹（也）？"
《答問》："可（何）謂‘從母爲收’？"
《答問》："當耐司寇而以耐隸臣誣人，可（何）論？"
《答問》："當耐爲侯（候），罪誣人，可（何）論？"
《答問》："當耐爲隸臣，以司寇誣人，可（何）論？"
《答問》："完城旦，以黥城旦誣人，可（何）論？"
《答問》："當黥城旦而以完城旦誣人，可（何）論？"
《答問》："‘定（淀）殺’可（何）如？"
《答問》："甲有完城旦罪，未斷，今甲癘，問甲可（何）以論？"
《答問》："城旦、鬼薪癘，可（何）論？"
《答問》："捕貲罪，即端以劍及兵刃刺殺之，可（何）論？"
《答問》："可（何）罪得‘處隱官’？"
《答問》："大夫甲堅（牽）鬼薪，鬼薪亡，問甲可（何）論？"
《答問》："今甲從事，有（又）去亡，一月得，可（何）論？"
《答問》："從事有（又）亡，卒歲得，可（何）論？"
《答問》："餽（饋）遺亡鬼薪於外，一以上，論可（何）殹（也）？"
《答問》："甲告乙賊傷人，問乙賊殺人，非傷殹（也），甲當購，購幾可（何）？"
《答問》："捕亡完城旦，購幾可（何）？"
《答問》："今中〈甲〉盡捕告之，問甲當購幾可（何）？"
《答問》："今甲捕得其八人，問甲當購幾可（何）？"
《答問》："令詣，約分購，問吏及乙論可（何）殹（也）？"
《答問》："可（何）以購之？"
《答問》："可（何）如爲‘犯令’、‘灋（廢）令’？"
《答問》："郡縣除佐，事它郡縣而不視其事者，可（何）論？"
《答問》："今甲有耐、貲罪，問吏可（何）論？"
《答問》："其論可（何）殹（也）？"
《答問》："吏有故當止食，弗止，盡稟出之，論可（何）殹（也）？"
《答問》："部佐爲匿田，且可（何）爲？"
《答問》："可（何）如爲‘奇’？"
《答問》："‘履錦履’之狀可（何）如？"
《答問》："可（何）謂‘逋事’及‘乏繇（徭）’？"
《答問》："可（何）謂‘匿戶’及‘敖童弗傅’？"
《答問》："乙即弗棄，而得，論可（何）殹（也）？"
《答問》："同母異父相與奸，可（何）論？"
《答問》："丙弗智（知），丙論可（何）殹（也）？"
《答問》："女子北其子，以爲非隸臣子殹（也），問女子論可（何）殹（也）？"
《答問》："以其乘車載女子，可（何）論？"
《答問》："可（何）謂‘夏’？"
《答問》："可（何）謂‘真’？"

《答問》:“可（何）謂‘夏子’？”
《答問》:“炎之可（何）？”
《答問》:“可（何）謂‘亡券而害’？”
《答問》:“可（何）謂‘邦徒’、‘僞（爲）使’？”
《答問》:“邦亡來通錢過萬，已復，後來盜而得，可（何）以論之？”
《答問》:“可（何）謂‘布吏’？”
《答問》:“可（何）謂‘宮均（徇）人’？”
《答問》:“可（何）謂‘宮更人’？”
《答問》:“可(何)謂‘宮狡士’、‘外狡士’？”
《答問》:“可（何）謂‘甸人’？”
《答問》:“可（何）謂‘宦者顯大夫’？”
《答問》:“可（何）謂‘爨人’？”
《答問》:“可（何）謂‘集人’？”
《答問》:“可（何）謂‘人貉’？”
《答問》:“可（何）謂‘署人’、‘更人”？”
《答問》:“可（何）謂‘竇署’？”
《答問》:“其論可（何）毆（也）？”
《答問》:“可（何）謂‘衛₌敖₌（帥豪’？‘帥豪’）當里典謂毆（也）。”
《答問》:“可（何）謂‘逵卒’？”
《答問》:“可（何）謂‘旅人’？”
《答問》:“可（何）謂‘室人’？”
《答問》:“可（何）謂‘同居’？”
《答問》:“可（何）謂‘瓊’？”
《答問》:“可（何）謂‘瞢玉’？”
《答問》:“可（何）謂‘匧面’？”
《答問》:“可（何）謂‘臧（贓）人’？”
《答問》:“可（何）謂‘介（丐）人’？”
《答問》:“可（何）謂‘介（丐）人’？”
《答問》:“可（何）如爲‘大痍’？”
《答問》:“可（何）如爲‘大誤’？”
《答問》:“可（何）謂‘羊驅（軀）’？”
《封診式》:“可定名事里，所坐論云可(何)，可（何）罪赦，或覆問毋（無）有。”
《封診式》:“可定名事里，所坐論云可(何)，可（何）罪赦。”
《封診式》:“或覆問毋（無）有，幾籍亡₌（亡，亡）及逋事各幾可（何）日。”
《封診式》:“其定名事里，所坐論云可(何)，可（何）罪赦，或覆問毋（無）有。”
《封診式》:“定名事里，所坐論云可（何），或覆問毋（無）有，以書言。”
《封診式》:“以三歲時病疕，麋（眉）突，不可智（知）其可（何）病，毋（無）它坐。”
《封診式》:“署中某所有賊死、結髮、不智（知）可（何）男子一人，來告。”
《封診式》:“訊甲亭人及丙，智（知）男子可(何)日死，聞諕(號)寇者不毆(也)？”
《封診式》:“頭足去終所及地各幾可（何），遺矢弱（溺）不毆（也）？”
《封診式》:“不智（知）穴盜者可（何）人、人數，毋（無）它亡毆（也），來告。”
《封診式》:“不智（知）盜者可（何）人及蚤（早）莫（暮），毋（無）意毆（也）。”
《封診式》:“不智（知）其裹□可（何）物及亡狀。”
《爲吏》:“上毋閒陸（隙），下雖善欲獨可（何）急？”
《天乙・自天》:“是₌（此是）乍居乍行，左右可（何）塱，日中爲期，劇此羭羊。”
《租稅》:“取程，禾田五步一斗，今乾之爲九升，問幾可（何）步一斗？”
《租稅》:“取禾程，三步一斗，今得粟四升半升，問幾可（何）步一斗？”
《租稅》:“今有禾，此一石舂之爲米七升，當益禾幾可（何）？”
《租稅》:“禾兑（稅）田卌步，五步一斗，租八斗，今誤券九斗，問幾可(何)步一斗？”
《租稅》:“幾可（何）步一斗？”
《租稅》:“今誤券一兩，欲耎步數，問幾可

（何）一束？”
《租税》：“今欲求一斗步數，得田幾可（何）？”
《租税》：“今有租五升七分升之二，得田幾可（何）？”
《面積》：“宇方百步，三人居之，巷廣五步，問宇幾可（何）？”
《營軍》：“令卒萬人，問延幾可（何）里？”
《合分》：“芻一石十六錢，稟一石六錢，今芻稟各一升，爲錢幾可（何）？”
《穀物》：“粟一石爲米八斗二升，問米一石爲粟幾可（何）？”
《衰分》：“今以爵衰分之，各得幾可（何）？”
《衰分》：“一牛一羊一犢共食以禾一石，問牛羊犢各出幾可（何）？”
《衰分》：“今威有攻（功）五十尺，問各受幾可（何）？”
《衰分》：“卒百人，戟十、弩五、負三，問得各幾可（何）？”
《衰分》：“今上歸千人，欲以人數衰之，問幾可（何）歸幾可（何）？”
《衰分》：“一人負米十斗，一人負粟十斗，負食十斗，并裹而分之，米、粟、食各取幾可（何）？”
《衰分》：“☐欲以食數分之，問各得幾可（何）？”
《衰分》：“☐錢，今貣（貸）人十七錢，七日而歸之，問取息幾可（何）？”
《衰分》：“布八尺十一錢，今有布三尺，得錢幾可（何）？”
《衰分》：“米賈（價）石五十錢，今有廿七錢，欲糴（糴）米，得幾可（何）？”
《衰分》：“有金以出三關₌（關，關）五兑（税）除金一兩，問始盈金幾可（何）？”
《衰分》：“竹十節，上節一斗，下節二斗，衰以幾可（何）？”
《衰分》：“曰：衰以幾可（何）？曰：衰以九分斗一。”
《衰分》：“今出糙幾可（何）？”
《衰分》：“倉中有米，不智（知）☐米粟且各得幾可（何）。”
《體積》：“倉廣二丈五尺，問袤幾可（何）容禾萬石？”
《體積》：“今粟在中，盈與童平，粟一石居二尺七寸，問倉積尺及容粟各幾可（何）？”
《體積》：“有玉方八寸，欲以爲方半寸畀（棋），問得幾可（何）？”
《贏不足》：“三人共以五錢市，今欲賞（償）之，問人之出幾可（何）錢？”
《贏不足》：“米一斗五錢，叔（菽）五斗一錢，今欲以一錢買二物，各得幾可（何）？”
《贏不足》：“☐斗，用八錢，問各幾可（何）？”
《句股》：“□有園（圓）材薶（埋）地，不智（知）小大，斲之，入材一寸而得平一尺，問材周大幾可（何）？”
《其他》：“☐□□□□□□□□□□而五，同之五斗，問得米幾可（何）？”
《其他》：“☐可（何）？曰：四升有（又）七分升一。”
《芮盜》：“可（何）故紿方曰巳（已）受，盜買（賣）于方？”
《芮盜》：“且以盜論芮₌（芮，芮）可（何）以解？”
《暨過》：“贏（纍）論有令，可（何）故曰贏（纍）重？可（何）解？”
《同顯》：“訊問：‘非歸義，可（何）故？’”
《魏盜》：“安、宜及不智（知）可（何）一女子死（屍）皆在內中，頭頸有伐刑痏。”
《魏盜》：“嘗見死女子與安等作，不智（知）可（何）人。”
《魏盜》：“不智（知）盜及死女子可（何）

人。”

《魏盗》：“皆曰：‘不智可（何）人。’”按，“可（何）”字從陶安《〈嶽麓書院藏秦簡（叁）〉校勘記》（復旦大學出土文獻與古文字研究中心網，2013年8月20）釋讀。

《魏盗》：“大官隸臣，可（何）故爲寺從公僕？”

《魏盗》：“今吏智（知）之，未可奈可（何），請言請（情）。”

《魏盗》：“以二錢買不智（知）可（何）官城旦敝赤幇（裙）襦，以幐盛。”

《魏盗》：“☐□可（何）解？”

《得之》：“詰得₌之₌（得之：得之）強與棄奸，未飽（蝕），可（何）故而气（乞）鞫？”

《田與》：“詰相：‘令毋智捕田、市，可（何）解？’”

《田與》：“田云未奸，可（何）解？”

《二年·盜律》：“謀遣人盜若教人可（何）盜所。”

《養生方》：“問男女之齊至相當、毋傷於身者若可（何）？”

《繫辭》：“天易，可（何）爲者也？”

《昭力》：“若輿且可以闌然衛之，伲（況）以德乎？可（何）不吉之又（有）？”

《論士》：“舉士可（何）如而三士得其所□☐。”

可與呵

《老子》乙：“㡭（絕）學亡惪（憂），唯與可，相去幾可（何）？”按，帛書乙本可作呵。

《老子》丙：“古（故）道□□□，淡可其無味也。”按，帛書本可作呵。

可與奇

《曹沫》：“三軍出，君自衛（率），必約（約）邦之貴人及邦之可（奇）士㚘卒，使兵母（毋）復前祟（常）。”

可與阿

《老子》乙：“㡭（絕）學亡惪（憂），唯與可，相去幾可（何）？”按，今本可作阿。

可與訶

《老子》乙：“㡭（絕）學亡惪（憂），唯與可，相去幾可（何）？”按，帛書甲本可作訶。

可與苛

《老子》乙：“可胃（謂）態（寵）辱？態（寵）爲下也。”按，帛書甲本可作苛。

可與歌

《周易·豫》：“六厽（三）：可（盱）余（豫）悔（悔），迡（遲）又（有）悔（悔）。”按，阜陽漢簡本可（盱）作歌。

可與兮

《李頌》：“相虐（吾）官（館）梪（樹），桐虘（且）怠（治）可（兮）。”

《李頌》：“剸（摶）外䟽（疏）宙（中），眾木之紀可（兮）。”

《李頌》：“𣌭（晉）冬之旨（祁）寒，喿（燥）其方茖（落）可（兮）。”

《李頌》：“鸜（鳳）鳥之所褁（集），迡（竢）時（時）而作（作）可（兮）。”

《李頌》：“木斯蜀（獨）生，秦（榛）朸（棘）之閒可（兮）。”

《李頌》：“亙植兼成，矵其不還可（兮）。”

《李頌》：“深利幵豆，亢其不弍（貳）可（兮）。”

《李頌》：“亂（亂）本曾（層）枳（枝），濅（浸）毀（毀）丿可（兮）。”

《李頌》：“差₌（嗟嗟）君子，觀虐（吾）梪（樹）之蓉（容）可（兮）。”

《李頌》：“幾（豈）不皆生，則不同可（兮）。”

《李頌》：“胃（謂）群眾鳥，敬而勿褁（集）可（兮）。”

《李頌》:“索（素）府宮李，木異頪（類）可（兮）。”
《李頌》:“忨（愿）歲之啟時，思（使）虗（吾）梪（樹）秀可（兮）。”
《李頌》:“豐芋（華）緟（重）光，民之所好可（兮）。”
《李頌》:“獸（守）勿（物）勥（強）榦（幹），木一心可（兮）。”
《李頌》:“愇（違）與佗（它）木，非與從風可（兮）。”
《蘭賦》:“緩才（哉）蘭（蘭）可（兮）。”
《有皇》:“又（有）皇（凰）牆（將）记（起）含可（兮），蓳（助）余季（教）保子含可（兮）。”
《有皇》:“▨大逧（路）含可（兮），敢莪與楮含可（兮）。慵（慮）余子其速倀（長）含可（兮），能與余相蓳（助）含可=（兮。可）旹（幾）成夫含可（兮），能爲余拜楮柧含可（兮）。”
《有皇》:“▨自誨（悔）含可（兮），又（有）怂（過）而能改含可（兮）。亡（無）郙又（有）風含可（兮），同郙異心含可（兮），又（有）郙▨。”
《有皇》:“▨含可（兮），鹿〈麗（離）〉凥（居）而同欲含可（兮）。逷（周）流天下含可（兮），牆（將）莫皇含可（兮）。又（有）不善心耳含可（兮），莫不弁（變）改含可（兮）。女=（如女）子牆（將）深（泣）含可（兮），若余子力含可（兮）。族援=（援援）必綴（慎）毋瑩（忤）含可（兮），日月卲（昭）明含可（兮）。”
《有皇》:“▨也含可（兮），論三夫之旁也含可（兮）。膠膰秀（誘）余含可（兮），蜀（獨）論三夫含可（兮）。膠膰之腈也含可（兮），論夫三夫之褚也含可（兮）。”
《鶹鷅》:“子遺余婁（鶹）栗（鷅）含可（兮），婁（鶹）栗（鷅）之止含可（兮），欲衣而亞（惡）枲含可（兮）。婁（鶹）栗（鷅）之羽含可（兮），子可（何）舍=（舍余）含可（兮）。婁（鶹）栗（鷅）翯（翩）飛含可（兮），不戠（織）而欲衣含可（兮）。”
《子儀》:“袓=（遲遲）可（兮），㥶=（委委）可（兮）。”
《子儀》:“湋水可（兮）遠瞾（望），逆視達化。”
《子儀》:“幵（汧）可（兮）非=（霏霏），渭可（兮）滔=（滔滔），楊栖（柳）可（兮）依=（依依），其下之濹=（浩浩）。”
《子儀》:“鳥飛可（兮）瑬（漸）永，余可（何）矰以還（就）之。”
《子儀》:“莫往可=（兮何）以實（寘）言（焉），余愧（畏）其式（式）而不訐（信），余隼（誰）思（使）于劦（協）之。”
《子儀》:“昔之襺（臘）可（兮）余不與，今兹之襺（臘）余或不與，敓（奪）之練（績）可（兮）而勸（奮）之。”

可與杅

《周易·豫》:“六厽（三）：可（盱）余（豫）悔（悔），迟（遲）又（有）悔（悔）。”按，帛書本可（盱）作杅。

可與盱

《周易·豫》:“六厽（三）：可（盱）余（豫）悔（悔），迟（遲）又（有）悔（悔）。”

何與可

《帛甲老子·道經》:“愛以身爲天下，女（如）何（可）以寄天下。”按，通行本何作可。

何與訶

《北大老子》:“唯與何（訶），其相去幾何？”

何與苛

《鮑叔牙》:“齊邦至亞（惡）死，而走（上）

穆其型（刑）；至欲飤（食），而上厚其僉（斂）；至亞（惡）何（苛），而上不旹（時）使。”按，“何（苛）”字從陳劍《談談〈上博（五）〉的竹簡分篇、拼合與編聯問題》（簡帛網，2006年2月19日）、李天虹《上博五〈競〉、〈鮑〉篇校讀四則》（簡帛網，2006年2月19日）釋讀。

荷與何

《帛易・噬嗑》：“尚（上）九，荷（何）校滅耳，兇（凶）。”

荷與苛

《行守》：“天亞（惡）高，地亞（惡）廣，人亞（惡）荷（苛）。”

《反淫》：“身无荷（苛）疾，壽窮无極。”

抲與何

《周易・大畜》：“上九：抲（何）天之𣏾（衢），卿（亨）。”

呵與兮

《帛甲老子・道經》：“潚（淵）呵（兮）始（似）萬物之宗。”

《帛甲老子・道經》：“綿綿呵（兮）若存，用之不堇（勤）。”

《帛甲老子・道經》：“尋（繩）尋（繩）呵（兮）不可名也，復歸於无物。”

《帛甲老子・道經》：“與（豫）呵（兮）其若冬涉水，猶呵其若畏四鄰，嚴呵（兮）其若客，渙呵（兮）其若淩（凌）澤（釋），□呵（兮）其若楃（樸），湷（混）呵其若濁，湛呵其若浴（谷）。”

《帛甲老子・道經》：“纍（儽）呵（兮）如无所歸。”

《帛甲老子・道經》：“我禺（愚）人之心也，蠢（沌）蠢（沌）呵（兮）。”

《帛甲老子・道經》：“鬻（俗）人昭昭，我獨若閒（昏）呵（兮）；鬻（俗）人蔡（察）蔡（察），我獨閽（悶）閽（悶）呵（兮）。”

《帛甲老子・道經》：“忽呵（兮）其若海，望（恍）呵（兮）其若无所止。”

《帛甲老子・道經》：“忽呵恍呵（兮），中有象呵（兮）；望（恍）呵（兮）忽呵（兮），中有物呵（兮）；灣（窈）呵（兮）鳴（冥）呵（兮），中有請（精）吔〈呵（兮）〉。”

《帛甲老子・道經》：“繡（寂）呵（兮）繆（寥）呵（兮），獨立而不改。”

《帛甲老子・道經》：“談（淡）呵（兮）其无味也。”

《帛乙老子・道經》：“淵呵（兮）佁（似）萬物之宗。”

《帛乙老子・道經》：“湛呵（兮）佁（似）或存。”

《帛乙老子・道經》：“緜緜呵（兮）其若存，用之不堇（勤）。”

《帛乙老子・道經》：“尋尋呵（兮）不可命（名）也，復歸於无物。”

《帛乙老子・道經》：“與（豫）呵（兮）其若冬涉水，猷（猶）呵（兮）其若畏四笶（鄰），嚴呵（兮）其若客，渙呵（兮）其若淩（凌）澤（釋），沌（敦）呵（兮）其若樸，湷（混）呵（兮）其若濁，湛（曠）呵（兮）其若浴（谷）。”

《帛乙老子・道經》：“猷（猶）呵（兮），其貴言也。”

《帛乙老子・道經》：“纍（儽）呵（兮）佁（似）无所歸。”

《帛乙老子・道經》：“我愚人之心也，湷（沌）湷（沌）呵（兮）。”

《帛乙老子・道經》：“鬻（俗）人昭昭，我獨若悶（昏）呵（兮）；鬻（俗）人察察，我獨閽（悶）閽（悶）呵（兮）。”

《帛乙老子・道經》：“沕（忽）呵（兮）其若海，望（恍）呵（兮）若无所止。”

《帛乙老子・道經》：“沕（忽）呵望（恍）

呵（兮），中又（有）象呵（兮）；望（恍）呵（兮）沕（忽）呵（兮），中有物呵（兮）；幼（窈）呵（兮）冥呵（兮），其中有請（精）呵（兮）。”

《帛乙老子·道經》：“道渢（汎）呵（兮），其可左右也，成功遂事而弗名有也。”

河與和

《白處》：“以美醯□之於瓦鳊（甂）中，漬之□可河（和），稍如恆。”

河與娥

《養生方》：“群河（娥）見之。”

苛與何

《帛甲老子·道經》：“苛（何）胃（謂）龍（寵）辱若驚？”

苛與奇

《北大老子》：“人多智而苛（奇）物茲（滋）起，瀍物茲（滋）章（彰）而盜賊多有。”按，今本《老子》苛作奇。

苛與柯

《反淫》：“鳿（鴻）鵠鷯鶬（鶵），弋（鳶）鵕鷫（鸘）相（鶨），連翨（翅）比翼，椄（接）遝（沓）苛（柯）閒。”

苛與疴

《天乙·貞在》：“貞身右（有）苛（疴）疵，憂心申₌（申申），不可以告人。”

《容成》：“陰陰摮氣，中不薈（潰）腐，故身無苛（疴）央（殃）。”

《文摯》：“春三月食之，苛（疴）疾不昌，筋骨益強，此胃（謂）百草之王。”

《文摯》：“寡人恆善莫（暮）飲而連於夜，苟毋（無）苛（疴）虖（乎）？”

苛與訶

《六博》：“在曲者，見苛（訶）於人，未得去也。”

竒與錡

《苦成》：“垟（郤）竒（錡）聒（聞）之，告姑（苦）成家父曰。”

《苦成》：“弝（強）門大夫衛（率）以睪（釋）長魚蟜（矯），惻（賊）参（三）垟₌（郤，郤）竒（錡）、垟（郤）至、姑（苦）成家父立死，不用其眾。”

奇與倚

《日甲·詰》：“爲桑丈（杖）奇（倚）戶內，復（覆）鬴戶外，不來矣。”

《前道》：“名正者治，名奇（倚）者亂。”

《前道》：“正名不奇（倚），奇（倚）名不立。”

《稱》：“奇（倚）從奇（倚），正從正，奇（倚）與正，恒不〖不〗同廷。”

奇與寄

《戰國二〇》：“列在萬乘，奇（寄）質於齊，名卑而權輕。”

奇與琦

《反淫》：“☐紹，結以奇（琦）璜，土（杜）若申椒，燕茝秦衡（蘅），新（辛）雉（夷）稾本，木蘭之柴（朼），卑（薜）離（荔）要（幽）惠（蕙），江羅（離）雜芳。”

奇與踦

《日乙·夢》：“綼（皋）！敢告壐（爾）宛奇。”按，《日書》甲種“宛奇”作“豹踦”。下同。

《日乙·夢》：“宛奇強飲食，賜某大畐（富），不錢則布，不壐〈繭〉則絮。”

奇與踦

《封診式》：“肘厀（膝）□□□到□兩足下奇（踦），潰一所。”

《日甲·詰》：“鬼之所惡，彼窋（屈）卧箕坐，連行奇（踦）立。”

奇與齮

《春秋一五》：“處二年，共中（仲）使卜奇（齮）賊閔公于武諱（闈）。”

奇與羈

《反淫》：“募（暮）日即奇（羈）雌獨鳥宿焉。”

倚與奇

《北大老子》：“以正之（治）國，以倚（奇）用兵，以無事取天下。”

《北大老子》：“其無正，正復爲倚（奇），善復爲芺（妖）。”

倚與綺

《妄稽》：“畸（奇）繡倚（綺）文（紋），雍錦蔡方（紡）。”

猗與兮

《鄭風》：“□予有（又）茝（改）造猗（兮）。”

《鄭風》：“□□我言猗（兮）。”

椅與柯

《芮良夫》：“或因斬椅（柯），不遠其惻（則）。”

椅與倚

《北蒼·支》：“某柟早（草）蠸（權），窫椅（倚）姘（駢）觟。”

敧與奇

《老子》甲：“以正之（治）邦，以敧甬（用）兵，以亡事取天下。”按，今本敧作奇。

敧與畸

《老子》甲：“以正之（治）邦，以敧甬（用）兵，以亡事取天下。”按，帛書本敧作畸。

畸與奇

《帛甲老子·德經》：“以正之（治）邦，以畸（奇）用兵，以无事取天下。”

《帛乙老子·德經》：“以正之（治）國，以畸（奇）用兵，以無事取天下。”

《帛乙老子·德經》：“使民恆且畏死，而爲畸（奇）者[吾]得而殺之，夫孰敢矣！”

《北大老子》：“若使民恆不畏死，而爲畸（奇）者，吾得而殺之，夫孰敢矣？”

《妄稽》：“畸（奇）繡倚（綺）文（紋），雍錦蔡方（紡）。”

畸與倚

《道原》：“得事之要，操正以政（正）畸（倚）。”按，“畸”似當讀作“倚”，訓不正。

旖與兮

《邶風》：“父旖（兮）母旖（兮），畜我不萃（卒）。”

《邶風》：“閒=旖=（簡兮簡兮），方將萬舞。”

《衛風》：“裛（寬）旖（兮）綽旖（兮），依（猗）重□□。”

《魏風》：“□者閒=（閑閑）旖（兮），行□□□□。”

《北大老子》：“淵旖（兮），佁（似）萬物之宗。”

《北大老子》：“湛旖（兮），佁（似）或存，吾不智（知）其誰子，象帝之先。”

《北大老子》：“我袙（泊）旖（兮）未佻（兆），若嬰兒之未晐（孩）。”

《北大老子》：“絫旖（兮），台（似）無所歸。”

《北大老子》：“沒（忽）旖（兮），其如晦（海）；芒（恍）旖（兮），其無所止。”

《北大老子》：“沒（惚）旖（兮）詤（恍）旖（兮），其中有象旖（兮）；詤（恍）旖（兮）沒（惚）旖（兮），其中有物旖（兮）。”

《北大老子》：“幽旖（兮）冥旖（兮），其中有請（情）旖（兮）。”

《北大老子》：“道泛旖（兮），其可左右。”

《北大老子》：“道之出言曰：淡旖（兮）其無味。”

觭與奇

《妄稽》：“臂脛若蒻，觭（奇）牙白齒。”

《安稽》："陰象簪，尌（駐）觭（奇）牙，步蘭（闌）下。"

錡與歌

《蒼頡篇》："□錡（歌）歐吹。"按，"錡"似當讀作"歌"。

柯與奇

《春秋八》："是吾保（寶）也，且宮之柯（奇）在焉。"

《春秋八》："□□□□□□□□□□□宮之柯（奇）□□□□□□□□□□□且少長於君前。"

《春秋八》："宮之柯（奇）□曰。"

柯與軻

《反淫》："若張義（儀）、薛（蘇）秦，孟柯（軻）、敦（淳）于髡，陽（楊）朱、墨翟，子贛（貢）、孔穿，屈原、唐革（勒），宋玉、景瑣（差）之倫〈倫〉。"

戓與何

《老子》甲："人多智（知），天〈而〉戓勿（物）慈（滋）记（起）。"按，帛書甲本戓作何。

戓與奇

《老子》甲："人多智（知），天〈而〉戓勿（物）慈（滋）记（起）。"按，河上、王弼戓本作奇。

吹與歌

《隨日・叢辰》："☐以酓（飲），吹（歌）樂。"

《隨日・叢辰》："吹（歌）樂、酓（飲）食。"

《隨日・叢辰》："以祠祀、酓（飲）食、吹（歌）樂，吉。"

《隨日・叢辰》："祠祀、吹（歌）樂，必鬬見血。"

《隨日・臨日》："不可遠行、酓（飲）食、吹（歌）樂、取（聚）眾、畜生（牲）。"

《隨日・盜日》："其爲人我＝（娥娥）然，好吹（歌）舞，臧（藏）之芻稾瘕（廄）中。"

哥與歌

《日甲・叢辰》："不可飲食哥（歌）樂。"

《日甲・叢辰》："以祠祀、飲食、哥（歌）樂，吉。"

《日甲・叢辰》："不可祠祀、哥（歌）樂。"

歌與盱

《阜易・豫》："六三，歌（盱）豫，毋（悔）。"

蚵與疴

《赤鵠》："其疌（上）片（刺）句（后）之體，是思（使）句（后）之身蚵（疴）蠚（蠚），不可埾（極）于笫（席）。"

旑與兮

《鄘風》："□采葑□，□之東旑（兮）。"

《鄭風》："□美一人，清揚婉旑（兮）。"

訶與阿

《帛甲老子・道經》："唯與訶（阿），其相去幾何？"

訶與歌

《窮達》："行年七十而賭（屠）牛於朝訶（歌）。"

《性自》："昏（聞）訶（歌）謠（謠），則舀（陶）女（如）也斯奮。"

《詩論》："其樂安而屖（遲），其訶（歌）申而葛（易），其思深而遠。"

《詩論》："夫葛（葛）之見訶（歌）也，則以莀（絺）葈（綌）之古（故）也。"

《弟子問》："至老丘，有戎（農）植（持）其梈（耨）而訶（歌）安（焉）。"

《三德》："梱（更）旦母（毋）哭，𣈫（晦）母（毋）訶（歌），（弦）望齊（齋）宿（素），是胃（謂）川（順）天之祟（常）。"

《三德》："內（入）虛母（毋）樂，陞（登）

丘母（毋）訶（歌），所以爲天豊（禮）。"
《耆夜》："复（作）訶（歌）一終曰藥=脂=酉=（《樂樂旨酒》：樂樂旨酒），𡧍（宴）以二公。"
《耆夜》："复（作）訶（歌）一終曰𨑔=乘=（《輶乘》：輶乘）既戈（飭），人備（服）余不韋（胄）。"
《耆夜》："复（作）訶（歌）一終曰贔=（《熒熒》："熒熒）戎備（服），臧（壯）武怽=（赳赳）。"
《耆夜》："周公复（作）訶（歌）一終曰䖵=蟹=（《蟋蟀》：蟋蟀）才（在）尚（堂），役車其行。"
《繫年十七》："齊臧（莊）公涉河䙴（襲）朝訶（歌），以復坪（平）侌（陰）之自（師）。"
《繫年十七》："坪（平）公衞（率）自（師）會者（諸）侯，伐齊，以復朝訶（歌）之自（師）。"
《子儀》："乃命陞（昇）琴（琴）訶（歌）於子義（儀），楚樂和之。"

䚻與歌

《子儀》："公命窮韋陞（昇）琴（琴）奏甬（鏞），䚻（歌）曰。"
《子儀》："和䚻（歌）曰。"

軻與軻

《趙正書》："燕王喜而（以）軻（軻）之謀而倍（背）秦之約。"

𤿎與苛

《容成氏》："乃因迡（迡）以智（知）遠，迲（去）𤿎（苛）而行柬（簡），因民之欲，會天陀（地）之利。"
《容成氏》："所曰聖人，其生賜羕（養）也，其死賜𦚢（葬），迲（去）𤿎（苛）匿（慝），是以爲名。"
《競公瘧》："今君之貪惛（昏）、𤿎（苛）匿（慝）、𨓜（避）韋（違）。"

宜字聲系

宜與義

《六德》："可（何）胃（謂）六悳（德）？聖智也，急（仁）宜（義）也，忠信也。"
《六德》："聖與智豪（就）喜（矣），急（仁）與宜（義）豪（就）喜（矣），忠與信豪（就）喜。"
《六德》："新（親）父子，和大臣，㷌（寢）四𠈇（鄰）之朿（策）𦤀（慮），非急（仁）宜（義）者莫之能也。"
《六德》："使之足以生，足以死，胃（謂）之君，以宜（義）使人多。"
《六德》："宜（義）者，君悳（德）也。"
《六德》："子也者，會墉（庸）長材以事上，胃（謂）之宜（義），上共下之宜（義）以奔𧿹=（社稷），胃（謂）之孝。"
《六德》："急（仁），内也；宜（義），外也；豊（禮）樂，共也。"
《六德》："門内之綯（治）紉（恩）弇（掩）宜（義），門外之綯（治）宜（義）斬紉（恩）。"
《六德》："急（仁）頪（類）䓔而速，宜（義）頪（類）弁而𢇍（絕）。"
《六德》："急（仁）䓔而㪟，宜（義）弖（強）而柬。"
《六德》："男女卞（辨）生言，父子新（親）生言，君臣宜（義）生言。"
《六德》："父聖，子急（仁），夫智，婦信，君宜（義），臣宜〈忠〉。"
《六德》："聖生急（仁），智衞（率）信，宜（義）使忠。"
《六德》："男女不卞（辨），父子不新（親）；父子不新（親），君臣亡宜（義）。"
《性自》："智（知）青者能出之，智（知）

宜（義）者能内（入）之。”
《性自》：“萬（厲）眚（性）者，宜（義）也。”
《性自》：“體其宜（義）而即（節）叟（文）之，里（理）其青（情）而出内（入）之。”
《性自》：“堂（當）事因方而折（制）之，其先後之舍（敘）則宜（義）道也，或舍（敘）爲之即（節）則叟（文）也。”
《性自》：“帀（幣）帛，所以爲信與諻（徵）也，其詞（詞）宜（義）道也。”
《性自》：“詃（恕），宜（義）之方也；宜（義），敬之方也；敬，勿（物）之即（節）也。”
《性自》：“智頪（類）五，唯宜（義）衍（道）爲忻（近）忠。”
《性自》：“亞（惡）頪（類）厽（三），唯亞（惡）不悬（仁）爲忻（近）宜（義）。”
《亙先》：“恙（祥）宜（義）、利丂（巧）、采（綵）勿（物）出於乍₌（作。作）安（焉）又（有）事，不乍（作）無事。”按，“宜（義）”字從廖名春《上博藏楚竹書〈恆先〉簡釋（修訂稿）》（confucius2000 網，2004 年 4 月 22 日）讀。
《管仲》：“湯之行正，而遣（勤）事也，必哉於宜（義），而成於乇（度）。”
《管仲》：“及句（后）辛之身，其童（動）亡（無）豊（禮），其言亡（無）宜（義）。”
《管仲》：“好宜（義）秉悳（德），又（有）攼（虔）不解（懈），爲民紀絖（綱）。”

宜與儀

《帛五行・經》：“叔（淑）人君子，其宜（儀）一氏（兮）。”
《帛易・漸》：“尚（上）九，鳿（鴻）漸于陸，其羽可用爲宜（儀），吉。”

誼與義

《民之情》：“☐不□其官，民₌知₌分₌（民知分。民知分）死誼（義），民之請（情）也。”
《民之情》：“卿夫₌（大夫）官吏士民儆（敬）節，高其誼（義），佴（恥）其□。”

我字聲系

我與俄

《晏子一二》：“我（俄）而不用，晦（每）朝，致邑與爵。”

我與娥

《日甲・盜者》：“盜者長須（鬚）耳，爲人我₌（娥娥）然好歌無（舞），疵在肩。”
《隨日・盜日》：“其爲人我₌（娥娥）然，好哥（歌）舞，臧（藏）之芻稾瘢（廄）中。”

我與義

《唐虞》：“忎（愛）睪（親）亢（忘）臤（賢），悬（仁）而未義也；尊臤（賢）遺睪（親），我（義）而未悬（仁）也。”
《語叢一》：“悬（仁）生於人，我（義）生於道。或生於内，或生於外。”
《語叢三》：“所以異於父者，君臣不相才（讒）也，則可已；不敓（悦），可去也；不我（義）而加者（諸）己，弗受也。”

我與儀

《民之》：“亡（無）聖（聲）之樂，襪（威）我（儀）戸₌（遲遲）。”
《民之》：“亡（無）膿（體）之豊（禮），襪（威）我（儀）戸₌（遲遲）。”
《民之》：“亡（無）膿（體）之豊（禮），襪（威）我（儀）異₌（翼翼）。”

我與宜

《邶風》：“沕（黽）沒（勉）同心，□我（宜）有怒。”

䇹與義

《忠信》：“信，䇹（義）之期也。”按，“䇹（義）”字從裘按（《郭店楚墓竹簡・

忠信之道》篇注［二〇］）讀。

埅與我

《文王》："昔埅（我）得中，殜₌（世世）母（毋）有後恈（悔）。"

埅與儀

《緇衣》："《寺（詩）》員（云）：'悉（儀）埅（刑）文王，萬邦乍（作）孚。'"按，上博簡本《緇衣》悉（儀）作埅。

犧與犧

《鮑叔牙》："器必蠲㥜（潔），毋内錢器，犧（犧）生（牲）珪璧必全。"

悉與埅

《緇衣》："《寺（詩）》員（云）：'悉（儀）埅（刑）文王，萬邦乍（作）孚。'"按，上博簡本《緇衣》悉（儀）作埅。

悉與義

《語叢一》："息（仁）悉（義）爲之楃（毁）。"

《語叢三》："牙（與）爲悉（義）者遊，嗌（益）。"

《語叢三》："悉（義），悳（德）之聿（進）也。"

《語叢三》："悉（義），膳（善）之方也。"

《語叢三》："喪，息（仁）也；悉（義），宜也；㤅（愛），息（仁）也。悉（義），凥（處）之也；豊（禮），行之也。"

《曹沬》："使人不親則不𦁜（庸），不和則不祝（篤），不悉（義）則不備（服）。"

悉與儀

《緇衣》："《寺（詩）》員（云）：'悉（儀）埅（刑）文王，萬邦乍（作）孚。'"

《柬大王》："龜尹智（知）王之庶（炙）於日而疠（病），疥（篮）悉（儀）愈迒（要）。"

蛾與蟻

《蘭賦》："☐戔（殘）惻（賊），螻蛾（蟻）虫（虺）蛇。"

《養生方》："治巾，取楊思一升、赤蛾（蟻）一升、盤（斑）蝐（貓）廿。"

《胎産書》："毋令虫蛾（蟻）能入。"

《守法》："守城之法，客四面蛾（蟻）傅（附）之，主人先知之，主人利。"

《爲政》："爲正（政）壹擾則虫（蟲），再則蛾（蟻），三則冥（螟），四則蹢（蝝），五則臘，六則兵作，七則君猝（卒）。"

誐與議

《奏讞書》："廷尉敎、正始、監弘、廷史武等卅人誐（議）當之。"

義與儀

《五行》："叞（淑）人君子，其義（儀）翟（一）也。"

《緇衣》："弔（淑）人君子，其義（儀）不弋（忒）。"

《緇衣》："訢（慎）尔出諾（話），敬尔愄（威）義（儀）。"

《緇衣》："弔（淑）訢（慎）尔走（止），不侃（諐）于義（儀）。"

《緇衣》："弔（淑）人君子，其義（儀）弌（一）也。"

《緇衣》："偲（朋）友卣（攸）𦗩₌（攝，攝）以愄（威）義（儀）。"

《尊德義》："上也不以旨（嗜）谷（欲）禼（害）其義（儀）匓（軌）。"按，"義（儀）"字從陳偉《郭店竹書别釋》（湖北教育出版社，2002年，154頁）讀。

《詩論》："《尸（鳲）鴶（鳩）》曰：'其義（儀）一氏（兮），心女（如）結也。'"

《季康子》："夫義（儀）者，以斤（宜）孝₌（君子）之行也。"

《天子甲》："豊（禮）者，義（儀）之覫（兄）也。"按，"義（儀）"字從裘錫圭《〈天子建州〉（甲本）小劄》（簡帛網，2007年7月16日）讀。下五例同。

《天子甲》："義（儀）反之。"
《天子甲》："古（故）亡豊（禮）大瀌（廢），亡義（儀）大譜（孽）。"
《天子乙》："豊（禮）者，義（儀）之䂀（兄）也。"
《天子乙》："義（儀）反之。"
《天子乙》："古（故）亡豊（禮）大瀌（廢），亡義（儀）大譜（孽）。"
《楚居》："至畲（熊）甬（勇）及畲（熊）嚴、畲（熊）相（霜）及畲（熊）𩁹（雪）及畲（熊）訓（徇）、畲（熊）咢及若囂（敖）畲（熊）義（儀），皆居喬多。"
《楚居》："若囂（敖）畲（熊）義（儀）遅（徙）居箬（鄀）。"
《繫年六》："二邦伐緒（鄀），遅（徙）之中城，回（圍）商寍（密），散（捷）繡（申）公子義（儀）以歸。"
《繫年八》："秦穆公欲與楚人爲好，安（焉）㡭（脱）繡（申）公義（儀），囟（使）歸求成。"
《繫年十六》："晉競（景）公會者（諸）侯以𢼸（救）鄭=（鄭，鄭）人散（捷）芸（鄖）公義（儀）。"
《説命下》："敚（説），余既訳（諟）故（劼）訟（毖）女（汝），思（使）若玉冰，上下罔不我義（儀）。"
《琴舞》："不易畏（威）義（儀）才（哉），言隹（惟）克敬之！"
《琴舞》："畏（威）義（儀）謐=（藹藹），大其又（有）慕（謨）。"
《厚父》："民亦【曰】隹（惟）酉（酒）甬（用）敗鬼（威）義（儀），亦隹（惟）酉（酒）甬（用）恆（癡）瘧（狂）。"
《三壽》："惠民由壬（任），均（徇）䆠（句）傑（遏）悭〈怪（淫）〉，闡（宣）義（儀）和藥（樂），非褱（壞）于惎（湛）。"
《子儀》："取（驟）及七年，車逸於舊嘍（數）三百，徒逸於舊典六百，以視楚子義（儀）於杏采。"
《子儀》："義（儀）父！不敦（穀）繻左，右絚；繻右，左絚，女（如）權之又（有）加橈也。"
《子儀》："乃張大㕩於東奇之外，豊（禮）子義（儀），亡（舞）；豊（禮）㒥（隋）貨，以贛（贛）。"
《子儀》："乃命陞（昇）𨨏（琴）訶（歌）於子義（儀），楚樂和之。"
《子儀》："䆅（翌）明，公遰（送）子義（儀）。"
《子儀》："義（儀）父！以不敦（穀）之攸（修）遠於君，可（何）爭而不好。"
《子儀》："義（儀）父！𥁕（嬴）氏多絲緍而不縴（續）。"
《子儀》："子義（儀）曰。"
《子儀》："義（儀）父！昔䦈（贊）之行，不敦（穀）欲裕我亡反副（復），尚諯（端）項瞻遊目以晉我秦邦。"
《子儀》："公曰：'義（儀）父！歸女（汝）其可（何）言？'"
《子儀》："子義（儀）曰。"
《子産》："行以𢍜（尊）命（令）、裕義（儀），以昊（釋）亡季（教）、不姑（辜）。"
《稱》："有義（儀）而義（儀）則不過，侍（植）表而望則不惑，案法而治則不亂。"
《戰國二二》："魏王胃（謂）韓傰（倗）、張義（儀）。"
《戰國二二》："秦逐張義（儀），交臂而事楚，此公事成也。"
《戰國二二》："張義（儀）之救魏之辭，必不胃（謂）秦王曰：'義（儀）以爲魏。'"
《戰國二二》："義（儀）且以韓、秦之兵東巨（拒）齊、宋。"
《戰國二二》："義（儀）䎽槫（摶）三國

之兵，乘屈匄之敝，南割於楚。”

《戰國二二》：“秦、韓之王劫於韓倗（倗）、張義（儀）而東兵以服魏。”

《戰國二二》：“此其善於公而惡張義（儀）多資矣。”

《戰國二四》：“王不若因張義（儀）而和於秦，洛（賂）之以一名縣。”

《胎產書》：“當是之時，未有定義（儀），見物而化。”

《易之義》：“本生（性）仁義，所以義（儀）剛柔之制也。”

《反淫》：“若張義（儀）、蘚（蘇）秦，孟柯（軻）、敦（淳）于髡，陽（楊）朱、墨翟，子贛（貢）、孔穿，屈原、唐革（勒），宋玉、景瑣（差）之倫〈倫〉。”

《特牲》：“若不吉，則筮遠日，如初義（儀）。”

《特牲》：“前期三日之朝，筮尸，如求日之義（儀）。”

《特牲》：“酢，如主人義（儀）。”

《特牲》：“卒爵，如主人義（儀）。”

《特牲》：“獻祝，邊（籩）、燔從，如初義（儀）。”

《特牲》：“主人洗爵，獻長兄弟于作（阼）階上，如賓義（儀）。”

《特牲》：“洗，獻眾兄弟，如眾賓義（儀）。”

《特牲》：“洗，獻内兄弟于房中，如眾兄弟義（儀）。”

《特牲》：“長兄弟洗觚爲加爵，如初義（儀），不及佐食。”

《特牲》：“作（阼）階前北面舉觗（觶）于長兄弟，如主人州（酬）賓義（儀）。”

《特牲》：“眾賓及兄弟交錯以辨（辯），皆如初義（儀）。”

《特牲》：“爲駕（加）爵者作止爵，如長兄弟之義（儀）。”

《特牲》：“長兄弟州（酬）賓，如賓州（酬）兄弟之義（儀），以辨（辯）。”

《特牲》：“利洗散，獻尸，作（酢），及祝，如初義（儀）。”

《特牲》：“主人拜，祝曰：‘酳有與也。’如初義（儀）。”

《泰射》：“降，如升之義（儀），述（遂）適堂西，改取一个挾之。”

《泰射》：“公樂作而后（後）就物，稍屬，不以樂志，其也（他）如初義（儀）。”

義與議

《戰國七》：“有（又）慎毋非令群臣眾義（議）功（攻）齊。”

《戰國一二》：“棤有私義（議），牙（與）國不先反而天下有功（攻）之者。”

《繫辭》：“知之而句（後）言，義（議）之而句（後）動矣，義（議）以成其變化。”

《晏子一〇》：“身殷存所義（議）而好論賢不宵（肖）。”

《五令》：“毋佫₌義₌賞₌之₌令₌（修議賞之令，修議賞之令），羊□遲。”

《妄稽》：“壐（爾）自妬義（議）買妾，乃稱殷王。”

《唐勒》：“故論義（議）御有三，而王粱（良）、就（造）爻□。”

《有司》：“乃義（議）或（侑）于賓，以異姓。”

義與鵝

《反淫》：“菌鶴鶬義（鵝），孔鶾（鸞）鶘鶓（鵯）。”

義與我

《語叢三》：“亡（毋）音（意），亡（毋）古（固），亡（毋）義（我），亡（毋）必。”按，“義（我）”字從裘按（《郭店楚墓竹簡·語叢三》篇注［一三］）讀。

《蓋廬》："義（我）有靜志，起而擊之，可使毋茲（滋）。"
《荊決》："泰（大）父爲祟，欲來義（我）生，凶。"

義與宜

《性自》："義也者，群善之蕝（蕝）也。"按，上博簡本《性情論》義作宜。下一例同。
《性自》："亞（惡）之而不可非者，達於義者也；非之而不可亞（惡）者，篙（篤）於悬（仁）者也。"
《天子甲》："天子坐以巨（矩），飤（食）以義（宜），立以縣（懸），行以繩，視侯量，寡（顧）還身。"按，"義（宜）"字從劉洪濤《讀上博竹書〈天子建州〉劄記》（簡帛網，2007年7月12日）讀。下一例同。
《天子乙》："天子坐以巨（矩），飤（食）以義（宜），立以縣（懸），行以興（繩），視侯量，寡（顧）還身。"
《程寤》："隹（惟）杍（梓）敾（敝），不義（宜）迯于商。"按，"義（宜）"字從復旦大學出土文獻與古文字研究中心研究生讀書會《清華簡〈尹至〉、〈尹誥〉研讀劄記（附〈尹至〉、〈尹誥〉、〈程寤〉釋文）》（復旦大學出土文獻與古文字研究中心網，2011年1月5日）讀。
《芮良夫》："曰其罰寺（時）堂（當），其悳（德）型（刑）義（宜）利。"
《秦律·倉律》："見屚之粟積，義（宜）積之，勿令敗。"
《繫辭》："以馬〈象〉其物義（宜），是故胃（謂）之馬〈象〉。"
《繫辭》："以馬〈象〉其物義（宜），是故胃（謂）之馬〈象〉。"
《繫辭》："觀鳥獸之文與地之義（宜），近取諸身，遠取者（諸）物。"
《阜易·臨》："大君之義（宜），吉。"
《妄稽》："辭讓送撎（揖），俗（欲）莭（節）理義（宜）。"按，"義"似當讀作"宜"。《詩·鄭風·緇衣》："緇衣之宜兮。"朱熹《集傳》："宜，稱也。"
《妄稽》："君不義（宜）聽買妾，家室恐畔（叛）。"

義與獻

《有司》："賓長義（獻）于尸，昨（酢），獻祝，致，作（酢）。"

儀與葷

《士相見》："改居，請退可也。夜侍坐，問夜，膳儀（葷），請退可也。"

檥與儀

《繫辭》："是故易有大（太）恆（極），是生兩檥（儀），兩檥（儀）生四馬〈象〉，四馬〈象〉生八卦，八卦定吉凶。"

蟻與蛾

《妄稽》："兆（眺）目鉤（流）折（睇），蟻（蛾）犁（眉）暎（連）管（娟）。"按，"蟻（蛾）"字從ee在易泉《北大漢簡〈妄稽〉初讀》（簡帛網"簡帛論壇"，2016年6月4日）一文下跟帖讀。

議與義

《攻權》："凡俠（挾）議（義）□□□□□起。"

議與我

《荊決》："美人將來，與議（我）相智（知）。"

鐵與甗

《少牢》："廩人溉（概）甑、鐵（甗）、朼（匕）與敦于廩爨，廩爨在雝爨之北。"

化字聲系

化與貨

《發啟》："大上好化（貨），群臣好得。"
《市法》："市者，百化（貨）之威（均），用之量也。”

《市法》：“市利則化₌行₌（貨行，貨行）則民₌□₌（民□，民□）則諸侯財物至。”

《市法》：“便利其出入之門，百化（貨）財物利之。”

《市法》：“市化（貨）□貴者，受（授）肆毋過☐。”

《市法》：“下化（貨）賤者受（授）肆毋過十尺。”

《市法》：“諸它化（貨）非□☐。”

化與禍

《老子》甲：“化莫大虐（乎）不智（知）足。”按，今本和帛書乙本化作禍。

化與𥜇

《老子》甲：“化莫大虐（乎）不智（知）足。”按，帛書甲本化作𥜇。

化與華

《養生方》：“今人□□□□□□□□□□□□□□□□□□□□□□□□我須（鬢）麋（眉）溉（既）化（華）。”按，“化（華）”字從馬繼興《馬王堆古醫書考釋》（湖南科學技術出版社，1992年，745頁）讀。

𨑒與過

《老子》丙：“是以□人欲不欲，不貴戁（難）得之貨；學不學，復眾之所𨑒。”按，今本和帛書本𨑒作過。

《緇衣》：“大臣之不新（親）也，則忠敬不足，而牖（富）貴已𨑒（過）也。”

《性自》：“☐𨑒（過）十丞（舉），其心必才（在）安（焉）。”

《語叢二》：“凡𨑒（過），正一以遾（失）其𨑑（它）者也。”

《采風》：“《牆岜（孅）人》，《毋𨑒（過）虗（吾）門》，《不要之媑》。”

《曹沬》：“明日復戟（陳），必𨑒（過）其所。”

《弟子問》：“子𨑒（過）曹，𩔇困（淵）馭。”

《三德》：“古（故）棠（常）不利，邦遾（失）䡈（憲）棠（常），少（小）邦則䇦（剗），大邦𨑒（過）敡（傷）。”

《三德》：“宮室𨑒（過）厇（度），皇天之所亞（惡），唯（雖）成弗居。衣備（服）𨑒（過）折（制），遾（失）於娧（美），是胃（謂）違章，上帝弗京（諒）。”

《繫年五》：“鄒（蔡）哀侯取妻於陳，賽〖₌〗（息）侯亦取妻於陳，是賽₌爲₌（息嬀。息嬀）牆（將）歸于賽（息），𨑒（過）鄒₌（蔡，蔡）哀侯命𧺆（止之）。”

《墨子》：“☐𨑒（過），如龕（虺）相保，如犴（介）毋偎，𢆶☐。”按，“𨑒（過）”字從李零《長台關楚簡〈申徒狄〉研究》（簡帛研究網，2000年8月8日）釋讀。

《別卦》：“𨑒₌（小過）。”

《別卦》：“𨑒₌（大過）。”

𨑒與禍

《曹沬》：“明慙（慎）以戒，如牆（將）弗克，毋冒以追（陷），必𨑒（禍）前攻（功），不可不慙（慎）。”按，“𨑒”似當讀作“禍”。

𨑒與怨

《性自》：“☐𨑒（過）十丞（舉），其心必才（在）安（焉）。”按，上博簡本《性情論》𨑒（過）作怨。

𠇍與過

《老子》甲：“聖人谷（欲）不谷（欲），不貴難得之貨，季（教）不季（教），復眾之所𠇍。”按，今本和帛書本𠇍作過。

《周易·小過》：“上六：弗遇𠇍（過）之，飛鳥羅（離）之，凶，是胃（謂）亦烖（災）褙（眚）。”

《王子木》：“𠇍（過）䌷（申），睹（舍）

飤（食）於畓寃（宿）。”

悠與化

《三壽》：“尃（輔）民之悠（化），民虁（勸）毋皮（罷），寺（時）名曰義。”

悠與過

《老子》丙：“樂與餌，悠客止。”按，今本和帛書本悠作過。

《太一》：“天陸（地）名志（字）並₌（並立），古（故）悠（過）其方，不囟（使）相□。”

《成之》：“從允懌（釋）悠（過），則先者余，逨（來）者信，民篙（孰）弗從。”

《性自》：“☐逃（過）十丕（舉），其心必才（在）安（焉）。”按，上博簡本《性情論》逃（過）作悠。

《性自》：“句（苟）以其青（情），唯（雖）悠（過）不亞（惡）；不以其青（情），唯（雖）難（難）不貴。”

《性自》：“行之不悠（過），智（知）道者也。”

《性自》：“速，悔（謀）之方也，又（有）悠（過）則咎。”

《性自》：“斳（慎），悬（仁）之方也，肰（然）而其悠（過）不亞（惡）。”

《性自》：“人不斳（慎）斯，又（有）悠（過），信喜（矣）。”

《仲弓》：“老₌（老老）慈幼，先又（有）司，譽（舉）臤（賢）才，惑（宥）悠（過）愳（赦）辠☐。”

《仲弓》：“中（仲）弓曰：‘惑（宥）悠（過）愳（赦）辠，則民可（何）系？’”

《仲弓》：“山又（有）堋（崩），川又（有）滐（竭），冐₌（日月）星晷（辰）猷（猶）差，民亡（無）不又（有）悠（過）。”

《仲弓》：“中（仲）弓曰：‘含（今）之孞₌（君子），孚（愎）悠（過）扞析，難（難）以内（納）柬（諫）。’”

《曹沫》：“君乃自悠（過）以敓（悦）於墧（萬）民，弗玶（陷）跪（危）地。”

《曹沫》：“二厽（三）子免（勉）之，悠（過）不才（在）子才（在）寡人。”

《三德》：“唯福之基，悠（過）而改。”

《有皇》：“☐自謺（悔）含可（兮），又（有）悠（過）而能改含可（兮）。”

《邦人》：“君之言悠（過），昔周盍罿（擇）而立之？邦既有王，毋亦藋（歡）唐（乎）？”

《命訓》：“或司不義而降（降）之禍₌（禍，禍）悠（過）才（在）人₌（人，人）□母（毋）詿（懲）嘑（乎）？女（如）詿（懲）而悔（悔）悠（過），則厇（度）至于亟（極）。”

《管仲》：“㔹（乘）其欲而緪（恆）其悠（過），既怡（怠）於正（政），或（又）以民戲。”

《子產》：“以勸（助）上牧民₌（民。民）又（有）悠（過）遳（失）、囂（傲）遳（佚），弗誼（誅）。”

悠與禍

《吳命》：“昔上天不中（衷），隆（降）悠（禍）於我二邑，非疾痼（疢）安（焉）加之，而葸（殄）隧（絕）我二邑之好。”

《說命下》：“女（如）飛鶴（雀）罔鬼（斃）觀，不隹（惟）鷹（鷹）唯（椎），廼弗毖（虞）民，氒（厥）其悠（禍）亦羅于罟（罨）罘（罬）。”

祡與化

《楚帛書》甲：“是𣪊而琖，是各（格）參祡（化）瀍逃（兆），爲恖（愠）爲萬，以司堵𣪊。”

祡與禍

《尊德義》：“賞與荎（刑），祡（禍）福之羿（基）也，或前之者矣。”

《容成氏》：“𣪕（癘）役（疫）不至，祆（妖）恙（祥）不行，祡（禍）才（災）迲

（去）亡。”

《鮑叔牙》：“此能從善而迲（去）祡（禍）者。”

《武王甲》：“毋曰可（何）愓（傷），祡（禍）將長；毋曰亞（胡）害，祡（禍）將大；毋曰可（何）戔（殘），祡（禍）將言（然）。”按，“祡（禍）”字從復旦大學出土文獻與古文字研究中心研究生讀書會《〈上博七·武王踐阼〉校讀》（復旦大學出土文獻與古文字研究中心網，2008年12月30日）釋讀。

貨與賜

《老子》甲：“聖人谷（欲）不谷（欲），不貴難得之貨。”按，帛書乙本貨作賜。下同。

《老子》丙：“是以□人欲不欲，不貴戁（難）得之貨。”

貨與撝

《周易·謙》：“⊠四：亡（无）不利，貨（撝）壓（謙）。”

貨與譌

《周易·謙》：“⊠四：亡（无）不利，貨（撝）壓（謙）。”按，帛書本貨（撝）作譌。

訛與禍

《邦人》：“天加訛（禍）於楚邦，虗（吾）君遏□𪇮𣙳⊠。”

隓字聲系

隓與惰

《唐虞》：“四枳（肢）胅（倦）隓（惰），耳目聍（聒）明衰，禬（禪）天下而受（授）臤（賢），退而羖（養）其生，此以智（知）其弗利也。”按，“隓（惰）”字從裘按（《郭店楚墓竹簡·唐虞之道》篇注［三〇］）讀。

《管仲》：“中（仲）父，千乘之都，型（刑）正（政）既萬（亂），民人隓（惰）忓（怠）。”

隓與隋

《老子》甲：“音聖（聲）之相和也，先後之相隓也。”按，帛書本隓作隋。

《周易·隨》：“六厽（三）：係丈夫，遊（失）少（小）子。隓（隨）求又（有）得，利尻（居）貞。”按，阜陽漢簡本隓（隨）作隋。

隓與墮

《王居》：“毆（抑）忍（忌）韋（違）謊（讒）託（媢），以隓（墮）亞（惡）虗（吾）外臣，而居虗（吾）左=（左右）。”按，“隓（墮）”字從陳劍《〈上博（八）·王居〉復原》（復旦大學出土文獻與古文字研究中心網，2011年7月20日）讀。

《命訓》：“亟（極）命則民隓（墮）乏，乃室（曠）命以弋（代）其上。”

隓與隨

《老子》甲：“音聖（聲）之相和也，先後之相隓也。”按，今本隓作隨。

《周易·隨》：“隓（隨）：元卿（亨）利貞，亡（无）咎。”

《周易·隨》：“六厽（三）：係丈夫，遊（失）少（小）子。隓（隨）求又（有）得，利尻（居）貞。”

《周易·隨》：“九四：隓（隨）又（有）膄（獲），貞工（功）。又（有）孚才（在）道，已（以）明，可（何）咎。”

《周易·艮》：“六二：艮其足，不隓（拯）其隓（隨），其心不悸（快）。”

《周易·咸》：“九厽（三）：欽（咸）其脣（腓），執其隓（隨），吝。”

《邦人》：“亯（就）卲（昭）王之亡，要王於隓（隨）寺。”按，“隓（隨）”字從易泉在海天遊蹤《邦人不稱札記》（簡帛網“簡帛論壇”，2013年1月5日）一文下跟帖釋讀。

《邦人》:“戰於澈，戰於[illegible]，戰於長□、曲陸(隨),三戰而三眥(捷),而邦人不爯(稱)勇安(焉)。”

《繫年九》:“猷求強君，乃命左行瘢(蔑)牙(與)陸(隨)會卲(召)壤(襄)公之弟瘫(雝)也于秦。”

《繫年十》:“左行瘢(蔑)、陸(隨)會不敢歸，述(遂)奔秦。”

《繫年十四》:“晉競(景)公立八年,陸(隨)會衡(率)自(師),會者(諸)侯于敓(斷)道。”

陸與隓

《陳公》:“申(陳)於陸(隓)阬(崗),則鳶(雁)飛。”按，“陸(隓)”字從林清源《上博九〈陳公治兵〉通釋》(《第四屆古文字與古代史國際學術研討會——紀念董作賓逝世五十周年》,“中央研究院”歷史語言研究所，2013年)讀。

陸與綏

《三德》:“室虘(且)弃，不陸(綏)祭祀，唯蒠是備(服)。”按，“陸(綏)”字從晏昌貴《〈三德〉“不墮祭祀”補説》(簡帛網，2006年5月3日)讀。

隱與惰

《仲弓》:“☒毋自隱(惰)也。”

檃與隋

《子儀》:“乃張大医於東奇之外，豊(禮)子義(儀),亡(舞);豊(禮)檃(隋)貨，以贛(竷)。”

隱與隨

《繫年十五》:“卲(昭)王歸隱(隨),與吳人戰于析(沂)。”

隋與惰

《爲吏》:“四曰善言隋(惰)行，則士毋所比。”

《治官》:“四曰喜言隋(惰)行則黔首毋所比。”

《二年·捕律》:“及力足以追逮捕之而官隋(惰)□□□□逗留畏耎弗敢就。”

《養生方》:“據(膚)不至而用則腄(垂),筋不至而用則避,氣不至而用則隋(惰)。”

《延氣》:“☒□□氣不□則隋=(惰，惰)則難=使=(難使，難使)則不可以合旨☒。”

《晏子一》:“以賞譽自勸者，隋(惰)乎爲善。”

《月令》:“降〈隋(惰)〉農自安，不堇(勤)作勞，是以數被菑(災)害。”

隋與墮

《日甲·詰》:“丈夫女子隋(墮)須(鬚)贏髮黃目。”

《治官》:“封閉毋隋(墮),監視毋輸(偷)。”按，整理者直接釋“隋”爲“墮”。不確。

《治官》:“涂(塗)溼(壂)陀(阤)隋(墮),苑水歙(飲)不利。”

《占夢書》:“夢燔洛遂(墜)隋(墮)至手，轂(繫)囚吉。”

《脈書》:“其衷(中)約隋(墮),上下不通，枎(矢)叚(瘕)殹(也)。”

《國次》:“兼人之國，隋(墮)其城郭，棼(焚)其鐘鼓，布其齍(資)財。”

《稱》:“聚□□隋(墮)高增下，禁也，大水至而可也。”

《牖𥨍》:“取雉弌，孰(熟)者(煮)餘(徐)疾，雞羽自解，隋(墮)其尾。”

《月令》:“繼長增高，毋有壞隋(墮)。”

《月令》:“盡十月，隋(墮)窳(蓏)。”

《北大老子》:“物或行或隨，或熱(噓)或炊(吹),或強或梐(挫),或伓(培)或隋(墮)。”

隋與橢

《天乙·黃鐘》："隋（橢）頤，長目，長要（腰）。"

《牡痔》："燔小隋（橢）石，淬醯中，以尉（熨）。"

隋與隳

《亡論》："德溥（薄）而功厚者隋（隳），名禁而不王者死。"

《論約》："伐本隋（隳）功，亂生國亡。"

《九地》："☐可拔也，城可隋（隳）也。"

《陳忌問壘》："長兵次之，所以救其隋（隳）也。"

隋與讆

《稱》："環私傷威，弛（弛）欲傷法，无隋（讆）傷道。"

隋與隨

《帛甲老子·道經》："意（音）聲之相和也，先後之相隋（隨）。"

《帛乙老子·道經》："音聲之相和也，先後之相隋（隨）。"

《帛乙老子·道經》："隋（隨）而不見其後，迎而不見其首。"

《帛乙老子·道經》："物或行或隋（隨），或熱【或吹，或強】或砪，或陪（培）或墮。"

《名理》："如景（影）之隋（隨）刑（形），如向（響）之隋（隨）聲。"

《正亂》："天地立名，□□自生，以隋（隨）天刑。"

《兵容》："天固有奪有予，有祥□□□□□弗受，反隋（隨）以央（殃）。"

《順道》："慎案其眾，以隋（隨）天地之從（蹤）。"

《戰國一五》："宋、中山數伐數割，而國隋（隨）以亡。"

《帛易·隨》："隋（隨），元亨，利貞，无咎。"

《帛易·隨》："六三，係丈夫，失小子。隋（隨）有求，得，利居貞。"

《帛易·隨》："九四，隋（隨）有獲，貞凶。有復（孚）在道，巳（以）明，何咎？"

《繫辭》："備（服）牛乘馬，引重行遠，以利天下，蓋取者（諸）隋（隨）也。"按，整理者直接釋隋爲隨。不確。

《二三子》："窮乎深潚〈淵〉則魚蛟先後之，水流之物莫不隋（隨）從。"

《易之義》："隋（隨）之卦，相而能戒也。"

《繆和》："夫忠言請（情）愛而實弗隋（隨），此鬼神之所疑也，而兄（況）人乎？"

《阜易·隨》："隋（隨）有求，得。"

《火攻》："☐得，不隋（隨）其功者凶，命之曰費留。"按，"隋（隨）"字從銀雀山漢墓竹簡整理小組《銀雀山漢墓竹簡·孫子兵法》（文物出版社，1976年，88頁）讀。

《北蒼·陽》："類豫録（麓）恢，彴（徇）隋（隨）愷襄。"

隋與蓏

《胎產書》："三月始脂，果隋（蓏）宵（肖）效。"

隋與脽

《癃病》："☐鹽隋（脽）灸尻。"

《癃病》："逸華，以封隋（脽）及少腹☐。"

《癃病》："盈隋（脽），有（又）以涂（塗）隋（脽）□下及其上，而暴（曝）若☐。"

《癩》："即冀（冪）以布，而傅之隋（脽）下，爲二處。"

撱與墮

《帛甲老子·道經》："或強或挫，或坏（培）或撱（墮）。"

躃與墮

《妄稽》:"我妬也，疾躃（墮）纍瓦毀襲杯（坏），解擇（釋）成索別瓶橘（繘），而離（罹）卑李（悝），晝肖（宵）不瞑（眠）。"

遀與惰

《天下至道》:"肌不至而用則遀（惰），氣不至而用則避，三者皆至，此胃（謂）三脂（詣）。"按，整理者將"遀"隸定爲"遌"，讀作"痿"。《養生方》簡198—199有"據（膚）不至而用則腄（垂），筋不至而用則避，氣不至而用則隋（惰）"語，與此簡文近似。裘錫圭先生改釋"遌"爲"遀"，並據上《養生方》讀作"垂"。裘釋"遀"正確，但與《養生方》比較，此簡文顯然少了一句關於"筋"的文字，而且語序有所錯亂。簡文之"遀"從字形和聲韻上講，都是與《養生方》"氣不至而用則隋"之"隋"更爲接近。故似當從《養生方》之"隋"而讀作"惰"。

遀與橢

《兵談》:"羊腸亦勝，鋸齒亦勝，緣山入溪亦勝，方亦勝，圜亦勝，遀（橢）亦勝。"

隨與揣

《妄稽》:"泰擊擣之，隨（揣）而猶之，執而窌（抑）之，楬（磔）解□之。"按，"隨（揣）"字從蕭旭《北大漢簡（四）〈妄稽〉校補》（復旦大學出土文獻與古文字研究中心網，2016年7月4日）讀。

隨與惰

《語書》:"綸（偷）隨（惰）疾事，易口舌，不羞辱，輕惡言而易病人。"

《王兵》:"使百官共（恭）敬悉畏，毋敢怠隨（惰）行□，以侍（待）主令。"

《十問》:"轂（擊）此者，告之不敢，示之不能，坐拙而侍（待）之，以驕其意，以隨（惰）其志。"

《富國》:"☐隨（惰）其身，芒（荒）其地者，後適（敵）人，兵无備□☐。"

隨與墮

《春秋一〇》:"今止衛君，是隨（墮）黨而崇壽（讎）也。"

《春秋一〇》:"隨（墮）黨崇壽（讎），以思（懼）諸侯，難以霸矣。"

《戰國一六》:"櫋（邊）城盡拔，支臺隨（墮），垂都然（燃），林木伐，麋鹿盡。"

隨與墜

《神烏賦》:"毛羽隨（墜）落。"

《神烏賦》:"隨（墜）起擊耳（？），聞（昏）不能起。"

隨與髓

《戰國四》:"臣之德王，罙（深）於骨隨（髓）。"

隨與鬌

《奏讞書》:"君僑（俛）視席端，有隨（鬌）髮長二寸以上到尺者六枚。"

墮與惰

《琴舞》:"弼（弗）敢巟（荒）悳=（德，德）非墮（惰）帀（思），純隹（惟）敬帀（思），文非敕（陳）帀（思）。"

徥與隨

《祝辭》:"徥（隨）弓：'牆（將）敱（注）爲死，陽（揚）武即救（求）尚（當）。'"

爲字聲系

爲與僞

《性自》:"求其心又（有）爲（僞）也，弗得之喜（矣）。人之不能以爲（僞）也，可智（知）也。"

《雜抄》:"爲（僞）聽命書，灋（廢）弗行，耐爲侯（候）。"

《守法》:"以視適（敵）進芮（退）變能（態）請（情）爲（僞）。"

《反淫》："☐葰葰，尋杖（丈）爲（僞）巧。"

爲與嗚

《妄稽》："脣若判桃，言笑爲（嗚）爲（嗚）。"按，"爲（嗚）爲（嗚）"字從蕭旭《北大漢簡（四）〈妄稽〉校補》（復旦大學出土文獻與古文字研究中心網，2016年7月4日）讀。

爲與嬀

《繫年五》："鄐（蔡）哀侯取妻於陳，賽〓（息）侯亦取妻於陳，是賽〓爲〓（息嬀。息嬀）牆（將）歸于賽（息），逃（過）鄐〓（蔡，蔡）哀侯命𢓊（止之）。"

《繫年五》："賽（息）爲（嬀）乃內（入）于鄐〓（蔡，蔡）哀侯妻之。"

《繫年五》："昷（明）戢（歲），起自（師）伐賽（息），克之，殺賽（息）侯，取賽（息）爲（嬀）以歸。"

爲與化

《繫辭》："爲（化）而施之胃（謂）之變，誰（推）而舉諸天下之民胃（謂）之事業。"

僞與爲

《答問》："使者（諸）侯、外臣邦，其邦徒及僞（爲）吏不來，弗坐。"

《答問》："可（何）謂'邦徒'、'僞（爲）使'？"

愇與僞

《老子》甲："𢇍（絕）愇（僞）弃慮（詐），民复（復）季（惠）子（慈）。"按，"愇（僞）"字從裘按（《郭店楚墓竹簡·老子甲》篇注［三］）讀。

《從政》："弇戒先𨓢則自异（己）䚽（始），㬎（顯）訬懽（勸）信則愇（僞）不章（彰）。"

《曹沫》："君毋憚自袋（勞），以觀卡〓（上下）之青（情）愇（僞）。"

《三德》："☐皇天牆（將）𦥑（興）之；母（毋）爲愇（僞）慮（詐），上帝牆（將）憎之。"

《性自》："慮谷（欲）困（淵）而毋愇（僞）。"按，"愇（僞）"字從李零《郭店楚簡校讀記（增訂本）》（北京大學出版社，2002年，108頁）讀。下同。

《性自》："谷（欲）皆𡕒（文）而毋愇（僞）。"

《性自》："凡兑（悦）人勿𢜝（吝）也，身必從之，言及則明𦥑（舉）之而毋愇（僞）。"

《性自》："凡人愇（僞）爲可亞（惡）也，愇（僞）斯叟（吝）喜（矣）。"

愇與化

《老子》甲："侯王能𡕾（御）之，而萬勿（物）牆（將）自愇〓（愇。愇）而雒（欲）𡕾（作），牆（將）貞（鎮）之以亡名之𢾭（樸）。"按，今本和帛書乙本愇作化。

《語叢一》："諓（察）天道以愇（化）民燹（氣）。"

《三壽》："𨗲（邇）則文之愇（化），鬲（麻）𩫖（參）天時，枉（往）厇（宅）毋𧬶（徙），㦸（申）豊（禮）𧢲（勸）怾（佳）。"

《帛甲老子·道經》："道恆无名，侯王若守之，萬物將自愇（化）。"

《帛甲老子·道經》："愇（化）而欲作，吾將鎮之以无名之楃（樸）。"

敡與爲

《鄭甲》："敡（爲）大其宮，君而𧗠（狎）之，不善戈（哉）。"

《鄭乙》："敡（爲）大其宮，君而𧗠（狎）之，不善戈（哉）。"

賜與貨

《帛甲老子·德經》："是以聖人欲不欲，

而不貴難得之𦙶（貨）。”按，通行本𦙶作貨。

蝸與僞

《季桓子》：“與（邪）蝸（僞）之民，亦以其勿（物）。”按，“蝸（僞）”字從陳劍《〈上博（六）·孔子見季桓子〉重編新釋》（復旦大學出土文獻與古文字研究中心網，2008年3月22日）釋讀。下同。

《季桓子》：“夫與（邪）蝸（僞）之民，其述（術）多方。”

《季桓子》：“與（邪）蝸（僞）之民，衣備（服）㺯（好）□，□□□皆求異於人。”

蝸與化

《老子》甲：“我無事而民自福（富），我亡爲而民自蝸。”按，今本和帛書本蝸作化。

《忠信》：“至忠女（如）土，蝸（化）物而不發（伐）。”按，“蝸（化）”字從裘按（《郭店楚墓竹簡·忠信之道》篇注［三］）讀。

《唐虞》：“上直（德）則天下又（有）君而世明，受（授）臤（賢）則民興效（教）而蝸（化）虖（乎）道。不禬（禪）而能蝸（化）民者，自生民未之又（有）也。”

譌與撝

《帛易·謙》：“六四，无不利，譌（撝）嗛（謙）。”

譌與僞

《管仲》：“夫年（佞）者之事君，必歬（前）敬（傾）與考（巧），而後詈（讒）與譌（僞），以大又（有）求。”按，“譌（僞）”字從吳祺説讀。

貨與貨

《語叢三》：“㝉（賓）客之用繘（幣）也，非正內（納）貨（貨）也，豊（禮）北（必）兼。”按，“貨（貨）”字從李零《郭店楚簡校讀記（增訂本）》（北京大學出版社，2002年，148頁）、陳偉《郭店竹書別釋》（湖北教育出版社，2002年，228頁）讀。

《史䈞》：“內（納）牙（與）貨（貨），幽（流）色牙（與）酉（酒），大鐘貞（鼎），美宙（宮）室，區（驅）䮗（騁）畋邋（獵），与（舉）獄谽（訟），此所以遊（失）☐。”按，“貨（貨）”字從高佑仁《〈上博九〉初讀》（簡帛網，2013年1月8日）讀。

《北蒼·支》：“狛（帛）貨（貨）溓滎，蠶纙展庫（捭）。”

𢽾與爲

《程寤》：“迺孛=（小子）𤼽（發）取周廷杍（梓）梪（樹）于氒（闕）閒，𢽾=（化爲）松柏棫柞。”

《程寤》：“朋棶（棘）戕（仇）杍=松=（梓松，梓松）柏副棫橐（包）柞=（柞，柞）𢽾=（化爲）䐿。”

𢽾與化

《程寤》：“迺孛=（小子）𤼽（發）取周廷杍（梓）梪（樹）于氒（闕）閒，𢽾=（化爲）松柏棫柞。”

《程寤》：“朋棶（棘）戕（仇）杍=松=（梓松，梓松）柏副棫橐（包）柞=（柞，柞）𢽾=（化爲）䐿。”

𢽾與委

《子儀》：“袛=（遲遲）可（兮），𢽾=（委委）可（兮）。”

禾字聲系

禾與和

《民之》：“亡（無）體（體）之豊（禮），上下禾（和）同。”

《容成氏》：“□於是於（乎）㞷板正立，四向际禾（和），以衛（率）天下之民。”

《筮法十九》：“奴（如）噬（筮）軍遊（旅），乃曰不禾（和），虞（且）不相用命。”

《治官》：“合同禾（和）平，毋行可悔。”

《治官》：“禾（和）平毋窸，寬俗（裕）忠信。”

《帛乙老子·德經》：“禾（和）大怨，必有餘怨，安可以爲善？”

《正亂》：“壹朵壹禾（和），此天地之奇也。”

《戰國一》：“胃（謂）齊王，趙之禾（和）也，陰外齊、謀齊，齊趙必大惡矣。”

《戰國三》：“外齊於禾（和），必不合齊、秦以謀燕，則臣請爲免於齊而歸矣。”

《曹氏》：“是以兩禾（和）女（如）化刑=（形，形）成女（如）離，陽明女（如）昭明。”

《曹氏》：“是故陰陽不禾（和）水蹷（瘚）作，屈信（伸）□。”

《妄稽》：“應對□□，出辭禾（和）叚（暇）。”

稃與嘉

《耆夜》：“稃（嘉）篭（爵）速歓（飲），後篭（爵）乃從。”

《耆夜》：“稃（嘉）篭（爵）速歓（飲），後篭（爵）乃復。”

沶與和

《周病方》：“沶（和）稟（藁）本東〈柬（欄）〉灰中，以靡（摩）之，令血欲出。”

陒與产

《緇衣》：“可言不可行，君子弗言；可行不可言，君子弗行。則民言不陒（危）行，不陒（危）言。”按，上博簡本《緇衣》陒（危）作、，史傑鵬《談上海博物館楚簡的“𡚬”字》（新學院網站“國故新知”論壇，2002年7月3日）、黃錫全《讀上博楚簡劄記》（《新出楚簡與儒學思想國際學術研討會論文集》，清華大學思想文化研究所，2002年）釋爲产，可從。

陒與危

《緇衣》：“可言不可行，君子弗言；可行不可言，君子弗行。則民言不陒（危）行，不陒（危）言。”按，“陒（危）”字從裘按（《郭店楚墓竹簡·緇衣》篇注［七八］）讀。

脂部第八

匕字聲系

匕與朼

《少牢》："宗人遣賓就主人，皆浣（盥）于洗，長出〈匕（朼）〉。"

《有司》："司馬匕（朼）羊，亦司馬載。"

《有司》："司土〈士〉匕（朼）豕，亦司土〈士〉載，亦右膿（體）。"

《有司》："司土〈士〉一匕（朼）魚，亦司土〈士〉載，尸俎五魚，衡（橫）載之。"

𣎵與必

《楚帛書》丙："女（如）𣎵（必）武。"按，"𣎵"字原形作"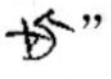"，過去諸家均不識。現據新材料，知此字當讀作"必"。

《緇衣》："句（茍）又（有）車，必見其𣪠（轍）；句（茍）又（有）衣，必見其帟（敝）；人句（茍）又（有）言，必聕（聞）其聖（聲）；句（茍）又（有）行，必見其成。"按，上博簡本《緇衣》必作𣎵。

《唐虞》："𣎵（必）正其身，肰（然）后（後）正世，聖道備歖（矣）。"按，"𣎵（必）"字從李零《郭店楚簡校讀記》（《道家文化研究》第十七輯，三聯書店，1999年）釋讀。下三例同。

《唐虞》："聖者不才（在）上，天下𣎵（必）壞。"

《語叢三》："𣎵（必）行，員（損）。"

《語叢三》："守（賓）客之用繻（幣）也，非正内（納）賜（貨）也，豊（禮）𣎵（必）兼。"

《忠信》："至信女（如）時，𣎵（必）至而不結。"按，"𣎵（必）"字從周鳳五《郭店楚簡〈忠信之道〉考釋》（《郭店簡與儒學研究》，《中國哲學》第二十一輯，遼寧教育出版社，2000年）讀。

《語叢二》："凡𣎵（必），又（有）不行者也。"按，"𣎵（必）"字從劉釗師《郭店楚簡〈語叢二〉箋釋》（《古墓新知——紀念郭店楚簡出土十周年論文專輯》，國際炎黃文化出版社，2003年）釋讀。下一例同。

《語叢二》："智（知）命者亡𣎵（必）。"

《季桓子》："㤅（仁）人之道，衣備（服）𣎵（必）中，頌（容）佫（貌）不求異於人。"按，"𣎵（必）"字從陳劍《〈上博（六）·孔子見季桓子〉重編新釋》（復旦大學出土文獻與古文字研究中心網，2008年3月22日）釋讀。

《史蒥》："𣎵（必）跪（危）其邦家，則能貴於墨₌湯₌（禹湯，禹湯）則學。"

《卜書》："☐□吉，邦𣎵（必）又（有）疾。"

《楚居》："思（懼）其宔（主），夜而内（納）尸（尸），氏（抵）今曰栾₌（栾，栾）𣎵（必）夜。"

《命訓》："以中從忠則尚₌（賞，賞）不𣎵（必）中。"

《鄭武》："昔虗（吾）先君，女（如）邦牆（將）又（有）大事，𣎵（必）再三進夫₌（大夫）而與之膚（偕）惛（圖）。"

《鄭武》："虗（吾）先君𣎵（必）牆（將）相孨₌（孺子），以定奠（鄭）邦之社禝（稷）。"

詠與佖

《蘭賦》："□□攸（搖）茖（落）而猷（猶）

不逵（失）㡰（厥）芳₌（芳，芳）浧（馨）訛（佖）迡（迡）而達聒（聞）于四方。”按，“訛”似當讀作“佖”。《漢書·楊雄傳》：“駢衍佖路。”顏師古《注》：“佖，次比也，一曰滿也。”《集韻·屑韻》：“佖，滿皃。”

朼與匕

《少牢》：“雍人溉（摡）鼎、朼（匕）、俎（俎）于雍爨，雍爨在門東南，北上。”

《少牢》：“廩人溉（摡）甑、巘（甗）、朼（匕）與敦于廩爨，廩爨在雍爨之北。”

《少牢》：“鼎徐（序）入，雍正執一朼（匕）以從，雍府執四朼（匕）以從。”

《少牢》：“朼（匕）皆加于鼎，東柄（枋）。”

《有司》：“二手執桃匕枋扱汁（湇），注于疎（疏）朼（匕），荅〈若〉是三。”

《有司》：“次賓宿（縮）【執】朼（匕）俎以升，如是以授尸。”

《有司》：“尸卻手受（授）朼（匕）枋，坐祭。”

《有司》：“賓亦復（覆）手以受，宿（縮）朼（匕）于俎上，以降。”

鈚與匕

《帛易·震》：“辰（震）敬（驚）百里，不亡（喪）鈚（匕）觴（鬯）。”

比字聲系

比與庇

《爲吏》：“比（庇）臧（藏）封印。”

《春秋一六》：“知（智）者瘨（置）李（理）長慮而身得比（庇）焉。”

比與妣

《帛易·小過》：“六二，過其祖，愚（遇）其比（妣），不及其君，愚（遇）其僕，无咎。”

《楚居》：“凥（處）于方山，女曰比（妣）隹，秉兹（慈）衛（率）相，詈冑四方。”

比與祉

《癲》：“縣（懸）茅比（祉）所，且塞壽（禱）。”按，“比（祉）”字從馬繼興《馬王堆古醫書考釋》（湖南科學技術出版社，1992年，498頁）讀。

比與蚍

《萬物》：“比（蚍）㖆（蜉）之已☑。”

比與篦

《北蒼·魚》：“粉黱（黛）脂膏，鏡籋（籢）比（篦）疏（梳）。”

比與朼

《特牲》：“贊者措（錯）俎（俎），加枇（匕）。乃比（朼）。”

比與卑

《成之》：“智而比（卑）即（次），則民谷（欲）其智之述（遂）也。”按，“比”似當讀作“卑”。

沘與滜

《養生方》：“漬以水，令毚（纔）閹（掩），□而沘（滜）取汁。”按，“沘（滜）”字從魏啟鵬、胡翔驊《馬王堆漢墓醫書校釋（貳）》（成都出版社，1992年，29頁）讀。

芘與筂

《神烏賦》：“魚鱉得於芘（筂）笱，交（蛟）龍執（蟄）而深臧（藏）。”

枇與匕

《特牲》：“贊者措（錯）俎（俎），加枇（匕）。乃比（朼）。”

《特牲》：“卒載，加枇（匕）于鼎。”

《特牲》：“棘心枇（匕），刻。”

忠與擯

《戰國二〇》：“大（太）上服秦，其次必長忠（擯）之。”

《戰國二〇》：“秦□忠（擯）以侍（待）

破，秦王必患之。”

攺與比

《周易·比》：“六四：外攺（比）之，亡（无）不利。”

訿與比

《芮良夫》：“女（如）閘（關）柭扂（扃）筭（管），纗（繩）剸（準）既政（正）而五（互）想（相）柔訿（比）。”

訿與僻

《芮良夫》：“悳（德）型（刑）態（怠）紎（惰），民所訞（妖）訿（僻）。”

美字聲系

美與微

《發敓》：“美（微）才（哉）！”

稞與微

《白處》：“煮膠，即置其鍽（甂）於稞（微）火上，令藥已成而發之。”

米字聲系

米與寐

《日甲·詰》：“一宅之中毋（無）故室人皆疫，多瞢（夢）米（寐）死。”

籹與敉

《芮良夫》：“裔（遹）易兇心，覔（研）甕（甄）嘉惟，籹（敉）和庶民，政命悳（德）型（刑）各又（有）祟（常）朿（次）。”按，“籹（敉）”字從白於藍《〈清華大學藏戰國竹簡（三）〉拾遺》（《中國文字研究》第二十輯，上海書店出版社，2014年）釋讀。

咪與美

《容成》：“治氣之精，出死入生，驩（歡）欣咪（美）𣪊（穀）。”

迷與弭

《容城氏》：“述（遂）迷（弭）天下，而一其志，而寑其兵，而官其才（材）。”按，“迷（弭）”字從陳劍《〈容成氏〉第2、3兩簡改接於第37簡之後的問題》（復旦大學出土文獻與古文字研究中心網“學術討論”，2008年10月11日）讀。

悉與迷

《帛乙老子·德經》：“人之悉（迷）也，其日固久矣。”

眯與迷

《季康子》：“肰（然）則民逧不善，眯（迷）父兄子俤（弟）而爯賕☐。”

《用曰》：“用曰：莫眾而眯（迷）。”

《帛甲老子·道經》：“唯（雖）知（智）乎大眯（迷），是胃（謂）眇（妙）要。”

罙與迷

《蓋廬》：“軍眾則罙（迷），將爭以乖者，攻之。”

《節》：“迎大音戰，士卒罙（迷）盳（茫），令尉傷。”按，“罙（迷）”字從補白《關於〈北京大學藏西漢竹書（伍）〉釋文注釋的幾點意見》（復旦大學出土文獻與古文字研究中心網，2015年11月14日）讀。

畣與密

《容成氏》：“於是虐（乎）九邦畔（叛）之，豐、禱（鎬）、郍（舟）、䢽、于（邘）、鹿、𡍮（部）、宗（崇）、畣（密）須是（氏）。”

粖與糜

《癰》：“并以鼎□□□如□粖（糜），以傅。”

麋與迷

《六分》：“主兩，男女分威，命曰大麋（迷），國中有師。”

《道原》：“无好无亞（惡），上用□□而民不麋（迷）惑。”

麋與眉

《答問》：“或與人鬬，縛而盡拔其須麋（眉），論可（何）殹（也）？”

《封診式》："以三歲時病疕，麋（眉）突，不可智（知）其可（何）病，毋（無）它坐。"

《封診式》："丙毋（無）麋（眉），艮（根）本絕，鼻腔壞。"

《丹》："其狀類益、少麋（眉）、墨，四支（肢）不用。"

《脈書》："四節疕如牛目，麋（眉）突（脱），爲癘（癘）。"

《養生方》："今人□□□□□□□□□□□□□□□□□□□□□□□□我須（鬚）麋（眉）溉（既）化（華）。"

《養生方》："少河□合（答）麋（眉）睞（睫）□□□□□□□□□□□□□□□□□其□撞而問之，以渴（竭）請（情）故。"

《雜禁方》："取其左麋（眉）直（置）酒中，飲之，必得之。"

《衛風》："齒如會（瓠）誁（犀），湔（螓）首蛾麋（眉）。"

《二類》："卅日知僁（痡），六十日須麋（眉）生。"

《神烏賦》："張曰〈目〉陽（揚）麋（眉），噴（奮）翼申（伸）頸。"

麋與楣

《服傳甲》："既虞，贊（翦）楄（屏）柱麋（楣），寖（寢）有席，食疎（疏）食。"

麋與糜

《狂犬齧人》："取其靡（磨）如麋（糜）者，以傅犬所齧者，已矣。"

麋與蘼

《毒烏喙》："取麋（蘼）蕪本若□薺一□□□□□□□□□□傅宥（痏）。"

《牝痔》："冶麋（蘼）蕪本、方（防）風、烏家（喙）、桂皆等。"

麋與蘪

《安稽》："衡（蘅）若麋（蘪）無（蕪），茝惠（蕙）連房。"

麋與彌

《稱》："耶（聖）人麋（彌）論（綸）天地之紀，廣乎蜀（獨）見。"

氏字聲系

氏與低

《安稽》："鬼（魋）獲（顴）氏（低）誰（準），堅根隱（股）軫。"

氏與抵

《論約》："逆節始生，慎毋先正，皮（彼）且自氏（抵）其刑。"

《楚居》："季繖（連）初降於鄢（騩）山，氏（抵）于空（穴）窮（窮）。"

《楚居》："麗不從行，渭（潰）自髗（脅）出，妣戭（列）賓于天，晉（巫）戕（咸）賅（該）其髗（脅）以楚，氏（抵）今曰楚人。"

《楚居》："愳（懼）其宔（主），夜而内（納）尿（尸），氏（抵）今曰栾=（栾，栾）北（必）夜。"

《楚居》："眾不容於免，乃渭（潰）疆浧（郢）之波（陂）而宇人安（焉），氏（抵）今曰郢。"

氏與柢

《帛甲老子·德經》："是胃（謂）深槿（根）固氏（柢），長生久視之道也。"

《帛乙老子·德經》："是胃（謂）深根固氏（柢），長生久視之道也。"

氏與氏

《容成氏》："訟（容）成氏（氏）。"

氏與是

《李頌》："氏（是）古（故）聖人兼此和勿（物），以李（理）人情。"

《李頌》："氏（是）古（故）聖人兼此。"

抵與氏

《周日書》："九月：抵（氐），房。"

《周日書》："日出時，扺（氏）。"

《周日書》："氐：斗乘扺（氏），門有客，所言者憂病事也。"

《占書》："鄭受角、亢、扺（氏），其日□其辰□。"

扺與低

《妄稽》："鬼（魋）獲（顴）氏（低）準（準），堅根隱（殷）軫，肸曷（鶡）扺（低）準（準），示以都刑（形）。"

扺與柢

《北大老子》："是謂深根固扺（柢），長生久視之道也。"按，整理者認爲"扺"爲"柢"之訛。"扺"可讀作"柢"。

扺與砥

《鬏》："以履下靡（磨）扺（砥）之。"按，"扺"似當讀作"砥"。

邸與扺

《北蒼·貽》："梧域（棫）邸（扺）造，殚穀殉（殘）耆（嗜）。"

牴與氐

《日甲·玄戈》："奎、牴（氐）、房大凶，七星致死。"

《日甲·玄戈》："牴（氐）、奎、婁大凶，斗、牽牛致死。"

《日甲·星》："牴（氐），祠及行、出入貨，吉。"

《十問》："毄（擊）此者，慎避險且（阻），决而道（導）之，牴（扺）諸易。"

柢與扺

《語書》："毋（無）公端之心，而有冒柢（扺）之治。"

《戰國二一》："夫齊之事趙，宜正爲上交，乃以柢（扺）罪取伐。"

瓬與秩

《日甲·生子》："丁巳生子，穀（愨）而美，有瓬（秩）。"

砥與底

《説命中》："女（汝）隹（惟）孳（兹），敚（説），砥（底）之于乃心。"

祇與希

《老子》乙："大音祇聖（聲），天象亡荳（形）。"按，河上、王弼本和帛書乙本祇作希。

祇與稀

《老子》乙："大音祇聖（聲），天象亡荳（形）。"按，傅奕本祇作稀。

垔與希

《楚帛書》甲："乃取（娶）虘遅子之子曰女垔（希），是生子四□。"按，"垔（希）"字原形作""，上部所從與上博簡《周易》之""（簡 24）、""（簡 25）二字右上所從應是一字。上博簡《周易》此二字，陳劍《上博竹書〈周易〉異文選釋（六則）》（《出土簡帛文獻與古代學術國際研討會會議論文集》，臺北市政治大學，2005 年）認爲右上所從與郭店簡《老子》乙之""（簡 12）爲一字。郭店簡《老子》乙此""字，裘按（《郭店楚墓竹簡·老子乙》篇注［一五］）指出"疑是作兩'甾'相扺形的'祇'字古文的訛形……今本此字作'希'，'祇''希'音近"。據此，""字可隸定作"垔"，讀作"希"。據《藝文類聚》卷十一、《初學記》卷九引《帝王世紀》説"女媧""一曰女希，是爲女皇"。與此正合。

逃與顛

《周易·頤》："六二：曰逃（顛）頤，𢹂（拂）經，于北洍（頤），征凶。"按，"逃（顛）"字從陳劍《上博竹書〈周易〉異文選釋（六則）》（《出土簡帛文獻與古代學術國際研討會會議論文集》，臺北市政治大學，2005 年）釋讀。下同。

《周易·頤》："六四：遉（顛）頤，吉，虎視𩕢₌（眈眈），其猷（欲）攸₌（逐逐），亡（无）咎。"

遉與奠

《周易·頤》："六二：曰遉（顛）頤，𦏵（拂）經，于北洍（頤），征凶。"按，阜陽漢簡本遉（顛）作奠。

詆與抵

《說命中》："若詆（抵）不視，甬（用）𠜱（傷），吉不吉。"

𦭾與絺

《詩論》："夫蕮（葛）之見訶（歌）也，則以𦭾（絺）䓣（綌）之古（故）也。"按，"𦭾（絺）"字從陳劍《〈孔子詩論〉補釋一則》（《國際簡帛研究通訊》第二卷第三期，2002年）讀。"𦭾"字原文左下殘損。

㫼與是

見支部是字聲系。

夷字聲系

夷與荑

《胕鐐》："取無（蕪）夷（荑）中㲉（核），冶，豶膏以㮋。"

《痂》："冶亭（葶）磿（藶）、莁夷（荑），熬叔（菽）□□皆等。"

《痂》："冶莁夷（荑）、苦瓠瓣，并以彘膏弁，傅之，以布裹[而]約（灼）之。"

《痂》："冶巫（莁）夷（荑）半參。"

夷與痍

《萬物》："石卦築之已金夷（痍）也。"

夷與遲

《阜易·豫》："夷（遲），有𢘅（悔）。"

荑與夷

《猩敞》："禄等亡居荑（夷）道界中，有廬舍，欲毆（驅）從禄。"

荑與稊

《帛易·大過》："九二，楛（枯）楊生荑（稊），老夫得其女妻，无不利。"

㚔與夷

《楚居》："思（使）若（鄀）嗌卜遷（徙）於㚔（夷）宅（屯）。"

《楚居》："至酓（熊）只〈孓（艾）〉、酓（熊）䚢（䵣）、酓（熊）樊（盤）及酓（熊）賜（錫）、酓（熊）洰（渠），𦘔（盡）居㚔（夷）宅（屯）。"

㚔與雉

《陳公》："命帀（師）徒殺取㱃（禽）獸㚔（雉）兔。"按，"㚔"字從海天遊蹤在youren《〈陳公治兵〉初讀》（簡帛網"簡帛論壇"，2013年1月5日）一文下跟貼釋，從汗天山在youren《〈陳公治兵〉初讀》（簡帛網"簡帛論壇"，2013年1月5日）一文下跟貼讀爲"雉"。

僫與彝

《鮑叔牙》："昔高宗祭，有𩿀（雉）雊於僫（彝）前。"按，"僫（彝）"字從陳劍《談談〈上博（五）〉的竹簡分篇、拼合與編聯問題》（簡帛網，2006年2月19日）釋讀。

㣇與夷

《告武夷》："敢告桑緰之子武㣇（夷）。"

《告武夷》："[𤔡]希（幣）芳糧以䜌犢某于武㣇（夷）之所。"

𩿀與雉

《鮑叔牙》："昔高宗祭，有𩿀（雉）雊於僫（彝）前。"

遟與遲

《閻氏》："禍福之來也，遟（遲）亟（疾）无常，故民莫之能察也。"按，"遟（遲）"從吳振武《談虎溪山漢簡〈閻氏五勝〉中的幾個字》（《康樂集：曾憲通教授七十壽慶論文集》，中山大學出版社，2006年，35頁）

釋讀。

彝字聲系

彝與夷

《皇門》："至于氒（厥）後嗣立王，廼弗肯用先王之明刑，乃隹（維）諏₌（汲汲）疋（胥）區（驅）疋（胥）敎（教）于非彝。"按，今本《逸周書·皇門》彝作夷。

弟字聲系

弟與悌

《五令》："義令者，求孝弟（悌）爲□鄉里者，賞之，以助長遂。"

《五令》："威令者，求不孝弟（悌）、凌暴勢（傲）悍而罰之，以助損氣，使穀毋復。"

《周馴》："爲能孝弟（悌），辟（譬）之若天，誰敢弗戴？"

《周馴》："四主無後，重耳乃置，李〈孝〉弟（悌）玆（慈）仁，眾莫弗喜，述（遂）長有晉。"

《周馴》："無卹（恤）好學而智（知）貴善言，孝弟（悌）玆（慈）仁而主令弗曼（慢）。"

《妄稽》："孝弟（悌）玆（慈）悔（敏），恭敬仁孫（遜）。"

弟與娣

《帛易·歸妹》："初九，歸妹以弟（娣），跛能利（履），正（征）吉。"

《服傳甲》："夫之姑、姊妹、弟（娣）以（姒）婦，報。"

《服傳甲》："弟（娣）以（姒）婦者，弟長也，何以服小功也？"

《服傳乙》："夫之姑、姊妹、弟（娣）以（姒）婦，報。"

《服傳乙》："弟（娣）以（姒）婦者，弟長也，何以服小功也？"

《喪服》："夫之姑、姊妹、弟（娣）似（姒）婦，報。"

俤與弟

《耆夜》："紝（恁）𡰥（仁）䁗（兄）俤（弟），庶民和同。"

《金縢》："官（管）弔（叔）彶（及）其羣䁗（兄）俤（弟）乃流言于邦曰。"

《芮良夫》："佳（兄）俤（弟）㥶（鬩）矣，忎（恐）不和均（均）。"

俤與悌

《民之》："《[illegible]（詩）》曰：'幾（凱）俤（悌）君子，民之父母。'"

娣與夷

《帛易·渙》："九〈六〉四，渙其群，元吉。渙有丘，匪娣（夷）所思。"

苐與娣

《帛易·歸妹》："六三，歸妹以嬬（須），反歸以苐（娣）。"

《帛易·歸妹》："六五，帝已歸妹，其君之袂不如其苐（娣）之快（袂）良。日月既（幾）朢（望），吉。"

梯與柅

《帛易·姤》："初六，擊（繫）于金梯（柅），貞吉。有攸往，見兇（凶）。羸豨（豕）復（孚）適（蹢）屬（躅）。"

尼字聲系

尼與昵

《天甲·犬忌》："犬忌：癸未、酉，庚申、戌、巳，燔園中犬矢（屎），犬弗尼（昵）。"

《天乙·犬忌》："犬忌：癸未、酉、庚申、戌、巳燔園中犬矢（屎），犬弗尼（昵）。"

《北蒼·魚》："肸蠐尼（昵）睆（遠），餢餓鰜餔。"

尼與眉

《蟲》："燔北鄉（嚮）幷符，而烝（蒸）羊尼（眉），以下湯敦（淳）符灰。"

泥與尼

《晏子一五》："中（仲）泥（尼）之齊，見景公。"

《晏子一五》："中（仲）泥（尼）迺去。"

泥與惕

《帛易·乾》："九三，君子終日鍵（乾）鍵（乾），夕泥（惕）若，厲，无咎。"

《二三子》："卦曰：'君子終日鍵（乾）鍵（乾），夕泥（惕）若，厲，无咎。'"按，整理者釋"泥"爲"沂"。不確。下同。

《二三子》："時盡而止之以置身，置身而靜，故曰'夕泥（惕）若，厲，无咎'。"

《易之義》："'夕泥（惕）若，厲，无咎'，息也。"

《易之義》："易曰'君子冬（終）日鍵（乾）鍵（乾），夕泥（惕）若，厲，无咎'。"

脜與眉

《引書》："引脜（眉）者，反昔（錯）手北（背）而前俛（俛）。"

匸字聲系

圵與泥

《周易·需》："九厺（三）：叐（需）于圵（泥），至（致）寇至。"

辷與迡

《尊德義》："因亙（恆）則古（固），戠（察）辷（迡）則亡避（僻），不𡌶（黨）則亡悁（怨）。"按，"辷"似當讀作"迡"。

《民之》："亡（無）聖（聲）之樂、亡（無）體（體）之豊（禮）、亡（無）備（服）之桑（喪），可（何）志（詩）是辷（迡）？"

《容成氏》："乃因辷（迡）以智（知）遠，迲（去）𧊒（苛）而行柬（簡）。"按，"辷（迡）"字從周波《讀〈容成氏〉、〈君子爲禮〉劄記（二則）》（《出土文獻與古文字研究》第一輯，復旦大學出版社，2006年）釋讀。

《蘭賦》："□□攸（搖）茖（落）而猷（猶）不遳（失）氒（厥）芳₌（芳，芳）浧（馨）訛（佖）辷（迡）而達聒（聞）于四方。"按，整理者直接釋"辷"爲"迡"，讀作"邇"。據字形當隸定作"辷"，可讀作"迡"，訓"近"。

𡰥與尼

《仲弓》："中（仲）𡰥（尼）曰："夫民安舊而𡍲（重）䙴（遷）〼。"

《仲弓》："中（仲）𡰥（尼）：'夫臤（賢）才不可弇（掩）也。舉（舉）而（爾）所智（知），而（爾）所不智（知），人其豫（舍）之者？'"

《仲弓》："中（仲）𡰥（尼）〼。"

《君子》："中（仲）𡰥（尼）與虐（吾）子₌（子子）產箮（孰）臤（賢）？"

《君子》："昔者中（仲）𡰥（尼）䉌（？）徒三人，弟徒五人，芫𦪍之徒〼。"

迡與邇

《從政》："聒（聞）之曰：孝₌（君子）之相譈（就）也，不必才（在）近迡（邇）。"

柅與柅

《周易·姤》："初六：繫于金柅（柅），貞吉。又（有）卣（攸）往，見凶。羸（羸）豕孚是（蹢）蜀（躅）。"

柅與梯

《周易·姤》："初六：繫于金柅（柅），貞吉。又（有）卣（攸）往，見凶。羸（羸）豕孚是（蹢）蜀（躅）。"按，帛書本柅（柅）作梯。

豊字聲系

豊與禮

《老子》丙："是以𡗐（偏）牆（將）軍居左，上牆（將）軍居右，言以喪豊居之也。

古（故）殺□□則以依（哀）悲位（莅）之，戰勳（勝）則以喪豊居之。”按，今本和帛書本豊作禮。

《五行》：“豊（禮）型（形）於内胃（謂）之悳（德）之行，不型（形）於内謂之行。”

《五行》：“不賤（遠）不=敬=（不敬，不敬）不=嚴=（不嚴，不嚴）不=障=（不尊，不尊）不=共=（不恭，不恭）亡豊（禮）。”

《五行》：“見而智（知）之，智也；智（知）而安之，急（仁）也；安而敬之，豊（禮）也。聖智豊（禮）藥（樂）之所𣪊（由）生也，五行之所和也。”

《五行》：“見而智（知）之，智也；智（知）而安之，急（仁）也；安而行之，義也；行而敬之，豊（禮）也。急（仁）義豊（禮）所𣪊（由）生也，四行之所和也。”

《五行》：“障（尊）而不喬（驕），共（恭）也；共（恭）而専（博）交，豊（禮）也。”

《五行》：“餌（聞）道而共（恭）者，好豊（禮）者也。”

《緇衣》：“倀（長）民者𤕫（教）之以悳（德），齊之以豊（禮），則民又（有）懽（勸）心。”

《唐虞》：“〼豊（禮），愄（夔）守樂，孫（遜）民效（教）也。”

《成之》：“少（小）人不緹（逞）人於刃（恩），君子不緹（逞）人於豊（禮）。”

《尊德義》：“繇（由）豊（禮）智（知）樂，繇（由）樂智（知）依（哀）。”

《尊德義》：“又（有）智（知）豊（禮）而不智（知）樂者，亡智（知）樂而不智（知）豊（禮）者。”

《尊德義》：“𤕫（教）以豊（禮），則民果以巠。”

《尊德義》：“亡（明）悳（德）者，虘（且）莫大虖（乎）豊（禮）樂。”

《尊德義》：“爲邦而不以豊（禮），猷（猶）戾之亡（無）[illegible]也。”

《尊德義》：“非豊（禮）而民兑（悦）𢘽（戴），此少（小）人矣。”

《尊德義》：“坓（刑）不隶（逮）於君子，豊（禮）不隶（逮）於小人。”

《尊德義》：“君民者，訂（治）民復豊（禮）。”

《尊德義》：“尊急（仁）、新（親）忠、敬壯、逯（歸）豊（禮）。”

《六德》：“乍（作）豊（禮）樂，折（制）坓（刑）灋，𤕫（教）此民尔（而）使之又（有）向也，非聖智者莫之能也。”

《六德》：“雚（觀）者（諸）《時（詩）》、《箸（書）》則亦才（在）喜（矣），雚（觀）者（諸）《豊（禮）》、《樂》則亦才（在）喜（矣），雚（觀）者（諸）《易》、《春秋》則亦才（在）喜（矣）。”

《六德》：“急（仁），内也；宜（義），外也；豊（禮）樂，共也。”

《性自》：“《時（詩）》、《箸（書）》、《豊（禮）》、《樂》，其訂（始）出皆生於人。”

《性自》：“《豊（禮）》、《樂》，又（有）爲巫（舉）之也。”

《性自》：“豊（禮）𠁣（作）於青（情），或興之也。”

《性自》：“賓客之豊（禮）必又（有）夫齊=（齊齊）之頌（容），祭祀之豊（禮）必又（有）夫齊=（齊齊）之敬。”

《語叢一》：“又（有）急（仁）又（有）智，又（有）義又（有）豊（禮），又（有）聖又（有）善。”

《語叢一》：“〼生悳（德），悳（德）生豊（禮），豊（禮）生樂，𨘢（由）樂智（知）型。”

《語叢一》：“智（知）㠯（己）而句（後）

智（知）人，智（知）人而句（後）智（知）豊（禮），智（知）豊（禮）而句（後）智（知）行。”
《語叢一》：“豊（禮），因人之情而爲之即（節）叟（文）者也。”
《語叢一》：“豊（禮）生於牂（莊），樂生於京（諒）。豊（禮）妻（齊）樂霝（靈）則戚，樂𡙇豊（禮）霝（靈）則謾（慢）。”
《語叢一》：“《豊（禮）》，交之行述也。”
《語叢一》：“智（知）豊（禮）𤎩（然）後智（知）型。”
《語叢一》：“豊（禮）不同，不𡘦（豐）不𣏂（殺）。”
《語叢二》：“情生於眚（性），豊（禮）生於情，㕿（嚴）生於豊（禮），敬生於㕿（嚴），𡈼（望）生於敬，恥生於𢡆（望），㓞（悡）生於恥，𢿭（慊）生於㓞（悡）。”
《語叢二》：“叟（文）生於豊（禮），尃（博）生於叟（文）。”
《語叢三》：“𡧍（賓）客之用繘（幣）也，非正内（納）賜（貨）也，豊（禮）北（必）兼。”
《詩論》：“《清宙（廟）》，王𢡱（德）也，至矣！敬宗宙（廟）之豊（禮），以爲其沓（本）；秉文之𢡱（德），以爲其業。”
《詩論》：“《閘（關）疋（雎）》以色俞（喻）於豊（禮）。”
《詩論》：“▨好，反内（納）於豊（禮），不亦能改𧆨（乎）？”
《詩論》：“《大田》之卒章，智（知）言而又（有）豊（禮）。”
《民之》：“民[之]父母虎（乎），必達於豊（禮）樂之𡿺（源），以至（致）五至、以行三亡（無），以皇（橫）于天下。”
《民之》：“志之[所]至者，豊（禮）亦至安（焉）；豊（禮）之所至者，樂亦至安（焉）。”
《民之》：“三亡（無）虎（乎），亡（無）聖（聲）之樂，亡（無）膿（體）[之]豊（禮），亡（無）備（服）之桑（喪）。”
《民之》：“子夏曰：‘亡（無）聖（聲）之樂、亡（無）體之豊（禮）、亡（無）備（服）之喪，可（何）志（詩）是𠤎（迡）？’”
《民之》：“[亡]（無）膿（體）之豊（禮），䫞（威）我（儀）𡰥₌（遲遲）。”
《民之》：“亡（無）膿（體）之豊（禮），日逑（就）月相（將）。”
《民之》：“亡（無）膿（體）之豊（禮），塞於四𣴎（海）。”
《民之》：“亡（無）體之豊（禮），䫞（威）我（儀）異₌（翼翼）。”
《民之》：“亡（無）膿（體）之豊（禮），上下禾（和）同。”
《子羔》：“堯之取舜也，從者（諸）卉茅之中，與之言豊（禮），敓（悅）▨。”
《從政》：“夫是則獸（守）之以信，𡥈（教）之以義，行之以豊（禮）也。”
《從政》：“[教之以]豊（禮）則寡（恪）而爲𢝊（仁），詨（教）之以刑則逐〈遯〉。”
《昔者》：“▨之必敬，女（如）賓客之事也。君曰：‘廌（薦）豊（禮）▨。’”
《容成氏》：“與之言豊（禮），敓（悅）攴（薄）以不逆。”
《采風》：“□商：《要丘》，又詨，《奚言不從》，《豊（禮）又（有）酉（酒）》。”
《内豊》：“内豊（禮）。”
《内豊》：“君子之立孝，㤅（愛）是甬（用），豊（禮）是貴。”
《内豊》：“母（毋）忘姑姊妹而遠敬之，則民又（有）豊（禮）。”
《季康子》：“▨者，因古（故）册豊（禮）

而章（彰）之，毋逆百事，皆青（請）行之。”
《君子》：“斎（顏）困（淵）時（侍）於夫子₌（夫子。夫子）曰：‘韋（回）！君子爲豊（禮），以依於悬（仁）。’”
《三德》：“弁（變）祟（常）惕（易）豊（禮），土陧（地）乃坼（坼），民乃嚻（夭）死。”
《三德》：“内（入）虛母（毋）樂，陞（登）丘母（毋）訶（歌），所以爲天豊（禮）。”
《三德》：“齊₌（齊齊）節₌（節節），外内又（有）諓（辨），男女又（有）節，是胃（謂）天豊（禮）。”
《季桓子》：“女（如）夫見人不猒（厭），聛（問）豊（禮）不券（倦）。”
《季桓子》：“孠₌（君子）悳㠯而立帀（師）保，新（慎）其豊（禮）樂。”
《天子甲》：“豊（禮）者，義（儀）之趼（兄）也。”
《天子甲》：“豊（禮）之於层（禰）窗（廟）也。”
《天子甲》：“古（故）亡豊（禮）大灋（廢），亡義（儀）大諎（孽）。”
《天子乙》：“豊（禮）者，義（儀）之趼（兄）也。”
《天子乙》：“豊（禮）之於层（禰）窗（廟）也。”
《天子乙》：“古（故）亡豊（禮）大灋（廢），亡義（儀）大諎（孽）。”
《鄭子甲》：“奠（鄭）子家遺（顛）復（覆）天下之豊（禮）。”
《鄭子乙》：“鄭子家遺（顛）復（覆）天下之豊（禮）。”
《凡物甲》：“敔（？）牆（墻）而豊（禮），井（屏）燹（氣）而言，不遳（失）其所然，古（故）曰力㝐（賢）。”
《吳命》：“咎（舅）生（甥）之邦，聶（攝）周孫₌（子孫），隹（唯）舍（余）一人所豊（禮）。”
《子道餓》：“飤（食）而弗與爲豊（禮），是商攻（工）畜之也。”
《金縢》：“今皇天達（動）鬼（威），以章公悳（德），隹（惟）余湝（沖）人其親（親）逆公，我邦家豊（禮）亦宜之。”
《命訓》：“㑒（訓）之以豊（禮），教之以埶（藝），正之以政，童（動）之以事，懽（勸）之以賞，禠（畏）之以罰。”
《命訓》：“事不磬（震），正（政）不成，埶（藝）不逕（淫），豊（禮）又（有）㫡（時）。”
《命訓》：“豊（禮）無時則不貴，埶（藝）逕（淫）則割（害）於材（才）。”
《三壽》：“鬲（厤）曑（參）天時，枉（往）乇（宅）毋謹（徙），戠（申）豊（禮）觀（勸）怾（佳）。”
《管仲》：“及句（后）辛之身，其童（動）亡（無）豊（禮），其言亡（無）宜（義）。”
《子儀》：“乃張大矦於東奇之外，豊（禮）子義（儀），亡（舞）；豊（禮）隳（隋）貨，以贛（竷）。”

豊與體

《語叢一》：“其豊（體）又（有）容，又（有）頟（色）又（有）聖（聲），又（有）臭（嗅）又（有）未（味），又（有）燹（氣）又（有）志。”
《凡物甲》：“流型（形）成豊（體），豸（奚）得而不死？”
《凡物甲》：“流型（形）成豊（體），豸（奚）遳（失）而死？”
《凡物甲》：“骨₌（骨肉）之既𦿁（靡），身豊（體）不見，虗（吾）豸（奚）自飤（食）之？”
《凡物乙》：“流型（形）成豊（體），豸

（奚）得而不死？”

《凡物乙》：“流型（形）成豊（體），系（奚）遂（失）而死？”

《凡物乙》：“骨₌（骨肉）之既㭁（靡），身豊（體）不見，虗（吾）系（奚）自飤（食）之？”

澧與胏

《帛易·噬嗑》：“九四，筮（噬）乾澧（胏），得金矢，根（艱）貞吉。”

禮與體

《疸病》：“□睢（疽）發，出禮（體），如人猝之□。”

《奇正》：“故一節痛，百節不用，同禮（體）也。”

禮與理

《晏子六》：“好義者安，見藏者和，安和之禮（理）存焉，未可攻也。”

《晏子六》：“未免乎危亂之禮（理），而欲伐安和之國，不可。”

《王法》：“大國行仁義，明道悳（德），中國守戰，小國事養，天地之禮（理）也。”

禮與履

《帛易·履》：“禮（履）虎尾，不真（咥）人，亨。”

《帛易·履》：“初九，錯（素）禮（履）。往，无咎。”

《帛易·履》：“九二，禮（履）道亶（坦）亶（坦），幽人貞吉。”

《帛易·履》：“六三，眇（眇）能視，跛能利。禮（履）虎尾，真（咥）人，兇（凶）。武人迵于大君。”

《帛易·履》：“九四，禮（履）虎尾，朔（愬）朔（愬），終吉。”

《帛易·履》：“九五，夬禮（履），貞厲。”

《帛易·履》：“尚（上）九，視禮（履），巧（考）翔（祥）；其睘（旋），元吉。”

《帛易·坤》：“初六，禮（履）霜，堅冰至。”

《帛易·離》：“初九，禮（履）昔（錯）然，敬之，无咎。”

膿與禮

《繫辭》：“知亲（崇）膿（禮）卑。”按，“膿”爲“體”之異構。

《繫辭》：“耶（聖）人具以見天下之動，而觀其會同（通），以行其挨（等）膿（禮）。”

《繫辭》：“德言成（盛），膿（禮）言共（恭）也。”

《繫辭》：“耶（聖）人有以見天下之動，而觀其會同（通），以行其挨（等）膿（禮）。”

《有司》：“其薦胥，其位、其作（醋）州（酬），皆如賓（儐）膿（禮）。”

《有司》：“主人洗，獻兄弟與內賓與私人，皆如賓（儐）膿（禮）。”

膿與履

《繫辭》：“膿（履）信思乎順，以上（尚）賢。”

體與禮

《慎子》：“干共（恭）以爲體（禮）□，莫支（偏）；干信以爲言，莫支（偏）；干強以庚志☐。”按，整理者釋“體”爲“豊”。不確。但讀作“禮”，可從。

《晏子七》：“今吾欲具圭璧犧生（牲），令祝宗薦之上下，意者體（禮）可奸（干）福乎？”

朿字聲系

朿與次

《芮良夫》：“矞（遹）易兇心，霓（研）慭（甄）嘉惟，籾（敉）和庶民，政命悳（德）型（刑）各又（有）祟（常）朿（次）。”

《芮良夫》：“日月星晨（辰），甬（用）交嬰（亂）進退，而莫得其朿（次），戢（歲）

迺不厇（度），民甬（用）戾殔（盡）。"
《筮法十九》："㕣（凡）噬（筮）志事，而見同𠂔（次）於四立（位）之中，乃曰爭之虘（且）相亞（惡）也。"
《筮法二十》："𠂔（次）軍之立（位）。"

𠂔與咨

《說命中》："𠂔（咨）！各（格）女（汝）敓（說）。"按，"𠂔（咨）"字從徐俊剛《釋清華簡〈說命中〉的"𠂔"字》（復旦大學出土文獻與古文字研究中心網，2013年3月29日）釋讀。

⿱宀𠂔與次

《周易·師》："六四：帀（師）左⿱宀𠂔（次），亡（无）咎。"
《周易·旅》："六二：遊（旅）既⿱宀𠂔（次），褱（懷）其㳄（羡），得僮（童）儯（僕）之貞。"
《周易·旅》："九厽（三）：遊（旅）焚其⿱宀𠂔（次），喪其僮（童）儯（僕）貞=（貞，貞）厲。"
《鄭甲》："白（伯）父是（實）被複（覆），不㝅（穀）以能與遼（就）⿱宀𠂔（次）。"
《鄭甲》："枼（世）及虘（吾）先君臧（莊）公，乃東伐齊酄之戎，爲敼（徹），北城鄙（溫）、原，遺郐（陰）桑⿱宀𠂔（次）。"

⿱宀𠂔與茨

《周易·旅》："六二：遊（旅）既⿱宀𠂔（次），褱（懷）其㳄（羡），得僮（童）儯（僕）之貞。"按，帛書本⿱宀𠂔（次）作茨。

⿱宀𠂔與際

《三德》："惪（憂）懼之閒（間），㤝（疏）達之⿱宀𠂔（際），母（毋）胃（謂）之不敢，母（毋）胃（謂）之不肰（然）。"按，"⿱宀𠂔"似當讀作"際"，典籍中"……之間，……之際"或"……之際，……之間"這樣的句式很常見。

姉與秭

《二年·秩律》："陳留、梁（梁）、圉、姉（秭）歸、臨沮。"

姉與際

《凡物甲》："侳（坐）而思之，姉（際）於千里。"按，"姉"字原文作""，從宋華強《〈上博（七）·吳命〉"姑姉大姬"小考》（簡帛網，2009年1月1日）釋，但其讀作"至"，似不確。似當讀爲"際"，訓爲"至"。下同。
《凡物乙》："侳（坐）而思之，姉（際）於☒。"

⿰氵𠂔與濟

《北蒼·陽》："江漢澮汾，河⿰氵𠂔（濟）涊漳。"

⿰𠂔欠與咨

《帛易·萃》："尚（上）六，粢（齎）⿰𠂔欠（咨）涕洎（洟），无咎。"

⿱艹⿰𠂔欠與茨

《晏子一三》："請筑（築）新室，以茅⿱艹⿰𠂔欠（茨）之。"

⿱⿰𠂔欠韭與韲

《乾瘙》："取茹盧（蘆）本，⿱⿰𠂔欠韭（韲）之，以酒漬之，后（後）日一夜，而以塗之，已。"按，《說文》"⿱⿰𠂔欠韭"字或體作"韲"。
《身疕》："疕：⿱⿰𠂔欠韭（韲）葵，漬以水，夏日勿漬，以傅之，百疕盡已。"

⿰飠𠂔與蠐

《衛風》："□如疑（凝）脂，領如鰌（蝤）餔〈⿰飠𠂔（蠐）〉。"

次字聲系

次與恣

《周病方》："用水多少，次（恣）殹（也）。"
《引書》："秋日，數浴沐，歙（飲）食飢

飽，次（恣）身所欲。”

《戰國一八》：“大（太）后曰：‘若（諾）。次（恣）君之所使之。’”

《諸傷》：“▨孰（熟）□□□飲其汁，汁宰（滓）皆索，食之自次（恣）。”

《諸傷》：“藥先食後食次（恣）。”

《傷痙》：“熨先食後食次（恣）。”

《傷痙》：“傅藥先食後食次（恣）。”

《白處》：“已灸□之而起，欲食即食，出入飲食自次（恣）。”

《癃病》：“以酒飲病者，□□□□□□□□飲之，令□□□起自次（恣）殹（也）。”

《癃病》：“飲先食後食次（恣）。”

《養生方》：“以餔（晡）食食之，多少次（恣）▨。”

《養生方》：“以三指最（撮）一爲後飯百日，支六七歲，□食之可也，次（恣）所用。”

《養生方》：“食肉多少次（恣）殹（也）。”

《合陰陽》：“雖欲勿爲，作相呴相抱，以次（恣）戲道。”

《天下至道》：“飲食次（恣）欲，皮奏（腠）曼密，氣血充贏，身膿（體）輕利。”

次與齊

《妄稽》：“敦次（齊）忠篤，善養父母。”按，“次（齊）”字從蕭旭《北大漢簡（四）〈妄稽〉校補》（復旦大學出土文獻與古文字研究中心網，2016年7月4日）讀。

次與濟

《繫辭》：“斲木爲杵，掇（掘）地爲臼，臼杵之利，萬民以次（濟），蓋取者（諸）少（小）過也。”

茨與資

《帛易·旅》：“六二，旅既〈即〉次，壞（懷）其茨（資），得童剥（僕），貞。”

肍與齊

《繫年六》：“晋獻公之婢（嬖）妾曰驪姬，欲其子[illegible]（奚）肍（齊）之爲君也。”

《繫年六》：“獻公卒，乃立[illegible]（奚）肍（齊）。其夫=（大夫）里之克乃殺[illegible]（奚）肍（齊），而立其弟悼子。”

楶與咨

《琴舞》：“楶（咨）尔多子，笁（篤）其絸（勉）卲（劭），舍（余）彔（逯）思念，畏天之載（則），勿請福之侃（愆）。”

楶與齎

《帛易·萃》：“尚（上）六，楶（齎）欰（咨）涕洎（洟），无咎。”

疢與茨

《明君》：“先王之目非弗美也，已而周何故爲苿（茅）疢（茨）枯〈栝〉柱？”

瘀與疵

《柬大王》：“邦家大敎（旱），痼（疢）瘀（疵）智於邦。”按，“瘀”似即“疵”字，或作瘠、癠、疰等。《説文》：“疵，病也。”

《楚居》：“邦大瘀（疵），安（焉）遷（徙）居鄀郢。”

資與齊

《妄稽》：“人處妾，雖百貴之，名終不與女（汝）資（齊）。”

《服傳甲》：“資（齊）衰之絰，斬衰之帶也，去五分一以爲帶。”

《服傳甲》：“大功之絰，資（齊）衰之絰〈帶〉也，去五分一以爲帶。”

《服傳甲》：“疎（疏）衰常（裳）資（齊）、牡麻絰、冠布纓、削杖、布帶、疎（疏）屨（屨）基（期）者。”

《服傳甲》：“資（齊）衰、大功，冠其綬（受）。”

《服傳甲》：“同居則資（齊）衰基（期），異居則資（齊）衰三月。”

《服傳甲》：“疎（疏）衰常（裳）資（齊）、牡麻絰，無綬（受）者。”

《服傳甲》："何以爲所禺（寓）服資（齊）衰三月也？"

《服傳甲》："何以服資（齊）衰三月也？"

《服傳甲》："何以服資（齊）衰三月也？"

《服傳甲》："曾祖父母，何以服資（齊）衰三月也？"

《服傳甲》："何以服資（齊）衰三月也？"

《服傳甲》："資（齊）衰之殤（殤）中從上，大功之殤（殤）中從下。"

《服傳甲》："何以服資（齊）衰三月也？"

《服傳乙》："資（齊）衰之絰，斬衰之帶也，去五分一以爲帶。"

《服傳乙》："大功之絰，資（齊）衰之带也，去五分一以爲帶。"

《服傳乙》："疎（疏）衰常（裳）資（齊）、牡麻絰、冠布纓、削杖、布帶、疎（疏）屢（屨）三年者。"

《服傳乙》："資（齊）者，縚（緝）也。"

《服傳乙》："疎（疏）衰常（裳）資（齊）、牡麻絰、冠布纓、削杖、布帶、疏屢（屨）基（期）者。"

《服傳乙》："資（齊）衰、大功，冠其綬（受）。"

《服傳乙》："同居則資（齊）衰基（期），異居則資（齊）衰三月。"

《服傳乙》："疎（疏）衰常（裳）資（齊）、牡麻絰，無綬（受）者。"

《服傳乙》："何以爲所禺（寓）服資（齊）衰三月也？"

《服傳乙》："何以服資（齊）衰三月也？"

《服傳乙》："何以服資（齊）衰三月也？"

《服傳乙》："大夫在外，其妻、長子爲舊國君，何以服資（齊）衰三月也？"

《服傳乙》："曾祖父母，何以服資（齊）衰三月也？"

《服傳乙》："大夫爲舊君，何以服資（齊）衰三月也？"

《服傳乙》："何以服資（齊）衰三月也？"

《服傳乙》："大夫去，君騷（埽）其宗廟，故服資（齊）衰三月也，言與民同也。"

《服傳乙》："資（齊）衰之殤（殤）中從上，大功之殤中從下。"

資與齋

《爲吏》："處如資（齋），言如盟，出則敬，毋施（弛）當（常）。"

《守國》："資（齋），□□君天地之經、四時之所生、仁聖之道、民機▨。"

資與眥

《陰陽脈乙》："上出魚股内廉，觸少腹，大資（眥）旁。"

資與貲

《奏讞書》："五月庚午朔益從治，蓋廬有資（貲）去。"

⿱次金與齏

《蛭蝕》："⿱次金（齏）蚍，傅之。"

《蚖》："⿱次金（齏）蘭，以酒沃，飲其汁，以宰（滓）封其痏，數更之。"

《□者》："⿱次金（齏）蘭▨。"

《癃病》："居一日，⿱次金（齏）陽□，羹之。"

《膏溺》："以水與弱（溺）煮陳葵種而飲之，有（又）⿱次金（齏）陽□而羹之。"

⿱敝金與齏

見脂部朿字聲系。

妻字聲系

妻與微

《老子》甲："道亙（恆）亡名，僕（樸）唯（雖）妻（微），天陛（地）弗敢臣。"

妻與齊

《語叢一》："豊（禮）生於牂（莊），樂生於京（諒）。豊（禮）妻（齊）樂霝（靈）則戚，樂𣥺豊（禮）霝（靈）則謾（慢）。"

淒與濟

《成之》："《𦣞命》曰：'允帀（師）淒（濟）悳（德）。'此言也，言信於眾之可以淒（濟）悳（德）也。"按，"淒（濟）"字從裘按（《郭店楚墓竹簡·成之聞之》篇注［二五］）讀。

《容成氏》："以𤅊（厲）於溪浴（谷），淒（濟）於㞷（廣）川，高山陞（登），蓁（榛）林▨□泉。"

《周易·未濟》："六厽（三）：未淒（濟），征凶，利涉大川。"

《曹沫》："三軍未成戟（陳），未豫（舍），行阪淒（濟）障，此□果之幾（機）。"

《皇門》："卑（譬）女（如）舡（屬）舟，輔余于險，罶余于淒（濟）。"

《湯丘》："罙（深）㴊（淵）是淒（濟），高山是逾（逾）。"

《子儀》："臣觀於漳澨（澨），見䢅馹徛淒（濟），不終，需馹。"

淒與齎

《禁忌》："凡五卯，不可以作大事；帝以命嗌（益）淒（齎）禹（禹）之火，午不可以樹（樹木）。"

淒與揩

《腋下》："即以汁□□淒（揩）夕（腋）下。"

《腋下》："節（即）復欲傅之，淒（揩）傅之如前。"

郪與次

《帛易·夬》："九四，脤（臀）无膚，其行郪（次）胥（且），牽羊悔亡，聞言不信。"

緀與郪

《周易·夬》："九四：㞉（臀）亡（无）肤（膚），其行緀（次）疋（且）。芒（亡）羊悔（悔）亡，聞（聞）言不終。"按，帛書本緀（次）作郪。

緀與次

《周易·夬》："九四：㞉（臀）亡（无）肤（膚），其行緀（次）疋（且）。芒（亡）羊悔（悔）亡，聞（聞）言不終。"

《周易·姤》："九厽（三）：㞉（臀）亡（无）肤（膚），其行緀（次）疋（且），厲，亡（无）大咎。"

諓與濟

《管仲》："忎（恐）辠（罪）之不堵（竭）而型（刑）之方（放），肙（怨）亦未諓（濟），邦以卒喪。"

澿與濟

《別卦》："澿（濟）。"

齊字聲系

齊與齋

《三德》："□（弦）望齊（齋）宿（素），是胃（謂）川（順）天之祟（常）。"

《□爛者》："必善齊（齋）戒，毋□而已。"

齊與劑

《季子》："▨事又器四放不𠃊（乾）炣（煦）窐（煎）齊（劑）□▨。"

《季子》："▨少則□之新（薪）炣（煦）齊（劑）▨。"

《季子》："▨□飤（食）炣（煦）□□母□齊（劑）▨。"

齊與濟

《三德》："方縈（榮）勿伐，將興（孕）勿殺，牆（將）齊（濟）勿杭（抗），是奉（逢）凶脖（孽）。"按，"齊（濟）"字從陳劍《試説戰國文字中寫法特殊的"亢"和从"亢"諸字》（《出土文獻與古文字研究》第三輯，復旦大學出版社，2010 年 7 月）讀。

《帛乙老子·德經》："啟其垸（兑），齊

（濟）其事，終身不棘（救）。”按，通行本齊作濟。

《天下至道》：“七曰微嶐（動），八曰侍（待）盈，九曰齊（濟）生，十曰息刑（形）。”按，“齊（濟）”字從周一謀、蕭佐桃《馬王堆醫書考注》（天津科學技術出版社，1988年，434頁）讀。

《繫辭》：“知周乎萬物而道齊（濟）乎天下，故不過。”

《北大老子》：“塞其脱（兑），閉其門，終身不僅（勤），啟其脱（兑），齊（濟）其事，終身不來（勑）。”

齊與懠

《性自》：“雚（觀）《杢（賚）》、《武》，則齊女（如）也斯复（作）。”按，上博簡本《性情論》齊作懠。

齊與擠

《戰國一四》：“三晉若不愿乎，王收秦而齊（擠）其後，三晉豈敢爲王驕。”按，“齊（擠）”字從裘錫圭《讀〈戰國縱横家書釋文注釋〉劄記》（《文史》第36輯，中華書局，1992年）讀。下同。

《戰國一七》：“盧（慮）齊（擠）齊而生事於韓、周，與天下交長。”

《戰國一七》：“天下齊（擠）齊不侍（待）夏。”

齊與薺

《諸傷》：“冶齊（薺）□，□淳酒漬而餅之。”按，“齊（薺）”字從周一謀、蕭佐桃《馬王堆醫書考注》（天津科學技術出版社，1988年，52頁）讀。

《毒烏喙》：“若產齊（薺）赤（尺），而以水飲☒。”按，“齊（薺）”字從馬繼興《馬王堆古醫書考釋》（湖南科學技術出版社，1992年，392頁）讀。

《萬物》：“食齊（薺）之致醓也。”

齊與臍

《性自》：“祭祀之豊（禮）必又（有）夫齊₌（齊齊）之敬。”按，上博簡本《性情論》齊作臍。

齊與齎

《治官》：“官贏不備，亡器齊（齎）賞（償）。”

齊與霽

《日甲·叢辰》：“雖雨齊（霽），不可復（覆）室蓋屋。”

《日甲·叢辰》：“雨，齊（霽）。”

《日甲·叢辰》：“旦雨夕齊（霽），夕雨不齊（霽）。”

《隨日·叢辰》：“唯（雖）雨，齊（霽）。”

《隨日·叢辰》：“以雨，齊（霽）。”

《隨日·叢辰》：“正月以朔，多雨，齊（霽）。”

《隨日·叢辰》：“雨，居外者齊（霽）。”

《阜易·卜辭》：“齊（霽），不齊（霽）。”

濟與齊

《行軍》：“故合之以交〈文〉，濟（齊）之以武。”

薺與齏

《諸傷》：“久傷者，薺（齏）杏巰〈覈（核）〉中人（仁），以職（膱）膏弁。”

薺與茨

《詩論》：“《牆（牆）又（有）薺（茨）》，慙（慎）誓（密）而不智（知）言。”按，“薺（茨）”字從白於藍《〈上海博物館藏戰國楚竹書（一）〉釋注商榷》（《華南師範大學學報》2002年5期）等讀。

敵與擠

《吳命》：“以此前後之，猷（猶）不能以牧民，而反志下之相敵（擠）也。”

齋與齊

《服傳甲》：“長（杖）各齋（齊）其心，

皆下本。”

《服傳乙》：“長（杖）各齋（齊）其心，皆下本。”

《喪服》：“若齋（齊），常（裳）内衰外。”

齋與嚌

《有司》：“尸受，振祭，齋（嚌）之。”

《有司》：“【尸】兼取燔擩〈揳〉于監（鹽），振祭，齋（嚌）之。”

《有司》：“興，取牢肺，坐絕祭，齋（嚌）之。”

《燕禮》：“興，取肺，坐絕祭，齋（嚌）之。”

《泰射》：“興取肺，坐絕祭，齋（嚌）之。”

⿰口齋與嚌

《有司》：“正膌（脊）一、正脅一、腸一、胃一、⿰口齋（嚌）肺一，載于南俎。”

《有司》：“短脅一、正脅一、代脅一、膚五、⿰口齋（嚌）肺一，載于一俎。”

《有司》：“脅一、腸一、胃一、⿰口齋（嚌）肺一，載于一俎。”

《有司》：“脅一、膚三、⿰口齋（嚌）肺一，載于一俎。”

《有司》：“腸一、胃一、膚一、⿰口齋（嚌）羊肺一，載于一俎。”

《有司》：“興取肺，坐絕祭，⿰口齋（嚌）之。”

穧與茨

《鄘風》：“牆有穧（茨），不可□也。”

齍與濟

《繫辭》：“杅（刳）木爲周（舟），剡木而爲楫，齍（濟）不達，至（致）遠以利天下。”

齍與躋

《帛易·震》：“六二，辰（震）來厲，意（億）亡（喪）貝，齍（躋）于九陵。”

齍與資

《國次》：“聽其鐘鼓，利其齍（資）財，妻其子女。”

《國次》：“兼人之國，隋（墮）其城郭，棼（焚）其鐘鼓，布其齍（資）財。”

⿱竹齊與齍

《隨日·五勝》：“以⿱竹齊（齍）盛水，操，南。”

齎與齊

《趙正書》：“大臣爭，齎（齊）民古（苦）。”

《趙正書》：“大臣爭而齎（齊）民苦，此之謂夫！”

《反淫》：“乃使=（使史）蘇焯（灼）龜卜兆，⿱玨夭（琴）摯齎（齊）戒。”

齎與擠

《戰國二五》：“秦大舉兵東面而齎（擠）趙，言毋攻燕。”按，“齎（擠）”字從裘錫圭《讀〈戰國縱橫家書釋文注釋〉劄記》（《文史》第36輯，中華書局，1992年）讀。

齎與濟

《易之義》：“既齎（濟）者，高余比貧▨。”

《易之義》：“因齎（濟）人行，明失得之報。”

齎與資

《秦律·工律》：“皆沒入公，以齎（資）律責之。”

《答問》：“視檢智（知）小大以論及以齎（資）負之。”

《二年·賜律》：“賜棺𦶝（椁）而欲受齎（資）者。”

《帛甲老子·道經》：“故善人，善人之師；不善人，善人之齎（資）也。”

《帛甲老子·道經》：“不貴其師，不愛其齎（資），唯（雖）知（智）乎大眯（迷）。”

《帛乙老子·德經》：“服文采，帶利劍，猒（厭）食而齎（資）財有餘，是謂盜□。”

《稱》：“因地以爲齎（資），因民以爲師。弗因无禗（由）也。”

《田法》：“諸以令畜者，皆𦉥（藏）其本，齎（資）其息，得用之。”

帀字聲系

帀與思

《琴舞》：“無悔（悔）享君，罔𡆲（墜）其考（孝），享隹（惟）滔（慆）帀（思），考（孝）隹（惟）型帀（思）。”

《琴舞》：“敬=之=（敬之敬之），天隹（惟）㬎（顯）帀（思），文非易帀（思）。”

《琴舞》：“純隹（惟）敬帀（思），文非敕（陳）帀（思）。”

厶字聲系

厶與私

《老子》甲：“視索（素）保菐（樸），少厶寡欲。”按，今本厶作私。

《緇衣》：“厶（私）惠不壞〈壞（懷）〉悳（德），君子不自𡨦（留）女〈安（焉）〉。”

《昭王》：“以僕之不得並僕之父母之骨厶（私）自塼。”

《柬大王》：“〼厶（私）諀（便），人𤖍（將）芺（笑）君。”

《内豊》：“君子事父母，亡厶（私）𢿲（樂），亡厶（私）𢝊（憂）。”

《曹沫》：“居（裾）不褺（疊）𡕒（文），飤（食）不貳（貳）𦉢（羹），兼悉（愛）壤（萬）民，而亡又（有）厶（私）也。”

《競公瘧》：“夫子使其厶（私）吏聖（聽）獄于晉邦，塼（薄）情而不；使其厶（私）祝、史進〼。”

《王居》：“虗（吾）聕（聞）古之善臣，不以厶（私）思〈惠〉厶（私）惰（怨）内（入）于王門。”

《子産》：“以厶（私）事=（事使）民，事起貨=行=辠=起=民=蕓=（禍行，禍行罪起，罪起民零，民零）上危。”

厶與四

《筮法三十》：“厶（四）。”按，“厶”字原形作“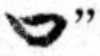”，當釋爲“厶”。“厶”、“四”兩字聲母同爲心母，韻部脂質對轉，音近可通。下同。

《筮法三十》：“十厶（四）。”

《筮法三十》：“廿（二十）厶（四）。”

《筮法三十》：“卅（三十）厶（四）。”

《筮法三十》：“四十厶（四）。”

《筮法三十》：“五十厶（四）。”

死字聲系

死與屍

《封診式》：“與牢隸臣某即甲診，男子死（屍）在某室南首，正偃。”

《封診式》：“男子死（屍）所到某亭百步，到某里士五（伍）丙田舍二百步。”

《封診式》：“丙死（屍）縣其室東内中北廦權（椽），南鄉（嚮）。”

《封診式》：“即令甲、女載丙死（屍）詣廷。”

《封診式》：“當獨抵死（屍）所，即視索終=（終，終）所黨（倘）有通迹。”

《魏盜》：“安、宜及不智（知）可（何）一女子死（屍）皆在内中，頭頸有伐刑痏。”

《魏盜》：“求城旦赤衣，操，巳（已）殺人，置死（屍）所。”

《魏盜》：“魏伐刑殺安等，置赤衣死（屍）所，盜取衣器，去買（賣）行道者所。”

《魏盜》：“巳（已）殺，置死（屍）所，以□令吏用得。”

《兵令》：“〼軍功者戍三歲，得其死（屍）罪赦。”

汜與伊

《容成氏》："墨（禹）乃迵（通）汜（伊）、洛，並里〈廛（瀍）〉、干（澗），東豉（注）之河，於是於（乎）敘（豫）州衍（始）可凥（處）也。"

屖字聲系

屖與弟

《曹沫》："《詩》於又（有）之曰：'幾（豈）屖（弟）君子，民之父母。'"按，"屖（弟）"字從陳劍《上博竹書〈曹沫之陳〉新編釋文》（簡帛研究網，2005年2月12日）釋讀。

屖與遲

《詩論》："《訟（頌）》，坪（平）悳（德）也，多言後，其樂安而屖（遲），其訶（歌）申而蒻（易），其思深而遠。至矣！"

《天下至道》："娚〈嬲（嬈）〉樂之要，務在屖（遲）久。"

徲與夷

《史蒥》："子之事行，百生（姓）得其利，邦家以徲（夷）；子之事不行，百生（姓）□。"按，"徲（夷）"字從 mpsyx 在 youren《〈史蒥問於夫子〉初讀》（簡帛網"簡帛論壇"，2013年1月6日）一文下跟帖讀。

遅與遲

《吳命》："古（故）甬（用）吏（使）其三臣，毋敢又（有）遅（遲）速之羿（期），敢告刉日。"按，"遅（遲）"字從復旦大學出土文獻與古文字研究中心研究生讀書會《〈上博七·吳命〉校讀》（復旦大學出土文獻與古文字研究中心網，2008年12月30日）釋讀。

《楚居》："穴酓（熊）遅（遲）遷（徙）於京（景）宗，爰得妣𠑺（列）。"

穉與稚

《迎四時》："春養八穉（稚）於東堂，夏養七嬬婦於南堂，秋養九老於西堂，冬養六叜（叟）於北堂。"

犀字聲系

穉與稚

《蓋廬》："不茲（慈）穉（稚）弟，不入倫雉（第）者，攻之。"

遟與遲

《合陰陽》："七已而遟（遲），八已而脂。"按，"遟（遲）"字從裘錫圭《馬王堆醫書釋讀瑣議》（《古文字論集》，中華書局，1992年，525頁）釋讀。

旨字聲系

旨與耆

《緇衣》："日昬（暑）雨，少（小）民隹（惟）日情（怨），晉冬旨（祁）寒，少（小）民亦隹（惟）日情（怨）。"按，上博簡本《緇衣》旨作耆。

旨與嗜

《尊德義》："上也不以旨（嗜）谷（欲）禼（害）其義（儀）叡（軌）。"按，"旨（嗜）"字從裘按（《郭店楚墓竹簡·尊德義》篇注［一〇］）讀。

《湯丘》："飤（食）時不旨（嗜）饍（珍），五味皆哉（滋），不又（有）所謫（褻）。"

《日乙·生》："丁酉生，吉，旨（嗜）酉（酒）。"

《子產》："子產所旨（嗜）欲，不可智（知），內君子亡支（偏）。"

旨與稽

《緇衣》："古（故）言必情（慮）其所終，行則䭫（稽）其所叅（敝），則民訢（慎）於言而慬（謹）於行。"按，上博簡本《緇衣》餡（稽）作旨。

《彭祖》："狗（耈）老式（二）拜旨（稽）首曰：'朕孥（幼）不勄（敏），既得昏（聞）道，忎（恐）弗能守。'"

《凡物甲》："女（如）欲戠（察）鼠（一），卬（仰）而視之，府（俯）而癸之，母（毋）遠悇（求）厇（度），於身旨（稽）之。"

《凡物乙》："女（如）欲戠（察）鼠（一），卬（仰）而視之，府（俯）而癸之，母（毋）遠悇（求）厇（度），於身旨（稽）之。"

旨與詣

《祝辭》："号（皋）！旨（詣）五（武）尸（夷），䜌（絕）昷（明）槇＝（冥冥），兹我緹（逞）。"

旨與眡

《緇衣》："《寺（詩）》員（云）：'人之好我，旨（示）我周行。'"按，上博簡本《緇衣》旨（示）作眡。

旨與示

《緇衣》："《寺（詩）》員（云）：'人之好我，旨（示）我周行。'"按，今本《禮記·緇衣》旨作示。

旨與祁

《緇衣》："日㬝（暑）雨，少（小）民隹（惟）日情（怨），晉冬旨（祁）寒，少（小）民亦隹（惟）日情（怨）。"按，今本《禮記·緇衣》旨作祁。

《李頌》："䡅（晉）冬之旨（祁）寒，喿（燥）其方茖（落）可（兮）。"按，"旨（祁）"字從復旦吉大古文字專業研究生聯合讀書會《上博八〈李頌〉校讀》（復旦大學出土文獻與古文字研究中心網，2011年7月17日）讀。

旨與枳

《禹王》："首（手）丩（棋）旨（枳），身鰷（鱗）鮨（散）。"按，"旨（枳）"字從蔡偉《釋"百丩旨身鰷鮨"》（復旦大學出土文獻與古文字研究中心網，2013年1月16日）讀。

《卜書》："若卜貞邦，三族句（棋）旨（枳）而惕（逖），三末唯（雖）敗，亡（無）大咎，又（有）吝于外。"按，"旨"似當讀作"枳"。

指與旨

《特牲》："尸祭之，祭酒，啐酒，告指（旨）。"

《有司》："尸席末坐，啐酒，興，坐，塻（奠）爵，拜，告指（旨），執爵以興。"

《泰射》："拜，告指（旨），執爵興。"

指與稽

《易之義》："其辯名也，雜而不戉（越），於指（稽）易□，衰世之僮與（歟）？"

茞與耆

《疽病》："睢（疽），以白蘞、黃茞（耆）、芍藥、甘草四物者（煮）。"

郘與耆

《耆夜》："武王八年，征伐郘（耆），大戡（戡）之。"

《耆夜》："郘（耆）夜（舉）。"

脂與詣

《天下至道》："此胃（謂）三脂（詣）。"

脂與旨

《耆夜》："复（作）訶（歌）一終曰藥＝脂＝酉＝（《樂樂旨酒》：樂樂旨酒），㫷（宴）以二公。"

《耆夜》："王又（有）脂（旨）酉（酒），我㥑（憂）以颬（抛）。"

《赤鵠》："脂（旨）盪（羹）之，我其享之。"

㫖與祇

《説命下》："敚（説），罘（懷）亦㫖（祇）乃備（服），勿易卑（俾）郕（越）。"按，

“䁼（祇）”字從白於藍《清華簡〈説命〉三篇校釋》(《中國文字研究》第二十三輯，上海書店出版社，2016年）釋讀。

耆與旨

《二三子》：“‘好爵’者，言耆（旨）酒也。”

耆與嗜

《爲吏》：“人各食其所耆（嗜），不踐（足）以貧（分）人。”

《日甲·生子》：“丁酉生子，耆（嗜）酒。”

《日甲·生子》：“丙午生子，耆（嗜）酉（酒）而疾，後富。”

《日甲·生子》：“戊午生子，耆（嗜）酉（酒）及田邋（獵）。”

《日甲·馬禖》：“令其□耆（嗜）□，□耆（嗜）飲。”

《稱》：“天下有參（三）死：忿不量力死，耆（嗜）欲无窮死，寡不辟（避）眾死。”

《戰國一八》：“少益耆（嗜）食，智（知）於身。”

《足臂脈·足》：“數腸（渴），牧（默）牧（默）耆（嗜）卧以欬（咳）。”

《足臂脈·足》：“復□，不耆（嗜）食，善意（噫），心□，善肘（疛）。”

《足臂脈·足》：“病脞〈胜〉瘦，多弱（溺），耆（嗜）飲。”

《陰陽脈甲》：“癉（疸），耆（嗜）卧，欬（咳），音（瘖），爲十病。”

《陰陽脈乙》：“耆（嗜）卧，欬（咳），音（瘖），爲十病。”

《繆和》：“其於小人也，賦斂無根（限），耆（嗜）欲无猒（厭），徵求无時。”

《北蒼·脂》：“梧域（棫）邸（抵）造，殢穀殉（殘）耆（嗜）。”

《趙正書》：“五國十二諸侯，民之耆（嗜）欲不同而意不異。”

耆與祁

《緇衣》：“日昏（暑）雨，少（小）民隹（惟）日情（怨），晉冬旨（祁）寒，少（小）民亦隹（惟）日情（怨）。”按，今本《禮記·緇衣》旨作祁，上博簡本《緇衣》旨作耆。

偖與耆

《曹氏》：“以四時官人。春宜少年，夏宜偖（耆）年，秋宜咎（高）年，冬宜□☐。”

蓍與耆

《疽病》：“冶白薟（蘞）、黃蓍（耆）、芍樂（藥）、桂、畺（薑）、椒、朱（茱）臾（萸）。”

《疽病》：“骨雎（疽）倍白薟（蘞），[肉]雎（疽）[倍]黃蓍（耆），腎雎（疽）倍芍藥。”

稽與繼

《五行》：“悉（愛）父其稽（繼）悉（愛）人，急（仁）也。”按，“稽（繼）”字從裘按(《郭店楚墓竹簡·五行》篇注[四二])釋讀。

詣與稽

《保訓》：“自詣（稽）氒（厥）志，不諱（違）于庶萬眚（姓）之多欲。”

《保訓》：“迺（乃）易立（位）埶（設）詣（稽），測侌（陰）昜（陽）之勿（物），咸川（順）不誁（逆）。”

《芮良夫》：“非斅（觀）折（哲）人，虗（吾）靡（靡）所爰（援）□詣（稽）。”按，“詣（稽）”字從黃傑《初讀清華簡（叁）〈芮良夫毖〉筆記》(簡帛網，2013年1月6日）讀。

䐿與詣

《北蒼·之》：“騁虧（騫）刻柳，䐿（詣）津郖（逗）鄙。”按，“䐿（詣）”字從胡平生《讀〈蒼〉劄記七》（復旦大學出土文獻與古文字研究中心網,2016 年 1 月 4 日)讀。

䲶與示

《緇衣》:“《寺(詩)》員(云):‘人之好我,旨(示)我周行。’”按,上博簡本《緇衣》旨(示)作䲶。

《琴舞》:“弼寺(持)其又(有)肩,䲶(示)告舍(余)㬎(顯)悳(德)之行。”

䭫與稽

《緇衣》:“古(故)言必慵(慮)其所終,行則䭫(稽)其所希(敝),則民訢(慎)於言而慬(謹)於行。”

䭫與旨

《緇衣》:“古(故)言必慵(慮)其所終,行則䭫(稽)其所希(敝),則民訢(慎)於言而慬(謹)於行。”按,上博簡本《緇衣》䭫(稽)作旨。

示字聲系

示與祇

《皇門》:“先=(先人)神示(祇)復式(式)用休,卑(俾)備(服)才(在)氒(厥)家。”

祋與惙

《帛五行·經》:“未見君子,憂心祋(惙)祋(惙)。”

視與示

《緇衣》:“古(故)君民者,章好以視(示)民㤥(俗),慬(謹)亞(惡)以渫(遏)民淫〈淫〉,則民不賊(惑)。”按,今本《禮記·緇衣》視作示。

《語叢三》:“自視(示)其所能,員(損)。自視(示)其所不族(足),嗌(益)。”

《用曰》:“視(示)之台(以)康樂,僫(忧)之台(以)兇(凶)埅(刑)。”按,“視”當讀作“示”。《韓非子·八奸》:“示之以利勢,懼之以患害。”可參。

《語書》:“爭書(署),因恙(佯)瞋目扼掿(腕)以視(示)力,訏詢(諼)疾言以視(示)治,誈(駤)訐(誖)醜言麃(僄)斫以視(示)險(檢),阬(閬)閬強肮(伉)以視(示)強,而上猶智之殹(也)。”

《帛甲老子·道經》:“自視(示)【者】不章(彰),自見者不明。”

《帛甲老子·道經》:“不自視(示)故明,不自見故章(彰)。”

《帛甲老子·道經》:“邦利器不可以視(示)人。”

《帛乙老子·道經》:“自視(示)者不章(彰),自見者不明。”

《帛乙老子·道經》:“不自視(示)故章(彰),不自見也故明。”

《論》:“實者視(示)人虛,不足者視(示)人有餘。”

《觀》:“力黑(牧)視(示)象,見黑則黑,見白則白。”

《觀》:“人則視(示)竟〈竟(鏡)〉,人靜則靜,人作則作。”

《果童》:“以視(示)貧賤之極。”

《正亂》:“謹守吾正名,毋失吾恒刑,以視(示)後人。”

《順道》:“單(戰)視(示)不敢,明埶(設)不能。”

《戰國八》:“王明視(示)天下以有燕,而臣不能使王得志於三晉,臣亦不足事也。”

《繫辭》:“夫鍵(乾),蒿(確)然視(示)人易;夫川(坤),魋(隤)然視(示)人閒(簡)。”按,今本視作示。

《計》:“用而視(示)之不用,近而視(示)之遠=(遠,遠)而視(示)之近。”

《威王問》:“嚴而視(示)之利。”

《晏子一五》：“其道不可以視（示）世，其教不可以道（導）眾。”

《北大老子》：“不自見故明，不自視（示）故章（彰），不自發（伐）故有功，弗矜故長。”

《北大老子》：“魚不可說（脫）於淵，國之利器不可以視（示）人。”

《周馴》：“以視（示）周公，乃燔之。”

視與眂

《緇衣》：“又（有）國（國）者章好章亞（惡），以視民厚，則民青（情）不紅（忒）。”按，上博簡本《緇衣》視作眂。

視與是

《北大老子》：“炊（企）者不立，自見者不明，自視（是）者不章（彰），自發（伐）者無功，矜者不長。”

視與寘

《容成氏》：“於是虐（乎）复（作）爲九成之臺（臺），視（寘）盂炭（炭）其下，加圜（圜）木於其上，思（使）民道（蹈）之。”

尸字聲系

尸與鳲

《帛五行·經》：“尸（鳲）叴（鳩）在桑，其子七氏（兮）。”

《帛五行·說》：“尸（鳲）叴（鳩）在桑，直（飼）之其子七也。”

《帛五行·說》：“尸（鳲）叴（鳩）二子耳，曰七也，與〈興〉言也。”

尸與鳲

《詩論》：“《尸（鳲）鴼（鳩）》虗（吾）信之。”

《詩論》：“《尸（鳲）鴼（鳩）》曰：‘其義（儀）一氏（兮），心女（如）結也。’虗（吾）信之。”

尸與仁

《耆夜》：“紝（恁）尸（仁）覬（兄）俤（弟），庶民和同。”

《子儀》：“膚（篤），尸（仁）之櫨（楷）也。”

尸與遲

《民之》：“亡（無）聖（聲）之樂，魂（威）我（儀）尸₌（遲遲）。”

《民之》：“[亡]（無）體（體）之豊（禮），魂（威）我（儀）尸₌（遲遲）。”

《金縢》：“武王既克鬙（殷）三年，王不瘵（豫）又（有）尸（遲）。”

《祭公》：“我聒（聞）且（祖）不余（豫）又（有）尸（遲）。”

尸與逮

《民之》：“亡（無）聖（聲）之樂，魂（威）我（儀）尸₌（尸尸）。”按，《禮記·孔子閒居》、《孔子家語·論理》尸作逮。

尸與棣

《民之》：“亡（無）聖（聲）之樂，魂（威）我（儀）尸₌（尸尸）。”按，《詩·邶風·柏舟》尸作棣。

尸與夷

《周易·豐》：“九四：豐其坿（蔀），日中見斗，遇其尸（夷）宔（主），吉。”

《鬼神》：“返（及）五（伍）子疋（胥）者，天下之聖人也，鴟尸（夷）而死。”

《成王》：“白（伯）尸（夷）、雪（叔）齊餞（餓）而死於雝（窮）瀆，不辱其身。”

《繫年七》：“命（令）尹子玉述（遂）衛（率）奠（鄭）、衛、陳、郗（蔡）及群緣（蠻）尸（夷）之自（師）以交（邀）文₌公₌（文公，文公）衛（率）秦、齊、宋及群戎之自（師）以敗楚自（師）於城僕（濮）。”

《良臣》：“堯之相叕₌（舜，舜）又（有）禹₌（禹，禹）又（有）白（伯）尸（夷），又（有）嗌（益），又（有）史皇，又（有）咎（皋）囚（陶）。”

《祝辭》：“旨（詣）五（武）𡰥（夷），𢇍（絕）㿝（明）榠₌（冥冥），兹我絰（逞）。”

《別卦》：“亶₌（明夷）。”

《三壽》：“四晦（海）之𡰥（夷）則乍（作），九牧九矣（有）𤖹（將）喪。”

《鄭甲》：“君女（如）由皮（彼）孔雪（叔）、遳（佚）之𡰥（夷）、帀（師）之佢鹿、㚈（堵）之俞𤪠（彌）。”

《鄭乙》：“君女（如）由皮（彼）孔雪（叔）、遳（佚）之𡰥（夷）、帀（師）之佢鹿、㚈（堵）之俞𤪠（彌）。”

荑與荑

《蘭賦》：“日月遳（失）時，荑（荑）薛茅（茂）豐。”

《蘭賦》：“天道其戉（越）也，荑（荑）薛之方记（起），夫亦啻（適）其戢（歲）也。”

迟與遲

《周易·豫》：“六厽（三）：可（盱）余（豫）悔（悔），迟（遲）又（有）悔（悔）。”

迟與夷

《老子》乙：“明道女（如）孛（昧），迟道女（如）繢（纇），□道若退。”按，今本和帛書乙本迟作夷。

《周易·豫》：“六厽（三）：可（盱）余（豫）悔（悔），迟（遲）又（有）悔（悔）。”按，阜陽漢簡本迟（遲）作夷。

秜與稺

《芮良夫》：“関（朕）隹（惟）湝（沖）人，則女（如）禾之又（有）秜（稺）。”

屖與眯

《三壽》：“經緯𢘅（順）齊，土（妒）情（怨）毋乍（作），而天目毋屖（眯），寺（時）名曰利。”

䛍與遲

《子儀》：“䛍₌（遲遲）可（兮），𡣕₌（委委）可（兮）。”

屎與尸

《宿位》：“𦏴屎朔於㶾（營室），夏屎恚（奎），享月胃，夏栾罼（畢）。”按，睡虎地秦簡《日書》楚月名“𦏴屎”、“夏屎”之“屎”或作“尸”。下四例同。

《往亡》：“□往，亡；歸，死。𦏴屎□。”

《移徙》：“𦏴屎、夏屎、享月，春可東徙。”

《建除》：“𦏴屎：建於唇（辰），䞣於巳，敓於午，坪於未，寍於申，工於梄（酉），坐於戌，盍於亥，成於子，復於丑，萏於寅，敚於卯。”

《太歲》：“大（太）歲：肯₌（十月）、屈栾、亯₌（享月）才（在）西，𣌭₌（負月）、遠栾、夏栾才（在）北，獻馬、𦏴屎、八月才（在）東，冬栾、夏屎、九月才南。”

《春秋九》：“而入□□□□□□□餘伐寧召（悼）子而屎（尸）之朝。”

《帛易·師》：“六三，師或與（輿）屎（尸），兇（凶）。”

《帛易·師》：“六五，田有禽，利執言，无咎。長子帥師，弟子輿屎（尸），貞凶。”

屎與𡲬

《宿位》：“𦏴屎朔於㶾（營室），夏屎恚（奎），享月胃，夏栾罼（畢）。”按，睡虎地秦簡《日書》楚月名“𦏴屎”、“夏屎”之“屎”或作“𡲬”。下同。

《往亡》：“□往，亡；歸，死。𦏴屎□。”

《移徙》：“𦏴屎、夏屎、享月，春可東徙。”

《建除》：“𦏴屎：建於唇（辰），䞣於巳，敓於午，坪於未，寍於申，工於梄（酉），坐於戌，盍於亥，成於子，復於丑，萏於寅，散於卯。"
《太歲》："大（太）歲：亯=（十月）、屈柰、育=（享月）才（在）西，鼻=（負月）、遠柰、夏柰才（在）北，獻馬、刖层、八月才（在）東，冬柰、夏层、九月才南。"

层與夷

《宿位》："刖层朔於瑩（營室），夏层恚（奎），享月胃，夏柰畢（畢）。"按，睡虎地秦簡《日書》楚月名"刖层"、"夏层"之"层"或作"夷"。下同。
《往亡》："□往，亡；歸，死。刖层□。"
《移徙》："刖层、夏层、享月，春可東徙。"
《建除》："刖层：建於晉（辰），豑於巳，敓於午，坪於未，寍於申，工於栖（酉），坐於戌，盍於亥，成於子，復於丑，菑於寅，散於卯。"
《太歲》："大（太）歲：亯=（十月）、屈柰、育=（享月）才（在）西，鼻=（負月）、遠柰、夏柰才（在）北，獻馬、刖层、八月才（在）東，冬柰、夏层、九月才南。"

层與禰

《鄭壽》："競坪（平）王豪（就）奠（鄭）壽，謍（稽）之於层（禰）厝（廟）。"按，"层（禰）"字從周鳳五《上博六〈莊王既成〉、〈申公臣靈王〉、〈平王問鄭壽〉、〈平王與王子木〉新訂釋文注解語譯》（"中國簡帛學國際論壇 2007"論文集，臺灣大學，2007 年）讀。下同。
《天子甲》："豊（禮）之於层（禰）宙（廟）也。"
《天子乙》："豊（禮）之於层（禰）宙（廟）也。"

㞷與尸

《周易・師》："六厽（三）：帀（師）或轝（輿）㞷（尸），凶。"
《周易・師》："長子衜（帥）帀（師），弟子轝（輿）㞷（尸），貞凶。"

㞷與层

《周易・師》："六厽（三）：帀（師）或轝（輿）㞷（尸），凶。"按，帛書本㞷（尸）作层。下同。
《周易・師》："長子衜（帥）帀（師），弟子轝（輿）㞷（尸），貞凶。"

矢字聲系

矢與屎

《周病方》："以正月取桃橐（蠹）矢（屎）少半升，置淳（醇）酒中。"
《周病方》："人所恆炊（吹）者，上橐莫以丸礜，大如扁（蝙）蝠矢（屎）而乾之。"
《周病方》："以羊矢（屎）三斗，烏頭二七，牛脂大如手，而三溫鬵（煮）之。"
《天甲・支占盜》："盜者中人毆，弃（側）在屏圂方，及矢（屎）。"
《天甲・犬忌》："犬忌：癸未、酉，庚申、戌、巳，燔園中犬矢（屎），犬弗尼（昵）。"
《天乙・支占盜》："盜者中人毆，弃（側）在屏圂方，及矢（屎）。"
《天乙・犬忌》："犬忌：癸未、酉、庚申、戌、巳燔園中犬矢（屎），犬弗尼（昵）。"
《萬物》："已痒（癃）以石韋與燕矢（屎）也。"
《萬物》："石（鼫）鼠矢（屎）已心痛也。"
《一類》："有病者取大如羊矢（屎），溫酒飲之，日三四。"
《二類》："用白羊矢（屎）乾（幹）之十余石置其阬中，從（縱）火其上，羊矢（屎）盡，索橫木阬上。"

矢與兕

《帛甲老子・德經》："陵行不避矢（兕）虎，入軍不被甲兵。"

《帛甲老子·德經》："矢（兕）无所椯（揣）其角，虎无所昔（措）其蚤（爪）。"

雉與兕

《明君》："獵射雉（兕）虎，必勝之，主非弗樂也。"

雉與第

《蓋廬》："不茲（慈）穉（稚）弟，不入倫雉（第）者，攻之。"

雉與夷

《癰》："白茝（芷）、白衡、菌桂、枯畺（薑）、薪（辛）雉（夷），凡五物等。"

《反淫》："☐紹，結以奇（琦）璜，土（杜）若申椒，燕茝秦衡（蘅），新（辛）雉（夷）槀本，木蘭之柴（牀），卑（薜）離（荔）要（幽）惠（蕙），江羅（離）雜芳。"

屎與矢

《脈書》："在腸中，小者如馬屎（矢），大者如桮（杯），而堅痛。"

《嬰兒病癇》："取雷尾〈屎（矢）〉三果（顆），冶，以豬煎膏和之。"

《嬰兒瘛》："息瘻（嘤）瘻（嘤）然，屎（矢）不化而青（清）。"

柣與矢

《脈書》："其衷（中）約隋（墮），上下不通，柣（矢）叚（瘕）殹（也）。"

㲋與鮧

《諸傷》："取㲋（鮧）魚，燔而冶。"

豖字聲系

逐與邇

《容成氏》："夫是以逐（邇）者敓（悅）絧（怡），而遠者自至。"按，"逐（邇）"字從鄔可晶《釋上博楚簡中的所謂"逐"字》（《簡帛研究 2012》，廣西師範大學出版社，2013 年）讀。

《季康子》："毋欽遠，毋☐逐（邇）。"按，"逐"字從季旭昇《上博五芻議（上）》（簡帛網，2006 年 2 月 18 日）隸定，從楊澤生《〈上博（五）〉零釋十二則》（簡帛網，2006 年 3 月 20 日）讀作"邇"。

《説命下》："余朒（柔）遠能逐（邇），以嗌（益）視事。"

《管仲》："鋻（堅）磄（質）以亢（抗），吉凶侌（陰）昜（陽），遠逐（邇）卡₌（上下），可立於補（輔）。"

豩與履

《管仲》："鋻（堅）磄（質）不匩（枉），執即（節）豩（履）緄（繩），可埶（設）於承。"按，"豩（履）"字從吳祺説讀。

遻與邇

《三壽》："遻（邇）則文之𢡺（化），鬲（麻）㲋（參）天時，枉（往）乇（宅）毋諹（徙），戠（申）豊（禮）𧬈（勸）怾（佳）。"

图字聲系

菌與遲

《封診式》："有失伍及菌（遲）不來者，遣來識戲次。"

蒠與佚

《語叢三》："遊蒠（佚），益。"按，"蒠（佚）"字從何琳儀《郭店楚簡選釋》（《文物研究》第十二輯，黃山書社，2000 年）釋讀。

尔字聲系

尔與爾

《緇衣》："《寺（詩）》員（云）：'情（靖）共尔（爾）立（位），好氏（是）貞（正）植（直）。'"

《周易·頤》："初九：豫（舍）尔（爾）需（靈）龜，觀我敚（朵）頤，凶。"

《王居》："虐（吾）安尔（爾）而埶（設）

尔=（爾，爾）亡（無）以觳（勮）枉（匡）正我。”
《王居》：“虐（吾）以尔（爾）爲遠目耳，而縱不爲虐（吾）再（稱）睪（擇）。”
《王居》：“尔（爾）思（使）我得忧（尤）於邦多巳（矣）。”
《王居》：“虐（吾）欲至（致）尔（爾）於辠（罪）。”
《王居》：“唯（雖）我炁（愛）尔（爾），虐（吾）無女（如）社禝（稷）可（何）！而必良慙（慎）之。”
《邦人》：“虐（吾）敳（豈）敢以尔（爾）嬰（亂）邦。”
《保訓》：“今朕疾允病，忑（恐）弗念（堪）終，女（汝）以箸（書）及尔（爾）身受大命。”
《金縢》：“尔（爾）元孫癹（發）也，蕣（遘）遠（害）蠹（虐）疾。”
《金縢》：“尔（爾）母（毋）乃有備子之責才（在）上？”
《金縢》：“隹（惟）尔（爾）元孫癹（發）也，不若但（旦）也。”
《金縢》：“命于帝諡（庭），専（溥）又（有）四方，以奠（定）尔（爾）子孫于下陞（地）。”
《金縢》：“尔（爾）之誁（許）我=（我，我）則晉（瘞）璧與珪。”
《皇門》：“夫明尔（爾）悳（德），以蠹（助）余一人恩（憂）。”
《皇門》：“母（毋）隹（惟）尔（爾）身之嚣，皆卹（恤）尔（爾）邦，叚（假）余憲。”
《祭公》：“女（汝）母（毋）以俾（嬖）詨（御）息（塞）尔（爾）臧（莊）句（后）。”
《祭公》：“型（刑）四方，克审（中）尔（爾）罰。”
《芮良夫》：“閕（間）鬲（隔）若（若）否，以自訾讀（委）由（揂），求聖人以繡（申）尔（爾）悔（謀）猷。”
《芮良夫》：“凡百君子，返（及）尔（爾）聿（藎）臣。”
《芮良夫》：“母（毋）瀗（害）天祟（常），各堂（當）尔（爾）悳（德）。”
《三壽》：“尔（爾）是先生，尔（爾）是智（知）二又（有）郠（國）之請（情）。”
《三壽》：“句（苟）我與尔（爾）相念相悔（謀），殜=（世世）至于後飤（嗣）。”

尔與而

《六德》：“乍（作）豊（禮）樂，折（制）坓（刑）灋，季（教）此民尔（而）使之又（有）向也，非聖智者莫之能也。”按，“尔”似當讀作“而”。
《周易·頤》：“初九：豫（舍）尔（爾）需（靈）龜，觀我敚（朵）頤，凶。”按，阜陽漢簡本尔（爾）作而。

迩與邇

《凡物甲》：“逐高從埤（卑），至（致）遠從迩（邇）。”
《凡物乙》：“逐高從埤（卑），至（致）遠從迩（邇）。”

罘與罬

《説命下》：“女（如）飛鶴（雀）罔鬼（鬻）鸝，不隹（惟）鹰（鷹）唯（椎），迺弗悬（虞）民，氒（厥）其怸（禍）亦羅于罟（罨）罘（罬）。”按，“罘（罬）”從孟蓬生《清華簡“罬”字試釋——談歌通轉例説之一》（復旦大學出土文獻與古文字研究中心網，2013年5月13日）讀。

額與兑

《老子》甲：“剢（挫）其額（鋭），解其紛，是胃（謂）玄同。”按，帛書乙本額作兑。

兑與閲

《老子》甲：“剆（挫）其兑（鋭），解其紛，是胃（謂）玄同。”按，帛書甲本兑作閲。

兑與鋭

《老子》甲：“剆（挫）其兑（鋭），解其紛，是胃（謂）玄同。”按，今本兑作鋭。

兑與墜

《琴舞》：“無悔（悔）享君，罔兑（墜）其考（孝），享隹（惟）滔（慆）帀（思），考（孝）隹（惟）型帀（思）。”

《琴舞》：“罔克甬（用）之，是兑（墜）于若（若）。”

《琴舞》：“不兑（墜）卣（修）彦（彦）。”

《琴舞》：“䜌（亂）曰：訖（遹）我敬之，弗其兑（墜）孳（哉）。”

爾與彌

《老子》甲：“夫天多异（忌）韋（諱），而民爾畔（叛）。”按，河上、王弼及帛書本爾作彌。

《繫年二》：“其大＝〈夫＝（大夫）〉高之巨（渠）爾（彌）殺卲（昭）公而立其弟子沬（亹）壽。”

《繫年二》：“齊襄公會者（諸）侯于首壯（止），殺子沬（亹）壽，車轘（轘）高之巨（渠）爾（彌），改立柬（厲）公。”

爾與𤴯

《老子》甲：“夫天多异（忌）韋（諱），而民爾畔（叛）。”按，傅奕本爾作𤴯。

爾與弭

《繫年十六》：“曰：‘爾（弭）天下之甗（甲）兵。’”

《繫年十八》：“明（盟）于宋，曰：‘爾（弭）天下之甗（甲）兵。’”

壐與爾

《日甲·夢》：“皋！敢告壐（爾）豹䔊。”

《日甲·詰》：“鬼恆召（詔）人曰：壐（爾）必以某（某）月日死。”

《帛五行·説》：“上帝臨女（汝），毋澹（貳）壐（爾）心。”

《帛五行·説》：“毋澹（貳）壐（爾）心，俱鑯（譏）之也。”

《綦》：“啻（帝）右（有）五兵，壐（爾）亡。”

《雜療方》：“而晉（箭）□未□，壐（爾）奴爲宗孫。”

《雜療方》：“某賊，壐（爾）不使某之病已。”

《天師》：“壐（爾）察天之請（情），陰陽爲正。”

《帛易·咸》：“九四，貞吉，悔亡。童（憧）童（憧）往來，傰（朋）從壐（爾）思。”

《繫辭》：“易曰：‘童（憧）童（憧）往來，崩（朋）從壐（爾）思。’”

《繫辭》：“鳴鶴（鶴）在陰，其子和之。我有好爵，吾與壐（爾）羸（靡）之。”按，整理者直接釋壐爲爾。不確。

《二三子》：“卦曰：‘鳴鶴（鶴）在陰，其子和之，我有好爵，與壐（爾）羸之。’”

《繆和》：“易中復之九二，其辭曰：鳴鶴（鶴）在陰，其子和之，我又（有）好時（爵），吾與壐（爾）羸之，何胃（謂）也？”

《繆和》：“我又（有）好時（爵），吾與壐（爾）羸之者。”

《繆和》：“故易曰：‘鳴鶴（鶴）【在】陰，其子和之，我又（有）好時（爵），吾與壐（爾）羸之。’其此之胃（謂）乎？”

《繆和》：“故易曰：‘鳴鶴（鶴）【在】陰，其子和之，我又（有）好時（爵），吾與壐（爾）羸之。’其此之胃（謂）乎？”

《晏子一〇》：“觀上之所欲而徹（微）爲之，竊求君之比壐（邇）☐。”按，明活字本《晏子春秋》“壐”作“爾”。下一例同。

《晏子一五》：“中（仲）泥（尼）之齊，見景公，景公說（悅）之，將封之以壐稽。”

《妄稽》：“壐（爾）不自量。壐（爾）貌可以懼彪（魅），有（又）何辯傷。壐（爾）自妬義（議）買妾，乃稱殷王。”

《少牢》：“佐食壐（爾）上敦黍于延（筵）上，右之。”

《燕禮》：“壐（爾）卿₌（卿，卿）西面，北上。”

《燕禮》：“壐（爾）大夫皆少進。”

壐與邇

《見吳王》：“之國左後壐（邇）囿之中，以爲二陳（陣）。”

《晏子一〇》：“觀上之所欲而徵（微）爲之，竊求君之比壐（邇）☐。”

壐與禰

《服傳甲》：“都邑之士，則知尊壐（禰）矣。”

《服傳甲》：“諸侯之子稱公₌子₌（公子，公子）不得壐（禰）先君。”

《服傳乙》：“都邑之士，則知尊壐（禰）矣。”

《服傳乙》：“諸侯之子稱公₌子₌（公子，公子）不得壐（禰）先君。”

⿱彌土與彌

《帛甲老子・德經》：“其出也⿱彌土（彌）遠，其知彌少。”按，“⿱彌土（彌）”字從高明《帛書老子校注》（中華書局，1996年，51頁）釋讀。

《繫辭》：“易與天地順（準），故能⿱彌土（彌）論（綸）天地之道。”

《北大老子》：“其出⿱彌土（彌）遠，其智（知）⿱彌土（彌）少。”

《北大老子》：“夫天多忌諱而民⿱彌土（彌）貧，民多利器而固〈國〉家茲（滋）昏。”

籋與籢

《北蒼・魚》：“粉黱（黛）脂膏，鏡籋（籢）比（蓖）疏（梳）。”

⿱竹壐與彌

《帛乙老子・德經》：“其出⿱竹壐（彌）遠者，其知⿱竹壐（彌）尟。”按，“⿱竹壐（彌）”字從高明《帛書老子校注》（中華書局，1996年，52頁）釋讀。

⿱爾心與彌

《曹沫》：“今邦⿱爾心（彌）少（小）而鐘愈大，君其㤹（圖）之。”

⿱爾爾與璲

《封許》：“敀（路）車，璁（蔥）玩（衡）、玉⿱爾爾（璲），緣（鸞）鈴（鈴）索（素）旂，朱笄元（軏）。”按，“⿱爾爾”字原形作“”，似當讀作爲“璲”。《玉篇・玉部》：“璲，玉璲，以玉爲佩也。”

璽與彌

《鄭甲》：“君女（如）由皮（彼）孔雪（叔）、逵（佚）之⿸尸二（夷）、帀（師）之佢鹿、⿱古土（堵）之俞璽（彌）。”

《鄭乙》：“君女（如）由皮（彼）孔雪（叔）、逵（佚）之⿸尸二（夷）、帀（師）之佢鹿、⿱古土（堵）之俞璽（彌）。”

二字聲系

弍與二

《季桓子》：“⿰丑子（好）刑⿱山儿（媺）以爲□，此牙（與）⿱身心（仁）人弍（二）者也。”按，“弍（二）”字從陳劍《〈上博（六）・孔子見季桓子〉重編新釋》（復旦大學出土文獻與古文字研究中心網，2008年3月22日）釋讀。

貣與貳

《曹沫》：“居（裾）不褻（疊）旻（文），

飤（食）不試（貳）盥（羹），兼悉（愛）堣（萬）民，而亡又（有）厶（私）也。”

貳與二

《戰國一六》：“今不存韓，貳（二）周、安陵必貤（弛），楚、趙大破，燕、齊甚卑，天下西舟（輈）而馳秦，而入朝爲臣不久矣。”

貳與樲

《曹氏》：“地平者稊莠生之，其高者貳（樲）□生之。”

貳與鼿

《帛易·困》：“九五，貳（鼿）椽（隉），困于赤發（紱），乃徐有説。利用芳（享）祀。”

《帛易·困》：“尚（上）六，困于褐（葛）纍（藟），于貳（鼿）椽（隉），曰悔夷有悔，貞（征）吉。”

膩與貳

《帛五行·經》：“上帝臨女（汝），毋膩（貳）爾心。”

《北蒼·支脂》：“瘧（虐）斷瘀病，膩（貳）僞擻桀。”按，“膩”似當讀作“貳”。《新書·道術》：“言行抱一謂之貞，反貞爲僞。”《左傳·昭公十三年》：“貳偷之不暇。”杜預《注》：“貳，不壹也。”《漢書·韋玄成傳》：“于貳其尤。”顏師古《注》：“貳，謂不一也。”

酟與貳

《鄭甲》：“故（古）之人又（有）言曰：‘爲臣而不諫，卑（譬）若饡（饋）而不酟（貳）。’”按，“酟”字從程燕《清華六考釋三則》（簡帛網，2016 年 4 月 19 日）隸定，讀作“貳”亦可從。但其對“貳”字字義的解釋並不可信。《論衡·明雩》：“詠而饋，詠歌饋祭也，歌詠而祭也。”《文選·王僧達〈祭顏光禄文〉》：“敬陳奠饋。”李善《注》引《蒼頡篇》：“饋，祭名也。”《文選·顏延之〈宋文皇帝元皇后哀策文〉》：“皇帝親臨祖饋。”李周翰《注》：“饋，祭也。”《廣雅·釋詁一》：“貳，益也。”《管子·弟子職》：“周還而貳。”尹知章《注》：“貳，謂再益。”《周禮·天官·酒正》：“大祭三貳，中祭再貳，小祭壹貳。”鄭玄《注》引鄭司農云：“三貳，三益副之也。”簡文“饡（饋）而不酟（貳）”猶如祭而不貳。

皆字聲系

皆與偕

《尹至》：“民沇（率）曰：‘余返（及）女（汝）皆（偕）芒（亡）。’”

《日甲·盜者》：“其後必有別，不皆（偕）居，咎在惡（堊）室。”

《癸瑣》：“行弗詣告，皆（偕）謀分購。”按，“皆（偕）”字從陳偉《〈嶽麓書院藏秦簡（三）〉識小》（簡帛網，2013 年 9 月 10 日）讀。

《猩敞》：“皆（偕）行，到冢，得錫。”按，“皆（偕）”字從張巖巖《嶽麓書院藏秦簡（三）第一類簡集釋》（武漢大學碩士學位論文，2014 年，52 頁）讀。

《第三組》：“令令史與皆（偕）者，毋敢令蠻夷□。”

《第三組》：“而上牒御史丞相，後上之恆與上攻皆（偕），獄史、令史、縣官、恆令令史官吏各一人上攻勞吏員，會八月五日。”

《邶風》：“□子皆（偕）老。”

《衛風》：“及爾皆（偕）老（老，老）使我怨。”

《鄭風》：“□子皆（偕）老。”

《荊決》：“與人皆（偕）行，其身蜀（獨）處。”

皆與階

《文王》："既言而上（尚）父乃皆（階）至。"

偕與皆

《算數書·米出錢》："令偕（皆）糲〈粺〉也，錢贏（盈）二。"

《算數書·米出錢》："令偕（皆）粺〈糲〉也，錢不足六【錢】少半【錢】。"

階與机

《帛易·渙》："九二，渙賁（奔）其階（机），悔亡。"

䲨與偕

《鄭武》："昔虐（吾）先君，女（如）邦牆（將）又（有）大事，北（必）再三進夫₌（大夫）而與之䲨（偕）㝵（圖）。"

几字聲系

几與飢

《國次》："陽竊（察）者疾，陰竊（察）者几（飢）。"

《四度》："失本則□，失職則侵，失天則几（飢），失人則疾。"

《順道》："若此者其民勞不□，几（飢）不飴（怠），死不宛（怨）。"

机與几

《反淫》："魄子乃洫（恤）然㬥（隱）机（几），衍然汗出，渙然病俞（愈）。"

𠃬與幾

《有皇》："能與余相蕫（助）含可₌（兮。可）𠃬（幾）成夫含可（兮）。"按，"𠃬（幾）"字從復旦吉大古文字專業研究生聯合讀書會《上博八〈有皇將起〉校讀》（復旦大學出土文獻與古文字研究中心網，2011年7月17日）釋讀。

《鄭武》："自是𠃬（幾）以至瓶（葬）日，孠₌（孺子）母（毋）敢又（有）智（知）安（焉）。"按，"𠃬（幾）"字從裘錫圭《釋戰國楚簡中的"𠃬"字》（《古文字研究》第二十六輯，中華書局，2006年）讀。

肌與脂

《天下至道》："七已而懘（滯），八已而肌（脂）。"

飢與饑

《天乙·候歲》："三泉皆雨，大有黍〈年〉；三泉不雨，大飢（饑）。"

《天乙·候歲》："七月甲乙雨，飢（饑）；丙子雨，小飢（饑）。"

《隨日·占》："五色大飢（饑）。"

䬤與饑

《從政》："行險至（致）命，䬤（饑）滄〈寒〉而毋𢿣（劇），從事而毋説（閲）。"按，"䬤（饑）"字從周鳳五《讀上博楚竹書〈從政（甲篇）〉劄記》（簡帛研究網，2003年1月10日）讀。

《三德》："聚（驟）敓（奪）民旹（時），天䬤（饑）必來。"

《湯丘》："遠又（有）所亟，袋（勞）又（有）所思（息），䬤（饑）又（有）所飤（食）。"

癸字聲系

癸與葵

《豳風》："六月食□及薁，七月□癸（葵）及叔（椒）。"

揆與鶟

《妄稽》："勇（踴）趯（躍）顴（俛）卬（仰），揆（鶟）據（懅）鹿驚。"按，"揆（鶟）"字從蕭旭《北大漢簡（四）〈妄稽〉校補》（復旦大學出土文獻與古文字研究中心網，2016年7月4日）讀。

楑與揆

《三壽》："楑（揆）审（中）水（準）奐

（衡），不力，寺（持）型（刑）罰詠（赦）。”

《三壽》：“聒（聞）季（教）怹（訓），舍（餘）敬恙（養），龏（恭）神褮（勞）民，楑（揆）审（中）而毚（參）祟（常）。”

《成法》：“以朳（扒）天地，以楑（揆）四海。”

《容成》：“其入也楑（揆）坡（彼）閨誳〈讗（滿）〉。”

《易之義》：“印衛（率）其辭，楑（揆）度其方，无又（有）典常。”

《官一》：“楑（揆）䜌（繼）藩薄，所以泫（眩）疑也。”

楑與睽

《周易·睽》：“楑（睽）：少（小）事吉。”

《周易·睽》：“九四：楑（睽）佤（孤），遇元夫，交孚，厲亡（无）咎。”

《周易·睽》：“上九：楑（睽）佤（孤），見豕貨（負）坔（塗），載☐。”

楑與乖

《周易·睽》：“楑（睽）：少（小）事吉。”按，帛書本楑作乖。下同。

《周易·睽》：“九四：楑（睽）佤（孤），遇元夫，交孚，厲亡（无）咎。”

《周易·睽》：“上九：楑（睽）佤（孤），見豕貨（負）坔（塗），載☐。”

㥟與睽

《別卦》：“㥟（睽）。”

嫢與乖

《鮑叔牙》：“峇（酷）而嫢（乖）之，不以邦家爲事，縱公之所欲。”按，“嫢（乖）”字從楊澤生《〈上博五〉零釋十二則》（簡帛網，2006年3月20日）讀。

伊字聲系

伊與抑

《子羔》：“堯之得舜也，舜之悳（德）則成（誠）善嬰（歟）？伊（抑）堯之悳（德）則甚盟（明）嬰（歟）？”按，“伊（抑）”字從陳劍《上博簡〈子羔〉、〈從政〉篇的竹簡拼合與編連問題小議》（簡帛研究網，2003年1月8日）讀。

詍與犀

《衛風》：“齒如會（瓠）詍（犀），湔（螓）首蛾麋（眉）。”

医字聲系

殹與也

《芮良夫》：“民不日幸，尚（當）悥（憂）思殹（也）。”按，“殹”似當讀作“也”。

《語書》：“去其淫避（僻），除其惡俗，而使之之於爲善殹（也）。”

《語書》：“是即灋（廢）主之明灋殹（也），而長邪避（僻）淫失（泆）之民。”

《語書》：“是即明避主之明灋殹（也），而養匿邪避（僻）之民。”

《語書》：“若弗智（知），是即不勝任、不智殹（也）。”

《語書》：“智（知）而弗敢論，是即不廉殹（也）。”

《語書》：“此皆大罪殹（也），而令、丞弗明智（知），甚不便。”

《語書》：“凡良吏明法律令，事無不能殹（也）。”

《語書》：“以一曹事不足獨治殹（也），故有公心。”

《語書》：“有（又）能自端殹（也），而惡與人辨（別）治，是以不爭書（署）。”

《語書》：“而上猶智之殹（也）。”

《秦律·田律》：“入芻稾，相輸度，可殹（也）。”

《秦律·廄苑律》：“其大廄、中廄、宮廄馬牛殹（也）。”

《秦律·倉律》:“入禾未盈萬石而欲增積焉，其前入者是增積，可殹（也）。”
《秦律·倉律》:“其少，欲一縣之，可殹（也）。”
《秦律·倉律》:“利田疇，其有不盡此數者，可殹（也）。”
《秦律·金布律》:“有買（賣）及買殹（也），各嬰其賈（價）。”
《秦律·金布律》:“其免殹（也），令以律居之。”
《秦律·金布律》:“傳車、大車輪，葆繕參邪，可殹（也）。”
《秦律·徭律》:“其得殹（也），及（急）䛐。”
《秦律·徭律》:“其有欲壞更殹（也），必灋（讞）之。”
《秦律·徭律》:“縣爲恒事及灋（讞）有爲殹（也）。”
《秦律·司空》:“官長及吏以公車牛稟其月食及公牛乘馬之稟，可殹（也）。”
《秦律·司空》:“司寇勿以爲僕、養、守官府及除有爲殹（也）。”
《秦律·司空》:“非適（謫）罪殹（也）而欲爲冗邊五歲，毋賞（償）興日。”
《秦律·效》:“禾粟雖敗而尚可食殹（也），程之，以其秏（耗）石數論負之。”
《秦律·行書》:“行傳書、受書，必書其起及到日月夙莫（暮），以輒相報殹（也）。”
《秦律·内史雜》:“有事請殹（也），必以書，毋口請，毋羈（寄）請。”
《秦律·内史雜》:“非史子殹（也），毋敢學學室，犯令者有罪。”
《秦律·内史雜》:“非其官人殹（也），毋敢舍焉。”
《效律》:“縣料而不備者，欽（咸）書其縣料殹（也）之數。”
《效律》:“同官而各有主殹（也），各坐其所主。”
《效律》:“縣令免，新嗇夫自效殹（也），故嗇夫及丞皆不得除。”
《效律》:“禾粟雖敗而尚可飤（食）殹（也），程之，以其秏（耗）石數論餼（負）之。”
《效律》:“殳、戟、弩，鬃（髹）沵相易殹（也），勿以爲贏、不備。”
《效律》:“計校相繆（謬）殹（也），自二百廿錢以下，誶官嗇夫。”
《效律》:“過六百六十錢以上，貲官嗇夫一甲，而復責其出殹（也）。”
《效律》:“誤自重（踵）殹（也），減罪一等。”
《雜抄》:“非吏殹（也），戍二歲。”
《答問》:“把錢偕邦亡，出徼，得，論各可（何）殹（也）？”
《答問》:“甲盜不盈一錢，行乙室，乙弗覺，問乙論可（何）殹（也）？”
《答問》:“甲盜錢以買絲，寄乙，乙受，弗智（知）盜，乙論可（何）殹（也）？”
《答問》:“非前謀殹（也），當爲收。”
《答問》:“戶爲‘同居’，坐隸，隸不坐戶謂殹（也）。”
《答問》:“甲意所盜羊殹（也），而索繫羊，甲即牽羊去，議不爲過羊。”
《答問》:“抉之弗能啟即去，一日而得，論皆可（何）殹（也）？”
《答問》:“抉之非欲盜殹（也），已啟乃爲抉，未啟當貲二甲。”
《答問》:“甲有罪，吏智（知）而端重若輕之，論可（何）殹（也）？”
《答問》:“或以赦前盜千錢，赦後盡用之而得，論可（何）殹（也）？”
《答問》:“甲告乙盜牛，今乙賊傷人，非盜牛殹（也），問甲當論不當？”

《答問》:"告人曰邦亡，未出徼闌亡，告不審，論可（何）殹（也）？"
《答問》:"上造甲盗一羊，獄未斷，誣人曰盗一猪，論可（何）殹（也）？"
《答問》:"生翏=（戮，戮）之已乃斬之之謂殹（也）。"
《答問》:"投者得，書不燔，鞫審瀐（讞）之之謂殹（也）。"
《答問》:"嗇夫不以官爲事，以奸爲事，論可（何）殹（也）？"
《答問》:"頃半（畔）'封'殹（也），且非是？"
《答問》:"今生子，子身全殹（也），毋（無）怪物。"
《答問》:"相與鬭，交傷，皆論不殹（也）？"
《答問》:"今夬（決）耳故不穿，所夬（決）非珥所入殹（也），可（何）論？"
《答問》:"或與人鬭，縛而盡拔其須麋（眉），論可（何）殹（也）？"
《答問》:"或鬭，嚙斷人鼻若耳若指若脣，論各可（何）殹（也）？"
《答問》:"或與人鬭，夬（決）人脣，論可（何）殹（也）？"
《答問》:"鬭，爲人毆殹（也），毋（無）胝痏，毆者顧折齒，可（何）論？"
《答問》:"鈹、戟、矛有室者，拔以鬭，未有傷殹（也），論比劍。"
《答問》:"'四鄰'即伍人謂殹（也）。"
《答問》:"今郡守爲廷不爲？爲殹（也）。"
《答問》:"甲言不審，當以告不審論，且以所辟，以所辟論當殹（也）。"
《答問》:"'公室告'何殹（也）？"
《答問》:"'非公室告'可（何）殹（也）？"
《答問》:"家人之論，父時家罪殹（也），父死而誧（甫）告之，勿聽。"
《答問》:"耤（蔪）葆子之謂殹（也）。"
《答問》:"以（已）乞鞫及爲人乞鞫者，獄已斷乃聽，且未斷猶聽殹（也）？"
《答問》:"失鋈足，論可（何）殹（也）？"
《答問》:"人固買（賣），子小不可別，弗買（賣）子母謂殹（也）。"
《答問》:"生定（淀）殺水中之謂殹（也）。"
《答問》:"或曰生埋，生埋之異事殹（也）。"
《答問》:"餽（饋）遺亡鬼薪於外，一以上，論可（何）殹（也）？"
《答問》:"甲告乙賊傷人，問乙賊殺人，非傷殹（也），甲當購，購幾可（何）？"
《答問》:"令詣，約分購，問吏及乙論可（何）殹（也）？"
《答問》:"令曰爲之，弗爲，是謂'灋（廢）令'殹（也）。"
《答問》:"其論可（何）殹（也）？"
《答問》:"吏有故當止食，弗止，盡稟出之，論可（何）殹（也）？"
《答問》:"王室所當祠固有矣，擅有鬼立（位）殹（也），爲'奇'，它不爲。"
《答問》:"匿戶弗繇（徭）、使，弗令出戶賦之謂殹（也）。"
《答問》:"乙即弗棄，而得，論可（何）殹（也）？"
《答問》:"丙弗智（知），丙論可（何）殹（也）？"
《答問》:"女子北其子，以爲非隸臣子殹（也），問女子論可（何）殹（也）？"
《答問》:"可（何）謂'夏子'？臣邦父、秦母謂殹（也）。"
《答問》:"或黥顏頯爲隸妾，或曰完，完之當殹（也）。"
《答問》:"宮中主循者殹（也）。"
《答問》:"皆主王犬者殹（也）。"
《答問》:"'甸人'守孝公、瀐（獻）公冢者殹（也）。"

《答問》："古主爨竈者殹（也）。"
《答問》："古主取薪者殹（也）。"
《答問》："其論可（何）殹（也）？即去署殹（也）。"
《答問》："可（何）謂'衛=敖=（帥豪'？'帥豪'）當里典謂殹（也）。"
《答問》："或曰守囚即'更人'殹（也），原者'署人'殹（也）。"
《答問》："'實署'即去殹（也），且非是？"
《答問》："'同居'，獨戶母之謂殹（也）。"
《答問》："'室人'者，一室，盡當坐罪人之謂殹（也）。"
《答問》："'瓊'者，玉檢殹（也）。"
《答問》："'覺玉'，者（諸）候（侯）客節（即）來使入秦，當以玉問王之謂殹（也）。"
《答問》："欲令乙爲盜之，而實弗盜之謂殹（也）。"
《答問》："'羊軀（軀）'，草實可食殹（也）。"
《封診式》："此甲、乙牛殹（也），而亡，各識，共詣來爭之。"
《封診式》："此弩矢丁及首人弩矢殹（也）。"
《封診式》："此首某里士五（伍）戍殹（也）。"
《封診式》："診首毋診身可殹（也）。"
《封診式》："甲、丙戰刑（邢）丘城，此甲、丙得首殹（也）。"
《封診式》："丙毋（無）病殹（也），毋（無）它坐罪。"
《封診式》："甲賞（嘗）身免丙復臣之不殹（也）？"
《封診式》："丙，乙妾殹（也）。"
《封診式》："乙妾殹（也），毋（無）它坐。"
《封診式》："厲（癘）殹（也）。"
《封診式》："訊甲亭人及丙，智（知）男子可（何）日死，聞譽（號）寇者不殹（也）？"
《封診式》："頭足去終所及地各幾可（何），遺矢弱（溺）不殹（也）？"
《封診式》："乃解索，視口鼻渭（喟）然不殹（也）？"
《封診式》："□死難審殹（也）。"
《封診式》："不智（知）穴盜者可（何）人、人數，毋（無）它亡殹（也），來告。"
《封診式》："内北有垣，垣高七尺，垣北即巷殹（也）。"
《封診式》："不智（知）盜者可（何）人及蚤（早）莫（暮），毋（無）意殹（也）。"
《封診式》："見乙有結（裾）復（複）衣，繆緣及殿（純），新殹（也）。"
《封診式》："即置盎水中榣（搖）之，音（衃）血子殹（也）。"
《封診式》："今尚血出而少，非朔事殹（也）。"
《爲吏》："君子不病殹（也），以其病病殹（也）。"
《爲吏》："君鬼（惠）臣忠，父茲（慈）子孝，政之本殹（也）。"
《爲吏》："志徹官治，上明下聖（聽），治之紀殹（也）。"
《日甲·玄戈》："若以是月殹（也）東徙。"
《日甲·玄戈》："若以是月殹（也）南徙。"
《日甲·玄戈》："若以是月殹（也）西徙。"
《日甲·玄戈》："若以是月殹（也）北徙。"
《日甲·玄戈》："□□□轂者，死殹（也）。"
《日甲·人字》："人字，其日在首，富難勝殹（也）。"
《日乙·雞日》："凡有入殹（也），必以歲後；有出殹（也），必以歲前。"
《龍簡》："沒入其販假殹（也）。"
《龍簡》："☑殹（也），縱火而□☑。"
《龍簡》："射耎（堧）中□□□之□有□□殹（也）□□□其□☑。"
《龍簡》："敢穿穽及置它機能害人馬、牛者，雖未有殺傷殹（也），貲二甲。"

《龍簡》："勿予其言殹（也）。"
《周日書》："此所謂戎磿日殹（也）。"
《周病方》："用水多少，次（恣）殹（也）。"
《治官》："☐亡身之保殹（也）。"按，整理者直接釋"殹"爲"也"。不確。
《癸瑣》："癸、瑣等論當殹（也）；沛、綰等不當論。"
《尸等》："治等，審秦人殹（也），尸等當購金七兩；閬等，其荆人殹（也），尸等當購金三兩。"
《芮盜》："芮後智（知）材不得受列，弗敢居，是公列地殹（也）。"
《暨過》："此過誤失及坐官殹（也）。"
《暨過》："不幸過誤失，坐官弗得，非敢端犯灋（法）令，赴隧以成私殹（也）。"
《同顯》："同和不首一吏（事）者，而言〈音（意）〉毋（無）坐殹（也）？"
《同顯》："毋（無）坐殹（也），不智（知）所問。"
《同顯》："敗傷，洋毋（無）得同、顯。同、顯大害殹（也）。"
《同顯》："此黔首大害殹（也），毋（無）徵物，難得。"
《魏盜》："宜、安有布衣、帬（裙）襦、絝、履，皆亡不得殹（也）。"
《魏盜》："毋（無）音（意）殹（也）。"
《魏盜》："一人殺三人田埜（野），去居邑中市客舍，甚悍，非恆人殹（也）。"
《魏盜》："民大害殹（也），甚微難得。"
《得之》："得之言曰：'我□□□□□□殹（也）。'"
《得之》："□气₌鞫₌（乞鞫，乞鞫）爲不審。辠（罪）殹（也）。"
《第一組》："其自出殹（也），減罪一等。"
《第一組》："亡不仁（認）邑里、官，毋以智（知）何人殹（也）。"
《第一組》："其奴婢之毋（無）罪者殹（也），黥其顏（顏）頯，畀其主。"
《第一組》："城旦舂亡而得，黥，復爲城旦舂；不得，命之，自出殹（也），笞百。"
《第一組》："其獄未鞫而自出殹（也），治（笞）五十，復爲司寇。"
《第一組》："自出殹（也），黥爲城旦舂。"
《第一組》："自出殹（也），完爲城旦舂。"
《第一組》："正其隸臣妾殹（也），有（又）以亡日臧（藏）數，與盜同灋（法）。"
《第一組》："其臣史殹（也），輸縣鹽，能捕若詗告犯令者，刑城旦辠（罪）以下到䙴（遷）辠（罪）一人，購金二兩，及當輸不輸者一人，購金二兩。"
《第一組》："☐□其逋殹（也），事；其毋逋殹（也），笞五十。"
《第一組》："其工殹（也），笞五十，有（又）毄（繫）城旦舂，拾（給）逋事。"
《第二組》："金布律曰：有買及賣殹（也），各嬰其賈（價），小物不能各一錢者，勿嬰。"
《第二組》："縣官有賣殹（也），不用此律。"
《第二組》："有販殹（也），旬以上必於市，不者令續（贖）䙴（遷），沒入其所販及賈錢于縣官。"
《第二組》："非緣故徼縣殹（也），貲一盾；典、老弗告，治（笞）□□。"
《第二組》："尉月牒部之，到十月乃比其牒，里相就殹（也）以會計。"
《第二組》："皆縣黔首利殹（也），自不更以下及都官及諸除有爲殹（也），及八更。"
《第二組》："金布律曰：黔首賣馬牛勿獻（讞）廷，縣官其買殹（也），與和市若室，勿敢强。"
《第二組》："非計時殹（也），須已計而言免之。"

《第二組》:“補軍吏、令、佐史、必取壹從軍以上者，節（即）有軍殹（也）。”

《第二組》:“小誤，貲一盾；大誤，貲一甲。誤，毋（無）所害□□□□殹（也），減辠（罪）一等。”

《第二組》:“諸使有傳者，其有發徵、辟問具殹（也）及它縣官事。”

《第二組》:“發徵及有傳送殹（也），及諸有期會而失期，事乏者，貲二甲，廢。”

《第二組》:“縣官有賣買殹（也），必令令史監，不從令者，貲一甲。”

《第二組》:“盡興隸臣妾、司寇、居貲贖責（債），縣官□之□傳輸之，其急事，不可留殹（也），乃爲興繇（徭）。”

《第二組》:“司寇勿以爲僕、養、守官府及除有爲殹（也）。”

《第三組》:“死，皆毋（無）父母妻子同居責（債）殹（也），出之。”

《第三組》:“☐□久劾殹（也），令吏勿坐。”

《第三組》:“郡及關外黔首有欲入見親、市中縣道，毋禁錮者殹（也），許之。”

《第三組》:“☐入殹（也）。”

《第三組》:“而澍（樹）不同，是吏不以田爲事殹（也）。”

《第三組》:“或者以澍（樹）穜時繇（徭）黔首而不顧其時，及令所謂春秋試射者，皆必以春秋閒時殹（也）。”

《第三組》:“今縣或以黔首急耕、穜、治苗時已乃試之，而亦曰春秋試射之令殹（也），此非明吏所以用黔首殹（也）。”

《第三組》:“今茲非有軍殹（也），黔首之急春□☐。”

《二年・盜律》:“其錢金、布帛、粟米、馬牛殹（也），與盜同灋。”

《二年・亡律》:“其自出殹（也），笞𠦃（五十）。”

《二年・亡律》:“其自出殹（也），若自歸主＝（主，主）親所智（知），皆笞百。”

《二年・亡律》:“隸臣妾、收人亡，盈卒歲，毄（繫）城旦舂六歲；不盈卒歲，毄（繫）三歲；自出殹（也），笞百。”按，“殹（也）”字從張家山漢簡研讀班《張家山漢簡〈二年律令〉校讀記》(《簡帛研究2002、2003》，廣西師範大學出版社，2005年)讀。下一例同。

《二年・具律》:“☐罪殹（也），以其重罪＝（罪罪）之。”

《脈書》:“在脥（喉）中，痛，脥（喉）踝〈踝（痹）〉殹（也）。”

《脈書》:“火疢，赤氣殹（也）。”

《脈書》:“得氣而少可，氣叚（瘕）殹（也）。”

《脈書》:“鳴如鼃（蛙）音，膏叚（瘕）殹（也）。”

《脈書》:“其衷（中）約隋（墮），上下不通，秩（矢）叚（瘕）殹（也）。”

《脈書》:“泰陰之脈，是胃脈殹（也）。”

《脈書》:“五病有而心煩死，勿治殹（也）。”

《脈書》:“凡三陽，天氣殹（也），其病唯折骨、裂□一死。”

《脈書》:“凡三陰，坨（地）氣殹（也），死脈殹（也）。”

《脈書》:“夫骨者柱殹（也），筋（筋）者束殹（也），血者濡殹（也），脈者瀆殹（也），肉者附殹（也），氣者朐（呴）殹（也）。”

《脈書》:“夫脈者，聖人之所貴殹（也）。”

《脈書》:“四曰農（膿）小而砚（砭）大，胃（謂）之泛，泛者傷良肉殹（也）。”

《脈書》:“此不可不察殹（也）。”

《脈書》:“有農（膿）者不可久（灸）殹（也）。”

《脈書》："此所以論有過之脈殹（也），其錼（餘）謹當視脈之過。"
《帛五行·經》："剛，義之方殹（也）。"
《道法》："法者，引得失以繩，而明曲直者殹（也）。"
《道法》："故執道者，生法而弗敢犯殹（也），法立而弗敢廢殹。"
《道法》："故執道者之觀於天下殹（也），无執殹（也），无處也，无爲殹（也），无私殹（也）。"
《國次》："故耵（聖）人之伐殹（也）。"
《君正》："俗者順民心殹（也）。"
《君正》："德者愛勉之也。有得者，發禁拕（弛）關市之正（征）殹（也）。"
《君正》："號令者，連爲什伍，巽（選）練賢不宵（肖）有別殹（也）。"
《君正》："以刑正者，罪殺不赦殹（也）。"
《君正》："□□□□□□□□□殹（也）。"
《君正》："可以正（征）者，民死節殹（也）。"
《陰陽脈甲》："大（太）陰眽（脈）：是胃眽（脈）殹（也）。"
《陰陽脈甲》："□□有而心煩，死，勿治殹（也）。"
《陰陽脈甲》："有陽眽（脈）與之俱病，可治殹（也）。"
《脈法》："以眽（脈）法明教下，眽（脈）亦聽（聖）人之所貴殹（也）。"
《脈法》："氣殹（也）者，到〈利〉下而□□□□□□□□□□□焉。"
《脈法》："聽（聖）人寒頭而煖足，治病者取有餘而益不足殹（也）。"
《脈法》："砭（砭）□者，石食（蝕）肉殹（也），四害。□□□□□喜殹（也）。"
《脈法》："季子忠謹，學□□□□見於爲人□□□□□□言不可不察殹（也）。"
《脈死候》："凡三陽，天氣殹（也），其病唯折骨列（裂）膚一死。"
《脈死候》："凡三陰，地氣殹（也），死脈（脈）殹（也）。"
《狂犬齧人》："取恆石兩，以相靡（磨）殹（也）。"
《蚖》："多可殹（也），不傷人。"
《白處》："藥□□而自□殹（也）。"
《白處》："□□鳥殹（也），其卵雖有人（仁），猶可用殹（也）。"
《癃病》："以酒飲病者，□□□□□□□□飲之，令□□□起自次（恣）殹（也）。"
《胻傷》："湯寒則炊之，熱即止火，自適殹（也）。"
《胻傷》："其瘳殹（也）□癰，□癰而新肉產。"
《魃》："□若四膿（體），編若十指，投若□水，人殹（也）人殹（也）而比鬼。"
《養生方》："勿令獲（汙）面，獲（汙）面養（癢）不可支殹（也）。"
《養生方》："所胃（謂）天牡者，□□□食桃李華者殹（也）。"
《養生方》："桃可者，桃實小時毛殹（也）。"
《養生方》："牡螻者，頡蠸□□□□□□□□□□□□□者殹（也）。"
《養生方》："食肉多少次（恣）殹（也）。"
《胎產書》："其一日南（男），其二日女殹（也）。"
《胎產書》："故人之產殹（也），入於冥冥，出於冥冥，乃始爲人。"
《胎產書》："出游於野，數觀走犬馬，必食□□殹（也）。"
《胎產書》："懷子未出三月者，呻（吞）爵（雀）甕（瓮）二，其子男殹（也）。"

《北大老子》：“道可道，非恆道殹（也）；名可命，非恆名也。”

殹與嫛

《語叢四》：“三駄（雄）一鴋（雌），三䢼（瓶）一莛，一王母保三殹（嫛）兒（婗）。”按，“殹（嫛）”字從劉釗師《讀郭店楚簡字詞劄記》（《郭店楚簡國際學術研討會論文集》，湖北人民出版社，2000年）讀。

殹與緊

《耆夜》：“虘（嗟）士奮刃，殹（緊）民之秀。”

《琴舞》：“𤔲（亂）曰：非天諡（含）悳（德），殹（緊）莫肎（肯）曹（造）之。”

殹與翳

《繫年二二》：“䡅（韓）虔、㪣（趙）䔅（籍）、䰩（魏）繫（擊）衒（率）自（師）與戉（越）公殹（翳）伐齊₌（齊，齊）與戉（越）成，以建（開）昜（陽）、郘陵之田，㝵（且）男女服。”

殹與抑

《子羔》：“厽（三）王者之乍（作）也，䖒（皆）人子也，而其父戔（賤）而不足再（偁）也與（歟）？殹（抑）亦成天子也與（歟）？”按，“殹（抑）”字從陳劍《上博簡〈子羔〉、〈從政〉篇的竹簡拼合與編連問題小議》（簡帛研究網，2003年1月8日）讀。

《莊王》：“䡅（載）之塼（轉）車以𨑑（上）虖（乎）？殹（抑）四䑿（艖）以逾（輸）虖（乎）？”按，“殹（抑）”字從凡國棟《讀〈上博楚竹書六〉記》（簡帛網，2007年7月9日）讀。

《王居》：“殹（抑）忑（忌）韋（違）詤（讒）詎（娼），以隆（墮）亞（惡）虛（吾）外臣，而居虛（吾）右₌（左右）。”按，“殹（抑）”字從復旦吉大古文字專業研究生聯合讀書會《上博八〈王居〉、〈志書乃言〉校讀》（復旦大學出土文獻與古文字研究中心網，2011年7月17日）讀。

《卜書》：“貞邦無咎，殹（抑）𨠬（將）有役，女（如）☐。”按，“殹（抑）”字從程少軒《小議上博九〈卜書〉的“三族”和“三末”》（復旦大學出土文獻與古文字研究中心網，2013年1月16日）引陳劍説讀。

《説命上》：“王廼𠭯（稽）敚（説）曰：‘帝殹（抑）尔以畀舍（余），殹（抑）非？’”

《鄭甲》：“枼（世）及虛（吾）先君卲公、剌（厲）公，殹（抑）天也，其殹（抑）人也。”

《鄭乙》：“枼（世）及虛（吾）先君卲公、制〈剌（厲）〉公，殹（抑）天也，其殹（抑）人也。”

殹與噫

《金縢》：“王䎽（問）執事人，曰：‘訐（信）。殹（噫）！公命我勿敢言。’”

欴與也

《子儀》：“公及三方者（諸）玌（任）君不瞻皮（彼）沍（沮）漳之川屛（開）而不䦧（闔）欴（也）！”按，“欴”字從薛後生在ee《清華六〈子儀〉初讀》（簡帛網“簡帛論壇”，2016年4月16日）一文下跟帖隸定。

翳與也

《順道》：“靜翳（也）不動，來自至，去自往。”按，“翳（也）”字從戎輝兵《〈馬王堆漢墓帛書·老子乙本卷前古佚書〉校讀劄記》（《東南文化》2005年2期）讀。

《稱》：“□□人者其生危，其死辱翳（也）。”

虉與翳

《秦律·金布律》：“凡糞其不可買（賣）而可以爲薪及蓋蘙〈虉（翳）〉者，用之。”

殹與緊

《魯邦》：“否，殹（緊）虛（吾）子女適

（重）命，其與（歟）！”按，“戡（緊）”字從何琳儀《滬簡二冊選釋》（簡帛研究網，2003年1月14日）讀。下同。

《魯邦》：“公剴（豈）不飯枊（粱）飤（食）肉才（哉）！戡（緊），亡女（如）遮（庶）民可（何）。”

戡與抑

《季桓子》：“戡（抑）與（邪）民之行也。”按，“戡（抑）”字從陳劍《〈上博（六）·孔子見季桓子〉重編新釋》（復旦大學出土文獻與古文字研究中心網，2008年3月22日）釋讀。

微 部 第 九

非字聲系

非與匪

《緇衣》：“《呂荎（刑）》員（云）：‘非甬（用）臸（令），折（制）以荎（刑），隹（惟）乍（作）五瘧（虐）之荎（刑）曰灋。’”按，今本《禮記·緇衣》非作匪。

《周易·比》：“六厽（三）：比之非（匪）人。”

《周易·渙》：“六四：㲋（渙）其群，元吉。㲋（渙）其丘，非（匪）台（夷）所思。”

《帛易·否》：“婦（否）之非（匪）人，不利君子貞，大往小來。”

《帛易·无妄》：“无孟（妄），元亨，利貞。非（匪）正，有省（眚）。不利有攸往。”

《帛易·比》：“六三，比之非（匪）人。”

《帛易·蹇》：“六二，王僕蹇（蹇）蹇（蹇），非（匪）䎽之故。”

《帛易·賁》：“六四，蘩（賁）茹（如）蕃（皤）茹（如），白馬榦（翰）茹（如），非（匪）寇閩（婚）詬（媾）。”

《帛易·萃》：“九五，卒（萃）有立（位），无咎，非（匪）復（孚）。元永貞，悔亡。”

《帛易·大有》：“初九，无交禼（害），非（匪）咎，根（艱）則无咎。”

《帛易·睽》：“非（匪）寇，閽（婚）厚（媾）。往愚（遇）雨，即（則）吉。”

《衛風》：“非（匪）報也，柄（永）以爲好□。”

《衛風》：“非（匪）報也，柄（永）以爲好□。”

《衛風》：“非（匪）報也，柄（永）以爲□□。”

《齊風》：“非（匪）東方□□。”

《阜易·大有》：“无交害，非（匪）咎；黇（艱）則□□。”

《阜易·賁》：“□□皤如，白馬翰如，非（匪）寇。”

《阜易·无妄》：“其非（匪）延（正），有眚。”

《阜易·睽》：“非（匪）寇，昏（婚）媾。”

非與徘

《神烏賦》：“其鴆（雄）大哀，躦（？）躅非（徘）回（徊）。”

非與菲

《禁》：“土善生其本，故廣而不夾（狹），厚而不非（菲）。”

非與悲

《阜易·卜辭》：“〼囚，哀非（悲），病。”按，“非”似當讀作“悲”。

非與蜚

《養生方》：“非（蜚）廉（蠊）、方（防）葵、石韋、桔梗、茈（紫）威各一小束。”

非與誹

《用曰》：“非（誹）考（孝）免（謾）訢（慎），良（荒）台（怠）家（稼）嗇（穡）。”按，“非”似當讀作“誹”。

《治官》：“毋非（誹）旁（謗）人。”

非與霏

《子儀》：“玕（汧）可（兮）非₌（霏霏），渭可（兮）滔₌（滔滔），楊栖（柳）可（兮）依₌（依依），其下之浧₌（浩浩）。”

《邶風》：“雨雪其非（霏）。”

非與靡

《語叢四》："非（靡）言不賶（讎），非（靡）悳（德）亡復。"按，"非（靡）"字從陳偉《郭店竹書別釋》（湖北教育出版社，2002年，231頁）讀。

非與微

《老子》甲："必非溺（妙）玄達，深不可志（識）。"按，今本和帛書乙本非作微。

非與飛

《筮法二九》："凸（凡）肴（爻）象，八爲風，爲水，爲言，爲非（飛）鳥。"

《天乙・自天》："是₌（此是）非（飛）龍之□□，食□之所□。"

《天乙・自天》："非（飛）鳥□□，其黑如鳥，皆相爭斲（鬬），立死其□。"

《邶風》："匽₌（燕燕）于非（飛），吉（頡）□□□。"

《邶風》："匽₌（燕燕）于非（飛），下土其音。"

《阜易・小過》："□六，非（飛）鳥□□。"

《雨書》："非（飛）雕子，不非（飛），民乃☐。"

非與肺

《説命中》："朕畜女（汝），隹（惟）乃复（腑）非（肺）乃身。"按，"非（肺）"字從白於藍《清華簡〈説命〉三篇校釋》（《中國文字研究》第二十三輯，上海書店出版社，2016年）讀。

非與揮

《説命下》："若賈，女（汝）母（毋）非（揮）貨女（如）戠（墈）石。"按，"非"似當讀作"揮"。《後漢書・荀彧傳》："權詭時偪，揮金僚朋。"李賢《注》："揮，散也。"

非與必

《三壽》："虗（吾）聒（聞）夫隓（險）莫隓（險）於心，肙（厭）非（必）垻（藏），亞（惡）非（必）喪。"

《三壽》："虗（吾）聒（聞）夫隓（險）莫隓（險）於䰠（鬼），肙（厭）非（必）坪（平），亞（惡）非（必）䞓（傾）。"

《三壽》："虗（吾）聒（聞）夫隓（險）非（必）矛返（及）干，肙（厭）非（必）福（富），亞（惡）非（必）亡（無）飤（食）。"

斐與翡

《蒼頡篇》："琗（翠）斐（翡）□□。"

非與扉

《特牲》："几非（扉）用延（筵），入（納）一尊。"

陫與痱

《妄稽》："狀若瞻（蟾）諸，前龜後陫（痱）。"按，"陫（痱）"字從蕭旭《北大漢簡（四）〈妄稽〉校補》（復旦大學出土文獻與古文字研究中心網，2016年7月4日）讀。

翡與飛

《帛五行・說》："嬰（燕）嬰（燕）于翡（飛），駐（差）貤（池）其羽。"

《帛易・乾》："九五，翡（飛）龍在天，利見大人。"

《帛易・小過》："翡（飛）鳥遺之音，不宜上，宜下，泰（大）吉。"

《帛易・小過》："初六，翡（飛）鳥以凶。"

《帛易・小過》："尚（上）六，弗愚（遇）過之，翡（飛）鳥羅（離）之，凶。是謂茲（災）省（眚）。"

《易之義》："'翡（飛）蠪（龍）在天'，□而上也。"

《易之義》："易曰'翡（飛）蠪（龍）在天，利見大人'。"

裴與斐

《妄稽》："狗桀（趨）袑（趫）馬趯（躍），

往來之裴（斐）裴（斐）。”按，“裴（斐）裴（斐）”字從蕭旭《北大漢簡（四）〈妄稽〉校補》（復旦大學出土文獻與古文字研究中心網，2016年7月4日）讀。

蜚與菲

《晏子一〇》：“工於取，蜚（菲）乎予，觀（歡）於新，曼（慢）乎故。”

蜚與飛

《奏讞書》：“君令人扇，而髮故能蜚（飛）人炙中。”

《奏讞書》：“君復置炙前，令人道後扇，髮蜚（飛）入炙中者二枚。”

《帛五行·經》：“嬰（燕）嬰（燕）于蜚（飛），駐（差）池其羽。”

《論》：“岐（蚑）行喙息，扇（蠉）蜚（飛）耎（蠕）動。”

《道原》：“鳥得而蜚（飛），魚得而流（游），獸得而走。”

《雜療方》：“棲木者爲蠭（蜂）、壢（蛅）斯（蟖），蜚（飛）而之荊南者爲蜮。”

《帛易·明夷》：“初九，明夷于蜚（飛），垂其左翼；君子于行，三日不食。”

《二三子》：“君子在上，則民被其利，賢者不蔽，故曰‘蜚（飛）龍在天，利見大人’。”

《守法》：“爲蜚（飛）橦（衝）及繳張，可以破蔽魯（櫓）百步之内者，遂十五。”

《王兵》：“動如雷神（電），起如蜚（飛）鳥，往如風雨。”

《王兵》：“有蜚（飛）鳥之起則垩（輕）犯山河。”

《月令》：“毋夭蜚（飛）鳥。”

《月令》：“謂夭蜚（飛）鳥不得使長大也，盡十二月常禁。”

《月令》：“謂蜚（飛）鳥及雞〼卵之屬也，盡九月。”

《月令》：“毋彈射蜚（飛）鳥，及張羅、爲它巧以捕取之。”

《唐勒》：“步趨襲□，緩急若意，□若蜚（飛），免（鶩）若絕，反趨逆□，夜□夕日而入日蒙汜。”

《反淫》：“夏即票（飄）風雷辟（霹）磿（靂）之所繳（激）也，冬即蜚（飛）雪焦（霄）霓（霰）之所雜。”

《反淫》：“蜚（飛）鳥聞之，籥（躡）翱（蹀）蜚（飛）陽（揚）；孟（猛）獸聞之，垂耳不行；王孫聞之，兆（遥）思心惕（傷）。”

《反淫》：“尋虎狼，摯蜚（飛）鳥，道極狗馬之材，窮射御之巧。”

《節》：“地有七死毋居，天牡、地牝、虛虛（墟）、乾魚、宿死、虛埸、蜚（飛）蓬，居此者不死必亡。”

《荊決》：“翩翩蜚（飛）鳥，止陽【之】枝。”

《荊決》：“疾蜚（飛）哀鳴，憂心墨=（默默）。”

《荊決》：“玄鳥朝蜚（飛），羊=（洋洋）翠羽。”

《荊決》：“奮羽將蜚（飛），路毋關粱（梁）。”

《荊決》：“偏=（翩翩）蜚（飛）鵠，不飲不食。”

《荊決》：“疾蜚（飛）哀鳴，所來不得。”

《神烏賦》：“蠉蜚（飛）之類，烏冣〈最〉可貴。”

誹與匪

《邶風》：“狐裘蒙茸（戎），誹（匪）□□□。”

《邶風》：“莫黑誹（匪）烏。”

蜚與飛

《二三子》：“蜚（飛）鳥蚰蟲，唯所欲化，而不失本刑（形），神能之至也。”

《發敁》：“微才（哉）！執（鷙）鳥將執，庳（卑）蜚（飛）翕翼。”

飛字聲系

飛與翡

《周易·小過》："上六：弗遇化（過）之，飛鳥羅（離）之，凶，是胃（謂）亦兹（災）措（眚）。"按，帛書本飛作翡。

肥字聲系

肥與妃

《少牢》："用薦歲事于皇祖伯某，以其〈某〉肥（妃）肥（配）某是（氏）。"

《少牢》："用薦歲事于皇祖伯某，以其〈某〉肥（妃）肥（配）某是（氏）。"

《少牢》："用薦歲事于皇祖伯某，以其〈某〉肥（妃）肥（配）某是（氏）。"

肥與配

《帛乙老子·德經》："是胃（謂）不爭[之]德，是胃（謂）用人，是胃（謂）肥（配）天，古之極也。"

《九主》："復（覆）生萬物，神聖是則，以肥（配）天地。"

《立命》："唯余一人[德]乃肥（配）天，乃立王、三公，立國，置君、三卿。"

《帛易·豐》："初九，禺（遇）其肥（配）主，唯（雖）旬，无咎，往有尚。"

《北大老子》："是謂不爭之德，是謂用人，是謂肥（配）天，古之極。"

《繫辭》："廣大肥（配）天地，變迵（通）配四[時]，陰[陽]之合肥（配）日月，易閒（簡）之善肥（配）至德。"

《少牢》："用薦歲事于皇祖伯某，以其〈某〉肥（妃）肥（配）某是（氏）。"

《少牢》："用薦歲事于皇祖伯某，以其〈某〉肥（妃）肥（配）某是（氏）。"

《少牢》："用薦[歲][事][于][皇][祖][伯][某]，[以][某][肥]肥（配）某是（氏），以某之某爲尸。"

《少牢》："用薦歲事于皇祖伯某，以其〈某〉肥（妃）肥（配）某是（氏）。"

肥與非

《琴舞》："𤔔（亂）曰：仡（遹）舍（余）龏（恭）害怠（怠），孜（孝）敬肥（非）絧（怠）㠩（荒）。"

肥與腓

《帛易·艮》："六二，根（艮）其肥（腓），不登（拯）其隨，其心不快。"

《帛易·艮》："九[三]，[艮][其][限]，戾（列）其肥（腓），厲薰心。"按，"肥"字整理者隸定作"肥"。不確。此從廖名春《帛書〈周易〉論集》（上海古籍出版社，2008 年，360 頁）釋。當讀作"腓"。《説文》："腓，脛腨也。"段玉裁《注》："謂脛骨後之肉也。"今本《易·艮》作"夤"，王弼《注》"夤，當中脊之肉也。"《易·艮》"六二，艮其腓。"帛書本"腓"亦作"肥"。帛書本"九三"此"肥（腓）"字可能是涉上文"六二"之"肥（腓）"字而誤。

𩪘與腓

《帛易·咸》："六二，欽（咸）其𩪘（腓），凶。居吉。"

㣲字聲系

㣲與微

《季桓子》："虐（吾）子迷〈悉〉言之，猶忎（恐）弗智（知），皇（況）其女（如）㣲（微）言之虖（乎）？"

《保訓》："昔㣲（微）叚（假）中于河，以復又=易=（有易，有易）伓（服）氒（厥）辠（罪），㣲（微）亡（無）害（害），迺（乃）追（歸）中于河。"

《保訓》："㣲（微）寺（志）弗忘，逋（傳）眙（貽）孫=（子孫）。"

《管仲》："中（仲）父，亦㣲（微）是，其即（次）君管（孰）諹（揚）也？"

𡵂與媺

《采風》：“《牆𡵂（媺）人》，《毋逃（過）虐（吾）門》，《不要之媑》。”

《季桓子》：“㚤（好）刓𡵂（媺）以爲□，此牙（與）急（仁）人忑（二）者也。”

𡵂與美

《老子》乙：“𡵂與亞（惡），相去可（何）若？”按，傅奕本及帛書本𡵂作美。

《性自》：“𡡓₌（君子）娓（美）其青（情），貴其宜，善其即（節），好其頌（容），樂其衍（道），兑（悦）其𦥯（教），是以敬安（焉）。”按，上博簡本《性情論》娓（美）作𡵂。下一例同。

《性自》：“未言而信，又（有）娓（美）青（情）者也。”

《詩論》：“見其𡵂（美），必谷（欲）反其本。”

《詩論》：“《文王》虐（吾）𡵂（美）之。”

《詩論》：“《文王》曰：‘文王才（在）上，於卲（昭）于天。’虐（吾）𡵂（美）之。”

《内豊》：“考（孝）子事父母，以飤（食）亞（惡）𡵂（美）下之。”

《尹至》：“余𡵂（美）其又（有）夏眾□吉好。”按，“𡵂”似當讀作“美”。

《祭公》：“亦𡵂（美）㤅妥（綏）心，敬龏（恭）之。”

《𠷎門》：“𡵂（美）事系（奚）若？亞（惡）事系（奚）若？𡵂（美）役系（奚）若？亞（惡）役系（奚）若？𡵂（美）正（政）系（奚）若？亞（惡）正（政）系（奚）若？𡵂（美）型（刑）系（奚）若？亞（惡）型（刑）系（奚）若？”

《𠷎門》：“惪（德）濬（睿）明執訐（信）以義成，此胃（謂）𡵂（美）惪（德），可以寏（保）成。”

《𠷎門》：“记（起）事又（有）穫，民長萬（賴）之，此胃（謂）𡵂（美）事。”

《𠷎門》：“记（起）役時訓（順），民備（力）不俑（庸），此胃（謂）𡵂（美）役。”

《𠷎門》：“正（政）柬（簡）以成，此胃（謂）𡵂（美）正（政）。”

《𠷎門》：“型（刑）情（清）以不方（放），此胃（謂）𡵂（美）型₌（刑；刑）竮（褻）以亡（無）棠（常），此胃（謂）亞（惡）型（刑）。”

《子產》：“子產不大宅戜（域），不窒（經）臺寑，不勑（飾）𡵂（美）車馬衣裘，曰：‘勿以𦣞巳（矣）。’”

《子產》：“宅大心張，𡵂（美）外䜌（怠）竝（命），乃自遾（失）。”

《子產》：“乃𣪊（禁）䂓單、相㑒、𨌲樂、勑（飾）𡵂（美）宮室衣裘、好畬（飲）飤（食）、以爰（遠）𦣞（屏）者。”

《子產》：“此胃（謂）張𡵂（美）弃（棄）亞（惡）。”

芫與媚

《三壽》：“四方𧢊（勸）季（教），監（濫）芫（媚）莫淦（感），寺（時）名曰音。”

娓與𡵂

《性自》：“𡡓₌（君子）娓（美）其青（情），貴其宜，善其即（節），好其頌（容），樂其衍（道），兑（悦）其𦥯（教），是以敬安（焉）。”按，上博簡本《性情論》娓（美）作𡵂。下同。

《性自》：“未言而信，又（有）娓（美）青（情）者也。”

娓與𩒨

《緇衣》：“好娓（美）女（如）好茲（緇）衣，亞₌（惡惡）女（如）亞（惡）遊（巷）白（伯）。”按，上博簡本《緇衣》娓（美）作𩒨。下同。

《緇衣》："古（故）君子䫏（顧）言而行，以成其信，則民不得大其娧（美）而少（小）其亞（惡）。"

娧與𡢲

《楚居》："至卲（昭）王自秦（乾）溪之上遅（徙）居娧₌郢₌（𡢲郢，𡢲郢）遅（徙）居鶚₌郢₌（鄂郢，鄂郢）遅（徙）衮（襲）爲郢。盍（闔）虜（廬）内（入）郢，安（焉）復遅（徙）居秦₌溪₌之₌上₌（乾溪之上，乾溪之上）復遅（徙）衮（襲）娧（𡢲）郢。至獻惠王自娧（𡢲）郢遅（徙）衮（襲）爲郢。"

娧與美

《老子》甲："天下皆智（知）敚（美）之爲娧也，亞（惡）已。"按，今本和帛書本娧作美。

《老子》丙："古（故）曰兵者□□□□□，□得已而甬（用）之，銛（恬）𢿫（愉）爲上，弗娧也。𣪘〈娧〉之，是樂殺人。"按，今本和帛書本𣪘〈娧〉作美。

《緇衣》："好娧（美）女（如）好茲（緇）衣，亞₌（惡惡）女（如）亞（惡）遈（巷）白（伯）。"

《緇衣》："古（故）君子䫏（顧）言而行，以成其信，則民不得大其娧（美）而少（小）其亞（惡）。"

《性自》："𡥈₌（君子）娧（美）其青（情），貴其宜，善其即（節），好其頌（容），樂其衍（道），兑（悦）其𤕫（教）。"

《性自》："未言而信，又（有）娧（美）青（情）者也。"

《季康子》："言則娧（美）矣，然異於丘𣥐₌（之所）昏（聞）。"

《三德》："衣備（服）逃（過）折（制），遾（失）於娧（美），是胃（謂）違章，上帝弗京（諒）。"

《競公瘧》："☐明悳（德）觀（勸）行，勿而祟者也，非爲娧（美）玉肴生（牲）也。"

《天子甲》："不腈（精）爲腈（精），不娧（美）爲娧（美）。"

《天子甲》："腈（精）爲不腈（精），娧（美）爲不娧（美）。"

《天子乙》："不腈（精）爲腈（精），不娧（美）爲娧（美）。"

《天子乙》："腈（精）爲不腈（精），娧（美）爲不娧（美）。"

《舜王》："明則保或（國），智臤（賢）正（政）絧（治），教娧（美）民備（服）。"

《邦人》："𦎫（就）復邦之後，盍（蓋）冠爲王列，而邦人不爯（稱）娧（美）安（焉）。"

《繫年五》："郗（蔡）侯智（知）賽（息）侯之誘吕（己）也，亦告文王曰：'賽（息）侯之妻甚娧（美），君必命見之。'"

《啻門》："娧（美）悳（德）系（奚）若？亞（惡）悳（德）系（奚）若？"

娧與媚

《鄭武》："娧（媚）妬之臣躳（躬）共（恭）其𢊁（顔）色，𢑴（掩）於其考（巧）語，以亂（亂）夫₌（大夫）之正（政）。"

娧與偉

《競公瘧》："虐（吾）帀（幣）帛甚娧（偉）於虐（吾）先君之量矣。"按，"娧"似當讀作"偉"或"瑋"，訓大、重。《左傳·昭公二十年》和《晏子春秋·景公有疾梁丘據裔款請誅祝史晏子諫》有"吾事鬼神，豐於先君有加矣"語，"豐"訓大、厚，與"偉"或"瑋"相當。

娧與文

《容成氏》："衣不褻（疊）娧（文），飤（食）不童（重）味，朝不車逆。"按，"娧"字似當讀作"文"，訓爲"彩"。《曹沫之陳》："居（裾）不褻（疊）𡢲（文）。"

可參。

慦與美

《芮良夫》："我之不言，則畏天之發幾（機）；我其言矣，則憸（逸）者不慦（美）。"

嶶與微

《六德》："君子不帝（諦），明虛（乎）民（萌）嶶（微）而已，或以智（知）其弌（一）喜（矣）。"

《命訓》："以耑（權）從𡍿（法）則不行₌（行，行）不必𡍿₌（法，法）以智（知）耑₌（權，權）以智（知）嶶₌（微，微）以智（知）訂₌（始，始）以智（知）終。"

嶶與美

《老子》甲："天下皆智（知）嶶之爲娧（美）也，亞（惡）已。"按，今本和帛書本嶶作美。

《唐虞》："浗（求）虖（乎）大人之興，嶶（美）也。"

《昔者》："君子曰：舋（舉）嶶（美）灋（廢）亞（惡）☐。"

《容成氏》："堯聒（聞）之而嶶（美）其行。"

《曹沫》："此不貧於嶶（美）而福（富）於悳（德）與（歟）？"

《叢辰》："生子，男必嶶（美）於人。"

《季康子》："繇（由）丘嚾（觀）之，則嶶（美）言也已。"按，"嶶（美）"字從季旭昇《上博五芻議（上）》（簡帛網，2006年2月18日）讀。下同。

《季康子》："是古（故）臤（賢）人之居邦家也，夙𦥑（興）夜寐，☐耑以比。民之☐嶶（美），棄亞（惡）毋歸。"

嶶與朵

《周易·頤》："初九：豫（舍）尔（爾）需（靈）黿，觀我嶶（朵）頤，凶。"

嶶與揣

《周易·頤》："初九：豫（舍）尔（爾）需（靈）黿，觀我嶶（朵）頤，凶。"按，帛書本嶶（朵）作揣。

嶶與端

《周易·頤》："初九：豫（舍）尔（爾）需（靈）黿，觀我嶶（朵）頤，凶。"按，阜陽漢簡本嶶（朵）作端。

嶶與媚

《建除》："嶶於卯。"按，睡虎地秦簡《日書》楚除甲種嶶作媚。《睡虎地秦墓竹簡》（中華書局，1990年，180頁）釋文誤釋楚除甲種之"媚"爲"嬴"，此從李家浩（《九店楚簡》，中華書局，2000年，67頁）釋讀。下同。

《建除》："嶶於昏（辰）。"

《建除》："嶶於巳。"

《建除》："嶶於午。"

《建除》："嶶於未。"

《建除》："嶶於申。"

《建除》："嶶於栖（酉）。"

《建除》："嶶於戌。"

《建除》："嶶於亥。"

《建除》："嶶於子。"

《建除》："嶶於丑。"

《建除》："嶶於寅。"

《建除》："凡嶶日，利以家（嫁）女、見人、琣（佩）玉。"

微與薇

《特牲》："刑（鉶）芼，用枯（苦），若微（薇），皆有滑，夏葵、各（冬）亘（萱）。"

微與媚

《雜禁方》："欲微（媚）貴人，垐（塗）門左右方五尺。"

《雜禁方》："取兩雌₌（雌隹）尾，燔冶，自飲之，微（媚）矣。"按，"微（媚）"

字從裘錫圭《馬王堆醫書釋讀瑣議》(《古文字論集》, 中華書局, 1992 年, 525 頁) 讀。

娧與美

《蘭賦》:“年 (侫) 前其約僉 (儉), 娧 (美) 後其不長, 女 (如) 蕑 (蘭) 之不芳。” 按, “娧 (美)” 字從復旦吉大古文字專業研究生聯合讀書會《上博八〈蘭賦〉校讀》(復旦大學出土文獻與古文字研究中心網, 2011 年 7 月 17 日) 釋讀。

頧與美

《語叢一》: “又 (有) 勿 (物) 又 (有) 容, 又 (有) 聿又 (有) 厚, 又 (有) 頧 (美) 又 (有) 膳 (善)。”

《緇衣》: “好媺 (美) 女 (如) 好茲 (緇) 衣, 亞= (惡惡) 女 (如) 亞 (惡) 遳 (巷) 白 (伯)。” 按, 上博簡本《緇衣》媺 (美) 作頧。下同。

《緇衣》: “古 (故) 君子闅 (顧) 言而行, 以成其信, 則民不得大其媺 (美) 而少 (小) 其亞 (惡)。”

徾與微

《趙正書》: “其謹徾 (微) 密之, 毋令羣臣智 (知) 病。”

《趙正書》: “夫趙王鉅殺其良將李徾 (微) 而用顏 (顏) 聚。”

《妄稽》: “伓 (否), 小妾不徾 (媺), 陵且 (祖) 徾 (微) 父, 猷有與賁 (憤)。”

《妄稽》: “豐肉小骨, 徾 (微) 細比轉。”

《妄稽》: “弱錫〈錫 (緆)〉徾 (微) 羅, 長彘以行。”

《反淫》: “觀五帝之遺道, 明三王之法藉, 以下巧 (考) 諸衰世之成敗, 論天下之精徾 (微), 理萬物是非。” 按, “徾” 當讀作 “微”。“精微” 一詞典籍習見。

徾與媺

《妄稽》: “伓 (否), 小妾不徾 (媺), 陵且 (祖) 徾 (微) 父, 猷有與賁 (憤)。”

徾與媚

《妄稽》:“與女 (汝) 徾 (媚) 於窖 (奧), 甯徾 (媚) 於竈。”

自字聲系

自與追

《繫年四》: “周成王、周公既遷殷民于洛邑, 乃自 (追) 念夏商之亡由。”

《繫年十三》: “楚人被軸 (駕) 以自 (追) 之, 述 (遂) 敗晉自 (師) 于河☐”

自與饋

《鄭壽》: “懼禔 (鬼) 神以爲妄 (怒), 囟 (使) 先王亡所逯 (饋)。” 按, “逯” 即 “歸” (歸從自聲)字, 在此似當讀作 “饋” 或 “餽”, 訓祭。

追與歸

《保訓》: “岩 (微) 亡 (無) 害 (害), 廼 (乃) 追 (歸) 中于河。”

歸與鯀

《見威王》: “擊歸 (鯀), 方 (放) 之羽。”

韙與壞

《芮良夫》: “天之所韙 (壞), 莫之能枳 (支); 天之所枳 (支), 亦不可韙 (壞)。” 按, “韙” 所從之 “䢅” 即 “歸” 字異構。

遺字聲系

遺與隤

《鄭甲》:“東啟遺 (隤)、樂, 虗 (吾) 逘 (逐) 王於鄗 (葛)。”

《鄭乙》:“東啟遺 (隤)、樂, 虗 (吾) 逘 (逐) 王於鄗 (葛)。”

遺與匱

《北大老子》: “眾人皆有餘, 而我蜀 (獨) 遺 (匱)。”

厽字聲系

絫與蔂

《北大老子》:“合抱之木，作於豪（毫）末，九成之臺，作於絫（蔂）土。”

畾字聲系

畾與壘

《三十時》：“居軍，靜眾深畾（壘）。”

畾與雷

《天乙・邦居軍》:“丙丁畾（雷），軍後徙。戊己畾（雷），軍敬（警）。庚辛畾（雷），軍前徙，爲雨不徙。”

壘與雷

《荊決》:“其高如城，大（太）息如壘（雷），中道而驚。”

藟與纍

《周易・困》：“上六：困于(葛)（葛）藟，于剶（𩨒）□，曰：迭（動）悔（悔）又（有）悔（悔），征吉。”按，帛書本藟作纍。

纍與儽

《帛甲老子・道經》：“纍（儽）呵（兮）如无所歸。”按，通行本纍作儽。下同。

《帛乙老子・道經》：“纍（儽）呵（兮）佁（似）无所歸。”

纍與羸

《慎子》：“不纍（羸）其志，古（故）曰強。”按，“纍（羸）”字從陳劍《讀〈上博（六）〉短札五則》（簡帛網，2007年7月20日）釋讀。

《帛易・井》：“歖（汔）至亦未汲井，纍（羸）其刑垪（瓶），凶。”

纍與壘

《痂》：“冶僕纍（壘），以攻（釭）脂饍（膳）而傅。”

纍與藟

《帛易・困》：“尚（上）六，困于褐（葛）纍（藟），于貳（𩨒）椽（𡾰），曰悔夷有悔，貞（征）吉。”

纍與雷

《天乙・邦居軍》：“壬癸纍（雷），戰。”

雷與壘

《反淫》：“☐臺雷（壘）成，湯（蕩）菅（春）江。”

雷與罍

《少牢》：“司宮設雷（罍）水于洗東，有科〈枓〉。”

《燕禮》：“雷（罍）水在東，匪（篚）在洗西，南肆。”

《泰射》：“埶（設）洗于作（阼）階東南，雷（罍）水在東，匪（篚）在洗西，南陳。”

雷與欙

《反淫》：“䲔（倏）鐔（掞）曲校，蘋（棼）壇（椽）總（窗）雷（欙）。”按，“雷”似當讀作“欙”。《玉篇・木部》：“欙，梁棟名。”《廣韻・支韻》：“欙，梁棟別名。”《營造法式・總集上・梁》：“梁謂之欙。”《集韻・薺韻》：“欙，梁也。”《文選・郭景純〈遊仙詩〉》：“雲生梁棟間，風出窗戶裡。”“梁棟”與“窗戶”對文。

罍與雷

《繫辭》：“見故剛柔相摩，八卦相蕩，鼓之罍（雷）甸（霆），浸之風雨。”

靁與雷

《容成氏》：“昔舜靜（耕）於鬲（歷）丘，匋（陶）於河賓（濱），魚（漁）於靁（雷）澤。”

辠字聲系

辠與罪

《老子》甲：“辠莫至（重）唇（乎）甚欲。”按，今本和帛書本辠作罪。

《五行》："又（有）大辠（罪）而大豉（誅）之，行也。"
《五行》："又（有）大辠（罪）而大豉（誅）之，柬（簡）也。又（有）少（小）辠（罪）而亦（赦）之，匿也。又（有）大辠（罪）而弗大豉（誅）也，不行也。又（有）少（小）辠（罪）而弗亦（赦）也，不辨於道也。"
《唐虞》："咎（皋）采（陶）内用五型（刑），出弋（式）兵革，辠（罪）涇暴□。"
《容成氏》："虗（吾）所智（知）多廌，一人爲亡道，百眚（姓）其可（何）辠（罪）？"
《仲弓》："老₌（老老）慈幼，先又（有）司，譽（舉）臤（賢）才，惑（宥）怂（過）惥（赦）辠（罪）□。"
《仲弓》："□辠（罪），正（政）之訇（始）也。"
《仲弓》："中（仲）弓曰：'惑（宥）怂（過）惥（赦）辠（罪），則民可（何）系？'"
《昭王》："脽（雁）介趣（趨）君王，不隻（獲）要頸之辠（罪）君王，至於定冬而被褠₌（襦衣）！"
《昭王》："老臣爲君王獸（守）視之臣，辠（罪）其容於死。"
《昭王》："今君王或命脽（雁）母（毋）見，此則僕之辠（罪）也。"
《王居》："縱不隻（獲）辠（罪），或猶走逦（趨）事王，邦人其胃（謂）之可（何）？"
《王居》："無愄（畏），此是胃（謂）死辠（罪）。"
《王居》："蟲材以爲獻，或（又）不能節凥（處）所以辠（罪）人，然以詸（讒）言相忞（謗）。"
《王居》："虗（吾）欲至（致）尔（爾）於辠（罪）。"
《王居》："是則𦘔（盡）不㲉（穀）之辠（罪）也，後舍勿肰（然）。"
《城濮》："㲉（穀）麇（菟）余爲楚邦老，君王免余辠（罪）。"
《保訓》："昔𢼸（微）叚（假）中于河，以復又₌易₌（有易，有易）伓（服）氒（厥）辠（罪）。"
《皇門》："弗𢼸不恙（祥），不肯惠聖（聽）亡（無）辠（罪）之詞（辭），乃隹（惟）不訓（順）是絧（治）。"
《繫年九》："死人可（何）辠（罪）？生人可（何）𪒠（辜）？"
《芮良夫》："虗（吾）忎（恐）辠（罪）之□身，我之不□，□□是遂（失），而邦受其不寍（寧）。"
《鄭武》："女（如）弗果善，欢虗（吾）先君而孤孠₌（孺子），其辠（罪）亦跌（足）婁（數）也。"
《鄭武》："幾（豈）既臣之䑂（獲）辠（罪），或（又）辱虗（吾）先君，曰是其律（藎）臣也？"
《管仲》："忎（恐）辠（罪）之不垟（竭）而型（刑）之方（放），肙（怨）亦未謱（濟），邦以卒喪。"
《子産》："臣人𢼸君又（有）道，智（知）𢼸亡辠（罪）。"
《子産》："以厶（私）事₌（事使）民，事起貨₌行₌辠₌起₌民₌蕾₌（禍行，禍行罪起，罪起民零，民零）上危。"
《子産》："㠯（己）之辠（罪）也，反以辠（罪）人，此胃（謂）不事（使）不戾。"
《天乙·建除》："除日：逃亡不得，瘅疾死。可以治啬夫，可以𢾝（徹）言，君子除辠（罪）。"
《天乙·占黄鐘》："上多下少，事君有初毋（無）後，賈市、行販皆然，唯利貞辠（罪）、蠱、言語。"
《天乙·占黄鐘》："上多下甚少爲逐有辠

（罪），賈市喪，行販折。”
《天乙・陰陽鐘》：“占病益病。占獄訟益辠（罪）。”
《天乙・五音二》：“角音榣（搖），其畜尺蠖，其器棓（杯），其種叔（菽），其事有辠（罪）、【其】處榣（搖），其味咸，其病久。”
《天乙・自天》：“以五音、十二聲爲某貞卜，某自首春夏到十月，尚無有□獲辠（罪）蠱、言語、疾病□死者。”
《天乙・貞在》：“乃告民申辠（罪）人，在此憂心。”
《癸瑣》：“瑣等言治等四人邦亡，不智（知）它人何辠（罪）。”
《癸瑣》：“未沙羨，實不智（知）治等何辠（罪），弗能告。”
《癸瑣》：“利癸等約死辠（罪）購，聽請，券付死辠（罪）購，先受錢二千。”
《癸瑣》：“死辠（罪）購四萬三百廿（二十）。”
《癸瑣》：“癸等智（知）治等羣盜₌（盜盜）殺人，利得其購，紿瑣等約死辠（罪）購。”
《癸瑣》：“瑣等弗能告，利得死辠（罪）購，聽請相移，紿券付死辠（罪）購。”
《癸瑣》：“死辠（罪）購四萬三百廿（二十）。”
《癸瑣》：“瑣等巳（已）捕，治等四人曰邦亡，不智（知）它人辠（罪）。”
《癸瑣》：“癸等詣，盡鼠（予）瑣等死辠（罪）購。”
《癸瑣》：“未致購，得。疑癸、瑣、綰等辠（罪）。”
《癸瑣》：“所出購，以死辠（罪）購，備鼠（予）瑣等，有券。”
《尸等》：“治等巳（已）有辠（罪）秦₌（秦，秦）不□歸羛（義）。”
《芮盜》：“後念悔，恐發覺有辠（罪）。”
《芮盜》：“上即以芮謂爲盜買（賣）公地，辠（罪）芮，芮毋（無）以避。”
《多小》：“審。疑多辠（罪）。毄（繫）。它縣論。”
《識劫》：“上以識爲劫娩，辠（罪）識，識毋（無）以避。”
《識劫》：“毋（無）它解，辠（罪）。”
《識劫》：“疑娩爲大夫妻、爲庶人及識辠（罪）。”
《魏盜》：“未餘（蝕）而得。辠（罪）。”
《魏盜》：“魏曰：‘辠（罪）。毋（無）解。’”
《魏盜》：“令獄史觸、彭沮、衷得微難獄，磔辠（罪）一人。”
《得之》：“□气₌鞫₌（乞鞫，乞鞫）爲不審。辠（罪）殹（也）。”
《田與》：“田幸除毋（無）辠（罪），即弗止。”
《田與》：“田嘗□毋智，令轉□，且有（又）□辠（罪）。”
《綰等》：“射反₌寇₌（反寇，反寇）敗入畧中，辠（罪）。”
《第一組》：“☐灋（法），耐辠（罪）以下畧（遷）之。”
《第一組》：“其臣史殹（也），輸縣鹽，能捕若詗告犯令者，刑城旦辠（罪）以下到畧（遷）辠（罪）一人，購金二兩，及當輸不輸者一人，購金二兩。”
《第二組》：“逋其入而死、亡有辠（罪）毋（無）後不可得者，有（又）令官嗇夫、吏代償。”
《第二組》：“有辠（罪），田宇已入縣官，若已行，以賞予人而有勿（物）故，復（覆）治，田宇不當入縣官，復畀之其故田宇。”
《第二組》：“有能捕告贖畧（遷）辠（罪）一人，購金一兩。”

《第二組》："尉、尉史、士吏、丞、令、令史見及或告而弗劾，與同辠（罪）。"
《第二組》："女子懷夫子而有辠（罪），耐隸妾以上，獄已斷而產子，子爲隸臣妾，其獄未斷而產子，子各如其夫吏（事）子。"
《第二組》："有辠（罪）以䙴（遷）者及贖耐以上居官有辠（罪）以廢者，虜、收人、人奴、羣耐子、免者、贖子，輒傳其計籍。"
《第二組》："其任有辠（罪）刑辠（罪）以上，任者貲二甲而廢；耐辠（罪）、贖辠（罪），任者貲一甲；貲辠（罪），任者弗坐。"
《第二組》："任人爲吏及宦皇帝，其謁者有辠（罪），盡去所任，勿令爲吏及宦。"
《第二組》："爲吏而置吏于縣及都官，其身有辠（罪）耐以上及傳（使）故徼外不來復令而臣□者，其所置者皆免之。"
《第二組》："小誤，貲一盾；大誤，貲一甲。誤，毋（無）所害□□□□殹（也），減辠（罪）一等。"
《第二組》："䙴（遷）者、䙴（遷）者包及諸辠（罪）當輸□及會獄治它縣官而當傳者，縣官皆言獄斷及行年日月及會獄治者行年日月。"
《第二組》："黥舂、完城旦舂、鬼薪、白粲以下到耐辠（罪）皆校。"
《第二組》："有辠（罪）以貲贖及有責（債）於縣官，以其令日問之。"
《第二組》："居貲贖責（債）拾（給）日坐辠（罪）入以作官府及當戍故徼有故而作居縣者歸田農，穜時、治苗時、樓（穫）時各二旬。"
《第三組》："令到縣，縣各盡以見（現）錢，不禁者，勿令巨（歫）辠（罪）。"
《第三組》："諸書當傳者勿漕，斷辠（罪）輸䙴（遷）蜀巴者，令獨水道漕傳。"
《第三組》："其適（謫），辠（罪），不得賣。"

違與辠

《三德》："救（求）利，戔（殘）其新（親），是胃（謂）違（辠）。"

衰字聲系

衰與蓑

《妄稽》："毛若被（披）衰（蓑），未☐。"

蓑與衰

《容成氏》："於是於（乎）飼（治）籥（爵）而行录（禄），以嬰（讓）於又=吳=迵=（有虞迵，有虞迵）曰：'悳（德）速蓑（衰）☐'"

蓑與崔

《繫年十七》："齊蓑（崔）芧（杼）殺其君臧（莊）公，以爲成於晉。"

懐與衰

《窮達》："子疋（胥）前多社（功），後翏（戮）死，非其智懐（衰）也。"

榱與衰

《阜易・卜辭》："居家者，必榱（衰）。"

夊字聲系

柽與箠

《窮達》："白（百）里迌（轉）迖（鬻）五羊，爲敀（伯）斀（牧）牛，叕（釋）板（鞭）柽（箠）而爲㫚卿，堣（遇）秦穆。"
按，"柽（箠）"字從白於藍《郭店楚簡考釋（四篇）》（《簡帛研究 2001》，廣西教育出版社，2001 年）釋讀。

隹字聲系

隹與唯

《亙先》："天道既載，隹（唯）一以猶一，隹（唯）復以猶復。"
《語叢三》："☐者隹（唯）其止也以異。"
《周易・井》："九二：井浴（谷）弦（射）

䋮（鮒），隹（唯）𧚍（敝）縷（漏）。”

《交交》：“蹝（豈）紋是好，隹（唯）心是萛。”按，“隹（唯）”字從廖名春《楚簡〈逸詩·交交鳴鳥〉補釋》（簡帛研究網，2005年2月12日）讀。下一例同。

《交交》：“蹝（豈）紋是好，隹（唯）心是萬（勱）。”

《曹沫》：“君其亦隹（唯）聒（聞）夫墨（禹）、康（湯）、傑（桀）、受（紂）矣。”

《用曰》：“隹（唯）君之賈臣，非貨台（以）賵（酬）。”

《用曰》：“禑（禍）不降自天，亦不出自陸（地），隹（唯）心自惻（賊）。”

《用曰》：“凡民之冬（終）頪（類），隹（唯）善是善。”

《吳命》：“咎（舅）生（甥）之邦，聶（攝）周孫₌（子孫），隹（唯）舍（余）一人所豊（禮）。”

《吳命》：“寍（寧）心孜（拋）悥（憂），亦隹（唯）吳白（伯）父。”

《武王甲》：“桯（楹）名（銘）隹（唯）【曰】。”按，“隹（唯）”字從復旦大學出土文獻與古文字研究中心研究生讀書會《〈上博七·武王踐阼〉校讀》（復旦大學出土文獻與古文字研究中心網，2008年12月30日）釋讀。下二例同。

《武王甲》：“枳（枝）名（銘）隹（唯）曰。”

《武王甲》：“卣（牖）名（銘）隹（唯）曰。”

《三壽》：“則隹（唯）小心異₌（翼翼），寡（顧）復孛（勉）祇。”

《殘簡四》：“隹（唯）天隹（唯）人，申₌（申申）在〼。”

隹與惟

《緇衣》：“《尹亯（誥）》員（云）：‘隹（惟）尹允及湯，咸又（有）一悳（德）。’”

《緇衣》：“日昬（暑）雨，少（小）民隹（惟）日悁（怨），晉冬旨（祁）寒，少（小）民亦隹（惟）日悁（怨）。”

《緇衣》：“非甬（用）臸（令），折（制）以坓（刑），隹（惟）乍（作）五瘧（虐）之坓（刑）曰灋。”

《仲弓》：“孔₌（孔子）曰：‘售（雖），𡖄₌（古之）事君者以忠與敬，唯（雖）其難（難）也，女（汝）隹（惟）以〼。’”

《融師》：“蔑帀（師）見，毁折鹿戔（踐），隹（惟）𦭝（茲）作章（彰），皮（彼）獸鼠，又（有）足而〼。”

《用曰》：“亡（無）咎隹（惟）浧（盈）。”

《文王》：“隹（惟）七年，文王訪於上（尚）父。”

《文王》：“隹（惟）栫（持）〖市〗明之悳（德），其殜（世）也〼。”

《堯王》：“墨（禹）畣（答）曰：‘隹（惟）寺（時）。’”

《楚帛書》甲：“四神相弋（代），乃𡳿（止）以爲戢（歲），是隹（惟）四寺（時）。”

《楚帛書》乙：“隹（惟）□□□，月則緹（嬴）絀，不得其祟（當）。”

《楚帛書》乙：“凡戢（歲）悳（德）匿，女（如）□□隹（惟）邦所□夭（妖）之行。”

《楚帛書》乙：“隹（惟）悳（德）匿之戢（歲），三寺（時）□緐（繫）之以素降。”

《楚帛書》乙：“是月以婁（數）曆爲之正，隹（惟）十又（有）二□。”

《楚帛書》乙：“隹（惟）孛（李）悳（德）匿，出自黃淵（淵），土身亡鼹（翼），出內（入）□同，乍（作）其下凶。”

《楚帛書》乙：“母（毋）弗或敬，隹（惟）天乍（作）福，神則各（格）之，隹（惟）天乍（作）夭（妖），神則惠之。”

《楚帛書》乙："□敬隹（惟）備，天像是惻（則）。"
《楚帛書》乙："成隹（惟）天□，下民之祙（式），敬之母（毋）弋（忒）！"
《尹至》："隹（惟）尹自夏䢐（徂）白（亳），彔（逯）至才（在）湯。"
《尹至》："隹（惟）胾（滋）䖒（虐）悳（德）、瘵（暴）𤼈（重）、亡䇠（典）。"
《尹至》："其又（有）民衒（率）曰：'隹（惟）我束（速）禍（禍）。'"
《尹誥》："隹（惟）尹既𢓊（及）湯，咸又一悳（德）。"
《尹誥》："夏自蕝（絕）其又（有）民，亦隹（惟）𠂤（厥）眾，非民亡與獸（守）邑。"
《尹誥》："埶（摯）告湯曰：'我克𤔲（協）我沓（友），今隹（惟）民遠邦歸志。'"
《程寤》："隹（惟）王元祀貞（正）月既生朗（霸），大（太）姒夢見商廷隹（惟）棶（棘）。"
《程寤》："隹（惟）商慼才（在）周₌（周，周）慼才（在）商。"
《程寤》："隹（惟）杍（梓）㪔（敝），不義（宜）迖于商。"
《程寤》："卑（俾）行量亡乏，明₌（明明）才（在）向（上），隹（惟）容内（納）棶（棘），意（抑）欲隹（惟）柏。"
《保訓》："身兹備（服），隹（惟）允，翼₌（翼翼）不解（懈），用作三隆（降）之悳（德）。"
《耆夜》："康藥（樂）而母（毋）忘（荒），是（寔）隹（惟）良士之迈₌（方方）。"
《耆夜》："康藥（樂）而母（毋）𢗽，是（寔）隹（惟）良士之思₌（懼懼）。"
《耆夜》："康藥（樂）而母（毋）忘（荒），是（寔）隹（惟）良士之思₌（懼懼）。"
《金縢》："隹（惟）尔（爾）元孫發（發）也，不若但（旦）也。"
《金縢》："昔公堇（勤）勞王家，隹（惟）余湝（沖）人亦弗𢓊（及）智（知）。今皇天遀（動）鬼（威），以章公悳（德），隹（惟）余湝（沖）人其視（親）逆公，我邦家豊（禮）亦宜之。"
《皇門》："隹（惟）正【月】庚午，公𢓜（格）才（在）者（皇）門。"
《皇門》："𦅫（肆）朕湝（沖）人非敢不用明刑，隹（惟）莫覓（開）余嘉悳（德）之兑（説）。"
《皇門》："廼隹（惟）大門宗子埶（邇）臣，楙（懋）昜（揚）嘉悳（德）。"
《皇門》："弗畏不恙（祥），不肯惠聖（聽）亡（無）辠（罪）之詞（辭），乃隹（惟）不訓（順）是絧（治）。"
《皇門》："乃隹（惟）又（有）奉俟（癡）夫，是䔖（陽）是䋛（繩），是以爲上，是受（授）司事帀（師）長。"
《皇門》："母（毋）隹（惟）尔（爾）身之䜾，皆卹（恤）尔（爾）邦，叚（假）余憲。"
《祭公》："余隹（惟）寺（時）逨（來）視，不淑（淑）疾甚，余畏天之㝵（作）畏（威）。"
《祭公》："天子，㑅（謀）父縢（朕）疾隹（惟）不瘳。"
《祭公》："隹（惟）寺（時）皇上帝厇（度）其心，卿（享）其明悳（德），府（付）畀四方。"
《祭公》："我亦隹（惟）又（有）若且（祖）周公概（暨）且（祖）卲（召）公。"
《祭公》："我亦隹（惟）又（有）若且（祖）𧽊（祭）公，堥（修）和周邦，保䁥（乂）王家。"

《祭公》："三公，思（謀）父縢（朕）疾隹（惟）不瘳。"
《祭公》："敢秊（告）天子，皇天改大邦㱿（殷）之命，隹（惟）周文王受之，隹（惟）武王大敗之，成氒（厥）社（功）。"
《祭公》："隹（惟）天奠（定）我文王之志，適（董）之甬（用）畏（威）。"
《祭公》："隹（惟）文武中大命，戡（戡）氒（厥）敵。"
《祭公》："不（丕）隹（惟）周之旁（旁），不（丕）隹（惟）句（后）褸（稷）之受命是羕（永）哥（厚）。"
《祭公》："隹（惟）我後嗣，方建宗子，不（丕）隹（惟）周之哥（厚）莽（屏）。"
《祭公》："既沁（咸），乃又（有）履宗，不（丕）隹（惟）文武之由。"
《祭公》："女（汝）母（毋）絸（瞑）㬈（眩）悳=（壤壤），哥（厚）㢧（顏）忍恥，寺（時）隹（惟）大不弔（淑）孳（哉）。"
《祭公》："昔才（在）先王，我亦不以我辟竁（陷）于戁（難），弗逵（失）于政，我亦隹（惟）以沒我殀（世）。"
《祭公》："天子，參（三）公，余隹（惟）弗迟（起）縢（朕）疾。"
《說命上》："隹（惟）䐡（殷）王賜敚（說）于天，甬（傭）爲逵（失）宙（仲）使人。"
《說命上》："王命氒（厥）百攻（工）向（像），以貨旬（營）求敚（說）于邑人，隹（惟）弜（罪）人得敚（說）于尃（傅）厰（巖）。"
《說命上》："敚（說）迺曰：'隹（惟）帝以余畀尔=（尔，尔）左執朕袂，尔右䭫=（稽首）。'"
《說命上》："其隹（惟）敚（說）邑，才（在）北晦（海）之州，是隹（惟）員（圜）土。"
《說命中》："王詥（原）比氒（厥）夢，曰：'女（汝）逨（來）隹（惟）帝命。'"
《說命中》："若金，甬（用）隹（惟）女（汝）复（作）礪（礪）。"
《說命中》："朕畜女（汝），隹（惟）乃复（腹）非（肺）乃身。"
《說命中》："女（汝）隹（惟）孳（兹），敚（說），砥（底）之于乃心。"
《說命中》："女（汝）克䚕（覭）視，四方乃府（俯）；視𨸏（地），心毀隹（惟）備（服）。"
《說命中》："敬之孳（哉），甬（用）隹（惟）多悳（德）。"
《說命中》："复（且）隹（惟）口迟（起）戎出好（羞），隹（惟）𢦏（干）戈复（作）疾，隹（惟）怵（衣）𢧵（載）㾓（病），隹（惟）𢦏（干）戈生（眚）氒（厥）身。"
《說命下》："少（小）臣罔㚒（俊）才（在）朕備（服），余隹（惟）命女（汝）敚（說）融（融）朕命。"
《說命下》："女（如）飛鶴（雀）罔鬼（覺）䚕，不隹（惟）鹰（鷹）唯（椎），迺弗㥯（虞）民，氒（厥）其怂（禍）亦羅于罟（罨）罘（罿）。"
《說命下》："女（汝）隹（惟）又（有）萬昬（壽）才（在）乃政；女（汝）亦隹（惟）克㬎（顯）天，迵（恫）眔（瘝）少（小）民，宙（中）乃罰；女（汝）亦隹（惟）又（有）萬福業=（業業）才（在）乃備（服）。"
《說命下》："隹（惟）寺（時）大戊盍（謙）曰。"
《說命下》："弋（式）隹（惟）參（三）悳（德）賜我，虛（吾）乃尃（敷）之于百青（姓）。"
《說命下》："余隹（惟）弗迸（雝）天之叚（嘏）命。"
《琴舞》："無思（悔）享君，罔䬻（墜）其考（孝），享隹（惟）滔（慆）帀（思），考（孝）隹（惟）型帀（思）。"

《琴舞》："敬=之=（敬之敬之），天隹（惟）㬎（顯）帀（思），文非易帀（思）。"
《琴舞》："參（三）啟曰：悳（德）元隹（惟）可（何）？曰𣶒（淵）亦印（抑）。"
《琴舞》："不易畏（威）義（儀）才（哉），言隹（惟）克敬之！"
《琴舞》："思輔舍（余）于勤（艱），廼是（寔）隹（惟）民，亦思不忘。"
《琴舞》："六啟曰："其舍（余）湝（沖）人，備（服）才（在）清宙（廟），隹（惟）克少（小）心。"
《琴舞》："甬（用）頌（容）祝舍（余），甬（用）少（小）心寺（持）隹（惟）文人之若（若）。"
《琴舞》："不（丕）㬎（顯）其又（有）立（位），右帝才（在）茖（落），不遂（佚）隹（惟）同。"
《琴舞》："弼（弗）敢巟（荒）悳=（德，德）非墮（惰）帀（思），純隹（惟）敬帀（思），文非敕（陳）帀（思）。"
《琴舞》："思豐其復，隹（惟）福思甬（庸），黃句（耇）隹（惟）程（盈）。"
《芮良夫》："民之俴（殘）矣，而隹（惟）啻（讁）爲王：'皮（彼）人不敬，不藍（鑑）于夏商。'"
《芮良夫》："寇（寇）戎方晉，悔（謀）猷隹（惟）戒。"
《芮良夫》："凡隹（惟）君子，尚藍（鑑）于先舊，道（導）譚（讀）善敗，卑生（匡）以戒（誡）。"
《芮良夫》："此隹（惟）天所建，隹（惟）四方所祇畏。"
《芮良夫》："桊（朕）隹（惟）湝（沖）人，則女（如）禾之又（有）稆（穉）。"
《赤鵠》："至于夏=句=（夏后。夏后）曰：'尔隹（惟）咅（𠧗）？'"
《厚父》："啟隹（惟）后，帝亦弗叜（邛）啟之經悳（德）少，令（命）咎（臯）繇（繇）下爲之卿事。"
《厚父》："茲咸又（有）神，能畧（格）于上，智（知）天之鬼（威）戈（哉），聒（問）民之若否，隹（惟）天乃永保夏邑。"
《厚父》："朝夕隸（肆）祀，不盤于庚（康），以庶民隹（惟）政之龏（恭），天則弗臭（斁），永保夏邦。"
《厚父》："其才（在）寺（時）後王之卿（享）國，隸（肆）祀三后，永敘才（在）服，隹（惟）女（如）怡（台）？"
《厚父》："者（都）！魯天子！古天降下民，埶（設）萬邦，复（作）之君，复（作）之帀（師），隹（惟）曰其勸（助）上帝。"
《厚父》："隹（惟）寺（時）下民䧹（共）帝之子，咸天之臣民。"
《厚父》："隹（惟）寺（時）余經念乃高且（祖）克害（憲）皇天之政工（功）。"
《厚父》："茲少（小）人之悳（德），隹（惟）女（如）怡（台）？"
《厚父》："隹（惟）所役之，司民啟之。民其亡㾯（良），廼弗鬼（畏）不恙（祥）。"
《厚父》："亡㬎（顯）于民，亦隹（惟）骬（禍）之卣（攸）及，隹（惟）司民之所取。"
《厚父》："曰民心隹（惟）本，氒（厥）復（作）隹（惟）枼（葉），引（矧）其能丁，良于沓（友）人，廼洹（宣）弔（淑）氒（厥）心。"
《厚父》："若山氒（厥）高，若水氒（厥）𣶒（淵），女（如）玉之才（在）石，女（如）丹之才（在）朱，廼是（寔）隹（惟）人。"
《厚父》："母（毋）湛于酉（酒）。民曰隹（惟）酉（酒）甬（用）䬸（肆）祀，亦隹（惟）酉（酒）甬（用）庚（康）樂；曰酉（酒）非飤（食），隹（惟）神之卿（饗）；

民亦【曰】隹（惟）西（酒）甬（用）敗鬼（威）義（儀），亦隹（惟）西（酒）甬（用）恆（癡）痓（狂）。”

《封許》：“則隹（惟）女（汝）呂丁，庳（肇）橐（右）玟（文王），謐（畢）光氒（厥）剌（烈）。”

《封許》：“亦隹（惟）女（汝）呂丁，𢦏（扞）補（輔）珷（武王），攼（翦）敦殷受（紂），咸成商邑。”

《封許》：“女（汝）隹（惟）臧（壯）耆尔猷，虔（虔）血（恤）王家，柬（簡）膀（乂）亖（四）方不㛸（賓），以堇（勤）余兦（一人）。”

《封許》：“女（汝）亦隹（惟）臺（淑）章（彰）尔虒（慮），祗敬尔猷，以永厚周邦，勿灋（廢）朕命，經嗣枼（世）亯（享）。”

《湯丘》：“女（如）幸余閒（干）於天畏（威），朕隹（惟）逆訓（順）是煮（圖）。”

《啻門》：“六以行之，晝、夜、春、夏、秋、冬，各時（持）不解（懈），此隹（惟）事首，亦隹（惟）天道。”

《管仲》：“是則事首，隹（惟）邦之寶。”

隹與錐

《體積》：“積隹（錐）者，兩廣相乘也，高乘之，三成一尺。”

隹與雖

《緇衣》：“人唯（雖）曰不利，虐（吾）弗信之矣。”按，上博簡本《緇衣》唯（雖）作隹。

《詩論》：“孔₌（孔子）曰：‘此命也夫！文王隹（雖）谷（欲）已，得虐（乎）？此命也。’”

《弟子問》：“隹（雖）多聕（聞）而不習（友）臤（賢），其〼。”

《吳命》：“隹三夫₌（大夫）其辱昏（問）之，今日隹（雖）不悔（悔），既廼（犯）矣。”按，“隹”似當讀作“雖”。

隹與維

《詩論》：“《剌（烈）文》曰：‘乍〈亡〉競隹（維）人，不（丕）㬎（顯）隹（維）悳（德）。’”

《保訓》：“敬才（哉）！母（毋）淫！日不足隹（維）宿不羕（詳）。”

《皇門》：“隹莫覓（開）余嘉悳（德）之兑（説）。”按，今本《逸周書·皇門》隹作維。下六例同。

《皇門》：“廼隹大門宗子埶（邇）臣，楙（懋）昜（揚）嘉悳（德）。”

《皇門》：“至于氒（厥）後嗣立王，廼弗肯用先王之明刑，乃隹訯₌（汲汲）疋（胥）區（驅）疋（胥）斆（教）于非彝。”

《皇門》：“以家相氒（厥）室，弗卹王邦王家，隹俞（媮）悳（德）用。”

《皇門》：“斯乃非休悳（德）以膺（應），乃隹乍（詐）區（詬）以畣（答），阜（俾）王之亡（無）依亡（無）薵（助）。”

《皇門》：“乃隹又（有）奉侯（癡）夫，是糃（陽）是䋲（繩），是以爲上，是受（授）司事帀（師）長。”

《皇門》：“母（毋）隹尔（爾）身之嚚，皆卹（恤）尔（爾）邦，叚（假）余憲。”

《祭公》：“隹寺（時）皇上帝尾（度）其心，卿（享）其明悳（德），府（付）畀四方。”按，今本《逸周書·祭公》隹作維。下十一例同。

《祭公》：“我亦隹又（有）若且（祖）周公概（暨）且（祖）卲（召）公。”

《祭公》：“我亦隹又（有）若且（祖）䢵（祭）公，攸（修）和周邦，保眲（乂）王家。”

《祭公》：“三公，㥸（謀）父縢（朕）疾隹不瘳。”

《祭公》："敢䢅（告）天子，皇天改大邦壂（殷）之命，隹周文王受之，隹（惟）武王大敗之，成氒（厥）社（功）。"
《祭公》："隹天奠（定）我文王之志，適（董）之甬（用）畏（威）。"
《祭公》："隹文武中大命，戓（戡）氒（厥）敵。"
《祭公》："不（丕）隹周之旁（旁）。"
《祭公》："隹我後嗣，方建宗子，不（丕）隹（惟）周之厚（厚）并（屏）。"
《祭公》："既沁（咸），乃又（有）履宗，不（丕）隹文武之由。"
《祭公》："女（汝）母（毋）䀠（瞑）㝃（眩）懷₌（壞壞），厚（厚）䫉（顏）忍恥，寺（時）隹（惟）大不弔（淑）孳（哉）。"
《祭公》："天子，參（三）公，余隹（惟）弗迟（起）滕（朕）疾。"

隹與誰

《緇衣》："《寺（詩）》員（云）：'隹（誰）秉㦴（國）成，不自爲貞（正），卒裳（勞）百眚（姓）。'"
《苦成》："者（諸）侯畜我，隹（誰）不以厚？"按，"隹（誰）"字從沈培《上博簡〈姑成家父〉一個編聯組位置的調整》（簡帛網，2006年2月22日）引陳劍説讀。
《苦成》："唯（雖）得字（免）而出，以不能事君，天下爲君者，隹（誰）欲畜女（汝）者才（哉）？"按，"隹（誰）"字從季旭昇《上博五芻議（下）》（簡帛網，2006年2月18日）讀。

唯與隹

《緇衣》："人唯（雖）曰不利，虗（吾）弗信之矣。"按，上博簡本《緇衣》唯作隹。下同。
《緇衣》："非其走（止）之共，唯王【之】㤅（邛）。"

唯與惟

《緇衣》："非其走（止）之共，唯王【之】㤅（邛）。"按，今本《禮記·緇衣》唯作惟。
《成之》："《君奭》曰：'唯髟（冒）不（丕）單爯（稱）悳（德）。'害（蓋）言疾也。"按，今本《尚書·君奭》唯作惟。
《隨日·直室門》："失伍門：唯（惟）爲嗇夫，瀌（廢）。"
《隨日·直室門》："使人必賖，唯（惟）人盡出，三日言必大至。"
《隨日·直室門》："貨門：所利唯（惟）賈市。"

唯與椎

《説命下》："女（如）飛鶴（雀）罔鬼（鬢）觀，不隹（惟）鷹（鷹）唯（椎），廼弗㬎（虞）民，氒（厥）其怹（禍）亦羅于罟（罨）罘（罿）。"按，"唯"似當讀作"椎"。《説文》："椎，擊也。"

唯與維

《阜春二三》："王子餘唯（維）合（答）曰。"

唯與雖

《老子》甲："僕（樸）唯妻（微），天陛（地）弗敢臣。"按，今本唯作雖。
《緇衣》："人唯（雖）曰不利，虗（吾）弗信之矣。"
《窮達》："又（有）其人，亡其殜（世），唯（雖）臤（賢）弗行矣。"
《成之》："是古（故）亡虗（乎）其身而廌（存）虖（乎）其訶（辭），唯（雖）厚其命，民弗從之俟（矣）。"
《成之》："句（苟）不從其繇（由），不反其𠯑（本），唯（雖）弖（強）之弗内俟（矣）。"
《成之》："唯（雖）肰（然），其廌也不厚，其重也弗多悏（矣）。”
《成之》：“唯（雖）其於善道也，亦非又（有）譯婁以多也。”
《成之》：“唯（雖）又（有）其亙（恆）而可，能終之爲難。”
《六德》：“苟不繇（由）其衍（道），唯（雖）堯（槥）求之弗得也。”
《性自》：“凡人唯（雖）又（有）眚（性），心亡奠志。”
《性自》：“〼唯（雖）又（有）眚（性），心弗取不出。”
《性自》：“句（苟）以其青（情），唯（雖）怂（過）不亞（惡）；不以其青（情），唯（雖）難（戁）不貴。句（苟）又（有）其青（情），唯（雖）未之爲斯，人信之喜（矣）。”
《性自》：“唯（雖）能其事，不能其心，不貴。”
《語叢四》：“唯（雖）戓（勇）力聒（聞）於邦，不女（如）材。”
《從政》：“章（庸）行不倦（倦），時（持）善不猒（厭），唯（雖）殜（世）不㒓，必或智（知）之。”
《容成氏》：“唯（雖）君亡道，臣敢勿事虖（乎）？唯（雖）父亡道，子敢勿事虖（乎）？”
《仲弓》：“唯（雖）又（有）臤（賢）才，弗智（知）𦦝（舉）也。”
《仲弓》：“唯（雖）有𡥉（孝）悳（德），其〼。”
《仲弓》：“孔₌（孔子）曰：‘售（雖），𠀡₌（古之）事君者以忠與敬，唯（雖）其戁（難）也，女（汝）隹（惟）以〼。’”
《仲弓》：“夫子唯（雖）有與（舉），女（汝）蜀（獨）正之，幾（豈）不又（有）狂（匡）也？”
《彭祖》：“五紀必（畢）周，唯（雖）貧必攸（修）；五紀不工，唯（雖）福（富）必遳（失）。”
《柬大王》：“夫唯（雖）母（毋）𣆶（旱），而百眚（姓）迻（移）以迲（去）邦家。”按，“唯（雖）”字從陳劍《上博竹書〈昭王與龔之脽〉和〈柬大王泊旱〉讀後記》（簡帛研究網，2005年2月15日）、劉樂賢《讀上博（四）劄記》（簡帛研究網，2005年2月15日）讀。
《内豊》：“〼不可，唯（雖）至於死，從之。”
《鮑叔牙》：“臣唯（雖）欲訐（諫），或不得見，公沽（固）弗譥（察）。”
《苦成》：“唯（雖）不堂（當）殜（世），句（苟）義毋售（久）立，死可（何）虩（傷）才（哉）！”
《苦成》：“唯（雖）得字（免）而出，以不能事君，天下爲君者，隹（誰）欲畜女（汝）者才（哉）？”
《苦成》：“虐（吾）毋又（有）它，正公事，唯（雖）死，安（焉）逃之？”按，“唯（雖）”字從沈培《上博簡〈姑成家父〉一個編聯組位置的調整》（簡帛網，2006年2月22日）讀。
《三德》：“〼邦四嗌（益），是胃（謂）方芋，唯（雖）盁（盈）必虛；宮室迯（過）厇（度），皇天之所亞（惡），唯（雖）成弗居。”
《競公瘧》：“唯（雖）是夭〼。”按，“唯（雖）”字從何有祖《上博六〈景公瘧〉初探》（簡帛網，2007年7月11日）讀。
《季桓子》：“審二逃（道）者以觀於民，唯（雖）又（有）□弗遠矣。”
《季桓子》：“言即至矣（矣），唯（雖）虐（吾）子勿聒（問），古（固）𨟻（將）以告。”按，“唯（雖）”字從李鋭《〈孔子見季桓子〉新編（稿）》（簡帛網，2007 年 7 月 11 日）釋讀。

《鄭子甲》：“唯（雖）邦之恠，酒（將）必爲帀（師）。”

《鄭子乙》：“唯（雖）邦之恠，酒（將）必爲帀（師）。”

《君人甲》：“民乍而囟（使）之，君王唯（雖）不亢（荒）年（寧），可也。”按，“唯（雖）”字從復旦大學出土文獻與古文字研究中心研究生讀書會《〈上博七·君人者何必安哉〉校讀》（復旦大學出土文獻與古文字研究中心網，2008 年 12 月 31 日）讀。下一例同。

《君人乙》：“民乍而囟（使）之，君王唯（雖）不亢（荒）年（寧），可也。”

《日乙·寄人室》：“它日唯（雖）有不吉之名，無所大害。”

《命》：“唯（雖）鈙（陷）於鈫（斧）疐（鑕），命勿之敢韋（違）。”

《王居》：“唯（雖）我悉（愛）尔（爾），虐（吾）無女（如）社禝（稷）可（何）!”

《卜書》：“凡三族又（有）此（疵），三末唯（雖）吉，女（如）白女（如）黃，貞邦☐。”

《卜書》：“貞卜邦，兆（兆）唯（雖）迟（起）句（椇），母（毋）白母（毋）赤，母（毋）卒（萃）以昜（逖）。”

《卜書》：“若卜貞邦，三族句（椇）旨（枳）而惕（逖），三末唯（雖）敗，亡（無）大咎，又（有）吝于外。”

《卜書》：“女（如）三末唯（雖）吉，三族是卒（萃），亦亡（無）大咎，又（有）吝於內。”

《湯丘》：“唯（雖）臣死而或（又）生，此言弗或（又）可得而聒（聞）巳（矣）。”

《湯丘》：“唯（雖）余孤之與卡₌（上下）交，剴（豈）敢以衾（貪）嬰（舉）？”

《啻門》：“惪（德）叏（變）亟執譌以亡（妄）成，此胃（謂）亞（惡）惪（德），唯（雖）成或（又）浧（瀆）。”

《三壽》：“天寡（顧）復之甬（用）休，唯（雖）侌（陰）或（又）明。”

《管仲》：“受命唯（雖）約（約），出外必張，晨（蠢）童（動）遘（謹）畏，叚（假）龍（寵）以方（放）。”

《管仲》：“唯（雖）齊邦區₌（區區），不若蕃（藩）算（蔽）☐。”

《隨日·叢辰》：“唯（雖）雨，齊（霽）。”

《隨日·叢辰》：“唯（雖）雨，見日。”

《隨日·星官》：“唯（雖）它大吉，勿用。”

《二年·效律》：“唯（雖）不免、徙。”按，“唯（雖）”字從武漢大學簡帛研究中心、荊州博物館、早稻田大學長江流域文化研究所《張家山漢簡〈二年律令〉釋文校訂》（《中國文字》新 32 期，藝文印書館，2006 年）釋讀。

《帛甲老子·道經》：“唯（雖）有環（榮）官（觀），燕處則昭若。”

《帛甲老子·道經》：“唯（雖）知（智）乎大眯（迷），是胃（謂）眇（妙）要。”

《帛甲老子·道經》：“道恆无名，楃（樸）唯（雖）小，而天下弗敢臣。”

《帛乙老子·道經》：“道恆无名，樸唯（雖）小，而天下弗敢臣。”

《九主》：“唯（雖）然，酉（猶）君也，自制其臣者也，非作人者。”

《本伐》：“舉兵而栽（誅）之，唯（雖）无大利，亦无大害焉。”

《本伐》：“所胃（謂）行忿者，心唯（雖）忿，不能徒，怒必有爲也。”

《稱》：“宮室過度，上帝所亞（惡），爲者弗居，唯（雖）居必路（落）。”

《戰國二〇》：“唯（雖）然，夫知（智）者之舉事，因過（禍）而爲福，轉敗而爲功。”

《戰國二三》：“所道攻燕，非齊則魏，齊魏新惡楚，唯（雖）欲攻燕，將何道戈（哉）？”

《戰國二四》：“不穀唯（雖）小，已悉起之矣。”

《戰國二四》：“計聽知順逆，唯（雖）王可。”

《帛易・豐》：“初九，禺（遇）其肥（配）主，唯（雖）旬，无咎，往有尚。”

《繆和》：“至於其失之也，唯（雖）欲爲人用，剴（豈）可得也才（哉）？”按，“唯”當讀作“雖”。

《阜易・卜辭》：“唯（雖）合，後必相去也。”按，“唯”似當讀作“雖”。下一例同。

《阜易・卜辭》：“唯（雖）不病而非重厚之士死。”

《四變》：“如此者，軍唯（雖）可毄（擊），弗毄（擊）也。”

《四變》：“若此者，城唯（雖）可攻，弗攻也。”

《勢備》：“劍无封（鋒），唯（雖）孟賁之勇，不敢□□□。”

《勢備》：“劍无首鋌，唯（雖）巧士不能進□□。”

《攻權》：“☐下不節童（動），唯（雖）勝爲幸。”

《庫法》：“非甲戟矢弩及兵槃韋鞮（鞮）之事，及它物唯（雖）非守禦之具也。”

《兵令》：“然而見適（敵）走之如歸，前唯（雖）有千仁（仞）之溪，折膭（脊）☐。”

《王兵》：“位唯（雖）□而權多，則天下懷之。”

《奇正》：“使民唯（雖）不利，進死而不筍（旋）踵，孟賁之所難也，而責之民，是使水逆留（流）也。”

《聽有》：“中心不虛，耳目不閒（宣），唯（雖）聞善言，不褚（儲）於心，內二患也。”

《十問》：“適（敵）唯（雖）什（十）負（倍），便我車騎，三軍可毄（擊）。”

《禁》：“雖（唯）聖人明王亦善治其衷，故治而不亂，安而不危，鮮而不辱。”

《三十時》：“不可取婦₌（婦，婦）不生，唯（雖）生无子。”

《北大老子》：“唯（雖）有共（拱）之璧以先四（駟）馬，不如坐而進此。”

《北大老子》：“唯（雖）有榮（縈）館，燕處超若。”

《北大老子》：“不貴其師，不愛其資，唯（雖）智必大迷，此謂眇（妙）要。”

《北大老子》：“道恆無名，樸唯（雖）小，天下弗敢臣。”

《周馴》：“唯（雖）然，爾能令而百姓毋我思也，則而立（位）可以幸於不危矣。”

《周馴》：“唯（雖）已弇（掩）貍（埋）之，寇出其骸，莫守其墳，人發其丘，扣以爲壑，剴（豈）或禁之？”

《周馴》：“余唯（雖）未爾立，而身自令，余唯（雖）已終，至于季年。”

《周馴》：“余唯（雖）身置女（汝），人將代女（汝），民莫而骨〈肎（肯）〉好。”

《周馴》：“今女（汝）無孝而難聽親，則周唯（雖）小國，其庸可得有？”

《周馴》：“國與身乳〈亂〉，唯（雖）爲人主，其安得所願？”

《揕輿》：“凡日、辰、星唯（雖）不吉，而皆在歲後之一方，以祭祀，其期七月有大喜。”

《揕輿》：“唯（雖）日、辰、星皆不吉，必矰（增），唯（雖）廢必興。”

《堪輿》：“唯（雖）不當是日與是星，后（後）其方之辰與其星，其三月。”

《堪輿》：“日、辰、星唯（雖）皆吉，而會於歲立（位），以作事、祭祀，至死，卒歲復至於其月或有咎。”

《荊決》：“唯（雖）欲行作，關粱（梁）之止。”

《六博》：“過方復出者，更期當復到方中，唯（雖）未至，當近還反（返）之日，以期之。”

《神烏賦》：“唯（雖）就宮持，豈不怠哉？”

淮與乖

《將失》：“十九曰，軍淮（乖），眾不能將吏，可敗也。”

淮與睢

《妄稽》：“鳶肩傑胅，蕭（騷）蕭（騷）淮（睢）淮（睢）。”按，“淮（睢）淮（睢）”字從蕭旭《北大漢簡（四）〈妄稽〉校補》（復旦大學出土文獻與古文字研究中心網，2016年7月4日）讀。

惟與椎

《説命上》：“氒（厥）敓（説）之䏐（狀），鵑（鳶）肩女（如）惟（椎）。”

進與推

《老子》甲：“天下樂進而弗詀（厭）。”按，今本進作推。

進與誰

《老子》甲：“天下樂進而弗詀（厭）。”按，帛書乙本進作誰。

進與隼

《老子》甲：“天下樂進而弗詀（厭）。”按，帛書甲本進作隼。

椎與錐

《第三組》：“鐵椎（錐）鐵鋒（鋒）不可久劾，勿久劾。”

椎與墜

《競公瘧》：“既只（跂）於天，或（又）椎（墜）於囦（淵）。”

蜼與惟

《子產》：“蜼（惟）能智（知）其身，以能智=其=所=生=（知其所生，知其所生）以先=悔=人=（先謀人，先謀人）以復于身=（身，身）、室、邦或（國）、者（諸）侯、天陛（地），固用不悖，以能成卒。”

蜼與虺

《三十時》：“閩（蚊）蚊（虻）不食駒犢，蜼（虺）蠆不螫（螫）☐。”按，“蜼（虺）”字從楊安《〈銀雀山漢墓竹簡·貳〉讀書記之一——釋文校訂和一些問題的説明》（簡帛網，2012年10月19日）釋讀。

誰與推

《第二組》：“置典、老，必里相誰（推），以其里公卒、士五（伍）年長而毋（無）害者爲典、老，毋（無）長者令它里年長者。”

《帛乙老子·德經》：“天下皆樂誰（推）而弗猒（厭）也。”

《帛五行·説》：“能誰（推）之爲君子，弗能進，各止於其里。”按，“誰”似當讀作“推”。

《卻穀》：“年卅者朝卅莫（暮）卅，三日之莫（暮）三百，以此數誰（推）之。”

《繫辭》：“爲（化）而施之胃（謂）之變，誰（推）而舉諸天下之民胃（謂）之事業。”

《繫辭》：“化而制之存乎變，誰（推）而行之存乎迵（通），神而化之存乎其人。”

《繫辭》：“剛柔相誰（推），變在其中矣。”

《繫辭》：“寒暑相誰（推）而歲成焉。”

《易之義》：“林（臨）之卦，自誰（推）不无瞿（懼）。”

雖與惟

《筮法二一》："㕣（凡）噬（筮）志事及軍遊（旅），乃雖（惟）兇之所集於四立（位）是視，乃以名其兇。"

雖與唯

《天甲·塞穴》："凡可塞穴置（蘺）鼠、瀝（壓）困日，雖（唯）十二月子。"

《天乙·建除》："彼（破）日：毋可以有爲毆，雖（唯）利彼（破）水。"

《天乙·直室門》："失行門：雖（唯）爲嗇夫，□□□□，財入雖多，□必盡。"

《天乙·直室門》："財門：所利雖（唯）利賈市，入財大吉，十二月更。"

《天乙·塞穴》："凡可塞穴置（蘺）鼠、瀝（壓）困日，雖（唯）十二月子。"

《天乙·日衝》："雖（唯）利壞徹，是₌（此是）日衝（衝）。"

《帛五行·說》："雖（唯）有德者然笱（後）能金聲而玉辰（振）之。"

《帛五行·說》："心曰雖（唯），莫敢不雖（唯）。"

《帛五行·說》："心曰雖（唯），耳目鼻口手足音聲皃（貌）色皆雖（唯），是莫敢不雖（唯）也。"

《帛五行·說》："雖（唯）而不若（諾），走而不趨。"

《戰國一二》："平陵〈陸〉雖（唯）成（城）而已，其鄙〈鄙〉盡入粱（梁）氏矣。"

《行篡》："稱鄉（向）縣（懸）衡，雖（唯）其宜也。"

《晏子一三》："嬰聞之，雖（唯）正（政）順乎神可以益壽而已矣。"

《地典》："雖（唯）六月不可逆水南鄉（嚮），二月不可逆系（溪）南鄉（嚮）。"

《服傳甲》："童子，雖（唯）當室緦。"

《服傳乙》："童子，雖（唯）當室緦。"

魋與隤

《繫辭》："夫鍵（乾），蒿（確）然視（示）人易；夫川（坤），魋（隤）然視（示）人閒（簡）。"

《繫辭》："夫川（坤），魋（隤）然天下之至順也，德行恆閒（簡）以知阻。"

魋與堆

《妄稽》："淫瑟（蝨）緣辟（臂），魋（堆）暴（皺）庢（膟）詩（勃）。"按，"魋（堆）"字從蕭旭《北大漢簡（四）〈妄稽〉校補》（復旦大學出土文獻與古文字研究中心網，2016年7月4日）讀。

崔與衰

《妄稽》："女士死中，女崔（衰）三年。"按，"崔（衰）"字從王曉明《北大簡〈妄稽〉校讀簡記（四）》（復旦大學出土文獻與古文字研究中心網"學術討論"，2016年6月13日）讀。

嗺與衰

《帛五行·說》："駐（差）貤（池）者言不在嗺（衰）經，不在嗺（衰）經也，然笱（後）能至哀。"

水字聲系

水與雉

《日甲·盜者》："酉，水（雉）也。"

《隨日·盜日》："酉：水（雉）日。"

水與準

《三壽》："楑（揆）审（中）水（準）奐（衡），不力，寺（持）型（刑）罰訪（赦）。"按，"水（準）"字從王寧《讀〈殷高宗問於三壽〉散札》（復旦大學出土文獻與古文字研究中心網，2015年5月17日）讀。

水與箠

《將理》："罷囚之請（情），不侍（待）陳水（箠）楚囚而之請（情）可畢。"

幾字聲系

幾與機

《從政》："從正（政）又（有）七幾（機）。"

《曹沫》："牆（莊）公曰：'既成쿡（教）矣，出帀（師）又（有）幾（機）虖（乎）？'畣（答）曰：'又（有）。臣䎽（聞）之：三軍出，其逹（將）逮（卑），父䚷（兄）不鷹，繇（由）邦馭（御）之。此出帀（師）之幾（機）。'臧（莊）公或（又）䎽（問）曰：'三軍𤔲果又（有）幾（機）虖（乎）？'畣（答）曰：'又（有）。臣䎽（聞）之：三軍未成戟（陳），未豫（舍），行阪淒（濟）障，此𤔲果之幾（機）。'臧（莊）公或（又）䎽（問）曰：'戰又（有）幾（機）虖（乎）？'畣（答）曰：'又（有）。其去之不速，其還（就）之不尃（迫），其坙（啟）節不疾，此戰之幾（機）。是古（故）矣（疑）戟（陳）敗，矣（疑）戰死。'臧（莊）公或（又）䎽（問）曰：'既戰又（有）幾（機）虖（乎）？'畣（答）曰：'又（有）。其賞譏（淺）虘（且）不中，其詎（誅）𡈼（重）虘（且）不讙（察），死者弗收，𠜒（傷）者弗䎽（問），既戰而又（有）忄=（殆心），此既戰之幾（機）。'"按，"幾（機）"字從陳劍《上博竹書〈曹沫之陳〉新編釋文》（簡帛研究網，2005年2月12日）讀。

《芮良夫》："我之不言，則畏天之發幾（機）。"

《管仲》："疋（胥）舍之邦，此以又（有）或（國），天下又（有）其幾（機）。"

《爲吏》："口，關也；舌，幾（機）也。"

《姓爭》："明明至微，時反（返）以爲幾（機）。"

《戰國一五》："有（又）爲陶啟兩幾（機），盡故宋，而衛〈衛〉效蟬（單）尤〈父〉。"

《戰國一九》："故攻齊之於陶也，存亡之幾（機）也。"

《繫辭》："言行，君子之區（樞）幾（機）。"

《繫辭》："區（樞）幾（機）之發，營（榮）辰〈辱〉之斗（主）也。"

《繫辭》："君不閉（密）則失臣，臣不閉（密）則失身，幾（機）事不閉（密）則害盈（成），是以君子慎閉（密）而不出也。"

《繫辭》："夫易，耶（聖）人之所以極深而達幾（機）也。"

《繫辭》："唯深，故達天下之□；唯幾（機），故能定天下之務；唯神，故不疾而數（速），不行【而】至。"

《繫辭》："君子見幾（機）而作，不位（立）冬（終）日。"

《九地》："發其幾（機），若敺（驅）羣羊。"

《陳忌問壘》："弩次之者，所以當投幾（機）也。"

幾與譏

《邶風》："□送我幾（譏）。"

幾與蟣

《牝痔》："牝痔之入竅中寸，狀類牛幾（蟣）三□□然。"按，"幾（蟣）"字從馬繼興《馬王堆古醫書考釋》（湖南科學技術出版社，1992年，509頁）和魏啟鵬、胡翔驊《馬王堆漢墓醫書校釋（壹）》（成都出版社，1992年，109頁）讀。

幾與饑

《占書》："在夏，大兇，在日爲幾（饑），在夕爲兵。"

《占書》："夏贏〈羸（雷）〉會晝，爲幾（饑），爲☐。"

《隨日·占》："朔日雨，歲幾（饑），有兵。"

《隨日·朔占》："卯朔戶幾（饑）。"

《雨書》：“不雨，蟄蟲脊，羊牛遲，民有幾（饑）事。”

幾與豈

《仲弓》：“夫子唯（雖）有與（舉），女（汝）蜀（獨）正之，幾（豈）不又（有）狂（匡）也？”

《彭祖》：“三去其二，幾（豈）若已？”

《曹沫》：“《詩》於又（有）之曰：‘幾（豈）屖（弟）君子，民之父母。’”

《鮑叔牙》：“寡人之不敹（肖）也，幾（豈）不二子之悥（憂）也才（哉）？”

《季康子》：“幾（豈）敢不以其先₌（先人）之遳（傳）等（志）告。”

《墨子》：“虐（吾）幾（豈）不智（知）也夫！”按，“幾（豈）”字從李零《長台關楚簡〈申徒狄〉研究》(簡帛研究網，2000年8月8日）釋讀。

《武王甲》：“啻（意）幾（豈）喪不可得而訨（睹）虖（乎）？”按，“幾（豈）”字從復旦大學出土文獻與古文字研究中心研究生讀書會《〈上博七·武王踐阼〉校讀》(復旦大學出土文獻與古文字研究中心網，2008年12月30日）讀。

《吳命》：“而反志下之相敵(擠)也，幾(豈)不左（差）才（哉)!”

《李頌》：“幾(豈)不皆生，則不同可(兮)。”

《鄭武》：“幾(豈)既臣之臒(獲)辠(罪)，或（又）辱虐（吾）先君，曰是其俳（盡）臣也？”

《鄭武》：“幾(豈)孤其跋(足)爲免(勉)，印（抑）亡（無）女（如）虐（吾）先君之悥（憂）可（何）？”

《帛乙老子·道經》：“古之所胃（謂）曲全者，幾（豈）語（虛）才（哉）！”按，通行本幾作豈。

《帛五行·説》：“曰幾(豈)不□□□小不勝大，賤不勝貴也才（哉）？”

《春秋一六》：“幾（豈）及彭生而能貞（正）之乎？”

《戰國二一》：“臣竊以事觀之，秦幾（豈）夏〈憂〉趙而曾（憎）齊弋（哉)。”

《戰國二三》：“若夫越趙、魏，關（擐）甲於燕，幾（豈）楚之任弋（哉)。”

《晏子一二》：“夫君人者幾（豈）以泠（陵）民，社禝（稷）是主也。”

《晏子一二》：“嬰幾（豈）婢子才（哉）！”

《聽有》：“幾(豈)直二賢從之而已才(哉)!”

《妄稽》：“吾暨（既）執箕帚，幾（豈）能毋樯（善)。”

《妄稽》：“若快女（汝）心志，我幾（豈）得少處。”

《神烏賦》：“幾（豈）□君子，毋（無）信僊(讒)言。”按，“幾”當從今本《詩·小雅·青蠅》讀作“豈”。

幾與凱

《民之》：“《（詩）》曰：‘幾（凱）俤（悌）君子，民之父母。’”

幾與階

《武王甲》：“逾（降）堂幾（階)，南面而立。”按，“幾（階）”字從復旦大學出土文獻與古文字研究中心研究生讀書會《〈上博七·武王踐阼〉校讀》(復旦大學出土文獻與古文字研究中心網，2008年12月30日）讀。

《天子甲》：“必中青（情）以罷（羅）於勿（物)，幾（階）殺而邦正。”按，“幾”似當讀作“階”。下同。

《天子乙》：“必中青（情）以罷（羅）於勿（物)，幾（階）殺而邦正。”

幾與微

《老子》甲：“其幾也，易後（散）也。”

按，今本幾作微。

幾與既

《芮良夫》："昔才（在）先王，幾（既）又（有）眾俑（庸）。"

《陰陽脈甲》："久（灸）幾（既）息則病已矣。"

幾與異

《阜春四》："幾（異）日，智柏（伯）與襄子歙（飲）酒而諱襄☑。"按，"幾"似當讀作"異"。

幾與冀

《春秋九》："是權近斂（險）以幾（冀）遠福。"按，"幾（冀）"字從裘錫圭《帛書〈春秋事語〉校讀》(《湖南省博物館館刊》第1期,《船山學社》雜誌社編輯出版, 2004年7月）讀。下同。

《春秋一二》："朝夕自孱，日以有幾（冀）也。"

幾與汔

《二三子》："卦曰：'未濟，亨。小狐涉川，幾（汔）濟，濡其尾，无攸（攸）利。'"按,"幾（汔）"字從今本《周易·未濟》讀。

濺與哀

《合陰陽》："彖濺者，玉莢（策）入而養（癢）乃始也。"按，馬王堆帛書《天下至道談》"濺"作"哀"。

機與愷

《帛五行·説》："機（愷）然忘寒，忘寒，德之至也。"按，"機"似當讀作"愷"。《説文》："愷，樂也。"

臘與肌

《啻門》："四月乃貼（固），五月或收（褎），六月生肉，七月乃臘（肌）。"

纖與俍

《妄稽》："妄稽大越（怴），纖（俍）纖（俍）哭極。"按，"越（怴）"字從蕭旭《北大漢簡（四）〈妄稽〉校補》(復旦大學出土文獻與古文字研究中心網，2016年7月4日）讀。

鐖與譏

《帛五行·説》："鐖（譏）而知之，天也。"

《帛五行·説》："鐖（譏）也者，齎數也。"

《帛五行·説》："唯有天德者，然笱（後）鐖（譏）而知之。"

《帛五行·説》："上帝臨女（汝），□鐖（譏）之也。"

《帛五行·説》："毋澹（貳）璽（爾）心，俱鐖（譏）之也。"

驥與驥

《窮達》："驥（驥）馰（約）張（腸）山，驥塞於卲（鳩）坴（棘）。"

蟣與豈

見微部豈字聲系。

鬼字聲系

鬼與魋

《妄稽》："鬼（魋）獲（顴）氏（低）誰（準），堅根隱（殷）軫。"

鬼與威

《厚父》："兹咸又（有）神，能畧（格）于上，智（知）天之鬼（威）戋（哉），聒（問）民之若否，隹（惟）天乃永保夏邑。"按，整理者釋"鬼"爲"畏"，不確。下同。

《厚父》："民亦【曰】隹（惟）酉（酒）甬（用）敗鬼（威）義（儀），亦隹（惟）酉（酒）甬（用）恆（癡）瘖（狂）。"

鬼與歸

《亙先》："異生異，鬼（歸）生鬼（歸），韋（違）生非₌（非，非）生韋（違），衮生衮。"按，"鬼（歸）"字從李鋭《〈恆先〉

淺釋》(簡帛研究網，2003年4月23日）引李學勤説讀。

鬼與畏

《厚父》:“才（在）夏之折（哲）王，迺嚴禎（寅）鬼（畏）皇天上帝之令（命)。”按，整理者直接釋“鬼”爲“畏”，不確。下同。

《厚父》:“斯民心難測，民弋(式)克共(恭)心芍（敬）愄（畏），鬼（畏）不恙（祥)。”

《厚父》:“隹（惟）所役之，司民啟之。民其亡㝗（良），迺弗鬼（畏）不恙（祥)。”

鬼與猥

《日甲・生子》:“己巳生子，鬼（猥），必爲人臣妾。”

鬼與惠

《爲吏》:“以此爲人君則鬼（惠），爲人臣則忠。”按，“鬼（惠）”字從抱小《簡帛拾遺》(國學網，2004年8月26日）讀。下同。

《爲吏》:“君鬼（惠）臣忠，父茲（慈）子孝，政之本殹（也)。”

鬼與覾

《説命下》:“女（如）飛鶴（雀）罔鬼（覾）覼，不隹（惟）䧹（鷹）唯（椎)，迺弗悞（虞）民，氒（厥）其⿱化心（禍）亦羅于罟（罨）罘（罬)。”按，“鬼”字原形作“”，整理者釋爲“畏”。不確。似當讀作“覾。”《説文》:“覾，注目視也。”《説文》:“覼，求也。”段玉裁《注》本作“求視也”，云“‘視’字各本奪，今補”。“覾覼”蓋近義複詞。

媿與愧

《北蒼・支》:“妷（怏）婞點媿（愧），瞀嫛嬬（嬃）媞。”

媿與褢

《北蒼・之職》:“嬛菩（咎）蜎黑，媿（褢）娒（娟）款（窾）餌。”按，“媿（褢）”字從lht在jileijilei《北大漢簡〈蒼頡篇〉釋文商榷》(復旦大學出土文獻與古文字研究中心網，“學術討論”，2015年11月14日）一文下跟帖讀。

嵬與魏

《繫年二一》:“晉嵬（魏）畀〈斯〉、⿰少勺（趙）关(浣)、⿰車丸(韓)啓章衛(率)自(師)回（圍）黃沱（池)，違（衛）迵（通）而歸之於楚。”

《繫年二一》:“嵬（魏）畀〈斯〉、⿰少勺（趙）关（浣）、⿰車丸（韓）啓章衛（率）自（師）栽（救）烾（赤）壧（岸)，楚人豫（舍）回（圍）而還，與晉自（師）戰於長城。”

《繫年二二》:“⿰車丸（韓）虔、⿰少勺（趙）蘆（籍)、嵬（魏）繫（擊）衛（率）自（師）與戉（越）公殹（翳）伐齊=（齊，齊）與戉（越）成，以建（開）昜（陽)、邱陵之田，昊（且）男女服。”

《繫年二二》:“晉嵬（魏）文侯畀〈斯〉從晉=師=（晉師，晉師）大戝（敗）齊自（師)。”

《繫年二三》:“⿱亓日（期）年，⿰車丸（韓）緅（取)、嵬（魏）繐（擊）衛（率）自（師）回(圍)武旟(陽)，以復郶(部)之自(師)。”

寈與懷

《子羔》:“觀於伊而得之，寈（懷）厽（三）忎（年）而書於伓（背）而生=（生，生）而能言，是埀（禹）也。”按，“寈”字從劉洪濤《清華簡補釋四則》(復旦大學出土文獻與古文字研究中心網，2011年4月27日）隸定，從李學勤《楚簡〈子羔〉研究》(《上博館藏戰國楚竹書研究續編》，上海書店出版社，2004年）等讀作“懷”。下同。

《子羔》:“取而軟（吞）之，寈（懷）三忎（年）而書於雁（膺)，生乃呼曰：‘鉇（金)！’是卨（契）也。”

竅與隈

《蘭賦》："凥（處）立（位）竅（隈）下而比俟（擬）高矣。"按，"竅"字從鄔可晶在復旦吉大古文字專業研究生聯合讀書會《上博八〈蘭賦〉校讀》（復旦大學出土文獻與古文字研究中心網，2011年7月17日）一文下跟帖隸定。似當讀作"隈"，訓作"隱"。

愄與畏

《繫年十一》："穆王即殜（世），臧（莊）王即立（位），使孫（申）白（伯）亡（無）愄（畏）甹（聘）于齊。"按，"愄"字原形作""，整理者釋爲"慁"，不確。

《繫年十一》："叚（假）迩（路）於宋=（宋，宋）人是古（故）殺孫（申）白（伯）亡（無）愄（畏），敓（奪）其玉帛。"按，"愄"字原形作""，整理者釋爲"慁"，不確。

《子儀》："莫往可=（兮何）以寶（寘）言（焉），余愄（畏）其式（式）而不訐（信），余隼（誰）思（使）于劦（協）之。"

《子儀》："辟（譬）之女（如）兩犬䌛（延）河敪（啜）而獄（狱），豈（豈）愄（畏）不跌（足），心則不數（察）？"

褢與威

《民之》："亡（無）聖（聲）之樂，褢（威）我（儀）犀=（遲遲）。"

《民之》："[亡]（無）膿（體）之豊（禮），褢（威）我（儀）犀=（遲遲）。"

《民之》："亡（無）膿（體）之豊（禮），褢（威）我（儀）異=（翼翼）。"

《陳公》："又（有）所胃（謂）褢（威），又（有）所胃（謂）恭，又（有）所胃（謂）綌，又（有）所胃（謂）一，又（有）所胃（謂）剸（斷）。"

《命訓》："道天又（有）亟（極）則不=褢=（不威，不威）則不卲（昭），正人亡（無）亟（極）則不=咰=（不信，不信）則不行。"

褢與畏

《命訓》："夫民生而痌（痛）死喪，上以褢（畏）之，能母（毋）忑（恐）嘘（乎）？"

《命訓》："事（使）身=（信人）褢（畏）天，則厇（度）至于亟（極）。"

《命訓》："亟（極）禍（禍）則民=褢=（民畏，民畏）則逕=祭=（淫祭，淫祭）皮（罷）家。"

《命訓》："侳（訓）之以豊（禮），教之以埶（藝），正之以政，童（動）之以事，懽（勸）之以賞，褢（畏）之以罰。"

瘣與媿

《妄稽》："我今與女（汝）虞（詛）訾，孰之瘣（媿）者。"

褱與壞

《季康子》："邦相褱（壞）毀，眾必亞（惡）善，臤（賢）人☒。"按，"褱"似當讀作"壞"。

餽與饋

《答問》："餽（饋）遺亡鬼薪於外，一以上，論可（何）殹（也）？"

《特牲》："特牲餽（饋）食之禮。"

《特牲》："特牲餽（饋）食，其服皆朝服，玄冠，緇帶，緷（韠）。"

《少牢》："少牢餽（饋）食之礼。"

《少牢》："如餽（饋）之設，實豆、籩（籩）實。"

髖與鬼

《日乙·失火》："申失火，富；癸失火，有髖（鬼）。"

乖字聲系

乖與睽

《帛易·睽》："乖（睽），小事吉。"

《帛易·睽》："九四，乖（睽）苽（孤）

愚（遇）元夫，交復（孚），厲，无咎。”
《帛易・睽》：“尚（上）九，乖（睽）芯（孤）。見豨（豕）負塗，載鬼一車，先張之柧（弧），後説之壺（弧）。”

誁與睽

《繫辭》：“弦木爲柧（弧），棪（剡）木爲矢，柧（弧）矢之利，以威天下，蓋取者（諸）誁（睽）也。”

凷字聲系

凷與塊

《疣》：“以月晦日日下餔（晡）時，取凷（塊）大如雞卵者。”
《疣》：“先【以】凷（塊）置室後，令南北列，以晦往之凷（塊）所，禹步三，道南方始，取凷（塊）言曰〖凷（塊）言曰〗：‘今日月晦，靡（磨）尤（疣）北。’凷（塊）一靡（磨）□。”
《疣》：“已靡（磨），置凷（塊）其處，去勿顧。”

豈字聲系

剴與豈

《緇衣》：“唯君子能好其駜（匹），少（小）〖=〗人剴（豈）能好其駜（匹）。”
《緇衣》：“垦（禹）立三年，百眚（姓）以悬（仁）道，剴（豈）必孝（盡）悬（仁）。”
《魯邦》：“公剴（豈）不飯枊（粱）飤（食）肉才（哉）！”
《内豊》：“時昧社（攻）縈（禜），行祝於五祀，剴（豈）必又（有）益，君子以成其考（孝）。”按，“剴（豈）”字從孟蓬生《上博竹書（四）閒詁》（簡帛研究網，2005年2月15日）讀。
《季桓子》：“則屖（斯）不足，豉〈剴（豈）〉敢訌（望）之？”按，“豉〈剴（豈）〉”字從陳劍《〈上博（六）・孔子見季桓子〉重編新釋》（復旦大學出土文獻與古文字研究中心網，2008年3月22日）釋讀。
《季桓子》：“臭（擇）尻（處）圭杆，剴（豈）不難唇（乎）？”按，“剴（豈）”字從何有祖《讀〈上博六〉劄記（四）》（簡帛網，2007年7月14日）釋讀。
《湯丘》：“唯（雖）余孤之與卡₌（上下）交，剴（豈）敢以衾（貪）舉（舉）？”
《明君》：“剴（豈）直不得有其大呂鄭勞耳才（哉），不得有其王后。”
《明君》：“剴（豈）直不得有其王后耳才（哉），不得【有】其身。”
《明君》：“此剴（豈）弱者，此強者。”
《明君》：“此剴（豈）夫見制者才（哉），此制人者也。”
《戰國一八》：“剴（豈）非計長久，子孫相繼爲王也戋（哉）。”
《戰國一八》：“剴（豈）人主之子侯，則必不善戋（哉）。”
《繆和》：“至於其失之也，唯（雖）欲爲人用，剴（豈）可得也才（哉）？”
《繆和》：“成人也者，世無一夫，剴（豈）可強及輿才（哉）？”
《繆和》：“君子於仁義之道也，雖弗身能，剴（豈）能已才（哉）。”
《周馴》：“剴（豈）獨女（汝）宜？它斯可置。”
《周馴》：“自昔及今，從古以來，剴（豈）有不賢而可任國哉？”
《周馴》：“置貴而不賢，是猷（猶）獨令岐山之二女爲府史也，剴（豈）能自守？”
《周馴》：“置愛而不賢，是猶獨令三月之嬰兒處中野，而美之以夏后之璜也，剴（豈）能勿亡？”
《周馴》：“爲它人臣與爲君臣，剴（豈）有以異？楚吳其何澤（擇）？”

《周馴》：“昭王有失郢之行，而無德於民，其乏祀必矣，剴（豈）有（又）尚得爲君？”

《周馴》：“唯（雖）已弇（掩）貍（埋）之，寇出其骸，莫守其墳，人發其丘，扣以爲壑，剴（豈）或禁之？”

《周馴》：“愛子而亡國，其何□□□□，剴（豈）能守察？”

《周馴》：“爲人君者，其臣有罪，剴（豈）可而毋赦〈赦（赦）〉？”

《周馴》：“其命尚未竆（窮），而欲其亟終，剴（豈）可謂德？”

《周馴》：“夫賢之臣不賢，久矣，剴（豈）乃今哉？”

《周馴》：“父之愛子，剴（豈）惡貴之？念予之國，恐以祟之。”

《周馴》：“夫亡國之人，剴（豈）將徒亡國而已？必失其身。”

《周馴》：“爾不畏天，其安得見日？爾不事神，將予女（汝）疾，身病而體（體）痛，剴（豈）能有卹（恤）？”

《周馴》：“今越威（滅）干（邗），則剴（豈）獨不可以自爲諫？”

《周馴》：“餘剴（豈）能爲士，而尚令女（汝）道？”

《周馴》：“☐主者，唯毋失臣，剴（豈）有（又）尚得復君民？”

《周馴》：“今女（汝）有民而不能聖，則齊侯之生（姓），剴（豈）必爲吕？”

剴與敳

《緇衣》：“唯君子能好其駜（匹），少（小）〖=〗人剴（豈）能好其駜（匹）。”按，上博簡本《緇衣》剴（豈）作敳。

敳與豈

《緇衣》：“唯君子能好其駜（匹），少（小）〖=〗人剴（豈）能好其駜（匹）。”按，上博簡本《緇衣》剴（豈）作敳。

《邦人》：“虛（吾）敳（豈）敢以尔（爾）嬰（亂）邦。”

《子儀》：“辟（譬）之女（如）兩犬繇（延）河啟（啜）而獄（猌），敳（豈）愧（畏）不跌（足），心則不戡（察）？”

《子儀》：“救兄弟以見東方之者（諸）侯！敳（豈）曰奉晉軍以相南面之事？”

《子儀》：“君不尚芒鄗王之北叟，迵（通）之于崤（殽）道，敳（豈）于孫₌（子孫）若？”

敳與愷

《墨子》：“☐不員（云）虖（乎）？敳（愷）弟君子，民之父母。”

顗與覬

《北蒼·陽》：“顗（覬）視歓（就）豎，偃（晏）鼂（朝）運糧。”

譏與豈

《交交》：“譏（豈）俤（弟）君子，若玉若英。”按，“譏”字從孟蓬生《上博竹書（四）閒詁（續）》（簡帛研究網，2005年3月6日）釋。下同。

《交交》：“譏（豈）紋是好，隹心是□。”

《交交》：“譏（豈）俤（弟）君子，若豹若虎。”

《交交》：“譏（豈）紋是好，隹（唯）心是莫。”

《交交》：“譏（豈）俤君子，若□若貝。”

《交交》：“譏（豈）紋是好，隹（唯）心是萬（勱）。”

户字聲系

户與危

《緇衣》：“可言不可行，君子弗言；可行不可言，君子弗行。則民言不陒（危）行，不陒（危）言。”按，上博簡本《緇衣》陒（危）作、，史傑鵬《談上海博物館楚簡的“㕍”字》（新學院網站“國故新知”論壇，2002年7月3日）、黃錫全《讀上博楚簡劄記》（《新出楚簡與儒學思想國際學術研討會論文集》，清華大學思想文化研究所，2002年）釋、爲产，可從。

产與衛

《繫年三》：“是秦先₌（之先人），世作周𤰈（衛）。”按，“产”字原形作“”，似即“产”字，讀作“衛”。《書·康王之誥》：“一二臣衛，敢執壤奠。”孔穎達《疏》：“言衛者，諸侯之在四方，皆爲天子藩衛，故曰臣衛。”

垝與圍

《戰國一六》：“秦固有壞（懷）、茅、刑（邢）丘，城垝（圍）津，以臨河内。”

桅與危

《文摯》：“桅（危）湯（傷）劓（痹）惑，故道者敬卧。”

趨與詭

《要》：“察其要者，不趨（詭）其□。”

《爲國》：“其所欲與其端計相趨（詭）也。”

趨與跪

《奏讞書》：“以謂武₌（武，武）据（踞）不趨（跪），其應對有不善。”

《妄稽》：“趨（跪）進湮（唾）淺（濺），以時閒之。”

跪與危

《季康子》：“凡欲勿棠，凡遂（失）勿跪（危），各堂（當）其曲以成之。”

《曹沫》：“弗琣（陷）跪（危）地，毋火飤（食）□，【毋】詎（誅）而賞，毋皋百省（姓）而改其逕（將）。”

《史蒥》：“北（必）跪（危）其邦家，則能貴於垂₌漮₌（禹湯，禹湯）則學。”

跪與坐

《陳公》：“五再（稱）：鉦、以左，鈍（錞）釪（于）以右，鋘₌（金鐸）以跪（坐），木鋘（鐸）以记（起）。”按，“跪（坐）”字從蘇建洲《初讀〈上博九〉札記（一）》（簡帛網，2013年1月6日）釋。

詭與危

《計》：“道者，令民與上同意者也，故可與之死，可與之生，民弗詭（危）也。”

希字聲系

希與稀

《日甲·盜者》：“盜者兑（鋭）口，希（稀）須（鬚），善弄。”

《日甲·盜者》：“盜者壯，希（稀）須（鬚），面有黑焉，不全於身。”

《龍簡》：“人及虛租希（稀）程者，耐城旦舂。”

《龍簡》：“☐□程直（值）希（稀）之☐。”

《龍簡》：“田一町，盡□盈□希（稀）☐。”

《龍簡》：“希（稀）其程率。”

《隨日·盜日》：“盜者兑（鋭）口，希（稀）須（鬚），善□，□[有]黑子焉。”

《隨日·盜日》：“盜者虎狀，希（稀）☐。”

《合陰陽》：“七曰希（稀）之，八曰數之。”按，“希（稀）”字從周一謀、蕭佐桃《馬王堆醫書考注》（天津科學技術出版社，1988年，405頁）讀。

希與豨

《皐春六》：“寇罷而后（後）復來，請姑使狗希（豨）毋☐。”

希與幾

《陰陽脈乙》：“大杖，被髮，重履而步，久（灸）希息則病已矣。”按，帛書《陰陽十一脈灸經》甲本“希”作“幾”。

稀與晞

《北蒼·幽》:“飫猒(厭)然(熯)稀(晞),丈袤(懋)牒(諜)膠。”

虫字聲系

虫與虺

《老子》甲:“蟲(蜎)蠆₌(蠆虫)它(蛇)弗螫,攫鳥猷(猛)獸弗哺(搏)。”按,王弼本虫作虺。

《蘭賦》:“▨戔(殘)惻(賊),螻蛾(蟻)虫(虺)蛇。”按,“虫(虺)”字從沈之傑在復旦吉大古文字專業研究生聯合讀書會《上博八〈蘭賦〉校讀》(復旦大學出土文獻與古文字研究中心網,2011年7月17日)一文下跟帖讀。

《帛乙老子·德經》:“螽(蜂)癘(蠆)虫(虺)蛇弗赫(螫)。”

《癩》:“取全虫(虺)蜕一,□□□,皆燔□□□□□□□□。”按,“虫(虺)”字從周一謀、蕭佐桃《馬王堆醫書考注》(天津科學技術出版社,1988年,148頁)讀。

《雜療方》:“以田暘豕邋屯(純)衣,令蜮及虫(虺)蛇〖蛇〗弗敢射(螫)。”

《雜療方》:“即不幸爲蜮虫(虺)蛇蠭(蜂)射(螫)者,祝,唾之三,以其射(螫)者名名之。”

虫與蜫

《老子》甲:“蟲(蜎)蠆₌(蠆虫)它(蛇)弗螫,攫鳥猷(猛)哺(搏)。”按,帛書甲本虫作蜫。

伷與儔

《占書》:“夫名川絕,大徹(沼)固(涸),天雨血,星月並出,星貫月,反景,倍伷(儔),篲(彗)星,營(熒)或(惑),雲□,芺(妖)恙(祥)見於天。”

儘與儔

《占書》:“日倍儘(儔),智氏亡。”

廾字聲系

坴與墳

《繫年三》:“秦中(仲)安(焉)東居周坨(地),以獸(守)周之坴(墳)蓌(墓),秦以刣(始)大。”

賁與噴

《周病方》:“晦起,即以酒賁(噴),以羽漬,稍去之,以粉傅之。”

《蠠》:“浾(唾)之,賁(噴)。”

《蚖》:“賁(噴)吹。”

賁與墳

《殺士》:“▨之親,或死賁(墳)墓▨。”

賁與憤

《安稽》:“伓(否),小妾不徹(孅),陵且(祖)徹(微)父,猷有與賁(憤)。”

賁與蕡

《服傳甲》:“苴絰,麻之有賁(蕡)者也。”

《有司》:“興,取籩(籩)于房,糗(麷)、賁(蕡)坐設于豆西。”

《有司》:“尸取糗(麷)、賁(蕡),宰夫贊者取白、黑以授尸。”

《有司》:“婦贊者執二籩(籩)糗(麷)、賁(蕡)。”

《有司》:“主婦不興,受之,墺(奠)糗(麷)于醢(醢)南,賁(蕡)在糗(麷)東。”

《有司》:“又取糗(麷)、賁(蕡)同祭于豆祭,興。”

《有司》:“婦贊者執糗(麷)、賁(蕡)。”

《有司》:“主婦不興,受,設糗(麷)于菹西北,賁(蕡)在糗(麷)西。”

《有司》:“執以出,坐設之,臬(糗)在賁(蕡)西,脩(修)在白西。”

《有司》:“坐墺(奠)臬(糗)于禮(麷)

南，脩（修）在蕡（蕡）南。”

《有司》：“婦人贊者執檲（麷）、蕡（蕡）以授。”

《有司》：“婦贊者不興，受，設檲（麷）于菹西，蕡（蕡）在檲（麷）南。”

《有司》：“以取檲（麷）、蕡（蕡）兼祭于豆祭。”

《服傳乙》：“苴絰，麻之有蕡（蕡）者也。”

蕡與豶

《二類》：“用淳（醇）溘（醢）三升漬之卒時，取蕡（豶）豬肪三斤先前（煎）之。”

蕡與奔

《日甲·詰》：“旦而最（撮）之，苞以白茅，果（裹）以蕡（奔）而遠去之，則止矣。”

《帛易·渙》：“九二，渙蕡（奔）其階（机），悔亡。”

《鄘風》：“□□蕡₌（奔奔）。”

《蒼頡篇》：“□展蕡（奔）遴。”

《唐勒》：“月行而日違（動），星躍（燿）而玄愪（運），子神蕡（奔）而鬼走，進退詘（屈）信（伸），莫見其壇埃，均□□。”

蕡與坌

《癩》：“蕡（坌）者一襄胡，濆（坌）者二襄胡，濆（坌）者三襄胡。”按，“蕡”似當讀作“坌”，參劉釗師《談睡虎地秦簡中的“濆”字》（《古漢語研究》1995 年 3 期）。下同。

《癩》：“蕡（坌）者種（腫），若以柏杵七，令某償（癩）毋一。”

《癩》：“以辛巳日由曰：‘蕡（坌）辛巳日。’三。”

蕡與奮

《北蒼·陽》：“鯷（鰓）展蕡（奮）達，游（遊）敖（遨）周章。”

濆與坌

《日甲·詰》：“殺蟲豸，斷而能屬者，濆（坌）以灰，則不屬矣。”按，“濆（坌）”字從劉釗師《談睡虎地秦簡中的“濆”字》（《古漢語研究》1995 年 3 期）讀。下同。

《日甲·詰》：“鬼恒羸（裸）入人宮，是幼殤死不葬，以灰濆（坌）之，則不來矣。”

《日甲·詰》：“以庚日₌（日日）始出時濆（坌）門以灰。”

《日甲·詰》：“其骨有在外者，以黃土濆（坌）之，則已矣。”

《癩》：“蕡（坌）者一襄胡，濆（坌）者二襄胡，濆（坌）者三襄胡。”

《魃》：“濆（坌）者魃父魃母，毋匿□□□北□巫婦求若固得。”

歕與噴

《瘽病》：“□□三浬汲，取梧（杯）水歕（噴）鼓三。”

𬃊與奮

《神烏賦》：“張曰〈目〉陽（揚）麋（眉），𬃊（奮）翼申（伸）頸。”按，“𬃊”字左殘。

桒與蕡

《日甲·詰》：“乃鬵（煮）桒（蕡）屨以紙（抵），即止矣。”

捧與拜

《日甲·叢辰》：“𥡴，是胃（謂）其群不捧（拜），以辭不合（答）。”

《周病方》：“以臘日，令女子之市買牛胙、市酒。過街，即行捧（拜）。”

《二年·盜律》：“吏所興能捕若斬一人，捧（拜）爵一級。”

《二年·盜律》：“不欲捧（拜）爵及非吏所興，購如律。”

《二年·捕律》：“能產捕羣盜一人若斬二人，捧（拜）爵一級。”

《二年·捕律》：“其斬一人若爵過夫₌（大夫）及不當捧（拜）爵者，皆購之如律。”

《二年・捕律》："捕從諸侯來爲閒者一人，捧（拜）爵一級，有（又）購二萬錢。"
《二年・捕律》："不當捧（拜）爵者，級賜萬錢，有（又）行其購。"
《二年・置後律》："諸當捧（拜）爵後者，令典若正、伍里人毋下五人任占。"
《二年・爵律》："當捧（拜）爵及賜，未捧（拜）而有罪耐者，勿捧（拜）賜。"
《二年・爵律》："諸當賜受爵，而不當捧（拜）爵者，級予萬錢。"
《召南》："□諓（翦）勿捧（拜）。"

捧與拜

《戰國四》："臣秦捧（拜）辭事，王怒而不敢強。"
《文師》："文王再捧（拜）曰：'敢毋受天之詔命乎？'"
《守國》："□面再捧（拜）曰。"
《殘簡四》："□□鳥□□□文王再捧（拜）□。"
《殘簡四》："文王再捧（拜）□。"
《殘簡四》："□□□□□□毋□□文王再捧（拜）□。"
《殘簡四》："□再捧（拜）曰。"

捧與悖

《正亂》："天刑不捧（悖），逆順有類。"

捧與轡

《唐勒》："人謂就（造）父登車嗛（攬）捧（轡）。"
《唐勒》："去嚂（銜）捧（轡），筭（撤）□鞁，馬□□□自駕，車莫□。"

火字聲系

疢與吹

《養生方》："一曰疢（吹），二曰瘺（翻）；一曰□□，二曰震撞（動）。"
《天下至道》："五言〈音〉：一曰候（喉）息，二曰檣（喘）息，三曰纍哀，四曰疢（吹），五曰齘（翻）。"
《天下至道》："疢（吹）者，鹽甘甚而養（癢）乃始。"

瘖與吹

《合陰陽》："瘖（吹）者，鹽甘甚也。"

皇字聲系

皇與毀

《窮達》："穿（窮）達以旹（時），悳（德）行弌（一）也；譽皇（毀）才（在）仿（旁），聖（聽）之弋（任）之。"

桯與毀

《語叢一》："悬（仁）悉（義）爲之桯（毀）。"按，"桯"似當讀作"毀"。

毀與毇

《秦律・倉律》："糲（糲）米一石爲鑿（繫）米九斗，九斗爲毀（毇）米八斗。"
《秦律・倉律》："十斗粲，毀（毇）米六斗大半斗。"
《秦律・倉律》："稟毀（毇）粺者，以十斗爲石。"
《穀物》："以毀（毇）求米，八母十睘（實）。"
《穀物》："以米求毀（毇），十母八睘（實）。"
《穀物》："以粺求毀（毇），九母八睘（實）。"
《穀物》："以毀（毇）求粺，八母九睘（實）。"
《穀物》："以稻米求毀（毇）粲米，三母倍睘（實）。"
《穀物》："以毀（毇）求稻米，倍母三睘（實）。"
《穀物》："以粟求毀（毇），五十母廿四睘（實）。"

《穀物》："以毁（毇）求粟，廿四母五十𦓁（實）。"
《穀物》："米一升爲毁（毇）十分升八。"
《穀物》："以米求毁（毇），八之，十而成一。"
《穀物》："以毁（毇）求米，十之，八而成一。"
《穀物》："以粺求毁（毇），八之，九而成一。"
《穀物》："以毁（毇）求粺，九之，八而成一。"
《穀物》："以粺〈粟〉求毁（毇），廿四之，五十而成一。"
《穀物》："以毁（毇）求粟，五十之，廿四而成一。"
《穀物》："毁（毇）米一升爲粟二升有（又）十分升一。"
《穀物》："稷毁（毇）十九斗四升重一石。"
《算數書·程禾》："糳〈糳〉米九斗爲毁（毇）米八斗。"
《算數書·程禾》："舂之爲米十斗，爲毁（毇）粲米六斗泰（大）半斗。"
《算數書·程禾》："稟毁（毇）糳〈糳〉者，以十斗爲一石。"
《算數書·粺毇》："粺毁（毇）。"
《算數書·粺毇》："米少半升爲毁（毇）米十五分升之四，八之，十而一。"
《算數書·粺毇》："麥少半升爲毁（毇）卌五分升之八，十五母，八子。"
《算數書·粺毇》："爲毁（毇）米九分升之二，九母，八子。"
《算數書·粺毇》："毁（毇）米四分升之一爲米十六分升之五，八母，十子；毁（毇）四分升之一爲粺卅二分升九，八母，九子；毁（毇）米四分升之一爲麥卅二分升之十五，八母，十五子；毁（毇）米四分升之一爲粟卌八分升之廿五，廿五〈四〉母，五十子。"
《算數書·粟爲米》："米十爲粺九，爲毁（毇）八。"

嫛與毁

《蒼頡篇》："嫛（毁）□□。"
《北蒼·耕》："嫛（毁）顅（顊）娑（沙）孅，婠陖眇靖（婧）。"

燬與毁

《楚帛書》丙："昜（陽），不□燬（毁）事，可□折，敘（除）故（去）不義于四▨。"

糉與毇

《容成氏》："衣不褻（疊）媺（文），飤（食）不童（重）味，朝不車逆，穜（舂）不糉（毇）米，盥（羹）不折骨。"

郢與蔿

《鄭甲》："縈厄（軛）郢（蔿）、竽（邘）之國，魯、𧗳（衛）、鄝（蓼）、郗（蔡）逨（來）見。"
《鄭乙》："縈厄（軛）郢（蔿）、竽（邘）之國，魯、衛、鄝（蓼）、郅〈郗〉（蔡）逨（來）見。"

回字聲系

回與徊

《神烏賦》："其鴆（雄）大哀，𨆢（？）躅非（徘）回（徊）。"

回與圍

《申公》："王子回（圍）敓（奪）之，䌛（陳）公爭之。"
《申公》："王子回（圍）立爲王，䌛（陳）公子䊷見王。"
《鄭子甲》："乃记（起）帀（師），回（圍）奠（鄭）三月。"
《鄭子乙》："乃记（起）帀（師），回（圍）

奠（鄭）三月。”

《凡物甲》：“十回（圍）之木，其訇（始）生女（如）（蘗）。”

《凡物乙》：“十回（圍）之木，其訇（始）生女（如）（蘗）。”

《君人甲》：“君王又（有）白玉三回（圍）而不戔（篋）。”按，“回（圍）”字從單育辰《佔畢隨録之七》（復旦大學出土文獻與古文字研究中心網，2009 年 1 月 1 日）、田河《〈君人者何必安哉〉補議》（復旦大學出土文獻與古文字研究中心網，2009 年 2 月 7 日）讀。下九例同。

《君人甲》：“虗（吾）釻（焉）又（有）白玉三回（圍）而不戔（篋）才（哉）？”

《君人甲》：“君王又（有）楚，不聖（聽）鼓鐘之聖（聲），此其一回（圍）也。”

《君人甲》：“君王又（有）楚，侯子三人，Ⲁ₌（一人）土（杜）門而不出，此其二回（圍）也。”

《君人甲》：“君王龍（隆）其祭而不爲其樂，此其三回（圍）也。”

《君人乙》：“君王又（有）白玉三回（圍）而不戔（篋）。”

《君人乙》：“虗（吾）釻（焉）又（有）白玉三回（圍）而不戔（篋）才（哉）？”

《君人乙》：“君王又（有）楚，不聖（聽）鼓鐘之聖（聲），此其一回（圍）也。”

《君人乙》：“君王又（有）楚，侯子三人，一人土（杜）門而不出，此其二回（圍）也。”

《君人乙》：“君王龍（隆）其祭而不爲其樂，此其三回（圍）也。”

《繫年二》：“幽王起自（師），回（圍）坪（平）王于西繡₌（申，申）人弗畀（畀）。”

《繫年六》：“二邦伐緒（都），遷（徙）之中城，回（圍）商睿（密），戩（捷）繡（申）公子義（儀）以歸。”

《繫年七》：“晉文公立四年，楚成王衛（率）者（諸）侯以回（圍）宋伐齊，戍穀（穀）居（據）鍐（緡）。”

《繫年七》：“晉文公囟（思）齊及宋之悳（德），乃及秦自（師）回（圍）曹及五麑（鹿），伐衛以敓（脱）齊之戍及宋之回（圍）。”

《繫年七》：“楚王豫（舍）回（圍）歸，居（據）方城。”

《繫年八》：“晉文公立七年，秦、晉回（圍）奠₌（鄭，鄭）降秦不降晉₌（晉，晉）人以不憖（慭）。”

《繫年十一》：“減（莊）王衛（率）自（師）回（圍）宋九月。”

《繫年十三》：“☐王回（圍）奠（鄭）三月，奠（鄭）人爲成。”

《繫年十四》：“齊同（頃）公回（圍）魯₌（魯，魯）牄（臧）孫譬（許）迈（蹠）晉求斅（援）。”

《繫年十五》：“減（莊）王立十又五年，陳公子諻（徵）余（舒）殺其君靁（靈）公，減（莊）王衛（率）自（師）回（圍）陳。”

《繫年十五》：“五（伍）雞迷（將）吳人以回（圍）州坴（來）。”

《繫年十六》：“龏（共）王亦衛（率）自（師）回（圍）鄭（鄭），東（厲）公救（救）鄭（鄭），敗楚自（師）於隰（鄢）。”

《繫年十七》：“坪（平）公衛（率）自（師）會者（諸）侯，爲坪（平）侌（陰）之自（師）以回（圍）齊。”

《繫年十九》：“卲（昭）王既復邦，安（焉）克㪅（胡）、回（圍）郗（蔡）。”

《繫年二一》：“晉䰩（魏）畀〈斯〉、灼（趙）关（浣）、倝（韓）啓章衛（率）自（師）回（圍）黃沱（池），遒（衝）迵（通）而歸之於楚。”

《繫年二一》：“二年，王命莫囂（敖）易（陽）

爲衛（率），自（師）戠（侵）晉，敓（奪）宜昜（陽），回（圍）赤（赤）塗（岸），以復黄沱（池）之自（師）。”

《繫年二一》：“嵬（魏）畀〈斯〉、㘬（趙）光（浣）、軗（韓）啓章衛（率）自（師）栽（救）赤（赤）壧（岸），楚人豫（舍）回（圍）而還，與晉自（師）戰於長城。”

《繫年二三》：“楚自（師）回（圍）之於鄭（蔑），聿（盡）逾（降）奠（鄭）自（師）與其四遞（將）軍，以歸於郢。”

《繫年二三》：“晉人回（圍）津（津）、長陵，克之。”

《繫年二三》：“𣅈（期）年，軗（韓）緅（取）、嵬（魏）繐（擊）衛（率）自（師）回（圍）武鴋（陽），以復郘（部）之自（師）。”

《戰國二二》：“齊宋攻魏，楚回（圍）翁（雝）是（氏），秦敗屈匄。”

《繫辭》：“犯（範）回（圍）天地之化而不過，曲萬物而不遺，達諸晝夜之道而知。”

《五名》：“重柔之兵，則譟而恐之，振而捅之，出則毄（擊）之，不出則回（圍）之。”按，整理者訓“回”爲“圍”。“回”可直接讀作“圍”。

《三十時》：“可以回（圍）眾，絕道，遏人要塞。”

《三十時》：“可以回（圍）眾，絕道，遏人要塞。”

《三十時》：“不可攻回（圍），可爲百丈千丈，冠，帶劍。”

《三十時》：“可攻回（圍）軍，軍取；不取，邑疫。”

《三十時》：“☐勝此力也，不可攻回（圍）。叔（菽）華。可爲嗇夫。”

回與違

《帛易·損》：“六五，益之，十備（朋）之龜，弗克回（違），元吉。”

《帛易·益》：“九〈六〉二，或益之十備（朋）之龜，弗亨〈克〉回（違），永貞吉。”

《繫辭》：“與天地相校（效），故不回（違）。”

《繫辭》：“出言而不善，則十里之外回（違）之，侃（況）乎其近者乎？”

韋字聲系

韋與圍

《日甲·叢辰》：“利弋邋（獵）、報讎、攻軍、韋（圍）城、始殺。”

《天乙·貞在》：“啻（帝）堯乃韋（圍）九州，以政下黔首。”按，“韋（圍）”字從宋華強《放馬灘秦簡〈日書〉識小録》（簡帛網，2010年2月14日）讀。

《隨日·死失》：“己卯會庚辰死，失韋（圍）廄。”

《隨日·死失》：“韋（圍）廄不出。”

《算數書·取枲程》：“取枲程十步三韋（圍）束一，今乾之廿八寸。”

《算數書·以方裁圜》：“四韋（圍）二〈三〉寸廿五分【寸】十四。”

韋與違

《亙先》：“異生異，鬼（歸）生鬼（歸），韋（違）生非₌（非，非）生韋（違），衺生衺。”按，“韋（違）”字從李鋭《〈恆先〉淺釋》（簡帛研究網，2003年4月23日）引李學勤説讀。

《競公瘧》：“今君之貪惛（昏）、𧍧（苛）匿（慝）、希（避）韋（違）。”按，“韋（違）”字從何有祖《上博六〈景公瘧〉初探》（簡帛網，2007年7月11日）讀。

《天子甲》：“是胃（謂）中不韋（違）。”按，“韋（違）”字從陳偉《〈天子建州〉校讀》（簡帛網，2007年7月13日）讀。

《命》：“唯（雖）鈙（陷）於鈫（斧）𨨏（鑕），

命勿之敢韋（違）。”

《王居》：“毀（抑）忑（忌）韋（違）謊（讒）託（媢），以陸（墮）亞（惡）虗（吾）外臣，而居虗（吾）右₌（左右）。”按，“韋（違）”字從黃傑《初讀〈上海博物館藏戰國楚竹書（八）〉筆記》（簡帛網，2011年7月19日）讀。

《尹誥》：“於（嗚）虗₌（呼！吾）可（何）复（作）于民，卑（俾）我眾勿韋（違）朕言？”

《命訓》：“亟（極）福則民₌录₌（民禄，民禄）迁₌善₌（干善，干善）韋（違）則不行。”

《治官》：“一曰不祭（察）所親則韋（違）數至。”

《召南》：“何斯韋（違）斯，莫敢□□。”

《召南》：“□斯韋（違）□。”

《召南》：“何斯韋（違）□。”

《邶風》：“□□有韋（違）。”

韋與諱

《老子》甲：“夫天多异（忌）韋，而民爾（彌）畔（叛）。”按，今本和帛書本韋作諱。

韋與回

《君子》：“肴（顏）困（淵）時（侍）於夫子₌（夫子。夫子）曰：‘韋（回）！君子爲豊（禮），以依於息（仁）。’”

《君子》：“肴（顏）困（淵）作而盒（答）曰：‘韋（回）不悔（敏），弗能少居也。’”

《君子》：“韋（回），蜀（獨）智，人所亞（惡）也；蜀（獨）貴，人所亞（惡）也；蜀（獨）福（富），人所亞（惡）□。”

《弟子問》：“韋（回），來，虗（吾）告女（汝）。其組䌤虖（乎）？隹（雖）多聒（聞）而不昚（友）臤（賢），其□。”

《弟子問》：“□□風也，戀（亂）節而惊（哀）聖（聲）。曹之喪，其必此虖（乎）？韋（回）！”

韋與畏

《詩論》：“《牆（將）中（仲）》之言，不可不韋（畏）也。”

嘩與違

《芮良夫》：“罔肎（肯）獻言，人頌（訟）玫（扞）嘩（違），民乃𡎷（嗥）嚚，𣡩（靡）所并（屏）㤥（依）。”

韋與圍

《說命上》：“敓（説）于韋（圍）伐遊（失）中（仲）。”

韋與回

《三壽》：“我思天風既韋（回）或走（止），虗（吾）孛（勉）自印（抑）畏以敬，夫𦍒（兹）□。”

愇與韋

《占書》：“月四垣（暈），冢〈豕〉愇（韋）民亡。”按，“愇（韋）”字從鄔可晶《銀雀山漢簡“陰陽時令、占候之類”叢札》（《出土文獻》第七輯，中西書局，2015年）釋讀。

愇與違

《民之》：“亡（無）聖（聲）之樂，既（氣）志不愇（違）。”

《李頌》：“愇（違）與佗（它）木，非與從風可（兮）。”

《說命上》：“遊（失）中（仲）愇（違）卜，乃殺（褩）一豕。”

《子產》：“子產専（傅）於六正，與善爲徒，以谷（慾）事不善，母（毋）茲愇（違）栜（拂）其事。”

愇與回

《顏淵問》：“君子之内事也，愇（回）既𦖞（聞）命矣，敢𦖞（問）君子之内教也又（有）道虖（乎）？”

《顏淵問》：“君子之内教也，愇（回）既𦖞（聞）矣〖₌〗，敢𦖞（問）至明〈名〉。”

愇與威

《周易·大有》："六五：氒（厥）孚洨（交）女（如），愇（威）女（如），吉。"

愇與委

《周易·大有》："六五：氒（厥）孚洨（交）女（如），愇（威）女（如），吉。"按，帛書本愇（威）作委。

葦與韋

《癰》："柱若以虎蚤（爪），抉取若刀，而割若葦（韋），而刖若肉。"按，"葦（韋）"字從魏啟鵬、胡翔驊《馬王堆漢墓醫書校釋（壹）》（成都出版社，1992年，142頁）讀。

禕與緯

《楚帛書》甲："毋（毋）思（使）百神風雨晨（辰）禕（緯）亂（亂）乍（作）。"按，"禕（緯）"字從何琳儀《長沙帛書通釋》（《江漢考古》1986年2期）讀。

衛與熭

《守土》："日中必衛（熭），操⊠。"

躗與厲

《容成氏》："以躗（厲）於溪浴（谷），淒（濟）於生（廣）川。"按，"躗（厲）"字從吳祺説讀。

韓與諱

《用曰》："韓（諱）眾誚（孼）諫，脜（羞）䎽（聞）亞（惡）悔（謀）。"按，"韓"似當讀作"諱"。

諱與違

《昭力》："賞百姓之勸，以禁諱（違）教。"

《保訓》："自詣（稽）氒（厥）志，不諱（違）于庶萬眚（姓）之多欲。"

諱與韙

《論》："動則能破強興弱，槫（轉）則不失諱（韙）非之□。"

諱與闈

《春秋一五》："處二年，共中（仲）使卜奇（齮）賊閔公于武諱（闈）。"

諱與徽

《帛易·坎》："系（係）用諱（徽）纆（纆），親（寘）于總（叢）勒（棘）。"

口字聲系

圍與圍

《閻氏》："木之數勝土，【一】圍（圍）之木不能任萬石之土。"按，"圍（圍）"字從吳振武《談虎溪山漢簡〈閻氏五勝〉中的幾個字》（《康樂集：曾憲通教授七十壽慶論文集》，中山大學出版社，2006年，35頁）釋讀。

圍與違

《帛五行·説》："和也者，小體（體）變（便）變（便）然不圍（違）於心也，和於仁義。"按，"圍（違）"字從吳振武《談虎溪山漢簡〈閻氏五勝〉中的幾個字》（《康樂集：曾憲通教授七十壽慶論文集》，中山大學出版社，2006年，35頁）隸定，從劉樂賢《虎溪山漢簡〈閻氏五勝〉及相關問題》（《文物》2003年7期）讀。

衣字聲系

衣與依

《語叢三》："旻（文）衣（依）勿（物）以青（情）行之者。"

衣與哀

《趙正書》："吾衣（哀）令（憐）吾子之孤弱，及吾蒙容（戎）之民，死且不忘。"

依與哀

《尊德義》："依（哀）惠則民材（財）足，不時則亡懽（勸）。"按，"依（哀）"字從顧史考《郭店楚簡〈尊德義〉篇簡序調整三則》（復旦大學出土文獻與古文字研究中心網網，2010 年 12 月 15 日）讀。

《帛甲老子・道經》："殺人眾，以悲依（哀）立（莅）之；戰勝，以喪禮處之。"

《帛乙老子・德經》："故抗兵相若，而依（哀）者朕（勝）矣。"

依與猗

《衛風》："寏（寬）旖（兮）綽旖（兮），依（猗）重□□。"

㤅與衣

《説命中》："隹（惟）㤅（衣）䎽（載）怲（病）。"

㤅與依

《芮良夫》："罔肎（肯）獻言，人頌（訟）㪔（扞）喹（違），民乃𡰥（嗥）囂，䃅（靡）所幷（屏）㤅（依）。"

㤅與哀

《老子》丙："古（故）殺□□，則以㤅悲位（莅）之；戰勅（勝）則以喪豊（禮）居之。"按，今本㤅作哀。

《尊德義》："繇（由）豊（禮）智（知）樂，繇（由）樂智（知）㤅（哀）。"

《尊德義》："訂（治）樂和㤅（哀），民不可或（惑）也。"

《性自》："憙（喜）惹（怒）㤅（哀）悲之㷉（氣），眚（性）也。及其見於外，則勿（物）取之也。"

《性自》："㤅（哀）、樂，其眚（性）相近也，是古（故）其心不遠。"

《性自》："諗（吟）遊㤅（哀）也，喿（噪）遊樂也，詠（啾）遊聖（聲），𢽽遊心也。"

《性自》："居喪必又（有）夫䜌₌（戀戀）之㤅（哀）。"

《性自》："甬（用）青（情）之至者，㤅（哀）樂爲甚。"

《昔者》："君卒，大（太）子乃亡䎽（聞）、亡聖（聽），不䎽（問）、不命，唯㤅（哀）悲是思，唯邦之大敄（務）是敬。"

《三壽》："丂（孝）𢘓（慈）而㤅（哀）眔（鰥）。"

誒與祈

《詩論》："《誒（祈）父》之責（刺），亦又（有）以也。"按，"誒（祈）"字從劉樂賢《讀上博簡劄記》（《上博館藏戰國楚竹書研究》，上海書店出版社，2002 年）釋讀。

㲩與哀

《天下至道》："㲋（纍）㲩（哀）者，尻彼（頗）疾而𡎺（衝）封紀。"按，"㲩（哀）"字從裘錫圭《馬王堆醫書釋讀瑣議》（《古文字論集》，中華書局，1992 年，525 頁）釋讀。

㥤與哀

《弟子問》："𤔔（亂）節而㥤（哀）聖（聲）。曹之喪，其必此虐（乎）？"

威字聲系

威與畏

《帛五行・説》："聞君子道而威（畏），好義。"

《帛五行・説》："好義者也之聞君子道而以之其義也，故能威（畏）。"

《帛五行・説》："威（畏）也者刑（形）也。"

威與均

《市法》："市者，百化（貨）之威（均），用之量也。"按，"威（均）"字從白於藍《銀雀山漢簡校釋》（《考古》2010 年 12 期）讀。

畏字聲系

畏與隈

《官一》："爲畏（隈）以山胠（陆），秦

（蓁）佛（茀）以委（逶）施（迤）。”按，“畏（隈）”字從張震澤《孫臏兵法校理》（中華書局，1984年，111頁）讀。

《泰射》：“太（大）射正執弓，以袂揗（順）左右畏（隈），上再下壹。”

畏與威

《五行》：“䎽（聞）道而畏（威）者，好義者也。”按，“畏”當讀作“威”。馬王堆漢墓帛書本《五行·經》篇此字缺，《説》篇作“威”。參龐樸《帛書五行篇研究》（齊魯書社，1980年，67頁）。

《成之》：“是古（故）畏（威）備（服）型（刑）罰之婁（屢）行也，䌛（由）走（上）之弗身也。”按，“畏（威）”字從裘按（《郭店楚墓竹簡·成之聞之》篇注［五］）讀。

《尊德義》：“让（上）思〈畏（威）〉則往者復，依（哀）惠則民材（財）足，不時則亡懽（勸）。”按，“思〈畏（威）〉”字從陳偉《郭店竹書別釋》（湖北教育出版社，2002年，170頁）釋讀。

《容成氏》：“含（今）受（紂）爲無道，昏（昬）者（捨）百眚（姓），至（縶）約者（諸）侯，天𤟓（將）戜（誅）安（焉），虗（吾）敾（勱）天畏（威）之。”

《容成氏》：“受（紂）爲亡道，昏（昬）者（捨）百眚（姓），至（縶）約者（諸）侯，𢇁（絕）穜（種）悉（侮）眚（姓），土玉水酉（酒），天𤟓（將）戜（誅）安（焉），虗（吾）敾（勱）天畏（威）之。”

《金縢》：“今皇天達（動）鬼（威），以章公悳（德），隹（惟）余湁（沖）人其親（親）逆公，我邦家豊（禮）亦宜之。”按，“鬼（威）”字從周波在復旦大學出土文獻與古文字研究中心研究生讀書會《清華簡〈金縢〉研讀札記》（復旦大學出土文獻與古文字研究中心網，2011年1月5日）一文下跟帖釋讀。

《祭公》：“且（祖）𧾷（祭）公，哀（哀）余少（小）子，𥄉（昧）其才（在）位，旼（旻）天疾畏（威），余多寺（時）砠懲。”

《祭公》：“余隹（惟）寺（時）逨（來）視，不淑（淑）疾甚，余畏天之㚘（作）畏（威）。”

《祭公》：“隹（惟）天奠（定）我文王之志，適（董）之甬（用）畏（威）。”

《琴舞》：“不易畏（威）義（儀）才（哉），言隹（惟）克敬之！”

《琴舞》：“畏（威）義（儀）譪₌（藹藹），大其又（有）慕（謨）。”

《芮良夫》：“敬之孳（哉）君子！天猷（猶）畏（威）矣。敬孳（哉）君子！寍（寤）敗改䌛（繇）。”按，“畏（威）”字從黄傑《再讀清華簡（叁）〈芮良夫毖〉筆記》（簡帛網，2013年1月16日）讀。

《芮良夫》：“龏（恭）天之畏（威）載（哉），聖（聽）民之䌛（繇）。”

《芮良夫》：“先人又（有）言，則畏（威）䖒（虐）之。”

《芮良夫》：“恆靜（爭）獻其力，畏（威）燮（襲）方戳（讎），先君以多社（功）。”按，“畏（威）”字從黄傑《再讀清華簡（叁）〈芮良夫毖〉筆記》（簡帛網，2013年1月16日）讀。

《湯丘》：“女（如）幸余閒（干）於天畏（威），朕隹（惟）逆訓（順）是煮（圖）。”

《湯丘》：“句（后）古（固）共（恭）天畏（威），敬祀，雪（淑）慈我民。”

《帛甲老子·德經》：“民之不畏畏（威），則大威將至矣。”

《帛乙老子·德經》：“民之不畏畏（威），則大畏（威）將至矣。”

《繫辭》：“小人不恥不仁，不畏不義；

不見利不勸，不畏（威）不詠（懲）。”

《見吳王》：“威行于眾，嚴行於吏，三軍信其將畏（威）者，乘其適（敵）。”

畏與危

《三德》：“救（求）利，戔（殘）其新（親），是胃（謂）逴（皋）；君無宔（主）臣，是胃（謂）畏（危），邦家其褱（壞）。”

㞐與畏

《阜易·卜辭》：“□□事君者，敬㞐（畏）者，吉。”

媿與畏

《爲國》：“欲吏之毋穫民利也，而其所以使民之埶（勢）易姦也，不可以應大事，有大事必媿（畏），其吏便以爲重利。”

愄與威

《緇衣》：“誓（慎）尔出話（話），敬尔愄（威）義（儀）。”

《緇衣》：“倗（朋）友卣（攸）㪇₌（攝，攝）以愄（威）義（儀）。”

《尊德義》：“不悉（愛）則不新（親），不□則弗褱（懷），不釐則亡愄（威），不忠則不信，弗恿（勇）則亡復。”按，“愄（威）”字從李零《郭店楚簡校讀記（增訂本）》（北京大學出版社，2002年，141頁）讀。

《從政》：“獄則興，愄（威）則民不道，滷（嚴）則遊（失）眾，怲（猛）則無新（親），罰則民逃，好〼則民复（作）嬰（亂）。”

《季康子》：“君₌（君子）弜（強）則遺，愄（威）則民不道，龠（嚴）則遊（失）眾，盟（猛）則亡新（親），好型（刑）則不羊（祥），好殺則复（作）䜌（亂）。”

《吳命》：“又（有）軒轅（冕）之賞，或又（有）釜（斧）戉（鉞）之愄（威）。”按，“愄（威）”字從復旦大學出土文獻與古文字研究中心研究生讀書會《〈上博七·吳命〉校讀》（復旦大學出土文獻與古文字研究中心網，2008年12月30日）釋讀。

愄與夔

《唐虞》：“〼豊（禮），愄（夔）守樂，孫（遜）民效（教）也。”按，“愄（夔）”字從陳偉《郭店竹書別釋》（湖北教育出版社，2002年，67頁）讀。

萬與喟

《性自》：“羕（永）思而鼓（動）心，胃（喟）女（如）也。”按，上博簡本《性情論》胃（喟）作萬。“胃（喟）”字從劉釗師《讀郭店楚簡字詞劄記》（《郭店楚簡國際學術研討會論文集》，湖北人民出版社，2000年）讀。

猥與畏

《管子》：“利不足利，人眾不足猥（畏）者，後亡。”

《民之情》：“八曰：賞罰信，功貴勞利，所以致顯榮，佚（逸）樂之涂（途）陝（狹）。民勸賞猥（畏）罰，民之請（情）也。”

郻與隗

《楚居》：“季䜌（連）初降於郻（隗）山，氐（抵）于空（穴）窮（窮）。”

䢅與退

《反淫》：“橫流進䢅（退），以數相耦。”

戭與威

《用曰》：“纏其又（有）戭（威）頌（容），而絞其又（有）寍（寧）□。”

褁與畏

《老子》乙：“人之所褁，亦不可以不褁。”按，今本和帛書乙本褁作畏。

《程寤》：“可（何）監非旹（時）？可（何）柔（務）非和？可（何）褁（畏）非彣（文）？可（何）保非道？可（何）悉（愛）非身？可（何）力非人？”按，“褁（畏）”字從復旦大學出土文獻與古文字研究中心研究生讀書會《清華簡〈尹至〉、〈尹誥〉研讀劄記

（附〈尹至〉、〈尹誥〉、〈程寤〉釋文）》（復旦大學出土文獻與古文字研究中心網，2011年1月5日）讀。

褀與威

《程寤》："明武褀（威），女（如）棫柞亡堇（根）。"

蜾與虺

《帛甲老子·德經》："逢（蜂）㾯（蠆）蜾（虺）地（蛇）弗螫，攫鳥猛獸弗搏。"

委字聲系

委與稑

《殘片一》："☐者□詐，治以蜀焦（椒）一委（稑），燔☐。"按，"委（稑）"字從馬繼興《馬王堆古醫書考釋》（湖南科學技術出版社，1992年，646頁）讀。

委與逶

《官一》："爲畏（隈）以山胠（陸），秦（蓁）佛（茀）以委（逶）施（迤）。"

《官一》："秦（蓁）佛（茀）以委（逶）施（迤），便罷（擺）以鴈（雁）☐。"

委與威

《帛易·大有》："六五，闕（厥）復（孚）交如，委（威）如，終吉。"

《帛易·家人》："尚（上）九，有復（孚），委（威）如，終吉。"

痿與痿

《周病方》："治痿（痿）病。"

《周病方》："洗其□，已痿（痿）病亟甚。"

《晏子七》："寡人志氣甚痿（痿），身體甚病。"

《木牘》："一曰陰寒，二曰陰痿（痿），三曰陰衰。"按，"痿"當讀作"痿"。

捼與稑

《溝㾲》："治之以柳蕈一捼（稑）、艾二，凡二物。"按，"捼（稑）"字從馬繼興《馬王堆古醫書考釋》（湖南科學技術出版社，1992年，529頁）讀。

萎與魏

《春秋五》："萎（魏）州余果與隋會出，曉（繞）朝蹭（贈）之以策。"

緌與妥

《特牲》："尸即延（筵）坐，主人拜緌（妥）尸。"

巍與魏

《巍盜》："☐有母、妻、子，在巍（魏）。"

《巍盜》："即買大刀，欲復以盜殺人，得錢材（財）以爲用，亡之巍（魏）。"

《巍盜》："有（又）買大刀，欲□盜殺人，以亡之巍（魏）。"

《田與》："謂巍（魏）嗇夫。"

《吳問》："韓、巍（魏）爲次。"

《吳問》："韓、巍（魏）制田，以百步爲婉（畹），以二百步爲畛。"

《杜子》："巍（魏）襄王問杜子☐。"

《杜子》："巍（魏）襄王問杜子爲國□☐。"

《占書》："巍（魏）受房、心、尾，其日辛，其辰□。"

《妄稽》："妬聞巍（魏）楚，乃誠（極）燕齊。"

職部第一〇

北字聲系

北與邶

《詩論》："《北（邶）白（柏）舟》悶。"
《邶風》："右方北（邶）國。"

北與背

《繫年九》："夫₌（大夫）悤（憫），乃虘（皆）北（背）之曰。"
《封診式》："某頭左角刃痏一所，北（背）二所，皆從（縱）頭北（背），袤各四寸。"
《封診式》："柀（被）污頭北（背）及地，皆不可爲廣袤。"
《封診式》："其襦北（背）直痏者，以刃夬（決）二所，應痏。"
《封診式》："襦北（背）及中衽□污血。"
《封診式》："頭北（背）傅廦，舌出齊唇吻。"
《封診式》："即疏書甲等名事關（貫）諜（牒）北（背）。"
《天乙・黄鐘》："薄顏，短頸，惡，色蒼□黑，善病北（背）、雁（膺）、瘇（腫）。"
《天乙・黄鐘》："敨顏，恆（亙）鼻、喙，□多日，善下視，長北（背）□□。"
《奏讞書》："銚即磔治（笞）講北（背）可□餘，北（背）□數日。"
《奏讞書》："銚有（又）磔講坨（地），以水責（漬）講北（背）。"
《奏讞書》："診講北（背），治（笞）紖（朋）大如指者十三所。"
《奏讞書》："毛謂獨也，騰曰非請（情），即笞毛北（背），可六伐。"
《奏讞書》："即磔治（笞）毛北（背）臏（臀）股，不審伐數，血下汙沱（地）。"
《奏讞書》："治（笞）毛北（背），不審伐數。"
《奏讞書》："診毛北（背），笞紖（朋）瘢相質五也，道肩下到要（腰），稠不可數。"
《奏讞書》："謼（呼）盜，女子齕出，謂婢北（背）有笄刀，乃自智（知）傷。"
《奏讞書》："舉關以婢北（背）刀入僕所詣鞞中，祇。"
《脈書》："在北（背），癰，爲王身。"
《脈書》："北（背）痛，要（腰）痛，尻痛，痔（痔），肱痛，腨痛。"
《脈書》："出肘内廉，出臂外館（腕）上，乘手北（背）。"
《脈書》："耳脈，起手北（背），出臂外廉兩骨之閒。"
《引書》："引尼（𡰥）者，反昔（錯）手北（背）而前俛（俛）。"
《引書》："陽見者，反昔（錯）手北（背）而卬（仰），後雇（顧）。"
《引書》："窋（窟）視者，反昔（錯）手北（背）而俛（俛），後雇（顧）踵。"
《引書》："則（側）比者，反昔（錯）手北（背）而卑，揬〈探〉肩。"
《引書》："凫沃者，反昔（錯）手北（背）而揮頭。"
《引書》："臬栗者，反昔（錯）手北（背）而宿（縮）頸亜（湮）頭。"
《引書》："蛇亜（湮）者，反昔（錯）手北（背），齧而亜（湮）頭。"
《引書》："引北（背）甬（痛），熊經十，前據十，端立，夸（跨）足。”

《引書》：“令人騎其北（背），無（撫）顏（顏），舉頤而印（仰）之，亟（極）而已。”

《足臂脈·足》：“陽病北（背）如流湯，死。”

《陰陽脈甲》：“瘧，北（背）痛，要（腰）痛，尻痛，肘（痔），郤（郤）痛，腨痛。”

《陰陽脈甲》：“起於耳後，下肩，出臑外廉，出□□□，乘手北（背）。”

《陰陽脈甲》：“起於手北（背），出臂外兩骨之閒。”

《癃病》：“瘁（癃），燔陳芻若陳薪，令病者北（背）火炙之。”

《陰陽脈乙》：“頭痛，耳聾，項痛，耳彊，瘧（瘧），北（背）痛，要（腰）尻痛。”

《陰陽脈乙》：“起於手北（背），出臂外兩骨之閒，上骨下兼（廉），出肘中，入耳中。”

《胎產書》：“取爵（雀）甕（甕）中虫青北（背）者三，產呻（吞）之。”

《二三子》：“‘根（艮）其北（背）’者，言□事也。”

《見吳王》：“‘知女（汝）北（背）？’曰‘知之。’”

《將理》：“其侍（待）佰（拍）人之北（背），炤（灼）人之脅□。”

《北蒼·之職》：“賓勳向尚，馮奕脊北（背）。”按，“北（背）”字從張存良《〈蒼頡篇〉研讀獻芹（四）——北大簡〈蒼頡篇〉釋文商兑（二）》（簡帛網，2015 年 12 月 18 日）讀。

《周馴》：“昔管夷吾爲公子起〈赳〉射齊桓公，中其鉤北（背）。”

北與鄙

《周日書》：“產子占：東首者貴，南首者富，西首者壽，北首者北（鄙）。”

伓與背

《地典》：“□伓（背）之勝。”

《地典》：“伓（背）丘而戰，將取尉旅。”

《地典》：“伓（背）陵而戰，得其士主。”

《地典》：“伓（背）邑而戰，得其旅主。”

紫與背

《易之義》：“《復》之卦留止而周，所以人紫（背）也。”按，“紫（背）”字從廖名春《帛書〈周易〉論集》（上海古籍出版社，2008 年，294 頁）釋讀。下同。

《易之義》：“筮（噬）閘（嗑）紫（背）紀，恆言不已，容（訟）獄兇（凶）得也。”

畐字聲系

畐與富

《日乙·夢》：“宛奇強飲食，賜某大畐（富），不錢則布，不壐〈繭〉則絮。”

畐與福

《治官》：“禊（禍）所道來，毋云莫智（知）之，禍與畐（福）鄰。”

副與復

《子儀》：“義（儀）父！昔罿（贅）之行，不穀（穀）欲裕我亡反副（復），尚諯（端）項瞻遊目以晉我秦邦。”

富與匐

《道法》：“故唯執道者能上明於天之反，而中達君臣之半（畔），富（匐）密察於萬物之所終始，而弗爲主。”按，“富”似當讀作“匐”或“伏”。

幅與富

《日甲·夢》：“豹䝙強飲強食，賜某大幅（富），非錢乃布，非繭乃絮。”

楅與輻

《帛乙老子·道經》：“卅楅（輻）同一轂，當其无有，車之用也。”

《六分》：“主得位臣楅（輻）屬者，王。”

福與富

《老子》甲："貴福喬（驕），自遺咎也。"按，今本和帛書本福作富。

《成之》："福（富）而貧賤，則民谷（欲）其富之大也。"按，"福（富）"字從裘按（《郭店楚墓竹簡·成之聞之》篇注[一九]）讀。

《尊德義》："善者民必福₌（富，富）未必和，不和不₌安₌（不安，不安）不樂。"按，"福₌（富，富）"字從裘按（《郭店楚墓竹簡·尊德義》篇注［一三］）讀。

《彭祖》："五紀必（畢）周，唯（雖）貧必攸（修）；五紀不工，唯（雖）福（富）必遾（失）。"

《武王甲》："亞（惡）㤅₌（㤅？㤅）於貴福（富）。"

福與幅

《秦律·金布律》："布袤八尺，福（幅）廣二尺五寸。"

褔與偪

《芮良夫》："此心目亡（無）亟（極），褔（偪）而亡（無）涗（厓）。"按，"褔（偪）"字從王坤鵬《清華簡〈芮良夫毖〉篇箋釋》（簡帛網，2013年2月26日）讀。

褔與富

《老子》甲："我無事而民自褔，我亡爲而民自𤔲（化）。"按，今本和帛書乙本褔作富。

《曹沫》："此不貧於㪅（美）而褔（富）於悳（德）與（歟）？"

《芮良夫》："厇（厥）辟、𢦏（御）事，各縈（營）其身，恆靜（爭）于褔（富）。"

《三壽》："虐（吾）䎽（聞）夫墜（險）非（必）矛返（及）干，肙（厭）非（必）褔（富），亞（惡）非（必）亡（無）飤（食）。"

《三壽》："☐戲慳〈悭（淫）〉自嘉而不縷（數），諗（感）高玟（文）褔（富）而昏忘賓（詢）。"

《子產》："不良君古（怙）立（位）劼（固）褔（富），不愳（懼）遂（失）民。"按，"褔（富）"字從ee在ee《清華六〈子產〉初讀》（簡帛網"簡帛論壇"，2016年4月16日）一文下跟帖讀。

𩣡與富

《鬼神》："此以貴爲天子，𩣡（富）又（有）天下，長年又（有）𥝌（譽），後殜（世）遂（述）之。"

輻與蝠

《蠱》："燔扁（蝙）輻（蝠）以荊薪，即以食邪者。"

𠬝字聲系

服與備

《亡論》："一國而服（備）六危者威（滅），一國而服（備）三不辜者死。"

《亡論》："一國之君而服（備）三壅者，亡地更君。"

《亡論》："一國而服（備）三凶者，禍反[自]及也。"

服與復

《陳忌問壘》："田忌服（復）問孫☐。"

服與偪

《晏子七》："故節宮室，毋敢大斬伐，毋以服（偪）山林。"

服與匐

《妄稽》："尚（上）堂扶（匍）服（匐），卑耳户樞。"按，"服（匐）"從陳劍《〈妄稽〉〈反淫〉校字拾遺》（復旦大學出土文獻與古文字研究中心網，2016年7月4日）釋讀。

服與伏

《帛易·同人于野》："九三，服（伏）容

（戎）于莽，登（升）其高陵，三歲不興。”

服與茯

《乾瘙》：“以般〈服〉服（茯）零（苓），最（撮）取大者一枚，壽（擣）。”

伏字聲系

伏與服

《蚖》：“伏（服）食，父居北在（塞），母居南止（阯），同產三夫，爲人不德。”按，“伏（服）”字從馬繼興《馬王堆古醫書考釋》（湖南科學技術出版社，1992 年，413 頁）讀。

伏與茯

《養生方》：“益甘□伏（茯）霝（苓）去滓，以汁肥豯，以食女子，令益甘中美。”

《養生方》：“須其乾，□以稗□五、門冬二、伏（茯）靈（苓）一，即并擣。”

《養生方》：“取白苻（符）、紅符、伏（茯）霝（苓）各二兩，極（薑）十果（顆）。”

《養生方》：“石韋、方（防）風、伏（茯）兔（菟）各□。”按，“伏（茯）”字從馬繼興《馬王堆古醫書考釋》（湖南科學技術出版社，1992 年，734 頁）讀。

葡字聲系

葡與備

《語叢三》：“勿（物）不葡（備），不成急（仁）。”

葡與服

《尊德義》：“民五之方各（格），十之方靜（爭），百之而句（後）葡（服）。”按，“葡（服）”字從裘按（《郭店楚墓竹簡·尊德義》篇注［一二］）讀。

備與憊

《二年·史律》：“吏備（憊）罷、佐勞少者，毋敢亶（擅）史、卜。”

備與丕

《金縢》：“尔（爾）母（毋）乃有備子之責才（在）上？”按，今本《尚書·金縢》備作丕。

備與服

《老子》乙：“夫唯嗇，是以㬥（早），是以㬥（早）備，是胃（謂）☐。”按，今本和帛書乙本備作服。

《緇衣》：“倀（長）民者，衣備（服）不改，䢜（從）頌（容）又（有）常，則民㥁（德）弌（一）。”

《緇衣》：“《寺（詩）》員（云）：‘備（服）之亡（無）懌（斁）。’”

《唐虞》：“□用戚（棘），夏用戈，正（征）不備（服）也。”

《成之》：“古（故）君子之立（莅）民也，身備（服）善以先之，敬新（慎）以肘（導）之，其所才（在）者內（入）悏（矣）。”

《成之》：“是古（故）畏（威）備（服）型（刑）罰之婁（屢）行也，繇（由）走（上）之弗身也。”

《尊德義》：“非侖（倫）而民備（服），殜（世）此亂矣。”

《語叢三》：“樂，備（服）㥁（德）者之所樂也。”

《民之》：“三亡（無）虎（乎），亡（無）聖（聲）之樂，亡（無）體（體）之豊（禮），亡（無）備（服）之桑（喪）。”

《民之》：“亡（無）聖（聲）之樂、亡（無）體（體）之豊（禮）、亡（無）備（服）之桑（喪），可（何）志（詩）是汇（迡）？”

《民之》：“亡（無）備（服）之桑（喪），內虘（恕）暋悲。”

《民之》：“亡（無）備（服）之桑（喪），爲民父母。”

《民之》：“亡（無）備（服）【之】喪，它

（施）返（及）四國。”

《民之》：“亡（無）備（服）[之]喪，以畜萬邦。”

《容成氏》：“堯戔（賤）貤（施）而旹=（時時）賽，不懽（勸）而民力，不型（刑）殺而無頮（盜）惻（賊），甚緩而民備（服）。”

《容成氏》：“於是虐（乎）天下之兵大记（起），於是虐（乎）樊（判）宗鹿（戮）族，戔（殘）群安備（服）。”

《容成氏》：“文王於是虐（乎）素耑（端）𥿰裳以行九邦，七邦逨（來）備（服），豐、喬（鎬）不備（服）。”

《容成氏》：“坙（禹）既已受命，乃卉備（服）蓋（箬）若（箬），冒（帽）芙（蒲）蓻（笠）□足□[□]面𩑋（乾）䱜（皵），𦝡（脛）不生之毛，□湛湝流。”

《昭王》：“又（有）一君子䘮（喪）備（服）曼廷，牆（將）逅（蹠）閨。”

《昭王》：“君王𡗩（始）内（入）室，君之備（服）不可以進。”

《相邦》：“先其欲，備（服）其𢦚（強），牧其𢍏（倦），青（靜）以寺（待）時=（時。時）出古此=〈古=（故，故）出〉事=（事，事）出政=（政，政）毋忘所𡗩（始）。”按，“備（服）”字從裘錫圭《上博簡〈相邦之道〉1號簡考釋》（《中國文字學報》第一輯，商務印書館，2006年）讀。

《曹沫》：“改𥿰爾鼓，乃逵（失）其備（服）。”

《曹沫》：“使人不親則不𦅜（庸），不和則不祝（篤），不悘（義）則不備（服）。”

《鮑叔牙》：“公乃身命祭，又（有）嗣（司）祭備（服）毋紋（黼），器必𦉢愳（潔），毋内錢器，犠（犧）生（牲）珪璧必全，女（如）耆，伽（加）之以敬。”

《季康子》：“𡥈=（君子）才（在）民之上，埶民之中，絁（施）𡥉（教）於百眚（姓），而民不備（服）安（焉），氏（是）𡥈=（君子）之恥也。”

《季康子》：“𡥈=（君子）玉其言而𥓓（展）其行，敬成其悳（德）以臨民=（民，民）望其道而備（服）安（焉）。”

《季康子》：“句（苟）能固獸（守）而行之，民必備（服）矣。”

《三德》：“室虘（且）弃，不墮（綏）祭祀，唯蕙是備（服）。”

《三德》：“衣備（服）逃（過）折（制），逵（失）於媺（美），是胃（謂）違章，上帝弗京（諒）。”

《三德》：“母（毋）凶備（服）以享祀，母（毋）衾（錦）衣交（絞）祖傒子。”

《季桓子》：“恴（仁）人之道，衣備（服）北（必）中，𩔖（容）佫（貌）不求異於人。”

《季桓子》：“與（邪）蟡（僞）之民，衣備（服）𢘋（好）□，□□□皆求異於人。”

《武王甲》：“武王𪗜（齋）三日，耑（端）備（服）曼（冕），逾（降）堂幾（階），南面而立。”

《舜王》：“明則保或（國），智臤（賢）正（政）綯（治），教媺（美）民備（服）。”

《保訓》：“身兹備（服），隹（惟）允，翼=（翼翼）不解（懈），用作三隆（降）之悳（德）。”按，“備（服）”字從李零《讀清華簡〈保訓〉釋文》（《中國文物報》2009年8月21日第7版）讀。

《保訓》：“至于成康（湯），祇備（服）不解（懈），甬（用）受大命。”

《保訓》：“今女（汝）祇備（服）母（毋）解（懈）。”

《耆夜》：“乍（作）訶（歌）一終曰𨖩=乘=（《輶乘》：輶乘）既㦱（飭），人備（服）余不胄（胄）。”

《耆夜》："夒（作）訶（歌）一終曰鼏₌（《𤇾𤇾》："𤇾𤇾）戎備（服），臧（壯）武愁₌（赳赳）。"

《皇門》："先[₌]（先人）神示（祇）復式（式）用休，卑（俾）備（服）才（在）氒（厥）家。"

《皇門》："曰'余蜀（獨）備（服）才（在）寢'，以自零（落）氒（厥）家。"

《說命中》："女（汝）克覎（覿）視，四方乃府（俯）；視陸（地），心毀隹（惟）備（服）。"按，"備"似當讀作"服"。

《說命下》："少（小）臣罔㚅（俊）才（在）朕備（服），余隹（惟）命女（汝）敚（說）融（融）朕命。"

《說命下》："王曰：'敚（說），罘（懷）亦䀢（祇）乃備（服），勿易卑（俾）邶（越）。'"

《說命下》："女（汝）亦隹（惟）又（有）萬福業₌（業業）才（在）乃備（服）。"

《琴舞》："六啟曰："其舍（余）㳄（沖）人，備（服）才（在）清宙（廟），隹（惟）克少（小）心。"

《命訓》："以賞從裳₌（勞，勞）而不至，以罰從備₌（服，服）而不釮。"

《湯丘》："不備（服）兼文，器不敔（雕）鏤，不瘧（虐）殺，與民分利，此以自悉（愛）也。"

《三壽》："衣備（服）惴（端）而好訐（信），丂（孝）忢（慈）而㥿（哀）眔（鰥）。"

《君正》："衣備（服）不相緰（逾），貴賤等也。"

《六分》："朝（霸）主積甲士而正（征）不備（服），誅禁當罪而不私其利。"

《繫辭》："備（服）牛乘馬，引重行遠，以利天下，蓋取者（諸）隋（隨）也。"

備與伏

《慎子》："首沓（戴）茅芙（蒲），樸（撰）筱（銚）執樝（鉏），送（蹲）畎備（伏）畞〈畓（畝）〉，必於☐。"按，"備"似當讀作"伏"。

備與茯

《養生方》："以五月☐備（茯）夌（苓）、㲋（纔）黃。"

備與崩

《楚帛書》甲："千又百戢（歲），㫐₌（日月）允生，九州不坪（平），山陸（陵）備（崩）㚔，四神☐乍（作）。"按，"備（崩）"字從朱德熙《長沙帛書考釋（五篇）》（《古文字研究》第十九輯，中華書局，1992年）讀。

備與負

《金縢》："尔（爾）母（毋）乃有備子之責才（在）上？"按，《史記·魯周公世家》"備"作"負"。

備與力

《啻門》："记（起）役時訓（順），民備（力）不俑（庸），此胃（謂）岂（美）役。"

備與備

《奏讞書》："從獄史武備（備）盜賊〈賊〉，武以六月壬午出行公粱亭，至今不來。"按，整理者釋"備"爲"備"。不確。

瑀與佩

《建除》："凡散日，利以家（嫁）女、見人、琊（佩）玉。"

牧字聲系

牧與默

《足臂脈·足》："數腸（渴），牧（默）牧（默）者（嗜）臥以欬（咳）。"

牧與謀

《答問》："'臣妾牧（謀）殺主。'可（何）謂牧（謀）？"

《答問》："欲賊殺主，未殺而得，爲牧

（謀）。”

得字聲系

得與德

《民之》：“亡（無）膿（體〈服〉）之褱，屯（純）得（德）同明。”

《民之》：“系（傾）耳而聖（聽）之，不可得而䎽（聞）也；明目而視之，不可得而視〈見〉也，而得（德）既塞於四㴖（海）矣，此之胃（謂）三亡（無）。”按，“得（德）”字從劉信芳《上博藏竹書試讀》（簡帛研究網，2003年1月9日）讀。

《容成氏》：“受（紂）不智（知）其未又（有）成正（政），而得（德）遳（失）行於民之㕗（厚）也，或亦记（起）帀（師）以逆之。”按，“得（德）”字從白於藍《讀上博簡（二）劄記》（《江漢考古》2005年4期）讀。

《帛五行・經》：“善弗爲无近，得（德）弗之（志）不成，知（智）弗思不得。”

《帛易・小畜》：“尚（上）九，既雨既處，尚得（德）載，女貞厲。月幾望（望），君子正（征），兇（凶）。”

《阜易・小畜》：“□得（德）戴（載）。”

弋字聲系

弋與代

《楚帛書》甲：“四神相弋（代），乃走（止）以爲戢（歲），是隹（惟）四寺（時）。”

《從政》：“昔三弋（代）之明王之又（有）天下者，莫之舍也，而□取之，民皆以爲義。”

《容成氏》：“成悳（德）者，虗（吾）敓（說）而弋（代）之；其即（次），虗（吾）伐而弋（代）之。”

《仲弓》：“昔三弋（代）之明王，又（有）四㴖（海）之內，猷（猶）來□。”

《曹沫》：“三弋（代）之戦（陳）皆廌（存），或以克，或以亡。”

《曹沫》：“虗（吾）言氏（是）不（否），而毋或（惑）者（諸）少（小）道與（歟）？虗（吾）一谷（欲）聒（聞）三弋（代）斎₌（之所）。”

《鮑叔牙》：“殷人之所以弋（代）之，觀其容，聖（聽）其言，迿（凡）其所以薨（亡），爲其容，爲其言。周人之所以弋（代）之，觀其容，聖（聽）言，迿倡者使。”

《用曰》：“民日愈（愉）樂，遚相弋（代）盟。”

《武王甲》：“後右耑（端）曰：‘殹諫（鑑）不遠，視而（邇）所弋（代）。’”

《文王》：“□之道，寡人不能弌（一）安（焉），而介綾（接）弋（代）之。”

《金縢》：“周公乃內（納）其所爲祍（貢）自以弋（代）王之敓（說）于金紷（縢）之匱。”

《金縢》：“王得周公之所自以爲祍（貢）以弋（代）武王之敓（說）。”

《金縢》：“周武王又（有）疾，周公所自以弋（代）王之志。”

《命訓》：“亟（極）命則民陸（墮）乏，乃宔（曠）命以弋（代）其上，㣌（殆）於䜌（亂）矣。”

《三壽》：“甬（用）肖（艾）卲（昭）句（后）成湯，弋（代）傑（桀）専（敷）又（佑）下方。”

《子儀》：“民恆不實（寘）乃毀祟（常），各敄（務）降上品之支（辨），官相弋（代）乃又（有）見工。”

弋與式

《緇衣》：“《寺（詩）》員（云）：‘成王之孚，下土之弋（式）。’”

《祭公》："亦尚宧（寬）臧（壯）氒（厥）心，康受亦弋（式）甬（用）休。"

《説命下》："弋（式）隹（惟）參（三）悳（德）賜我，虗（吾）乃尃（敷）之于百青（姓）。"

《琴舞》："於（嗚）虗（呼）！弋（式）克其又（有）辟。"

《厚父》："斯民心難測，民弋（式）克共（恭）心芍（敬）愄（畏），鬼（畏）不恙（祥）。"

《厚父》："曰天禽（監）司民，氒（厥）女（如）有之服于人，民弋（式）克芍（敬）悳（德）。"

《子產》："下能弋（式）上，此胃（謂）民訫（信）志之。"

弋與式

《緇衣》："《寺（詩）》員（云）：'成王之孚，下土之弋（式）。'"按，上博簡本《緇衣》弋（式）作式。

弋與忒

《楚帛書》乙："成隹（惟）天□，下民之衼（式），敬之母（毋）弋（忒）！"

《緇衣》："《寺（詩）》員（云）：'雪（淑）人君子，其義（儀）不弋（忒）。'"

弋與弑

《苦成》："參（三）埣（郤）既亡，公家乃溺（弱），鑾（欒）箸（書）弋（弑）敇（厲）公。"

弋與試

《緇衣》："好㛥（美）女（如）好茲（緇）衣，亞₌（惡惡）女（如）亞（惡）遊（巷）白（伯），則民臧〈咸〉放（服）而埜（刑）不屯〈弋（試）〉。"按，"屯〈弋（試）〉"字從白於藍《郭店楚簡拾遺（四篇）》（《華南師範大學學報》2000年3期）等釋讀。上博簡本《緇衣》屯作刉，孟蓬生《上博簡〈緇衣〉三解》（《上博館藏戰國楚竹書研究》，上海書店出版社，2002年）指出"刉"字所從"屯"旁亦是"弋"字之誤字，當隸定作"刉"，讀作"試"。

《唐虞》："古者吳（虞）舜管（篤）事宂（瞽）寞（瞙），乃弋（試）其孝；忠事帝堯，乃弋（試）其臣。悉（愛）罕（親）尊臤（賢），吳（虞）舜其人也。"按，"弋（試）"字從白於藍《〈郭店楚墓竹簡〉讀後記》（《中國古文字研究》第一輯，吉林大學出版社，1999年）讀。下同。

《唐虞》："咎（皋）采（陶）内用五型（刑），出弋（試）兵革。"

弋與任

《窮達》："穿（窮）達以旹（時），悳（德）行式（一）也；譽皇（毁）才（在）仿（旁），聖（聽）之弋（任）之。"按，"弋（任）"字從白於藍《讀郭店簡瑣記（三篇）》（《古文字研究》第二十六輯，中華書局，2006年）讀。

弋與鳶

《反淫》："鴟（鴻）鵠鵷鶵（雛），弋（鳶）鶏鷫（鷫）相（鷞），連翟（翅）比翼，椄（接）遝（沓）苛（柯）閒。"

代與忒

《九主》："古今四綸（倫），道數不代（忒），聖王是法，法則明分。"

《論約》："四時時而定，不爽不代（忒），常有法式。"

《攻權》："⧄□□□威在志位，志位不代（忒），威乃⧄。"

《曹氏》："聖王行於天下，風雨不暴，雷霆不埶（震），寒暑不代（忒），民不文飾。"

貸與代

《二類》："半夏、白斂、勺（芍）樂（藥）、細辛、烏喙、赤石脂、貸（代）赭、赤豆、初生未臥者鼃矢。"

貸與忒

《帛乙老子·道經》："爲天下式，恆德不貸（忒）。"

《帛乙老子·道經》："恆德不貸（忒），復歸於无極。"

《形甲》："故善者之戰，無奇勝，無智名，無勇功，故其勝不貸（忒）。"

《形乙》："故善者之戰，無奇勝，無智名，無勇功，故其勝不貸（忒）。"

《形乙》："不貸（忒）者，其所錯（措）勝敗者也。"

貸與殆

《稱》："是胃（謂）身薄（迫），身薄（迫）則貸（殆）。"

式與弒

《晏子一二》："崔杼果式（弒）壯（莊）公。"

式與試

《繆和》："惡又（有）然，願先生式（試）略之，以爲毋忘，以匡弟子。"

式與軾

《繆和》："過段干木之閭而式（軾）。"按，"式"當讀作"軾"。下同。

《繆和》："若何我過而弗式（軾）也？"

式與識

《晏子一〇》："堵（睹）貧窮若弗式（識），騶（趨）富利若弗及。"

式與飾

《安稽》："雞鳴善式（飾），乃尚（嘗）入閒（諫）。"

試與弒

《占書》："客星抵月，布衣試（弒）其君。"

《北蒼·之職》："丹（端）勝誤亂，圉奪侵試（弒）。"

試與識

《戰國一六》："秦與式〈戎〉翟同俗，有虎狼之心，貪戾好利，無親，不試（識）禮義德行。"

《戰國一六》："此天下之所試（識）也。"

《戰國一六》："而王弗試（識）則不明，群臣莫以聞則不忠。"

《繆和》："蔥（聰）明夐（睿）知（智）守以愚，博聞強試（識）守以□。"

式與式

《緇衣》："《寺（詩）》員（云）：'成王之孚，下土之弋（式）。'"按，上博簡本《緇衣》弋（式）作式。

《皇門》："先=（先人）神示（祇）復式（式）用休，卑（俾）備（服）才（在）氒（厥）家。"

《子儀》："莫往可=（兮何）以寘（寘）言（焉），余愧（畏）其式（式）而不託（信），余隼（誰）思（使）于劦（協）之。"

式與職

《皇門》："先=（先人）神示（祇）復式用休，卑（俾）備（服）才（在）氒（厥）家。"按，今本《逸周書·皇門》式作職。

杙與桎

《窮達》："关（管）寺（夷）虗（吾）寓（拘）繇（囚）束縛，斁（釋）杙（桎）榑（柙）而爲者（諸）侯相。"

⿰衤弋與式

《楚帛書》乙："成隹（惟）天□，下民之⿰衤弋（式），敬之母（毋）弋（忒）！"按，"⿰衤弋（式）"字從李學勤《論楚帛書中的天象》(《湖南考古輯刊》第一集，嶽麓書社，1982年）讀。

⿰王弋與飾

《容成氏》："□北迲（去）其邦，□爲𠯗〈同（傾）〉宮，箽（築）爲璿室，⿰王弋（飾）

爲釆（瑤）壴（臺），立爲玉閏（門）。”

玳與飭

《耆夜》：“复（作）訶（歌）一終曰䢊₌乘₌（《輶乘》：輶乘）既玳（飭），人備（服）余不韋（胄）。”

玳與執

《周易·遯》：“六二：玳（執）用黄牛之革，莫之勑（勝）敚（説）。”

紅與忒

《緇衣》：“又（有）䢈（國）者章好章亞（惡），以視民厚，則民青（情）不紅（忒）。”按，“紅（忒）”字從裘按（《郭店楚墓竹簡·緇衣》篇注［八］）讀。

紅與飾

《叢辰》：“利以冠，㪅（探）車馬，折（製）衣䘸（裳）、表（服）紅（飾）。”

試與忒

《筮法三十》：“凸（凡）是，各堂（當）其卦（卦），乃力（扐）占₌之₌（占之，占之）必力（扐），卦（卦）乃不試（忒）。”

軾與軾

《弟子問》：“至老丘，有戎（農）植（持）其槈（耨）而訶（歌）安（焉）。子虡（據）虖（乎）軾（軾）而〼。”按，“軾（軾）”字從陳劍《談談〈上博（五）〉的竹簡分篇、拼合與編聯問題》（簡帛網，2006年2月19日）釋讀。

貣與易

《鮑叔牙》：“或（又）以豎迅（刁）與貣（易）牙爲相。”

貣與忒

《湯丘》：“又（有）夏之悳（德），事貨以惑，春秋改則，民人趣（趣）貣（忒）。”

《三壽》：“龜噬（筮）孚貣（忒），五寶弁（變）色，而星月亂（亂）行。”

《帛甲老子·道經》：“爲天下式，恆德不貣（忒）。”

《帛甲老子·道經》：“【恆】德不貣（忒），復歸於无極。”

《北大老子》：“爲天下武〈式〉，恆德不貣（忒），復歸於無極。”

貣與貸

《繫年二二》：“戉（越）公與齊侯貣（貸）、魯侯侃（衍）明（盟）于魯稷門之外。”

《繫年二二》：“晉公獻齊俘馘於周王，述（遂）以齊侯貣（貸）、魯侯羴（顯）、宋公畋（田）、衛侯虔、奠（鄭）白（伯）怡（駘）朝周王于周。”

《秦律·倉律》：“宦者、都官吏、都官人有事上爲將，令縣貣（貸）之。”

《秦律·倉律》：“有事軍及下縣者，齎食，毋以傳貣（貸）縣。”

《秦律·司空》：“人奴妾毄（繫）城旦舂，貣（貸）衣食公，日未備而死者，出其衣食。”

《答問》：“貣（貸）人贏律及介人。”

《答問》：“不當貣（貸），貣（貸）之，是謂‘介（丐）人’。”

《衰分》：“貣（貸）人百錢，息八〼。”

《衰分》：“〼錢，今貣（貸）人十七錢，七日而歸之，問取息幾可（何）？”

《贏不足》：“貣（貸）人錢三，今欲賞（償）米。”

《學爲》：“顥（願）丞主叚（假）錢二萬貣（貸）、食支卒歲。”

《學爲》：“丈人詔令癸出田南陽，因穜（種）食、錢貣（貸），以爲私【書】。”

《學爲》：“以名爲僞私書，問矰，欲貣（貸）錢胡楊少内。”

《學爲》：“以利印封，起室把詣于矰，幸其肎（肯）以威貣（貸）學錢。”

《學爲》：“吏節（即）不智（知）學爲僞書，不許貣（貸）學錢。”

《學爲》:"吏節(即)不智(知)學爲僞【書】,不貣(貸)學錢。"
《第二組》:"租禾稼、頃芻稾,盡一歲不觷(畢)入及諸貣(貸)它縣官者,書到其縣官。"
《第二組》:"吏歸休,有縣官吏乘乘馬及縣官乘馬過縣,欲貣(貸)芻稾、禾、粟、米及買叔(菽)者,縣以朔日平賈(價)受錢,先爲錢及券。"
《第二組》:"毋令租者自收入租,入租貣(貸)者不給,令它官吏助之。"
《第二組》:"不如令,官嗇夫、吏貲各二甲,丞、令、令史弗得及入租貣(貸)不給,不令它官吏助之,貲各一甲。"
《第二組》:"其與城旦舂作者,衣食之如城旦舂,人奴婢毄(繫)城旦舂,貣(貸)衣食縣官,日未【備】而死者,出其衣食。"
《第三組》:"令縣遣司寇入禾,其縣毋(無)禾當貣(貸)者,告作所縣償及貸。"
《第三組》:"纍卒從破趙軍,長輓粟徒壹夫身貧毋(無)糧,貣(貸)縣官者,死軍,爲長☐。"
《第三組》:"芻稾積五歲以上者以貸,黔首欲貣(貸)者,到收芻稾時而責(債)之,黔首莫欲貣(貸),貣(貸)而弗能索(索)者,以黔首入租貣(貸)芻稾□□□□□□賣。"

貣與蟘

《蟲蝕》:"貣(蟘)食(蝕)口鼻,冶顴(堇)葵□□□。"
《蟲蝕》:"貣(蟘)食(蝕)齒,以榆皮、白□、美桂,而并□□□□傅空(孔)☐。"

貣與始

《北大老子》:"夫唯道,善貣(始)且成。"

貣與敕

《周馴》:"維歲正月更旦之日,龏(共)大子朝,周昭文公自身貳〈貣(敕)〉之,用兹念也。"
《周馴》:"維歲二月更旦之日,龏(共)大子朝,周昭文公自身貳〈貣(敕)〉之,用兹念也。"
《周馴》:"昔禹貳〈貣(敕)〉啟曰。"
《周馴》:"維歲三月更旦之日,龏(共)大子朝,周昭文公自身貳〈貣(敕)〉之,用兹念也。"
《周馴》:"維歲五月更旦之日,龏(共)大子朝,周昭文公自身貳〈貣(敕)〉之,用兹念也。"
《周馴》:"維歲六月更旦之日,龏(恭)大子朝,周昭文公自身貳〈貣(敕)〉之,用兹念也。"
《周馴》:"維歲七月更旦之日,龏(共)大子朝,周昭文公自身貳〈貣(敕)〉之,用兹念也。"
《周馴》:"維歲八月更旦之日,龏(共)太子朝,周昭文公自身貳〈貣(敕)〉之,用兹念也。"
《周馴》:"維歲十月更旦之日,龏(共)太子朝,周昭文公自身貳〈貣(敕)〉之,用兹念也。"
《周馴》:"維歲十一月更旦之日,龏(共)太子朝,周昭文公自身貳〈貣(敕)〉之,用兹念也。"
《周馴》:"昔堯貳〈貣(敕)〉舜曰:'置嗣無宜,以賢爲宜;立後無正,已賢爲命。'"
《周馴》:"維歲十二月更旦之日,龏(共)太子朝,周昭文公自身貳〈貣(敕)〉之,用兹念也。"
《周馴》:"維歲閏月更旦之日,龏(共)太子朝,周昭文公自身貳〈貣(敕)〉之,用兹念也。"
《周馴》:"昔秦穆公臨阤谷之水,而身貳〈貣(敕)〉其嗣焉。"

《周馴》："昔越王荀（句）賤（踐）過闔廬之丘，見人發之，歸而貳〈貣（敕）〉其嗣。"

《周馴》："昔齊桓公貳〈貣（敕）〉其後嗣曰。"

《周馴》："維歲冬（終）享駕（賀）之日，龏（共）太子朝，周昭文公自身貳〈貣（敕）〉之，用玆念也。"

樴與閾

《特牲》："席于門中，樴（閾）西，棫（閾）外。"

戠與戴

《容成氏》："是以視臤（賢），履陞（地）戠（戴）天，竺（篤）義與信。"

鳶與弋

《日甲·詰》："故丘鬼恆畏人，畏人所，爲芻矢以鳶（弋）之，則不畏人矣。"

《日甲·詰》："鳶（弋）以芻矢，則不來矣。"

《日甲·詰》："鬼恆襄（攘）人之畜，是暴鬼，以芻矢鳶（弋）之，則止矣。"

僨與貸

《二年·盜律》："□□□財（？）物（？）私自假₌僨₌（假貸，假貸）人罰金二兩。"

誠與弒

《阜春·章題》："夏徵舒誠（弒）陳靈公。"按，"誠"字右旁所從之"戈"當即"弋"字誤寫，下同。

《儒言》："白公勝誠（弒）其君。"

異字聲系

異與翼

《民之》："亡（無）體（體）之豊（禮），愄（威）我（儀）異₌（翼翼）。"

《三壽》："則隹（唯）小心異₌（翼翼），寡（顧）復孛（勉）祇。"按，整理者直接釋"異"爲"翼"。不確。

翼與翌

《晏子一三》："公令人視之，梟布翼伏地而死乎臺下。"按，明活字本《晏子春秋》"翼"作"翌"。

直字聲系

直與值

《秦律·廄苑律》："其入之其弗亟而令敗者，令以其未敗直（值）賞（償）之。"

《秦律·金布律》："嗇夫即以其直（值）錢分負其官長及冗吏。"

《秦律·金布律》："大褐一，用枲十八斤，直（值）六十錢；中褐一，用枲十四斤，直（值）卌六錢；小褐一，用枲十一斤，直（值）卅六錢。"

《秦律·司空》："直（值）一錢，治（笞）十。"

《秦律·司空》："直（值）廿錢以上，孰（熟）治（笞）之，出其器。"

《秦律·效》："效公器贏、不備，以齎律論及賞（償），毋齎者乃直（值）之。"

《效律》："其有贏、不備，物直（值）之，以其賈（價）多者罪之，勿贏（纍）。"

《效律》："數而贏、不備，直（值）百一十錢以到二百廿錢，誶官嗇夫。"

《效律》："縣料而不備其見（現）數五分一以上，直（值）其賈（價）。"

《效律》："十分一以到不盈五分一，直（值）過二百廿錢以到千一百錢，誶官嗇夫。"

《效律》："直（值）過千一百錢以到二千二百錢，誶官嗇夫。"

《效律》："效公器贏、不備，以齎律論及賞（償），毋齎者乃直（值）之。"

《效律》："直（值）其賈（價），不盈廿二錢，除。"

《答問》："甲盜，臧（贓）直（值）千錢。"
《答問》："與甲言，即各盜，其臧（贓）直（值）各四百，已去而偕得。"
《答問》："削（宵）盜，臧（贓）直（值）百一十。"
《答問》："削（宵）盜，臧（贓）直（值）百五十。"
《答問》："或直（值）廿錢，而柀盜之，不盡一具，及盜不直（置）者，以律論。"
《答問》："士五（伍）甲盜一羊，羊頸有索，索直（值）一錢，問可（何）論？"
《答問》："士五（伍）甲盜，以得時直（值）臧=（贓，贓）直（值）過六百六十，吏弗直（值），其獄鞫乃直（值）臧=（贓，贓）直（值）百一十，以論耐。"
《答問》："士五（伍）甲盜，以得時直（值）臧=（贓，贓）直（值）百一十，吏弗直（值），獄鞫乃直（值）臧=（贓，贓）直（值）過六百六十，黥甲爲城旦。"
《答問》："甲告乙盜直（值）□□，問乙盜卅，甲誣駕（加）乙五十。"
《答問》："誣人盜直（值）廿，未斷，有（又）有它盜，直（值）百，乃後覺。"
《答問》："所殺直（值）二百五十錢，可（何）論？"
《答問》："人戶、馬牛及者（諸）貨材（財）直（值）過六百六十錢爲'大誤'。"
《封診式》："以此直（值）衣賈（價）。"
《日甲・行》："句（苟）毋（無）直（值）赤啻（帝）臨日。"按，"直"似當讀作"值"，訓爲當、逢。下三例同。
《日甲・入官》："直（值）參以出女，室必盡。"
《日甲・入官》："直（值）營=（營室）以出女，父母必從居。"
《日甲・入官》："直（值）牽=（牽牛）、女=（須女）出女，父母有咎。"
《龍簡》："盜死獸直（值）賈（價）以開（關）□☒。"
《龍簡》："☒□程直（值）希（稀）之☒。"
《龍簡》："分以上，直（值）其所失臧（贓）及所受臧（贓），皆與盜同☒。"
《龍簡》："□□□不到所租□直（值），虛租而失之如☒。"
《龍簡》："☒雖弗爲輕租直（值）☒。"
《天乙・門》："門忌：乙、辛、戊。宿直（值）胃、氐，不可開門、竇及祠。"
《天乙・自天》："直（值）此卦者是利以合人。"
《天乙・自天》："以責（債）不得，以訟不克，直（值）此卦者利於犮（祓）事。"
《天乙・自天》："直（值）此卦者有君子之貞。"
《天乙・貞在》："乃直（值）大（太）族。"
《背》："背一甲直（值）錢千三百卌四，直（值）金二兩一垂，一盾直（值）金二垂。"
《背》："馬甲一，金三兩一垂，直（值）錢千九百廿，金一朱（銖）直（值）錢廿四。"
《芮盜》："芮買（賣）其分肆士五（伍）朵，地直（值）千，蓋二百六十九錢。"
《芮盜》："買（賣）分四百卅（三十）五尺，直（值）千錢。"
《芮盜》："地臧（贓）直（值）千錢。"
《識劫》："匿訾（貲）稅及室、肆，臧（贓）直（值）各過六百六十錢。"
《識劫》："婉匿訾（貲），稅直（值）過六百六十錢。"
《識劫》："婉以故鼠（予）肆=室=（肆室。肆室）直（值）過六百六十錢。"

《同顯》："臧（贓）直（值）☐。"
《第二組》："其晥老而皆不直（值）更者，皆爲之，冗宦及冗官者，勿與。"
《第二組》："爲券書，少多其實，人戶、馬、牛以上，羊、犬、彘二以上及諸誤而可直（值）者過六百六十錢，皆爲大誤；誤羊、犬、彘及直（值）不盈六百六十以下及爲書而誤、脱字爲小誤。"
《隨日・臨日》："凡舉事，苟毋直（值）臨日，它雖不吉，毋（無）大害。"
《隨日・土功》："不可鑿地，月刺直（值）法日。"
《二年・盜律》："盜臧（贓）直（值）過六百卒（六十）錢，黥爲城旦舂。"
《二年・盜律》："謀偕盜而各有取也，并直（值）其臧（贓）以論之。"
《二年・盜律》："諸盜□，皆以罪（？）所平賈（價）直（值）論之。"
《二年・具律》："□□□□兩，購、沒入、負償，各以其直（值）數負之。"
《二年・津關令》："及令河北縣爲亭，與夾谿（谿）關相直（值）。"
《奏讞書》："律：盜臧（贓）直（值）過六百六十錢，黥爲城旦。"
《奏讞書》："今佐丁盜粟一斗，直（值）三錢。"
《奏讞書》："今佐丁盜一斗粟，直（值）三錢，完爲倡，不已重虖（乎）？"
《癰》："某【不】幸病癰，我直（值）百疾之□，我以明月炻若。"
《木牘》："卑□半斤，直（值）卌五。"
《木牘》："黃芩一斤，直（值）七十。"
《木牘》："黃連半斤，直（值）百。"
《木牘》："□□二斤，直（值）廿七，子威取。"
《木牘》："河菮半斤，直（值）七十五。"
《木牘》："席□取藥，凡直（值）九百廿七。"

直與植

《道法》："事如直（植）木，多如倉粟。"
《足臂脈・足》："其直（植）者貫□，夾（挾）脊，□□，上於豆（頭）。"按，"直（植）"字從魏啟鵬、胡翔驊《馬王堆漢墓醫書校釋（壹）》（成都出版社，1992年，2頁）讀。下同。
《足臂脈・足》："其直（植）者貫目內漬（眥），之鼻。"
《足臂脈・足》："其直（植）者貫腋，出於項、耳，出膭（枕），出目外漬（眥）。"

直與置

《答問》："或直（值）廿錢，而柀盜之，不盡一具，及盜不直（置）者，以律論。"
《答問》："未置及不直（置）者不爲'具'，必已置乃爲'具'。"
《日甲・直室門》："直（置）室門。"
《治官》："窨內直（置）檠，涂（塗）塈（墍）騷（掃）除。"
《租稅》："直（置）所得四升半升者，曰半者倍爲九，有（又）三□之爲廿七，以爲法。"
《租稅》："亦直（置）所取三步者，十而五之爲三百，即除廿七步而得一步。"
《租稅》："以所券租數爲法，即直（置）輿田步數，如法而一步，不盈步者，以法命之。"
《租稅》："直（置）十五，以一束步數乘之爲法。"
《租稅》："直（置）一束寸數，耤令相乘也。"
《租稅》："亦直（置）所新得寸數，耤令相乘也。"
《租稅》："述（術）曰：耤直（置）一斗

升數，以五步田廿步，租十六升。”
《租税》：“述（術）曰：以十六爲法，直（置）五升有（又）七分升之二而七之。”
《租税》：“爲法，亦直（置）三步而三之，凡九即十之。”
《租税》：“直（置）二圍七寸，耤令相乘也，以爲法，如法一步。”
《誉軍》：“三步直（置）戟，即三之；四直（置）戟，即四之；五步直（置）戟，即五之。”
《誉軍》：“□袤三里二百卌步，此三步直（置）戟也。”
《穀物》：“因而五之，有（又）直（置）三壹方而九之，以爲法，如法成一。”
《穀物》：“因而三之，有（又）九之，直（置）五壹方而□【之】，以爲法，如法而成一。”
《衰分》：“述（術）曰：各直（置）爵數而并以爲法。”
《衰分》：“□羊直（置）三〈二〉，犢直（置）一而并之，凡求□□。”
《衰分》：“述（術）曰：各直（置）一日所織。”
《衰分》：“其述（術）曰：始日直（置）一，次直（置）二，次直（置）四，耤而并之七₌（七，七）爲法。”
《衰分》：“以十尺扁（遍）乘其直（置）各自爲肙₌（實，實）如法得一尺。”
《衰分》：“其述（術）曰：直（置）兩而參四之□。”
《衰分》：“直（置）上下數，以少除多，以餘爲衰肙（實），直（置）節數除一焉以命之。”
《少廣》：“赤（亦）直（置）二百卌步，亦以一爲二，爲四百八十步。”
《少廣》：“直（置）二百卌步，亦以一爲十二，爲二千八百八十步。”
《少廣》：“直（置）二百卌步，亦以一爲六十，爲萬四千四百。”
《少廣》：“直（置）二百卌步，亦以一爲四百廿，爲十萬八百。”
《少廣》：“直（置）二百卌步，亦以一爲八百卌，爲廿萬一千六百。”
《少廣》：“直（置）二百卌步，亦以一爲二千五百廿，凡六十萬四千八百。”
《赢不足》：“□有（又）赢一錢，即直（置）一斗、二斗，各直（置）□。”
《赢不足》：“□術曰：直（置）稻九，不足一其下，桼七，直（置）赢□。”
《赢不足》：“□一其下，叔（菽）五，直（置）赢三其下，桼不足□。”
《算數書・負米》：“直（置）一關【餘不税者】而參（三）倍爲法，有（又）直（置）米一斗而三之。”
《算數書・女織》：“直（置）二、直（置）四、直（置）八、直（置）十六、直（置）卅二，并以爲法。”
《算數書・并租》：“直（置）禾三步、麥四步、荅五步。”
《算數書・并租》：“各□直（置）之以一石各乘之【禾、荅、麥】爲實。”
《算數書・金價》：“直（置）一兩朱（銖）數以爲法。”
《算數書・舂粟》：“直（置）所得米升數以爲法，有（又）直（置）一石米粟升數而以秏（耗）米升數乘之【以爲實】。”
《算數書・銅秏》：“直一石朱（銖）數爲法，亦直（置）七斤八兩者朱（銖）數。”
《算數書・傳馬》：“直（置）芻三稾二并之，以三馬乘之爲法，以二石乘所直（置）各自爲實。”
《算數書・婦織》：“直（置）一、直（置）

二、直（置）三而各幾以爲法。”
《算數書·息錢》：“直（置）貸錢以一月百錢息乘之。”
《算數書·取程》：“直（置）一升〈斗〉步數而十之【爲實】，如法一步。”
《算數書·秏租》：“直（置）十升以乘七斗〈步〉四分步【爲實，七升少半升爲法，】一如乾成一數也。”
《算數書·誤券》：“毋升者直（置）稅田數以爲實，而以券斗爲一，以石爲十。”
《算數書·誤券》：“其券有【斗】者，直（置）輿田步數以爲實。”
《算數書·誤券》：“其券有升者，直（置）輿田步數以爲實。”
《算數書·米粟并》：“直（置）米十斗、六斗并以爲法，以二石扁（徧）乘所直（置）各自爲實。”
《算數書·粟米并》：“术（術）曰：直（置）米五升”
《算數書·粟米并》：“乃更直（置）五升而十之，令如法，粟米各一升。”
《算數書·粟米并》：“其术（術）曰：直（置）米粟，五米三粟。”
《算數書·行》：“既道甲數到壬九日，直(置)九，有（又）增☐。”
《算數書·分錢》：“直（置）之，以子少者除子多者，餘爲法，以不足爲實。”
《算數書·米出錢》：“更異直（置）二、三，以十斗各乘之【爲實】，即貿其得。”
《算數書·囷蓋》：“直（置）如其周令相乘也，有（又）以高乘之，卅六成一。”
《算數書·啓縱》：“直（置）四畝步數【爲實】令如廣步數【爲法】。”
《算數書·少廣》：“先直（置）廣。”
《算數書·少廣》：“即耤（藉）直（置）田二百卌步亦以一爲若干，以爲積步。”
《算數書·少廣》：“其從（縱）有不分者，直（置）如法贈（增）不分。”
《算數書·少廣》：“同之三以爲法，即直（置）二百卌步，亦以一爲二。”
《算數書·大廣》：“直（置）廣從（縱）而各以其分母乘其上全步。”
《算數書·里田》：“廣、從（縱）各一里，即直（置）一因而三之，有（又）三五之。”
《算數書·里田》：“直（置）提封以此爲之。”
《諸傷》：“稍（消）石直（置）溫湯中，以洒（洗）癰。”
《㿗》：“必令同族抱□穨（㿗）者，直（置）東鄉（嚮）窗道外，改椎之。”
《蠱》：“以烏雄雞一、蛇一，并直（置）瓦赤鋪（鬴）中，即蓋以□。”
《雜療方》：“取白松脂、杜虞（衡）、□石脂等冶，并合三指大最（撮），再直（置）☐。”
《雜禁方》：“與人訟，書其名直（置）履中。”按，“直（置）”字從周一謀、蕭佐桃《馬王堆醫書考注》（天津科學技術出版社，1988年，412頁）讀。
《雜禁方》：“取其左麋（眉）直（置）酒中，飲之，必得之。”
《陳忌問壘》：“□去守五里直（置）候，令相見也。”
《日占》：“丙毋直（置）衣，□□□□。”
《周馴》：“國之安危，必在君世；嗣之述（遂）直（置），必在季歲。”

直與脜

《牝痔》：“巢塞直（脜）者，殺狗，取其脬，以穿籥，入直（脜）中。”
《溝瘻》：“痔者其直（脜）旁有小空（孔），空（孔）兑兑然出。”
《溝瘻》：“時從其空（孔）出有白蟲時從其空（孔）出，其直（脜）痛。”

《溝瘮》：“即令痔者居（踞）盄，令直（脜）直（值）盄空（孔），令煙熏直（脜）。”

《溝瘮》：“熏直（脜）熱，則舉之；寒，則下之；圈（倦）而休。”

直與德

《唐虞》：“孝之脪（殺），悉（愛）天下之民；禮（禪）之淶（等），世亡忄（隱）直（德）。”

《唐虞》：“今之弋於直（德）者，未☐。”

《唐虞》：“禮（禪）也者，上直（德）受（授）臤（賢）之胃（謂）也。上直（德）則天下又（有）君而世明，受（授）臤（賢）則民興效（教）而蟡（化）虖（乎）道。”

《天子乙》：“文直（德）絧（治），武直（德）伐，文生武殺。”

《子產》：“用身之道，不以榠₌（冥冥）卬（仰）福，不以逸求得，不以利行直（德），不以唇（虐）出民力。”

《子產》：“以勸（助）政直（德）之固₌（固。固）以自守，不用民於兵虖（甲）戰戟（鬥），曰武悉（愛），以成政悳（德）之悉（愛）。”

《天乙·刑德》：“□□年，刑直（德）并在土，刑徙所勝直（德），直（德）徙所不勝刑，五歲而復并於土。直（德）之所在主歲。”

《邶風》：“既沮（阻）我直（德）。”

直與得

《天子乙》：“昌₌（日月）直（得）其甫（輔），想（相）之以玉枓（斗）。”

《帛易·漸》：“六四，鳿（鴻）漸于木，或直（得）其寇（桷），㱿，无咎。”按，今本直作得。

《北大老子》：“善者虗（吾）亦善之，不善者虗（吾）亦善之，直（得）善也；信者虗（吾）信之，不信者虗（吾）亦信之，直（得）信也。”

直與飼

《帛五行·説》：“尸（鳲）叴（鳩）在桑，直（飼）之其子七也。”

直與特

《亡論》：“外内皆朕（勝）則君孤直（特）。”

《特牲》：“魚次，腊直（特）于祖（俎）北。”

《少牢》：“直（特）膚當祖（俎）北端。”

值與置

《算數書·徑分》：“即值（置）一數，因而六之以命其實。”

埴與殖

《胎產書》：“我欲埴（殖）人產子，何如而有？”

揎與持

《帛甲老子·道經》：“揎（持）而盈之，不[若][其][已]。”

《帛乙老子·道經》：“揎（持）而盈之，不若其已。”

悳與直

《五行》：“不悳（直）不₌遙₌（不肆，不肆）不₌果₌（不果，不果）不₌柬₌（不簡，不簡）不行（不行，不行）不義。”

《五行》：“悳（直）而述（遂）之，遙（肆）也；遙（肆）而不畏㝊（強）語（禦），果也。”

悳與德

《老子》甲：“畬（含）悳之厚者，比於赤子。”按，今本和帛書乙本悳作德。下二例同。

《老子》乙：“上悳女（如）浴（谷），大白女（如）辱，生（廣）悳女（如）不足，建悳女（如）□□貞（真）女（如）愉。”

《老子》乙：“攸（修）之身，其悳乃貞

（真）；攸（修）之家，其悳又（有）舍（餘）；攸（修）之向（鄉），其悳乃長；攸（修）之邦，其悳乃奉（豐）。”

《五行》：“悬（仁）型（形）於内胃（謂）之悳（德）之行，不型（形）於内胃（謂）之行。義型（形）於内胃（謂）之悳（德）之行，不型（形）於内胃（謂）之行。豊（禮）型（形）於内胃（謂）之悳（德）之行，不型（形）於内謂之行。智型（形）於内胃（謂）之悳（德）之行，不型（形）於内胃（謂）之行。聖型（形）於内胃（謂）之悳（德）之行，不型（形）於内胃（謂）之悳（德）之行。”

《五行》：“悳（德）之行，五和胃（謂）之悳（德），四行和胃（謂）之善。善，人道也。悳（德），天道也。”

《五行》：“君子亡中（中）心之悳（憂）則亡＝中＝心＝之＝智＝（亡中心之智，亡中心之智）則亡＝中＝心＝之＝兑＝（亡中心之悦，亡中心之悦）則不＝安＝（不安，不安）則不＝樂＝（不樂，不樂）則亡悳（德）。”

《五行》：“善弗爲亡近，悳（德）弗之（志）不成，智弗思不得。”

《五行》：“思不精不諓（察），思不倀（長）不＝型＝（不形，不形）不＝安＝（不安，不安）不＝樂＝（不樂，不樂）亡悳（德）。”

《五行》：“君子之爲悳（德）也，又與訂，亡與終也。”

《五行》：“金聖（聲）而玉晨（振）之，又（有）悳（德）者也。金聖（聲），善也；玉音，聖也。善，人道也；悳（德），而〈天〉道也。唯又（有）悳（德）者，肰（然）句（後）能金聖（聲）而玉晨（振）之。”

《五行》：“不聣（聰）不明，不聖不＝智＝（不智，不智）不＝悬＝（不仁，不仁）不＝安＝（不安，不安）不＝樂＝（不樂，不樂）亡悳（德）。”

《五行》：“見臤（賢）人而不智（知）其又（有）悳（德）也，胃（謂）之不智。”

《五行》：“智（知）而行之，義也。行之而時，悳（德）也。”

《五行》：“和則樂＝（樂，樂）則又＝悳＝（有德，有德）則邦家興（興）。”

《五行》：“䎽（聞）道而樂（樂）者，好悳（德）者也。”

《緇衣》：“《尹𦎫（誥）》員（云）：‘隹（惟）尹允及湯，咸又（有）一悳（德）。’”

《緇衣》：“《寺（詩）》員（云）：‘又（有）梏（梏）悳（德）行，四方𢚩（順）之。’”

《緇衣》：“倀（長）民者，衣備（服）不改，𡨦（從）頌（容）又（有）常，則民悳（德）弌（一）。”

《緇衣》：“倀（長）民者㸚（教）之以悳（德），齊之以豊（禮），則民又（有）懽（勸）心。”

《緇衣》：“《君奭》員（云）：‘昔才（在）上帝，戬（割）紳（申）觀（勸）文王之悳（德），其集大命于氒（厥）身（躬）。’”

《緇衣》：“厶（私）惠不壞〈壞（懷）〉悳（德），君子不自窗（留）女〈安（焉）〉。”

《窮達》：“穿（窮）達以旹（時），悳（德）行弌（一）也。譽皇（毁）才（在）仿（旁），聖（聽）之弋（任）之。”

《窮達》：“母（梅）白（伯）初涾（醢）酭（醢），後名昜（揚），非其悳（德）加。”

《成之》：“民不從上之命，不信其言，而能念（念）悳（德）者，未之又（有）也。”

《成之》：“昔者君子有言曰：‘戰與型（刑），人君子之述悳（德）也。’”

《成之》：“《君奭》曰：‘唯彭（冒）不（丕）單再（稱）悳（德）。’”

《成之》：“《䢅命》曰：‘允帀（師）淒

（濟）悳（德）。’此言也，言信於眾之可以淒（濟）悳（德）也。”
《成之》：“是古（故）小人𢿢（亂）天祟（常）以逆大道，君子訂（治）人侖（倫）以川（順）天悳（德）。”
《成之》：“昔者君子有言曰：‘聖人天悳（德）。’”
《尊德義》：“尊悳（德）義，明虖（乎）民侖（倫），可以爲君。”
《尊德義》：“䎽（教）以樂，則民[illegible]悳（德）清牆。”
《尊德義》：“先之以悳（德），則民進善安（焉）。”
《尊德義》：“古（故）衒（率）民向方者，唯悳（德）可。”
《尊德義》：“悳（德）之流，速虖（乎）楷（置）蚤（郵）而連（傳）命。”
《尊德義》：“亡（明）悳（德）者，虞（且）莫大虖（乎）豊（禮）樂。”
《尊德義》：“夫唯是古（故），悳（德）可易而戉（施）可逭（遭）也。”
《六德》：“可（何）胃（謂）六悳（德）？聖、智也，息（仁）、宜（義）也，忠、信也。”
《六德》：“六戠（職）既分，以裕六悳（德）。”
《六德》：“六悳（德）者〼。”
《六德》：“宜（義）者，君悳（德）也。”
《六德》：“忠者，臣悳（德）也。”
《六德》：“智也者，夫悳（德）也。”
《六德》：“信也者，婦悳（德）也。”
《六德》：“聖也者，父悳（德）也。”
《六德》：“息（仁）者，子悳（德）也。”
《六德》：“人又（有）六悳（德），厽（三）新（親）不𠛱。”
《性自》：“肰（然）句（後）復以䎽₌（教。教），所以生悳（德）於审（中）者也。”
《性自》：“其居即（次）也舊（久），其反善復詞（始）也新（慎），其出内（入）也訓（順），訂（始）其悳（德）也。”
《性自》：“戔（賤）而民貴之，又（有）悳（德）者也。”
《性自》：“同兑（悦）而交，以悳（德）者也。不同兑（悦）而交，以猷者也。”
《性情論》：“甬（用）心谷（欲）悳（德）而弗□。”
《語叢一》：“〼生悳（德），悳（德）生豊（禮），豊（禮）生樂，𨑹（由）樂智（知）型。”
《語叢二》：“又（有）悳（德）者不迻。”
《語叢三》：“䢅（義），悳（德）之聿（進）也。”
《語叢三》：“悳（德）至區（厚）者，戔者至亡閒。”
《語叢三》：“志於衍（道），㩁（據）於悳（德），㕸（依）於息（仁），遊於埶（藝）。”
《語叢三》：“樂，備（服）悳（德）者之所樂也。”
《語叢四》：“非（靡）言不賵（讎），非（靡）悳（德）亡復。”
《詩論》：“《訟（頌）》，坪（平）悳（德）也，多言後；其樂安而屖（遲），其訶（歌）申而蕩（易），其思深而遠。至矣！”
《詩論》：“《清宙（廟）》，王悳（德）也，至矣！”
《詩論》：“‘〼褱（懷）爾累（明）悳（德）’害（曷）？”
《詩論》：“《天保》，其得录（禄）蔑畺（疆）矣！巽寡悳（德）古（故）也。”
《詩論》：“句（后）稷之見貴也，則以文武之悳（德）也。”
《詩論》：“‘〼多士，秉文之悳（德）。’

虗（吾）敬之。”

《詩論》：“《剌（烈）文》曰：‘乍〈亡〉競隹（維）人，不（丕）㬎（顯）隹（維）悳（德）。’”

《子羔》：“堯見舜之悳（德）臤（賢），古（故）讓（讓）之。”

《子羔》：“堯之得舜也，舜之悳（德）則成（誠）善𢼸（歟）？伊（抑）堯之悳（德）則甚盟（明）𢼸（歟）？”

《子羔》：“古（故）夫舜之悳（德）其成（誠）臤（賢）矣。”

《魯邦》：“邦大旱，毋乃遊（失）者（諸）型（刑）與悳（德）虗（乎）？”

《魯邦》：“杲（庶）民智（知）敓（説）之事䰠（鬼）也，不智（知）型（刑）與悳（德）。”

《魯邦》：“女（若）夫政（正）型（刑）與悳（德），以事上天，此是才（哉）！”

《從政》：“從正（政）𦗚（庸）五悳（德）、𡉚（固）三折（制）、敘（除）十情（怨）。”

《從政》：“五悳（德）：一曰愋（寬），二曰共（恭），三曰惠，四曰㤅（仁），五曰敬。”

《容成氏》：“其悳（德）酉（輶）清，而上炁（愛）下，而一其志，而寢其兵，而官其才（材）。”

《容成氏》：“於是於（乎）𤔲（治）箮（爵）而行录（禄），以䜭（讓）於又ₙ吳ₙ迵ₙ（有虞迵，有虞迵）曰：‘悳（德）速𧝼（衰）☐’”

《容成氏》：“湯䎽（聞）之，於是虐（乎）新（慎）戒陞（徵）臤（賢），悳（德）惠而不𢿺，秫（訾）三十仁而能之。”

《容成氏》：“成悳（德）者，虗（吾）敓（説）而弋（代）之。其即（次），虗（吾）伐而弋（代）之。”

《周易·訟》：“六厽（三）：飤（食）舊悳（德），貞厲，終吉；或從王事，亡（无）成。”

《周易·恆》：“九厽（三）：不經（恆）其悳（德），或承其𢜾（羞），貞吝。”

《周易·恆》：“六五：經（恆）其悳（德），貞，婦人吉，夫子凶。”

《仲弓》：“型（刑）正（政）不𦅫（緩），悳（德）孝（教）不𢙯（倦）。”

《仲弓》：“敢昏（問）道（導）民興悳（德）女（如）可（何）？”

《仲弓》：“唯（雖）有𡥈（孝）悳（德），其☐。”

《競公瘧》：“夫子之悳（德）登（升）矣，可（何）其宗（崇）。”

《曹沫》：“此不貧於㪔（美）而福（富）於悳（德）與（歟）？”

《曹沫》：“䌫（陳）攻（功）而飤（食），𡋯（刑）罰又（有）辠，而賞箮（爵）又（有）悳（德）。”

《季康子》：“☐悳（德），此君子之大矛攵（務）也。”

《季康子》：“青（請）昏（問）：可（何）胃（謂）㤅（仁）之以悳（德）？”

《季康子》：“是古（故），𡈼ₙ（君子）玉其言而𥕢（展）其行，敬成其悳（德）以臨民ₙ（民，民）望其道而備（服）安（焉），此之胃（謂）㤅（仁）之以悳（德）。”

《季康子》：“夫箸ₙ（書者），以箸（書）𡈼ₙ（君子）之悳（德）也。”

《季康子》：“𡈼ₙ（君子）敬成其悳（德），尖ₙ（小人）母（晦）寐（昧）☐。”

《三德》：“☐之罡未可以遂，君子不慙（慎）其悳（德）。”

《競公瘧》：“☐明悳（德）觀（勸）行，勿而祟者也，非爲㜫（美）玉肴生（牲）也。”

《季桓子》：“品勿（物）備矣，而亡（無）

成悳（德）☐。”
《慎子》：“中凥（處）而不皮（頗），貢（任）悳（德）以叴（職）。”
《慎子》：“均分天〈而〉生（廣）貤（施），時（持）悳（德）而方（秉）義。”
《用曰》：“悳（德）徑于康。”
《用曰》：“又（有）臏才（在）心，嘉悳（德）吉猷。”
《用曰》：“丨其又（有）成悳（德），閟（閉）言自闢（關）。”
《用曰》：“爯（稱）秉緟（重）悳（德），冒難軋（犯）央（殃）。”
《用曰》：“用曰：自其又（有）保（寶）貨，寍（寧）又（有）保（寶）悳（德）。”
《用曰》：“□□價言，台（以）忘民悳（德）。”
《天子甲》：“文悳（德）絧（治），武悳（德）伐，文生武殺。”
《天子甲》：“事魂（鬼）則行敬，傻（懷）民則以悳（德），剸（斷）型（刑）則以衮（哀）。”
《天子甲》：“時（等）言而殜（世）行，因悳（德）而爲之折（制）。”
《天子乙》：“事魂（鬼）則行敬，褱（懷）民則以悳（德），剸（斷）型（刑）則以衮（哀）。”
《顏淵問》：“悳（德）成則名至矣，名至必俾（卑）身=（身，身）絧（治）大則录（祿）☐。”
《成王》：“☐柎市明之悳（德），其殜（世）也☐。”
《蘭賦》：“視（親）眾秉志，綽（逴）遠行道，不船又（有）折，蕑（蘭）斯秉悳（德）。”
《文王》：“隹（惟）柎（持）〖市〗明之悳（德），其殜（世）也☐。”
《文王》：“荀（宛）丘之眾人也，非能畣（合）悳（德）於殜（世）者也。”
《堯王》：“☐誇（察）之於堯=（堯，堯）訂（始）甬（用）之嘉悳（德）☐。”
《禹王》：“墨（禹）奉舜童（重）悳（德），饮（施）于四或（國），悔（敏）以勞民，□而聿（盡）力。”
《楚帛書》乙：“凡戢（歲）悳（德）匿，女（如）□□隹（惟）邦所□天（妖）之行。”
《楚帛書》乙：“隹（惟）悳（德）匿之戢（歲），三寺（時）□緐（繫）之以素降。”
《楚帛書》乙：“隹（惟）孛（李）悳（德）匿，出自黃𣶒（淵），土身亡䁭（翼），出内（入）□同，乍（作）其下凶。”
《楚帛書》乙：“建亙（恆）襡（屬）民，五正乃明，百神是享，是胃（謂）悳（德）匿，群神乃悳（德）。”
《尹至》：“隹（惟）胾（滋）虐（虐）悳（德）、瘃（暴）𩪘（重）、亡籅（典）。”按，“悳（德）”字從復旦大學出土文獻與古文字研究中心研究生讀書會《清華簡〈尹至〉、〈尹誥〉研讀札記（附：〈尹至〉、〈尹誥〉、〈程寤〉釋文）》（復旦大學出土文獻與古文字研究網，2011年1月5日）讀。
《尹至》：“執（摯）厇（度）執（摯）悳（德）不𢜽（僭）。”
《尹誥》：“隹（惟）尹既返（及）湯，咸又一悳（德）。”
《保訓》：“身茲備（服），隹（惟）允，翼=（翼翼）不解（懈），用作三隆（降）之悳（德）。”
《耆夜》：“宓（毖）情（精）悔（謀）猷，裦（裕）悳（德）乃救（求）。”
《金縢》：“今皇天達（動）鬼（威），以章公悳（德），隹（惟）余湝（沖）人其視（親）逆公，我邦家豊（禮）亦宜之。”
《皇門》：“絲（肆）朕湝（沖）人非敢不

用明刑，隹（惟）莫覍（開）余嘉悳（德）之兑（説）。”

《皇門》：“廼隹（惟）大門宗子埶（邇）臣，楙（懋）昜（揚）嘉悳（德）。”

《皇門》：“以家相氒（厥）室，弗衈王邦王家，隹（維）俞（媮）悳（德）用。”

《皇門》：“我王訪良言於是人，斯乃非休悳（德）以皧（應），乃隹（維）乍（詐）區（詬）以畣（答），卑（俾）王之亡（無）依亡（無）薵（助）。”

《皇門》：“朕遺父兄眔朕俥（藎）臣，夫明尔（爾）悳（德），以薵（助）余一人恖（憂）。”

《皇門》：“既告女（汝）忨（元）悳（德）之行。”

《祭公》：“隹（惟）寺（時）皇上帝厇（度）其心，卿（享）其明悳（德），府（付）畀四方。”

《祭公》：“竽（兹）由（迪）彝孛（學）于文武之曼悳（德），克夾卲（紹）成康，甬（用）臧（畢）成大商。”

《祭公》：“公爯（稱）不（丕）𩒨（顯）悳（德）。”

《祭公》：“三公，尃（敷）求先王之共（恭）明悳（德）。”

《説命中》：“敬之竽（哉），甬（用）隹（惟）多悳（德）。”

《説命下》：“〼員，經悳（德）配天，余罔有罣（斁）言。”

《説命下》：“敚（説），昔才（在）大戊，克漸（漸）五祀，天章（彰）之甬（用）九悳（德），弗易百青（姓）。”

《説命下》：“弋（式）隹（惟）參（三）悳（德）賜我，虗（吾）乃尃（敷）之于百青（姓）。”

《琴舞》：“弼寺（持）其又（有）肩，貽（示）告舍（余）㬎（顯）悳（德）之行。”

《琴舞》：“參（三）啟曰：悳（德）元隹（惟）可（何）？曰㽞（淵）亦印（抑）。”

《琴舞》：“𤔔（亂）曰：非天諡（含）悳（德），殹（緊）莫肎（肯）曹（造）之。”

《琴舞》：“五啟曰：於（嗚）虗（呼）！天多降悳（德），滂₌（滂滂）才（在）下。”

《琴舞》：“介（匄）睪（澤）寺（恃）悳（德），不畀甬（用）非頌（雝）。”

《琴舞》：“𤔔（亂）曰：良悳（德）其女（如）怡（台）？曰享人大〼。”

《琴舞》：“弼（弗）敢巟（荒）悳₌（德，德）非墮（惰）帀（思），純隹（惟）敬帀（思），文非敕（陳）帀（思）。”

《芮良夫》：“此悳（德）型（刑）不齊，夫民甬（用）恖（憂）惕（傷）。”

《芮良夫》：“母（毋）潌（害）天祟（常），各堂（當）尔（爾）悳（德）。”

《芮良夫》：“古□□□□□□□□□元君，甬（用）又（有）聖政悳（德）。”

《芮良夫》：“生□□㦤（難），不秉純悳（德），其厇（度）甬（用）逹（失）縈（營）。”

《芮良夫》：“□□社（功）祴（績），龏（恭）㬰（虔）享祀，和悳（德）定型（刑），政（正）百又（有）司。”

《芮良夫》：“悳（德）型（刑）態（怠）䋣（惰），民所訞（妖）訛（僻）。”

《芮良夫》：“喬（適）易兇心，覍（研）𢽥（甄）嘉惟，枌（敉）和庶民，政命悳（德）型（刑）各又（有）祟（常）朿（次）。”

《繫年七》：“晉文公囟（思）齊及宋之悳（德），乃及秦自（師）回（圍）曹及五鹿，伐衛以敚（脱）齊之戍及宋之回（圍）。”

《芮良夫》：“曰其罰寺（時）堂（當），其悳（德）型（刑）義（宜）利。"

《厚父》："□□□□王監劼（懿）練（績），聒（問）前文人之龏（恭）明悳（德）。"

《厚父》："啟隹（惟）后，帝亦弗䂞（邛）啟之經悳（德）少，令（命）咎（皋）繇（繇）下爲之卿事。"

《厚父》："弗甬（用）先折（哲）王孔甲之典刑，真（顛）復（覆）氒（厥）悳（德），湳（沉）湎于非彝。"

《厚父》："廼弗慭（慎）氒（厥）悳（德），甬（庸）敘才（在）服？"

《厚父》："廼虔秉氒（厥）悳（德），作（作）辟事三后。"

《厚父》："兹少（小）人之悳（德），隹（惟）女（如）怡（台）？"

《厚父》："娱（保）教明悳（德），慭（慎）祱（肆）祀。"

《厚父》："今民莫不曰余娱（保）季（教）明悳（德），亦鮮克以誨（謀）。"

《厚父》："曰天覍（監）司民，氒（厥）女（如）有之服于人，民弋（式）克㢭（敬）悳（德）。"

《封許》："向（尚）晨（純）氒（厥）悳（德），雁（膺）受大命，旻（駿）尹亖（四）方。"

《命訓》："□生民而成大命=（命。命）司悳（德），正以禍（禍）福。"

《命訓》："夫司悳（德）司義，而易（賜）之福（福，福）录（禄）才（在）人=（人，人）能居。"

《湯丘》："又（有）夏之悳（德）可（何）若才（哉）？"

《湯丘》："又（有）夏之悳（德），事貨以惑，春秋改則，民人趣（趣）貣（忒）。"

《啻門》："五以成人，悳（德）以光之。"

《啻門》："唯皮（彼）四神，是胃（謂）四正，五以相之，悳（德）、事、役、正（政）、型（刑）。"

《啻門》："媺（美）悳（德）系（奚）若？亞（惡）悳（德）系（奚）若？"

《啻門》："悳（德）濬（睿）明執訐（信）以義成，此胃（謂）㒹（美）悳（德），可以寚（保）成；悳（德）叏（變）亟執譌以亡（妄）成，此胃（謂）亞（惡）悳（德），唯（雖）成或（又）澀（瀆）。"

《三壽》："可（何）胃（謂）悳（德）？"

《三壽》："晨（振）若（若）敘（除）態（慝），冒神之福，同民之力，寺（時）名曰悳（德）。"

《管仲》："執悳（德）女（如）縣，執正（政）女（如）繩（繩）。"

《管仲》："和民以悳（德），執事又（有）棇（敘）。"

《管仲》："好宜（義）秉悳（德），又（有）攼（虔）不解（懈），爲民紀統（綱）。"

《管仲》："然則或弛（弛）或張，或緩或緪（急），田陞（地）室（壙）虛，眾利不及，是胃（謂）學（幽）悳（德）。"

《子產》："以勸（助）政直（德）之固=（固。固）以自守，不用民於兵虖（甲）戰戜（鬥），曰武炁（愛），以成政悳（德）之炁（愛）。"

《奏讞書》："及賈市者、舍人=（人、人）臣僕=（僕、僕）隸臣、貴大人臣不敬悳（德）。"

《帛五行·說》："樂而笱（後）有悳（德）。"

《帛五行·說》："見賢人而不知其有悳（德）也，謂之不知（智）。"

《帛五行·說》："行之而時，悳（德）也。"

《帛五行·說》："忘寒，悳（德）之至也。"

《帛五行·說》："言大悳（德）備成矣。"

《帛五行・説》："聞道而樂，有悳（德）者也。"

《帛五行・説》："樂也者和，和者悳（德）也。"

《德聖》："五行刑（形），悳（德）心起。和胃（謂）之悳（德）。"

《德聖》："清濁者悳（德）之人（仁），悳（德）者清濁之潚（淵）。"

《德聖》："化而弗知，悳（德）矣。"

《德聖》："道者、悳（德）者、一者、天者、君子者，其閉塞胃（謂）之德，其行胃（謂）之道。"

《要》："悳（德）行亡者，神靁（靈）之趨；知（智）謀遠者，卜筮之蘩（繁）。"

《昭力》："是故君以炁（愛）人爲德，則大夫共（恭）悳（德），將軍禁單（戰）。"

《守土》："[順]則[任][之][以]悳（德），逆則䇢之☒。"

《發啟》："與民人同悳（德）。"

《發啟》："維文維悳（德），孰爲之戒？"

《發啟》："聖人之悳（德）□乎蜀（獨）聞蜀（獨）見，樂才（哉）聖人。"

《葆啟》："君方（秉）明悳（德）而誅之，殺一夫而利天☒。"

《葆啟》："我方（秉）明悳（德）而受之，其不可何也？"

《要言》："大國外示諸侯以道悳（德），内示民明（萌）以仁愛。"

《要言》："肥六畜者益其食，肥民人者少其使，肥國家者飭其悳（德）。"

《王法》："大國行仁義，明道悳（德），中國守戰，小國事養，天地之禮（理）也。"

《王法》："王者必明道悳（德），飭仁義，爲法制，明度量也。"

《兵令》："兵者凶器逆悳（德），爭者事之[末]，[王][者][伐]暴[亂][而]定仁義也。"

悳與戴

《繫年四》："翟（狄）述（遂）居衛=（衛，衛）人乃東涉河，遷（遷）于曹，安（焉）立悳（戴）公申，公子啓方奔齊。"

簹與熾

《芮良夫》："褱（懷）忞（慈）學（幼）溺（弱）、羸（鰥）寡、賏（煢）蜀（獨），萬民具（俱）慭（憖），邦甬（用）昌簹（熾）。"

植與直

《老子》乙："大攷（巧）若佁（拙），大成若詘，大植若屈。"按，今本和帛書甲本植作直。

《五行》："审（中）心誃（辯）肰（然）而正行之，植（直）也。"

《緇衣》："情（靖）共尔（爾）立（位），好氏（是）貞（正）植（直）。"

《性情論》："言谷（欲）植（直）而毋流。"

《苦成》："虐（吾）植（直）立經（徑）行，遠慉（慮）愲（圖）後。"按，"植（直）"字從何有祖《〈季康子問於孔子〉與〈姑成家父〉試讀》（簡帛網，2006年2月19日）釋讀。

植與持

《弟子問》："至老丘，有戎（農）植（持）其槈（耨）而訶（歌）安（焉）。"按，"植"似當讀作"持"。

置與蘵

《天甲・塞穴》："凡可塞穴置（蘵）鼠、墾（塈）困日，雖（唯）十二月子。"按，"置"字似當讀作"蘵"。《爾雅・釋言》："窒、蘵，塞也。"下同。

《天乙・塞穴》："凡可塞穴置（蘵）鼠、墾（塈）困日，雖（唯）十二月子。"

疸與置

《春秋一六》："知（智）者疸（置）李

（理）長慮而身得比（庇）焉。”

殖與埴

《嬰兒索痙》：“取封殖（埴）土冶之，□□二，鹽一，合撓而烝（蒸）。”按，“殖（埴）”字從尚志鈞《〈五十二病方〉藥物消石、恆石、澡石、封殖土考釋》（《中藥材》第 11 卷第 1 期，1988 年 1 月）讀。

《北大老子》：“挻（埏）殖（埴）器，當其無，有殖（埴）器之用也。”

德與得

《帛甲老子·道經》：“德（得）者同於德（得），者〈失〉者同於失。”

《帛甲老子·道經》：“同【於】德（得）者，道亦德（得）之；同於失者，道亦失之。”

《帛乙老子·德經》：“信者信之，不信者亦信之，德（得）信也。”

《帛乙老子·道經》：“德（得）者同於德（得），失者同於失。”

《帛乙老子·道經》：“同於德（得）者，道亦德（得）之；同於失者，道亦失之。”

德與忒

《天乙·貞在》：“三人偕行，不家（稼）不嗇（穡），不差不德（忒），分資或₌（或或）。”

穗與植

《啻門》：“五以壄（將）之，水、火、金、木、土，以成五曲，以穗（植）五穀（穀）。”

匿字聲系

匿與慝

《容成氏》：“所曰聖人，其生賜羕（養）也，其死賜牆（葬），迲（去）蝨（苛）匿（慝），是以爲名。”

《競公瘧》：“今君之貪惛（昏）、蝨（苛）匿（慝）、辟（避）韋（違）。”

《厚父》：“𤔔（亂）下民之匿（慝）王，迺渴（竭）逸（失）其令（命）。”

《春秋一六》：“親閒容昏生，无匿（慝）也。”

匿與柅

《封許》：“馬亖（四）匹，攸[illegible]（勒），毬毯，羅緄（纓），鉤膺（膺），[illegible]，紷（緐），匿（柅）。”

慝與忒

《用曰》：“視（示）之台（以）康樂，慝（忒）之台（以）兇（凶）坓（刑）。”按，“慝”似當讀作“忒”，訓懼惕。《韓非子·八奸》：“示之以利勢，懼之以患害。”可參。

慝與閱

《芮良夫》：“佳（兄）俤（弟）慝（鬩）矣，忈（恐）不和坸（均）。”按，“慝（鬩）”字從馮勝君《讀清華簡〈芮良夫毖〉劄記》（《紀念何琳儀先生誕辰七十周年暨古文字學國際學術研討會會議論文集》，安徽大學漢字發展與應用研究中心，2013 年）讀。

力字聲系

力與扐

《筮法三十》：“凸（凡）是，各堂（當）其刲（卦），乃力（扐）占₌之₌（占之，占之）必力（扐），刲（卦）乃不訧（忒）。”

力與之

《命訓》：“天古（故）卲（昭）命以命力（之）曰：‘大命殜（世）罰，少（小）命₌（命命）身。’”按，今本《逸周書·命訓》力作之。簡本整理者認爲“力”爲“之”之誤字。二字字形不近，難以致誤。二字古音相近，“力”可讀作“之”。

力與陟

《金縢》：“臺（就）後武王力（陟），成王由（猶）學（幼）才（在）立（位）。”

《説命上》："敚（説）方笙（築）城，縢（騰）降亜（踊）力（陟）。"按，"力（陟）"字從張富海《讀清華簡〈説命〉小識》（復旦大學歷史學系、出土文獻與古文字研究中心《"簡帛文獻與古代史"學術研討會暨第二屆出土文獻青年學者論壇會議論文集》，2013年，71頁）讀。

力與戾

《揕輿》："甲申、丁未、庚寅、癸丑，是謂繚力（戾），以作事，離〈離〉。"

朸與棘

《帛甲老子·道經》："師之所居，楚朸（棘）生之。"

《李頌》："木斯蜀（獨）生，秦（榛）朸（棘）之閒可（兮）。"

放與服

《緇衣》："好媺（美）女（如）好兹（緇）衣，亞₌（惡惡）女（如）亞（惡）遆（巷）白（伯），則民臧〈咸〉放（服）而坓（刑）不屯〈弋（試）〉。"按，"放（服）"字從白於藍《郭店楚簡拾遺（四篇）》（《華南師範大學學報》2000年3期）、孔仲溫《郭店楚簡〈緇衣〉字詞補釋》（《古文字研究》第二十二輯，中華書局，2000年）讀。上博簡本《緇衣》放作扐，放與扐應是一字。

《仲弓》："迪（申）之備之，緩（緩）愢（施）而巻（遜）放（服）之。"按，"放（服）"字從季旭昇《〈上博三·仲弓〉篇零釋三則》（簡帛研究網，2004年4月23日）讀。

放與負

《芮良夫》："和剸（專）同心，母（毋）又（有）相放（負）。"

砌與陟

《琴舞》："母（毋）曰高₌（高高）才（在）上，砌（陟）降其事（士），卑藍（監）才（在）竎（兹）。"

勒與力

《春秋一六》："使吾失親戚之，有（又）勒（力）成吾君之過，以□二邦之惡。"

勒與革

《春秋九》："□入而勒（革）正，能反邦者弗與治，是以勞箸恶也，必有後患。"按，"勒（革）"字從裘錫圭《帛書〈春秋事語〉校讀》（《湖南省博物館館刊》第1期，《船山學社》雜誌社編輯出版，2004年7月）讀。

《帛易·遯》："六二，共之用黄牛之勒（革），莫之勝奪（説）。"

《帛易·革》："初九，共（鞏）用黄牛之勒（革）。"

《帛易·革》："六二，已日乃勒（革）之，正（征）吉，无咎。"

《帛易·革》："尚（上）六，君子豹便（變），小人勒（革）面。征凶，居貞吉。"

《帛易·鼎》："九三，鼎耳勒（革），其行塞，雉膏不食。"

勒與棘

《帛易·坎》："系（係）用諱（徽）纆（纆），親（寘）于繳（叢）勒（棘）。"

勒與泐

《占書》："无故而國門及巷間皆自勒（泐），是胃（謂）易德，必亡其要塞若邊城。"

勒與騏

《神烏賦》："良馬僕於衡下，勒（騏）蕲（驥）爲之余（徐）行。"

畟字聲系

畟與即

《阜易·屯》："六三，畟（即）鹿毋（无）吴（虞），惟入于□□。"

稷與稷

《文摯》："后稷（稷）半（播）糅（稷），

草千歲者唯韭，故因而命之。”

稷與側

《陰陽脈甲》：“心與脅痛，不可以反稷（側），甚則無膏，足外反。”

禝與昃

《帛易·離》：“九三，日禝（昃）之羅（離），不鼓埏（缶）而歌，即（則）大絰（耋）之駐（嗟），凶。”按，整理者將“禝”隸定爲“稷”，“稷”當即“禝”之誤字。

瘦與側

《脈書》：“心與脅痛，不可以反瘦〈瘦（側）〉，甚則無膏，足外反。”

趨與曾

《采風》：“趨（曾）商：《高（喬）木》。”按，“趨（曾）”字從董珊《讀〈上博藏戰國楚竹書（四）〉雜記》（簡帛研究網，2005年2月20日）讀。下同。

《采風》：“趨（曾）羽：《子之□奴》。”

仄字聲系

昃與側

《語叢四》：“臤（賢）人不才（在）昃（側），是胃（謂）迷惑。”

《昔者》：“大（太）子昃（側）聖（聽），庶醓=進。”

《君子》：“☐免（俛）視，毋昃（側）䀢（覵）。”

《用曰》：“内闕（外）讘眾，而焚其反昃（側）。”

《王居》：“是楚邦之弜（強）秎（梁）人，反昃（側）其口舌，以菨（竊）譌王、夫=（大夫）之言。”

則字聲系

則與側

《天甲·生男女》：“旦〈日〉則（側）女，日下則（側）男。”

《天乙·生男女》：“日則（側）女，日下則（側）男，日未入女，日入男，昏女，夜莫（暮）男。”

《引書》：“則（側）比者，反昔（錯）手北（背）而卑，挾〈挾〉肩。”

《引書》：“據則（側）而精虖（呼）之卅，精呴（呴）之卅，精炊（吹）卅。”

《引書》：“其在右則（側）陽筋（筋）胕脈，視左肩，力引之。”

《引書》：“其在左則（側）陽筋（筋）胕脈，如右。”

《引書》：“其在左則（側）险（陰）筋（筋）胕脈，雇（顧）右足蹱（踵），力引之。”

《引書》：“其在右則（側）险（陰）筋（筋）胕脈，亦如左。”

《陰陽脈乙》：“心与脅痛，不可以反則（側），甚則無膏。”

《妄稽》：“白脂蘭膏，虋澤在則（側）。”

《特牲》：“冠〈夙〉興，主人服如初，立于門外東方，南面，視則（側）殺。”

則與廁

《神烏賦》：“遂縛兩翼，投于汙則（廁）；支（肢）躬折傷，卒以死亡。”

則與測

《道原》：“是故上道高而不可察也，深而不可則（測）也。”

則與昃

《日乙·嫁子□》：“清旦、食時、日則（昃）、莫（暮）、夕。”

則與賊

《行簒》：“☐□□□□民皆盡力，近者弗則（賊），遠者無能（怠）。”按，“則（賊）”字從張震澤《孫臏兵法校理》（中華書局，1984年，92頁）讀。

廁與則

《養生方》："合（答）曰：益產者食也，損產者色也，是以聖人必有法廁（則）。"

廁與側

《引書》："周脈循奏（腠）理以利踵（踵）首，廁（側）比以利耳，陽見以利目。"

《帛五行・説》："繇（悠）才（哉）繇（悠）才（哉），婘（輾）槫（轉）反廁（側）。"

《帛五行・説》："□如此其甚也，交諸父母之廁（側）。"

《帛五行・説》："交諸兄弟之廁（側），亦弗爲也。"

《帛五行・説》："交諸邦人之廁（側），亦弗爲也。"

《天下至道》："五曰交股，六曰振銅（動），七曰廁（側）枸（鉤），八曰上𣝗（鉤）。"

《天下至道》："廁（側）枸（鉤）者，旁欲麻（摩）也。"

《行軍》："輕車先出居廁（側）者，陳也。"

《威王問》："爲之微陳（陬）以觸其廁（側）。"

《威王問》："鴈（雁）行者，所以觸廁（側）應□也。"

惻與則

《楚帛書》乙："□敬隹（惟）備，天像是惻（則）。"按，"惻（則）"字從李零《長沙子彈庫戰國楚帛書研究》（中華書局，1985年，57頁）讀。

《凡物甲》："女（如）月出惻（則）或（又）内（入），終則或（又）詞（始），至則或（又）反。"按，"惻（則）"字從復旦大學出土文獻與古文字研究中心研究生讀書會《〈上博（七）・凡物流形〉重編釋文》（復旦大學出土文獻與古文字研究中心網，2008年12月31日）讀。下一例同。

《凡物乙》："女（如）月出惻（則）或（又）内（入），終則或（又）詞（始），至則或（又）反。"

《蘭賦》："蓉（容）惻（則）柬（閑）逸而莫之能䔄（效）矣。"按，"惻（則）"字從黃浩波《上博八〈蘭賦〉"容則"試解》（簡帛網，2011年9月9日）讀。

《芮良夫》："或因斬椅（柯），不遠其惻（則）。"

惻與測

《芮良夫》："言罙（深）于𣶒（淵），莫之能惻（測）。"

惻與賊

《老子》甲："㡭（絕）攷（巧）弃利，覜（盜）惻亡又（有）。"按，今本和帛書本惻作賊。下一例同。

《老子》甲："瀍勿（物）慈（滋）章（彰），覜（盜）惻多又（有）。"

《語叢二》："惡生於眚（性），忞（怒）生於惡，乘生於忞（怒），惎生於𠦪（乘），惻（賊）生於惎。"按，"惻（賊）"字從裘按（《郭店楚墓竹簡・語叢二》篇注［七］）讀。

《從政》："毋暴、毋禬（虐）、毋惻（賊）、毋念（貪）。"

《從政》："命無時（時），事必又（有）羿（期），則惻（賊）。"

《容成氏》："不懽（勸）而民力，不型（刑）殺而無頪（盜）惻（賊），甚緩而民備（服）。"

《容成氏》："▨惻（賊）逃（盜），夫是以得眾而王天下。"

《彭祖》："多忞（務）者多憂（憂），惻（賊）者自賊也。"

《苦成》："惻（賊）参（三）垪₌（郤，郤）

守（錡）、垟（郤）至、姑（苦）成家父立死，不用其眾。”

《鬼神》：“返（及）桀受（紂）學（幽）萬（厲），焚聖人，殺訐（諫）者，惻（賊）百眚（姓），亂（亂）邦家。”

《用曰》：“難之少疋（疏）於穀，亦不埶（邇）於惻（賊）。”

《用曰》：“禍（禍）不降自天，亦不出自陸（地），隹（唯）心自惻（賊）。”

《凡物甲》：“邦家之碓（危）佞（安）廌（存）忘（亡），惻（賊）怨（盜）之复（作）。”

《凡物乙》：“邦家之危佞（安）廌（存）忘（亡），惻（賊）怨（盜）之复（作）。”

《鄭子甲》：“弗愄（畏）䰠（鬼）神之不恙（祥），憾（戕）惻（賊）其君。”按，“惻（賊）”字從復旦大學出土文獻與古文字研究中心研究生讀書會《〈上博七·鄭子家喪〉校讀》（復旦大學出土文獻與古文字研究中心網，2008年12月31日）釋讀。下一例同。

《鄭子乙》：“弗思〈愄（畏）〉䰠（鬼）神之不恙（祥），憾（戕）惻（賊）其君。”

《蘭賦》：“▨戔（殘）惻（賊），螻蛾（蟻）虫（虺）蛇。”

《皇門》：“是人斯廼訡（讒）惻（賊）□□，以不利氒（厥）辟氒（厥）邦。”

測與賊

《凡物甲》：“鼓之又（有）聖（聲），忻（近）之可見，操之可操，捔（握）之則遴（失），敗之則高（槁），測（賊）之則滅。”

賊與則

《爲吏》：“聽其有矢，從而賊（則）之。”

賊與測

《九地》：“▨謀，爲不可賊（測）。”

溳與測

《王兵》：“溳（測）水深淺，邑之小大。”

嗇字聲系

嗇與穡

《子羔》：“孔=（孔子）曰：‘鈞（均）也。舜嗇（穡）於童土之田，則▨。’”

《用曰》：“非（誹）考（孝）免（謾）誓（慎），良（荒）台（怠）家（稼）嗇（穡）。”按，“嗇（穡）”字從陳偉《讀〈上博六〉條記》（簡帛網，2008年7月9日）讀。

《皇門》：“王邦用寍，少（小）民用叚（格）、能家（稼）嗇（穡），戕（咸）祀天神，戎兵以能興，軍用多實。”

《天乙·貞在》：“三人偕行，不家（稼）不嗇（穡），不差不德（忒），分資或=（或或）。”

穡與嗇

《要言》：“治家莫如穡（嗇），治官莫如公以直矣，治□莫如威以戒矣。”

色字聲系

色與嗇

《弟子問》：“夫以眾軋（犯）鄞（難），以新（親）受录（祿）；裳（勞）以成事，色（嗇）以[illegible]官。”按，“色（嗇）”字從陳偉《上博五〈弟子問〉零釋》（簡帛網，2006年2月21日）釋讀。

抱與艳

《反淫》：“心紆結而軫抱（艳），根欋疏而分離。”按，“抱（艳）”字從陳劍《〈妄稽〉〈反淫〉校字拾遺》（復旦大學出土文獻與古文字研究中心網，2016年7月4日）釋讀。

罨與色

《季桓子》：“罨（色）不僕（樸），此〈出〉言不忍（忌）；見於孝=（君子），大爲毋㬥（攝）；此與（邪）民也。”按，“罨（色）”字從李鋭《〈孔子見季桓子〉新編（稿）》（簡帛網，2007年7月11日）釋讀。

惃與嗇

《尊德義》："叴（教）以事，則民力惃（嗇）以面利。"

竾與色

《語叢一》："容竾（色），目詖（司）也。"

宩字聲系

宩與塞

《命訓》："六亟（極）既達，九迁（間）具（俱）宩（塞）。"

塞與惻

《帛易·井》："九三，井莡（渫）不食，爲我心塞（惻），可用汲，王明並受其福。"

寋與塞

《周易·井》："九厽（三）：井朻不飤（食），爲我心寋（惻），可以汲，王明，並受其福。"按，帛書本寋（惻）作塞。

寋與惻

《周易·井》："九厽（三）：井朻不飤（食），爲我心寋（惻），可以汲，王明，並受其福。"

搴與塞

《二年·賊律》："亡書，符〈符〉券，入門衛〈衛〉木久（記），搴（塞）門、城門之蘥（鑰），罰金各二兩。"按，此"搴"與字書常見訓爲"拔取"、"引取"之"搴"同形不同字，彼字從寒省聲。

賽與塞

《老子》甲："閔〈閟（閉）〉其逸（兑），賽其門。"按，今本和帛書本賽作塞。下一例同。

《老子》乙："閟（閉）其門，賽其逸（兑）。"

《語叢四》："利木侌（陰）者，不折其樬（枝）；利其渚者，不賽（塞）其溪（溪）。"

《禹王》："墨（禹）疋（疏）江爲三，疋（疏）河爲九，百洲（川）皆道（導），賽（塞）尃（湖）卆₌（九十），夬（決）瀆三百。"

賽與思

《老子》乙："啟其逸（兑），賽（思）其事，終身不逨（救）。"按，"賽（思）"字從白於藍《郭店楚簡〈老子〉"丕"、"賽"、"逨"校釋》（《古籍整理研究學刊》2000年3期）讀。

賽與息

《靈王》："霝（靈）王既立，繡（申）、賽（息）不憖。"按，"賽（息）"字從魚遊春水在youren《〈靈王遂申〉初讀》（簡帛網"簡帛論壇"，2013年1月5日）一文下跟貼讀。

《繫年五》："郗（蔡）哀侯取妻於陳，賽〖₌〗（息）侯亦取妻於陳，是賽₌爲₌（息嬀。息嬀）牆（將）歸于賽（息），辿（過）郗₌（蔡，蔡）哀侯命走（止之）。"

《繫年五》："賽（息）爲（嬀）乃内（入）于郗₌（蔡，蔡）哀侯妻之。"

《繫年五》："賽（息）侯弗訓（順），乃使人于楚文王。"

《繫年五》："文王迟（起）自（師）伐賽₌（息，息）侯求救（救）於郗₌（蔡，蔡）哀侯衛（率）帀（師）以救（救）賽（息）。"

《繫年五》："文王爲客於賽（息），郗（蔡）侯與從，賽（息）侯以文王歙₌（飲酒）。"

《繫年五》："郗（蔡）侯智（知）賽（息）侯之誘吕（己）也，亦告文王曰：'賽（息）侯之妻甚娧（美），君必命見之。'"

《繫年五》："文王命見之，賽（息）侯訽（辭），王固命見之。"

《繫年五》："皿（明）戢（歲），起自（師）伐賽（息），克之，殺賽（息）侯，取賽（息）爲（嬀）以歸，是生𡊵（堵）囂（敖）及成王。"

戠字聲系

戠與埴

《説命下》："敬之䔢（哉）！若賈，女（汝）母（毋）非貨女（如）戠（埴）石。"

戠與職

《尊德義》："夫生而又（有）戠（職）事者也，非𡥈（教）所及也。𡥈（教）其正（政），不𡥈（教）其人，正（政）弗行矣。"

《六德》："又（有）衒（率）人者，又（有）從人者；又（有）使人者，又（有）事人[者]；[有教]者，又（有）學者。此六戠（職）也。"

《六德》："六戠（職）既分，以裕六悳（德）。"

《六德》："古（故）夫夫、婦婦、父父、子子、君君、臣臣，六者客（各）行其戠（職），而狃夻亡䌛（由）迮（作）也。"

《六德》："古（故）夫夫、婦婦、父父、子子、君君、臣臣，此六者客（各）行其戠（職），而狃夻蔑䌛（由）亡〈乍〉也。"

《王居》："不爯（稱）掔（賢）進可，以㖀（屏）補（輔）我？則戠（職）爲民窮窻。"按，"戠（職）"字從陳劍《〈上博（八）·王居〉復原》（復旦大學出土文獻與古文字研究中心網，2011 年 7 月 20 日）讀。

《子儀》："迻（移）易古（故）戠（職），欲民所安。"

戠與織

《鶹鷅》："婁（鶹）栗（鷅）翏（翩）飛含可（兮），不戠（織）而欲衣含可（兮）。"

戠與周

《蒼頡篇》："游敖戠（周）章。"

職與膱

《諸傷》："久傷者，薺（齏）杏𩆜〈霰（核）〉中人（仁），以職（膱）膏弁。"

《痂》："取陳葵莖，燔冶之，以彘職（膱）膏殽弁，以[傅]痏。"

職與識

《效律》："器職（識）耳（佴）不當籍者，大者貲官嗇夫一盾，小者除。"

《效律》："馬牛誤職（識）耳（佴），及物之不能相易者，貲官嗇夫一盾。"

《效律》："以職（識）耳（佴）不當之律論之。"

《爲吏》："久刻職（識）物。"

《第三組》："而務求可以㓲久職（識）者，㓲久職（識）之；可而弗㓲久職（識）者，貲官嗇夫、吏各一盾。"

《二年·津關令》："諸出入津關者，皆以傳□□□里年長、物色疵瑕見外者及馬職（識）物關舍人占者，津關謹閲，出入之。"

《二年·津關令》："縣官馬勿職（識）物☐。"

《二年·津關令》："内史、郡守謹籍馬職（識）物、齒、高，移其守。"

《二年·津關令》："受數而籍書馬職（識）物、齒、高，上郎中。"

《奏讞書》："謀令夫=（大夫）武窬舍上造熊馬傳，箸（著）其馬職（識）物。"

織與膱

《痂》："取三歲織（膱）豬膏，傅之。"

《治瘑》："撓之，以豬織（膱）膏和，傅之。"

織與識

《十問》："使適（敵）弗織（識），因毄（擊）其不□，攻其不御（禦），厭（壓）其駘（怠），攻其疑。"

織與弋

《治官》："矰織（弋）者，百智之長也；須臾者，百事之祖也。"

識與織

《二年·秩律》："西織、東識（織）、長信私官。"

識與膱

《痂》："□□死人胻骨，燔而冶之，以識（膱）膏☒。"

識與貸

《識劫》："沛識（貸）建等錢，以市販，共分贏。"

譖與戴

《繫年四》："譖（戴）公卒，齊趄（桓）公會者（諸）侯以成（城）楚丘。"

食字聲系

食與蝕

《脈法》："[illegible]（砭）□者，石食（蝕）肉殹（也），四害。"

《蛭蝕》："蛭食（蝕）人胻股厀。"

《蟲蝕》："貣（蟘）食（蝕）口鼻，冶顛（堇）葵□□□。"

《蟲蝕》："□食（蝕），以豬肉肥者☒。"

《蟲蝕》："貣（蟘）食（蝕）齒，以榆皮、白□、美桂，而并□□□□傅空（孔）☒。"

食與以

《帛易・剥》："六五，貫魚，食（以）宮人籠（寵），无不利。"

飤與食

《成之》："戎（農）夫柔（務）飤（食），不弝（強）耕，糧弗足慍（矣）；士成（誠）言，不行，名弗得慍（矣）。"按，"飤（食）"字從裘按（《郭店楚墓竹簡・成之聞之》篇注［一五］）讀。

《語叢四》："飤（食）韭亞（惡）智（知）終其葉。"

《語叢一》："飤（食）牙（與）頪（色）牙（與）疾。"

《語叢三》："𦘔（進？）飤（食）之衍（道），此飤（食）乍安。"

《魯邦》："公剴（豈）不飯粆（粱）飤（食）肉才（哉）！"

《從政》："三折（制）：時（時）行視，上（常）衣飤（食）☒。"

《容成氏》："凡民俾（罷）敂（弊）者，教而慔（誨）之，畬（飲）而飤（食）之，思（使）役百官而月青（請）之。"

《容成氏》："天下之民居奠，乃飭飤（食），乃立句（后）稷（稷）以爲緹（田）。"

《容成氏》："句（后）稷（稷）既已受命，乃飤（食）於埜（野），宿於埜（野），復穀（穀）豢土，五年乃𧭡（穰）。"

《容成氏》："民又（有）余（餘）飤（食），無求不得。"

《容成氏》："衣不褻（疊）𡛜（文），飤（食）不童（重）味，朝不車逆。"

《周易・訟》："六厽（三）：飤（食）舊悳（德），貞厲，終吉；或從王事，亡（无）成。"

《周易・大畜》："大䇭（畜）：利貞，不家而飤（食），吉。利涉大川。"

《周易・井》："初六：井替（泥）不飤（食），舊井亡（无）禽。"

《周易・井》："九厽（三）：井朻不飤（食），爲我心塞（惻），可以汲，王明，並受其福。"

《周易・井》："九五：井㓥（洌），寒湶（泉）飤（食）。"

《周易・漸》："六二：鳿（鴻）澌（漸）于阪（磐），畬（飲）飤（食）儖=（衎衎），吉。"

《内豊》："考（孝）子事父母，以飤（食）亞（惡）𡵂（美）下之。"

《曹沫》："居（裾）不褻（疊）𡖄（文），飤（食）不貳（貳）盟（羹），兼忢（愛）𡔗（萬）民，而亡又（有）厶（私）也。"

《曹沫》："繙（陳）攻（功）而飤（食），

坓（刑）罰又（有）辠，而賞簭（爵）又（有）悳（德）。”
《曹沫》：“君乃自怹（過）以敓（悦）於墧（萬）民，弗�（陷）跪（危）地，毋火飤（食）□，毌詎（誅）而賞，毋辠百眚（姓）而改其逹（將）。”
《曹沫》：“乃□□厚（蓐）飤（食），思（使）爲前行。”
《曹沫》：“棗（早）飤（食）戕（葷）兵，各載尔贜（藏），既戰牆（將）鼓。”
《曹沫》：“其飤（食）足以飤（食）之，其兵足以利之，其成（城）固足以攼（戰）之。”
《鮑叔牙》：“日既，公昏（問）二夫=（大夫）：‘日之飤（食）也，害（曷）爲？’”
《鮑叔牙》：“甚才（哉）！虐（吾）不濿（勵），二三子不諦（責）忞（怒）寡人，至於弁（變）日飤（食）。”
《鮑叔牙》：“人之生（性）厽（三），飤（食）、色、息。”
《鮑叔牙》：“惕（易）牙，人之與偖（者）而飤（食）人，其爲不息（仁）厚矣。”
《鮑叔牙》：“至欲飤（食），而上厚其僉（斂）。”
《弟子問》：“剌（賴）虐（乎）其下，不折其枳（枝），飤（食）其實☑。”
《弟子問》：“虐（吾）聑（聞）父母之喪，飤（食）肉女（如）飯土，酓（飲）酉（酒）如淫〈歠水〉，信虐（乎）？”
《三德》：“竿之長，栒株復（覆）車，善游者死於杺（梁）下，豨貌飤（食）虎。”
《三德》：“身虘（且）有痞（病），亞（惡）盉（羹）與飤（食）。”
《三德》：“凡飤（食）歙（飲）無量詌（計），是胃（謂）滔皇。”
《三德》：“☑欲殺人，不歙（飲）不飤（食）。”
《融師》：“弗歙（飲）弗飤（食），勿（物）斯可惑。”
《叢辰》：“利於酓（飲）飤（食）；女（如）遠行，剉（侳）。曰：居又（有）飤（食），行又（有）得。”
《告武夷》：“含（今）日某牆（將）欲飤（食），某敢以其妻□妻女（汝）。”
《告武夷》：“君向（饗）受某之壂（聶）帣（幣）芳糧，囟（使）某來歸飤（食）故□。”
《相宅》：“□□於室東，日出庶（炙）之，必肉飤（食）以飤（食）。”
《季子》：“☑□飤（食）炣（煦）辶□㓞□母□齊（劑）☑。”
《季桓子》：“不味酉（酒）肉，不飤（食）五穀（穀）。”
《王子木》：“怢（過）繡（申），睹（舍）飤（食）於鼪寵（宿）。”
《王子木》：“睹（舍）飤（食）於鼪寵（宿），醢（酪）盉（羹）不焌（酸）。”
《用曰》：“非稷之糧（種），而可畬（飲）飤（食）。”
《天子甲》：“天子坐以巨（矩），飤（食）以義（宜），立以縣（懸），行以繩，視侯量，寡（顧）還身。”
《天子甲》：“者（諸）侯飤（食）同腈（狀），視百正，寡（顧）還膂（肩）。”
《天子甲》：“凡天子欽（歆）熨（氣），邦君飤（食）盥（濁），夫=（大夫）承廌（餕），士受余（餘）。”
《天子甲》：“臨飤（食）不註（語）亞（惡）。”
《天子乙》：“天子坐以巨（矩），飤（食）以義（宜），立以縣（懸），行以興（繩），視侯量，寡（顧）還身。”
《天子乙》：“者（諸）侯飤（食）同腈

（狀），視百正，寡（顧）還肯（肩）。”
《天子乙》：“凡天子欽（歆）既（氣），邦君飤（食）蜀（濁），夫=（大夫）承鷹（餕），士受舍（餘）。”
《天子乙》：“臨飤（食）不䛐（語）亞（惡）。”
《君人甲》：“楚邦之中又（有）飤（食）田五貞（畛），竽麗（篪）臭（衡）於前。”
《君人乙》：“楚邦之中又（有）飤（食）田五貞（畛），竽麗（篪）臭（衡）於前。”
《凡物甲》：“骨=（骨肉）之既䊲（靡），身豊（體）不見，虗（吾）系（奚）自飤（食）之？”
《凡物甲》：“敬天之盟（明）系（奚）得？䰠（鬼）之神系（奚）飤（食）？先王之智系（奚）備？”
《凡物乙》：“骨=（骨肉）之既䊲（靡），身豊（體）不見，虗（吾）系（奚）自飤（食）之？”
《凡物乙》：“☑系（奚）飤（食）？”
《子道餓》：“飤（食）而弗與爲豊（禮），是商攻（工）畜之也。”
《子道餓》：“妝（偃）也攸（修）其惪（德）行，以受商攻（工）之飤（食）於子。”
《城濮》：“飤（食）是脏而弃（棄）不思老人之心。”
《卜書》：“☑飤（食）墨，亦無它色。”
《卜書》：“三末飤（食）墨虘（且）表，我周之孫=（子孫），其菨（散）于百邦。”
《繫年十八》：“晉自（師）大疫，虘（且）飢，飤（食）人。”
《赤鵠》：“眾鴍（烏）牆（將）飤（食）之。”
《赤鵠》：“是少（小）臣也，不可飤（食）也。夏句（后）又（有）疾，牆（將）襪（禦）楚，于飤（食）其祭。”
《厚父》：“曰酉（酒）非飤（食），隹（惟）神之卿（饗）。”
《湯丘》：“湯屋（處）於湯（唐）垔（丘），取妻於又=郑=（有莘。有莘）嫎（媵）以少=臣=（小臣，小臣）善爲飤（食），享（烹）之和。”
《湯丘》：“又（有）郑（莘）之女飤（食）之，𢇍（絕）舫（芳）旨以飿（滑）。”
《湯丘》：“湯亦飤（食）之，曰：‘允！此可以和民虎（乎）？’”
《湯丘》：“能其事而得亓飤（食），是名曰昌。未能其事而得其飤（食），是名曰喪。”
《湯丘》：“必思（使）事與飤（食）相尝（當）。”
《湯丘》：“飤（食）時不旨（嗜）饍（珍），五味皆哉（滋），不又（有）所䈇（褻）。”
《湯丘》：“遠又（有）所亟，裳（勞）又（有）所思（息），飴（饑）又（有）所飤（食）。”
《三壽》：“虗（吾）䎽（聞）夫隓（險）非（必）矛返（及）干，肙（厭）非（必）福（富），亞（惡）非（必）亡（無）飤（食）。”
《子產》：“乃斁（禁）恙單、相會、軌樂、㪍（飾）光（美）宮室衣裘、好酓（飲）飤（食）、以爰（遠）䏍（屏）者。”
《效律》：“其不可飤（食）者，不盈百石以下，誶官嗇夫。”
《效律》：“禾粟雖敗而尚可飤（食）殹（也），程之。”

飤與嗣

《三壽》：“句（苟）我與尔（爾）相念相悔（謀），殜=（世世）至于後飤（嗣）。”

㣇與祠

《宜忌》：“凡吉日，利以祭祀、禱㣇（祠）。”

𢑽與弋

《鮑叔牙》：“公身爲亡（無）道，遣（擁）芋（華）俩（孟）子以馳於倪（郳）者（都），迿（驅）逐畋繳（弋），亡（無）羿（期）尾（度）。"按，"繳（弋）"字從劉國勝《上博（五）零劄（六則）》（簡帛網，2006年3月31日）釋讀。

飭與飭

《二三子》："飭（飭）行以後民者，胃（謂）'大蹇（蹇）'；遠人偕至，胃（謂）'朋來'。"

飭與飾

《明君》："其所以飭（飾）之者。"

《明君》："先王之養□□鐘鼎壺泔（鑑），淺（殘）而爲□□□□凧（佩）飭（飾）。"

《晏子一〇》："明言行□飭（飾）其身，僞言无欲也兑（説）□其交。"

《晏子一五》："今孔丘盛爲容飭（飾）以蠱世，絃（弦）歌〼。"

《晏子一五》："纂（繁）飭（飾）降登，以營世君，盛爲聲樂，以淫愚民。"

《妄稽》："户（扈）佩淮珠，飭（飾）八漢光（珧）。"

《妄稽》："妄稽自飭（飾），周春俞（愈）惡。"

《士相見》："下大夫相見，以雁，飭（飾）之以布，維之以索，如執雉。"

瀄與飭

《萬物》："瀄（飭）鏡以水之令〼。"

飾與飭

《順道》："見地奪力，天逆其時，因而飾（飭）之，事環（還）克之。"

飾與敕

《北蒼·支脂》："崇替諫敦，讀飾（敕）柰（棕）璽。"按，"飾（敕）"字從胡平生《讀〈蒼〉劄記六》（復旦大學出土文獻與古文字研究中心網，2016年1月2日）讀。

蝕與食

《答問》："今内（納）人，人未蝕（食）奸而得，可（何）論？"

蝕與識

《治官》："屚（漏）表不審，徽蝕（識）不齊。"

棘字聲系

棘與救

《帛乙老子·德經》："啟其垗（兑），齊（濟）其事，終身不棘（救）。"

棘與勒

《養生方》："□□以瘨（顛）棘（勒）爲醬（漿）方。"

《養生方》："刌瘨（顛）棘（勒）長寸□節者三斗，□□□□□□□□之。"

《養生方》："用瘨（顛）棘（勒）根刌之，長寸者二參，善洒（洗）之。"

革字聲系

革與勒

《周易·革》："初九：巩（鞏）用黄牛之革。"按，帛書本革作勒。

《戰國二一》："恐事之不誠（成），故出兵以割（劫）革（勒）趙、魏。"

《唐勒》："唐革（勒）。"

《唐勒》："唐革（勒）與宋玉言御襄王前。"

《唐勒》："唐革（勒）先爯（稱）曰。"

《反淫》："若張義（儀）、蘚（蘇）秦，孟柯（軻）、敦（淳）于髡，陽（楊）朱、墨翟，子贛（貢）、孔穿，屈原、唐革（勒），宋玉、景瑣（差）之偷〈倫〉。"

革與棘

《春秋八》："君胡不以屈產之乘與䍨（垂）革（棘）璧假道於虞？"

革與戒

《帛易·小過》："九四，无咎，弗過愚

（遇）之，往厲必革（戒），勿用永貞。”

梓與核

《癃病》：“膏痒（癃），澡石大若李梓（核），已食飲之。”

勳與陸

《帛易·夬》：“九五，莧勳（陸）缺（夬）缺（夬），中行，无咎。”

戒字聲系

戒與械

《答問》：“群盜赦爲庶人，將盜戒（械）囚刑罪以上。”

《守法》：“諸官府室屋壯（牆）垣及家人室屋器戒（械）可以給城守者盡用之。”

《王兵》：“官府毋（無）長，器戒（械）苦偰（窳）。”

《王兵》：“器戒（械）備，功（攻）伐少費。”

戒與誡

《周易·比》：“九五：顯比。王厽（三）驅，遊（失）前禽。邑人不戒（誡），吉。”

《芮良夫》：“凡隹（惟）君子，尚藍（鑑）于先舊，道（導）�（讀）善敗，卑圭（匡）以戒（誡）。”

《帛易·比》：“九五，顯比。王用三驅，失前禽，邑人不戒（誡），吉。”

戒與駴

《節》：“有（又）卌六日，雷戒（駴）執（蟄），燕登，令暴布，敬（儆）禁，始言盜賊，收斂會計。”

悈與革

《別卦》：“悈（革）。”

誡與極

《妄稽》：“姤聞巍（魏）楚，乃誡（極）燕齊。”按，“誡”似當讀作“極”。《爾雅·釋詁上》：“極，至也。”

亟字聲系

亟與極

《楚帛書》甲：“炎帝乃命祝龢（融）以四神降奠三天□□，思（使）敎（保）奠四亟（極）。”

《唐虞》：“亟（極）息（仁）之至，利天下而弗利也。”

《芮良夫》：“此心目亡（無）亟（極），福（偪）而亡（無）況（厓）。”

《湯丘》：“罙（深）㴱（淵）是淒（濟），高山是逾（逾），遠民皆亟（極），是非悉（愛）民虖（乎）？”

《命訓》：“又（有）尚（常）則室（廣，廣）以敬命，則厇（度）至于亟（極）。”

《命訓》：“女（如）不居而左（重）義，則厇（度）至于亟（極）。”

《命訓》：“女（如）諻（懲）而悔（悔）怸（過），則厇（度）至于亟（極）。”

《命訓》：“女（如）懽（勸）以忠訐（信），則厇（度）至于亟（極）。”

《命訓》：“夫女（如）忈（恐）而承孝（教），則厇（度）至于亟（極）？”

《命訓》：“六亟（極）既達，九迁（間）具（俱）寒（塞）。”

《命訓》：“達道₌（道道）天以正₌人₌（正人。正人）莫女（如）又（有）亟（極），道天莫女（如）亡（無）亟（極）。”

《命訓》：“道天又（有）亟（極）則不₌褢₌（不威，不威）則不卲（昭），正人亡（無）亟（極）則不₌㖕₌（不信，不信）則不行。”

《命訓》：“事（使）身₌（信人）褢（畏）天，則厇（度）至于亟（極）。”

《命訓》：“□方三述，其亟（極）鼠（一），弗智（知）則不行。”

《命訓》：“亟（極）命則民陸（墮）乏，乃室（曠）命以弋（代）其上，怠（殆）於𠭯

（亂）矣。”

《命訓》：“亟（極）福則民₌录₌（民禄，民禄）迁₌善₌（干善，干善）韋（違）則不行。”

《命訓》：“亟（極）禍（禍）則民₌䰟₌（民畏，民畏）則逕₌祭₌（淫祭，淫祭）皮（罷）家。”

《命訓》：“亟（極）佴（恥）則民₌只₌（民枳，民枳）則瘍₌人₌（傷人，傷人）則不罚（義）。”

《命訓》：“亟（極）賞則民賈₌亓₌上₌（賈其上，賈其上）則亡₌壤₌（無讓，無讓）則不川（順）。”

《命訓》：“亟（極）罰則民多₌虘₌（多詐，多詐）則不₌忠₌（不忠，不忠）則亡（無）復。”

《命訓》：“□方三述，其亟（極）鼠（一），弗智（知）則不行。”

《引書》：“令人騎其北（背），無（撫）顔（顏），舉頤而印（仰）之，亟（極）而已。”

《繫辭》：“六爻之動，三亟（極）之道也。”

《要》：“故易之爲書也，一類不足以亟（極）之，變以備其請（情）者也，故謂之易。”

《北萫·之職》：“勇猛剛毅，便疌（捷）巧亟（極）。”

《荊决》：“有人將來，嘉喜毋亟（極）。”

亟與疾

《閻氏》：“禍福之來也，遲（遲）亟（疾）无常，故民莫之能察也。”

極與亟

《稱》：“惑而極（亟）反（返），迷道不遠。”

極與殛

《周馴》：“兹四主者，非不已嘗君百姓，有嗣不智不慧，故皆云（殞）極（殛）。”

極與齊

《繫辭》：“是故列貴賤者存乎立（位），極（齊）小大者存乎卦，辯吉凶者存乎辭。”

亟與極

《亙先》：“天下之复（作）也，無許（迕）亟（極），無非其所。舉（舉）天下之复（作）也，無不得其亟（極）而果述（遂），甬（庸）或得之？甬（庸）或逹（失）之？”按，“亟（極）”字從李鋭《〈恆先〉淺釋》（簡帛研究網，2003年4月23日）釋讀。

《赤鵠》：“是思（使）句（后）之身蚵（疴）䔲（蠚），不可亟（極）于笞（席）。”

湹與泣

《金縢》：“王捕（撫）箸（書）以湹（泣）。”

緪與急

《管仲》：“然則或攺（弛）或張，或緩或緪（急）。”

克字聲系

剋與克

《龍簡》：“爭而不剋（克）者☐。”

《十陣》：“☐□火氣（既）自覆，與之戰弗剋（克），坐行而北。”

《周馴》：“畢爲穆公奮於車下，述（遂）大剋（克）晉，虜惠公以歸。”

《周馴》：“昔晉文君伐曹，剋（克）之，而夷其宗廟。”

《周馴》：“故發剋（克）殷而爲鉛〈銘〉於席端。”

剋與該

《將義》：“將者不可以不₌仁₌（不仁，不仁）則軍₌不₌剋₌（軍不該，軍不該）則軍无功。故仁者，兵之腹也。”按，“剋”似當讀作“該”。《孔子家語·正論解》：“夫孔子者，大聖無不該。”王肅《注》：“該，包也。”

黑字聲系

黑與墨

《泰射》："疎（疏）數容弓，若丹若黑（墨），度尺而午，射正泣（莅）之。"

黑與默

《稱》："言陽黑（默）陰，予陽受陰。"

黑與纆

《觀》："不靡（黴）不黑（纆），而正之以刑與德。"

黑與牧

《觀》："黃帝令力黑（牧）浸（潛）行伏匿，周留（流）四國。"

《觀》："力黑（牧）視（示）象，見黑則黑，見白則白。"

《觀》："力黑（牧）已布制建極。"

《正亂》："力黑（牧）問□□□□□□□□□□□□驕□陰謀。"

《正亂》："力黑（牧）曰。"

《姓爭》："高陽問力黑（牧）曰。"

《姓爭》："力黑（牧）對曰。"

《成法》："黃帝問力黑（牧）。"

《成法》："力黑（牧）曰：然。"

《成法》："力黑（牧）曰：然。"

《成法》："力黑（牧）曰：一者，道其本也，胡爲而无長？"

《順道》："黃帝問力黑（牧）曰。"

《順道》："力黑（牧）曰。"

墨與黑

《古公》："子嘗以此謡之，其白墨（黑）牆（將）可智（知）也。"

《繫年十五》："連尹戠（捷）於河雝，其子墨（黑）要也或（又）室少盐。"

《繫年十五》："墨（黑）要也死，司馬子反與繡（申）公爭少盐。"

《脈書》："顔（顏）墨（黑），病穜（腫）。"

《脈書》："面墨（黑）目圜視雕〈雅〉，則血先死。"

墨與默

《文摯》："食不化，必如抌（純）鞠（鞠），是生甘（箝）心密墨（默）。"按，"墨（默）"字從馬繼興《馬王堆古醫書考釋》（湖南科學技術出版社，1992年，965頁）讀。

《易之義》："是故文人之義，不侍（待）人以不善，見亞（惡）墨（默）然弗反，是謂以前戒後，武夫昌慮，文人緣序。"

《易之義》："墨（默）亦毋譽，君子美其慎而不自箸（著）也。"

《善者》："墨（默）然而處，亦動也。"

《善者》："故進不可迎於前，退不可絕於後，左右不可臽（陷）於柤（阻），墨（默）然而處，威加於敵之人。"

《善者》："進則傅（薄）於前，退則絕於後，左右則臽（陷）於柤（阻），墨（默）然而處，軍不免於患。"

《荊決》："疾蜚（飛）哀鳴，憂心墨＝（默默）。"

墨與晦

《日甲·反枳》："墨（晦）日，利壞垣、徹屋、出寄者，毋歌。"

墨與牧

《窮達》："白（百）里迱（轉）迏（鬻）五羊，爲敀（伯）墨（牧）牛，斁（釋）板（鞭）柽（箠）而爲罾卿，堣（遇）秦穆。"按，"墨（牧）"字從裘按（《郭店楚墓竹簡·窮達以時》篇注［十］）讀。

䵢與晦

《三德》："㮯（更）旦母（毋）哭，䵢（晦）母（毋）訶（歌），（弦）望齊（齋）宿（素），是胃（謂）川（順）天之祟（常）。"按，"䵢（晦）"字從晏昌貴《〈三德〉四劄》（簡帛網，2006年3月7日）讀。"䵢"字原文作""，左下所從可能就是"墨

刑”之“墨”字之省。

緦與纆

《帛易·坎》：“尚（上）六，系（係）用諱（徽）緦（纆），親（寘）于繸（叢）勒（棘），三歲弗得，兇（凶）。”

譔與侔

《管仲》：“見善者譔（侔）安（焉），見不善者戒安（焉）。”按，“譔（侔）”字從苦行僧在bulang《清華六〈管仲〉初讀》（簡帛網“簡帛論壇”，2016年4月17日）一文下跟帖讀。

或字聲系

或與域

《亙先》：“自猒（厭）不自忍（牣），或（域）乍（作）。”按，“或（域）”字從李學勤《楚簡〈恆先〉首章釋義》（《中國哲學史》2004年3期）、廖名春《上博藏楚竹書〈恆先〉新釋》（《中國哲學史》2004年3期）讀。下四例同。

《亙先》：“又（有）或（域）安（焉）又₌氣₌（有氣，有氣）安（焉）又₌又₌（有有，有有）安（焉）又₌訂₌（有始，有始）安（焉）又（有）往者。”

《亙先》：“或（域），亙安（焉），生或（域）者同安（焉）。”

《亙先》：“又（有）出於或（域），生（性）出於又（有），音（意）出於生（性），言出於音（意），名出於言，事出於名。”

《亙先》：“或（域）非或（域），無胃（謂）或（域）。”

《田法》：“州、鄉以地次受（授）田於野，百人爲區，千人爲或（域）。”

《田法》：“人不舉或（域）中之田，以地次相☐。”

《北大老子》：“天大，地大，道大，王亦大，或（域）中有四大，而王居一焉。”

或與國

《緇衣》：“《寺（詩）》員（云）：‘隹（誰）秉宬（國）成，不自爲貞（正），卒裳（勞）百眚（姓）。’”按，上博簡本《緇衣》宬（國）作或。

《緇衣》：“《寺（詩）》員（云）：‘又（有）匊（梏）悳（德）行，四方𢘓（順）之。’”按，上博簡本《緇衣》方作或，整理者讀作國。可從。

《成王》：“此六者皆逆，民皆又（有）夬（解）鹿〈麗（離）〉之心，而或（國）又（有）相串（患）割（害）之志，是胃（謂）童₌☐。”

《舜王》：“明則保或（國），智臤（賢）正（政）綯（治），教媺（美）民備（服）。”

《禹王》：“墨（禹）奉舜童（重）悳（德），役（施）于四或（國），愽（敏）以勞民，☐而𦘒（盡）力。”

《皇門》：“我聞（聞）昔才（在）二又（有）或（國）之折（哲）王，則不（丕）共（恭）于卹（恤）。”

《管仲》：“四或（國）和同，邦以安盜（寧），民乃褓（保）昌。”

《管仲》：“疋（胥）舍之邦，此以又（有）或（國），天下又（有）其幾（機）。”

《子產》：“又（有）道之君，能攸（修）其邦或（國）以和₌民₌（和民。和民）又（有）道，才（在）大能政，才（在）少（小）能枳（支）；才（在）大可舊（久），才（在）少（小）可大。”

《子產》：“又（有）以坴（徠）民，又（有）以得臤（賢），又（有）以御（禦）割（害）敭（傷），先聖君所以逹（達）成邦或（國）也。”

《子產》：“虞勛（溫）和憙（喜），可用而不勖（遇）大=或=（大國，大國）古（故）肎（肯）迮（作）其悔（謀）。”
《子產》：“雔（惟）能智（知）其身，以能智=其=所=生=（知其所生，知其所生）以先=悔=人=（先謀人，先謀人）以復于身=（身，身）、室、邦或（國）、者（諸）侯、天陞（地），固用不悖，以能成卒。”

或與惑

《尊德義》：“訡（治）樂和恷（哀），民不可或（惑）也。”
《曹沫》：“虛（吾）言氏（是）不（否），而毋或（惑）者（諸）少（小）道與（歟）？”
《邦人》：“▨之或（惑）也。”
《蓋廬》：“大（太）白入月、營（熒）或（惑）入月可以戰。”
《蓋廬》：“營（熒）或（惑）火也，四月火强，可以攻金。”
《占書》：“夫名川絕，大儆（沼）固（涸），天雨血，星月並出，星貫月，反景，倍蝕（僪），篲（慧）星，營（熒）或（惑），雲□，祅（妖）恙（祥）見於天。”
《北大老子》：“曲則全，枉則正，洼則盈，敝則新，少則得，多則或（惑）。”

或與又

《容成氏》：“桀（桀）乃逃之鬲（歷）山是（氏），湯或（又）從而攻之，降自鳴攸（條）之述（遂），以伐高神之門。”
《容成氏》：“傑（桀）乃逃之南藻（巢）是（氏），湯或（又）從而攻之，述（遂）逃迲（去）。”
《容成氏》：“既爲金桎，或（又）爲酉（酒）池，諮（厚）樂於酉（酒），尃（溥）亦（夜）以爲槿（淫）。”
《競公瘧》：“既只（跂）於天，或（又）椎（墜）於困（淵）。”
《曹沫》：“酒（莊）公或（又）暏（問）：‘爲和於戟（陳）女（如）可（何）？’”
《曹沫》：“臧（莊）公或（又）暏（問）曰：‘三軍[illegible]果又（有）幾（機）虖（乎）？’”
《曹沫》：“臧（莊）公或（又）暏（問）曰：‘戰又（有）幾（機）虖（乎）？’”
《曹沫》：“臧（莊）公或（又）暏（問）曰：‘既戰又（有）幾（機）虖（乎）？’”
《曹沫》：“臧（莊）公或（又）暏（問）曰：‘復盤戰又（有）道虖（乎）？’”
《曹沫》：“臧（莊）公或（又）暏（問）曰：‘復甘戰又（有）道虖（乎）？’”
《曹沫》：“臧（莊）公或（又）暏（問）曰：‘復故戰又（有）道虖（乎）？’”
《曹沫》：“臧（莊）公或（又）暏（問）曰：‘善攻者奚女（如）？’”
《曹沫》：“臧（莊）公或（又）暏（問）曰：‘虛（吾）又（有）所暏（聞）之：一出言三軍皆懽（勸），一出言三軍皆往。又（有）之虖（乎）？’”
《曹沫》：“臧（莊）公或（又）暏（問）：‘爲義女（如）可（何）？’”
《鮑叔牙》：“或（又）以豎诅（刁）與惒（易）牙爲相。”
《鬼神》：“啻（抑）其力古（固）不能至安（焉）虐（乎）？虛（吾）或（又）弗智（知）也。”按，“或（又）”字從陳偉《上博五〈鬼神之明〉篇初讀》（簡帛網，2006年2月18日）讀。
《競公瘧》：“身爲新（親），或（又）可（何）悉（愛）安（焉）。”按，“或（又）”字董珊《讀〈上博六〉雜記（續一）》（簡帛網，2007年7月11日）讀。
《凡物甲》：“虛（吾）既長而或（又）老，管（孰）爲砮（薦）奉？”
《凡物乙》：“虛（吾）既長而或（又）老，管（孰）爲砮（薦）奉？”

《凡物甲》："女（如）月出惻（則）或（又）内（入），終則或（又）詒（始），至則或（又）反。"
《凡物乙》："女（如）月出惻（則）或（又）内（入），終則或（又）詒（始），至則或（又）反。"
《王居》："蟲材以爲獻，或（又）不能節𡰥（處）所以辠（罪）人，然以䛠（讒）言相忘（謗）。"按，"或（又）"字從陳劍《〈上博（八）·王居〉復原》（復旦大學出土文獻與古文字研究中心網，2011 年 7 月 20 日）讀。
《陳公》："或（又）與晉人戰於兩棠，帀（師）不𢇍（絕）。"
《繫年六》："獻公卒，乃立□（奚）脐（齊）。其夫₌（大夫）里之克乃殺□（奚）脐（齊），而立其弟悼子，里之克或（又）殺悼子。"
《繫年十五》："連尹截（捷）於河䧅，其子墨（黑）要也或（又）室少盐。"
《繫年十五》："執吳王子鱥（蹶）繇（由），吳人安（焉）或（又）服於楚。"
《繫年十六》："龍（共）王使王子晨嗙（聘）於晉，或（又）攸（修）成。"
《繫年十六》："王或（又）使宋右帀（師）芋（華）孫兀（元）行晉楚之成。"
《湯丘》："唯（雖）臣死而或（又）生，此言弗或（又）可得而聕（聞）巳（矣）。"
《湯丘》："湯或（又）聕（問）於少（小）臣：'又（有）夏之悳（德）可（何）若才（哉）？'"
《湯丘》："湯或（又）聕（問）於少（小）臣：'虛（吾）戏（戡）夏女（如）怡（台）？'"
《湯丘》："湯或（又）聕（問）於少（小）臣：'古先₌（之先）聖人，可（何）以自炁（愛）？'"
《湯丘》："湯或（又）聕（問）於少（小）臣：'爲君系（奚）若？爲臣系（奚）若？'"
《湯丘》："湯或（又）聕（問）於少（小）臣：'炁（愛）民女（如）怡（台）？'"
《湯丘》："湯或（又）聕（問）於少（小）臣：'共（恭）命女（如）怡（台）？'"
《啻門》："湯或（又）聕（問）於少（小）臣曰。"
《啻門》："湯或（又）聕（問）於少（小）臣曰。"
《啻門》："湯或（又）聕（問）於少（小）臣。"
《啻門》："湯或（又）聕（問）於少（小）臣。"
《啻門》："悳（德）叏（變）亟執譌以亡（妄）成，此胃（謂）亞（惡）悳（德），唯（雖）成或（又）涩（瀆）。"
《啻門》："湯或（又）聕（問）於少（小）臣。"
《啻門》："湯或（又）聕（問）於少（小）臣。"
《三壽》："高宗乃或（又）聕（問）與彭且（祖）曰。"
《三壽》："高宗或（又）聕（問）與彭且（祖）曰。"
《三壽》："天寡（顧）復之甬（用）休，唯（雖）侌（陰）或（又）明。"
《鄭武》："幾（豈）既臣之䑝（獲）辠（罪），或（又）辱虛（吾）先君，曰是其律（盡）臣也？"
《鄭武》："不是肰（然），或（又）再（稱）记（起）虛（吾）先君於大難之中？"
《管仲》："趄（桓）公或（又）聕（問）於筭（管）中（仲）曰。"
《管仲》："趄（桓）公或（又）聕（問）於筭（管）中（仲）曰。"
《管仲》："趄（桓）公或（又）聕（問）於

筦（管）中（仲）曰。”
《管仲》:“趄（桓）公或（又）聒（問）於筦（管）中（仲）曰。”
《管仲》:“趄（桓）公或（又）聒（問）於筦（管）中（仲）曰。”
《管仲》:“趄（桓）公或（又）聒（問）於筦（管）中（仲）曰。”
《管仲》:“趄（桓）公或（又）聒（問）於筦（管）中（仲）曰。”
《管仲》:“趄（桓）公或（又）聒（問）於筦（管）中（仲）曰。”
《管仲》:“勨（乘）其欲而緪（恆）其怂（過），既怕（怠）於正（政），或（又）以民戲。”
《管仲》:“趄（桓）公或（又）聒（問）於筦（管）中（仲）曰。”
《管仲》:“趄（桓）公或（又）聒（問）於筦（管）中（仲）曰。”
《管仲》:“既年（佞）或（又）忎（仁），此胃（謂）成器。”
《管仲》:“趄（桓）公或（又）聒（問）於筦（管）中（仲）。”
《九主》:“伊尹或（又）請陳笧（策）以明八適變過之所道生。”
《正亂》:“以其民作而自戲（虞）也，吾或（又）使之自靡也。”
《莿決》:“齊其翠羽，或（又）與（舉）旌旗。”

或與有

《申公》:“臣牆（將）或（有）至（致）安（焉）。”按，“或（有）”字從陳偉《讀〈上博六〉條記》（簡帛網，2007年7月9日）讀。
《帛易·姤》:“五〈九〉五，以忌（杞）枹（包）瓜，含章，或（有）塤（隕）自天。”
《帛易·比》:“有復（孚）盈缶，冬（終）來或（有）池（它），吉。”
《帛易·豫》:“尚（上）六，冥餘（豫）成，或（有）諭（渝），无咎。”
《帛易·隨》:“初九，官或（有）諭（渝），貞吉。出門交，有功。”

或與侑

《少牢》:“侑曰：‘皇尸未實，或（侑）。’”
《有司》:“乃義（議）或（侑）于賓，以異姓。”
《有司》:“宗人戒或（侑）。”
《有司》:“尸與或（侑）北面于廟門之外，西上。”
《有司》:“主人又拜或（侑），或（侑）荅拜。”
《有司》:“主人先升自阼階，尸、或（侑）升自西階，西楹西，北面東上。”
《有司》:“主人又拜或（侑），或（侑）荅拜。”
《有司》:“尸、或（侑）降。”
《有司》:“主人升，尸、或（侑）升，復位。”
《有司》:“尸復位，尸與或（侑）皆北面荅拜。主人降，洗，尸、或（侑）降。”
《有司》:“主人升，尸、或（侑）升。”
《有司》:“降涫（盥），尸、或（侑）降。”
《有司》:“卒涫（盥），主人揖，升，尸、或（侑）升。”
《有司》:“或（侑）俎，羊在〈左〉肩、左肫、正膌（脊）一。”
《有司》:“或（侑）豕俎，左肩折、正膌（脊）一、脅一、膚三、切肺一，載于一俎。”
《有司》:“或（侑）、主人皆一魚，亦衡（横）載之。”
《有司》:“主人酌，獻或（侑）。”
《有司》:“或（侑）西楹西，北面拜受

爵。”
《有司》："或（侑）升延（筵）自北方，司馬衡（横）執羊俎以升，設于豆東。”
《有司》："或（侑）坐，左執爵，右取菹擩〈抨〉于醢（醢），祭于豆閒。”
《有司》："或（侑）降延（筵）自北方，北面于西楹西，坐卒爵。”
《有司》："尸受或（侑）爵，降，洗。”
《有司》："或（侑）降立于西階西，東面。”
《有司》："主人坐，左執爵，祭豆邊（籩），如或（侑）之祭。”
《有司》："或（侑）升，尸、或（侑）皆北面于西楹西。”
《有司》："尸、或（侑）皆荅再拜。”
《有司》："主人及尸、或（侑）皆就延（筵）。”
《有司》："或（侑）坐，左執爵，取臬（糗）、脩（修），兼祭于豆祭。”
《有司》："或（侑）興，取肺，坐祭之。”
《有司》："次賓羞豕燔，或（侑）受如尸禮，坐卒爵，拜。”
《有司》："卒載，乃宿（縮）執俎以降，或（侑）興。”
《有司》："主人降，或（侑）降。”
《有司》："或（侑）東面于西階西南。”
《有司》："主人揖尸、或（侑）。”
《有司》："主人升，尸升自西階，或（侑）從。”
《有司》："主人北面立于東楹東，或（侑）西楹西，北面立。”
《有司》："尸北面或（侑）東荅拜。”
《有司》："尸、主人及或（侑）皆就延（筵）。”
《有司》："尸、或（侑）降。”
《有司》："尸升，或（侑）不升。”
《有司》："尸、或（侑）、主人皆升延（筵），乃羞。”
《有司》："宰夫羞房中之羞于尸、或（侑）、主人、主婦，皆右之。”
《有司》："司土〈士〉羞庶羞尸、或（侑）、主人、主婦，皆左之。”
《有司》："尸鄭（奠）爵，拜，三獻北面合（荅）拜，受爵，酌，獻或（侑）。”
《有司》："或（侑）拜受，三獻北面合（荅）拜。”
《有司》："尸、或（侑）合（荅）拜。”
《有司》："尸、或（侑）皆拜受，舉觗（觶）者皆拜送。”
《有司》："或（侑）鄭（奠）觗（觶）于右。”
《有司》："主人以州（酬）侑于西楹西，或（侑）在左。”
《有司》："坐鄭（奠）爵，拜，執爵興，或（侑）合（荅）拜。”
《有司》："或（侑）拜受，主人拜送。”
《有司》："或（侑）州（酬）之，如主人之禮。”
《有司》："尸出，或（侑）從。”
《有司》："拜或（侑）與長賓，亦如之。”
《有司》："司士歸尸、或（侑）之柤（俎）。”

或與紘

《泰射》："桃（鼗）倚于頌磬西或（紘）。”

域與棫

《北蒼·脂》："梧域（棫）邸（柢）造，肂瑴殉（殘）耆（嗜）。”按，“域（棫）”字從胡平生《讀〈蒼〉劄記九》（復旦大學出土文獻與古文字研究中心網，2016 年 1 月 9 日）讀。

戜與或

《緇衣》："隹（誰）秉戜（國）成，不自

爲貞（正），卒裳（勞）百眚（姓）。”按，上博簡本《緇衣》宼（國）作或。

宼與國

《緇衣》：“隹（誰）秉宼（國）成，不自爲貞（正），卒裳（勞）百眚（姓）。”

宼與域

《邦人》：“豪（就）王之長也，賞之以焚宼（域）百貞（畛），古（故）爲鄴（葉）連囂（敖）與郗（蔡）樂尹，而邦人不再（稱）畲（貪）安（焉）。”按，“宼（域）”字從沈培《清華簡和上博簡“就”字用法合證》（簡帛網，2013年1月6日）讀。

《子產》：“子產不大宅宼（域），不窐（經）臺寢，不敕（飾）巟（美）車馬衣裘。”

郕與國

《楚帛書》乙：“西郕（國）又（有）吝，女（如）䏍₌（日月）既䜌（亂），乃又（有）兒（䀎）□；東郕（國）又（有）吝，□□乃兵，䘏（害）于其王。”

《老子》乙：“亡不克則莫智（知）其亙（極），莫智（知）其亙（極）可以又（有）郕。又（有）郕之母，可以長☐。”按，今本和帛書本郕作國。

《緇衣》：“又（有）郕（國）者章好章亞（惡），以視民厚。”

《祭公》：“縢（朕）之皇且（祖）周文王、剌（烈）且（祖）武王，尾（宅）下郕（國），乍（作）戟（陳）周邦。”

《芮良夫》：“以力及乍（作），燮（襲）栽（仇）啟郕（國），以武丞（及）恿（勇），戔（衛）想（相）社禝（稷）。”

《三壽》：“尔（爾）是先生，尔（爾）是智（知）二又（有）郕（國）之請（情）。”

國與膕

《天下至道》：“走里（理）毛，置枖（腰）心，脣盡白，汗留（流）至國（膕）。”

國與或

《競公瘧》：“公國（或）胃（謂）之，安（晏）子許若（諾）。”按，整理者直接釋“國”爲“或”。不確。

國與域

《稱》：“同則不肯，離則不能，傷國（域）之神。”

慁與惑

《季桓子》：“是訾（察），求之於中，此以不慁（惑），而民道（導）之。”按，整理者直接釋“慁”爲“惑”。

逑與惑

《儒説》：“臣聞之，愚者自慧，不宵（肖）者多悔，逑（惑）者不問其路，弱（溺）者不問其遂也。”

惑與或

《緇衣》：“爲上可䁐（望）而智（知）也，爲下可頪〈頛（述）〉而篩（志）也，則君不恢（疑）其臣₌（臣，臣）不惑於君。”按，上博簡本《緇衣》惑作或。

《周馴》：“余有子四人，惑（或）貴惑（或）愛，惑（或）長惑（或）賢，吾將誰置？”

惑與國

《六博》：“問亡人，在方中者，不出惑（國）中，得。”

惑與宥

《仲弓》：“老₌（老老）慈幼，先又（有）司，舉（舉）臤（賢）才，惑（宥）怹（過）惥（赦）皋☐。”按，“惑（宥）”字從陳劍《上博竹書〈仲弓〉篇新編釋文（稿）》（簡帛研究網，2004年4月18日）讀。下同。

《仲弓》：“中（仲）弓曰：‘惑（宥）怹（過）惥（赦）皋，則民可（何）系？’”

惑與郁

《反淫》：“芬惑（郁）尋（感）忽，不知旦☐。”

棫與閾

《特牲》：“席于門中，檟（闑）西，棫（閾）外。”

腻與鬱

《性自》：“樂之皷（動）心也，濬深腻（鬱）舀（陶），其剌（烈）則流女（如）也以悲，倏（悠）肰（然）以思。”按，“腻（鬱）”字從劉釗師《讀郭店楚簡字詞劄記》（《郭店楚簡國際學術研討會論文集》，湖北人民出版社，2000年）讀。下同。

《性自》：“目之好色，耳之樂聖（聲），腻（鬱）舀（陶）之熨（氣）也，人不難爲之死。”

賊與惑

《緇衣》：“上人悬（疑）則百眚（姓）賊（惑），下難智（知）則君倀（長）袭（勞）。”

《緇衣》：“古（故）君民者，章好以視（示）民忩（俗），慬（謹）亞（惡）以渫（遏）民淫〈淫〉，則民不賊（惑）。”

《緇衣》：“此以徼（邇）者不賊（惑），而遠者不悬（疑）。”

《弟子問》：“子曰：‘寡聒（聞）則沽（孤），寡見則；多聒（聞）則賊（惑），多見則☐。’”

啻字聲系

啻與意

《語叢三》：“亡（毋）啻（意），亡（毋）古（固），亡（毋）義（我），亡（毋）必。”按，“啻（意）”字從裘按（《郭店楚墓竹簡·語叢三》篇注［一三］）讀。

《武王甲》：“啻（意）幾（豈）喪不可得而訨（睹）虏（乎）？”

啻與億

《祭公》：“藍（鑑）于夏商之既敗，不（丕）則亡遺後，至于萬啻〔=〕（億）年〔=〕，參舒（敘）之。”

啻與抑

《鬼神》：“啻（抑）其力古（固）不能至安（焉）㕍（乎）？虐（吾）或（又）弗智（知）也。”按，“啻（抑）”字從陳偉《上博五〈鬼神之明〉篇初讀》（簡帛網，2006年2月18日）讀。

意與抑

《程寤》：“臯（俾）行量亡乏，明=（明明）才（在）向（上），隹（惟）容内（納）棶（棘），意（抑）欲隹（惟）柏。”按，“意”字原形作“”，整理者釋爲“意”，復旦大學出土文獻與古文字研究中心研究生讀書會《清華簡〈尹至〉、〈尹誥〉研讀劄記（附〈尹至〉、〈尹誥〉、〈程寤〉釋文）》（復旦大學出土文獻與古文字研究中心網，2011年1月5日）從之，讀爲“抑”。釋“意”不確，但讀“抑”可從。

瘖與醫

《鄭甲》：“君女（如）是之不能茅（務），則臯（譬）若疾之亡瘖（醫）。”

《鄭乙》：“君女（如）是之不能茅（務），則臯（譬）若疾之亡瘖（醫）。”

意字聲系

意與億

《帛易·震》：“六二，辰（震）來厲，意（億）亡（喪）貝，齍（躋）于九陵。勿遂〈逐〉，七日得。”

《帛易·震》：“六五，辰（震）往來厲，意（億）无亡（喪），有事。”

意與噫

《足臂脈·足》：“復☐，不耆（嗜）食，善意（噫），心☐，善肘（疛）。”

《足臂脈·臂》：“其心痛，心煩而意（噫）。”

《陰陽脈乙》："上當走心，使腹張（脹），善意（噫），食則欲歐（嘔）。"

意與音

《帛甲老子·道經》："意（音）聲之相和也，先後之相隋（隨）。"按，整理者認爲"意"是"音"之誤字。不確。"意"可讀作"音"，參王念孫《讀書雜誌·管子第八·内業》（江蘇古籍出版社，2000年，481頁）。

意與隱

《日甲·星》："生子亡者，人意（隱）之。"

意與抑

《明君》："意（抑）以三者爲塽（峽）輿（與）？"按，"意"當讀作"抑"。

覺部第一一

复字聲系

复與復

《老子》甲："㡭（絕）愋（僞）弃慮，民复季（惠）子（慈）。"按，今本和帛書本复作復。

复與緮

《周易·大畜》："九二：車（輿）敚（説）复（輹）。"按，帛書本复（輹）作緮。

复與輹

《周易·大畜》："九二：車（輿）敚（説）复（輹）。"

复與腑

《説命中》："朕畜女（汝），隹（惟）乃复（腑）非（肺）乃身。"按，"复（腑）"字從白於藍《清華簡〈説命〉三篇校釋》(《中國文字研究》第二十三輯，上海書店出版社，2016年）讀。

復與覆

《帛五行·説》："仁復（覆）四海、義襄天下而成，繇（由）其中心行之，亦君子已。"

復與腹

《封診式》："甲到室即病復（腹）痛，自宵子變出。"

《封診式》："有（又）訊甲室人甲到室居處及復（腹）痛子出狀。"

《周病方》："即取守室〈宫〉二七，置椆中，而食以丹，各盡其復（腹）。"

《天甲·支占盜》："其爲人小頸、大復（腹）、出目。"

《天乙·支占盜》："其爲人小頸、大復（腹）、出目。"

《引書》："信（伸）復（腹）折要（腰），力信（伸）手足，軵踵（踵）曲指。"

《陰陽脈甲》："上[當]走心，使復（腹）張（脹），善噫。"

《陰陽脈甲》："心痛與復（腹）張（脹），死。"

《嬰兒病癇》："閒（癇）者，身熱而數驚，頸脊強而復（腹）大。"

復與複

《封診式》："自宵臧（藏）乙復（複）結（裾）衣一乙房内中，閉其戶。"

《封診式》："見乙有結（裾）復（複）衣，繆緣及殿（純），新毆（也）。"

復與覆

《楚帛書》丙："水帀（師）不□，其□其復（覆），𡉉₌（至於）□大□。"

《成之》："反此道也，民必因此𡍩（重）也以復（覆）之，可不誓（慎）虗（乎）？"

《三德》："竿之長，枸株復（覆）車，善游者死於杺（梁）下，豻貌飤（食）虎。"按，"復（覆）"字從陳劍《談談〈上博（五）〉的竹簡分篇、拼合與編聯問題》（簡帛網，2006年2月18日）讀。

《楚帛書》甲："至於復（覆）天，旁達（動）攼（戰）斁（蔽）之青木、赤木、黄木、白木、墨木之精（楹）。"

《鄭子甲》："奠（鄭）子家遺（顛）復（覆）天下之豊（禮）。"

《鄭子乙》："[奠子]家遺（顛）復（覆）天下之豊（禮）。"

《厚父》："弗甬（用）先折（哲）王孔甲

之典刑，真（顛）復（覆）氒（厥）悳（德），湳（沉）湎于非彝。”
《子產》：“出言復（覆），所以智（知）自又（有）自喪也。”
《日甲・叢辰》：“雖雨齊（霽），不可復（覆）室蓋屋。”
《日甲・詰》：“爲桑丈（杖）奇（倚）戶內，復（覆）鬴戶外，不來矣。”
《日乙・秦》：“入人民、畜生，取（娶）妻、嫁女，□□□□□□□□不可復（覆）室。”
《日乙・蓋屋》：“勿以作事、復（覆）內、㮚屋。”
《第二組》：“有辠（罪），田宇已入縣官，若已行，以賞予人而有勿（物）故，復（覆）治，田宇不當入縣官，復畀之其故田宇。”
《隨日・星官》：“利以祠祀，復（覆）內，入馬牛。”
《奏讞書》：“復（覆）其姦（奸）詐（詐）及智（知）縱不捕賊〈賊〉者，必盡得。”
《奏讞書》：“復（覆）之：武出時，與㚇長蒼〼。”
《帛乙老子・德經》：“道生之，畜之，長之，育之，亭之，毒之，養之，復（覆）之。”
《九主》：“志曰天，曰□曰四時，復（覆）生萬物，神聖是則，以肥（配）天地。”
《九主》：“天乏（範）无□，復（覆）生萬物，生物不物，莫不以名，不可爲二名。”
《九主》：“天復（覆）地載，生長收臧（藏），分四時。”
《六分》：“正以明德，參之於天地，而兼復（覆）載而无私也。”
《六分》：“唯王者能兼復（覆）載天下，物曲成焉。”
《姓爭》：“莫循天德，謀相復（覆）頃（傾）。”
《道原》：“天弗能復（覆），地弗能載。”
《戰國一〇》：“王欲復功（攻）宋而復（覆）之，不而舍之，王爲制矣。”
《蚖》：“即復（覆）奚蠡，去之。”
《癃病》：“上有□□□□□□□□□□□鋭某□□□□□飲之而復（覆）其梧（杯）。”
《溝癃》：“而取𥁕，穿其斷，令其大圜寸，以復（覆）之。”
《帛易・鼎》：“九四，鼎折足，復（覆）公莡（餗），其刑（形）屋（渥），凶。”
《二三子》：“易曰：‘鼎折足，復（覆）公莡（餗），其刑（形）屋（渥），凶。’”
《二三子》：“路其國，蕪其地，五種不收，胃（謂）‘復（覆）公莡（餗）’。”
《要》：“易曰：‘鼎折足，復（覆）公莡（餗），其刑（形）屋（渥），凶。’言不朕（勝）任也。”
《月戰》：“有得舍而不得將軍者，有復（覆）軍殺將者。”
《兵談》：“〼之㕃（壓）人，如雲鯢（霓）復（覆）人。”
《十問》：“交和而舍，客主兩陳，適（敵）人刑（形）箕，計啻（敵）所顠（愿），欲我陷復（覆），毄（擊）之奈何？”
《相狗方》：“相成狗，其臥也，兔起而栗，目中皮復（覆）艮（眼），須臾乃視〼。”
《北大老子》：“故道生之畜之，長之逐（育）之，亭（成）之孰之，養之復（覆）之。”
《有司》：“嚌之，興，復（覆）手以授賓，賓亦復（覆）手以受。”
《周馴》：“今如能瀌桓公之順（訓），去還忿，用賢仇，聽諫而毋復（覆）過，則而國雖小區區，其何患於不逄（豐）侈？”
《周馴》：“人君其強適足以復（覆）過，其智足以逘（郤）閒（諫），若此者，失国之主也。”

復與報

《命訓》："亟（極）罰則民多=虘=（多詐，多詐）則不=忠=（不忠，不忠）則亡（無）復。"按，今本《逸周書·命訓》復作報。

復與孚

《帛易·訟》："訟，有復（孚），洫（窒）寧（惕），克〈中〉吉，冬（終）兇（凶）。"

《帛易·損》："損，有復（孚），元吉，無咎，可貞，利有攸往。"

《帛易·坎》："習贛（坎），有復（孚），巂（維）心，亨，行有尚。"

《帛易·需》："襦（需），有復（孚）。光亨，貞吉。利涉大川。"

《帛易·比》："初六，有復（孚），比之，无咎。有復（孚）盈缶，冬（終）來或（有）池（它），吉。"

《帛易·井》："尚（上）六，井收，勿幕，有復（孚），元吉。"

《帛易·大壯》："初九，壯于止（趾），正（征）凶，有復（孚）。"

《帛易·解》："九四，解其栂（拇），傰（朋）至斯復（孚）。"

《帛易·解》："六五，君子唯有解，吉。有復（孚）于小人。"

《帛易·豐》："六二，豐其剖（蔀），日中見斗，往得疑疾，有復（孚），洫（發）若，吉。"

《帛易·泰》："九三，无平不波（陂），无往不復，根（艱）貞，无咎。勿恤其復（孚），于食有福。"

《帛易·升》："九二，復（孚）乃利用濯（禴），无咎。"

《帛易·夬》："夬，陽（揚）于王廷。復（孚）號有厲。"

《帛易·萃》："初六，有復（孚）不終，乃乳（亂）乃卒（萃），若其號。一屋（握）于芺（笑），勿血（恤），往无咎。"

《帛易·萃》："六二，引吉，无咎。復（孚）乃利用濯（禴）。"

《帛易·萃》："九五，卒（萃）有立（位），无咎，非（匪）復（孚）。元永貞，悔亡。"

《帛易·革》："革，已日乃復（孚），元亨，利貞，悔亡。"

《帛易·革》："九三，征凶，貞厲。革言三就，有復（孚）。"

《帛易·革》："九四，悔亡，有復（孚）茝（改）命，吉。"

《帛易·革》："九五，大人虎便（變），未占有復（孚）。"

《帛易·隨》："九四，隋（隨）有獲，貞凶。有復（孚）在道，巳（以）明，何咎？"

《帛易·隨》："九五，復（孚）于嘉，吉。"

《帛易·大有》："六五，闕（厥）復（孚）交如，委（威）如，終吉。"

《帛易·晉》："初九〈六〉，溍（晉）如浚（摧）如，貞吉。悔亡，復（孚）浴（裕），无咎。"

《帛易·睽》："九四，乖（睽）苽（孤）愚（遇）元夫，交復（孚），厲，无咎。"

《帛易·睽》："九四，乖（睽）苽（孤）愚（遇）元夫，交復（孚），厲，无咎。"

《帛易·未濟》："六五，貞吉，悔亡，君子之光。有復（孚），吉。"

《帛易·未濟》："尚（上）九，有復（孚），于飲酒，无咎，濡其首，有復（孚），失是。"

《帛易·小畜》："六四，有復（孚），血去湯（惕）出，无咎。"

《帛易·小畜》："九五，有復（孚）絲（攣）如，富以其鄰。"

《帛易·觀》："觀，盥而不尊（薦），有復

（孚）□若。”

《帛易·中孚》：“中復（孚），豚魚吉，和〈利〉涉在川，利貞。”

《帛易·中孚》：“九五，有復（孚）論（攣）如，无咎。”

《帛易·家人》：“尚（上）九，有復（孚），委（威）如，終吉。”

《帛易·益》：“六三，益之，用工事，无咎。有復（孚）中行，告公用閨（圭）。”

《帛易·益》：“九五，有復（孚）惠心，勿問，元吉。有復（孚）惠我德。”

《繆和》：“易卦其義曰：又（有）覆（孚）惠心，勿問，元吉；又（有）復（孚）惠我德也。”按，“復”當讀作“孚”。

《阜易·小畜》：“□四，有復（孚），血去易（惕）□。”

《阜易·小畜》：“□五，有復（孚）攣如，不富以其鄰。”

《阜易·隨》：“九五，復（孚）嘉，吉。”

《阜易·習坎》：“□復（孚），巂（維）心，亨。”

《阜易·大壯》：“有復（孚）。”

緮與輹

《帛易·大畜》：“九二，車（輿）說緮（輹）。”

《帛易·大壯》：“九四，貞吉，悔亡。藩（藩）块（決）不羸，壯于泰（大）車（輿）之緮（輹）。”

《帛易·小畜》：“九三，車（輿）說緮（輹），夫妻反目。”

履與禮

《三壽》：“卹（恤）遠而悔（撫）新（親），憙（喜）神而履（禮）人，寺（時）名曰悊（仁）。”按，“履（禮）”字從段凱《〈清華藏簡（五）〉拾遺》（《簡帛》第十四輯，上海古籍出版社，2017年）釋讀。

履與愎

《日甲·盜者》：“戌，老羊也。盜者赤色，其爲人也剛履（愎），疵在頰。”按，“履（愎）”字從劉樂賢《睡虎地秦簡日書研究》（文津出版社，1994年，272頁）讀。

《隨日·盜日》：“盜者赤色，短頸，其爲人也剛履（愎）。”

履與利

《祭公》：“既沁（咸），乃又（有）履宗，不（丕）隹（惟）文武之由。”按，今本《逸周書·祭公》履作利。

覆與復

《合陰陽》：“覆（復）周環，下缺盆，過醴津，陵勃海。”按，“覆（復）”字從周一謀、蕭佐桃《馬王堆醫書考注》（天津科學技術出版社，1988年，400頁）讀。

《繆和》：“覆（復）之六二曰：休覆（復），吉，則此言以□□□□□也。”按，“覆”字從廖名春《帛書〈周易〉論集》（上海古籍出版社，2008年，395頁）釋。當讀作“復”。

覆與複

《封診式》：“緹覆（複）衣，帛裏，莽緣領褎（袖），及履。”

覆與孚

《繆和》：“易卦其義曰：又（有）覆（孚），惠心，勿問，元吉；又（有）復（孚），惠我德也。”按，“覆”當讀作“孚”。

腹與覆

《帛五行·說》：“終（充）其不莊（藏）尤割（害）人之心，而仁腹（覆）四海。”

複與覆

《鄭甲》：“白（伯）父是（實）被複（覆），不辜（穀）以能與遼（就）宋（次）。”

輹與覆

《鄭甲》：“戰於魚羅（麗），虐（吾）[乃]膢

（獲）郫（函）、邮（訾），輹（覆）車闌（襲）鎓（介）。”

目字聲系

目與務

《春秋四》：“其宰公襄目人曰：‘入必死。’”按，《左傳·文公十八年》“目”作“務”。

助與冒

《五名》：“兵有五名：一曰威強，二曰軒（宣）驕，三曰剛至（侄），四曰助（冒）忌，五曰重棨（柔）。”

佀與冒

《民之情》：“七曰：□士卒共甘苦，趴（赴）堅難，佀（冒）白刃，蒙矢石。民難敝，民之請（情）也。”

鳨與冒

《五名》：“鳨（冒）忌之兵，則薄其前，譟其旁，深溝高壘而難其糧。”

穆字聲系

穆與戮

《繫年六》：“秦晉安（焉）鈶（始）會（合）好，穆（戮）力同心。”

《子儀》：“君及不敦（穀）剸（專）心穆（戮）力以左右者（諸）侯，則可（何）爲而不可？”

穆與繆

《唐風》：“此右《淍（綢）穆（繆）》。”

纓與穆

《老子》甲：“又（有）脜（狀）蟲〈蚰（混）〉成，先天陸（地）生，敓（悦）纓（穆），蜀（獨）立不亥（改），可以爲天下母。”

竹字聲系

竺與篤

《容成氏》：“是以視臤（賢），履陸（地）試（戴）天，竺（篤）義與信。”

《戰國二一》：“臣願王兵〈與〉下吏羊（詳）計某言而竺（篤）慮之也。”

竺與築

《建除》：“凡建日，大吉，利以取（娶）妻、祭祀、竺（築）室、立社禝（稷）、紼（帶）鐱（劍）、冠。”

《相宅》：“☑□不竺（築），東北之遇（寓），西南之☑。”

竺與孰

《老子》甲：“竺能濁以朿（靜）者，牆（將）舍（徐）清。竺能庀以迬（動）者，牆（將）舍（徐）生。”按，今本竺作孰。

竺與毒

《戰國二一》：“今足下功力非數加於秦也，怨竺（毒）積怒，非深於齊。”

笁與築

《金縢》：“是夕，天反風，禾斯逗（起），凡大木斎=（之所）䢅（拔），二公命邦人聿（盡）復笁（築）之。”

《説命上》：“敓（説）方笁（築）城，滕（騰）降甬（踊）力（陟）。”

笁與篤

《琴舞》：“楶（咨）尔多子，笁（篤）其絸（勉）卲（劭），舍（余）彔（逯）思念，畏天之載（則），勿請福之侃（愆）。”

竺與畜

《周易·大畜》：“大竺（畜）：利貞，不家而飤（食），吉。利涉大川。”

筑與築

《日甲·啻》：“凡爲室日，不可以筑（築）室。”

《日甲·啻》：“筑（築）大内，大人死；筑（築）右圬（序），長子婦死；筑（築）左圬（序），中子婦死；筑（築）外垣，孫子死；筑（築）北垣，牛羊死。”

《日甲・室忌》："春三月庚辛，夏三月壬癸，秋三月甲乙，冬三月丙丁，勿以筑（築）室。"

《日甲・室忌》："凡入月五日，月不盡五日，以筑（築）室，不居。"

《日甲・土忌一》："筑（築）室，壞；尌（樹）木，死。"

《日甲・土忌二》："冬三月之日，勿以筑（築）室及波（破）地，是胃（謂）發蟄。"

《日乙・室忌》："勿筑（築）室，大主死、痒（癃），弗居。"

《日乙・除室二》："以筑（築）室，室不居。"

《蚖》："以堇（堇）一陽筑（築）封之，即燔鹿角，以弱（溺）飲之。"

《晏子一三》："請筑（築）新室，以茅萩（茨）之。"

憥與築

《隨日・蓋屋》："憥（築）室良日，乙丑、己亥、壬寅、丁酉、丁丑、辛、癸未。"

築與篤

《帛五行・説》："親也而築（篤）之，愛也。"

《帛五行・説》："築（篤）之者厚，厚親而笱（後）能相愛也。"

筥與篙

《性自》："筥（篤），恴（仁）之方也。"按，上博簡本《性情論》筥（篤）作篙。

筥與簹

《性自》："亞（惡）之而不可非者，達於義者也；非之而不可亞（惡）者，筥（篤）於恴（仁）者也。"按，上博簡本《性情論》筥（篤）作簹。

筥與篤

《老子》甲："至虛，亙（恆）也；獸（守）中，筥也。"按，今本筥作篤。

《五行》："褱（戚）而信之，新＝（親；親）而筥（篤）之，炁（愛）也。"

《唐虞》："古者吳（虞）舜筥（篤）事宂（瞽）寞（瞙），乃弋（式）其孝；忠事帝堯，乃弋（式）其臣。"

《性自》："亞（惡）之而不可非者，達於義者也；非之而不可亞（惡）者，筥（篤）於恴（仁）者也。"

《性自》："筥（篤），恴（仁）之方也。"

《管仲》："夫年（佞）又（有）利熨（氣），筥（篤）利而弗行。"

筥與督

《老子》甲："至虛，亙（恆）也；獸（守）中，筥也。"按，帛書乙本筥作督。

筥與孰

《老子》甲："名與身筥新（親）？身與貨筥多？貴（得）與貢（亡）筥疠（病）？"按，今本和帛書甲本筥作孰。

《成之》："從允悮（釋）怂（過），則先者余，埊（來）者信，民筥（孰）弗從。型（形）於中，發於色，其鍚也固悏（矣），民筥（孰）弗信。"按，"筥（孰）"字從裘按（《郭店楚墓竹簡・成之聞之》篇注［二三］）讀。

《子羔》："子羔曰：'肰（然）則厽（三）王者筥（孰）爲▨。'"

《容成氏》："唯（雖）君亡道，臣敢勿事虖（乎）？唯（雖）父亡道，子敢勿事虖（乎）？筥（孰）天子而可反？"

《曹沬》："臧（莊）公曰：'今天下之君子既可智（知）已，筥（孰）能並兼人才（哉）？'"

《君子》："子人、子羽聕（問）於子贛（貢）曰：'中（仲）尼（尼）與虗（吾）子＝（子子）產筥（孰）臤（賢）？'"

《君子》："與壘（禹）筥（孰）臤（賢）？"

《君子》："與舜筥（孰）臤（賢）？"

《凡物甲》："五言才（在）人，筥（孰）爲之公？九囗（域）出誨（畝），筥（孰）爲之佳（封）？"
《凡物甲》："虐（吾）既長而或（又）老，筥（孰）爲陞（薦）奉？"
《凡物甲》："其夬（訣）系（奚）奎（適），筥（孰）智（知）其疆？"
《凡物甲》："天筥（孰）高與？陛（地）筥（孰）遠牙（與）？筥（孰）爲天？筥（孰）爲陛（地）？筥（孰）爲雷神（電）？筥（孰）爲啻（霆）？"
《凡物甲》："夫雨之至，筥（孰）之？夫凡（風）之至，筥（孰）颼飄（歙）而迸之？"
《凡物乙》："五言才（在）人，筥（孰）爲之公？九囗（域）出誨（畝），筥（孰）爲之佳（封）？"
《凡物乙》："虐（吾）既長而或（又）老，筥（孰）爲陞（薦）奉？"
《凡物乙》："[其]夬（訣）系（奚）奎（適），筥（孰）智（知）其疆？"
《凡物甲》："夫雨之至，筥（孰）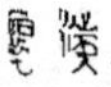之？夫凡（風）之至，筥（孰）颼飄（歙）而迸之？"
《吴命》："筥（孰）爲帀（師）徒，遂（踐）履陳陛（地），以陳邦非它也，先王姑姊大阰（姬）之邑☑。"
《赤鵠》："湯忞（怒）曰：'筥（孰）洀（盜）虐（吾）盥（羹）？'"
《啻門》："人可（何）得以生？可（何）多以長？筥（孰）少而老？"
《管仲》："中（仲）父，舊（舊）天下之邦君，筥（孰）可以爲君？筥（孰）不可以爲君？"
《管仲》："中（仲）父，亦㣲（微）是，其即（次）君筥（孰）諹（揚）也？"
《管仲》："爲君與爲臣筥（孰）袭（勞）？"

筥與熟

《柬大王》："☑大（太）剁（宰）：'我可（何）爲，戠（歲）安（焉）筥（熟）？'"
《柬大王》："三日，大雨，邦蒠（賴）之。癹（發）駐（駬）迈（蹠）四₌疆₌（四疆，四疆）皆筥（熟）。"
《金縢》："是戠（歲）也，秝（秋）大筥（熟），未殽（刈）。"
《管仲》："是古（故）六脜（擾）不脨（瘠），五穜時筥（熟），民人不夭。"

筥與築

《窮達》："叴（皋）繇（陶）衣胎（枲）蓋（褐）冒（帽）衽（絰）冡（冢）慬（巾），斁（釋）板筥（築）而差（佐）天子，堣（遇）武丁也。"

筥與畜

《別卦》："簹₌（大畜）。"
《別卦》："篙₌（小畜）。"

篁與築

《容成氏》："□北迲（去）其邦，□爲同（傾）宮，篁（築）爲璿室，玳（飾）爲豕（瑤）臺（臺），立爲玉閩（門）。"

籔與篤

《鮑叔牙》："列（厲）民轍（獵）樂，籔（篤）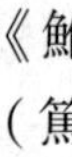伓忨，皮（疲）斁（敝）齊邦，日成（盛）于縱，弗䚕（顧）前後。"按，"籔（篤）"字從陳劍《談談〈上博（五）〉的竹簡分篇、拼合與編聯問題》（簡帛網，2006年2月19日）讀。

籔與築

《楚帛書》丙："女（如），可以出帀（師）籔（築）邑。不可以家（嫁）女取臣妾，不火得，不成。"
《楚帛書》丙："臧（壯），不可以籔（築）室，不可以□□。"

篙與篤

《性自》："箮（篤），悬（仁）之方也。"按，上博簡本《性情論》箮（篤）作篙。

篙與篤

《性自》："亞（惡）之而不可非者，達於義者也；非之而不可亞（惡）者，箮（篤）於悬（仁）者也。"按，上博簡本《性情論》箮（篤）作篙。

篙與築

《周日書》："置居火，篙（築）囚、行、炊［竈］主歲₌（歲，歲）爲下。"

毓字聲系

流與游

《道原》："鳥得而蜚（飛），魚得而流（游），獸得而走。"

《威王問》："長兵在前，短兵在□，爲之流（游）弩，以助其急者。"

流與攸

《琴舞》："流（攸）自求敓（悅），者（諸）尔多子，逐（篤）思湝（忱）之。"

詤與流

《詩論》："《少（小）弁》、《考（巧）言》，則言詤（流）人之害也。"按，"詤（流）"字從高智《釋古文字中的"蚩"及相關文字》（中國古文字研究會第十四次年會論文，2004年11月）釋讀。

詤與讒

《王居》："敀（抑）忍（忌）韋（違）詤（讒）託（媢），以隓（墮）亞（惡）虘（吾）外臣，而居虘（吾）右₌（左右）。"按，"詤（讒）"字從復旦吉大古文字專業研究生聯合讀書會《上博八〈王居〉、〈志書乃言〉校讀》（復旦大學出土文獻與古文字研究中心網，2011年7月17日）釋讀。下一例同。

《王居》："蟲材以爲獻，或（又）不能節唇（處）所以辠（罪）人，然以詤（讒）言相忘（謗）。"

《繫年六》："乃詤（讒）大子龍（共）君而殺之，或詤（讒）惠公及文₌公₌（文公，文公）奔翟（狄），惠公奔于梁。"

《繫年十五》："少币（師）亡（無）期（極）詤（讒）連尹額（奢）而殺之。"

《三壽》："元折（哲）並進，詤（讒）繇（諛）則敓（屏），寺（時）名曰聖（聖）。"

毓與融

《楚帛書》甲："炎帝乃命祝毓（融）以四神降奠三天□□，思（使）敦（保）奠四亟（極）。"按，"毓"字從高智《釋古文字中的"蚩"及相關文字》（中國古文字研究會第十四次年會論文，2004年11月）釋，當讀作融。下同。

《融師》："毓（融）币（師）又（有）成，氏（是）脜（狀）若生（猩），又（有）耳不聒（聞），又（有）口不鳴，又（有）目不見，又（有）足不迻（趨）。"

《融師》："昔毓（融）之氏币（師），訮（研）尋夏邦。"

《説命下》："少（小）臣罔臮（俊）才（在）朕備（服），余隹（惟）命女（汝）敓（説）毓（融）朕命。"

毓與眈

《周易・頤》："六四：遚（顛）頤，吉，虎視毓₌（眈眈），其猷（欲）攸₌（逐逐），亡（无）咎。"按，"毓₌（眈眈）"字從高智《釋古文字中的"蚩"及相關文字》（中國古文字研究會第十四次年會論文，2004年11月）釋讀。

毓與沈

《周易・頤》："六四：遚（顛）頤，吉，虎視毓₌（眈眈），其猷（欲）攸₌（逐逐），亡（无）咎。"按，帛書本毓作沈。"毓"

字從高智《釋古文字中的“𠂤”及相關文字》（中國古文字研究會第十四次年會論文，2004年11月）釋。

逐字聲系

逐與篤

《琴舞》：“流（攸）自求敓（悦），者（諸）尔多子，逐（篤）思湣（忱）之。”

逐與育

《北大老子》：“故道生之畜之，長之逐（育）之，亭（成）之孰之，養之復（覆）之。”

六字聲系

芺與陸

《周易·夬》：“九五：莧芺（陸）夬=（夬夬），中行亡（无）咎。”

芺與勎

《周易·夬》：“九五：莧芺（陸）夬=（夬夬），中行亡（无）咎。”按，帛書本芺（陸）作勎。

陸與陸

《周易·漸》：“九厽（三）：鳿（鴻）漸（漸）于陸（陸），夫征不復，婦孕而☐。”

尢字聲系

坴與陸

《萬物》：“商坴（陸）、羊頭之已鼓張（脹）也。”

《萬物》：“商坴（陸）□□☐。”

陸與睦

《爲國》：“欲士卒之輯陸（睦）□□也。”

迗與鬻

《窮達》：“白（百）里迵（轉）迗（鬻）五羊，爲敀（伯）斆（牧）牛。”按，“迗”字原形作“”，所從“”旁似即《説文》“尢”字，此從裘按（《郭店楚墓竹簡·窮達以時》篇注［九］）讀作鬻（裘按認爲“”是“畜”字）。

價與瀆

《阜易·蒙》：“□三價=（瀆，瀆）則不□。”

瀆與谷

《帛易·井》：“九二，井瀆（谷）射付（鮒）唯敝句（漏）。”

擅與瀆

《帛易·蒙》：“初筮吉〈告〉，再參（三）手擅（瀆），擅（瀆）即（則）不吉〈告〉。”

擅與覿

《帛易·困》：“初六，辰（臀）困于株木，入于要（幽）浴（谷），三歲不擅（覿），凶。”

擅與黷

《日乙·盜》：“庚亡，盜丈夫，其室在西方，其北壁臣，其人擅（黷）黑。”按，“擅”似當讀作“黷”，訓污。

櫝與瀆

《節》：“德在術，術不可變也，櫝（瀆）樹不可伐也，術橋不可發（廢）也。”

犢與殰

《四時令》：“然則天爲下寒合冰，毛虫（蟲）不犢（殰），繩（孕）婦不消（銷）汁（棄），草木根本必美矣。”

犢與韇

《少牢》：“史朝服，左執筮，右繇（抽）上犢（韇），兼與筮執之，東面受命于主人。”

《少牢》：“西面于門西，繇（抽）下犢（韇），左執筮，右兼執犢（韇）以擊筮。”

《少牢》：“乃舍（釋）犢（韇），立筮。”

《少牢》：“吉，則史犢（韇）筮。”

竇與瀆

《隨日·叢辰》：“利以穿井、溝、竇（瀆），行水、蓋屋、畬（飲）藥、外（禬）除。”

按，“竇”似當讀作“瀆”。下同。

《隨日・穿地》：“☐[井]、竇（瀆）、溝、毀垣，以之，有罪，不居之，死。”

瀆與瀆

《爲吏》：“稾靳瀆（瀆）。”

瀆與竇

《日甲・宅居》：“水瀆（竇）西出，貧，有女子言。”

《日甲・宅居》：“水瀆（竇）北出，毋（無）臧（藏）貨。”

《日甲・宅居》：“水瀆（竇）南出，利家。”

續與贖

《第二組》：“有販毆（也），旬以上必於市，不者令續（贖）罨（遷），沒入其所販及賈錢于縣官。”按，整理者認爲“續”是“贖”之誤字。不確。“續”可讀作“贖”。下同。

《第二組》：“歲上舂城旦、居貲續（贖）、隸臣妾繕治城塞數、用徒數及黔首所繕用徒數于屬所尉，與計偕。”

《第三組》：“爲徒隸員，黔首居貲續（贖）責（債）者，勿以爲員。”

續與睦

《日乙・嫁子□》：“正西郤（隙）逐，西北續（睦）光。”

《日乙・嫁子□》：“正北郤（隙）【逐】，【東】北續（睦）光。”

《日乙・嫁子□》：“正東郤（隙）逐，東南續（睦）光。”

《日乙・嫁子□》：“正南續（睦）光，【西南郤（隙）逐】。”

讀與瀆

《繆和》：“今《周易》曰：蒙，亨，非我求童蒙，童蒙求我，初筮吉，在参讀（瀆），讀（瀆）則不吉，利貞。”

《繆和》：“思索不察，進退無節，讀（瀆）焉則不吉矣。”

《繆和》：“再参讀（瀆），讀（瀆）則不吉者，反覆問之而讀（瀆），讀（瀆）弗敬，故曰不吉。”

《繆和》：“故易曰：‘蒙，亨，非我求童蒙，童蒙求我，初筮吉，在参讀（瀆），讀（瀆）則不吉，利貞。’此之胃（謂）也。”

讀與獨

《五度》：“五曰取險，六曰取易，七曰[取]□，[八][曰]取□，[九]曰取其所讀（獨）貴。”

贖與殰

《三十時》：“秋沒而不雨，草木贖（殰）。”

歒與就

《芮盜》：“未歒（就），芮謂材。”

《北蒼・陽》：“顛（覘）視歒（就）豎，偃（晏）鼂（朝）運糧。”

坴字聲系

坴與榆

《繫年二三》：“旞（陽）城洹（桓）恶（定）君衛（率）坴（榆）關（關）之自（師）與上或（國）之自（師）以这（邀）之。”

俸與榆

《繫年二三》：“奠（鄭）人戠（侵）俸（榆）關（關）。”

綍與續

《子儀》：“義（儀）父！湿（嬴）氏多絲緍而不綍（續）。”

諱與讀

《芮良夫》：“凡隹（惟）君子，尚藍（鑑）于先舊，道（導）諱（讀）善敗，卑垦（匡）以戒（誡）。”

《三壽》：“孠₌（君子）而不諱（讀）箸（書）占，則若尖₌（小人）之瘫（聾）痤（狂）而不沓（友）。”

𨌡與榆

《繫年二三》:“王衛(率)宋公以城𨌡(榆)閘(關),是(寘)武旟(陽)。”

亯字聲系

亯與就

《六德》:“聖與智亯(就)喜(矣),悬(仁)與宜(義)亯(就)喜(矣),忠與信亯(就)𡆥。”按,“亯(就)”字從裘按(《郭店楚墓竹簡·六德》篇注[一])讀。

《鄭壽》:“競坪(平)王亯(就)奠(鄭)壽,𩕊(稽)之於𡰪(禰)厝(廟)。”

《鄭子甲》:“臧(莊)王亯(就)夫₌(大夫)而與之言。”

《鄭子乙》:“臧(莊)王亯(就)夫₌(大夫)而與之言。”

《成王》:“民皆欲豫(捨)其新(親)而新(親)之,皆欲以其邦亯(就)之,是胃(謂)天子之正道。”

《王居》:“王亯(就)之,曰:‘夫彭徒罷(一)裳(勞),爲虐(吾)謐(蔽)之。’”

《王居》:“王亯(就)命(令)尹,少進。”

《邦人》:“亯(就)卲(昭)王之亡,要王於陸(隨)寺。”

《邦人》:“亯(就)復邦之後,盍(蓋)冠爲王列,而邦人不爯(稱)娧(美)安(焉)。”

《邦人》:“亯(就)白公之禍(禍),䎽(聞)命(令)尹、司馬既死,牆(將)迈(蹠)郢。”

《邦人》:“出亯(就)䣊(蔡)大祝。”

《邦人》:“亯(就)王之長也,賞之以焚或(域)百貞(畛)。”

《禹王》:“堯乃亯(就)䀠(禹)曰:‘气(訖)安其往,疋(疏)洲(川)记(起)浴(谷),以瀆天下。’”

亯與戚

《五行》:“悬(仁)之思也清₌(清,清)則諓₌(察,察)則安₌(安,安)則恛₌(溫,溫)則兑₌(悦,悦)則亯₌(戚,戚)則新₌(親,親)則悉₌(愛,愛)則玉₌色₌(玉色,玉色)則型₌(形,形)則悬(仁)。”

《五行》:“不弁(變)不₌兑₌(不悦,不悦)不₌亯₌(不戚,不戚)不₌新₌(不親,不親)不₌悉₌(不愛,不愛)不悬(仁)。”

《五行》:“审(中)心兑(悦)𤆍(然),䙴(遷)於𨑳₌(兄弟),亯(戚)也。亯(戚)而信之,新₌(親;親)而篙(篤)之,悉(愛)也。”

亯與淑

《封許》:“女(汝)亦隹(惟)亯(淑)章(彰)尔𧇾(慮),祗敬尔猷。”

𨘢與就

《容成氏》:“於是虖(乎)方百里之审(中),衛(率)天下之人𨘢(就),奉而立之,以爲天子。”

《曹沫》:“君子以臤(賢)爯(稱)而遊(失)之,天命;以亡道爯(稱)而𠬸(沒)身𨘢(就)殍(殂),亦天命。”

《曹沫》:“其去之不速,其𨘢(就)之不専(迫),其坒(啟)節不疾,此戰之幾(機)。”

《弟子問》:“☐𨘢(就)人,不曲其方(防)以迲(去)人。”

《陳公》:“陳公乃𨘢(就)軍執事人。”

《鄭甲》:“白(伯)父是(實)被複(覆),不𥎦(穀)以能與𨘢(就)宋(次)。”

《鄭甲》:“枼(世)及虐(吾)先君武公,西城洢(伊)閒(澗),北𨘢(就)䣙(鄔)、鄝(劉)。”

《子儀》:“鳥飛可(兮)𡎺(漸)永,余

可（何）贈以遵（就）之。”

遵與戚

《六德》：“新（親）遵（戚）遠近，唯其人所才（在），得其人則舉（舉）安（焉），不得其人則止也。”

遵與蒐

《曹沫》：“則斯（訾）尾（度）剔（傷）亡，盤（擎）遵（蒐）行遊（失）車摩（甲），命之毋行。”按，“遵（蒐）”字從白於藍《〈曹沫之陳〉新編釋文及相關問題探討》（《中國文字》新三十一期，藝文印書館，2006年）讀。“遵”似亦可讀作“蹙”。

臺與就

《金縢》：“臺（就）後武王力（陟），成王由（猶）學（幼）才（在）立（位）。”

《琴舞》：“日臺（就）月脂（將），斈（學）其光明。”

臺與覺

《三壽》：“觀（觀）臺（覺）悤（聰）明，音色柔丂（巧）而觀（叡）武不罔。”

戴與就

《周易·革》：“九厽（三）：征凶，革言厽（三）戴（就），又（有）孚。”

譹與就

《從政》：“聒（聞）之曰：𡥈₌（君子）之相譹（就）也，不必才（在）近尼（邇）。”

鶱與就

《鄭乙》：“枼（世）及虐（吾）先君武公，西城洪〈洢（伊）〉閑（澗），北鶱（就）郲（鄔）、鄙（劉）。”按，“鶱”字右旁所從似即“章”之訛變之形。

就與僦

《效律》：“上節（即）發委輸，百姓或之縣就（僦）及移輸者，以律論之。”

《日甲·玄戈》：“丙申以就（僦），同居必窶。”

《同顯》：“歸義，就〈就（僦）〉日未盡。”

《第二組》：“禁毋敢以牡馬、牝馬高五尺五寸以上，而齒未盈至四以下，服耄車及豤（墾）田、爲人就（僦）載，及禁賈人毋得以牡馬、牝馬高五尺五寸以上者載以賈市及爲人就（僦）載。”

《第二組》：“馬齒至四以上當服耄車、豤（墾）田、就（僦）載者，令廄嗇夫丈齒令、丞前，久（灸）右肩。”

《第三組》：“縣恆以十月鄰（遴）牒，書署當賣及就（僦）食狀，須卒史、屬糞兵，取省以令，令案視。”

《第三組》：“當就（僦）食，其親、所智（知）者賣之。”

《第三組》：“隸臣妾、城旦、城旦舂司寇、鬼薪、白粲及毄（繫）城旦舂老、痒（癃）病、毋（無）賴不能作者，遣就（僦）食蜀守。”

《第三組》：“☐當就（僦）食，其親、所智（知）欲買，勿令就（僦）食，許。”

就與蹴

《北大老子》：“就（蹴）虖其如冬涉水，猶虖其如畏四鄰。”

就與造

《唐勒》：“人謂就（造）父登車嗛（攬）臻（轡）。”

《唐勒》：“不能及就（造）父趨步□御者詘☐。”

《唐勒》：“故論義（議）御有三，而王梁（良）、就（造）☒☐。”

蹵與就

《北蒼·之》：“闊錯（粗）蹵（就）葆（保），堂據（歫）趌等（持）。”按，“蹵”似當讀作“就”。“就”、“保”二字都有歸附、依附之義。《漢書·高帝紀上》：“蕭、曹恐，踰城保高祖。”《三國志·魯肅傳》：

"南到居巢就瑜。"

莤字聲系

莤與皂

《癃病》："□莤（皂）荚一、棗十四、豙（藙）之朱（茱）臾（萸）、椒。"按，整理者認爲"莤"爲"蓾"之省，似可不必。莤、皂上古音與聲韻俱近。

夙字聲系

夙與縮

《日甲·詰》："一室人皆夙（縮）筋，是會蟲居其室西臂（壁）。"

《日甲·詰》："弗去，不出三年，一室皆夙（縮）筋。"

宿字聲系

宿與縮

《引書》："臬栗者，反昔（錯）手北（背）而宿（縮）頸亜（湮）頭。"

《妄稽》："髮若龜尾，宿（縮）宿（縮）必施（拕）。"

《有司》："二俎設于羊鼎西，西宿（縮）。"

《有司》："二俎皆設于二鼎西，亦西宿（縮）。"

《有司》："廱（雝）人合執二俎，陳于羊俎西，并（並），皆西宿（縮）。"

《有司》："覆二疎（疏）匕于其上，皆宿（縮）俎，西枋。"

《有司》："主人西面，左手執凡〈几〉，宿（縮）之，以右袂推拂几三。"

《有司》："尸儇（還）几，宿（縮）之，右手執外廉，北面墳（奠）于延（筵）上，左之，南宿（縮），不坐。"

《有司》："左手執俎左廉，宿（縮），卻右手執匕枋，宿（縮）于俎上。"

《有司》："次賓宿（縮）【執】朼（匕）俎以升，如是以授尸。"

《有司》："賓亦復（覆）手以受，宿（縮）朼（匕）于俎上，以降。"

《有司》："司馬羞羊肉汁（湆），宿（縮）執俎。"

《有司》："司馬宿（縮）墳（奠）俎于羊【湆】俎南，乃載于羊俎，卒載，宿（縮）執俎以降。"

《有司》："次賓羞羊燔，宿（縮）執俎，宿（縮）一燔于俎上，鹽在右。"

《有司》："賓宿（縮）執俎以降。"

《有司》："司馬羞羊肉汁（湆），宿（縮）執俎。"

《有司》："司馬宿（縮）墳（奠）汁（湆）俎于【羊】俎西，乃載之，卒載，宿（縮）執虛俎以降。"

《有司》："司士宿（縮）【執】豕升（脀）以升。"

《有司》："司士宿（縮）墳（奠）豕升（脀）于羊俎之東，載于羊俎，卒載，乃宿（縮）執俎以降，或（侑）興。"

宿與夙

《周易·解》："繲（解）：利西南，亡（无）所往，其來復，吉。又（有）卣（攸）往，宿（夙）吉。"

《琴舞》："𤔔（亂）曰：訖（遹）我宿（夙）夜，不𩁹（僭）敬之（止），日𩫖（就）月脜（將），斈（學）其光明。"

《琴舞》："宿（夙）夜不解（懈），懋（懋）尃（敷）其又（有）敚（悦）。"

《帛易·解》："解，利西南。无所往，其來復，吉。有攸往，宿（夙）吉。"

宿與素

《三德》："㮶（更）旦母（毋）哭，𣈶（晦）

母（毋）訶（歌），（弦）望齊（齋）宿（素），是胃（謂）川（順）天之祟（常）。”

迺與夙

《民之》：“成王不敢康，迺（夙）夜峕（基）命又（宥）峇（密）。”

肅字聲系

肅與鷫

《反淫》：“鳿（鴻）鵠鵷鶵（雛），弋（鳶）鵽肅（鷫）相（鶇），連翟（翅）比翼，椄（接）遝（沓）苛（柯）閒。”

肅與寂

《北大老子》：“肅（寂）覺（寥），獨立而不孩（改），偏（徧）行而不殆，可以爲天地母。”

蕭與肅

《觀》：“正名脩（修）刑，執（蟄）虫不出，雪霜復清（清），孟穀乃蕭（肅）。”

蕭與簫

《天乙·殘篇》：“蕭（簫）猴（篌），男子如射（麝）麋，女子如鵨聞聲毆，如此者閒事。”

蕭與鷫

《文摯》：“舉鳧雁、鵠、蕭（鷫）相（鶵）、蚖檀（蟺）、魚鼈（鼈）、耎（蝡）動之徒。”

蕭與寂

《帛乙老子·道經》：“蕭（寂）呵漻（寥）呵，獨立而不玹（改）。”

蕭與騷

《妄稽》：“鳶肩傑胅，蕭（騷）蕭（騷）淮（睢）淮（睢）。”按，“蕭（騷）蕭（騷）”字從蕭旭《北大漢簡（四）〈妄稽〉校補》（復旦大學出土文獻與古文字研究中心網，2016年7月4日）讀。

潚與寂

《妄稽》：“周春虞士，潚（寂）蓼（寥）皆嘿（默）。”

瀟與肅

《繆和》：“恵（嘒）彼小星，参（三）五在東，瀟（肅）瀟（肅）宵正（征），蚤（早）夜在公，是（寔）命不同。”按，“瀟”字從廖名春《帛書〈周易〉論集》（上海古籍出版社，2008年，392頁）釋，從今本《詩·國風·小星》讀作“肅”。

簫與嘯

《妄稽》：“星（腥）腐臊簫（嘯），艾（鶡）艾（鶡）蛇臭。”按，“簫（嘯）”字從黔之菜《讀北大漢簡〈妄稽〉小札一則》（復旦大學出土文獻與古文字研究中心網，2016年6月22日）讀。

繡與寂

《帛甲老子·道經》：“繡（寂）呵（兮）繆（寥）呵（兮），獨立而不改。”

祝字聲系

祝與篤

《曹沫》：“卡₌（上下）和虘（且）祝（篤），繟（因）紀於大₌國₌（大國，大國）新（親）之，而下☐。”按，“祝（篤）”字從沈培《説古文字裏的“祝”及相關之字》（“中國簡帛學國際論壇2006”論文，武漢大學簡帛研究中心，2006年11月）釋讀，下同。

《曹沫》：“使人不親則不𦁓（庸），不和則不祝（篤），不悉（義）則不備（服）。”

茿與篤

《曹沫》：“不卒則不亙（恆），不和則不茿（篤），不兼（謙）畏則不勳（勝）。”按，“茿（篤）”字從沈培《説古文字裏的“祝”及相關之字》（“中國簡帛學國際論壇2006”論文，武漢大學簡帛研究中心，2006年11月）釋讀。

鬻字聲系

鬻與俗

《帛甲老子・道經》："鬻（俗）人昭昭，我獨若閒（昏）呵（兮）；鬻（俗）人蔡（察）蔡（察），我獨閱（悶）閱（悶）呵（兮）。"

《帛乙老子・道經》："鬻（俗）人昭昭，我獨若閱（昏）呵（兮）；鬻（俗）人察察，我獨閩（悶）閩（悶）呵（兮）。"

鞷與鬻

《二年・傅律》："公卒、士五（伍）卆（九十）五以上者，稟鞷（鬻）米月一石。"按，"鞷"字整理者隸定作"鬐"。不確。但認爲讀作"鬻"則可從。

尗字聲系

叔與淑

《帛五行・經》："叔（淑）人君子，其宜（儀）一氏（兮）。"

叔與椒

《豳風》："六月食□及薁，七月□癸（葵）及叔（椒）。"

叔與菽

《秦律・倉律》："黍、荅畝大半斗，叔（菽）畝半斗。"

《秦律・倉律》："叔（菽）、荅、麻十五斗爲一石。"

《答問》："有稟叔（菽）、麥，當出未出，即出禾以當叔₌、麥₌（菽、麥，菽、麥）賈（價）賤禾貴，其論可（何）殹（也）？"

《日甲・門》："卯及戌叔（菽）。"

《日乙・秦》："五穀龍日，子麥、丑黍、寅稷、辰麻、申戌叔（菽）、壬辰瓜、癸葵。"

《日乙・雞日》："丙及寅禾，甲及子麥，乙巳及丑黍，辰卯及戌叔（菽），亥稻。"

《周病方》："取肥牛膽盛黑叔（菽）中，盛之而係（繫），縣（懸）陰所，乾。"

《周病方》："用之，取十餘叔（菽）置鬻（粥）中而歙（飲）之，已腸辟。"

《周病方》："以叔（菽）七，稅（脫）去黑者。"

《周病方》："笱（苟）令某齲已，予若叔（菽）了〈子〉而徽之齲已。"

《周病方》："以脩（滫）清一桮（杯），礉（皦）赤叔（菽）各二七，并之。"

《天乙・五種忌》："五穜（種）忌：子麥、丑黍、寅稷、卯叔（菽）、辰麻、戊秫、亥稻，不可始穜（種）、穫及賞（嘗）。"

《天乙・五音二》："角音榣（搖），其畜尺蠖，其器棓（杯），其種叔（菽），其事有辠（罪）、【其】處榣（搖），其味咸，其病久。"

《天乙・殘篇》："□溥騷叔（菽）一半秭兩錢□瓮（碗）者羊脂□。"

《穀物》："米一升爲叔（菽）、荅、麥一升半升。"

《穀物》："以米求叔（菽），因而三之，二成一。"

《穀物》："以叔（菽）求米，因而倍之，三成一。"

《穀物》："以粟求叔（菽）、荅、麥，九之，十而成一。"

《穀物》："以米求叔（菽）、荅、麥，三之，二成一。"

《穀物》："以稻粟求叔（菽）、荅、麥，三之，四成一。"

《穀物》："叔（菽）廿斗五升重一石。"

《穀物》："☐籥反（返）十，劵叔（菽）、荅、麥十斗者反（返）十。"

《贏不足》："米一斗五錢，叔（菽）五斗一錢，今欲以一錢買二物，各得幾可（何）？"

《贏不足》："曰：米得一升三分升二，叔（菽）得八升三分升一。"

《贏不足》:“▨七錢，叔（菽）十斗▨。”
《贏不足》:“▨一其下，叔（菽）五，直（置）贏三其下，桼不足▨。”
《贏不足》:“以叔（菽）三乘叔（菽）五，十五爲桼䝿（實），以稻不足一乘叔（菽）五爲䝿（實），同贏不足五以爲法。”
《第二組》:“吏歸休，有縣官吏乘乘馬及縣官乘馬過縣，欲貣（貸）芻稾、禾、粟、米及買叔（菽）者，縣以朔日平賈（價）受錢，先爲錢及券。”
《隨日・占》:“見赤雲禾爲，黑雲叔（菽）爲，青雲麥爲，黃帝〈雲〉禾爲，白雲稻爲。”
《隨日・朔占》:“三以戊朔大稙、大中、叔（菽）、蓋（荅）爲。”
《隨日・始種》:“麥龍子，稷龍寅，黍龍丑，稻龍戌，叔（菽）龍卯，麻龍辰。”
《二年・金布律》:“□□馬日匹二斗粟、一斗叔（菽）。”
《二年・金布律》:“傳馬、使馬、都廄馬日匹叔（菽）一斗半斗。”
《明君》:“卷（圈）馬食叔（菽）粟，戎馬食苦（枯）芊（稈）。”
《毒烏喙》:“以□汁粲（餐）叔（菽）若苦，已。”
《蛭蝕》:“產其中者，并黍、叔（菽）、秫（朮）三，炊之，烝（蒸）□□□□病。”
《癃病》:“[治]之，黑叔（菽）三升，以美醯三□煮。”
《牝痔》:“大如黑叔（菽），而吞之。”
《疽病》:“諸疽物初發者，取大叔（菽）一斗，熬孰（熟）。”
《疽病》:“令䛕叔（菽）□䙧（熬）可□，以酒沃。”按，“叔（菽）”字從馬繼興《馬王堆古醫書考釋》（湖南科學技術出版社，1992年，544頁）讀。
《胻𤸕》:“治胻膫（𤸕），取陳黍、叔（菽），冶，以犬膽和，以傅。”
《痂》:“冶亭（葶）磿（藶）、莁夷（荑），熬叔（菽）□□皆等。”
《痂》:“冶烏家（喙）、黎（藜）盧、蜀叔（菽）、庶（蔗）、蜀椒、桂各一合。”
《治瘑》:“再膏傅，而洶（洗）以叔（菽）汁。”
《治瘑》:“瘑者，癰而潰，用良叔（菽）、雷矢各□□□□□□□□□□□而𢀜（擣）之，以傅癰空（孔）中。”
《治瘑》:“鬺（煮）叔（菽）取汁洶（洗）□，以彘膏已湔（煎）者膏之。”
《養生方》:“完（丸）如鼠矢，陰乾，□入八完（丸）叔（菽）醬中，以食。”
《雜療方》:“取巴叔（菽）三，蛇牀二，桂、薑各一，蕉（皂）莢四，皆冶，并合。”
《雜療方》:“約：取蕃（礬）石、桃毛[各]一，巴叔（菽）二，[三]物皆冶，合。”
《萬物》:“□□□叔（菽）可已瘻。”
《田法》:“叔（菽）𢡺（萁）民得用之，稾民得用其什一，芻人一斗。”
《三十時》:“▨勝此力也，不可攻回（圍）。叔（菽）華。可爲嗇夫。”
《三十時》:“▨[爲]嗇夫，婦〈嫁〉女，取婦，當（嘗）麻叔（菽）茀菑▨。”
《妄稽》:“盈釜赤叔（菽），纍足圜之。”按，“叔（菽）”字從楊元途《北大漢簡〈妄稽〉、〈反淫〉校讀筆記》（復旦大學出土文獻與古文字研究中心網，2016年6月3日）釋讀。

叔與弔

《將德》:“叔（弔）死問傷，食饑飴（渴），與□□，將軍之惠也。”

俶與蹙

《士相見》:“見于君，執埶（摯），至下，容送俶（蹙）。”

椒與甃

《帛易·井》："六四，井椒（甃），无咎。"

督與篤

《帛乙老子·道經》："至（致）虛極也，守靜督（篤）也。"按，通行本督作篤。

《北大老子》："至（致）虛，極；積正，督（篤）。"

裻與寂

《道法》："虛无刑（形），其裻（寂）冥冥，萬物之所從生。"

裻與篤

《帛甲老子·道經》："至（致）虛極也，守情（靜）表〈裻（篤）〉也。"按，通行本表〈裻〉作篤。

柹與椒

《養生方》："取芍（菌）桂二，細辛四，萩一，戊（牡）厲（蠣）一，秦柹（椒）二。"

柹與蹙

《封診式》："索迹柹（蹙）鬱，不周項二寸。"

淑與寂

《亙先》："未又（有）天陛（地），未又（有）乍（作）行、出生，虛害（靜）爲弌（一），若淑₌夢₌（寂寂夢夢），害（靜）同而未或明（萌），未或茲（滋）生。"

菽與慼

《三德》："昜（陽）而幽，是胃（謂）大菽（慼）。"

慼與戚

《性自》："哭之歖（動）心也，濈（踧）澱（殺），其剌（烈）䜌₌（戀戀）女（如）也，慼（戚）肰（然）以終。"

戚與蹙

《陳公》："五人於吾（伍），十人於行₌（行，行）戚（蹙）不成，斡（卒）衛（帥）斡（卒）敵（令）從瀍。"按，"戚（蹙）"字從馬楠《〈上博九·陳公治兵〉初讀》（清華大學出土文獻研究與保護中心網，2013年4月22日）釋讀。

《十陣》："疏而不可戚（蹙），數而不可軍者，在於慎。"

《十陣》："數陳（陳）之法，毋疏鉅（距）閒（間），戚（蹙）而行，首積刃而信（伸）之，前後相葆（保）。"

《十陣》："進則必遂，退則不戚（蹙），方（旁）戚（蹙）從流，以適（敵）之人爲召（的）。"

《十陣》："適（敵）往則遂，適（敵）來則戚（蹙）。"

戚與促

《啻門》："褺（氣）戚（促）乃老，褺（氣）纆（徐）乃猷，褺（氣）逆亂（亂）以方（妨），是其爲疾央（殃）。"

戚與造

《尊德義》："戚（造）父之馯（御）馬₌（馬，馬）也之道也。"

搣與縮

《特牲》："心立、舌搣（縮）柤（俎）。"

《少牢》："佐食遷甑（肵）柤（俎）于作（阼）階西，西搣（縮），乃反。"

《少牢》："魚用鮒，十有五而柤（俎），搣（縮）載，右首，進腴。"

《少牢》："賓長羞牢肝，用柤（俎），搣（縮）執柤（俎），肝亦搣（縮）。"

《有司》："司士搣（縮）鄭（奠）柤（俎）于羊柤（俎）南，衡（横）載于羊柤（俎），卒，乃搣（縮）執柤（俎）以降。"

《泰射》："十純則搣（縮）而委之。"

《泰射》："一筭爲奇，奇則又搣（縮）諸純下。"

慼與戚

《性自》："恩（慍）斯恴₌（憂，憂）斯慼₌（戚，戚）斯懃（歎，歎）斯𢘋₌（辟，辟）

斯通₌（踊。踊），恩（慍）之終也。”按，“慼”字原文作“”，整理者未釋。

《金縢》：“周公曰：‘未可以慼（戚）虐（吾）先王。’”

孰字聲系

孰與塾

《特牲》：“筮人取筮于西孰（塾），執，東面受命于主人。”

孰與熟

《秦律·倉律》：“稻後禾孰（熟），計稻後年。”

《秦律·司空》：“直（值）廿錢以上，孰（熟）治（笞）之，出其器。”

《爲吏》：“民之既教，上亦毋驕，孰（熟）道毋治，發正亂昭。”

《日甲·詰》：“竈毋（無）故不可以孰（熟）食，陽鬼取其氣。”

《周病方》：“☐乾者，令人孰（熟）以靡（摩）之。”

《周病方》：“取東〈柬（欄）〉灰一斗，淳（醇）毋下三斗，孰(熟)□而鬻(煮)☐。”

《學爲》：“稼孰（熟）倍賞（償）。”

《隨日·占》：“三日晏暑，國安，五穀皆孰（熟）。”

《隨日·占》：“從東方來，禾大孰（熟）。”

《隨日·主歲》：“赤黑禾爲上，白中，黃下，禾不孰（熟），水不大出，民少疾。”

《隨日·朔占》：“三以甲朔大孰（熟）。”

《隨日·朔占》：“三以庚朔歲不孰（熟）。”

《隨日·朔占》：“☐大孰（熟）。”

《隨日·始種》：“以秋禾孰（熟）時，取禾穜（種）數物各一斗粟。”

《二年·賊律》：“脯肉毒殺、傷、病人者，亟盡孰（熟）燔其餘。”

《蓋廬》：“行坨（地）之德，得時則歲年孰（熟），百生（姓）飽食。”

《觀》：“然則五穀溜孰（熟），民乃蕃茲（滋）。”

《戰國一五》：“願君之孰（熟）慮之而毋行危也。”

《戰國一七》：“願御史之孰（熟）慮之也。”

《諸傷》：“☐孰（熟）□□□飲其汁，汁宰（滓）皆索，食之自次（恣）。”

《諸傷》：“秋烏家（喙）二□□□□□者二甌，即并煎□孰（熟）。”

《諸傷》：“取薺孰（熟）乾實，熠（熬）令焦黑，冶一。”

《蚖》：“亨（烹）三宿雄雞二，洎水三斗，孰（熟）而出，及汁更洎。”

《蚖》：“稍沃以汁，令下盂中，孰（熟），飲汁。”

《癲疾》：“已，即孰（熟）所冒雞而食之。”

《癃病》：“孰（熟），去滓，有（又）煮一分，如此以盡三分。”

《癃病》：“以淳酒半斗，三沥煮之，孰（熟），浚取其汁，歠之。”

《癃病》：“以水一斗煮膠一參、米一升，孰（熟）而啜之，夕毋食。”

《牡痔》：“有（又）以脩（滫）之，孰（熟），分以爲二。”

《牡痔》：“以小角角之，如孰（熟）二斗米頃，而張角，絜以小繩，剖以刀。”

《牝痔》：“血時（痔），以弱（溺）孰（熟）煮一牡鼠，以氣熨。”

《溝瘙》：“取石大如卷（拳）二七，孰（熟）燔之。”

《溝瘙》：“取石置中，□□孰（熟），即歠

（歠）之而已。”

《疽病》：“諸疽物初發者，取大叔（菽）一斗，熬孰（熟）。”

《□□》：“煮麥，麥孰（熟），以汁泊（洗）之。”

《□爛者》：“煮秫米期足，毚（纔）孰（熟），浚而敖（熬）之。”

《胻膫》：“取雉弍，孰（熟）者（煮）餘（徐）疾，雞羽自解，隋（墮）其尾。”

《痂》：“先孰（熟）泊（洗）加（痂）以湯，乃傅。”按，“孰（熟）”字從馬繼興《馬王堆古醫書考釋》（湖南科學技術出版社，1992年，572頁）讀。

《痂》：“孰（熟）泊（洗）加（痂）而傅之。”按，“孰（熟）”字從馬繼興《馬王堆古醫書考釋》（湖南科學技術出版社，1992年，576頁）讀。

《鬗》：“□□以木薪炊五斗米，孰（熟），□之。”

《乾瘙》：“□雄黃靡（磨）水銀手□□□□□□□雄黃，孰（熟）撓之。”按，“孰（熟）”字從馬繼興《馬王堆古醫書考釋》（湖南科學技術出版社，1992年，613頁）讀。

《乾瘙》：“先孰（熟）泊（洗）騷（瘙）以湯，潰其灌，撫以布。”按，“孰（熟）”字從馬繼興《馬王堆古醫書考釋》（湖南科學技術出版社，1992年，613頁）讀。

《身疕》：“先以黍潘孰（熟）泊（洗）涿（瘃），即燔數年陳藁。”按，“孰（熟）”字從馬繼興《馬王堆古醫書考釋》（湖南科學技術出版社，1992年，628頁）讀。

《養生方》：“氣孰（熟），□旬□寒□即乾□□□□□沃之，居二日而□漿。”

《養生方》：“☐稻醴孰（熟），即誨（每）朝厭（饜）歠（歠）□□□□□□更☐。”

《養生方》：“以三月莤滅（韯）□，孰（熟）煮，令潰（沸）。”

《養生方》：“善封其罌（罌）口，令□□□□□□□□□□□□□□□□□□□□□□□□□之孰（熟）。”

《養生方》：“十一□孰（熟）矣，即發，勿醴。”

《雜療方》：“以棗膏和，丸之，大如蘱，入□□□□如孰（熟）食頃。”

《雜療方》：“孰（熟）泊（洗）䡊（瀞）其包（胞），孰（熟）捉。”按，“孰（熟）”字從馬繼興《馬王堆古醫書考釋》（湖南科學技術出版社，1992年，766頁）讀。

《胎產書》：“必孰（熟）泊（洗）䡊（瀞）胞。”

《黃帝伐赤帝》：“□年休民，孰（熟）穀，赦罪。”

《黃帝伐赤帝》：“□年休民，孰（熟）穀，赦罪。”

《四時令》：“然則天爲之□寒下霜，草木收斂，五穀成孰（熟）而實堅矣。”

《不時》：“春三月：一不時，孟種不孰（熟）。再不時，二種不孰（熟）。三不時，三種不孰（熟）。四不時，四種不孰（熟）。五不時，五種不孰（熟）。”

《作醬法》：“☐□□□□□□□日孰（熟）□醬□☐。”

《雨書》：“二旬二日奎，雨，以奮草木，草木莭（節），歲乃大孰（熟）。”

埶與畜

《帛易·小畜》：“少（小）埶（畜），亨。密雲不雨，自我西茭（郊）。”

肉字聲系

肭與衄

《足臂脈·足》：“肚（朒）肭（衄），數瘨

（癲）疾。”

《足臂脈·足》：“甠（鼽）汭（衄），數熱汗出，脞瘦，顔（顔）寒。”

柔與瑤

《容成氏》：“玳（飾）爲柔（瑤）臺（臺），立爲玉閏（門）。”

柔與慆

《鄭甲》：“印淫〈淫〉柔（慆）于庚（康），獲（獲）皮（彼）荆（荊）俑（寵）。”按，“柔（慆）”字從薛後生在心包《清華六〈鄭文公問太伯〉初讀》（簡帛網“簡帛論壇”，2016年4月16日）一文下跟帖讀。下同。

《鄭乙》：“孚淫〈淫〉柔（慆）于康，獲（獲）皮（彼）巷（荊）祇（寵）。”

敎與搖

《君子》：“行毋臤（跌）毋敎（搖），足毋支（偏）毋高。”

詸與謠

《性自》：“昏（聞）訶（歌）詸（謠），則舀（陶）女（如）也斯奮。”

《君子》：“凡色毋悥（憂）、毋佻、毋伎（怍）、毋詸（謠）、毋☐。”

岳與搖

《日甲·土忌二》：“是胃（謂）召（招）岳（搖）合日，不可垣，凶。”

《日甲·土忌二》：“四月丙午，是胃（謂）召（招）岳（搖）合日，不可垣，凶。”

岳與踰

《引書》：“傅（搏）足離翕，岳（踰）卅，曰僉指。”

《引書》：“信（伸）胻直踵（踵），并岳（踰）卅，曰埤垸。”

《引書》：“引瘀，臥，詘（屈）兩厀（膝），直踵（踵），并岳（踰）卅。”

搖與瑤

《養生方》：“湯斿（游）於搖（瑤）臺，陳☐☐於南宮。”

榣與瑤

《容成》：“飲榣（瑤）泉靈尊以爲經，去惡好俗，神乃溜（流）刑。”

《容成》：“明大道者，其行陵雲，上自麋榣（瑤）。”

榣與搖

《封診式》：“即置盎水中榣（搖）之，音（衃）血子殹（也）。”

《爲吏》：“令數囚（究）環，百姓榣（搖）貳乃難請。”

《日甲·玄戈》：“柖（招）榣（搖）毄（繫）未，玄戈毄（繫）尾。”

《日甲·玄戈》：“柖（招）榣（搖）毄（繫）午，玄戈毄（繫）心。”

《日甲·玄戈》：“柖（招）榣（搖）毄（繫）巳，玄戈毄（繫）房。”

《日甲·玄戈》：“柖（招）榣（搖）毄（繫）辰，玄戈毄（繫）翼。”

《日甲·玄戈》：“柖（招）榣（搖）毄（繫）卯，玄戈毄（繫）張。”

《日甲·玄戈》：“柖（招）榣（搖）毄（繫）寅，玄戈毄（繫）七星。”

《日甲·玄戈》：“柖（招）榣（搖）毄（繫）丑，玄戈毄（繫）此（觜）巂。”

《日甲·玄戈》：“柖（招）榣（搖）毄（繫）子，玄戈毄（繫）畢。”

《日甲·玄戈》：“柖（招）榣（搖）毄（繫）亥，玄戈毄（繫）茅（昴）。”

《日甲·玄戈》：“柖（招）榣（搖）毄（繫）戌，玄戈毄（繫）營室。”

《日甲·玄戈》：“柖（招）榣（搖）毄（繫）酉，玄戈毄（繫）危。”

《日甲·玄戈》：“柖（招）榣（搖）毄（繫）申，玄戈毄（繫）虛。”

《天乙·五音二》：“角音），其畜尺蠖，其器棓（杯），其種叔（菽），其事有辠（罪）、【其】處榣（搖），其味咸，其病久。”

《奏讞書》：“誘召稍來，皆榣（搖）恐畏。”

《奏讞書》：“誘召稍來，皆榣（搖）恐畏。”

《奏讞書》：“義死，黔首當坐者多，皆榣（搖）恐吏罪之，有（又）別離居山谷中。”

《蓋廬》：“柖（招）榣（搖）在上、大陳其後可以戰。”

《蓋廬》：“柖（招）榣（搖）在上、大陳其後可以戰。”

《脈書》：“榣（搖），爲牡叚（瘕）。”

《引書》：“榣（搖）弘（肱）者，前揮兩臂，如擊狀。”

《引書》：“以兩手據兩顫，尚（上）無（撫）産（顔）而上下榣（搖）之。”

《引書》：“爲木鞠，談（倓）臥，以當甬（痛）者，前後榣（搖）之，三百而休。”

《引書》：“夸（跨）股，把捾（腕），印（抑）股，以力榣（搖）肩，百而已。”

《引書》：“其捾（腕）痛在左，右手把左捾（腕）而前後榣（搖）之，千而休。”

《引書》：“其在右，左手把右捾（腕），前後榣（搖）之，千而休。”

《引書》：“其在右手，左手杷（把）右捾（腕），前後榣（搖）之，千而休。”

《引書》：“雞信（伸）以利肩婢（髀），反榣（搖）以利腹心。”

《戰國二七》：“邯鄲君榣（搖）於楚人之許已兵而不肯和。”

《天下至道》：“汗不及走，遂氣血門，翕因（咽）榣（搖）前，通辰（脈）利筋。”

《曹氏》：“母動榣（搖），給使令事，陽也。”

《天六》：“柖（招）榣（搖）☐。”

《北蒼·陽》：“顓頊祝融，柖（招）榣（搖）奮光。”

告字聲系

告與鞫

《苦成》：“公恩（忍），亡（無）告₌（鞫，告）強門大夫。”按，“告”字原文下有重文符號，第一個“告”似當讀作“鞫”，指問罪。

告與覺

《芮良夫》：“母（毋）惏（婪）憃（貪）、狢（淆）昆（混）、圂（滿）溋（盈）、康戲而不智（知）䕒（寤）告（覺）。”按，“告（覺）”字從白於藍《〈清華大學藏戰國竹簡（三）〉拾遺》（《中國文字研究》第二十輯，上海書店出版社，2014 年）讀。

悎與浩

《道法》：“故能至素至精，悎（浩）彌无刑（形），然后可以爲天下正。”

浩與鵠

《三十時》：“☐不盡一日，奏中呂。大浩（鵠）至。”

狜與獒

《北蒼·幽宵》：“狄署賦賓，狜（獒）驁駣督。”按，“狜（獒）”字從胡平生《讀〈蒼〉劄記一》（復旦大學出土文獻與古文字研究中心網，2015 年 12 月 21 日）讀。

誥與皓

《稱》：“誥（皓）誥（皓）作事，毋從我冬（終）始。”

줄與酷

《鮑叔牙》：“줄（酷）而𡡉（乖）之，不以邦家爲事，縱公之所欲。”按，“줄”字張振謙《上博（五）劄記二則》（簡帛網，2007 年 2 月 27 日）釋爲“嚳”。可從。但在此似當讀作“酷”。

皋字聲系

皋與告

《祭公》："敢皋（告）天子，皇天改大邦壂（殷）之命，隹（惟）周文王受之，隹（惟）武王大敗之，成氒（厥）社（功）。"按，楚簡中"皋"或作"橰"，即"梏"字。

皋與誥

《三壽》："天下甖（甄）再（稱），以皋（誥）四方，寺（時）名曰觀（叡）訐（信）之行。"

鄐與部

《繫年二三》："逾（降）鄐（部），戡（捷）郑（滕）公涉澗以歸，以復長陵之自（師）。"

《繫年二三》："旮（期）年，倝（韓）緅（取）、嵬（魏）繐（擊）衛（率）自（師）回（圍）武旟（陽），以復鄐（部）之自（師）。"

橰與牿

《周易・大畜》："六四：僮（童）牛之橰（牿），元吉。"

橰與鞠

《周易・大畜》："六四：僮（童）牛之橰（牿），元吉。"按，帛書本橰（牿）作鞠。

翏與鞠

《皇門》："卑（譬）女（如）翏（鞠）夫之又（有）悉（媢）妻。"按，"翏"似當讀作"鞠"。《詩・大雅・雲漢》："鞠哉庶正，疚哉冢宰。"鄭玄《箋》："鞠，窮也。疚，病也。窮哉病哉者，念此諸臣勤於事而困於食。"《詩・大雅・瞻印》："鞫人忮忒。"鄭玄《箋》："鞫，窮也。"

匊字聲系

匊與梏

《緇衣》："《寺（詩）》員（云）：'又（有）匊（梏）悳（德）行，四方怣（順）之。'"按，"匊（梏）"字從張富海《郭店楚簡〈緇衣〉研究》（北京大學碩士學位論文，2002年，12頁）釋讀。

鞫與鞫

《得之》："得之气（乞）鞫（鞫），廷覆之，以得之不審，毄（繫）得之城旦□。"

《得之》："其鞫（鞫）曰：'得之強與人奸，未蝕（蝕）。'"

《奏讞書》："鞫（鞫）：闌送南，取（娶）以爲妻，與偕歸臨菑（淄）。"

《奏讞書》："鞫（鞫）：符亡，詐（詐）自占書名數，解取（娶）爲妻，不智（知）甚亡，審。"

《奏讞書》："鞫（鞫）：平智（知）種無名數，舍匿之，審。"

《奏讞書》："鞫（鞫）之：蒼賊殺人，信與謀，丙、贅捕蒼而縱之，審。"

《奏讞書》："鞫（鞫）之：講不與毛謀盜牛，吏笞諒（掠）毛=（毛，毛）不能支疾痛，而誣指講。"

鞫與鞠

《正亂》："充其胃以爲鞫（鞠），使人執（蹋）之，多中者賞。"

《文摯》："食不化，必如扽（純）鞫（鞠），是生甘（箝）心密墨（默）。"

鞫與牿

《帛易・大畜》："六四，童牛之鞫（牿），元吉。"

籟與鞠

《北蒼・幽》："籟（鞠）窫（窖）訏（汙）窬，膝籥陘沙。"按，"籟（鞠）"字從周飛《北大簡〈蒼頡篇〉初讀》（清華大學出土文獻研究與保護中心網，2015年11月16日）釋讀。

鞠與麴

《養生方》："以汁煮茈（紫）威□□□□□□□□，有（又）浚鞠（麴）、麥鞠（麴）各一斗。"

《養生方》："以鞠（麴）汁脩（滫）之，如恆飯。"

《作醬法》："☐辨（𤼵）之日滑（漬）鞠（麴）☐☐☐☐☐☐，如家人之☐☐☐。"

畜字聲系

畜與蓄

《安穭》："吾子畜（蓄）一妾，因何遽傷。"

畜與慉

《邶風》："☐☐☐畜（慉）。"

畜與孝

《帛甲老子·道經》："六親不和，案（焉）有畜（孝）茲（慈）。"

蓄與畜

《帛易·大畜》："泰（大）蓄（畜），利貞。不家食，吉。利涉大川。"

《易之義》："小蓄（畜）者，得之未雨也。"

《易之義》："大蓄（畜），兑而誨（誨）也。"

《易之義》："川（坤）之'牝馬'，小蓄（畜）之'密雲'，句（姤）之'躅屬（躅）'，漸之'繩（孕）婦'，肫（屯）之'泣血'，五繇者，陰之失也，靜而不能僮（動）者也。"

𦥑字聲系

學與覺

《引書》："夜日臥厥（瘚），學（覺）心腹及匈（胸）中有痛者。"

《引書》："學（覺）以涿〈涿（啄）〉齒，令人不齲。其齲也，益涿〈涿（啄）〉之。"

《晏子四》："公恐，學（覺），痛磒（瘨），辟（闢）門召占蒉（夢）者。"

學與教

《老子》丙："是以☐人欲不欲，不貴戁（難）得之貨；學不學，復眾之所逃。"按，郭店楚簡《老子》甲學作孝（教）。

《仲弓》："卡₌（上下）相復以忠，則民懽（歡）承學（教）。"

《北大老子》："故強粱（梁）者不得死，我將以爲學（教）父。"

《周馴》："已學（教），大子用茲念。"

《周馴》："已學（教），泰（太）子用茲念。"

《周馴》："已學（教），大子用茲念。"

《周馴》："已學（教），大子用茲念。"

《周馴》："已學（教），大子用茲念。"

《周馴》："已學（教），大子用茲念。"

《周馴》："已學（教），大子用茲念。"

《周馴》："已學（教），大子用茲念。"

《周馴》："已學（教），大子用茲念。"

《周馴》："已學（教），大子用茲念。"

《周馴》："舜之所愛子曰商均，舜啟道（導）之，欲其能賢，學（教）之而不可，乃放遂〈逐〉之，弗使王民。"

《周馴》："已學（教），大子以六王五柏（伯）之念。"

覺與學

《第二組》："節（即）載粟乃發敖童年十五歲以上，史子未傅先覺（學）覺（學）室，令與粟事。"

覺與寥

《北大老子》："肅（寂）覺（寥），獨立而不孩（改），偏（徧）行而不殆，可以爲天地母。"

藥部第一二

暴字聲系

暴與曝

《春秋一一》：“其□有□□□□□□□□□夫奉孤者□素以暴（曝）忠□伐以□□□思（懼）□□□□有姦心而□□□□正也害君耳聞□□心不怒□志也。”按，“暴（曝）”字從裘錫圭《帛書〈春秋事語〉校讀》（《湖南省博物館館刊》第1期，《船山學社》雜誌社編輯出版，2004年7月）讀。

《諸傷》：“冶林（术），暴（曝）若有所燥，冶。”

《癃病》：“冶厲（蠣），毒堇不暴（曝）。”

《癃病》：“盈隋（脽），有（又）以涂（塗）隋（脽）□下及其上，而暴（曝）若〼。”

《養生方》：“取弟（蛛）選（蠃）一斗，二分之，以截漬一分而暴（曝）之。”按，“暴（曝）”字從馬繼興《馬王堆古醫書考釋》（湖南科學技術出版社，1992年，701頁）讀。

《雜療方》：“羊頭□□□□□□□□□□暴（曝）乾，令凝，以〖以〗靁（蜜）和之。”

暴與襮

《妄稽》：“蕢（繢）嫂（縷）之紞（衪），夏暴（襮）短常（裳）。”

瀑與暴

《容成氏》：“泗（伊）尹既已受命，乃執兵欽（禁）瀑（暴），羕得於民。”按，“瀑（暴）”字從陳劍《上博簡〈容成氏〉的拼合與編連問題小議》（簡帛研究網，2003年1月9日）引董珊說釋讀。

《尹至》：“隹（惟）戠（滋）虐（虐）悳（德）、瀑（暴）僮（重）、亡典（典）。”

襮與表

《彭祖》：“天陞（地）與人，若經與緯，若襮（表）與裏。”按，“襮（表）”字從徐在國《上博竹書（三）劄記二則》（簡帛研究網，2004年4月26日）釋讀。

皃字聲系

㒵與貌

《帛五行·説》：“心曰雖（唯），耳目鼻口手足音聲㒵（貌）色皆雖（唯），是莫敢不雖（唯）也。”

卓字聲系

卓與逴

《管仲》：“止（趾）不正則心卓（逴），心不情（靜）則手斅（躁）。”

焯與灼

《天六》：“此黃帝之見適（敵），不叚（假）焯（灼）龜而卜□〼。”

《反淫》：“乃使₌（使史）蘇焯（灼）龜卜兆，矤（琴）摯齎（齊）戒。”

淖與綽

《阜春·章題》：“簡子有臣尹淖（綽）。”

殦與悼

《繫年二二》：“宋殦（悼）公晒（將）會晉公，卒于鼷。”

綽與卓

《周馴》：“綽（卓）子繼之，不宵（肖）以疑，其下既不柎（附），民莫之戴。”

綽與逴

《蘭賦》："䙓（親）眾秉志，綽（逴）遠行道，不䑽又（有）折，蘭（蘭）斯秉悳（德）。"

弔字聲系

弔與叔

《鮑叔牙》："鞄（鮑）弔（叔）牙與偄（隰）倗（朋）之諫。"

《耆夜》："縪（畢）公高爲客，卲公保睪（奭）爲夾，周公弔（叔）旦爲宔（主）。"

《金縢》："官（管）弔（叔）汲（及）其羣晛（兄）俤（弟）乃流言于邦曰：'公牆（將）不利于需（孺）子。'"

《繫年四》："乃先建衛弔（叔）垟（封）于庚（康）丘，以侯殷之叙（餘）民。"

《繫年十一》："宋公爲左芋（盂），奠（鄭）白（伯）爲右芋（盂），繡（申）公弔（叔）侯智（知）之。"

《良臣》："又（有）郲（芮）白（伯），又（有）白（伯）逅（适），又（有）帀（師）上（尚）父，又（有）虐（虢）弔（叔）。"

《良臣》："晉文公又（有）子範（犯），又（有）子余（餘），又（有）咎範（犯），後又（有）弔（叔）向。"

《良臣》："奠（鄭）桓（桓）公與（舉）周之遺老史百（伯）、宦中（仲）、虐（虢）弔（叔）、土（杜）白（伯），後出邦（封）。"

《良臣》："奠（鄭）定公之相又（有）子皵（皮），又（有）子產，又（有）子大弔（叔）。"

弔與淑

《用曰》："沁吝（文）惠武，龍（恭）弔（淑）以成。"

《祭公》："女（汝）母（毋）絸（瞑）曶（眩）悳₌（壞壞），𠩋（厚）産（顏）忍恥，寺（時）隹（惟）大不弔（淑）孳（哉）。"

《厚父》："曰民心隹（惟）本，氒（厥）复（作）隹（惟）枼（葉），引（矧）其能丁，良于春（友）人，迺洹（宣）弔（淑）氒（厥）心。"

弔與蹙

《子儀》："此恖（愠）之昜（傷）僮，是不攼而猶，僮是尚求，弔（蹙）易（惕）之作，凥（處）虗（吾）以休，萬（賴）子是救。"

䢵與叔

《窮達》："孫䢵（叔）三弞（謝）郘（期）思少司馬，出而爲命（令）尹，堣（遇）楚臧（莊）也。"

《鮑叔牙》："级（隰）偄（朋）與鞄（鮑）䢵（叔）牙從。"

《鮑叔牙》："鞄（鮑）䢵（叔）牙畣（答）曰：'星弁（變）子曰：爲齊☐。'"

《鮑叔牙》："鞄（鮑）䢵（叔）牙畣（答）曰：'害牆（將）來，牆（將）有兵，有𢝊（憂）於公身。'"

《鮑叔牙》："鞄（鮑）䢵（叔）牙與汲（隰）偄（朋）曰。"

《鮑叔牙》："彶（隰）偄（朋）與鞄（鮑）䢵（叔）牙皆拜。"

《鮑叔牙》："鞄（鮑）䢵（叔）牙畣（答）曰。"

《成王》："白（伯）𡰥（夷）、䢵（叔）齊戗（餓）而死於雝（窮）瀆，不辱其身。"

《楚居》："氒（厥）脜（狀）𦗢（聶）耳，乃妻之，生侸䢵（叔）、麗季。"

《鄭甲》："君女（如）由皮（彼）孔䢵（叔）、遳（佚）之𡰥（夷）、帀（師）之佢鹿、𡋲（堵）之俞彌（彌）。"

《鄭乙》："君女（如）由皮（彼）孔䢵（叔）、遳（佚）之𡰥（夷）、帀（師）之佢鹿、𡋲（堵）之俞彌（彌）。"

䢵與淑

《緇衣》："䢵（淑）人君子，其義（儀）

不弋（忒）。”
《緇衣》：“雪（淑）誓（慎）尔走（止），不侃（諐）于義（儀）。”
《緇衣》：“雪（淑）人君子，其義（儀）弌（一）也。”
《湯丘》：“句（后）古（固）共（恭）天畏（威），敬祀，雪（淑）慈我民。”

埶與淑

《鄭壽》：“囚（溫）龔（恭）埶（淑）惠，民是瞻望。”

叏與淑

《五行》：“‘叏（淑）人君子，其義（儀）罷（一）也。’能爲罷（一），肰（然）句（後）能爲君[=]子[=]（君子，君子）慙（慎）其蜀（獨）也。”

迌與刁

《鮑叔牙》：“或（又）以豎迌（刁）與亥（易）牙爲相。”
《鮑叔牙》：“含（今）豎迌（刁），佖（匹）夫而欲智（知）墒（萬）輮（乘）之邦而貴尹，其爲忈（災）也深矣。”

沞與弔

《祭公》：“余隹（惟）寺（時）逨（來）視，不沞疾甚，余畏天之叜（作）畏（威）。”按，今本《逸周書・祭公》沞作弔。

沞與淑

《祭公》：“余隹（惟）寺（時）逨（來）視，不沞（淑）疾甚，余畏天之叜（作）畏（威）。”

祔與弔

《北蒼・幽宵》：“穗稍苦姎，挾貯施祔（弔）。”

龠字聲系

龠與鑰

《爲吏》：“城郭官府，門戶關龠（鑰）。”
《治官》：“闢龠（鑰）不利，臧（藏）盇（蓋）不瀍。”

蘥與鑰

《二年・賊律》：“亡書，符〈符〉券，入門衛〈衛〉木久（記），搴（塞）門、城門之蘥（鑰），罰金各二兩。”

籥與鑰

《答問》：“抉籥（鑰），贖黥。”
《答問》：“可（何）謂‘抉=籥=（抉鑰’？抉鑰）者已抉啟之乃爲抉。”
《二年・戶律》：“田典更挾里門籥（鑰），以時開。”
《三十時》：“可脩（修）外□，□人弗入也。可脩（修）關閉，鑄鋎（管）籥（鑰）。”
《四時令》：“審關籥（鑰），計百官之事，決疑獄，□當死。”

籥與闟

《帛甲老子・道經》：“善閉者无闡（關）籥（闟）而不可啟也。”
《帛乙老子・道經》：“善閉者无關籥（闟）而不可啟也。”

翟字聲系

翟與燿

《德聖》：“聖者聲也。聖者知（智），聖之知（智）知天，其事化翟（燿）。”

翟與躍

《疽病》：“其一骨□□□三□□以酒一棓（杯）□□□□筋者倏倏翟（躍）翟（躍）□□之其□□□□□。”按，“翟（躍）”字從張正霞《〈五十二病方〉辭彙二題》（《中華醫史雜誌》第 34 卷第 4 期，2004 年 10 月）讀。

翟與糴

《繫年十六》：“競（景）公使翟（糴）之伐（茷）哻（聘）於楚，虘（且）攸（修）成。”

翟與狄

《繫年四》："翟（狄）述（遂）居衛₌（衛，衛）人乃東涉河，遷（遷）于曹。"

《繫年四》："翟（狄）人或涉河，伐衛于楚丘，衛人自楚丘遷（遷）于帝丘。"

《繫年六》："或謶（讒）惠公及文₌公₌（文公，文公）奔翟（狄），惠公奔于梁。"

《繫年六》："文公十又二年居翟₌（狄，狄）甚善之，而弗能内（入），乃迈（蹠）齊₌（齊，齊）人善之。"

《稱》："失其天者死，欺其主者死，翟（狄）其上者危。"

《北蒼・之職》："戎翟（狄）給賨，百越貢織。"

濯與滌

《少牢》："乃官戒，宗人命濯（滌），宰命爲酒，乃退。"

濯與禴

《帛易・既濟》："九五，東鄰殺牛以祭，不如西鄰之濯（禴）祭，實受其福，吉。"

《帛易・升》："九二，復（孚）乃利用濯（禴），无咎。"

《帛易・萃》："六二，引吉，无咎。復（孚）乃利用濯（禴）。"

翟阝與狄

《繫年四》："周惠王立十又七年，烾（赤）翟阝（狄）王峁虘迟（起）自（師）伐衛。"

糴與翟

《摄輿》："司馬昭叚以五月甲辰冣（聚）於北方，以城陽糴（翟）。"

糴與糶

《衰分》："糴（糶）米述（術）曰：以端賈（價）爲法，以欲糴（糶）米錢數乘一石爲君₌（實，實）如法得一升。"

《衰分》："糴（糶）。"

《衰分》："米賈（價）石五十錢，今有廿七錢，欲糴（糶）米，得幾可（何）？"

《隨日・糴》："入正月一日₌（日，日）出而風，糴（糶）貴；陰而雨，糴（糶）賤。"

《隨日・糴》："入七月一日₌（日，日）出而風，糴（糶）貴；陰而雨，糴（糶）賤。"

《隨日・糴》："☐戊寅日出而風，糴（糶）貴；□□陰而雨，糴（糶）賤。"

《隨日・糴》："風從南方來，糴（糶）☐。"

《隨日・糴》："五月犂（霧）來，春糴（糶）貴。"

糴與狄

《鮑叔牙》："不出三年，糴（狄）人之伓（附）者七百邦。"按，"糴（狄）"字從陳劍《談談〈上博（五）〉的竹簡分篇、拼合與編聯問題》（簡帛網，2006 年 2 月 19 日）、李天虹《上博五〈競〉、〈鮑〉篇校讀四則》（簡帛網，2006 年 2 月 19 日）釋讀。

躍與燿

《唐勒》："月行而日達（動），星躍（燿）而玄慣（運），子神賁（奔）而鬼走，進退詘（屈）信（伸），莫見其墤埃，均□☐。"

趯與躍

《妄稽》："狗桀（趨）袑（趫）馬趯（躍），往來之裴（婓）裴（婓）。"按，"趯（躍）"字從楊元途《北大漢簡〈妄稽〉、〈反淫〉校讀筆記》（復旦大學出土文獻與古文字研究中心網，2016 年 6 月 3 日）釋讀。

《妄稽》："勇（踴）趯（躍）顚（俛）印（仰），揬（鶏）摅（懅）鹿驚。"

鑃與躍

《帛易・乾》："九四，或鑃（躍）在淵，无咎。"

《易之義》："'或鑃（躍）在淵'，隱而能靜也。"

《易之義》："人不淵不鑃（躍）則不見□

□□□□□反居其□□。”
《易之義》：“易曰‘或鰡（躍）在淵，无咎’。”
《易之義》：“子曰：恆鰡（躍）則凶。”
《易之義》：“君子鰡（躍）以自見，道以自成。”

樂字聲系

樂與濼

《春秋一六》：“魯亘（桓）公與文羌（姜）會齊侯于樂（濼）。”

樂與藥

《日甲・秦除》：“利市、責（積）徹□□□除地、飲樂（藥）。”按，“樂”當讀作“藥”。
《日甲・叢辰》：“可以穿井、行水、蓋屋、飲樂（藥）、外（襘）除。”按，“樂”當讀作“藥”。
《隨日・建除》：“可以毀除，可以飲樂（藥）。”
《癩》：“取□母□□□□□□□□□□□□上，晦，壹射以三矢，□□飲樂（藥）。”
《疽病》：“冶白薟（蘞）、黃蓍（耆）、芍樂（藥）、桂、畺（薑）、椒、朱（茱）臾（萸）。”
《疽病》：“日一傳樂（藥），傳樂（藥）前洒以溫水。”
《乾瘙》：“善泅（洗），乾，節（即）炙裹樂（藥），以靡（磨）其騷（瘙）。”
《養生方》：“☐不智（知），即取籥中樂（藥）大如黍。”
《養生方》：“□節者，其樂（藥）以烏□、□□、澤舄（瀉）、蕸（术）、酸棗□□□□□□□□□□□□□□等，冶。”
《養生方》：“☐八月爲樂（藥）。”
《帛易・无妄》：“九五，无孟（妄）之疾，勿樂（藥），有喜。”
《一類》：“此五痒（癃）皆同樂（藥）冶之。”
《一類》：“大黃、勺（芍）樂（藥）、姜、桂、桔梗、蜀☐。”
《二類》：“大黃=（黃、黃）芩、勺（芍）樂（藥）各一兩。”
《二類》：“半夏、白斂、勺（芍）樂（藥）、細辛、烏喙、赤石脂、貸（代）赭、赤豆、初生未臥者鼉矢。”

樂與鑠

《禁》：“定夏大暑鑪治，毋以聚眾鼓盧（爐）樂（鑠）金。”
《禁》：“若以聚眾鼓盧（爐）樂（鑠）金，遺火亥國，臺廟將有焚者，君大堵亥焉。”

傑與犖

《妄稽》：“腹若抱臾，傑（犖）脅膺波（陂）。”

藥與樂

《五行》：“君子亡审（中）心之悥（憂）則亡=审=心=之=智=（亡中心之智，亡中心之智）則亡=审=心=之=兑=（亡中心之悦，亡中心之悦）則不=安=（不安，不安）則不=藥=（不樂，不樂）則亡悳（德）。”
《五行》：“思不精不譔（察），思不倀（長）不=型=（不形，不形）不=安=（不安，不安）不=藥=（不樂，不樂）亡悳（德）。”
《五行》：“聖智豊（禮）藥（樂）之所敎（由）生也，五行之所和也。”
《從政》：“孝=（君子）藥（樂）則綯（治）正（政），悥（憂）則☐復。”
《從政》：“小人藥（樂）則悘（疑），憂則昏（昏），妄（怒）則勳（勝），思（懼）則伓（背），恥則軋（犯）。”
《周易・无妄》：“九五：亡（无）忘（妄）又（有）疾，勿藥又（有）菜（喜）。”按，帛書本藥作樂。

《耆夜》："复（作）訶（歌）一終曰藥=脂=酉=（《樂樂旨酒》：樂樂旨酒），晏（宴）以二公。"

《耆夜》："今夫君子，不憙（喜）不藥（樂）。夫日□□，□□□忘（荒）。"

《耆夜》："母（毋）已大藥（樂），則終以康=（康。康）藥（樂）而母（毋）忘（荒），是（寔）隹（惟）良士之迈=（方方）。"

《耆夜》："今夫君子，不憙（喜）不藥（樂）。"

《耆夜》："康藥（樂）而母（毋）忘，是（寔）隹（惟）良士之愳=（懼懼）。"

《耆夜》："康藥（樂）而母（毋）忘（荒），是（寔）隹（惟）良士之愳=（懼懼）。"

《三壽》："闓（宣）義（儀）和藥（樂），非褱（懷）于愖（湛）。"

⿱樂言與樂

《五行》："和則⿱樂言=（樂，樂）則又=悳=（有德，有德）則邦家嬰（興）。"

《五行》："𦖞（聞）道而⿱樂言（樂）者，好悳（德）者也。"

⿺辶樂與樂

《内豊》："君子事父母，亡厶（私）⿺辶樂（樂），亡厶（私）𢝊（憂）。父母所樂=（樂，樂）之，父母所𢝊=（憂，憂）之。"

爍與嗃

《帛易·家人》："九三，家人爍（嗃）爍（嗃），悔厲吉。婦子裹（嘻）裹（嘻），終閵（吝）。"

⿰馬樂與樂

《春秋一五》："夫共中（仲）碼（圉）人⿰馬樂旅（舉）其族以犯尚（黨）民〈氏〉之眾。"按，《公羊傳·閔公元年》"⿰馬樂"作"樂"。

⿰馬樂與犖

《春秋一五》："夫共中（仲）碼（圉）人⿰馬樂旅（舉）其族以犯尚（黨）民〈氏〉之眾。"按，《左傳·莊公三十二年》"⿰馬樂"作"犖"。

糳字聲系

糳與鑿

《唐風》："□□糳=（鑿鑿）。"

鑿與糳

《秦律·倉律》："糲（糲）米一石爲鑿（糳）米九斗，九斗爲毀（毇）米八斗。"

爵字聲系

爵與嚼

《□爛者》："爵（嚼）蘗米，足（捉）取汁而煎，令類膠。"

爵與雀

《胎產書》："懷子未出三月者，呻（吞）爵（雀）罋（甕）二，其子男殹（也）。"

《胎產書》："取爵（雀）罋（甕）中虫青北（背）者三，產呻（吞）之。"

《周馴》："穿地三仞而得金匱焉，其中有書曰：'非駿勿駕，非爵（雀）勿䍠（羈）。'"

⿰⿱罒目寸與雀

《大成》："春⿰⿱罒目寸（雀）員（圓）駘（子），興坡（彼）鳴雄。"按，"⿰⿱罒目寸"應即"爵"之省形。

雀字聲系

雀與削

《太一》："天道貴溺（弱），雀（削）成者以益生者，伐於勥（強），責（積）於⊠。"按，"雀（削）"字從裘按（《郭店楚墓竹簡·太一生水》篇注［一五］）讀。

雀與爵

《緇衣》："古（故）上不可以埶（褻）坓（刑）而翌（輕）雀（爵）。"按，上博簡本《緇衣》雀（爵）作“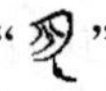”，馮勝君《讀上博簡〈緇衣〉劄記二則》（《上博館藏戰國楚竹書研究》，上海書店出版社，2002 年）釋爲“䈢”，可從。

雀與爵

《緇衣》：“正（政）之不行，季（教）之不成也，則埅（刑）罰不足恥，而雀（爵）不足懽（勸）也。古（故）上不可以埶（褻）埅（刑）而翌（輕）雀（爵）。”

《尊德義》：“雀（爵）立（位），所以信其肰（然）也。”

雀與爵

《魯穆公》：“夫爲其君之古（故）殺其身者，交彔（禄）雀（爵）者也。”

䨥與爵

《魯穆公》：“亙（亟）□□□之亞（惡）□□□彔（禄）䨥（爵）者□。”

《魯穆公》：“義而遠彔（禄）䨥（爵），非子思，虛（吾）亞（惡）昏（聞）之矣。”

篧與爵

《容成氏》：“其政綌（治）而不賞，官而不篧（爵），無萬（勵）於民，而綌（治）䜌（亂）不□。”

《容成氏》：“於是於（乎）衍（治）篧（爵）而行录（禄），以䢅（讓）於又₌吳₌迥₌（有虞迥，有虞迥）曰：‘悳（德）速蓑（衰）□。’”

《曹沫》：“毋穫（獲）民旹（時），毋敓（奪）民利。緾（陳）攻（功）而飤（食），埅（刑）罰又（有）辠，而賞篧（爵）又（有）悳（德）。”

《曹沫》：“二厽（三）子免（勉）之，怹（過）不才（在）子才（在）寡人。虛（吾）戰啻（敵）不訓（順）於天命，反帀（師）。牆（將）復戰，則彔（禄）篧（爵）又（有）祟（常），幾莫之堂（當）。”

《曹沫》：“是古（故）倀（長）民偖（者）毋囚篧（爵），毋炊軍，毋辟（避）辠，甬（用）都峇（教）於邦□於民。”

《耆夜》：“王夜（舉）篧（爵）䣳（酬）縪（畢）公。”

《耆夜》：“㛃（嘉）篧（爵）速歙（飲），後篧（爵）乃從。”

《耆夜》：“王夜（舉）篧（爵）䣳（酬）周公。”

《耆夜》：“㛃（嘉）篧（爵）速歙（飲），後篧（爵）乃復。”

《耆夜》：“周公夜（舉）篧（爵）䣳（酬）縪（畢）公。”

《耆夜》：“周公或夜（舉）篧（爵）䣳（酬）王。”

《耆夜》：“周公秉篧（爵）未歙（飲），蛪（蟋）蟷（蟀）（躍）陞（升）于尚（堂）。”

勺字聲系

勺與妁

《妄稽》：“謀（媒）勺（妁）隨之，爲取（娶）妄稽。”

勺與芍

《毒烏喙》：“屑勺（芍）藥，以□半桮（杯），以三指大捽（撮）飲之。”

《一類》：“大黃、勺（芍）樂（藥）、姜、桂、桔梗、蜀□。”

《二類》：“大黃₌（黃、黃）芩、勺（芍）樂（藥）各一兩。”

《二類》：“半夏、白斂、勺（芍）樂（藥）、細辛、烏喙、赤石脂、貸（代）赭、赤豆、初生未臥者䲔矢。”

勺與灼

《妄稽》：“臨勺（灼）疥（瘈）腸，日百噂漿。”按，“勺（灼）”字從蕭旭《北大漢簡（四）〈妄稽〉校補》（復旦大學出土文獻與古文字研究中心網，2016 年 7 月 4 日）讀。

勹與酌

《養生方》：“爲醪勹（酌）。”

《養生方》：“虽醪勹（酌）。”

勹與趙

《戰國二》：“今齊王使李終之勹（趙），怒於勹（趙）之止臣也。”

《戰國二》：“奉陽君甚怒於齊，使勹（趙）足問之臣，臣對以弗知也。”

《戰國二》：“臣之所患，齊勹（趙）之惡日益。”

《戰國二》：“願王之使人反復言臣，必毋使臣久於勹（趙）也。”

《戰國三》：“欲從韓、粱（梁）取秦以謹勹（趙）。”

《戰國三》：“勹（趙）以（已）用薛公、徐爲之謀謹齊，故齊趙相倍（背）也。”

《戰國三》：“燕勹（趙）循善矣，皆不任子以事。”

《戰國三》：“蘇脩在齊，使□□□□□□□□予齊、勹（趙）矣。”

《戰國三》：“王必勹（趙）之功（攻）齊，若以天下□□□□□□焉。”

《戰國三》：“諸可以惡齊勹（趙）者將□□之。”

《戰國三》：“以惡可也，以辱（辱）可也，以與勹（趙）爲大讎（仇）可也。”

《戰國三》：“必善勹（趙），利於國。”

《戰國三》：“齊勹（趙）循善，燕之大過（禍）。”

《戰國三》：“將養勹（趙）而美之齊乎。”

《戰國三》：“臣以齊善勹（趙），必容焉，以爲不利國故也。”

《戰國三》：“勹（趙）非可與功（攻）齊也，無所用。”

《戰國三》：“勹（趙）毋惡於齊爲上。”

《戰國三》：“齊勹（趙）不惡，國不可得而安，功不可得而成也。”

《戰國三》：“勹（趙）止臣而它人取齊，必害於燕。”

《戰國三》：“臣止於勹（趙）而侍（待）其魚肉，臣□不利於身。”

《戰國四》：“大者可以使齊毋謀燕，次可以惡齊勹（趙）之交。”

《戰國四》：“齊勹（趙）之交，壹美壹惡，壹合壹離。”

《戰國四》：“燕非與齊謀勹（趙），則與趙謀齊。”

《戰國四》：“勹（趙）疑燕而不功（攻）齊，王使襄安君東，以便事也。”

《戰國四》：“齊勹（趙）遇於阿，王憂之。”

《戰國四》：“公玉丹之勹（趙）致蒙，奉陽君受之。”

《戰國四》：“臣之齊，惡齊勹（趙）之交，使毋予蒙而通宋使。”

《戰國四》：“之後，秦受兵矣，齊勹（趙）皆嘗謀。”

《戰國四》：“齊勹（趙）未嘗謀燕，而俱静（爭）王於天下。”

《戰國四》：“臣止於勹（趙），王謂乾（韓）徐爲。”

《戰國六》：“寡人牙（與）子謀功（攻）宋，寡人恃燕勹（趙）也。”

《戰國七》：“慮從楚取秦，慮反（返）乾（韓）賁（珉），有（又）慮從勹（趙）取秦。”

《戰國七》：“今粱（梁）、勹（趙）、韓、□□□□□□□□薛公、徐爲有辭。”

《戰國七》：“齊先鬻勹（趙）以取秦，後賣秦以取勹（趙）而功（攻）宋。”

《戰國七》：“願王之使勹（趙）弘急守徐

爲，令田賢急守薛公。”
《戰國八》：“使粱（梁）、乾（韓）皆效地，欲以取勺（趙），勺（趙）是（氏）不得。”
《戰國八》：“而勺（趙）氏不得。”
《戰國八》：“謀取勺（趙），得。”
《戰國八》：“傷齊者，必勺（趙）也。”
《戰國八》：“傷齊者必勺（趙）。”
《戰國八》：“勺（趙）氏終不可得已，爲之若何？”
《戰國八》：“勺（趙）悍則伐之，愿則摯（執）而功（攻）宋。”
《戰國一一》：“自勺（趙）獻書於齊王。”
《戰國一一》：“臣之勺（趙），所聞於乾（韓）、粱（梁）之功（攻）秦，無變志矣。”
《戰國一一》：“乾（韓）、粱（梁）合，勺（趙）氏將悉上黨以功（攻）秦。”
《戰國一一》：“勺（趙）氏之慮，以爲齊秦復合，必爲兩啻（帝）以功（攻）勺（趙）。”
《戰國一二》：“自勺（趙）獻書於齊王。”
《戰國一二》：“今燕勺（趙）之兵皆至矣，俞（愈）疾功（攻）菑，四。”
《戰國一二》：“今齊、勺（趙）、燕循相善也。”
《戰國一二》：“粱（梁）氏先反，齊、勺（趙）功（攻）粱（梁）。”
《戰國一二》：“齊必取大粱（梁）以東，勺（趙）必取河内。”
《戰國一三》：“乾（韓）粱（梁）從，以功（攻）勺（趙）。”
《戰國一三》：“秦取勺（趙）之上地，齊取河東。”
《戰國一三》：“勺（趙）從，秦取乾（韓）之上地，齊取燕之陽地。”
《戰國一四》：“宋以淮北牙（與）齊講，王功（攻）之，毄（擊）勺（趙）信。”
《戰國一四》：“齊不以爲怨，反爲王誅勺（趙）信。”
《戰國二五》：“以秦之強，有燕之怒，割勺（趙）必突（深）。”

勺與弱

《語叢四》：“君又（有）悔（謀）臣，則嬰（壤）陸（地）不鈔（削）；士又（有）悔（謀）友，則言談不勺（弱）。”按，“勺（弱）”字從裘按（《郭店楚墓竹簡·語叢四》篇注［二二］）讀。

弔與弱

《繫年十八》：“者（諸）侯同明（盟）于鹹泉以反晉，至今齊人以不服于晉₌（晉，晉）公以弔（弱）。”按，“弔（弱）”字從復旦大學出土文獻與古文字研究中心讀書會《〈清華（貳）〉討論記録》（復旦大學出土文獻與古文字研究中心網，2011年12月23日）引陳劍説釋讀。

汋與酌

《燕禮》：“序進，盥，洗角觗（觶），升自西階，序汋（酌）散，交于楹北。”

芍與窕

《帛五行·説》：“‘茭（窈）芍（窕）淑女，寤眛（寐）求之’，思色也。”

邓與趙

《繫年十三》：“邓（趙）單（旃）不欲成，弗卲（召），射（席）于楚軍之門。”
《繫年十八》：“命（令）尹子木會邓（趙）文子武及者（諸）侯之夫₌（大夫），明（盟）于宋，曰：‘爾（弭）天下之虢（甲）兵。’”

牞與昭

《牟成牞》：“牟（務）成牞（昭）曰：‘實居是去非。’”
《牟成牞》：“牟（務）成牞（昭）曰：‘進能是退是☐’。”
《牟成牞》：“牟（務）成牞（昭）曰：‘當世事之☐。’”

《牟成杓》："牟（務）成杓（昭）☒。"
《牟成杓》："牟成杓（昭）曰：'有☒'。"
《牟成杓》："牟（務）成杓（昭）曰。"
《牟成杓》："牟（務）成杓（昭）曰。"
《牟成杓》："牟成杓（昭）☒。"
《牟成杓》："牟（務）成杓（昭）曰：'有唐□☒'。"

杓與剽

《天乙·帝》："啻（帝）以春三月爲室亥，杓（剽）卯，殺辰，四瀍（廢）庚辛。"
《天乙·帝》："夏三月啻（帝）爲室【寅】，杓（剽）午，殺未，四瀍（廢）壬癸。"
《天乙·帝》："秋三月啻（帝）爲室巳，杓（剽）酉，殺【戌】，四瀍（廢）甲乙。"
《天乙·帝》："冬三月啻（帝）爲室申，杓（剽）子，殺【丑】，四瀍（廢）丙丁。"

弜與爵

《封許》："贈尔鹰（薦）彝：斸□豚、絀（銚），龍盨（鬲）、緣（璉）、雚（鑵）、鉦（鎜）、弆、弜（爵）、盤、監（鑑）、鑅（罌）、弜（鍟）、周（雕）匼（鈁）、鬲、盤（簋）、鈄（觥）、鍣（鰡）、恪（格）。"

吗與召

《湯丘》："今少（小）臣又（有）疾，女（如）思（使）吗（召），少閉（間）於疾，朝而䁯（稽）之，不猷（猶）受君賜？"

綒與約

《管仲》："受命唯（雖）綒（約），出外必張。"

疛與瘸

《競公瘧》："是皆貧痦（苦）〖約〗疛（瘸）病。"

約與灼

《痂》："大皮桐，以蓋而約（灼）之，善。"按，"約（灼）"字從魏啟鵬、胡翔驊《馬王堆漢墓醫書校釋（壹）》（成都出版社，1992年，134頁）讀。下一例同。
《痂》："冶莁夷（荑）、苦瓠瓣，并以彘膏弁，傅之，以布裹而約（灼）之。"
《天下至道》："飲藥約（灼）灸以致其氣，服司以輔其外。"

約與弱

《城濮》："遠（蔿）白（伯）珵（嬴）猶約（弱）。"按，"約（弱）"字從無語在海天遊蹤《讀〈成王爲城濮之行〉劄記》（簡帛網"簡帛論壇"，2013年1月5日）一文下跟貼讀。

葯與約

《帛易·坎》："六四，尊（樽）酒巧（簋）詇（簋）用缶，人〈入（納）〉葯（約）自牖，終无咎。"

酌與勺

《燕禮》："如舞，則《酌（勺）》，唯公與賓有枏（俎）。"

酌與禴

《周易·既濟》："九五：東簭（鄰）殺牛，不女（如）西簭（鄰）之酌（禴）祭，是受福吉。"

酌與濯

《周易·既濟》："九五：東簭（鄰）殺牛，不女（如）西簭（鄰）之酌（禴）祭，是受福吉。"按，帛書本酌（禴）作濯。

訋與召

《繫年六》："褱（懷）公自秦逃歸，秦穆公乃訋（召）文公於楚。"
《昭王》："王訋（召）而余（予）之衽（領）裞（袍）。"按，"訋（召）"字從陳劍《上博竹書〈昭王與龔之脽〉和〈柬大王泊旱〉讀後記》（簡帛研究網，2005年2月15日）讀。
《昭王》："少（小）人之告𥁕䣽（將）剸（斷）於含（今）日，爾必止少=人=（小人，小人)牆(將)訋(召)寇。"按，"訋(召)"字從孟蓬生《上博竹書（四）閒詁》(簡帛研究網，2005年2月15日)讀。下同。

《昭王》："君不爲僕（僕）告，僕（僕）牆（將）訋（召）寇。"

訋與約

《曹沫》："三軍出，君自衛（率），必訋（約）邦之貴人及邦之可(奇)士㚅卒，使兵毋(毋)復前嵩（常）。"

馰與約

《窮達》："驥（驥）馰（約）張（腸）山，驥塞於㕣（鳩）棗（棘），非亡（無）體壯也。"按，"馰（約）"字從徐在國《郭店楚簡文字三考》(《簡帛研究2001》，廣西教育出版社，2001年)、白於藍《郭店楚簡考釋（四篇）》(《簡帛研究2001》，廣西教育出版社，2001年)讀。

鈞與勺

《繆和》："齊桓公辱於長鈞（勺）。"

灼與趙

見宵部小字聲系。

弱字聲系

弱與搦

《疣》："今日晦，弱（搦）又（疣）內北。"

弱與溺

《封診式》："下遺矢弱（溺），污兩卻（腳）。"

《封診式》："頭足去終所及地各幾可（何），遺矢弱（溺）不毆（也）？"

《占夢書》："夢以弱（溺）灑人，得其亡奴婢。"

《脈書》："在戒，不能弱（溺），爲閉。"

《脈書》："弱（溺）出白，如沐，爲白叚（瘕）。"

《脈書》："字而腸痛，弱（溺）而痛。"

《脈書》："內癉，身痛，艮（眼）蚤（爪）黃，弱（溺）赤，爲黃癉（疸）。"

《足臂脈·足》："病脞〈脞〉瘦，多弱（溺），耆（嗜）飲。"

《目録》："弱（溺）□淪者。"

《目録》："膏弱（溺）。"

《毒烏喙》："炙□□，飲小童弱（溺）。"

《癃病》："痒（癃），痛於脬及衷（中），痛甚，弱（溺）□痛益甚。"

《癃病》："痒（癃），弱（溺）不利，脬盈者方。"

《癃病》："以己巳晨虒（嗁），東鄉（嚮）弱（溺）之。"

《膏溺》："膏弱（溺）。"

《膏溺》："以水與弱（溺）煮陳葵種而飲之，有（又）鲨（齏）陽□而羹之。"

《牝痔》："取弱（溺）五斗，以煮青蒿大把二、鮒魚如手者七，冶桂六寸。"

《牝痔》："血肼（痔），以弱（溺）孰（熟）煮一牡鼠，以氣熨。"

《㾓》："以少（小）嬰兒弱（溺）漬羖羊矢，卒其時，以傅之。"

《㾓》："以小童弱（溺）漬陵（菱）敊（芰），以瓦器盛，以布蓋。"

《㾓》："以南（男）潼（童）弱（溺）一斗半并□，煮熟。"

《乾瘙》："煮弱（溺）二斗，令二升。"

《胎產書》："遺弱（溺）半升，□□堅而少汁。"

《儒說》："臣聞之，愚者自慧，不宵（肖）者多悔，惑（惑）者不問其路，弱（溺）者不問其遂也。"

《萬物》："石番（帆）之令弱（溺）不遺也。"

《萬物》："馬胭（咽）濳居水中使人不弱

（溺）死也。”

弱與蒻

《疣》：“取敝蒲席若籍之弱（蒻），繩之，即燔其末。”

溺與弱

《老子》甲：“骨溺堇（筋）秫（柔）而捉固。”按，今本和帛書本溺作弱。

《老子》甲：“返（反）也者，道僮（動）也；溺也者，道之甬（用）也。”按，今本和帛書甲本溺作弱。

《太一》：“天道貴溺（弱），雀（削）成者以益生者，伐於勥（強），責（積）於☐。”

《語叢二》：“𣦵〈溺（弱）〉生於眚（性），矣（疑）生於休〈溺（弱）〉。”按，“溺（弱）”字從裘按（《郭店楚墓竹簡·語叢二》篇注［九］）釋讀。

《容成氏》：“堂（當）是旹（時），弜（強）溺（弱）不綯諹，眾寡不聖訟，天陸（地）四旹（時）之事不攸（修）。”

《苦成》：“参（三）垾（郤）既亡，公家乃溺（弱），鑾（欒）箸（書）弋（弑）敕（厲）公。”

《鄭甲》：“白（伯）父，不孛（穀）學（幼）溺（弱）。”按，整理者直接釋“溺”爲“弱”。不確。下三例同。

《鄭甲》：“今及虐（吾）君，溺（弱）學（幼）而䢦（嗣）長。”

《鄭乙》：“白（伯）父，不敦（穀）幽（幼）溺（弱）。”

《鄭乙》：“今[及吾]君，溺（弱）幽（幼）而䢦（嗣）長。”

《節》：“陽在室曰臧（藏），在堂溺（弱），在庭卑，在門順。”

溺與妙

《老子》甲：“古之善爲士者，必非（微）溺玄達，深不可志（識），是以爲之頌（容）。”按，今本溺作妙。

溺與眇

《老子》甲：“古之善爲士者，必非（微）溺玄達，深不可志（識），是以爲之頌（容）。”按，帛書乙本溺作眇。

𤰈與弱

《鮑叔牙》：“乃命又（有）嗣（司）箸祚浮，老𤰈（弱）不型（刑），畆纆緰（短），田纆長，百糧篁（鐘）。”

鎉與鐃

《五教法》：“鎉（鐃）所以教耳也。”

觸與搦

《北萶·幽》：“□餵斟掇，謍謱（嘤）觸（搦）聊（摎）。”

敫字聲系

敫與徼

《日甲·星》：“可以敫（徼）人攻讎。”

《日乙·四月》：“可以敫（徼）人攻讎。”按，“敫”當讀作“徼”。

敫與憿

《日甲·星》：“以祠，必有敫（憿）。”

《日乙·十月》：“以祠，必有敫（憿）。”

敫與激

《延氣》：“☐以威三軍之士，所以敫（激）氣也。”

《反淫》：“陽（揚）鄭衛之浩樂，結敫（激）楚之遺風。”

噭與徼

《帛甲老子·道經》：“恆有欲也，以觀其所噭（徼）。”

《帛乙老子·道經》：“恆又（有）欲也，以觀其所噭（徼）。”

徼與檄

《二年·行書律》：“更封而署其送徼（檄）曰：封毀，更以某縣令若丞印封。”

《奏讞書》："詐（詐）更其徼（檄）書辟（避）留，疑罪。"

徼與邀

《魏盜》："即將司寇晦，別居千（阡）佰（陌）、𧖴（徹）道，徼（邀）迣苛視不㹂〈狀〉者。"

《陳忌問壘》："短兵次之者，所以難其歸而徼（邀）其衰也。"

徼與竅

《容成》："善治氣者，使宿氣夜散，新氣朝最，以徹九徼（竅），而實六府。"

徼與沼

《占書》："夫名川絕，大徼（沼）固（涸），天雨血，星月並出，星貫月，反景，倍仾（僪），䉴（慧）星，營（熒）或（惑），雲□，夭（妖）恙（祥）見於天。"

礉與皦

《周病方》："以脩（滫）清一棓（杯），礉（皦）赤叔（菽）各二七，并之。"

繳與縞

《奏讞書》："臨菑（淄）獄史闌令女子南冠繳（縞）冠，詳（佯）病臥車中。"

繳與激

《反淫》："夏即票（飄）風雷辟（霹）磿（靂）之所繳（激）也，冬即蜚（飛）雪焦（霄）霓（霰）之所雜。"

繳與竅

《舜》："人有九繳（竅）十二節，皆設而居。"

覈與核

《萬物》："蜱蛸、杏覈（核）之已癰耳也。"

《萬物》："杏覈（核）之令人□。"

譤與竅

《天下至道》："陰陽九譤（竅）十二節俱產而獨先死，何也？"

《天下至道》："氣血充贏，九譤（竅）不道，上下不用，產痤雎（疽）。"

覈與核

《稱》："華之屬，必有覈（核），覈（核）中必有意。"

《諸傷》："久傷者，薺（齏）杏霝〈覈（核）〉中人（仁），以職（膱）膏弁。"

《牡痔》："牡痔居竅旁，大者如棗，小者如棗覈（核）者方。"

《牡痔》："牡痔之居竅㾾（廉），大如棗覈（核），時養（癢）時痛者方。"

《胻㿉》："取無（蕪）夷（荑）中覈（核），冶，豶膏以㮇。"

《蟲蝕》："若在它所，其病所在曰□□□□□□□□□□覈（核）。"

繫與約

《蓋廬》："日爲坨（地）繫（約），月爲天則，以治下民，及破不服。"按，"繫"似當讀作"約"。

虐字聲系

虐與瘧

《陰陽脈乙》："□□□頭頸痛，脅【痛】，虐（瘧），汗出。"

瘧與虐

《觀》："逆順无紀，德瘧（虐）无刑，静作无時，先後無名。"

《果童》："静作相養，德瘧（虐）相成。"

《北荅·支脂》："瘧（虐）斷㾊病，膩（貳）僞檄桀。"

隺字聲系

顀與鶴

《繫辭》："鳴顀（鶴）在陰，其子和之。我有好爵，吾與壐（爾）羸（靡）之。"

《二三子》："鳴顀（鶴）在陰，其子和之，我有好爵，與壐（爾）羸之。"

《繆和》："易中復之九二，其辭曰：鳴顴（鶴）在陰，其子和之，我又（有）好时（爵），吾與壐（爾）羸之，何胃（謂）[也]？"按，"顴"字從廖名春《帛書〈周易〉論集》（上海古籍出版社，2008年，393頁）隸定。下同。

《繆和》："故易曰：'鳴顴（鶴）【在】陰，其子和之，我又（有）好时（爵），吾與壐（爾）羸之。'其此之胃（謂）乎？"

屋部第一三

卜字聲系

卜與赴

《攻權》："擊適（敵）若卜（赴）溺者。"

让與卜

《昭王》："至閨，让（卜）命（令）尹陳眚爲視日。"

《昭王》："让（卜）命（令）尹不爲之告。"

《昭王》："让（卜）命（令）尹爲之告。"

趴與赴

《民之情》："七曰：□士卒共甘苦，趴（赴）堅難，佀（冒）白刃，蒙矢石。民難敝，民之請（情）也。"

菐字聲系

僕與樸

《季桓子》："罷（色）不僕（樸），此〈出〉言不忍（忌）；見於孯₌（君子），大爲毋栗（攝）；此與（邪）民也。"按，"僕（樸）"字從李銳《〈孔子見季桓子〉新編（稿）》（簡帛網，2007年7月11日）讀。

僕與濮

《城濮》："成王爲成（城）僕（濮）之行，王囟（使）子斁（文）𠭁（教）子玉。"

《繫年七》："命（令）尹子玉述（遂）衛（率）奠（鄭）、衛、陳、鄀（蔡）及群緣（蠻）尸（夷）之自（師）以交（邀）文₌公₌（文公，文公）衛（率）秦、齊、宋及群戎之自（師）以敗楚自（師）於城僕（濮）。"

僕與剥

《別卦》："僕（剥）。"

《𦳘易·剥》："初六，僕（剥）□足。"

《𦳘易·剥》："僕（剥）牀以辨（辯）。"

《𦳘易·剥》："□四，僕（剥）牀以父（膚），兇（凶）。"

漢與濮

《二年·秩律》："沱（池）陽、長陵、漢（濮）陽。"

菐與仆

《語叢四》："善使其下，若蛩蝨（蛩）之足，眾而不割₌（害，害）而不菐（仆）。"

菐與朴

《老子》甲："視索（素）保（抱）菐，少厶（私）寡欲。"按，河上、傅奕本菐作朴。

菐與樸

《老子》甲："視索（素）保（抱）菐，少厶（私）寡欲。"按，王弼本及帛書乙本菐作樸。

僮與僕

《周易·旅》："六二：遊（旅）既宋（次），褱（懷）其次（羡），得僮（童）僕（僕）之貞。"

《昭王》："僕（僕）之母（毋）辱君王，不狀（幸）僕（僕）之父之骨才（在）於此室之䧛（階）下，僕（僕）牆（將）埮（掩）亡老□以僕（僕）之不得並僕（僕）之父母之骨厶（私）自塼（敷）。"

《昭王》："君不爲僕（僕）告，僕（僕）牆（將）訋（召）寇（寇）。"

《昭王》："僕（僕）遇𩑇（龔）之脽（脽）牆（將）取車，被襦₌（襦衣）。"

《昭王》："僕（僕）見脽（脽）之寒也，以告君王。今君王或命脽（脽）母（毋）見，此則僕（僕）之辠也。”
《柬大王》：“君内（入）而語僕（僕）之言于君=王=（君王：君王）之瘙從含（今）日以瘥（瘥）。”
《湯丘》：“君天王，是又（有）臺（臺）僕（僕）。”

僕與樸

《老子》甲：“道亙（恆）亡名，僕唯（雖）妻（微），天陸（地）弗敢臣。”按，王弼、傅奕和帛書乙本僕作樸。

僕與朴

《老子》甲：“道亙（恆）亡名，僕唯（雖）妻（微），天陸（地）弗敢臣。”按，河上本僕作朴。

僕與楃

《老子》甲：“道亙（恆）亡名，僕唯（雖）妻（微），天陸（地）弗敢臣。”按，帛書甲本僕作楃。

僕與剥

《周易·旅》：“六二：遊（旅）既宋（次），裹（懷）其次（羨），得僮（童）僕（僕）之貞。”按，帛書本僕（僕）作剥。

觳與樸

《老子》甲：“憍（化）而雒（欲）复（作），牆（將）貞（鎮）之以亡名之觳。”按，今本觳多作樸，帛書乙本亦作樸。

觳與朴

《老子》甲：“憍（化）而雒（欲）复（作），牆（將）貞（鎮）之以亡名之觳。”按，河上本觳作朴。

觳與楃

《老子》甲：“憍（化）而雒（欲）复（作），牆（將）貞（鎮）之以亡名之觳。”按，帛書甲本觳作楃。

菐與筶

《容成氏》：“墨（禹）既已受命，乃卉備（服）菐（筶）若（箬），冒（帽）芙（蒲）蓻（笠）□足□☐。”

欉與樸

《老子》甲：“屯（敦）虐（乎）其奴（若）欉。”按，王弼、傅奕及帛書乙本欉作樸。下同。
《老子》甲：“我好青（靜）而民自正，我谷（欲）不谷（欲）而民自欉。”

欉與朴

《老子》甲：“屯（敦）虐（乎）其奴（若）欉。”按，河上本欉作朴。下同。
《老子》甲：“我好青（靜）而民自正，我谷（欲）不谷（欲）而民自欉。”

欉與楃

《老子》甲：“屯虐（乎）其奴（若）欉。”按，帛書甲本欉作楃。

木字聲系

木與沐

《題記》：“木（沐）侯（猴）讙引炅（熱）中。”按，原文本作“木侯讙引炅中”，整理者直接讀寫作“沐猴讙引熱中”。
《胎產書》：“毋使朱（侏）儒，不觀木（沐）候（猴），不食茵（蔥）薑，不食兔羹。”

豕字聲系

涿與啄

《引書》：“學（覺）以涿〈涿（啄）〉齒，令人不齲。”
《引書》：“其齲也，益涿〈涿（啄）〉之。”

涿與瘃

《身疕》：“涿（瘃）：先以黍潘孰（熟）洶（洗）涿（瘃），即燔數年[陳]藁，□其灰，冶□□□傅涿（瘃）。”
《身疕》：“[踵]久涿（瘃），汁盡，即可瘳矣。”

《身疕》："踐而涿（瘃）者，燔地穿而入足，如食頃而已。"

涿與濁

《養生方》："取汁，去其涿（濁）者，復煮其清，令渴（竭）。"

冢與塚

《周日書》："置居木，里社（社）、冢（塚）主歲=（歲，歲）爲上。"

《二年·盜律》："盜發冢（塚），略賣人若已略未賣。"

谷字聲系

谷與俗

《緇衣》："古（故）君民者，章好以視（示）民裕（俗），慬（謹）亞（惡）以渫（遏）民淫〈淫〉，則民不賊（惑）。"按，上博簡本《緇衣》裕（俗）作谷。

谷與欲

《老子》甲："咎莫僉（憯）虐（乎）谷得。"按，今本和帛書本谷作欲。

《老子》甲："以衍（道）差（佐）人宝（主）者，不谷（欲）以兵弜（強）於天下。"

《老子》甲："保此衍（道）者不谷尚（尚）呈（盈）。"按，今本和帛書本谷作欲。

《老子》甲："聖人谷不谷，不貴難得之貨，季（教）不季（教），復眾之所华（過）。"按，今本、帛書本及郭店楚簡《老子》丙谷作欲。

《老子》甲："我好青（靜）而民自正，我谷不谷而民自樸（樸）。"按，今本和帛書乙本谷作欲。

《緇衣》："心好則體安之，君好則民裕（欲）之。"按，上博簡本《緇衣》裕（欲）作谷。

《成之》："智而比（卑）即（次），則民谷（欲）其智之述（遂）也；福（富）而貧賤，則民谷（欲）其富之大也；貴而罷（揖）䍐（讓），則民谷（欲）其貴之上也。"

《成之》："是古（故）谷（欲）人之炁（愛）吕（己）也，則必先炁（愛）人；谷（欲）人之敬吕（己）也，則必先敬人。"

《尊德義》："上也不以旨（嗜）谷（欲）萬（害）其義（儀）飼（軌）。"

《六德》："君子女（如）谷（欲）求人衍（道）☐。"

《性自》："門内之紿（治），谷（欲）其觧也；門外之紿（治），谷（欲）其折（制）也。"

《性自》："凡息（憂）患之事谷（欲）妊（任），樂事欲谷（欲）後。身谷（欲）青（靜）而毋訣〈敧（滯）〉，慮谷（欲）困（淵）而毋愇（僞），行谷（欲）恿（勇）而必至，雷（貌）谷（欲）壯而毋梟（拔），谷（欲）柔齊而泊，憙（喜）谷（欲）智而亡末，樂谷（欲）睪（釋）而又（有）走（止），息（憂）谷（欲）僉而毋惛，惹（怒）谷（欲）浧（盈）而毋暴，進谷（欲）孫（遜）而毋攷（巧），退谷（欲）耑（端）而毋巠（徑），谷（欲）皆夐（文）而毋愇（僞）。"

《性情論》："言谷（欲）植（直）而毋流。"

《性情論》："居尻（處）谷（欲）豫□而毋曼（慢）。"

《詩論》："文王隹（雖）谷（欲）已，得虐（乎）？"

《詩論》："《黃鳥》，則困而谷（欲）反其古（故）也，多恥者其忘（怲）之虐（乎）？"

《詩論》："見其㠯（美），必谷（欲）反其本。"

《曹沫》："卒谷（欲）少以多，少則惕（易）轄，圪成則惕（易）怡（治）。"

《曹沫》："虐（吾）一谷（欲）聕（聞）

三弋（代）斎=（之所）。”

《墨子》：“□其谷（欲）能又（有）弃也，能□。”

《季桓子》：“君子卺之以其所卺，䙳（眭）之以其所谷（欲），智（知）不行矣（矣）。”

《武王甲》：“才（在）丹箸（書），王女（如）谷（欲）雚〈讙（觀）〉之，盍斮（齋）乎？”

《武王甲》：“義勳（勝）谷（欲）則從，谷（欲）勳（勝）義則兇（凶）。”

《顔淵問》：“而母（毋）谷（欲）得安（焉）。”

《王居》：“王胃（謂）：‘虗（吾）谷（欲）速。’”

《史蕾》：“敬也者，詹（瞻）人之庬=（顔色）而爲之爲，視其所谷（欲）而□。”

谷與慾

《武王甲》：“亞（惡）迭=（失？失）道於脂（嗜）谷（慾）。”

谷與慤

《子產》：“子產専（傅）於六正，與善爲徒，以谷（慤）事不善。”

俗與容

《爲吏》：“寬俗（容）忠信，和平毋怨，悔過勿重。”

俗與欲

《妄稽》：“辭讓送揖（揖），俗（欲）莭（節）理義（宜）。”按，“俗”似當讀作“欲”。《呂氏春秋·下賢》：“禮士莫高乎節欲，欲節則令行矣，文侯可謂好禮士矣。”《春秋繁露·必仁且智》：“故其心舒，其志平，其氣和，其欲節，其事易，其行道，故能平易和理而無爭也，如此者謂之仁。”

俗與裕

《治官》：“禾（和）平毋窸，寬俗（裕）忠信。”

《果童》：“地俗（裕）德以靜，而天正名以作。”按，“俗”似當讀作“裕”。

浴與谷

《帛甲老子·德經》：“神得一以霝（靈），浴（谷）得一以盈。”

《帛甲老子·德經》：“江海之所以能爲百浴（谷）王者，以其善下之，是以能爲百浴（谷）王。”

《帛甲老子·道經》：“浴（谷）神不死，是胃（謂）玄牝。”

《帛甲老子·道經》：“湷（混）呵其若濁，湛呵其若浴（谷）。”

《帛甲老子·道經》：“俾（譬）道之在天下也，猶小浴（谷）之與江海也。”

《帛甲老子·道經》：“知其白，守其辱（黖），爲天下浴（谷）。”

《帛甲老子·道經》：“爲天下浴（谷），恆德乃足。”

《帛乙老子·德經》：“神得一以霝（靈），浴（谷）得一【以】盈。”

《帛乙老子·德經》：“上德如浴（谷），大白如辱，廣德如不足。”

《帛乙老子·德經》：“江海所以能爲百浴（谷）王者，以其善下之也，是以能爲百浴（谷）王。”

《帛乙老子·道經》：“浴（谷）神不死，是胃（謂）玄牝。”

《帛乙老子·道經》：“湷（混）呵（兮）其若濁，湛（曠）呵（兮）其若浴（谷）。”

《帛乙老子·道經》：“知其白，守其辱（黖），爲天下浴（谷）。”

《帛乙老子·道經》：“爲天下浴（谷），恆德乃足。”

《帛乙老子·道經》：“卑（譬）道之在天下也，猷（猶）小浴（谷）之與江海也。”

《三禁》：“憲古章物不實者死，專利及削浴（谷）以大居者虛。”

《帛易·困》：“初六，辰（臀）困于株木，入于要（幽）浴（谷），三歲不擯（覿），凶。”

《二三子》：“猶地之有川浴（谷）也，財用所繇（由）出也；猶山林陵澤也，衣食家物所繇（由）生也。”

《鹿鳴之什》：“出自幼（幽）浴（谷）。”

《王法》：“其半爲山林溪浴（谷），蒲葦魚鼈所出。”

《田法》：“小溪浴（谷）古（罟）罔（網）不得入焉，百而當一。”

《北大老子》：“杶（敦）虖其如樸，沌虖其如濁，廣（曠）虖其如浴（谷）。”

浴與俗

《弟子問》：“脡（延）陵（陵）季子，其天民也虖（乎）？生而不因其浴（俗）。”

《爲吏》：“臨事不敬，倨驕毋（無）人，苛難留民，變民習浴（俗）。”

浴與裕

《帛易·晉》：“初九〈六〉，溍（晉）如浚（摧）如，貞吉。悔亡，復（孚）浴（裕），无咎。”

浴與瀆

《周易·井》：“九二：井浴（谷）矤（射）豣（鮒），隹（唯）褺（敝）縷（漏）。”按，帛書本浴（谷）作瀆。

谷與谷

《緇衣》：“古（故）君民者，章好以視（示）民谷（俗），慬（謹）亞（惡）以渫（遏）民淫〈淫〉，則民不賊（惑）。”按，上博簡本《緇衣》谷（俗）作谷。

《緇衣》：“心好則體安之，君好則民谷（欲）之。”按，上博簡本《緇衣》谷（欲）作谷。

谷與俗

《緇衣》：“古（故）君民者，章好以視（示）民谷（俗），慬（謹）亞（惡）以渫（遏）民淫〈淫〉，則民不賊（惑）。”按，今本《禮記·緇衣》谷作俗。

谷與欲

《緇衣》：“心好則體安之，君好則民谷（欲）之。”

《語叢二》：“谷（欲）生於眚（性），慮生於谷（欲），悟（倍）生於慮，靜（爭）生於悟（倍），尚（黨）生於靜（爭）。”

《語叢二》：“念（貪）生於谷（欲），伓（倍）生於念（貪），豨生於伓（倍）。”

《語叢二》：“椺（諼）生於谷（欲），吁（訏）生於椺（諼），忘（妄）生於吁（訏）。”

《語叢二》：“湯（侵）生於谷（欲），恧生於湯（侵），逃（盜）生於恧。”

《語叢二》：“返（急）生於谷（欲），偞（淺）生於返（急）。”

欲與容

《王法》：“上操三者，民外无□□，内无感欲（容）也。”按，“欲（容）”字從白於藍《銀雀山漢簡校釋》（《考古》2010年12期）讀。

欲與裕

《帛甲老子·道經》：“物或惡之，故有欲（裕）者弗居。”按，“欲（裕）”字從高明《帛書老子校注》（中華書局，1996年，387頁）讀。

《帛甲老子·道經》：“物或惡之，故有欲（裕）者弗居。”按，“欲（裕）”字從高明《帛書老子校注》（中華書局，1996年，336頁）讀。下一例同。

《帛乙老子·道經》：“物或亞（惡）之，故有欲（裕）者弗居。”

《帛易·蠱》：“六四，浴（裕）父之箇（蠱），往見閵（吝）。”

欲與愧

《北大老子》：“故聖人恆善救人而無棄人，物無棄財，是謂欲（愧）明。”

慾與欲

《亙先》："求慾（欲）自復₌（復，復）生之生行。"

《亙先》："亙（極）燹（氣）之生，因復其所慾（欲）。"

谿與欲

《説命下》："谿（欲）女（汝）其又（有）沓（友）沓（勅）朕命孳（哉）。"

《琴舞》："谿（欲）皮（彼）趣（熙）不莕（落），思逝（慎）。"

《琴舞》："谿（欲）其文人，不逸藍（監）舍（余）。"

谿與裕

《耆夜》："宓（毖）情（精）恳（謀）猷，谿（裕）悳（德）乃救（求）。"

敓與欲

《競公瘧》："虐（吾）敓（欲）豉（誅）者（諸）祝、史。"

綌與裕

《用曰》："番（播）惛（圖）綌（裕）眾，台（以）免民生。"按，"綌（裕）"字從劉剛《釋〈上博六·用曰〉20號簡的"裕"和"褊"——兼説"扁"聲字的上古音歸部問題》（待刊）讀。下同。

《用曰》："又（有）轒₌（坎坎）之綌（裕），而又（有）縸₌（莫莫）之褰（褊）。"

谽與訟

《史蕾》："内（納）牙（與）賜（貨），幽（流）色牙（與）酉（酒），大鐘貞（鼎），美宙（宮）室，區（驅）軽（騁）畋邋（獵），与（舉）獄谽（訟），此所以逵（失）☑。"

雒與欲

《老子》甲："憍（化）而雒复（作），牆（將）貞（鎮）之以亡名之戱（樸）。"按，今本和帛書本雒作欲。

蓉與谽

《牡痔》："各□一分，即取蓉（谽）末、菽醬之宰（滓）半，并奮（擣）。"

鎔與谽

《痂》："善洒（洗），靡（磨）之血，以水銀傅，㕛以金鎔（谽）冶末皆等。"

录字聲系

录與禄

《六德》："子弟大材埶（設）者（諸）大官，少（小）材埶（設）者（諸）少（小）官，因而它（施）录（禄）安（焉）。"

《詩論》："《天保》，其得录（禄）蔑畺（疆）矣！巽寡悳（德）古（故）也。"

《詩論》："《杕（樛）木》之旹（時），則以其录（禄）也。"

《容成氏》："於是於（乎）飼（治）籊（爵）而行录（禄），以嬲（讓）於又₌吳₌迵₌（有虞迵，有虞迵）曰：'悳（德）速蓑（衰）☑'"

《弟子問》："夫以眾軋（犯）難（難），以新（親）受录（禄）；裳（勞）以成事，色（嗇）以𠂉官。"按，"录（禄）"字從何有祖《上博五〈弟子問〉試讀三則》（簡帛網，2006年2月20日）釋讀。

《顏淵問》："录（禄）不足則青（請），又（有）余（餘）則詞（辭）。"

《顏淵問》："录（禄）不足則青（請），又（有）余（餘）則詞（辭），所以昜（揚）信也。"

《顏淵問》："悳（德）成則名至矣，名至必俾（卑）身₌（身，身）絧（治）大則录（禄）☑。"

《命訓》："夫司悳（德）司義，而昜（賜）之福（福，福）录（禄）才（在）人₌（人，人）能居。"

《命訓》:“亟(極)福則民₌录₌(民禄,民禄)迁₌善₌(干善,干善)韋(違)則不行。”

录與麓

《蘭賦》:“凥(處)宅幽录(麓)☐。”

勀與剥

《正亂》:“勀(剥)其皮革以爲干侯,使人射之,多中者賞。”

剥與僕

《帛易·旅》:“六二,旅既〈即〉次,壞(懷)其茨(資),得童剥(僕),貞。”

彔與逯

《尹至》:“隹(惟)尹自夏䢓(徂)白(亳),彔(逯)至才(在)湯。”

《琴舞》:“瓷(咨)尔多子,笁(篤)其絸(勉)卲(劭),舍(余)彔(逯)思念,畏天之載(則),勿請福之侃(愆)。”

彔與禄

《魯穆公》:“夫爲其君之古(故)殺其身者,交彔(禄)雀(爵)者也。”

《魯穆公》:“亙(亟)☐☐☐之亞(惡)☐☐☐彔(禄)雚(爵)者☐。”

《魯穆公》:“義而遠彔(禄)雚(爵),非子思,虗(吾)亞(惡)昏(聞)之矣。”

《曹沫》:“凡畜羣臣,貴戔(賤)同走(等),彔(禄)毋倍(倍)。”

《曹沫》:“牆(將)復戰,則彔(禄)雚(爵)又(有)崇(常),幾莫之堂(當)。”

𥨐與禄

《繫年三》:“武王陟,商邑興反,殺三監而立𥨐(禄)子耿。”

《繫年三》:“成王屎(纘)伐商邑,殺𥨐(禄)子耿,飛𢉼(廉)東逃于商盍(奄)氏。”

𥨐與彔

《管仲》:“既得其利,昏𥨐(彔)以行。”

掾與録

《曁過》:“公士豕田橘將陽,未㾆(斥)自出,當復田橘,官令戍,掾(録)弗得。”

掾與握

《凡物甲》:“鼓之又(有)聖(聲),忻(近)之可見,操之可操,掾(握)之則遠(失),敗之則高(槁),測(賊)之則滅。”按,“掾(握)”字從小疋在復旦大學出土文獻與古文字研究中心研究生讀書會《〈上博(七)·凡物流形〉重編釋文》(復旦大學出土文獻與古文字研究中心網,2008年12月31日)一文下跟帖讀。下同。

《凡物甲》:“掾(握)之不浧(盈)掾(握),尃(敷)之亡(無)所畣(容)。”

《凡物乙》:“䖒(咀)之又(有)未(味),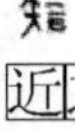(嗅)之有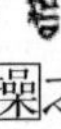(臭),鼓之又(有)聖(聲),近之可見,操之可操,掾(握)☐。”

《凡物乙》:“掾(握)之不浧(盈)掾(握),尃(敷)之亡(無)所畣(容)。”

琭與禄

《晏子七》:“是以神民俱順而山川入(納)琭(禄)。”

禄與琭

《北大老子》:“不欲禄禄(琭琭)如玉。”

禄與鹿

《見威王》:“黄帝戰蜀(涿)禄(鹿)。”

録與麓

《北蒼·陽》:“顈豫録(麓)恢,彴(徇)隋(隨)愷褢。”

麃與鹿

見屋部鹿字聲系。

鹿字聲系

鹿與戮

《容成氏》:“於是虐(乎)天下之兵大记(起),於是虐(乎)樊(判)宗鹿(戮)族,戔(殘)群安備(服)。”

鹿與僇

《史蒥》：“害（曷）鹿（僇）而不敬？子亦氏（是）之惻。”按，“鹿”似當讀作“僇”。《史記·楚世家》：“僇越大夫常壽過，殺蔡大夫觀起。”司馬貞《索隱》：“僇，辱也。”

鹿與剥

《天子甲》：“男女不訨（語）鹿（剥），堋（朋）友不語分。”按，“鹿”似當讀作“剥”。下同。

《天子乙》：“男女不訨（語）鹿（剥），堋（朋）友不訨（語）分。”

廌與篤

《子儀》：“廌（篤），𡰥（仁）之槫（楷）也。”

麋與鹿

《詩論》：“《麋（鹿）鳴》以樂司而會，以道交，見善而孝（傚），終虗（乎）不猒（厭）人。”

《繫年七》：“晉文公囟（思）齊及宋之悳（德），乃及秦𠂤（師）回（圍）曹及五麋（鹿），伐衛以敚（脱）齊之戍及宋之回（圍）。”

足字聲系

足與捉

《□爛者》：“爵（嚼）蘖米，足（捉）取汁而煎，令類膠。”

《傷痙》：“煎之潰（沸），即以布足（捉）之，予（抒）其汁，□傅□。”

足與屬

《帛五行·説》：“尊賢者，言等賢者也，言譔（選）賢者也，言足（屬）諸上位。”

足與錯

《繫辭》：“句（苟）足（錯）者（諸）地而可矣，藉之用茅，何咎之有？慎之至也。”

莡與餗

《帛易·鼎》：“九四，鼎折足，復（覆）公莡（餗），其刑（形）屋（渥），凶。”按，“莡（餗）”字從廖名春《帛書〈周易〉論集》（上海古籍出版社，2008 年，368 頁）釋，從今本讀。

《二三子》：“易曰：‘鼎折足，復（覆）公莡（餗），其刑（形）屋（渥），凶。’”

《二三子》：“路其國，蕪其地，五種不收，胃（謂）‘復（覆）公莡（餗）’。”

《要》：“易曰：‘鼎折足，復（覆）公莡（餗），其刑（形）屋（渥），凶。’”

逰與促

《將過》：“將有勇而主〈至（輕）〉死者，有急而心逰（促）者。”

《將過》：“勇而主〈至（輕）〉死者可秀（誘），急而心逰（促）者可久。”

跌與足

《程寤》：“人甬（用）女（汝）母（謀），悉（愛）日不跌（足）。”

《鄭武》：“女（如）弗果善，欣虗（吾）先君而孤孠₌（孺子），其辠（罪）亦跌（足）婁（數）也。”

《鄭武》：“虗（吾）先君女（如）忍孠₌（孺子）志₌（之志），亦猷（猶）跌（足）。”

《鄭武》：“幾（豈）孤其跌（足）爲免（勉），印（抑）亡（無）女（如）虗（吾）先君之㥑（憂）可（何）？”

《子儀》：“辟（譬）之女（如）兩犬夒（延）河𢿙（啜）而獙（猌），㪟（豈）愧（畏）不跌（足），心則不𢿋（察）？”

奏字聲系

奏與湊

《二年·戶律》：“節（即）有當治爲者，令史、吏主者完封，奏（湊）令若丞印，嗇夫發，即𧞒治爲其□。"

奏與腠

《引書》："周脈循奏（腠）理以利蹱（踵）首，廁（側）比以利耳，陽見以利目。"

《引書》："奏（腠）理啓闔，食歙（飲）不和，起居不能與寒暑相應。"

《引書》："閉玄府，啓繆門，闔五臧（臟），達九竅，和啓闔奏（腠）理。"

《白處》："白瘧（瘧）者，白毋奏（腠），取丹沙與鱣魚血，若以雞血，皆可。"

《胎產書》："未□□□，是胃（謂）變奏（腠）□筋。"

《大成》："民何得而奏（腠）理靡曼，鮮白有光？"

《容成》："將欲壽神，必以奏（腠）理息。"

《容成》："出入以脩奏（腠）浬（理），軲（固）白（薄）内成。"按，"奏（腠）"字從裘錫圭《馬王堆醫書釋讀瑣議》(《古文字論集》，中華書局，1992 年，525 頁）釋讀。

《合陰陽》："七而至堅以強，八而奏（腠）理光。"

《天下至道》："飲食次（恣）欲，皮奏（腠）曼密，氣血充贏，身膿（體）輕利。"

奏與走

《足臂脈・臂》："循筋上兼（廉），以奏（走）臑内，出夜（腋）内兼（廉），之心。"按，"奏（走）"字從周一謀、蕭佐桃《馬王堆醫書考注》(天津科學技術出版社，1988 年，17 頁）讀。下同。

《足臂脈・臂》："循筋下兼（廉），出臑内下兼（廉），出夜（腋），奏（走）脅。"

《足臂脈・臂》："出中指，循臂上骨下兼（廉），奏（走）耳。"

《足臂脈・臂》："循骨上兼（廉），出臑□□，上奏（走）腨（枕），之口。"

族字聲系

族與足

《語叢三》："自視（示）其所不族（足），嗌（益）。"按，"族（足）"字從李零《郭店楚簡校讀記（增訂本）》(北京大學出版社，2002 年，150 頁）讀。

族與嘬

《天下至道》："九曰青（蜻）靈（蛉），思外，十曰魚族（嘬），此謂十埶（勢）。"按，馬王堆帛書《合陰陽》篇"族"作"嘬"。

朿字聲系

朿與速

《尹至》："其又（有）民衛（率）曰：'隹（惟）我朿（速）禍（禍）。'"

罬與朿

《曹沫》："收而聚之，罬（朿）而厚之，賍（重）賞泊（薄）坓（刑），思（使）忘其死而見其生，思（使）良車良士往取之餌（耳）。"

駷與驟

《明君》："務敬（檠）弓弩，脩車馬馳駷（驟）也，獵射𤣥（兕）虎，必勝之。"

遬與速

《戰國一一》："以雨，未得遬（速）也。"

《戰國一四》："秦弱宋服，則王事遬（速）夬（决）矣。"

《妄稽》："遬（速）之我舍。"

《妄稽》："慮（臚）聞一里，遬（速）若建鼓。"

《妄稽》："吾遬（速）殺女（汝），善也爲我不利！"

《妄稽》："遬（速）鬻虞士，毋羈獄訟。"

《妄稽》："君來適遬（速），被（彼）未給叚（暇）。”

《妄稽》：“遬（速）鬻虞士，毋羈大顧。”

遬與嗽

《蒼頡篇》：“疢痛遬（嗽）欬。”

《北蒼·之職》：“癒痒（癃）瓥痤，疢痛遬（嗽）欬。”

潄與漱

《引書》：“春日，蚤（早）起之後，棄水，澡潄（漱），洒齒，泃（呴），被髮。”

《引書》：“蚤（早）起，棄水之後，用水澡潄（漱），疏齒，被髮。”

蜀字聲系

蜀與蠲

《性自》：“蜀（獨）𡰪而樂，又（有）内𦍮者也。”按，上博簡本《性情論》蜀（獨）作蠲。

蜀與獨

《老子》甲：“蜀立不亥（改），可以爲天下母。”按，今本和帛書本蜀作獨。

《五行》：“能爲𦕑（一），肰（然）句（後）能爲君〔=〕子〔=〕（君子，君子）慙（慎）其蜀（獨）也。”

《性自》：“☐蜀（獨）行，猷（猶）口之不可蜀（獨）言也。”

《性自》：“凡於𨑓（路）毋愄（畏），毋蜀（獨）言。”

《性自》：“蜀（獨）𡰪（居）則習父兄之所樂。”

《性自》：“蜀（獨）𡰪而樂，又（有）内𦍮者也。”

《詩論》：“《𩿨₌（燕燕）》之情，以其蜀（獨）也。”按，“蜀（獨）”字從李學勤《〈詩論〉説〈關雎〉等七篇釋義》（《齊魯學刊》2002年2期）等讀。

《周易·姤》：“初六：繫于金柅（柅），貞吉。又（有）卣（攸）往，見凶。羸（羸）豕孚是（蹢）蜀（獨）。”

《周易·夬》：“九厽（三）：藏（壯）于頄，又（有）凶。君子夬₌（夬夬），蜀（獨）行遇雨，女（如）雺又（有）厲，亡（无）咎。”

《仲弓》：“夫子唯（雖）有與（舉），女（汝）蜀（獨）正之，幾（豈）不又（有）狂（匡）也？”

《亙先》：“亙（極）燹（氣）之生，不蜀（獨），又（有）與也。”

《君子》：“蜀（獨）智，人所亞（惡）也；蜀（獨）貴，人所亞（惡）也；蜀（獨）福（富），人所亞（惡）☐。”

《李頌》：“木斯蜀（獨）生，秦（榛）朸（棘）之閒可（兮）。”

《有皇》：“膠膰秀（誘）余含可（兮），蜀（獨）論三夫含可（兮）。”

《城濮》：“王爲余賓，舉（舉）邦加（賀）余，女（汝）蜀（獨）不余見。”

《皇門》：“曰‘余蜀（獨）備（服）才（在）寢’，以自零（落）氒（厥）家。”

《説命下》：“敓（説），母（毋）蜀（獨）乃心，専（敷）之于朕政。”

《芮良夫》：“褢（懷）𢘓（慈）學（幼）溺（弱）、羸（鰥）寡、䁍（煢）蜀（獨），萬民具（俱）慭（憖），邦甬（用）昌憙（熾）。”

《帛五行·説》：“君子慎其蜀（獨）。”

《帛五行·説》：“慎其蜀（獨）也者，言舍夫五而慎其心之胃（謂）□□然笱（後）一。”

《帛五行·説》：“是之胃（謂）蜀（獨）。”

《帛五行·説》：“蜀（獨）也者舍膿（體）也。”

《稱》：“耶（聖）人麋（彌）論（綸）天地之紀，廣乎蜀（獨）見，□□蜀（獨）□□□□□□□蜀（獨）在。”

《見威王》："中國有苗民存，蜀（獨）爲弘。"

《文師》："聖人蜀（獨）知蜀（獨）聞蜀（獨）見。"

《發啟》："聖人之悳（德）□乎蜀（獨）聞蜀（獨）見，樂才（哉）聖人。"

《王兵》："所憙（喜）之國能蜀（獨）利之，所亞（惡）之國能蜀（獨）害之。"

《王兵》："先見適（敵）□蜀（獨）行。"

《北大老子》："眾人皆有餘，而我蜀（獨）遺（匱）。"

《北大老子》："猷（俗）人昭昭，我蜀（獨）若昏。"

《趙正書》："輕慮不可以治固〈國〉，蜀（獨）勇不可以存將。"

《妄稽》："吾顛（俛）印（仰）自念，吾竊蜀（獨）何命。"

《妄稽》："命舍周春，蜀（獨）事濡（孺）子。"

《妄稽》："怒頸觸牖：'女（汝）亦蜀（獨）不我直！'"

《荊決》："與人皆（偕）行，其身蜀（獨）處。"

蜀與屬

《周易·姤》："初六：繫于金梎（柅），貞吉。又（有）卣（攸）往，見凶。羸（羸）豕孚是（蹢）蜀（獨）。"按，帛書本蜀（獨）作屬。

蜀與涿

《見威王》："黃帝戰蜀（涿）禄（鹿）。"

篤與獨

《性自》："蜀（獨）尻而樂，又（有）內䔮者也。"按，上博簡本《性情論》蜀（獨）作篤。

獨與韣

《傷痙》："諸傷，風入傷，傷癰痛，治以枲絮爲獨（韣）□□□傷。"

欘與屬

《命訓》："凡此，勿（物）氒（厥）崙（權）之欘（屬）也。"

歜與濁

《北蒼·魚》："歜（濁）潘閒簡，鼙鼓歌醲。"

蠲與濁

《天子甲》："凡天子欽（歆）既（氣），邦君飤（食）蠲（濁），夫=（大夫）承廌（餕），士受余（餘）。"

《天子乙》："凡天子欽（歆）既（氣），邦君飤（食）蠲（濁），夫=（大夫）承廌（餕），士受舍（餘）。"

襡與屬

《楚帛書》乙："建亙（恆）襡（屬）民，五正乃明，百神是享，是胃（謂）悳（德）匿，群神乃悳（德）。"按，"襡（屬）"字從裘錫圭《是"恆先"還是"極先"？》（復旦大學出土文獻與古文字研究中心網，2009年6月2日）釋讀。

躅與誅

《鮑叔牙》："公弗詰躅（誅），臣唯（雖）欲訐（諫），或不得見，公沽（固）弗詧（察）。"按，"躅"似當讀作"誅"。

屬與囑

《周馴》："欺〈斯〉乃受（授）之書，而〖曰〗自身屬（囑）之曰：女（汝）勉毋忘歲正月更旦之馴（訓）。"

《周馴》："斯乃受（授）之書，而自身屬（囑）之曰：女（汝）勉毋忘歲二月更旦之馴（訓）。"

《周馴》："斯乃受（授）之書，而自身屬（囑）之曰：女（汝）勉毋忘歲三月更旦之馴（訓）。"

《周馴》："斯乃受（授）之書，而自身屬

（囑）之曰：女（汝）勉毋忘歲四月更旦之馴（訓）。”

《周馴》：“吾所屬（囑）女（汝）無它，其要既盡於不善而勿爲。”

《周馴》：“斯乃受（授）之書，而自身屬（囑）之曰：女（汝）勉毋忘歲六月更旦之馴（訓）。”

《周馴》：“斯乃受（授）之書，而自身屬（囑）之曰：女（汝）勉毋忘歲七月更旦之馴（訓）。”

《周馴》：“斯乃受（授）之書，而自身屬（囑）之曰：女（汝）勉毋忘歲八月更旦之馴（訓）。”

《周馴》：“斯乃受（授）之書，而自身屬（囑）之曰：女（汝）勉毋忘歲九月更旦之馴（訓）。”

《周馴》：“斯乃受（授）之書，而自身屬（囑）之曰：女（汝）勉毋忘歲十月更旦之馴（訓）。”

《周馴》：“斯乃受（授）之書，而自身屬（囑）之曰：女（汝）勉毋忘歲十一月更旦之馴（訓）。”

《周馴》：“斯乃受（授）之書，而自身屬（囑）之曰：女（汝）勉毋忘歲閏月更旦之馴（訓）。”

《周馴》：“斯乃受（授）之書，而自身屬（囑）之曰：女（汝）勉毋忘臘之明日親（新）歲之馴（訓）。”

屬與獨

《少牢》：“祝西面于主人南，屬（獨）侑，不拜。”

屬與躅

《帛易·姤》：“初六，擊（繫）于金梯（柅），貞吉。有攸往，見兇（凶）。羸豨（豕）復（孚）適（蹢）屬（躅）。”

《易之義》：“川（坤）之‘牝馬’，小蓄（畜）之‘密雲’，句（姤）之‘[蹢]屬（躅）’，[漸]之‘繩（孕）婦’，肫（屯）之‘泣血’，五繇者，陰之失也，靜而不能僮（動）者也。”

屬與注

《北大老子》：“而百姓皆屬（注）其耳目焉，聖人而皆晐（孩）之。”

辱字聲系

辱與溽

《雨書》：“四日角，雨，辱（溽）暑，七日至。”

辱與黷

《老子》乙：“上悳（德）女（如）浴（谷），大白女（如）辱。”按，今本辱作黷。

《帛甲老子·道經》：“知其白，守其辱（黷），爲天下浴（谷）。”

《帛乙老子·道經》：“[知]其白，守其辱（黷），爲天下浴（谷）。”

《北大老子》：“上德如谷，大白如辱（黷）。”

辱與衄

《十陣》：“往者弗送，來者弗止，或毄（擊）其迂（窊），或辱（衄）其閱（鋭）。”

蓐與辱

《天乙·反支》：“以歐（毆）治（笞）人者，必蓐（辱）。”

《戰國三》：“以惡可[也]，以蓐（辱）可也，以與勺（趙）爲大讎（仇）可也。”

《戰國四》：“王之於臣也，賤而貴之，蓐（辱）而顯之，臣未有以報王。”

《戰國四》：“臣甘死、蓐（辱），可以報王，願爲之。”

《周馴》：“徒步之人，布衣之士，猷（猶）有羞蓐（辱），惡大詢醜（耻），皇（況）在千乘人君之大子？”

《周馴》:“虜以入秦，身大蓐（辱）醜（恥），歸而從堯（蕘）。”

蓐與鄏

《周馴》:“爾有蓐（鄏）邑，而成周之人不爲女（汝）民，其何以守國？”

《周馴》:“今女（汝）能賢，則蓐（鄏）邑雖小，其庸不如三晉之始也？”

角字聲系

桷與㮇

《合陰陽》:“一曰虎游，二曰蟬柎（附），三曰斥（尺）蠖，四曰囷（麕）桷。”按，馬王堆帛書《天下至道談》“桷”作“㮇”。

犄與粗

《腫囊》:“治之，取馬矢犄（粗）者三斗。”按，“犄（粗）”字從馬繼興《馬王堆古醫書考釋》（湖南科學技術出版社，1992年，473頁）讀。

斛與握

《周易·萃》:“初六：又（有）孚不終，乃嬰（亂）廼（乃）啐（萃），若唇（號），一斛（握）于芺（笑），勿衈（恤），往亡（无）咎。”

曲字聲系

曲與俱

《爲國》:“五者曲（俱）損，則國貧，有大事不可以持久，其吏便以爲重利。”按，“曲（俱）”字從白於藍《銀雀山漢簡（二）校讀六記》（《簡帛》第十輯，上海古籍出版社，2015年）讀。

曲與矚

《荊決》:“吉日嘉時，登高曲（矚）望，相須〈焉〉以色。”

《荊決》:“道路曲（矚）望，美人不來。”

壴字聲系

孛與穀

《鄭甲》:“白（伯）父，不孛（穀）學（幼）溺（弱）。”

《鄭甲》:“白（伯）父是（實）被複（覆），不孛（穀）以能與遼（就）宋（次）。”

《鄭甲》:“今天爲不惠，或爰（援）肰（然）與不孛（穀）爭白（伯）父。”

《鄭甲》:“所天不豫（舍）白=父=（伯父，伯父）而□□□□□□□□□□□孛（穀）。”

㱿與愨

《日甲·生子》:“乙亥生子，㱿（愨）而富。”按，“㱿”似當讀作“愨”，訓謹、誠、善。下八例同。

《日甲·生子》:“壬午生子，㱿（愨）而武。”

《日甲·生子》:“乙酉生子，㱿（愨），好樂。”

《日甲·生子》:“辛卯生子，吉及㱿（愨）。”

《日甲·生子》:“癸巳生子，㱿（愨）。”

《日甲·生子》:“己亥生子，㱿（愨）。”

《日甲·生子》:“甲辰生子，㱿（愨），且武而利弟。”

《日甲·生子》:“己酉生子，㱿（愨），有商（章）。”

《日甲·生子》:“丁巳生子，㱿（愨）而美，有敃（秩）。”

《同顯》:“敦㱿（愨）；守吏（事），心平𧾷禮。”

《奏讞書》:“舉闒毋害謙（廉）絜（潔）敦㱿（愨）。”

《蓋廬》:“賢㱿（愨）則起，暴亂皆伏。”

㱿與穀

《容成氏》:“句（后）禝（稷）既已受命，

乃飤（食）於埜（野），宿於埜（野），復穀（穀）豢土，五年乃䍐（穰）。”
《柬大王》：“不穀（穀）瘵甚疠（病），聚（驟）夢高山深溪。”按，整理者直接釋“穀”爲“穀”。不確。下一例同。
《柬大王》：“以告相䢔（徙）與中余：‘含（今）夕不穀（穀）夢若此，可（何）？’”
《季桓子》：“不味酉（酒）肉，不飤（食）五穀（穀）。”
《申公》：“不穀（穀）以芺（笑）紳（陳）公，氏（是）言弃（棄）之，含（今）日紳（陳）公事不穀（穀），必以氏（是）心。”
《鄭子甲》：“奠（鄭）子家殺其君，不穀（穀）日欲以告夫₌（大夫）。”
《鄭子乙》：“奠（鄭）子家殺其君，不穀（穀）日欲以告夫₌（大夫）。”
《王居》：“是則𦘔（盡）不穀（穀）之辠（罪）也，後舍勿肰（然）。”
《王居》：“忨（愿）夫₌（大夫）之母（毋）[illegible]徒，以員（損）不穀（穀）之〼。”
《城濮》：“穀（穀）虘（菟）余爲楚邦老，君王免余辠（罪）。”
《繫年七》：“晉文公立四年，楚成王衒（率）者（諸）侯以回（圍）宋伐齊，成穀（穀）居（據）鍐（緡）。”
《芮良夫》：“邦其康寍（寧），不奉（逢）庶戁（難），年穀（穀）焚（紛）成，風雨寺（時）至。”
《命訓》：“夫民生而樂生穀（穀），上以穀（穀）之，能母（毋）懽（勸）嘑（乎）？”
《啻門》：“五以𨸏（將）之，水、火、金、木、土，以成五曲，以穗（植）五穀（穀）。”
《管仲》：“〼不穀（穀），余日三陸（怵）之，夕三陸（怵）之。”
《鄭乙》：“白（伯）父，不穀（穀）幽（幼）溺（弱）。”
《鄭乙》：“〼不惠，或爰（援）然與不穀（穀）請（爭）白（伯）父。”
《子儀》：“義（儀）父！不穀（穀）繻左，右絅；繻右，左絅，女（如）權之又（有）加橈也。”
《子儀》：“君及不穀（穀）剸（專）心穆（戮）力以左右者（諸）侯，則可（何）爲而不可？”
《子儀》：“義（儀）父！以不穀（穀）之攸（修）遠於君，可（何）爭而不好。”
《子儀》：“昔畬（贄）之杢（來）也，不穀（穀）宿之靁（靈）吾（陰）。”
《子儀》：“義（儀）父！昔畬（贄）之行，不穀（穀）欲裕我亡反副（復），尚諯（端）項瞻遊目以晉我秦邦。”
《子儀》：“不穀（穀）敢悉（愛）糧？”
《蚖》：“炊五穀（穀）、兔□肉陀（他）甗中。”
《容成》：“治氣之精，出死入生，驩（歡）欣咪（美）穀（穀）。”
《容成》：“治氣之精，出死入生，驩（歡）欣咪（美）穀（穀）。”
《第二組》：“爲計，鄉嗇夫及典、老月辟其鄉里之入（納）穀（穀）、徙除及死亡者，謁于尉。”
《占書》：“无故而田其術巷及廷，是胃（謂）盡德，五穀（穀）大蟲。”

穀與縠

《二年・□市律》：“絺緒（紿）、縞繙、纔緣、朱縷、罽（罽）、緒（紵）布、穀（縠）、荃蔞，不用此律。”

穀與㲉

《二年・田律》：“燔草爲灰，取產麛（麛）卵穀（㲉）。”

穀與由

《五行》：“聖智豊（禮）藥（樂）之所穀

（由）生也，五行之所和也。”
《五行》：“息（仁）義豊（禮）所𣪊（由）生也，四行之所和也。”
𣪊與覰
《芮良夫》：“非𣪊（覰）折（哲）人，虘（吾）𡍩（靡）所爰（援）□詣（稽）。”按，“𣪊（覰）”字從唐洪志《清華簡校讀四則》（待刊）讀。
𣪊與確
《北蒼·魚》：“堅𣪊（確）攎綮，饒飽糞餘。”
𣪊與遘
《金縢》：“尔（爾）元孫𤼷（發）也，𣪊（遘）遠（害）䖒（虐）疾。”
愨與慤
《正亂》：“不死不生，愨（慤）爲地桯（楹）。”
𣪊與穀
《芮良夫》：“疋（胥）收（糾）疋（胥）由，疋（胥）𣪊（穀）疋（胥）均（均）。”
𣪊與慤
《魏盜》：“皆請（清）絜（潔），毋（無）害，敦𣪊（慤）。”
𣪊與哭
《丹》：“祠墓者毋敢𣪊₌（哭，哭），鬼去敬（驚）走。”按，“𣪊₌（哭，哭）”字從胡平、張德芳《懸泉漢簡釋粹》（上海古籍出版社，2001年，183頁）讀。
穀與𣪊
《反淫》：“受而裁之，野繭絲爲弦，石岸之欋爲槩，弧（孤）子之鉤爲隱，寡女珥爲穀（𣪊）。”
㝅與穀
《帛甲老子·德經》：“夫是以侯王自胃（謂）曰孤寡不㝅（穀）。”
《帛甲老子·德經》：“天下之所惡，唯孤寡不㝅（穀），而王公以自名也。”
《帛乙老子·德經》：“夫是以侯王自胃（謂）孤寡不㝅（穀）。”
《帛乙老子·德經》：“人之所亞（惡），唯孤寡不㝅（穀），而王公以自稱也。”
穀與𣪊
《兵情》：“弩之中穀（𣪊）合於四，兵有功☐。”
穀與觳
《特牲》：“穀（觳）折，其餘如作（阼）柤（俎）。”
《特牲》：“穀（觳）折，脊，脅。”
穀與谷
《月令》：“揚（暘）穀（谷），咸趨南畝。”
穀與角
《庫法》：“諸庫器善否美惡及穀（角）試☐。”
《王兵》：“春秋穀（角）試，以闌（練）精材。”
穀與穀
《養生方》：“汁盡，即取穀（穀）、椅桐汁□□□□□㾍（塗）所漬布，乾之。”按，整理者認爲“穀”即“穀”之錯字。不確。“穀”可讀作“穀”。
穀與慤
《日乙·生》：“壬午生，穀（慤）於武，好貨。”按，“穀”似當讀作“慤”，訓謹、誠、善。下六例同。
《日乙·生》：“乙酉生，穀（慤），利樂。”
《日乙·生》：“癸巳生，穀（慤）。”
《日乙·生》：“甲辰生，穀（慤）。”
《日乙·生》：“己酉生，穀（慤）。”
《日乙·生》：“丁巳生，穀（慤），媚人。”
《日乙·生》：“巳未生，穀（慤）。”
《周馴》：“爲人君者，不可以大穀₌（慤，慤）則大₌信₌人₌（大信人，大信人）則可皇（誑），可皇（誑）則可奪。”

轂與穀

《日甲·盜者》：“盜者男子，青赤色，爲人不轂（穀），要（腰）有疵。”

玉字聲系

琂與頊

《武王甲》：“不智（知）黃帝、耑（顓）琂（頊）、堯、舜之道在［存］虖（乎）？”

屋字聲系

屋與渥

《帛易·鼎》：“九四，鼎折足，復（覆）公茳（餗），其刑（形）屋（渥），凶。”

《二三子》：“易曰：‘鼎折足，復（覆）公茳（餗），其刑（形）屋（渥），凶。’”

《二三子》：“口養不至，饑餓不得食，謂‘刑（形）屋（渥）’。”

《要》：“易曰：‘鼎折足，復（覆）公茳（餗），其刑（形）屋（渥），凶。’言不朕（勝）任也。”按，“屋（渥）”字從池田知久《〈馬王堆漢墓帛書周易〉要篇之思想》（《東洋文化研究所紀要》第一百二十六冊，1995年1月，8頁）釋讀。

屋與握

《帛易·萃》：“初六，有復（孚）不終，乃乳（亂）乃卒（萃），若其號。一屋（握）于芺（笑），勿血（恤），往无咎。”

楃與樸

《帛甲老子·道經》：“渙呵（兮）其若淩（凌）澤（釋），□呵（兮）其若楃（樸）。”

《帛甲老子·道經》：“楃（樸）散則爲器，聖人用則爲官長。”

《帛甲老子·道經》：“道恆无名，楃（樸）唯（雖）小，而天下弗敢臣。”

《帛甲老子·道經》：“愾（化）而欲作，吾將鎮之以无名之楃（樸）。”

《帛甲老子·道經》：“鎮之以无名之楃（樸），夫將不辱。”

《天師》：“若弗能出楃（樸），食之貴靜而神風。”

鐸部第一四

百字聲系

百與陌

《更修田律》："畝二畛，一百（陌）道。"

《更修田律》："及癹（發）千（阡）百（陌）之大草。"

百與伯

《良臣》："奠（鄭）桓（桓）公與（舉）周之遺老史百（伯）、宦中（仲）、虘（虢）弔（叔）、土（杜）白（伯），後出邦（封）。"

佰與陌

《答問》："可（何）如爲'封'？'封'即田千（阡）佰（陌）。"

《爲吏》："千（阡）佰（陌）津橋。"

《龍簡》："黔首皆從千（阡）佰（陌）彊（疆）畔之其▨。"

《魏盜》："即將司寇晦，別居千（阡）佰（陌）、㣫（徹）道，徼（邀）迣苛視不犾〈状〉者。"

《二年·田律》："田廣一步，袤二百卌步，爲畛，畝二畛，一佰（陌）道。"

《二年·田律》："恆以秋七月除千（阡）佰（陌）之大草。"

《二年·田律》："盜侵□千（阡）佰（陌）及塹土，罰金二兩。"按，"佰（陌）"字從武漢大學簡帛研究中心、荊州博物館、早稻田大學長江流域文化研究所《張家山漢簡〈二年律令〉釋文校訂》(《中國文字》新32期，藝文印書館，2006年）釋讀。

佰與袹

《將理》："其侍（待）佰（袹）人之北（背），炤（灼）人之膂□。"

管與暮

《周馴》："魯也，不智（知）好學之有賴也，不智（知）從（縱）欲之日敗也，不智（知）自以爲少而年已管（暮）也。"

郈與陌

《龍簡》："侵食道、千（阡）郈（陌）及斬（塹）人疇企（畦），貲一甲。"

霍字聲系

霸與魄

《蒼頡篇》："霸（魄）暨專庚。"

《北蒼·陽》："弘兢蕑眉，霸（魄）暨傅庚。"

白字聲系

白與伯

《緇衣》："好㜲（美）女（如）好茲（緇）衣，亞₌（惡惡）女（如）亞（惡）遈（巷）白（伯），則民臧〈咸〉放（服）而埶（刑）不屯〈弋（試）〉。"

《窮達》："母（梅）白（伯）初潘（醢）酭（醢），後名昜（揚），非其悳（德）加。"按，"白（伯）"字從陳劍《郭店簡〈窮達以時〉、〈語叢四〉的幾處簡序調整》(《國際簡帛研究通訊》第二卷第五期，2002年)讀。

《弟子問》："巨（蘧）白（伯）玉侍（侍）唐（乎）？子膻₌（庸庸）女（如）也其聖（聲）。"

《吳命》："寍（寧）心敦（抛）慐（憂），亦隹（唯）吳白（伯）父。"

《成王》："白（伯）层（夷）、雪（叔）齊餞（餓）而死於雓（窮）瀆，不辱其身。”
《城濮》：“遠（蔿）白（伯）珵（嬴）猶約（弱），寡（拒）寺（持）俯（舟）酓₌（飲酒）。”
《城濮》：“子〖₌〗旻（文）舉（舉）脏䞓（貽）白（伯）珵（嬴）曰。”
《城濮》：“白（伯）□珵（嬴）曰。”
《楚居》：“季緐（連）聒（聞）其又（有）噂（聘），從，及之盤（判），爰生絽白（伯）、遠中（仲）。”
《繫年一》：“平₌（至于）柬₌王₌（厲王，厲王）大瘧（虐）于周，卿李（士）、者（諸）正、萬民弗刃（忍）于氒（厥）心，乃歸柬（厲）王于鼓（彘），龍（共）白（伯）和立。”
《繫年一》：“十又四年，柬（厲）王生洹₌王₌（宣王，宣王）即立（位），龏（共）白（伯）和歸于宋〈宗〉。”
《繫年二》：“周幽王取妻于西䌛（申），生坪（平）王₌（王，王）或䢅〈取〉孚（褒）人之女，是孚（褒）忌（姒），生白（伯）盤。”
《繫年二》：“孚（褒）忌（姒）辟（嬖）于王₌（王，王）與白（伯）盤达（逐）坪₌王₌（平王，平王）走西䌛（申）。”
《繫年二》：“曾（繒）人乃降西戎，以攻幽₌王₌（幽王，幽王）及白（伯）盤乃滅，周乃亡。”
《繫年十一》：“宋公爲左芋（盂），奠（鄭）白（伯）爲右芋（盂），䌛（申）公弔（叔）侯智（知）之。”
《繫年十一》：“穆王即碟（世），臧（莊）王即立（位），使孫（申）白（伯）亡（無）愄（畏）噂（聘）于齊。”
《繫年十一》：“叚（假）逄（路）於宋₌（宋，宋）人是古（故）殺孫（申）白（伯）亡（無）愄（畏），敓（奪）其玉帛。”
《繫年二二》：“晉公獻齊俘馘於周王，述（遂）以齊侯貣（貸）、魯侯羴（顯）、宋公畋（田）、衛侯虔、奠（鄭）白（伯）怡（駘）朝周王于周。”
《繫年二三》：“楚聖（聲）趄（桓）王立四年，宋公畋（田）、奠（鄭）白（伯）怡（駘）皆朝于楚。”
《良臣》：“堯之相夋₌（舜，舜）又（有）禹₌（禹，禹）又（有）白（伯）尸（夷），又（有）嗌（益），又（有）史皇，又（有）咎（皋）囚（陶）。”
《良臣》：“又（有）邴（芮）白（伯），又（有）白（伯）迠（适）。”
《良臣》：“奠（鄭）䡅（桓）公與（舉）周之遺老史百（伯）、宦中（仲）、虔（虢）弔（叔）、土（杜）白（伯），後出邦（封）。”
《良臣》：“子產之帀（師）：王子白（伯）忨（願）、肥中（仲）、土（杜）啻（逝）、斸（渾）厈（罕）。”
《鄭甲》：“子人成子既死，犬白（伯）堂（當）邑。”
《鄭甲》：“犬白（伯）又（有）疾，吝（文）公逹（往）聒（問）之。”
《鄭甲》：“白（伯）父，不𦎫（穀）學（幼）溺（弱）。”
《鄭甲》：“白（伯）父是（實）被複（覆），不𦎫（穀）以能與遠（就）宋（次）。”
《鄭甲》：“今天爲不惠，或爰（援）肰（然）與不𦎫（穀）爭白（伯）父。”
《鄭甲》：“所天不豫（舍）白₌父₌（伯父，伯父）而□□□□□□□□□□□□𦎫（穀）。”
《鄭甲》：“犬白（伯）曰。”
《鄭乙》：“[子]人成子既死，犬白（伯）堂（當）邑。”

《鄭乙》："犬白（伯）又（有）疾，吝（文）公迬（往）䎽（問）之。"

《鄭乙》："白（伯）父，不㝅（穀）幽（幼）溺（弱）。"

《鄭乙》："⧄不惠，或爰（援）然與不㝅（穀）請（爭）白（伯）父。"

《鄭乙》："所天不豫（舍）白=父=（伯父，伯父）⧄。"

《子產》："子產用麔（尊）老先生之晥（俊），乃又（有）喪（桑）丘中（仲）䀀（文）、埅（杜）䜣（逝）、肥中（仲）、王子白（伯）忨（願）。"

白與帛

《帛易·賁》："六五，蘩（賁）于丘園，束白（帛）戔戔，閵（吝），終吉。"

白與泊

《彭祖》："遠慮甬（通）索（素），心白（泊）身淏（釋）。"按，"白（泊）"字從湯志彪《上博簡（三）〈彭祖〉篇校讀瑣記》（《江漢考古》2005年3期）讀。

《凡物甲》："系（奚）胃（謂）少（小）𢾻（徹）？人白（泊）爲戠（察）。"按，"白（泊）"字從復旦大學出土文獻與古文字研究中心研究生讀書會《〈上博（七）·凡物流形〉重編釋文》（復旦大學出土文獻與古文字研究中心網，2008年12月31日）讀。下同。

《凡物甲》："系（奚）以智（知）其白（泊）？終身自若。"

《凡物乙》："奚以智（知）其白（泊）？終身自若。"

白與柏

《詩論》："《北（邶）白（柏）舟》悶。"

《繫年十五》："以敗楚𠂤（師）于白（柏）𨾊（舉），述（遂）内（入）郢。"

《趙正書》："昔者，秦王趙正出斿（遊）天下，環（還）至白（柏）人而病。"

白與百

《窮達》："白（百）里𨒥（轉）迭（鬻）五羊，爲敀（伯）𢿚（牧）牛，𠬪（釋）板（鞭）栓（箠）而爲𣄽卿，堣（遇）秦穆。"

白與薄

《容成》："出入以脩奏（腠）浬（理），軲（固）白（薄）内成，何病之有？"

《王期》："五臧（藏）軲（固）白（薄），玉色重光，壽參日月，爲天地英。"

白與亳

《尹至》："隹（惟）尹自夏䖒（徂）白（亳），彔（逯）至才（在）湯。"

《尹誥》："乃至（致）眾于白（亳）中（中）邑。"

伯與霸

《聽有》："耤（借）而有（又）耤（借），果成王伯（霸）。"

泊與薄

《容成氏》："⧄是（氏）之又（有）天下，厚悉（愛）而泊（薄）僉（斂）安（焉），身力以袭（勞）百眚（姓）。"

《曹沬》："收而聚之，𣠮（束）而厚之，䚂（重）賞泊（薄）坓（刑），思（使）忘其死而見其生，思（使）良車良士往取之餌（耳）。"

《帛甲老子·德經》："是以大丈夫居其厚而不居其泊（薄），居其實不居其華。"

《帛乙老子·德經》："夫禮者，忠信之泊（薄）也，而亂之首也。"

《帛乙老子·德經》："是以大丈夫居其厚不居其泊（薄），居其實而不居其華。"

《德聖》："⧄姓者，胃所受□□有厚泊（薄），其之善同后爲之后之⧄。"

《稱》："禄泊（薄）者，弗與犯難。"

《稱》："減衣衾，泊（薄）棺椁，禁也。"

狛與帛

《北蒼・支》："狛（帛）賜（貨）濂滎，甕纅展庳（捭）。"

郈與伯

《良臣》："楚恭（共）王又（有）郈（伯）州利（犁），以爲大宰。"

柏與白

《日甲・詰》："令人色柏（白）然毋（無）氣，喜契（潔）清，不飲食。"

柏與伯

《二年・襍律》："復兄弟、孝〈季〉父柏（伯）父之妻、御婢，皆黥爲城旦舂。"

《二年・襍律》："復男弟兄子、孝〈季〉父柏（伯）父子之妻、御婢，皆完爲城旦舂。"

《繆和》："衛使據（籧）柏（伯）玉相，子路爲浦（輔），孔子客焉，史子突焉，子贛出入於朝而莫之留也。"

《阜春四》："幾（異）日，智柏（伯）與襄子歙（飲）酒而譁襄〼。"

《阜春四》："〼智柏（伯），漆〼。"

《周馴》："務若闔廬之自令柏（伯）也，而勉毋效其置夫跂（差）也。"

《周馴》："子孫繼嗣，非徒不廢，有（又）柏（伯）於世，大盈（逞）其志。"

《周馴》："故桓公之所以九合諸侯而述（遂）柏（伯）於世者，則管中（仲）之力也。"

《周馴》："已繇（籀）兹書，右手把一以予柏（伯）魯，左手把一以予無郖〈卹（恤）〉。"

《周馴》："柏（伯）魯亡其書，令之口諷之而弗能得。"

《周馴》："我瀍行此，吾故能立柏（伯）於兹泉之上，而命之曰柏（伯）水。"

《周馴》："已學（教），大子以六王五柏（伯）之念。"

柏與百

《百里奚》："柏（百）里係（奚）曰：'惡聞其請（情）。'"

《百里奚》："柏（百）里係（奚）曰：'惡聞其請（情）。'"

柏與栢

《晏子一三》："柏常騫見。"按，明活字本《晏子春秋》"柏常騫"作"栢常騫"。下同。

《晏子一三》："柏常騫曰：'臣請嬰（禳）而去之。'"

《晏子一三》："令官具柏常騫之求。"

《晏子一三》："柏常騫曰：'无求也，請筑（築）新室，以茅菽（茨）之。'"

《晏子一三》："柏常騫夜用事焉，旦見於公。"

《晏子一三》："柏常騫曰：'□令人視之，梟□□矣。'"

《晏子一三》："柏常騫曰：'能。'"

《晏子一三》："柏常騫曰：'然。益壽地將動。'"

《晏子一三》："令官具柏常騫之求，後者□不用令之罪。"

《晏子一三》："柏常騫出，曹（遭）晏子於涂（途）。"

《晏子一三》："柏常騫曰：'可。'"

《晏子一三》："柏常騫曰：'得壽地將動。'"

柏與魄

《容成》："云（魂）〖云〗柏（魄）安刑（形），故能長生。"

《王期》："神和内得，云（魂）柏（魄）皇□。"

柏與霸

《繆和》："古〈自〉古至今，柏（霸）王之君，未嘗憂困而能□□曰美亞（惡）不□□□也。"

《殘簡三》：“柏（霸）王之君，孰爲法則？”
《王法》：“臣聞柏（霸）王之國，其民勞能佚之，飢能食之，寒能衣之，亂能治之。”
《王法》：“在上□□能審此三者，柏（霸）王之道也。”
《王法》：“古之帝者胃（謂）人黔人，王者胃（謂）之黔首，柏（霸）者胃（謂）之民，諸侯胃（謂）之明（萌）。”

敀與伯

《窮達》：“白（百）里逌（轉）迭（鬻）五羊，爲敀（伯）斆（牧）牛。”按，“敀（伯）”字從裘按（《郭店楚墓竹簡·窮達以時》篇注［十］）讀。

敀與薄

《容成氏》：“與之言豊（禮），敓（悦）敀（薄）以不逆。”

朗與霸

《程寤》：“隹（惟）王元祀貞（正）月既生朗（霸），大（太）姒夢見商廷隹（惟）棶（棘）。”
《帛乙老子·道經》：“戴營袙（魄）抱一，能毋離乎？”

袙與泊

《北大老子》：“我袙（泊）旖（兮）未佻（兆），若嬰兒之未眩（孩）。”

袙與魄

《帛乙老子·道經》：“戴營袙（魄）抱一，能毋離乎？”

舶與伯

《曹沬》：“臧（莊）公曰：‘昔沱（施）舶（伯）語寡人曰：君子得之遶（失）之，天命。今異於而（尔）言。’”

笞與拍

《窮達》：“舜耕於鬲（歷）山，匋（陶）笞（拍）於河匝（浦）。”

莫字聲系

莫與幕

《繫年二一》：“楚自（師）亡工（功），多云（棄）幝（旃）、莫（幕），肖（宵）遯（遁）。”

莫與募

《周易·夬》：“啻（惕）啓（號），莫譽（夜）又（有）戎，勿卹（恤）。”按，帛書本莫作募。

莫與暮

《筮法二六》：“莫（暮）屯（純）乃室中，乃父。”
《秦律·行書》：“行傳書、受書，必書其起及到日月夙莫（暮），以輒相報殹（也）。”
《封診式》：“不智（知）盜者可（何）人及蚤（早）莫（暮），毋（無）意殹（也）。”
《日甲·秦除》：“利棗（早）不利莫（暮）。”
《日甲·盜者》：“夙得莫（暮）不得。”
《日甲·盜者》：“夙得莫（暮）不得。”
《日甲·盜者》：“夙得莫（暮）不得。”
《日甲·盜者》：“夙得莫（暮）不得。”
《日甲·禹二》：“莫（暮）市（食）以行有九喜。”
《日甲·禹二》：“莫（暮）市（食）以行有三喜。”
《日乙·見人》：“日出卯，食時辰，莫（暮）食巳，日中午。”
《日乙·嫁子□》：“清旦、食時、日則（昃）、莫（暮）、夕。”
《天甲·生男女》：“昏女，夜莫（暮）男。”
《天甲·干占盜》：“亡蚤（早）不得，亡莫（暮）而得。”
《天乙·干占盜》：“亡蚤（早）不得，亡莫（暮）而得。”
《天乙·生男女》：“昏女，夜莫（暮）

男。”
《天乙·時一》：“莫（暮）中七，羽，金。”
《天乙·陰陽鐘》：“大呂多二，蚤（早）莫（暮）自死。”
《占夢書》：“晝言而莫（暮）夢之，有☒。”
《第二組》：“傳書受及行之，必書其起及到日月夙莫（暮），以相報。”
《隨日·死失》：“日出毋失，北去而伐，丁丑莫（暮）食至日中死。”
《隨日·死失》：“戊寅莫（暮）食至日中，女子取其夫，男子傷其家。”
《隨日·死失》：“甲午莫（暮）食至黄昏死，必傷家。”
《隨日·死失》：“乙未莫（暮）食至日是死，勿發。”
《隨日·死失》：“丙辰莫（暮）食至昏死，勿發，失北，去室百步。”
《隨日·死失》：“癸亥莫（暮）食至昏死，失東，去家而伐。”
《隨日·死》：“戊辰莫（暮）食有疾，黄色死。”
《隨日·死》：“壬申莫（暮）市有疾，黑色死。”
《隨日·朔占》：“丙丁朔少旱，莫（暮）澍。”
《隨日·朔占》：“酉朔莫（暮）殺，有歲。”
《隨日·歲》：“蚤（早）寒蚤（早）執，莫（暮）寒莫（暮）執，終日寒三執。”
《蓋廬》：“道遠日莫（暮），疾行不舍者，攻之。”
《蓋廬》：“適（敵）人來陳（敶），我勿用卻，日且莫（暮），我則不出。”
《引書》：“夏日，數沐、希浴，毋莫（暮）【起】，多食采（菜）。”
《引書》：“臥欲莫（暮）起，臥信（伸）必有跙（正）也。”
《引書》：“朝爲千，日中爲千，莫（暮）食爲千，夜半爲千，旬而已。”
《癃病》：“先莫（暮）毋食，旦飲藥。”
《癩》：“旦而射，莫（暮）而□小。”
《脈者》：“到莫（暮）有（又）先食飲，如前數。”
《卻穀》：“年廿者朝廿暮廿，二日之莫（暮）二百。”
《卻穀》：“年卅者朝卅莫（暮）卅，三日之莫（暮）三百，以此數誰（推）之。”
《養生方》：“雖旦莫（暮）飲之，可殹（也）。”
《容成》：“莫（暮）息之志，深息長徐，使耳勿聞，且以安侵（寢）。”
《文摯》：“寡人恆善莫（暮）飲而連於夜，苟毋（無）苛（痾）虖（乎）？”
《文摯》：“辟（譬）如鳴〈鳥〉獸，蚤（早）卧蚤（早）起，莫（暮）卧莫（暮）起。”
《勢備》：“旦莫（暮）服之，未必用也。”
《守法》：“莫（暮）必置兔（斥）者城外。”
《將失》：“十五曰，日莫（暮）路遠，眾有至（恎）氣，可敗也。”
《三十時》：“☒不可以立，此朝開莫（暮）閉之時也。”
《占書》：“贏〈羸（雷）〉□□會莫（暮），爲役（疫）。”
《木牘》：“旦吞七丸，餔吞九丸，莫（暮）吞十一丸。”
《妄稽》：“朝勸出棄，莫（暮）趣（促）遂去。”
《雨書》：“六日斗，雨。不雨，莫（暮）殺，民有行。”

《雨書》："辰雨，毋蚤（早）莫（暮），皆少，巳霽。"

《雨書》："巳雨，毋蚤（早）莫（暮），多，而夕霽。"

《雨書》："申雨，毋蚤（早）莫（暮），少，石（遮）日也。"

《雨書》："酉雨，毋蚤（早）莫（暮），多，戌霽。"

《雨書》："亥雨，毋蚤（早）莫（暮），多。"

莫與蟆

《節》："有（又）卌六日，瑕（蝦）莫（蟆）鳴，燕降，天地氣通。"

莫與吾

《狂犬齧人》："狂犬傷人，冶礜與橐莫（吾），醯半音（杯），飲之。"

募與暮

《反淫》："朝日即離（鸝）黄、蓋（鴰）且〈旦（鴠）〉鳴焉，募（暮）日即奇（羈）雌獨鳥宿焉。"

寞與瞙

《唐虞》："古者吳（虞）舜管（篤）事宂（瞽）寞（瞙），乃弋（式）其孝。"按，"寞（瞙）"字從李家浩《讀〈郭店楚墓竹簡〉瑣議》（《郭店楚簡研究》，《中國哲學》第二十輯，遼寧教育出版社，1999年）讀。下同。

《唐虞》："古（故）其爲宂（瞽）寞（瞙）子也，甚孝。及其爲堯臣也，甚忠。"

寞與幕

《周易·井》："上六：井朻（收）勿寞（幕），又（有）孚元吉。"

幕與冪

《少牢》："司宫尊兩廡（甒）于房戶之閒，同棜，皆有幕（冪），廡（甒）有玄酒。"

《少牢》："乃啟（啟）二尊之蓋幕（冪），鄭（奠）于棜上。"

《燕禮》："公尊瓦泰（大）兩，有酆（豐），幕（冪）如郤（綌）如錫。"

《燕禮》："小臣自作（阼）階下，北面，請執幕（冪）者與羞膳者。"

《燕禮》："乃命執₌幕₌（執冪，執冪）者升自西階，立于尊南，北面，東上。"

《燕禮》："執幕（冪）者舉幕（冪），主人酌善（膳），執幕（冪）者反幕（冪）。"

《燕禮》："乃薦司正與射人一人、司士一人、執幕（冪）二人，于觗（觶）南，東上。"

《燕禮》："羞膳者與執幕（冪）者，皆士也。"

《泰射》："幕（冪）錫若絺，綴諸箐（箭），蓋幕（冪），加〈如〉勺，有（又）反之。"

《泰射》："小臣自作（阼）階下北面，請執幕（冪）者與羞膳者。"

《泰射》："乃命執幕（冪）。"

《泰射》："執幕（冪）者舉幕（冪），主人酌膳，執幕（冪）者蓋幕（冪）。"

《泰射》："酌膳，執幕（冪）如初，以作（酢）主人于西階上。"

《泰射》："公有命徹幕（冪），則賓及諸公卿大夫皆降。"

幕與貉

《趙正書》："北馳胡幕（貉），南入定巴蜀，入南海，擊大越。"按，"幕（貉）"字從紫竹道人《北大漢簡〈趙正書〉注釋小議》（復旦大學出土文獻與古文字研究中心網"學術討論"，2015年11月14日）讀。

蓦與莫

《帛易·夬》："九二，傷（惕）號，蓦（莫）夜有戎，勿血（恤）。"

蓦與暮

《繫年十一》："宋公之車蓦（暮）軸（駕），用逸（抶）宋公之駿（御）。"

蓼與慕

《三壽》：“柬柬（簡）和蓼（慕），尃（補）欰（缺）而救枉。”

暮與冪

《特牲》：“明日卒尊〈奠〉，暮（冪）用郤（綌），即位而徹之，加勺。”

慕與莫

《三壽》：“返（急）利嚻（傲）神，慕（莫）龏（恭）而不寡（顧）于迖（後）。”

慕與謨

《琴舞》：“畏（威）義（儀）譇₌（藹藹），大其又（有）慕（謨）。”

漠與嫫

《妄稽》：“毗休得生，漠（嫫）母事舜。”

瞙與眊

《陰陽脈甲》：“怐（喝）怐（喝）如喘，坐而起則目瞙（眊）如毋見，心如縣（懸）。”

縸與莫

《用曰》：“用曰：母（毋）事縸₌（莫莫）。”

《用曰》：“又（有）贛₌（坎坎）之紟（裕），而又（有）縸₌（莫莫）之衺（褊）。”

驀與罵

《奏讞書》：“信怒，扼劍驀（罵）詈，欲前就武₌（武，武）去。”

鬘與漠

《北蒼·幽》：“塵埃票（飄）風，嫯（傲）鬘（漠）霿（煩）擾（獿）。”

乇字聲系

乇與吒

《引書》：“力張左輯（傾），有（又）力張右輯（傾），乇（吒）而勿發，此皆三而已。”

厇與託

《老子》乙：“☐爲天下，若可以厇天下矣；悉（愛）以身爲天下，若可以迲（寓）天下矣。”按，今本厇作託。

厇與度

《成之》：“《大垦（禹）》曰：‘余才厇（度）天心。’害（蓋）此言也，言余之此而厇（度）於天心也。”按，“厇（度）”字從劉釗師《説“度天心”》（簡帛研究網，2004年9月10日）讀。

《彭祖》：“休才（哉）！乃晒（將）多昏（問）因由，乃不遠（失）厇（度）。”

《曹沫》：“則斯（眥）厇（度）剔（傷）亡，盤（擊）遼（蒐）行遊（失）車摩（甲），命之毋行。”按，“厇（度）”字從白於藍《〈曹沫之陳〉新編釋文及相關問題探討》（《中國文字》新三十一期，藝文印書館，2006年）讀。

《鮑叔牙》：“公身爲亡（無）道，遣（擁）芋（華）倗（孟）子以馳於倪（郳）者（都），迨（驅）逐畋緻（弋），亡（無）羿（期）厇（度）。”按，“厇（度）”字從季旭昇《上博五芻議（上）》（簡帛網，2006年2月18日）讀。

《三德》：“憙（喜）樂無堇（期）厇（度），是胃（謂）大巟（荒），皇天弗京（諒），必復之以恴（憂）喪。”

《三德》：“母（毋）椯（揣）深，母（毋）厇（度）山。”

《三德》：“各慗（慎）其厇（度），母（毋）遠（失）其道。”

《三德》：“宮室过（過）厇（度），皇天之所亞（惡），唯（雖）成弗居。”

《天子甲》：“與卿、夫（大夫）同恥（止）厇（度）。”

《天子甲》：“不可以不聕（聞）恥（止）厇（度），民之也。”

《天子乙》：“與卿、夫（大夫）同恥（止）厇（度）。”

《天子乙》：“不可以不聕（聞）恥（止）

乇（度），民之[illegible]也。”

《凡物甲》：“天隆（降）五乇（度），虗（吾）系（奚）奐（衡）系（奚）從（縱）？”

《凡物乙》：“天隆（降）五乇（度），虗（吾）系（奚）奐（衡）系（奚）從（縱）？”

《凡物甲》：“女（如）欲戠（察）𠤯（一），卬（仰）而視之，府（俯）而[illegible]之，母（毋）遠悈（求）乇（度），於身旨（稽）之。”按，“乇（度）”字從復旦大學出土文獻與古文字研究中心研究生讀書會《〈上博（七）·凡物流形〉重編釋文》（復旦大學出土文獻與古文字研究中心網，2008 年 12 月 31 日）讀。下三例同。

《凡物甲》：“其來亡（無）乇（度），虗（吾）系（奚）旹（志）之？”

《凡物乙》：“女（如）欲戠（察）𠤯（一），卬（仰）而視之，府（俯）而[illegible]之，母（毋）遠悈（求）乇（度），於身旨（稽）之。”

《凡物乙》：“其來亡（無）乇（度）〼。”

《文王》：“啟行五乇（度），湯行三卲（紀）。”

《尹至》：“執（摯）乇（度）執（摯）悳（德）不憯（僭）。”

《祭公》：“縢（朕）之皇且（祖）周文王、剌（烈）且（祖）武王，乇下或（國），乍（作）戟（陳）周邦。”按，今本《逸周書·祭公》乇作度。下一例同。

《祭公》：“隹（惟）寺（時）皇上帝乇其心，卿（享）其明悳（德），府（付）畀四方。”

《芮良夫》：“母（毋）脜（擾）聒（聞）繇（繇），乇（度）母（毋）又（有）諮（咎）。”

《芮良夫》：“生□□戁（難），不秉純悳（德），其乇（度）甬（用）逵（失）縈（營）。”

《芮良夫》：“日月星晨（辰），甬（用）交嬰（亂）進退，而莫得其㳄（次），戢（歲）迺不乇（度），民甬（用）戾殱（盡）。”

《命訓》：“又（有）尚（常）則室（廣，廣）以敬命，則乇（度）至于亟（極）。”

《命訓》：“女（如）不居而圧（重）義，則乇（度）至于亟（極）。”

《命訓》：“女（如）諻（懲）而悔（悔）怂（過），則乇（度）至于亟（極）。”

《命訓》：“女（如）懽（勸）以忠訐（信），則乇（度）至于亟（極）。”

《命訓》：“夫女（如）忎（恐）而承季（教），則乇（度）至于亟（極）？”

《命訓》：“夫明王卲（昭）天訐（信）人以乇（度）攻=（功，功）陸（地）以利之。”

《命訓》：“事（使）身=（信人）魂（畏）天，則乇（度）至于亟（極）。”

《管仲》：“正五紀，斱（慎）四爯（稱），執五乇（度），攸（修）六正（政）。”

《管仲》：“𡉚（匡）之以厽（三），乇（度）之以五。”

《管仲》：“是古（故）它（施）正（政）命（令），得以時乇（度）。”

《管仲》：“湯之行正，而堇（勤）事也，必哉於宜（義），而成於乇（度）。”

乇與迈

《老子》乙：“〼爲天下，若可以乇天下矣；炁（愛）以身爲天下，若可以迲（寓）天下矣。”按，帛書甲本乇作迈。

乇與槖

《老子》乙：“〼爲天下，若可以乇天下矣；炁（愛）以身爲天下，若可以迲（寓）天下矣。”按，帛書乙本乇作槖。

忙與託

《太一》：“以道從事者，必忙（託）其名，古（故）事成而身長。聖人之從事也，亦忙（託）其名，古（故）社（功）成而身不剔

（傷）。”

《緇衣》：“邦家之不寍（寧）也，則大臣不台（治），而埶（邇）臣怋（託）也。”

坵與都

《天子甲》：“邦君建之以坵（都）。”

《天子乙》：“邦君建之以坵（都）。”

乇與宅

《楚居》：“前出于喬（驕）山，乇（宅）凥（處）爰波（陂）。”

紙與賑

《緇衣》：“翠（輕）bl（絕）貧戔（賤），而垔（重）bl（絕）賑（富）貴，則好息（仁）不掔（堅），而亞₌（惡惡）不紙（著）也。”按，上博簡本《緇衣》紙（著）作賑。

紙與著

《緇衣》：“翠（輕）bl（絕）貧戔（賤），而垔（重）bl（絕）賑（富）貴，則好息（仁）不掔（堅），而亞₌（惡惡）不紙（著）也。”

賑與著

《緇衣》：“翠（輕）bl（絕）貧戔（賤），而垔（重）bl（絕）賑（富）貴，則好息（仁）不掔（堅），而亞₌（惡惡）不紙（著）也。”按，上博簡本《緇衣》紙（著）作賑。

囨與橐

《老子》甲：“天陸（地）之刎（間），其猷（猶）囨蘿〈籥〉與？虛而不屈，逋（動）而愈出。”按，今本和帛書本囨作橐。

秅與吒

《引書》：“啓口以卬（仰）以利鼻，秅（吒）而勿發以利口。”

詫與宅

《士相見》：“詫（宅）者在國，則曰‘市井之臣’；在野，則曰‘草茅之臣’。”

詫與託

《神烏賦》：“去色〈危〉就安，自詫（託）府官。”

亦字聲系

亦與夜

《容成氏》：“詬（厚）樂於酉（酒），専（溥）亦（夜）以爲槿（淫），不聖（聽）其邦之正（政）。”

《繫年二三》：“王命坪（平）亦（夜）悼武君衛（率）自（師）戩（侵）晉。”

《繫年二三》：“楚自（師）大敗，旅（魯）昜（陽）公、坪（平）亦（夜）愳（悼）武君、昜（陽）城洹（桓）忑（定）君，三執珪之君與右尹卲（昭）之剋（竢）死安（焉）。”

《繫年二三》：“楚自（師）牆（將）栽（救）武昜（陽），王命坪（平）亦（夜）悼武君李（使）人於齊陳淏求自（師）。”

亦與腋

《妄稽》：“曠（蔑）殄（畛）領亦（腋），食既相澤。”

亦與赦

《五行》：“又（有）大辠而大豉（誅）之，柬（簡）也；又（有）少（小）辠而亦（赦）之，匿也。又（有）大辠而弗大豉（誅）也，不[行]也；又（有）少（小）辠而弗亦（赦）也，不辨於道也。”

恋與赦

《湯丘》：“型（刑）亡（無）卣（攸）恋（赦），民人皆絚（懂）禺（虞）瑟₌（瑟瑟），夏王不得其煮（圖）。”

恋與迹

《子產》：“道（導）之以季（教），乃恋（迹）天陸（地）、逆川（順）、強柔，以咸斅（禁）御（禦）。”

赦與赦

《猩敞》：“遝戊午赦（赦），爲庶人。”

《猩敞》：“猩當黥城旦，敞耐鬼薪。遝戊午赦（赦）。”

《猩敞》：“江陵守感、丞暨、史同論赦（赦）

猩、敞爲庶入。"

《田與》:"問:'驢、路以赦(赦)前貸毋智,以後遝。'"

《田與》:"田負斧質气(乞)鞫不審,遝己巳赦(赦)。"

《田與》:"當毄(繫)城旦十二歲,遝己巳赦(赦)。"

《田與》:"其赦(赦)除田,復爲隸臣。"

《周馴》:"爲人君者,其臣有罪,豈(豈)可而毋敕〈赦(赦)〉?"按,"敕"當爲"赦"之誤字。下同。

《周馴》:"罪猷(猶)有敕〈赦(赦)〉,而皇(況)無罪乎?"

《趙正書》:"大赦(赦)罪人,而免隸臣高以爲郎中令。"

栾與夕

《建除》:"夏栾:建於未,竷於申,敓於栖(酉),坪於戌,寍於亥,工於子,坐於丑,盍於寅,成於卯,復於唇(辰),蔷於巳,散於午。"按,睡虎地秦簡《日書》楚月名"夏栾"、"屈栾"、"遠栾"、"冬栾"之"栾"作"夕"。下同。

《建除》:"屈栾:建於寅,竷於卯,敓於唇(辰),坪於巳,寍於午,工於未,坐於申,盍於栖(酉),成於戌,復於亥,蔷於子,散於丑。"

《建除》:"遠栾:建於卯,竷於唇(辰),敓於巳,坪於午,寍於未,工於申,坐於栖(酉),盍於戌,成於亥,復於子,蔷於丑,散於寅。"

《太歲》:"大(太)歲:𦍋=(十月)、屈栾、𦎫=(享月)才(在)西,𥺈=(奐月)、遠栾、夏栾才(在)北,獻馬、𦔻𡰥、八月才(在)東,冬栾、夏𡰥、九月才南。"

《宿位》:"𦔻𡰥朔於營(營室),夏𡰥恚(奎),享月胃,夏栾畢(畢)。八月東井,九月遛(柳),十月□,□□□,獻馬房,冬栾心☐。"

《往亡》:"☐一日,夏栾内(入)月八日,八月☐。"

《往亡》:"☐冬栾内(入)☐。"

《往亡》:"☐月旬,屈栾内(入)月二旬,遠栾内(入)☐。"

《移徙》:"冬栾、屈栾、遠栾,不可以北徙。"

訴與赦

《三壽》:"楑(揆)中(中)水(準)奐(衡),不力,寺(持)型(刑)罰訴(赦)。"

夜與赦

《季康子》:"救民以辟,大皐則夜(赦)之以型(刑),𡐦皐則夜(赦)之以罰,小則訿(貲)之。"按,"夜(赦)"字從陳劍《談談〈上博(五)〉的竹簡分篇、拼合與編聯問題》(簡帛網,2006年2月19日)、何有祖《〈季康子問於孔子〉與〈姑成家父〉試讀》(簡帛網,2006年2月19日)讀。

夜與舍

《亙先》:"舉(舉)天下之爲也,無夜(舍)也,無與也,而能自爲也。"

夜與與

《老子》甲:"夜虐(乎)奴(若)冬涉川。"按,河上本及帛書本夜作與。

夜與舉

《耆夜》:"王夜(舉)簅(爵)訔(酬)縪(畢)公。"按,"夜(舉)"字從裘錫圭《説"夜爵"》(《出土文獻》第二輯,中西書局,2011年)讀。下同。

《耆夜》:"王夜(舉)簅(爵)訔(酬)周公。"

《耆夜》:"周公夜(舉)簅(爵)訔(酬)縪(畢)公。"

《耆夜》:"郜(耆)夜(舉)。"

《耆夜》："周公或夜（舉）篧（爵）訔（酬）王。"

夜與豫

《老子》甲："夜虐（乎）奴（若）冬涉川。"按，王弼本、傅奕本夜作豫。

夜與炙

《秦律·田律》："不夏月，毋敢夜（炙）草爲灰，取生荔（甲）、麛䴘（卵）鷇。"按，"夜"似當讀作"炙"。

夜與腋

《天乙·土功二》："到厀（膝）少子死，到要（腰）中子死，到夜（腋）長子死，到坙（脛）妻死，沒人母父死。"

《脈書》："在夜（腋）下，爲馬。"

《引書》："度狼者，兩手各無（撫）夜（腋）下，旋膺。"

《引書》："其在夜（腋）下，支落三百。"

《引書》："引倍以利肩綻（錦），支落以利夜（腋）下。"

《足臂脈·臂》："循筋上兼（廉），以奏（走）臑內，出夜（腋）內兼（廉），之心。"

《足臂脈·臂》："循筋下兼（廉），出臑內下兼（廉），出夜（腋），奏（走）脅。"

《雜療方》："屯（純）以馬㲈（氂），若以□及□補夜（腋）。"

《合陰陽》："出揗（腕）陽，揗村（肘）房（旁），抵夜（腋）旁，上竈綱。"

掖與腋

《日甲·人字》："在掖（腋）者愛。"

奕與赤

《繫年四》："周惠王立十又七年，奕（赤）翟（狄）王峁虐迟（起）自（師）伐衛，大敗衛自（師）於睘（熒），幽侯滅安（焉）。"

《繫年二一》："二年，王命莫囂（敖）昜（陽）爲，衛（率）自（師）戠（侵）晉，敓（奪）宜昜（陽），回（圍）奕（赤）墜（岸），以復黃沱（池）之自（師）。"

《繫年二一》："嵬（魏）畀〈斯〉、灼（趙）关（浣）、倝（韓）啓章衛（率）自（師）栽（救）奕（赤）墉（岸），楚人豫（舍）回（圍）而還，與晉自（師）戰於長城。"

㦯與蠱

見魚部古字聲系。

睪字聲系

睪與擇

《語叢三》："不膳（善）睪（擇），不爲智。"

《王居》："虛（吾）以尔（爾）爲遠目耳，而縱不爲虛（吾）爯（稱）睪（擇）。"按，"睪（擇）"字從陳劍《〈上博（八）·王居〉復原》（復旦大學出土文獻與古文字研究中心網，2011年7月20日）讀。

《邦人》："君之言怂（過），昔周盍睪（擇）而立之？邦既有王，毋亦雚（歡）虐（乎）？"

《史蒥》："含（今）史（使）子帀（師）之，君之睪（擇）之慙（慎）矣。"

《程寤》："睪（擇）用周，果拚不忍，妥（綏）用多福。"

《皇門》："迺方（旁）救（求）巽（選）睪（擇）元武聖夫，膳（羞）于王所。"

睪與懌

《君人甲》："戊行年七₌（七十）矣，言（然）不敢睪（懌）身，君人者可（何）必安才（哉）！"按，"睪（懌）"字從復旦大學出土文獻與古文字研究中心研究生讀書會《〈上博七·君人者何必安哉〉校讀》（復旦大學出土文獻與古文字研究中心網，2008年12月31日）讀。下同。

《君人乙》："戊行年七₌（七十）矣，言（然）不敢睪（懌）身，君人者可（何）必安才（哉）！"

睪與澤

《琴舞》："介（匄）睪（澤）寺（恃）悳（德），不畀甬（用）非頌（雝）。"

《晏子七》："節飲食，毋敢多田（畋）魚（漁），以毋伓（倨）川睪（澤）。"

睪與斁

《説命下》："〼員，經悳（德）配天，余罔有睪（斁）言。"

《琴舞》："允不（丕）承不（丕）纍（顯），思悠（攸）亡睪（斁）。"

睪與釋

《六德》："凡君子所以立身大灋厽（三），其睪（釋）之也六，其戲十又二。"按，"睪（釋）"字從裘按（《郭店楚墓竹簡·六德》篇注［二六］）讀。

《性自》："樂谷（欲）睪（釋）而又（有）走（止）。"按，"睪（釋）"字從劉釗師《讀郭店楚簡字詞劄記》(《郭店楚簡國際學術研討會論文集》，湖北人民出版社，2000年）讀。

《苦成》："弜（強）門大夫衛（率）以睪（釋）長魚矯（矯），惻（賊）參（三）垰₌（郤，郤）宇（錡）、垰（郤）至、姑（苦）成家父立死，不用其眾。"

徥與釋

《日乙·十月》："以桔（結）者，不徥（釋）。"

蘀與澤

《競公瘧》："蘀（澤）梁（梁）使敂（漁）守之。"

擇與蘀

《豳風》："十月損（隕）擇（蘀），一之日于貉。"

擇與釋

《日甲·星》："以結者，不擇（釋）。"

《日甲·星》："以結者，易擇（釋）。"

《日甲·詰》："凡有大票（飄）風害人，擇（釋）以投之，則止矣。"

《日乙·十二月》："以結者，易擇（釋）。"

《日乙·夢》："凡人有惡夢，覺而擇（釋）之，西北鄉（嚮）擇（釋）髪而駟（呬）。"

《奏讞書》："上書以聞，欲陛下幸詔庠以撫定之，不敢擇（釋）縱罪人，毋它解。"

《稱》："世恒不可，擇（釋）法而用我。"

《戰國四》："王若欲剸舍臣而槫（專）任所善，臣請歸擇（釋）事。"

《戰國一二》："擇（釋）齊兵於熒陽、成皋，數月不從，而功（攻）宋，再。"

《痂》："雖已，復傅勿擇（釋）。"

《天下至道》："出卧，令人起之，怒擇（釋）之，曰積氣。"

《天下至道》："得之而物（勿）擇（釋），成死有薄。"

《妄稽》："我妬也，疾蹦（墮）纍瓦毀襲杯（坏），解擇（釋）成索别瓶橘（繘）。"

《泰射》："適次，擇（釋）弓，挩（説）決、拾，襲，反位。"

《泰射》："大夫與其偶（耦）皆適次，擇（釋）弓，挩（説）決、拾，襲，反位。"

《泰射》："述（遂）入于次，擇（釋）弓矢，挩（説）決、拾，襲，反位。"

澤與釋

《帛甲老子·道經》："渙呵（兮）其若淩（凌）澤（釋），□呵（兮）其若楃（樸）。"

《帛乙老子·道經》："渙呵（兮）其若淩（凌）澤（釋），沌（敦）呵（兮）其若樸。"

《見吳王》："七周而澤（釋）之，鼓而前之。"

《三十時》："〼涷（凍）始澤（釋）。"

《北大老子》："嚴（儼）虖其若客，渙虖其如冰之澤（釋）。"

《周馴》："爲它人臣與爲君臣，剴（豈）有以異？楚吳其何澤（擇）？"
《節》："日至卌六日，陽涑（凍）澤（釋），四海雲至。"
《荊決》："澤（釋）怒亡憂，適中我意。"
《泰射》："退，澤（釋）弓矢于次，挩（說）決、拾，襲，反位。"
《泰射》："司馬降，澤（釋）弓，反位。"
《泰射》："北面請澤（釋）獲于公。"
《泰射》："大史澤（釋）獲。"
《泰射》："述（遂）命澤（釋）獲者執（設）中，以弓爲緷（畢），北面。"
《泰射》："中離維剛（綱），陽（揚）觸，淳（捆）復，公則澤（釋）獲，眾則不與。"
《泰射》："澤（釋）護（獲）者命小史，小史命澤（釋）者。"
《泰射》："澤（釋）獲者坐取中之八筭，改實八筭，興，執而記（俟）。"
《泰射》："若中，則澤（釋）獲敏（每）一个澤（釋）一筭，上射於右，下射於左。"
《泰射》："公環（還）而後賓降，澤（釋）弓于堂西，反位于階西，東面。"
《泰射》："卒射，降如三偶（耦），適次，澤（釋）弓挩（說）決、拾，襲，反位。"
《泰射》："眾皆繼射，澤（釋）獲皆如初。"
《泰射》："卒射，澤（釋）獲者述（遂）以所執餘獲適阼階下。"
《泰射》："司馬降，澤（釋）弓如初。"
《泰射》："司馬澤（釋）弓，反位，而后（後）卿、大夫升就席。"
《泰射》："司射適階西，澤（釋）弓，去符（撲），襲。"
《泰射》："澤（釋）獲者東面于中西坐，先數右獲。"
《泰射》："澤（釋）獲者述（遂）盡（進）取賢獲執之，由作（阼）階下北面告于公。"
《泰射》："相揖，適次，澤（釋）弓，襲，反位。"
《泰射》："降，獻澤（釋）獲者于其位，少南。"
《泰射》："澤（釋）獲者薦右東面拜受爵。"
《泰射》："澤（釋）獲者就其薦坐，左執爵，【右】祭脯盄（醢）。"
《泰射》："司射適階西，去符（撲），適堂西，澤（釋）弓，挩（說）決、拾，襲。"
《泰射》："司射受虛爵，鄭（奠）于匪（篚），澤（釋）獲者少西辟薦，反位。"
《泰射》："司馬降，澤（釋）弓反位。"
《泰射》："賓就席，諸公、卿、大夫、眾射者皆繼射，澤（釋）獲如初。"
《泰射》："卒射，降反位，澤（釋）獲者執餘澤（釋）進告。"
《泰射》："司馬降，澤（釋）弓反位。"
《泰射》："司射澤（釋）弓、視數，如初。"
《泰射》："澤（釋）獲者以賢獲興〈與〉鈞告，如初。"
《泰射》："司射適次，澤（釋）弓，挩（說）決、拾，去符（撲），襲，反位。"
《泰射》："司射命澤（釋）獲者退中與筭而記（俟）。"

澤與懌

《合陰陽》："爲得操揗之，使體（體）皆樂養（癢），說（悅）澤（懌）以好。"

澤與繹

《文摯》："威王曰：'子澤（繹）之，卧時食何氏（是）有？'"

澤與醳

《疽病》："以美醯半升□□□□□□澤（醳）泔二參。"
《癰》："癰自發者，取桐本一節所，以澤

（釋）泔煮▨。”

澤與澤

《節》：“凡十二勝，一曰山勝丘₌（丘，丘）勝陵₌（陵，陵）勝城₌（城，城）勝虛₌（虛，虛）勝墓₌（墓，墓）勝險₌（險，險）勝昜₌〈易，易〉勝澤₌（澤，澤）勝藪₌（藪，藪）勝夷₌（夷，夷）勝谿₌（谿，谿）勝溝。”按，“澤₌（澤，澤）”字從補白《關於〈北京大學藏西漢竹書（伍）〉釋文注釋的幾點意見》（復旦大學出土文獻與古文字研究中心網，2015 年 11 月 14 日）釋讀。

睪與繹

《楚居》：“至畲（熊）睪（繹）與屈紃（紃）。”

繹與釋

《日甲・夢》：“人有惡瞢（夢），覺（覺），乃繹（釋）髮西北面坐，鑄（禱）之曰。”

《日甲・詰》：“毄（擊）以桃丈（杖），繹（釋）屨（屨）而投之，則已矣。”

《奏讞書》：“不以濾論之，而上書言獨財（裁）新黔首罪，是庫欲繹（釋）縱罪人也。”

《奏讞書》：“今庫繹（釋）濾而上書言獨財（裁）新黔首罪，是庫欲繹（釋）縱罪人明矣。”

《二年・傳食律》：“度其行不能至者□□□□□長官皆不得繹（釋）新成。”按，“繹（釋）”字從郭永秉《張家山漢簡〈二年律令〉釋文校讀記》（復旦大學出土文獻與古文字研究中心網，2008 年 4 月 4 日）釋讀。下一例同。

《二年・傳食律》：“使非有事，及當繹（釋）駕新成也，毋得以傳食焉。”

《荊決》：“繹（釋）哉心乎，何憂而不已？”

驛與駒

《秦風》：“騏駠是中，驛（騧）□□□。”

臭字聲系

臭與擇

《語叢一》：“君臣、朋習（友），其臭（擇）者也。”

《季桓子》：“臭（擇）凥（處）害杅，剴（豈）不難虐（乎）？”按，“臭（擇）”字從何有祖《上博六劄記（三）》（簡帛網，2007 年 7 月 13 日）釋讀。

臭與斁

《厚父》：“朝夕隸（肆）祀，不盤于庚（康），以庶民隹（惟）政之觀（恭），天則弗臭（斁），永保夏邦。”

《封許》：“雩（越）才（在）天下，古（故）天蘿（勸）之乍〈亡〉臭（斁）。”

臭與釋

《子產》：“行以巻（尊）命（令）、裕義（儀），以臭（釋）亡季（教）、不姑（辜）。”

臭與釋

《窮達》：“㕣（皋）繇（陶）衣胎（枲）蓋（褐）冒（帽）絰（絰）冡（冢）慬（巾），臭（釋）板筥（築）而差（佐）天子。”

《窮達》：“关（管）寺（夷）虐（吾）笱（拘）繇（囚）束縛，臭（釋）杙（桎）榑（柙）而爲者（諸）侯相。”

《窮達》：“白（百）里逪（轉）迖（鬻）五羊，爲故（伯）斆（牧）牛，臭（釋）板（鞭）柽（箠）而爲訾卿。”

溴與釋

《彭祖》：“□□之母（謀）不可行，述（疢）惕（易）之心不可長，遠慮甬（通）索（素），心白（泊）身溴（釋）。”

懊與澤

《老子》甲：“覣（渙）虐（乎）其奴（若）懊。”按，帛書本懊作澤。

懊與斁

《緇衣》：“《寺（詩）》員（云）：‘備（服）

之亡（無）悮（斁）。’”按，《詩·周南·葛覃》悮作斁。

悮與釋

《老子》甲：“觀（渙）虖（乎）其奴（若）悮。”按，王弼、傅奕、河上諸本悮作釋。

《成之》：“從允悮（釋）怹（過），則先者余，逨（來）者信，民管（孰）弗從。”

悮與射

《緇衣》：“《寺（詩）》員（云）：‘備（服）之亡（無）悮（斁）。’”按，今本《禮記·緇衣》悮作射。

鋘與射

《莊王》：“臧（莊）王既成亡（無）鋘（射）。”按，“鋘（射）”字從陳偉《讀〈上博六〉條記》（簡帛網，2007年7月9日）釋讀。下同。陳氏釋“鋘”爲“鐸”。可從。

《莊王》：“虗（吾）既果成無鋘（射）。”

鋘與鐸

《陳公》：“五爯（稱）：鉦、以左，錞（錞）釪（于）以右，鋘₌（金鐸）以跪（坐），木鋘（鐸）以记（起）。”

乍字聲系

乍與作

《楚帛書》甲：“九州不坪（平），山陵（陵）備（崩）欰，四神□乍（作）。”

《楚帛書》甲：“母（毋）思（使）百神風雨譽（辰）褘（緯）亂（亂）乍（作）。”

《楚帛書》乙：“絽（嬴）絀遊（失）□，卉木亡尚（常）；□□□祆（妖），天陞（地）乍（作）兼（祥）。”

《楚帛書》乙：“天梪（柱）牆（將）乍（作）瀉（湯），降於其方。”

《楚帛書》乙：“隹（惟）李（李）悳（德）匿，出自黃淵（淵），土身亡翼（翼），出內（入）□同，乍（作）其下凶。”

《楚帛書》乙：“母（毋）弗或敬，隹（惟）天乍（作）福，神則各（格）之，隹（惟）天乍（作）祆（妖），神則惠之。”

《楚帛書》丙：“壬子、酉（丙）子凶，乍（作）□北征，衛（帥）又（有）咎，武□□其戢。”

《楚帛書》丙：“余，不可□□乍（作）大事。”

《緇衣》：“《寺（詩）》員（云）：‘悉（儀）坓（刑）文王，萬邦乍（作）孚。’”

《緇衣》：“《呂坓（刑）》員（云）：‘非甬（用）臸（令），折（制）以坓（刑），隹（惟）乍（作）五瘧（虐）之坓（刑）曰灋。’”

《忠信》：“三者，忠人弗乍（作），信人弗爲也。”

《性自》：“走（待）勿（物）而句（後）复（作），走（待）兑（悦）而句（後）行，走（待）習而句（後）奠。”按，上博簡本《性情論》复（作）作乍。

《六德》：“乍（作）豊（禮）樂，折（制）坓（刑）灋，季（教）此民尔（而）使之又（有）向也，非聖智者莫之能也。”

《語叢一》：“垰䢔（由）敬乍（作）。”

《語叢二》：“凡敓（悦），乍（作）於譽（譽）者也。”

《子羔》：“厽（三）王者之乍（作）也，虗（皆）人子也，而其父戔（賤）而不足爯（偁）也與（歟）？殹（抑）亦成天子也與（歟）？”

《子羔》：“厽（三）王者之乍（作）也女（如）是。”

《亙先》：“自猒（厭）不自忍（牣），或（域）乍（作）。”

《苦成》：“鑾（樂）箸（書）欲乍（作）難（難），害參（三）垶（郤）。”

《用曰》："民之乍（作）勿（物），隹（唯）言之又（有）信。"
《用曰》："记（起）事乍（作）志，叡其又（有）审（中）成。"
《用曰》："冒還乎（厥）辟，台（以）民乍（作）康。"
《繫年四》："方（旁）埶（設）出宗子，以乍（作）周厚嗙（屏）。"
《鄭武》："今二三夫₌（大夫）畜孤而乍（作）安（焉）。"

乍與詐

《皇門》："我王訪良言於是人，斯乃非休悳（德）以譍（應），乃隹（維）乍（詐）區（詬）以畣（答），畁（俾）王之亡（無）依亡（無）虆（助）。"

乍與措

《鄭武》："母（毋）乍（措）手止（趾），刣（殆）於☐。"

乍與复

《緇衣》："《寺（詩）》員（云）：'悉（儀）坓（刑）文王，萬邦乍（作）孚。'"按，上博簡本《緇衣》乍（作）作复。
《緇衣》："《呂坓（刑）》員（云）：'非甬（用）臸（令），折（制）以坓（刑），隹（惟）乍（作）五瘧（虐）之坓（刑）曰灋。'"按，上博簡本《緇衣》乍（作）作复。

复與乍

《性自》："走（待）勿（物）而句（後）复（作），走（待）兑（悦）而句（後）行，走（待）習而句（後）奠。"按，上博簡本《性情論》复（作）作乍。

复與作

《老子》甲："悹（化）而雒（欲）复，牆（將）貞（鎮）之以亡名之歜（樸）。"按，今本和帛書本复作作。下一例同。
《老子》甲："萬勿（物）方（旁）复，居以寡（顧）復也。"
《緇衣》："《寺（詩）》員（云）：'悉（儀）坓（刑）文王，萬邦乍（作）孚。'"按，上博簡本《緇衣》乍（作）作复。下一例同。
《緇衣》："《呂坓（刑）》員（云）：'非甬（用）臸（令），折（制）以坓（刑），隹（惟）乍（作）五瘧（虐）之坓（刑）曰灋。'"
《成之》："《康享（誥）》曰：'不還大暊，文王复（作）罰，型（刑）兹亡懇（赦）。'"按，今本《尚書·康誥》复作作。
《性自》："走（待）勿（物）而句（後）复（作），走（待）兑（悦）而句（後）行，走（待）習而句（後）奠。"
《性自》："豊（禮）复（作）於青（情），或興之也。"
《性自》："藿（觀）《衺（賚）》、《武》，則齊女（如）也斯复（作）。"
《從政》："獄則興，愄（威）則民不道，滷（嚴）則達（失）眾，怲（猛）則無新（親），罰則民逃，好☐則民复（作）嬰（亂）。"
《容成氏》："民又（有）余（餘）飤（食），無求不得，民乃賽，喬（驕）能（態）刣（始）复（作）。"
《容成氏》："㪍（質）既受命，复（作）爲六頪（律）六郙〈郘（呂）〉，支（辨）爲五音，以定男女之聖（聲）。"
《容成氏》："啓王天下十又六年〈世〉而傑（桀）复（作）。"
《容成氏》："湯王天下卅₌（三十）又一傑（世）而受（紂）复（作）。"
《容成氏》："於是唇（乎）复（作）爲九成之臺（臺），視（寘）盂炭（炭）其下，加鱟（圜）木於其上。"
《容成氏》："於是唇（乎）复（作）爲金桎三千。"
《容成氏》："武王於是虖（乎）复（作）

爲革車千輮（乘），縛（帶）虖（甲）壖（萬）人。”
《亙先》：“既是（寔）自生，亙（極）莫生既₌（氣。氣）是（寔）自生自乍（作）。”
《亙先》：“舉（舉）天之事，自乍（作）爲，事甬（庸）以不可賡也。”
《亙先》：“恙（祥）宜（義）、利丂（巧）、采（綵）勿（物）出於乍₌（作。作）安（焉）又（有）事，不乍（作）無事。”
《亙先》：“舉（舉）天下之乍（作），弜（強）者果天下之大乍（作），其廛尨不自若₌乍₌（若作，若作），甬（庸）又（有）果與不果？”
《亙先》：“天下之乍（作）也，無許（迕）亟（極），無非其所。舉（舉）天下之乍（作）也，無不得其亟（極）而果述（遂），甬（庸）或得之？甬（庸）或遠（失）之？”
《柬大王》：“君皆楚邦之牆（將）軍，乍（作）色而言于廷。”
《曹沫》：“虞（且）臣聒（聞）之：少（小）邦凥（處）大邦之閟（閒），啻（敵）邦交隍（地），不可以先乍（作）情（怨）。”
《季康子》：“孝₌（君子）弜（強）則遺，愄（威）則民不道，龠（嚴）則遠（失）眾，盟（猛）則亡新（親），好型（刑）則不羊（祥），好殺則乍（作）嚻（亂）。”
《季康子》：“乍（作）而輮（乘）之，則邦又（有）穫。”
《凡物甲》：“邦家之硊（危）佞（安）廌（存）忘（亡），惻（賊）怂（盜）之乍（作）。”
《凡物甲》：“心不勅（勝）心，大嬰（亂）乃乍（作）。”
《凡物乙》：“邦家之危佞（安）廌（存）忘（亡），惻（賊）怂（盜）之乍（作）。”
《凡物乙》：“心不勅（勝）心，大嬰（亂）乃乍（作）。”
《王居》：“王乍（作）色曰。”
《蘭賦》：“備坚（修）庶戒，方（旁）時（時）安（焉）乍（作）。”
《尹誥》：“於（鳴）虖₌（呼！吾）可（何）乍（作）于民，卑（俾）我眾勿韋（違）朕言？”按，“乍（作）”字從廖名春《清華簡〈尹誥〉篇補釋》（Confucius2000網，2011年1月4日）讀。
《尹誥》：“氒（厥）辟乍（作）情（怨）于民₌（民，民）復之甬（用）麗（離）心，我戩（翦）沵（滅）夏。”
《保訓》：“昔舜（舜）舊（久）乍（作）尖₌（小人），親勘（耕）于鬲（歷）茅，忎（恐）救（求）中。”
《耆夜》：“辛公諿虖（甲）爲立（位），乍（作）策（册）逸爲東尚（堂）之客。”
《耆夜》：“乍（作）訶（歌）一終曰藥₌脂₌酉₌（《樂樂旨酒》：樂樂旨酒），晏（宴）以二公。”
《耆夜》：“乍（作）訶（歌）一終曰䡔₌乘₌（《輶乘》：輶乘）既弋（飭），人備（服）余不韋（胄）。”
《耆夜》：“乍（作）訶（歌）一終曰贔₌（《赑赑》：“赑赑）戎備（服），臧（壯）武悊₌（赳赳）。”
《耆夜》：“乍（作）祝誦一終曰明₌上₌帝₌（《明明上帝》：“明明上帝），臨下之光。”
《耆夜》：“乍（作）笲（兹）祝誦，萬壽亡疆。”
《耆夜》：“周公乍（作）訶（歌）一終曰蟋₌蟀₌（《蟋蟀》：蟋蟀）才（在）尚（堂），役車其行。”
《皇門》：“母（毋）乍（作）俎（祖）考脜（羞）才（哉）。”
《祭公》：“余隹（惟）寺（時）逨（來）視，不沺（淑）疾甚，余畏天之乍（作）畏

（威）。”

《祭公》：“賸（朕）之皇且（祖）周文王、剌（烈）且（祖）武王，尾（宅）下鄗（國），乍（作）戠（陳）周邦。”

《説命中》：“若金，甬（用）隹（惟）女（汝）乍（作）礪（礪）。”

《説命中》：“若天䨺（旱），女（汝）乍（作）悭〈怪（淫）〉雨；若圂（厲）水，女（汝）乍（作）舟。”

《説命中》：“隹（惟）戕（干）戈乍（作）疾。”

《琴舞》：“周公乍（作）多士敬（儆）怭（毖），鎣（琴）嫢（舞）九絉（闋）。”

《琴舞》：“成王乍（作）敬（儆）怭（毖），鋈（琴）嫢（舞）九絉（闋）。”

《芮良夫》：“内（芮）良夫乃乍（作）詸（毖）再終。”

《芮良夫》：“以力及乍（作），爕（襲）戜（仇）啟鄗（國），以武圣（及）恿（勇），衛（衛）想（相）社禝（稷）。”

《芮良夫》：“虗（吾）甬（用）乍（作）詸（毖）再終，以寓命達聖（聽）。”

《筮法二》：“乍（作）於陽，内（入）於侌（陰），亦得。”

《筮法二九》：“凸（凡）肴（爻），奴（如）大奴（如）少（小），乍（作）於上，外又（有）筊（吝）；乍（作）於下，内又（有）筊（吝）；上下皆乍（作），邦又（有）兵命、鷹忍、風雨，日月又（有）此（疵）。”

《子產》：“虞勛（温）和憙（喜），可用而不勘（遇）大₌或₌（大國，大國）古（故）肎（肯）乍（作）其悔（謀）。”

乍與阼

《成之》：“君黔（衮）褐（冕）立於乍（阼），一宫之人不勳（勝）其敬。”按，“乍（阼）”字從裘按（《郭店楚墓竹簡·成之聞之》篇注［七］）讀。

乍與祚

《耆夜》：“母（毋）已大康，則終以乍（祚）。”

乍與且

《説命中》：“乍（且）天出不恙（祥），不虘（徂）遠，才（在）氒（厥）胳（落）。”

《説命中》：“乍（且）隹（惟）口记（起）戎出好（羞），隹（惟）戕（干）戈乍（作）疾，隹（惟）怵（衣）煮（載）怲（病），隹（惟）戕（干）戈生（眚）氒（厥）身。”

《厚父》：“者（都）！魯天子！古天降下民，埶（設）萬邦，乍（作）之君，乍（作）之帀（師），隹（惟）曰其勸（助）上帝。”

《三壽》：“四晦（海）之尸（夷）則乍（作），九牧九矣（有）酒（將）喪。”

《三壽》：“經緯怨（順）齊，土（妒）情（怨）毋乍（作），而天目毋眉（眯），寺（時）名曰利。”

乍與助

《説命下》：“弼羕（永）脡（延），乍（助）余一人。”按，“乍（助）”字從李鋭《讀清華簡3劄記（一）》（confucius2000網，2013年1月4日）讀。

乍與籍

《容成氏》：“湯乃専爲正（征）乍（籍），以正（征）閘（關）市。”

作與作

《老子》甲：“萬勿（物）作而弗忖（始）也，爲而弗志（恃）也，成而弗居。”按，今本作作作。

《李頌》：“鸜（鳳）鳥之所窠（集），卲（竢）時（時）而作（作）可（兮）。”

《叢辰》：“作（作）事，不果。以祭，筊（吝）。”

《叢辰》：“利以行作（作），迈四方埜（野）

外，吉。”
《叢辰》：“不利以行𫎡（作），迈（蹠）四方埜（野）外，必無堣（遇）寇逃（盜），必兵。”
《叢辰》：“是古（故）胃（謂）不利於行𫎡（作）、埜（野）事，不吉。”
《叢辰》：“利以祭，内（入）貨，吉。以𫎡（作）卯事，不吉。”
《厚父》：“迺虔秉氒（厥）悳（德），𫎡（作）辟事三后。”
《厚父》：“曰民心隹（惟）本，氒（厥）𫎡（作）隹（惟）枼（葉），引（矧）其能丁，良于耆（友）人。”
𫎡與怍
《君子》：“凡色毋悥（憂）、毋佻、毋𫎡（怍）、毋謠（謠）、毋☐。”
𫎡與昔
《老子》甲：“萬勿（物）𫎡而弗忖（始）也，爲而弗志（恃）也，成而弗居。”按，帛書本乙𫎡作昔。
作與乍
《隨日·叢辰》：“陰日，是胃（謂）作（乍）陰作（乍）陽，先辱後有慶。”
《荊決》：“愛₌（藹藹）者雲，作（乍）陰作（乍）陽。”
作與阼
《特牲》：“宗人執𣗥（畢），先入，當作（阼）階，南面。”
《特牲》：“佐食升甑（肵），密（鼏）之，執（設）于作（阼）階西。”
《特牲》：“主人降，立于作（阼）階東。”
《特牲》：“主人降作（阼）階，西面拜賓如初，洗。”
《特牲》：“尊兩壺于作（阼）階東，加勺，南柄（枋），西方亦如之。”
《特牲》：“主人洗爵，獻長兄弟于作（阼）階上，如賓義（儀）。”
《特牲》：“作（阼）階前北面舉䚡（觶）于長兄弟，如主人州（酬）賓義（儀）。”
《特牲》：“賓坐舉（取）䚡（觶），作（阼）階前北面州（酬）長兄弟，長兄弟在右。”
《特牲》：“祝命徹作（阼）柤（俎）、籩（籩）、豆，埶（設）于東序下。”
《特牲》：“佐食徹作（阼）柤（俎），堂下柤（俎）畢出。”
《特牲》：“作（阼）柤（俎）。”
《特牲》：“縠（㲉）折，其餘如作（阼）柤（俎）。”
《少牢》：“設洗于作（阼）階東南，當東榮。”
《少牢》：“主人朝服即位于作（阼）階東，西面。”
《少牢》：“佐食遷甑（肵）柤（俎）于作（阼）階西，西摵（縮），乃反。”
《少牢》：“主人浣（盥），升自作（阼）階。”
《少牢》：“主人降立于作（阼）階東，西面。”
《少牢》：“主人羞甑（肵），升自作（阼）階，置于膚北。”
《少牢》：“主人出，立于作（阼）階上，西面。”
《少牢》：“主人降立于作（阼）階東，西面。”
《少牢》：“祝命佐食徹甑（肵）俎，降埶（設）于堂下作（阼）階南。”
《有司》：“主人降自作（阼）階，辝（辭）洗。”
《有司》：“尸遂執䚡（觶）以【興】，北面于作（阼）階上州（酬）主人，主人在右。”
《有司》：“主人出，立于作（阼）階上，西面。”

《燕禮》：“執（設）洗匪（篚）于作（阼）階東南，當東曹（霤）。”
《燕禮》：“公降立于作（阼）階之東，南鄉。”
《燕禮》：“小臣自作（阼）階下，北面，請執幕（冪）者與羞膳者。”
《燕禮》：“降，作（阼）階下皆鄭（奠）䚩（觶），再拜稽首，執觶興，公答再拜。”
《燕禮》：“媵爵者作（阼）階下皆北面，再拜稽首，公合（荅）再拜。”
《燕禮》：“作（阼）階下皆再拜稽首，送䚩（觶）。”
《燕禮》：“席于作（阼）階西，北面，東上，無加席。”
《燕禮》：“長致＝（致，致）者作（阼）階下再拜稽首，公合（荅）再拜。”
《燕禮》：“射人自作（阼）階下請立司正，公許。”
《燕禮》：“膳宰徹公柤（俎），降自作（阼）階以東。”
《燕禮》：“主人洗，升自西階，獻庶子于作（阼）階上，如獻士之禮。”
《燕禮》：“辨（辯），降洗，遂獻左右正與内小臣，皆於作（阼）階上。”
《燕禮》：“肖（宵）則庶子執燭於作（阼）階上。”
《燕禮》：“賓爲茍敬，席于作（阼）階之西，北面。”
《泰射》：“樂人宿縣于作（阼）階東，笙磬西面。”
《泰射》：“執（設）洗于作（阼）階東南，雷（罍）水在東。”
《泰射》：“小臣執（設）公席于作（阼）階上，西鄉。”
《泰射》：“公降，立于作（阼）階之東南，南鄉。”
《泰射》：“小臣自作（阼）階下北面，請執幕（冪）者與羞膳者。”
《泰射》：“更爵洗，升酌散以降，酢于作（阼）階下，北面鄭（奠）爵，再拜稽首。”
《泰射》：“小臣自作（阼）階下請騰（媵）爵者，公命長。”
《泰射》：“騰（媵）爵者作（阼）階下皆北面再拜稽首。”
《泰射》：“降，作（阼）階下，皆鄭（奠）䚩（觶），再拜稽首，執䚩（觶）。”
《泰射》：“作（阼）階下皆再拜稽首。”
《泰射》：“北上，降，作（阼）階下，皆再拜稽首送䚩（觶）。”
《泰射》：“如獻卿之禮，席于作（阼）階西，北面，東上。”
《泰射》：“自作（阼）階前曰：‘爲正（政）請射。’”
《泰射》：“司射去付（撲），倚于階西，適作（阼）階下，北面告于公。”
《泰射》：“司射猶挾一个，去符（撲），與司馬交于階前，適作（阼）階下。”
《泰射》：“司射去符（撲），作（阼）階下，告射于公。”
《泰射》：“澤（釋）獲者述（遂）盡（進）取賢獲執之，由作（阼）階下北面告于公。”
《泰射》：“擯者自作（阼）階下請立司正。”
《泰射》：“司射倚符（撲）于階西，適作（阼）階下，北面請射于公，如初。”
《泰射》：“適作（阼）階下，北面請以樂于公，公許。”
《泰射》：“主人洗，升自西階，獻庶子于作（阼）階上，如獻士之禮。”
《泰射》：“降洗，述（遂）獻左右正與内小臣，皆於作（阼）階上，如獻庶子之禮。”
《泰射》：“宵則庶子執燭於作（阼）階

上。”

作與酢

《特牲》：“利洗散，獻尸，作（酢），及祝，如初義（儀）。”

《泰射》：“酌膳，執幕（冪）如初，以作（酢）主人于西階上。”

作與醋

《有司》：“主婦合（荅）拜，受爵，酌以作（醋），戶内北面拜。”

《有司》：“賓受爵，易爵于匪（篚），洗，酌，作（醋）于主人，戶西北拜。”

《有司》：“其薦脀，其位、其作（醋）州（酬），皆如賓（儐）膿（禮）。”

《有司》：“賓長義（獻）于尸，昨（醋），獻祝，致，作（醋）。”

柞與柞

《龍簡》：“諸取禁苑中柞（柞）、棫、橎、楢產葉及皮☐。”

詐與詐

《龍簡》：“詐（詐）僞、假人符傳及讓人符傳者，皆與闌入門同罪。”

《龍簡》：“有不當入而闌入，及以它詐（詐）僞入□□□□☐”

《龍簡》：“廿四年正月甲寅以來，吏行田贏律（？）詐（詐）☐。”

《龍簡》：“詐（詐）一程若二程□□之□□☐。”

《龍簡》：“皆以匿租者，詐（詐）毋少多，各以其☐。”

《龍簡》：“田及爲詐（詐）僞寫田籍皆坐臧（贓），與盜□☐。”

《天乙·貞在》：“貞在黃鐘，天下清明，以視陶陽（唐），啻（帝）乃詐（作）之。”

《二年·賊律》：“☐諸詐（詐）增減券書，及爲書故詐（詐）弗副，其以避負償。”

《二年·具律》：“譯訊人爲詐（詐）僞以出入罪人，死罪，黥爲城旦舂。”

《二年·捕律》：“捕罪人弗當，以得購賞而移予它人及詐（詐）僞。”

《二年·□市律》：“諸詐（詐）紿人以有取，及有販賣貿買而詐（詐）紿人。”

《二年·戶律》：“田宅當入縣官而詐（詐）代其戶者，令贖城旦，沒入田宅。”

《二年·戶律》：“其或爲詐（詐）僞，有增減也，而弗能得，贖耐。”

《二年·爵律》：“諸詐（詐）僞自爵₌（爵、爵）免。”

《二年·津關令》：“相國上内史書言，請諸詐（詐）襲人符傳出入塞之津關。”

《二年·津關令》：“其詐（詐）貿易馬及僞診，皆以詐（詐）僞出馬令論。”

《奏讞書》：“誠亡，詐（詐）自以爲未有名數，以令自占書名數。”

《奏讞書》：“符亡，詐（詐）自占書名數，解取（娶）爲妻，不智（知）甚亡，審。”

《奏讞書》：“符雖已詐（詐）書名數，實亡人也。”

《奏讞書》：“告啓₌（啓，啓）詐（詐）薄（簿）曰治官府，疑罪。”

《奏讞書》：“郪人官夫₌（大夫）内留書八日，詐（詐）更其徼（檄）書辟（避）留。”

《奏讞書》：“坐以毄（繫）者毋毄（繫）牒，疑有姦（奸）詐（詐）。”

《奏讞書》：“復（覆）其姦（奸）詐（詐）及智（知）縱不捕賊〈賊〉者，必盡得。”

《春秋一一》：“其能久作人命，卒必詐（詐）之。”

《春秋一一》：“亘（桓）公長，公子暈果以其言詐（詐）之。”

《春秋一五》：“悔（侮）德詐（詐）窓（怨），何叚（瑕）之不圖。”

《要》：“夫易，岡（剛）者使知瞿（懼），柔者使知圖，愚人爲而不忘（妄），衡人爲而去詐（詐）。”
《官一》：“隱匿謀詐（詐），所以鈞戰也。”

狆與作

《性自》：“人之逆肰（然）可牙（與）和安者，不又（有）夫憍（奮）狆（作）之青（情）則悉（侮）。”按，“狆（作）”字從趙建偉《郭店竹簡〈忠信之道〉、〈性自命出〉校釋》（《中國哲學史》1999年2期）讀。

迮與作

《六德》：“古（故）夫夫、婦婦、父父、子子、君君、臣臣，六者客（各）行其戠（職），而狃耆亡繇（由）迮（作）也。”
《六德》：“其返（反），夫不夫，婦不婦，父不父，子不子，君不君，臣不臣，緍（昏）所繇（由）迮（作）也。”

迮與措

《鮑叔牙》：“癹（發）古慮（慮），行古迮（措）。癹（廢）迮（措）者死，弗行者死。”按，“迮”似當讀作“措”。

乍與作

《墨子》：“周公戒肰（然）乍（作）色曰：‘易，夫戔（賤）人洛（格）上則型（刑）戮（戮）至，剛☐。’”

昨與酢

《有司》：“尸降延（筵），受三獻爵，酌以昨（酢）之。”

昨與醋

《有司》：“賓長義（獻）于尸，昨（醋），獻祝，致，作（醋）。”
《有司》：“利【洗爵】，獻于【尸。尸】昨（醋）。”

钕與籍

《繫年一》：“昔周武王監觀商王之不龏（恭）帝=（上帝），禋祀不寋（畏），乃作帝钕（籍），以登（登）祀登=（上帝）天神，名之曰千畝（畝）。”
《繫年一》：“洹（宣）王是訂（始）弃（棄）帝钕（籍），弗畋（田），立卅=（三十）又九年，戎乃大敗周自（師）于千畝（畝）。”

詐與作

《爲吏》：“觀民之詐（作），罔（輞）服必固。”

詐與酢

《特牲》：“上選（籑）洗爵，升酌，詐（酢）主=人=（主人，主人）拜受爵。”

詐與醋

《特牲》：“主人受爵，詐（醋），卒，降。”
《特牲》：“尸卒爵，詐（酢）。”
《特牲》：“受爵，詐（酢）于主人，卒，復位。”

詐與詛

《日乙·楚除》：“窞羅之日，利以說孟（盟）詐（詛）、棄疾、鑿宇、葬，吉。”
《日乙·楚除》：“蓋絕紀之日，利以裚（製）衣常（裳）、說孟（盟）詐（詛）。”

酢與作

《日乙·有疾》：“庚辛病，壬閒，癸酢（作），煩及歲皆在南方。”
《日乙·有疾》：“□□□索魚堇□□□□閒，乙酢（作），不酢（作），□□邦中。”
《日乙·有疾》：“得於肥肉、鮮魚、卵，□□甲乙病，丙有閒，丁酢（作），不☐。”
《日乙·有疾》：“丙丁病，戊有閒，己酢（作），不酢（作），煩在北。”

酢與詐

《雜抄》：“百姓不當老，至老時不用請，敢爲酢（詐）僞者，貲二甲。”

酢與醋

《特牲》：“主婦合（荅）拜，受爵，酌，酢（醋），左執爵，拜。”

浨與阻

《容成氏》："墨（禹）親執枌（畚）耜（耜），以波（陂）明者（都）之澤，決九河之浨（阻），於是虖（乎）夾州、涂（徐）州訇（始）可凥（處）。"

殜與所

《容成氏》："上下貴戔（賤），各得其殜（所）。"按，"殜（所）"字從陳劍《上博簡〈容成氏〉的拼合與編連問題小議》（簡帛研究網，2003年1月9日）讀。

殜與沮

《相宅》："☐垑於西北，不利於子，三增三殜（沮）不相志（持），無竇（藏）貨。"

殇與殂

《曹沫》："君子以臤（賢）爯（稱）而遳（失）之，天命；以亡道爯（稱）而叟（沒）身遼（就）殇（殂），亦天命。"按，"殇"字原文作"☐"，整理者釋爲"死"，非是。當隸定作"殇"，讀作"殂"。《説文》："殂，往死也。"

索字聲系

索與素

《老子》甲："視索保（抱）菐（樸），少厶（私）寡欲。"按，今本和帛書本索作素。

《彭祖》："□□之悔（謀）不可行，述（沬）惕（易）之心不可長，遠慮甬（通）索（素），心白（泊）身湀（釋）。"

《李頌》："索（素）府宮李，木異稹（類）可（兮）。"

《封許》："敂（路）車，璁（蔥）玩（衡）、玉翩（璲），緣（鸞）鈴（鈴）索（素）旂，朱笄元（軏）。"

索與衡

《帛五行・經》："索纑（慮）纑（慮），達於君子道，胃（謂）之賢。"按，帛書《五行・説》索作衡。

索與索

《秦律・廄苑律》："即入其筋、革、角，及索（索）入其賈（價）錢。"

《秦律・倉律》："禾、芻稾積索（索）出日，上贏不備，縣廷出之。"

《秦律・倉律》："未索（索）而已備者，言縣廷。"

《秦律・倉律》："□□□□□不備，令其故吏與新吏雜先索（索）出之。"

《秦律・倉律》："與倉□雜出之，索（索）而論不備。"

《效律》："過十分以上，先索（索）以稾人，而以律論其不備。"

《封診式》："甲、乙捕索（索）其室而得此錢、容（鎔），來詣之。"

《治官》："實官出入，積索（索）求監。"

《第二組》："盡旬不足以索（索）繕之，言不足用積徒數屬所尉，毋敢令公士、公卒、士五（伍）爲它事，必與繕城塞。"

《第二組》："索（索）律曰。"

《第二組》："索（索）有脱不得者節（即）後得及自出。"

《第二組》："訊索（索）時所居，其死罪，吏徒部索（索）弗得者，贖耐。"

《第三組》："黔首莫欲貣（貸），貣（貸）而弗能索（索）者，以黔首入租貣（貸）芻稾□□□□□賣。"

《二年・盜律》："盜出黃金邊關徼，吏、卒、徒部主者智（知）而出及弗索（索），與同罪；弗智（知），索（索）弗得，戍邊二歲。"按，"索（索）"原文作"索"，整理者直接釋爲"索"。下四例同。

《二年・捕律》："吏主若備盜賊、亡人而捕罪人及索（索）捕罪人。"

《二年・秩律》："索（索）、僞（鄢）陵、東阿、聊城。”

《二年·津關令》：“諸不幸死，家在關外者，關發索（索）之；不宜，其令勿索（索），具爲令。”

《二年·津關令》：“以印章告關₌（關，關）完封出，勿索（索）。”

《繆和》：“所以皆牧焉勞其四枳（肢）之力，渴（竭）其腹心而索（索）者，類非安樂而爲之也。”按，“索”字從廖名春《帛書〈周易〉論集》（上海古籍出版社，2008年，392頁）隸定。

膝與索

《身疕》：“以黎（藜）盧二，礜一，豕膏和，而膝（索）以熨疕。”

昔字聲系

昔與措

《三壽》：“昔（措）勤不居，韋（攝）祇不易，共（供）枉（皇）思㚇（修），内（納）諫受訾，神民莫責，寺（時）名曰智。”按，“昔（措）”字從補白《清華簡〈殷高宗問於三壽〉臆説四則》（復旦大學出土文獻與古文字研究中心網，2015年4月16日）讀。

《帛甲老子·德經》：“矢（兕）无所椯（揣）其角，虎无所昔（措）其蚤（爪）。”

《姓爭》：“德則无有，昔（措）刑不當。”

《兵容》：“兵不刑天，兵不可動；不法地，兵不可昔（措）。”

《春秋一二》：“是故君人者，刑之所不及，弗昔（措）於心。”

昔與腊

《日乙·除室二》：“以昔（腊）肉吉。”

《反淫》：“楚英之昔（腊），采〈采（菜）〉以山膚。”

昔與錯

《鄭武》：“二三臣吏（事）於邦，遮₌安₌（惶惶焉，焉）宵（削）昔（錯）器於巽（選）贇（藏）之中。”

《引書》：“引肥（眉）者，反昔（錯）手北（背）而前俛（俛）。”

《引書》：“陽見者，反昔（錯）手北（背）而印（仰），後雇（顧）。”

《引書》：“窮（窮）視者，反昔（錯）手北（背）而俛（俛），後雇（顧）踵。”

《引書》：“則（側）比者，反昔（錯）手北（背）而卑，挨〈探〉肩。”

《引書》：“凫沃者，反昔（錯）手北（背）而揮頭。”

《引書》：“旋信（伸）者，昔（錯）手，撟而後揮。”

《引書》：“臬栗者，反昔（錯）手北（背）而宿（縮）頸亜（湮）頭。”

《引書》：“折陰者，前一足，昔（錯）手，俛（俛）而反鉤之。”

《引書》：“回周者，昔（錯）兩手而俛（俛）印（仰），并揮之。”

《引書》：“龏（龍）興者，屈前䣛（膝），信（伸）後，昔（錯）兩手，據䣛（膝）而印（仰）。”

《引書》：“引䐈（脢）者，屈前䣛（膝），信（伸）後，昔（錯）手，撟而後旋。”

《引書》：“蛇亜（湮）者，反昔（錯）手北（背），齧而亜（湮）頭。”

《引書》：“引陰者，反昔（錯）撟手而俛（俛），極之。”

《引書》：“引陽者，前昔（錯）手而印（仰），極之。”

《帛易·離》：“初九，禮（履）昔（錯）然，敬之，无咎。”

昔與鵲

《三十時》：“不盡□日，昔₌（鵲夕）始鳴。”按，“昔₌”似當讀作“鵲夕”。

同篇亦見“蒼案（雁）夕鳴”、“䧢（鶴）鳴”和“𪂹鶏鳴”等。《禮·月令》：“小暑至，螳螂生，鵙始鳴，反舌無聲。”

昔與藉

《日甲·詰》：“人毋（無）故鬼昔（藉）其宮，是₌（此是）丘鬼。”

昔與夕

《文摯》：“故一昔（夕）不卧，百日不復。”

《晏子四》：“公吾〈昔（夕）〉薨（夢）有二丈夫立而怒。”按，據該篇下文“今昔（夕）吾薨（夢）二丈夫立而怒”語，“吾”似當是“昔”之誤抄，讀作“夕”。“夕夢”、“夜夢”典籍常見。

《晏子四》：“今昔（夕）吾薨（夢）二丈夫立而怒。”

《三十時》：“不盡□日，昔₌（鵲夕）始鳴。”按，“昔₌”似當讀作“鵲夕”。

《天六》：“食昔（夕）卯。”

昔與作

《帛乙老子·道經》：“萬物昔（作）而弗始（辭），爲而弗侍（恃）也。”

昔與索

《帛易·震》：“尚（上）六，辰（震）昔（索）昔（索），視懼（矍）懼（矍），正（征）凶。”

昔與奭

《聽有》：“昔者周武王舉大（太）公望，昭（召）公昔（奭）、周公旦從之。”

厝與錯

《易之義》：“山澤通氣，火水相射，雷風相樽（薄），八卦相厝（錯）。”

《官一》：“□□陳臨用方（旁）翼，氾戰接厝（錯）用喙逢。”按，“厝（錯）”字從張震澤《孫臏兵法校理》（中華書局，1984年，110頁）讀。

浯與酢

《痂》：“先以浯（酢）滫□□□傅。”

《養生方》：“取贏四斗，以浯（酢）瀸（截）漬二日，去贏。”

惜與措

《祭公》：“𨔝（遜）惜（措）乃心，𦘔（盡）府（付）畀余一人。”

惜與懌

《湯丘》：“身體𦟝（痊）㓜（平），九窔（竅）發明，以道心嗌，惜（懌）快以恆。”按，“惜”似當讀作“懌”，訓爲“悦”。

措與錯

《特牲》：“鼎西面措（錯），右人陶（抽）扃，委于鼎北。”

《特牲》：“贊者措（錯）柤（俎），加朼（匕）。乃比（朼）。”

《泰射》：“卒措（錯），獲者適右个，薦柤（俎）從之。”

《反淫》：“檀樹（輿）棘檕，接措（錯）交横。”

菅與錯

《阜易·離》：“初九，履菅（錯）然。”

𣨚與夕

《王風》：“日之𣨚（夕）誒（矣）。”

《王風》：“□□𣨚（夕）誒（矣），羊牛□□。”

階與錯

《子羔》：“又（有）𧙈（燕）監（銜）卵而階（錯）者（諸）其前，取而軟（吞）之。”

耤與借

《聽有》：“故曰：叚（假）而有（又）叚（假），果有天下。耤（借）而有（又）耤（借），果成王伯（霸）。叚（假）耤（借）務其道存乎聽。”

耤與斮

《答問》：“耤（斮）葆子之謂毆（也）。”

耤與藉

《答問》："耤（藉）牢有六署，囚道一署旞（遂）。"

《答問》："耤（藉）秦人使，它邦耐（能）吏、行旞（隊）與偕者。"

《算數書·井材》："耤（藉）周自乘，以深乘之，十二成一。"

《算數書·少廣》："即耤（藉）直（置）田二百卌步亦以一爲若干，以爲積步。"

《春秋六》："是怒其心而耤（藉）之閒，非□也。"

《戰國五》："今日願耤（藉）於王前。"

《晏子六》："厚耤（藉）斂，急使令，正（政）无以和民。"

《守法》："爲高耤（藉）車可以投五十步之內者，二百步而一，小回耤（藉）車五十步而一。"

耤與籍

《爲吏》："凡治事，敢（嚴）爲固，謁（遏）私圖，畫局陳棊（棋）以爲耤（籍）。"

《北蒼·耕》："禋（姻）䋎（婿）姪娣，叚（假）耤（籍）合冥。"

藉與籍

《二年·津關令》："爲致告津=關=（津關，津關）謹以藉（籍）、久案閱，出。"

藉與沮

《威王問》："三里藉（沮）洳將患軍☐。"

籍與藉

《秦律·司空》："居貲贖責（債）者，或欲籍（藉）人與并居之，許之。"

《稱》："毋籍（藉）賊兵，毋裹（賫）盜量（糧）。"

《稱》："籍（藉）賊兵，裹（賫）盜量（糧），短者長，弱者強。"

《帛易·大過》："初六，籍（藉）用白茅，无咎。"

譛與措

《妄稽》："丈夫新譛（措），錯我美佊（彼）。"

譛與詛

《戰國二一》："箸之鈑（盤）竽（盂），屬之祝譛（詛）。"按，"譛（詛）"字從裘錫圭《讀〈戰國縱橫家書釋文注釋〉劄記》（《文史》第36輯，中華書局，1992年）讀。

錯與措

《繆和》："吾聞先君其□義錯（措）法，發[號]施令於天下也。"

《繆和》："夫古之君子，其思慮舉錯（措）也，內得於心，外度於義，外內和同，上順天道，下中地理，中適人心。"

《形乙》："不貸（忒）者，其所錯（措）勝敗者也。"

《奇正》："其錯（措）勝也，如以水勝火。"

《北大老子》："虎無所錯（措）其蚤（爪），𧰼（兕）無所樀（揣）其角，兵無所容其刃。"

《妄稽》："錯（措）氏（是）而弗爲，安辟（避）篷答。"

錯與笮

《妄稽》："疏（咀）齕鉗錯（笮），疾齧筮（噬）之。"按，"錯（笮）"字從蕭旭《北大漢簡（四）〈妄稽〉校補》（復旦大學出土文獻與古文字研究中心網，2016年7月4日）讀。

錯與嚮

《繫辭》："問焉[而][以]言，其受命也如錯（嚮）。"

錯與素

《帛易·履》："初九，錯（素）禮（履）。往，无咎。"

錯與索

《繫辭》："深（探）備〈賾〉錯（索）根

（隱），枸（鉤）險（深）至（致）遠。”

錯與粗

《北蒼·之》：“闊錯（粗）蹵（就）葆（保），堂據（歫）赿等（持）。”按，“錯”似當讀作“粗”。《説文》：“闊，疏也。”《説文》：“粗，疏也。”

鰭與皵

《容成氏》：“冒（帽）芙（蒲）蓻（笠）□足□▨面戟（乾）鰭（皵），㬳（脛）不生之毛，□滗湝流。”按，“鰭（皵）”字從孟蓬生《上博竹書（二）字詞劄記》（簡帛研究網，2003年1月14日）讀。

《禹王》：“首（手）丩（棋）旨（枳），身鯩（鱗）鰭（皵）。”按，“鰭（皵）”字從蔡偉《釋“百丩旨身鯩鰭”》（復旦大學出土文獻與古文字研究中心網，2013年1月16日）讀。

舄字聲系

舄與瀉

《養生方》：“澤舄（瀉）、蓫（术）、酸棗。”

《一類》：“付（附）子三分，蜀椒三分，澤舄（瀉）五分，鳥喙三分，細辛五分。”

寫與瀉

《容成》：“精盈必寫（瀉），精出必補。”

《容成》：“補寫（瀉）之時，於卧爲之。”

《舜》：“必盬之而勿予，必樂矣而勿寫（瀉）。”

《文摯》：“夫春䑛（飫）寫（瀉）人人〈入〉以韭者，何其不與酒而恆與卵邪？”

夕字聲系

夕與亦

《競公瘧》：“今内寵又（有）割（會）疾（譴），外₌（外亦）又（有）與梁（梁）丘坓（據）。”按，“外₌（外亦）”從何有祖《讀〈上博六〉劄記》（簡帛網，2007年7月9日）讀。“外₌”爲“外夕”二字合文。

《帛甲老子·德經》：“故人之所教，夕（亦）議而教人。”

《晏子一二》：“▨吾夕（亦）无死已。”

《晏子一三》：“誒（嘻），夕（亦）善矣，能爲君請壽。”

夕與液

《天下至道》：“下夕（液）股濕，徐操。”

夕與腋

《目録》：“夕（腋）下。”

《腋下》：“即以汁□□淒（揩）夕（腋）下。”

夕與斁

《祭公》：“康□之，犽（蠻）伓（服）之，肰（然）母（毋）夕（斁）□。”

汐與液

《合陰陽》：“四曰下汐（液）股濕，徐操。”

猎與夕

見鐸部昔字聲系。

炙字聲系

炙與鼫

《帛易·晉》：“九四，溍（晉）如炙（鼫）鼠，貞厲。”

尺字聲系

尺與斥

《王兵》：“山陵、林陸、丘虚、沮（沮）澤、蒲葦、平葛（蕩）、尺（斥）魯（鹵）。”

《田法》：“禿尺（斥）津□▨。”

枳與柝

《繫辭》：“重門擊枳（柝），以挨（待）旅客，蓋取余（豫）也。”

赤字聲系

赤與赫

《帛五行·說》："赤（赫）赤（赫），聖貌也。"

《帛五行·說》："'[明]明在下，赤（赫）赤（赫）在嘗（上）'，此之胃（謂）也。"

《帛五行·說》："明者始在下，赤（赫）者始在嘗（上）。"

赤與亦

《少廣》："赤（亦）直（置）二百卌步，亦以一爲二，爲四百八十步。"按，整理者認爲"赤"爲"亦"之誤字。"赤"可讀作"亦"。

《戰國二七》："則使臣赤（亦）敢請其日以復於□君乎？"

赤與尺

《毒烏喙》："若產齊（薺）赤（尺），而以水飲☐。"按，"赤（尺）"字從馬繼興《馬王堆古醫書考釋》（湖南科學技術出版社，1992年，392頁）讀。

㓀與禦

《春秋二》："燕大夫子□衛（率）帀（師）以㓀（禦）晉人，勝之。"按，"㓀"，整理者隸作"㓀"，認爲是"禦"之誤字。不確。該字中間從赤聲，赤、禦音近。

射字聲系

射與謝

《窮達》："孫雪（叔）三弞（謝）邳（期）思少司馬，出而爲命（令）尹，堣（遇）楚臧（莊）也。"按，"弞（謝）"字從白於藍《孫叔敖"三相三去"考》（《中國史研究》2001年2期）讀。"弞"即"射"字異構。

《妄稽》："妄稽不自射（謝），竊笑有□。"

《木牘》："治久泄腸辟臥血□外裏帶風□，□醫不能治，皆射（謝）去方。"

射與麝

《天乙·黃鐘》："日入至晨投中林鐘，射（麝）殹。"

《天乙·殘篇》："蕭（簫）猴（篌），男子如射（麝）麋，女子如鴿聞聲殹，如此者閒事。"

射與席

《繫年十三》："邹（趙）單（旃）不欲成，弗卲（召），射（席）于楚軍之門。"按，"射"字原形作""。

射與螫

《雜療方》："委□□□□□□□□牀之柧柜□□□□□□□□□□□□羿使子毋□□□□□□□□徒，令蜮毋射（螫）。"按，"射"當讀作"螫"。下同。

《雜療方》："[令]蜮毋射（螫）：即到水，撮米投之。"

《雜療方》："以田暘豕邋屯（純）衣，令蜮及虫（虺）蛇〖蛇〗弗敢射（螫）。"

《雜療方》："即不幸爲蜮虫（虺）蛇蠭（蜂）射（螫）者，祝，唾之三，以其射（螫）者名名之。"

謝與序

《曹氏》："時者，理=謝=終=始=（理序終始，理序終始）而神=咳=（神該，神該）而智=瀿=（智繁，智繁）然后（後）生具象焉。"

石字聲系

石與碩

《帛易·剥》："尚（上）九，石（碩）果不食，君子得車（輿），小人剥蘆（廬）。"

《帛易·蹇》："尚（上）六，往蹇（蹇），來石（碩），吉。利見大人。"

石與鼫

《萬物》："石（鼫）鼠矢（屎）已心痛也。"按，"石"似當讀作"鼫"。

石與宅

《金縢》：“周公石（宅）東三年，禍（禍）人乃斯得。”

乭與度

《苦成》：“参（三）垺（郤）家乭（度）取宔（主）君之眾以不聖（聽）命，牆（將）大害。”按，“乭（度）”字，整理者未釋。似從石從又，釋爲“度”，訓爲“謀”。

妬與妒

《第三組》：“▢給日及諸從事縣官、作縣官及當戍故徼而老病居縣、坐妬（妒）入舂，篤貧不能自食，皆食縣官而益展其日以當食，如居貲責（債）。”

《六博》：“在楬者，婦悍妬（妒）。”

度與渡

《日占》：“戊毋度（渡）海，後必死亡。”

度與宅

《安稽》：“能過虖（乎）度（宅），不可當月而睇。”

蔖與蓆

《周曆譜》：“廷賦所，一籍蔖（蓆）廿。”

蹠與蹠

《引書》：“右手把丈（杖），鄉（嚮）壁，毋息，左足蹠（蹠）壁，卷（倦）而休。”

《引書》：“亦左手把丈（杖），右足蹠（蹠）壁，亦卷（倦）而休。”

㡰與席

《泰射》：“乃㡰（席）工于西階上，少東。”

㡰與摭

《有司》：“乃㡰（摭）于魚、腊俎（俎），俎（俎）舍（釋）三个。”

迈與蹠

《昭王》：“又（有）一君子𣧑（喪）備（服）曼廷，牆（將）迈（蹠）閨。”

《昭王》：“卲（昭）王迈（蹠）逃珤，龏（龔）之脽（脽）馭王。”

《柬大王》：“三日，大雨，邦蒠（賴）之。登（發）駐（馹）迈（蹠）四=疆=（四疆，四疆）皆管（熟）。”

《叢辰》：“不利以行隻（作），迈（蹠）四方埜（野）外，必無堣（遇）寇逃（盜），必兵。”

《王子木》：“競坪（平）王命王子木迈（蹠）成（城）父。”

《王子木》：“虐（吾）先君臧（莊）王迈（蹠）河雝之行。”

《邦人》：“亯（就）白公之禍（禍），聞（聞）命（令）尹、司馬既死，牆（將）迈（蹠）郢。”

《邦人》：“乃乘（乘）埶（馹）車五轃（乘），述（遂）迈（蹠）郢。”

《陳公》：“王迈（蹠）郘之行，楚邦少安。”

《繫年六》：“文公十又二年居翟=（狄，狄）甚善之，而弗能内（入），乃迈（蹠）齊=（齊，齊）人善之；迈（蹠）宋=（宋，宋）人善之，亦莫之能内（入）；乃迈（蹠）衛=（衛，衛）人弗善；迈（蹠）奠=（鄭，鄭）人弗善；乃迈（蹠）楚。”按，“迈”似當讀作“蹠”。下同。

《繫年十四》：“齊同（頃）公回（圍）魯=（魯，魯）肩（臧）孫譬（許）迈（蹠）晉求敄（援）。”

《繫年十五》：“王命繡（申）公屈晉（巫）迈（蹠）秦求𠂤（師）。”

《繫年十五》：“自齊述（遂）逃迈（蹠）晉，自晉迈（蹠）吳。”

《繫年二十》：“晉競（景）公立十又五年，繡（申）公屈晉（巫）自晉迈（蹠）吳。”

迈與詫

《帛甲老子·道經》：“故貴爲身於爲天

下，若可以迈（託）天下矣。”

埏與坼

《三德》：“弁（變）祟（常）惕（易）豊（禮），土陸（地）乃埏（坼），民乃囂（夭）死。”

《三德》：“土陸（地）乃埏（坼），民人乃茖（落）。”

柘與磔

《天下至道》：“三曰尺扜（蠖），四曰困（麕）㬥，五曰黄（蝗）柘（磔），息内。”

庶與蔗

《痂》：“冶烏豙（喙）、黎（藜）盧、蜀叔（菽）、庶（蔗）、蜀椒、桂各一合。”

庶與席

《燕禮》：“受賜者以爵就庶（席）坐，公卒爵，祭〈然〉后（後）飲。”

庶與炙

《柬大王》：“龜尹智（知）王之庶（炙）於日而疠（病），芥（簽）悉（儀）愈迗（要）。”按，“庶（炙）”字從孟蓬生《上博竹書（四）閒詁》（簡帛研究網，2005年2月15日）、陳劍《上博竹書〈昭王與龔之脽〉和〈柬大王泊旱〉讀後記》（簡帛研究網，2005年2月15日）讀。

《相宅》：“□□於室東，日出庶（炙）之，必肉飤（食）以飤（食）。”

禠與庶

《成之》：“古（故）君子不貴禠（庶）勿（物）而貴與民又（有）同也。”

箬與席

《成之》：“君子𥳑（簟）箬（席）之上，𧮰（讓）而㘤學（幼）；朝廷之立（位），𧮰（讓）而凥（處）戔（賤）。”

《君子》：“☐困（淵）记（起），迲（去）箬（席）曰：‘敢䎽（問）可（何）胃（謂）也？’”

《競公瘧》：“公甥（強）记（起），違箬（席）曰。”

《天子甲》：“天子四辟，𨑃箬（席），邦君三辟，夫=（大夫）二辟，士一辟。”

《天子乙》：“天子四辟，延（筵）箬（席），邦君三辟，夫=（大夫）二辟，士一辟。”

《武王甲》：“爲名（銘）於箬（席）之四耑（端）曰：‘安樂必戒。’”

《武王甲》：“箬（席）後左耑（端）曰：‘民之反仄（側），亦不可【不】志。’”

《凡物甲》：“戠（察）道，侳（坐）不下箬（席）；耑（揣）曼（文），箸（書）不與事。”

《凡物乙》：“戠（察）道，侳（坐）不下箬（席）；耑（揣）曼（文）☐。”

《耆夜》：“蟲（蟋）蟱（蟀）才（在）箬（席），戢（歲）矞（聿）員（云）茖（莫）。”

《赤鵠》：“其尘（上）片（刺）句（后）之體，是思（使）句（后）之身蚵（疴）蓋（蠚），不可堊（極）于箬（席）。”

趏與拓

《本伐》：“故□者，趏（拓）者也；禁者，使者也。”

碩與石

《周易·蹇》：“上六：往訐（蹇）來碩，吉，利見大人。”按，帛書本碩作石。

槖與蠹

《雜抄》：“臧（藏）皮革槖（蠹）突，貲嗇夫一甲，令、丞一盾。”

《爲吏》：“皮革槖（蠹）突。”

《周病方》：“以正月取桃槖（蠹）矢（屎）少半升，置淳（醇）酒中。”

《脈書》：“夫留（流）水不腐，戶貙（樞）不槖（蠹）。”

《晏子八》：“毋（無）死（朽）槖（蠹）之臧（藏），毋（無）涷（涷）餒之民。”

橐與托

《守法》：“舉手指摩（麾），姦詐之所橐（托）也。”

橐與託

《帛乙老子·道經》：“故貴爲身於爲天下，若可以橐（託）天下矣。”

《北大老子》：“故貴以身於爲天下，若可以橐（託）天下矣。”

橐與妬

《日甲·入官》：“壬辰、癸巳，橐（妬）婦以出，夫先死，不出二歲。”

若字聲系

若與箬

《日甲·詰》：“人臥而鬼夜屈其頭，以若（箬）便（鞭）毄（擊）之，則已矣。”

《日甲·詰》：“以若（箬）便（鞭）毄（擊）之，則止矣。”

若與諾

《柬大王》：“王若（諾），牆（將）鼓而涉之。”

《競公瘧》：“公國（或）胃（謂）之，安（晏）子許若（諾）。”

《陳公》：“左右司馬進於牆（將）軍，命出帀（師）徒，牆（將）軍乃許若（諾）。”

《猩敞》：“敞曰：‘若（諾）。’”

《芮盜》：“更曰：‘若（諾）。’”

《芮盜》：“朵曰：‘若（諾）。’”

《帛乙老子·德經》：“夫輕若（諾）必寡信，多易必多難，是以耶（聖）人猶難之。”

《帛五行·説》：“若（諾）亦然，進亦然，退亦然。”

《帛五行·説》：“雖（唯）而不若（諾），走而不趨。”

《名理》：“若（諾）者，言之符也。”

《名理》：“已若（諾）不信，則知（智）大惑矣。”

《名理》：“已若（諾）必信，則處於度之內也。”

《戰國一八》：“大（太）后曰：‘敬若（諾）。年幾何矣？’”

《戰國一八》：“大（太）后曰：‘若（諾）。次（恣）君之所使之。’”

《戰國二四》：“楚之〈王〉若（諾）。”

《戰國二五》：“文信侯敬若（諾）。”

《繆和》：“君曰：‘若（諾）。’”

《見吳王》：“君曰：‘若（諾）。’”

《晏子一三》：“公曰：‘若（諾）。’”

《北大老子》：“夫輕若（諾）必寡信，多易者必多難。”

《特牲》：“筮者許若（諾），環（還），即席，西面坐，卦者在左。”

《特牲》：“祝許若（諾），致命。”

《特牲》：“尸許若（諾），主人再拜稽首。”

《特牲》：“兩選（簒）鄭（奠）舉于俎（俎），許若（諾），合（荅）拜。”

《特牲》：“凡祝嘑（呼），佐食許若（諾）。”

《少牢》：“史曰：‘若（諾）。’”

《少牢》：“主人曰：‘若（諾）。’”

《燕禮》：“又命之，賓再拜稽首，許若（諾）。”

《泰射》：“賓、諸公、卿、大夫皆對曰：‘若（諾），敢不安？’”

《泰射》：“大史許若（諾）。”

《泰射》：“負侯皆許若（諾），以宮趨，直西，及乏南。”

《泰射》：“有（又）若（諾）以商，適（至）乏，聲止。”

《泰射》：“負侯許若（諾），如去侯，皆執其菁（旌）以負其侯而𢓊（俟）。”

《泰射》："司馬命去侯，負侯許若（諾）如初。"
《泰射》："負侯許若（諾），以菁（旌）負侯如初。"
《泰射》："司馬升，命去侯，負侯許若（諾）。"
《泰射》："樂正對曰：'若（諾）。'"
《泰射》："大師不興，許若（諾）。"
《泰射》："司馬升，命取矢，負侯許若（諾）。"
《泰射》："賓及諸公、卿、大夫皆興，對曰：'若（諾），敢不醉？'"
《安稽》："若（諾），吾察其請（情）必得。一小婦人，亦甚昜〈易〉伓（伏）。"

若與如

《老子》乙："紿（治）人事天，莫若嗇。"按，嚴遵本若作如。
《老子》乙："大攷（巧）若他（拙）。"按，帛書本若作如。
《老子》乙："大植（直）若屈。"按，帛書本甲本若作如。
《老子》丙："齗（慎）終若詒（始），則無敗事喜（矣）。"按，郭店楚簡《老子》甲本若作如。

若與鄀

《楚居》："思（使）若（鄀）嗌卜遷（徙）於臺（夷）宅（屯）。"

若與汝

《戰國四》："魚（吾）必不聽眾口與造言，魚（吾）信若（汝）迺（猶）戱也。"

若與赦

《厚父》："天迺弗若（赦），迺述（墜）氒（厥）令（命），亡氒（厥）邦。"

若與鄀

《楚居》："爲楩（便）室₌（室，室）既成，無以內（納）之，乃欁（竊）若（鄀）人之犝（犝）以祭。"

若與若

《琴舞》："𤔔（亂）曰：亘（桓）爯（稱）其又（有）若（若），曰享畣（答）舍（余）一人。"
《琴舞》："甬（用）頌（容）祝舍（余），甬（用）少（小）心寺（持）隹（惟）文人之若（若）。"
《琴舞》："罔克甬（用）之，是㒸（墜）于若（若）。"
《芮良夫》："閒（間）鬲（隔）若（若）否，以自訾讃（委）由（揂），求聖人以繡（申）尔（爾）悔（謀）猷。"
《三壽》："晨（振）若（若）敘（除）態（慝），冒神之福，同民之力，寺（時）名曰悳（德）。"

箬與鄀

《楚居》："若嚻（敖）畲（熊）義（儀）遷（徙）居箬（鄀）。"
《楚居》："至焚（蚡）冒、畲（熊）帥（率）自箬（鄀）遷（徙）居焚。"
《楚居》："至𡍰（堵）嚻（敖）自福丘遷（徙）衮（襲）箬（鄀）郢。"
《楚居》："至成王自箬（鄀）郢遷（徙）衮（襲）湫₌涅₌（湫郢，湫郢）遷（徙）□□□□居嬰（睽）郢。"

蠚與螫

《老子》甲："蟲（蜎）蠆₌（蠆虺）它（蛇）弗蠚，攫鳥猷（猛）獸弗哺（搏）。"按，今本和帛書甲本蠚作螫。

蠚與赫

《老子》甲："蟲（蜎）蠆₌（蠆虺）它（蛇）弗蠚，攫鳥猷（猛）獸弗哺（搏）。"按，帛書乙本蠚作赫。

緖與鄀

《繫年六》："二邦伐緖（鄀），遷（徙）之中城，回（圍）商寧（密），截（捷）繡（申）公子義（儀）以歸。"

各字聲系

各與格

《楚帛書》甲："是謈而垯，是各（格）參柰（化）瀍逃（兆），爲恖（愠）爲萬，以司堵謈。"按，"各（格）"字從李零《長沙子彈庫戰國楚帛書研究》（中華書局，1985年，64頁）讀。

《楚帛書》乙："母（毋）弗或敬，隹（惟）天乍（作）福，神則各（格）之，隹（惟）天乍（作）夭（妖），神則惠之。"

《尊德義》："民五之方各（格），十之方静（爭），百之而句（後）葡（服）。"按，"各（格）"字從裘按（《郭店楚墓竹簡·尊德義》篇注［一二］）讀。

《尹至》："湯曰：'各（格）！女（汝）其又（有）吉志。'"

《耆夜》："不（丕）㬎（顯）逨（來）各（格），歆（歆）氒醴（禋）明（盟）。"

《皇門》："王邦用寍，少（小）民用叚（格）、能家（稼）嗇（穡），戈（咸）祀天神，戎兵以能興，軍用多實。"

《説命中》："𠬝（咨）！各（格）女（汝）敚（説），聖（聽）戒朕言，漸（漸）之于乃心。"

客與各

《六德》："古（故）夫夫、婦婦、父父、子子、君君、臣臣，六者客（各）行其戠（職），而狃𡲶亡繇（由）迮（作）也。"

《六德》："古（故）夫夫、婦婦、父父、子子、君君、臣臣，此六者客（各）行其戠（職），而狃𡲶蔑繇（由）亡〈乍〉也。"

《帛五行·經》："能進之爲君子，不能進，客（各）止於其里。"

客與格

《老子》丙："樂與餌，怂（過）客止。"按，帛書本客作格。

《鮑叔牙》："昔先君客（格）王，天不見天（妖），陞（地）不生𡒊（孽），則訢（祈）者（諸）䰠（鬼）神。"按，"客（格）"字從陳劍《談談〈上博（五）〉的竹簡分篇、拼合與編聯問題》（簡帛網，2006年2月19日）釋讀。

袼與落

《昭王》："虐（吾）不智（知）其尔蕋（墓），尔古（胡）須既袼（落）安（焉）從事。"

洛與格

《天子甲》："洛（格）尹（伊）行，身和二：一憙（喜）一忞（怒）。"按，"洛"似當讀作"格"。《禮記·緇衣》："言有物而行有格也。"可參。下同。

《天子乙》："洛（格）尹（伊）行，身和二：一憙（喜）一忞（怒）。"

洛與落

《隨日·歲》："必溫，不溫，五穀夏夭，草木不實、夏洛（落），民多戰疾。"

《衛風》："□之洛（落）誒（矣）。"

洛與路

《晏子五》："景公登洛（路）寑（寢）之臺，不能冬（終）上而息於陛。"

洛與酪

《養生方》："羸四斗，美洛（酪）四斗。"

《養生方》："□□□□□□□□□半升，并漬洛（酪）中。"

洛與賂

《戰國二四》："王不若因張義（儀）而和於秦，洛（賂）之以一名縣。"

《將過》："貪而好貨者可洛（賂），仁而信人者可詐。"

洛與露

《帛甲老子・道經》："天地相谷〈合〉，以俞（降）甘洛（露）。"

《帛乙老子・道經》："天地相合，以俞（降）甘洛（露）。"

《戰國二一》："臣聞[日]洛（露）降，時雨至，禾穀絳（豐）盈。"

洛與閭

《反淫》："乃使陽文、洛（閭）纂（娵），西它（施）、毛莅（嬙），含芳被澤，燕服從容。"

帞與絡

《蒼頡篇》："繭絲枲帞（絡）。"

挌與格

《答問》："求盜追捕罪人，罪人挌（格）殺求盜。"

《隨日・司歲》："正月子朔，聞〈聶（攝）〉民〈氏（提）〉挌（格）司歲。"

《二年・捕律》："所捕挌（格）鬭而殺傷之，及窮（窮）之而自殺也。"

《奏讞書》："武挌（格）鬭，以劍傷視₌（視，視）亦以劍傷武。"

《奏讞書》："視曰：以軍告，與沱（池）追捕武₌（武。武）以劍挌（格）鬭。"

《奏讞書》："武宜聽視而後與吏辯是不當狀，乃挌（格）鬭，以劍擊傷視。"

《奏讞書》："武挌（格）鬭傷視₌（視，視）恐弗勝，誠以劍刺傷捕武，毋它解。"

《奏讞書》："沱（池）以告與視捕武₌（武，武）挌（格）鬭。"

《奏讞書》："庫挌（格）掾獄，見罪人。"

茖與洛

《繫年二三》："秦人敗晉𠂤（師）於茖（洛）侌（陰），以爲楚殹（援）。"

茖與路

《晏子一三》："景公令脩（修）茖（路）寑（寢）之臺，臺成，公不尚（上）焉。"

《三壽》："烓₌（惶惶）先反，大茖（路）甬（用）見兵。"

《三壽》："我䵕（寅）晨共（降）㚔（在）九厇（宅），贍（診）夏之遏（歸）商，方曼（般）于茖（路）。"

茖與璐

《窮達》："無（璑）茖（璐）堇（瑾）愈（瑜）塇（包）山石，不爲□□□□不釐（理）。"按，"茖（璐）"字從劉樂賢《郭店楚簡雜考（五則）》（《古文字研究》第二十二輯，中華書局，2000年）讀。

茖與落

《三德》："土陸（地）乃垢（坼），民人乃茖（落）。"按，"茖（落）"字從陳劍《〈三德〉竹簡編聯的一處補正》（簡帛網，2006年4月1日）讀。

《李頌》："𠬝（晉）冬之旨（祁）寒，喿（燥）其方茖（落）可（兮）。"

《蘭賦》："□□攸（搖）茖（落）而猷（猶）不遂（失）氒（厥）芳₌（芳，芳）涅（馨）訛（佖）匸（迡）而達䎽（聞）于四方。"

《琴舞》："谷（欲）皮（彼）趣（熙）不茖（落），思逝（慎）。"

《琴舞》："不（丕）㬎（顯）其又（有）立（位），右帝才（在）茖（落），不遂（佚）隹（惟）同。"

《管仲》："廷里霝（零）茖（落），卉（草）木不辟。"

《管仲》："皮茖（落）賅成，安（焉）爲賞罰。"

茖與略

《文王》："文王曰：'請䎽（問）其茖（略）。'"按，"䎽（問）"字從鄔可晶《〈上博（九）·舉治王天下〉"文王訪之於尚父舉治"篇編連小議》（復旦大學出土文獻與古文字研究中心網，2013 年 1 月 11 日）引陳劍説讀。

茖與赫

《容成氏》："茖（赫）疋（胥）是（氏）。"

茖與莫

《耆夜》："蟋（蟋）蟀（蟀）才（在）笞（席），戢（歲）矞（聿）員（云）茖（莫）。"

恪與格

《封許》："贈尔鳥（薦）彝：斸□豚、鼎（銚），龍鬯（鬲）、鑾（璉）、雚（鑵）、鉦（鏊）、斉、斝（爵）、盤、監（鑑）、鐈（罍）、琞（鋰），周（雕）匴（鈁）、鬲、盌（簋）、釙（觥）、鍸（鰡）、恪（格）。"

格與客

《帛甲老子・道經》："樂與餌，過格（客）止。"

《帛乙老子・道經》："樂與[餌]，過格（客）止。"

夆與格

《成之》："天夆（格）大祟（常），以里（理）人侖（倫）。"按，"夆（格）"字從陳偉《郭店竹書别釋》（湖北教育出版社，2002 年，110 頁）釋讀。

敓與路

《封許》："敓（路）車，璁（蔥）玩（衡）、玉鬲（璲），緣（鸞）鈴（鈴）索（素）旂，朱笄元（軏）。"

胳與骼

《特牲》："賓，胳（骼）。"

《少牢》："肩、臂、臑、肫、胳（骼）。"

《少牢》："肩、臂、臑、肫、胳（骼）。"

《少牢》："上利升羊，右辨（胖），脾（髀）不升，肩、臂、臑、肫、胳（骼）。"

《少牢》："臂、臑、肫、胳（骼），在兩端。"

《少牢》："有（又）食，上佐食舉尸牢胳（骼），如初。"

《有司》："載右體（體），肩、辟（臂）、肫、胳（骼）、臑。"

《有司》："亦右體（體），肩、辟（臂）、肫、胳（骼）、臑。"

《有司》："司士設俎于豆北，羊胳（骼）【一】、腸一、胃一、切肺一、膚一。"

胳與落

《説命中》："叀（且）天出不恙（祥），不虞（徂）遠，才（在）氒（厥）胳（落）。"

袼與落

《昭王》："卲（昭）王爲室於死浞（沮）之滸（滸），室既成，牆（將）袼（落）之。"按，"袼（落）"字從孟蓬生《上博竹書（四）閒詁》（簡帛研究網，2005 年 2 月 15 日）讀。下一例同。

《昭王》："王戒邦夫₌（大夫）以飮₌（飲酒），既刣条之，王内（入）牆（將）袼（落）。"

《靈王》："成公與虎歸，爲袼（落）。"按，"袼（落）"字從清華大學出土文獻讀書會《〈上博九・靈王遂申〉研讀》（清華大學出土文獻研究與保護中心網，2013 年 3 月 29 日）讀。

畧與恪

《三德》："卬（仰）天事君，嚴畧（恪）必信；府（俯）視□□，敄（務）蕽（農）敬戒。"

畧與格

《皇門》："隹（惟）正【月】庚午，公畧（格）才（在）耆（皇）門。"

《厚父》："兹咸又（有）神，能畧（格）于上，智（知）天之鬼（威）戈（哉）。"

畧與叚

《周易・萃》："啐（萃）：王畧（假）于宙（廟），利見大人，卿（亨），利貞。用大牲，利又（有）卣（攸）往。”按，帛書本畧（假）作叚。

畧與假

《周易·萃》：“啐（萃）：王畧（假）于宙（廟），利見大人，卿（亨），利貞。用大牲，利又（有）卣（攸）往。”

畧與格

《墨子》：“周公弍肰（然）乍（作）色曰：‘易，夫戔（賤）人畧（格）上則型（刑）殍（戮）至，剛〼。’”

詻與格

《管仲》：“尚碨（展）之，尚詻（格）之，尚勿（勉）之。”

路與賂

《春秋一》：“是塞□□□□□□□□□□□□□□□□□□□□於□□路（賂）弗予（與）。”

《春秋九》：“聞路（賂）而起之，雖入不爲德。”

《春秋九》：“負路（賂）以塞后（後）憂□之□□□□□□□□□功大矣而不賞。”

路與落

《稱》：“宮室過度，上帝所亞（惡），爲者弗居，唯（雖）居必路（落）。”按，“路”似當讀作“落”，訓爲敗落。

路與露

《日甲·詰》：“食之以噴，飲以爽（霜）路（露），三日乃能人矣。”

《王期》：“椄（接）陰之道，以靜爲強，平心如水，靈路（露）内臧（藏）。”

《將失》：“廿四曰，暴路（露）傷志，可敗也。”

潞與露

《容成》：“精神泉益（溢），翕甘潞（露）以爲積。”

《妄稽》：“女（汝）未見我黑白也，绝我曰必妬。女（汝）婦居中閒，使家大潞（露）。”

蕗與落

《木牘》：“〼皆蕗（落），隨皆復生。”

鉻與略

《容成氏》：“垔（禹）聖（聽）正（政）三年，不折（製）革，不釰（刃）金，不鉻（略）矢，田無𦭗（蔡），乇（宅）不工（空），闡（關）市無賦。”

閣與格

《反淫》：“乘其閣（格）天之車，駝（馳）騁八徹（轍）之道，處大廓之究，以靈浮游化府。”

零與露

《老子》甲：“天陛（地）相合也，以逾甘零。”按，今本零作露。

《詩論》：“《審（湛）零（露）》之賹也，其猷（猶）乾與？”

《蘭賦》：“〼汗（旱），雨零（露）不墜（降）矣。”

《陳公》：“申（陳）於場埜（野）、罙（深）卉、霜零（露），車則〼。”

《皇門》：“曰‘余蜀（獨）備（服）才（在）寢’，以自零𠂔（厥）家。”按，今本《逸周書·皇門》“零”作“露”。

《筮法二九》：“四之象爲陛（地），爲圓，爲壴（鼓），爲耳（珥），爲環，爲腫，爲雪，爲零（露），爲霓（霰）。”

《三十時》：“入之三日，霜零（露）下；不下，□〼。”

零與落

《皇門》：“曰‘余蜀（獨）備（服）才（在）寢’，以自零（落）𠂔（厥）家。”

零與洛

《老子》甲：“天陛（地）相合也，以逾甘零。”按，帛書本零作洛。

霩與露

《引書》："游（遊）堂下，逆霩（露）之清，受天之精，歙（飲）水一棓（杯）。"

雒與洛

《奏讞書》："信諸侯子居雒（洛）陽楊里，故右庶長。"

《繫辭》："天垂馬〈象〉，見吉凶，而耶（聖）人馬〈象〉之；河出圖，雒（洛）出書，而耶（聖）人則之。"

《北蒼·陽》："伊雒（洛）涇渭，維楫舩方（舫）。"

骼與鉻

《繫年十四》："齊人爲成，以鵫（甗）、骼（鉻）、玉笀（筊）與𩫏（淳）于之田。"按，"骼（鉻）"從小狐《讀〈繫年〉臆劄》（復旦大學出土文獻與古文字研究中心網，2012年1月3日）讀。

骼與額

《妄稽》："穜（腫）肵廣肺，垂（頠）顊折骼（額）。"

駱與噩

《隨日·司歲》："未朔，作駱（噩）司歲，有兵起。"

鴼與鷺

《采風》："《鴼（鷺）羽之白也》。"按，"鴼（鷺）"字從董珊《讀〈上博藏戰國楚竹書（四）〉雜記》（簡帛研究網，2005年2月20日）釋讀。

醓與酪

《王子木》："睹（舍）飤（食）於𨛦寬（宿），醓（酪）柔（羹）不焌（酸）。"按，"醓（酪）"字從何有祖《讀〈上博六〉劄記（二）》（簡帛網，2007年7月9日）釋讀。下同。

《王子木》："先君智（知）醓（甕）不盍（蓋），醓（酪）不焌（酸）。"

𦎧字聲系

𦎧與椁

《秦律·田律》："唯不幸死而伐綰（棺）𦎧（椁）者，是不用時。"

《二年·賜律》："賜棺𦎧（椁）而欲受齎（資）者，卿以上予棺錢級千、𦎧（椁）級六百。"

《二年·賜律》："五夫₌（大夫）以下棺錢級六百、𦎧（椁）級三百。"

《繫辭》："古之葬者，厚裹之以薪，葬諸中野，不封不樹，葬（喪）期無數，後世耶（聖）人易之以棺𦎧（椁），蓋取者（諸）大過也。"

《蒼頡篇》："□□□絕，冢𦎧（椁）棺匛（柩）。"

《北蒼·之職》："胡貉離絶，冢𦎧（椁）棺柩。"

郭與椁

《王法》："中□之木把拼（檗）以上，室中不盈百枚者，親死不得爲郭（椁）。"

《占夢書》："夢死者復起，更爲官（棺）郭（椁）；死者食，欲求衣常（裳）。"

郭與虢

《春秋八》："晉獻公欲襲郭（虢）。"

《春秋八》："獻公之帀（師）襲郭（虢）環（還），遂□虞。"

𥄎字聲系

虩與赫

《五行》："明₌（明明），智也。虩₌（赫赫），聖也。'明₌（明明）才（在）下，虩₌（赫赫）才（在）上'，此之胃（謂）也。"

《緇衣》："《寺（詩）》員（云）：'虩₌（赫赫）帀（師）尹，民具尔瞻。'"

《用曰》："用曰：寍（寧）事虩₌（赫赫）。"

虢與嚇

《筮法二六》："兑祟：女子大面端虢（嚇）死、長女爲妾而死。"

谷字聲系

郤與隙

《春秋一三》："故□□□□□□□□□於百姓，上下无郤（隙），然后（後）可以濟。"

郤與腳

《封診式》："下遺矢弱（溺），污兩郤（腳）。"

《相狗方》："郤（腳）橈筋高結寸半，及大禽。"

《相狗方》："凡相狗，郤（腳）高於厀（膝），尻高於肩。"

《相狗方》："☐□如□大□□曲□直郤（腳）騖白肉復衛毛。"

郄與郤

《泰射》："上射揖進，坐衡（横）弓，郄（郤）手自弓下取一个，兼諸符（弣）。"

郄與綌

《特牲》："明日卒尊〈奠〉，暮（冪）用郄（綌），即位而徹之，加勺。"

《特牲》："邊（籩）、巾郄（綌）也，熏（纁）裹。"

《燕禮》："公尊瓦泰（大）兩，有豐（豐），幕（冪）如郄（綌）如錫。"

郄與隙

《日乙·嫁子□》："正西郄（隙）逐，西北續（睦）光。"

《日乙·嫁子□》："正北郄（隙）【逐】，【東】北續（睦）光。"

《日乙·嫁子□》："正東郄（隙）逐，東南續（睦）光。"

《行軍》："□□□天井、天窖、天離（羅）、天翹（柖）、天郄（隙），必亟去之。"

埱與隙

《地葆》："五地之殺曰：天井、天宛、天離（羅）、天埱（隙）、天柖。"

逧與郤

《周馴》："人君其強適足以復（覆）過，其智足以逧（郤）閒（諫），若此者，失国之主也。"

隲與隙

《周馴》："女（汝）已爲城，而無有壞（懷）德，則城必有隲（隙）。"

《周馴》："唯毋有隲（隙），其壞也必矣。"

《周馴》："《書》曰：'木折必莭（節），蘠（牆）懷必隲（隙）。'"

谾與隙

《戰國一八》："輿（與）恐玉體（體）之有所谾（隙）也，故願望見大（太）后。"按，"谾"似當讀作"隙"，訓不合、怨憾。

御與郤

《戰國一》："使齊、韓、粱（梁）、燕□□□□□□□□約御（郤）軍之日。"

屰字聲系

逆與斥

《金縢》："於後周公乃遺王志（詩）曰《周（鴟）鴞》，王亦未逆公。"按，"逆"字今本《尚書·金縢》作"誚"，《史記·魯周公世家》作"訓"。《説文》："逆，迎也。从辵屰聲。"《説文》："㡿，郤屋也。从广屰聲。"段玉裁《注》："㡿，俗作厈、作斥，幾不成字。"斥爲斥責，誚爲責讓，訓爲訓斥。古義相近。後人蓋誤讀"逆"爲"斥"，是有今本《尚書·金縢》之"誚"和《史記·魯周公世家》之"訓"。

逆與吾

《戰國二一》："今增注、莁（蹠）恒山而

守三百里，過燕陽（唐）、曲逆（吾）。”

朔與訴

《九主》：“是□□□昔撝□□施□伐□咎（仇）態（讎），民知之无所告朔（訴）。”

朔與愬

《帛易・履》：“九四，禮（履）虎尾，朔（愬）朔（愬），終吉。”

朔與虩

《帛易・震》：“辰（震）來朔（虩）朔（虩），芺（笑）言亞（啞）亞（啞）。”

《帛易・震》：“初九，辰（震）來朔（虩）朔（虩），後芺（笑）言啞啞，吉。”

愬與訴

《神烏賦》：“長炊〈歎〉泰（太）息，憂急（懣）嘑〈唬〉呼，毋（無）所告愬（訴）。”

誁與逆

《保訓》：“迺（乃）易立（位）埶（設）詣（稽），測侌（陰）旖（陽）之勿（物），咸川（順）不誁（逆）。”

斥與尺

《合陰陽》：“一曰虎游，二曰蟬柎（附），三曰斥（尺）蠖，四曰囷（麕）桷。”

《晏子一六》：“臣聞斥（尺）汙（蠖）食黃其身黃，食青其身青。”

斥與訴

《語書》：“是以善斥（訴）事，喜爭書（署）。”

泝與斥

《行軍》：“若交軍沂〈泝（斥）〉澤之中。”

柝與坼

《陰陽脈甲》：“□□□□□□舌柝（坼），嗌乾，上氣，饐（噎），嗌中痛。”

秖與坼

《脈書》：“口熱，舌秖（坼），嗌乾。”

趆與斥

《君正》：“必廄（究）而上九（仇），壹道同心，上下不趆（斥），民无它志。”

《六分》：“主主臣臣，上下不趆（斥）者，其國強。”

咢與額

《祝辭》：“引虘（且）言之，童（同）以心，攺（撫）咢（額），裝（射）戎也。”

《祝辭》：“引虘（且）言之，童（同）以目，攺（撫）咢（額），裝（射）禽也。”

《祝辭》：“引虘（且）言之，童（同）以骬，攺（撫）咢（額），裝（射）音（函）也。”

噩與遻

《阜春二〇》：“晉文君田於虢，噩（遻）一夫而問焉。”

噩與詻

《弟子問》：“巨（蘧）白（伯）玉徙（侍）虖（乎）？子膻₌（庸庸）女（如）也其聖（聲）；子迲（路）往虖（乎）？子噩₌（詻詻）女（如）也女（如）戓（誅）。”

按，“噩”即《説文》“咢”字，《説文》：“咢，譁訟也，从吅屰聲。”“噩”在此似當讀作“詻”。《説文》：“詻，論訟也。傳曰：‘詻詻，孔子容。’”段《注》：“《玉藻》曰‘戎容暨暨，言容詻詻’，《注》‘詻詻，教令嚴也’。”

叡字聲系

叡與壑

《戰國一八》：“雖少，願及未寘（填）叡（壑）谷而託之。”

壑與赫

《帛五行・經》：“明明，知（智）也；壑（赫）壑（赫），聖。”

《帛五行・經》：“‘明明在下，壑（赫）

螯（赫）在上’，此之胃（謂）也。”

澈與螯

《繫年十五》：“爲長澈（螯）而涇（汜）之，以敗楚自（師），是雞父之涇（汜）。”

赫字聲系

赫與螫

《占夢書》：“夢蛇則蝅（蜂）蠆赫（螫）之，有芮（退）者。”

《帛乙老子·德經》：“螽（蜂）癘（蠆）虫（虺）蛇弗赫（螫）。”

《北大老子》：“蠭（蜂）蠆蚖蛇弗赫（螫），猛獸攫（攫）鳥弗薄（搏）。”

滸與螯

《節》：“毋鄉（嚮）室以兵，不可塞污滸（螯）井窌（窖）。”

《節》：“利以鄉（饗）大客，利塞下、闐（填）污滸（螯），不可鼓〈封〉柱。”

螯與螫

《曹氏》：“諸螯（螫）虫（蟲）皆陰分，刑也。”

《三十時》：“閩（蚊）蚊（虻）不食駒犢，雌（虺）蠆不螯（螫）☐。”

霍字聲系

霍與藿

《癃病》：“女子痒（癃），取三歲陳霍（藿），烝（蒸）而取其汁，□而飲之。”

隻字聲系

濩與獲

《二年·秩律》：“上庸、武陵、房陵、陽平、垣、灌〈濩（獲）〉澤、襄陵。”按，整理者釋“灌”爲“濩”。不確。但認爲讀作“獲”則是正確的。

《帛易·艮》：“根（艮）其背，不濩（獲）其身，行其廷，不見其人。无咎。”

《陳忌問壘》：“潰秦軍，濩（獲）三衛（帥）。”

獲與汙

《養生方》：“勿令獲（汙）面，獲（汙）面養（癢）不可支殹（也）。”

隻與獲

《周易·隨》：“九四：陸（隨）又（有）𨾴（獲），貞工（功）。又（有）孚才（在）道，已明，可（何）咎。”

《周易·解》：“九二：畋（田）𨾴（獲）厽（三）狐（狐），得黃矢，貞吉。”

《周易·艮》：“艮：其伓（背），不𨾴（獲）其身，行其廷（庭），不☐。”

《曹沫》：“毋上（尚）𨾴（獲）而上（尚）聒（聞）命，所以爲母（毋）退。”

《曹沫》：“爲之賞𨾴（獲）□𤔲（葸），以懽（勸）其志。”

《競公瘧》：“則言不聖（聽）、青（情）不𨾴（獲）。”按，“𨾴（獲）”字從程燕《讀上博六劄記》（簡帛網，2007年7月24日）釋讀。下一例同。

《競公瘧》：“祭、正（貞）不𨾴（獲）祟，以至於此，神見虛（吾）逕〈淫〉暴☐。”

《皇門》：“卑（譬）女（如）戎夫，喬（驕）用從肣（禽），其由（猶）克又（有）𨾴（獲）？”

《繫年五》：“文王敗之於新（莘），𨾴（獲）哀侯以歸。”

《赤鴼》：“湯𢎨（射）之𨾴（獲）之，乃命少（小）臣曰：‘脂（旨）盥（羹）之，我其享之。’”

《鄭武》：“幾（豈）既臣之𨾴（獲）辠（罪），或（又）辱虛（吾）先君，曰是其律（藎）臣也？”

《鄭甲》：“戰於魚羅（麗），虛（吾）乃𨾴（獲）鄭（函）、邶（訾），輹（覆）車閔（襲）

絲（介）。”

《鄭甲》：“印浧〈淫〉柔（慆）于庚（康），臒（獲）皮（彼）罶（荊）俑（寵）。”

《鄭乙》：“戰於魚羅（麗），虘（吾）乃臒（獲）郙（函）、邶（訾），輹（覆）車閡（襲）絲（介）。”

《鄭乙》：“孚浧〈淫〉柔（慆）于康，臒（獲）皮（彼）罶（荊）戚（寵）。”

臒與濩

《周易·艮》：“艮：其伓（背），不臒（獲）其身，行其廷（庭），不☐。”按，帛書本臒（獲）作濩。

檴與穫

《第二組》：“居貲贖責（債）拾（給）日坐皋（罪）入以作官府及當戍故徼有故而作居縣者歸田農，種時、治苗時、檴（穫）時各二旬。”

臒與雚

《反淫》：“彎（鸞）馮（鳳）之卵，臒=（雚雚）之濡（臑）。”

穫與獲

《曹沬》：“毋穫（獲）民旹（時），毋敓（奪）民利。”

護與獲

《泰射》：“有（又）埶（設）洗于護（獲）者之尊西北，水在洗北，匪（篚）在東。”

《泰射》：“授護（獲）者，退立于西方。護（獲）者興，共而俟（俟）。”

《泰射》：“護（獲）者坐而護（獲）。”

《泰射》：“護（獲）而未舍（釋）護（獲）。”

《泰射》：“唯公所中，三侯皆護（獲）。”

《泰射》：“澤（釋）護（獲）者命小史，小史命澤（釋）者。”

《泰射》：“護（獲）者左執爵，右祭薦柤（俎），二手祭酒。”

《泰射》：“獻隸（隸）僕人與巾車、護（獲）者，皆如泰（大）侯之禮。”

《泰射》：“護（獲）者皆執其薦，諸（庶）子執柤（俎）從，執（設）于乏少南。”

《泰射》：“師命護（獲）者以菁（旌）與薦柤（俎）退。”

《泰射》：“壹發，中三侯，三侯侯皆護（獲）。”

錫部第一五

辟字聲系

辟與劈

《人君》："曆（歷）六時，則石辟（劈）而出泉；曆（歷）八時而國亡。"

辟與壁

《日甲·星》："東辟（壁），不可行。"

《日甲·入官》："中（仲）秋奎、東辟（壁）。"

《周日書》："正月：營₌（營室），東辟（壁）。"

《周日書》："入鄭（定），東辟（壁）。"

《隨日·星官》："東辟（壁），不可行，百事凶。"

《隨日·土功事》："及星自虛至東辟（壁）、甲申、乙酉，不可操土功。"

《疣》："靡（磨）又（疣）内辟（壁）二七。"

《雨書》："旬二日東辟（壁），大雨。"

《雨書》："軫、角得辰巳，東辟（壁）、奎得戌亥，爲子母，子母相得爲大陰，爲雨，生蟲。"

《堪輿》："室、東辟（壁）。"

《堪輿》："秋三月，庚、辛爲危陽〈陰〉，營室、東辟（壁）爲杓，此（觜）畦（觿）、參爲筴。"

《堪輿》："冬三月，壬、癸爲危陰，尾、箕爲杓，營室、東辟（壁）爲爲筴。"

《堪輿》："凡取婦嫁子，春三月軫、角；夏三月參、東井；秋三月東辟（壁）、奎；冬三月箕、斗，不死必不成。"

《特牲》："飽〈皀（饎）〉爨在西辟（壁）。"

辟與嬖

《緇衣》："毋以少（小）悔（謀）敗大惜（作），毋以卑（嬖）御息（疾）妝（莊）句（后），毋以卑（嬖）士息（疾）夫₌（大夫）、卿事（士）。"按，上博簡本《緇衣》卑（嬖）作辟。

《曹沫》："進必又（有）二牆（將）軍，毋牆（將）軍必又（有）嘼（數）辟（嬖）夫₌（大夫），毋俾（嬖）夫₌（大夫）必又（有）嘼（數）大官之帀（師）、公孫公子。"

《曹沫》："毋辟（嬖）於伎（便）俾（嬖），毋倀（長）於父覎（兄），賞坰（均）聖（聽）中，則民和之。"

《繫年二》："孚（褒）忌（姒）辟（嬖）于王₌（王，王）與白（伯）盤逃（逐）坪₌王₌（平王，平王）走西繡（申）。"

《繫年十四》："齊三辟（嬖）夫₌（大夫）南章（郭）子、鄒（蔡）子、安（晏）子衛（率）自（師）以會于幽（斷）道。"

《晏子六》："今君好酒而養辟（嬖），德无以安國。"

辟與澼

《脈書》："在腸，有農（膿）血，篡、脾（髀）、尻、少腹痛，爲腸辟（澼）。"

《引書》："引腸辟（澼），端伏，加頤枕上，交手頸下，令人踐其要（腰），毋息。"

辟與避

《曹沫》："是古（故）倀（長）民偖（者）毋囚篧（爵），毋猷軍，毋辟（避）辠，甬（用）都莶（教）於邦□於民。"

《鄭武》："▨爲敗，者（姑）寍（寧）君，是又（有）臣而爲埶（褻）辟（嬖）。"
《雜抄》："不辟（避）席立，貲二甲，灋（廢）。"
《周病方》："今日庚午利浴蠶，女毋辟（避）瞀（販）瞙₌（瞙瞙）者，目毋辟（避）胡者，腹毋辟（避）男女牝牡者。"
《奏讞書》："詐（詐）更其徼（檄）書辟（避）留，疑罪。"
《帛乙老子·德經》："蓋聞善執（攝）生者，陵行不辟（避）兕虎，入軍不被兵革。"
《國次》："人強朕（勝）天，慎辟（避）勿當；天反朕（勝）人，因與俱行。"
《稱》："天下有參（三）死：忿不量力死，耆（嗜）欲无窮死，寡不辟（避）眾死。"
《胎產書》："晏起□沐，厚衣居堂，朝吸天光，辟（避）寒央（殃）。"
《胎產書》："飲食辟（避）寒，□□□□□□□□□美齒。"
《容成》："食氣有禁，春辟（避）濁陽，夏辟（避）湯風，秋辟（避）霜潛（霧），冬辟（避）凌陰。"
《二三子》："陵處則雷神養之，風雨辟（避）鄉（嚮），鳥守（獸）弗干。"
《二三子》："其病亦至，不可辟（避）禍福。"
《易之義》："'楷（晉）如秋（愁）如'，所以辟（避）怒也。"
《易之義》："恐以守功，敬以承事，知（智）以辟（避）患。"
《易之義》："困以辟（避）咎也，井以辯義也，渙以行權也。"
《要》："諱而辟（避）咎，然后（後）易始興也。"
《實虛》："兵刑（形）象水，水行辟（避）高而走下，兵勝辟（避）實擊虛。"
《軍爭》："善用兵者，辟（避）其兑（鋭）氣。"
《威王問》："辟（避）而驕之，引而勞之。"
《客主》："是以兵坐而不起，辟（避）而不用。"
《國法》："▨□下无弗爲之心，而以豚（遯）罪辟（避）刑爲故。"
《三十時》："吏以辟（避）舍，不復。"
《四時令》："春辟（避）審，物生薐。"
《安稽》："錯（措）氏（是）而弗爲，安辟（避）箠笞。"
《特牲》："尸入，主人及賓皆辟（避）位，出亦如之。"
《旱灘坡》："民占數以男爲女，辟（避）更徭，論爲司寇。"

辟與甓

《守法》："積大瓦及石於城上，霝（瓴）辟（甓）之重皆五斗以上，毋下人五十。"
《守法》："積石及毀瓦、霝（瓴）辟（甓）、疾（蒺）莉（藜）於城下。"

辟與臂

《日甲·盜者》："盜者大鼻，長頸，大辟（臂）臑而僂，疵在目。"
《日甲·盜者》："從以上辟（臂）臑梗，大疵在辟（臂）。"
《隨日·盜日》："不全於中，以上大辟（臂）臧（藏）。"
《養生方》："貍（埋）竈口下，深□□□□□水染其汁，以染女子辟（臂）。"
《王子》："是故道者發明唾手循辟（臂），靡（摩）腹從陰從陽。"
《安稽》："辟（臂）浾（垂）九寸，耳刑（形）堇（僅）存。"
《安稽》："淫瑟（蝨）緣辟（臂），魋（堆）暴（皺）庠（胮）訥（勃）。"

《有司》："載右膿（體），肩、辟（臂）、肫、胳（骼）、臑。"

《有司》："亦右膿（體），肩、辟（臂）、肫、胳（骼）、臑。"

《有司》："羊肉汁（湆），辟（臂）【一】、膌（脊）一。"

《有司》："豕升（脀），辟（臂）一、膌（脊）一。"

辟與癖

《萬物》："茈（紫）蕩（參）之□□已辟（癖）也。"按，"辟"似當讀作"癖"。

辟與譬

《五行》："辟（譬）而智（知）之，胃（謂）之進之。"

《帛五行·經》："辟（譬）而知之胃（謂）之進之。"

《帛五行·説》："辟（譬）而知之，胃（謂）之進之。"

《帛五行·説》："弗辟（譬）也，辟（譬）則知之矣，知之則進耳。"

《帛五行·説》："辟（譬）丘之與山也，丘之所以不□名山者，不責（積）也。"

《帛五行·説》："辟（譬）此之而知吾所以不如舜，進耳。"

《文摯》："辟（譬）臥於食，如火於金。"

《文摯》："辟（譬）如鳴〈鳥〉獸，蚤（早）臥蚤（早）起，莫（暮）臥莫（暮）起。"

《九地》："故善用軍者，辟（譬）如衛〈衛（率）〉然。"

《周馴》："爲能孝弟（悌），辟（譬）之若天，誰敢弗戴？"

《儒説》："辟（譬）若秋蓬之美其支（枝）葉而惡其根萁（基）也，見時風至而厥（蹷）矣。"

《儒説》："辟（譬）如臨戰乃鑄兵，饐（噎）而後鑿（鑿）井。"按，"辟（譬）"字從段凱説讀。

辟與闢

《稱》："天有明而不憂民之晦也，百姓辟（闢）其戶牖而各取昭焉，天无事焉。"

《晏子四》："公恐，學（覺），痛礭（瘨），辟（闢）門召占薨（夢）者。"

辟與霹

《反淫》："夏即票（飄）風雷辟（霹）曆（靂）之所繳（激）也，冬即蜚（飛）雪焦（霄）霓（霰）之所雜。"

廦與癖

《第一組》："未盈卒歲而得，以將陽廦（癖），卒歲而得，以闌癖，有（又）行其笞。"

避與辟

《官一》："襌袥（髻）虆（磐）避（辟），所以莠（誘）槖（躡）也。"

避與僻

《尊德義》："因亙（恆）則古（固），戠（察）匸（匿）則亡避（僻），不黨（黨）則亡情（怨）。"按，"避（僻）"字從劉釗師《讀郭店楚簡字詞劄記》（《郭店楚簡國際學術研討會論文集》，湖北人民出版社，2000年）讀。

《語書》："是以聖王作爲法度，以矯端民心，去其邪避（僻），除其惡俗。"

《語書》："去其淫避（僻），除其惡俗，而使之之於爲善殹（也）。"

《語書》："是即灋（廢）主之明灋殹（也），而長邪避（僻）淫失（泆）之民。"

《語書》："是即明避主之明灋殹（也），而養匿邪避（僻）之民。"

避與譬

《北大老子》："避（譬）道之在天下，猷小谷之與江海。"

臂與壁

《日甲·詰》："一室人皆夙（縮）筋，是

會蟲居其室西臂（壁）。”

《日乙・官》：“東臂（壁），不可行。”

臂與璧

《衛風》：“□□□錫，如圭□臂（璧）。”

闢與辟

《忠信》：“氏（是）古=（故，古）之所以行虖（乎）闢（辟）嘍（陋）者，女（如）此也。”按，“闢（辟）”字從劉剛《說“閔嘍”》（復旦大學出土文獻與古文字研究中心網，2008 年 10 月 27 日）釋讀。

𠂢字聲系

𠂢與脈

《天下至道》：“汗不及走，遂氣血門，翕因（咽）榣（搖）前，通𠂢（脈）利筋。”

眽與脈

《陰陽脈甲》：“腨如裂，此爲踝蹶（厥），是鉅陽眽（脈）主治。”

《陰陽脈甲》：“少陽眽（脈）。”

《陰陽脈甲》：“陽明眽（脈）。”

《陰陽脈甲》：“此爲骭蹶（厥），是陽明眽（脈）主治。”

《陰陽脈甲》：“肩眽（脈）。”

《陰陽脈甲》：“不可以顧，肩以（似）脱，臑以（似）折，是肩眽（脈）主治。”

《陰陽脈甲》：“耳眽（脈）。”

《陰陽脈甲》：“耳聾，煇煇朜朜，嗌穜（腫），是耳眽（脈）主治。”

《陰陽脈甲》：“齒眽（脈）。”

《陰陽脈甲》：“齒痛，朏（䪼）穜（腫），是齒眽（脈）主治。”

《陰陽脈甲》：“大（太）陰眽（脈）：是胃眽（脈）毆（也）。”

《陰陽脈甲》：“食欲歐（嘔），得後與氣則怢〈快〉然衰，是鉅陰眽（脈）主治。”

《陰陽脈甲》：“厥陰眽（脈）。”

《陰陽脈甲》：“腰痛不可以卬（仰），甚則嗌乾，面疵，是厥陰眽（脈）主治。”

《陰陽脈甲》：“有陽眽（脈）與之俱病，可治毆（也）。”

《陰陽脈甲》：“少陰眽（脈）。”

《陰陽脈甲》：“此爲骨蹶（厥），是少陰眽（脈）主【治】。”

《陰陽脈甲》：“少陰之眽（脈），灸則強食產肉。”

《陰陽脈甲》：“臂鉅陰眽（脈）。”

《陰陽脈甲》：“臂少陰眽（脈）。”

《陰陽脈甲》：“此爲臂蹶（厥），是臂少陰眽（脈）主治。”

《脈法》：“以眽（脈）法明教下，眽（脈）亦聽（聖）人之所貴毆（也）。”

《脈法》：“用碧（砭）啟眽（脈）者必如式。”

《脈法》：“它眽（脈）□，此□□則□□它眽（脈）⍁。”

《脈法》：“此□□□□□□□□□□□□□□眽（脈）之縣（玄），書而孰學之。”

《脈死候》：“凡三陰，地氣毆（也），死眽（脈）毆（也）。”

冖字聲系

蠠與蜜

《癃病》：“浚取其汁，以蠠（蜜）和，令毚（纔）甘，寒溫適，□飲之。”

《養生方》：“以蠠（蜜）若棗脂和丸，大如指端，裹以疏布，入中，熱細。”

《雜療方》：“以蠠（蜜）若棗膏和，丸之，大如蘱，入前中。”

《雜療方》：“以〖以〗蠠（蜜）和之，大如□□□□□□指端⍁。”

《萬物》：“美糗以置〈蠠（蜜）〉⍁。”

《萬物》：“□置〈蠠（蜜）〉已腸澼也。”

帝字聲系

帝與諦

《六德》："君子不帝（諦），明虐（乎）民（萌）散（微）而已，或以智（知）其弌（一）喜（矣）。"按，"帝（諦）"字從陳偉《郭店竹書別釋》（湖北教育出版社，2002 年，131 頁）讀。

埅與適

《凡物甲》："其夬（訣）系（奚）埅（適），箮（孰）智（知）其疆？"

《凡物乙》："其夬（訣）系（奚）埅（適），箮（孰）智（知）其疆？"

啻與帝

《日甲・衣一》："五丑不可以巫，啻（帝）以殺巫減（咸）。"

《日甲・啻》："春三月，啻（帝）爲室申。"

《日甲・啻》："夏三月，啻（帝）爲室寅。"

《日甲・啻》："秋三月，啻（帝）爲室巳。"

《日甲・啻》："冬三月，啻（帝）爲室辰。"

《日甲・行》："凡是日赤啻（帝）恆以開臨下民而降其英（殃）。"

《日甲・行》："句（苟）毋（無）直（值）赤啻（帝）臨日。"

《日乙・寄人室》："凡是日赤啻（帝）恆以開臨下民而降央（殃）。"

《日乙・寄人室》："凡且有爲也，必先計月中閒曰□□□直赤啻（帝）臨日。"

《天乙・帝》："啻（帝）以春三月爲室亥，杓（剽）卯，殺辰，四灋（廢）庚辛。"

《天乙・帝》："夏三月啻（帝）爲室【寅】，杓（剽）午，殺未，四灋（廢）壬癸。"

《天乙・帝》："秋三月啻（帝）爲室巳，杓（剽）酉，殺【戌】，四灋（廢）甲乙。"

《天乙・帝》："冬三月啻（帝）爲室申，杓（剽）子，殺【丑】，四灋（廢）丙丁。"

《天乙・帝》："凡四時啻（帝）爲室日毆，不可築大室、内，大人死之。"

《天乙・土功一》："丁未啻（帝）築丹宮而不成。"

《天乙・土功一》："乙亥啻（帝）築室而匜不成。"

《天乙・貞在》："貞在黃鐘，天下清明，以視陶陽（唐），啻（帝）乃詐（作）之。"

《天乙・貞在》："貞在大（太）族，北方之啻（帝）。"

《天乙・貞在》："啻（帝）復右□，以政（征）九野。"

《天乙・貞在》："啻（帝）堯乃韋（圍）九州，以政下黔首。"

《隨日・司歲》："申朔，閹茂司歲，有年，中央，黃啻（帝）。"

《隨日・主歲》："甲乙朔，青啻（帝）主歲，人炊行沒。"

《隨日・主歲》："丙丁朔，赤啻（帝）產〈主〉【歲】，高者行沒。"

《隨日・主歲》："戊己朔，黃啻（帝）主歲，邑主行沒。"

《隨日・主歲》："庚戌朔，白啻（帝）主歲，風柏（伯）行沒。"

《隨日・主歲》："壬癸朔，剡（炎）啻（帝）主歲，群巫【行】沒。"

《戰國一一》："勺（趙）氏之慮，以爲齊秦復合，必爲兩啻（帝）以功（攻）勺（趙），若出一口。"按，"啻（帝）"字從裘錫圭《讀〈戰國縱橫家書釋文注釋〉劄記》（《文史》第 36 輯，中華書局，1992 年）讀。

《鬖》："天啻（帝）下若，以桼（漆）弓矢，今若爲下民疕，涂（塗）若以豕矢。"

《鬖》："啻（帝）右（有）五兵，壐（爾）亡。"

啻與適

《蘭賦》："天道其逑（越）也，苣（蕢）薛之方记（起），夫亦啻（適）其戢（歲）也。”

啻與謫

《芮良夫》：“民之俴（殘）矣，而隹（惟）啻（謫）爲王：‘皮（彼）人不敬，不藍（鑑）于夏商。’”按，“啻（謫）”字從白於藍《清華簡〈芮良夫毖〉6—8號簡校釋》（《古文字研究》第三十一輯，中華書局，2016年）讀。

啻與敵

《曹沫》：“叡（且）臣聒（聞）之：少（小）邦凥（處）大邦之閖（閒），啻（敵）邦交陛（地），不可以先复（作）悁（怨）。”

《曹沫》：“虗（吾）戰啻（敵）不訓（順）於天命，反帀（師）。”

《客主》：“客負（倍）主人半，然可啻（敵）也。”

《客主》：“退敢物（刎）頸，進不敢距（拒）啻（敵）。”

《十問》：“交和而舍，客主兩陳，適（敵）人刑（形）箕，計啻（敵）所顯（愿），欲我陷復（覆），毄（擊）之奈何？”

《略甲》：“略甲之法，啻（敵）之人方陳（陳），士卒无□▨。”

啻與霆

《凡物甲》：“管（孰）爲雷神（電）？管（孰）爲啻（霆）？”按，“啻（霆）”字從復旦大學出土文獻與古文字研究中心研究生讀書會《〈上博（七）·凡物流形〉重編釋文》（復旦大學出土文獻與古文字研究中心網，2008年12月31日）讀。

啻與惕

《周易·夬》：“啻（惕）啓（號），莫譽（夜）又（有）戎，勿卹（恤）。”按，帛書本啻（惕）作惕。

啻與惕

《周易·夬》：“啻（惕）啓（號），莫譽（夜）又（有）戎，勿卹（恤）。”

縮與適

《湯丘》：“吟（今）君迬（往）不以時，逿（歸）必夜，縮（適）奉（逢）道洛（路）之袱（祟）。”

逓與適

《卜書》：“卜人無咎，牆（將）迲（去）其里，而它方安（焉）逓（適）。”

逓與敵

《阜易·同人》：“戰斲（鬬），逓（敵）強不得志。”

篭與策

《曹沫》：“及尔龜篭（策），皆曰勳（勝）之。”

商與謫

《九主》：“伊尹暨（既）明八商（謫）之所道生，請命八商（謫）□。”按，“商”當讀作“謫”，訓罪、過。下同。

《九主》：“法君明分，詁（法）臣分定，以繩八商（謫），八商（謫）畢名。”

《九主》：“法君明分，法臣分定，八商（謫）畢名。”

倚與敵

《田法》：“如此則外无諸侯之患，内无□□之憂，出可以禦倚（敵），入可▨。”

《恆失》：“欲以倚（敵）國之民之所不安，正俗所▨。”

《恆失》：“欲以國兵之所短，難倚（敵）國兵之所長，秏（耗）兵也。”

《恆失》：“欲強多國之所寡，以應倚（敵）國之所多，速詘（屈）之兵也。”

《恆失》：“備固，不能難倚（敵）之器用，陵兵也。”

《恆失》：“器用不利，倚（敵）之備固，莝（挫）兵也。”

《恆失》：“▨司利，兵之勝理不見，倚（敵）

難服，兵尚淫天地⧄。”
《務過》：“三曰：不知民之不可以應堅倚（敵）。”
《患之》：“二患曰：有國，兵不可以應堅倚（敵），城不可以固守地，所謂國非其國也。”
《三算》：“算天下之知（智），則勝倚（敵）國之謀；算天下之材（財），則勝倚（敵）國之力。”
《三算》：“⧄倚（敵）國之謀疑，臣主之祭（際）□⧄。”
《三算》：“⧄勝者无倚（敵）⧄。”
《三算》：“⧄者巧勝倚（敵）⧄。”

適與嫡

《二年·傅律》：“當士（仕）爲上造以上者，以適（嫡）子。”
《二年·傅律》：“毋適（嫡）子，以扁（偏）妻子、孼子，皆先以長者。”
《二年·置後律》：“其毋適（嫡）子，以孺子子、良人子。”
《二年·置後律》：“其毋適（嫡）子，以下妻子、偏妻子。”
《六分》：“適（嫡）子父，命曰上曊（悖），群臣离志。”
《亡論》：“一曰適（嫡）子父。”
《春秋四》：“東門襄中（仲）殺適（嫡）而羊（佯）以君令（命）召惠伯。”
《占書》：“无故而踐其正卿，是胃（謂）務德，適（嫡）□不立。”

適與敵

《蓋廬》：“蓋廬曰：凡擊適（敵）人，何前何後，何取何予？”
《蓋廬》：“凡擊適（敵）人，必以其始至。”
《蓋廬》：“適（敵）人侍（待）我以戒，吾侍（待）之以台（怠）。”
《蓋廬》：“適（敵）人陳（陳）以實，吾禺（遇）以希。”
《蓋廬》：“適（敵）人易〈易〉我₌（我，我）乃疾擊之。”
《蓋廬》：“適（敵）人鄉（嚮）我以心，吾以胠禺（遇）之。”
《蓋廬》：“適（敵）人逐北，我伏須之。”
《蓋廬》：“適（敵）人來進，吾與相誘。”
《蓋廬》：“適（敵）人逐北，必毋行次。”
《蓋廬》：“適（敵）人來陳（陳），我勿用卻，日且莫（暮），我則不出。”
《蓋廬》：“適（敵）人出鹵（虜），毋迎其斥，皮（彼）爲戰氣，我戒不鬬。”
《蓋廬》：“適（敵）人且歸，我勿用追。”
《蓋廬》：“兩適（敵）相當，我則必走。”
《蓋廬》：“適（敵）人進舍，天暨（氣）甚暑，多腸辟者。”
《帛甲老子·德經》：“懸（禍）莫於〈大〉於无適（敵）。”
《帛甲老子·德經》：“无適（敵）斤（近）亡吾〖吾〗葆（寶）矣。”
《明君》：“守戰□邦之大務也，而賢君獨積焉，故无適（敵）。”
《明君》：“已而人主非有守禦戰鬬之勝李（理）也，以爲軨（鄰）適（敵）必危之矣。”
《明君》：“今其所以實邦充軍者，非勝適（敵）者也。”
《君正》：“七年而可以正（征），則朕（勝）強適（敵）。”
《六分》：“萬民和輯而樂爲其主上用，地廣人眾兵強，天下无適（敵）。”
《觀》：“姓生已定，而適（敵）者生爭，不諶（戡）不定。”
《春秋六》：“其次明備以候適（敵），□□□有窻（怨）而使公子往。”
《春秋一三》：“邦治適（敵）亂，兵之所迹也。”
《戰國二四》：“恃楚之虛名，輕絕強秦之

適（敵），天下必芯〈笑〉王。”

《皋易·大過》：“戰斲（鬭）適（敵）強而有勝，有罪而鄄（遷）徙。”按，“適”似當讀作“敵”。

《閻氏》：“強國可以廣地，弱國可以枊（迎）強適（敵）。”按，整理者直接釋“適”爲“敵”。不確。當釋爲“適”，讀作“敵”。

《作戰》：“故殺適（敵）者⧄。”

《形甲》：“昔善者，先爲不可勝，以侍（待）適（敵）之可勝。”

《形甲》：“不可勝在己，可勝在適（敵）。”

《形甲》：“⧄能使適（敵）可勝。”

《形乙》：“而待適（敵）之可勝。”

《形乙》：“不可勝在己，可勝在適（敵）。”

《勢》：“⧄可使畢受適（敵）而无敗，□正是。”

《勢》：“善動適（敵）者，刑（形）之，適（敵）必從之；予之，敵必取之。”

《實虛》：“能使適（敵）自至者，利之也。能使適（敵）⧄。”

《實虛》：“故善攻者，適（敵）不知所守，善守者適（敵）不知所攻。”

《實虛》：“⧄故能爲適（敵）司命。”

《實虛》：“適（敵）不得不與我戰者，攻其所⧄。”

《實虛》：“適（敵）不得與我戰者，膠其所之也。”

《實虛》：“故善將者，刑（形）人而无刑（形），則我槫（專）而適（敵）分。”

《實虛》：“我槫（專）而爲壹，適（敵）分而爲十，是以十擊壹也。”

《實虛》：“我寡而適（敵）衆，能以寡擊衆。”

《實虛》：“⧄地不可知，則適（敵）之所備者多。”

《實虛》：“適（敵）唯（雖）衆，可毋斲（鬭）也。”

《九地》：“所胃（謂）古善戰者，能使適（敵）人前後不相及也。”

《九地》：“適（敵）衆以正（整）將來，侍（待）之若何？”

《九地》：“倍（背）固前隘者，圍地也；倍（背）固前適（敵）者，死地也。”

《九地》：“適（敵）人開闔，必亟入之。”

《用閒》：“不知適（敵）之請（情）者，不仁之至也。”

《見吳王》：“威行于衆，嚴行於吏，三軍信其將畏（威）者，乘其適（敵）。”

《威王問》：“我強適（敵）弱，我衆適（敵）寡，用之奈何？”

《威王問》：“適（敵）衆我寡，適（敵）強我弱，用之奈何？”

《威王問》：“□□毋動，以侍（待）適（敵）能（罷）。”

《威王問》：“我出適（敵）出，未知衆少，用之奈何？”

《威王問》：“險成，適（敵）將爲正，出爲三陳（陣）。”

《威王問》：“營而離之，我並卒而毄（擊）之，毋令適（敵）知之。”

《威王問》：“患兵者何也？困適（敵）者何也？”

《威王問》：“患兵者地也，困適（敵）者險也。”

《威王問》：“困適（敵）者險也，壁延不得者寁（渠）寒也。”

《威王問》：“謀者，所以令適（敵）无備也。”

《威王問》：“詐者，所以困適（敵）也。”

《威王問》：“繚（料）適（敵）計險，必察遠近。”

《威王問》：“適（敵）衆且武，必戰有道

乎？”
《篡卒》：“糧（量）適（敵）計險，勝。”
《八陣》：“内得其民之心，外知適（敵）之請（情）。”按，“適（敵）”字從張震澤《孫臏兵法校理》（中華書局，1984年，66頁）讀。
《八陣》：“以一侵適（敵），以二收。”
《八陣》：“適（敵）弱以亂，先其選卒以乘之。”
《八陣》：“適（敵）強以治，先其下卒以誘之。”
《勢備》：“故有蜂（鋒）有後，相信不動，適（敵）人必走。”
《勢備》：“察此四者，所以破強適（敵），取孟（猛）將也。”
《兵情》：“陳（陣）之則辨（辦），趣之適（敵）則不聽人，治卒不法矢也。”
《兵情》：“▨得，猶不勝適（敵）也。”
《兵情》：“▨兵□□□□□□□猶不勝適（敵）也。”
《兵情》：“兵勝適（敵）也，不異於弩之在中召（的）也。”
《行篡》：“陰陽，所以冣（聚）衆合適（敵）也。”
《延氣》：“臨竟（境）近適（敵），務在癘（勵）氣。”
《延氣》：“以易營之衆而貴武適（敵），必敗。”
《官一》：“疏削（旓）明旗，所以疑適（敵）也。”
《攻權》：“□□□故進迣（退）不稟（豪），從（縱）適（敵）不禽（擒）。”
《攻權》：“擊適（敵）若卜（赴）溺者。”
《攻權》：“□□□起□適（敵）貴先。”
《晏子六》：“則義厚而[利多]，[義厚則]適（敵）寡，利多則民勸。”

《守法》：“[守]城之法，適（敵）在城下，及且傅（附）攻，不□▨。”
《守法》：“必當出樓之下，善爲之□而守之，以射適（敵）遠卒及後行者。”
《守法》：“非適（敵）人傅（附）城及在城下，卒不得服弩₌（弩，弩）恆在將吏之所。”
《守法》：“城上面爲一高候望之樓，及隅爲一，以視適（敵）往來出入及□▨。”
《守法》：“以視適（敵）進芮（退）變能（態）請（情）爲（僞）。”
《要言》：“謹中如備外，敬（警）内如慎適（敵）。”
《王兵》：“故不明適（敵）國之制者不可伐也。”
《王兵》：“有雷神（電）之戰則能獨制而毋（無）適（敵）。”
《王兵》：“獨行而毋（無）適（敵），故令行天下。”
《王兵》：“先見適（敵）□蜀（獨）行。”
《兵令》：“戰國所以立威侵適（敵），弱國之所不能發（廢）也。”
《兵令》：“武者所以淩（凌）適（敵）分死生也。”
《兵令》：“武者所[以犯]適（敵）也，文者所以守也。”
《兵令》：“卒畏將於適（敵）者戰勝，卒畏適（敵）於將者戰北。”
《兵令》：“未戰所以知勝敗，固稱將[於]適₌（敵，敵）之與將猶權衡也。”
《兵令》：“有鄉（向）適（敵）者，有内鄉（向）者。”
《兵令》：“然而見適（敵）走之如歸。”
《兵令》：“出卒伸（陳）兵，行伸（陳）視適（敵）。”
《兵令》：“軍大戰，大將死，□□五百以

上不能死適（敵）者皆當斬。”
《爲國》：“故其士卒以遠適（敵）去危避勞爲故，其吏便以爲重利。”
《地典》：“左丘而戰，得適（敵）司馬。”
《地典》：“左陵而戰，適（敵）君分走。”
《地典》：“左邑火陳（陣），適（敵）人奔走。”
《客主》：“適（敵）人眾，能使之分離而不相救也，受適（敵）者不得相知也。”
《善者》：“善者能使適（敵）卷甲趨遠，倍道兼行。”
《善者》：“卷（倦）病而不得息，飢渴而不得食，以此薄適（敵），戰必不勝矣。”
《奇正》：“故善戰者，見適（敵）之所長，則智（知）其所短；見適（敵）之所不足，則智（知）其所有餘。”
《將德》：“不陘（輕）寡，不劫（劫）於適（敵），慎終若始，將軍之敬也。”
《將過》：“適（敵）將之過有十。”
《五度》：“故兵⧄趨適（敵）數。”
《五度》：“凡九奪，所以趨適（敵）也。”
《積疏》：“適（敵）積故可疏，盈故可虛，徑故可行（枉），疾故可徐，眾故可寡，佚故可勞。”
《十陣》：“進則必遂，退則不戚（蹙），方（旁）戚（蹙）從流，以適（敵）之人爲召（的）。”
《十陣》：“適（敵）往則遂，適（敵）來則戚（蹙）。”
《十問》：“交和而舍，粱（糧）食鈞（均）足，人兵適（敵）衡，客主兩懼。”
《十問》：“適（敵）人員（圓）陳（陣）以胥，因以爲固，毄（擊）此奈何？”
《十問》：“交和而舍，適（敵）富我貧，適（敵）眾我少，適（敵）強我弱，其來有方，毄（擊）之奈何？”

《十問》：“交和而舍，適（敵）人氣（既）眾以強，巠（勁）疌（捷）以剛，兑（鋭）陳（陣）以胥，毄（擊）之奈何？”
《十問》：“交和而舍，適（敵）氣（既）眾以強，延陳（陣）以衡（横）。”
《十問》：“交和而舍，我人兵則眾，車騎則少，適（敵）人什（十）負（倍），毄（擊）之奈何？”
《十問》：“交和而舍，我車騎則眾，人兵則少，適（敵）人什（十）負（倍），毄（擊）之奈何？”
《十問》：“適（敵）唯（雖）什（十）負（倍），便我車騎，三軍可毄（擊）。”
《十問》：“交和而舍，粱（糧）食不屬，人兵不足徥（恃），絕根而攻，適（敵）人什（十）負（倍），毄（擊）之奈何？”
《十問》：“毄（擊）此者，適（敵）人氣（既）□而守阻，我⧄。”
《十問》：“交和而舍，適（敵）將勇而難懼，兵強人眾自固，三軍之士皆勇而毋（無）慮。”
《十問》：“使適（敵）弗織（識），因毄（擊）其不□，攻其不御（禦），厭（壓）其駘（怠），攻其疑。”
《十問》：“交和而舍，適（敵）人葆（保）山而帶阻，我遠則不椄（接），近則毋（無）所，毄（擊）之奈何？”
《十問》：“交和而舍，客主兩陳，適（敵）人刑（形）箕，計啻（敵）所顯（愿），欲我陷復（覆），毄（擊）之奈何？”
《富國》：“⧄隨（惰）其身，芒（荒）其地者，後適（敵）人，兵无備□⧄。”
《三十時》：“燔適（敵）人不報，此吾⧄。”
《三十時》：“可鑄劍戟兵刃器，適（敵）人弗試也。”

《天三》：“毋以其子孫攻其大父。適（敵）人☒。”
《天六》：“此黄帝之見適（敵），不叚（假）焯（灼）龜而卜□☒。”
《北大老子》：“善爲士者不武，善戰者不怒，善勝適（敵）者弗與，善用人者爲之下。”
《北大老子》：“是謂行無行，攘無臂，執無兵，乃無適（敵）。”
《北大老子》：“禍莫大於無適（敵），無適（敵）則幾亡吾葆（寶）矣。”
《趙正書》：“今國危適（敵）必（比），鬬（鬬）士在外，而内自夷宗族。”
《趙正書》：“令將軍張（章）邯兵居外，卒士勞古（苦），委輸不給，外毋適（敵）而内有爭臣之志。”
《佈嘫》：“☒果適（敵）人來五庆□。”
《佈嘫》：“☒□後咸適（敵）之□爵☒。”
《佈嘫》：“☒其適（敵）人□☒。”
《戰守》：“☒適（敵）人以前☒。”
《戰守》：“有環顧目北者，後行殺之，如殺適（敵）人。”
《戰守》：“☒中與適（敵）人若☒。”
《部曲》：“☒校次之□適（敵）人以前至左以□□□☒。”
《部曲》：“☒□□□□□□受適（敵）☒。”

適與蹢

《帛易・姤》：“有攸往，見兇（凶）。羸豨（豕）復（孚）適（蹢）屬（躅）。”

適與謫

《秦律・司空》：“非適（謫）罪殹（也）而欲爲冗邊五歲，毋賞（償）興日。”
《日乙・見人》：“外鬼父葉（世）爲姓（眚），高王父譴適（謫），豕☒。”
《第三組》：“其適（謫），辠（罪），不得賣。”
《帛甲老子・道經》：“善言者无瑕適（謫）。”
《帛乙老子・道經》：“善言者无瑕適（謫）。”
《九主》：“請明臣法，以繩適（謫）臣之罪。”按，整理者讀“適”爲“謫”，可從。但認爲“繩謫，猶言繩責”則不確。此處之謫當訓爲罪、過。“謫臣”猶言“罪臣”。
《九主》：“以繩適（謫）主之罪。”按，“謫主”猶言“罪主”。
《九主》：“八主適（謫）惡。”按，“適”當讀作“謫”，訓爲罪、過。
《北大老子》：“善行者無勶（轍）迹，善言者無瑕適（謫），善數者不用檮（籌）筴（策）。”

適與至

《泰射》：“有（又）若（諾）以商，適（至）乏，聲止。”

敵與嫡

《稱》：“立正敵（嫡）者，不使庶孼疑（擬）焉。”

敵與適

《果童》：“今余欲畜而正之，均而平之，誰敵（適）繇（由）始？”

啻與惕

《周易・訟》：“訟：又（有）孚，懥（窒）啻（惕），中吉，終凶。利用見大人，不利涉大川。”

啻與寧

《周易・訟》：“訟：又（有）孚，懥（窒）啻（惕），中吉，終凶。利用見大人，不利涉大川。”按，帛書本啻（惕）作寧。

瘍與滴

《脈書》：“□□□□非時而血出，瘍（滴），爲脜。”

纏與敵

《用曰》：“社（攻）之亡纏（敵），而亦不可□。”按，“纏（敵）”字從凡國棟《上博六〈用曰〉篇初讀》（簡帛網，2008 年 7 月 10 日）釋讀。

諦與啼

《日占》：“有惡言者，有客思之，有諦（啼）泣。”

諦與責

《鮑叔牙》：“甚才（哉）！虗（吾）不澫（勵），二三子不諦（責）忞（怒）寡人，至於弁（變）日飤（食）。”按，“諦（責）”字從陳偉《〈競建内之〉〈鮑叔牙與隰朋之諫〉零識》（簡帛網，2006 年 2 月 22 日）讀。

易字聲系

易與惕

《子儀》：“此恩（愠）之易（傷）僮，是不孜而猶，僮是尚求，弔（蹙）易（惕）之作，凥（處）虗（吾）以休，萬（賴）子是救。”

《陰陽脈乙》：“病至則亞（惡）人與火，聞木音則易（惕）然驚。”

《陰陽脈乙》：“善怒，心易（惕），恐人將捕之。”

《阜易·小畜》：“□四，有復（孚），血去易（惕）□。”

易與湯

《周易·渙》：“上九：䆞（渙）其血，欲易（逖）出。”按，帛書本易（逖）作湯。

易與賜

《命訓》：“夫司悳（德）司義，而易（賜）之福（福，福）录（禄）才（在）人₌（人，人）能居。”

易與錫

《封許》：“易（錫）女（汝）倉（蒼）珪、巨（秬）鬯一卣。”

易與逖

《周易·渙》：“上九：䆞（渙）其血，欲易（逖）出。”

《卜書》：“貞卜邦，兆（兆）唯（雖）记（起）句（棋），母（毋）白母（毋）赤，母（毋）卒（萃）以易（逖）。”按，“易（逖）”字從林志鵬《讀上博簡第九冊〈卜書〉札記》（簡帛網，2013 年 3 月 11 日）讀。

易與施

《服傳甲》：“《傳》曰：‘絕族無易（施）服，親者屬。’”

《服傳乙》：“《傳》曰：‘絕族無易（施）服，親者屬。’”

傷與易

《答問》：“節（即）亡玉若人貿傷（易）之。”

《爲吏》：“道傷（易）車利，精而勿致（至），興之必疾，夜以椄（接）日。”

《繫辭》：“鍵（乾）以易【知】，川（坤）以閒（簡）能，易則傷（易）知，閒（簡）則易從。”按，今本傷作易。下同。

《繫辭》：“傷（易）知則有親，傷（易）從則有功。”

傷與惕

《日甲·詰》：“鬼恆宋（聳）傷（惕）人，是不辜鬼，以牡棘之劍刺之，則止矣。”

《帛易·夬》：“九二，傷（惕）號，莫（莫）夜有戎，勿血（恤）。”

傷與逷

《日乙·入官二》：“亥入官，傷（逷）去。”

惕與易

《老子》甲：“大少（小）之多惕必多難（難）。”按，今本和帛書乙本惕作易。

《老子》甲：“又（有）亡之相生也，戁（難）惕之相成也。”按，今本和帛書本惕作易。

《從政》：“君子先人則啟道（導）之，後人則奉相之，是以曰君₌（君子）難得而惕

（易）事也。”

《從政》：“少（小）人先₌（先人）則敔之，後人則暴毀之，是以曰少（小）人惕（易）得而難事也。”

《彭祖》：“□□之㑞（謀）不可行，述（𤻲）惕（易）之心不可長，遠慮甬（通）索（素），心白（泊）身澤（釋）。”按，“惕（易）”字從史傑鵬《嶽麓書院藏秦簡〈爲吏治官及黔首〉的幾個訓釋問題》（《簡帛》第十輯，上海古籍出版社，2015年）讀。

《曹沫》：“卒谷（欲）少以多，少則惕（易）轗，圪成則惕（易）怡（治）。”

《鮑叔牙》：“惕（易）牙，人之與偖（者）而飤（食）人，其爲不𢝊（仁）厚矣。”

《三德》：“弁（變）常（常）惕（易）豊（禮），土陸（地）乃埴（坼），民乃囂（夭）死。”

《三德》：“母（毋）不能而爲之，母（毋）能而惕（易）之。”

《武王甲》：“立（位）難得而惕（易）迭（失），士難得而惕（易）𡯁（外）。”

惕與逖

《卜書》：“若卜貞邦，三族句（梖）旨（枳）而惕（逖），三末唯（雖）敗，亡（無）大咎，又（有）吝于外。”按，“惕（逖）”字從林志鵬《讀上博簡第九冊〈卜書〉札記》（簡帛網，2013年3月11日）讀。

湯與易

《容成氏》：“𠀧（禹）乃迵（通）蔞（淒）與湯（易），東豉（注）之泗（海），於是虖（乎）荓（并）州㚸（始）可尻（處）也。”

湯與惕

《帛易·小畜》：“六四，有復（孚），血去湯（惕）出，无咎。”

湯與錫

《帛易·師》：“九二，在師中，吉，无咎。王三湯（錫）命。”

湯與逖

《帛易·渙》：“尚（上）九，渙其血去，湯（逖）出，无咎。”

葛與易

《詩論》：“《訟（頌）》，坪（平）悳（德）也，多言後，其樂安而犀（遲），其訶（歌）申而葛（易），其思深而遠。至矣！”

賜與湯

《周易·師》：“九二：才（在）帀（師）𠁩（中）吉，亡（无）咎，王厽（三）賜（錫）命。”按，帛書本賜（錫）作湯。

賜與錫

《周易·師》：“九二：才（在）帀（師）𠁩（中）吉，亡（无）咎，王厽（三）賜（錫）命。”

䝰與錫

《楚居》：“至酓（熊）只〈孓（艾）〉、酓（熊）䌸（䵣）、酓（熊）樊（盤）及酓（熊）䝰（錫）、酓（熊）洰（渠），聿（盡）居𡑛（夷）宅（屯）。”

𨿅與錫

《帛易·晉》：“溍（晉），康侯用𨿅（錫）馬蕃庶，晝日三綾（接）。”

錫與緆

《妄稽》：“弱錫〈錫（緆）〉徵（微）羅，長彘以行。”按，“錫〈錫（緆）〉”字從落葉掃秋風在易泉《北大漢簡〈妄稽〉初讀》（簡帛網“簡帛論壇”，2016年6月4日）一文下跟帖讀。

錫與賜

《燕禮》：“君無所辱錫（賜）于使臣，敢辤（辭）。”

𢔁與易

《筮法五》：“其余（餘）𢔁（易）向，乃亦至。”

遢與昜
《筮法五》："堂（當）日、不遢（昜）向，瑉（昏）瑉（聞）不至。"

役字聲系
役與疫
《容成氏》："堂（當）是時也，𧗍（癘）役（疫）不至，祅（妖）羕（祥）不行，𥛚（禍）才（災）迲（去）亡，肣（禽）獸肥大，卉木晉長。"
《稱》："疾役（疫）可發澤，禁也。"
《阜春八》："民役（疫）歲饑，翟人攻我₌（我，我）將奈何？"
《閻氏》："萬物皆興，歲乃大育（熟），年讎（壽）益𠃓（引），民不疾役（疫）。"按，"役（疫）"字從晏昌貴《虎溪山漢簡〈閻氏五勝〉校釋》（《長江學術》第五輯，長江文藝出版社，2003年）、劉樂賢《虎溪山漢簡〈閻氏五勝〉及相關問題》（《文物》2003年7期）讀。
《五令》："罰令者，抶盜賊，開訶詐僞人而殺之，以助臧（藏）地氣，使民毋疾役（疫）。"
《占書》："春贏〈羸（雷）〉會旦，爲大襄（攘），爲亂，爲役（疫）。"
《占書》："贏〈羸（雷）〉□□會莫（暮），爲役（疫）。"

狄字聲系
狄與易
《治官》："敃₌（昏昏）之某（謀）不可行，術（怵）狄（易）之心不可長。"按，"狄（易）"字從史傑鵬《嶽麓書院藏秦簡〈爲吏治官及黔首〉的幾個訓釋問題》（《簡帛》第十輯，上海古籍出版社，2015年）讀。
《反淫》："伊尹煎熬，狄（易）牙調和，芬芳炦（燠）熱，過之咽唾。"

狄與惕
《脈書》："至則惡人與火，聞本音則狄（惕）然驚。"
《脈書》："心如縣（懸），病飢，氣不足，善怒，心狄₌（惕惕）恐人將捕之。"

狄與翟
《迎四時》："☐角，舞之以羽狄（翟），此迎春之樂也。"

惖與易
《爲吏》："術（怵）惖（易）之心不可長。"按，"惖（易）"字從史傑鵬《嶽麓書院藏秦簡〈爲吏治官及黔首〉的幾個訓釋問題》（《簡帛》第十輯，上海古籍出版社，2015年）讀。

秝字聲系
厤與櫪
《治官》："官中多草，□不灑除，棧厤（櫪）浚除，窖内直（置）檕，涂（塗）壄（墍）騒（掃）除。"

磿與曆
《月令》："惟𡈼帝明王，靡不躬天之磿（曆）數，信執厥中。"
《月令》："磿（曆）象日月□☐以百工允釐□□□☐。"

磿與歷
《立命》："數日，磿（歷）月，計歲，以當日月之行。"
《雌雄節》："皇后屯磿（歷）吉凶之常，以辯（辨）雌雄之節。"
《月戰》："无方（傍）而戰者，小勝，以付（附）磿（歷）者也。"按，"磿（歷）"字從張震澤《孫臏兵法校理》（中華書局，1984年，63頁）讀。
《三十時》："當殺蒼芙、薺、亭磿（歷）

之時也。”
《人君》：“人君好水居壍（漸）臺，極舟歈（飲）酒游居，厤（歷）二時，五穀湛涂；厤（歷）四時，山出泉；厤（歷）六時，則石辟（劈）而出泉；厤（歷）八時而國亡。”
《人君》：“人君好繇（埵）盧（爐）槖，抏金盧，反山破石，厤（歷）二時，五穀椅橋；厤（歷）四時，大火焚臧（藏）；厤（歷）六時，則林有□者矣；厤（歷）八時而國亡。”
《陰陽家》：“野有熯者，磿〈厤（歷）〉八時，則妃主傰（崩），國訞（夭）死，多女喪。”

厤與藶

《痂》：“冶亭（葶）厤（藶）、茈夷（荑），熬叔（菽）□□皆等。”
《二類》：“藥用亭（葶）磿〈厤（藶）〉二分，甘逐〈遂〉二分，大黃一分。”
《二類》：“藥用利（藜）廬一本，亭（葶）磿〈厤（藶）〉二分，付（附）子一分。”

厤與靂

《反淫》：“夏即票（飄）風雷辟（霹）厤（靂）之所繳（激）也，冬即蜚（飛）雪焦（霄）霓（霰）之所雜。”

鬲字聲系

鬲與搹

《服傳甲》：“苴経大鬲（搹），左末〈本〉在下，去五分一以爲帶。”
《服傳乙》：“苴経大鬲（搹），左本在下，去五分一以爲帶。”

鬲與隔

《芮良夫》：“閑（間）鬲（隔）莙（若）否，以自訾讃（委）由（揗），求聖人以紳（申）尔（爾）悔（謀）猷。”
《脈書》：“在胃管（脘），癰，爲鬲（隔）中。”

鬲與膈

《一類》：“☐鬲（膈）上[當]歐（嘔），在鬲（膈）下當泄。”

鬲與麻

《三壽》：“鬲（麻）毚（參）天時，枉（往）乇（宅）毋譔（徙），軙（申）豊（禮）驩（勸）怾（佳）。”

鬲與歷

《窮達》：“舜耕於鬲（歷）山，匋（陶）笞（拍）於河匿（浦）。”
《容成氏》：“昔舜靜（耕）於鬲（歷）丘，匋（陶）於河賓（濱），魚（漁）於靁（雷）澤。”
《容成氏》：“桀（桀）乃逃之鬲（歷）山是（氏），湯或（又）從而攻之，降自鳴攸（條）之述（遂），以伐高神之門。”
《保訓》：“王念日之多鬲（歷），忎（恐）述（墜）保（寶）訓。”
《保訓》：“昔夋（舜）舊（久）复（作）尖₌（小人），親勘（耕）于鬲（歷）茅，忎（恐）救（求）中。”

輻與膈

《秦律·司空》：“及載縣（懸）鐘虡〈虡〉用輻（膈），皆不勝任而折。”

脊字聲系

脊與瘠

《晏子三》：“出氣（餼），事者兼月，脊（瘠）者[兼]歲。”

脊與漬

《不時》：“春三月：一不時，孟種不孰（熟）。再不時，二種不孰（熟）。三不時，三種不孰（熟）。四不時，四種不孰（熟）。五不時，五種不孰（熟）。六不時，不出三歲降如脊（漬）。”
《不時》：“夏三月：一不時，四足脊

（漬）。”

《不時》：“秋三月：一不時，多夭（妖）言。再不時，多□□□。三不時，多殍（戮）死。四不時，四足脊（漬）。五不時，疾。六不時，不出三歲降如脊（漬）。”

《不時》：“六不時，不出三歲降如脊（漬）。”

勭與脊

《日甲・馬禖》：“令頭爲身衡，勭（脊）爲身剛。”

湷與漬

《牡痔》：“多空（孔）者，亨（烹）肥豯，取其汁湷（漬）美黍米三斗，炊之。”

《作醬法》：“☐辨（礱）之日湷（漬）麴（麴）□□□□□□，如家人之□□☐。”

膌與脊

《有司》：“正膌（脊）一、脡膌（脊）一、衡（横）膌（脊）一、短脅一、正脅一。”

《有司》：“羊肉汁（湆），臑折、正膌（脊）一、正脅一。”

《有司》：“正膌（脊）一、脡膌（脊）一、横膌（脊）一。”

《有司》：“或（侑）俎，羊在〈左〉肩、左肫、正膌（脊）一。”

《有司》：“或（侑）豕俎，左肩折、正膌（脊）一、脅一、膚三、切肺一，載于一俎。”

《有司》：“羊肉汁（湆），辟（臂）【一】、膌（脊）一。”

《有司》：“豕升（脀），辟（臂）一、膌（脊）一。”

《有司》：“主婦俎，羊左臑、膌（脊）一、脅一。”

朿字聲系

朿與策

《六德》：“新（親）父子，和大臣，帰（寢）四哭（鄰）之朿（策）虐（慮），非急（仁）宜（義）者莫之能也。”按，“朿（策）”字從白於藍《包山楚簡補釋》（《中國文字》新二十七期，藝文印書館，2001年）釋讀。

朿與情

《老子》甲：“竺（孰）能濁以朿者，湎（將）舍（徐）清。”按，帛書甲本朿作情。下同。

《老子》甲：“夫亦湎（將）智₌足₌（知足，知足）以朿，萬勿（物）湎（將）自定。”

朿與靖

《老子》甲：“竺（孰）能濁以朿者，湎（將）舍（徐）清。”按，傅奕本朿作靖。下同。

《老子》甲：“夫亦湎（將）智₌足₌（知足，知足）以朿，萬勿（物）湎（將）自定。”

朿與靜

《老子》甲：“竺（孰）能濁以朿者，湎（將）舍（徐）清。”按，王弼、河上和帛書乙本朿作靜。下同。

《老子》甲：“夫亦湎（將）智₌足〔₌〕（知足，知足）以朿，萬勿（物）湎（將）自定。”

倲與策

《戰國一七》：“是以秦、晉皆倲（策）若計以相笥（伺）也。”

速與迹

《春秋一三》：“邦治適（敵）亂，兵之所速（迹）也。”

《官一》：“齊兵以從（蹤）速（迹），庵結以人雄（肱）。”

脨與膌

《楚帛書》丙：“脨（膌）不復，其邦又（有）大嬰（亂）；取（娶）女，凶。”按，“脨（膌）”字從朱德熙《長沙帛書考釋（五篇）》（《古文字研究》第十九輯，中華書局，1992年）、林澐師《釋古璽中從“朿”的兩個字》（《古文字研究》第十九輯，中華書局，1992年）釋讀。

脨與瘠

《管仲》:“是古(故)六胳(擾)不脨(瘠),五種時箸(熟),民人不夭。”

磏與積

《忠信》:“忠磏(積)則可罤(親)也,信磏(積)則可信也。”

《忠信》:“忠信磏(積)而民弗罤(親)信者,未之又(有)也。”

《用曰》:“磏(積)浧(盈)天之下,而莫之能□。”

裷與績

《芮良夫》:“□□社(功)裷(績),龏(恭)嘗(虔)享祀,和悳(德)定型(刑),政(正)百又(有)司。”

絿與績

《厚父》:“□□□□王監劼(懿)絿(績),聒(問)前文人之龏(恭)明悳(德)。”

《子儀》:“昔之禨(臘)可(兮)余不與,今茲之禨(臘)余或不與,敓(奪)之絿(績)可(兮)而勧(奮)之。”

策與簎

《瘙病》:“冶筴〈策(簎)〉蓂少半升、陳葵種一□,而⊠。”按,“筴〈策(簎)〉”字從尚志鈞《〈五十二病方〉藥物萮根、筴蓂、莁夷考釋》(《中藥材》第11卷第4期,1988年7月)讀。

策與册

《耆夜》:“辛公謀麐(甲)爲立(位),复(作)策(册)逸爲東尚(堂)之客。”

責與債

《秦律·金布律》:“有責(債)於公及貲、贖者居它縣,輒移居縣責之。”

《秦律·金布律》:“公有責(債)百姓未賞(償),亦移其縣,縣賞(償)。”

《秦律·金布律》:“百姓叚(假)公器及有責(債)未賞(償)。”

《秦律·金布律》:“其責(債)毋敢隃(逾)歲。”

《秦律·金布律》:“官嗇夫免,復爲嗇夫,而坐其故官以貲賞(償)及有它責(債)。”

《秦律·金布律》:“其已分而死,及恆作官府以負責(債)。”

《秦律·司空》:“有罪以貲贖及有責(債)於公,以其令日問之。”

《秦律·司空》:“人奴妾居贖貲責(債)於城旦,皆赤其衣,枸櫝欙杕。”

《秦律·司空》:“居貲贖責(債)欲代者,耆弱相當,許之。”

《秦律·司空》:“作務及賈而負責(債)者,不得代。”

《秦律·司空》:“一室二人以上居貲贖責(債)而莫見其室者,出其一人。”

《秦律·司空》:“居貲贖責(債)者,或欲籍(藉)人與并居之,許之。”

《秦律·司空》:“官作居貲贖責(債)而遠其計所官者。”

《秦律·司空》:“百姓有貲贖責(債)而有一臣若一妾,有一馬若一牛。”

《秦律·司空》:“隸臣妾、城旦舂之司寇、居貲贖責(債)毄(繫)城旦舂者。”

《秦律·司空》:“居貲贖責(債)者歸田農,種時、治苗時各二旬。”

《秦律·司空》:“毋令居貲贖責(債)將城旦舂。”

《秦律·司空》:“居貲贖責(債)當與城旦舂作者。”

《答問》:“百姓有責(債),勿敢擅強質。”

《爲吏》:“貰責(債)在外。”

《天乙·自天》:“以責(債)不得,以訟不克,直(值)此卦者利於犮(祓)事。”

《治官》:“歺(朽)敗狠(溷)靡(縻)。資責(債)不收。”

《猩敞》："不利，負責（債）。"
《識劫》："爲建等折棄券，弗責（債）。"
《第一組》："☐者已刑，令備貲責（債）。"
《第一組》："十四年七月辛丑以來，諸居貲贖責（債）未備而去亡者，坐其未備錢數，與盜同灋（法）。"
《第二組》："令居貲責（債）、司寇、隸臣妾行書。"
《第二組》："盡興隸臣妾、司寇、居貲贖責（債），縣官□之□傳輸之，其急事，不可留殹（也），乃爲興繇（徭）。"
《第二組》："有貲贖責（債）拾（給）日而身居，其居縣官者，縣節（即）有繇（徭）戍。"
《第二組》："有辠（罪）以貲贖及有責（債）於縣官，以其令日問之。"
《第二組》："黔首及司寇、隱官、榦官人居貲贖責（債）或病及雨不作，不能自食者，貸食，以平賈（價）賈。"
《第二組》："令□居□爲它縣吏及冗募羣戍卒有貲贖責（債）爲吏縣及署所者，以令及責（債）券日問其人。"
《第二組》："諸有貲贖責（債）者，訾（貲）之，能入者令入，貧弗能入，令居之。"
《第二組》："徒隸不足以給僕、養，以居貲責（債）者給之。"
《第二組》："除居貲贖責（債）以爲僕、養，令出僕入。"
《第二組》："官作居貲贖責（債）而遠其計所官者，盡八月各以其作日及衣數告其計所官。"
《第二組》："黔首有貲贖責（債）而有一奴若一婢，有一馬若一牛，而欲居者，許之。"
《第二組》："一室二人以上居貲贖責（債）莫視室者，出其一人，令更居之。"
《第二組》："隸臣妾、城旦舂之司寇、居貲贖責（債）毄（繫）城旦舂者勿責衣食。"
《第二組》："泰匠有貲贖責（債）弗能入，輒移宮司空，除都廥☐。"
《第二組》："徒毄（繫）城旦舂、居貲贖責（債）而敢爲人僕、養、守官府及視臣史事若居隱除者，坐日六錢爲盜。"
《第二組》："城旦舂當將司者廿人，城旦司寇一人將，毋令居貲贖責（債）將城旦舂。"
《第二組》："居貲贖責（債）拾（給）日坐辠（罪）入以作官府及當戍故徼有故而作居縣者歸田農，種時、治苗時、欆（穫）時各二旬。"
《第二組》："冗募羣戍卒及居貲贖責（債）戍者及冗佐史、均人史，皆二歲壹歸。"
《第三組》："黔首居貲贖責（債），其父母妻子同居責。"
《第三組》："死，皆毋（無）父母妻子同居責（債）殹（也），出之。"
《第三組》："責（債）及司寇、踐更者不足，乃遣城旦、鬼薪，有重不疑亡者。"
《第三組》："諸給日及諸從事縣官、作縣官及當戍故徼而老病居縣、坐妬（妒）入舂，篤貧不能自食，皆食縣官而益展其日以當食，如居貲責（債）。"
《第三組》："兵事畢矣，諸當得購賞貰責（債）者，令縣皆亟予之。"
《第三組》："都官有購賞貰責（債）者，如縣。"
《第三組》："諸當得購賞貰責（債）者。"
《第三組》："爲徒隸員，黔首居貲續（贖）責（債）者，勿以爲員。"
《第三組》："材官、趨發、發弩、善士敢有相責（債）入舍錢酉（酒）肉及予者，捕者盡如此令，士吏坐之，如鄉嗇夫。"
《第三組》："芻稾積五歲以上者以貸，黔首欲貣（貸）者，到收芻稾時而責（債）之。"

《二年・盜律》："所捕告得者多，以人數購之，而勿責（債）其劫人所得臧（贓）。"按，"責（債）"字從張家山漢簡研讀班《張家山漢簡〈二年律令〉校讀記》（《簡帛研究2002、2003》，廣西師範大學出版社，2005年）讀。

《二年・襍律》："諸有責（債）而敢强質者，罰金四兩。"

《二年・金布律》："有罰、贖、責（債），當入金。"

《二年・金布律》："及當出金、錢縣官而欲以除其罰、贖、責（債）。"

責與漬

《奏讞書》："銚有（又）磔講垞（地），以水責（漬）講北（背）。"

責與積

《太一》："天道貴溺（弱），雀（削）成者以益生者，伐於勥（強），責（積）於〼。"按，"責（積）"字從陳偉《郭店竹簡別釋》（湖北教育出版社，2002年，29頁）讀。

《日甲・秦除》："利市、責（積）徹□□□除地、飲樂（藥）。"

《天甲・支占盜》："再（側）在責（積）薪、糞蔡中。"

《帛五行・説》："丘之所以不□名山者，不責（積）也。"

《帛五行・説》："舜有仁，我亦有仁，而不如舜之仁，不責（積）也。"

《帛五行・説》："舜有義，而我亦有義，而不如舜之義，不責（積）也。"

《帛五行・説》："嚴也者，敬之不解（懈）者，□之責（積）者也。"

《合陰陽》："昏者，男之精將；早者，女之精責（積）。"

《繫辭》："善不責（積），不足以成名；惡不責（積），不足以滅身。"

《軍爭》："〼軍毋（無）輜重則亡，無糧食則亡，无委責（積）則亡。"

《見威王》："曰我將欲責（積）仁義，式禮樂，悉（垂）衣常（裳），以禁爭挩（奪）。"

《北大老子》："聖人無責（積），氣（既）以爲人，己俞（愈）有；氣（既）以予人，己俞（愈）多。"

責與刺

《詩論》："《詠（祈）父》之責（刺），亦又（有）以也。"按，"責（刺）"字從劉樂賢《讀上博簡劄記》（《上博館藏戰國楚竹書研究》，上海書店出版社，2002年）等讀。

漬與積

《火攻》："一曰火人，二曰火漬（積），三曰火輜，四曰火庫，五曰火隊。"

漬與眥

《足臂脈・足》："其直（植）者貫目內漬（眥），之鼻。"

《足臂脈・足》："其直（植）者貫腋，出於項、耳，出䏿（枕），出目外漬（眥）。"

《足臂脈・足》："聾，䏿（枕）痛，耳前痛，目外漬（眥）痛，脅外穜（腫）。"

《足臂脈・臂》："出肩外兼（廉），出項□□□目外漬（眥）。"

《陰陽脈甲》："目外漬（眥）痛，頰痛，耳聾，爲三病。"

《陰陽脈甲》："上出魚股內廉，觸少腹，大漬（眥）旁。"

績與刺

《實虛》："故績（刺）之而知勭（動）靜之理。"

膭與脊

《引書》："引要（腰）甬（痛），兩手之指夾膭（脊），力輒以卬（仰），極之。"

《兵令》："然而見適（敵）走之如歸，前唯（雖）有千仁（仞）之溪，折膭（脊）〼。"

膭與膌

《安稽》："尻若冣笱，塼（膞）膭（膌）格格。"

膭與背

《陰陽脈乙》："目外膭（背）甬（痛），頰甬（痛），耳聾，爲三病。"

誎與刺

《戰國二〇》："秦王聞若説，必如誎（刺）心。"按，"誎（刺）"字從裘錫圭《讀〈戰國縱橫家書釋文注釋〉劄記》（《文史》第36輯，中華書局，1992年）釋讀。

析字聲系

析與皙

《封診式》："男子丁壯，析（皙）色，長七尺一寸，髮長二尺。"

析與沂

《繫年十五》："卲（昭）王歸隨（隨），與吳人戰于析（沂）。"

箖與策

《帛甲老子·道經》："善數者不以檮（籌）箖（策）。"

笄與策

《帛乙老子·道經》："善行者无達（轍）迹，善言者无瑕適（謫），善數者不用檮（籌）笄（策）。"按，戰國中山王嚳方壺中"簡策"之"策"作"箖"，下部所從之"斦"應即"析"字異構，"笄"字下部所從應即"斦"之省形。下同。

《九主》："湯乃廴（引）三公，伊尹布圖陳笄（策），以明法君法臣。"

《九主》："伊尹或（又）請陳笄（策）以明八適變過之所道生。"

《九主》："臣主同術爲一以笄（策）於民，百姓絕望於上，分倚父兄大臣。"

《養生方》："置甗中，傅笄（策）炊，澤上□□而出。"

片與刺

《赤鵠》："其𧺆（上）片（刺）句（后）之體，是思（使）句（后）之身蚵（疴）蓋（蠚），不可堊（極）于笞（席）。"按，"片"即"斦"之省形。下同。

《赤鵠》："其𧺆（上）片（刺）句（后）之身，是思（使）句（后）瘏（昏）𤔔（亂）甘（憨）心。"

狊字聲系

瞁與湨

《繫年十七》："晉臧（莊）坪（平）公即立（位）兀（元）年，公會者（諸）侯於瞁（湨）梁。"

瞁與闃

《帛易·豐》："尚（上）六，豐其屋，剖（蔀）其家，閨（闚）其戶，狊〈瞁（闃）〉其无人，三歲不遂，兇（凶）。"按，"狊〈瞁（闃）〉"字從于豪亮《帛書〈周易〉》（《文物》1984年3期）釋讀。

㡭字聲系

㡭與係

《犬噬人》："取丘（蚯）引（蚓）矢二升，以井上罋㡭（係）處土與等，並熬之。"按，"㡭"似當讀作"係"。

㡭與繼

《天師》："萬勿（物）失之而不㡭（繼），得之而贏。"

《大成》："椄（接）陰將眾，㡭（繼）以蜚虫。"

《官一》："楑（揆）㡭（繼）藩薄，所以泫（眩）疑也。"按，"㡭（繼）"字從張震澤《孫臏兵法校理》（中華書局，1984年，119頁）讀。下同。

《官一》："𢜸䜌（繼）藩薄，所以泫（眩）疑也。"

毄字聲系

毄與墼

《第二組》："賣瓦土毄（墼）糞者，得販賣室中舍中，租如律令。"

毄與擊

《容成氏》："毄（擊）鼓，禹（禹）必速出，冬不敢以蒼（寒）㠯（辭），夏不敢以㬥（暑）㠯（辭）。"按，"毄（擊）"字從裘錫圭《讀上博簡〈容成氏〉劄記二則》（《古文字研究》第二十五輯，中華書局，2004年）釋讀。

《周易·蒙》："上九：毄（擊）尨（蒙）；不利爲寇，利御（禦）寇。"

《爲吏》："申之義，以毄（擊）畸，欲令之具下勿議。"

《日甲·除》："□□□□□可名曰毄（擊）日，以生子，窶孤。"

《日甲·秦除》："危日，可以責、摯（執）、攻毄（擊）。"

《日甲·詰》："鬼來，陽（揚）灰毄（擊）箕以喿（譟）之，則止。"

《日甲·詰》："以桑心爲丈（杖），鬼來而毄（擊）之，畏死矣。"

《日甲·詰》："毄（擊）以桃丈（杖），繹（釋）屨（屨）而投之，則已矣。"

《日甲·詰》："男女未入宮者毄（擊）鼓奮鐸喿（譟）之，則不來矣。"

《日甲·詰》："大袜（魅）恆入人室，不可止，以桃更（梗）毄（擊）之，則止矣。"

《日甲·詰》："雷攻人，以其（杞）木毄（擊）之，則已矣。"

《日甲·詰》："人卧而鬼夜屈其頭，以若（箬）便（鞭）毄（擊）之，則已矣。"

《日甲·詰》："鳥獸虫豸甚眾，獨入一人室，以若（箬）便（鞭）毄（擊）之，則止矣。"

《日乙·楚除》："家（嫁）子、攻毄（擊），吉、勝。"

《周日書》："凡大𢻱（徹）之日，利以遠行、絕邊競（境）、攻毄（擊）。"

《天甲·建除》："危日：可以責人及摯（執）人、毄（擊）人、外政（征）。"

《天乙·建除》："危日：可以責人及摯（執）人、毄（擊）人、外政（征）。"

《奏讞書》："利鄉反，新黔首往毄（擊），去北當捕治者多，皆未得。"

《奏讞書》："義等將吏卒毄（擊）反盜，弗先候視，爲驚敗，義等罪也。"

《奏讞書》："詰庫：毄（擊）反群盜，儋（憺）乏不鬬，論之有灋。"

《奏讞書》："鞫之：義等將吏卒新黔首毄（擊）反=盜=（反盜，反盜）殺義等。"

《癲》："獨產穨（癲）九，乖已，操葭（鍛）石毄（擊）而母。"

《繆和》："斯壘爲三遂，而出毄（擊）荊人，大敗之。"

《四變》："軍之所不毄（擊）者。"

《四變》："如此者，軍唯（雖）可毄（擊），弗毄（擊）也。"

《擒龐涓》："環涂（途）毄（擊）柀（破）其後，二大夫可殺也。"

《擒龐涓》："孫子弗息而毄（擊）之桂陵，而禽（擒）龐涓。"

《八陣》："險易必知生地、死地，居生毄（擊）死。"

《勢備》："何以知長兵之【爲】權也？毄（擊）非高下非▨。"

《見威王》："毄（擊）三苗，方（放）之危。"

《威王問》："毄（擊）窮寇奈何？"

《威王問》：“毄（擊）鈞（均）奈何？”
《威王問》：“營而離之，我並卒而毄（擊）之，毋令適（敵）知之。”
《威王問》：“毋毄（擊）疑。”
《威王問》：“以一毄（擊）十，有道乎？”
《地典》：“☐不可食，毄（擊）之必剋，賞☐。”
《五名》：“重柔之兵，則譟而恐之，振而捅之，出則毄（擊）之，不出則回（圍）之。”
《雄牝城》：“營軍取（趣）舍，毋回名水，傷氣弱志，可毄（擊）也。”
《雄牝城》：“城倍（背）名谷，无亢山其左右，虛城也，可毄（擊）也。”
《雄牝城》：“□盡燒（磽）者，死襄（壤）也，可毄（擊）也。”
《雄牝城》：“軍食氾水者，死水也，可毄（擊）也。”
《雄牝城》：“城在發（沛）澤中，无名谷付（坿）丘者，牝城也，可毄（擊）也。”
《雄牝城》：“城在亢山間，无名谷付丘者，牝城也，可毄（擊）也。”
《雄牝城》：“城前亢山，倍（背）名谷，前高後下者，牝城也，可毄（擊）也。”
《十陣》：“凡疏陳（陣）之法，在爲數醜，或進或退，或毄（擊）或籲，或與之征，或要（邀）其衰。”
《十陣》：“往者弗送，來者弗止，或毄（擊）其迂（窳），或辱（衄）其閱（鋭）。”
《十陣》：“故兵有誤，車有御，徒必察其眾少，毄（擊）舟籲津，示民徒來。水戰之法也。”
《十問》：“適（敵）人員（圓）陳（陣）以胥，因以爲固，毄（擊）此奈何？”
《十問》：“毄（擊）此者，三軍之眾分而爲四五，或傅（薄）而佯北，而示之懼。皮（彼）見我懼，則遂分而不顧。”
《十問》：“馹（四）鼓同舉，五遂（隊）俱傅（薄）。五遂（隊）俱至，三軍同利。此毄（擊）員（圓）之道也。”
《十問》：“交和而舍，適（敵）富我貧，適（敵）眾我少，適（敵）強我弱，其來有方，毄（擊）之奈何？”
《十問》：“毄（擊）此者，或陳（陣）而支之，規而離之，合而詳（佯）北，殺將其後，勿令知之。此毄（擊）方之道也。”
《十問》：“交和而舍，適（敵）人氣（既）眾以強，巠（勁）疌（捷）以剛，兑（鋭）陳（陣）以胥，毄（擊）之奈何？”
《十問》：“毄（擊）此者，必參（三）而離之，一者延而衡（横），二者□□□□□恐而下惑，下上氣（既）亂，三軍大北。此毄（擊）兑（鋭）之道也。”
《十問》：“交和而舍，適（敵）氣（既）眾以強，延陳（陣）以衡（横），我陳（陣）而侍（待）之，人少不能，毄（擊）之奈何？”
《十問》：“毄（擊）此者，必將參（三）分我兵，練（柬）我死士，二者延陳（陣）長（張）翼（翼），一者財（材）士練（柬）兵，期其中極。此殺將毄（擊）衡（横）之道也。”
《十問》：“交和而舍，我人兵則眾，車騎則少，適（敵）人什（十）負（倍），毄（擊）之奈何？”
《十問》：“毄（擊）此者，當葆（保）險帶隘，慎避光（廣）易。故易則利車，險則利徒。此毄（擊）車之道也。”
《十問》：“交和而舍，我車騎則眾，人兵則少，適（敵）人什（十）負（倍），毄（擊）之奈何？”
《十問》：“毄（擊）此者，慎避險且（阻），決而道（導）之，柢（抵）諸易。適（敵）唯（雖）什（十）負（倍），便我車騎，三軍可毄（擊）。此毄（擊）徒人之道也。”
《十問》：“交和而舍，粱（糧）食不屬，人兵不足徒（恃），絕根而攻，適（敵）人什（十）負（倍），毄（擊）之奈何？”
《十問》：“其將則威，其兵則武，而理（吏）強粱（糧）逮（接），諸侯莫之或侍（待）。毄（擊）之奈何？”
《十問》：“毄（擊）此者，告之不敢，示之不能，坐拙而侍（待）之，以驕其意，以隨（惰）其志。”
《十問》：“使適（敵）弗織（識），因毄（擊）其不□，攻其不御（禦），厭（壓）其駘（怠），攻其疑。”
《十問》：“皮（彼）氣（既）貴氣（既）武，三軍徙舍，前後不相堵（睹），故中而毄（擊）之，若有徒與。”
《十問》：“此毄（擊）強眾之道也。”
《十問》：“交和而舍，適（敵）人葆（保）山而帶阻，我遠則不椄（接），近則毋（無）所，毄（擊）之奈何？”
《十問》：“交和而舍，適（敵）人葆（保）山而帶阻，我遠則不椄（接），近則毋（無）所，毄（擊）之奈何？”
《十問》：“毄（擊）此者，皮（避）斂（險）阻移□□□□□則危之，攻其所必救，使離其固，以揆其慮，施伏設爰（蘊），毄（擊）其移庶。此毄（擊）葆（保）固之道也。”
《十問》：“交和而舍，客主兩陳，適（敵）人刑（形）箕，計啻（敵）所顛（愿），欲我陷復（覆），毄（擊）之奈何？”
《十問》：“毄（擊）此者，渴者不飲，飢者不食，三分用其二，期於中極，皮（彼）氣（既）□□，財（材）士練（柬）兵。”
《十問》：“毄（擊）其兩翼，故皮（彼）先喜後□，三軍大北。此毄（擊）箕之道也。”
《略甲》：“☐欲毄（擊）之，其埶（勢）不可。”
《略甲》：“分其眾，亂其治，孤其將，湯（蕩）其心，毄（擊）☐。”
《略甲》：“☐左右旁伐以相趨，此胃（謂）鋟鉤毄（擊）。”
《三十時》：“可溝溙（洫）。用兵，毄（擊）反（返）入與右與後。”
《三十時》：“☐□可爲小，不可爲大。用兵，毄（擊）前與左與始出。”
《周馴》：“以頎爲後，而對〈封〉毄（擊）於中山。”
《節》：“有（又）卌六日，天氣始并〈升〉，地氣始臧（藏），斬殺毄（擊）伐，毋有天央（殃）。”

毄與繫

《秦律·司空》：“所弗問而久毄（繫）之，大嗇夫、丞及官嗇夫有罪。”
《秦律·司空》：“隸臣妾、城旦舂之司寇、居貲贖責（債）毄（繫）城旦舂者。”
《秦律·司空》：“人奴妾毄（繫）城旦舂，貣（貸）衣食公，日未備而死者，出其衣食。”
《秦律·司空》：“毄（繫）城旦舂，公食當責者，石卅錢。”
《答問》：“甲盜牛，盜牛時高六尺，毄（繫）一歲，復丈，高六尺七寸。”
《答問》：“能捕者購臣妾二人，毄（繫）投書者鞫審瀌（讞）之。”
《答問》：“當毄（繫）作如其所縱，以須其得。”
《答問》：“其罪當刑爲隸臣，勿刑，行其耐，有（又）毄（繫）城旦六歲。”
《答問》：“其罪當刑鬼薪，勿刑，行其耐，有（又）毄（繫）城旦六歲。”
《答問》：“當耐爲隸臣，有（又）毄（繫）城旦六歲。”
《答問》：“隸臣妾毄（繫）城旦舂，去亡，已奔，未論而自出，當治（笞）五十，備毄（繫）日。”
《日甲·叢辰》：“毄（繫），亟出。”
《日甲·叢辰》：“以毄（繫），不免。”
《日甲·叢辰》：“毄（繫），久不已。”
《日甲·叢辰》：“毄（繫），久不已。”
《日甲·叢辰》：“毄（繫），亟出。”
《日甲·玄戈》：“柖（招）榣（搖）毄（繫）未，玄戈毄（繫）尾。”
《日甲·玄戈》：“柖（招）榣（搖）毄（繫）午，玄戈毄（繫）心。”
《日甲·玄戈》：“柖（招）榣（搖）毄（繫）巳，玄戈毄（繫）房。”
《日甲·玄戈》：“柖（招）榣（搖）毄（繫）辰，玄戈毄（繫）翼。”
《日甲·玄戈》：“柖（招）榣（搖）毄（繫）卯，玄戈毄（繫）張。”
《日甲·玄戈》：“柖（招）榣（搖）毄（繫）寅，玄戈毄（繫）七星。”
《日甲·玄戈》：“柖（招）榣（搖）毄（繫）丑，玄戈毄（繫）此（觜）巂。”
《日甲·玄戈》：“柖（招）榣（搖）毄（繫）子，玄戈毄（繫）畢。”
《日甲·玄戈》：“柖（招）榣（搖）毄（繫）亥，玄戈毄（繫）茅（昴）。”
《日甲·玄戈》：“柖（招）榣（搖）毄（繫）戌，玄戈毄（繫）營室。”
《日甲·玄戈》：“柖（招）榣（搖）毄（繫）酉，玄戈毄（繫）危。”
《日甲·玄戈》：“柖（招）榣（搖）毄（繫）申，玄戈毄（繫）虛。”
《日甲·生子》：“丁未生子，不吉，毋（無）母，必賞（嘗）毄（繫）囚。”
《日甲·詰》：“欲去，自浴以犬矢，毄（繫）以葦，則死矣。”
《日甲·詰》：“是上神下取妻，毄（繫）以葦，則死矣。”
《日乙·秦》：“毄（繫），亟出。”
《日乙·秦》：“以毄（繫），久。”
《龍簡》：“諸弋射甬道、禁苑外卅（？）里（？）毄（繫），去甬道禁苑〼。”
《周曆譜》：“乙丑，史但毄（繫）。”
《周日書》：“占獄訟，毄（繫）留，不吉。”
《周日書》：“此正月平旦毄（繫）申者，此直引也。”
《周日書》：“毄（繫）行。”
《天乙·反支》：“毄（繫）囚，亟出。”
《天乙·占黃鐘》：“投黃鐘以多，爲病益篤，市旅得，事君吉，毄（繫）者久。”
《天乙·貞在》：“卜毄（繫）囚不免。”
《天乙·貞在》：“卜獄訟、毄（繫）囚不吉。”
《天乙·律吉凶》：“請謁得，有爲成，取（娶）婦嫁女者吉，病者不死，毄（繫）囚者免。”
《天乙·律吉凶》：“請謁不得，有爲不成，取（娶）妻嫁女不吉，疾人死，毄（繫）囚者不免。”
《天乙·律吉凶》：“請謁難得，有爲難成，取（娶）婦嫁女可殹，疾人危，毄（繫）囚難出。”
《占夢書》：“夢燔洛遂（墜）隋（墮）至手，毄（繫）囚吉。”
《癸瑣》：“〼及它不毄（繫）。”
《多小》：“審。疑多辠（罪）。毄（繫）。它縣論。”
《暨過》：“其七月丁亥劾乾（笴），其八月癸丑劾非毄（繫）。”
《識劫》：“毄（繫），它縣論。”
《同顯》：“爲吏僕，内爲人庸（傭），恐吏毄（繫）辟同□□〼。”
《得之》：“得之气（乞）鞫（鞫），廷覆之，以得之不審，毄（繫）得之城旦☐。”
《得之》：“廷報之：‘毄（繫）得之城旦六歲。’”
《得之》：“得之去毄（繫）亡，巳（已）論毄（繫）十二歲，而來气=鞫=（乞鞫，乞鞫）鞫不如辤（辭）。”
《得之》：“以毄（繫）子縣。”
《得之》：“其毄（繫）得之城旦六歲，備前十二歲毄（繫）日。”
《田與》：“主治瓣（辨）市，聞田數從市奸毄（繫）所，令毋智捕。”
《田與》：“田毄（繫）子縣。”
《田與》：“當毄（繫）城旦十二歲，遝己巳赦（赦）。”
《學爲》：“毄（繫）官，有（又）撟（矯）爲私書，詣請□□□。”
《學爲》：“蹭發讀書，未許學，令人毄（繫）守學=（學。學）恐，欲去亡。”
《學爲》：“審。毄（繫）。”
《綰等》：“□□毄（繫）。它縣論。”
《隨日·叢辰》：“以毄（繫），亟出。”
《第一組》：“臧（藏）不盈廿二錢，貲一甲，耐罪以下，令備前毄（繫）日。”
《第一組》：“中縣道官詣咸陽，郡【縣】道詣其郡都縣，皆毄（繫）城旦春。”
《第一組》：“奴婢毄（繫）城旦春而去亡者，毄（繫）六歲者，黥其顏（顏）頯；毄（繫）八歲者，斬左止（趾）；毄（繫）十歲、十二歲者，城旦黥之，皆畀其主。其老小不當刑者，毄（繫）六歲者，毄（繫）八歲；毄（繫）八歲者，毄（繫）十歲；毄（繫）十歲者，毄（繫）十二歲。皆毋備其前毄（繫）日。不會毄（繫）城旦春者，以亡律論〈論〉之。”
《第一組》：“不盈十二月爲將陽，毄（繫）城旦春。”
《第一組》：“其工殹（也），笞五十，有（又）毄（繫）城旦春，拾（給）逋事。”
《第二組》：“當繇（徭）戍，病不能出及作盈卒歲以上，爲除其病歲繇（徭），勿聶（躡）□□論毄（繫），除毄（繫）日繇（徭）戍，以出日事（使）之。”
《第二組》：“隸臣妾、城旦春之司寇、居貲贖責（債）毄（繫）城旦春者勿責衣食。”
《第二組》：“其與城旦春作者，衣食之如城旦春，人奴婢毄（繫）城旦春，貣（貸）衣食縣官，日未【備】而死者，出其衣食。”
《第二組》：“毄（繫）城旦春食縣官當責者，石卅錢。”
《第二組》：“徒毄（繫）城旦春、居貲贖責（債）而敢爲人僕、養、守官府及視臣史事若居隱除者，坐日六錢爲盜。”
《第二組》：“☐□下縣道官而弗治，毄（繫）人而弗治，盈五日，貲一盾。”
《第三組》：“隸臣妾、城旦、城旦春司寇、鬼薪、白粲及毄（繫）城旦春老、痒（癃）病、毋（無）賴不能作者，遣就（僦）食蜀守。”
《隨日·叢辰》：“以毄（繫），亟出。”
《二年·賊律》：“其可紐毄（繫）而亡之，盡負之，舳艫亦負二，徒負一。”
《二年·具律》：“隸臣妾及收人有耐罪，毄（繫）城旦春六歲。”
《二年·具律》：“毄（繫）日未備而復有耐罪，完爲城旦春。”
《二年·具律》：“其當毄（繫）城旦春，作官府償日者，罰歲金八兩。”
《二年·具律》：“爵戍四歲及毄（繫）城旦春六歲以上罪，罰金四兩。”
《二年·具律》：“毄（繫）不盈六歲，及罰金一斤以上罪，罰金二兩。”
《二年·具律》：“毄（繫）不盈三歲，贖

耐、贖䙴（遷）、及不盈一斤以下罪。”

《二年・具律》：“毋敢以投書者言毄（繫）治人。”

《二年・告律》：“年未盈十歲及毄（繫）者、城旦舂、鬼薪白粲告人，皆勿聽。”

《二年・亡律》：“吏民亡，盈卒歲，耐；不盈卒歲，毄（繫）城旦舂。”

《二年・亡律》：“隸臣妾、收人亡，盈卒歲，毄（繫）城旦舂六歲；不盈卒歲，毄（繫）三歲；自出殹（也），笞百。”

《二年・亡律》：“其去毄（繫）三歲亡，毄（繫）六歲；去毄（繫）六歲亡，完爲城旦舂。”

《二年・徭律》：“當䌛（徭）戍而病盈卒歲及毄（繫），勿聶（攝）。”

《奏讞書》：“疑闌罪，毄（繫），它縣論，敢⿰氵獻（讞）之。”

《奏讞書》：“疑解罪，毄（繫），它縣論，敢⿰氵獻（讞）之。”

《奏讞書》：“士吏賢主夫=（大夫）⿰羊兆=（⿰羊兆，⿰羊兆）盜書毄（繫）隧（燧），亡。”

《奏讞書》：“毄（繫）母嬐亭中，受豚、酒臧（贓）九十，出嬐，疑罪。”

《奏讞書》：“公粱亭校長丙坐以頌毄（繫），毋毄（繫）牒，弗郡（窘）訊。”

《奏讞書》：“坐以毄（繫）者毋毄（繫）牒，疑有姦（奸）詐（詐）。”

《奏讞書》：“信、蒼、丙、贅皆當棄市，毄（繫）。”

《奏讞書》：“講毄（繫）子縣，其除講以爲隱官，令自常（尚），畀其於=（於於）。”

《奏讞書》：“義死，脩（攸）有（又）益發新黔首往毄（繫）。”

《奏讞書》：“謁（？）訊傅先後以別，捕毄（繫）戰北者。”

《奏讞書》：“庳毄（繫）。”

《奏讞書》：“訊者七人，其一人毄（繫），六人不毄（繫）。”

《脈書》：“鉅陽之脈，毄（繫）於蹱（踵）外踝中，出⿰月谷（郤）衷（中）。”

《脈書》：“下顔（顏），夾娊（頞），毄（繫）目內廉。”

《脈書》：“少陽之脈，毄（繫）於外踝之前廉。”

《脈書》：“陽明之脈，毄（繫）於骭骨之外廉。”

《脈書》：“蹷（厥）陰之脈，毄（繫）與足大指叢毛之上，乘足柎（跗）上廉。”

《脈書》：“少陰之脈，毄（繫）於內踝之外廉，穿腨，出⿰月谷（郤）中央，上穿脊之內廉，毄（繫）於腎，夾（挾）舌本。”

《引書》：“引心痛，係纍長五尋，毄（繫）其衷（中），令其高丈。”

《足臂脈・足》：“循脊內□兼（廉），出肝，入胠，毄（繫）舌□。”

《陰陽脈甲》：“毄（繫）於外踝之前廉，上出魚股之外。”

《陰陽脈甲》：“毄（繫）於足大指菆（叢）毛之上，乘足跗上廉，去內腂（踝）一寸。”

《陰陽脈甲》：“毄（繫）於內腂（踝）外廉，穿腨，出⿰月谷（郤）中央，上穿脊之□廉，毄（繫）於腎，夾（挾）舌。”

《陰陽脈乙》：“夾（挾）髃，毄（繫）目內廉。”

《陰陽脈乙》：“毄（繫）於外腂（踝）之前廉，出魚股之外，出□上，出目前。”

《陰陽脈乙》：“毄（繫）於骭骨外廉，揗（循）骭骨而上，穿賓（髕）。”

《陰陽脈乙》：“毄（繫）於內腂（踝）外廉，穿臑。”

《陰陽脈乙》：“毄（繫）於足大指菆（叢）毛上，乘足⿱付月（跗）上廉。”

《繫辭》："耶（聖）人設卦觀馬〈象〉，毄（繫）辭焉而明吉凶。"

《繫辭》："易有四馬〈象〉，所以見也；毄（繫）辭焉，所以告也；定之以吉凶，所以斷也。"

《繫辭》："耶（聖）人位（立）馬〈象〉以盡意，設卦以盡請（情）僞，毄（繫）辭焉以盡其【言】，變而迵（通）之以盡利，鼓之舞之以盡神。"

《繫辭》："毄（繫）辭焉，以斷其吉凶，是故胃（謂）之教（爻）。"

《繫辭》："毄（繫）辭而齊之，動在其中矣。"

《要》："易曰：'其亡其亡，毄（繫）于枹（苞）桑。'"

《阜易·同人》："卜毄（繫）囚〼。"

《阜易·噬嗑》："毄（繫）囚者桎梏。"

《阜易·卜辭》："卜毄（繫）囚〼。"

《阜易·卜辭》："毄（繫）囚〼。"

《阜易·卜辭》："毄（繫）囚者，免，久。"

《阜易·卜辭》："毄（繫）囚者，罪益輕。"

《阜易·卜辭》："〼毄（繫）人〼。"

《阜易·卜辭》："〼毄（繫）〼。"

《將理》："今夫毄（繫）者，小圄不下十數，□□□□百數，大圄不下千數。"

《將理》："今夫毄（繫）者，大者父兄弟有在獄〼。"

《葆啟》："禽（擒）受（紂），毄（繫）其首於白旗。"

《博局占》："問毄（繫）者。"按，"毄"當讀作"繫"。下五例同。

《刑德行時》："毄（繫）者，毋（無）罪。"

《刑德行時》："毄（繫）者，毋（無）罪。"

《刑德行時》："毄（繫）者，毋（無）罪。"

《刑德行時》："毄（繫）者，有罪。"

《刑德行時》："毄（繫）者，有罪。"

《荊決》："請謁不得，獨留毄（繫）舍。"

《六博》："問毄（繫）及會論者，在方中者，罪輕重未可智（知）。"

擊與繫

《隨日·叢辰》："以擊（繫），久，不免。"

《隨日·叢辰》："以擊（繫），久，不已。"

《隨日·日廷》："斗擊（繫）：直前者死，直後者不死。"

《隨日·天牢》："此天牢擊（繫）者。"

《蓋廬》："參（三）辰爲剛（綱），列星爲紀，維斗爲擊（繫）。"

《帛易·否》："九五，休婦（否），大人吉。其亡其亡，擊（繫）于枹（苞）桑。"

《帛易·无妄》："六三，无妄之災，或擊（繫）之牛。行人之得，邑人之茲（災）。"

《帛易·姤》："初六，擊（繫）于金梯（柅），貞吉。有攸往，見兇（凶）。羸豨（豕）復（孚）適（蹢）屬（躅）。"

擊與系

《隨日·□□》："北南西東，必擊（系）是時春秋冬夏之日。"

繫與擊

《周易·姤》："初六：繫于金柅（柅），貞吉。又（有）卣（攸）往，見凶。羸（羸）豕孚是（蹢）蜀（獨）。"按，帛書本繫作擊。

《繫年二二》："倝（韓）虔、[少勺]（趙）蘆（籍）、嵬（魏）繫（擊）衛（率）自（師）與戉（越）公殹（翳）伐齊=（齊，齊）與戉（越）成，以建（開）昜（陽）、邱陵之田，[旦又]（且）男女服。"

[糹軎]與擊

《繫年二三》："𣅈（期）年，倝（韓）緅（取）、嵬（魏）[糹軎]（擊）衛（率）自（師）回（圍）武[㫃昜]（陽），以復郛（部）之自（師）。"按，"[糹軎]"當爲"繫"之省形。

槧與槽

《龍簡》："盜槧（槽）櫝，罪如盜□□□□□□□□□□□。"

益字聲系

益與嗌

《脈書》："耳煇=焞=（煇煇焞焞），益（嗌）穜（腫），是耳脈主治。"

《陰陽脈甲》："心痛，益（嗌）膈（渴）欲飲。"

《疽病》："益（嗌）雎（疽）者，白蘞三，罷（百）合一，并冶，□□□□□□□□飲之。"

《天下至道》："下夕（液）股濕，徐操；益（嗌）乾因（咽）唾，徐撼（撼）。"

益與溢

《容成》："精神泉益（溢），翕甘潞（露）以爲積。"

益與隘

《客主》："夫客犯益（隘）逾險而至，夫犯益（隘）逾險而至。"

嗌與益

《性自》："凡古樂龍（愉）心，嗌（益）樂龍（愉）指，皆斅（教）其人者也。"按，"嗌（益）"字從李天虹《郭店竹簡〈性自命出〉研究》（湖北教育出版社，2003 年，163 頁）釋讀。

《語叢三》："牙（與）爲悉（義）者遊，嗌（益）；牙（與）牂（莊）者尻（處），嗌（益）；逗習旻（文）彰（章），嗌（益）。"

《語叢三》："自視（示）其所不族（足），嗌（益）；遊蕙，嗌（益）；嵩志，嗌（益）；才心，嗌（益）。"

《語叢三》："【有】所不行，嗌（益）。"

《容成氏》："墨（禹）於是虖（乎）毁（讓）嗌（益），啓於是虖（乎）攻嗌（益）自取。"按，整理者直接釋"嗌"爲"益"。不確。當釋爲"嗌"，讀作"益"。

《彭祖》："一命弌（一）㝡（俯），氏（是）胃（謂）嗌（益）愈。"

《三德》："□邦四嗌（益），是胃（謂）方芋，唯（雖）盪（盈）必虛。"

《競公瘧》："禮（詛）爲亡（無）䫬（傷），祝亦亡（無）嗌（益）。"

《禁忌》："凡五卯，不可以作大事；帝以命嗌（益）淒（齎）墨（禹）之火，午不可以樹=（樹木）。"

《説命下》："余脜（柔）遠能逐（邇），以嗌（益）視事。"

《良臣》："堯之相𤰔=（舜，舜）又（有）禹=（禹，禹）又（有）白（伯）𡰥（夷），又（有）嗌（益），又（有）史皇，又（有）咎（皋）囚（陶）。"

《別卦》："嗌（益）。"

嗌與縊

《筮法二六》："八乃伖（奴）以死，乃西祭。四乃嗌（縊）者。"

《筮法二六》："四，嗌（縊）者。"

䌯與縊

《筮法二六》："四，䌯（縊）者。"

《筮法二六》："四，非瘥（狂）乃䌯（縊）者。"

搤與嗌

《妄稽》："妄稽大病，音若搤（嗌）搤（嗌）。"按，"搤（嗌）搤（嗌）"字從蕭旭《北大漢簡（四）〈妄稽〉校補》（復旦大學出土文獻與古文字研究中心網，2016 年 7 月 4 日）讀。

膉與益

《唐虞》："墨（禹）約（治）水，膉（益）約（治）火，后禝（稷）約（治）土，足民敎（養）也。"

膉與嗌

《足臂脈·足》："夾（挾）少腹，上出乳內兼（廉），出膉（嗌）。"

膉與益

《老子》甲："膉生曰羕（祥），心使燹（氣）曰勥（強）。"按，今本和帛書本膉作益。

《詩論》："《閘（關）疋（雎）》之改，則其思膉（益）矣。"按，"膉（益）"字從李學勤《〈詩論〉説〈關雎〉等七篇釋義》（《齊魯學刊》2002年2期）等讀。

系字聲系

系與係

《帛易·坎》："尚（上）六，系（係）用諱（徽）纆（纆），親（寘）于總（叢）勒（棘），三歲弗得，兇（凶）。"

系與奚

《五教法》："處國之教系（奚）如？"

《五教法》："行行之教系（奚）如？"

《五教法》："處陬之教系（奚）如？"

係與奚

《明君》："□□係（奚）婢衣錦繡，戰士衣大布而不完。"

《百里奚》："柏（百）里係（奚）曰：'惡聞其請（情）。'"

《百里奚》："柏（百）里係（奚）曰：'惡聞其請（情）。'"

係與繫

《周病方》："取肥牛膽盛黑叔（菽）中，盛之而係（繫），縣（懸）陰所，乾。"

《繫辭》："係（繫）辭焉以斷其吉凶，是故胃（謂）之教（爻），言天下之至業而不可惡也。"按，今本係作繫。

係與繼

《從政》："九曰軋（犯）人之柔（務），十曰口惠而不係（繼）。"按，"係（繼）"字從陳劍《上海博物館藏戰國楚竹書〈從政〉篇研究（三題）》（第三屆國際簡帛研討會論文，2004 年 4 月，MountHolyokeCollege，U.S.A.）讀。

《三德》："敚（奪）民旹（時）以水事，是胃（謂）（籥），喪忌（以）係（繼）樂，四方來囂（虐）。"按，"係（繼）"字從范常喜《〈上博五·三德〉劄記三則》（簡帛網，2006年2月24日）讀。

《繫辭》："一陰一陽之胃（謂）道，係（繼）之者善也，成之者生（性）也。"按，今本係作繼。

訇與稽

《鄭壽》："競坪（平）王豪（就）奠（鄭）壽，訇（稽）之於层（禰）庿（廟）。"按，"訇"字從郭永秉《讀〈平王問鄭壽〉篇小記二則》（簡帛網，2007年8月30日）隸定，從白於藍《釋"訇"、"层"》（《古漢語研究》2011年3期）讀作"稽"。下同。

《鄭壽》："王恩（固）訇（稽）之。"

《説命上》："王廼訇（稽）敚（説）曰：'帝殹（抑）尔以畀舍（余），殹（抑）非？'"

《赤鵠》："眾鶩（烏）乃訇（稽）晉（巫）鶩（烏）曰：'夏句（后）之疾女（如）可（何）？'"

《赤鵠》："夏句（后）乃訇（稽）少（小）臣曰：'女（如）尔天晉（巫），而智（知）朕疾？'"

《湯丘》："今少（小）臣又（有）疾，女（如）思（使）呺（召），少閒（閒）於疾，朝而訇（稽）之，不猷（猶）受君賜？"

系與奚

《凡物甲》："毰（捴）勿（物）流型（形），系（奚）得而成？流型（形）成豊（體），系（奚）得而不死？既成既生，系（奚）寡而鳴？既杲（本）既槿（根），系（奚）後之系

（奚）先？侌（陰）昜（陽）之扅〈尻（處）〉，系（奚）得而固？水火之和，系（奚）得而不硾（差）？”

《凡物甲》：“民人流型（形），系（奚）得而生？流型（形）成豊（體），系（奚）�（失）而死？”

《凡物甲》：“天墬（降）五厇（度），虗（吾）系（奚）奂（衡）系（奚）從（縱）？五既（氣）竝至，虗（吾）系（奚）異系（奚）同？”

《凡物甲》：“槐（鬼）生於人，系（奚）古（故）神𥃝（明）？”

《凡物甲》：“其夬（訣）系（奚）坓（適），箮（孰）智（知）其疆？”

《凡物甲》：“槐（鬼）生於人，虗（吾）系（奚）古（故）事之？”

《凡物甲》：“骨₌（骨肉）之既𪏰（靡），身豊（體）不見，虗（吾）系（奚）自飤（食）之？”

《凡物甲》：“其來亡（無）厇（度），虗（吾）系（奚）旹（志）之？”

《凡物甲》：“奚祭員系（奚）逐，虗（吾）女（如）之可（何）思（使）飬（飽）？”

《凡物甲》：“川（順）天之道，虗（吾）系（奚）以爲頁（首）？”

《凡物甲》：“虗（吾）欲得百眚（姓）之和，虗（吾）系（奚）事之？”

《凡物甲》：“敬天之𥃝（明）系（奚）得？槐（鬼）之神系（奚）飤（食）？先王之智系（奚）備？”

《凡物甲》：“其人宔（中），系（奚）古（故）少（小）⿺廴生暲（彰）豉（著）？”

《凡物甲》：“土系（奚）得而坪（平）？水系（奚）得而清？卉木系（奚）得而生？含（禽）獸系（奚）得而鳴？”

《凡物甲》：“系（奚）胃（謂）少（小）𪔓（徹）？人白（泊）爲戠（察）。”

《凡物甲》：“系（奚）以智（知）其白（泊）？終身自若。”

《凡物乙》：“𦒿（捴）勿（物）流型（形），系（奚）得而成？流型（形）成豊（體），系（奚）得而不死？既成既生，系（奚）寡而鳴？既杲（本）既槿（根），系（奚）後之系（奚）先？侌（陰）昜（陽）之尻，系（奚）得而固？水火之和，系（奚）得而不硾（差）？”

《凡物乙》：“民人流型（形），系（奚）得而生？流型（形）成豊（體），系（奚）遊（失）而死？”

《凡物乙》：“天墬（降）五厇（度），虗（吾）系（奚）奂（衡）系（奚）從（縱）？五既（氣）竝至，虗（吾）系（奚）異系（奚）同？”

《凡物乙》：“槐（鬼）生於人，系（奚）古（故）神𥃝（明）？”

《凡物乙》：“亓夬（訣）系（奚）坓（適），箮（孰）智（知）其疆？”

《凡物乙》：“槐（鬼）生於人，虗（吾）系（奚）古（故）事之？”

《凡物乙》：“骨₌（骨肉）之既𪏰（靡），身豊（體）不見，虗（吾）系（奚）自飤（食）之？”

《凡物乙》：“奚祭員系（奚）逐，虗（吾）女（如）之可（何）思（使）飬（飽）？”

《凡物乙》：“川（順）天之道，虗（吾）系（奚）以爲頁（首）？”

《凡物乙》：“□系（奚）飤（食）？先王之智系（奚）備？”

《凡物乙》：“其人宔（中），系（奚）□。”

《凡物乙》：“□系（奚）得而清？卉木系（奚）得而生？含（禽）獸系（奚）得而鳴？”

《筮法二四》：“系（奚）古（故）胃（謂）

之譻（震）？”
《筮法二四》：“系（奚）古（故）胃（謂）之袋（勞）？”
《筮法二四》：“系（奚）古（故）胃（謂）之兑？”
《筮法二四》：“系（奚）古（故）胃（謂）之羅（離）？”
《湯丘》：“湯或（又）聐（問）於少（小）臣：‘爲君系（奚）若？爲臣系（奚）若？’”
《啻門》：“媺（美）悳（德）系（奚）若？亞（惡）悳（德）系（奚）若？岜（美）事系（奚）若？亞（惡）事系（奚）若？岜（美）役系（奚）若？亞（惡）役系（奚）若？岜（美）正（政）系（奚）若？亞（惡）正（政）系（奚）若？岜（美）型（刑）系（奚）若？亞（惡）型（刑）系（奚）若？”
《管仲》：“中（仲）父，记（起）事之沓（本）系（奚）從？”
《管仲》：“中（仲）父，它（施）正（政）之道系（奚）若？”
《周馴》：“系（奚）齊先立，而不能自治，淺智而愚，眾弗述（遂）置。”
《周馴》：“今曹君之貴善言也，入之於地而已，深貍（埋）而弗視，不亡系（奚）侍（待）？”
《周馴》：“置賢而信賢，則父之所貴與所甚愛，其系（奚）☑。”

系與溪

《地典》：“[十][曰]□勝系（溪），十一曰系（溪）勝溝。”
《地典》：“雖（唯）六月不可逆水南鄉（嚮），二月不可逆系（溪）南鄉（嚮）。”

系與傾

《民之》：“系（傾）耳而聖（聽）之，不可得而䎽（聞）也。”按，“系（傾）”字從劉樂賢《讀上博簡〈民之父母〉等三篇劄記》（簡帛研究網，2003年1月10日）等讀。

傒與傒

《奏讞書》：“走馬僕詯白革鞞傒（傒）絹，曰：公士孔以此鞞予僕，不智（知）安取。”

溪與溪

《語叢四》：“利木侌（陰）者，不折其樹（枝）；利其渚者，不賽（塞）其溪（溪）。”
《君人甲》：“先君霝（靈）王軋（乾）渁〈溪（溪）〉云（殞）萻（沈）。”按，“渁〈溪（溪）〉”字從復旦大學出土文獻與古文字研究中心研究生讀書會《〈上博七·君人者何必安哉〉校讀》（復旦大學出土文獻與古文字研究中心網，2008年12月31日）釋讀。下同。
《君人乙》：“先君霝（靈）王軋（乾）渁〈溪（溪）〉云（殞）萻（沈）。”

繇與系

《庫法》：“連棰長尺八寸，其繇（系）尺，梃長七尺，大十二寸。”

谿與谿

《二年·津關令》：“丞相上備塞都尉書，請爲夾谿（谿）河置關。”
《二年·津關令》：“及令河北縣爲亭，與夾谿（谿）關相直（值）。”

奚與雞

《鬃》：“奚（雞）矢鼠襄（壤）涂（塗）桼（漆）王。”

奚與薢

《養生方》：“取革奚（薢）長四寸一把，茱（朮）一把，烏家（喙）十□□□削皮細析。”

谿與豯

《天乙·黃鐘》：“日入至晨投中應鐘，谿（豯）殹。”

鷄與溪

《帛乙老子·道經》：“知其雄，守其雌，爲天下鷄（溪）。”
《帛乙老子·道經》：“爲天下鷄（溪），恆德不离（離）。”

畫字聲系

畫與劃

《諸傷》：“祝曰：‘男子竭，女子截。’五畫（劃）地□之。”按，“畫（劃）”字從馬繼興《馬王堆古醫書考釋》（湖南科學技術出版社，1992年，338頁）讀。

畫與過

《語書》：“發書，移畫（過）曹，曹莫受，以告府，府令曹畫（過）之。”

《語書》：“其畫（過）最多者，當居曹奏令、丞。”

《語書》：“令、丞以爲不直，志千里使有籍畫（過）之，以爲惡吏。”

厄字聲系

厄與軛

《鄭甲》：“縈厄（軛）郢（蔿）、竽（邘）之國，魯、䡮（衛）、鄝（蓼）、郗（蔡）逨（來）見。”

《鄭乙》：“縈厄（軛）郢（蔿）、竽（邘）之國，魯、衛、鄝（蓼）、郱〈郗〉（蔡）逨（來）見。”

《答問》：“者（諸）侯客來者，以火炎其衡厄（軛）。”

《答問》：“騷馬蟲皆麗衡厄（軛）鞅韅（韅）轅靷（靷）。”

月部第一六

敗字聲系

敗與美

《民之》："其才（在）許（語）也，敗（美）矣！厷（宏）矣！大矣！"按，"敗（美）"字從何琳儀《滬簡二冊選釋》（簡帛研究網，2003年1月14日）讀。

市字聲系

市與紼

《命訓》："人又（有）佴（恥），又（有）市冒（帽［絻］），又（有）鈘（斧）戉（鉞）。"按，今本《逸周書·命訓》市作紼。下同。

《命訓》："以人之佴（恥）尚（當）天之命，以其市冒（帽［絻］）尚（當）天之福，以其斧戉（鉞）尚（當）天之禍（禍）。"

芾與沛

《周易·豐》："九厽（三）：豐其芾（沛），日中見茇（沫），折其右拡（肱），亡（无）咎。"

芾與茇

《日甲·詰》："人妻妾若朋友死，其鬼歸之者，以莎芾（茇）、牡棘枋（柄），熱（爇）以寺（待）之，則不來矣。"

芾與蘋

《周易·豐》："九厽（三）：豐其芾（沛），日中見茇（沫），折其右拡（肱），亡（无）咎。"按，帛書本芾（沛）作蘋。

芾與屋

《周易·豐》："上六：豐其芾（屋），坿（蔀）其家，閨（闚）其戾（戶），闃（闃）其亡（无）人，厽（三）戢（歲）不覿，凶。"

敝與弊

《容成氏》："凡民俾（罷）敝（弊）者，教而悔（誨）之，歙（飲）而飤（食）之，思（使）役百官而月青（請）之。"按，"敝（弊）"字從白於藍《上海博物館藏竹簡〈容成氏〉"凡民俾敝者"考》（《文物》2005年11期）讀。

敝與蔽

《程寤》："習（召）大（太）子發（發），卑（俾）霝（靈）名苑（總）敝（蔽）。"按，"敝（蔽）"字從裘錫圭《説清華簡〈程寤〉篇的"敝"》（《出土文獻與古文字研究》第四輯，上海古籍出版社，2011年）讀。下同。

《程寤》："祝忻敝（蔽）王，巫衛（率）敝（蔽）大姒，宗丁敝（蔽）大（太）子發（發）。"

犻與蔽

《卜書》："兆（兆）女（如）印（仰）首出止（趾），而屯（沌）不（背）困（混）鄘（膺），是胃（謂）犻（蔽）卜。"按，"犻（蔽）"字從林志鵬《讀上博簡第九冊〈卜書〉札記》（簡帛網，2013年3月11日）讀。

誁與勃

《妄稽》："淫瑟（蝨）緣辟（臂），魋（堆）暴（皺）庲（脾）誁（勃）。"按，"誁（勃）"字從蕭旭《北大漢簡（四）〈妄稽〉校補》（復旦大學出土文獻與古文字研究中心網，2016年7月4日）讀。

㡀字聲系

敝與蔽

《第一組》："匿罪人雖弗敝（蔽）貍（埋），

智（知）其請（情），舍其室。”

《第一組》：“父母、子、同產、夫妻或有罪而舍匿之其室及敝（蔽）匿之于外，皆以舍匿罪人律論之。”

《六分》：“臣肅敬，不敢敝（蔽）其主；下比順，不敢敝（蔽）其上。”

《四度》：“高下不敝（蔽）其刑（形），美亞（惡）不匿其請（情）。”

《牝痔》：“因（咽）敝（蔽），飲藥將（漿），毋飲它。”

《守權》：“遇（愚）夫僮婦無不敝（蔽）城盡資。”

《妄稽》：“妾直敝（蔽）之，不言其請（情）。”按，“敝（蔽）”字從補白《北大簡〈妄稽〉中與簡61、62有關的簡序試調》（復旦大學出土文獻與古文字研究中心網，2016年6月7日）讀。下同。

《妄稽》：“妾直敝（蔽）之，不言其惡。”

敝與幣

《春秋八》：“夫晉之使者敝（幣）厚而辭庳（卑）。”

《戰國二四》：“發信臣，多其車，重其敝（幣），史（使）信王之救己也。”

《戰國二四》：“乃警四竟（境）之内，興師，言救韓；發信臣，多車，厚其敝（幣）。”

《士相見》：“凡執敝（幣），執敝（幣）者不趨。”

敝與畢

《奇正》：“刑（形）莫不可以勝，而莫智（知）其所以勝之刑₌（形。形）勝之變，與天地相敝（畢）而不窮。”按，“敝”似當讀作“畢”，參沈培《説“壽敝金石”和“壽敝天地”》（簡帛網，2007年2月10日）。

幣與敝

《帛甲老子·德經》：“大成若缺，其用不幣（敝）；大盈若浧（沖），其用不𡩋（窘）。”

襒與敝

《奏讞書》：“夫以衛〈衛〉夫有一婢，衣襒（敝）衣。”

《奏讞書》：“臣操襒（敝）席麗媚衣絮者，顛（愿）與飯中蔡比之。”

《帛乙老子·道經》：“【夫唯不欲盈】，是以能襒（敝）而不成。”

《帛乙老子·道經》：“洼則盈，襒（敝）則新。”

襒與弊

《戰國七》：“齊王以燕爲必侍（待）其襒（弊）而功（攻）齊，未可解（懈）也。”

薾與蔽

《九主》：“干主之不明，虘（御）下薾（蔽）上，□法亂常，以危主者，恆在臣。”

《九主》：“剸（專）授之臣擅主之前，虘（御）下薾（蔽）上。”

《傷痙》：“以傅傷空（孔），薾（蔽）□休得爲☑。”

伐字聲系

伐與茷

《繫年十六》：“競（景）公使翟（糴）之伐（茷）甹（聘）於楚，虘（且）攸（修）成。”

伐與拔

《脈書》：“衝（腫）頭，目以（似）脱，項以（似）伐（拔）。”

伐與罰

《君正》：“國无盜賊，詐僞不生，民无邪心，衣食足而刑伐（罰）必也。”

《君正》：“有佴（恥）則號令成俗而刑伐（罰）不犯，號令成俗而刑伐（罰）不犯則守固單（戰）朕（勝）之道也。”

罰字聲系

罰與伐

《閻氏》："常以困、罰（伐）日舉事，其國日秏（耗）。"按，"罰（伐）"字從劉樂賢《虎溪山漢簡〈閻氏五勝〉及相關問題》（《文物》2003年7期）讀。下同。

《閻氏》："所謂罰（伐）日者，干不勝其支者也。"

《閻氏》："故殘國亡家常好用困、罰（伐）日舉事，故身死國亡，諸侯必加之兵。"

犮字聲系

犮與拔

《天子甲》："臨兆不言亂（亂）、不言寑（寢）、不言威（滅）、不言犮（拔）、不言耑（短），古（故）龜又（有）五昇（忌）。"

《天子乙》："臨兆不言亂（亂）、不言寑（寢）、不言威（滅）、不言犮（拔）、不言耑（短），古（故）龜又（有）五昇（忌）。"

《帛易·否》："初六，犮（拔）茅茹以其胃（彙），貞吉亨。"

《帛易·泰》："初九，犮（拔）茅茹，以其胃（彙），貞吉。"

犮與祓

《三德》："天無不從：好昌天從之，好㠭（旺）天從之，好犮（祓）天從之，好長天從之。"按，"犮（祓）"字從陳劍《談談〈上博（五）〉的竹簡分篇、拼合與編聯問題》（簡帛網，2006年2月18日）釋，從侯乃峰《讀上博（五）〈三德〉劄記四則》（簡帛網，2006年2月27日）讀。

《天乙·自天》："以責（債）不得，以訟不克，直（值）此卦者利於犮（祓）事。"

犮與厥

《繫年十一》："楚穆王立八年，王會者（諸）侯于犮（厥）魚（貉）。"

拔與撥

《性自》："凡聖（聲），其出於情也信，肰（然）句（後）其内拔（撥）人之心也敂（厚）。"按，"拔（撥）"字從裘按（《郭店楚墓竹簡·性自命出》篇注［二〇］）釋讀。

茇與祓

《三十時》："筡（葬）貍（埋），分異，茇（祓）除。"

《三十時》："下六：以遇二，筡（葬）貍（埋），分異，茇（祓）除。"

茇與沫

《周易·豐》："九厽（三）：豐其芾（沛），日中見茇（沫），折其右拡（肱），亡（无）咎。"按，今本茇作沫。"茇"字從何琳儀、程燕《滬簡〈周易〉選釋》（簡帛研究網，2004年5月16日）釋。

茇與茉

《周易·豐》："九厽（三）：豐其芾（沛），日中見茇（沫），折其右拡（肱），亡（无）咎。"按，帛書本茇（沫）作茉。"茇"字從何琳儀、程燕《滬簡〈周易〉選釋》（簡帛研究網，2004年5月16日）釋。

紱與黻

《王法》："諸周（雕）文、刻婁（鏤）、補（黼）紱（黻）、纂（纂）組、鉞絣（綫）之事。"

軷與跋

《蒼頡篇》："軷（跋）僋（涉）闞（旅）屠（途）。"

癹字聲系

癹與發

《昔者》："▨尔司，各共（恭）尔事。癹（發）命不夜。"

《柬大王》："三日，大雨，邦蕙（賴）之。

癹（發）駐（駟）迈（蹠）四₌疆₌（四疆，四疆）皆筥（熟）。”

《鮑叔牙》：“癹（發）古簏（慮），行古迮（措）。癹（廢）迮（措）者死，弗行者死。”按，“癹（發）”字從季旭昇《上博五芻議（上）》（簡帛網，2006年2月18日）釋讀。

《融師》：“湝（耽）孚（淫）念惟，癹（發）昜（揚）絫儥。”

《用曰》：“若罔之未癹（發），而自嘉樂。”

《程寤》：“習（召）大（太）子癹（發），卑（俾）靁（靈）名兇（總）枚（蔽）。”按，整理者直接釋“癹”爲“發”。不確。下五例同。

《程寤》：“祝忻枚（蔽）王，巫衛（率）枚（蔽）大姒，宗丁枚（蔽）大（太）子癹（發）。”

《程寤》：“王及大（太）子癹（發）並拜吉夢，受商命于皇帝₌（上帝）。”

《金縢》：“尔（爾）元孫癹（發）也，𦝲（遘）遠（害）𧆛（虐）疾。”

《金縢》：“隹（惟）尔（爾）元孫癹（發）也，不若但（旦）也。”

《祝辭》：“又（有）上荒₌（茫茫），又（有）下堂₌（湯湯），司湍彭₌（滂滂），句（侯）兹某也癹（發）陽（揚）。”

《更修田律》：“及癹（發）千（阡）百（陌）之大草。”按，“癹（發）”字從于豪亮《釋青川秦墓木牘》（《文物》1982年1期）釋讀。

癹與廢

《老子》丙：“古（故）大道癹安（焉），又（有）𢣷（仁）義。”按，今本和帛書本癹作廢。

《鮑叔牙》：“癹（發）古簏（慮），行古迮（措）。癹（廢）迮（措）者死，弗行者死。”

《君子》：“肻（肩）毋癹（廢）毋同（聳），身毋躶（偃）毋倩（傾），行毋𧿹（跌）毋𢿛（搖），足毋攴（偏）毋高。”

《競公瘧》：“古（故）君之忨（願）、良、𢛳（溫）、聖，外内不癹（廢），可因於民者。”按，整理者釋“癹”爲“發”。不確。

《楚帛書》乙：“山陵（陵）其癹（廢），又（有）𣶒（淵）𠦪（厥）。”按，“癹（廢）”字從李零《〈長沙子彈庫戰國楚帛書研究〉補正》（《古文字研究》第二十輯，中華書局，2000年）讀。下一例同。

《楚帛書》乙：“三亙（恆）癹（廢），四興兒（鬩），以□天尚（常）。”

《兵令》：“戰國所以立威侵適（敵），弱國之所不能發（廢）也。”

《北大老子》：“天毋已精（清）將恐死〈列〉，地毋已寧將恐發（廢）。”

癹與伐

《老子》甲：“果而弗癹。”按，今本和帛書乙本癹作伐。

《禹王》：“𡎢（禹）奮中疾志，又（有）欲而弗達；深𢡺固疋（疏），又（有）杠（功）而弗癹（伐）。”按，“癹（伐）”字從蔡偉《釋“百丩旨身鯩鰆”》（復旦大學出土文獻與古文字研究中心網，2013年1月16日）引陳劍説讀。

發與廢

《北大老子》：“天毋已精（清）將恐死〈列〉，地毋已寧將恐發（廢）。”

《周馴》：“二子已發（廢），夷吾乃代，棄德反施，無仁而善倍（背）。”

《節》：“德在術，術不可變也，櫝（瀆）樹不可伐也，術橋不可發（廢）也。”

發與茀

《帛易·既濟》：“六二，婦亡（喪）其發（茀），勿遂〈逐〉，七日得。”

發與伐

《忠信》：“至忠女（如）土，蝺（化）物而不發（伐）。”按，“發（伐）”字從裘按(《郭店楚墓竹簡·忠信之道》篇注[三])讀。

《兵令》:“嚴刑罰,明慶賞,全功發(伐)之得。”

《兵令》:“☐令嚴信,功發(伐)之賞☐☐☐。”

《北大老子》:“不自見故明,不自視(示)故章(彰),不自發(伐)故有功,弗矜故長。”

《北大老子》:“炊(企)者不立,自見者不明,自視(是)者不章(彰),自發(伐)者無功,矜者不長。”

《北大老子》:“故果而毋矜,果而毋驕,果而毋發(伐),果而毋不得已。”

發與紱

《帛易·困》:“九二,困于酒食,絑(朱)發(紱)方來,利用芳(享)祀。正(征)凶,无咎。”

《帛易·困》:“九五,貳(毾)椽(卼),困于赤發(紱),乃徐有説。利用芳(享)祀。”

發與馛

《陳忌問壘》:“發(馛)者,所以當埤堄也。”

發與沛

《雄牝城》:“城在發(沛)澤中,无名谷付(坿)丘者,牝城也,可毄(擊)也。”

癹與發

《程寤》:“廼孚=(小子)癹(發)取周廷杍(梓)梪(樹)于氒(闕)閒,㲋=(化爲)松柏棫柞。”

廢與發

《帛易·蒙》:“初六,廢(發)蒙。利用刑人,用説桎梏。已(以)往,閵(吝)。”

發與伐

《鮑叔牙》:“是戢(歲)也,晉人發(伐)齊,既至齊陛(地),晉邦又(有)𤔔(亂),帀(師)乃歸。”

末字聲系

末與物

《曹氏》:“☐☐諸末(物)皆傷,可因而行有罪之罰。”

抹與昧

《亡論》:“抹(昧)利,襦(繻)傳,達刑,爲亂首,爲怨媒。”

《亡論》:“抹(昧)一國之利者,受一國之禍。”

沬與昧

《天下至道》:“如水沬(昧)淫,如春秋氣,往者弗見,不得其功。”

沬與潰

《尊德義》:“均(均)不足以坪(平)正(政),愋(緩)不足以安民,献(勇)不足以沬(潰)眾。”按,“沬”似當讀作“潰”。《尉繚子·戰威》:“破軍殺將,乘闉發機,潰眾奪地,成功乃返,此力勝也。”

茉與沬

《帛易·豐》:“九三,豐其薠(沛),日中見茉(沬),折其右弓(肱),无咎。”

殺與滅

《三德》:“天材(災)繩=〈紳=(混混)〉,弗殺(滅)不隕。”

秣與粖

《周病方》:“肥牛,善食之,而歆(飲)以秣(粖),一月已。”按,“秣”似當讀作“粖”。

蔑字聲系

蔑與滅

《蘭賦》:“信蘭(蘭)其蔑(滅)也,風

汙（旱）之不网（罔）。”按，“⿰禾蔑”原形作“”，從復旦吉大古文字專業研究生聯合讀書會《上博八〈蘭賦〉校讀》（復旦大學出土文獻與古文字研究中心網，2011 年 7 月 17 日）讀爲“滅”。

蔑與沫

《曹沫》：“散（曹）蔑（沫）之戦（陳）。”

⿰蔑攵與沫

《曹沫》：“還年而睧（問）於散（曹）⿰蔑攵（沫）曰。”

《曹沫》：“散（曹）⿰蔑攵（沫）盒（答）曰。”

⿱艹⿰蔑攵與沫

《曹沫》：“⿱艹散（曹）⿱艹⿰蔑攵（沫）盒（答）曰。”

《曹沫》：“⿱艹散（曹）⿱艹⿰蔑攵（沫）曰。”

⿰目蔑與蔑

《妄稽》：“⿰目蔑（蔑）殄（眕）領亦（腋），食既相澤。”

⿰禾蔑與蔑

《皇門》：“於（鳴）虐（呼）！朕寡邑少（小）邦，⿰禾蔑（蔑）又（有）耆耇梳（慮）事嗚（屏）朕立（位）。”

⿰禾蔑與末

《皇門》：“王用能盍（奄）又（有）四笅（鄰），遠土不（丕）承，孫₌（子孫）用⿰禾蔑（末）被先王之耿光。”

⿰禾蔑與沫

《曹沫》：“散（曹）⿰禾蔑（沫）内（入）見曰。”

《曹沫》：“散（曹）⿰禾蔑（沫）曰。”

《曹沫》：“⿰禾蔑（沫），虐（吾）言氏（是）不（否），而毋或（惑）者（諸）少（小）道與（歟）？”

《曹沫》：“⿱艹散（曹）⿰禾蔑（沫）盒（答）曰。”

⿰禾蔑與邁

《耆夜》：“日月其⿰禾蔑（邁），從朝𨓔（及）夕。”

⿸疒蔑與蔑

《繫年九》：“猷求強君，乃命左行⿸疒蔑（蔑）牙（與）隓（隨）會卲（召）壤（襄）公之弟𤺺（雝）也于秦。”

《繫年十》：“左行⿸疒蔑（蔑）、隓（隨）會不敢歸，述（遂）奔秦。”

⿰蔑阝與蔑

《繫年二三》：“楚自（師）回（圍）之於⿰蔑阝（蔑）。”

薎與蔑

《皇易·剥》：“薎（蔑）貞，兇（凶）。”

《皇易·剥》：“薎（蔑）貞。”

薎與旆

《曹氏》：“☐鼓薎（旆）興，雷電動，霆音訖作嗷☐。”按，“薎（旆）”字從方勇《讀秦漢簡札記二則》（簡帛網，2011年10月28日）讀。

烕字聲系

烕與滅

《三德》：“母（毋）烕（滅）宗，母（毋）虛牀。”

《三德》：“善勿烕（滅），不恙（祥）勿爲。”

《天子甲》：“臨兆不言亂（亂）、不言㱿（寢）、不言烕（滅）、不言犮（拔）、不言耑（短），古（故）龜又（有）五异（忌）。”

《天子乙》：“臨兆不言亂（亂）、不言㱿（寢）、不言烕（滅）、不言犮（拔）、不言耑（短），古（故）龜又（有）五异（忌）。”

《武王乙》：“敬勳（勝）怠（怠）則吉，怠（怠）勳（勝）敬則烕（滅）。”

《日甲·門》：“凡此日不可入官及入室，入室必烕（滅），入官必有罪。”

《蓋廬》：“蓋廬曰：天之生民，無有恆親，相利則吉，相害則烕（滅）。”按，整理者釋“威”爲“滅”。不確。
《九主》：“破邦之主二，威（滅）社之主二。”
《九主》：“𧆞謅可智，以命破威（滅）。”
《九主》：“威（滅）社之主□□□□□□能用威法其臣，其臣爲一。”
《九主》：“兩主異過同罪，威（滅）社之主也。”
《六分》：“在強國破，在中國亡，在小國威（滅）。”
《六分》：“國无小大，又（有）者威（滅）亡。”
《六分》：“在強國破，在中國亡，在小國威（滅）。”
《四度》：“聲洫（溢）於實，是胃（謂）威（滅）名。”
《論》：“三曰強主威（滅）而无名。”
《亡論》：“一國而服（備）六危者威（滅）。”
《名理》：“重柔者吉，重剛者威（滅）。”
《春秋二》：“昔者文王軍宗（崇），能取而弗威（滅），以申其德也。”
《牝痔》：“煙威（滅），取肥□肉置火中，時自啟竅，□□燒□節火威（滅）□以□。”
《皇易·噬嗑》：“初九，屢（屨）校威（滅）□。”
《皇易·噬嗑》：“六二，筮（噬）膚威（滅）□。”
《皇易·噬嗑》：“何校威（滅）耳。”
《黃帝伐赤帝》：“戰於反（阪）山之原（泉），右陰，順術，倍（背）衝，大威（滅）有之。”
《黃帝伐赤帝》：“至於襄平，戰于平□，右陰，順術，倍（背）衝，大威（滅）有之。”
《黃帝伐赤帝》：“戰于薄田，右陰，順術，倍（背）衝，大威（滅）有之。”
《晏子一五》：“自大賢之威（滅），周室之卑也。”
《患之》：“四患曰：有國，天地之蓯（凶）行其國，身死國亡，所謂威（滅）亡也。”
《患之》：“六患曰：有國，天地之蓯（凶）行其國，不出三年身死，所謂威（滅）溺也。”
《占書》：“取人之國而瀍（廢）其鬼社禝（稷），立其後，是胃（謂）威（滅）族棄祀，其子孫不有其國。”
《周馴》：“今越威（滅）干（邗），則剴（豈）獨不可以自爲諫？”
《趙正書》：“破屠其民，盡威（滅）其國而虜其王。”
《趙正書》：“威（滅）其先人及自夷宗族，壞其社禝（稷），燔其律令及中（終）人之功力。”
《節》：“迎德戰，三軍威（滅）亡，其將亡。”

帶字聲系

懘與滯

《天下至道》：“七已而懘（滯），八已而肌（脂）。”

懘與逝

《邶風》：“毋懘（逝）我□。”
《邶風》：“二子乘州（舟），苞₌（汎汎）其懘（逝）。”
《北大老子》：“大曰懘（逝），懘（逝）曰遠，遠曰反（返）。”

懘與晢

《陳風》：“明星懘₌（晢晢）。”

褯與曳

《唐風》：“弗褯（曳）弗溜（婁）。”

叕字聲系

叕與餟

《日乙·行行祠》：“席叕（餟）其後，亦

席三叕（餟）。”

《瘨》：“積（瘨）及癭，取死者叕（餟）烝（蒸）之。”按，“叕（餟）”字從馬繼興《馬王堆古醫書考釋》（湖南科學技術出版社，1992年，484頁）讀。

叕與贅

《北大老子》：“其在道也，斜（餘）食叕（贅）行，物或惡之，故有欲者弗居。”

掇與剟

《十陣》：“數陳（敶）者，爲不可掇（剟）。”

《十陣》：“然則數不可掇（剟）也。”

掇與輟

《爲吏》：“邦之急，在體（體）級，掇（輟）民之欲政乃立。”

《占夢書》：“夢亡其鉤帶、備掇（綴）好器，必去其所愛。”

《阜易・卜辭》：“掇（輟），不掇（輟）兇（凶）。”

掇與掘

《繫辭》：“斷木爲杵，掇（掘）地爲臼，臼杵之利。”按，今本掇作掘。

歠與啜

《引書》：“乃歠（啜）咽，有（又）復之，三而已。”

歠與歠

《𤸇病》：“亨（烹）葵，熱歠（歠）其汁。”

《瘨》：“漬女子布，以汁亨（烹）肉，食之，歠（歠）其汁。”

《溝癃》：“取石置中，□□孰（熟），即歠（歠）之而已。”

《養生方》：“☐稻醴孰（熟），即誨（每）朝厭（饜）歠（歠）□□□□□□更☐。”

《養生方》：“已後再歠（歠）一，已後三□，不過三歠（歠），珵（挺）後用□□。”

《養生方》：“其歠（歠）毋相次□□□□□□□□歠（歠）。”

《養生方》：“若已施，以寒水淺（濺），毋□□必有（又）歠（歠）。”

腏與餟

《日甲・馬禖》：“穿壁直中，中三腏（餟），四廄行。”

《周病方》：“到囷下，爲一席，東鄉（向），三腏（餟），以酒沃。”

《周病方》：“即取腏（餟）以歸，到囷下，先侍（持）豚。”

《周病方》：“即斬豚耳，與腏（餟）以丼涂囷廥下。”

《丹》：“巳，收腏（餟）而釐之，如此鬼終身不食殹。”

《丹》：“祠者必謹騷（掃）除，毋以淘□祠所。毋以羹沃腏（餟）上，鬼弗食殹。”

竅與剟

《瘨》：“而以采爲四寸杙二七，即以采木椎竅（剟）之。”

《瘨》：“已竅（剟），輒椄（插）杙垣下，以盡二七杙而已。”

竅與窖

《北蒼・幽》：“籥（鞠）竅（窖）訏（汙）窬，膣簕陘沙。”

㵸與歠

《胎產書》：“取烏□□□□男子獨食肉㵸（歠）汁，女子席𦚩（莞）☐。”

《胎產書》：“欲產女，取烏雌雞煮，令女子獨食肉㵸（歠）汁，席☐。”

㰦與歠

《蚖》：“燔令泥，盡火而㰦（歠）之，痏已。”

《蚖》：“煮鹿肉若野彘肉，食之，㰦（歠）汁。”

《雜療方》：“夕毋食，旦而食之，以厭爲故，毋㰦（歠）汁。”

繆與綴

《雜療方》："服見（繭），若以繆（綴）衣。"

繲與髺

《金縢》："☐☐弁，夫=（大夫）繲（髺），以啟金絵（縢）之匱。"按，"繲"似當讀作"髺"。《説文》："話，合會善言也。从言昏聲。《傳》曰：'告之話言。'譮，籀文話从會。"《説文》："噲，咽也。从口會聲。讀若快。"《説文》："歠，歓也。从㱃省叕聲。吷，歠或从口从夬。"段玉裁《注》："夬聲也。《莊子》：'吹劍首者，吷之而已矣。'用此字。"《説文》："髺，潔髮也。从髟昏聲。"段玉裁《注》："'絜'各本譌作'潔'。今依《玉篇》、《韵會》正。'絜，麻一耑也'，引伸爲圍束之偁。'絜髮'指束髮也。按，《士喪禮》'主人髺髮'，戴《記》作'括髮'，謂小斂訖，去纚为露髺也。婦人之'髽'亦是'去纚而髺'，與男子之'髺髮'相等，則'髺'爲凶禮矣。然許於'髽'曰'喪髺'，於'髺'不云'喪髺'者，'髺髮'猶云'束髮'，《内則》、《喪服》之'緫'、《深衣》之'束髮'、《士喪禮》之'鬠'同爲一事。'鬠'卽'髺'字之異者。"

屮字聲系

蚩與徹

《秦律·金布律》："縣、都官以七月糞公器不可繕者，有久識者靡蚩（徹）之。"

《秦律·工律》："敝而糞者，靡蚩（徹）其久。"

蚩與撤

《乾瘙》："蚩（撤）其汁，夕毋食，飲。"

曳字聲系

曳與愧

《帛乙老子·道經》："是胃（謂）曳（愧）明。"

臾與猶

《容成》："何臾（猶）之人也，有惡有好，有夭有壽？"按，"臾（猶）"字從陳劍《〈清華簡（伍）〉與舊説互證兩則》（復旦大學出土文獻與古文字研究中心網，2015 年 4 月 14 日）釋讀。

遚與閱

《城濮》："子燮（文）遚（閱）帀（師）於敔，一日而蠶（畢），不謋（抶）一人。"按，"遚（閱）"字從張新俊《〈成王爲城濮之行〉札記二則》（簡帛網，2013 年 1 月 7 日）釋讀。下同。

《城濮》："以子玉之未患（貫），君王命余遚（閱）師於敔，一日而蠶（畢），不謋（抶）一人。"

奪字聲系

奪與兑

《帛易·兑》："奪（兑），亨，小利貞。"

《帛易·兑》："初九，休奪（兑），吉。"

《帛易·兑》："九〈六〉三，來奪（兑），兇（凶）。"

奪與説

《帛易·遯》："六二，共之用黄牛之勒（革），莫之勝奪（説）。"

兑字聲系

兑與悦

《五行》："不悬（仁）不智，未見君子，悳（憂）心不能惙=（惙惙）；既見君子，心不能兑（悦）。"

《五行》："悬（仁）之思也清=（清，清）則諓=（察，察）則安=（安，安）則悃=（溫，溫）則兑=（悦，悦）則豪=（戚，戚）則新=（親，親）則悉=（愛，愛）則玉=色=（玉色，玉色）則型₌（形，形）則悬（仁）。”

《五行》：“不弁（變）不₌兑₌（不悦，不悦）不₌㥶₌（不戚，不戚）不₌新₌（不親，不親）不₌炁₌（不愛，不愛）不悬（仁）。”

《五行》：“𢈢₌（顔色）伀（容）佼（貌）悃（溫）弁（變）也，以其中（中）心與人交兑（悦）也。中（中）心兑（悦）𤇢（然），遷（遷）於𧾷弟₌（兄弟），㥶（戚）也。”

《五行》：“𦖞（聞）道而兑（悦）者，好悬（仁）者也。”

《緇衣》：“古（故）倀（長）民者，章志以卲（昭）百眚（姓），則民至（致）行异（己）以敓（悦）上。”按，上博簡本《緇衣》敓（悦）作兑。

《忠信》：“古（故）行而鯖兑（悦）民，君子弗采（由）也。”按，“兑（悦）”字從裘按（《郭店楚墓竹簡·忠信之道》篇注［一五］）讀。

《尊德義》：“非豊（禮）而民兑（悦）㦽（戴），此少（小）人矣。”

《性自》：“𧻚（待）勿（物）而句（後）㑅（作），𧻚（待）兑（悦）而句（後）行，𧻚（待）習而句（後）奠。”

《性自》：“逆眚（性）者，兑（悦）也。”

《性自》：“凡見者之胃（謂）勿（物），快於吕（己）者之胃（謂）兑（悦）。”

《性自》：“𠰱₌（君子）媺（美）其青（情），貴其宜，善其即（節），好其頌（容），樂其衍（道），兑（悦）其𦭝（教），是以敬安（焉）。”

《性自》：“凡人青（情）爲可兑（悦）也。”

《性自》：“同兑（悦）而交，以悳（德）者也；不同兑（悦）而交，以猷者也。”

《性自》：“凡兑（悦）人勿𢘊（吝）也，身必從之，言及則明𢀜（舉）之而毋𢘓（僞）。”

《性自》：“甬（用）身之弁者，兑（悦）爲甚。”

《戰國一一》：“燕王甚兑（悦），其於齊循善。”

《戰國一二》：“臣以告奉陽君，奉陽君甚兑（悦）。”

兑與脱

《老子》乙：“善建者不杲（拔），善休〈保（抱）〉者不兑，子孫以其祭祀不乚（輟）。”按，今本兑作脱。

兑與税

《租税》：“禾兑（税）田卌步，五步一斗，租八斗，今誤券九斗，問幾可（何）步一斗？”

《租税》：“述（術）曰：兑（税）田爲貣（實），九斗爲法，除，貣（實）如法一步。”

《租税》：“今枲兑（税）田十六步，大枲高五尺，五步一束，租五斤。”

《租税》：“欲復之，復置一束兩數以乘兑（税）田。”

《租税》：“枲兑（税）田十六步，大枲高五尺，三步一束，租八斤五兩八朱（銖）。”

《衰分》：“有金以出三關₌（關，關）五兑（税）除金一兩，問始盈金幾可（何）？”

《其他》：“有（又）置五斗五倍之爲貣₌（實，實）如法一。”

兑與蜕

《殘片一》：“▨出舌，取蛇兑（蜕）□鄉（嚮）者，與□▨。”

兑與説

《忠信》：“大忠不兑（説），大信不期。”按，“兑（説）”字從裘按（《郭店楚墓竹簡·忠信之道》篇注［七］）讀。

《忠信》：“不兑（説）而足敤（養）者，墜（地）也。”按，“兑（説）”字從裘按（《郭店楚墓竹簡·忠信之道》篇注［七］）讀。

《尊德義》："⿱爻子（教）以攴（辯）兑（説），則民執（褻）陸（陵）張（長）貴以忘（妄）。"

《皇門》："緣（肆）朕沽（沖）人非敢不用明刑，隹（惟）莫覓（開）余嘉惪（德）之兑（説）。"

《日甲·除》："害日，利以除凶厲（厲），兑（説）不羊（祥）。"

《日甲·除》："利以兑（説）明（盟）組（詛）、百不羊（祥）。"

《阜易·睽》："□兑（説）之壺（弧）。"

《晏子一〇》："明言行□飭（飾）其身，僞言无欲也兑（説）□其交。"

兑與鋭

《日甲·盜者》："盜者兑（鋭）口，希（稀）須（鬚），善弄。"

《天乙·黄鐘》："兑（鋭）顔，兑（鋭）頤、赤黑，免（俛）僂。"

《天乙·黄鐘》："兑（鋭）頤，中□，中廣。"

《天乙·黄鐘》："啟顔，兑（鋭）頤，反應（膺），細胻，色蒼皙，善病要（腰）、脾。"

《天乙·黄鐘》："兑（鋭）喙，圜顔，翕肩，不善衣。"

《天乙·黄鐘》："兑（鋭）顔，兑（鋭）□，廣□□。"

《天乙·黄鐘》："兑（鋭）顔，兑（鋭）頤，啗啗毆，善□□，赤色。"

《天乙·黄鐘》："啟顔，兑（鋭）喙，長要（腰），色黄，善病腹、腸、要（腰）、脾。"

《隨日·盜日》："盜者兑（鋭）口，希（稀）須（鬚），善□，□有黑子焉。"

《帛乙老子·德經》："和其光，同其塵，銼（挫）其兑（鋭）而解其紛。"

《帛乙老子·道經》："銼（挫）其兑（鋭），解其芬（紛），和其光，同其塵。"

《帛乙老子·道經》："㧑（揣）而兑（鋭）之，不可長葆也。"按，"兑（鋭）"字從高明《帛書老子校注》（中華書局，1996年，259頁）釋讀。

《軍爭》："善用兵者，辟（避）其兑（鋭）氣。"

《威王問》："錐行者，所以衝堅毀兑（鋭）也。"

《晏子四》："伊尹黑以短，□□以逢₌（蓬，豐）上而兑（鋭）下，僂身而下聲。"

《地典》："天有寒暑，地有兑（鋭）方。"

《十問》："交和而舍，適（敵）人氣（既）眾以強，坙（勁）走（捷）以剛，兑（鋭）陳（陣）以胥，毄（擊）之奈何？"

《十問》："此毄（擊）兑（鋭）之道也。"

《北大老子》："塞其脱（兑），閉其門，和其光，同其㐱（塵），挫其兑（鋭），解其紛，是謂玄同。"

《佈陣》："以横兑（鋭）武之法，左部前曲步前而□▨。"

《佈陣》："▨從爲兑（鋭）□▨。"

兑與兗

《妄稽》："廉不籛籛，教不勉兑（兗）。"

涚與脱

《天下至道》："五十而起居衰，六十而耳目不蔥（聰）明，七十下枯上涚（脱）。"

垙與兑

《帛乙老子·德經》："塞其垙（兑），閉其門，冬（終）身不堇（勤）。"按，通行本垙作兑。下同。

《帛乙老子·德經》："啟其垙（兑），齊（濟）其事，終身不棘（救）。"

《帛乙老子·德經》："塞其垙（兑），閉其門，和其光，同其塵。"

挩與兑

《戰國一二》："王有（又）使周濕、長駟重令（命）挩（兑），挩（兑）也敬受令（命）。"

挩與説

《服傳甲》："寢（寢）不挩（説）經帶。"

《泰射》："舍（釋）弓，挩（説）決、拾，襲，反位。"

《泰射》："適次，擇（釋）弓，挩（説）決、拾，襲，反位。"

《泰射》："既埶（設）楅，司馬正適次，舍（釋）弓，挩（説）決、拾，襲，反位。"

《泰射》："退，澤（釋）弓矢于次，挩（説）決、拾，襲，反位。"

《泰射》："卒射，降如三偶（耦），適次，澤（釋）弓挩（説）決、拾，襲，反位。"

《泰射》："司射適階西，去符（撲），適堂西，澤（釋）弓，挩（説）決、拾，襲。"

《泰射》："大夫與其偶（耦）皆適次，擇（釋）弓，挩（説）決、拾，襲，反位。"

《泰射》："述（遂）入于次，擇（釋）弓矢，挩（説）決、拾，襲，反位。"

《泰射》："司射適次，澤（釋）弓，挩（説）決、拾，去符（撲），襲，反位。"

《泰射》："司政（正）升賓，賓、諸公、卿、大夫皆挩（説）屨（屨），升就席。"

挩與奪

《戰國一六》："兩弟無罪而再挩（奪）之國。"

《見威王》："曰我將欲責（積）仁義，式禮樂，垂（垂）衣常（裳），以禁爭挩（奪）。"

《選卒》："湯以篹（選）卒七千人遂〈逐〉桀，挩（奪）之天下。"

《選卒》："武王以篹（選）卒虎賁萬三千人□牧之野，殺紂，挩（奪）之天□。"

莌與兑

《戰國一》："令秦與莌（兑）□□□□□□宋不可信。"

逆與兑

《老子》甲："閟〈閟（閉）〉其逆，賽（塞）其門。"按，今本逆作兑。下同。

《老子》乙："閟（閉）其門，賽（塞）其逆，終身不丕（勤）；啟其逆，賽（思）其事，終身不逑（救）。"

逆與垙

《老子》甲："閟〈閟（閉）〉其逆，賽（塞）其門。"按，帛書乙本逆作垙。下同。

《老子》乙："閟（閉）其門，賽（塞）其逆，終身不丕（勤）；啟其逆，賽（思）其事，終身不逑（救）。"

逆與税

《帛甲老子·德經》："人之飢也，以其取食逆（税）之多也，是以飢。"

敚與兑

《緇衣》："古（故）倀（長）民者，章志以卲（昭）百眚（姓），則民至（致）行异（己）以敚（悦）上。"按，上博簡本《緇衣》敚（悦）作兑。

敚與悦

《老子》甲："又（有）脜（狀）蟲〈蚰（混）〉成，先天陊（地）生，敚（悦）繆（穆），蜀（獨）立不亥（改），可以爲天下母。"按，"敚（悦）"字從魏啟鵬《楚簡〈老子〉柬釋》（《道家文化研究》第十七輯，三聯書店，1999年）讀。

《魯穆公》："公不敚（悦），咠（揖）而退之。"

《語叢二》："智生於眚（性），卯生於智，敚（悦）生於卯，好生於敚（悦），從生於好。"

《語叢二》："凡敚（悦），乍（作）於悬（譽）者也。"

《語叢三》："所以異於父者，君臣不相才（譏）也，則可已；不敚（悦），可去也；不我（義）而加者（諸）已，弗受也。"

《子羔》："堯之取舜也，從者（諸）卉茅

之中，與之言豊（禮），敓（悦）☒。"
《緇衣》："古（故）倀（長）民者，章志以卲（昭）百眚（姓），則民至（致）行异（己）以敓（悦）上。"
《詩論》："甚貴其人，必敬其立（位）；敓（悦）其人，必好其所爲。亞（惡）其人者亦肰（然）。"
《詩論》："於（呜）虐（乎）！前王不忘。虗（吾）敓（悦）之。"
《詩論》："以琴𡭊（瑟）之敓（悦），㤅（擬）好色之忨（愿）。"
《容成氏》："與之言正（政），敓（悦）柬（簡）以行；與之言樂，敓（悦）和以長；與之言豊（禮），敓（悦）敀（薄）以不逆。堯乃敓（悦）。"
《容成氏》："夫是以逐（邇）者敓（悦）絧（怡），而遠者自至。"
《曹沫》："君乃自怸（過）以敓（悦）於墧（萬）民。"
《琴舞》："宿（夙）夜不解（懈），懋（懋）尃（敷）其又（有）敓（悦）。"
《琴舞》："流（攸）自求敓（悦），者（諸）尔多子，逐（篤）思湝（忱）之。"

敓與脱

《繫年七》："晉文公囟（思）齊及宋之悳（德），乃及秦自（師）回（圍）曹及五麐（鹿），伐衛以敓（脱）齊之戍及宋之回（圍）。"
《繫年十六》："一年，競（景）公欲與楚人爲好，乃敓（脱）芸（鄖）公，囟（使）歸求成。"按，"敓（脱）"字從復旦大學出土文獻與古文字研究中心讀書會《〈清華（貳）〉討論記録》（復旦大學出土文獻與古文字研究中心網，2011年12月23日）引郭理遠説讀。

敓與説

《語叢四》："凡敓（説）之道，級（急）者爲首。"按，"敓（説）"字從裘按（《郭店楚墓竹簡·語叢四》篇注［五］）讀。
《魯邦》："忎（庶）民智（知）敓（説）之事視（鬼）也，不智（知）型（刑）與悳（德）。"
《容成氏》："成悳（德）者，虗（吾）敓（説）而弋（代）之；其即（次），虗（吾）伐而弋（代）之。"
《周易·大畜》："九二：車（輿）敓（説）复（輹）。"
《周易·遯》："六二：玌（執）用黄牛之革，莫之勬（勝）敓（説）。"按，"敓（説）"字稍有残泐，整理者不識。此字原本作"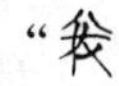"，就是"敓"字。
《競公瘧》："其祝、史之爲其君祝敓（説）也，正☒。"
《競公瘧》："☒君祝敓（説）毋〈女（如）〉尃（薄）青（情）忍辠〈睪（親）〉虐（乎）？"
《鮑叔牙》："公曰：'肰（然）則可敓（説）與（歟）？'"按，"敓（説）"字從陳劍《談談〈上博（五）〉的竹簡分篇、拼合與編聯問題》（簡帛網，2006年2月19日）讀。下一例同。
《鮑叔牙》："汲（隰）傰（朋）會（答）曰：'公身爲亡道，不遂（遷）於善而敓（説）之，可虐（乎）才（哉）？'"
《金縢》："周公乃内（納）其所爲社（貢）自以弋（代）王之敓（説）于金紎（縢）之匱。"
《金縢》："王得周公之所自以爲社（貢）以弋（代）武王之敓（説）。"
《説命上》："隹（惟）鬐（殷）王賜敓（説）于天，甬（傭）爲遳（失）中（仲）使人。"
《説命上》："王命氒（厥）百攻（工）向（像），以貨旬（詢）求敓（説）于邑人，隹（惟）弜（罪）人得敓（説）于尃（傅）

厰（巖）。”

《説命上》：“敚（説）方笙（築）城，縢（騰）降凾（踊）力（陟）。”

《説命上》：“𠂔（厥）敚（説）之㸑（狀），躳（鳶）肩女（如）惟（椎）。”

《説命上》：“王迺𥝗（稽）敚（説）曰：‘帝㲋（抑）尔以畀舍（余），㲋（抑）非？’”

《説命上》：“敚（説）迺曰：‘隹（惟）帝以余畀尔₌（尔，尔）左執朕袂，尔右䭫₌（稽首）。’”

《説命上》：“王曰：‘旦（亶）肰（然）。天迺命敚（説）伐逵₌宔₌（失仲。’失仲）是（適）生子，生二戊（牡）豕。”

《説命上》：“敚（説）于𡪞（圍）伐逵（失）宔（仲）。”

《説命上》：“其隹（惟）敚（説）邑，才（在）北晦（海）之州，是隹（惟）員（圜）土。”

《説命上》：“敚（説）逨（來），自從事于𣪘（殷），王甬（用）命敚（説）爲公。”

《説命上》：“尃（傅）敚（説）之命。”

《説命中》：“敚（説）逨（來）自尃（傅）厰（巖），才（在）𣪘（殷）。”

《説命中》：“敚（説）曰：‘允若寺（時）。’”

《説命中》：“𠈓（咨）！各（格）女（汝）敚（説），聖（聽）戒朕言，漸（漸）之于乃心。”

《説命中》：“女（汝）隹（惟）㸚（兹），敚（説），砥（底）之于乃心。”

《説命中》：“尃（傅）敚（説）之命。”

《説命下》：“少（小）臣罔𡕒（俊）才（在）朕備（服），余隹（惟）命女（汝）敚（説）𩰫（融）朕命。”

《説命下》：“王曰：‘敚（説），罘（懷）亦𣌭（祇）乃備（服），勿易卑（俾）邚（越）。’”

《説命下》：“敚（説），女（汝）母（毋）瘽（誑），曰：‘余克享于朕辟。’”

《説命下》：“敚（説），晝女（汝）視日，夜女（汝）視晨（辰），寺（時）罔非乃載。”

《説命下》：“敚（説），余既𧧢（諟）故（劼）謐（毖）女（汝），思（使）若玉冰，上下罔不我義（儀）。”

《説命下》：“敚（説），昔才（在）大戊，克漸（漸）五祀，天章（彰）之甬（用）九悳（德），弗易百青（姓）。”

《説命下》：“敚（説），母（毋）蜀（獨）乃心，尃（敷）之于朕政。”

《説命下》：“尃（傅）敚（説）之命。”

敚與遯

《別卦》：“敚（遯）。”

縈與脱

《繫年八》：“秦穆公欲與楚人爲好，安（焉）縈（脱）繡（申）公義（儀），囟（使）歸求成。”

棁與挩

《燕禮》：“興，加于柤（俎），坐棁（挩）手，執爵。”

脱與兑

《北大老子》：“塞其脱（兑），閉其門，終身不僅（勤），啟其脱（兑），齊（濟）其事，終身不來（勑）。”

《北大老子》：“塞其脱（兑），閉其門，和其光，同其眕（塵），挫其兑（鋭），解其紛，是謂玄同。”

脱與鋭

《北大老子》：“桽（挫）其脱（鋭），解其紛，和其光，同其袗（塵）。”

脱與術

《北大老子》：“人之飢也，以其取食脱（術）之多也，是以飢。”

税與脱

《周病方》：“以叔（菽）七，税（脱）去黑者。”

祱與蛇

《北蒼·之》："祱（蛇）虺隝闉，鈐鏞閏（潤）悝（理）。"按，"祱"字從 jileijilei《北大漢簡〈蒼頡篇〉釋文商榷》（復旦大學出土文獻與古文字研究中心網"學術討論"，2015 年 11 月 14 日）釋。似當讀作"蛇"。

敓與奪

《定心》："天能忘（亡）其刑（形），不能敓（奪）其志。"

説與悦

《成之》："《君奭》曰：'䙴（襄）我二人，毋又（有）合才（哉）音（言）。'害（蓋）道（導）不説（悦）之訇（辭）也。"

《日甲·吏》："晏見，説（悦）。"

《日甲·吏》："晏見，説（悦）。"

《日甲·吏》："巳，朝見，不説（悦）。"

《日甲·吏》："晝見，不説（悦）。"

《日甲·吏》："夕見，説（悦）。"

《周日書》："説（悦）。"

《周日書》："説（悦）。"

《周日書》："不説（悦）。"

《周日書》："説（悦）。"

《周日書》："不説（悦）。"

《周日書》："説（悦）。"

《天甲·吏》："卯，旦有言，聽；安（晏）説（悦）；晝聽；夕不聽。"

《天甲·吏》："申，旦遇惡言；安（晏）許；晝不説（悦）；夕許。"

《天甲·吏》："酉，旦得美言；安（晏）遇惡言；晝不説（悦）；夕許。"

《天乙·吏》："寅：旦有言，怒；安（晏）説（悦）；晝不得言；夕聽。"

《天乙·吏》："卯：旦有言，聽；安（晏）説（悦）；晝聽；夕不聽。"

《天乙·吏》："申：旦遇惡言；安（晏）許；晝不説（悦）；夕許。"

《天乙·吏》："酉：旦得美言；安（晏）遇惡言；晝不説（悦）；夕許。"

《天乙·貞在》："牝牡相求，徐得其音，後相得殹，説（悦）于黔首心。"

《天乙·貞在》："天子大説（悦），布賜天下。"

《奏讞書》："武發造孪（雩），信來不説（悦）。"

《帛五行·經》："无中心之知（智）則无中心之説（悦），无中心之説（悦）則不安。"

《帛五行·經》："无中心之聖則无中心之説（悦），无中心之説（悦）則不安。"

《帛五行·經》："未見君子，憂心不能□□□□□□□能説（悦）。"

《帛五行·經》："亦既見之，亦既鉤（覯）之，我心則説（悦）。"

《帛五行·經》："不襘（變）不説（悦），不説（悦）不戚。"

《帛五行·經》："以其中心與人交説（悦）也。"

《帛五行·經》："中心説（悦）焉，遷于兄弟，戚也。"

《帛五行·經》："聞君子道而説（悦），好仁者也。"

《帛五行·説》："不變不説（悦）。"

《帛五行·説》："變而笱（後）能説（悦）。"

《帛五行·説》："不説（悦）不慼，説（悦）而笱（後）能慼所慼。"

《帛五行·説》："□變者而笱（後）能説（悦）仁。"

《帛五行·説》："能行變者□□心説（悦），心□然笱（後）顔（顔）色容貌溫以説（悦），變也。"

《帛五行·説》："以其中心與人交，説

（悦）也。”
《帛五行·説》：“殼殼□□□□□□□是□説（悦）已。”
《帛五行·説》：“人無説（悦）心也者，弗遷於兄弟也。”
《帛五行·説》：“兄弟不相耐（能）者，非无所用説（悦）心也，弗遷於兄弟也。”
《帛五行·説》：“耳目也者，説（悦）聲色者也。”
《帛五行·説》：“鼻口者，説（悦）犨（臭）味者也。”
《帛五行·説》：“手足者，説（悦）𠢕（佚）餘（豫）者也。”
《帛五行·説》：“心也者，説（悦）仁義者也。”
《帛五行·説》：“之數膿（體）者皆有説（悦）也，而六者爲心役。”
《帛五行·説》：“聞君子道而説（悦）者，好仁者也。”
《帛五行·説》：“言好仁者之聞君子道而以之其仁也，故能説（悦）。”
《帛五行·説》：“説（悦）也者刑（形）也。”
《春秋一六》：“齊侯果殺彭生以説（悦）魯。”
《戰國二四》：“韓王説（悦），止公中（仲）之行。”
《合陰陽》：“爲得操揗之，使膿（體）皆樂養（癢），説（悦）澤（懌）以好。”
《繆和》：“注冰江中上流，與士飲其下流，江水未加清而士大説（悦）。”
《晏子二》：“翟王子羊臣於景公以重駕，公弗説（悦），嬰子欲觀之。”
《晏子二》：“居囜（囿）中臺上以觀之，嬰子説（悦）之，因爲請，公許之。”
《晏子二》：“翟王子羊之駕也，寡人甚説（悦）之。”
《晏子二》：“□□羊之駕也，公弗説（悦），嬰子説（悦）之，公因説（悦）〼。”
《晏子一五》：“景公説（悦）之，將封之以壐稽。”
《北大老子》：“自今及古，其名不去，以説（悦）衆父。”
《妄稽》：“親戚皆説（悦），語及子私。”

説與脱

《帛乙老子·道經》：“魚不可説（脱）於淵，國利器不可以示人。”
《戰國二〇》：“夫實得所利，尊得所願，燕、趙之棄齊，説（脱）沙（躧）也。”
《北大老子》：“魚不可説（脱）於淵，國之利器不可以視（示）人。”

説與蜕

《反淫》：“蟬説（蜕）濁薉（穢），游於至清。”

䬽與税

《帛乙老子·德經》：“人之飢也，以其取食䬽（税）之多，是以飢。”

閲與鋭

《帛甲老子·德經》：“和其光，同其塾（塵），坐（挫）其閲（鋭），解其紛。”
《十陣》：“然則疏可以取閲（鋭）矣。”
《十陣》：“往者弗送，來者弗止，或毄（擊）其迂（窳），或辱（衄）其閲（鋭）。”
《十陣》：“錐行之陳（陣），卑（譬）之若劍，末不閲（鋭）則不入，刃不溥（薄）則不剸，本不厚則不可以列陳（陣）。”
《十陣》：“是故末必閲（鋭），刃必溥（薄），本必鳿（鴻）。”

閲與穴

《爲吏》：“樓椑（陴）矢閲（穴）。”

鞔與鋭

《天甲·支占盜》：“爲人鞔（鋭）面、小

目、眅然，扁然，名曰輒、曰耳、曰芯、曰聲。”

《天乙·支占盜》：“爲人靴（鋭）面、小目、眅然，扁然，名曰輒、曰耳、曰芯、曰聲。”

鴗與説

《良臣》：“武丁又（有）敚（傅）鴗（説），又（有）保奐（衡）。”

大字聲系

大與太

《太一》：“大（太）一生水₌（水，水）反楠（輔）大（太）一，是以成天₌（天。天）反楠（輔）大（太）一，是以成陛（地）。”

《太一》：“天陛（地）者，大（太）一斎₌（之所）生也。”

《太一》：“是古（故）大（太）一贇（藏）於水，行於時。”

《唐虞》：“大（太）教（學）之中，天子罕（親）齒，效（教）民弟也。”按，“大（太）”字從裘按（《郭店楚墓竹簡·唐虞之道》篇注［八］）讀。

《昔者》：“昔者君老，大（太）子朝君₌（君，君）之母俤（弟）是相。”

《昔者》：“大（太）子昃（側）聖（聽），庶醅₌進。”

《昔者》：“大（太）子前之母₌俤₌（母弟，母弟）弅（送），退，前之大（太）子，再三，肰（然）句（後）並聖（聽）之。”

《昔者》：“大（太）子、母俤（弟）至（致）命於閽₌（閤門），以告迏₌人₌（寺人，寺人）内（入）告於君₌（君。君）曰：‘卲（召）之。’”

《昔者》：“大（太）子内（入）見，女（如）祭祀之事☐。”

《柬大王》：“陞（陵）尹、贅尹皆絧其言以告大（太）剴（宰）。”

《柬大王》：“大（太）剴（宰）胃（謂）陞（陵）尹。”

《柬大王》：“大（太）剴（宰）言。”

《柬大王》：“命（令）尹子林聒（問）於大（太）剴（宰）子步：‘爲人臣者亦又（有）靜（諍）虐（乎）？’大（太）剴（宰）畣（答）曰：‘君王元君₌（君，君）善，夫₌（大夫）可（何）羕（用）靜（諍）。’命（令）尹胃（謂）大（太）剴（宰）：‘唯☐。’”

《柬大王》：“大（太）剴（宰）迈（應）而胃（謂）之。”

《柬大王》：“君王尚（當）以聒（問）大（太）剴（宰）晉侯，皮（彼）聖人之孫₌（子孫），牆（將）必智之。”

《柬大王》：“大（太）剴（宰）進畣（答）。”

《柬大王》：“王卬（仰）而〈天〉㠯而泣胃（謂）大（太）剴（宰）：‘一人不能詞（治）正（政），而百眚（姓）以幽（絕）。’”

《柬大王》：“侯大（太）剴（宰）遜迷，進☐。”

《柬大王》：“☐大（太）剴（宰）：‘我可（何）爲，戢（歲）安（焉）管（熟）？’”

《柬大王》：“大（太）剴（宰）畣（答）。”

《太歲》：“大（太）歲：青₌（十月）、屈柰、亯₌（享月）才（在）西，𪓐₌（奐月）、遠柰、夏柰才（在）北，獻馬、𣌭层、八月才（在）東，冬柰、夏层、九月才南。”

《武王乙》：“武王聒（問）於大（太）公腥（望）曰。”

《武王乙》：“大（太）公腥（望）畣（答）曰：‘又（有）。’”

《武王乙》：“大（太）公腥（望）畣（答）曰。”

《武王乙》：“武王齋七日，大（太）公腥（望）弄（奉）丹箸（書）以朝。”

《武王乙》："大（太）公南面，武王北面而復聒（問）。"
《武王乙》："大（太）公倉（答）曰。"
《程寤》："大（太）姒夢見商廷隹（惟）梀（棘）。"
《程寤》："習（召）大（太）子𤼷（發），卑（俾）霝（靈）名𢘓（總）攸（蔽）。"
《程寤》："巫衛（率）攸（蔽）大姒，宗丁攸（蔽）大（太）子𤼷（發）。"
《程寤》："王及大（太）子𤼷（發）並拜吉夢，受商命于皇帝₌（上帝）。"
《耆夜》："還，乃歙（飲）至于文大（太）室。"
《楚居》："王大（太）子以邦復於湫郢，王自郇吁𨓚（徙）鄀（蔡），王大（太）子自湫郢𨓚（徙）居疆郢。"
《楚居》："王大（太）子以邦居鄘（鄘）郢，以爲凥（處）於戠郢。"
《編年記》："卌四年，攻大（太）行。"
《秦律・廄苑律》："内史課縣，大（太）倉課都官及受服者。"
《秦律・倉律》："縣上食者籍及它費大（太）倉，與計偕。"
《雜抄》："大（太）官、右府、左府、右采鐵、左採鐵課殿，貲嗇夫一盾。"
《答問》："官其男爲爵後，及臣邦君長所置爲後大（太）子，皆爲'後子'。"
《爲吏》："欲富大（太）甚，貧不可得；欲貴大（太）甚，賤不可得。"
《天乙・律數一》："林鐘十一萬八千九十八，上大（太）族。"
《天乙・生律》："林鐘生大（太）族，大（太）族生南呂。"
《天乙・律數二》："大（太）族七十二，參阿。"
《天乙・黃鐘》："旦至日中投中大（太）族，虎毆。"
《天乙・黃鐘》："日中至日入投中大（太）族，豹毆。"
《天乙・黃鐘》："日入至晨投中大（太）族，豺毆。"
《天乙・自天》："大（太）族、蕤賓、毋（無）射之卦曰。"
《天乙・自天》："蕤賓、毋（無）射、大（太）族之卦曰。"
《天乙・自天》："毋（無）射、大（太）族、蕤賓之卦曰。"
《天乙・貞在》："大（太）族，憂毆，□事毆。"
《天乙・貞在》："貞在大（太）族，北方之啻（帝）。"
《天乙・貞在》："乃直（值）大（太）族。"
《天乙・貞在》："貞才（在）南₌呂₌（南呂，南呂）之數，出於大（太）族。"
《天乙・律吉凶》："大（太）族、蕤賓、夷則、南呂皆曰。"
《芮盜》："二月辛未，大（太）守令曰。"
《二年・秩律》："公車司馬、大（太）倉治粟、大（太）倉中廄。"
《二年・秩律》："大（太）卜、大（太）史、大（太）祝、宦者、中謁者、大（太）官、寺工。"
《二年・秩律》："大（太）宰、居室。"
《二年・史律》："學佴將詣大（太）史、大（太）卜、大（太）祝。"
《二年・史律》："大（太）祝試祝，善祝、明祠事者，以爲冗祝，冗之。"
《二年・史律》："□□，大（太）史官之。"
《二年・史律》："卜，大（太）卜官之。"
《二年・史律》："大（太）史、大（太）卜謹以吏員調官史、卜縣道官。"
《二年・史律》："史、卜受調書大（太）

史、大（太）卜而逋留。”
《二年·史律》：“疇尸、茜御、杜主樂皆五更，屬大（太）祝=（祝。祝）年盈卒（六十）者，十二更，踐更大（太）祝。”
《奏讞書》：“大（太）僕不害行廷尉事，謂胡嗇夫讞（讞）獄史闌，讞（讞）固有審。”
《蓋廬》：“黄帝之正天下也，大（太）上用意，其次用色，其次用德，其下用兵革。”
《蓋廬》：“建埶（設）四輔，及皮（彼）大（太）極。”
《蓋廬》：“大（太）白入月、營（熒）或（惑）入月可以戰。”
《蓋廬》：“大（太）白金也，秋金强，可以攻木。”
《九主》：“湯用伊尹，既放夏桀以君天【下】，伊尹爲三公，天下大（太）平。”
《六分》：“天下大（太）平，正以明德，參之於天地。”
《正亂》：“大（太）山之稽曰：可矣。”
《稱》：“善爲國者，大（太）上无刑，其次□□其下鬬果訟果，大（太）下不鬬不訟有（又）不果。”
《稱》：“□大（太）上爭於神，其次爭於明，其下救（救）患禍。”
《春秋九》：“大（太）叔儀□□□□□□不貳，以爲卿。”
《春秋一〇》：“子贛（貢）見大（太）寧〈宰〉喜（嚭），語及衛〈衛〉故。”
《春秋一〇》：“大（太）宰喜（嚭）曰：‘其來後，是以止之。’”
《戰國一二》：“功（攻）秦，寡人之上計，講，最寡人之大（太）下也。”
《戰國一二》：“大（太）上破之，其次賓（擯）之，其下完交而□講。”
《戰國一六》：“故大（太）后，母也，而以夏〈憂〉死。”
《戰國一七》：“非是猶不信齊也，畏齊大（太）甚也。”
《戰國一八》：“趙大（太）后規〈親〉用事，秦急攻之，求救於齊。”
《戰國一八》：“必以大（太）后少子長安君來質，兵乃出。”
《戰國一八》：“大（太）后不肯，大臣強之。”
《戰國一八》：“大（太）后明胃（謂）左右曰。”
《戰國一八》：“左師觸龍言願見，大（太）后盛氣而胥之。”
《戰國一八》：“輿（與）恐玉體（體）之有所郄（隙）也，故願望見大（太）后。”
《戰國一八》：“大（太）后之色少解。”
《戰國一八》：“大（太）后曰：‘敬若（諾）。年幾何矣？’”
《戰國一八》：“大（太）后曰：‘然。’”
《戰國一八》：“大（太）后曰：‘若（諾）。次（恣）君之所使之。’”
《戰國二〇》：“大（太）上服秦，其次必長忠（擯）之。”
《戰國二三》：“大（太）公望封齊，召公奭封於燕，欲遠王室也。”
《戰國二七》：“大（太）緩救邯鄲，邯鄲□□□鄲。”
《陰陽脈甲》：“大（太）陰脈（脈）：是胃脈（脈）殹（也）。”
《脈法》：“足之少陰，臂之大（太）陰、少陰。”
《陰陽脈乙》：“去内腂（踝）一寸，上腂（踝）五寸而出於大（太）陰之後。”
《大成》：“大（太）上埶（藝）遇，靡（壅）坡（彼）玉竇。”
《合陰陽》：“交股者，夾（刺）大（太）過也。”

《天下至道》："交股者，刺大（太）過也。"

《繫辭》："是故易有大（太）恆（極），是生兩檥（儀），兩檥（儀）生四馬〈象〉，四馬〈象〉生八卦，八卦定吉凶。"按，今本大作太。

《易之義》："六剛無柔，是胃（謂）大（太）陽，此天之義也。"按，"大（太）"字從廖名春《帛書〈周易〉論集》（上海古籍出版社，2008年，181頁）讀。

《晏子一〇》："☐事大（太）子，國危不交諸侯。"

《晏子一六》："公組（作）色大（太）息，蕃（播）弓矢。"

《文師》："大（太）上歸【之】，其次桓（樹）斂。"

《六守》："文王問大（太）公望曰。"

《六守》："大（太）公望曰。"

《六守》："大（太）公望曰。"

《守土》："文王問大（太）公望曰。"

《守土》："大（太）公☐。"

《守國》："文王問大（太）公望曰。"

《守國》："大（太）公望曰。"

《守國》："大（太）公望曰。"

《發啟》："文王才（在）酆，召大（太）公望曰。"

《文啟》："大（太）公望曰。"

《文啟》："與天下同生，而天下靜矣，大（太）上因之，其次化之。"

《三疑》："文王問大（太）公望曰。"

《武韜》："大（太）公望曰。"

《葆啟》："大（太）公望曰。"

《葆啟》："大（太）公望曰。"

《葆啟》："大（太）公☐。"

《殘簡三》："大（太）公望曰。"

《殘簡四》："文王問大（太）公望曰。"

《殘簡四》："文王問大（太）公望曰。"

《殘簡四》："文王問大（太）公望曰：'黃帝☐。'"

《殘簡四》："□□召大（太）公望曰。"

《殘簡四》："☐召大（太）公望曰：'於（嗚）乎（呼）！☐。'"

《殘簡四》："大（太）公望☐。"

《殘簡四》："大（太）公望☐。"

《殘簡四》："☐□大（太）公望☐。"

《殘簡四》："☐大（太）公☐。"

《田法》："大（太）上與大（太）下相復（覆）以爲衛（率）。"

《地典》："此胃（謂）大（太）陽者死，大（太）陰者死。"

《地典》："☐爲生，然而大（太）陽者死，大（太）陰者死☐。"

《太公》："文王問大（太）公曰：'何謂止道起道？'"

《太公》："大（太）公曰☐。"

《太公》："大（太）公曰：'肣（貪）者能大，能大者，能以士之所長用之☐。'"

《太公》："文王問大（太）公曰：'顥（願）聞有國之大失。'"

《太公》："大（太）公曰。"

《太公》："大（太）公曰：'國不法₌（法法）以爲正（政），不☐。'"

《太公》："文王問大（太）公曰："有國者☐。"

《太公》："文王問大（太）公曰：'立本朝☐。'"

《太公》："文王問大（太）公☐。"

《太公》："文王問大（太）公曰☐。"

《太公》："文王問大（太）公曰☐。"

《太公》："大（太）公☐。"

《太公》："大（太）公曰：'以☐。'"

《太公》："大（太）公☐。"

《聽有》："昔者周武王舉大（太）公望，昭

（召）公昔（奭）、周公旦從之，何□□類利耳。”

《聽有》：“武王□□□□□□□□□□□天子□□□□□□□成□者□□於得大（太）公望也。”

《三十時》：“入之三日，奏大（太）蔟□。”

《定心》：“積之以参（三）氣，守之以大（太）一，臨之以天。”

《木牘》：“□□□□□□大（太）兄爲天一，中者爲大（太）歲，小者爲大將軍。”

《木牘》：“大（太）歲尚青，壹上天，常乙下巳上，□己、酉、未下，當此，將□。”

《木牘》：“始大（太）歲、大將軍，百官盡□□送朓、取婦、嫁女，皆□□入。”

《月令》：“大（太）皇大（太）后詔曰。”

《月令》：“安漢公、宰衡、大（太）傅、大司馬莽昧死言。”

《月令》：“大皇大（太）后聖德高明，□□。”

《月令》：“大（太）皇大（太）后制曰：可。”

《月令》：“□□□□安漢公、宰衡、大（太）傅□。”

《月令》：“□大（太）師，承書從事下當用□。”

《北大老子》：“大（太）上，下智（知）有之。”

《北大老子》：“埶（設）大象，天下往；往而不害，安（焉）平大（太）。”

《趙正書》：“病萬〈篤〉，悁（喟）然流涕長大（太）息。”

《妄稽》：“坐興大（太）息，出入流涕。”

《妄稽》：“大（太）息歌詠（吟），謬（噭）謬（噭）爰（猨）恤（鹹）。”

《妄稽》：“周春見之，攬手大（太）息。”

《妄稽》：“大（太）息若雷，流涕若雨。”

《反淫》：“□緩刑（形）擾中，棄知（智）遺物，順道反宗，浩无所在，立於大（太）沖，吸啦（納）靈氣，食精自充。”

《堪輿》：“楚十三年，天一在卯，大（太）陰在丑，皆左行十二辰。”

《荊決》：“其高如城，大（太）息如壘（雷），中道而驚。”

大與泰

《容成氏》：“其喬（驕）大（泰）女（如）是脜（狀）。”

《周易・大畜》：“大埊（畜）：利貞，不家而飤（食），吉。利涉大川。”按，帛書本大作泰。

《曹沫》：“必共（恭）僉（儉）以得之，而喬（驕）大（泰）以遂（失）之。”

《爲吏》：“二曰貴以大（泰）。”

《帛甲老子・道經》：“是以聲（聖）人去甚，去大（泰），去楮（奢）。”

《帛乙老子・道經》：“是以耶（聖）人去甚，去大（泰），去諸（奢）。”

《晏子四》：“景公將伐宋，師過大（泰）山。”

《晏子四》：“師過大（泰）山，不用事，故大（泰）山之神怒。”

《晏子四》：“師過大（泰）山而不用事，故大（泰）山之神怒。”

《晏子四》：“是非大（泰）山之神也。”

《晏子四》：“公疑，猶以爲大（泰）山。”

大與舌

《良臣》：“雩（越）王句賤（踐）又（有）大（舌）同（庸），又（有）範（范）羅（蠡）。”按，“大（舌）”字從廣瀨薰雄《釋清華大學藏楚簡（三）〈良臣〉的“大同”——兼論姑馮句鑃所見的“昏同”》（復旦大學出土文獻與古文字研究中心網，2013 年 4 月

24日）讀。

殀與世

《祭公》："弗逵（失）于政，我亦隹（惟）以沒我殀（世）。"

萛與賴

《緇衣》："一人又（有）慶，壧（萬）民贎（賴）之。"按，上博簡本《緇衣》贎（賴）作萛。

太與大

《泰射》："太（大）射正執弓，以袂揗（順）左右畏（隈），上再下壹。"

《泰射》："太（大）射正立于公後，以矢行告于公。"

《泰射》："公既發，太（大）射正受弓而𢀜（俟），柙（拾）發以將乘矢。"

《泰射》："太（大）射正受弓，小[射]正以笥受決、拾，退鄭（奠）于坫上，復位。"

《泰射》："太（大）射正退，反司政（正）之位。"

泰與大

《第一組》："☐空及入僕、養、老，它官徒輸宮司空、泰（大）匠、左司空、右司空者，皆作功（工）。"

《第一組》："寺（侍）車府、少府、中府、中車府、泰（大）官、御府、特庫、私官隸臣，免爲士五（伍）、隱官，及隸妾以巧及勞免爲庶人，復屬其官者。"

《第一組》："正泰（大）廄城旦不將司從（縱）馬，亡而得者，斬其左止（趾），復爲城旦。"

《第二組》："出戶賦者，自泰（大）庶長以下，十月戶出芻一石十五斤。"

《第二組》："繇（徭）發，親父母、泰（大）父母、妻、子死，遣歸葬。"

《算數書·傳馬》："曰：予芻四斗、稾二斗泰（大）半斗。"

《算數書·程禾》："禾黍一石爲粟十六斗泰（大）半斗。"

《算數書·程禾》："舂之爲米十斗，爲毀（毇）粲米六斗泰（大）半斗。"

《脈書》："凡陽脈十二、陰脈十，泰（大）凡廿二脈，七十七病。"

《帛五行·經》："君子雜（集）泰（大）成。"

《帛易·大畜》："泰（大）蓄（畜），利貞。不家食，吉。利涉大川。"

《帛易·大壯》："泰（大）壯，利貞。"

《帛易·大壯》："九四，貞吉，悔亡。藩（藩）塊（決）不羸，壯于泰（大）車（輿）之緮（輹）。"

《帛易·小過》："翡（飛）鳥遺之音，不宜上，宜下，泰（大）吉。"

《帛易·大過》："泰（大）過，棟轚（隆），利有攸往，亨。"

《帛易·大有》："九二，泰（大）車以載，有攸往，无咎。"

《篡卒》："是胃（謂）泰（大）武之葆（寶）。"

《燕禮》："公尊瓦泰（大）兩，有鄷（豐），幕（冪）如郤（綌）如錫。"

《燕禮》："如射，則泰（大）射正爲司射，如卿（鄉）射之禮。"

《燕禮》："如與四方之賓，則公使之于秦〈泰（大）〉門內，揖讓升。"

《泰射》："泰（大）射之儀。"

《泰射》："有（又）尊于泰（大）侯之乏東北，兩獻酒。"

《泰射》："泰（大）射正擯。"

《泰射》："射三侯，將乘矢，始射竿（干），有（又）射參，泰（大）侯再發。"

《泰射》："泰（大）射正執弓，皆以從於物。"

《泰射》："獻隸（隸）僕人與巾車、護

（獲）者，皆如泰（大）侯之禮。”

泰與太

《第二組》：“十月戶賦，以十二月朔日入之，五月戶賦，以六月望入之，歲輸泰（太）守。”

《第三組》：“泰（太）上皇元年以前隸臣妾及□□□□☒。”

《第三組》：“泰（太）上皇祠廟在縣道者☒。”

《二年・賊律》：“子牧殺父母，毆詈泰（太）父₌母₌（父母、父母）、叚（假）大母、主母、後母，及父母告子不孝，皆棄市。”

《二年・賊律》：“婦賊傷、毆詈夫之泰（太）父₌母₌（父母、父母）、主母、後母，皆棄市。”

《脈書》：“二曰農（膿）淺而砨（砭）深，胃之泰（太）過。”

《戰國五》：“晉將不蓊（逾）泰（太）行。”

《足臂脈・足》：“足泰（太）陽温（脈）。”

《足臂脈・足》：“諸病此物者，皆久（灸）泰（太）陽温（脈）。”

《足臂脈・足》：“足泰（太）陰温（脈）。”

《足臂脈・足》：“諸病此物者，皆久（灸）足泰（太）陰温（脈）。”

《足臂脈・臂》：“臂泰（太）陰温（脈）。”

《足臂脈・臂》：“諸病此物者，皆久（灸）臂泰（太）陰温（脈）。”

《足臂脈・臂》：“臂泰（太）陽温（脈）。”

《足臂脈・臂》：“諸病此物者，皆久（灸）臂泰（太）陽温（脈）。”

《癩》：“而久（灸）其泰（太）陰、泰（太）陽□□。”

《陳忌問壘》：“是吾所以取龐□而禽（擒）泰（太）子申也。”

《周馴》：“已學（教），泰（太）子用茲念。”

《周馴》：“乃立無卹（恤）以爲泰（太）子。”

《荊決》：“泰（大）父爲祟，欲來義（我）生，凶。”

《荊決》：“泰（大）官甚敬，身獨禺（遇）惡。”

《荊決》：“今日何日，百事皆成。吉，祟泰（大）父母。”

《神烏賦》：“長炊〈歎〉泰（太）息，憂忽（懣）噱〈唬〉呼，毋（無）所告愬（訴）。”

達與轍

《帛乙老子・道經》：“善行者无達（轍）迹。”

達與汰

《四度》：“伓（倍）約則窘（窘），達（汰）刑則傷。”

徹字聲系

徹與撤

《秦律・田律》：“禾、芻稾徹（撤）木、薦，輒上石數縣廷。”

徹與轍

《反淫》：“乘其閣（格）天之車，駝（馳）騁八徹（轍）之道。”

𢿧與撤

《起師》：“秋則主人小城并，瀳（廢）邑移，大木□，□木伐，清徐（途）道，焚□澤，𢿧（撤）廬屋，熱（刈）外利。”

《唐勒》：“去嚂（銜）轃（轡），𢿧（撤）□鞁，馬□□□自駕，車莫☒。”

𢿧與徹

《封診式》：“𢿧（徹）內中，結（裾）衣不得。”

《封診式》：“內後有小堂，內中央有新穴，穴𢿧（徹）內中。”

《龍簡》：“𢿧（徹）弩道，其故與𢿧（徹）道□□行之。”

《周曆譜》：“甲申，史𢿧（徹）行。”

《周日書》：“直━者，大𢿧（徹）；直周者，小𢿧（徹）；直周中三晝者，窮（窮）。”

《周日書》："廿五日大𠭯（徹）。"
《周日書》："卅日小𠭯（徹）。"
《周日書》："凡大𠭯（徹）之日，利以遠行、絶邊競（境）、攻毄（擊）。"
《周日書》："凡小𠭯（徹）之日，利以行作、爲好事。"
《周日書》："氏（是）謂小𠭯（徹），利以羈（奇）謀。"
《周日書》："𠭯（徹）周竆₌（窮，窮）周𠭯₌（徹，徹）周竆₌（窮，窮）周日直竆（窮），得；直周，復環之；直𠭯（徹），不得。"
《天乙・建除》："除日：逃亡不得，癉疾死。可以治嗇夫，可以𠭯（徹）言。"
《猩敞》："不告猩，冡巳（已）𠭯（徹），分器，乃告猩。"
《猩敞》："[今]𠭯（徹），敞乃來，不可與敞。"
《巍盜》："即將司寇晦，別居千（阡）佰（陌）、𠭯（徹）道，徼（邀）迣苛視不犾〈狀〉者。"
《二年・賊律》："僞寫𠭯（徹）侯印，棄市。"按，整理者釋"𠭯"爲"徹"。不確。當釋爲"𠭯"，讀作"徹"。
《二年・具律》："𠭯（徹）侯子、内孫有罪。"
《二年・戶律》："𠭯（徹）侯受百五宅，關内侯夲（九十）五宅。"
《二年・置後律》："疾死置後者，𠭯（徹）侯後子爲𠭯（徹）侯。"
《二年・興律》："𠭯（徹）侯邑上在所郡守。"
《帛甲老子・德經》："故有德司介（契），[无]德司𠭯（徹）。"
《帛乙老子・德經》："故又（有）德司芥（契），无德司𠭯（徹）。"
《九地》："四𠭯（徹）者，矍（衢）地也。"
《勢備》："□皆以爲用，而莫𠭯（徹）其道。"
《晏子八》："其正（政）刻上而饒下，正𠭯（徹）而朹（救）竆。"
《善者》："善者四路必𠭯（徹），五動必工。"
《北蒼・陽》："閲𠭯（徹）鼃趩（蹕），滕（騰）先登慶（卿）。"
《節》："司空𠭯（徹）道，令關市輕政（徵）賦。"

𠭯與轍

《帛甲老子・道經》："善行者无𠭯（轍）迹。"
《北大老子》："善行者無𠭯（轍）迹，善言者無瑕適（謫），善數者不用檮（籌）筴（策）。"

𠭯與佚

《帛五行・説》："手足者，説（悦）𠭯（佚）餘（豫）者也。"
《帛五行・説》："源手足之生（性）而知其好𠭯（佚）餘（豫）也。"

柰字聲系

柰與桲

《北蒼・支脂》："崇替謙敦，讀飾（敕）柰（棕）壐。"

款與窾

《脈書》："氣血腐闌（爛），百節皆沈，款（窾）廿末，反而走心。"
《師癸》："血氣宜行而不行，此胃（謂）款（窾）央（殃），六極之宗也。"
《北蒼・之職》："嬛䁥（咎）蜎黑，媿（裹）姷（娟）款（窾）餌。"

赫與蒜

《雜療方》："每朝啜赫（蒜）二三果（顆），及服食之。"按，"赫（蒜）"字從周一謀、蕭佐桃《馬王堆醫書考注》（天津科學技術出版社，1988 年，334 頁）、郭永秉《説"蒜"、"祘"》（《出土文獻與古文字研究》第三輯，復旦大學出版社，2010年，345頁）釋。

《北蒼·魚》:“㸚雛芸（鳿）卵（鸞），㯇（蒜）蓳菮菹。”

𧇊與肆

《泰射》：“埶（設）洗于尊西北，匪（篚）在南，東𧇊（肆），實一散于匪（篚）。”

𥛚與隸

《泰射》：“𥛚（隸）仆人騷（埽）矦道。”按，“𥛚”即“𧇊”字省寫。

𡿪字聲系

列與裂

《秦律·司空》：“及不芥（介）車，車蕃（藩）蓋強折列（裂）。”

《治官》：“擅叚縣官器，㯱死〈列（裂）〉弗補。”

《國次》：“列（裂）其地土，以封賢者，是胃（謂）天功。”

《戰國二七》：“我必列（裂）地以和於魏。”

《脈死候》：“凡三陽，天氣殹（也），其病唯折骨列（裂）膚一死。”

《四時令》：“不列（裂）抈雛鷇，不列（裂）元（刓）嬰兒。”

《爲政》：“爲正（政）多使百生（姓）分壇（廛）羣居，壞動列（裂），比三，有天火下，大如鷄。”

《萬物》：“蠶卵之可以免列（裂）也。”

列與蛚

《三十時》：“精（蜻）列（蛚）登堂☐。”

《三十時》：“入之三日，精（蜻）列（蛚）☐。”

列與厲

《鮑叔牙》：“列（厲）民轞（獵）樂，篙（篤）伓忨，皮（疲）敹（敝）齊邦，日

成（盛）于縱，弗䚕（顧）前後。”按，“列”字從蘇建洲《〈上博楚簡（五）〉考釋二則》（簡帛網，2006年12月1日）釋，從蘇文所引陳劍説讀爲“厲”。

殎與刈

《金滕》：“是戢（歲）也，萩（秋）大管（熟），未殎（刈）。”按，“殎（刈）”字從張崇禮《釋楚文字“列”及從“列”得聲的字》（復旦大學出土文獻與古文字研究中心網，2013年6月28日）釋讀。下同。

《金滕》：“戢（歲）大又（有）年，萩（秋）則大殎（刈）。”

柬字聲系

柬與烈

《性自》：“樂之皷（動）心也，濬深䁖（鬱）舀（陶），其剌（烈）則流女（如）也以悲，條（悠）肰（然）以思。”按，上博簡本《性情論》剌（烈）作柬。

柬與厲

《繫年一》：“𡙇=（至于）柬=王=（厲王，厲王）大瘧（虐）于周，卿李（士）、者（諸）正、萬民弗刅（忍）于氒（厥）心，乃歸柬（厲）王于𢿥（彘），龍（共）白（伯）和立。十又四年，柬（厲）王生洹=王=（宣王，宣王）即立（位），龏（共）白（伯）和歸于宋〈宗〉。”

《繫年二》：“齊襄公會者（諸）侯于首𣥺（止），殺子沬（亹）壽，車𣪠（轘）高之巨（渠）爾（彌），改立柬（厲）公。”

《繫年十六》：“未還，競（景）公卒，柬（厲）公即立（位）。”

《繫年十六》：“昷（明）戢（歲），柬（厲）公先起兵，衛（率）自（師）會者（諸）侯以伐秦，𡙇=（至于）涇。”

《繫年十六》：“龏（共）王亦衛（率）自（師）

回（圍）鄭（鄭），柬（厲）公救（救）鄭（鄭），敗楚自（師）於隰（鄢）。”

《繫年十六》："柬（厲）公亦見禍（禍）以死，亡後。"

刺與柬

《性自》："樂之歖（動）心也，濬深賊（鬱）舀（陶），其刺（烈）則流女（如）也以悲，條（悠）肰（然）以思。"按，上博簡本《性情論》刺（烈）作柬。

刺與瘌

《帛乙老子·德經》："是以方而不割，兼（廉）而不刺〈刺（瘌）〉。"按，今本《老子》與"刺"對應的字是"劌"。王弼《注》："劌，傷也。"帛文此"刺"似即"刺"之誤字，讀作"瘌"。《廣雅·釋詁四》："瘌，傷也。"王念孫《疏證》："左思《魏都賦》：'蔡莽螫刺，昆蟲毒噬。'是刺爲傷也。刺與瘌通。"又，《老子》此處是有韻的，"割"、"劌"俱是月部字。而"刺"亦爲月部字。可見釋爲"刺"，讀作"瘌"，音義均通。

刺與烈

《詩論》："《刺（烈）文》曰：'乍〈亡〉競隹（維）人，不（丕）㬎（顯）隹（維）悳（德）。'"

《性自》："哭之歖（動）心也，濈（踧）澱（殺），其刺（烈）䜌₌（戀戀）女（如）也，慼（戚）肰（然）以終。樂之歖（動）心也，濬深賊（鬱）舀（陶），其刺（烈）則流女（如）也以悲，條（悠）肰（然）以思。"按，"刺（烈）"字從劉釗師《讀郭店楚簡字詞劄記》（《郭店楚簡國際學術研討會論文集》，湖北人民出版社，2000年）釋讀。下一例同。

《性自》："凡交毋刺（烈），必使又（有）末。"

《古公》："☐榕，聒（聞）光刺（烈）之族。"

《祭公》："縢（朕）之皇且（祖）周文王、刺（烈）且（祖）武王，厇（宅）下或（國），复（作）戦（陳）周邦。"

《祭公》："以余少（小）子颺（揚）文、武之刺（烈），颺（揚）成、康、卲（昭）宔（主）之刺（烈）。"

《封許》："則隹（惟）女（汝）呂丁，肁（肇）䊷（右）玟（文王），訟（畢）光氒（厥）刺（烈）。"

《日甲·詰》："人毋（無）故鬼攻之不已，是₌（此是）刺（烈）鬼。"按，"刺"似當讀作"烈"，訓爲猛。

刺與賴

《弟子問》："刺（賴）虐（乎）其下，不折其枳（枝），飤（食）其實☐。"按，"刺"似當讀作"賴"。郭店簡《語叢四》："利木侌（陰）者，不折其榏（枝）；利其渚者，不賽（塞）其溪（溪）。"典籍中"賴"常可訓作"利"，參《故訓匯纂》2194頁。

刺與厲

《鄭甲》："枼（世）及虐（吾）先君卲公、刺（厲）公，殹（抑）天也，其殹（抑）人也。"

《鄭乙》："枼（世）及虐（吾）先君卲公、制〈刺（厲）〉公，殹（抑）天也，其殹（抑）人也。"

敕與厲

《苦成》："姑（苦）成家父事敕（厲）公，爲士庌，行正（政）訵（迅）弜（強），以見亞（惡）於敕₌公₌（厲公。厲公）無道，虐（虐）於百₌豫₌（百豫，百豫）反之。"

《苦成》："䜌（欒）箸（書）乃退，言於敕（厲）公曰：'参（三）玤（郤）家叓（度）取宔（主）君之眾以不聖（聽）命，䣿（將）

大害。’”

《苦成》：“参（三）垺（郤）既亡，公家乃溺（弱），鑾（欒）箸（書）弋（弑）敕（厲）公。”

衛與蠆

《帛甲老子·德經》：“逢（蜂）衛（蠆）蜾（虺）地（蛇）弗螫，攫鳥猛獸弗搏。”

祭字聲系

祭與蔡

《二年·秩律》：“胡陽、祭（蔡）陽、隋、西平、葉、陽成（城）。”

祭與察

《治官》：“安徐審祭（察）之，擇人與交。”

《治官》：“審悉毋私，徵〈微〉密咸祭（察）。”

《治官》：“一曰不祭（察）所親則韋（違）數至。”

《治官》：“不祭（察）所使，親人不固。”

《天下至道》：“乃祭（察）八嶂（動），觀氣所存。”

《天下至道》：“審祭（察）八嶂（動），以智（知）其所樂所通。”

祭與際

《三算》：“☐倘（敵）國之謀疑，臣主之祭（際）□☐。”

察與際

《成法》：“一之解，察（際）於天地；一之理，施於四海。”

憏與察

《語叢一》：“憏（察）所智（知），憏（察）所不智（知）。”按，“憏（察）”字從裘按（《郭店楚墓竹簡·語叢一》篇注［一七］）讀。下同。

《語叢一》：“又（有）憏（察）膳（善），亡爲膳（善）。”

《語叢一》：“埶與聖爲可憏（察）也。”

蔡與祭

《日甲·除》：“以蔡（祭），上下群神鄉（饗）之，乃盈志。”

《春秋九》：“后（苟）入我□正（政）必寧氏之門出，蔡（祭）則我也。”

《春秋一四》：“吳子餘蔡觀周（舟），閩（閽）人殺之。”按，《左傳·襄公二十九年》“蔡”作“祭”。

蔡與察

《帛甲老子·道經》：“鬻（俗）人蔡（察）蔡（察），我獨閩（悶）閩（悶）呵（兮）。”

《文摯》：“目不蔡（察）者，食之恆明；耳不聞者，食之恆蔥（聰）。”

《天下至道》：“審蔡（察）五言〈音〉，以智（知）其心。”

蔡與際

《足臂脈·足》：“出大指内兼（廉）骨蔡（際），出内踝上兼（廉）。”

蔡與穄

《反淫》：“陽山之蔡（穄），鶩水之苽（菰）。”

狻與察

《子產》：“善君必狻（察）昔寿（前）善王之瀍（法）聿（律），救（求）婕（藎）之臤（賢）可。”

毳字聲系

毳與脆

《老子》甲：“其毳也，易畔（判）也。”按，今本毳作脆。

絕字聲系

絕與輟

《帛乙老子·德經》：“善建者不拔，

善抱者不脫，子孫以祭祀不絕（輟）。”按，通行本絕作輟。

藬與絕

《尹誥》：“夏自藬（絕）其又（有）民，亦隹（惟）氒（厥）眾，非民亡與獸（守）邑。”

䋲與絕

《祝辭》：“旨（詣）五（武）𡰥（夷），䋲（絕）㫷（明）榠=（冥冥），茲我緹（逞）。”

最字聲系

最與撮

《日甲·詰》：“旦而最（撮）之，苞以白茅，果（裹）以賁（奔）而遠去之，則止矣。”

《周病方》：“即午畫坨（地），而最（撮）其土，以靡（摩）其鼻中。”

《諸傷》：“即冶，入三指最（撮）半音（杯）溫酒☐。”

《諸傷》：“取三指最（撮）一，入溫酒一音（杯）中而飲之。”

《諸傷》：“取三指最（撮）到節一，醇酒盈一衷（中）桮（杯）。”

《狂犬齧人》：“小（少）多如再食浛（漿），取竈末灰三指最（撮）☐☐水中。”

《癃病》：“取三指最（撮）到節一，醯寒溫適，入中☐飲。”

《癩》：“三指最（撮）至節，入半音（杯）酒中飲之，三、四日。”

《疽病》：“并以三指大最（撮）一入桮（杯）酒中，日五六飲之。”

《乾瘙》：“以般〈服〉服（茯）零（苓），最（撮）取大者一枚，壽（擣）。”

《蠱》：“令病者每旦以三指三最（撮）藥入一桮（杯）酒若鬻（粥）中而飲之。”

《養生方》：“誨（每）食，以酒飲三指最（撮）。”

《養生方》：“欲廿用七最（撮），欲十用三最（撮），酒一桮（杯）。”

《養生方》：“令盡其乾，即冶，參（三）指最（撮），以☐半桮（杯）飲之。”

《養生方》：“☐☐蛇牀泰半參、藺（菻）本二斗半、潘（礬）石三指最（撮）一。”

《養生方》：“☐☐茲（牸）肉肥☐☐☐膏者，皆陰乾，冶，以三指最（撮）一☐。”

《養生方》：“☐☐、方（防）風、☐三等，界（芥）當三物，冶，三指最（撮）後飯☐。”

《養生方》：“三指最（撮）以爲後飯，令人強。”

《養生方》：“以三指最（撮）一爲後飯百日，支六七歲。”

《養生方》：“三指最（撮）以爲後飯，益氣，有（又）令人免（面）澤。”

《養生方》：“食以二〈三〉指最（撮）爲後飯。”

《雜療方》：“取白松脂、杜虞（衡）、☐石脂等冶，并合三指大最（撮），再直（置）☐。”

《雜療方》：“因取禹熏、☐☐各三指大最（撮）一，與肝并入醯中。”

《雜療方》：“☐最（撮），入前中，女子甚樂，欲之。”

《雜療方》：“節（即）其汚者不能三指小最（撮）亦可。”

㝡與𠹗

《養生方》：“五曰魚㝡（𠹗），六曰青☐。”

杀字聲系

杀與殺

《王法》：“飢弗能食，寒弗能衣，亂弗能治，則外弗能杀（殺），中弗能禁，內弗能使。”按，《説文》云“殺”從“杀”聲，但未收“杀”字。“杀”似即“殺”之省形。下同。

《王法》：“杀（殺）之則死，生之則生，欲使之則使。”

《兵令》：“能杀（殺）其少半者力加諸侯，能杀（殺）其什一者令行士卒。”

殺與椴

《疣》：“有（又）以殺（椴）本若道旁蔄（葥）根二七，投澤若淵下。”

殺與槃

《説命上》：“遂（失）审（仲）卜曰：‘我其殺（槃）之？我其已，勿殺（勿槃？’勿槃）是吉。”按，“殺（槃）”字從李鋭《讀清華簡3劄記（二）》（confucius2000網，2013年1月6日）讀。下同。

《説命上》：“遂（失）审（仲）愇（違）卜，乃殺（槃）一豕。”

殺與鎩

《禁》：“故鳥且殺（鎩）羽，毛者不澮☐。”

滧與殺

《性自》：“哭之皷（動）心也，濈（踙）滧（殺），其剌（烈）戀₌（戀戀）女（如）也，慼（戚）肰（然）以終。”按，“滧（殺）”字從劉釗師《讀郭店楚簡字詞劄記》（《郭店楚簡國際學術研討會論文集》，湖北人民出版社，2000年）讀。

滧與焊

《性自》：“哭之皷（動）心也，濈（踙）滧（殺），其剌（烈）戀₌（戀戀）女（如）也，慼（戚）肰（然）以終。”按，上博簡本《性情論》滧（殺）作焊。

歲字聲系

歲與劌

《九地》：“投之無所往者，諸歲（劌）之勇也。”

薉與穢

《人君》：“人君好馳騁田邋（獵），則野草☐，田壽（疇）薉（穢），國多衝風，折樹木，褱（壞）大牆。”

譿與淺

《曹沫》：“其賞譿（淺）虘（且）不中，其詎（誅）坙（重）虘（且）不諓（察）。”

鱵與蹶

《繫年十五》：“執吳王子鱵（蹶）繇（由），吳人安（焉）或（又）服於楚。”

㕞字聲系

㕞與刷

《戰國一七》：“以燕王之賢，伐齊，足以㕞（刷）先王之餌（耻）。”

离字聲系

离與契

《子羔》：“离（契）之母，又（有）廼（娀）是（氏）之女也。”

《子羔》：“取而軟（吞）之，寠（懷）三忈（年）而畫於雁（膺），生乃呼曰：‘銫（金）！’是离（契）也。”

竊與察

《國次》：“毋陽竊（察），毋陰竊（察）。”

《國次》：“陽竊（察）者天奪其光，陰察者土地芒（荒）。”

《國次》：“陽竊（察）者疾，陰竊（察）者几（飢）。”

竊與積

《天下至道》：“五曰和沫，六曰竊（積）氣，七曰寺（待）贏，八曰定頃（傾）。”按，“竊（積）”字從馬繼興《馬王堆古醫書考釋》（湖南科學技術出版社，1992年，1035頁）讀。

𥁕與竊

《繫年十五》：“王命緢（申）公聘（聘）於齊，緢（申）公𥁕（竊）載少盐以行。”

制字聲系

製與制

《容成》："死生安在，徹士製（制）之，實下閉精，氣不屚（漏）泄。"

《容成》："心製（制）死生，孰爲之敗？"

《繫辭》："見乃胃（謂）之馬〈象〉，刑（形）胃（謂）之器，製（制）而用之胃（謂）之法。"按，今本製作制。

贅字聲系

贅與掇

《蒼頡篇》："贅（掇）拾鉤鉛。"

贅與綴

《北蒼·陽》："贅（綴）拾鋏鎔，鑄冶容（鎔）鑲。"

舌字聲系

适與褻

《苦成》："今宔（主）君不适（褻）於虐（吾），古（故）而反，亞（惡）之。"按，"适"似當讀作"褻"或"媟"，訓爲"親近"。"适"從"舌"聲，古從"舌"聲之字與"褻"、"媟"音近可通。參《故訓匯纂》530 頁"媟"字、1734 頁"絬"字和 2074 頁"褻"字。

世字聲系

世與肆

《泰射》："奏《世（肆）夏》。"

抴與曳

《帛易·既濟》："初六〈九〉，抴（曳）其綸（輪），濡其尾，无咎。"

《帛易·未濟》："九二，抴（曳）其綸（輪），貞。"

泄與世

《日甲·宅居》："圈居宇東南，有寵，不終泄（世）。"

《容成》："慎守勿失，長生纍泄（世）。"

《容成》："纍泄（世）安樂長壽，長壽生於蓄積。"

《師癸》："行此道也，何泄（世）不物（忽）？"

莌與跇

《戰國二一》："今增注、莌（跇）恒山而守三百里，過燕陽（唐）、曲逆（吾）。"

莌與葉

《三十時》："入之七日，西風始下莌（葉），艾（刈）德禾。"

邯與葉

《良臣》："楚韶（昭）王又（有）命（令）君（尹）子西，又（有）司馬子忑（期），又（有）邯（葉）公子亯（高）。"

炪與泄

《溝瘧》："以土雝（壅）亖，會毋□，煙能炪（泄）。"

莌與渫

《帛易·井》："九三，井莌（渫）不食，爲我心塞（惻），可用汲，王明並受其福。"

謉與曳

《帛易·睽》："六三，見車（輿）恝（掣），其牛謉（曳），其人天且劓，无初，有終。"按，今本謉作曳。

枼與世

《封許》："女（汝）亦隹（惟）稾（淑）章（彰）尔梡（慮），祗敬尔猷，以永厚周邦，勿灋（廢）朕命，經嗣枼（世）亯（享）。"

《鄭武》："今虐（吾）君既〈即〉枼（世）。"

《鄭甲》："枼（世）及虐（吾）先君武公，西城洢（伊）閒（澗），北邊（就）鄬（鄔）、鄙（劉）。"

《鄭甲》："枼（世）及虐（吾）先君臧（莊）公，乃東伐齊酄之戎，爲敱（徹），北城郿

（溫）、原，遺郐（陰）桑宋（次）。”

《鄭甲》：“枼（世）及虘（吾）先君卲公、剌（厲）公，殹（抑）天也，其殹（抑）人也。”

《鄭乙》：“枼（世）及虘（吾）先君武公，西城涀〈洢（伊）〉閒（澗），北籓（就）邾（鄔）、鄙（劉）。”

《鄭乙》：“枼（世）及虘（吾）先君臧（莊）公，乃東伐齊酄之戎，爲散（徹），北城邸（溫）、原，遺郐（陰）桑事。”

《鄭乙》：“枼（世）及虘（吾）先君卲公、制〈剌（厲）〉公，殹（抑）天也，其殹（抑）人也。”

《爲吏》：“三枼（世）之後，欲士₌（仕仕）之。”

《日乙・見人》：“把者赤色，外鬼兄枼（世）爲姓（眚）。”

《日乙・見人》：“外鬼父枼（世）見而欲，巫爲姓（眚），室鬼欲狗（拘）。”

《日乙・見人》：“母枼（世）見之爲姓（眚）。”

《天乙・直室門》：“雲門：其主富三枼（世），之後乃宜畜生（牲），利爵禄。”

《威王問》：“齊三枼（世）其憂矣。”

枼與葉

《厚父》：“曰民心隹（惟）本，氒（厥）伩（作）隹（惟）枼（葉），引（矧）其能丁，良于耇（友）人，迺洹（宣）弔（淑）氒（厥）心。”

枼與牒

《陳忌問壘》：“見使枼（牒）來言而動□〼。”按，“枼（牒）”字從張震澤《孫臏兵法校理》（中華書局，1984年，50頁）讀。

枼與桀

《容成氏》：“枼（桀）乃逃之鬲（歷）山是（氏），湯或（又）從而攻之，降自鳴攸（條）之述（遂），以伐高神之門。”按，整理者釋“枼”爲“桀”。不確。當釋爲“枼”，讀作“桀”，參白於藍《郭店楚墓竹簡釋讀劄記》（《古文字論集（二）》，考古與文物叢刊第四號，2001年）。

傑與世

《容成氏》：“湯王天下卅₌（三十）又一傑（世）而受（紂）乍（作）。”

傑與桀

《尊德義》：“墨（禹）以人道詞（治）其民，傑（桀）以人道嬰（亂）其民。傑（桀）不易墨（禹）民而句（後）嬰（亂）之，湯不易傑（桀）民而句（後）詞（治）之。”按，“傑（桀）”字從白於藍《郭店楚墓竹簡釋讀劄記》（《古文字論集（二）》，考古與文物叢刊第四號，2001年）釋讀。下同。

《尊德義》：“傑（桀）不胃（謂）其民必亂，而民又（有）爲亂矣；受（紂）不迪其民，而民不可走（止）也。”

《容成氏》：“[啓]王天下十又六年〈世〉而傑（桀）乍（作）。傑（桀）不述其先王之道，自爲[芑][爲]〼。”

《容成氏》：“傑（桀）乃逃之南藻（巢）是（氏），湯或（又）從而攻之，述（遂）逃迲（去），之桑（蒼）虘（梧）之埜（野）。”

《曹沫》：“君其亦隹（唯）聒（聞）夫墨（禹）、康（湯）、傑（桀）、受（紂）矣。”

《君人甲》：“傑（桀）、受（紂）、幽、萬（厲）殍（戮）死於人手。”

《湯丘》：“若自使朕身巳（已）傑（桀）之疾，句（后）牺（將）君又（有）夏才（哉）！”按，整理者將“傑”隸定作“傑”。不確。下一例同。

《三壽》：“甬（用）肖（艾）卲（昭）句（后）成湯，弋（代）傑（桀）尃（敷）又（佑）下方。”

僷與遏

《三壽》："惠民由壬（任），均（徇）賓（句）僷（遏）悭〈怪（淫）〉，闢（宣）義（儀）和藥（樂），非褢（壞）于慹（湛）。"按，整理者隸定作"傑"。不確。

徥與諜

《春秋五》："□□會果使徥（諜）毚（讒）之。"

渫與世

《日甲・直室門》："云門，其主必富三渫（世），八歲更，利毋（無）爵者。"

渫與曳

《阜易・睽》："六三，見車（輿）渫（曳），其牛絜（掣），其人天且劓。"

渫與遏

《緇衣》："古（故）君民者，章好以視（示）民忿（欲），慬（謹）亞（惡）以渫（遏）民涇〈淫〉，則民不賊（惑）。"按，"渫（遏）"字從白於藍《郭店楚墓竹簡釋讀劄記》（《古文字論集（二）》，考古與文物叢刊第四號，2001 年）讀。

渫與竭

《仲弓》："山又（有）堋（崩），川又（有）渫（竭），昌₌（日月）星唇（辰）猷（猶）差，民亡（無）不又（有）怹（過）。"

《仲弓》："含（今）女（汝）相夫子所，渫（竭）其青（精）、悖（盡）其訢（慎）者，三害近[illegible]矣。"

葉與世

《日乙・見人》："外鬼父葉（世）爲姓（眚），高王父譴適（謫），豕☐。"

《日乙・見人》："母葉（世）外死爲姓（眚）。"

葉與堞

《守法》："外葉（堞）高七尺，内葉（堞）高四尺，外葉（堞）埤垷☐。"

《守法》："爲爵穴葉（堞）足之下，可以□□客者，十步而一。"

《守法》："爲專（轉）牖於葉（堞）之中，可以密射外者，廿步而一。"

矂與諜

《曹沫》："矂（諜）人來告曰：其逕（將）衛（帥）肀（盡）剔（傷），車連（輦）皆栽，曰澑（將）棗（早）行。"

翲與蹀

《反淫》："蜚（飛）鳥聞之，籋（躡）翲（蹀）蜚（飛）陽（揚）；孟（猛）獸聞之，垂耳不行；王孫聞之，兆（遥）思心惕（傷）。"

鄴與葉

《繫年十七》："述（遂）以遷嚮（許）於鄴（葉）而不果。"

殜與世

《窮達》："又（有）其人，亡其殜（世），唯（雖）臤（賢）弗行矣。句（苟）又（有）其殜（世），可（何）慬（艱）之又（有）才（哉）。"

《尊德義》："非侖（倫）而民備（服），殜（世）此亂矣。"

《語叢四》："罷（一）言之善，足以終殜（世）；厽（三）殜（世）之福，不足以出芒（妄）。"

《子羔》："昔者【禪】而弗殜（世）也，善與善相尋也，古（故）能紿（治）天下，坪（平）萬邦。"

《子羔》："女（如）舜才（在）含（今）之殜（世）則可（何）若？"

《從政》："𩫖（庸）行不倦（倦），時（持）善不猒（厭），唯（雖）殜（世）不儠，必或智（知）之。"

《曹沫》："昔之明王之记（起）於天下者，各以其殜（世），以及其身。"

《季康子》："☐□速，毋亙（恆）才後₌"

（後，後）殜（世）比𤔲（亂），邦相褱（壞）毀，眾必亞（惡）善，臤（賢）人⊘。”

《苦成》："爲此殜（世）也從事，可（何）以女（如）是其疾與（歟）才（哉）？”

《苦成》："虗（吾）敢欲⿰衤減（顧）袷（頷）以事殜（世）才（哉）？”

《苦成》："唯（雖）不堂（當）殜（世），句（苟）義毋售（久）立，死可（何）𧯫（傷）才（哉）！”

《弟子問》："虗（吾）未見邦而信者，未見善事人而𢝊（憂）者。含（今）之殜（世）⊘。”

《鬼神》："此以貴爲天子，䨪（富）又（有）天下，長年又（有）𦣞（譽），後殜（世）遂（述）之。”

《墨子》："⊘之以卑𤔲（亂）殜（世）⊘。”按，“殜（世）”字從李零《長台關楚簡〈申徒狄〉研究》（簡帛研究網，2000年8月8日）釋讀。

《慎子》："⊘襄，得甬（用）於殜（世）。”

《天子甲》："凡天子七殜（世），邦君五世，大夫三殜（世），士二殜（世）。”

《天子甲》："時（等）言而殜（世）行，因悳（德）而爲之折（制）。”

《天子乙》："凡天子七殜（世），邦君五殜（世），夫=（大夫）三殜（世），士二殜（世）。”

《武王甲》："不急（仁）以得之，急（仁）以獸（守）之，其簟（運）十殜（世）。”

《武王乙》："亦又（有）不浧（盈）於十言而百殜（世）不遳（失）之道，又（有）之虖（乎）？”

《武王乙》："不敬則不定，弗⿱男力則枉=（枉。枉）者敗，而敬者萬殜（世）。”

《成王》："⊘杽市明之悳（德），其殜（世）也⊘。”

《文王》："文王曰：‘日耑而殜（世）□⊘。’”

《文王》："昔𢦓（我）得中，殜=（世世）母（毋）有後㥜（悔）。”

《文王》："隹（惟）杽（持）〖市〗明之悳（德），其殜（世）也⊘。”

《文王》："萄（宛）丘之眾人也，非能䢔（合）悳（德）於殜（世）者也。”

《邦人》："而幷是二者以邦君=（君，君）猶少之，䎽（一）瞿（懼）君之不終殜（世）保邦。”按，“殜（世）”字從蘇建洲《初讀〈上博九〉劄記（一）》（簡帛網，2013年1月6日）讀。

《繫年二》："武公即殜（世），𢧵（莊）公即立（位）；𢧵（莊）公即殜（世），卲（昭）公即立（位）。”

《繫年四》："安（焉）是文=公=（文公。文公）即殜（世），成公即立（位）。”

《繫年十一》："穆王即殜（世），𢧵（莊）王即立（位），使孫（申）白（伯）亡（無）愄（畏）⿰口甹（聘）于齊。”

《繫年十五》："𢧵（莊）王即殜（世），龏（共）王即立（位）。”

《繫年十五》："霝（靈）王即殜（世），競（景）坪（平）王即立（位）。”

《繫年十五》："競（景）坪（平）王即殜（世），卲（昭）王即立（位）。”

《繫年十八》："康王即殜（世），孨=（子員）王即立（位）。”

《繫年十八》："孨=（子員）王即殜（世），靈王即立（位）。”

《繫年十八》："晉𢧵（莊）坪（平）公即殜（世），卲（昭）公、同（頃）公㿥（皆）𣈈（早）殜（世），柬（簡）公即立（位）。”

《繫年十八》："競（景）坪（平）王即殜（世），卲（昭）王即立（位）。”

《繫年十九》:"競(景)坪(平)王即殜(世),卲(昭)王即立(位)。"
《繫年十九》:"卲(昭)王即殜(世),獻惠王立十又一年,郄(蔡)卲(昭)侯繡(申)懼,自歸於吴。"
《繫年二十》:"盍(闔)虏(盧)即殜(世),夫秦(差)王即立(位)。"
《繫年二三》:"聖(聲)王即殜(世),刎(悼)折(哲)王即立(位)。"
《命訓》:"天古(故)卲(昭)命以命力(之)曰:'大命殜(世)罰,少(小)命=(命命)身。'"
《三壽》:"句(苟)我與尔(爾)相念相悔(謀),殜=(世世)至于後飤(嗣)。"

鄴與葉

《命》:"鄴(葉)公子高之子見於命(令)尹子=萅=(子春,子春)胃(謂)之曰。"
《邦人》:"鄴(葉)之者(諸)老皆柬(諫)曰:'不可,必以帀(師)。'"
《邦人》:"鄴(葉)公子高曰:'不得王,牆(將)必死,可(何)以帀(師)爲?'"
《邦人》:"卲(昭)夫人胃(謂)鄴(葉)公子高:'先君之子聚才(在)外▨。'"
《邦人》:"鄴(葉)公子高曰。"
《邦人》:"命之爲司馬,訡(辭)曰:'以鄴(葉)之遠,不可畜也。'"
《邦人》:"古(故)爲鄴(葉)連嚻(敖)與郄(蔡)樂尹。"

牒與諜

《北蒼·幽》:"飫猷(厭)然(熯)稀(晞),丈衮(懋)牒(諜)膠。"

諜與牒

《封診式》:"即疏書甲等名事關(貫)諜(牒)北(背)。"

紲與肆

《帛乙老子·德經》:"直而不紲(肆),光而不眺(耀)。"

䒨與世

《季康子》:"虘(且)夫戱含(今)之先=(先人),䒨(世)三代之連(傳)史,幾(豈)敢不以其先=(先人)之連(傳)等(志)告。"按,"䒨(世)"字從陳劍《談談〈上博(五)〉的竹簡分篇、拼合與編聯問題》(簡帛網,2006年2月19日)讀。

設字聲系

殼與設

《用曰》:"埶(設)立帀(師)長,建殼(設)之政。"按,"殼"似即《説文》"蔎"字異構。

筮字聲系

筮與逝

《帛甲老子·道經》:"大曰筮(逝),筮(逝)曰遠,遠曰反。"
《帛乙老子·道經》:"大曰筮(逝),筮(逝)曰遠,遠曰反。"
《妄稽》:"立若植楹,不來不筮(逝)。"

筮與噬

《目録》:"犬筮(噬)人。"
《犬噬人》:"犬筮(噬)人傷者。"
《□噬》:"□筮(噬):□取苺莖,暴(曝)乾之▨。"
《帛易·睽》:"六五,悔亡。登宗筮(噬)膚,往何咎。"
《帛易·噬嗑》:"六二,筮(噬)膚,滅鼻,无咎。"
《帛易·噬嗑》:"六三,筮(噬)臘肉,愚(遇)毒。少(小)閵(吝),无咎。"
《帛易·噬嗑》:"九四,筮(噬)乾䏶(胏),得金矢,根(艱)貞吉。"
《帛易·噬嗑》:"六五,筮(噬)乾肉,

愚（遇）毒，貞厲，无咎。"
《繫辭》："日中爲侯（市），至（致）天下之民，聚天下之貨，交易而退，各得其所欲，蓋取者（諸）筮（噬）蓋（嗑）。"
《易之義》："筮（噬）閘（嗑）紮（背）紀，恆言不已，容（訟）獄兇（凶）得也。"
《阜易·噬嗑》："筮（噬）閘（嗑）。"
《阜易·噬嗑》："六二，筮（噬）膚烕（滅）□。"
《阜易·噬嗑》："六三，筮（噬）腊肉。"
《阜易·噬嗑》："六五，筮（噬）乾肉，得黃金。"
《阜易·睽》："□□筮（噬）膚。"
《相狗方》："〼三里，筮（噬）禽五步外。"
《妄稽》："疏（咀）齕鉗錯（笮），疾齸筮（噬）之。"

噬與筮

《筮法一》："噬（筮）死妻者，相見才（在）上，乃曰死。"
《筮法一》："噬（筮）疾者，弌（一）封（卦）亢之，乃曰牆（將）死。"
《筮法一》："噬（筮）死夫者，相見才（在）上，乃曰死。"
《筮法十八》："咼（凡）噬（筮）志事，而見棠（當）日奴（如）棠（當）晨（辰），乃曰迭（速），疾亦然。"
《筮法十九》："咼（凡）噬（筮）志事，而見同枈（次）於四立（位）之中，乃曰爭之虘（且）相亞（惡）也。"
《筮法十九》："奴（如）噬（筮）軍遊（旅），乃曰不禾（和），虘（且）不相用命。"
《筮法二一》："咼（凡）噬（筮）志事及軍遊（旅），乃雖（惟）兇之所集於四立（位）是視，乃以名其兇。"
《三壽》："龜噬（筮）孚貣（忒），五寶弁（變）色，而星月亂（亂）行。"
《鄭武》："既得慁（圖），乃爲之；毀慁（圖）所臤（賢）者，安（焉）繙（申）之以龜噬（筮）。"

折字聲系

折與哲

《皇門》："我聒（聞）昔才（在）二又（有）或（國）之折（哲）王，則不（丕）共（恭）于卹（恤）。"
《楚居》："至悤（悼）折（哲）王猷（猶）居郮（鄩）郢。"
《繫年二三》："聖（聲）王即殜（世），刎（悼）折（哲）王即立（位）。"
《芮良夫》："非瑴（覯）折（哲）人，虛（吾）壄（靡）所爰（援）□詣（稽）。"
《厚父》："才（在）夏之折（哲）王，迺嚴禛（寅）鬼（畏）皇天上帝之令（命）。"
《厚父》："弗甬（用）先折（哲）王孔甲之典刑，真（顛）復（覆）氒（厥）悳（德），湳（沉）湎于非彝。"
《三壽》："元折（哲）並進，誋（讒）繇（諛）則敝（屏），寺（時）名曰聖（聖）。"

折與𢪖

《性自》："堂（當）事因方而折（制）之，其先後之舍（敘）則宜（義）道也。"按，上博簡本《性情論》折（制）作𢪖。

折與誓

《皇門》："我聒（聞）昔才（在）二又（有）或（國）之折王，則不（丕）共（恭）于卹（恤）。"按，今本《逸周書·皇門》折作誓。
《繫年十四》："女子芺（笑）于房宙（中），郇（駒）之克隆（降）堂而折（誓）曰。"

折與制

《老子》甲："詞（始）折又（有）名。"

按，今本和帛書本折作制。
《緇衣》："非甬（用）巠（令），折（制）以埜（刑），隹（惟）乍（作）五瘧（虐）之埜（刑）曰灋。"
《成之》："折（制）爲君臣之義，慉（著）爲父子之新（親），分爲夫婦之支（辨）。"
《六德》："乍（作）豊（禮）樂，折（制）埜（刑）灋。"
《性自》："堂（當）事因方而折（制）之，其先後之舍（敘）則宜（義）道也。"
《性自》："門内之紿（治），谷（欲）其䩰也；門外之紿（治），谷（欲）其折（制）也。"
《從政》："從正（政）章（庸）五悳（德）、固（固）三折（制）、敘（除）十情（怨）。"按，"折（制）"字從陳偉《上海博物館藏楚竹書〈從政〉校讀》（簡帛研究網，2003年1月10日）讀。
《從政》："三折（制）：時（時）行視，上（常）衣飤（食）☐。"
《三德》："衣備（服）逃（過）折（制），遾（失）於媺（美），是胃（謂）違章，上帝弗京（諒）。"
《用曰》："折（制）灋即（節）井（刑），恆民趣敗。"
《天子甲》："畬（尊）且（俎）不折（制）事，聚眾不譖（語）惰（逸）。"按，"折（制）"字從陳偉《〈天子建州〉校讀》（簡帛網，2007年7月13日）讀。下二例同。
《天子甲》："時（等）言而殜（世）行，因悳（德）而爲之折（制）。"
《天子乙》："畬（尊）且（俎）不折（制）事，聚眾不譖（語）惰（逸）。"
《堯王》："乃䛐（問）於垔（禹）曰：'大割（害）既折（制），少（小）☐。'"
《三算》："夫乘威而折（制）勝者，主☐。"

折與製

《容成氏》："垔（禹）聖（聽）正（政）三年，不折（製）革，不釖（刃）金，不鉻（略）矢。"
《建除》："凡盍日，利以折（製）衣裳（裳）、絶褆，折（製）布𧝸（褐），爲門膚（閭）。"
《叢辰》："利以冠，䅊（探）車馬，折（製）衣𦅫（裳）、表（服）紋（飾）。"
《裁衣》："☐□□□□□申、己未、壬申以折（製），必以内（入）☐。"
《日甲·除》："寇〈冠〉、尋（探）車、折（製）衣常（裳）、服帶，吉。"

折與杕

《詩論》："虛（吾）以《折（杕）杜》得雀☐。"按，"折（杕）"字從何琳儀《滬簡詩論選釋》（簡帛研究網，2002年1月17日）讀。下同。
《詩論》："《折（杕）杜》，則情憙（喜）其至也。"

折與實

《邦人》："安（焉）叚（假）爲司馬，不取其折（實），而邦人不爯（稱）還（縈）安（焉）。"按，"折（實）"字從沈培《清華簡和上博簡"就"字用法合證》（簡帛網，2013年1月6日）讀。

折與睇

《妄稽》："兆（眺）目鉤（流）折（睇），蟻（蛾）犂（眉）睞（連）管（娟）。"按，"鉤折"似當讀作"流睇"。典籍中從"折"聲之"晢"字與"矢"字音近可通。《易·晉》："失得勿恤。"陸德明《釋文》云"失""孟、馬、鄭、虞、王肅作'矢'……虞云：'矢，古晢字'"。《禮記·表記》："信晢旦旦。"陸德明《釋文》云"晢""本亦作矢"。典籍中從“矢”聲之“雉”字與從“弟”聲之字亦音近可通。《説文》：“雉，有十四種……。从隹矢聲。鴺，古文雉从弟。”段玉裁《注》：“从弟。弟聲。”張家山漢簡《蓋廬》：“不茲（慈）稺（稚）弟，不入倫雉（第）者，攻之。”亦其例。《文選·張平子〈南都賦〉》：“微眺流睇，蛾眉連卷。”“流睇”即此“鉤（流）折（睇）”。

制與制

《性自》：“堂（當）事因方而折（制）之，其先後之舍（敘）則宜（義）道也。”按，上博簡本《性情論》折（制）作制。

《奇正》：“所以制（制）刑（形）壹也，所以勝不可壹也。”

《奇正》：“刑（形）以應刑（形），正也；無刑（形）而制（制）刑（形），奇也。”

《奇正》：“分之以奇數，制（制）之以五行，斲（鬬）之以□□。”

《曹氏》：“凡制（制）□物者謹誰於□□☐。”

《節》：“十一月陽在室，陰在野，陰執制（制）行刑。”

《節》：“陰陽有執制（制）者，勿重，陽居高者之下者，陰居下者之高者。”

制與製

《容成氏》：“衣不褻（疊）媺（文），飤（食）不童（重）味，朝不車逆，穜（舂）不糧（毇）米，盪（羹）不折骨，制（製）表（服）韍（皮）専（黼）。”

《爲吏》：“三曰擅制（製）割。”

《日甲·衣一》：“制（製）衣，丁丑媚人，丁亥靈，丁巳安於身，癸酉多衣。”

《日甲·衣二》：“丁酉制（製）衣常（裳），以西有（又）以東行。”

《日乙·楚除》：“制（製）寇〈冠〉帶，君子益事。”

《日乙·楚除》：“蓋絕紀之日，利以制（製）衣常（裳）、説孟（盟）詐（詛）。”

《日乙·楚除》：“利以乘車、寇〈冠〉、帶劍、制（製）衣常（裳）。”

《日乙·制》：“制（製）。”

《日乙·制》：“凡五丑，利以制（製）衣。”

《日乙·制》：“丁丑在亢，制（製）衣常（裳）。”

《日乙·制》：“不可以制（製）☐。”

匃字聲系

惕與喝

《陰陽脈甲》：“惕（喝）惕（喝）如喘，坐而起則目瞙（眡）如毋見。”

曷與渴

《易之義》：“天氣作□□□□□□□□□，其寒不涑（凍），其暑不曷（渴）。”

曷與暍

《三十時》：“不可動□曷（暍）暑復☐。”

曷與鶡

《妄稽》：“肸曷（鶡）抵（低）譁（準），示以都刑（形）。”

渴與堨

《天甲·建除》：“閉日：可以波（陂）渴（堨），入人、奴、妾。”

《天乙·建除》：“閉日：可以波（陂）渴（堨），入人、奴、妾。”

渴與竭

《厚父》：“䜌（亂）下民之匿（慝）王，迺渴（竭）逸（失）其令（命）。”

《帛甲老子·德經》：“胃（謂）浴（谷）毋已盈將〖將〗恐渴（竭）。”

《帛乙老子·德經》：“神毋已靈將恐歇，谷毋已盈將【恐】渴（竭）。”

《養生方》：“取汁，去其涿（濁）者，復

煮其清，令渴（竭）。”

《養生方》：“以渴（竭）請（情）故。”按，“渴（竭）”字從裘錫圭《馬王堆醫書釋讀瑣議》(《古文字論集》，中華書局，1992年，525頁）讀。

《天下至道》：“一曰閉，二曰泄，三曰渴（竭），四曰勿，五曰煩，六曰絕，七曰費。”

《繆和》：“夫人渴（竭）力盡知，歸心於上，莫敢傰（朋）黨侍（待）君。”

《繆和》：“所以皆牧焉勞其四枳（肢）之力，渴（竭）其腹心而索（索）者，類非安樂而爲之也。”

《繆和》：“城郭脩，則人力渴（竭）矣。”

《文師》：“以禄取人₌（人，人）可渴（竭）。”

《要言》：“水渴（竭）者，其魚涸⍁。”

《王兵》：“攻城圍邑，主人渴（竭）盡，易子而食之。”

《兵令》：“有食一人軍之名，有二實之出，國内空虛盡渴（竭）。”

《爲國》：“欲下之盡知（智）渴（竭）能也，而无數以知合與不合，中與不中。故其下无道爲上盡知（智）渴（竭）能。”

《爲政》：“爲政壹□則□，再則菀生，三則無定，四則渴（竭）澤，五則壤斥，六則兵作，七則君殚（卒）。”

《北大老子》：“谷毋以盈將恐渴（竭），侯王毋已貴以高將恐厥（蹶）。”

《儒説》：“我欲長有國，欲使死〈列〉都得，欲使人渴（竭）力。”

楬與竭

《天下至道》：“爲之不已，曰楬（竭）。”

楬與磔

《妄稽》：“泰擊擣之，隨（捾）而猶之，執而穽（抑）之，楬（磔）解□之。”按，“楬（磔）”字從蕭旭《北大漢簡（四）〈妄稽〉校補》(復旦大學出土文獻與古文字研究中心網，2016年7月4日）讀。

腸與渴

《足臂脈·足》：“數腸（渴），牧（默）牧（默）耆（嗜）卧以欬（咳）。”按，“腸（渴）”字從裘錫圭《馬王堆醫書釋讀瑣議》(《古文字論集》，中華書局，1992年，525頁）讀。下同。

《陰陽脈甲》：“心痛，益（嗌）腸（渴）欲飲。”

腸與鬣

《少牢》：“敢用柔毛、剛腸（鬣）、嘉薦、薄（普）淖，用薦歲事于皇祖伯某。”

竭與荷

《起師》：“冬則主人策會，脩（修）成要塞，移水并險，竭（荷）戟而守沮（阻）。”按，“竭（荷）”字從白於藍《銀雀山漢簡（二）校讀六記》(《簡帛》第十輯，上海古籍出版社，2015年）讀。

褐與葛

《帛易·困》：“尚（上）六，困于褐（葛）纍（藟），于貳（鯢）椽（滬），曰悔夷有悔，貞（征）吉。”

謁與竭

《勢》：“不窮如天地，无謁（竭）如河海。”

謁與遏

《爲吏》：“凡治事，敢（嚴）爲固，謁（遏）私圖，畫局陳畀（棋）以爲耤（籍）。”

《軍爭》：“圍師遺闕，歸師勿謁（遏）。”

獦與獵

《泰射》：“命曰：‘毋射獲，毋獦（獵）獲。’”

鄗與葛

《鄭甲》：“東啟遺（隤）、樂，虘（吾）迖（逐）王於鄗（葛）。”

《鄭乙》：“東啟遺（隤）、樂，虘（吾）迖

（逐）王於鄗（葛）。”

會字聲系

會與劊

《成王》：“弗迦（招）而自至，弗審而自周，弗會（劊）而自剸（斷）。”按，“會（劊）”字從孟蓬生在復旦吉大古文字專業研究生聯合讀書會《上博八〈成王既邦〉校讀》（復旦大學出土文獻與古文字研究中心網，2011 年 7 月 17 日）一文下跟帖讀。

會與合

《繫年六》：“秦晉安（焉）㠯（始）會（合）好，穆（戮）力同心。”按，“會”似當讀作“合”。下同。

《繫年十八》：“晉與吳會（合）爲一，以伐楚，閔（門）方城。”

會與瓠

《衛風》：“齒如會（瓠）誁（犀），澮（螓）首蛾麋（眉）。”

噲與獪

《北蒼・魚》：“端直準繩，媌（訬）噲（獪）菁華。”

薈與潰

《容成》：“陰陰拏氣，中不薈（潰）腐，故身無苛（疴）央（殃）。”

澮與薈

《行軍》：“☐□箄（葦）、小林、翳澮（薈）可伏匿者，謹復索之，姦之所處也。”

隃與澮

《更修田律》：“九月大除道及除隃（澮）。”

檜與會

《特牲》：“佐食啟楅〈檜（會）〉，卻于敦南，出立于戶西，南面。”按，“楅”字今本作“會”。“楅”似即“檜”之誤字，讀作“會”。

歛與劌

《從政》：“睧（聞）之曰：行險至（致）命，鉛（饑）滄〈寒〉而毋歛（劌），從事而毋說（閱），君子不以流言駥（傷）人。”按，“歛（劌）”字從王輝《釋上博藏竹書〈從政〉甲篇第 19 簡的歛和說》（《江漢考古》2014 年 2 期）讀。

闠與闍

《昔者》：“大（太）子、母俤（弟）至（致）命於闠₌（闍門），以告迼₌人₌（寺人，寺人）内（入）告於君₌（君。君）曰：‘卲（召）之。’”

鱠與䰈

《墨子》：“☐逃（過），如鱠（䰈）相保，如斧（介）毋偎，補☐。”按，“鱠（䰈）”字從李零《長台關楚簡〈申徒狄〉研究》（簡帛研究網，2000 年 8 月 8 日）讀。

夬字聲系

夬與決

《蘭賦》：“夬（決）迲（去）選勿（物），宅才（在）學（幽）宙（中）。”

《禹王》：“墨（禹）疋（疏）江爲三，疋（疏）河爲九，百洲（川）皆道（導），賽（塞）専（湖）卆₌（九十），夬（決）瀆三百。”

《雜抄》：“傷乘輿馬，夬（決）革一寸，貲一盾。”

《答問》：“妻悍，夫毆治之，夬（決）其耳，若折支（肢）指、胅膿（體）。”

《答問》：“律曰：‘鬬夬（決）人耳，耐。’”

《答問》：“今夬（決）耳故不穿，所夬（決）非珥所入毆（也），可（何）論？”

《答問》：“律所謂，非必珥所入乃爲夬（決），夬（決）裂男若女耳，皆當耐。”

《答問》："或與人鬭，夬（决）人脣，論可（何）殹（也）？"
《封診式》："其襦北（背）直痏者，以刃夬（决）二所，應痏。"
《爲吏》："嚴剛毋暴，廉而毋刖（劌），毋復期（忌）勝，毋以忿怒夬（决）。"
《爲吏》："夬（决）獄不正。"
《龍簡》："☐未夬（决）而言者，貲二甲。"
《龍簡》："☐罪者獄未夬（决）☐。"
《龍簡》："☐□□巳夬（决）乃☐。"
《治官》："復悔其（忌）勝，毋忿怒以夬（决）。"
《癸瑣》："不當，錢不處，當更論。更論及論失者言夬（决）。"
《暨過》："言夬（决）相遝，不羸（纍）。"
《田與》："巳（已）服仁（認）奸，今獄夬（决）乃曰不奸。"
《引書》："勞卷（倦）飢〈飢〉渴，白汗夬（决）絕。"
《戰國一四》："秦弱宋服，則王事遬（速）夬（决）矣。"
《戰國一六》："兵〈與〉楚兵夬（决）於陳鄗（郊）。"
《將義》："故夬（决）者，兵之尾也。"
《十陣》："錐行之陳（陣）者，所以夬（决）絕也。"
《十陣》："然則錐行之陳（陣）可以夬（决）絕矣。"
《天六》："凡斗、月、咸池立，用兵之夬（决）也。"
《禁》："定冬水冰，血氣堇凝（凝），毋以聚眾夬（决）口（漏）□澤通水。若以聚眾夬（决）口（漏）□澤通水，其鄉曲琗（顇）。"
《妄稽》："力勁夬（决）觡，不好手抉（校）。"
《六博》："在道者，久，未有夬（决）。"
《六博》："在詘者，深，難夬（决）。"

夬與玦

《采風》："《列也遺夬（玦）》。"
《妄稽》："吾自爲買妾，終不夬（决）女（汝）。"

夬與缺

《老子》乙："大成若夬，其甬（用）不幣（敝）。"按，王弼、傅奕本和帛書甲本夬作缺。
《語叢一》："夬（缺）生虖（乎）未得也。"
《周易・夬》："九厽（三）：藏（壯）于頄，又（有）凶。君子夬₌（夬夬），蜀（獨）行遇雨，女（如）雭又（有）厲，亡（无）咎。"按，帛書本夬作缺。下一例同。
《周易・夬》："九五：莧苵（陸）夬₌（夬夬），中行亡（无）咎。"
《秦律・置吏律》："其有死亡及故有夬（缺）者，爲補之，毋須時。"
《帛甲老子・德經》："其正（政）察察，其邦夬（缺）夬（缺）。"
《天下至道》："精羸（贏）必舍，精夬（缺）必布（補）。"
《天下至道》："布（補）舍之時，精夬（缺）爲之。"
《北大老子》："其正（政）昏昏，其民春春（蠢蠢）；其正（政）計計（察察），其國夬夬（缺缺）。"

夬與訣

《凡物甲》："其夬（訣）系（奚）埅（適），箸（孰）智（知）其疆？"按，"夬（訣）"字從張崇禮《釋〈凡物流形〉的"其夬奚適，孰知其疆"》（復旦大學出土文獻與古文字研究中心網，2009年3月19日）讀。下同。
《凡物乙》："其夬（訣）系（奚）埅（適），箸（孰）智（知）其疆？"

《戰國一七》:“此齊之以母質之時也，而武安君之棄禍存身之夬（訣）也。”

夬與缺

《老子》乙：“大成若夬，其甬（用）不幣（敝）。”按，河上本夬作缺。

夬與解

《成王》:“此六者皆逆，民皆又（有）夬（解）鹿〈麗（離）〉之心，而或（國）又（有）相串（患）割（害）之志，是胃（謂）童₌☑。”按，“夬”似當讀作“解”，訓作“散”。“解離”即瓦解離散之義。

块與決

《帛易・大壯》:“九四，貞吉，悔亡。藩（藩）块（決）不羸，壯于泰（大）車（輿）之緮（輹）。”

块與缺

《太一》:“罷（一）块（缺）罷（一）浧（盈），以忌（己）爲墧（萬）勿（物）經。”

堨與竭

《管仲》:“忎（恐）辠（罪）之不堨（竭）而型（刑）之方（放），肙（怨）亦未𧨏（濟），邦以卒喪。”

抉與缺

《螟》:“使人鼻抉（缺）指斷。”

快與決

《語叢一》:“快（决）与信，器也，各以澹（詹）詞（詞）毀也。”

快與袂

《帛易・歸妹》:“六五，帝已歸妹，其君之袂不如其苐（娣）之快（袂）良。日月既（幾）朢（望），吉。”

快與慧

《尊德義》:“専（博）不足以智（知）善，快（慧）不足以智（知）侖（倫），殺不足以勑（勝）民。”按，“快”似當讀作“慧”。《史記・五帝本紀》:“幼而徇齊。”司馬貞《索隱》:“叡、慧，皆智也。”

《性自》:“凡見者之胃（謂）勿（物），快於㠯（己）者之胃（謂）兑（悦），勿（物）之埶（勢）者之胃（謂）埶（勢），又（有）爲也者之胃（謂）古（故）。”按，上博簡本《性情論》快作慧。上博簡之“慧”字從白於藍《〈上海博物館藏戰國楚竹書（一）〉釋注商榷》(《華南師範大學學報》2002年5期）釋。

《性自》:“又（有）其爲人之快女（如）也，弗牧不可。”按，上博簡本《性情論》快作慧。

《帛甲老子・道經》:“知（智）快（慧）出，案（焉）有大僞。”

芵與蘚

《養生方》:“[取]牛肉薄劙（劙）之，即[取]萆芵（蘚）寸者，置□□牛肉中，炊沸，休。”

《養生方》:“臧（藏）汁及萆芵（蘚），以復煮肉，三而去之。”

陕與決

《秦律・徭律》:“未卒歲或壞陕（決），令縣復興徒爲之，而勿計爲繇（徭）。”

《秦律・徭律》:“卒歲而或陕（決）壞，過三堵以上，縣葆者補繕之。”

《秦律・徭律》:“三堵以下，及雖未盈卒歲而或盜陕（決）道出入。”

《治官》:“院垣陕（決）壞，里中備火。”

《第二組》:“城塞陛鄣多陕（決）壞不脩，徒隸少不足治。”

肤與決

《二年・賊律》:“齒、指，肤體，斷肤（決）鼻、耳者，耐。”

缺與夬

《帛易・夬》:“[九]三，牀（壯）于頯（頄），有凶。君子缺（夬）缺（夬），獨行愚（遇）雨若濡。有溫（慍），无咎。”

《帛易·夬》："九五，莧勳（陸）缺（夬）缺（夬），中行，无咎。"

歞與闃

《周易·豐》："上六：豐其芾（屋），坿（蔀）其家，閨（闚）其床（戶），歞（闃）其亡（无）人，厽（三）戢（歲）不覿，凶。"按，"歞"字整理者隸定作"歖"。不確。當釋爲"歞"，字見《説文》。

歞與缺

《三壽》："柬柬（簡）和募（慕），尃（補）歞（缺）而救枉。"

歞與哭

《周易·豐》："上六：豐其芾（屋），坿（蔀）其家，閨（闚）其床（戶），歞（闃）其亡（无）人，厽（三）戢（歲）不覿，凶。"按，帛書本歞（闃）作哭。"歞"字整理者隸定作"歖"。不確。當釋爲"歞"，字見《説文》。

孓字聲系

孓與戉

《楚居》："至畬（熊）只〈孓（戉）〉、畬（熊）絽（黜）、畬（熊）樊（盤）及畬（熊）賜（錫）、畬（熊）洰（渠），𦘦（盡）居𡈞（夷）宅（屯）。"按，"只〈孓（戉）〉"字從李家浩《談清華戰國竹簡〈楚居〉的"夷宅"及其他——兼談包山楚簡的"𡍒人"等》（《清華簡研究（第一輯）——〈清華大學藏戰國竹簡（壹）〉國際學術研討會會議論文集》，中西書局，2012年，頁248）釋讀。

㇄字聲系

㇄與輟

《老子》乙："善建者不臬（拔），善休〈保（抱）〉者不兑（脱），子孫以其祭祀不㇄。"按，今本㇄作輟。"㇄"字從張桂光《〈郭店楚墓竹簡〉釋注續商榷》（《簡帛研究2001》，廣西教育出版社，2001年）、白於藍《郭店楚簡補釋》（《江漢考古》2001年2期）釋。

㇄與絕

《老子》乙："善建者不臬（拔），善休〈保（抱）〉者不兑（脱），子孫以其祭祀不㇄。"按，帛書乙本㇄作絕。"㇄"字從張桂光《〈郭店楚墓竹簡〉釋注續商榷》（《簡帛研究2001》，廣西教育出版社，2001年）、白於藍《郭店楚簡補釋》（《江漢考古》2001年2期）釋。

㠯與絕

《子羔》："使亡（無）又（有）少（小）大、㠯（絕）䆅（饒），使膚（皆）得其社稷百眚（姓）而奉守之。"按，"㠯（絕）"字從白於藍《讀上博簡（二）劄記》（《江漢考古》2005年4期）釋讀。

䛡與話

《緇衣》："《寺（詩）》員（云）：'訢（慎）尔出䛡（話），敬尔愄（威）義（儀）。'"按，"䛡（話）"從白於藍《郭店楚簡補釋》（《江漢考古》2001年2期）釋讀。

辿與括

《良臣》："又（有）南宮辿（括），又（有）南宮夭。"

辿與适

《良臣》："又（有）郘（芮）白（伯），又（有）白（伯）辿（适），又（有）帀（師）上（尚）父，又（有）虔（虢）弔（叔）。"

辿與禬

《三壽》："余（餘）亯（享）獻社（攻），辿（禬）還（禜）蚕（妖）𧖴（祥），寺（時）名曰恙（祥）。"按，"辿"即"适"字異構，從暮四郎在易泉《清華五〈殷高宗問於三壽〉初讀》（簡帛網"簡帛論壇"，2015年4月

10日）一文下跟帖讀作“禬”。

介字聲系

介與芥

《二年·賜律》：“醯、醬（醬）各二升，介（芥）一升。”

介與界

《戰國三》：“臣之所□□□□□□□□□不功（攻）齊，全（跧）於介（界）。”

《戰國一七》：“交以趙爲死友，地不兵〈與〉秦攘（壤）介（界）。”

介與丐

《答問》：“可（何）謂‘介（丐）人’？”

《答問》：“可（何）謂‘介（丐）人’？”

《答問》：“不當貣（貸），貣（貸）之，是謂‘介（丐）人’。”

《答問》：“不當氣（餼）而誤氣（餼）之，是謂‘介（丐）人’。”

介與匄

《琴舞》：“介（匄）睪（澤）寺（恃）悳（德），不畀甬（用）非頌（雝）。”

介與契

《帛甲老子·德經》：“是以聖【人執】右介（契）而不以責於人。”

《帛甲老子·德經》：“故有德司介（契），无德司勶（徹）。”

介與挈

《北大老子》：“使我介（挈）有智（知），行于大道，唯蛇（迤）是畏。”

介與豫

《別卦》：“介（豫）。”

芥與介

《秦律·司空》：“及不芥（介）車，車蕃（藩）蓋強折列（裂）。”

芥與契

《帛乙老子·德經》：“是以耶（聖）人執左〈右〉芥（契）而不以責於人。”

《帛乙老子·德經》：“故又（有）德司芥（契），无德司勶（徹）。”

《戰國二二》：“公常操□芥（契）而責於秦、韓，此其善於公而惡張義（儀）多資矣。”

芥與挈

《戰國二一》：“秦盡韓、魏之上黨，則地兵〈與〉王布（邦）屬壤芥（挈）者七百里。”

犗與掣

《周易·睽》：“六厽（三）：見車（輿）遏（曳），其牛犗（掣），其人天虘（且）劓，亡（无）初又（有）終。”

犗與觢

《周易·睽》：“六厽（三）：見車（輿）遏（曳），其牛犗（掣），其人天虘（且）劓，亡（无）初又（有）終。”按，帛書本犗（掣）作觢。

犗與絜

《周易·睽》：“六厽（三）：見車（輿）遏（曳），其牛犗（掣），其人天虘（且）劓，亡（无）初又（有）終。”按，阜陽漢簡本犗（掣）作絜。

彸與夬

《別卦》：“彸（夬）。”

界與介

《五令》：“威令失則界（介）虫（蟲）爲菑（災）。”

《五令》：“界（介）虫（蟲）爲菑（災）則發義令。”

界與芥

《養生方》：“界（芥）當三物，冶，三指最（撮）後飯☐。”

界與割

《北大老子》：“大制無界（割），將欲取天下而爲之，吾見其不得已。”

疥與介

《帛易・豫》：“六二，疥（介）于石，不終日，貞吉。”

疥與瘦

《妄稽》：“臨勺（灼）疥（瘦）腸，日百嘑㬒。”按，“疥（瘦）”字從蕭旭《北大漢簡（四）〈妄稽〉校補》（復旦大學出土文獻與古文字研究中心網，2016年7月4日）讀。

瘟與疥

《競公瘧》：“齊競（景）公瘟（疥）虘（且）瘧（瘧），觑（逾）戢（歲）不巳。”

《競公瘧》：“公瘟（疥）虘（且）瘧（瘧），觑（逾）戢（歲）不巳，是虐（吾）亡（無）良祝、史也。”

价與芥

《容成氏》：“舜於是虖（乎）訂（始）免蓻（笠）幵（攜）槈（耨）、菨（芰）价（芥）而坐之。”按，“价（芥）”字從郭永秉《讀〈六德〉、〈子羔〉、〈容成氏〉劄記三則》（簡帛網，2006年5月26日）讀。

緳與介

《鄭甲》：“戰於魚羅（麗），虐（吾）乃膢（獲）郙（函）、邶（訾），輹（覆）車閿（襲）緳（介）。”

《鄭乙》：“戰於魚羅（麗），虐（吾）乃膢（獲）郙（函）、邶（訾），輹（覆）車閿（襲）緳（介）。”

炌與介

《周易・豫》：“六二：炌（介）于石，不終日，貞吉。”

炌與疥

《周易・豫》：“六二：炌（介）于石，不終日，貞吉。”按，帛書本炌（介）作疥。

芥與介

《墨子》：“☐迯（過），如盦（虺）相保，如芥（介）毋偯，補☐。”按，“芥（介）”字從李零《長台關楚簡〈申徒狄〉研究》（簡帛研究網，2000年8月8日）讀。

芥與筮

《柬大王》：“龜尹智（知）王之庶（炙）於日而疠（病），芥（筮）悉（儀）愈迗（要）。”按，“芥”似當讀作“筮”。《儀禮・士冠禮》：“前期三日筮賓，如求日之儀。”《儀禮・士喪禮》：“筮擇如初儀。”《儀禮・特牲饋食禮》：“若不吉，則筮遠日如初儀。宗人告事畢，前期三日之朝，筮尸如求日之儀。”“芥（筮）悉（儀）愈迗（要）”是説卜筮的儀式更加簡要。

愸與潔

《鮑叔牙》：“器必蠲愸（潔），毋内錢器，牪（犧）生（牲）珪璧必全。”按，“愸（潔）”字從陳劍《談談〈上博（五）〉的竹簡分篇、拼合與編聯問題》（簡帛網，2006年2月19日）釋讀。

齘與齧

《天下至道》：“四曰疢（吙），五曰齘（齧）。”

《天下至道》：“齘（齧）者，身振寒，置已而久。”

丯字聲系

垶與郤

《苦成》：“姑（苦）成家父以其族參（三）垶（郤）征百豫，不思（使）反。”

《苦成》：“參（三）垶（郤）中立，以正上下之諣，弜（強）于公家。”

《苦成》：“鑾（欒）箸（書）欲乍（作）難（難），害參（三）垶（郤）。”

《苦成》：“參（三）垶（郤）家夏（度）取宔（主）君之眾以不聖（聽）命，牆（將）大害。”

《苦成》："垰（郤）守（錡）聒（聞）之，告姑（苦）成家父曰：'以虐（吾）族参（三）垰（郤）與□□□□於君，幸則晉邦之社稷可得而事也，不幸則取字（免）而出，者（諸）侯畜我，隹（誰）不以厚？'"

《苦成》："惻（賊）参（三）垰₌（郤，郤）守（錡）、垰（郤）至、姑（苦）成家父立死，不用其眾。"

《苦成》："参（三）垰（郤）既亡，公家乃溺（弱），鑾（欒）箸（書）弋（弑）敕（厲）公。"

逄與格

《緇衣》："君子言又（有）勿（物），行又（有）逄（格），此以生不可敓（奪）志，死不可敓（奪）名。"

逄與略

《緇衣》："古（故）君子多聒（聞），齊而獸（守）之；多志，齊而新（親）之；精智（知），逄（略）而行之。"

《弟子問》："☐者可逄（略）而告也。"按，"逄（略）"字從禤健聰《上博楚簡（五）零札（一）》（簡帛網，2006年2月24日）釋，從陳斯鵬《讀〈上博竹書（五）〉小記》（簡帛網，2006年4月1日）讀。

菸與綌

《詩論》："夫蔿（葛）之見訶（歌）也，則以莁（絺）菸（綌）之古（故）也。"按，"菸（綌）"字從陳劍《〈孔子詩論〉補釋一則》（《國際簡帛研究通訊》第二卷第三期，2002年）讀。

契與潔

《日甲·詰》："令人色柏（白）然毋（無）氣，喜契（潔）清，不飲食。"

挈與契

《白處》："雞湮居二□□之□，以蚤（搔）挈（契）虗（瘧）令赤，以□之。"

恝與掣

《帛易·睽》："六三，見車（輿）恝（掣），其牛謹（曳），其人天且劓，无初，有終。"按，今本恝作掣。

契與栔

《繫辭》："上古結繩而治，後世耶（聖）人易之以書契（栔）。"

絜與潔

《語書》："有（又）廉絜（潔）敦愨而好佐上。"

《語書》："惡吏不明法律令，不智（知）事，不廉絜（潔），毋（無）以佐上。"

《爲吏》："必精絜（潔）正直，慎謹堅固，審悉毋（無）私，微密韱（纖）察。"

《治官》："精絜（潔）正直，慎謹掔（堅）固。"

《同顯》："洋精（清）絜（潔），毋（無）害。"

《巍盜》："皆請（清）絜（潔），毋（無）害，敦設（愨）。"

《奏讞書》："舉閼毋害謙（廉）絜（潔）敦穀（愨）。"

《將過》："有知（智）而心袪〈怯〉者，有知（智）而精絜（潔）者，有知（智）而心緩者。"

《將過》："知（智）而心袪〈怯〉者可戰，知（智）而精絜（潔）者可後，知（智）而心緩者可牧。"

《安稽》："精絜（潔）貞廉，不肯淫議。"

絜與掣

《阜易·睽》："六三，見車（輿）渫（曳），其牛絜（掣），其人天且劓。"

擖與介

《帛甲老子·德經》："使我擖（介）有知也，行於大道，唯施是畏。"按，通行本擖作介。

瘛與瘈

《目録》："嬰兒瘛（瘈）。"

《嬰兒瘈》："嬰兒瘛（瘈）。"

《嬰兒瘈》："嬰兒瘛（瘈）者，目繲（曳）䣚（邪）然，脅痛。"

《嬰兒瘈》："因以匕周揞嬰兒瘛（瘈）所，而洒（洗）之桮（杯）水中。"

瘛與制

《合陰陽》："瘛（制）息者，内急也。"

瘳與罄

《養生方》："一曰疢（吹），二曰瘳（罄）。"

癈與祭

《祭公》："且（祖）癈（祭）公，衮（哀）余少（小）子，𤽥（昧）其才（在）位，誋（旻）天疾畏（威），余多寺（時）砽懲。"

《祭公》："癈（祭）公拜＝（拜手）䭫＝（稽首）。"

《祭公》："我亦隹（惟）又（有）若且（祖）癈（祭）公，敚（修）和周邦，保䀠（乂）王家。"

《祭公》："癈（祭）公之䫝（顧）命。"

欮字聲系

欮與厥

《題記》："僃（俛）欮（厥）。"按，"欮（厥）"字從周一謀、蕭佐桃《馬王堆醫書考注》（天津科學技術出版社，1988 年，251 頁）讀。

欮與蹶

《帛乙老子·德經》："侯王毋已貴以高將恐欮（蹶）。"

厥與蹶

《軍爭》："五十里而爭利，則厥（蹶）上將，法以半至。"

《擒龐涓》："吾攻平陵不得而亡齊城、高唐，當術而厥（蹶）。"

《北大老子》："谷毋以盈將恐渴（竭），侯王毋已貴以高將恐厥（蹶）。"

《儒説》："辟（譬）若秋蓬之美其支（枝）葉而惡其根荄（基）也，見時風至而厥（蹷）矣。"

厥與髍

《癃病》："以多爲故，而□□尻厥（髍）。"

厥與缺

《容成》："翕氣之道，必致之末，精生而不厥（缺）。"按，"厥（缺）"字從馬繼興《馬王堆古醫書考釋》（湖南科學技術出版社，1992 年，905 頁）讀。

撅與蹶

《合陰陽》："氣至，深内而上撅（蹶）之，以抒其熱，因復下反之。"

蹷與蹶

《北蒼·陽》："額印趭蹷（蹶），瞵盼□□。"

蹶與厥

《脈書》："胠如結，腨如裂，此爲踵（踵）蹶（厥），是鉅陽之脈主治。"

《脈書》："此爲骭蹶（厥），是陽明脈主治。"

《脈書》："蹶（厥）陰之脈，毄（繫）與足大指叢毛之上，乘足柎（跗）上廉。"按，整理者釋"蹶"爲"瘚"。不確。

《脈書》："要（腰）痛，不可以印（仰），則嗌乾，面驪，是蹶（厥）陰之脈主治。"

《脈書》："面黯若灺（灺）色，欬（咳）則有血，此爲骨蹶（厥），是少陰之脈主治。"

《脈書》："心痛，嗌渴欲歙（飲），此爲臂蹶（厥），是臂少陰之脈主治。"

《引書》："引蹶（厥），危坐，信（伸）左足，右足支尻。"

《陰陽脈甲》："腨如裂，此爲踝蹶（厥），是鉅陽脈（脈）主治。"
《陰陽脈甲》："此爲骭蹶（厥），是陽明脈（脈）主治。"
《陰陽脈甲》："此爲骨蹶（厥），是少陰脈（脈）主【治】。"
《陰陽脈甲》："甚則交兩手而戰，此爲臂蹶（厥）。"
《陰陽脈甲》："此爲臂蹶（厥），是臂少陰脈（脈）主治。"

蹶與瘚

《引書》："人之所以善蹶（瘚），蚤（早）衰於陰，以其不能節其氣也。"
《曹氏》："是故陰陽不禾（和）水蹶（瘚）作，屈信（伸）☐。"

瘚與瘚

《引書》："夜日臥瘚（瘚），學（覺）心腹及匈（胸）中有痛者。"

闕與厥

《帛五行·經》："五行皆刑（形）於闕（厥）内，時行之，胃（謂）之君子。"
《帛易·大有》："六五，闕（厥）復（孚）交如，委（威）如，終吉。"

闕與獗

《稱》："商（猖）闕（獗）而栝（活），先人之連（烈）。"

闕與髍

《天下至道》："爲之合坐，闕（髍）尻畀（鼻）口，各當其時。"

氒字聲系

氒與厥

《緇衣》："《君奭》員（云）：'昔才（在）上帝，戡（割）紳（申）觀（勸）文王之悳（德），其集大命于氒（厥）身（躬）。'"
《周易·大有》："六五：氒（厥）孚洨（交）女（如），愇（威）女（如），吉。"
《用曰》："凡龏（寵）人，非人是龏（寵），氒（厥）身是戔（暴）。"
《用曰》："冒還氒（厥）辟，台（以）民乍（作）康。"
《蘭賦》："☐☐攸（搖）茖（落）而猷（猶）不逵（失）氒（厥）芳＝（芳，芳）涅（馨）訛（佖）迡（迟）而達聒（聞）于四方。"
按，"氒（厥）"字從復旦吉大古文字專業研究生聯合讀書會《上博八〈蘭賦〉校讀》（復旦大學出土文獻與古文字研究中心網，2011年7月17日）釋讀。
《楚帛書》甲："氒（厥）☐僬＝（僬僬），☐☐☐母，夢＝（夢夢）墨＝（墨墨），亡章弼＝（弼弼）。"
《尹至》："其又（有）句（后）氒（厥）志其倉（爽），龍（寵）二玉，弗悬（虞）其又（有）眾。"
《尹誥》："夏自藼（絕）其又（有）民，亦隹（惟）氒（厥）眾，非民亡與獸（守）邑。"
《尹誥》："氒（厥）辟复（作）悄（怨）于民＝（民，民）復之甬（用）麗（離）心，我戩（翦）泧（滅）夏。"
《保訓》："自詣（稽）氒（厥）志，不諱（違）于庶萬眚（姓）之多欲。"
《保訓》："氒（厥）又（有）砓（施）于上下遠埶（邇）。"
《保訓》："帝堯嘉之，甬（用）受（授）氒（厥）緒。"
《保訓》："昔屶（微）叚（假）中于河，以復又＝易＝（有易，有易）伓（服）氒（厥）辠（罪）。"
《皇門》："乞（迄）又（有）寶（孚），以蠹（助）氒（厥）辟，堇（勤）卹（恤）王邦王家。"

《皇門》："是人斯既薾（助）氒（厥）辟，堇（勤）勞王邦王家。"
《皇門》："先[=]（先人）神示（祇）復式（式）用休，卑（俾）備（服）才（在）氒（厥）家。"
《皇門》："至于氒（厥）後嗣立王，廼弗肯用先王之明刑，乃隹（維）訯=（汲汲）疋（胥）區（驅）疋（胥）敎（教）于非彝。"
《皇門》："以家相氒（厥）室，弗卹王邦王家，隹（維）俞（媮）悳（德）用。"
《皇門》："是人斯廼訡（讒）惻（賊）□□，以不利氒（厥）辟氒（厥）邦。"
《皇門》："曰'余蜀（獨）備（服）才（在）寑'，以自零（落）氒（厥）家。"
《祭公》："敢皋（告）天子，皇天改大邦壂（殷）之命，隹（惟）周文王受之，隹（惟）武王大敗之，成氒（厥）社（功）。"
《祭公》："亦尚扂（寬）臧（壯）氒（厥）心，康受亦弋（式）甬（用）休。"
《祭公》："隹（惟）文武中大命，戏（戡）氒（厥）敵。"
《楚居》："逆流哉（載）水，氒（厥）䏶（狀）塱（聶）耳，乃妻之，生侸咠（叔）、麗季。"
《繫年一》："孪=（至于）東=王=（厲王，厲王）大瘧（虐）于周，卿李（士）、者（諸）正、萬民弗刃（忍）于氒（厥）心，乃歸東（厲）王于𩁹（彘），龍（共）白（伯）和立。"
《説命上》："王命氒（厥）百攻（工）向（像），以貨旬（營）求敓（説）于邑人，隹（惟）弜（罪）人得敓（説）于専（傅）厰（巖）。"
《説命上》："氒（厥）卑（俾）纆（繃）弓紳（引）弴（弮）辟矢。"
《説命上》："氒（厥）敓（説）之䏶（狀），鶻（鳶）肩女（如）惟（椎）。"
《説命中》："王紛（原）比氒（厥）夢，曰：'女（汝）逨（來）隹（惟）帝命。'"
《説命中》："叓（且）天出不恙（祥），不虘（徂）遠，才（在）氒（厥）胳（落）。"
《説命中》："隹（惟）戟（干）戈生（眚）氒（厥）身。"
《説命下》："女（如）飛鶴（雀）罔鬼（覺）觀，不隹（惟）鷹（鷹）唯（椎），廼弗𢘅（虞）民，氒（厥）其𢘛（禍）亦羅于罟（罨）罘（罬）。"
《芮良夫》："氒（厥）辟、戠（御）事，各縈（營）其身，恆靜（爭）于福（富），莫絧（治）庶懯（難），莫卹邦之不盜（寧）。"
《芮良夫》："莫爯（稱）氒（厥）立（位），而不智（知）允（滿）湿（盈）。"
《芮良夫》："各憍（圖）氒（厥）羕（永），以交罔栂（悔）。"
《厚父》："弗甬（用）先折（哲）王孔甲之典刑，真（顛）復（覆）氒（厥）悳（德），湳（沉）湎于非彝。"
《厚父》："天廼弗若（赦），廼述（墜）氒（厥）令（命），亡氒（厥）邦。"
《厚父》："廼弗慎（慎）氒（厥）悳（德），甬（庸）敘才（在）服？"
《厚父》："廼虔秉氒（厥）悳（德），作（作）辟事三后。"
《厚父》："曰民心隹（惟）本，氒（厥）作（作）隹（惟）枼（葉），引（矧）其能丁，良于春（友）人，廼洹（宣）弔（淑）氒（厥）心。"
《厚父》："若山氒（厥）高，若水氒（厥）淵（淵），女（如）玉之才（在）石，女（如）丹之才（在）朱，廼是（寔）隹（惟）人。"
《厚父》："曰天𩚗（監）司民，氒（厥）𢇍女（如）有之服于人，民弋（式）克苟（敬）

悳（德）。"

《封許》："向（尚）晨（純）氒（厥）悳（德），雁（膺）受大命，旻（駿）尹亖（四）方。"

《封許》："則隹（惟）女（汝）呂丁，肁（肇）椉（右）玟（文王），謐（畢）光氒（厥）剌（烈）。"

《封許》："珷（武王）司（嗣）明型（刑），銮（釐）氒（厥）猷，祗事帝（上帝）。"

《命訓》："凡氒（厥）六者，正（政）之所访（殆）。"

《命訓》："凡此，勿（物）氒（厥）耑（權）之樞（屬）也。"

活與栝

《木牘》："活（栝）樓根十分，天雄五分，牛膝四分，續斷四分。"

括與刮

《痂》："冶蛇牀實，以牡彘膏饍，先括（刮）加（痂）潰，即傅而□□，乾。"

栝與活

《帛甲老子·德經》："勇於敢者則殺，勇於不敢者則栝（活）。"

《帛乙老子·德經》："勇於敢則殺，勇於不敢則栝（活），此兩者或利或害。"

《帛乙老子·道經》："愛民栝（活）國，能毋以知乎？"

《名理》："以剛爲柔者栝（活），以柔爲剛者伐。"

《稱》："商（猖）闕（獗）而栝（活），先人之連（烈）。"

《北大老子》："勇於敢則殺，勇於不敢則枯〈栝（活）〉，此兩者，或利或害。"

祮與髻

《官一》："禪祮（髻）蘩（磐）避（辟），所以莠（誘）桑（躡）也。"按，"祮（髻）"字從張震澤《孫臏兵法校理》（中華書局，1984年，118頁）讀。

聒與括

《二三子》："易曰：'聒（括）囊，無咎無譽。'"

《二三子》："其猶'聒（括）囊'也，莫出莫入，故曰'無咎無譽'。"

《易之義》："'聒（括）囊，无咎'，語无聲也。"

《易之義》："易曰'聒（括）囊，无咎'。"

㓞字聲系

葪與芥

《蚖》："以葪（芥）印其中顛。"按，《玉篇·艸部》："葪，同薊。俗。"

桀字聲系

桀與傑

《日甲·星》："以生子，爲邑桀（傑）。"

《日乙·七月》："以生子，爲邑桀（傑）。"

《隨日·星官》："以生子，爲邑桀（傑）。"

《君正》："能收天下豪桀（傑）票（驃）雄，則守御（禦）之備具矣。"

《守權》："鼓其槀（豪）桀（傑）俊雄，堅甲利兵勁弩仁（韌）矢并於前。"

《王兵》："論百工利器，收天下豪桀（傑），有天下俊雄。"

桀與趨

《妄稽》："狗桀（趨）袑（趫）馬趯（躍），往來之裴（斐）裴（斐）。"按，"桀（趨）"字從蕭旭《北大漢簡（四）〈妄稽〉校補》（復旦大學出土文獻與古文字研究中心網，2016年7月4日）讀。

埶字聲系

埶與勢

《尊德義》："沓（教）以埶（勢），則民埜（野）以靜（爭）。"按，"埶（勢）"字從陳偉《郭店竹書别釋》(湖北教育出版社，2002年，158頁)讀。

《性自》："好亞(惡)，眚(性)也；所好所亞(惡)，勿(物)也。善不善，眚也；所善所不善，埶(勢)也。"

《性自》："出眚(性)者，埶(勢)也。"

《性自》："凡見者之胃(謂)勿(物)，快於吕(己)者之胃(謂)兑(悦)，勿(物)之埶(設)者之胃(謂)埶(勢)，又(有)爲也者之胃(謂)古(故)。"

《慎子》："忠疐(質)以反俞(渝)，迂(寬)友(柔)以載道，精瀍以巽(順)埶(勢)。"按，"埶(勢)"字從劉洪濤《上博竹書〈慎子曰恭儉〉校讀》(簡帛網，2007年7月6日)讀。

《皇門》："廼隹(惟)大門宗子埶臣，楙(懋)昜(揚)嘉悳(德)。"按，今本《逸周書·皇門》埶作勢。

《蓋廬》："倍(背)陵而軍，命曰乘埶(勢)。"

《春秋十二》："申之以子女，尊以名埶(勢)。"按，"埶(勢)"字從郭永秉《馬王堆漢墓帛書〈春秋事語〉補釋三則》(復旦大學出土文獻與簡帛研究中心網，2007年12月24日)釋讀。

《春秋八》："其埶(勢)有(又)庳(卑)。"

《戰國一七》："利擯〈擅〉河山之閒，埶(勢)無齊患。"

《戰國二〇》："燕、趙弗利而埶(勢)爲者，以不信秦王也。"按，"埶(勢)"字從裘錫圭《讀〈戰國縱橫家書釋文注釋〉劄記》(《文史》第36輯，中華書局，1992年)釋讀。

《容成》："探(深)余(徐)去埶(勢)，六府皆發，以長爲極。"按，"埶(勢)"字從裘錫圭《馬王堆醫書釋讀瑣議》(《古文字論集》，中華書局，1992年，525頁)釋讀。

《天下至道》："九曰青(蜻)靈(蛉)，思外，十曰魚族(嘬)，此謂十埶(勢)。"

《天下至道》："十脩曁(既)備，十埶(勢)豫陳。"

《勢》："埶(勢)。"

《勢》："故善戰者，求之於埶(勢)，弗責於人。"

《實虛》："兵无成埶(勢)，无恆刑(形)，能與敵化之胃(謂)神。"

《見威王》："夫兵者，非士(恃)恆埶(勢)也。"

《威王問》："善戋(哉)言！兵埶(勢)不窘。"

《威王問》："權、埶(勢)、謀、詐，兵之急者邪(耶)？"

《威王問》："埶(勢)者，所以令士必鬬也。"

《篡卒》："其勇在於制，其巧在於埶(勢)。"

《勢備》："笄(羿)作弓弩，以埶(勢)象之。"

《勢備》："何以知弓奴(弩)之爲埶(勢)也？"

《勢備》："故曰：弓弩埶(勢)也。"

《勢備》："凡兵之道四：曰陳(陣)，曰埶(勢)，曰變，曰權。"

《勢備》："☐埶(勢)者，攻無備，出不意☐。"

《爲國》："欲吏之毋穫民利也，而其所以使民之埶(勢)易姦也，不可以應大事，有大事必娘(畏)，其吏便以爲重利。"

《客主》："客者，後定者也。主人安(按)地抚埶(勢)以胥。"

《客主》："埶(勢)不便，地不利也。埶(勢)

便地利則民自進，埶（勢）不便地不利則民自退。”

《客主》：“所胃（謂）善戰者，便埶（勢）利地者也。”

《奇正》：“有所有餘，有所不足，刑（形）埶（勢）是也。”

《奇正》：“故戰埶（勢），大陳（陳）□斷，小陳（陳）□解。”

《奇正》：“故戰埶（勢），勝者益之，敗者代之，勞者息之，飢者食之。”

《牟成杓》：“舜曰：‘請問埶（勢）。’”

《管子》：“桓公曰：‘居先亡之埶（勢）而不□☐。’”

《聽有》：“貴其埶（勢），因聽其言；美其色，因聽【其】言；親其身，因聽其言。”

《十陣》：“以火亂之，以矢雨之，鼓譟敦兵，以埶（勢）助之。火戰之法。”

《略甲》：“☐欲毄（擊）之，其埶（勢）不可。”

《趙正書》：“使秦并有天下，有其地，臣其王，名立於天下，埶（勢）有周室之義，而王天子。”

埶與熱

《合陰陽》：“一曰氣上面埶（熱），徐呴。”

《萬物》：“見〈貝〉母已寒埶（熱）也。”

埶與褻

《緇衣》：“古（故）上不可以埶（褻）坓（刑）而翌（輕）雀（爵）。”

《尊德義》：“斈（教）以攴（辯）兑（說），則民埶（褻）陖（陵）張（長）貴以忘（妄）。”按，“埶（褻）”字從陳偉《郭店竹書別釋》（湖北教育出版社，2002年，158頁）讀。

《稱》：“□□不埶（褻）偃兵，不埶（褻）用兵。”

《鄭武》：“孕₌（孺子）亦母（毋）以埶（褻）豊（豎）卑（嬖）御，勤力射馯（御）。”按，“埶（褻）”字從清華大學出土文獻讀書會《清華六整理報告補正》（清華大學出土文獻研究與保護中心網，2016年4月16日）引石小力說讀。

《鄭武》：“☐爲敗，者（姑）盜（寧）君，是又（有）臣而爲埶（褻）辟（嬖）。”按，“埶（褻）”字從清華大學出土文獻讀書會《清華六整理報告補正》（清華大學出土文獻研究與保護中心網，2016年4月16日）引石小力說讀。

埶與藝

《尊德義》：“句（后）禝（稷）之埶（藝）陛（地），陛（地）之道也。”

《語叢三》：“志於衍（道），虘（據）於悳（德），𠉦（依）於悬（仁），遊於埶（藝）。”

《大成》：“大（太）上埶（藝）遇，靡（壅）坡（彼）玉寶。”

《大成》：“若不埶（藝）遇，置之以軆。”

埶與設

《老子》丙：“埶（設）大象，天下往。往而不害，安坪（平）大。”按，“埶（設）”字從裘按（《郭店楚墓竹簡·老子丙》篇注［七］）讀。

《尊德義》：“古（故）爲正（政）者，或侖（論）之，或羕之，或繇（由）宖（中）出，或埶（設）之外。”按，“埶（設）”字從裘按（《郭店楚墓竹簡·尊德義》篇注［一六］）讀。

《性自》：“凡見者之胃（謂）勿（物），快於吕（己）者之胃（謂）兑（悅），勿（物）之埶（設）者之胃（謂）埶（勢），又（有）爲也者之胃（謂）古（故）。”按，“埶（設）”字從李零《郭店楚簡校讀記》（《道家文化研究》第十七輯，三聯書店，1999年）讀。

《六德》："子弟大材埶（設）者（諸）大官，少（小）材埶（設）者（諸）少（小）官，因而它（施）录（禄）安（焉）。"按，"埶（設）"字從郭永秉《讀〈六德〉、〈子羔〉、〈容成氏〉劄記三則》（簡帛網，2006年5月26日）讀。
《彭祖》："臣可（何）埶（設）可（何）行，而遷（遷）於朕身，而謐于帝崇（常）？"按，"埶（設）"字從林志鵬《戰國楚竹書〈彭祖〉考論——兼論〈漢志〉"小説家"之成立（一）》（簡帛網，2007年8月18日）讀。
《用曰》："埶（設）立帀（師）長，建設（設）之政。"按，"埶（設）"字從裘錫圭《再談古文獻以"埶"表"設"》（《先秦兩漢古籍國際學術研討會論文集》，社科文獻出版社，2011年，1頁）引陳劍説讀。
《王居》："虗（吾）安尔（爾）而埶（設）尔₌（爾，爾）亡（無）以叡（勵）枉（匡）正我。"按，"埶（設）"字從復旦吉大古文字專業研究生聯合讀書會《上博八〈王居〉、〈志書乃言〉校讀》（復旦大學出土文獻與古文字研究中心網，2011年7月17日）釋讀。
《文王》："埶（設）皆紀，四正受績（任），五事皆李（理）。"
《叢辰》："埶（設）罔（網），得，大吉。"
《保訓》："迺（乃）易立（位）埶（設）詣（稽），測侌（陰）昜（陽）之勿（物），咸川（順）不諍（逆）。"
《繫年三》："周武王既克鼞（殷），乃埶（設）三監于殷。"
《繫年四》："方（旁）埶（設）出宗子，以乍（作）周厚嗨（屏）。"
《厚父》："者（都）！魯天子！古天降下民，埶（設）萬邦，复（作）之君，复（作）之帀（師），隹（惟）曰其勦（助）上帝。"
《湯丘》："以和利萬民，以攸（修）四時之正（政），以埶（設）九事之人，以長奉社禝（稷）。"
《管仲》："中（仲）父，埶（設）承女（如）之可（何）？立補（輔）女（如）之可（何）？"
《管仲》："豎（堅）礩（質）不匡（枉），執即（節）緣（履）緽（繩），可埶（設）於承。"
《管仲》："既埶（設）承，既立補（輔），僉（斂）之晶〈厽（三）〉，尃（博）之以五，其侌（陰）則晶〈厽（三）〉，其昜（陽）則五。"
《管仲》："既埶（設）其紀，既訓（順）其經，敢聒（問）可（何）以執成？"
《子産》："乃埶（設）六尃（輔）：子羽、子剌、蔑（蔑）明、卑登、佸（富）之支、王子百。"
《蓋廬》："建埶（設）四輔，及皮（彼）大（太）極。"
《順道》："單（戰）視（示）不敢，明埶（設）不能。"
《勢備》："埶（設）備。"按，"埶（設）"字從裘錫圭《再談古文獻以"埶"表"設"》（《先秦兩漢古籍國際學術研討會論文集》，社科文獻出版社，2011年，1頁）讀。下五例同。
《國次》："毋土敝，毋故〈人〉埶（設），毋黨別。"
《國次》："人埶（設）者流之四方，黨別者☐內相功（攻）。"
《國次》："人埶（設）者失民，黨別者亂。"
《觀》："夫是故使民毋人埶（設），舉事毋陽察，力地毋陰敝。"
《觀》："陰敝者土芒（荒），陽察者奪光，人埶（設）者撚兵。”

《繆和》：“是以動則又（有）功，静則又（有）名，列埶（設）尤奠〈尊〉，賞禄甚厚。”按，“埶”似當讀作“設”，下三例同。

《繆和》：“以散其羣黨，埶（設）爲賞慶爵列，以勸其下羣臣黔首男女。”

《繆和》：“先君作埶（設）列爵立（位）之尊，明厚賞慶之名，此先君之所以勸其力也，宜矣。”

《繆和》：“夫賢君之爲列埶（設）爵立（位）也，與實俱，群臣榮其列，樂其實。”

《北大老子》：“埶（設）大象，天下往；往而不害，安（焉）平大（太）。”

《特牲》：“埶（設）洗于作（阼）階東南，壺、禁在東序。”

《特牲》：“佐食升甑（肵），密（鼏）之，埶（設）于作（阼）階西。”

《特牲》：“柤（俎）入，埶（設）于豆東。”

《特牲》：“主婦埶（設）兩敦黍稷于柤（俎）南，北上。”

《特牲》：“反〈及〉而〈兩〉刑（鉶），刑（鉶）芼埶（設）于豆南，南陳。”

《特牲》：“埶（設）菹醢、柤（俎）。”

《特牲》：“主婦受，埶（設）于敦南。”

《特牲》：“主婦受，埶（設）兩豆、邊（籩）。”

《特牲》：“俎入埶（設）。”

《特牲》：“薦脯盍（醢），埶（設）折柤（俎）。”

《特牲》：“薦柤（俎）從埶（設）。”

《特牲》：“薦柤（俎）埶（設）于其位，辨。”

《特牲》：“祝命徹作（阼）柤（俎）、邊（籩）、豆，埶（設）于東序下。”

《特牲》：“佐食徹尸薦、柤（俎）、敦，埶（設）于西北隅。”

《特牲》：“埶（設）洗，南以堂深，東直東榮。”

《特牲》：“嗣舉鄭（奠），佐食埶（設）豆、鹽。”

《少牢》：“埶（設）匪（篚）于洗西，南肂（肆）。”

《少牢》：“柤（俎）皆埶（設）于鼎西，西肂（肆）。”

《少牢》：“上佐食受，坐埶（設）于羊刑（鉶）之南，皆芼，皆有柶。”

《少牢》：“祝命佐食徹甑（肵）俎，降埶（設）于堂下作（阼）階南。”

《有司》：“主婦販（反）【取】邊（籩）于房中，執棗、粮（糗），坐埶（設）之。”

《有司》：“婦贊者執栗、脯，主婦不興，受，埶（設）之，栗在棗東。”

《有司》：“司宫埶（設）席。”

《有司》：“主婦薦韭、菹、醢，坐埶（設）于席前，菹在北方。”

《有司》：“主婦不興，受，埶（設）棗于菹北，粿（糗）在棗西。”

《有司》：“佐食埶（設）柤（俎），臂、脊、脅、肺皆牢，膚三，魚一，腊臂。”

《有司》：“司宫埶（設）席，東面。”

《有司》：“婦贊者不興，受，埶（設）棗于菹南，粿（糗）在棗東。”

《有司》：“佐食執〈埶（設）〉柤（俎）于豆東。”

《燕禮》：“埶（設）洗匪（篚）于作（阼）階東南，當東曹（霤）。”

《燕禮》：“埶（設）腊〈膳〉簞在其北，西面。”

《泰射》：“埶（設）乏各去其侯西十、北十。”

《泰射》：“埶（設）洗于作（阼）階東南。”

《泰射》："埶（設）膳匪（篚）在其北，西面。"

《泰射》："有（又）埶（設）洗于護（獲）者之尊西北。"

《泰射》："小臣埶（設）公席于作（阼）階上，西鄉。"

《泰射》："司宮埶（設）賓席戶西，南面，有加席。"

《泰射》："諸（庶）子埶（設）折柤（俎）。"

《泰射》："諸（庶）子埶（設）折柤（俎），升自西階。"

《泰射》："卿升席，諸（庶）子埶（設）折柤（俎）。"

《泰射》："司宮兼捲（卷）重席，埶（設）于賓左，東上。"

《泰射》："以卲（俟）于所埶（設）中之南，東面。"

《泰射》："司馬正降自西階，北面命埶（設）楅。"

《泰射》："小臣師設埶（設）楅。"

《泰射》："既埶（設）楅，司馬正適次，舍（釋）弓，挩（說）決、拾。"

《泰射》："述（遂）命澤（釋）獲者埶（設）中，以弓爲縪（畢），北面。"

《泰射》："小臣師埶（設）中，先，坐埶（設）之，東面，退。"

《泰射》："興，贊埶（設）決，朱極三。"

《泰射》："贊埶（設）拾，以笥退鄭（奠）于坫上，復位。"

《泰射》："司宮土〈士〉奉豐，由西階升，北面坐埶（設）于西楹西，降復位。"

《泰射》："埶（設）洗于尊西北，匪（篚）在南。"

《泰射》："宰夫有司薦，諸（庶）子埶（設）折柤（俎）。"

《泰射》："埶（設）薦柤（俎），立卒爵。"

《泰射》："護（獲）者皆執其薦，諸（庶）子執柤（俎）從，埶（設）于乏少南。"

《泰射》："司射命埶（設）豐、埶（設）豐、賓〈實〉觗（觶），如初。"

埶與震

《曹氏》："聖王行於天下，風雨不暴，雷霆不埶（震），寒暑不代（忒），民不文飾。"按，"埶（震）"字從鄔可晶《銀雀山漢簡"陰陽時令、占候之類"叢札》（《出土文獻》第七輯，中西書局，2015年）讀。

埶與邇

《緇衣》："邦家之不寍（寧）也，則大臣不台（治），而埶（邇）臣怋（託）也。"按，今本《禮記·緇衣》埶作邇。

《用曰》："難之少疋（疏）於穀，亦不埶（邇）於惻（賊）。"

《用曰》："用曰：埶（邇）君埶（邇）戾。"

《用曰》："埶（邇）而不難，告眾之所畏忌。"

《保訓》："氒（厥）又（有）飤（施）于上下遠埶（邇）。"

《皇門》："廼隹（惟）大門宗子埶（邇）臣，楙（懋）昜（揚）嘉悳（德）。"

《皇門》："忞（媢）夫又（有）埶（邇）亡（無）遠，乃弇（掩）盍（蓋）善₌夫₌（善夫，善夫）莫達才（在）王所。"

《說命中》："隹（惟）庶想（相）之力，乘甬（用）孚自埶（邇）。"

埶與馹

《邦人》："乃乘（乘）埶（馹）車五輮（乘），述（遂）迈（蹠）郢。"按，"埶（馹）"字從蘇建洲《初讀〈上博九〉劄記（一）》（簡帛網，2013年1月6日）讀。

褹與邇

《緇衣》："此以褹（邇）者不賦（惑），而遠者不悘（疑）。"

蓺與藝

《爲國》："則損於田疇，損於畜長，損於樹蓺（藝），損於蓄積，損於器□。"

埶與勢

《北大老子》："道生之，德畜之，物刑（形）之，埶（勢）成之。"

埶與蓺

《日甲・詰》："以莎芾（茇）、牡棘枋（柄），埶（蓺）以寺（待）之，則不來矣。"

埶與設

《日乙・楚除》："埶（設）罔（網）邋（獵），獲。"按，"埶（設）"字從李家浩《九店楚簡》（中華書局，2000年，188頁）讀。

埶與刈

《起師》："秋則主人小城并，灋（廢）邑移，大木□，□木伐，清徐（途）道，焚□澤，僜（撤）廬屋，埶（刈）外利。"

埶與噓

《北大老子》："物或行或隨，或埶（噓）或炊（吹），或強或䂶（挫），或伓（培）或隋（墮）。"

摯與設

《三疑》："摯〈摰（設）〉【之】以事，啗以利餌，爭心乃起，其親乃止。"按，"摯"應是"摰"之誤字。參裘錫圭《再談古文獻以"埶"表"設"》（《先秦兩漢古籍國際學術研討會論文集》，社科文獻出版社，2011年，1頁）。

褻與藝

《相邦》："百攻（工）懽（勸）於事，以實府庫；泵（庶）人懽（勸）於四枳（肢）之褻（藝），以備軍旅。"

褻與疊

《容成氏》："衣不褻（疊）娧（文），飤（食）不童（重）味，朝不車逆，穜（舂）不糧（毇）米，盥（羹）不折骨。"按，"褻"似當讀作"疊"，訓爲"重"。下同。

《曹沫》："居（裾）不褻（疊）旻（文），飤（食）不貳（貳）盥（羹）。"

軏與隉

《柬大王》："王事可（何）必三軍又（有）大事，邦家以軒（杌）軏〈軏（隉）〉，社禝（稷）以逩（危）與（歟）？"按，陳劍《上博竹書〈昭王與龔之脽〉和〈柬大王泊旱〉讀後記》（簡帛研究網，2005年2月15日）讀"軒軏"爲"杌隉"。可從。唯"軏"、"隉"讀音不近，難以相通。疑"軏"所從"執"旁即"埶"之誤字。上古音埶、隉俱爲疑母月部字，音近可通。

埶與藝

《命訓》："俙（訓）之以豊（禮），教之以埶（藝），正之以政，童（動）之以事，懽（勸）之以賞，魂（畏）之以罰。"

《命訓》："事不晳（震），正（政）不成，埶（藝）不逕（淫），豊（禮）又（有）旹（時）。"

《命訓》："豊（禮）無時則不貴，埶（藝）逕（淫）則割（害）於材（才）。"

騏與馹

《柬大王》："三日，大雨，邦蒠（賴）之。癹（發）騏（馹）迈（蹠）四=疆=（四疆，四疆）皆管（熟）。"按，"騏（馹）"字從李家浩《南越王墓車馹虎節銘文考釋——戰國符節銘文研究之四》（《容庚先生百年誕辰紀念文集（古文字研究專號）》，廣東人民出版社，1998年）釋讀。

外字聲系

外與禬

《日甲・叢辰》："可以穿井、行水、蓋屋、飲樂（藥）、外（禬）除。”按，“外”似當讀作“禬”。《周禮·天官·女祝》：“掌以時招梗禬禳之事。”鄭玄《注》：“除災害曰禬，禬猶刮去也。”下同。

《隨日·叢辰》：“利以穿井、溝、竇（瀆），行水、蓋屋、畬（飲）藥、外（禬）除。”

《隨日·叢辰》：“利以祠祀、外（禬）。”

夅與外

《武王甲》：“立（位）難得而惕（易）逘（失），士難得而惕（易）夅（外）。”

閒與外

《用曰》：“内閒（外）譌眾，而焚其反戾（側）。”按，“閒（外）”字從何有祖《讀〈上博六〉劄記》（簡帛網，2007年7月9日）讀。“閒”爲《説文》“閒”字古文。

乂字聲系

艾與刈

《三十時》：“入之七日，西風始下茈（葉）。艾（刈）德禾。”

艾與孽

《妄稽》：“鄰里聞者，幼長皆艾（孽）。”按，“艾”似當讀作“孽”或“蠥”。《玉篇·子部》：“孽，憂也。”《楚辭·天問》：“帝降夷羿，革孽夏民。”王逸《注》：“孽，憂也。”《楚辭·天問》：“啟代益作后，卒然離蠥。”王逸《注》：“蠥，憂也。”

艾與鶂

《妄稽》：“星（腥）腐臊籋（嘯），艾（鶂）艾（鶂）蛇臭。”按，“艾（鶂）艾（鶂）”字從王寧《讀北大簡四〈妄稽〉零識》（簡帛網，2016年7月14日）讀。

罚與義

《命訓》：“亟（極）佴（恥）則民=只=（民枳，民枳）則瘍=人=（傷人，傷人）則不罚（義）。”

月字聲系

刖與劓

《爲吏》：“嚴剛毋暴，廉而毋刖（劓），毋復期（忌）勝，毋以忿怒夬（決）。”

《爲吏》：“斷割不刖（劓）。”

《北大老子》：“方而不割，廉而不刖（劓），直而不肆，光而不燿。”

肖與艾

《三壽》：“甬（用）肖（艾）卲（昭）句（后）成湯，弋（代）傑（桀）尃（敷）又（佑）下方。”

肙與孽

《吳命》：“劉（荊）爲不道，胃（謂）余曰：‘女（汝）周之肙（孽）子☐。’”

脖與孽

《三德》：“方縈（榮）勿伐，將興（孕）勿殺，䣽（將）齊（濟）勿杭（抗），是奉（逢）凶脖（孽）。”按，“脖（孽）”字從季旭昇《上博五芻議（下）》（簡帛網，2006年2月18日）釋。

脖與乂

《封許》：“女（汝）隹（惟）臧（壯）耆尔猷，虔（虔）血（恤）王家，柬（簡）脖（乂）亖（四）方不𡚬（賓），以堇（勤）余𠀀（一人）。”

脖與艾

《楚居》：“畬（熊）洰（渠）遅（徙）居發漸，至畬（熊）脖（艾）、畬（熊）執（摯）居發漸。”按，“脖（艾）”字從復旦大學出土文獻與古文字研究中心研究生讀書會《清華簡〈楚居〉研讀札記》（復旦大學出土文獻與古文字研究中心網，2011年1月5日）讀。

諿與孽

《用曰》：“韓（諱）眾諿（孽）諫，脜（羞）寤（聞）亞（惡）悔（謀）。”按，

“詯（孼）”字從李鋭《〈用曰〉新編（稿）》（簡帛網，2008 年 7 月 13 日）釋讀。

《天子甲》：“古（故）亡豊（禮）大灋（廢），亡義（儀）大詯（孼）。”按，“詯（孼）”字從劉洪濤《讀上博竹書〈天子建州〉劄記》（簡帛網，2007 年 7 月 12 日）讀。下同。

《天子乙》：“古（故）亡豊（禮）大灋（廢），亡義（儀）大詯（孼）。”

峕字聲系

辥與孼

《爲吏》：“壐而不發，身亦毋（無）辥（孼）。”按，“辥”當讀作“孼”，指災禍。

辥與蠥

《日甲·詰》：“一室中，臥者容席以臽（陷），是地辥（蠥）居之。”

辥與乂

《爲吏》：“賢鄙溉（既）辥（乂），禄立（位）有續孰暋上？”

薛與檗

《傷痙》：“傷而頸（痙）者，小劏一犬，漰與薛（檗）半斗，毋去其足。”

辪與孼

《周馴》：“秦國之故，適有大喪，必從其羣辪（孼）。”

孼與艾

《爲吏》：“尊賢養孼（艾），原埜（野）如廷。”按，“孼（艾）”字從蔡偉《讀竹簡札記四則》（復旦大學出土文獻與古文字研究中心網，2011 年 4 月 9 日）讀。

孨與蠥

《祭公》：“康□之，孨（蠥）休（服）之，肰（然）母（毋）夕（斁）□，維我周又（有）祟（常）型（刑）。”

臬字聲系

劓與鼿

《周易·困》：“上六：困于[illegible]（葛）藟，于劓（鼿）□，曰：迖（動）悔（悔）又（有）悔（悔），征吉。”

《耆夜》：“月又（有）城（盈）鼓（缺），戢（歲）又（有）劓（鼿）行。”按，“劓”似當讀作“鼿”。《集韻·質韻》：“鼿，危也。”《類篇·危部》：“鼿，凶也。”《管子·制分》：“故天道不行。”郭沫若《集校》引何如璋云“‘行’猶順也”。“鼿行”與“盈缺”相對。

劓與貳

《周易·困》：“上六：困于[illegible]（葛）藟，于劓（鼿）□，曰：迖（動）悔（悔）又（有）悔（悔），征吉。”按，帛書本劓（鼿）作貳。

夆字聲系

禼與害

《尊德義》：“上也不以旨（嗜）谷（欲）禼（害）其義（儀）飼（軌）。”按，“禼（害）”字從裘按（《郭店楚墓竹簡·尊德義》篇注［一〇］）讀。

《楚帛書》乙：“東或（國）又（有）吝，□□乃兵，禼（害）于其王。”按，“禼（害）”字從裘錫圭《釋蚩》（《古文字學論集》初編，香港中文大學，1983 年）釋讀。

《保訓》：“㣲（微）亡（無）禼（害），迺（乃）追（歸）中于河。”

《帛易·大有》：“初九，无交禼（害），非（匪）咎，根（艱）則无咎。”

禼與曷

《帛易·損》：“禼（曷）之用，二巧（簋），可用芳（享）。”

羣與害

《五行》：“不以少（小）道羣（害）大道，

柬（簡）也。”

韋與轄

《周病方》：“即取車䡴（轄），毋令人見之及毋與人言。”

蓋與葛

《詩論》：“吾以《葛（葛）䨲（覃）》得氏（祗）初之訔（詩），民眚（性）古（固）肰（然）。”按，“葛（葛）”字從李零《上博楚簡校讀記（之一）——〈子羔〉篇“孔子詩論”部分》（簡帛研究網，2002年1月4日）等讀。下同。

《詩論》：“夫葛（葛）之見訶（歌）也，則以莃（絺）蓛（綌）之古（故）也。”

《詩論》：“《菜（采）萬〈葛（葛）〉》之悉（愛）婦☐。”

遠與害

《金縢》：“尔（爾）元孫發（發）也，懪（遘）遠（害）䖍（虐）疾。”

遠與厲

《金縢》：“尔（爾）元孫發（發）也，懪（遘）遠䖍（虐）疾。”按，今本《尚書·金縢》遠作厲。

害字聲系

害與蓋

《柬大王》：“君王母（毋）敢戋（戴）害（蓋）羿。”按，“害”似當讀作“蓋”。

《季桓子》：“害（蓋）臤（賢）者是能皋〈罤（親）〉息（仁），皋〈罤（親）〉息（仁）者是能行耶（聖）人之道。”按，“害（蓋）”字從梁靜《〈孔子見季桓子〉校讀》（簡帛網，2008年3月4日）讀。

《成之》：“《君奭》曰：‘唯彭（冒）不（丕）單爯（稱）悳（德）。’害（蓋）言疾也。”按，“害（蓋）”字從彭裕商《讀〈郭店楚墓竹簡〉劄記》（《古文字研究》第二十四輯，中華書局，2002年）讀。下四例同。

《成之》：“君子曰：‘唯（雖）又（有）其亙（恆）而可，能終之爲難。槁木三年，不必爲邦羿（旗）。’害（蓋）言昚（貴）之也。”

《成之》：“《大禹（禹）》曰：‘余才厇（度）天心。’害（蓋）此言也，言余之此而厇（度）於天心也。”

《成之》：“昔者君子有言曰：‘聖人天悳（德）。’害（蓋）言訢（慎）求之於己（己），而可以至川（順）天祟（常）悘（矣）。”

《六德》：“害（蓋）亡不以也，是以敔也。”

《顏淵問》：“害（蓋）君子之内事也女（如）此矣。”

害與曷

《詩論》：“‘☐褭（懷）爾盟（明）悳（德）’害（曷）？”

《詩論》：“《関（關）疋（雎）》之改、《林（樛）木》之旹（時）、《灘（漢）生（廣）》之智、《鵲槕（巢）》之歸、《甘棠》之保（報）、《緑衣》之思、《鷃=（燕燕）》之情害（曷）？”

《曹沫》：“不肰（然），君子以臤（賢）稱，害（曷）又弗得？以亡道爯（稱），害（曷）又弗遊（失）？”

《鮑叔牙》：“日既，公昏（問）二夫=（大夫）：‘日之飤（食）也，害（曷）爲？’”

《史蒥》：“☐害（曷）鹿（僇）而不敬？子亦氏（是）之惻。”

《尹誥》：“今句（后）害（曷）不藍（鑑）？”按，“害（曷）”字從復旦大學出土文獻與古文字研究中心研究生讀書會《清華簡〈尹至〉、〈尹誥〉研讀札記（附：〈尹至〉、〈尹誥〉、〈程寤〉釋文）》（復旦大學出土文獻與古文字研究網，2011年1月5

日）讀。

害與猲

《吳命》："先₌（先人）又（有）言曰：'馬䣋（將）害（猲），或童（恫）之，速盖。'"按，"害"字從劉雲《説〈上博七·吳命〉中所謂的"走"字》（復旦大學出土文獻與古文字研究中心網，2009年1月16日）釋。但其文讀作"駭"。恐非。似當讀作"猲"，訓作"恐"。

害與遏

《王兵》："莫當其前，莫害（遏）其後，獨出獨入，莫能禁止。"按，《王兵》篇此文亦見於《管子·七法》，于省吾《雙劍誃諸子新證》（中華書局，1962年，6頁）讀害爲遏，可從。下同。

《王兵》："天下莫之能害（遏），故可以有地君國。"

害與憲

《答問》："害盜別徼而盜，駕（加）罪之。"按，"害盜"在《秦律十八種》的《内史雜》篇中作"憲盜"。下同。

《答問》："求盜₌（盜盜），當刑爲城旦，問罪當駕（加）如害盜不當？當。"

《第二組》："害（憲）盜，除不更以下到士五（伍），許之。"

《天下至道》："將欲治之，必害（憲）其言。"按，"害（憲）"字從魏啟鵬、胡翔驊《馬王堆漢墓醫書校釋（貳）》（成都出版社，1992年，144頁）讀。

割與害

《語叢四》："女（如）䣋（將）又（有）敗，䧺（雄）是爲割（害）。"

《語叢四》："善使其下，若蚈蛩（蛩）之足，眾而不割₌（害，害）而不噐（仆）。"

《成王》："此六者皆逆，民皆又（有）夬（解）鹿〈麗（離）〉之心，而或（國）又（有）相串（患）割（害）之志，是胃（謂）童₌☐。"

《堯王》："堯以四割（害）之文（紊）爲未也，乃昏（問）於垦（禹）曰：'大割（害）既折（制），少（小）☐。'"

《命訓》："豊（禮）無時則不貴，埶（藝）逕（淫）則割（害）於材（才）。"

《帛五行·説》："不莊（藏）尤割（害）人，仁之理也。"

《帛五行·説》："終（充）其不莊（藏）尤割（害）人之心，而仁腹（覆）四海。"

割與劫

《戰國二一》："恐事之不誠（成），故出兵以割（劫）革（勒）趙、魏。"按，"割（劫）"字從裘錫圭《讀〈戰國縱横家書釋文注釋〉劄記》（《文史》第36輯，中華書局，1992年）讀。

割與會

《競公瘧》："割（會）疾（譴）與梨（梁）丘虡（據）言於公曰。"按，"割（會）"字從何有祖《讀〈上博六〉劄記》（簡帛網，2007年7月9日）讀。下同。

《競公瘧》："今内寵又（有）割（會）疾（譴），外₌（外亦）又（有）與梨（梁）丘坓（據）。"

《競公瘧》："命割（會）疾（譴）不敢監祭，梨（梁）丘虡（據）不敢監正（貞）。"

戠與害

《鮑叔牙》："日旗亦不爲烖（災），公蠹（瘧）亦不爲戠（害）。"

憲與害

《尊德義》："又（有）是㐌（施）少（小）又（有）利，迲（遭）而大又（有）憲（害）者，又（有）之；又（有）是㐌（施）少（小）又（有）憲（害），迲（遭）而大又（有）利者，又（有）之。"

憲與曷

《尹至》："咸曰：'憲（曷）今東恙（陽）不章？'"按，"憲（曷）"字從復旦大學出土文獻與古文字研究中心研究生讀書會《清華簡〈尹至〉、〈尹誥〉研讀札記（附：〈尹至〉、〈尹誥〉、〈程寤〉釋文）》（復旦大學出土文獻與古文字研究網，2011年1月5日）讀。

憲與蓋

《季桓子》："憲（蓋）君子耵（聽）之。"按，"憲（蓋）"字從蘇建洲《〈上博楚竹書〉文字及相關問題研究》（臺北萬卷樓圖書股份有限公司，2008年，209頁）隸定，從李鋭《〈孔子見季桓子〉新編（稿）》（簡帛網，2007年7月11日）讀。

瀗與害

《芮良夫》："母（毋）瀗（害）天祟（常），各堂（當）尔（爾）悳（德）。"

箸與歇

《琴舞》："命不彝箸（歇），疐（恤）天之不易。"

蠹與害

《鮑叔牙》："公弗怯（圖），必蠹（害）公身。"按，"蠹（害）"字從季旭昇《上博五芻議（上）》（簡帛網，2006年2月18日）讀。

害與害

《老子》甲："其才（在）民上也，民弗厚也；其才（在）民前也，民弗害（害）也。"按，"害（害）"字從裘按（《郭店楚墓竹簡·老子甲》篇注［一〇］）釋讀。

害與憲

《厚父》："隹（惟）寺（時）余經念乃高且（祖）克害（憲）皇天之政工（功）。"

奡與褐

《建除》："凡盍日，利以折（製）衣裳（裳）、絻褐，折（製）布奡（褐），爲門膚（閭）。"按，"奡（褐）"字從馮勝君説釋讀。

憲與悍

《雌雄節》："憲（悍）敖（傲）驕居（倨），是胃（謂）雄節。"

曰字聲系

曰與粵

《楚帛書》甲："曰（粵）故（古）□熊雹（包）虘（戲），出自□霆，凥（居）於覆□。"

㬰與曰

《民之》："孔₌（孔子）㬰（曰）：'亡（無）聖（聲）之樂，熈（氣）志不愇（違）☐。'"按，"㬰"原文作"[illegible]"。《説文》："㬰，水流也。从川曰聲。""[illegible]"似即"㬰"字之象形本字。下同。

《相邦》："子贛（貢）㬰（曰）：'虗（吾）子之畣（答）也可（何）女（如）？'"

《弟子問》："子贛（貢）㬰（曰）：'莫新（親）虐（乎）父母，死不覭（顧）生，可（何）言虐（乎）其信也？'"

《凡物甲》："聑（聞）之㬰（曰）。"

《史蒥》："史蒥㬰（曰）：'蒥也，古齊邦希（敝）吏之子也，亡（無）女（如）怯（圖）也。'"

《史蒥》："史蒥㬰（曰）：'可（何）胃（謂）畺（疇）？可（何）胃（謂）☐？'"

《史蒥》："夫子㬰（曰）：'善才（哉）！臨事而矍（懼），希不☐。'"

戉字聲系

戉與越

《繫年二十》："戉（越）公句（勾）戔（踐）克吴，戉（越）人因衮（襲）吴之與晉爲好。"

《繫年二十》："犳（趙）趄（桓）子會【諸】

侯之夫₌（大夫），以與戉（越）命（令）尹宋盟（盟）于邾（紅）。”

《繫年二十》：“晉幽公立四年，灼（趙）狗衛（率）自（師）與戉（越）公株（朱）句伐齊，晉師閔（門）長城句俞（瀆）之門。”

《繫年二十》：“戉（越）公、宋公敗齊自（師）于壤（襄）坪（平）。至今晉、戉（越）以爲好。”

《繫年二二》：“倝（韓）虔、灼（趙）蘆（籍）、嵬（魏）繫（擊）衛（率）自（師）與戉（越）公殹（翳）伐齊₌（齊，齊）與戉（越）成，以建（開）昜（陽）、郘陵之田，㬳（且）男女服。”

《繫年二二》：“戉（越）公與齊侯貣（貸）、魯侯侃（衍）明（盟）于魯稷門之外。”

《繫年二二》：“戉（越）公内（入）享（饗）於魯₌（魯，魯）侯馭（御），齊侯厽（驂）輮（乘）以内（入）。”

《易之義》：“其辯名也，雜而不戉（越），於指（稽）易□，衰世之僮與（歟）？”

《繆和》：“天下吴爲強，以戉（越）戔（踐）吴，其鋭者必盡，其餘不足□也。”

《繆和》：“戉（越）王勾賤（踐）困於會稽。”

戉與鉞

《吴命》：“又（有）軒轊（冕）之賞，或又（有）釜（斧）戉（鉞）之愄（威）。”

《命訓》：“人又（有）佴（恥），又（有）市冒（帽[絻]），又（有）鈙（斧）戉（鉞）。”

《命訓》：“以人之佴（恥）尚（當）天之命，以其市冒（帽[絻]）尚（當）天之福，以其斧戉（鉞）尚（當）天之禍（禍）。”

邚與越

《説命下》：“王曰：‘敚（説），罙（懷），亦䛐（祇）乃備（服），勿易卑（俾）邚（越）。’”

越與怴

《妄稽》：“妄稽大越（怴），幾（㑂）幾（㑂）哭極。”按，“越（怴）”字從蕭旭《北大漢簡（四）〈妄稽〉校補》（復旦大學出土文獻與古文字研究中心網，2016 年 7 月 4 日）讀。

越與鉞

《兵令》：“伸（陳）斧越（鉞），飭章旗，有功必賞，犯令必死。”

《兵令》：“信比四時，令嚴如斧越（鉞），利如干漿（將）。”

𠬪字聲系

掔與腕

《鬊》：“□□□鼠□掔掔（腕），飲其□一音（杯），令人終身不鬊。”

質部第一七

必字聲系

必與畢

《彭祖》："五紀必（畢）周，唯（雖）貧必攸（修）；五紀不工，唯（雖）福（富）必遳（失）。"

《隨日·金錢》："□入月三日，不可出入□□胃、危、營、柳、斗、奎、牽牛、必（畢）入□□，身□□。"

必與密

《兵令》："戟（陳）以數必（密）固，以疏□達。"

必與匹

《帛易·中孚》："六四，月既（幾）朢（望），馬必（匹）亡，无咎。"按，今本必作匹。

必與比

《競公瘧》："盍（蓋）必（比）死愈（偷）爲樂虖（乎）！"按，"必（比）"字從何有祖《〈景公瘧〉劄記四則》（簡帛網，2007年7月27日）讀。

《吳命》："自甍（是）日以往，必（比）五六日，皆乔（敝）邑之异（期）也。"按，"必（比）"字從陳偉《讀〈吳命〉小劄》（簡帛網，2009年1月2日）讀。

《趙正書》："今國危適（敵）必（比），鬬（鬭）士在外，而内自夷宗族。"

必與閉

《定心》："倅（猝）發而種（動），必（閉）心全志而不慕名譽。"按，"必（閉）"字從蔡偉《古書校勘釋例——以出土簡帛古書與幾種早期寫本爲中心》（復旦大學博士學位論文，2014年，19頁）讀。

佖與匹

《語叢四》："佖（匹）婦禺（偶）夫，不智（知）其向（鄉）之小人君子。"按，"佖（匹）"字從裘按（《郭店楚墓竹簡·語叢四》篇注［九］）讀。

《曹沫》："佖（匹）夫寡婦之獄詞（訟），君必身聖（聽）之。"

《鮑叔牙》："含（今）豎逜（刁），佖（匹）夫而欲智（知）墧（萬）輮（乘）之邦而貴尹，其爲志（災）也深矣。"按，"佖（匹）"字從季旭昇《上博五芻議（上）》（簡帛網，2006年2月18日）讀。

《三德》："敚（奪）民峕（時）以土攻（功），是胃（謂）韻（稽），不幽（絕）悳（憂）卹（恤），必喪其佖（匹）。"

宓與毖

《耆夜》："宓（毖）情（精）悬（謀）猷，褎（裕）悳（德）乃救（求）。王又（有）脂（旨）西（酒），我悳（憂）以殹（抛）。"

密與蜜

《一類》："凡六物，冶合，和，丸以白密（蜜），大如嬰（櫻）桃。"

《一類》："凡三物皆冶合，丸以密（蜜），大如吾（梧）實。"

《木牘》："凡六物，皆冶合，和，丸白密（蜜），大如嬰（櫻）桃。"

《木牘》："桂一尺，密（蜜）半升，棗卅枚，半夏十枚。"

《木牘》："丸以密（蜜），大如彈丸。"

《木牘》："丸以白密（蜜），丸大如吾（梧）

實。”

密與閉

《治官》：“術封（樹）毋有，城門不密（閉），難開不利。”

密與鼏

《特牲》：“厥明日夕，陳鼎于少外，北面北上，有密（鼏）。”

《特牲》：“宗人舉獸尾，告備；舉鼎密（鼏），告絜。”

《特牲》：“賓長在右，及執事舉魚、腊鼎，除密（鼏）。”

《特牲》：“佐食升甑（肵），密（鼏）之，執（設）于作（阼）階西。”

《有司》：“乃設扃密（鼏），陳鼎于門外，如初。”

密與冪

《少牢》：“卒脀，皆設扃密（冪），乃舉，陳鼎于廟門之外東方，北面北上。”

《少牢》：“主人出迎鼎，除密（冪）。”

宻與密

《詩論》：“《牆（牆）又（有）薺（茨）》，慙（慎）宻（密）而不智（知）言。”

《民之》：“成王不敢康，迺（夙）夜𠻮（基）命又（宥）宻（密）。”

《季康子》：“新（慎）少（小）以畣（答）大，疋（疏）言而宻（密）守之。”

《繫年六》：“二邦伐緒（都），遷（徙）之中城，回（圍）商宻（密），戩（捷）繡（申）公子義（儀）以歸。”

怭與毖

《琴舞》：“周公𢓊（作）多士敬（儆）怭（毖），鋻（琴）嘸（舞）九絉（闋）。”

《琴舞》：“成王𢓊（作）敬（儆）怭（毖），鋻（琴）嘸（舞）九絉（闋）。”

謐與毖

《説命下》：“敓（説），余既訳（諟）故（劼）謐（毖）女（汝），思（使）若玉冰，上下罔不我義（儀）。”

《芮良夫》：“內（芮）良夫乃𢓊（作）謐（毖）再終。”

《芮良夫》：“虐（吾）甬（用）𢓊（作）謐（毖）再終，以寓命達聖（聽）。”

謐與蔽

《柬大王》：“欲祭於楚邦者虐（乎）？尚（當）謐（蔽）而卜之於大頣（夏）。”按，“謐（蔽）”字從沈培《從戰國簡看古人占卜的“蔽志”——兼論“移祟”説》（第一屆古文字與古代史學術研討會，臺北“中央研究院”歷史語言研究所，2006年9月）讀。下二例同。

《柬大王》：“贅尹許諾，謐（蔽）而卜之，𢟪（吝）。”

《柬大王》：“贅尹至（致）命于君王：‘既謐（蔽）而卜之，𢟪（吝）。’”

《王居》：“王憙（就）之，曰：‘夫彭徒罷（一）袋（勞），爲虐（吾）謐（蔽）之。’”按，“謐（蔽）”字從復旦吉大古文字專業研究生聯合讀書會《上博八〈王居〉、〈志書乃言〉校讀》（復旦大學出土文獻與古文字研究中心網，2011年7月17日）讀。下同。

《王居》：“乃許諾，命須後謐（蔽）。”

謐與畢

《封許》：“則隹（惟）女（汝）吕丁，庫（肇）槖（右）玟（文王），謐（畢）光氒（厥）刺（烈）。”按，“謐”似當讀作“畢”，訓爲“盡”。

閟與閉

《老子》甲：“閟〈閟〉其逸（兑），賽（塞）其門。”按，今本和帛書本閟〈閟〉作閉。

《老子》乙：“閟其門，賽（塞）其逸（兑）。”按，今本和帛書本閟作閉。

《語叢四》："口不誓（慎）而床（戶）之閟（閉），亞（惡）言復己而死無日。"
《盜疾》："子，朝閟（閉）夕啟。"
《盜疾》："丑，朝啟夕閟（閉）。"
《盜疾》："寅，朝閟（閉）夕啟。"
《盜疾》："辰，朝啟夕閟（閉）。"
《盜疾》："巳，朝閟（閉）夕啟。"
《盜疾》："未，朝啟夕閟（閉）。"
《盜疾》："申，朝閟（閉）夕啟。"
《盜疾》："栖（酉），朝啟夕閟（閉）。"
《盜疾》："亥，朝閟（閉）夕啟。"
《用曰》："丨其又（有）成悳（德），閟（閉）言自闗（關）。"
《芮良夫》："約結緬（繩）剸（準），民之闗（關）閟（閉）。"
《芮良夫》："女（如）闗（關）柭不閟（閉）而緬（繩）剸（準）逹（失）楑，五（互）想（相）不彊（陳）。"

駜與匹

《緇衣》："唯君子能好其駜（匹），少（小）〖=〗人剴（豈）能好其駜（匹）。"

瑟與替

《少牢》："來女孝孫，使女受祿于天，宜稼于田，牛〈眉〉壽萬年，勿瑟（替）引之。"按，"瑟"今本作"替"。上古音"瑟""替"均爲質部字。

瑟與蝨

《安稽》："淫瑟（蝨）緣辟（臂），雔（堆）暴（皺）庢（膵）訥（勃）。"

邲與毖

《六德》："爲宗族邲（毖）倗（朋）習（友），不爲倗（朋）習（友）邲（毖）宗族。"按，"邲"即"瑟"字，"瑟"、"毖"俱從必聲。《廣雅·釋詁一》："毖，遠也。"《玉篇·比部》："毖，疏也。"

畢字聲系

遅與畢

《容成氏》："會才（在）天陛（地）之閼（閒），而橐（包）才（在）四海（海）之内，遅（畢）能其事，而立爲天子。"

樿與畢

《特牲》："宗人執樿（畢），先入，當作（阼）階，南面。"

縪與畢

《耆夜》："縪（畢）公高爲客，卲公保睪（奭）爲夾，周公弔（叔）旦爲宔（主）。"
《耆夜》："王夜（舉）簹（爵）𧦝（酬）縪（畢）公。"
《耆夜》："周公夜（舉）簹（爵）𧦝（酬）縪（畢）公。"
《服傳甲》："冠六升，外縪（畢），段（鍛）而勿灰。"
《泰射》："司馬正東面以弓馬〈爲〉縪（畢）。"
《泰射》："述（遂）命澤（釋）獲者埶（設）中，以弓爲縪（畢），北面。"
《服傳乙》："冠六升，外縪（畢），段（鍛）而勿灰。"

縪與韠

《特牲》："特牲餽（饋）食，其服皆朝服，玄冠，緇帶，縪（韠）。"
《特牲》："唯尸、祝、佐食玄端，玄常（裳）、黃常（裳）、雜常（裳）可也，皆爵縪（韠）。"

羃與畢

《祭公》："乃詔（召）羃（畢）𩠐（桓），井（井）利、毛班。"

畀字聲系

畀與痹

《引書》："指端浸=（浸浸）善畀（痹），

賈（假）縛兩胕於兩脅，而力揮之。”

《足臂脈·足》：“足柎（胕）穜（腫），疾畀（痹）。”

畀與鼻

《語叢一》：“臭（嗅），畀（鼻）㪅（司）也。”

《天下至道》：“爲之合坐，闕（橛）尻畀（鼻）口，各當其時。”

畀與弼

《祭公》：“悉（遜）惜（措）乃心，𦘒（盡）府（付）畀余一人。”按，今本《逸周書·祭公》畀作弼。

畀與俾

《祭公》：“隹（惟）寺（時）皇上帝厇（度）其心，卿（享）其明悳（德），府（付）畀四方。”按，今本《逸周書·祭公》畀作俾。

淠與痹

《陰陽脈乙》：“股痛，厀（膝）外【廉】痛，振寒，足中指淠（痹），爲十二病。”

《陰陽脈乙》：“腸甬（痛），厀（膝）足管（痿）淠（痹），爲十病。”

《陰陽脈乙》：“領〈頷〉甬（痛），侯（喉）淠（痹），臂甬（痛），肘甬（痛），爲四病。”

遅與畢

《管仲》：“凡其民人，遅（畢）逊（務）不愈（偷），莫忢（愛）裳（勞）力於其王。”按，“遅（畢）”字從 bulang《清華六〈管仲〉初讀》（簡帛網“簡帛論壇”，2016 年 4 月 17 日）讀。

㪔與畀

《繫年二》：“幽王起自（師），回（圍）坪（平）王于西繡₌（申，申）人弗㪔（畀）。”

㪔與蔽

《楚帛書》甲：“至於復（覆）天，旁達（動）攼（豉）㪔（蔽）之青木、赤木、黃木、白木、墨木之精（楹）。”

脾與髀

《題記》：“引脾（髀）痛。”按，“脾（髀）”字從馬繼興《馬王堆古醫書考釋》（湖南科學技術出版社，1992 年，862 頁）讀。

踝與痹

《脈書》：“在脵（喉）中，痛，脵（喉）踝〈踝（痹）〉殹（也）。”

《脈書》：“在身，䫃₌（䫃䫃）然，□之不智（知）人，爲踝〈踝（痹）〉。”

《脈書》：“厀（膝）外廉痛，晨（振）塞〈寒〉，足中指踝〈踝（痹）〉。”

《脈書》：“腹外穜（腫），腸痛，厀（膝）外、柎（跗）上踝〈踝（痹）〉。”

《脈書》：“領〈頷〉痛，脵（喉）踝〈踝（痹）〉，肩痛，肘外痛，爲四病。”

箅與蔽

《管仲》：“唯（雖）齊邦區₌（區區），不若蕃（藩）箅（蔽）〼。”按，“箅（蔽）”字從無痕在 bulang《清華六〈管仲〉初讀》（簡帛網“簡帛論壇”，2016 年 4 月 17 日）一文下跟帖讀。

劓與痹

《文摯》：“粃（危）湯（傷）劓（痹）惑，故道者敬臥。”

閉字聲系

閉與祕

《兵令》：“先譑（譟）者虛，後譑（譟）胃（謂）之實，不譑（譟）胃（謂）之閉₌（祕。祕）、實、虛、兵體也。”

閉與密

《繫辭》：“君不閉（密）則失臣，臣不閉（密）則失身，幾（機）事不閉（密）則害盈（成），是以君子慎閉（密）而不出也。”

《繫辭》：“耶（聖）人以此佚〈洗〉心，内（退）藏於閉（密），吉凶能民同願（患）。”

𤸰字聲系

𤸰與憋

《癃病》：“□□及𤸰（憋）不出者方。”按，“𤸰（憋）”字從劉釗師《“𤸰”字源流考》（復旦大學出土文獻與古文字研究中心網，2009年5月8日）釋，從周一謀、蕭佐桃《馬王堆醫書考注》（天津科學技術出版社，1988年7月，120頁）讀。劉釗師認爲“𤸰”本從“扁”聲，與《説文》“㾫”可能是一字。

疐字聲系

疐與嚔

《封診式》：“刺其鼻不疐（嚔）。”

疐與實

《融師》：“名則可畏，疐（實）則可柔（侮）。”按，“疐（實）”字從陳斯鵬《讀上博竹書（五）小記》（簡帛網，2006年4月1日）釋讀。

疐與質

《慎子》：“忠疐（質）以反俞（渝），迂（寬）友（柔）以載道，精瀍以巽（順）埶（勢）。”按，“疐（質）”字從清華大學出土文獻讀書會《清華六整理報告補正》（清華大學出土文獻與保護中心網，2016年4月16日）引許可説讀。

疐與鑕

《申公》：“臣为君王臣，君王免之死，不以昏〈辱〉鈙（斧）疐（鑕），可（何）敢心之又（有）？”按，“疐（鑕）”字從陳偉《讀〈上博六〉條記》（簡帛網，2007年7月9日）、何有祖《讀〈上博六〉劄記》（簡帛網，2007年7月9日）釋讀。

《命》：“忎（恐）不能，以辱鈙（斧）疐（鑕）。”按，“疐（鑕）”字從復旦吉大古文字專業研究生聯合讀書會《上博八〈命〉校讀》（復旦大學出土文獻與古文字研究中心網，2011年7月17日）釋讀。下同。

《命》：“唯（雖）鈙（陷）於鈙（斧）疐（鑕），命勿之敢韋（違）。”

疐與恤

《琴舞》：“命不彝箐（歇），疐（恤）天之不易。”按，“疐（恤）”字從黃傑《再讀清華簡（叁）〈周公之琴舞〉筆記》（簡帛網，2013年1月14日）讀。

懥與窒

《周易・訟》：“訟：又（有）孚，懥（窒）慐（惕），中吉，終凶。利用見大人，不利涉大川。”

懥與洫

《周易・訟》：“訟：又（有）孚，懥（窒）慐（惕），中吉，終凶。利用見大人，不利涉大川。”按，帛書本懥（窒）作洫。

礩與質

《管仲》：“豎（堅）礩（質）不匡（枉），執即（節）緣（履）縄（繩），可埶（設）於承。”

《管仲》：“豎（堅）礩（質）以亢（抗），吉凶侌（陰）昜（陽），遠逐（邇）卡₌（上下），可立於䋠（輔）。”

替字聲系

替與泥

《周易・井》：“初六：井替（泥）不飤（食），舊井亡（无）禽。”

逸字聲系

逸與曳

《周易・未濟》：“九二：逸（曳）其輪，貞吉。利涉大川。”按，“逸（曳）”字從何琳儀、程燕《滬簡〈周易〉選釋》（簡帛研究網，2004年5月16日）釋讀。

逸與抴

《周易·未濟》："九二：逸（曳）其輪，貞吉。利涉大川。"按，帛書本逸（曳）作抴。"逸"字從何琳儀、程燕《滬簡〈周易〉選釋》（簡帛研究網，2004 年 5 月 16 日）釋。

逸與失

《厚父》："𤔔（亂）下民之匿（慝）王，迺渴（竭）逸（失）其令（命）。"

《鄭甲》："爲是牢鼦（鼠）不能同穴，朝夕戠（鬥）䰯（鬩），亦不逸（失）斬伐。"按，"逸（失）"字從 ee 在心包《清華六〈鄭文公問太伯〉初讀》（簡帛網"簡帛論壇"，2016 年 4 月 16 日）一文下跟帖讀。下同。

《鄭乙》："其爲是牢鼦（鼠）不能同〈同〉穴，朝夕戠（鬥）䰯（鬩），亦不逸（失）斬伐。"

逸與抶

《繫年十一》："宋公之車募（暮）䡅（駕），用逸（抶）宋公之馭（御）。"

逸與肆

《琴舞》："𤔔（亂）曰：逸（肆）其㬎（顯）思，皇天之社（功），晝之才（在）視日，夜之才（在）視晨（辰）。"按，"逸"似當讀作"肆"。《玉篇·長部》："肆，陳也。列也。"

邀與抶

《城濮》："子𡕒（文）遉（閔）帀（師）於敔，一日而蠿（畢），不邀（抶）一人。"按，"邀（抶）"字從不求甚解《上博簡〈成王爲城濮之行〉重編簡釋》（海天遊蹤《讀〈成王爲城濮之行〉劄記》，簡帛網"簡帛論壇"，2013 年 1 月 5 日）釋讀。下同。

《城濮》："以子玉之未患（貫），君王命余遉（閔）師於敔，一日而蠿（畢），不邀（抶）一人。"

祣與肆

《厚父》："㑒（保）教明悳（德），慦（慎）祣（肆）祀。"按，"祣"字右旁所從之"兔"當爲"逸"字省形。下同。

《厚父》："民曰隹（惟）酉（酒）甬（用）祣（肆）祀，亦隹（惟）酉（酒）甬（用）庚（康）樂。"

𣨛與殔

《鄭武》："奠（鄭）武公卒，既𣨛（殔），武夫人詃（規）孚₌（孺子）。"按，"𣨛"字上部所從之"𧰼"即楚簡文字之"逸"字。

杀字聲系

杀與殺

《語叢一》："豊（禮）不同，不𡘋（豐）不杀（殺）。"按，陳偉《郭店楚簡別釋》（《江漢考古》1998 年 4 期）指出《禮記·禮器》"禮不同，不豐，不殺"與本句相同。其説甚是。《孔子家語·曲禮子貢問》："禮不同不異，不豐不殺。"與本句亦可參。但最後一字原形作""，並非"殺"字，似當釋爲"杀"，讀作"殺"，參沈兼士《杀、殺、祭古語同源考》（《沈兼士學術論文集》，中華書局，1986 年）。下同。

《語叢三》："㤅（愛）亲（親）則其杀（殺）㤅（愛）人。"按，"杀"字原形作""。

《唐虞》："孝之杀（殺），怣（愛）天下之民；禬（禪）之浂（等），世亡忯（隱）直（德）。"按，"杀"字原形作"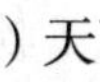"。

杀與肆

《語叢二》："子（慈）生於眚（性），易生於子（慈），杀（肆）生於易，容（勇）生於杀（肆）。"按，"杀（肆）"字從裘按（《郭店楚墓竹簡·語叢二》篇注［六］）讀。

逯與肆

《五行》："不悳（直）不=逯=（不肆，不肆）不=果=（不果，不果）不=柬=（不簡，不簡）不行（不行，不行）不義。"按，"逯（肆）"字從李零《郭店楚簡校讀記（增訂本）》（北京大學出版社，2002年，79頁）讀。下同。

《五行》："悳（直）而述（遂）之，逯（肆）也；逯（肆）而不畏彊（強）語（禦），果也。"

郗與蔡

《靈王》："執事人夾（柙）郗（蔡）人之軍門，命人毋敢徒出。"

《靈王》："王敗郗（蔡）霝（靈）侯於呂，命繙（申）人室出，取郗（蔡）之器。"

《邦人》："亯（就）王之長也，賞之以焚戟（域）百貞（畛），古（故）爲鄴（葉）連囂（敖）與郗（蔡）樂尹，而邦人不禹（稱）畬（貪）安（焉）。"

《邦人》："固祝而走=（止之），郗（蔡）大祝走（止）。"

《邦人》："古（故）爲鄴（葉）連囂（敖）與郗（蔡）樂尹。"

《邦人》："出亯（就）郗（蔡）大祝。"

《楚居》："王自郗（蔡）復郊（鄢）。"

《楚居》："王大（太）子以邦復於湫郢，王自郇吁遅（徙）郗（蔡），王大（太）子自湫郢遅（徙）居疆郢。"

《繫年五》："郗（蔡）哀侯取妻於陳，賽〖=〗（息）侯亦取妻於陳，是賽=爲=（息嬀。息嬀）酒（將）歸于賽（息），逃（過）郗=（蔡，蔡）哀侯命走（止之）。"

《繫年五》："賽（息）爲（嬀）乃內（入）于郗=（蔡，蔡）哀侯妻之。"

《繫年五》："君來（來）伐我=（我，我）酒（將）求救（救）於郗（蔡），君安（焉）敗之。"

《繫年五》："文王记（起）自（師）伐賽=（息，息）侯求救（救）於郗=（蔡，蔡）哀侯衛（率）帀（師）以救（救）賽（息）。"

《繫年五》："文王爲客於賽（息），郗（蔡）侯與從，賽（息）侯以文王歙=（飲酒）。"

《繫年五》："郗（蔡）侯智（知）賽（息）侯之誘吕（己）也，亦告文王曰：'賽（息）侯之妻甚娧（美），君必命見之。'"

《繫年七》："命（令）尹子玉述（遂）衛（率）奠（鄭）、衛、陳、郗（蔡）及群蠻（蠻）戸（夷）之自（師）以交（邀）文=公=（文公，文公）衛（率）秦、齊、宋及群戎之自（師）以敗楚自（師）於城僕（濮）。"

《繫年十八》："閈（縣）陳、郗（蔡），殺郗（蔡）霝（靈）侯。"

《繫年十九》："楚霝（靈）王立，既閈（縣）陳、郗（蔡），競（景）坪（平）王即立（位），改邦陳、郗（蔡）之君，囟（使）各復其邦。"

《繫年十九》："卲（昭）王既復邦，安（焉）克默（胡）、回（圍）郗（蔡）。"

《繫年十九》："卲（昭）王即殜（世），獻惠王立十又一年，郗（蔡）卲（昭）侯繙（申）懼，自歸於吳。"

《繫年十九》："吳縵（洩）用（庸）以自（師）逆郗（蔡）卲（昭）侯，居于州來（來），是下郗（蔡）。楚人安（焉）閈（縣）郗（蔡）。"

《鄭甲》："縈厄（軛）郢（蔿）、竽（邘）之國，魯、衛（衛）、鄝（蓼）、郗（蔡）來（來）見。"

《鄭乙》："縈厄（軛）郢（蔿）、竽（邘）之國，魯、衛、鄝（蓼）、郄〈郗〉（蔡）來（來）見。"

肄與肆

《戰國二四》："願大國肄（肆）意於秦，不穀將以楚隹〈隼（殉）〉韓。"

《妄稽》："勺乳繩縈，坐肂（肆）於席。"
《少牢》："埶（設）匪（篚）于洗西，南肂（肆）。"
《少牢》："柤（俎）皆埶（設）于鼎西，西肂（肆）。"
《少牢》："甑（甗）柤（俎）在羊柤（俎）之北，亦西肂（肆）。"

肂與殔

《日乙·夢》："辰不可以哭、穿肂（殔），且有二喪，不可卜筭〈筮〉、爲屋。"
《王法》："无井者，親死不得浴；无堂者，親死不得肂（殔）。"

艊與艖

《莊王》："軔（載）之塼（轉）車以走（上）虖（乎）？毀（抑）四艊（艖）以逾（輸）虖（乎）？"按，"艊（艖）"字從宋華強《釋〈上博六·莊王既成〉的"船"》（簡帛網，2011年1月6日）釋，從宋文所引李家浩説讀。下同。
《莊王》："醓（沈）尹子桱（莖）曰：'四艊（艖）以逾（輸）。'"

緣與肆

《皇門》："緣（肆）朕湝（沖）人非敢不用明刑，隹（惟）莫覓（開）余嘉悳（德）之兑（説）。"

韓與遂

《子產》："思（懼）遳（失）又₌戒₌（有戒，有戒）所以紳（申）命固立₌（位，位）固邦₌安₌（邦安，邦安）民韓（遂），邦危民麗（離），此胃（謂）才［存］亡才（在）君。"

隶字聲系

隶與逮

《尊德義》："埜（刑）不隶（逮）於君子，豊（禮）不隶（逮）於小人。"按，"隶（逮）"字從裘按（《郭店楚墓竹簡·尊德義》篇注［一七］）讀。

隶與殔

《筮法二六》："艮祟：隶（殔）。九乃祟（豦）。五乃櫘戭（髮）。"

隶與肂

《子產》："乃隶（肂）參（三）邦之命（令），以爲奠（鄭）命（令）、埜（野）命（令）。"
《子產》："隶（肂）參（三）邦之型（刑），以爲奠（鄭）型（刑）、埜（野）型（刑）。"

煘與殔

《日甲·直室門》："戌不可以爲牀，必以煘（殔）死人。"

殔與肆

《將理》："離其吪鄴（業），賈無不離其殔（肆）宅，士大夫無不離其官府。"

祿與肆

《厚父》："其才（在）寺（時）後王之卿（享）國，祿（肆）祀三后，永敘才（在）服，隹（惟）女（如）怠（台）？"

緑與肆

《厚父》："朝夕緑（肆）祀，不盤于庚（康），以庶民隹（惟）政之齜（恭），天則弗臭（斁），永保夏邦。"

肆與曳

《士相見》："執玉者則唯羿（舒）戒〈武〉，舉前肆（曳）踵。"
《厚父》："肄（肆）女（如）其若龜筮之言，亦勿可遠（專）改。"

肆與徹

《北大老子》："故有德司契，無德司肆（徹）。"

栗字聲系

栗與鶇

《鸜鶇》："子遺余婁（鸜）栗（鶇）含可（兮），婁（鸜）栗（鶇）之止含可（兮）。"

《鶹鷅》："婁（鶹）栗（鷅）之羽含可（兮），子可（何）舍₌（舍余）含可（兮）。婁（鶹）栗（鷅）䎽（翩）飛含可（兮），不戠（織）而欲衣含可（兮）。"

戾字聲系

戾與莀

《北蒼·支》："戾（莀）弇（黔）焉（蔫）宛，郈（佮）簍（摟）埒畦。"

戾與列

《帛易·艮》："九三，艮其限，戾（列）其肥（膐），厲薰心。"

戾與洌

《帛易·井》："九五，井戾（洌）寒湶（泉）食。"

盭字聲系

盭與戾

《牡痔》："□之，疾久（灸）熱，把其本小者而盭（戾）絕之。"按，"盭（戾）"字從馬繼興《馬王堆古醫書考釋》（湖南科學技術出版社，1992年，502頁）讀。

利字聲系

利與犁

《良臣》："楚恭（共）王又（有）郘（伯）州利（犁），以爲大宰。"

利與梨

《鄭子甲》："命思（使）子家利（梨）木三晉（寸），紝（疏）索以紻（紘），毋敢丁門而出，斆（掩）之成（城）坖（基）。"按，"利（梨）"字從復旦大學出土文獻與古文字研究中心研究生讀書會《〈上博七·鄭子家喪〉校讀》（復旦大學出土文獻與古文字研究中心網，2008年12月31日）讀。下同。

《鄭子乙》："命思（使）子家利（梨）木三晉（寸），紝（疏）索以紻（紘），毋敢丁門而出，斆（掩）之成（城）坖（基）。"

利與黎

《緇衣》："《寺（詩）》員（云）：'其頌（容）不改，出言又（有）丨（章），利（黎）民所[illegible]（望）。'"

《祭公》："乃詔（召）羅（畢）駈（桓），丼（井）利、毛班。"按，今本《逸周書·祭公》利作黎。

利與藜

《繫辭》："易曰：'困于石，據于疾（蒺）利（藜），入于其宮，不見其妻，凶。'"

《陳忌問壘》："疾（蒺）利（藜）者，所以當蟦（溝）池也。"

《陳忌問壘》："以弩次疾（蒺）利（藜），然后以其法射之。"

《二類》："藥用利（藜）廬一本，亭（葶）磨〈磿（藶）〉二分。"

利與履

《帛易·歸妹》："初九，歸妹以弟（娣），跛能利（履），正（征）吉。"

利與厲

《爲政》："爲正（政）壹利（厲）則長風，再則輬（涼）風，三則頎（凱）風，四則發屋，五則折木，六則兵作，七則君猝（卒）。"按，"利"似當讀作"厲"，訓爲"猛"或"嚴"。

莉與黎

《子羔》："☐之童土之莉（黎）民也。"

莉與藜

《帛易·困》："六三，困于石，號〈據〉于疾（蒺）莉（藜）。"

《守法》："小石及毀瓦、碕、疾（蒺）莉（藜），毋下人百。"

《守法》："積石及毀瓦、靈（瓴）辟（甓）、疾（蒺）莉（藜）於城下。”

悡與黎

《語叢二》：“情生於眚（性），豊（禮）生於情，厫（嚴）生於豊（禮），敬生於厫（嚴），㞷（望）生於敬，恥生於㤐（望），悡（棃）生於恥，斅（慊）生於悡（棃）。”按，“悡（棃）”字從劉釗師《郭店楚簡〈語叢二〉箋釋》（《古墓新知——紀念郭店楚簡出土十周年論文專輯》，國際炎黃文化出版社，2003年）讀。

犁與藜

《痂》：“財（纔）冶犁（藜）盧，以螽（蜂）駘（飴）弁和之。”

《乾瘙》：“取犁（藜）盧二齊，烏豙（喙）一齊，礜一齊，屈居□齊，芫華一齊。”

犁與眉

《妄稽》：“兆（眺）目鉤（流）折（睇），蟻（蛾）犁（眉）映（連）管（娟）。”按，“犁（眉）”字從ee在易泉《北大漢簡〈妄稽〉初讀》（簡帛網“簡帛論壇”，2016年6月4日）一文下跟帖讀。

黎與利

《萬物》：“□□□以饒地之黎（利）也。”

黎與梨

《北蒼·魚》：“姣窔（妖）娃婕（嫿），啜啗黎（梨）樝。”

黎與藜

《蹷》：“以疾（蒺）黎（藜）、白蒿封之。”

《痂》：“冶烏豙（喙）、黎（藜）盧、蜀叔（菽）、庶（蔗）、蜀椒、桂各一合。”

《瘫》：“瘫種（腫）者，取烏豙（喙）、黎（藜）盧，冶之。”

《乾瘙》：“豕膏一升，冶黎（藜）盧二升，同傅之。”

《身疕》：“以黎（藜）盧二，礜一，豕膏和，而膝（索）以熨疕。”

黎與膩

《天下至道》：“九已而黎（膩），十已而瀛（迄），瀛（迄）而復滑，朝氣乃出。”

即字聲系

即與節

《性自》：“體其宜（義）而即（節）㲋（文）之，里（理）其青（情）而出內（入）之。”按，“即（節）”字從裘按（《郭店楚墓竹簡·性自命出》篇注［一〇］）讀。上博簡本《性情論》即正作節。

《性自》：“堂（當）事因方而折（制）之，其先後之舍（敘）則宜（義）道也，或舍（敘）爲之即（節）則㲋（文）也。”按，“即（節）”字從裘按（《郭店楚墓竹簡·性自命出》篇注［一三］）讀，上博簡本《性情論》即正作節。

《性自》：“㝈₌（君子）媺（美）其青（情），貴其宜，善其即（節），好其頌（容），樂其衍（道），兑（悦）其𡥈（教），是以敬安（焉）。”按，“即（節）”字從裘按（《郭店楚墓竹簡·性自命出》篇注［一六］）讀，上博簡本《性情論》即正作節。

《性自》：“至（致）頌（容）窗（貌），所以㲋（文）即（節）也。”按，“即（節）”字從李天虹《郭店竹簡〈性自命出〉研究》（湖北教育出版社，2003年，153頁）讀。上博簡本《性情論》即正作節。

《性自》：“其居即（次）也舊（久），其反善復訂（始）也新（慎），其出內（入）也訓（順），㠯（始）其悳（德）也。”按，上博簡本《性情論》即（次）作節。

《性自》：“詨（恕），宜（義）之方也；宜（義），敬之方也；敬，勿（物）之即（節）也。”

《語叢一》：“豊（禮），因人之情而爲之即

（節）旻（文）者也。”按，“即（節）”字從陳偉《郭店楚簡別釋》（《江漢考古》1998年4期）讀。

《詩論》：“《雨亡（無）正》、《即（節）南山》，皆言上之衰也，王公恥之。”

《用曰》：“折（制）瀌即（節）井（刑），恆民趣敗。”

《管仲》：“掔（堅）磸（質）不匡（枉），執即（節）緣（履）縨（繩），可執（設）於承。”

《子產》：“共（恭）憸（儉）整齊，弁見（現）又（有）桼₌（次。次）所以從即（節）行₌禮₌（行禮，行禮）後（踐）政又（有）事。”

即與次

《老子》丙：“大上下智（知）又（有）之，其即新（親）譽之，其既〈即〉愄（畏）之，其即柔（侮）之。”按，今本即作次。

《成之》：“智而比（卑）即（次），則民谷（欲）其智之述（遂）也。”按，“即（次）”字從裘按（《郭店楚墓竹簡·成之聞之》篇注［一八］）讀。

《性自》：“其居即（次）也舊（久），其反善復訇（始）也新（慎），其出內（入）也訓（順）。”

《容成氏》：“成悳（德）者，虗（吾）敚（説）而弋（代）之；其即（次），虗（吾）伐而弋（代）之。”

《管仲》：“中（仲）父，亦完（微）是，其即（次）君筥（孰）諹（揚）也？”按，“即”似當讀作“次”。

即與則

《帛易·蒙》：“初筮吉〈告〉，再參（三）手擅（瀆），擅（瀆）即（則）不吉〈告〉。”

《帛易·離》：“九三，日禝（昃）之羅（離），不鼓垢（缶）而歌，即（則）大經（耋）之駐（嗟），凶。”

《帛易·睽》：“非（匪）寇，闅（婚）厚（媾）。往愚（遇）雨，即（則）吉。”

迦與節

《性自》：“又（有）其爲人之迦₌（節節）女（如）也，不又（有）夫柬₌（簡簡）之心則采（悷）。”按，“迦₌（節節）”字從李零《郭店楚簡校讀記（增訂本）》（北京大學出版社，2002年，107頁）讀。

迦與儰

《性自》：“又（有）其爲人之迦₌（節節）女（如）也，不又（有）夫柬₌（簡簡）之心則采（悷）。”按，上博簡本《性情論》迦作儰。“儰”字從李天虹《郭店竹簡〈性自命出〉研究》（湖北教育出版社，2003年，261頁）釋。

節與即

《秦律·倉律》：“後節（即）不備，後入者獨負之。”

《秦律·倉律》：“更隸妾節（即）有急事，總冗，以律稟食。”

《秦律·置吏律》：“官嗇夫節（即）不存，令君子毋（無）害者若令史守官。”

《秦律·效》：“節（即）官嗇夫免而效，不備，代者[與]居吏坐之。”

《秦律·內史雜》：“節（即）新爲吏舍，毋依臧（藏）府、書府。”

《效律》：“節（即）官嗇夫免而效不備，代者與居吏坐之。”

《效律》：“上節（即）發委輸，百姓或之縣就（僦）及移輸者，以律論之。”

《效律》：“尉計及尉官吏節（即）有劾，其令、丞坐之，如它官然。”

《答問》：“節（即）亡玉若人貿傷（易）之。”

《答問》：“者（諸）候（侯）客節（即）

來使入秦，當以玉問王之謂殹（也）。”

《封診式》：“節（即）死久，口鼻或不能渭（喟）然者。”

《封診式》：“丙家節（即）有祠，召甲等，甲等不肯來，亦未嘗召丙飲。”

《封診式》：“里節（即）有祠，丙與里人及甲等會飲食，皆莫肯與丙共桮（杯）器。”

《日甲・行》：“節（即）有爲也，其央（殃）不出歲中，小大必至。”

《日乙・寄人室》：“節（即）以有爲也，其央（殃）不出歲，小大必致（至）。”

《日乙・行日》：“☐節（即）有急行，以此行吉。”

《天乙・即有生》：“節（即）有生者而欲智（知）其男女。”

《學爲》：“吏節（即）不智（知）學爲僞書，不許貣（貸）學錢。”

《學爲》：“吏節（即）不智（知）學爲僞【書】，不貣（貸）學錢。”

《第二組》：“節（即）載粟乃發敖童年十五歲以上，史子未傅先覺（學）覺（學）室，令與粟事。”

《第二組》：“先粼黔首當奔敬（警）者，爲五寸符，人一，右在【縣官】，左在黔首，黔首佩之節（即）奔敬（警）。”

《第二組》：“節（即）奔敬（警），各亟走，所主將吏善辦治之。”

《第二組》：“補軍吏、令、佐史、必取壹從軍以上者，節（即）有軍殹（也），遣卒能令自占。”

《第二組》：“節（即）發繇（徭），鄉嗇夫必身與典以券行之。”

《第二組》：“節（即）券繇（徭），令典各操其里繇（徭）徒券來與券以畀繇（徭）徒，勿徵贅，勿令費日。”

《第二組》：“有貲贖責（債）拾（給）日而身居，其居縣官者，縣節（即）有繇（徭）戍。”

《第二組》：“索（索）有脱不得者節（即）後得及自出。”

《第三組》：“昭襄王命曰：置酒節（即）徵錢金及它物以賜人，令獻（讞），丞請出；丞獻（讞），令請出，以爲恆。”

《二年・賊律》：“節（即）追外蠻夷盜，以假之，事已輒收臧（藏）。”

《二年・田律》：“芻稾節（即）貴於律，以入芻稾時平賈（價）入錢。”

《二年・戶律》：“節（即）有當治爲者，令史、吏主者完封，奏（湊）令若丞印，嗇夫發，即襍治爲其□。”

《二年・徭律》：“節（即）載粟，乃發公夫₌（大夫）以下子、未傅年十五以上者。”

《二年・津關令》：“節（即）歸休、繇（徭）使，郎中爲傳出津關。”

《算數書・啓縱》：“節（即）以廣、從（縱）相乘。”

《戰國五》：“節（即）有惡臣者，可毋摰（慚）乎？”

《傷痙》：“節（即）其病甚弗能飲者，強啟其口，爲灌之。”

《傷痙》：“節（即）毋李實時□□□□□□煮炊，飲其汁，如其實數。”

《腋下》：“節（即）復欲傅之，淒（揩）傅之如前。”

《乾搔》：“善洒（洗），乾，節（即）炙裹樂（藥），以靡（磨）其騷（瘙）。”

《養生方》：“節（即）已，近內而飲此漿一升。”

《養生方》：“節（即）漿□□以沃之，令酸甘□□飲之。”

《養生方》：“節（即）與男子戲，即不明。”

《養生方》："即善臧（藏）之，節（即）用之，操以循（揗）玉筴（策）。"
《養生方》："節（即）弗欲，洒之。"
《養生方》："節（即）行，漬，抍（栞）東行水一棓（杯）。"
《雜療方》："節（即）其汙者不能三指小最（撮）亦可。"
《帛易·夬》："夬，陽（揚）于王廷。復（孚）號有厲。告自邑，不利節（即）戎。利有攸往。"
《帛易·鼎》："九二，鼎有實，我栽（仇）有疾，不我能節（即），吉。"
《戰守》："□節（即）功（攻）城加□一□。"
《周馴》："及文王薨（薨），大子發立，節（即）有天下，環（旋）正海内。"

節與癤

《萬物》："烏喙與蓋之已節（癤）□也。"

節與次

《性自》："其居即（次）也舊（久），其反善復詞（始）也新（慎），其出内（入）也訓（順），訇（始）其悳（德）也。"按，上博簡本《性情論》即（次）作節。

節與鱉

《日甲·病》："得之於酉（酒）脯脩節（鱉）肉。"

莭與即

《周馴》："其同生三人，莭（即）扁（偏）封之，其地之廣夾（狹）既大於岐周。"

莭與節

《合陰陽》："然後熱十動，接十莭（節），雜十脩。"
《合陰陽》："十莭（節）。"
《周馴》："《書》曰：'木折必莭（節），廧（牆）懷必陁（隙）。'"
《趙正書》："誅羣忠臣，而立無莭（節）行之人。"
《趙正書》："夫變俗而易法令，誅羣忠臣，而立無莭（節）行之人。"
《妄稽》："辭讓送揖（揖），俗（欲）莭（節）理義（宜）。"
《雨書》："二旬二日奎，雨，以奮草木，草木莭（節），歲乃大孰（熟）。"

七字聲系

七與蟋

《詩論》："孔₌（孔子）曰：《七（蟋）衛（蟀）》智（知）難。"

蛪與蟋

《耆夜》："周公秉箸（爵）未歙（飲），蛪（蟋）蠻（蟀）䟫（躍）陞（升）于尚（堂）。"
《耆夜》："周公复（作）訶（歌）一終曰蟲₌蠻₌（《蟋蟀》：蟋蟀）才（在）尚（堂），役車其行。"
《耆夜》："蟲（蟋）蠻（蟀）才（在）笞（席），戠（歲）矞（聿）員（云）茖（莫）。"
《耆夜》："蟲（蟋）蠻（蟀）才（在）舒（序），戠（歲）矞（聿）員（云）□。"

計與察

《北大老子》："其正（政）昏昏，其民春春（蠢蠢）；其正（政）計計（察察），其國夬夬（缺缺）。"按，"計計（察察）"字從魏宜輝《簡帛〈老子〉校讀劄記》（《古典文獻研究》第十六輯，鳳凰出版社，2013年）釋讀。下同。
《北大老子》："猷（俗）人計計（察察），我獨昏昏。"

桼字聲系

桼與次

《子產》："共（恭）憸（儉）整齊，弇見（現）又（有）桼₌（次。次）所以從即（節）

行=禮=（行禮，行禮）後（踐）政又（有）事。”按，“桼=（次。次）”字從暮四郎在 ee《清華六〈子產〉初讀》（簡帛網“簡帛論壇”，2016 年 4 月 16 日）一文下跟帖讀。

漆與洫

《三十時》：“不可瀆溝漆（洫）波（陂）池，不可以爲百丈千丈城，必弗有也。”

《三十時》：“利瀆溝漆（洫）沒〈陂〉池。”

《三十時》：“可溝漆（洫）。用兵，毄（擊）反（返）入與右與後。”

疾字聲系

疾與蒺

《羼》：“以疾（蒺）黎（藜）、白蒿封之。”

《帛易·困》：“六三，困于石，號〈據〉于疾（蒺）莉（藜）。”

《繫辭》：“易曰：‘困于石，據于疾（蒺）利（藜），入于其宮，不見其妻，凶。’”

《陳忌問壘》：“疾（蒺）利（藜）者，所以當蝺（溝）池也。”

《陳忌問壘》：“以弩次疾（蒺）利（藜），然后以其法射之。”

《守法》：“小石及毀瓦、碕、疾（蒺）莉（藜），毋下人百。”

《守法》：“積石及毀瓦、靈（瓴）辟（甓）、疾（蒺）莉（藜）於城下，百步而一積，城守之造也。”

疾與息

《語叢一》：“飤（食）牙（與）頴（色）牙（與）疾。”按，上博五《鮑叔牙》有“人之生（性）厽（三），飤（食）、色、息”語。

瘛與疾

《赤鵠》：“其下舍（予）句（后）疾，是囟（使）句（后）瘛（疾）疾而不智（知）人。”

自字聲系

息與疾

《鮑叔牙》：“人之生（性）厽（三），飤（食）、色、息。”按，郭店簡《語叢一》有“飤（食）牙（與）頴（色）牙（與）疾”語。

《緇衣》：“毋以少（小）悔（謀）敗大愭（作），毋以卑（嬖）御息（疾）妝（莊）句（后），毋以卑（嬖）士息（疾）夫=（大夫）、卿事（士）。”按，今本《禮記·緇衣》息作疾。

《祭公》：“女（汝）母（毋）以俾（嬖）士息夫=（大夫）卿李（士）。”按，今本《逸周書·祭公》息作疾。

息與䛦

《緇衣》：“毋以少（小）悔（謀）敗大愭（作），毋以卑（嬖）御息（疾）妝（莊）句（后），毋以卑（嬖）士息（疾）夫=（大夫）、卿事（士）。”按，上博簡本《緇衣》息（疾）作䛦。

息與塞

《祭公》：“女（汝）母（毋）以俾（嬖）誤（御）息（塞）尔（爾）臧（莊）句（后）。”

《祭公》：“女（汝）母（毋）以俾（嬖）士息（塞）夫=（大夫）卿李（士）。”

詯與計

《三德》：“凡飤（食）歆（飲）無量詯（計），是胃（謂）滔皇，上帝弗京（諒）。”

䛦與疾

《緇衣》：“毋以卑（嬖）御息（疾）妝（莊）句（后），毋以卑（嬖）士息（疾）夫=（大夫）、卿事（士）。”按，上博簡本《緇衣》息（疾）作䛦。

悉字聲系

悉與屑

《帛五行·説》：“捣（剐）如（汝）兄弟，

予女（汝）天下，弗迷〈悉（屑）〉也。”

《帛五行·説》：“許（吁）鼓（嗟）而予之，中心弗迷〈悉（屑）〉也。”

悉與悉

《晏子五》：“吏悉（悉）從事，不免於罪，臣主俱困而无所辟患☐。”按，“悉”似當讀作“悉”，訓爲盡或皆。

四字聲系

四與駟

《帛甲老子·德經》：“雖有共（拱）之璧以先四（駟）馬，不善〈若〉坐而進此。”按，通行本四作駟。下同。

《帛乙老子·德經》：“雖有共之璧以先四（駟）馬，不若坐而進此。”

《北大老子》：“唯（雖）有共（拱）之璧以先四（駟）馬，不如坐而進此。”

泗與伊

《容成氏》：“湯乃𢛳戒求臤（賢），乃立泗（伊）尹以爲差（佐）。”

《容成氏》：“泗（伊）尹既已受命，乃執兵欽（禁）瘵（暴），羕得於民。”

《繫年十八》：“楚卲（昭）王戢（侵）泗（伊）洛以復方城之自（師）。”按，“泗（伊）”字從復旦大學出土文獻與古文字研究中心讀書會《〈清華（貳）〉討論記録》（復旦大學出土文獻與古文字研究中心網，2011年12月23日）引陳劍説釋讀。

柶與四

《秦風》：“柶（四）馬既閒（閑）。”

駟與四

《秦律·司空》：“居官府公食者，男子參，女子駟（四）。”

《秦律·傳食律》：“食粺米半斗，醬駟（四）分升一，采（菜）羹，給之韭蔥。”

《第二組》：“食縣官者日居六錢，居官府食縣官者男子参（三），女子駟（四）。”

《十問》：“駟（四）鼓同舉，五遂（隊）俱傅（薄）。”

駟與呬

《日乙·夢》：“西北鄉（嚮）擇（釋）髮而駟（呬）。”按，“駟”似當讀作“呬”。《爾雅·釋詁下》：“呬，息也。”

彗字聲系

槥與彗

《嬰兒瘛》：“嗔者虖（劇）嗔，上如槥（彗），下如䏬（衃）血。”

彗與獪

《管仲》：“既敽（蔽）於貨，彗（獪）𤔔（亂）毀崇（常）。”按，“彗”似當讀作“獪”。

篲與彗

《北蒼·魚》：“樗梗移棘，條篲（彗）欒榑（樗）。”

𥳑與慧

《占書》：“夫名川絕，大徼（沼）固（涸），天雨血，星、月並出，星貫月，反景，倍伷（僪），𥳑（慧）星，誉（熒）或（惑），雲☐，夭（妖）恙（祥）見於天。”

所字聲系

愿與慎

《厚父》：“迺弗愿（慎）氒（厥）悳（德），甬（庸）敘才（在）服？”

《厚父》：“㑁（保）教明悳（德），愿（慎）禕（肆）祀。”

新與慎

《老子》甲：“臨事之紀，新冬（終）女（如）怡（始），此亡敗事矣。”按，今本和帛書本新作慎。

《老子》丙：“新終若詒（始），則無敗事

喜（矣）。”按，今本和帛書本新作慎。
《成之》：“古（故）君子之立（莅）民也，身備（服）善以先之，敬新（慎）以肘（導）之，其所才（在）者内（入）悿（矣）。”
《成之》：“反此道也，民必因此㙯（重）也以復（覆）之，可不新（慎）虐（乎）？”
《成之》：“害（蓋）言新（慎）求之於㠯（己），而可以至川（順）天祟（常）悿（矣）。”
《成之》：“是古（故）君子新（慎）六位以巳（祀）天祟（常）。”
《性自》：“其居即（次）也舊（久），其反善復詒（始）也新（慎），其出内（入）也訓（順），㠯（始）其悳（德）也。”
《性自》：“新（慎），急（仁）之方也，肰（然）而其怹（過）不亞（惡）。”
《性自》：“人不新（慎）斯，又（有）怹（過），信喜（矣）。”
《從政》：“遠（失）掔（賢）士一人，方亦坂（反）是₌（是。是）故孝₌（君子）新（慎）言而不新（慎）事。”
《容成氏》：“湯睧（聞）之，於是虐（乎）新（慎）戒隉（徵）臤（賢）。”
《仲弓》：“夫祭，至敬之沓（本）也，所以立生也，不可不新（慎）也；夫喪，至悉（愛）之卒也，所以成死也，不可不新（慎）也。”
《仲弓》：“百₌（一日）以善立，所學皆終；百₌（一日）以不善立，所學皆堋（崩），可不新（慎）虐（乎）？”
《季桓子》：“孝₌（君子）德㠯而立市（師）保，新（慎）其豊（禮）樂。”
《陳公》：“女（如）閔（門），女（如）逆閔（門），女（如）開（扞）陎（術），女（如）攻陎（術），女（如）御亘，必新（慎）☐。”
《陳公》：“女（如）既濼成（城）安（焉），紳兩和而紉之，必新（慎）☐。”
《管仲》：“正五紀，新（慎）四爯（稱），執五尾（度），攸（修）六正（政）。”

新與塵

《老子》甲：“和其光，迥（同）其新。”按，今本和帛書乙本新作塵。

新與壂

《老子》甲：“和其光，迥（同）其新。”按，帛書甲本新作壂。

新與神

《容成氏》：“新（神）戎（農）是（氏）。”

慙與慎

《五行》：“能爲罷（一），肰（然）句（後）能爲君[=]子[=]（君子，君子）慙（慎）其蜀（獨）也。”
《詩論》：“《牘（牆）又（有）薺（茨）》，慙（慎）寍（密）而不智（知）言。”
《曹沫》：“明慙（慎）以戒，如䣊（將）弗克，毋冒以追（陷），必逃（禍）前攻（功），不可不慙（慎）。”

繇與慎

《有皇》：“族援₌（援援）必繇（慎）毋甇（忤）含可（兮），日月卲（昭）明含可（兮）。”

饍與珍

《湯丘》：“飤（食）時不旨（嗜）饍（珍），五味皆戠（滋），不又（有）所謫（褻）。”按，“饍（珍）”字從清華大學出土文獻讀書會《清華簡第五冊整理報告補正》（清華大學出土文獻研究與保護中心網，2015年4月8日）引許可説讀。

訢與慎

《緇衣》：“古（故）上之好亞（惡），不可不訢（慎）也，民之菓（表）也。”按，上博簡本《緇衣》訢作新，訢與新應是一字。
《緇衣》：“《寺（詩）》員（云）：‘訢（慎）

尔出詁（話），敬尔愄（威）義（儀）。’”

《緇衣》：“《寺（詩）》員（云）：‘雪（淑）誓（慎）尔定（止），不侃（諐）于義（儀）。’”

《緇衣》：“古（故）言必情（慮）其所終，行則餡（稽）其所栾（敝），則民誓（慎）於言而慬（謹）於行。”

《性自》：“其居即（次）也舊（久），其反善復詞（始）也新（慎），其出内（入）也訓（順），訂（始）其悳（德）也。”按，上博簡本《性情論》新作誓。

《彭祖》：“戒之毋喬（驕），誓（慎）終保裳（勞）。”

《季康子》：“誓（慎）少（小）以畬（答）大，疋（疏）言而睿（密）守之。”

《弟子問》：“余（予），女（汝）能誓（慎）訂（始）與終，斯善歆（矣）！爲君子唐（乎）？女（汝）安（焉）能也。”

《語叢四》：“口不誓（慎）而床（戶）之閟（閉），亞（惡）言復己而死無日。”

《慎子》：“誓（慎）子曰。”

《慎子》：“誓（慎）子曰共（恭）僉（儉）。”

《用曰》：“非（誹）考（孝）免（謾）誓（慎），良（荒）台（怠）家（稼）嗇（穡）。”

《用曰》：“慎可誓（慎）哉，其言之浞。”

《史蒥》：“含（今）史（使）子市（師）之，君之睪（擇）之誓（慎）矣。”

《鄭武》：“女（如）誓（慎）重（重）君燹（葬）而舊（久）之於上，三月少（小）羕（祥）。”

䛐與慎

《性自》：“新（慎），息（仁）之方也，肰（然）而其怂（過）不亞（惡）。”按，上博簡本《性情論》新作䛐。下同。楚簡中新或作誓，䛐當是誓之省。

《性自》：“人不新（慎）斯，又（有）怂（過），信喜（矣）。”

逝與慎

《琴舞》：“䜭（欲）皮（彼）趣（熙）不茖（落），思逝（慎）。”

慙與慎

《三德》：“☒之罡未可以遂，君子不慙（慎）其悳（德）。”按，“慙”與“慙”當是一字。

《三德》：“宮室汙池，各慙（慎）其厇（度），母（毋）遾（失）其道。”

《三德》：“慙（慎）獸（守）虛□☒。”

《王居》：“唯（雖）我炁（愛）尔（爾），虛（吾）無女（如）社禝（稷）可（何）！而必良慙（慎）之。”

《琴舞》：“叚（假）才（哉）古之人，夫明思慙（慎），甬（用）救（仇）其又（有）辟。”

慙與質

《尹至》：“湯䀎（盟）慙（質）返（及）尹。”按，“慙（質）”字從海天在復旦大學出土文獻與古文字研究中心研究生讀書會《清華九簡研讀札記》（復旦大學出土文獻與古文字研究中心網，2010年5月31日）一文下跟帖讀。

慙與貞

《管仲》：“及學（幽）王之身，好吏（使）年（佞）人而不計（信）慙（貞）良。”按，“慙（貞）”字從吳祺說讀。

慙與殄

《吳命》：“昔上天不中（衷），隆（降）怂（禍）於我二邑，非疾痌（疢）安（焉）加之，而慙（殄）䜌（絕）我二邑之好。”按，“慙（殄）”字從復旦大學出土文獻與古文字研究中心研究生讀書會《〈上博七·吳命〉校讀》（復旦大學出土文獻與古文字研究中心網，2008年12月30日）讀。

訢與慎

《五行》："'瞻望弗及，深（泣）涕女（如）雨'。能遲（差）沱（池）其羿（羽），肰（然）句（後）能至哀。君子訢（慎）其獨也。"按，"訢"與"慙"當是一字。

質與致

《二年·津關令》："爲質（致）告居縣，受數而籍書馬職（識）物、齒、高。"

質與滯

《治官》："行者質（滯）留。"

質與慎

《十陣》："鉤行之陳（陣）者，所以變質（慎）易慮也。"按，"質"似當讀作"慎"。《方言》卷一："慎，思也。秦晉或曰慎。凡思之貌亦曰慎。"《玉篇·心部》："慎，思也。"

至字聲系

至與悎

《將失》："十五曰，日莫（暮）路遠，眾有至（悎）氣，可敗也。"

《五名》："兵有五名：一曰威強，二曰軒（宣）驕，三曰剛至（悎），四曰助（冒）忌，五曰重柔（柔）。"

《五名》："剛至（悎）之兵，則誘而取之。"

至與致

《緇衣》："古（故）倀（長）民者，章志以卲（昭）百眚（姓），則民至（致）行异（己）以敓（悅）上。"

《窮達》："穿（窮）四海（海），至（致）千里，堣（遇）造古（故）也。"

《唐虞》："古者聖（聖）人廿而冠，卅而又（有）家，五十而紿（治）天下，七十而至（致）正（政）。"

《性自》："至（致）頌（容）宙（貌），所以䮚（文）即（節）也。"按，"至（致）"字從裘按（《郭店楚墓竹簡·性自命出》篇注［一四］）讀。

《民之》："民之父母虎（乎），必達於豊（禮）樂之𡂤（源），以至（致）五至、以行三亡（無），以皇（橫）于天下。"

《從政》："睧（聞）之曰：行險至（致）命，飤（饑）滄〈寒〉而毋會（劌），從事而毋說（閱），君子不以流言𦬁（傷）人。"

《昔者》："大（太）子、母俤（弟）至（致）命於閽₌（閤門）。"

《周易·需》："九厽（三）：㐬（需）于坭（泥），至（致）寇至。"

《周易·解》："六厽（三）：貨（負）虘（且）䡝（乘），至（致）寇至。"

《昭王》："王遲（徙）凥（居）於坪瀼，卒以夫₌（大夫）㱃₌（飲酒）於坪瀼，因命（令）至（致）俑（庸）毀室。"按，"至（致）"字從陳劍《釋上博竹書〈昭王毀室〉的"幸"字》（簡帛網，2005年12月16日）讀。

《柬大王》："贅尹至（致）命于君王：'既𥳑（蔽）而卜之，𩯭（吝）。'"

《申公》："臣牆（將）或（有）至（致）安（焉）。"按，"至（致）"字從陳偉《讀〈上博六〉條記》（簡帛網，2007年7月9日）讀。

《吳命》："孤也敢至（致）先王之福，天子之霝（靈）。"

《凡物甲》："逐高從埤（卑），至（致）遠從迩（邇）。"按，"至（致）"字從鄔可晶《談〈上博（七）·凡物流形〉甲乙本編聯及相關問題》（復旦大學出土文獻與古文字研究中心網，2009年1月7日）讀。下三例同。

《凡物甲》："足牆（將）至（致）千里，必從㚘（寸）訂（始）。"

《凡物乙》："逐高從埤（卑），至（致）遠從迩（邇）。"

《凡物乙》："足酒（將）至（致）千里，必☐。"

《王居》："彭徒樊（返）詩（鄀）闢（關）至（致）命。"

《王居》："虛（吾）欲至（致）尔（爾）於辠（罪）。"

《王居》："述（遂）日，徒自闢（關）至（致）命，昌爲之告。"

《尹誥》："乃至（致）衆于白（亳）宙（中）邑。"

《見威王》："☐素佚而至（致）利也。"

《帛甲老子·道經》："三者不可至（致）計（詰），故囷（混）而爲一。"按，通行本至作致。下六例同。

《帛乙老子·德經》："其至（致）【之】也，胃（謂）天毋已清將恐蓮（裂），地毋已寧將恐發。"

《帛乙老子·德經》："故至（致）數輿（譽）无輿（譽）。"

《帛乙老子·道經》："槫（摶）氣至（致）柔，能嬰兒乎？"

《帛乙老子·道經》："三者不可至（致）計（詰），故緡（混）而爲一。"

《帛甲老子·道經》："至（致）虛極也，守情（靜）表〈裻（篤）〉也。"

《帛乙老子·道經》："至（致）虛極也，守靜督（篤）也。"

《繫辭》："溓（謙）也者，至（致）恭以存其立（位）者也。"

《繫辭》："深（探）備〈賾〉錯（索）根（隱），枸（鉤）險（深）至（致）遠。"

《繫辭》："日中爲侯（市），至（致）天下之民，聚天下之貨，交易而退，各得其所欲，蓋取者（諸）筮（噬）蓋（嗑）。"

《繫辭》："杅（刳）木爲周（舟），剡木而爲楫，齏（濟）不達，至（致）遠以利天下，蓋取者（諸）奐（渙）也。"

《繫辭》："請（精）義入神，以至（致）用，利用安身，以禀（崇）德也。"

《繆和》："沈尹樹反（返），至（致）令曰。"按，"至"當讀作"致"。

《北大老子》："至（致）虛，極；積正，督（篤）。"

至與實

《勢備》："不智（知）兵之至（實）也。"

至與縶

《容成氏》："含（今）受（紂）爲無道，䁮（昏）者（捨）百眚（姓），至（縶）約者（諸）侯，天酒（將）戜（誅）安（焉）。"按，"至"似當讀作"縶"，即《說文》"㚔"字，古有拘執之義，參《故訓匯纂》2537 頁。下同。

《容成氏》："受（紂）爲亡道，䁮（昏）者（捨）百眚（姓），至（縶）約者（諸）侯，𢇍（絕）穜（種）丞（侮）眚（姓）。"

室與實

《性自》："凡眚（性），或⿰重攴（動）之，或逆之，或交〈室（實）〉之，或萬（厲）之，或出之，或羕（養）之，或長之。"按，"交〈室（實）〉"字從裘錫圭《談談上博簡和郭店簡中的錯別字》（《新出楚簡與儒學思想國際學術研討會論文集》，清華大學，2002年）釋讀。

室與悎

《性自》："凡眚（性），或⿰重攴（動）之，或逆之，或交〈室（實）〉之，或萬（厲）之，或出之，或羕（養）之，或長之。"按，上博簡本《性情論》交〈室（實）〉作悎。

垤與實

《周病方》："以壬辰，己巳、卯溉囷垤

（實）穴，鼠弗穿。”按，“垤”似當讀作“實”。

姪與侄

《服傳甲》：“姪₌（侄。侄）者何也？胃（謂）我姑者吾胃（謂）之姪（侄）。”

《服傳乙》：“姪₌（侄。侄）者何也？謂我姑者吾胃（謂）之姪（侄）。”

挃與實

《日甲·詰》：“以沙（砂）人（仁）一升挃（實）其舂臼，以黍肉食宲人，則止矣。”

挃與窒

《觀》：“是故爲人主者，時挃（窒）三樂，毋亂民功，毋逆天時。”

悎與實

《性自》：“凡眚（性），或𢿅（動）之，或逆之，或交〈室（實）〉之，或萬（厲）之，或出之，或羕（養）之，或長之。”按，上博簡本《性情論》交〈室（實）〉作悎。

桎與質

《北大老子》：“廣德如不足，建德如榆（偷），桎（質）真如輸（渝）。”

致與至

《答問》：“真臣邦君公有罪，致（至）耐罪以上，令贖。”

《爲吏》：“道傷（易）車利，精而勿致（至），興之必疾，夜以椄（接）日。”

《日乙·寄人室》：“節（即）以有爲也，其央（殃）不出歲，小大必致（至）。”

《日乙·寄人室》：“命之央（殃）蚤（早）至，不出三月，有死亡之志致（至）。”

《帛甲老子·德經》：“天下之至柔，馳騁於天下之致（至）堅。”

《天下至道》：“七嶂（動）致（至）堅以強，八嶂（動）志驕以陽（揚）。”

《妄稽》：“教（姣）美佳好，致（至）京（諒）以子（慈）。”

致與抵

《語書》：“今且令人案行之，舉劾不從令者，致（抵）以律，論及令、丞。”

緻與致

《第三組》：“善密緻（致）其槽，以枲堅約兩敦（檄），勿令解絕。”

絰與姪

《喪服》：“絰（姪）丈夫婦人。”

《喪服》：“爲絰（姪）、庶孫丈夫婦人之長殤（殤）。”

絰與耋

《帛易·離》：“九三，日禝（昃）之羅（離），不鼓垢（缶）而歌，即（則）大絰（耋）之駐（嗟），凶。”

窒與室

《陰陽家》：“好治宮窒（室），十年而不息，則天奪之時。”

《陰陽家》：“□於□□十二窒（室）十二竈而月佚（迭），鐫（鑽）燧易〈易〉火，而必食歲之所美。”

誈與駤

《語書》：“誈（駤）訙（誶）醜言麃（僄）斫以視（示）險（檢）。”

實字聲系

實與咥

《阜易·履》：“□□尾，實（咥）人，兇（凶）。”

實與絰

《六德》：“紝（疏）斬布實（絰）丈（杖），爲父也，爲君亦肰（然）。紝（疏）衰齊戊（牡）𦃃（麻）實（絰），爲昆弟也，爲妻亦肰（然）。”按，“實（絰）”字從裘按（《郭店楚墓竹簡·六德》篇注［一六］）讀。

實與寘

《繫年九》：“豫（舍）其君之子弗立，而卲

（召）人于外，而安（焉）晒（將）實（寘）此子也？”按，“實（寘）”字從孟蓬生在蘇建洲《由清華二考釋舊有文字一例》（復旦大學出土文獻與古文字研究中心網“學術討論”，2013 年 1 月 7 日）一文下跟貼釋讀。

《子儀》：“莫往可₌（兮何）以實（寘）言（焉），余愧（畏）其式（式）而不訐（信），余隼（誰）思（使）于劦（協）之。”

《子儀》：“民恆不實（寘）乃毁祟（常），各敄（務）降上品之𢆶（辨），官相弋（代）乃又（有）見工。”

失字聲系

失與佚

《雜抄》：“虎失（佚），不得，車貲一甲。”

《九主》：“能吾（悟）不能反道，自爲其邦者，主勞臣失（佚）。”

《卻穀》：“昏失（佚）氣爲附（符），附（符）即多輸□。”

《二三子》：“大人安失（佚）矣而不朝，誩猒在廷，亦猷龍之寑（潛）也。”

《實虛》：“先處戰地而侍（待）戰者失（佚），後處戰地而趨戰者勞。”

《軍爭》：“以失（佚）[待]勞，以飽侍（待）飢，此治力者也。”

《客主》：“則眾者可使[寡]，飽者可使飢，失（佚）者可使勞。”

《奇正》：“是以靜爲動奇，失（佚）爲勞奇，飽爲飢奇，治爲亂奇，眾爲寡奇。”

《妄稽》：“庶人有言：‘謀毋失（佚）侈（侈）。’”按，“失”似當讀作“佚”。“佚侈”蓋同義複詞。《晏子春秋第一·內篇諫上》：“而姦驅尤佚。”王念孫《讀書雜誌·晏子春秋第一·內篇諫上》“佚，與溢同。”《莊子·駢拇》：“而侈於德。”陸德明《釋文》引司馬云“侈”“溢也”。

失與泆

《語書》：“今法律令已具矣，而吏民莫用，鄉俗淫失（泆）之民不止。”

《語書》：“是即灋（廢）主之明灋殹（也），而長邪避（僻）淫失（泆）之民。”

《正亂》：“民生有極，以欲涅〈淫〉洫（溢），涅〈淫〉洫（溢）□失（泆）。”

失與昳

《周日書》：“日失（昳），輿鬼。”

《周日書》：“日失（昳）時。”

《天甲·禹見人》：“子，旦吉，安（晏）食吉，日中凶，日失（昳）吉，夕日凶。”

《天甲·禹見人》：“丑，旦凶，安（晏）食吉，日中凶，日失（昳）可，夕日凶。”

《天甲·禹見人》：“寅，旦凶，安（晏）食吉，日中凶，日失（昳）凶，夕日凶。”

《天甲·禹見人》：“卯，旦吉，安（晏）食吉，日中凶，日失（昳）凶，夕日凶。”

《天甲·禹見人》：“辰，旦凶，安（晏）食吉，【日中□】，日失（昳）凶，夕日吉。”

《天甲·禹見人》：“巳，旦凶，安（晏）食吉，日中凶，日失（昳）凶，夕日可。”

《天甲·禹見人》：“未，旦吉，安（晏）食可，日中凶，日失（昳）吉，夕日凶。”

《天甲·禹見人》：“申，旦吉，安（晏）食凶，日中吉，日失（昳）吉，夕日凶。”

《天甲·禹見人》：“酉，旦吉，安（晏）食凶，日中吉，日失（昳）吉，夕日凶。”

《天甲·禹見人》：“戌，旦凶，安（晏）食凶，日中吉，日失（昳）吉，夕日凶。”

《天乙·禹見人》：“子，旦吉，安（晏）食吉，日中凶，日失（昳）吉，夕日凶。”

《天乙·禹見人》：“丑，旦凶，安（晏）食吉，日中凶，日失（昳）可，夕日凶。”

《天乙·禹見人》：“寅，旦凶，安（晏）食吉，日中凶，日失（昳）凶，夕日凶。”

《天乙・禹見人》："卯，旦吉，安（晏）食吉，日中凶，日失（昳）凶，夕日凶。"
《天乙・禹見人》："辰，旦凶，安（晏）食吉，日失（昳）凶，夕日吉。"
《天乙・禹見人》："巳，旦凶，安（晏）食吉，日中凶，日失（昳）凶，夕日可。"
《天乙・禹見人》："未，旦吉，安（晏）食可，日中凶，日失（昳）吉，夕日凶。"
《天乙・禹見人》："申，旦吉，安（晏）食凶，日中吉，日失（昳）吉，夕日凶。"
《天乙・禹見人》："酉，旦吉，安（晏）食凶，日中吉，日失（昳）吉，夕日凶。"
《天乙・禹見人》："戌，旦凶，安（晏）食凶，日中吉，日失（昳）吉，夕日凶。"
《天乙・時二》："日出、日失（昳）八。"
《隨日・禹須臾見人》："子旦吉，晏食凶，日中吉，日失（昳）吉，夕日吉。"
《隨日・禹須臾見人》："丑旦吉，晏食吉，日中凶，日失（昳）凶，夕日吉。"
《隨日・禹須臾見人》："寅旦吉，晏食吉，日中凶，日失（昳）吉，夕日吉。"
《隨日・禹須臾見人》："卯旦吉，晏食吉，日中吉，日失（昳）吉，夕日凶。"
《隨日・禹須臾見人》："辰旦吉，晏食吉，日中凶，日失（昳）凶，夕日吉。"
《隨日・禹須臾見人》："巳旦吉，晏食吉，日中凶，日失（昳）【凶】，夕日可。"
《隨日・禹須臾見人》："午旦吉，晏食凶，日中吉，日失（昳）凶，夕日凶。"
《隨日・禹須臾見人》："未旦吉，晏食可，日中凶，日失（昳）吉，夕日凶。"
《隨日・禹須臾見人》："申旦吉，晏食凶，日中吉，日失（昳）吉，夕日凶。"
《隨日・禹須臾見人》："酉旦吉，晏食凶，日中吉，日失（昳）吉，夕日凶。"
《隨日・禹須臾見人》："戌旦吉，晏食凶，日中吉，日失（昳）吉，夕日凶。"
《隨日・禹須臾見人》："亥旦吉，晏食凶，日中吉，日失（昳）凶，夕日可。"
《隨日・死》："庚午日失（昳）有疾，白色死。"
《隨日・日時》："日失（昳）己，日失（昳）到夕時庚。"
《隨日・擊》："子丑寅卯辰巳午未申酉戌亥擊日失（昳）。"

失與跌

《秦律・司空》："不攻閒（垸）車，車空（控）失（跌），大車軸紱（盭）。"

劮與佚

《積疏》："積勝疏，盈勝虛，俓（徑）勝行（枉），疾勝徐，眾勝寡，劮（佚）勝勞。"
《積疏》："積故積之，疏故疏之，盈故盈之，虛故虛之，徑故徑之，行（枉）故行（枉）之，疾故疾之，徐故徐之，眾故眾之，寡故寡之，劮（佚）故劮（佚）之，勞故勞之。"
《積疏》："毋以劮（佚）當劮（佚），毋以勞當勞。"
《積疏》："積疏相當，盈虛相當，徑枉相當，疾徐相當，眾寡相當，劮（佚）勞相當。"

佚與迭

《陰陽家》："□於□□十二室（室）十二竈而月佚（迭），鐫（鑽）燧易〈易〉火，而必食歲之所美。"

佚與逸

《民之情》："八曰：賞罰信，功貴勞利，所以致顯榮，佚（逸）樂之涂（途）陜（狹）。民勸賞猥（畏）罰，民之請（情）也。"

𢏅與逸

《發啟》："虎狼將𢏅（逸），弭（戢）耳固伏。"

秩與佚

《北蒼・耕》："樊厭姤秩（佚），私醞（醓）

救酲。”

日字聲系

炅與熱

《帛甲老子·德經》：“趮（躁）勝寒，靚（靜）勝炅（熱）。”

《帛甲老子·道經》：“物或行或隨，或炅（熱）或吹。”

《題記》：“木（沐）侯（猴）讙引炅（熱）中。”按，原文本作“木侯讙引炅中”，整理者直接讀寫作“沐猴讙引熱中”。

寘與熱

《楚帛書》甲：“山川四晦（海）□寘（熱）煲（氣）寒煲（氣），以爲其戠。”按，“寘（熱）”字從李零《古文字雜識（五則）》（《國學研究》第三卷，北京大學出版社，1994年，268頁）讀。

《筮法二六》：“羅（離）祟：寘（熱）、休（溺）者。四，纗（縊）者。一四一五，長女殤（殤）。二五夾四，殆（辜）者。”

昚與慎

《語叢一》：“凡又（有）血煲（氣）者，膚（皆）又（有）憙（喜）又（有）恣（怒），又（有）昚（慎）又（有）𢘅。”

《春秋一四》：“刑不昚（慎），使守布周（舟），遊（留）其禍也，刑人佴（耻）刑而哀不辜。”

涅與熱

《姓爭》：“夫天地之道，寒涅（熱）燥濕，不能並立；剛柔陰陽，固不兩行。”

貞與軫

《六德》：“敔之爲言也，猷（猶）敔＝（敔敔）也，少而貞（軫）多也。”按，“貞（軫）”字從顏世鉉《郭店楚簡〈六德〉諸篇零拾》（《“中央研究院”歷史語言研究所集刊》第七十二本第二分，2001年）讀。

𡑞與展

《緇衣》：“《少（小）夏（雅）》員（云）：‘允也君子，𥗊（展）也大成。’”按，上博簡本《緇衣》𥗊（展）作𡑞。

𥗊與𡑞

《緇衣》：“《少（小）夏（雅）》員（云）：‘允也君子，𥗊（展）也大成。’”按，上博簡本《緇衣》𥗊（展）作𡑞。

𥗊與展

《緇衣》：“《少（小）夏（雅）》員（云）：‘允也君子，𥗊（展）也大成。’”按，“𥗊（展）”從字禤健聰《上博楚簡（五）零札（一）》（簡帛網，2006年2月24日）釋讀。下同。“𥗊”字原形作“”。

《季康子》：“孝＝（君子）玉其言而𥗊（展）其行，敬成其悳（德）以臨民＝（民，民）望其道而備（服）安（焉）。”

《湯丘》：“今少（小）臣能𥗊（展）章（彰）百義。”

《管仲》：“尚𥗊（展）之，尚詻（格）之，尚勿（勉）之。”

𥗊與輾

《采風》：“𡍮（徵）和：《𥗊（輾）剸（轉）之賨》。”按，“𥗊（輾）”字從董珊《讀〈上博藏戰國楚竹書（四）〉雜記》（簡帛研究網，2005年2月20日）讀。“𥗊”字原形作“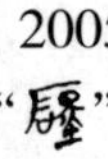”。

縸與繕

《曹沫》：“成（城）章（郭）必攸（修），縸（繕）麔（甲）利兵，必又（有）戰心以獸（守），所以爲倀（長）也。”按，“縸”字原形作“”，右旁所從與“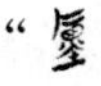”、“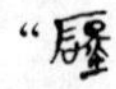”應是一字。

綅與繕

《曹沫》：“虐（號）命（令）於軍中曰：‘綅（繕）麔（甲）利兵，明日酒（將）

戰。’”按，“綅”字原形作“”。

遺與顛

《鄭子甲》：“奠（鄭）子家遺（顛）復（覆）天下之豊（禮）。”按，“遺”字原形作“”，整理者隸定作“遉”。

《鄭子乙》：“鄭子家遺（顛）復（覆）天下之豊（禮）。”按，“遺”字原形作“”，整理者隸定作“遉”。

吉字聲系

劼與懿

《厚父》：“□□□□王監劼（懿）綀（績），聕（問）前文人之龏（恭）明悳（德）。”按，“劼（懿）”字從白於藍《清華簡〈厚父〉校釋四則》（《簡帛研究 2016 秋冬卷》，廣西師範大學出版社，2017 年）讀。

《子產》：“又（有）道樂才［存］，亡道樂亡，此胃（謂）劼（懿）粒（理）。”按，“劼”似當讀作“懿”。《玉篇·壹部》：“懿，大也。”

桔與結

《日乙·十月》：“以桔（結）者，不睪（釋）。”

故與劼

《説命下》：“敚（説），余既諟（諟）故（劼）毖（毖）女（汝），思（使）若玉冰，上下罔不我義（儀）。”

結與辛

《容成氏》：“喬（高）結（辛）是（氏）。”按，“結（辛）”字從廖名春《讀上博簡〈容成氏〉劄記（一）》（簡帛研究網，2002 年 12 月 27 日）讀。

餂與渴

《將德》：“叔（弔）死問傷，食饑餂（渴），與□□，將軍之惠也。”按，“餂（渴）”字從白於藍《銀雀山漢簡（二）校讀六記》（《簡帛》第十輯，上海古籍出版社，2015 年）讀。

季字聲系

季與惠

《老子》甲：“㡭（絕）憍（僞）弃慮（詐），民复（復）季（惠）子（慈）。”按，“季（惠）”字從華東師範大學中文系出土文獻研究工作室《讀〈清華大學藏戰國竹簡（伍）〉書後（一）》（簡帛網，2015 年 4 月 12 日）讀。

《命訓》：“杬（撫）之以季（惠），和之以均，䊷（斂）之以哀，吳（娛）之以樂。”

《命訓》：“樂不纏（伸），哀不至，均不鼠一（一），季（惠）必仞=（忍人）。”

《命訓》：“季（惠）而不仞=（忍人），人不乘（勝）害=（害，害）不智（知）死。”

悸與快

《周易·艮》：“六二：艮其足，不陞（拯）其隓（隨），其心不悸（快）。”按，今本和帛書本悸均作快。

誖與悸

《性自》：“聖（聽）𤪸（琴）玕（瑟）之聖（聲），則誖（悸）女（如）也斯難（歎）。”

計字聲系

計與詰

《帛甲老子·道經》：“三者不可至（致）計（詰），故園（混）而爲一。”

《帛乙老子·道經》：“三者不可至（致）計（詰），故緍（混）而爲一。”

計與棄

《四時令》：“然則天爲下寒合冰，毛虫（蟲）不犢（殰），繩（孕）婦不消（銷）汁〈計（棄）〉，草木根本必美矣。”按，“汁”當爲“計”之誤字。

㕡字聲系

肸與譆

《□爛者》：“肸（譆）肸（譆）詘（出）

詘（出），從竈出毋延，黃神且與言。”按，“肸（讀）”字從裘錫圭《馬王堆醫書釋讀瑣議》（《古文字論集》，中華書局，1992年，525頁）讀。

僁與逸

《芮良夫》：“我之不言，則畏天之發幾（機）；我其言矣，則僁（逸）者不𢘅（美）。”

血字聲系

血與恤

《祭公》：“女（汝）母（毋）各家相而（爾）室，肰（然）莫血（恤）其外。”

《封許》：“女（汝）隹（惟）臧（壯）耆尔猷，虘（虔）血（恤）王家，柬（簡）膀（乂）亖（四）方不𡛜（賓），以堇（勤）余一人（一人）。”

《帛易·升》：“登（升），元亨。利見大人，勿血（恤）。南正（征），吉。”

《帛易·夬》：“九二，傷（惕）號，募（莫）夜有戎，勿血（恤）。”

《帛易·萃》：“初六，有復（孚）不終，乃乳（亂）乃卒（萃），若其號。一屋（握）于芺（笑），勿血（恤），往无咎。”

《帛易·晉》：“六五，悔亡，矢得勿血（恤）。往吉，无不利。”

《帛易·家人》：“九四，富有，大吉。九五，王叚（假）有家，勿血（恤），往吉。”

《繆和》：“夫處上立（位）厚自利而不自血（恤）下，小之猶可，大之必凶。”

卹與恤

《周易·夬》：“啻（惕）虐（號），莫譻（夜）又（有）戎，勿卹（恤）。”

《周易·萃》：“初六：又（有）孚不終，乃𤔲（亂）迺（乃）啐（萃），若虐（號），一斛（握）于芺（笑），勿卹（恤），往亡（无）咎。”

《三德》：“敚（奪）民旹（時）以土攻（功），是胃（謂）韻（稽），不𢇍（絕）悳（憂）卹（恤），必喪其佖（匹）。”

《皇門》：“我聞（聞）昔才（在）二又（有）或（國）之折（哲）王，則不（丕）共（恭）于卹（恤）。”

《皇門》：“乞（迄）又（有）寶（孚），以𧽊（助）氒（厥）辟，堇（勤）卹（恤）王邦王家。”

《皇門》：“母（毋）隹（惟）尔（爾）身之䜌，皆卹（恤）尔（爾）邦，叚（假）余憲。”

《啻門》：“正（政）兼（濫）𤔲（亂）以亡（無）棠（常），民咸解體自卹（恤），此胃（謂）亞（惡）正（政）。”

《三壽》：“卹（恤）遠而𢘓（撫）新（親），憙（喜）神而履（禮）人，寺（時）名曰悬（仁）。”

《啻門》：“正（政）兼（濫）𤔲（亂）以亡（無）棠（常），民咸解體自卹（恤），此胃（謂）亞（惡）正（政）。”

《周馴》：“已繇（籀）玆書，右手把一以予柏（伯）魯，左手把一以予無邲〈卹（恤）〉。”按，“邲”似爲“卹”之誤字，讀作“恤”。下一例同。

《周馴》：“無邲〈卹（恤）〉出其書於左袂，趣而進之，令口諷誦之而習。”

《周馴》：“無卹（恤）好學而智（知）貴善言，孝弟（悌）玆（慈）仁而主令弗曼（慢）。”

《周馴》：“乃立無卹（恤）以爲泰（太）子。”

《周馴》：“閒（簡）子已終，無卹（恤）即立（位），述（遂）爲賢主。”

《周馴》：“今我不如趙閒（簡）鞅，而爾有（又）不及襄子無卹（恤）。”

《周馴》：“爾不畏天，其安得見日？爾不事神，將予女（汝）疾，身病而體（體）痛，剴（豈）能有卹（恤）？”

卹與血

《周易·夬》：“啻（惕）虖（號），莫譽（夜）又（有）戎，勿卹（恤）。”按，帛書本卹（恤）作血。下同。

《周易·萃》：“初六：又（有）孚不終，乃嬰（亂）廼（乃）啐（萃），若虖（號），一斛（握）于芺（笑），勿卹（恤），往亡（无）咎。”

洫與侐

《反淫》：“魄子乃洫（侐）然㬎（隱）机（几），衍然汗出，渙然病俞（愈）。”

洫與溢

《四度》：“聲洫（溢）於實，是胃（謂）威（滅）名。”

《亡論》：“上洫（溢）者死，下洫（溢）者刑。”

《論約》：“功洫（溢）於天，故有死刑。”

《名理》：“有物始□，建於地而洫（溢）於天，莫見其刑（形）。”

《名理》：“逆則上洫（溢）而不知止者亡。”

《正亂》：“民生有極，以欲涅〈淫〉洫（溢），涅〈淫〉洫（溢）□失（泆）。”

《正亂》：“涅〈淫〉洫（溢）蚤□□曰天佑，天佑而弗戒。”

《行守》：“驕洫（溢）好爭，陰謀不羊（祥），刑於雄節，危於死亡。”

《雨書》：“二旬奎，雨，以逆大暑，河乃洫（溢），山倗（崩）地動。”

《服傳甲》：“吹（歠）粥，朝一洫（溢）米、夕一洫（溢）米。”

《服傳乙》：“吹（歠）粥，朝一洫（溢）米、夕一洫（溢）米。”

《神烏賦》：“府君之德，洋洫（溢）不測。”

洫與鎰

《明君》：“今操百洫（鎰）之璧以居中野。”

《形甲》：“勝兵如以洫（鎰）稱朱（銖），敗兵如以朱（銖）稱洫（鎰）。”

《形乙》：“勝兵如以洫（鎰）稱朱（銖），敗兵如以朱（銖）稱洫（鎰）。”

洫與窒

《帛易·訟》：“訟，有復（孚），洫（窒）寧（惕），克〈中〉吉，冬（終）兇（凶）。”

洫與毧

《養生方》：“欲去毛，新乳始沐，即先沐下，乃沐，其洫（毧）毛去矣。”

洫與發

《帛易·豐》：“六二，豐其剖（蔀），日中見斗。往得疑疾，有復（孚），洫（發）若，吉。”

衄與钀

《妄稽》：“大（太）息歌訡（吟），謬（嗷）謬（嗷）爰（猨）恤（钀）。”按，“恤（钀）”字從黔之菜《讀北大漢簡〈妄稽〉小札一則》（復旦大學出土文獻與古文字研究中心網，2016年6月22日）讀。

衄與悉

《妄稽》：“以君之智，衄（悉）夬（決）於婦。”

惠字聲系

惠與蕙

《妄稽》：“衡（蘅）若麋（蘪）無（蕪），莤惠（蕙）連房。”

《反淫》：“□紹，結以奇（琦）璜，土（杜）若申椒，燕莤秦衡（蘅），新（辛）雉（夷）稾本，木蘭之茱（眯），卑（薜）離（荔）要（幽）惠（蕙），江羅（離）雜芳。”

惠與嘒

《繆和》："故《詩》曰：'惠（嘒）彼小星，参（三）五在東，潚（肅）潚（肅）宵正（征），蚤（早）夜在公，是（寔）命不同。'"按，"惠"字從廖名春《帛書〈周易〉論集》(上海古籍出版社，2008年，392頁）釋，從今本《詩·國風·小星》讀作"嘒"。

惠與慧

《論》："強生威，威生惠（慧），惠（慧）生正，正生静。"

壹字聲系

壹與一

《士相見》："於其入也，壹（一）拜其辱也，賓退，再拜。"

壹與噎

《文摯》："是以内實外平，痤瘻弗處，廱（癰）壹（噎）不生，此道之至也。"

壹與殪

《晏子四》："軍進再舍，將壹（殪）軍鼓毀。"

壹與貳

《帛五行·説》："上帝臨女（汝），毋壹（貳）璽（爾）心。"

《帛五行·説》："毋壹（貳）璽（爾）心，俱鐖（譏）之也。"

撎與揖

《妄稽》："辭讓送撎（揖），俗（欲）莭（節）理義（宜）。"

饐與噎

《脈書》："上氣，饐（噎），嗌中痛。"

《陰陽脈甲》："□□□□□□舌柝（坼），嗌乾，上氣，饐（噎），嗌中痛。"

《儒説》："辟（譬）如臨戰乃鑄兵，饐（噎）而後鑿（鑿）井。"

物部第一八

弗字聲系

弗與拂

《阜易·頤》："六二，奠（顛）頤，弗（拂）經，于丘頤，政（征）兇（凶）。"

《阜易·頤》："弗（拂）頤，貞兇（凶）。"

弗與未

《服傳甲》："故喪（殤）之経不漻（樛）垂，蓋弗（未）成也。"

《服傳乙》："故殤之経不樛垂，蓋弗（未）成也。"

帉與勿

《天下至道》："秦（臻）欲之而不能，曰帉（勿）。"按，"帉（勿）"字從馬繼興《馬王堆古醫書考釋》（湖南科學技術出版社，1992年，1045頁）讀。

㣺與沸

《癰》："并以金銚熘桑炭，毚（纔）㣺（沸），發享（歊），有（又）復熘㣺（沸）。"

㣺與蚺

《養生方》："取㣺（蚺）選（蠃）一斗，二分之，以截漬一分而暴（曝）之。"

《養生方》："冬日置竈上，令極漬（沸），即出㣺（蚺）選（蠃）。"

沸與怫

《神烏賦》："亡烏沸（怫）然而大怒。"

怫與茀

《官一》："爲畏（隈）以山胠（陆），秦（蓁）怫（茀）以委（逶）施（迤）。"按，"怫（茀）"字從張震澤《孫臏兵法校理》（中華書局，1984年，112頁）讀。下同。

《官一》："秦（蓁）怫（茀）以委（逶）施（迤），便罷（擺）以鴈（雁）☐。"

茀與敦

《兵容》："茀（敦）茀（敦）陽陽，因民之力。"

炥與沸

《雜療方》："即煮其汁，壹炥（沸）而成醴。"

炥與勃

《天師》："淺（濺）坡（彼）陽炥（勃），堅蹇不死，飲食賓體（體）。"

㭆與拂

《子產》："子產専（傅）於六正，與善爲徒，以谷（慤）事不善，母（毋）茲愇（違）㭆（拂）其事。"

《帛易·頤》："六二，曰顛頤，㭆（拂）經，于北〈丘〉頤，正（征）凶。"

《帛易·頤》："六三，㭆（拂）頤，貞凶。十年勿用，无攸利。"

《十官》："☐以聞，敢直議，名曰輔㭆（拂）臣，此固社禝（稷）者，爲一官。"

《儒説》："☐眾，而矯㭆（拂）我者寡也。"

費與昧

《帛乙老子·德經》："明道如費（昧），進道如退，夷道如類。"按，通行本費作昧。

費與悖

《北蒼·魚》："趮文窣窔（突），差費（悖）歙醻。"

僨與拂

《亡論》："六曰父兄黨以僨（拂）。"

《亡論》："外立（位）朕（勝）胃（謂）之僨（拂）。"

潰與沸

《傷痙》："傷脛（痙）者，擇薤一把，以敦（淳）酒半斗者（煮）潰（沸）。"

《傷痙》："煎之潰（沸），即以布足（捉）之，予（抒）其汁，□傅□。"

《癃病》："疾炊，潰（沸），止火，潰（沸）下，復炊。"

《癃病》："参（三）潰（沸），止。"

《養生方》："以藋堅稠節者爨，大潰（沸），止火，潰（沸）定，復爨之。"

《養生方》："以藋堅稠節者爨之，令大潰（沸）一，即□□□去其宰（滓）。"

《養生方》："以三月茜濊（截）□，孰（熟）煮，令潰（沸）。"

《養生方》："冬日置竈上，令極潰（沸），即出弟（蛴）選（贏）。"

《養生方》："□□□□潰（沸），有（又）復潰楊（煬）如前，盡汁而已。"

聵與悖

《六分》："適（嫡）子父，命曰上聵（悖），群臣离志。"

弜字聲系

𦐁與弗

《周易·頤》："六二：曰遯（顛）頤，𦐁（拂）經，于北洍（頤），征凶。"按，阜陽漢簡本𦐁（拂）作弗。下同。

《周易·頤》："六厽（三）：𦐁（拂）頤，貞凶，十年勿用，亡（无）卣（攸）利。"

𦐁與拂

《周易·頤》："六二：曰遯（顛）頤，𦐁（拂）經，于北洍（頤），征凶。"

《周易·頤》："六厽（三）：𦐁（拂）頤，貞凶，十年勿用，亡（无）卣（攸）利。"

《周易·頤》："六五：𦐁（拂）經，凥（居）貞吉，不可涉大川。"

𦐁與柫

《周易·頤》："六二：曰遯（顛）頤，𦐁（拂）經，于北洍（頤），征凶。"按，帛書本𦐁（拂）作柫。下同。

《周易·頤》："六厽（三）：𦐁（拂）頤，貞凶，十年勿用，亡（无）卣（攸）利。"

弻與弗

《琴舞》："𤔲（亂）曰：弻（弗）敢巟（荒）才（在）立（位），龏（恭）畏才（在）上，敬𩒨（顯）才（在）下。"

《琴舞》："弻（弗）敢巟（荒）悳₌（德，德）非墮（惰）帀（思），純隹（惟）敬帀（思），文非敹（陳）帀（思）。"

弻與佛

《琴舞》："弻寺（持）其又（有）肩，鼰（示）告舍（余）㬎（顯）悳（德）之行。"按，今本《詩·周頌·敬之》弻作佛。

弻與費

《啻門》："记（起）役不時，大弻（費）於邦，此胃（謂）亞（惡）役。"

䝏與費

《老子》甲："甚炁（愛）必大䝏，厚（厚）䞴（藏）必多貢（亡）。"按，今本䝏作費。

八字聲系

朳與扒

《成法》："以朳（扒）天地，以楑（揆）四海。"

訁八與詩

《語書》："誙（娙）訁八（詩）醜言麃（僄）斫以視（示）險（檢）。"

䜌字聲系

戀與䜌

《北荅·幽》："納報戀（䜌）橐，葬墳鬊㻌。"

孛字聲系

孛與悖

《晏子七》："今君之正（政）反乎民，行孛（悖）乎神。"

孛與昧

《老子》乙："明道女（如）孛，遅（夷）道女（如）繢（纇），□道若退。"按，今本孛作昧。

孛與費

《老子》乙："明道女（如）孛，遅（夷）道女（如）繢（纇），□道若退。"按，帛書乙本孛作費。

勃與蒲

《養生方》："曰以五月望取勃（蒲）贏，漬□□□□□布□中，陰乾，以□□熱。"

誟與祓

《赤鵠》："湯乃誟（祓）之。少（小）臣乃痃（忽）而寤（寢）於逄（路），視而不能言。"按，"誟（祓）"字從王寧《讀清華簡三〈赤鵠之集湯之屋〉散札》（簡帛網，2013年1月16日）釋讀。

𣪘字聲系

觱與畢

《秦律·金布律》："都官輸大内，内受買（賣）之，盡七月而觱（畢）。"按，《説文》説"觱""从角𣪘聲。𣪘，古文誖字。"

《秦律·司空》："毋過九月而觱（畢）到其官。"

《秦律·行書》："行命書及書署急者，輒行之；不急者，日觱（畢），勿敢留。留者以律論之。"

《第二組》："租禾稼、頃芻稾，盡一歲不觱（畢）入及諸貣（貸）它縣官者，書到其縣官。"

《第二組》："傳行書，署急輒行，不輒行，貲二甲。不急者，日觱（畢）。"

《第二組》："毋過九月而觱（畢）到其官，官相近者，盡九月而告其計所官，計之其作年。"

蠢與畢

《城濮》："子叟（文）遈（閱）帀（師）於敔，一日而蠢（畢），不潡（抶）一人。"按，"蠢（畢）"字從陳偉《〈成王爲城濮之行〉初讀》（簡帛網，2013年1月5日）釋讀。

蠢與畢

《城濮》："子玉受帀（師）出之敗，三日而蠢（畢），漸（斬）三人。"按，"蠢（畢）"字從陳偉《〈成王爲城濮之行〉初讀》（簡帛網，2013年1月5日）釋讀。

蠢與畢

《城濮》："以子玉之未患（貫），君王命余遈（閱）師於敔，一日而蠢（畢），不潡（抶）一人。"按，"蠢（畢）"字從陳偉《〈成王爲城濮之行〉初讀》（簡帛網，2013年1月5日）釋讀。

蠢與畢

《城濮》："子玉出之犬，三日而蠢（畢），漸（斬）三人。"按，"蠢（畢）"字從陳偉《〈成王爲城濮之行〉初讀》（簡帛網，2013年1月5日）釋讀。

臧與畢

《祭公》："㚬（玆）由（迪）彝孥（學）于文武之曼悳（德），克夾卲（紹）成康，甬（用）臧（畢）成大商。"

臧與拔

《金縢》："天疾風以雷，禾斯旻（偃），大木斯臧（拔）。邦人大恐。"

《金縢》："是夕，天反風，禾斯记（起），凡大木斎=（之所）臧（拔），二公命邦人聿（盡）復笙（築）之。"

勿字聲系

勿與物

《老子》甲："是古（故）聖人能尃（輔）萬勿之自肰（然），而弗能爲。"按，今本和帛書本勿作物。下四例同。

《老子》甲："衍（道）亙（恆）亡爲也，侯王能㝵（御）之，而萬勿牐（將）自惢（化）。"

《老子》甲："侯王女（如）能獸（守）之，萬勿牐（將）自賓。"

《老子》甲："萬勿方（旁）乍（作），居以寡（顧）復也。"

《老子》丙："是以能補（輔）壖（萬）勿之自肰（然），而弗敢爲。"

《老子》甲："夫亦牐（將）智₌足【₌】（知足，知足）以朿（靜），萬勿（物）牐（將）自定。"

《老子》甲："萬勿㑅（作）而弗忖（始）也，爲而弗志（恃）也，成而弗居。"按，今本和帛書乙本勿作物。下二例同。

《老子》甲："勿壓（壯）則老，是胃（謂）不道。"

《老子》甲："天下之勿生於又【₌（有，有）】生於亡。"

《老子》甲："人多智（知），天〈而〉戓（奇）勿慈（滋）记（起）。"按，河上、王弼本及帛書本勿作物。

《老子》甲："灋勿慈（滋）章（彰），覜（盜）惻（賊）多又（有）。"按，河上本及帛書乙本勿作物。

《太一》："迵（周）而或□□□□壖（萬）勿（物）母；罷（一）块（缺）罷（一）浧（盈），以忌（己）爲壖（萬）勿（物）經。"

《緇衣》："君子言又（有）勿（物），行又（有）逄（格），此以生不可敓（奪）志，死不可敓（奪）名。"

《緇衣》："上好此勿（物）也，下必又（有）甚安（焉）者矣。"

《忠信》："信之衍（道）也，群勿（物）膚（皆）成，而百善膚（皆）立。"

《唐虞》："大明不出，⿱（萬）勿（物）膚（皆）訇（暗）。"

《成之》："古（故）君子不貴德（庶）勿（物）而貴與民又（有）同也。"

《成之》："是古（故）凡勿（物）才（在）疾之。"

《尊德義》："上好是勿（物）也，下必有甚安（焉）者。"

《尊德義》："古（故）（終？）是勿（物）也而又深安（焉）者。"

《性自》："走（待）勿（物）而句（後）乍（作），走（待）兑（悦）而句（後）行，走（待）習而句（後）奠。"

《性自》："好亞（惡），眚（性）也；所好所亞（惡），勿（物）也。善不善，眚也；所善所不善，埶（勢）也。"

《性自》："凡眚（性）爲宔（主），勿（物）取之也。"

《性自》："凡勿（物）亡不異也者。"

《性自》："凡歖（動）眚（性）者，勿（物）也。"

《性自》："凡見者之胃（謂）勿（物），快於吕（己）者之胃（謂）兑（悦），勿（物）之埶（勢）者之胃（謂）埶（勢），又（有）爲也者之胃（謂）古（故）。"

《性自》："衍（道）者，群勿（物）之衍（道）。"

《性自》："詃（恕），宜（義）之方也；宜（義），敬之方也；敬，勿（物）之即（節）也。"

《語叢一》："凡勿（物）繇（由）望生。"

《語叢一》："又（有）天又（有）﨤（命），

又（有）勿（物）又（有）名。”
《語叢一》：“又（有）勿（物）又（有）繇又（有）𦃃，而句（後）教生。”
《語叢一》：“又（有）天又（有）命，又（有）迲（地）又（有）㤎（形），又（有）勿（物）又（有）容，又（有）家又（有）名。”
《語叢一》：“又（有）勿（物）又（有）容，又（有）聿又（有）厚，又（有）頻（美）又（有）膳（善）。”
《語叢一》：“夫〈天〉生百勿（物），人爲貴。”
《語叢一》：“凡勿（物）䌛（由）望生。”
《語叢一》：“勿（物）各止於其所。”
《語叢一》：“亡勿（物）不勿（物），䖍（皆）至安（焉），而亡非㠯（己）取之者。”
《語叢三》：“天型成，人與勿（物）斯里（理？）。”
《語叢一》：“凡勿（物）又（有）𥎦（本）又（有）卯（流），又（有）終又（有）絧（始）。”
《語叢三》：“勿（物）不葡（備），不成㤡（仁）。”
《語叢三》：“㝘（文）衣（依）勿（物）以青（情）行之者。”
《語叢三》：“名弍（二），勿（物）參（三）。”
《語叢三》：“虖（乎）勿（物）。”
《語叢三》：“亡勿（物）不勿（物），䖍（皆）至安（焉）。”
《詩論》：“《邦風》，其内（納）勿（物）也尃（溥），觀人谷（俗）安（焉），大僉（斂）材安（焉）。”
《民之》：“勿（物）之所至者，志亦至安（焉）。”
《亙先》：“䅽₌（䅽䅽）天陀（地），㸚₌（紛紛）而多采（綵）勿（物）。”
《亙先》：“恙（祥）宜（義）、利丂（巧）、采（綵）勿（物）出於㑅₌（作。作）安（焉）又（有）事，不㑅（作）無事。”
《融師》：“弗歆（飲）弗飤（食），勿（物）斯可惑。”
《季桓子》：“夫士，品勿（物）不竆（窮），君子流其觀安（焉）。品勿（物）備矣，而亡（無）成悳（德）☐。”
《季桓子》：“☐其勿（物）。”按，“勿（物）”字從陳劍《〈上博（六）·孔子見季桓子〉重編新釋》（復旦大學出土文獻與古文字研究中心網，2008年3月22日）釋讀。
《季桓子》：“與（邪）蝺（僞）之民，亦以其勿（物）。”按，“勿（物）”字從李鋭《〈孔子見季桓子〉新編（稿）》（簡帛網，2007年7月11日）讀。
《用曰》：“征（貞）虫飛鳥，受勿（物）於天。”
《用曰》：“民之乍（作）勿（物），隹（唯）言之又（有）信。”
《天子甲》：“型（刑）屯用青（情），邦芒（亡）；屯用勿（物），邦芒（亡）。”
《天子甲》：“必中青（情）以罹（羅）於勿（物），幾（階）殺而邦正。”
《天子乙》：“型（刑）屯用青（情），邦芒（亡）；屯用勿（物），邦芒（亡）。”
《天子乙》：“必中青（情）以罹（羅）於勿（物），幾（階）殺而邦正。”
《凡物甲》：“毾（捻）勿（物）流型（形）。”
《凡物甲》：“毾（捻）勿（物）流型（形），系（奚）得而成？”
《凡物甲》：“氏（是）古（故）陳爲新，人死復爲人，水復於天，凡百勿（物）不死。”
《凡物甲》：“能戠（察）鼠一（一），則百勿（物）不逵（失）；女（如）不能戠（察）鼠一（一），則百勿（物）具逵（失）。”

《凡物乙》："毷（捴）勿（物）流型（形），系（奚）得而成？"
《凡物乙》："氏（是）古（故）陳爲新，人死復爲人，水復於天，凡百勿（物）不死。"
《凡物乙》："戳（察）鼠（一），則百勿（物）不遳（失）；女（如）不能戳（察）鼠（一），則百勿（物）具遳（失）。"
《李頌》："獸（守）勿（物）彊（強）榦（幹），木一心可（兮）。"按，"勿（物）"字從高佑仁在一上示三王《曹錦炎：上博簡〈楚辭〉》（復旦大學出土文獻與古文字研究中心網，2010年3月24日）一文下跟帖讀。
《李頌》："氏（是）古（故）聖人兼此和勿（物），以李（理）人情。"
《蘭賦》："夬（決）迲（去）選勿（物），宅才（在）學（幽）宙（中）。"
《蘭賦》："蒹（蘭）又（有）異勿（物）。"
《文王》："勿（物）又（有）所總，道有所攸（修），非天之所向，莫之能得。"按，"勿（物）"字從鄔可晶《〈上博（九）·舉治王天下〉"文王訪之於尚父舉治"篇編連小議》（復旦大學出土文獻與古文字研究中心網，2013年1月11日）讀。
《堯王》："☐則勿（物）生，瀆則智（知）成。"
《保訓》："測侌（陰）敡（陽）之勿（物），咸川（順）不逆（逆）。"
《命訓》："凡此，勿（物）氒（厥）耑（權）之屬（屬）也。"
《子產》："子產既由善用聖，班羞（好）勿（物）畍（俊）之行。"
《天乙·陰陽鐘》："日、辰、星各有勿（物）數，而各三合。"
《第二組》："有辠（罪），田宇已入縣官，若已行，以賞予人而有勿（物）故。"
《帛甲老子·德經》："勿（物）或敗（損）之而益，益之而敗（損）。"
《論》："勿（物）自正也，名自命也，事自定也。"
《天師》："萬勿（物）何得而行？"
《天師》："萬勿（物）失之而不鱶（繼），得之而贏。"
《繫辭》："无又（有）遠近幽險（深），述（遂）知來勿（物）。"
《要》："天地困（混），萬勿（物）潤，男女購（構）請（精）而萬物成。"
《要》："益之爲卦也，春以授夏之時也，萬勿（物）之所出也，長日之所至也，產之室也，故曰益；授〈損〉者，秋以授冬之時也，萬勿（物）之所老衰也，長夜之所至也，故曰【損】。"
《繆和》："天之道，稾（崇）高神明而好下，故萬勿（物）歸命焉；地之道，精博以尚而安卑，故萬勿（物）得生焉。"
《禁》："火無禁則勿（物）不絳（豐），金無禁則筋☐。"
《禁》："若此則萬勿（物）皆□□□矣。"

勿與忽

《日甲·詰》："鬼入人宮室，勿（忽）見而亡，亡（無）已。"
《天一》："☐□也卒（猝），其巳（已）也勿（忽）。"

勿與亹

《繫辭》："定天下吉凶，定（成）天下之勿（亹）勿（亹）者，莫善乎蓍龜。"

勿與勉

《管仲》："尚磓（展）之，尚詻（格）之，尚勿（勉）之。"

沕與忽

《帛乙老子·道經》："是胃（謂）沕（忽）望（恍）。"
《帛乙老子·道經》："沕（忽）呵（兮）

其若海，望（恍）呵（兮）若无所止。”

《帛乙老子·道經》：“道之物，唯望（恍）唯沕（忽）。”

《帛乙老子·道經》：“沕（忽）呵望（恍）呵（兮），中又（有）象呵（兮）；望（恍）呵（兮）沕（忽）呵（兮），中有物呵（兮）。”

沕與沒

《帛甲老子·道經》：“沕（沒）身不怠（殆）。”

沕與黽

《邶風》：“沕（黽）沒（勉）同心，□我（宜）有怒。”

物與勿

《天下至道》：“爲而物（勿）亟勿數，出入和治，曰和沬。”

《天下至道》：“得之而物（勿）擇（釋），成死有薄。”

物與刎

《客主》：“退敢物（刎）頸，進不敢距（拒）啻（敵）。”

物與忽

《師癸》：“行此道也，何世（世）不物（忽）？”

《天下至道》：“物（忽）往物（忽）來，至精將失，吾奚以止之？”

物與微

《繫辭》：“君子知物（微）知章（彰），知柔知剛，萬天之望。”

忽與昧

《帛甲老子·道經》：“一者，其上不攸（皦），其下不忽（昧）。”

㲋字聲系

沒與忽

《北大老子》：“參（三）也，其上不杲（皦），其下不沒（忽）。”

《北大老子》：“沒（忽）旖（兮），其如晦（海）。”

沒與惚

《北大老子》：“是謂無狀之狀，無物之象，是謂沒（惚）芒（恍）。”

《北大老子》：“道之物，唯訨（恍）唯沒（惚）。”

《北大老子》：“沒（惚）旖（兮）訨（恍）旖（兮），其中有象旖（兮）；訨（恍）旖（兮）沒（惚）旖（兮），其中有物旖（兮）。”

沒與勉

《邶風》：“沕（黽）沒（勉）同心，□我（宜）有怒。”

未字聲系

未與味

《老子》甲：“爲亡爲，事亡事，未亡未。”按，今本“未亡未”作“味無味”，帛書甲本作“味无未”。

《語叢一》：“其豊（體）又（有）容，又（有）頟（色）又（有）聖（聲），又（有）臭（嗅）又（有）未（味），又（有）燹（氣）又（有）志。”

《語叢一》：“未（味），口敨（司）也。”

《凡物甲》：“虘（咀）之又（有）未（味）。”按，“未（味）”字從復旦大學出土文獻與古文字研究中心研究生讀書會《〈上博（七）·凡物流形〉重編釋文》（復旦大學出土文獻與古文字研究中心網，2008年12月31日）讀。下一例同。

《凡物乙》：“虘（咀）之又（有）未（味），（嗅）之有（臭）。”

《帛甲老子·德經》：“爲无爲，事无事，味无未（味）。”

未與惠

《觀》：“優未（惠）愛民，與天同道。”

未與寐

《衛風》："□未（寐）吾（寤）言，柄（永）矢弗緩（諼）。"

妹與昧

《稱》："隱忌妒妹（昧）賊妾如此者，下其等而遠其身。"

抺與昧

《祭公》："且（祖）䅧（祭）公，衮（哀）余少（小）子，抺（昧）其才（在）位，誋（旻）天疾畏（威），余多寺（時）𥐩（假）懲。"

沬與昧

《北大老子》："明道如沬（昧），進道如退，夷道如類（纇）。"

沬與蔑

《繫年二》："其大=〈夫=（大夫）〉高之巨（渠）爾（彌）殺卲（昭）公而立其弟子沬（蔑）壽。"

《繫年二》："齊襄公會者（諸）侯于首㞣（止），殺子沬（蔑）壽，車轘（轘）高之巨（渠）爾（彌），改立柬（厲）公。"

眛與味

《天師》："飲毋過五，口必甘眛（味），至之五臧（藏），刑（形）乃極退。"

袜與魅

《日甲・詰》："大袜（魅）恆入人室，不可止。"

眛與昧

《用曰》："又（有）眛【=（昧昧）】其不見，不〈而〉卲（昭）其甚明。"按，"眛"字下原脱重文符號，當讀作"昧昧"。

《學爲》："馮將軍子臣癸敢眛（昧）死謁胡陽公。"

《安稽》："眛（昧）明而起。"

眛與寐

《帛五行・說》："'茭（窈）芍（窕）[淑]

[女]，[寤]眛（寐）求之'，思色也。"

《帛五行・說》："'求之弗得，唔（寤）眛（寐）思伏'，言其急也。"

疾與忽

《赤鵠》："湯乃袼（祓）之。少（小）臣乃疾（忽）而㝲（寢）於逄（路），視而不能言。"按，"疾（忽）"字從白於藍《〈清華大學藏戰國竹簡（三）〉拾遺》（《中國文字研究》第二十輯，上海書店出版社，2014年）讀。

寐與昧

《季康子》："君=（君子）敬成其悳（德），少=（小人）母（晦）寐（昧）☐。"按，"寐（昧）"字從李天虹《讀〈季康子問於孔子〉劄記》（簡帛網，2006年2月24日）讀。

彪字聲系

彪與魅

《安稽》："壐（爾）貌可以懼彪（魅），有（又）何辯傷。"

對字聲系

對與懟

《戰國一二》："寡人不見使□，□大對（懟）也。"

退字聲系

退與懟

《詩論》："多言難而𢡱（怨）退（懟）者也；衰矣，少（小）矣！"

退與芮

《老子》甲："攻（功）述身退，天之道也。"按，帛書甲本退作芮。

退與納

《競公瘧》："縈（營）狂（誑）公退（納）武夫、亞（惡）聖人。"按，"退（納）"

字從李天虹《〈景公瘧〉校讀二則》(簡帛網，2007年7月26日)讀。

聿字聲系

聿與律

《子產》："善君必狻(察)昔冓(前)善王之𧥄(法)聿(律)，救(求)㛸(藎)之臤(賢)可，以自分𡍮(重)任以果𡋲(將)。"

《周易·師》："初六：帀(師)出以聿(律)，不(否)𦁴(臧)凶。"

繂與紼

《緇衣》："王言女(如)絲，其出女(如)緍；王言女(如)索，其出女(如)繂(紼)。古(故)大人不昌(倡)流。"按，裘按(《郭店楚墓竹簡·緇衣》篇注[七四])認爲"繂"所從之"聿"實當讀爲"筆"。

矞字聲系

矞與遹

《芮良夫》："矞(遹)易兇心，𥐓(研)𢢍(甄)嘉惟，枌(敉)和庶民，政命悳(德)型(刑)各又(有)祟(常)𠂔(次)。"

矞與聿

《耆夜》："𧊒(蟋)蟀(蟀)才(在)笞(席)，戢(歲)矞(聿)員(云)茖(莫)。"

《耆夜》："𧊒(蟋)蟀(蟀)才(在)舒(序)，戢(歲)矞(聿)員(云)□。"

橘與繘

《妄稽》："我妬也，疾蹢(墮)纍瓦毀𧜰杯(坏)，解擇(釋)成索別瓶橘(繘)，而離(罹)卑李(悝)，晝肖(宵)不瞑(眠)。"按，"橘(繘)"字從王曉明《北大簡〈妄稽〉校讀簡記(四)》(復旦大學出土文獻與古文字研究中心網"學術討論"，2016年6月13日)讀。

𨯷與繘

《第二組》："侍蒸(蒸)郵、門，期足以給乘傳晦行求燭者，郵具二席及斧、斤、鑿、錐、刀、甕、𨯷(繘)，置梗(綆)井旁。"

突字聲系

突與脱

《脈書》："四節疕如牛目，麋(眉)突(脱)，爲厲(癘)。"

内字聲系

内與入

《緇衣》："《君迪(陳)》員(云)：'出内(入)自尔帀(師)于(虞)，庶言同。'"

《成之》："古(故)君子之立(莅)民也，身備(服)善以先之，敬𣃔(慎)以肘(導)之，其所才(在)者内(入)悿(矣)。"按，"内(入)"字從李零《郭店楚簡校讀記(增訂本)》(北京大學出版社，2002年，122頁)讀。

《性自》："智(知)青者能出之，智(知)宜(義)者能内(入)之。"

《性自》："體其宜(義)而即(節)𡕒(文)之，里(理)其青(情)而出内(入)之。"

《性自》："其居即(次)也舊(久)，其反善復訂(始)也𣃔(慎)，其出内(入)也訓(順)，𣳔(始)其悳(德)也。"

《性自》："句(苟)毋(無)大害，少枉内(入)之可也，已則勿復言也。"

《語叢一》："人之道也，或𨕖(由)中出，或𨕖(由)外内(入)。"

《語叢四》："聖(聽)君而會，視𢈻(朝)而内(入)。内(入)之或内(入)之，至之或至之之，至而亡及也已。"

《昔者》："大(太)子、母俤(弟)至(致)命於闇₌(閽門)，以告𨑑₌人₌(寺人，寺人)

内（入）告於君=（君。君）曰：'卲（召）之。'"

《昔者》："大（太）子内（入）見，女（如）祭祀之事▨。"

《昔者》："恖（慍）於外，不見於内=（内。内）言不以出，外言不以内（入）。"

《容成氏》："内（入）安（焉）以行正（政）。"

《容成氏》："陞（升）自戎（陑）述（遂），内（入）自北門，立於中。"

《昭王》："既[illegible]条之，王内（入）牆（將）袼（落）。"

《昭王》："君王詞（始）内（入）室，君之備（服）不可以進。"

《昭王》："大尹内（入）告王。"

《柬大王》："王内（入），以告安君與陸（陵）尹子高。"按，"内（入）"字從陳劍《上博竹書〈昭王與龔之脽〉和〈柬大王泊旱〉讀後記》（簡帛研究網，2005年2月15日）讀。

《柬大王》："大（太）剚（宰）胃（謂）陸（陵）尹：'君内（入）而語儯（僕）之言于君=王=（君王：君王）之瘵從含（今）日以瘧（瘥）。'"

《曹沫》："散（曹）穢（沫）内（入）見曰。"

《三德》："内（入）虛母（毋）樂，陞（登）丘母（毋）訶（歌），所以爲天豊（禮）。"

《競公瘧》："二夫=（大夫）退，公内（入）安（晏）子而告之。"

《鄭子甲》："含（今）奠（鄭）子家殺其君，牆（將）保其𢝊（寵）炎〈光〉以叟（沒）内（入）陛（地）。"

《鄭子乙》："奠（鄭）子家殺其君，牆（將）保其𢝊（寵）炎〈光〉以及〈叟（沒）〉内（入）陛（地）。"

《凡物甲》："女（如）月出惻（則）或（又）内（入），終則或（又）詞（始），至則或（又）反。"

《凡物乙》："女（如）月出惻（則）或（又）内（入），終則或（又）詞（始），至則或（又）反。"

《建除》："凡盈日，利以取（娶）妻、内（入）人、屧（徙）家室。"

《建除》："凡成日，大吉，利以結言、取（娶）妻、家（嫁）子、内（入）人、成言。"

《叢辰》："利以爲室家，祭，取（娶）妻，家（嫁）女，内（入）貨，吉。"

《叢辰》："利以祭，内（入）貨，吉。"

《叢辰》："内（入）貨，吉。"

《宜忌》："凡成日，利以取（娶）妻、家（嫁）女、冠，利以成事，利以内（入）邦宙（中），利以内（納）室，利以内（納）田邑，利以内（入）人民，利。"

《盜疾》："以内（入），見疾。"

《盜疾》："以内（入），必又（有）大死。"

《盜疾》："以内（入），吉。"

《盜疾》："以内（入），吉。"

《盜疾》："▨以内（入），又（有）得，非盜乃引。"

《盜疾》："▨□□□内（入），吉。"

《往亡》："▨一日，夏柰内（入）月八日，八月▨。"

《往亡》："▨□六日，九月内（入）月□▨。"

《往亡》："▨内（入）月旬，奐月内（入）月▨。"

《往亡》："▨月旬，屈柰内（入）月二旬，遠柰内（入）▨。"

《裁衣》："▨□□□□□□申、己未、壬申以折（製），必以内（入）▨。"

《楚帛書》乙："李（李）戠（歲）□月，

内（入）月吉（七日）台（八日）又（有）電、雺（霜）、雨土，不得其参職。"

《楚帛書》乙："隹（惟）李（李）悳（德）匿，出自黄淵（淵），土身亡𩣡（翼），出内（入）□同，乍（作）其下凶。"

《楚帛書》丙："倉（相），不可以川□，大不訓（順）于邦，又（有）臬内（入）於卡=（上下）。"

《尹至》："夏料民，内（入）于水，曰單（戰）。"

《楚居》："盍（闔）虜（廬）内（入）郢，安（焉）復遷（徙）居秦=溪=之=上=（乾溪之上，乾溪之上）復遷（徙）衮（襲）娊（媺）郢。"

《繫年五》："曰：'以同生（姓）之古（故），必内（入）。'"

《繫年五》："賽（息）爲（嬀）乃内（入）于鄒=（蔡，蔡）哀侯妻之。"

《繫年六》："秦穆公乃内（納）惠公于晉，惠公賂秦公曰：'我句（苟）果内（入），囟（使）君涉河，至于梁城。'"

《繫年六》："惠公既内（入），乃僂（背）秦公，弗叙（予）。"

《繫年六》："文公十又二年居翟=（狄，狄）甚善之，而弗能内（入），乃迈（蹠）齊=（齊，齊）人善之。"

《繫年六》："迈（蹠）宋=（宋，宋）人善之，亦莫之能内（入）。"

《繫年十五》："王内（入）陳，殺𡸗（徵）邻（舒），取其室以叙（予）繡（申）公。"

《繫年十五》："以敗楚自（師）于白（柏）𦥑（舉），述（遂）内（入）郢。"

《繫年十七》："𦁜（欒）絽（盈）出奔齊=（齊。齊）臧（莊）公光衛（率）自（師）以逐𦁜=絽=（欒盈。欒盈）𩐧（襲）鄣（絳）而不果，奔内（入）於曲夭（沃）。"

《繫年二二》："戉（越）公内（入）亯（饗）於魯=（魯，魯）侯馭（御），齊侯夶（驂）𩍾（乘）以内（入）。"

《繫年二二》："齊自（師）北，晉自（師）逐（逐）之，内（入）至汧（峴）水。"

《繫年二三》："昷（明）戢（歲），晉𨻮余衛（率）晉自（師）與奠（鄭）自（師）以内（入）王子定。"

《繫年二三》："旅（魯）昜（陽）公衛（率）自（師）以这（邀）晉=人=（晉人，晉人）還，不果内（入）王子。"

《繫年二三》："牆（將）與之戰，奠（鄭）自（師）逃内（入）於蔑。"

《繫年二三》："陳人安（焉）反（叛），而内（入）王子定於陳。"

《説命中》："武丁朝于門，内（入）才（在）宗。"

《琴舞》："日内（入）皐𦦙（舉）不（否），寍（寧）是隹（惟）。"

《筮法二》："笁（作）於陽，内（入）於侌（陰），亦得。"

《筮法四》："凸（凡）攴（弁），䁱（數）而内（入），乃復。"

《筮法十一》："凸（凡）雨，堂（當）日才（在）下，䁱（數）而内（入），雨。"

《筮法十三》："凸（凡）行，䁱（數）出，述（遂）；䁱（數）内（入），復。"

《筮法二二》："内（入）月五日豫（舍）巽，𠃉（乾）臾（坤）長（當）艮。"

《筮法二三》："外事䁱（數）而出，乃果；内事䁱（數）内（入），亦果。"

《引書》："引口痛，兩手指内（入）口中，力引之。"

《鄭甲》："君之亡（無）出也，則亦亡（無）内（入）也。"

《鄭乙》："君之亡（無）出【也】，則亦亡

（無）内（入）也。”

内與納

《語叢三》：“宀（賓）客之用繘（幣）也，非正内（納）賜（貨）也，豊（禮）北（必）兼。”按，“内（納）”字從陳偉《郭店竹書別釋》（湖北教育出版社，2002年，227頁）讀。

《詩論》：“《邦風》，其内（納）勿（物）也尃（溥），觀人谷（俗）安（焉），大僉（斂）材安（焉），其言文，其聲善。”

《詩論》：“☐好，反内（納）於豊（禮），不亦能改虖（乎）？”

《詩論》：“其陵（隱）志必又（有）以俞（喻）也，其言又（有）所載而句（後）内（納），或前之而句（後）交。”

《容成氏》：“堯爲之季（教）曰：‘自内（納）安（焉），余穴規（窺）安（焉），以求臤（賢）者而罬（讓）安（焉）。’”按，“内（納）”字從陳劍《上博簡〈容成氏〉的拼合與編連問題小議》（簡帛研究網，2003年1月9日）讀。

《從政》：“君=（君子）聒（聞）善言，以改其言；見善行，内（納）其㐆（身）焉。可胃（謂）學矣。”

《仲弓》：“中（仲）弓曰：‘含（今）之君=（君子），孚（愎）怂（過）抙析，戁（難）以内（納）柬（諫）。’”

《叢辰》：“利於内（納）室。”

《宜忌》：“凡成日，利以取（娶）妻、家（嫁）女、冠，利以成事，利以内（入）邦宙（中），利以内（納）室，利以内（納）田邑，利以内（入）人民，利。”

《天子甲》：“朝不語内（納），社（貢）不語戰。”

《天子乙》：“朝不語内（納），社（貢）不語戰。”

《王居》：“虐（吾）聒（聞）古之善臣，不以厶（私）思〈惠〉厶（私）悁（怨）内（入）于王門。”

《史蒥》：“内（納）牙（與）賜（貨），幽（流）色牙（與）酉（酒），大鐘貞（鼎），美宙（宮）室，區（驅）輊（騁）畋邋（獵），与（舉）獄谽（訟），此所以遊（失）☐。”

《卜書》：“兆（兆）頧=（頫首）内（納）止（趾），是胃（謂）沓（沈），尻（處）宮無咎，又（有）疾乃瑬（漸）。”

《程寤》：“卑（俾）行量亡乏，明=（明明）才（在）向（上），隹（惟）容内（納）棶（棘），意（抑）欲隹（惟）柏。”

《金縢》：“周公乃内（納）其所爲社（貢）自以弋（代）王之敓（説）于金紎（縢）之匱。”

《楚居》：“爲楩（便）室=（室，室）既成，無以内（納）之，乃欚（竊）若（鄀）人之犝（犝）以祭。”按，“内（納）”字從李家浩《談清華戰國竹簡〈楚居〉的“夷屯”及其他——兼談包山楚簡的“埯人”等》（《清華簡研究（第一輯）——〈清華大學藏戰國竹簡（壹）〉國際學術研討會會議論文集》，中西書局，2012年，頁248）讀。下一例同。

《楚居》：“思（懼）其宔（主），夜而内（納）层（尸）。”

《繫年六》：“秦穆公乃内（納）惠公于晉。’”

《琴舞》：“元内（納）啟曰。”

《琴舞》：“元内（納）啟曰。”

《三壽》：“昔（措）勤不居，麐（攝）祗不易，共（供）枉（皇）思坠（修），内（納）諫受訾，神民莫責，寺（時）名曰智。”

《答問》：“内（納）奸，贖耐。”

《答問》：“今内（納）人，人未蝕（食）

奸而得，可（何）論？”

《癩》：“即内（納）腎臓於壺空（孔）中，而以采爲四寸杙二七。”

《養生方》：“末即取突墨□□□□□内（納）履中。”

《十官》：“能爲主内（納）謀安國存社稷（稷）者，爲一官。”

《燕禮》：“如以樂内（納）賓，則賓及庭，秦〈奏〉《肆夏》。”

《日占》：“乙毋内（納）財，不保必亡。”

《日占》：“戊毋内（納）畜，不死必亡。”

《日占》：“亥毋内（納）婦，不宜姑公。”

内與墜

《容成氏》：“思（使）民道（蹈）之，能述（遂）者述（遂），不能述（遂）者，内（墜）而死，不從命者，從而桎埒（梏）之。”按，“内（墜）”字從陳劍《上博簡〈容成氏〉的拼合與編連問題小議》（簡帛研究網，2003年1月9日）讀。

内與退

《帛易·巽》：“初六，進内（退），利武人之貞。”

《繫辭》：“聖（聖）人以此佚〈洗〉心，内（退）藏於閉（密），吉凶能民同願（患）。”

芮與退

《占夢書》：“夢蛇則蝅（蜂）蠆赫（螫）之，有芮（退）者。”

《蓋廬》：“相其前後，與其進芮（退），慎其填（塵）埃，與其錟（炎）氣。”

《帛甲老子·德經》：“吾不敢爲主而爲客，吾不進寸而芮（退）尺。”

《帛甲老子·道經》：“是以聲（聖）人芮（退）其身而身先，外其身而身存。”

《帛甲老子·道經》：“功述（遂）身芮（退），天之道也。”

《守法》：“以視適（敵）進芮（退）變能（態）請（情）爲（僞）。”

退與退

《兵談》：“☐稱也，故退（退）可以守固，□□□戰勝。”

《攻權》：“□□□故進退（退）不稾（豪），從（縱）適（敵）不禽（擒）。”

邴與芮

《良臣》：“又（有）邴（芮）白（伯），又（有）白（伯）适（适），又（有）帀（師）上（尚）父，又（有）虔（虢）弔（叔）。”

炳與肭

《帛甲老子·德經》：“大直如詘（屈），大巧如拙，大贏如炳（肭）。”按，“炳（肭）”字從高明《帛書老子校注》（中華書局，1996年，43頁）讀。

衲與入

《兵令》：“恆令，非追北衲（入）邑，先後□□☐。”按，“衲（入）”字從白於藍《銀雀山漢簡校釋》（《考古》2010年12期）讀。

㕯字聲系

㕯與巂

《日甲·星》：“觜=（觜巂），百事凶。”

巂與維

《帛易·坎》：“習贛（坎），有復（孚），巂（維）心，亨，行有尚。”

《帛易·隨》：“尚（上）九〈六〉，枸（拘）係之，乃從巂（維）之，王用芳（享）于西山。”按，“巂（維）”字從于豪亮《帛書〈周易〉》（《文物》1984年3期）釋讀。

《阜易·習坎》：“□復（孚），巂（維）心，亨。”

瀷與灌

《戰國六》：“齊使宋竅、侯瀷（灌）謂臣曰。”

嶲與維

《周易·隨》："上六：係而敂（拘）之，從乃嶲（維）之。王用享（亨）于西山。"

嶲與巂

《周易·隨》："上六：係而敂（拘）之，從乃嶲（維）之。王用享（亨）于西山。"按，帛書本嶲（維）作巂。

嶲與攜

《繫年二》："邦君者（諸）正乃立幽王之弟舍（余）臣于鄉（虢），是嶲（攜）惠王。"

襪與巂

《日乙·四月》："☐此（觜）襪（巂），百事兇（凶）。"

讗與甗

《北蒼·支》："煩（腐）壞蠉虢，廅序茂讗（甗）。"

觽與巂

《周日書》："四月：畢，此（觜）觽（巂）、參。"

《周日書》："夕時，此（觜）觽（巂）。"

寽字聲系

捋與埒

《更修田律》："捋（埒）高尺，下厚二尺。"

《更修田律》："以秋八月脩（修）封捋（埒），正彊（疆）畔。"

頪字聲系

頪與類

《尊德義》："悬（仁）爲可新（親）也，義爲可尊也，忠爲可信也，學爲可益也，斈（教）爲可頪（類）也。"

《尊德義》："侖隶其頪（類）。"

《六德》："悬（仁）頪（類）蒻而速，宜（義）頪（類）弁而㡭（絕）。"

《性自》："聖人比其頪（類）而侖（論）會之，雚（觀）其之〈先〉逡〈後〉而逆訓（順）之。"

《性自》："忢（愛）頪（類）七，唯眚（性）忢（愛）爲近悬（仁）；智頪（類）五，唯宜（義）衍（道）爲忻（近）忠；亞（惡）頪（類）厽（三），唯亞（惡）不悬（仁）爲忻（近）宜（義）。"

《融師》："弗歓（飲）弗飤（食），勿（物）斯可惑，頪（類）獸非鼠。"

《用曰》："凡民之冬（終）頪（類），隹（唯）善是善。"

《李頌》："索（素）府宮李，木異頪（類）可（兮）。"按，"頪"字原形作"𩒨"，整理者直接釋爲"類"。不確。當釋爲"頪"，讀作"類"。

頪與律

《容成氏》："敱（質）既受命，复（作）爲六頪（律）六郘〈郘（呂）〉，支（辨）爲五音，以定男女之聖（聲）。"按，"頪（律）"字從陳劍《上博簡〈容成氏〉的拼合與編連問題小議》（簡帛研究網，2003年1月9日）讀。

類與纇

《北大老子》："明道如沬（昧），進道如退，夷道如類（纇）。"

類與蒯

《服傳乙》："疎（疏）屨（屨）者，藨（藨）類（蒯）之菲也。"

卒字聲系

卒與倅

《第二組》："其有死亡者，時補之，從興有缺，縣補之，有卒（倅）者毋置。"

卒與淬

《名理》："如燔如卒（淬），事之反也。"

《傷痙》："取一斗，裹以布，卒（淬）醇酒中。"

卒與捽

《妄稽》："捕遂卒（捽）之，增詰□之。"按，"嚨（唖）"字從王曉明《北大簡〈妄稽〉校讀簡記（五）》（復旦大學出土文獻與古文字研究中心網"學術討論"，2016年6月19日）讀。

卒與萃

《卜書》："貞卜邦，兆（兆）唯（雖）记（起）句（棋），母（毋）白母（毋）赤，母（毋）卒（萃）以易（逖）。"按，"卒（萃）"字從林志鵬《讀上博簡第九冊〈卜書〉札記》（簡帛網，2013年3月11日）讀。下一例同。

《卜書》："女（如）三末唯（雖）吉，三族是卒（萃），亦亡（無）大咎，又（有）吝於內。"

《筮法十四》："呇（凡）貞丈夫，月夕䡅（乾）之卒（萃），乃屯（純）吉，亡春夏秋冬。"

《筮法十四》："呇（凡）貞女子，月朝臾（坤）之卒（萃），乃吉，亡春夏秋冬。"

《別卦》："卒（萃）。"

《第二組》："尉卒（萃）律曰。"

《第二組》："尉卒（萃）律曰。"

《第二組》："尉卒（萃）律曰。"

《第二組》："尉卒（萃）律曰。"

《帛易・萃》："卒（萃），亨，王叚（假）于廟，利見大人，亨，利貞。用大生（牲），吉。利有攸往。"

《帛易・萃》："初六，有復（孚）不終，乃乳（亂）乃卒（萃），若其號。一屋（握）于芙（笑），勿血（恤），往无咎。"

《帛易・萃》："六三，卒（萃）若駐（嗟）若，无攸利。往无咎，少（小）閵（吝）。"

《帛易・萃》："九五，卒（萃）有立（位），无咎，非（匪）復（孚）。元永貞，悔亡。"

卒與猝

《戰國二七》："彼非卒（猝）然之應也。"

《養生方》："去其上箁亞（惡）者，而卒（猝）斬之。"按，"卒（猝）"字從馬繼興《馬王堆古醫書考釋》（湖南科學技術出版社，1992年，683頁）讀。

《陳忌問壘》："用此者，所以應卒（猝）窘（窘）處隘塞死地之中也。"

《天一》："☐□也卒（猝），其巳（已）也勿（忽）。"

《妄稽》："周春卒（猝）至，虞士自以爲身免。"

《木牘》："治人卒（猝）雝（癰）方。"

卒與晬

《養生方》："善挑，即漬巾中，卒（晬）其時而抒（抽）之，□□□乾，輒復漬。"按，"卒（晬）"字從馬繼興《馬王堆古醫書考釋》（湖南科學技術出版社，1992年，700頁）讀。

《二類》："凡七物皆父（㕮）且（咀），漬以淳（醇）酒五升，卒（晬）時。"

倅與猝

《定心》："倅（猝）發而種（動），必（閉）心全志而不慕名譽。"

倅與萃

《威王問》："倅（萃）險矰（增）壘，静戒毋動。"

啐與卒

《周易・萃》："啐（萃）：王畧（假）于宙（廟），利見大人，卿（亨），利貞。用大牲，利又（有）卣（攸）往。"按，帛書本啐（萃）作卒。下同。

《周易・萃》："初六：又（有）孚不終，乃嬰（亂）廼（乃）啐（萃），若唇（號），一斛（握）于芺（笑），勿卹（恤），往亡（无）咎。”

啐與萃

《周易·萃》：“啐（萃）：王畧（假）于窜（廟），利見大人，卿（亨），利貞。用大牲，利又（有）卣（攸）往。”

《周易·萃》：“初六：又（有）孚不終，乃嬰（亂）迺（乃）啐（萃），若唇（號），一斛（握）于芺（笑），勿卹（恤），往亡（无）咎。”

萃與卒

《邶風》：“父旝（兮）母旝（兮），畜我不萃（卒）。”

萃與猝

《天下至道》：“萃（猝）而暴用，不寺（待）其莊（壯），不刃（忍）兩熱。”

捽與撮

《毒烏喙》：“屑勺（芍）藥，以□半桮（杯），以三指大捽（撮）飲之。”

淬與碎

《奏讞書》：“其莞淬（碎），媚衣褎（袖）有敝而絜出，淬（碎）莞席麗其絜。”

《奏讞書》：“使臥₌席₌（臥席，臥席）淬（碎）者麗衣。”

椊與萃

《陳風》：“□□椊（萃）止。”

椊與脆

《帛乙老子·德經》：“萬物草木之生也柔椊（脆），其死也棹（枯）槁。”

殚與卒

《爲政》：“爲正（政）壹擾則虫（蟲），再則蛾（蟻），三則冥（螟），四則蹢（蝝），五則膡，六則兵作，七則君殚（卒）。”按，“殚”似當讀作“卒”，訓爲“終”。下五例同。

《爲政》：“爲正（政）壹暴則胞（雹），再則如垸（丸），三則盈握，四則穿屋，五則如杙，六則兵作，七則君殚（卒）。”

《爲政》：“爲正（政）壹□則盈淵，再則盈空，三則□虖，四則□□，五則□□，六則兵作，七則君殚（卒）。”

《爲政》：“爲正（政）壹利（厲）則長風，再則輬（涼）風，三則頎（凱）風，四則發屋，五則折木，六則兵作，七則君殚（卒）。”

《爲政》：“爲政壹□則□，再則蒳生，三則無定，四則渴（竭）澤，五則壞斥，六則兵作，七則君殚（卒）。”

《爲政》：“□□□□，六則兵作，七則君殚（卒）。”

《周馴》：“持（特）令我殚（卒）而若闔廬不死（孝）而已。”

殚與頷

《禁》：“若以舉斧伐木，其鄉曲殚（頷）。”

《禁》：“若以聚眾夬（決）口（漏）□澤通水，其鄉曲殚（頷）。”

《禁》：“若以聚眾鑿土，是謂攻氣，國大殚（頷）。”

《禁》：“若以聚眾鑿土，是謂攻臧（藏），國大殚（頷）。”

醉與淬

《養生方》：“而醉（淬）戥（鐵），即以汁傅之。”

誶與捽

《妄稽》：“笞擊伓（伾）伓（伾），誶（捽）抶（摵）緄（混）緄（混）。”

翠與翠

《蒼頡篇》：“翠（翠）斐（翡）□□。”

輊與卒

《陳公》：“五人於吾（伍），十人於行₌（行，行）戚（蹙）不成，輊（卒）衛（帥）

𨌬（卒）敘（令）從瀘。”

䫆與猝

《北萫·魚》：“䫆（猝）勃醉酟。”

率字聲系

衛與率

《六德》：“又（有）衛（率）人者，又（有）從人者。”

《六德》：“智（知）可爲者，智（知）不可爲者；智（知）行者，智（知）不行者，胃（謂）之夫，以智衛（率）人多。”

《六德》：“聖生㤅（仁），智衛（率）信，宜（義）使忠。”

《容成氏》：“☐於是於（乎）㞷板正立，四向陎禾（和），以衛（率）天下之民。”按，“衛（率）”字整理者釋爲“速”。似爲“衛（率）”。

《容成氏》：“於是虖（乎）方百里之中（中），衛（率）天下之人遼（就），奉而立之，以爲天子。於是虖（乎）方日千日☐。”

《曹沫》：“三軍出，君自衛（率），必約（約）邦之貴人及邦之可（奇）士狄卒，使兵毋（毋）復前常（常）。”

《曹沫》：“凡又（有）司衛（率）倀（長）☐。”

《曹沫》：“衛（率）車以車，衛（率）徒以徒，所以同死。”

《曹沫》：“君女（如）視（親）衛（率），必聚羣又（有）司而告之。”

《曹沫》：“果勅（勝）矣，視（親）衛（率）勅（勝）。”

《苦成》：“弫（強）門大夫衛（率）以睪（釋）長魚矯（矯），惻（賊）參（三）垰₌（郤，郤）守（錡）、垰（郤）至、姑（苦）成家父立死，不用其眾。”

《尹至》：“其又（有）民衛（率）曰：‘隹（惟）我東（速）禍（禍）。’”

《尹至》：“湯曰：‘女（汝）告我夏䵍衛（率）若寺（時）？’”

《程寤》：“祝忻故（蔽）王，巫衛（率）故（蔽）大姒，宗丁故（蔽）大（太）子登（發）。”

《楚居》：“逆上汌水，見盤庚之子，凥（處）于方山，女曰比（妣）隹，秉兹（慈）衛（率）相，詈胄四方。”

《繫年五》：“文王迟（起）自（師）伐賽₌（息，息）侯求敉（救）於鄵₌（蔡，蔡）哀侯衛（率）帀（師）以敉（救）賽（息）。”

《繫年六》：“立六年，秦公衛（率）自（師）牙（與）惠公戰于倝（韓），戳（捷）惠公以歸。”

《繫年七》：“晉文公立四年，楚成王衛（率）者（諸）侯以回（圍）宋伐齊，戍穀（穀）居（據）鍰（緡）。”

《繫年七》：“命（令）尹子玉述（遂）衛（率）奠（鄭）、衛、陳、鄵（蔡）及群緣（蠻）尸（夷）之自（師）以交（邀）文₌公₌（文公，文公）衛（率）秦、齊、宋及群戎之自（師）以敗楚自（師）於城僕（濮）。”

《繫年八》：“秦自（師）將東𩔆（襲）奠₌（鄭，鄭）之賈人弦高牆（將）西市，遇之，乃以奠（鄭）君之命裳（勞）秦三衛（帥）。”

《繫年八》：“晉文公卒，未𠑹（葬），壤（襄）公新（親）衛（率）自（師）御（禦）秦自（師）于㠐（崤），大敗之。”

《繫年十》：“秦康公衛（率）自（師）以䢦（送）癰（雍）子，晉人迟（起）自（師），敗之于䍡（堇）䍃（陰）。”

《繫年十》：“霝（靈）公高立六年，秦公以戰于䍡（堇）䍃（陰）之故，衛（率）自（師）爲河曲之戰。”

《繫年十一》：“减（莊）王衛（率）自（師）回（圍）宋九月。”

《繫年十三》："晉中行林父衒（率）自（師）𢦏（救）奠（鄭），臧（莊）王述（遂）北☐楚人明（盟）。"

《繫年十四》："晉競（景）公立八年，隓（隨）會衒（率）自（師），會者（諸）侯于𢇍（斷）道。"

《繫年十四》："齊三辟（嬖）夫=（大夫）南章（郭）子、鄒（蔡）子、安（晏）子衒（率）自（師）以會于𢇍（斷）道。"

《繫年十四》："郇（駒）之克衒（率）自（師）𢦏（救）魯，敗齊自（師）于磊（靡）幵（笄）。"

《繫年十五》："臧（莊）王立十又五年，陳公子諻（徵）余（舒）殺其君靁（靈）公，臧（莊）王衒（率）自（師）回（圍）陳。"

《繫年十六》："昷（明）戢（歲），柬（厲）公先起兵，衒（率）自（師）會者（諸）侯以伐秦，乎=（至于）涇。"

《繫年十六》："龏（共）王亦衒（率）自（師）回（圍）鄭（鄭），柬（厲）公𢦏（救）鄭（鄭），敗楚自（師）於隰（鄢）。"

《繫年十七》："坪（平）公衒（率）自（師）會者（諸）侯，爲坪（平）侌（陰）之自（師）以回（圍）齊。"

《繫年十七》："緣（欒）浧（盈）出奔齊=（齊。齊）臧（莊）公光衒（率）自（師）以逐緣=浧=（欒盈。欒盈）䢅（襲）鄣（絳）而不果，奔内（入）於曲夭（沃）。"

《繫年十七》："坪（平）公衒（率）自（師）會者（諸）侯，伐齊，以復朝訶（歌）之自（師）。"

《繫年十九》："秦異〈畢〉公命子甫（蒲）、子虎衒（率）自（師）𢦏（救）楚，與楚自（師）會伐陽（唐），閒（縣）之。"

《繫年二十》："晉幽公立四年，勺（趙）狗衒（率）自（師）與戉（越）公株（朱）句伐齊，晉師閔（門）長城句俞（瀆）之門。"

《繫年二一》："王命莫囂（敖）昜（陽）爲衒（率），自（師）以定公室，城黄沱（池），城䨱（雝）丘。"

《繫年二一》："晉𩲡（魏）畀〈斯〉、勺（趙）𡉏（浣）、𨈭（韓）啓章衒（率）自（師）回（圍）黄沱（池），遼（衝）迵（通）而歸之於楚。"

《繫年二一》："二年，王命莫囂（敖）昜（陽）爲衒（率），自（師）戠（侵）晉，敓（奪）宜昜（陽），回（圍）奕（赤）㙵（岸），以復黄沱（池）之自（師）。"

《繫年二一》："𩲡（魏）畀〈斯〉、勺（趙）𡉏（浣）、𨈭（韓）啓章衒（率）自（師）𢦏（救）奕（赤）𡓻（岸），楚人豫（舍）回（圍）而還，與晉自（師）戰於長城。"

《繫年二二》："𨈭（韓）虔、勺（趙）𦺇（籍）、𩲡（魏）繫（擊）衒（率）自（師）與戉（越）公殹（翳）伐齊=（齊，齊）與戉（越）成，以建（開）昜（陽）、邛陵之田，㫖（且）男女服。"

《繫年二三》："王衒（率）宋公以城𩿥（榆）闗（關），是（寘）武旓（陽）。"

《繫年二三》："旓（陽）城洹（桓）恶（定）君衒（率）𩿥（榆）闗（關）之自（師）與上或（國）之自（師）以这（邀）之。"

《繫年二三》："昷（明）戢（歲），晉𨗈余衒（率）晉自（師）與奠（鄭）自（師）以内（入）王子定。"

《繫年二三》："旅（魯）昜（陽）公衒（率）自（師）以这（邀）晉=人=（晉人，晉人）還，不果内（入）王子。"

《繫年二三》："昷（明）戢（歲），郎臧（莊）坪（平）君衒（率）自（師）戠（侵）奠=（鄭，鄭）皇子=（子、子）馬、子沱（池）、子𡍮（封）子衒（率）自（師）以这（邀）楚=人=（楚人，楚人）涉氵𣲙。"

《繫年二三》:“王命坪（平）亦（夜）悼武君衛（率）自（師）戠（侵）晉。”
《繫年二三》:“뢈（期）年，䡅（韓）緅（取）、嵬（魏）繡（擊）衛（率）自（師）回（圍）武旟（陽），以復郜（部）之自（師）。”
《繫年二三》:“旅（魯）昜（陽）公衛（率）自（師）栽（救）武昜（陽）。”
《繫年二三》:“陳疾目衛（率）車千輮（乘），以從楚自（師）於武昜（陽）。”
《爲吏》：“審智（知）民能，善度民力，勞以衛（率）之，正以橋（矯）之。”
《爲吏》：“叚（賈）門逆闟（旅），贅壻後父，或衛（率）民不作，不治室屋。”
《治官》：“勞以衛（率）之，正以撟之。”
《二年・復律》：“大數衛（率）取上手什（十）三人爲復。”
《二年・賜律》：“賜吏酒食，衛（率）秩百石而肉十二斤、酒一斗。”
《奏讞書》：“乘恆馬及船行五千一百卌六里，衛（率）之，日行八十五里，畸（奇）卌六里不衛（率）。”
《算數書・石率》：“石衛（率）。”
《算數書・石率》：“石衛（率）之术（術）曰。”
《算數書・賈鹽》：“賈取錢百五十欲石衛（率）之，爲錢幾何？”
《春秋二》：“燕大夫子□衛（率）帀（師）以御（禦）晉人，勝之。”
《春秋七》：“亘（桓）公衛（率）帀（師）以侵蔡，蔡人遂潰。”
《戰國六》：“兵衛（率）有子循而不知寡人得地於宋。”
《戰國八》：“身衛（率）粱（梁）王牙（與）成陽君北面而朝奉陽君於邯鄲。”
《戰國一九》：“衛（率）以朝，天下必聽，五伯之事也。”
《易之義》：“天地相衛（率），氣味相取，陰陽流刑（形），剛柔成浧。”
《易之義》：“印衛（率）其辭，楑（揆）度其方，无又（有）典常。”
《蒼頡篇》：“衛（率）□□□。”
《九地》：“故善用軍者，辟（譬）如衛〈衛（率）〉然。”
《九地》：“衛〈衛（率）〉然者，恆山之〼。”
《九地》：“則可使若衛〈衛（率）〉然虖（乎）？”
《五教法》：“廢車罷（疲）馬，將軍之人必任焉，所以衛（率）〼。”
《田法》：“大（太）上與大（太）下相復（覆）以爲衛（率）。”

衛與蟀

《詩論》：“孔=（孔子）曰：《七（蟋）衛（蟀）》智（知）難。”

衛與帥

《周易・師》：“六五：畋（田）又（有）禽，利執言，亡（无）咎。長子衛（帥）帀（師），弟子㝉（輿）𡰥（尸），貞凶。”
《曹沫》：“古（故）衛（帥）不可思（使）牪=（牪，牪）則不行。”
《曹沫》：“其逨（將）衛（帥）聿（盡）剔（傷），車連（輦）皆栽，曰牆（將）棗（早）行。”
《曹沫》：“能紿（治）百人，使倀（長）百人；能紿（治）三軍，思（使）衛（帥）。”
《曹沫》：“虘（且）臣睧（聞）之：卒又（有）倀（長），三軍又（有）衛（帥），邦又（有）君，此三者所以戰。”
《楚帛書》丙：“壬子、酉（丙）子凶，乍（作）□北征，衛（帥）又（有）咎，武□□其敯。”
《陳公》：“五人於吾（伍），十人於行=

（行，行）戚（蹙）不成，䘚（卒）衛（帥）䘚（卒）敂（令）從瀌。”按，“衛（帥）”字從馬楠《〈上博九・陳公治兵〉初讀》（清華大學出土文獻研究與保護中心網，2013年4月22日）讀。

《答問》：“可（何）謂‘衛₌敖₌（帥豪’？‘帥豪’）當里典謂殹（也）。”

《陳忌問壘》：“潰秦軍，濩（獲）三衛（帥）。”

潵與澀

《脈書》：“它脈滑，此獨潵（澀），則主病。”

螸與蟀

《耆夜》：“周公秉箸（爵）未歆（飲），𧉅（蟋）螸（蟀）[illegible]（躍）陞（升）于尚（堂）。”

《耆夜》：“周公复（作）訶（歌）一終曰𧉅₌螸₌（《蟋蟀》：蟋蟀）才（在）尚（堂），役車其行。”

《耆夜》：“𧉅（蟋）螸（蟀）才（在）笞（席），戢（歲）矞（聿）員（云）莕（莫）。”

《耆夜》：“𧉅（蟋）螸（蟀）才（在）舒（序），戢（歲）矞（聿）員（云）□。”

帥字聲系

帥與率

《楚居》：“至焚（蚡）冒、酓（熊）帥（率）自箬（鄀）遷（徙）居焚。”

戌字聲系

掝與摵

《妄稽》：“左手把之，右手掝（摵）之。”按，“掝（摵）”字從伊強《試釋〈忘稽〉中的“摵”字》（簡帛網，2016年6月20日）讀。下同。

《妄稽》：“笞擊伓（伾）伓（伾），誶（捽）掝（摵）緄（混）緄（混）。”

豙字聲系

遂與隊

《蓋廬》：“軍恐疏遂（隊），軍恐進舍，有前十里，毋後十步。”

《十問》：“駟（四）鼓同舉，五遂（隊）俱傅（薄）。五遂（隊）俱至，三軍同利。此毄（擊）員（圓）之道也。”

遂與墜

《占夢書》：“夢燔洛遂（墜）隋（墮）至手，毄（繫）囚吉。”

遂與隧

《黃帝伐赤帝》：“武王之伐紂，至於菝（戎）遂（隧），戰牧之野。”按，“遂（隧）”從白於藍《銀雀山漢簡校釋》（《考古》2010年12期）讀。

《選卒》：“☐勝不服於呂遂（隧）。”

遂與燧

《陰陽家》：“☐之火，秋食金遂（燧）之火。”

遂與邃

《反淫》：“高堂遂（邃）宇，連徐（除）相注。”

遂與述

《鬼神》：“此以貴爲天子，䨱（富）又（有）天下，長年又（有）𦗫（譽），後殜（世）遂（述）之。”

隧與燧

《奏讞書》：“士吏賢主夫₌（大夫）䂂₌（䂂，䂂）盜書毄（繫）隧（燧），亡。”

《癃病》：“燔之坎中，以隧（燧）下。”按，“隧（燧）”字從魏啟鵬、胡翔驊《馬王堆漢墓醫書校釋（壹）》（成都出版社，1992年，90頁）讀。

旞與遂

《雜抄》：“豹旞（遂），不得，貲一盾。”

《答問》：“𥢶（藉）牢有六署，囚道一署旞（遂），所道旞（遂）者命曰‘署人’，其它皆爲‘更人’。”
《封診式》：“今日見丙戲旞（遂），直以劍伐痍丁。”
《爲吏》：“須（懦）身旞（遂）過。”
《第一組》：“盜賊旞（遂）者及諸亡坐所去亡與盜同灋（法）者當黥城旦舂以上及命者、亡城旦舂、鬼薪、白粲舍人室、人舍、官舍，主舍者不智（知）其亡，贖耐。”
《第一組》：“犯律者，皆作其數，及命者旞（遂），盜賊亡，司寇、隸臣妾、奴婢闌亡者，吏弗能審而數，其縣道嗇夫☑。”
《戰國一二》：“旞（遂）明（盟）功（攻）秦。”按，“旞（遂）”字從裘錫圭《讀〈戰國縱橫家書釋文注釋〉劄記》（《文史》第36輯，中華書局，1992年）釋讀。下同。
《戰國一四》：“三晉若愿乎，王旞（遂）役（役）之。”
旞與隊
《答問》：“‘匧面’者，耤（藉）秦人使，它邦耐（能）吏、行旞（隊）與偕者，命客吏曰“匧”，行旞（隊）曰‘面’。”
旞與隧
《戰國五》：“齊不出呂旞（隧）。”
旞與遺
《答問》：“舍公官（館），旞（遺）火燔其舍，雖有公器，勿責。”
《答問》：“今舍公官（館），旞（遺）火燔其叚（假）乘車馬，當負不當出？”
《答問》：“旞（遺）火延燔里門，當貲一盾。”
蒁與术
《養生方》：“澤舄（瀉）、蒁（术）。”
拯與率
《帛五行·説》：“知君子之所道而拯（率）然行之，義氣也。”
隊與燧
《蒼頡篇》：“□鄣隊（燧）亭。”
《周馴》：“爾□□□，□義（義）奠（尊）仁，而隊（遂）爲民天；女（汝）弗能勉，而自令爲地。”
豚與遯
《周易·遯》：“豚（遯）：卿（亨），少（小）利貞。”
《周易·遯》：“初六：豚（遯）其尾厲，勿用又（有）卣（攸）往。”
《周易·遯》：“九厽（三）：係豚（遯），又（有）疾厲，畜臣妾，吉。”
《周易·遯》：“九四：好豚（遯）。君子吉。尖₌（小人）否。”
《周易·遯》：“九五：嘉豚（遯），吉。”
《周易·遯》：“上九：肥豚（遯），亡（无）不利。”
豚與掾
《周易·遯》：“豚（遯）：卿（亨），少（小）利貞。”按，帛書本豚（遯）作掾。下同。
《周易·遯》：“初六：豚（遯）其尾厲，勿用又（有）卣（攸）往。”
《周易·遯》：“九厽（三）：係豚（遯），又（有）疾厲，畜臣妾，吉。”
《周易·遯》：“九四：好豚（遯）。君子吉。尖₌（小人）否。”
《周易·遯》：“九五：嘉豚（遯），吉。”
《周易·遯》：“上九：肥豚（遯），亡（无）不利。”
豚與椽
《周易·遯》：“初六：豚（遯）其尾厲，勿用又（有）卣（攸）往。”按，阜陽漢簡本豚（遯）作椽。下同。
《周易·遯》：“九五：嘉豚（遯），吉。”

出字聲系

出與屈
《雜抄》：“戰死事不出（屈），論其後。”

出與絀

《三壽》："弖（強）敓（𢭏）丩（收）出（絀）。"按，"出（絀）"字從補白《清華簡〈殷高宗問於三壽〉臆説四則》（復旦大學出土文獻與古文字研究中心網，2015年4月16日）讀。

出與頔

《封診式》："相耎〈需（濡）〉，廣各一寸，皆臽中類斧，𠂢（腦）角出（頔）皆血出。"

出與突

《帛易·離》："九四，出（突）如來如，紛（焚）如，死如，棄如。"

炪與拙

《老子》乙："大攷（巧）若炪，大成若詘，大植（直）若屈。"按，今本和帛書本炪作拙。

屈與詘

《老子》乙："大攷（巧）若炪（拙），大成若詘，大植（直）若屈。"按，帛書甲本屈作詘。

朏與頔

《脈書》："齒痛，朏（頔）穜（腫），是齒脈主治。"

《脈書》："其所產病：齒痛，朏（頔）穜（腫），目黄，口乾，臑痛，爲五病。"

《陰陽脈甲》："齒痛，朏（頔）穜（腫），是齒脈（脈）主治。"

《陰陽脈甲》："齒痛，朏（頔）穜（腫），目黄，口乾，臑痛，爲五病。"

《陰陽脈乙》："齒甬（痛），朏（頔）腫，是齒脈主治。"

《陰陽脈乙》："齒甬（痛），朏（頔）腫，目黄，口乾，臑甬（痛），爲五病。"

窋與屈

《日甲·詰》："鬼之所惡，彼窋（屈）卧箕坐，連行奇（踦）立。"

窋與窟

《十陣》："陵猋蔣芥，薪蕘氣（既）積，營窋（窟）未謹。如此者，可火也。"

詘與出

《□爛者》："肸（譆）肸（譆）詘（出）詘（出），從竈出毋延。"按，"詘（出）"字從裘錫圭《馬王堆醫書釋讀瑣議》（《古文字論集》，中華書局，1992年，525頁）讀。

詘與屈

《引書》："信（伸）胻詘（屈）指卅，曰尺汙（蠖）。"

《引書》："左右詘（屈）胻，更進退卅，曰襲前。"

《引書》："引詘（屈）筋（筋），夸（跨）立，據兩股，壹倚左。"

《引書》："引瘚，臥，詘（屈）兩厀（膝），直踵（踵），并䍃（搖）卅。"

《引書》："詘（屈）左厀（膝），後信（伸）右足，詘（屈）右手而左雇（顧）三。"

《引書》："前左足，詘（屈）其厀（膝），信（伸）右足而力引之，極。"

《引書》："因前右足，詘（屈）其厀（膝），信（伸）左足，各三而已。"

《帛甲老子·德經》："大直如詘（屈），大巧如拙，大贏如炳（肭）。"

《傷痙》："痙者，傷，風入傷，身信（伸）而不能詘（屈）。"

《傷痙》："一熨寒汗出，汗出多，能詘（屈）信（伸），止。"

《師癸》："既信（伸）有（又）詘（屈），此胃（謂）練骨。"

《繫辭》："詘（屈）伸相欽（感），而利生焉。"

《謀攻》："故善用兵者，詘（屈）人之兵而非戰也。"

《九地》："詘（屈）信（伸）之利，人請

（情）之理，不可不察也。”

《恆失》：“欲強多國之所寡，以應倚（敵）國之所多，速詘（屈）之兵也。”

《五名》：“夫威強之兵，則詘（屈）耎〈需（懦）〉而侍（待）之。”

《善者》：“故善者制僉（險）量柤（阻），敦三軍，利詘（屈）信（伸）。”

《唐勒》：“月行而日逾（動），星躍（燿）而玄惲（運），子神賁（奔）而鬼走，進退詘（屈）信（伸），莫見其壙埃，均□☐。”

《北大老子》：“大直如詘（屈），大巧如拙，大盛如絀。”

《妄稽》：“且女（汝）脰若詘（屈）钃，面以（似）腐蠐。”

《服傳甲》：“父在爲母，何以基（期）也？詘（屈）也。”

《服傳乙》：“父在爲母，何以基（期）也？詘（屈）也。”

詘與黜

《見威王》：“堯有天下之時，詘（黜）王命而弗行者七，夷有二，中國四。”

屈與掘

《日甲·詰》：“屈（掘）而去之，則止矣。”

《日甲·詰》：“屈（掘）而去之，則止矣。”

《日甲·詰》：“屈（掘）遝泉，有赤豕，馬尾犬首，享（烹）而食之，美氣。”

《日甲·詰》：“必中蟲首，屈（掘）而去之。”

《日甲·詰》：“其居所水則乾，旱則淳，屈（掘）其室中三尺，燔豕矢焉，則止矣。”

《丹》：“以丹未當死，因告司命史公孫強，因令白狐穴屈（掘）出。”

淈與屈

《帛甲老子·道經》：“虛而不淈（屈），踵（動）而俞（愈）出。”

《帛乙老子·道經》：“虛而不淈（屈），勭（動）而俞（愈）出。”

飿與滑

《湯丘》：“又（有）郲（莘）之女飤（食）之，𢇍（絕）舫（芳）旨以飿（滑）。”按，“飿（滑）”字從曹方向《清華簡〈湯處於湯丘〉補論一則》（簡帛網，2015年4月13日）讀。

术字聲系

术與術

《穀物》：“术（術）曰：求粟☐。”

《體積》：“术（術）曰：以廣乘高法。”

《體積》：“术（術）曰：以廣乘袤有（又）乘深即成。”

《體積》：“术（術）曰：上后（厚）乘上袤，下后（厚）乘下袤，并之。”

《體積》：“其术（術）曰：耤上周各自下之后而各自益。”

《體積》：“术（術）曰：以上☐。”

《嬴不足》：“术（術）以☐。”

《算數書·分乘》：“分乘分术（術）皆曰：母相乘爲法，子相乘爲實。”

《算數書·約分》：“其一术（術）曰。”

《算數書·徑分》：“其术（術）曰。”

《算數書·徑分》：“有（又）曰，术（術）曰。”

《算數書·共買材》：“术（術）曰。”

《算數書·狐出關》：“术（術）曰。”

《算數書·狐皮》：“术（術）：并賈爲法，以租各乘賈爲實。”

《算數書·負米》：“术（術）曰。”

《算數書·女織》：“术（術）曰。”

《算數書·并租》：“术（術）曰。”

《算數書·金價》：“术（術）曰。”

《算數書·舂粟》:“术(術)曰。”
《算數書·銅耗》:“术(術)曰。”
《算數書·傳馬》:“术(術)曰。”
《算數書·婦織》:“其术(術)曰。”
《算數書·羽矢》:“术(術)曰。”
《算數書·漆錢》:“术(術)曰。”
《算數書·繒幅》:“术(術)曰。”
《算數書·息錢》:“术(術)曰。”
《算數書·飲漆》:“术(術)曰。”
《算數書·税田》:“术(術)曰。”
《算數書·程竹》:“术(術)曰。”
《算數書·程竹》:“术(術)曰:以十六寸爲法。”
《算數書·醫》:“其术(術)曰。”
《算數書·賈鹽》:“术(術)曰。”
《算數書·挐脂》:“术(術)曰。”
《算數書·取程》:“术(術)曰。”
《算數書·取程》:“术(術)曰。”
《算數書·耗租》:“术(術)曰。”
《算數書·取枲程》:“术(術)曰。”
《算數書·誤券》:“术(術)曰。”
《算數書·租誤券》:“术(術)曰。”
《算數書·米粟并》:“术(術)曰。”
《算數書·粟米并》:“术(術)曰。”
《算數書·粟米并》:“术(術)曰:直(置)米五升”
《算數書·粟米并》:“其术(術)曰:直(置)米粟,五米三粟。”
《算數書·負炭》:“术(術)曰。”
《算數書·蘆篡》:“术(術)曰。”
《算數書·羽矢》:“术(術)曰。”
《算數書·行》:“术(術)曰。”
《算數書·米出錢》:“术(術)曰。”
《算數書·米出錢》:“术(術)曰。”
《算數書·除》:“术(術)曰。”
《算數書·鄞都》:“术(術)曰。”
《算數書·芻》:“术(術)曰。”
《算數書·啓廣》:“术(術)曰。”
《算數書·啓縱》:“术(術)曰。”
《算數書·大廣》:“大廣术(術)曰。”
《算數書·方田》:“术(術)曰。”
《算數書·方田》:“并以爲實,復之,如啓廣之术(術)。”
《算數書·里田》:“里田术(術)曰。”

垙與墜

《文王》:“子爲我得上(尚)父,軵(載)我天下;子遂(失)上(尚)父,垙(墜)我周𠭁(祚)。”按,“垙(墜)”字從苦行僧在 youren《〈舉治王天下〉初讀》(簡帛網“簡帛論壇”,2013年1月5日)一文下跟帖讀。

俙與遂

《晏子一二》:“俙(遂)但(袒)免,枕君尸而哭,興,九甬(踊)而出。”

䖯與秫

《秦律·倉律》:“䖯(秫)勿以稟人。”

茱與术

《胻傷》:“鬱、茱(术)皆冶,□湯中,即炊湯。”
《養生方》:“取革奚(薢)長四寸一把,茱(术)一把,烏彖(喙)十□□□削皮細析。”
《一類》:“烏喙三分,細辛五分,茱(术)五分。”
《一類》:“茱(术)、姜、瞿麥各六分。”

述與痳

《彭祖》:“□□之悔(謀)不可行,述(痳)惕(易)之心不可長,遠慮甬(通)索(素),心白(泊)身澳(釋)。”按,“述(痳)”字從白於藍《清華簡〈芮良夫毖〉6—8號簡校釋》(《古文字研究》第三十一輯,中華書局,2016年)讀。

述與術

《性自》："凡衍（道），心述（術）爲宔（主）。衍（道）四述（術），唯人衍（道）爲可衍（道）也。其厽（三）述（術）者，衍（道）之而已。"

《季康子》："䔍（葛）戱含（今）語肥也以尻（居）邦家之述（術）。"

《季桓子》："夫與（邪）蝺（僞）之民，其述（術）多方。"

《筮法九》："凸（凡）咎，見述（術）日、妻夫、佋（昭）穆、上毀，亡咎。凸（凡）瘳，見述（術）日、上毀，瘳。"

《日甲・行》："直述（術）吉，從道右吉，從左吝。"

《租税》："取禾程述（術），以所已乾爲法。"

《租税》："述（術）曰：十田八步者，以爲貣（實），以九升爲法，如法一步，不盈步，以法命之。"

《租税》："爲之述（術）曰：直（置）所得四升半升者，曰半者倍爲九，有（又）三□之爲廿七，以爲法。"

《租税》："述（術）曰：以受米爲法，以一斗升數乘取程步數爲貣=（實，實）如法得一步，不盈步者，以▨。"

《租税》："爲之述（術）曰：取一石者，十之，而以七爲法。"

《租税》："其述（術）曰：以八石五斗爲八百。"

《租税》："述（術）曰：兑（税）田爲貣（實），九斗爲法，除，貣（實）如法一步。"

《租税》："輿田租枲述（術）曰。"

《租税》："租枲述（術）曰。"

《租税》："救（求）此之述（術）曰。"

《租税》："㮚枲步數之述（術）。"

《租税》："五步半步一斗，租四石八斗，其述（術）曰。"

《租税》："述（術）曰：耤直（置）一斗升數，以五步田廿步，租十六升。"

《租税》："述（術）曰：以十六爲法，直（置）五升有（又）七分升之二而七之。"

《租税》："述（術）曰：以田提封數▨。"

《面積》："述（術）曰：同母，子相從，以分子相乘。"

《面積》："里田述（術）曰：里乘里=（里，里）也，因而參之，有（又）參五之，爲田三頃七十五畝。"

《面積》："□田之述（術）曰。"

《面積》："周田述（術）曰。"

《面積》："其一述（術）曰，半周半徑，田即定，徑乘周，四成一；半徑乘周，二成一。"

《面積》："其述（術）曰：除巷五步，餘九十五步，以三人乘之，以爲法。"

《營軍》："營軍之述（術）曰。"

《合分》："合分述（術）曰。"

《合分》："述（術）曰：芻一升百分錢十六，稾一升百分錢六，母同，子相從。"

《衰分》："衰分之述（術）。"

《衰分》："其述（術）曰：并五人錢以爲法，有（又）各異置錢□▨。"

《衰分》："述（術）曰：各直（置）爵數而并以爲法。"

《衰分》："述（術）曰：各直（置）一日所織。"

《衰分》："凡食攻（功）之述（術）曰：以人數爲法。"

《衰分》："其述（術）曰：始日直（置）一，次直（置）二，次直（置）四，耤而并之七=（七，七）爲法。"

《衰分》："其述（術）曰：同戟、弩、負數，以爲法。"

《衰分》："其述（術）曰：同三卿〈鄉〉

卒，以爲灋（法）。”

《衰分》：“其述（術）曰：八尺爲灋（法）。”

《衰分》：“糶（糴）米述（術）曰。”

《衰分》：“其述（術）曰：直（置）兩而参四之☐。”

《衰分》：“其述（術）曰：直（置）上下數，以少除多，以餘爲衰買（實）。”

《衰分》：“其述（術）以粟＝（粟米）求之。”

《少廣》：“述（術）曰：以少廣。”

《體積》：“述（術）曰：廣袤相乘，有（又）以高乘之，即尺。”

《體積》：“乘方亭述（術）曰：上方稓之下各自乘也，而并之，令上方有（又）相乘也，以高乘之，六成一。”

《體積》：“乘園（圓）亭之述（術）曰：下周稓之，下周稓之☐。”

《體積》：“救（求）除之述（術）曰：半其袤以廣高乘之，即成尺數也。”

《體積》：“述（術）：置八寸，有（又）稓置八寸，相乘爲六十四。”

《體積》：“其述（術）曰：以☐。”

《贏不足》：“其述（術）曰：以贏、不足互乘母。”

《贏不足》：“☐一述（術）曰，以七十錢爲法，以三錢乘☐。”

《其他》：“曰：廿一分斗之五，其述（術）曰：置一人而四倍之爲廿一□爲法。”

《算數書・旋粟》：“其述（術）曰。”

《算數書・囷蓋》：“乘之之述（術）曰。”

《算數書・圜材》：“述（術）曰。”

《六分》：“然而不知王述（術），不王天下。”

《六分》：“不知王述（術）者。”

《繫辭》：“慎此（斯）述（術）也以往，其毋所失之。”

述與遂

《老子》甲：“攻（功）述身退，天之道也。”按，今本和帛書乙本述作遂。

《老子》丙：“成事述社（功），而百眚（姓）曰我自肰（然）也。”按，今本和帛書本述作遂。

《五行》：“悳（直）而述（遂）之，遙（肆）也；遙（肆）而不畏彊（強）語（禦），果也。”

《成之》：“智而比（卑）即（次），則民谷（欲）其智之述（遂）也。”按，“述（遂）”字從裘按（《郭店楚墓竹簡・成之聞之》篇注［一八］）讀。

《容成氏》：“女（如）是而不可，肰（然）句（後）從而攻之，陞（升）自戎（陑）述（遂），内（入）自北門，立於中。”

《容成氏》：“桀（桀）乃逃之鬲（歷）山是（氏），湯或（又）從而攻之，降自鳴攸（條）之述（遂），以伐高神之門。”

《容成氏》：“傑（桀）乃逃之南藻（巢）是（氏），湯或（又）從而攻之，述（遂）逃迲（去），之桑（蒼）虛（梧）之埜（野）。”

《容成氏》：“叴（皋）秀（陶）乃五諹（讓）以天下之臤（賢）者，述（遂）爯（稱）疾不出而死。”

《容成氏》：“述（遂）迷（弭）天下，而一其志，而寢其兵，而官其才（材）。”

《容成氏》：“思（使）民道（蹈）之，能述（遂）者述（遂），不能述（遂）者，内（墜）而死，不從命者，從而桎𣏵（梏）之。”

《亙先》：“舉（舉）天下之复（作）也，無不得其亟（極）而果述（遂），甬（庸）或得之？甬（庸）或遱（失）之？”

《季康子》：“君＝（君子）龏（恭）則述（遂），喬（驕）則泧（侮），湍言多難☐。”

《三德》："不攸（修）其成，而聖（聽）其縈（營），百事不述（遂），慮事不成。"
《子道餓》："述（遂）行，至宋衛之閒，其一子道餓而死安（焉）。"
《王居》："述（遂）日，徒自闢（關）至（致）命，昌爲之告。"按，"述（遂）"字從張崇禮在陳劍《〈上博（八）·王居〉復原》（復旦大學出土文獻與古文字研究中心網，2011年7月20日）一文下跟帖讀。
《陳公》："不智（知）其敃卒塞行述（遂）內王卒而母（毋）歨（止）帀（師）徒虖（乎）？"
《陳公》："述（遂）鼓乃行。"
《邦人》："乃乘（乘）執（馹）車五輮（乘），述（遂）迈（蹠）郢。"
《繫年四》："翟（狄）述（遂）居衛₌（衛，衛）人乃東涉河，遷（遷）于曹，安（焉）立悳（戴）公申，公子啓方奔齊。"
《繫年七》："命（令）尹子玉述（遂）衜（率）奠（鄭）、衛、陳、鄀（蔡）及群緣（蠻）尸（夷）之自（師）以交（邀）文₌公₌（文公，文公）衜（率）秦、齊、宋及群戎之自（師）以敗楚自（師）於城僕（濮）。"
《繫年七》："述（遂）朝周襄王于衡雝，獻楚俘馘，盟（盟）者（諸）侯於堵（踐）土。"
《繫年十》："左行瘽（蔑）、陸（隨）會不敢歸，述（遂）奔秦。"
《繫年十二》："奠（鄭）成公自鷸（厲）逃歸，臧（莊）王述（遂）加奠（鄭）亂。"
《繫年十三》："晉中行林父衜（率）自（師）栽（救）奠（鄭），臧（莊）王述（遂）北☐楚人明（盟）。"
《繫年十三》："楚人被駕（駕）以自（追）之，述（遂）敗晉自（師）于河☐"
《繫年十五》："自齊述（遂）逃迈（蹠）晉，自晉迈（蹠）吳。"
《繫年十五》："以敗楚自（師）于白（柏）舉（舉），述（遂）內（入）郢。"
《繫年十七》："述（遂）以遷罾（許）於鄴（葉）而不果。"
《繫年十八》："執郐（徐）公，述（遂）以伐郐（徐），克灘（賴）、邾（朱）邡（方）。"
《繫年十八》："述（遂）明（盟）者（諸）侯於曌（召）陵，伐中山。"
《繫年二十》："述（遂）以伐齊₌（齊，齊）人安（焉）始爲長城於濟，自南山逗（屬）之北海（海）。"
《繫年二二》："晉公獻齊俘馘於周王，述（遂）以齊侯貣（貸）、魯侯羴（顯）、宋公畋（田）、衛侯虔、奠（鄭）白（伯）怡（駘）朝周王于周。"
《繫年二三》："甲戌，晉楚以戰。丙子，齊自（師）至嵒（攝），述（遂）還。"
《良臣》："武王又（有）君奭，又（有）君陣（陳），又（有）君牙，又（有）周公旦，又（有）邵（召）公，述（遂）差（佐）成王。"
《筮法四》："凸（凡）支（弁），譻（數）而出，乃述（遂）。"
《筮法十三》："凸（凡）行，譻（數）出，述（遂）；譻（數）內（入），復。"
《鄭武》："虐（吾）先君之祟（常）心，其可（何）不述（遂）？"
《帛甲老子·道經》："功述（遂）身芮（退），天之道也。"
《繫辭》："无又（有）遠近幽險（深），述（遂）知來勿（物）。"
《繫辭》："通其變，述（遂）成天下之文；極其數，遂定天下之馬〈象〉。"
《繫辭》："易，無思也，無爲也，寂然不動，欽（感）而述（遂）達天下之故。"
《兵令》："☐□述（遂）亡不從其將吏，比於亡軍。"

《周馴》："系（奚）齊先立，而不能自治，淺智而愚，眾弗述（遂）置。"
《周馴》："四主無後，重耳乃置，李〈孝〉弟（悌）玆（慈）仁，眾莫弗喜，述（遂）長有晉。"
《周馴》："畢爲穆公奮於車下，述（遂）大剋（克）晉，虜惠公以歸。"
《周馴》："乃賜之脯二束與餘布百，述（遂）去之上。"
《周馴》："環（還）斲（鬭）而死。宣孟述（遂）生。"
《周馴》："故周成王所以能述（遂）成其王者，不信讒也。"
《周馴》："於是述（遂）用管中（仲），使治齊國。"
《周馴》："故桓公之所以九合諸侯而述（遂）柏（伯）於世者，則管中（仲）之力也。"
《周馴》："閒（簡）子已終，無卹（恤）即立（位），述（遂）爲賢主。"
《周馴》："國之安危，必在君世；嗣之述（遂）直（置），必在季歲。"
《泰射》："述（遂）卒爵，興，坐鄭（奠）爵，拜，執爵興。"
《泰射》："主人坐祭，述（遂）卒爵，興，坐鄭（奠）爵，再拜稽首。"
《泰射》："主人坐祭，述（遂）飲。"
《泰射》："賓升席，坐祭酒，述（遂）鄭（奠）于薦東。"
《泰射》："賸（媵）爵者皆坐祭，述（遂）卒觚（觶）。"
《泰射》："辯獻大夫，述（遂）薦之，繼賓以西，東上。"
《泰射》："眾工不拜，受爵，祭，述（遂）卒爵。"
《泰射》："公許，擯者述（遂）爲司正。"
《泰射》："司射適次，但（袒）、決、述（遂），執弓，挾乘矢於弓外。"
《泰射》："述（遂）告曰：'大夫與大夫，士御于大夫。'"
《泰射》："述（遂）適西階前，東面右顧，命有司納射器。"
《泰射》："述（遂）比三偶（耦）。"
《泰射》："卒，述（遂）命三偶（耦）取弓矢于次。"
《泰射》："司馬正適次，但（袒）、決、述（遂），執弓，右挾之，出。"
《泰射》："降，如升之義（儀），述（遂）適堂西，改取一个挾之。"
《泰射》："述（遂）取符（撲）簮（搢）之，以卲（俟）于所埶（設）中之南。"
《泰射》："司馬出于下射之南，環（還）其後，降自西階，述（遂）適次。"
《泰射》："司馬正但（袒）、決、述（遂），執弓，右挾之，出。"
《泰射》："卒，述（遂）比眾偶（耦）。"
《泰射》："述（遂）適西階上，命賓御于公。"
《泰射》："皆但（袒）、決、述（遂），執弓，右挾之。"
《泰射》："述（遂）命三偶（耦）各與其偶（耦）枱（拾）取矢。"
《泰射》："述（遂）命澤（釋）獲者執（設）中，以弓爲緷（畢），北面。"
《泰射》："司射述（遂）退，由堂下北面視上射。"
《泰射》："述（遂）晉（搢）符（撲），反位。"
《泰射》："小射正坐鄭（奠）笥于物南，述（遂）拂以巾，取決。"
《泰射》："諸公卿取弓矢于次中，但（袒）、決、述（遂），執弓，晉（搢）三挾一个。"

《泰射》："卒射，澤（釋）獲者述（遂）以所執餘獲適阼階下。"
《泰射》："澤（釋）獲者述（遂）盡（進）取賢獲執之，由作（阼）階下北面告于公。"
《泰射》："興，取肺，坐祭，述（遂）祭酒。"
《泰射》："司射適西堂，但（袒）、決、述（遂）述（遂），取弓，挾一个。"
《泰射》："命三偶（耦）皆但（袒）、決、述（遂），執弓，徐（序）出取矢。"
《泰射》："述（遂）入于次，擇（釋）弓矢，挩（説）決、拾，襲，反位。"
《泰射》："述（遂）命勝者執張弓，不勝者執施（弛）弓。"
《泰射》："司射猶但（袒）、決、述（遂），左執弓，右執一个，兼諸弦，面鏃。"
《泰射》："三偶（耦）及諸公、卿、大夫、眾射者皆但（袒）、決、述（遂）。"
《泰射》："述（遂）適西階上，北面告于賓。"
《泰射》："降洗，述（遂）獻左右正與内小臣，皆於作（阼）階上，如獻庶子之禮。"

述與墜

《靈王》："君爲王臣，王牆（將）述（墜）邦，弗能走（止）而或欲得安（焉）？"按，"述（墜）"字從知北遊《上博九〈靈王遂申〉簡析》（新浪博客，2013年1月20日）讀。
《保訓》："王念日之多鬲（歷），忎（恐）述（墜）保（寶）訓。"
《厚父》："天迺弗若（赦），迺述（墜）氒（厥）令（命），亡氒（厥）邦。"

述與隧

《申公》："敔（禦）於朸述（隧），繡（陳）公子𡶴旹（械）皇子。"按，"述（隧）"字從何有祖《讀〈上博六〉劄記》（簡帛網，2007年7月9日）讀。下同。
《申公》："王曰：'繡（陳）公，忘夫朸述（隧）之下虖（乎）？'"

述與物

《繫辭》："夫且茅之爲述（物）也，薄用也，而可重也。"

莯與术

《養生方》："滿（門）冬、莯（术）、房（防）風，各冶之等，并之☐。"

陎與術

《陳公》："女（如）閔（門），女（如）逆閔（門），女（如）閈（扞）陎（術），女（如）攻陎（術），女（如）御洹，必訢（慎）☐。"

陸與怵

《管仲》："☐不㲉（縠），余日三陸（怵）之，夕三陸（怵）之。"

陸與隧

《古公》："耇（胡）公見太公㝑（望）於呂陸（隧），曰：'虐（吾）聕（聞）周宗有難而不☐。'"按，"陸（隧）"字從袁金平在youren《〈舉治王天下〉初讀》（簡帛網"簡帛論壇"，2013年1月5日）一文下跟帖讀。

林與术

《諸傷》："林（术）根去皮，冶二。"
《諸傷》："治林（术），暴（曝）若有所燥，冶。"

袜與祟

《湯丘》："吟（今）君迬（往）不以時，逯（歸）必夜，適（適）奉（逢）道追（路）之袜（祟）。"

秫與术

《蛭蝕》："產其中者，并黍、叔（菽）、秫（术）三，炊之，烝（蒸）☐☐☐☐病。"按，《説文》云"术"爲"秫"之或體。

秫與怵

《王期》："款以玉筴（策），心毋秫（怵）蕩（蕩）。"

術與述

《少牢》："遂術（述）曰。"

術與沭

《爲吏》："術（沭）怸（易）之心不可長。"按，"術（沭）"字從白於藍《清華簡〈芮良夫毖〉6—8 號簡校釋》（《古文字研究》第三十一輯，中華書局，2016 年）讀。下同。

《治官》："敃₌（昏昏）之某（謀）不可行，術（沭）狄（易）之心不可長。"

𢔽與怵

《定心》："𢔽（怵）惕，心不☐。"

《定心》："實者，心定氣固也；虛者，𢔽（怵）惕，氣從（縱）而不反（返）者也。"

《定心》："是以侍立不喬（驕），神𢔽（怵）而☐。"

鉥與鷸

《奏讞書》："吏初捕丁來，冠鉥（鷸）冠，臣案其上功牒，署能治禮、灋（儒）服。"

楯與述

《緇衣》："爲上可賟（望）而智（知）也，爲下可頪〈楯（述）〉而等（志）也。"按，上博簡本《緇衣》頪作楯，劉樂賢《讀上博簡劄記》（《上博館藏戰國楚竹書研究》，上海書店出版社，2002 年）指出郭店簡頪字當即上博簡楯字之訛誤，應從今本讀作述。可從。

絉與沭

《芮良夫》："母（毋）自縱（縱）于逸，以囂（傲）不恪（圖），憝（悍）弁（變）改祟（常），絉（沭）而亡（無）又（有）紹（紀）紡（綱）。"按，"絉（沭）"字從白於藍《清華簡〈芮良夫毖〉6—8 號簡校釋》（《古文字研究》第三十一輯，中華書局，2016 年）讀。

絉與墜

《説命下》："余不克辟萬民，余罔絉（墜）天休。"

絉與惰

《芮良夫》："悳（德）型（刑）態（怠）絉（惰），民所訞（妖）訛（僻）。"

絉與闋

《琴舞》："周公复（作）多士敬（儆）怭（毖），塗（琴）舞（舞）九絉（闋）。"按，"絉"似當讀作"闋"。《吕氏春秋》："昔葛天氏之乐，三人操牛尾投足以歌八阕。"高誘《注》："闋，終也。"《漢書·張良傳》："歌數闋。"顏師古《注》："曲終爲闋。"下同。

《琴舞》："成王复（作）敬（儆）怭（毖），塗（琴）舞（舞）九絉（闋）。"

旡字聲系

𢙇與愛

《昭力》："幾兵而弗用者，調𢙇（愛）其百生（姓）而敬其士臣，強爭其時而讓其成利。"按，"𢙇"字從廖名春《帛書〈周易〉論集》（上海古籍出版社，2008 年，399 頁）隸定，從整理者讀作"愛"。

忎與愛

《老子》甲："甚忎必大賫（費），厚（厚）贓（藏）必多貢（亡）。"按，今本忎作愛。

《老子》乙："忎以身爲天下，若可以迲（寓）天下矣。"按，今本和帛書本忎作愛。

《五行》："恳（仁）之思也清₌（清，清）則諓₌（察，察）則安₌（安，安）則悃₌（溫，溫）則兑₌（悦，悦）則㥣₌（戚，戚）則新₌（親，親）則忎₌（愛，愛）則玉₌色₌（玉色，玉色）則型₌（形，形）則恳（仁）。"

《五行》：“不弁（變）不=兑=（不悦，不悦）不=㥩=（不戚，不戚）不=新=（不親，不親）不=悉=（不愛，不愛）不㤅（仁）。”
《五行》：“㥩（戚）而信之，新=（親。親）而管（篤）之，悉（愛）也。悉（愛）父其稽（繼）悉（愛）人，㤅（仁）也。”
《緇衣》：“古（故）孳（慈）以悉（愛）之，則民又（有）新（親）。”
《唐虞》：“堯舜之行，悉（愛）罙（親）障（尊）臤（賢）。悉（愛）親古（故）孝，尊臤（賢）古（故）徸（禪）。孝之殺，悉（愛）天下之民。徸（禪）之湅（等），世亡忯（隱）直（德）。”
《唐虞》：“悉（愛）罙（親）𠰌（忘）臤（賢），㤅（仁）而未義也。”
《唐虞》：“悉（愛）罙（親）尊臤（賢），吳（虞）舜其人也。”
《唐虞》：“悉（愛）而正之，吳（虞）虽（夏）之紿（治）也。”
《成之》：“是古（故）谷（欲）人之悉（愛）吕（己）也，則必先悉（愛）人；谷（欲）人之敬吕（己）也，則必先敬人。”
《尊德義》：“民悉（愛），則子也；弗悉（愛），則戬（讎）也。”
《尊德義》：“不悉（愛）則不新（親），不□則弗𢝊（懷），不釐則亡愄（威），不忠則不信，弗悥（勇）則亡復。”
《六德》：“㦗（勞）其𦚏怢之力弗敢單（憚）也，危其死弗敢悉（愛）也。”
《性自》：“悉（愛）頪（類）七，唯眚（性）悉（愛）爲近㤅（仁）。”
《詩論》：“𨘢其所悉（愛），必曰：‘虐（吾）奚舍之？賓贈氏（是）已。’”
《詩論》：“《湯（揚）之水》，其悉（愛）婦㤠。”
《詩論》：“《菜（采）萬〈䒞（害）〉》之悉（愛）婦▨。”
《容成氏》：“其悳（德）酋（鰌）清，而上悉（愛）下，而一其志，而寢其兵，而官其才（材）。”
《容成氏》：“▨是（氏）之又（有）天下，厚悉（愛）而泊（薄）僉（斂）安（焉），身力以袋（勞）百眚（姓）。”
《仲弓》：“夫喪，至悉（愛）之卒也，所以成死也，不可不𣂔（慎）也。”
《内豊》：“君子之立孝，悉（愛）是甬（用），豊（禮）是貴。”
《曹沫》：“居（裾）不褻（疊）旻（文），飤（食）不貳（貳）盥（羹），兼悉（愛）墧（萬）民，而亡又（有）厶（私）也。”
《曹沫》：“毋悉（愛）貨資子女，以事其伎（便）逮（嬖），所以佢（距）内。”
《競公瘧》：“身爲新（親），或（又）可（何）悉（愛）安（焉）。”按，“悉（愛）”字董珊《讀〈上博六〉雜記（續一）》（簡帛網，2007年7月11日）釋讀。
《魯邦》：“女（如）母（毋）悉（愛）珪璧𢂞（幣）帛於山川，政（正）型（刑）與▨。”按，“悉（愛）”字從劉樂賢《讀上博簡〈民之父母〉等三篇劄記》（簡帛研究網，2003年1月10日）讀。下一例同。
《魯邦》：“女（若）夫母（毋）悉（愛）珪璧𢂞（幣）帛於山川，母（毋）乃不可。”
《湯丘》：“湯或（又）聑（問）於少（小）臣：‘古先=（之先）聖人，可（何）以自悉（愛）？’”
《湯丘》：“古先=（之先）聖人所以自悉（愛），不弁（偏）聑（聞），不屋（處）矣（疑）。”
《湯丘》：“不備（服）兼文，器不敔（雕）鏤，不㾕（虐）殺，與民分利，此以自悉（愛）也。”
《湯丘》：“少（小）臣倉（答）：‘爲君悉（愛）

民，爲臣共（恭）命。'"

《湯丘》："湯或（又）聤（問）於少（小）臣：'忢（愛）民女（如）忖（台）？'"

《湯丘》："罙（深）開（淵）是淒（濟），高山是逾（逾），遠民皆亟（極），是非忢（愛）民虖（乎）？"

《昭力》："是故君以忢（愛）人爲德，則大夫共（恭）悳（德），將軍禁單（戰）。"按，"忢"字從廖名春《帛書〈周易〉論集》（上海古籍出版社，2008年，400頁）隸定，從整理者讀作"愛"。

《顏淵問》："攸（修）身以先，則民莫不從矣；前以専（博）㤅〈忢（愛）〉，則民莫遺新（親）矣。"按，"㤅〈忢（愛）〉"字從復旦吉大古文字專業研究生聯合讀書會《〈上博八·顏淵問於孔子〉校讀》（復旦大學出土文獻與古文字研究中心網，2011年7月17日）釋讀。

《王居》："唯（雖）我忢（愛）尔（爾），虐（吾）無女（如）社禝（稷）可（何）！而必良慙（慎）之。"

《禹王》："忞（怒）而不寡，不忢（愛）其〼。"

《程寤》："可（何）監非旹（時）？可（何）柔（務）非和？可（何）禑（畏）非𢻚（文）？可（何）保非道？可（何）忢（愛）非身？可（何）力非人？"

《管仲》："凡其民人，遻（畢）迻（務）不愈（偷），莫忢（愛）褮（勞）力於其王。"

《子儀》："不穀（穀）敢忢（愛）糧？"

《子產》："以勸（助）政直（德）之固₌（固。固）以自守，不用民於兵庴（甲）戰戓（鬥），曰武忢（愛），以成政悳（德）之忢（愛）。"

愛與藹

《荊決》："愛₌（藹藹）者雲，作（乍）陰作（乍）陽。"

𧊒與愛

《詩論》："〼青（情）𧊒（愛）也。"

《詩論》："〼及其人，敬𧊒（愛）其壴（樹），其保（報）厚矣！"

《詩論》："《甘棠》之𧊒（愛），以卲公〼。"

既與氣

《凡物甲》："五既（氣）竝至，虐（吾）系（奚）異系（奚）同？"

《凡物乙》："五既（氣）竝至，虐（吾）系（奚）異系（奚）同？"

既與愛

《繫辭》："安地厚乎仁，故能既（愛）。"

既與幾

《帛易·歸妹》："六五，帝已歸妹，其君之袂不如其苐（娣）之快（袂）良。日月既（幾）朢（望），吉。"

《帛易·中孚》："六四，月既（幾）朢（望），馬必（匹）亡，无咎。"

𣪕與氣

《唐虞》："□虗（乎）脂膚血𣪕（氣）之青（情），敎（養）眚（性）命之正，安命而弗夭，敎（養）生而弗敡（傷）。"

溉與既

《爲吏》："賢鄙溉（既）辥（乂），禄立（位）有續孰睯上？"

《天乙·貞在》："貞在毋（無）射，禹以成略，溉（既）就溉（既）成。"

《養生方》："凡彼卓〈莫〉不溉（既）蒚有英。"

《養生方》："我須（鬚）麋（眉）溉（既）化（華）。"

《反淫》："愔尋歊憂，紅顏溉（既）章。"

《燕禮》："士坐祭，立飲，不拜溉（既）爵。"

《燕禮》："士溉（既）獻者，立于東方，

西面，北上。”
《喪服》：“緦衰常（裳）、牡麻絰，溉（既）葬除之者。”
《喪服》：“皆溉（既）葬除之。”
溉與塈
《北蒼・魚》：“瓦蓋焚（棼）櫋，晋（埾）溉（塈）欆（籔）杅。”
溉與摡
《少牢》：“雝人溉（摡）鼎、朼（匕）、柤（俎）于雝爨，雝爨在門東南，北上。”
《少牢》：“廩人溉（摡）甑、鐖（甗）、朼（匕）與敦于廩爨，廩爨在雝爨之北。”
《少牢》：“司宫溉（摡）豆、籩（籩）、勺、爵、柧（觚）、觗（觶）、几、洗、匪（篚）。”
《少牢》：“卒溉（摡），選（饌）豆、籩（籩）與匪（篚）于房中，枋（放）于西方。”
概與暨
《用曰》：“胃（謂）天高而不概（暨），胃（謂）陸（地）厚而不達。”按，“概（暨）”字從陳偉《〈用曰〉校讀》（簡帛網，2008年7月15日）讀。
《祭公》：“我亦隹（惟）又（有）若且（祖）周公概（暨）且（祖）卲（召）公。”
既與炁
《性自》：“憙（喜）惹（怒）依（哀）悲之既（氣），告（性）也。”按，上博簡本《性情論》既（氣）作炁。
既與氣
《老子》甲：“賹（益）生曰羕（祥），心使既曰勥（強）。”按，今本和帛書本既作氣。
《六德》：“非我血既（氣）之新（親），畜我女（如）其子弟。”
《太一》：“下，土也，而胃（謂）之陸（地）；上，既（氣）也，而胃（謂）之天。”
《性自》：“憙（喜）惹（怒）依（哀）悲之既（氣），告（性）也。”
《性自》：“目之好色，耳之樂聖（聲），賊（鬱）舀（陶）之既（氣）也，人不難爲之死。”
《語叢一》：“凡又（有）血既（氣）者，皆（皆）又（有）憙（喜）又（有）忞（怒），又（有）昚（慎）又（有）㦣。”
《語叢一》：“其豊（體）又（有）容，又（有）頟（色）又（有）聖（聲），又（有）臭（嗅）又（有）未（味），又（有）既（氣）又（有）志。”
《語叢一》：“既（氣），容敂（司）也。”
《語叢一》：“譏（察）天道以愄（化）民既（氣）。”
《民之》：“亡（無）聖（聲）之樂，既（氣）志不愇（違）。”
《民之》：“亡（無）聖（聲）之樂，既（氣）□既得。”
《民之》：“亡（無）聖（聲）之樂，既（氣）志既從。”
《從政》：“聏（聞）之曰：志既（氣）不旨，其事不□。”
《容成氏》：“舜乃欲會天陸（地）之既（氣）而聖（聽）甬（用）之，乃立敹（質）以爲樂正。”
《亙先》：“又（有）或（域）安（焉）又=既=（有氣，有氣）安（焉）又=又=（有有，有有）安（焉）又=詒=（有始，有始）安（焉）又（有）往者。”
《亙先》：“既是（寔）自生，亙（極）莫生既=（氣。氣）是（寔）自生自复（作）。”
《亙先》：“亙（極）既（氣）之生，不蜀（獨），又（有）與也。”
《亙先》：“亙（極）既（氣）之生，因復其所慾（欲）。”
《亙先》：“庢（濁）既（氣）生陸（地），

清既（氣）生天。”

《亙先》：“既（氣）信神才（哉）！”

《楚帛書》甲：“乃命山川四晦（海）□寅（熱）既（氣）寒既（氣），以爲其戠。”

《天子甲》：“凡天子欽（歆）既（氣），邦君飤（食）蠲（濁），夫₌（大夫）承廌（餕），士受余（餘）。”

《天子乙》：“凡天子欽（歆）既（氣），邦君飤（食）蠲（濁），夫₌（大夫）承廌（餕），士受舍（餘）。”

《凡物甲》：“𢽟（？）牅（墻）而豊（禮），幷（屏）既（氣）而言，不遂（失）其所然，古（故）曰力㝹（賢）。”

《凡物甲》：“和凥（居）和既（氣），𡧍聖（聲）好色☐。”

《啻門》：“唯皮（彼）五味之既（氣），是哉以爲人。其末既（氣），是胃（謂）玉穜（種）。”

《啻門》：“其既（氣）朁緐（歡）發紿（治），是其爲長虘（且）好才（哉）。其既（氣）畜（奮）昌，是其爲堂（當）壯（壯）。既（氣）䗊（融）交以備，是其爲力。既（氣）戚（促）乃老，既（氣）䋨（徐）乃猷，既（氣）逆䜌（亂）以方（妨），是其爲疾央（殃）。既（氣）屈乃終，百志皆竆（窮）。”

《管仲》：“夫年（佞）又（有）利既（氣），筥（篤）利而弗行。”

《管仲》：“中（仲）父，今夫年（佞）者之利既（氣）亦可得而䎽（聞）虖（乎）？”

旣與既

《帛甲老子・德經》：“旣（既）得其母，以知其子，復守其母，沒身不殆。”

旣與愛

《語叢一》：“旣（愛）膳（善）之胃（謂）𢘅（仁）。”

《語叢二》：“旣（愛）生於眚（性），罙（親）生於旣（愛），忠生於罙（親）。”

《語叢三》：“父孝子旣（愛），非又（有）爲也。”

《語叢三》：“旣（愛）鈞者罙（親）。”

《語叢三》：“旣（愛），𢘅（仁）也。”

《語叢三》：“旣（愛）罙（親）則其𣪘（殺）旣（愛）人。”

慨與葵

《養生方》：“烏家（喙）五，龍慨（葵）三。”

暨與概

《白處》：“二日，洶（洗），以新布孰暨（概）之，復傅。”

暨與瀣

《卻穀》：“夏食一去湯風，和以朝暇（霞）、行（沆）暨（瀣），昏清可。”

暨與既

《九主》：“分名暨（既）定，法君之佐佐主无聲。”

《九主》：“伊尹暨（既）明八商（謫）之所道生，請命八商（謫）□。”

《戰國一一》：“臣暨（既）從燕之粱（梁）矣。”

《天下至道》：“十脩暨（既）備，十埶（勢）豫陳，八道雜，椄（接）刑（形）以昏。”

《行篡》：“正衡再（載）纍暨（既）忠（中），是謂不竆。”

《五教法》：“五教暨（既）至，目益明☐。”

《文啟》：“暨（既）已瓶（藏）之，不可不行也。”

《文啟》：“暨（既）已行之，勿復明之。”

《五度》：“五度暨（既）明，兵乃衡（橫）行。”

《妄稽》：“吾暨（既）執箕帚，幾（豈）能毋（無）槽（善）。”

《妄稽》："與其士約，暨（既）固有成。"
《妄稽》："與其士約，固暨（既）有度。"
《妄稽》："稽暨（既）小也，固弗敢節。"
《反淫》："竽瑟陳前，鐘慇（磬）暨（既）張。"

暨與氣

《蓋廬》："適（敵）人進舍，天暨（氣）甚暑，多腸辟者。"

瀶與既

《謀攻》："☐瀶（既）疑，諸侯之☐。"
《軍爭》："民瀶（既）已槫（專）壹，則勇者不☐。"
《揕輿》："昔者瀶（既）建歲、日、辰、星，冬（終）有其鄉（嚮），辰、星乃與歲、日相逆，以正陰與陽。"
《揕輿》："瀶（既）順或逆，以爲常。"

瀶與塈

《治官》："官中多草，□不灑除，棧曆（櫪）浚除，窨内直（置）糱，涂（塗）瀶（塈）騷（掃）除。"按，整理者釋"瀶"爲"漑"。下一例同。
《治官》："涂（塗）瀶（塈）陀（阤）隋（墮），苑水歙（飲）不利。"
《奏讞書》："臣有（又）診夫人食室，涂瀶（塈）甚謹，張帷幕甚具。"

檻與槩

《蒼頡篇》："秉檻（槩）参斗。"
《第二組》："以鐵午（杵）閪（扃）甬（桶）口，皆壹用方檻（槩），檻（槩）毋得，用槩及圜檻（槩）。"

瀶與塈

《爲吏》："屚（漏）屋塗瀶（塈）。"
《天甲・塞穴》："凡可塞穴置（蘊）鼠、瀶（塈）困日，雖（唯）十二月子。"
《天乙・塞穴》："凡可塞穴置（蘊）鼠、瀶（塈）困日，雖（唯）十二月子。"

氒與氣

《容成氏》："咎（皋）陶（陶）既已受命，乃支（辨）侌（陰）昜（陽）之氒（氣），而聖（聽）其訟獄，三年而天下之人無訟獄者，天下大和黔（均）。"

遀與既

《荊決》："遀（既）大有（又）小，如羊與牛。"

貴字聲系

貴與饋

《帛易・家人》："六二，无攸遂，在中貴（饋），貞吉。"
《阜易・家人》："六二，无□□，□中貴（饋）。"

貴與匱

《命訓》："均一不和，哀至則貴（匱），樂緇（伸）則亡（荒）。"

貴與錐

《曹氏》："夫牛羊者貴（錐）□□□，犬馬毚貴（錐）前而膏。"按，"貴"似當讀作"錐"。《説文》："錐，鋭也。"

蕢與匱

《王兵》："有積委，久而不蕢（匱）。"

蕢與繢

《妄稽》："蕢（繢）嫂（縷）之紵（衪），夏暴（襮）短常（裳）。"按，"蕢"似當讀作"繢"。

撌與韇

《道原》："堅強而不撌（韇），柔弱而不可化。"

僓與癩

《癩》："貢（坌）者種（腫），若以柏杵七，令某僓（癩）毋一。"

隤與敦

《隨日・司歲》："辰朔，隤（敦）臧（牂）

司歲，有兵。”

隤與癩

《陰陽脈甲》：“丈夫隤（癩）疝。”

《陰陽脈乙》：“丈夫則隤（癩）山（疝），婦人則少腹腫。”

《陰陽脈乙》：“熱中，降（癃），隤（癩），扁（偏）山（疝）。”

賞與饋

《天下至道》：“來者弗堵（覩），吾鄉（饗）其賞（饋）。”

穨與癩

《目録》：“腸穨（癩）。”

《癩》：“穨（癩）及瘻，取死者叕（餟）烝（蒸）之。”

《癩》：“穨（癩），先上卵，引下其皮，以砭（砭）穿其脽旁。”

繢與類

《老子》乙：“明道女（如）孛（昧），遅（夷）道女（如）繢，□道若退。”按，河上本和帛書乙本繢作類。“繢”字從李家浩《讀〈郭店楚墓竹簡〉瑣議》（《郭店楚簡研究》，《中國哲學》第二十輯，遼寧教育出版社，1999年）釋。

繢與纇

《老子》乙：“明道女（如）孛（昧），遅（夷）道女（如）繢，□道若退。”按，王弼本繢作纇。“繢”字從李家浩《讀〈郭店楚墓竹簡〉瑣議》（《郭店楚簡研究》，《中國哲學》第二十輯，遼寧教育出版社，1999年）釋。

讃與委

《芮良夫》：“閑（間）鬲（隔）若（若）否，以自訾讃（委）由（擠），求聖人以紳（申）尔（爾）悔（謀）猷。”按，“讃”似當讀作“委”。《廣雅·釋詁一》：“委，積也。”

饋與匱

《赤鵠》：“湯樊（返）駬，少（小）臣饋（匱）。”按，“饋”似當讀作“匱”。《廣韻·至韻》：“匱，竭也。乏也”。

穨與隤

《第二組》：“繇（徭）多員少員，穨（隤）計後年繇（徭）戍數。”

穨與癩

《脈書》：“橐癰，爲血穨（癩）；其癰上下鳴，爲腸穨（癩）。”按，“穨”當讀作“癩”。

《脈書》：“丈夫則穨（癩）山（疝），婦人則少（小）腹穜（腫）。”

《脈書》：“其所產病：熱中，痒（癃），穨（癩），扁（偏）山（疝），爲五病。”

《引書》：“引穨（癩），腸穨（癩）及筋（筋）穨（癩），左手據左股。”

《癩》：“穨（癩）。”

《癩》：“必令同族抱□穨（癩）者，直（置）東鄉（嚮）窗道外，改椎之。”

《癩》：“獨產穨（癩）九，乖已，操葮（鍛）石毄（擊）而母。”

《癩》：“以日出爲之，令穨（癩）者東鄉（嚮）。”

《癩》：“以日出時，令穨（癩）者屋霤下東鄉（嚮），令人操築西鄉（嚮）。”

《癩》：“今日□，某穨（癩）九，今日已。某穨（癩）已，□而父與母，皆盡柏築之。”

《癩》：“以築衝穨（癩）二七。”

《癩》：“以築衝穨（癩）二七。已備，即曰：‘某起。’穨（癩）已。”

《癩》：“以辛卯日，立堂下東鄉（嚮），鄉（嚮）日，令人挾提穨（癩）者。”

《癩》：“取枲垢，以艾裹，以久（灸）穨（癩）者中顛，令闌（爛）而已。”

《癩》：“令穨（癩）者北首卧北鄉（嚮）廡中，禹步三。”

《癩》：“穨（癩）者及股癰、鼠復者，□

中指蚤（搔）二七，必瘳。"
《瘨》："穿小瓠壺，令其空（孔）盡容積（瘨）者腎與朘。"
《瘨》："即令積（瘨）者煩（反）夸（瓠），東鄉（嚮）坐於東陳垣下。"
《瘨》："爲之恒以星出時爲之，須積（瘨）已而止。"
《瘨》："治積（瘨）初發，傴攣而未大者方。"
《瘨》："積（瘨），以奎（奚）蠡蓋其堅（腎），即取桃支（枝）東鄉（嚮）者。"
《瘨》："積（瘨）已，敬以豚塞，以爲不仁。"
《瘨》："積（瘨）□久（灸）左胻☐。"
《殘片一五》："☐積（瘨）者☐。"
《題記》："引積（瘨）。"按，"積（瘨）"字從周一謀、蕭佐桃《馬王堆醫書考注》（天津科學技術出版社，1988年，246頁）讀。

讃與饋

《鄭甲》："故（古）之人又（有）言曰：'爲臣而不諫，卑（譬）若讃（饋）而不酨（貳）。'"按，"讃（饋）"字從清華大學出土文獻讀書會《清華六整理報告補正》（清華大學出土文獻研究與保護中心網，2016年4月16日）引石小力説釋讀。

臾字聲系

睯與貴

《成之》："君子曰：'唯（雖）又（有）其亙（恆）而可，能終之爲難。槁木三年，不必爲邦羿（旗）。'害（蓋）言睯（貴）之也。"按，"睯（貴）"字從單玉辰《佔畢隨録之十一》（復旦大學出土文獻與古文字研究中心網，2009年8月3日）釋讀。

湨與隤

《保訓》："戊子，自湨₌（隤水）。"按，"湨₌（隤水）"從單玉辰《佔畢隨録之十一》（復旦大學出土文獻與古文字研究中心網，2009年8月3日）釋讀。

寚與畏

《繫年一》："昔周武王監觀商王之不龏（恭）帝₌（上帝），禋祀不寚（畏），乃作帝攷（籍），以鼜（登）祀帝₌（上帝）天神，名之曰千畝（畝），以克反商邑，尃（敷）政天下。"按，"寚（畏）"字從吳祺説釋讀。

鼜與畏

《祭公》："於（嗚）虖（呼），天子，不（丕）則鼜（畏）言斈（哉）。"按，"鼜（畏）"字從吳祺説釋讀。

冉字聲系

蔽與蒯

《北蒼·陽》："蘿葦菅蔽（蒯），莞蒲藺蔣。"

气字聲系

气與乞

《譊妘》："爲气（乞）鞫奏狀。"
《得之》："得之气（乞）鞫（鞫），廷覆之，以得之不審，毄（繫）得之城旦☐。"
《得之》："元年四月，得之气（乞）鞫曰：'和與叏臥，不奸。'"
《得之》："其鞫曰：'得之毆庌（屏）叏，欲強與奸，未餂（蝕）。气（乞）鞫不審₌（審。'審）。"
《得之》："它如气（乞）鞫書。"
《得之》："詰得₌之₌（得之：得之）強與叏奸，未餂（蝕），可（何）故而气（乞）鞫？"
《得之》："□气₌鞫₌（乞鞫，乞鞫）爲不審。辠（罪）殹（也）。"
《得之》："☐气（乞）鞫。"
《得之》："鞫之：'得之气（乞）鞫不審₌

（審。’審）。”
《得之》：“當陽隸臣得之气（乞）鞫曰。”
《得之》：“得之气（乞）鞫；廷有（又）論毄（繫）城旦，皆不當。”
《得之》：“得之去毄（繫）亡，已（已）論毄（繫）十二歲，而來气=鞫=（乞鞫，乞鞫）鞫不如辤（辭）。”
《田與》：“重泉隸臣田負斧質气（乞）鞫曰。”
《田與》：“它如气（乞）鞫書。”
《田與》：“田負斧質气（乞）鞫不審，遝已巳赦（赦）。”
《田與》：“重泉隸臣田負斧質气（乞）鞫曰。”
《田與》：“其气（乞）鞫不審。”
《二年・具律》：“罪人獄已决，自以罪不當，欲气（乞）鞫者，許之。”
《二年・具律》：“气（乞）鞫不審，駕（加）罪一等。”
《二年・具律》：“其欲復气（乞）鞫，當刑者，刑乃聽之。”
《二年・具律》：“死罪不得自气（乞）鞫，其父、母、兄、姊、弟、夫、妻、子欲爲气（乞）鞫，許之。”
《二年・具律》：“年未盈十歲爲气（乞）鞫，勿聽。”
《二年・具律》：“獄已决盈一歲，不得气=鞫=（乞鞫。乞鞫）者各辤（辭）在所縣=道=（縣道，縣道）官令、長、丞謹聽，書其气（乞）鞫。”
《奏讞書》：“四月丙辰黥城旦講气（乞）鞫。”
《北蒼・魚》：“細小貧窶，气（乞）匄貰捈（賒）。”
《周馴》：“臣宦於降（絳），歸而糧絕，羞行气（乞）而曾（憎）自取，故至於若此。”

气與訖

《禹王》：“堯乃亯（就）坙（禹）曰：‘气（訖）安其往，疋（疏）汌（川）㞯（起）浴（谷），以瀆天下。’”按，“气”似當讀作“訖”，訓爲“盡”。

汽與氣

《子儀》：“君欲汽（氣）丹才（在）公。”

气與汔

《周易・井》：“气（汔）至，亦母（毋）䮼（達）井。羸（羸）其缾（瓶），凶。”
《帛易・未濟》：“未濟，亨，小狐气（汔）涉，濡其尾，无攸利。”

气與𩑶

《周易・井》：“气（汔）至，亦母（毋）䮼（達）井。羸（羸）其缾（瓶），凶。”按，帛書本气（汔）作𩑶。

氣與乞

《果童》：“負并（缾）而巒（欒），營行氣（乞）食。”

氣與愾

《曹風》：“氣（愾）我吾（寤）難（嘆），念彼□□。”

氣與餼

《秦律・倉律》：“而遺倉嗇夫及離邑倉佐主稟者各一戶以氣（餼），自封印。”
《秦律・效》：“而遺倉嗇夫及離邑倉佐主稟者各一戶，以氣（餼）人。”
《效律》：“而遺倉嗇夫及離邑倉佐主稟者各一戶，以氣（餼）人。”
《答問》：“氣（餼）人贏律及介人。”
《答問》：“不當氣（餼）而誤氣（餼）之，是謂‘介（丐）人’。”
《日甲・詰》：“凡鬼恆執匴以入人室，曰‘氣（餼）我食’云，是=（此是）餓鬼。”
《晏子三》：“出氣（餼），事者兼月，脊（瘠）者兼歲。”
《五令》：“德令者，求諸孤幼不能自衣食者，稟（廩）氣（餼）之，以助生。”

氣與既

《十陣》：“參（三）聲氣（既）全，五菜（彩）必具，辯（辨）吾號聲，知五旗。”

《十陣》：“□□火氣（既）自覆，與之戰弗剋（克），坐行而北。”

《十陣》：“陵猋蔣芥，薪蕘氣（既）積，營窋（窟）未謹。如此者，可火也。”

《十問》：“交和而舍，適（敵）人氣（既）眾以強，巠（勁）疌（捷）以剛，兑（鋭）陳（陣）以胥，毄（擊）之奈何？”

《十問》：“毄（擊）此者，必參（三）而離之，一者延而衡（横），二者□□□□□恐而下惑，下上氣（既）亂，三軍大北。”

《十問》：“交和而舍，適（敵）氣（既）眾以強，延陳（陣）以衡（横）。”

《十問》：“毄（擊）此者，適（敵）人氣（既）□而守阻，我□。”

《十問》：“皮（彼）氣（既）貴氣（既）武，三軍徙舍，前後不相堵（睹），故中而毄（擊）之，若有徒與。”

《十問》：“毄（擊）此者，渴者不飲，飢者不食，三分用其二，期於中極，皮（彼）氣（既）□□，財（材）士練（柬）兵。”

《北大老子》：“聖人無責（積），氣（既）以爲人，已俞（愈）有；氣（既）以予人，已俞（愈）多。”

《荊決》：“氣（既）已行之，乘雲冥冥，行禺（遇）大神。”

《荊決》：“津橋氣（既）行，願欲中音（意）。”

氣與器

《北大老子》：“小國寡民，使有什佰人之氣（器）而勿用，使民重死而遠徙。”

氵氣與迄

《天下至道》：“九已而黎（膩），十已而氵氣（迄），氵氣（迄）而復滑，朝氣乃出。”

䭾與汽

《帛易·井》：“䭾（汽）至亦未汲井，纍（羸）其刑垪（瓶），凶。”

乞與迄

《皇門》：“乞（迄）又（有）寶（孚），以蕭（助）氒（厥）辟，堇（勤）卹（恤）王邦王家。”

乞與訖

《皇門》：“乞又（有）寶（孚），以蕭（助）氒（厥）辟，堇（勤）卹（恤）王邦王家。”按，今本《逸周書·皇門》乞作訖。

仡與遹

《琴舞》：“𤔲（亂）曰：仡（遹）舍（余）龏（恭）害忥（怠），孜（孝）敬肥（非）絠（怠）巟（荒）。”

吃與訖

《泰射》：“樂吃（訖）。”

《泰射》：“樂吃（訖）。”

訖與遹

《琴舞》：“訖（遹）我宿（夙）夜，不㲋（僭）敬之（止）。”

《琴舞》：“𤔲（亂）曰：訖（遹）我敬之，弗其𩑈（墜）孳（哉）。”

𦬔與齕

《養生方》：“楊思者，□□□□□狀如小□□而𦬔（齕）人。”

豕字聲系

豕與喙

《諸傷》：“金傷者，以方（肪）膏、烏豕（喙）□□，皆相□煎，鉈（施）之。”

《諸傷》：“秋烏豕（喙）二□□□□□者二甌，即并煎□孰（熟）。”

《膫者》：“取牛肊、烏豕（喙）、桂，冶等，殽□，熏以□病。”

《毒烏喙》：“毒烏豕（喙）者。”

《蚖》："以產豚冢（喙）麻（磨）之。"
《牝痔》："冶麋（蘼）蕪本、方（防）風、烏冢（喙）、桂皆等。"
《疽病》："雎（疽）未□□□□烏冢（喙）十四果（顆）。"
《痂》："取慶（蜣）良（蜋）一斗，去其甲足，以烏冢（喙）五果（顆），礜大如李。"
《痂》："冶烏冢（喙）、黎（藜）盧、蜀叔（菽）、庶（蔗）、蜀椒、桂各一合。"
《痂》："冶烏冢（喙）四果（顆）、陵（菱）菽（芰）一升半。"
《痂》："冶烏冢（喙），炙羖脂弁，熱傅之。"
《癰》："癰種（腫）者，取烏冢（喙）、黎（藜）盧，冶之。"
《乾瘙》："取犁（藜）盧二齊，烏冢（喙）一齊，礜一齊，屈居□齊，芫華一齊。"
《養生方》："☒烏冢（喙）大者四☒。"
《養生方》："取革奚（薢）長四寸一把，茱（术）一把，烏冢（喙）十□□□削皮細析。"
《養生方》："取細辛、乾桓（薑）、菌桂、烏冢（喙），凡四物，各冶之。"
《養生方》："細辛四，乾桓（薑）、菌、烏冢（喙）各二，并之。"
《養生方》："段烏冢（喙）一升，以淳酒漬之，□去其宰（滓）。"
《養生方》："□莢、桔梗、厚□二尺，烏冢（喙）十果（顆），并冶。"
《養生方》："取熏烏冢（喙）八果（顆），□取桼（漆）。"
《養生方》："取烏冢（喙）三果（顆），乾畺（薑）五，焦□□，凡三物。"
《養生方》："烏冢（喙）三果（顆）。"
《養生方》："烏冢（喙）五，龍慨（葵）三。"
《養生方》："烏冢（喙）二，北南陳陽□骨一，蠱（冶），并以細新白布裹三。"
《養生方》："☒烏冢（喙）一半，冶之☒。"

冢與藾

《瘙病》："冢（藾）之朱（茱）臾（萸）、椒。"

藾與毅

《將過》："有剛藾（毅）自用者，有耎〈需（懦）〉而☒。"
《將過》："剛藾（毅）自☒。"

胃字聲系

胃與猬

《妄稽》："身若胃（猬）棘，必好抱（捊）區（毆）。"

胃與謂

《老子》甲："劃（挫）其顫（鋭），解其紛，是胃玄同。"按，今本胃作謂。下一例同。
《老子》甲："勿（物）壓（壯）則老，是胃不道。"
《老子》甲："是胃（謂）果而不強。"
《老子》乙："夫唯嗇，是以棗（早），是以棗（早）備，是胃☒。"按，今本胃作謂。下一例同。
《老子》乙："可（何）胃龍（寵）辱？龍（寵）爲下也。得之若纓（驚），遊（失）之若纓（驚），是胃龍（寵）辱纓（驚）。"
《太一》："君子智（知）此之胃（謂）☒。"
《太一》："下，土也，而胃（謂）之陸（地）；上，㷉（氣）也，而胃（謂）之天。"
《魯穆公》："可（何）女（如）而可胃（謂）忠臣？"
《魯穆公》："恆（亟）爯（稱）其君之亞

（惡）者，可胃（謂）忠臣矣。”
《魯穆公》：“亙（亟）爯（稱）其君之亞（惡）者，可胃（謂）忠臣矣。”
《五行》：“𢚩（仁）型（形）於内胃（謂）之悳（德）之行，不型（形）於内胃（謂）之行。義型（形）於内胃（謂）之悳（德）之行，不型（形）於内胃（謂）之行。豊（禮）型（形）於内胃（謂）之悳（德）之行，不型（形）於内謂之行。智型（形）於内胃（謂）之悳（德）之行，不型（形）於内胃（謂）之行。聖型（形）於内胃（謂）之悳（德）之行，不型（形）於内胃（謂）之悳（德）之行。”
《五行》：“悳（德）之行，五和胃（謂）之悳（德），四行和胃（謂）之善。善，人道也。悳（德），天道也。”
《五行》：“五行皆型（形）於内而時行之，胃（謂）之君子；士又（有）志於君子道，胃（謂）之時（志）士。”
《五行》：“‘亦既見走（之），亦既詢（覯）走（之），我心則兑（悅）。’此之胃（謂）也。”
《五行》：“未尚（嘗）𦖞（聞）君子道，胃（謂）之不聣（聰）；未尚（嘗）見臤（賢）人，胃（謂）之不明。𦖞（聞）君子道而不智（知）其君子道也，胃（謂）之不聖；見臤（賢）人而不智（知）其又（有）悳（德）也，胃（謂）之不智。”
《五行》：“明=（明明），智也。虩=（赫赫），聖也。‘明=（明明）才（在）下，虩=（赫赫）才（在）上’，此之胃（謂）也。”
《五行》：“‘文王才上，于昭于而〈天〉’，此之胃（謂）也。”
《五行》：“勥（剛），義之方。矛（柔），𢚩（仁）之方也。‘不彊（競）不梂（絿），不勥（剛）不矛（柔）’，此之胃（謂）也。”
《五行》：“疋膚=（儢儢）達者（諸）君子道，胃（謂）之臤（賢）。”
《五行》：“君子智（知）而與（舉）之，胃（謂）之𨻰（尊）臤（賢）；智（知）而事之，胃（謂）之𨻰（尊）臤（賢）者也。後，士之𨻰（尊）臤（賢）者也。”
《五行》：“目而智（知）之胃（謂）之進之。俞（喻）而智（知）之，胃（謂）之進之。辟（譬）而智（知）之，胃（謂）之進之。幾而智（知）之，天也。”
《五行》：“‘上帝賢〈臨〉女（汝），毋弍（貳）尔心’，此之胃（謂）也。”
《忠信》：“至忠亡譌，至信不伓（背），夫此之胃（謂）此。”
《忠信》：“配天地也者，忠信之胃（謂）此。”
《唐虞》：“徸（禪）也者，上直（德）受（授）臤（賢）之胃（謂）也。”
《尊德義》：“傑（桀）不胃（謂）其民必亂，而民又（有）爲亂矣；受（紂）不迪其民，而民不可走（止）也。”
《六德》：“可（何）胃（謂）六悳（德）？聖智也，𢚩（仁）宜（義）也，忠信也。”
《六德》：“使之足以生，足以死，胃（謂）之君，以宜（義）使人多。”
《六德》：“句（苟）淒夫人之善[illegible]，憥（勞）其𦙶忧之力弗敢單（憚）也，危其死弗敢㤅（愛）也，胃（謂）之臣，以忠事人多。”
《六德》：“智（知）可爲者，智（知）不可爲者；智（知）行者，智（知）不行者，胃（謂）之夫，以智衛（率）人多。”
《六德》：“是古（故）夫死又（有）宔（主），終身不䜌（變），胃（謂）之婦，以信從人多也。”

《六德》："既生畜之，或從而季（教）悔（誨）之，胃（謂）之聖。"

《六德》："子也者，會壿（庸）長材以事上，胃（謂）之宜（義），上共下之宜（義）以奉𥙿₌（社稷），胃（謂）之孝。"

《性自》："凡見者之胃（謂）勿（物），快於吕（己）者之胃（謂）兑（悦），勿（物）之埶（勢）者之胃（謂）埶（勢），又（有）爲也者之胃（謂）古（故）。"

《語叢一》："上下虘（皆）得其所之胃（謂）信。"

《語叢一》："㤅（愛）膳（善）之胃（謂）悬（仁）。"

《語叢一》："備之胃（謂）聖。"

《語叢一》："涅聖之胃（謂）聖。"

《語叢四》："褒（早）與臤（賢）人，是胃（謂）㝮（訣）行；臤（賢）人不才（在）昃（側），是胃（謂）迷惑。不與智悔（謀），是胃（謂）自惎；褒（早）與智悔（謀），是胃（謂）童（重）基。"

《詩論》："城（誠）胃（謂）之也。"

《民之》："敢䎽（問）可（何）女（如）而可胃（謂）民之父母？"

《民之》："四方又（有）敗，必先智（知）之，其之胃（謂）民之父母矣。"

《民之》："子夏曰：'敢䎽（問）可（何）胃（謂）五至？'"

《民之》："哀樂相生，君子以正，此之胃（謂）五至。"

《民之》："子夏曰：'五至既䎽（聞）之矣，敢䎽（問）可（何）胃（謂）三亡（無）？'"

《民之》："系（傾）耳而聖（聽）之，不可得而䎽（聞）也；明目而視之，不可得而視〈見〉也，而得（德）既塞於四海（海）矣，此之胃（謂）三亡（無）。"

《子羔》："舜其可胃（謂）受命之民矣。"

《魯邦》："魯邦大旱，哀公胃（謂）孔₌（孔子）：'子不爲我圖（圖）之？'"

《魯邦》："賜，而（尔）昏（聞）衖（巷）逄（路）之言，毋乃胃（謂）丘之畣（答）非與（歟）？"

《從政》："䇥₌（君子）聒（聞）善言，以改其言；見善行，内（納）其悬（身）焉。可胃（謂）學矣。"

《周易·小過》："上六：弗遇㑌（過）之，飛鳥羅（離）之，凶，是胃（謂）亦𤆍（災）䁈（眚）。"

《亙先》："或（域）非或（域），無胃（謂）或（域）；又（有）非又（有），無胃（謂）又（有）；生（性）非生（性），無胃（謂）生（性）；音（意）非音（意），無胃（謂）音（意）；言非言，無胃（謂）言；名非名，無胃（謂）名；事非事，無胃（謂）事。"

《彭祖》："一命弌（一）㝢（俯），氏（是）胃（謂）嗌（益）愈；一命三㝢（俯），氏（是）胃（謂）自厚；三命四㝢（俯），氏（是）胃（謂）百眚（姓）之宔（主）。一命弌（一）臐，氏（是）胃（謂）敓（遭）央（殃）；弌（一）命三臐，氏（是）胃（謂）不長；三命四臐，氏（是）胃（謂）䜌（絕）[illegible]。"

《柬大王》："大（太）剚（宰）胃（謂）陵（陵）尹。"

《柬大王》："命（令）尹胃（謂）大（太）剚（宰）：'唯□。'"

《柬大王》："大（太）剚（宰）迈（應）而胃（謂）之。"

《柬大王》："此所胃（謂）之'䡇（旱）母'，帝酒（將）命之攸（修）。"

《柬大王》："王印（仰）而〈天〉[illegible]而泣胃（謂）大（太）剚（宰）：'一人不能詞（治）正（政），而百眚（姓）以丝（絕）。'"

《内豊》："☐是胃（謂）君₌子₌（君子。君子）曰：考（孝）子事父母，以飤（食）亞（惡）𡵂（美）下之。"

《相邦》："☐□□□□人，可胃（謂）相邦矣。"

《曹沫》："☐五（伍）之閒（閒）必又（有）公孫公子，是胃（謂）軍紀。"

《季康子》："庚（康）子曰：'青（請）昏（問）：可（何）胃（謂）急（仁）之以悳（德）？'"

《季康子》："𫸩₌（君子）玉其言而碮（展）其行，敬成其悳（德）以臨民₌（民，民）望其道而備（服）安（焉），此之胃（謂）急（仁）之以悳（德）。"

《苦成》："鑾（樂）箸（書）欲乍（作）蘳（難），害參（三）垪（郤），胃（謂）姑（苦）成家父曰。"

《君子》："☐困（淵）记（起），迲（去）笞（席）曰：'敢䎽（問）可（何）胃（謂）也？'"

《弟子問》："☐□也，此之胃（謂）急（仁）。"

《弟子問》："子遊曰：'又（有）陀（施）之胃（謂）也虗（乎）？'"

《弟子問》："考（巧）言窽（令）色，未可胃（謂）急（仁）也。"

《三德》："天共旹（時），陀（地）共材，民共力，盟（明）王無思，是胃（謂）參（三）德。"

《三德》："㮣（更）旦母（毋）哭，䀀（晦）母（毋）訶（歌），（弦）望齊（齋）宿（素），是胃（謂）川（順）天之祟（常）。"

《三德》："救（求）利，戔（殘）其新（親），是胃（謂）違（皋）；君無宔（主）臣，是胃（謂）畏（危），邦家其褱（壞）。"

《三德》："惪（憂）懼之閒（閒），怟（疏）達之宗（際），母（毋）胃（謂）之不敢，母（毋）胃（謂）之不肰（然）。"

《三德》："敬者得之，怠（怠）者遂（失）之，是胃（謂）天祟（常）。"

《三德》："凡宅官於人，是胃（謂）邦固；宅人於官，是胃（謂）邦蘆（露）；建五官弗散（措），是胃（謂）反逆。"

《三德》："敚（奪）民旹（時）以土攻（功），是胃（謂）韻（稽），不㡭（絕）惪（憂）䘏（恤），必喪其怭（匹）；敚（奪）民旹（時）以水事，是胃（謂）（籥），喪忌（以）係（繼）樂，四方來囂（虐）。"

《三德》："憙（喜）樂無堇（期）厇（度），是胃（謂）大巟（荒）。"

《三德》："凡飤（食）歙（飲）無量詯（計），是胃（謂）滔皇。"

《三德》："昜（陽）而幽，是胃（謂）大蕺（慼），幽而昜（陽），是胃（謂）不恙（祥）。"

《三德》："齊₌（齊齊）節₌（節節），外内又（有）諓（辨），男女又（有）節，是胃（謂）天豊（禮）。"

《三德》："☐邦四嗌（益），是胃（謂）方芋，唯（雖）溋（盈）必虛。"

《三德》："衣備（服）逃（過）折（制），遂（失）於媺（美），是胃（謂）違章，上帝弗京（諒）。"

《三德》："高昜（陽）曰：'母（毋）凶備（服）以享祀，母（毋）衾（錦）衣交（絞）祖係子。'是胃（謂）忘神。"

《鬼神》："☐所明，又（有）所不明，此之胃（謂）虗（乎）？"

《建除》："凡工日，不吉，是胃（謂）無紅（功）。"

《叢辰》："寅卯辰、巳、午、未、申、栖（酉）、戌、亥、子、丑，是胃（謂）結日。"

《叢辰》："卯、辰、巳、午、未、申、栖（酉）、戌、亥、子、丑、寅，是胃（謂）昜（陽）日。"
《叢辰》："辰、巳、午、未、申、栖（酉）、戌、亥、子、丑、寅、卯，是胃（謂）交日。"
《叢辰》："巳、午、未、申、栖（酉）、戌、亥、子、丑、寅、卯、辰，是胃（謂）□日。"
《叢辰》："午、未、申、栖（酉）、戌、亥、子、丑、寅、卯、辰、巳，是胃（謂）侌（陰）日。"
《叢辰》："未、申、栖（酉）、戌、亥、子、丑、寅、卯、辰、巳、午，是胃（謂）達日。"
《叢辰》："申、栖（酉）、戌、亥、子、丑、寅、卯、辰、巳、午、未，是胃（謂）外昜（陽）日。"
《叢辰》："栖、戌、亥、子、丑、寅、卯、辰、巳、午、未、申，是胃（謂）外害日。"
《叢辰》："是古（故）胃（謂）不利於行复（作）、埜（野）事，不吉。"
《叢辰》："戌、亥、子、丑、寅、卯、辰、巳、午、未、申、栖（酉），是胃（謂）侌（陰）日。"
《叢辰》："亥、子、丑、寅、卯、辰、巳、午、未、申、栖（酉）、戌，是胃（謂）𢇍（絕）日。"
《叢辰》："子、丑、寅、卯、辰、巳、午、未、申、栖（酉）、戌、亥，是胃（謂）光日。"
《叢辰》："丑、寅、卯、辰、巳、午、未、申、栖（酉）、戌、亥、子，是胃（謂）采〈采〉日。"
《告武夷》："尔居復山之配（基），不周之野，帝胃（謂）尔無事，命尔司兵死者。"
《相宅》："北、南高，二方下，不可凥（居），是胃（謂）□土，聚□見吉，東北又（有）□□☐。"
《相宅》："東、南高，二方下，是胃（謂）虚井，攻通安。"
《相宅》："凡□不可以盍（蓋）□之牅（牆），是胃（謂）□☐。"
《相宅》："☐□□胃（謂）之□。"
《墨子》："☐箸（書），是胃（謂）□□□☐。"
《楚帛書》乙："山陞（陵）其發（廢），又（有）淵（淵）氒（厥），是胃（謂）孛（李）。"
《楚帛書》乙："一月、二月、三月，是胃（謂）逵（失）終亡，奉□□其邦；四月、五月是胃（謂）𤔔（亂）紀（紀）亡，尿□□戠（歲）。"
《楚帛書》乙："建亙（恆）𧝤（屬）民，五正乃明，百神是享，是胃（謂）悳（德）匿，群神乃悳（德）。"
《競公瘧》："公國（或）胃（謂）之，安（晏）子許若（諾）。"
《用曰》："胃（謂）天高而不概（暨），胃（謂）陛（地）厚而不達。"
《天子甲》："是胃（謂）中不韋（違）。"
《君人甲》："先王爲此，人胃（謂）之安邦，胃（謂）之利民。"
《君人乙》："先王爲此，人胃（謂）之安邦，胃（謂）之利民。"
《凡物甲》："心不勳（勝）心，大𤔔（亂）乃乍（作）；心女（如）能勳（勝）心，是胃（謂）少（小）徹（徹）。"
《凡物甲》："系（奚）胃（謂）少（小）徹（徹）？人白（泊）爲戠（察）。"
《凡物甲》："夫此之胃（謂）省（小）成。"
《凡物乙》："夫此之胃（謂）省（小）成。"
《吳命》："𦵔（荊）爲不道，胃（謂）余

曰：‘女（汝）周之肖（孽）子☐。’”
《成王》：“民皆欲豫（捨）其新（親）而新（親）之，皆欲以其邦亯（就）之，是胃（謂）天子之正道。”
《成王》：“☐□而臤（賢）者，能以其六贇（藏）之獸（守）取新（親）安（焉），是胃（謂）六新（親）之約。”
《成王》：“夫夏曾（繒）是（氏）之道，可以智（知）善否，可以智（知）亡才（在），可胃（謂）又（有）道虗（乎）？”
《成王》：“此六者皆逆，民皆又（有）夬（解）鹿〈麗（離）〉之心，而或（國）又（有）相串（患）割（害）之志，是胃（謂）童₌☐。”
《命》：“鄴（葉）公子高之子見於命（令）尹子₌春₌（子春，子春）胃（謂）之曰。”
《命》：“子胃（謂）昜（陽）爲孯（賢）於先夫₌（大夫），請昏（問）其古（故）。”
《命》：“僕（僕）以此胃（謂）視日十又厽（三）亡僕（僕）。”
《王居》：“縱不隻（獲）辠（罪），或猶走趣（趨）事王，邦人其胃（謂）之可（何）？”
《王居》：“無愢（畏），此是胃（謂）死辠（罪）。”
《王居》：“邦人其胃（謂）我不能爯（稱）人，朝记（起）而夕瀌（廢）之。”
《王居》：“王胃（謂）：‘虗（吾）谷（欲）速。’”
《王居》：“是言既聒（聞）於眾巳（矣），邦人其濾（沮）志解體，胃（謂）☐。”
《李頌》：“胃（謂）群眾鳥，敬而勿寠（集）可（兮）。”
《城濮》：“君王胃（謂）子玉未患（貫），命君晝（教）之。”
《陳公》：“王胃（謂）陳公。”
《陳公》：“又（有）所胃（謂）褢（威），又（有）所胃（謂）恭，又（有）所胃（謂）綌，又（有）所胃（謂）一，又（有）所胃（謂）剀（斷）。”
《邦人》：“卲（昭）夫人胃（謂）鄴（葉）公子高：‘先君之子聚才（在）外☐。’”
《史蒥》：“史蒥曰：‘可（何）胃（謂）八？’”
《史蒥》：“史蒥㬝（曰）：‘可（何）胃（謂）畺（疇）？可（何）胃（謂）☐？’”
《卜書》：“兆（兆）印（仰）首出止（趾），是胃（謂）闢。”
《卜書》：“兆（兆）䭬₌（頫首）内（納）止（趾），是胃（謂）沓（沈），凥（處）宮無咎，又（有）疾乃瘙（漸）。”
《卜書》：“兆（兆）女（如）印（仰）首出止（趾），而屯（沌）不（背）困（混）鄘（膺），是胃（謂）犻（蔽）卜。”
《卜書》：“兆（兆）少（小）郘（沈），是胃（謂）旐。”
《卜書》：“衾（朌）高上，㚇屯（純）㝳（深），是胃（謂）幵。”
《赤鵠》：“少（小）臣既盥（羹）之，湯句（后）妻紝巟胃（謂）少（小）臣曰：‘嘗我於而（尔）盥（羹）。’”
《赤鵠》：“紝巟胃（謂）少（小）臣曰：‘尔不我嘗，虗（吾）不亦殺尔？’”
《筮法二四》：“系（奚）古（故）胃（謂）之晨（震）？司雷，是古（故）胃（謂）之晨（震）。”
《筮法二四》：“系（奚）古（故）胃（謂）之裳（勞）？司梪（樹），是古（故）胃（謂）之裳（勞）。”
《筮法二四》：“系（奚）古（故）胃（謂）之兑？司收，是古（故）胃（謂）之兑。”
《筮法二四》：“系（奚）古（故）胃（謂）之羅（離）？司瘨（藏），是古（故）胃（謂）羅（離）。”

《湯丘》:“民人聒(聞)之,其胃(謂)虗(吾)君可(何)?”
《啻門》:“其末㲃(氣),是胃(謂)玉穜(種)。”
《啻門》:“唯皮(彼)四神,是胃(謂)四正,五以相之,悳(德)、事、役、正(政)、型(刑)。”
《啻門》:“悳(德)濬(睿)明執訐(信)以義成,此胃(謂)岦(美)悳(德),可以𠍯(保)成;悳(德)𡔛(變)亟執譌以亡(妄)成,此胃(謂)亞(惡)悳(德),唯(雖)成或(又)澀(瀆)。”
《啻門》:“记(起)事又(有)穫,民長萬(賴)之,此胃(謂)岦(美)事;记(起)事亡(無)穫,疠(病)民亡(無)古(故),此胃(謂)亞(惡)事。”
《啻門》:“记(起)役時訓(順),民備(力)不俑(庸),此胃(謂)岦(美)役;记(起)役不時,大弼(費)於邦,此胃(謂)亞(惡)役。”
《啻門》:“型(刑)情(清)以不方(放),此胃(謂)岦(美)型₌(刑;刑)竵(褻)以亡(無)祟(常),此胃(謂)亞(惡)型(刑)。”
《啻門》:“唯皮(彼)九神,是胃(謂)隆(地)真。”
《啻門》:“唯皮(彼)九神,是胃(謂)九宏。”
《三壽》:“敢聒(問)人可(何)胃(謂)長?可(何)胃(謂)墜(險)?可(何)胃(謂)肩(厭)?可(何)胃(謂)亞(惡)?”
《三壽》:“敢聒(問)人可(何)胃(謂)長?可(何)胃(謂)墜(險)?可(何)胃(謂)肩(厭)?可(何)胃(謂)亞(惡)?”
《三壽》:“敢聒(問)人可(何)胃(謂)長?可(何)胃(謂)墜(險)?可(何)胃(謂)肩(厭)?可(何)胃(謂)亞(惡)?”
《三壽》:“可(何)胃(謂)恙(祥)?可(何)胃(謂)義?可(何)胃(謂)悳(德)?可(何)胃(謂)音?可(何)胃(謂)恁(仁)?可(何)胃(謂)聖(聖)?可(何)胃(謂)智(知)?可(何)胃(謂)利?可(何)胃(謂)訐(信)?”
《管仲》:“既年(佞)或(又)忎(仁),此胃(謂)成器。”
《管仲》:“然則或攺(弛)或張,或緩或𦁙(急),田隆(地)宔(壙)虛,眾利不及,是胃(謂)學(幽)悳(德)。”
《子產》:“思(懼)逹(失)又₌戒₌(有戒,有戒)所以紬(申)命固立₌(位,位)固邦₌安₌(邦安,邦安)民𦕈(遂),邦危民麗(離),此胃(謂)才[存]亡才(在)君。”
《子產》:“曰:‘固身堇訽₌(謹信。’謹信)又(有)事,所以自乘(勝)立中(中),此胃(謂)亡好惡。”
《子產》:“又(有)道樂才[存],亡道樂亡,此胃(謂)劼(懿)粇(理)。”
《子產》:“貟(損)難又(有)事,多難㤅(近)亡,此胃(謂)宑(卑)逸樂。”
《子產》:“㠯(己)之辠(罪)也,反以辠(罪)人,此胃(謂)不事(使)不戾。”
《子產》:“此胃(謂)因歬(前)遂耆(故)。”
《子產》:“下能弋(式)上,此胃(謂)民訽(信)志之。”
《子產》:“此胃(謂)由善㪔(散)巻(愆)。”
《子產》:“此胃(謂)張岦(美)弃(棄)亞(惡)。”
《子產》:“埜(野)参(三)分,粟参(三)分,兵参(三)分,是胃(謂)虞固。”
《答問》:“父已死,或告,勿聽,是胃(謂)‘家罪’。”
《日甲・叢辰》:“秀,是胃(謂)重光,

利野戰，必得侯王。”
《日甲·叢辰》：“正陽，是胃（謂）滋昌，小事果成，大事又（有）慶。”
《日甲·叢辰》：“利爲嗇夫，是胃（謂）三昌。”
《日甲·叢辰》：“俖（佸）時以戰，命胃（謂）三勝。”
《日甲·叢辰》：“危陽，是胃（謂）不成行。”
《日甲·叢辰》：“敫，是胃（謂）又（有）小逆，毋（無）大央（殃）。”
《日甲·叢辰》：“寓，是胃（謂）其群不捧（拜），以辭不合（答）。”
《日甲·叢辰》：“陰，是胃（謂）乍陰乍陽，先辱而後又（有）慶。”
《日甲·叢辰》：“徹，是胃（謂）六甲相逆，利以戰伐。”
《日甲·叢辰》：“結，是胃（謂）利以出貨，不可以入。”
《日甲·衣一》：“葬日，子卯巳酉戌，是胃（謂）男日。”
《日甲·衣一》：“午未申丑亥辰，是胃（謂）女日。”
《日甲·玄戈》：“此所胃（謂）艮山，禹之離日也。”
《日甲·玄戈》：“□與枳（支）刺艮山之胃（謂）離日。”
《日甲·毀棄》：“毋以午出入臣妾、馬【牛】，是胃（謂）幷亡。”
《日甲·毀棄》：“毋以申出入臣妾、馬牛、貨材（財），是胃（謂）□□□。”
《日甲·直室門》：“東門，是胃（謂）邦君門，賤人弗敢居，居之凶。”
《日甲·行》：“少（小）顡（顧）是胃（謂）少（小）楮（佇），吝。”
《日甲·行》：“大顡（顧）是胃（謂）大楮（佇），兇（凶）。
《日甲·入官》：“戌興〈與〉亥是胃（謂）分離日，不可取妻。”
《日甲·詰》：“鬼恆胃（謂）人：‘鼠（予）我而女。’”
《日甲·土忌二》：“是胃（謂）土神，毋起土攻（功），凶。”
《日甲·土忌二》：“是胃（謂）地衝，不可爲土攻（功）。”
《日甲·土忌二》：“是胃（謂）牝日，百事不吉。”
《日甲·土忌二》：“是胃（謂）召（招）䍃（搖）合日，不可垣，凶。”
《日甲·土忌二》：“是胃（謂）地杓，神以毀宮，毋起土攻（功），凶。”
《日甲·土忌二》：“是胃（謂）召（招）䍃（搖）合日，不可垣，凶。”
《日甲·土忌二》：“四月丙午，是胃（謂）召（招）䍃（搖）合日，不可垣，凶。”
《日甲·土忌二》：“冬三月之日，勿以筑（築）室及波（破）地，是胃（謂）發蟄。”
《日甲·門》：“入月七日及冬未、春戌、夏丑、秋辰，是胃（謂）四敫。”
《日乙·入官二》：“甲子到乙亥是右〈君〉也，利以臨官立政，是胃（謂）貴勝賤。”
《天乙·剛柔二》：“是胃（謂）岡（剛）日、陽【日】、牡日殹，女子之吉日殹。”
《天乙·反支》：“是胃（謂）反只（支）。”
《天乙·自天》：“▨□胃（謂）登於上而望於下，吾心且憂，吾腸且□。”
《天乙·貞在》：“貞在應鐘，是胃（謂）弇人兢₌（兢兢），有惡有增（憎）。”
《治官》：“五者畢至是胃（謂）過主。”
《隨日·叢辰》：“正陽，是胃（謂）番昌，小事果成，大事又（有）慶。”
《隨日·叢辰》：“□時以戰，命胃（謂）

三勝。”
《隨日·叢辰》：“介日，是胃（謂）其群不拜，以辭不合（答）。”
《隨日·叢辰》：“陰日，是胃（謂）作（乍）陰作（乍）陽，先辱後有慶。”
《隨日·叢辰》：“以入客，是胃（謂）奪主人家。”
《隨日·叢辰》：“竷日，是胃（謂）六甲相逆，利以戰伐。”
《隨日·□□》：“命曰八星，是胃（謂）孤辰，月之大伍也，咸池之敗也。”
《隨日·歸行》：“亥午丙申，在行不可歸，在室不可行，是胃（謂）歸，死；行，亡。”
《隨日·離日》：“是胃（謂）根（艮）山禹離日也。”
《隨日·離日》：“日與字（支）夾根山是胃（謂）離日。”
《隨日·土功》：“此胃（謂）土忌，不可立垣。”
《隨日·土功事》：“入月旬，不可操土功事，命胃（謂）黃帝。”
《隨日·垣日》：“以興土功（攻），是胃（謂）不居之，死。”
《隨日·直室門》：“屈門：必昌以富，婦女媾族人婦女，是胃（謂）鬼則門。”
《隨日·占》：“正月朔日，風從南方來，五日不更，炊（吹）地瓦石見，是胃（謂）燕風，飢；從東方，五日不更，是胃（謂）襄【風】，國有大歲；從西方，五日不更，是胃（謂）藾房風，大旱，百姓皆流；從北方，五日不更，是胃（謂）山木入康。”
《隨日·占》：“▨小童死五日，中年死九日，是胃（謂）歸老鄭（定），有雨。”
《隨日·歲》：“於是名東方而尌（樹）之木，胃（謂）之青；名南方而尌（樹）之火，謂之青；名西方而樹之金，胃（謂）之白；名北方而尌（樹）之水，胃（謂）之黑；名中央而尌（樹）之土，胃（謂）之黃。”
《隨日·歲》：“於是紀胃（謂）而定四鄉（嚮），和陰陽，雌雄乃通。”
《隨日·歲》：“是胃（謂）五勝者以占強弱，各居而鄉（嚮）。”
《隨日·歲》：“是胃（謂）五時。”
《隨日·歲》：“春以徹秋，夏以徹冬，秋以徹春，冬以徹夏，是胃（謂）四時。”
《隨日·歲》：“春徹戌也，是胃（謂）伍（吾）且生，子毋敢殺，盡春三月解於戌。”
《隨日·歲》：“夏徹於丑也，是胃（謂）吾且長。”
《隨日·歲》：“秋徹辰也，是胃（謂）吾且殺，子毋敢生，盡秋三月乃解於辰。”
《隨日·歲》：“冬徹未也，是胃（謂）吾且臧（藏）。”
《隨日·歲》：“是胃（謂）四時結。”
《隨日·歲》：“二月發春氣於丑，是胃（謂）五（吾）已生矣。”
《隨日·歲》：“三月止寒於戌，是胃（謂）吾已成矣，子敬毋殺。”
《隨日·歲》：“五月治蟲於辰巳，是胃（謂）吾已長矣，子戒毋敢徹。”
《隨日·歲》：“六月止雲拏（霧）於亥，是胃（謂）吾已長矣，子毋敢徹。”
《隨日·歲》：“八月止陽氣於未，是胃（謂）吾已殺矣，止子氣。”
《隨日·附簡》：“入月二旬三日，命胃（謂）危□▨。”
《蓋廬》：“東方爲左，西方爲右，南方爲表，北方爲裏，此胃（謂）順天之道。”
《蓋廬》：“蓋廬曰：何胃（謂）天之時？”
《蓋廬》：“晝倍（背）日、夜倍（背）月可以戰，是胃（謂）用天之八時。”
《蓋廬》：“壹左壹右、壹逆再倍（背）可以戰，是胃（謂）順天之時。”
《蓋廬》：“是胃（謂）戰有七述（術）。”
《蓋廬》：“是胃（謂）從天四央（殃），以戰必慶。”
《蓋廬》：“是胃（謂）日有八勝。”
《蓋廬》：“此胃（謂）倍（背）生擊死，此四時勝也。”
《脈書》：“砭（砭）有四害，一曰農（膿）深而砭（砭）淺，胃（謂）之不遝；二曰農（膿）淺而砭（砭）深，胃（謂）之泰（太）過；三日農（膿）大而砭（砭）小，胃（謂）之澰（斂），澰（斂）者惡不畢；四曰農（膿）小而砭（砭）大，胃（謂）之泛，泛者傷良肉毆（也）。”
《帛甲老子·德經》：“其致之也，胃（謂）天毋已清將恐裂，胃（謂）地毋已寧將恐發，胃（謂）神毋已霝（靈）將恐歇，胃（謂）浴（谷）毋已盈將〖將〗恐渴（竭），胃（謂）侯王毋已貴以高將恐蹶。”
《帛甲老子·德經》：“夫是以侯王自胃（謂）曰孤寡不橐（穀）。”
《帛甲老子·德經》：“毋道〈遺〉身央（殃），是胃（謂）襲常。”
《帛甲老子·德經》：“物壯即老，胃（謂）之不道，不道早已。”
《帛甲老子·德經》：“是胃（謂）玄同。”
《帛甲老子·德經》：“是胃（謂）深槿（根）固氐（柢），長生久視之道也。”
《帛甲老子·德經》：“不胃（謂）求以得，有罪以免輿（與）？”
《帛甲老子·德經》：“恆知稽式，此胃（謂）玄德。”
《帛甲老子·德經》：“是胃（謂）不靜（爭）之德，是胃（謂）用人，是胃（謂）【配】天，古之極也。”
《帛甲老子·德經》：“是胃（謂）行无行，襄（攘）无臂，執无兵，乃（扔）无敵矣。”
《帛甲老子·德經》：“受邦之詢（詬），是胃（謂）社稷之主。”
《帛甲老子·德經》：“受邦之不祥，是胃（謂）天下之王。”
《帛甲老子·道經》：“兩者同出，異名同胃（謂）。”
《帛甲老子·道經》：“浴（谷）神不死，是胃（謂）玄牝。”
《帛甲老子·道經》：“玄牝之門，是胃（謂）天地之根。”
《帛甲老子·道經》：“苛（何）胃（謂）龍（寵）辱若驚？”
《帛甲老子·道經》：“龍（寵）之爲下，得之若驚，失之若驚，是胃（謂）龍（寵）辱若驚。”
《帛甲老子·道經》：“何胃（謂）貴大梡（患）若身？”
《帛甲老子·道經》：“是胃（謂）无狀之狀，无物之象。”
《帛甲老子·道經》：“執今之道，以御今之有，以知古始，是胃（謂）道紀。”
《帛甲老子·道經》：“情（靜），是胃（謂）復命。”
《帛甲老子·道經》：“成功遂事，而百省（姓）胃（謂）我自然。”
《帛甲老子·道經》：“是胃（謂）㤆明。”
《帛甲老子·道經》：“唯（雖）知（智）乎大眯（迷），是胃（謂）眇（妙）要。”
《帛甲老子·道經》：“是胃（謂）果而不強。”
《帛甲老子·道經》：“物壯而老，是胃（謂）之不道，不道蚤（早）已。”
《帛甲老子·道經》：“是胃（謂）微明。”
《帛乙老子·德經》：“胃（謂）天毋已清將恐蓮（裂），地毋已寧將恐發。”

《帛乙老子·德經》："夫是以侯王自胃（謂）孤寡不槖（穀）。"
《帛乙老子·德經》："長而弗宰，是胃（謂）玄德。"
《帛乙老子·德經》："无遺身央（殃），是胃（謂）襲常。"
《帛乙老子·德經》："物壯則老，胃（謂）之不道，不道蚤（早）已。"
《帛乙老子·德經》："是胃（謂）玄同。"
《帛乙老子·德經》："蚤（早）服是胃（謂）重積德。"
《帛乙老子·德經》："是胃（謂）深根固氐（柢），長生久視之道也。"
《帛乙老子·德經》："不胃（謂）求以得，有罪以免與？故爲天下貴。"
《帛乙老子·德經》："恆知稽式，是胃（謂）玄德。"
《帛乙老子·德經》："天下皆胃（謂）我大，大而不宵（肖）。"
《帛乙老子·德經》："是胃（謂）不爭之德，是胃（謂）用人，是胃（謂）肥（配）天，古之極也。"
《帛乙老子·德經》："是胃（謂）行无行，攘无臂，執无兵，乃（扔）无敵。"
《帛乙老子·德經》："受國之訽（詬），是胃（謂）社稷之主。"
《帛乙老子·德經》："受國之不祥，是胃（謂）天下之王。"
《帛乙老子·道經》："兩者同出，異名同胃（謂）。"
《帛乙老子·道經》："浴（谷）神不死，是胃（謂）玄牝。"
《帛乙老子·道經》："玄牝之門，是胃（謂）天地之根。"
《帛乙老子·道經》："生而弗有，長而弗宰也，是胃（謂）玄德。"
《帛乙老子·道經》："何胃（謂）弄（寵）辱若驚？"
《帛乙老子·道經》："弄（寵）之爲下也，得之若驚，失之若驚，是胃（謂）弄（寵）辱若驚。"
《帛乙老子·道經》："何胃（謂）貴大患若身？"
《帛乙老子·道經》："是胃（謂）无狀之狀，无物之象，是胃（謂）沕（忽）望（恍）。"
《帛乙老子·道經》："以（能）知古始，是胃（謂）道紀。"
《帛乙老子·道經》："靜，是胃（謂）復命。"
《帛乙老子·道經》："成功遂事，而百姓胃（謂）我自然。"
《帛乙老子·道經》："古之所胃（謂）曲全者，幾（豈）語（虛）才（哉）！"
《帛乙老子·道經》："是胃（謂）曳（愧）明。"
《帛乙老子·道經》："雖知（智）乎大迷，是胃（謂）眇（妙）要。"
《帛乙老子·道經》："是胃（謂）果而【不】強。"
《帛乙老子·道經》："物壯而老，胃（謂）之不道，不道蚤（早）已。"
《帛乙老子·道經》："是胃（謂）微明。"
《帛五行·經》："仁刑（形）於内胃（謂）之德之行，不刑（形）於内胃（謂）之行；知（智）刑（形）於内胃（謂）之德之行，不刑（形）於内胃（謂）之行；義形於内謂之德之行，不形於内謂之行；禮刑（形）於内胃（謂）之德之行，不刑（形）於内胃（謂）之行；聖刑（形）於内謂之德之行，不行於内謂之行。"
《帛五行·經》："德之行五和胃（謂）之德，四行和胃（謂）之善。"

《帛五行·經》:“五行皆刑(形)於闕(厥)内,時行之,胃(謂)之君子。”

《帛五行·經》:“士有志於君子道,胃(謂)之之(志)士。”

《帛五行·經》:“未嘗聞君子道,胃(謂)之不悤(聰);未嘗見賢人,胃(謂)之不明。”

《帛五行·經》:“聞君子道而不知其君子道也,胃(謂)之不聖;見賢人而不知其有德也,胃(謂)之不知(智)。”

《帛五行·經》:“‘明明在下,壑(赫)壑(赫)在上’,此之胃(謂)也。”

《帛五行·經》:“《詩》曰:‘不勮(競)不救(絿),不剛不柔。’此之胃(謂)也。”

《帛五行·經》:“索纑(傂)纑(傂),達於君子道,胃(謂)之賢。”

《帛五行·經》:“君子知而舉之,胃(謂)之尊賢;君子從而事之,胃(謂)之尊賢。”

《帛五行·經》:“目而知之胃(謂)之進之,辟(譬)而知之胃(謂)之進之,諭(喻)而知之胃(謂)之進之。”

《帛五行·經》:“設〈詩〉曰:‘上帝臨女(汝),毋膩(貳)爾心。’此之胃(謂)也。”

《帛五行·説》:“言舍夫五而慎其心之胃(謂)□□然笱(後)一。”

《帛五行·説》:“是之胃(謂)蜀(獨)。”

《帛五行·説》:“蜀(獨)也者舍膿(體)也。”

《帛五行·説》:“愛父而殺其鄰□子,未可胃(謂)仁也。”

《帛五行·説》:“然而大誅之者,知所以誅人之道而□焉,故胃(謂)之行。”

《帛五行·説》:“貴貴而不尊賢,未可胃(謂)義也。”

《帛五行·説》:“同之心也,而有胃(謂)外心也,而有胃(謂)中心。”

《帛五行·説》:“言尊而不有□□已事君與師長者,弗胃(謂)共(恭)矣。”

《帛五行·説》:“同之聞也,獨不色然於君子道,故胃(謂)之不㥉(聰)。”

《帛五行·説》:“未嘗見賢人胃(謂)之不明。”

《帛五行·説》:“同之見也,獨不色賢人,故胃(謂)之不明。”

《帛五行·説》:“未聞君子道而不知其君子道也,〖胃(謂)人〗胃(謂)之不聖。”

《帛五行·説》:“聞君子道而不色然,而不知其天之道也,胃(謂)之不聖。”

《帛五行·説》:“見賢人而不色然,不知其所以爲之,故胃(謂)之不知(智)。”

《帛五行·説》:“‘明明在下,赤(赫)赤(赫)在嘗(上)’,此之胃(謂)也。”

《帛五行·説》:“明者始在下,赤(赫)者始在嘗(上),□□□□□胃(謂)聖知(智)也。”

《帛五行·説》:“‘文王在尚(上),於昭于天’,此之胃(謂)也。”

《帛五行·説》:“《詩》員(云):‘不勮(競)不諫(絿),不剛不柔’,此之胃(謂)也。”

《帛五行·説》:“此之胃(謂)者,言仁義之和也。”

《帛五行·説》:“能仁義而遂達於君子道胃(謂)之賢也。”

《帛五行·説》:“君子知而舉之,胃(謂)之尊賢。”

《帛五行·説》:“知而弗舉,未可胃(謂)尊賢。”

《帛五行·説》:“知而弗士(事),未可胃(謂)尊賢也。”

《帛五行·説》:“目而知之,胃(謂)之

進之。”

《帛五行·説》：“‘文王在上，於昭于天’，此之胃（謂）也。”

《帛五行·説》：“榆（喻）而知之胃（謂）之進之。”

《九主》：“主法天，佐法地，輔臣法四時，民法萬物，此胃（謂）法則。”

《九主》：“恥（聽）□□敬□□誘□分□□之胃（謂）明分。”

《九主》：“胃（謂）天之命四則，四則當□，天綸（倫）乃得。”

《九主》：“所胃（謂）法君之佐佐主无聲者，此之胃（謂）也。”

《九主》：“□□九主之圖，所胃（謂）守備搗具、外内无寇者，此之胃（謂）也。”

《明君》：“人之言必勝者胃（謂）何才（哉）？”

《德聖》：“和胃（謂）之悳（德），其愛胃（謂）之一，其愛胃（謂）之天，有之者胃（謂）之胃子，五者一也。”

《德聖》：“身調而神過，胃（謂）之玄同。”

《德聖》：“其胃（謂）之聖者，取諸聲也。知天者有聲，知其不化，知（智）也。”

《德聖》：“其閉塞胃（謂）之德，其行胃（謂）之道。”

《道法》：“輕重不稱，是胃（謂）失道。”

《國次》：“兼之而勿擅，是胃（謂）天功。”

《國次》：“是胃（謂）□逆以芒（荒），國危破亡。”

《國次》：“列（裂）其地土，以封賢者，是胃（謂）天功。”

《國次》：“此胃（謂）五逆。”

《國次》：“是胃（謂）過極失當。”

《君正》：“因天之生也以養生，胃（謂）之文。”

《君正》：“因天之殺也以伐死，胃（謂）之武。”

《六分》：“此之胃（謂）碩國。”

《六分》：“主兩則失其明，男女掙（爭）威，國有亂兵，此胃（謂）亡國。”

《四度》：“君臣易立（位）胃（謂）之逆，賢不宵（肖）並立胃（謂）之亂，動靜不時胃（謂）之逆，生殺不當胃（謂）之暴。”

《四度》：“君臣當立（位）胃（謂）之靜，賢不宵（肖）當立（位）胃（謂）之正，動靜參於天地胃（謂）之文，誅禁時當胃（謂）之武。”

《四度》：“内外皆逆，是胃（謂）重央（殃），身危爲僇（戮），國危破亡。”

《四度》：“聲洫（溢）於實，是胃（謂）威（滅）名。”

《四度》：“極陽以殺，極陰以生，是胃（謂）逆陰陽之命。”

《四度》：“逆順同道而異理，審知逆順，是胃（謂）道紀。”

《四度》：“因天時，伐天毀，胃（謂）之武。”

《四度》：“柔弱者无罪而幾，不及而翟，是胃（謂）柔弱。”

《四度》：“名功不相抱（孚），名進實退，是胃（謂）失道，其卒必□身咎。”

《論》：“此之胃（謂）七法。”

《論》：“七法各當其名，胃（謂）之物；物各□□□□，胃（謂）之理；理之所在，胃（謂）之□；物有不合於道者，胃（謂）之失理；失理之所在，胃（謂）之逆。”

《論》：“逆之所在，胃（謂）之死國，伐之。”

《論》：“反此之胃（謂）順，順之所在，胃（謂）之生國，生國養之。”

《亡論》：“逆節不成，是胃（謂）得天。”

《亡論》：“贏極而不靜，是胃（謂）失天。”

《亡論》：“動舉而不正，是胃（謂）後命。”

《亡論》：“救人而弗能存，反爲禍門，是胃（謂）危根。”

《亡論》：“内立（位）朕（勝）胃（謂）之塞，外立（位）朕（勝）胃（謂）之僨（拂）。”

《亡論》：“此胃（謂）一雝（壅）。”

《亡論》：“從中令外謂之惑，從外令中胃（謂）之賊。”

《亡論》：“此胃（謂）二雝（壅）。”

《亡論》：“從中外周，此胃（謂）重廱（壅），外内爲一，國乃更。”

《亡論》：“此胃（謂）三廱（壅）。”

《亡論》：“一曰好凶器，二曰行逆德，三曰縱心欲，此胃（謂）三凶。”

《亡論》：“約而倍之，胃（謂）之襦（繻）傳。”

《亡論》：“伐當罪，見利而反，胃（謂）之達刑。”

《亡論》：“上殺父兄，下走子弟，胃（謂）之亂首。”

《亡論》：“外約不信，胃（謂）之怨媒。”

《論約》：“故能立天子，置三公，而天下化之，之胃（謂）有道。”

《名理》：“審察名理〖名〗冬（終）始，是胃（謂）廄（究）理。”

《名理》：“國舉襲虚，其事若不成，是胃（謂）得天。”

《雌雄節》：“憲（悍）敖（傲）驕居（倨），是胃（謂）雄節。”

《雌雄節》：“□□共（恭）驗（儉），是胃（謂）雌節。”

《雌雄節》：“夫雄節而數得，是胃（謂）積英（殃）。”

《雌雄節》：“雌節而數亡，是胃（謂）積德。”

《雌雄節》：“凡人好用雄節，是胃（謂）方（妨）生。”

《雌雄節》：“是胃（謂）凶節，是胃（謂）散德。”

《雌雄節》：“凡人好用雌節，是胃（謂）承禄。”

《雌雄節》：“是謂吉節，是胃（謂）絳（豐）德。”

《三禁》：“進不氐，立不讓，俓（徑）遂淩節，是胃（謂）大凶。”

《本伐》：“所胃（謂）爲利者，見□□□飢，國家不叚（暇），上下不當。”

《本伐》：“所胃（謂）爲〖爲〗義者，伐亂禁暴，起賢廢不宵（肖），所胃（謂）義也。”

《本伐》：“所胃（謂）行忿者，心唯（雖）忿，不能徒，怒必有爲也。”

《前道》：“使民同利，萬夫賴之，所胃（謂）義也。”

《行守》：“有一言，無一行，胃（謂）之誣。”

《稱》：“其言胃（謂）何？”

《稱》：“陽親而陰亞（惡），胃（謂）外其膚（傅）而内其勮（卻）。”

《稱》：“是胃（謂）身薄（迫），身薄（迫）則貸（殆）。”

《道原》：“服此道者，是胃（謂）能精。”

《道原》：“是胃（謂）察稽知極。”

《春秋三》：“難胃（謂）不敢。”

《春秋九》：“獻公使公子段胃（謂）寧（甯）召（悼）子。”

《春秋一一》：“公子翬胃（謂）隱公曰：

‘胡不代之？’”
《春秋一二》：“公子箽胃（謂）隱公曰：‘胡不代之？’”
《戰國一》：“胃（謂）齊王，趙之禾（和）也，陰外齊、謀齊，齊趙必大惡矣。”
《戰國一五》：“臣聞魏長吏胃（謂）魏王曰。”
《戰國一七》：“胃（謂）起賈曰。”
《戰國一八》：“大（太）后明胃（謂）左右曰。”
《戰國一九》：“胃（謂）穰侯。”
《戰國一九》：“君欲成之，侯不使人胃（謂）燕相國曰。”
《戰國二〇》：“胃（謂）燕王曰。”
《戰國二二》：“胃（謂）陳軫曰。”
《戰國二二》：“魏王胃（謂）韓傰（倗）、張義（儀）。”
《戰國二二》：“必不胃（謂）鄭王曰：‘傰（倗）以爲魏。’”
《戰國二二》：“必不胃（謂）秦王曰：‘義（儀）以爲魏。’”
《戰國二二》：“胃（謂）秦曰：請與韓地而王以施三川。”
《戰國二三》：“胃（謂）春申君曰。”
《戰國二三》：“乃胃（謂）魏王曰。”
《戰國二三》：“今胃（謂）馬多力，則有。”
《戰國二三》：“今胃（謂）楚強大，則有矣。”
《戰國二四》：“公中（仲）傰（倗）胃（謂）韓王曰。”
《戰國二四》：“使之韓，胃（謂）韓王曰。”
《脈法》：“臚（膿）輚（淺）而砻（砭）深，胃（謂）之過，二害。”
《脈法》：“膿小而砻（砭）大，胃（謂）之砻（砭）□。”
《膏溺》：“是胃（謂）内復。”
《身疕》：“行山中而疕出其身，如牛目，是胃（謂）日□。”
《胎產書》：“是胃（謂）始臧（藏）。”
《胎產書》：“未□□□，是胃（謂）變奏（腠）□筋。”
《胎產書》：“是胃（謂）密腠理。”
《天師》：“此胃（謂）復奇之方，通於神明。”
《容成》：“以此充刑（形），此胃（謂）槫（摶）精。”
《師癸》：“血氣宜行而不行，此胃（謂）款（窾）央（殃），六極之宗也。”
《師癸》：“故覺侵（寢）而引陰，此胃（謂）練筋。”
《師癸》：“既信（伸）有（又）詘（屈），此胃（謂）練骨。”
《文摯》：“春三月食之，苛（疴）疾不昌，筋骨益強，此胃（謂）百草之王。”
《養生方》：“所胃（謂）天牡者，□□□食桃李華者殹（也）。”
《合陰陽》：“此胃（謂）十動。”
《合陰陽》：“絻已復滑，清涼復出，是胃（謂）大卒。”
《合陰陽》：“五曰嗌乾咽唾，徐撼（撼），此胃（謂）五欲之徵。”
《天下至道》：“此胃（謂）三脂（詣）。”
《天下至道》：“已而洶（洗）之，怒而舍之，曰定頃（傾），此胃（謂）八益。”
《繫辭》：“一陰一陽之胃（謂）道，係（繼）之者善也，成之者生（性）也。”
《繫辭》：“仁者見之胃（謂）之仁，知者見之胃（謂）知。”
《繫辭》：“富有之胃（謂）大業，日新之胃（謂）誠（盛）德，生之胃（謂）馬〈象〉。”

《繫辭》：“成馬〈象〉之胃（謂）鍵（乾），教（效）法之胃（謂）川（坤），極數知來之胃（謂）占，迵（通）變之胃（謂）事，陰陽之胃（謂）神。”

《繫辭》：“以馬〈象〉其物義（宜），是故胃（謂）之馬〈象〉。”

《繫辭》：“係（繫）辭焉以斷其吉凶，是故胃（謂）之教（爻），言天下之至業而不可惡也。”

《繫辭》：“是故闔（闔）戶胃（謂）之川（坤），辟門胃（謂）之鍵（乾）。”

《繫辭》：“一闔（闔）一辟胃（謂）之變，往來不窮胃（謂）之迵（通），見乃胃（謂）之馬〈象〉，刑（形）胃（謂）之器，製（制）而用之胃（謂）之法。”

《繫辭》：“利用出入，民一用之胃（謂）之神。”

《繫辭》：“是故刑（形）而上者胃（謂）之道，刑（形）而下者胃（謂）之器，爲（化）而施之胃（謂）之變，誰（推）而舉諸天下之民胃（謂）之事業。”

《繫辭》：“以馬〈象〉其物義（宜），是故胃（謂）之馬〈象〉。”

《繫辭》：“毄（繫）辭焉，以斷其吉凶，是故胃（謂）之教（爻）。”

《二三子》：“孔子曰：龍寑（潛）矣而不陽，時至矣而不出，可胃（謂）寑（潛）矣。”

《二三子》：“聖人出濾教以道（導）民，亦猶龍之文也，可胃（謂）“玄黃”矣，故曰‘龍’。”

《二三子》：“下不用則城不守，師不戰，内乳（亂）於上，胃（謂）‘折足’。”

《二三子》：“路其國，蕪其地，五種不收，胃（謂）‘復（覆）公莡（餗）’。”

《二三子》：“故曰德義無小，失宗無大，此之胃（謂）也。”

《二三子》：“飭（飭）行以後民者，胃（謂）‘大蹇（蹇）’；遠人偕至，胃（謂）‘朋來’。”

《二三子》：“塞人之美，陽人之亞（惡），可胃（謂）无德，其凶亦宜矣。”

《二三子》：“塞人之亞（惡），陽人之美，可胃（謂）‘有序’矣。”

《易之義》：“六剛無柔，是胃（謂）大（太）陽，此天之義也。”

《易之義》：“‘不事王侯’，□□之胃（謂）也。”

《易之義》：“君子‘先迷後得主’，學人之胃（謂）也。”

《易之義》：“易曰‘潛龍勿用’，其義潛清勿使之胃（謂）也。”

《易之義》：“子曰：讓善之胃（謂）也，君子群居莫敢首，善而治，何誎其和也？”

《易之義》：“易曰‘先迷，後得主’，學人胃（謂）也，何先主之又（有）？”

《易之義》：“子曰：孫（遜）從之胃（謂）也。”

《易之義》：“子曰：非吉石也，其□□要誠與賢之胃（謂）也。”

《易之義》：“易曰‘含章可貞，吉’，言美請（情）之胃（謂）也。”

《易之義》：“子曰：言詩書之胃（謂）也。”

《易之義》：“子曰：不言之胃（謂）也，□□何咎之又（有）？”

《易之義》：“子曰：尉（蔚）文而不發之胃（謂）也。”

《易之義》：“子曰：耶（聖）人信戈（哉）！隱文且靜，必見之胃（謂）也。”

《易之義》：“近也者，嗛（謙）之胃（謂）也。”

《繆和》：“繆和問於先生曰：請問易渙之九二曰：渙，賁其階，每（悔）亡。此辭吾甚疑焉，請問此之所胃（謂）。”

《繆和》：“故易曰：‘困，亨，貞，大人吉，无咎，有言不信。’此之胃（謂）也。”

《繆和》：“故能而果□□□號耶（聖）君，亦可胃（謂）冬（終）矣，吉孰大焉？”

《繆和》：“今易豐之九四曰：豐其剖，日中見斗，遇其夷主，吉，何胃（謂）也？”

《繆和》：“故易曰：‘豐其剖，日中見斗，遇其夷主。’此之胃（謂）也。”

《繆和》：“易屯之九五曰：屯其膏，小貞吉，大貞凶，將何胃（謂）也？”

《繆和》：“故易曰：‘屯其膏，小貞吉，大貞凶。’此之胃（謂）也。”

《繆和》：“今易渙之六四曰：渙其羣，元吉，此何胃（謂）也？”

《繆和》：“彼此之胃（謂）也。”

《繆和》：“故易曰：‘蒙，亨，非我求童蒙，童蒙求我，初筮吉，在参讀（瀆），讀（瀆）則不吉，利貞。’此之胃（謂）也。”

《繆和》：“易中復之九二，其辭曰：鳴顴（鶴）在陰，其子和之，我又（有）好时（爵），吾與壐（爾）羸之，何胃（謂）也？”

《繆和》：“故易曰：‘鳴顴（鶴）【在】陰，其子和之，我又（有）好时（爵），吾與壐（爾）羸之。’其此之胃（謂）乎？”

《繆和》：“古（故）易曰：女承匡无實，士刲羊，无血，无攸利，此之胃（謂）也。”

《繆和》：“善乎胃（謂）□无所利也。”

《繆和》：“直方者，知之胃（謂）也；不習者，□□□□□□□□也；无不利者，无過之胃（謂）也。”

《繆和》：“易卦其義曰：顯比，王用參毆（驅），失前禽，邑【人】不戒，吉，此之胃（謂）也。”

《繆和》：“王胃（謂）大夫重□□□不退兵□□□。”

《繆和》：“易卦其義曰：睽孤，見豕負途，載鬼一車，先張之柧，後説之壺，此之胃（謂）也。”

《昭力》：“又問‘豶豕之牙’何胃（謂）也？”

《昭力》：“言國脩（修）兵不單（戰）而威之胃（謂）也。”

《昭力》：“昔之君國者，君親賜其大夫，親賜其百官，此之胃（謂）參詔。”

《昭力》：“夫失之前，將戒諸後，此之胃（謂）教而戒之。”

《昭力》：“《柰（泰）》以之‘自邑告命’何胃（謂）也？”

《昭力》：“易曰《柰（泰）》之‘自邑告命，吉’，自君告人之胃（謂）也。”

《阜春一六》：“胃（謂）路室人☒。”

《作戰》：“卒共而養之，是胃（謂）勝敵而益強。”

《形甲》：“所胃（謂）善者，勝易勝者也。”

《實虛》：“兵无成埶（勢），无恆刑（形），能與敵化之胃（謂）神。”

《九地》：“所胃（謂）古善戰者，能使適（敵）人前後不相及也。”

《九地》：“千里殺將，此胃（謂）巧事。”

《地形二》：“☒是胃（謂）重利；前之，是胃（謂）猷守；右之，是胃（謂）天國；左之，是胃（謂）☒。”

《見吳王》：“胃（謂）女（汝）前，從女（汝）心。”

《見吳王》：“胃（謂）女（汝）☒。”

《威王問》：“爲之微陳（陣）以觸其廁（側），是胃（謂）大得。”

《篡卒》：“是胃（謂）泰（大）武之葆（寶）。”

《六守》：“☒□，是胃（謂）九交。”

《守土》："是胃（謂）仁之紀。"
《發啟》："謐=譓=（謐謐譓譓），恬惔（淡）隨意，好道无極，是胃（謂）龕文。"
《文啟》："是胃（謂）順生。"
《殘簡二》："以地取人胃（謂）之〼。"
《殘簡二》："〼胃（謂）之備，以禄取人胃（謂）之交，以義取人胃（謂）之友。"
《殘簡二》："友之友胃（謂）崩（朋），崩（朋）之崩（朋）胃（謂）之黨，黨之黨胃（謂）之群。"
《殘簡三》："能明其世者，胃（謂）之天子。"
《要言》："〼是胃（謂）僞詐。"
《王法》："少而不事長，胃（謂）之□□；賤而不事貴，胃（謂）之不遂；貧而不事富，胃（謂）之困道；弱而不事強，胃（謂）之撓（饒）央（殃）；小而不事大，胃（謂）之召（招）害；亂而不事治，胃（謂）之无時；不可不審也。"
《王法》："古之帝者胃（謂）人黔人，王者胃（謂）之黔首，柏（霸）者胃（謂）之民，諸侯胃（謂）之明（萌）。"
《兵令》："〼賞罰之胃（謂）也。"
《兵令》："先譪（譟）者虛，後譪（譟）胃（謂）之實，不譪（譟）胃（謂）之閉=（祕。祕）、實、虛、兵體也。"
《地典》："〼敗，高生爲德，下死爲刑，四兩順生，此胃（謂）黄帝之勝經。"
《地典》："右水而戰，氏（是）胃（謂）順□，大將氏（是）取。"
《地典》："此胃（謂）大（太）陽者死，大（太）陰者死。"
《地典》："〼山林賁草澤，氏（是）胃（謂）〼。"
《地典》："〼道，此之胃（謂）〼。"
《客主》："所胃（謂）善戰者，便埶（勢）利地者也。"
《客主》："所胃（謂）善戰者，善翦斷之，如□會挩者也。"
《五名》："兵有五共（恭）五暴。何胃（謂）五共（恭）？"
《五名》："入競（境）而暴，胃（謂）之客。再舉而暴，胃（謂）之華。"
《善卷》："〼□□□是胃（謂）□。"
《聽有》："至於身死爲膠（戮）邦爲虛（墟），可胃（謂）不能誅矣。"
《十陣》："□□□闕羅而自存，此之胃（謂）鴈（雁）陳（陣）之任。"
《十陣》："此之胃（謂）玄翼之陳（陣）。"
《略甲》："〼左右旁伐以相趨，此胃（謂）鍐鉤毄（擊）。"
《曹氏》："以因智（知）彼，以彼智（知）己，是胃（謂）不殆。"
《天六》："是胃（謂）五勝之常，戒五日□〼。"
《天六》："是胃（謂）四〼。"
《占書》："取人之國而瀘（廢）其鬼社稷（稷），立其後，是胃（謂）威（滅）族棄祀，其子孫不有其國。"
《占書》："无故而更其城郭、守備之具，是胃（謂）土觀，寇或至于城下。"
《占書》："无故而益爲國門，是胃（謂）竇德，有害來取其國之重器以出者。"
《占書》："无故而自田其城下，是胃（謂）窮德，乃有芒（荒）野，四競（境）不通。"
《占書》："无故而國門及巷閭皆自勒（泐），是胃（謂）易德，必亡其要塞若邊城。"
《占書》："无故而踐其正卿，是胃（謂）務德，適（嫡）□不立。"
《占書》："无故而小其衡石斗甬（桶），是胃（謂）削〼。"
《占書》："〼□好兵，是胃（謂）盛德，□

□□☐。”
《占書》:“无故而田其術巷及廷，是胃（謂）盡德，五穀（穀）大蟲。”
《占書》:“无故而爲大溝以屬它國之地，是胃（謂）通德，必川谷。”
《占書》:“无故而廷、術巷皆高其西方而下其東方，是胃（謂）順德，王公得讎，以正四方。”
《占書》:“无故而皆長其纓，是胃（謂）女德，國不甯（寧），女子爲正（政）。”
《占書》:“无故而服其初國之寂，是胃（謂）復德，君臣定固，以正四國。”
《占書》:“无故而短其衣，是胃（謂）棘德，乃亡其邊城。”
《妄稽》:“姑咎（舅）胃（謂）妄稽。”
《妄稽》:“姑咎（舅）胃（謂）妄稽。”
《妄稽》:“笑胃（謂）周春:‘來與我相☐。’”
《妄稽》:“笑胃（謂）周春:‘來與我相貌。’”
《妄稽》:“笑胃（謂）周春，奉（捧）頰壹嚨（嚥）。”
《妄稽》:“笑胃（謂）周春:‘視我孰與虞士麗？’”
《妄稽》:“笑胃（謂）周春:‘長與子生。’”
《妄稽》:“虞士胃（謂）妄稽曰。”
《妄稽》:“見富不爲變，見美不爲㗴（訾），氏（是）胃（謂）大誠。”
《妄稽》:“妄稽胃（謂）周春。”
《陰陽家》:“此胃（謂）與天地同和。”
《節》:“是胃（謂）地之十二勝，各有時。”
《節》:“山、丘、陵，倍之、左之勝，倍邑火陳者勝，右川而殺，是胃（謂）盛武。”
《節》:“是胃（謂）五行。”
《雨書》:“不雨，是胃（謂）加光，日月死，民旅行。”
《雨書》:“二旬五日奎，雨，是胃（謂）大康，唯歲之恙，歲乃達〈逆〉暑。”
《堪輿》:“日、辰在歲後而星在歲對，名之胃（謂）重基（祺）。”
《堪輿》:“許尚以帝端（顓）瑞（頊）之法占之，胃（謂）城父將不免。”
《服傳甲》:“爲舊君₌（君、君）之母、妻，爲舊君者，孰胃（謂）也？”
《服傳甲》:“何大夫之胃（謂）也？”
《服傳甲》:“胃（謂）我姑者吾胃（謂）之姪（侄）。”
《服傳甲》:“胃（謂）弟之妻婦者，是嫂亦可胃（謂）母也？”
《服傳甲》:“胃（謂）我咎（舅）者吾之甥。”
《服傳甲》:“何如則可胃（謂）兄弟？”
《服傳乙》:“爲舊君₌（君、君）之母、妻，爲舊君者，孰胃（謂）也？”
《服傳乙》:“何大夫之胃（謂）也？”
《服傳乙》:“謂我姑者吾胃（謂）之姪（侄）。”
《服傳乙》:“胃（謂）弟之妻婦者，是嫂亦可胃（謂）母也？”
《服傳乙》:“胃（謂）我咎（舅）者吾胃（謂）之甥。”
《服傳乙》:“何如則可胃（謂）兄弟？”

胃與彙

《帛易·泰》:“初九，犮（拔）茅茹，以其胃（彙），貞吉。”

渭與胃

《赤鵠》:“晉（巫）鶩（烏）乃歎少（小）臣之朐（喉）渭（胃），少（小）臣乃记（起）而行。”

渭與喟

《封診式》:“解索，其口鼻氣出渭（喟）然。”
《封診式》:“乃解索，視口鼻渭（喟）然不殹（也）？”

《封診式》："舌不出，口鼻不渭（喟）然。"
《封診式》："節（即）死久，口鼻或不能渭（喟）然者。"
《晏子一二》："爵邑盡，退朝而乘，渭（喟）然慏=（嘆，嘆）終而笑。"

慣與喟

《趙正書》："病蔿〈篤〉，慣（喟）然流涕長大（太）息。"

渭與潰

《楚居》："麗不從行，渭（潰）自嚻（脅）出，妣戱（列）賓于天，晉（巫）戔（咸）賅（該）其嚻（脅）以楚。"
《楚居》："眾不容於免，乃渭（潰）疆浧（郢）之波（陂）而宇人安（焉）。"

菁與喟

《性自》："羕（永）思而敼（動）心，菁（喟）女（如）也。"按，"菁（喟）"字從劉釗師《讀郭店楚簡字詞劄記》（《郭店楚簡國際學術研討會論文集》，湖北人民出版社，2000 年）讀。

菁與蒉

《性自》："羕（永）思而敼（動）心，菁（喟）女（如）也。"按，上博簡本《性情論》菁（喟）作蒉。

菁與彙

《帛易・否》："初六，犮（拔）茅茹以其菁（彙），貞吉亨。"

腈與胃

《陰陽脈乙》："巨陰脈：是腈（胃）脈也。"

筲與痿

《陰陽脈乙》："腸甬（痛），厀（膝）足筲（痿）淠（痹），爲十病。"

尉字聲系

尉與蔚

《易之義》："子曰：尉（蔚）文而不發之胃（謂）也。"

尉與熨

《牡痔》："燔小隋（橢）石，淬醯中，以尉（熨）。"按，"尉（熨）"字從馬繼興《馬王堆古醫書考釋》（湖南科學技術出版社，1992 年，509 頁）讀。

緝部第一九

乏字聲系

乏與凡

《明君》："天〈夫〉故遷天子之乏（凡）臣、[諸]侯之君，天下之請□□□也。"

乏與氾

《明君》："冣（聚）天下之良而獨有之，故能乏（氾）強，強則制天下。"

乏與犯

《正亂》："毋乏（犯）吾禁，毋留（流）吾酭（醢），毋亂吾民，毋絕吾道。"

《正亂》："止〈乏（犯）〉禁留（流）酭（醢）亂民，絕道反義逆時，非而行之，過極失當。"

乏與範

《九主》："禮數四則，曰天綸（倫），唯天不失乏（範），四綸（倫）□則。"

《九主》："后曰：'天乏（範）何也？'"

《九主》："伊尹對曰：'天乏（範）无□，復（覆）生萬物，生物不物，莫不以名，不可爲二名。此天乏（範）也。'"

《九主》："后曰：'大矣才（哉）！大矣才（哉）！不失乏（範）。法則明分，何也？'"

泛與蹣

《雜抄》："虎未越泛（蹣）蘚（蹣），從之，虎環（還），貲一甲。"按，"泛（蹣）"從裘錫圭《〈睡虎地秦墓竹簡〉註釋商榷》（《古文字論集》，中華書局，1992 年，537 頁）讀。

芝與乏

《治官》："老病孤寡，芝（乏）絕當巢。"

畾字聲系

畾與贊

《子儀》："昔畾（贊）之垄（來）也，不斆（穀）宿之霝（靈）岙（陰）。"按，"畾"字原形作"緆"，似當讀作"贊"。下同。

《子儀》："義（儀）父！昔畾（贊）之行，不斆（穀）欲裕我亡反副（復），尚諯（端）項瞻遊目以晉我秦邦。"

眔字聲系

眔與懷

《說命下》："眔（懷）亦晢（祗）乃備（服），勿易卑（俾）邚（越）。"按，"眔（懷）"字從白於藍《清華簡〈說命〉三篇校釋》（《中國文字研究》第二十三輯，上海書店出版社，2016 年）釋讀。

《芮良夫》："心之悥（憂）矣，韭（靡）所告眔（懷）。"

《子產》："官政眔（懷）帀（師）栗，堂（當）事乃進，亡好。"

眔與瘝

《說命下》："女（汝）亦隹（惟）克㬎（顯）天，迥（恫）眔（瘝）少（小）民，宙（中）乃罰。"

眔與鰥

《三壽》："衣備（服）惴（端）而好訐（信），丂（孝）志（慈）而怽（哀）眔（鰥）。"

遝與沓

《反淫》："鳿（鴻）鵠鵷鶵（雛），弋（鳶）鶨肅（鷫）相（鷞），[連]翟（翅）比翼，梫

（接）遝（沓）苛（柯）閒。"

遝與逮

《奏讞書》："當遝（逮）跂（鬐），傳詷循（攸），須來以別黔首當捕者。"

《戰國一五》："願君遝（逮）楚、趙之兵未至於粱（梁）也，亟以小（少）割收魏。"

《趙正書》："臣爲秦相卅餘歲矣，遝（逮）秦之陜〈陝〉而王之約。"

罙與泣

《五行》："瞻望弗及，罙（泣）涕女（如）雨。"按，"罙（泣）"字從裘按（《郭店楚墓竹簡·五行》篇注［一九］）釋讀。

《有皇》："女₌（如女）子牆（將）罙（泣）含可（兮），若余子力含可（兮）。"按，"罙（泣）"字從復旦吉大古文字專業研究生聯合讀書會《上博八〈有皇將起〉校讀》（復旦大學出土文獻與古文字研究中心網，2011年7月17日）釋讀。

罙與懷

《繫年十五》："以至需₌王₌（靈王，靈王）伐吳，爲南罙（懷）之行。"

褱與懷

《緇衣》："厶（私）惠不壞〈壞（懷）〉悳（德），君子不自留（留）女〈安（焉）〉。"按，上博簡本《緇衣》壞〈壞（懷）〉作褱。

《詩論》："'褱（懷）爾盟（明）悳（德）'害（曷）？"

《周易·旅》："六二：遊（旅）既宋（次），褱（懷）其次（羨），得僮（童）儯（僕）之貞。"

《程寤》："思（使）卑脜（柔）和川（順），眚（生）民不芓（災），褱（懷）允。"

《繫年六》："惠公安（焉）以其子褱（懷）公爲執（贄）于秦₌（秦，秦）穆公以其子妻之。"

《繫年六》："褱（懷）公自秦逃歸，秦穆公乃訋（召）文公於楚，囟（使）衺（襲）褱（懷）公之室。"

《繫年六》："晉惠公卒，褱（懷）公即立（位）。"

《繫年六》："秦人起（起）自（師）以内文公于晉₌（晉。晉）人殺褱（懷）公而立文公。"

《繫年十八》："伐吳，爲南罙（懷）之行。"

《芮良夫》："褱（懷）丝（慈）學（幼）溺（弱）、羸（鰥）寡、貾（煢）蜀（獨），萬民具（俱）慭（愸），邦甬（用）昌篙（熾）。"

《帛甲老子·德經》："是以聖人被褐而褱（懷）玉。"

《帛乙老子·德經》："是以耶（聖）人被褐而褱（懷）玉。"

《三算》："□下莫敢御其令，德信則晦（海）内莫不樂褱（懷）其德。天下莫敢御其令而晦（海）内莫不樂褱（懷）其德，則王之實已□。"

《特牲》："詩褱（懷）于左袂，卦（挂）于季指。"

褱與壞

《周易·旅》："六二：遊（旅）既宋（次），褱（懷）其次（羨），得僮（童）儯（僕）之貞。"按，帛書本褱（懷）作壞。

《三德》："君無宔（主）臣，是胃（謂）畏（危），邦家其褱（壞）。"

《三壽》："惠民由壬（任），均（徇）寊（句）傑（遏）悜〈悜（淫）〉，闢（宣）義（儀）和藥（樂），非褱（壞）于慬（湛）。"

《子產》："古之狂君，窜（卑）不足先善君之儈（驗），以自余（餘）智，民亡可事，任垔（重）不果，邦以褱（壞）。"

傀與懷

《天子甲》："事䰠（鬼）則行敬，傀（懷）

民則以悳（德），剸（斷）型（刑）則以㝖（哀）。”

褱與懷

《天子乙》：“事䰠（鬼）則行敬，褱（懷）民則以悳（德），剸（斷）型（刑）則以㝖（哀）。”

褱與壞

《人君》：“人君好馳騁田邋（獵），則野草□，田壽（疇）薉（穢），國多衝風，折樹木，褱（壞）大牆。”

壞與褢

《緇衣》：“厶（私）惠不壞〈壞（懷）〉悳（德），君子不自䈞（留）女〈安（焉）〉。”按，上博簡本《緇衣》壞〈壞（懷）〉作褢。

《二年·秩律》：“壞（褢）德、共、館陰、隆慮、□□、中牟、穎（潁）陰。”

壞與懷

《緇衣》：“厶（私）惠不壞〈壞（懷）〉悳（德），君子不自䈞（留）女〈安（焉）〉。”按，“壞〈壞（懷）〉”字從陳偉《郭店楚簡別釋》（《江漢考古》1998 年 4 期）釋讀。

《第一組》：“虜學、炊（吹）樳（栒）邑、壞（懷）德、杜陽、陰密、沂陽及在左樂、樂府者，及左樂、樂府謳隸臣妾，免爲學子、炊（吹）人。”

《成法》：“以壞（懷）下民，以正一世之士。”

《戰國一六》：“秦固有壞（懷）、茅、刑（邢）丘，城垝（圍）津，以臨河内。”

《帛易·旅》：“六二，旅既〈即〉次，壞（懷）其茨（資），得童剥（僕），貞。”

《周馴》：“此《詩》所謂‘壞（懷）德維甯藡（寧）’者也。”

《周馴》：“人君其胡可以毋務壞（懷）德？”

《周馴》：“故《詩》曰：‘壞（懷）德唯藡（寧），宗子唯城。’”

《周馴》：“女（汝）已爲城，而無有壞（懷）德，則城必有陎（隙）。”

《少牢》：“詩壞（懷）之，實于左袂，卦（挂）于季指，執爵以興。”

壞與歸

《緇衣》：“厶（私）惠不壞〈壞（懷）〉悳（德），君子不自䈞（留）女〈安（焉）〉。”按，今本《禮記·緇衣》壞〈壞〉作歸。

擦與壞

《趙正書》：“因夷其宗族，擦（壞）其社禝（稷），燔其律令及古（故）世之臧（藏）。”

瓌與還

《泰射》：“且左瓌（還），每（毋）周，反面揖。”

遱與懷

《六守》：“六遱（懷）无常，游戎☐。”

褱與懷

《尊德義》：“不悉（愛）則不新（親），不□則弗褱（懷），不釐則亡愄（威），不忠則不信，弗恿（勇）則亡復。”按，“褱（懷）”字從裘按（《郭店楚墓竹簡·尊德義》篇注［一九］）讀。

䜭字聲系

䜭與襲

《繫年八》：“我既得奠（鄭）之門笶（管）巳（矣），夌（來）䜭（襲）之。”

《繫年八》：“秦自（師）將東䜭（襲）奠₌（鄭，鄭）之賈人弦高牆（將）西市，遇之，乃以奠（鄭）君之命裳（勞）秦三衛（帥）。”

《繫年十七》：“緣（欒）綎（盈）出奔齊₌（齊。齊）臧（莊）公光衛（率）自（師）以逐緣₌綎₌（欒盈。欒盈）䜭（襲）鄴（絳）而不果，奔内（入）於曲夭（沃）。”

《繫年十七》：“齊臧（莊）公涉河䜭（襲）

朝訶（歌），以復坪（平）侌（陰）之自（師）。”

龖字聲系

闟與襲

《鄭甲》：“戰於魚羅（麗），虛（吾）乃臒（獲）郙（函）、邶（訾），輹（覆）車闟（襲）繇（介）。”按，“闟”字內部所從之“衺”即“襲”字異構。下同。

《鄭乙》：“戰於魚羅（麗），虛（吾）乃臒（獲）郙（函）、邶（訾），輹（覆）車闟（襲）繇（介）。”

立字聲系

立與位

《緇衣》：“《寺（詩）》員（云）：‘情（靖）共尔（爾）立（位），好氏（是）貞（正）植（直）。’”

《唐虞》：“方才（在）下立（位），不以匹夫爲巠（輕）；及其又（有）天下也，不以天下爲重。”

《成之》：“君子簸（簟）箬（席）之上，䜌（讓）而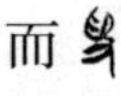學（幼）；朝廷之立（位），䜌（讓）而尻（處）戔（賤）。”

《尊德義》：“雀（爵）立（位），所以信其肰（然）也。”

《六德》：“既又（有）夫六立（位）也，以貢（任）此六職也。”

《六德》：“☐六立（位）也。”

《詩論》：“甚貴其人，必敬其立（位）；敚（悦）其人，必好其所爲。亞（惡）其人者亦肰（然）。”

《容成氏》：“文王堋（崩），武王即立（位）。”

《曹沫》：“凡貴人囟（使）尻（處）前立（位）一行，後則見亡。”

《季桓子》：“君子亙（恆）以眾福，句（後）☐四方之立（位）以童（動）。”

《天子建州甲》：“士象夫=（大夫）之立（位），身不免；夫=（大夫）象邦君之立（位），身不免；邦君象天子之位，身不免。”按，“立（位）”字從劉洪濤《讀上博竹書〈天子建州〉劄記》（簡帛網，2007年7月12日）讀。下一例同。

《天子建州乙》：“士象夫=（大夫）之立（位），身不免；夫=（大夫）象邦君之立（位），身不免；邦君象天子之立（位），身不免。”

《武王甲》：“立（位）難得而惕（易）逹（失），士難得而惕（易）㒵（外）。”

《蘭賦》：“尻（處）立（位）竆（限）下而比俟（擬）高矣。”

《保訓》：“迺（乃）易立（位）埶（設）詣（稽），測侌（陰）旟（陽）之勿（物），咸川（順）不諍（逆）。”

《耆夜》：“辛公謀麐（甲）爲立（位），复（作）策（册）逸爲東尚（堂）之客。”

《金縢》：“臺（就）後武王力（陟），成王由（猶）學（幼）才（在）立（位）。”

《皇門》：“於（嗚）虖（呼）！朕寡邑少（小）邦，穫（蔑）又（有）耆耉槐（慮）事嗚（屏）朕立（位）。”

《楚居》：“競（景）坪（平）王即立（位），猷（猶）居秦（乾）溪之上。”

《繫年一》：“十又四年，東（厲）王生洹=王=（宣王，宣王）即立（位），龏（共）白（伯）和歸于宋〈宗〉。”

《繫年二》：“武公即殜（世），臧（莊）公即立（位）；臧（莊）公即殜（世），卲（昭）公即立（位）。”

《繫年四》：“安（焉）是文=公=（文公。文公）即殜（世），成公即立（位）。”

《繫年六》：“晉惠公卒，褱（懷）公即立

（位）。”
《繫年十一》：“穆王即殜（世），臧（莊）王即立（位），使孫（申）白（伯）亡（無）愄（畏）聘（聘）于齊。”
《繫年十五》：“臧（莊）王即殜（世），龏（共）王即立（位）。”
《繫年十五》：“霝（靈）王即殜（世），競（景）坪（平）王即立（位）。”
《繫年十五》：“競（景）坪（平）王即殜（世），卲（昭）王即立（位）。”
《繫年十六》：“未還，競（景）公卒，柬（厲）公即立（位）。”
《繫年十七》：“晉臧（莊）坪（平）公即立（位）兀（元）年，公會者（諸）侯於瞑（溴）梁。”
《繫年十八》：“康王即殜（世），孨₌（子員）王即立（位）。”
《繫年十八》：“孨₌（子員）王即殜（世），靈王即立（位）。”
《繫年十八》：“霝（靈）王見禍（禍），競（景）坪（平）王即立（位）。”
《繫年十八》：“晉臧（莊）坪（平）公即殜（世），卲（昭）公、同（頃）公虐（皆）澡（早）殜（世），柬（簡）公即立（位）。”
《繫年十八》：“競（景）坪（平）王即殜（世），卲（昭）王即立（位）。”
《繫年十九》：“楚霝（靈）王立，既閒（縣）陳、鄒（蔡），競（景）坪（平）王即立（位），改邦陳、鄒（蔡）之君，囟（使）各復其邦。”
《繫年十九》：“競（景）坪（平）王即殜（世），卲（昭）王即立（位），陳、鄒（蔡）、𢦏（胡）反楚，與吳人伐楚。”
《繫年二十》：“盍（闔）虜（盧）即殜（世），夫秦（差）王即立（位）。”
《繫年二二》：“楚聖（聲）趄（桓）王即立（位），兀（元）年，晉公止會者（諸）侯於邘（任）。”
《繫年二三》：“聖（聲）王即殜（世），刎（悼）折（哲）王即立（位）。”
《琴舞》：“不（丕）盜（寧）其又（有）心，孶₌（翼翼）其才（在）立（位），㬎（顯）于上下。”
《琴舞》：“𤔲（亂）曰：弼（弗）敢巟（荒）才（在）立（位），龏（恭）畏才（在）上，敬㬎（顯）才（在）下。”
《琴舞》：“不（丕）㬎（顯）其又（有）立（位），右帝才（在）茖（落），不遂（佚）隹（惟）同。”
《芮良夫》：“莫爯（稱）氒（厥）立（位），而不智（知）允（滿）盪（盈）。”
《筮法十九》：“凸（凡）噬（筮）志事，而見同𠂕（次）於四立（位）之中，乃曰爭之虞（且）相亞（惡）也。”
《筮法二十》：“上軍之立（位）。”
《筮法二十》：“中軍之立（位）。”
《筮法二十》：“子眚（姓）之立（位）。”
《筮法二十》：“躬身之立（位）。”
《筮法二十》：“君之立（位）也。”
《筮法二十》：“身之立（位）也。”
《筮法二十》：“下軍之立（位）。”
《筮法二十》：“𠂕（次）軍之立（位）。”
《筮法二十》：“臣妾之立（位）。”
《筮法二十》：“妻之立（位）也。”
《筮法二十》：“臣之立（位）也。”
《筮法二十》：“大夫之立（位）。”
《筮法二十》：“門之立（位）也。”
《筮法二十》：“室之立（位）也。”
《筮法二十》：“外之立（位）也。”
《筮法二十》：“宮廷之立（位）。”
《筮法二一》：“凸（凡）噬（筮）志事及軍遊（旅），乃雖（惟）兇之所集於四立（位）是視，乃以名其兇。”

《子產》："不良君古（怙）立（位）劼（固）福（富），不𢙇（懼）遳（失）民。"
《子產》："𢙇（懼）遳（失）又₌戒₌（有戒，有戒）所以紳（申）命固立₌（位，位）固邦₌安₌（邦安，邦安）民䢒（遂），邦危民麗（離），此胃（謂）才［存］亡才（在）君。"
《子產》："君人立（蒞）民又（有）道，青（情）以㚔（勉），得立（位）命固。"
《答問》："王室所當祠固有矣，擅有鬼立（位）殹（也），爲'奇'，它不爲。"
《爲吏》："賢鄙溉（既）辥（乂），禄立（位）有續孰瞀上？"
《天乙·五音（一）》："徵立（位）甲、乙、卯、未、亥，主東方，時平旦，色青。"
《天乙·五音（一）》："羽立（位）丙、丁、午、戌、寅，客殹，時日中，色赤，主南方。"
《天乙·五音（一）》："商立庚、辛、酉、丑、巳，主西方，時日入，主人，白色。"
《天乙·五音（一）》："角立（位）壬、癸、子、申、辰，主北方，時夜半，客殹，色黑。"
《天乙·占黃鐘》："下婁（數）多者爲上立（位），賈市、行販有，諸群美，皆吉。□惡，大凶立（位）者。"
《天乙·祟除》："一天殹，公外；二【地】，社及立（位）。"
《道法》："貴賤有恒立（位），畜臣有恒道，使民有恒度。"
《道法》："貴賤之恒立（位），賢不宵（肖）不相放（方）。"
《道法》："正奇有立（位），而名形弗去。"
《國次》："天地立（位），耶（聖）人故載。"
《六分》："其謀臣在外立（位）者，其國不安，其主不吾（悟）則社稷殘。"
《六分》："其主失立（位）則國无本，臣不失處則下有根，國憂而存。"
《六分》："主失立（位）則國芒（荒），臣失處則令不行。"
《六分》："謀臣在外立（位）者，命曰逆成，國將不寧。"
《六分》："主失立（位），臣不失處，命曰外根，將與禍閵（鄰）。"
《六分》："主失立（位），臣失處，命曰无本，上下无根，國將大損。"
《六分》："主不失其立（位）則國有本。"
《四度》："君臣易立（位）胃（謂）之逆，賢不宵（肖）並立胃（謂）之亂。"
《四度》："君臣當立（位）胃（謂）之靜，賢不宵（肖）當立（位）胃（謂）之正。"
《四度》："已逆陰陽，有（又）逆其立（位）。"
《四度》："日月星辰之期，四時之度，動靜之立（位），外内之處，天之稽也。"
《四度》："君臣不失其立（位），士不失其處。"
《四度》："亓〈失〉主道離人理，處狂惑之立（位）處〈而〉不吾（悟）。"
《論》："不處外内之立（位），不應動靜之化。"
《論》："則四時有度，動靜有立（位），而外内有處。"
《亡論》："内立（位）朕（勝）胃（謂）之塞，外立（位）朕（勝）胃（謂）之價（拂）。"
《論約》："刑（形）名已定，逆順有立（位），死生有分，存亡興壞有處。"
《立命》："踐立（位）履參（三），是以能爲天下宗。"
《立命》："吾受命於天，定立（位）於地，成名於人。"
《春秋六》："議賢讓能，同立（位）之人弗與□，□德守也。"

《春秋六》：“是以同立（位）之人鮮〈解〉邦惡也。”
《春秋八》：“夫立（位）下而心需（懦）□□□也。”
《春秋九》：“衛獻公出亡，公子浮□□寧召子在立（位）。”
《春秋一五》：“五月，公薨，子煩（般）即立（位）。”
《帛易·萃》：“九五，卒（萃）有立（位），无咎，非（匪）復（孚）。元永貞，悔亡。”
《繫辭》：“庳（卑）高以陳，貴賤立（位）矣。”
《繫辭》：“〖閒〗易閒（簡）而天下之理得，理得而成立（位）乎其中。”
《繫辭》：“是故列貴賤者存乎立（位），極（齊）小大者存乎卦，辯吉凶者存乎辭。”
《繫辭》：“天地設立（位），易行乎其中。”
《繫辭》：“溓（謙）也者，至（致）恭以存其立（位）者也。”
《繫辭》：“貴而無立（位），㝉（崇）而無民，賢人在其下，□立（位）而无輔，是以動而有慐（悔）也。”
《繫辭》：“天地之大思曰生，耶（聖）人之大費曰立〖=〗（位）。”
《易之義》：“天地定立（位），山澤通氣，火水相射，雷風相樽（薄），八卦相厝（錯）。”
《易之義》：“物之上擸（盛）而下絕者，不久大立（位），必多其咎。”
《易之義》：“三與五同功異立（位），其過□□，三多凶，五多功，貴賤之等也。”
《要》：“德薄而立（位）尊。”
《要》：“危以勭（動），則人弗與也；無立（位）而求，則人弗予也。”
《繆和》：“夫處上立（位）厚自利而不自血（恤）下，小之猶可，大之必凶。”
《繆和》：“耶（聖）人不敢又（有）立（位）也。”
《繆和》：“先君作埶（設）列爵立（位）之尊，明厚賞慶之名，此先君之所以勸其力也，宜矣。”
《繆和》：“夫賢君之爲列埶（設）爵立（位）也，與實俱，群臣榮其列，樂其實。”
《繆和》：“貪亂之君不然，羣臣虛立（位），皆又（有）外志，君无賞祿以勸之。”
《昭力》：“師也者，人之聚也；次也者，君之立（位）也。”
《實虛》：“五行无恆勝，四時无常立（位）。”
《葆啟》：“☐文王業之而崩，武王即立（位）☐。”
《周馴》：“唯（雖）然，爾能令而百姓毋我思也，則而立（位）可以幸於不危矣。”
《周馴》：“圉子立（莅）事，德仁無行，布惠弗亟，羣臣莫臣，弗肎（肯）爲使，失立（位）亡國，其身環（旋）代。”
《周馴》：“閒（簡）子已終，無卹（恤）即立（位），述（遂）爲賢主。”
《周馴》：“苟身能治，國家亦治。處上立（位）者，將盈（逞）其志，唯毋身乳〈亂〉，則國家亦乳〈亂〉。”
《堪輿》：“歲立（位）。”
《堪輿》：“凡歲立（位）。”
《堪輿》：“日、辰、星唯（雖）皆吉，而會於歲立（位），以作事、祭祀，至死，卒歲復至於其月或有咎。”
《堪輿》：“日、辰、星若皆當歲立（位），是謂積凶，不可以祭祀，唯利於入國。”

立與涖

《緇衣》：“共（恭）以位（涖）之，則民又（有）愻（遜）心。”按，上博簡本《緇衣》位（涖）作立。

立與莅

《成之》："古（故）君子之立（莅）民也，身備（服）善以先之，敬新（慎）以肘（導）之。"按，"立（莅）"字從裘按（《郭店楚墓竹簡·成之聞之》篇注［二］）讀。

《帛甲老子·道經》："殺人眾，以悲依（哀）立（莅）之；戰勝，以喪禮處之。"

《帛乙老子·德經》："以道立（莅）天下，其鬼不神。"

《帛甲老子·道經》："殺人眾，以悲哀立（莅）之；戰朕（勝），而以喪禮處之。"

《北大老子》："殺人眾，則以悲哀立（莅）之；戰勝，以喪禮居之。"

立與蒞

《苦成》："姑（苦）成家父乃寍（寧）百豫，不思（使）從㠯（己）立（蒞）於廷。"按，"立（蒞）"字從沈培《上博簡〈姑成家父〉一個編聯組位置的調整》（簡帛網，2006年2月22日）讀。

《文王》："夫立（蒞）民，天下之難事也。"按，"立（蒞）"字從鳲鳩在 youren《〈舉治王天下〉初讀》（簡帛網"簡帛論壇"，2013年1月5日）一文下跟帖釋讀。

《子產》："君人立（蒞）民又（有）道，青（情）以㫝（勉），得立（位）命固。"

《日甲·叢辰》："利祠、飲食、歌樂，臨官立（蒞）正（政）相宜也。"

《隨日·叢辰》："臨官立（蒞）正（政）相宜。"

《阜易·離》："卜臨官立（蒞）眾，敬其下乃吉。"

《阜易·卜辭》："□臨官立（蒞）眾。"

立與衿

《詩論》："《子立（衿）》不☐。"按，"立（衿）"字從馮勝君《讀上博簡〈孔子詩論〉劄記》（簡帛研究網，2002年1月11日）讀。

位與立

《老子》丙："古（故）殺□□，則以悏（哀）悲位之；戰勑（勝）則以喪豊（禮）居之。"按，帛書本位作立。

《緇衣》："共（恭）以位（涖）之，則民又（有）愻（遜）心。"按，上博簡本《緇衣》位（涖）作立。

《繫辭》："備物致用，位（立）成器以爲天下利，莫大乎耶（聖）人。"

《繫辭》："耶（聖）人位（立）馬〈象〉以盡意，設卦以盡請（情）僞，毄（繫）辭焉以盡其【言】，變而迵（通）之以盡利，鼓之舞之以盡神。"

《繫辭》："鍵（乾）川（坤）成列，易位（立）乎其中。"

《繫辭》："君子見幾（機）而作，不位（立）冬（終）日。"按，"位"似當讀作"立"。今本位作俟。立、竢義近。《説文》："竢，待也。从立矣聲。"徐鍇《繫傳》："立而待之也。"而竢、俟同義，參《故訓匯纂》1660頁。

《易之義》："是故位（立）天之道曰陰與陽，位（立）地之道曰柔與剛，位（立）人之道曰仁與義。"

位與泣

《老子》丙："古（故）殺□□，則以悏（哀）悲位之；戰勑（勝）則以喪豊（禮）居之。"按，今本位作泣。

位與涖

《緇衣》："共（恭）以位（涖）之，則民又（有）愻（遜）心。"按，今本《禮記·緇衣》位作涖。

位與莅

《老子》丙："古（故）殺□□則以悏（哀）悲位（莅）之，戰勑（勝）則以喪豊（禮）

居之。”

位與涖

《北大老子》：“治大國若亨（烹）小鮮，以道位（涖）天下，其鬼不神。”

啦與納

《反淫》：“☐緩刑（形）擾中，棄知（智）遺物，順道反宗，浩无所在，立於大（太）沖，吸啦（納）靈氣，食精自充。”

泣與涖

《特牲》：“某薦歲事，吾子將泣（涖）之，敢宿。”

泣與莅

《泰射》：“疎（疏）數容弓，若丹若黑（墨），度尺而午，射正泣（莅）之。”

咠字聲系

咠與揖

《魯穆公》：“公不敓（悦），咠（揖）而退之。”

咠與輯

《子產》：“爲民型（刑）程，上下慁（和）咠（輯）。”

輯與頜

《引書》：“力張左輯（頜），有（又）力張右輯（頜），乇（吒）而勿發，此皆三而已。”

卄與緝

《緇衣》：“《寺（詩）》員（云）：‘穆₌（穆穆）文王，於卄（緝）迲（熙）敬走（止）。’”按，“卄（緝）”字從裘按（《郭店楚墓竹簡·緇衣》篇注［八三］）釋讀。

卄與茲

《緇衣》：“《寺（詩）》員（云）：‘穆₌（穆穆）文王，於卄（緝）迲（熙）敬走（止）。’”按，上博簡本《緇衣》卄（緝）迲（熙）作𦣻₌（緝熙）。“𦣻₌（緝熙）”從李家浩《釋上博戰國竹書〈緇衣〉中的“茲臣”合文》（《康樂集：曾憲通教授七十壽慶論文集》，中山大學出版社，2006年，21頁）釋讀。

弜與戢

《發啟》：“虎狼將𢓜（逸），弜（戢）耳固伏。”

㢸與集

《子儀》：“强弓可縵（挽）其䋣（絕）也，矰追而㢸（集）之。”

集字聲系

蕖與集

《尊德義》：“童（重）義蕖（集）䢅（理），言此章也，行此𩈡（文）也，然句（後）可逾（諭）也。”

褋與集

《行軍》：“鳥褋（集）者，虛也。”

雜與集

《帛五行·經》：“君子雜（集）泰（大）成。”

《帛五行·説》：“‘天監[在]下，有命既雜（集）’者也，天之監下也，雜（集）命焉耳。”

囃與咂

《妄稽》：“笑胃（謂）周春，奉（捧）頰壹囃（咂）。”按，“囃（咂）”字從王曉明《北大簡〈妄稽〉校讀簡記（三）》（復旦大學出土文獻與古文字研究中心網“學術討論”，2016年6月9日）讀。

雥與噍

《正亂》：“腐其骨肉，投之苦醢（醢），使天下雥（噍）之。”

習字聲系

習與隰

《阜春一九》：“管子善制割，習（隰）崩

（朋）善削齊。”

《阜春一九》：“管中（仲）善制割☐之，習（隰）崩（朋）□□□之。”

緝與緝

《服傳甲》：“斬者，不緝（緝）也。”

《服傳乙》：“斬者，不緝（緝）也。”

《服傳乙》：“資（齊）者，緝（緝）也。”

飄與歙

《凡物甲》：“夫雨之至，管（孰）之？夫凡（風）之至，管（孰）颷飄（歙）而迸之？”按，“飄”似當讀作“歙”。下同。

《凡物乙》：“夫雨之至，管（孰）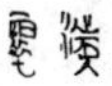之？夫凡（風）之至，管（孰）颷飄（歙）而迸之？”

執字聲系

執與摯

《尹至》：“執（摯）厇（度）執（摯）悳（德）不憯（僭）。”

《尹誥》：“執（摯）告湯曰：‘我克爕（協）我畬（友），今隹（惟）民遠邦歸志。’”

《尹誥》：“執（摯）曰：‘句（后）其孪（賚）之其又（有）夏之金玉、田邑，舍（予）之吉言。’”

《楚居》：“至酓（熊）胯（艾）、酓（熊）執（摯）居發漸。”

《楚居》：“酓（熊）執（摯）遟（徙）居旁屽。”

《文摯》：“文執（摯）見齊威王，威王問道焉。”

《文摯》：“文執（摯）合（答）曰。”

《文摯》：“文執（摯）合（答）曰‘淳酒毒韭。’”

《文摯》：“文執（摯）合（答）曰。”

《文摯》：“文執（摯）合（答）曰。”

《文摯》：“文執（摯）合（答）曰。”

《文摯》：“文執（摯）合（答）曰。”

《文摯》：“文執（摯）合（答）曰。”

《士相見》：“聞吾子稱執（摯），敢辞（辭）埶（摯）。”

執與蟄

《觀》：“正名脩（修）刑，執（蟄）虫不出，雪霜復清（清），孟穀乃蕭（肅）。”

《觀》：“正名施（弛）刑，執（蟄）虫發聲，草苴復榮。”

《月令》：“日夜分，雷乃發聲，始電，執（蟄）蟲咸動，開☐戶始□。”

《三十時》：“民人入室，執（蟄）虫（蟲）求穴。”

《節》：“有（又）卌六日，雷戒（駴）執（蟄），燕登，令暴布，敬（儆）禁，始言盜賊，收斂會計。”

《神烏賦》：“眾鳥皆昌，執（蟄）虫（蟲）坊（彷）皇（徨）。”

《神烏賦》：“魚鱉得於芘（笓）笱，交（蛟）龍執（蟄）而深臧（藏）。”

執與贄

《鄭子甲》：“奠（鄭）人命以子良爲執（贄）。”按，“執”當讀作“贄”。《白虎通義·瑞贄》：“贄者，質也。質已之誠，致己之悃愊也。”《說苑·修文》：“贄者，所以質也。”下同。

《鄭子乙》：“奠（鄭）人命以子良爲執（贄）。”

《繫年六》：“惠公安（焉）以其子褱（懷）公爲執（贄）于秦＝（秦，秦）穆公以其子妻之。”

《繫年十一》：“宋人安（焉）爲成，以女子與兵車百輮（乘），以芋（華）孫兀（元）爲執（贄）。”

執與鷙

《發啟》：“執（鷙）鳥將執，庳（卑）蜚

（飛）翕翼。”

《三十時》：“☐□鳥不執（鷙），木堇（槿）華，䧹鷄鳴☐。”

執與蹋

《正亂》：“充其胃以爲鞫（鞠），使人執（蹋）之，多中者賞。”

執與攝

《帛甲老子·德經》：“蓋聞善執（攝）生者，陵行不避矢（兕）虎，入軍不被甲兵。”

《帛乙老子·德經》：“蓋聞善執（攝）生者，陵行不辟（避）兕虎，入軍不被兵革。”

埶與摯

《士相見》：“埶（摯），冬用雉，夏用居（腒）。”

《士相見》：“聞吾子稱執（摯），敢辤（辭）埶（摯）。”

《士相見》：“某不以埶（摯）不敢見。”

《士相見》：“某不依於埶（摯）不敢見，敢固以請。”

《士相見》：“賓奉埶（摯），入門左。”

《士相見》：“賓拜送埶（摯），出。”

《士相見》：“復見之，以某埶（摯）。”

《士相見》：“請還埶（摯）於將命者。”

《士相見》：“某非敢求見，請還埶（摯）於將命者。”

《士相見》：“賓奉埶（摯）入，主人拜受。賓拜送埶（摯），出。”

《士相見》：“士見於大夫，終辤（辭）其埶（摯）。”

《士相見》：“如當（嘗）爲臣者，則禮辤（辭）其埶（摯）。”

《士相見》：“賓入，鄭（奠）埶（摯），再拜。”

《士相見》：“賓出，使擯者還其埶（摯）於門外。”

《士相見》：“某也使某還埶（摯）。”

《士相見》：“見于君，執埶（摯），至下，容送俶（蹙）。”

《士相見》：“士大夫則鄭埶（摯），再拜稽首，荅壹拜。”

《士相見》：“如也（他）國之人，則使擯者還其埶（摯）。”

蓺與笠

《容成氏》：“舜於是虖（乎）訂（始）免蓺（笠）幵（攜）槈（耨）、菨（芟）斺（芥）而坐之。”按，“蓺（笠）”字從陳劍《上博楚簡〈容成氏〉與古史傳説》注 24（臺灣“中央研究院”史語所“中國南方文明研討會”論文，2003 年）讀。下同。

《容成氏》：“墨（禹）既已受命，乃卉備（服）蓋（箁）若（箬），冒（帽）芙（蒲）蓺（笠）□足□☐面䡂（乾）䱜（皵），脛（脛）不生之毛，□瀝湝流。”

《柬大王》：“相屘（徙）、中余（謝）與五連少（小）子及龍（寵）臣皆逗，母（毋）敢執篥籔（笠）。”

摯與執

《日甲·秦除》：“摯（執）未。”

《日甲·秦除》：“摯（執）戌。”

《日甲·秦除》：“摯（執）亥。”

《日甲·秦除》：“摯（執）子。”

《日甲·秦除》：“摯（執）丑。”

《日甲·秦除》：“摯（執）寅。”

《日甲·秦除》：“摯（執）卯。”

《日甲·秦除》：“摯（執）辰。”

《日甲·秦除》：“摯（執）巳。”

《日甲·秦除》：“摯（執）午。”

《日甲·秦除》：“摯（執）日，不可以行。”

《日甲·秦除》：“以亡，必摯（執）而入公而止。”

《日甲·秦除》：“危日，可以責、摯（執）、攻毄（擊）。”
《日甲·禹一》：“凡敫日，利以漁邋（獵）、請謁、責人、摯（執）盜賊。”
《天甲·建除》：“正月：建寅、除卯、盈辰、平巳、定午、摯（執）未、彼（破）申、危酉、成戌、收亥、開子、閉丑。”
《天甲·建除》：“二月：建卯、除辰、盈巳、平午、定未、摯（執）申、彼（破）酉、危戌、成亥、收子、開丑、閉寅。”
《天甲·建除》：“三月：建辰、除巳、盈午、平未、定申、摯（執）酉、彼（破）戌、危亥、成子、收丑、開寅、閉卯。”
《天甲·建除》：“四月：建巳、除午、盈未、平申、定酉、摯（執）戌、彼（破）亥、危子、成丑、收寅、開卯、閉辰。”
《天甲·建除》：“五月：建午、除未、盈申、平酉、定戌、摯（執）亥、彼（破）子、危丑、成寅、收卯、開辰、閉巳。”
《天甲·建除》：“六月：建未。除申、盈酉、平戌、定亥、摯（執）子、彼（破）丑、危寅、成卯、收辰、開巳、閉午。”
《天甲·建除》：“七月：建申、除酉、盈戌、平亥、定子、摯（執）丑、彼（破）寅、危卯、成辰、收巳、開午、閉未。”
《天甲·建除》：“八月：建酉、除戌、盈亥、平子、定丑、摯（執）寅、彼（破）卯、危辰、成巳、收午、開未、閉申。”
《天甲·建除》：“九月：建戌、除亥、盈子、平丑、定寅、摯（執）卯、彼（破）辰、危巳、成午、收未、開申、閉酉。”
《天甲·建除》：“十月：建亥、除子、盈丑、平寅、定卯、摯（執）辰、彼（破）巳、危午、成未、收申、開酉、閉戌。”
《天甲·建除》：“十一月：建子、除丑、盈寅、平卯、定辰、摯（執）巳、彼（破）午、危未、成申、收酉、開戌、閉亥。”
《天甲·建除》：“十二月：建丑、除寅、盈卯、平辰、定巳、摯（執）午、彼（破）未、危申、成酉、收戌、開亥、閉子。”
《天甲·建除》：“危日：可以責人及摯（執）人、毄（擊）人、外政（征）。”
《天乙·建除》：“正月：建寅，除卯，盈辰，平巳，定午，摯（執）未，彼（破）申，危酉，成戌，收亥，開子，閉丑。”
《天乙·建除》：“二月：建卯，除辰，盈巳，平午，定未，摯（執）申，彼（破）酉，危戌，成亥，收子，開丑，閉寅。”
《天乙·建除》：“三月：建辰，除巳，盈午，平未，定申，摯（執）酉，彼（破）戌，危亥，成子，收丑，開寅，閉卯。”
《天乙·建除》：“四月：建巳，除午，盈未，平申，定酉，摯（執）戌，彼（破）亥，危子，成丑，收寅，開卯，閉辰。”
《天乙·建除》：“五月：建午，除未，盈申，平酉，定戌，摯（執）亥，彼（破）子，危丑，成寅，收卯，開辰，閉巳。”
《天乙·建除》：“六月：建未，除申，盈酉，平戌，定亥，摯（執）子，彼（破）丑，危寅，成卯，收辰，開巳，閉午。”
《天乙·建除》：“七月：建申，除酉，盈戌，平亥，定子，摯（執）丑，彼（破）寅，危卯，成辰，收巳，開午，閉未。”
《天乙·建除》：“八月：建酉，除戌，盈亥，平子，定丑，摯（執）寅，彼（破）卯，危辰，成巳，收午，開未，閉申。”
《天乙·建除》：“九月：建戌，除亥，盈子，平丑，定寅，摯（執）卯，彼（破）辰，危巳，成戌〈午〉，收亥〈未〉，開子〈申〉，閉丑〈酉〉。”
《天乙·建除》：“十月：建亥，除子，盈丑，平寅，定卯，摯（執）辰，彼（破）巳，危午，成未，收申，開酉，閉戌。”

《天乙·建除》："十一月：建子，除丑，盈寅，平卯，定辰，摯（執）巳，彼（破）午，危未，成申，收酉，開戌，閉亥。"

《天乙·建除》："十二月：建丑，除寅，盈卯，平辰，定巳，摯（執）午，彼（破）未，危申，成酉，收戌，開亥，閉子。"

《天乙·建除》："摯（執）日：不可行。行遠，必摯（執）而于公。"

《天乙·建除》："危日：可以責人及摯（執）人、毄（擊）人、外政（征）。"

《戰國八》："勺（趙）悍則伐之，愿則摯（執）而功（攻）宋。"

摯與縶

《雜抄》："驀₌（驀馬）五尺八寸以上，不勝任，奔摯（縶）不如令。"

《戰國二五》："楚不侍（待）伐，割摯（縶）馬免而西走。"

《唐勒》："馬汁（協）險（斂）正（整）齊，周（調）均不摯（縶），步騶（趨）競（恆）久疾數（速）。"

摯與贄

《戰國九》："始也，燕纍臣以求摯（贄），臣爲是未欲來，亦未□爲王爲也。"按，"摯"似當讀作"贄"。下同。

《戰國一一》："先爲王絶秦，摯（贄）子。"

《戰國一二》："[天]下將入地牙（與）重摯（贄）於秦，而獨爲秦臣以怨王。"

《戰國二一》："恐天下之疑己，故出摯（贄）以爲信。"

䇛與笠

《鄭甲》："以顉於俟并，䇛（笠）皐（冑）鞷（革）虩（甲），列戈盾以嬶（造）勛。"按，"䇛（笠）"字從紫竹道人在心包《清華六〈鄭文公問太伯〉初讀》（簡帛網"簡帛論壇"，2016年4月16日）一文下跟帖讀。下同。

《鄭乙》："以猷於俟并，䇛（笠）皐（冑）鞷（革）虩（甲），列戈盾以嬶（造）勛。"

巠字聲系

巠與緝

《緇衣》："穆₌（穆穆）文王，於卙（緝）遞（熙）敬走（止）。"按，上博簡本《緇衣》卙（緝）遞（熙）作𦊦₌（緝熙）。"𦊦₌（緝熙）"從李家浩《釋上博戰國竹書〈緇衣〉中的"巠臣"合文》（《康樂集：曾憲通教授七十壽慶論文集》，中山大學出版社，2006年，21頁）釋讀。

巠與隰

《良臣》："齊桓（桓）公又（有）龠〈管〉寺（夷）虐（吾），又（有）宥（賓）須亡，又（有）巠（隰）朋。"

䪼與顯

《祭公》："公爯（稱）不（丕）䪼（顯）悳（德）。"

溼與濕

《太一》："四時復補（輔）也，是以成倉〈寒〉₌然₌（寒熱。寒熱）復相補（輔）也，是以成溼₌澡₌（濕燥。濕燥）復相補（輔）也，成戢（歲）而走（止）。"

《太一》："古（故）戢（歲）者，溼（濕）澡（燥）斎₌（之所）生也。溼（濕）澡（燥）者，倉〈寒〉然（熱）斎₌（之所）生也。倉〈寒〉然（熱）者。"

徑與隰

《容成氏》："壐（禹）乃因山陞（陵）坪（平）徑（隰）之可坓（封）邑者而緐（繁）實之。"

㬎與顯

《詩論》："乍〈亡〉競隹（維）人，不（丕）㬎（顯）隹（維）悳（德）。"

《詩論》："'昊₌（昊天）又（有）成命，二句（后）受之。'貴虖（且）㬎（顯）矣！"
《從政》："弇戒先遳則自异（己）訂（始），㬎（顯）訪懽（勸）信則慯（僞）不章（彰）。"
《曹沬》："戰又（有）㬎（顯）道，勿兵以克。"
《曹沬》："此戰之㬎（顯）道。"
《融師》："▨䎽（聞）㙟昜，顏色深晦（晦），而志行㬎（顯）明。"
《耆夜》："不（丕）㬎（顯）逨（來）各（格），歆（歆）㐂醽（禋）明（盟）。"
《説命下》："女（汝）亦隹（惟）克㬎（顯）天，迵（恫）眾（瘝）少（小）民，审（中）乃罰。"
《琴舞》："敬₌之₌（敬之敬之），天隹（惟）㬎（顯）帀（思），文非昜帀（思）。"
《琴舞》："弼寺（持）其又（有）肩，貽（示）告舍（余）㬎（顯）悳（德）之行。"
《琴舞》："允不（丕）承不（丕）㬎（顯），思坙（攸）亡睪（斁）。"
《琴舞》："不（丕）寍（寧）其又（有）心，孪₌（翼翼）其才（在）立（位），㬎（顯）于上下。"
《琴舞》："𤔔（亂）曰：逸（肆）其㬎（顯）思，皇天之社（功），晝之才（在）視日，夜之才（在）視晨（辰）。"
《琴舞》："𤔔（亂）曰：弼（弗）敢㠩（荒）才（在）立（位），龏（恭）畏才（在）上，敬㬎（顯）才（在）下。"
《琴舞》："不（丕）㬎（顯）其又（有）立（位），右帝才（在）茖（落），不遂（佚）隹（惟）同。"
《厚父》："亡㬎（顯）于民，亦隹（惟）歆（禍）之卣（攸）及，隹（惟）司民之所取。"

《阜易·比》："九五，㬎（顯）比，王用三驅，失前禽，邑人不□。"

濕與溼

《順道》："冟（宛）濕（溼）共（恭）僉（儉），卑約主柔。"

濕與隰

《邶風》："山有業〈亲（榛）〉，濕（隰）有□，云□□□。"

顯與㬎

《周易·比》："九五：顯比。王厶（三）驅，遳（失）前禽。邑人不戒（誡），吉。"按，阜陽漢簡本顯作㬎。

𩍐與䪝

《答問》："騷馬蟲皆麗衡厄（軛）鞅𩍐（䪝）轅靷（靷）。"

𤢓與堇

《繫年十》："秦康公衛（率）自（師）以遳（送）瘫（雍）子，晉人迟（起）自（師），敗之于𤢓（堇）侌（陰）。"
《繫年十》："霝（靈）公高立六年，秦公以戰于䎽（堇）侌（陰）之故，衛（率）自（師）爲河曲之戰。"

𩞁與顯

《啻門》："八月乃正，九月𩞁（顯）章，十月乃成，民乃時生。"

十字聲系

什與十

《二年·復律》："大數衛（率）取上手什（十）三人爲復。"
《十問》："交和而舍，我人兵則眾，車騎則少，適（敵）人什（十）負（倍），轂（擊）之奈何？"
《十問》："交和而舍，我車騎則眾，人兵則少，適（敵）人什（十）負（倍），轂（擊）之奈何？"

《十問》："適（敵）唯（雖）什（十）負（倍），便我車騎，三軍可毄（擊）。"
《十問》："交和而舍，粱（糧）食不屬，人兵不足徳（恃），絕根而攻，適（敵）人什（十）負（倍），毄（擊）之奈何？"

汁與湇

《少牢》："又進一刑（鉶）于饌（饔），有（又）進二豆汁（湇）于兩下。"
《有司》："羊肉汁（湇），臑折、正膌（脊）一、正脅一。"
《有司》："羊肉汁（湇），辟（臂）【一】、膌（脊）一。"
《有司》："二手執桃匕枋扱汁（湇），注于疎（疏）朼（匕），荅〈若〉是三。"
《有司》："司馬羞羊肉汁（湇），宿（縮）執俎。"
《有司》："司馬羞羊肉汁（湇），宿（縮）執俎。"
《有司》："興，受肺，坐絕祭，嚌之；興，反加于汁（湇）俎。"
《有司》："司馬宿（縮）墺（奠）汁（湇）俎于【羊】俎西，乃載之。"
《有司》："次賓羞豕汁（湇），如羊汁（湇）之禮。"
《有司》："尸坐墺（奠）爵，興，受，如羊肉汁（湇）之禮，坐取爵，興。"
《有司》："主人其祭臬（糗）、脩（修），祭刑（鉶）、祭酒、受豕匕汁（湇）。"
《有司》："司士羞汁（湇）魚一，如尸禮。"
《有司》："司士羞一汁（湇）魚，如尸禮。"
《有司》："賓長獻于尸，如初，無汁（湇），爵不止。"

汁與協

《唐勒》："馬汁（協）險（斂）正（整）齊，周（調）均不摯（縶），步驟（趨）兢（恆）久疾數（速）。"

入字聲系

入與納

《日甲·秦除》："收日，可以入人民、馬牛、禾粟，入（納）室取（娶）妻及它物。"
《日甲·叢辰》："不可入（納）寄者。"
《日乙·楚除》："作陰之日，利以入（納）室，必入資貨。"
《日乙·除室二》："毋以戊辰、己巳入（納）寄者，入（納）之所寄之。"
《第二組》："爲計，鄉嗇夫及典、老月辟其鄉里之入（納）穀（穀）、徙除及死亡者，謁于尉。"
《隨日·建除》："可以入（納）室、取（娶）妻。"按，"入"當讀作"納"。
《帛易·蒙》："九二，枹（包）蒙，吉。入（納）婦吉，子克家。"
《帛易·坎》："六四，尊（樽）酒巧（簋）訞（簋）用缶，人〈入（納）〉葯（約）自牖，終无咎。"按，今本入作納。
《晏子七》："是以神民俱順而山川入（納）球（祿）。"
《特牲》："几菲（厞）用延（筵），入（納）一尊。"
《燕禮》："小臣入（納）卿夫₌（大夫），卿夫₌（大夫）皆入門右，北面東上。"
《燕禮》："小臣入（納）工，四人，二瑟。"
《妄稽》："入（納）妾之日，妄稽不台（怡）。"

及字聲系

及與急

《秦律·徭律》："其得殹（也），及（急）詣。"
《作戰》："財竭則□及（急）丘役。"
《妄稽》："君固（姑）察吾言，毋及（急）求勝。"

伋與隰

《鮑叔牙》：“伋（隰）倗（朋）與鞄（鮑）弔（叔）牙皆拜。”

吸與馺

《妄稽》：“吸（馺）遝還之，不能自止。”

吸與悒

《妄稽》：“馮（憑）吸（悒）皆顧，七旬爲夜。”按，“吸（悒）”字從蕭旭《北大漢簡（四）〈妄稽〉校補》（復旦大學出土文獻與古文字研究中心網，2016年7月4日）讀。

汲與及

《戰國一八》：“而不汲（及）今令有功於國，山陵堋（崩），長安君何以自託於趙？”

汲與泣

《帛五行·經》：“瞻望弗及，汲（泣）沸〈涕〉如雨。”

《帛易·屯》：“尚（上）六，乘馬煩（班）如，汲（泣）血連（漣）如。”

《帛易·中孚》：“六三，得敵，或鼓或皮（罷），或汲（泣）或歌。”

汲與隰

《鮑叔牙》：“汲（隰）倗（朋）ㄊ（答）曰：‘公身爲亡道，不遂（遷）於善而敓（説）之，可虐（乎）才（哉）？’”

《鮑叔牙》：“鞄（鮑）弔（叔）牙與汲（隰）倗（朋）曰。”

退與急

《語叢二》：“退（急）生於忿（欲），偝（惓）生於退（急）。”按，“退（急）”字從李零《郭店楚簡校讀記（增訂本）》（北京大學出版社，2002年，169頁）讀。

《三壽》：“退（急）利囂（傲）神，慕（莫）龏（恭）而不寡（顧）于迻（後）。”

急與及

《鄭子甲》：“以邦之怲（病），以急（及）於含（今）。”按，“急（及）”字從凡國棟《〈上博七·鄭子家喪〉校讀劄記兩則》（簡帛網，2008年12月31日）讀，下同。

《鄭子乙》：“以邦之怲（病），以急（及）於含（今）。”

級與及

《天下至道》：“上褁（鉤）者，下不級（及）心也。”

級與急

《語叢四》：“凡敓（説）之道，級（急）者爲首。既得其級（急），言必又（有）及。”按，“級（急）”字從裘按（《郭店楚墓竹簡·語叢四》篇注［五］）讀。

《子道餓》：“虐（吾）子齒年長喜（矣），家眚甚級（急）。”

級與鞁

《北蒼·幽》：“級（鞁）約管綈。”

級與隰

《鮑叔牙》：“級（隰）倗（朋）與鞄（鮑）弔（叔）牙從。”

《鮑叔牙》：“鞄（鮑）弔（叔）牙與級（隰）倗（朋）之諫。”

級與給

《子儀》：“級（給）織不能官尻，占夢瑿（漸）永不休。”

詙與及

《皇門》：“至于氒（厥）後嗣立王，廼弗肯用先王之明刑，乃隹（維）詙=疋（胥）區（驅）疋（胥）敎（教）于非彝。”按，今本《逸周書·皇門》詙作及。

詙與汲

《皇門》：“廼弗肯用先王之明刑，乃隹（維）詙=（汲汲）疋（胥）區（驅）疋（胥）敎（教）于非彝。”按，“詙=（汲汲）”字從復旦大學出土文獻與古文字研究中心研究生讀書會《清華簡〈皇門〉研讀札記》（復旦大學出土文獻與古文字研究中心網，2011年1月5日）讀。

菽與汲

《奏讞書》："君曰：今旦寡人方菽₌（汲汲）扇而炙來，然且與子復診之。"

合字聲系

合與荅

《士相見》："出迎，再拜。賓合（荅）拜。"

《士相見》："主人合（荅）壹拜。"

《特牲》："主人再拜，尸合（荅）拜。"

《特牲》："主人東面合（荅）拜。"

《特牲》："主人再拜，賓合（荅）拜。"

《特牲》："主人再拜，賓合（荅）拜，三拜眾賓，眾賓合再拜。"

《特牲》："尸合（荅）拜，執鄭（奠），祝鄉（饗），主人拜如初。"

《特牲》："尸合（荅）拜，主人寫嗇于房，祝以邊（籩）受。"

《特牲》："主人合（荅）拜，受角。"

《特牲》："主人合（荅）拜，受角。"

《特牲》："主婦合（荅）拜，受爵，酌，酢（醋），左執爵，拜。"

《特牲》："主人合（荅）拜。"

《特牲》："主人合（荅）拜。"

《特牲》："主婦拜受爵，主人西面合（荅）拜。"

《特牲》："主人在右，合（荅）拜。"

《特牲》："主人合（荅）拜，受爵，酌，酢，鄭（奠）爵，拜。"

《特牲》："賓合（荅）拜。"

《特牲》："賓合（荅）拜，揖，執祭以降，西面鄭（奠）于位，如初。"

《特牲》："主人備合（荅）拜焉，降，賓〈實〉爵于匪（篚）。"

《特牲》："主人鄭（奠）觗（觶）拜，賓合（荅）拜，主人坐祭，卒觗（觶），拜。"

《特牲》："賓合（荅）拜。"

《特牲》："主人合（荅）拜。"

《特牲》："主人西面合（荅）拜，更爵酢，卒，降。"

《特牲》："尸備合（荅）拜焉。"

《特牲》："舉鄭（奠）洗酌入，尸拜受，舉鄭（奠）合（荅）拜。"

《特牲》："賓鄭（奠）觗（觶）拜，長兄弟合（荅）拜。"

《特牲》："賓北面合（荅）拜，揖，復位。"

《特牲》："長兄弟北面合（荅）拜，揖，復位。"

《特牲》："舉觗（觶）於其長，鄭（奠）觗（觶）拜，長皆合（荅）拜。"

《特牲》："舉觗（觶）者祭，卒觗（觶），拜，長皆合（荅）拜。"

《特牲》："長皆執以興，舉觗（觶）者皆復位，合（荅）拜。"

《特牲》："兩選（餕）鄭（奠）舉于柤（俎），許若（諾），合（荅）拜。"

《特牲》："主人升，酌，酳上選（餕），選（餕）拜受爵，主人合（荅）拜。"

《特牲》："兩選（餕）執爵。祭酒，卒爵，拜。主人合（荅）拜。"

《特牲》："上選（餕）即坐，合（荅）拜。"

《特牲》："上選（餕）合（荅）拜，受爵，降，賓〈實〉于匪（篚）。"

《少牢》："尸合（荅）拜，遂坐。"

《少牢》："主人拜受爵，尸合（荅）拜。"

《少牢》："尸合（荅）拜。"

《少牢》："主人西面合（荅）拜。"

《少牢》："主人西面合（荅）拜。"

《少牢》："主婦拜，祝受尸爵，尸合（荅）

拜。”
《少牢》：“主婦拜受爵，尸合（荅）拜。”
《少牢》：“卒爵，拜，尸合（荅）拜。”
《少牢》：“主婦合（荅）拜于主人之北，卒爵，不興，坐授主婦。”
《少牢》：“主婦西面合（荅）拜。”
《少牢》：“祝受尸爵，尸合（荅）拜。”
《少牢》：“尸合（荅）拜。”
《少牢》：“賓酌，獻祝，祝拜，坐受爵，賓北面合（荅）拜。”
《少牢》：“餴（餕）者鄭（奠）舉于柤（俎），皆合（荅）拜，皆反，取舉。”
《少牢》：“上饌（餕）合（荅）拜。”
《有司》：“主人合（荅）拜。”
《有司》：“拜于下，升受，主人合（荅）其長拜。”
《有司》：“尸鄭（奠）爵，拜，三獻北面合（荅）拜，受爵，酌，獻或（侑）。”
《有司》：“或（侑）拜受，三獻北面合（荅）拜。”
《有司》：“卒爵，拜，三獻合（荅）拜，受。”
《有司》：“主人拜受，三獻東楹東，北面合（荅）拜。”
《有司》：“三獻合（荅）拜，受爵。”
《有司》：“尸升延（筵），南面合（荅）拜。”
《有司》：“尸合（荅）拜。”
《有司》：“尸、或（侑）合（荅）拜。”
《有司》：“尸、或（侑）合（荅）拜。”
《有司》：“坐鄭（奠）爵，拜，主人合（荅）拜，不祭，立飲，卒爵，不拜既爵。”
《有司》：“坐鄭（奠）爵，拜，執爵興，或（侑）合（荅）拜。”
《有司》：“坐鄭（奠）爵，拜，執爵以興，長合（荅）拜。”
《有司》：“長拜受于其位，舉爵者東面合（荅）拜。”
《有司》：“祝受尸爵，【尸】合（荅）拜。”
《有司》：“主婦、主人北面，拜受爵，尸合（荅）拜。”
《有司》：“卒爵拜，尸合（荅）拜。”
《有司》：“尸拜受，賓戶西北面合（荅）拜。”
《有司》：“主婦合（荅）拜，受爵，酌以作（醋），戶内北面拜。”
《有司》：“主人合（荅）拜。”
《有司》：“主人合（荅）拜。”
《有司》：“賓拜，祝受爵，尸合（荅）拜。”
《有司》：“尸合（荅）拜。”
《有司》：“主人席上拜受爵，賓北面合（荅）拜。”
《有司》：“賓合（荅）拜，受爵。”
《有司》：“主婦席北，東面拜受爵，賓西面合（荅）拜。”
《燕禮》：“主人賓右鄭（奠）柧（觚）合（荅）拜，降盥。”
《燕禮》：“降延（筵），北面合（荅）拜。”
《燕禮》：“卒爵，拜，賓合（荅）拜。”
《燕禮》：“媵爵者作（阼）階下皆北面，再拜稽首，公合（荅）再拜。”
《燕禮》：“公合（荅）再拜。”
《燕禮》：“公合（荅）再拜。”
《燕禮》：“公坐鄭（奠）觗（觶），合（荅）再拜，執觗（觶）興，立卒觗（觶）。”
《燕禮》：“公坐鄭（奠）觗（觶），合（荅）再拜，執觗（觶）興。”
《燕禮》：“公合（荅）再拜。”
《燕禮》：“執觗（觶）興，夫₌（大夫）合（荅）拜。”
《燕禮》：“主人合（荅）拜，受爵。”

《燕禮》："長致₌（致，致）者作（阼）階下再拜稽首，公合（荅）再拜。"
《燕禮》："公合（荅）再拜。"
《燕禮》："公合（荅）再拜。"
《燕禮》："公合（荅）再拜。"
《燕禮》："賓升成拜，公合（荅）再拜。"
《燕禮》："士升，大夫鄭（奠）爵拜，士合（荅）拜。"
《燕禮》："公合（荅）拜。"
《燕禮》："公合（荅）再拜，大夫皆辟。"
《泰射》："賓右北面至再拜，賓合（荅）再拜。"
《泰射》："主人合（荅）拜。"
《泰射》："主人合（荅）拜。"
《泰射》："賓合（荅）拜。"
《泰射》："主人合（荅）拜。"
《泰射》："公合（荅）拜。"
《泰射》："公合（荅）拜。"
《泰射》："賓西階上北面，合（荅）拜。"
《泰射》："賓合（荅）拜。"
《泰射》："公合（荅）拜。"
《泰射》："公合（荅）拜。"
《泰射》："公合（荅）拜。"
《泰射》："公合（荅）拜。"
《泰射》："公合（荅）拜。"
《泰射》："公坐鄭（奠）觗（觶），合（荅）拜，執觗（觶）興，立卒觗（觶）。"
《泰射》："公合（荅）拜。"
《泰射》："大夫合（荅）拜。"
《泰射》："公坐鄭（奠）觗（觶），合（荅）拜，執觗（觶）興。"
《泰射》："主人合（荅）拜，受爵，卿降，復位。"
《泰射》："公合（荅）拜。"
《泰射》："降一等，小臣正辞（辭），賓升，再拜稽首，公合（荅）再拜。"
《泰射》："公合（荅）拜。"
《泰射》："公合（荅）再拜。"
《泰射》："賓升再拜稽首，公合（荅）拜。"
《泰射》："公合（荅）拜。"
《泰射》："賓升成拜，公合（荅）拜。"
《泰射》："公合（荅）拜。"
《泰射》："公合（荅）拜。"
《泰射》："公合（荅）拜。"
《泰射》："士升，大夫鄭（奠）爵拜，士合（荅）拜。"
《泰射》："公命小臣正辞（辭），公合（荅）拜。"

合與答

《封診式》："問其同居，以合（答）其故。"
《日甲・叢辰》："萬，是胃（謂）其群不捧（拜），以辭不合（答）。"
《日乙・秦》："憂，群不捧，以辭不合（答）。"
《隨日・叢辰》："介日，是胃（謂）其群不拜，以辭不合（答）。"
《戰國一二》："奉陽君合（答）臣曰。"
《戰國二二》："合（答）曰。"
《養生方》："合（答）曰：益產者食也，損產者色也，是以聖人必有法廁（則）。"
《養生方》："少河□合（答）。"
《養生方》："少河進合（答）曰。"
《胎產書》："幼頻合（答）曰：月朔已去汁□，三日中從之，有子。"
《大成》："大成合（答）曰。"
《容成》："容成合（答）曰。"
《王子》："彭祖合（答）曰。"
《耇老》："耇老合（答）曰。"
《師癸》："師癸合（答）曰。"
《文摯》："文執（摯）合（答）曰。"

《文摯》："文執（摯）合（答）曰'淳酒毒韭。'"
《文摯》："文執（摯）合（答）曰。"
《文摯》："文執（摯）合（答）曰。"
《文摯》："文執（摯）合（答）曰。"
《文摯》："文執（摯）合（答）曰。"
《文摯》："文執（摯）合（答）曰。"
《王期》："王期合（答）曰。"
《王期》："五音進合（答），孰短孰長，翕其神稽（霧），飲夫天將（漿）。"
《皐春二》："合（答）曰：'有難弗死，出☐。'"
《皐春一〇》："合（答）曰。"
《皐春一〇》："合（答）曰。"
《皐春一七》："叔鄉（向）合（答）曰。"
《皐春一七》："叔鄉（向）合（答）曰。"
《皐春一九》："叔鄉（向）合（答）曰。"
《皐春二三》："王子餘唯（維）合（答）曰。"
《威王問》："孫子合（答）曰。"
《晏子一》："晏子合（答）曰。"
《晏子二》："晏子進合（答）曰。"
《晏子四》："晏子付（俯），有閒，卬（仰）而合（答）曰。"
《晏子九》："晏子合（答）曰。"
《晏子一〇》："合（答）曰。"
《晏子一〇》："合（答）曰。"
《晏子一一》："合（答）曰。"
《晏子一一》："合（答）曰。"
《晏子一三》："合（答）曰。"
《晏子一三》："騫合（答）曰：'能。'"
《晏子一三》："柏常騫付（俯），有閒，合（答）曰：'然。'"
《晏子一六》："紖（弦）章合（答）曰。"

合與含

《帛易·坤》："六三，合（含）章可貞，或從王事，无成有終。"

合與菴

《腋下》："合（菴）盧（蕳）大如□□豆卅，去皮而并冶。"按，"合（菴）"字從馬繼興《馬王堆古醫書考釋》（湖南科學技術出版社，1992年，390頁）讀。

合與掩

《晏子一〇》："忠臣不合（掩）☐。"

拾與給

《第二組》："戍在署，父母、妻死，遣歸葬。告縣，縣令拾（給）日。"
《第二組》："而舍之，缺其更，以書謝于將吏，其疾病有瘳、已葬、劾已而遣往拾（給）日于署，爲書以告將吏，所【將】疾病有瘳、已葬、劾已而敢弗遣拾（給）日，貲尉、尉史、士吏主者各二甲，丞、令、令史各一甲。"
《第二組》："有貲贖責（債）拾（給）日而身居，其居縣官者，縣節（即）有繇（徭）戍。"
《第二組》："居貲贖責（債）拾（給）日坐辠（罪）人以作官府及當戍故徼有故而作居縣者歸田農，種時、治苗時、樓（穫）時各二旬。"

拾與翕

《帛甲老子·道經》："將欲拾（翕）之，必古（固）張之。"

弇與黭

《北蒼·支》："戾（莨）弇（黭）焉（蔫）宛，郃（佮）篗（搜）埒畦。"

弇與按

《成之》："是以民可敬道（導）也，而不可弇（按）也；可馶（御）也，而不可孯（牽）也。"按，"弇"似當讀作"按"。《禮記·學記》："道而弗牽，強而弗抑。"與簡文近似，但"牽"、"抑"二字位置錯置。《玉篇·手部》："抑，按也。"《廣韻·翰韻》：

"按，抑也。止也。"

弇與掩

《六德》："門内之絧（治）紉（恩）弇（掩）宜（義），門外之絧（治）宜（義）斬紉（恩）。"按，"弇（掩）"字從龐樸《初讀郭店楚簡》（《歷史研究》1998年4期）讀。

《仲弓》："夫臤（賢）才不可弇（掩）也。"

《競公瘧》："女（如）川（順）言弇（掩）亞（惡）虗（乎）？"按，"弇"似當讀作"掩"。

《皇門》："忢（媢）夫又（有）埶（邇）亡（無）遠，乃弇（掩）盍（蓋）善=夫=（善夫，善夫）莫達才（在）王所。"

《晏子一六》："昔者晏子辤（辭）賞以正君，故過不弇（掩）。"

《周馴》："唯（雖）已弇（掩）貍（埋）之，寇出其骸，莫守其墳，人發其丘，扣以爲壑，剴（豈）或禁之？"

揜與掩

《周馴》："彥（諺）曰：'揜（掩）雉弗得，銀（更）順其風。'"

郃與佮

《北蒼・支》："戾（莀）弇（黭）焉（蔫）宛，郃（佮）窶（摟）埒畦。"

柗與拾

《泰射》："述（遂）命三偶（耦）各與其偶（耦）柗（拾）取矢。"

《泰射》："既柗（拾）取矢，宭（捆）之。"

《泰射》："二偶（耦）柗（拾）取矢，亦如之，後者取誌（誘）射之矢。"

欱與翕

《北大老子》："將欲欱（翕）之，必古（固）張之。"

欱與歙

《帛乙老子・德經》："耶（聖）人之在天下也，欱（歙）欱（歙）焉。"

啚與罨

《説命下》："女（如）飛鶴（雀）罔鬼（覽）觀，不隹（惟）鷹（鷹）唯（椎），廼弗悬（虞）民，氒（厥）其怴（禍）亦羅于啚（罨）罘（罬）。"按，"啚"字從黄傑《讀清華簡（叁）〈説命〉筆記》（簡帛網，2013年1月9日）隸定，從苦行僧在孟蓬生《清華簡"罬"字試釋——談歌通轉例説之一》（復旦大學出土文獻與古文字研究中心網，2013年5月13日）一文下跟帖讀作"罨"。

鉿與合

《帛五行・説》："有事焉者，可以剛柔多鉿（合）爲。"

搶與翕

《帛乙老子・道經》："將欲搶（翕）之，必古（固）張之。"

邑字聲系

邑與挹

《妄稽》："妄稽爲布席善傅之，邑（挹）入其衣而數揗之。"

葉部第二〇

灋字聲系

灋與發

《二年·盜律》："羣盜灋（發），弗能捕斬而告吏，除其罪，勿賞。"

灋與廢

《昔者》："君子曰：舉（舉）散（美）灋（廢）亞（惡）☐。"

《亙先》："明₌（明明）天行，唯復以不灋（廢）。"

《亙先》："舉（舉）天下之乍（作），弜（強）者果天下之大乍（作），其寵尨不自若₌乍₌（若作，若作），甬（庸）又（有）果與不果？兩者不灋（廢）。"

《亙先》："舉（舉）天下之名，無又（有）灋（廢）者與（歟）？"

《季康子》："☐亞（惡）勿使，先₌（先人）斎₌（之所）灋（廢）勿记（起）。"按，"灋"似當讀作"廢"。

《三德》："埤（卑）牗（牆）勿增，灋（廢）人勿舉（興），皇天之所弃，而句（后）帝之所憎。"

《天子甲》："古（故）亡豊（禮）大灋（廢），亡義（儀）大誚（孽）。"

《天子乙》："古（故）亡豊（禮）大灋（廢），亡義（儀）大誚（孽）。"

《吳命》："楚人爲不道，不思其先君之臣事先王，灋（廢）其貢獻，不共（恭）承王事。"

《王居》："邦人其胃（謂）我不能爯（稱）人，朝记（起）而夕灋（廢）之。"

《史蒥》："眾之所植，莫之能灋（廢）也；眾之□□，莫之能豈（豎）也。"按，"灋（廢）"字從陳劍《〈上博（六）·孔子見季桓子〉重編新釋》（復旦大學出土文獻與古文字研究中心網，2008年3月22日）釋讀。

《封許》："女（汝）亦隹（惟）豪（淑）章（彰）尔梳（慮），祇敬尔猷，以永厚周邦，勿灋（廢）朕命，經嗣枼（世）亯（享）。"

《語書》："是即灋（廢）主之明灋殹（也），而長邪避（僻）淫失（泆）之民。"

《雜抄》："爲（僞）聽命書，灋（廢）弗行，耐爲侯（候）。"

《雜抄》："不辟（避）席立，貲二甲，灋（廢）。"

《雜抄》："司馬貲二甲，灋（廢）。"

《雜抄》："不當稟軍中而稟者，皆貲二甲，灋（廢）。"

《雜抄》："稟卒兵，不完善（繕），丞、庫嗇夫、吏貲二甲，灋（廢）。"

《雜抄》："鬃（髹）園三歲比殿，貲嗇夫二甲而灋（廢），令、丞各一甲。"

《雜抄》："三歲比殿，貲嗇夫二甲而灋（廢）。"

《答問》："令曰爲之，弗爲，是謂'灋（廢）令'殹（也）。"

《答問》："灋（廢）令、犯令，遝免、徙不遝？遝之。"

《封診式》："告灋（廢）丘主。"

《封診式》："灋（廢）丘已傳，爲報，敢告主。"

《爲吏》："灋（廢）置以私。"

《天乙・帝》："啻（帝）以春三月爲室亥，杓（剽）卯，殺辰，四灋（廢）庚辛。"
《天乙・帝》："夏三月啻（帝）爲室【寅】，杓（剽）午，殺未，四灋（廢）壬癸。"
《天乙・帝》："秋三月啻（帝）爲室巳，杓（剽）酉，殺【戌】，四灋（廢）甲乙。"
《天乙・帝》："冬三月啻（帝）爲室申，杓（剽）子，殺【丑】，四灋（廢）丙丁。"
《天乙・帝》："四灋（廢）日不可以爲室、□、内，爲囷、倉及蓋（闔）。"
《天乙・貞在》："室有灋（廢）祠，口舌不墜，不死不亡，恐弗能勝。"
《隨日・直室門》："失伍門：唯（惟）爲啬夫，灋（廢）。"
《雎雄節》："慎戒毋灋（廢），大禄將極。"
《阜易・同人》："卜居官灋（廢）免☐。"
《起師》："秋則主人小城并，灋（廢）邑移，大木□，□木伐，清徐（途）道，焚□澤，斆（撤）廬屋，熱（刈）外利。"
《占書》："取人之國而灋（廢）其鬼社禝（稷），立其後，是胃（謂）威（滅）族棄祀，其子孫不有其國。"

耴字聲系

㚸與攝

《緇衣》："《寺（詩）》員（云）：'倗（朋）友卣（攸）㚸₌（攝，攝）以愄（威）義（儀）。'"

㚸與図

《緇衣》："《寺（詩）》員（云）：'倗（朋）友卣（攸）㚸₌（攝，攝）以愄（威）義（儀）。'"按，上博簡本《緇衣》㚸₌（攝，攝）作図。

悘與攝

《用曰》："悘（攝）好弃（棄）忧（尤），五井（刑）不行。"按，"悘（攝）"字從何有祖《讀〈上博六〉劄記》（簡帛網，2007年7月9日）讀。

聚與攝

《季桓子》："邑（色）不僕（樸），此〈出〉言不忍（忌）；見於孠₌（君子），大爲毋聚（攝）；此與（邪）民也。"按，"聚（攝）"字從陳劍《〈上博（六）・孔子見季桓子〉重編新釋》（復旦大學出土文獻與古文字研究中心網，2008年3月22日）讀。

聖與聶

《告武夷》："君向（饗）受某之聖（聶）帣（幣）芳糧，囟（使）某來歸飤（食）故□。"
《楚居》："逆流哉（載）水，氒（厥）脜（狀）聖（聶）耳，乃妻之。"

㬎字聲系

闟與蹋

《北蒼・耕》："律丸（筦）宂戍，闟（蹋）踐纍杇。"

聶字聲系

聶與攝

《吳命》："咎（舅）生（甥）之邦，聶（攝）周孫₌（子孫），隹（唯）舍（余）一人所豊（禮）。"
《二年・徭律》："當繇（徭）戍而病盈卒歲及毄（繫），勿聶（攝）。"
《隨日・司歲》："正月子朔，聞〈聶（攝）〉民〈氏（提）〉挌（格）司歲。"按，"聞〈聶（攝）〉"字從劉樂賢《孔家坡漢簡〈司歲〉篇補釋》（簡帛網，2006年10月10日）釋讀。
《北大老子》："蓋聞善聶（攝）生者，陵行不避冢（兕）虎，入軍不被兵革。"
《有司》："司宫聶（攝）酒，乃深（錟）

尸俎。”

聶與懾

《爲吏》：“肖（小）人聶（懾）心，不敢徒語恐見惡。”

《文摯》：“故辟聶（懾）懟（懹）胠（怯）者，食之恒張。”

聶與躡

《第二組》：“已葬，輒聶（躡）以平其繇（徭）。”

《第二組》：“其當行而病及不存，署于券，後有繇（徭）而聶（躡）行之。”

《第二組》：“其移徙者，輒移其行繇（徭）數徙所，盡歲而更爲券，各取其當聶（躡）及有贏者日數，皆署新券以聶（躡）。”

《第二組》：“當繇（徭）戍，病不能出及作盈卒歲以上，爲除其病歲繇（徭），勿聶（躡）□□論毄（繫），除毄（繫）日繇（徭）戍，以出日事（使）之。”

聶與翣

《北蒼·魚》：“旃（氈）翳簦笠，羽扇聶（翣）譽（旟）。”

攝與躡

《妄稽》：“踵長於跗，跛廢攝（躡）糙（屣）。”

橐與躡

《官一》：“禪袺（髻）蘗（磐）避（辟），所以莠（誘）橐（躡）也。”

籥與躡

《反淫》：“蜚（飛）鳥聞之，籥（躡）翺（蹀）蜚（飛）陽（揚）；孟（猛）獸聞之，垂耳不行；王孫聞之，兆（遥）思心愓（傷）。”

図字聲系

図與攝

《緇衣》：“《寺（詩）》員（云）：‘佣（朋）友卣（攸）哭₌（攝，攝）以悁（威）義（儀）。’”按，上博簡本《緇衣》哭₌（攝，攝）作図。

巤字聲系

巤與納

《叢辰》：“以巤（納）田邑，笑（吝）。”

邋與獵

《史留》：“内（納）牙（與）賜（貨），幽（流）色牙（與）酉（酒），大鐘貞（鼎），美宙（宮）室，區（驅）軽（騁）畋邋（獵），与（舉）獄詒（訟），此所以逵（失）☐。”按，“邋（獵）”字從程燕《讀〈上博九〉劄記（二）》（簡帛網，2013年1月7日）釋讀。

《日甲·除》：“外陽日，利以建野外，可以田邋（獵）。”

《日甲·除》：“夬光日，利以登高、飲食、邋（獵）四方野外。”

《日甲·叢辰》：“利弋邋（獵）、報讎、攻軍、韋（圍）城、始殺。”

《日甲·星》：“卯（昴），邋（獵）、賈市，吉。”

《日甲·星》：“畢，以邋（獵）置罔（網）及爲門，吉。”

《日甲·星》：“可以寇〈冠〉，可請謁，可田邋（獵）。”

《日甲·禹一》：“凡敫日，利以漁邋（獵）、請謁、責人、摯（執）盜賊。”

《日甲·生子》：“戊午生子，耆（嗜）酉（酒）及田邋（獵）。”

《日乙·楚除》：“熱（設）罔（網）邋（獵），獲。”

《日乙·秦》：“可魚（漁）邋（獵），不可攻，可取不可鼠（予）。”

《日乙·三月》：“卯（昴），邋（獵）、賈市，吉。”

《日乙·六月》：“可始寇〈冠〉，可請謁，可田邋（獵）。”
《日乙·生》：“戊午生，好田邋（獵）。”
《隨日·叢辰》：“利以田（畋）魚（漁）、弋邋（獵）、報讎。”
《田法》：“先大息五日，上使民之壯者，吏將以邋（獵），以便戎事，及助大息之費。”
《田法》：“邋（獵）毋過二日必錯。”
《禁》：“諸侯出邋（獵）不合圍，大夫不射𪊮，士庶人不䴠不卵。”
《四時令》：“趣賦斂，興力事，審關市，斬伐勿禁，弋射田邋（獵）勿禦。”
《人君》：“人君好馳騁田邋（獵），則野草□，田壽（疇）薉（穢），國多衝風，折樹木，褱（壞）大牆。”
《節》：“農夫毋休禦（御）、灰瘳（瞟）菆菅、弋邋（獵）羅罔（網），毋操斧鏺入山林中，毋罪田吏，毋執人田山林中，有央（殃）。”

邋與躐

《官一》：“邋（躐）軍以索陳（陣），茭肆以囚逆。”

邋與鬣

《日甲·詰》：“鳥獸恆鳴人之室，燔鬊（髼）及六畜毛邋（鬣）其止所，則止矣。”

臘與獵

《帛甲老子·道經》：“馳騁田臘（獵）使人心發狂。”
《帛乙老子·道經》：“馳騁田臘（獵）使人心發狂。”

禲與臘

《子儀》：“昔之禲（臘）可（兮）余不與，今茲之禲（臘）余或不與，敓（奪）之綀（績）可（兮）而勸（奮）之。”

轣與獵

《用曰》：“克轣（獵）戎事，台（以）員（損）四𤿯（踐）。”

髗與脅

《楚居》：“麗不從行，渭（潰）自髗（脅）出，妣戲（列）賓于天，晉（巫）戔（咸）賅（該）其髗（脅）以楚，氏（抵）今曰楚人。”

妾字聲系

妾與接

《服傳甲》：“諸侯之大夫，時妾（接）見乎天子。”
《服傳乙》：“諸侯之大夫，時妾（接）見乎天子。”

萎與芰

《容成氏》：“舜於是虖（乎）訂（始）免執（笠）幵（攜）槈（耨）、萎（芰）紒（芥）而坐之。”按，“萎（芰）”字從郭永秉《讀〈六德〉、〈子羔〉、〈容成氏〉劄記三則》（簡帛網，2006年5月26日）讀。

椄與接

《爲吏》：“道傷（易）車利，精而勿致（至），興之必疾，夜以椄（接）日。”
《大成》：“椄（接）陰將眾，𢇍（繼）以蜚虫。”
《曹敖》：“椄（接）陰之道，必心塞葆。”
《曹敖》：“曹敖之椄（接）陰治神氣之道。”
《舜》：“舜之椄（接）陰治氣之道。”
《耇老》：“聞子椄（接）陰以爲強，翕天之精，以爲壽長。”
《耇老》：“耇老妾（接）陰食神氣之道。”
《王期》：“椄（接）陰之道，以靜爲強，平心如水，靈路（露）内臧（藏）。”
《天下至道》：“十脩暨（既）備，十埶（勢）豫陳，八道雜，椄（接）刑（形）以昏。”
《四變》：“淺入則前事不信（伸），深入則後利不椄（接）。”

《兵令》：“章旗相望，矢弩未合，兵刃未椄（接）。”

《五度》：“故兵曰：積弗如，勿與持久；眾弗如，勿與椄（接）和。”

《十陣》：“鴈（雁）行之陳（陣）者，所以椄（接）射也。”

《十問》：“交和而舍，適（敵）人葆（保）山而帶阻，我遠則不椄（接），近則毋（無）所，毄（擊）之奈何？”

《儒説》：“桓公召管子而問之曰：‘夫子有志若此，予之國，尚能椄（接）乎？’”

《反淫》：“鳿（鴻）鵠鷯鶬（雛），弋（鳶）鵵肅（鸘）相（鵝），運翟（翅）比翼，椄（接）遝（沓）苛（柯）閒。”

椄與插

《癘》：“已竅（劙），輒椄（插）杙垣下，以盡二七杙而已。”

緌與接

《文王》：“☐之道，寡人不能弌（一）安（焉），而介緌（接）弋（代）之。”

《五正》：“黄外内交緌（接），乃正於事之所成。”

《帛易・晉》：“溍（晉），康侯用錫（錫）馬蕃庶，晝日三緌（接）。”

《二三子》：“‘龍戰于野’者，言大人之廣德而下緌（接）民也。”

臿字聲系

臿與鍤

《戰國五》：“臣願辭而之周負籠操臿（鍤），毋辱大王之廷。”

臿與悍

《三壽》：“高文成且（祖），敢䎽（問）疋（胥）民古（胡）曰昜（揚？揚）則臿（悍）遠（佚）亡（無）棠（常）。”

疌字聲系

疌與捷

《北蒼・之職》：“勇猛剛毅，便疌（捷）巧亟（極）。”

《十問》：“交和而舍，適（敵）人氣（既）眾以強，巠（勁）疌（捷）以剛，兑（鋭）陳（陣）以胥，毄（擊）之奈何？”

《北蒼・之職》：“勇猛剛毅，便疌（捷）巧亟（極）。”

疌與睫

《耆老》：“三曰合疌（睫）毋聽，翕氣以充腦（腦）。”

疌與接

《十問》：“其將則威，其兵則武，而理（吏）強粱（糧）疌（接），諸侯莫之或侍（待）。毄（擊）之奈何？”

燮字聲系

燮與燮

《繫年十六》：“昷（明）戢（歲），楚王子彼（罷）會晉文子燮（燮）及者（諸）侯之夫₌（大夫），明（盟）於宋。”

燮與襲

《耆夜》：“方臧（壯）方武，克燮（襲）栽（仇）戢（讎）。”按，“燮”似當讀作“襲”。

《説命中》：“故（古）我先王泧（滅）夏，燮（襲）弜（強），戬（翦）春（蠢）邦。”

《芮良夫》：“恆靜（爭）獻其力，畏（威）燮（襲）方戳（讎），先君以多社（功）。”

《芮良夫》：“以力及乍（作），燮（襲）栽（仇）啟䣝（國），以武𤼶（及）恿（勇），衛（衛）想（相）社禝（稷）。”按，“燮”似當讀作“襲”。《白虎通義・誅伐》：“襲者何謂也？行不假途，掩人不備也。”《吕氏春秋・悔過》：“昔秦繆公興師以襲鄭。”高誘《注》：“不鳴鐘鼓密聲曰襲。”《公羊傳・僖公三十三年》：“秦伯將襲鄭。”何休《注》：“輕行疾至不戒以入曰襲。”

甲字聲系

甲與盍

《帛易・豫》：“九四，允〈穴〉餘（豫），大有得，勿疑，傰（朋）甲（盍）讒（簪）。”

伊與狎

《帛乙老子・德經》：“毋伊（狎）其所居，毋猒（厭）其所生。”

柙與拾

《泰射》：“公既發，太（大）射正受弓而𢀜（俟），柙（拾）發以將乘矢。”

《泰射》：“三偶（耦）柙（拾）取泰如初，小射正作取矢如初。”

《泰射》：“眾射者繼柙（拾）取矢，皆如三偶（耦）。”

《泰射》：“適次，命柙（拾）取矢，如初。”

《泰射》：“以柙（拾）取矢，如初。”

閘與狎

《帛甲老子・德經》：“母（毋）閘（狎）其所居，毋猒（厭）其所生。”

閘與嗑

《易之義》：“筮（噬）閘（嗑）紫（背）紀，恆言不已，容（訟）獄兇（凶）得也。”

《阜易・噬嗑》：“筮（噬）閘（嗑）。”

劫字聲系

洯與劫

《將德》：“不陘（輕）寡，不洯（劫）於適（敵），慎終若始，將軍之敬也。”

契與劫

《妄稽》：“適得其耳，究（搯）契（劫）而起。”按，“契”似當讀作“劫”。

夾字聲系

夾與挾

《競公瘧》：“𦦙（舉）邦爲欽（禁），約夾（挾）者（諸）閘（關），縛纏（棨）者（諸）貴（市）。”

《脈書》：“上穿脈（臀），出壓（厭）中，夾（挾）脊，出於項，上頭角。”

《脈書》：“出臂上廉，入肘中，乘臑，穿頰，入齒中，夾（挾）鼻。”

《脈書》：“上穿脊之内廉，毄（繫）於腎，夾（挾）舌本。”

《足臂脈・足》：“枝之下腗，其直（植）者貫□，夾（挾）脊，□□，上於豆（頭）。”

《足臂脈・足》：“要（腰）痛，夾（挾）脊痛，□痛，項痛。”

《足臂脈・足》：“夾（挾）少腹，上出乳内兼（廉），出膉（嗌），夾（挾）口以上，之鼻。”

《陰陽脈甲》：“出臂上廉，入肘中，乘臑，穿頰，入齒中，夾（挾）鼻。”

《陰陽脈甲》：“上穿脊之□廉，毄（繫）於腎，夾（挾）舌。”

《陰陽脈乙》：“夾（挾）脊，出於項，□頭角，下顏（顔），夾（挾）鼽，毄（繫）目内廉。”

《陰陽脈乙》：“乘臑，穿頰，入齒中，夾（挾）鼻。”

夾與狹

《明君》：“夫故先王地夾（狹）人少，□□□強，功及帝王。”

《將失》：“卅曰，不能以成陳（陣），出於夾（狹）道，可敗也。”

《禁》：“土善生其本，故廣而不夾（狹），厚而不非（菲）。”

《周馴》："其同生三人，莭（即）扁（徧）封之，其地之廣夾（狹）既大於岐周。"

夾與陜

《周易·咸》："上六：欽（咸）頌（輔）夾（頰）舌。"按，帛書本夾（頰）作陜。

夾與頰

《周易·咸》："上六：欽（咸）頌（輔）夾（頰）舌。"

夾與柙

《靈王》："執事人夾（柙）郗（蔡）人之軍門，命人毋敢徒出。"按，"夾"似當讀作"柙"。

夾與龕

《祭公》："孳（茲）由（迪）彝季（學）于文武之曼悳（德），克夾卲（紹）成康，甬（用）臧（畢）成大商。"按，今本《逸周書·祭公》夾作龕。

俠與夾

《燕禮》："如飲君，燕，則俠（夾）爵。"

《一類》："次刺項從上下十一椎俠（夾）椎兩，刺榮深四分。"

俠與挾

《攻權》："凡俠（挾）議（義）□□□□□起。"

匧與歙

《北大老子》："聖人之在天下也，匧匧（歙歙）然，爲天下渾【心】。"

偃與挾

《戰國一六》："王□□□□□偃（挾）韓之質以存韓而求故地，韓必效之。"

埉與峽

《明君》："故詩曰：'高丘之下，必有大埉（峽）；高臺之下，必有深池。'以爲非埉（峽）其下也則不能成其高。"

《明君》："意（抑）以三者爲埉（峽）輿（與）？"

陜與夾

《傷痙》："即溫衣陜（夾）坐四旁，汗出到足，乃□。"

陜與狹

《二年·行書律》："坨（地）險陜（狹）不可郵者，得進退就便處。"

《計》："地者，高下廣陜（狹）遠近險易死生也。"

《吳問》："其割田陜（狹），置士多，伍税之，公家富。"

《吳問》："其割田陜（狹），其置士多，伍税之，公家富。"

《市法》："乃爲市之廣陜（狹）小大之度，令必爯（稱）邑。"

《民之情》："八曰：賞罰信，功貴勞利，所以致顯榮，佚（逸）樂之涂（途）陜（狹）。民勸賞猥（畏）罰，民之請（情）也。"

陜與頰

《帛易·咸》："尚（上）六，欽（咸）其肞（輔）陜（頰）舌。"

晱與連

《妄稽》："兆（眺）目鉤（流）折（睇），蟻（蛾）犁（眉）晱（連）管（娟）。"按，"晱管"似當讀作"連娟"。典籍中"連娟"或作"聯娟"、"連卷"等。《史記·司馬相如列傳》："長眉連娟，微睇綿藐。"司馬貞《索隱》引郭璞曰："連娟，眉曲細也。"《文選·張平子〈南都賦〉》："微眺流睇，蛾眉連卷。"李善《注》："連卷，曲貌。"

晱與睫

《養生方》："少河□合（答）麋（眉）晱（睫）□□□□□□□□□□□□□□□其□撞而問之，以渴（竭）請（情）故。"

皷與狎

《北蒼·幽》："嫛皷（狎）嬈嬉，娴嬬范

麀。”

夲字聲系

啐與狎

《成之》：“儁（津）沕（梁）𦊙（爭）舟，其先也不若其後也。言語啐（狎）之，其勳（勝）也不若其已也。”按，“啐”似當讀作“狎”。《荀子·臣道》：“則是狎虎也。”楊倞《注》：“狎，輕侮也。”

琗與陷

《曹沫》：“君乃自怹（過）以敓（悦）於墤（萬）民，弗琗（陷）跪（危）地，毋火飤（食）□，毋詎（誅）而賞，毋皋百眚（姓）而改其逹（將）。”按，“琗”似當讀作“陷”。

㦝與甲

《容成氏》：“武王於是虖（乎）乍（作）爲革車千輮（乘），縛（帶）㦝（甲）墤（萬）人。”

《容成氏》：“武王乃出革車五百輮（乘），縛（帶）㦝（甲）三千，以少（宵）會者（諸）侯之帀（師）於晵（牧）之埜（野）。”

《容成氏》：“武王素㦝（甲）以申（陳）於暋（殷）蒿（郊），而暋（殷）〼。”

《曹沫》：“成（城）𩫖（郭）必攸（修），縕（繕）㦝（甲）利兵，必又（有）戰心以獸（守），所以爲倀（長）也。”

《曹沫》：“人之兵不砥礪（礪），我兵必砥礪（礪）；人之㦝（甲）不緊（堅），我㦝（甲）必緊（堅）。”

《曹沫》：“既戰復豫（舍），虖（號）命（令）於軍中曰：‘緮（繕）㦝（甲）利兵，明日牆（將）戰。’”

《曹沫》：“則斯（訾）尾（度）剔（傷）亡，盤（擊）遼（蒐）行逹（失）車㦝（甲），命之毋行。”

《陳公》：“〼徒㦝（甲）居後；申（陳）於軭（坎），則徒㦝（甲）進退。”

《耆夜》：“辛公謀㦝（甲）爲立（位），乍（作）策（册）逸爲東尚（堂）之客。”

《子產》：“以勸（助）政直（德）之固=（固。固）以自守，不用民於兵㦝（甲）戰戜（鬥），曰武悉（愛），以成政悳（德）之悉（愛）。”

㩗與攝

《三壽》：“昔（措）勤不居，㩗（攝）祗不易，共（供）枉（皇）思攸（修），内（納）諫受訾，神民莫責，寺（時）名曰智。”按，“昔（措）”字從補白《清華簡〈殷高宗問於三壽〉臆説四則》（復旦大學出土文獻與古文字研究中心網，2015年4月16日）引海天説讀。

樥與柙

《窮達》：“关（管）寺（夷）虗（吾）寍（拘）繇（囚）束縛，馭（釋）杙（桎）樥（柙）而爲者（諸）侯相，堣（遇）齊逗（桓）也。”按，“樥（柙）”字從李家浩《讀〈郭店楚墓竹簡〉瑣議》（《郭店楚簡研究》，《中國哲學》第二十輯，遼寧教育出版社，1999年）釋讀。

虣與甲

《繫年十六》：“曰：‘爾（弭）天下之虣（甲）兵。’”

《繫年十八》：“命（令）尹子木會邻（趙）文子武及者（諸）侯之夫=（大夫），明（盟）于宋，曰：‘爾（弭）天下之虣（甲）兵。’”

《繫年十八》：“晉人旻（且）有軋（范）氏與中行氏之禍（禍），七戢（歲）不解虣（甲）。”

《鄭甲》：“以顉於俟弁，籖（笠）皐（胄）鞷（革）虣（甲），列戈盾以嬶（造）勛。”

《鄭乙》：“以猷於俟弁，籖（笠）皐（胄）鞷（革）虣（甲），列戈盾以嬶（造）勛。”

《鄭甲》：“敔（爲）大其宮，君而虣（狎）

之，不善𢦏（哉）。”
《鄭乙》：“敭（爲）大其宮，君而虩（狎）之，不善𢦏（哉）。”

業字聲系

鄴與業

《將理》：“離其吨鄴（業），賈無不離其殜（肆）宅，士大夫無不離其官府。”

劦字聲系

劦與協

《芮良夫》：“□□□□□□□□□甬（用）劦（協）保，罔又（有）肙（怨）誦（痛）。”
《子儀》：“莫往可₌（兮何）以實（寘）言（焉），余愢（畏）其式（式）而不訐（信），余隼（誰）思（使）于劦（協）之。”按，“劦”字從明珍在 ee《清華六〈子儀〉初讀》（簡帛網“簡帛論壇”，2016 年 4 月 16 日）一文下跟帖釋，從清華大學出土文獻讀書會《清華六整理報告補正》（清華大學出土文獻研究與保護中心網，2016 年 4 月 16 日）引馬楠説讀爲“協”。

脅與怯

《勢》：“亂生於治，脅（怯）生於恿（勇），弱生於強。”
《勢》：“恿（勇）脅（怯），埶（勢）也。”

荔與甲

《秦律·田律》：“不夏月，毋敢夜（炙）草爲灰，取生荔（甲）、䴠鸞（卵）鷇。”

盇字聲系

盇與蓋

《競公瘧》：“盇（蓋）必（比）死愈（偷）爲樂唇（乎）！”按，“盇（蓋）”字從何有祖《上博六〈景公瘧〉初探》（簡帛網，2007 年 7 月 11 日）讀。

《王子木》：“王曰：‘醠（甕）不盇（蓋）。’”
《王子木》：“先君智（知）醠（甕）不盇（蓋），醓（酪）不焌（酸）。”
《皇門》：“忞（媢）夫又（有）埶（邇）亡（無）遠，乃弇（掩）盇（蓋）善₌夫₌（善夫，善夫）莫達才（在）王所。”
《相宅》：“盇（蓋）西南之遇（寓），君₌（君子）尻（居）之，幽（恸）悈（擬）不出。”
《相宅》：“盇（蓋）東南之遇（寓），君子尻（居）之□夫□□□。”
《相宅》：“盇（蓋）西北之遇（寓），芒（亡）倀（長）子。”
《相宅》：“盇（蓋）東南之遇（寓），□□尻（居），必又（有）□□出□〼。”
《相宅》：“凡□不可以盇（蓋）□之牅（牆），是胃（謂）□〼。”
《建除》：“盇於亥。”按，睡虎地秦簡《日書》楚除甲、乙種盇作蓋。下十二例同。
《建除》：“盇於子。”
《建除》：“盇於丑。”
《建除》：“盇於寅。”
《建除》：“盇於卯。”
《建除》：“盇於唇（辰）。”
《建除》：“盇於巳。”
《建除》：“盇於午。”
《建除》：“盇於未。”
《建除》：“盇於申。”
《建除》：“盇於梄（酉）。”
《建除》：“盇於戌。”
《建除》：“凡盇日，利以折（製）衣常（裳）、絵褣，折（製）布夁（褐），爲門膚（閭）。”
《治官》：“闗龠（鑰）不利，臧（藏）盇（蓋）不瀀。”按，“盇（蓋）”字從復旦大學出土文獻與古文字研究中心讀書會《嶽麓簡〈爲吏治官及黔首〉部份簡文釋文》(復旦大學出土文獻與古文字研究中心網，2009年11月27日）讀。

《治官》："庫臧（藏）羽革，楊（煬）風必謹，工用必審，臧（藏）盍（蓋）必法。"

盍與闔

《楚居》："盍（闔）虜（廬）内（入）郢，安（焉）復遷（徙）居秦₌溪₌之₌上₌（乾溪之上，乾溪之上）復遷（徙）衮（襲）娧（媺）郢。"

《繫年十五》："吳王子晨酒（將）迟（起）禍（禍）於吳₌（吳，吳）王盍（闔）虏（盧）乃歸，卲（昭）王安（焉）復邦。"

《繫年二十》："晉柬（簡）公立五年，與吳王盍（闔）虏（盧）伐楚。"

《繫年二十》："盍（闔）虏（盧）即殜（世），夫秦（差）王即立（位）。"

盍與奄

《皇門》："王用能盍（奄）又（有）四笅（鄰），遠土不（丕）承，孫₌（子孫）用穖（末）被先王之耿光。"

《繫年三》："成王𡰥（纘）伐商邑，殺寈（祿）子耿，飛曆（廉）東逃于商盍（奄）氏。"

《繫年三》："成王伐商盍（奄），殺飛曆（廉），西遷商盍（奄）之民于邾（朱）虐（圉），以御奴虘（虘）之戎。"

盍與謙

《説命下》："隹（惟）寺（時）大戊盍（謙）曰。"

瘟與掩

《北蒼·耕》："踝企瘟（掩）散，粮（秳）犺（伉）播耕。"

蓋與嗑

《繫辭》："日中爲侯（市），至（致）天下之民，聚天下之貨，交易而退，各得其所欲，蓋取者（諸）筮（噬）蓋（嗑）。"

蓋與闔

《天乙·帝》："四灋（廢）日不可以爲室、□、内，爲囷、倉及蓋（闔）。"

《吳命》："我先君蓋（闔）[閭]☐。"

《見吳王》："蓋（闔）廬曰：'不穀未聞道也，不敢趣之利與☐。'"

《見吳王》："蓋（闔）廬六日不自□□□□□☐。"

《見吳王》："☐蓋（闔）廬☐。"

《見吳王》："☐蓋（闔）廬☐。"

《安稽》："邑國蓋（闔）鄉，撫於鄉里。"

蓋與鴰

《反淫》："朝日即離（鸝）黃、蓋（鴰）且〈旦（鴠）〉鳴焉，募（暮）日即奇（羈）雌獨鳥宿焉。"

蓋與荅

《隨日·朔占》："三以戊朔大稙、大中、叔（菽）、蓋（荅）爲。"

蓋與揜

《繫辭》："[故][惡][積][而][不][可]蓋（揜）也，罪大而不可解也。"按，今本蓋作揜。

蓋與協

《隨日·司歲》："巳朔，蓋（協）□司歲，民[有][疾]，年□春□食，有兵。"

蓋與褐

《窮達》："叴（皋）繇（陶）衣胎（枲）蓋（褐）冒（帽）衽（絰）冡（冢）慬（巾），叜（釋）板筥（築）而差（佐）天子，堣（遇）武丁也。"按，"蓋"似當讀作"褐"。

蓋與芥

《程兵》："☐赤子，愛之若狡童，敬之若嚴師，用之若土蓋（芥），將軍[之]□[也]。"

譀與藹

《琴舞》："畏（威）義（儀）譀₌（藹藹），大其又（有）慕（謨）。"按，"譀₌（藹藹）"

字從黄甜甜《〈周公之琴舞〉札記三則》（confucius2000網，2013年1月15日）讀。

闔與合

《君正》："號令闔（合）於民心，則民聽令。"

《四度》："参於天地，闔（合）於民心，文武並立，命之曰上同。"

《前道》："闔（合）於天地，順於民，羊（祥）於鬼神。"

抾與盍

《周易·豫》："九四：猷（由）余（豫），大又（有）得。母（毋）頪（疑），堋（朋）抾（盍）埶（簪）。"

抾與甲

《周易·豫》："九四：猷（由）余（豫），大又（有）得。母（毋）頪（疑），堋（朋）抾（盍）埶（簪）。"按，帛書本抾（盍）作甲。

胠與怯

《文摯》："故辟聶（懾）憅（懷）胠（怯）者，食之恆張。"按，"胠"字右旁所從應即"盍"字初文。《廣韻》反切注音"去魚切"。不確。參裘錫圭《説字小記》（《北京師院學報》1988年2期）。《説文》"胠，亦下也。""亦下"即"腋下"。"胠"與"脅"似爲一字之異。

詓與法

《九主》："法君明分，詓（法）臣分定，以繩八商（謫），八商（謫）畢名。"按，"詓"字右旁所從應即"盍"字初文。

詓與謁

《容成氏》："墨（禹）乃建鼓於廷，以爲民之又（有）詓（謁）告者訏（訊）安（焉）。"按，"詓（謁）"字從陳劍《上博簡〈容成氏〉的拼合與編連問題小議》（簡帛研究網，2003年1月9日）讀。

蒸部第二一

仌字聲系

馮與憑

《妄稽》："馮（憑）吸（悒）皆顧，七句爲夜。"

馮與朋

《阜易·復》："馮（朋）來无咎。"

《妄稽》："辯（徧）告眾人，拜請馮（朋）友。"

《反淫》："馮（朋）友交游，相與曹戲；後者作謌，願慕高義。"

馮與鳳

《成法》："昔者皇天使馮（鳳）下道一言而止。"

《曹氏》："白丹發，朱草生，馮（鳳）鳥下，游龍見。"

《曹氏》："白丹發，朱草生，馮（鳳）鳥下，游龍見。"

《禁》："陽毋犯鳥，馮（鳳）皇出。"

《反淫》："攣（鸞）馮（鳳）之卵，䨥₌（雚雚）之濡（臑）。"

陞與陵

《尊德義》："音（教）以支（辯）兑（說），則民埶（褻）陞（陵）痮（長）貴以忘（妄）。"按，"陞（陵）"字從黃德寬、徐在國《郭店楚簡文字考釋》（《吉林大學古籍整理研究所建所十五周年紀念文集》，吉林大學出版社，1998 年）讀。

菻與陵

《赤鵠》："帝命句（后）土爲二菻（陵）屯，共尻（處）句（后）之牀下。"

《赤鵠》："帝命句（后）土爲二菻（陵）屯，共尻（處）句（后）之牀下。"

《赤鵠》："句（后）女（如）敱（撤）屋，殺黃它（蛇）與白兔，坔陞（地）斬菻（陵），句（后）之疾其瘳。"

《赤鵠》："乃坔陞（地），又（有）二菻（陵）廌（屯），乃斬之。"

紒與縢

《金縢》："周公乃内（納）其所爲社（貢）自以弋（代）王之敓（說）于金紒（縢）之匱。"

《金縢》："王□弁，夫₌（大夫）繇（髻），以啟金紒（縢）之匱。"

朋字聲系

朋與凭

《三德》："天才（哉）人才（哉），朋（凭）可（何）新（親）才（哉），叟（沒）其身才（哉）。"

倗與朋

《六德》："袓免，爲宗族也，爲倗（朋）曶（友）亦肰（然）。"

《帛易·蹇》："九五，大蹇（蹇）㑵〈倗（朋）〉來。"按，"㑵"似即"倗"之誤字。今本作"朋"。

堋與朋

《緇衣》："《寺（詩）》員（云）：'倗（朋）友卣（攸）嬰₌（攝，攝）以愄（威）義（儀）。'"按，上博簡本《緇衣》倗（朋）作堋。

《語叢四》："邦又（有）巨䧺（雄），必先與之以爲堋（朋）。"

《周易·豫》："九四：猷（由）余（豫），大又（有）得。母（毋）頚（疑），堋（朋）㰵（盍）𥓞（簪）。"
《天子甲》："男女不訨（語）鹿（剥），堋（朋）友不語分。"
《天子乙》："男女不訨（語）鹿（剥），堋（朋）友不訨（語）分。"
《帛易·復》："復，亨。出人〈入〉无疾，堋（朋）來无咎。"

堋與崩

《容成氏》："文王堋（崩），武王即立（位）。"
《仲弓》："山又（有）堋（崩），川又（有）滐（竭），昌₌（日月）星唇（辰）猷（猶）差，民亡（無）不又（有）怂（過）。"
《仲弓》："百₌（一日）以善立，所學皆終；百₌（一日）以不善立，所學皆堋（崩）。"按，"堋（崩）"字從陳劍《上博竹書〈仲弓〉篇新編釋文（稿）》（簡帛研究網，2004年4月18日）讀。
《戰國一八》："而不汲（及）今令有功於國，山陵堋（崩），長安君何以自託於趙？"

堋與傰

《周易·豫》："九四：猷（由）余（豫），大又（有）得。母（毋）頚（疑），堋（朋）㰵（盍）𥓞（簪）。"按，帛書本堋（朋）作傰。

倗與朋

《緇衣》："《寺（詩）》員（云）：'倗（朋）友卣（攸）嬰₌（攝，攝）以愄（威）義（儀）。'"
《鮑叔牙》："級（隰）倗（朋）與鞄（鮑）弔（叔）牙從。"
《鮑叔牙》："汲（隰）倗（朋）倉（答）曰：'公身爲亡道，不遂（遷）於善而敓（説）之，可虐（乎）才（哉）？'"
《鮑叔牙》："鞄（鮑）弔（叔）牙與汲（隰）倗（朋）曰。"
《鮑叔牙》："伋（隰）倗（朋）與鞄（鮑）弔（叔）牙皆拜。"
《鮑叔牙》："二人也倗（朋）堂（黨），羣獸遱（摟）倗（朋），取與䁠公。"
《鮑叔牙》："鞄（鮑）弔（叔）牙與級（隰）倗（朋）之諫。"
《六德》："爲宗族𠔁（毖）倗（朋）习（友），不爲倗（朋）习（友）𠔁（毖）宗族。"

倗與堋

《緇衣》："《寺（詩）》員（云）：'倗（朋）友卣（攸）嬰₌（攝，攝）以愄（威）義（儀）。'"按，上博簡本《緇衣》倗（朋）作堋。

繃與繃

《説命上》："氒（厥）卑（俾）繃（繃）弓紳（引）弫（弮）辟矢。"

𨑳與凡

《鮑叔牙》："又（有）夏是（氏）觀其容以使，及其芒（亡）也，皆爲其容。殷人之所以弋（代）之，觀其容，聖（聽）其言，𨑳（凡）其所以芒（亡），爲其容，爲其言。周人之所以弋（代）之，觀其容，聖（聽）言，迿倡者使。𨑳（凡）其所以衰芒（亡），忘其迿倡也。"按，"𨑳（凡）"字從沈培《小議上博簡〈鮑叔牙與隰朋之諫〉中的虛詞"凡"》（《出土文獻與古文字研究》第一輯，復旦大學出版社，2006年）讀。

郙與鄘

《楚居》："柬（簡）大王自疆郢遲（徙）居藍₌郢₌（藍郢，藍郢）遲（徙）居郙₌郢₌（鄘郢，鄘郢）復於鄩（鄀），王大（太）子以邦居郙（鄘）郢，以爲尻（處）於戠郢。至恕（悼）折（哲）王猷（猶）居郙（鄘）郢。"

崩與朋

《繫辭》："易曰：'童（憧）童（憧）往來，崩（朋）從璽（爾）思。'"

《易之義》："'東北喪崩（朋），西南得崩（朋）'，求賢也。"

《易之義》："易曰'東北喪崩（朋），西南得崩（朋），吉'。"

《阜春一九》："管子善制割，習（隰）崩（朋）善削齊。"

《阜春一九》："管中（仲）善制割之，習（隰）崩（朋）□□□之。"

《殘簡二》："友之友胃（謂）崩（朋），崩（朋）之崩（朋）胃（謂）之黨。"

《殘簡二》："群黨崩（朋）友皆〼。"

《喪服》："崩（朋）友皆在也（他）國，但（袒）免，歸則已。"

傰與崩

《稱》："埤（卑）而正者增，高而倚者傰（崩）。"

《陰陽家》："野有熯者，磨〈曆（歷）〉八時，則妃主傰（崩），國訞（夭）死，多女喪。"

《雨書》："二旬奎，雨，以逆大暑，河乃洫（溢），山傰（崩）地動。"

傰與朋

《帛易・損》："六五，益之，十傰（朋）之龜，弗克回（違），元吉。"

《帛易・豫》："九四，允〈穴〉餘（豫），大有得，勿疑，傰（朋）甲（盍）讒（簪）。"

《帛易・解》："九四，解其栂（拇），傰（朋）至斯復（孚）。"

《帛易・咸》："九四，貞吉，悔亡。童（憧）童（憧）往來，傰（朋）從璽（爾）思。"

《帛易・益》："九〈六〉二，或益之十傰（朋）之龜，弗亨〈克〉回（違），永貞吉。"

《二三子》："卦曰：'大蹇（蹇），傰（朋）來。'"按，"傰"字從廖名春《帛書〈周易〉論集》（上海古籍出版社，2008年，374頁）釋，當讀作"朋"。

《繆和》："夫羣黨傰（朋）□□□□□□□□比□相譽，以奪君明。"

《繆和》："夫人渴（竭）力盡知，歸心於上，莫敢傰（朋）黨侍君，而主將何求於人矣？"

《阜易・坤》："□□□傰（朋），東□□□。"

傰與倗

《戰國二二》："魏王胃（謂）韓傰（倗）、張義（儀）。"

《戰國二二》："韓傰（倗）之救魏之辭，必不胃（謂）鄭王曰：'傰（倗）以爲魏。'"

《戰國二二》："傰（倗）將槫（摶）三國之兵，乘屈匄之敝，南割於楚，故地必盡。"

《戰國二二》："秦、韓之王劫於韓傰（倗）、張義（儀）而東兵以服魏。"

《戰國二四》："公中（仲）傰（倗）胃（謂）韓王曰。"

《戰國二四》："乃警公中（仲）傰（倗）將使西講於秦。"

《戰國二四》："兵爲秦禽（擒），知（智）爲楚笑者，過聽於陳軫，失計韓傰（倗）。"

傰與棚

《秦律・司空》："縣、都官用貞（楨）、栽爲傰（棚）牏。"

鸚與鳳

《李頌》："鸚（鳳）鳥之所寨（集），竘（竢）峕（時）而复（作）可（兮）。"按，"鸚（鳳）"字從復旦吉大古文字專業研究生聯合讀書會《上博八〈李頌〉校讀》（復旦大學出土文獻與古文字研究中心網，2011年7月17日）讀。

瞢字聲系

瞢與夢

《日甲・夢》："人有惡瞢（夢），譽（覺），乃繹（釋）髮西北面坐，鑐（禱）之曰。"

《日甲・夢》："某有惡瞢（夢），走歸豽䣛之所。"

《日甲・詰》："一宅之中毋（無）故室人皆疫，多瞢（夢）米（寐）死。"

《日甲・詰》："鬼恆爲人惡瞢（夢），譽（覺）而弗占，是圖夫。"

夢與萌

《觀》："乃夢（萌）者夢（萌）而茲（孳）者茲（孳），天因而成之。"

《行守》："逆節夢（萌）生，其誰骨〈能〉當之。"

《繆和》："見夷主者，其始夢（萌）兆而亟見之者也。"

《繆和》："物未夢（萌）兆而先知之者，耶（聖）人之志也，三代所以治其國也。"

薨與萌

《九主》："爭道得主者薨（萌）起。"

薨與夢

《雜禁方》："多惡薨（夢），垐（塗）牀下方七尺。"

《晏子四》："公吾〈昔（夕）〉薨（夢）有二丈夫立而怒。"

《晏子四》："公恐，學（覺），痛硍（瘨），辟（闢）門召占薨（夢）者。"

《晏子四》："今昔（夕）吾薨（夢）二丈夫立而怒。"

《晏子四》："占薨（夢）者曰。"

《晏子四》："占薨（夢）者弗識也。"

黽字聲系

繩與蠅

《神烏賦》："云〓（營營）青繩（蠅），止于杅（樊）。"

繩與孕

《二年・田律》："毋殺其繩（孕）重者，毋毒魚。"

《觀》："宿陽脩（修）刑，童（重）陰長夜氣閉地繩（孕）者，所以繼之也。"

《帛易・漸》："九三，鳿（鴻）漸于陸，夫征不復，婦繩（孕）不□，凶。利所（禦）寇。"

《帛易・漸》："九五，鳿（鴻）漸于陵，婦三歲不繩（孕），終莫之勝，吉。"

《易之義》："川（坤）之'牝馬'，小蓄（畜）之'密雲'，句（姤）之'適屬（躅）'，漸之'繩（孕）婦'，肫（屯）之'泣血'，五繇者，陰之失也，靜而不能僮（動）者也。"

《四時令》："然則天爲下寒合冰，毛虫（蟲）不犢（殰），繩（孕）婦不消（銷）汁（棄），草木根本必美矣。"

登字聲系

登與升

《競公瘧》："夫子之悳（德）登（升）矣，可（何）其宗（崇）。"按，"登（升）"字從黃人二、林志鵬《上博藏簡第三冊彭祖試探》（簡帛研究網，2004年4月29日）讀。

《帛易・同人于野》："九三，服（伏）容（戎）于莽，登（升）其高陵，三歲不興。"

《帛易・升》："登（升），元亨。利見大人，勿血（恤）。南正（征），吉。"

《帛易・升》："初六，允登（升），大吉。"

《帛易・升》："九三，登（升）虛邑。"

《帛易・升》："六五，貞吉，登（升）階。"

《帛易・升》："尚（上）六，冥登（升），利于不息之貞。"

《阜易·升》："九三，登（升）虛邑。"

登與拯

《帛易·艮》："六二，根（艮）其肥（腓），不登（拯）其隨，其心不快。"

登與蒸

《競公瘧》："今新（薪）登（蒸）思（使）吳（虞）守之。"

登與徵

《性自》："釆（幣）帛，所以爲信與諻（徵）也，其訏（詞）宜（義）道也。"按，上博簡本《性情論》諻（徵）作登。

登與諶

《良臣》："子產之輔：子羽、子剌、蔑明、卑（裨）登（諶）、酉〈富〉之叓、王子百。"

撜與拯

《帛易·明夷》："六二，明夷，夷于左股，用撜（拯）馬牀（壯），吉。"

《帛易·渙》："初六，撜（拯）馬，吉。悔亡。"

㞷字聲系

㞷與徵

《采風》："訐（衍）㞷（徵）：《牧人》，《募人𧖴亡》，《𩃬氏》，《成（城）上生之葦》，《道之遠尔》，《良人亡不宜也》，《列也遺夬（玦）》。"

《采風》："㞷（徵）和：《硻（輾）剸（轉）之實》。"

《繫年十五》："王內（入）陳，殺㞷（徵）郐（舒），取其室以叙（予）緟（申）公。"

㸒與升

《別卦》："㸒（升）。"

諻與登

《性自》："釆（幣）帛，所以爲信與諻（徵）也，其訏（詞）宜（義）道也。"按，上博簡本《性情論》諻（徵）作登。

諻與徵

《性自》："釆（幣）帛，所以爲信與諻（徵）也，其訏（詞）宜（義）道也。"

《容成氏》："湯於是虐（乎）諻（徵）九州之帀（師），以霝（略）四海（海）之內。"

《繫年十五》："陳公子諻（徵）郐（舒）取妻于奠（鄭）穆公，是少盁。"

《繫年十五》："臧（莊）王立十又五年，陳公子諻（徵）余（舒）殺其君靁（靈）公，臧（莊）王衒（率）自（師）回（圍）陳。"

諻與懲

《命訓》："或司不義而隆（降）之禍₌（禍，禍）怂（過）才（在）人₌（人，人）□母（毋）諻（懲）嘑（乎）？女（如）諻（懲）而悔（悔）怂（過），則厇（度）至于亟（極）。"

陞與徵

《容成氏》："湯聕（聞）之，於是虐（乎）新（慎）戒陞（徵）臤（賢）。"按，"陞（徵）"字從陳劍《上博簡〈容成氏〉的拼合與編連問題小議》（簡帛研究網，2003年1月9日）讀。

陞與升

《容成氏》："女（如）是而不可，肰（然）句（後）從而攻之，陞（升）自戎（陑）述（遂），內（入）自北門，立於中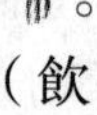。"

《耆夜》："周公秉箸（爵）未歆（飲），蛬（蟋）蟀（蟀）（躍）陞（升）于尚（堂）。"按，"陞"似當讀作"升"。

陞與昇

《子儀》："公命窮韋陞（昇）琴（琴）奏甬（鏞），䛇（歌）曰。"

《子儀》："乃命陞（昇）琴（琴）訶（歌）於子義（儀），楚樂和之。"

陞與拯

《周易·艮》："六二：艮其足，不陞（拯）

其隆（隨），其心不悸（快）。”

隚與登

《容成氏》：“以䢈（厲）於溪浴（谷），淒（濟）於坣（廣）川，高山隚（登），蓁（榛）林□□泉。”

《三德》：“内（入）虚母（毋）樂，隚（登）丘母（毋）訶（歌），所以爲天豊（禮）。”

《周易·睽》：“六五：悬（悔）亡，隚宗醬（噬）肤（膚），螜（往）可（何）咎。”按，帛書本隚作登。

《周易·艮》：“六二：艮其足，不隚（拯）其隆（隨），其心不悸（快）。”按，帛書本隚（拯）作登。

灷字聲系

灷與送

《昔者》：“大（太）子前之母₌俤₌（母弟，母弟）灷（送）。”

灷與寸

《凡物甲》：“足牆（將）至（致）千里，必從灷（寸）刣（始）。”

㑞與慎

《命訓》：“㑞之以豊（禮），教之以敎（藝），正之以政，童（動）之以事，懽（勸）之以賞，䰡（畏）之以罰。”按，今本《逸周書·命訓》㑞作慎。

愻與訓

《命訓》：“□生民而成大命₌（命。命）司悳（德），正以禍（禍）福，立明王以愻（訓）之。”

《命訓》：“㑞（訓）之以豊（禮），教之以敎（藝），正之以政，童（動）之以事，懽（勸）之以賞，䰡（畏）之以罰。”

愻與順

《命訓》：“□生民而成大命₌（命。命）司悳（德），正以禍（禍）福，立明王以愻之。”按，今本《逸周書·命訓》愻作順。

送與賸

《有司》：“眾賓出，主人送于廟門外，乃反歸，入乃徹，徹牢中之送（賸）。”

送與蹲

《慎子》：“首眥（戴）茅芙（蒲），櫟（撰）筱（銚）執樝（鉏），送（蹲）畎備（伏）畂〈畮（畝）〉，必於□。”按，“送”似當讀作“蹲”。《晏子春秋·内篇諫上·景公遊公阜一日有三過言晏子諫第十八》：“君將戴笠衣褐，執銚耨，以蹲行畎畝之中。”

鲞與逐

《緇衣》：“共（恭）以位（涖）之，則民又（有）㥞（遯）心。”按，上博簡本《緇衣》㥞（遯）作鲞。

《仲弓》：“迪（申）之備之，緩（緩）怠（施）而鲞（遯）放（服）之。”按，“鲞（遯）”字從陳劍《上博竹書〈仲弓〉篇新編釋文（稿）》（簡帛研究網，2004 年 4 月 18 日）讀。

鲞與尊

《子產》：“行以鲞（尊）命（令）、裕義（儀），以臭（釋）亡季（教）、不姑（辜）。”

桊與朕

《芮良夫》：“桊（朕）隹（惟）湝（沖）人，則女（如）禾之又（有）秜（稺）。”

朕與勝

《帛乙老子·德經》：“趮（躁）朕（勝）寒。”

《帛乙老子·德經》：“天下之交也，牝恆以靜朕（勝）牡。”

《帛乙老子·德經》：“夫茲（慈），以單（戰）則朕（勝），以守則固。”

《帛乙老子·德經》：“善朕（勝）敵者弗與，善用人者爲之下。”

《帛乙老子·德經》：“故抗兵相若，而依

（哀）者朕（勝）矣。”

《帛乙老子·德經》：“天之道，不單（戰）而善朕（勝），不言而善應。”

《帛乙老子·德經》：“是以兵強則不朕（勝），木強則競（栖）。”

《帛乙老子·德經》：“水〈柔〉之朕（勝）剛也，弱之朕（勝）強也，天下莫弗知也。”

《帛甲老子·道經》：“殺人眾，以悲哀立（莅）之；戰朕（勝），而以喪禮處之。”

《帛乙老子·道經》：“朕（勝）人者，有力也；自朕（勝）者，強也。”

《帛乙老子·道經》：“柔弱朕（勝）強。”

《國次》：“人強朕（勝）天，慎辟（避）勿當。”

《國次》：“天反朕（勝）人，因與俱行。”

《君正》：“七年而可以正（征），則朕（勝）強適（敵）。”

《君正》：“號令成俗而刑伐（罰）不犯，則守固單（戰）朕（勝）之道也。”

《六分》：“單（戰）朕（勝）而令不□□□失□□□□□□□□空□與天□□則國貧而民芒（荒）。”

《亡論》：“【六】危不朕（勝），禍及於身。”

《亡論》：“内立（位）朕（勝）胃（謂）之塞，外立（位）朕（勝）胃（謂）之價（拂），外内皆朕（勝）則君孤直（特）。”

《順道》：“若此者，單（戰）朕（勝）不報，取地不反。”

《順道》：“單（戰）朕（勝）於外，福生於内。”

《稱》：“敬朕（勝）怠，敢朕（勝）疑。”

《繫辭》：“剛柔也者，立本者也；變迵（通）也者，聚（趣）者也；吉凶者，上朕（勝）者也。”

《易之義》：“嬬（需）□□□□□□□□□知未騰朕（勝）也。”

《易之義》：“是故柔而不玦，然後文而能朕（勝）也；剛而不折，然而後武而能安也。”

《易之義》：“遯之‘黃牛’，文而知朕（勝）矣。”

《易之義》：“子曰：廢則不可入於謀，朕（勝）則不可與戒。”

《要》：“易曰：‘鼎折足，復（覆）公莡（餗），其刑（形）屋（渥），凶。’言不朕（勝）任也。”

《繆和》：“財盡而人力屈，不朕（勝）上求，眾又（有）離□而上弗卹，此所以亡其國以及其身也。”

朕與沈

《皇門》：“緣（肆）朕湝（沖）人非敢不用明刑，隹（惟）莫覓（開）余嘉惪（德）之兑（説）。”按，今本《逸周書·皇門》朕作沈。

勝與朕

《王杖》：“高皇帝以來至本二年，勝（朕）甚哀老小。”

勝與媵

《燕禮》：“勝（媵）爵者執觗（觶）持（待）于洗南。”

《燕禮》：“公坐，取夫=（大夫）所勝（媵）觗（觶），興以州（酬）賓。”

《燕禮》：“若命長致，則勝（媵）爵者鄭（奠）觗（觶）于匪（篚）。”

《燕禮》：“賓降洗，升勝（媵）柧（觚）于公，酌散，下拜。”

勝與覃

《燕禮》：“遂歌薌（鄉）樂，《周南》:《關雎》、《葛勝（覃）》、《綰（卷）耳》。”

塍與朕

《周馴》：“塍（朕）子九人，唯爾爲嗣。”

滕與騰

《北蒼·陽》："閔㝈（徹）竈趯（蹕），滕（騰）先登慶（卿）。"

騰與乘

《三十時》："此陽虫（蟲）騰（乘）陰虫（蟲）之時也。"

縢與朕

《祭公》："天子，悔（謀）父縢（朕）疾隹（惟）不瘳。"

《祭公》："縢（朕）身尚才（在）𦍘（兹），縢（朕）䰟（魂）才（在）縢（朕）辟卲（昭）王𣳜=（之所）。"

《祭公》："縢（朕）之皇且（祖）周文王、剌（烈）且（祖）武王，尾（宅）下鄭（國），复（作）戟（陳）周邦。"

《祭公》："三公，悔（謀）父縢（朕）疾隹（惟）不瘳。"

《祭公》："天子，参（三）公，余隹（惟）弗迟（起）縢（朕）疾。"

縢與騰

《説命上》："敓（説）方坒（築）城，縢（騰）降亜（踊）力（陟）。"按，"縢（騰）"字從胡敕瑞《讀〈清華大學藏戰國竹簡（三）〉劄記之一》（清華大學出土文獻研究與保護中心網，2013年1月5日）讀。

賸與勝

《北蒼·耕》："姑㯱（蕤）姗（刪）賸（勝），訏薆寙縈。"

賸與媵

《答問》："妻賸（媵）臣妾、衣器當收不當？"

《答問》："妻有罪以收，妻賸（媵）臣妾、衣器當收，且畀夫？"

騰與謄

《封診式》："遣識者以律封守，當騰=（謄，謄）皆爲報，敢告主。"

《封診式》："遣識者當騰=（謄，謄）皆爲報，敢告主。"

騰與媵

《燕禮》："騰（媵）爵者立于洗南，西面，北上。"

《燕禮》："小臣有（又）請騰（媵）爵者，二夫=（大夫）騰（媵）爵如初。"

《泰射》："主人浣（盥）洗，升騰（媵）柧（觚）于賓。"

《泰射》："小臣自作（阼）階下請騰（媵）爵者，公命長。"

《泰射》："小臣作下大夫二人騰（媵）爵。"

《泰射》："騰（媵）爵者作（阼）階下皆北面再拜稽首。"

《泰射》："騰（媵）爵者立于洗南，西面北上。"

《泰射》："騰（媵）爵者皆坐祭，述（遂）卒觗（觶）。"

《泰射》："騰（媵）爵者執觗（觶）寺（待）于洗南。"

《泰射》："騰（媵）爵者洗瑑（象）觗（觶），升實之。"

《泰射》："騰（媵）爵者皆退反位。"

《泰射》："公坐取大夫所騰（媵）觗（觶），興以州（酬）賓。"

《泰射》："賓降洗，升，騰（媵）柧（觚）于公，酌散，下拜。"

《泰射》："公坐取賓所騰（媵）柧（觚），興。"

騰與黛

《北蒼·魚》："粉騰（黛）脂膏，鏡籋（籢）比（莔）疏（梳）。"

紾與縢

《容成氏》："戊午𣅀=（之日），涉於孟鴻（津），至於共、紾（縢）之閒（閒），三軍大軋（犯）。”

遂與秦

《鬼神》：“遂（秦）丞（穆）公者，天下之嬰（亂）人也，長年而叟（沒）。”按，“遂（秦）”字從李家浩、楊澤生《談上博竹書〈鬼神之明〉中的“送丞公”》(《簡帛》第四輯，上海古籍出版社，2009年）釋讀。

畬與尊

《天子甲》：“畬（尊）且（俎）不折（制）事，聚眾不詀（語）惰（逸）。”

《天子乙》：“畬（尊）且（俎）不折（制）事，聚眾不詀（語）惰（逸）。”

眷與寸

《鄭子甲》：“命思（使）子家利（梨）木三眷（寸），綖（疏）索以紲（紘），毋敢丁門而出，斅（掩）之成（城）丕（基）。”按，“眷（寸）”字從復旦大學出土文獻與古文字研究中心研究生讀書會《〈上博七・鄭子家喪〉校讀》(復旦大學出土文獻與古文字研究中心網，2008年12月31日）釋讀。下同。

《鄭子乙》：“命思（使）子家利（梨）木三眷（寸），綖（疏）索以紲（紘），毋敢丁門而出，斅（掩）之成（城）丕（基）。”

麐與尊

《子產》：“子產用麐（尊）老先生之畯（俊），乃又（有）喪（桑）丘中（仲）昬（文）、圠（杜）暂（逝）、肥中（仲）、王子白（伯）忨（願）。”按，“麐”字從bulang在ee《清華六〈子產〉初讀》(簡帛網“簡帛論壇”，2016年4月16日）一文下跟帖隸定。

夌字聲系

淩與僖

《皐春二五》：“淩負羅〈羈〉之妻胃（謂）淩負羅〈羈〉曰。”按，“淩負羅”在《左傳》、《國語》等作“僖負羈”。下同。

《皐春二五》：“淩負羅〈羈〉遺之飧（餕），加璧焉。”

淩與釐

《皐春二五》：“淩負羅〈羈〉之妻胃（謂）淩負羅〈羈〉曰。”按，“淩負羅”在《韓非子》、《史記》和《淮南子》等書中作“釐負羈”。下同。

《皐春二五》：“淩負羅〈羈〉遺之飧（餕），加璧焉。”

倰與骸

《北大老子》：“人之生也柔弱，其死也倰（骸）信（肕）堅強。”按，“倰”似當讀作“骸”。《廣雅・釋器》：“骸，骨也。”《公羊傳・宣公十五年》：“易子而食之，析骸而炊之。”何休《注》：“骸，人骨也。”《玄應音義》卷七“尸骸”注：“骸，骨之總名也。”《慧琳音義》卷二十九“骸骨”注引《玉篇》“身體諸骨總名爲骸。”

淩與凌

《帛甲老子・道經》：“渙呵（兮）其若淩（凌）澤（釋），□呵（兮）其若椐（樸）。”

《帛乙老子・道經》：“渙呵（兮）其若淩（凌）澤（釋），沌（敦）呵（兮）其若樸。”

《兵令》：“武者所以淩（凌）適（敵）分死生也。”

淩與陵

《治官》：“茲（慈）下勿淩（陵），敬士〈上〉勿犯。”

《王期》：“襄□□□，□□近水，精氣淩（陵）楗（健）久長。”按，“淩（陵）”字從魏啟鵬、胡翔驊《馬王堆漢墓醫書校釋（貳）》(成都出版社，1992年，128頁）讀。

淩與兢

《周馴》：“故《詩》曰：‘戰₌淩₌（戰戰兢兢），

如臨深淵，如履薄冰。'"

逘與陵

《成之》："古（故）君子所復之不多，所求之不逘（陵），戢（察）反者（諸）㠯（己）而可以智（知）人。"按，"逘（陵）"字從趙平安《釋郭店簡〈成之聞之〉中的"逘"字》(《簡帛研究 2001》，廣西師範大學出版社，2001年）釋讀。

陵與菱

《痂》："以小童弱（溺）漬陵（菱）枝（芰），以瓦器盛，以布蓋。"

《痂》："冶烏豙（喙）四果（顆）、陵（菱）枝（芰）一升半。"

《乾瘙》："熬陵（菱）枝（芰）一參，令黄，以淳酒半斗煮之，三沸止。"

《身疕》："疕毋名而養（癢），用陵（菱）叔〈枝（芰）〉熬，冶之。"

《雜療方》："每朝啜闌（蘭）實三，及啜陵（菱）攱（芰）。"

陵與鯪

《妄稽》："魿（鱗）若陵（鯪）鯉，色若腐蝦。"

曾字聲系

曾與增

《三禁》："地之禁，不墮高，不曾（增）下。"

曾與層

《李頌》："䜌（亂）本曾（層）枳（枝），寖（浸）毀（毀）兮可（兮）。"

曾與憎

《稱》："行曾（憎）而索愛，父弗得子；行母（侮）而索敬，君弗得臣。"

《戰國二一》："下吏皆以秦爲夏〈憂〉趙而曾（憎）齊。"

《戰國二一》："臣竊以事觀之，秦幾（豈）夏〈憂〉趙而曾（憎）齊戋（哉）。"

《周馴》："爾遠信仁而不能玆（慈）孝，惡學曾（憎）善而不聽教道（導）。"

《周馴》："臣宦於降（絳），歸而糧絕，羞行气（乞）而曾（憎）自取，故至於若此。"

曾與繒

《成王》："夫夏曾（繒）是（氏）之道，可以智（知）善否，可以智（知）亡才（在），可胃（謂）又（有）道虖（乎）？"

《繫年二》："曾（繒）人乃降西戎，以攻幽=王=（幽王，幽王）及白（伯）盤乃滅，周乃亡。"

曾與贈

《儒言》："子路行辭中=尼=（仲尼仲尼）曰曾（贈）女（汝）以車。"

增與曾

《戰國五》："叚（假）臣孝如增（曾）參，信如尾星（生），廉如相〈伯〉夷。"

《戰國五》："孝如增（曾）參，乃不離親，不足而（以）益國。"

增與憎

《天乙·貞在》："貞在應鐘，是胃（謂）斉人兢=（兢兢），有惡有增（憎）。"

《戰國一六》："夫增（憎）韓，不愛安陵氏，可也。"

《三十時》："以爲嗇夫，眾人增（憎）之。"

增與甑

《節》："釜增（甑）毀者，家有毀，以人隨之。"

矰與增

《日甲·土忌二》："月中旬，毋起北南陳垣及矰（增）之，大凶。"

《算數書·增減分》："矰（增）減分：增分者，增其子；減分者，增其母。"

《算數書·少廣》："其從（縱）有不分者，

直（置）如法矰（增）不分。”

《威王問》：“倅（萃）險矰（增）壘，静戒毋動。”

《堪輿》：“唯（雖）日、辰、星皆不吉，必矰（增），唯（雖）癈必興。”

《堪輿》：“凡入日之徒以得，數其餘日，以矰（增）其數之少多。”

《堪輿》：“凡出之徒以亡，數其餘日，以矰（增）其數之少多。”

矰與贈

《春秋五》：“䰯（魏）州余果與隋會出，曉（繞）朝矰（贈）之以策。”

《春秋五》：“□□吾矰（贈）子，子毋以秦□□人，吾謀實不用□。”

罾與罾

《蒼頡篇》：“罾（罾）笱罯罝。”

繒與鄫

《妄稽》：“邯鄲直美，鄭庫（褲）繒（鄫）帶，翡（翡）翠爲當（璫）。”

爯字聲系

爯與偁

《子羔》：“采（抽）者（諸）甽（畎）畱（畝）之中，而使君天下而爯（偁）。”

《子羔》：“厽（三）王者之乍（作）也，皆（皆）人子也，而其父戔（賤）而不足爯（偁）也與（歟）？殹（抑）亦成天子也與（歟）？”

爯與稱

《魯穆公》：“恆（亟）爯（稱）其君之亞（惡）者，可胃（謂）忠臣矣。”

《魯穆公》：“亙（亟）爯（稱）其君之亞（惡）者，可胃（謂）忠臣矣。”

《魯穆公》：“亙（亟）爯（稱）其君之亞（惡）者未之又（有）也。”

《成之》：“《君奭》曰：‘唯髟（冒）不（丕）單爯（稱）悳（德）。’害（蓋）言疾也。”按，今本《尚書·君奭》爯作稱。

《容成氏》：“咎（皋）秀（陶）乃五嬰（讓）以天下之臤（賢）者，述（遂）爯（稱）疾不出而死。”

《曹沫》：“君子以臤（賢）爯（稱）而遂（失）之，天命；以亡道爯（稱）而叟（沒）身遠（就）殑（殂），亦天命。不肰（然），君子以臤（賢）稱，害（曷）又（有）弗得？以亡道爯（稱），害（曷）又（有）弗遂（失）？”

《君子》：“聖（聲）之偖（疾）俆（徐），爯（稱）其眾寡。”

《叢辰》：“以亡貨，不爯（稱）。”

《用曰》：“爯（稱）秉纏（重）悳（德），冒難軋（犯）央（殃）。”

《王居》：“不爯（稱）孯（賢）進可，以嗶（屏）補（輔）我？則戠（職）爲民窮窬。”

《王居》：“虛（吾）以尔（爾）爲遠目耳，而縱不爲虛（吾）爯（稱）睪（擇）。”

《王居》：“邦人其胃（謂）我不能爯（稱）人，朝记（起）而夕瀍（廢）之。”

《陳公》：“五爯（稱）：鉦、鐃以左，鈍（錞）釪（于）以右，鍈₌（金鐸）以跪（坐），木鍈（鐸）以记（起）。”

《邦人》：“亯（就）復邦之後，盍（蓋）冠爲王列，而邦人不爯（稱）媺（美）安（焉）。”

《邦人》：“安（焉）叚（假）爲司馬，不取其折（實），而邦人不爯（稱）還（榮）安（焉）。”

《邦人》：“古（故）爲鄴（葉）連囂（敖）與鄝（蔡）樂尹，而邦人不爯（稱）畬（貪）安（焉）。”

《邦人》：“三戰而三昔（捷），而邦人不爯（稱）勇安（焉）。”

《邦人》：“亯（就）復邦之後，盍（蓋）冠爲王列，而邦人不爯（稱）媺（美）安（焉）。”

《祭公》："公爯（稱）不（丕）㬎（顯）悳（德）。"

《琴舞》："䜌（亂）曰：恒（桓）爯（稱）其又（有）若（若），曰享畣（答）舍（余）一人。"

《芮良夫》："莫爯（稱）氒（厥）立（位），而不智（知）允（滿）浧（盈）。"

《三壽》："天下甖（甄）爯（稱），以羣（誥）四方，寺（時）名曰觀（叡）訐（信）之行。"

《鄭武》："不是肰（然），或（又）爯（稱）记（起）虐（吾）先君於大難之中？"

《管仲》："正五紀，新（慎）四爯（稱），執五厇（度），攸（修）六正（政）。"

《市法》："乃爲市之廣陝（狹）小大之度，令必爯（稱）邑。"

《市法》："國市之法：外誉方四百步，内宮爯（稱）之。"

《田法》："量土地肥膮（磽）而立邑建城，以城爯（稱）☒。"

《田法》："☒三相爯（稱），出可以戰☒。"

《田法》："☒□與城三相爯（稱），乃可以□□□☒。"

爯與側

《天甲·支占盜》："盜從南方入，有（又）從之出，爯（側）才（在）廄廡芻☒。"按，"爯（側）"字從宋華強《放馬灘秦簡〈日書〉識小録》（簡帛網，2010年2月14日）讀。下同。

《天甲·支占盜》："盜者從南方【入】，有（又）從【之】出，爯（側）在牢圈中。"

《天甲·支占盜》："盜從西方【入】，爯（側）在山谷。"

《天甲·支占盜》："盜從西方入，復從西方出，爯（側）在囷屋東扆水旁，名曰灌，有黑子侯（瘊）。"

《天甲·支占盜》："爯（側）在責（積）薪、糞蔡中。"

《天甲·支占盜》："盜者中人殹，爯（側）在屏圂方，及矢（屎）。"

《天乙·支占盜》："盜從南方入，有（又）從之出，爯（側）在廄廡芻稾中。"

《天乙·支占盜》："盜者從南方【入】，有（又）從之出，爯（側）在牢圈中。"

《天乙·支占盜》："盜從西方【入】，爯（側）在山谷。"

《天乙·支占盜》："盜從西方入，復從西方出，爯（側）在囷屋東扆水旁，名曰灌。有黑子侯（瘊）。"

《天乙·支占盜》："盜者中人殹，爯（側）在屏圂方，及矢（屎）。"

乘字聲系

乘與勝

《命訓》："季（惠）而不仞₌（忍人），人不乘（勝）害₌（害，害）不智（知）死。"

《子產》："謹信）又（有）事，所以自乘（勝）立宙（中），此胃（謂）亡好惡。"

剩與乘

《管仲》："剩（乘）其欲而絚（恆）其怹（過）。"

剩與朕

《老子》乙："喿（燥）剩蒼（滄）。"按，帛書乙本剩作朕。下同。

《老子》丙："戰剩則以喪豊（禮）居之。"

剩與勝

《老子》乙："喿（燥）剩蒼（滄），青（清）剩然（熱），清₌（清靜）爲天下定（正）。"按，今本和帛書甲本剩作勝。下一例同。

《老子》丙："戰剩則以喪豊（禮）居之。"

《成之》："君𪐴（衮）禝（冕）立於𡘜

（阼），一宮之人不勅（勝）其敬。君衰𦀚（絰）而尻（處）位，一宮之人不勅（勝）其哀。君甲冑而立於陳，一軍之人不勅（勝）其甬（勇）。”

《成之》：“𠨘（津）沙（梁）靜（爭）舟，其先也不若其後也；言語嗥（狎）之，其勅（勝）也不若其已也。”

《尊德義》：“洅忿䜌（憚），改𢙌（惎）勅（勝），爲人上者之孞（務）也。”

《尊德義》：“尃（博）不足以智（知）善，快（慧）不足以智（知）侖（倫），殺不足以勅（勝）民。”按，“勅（勝）”字從裘按（《郭店楚墓竹簡·尊德義》篇注［二三］）讀。

《從政》：“小人藥（樂）則悞（疑），惪（憂）則㫘（昏），𢘓（怒）則勅（勝），𢝊（懼）則伓（背），恥則軋（犯）。”

《周易·遯》：“六二：𢦒（執）用黃牛之革，莫之勅（勝）敓（說）。”

《曹沫》：“☐競（境）必勅（勝），可以又（有）怡（治）邦，周等（志）是廌（存）。”

《曹沫》：“及尔龜箸（策），皆曰勅（勝）之。”

《曹沫》：“不卒則不亙（恆），不和則不䔹（篤），不兼（謙）畏則不勅（勝）。”

《曹沫》：“果勅（勝）矣，視（親）衛（率）勅（勝）。”

《曹沫》：“畣（答）曰：“戒。勅（勝）☐。”

《武王甲》：“怠勅（勝）義〈敬〉則喪，義〈敬〉勅（勝）怠則長；義勅（勝）谷（欲）則從，谷（欲）勅（勝）義則兇（凶）。”

《武王乙》：“志勅（勝）欲則昌，欲勅（勝）志則喪；志勅（勝）欲則從，欲勅（勝）志則兇（凶）。敬勅（勝）怠（怠）則吉，怠（怠）勅（勝）敬則威（滅）。”

《凡物甲》：“心不勅（勝）心，大𤔔（亂）乃乍（作）；心女（如）能勅（勝）心，是胃（謂）少（小）𢾛（徹）。”

《凡物乙》：“心不勅（勝）心，大𤔔（亂）乃乍（作）；心女（如）能勅（勝）心☐。”

媵與媵

《湯丘》：“湯凥（處）於湯（唐）坖（丘），取妻於又₌郲₌（有莘。有莘）媵（媵）以少₌臣₌（小臣，小臣）善爲飤（食），享（烹）之和。”

𨍭與朕

《成王》：“亞（嗚）虐（呼），敬之才（哉）！𨍭（朕）聒（聞）才（哉）☐。”

𢧜與勝

《筮法十六》：“凸（凡）是，内𢧜（勝）外。凸（凡）是，外𢧜（勝）内。”

《筮法二六》：“夫天之道，男𢧜（勝）女，眾𢧜（勝）寡。”

升字聲系

升與脀

《特牲》：“宗人告祭升（脀）。”

《特牲》：“皆殽升（脀），膚一，離肺一。”

《有司》：“豕升（脀），辟（臂）一、脅（脊）一。”

《有司》：“司土〈士〉羞豕升（脀）。”

《有司》：“司士宿（縮）【執】豕升（脀）以升。”

《有司》：“司士宿（縮）墳（奠）豕升（脀）于羊俎之東。”

《有司》：“其受豕升（脀），受豕燔，亦如尸禮。”

《有司》：“升受爵，其薦升（脀）設于其位。”

《有司》：“其先生之升（脀），折，脅一，膚一。”

《有司》："如是以辨（辯），亦有薦升（脅）。"
《泰射》："脯醢，無升（脅）。"

丞字聲系

菉與蒸

《龍簡》："取人草□□菉（蒸）、茅、芻、稾□勿論☐。"
《第二組》："侍菉（蒸）郵、門，期足以給乘傳晦行求燭者，郵具二席及斧、斤、鑿、錐、刀、甕、罋（繘），置梗（綆）井旁。"

烝與蒸

《嬰兒索痙》："取封殖（埴）土冶之，□□二，鹽一，合撓而烝（蒸）。"
《嬰兒索痙》："熨寒□□復烝（蒸），熨乾更爲。"
《蛭蝕》："產其中者，并黍、叔（菽）、秫（朮）三，炊之，烝（蒸）□□□□病。"
《癃病》："女子痒（癃），取三歲陳霍（藿），烝（蒸）而取其汁，□而飲之。"
《瘨》："積（瘨）及瘻，取死者叕（餟）烝（蒸）之。"
《□爛者》："烝（蒸）困（屎）土，裹以熨之。"
《身疕》："烝（蒸）凍土，以熨之。"
《身疕》："如食頃而已，即□蔥封之，若烝（蒸）蔥熨之。"
《蠱》："燔北鄉（嚮）并符，而烝（蒸）羊尼（眉），以下湯敦（淳）符灰。"
《養生方》："取車踐（前），產烝（蒸）之。"
《雜療方》："內加：取春鳥卵，卵入桑枝中，烝（蒸）之，□黍中食之。"
《雜療方》："□□烝（蒸），盡汁，善臧（藏）卯（留）。"
《雜療方》："刑鳖（鼈），飲其血，烝（蒸）其肉而食之。"
《雜療方》："取竈黃土，漬以醯，烝（蒸），以熨之。"
《雜療方》："取閵（藺）葉，產壽（擣），烝（蒸），熨之。"
《雜療方》："取丘（蚯）引（蚓）之矢，烝（蒸），以熨之。"

承字聲系

承與烝

《程寤》："敝（幣）告宗方（祊）杢（社）禝（稷），忻（祈）于六末山川，攻于商神，朢（望）承（烝），占于明堂。"

詠與懲

《繫辭》："小人不耻不仁，不畏不義；不見利不勸，不畏（威）不詠（懲）。"
《繫辭》："小詠（懲）而大戒，小人之福也。"

亙字聲系

亙與恆

《楚帛書》乙："寺（時）雨進退，亡又（有）尚（常）亙（恆）。"
《楚帛書》乙："三亙（恆）夎（廢），四興兒（兌），以□天尚（常）。"
《楚帛書》乙："建亙（恆）褐（屬）民，五正乃明，百神是享，是胃（謂）悳（德）匿，群神乃悳（德）。"
《老子》甲："智（知）足之爲足，此亙足矣。"按，帛書甲本亙作恆。
《老子》甲："衍（道）亙亡爲也，侯王能footnote（御）之，而萬勿（物）酒（將）自愚（化）。"按，帛書本亙作恆。下二例同。
《老子》甲："道亙亡名，僕（樸）唯（雖）妻（微），天陸（地）弗敢臣。"
《老子》丙："人之敗也，亙於其虞（且）

成也敗之。”
《老子》甲：“至虛，亙（恆）也；獸（守）中，筥（篤）也。”
《緇衣》：“宋人又（有）言曰：人而無䢔（恆），不可爲卜筮也。”按，上博簡本《緇衣》䢔（恆）作亙。
《唐虞》：“禮（禪）而不逋（傳），義亙（恆）⧄。”
《成之》：“古之甬（用）民者，求之於㠯（己）爲亙（恆）。”
《成之》：“是以上之亙（恆）柔（務）才（在）信於眾。”
《成之》：“唯（雖）又（有）其亙（恆）而可，能終之爲難。”
《尊德義》：“因亙（恆）則古（固），戠（察）匚（匿）則亡避（僻），不黨（黨）則亡悁（怨）。”
《性自》：“未爻（教）而民亙（恆），眚（性）善者也。”
《性自》：“又（有）其爲人之柬＝（簡簡）女（如）也，不又（有）夫亙（恆）怡之志則縵（慢）。”
《周易·需》：“初九：𥁕（需）于蒿（郊），利用亙（恆），亡（无）咎。”
《周易·豫》：“六五：貞疾，亙（恆）不死。”
《周易·恆》：“亙（恆）卿（亨），利貞，亡（无）咎。”
《周易·恆》：“初六：叡（浚）亙（恆），貞凶。亡（无）卣（攸）利。”
《周易·恆》：“上六：叡（振）亙（恆），貞凶。”
《彭祖》：“皮（彼）天之道，唯亙（恆）⧄。”
《曹沫》：“不卒則不亙（恆），不和則不祮（篤），不兼（謙）畏則不勳（勝）。”

《季康子》：“⧄□速，毋亙（恆）才後＝（後，後）殜（世）比𠭊（亂），邦相褱（壞）毀，眾必亞（惡）善，臤（賢）人⧄。”
《弟子問》：“子曰：‘少（小）子，來，取余言，豈年不亙（恆）至，耇老不復壯，臤（賢）者伋⧄。’”
《三德》：“敬天之敔，𦥯（興）陛（地）之𢎘，亙（恆）道必𡈼。”
《季桓子》：“君子亙（恆）以眾福，句（後）□四方之立（位）以童（動）。”
《用曰》：“茅（務）之台（以）元色，柬（簡）其又（有）亙（恆）井（形）。”
《堯王》：“堯王天下備方，亙（恆）各倀（長）明，行四⧄。”
《禹王》：“𥁕（禹）王天下備深，亙（恆）□⧄。”
《命訓》：“女（如）又（有）佴（恥）而亙（恆）行，則尾（度）至于亟（極）。”

亙與亟

《魯穆公》：“亙（亟）再（稱）其君之亞（惡）者，可胃（謂）忠臣矣。”按，“亙（亟）”字從陳偉《郭店竹書別釋》（湖北教育出版社，2002年，45頁）讀。下同。
《魯穆公》：“亙（亟）再（稱）其君之亞（惡）者未之又（有）也。”
《魯穆公》：“亙（亟）□□□之亞（惡）□□□彔（祿）䆌（爵）者□。”

亙與極

《老子》甲：“至虛，亙也；獸（守）中，筥（篤）也。”按，今本和帛書本亙作極。
《老子》乙：“亡不克則莫智（知）其亙，莫智（知）其亙可以又（有）㦰（國）。”按，今本亙作極。
《詩論》：“⧄可得，不攻不可能，不亦智（知）亙（極）虐（乎）？”按，“亙（極）”字從周鳳五《〈孔子詩論〉新釋文及注解》

(《上博館藏戰國楚竹書研究》，上海書店出版社，2002年，160頁）讀。

《禹王》："百洲（川）既道（導），天下能亙（極）。"按，"亙（極）"字從蔡偉《釋"百丩旨身鯩鯺"》（復旦大學出土文獻與古文字研究中心網，2013年1月16日）讀，但其訓"極"爲"中正，標準的意思"則不確。《爾雅·釋詁上》："極，至也。"《詩·大雅·崧高》："崧高維嶽，駿極于天。"鄭玄《箋》："極，至也。""天下能亙（極）"即能極天下。

《恆先》："亙（極）先無又（有），厧（質）、青（靜）、虚。"按，"亙（極）"字從裘錫圭《是"恆先"還是"極先"？》（復旦大學出土文獻與古文字研究中心網，2009年6月2日）讀。下同。

《亙先》："熨（氣）是（寔）自生，亙（極）莫生熨₌（氣。氣）是（寔）自生自乍（作）。"

《亙先》："亙（極）熨（氣）之生，不蜀（獨），又（有）與也。"

《亙先》："亙（極）熨（氣）之生，因復其所慾（欲）。"

《亙先》："亙（極）先。"

《道原》："亙（極）先之初，迵（通）同大虛。"

亙與兢

《命訓》："女（如）又（有）佴（恥）而亙行，則厇（度）至于亟（極）。"按，今本《逸周書·命訓》亙作兢，"兢"當即"兢"之誤字。"亙"、"兢"音近可通。

恆與亙

《天乙·黃鐘》："廣顏，恆（亙）鼻、緣〈喙〉，大目，肩僂。"

《天乙·黃鐘》："敞顏，恆（亙）鼻、喙，□多日，善下視，長北（背）□□。"

恆與栖

《帛甲老子·德經》："兵強則不勝，木強則恆（栖）。"

恆與亟

《魯穆公》："恆（亟）爯（稱）其君之亞（惡）者，可胃（謂）忠臣矣。"按，"恆（亟）"字從陳偉《郭店竹書別釋》（湖北教育出版社，2002年，45頁）讀。

恆與極

《尊德義》："民心又（有）恆（極），求其羕（養），童（重）義蕖（集）盫（理），言此章也，行此㝡（文）也，然句（後）可逾（諭）也。"按，"恆（極）"字從陳偉《郭店竹書別釋》（湖北教育出版社，2002年，168頁）讀。

《繫辭》："是故易有大（太）恆（極），是生兩檥（儀），兩檥（儀）生四馬〈象〉，四馬〈象〉生八卦，八卦定吉凶。"按，今本恆作極。

恆與癡

《厚父》："民亦【曰】隹（惟）酉（酒）甬（用）敗鬼（威）義（儀），亦隹（惟）酉（酒）甬（用）恆（癡）瘽（狂）。"按，"恆（癡）"字從白於藍《清華簡〈厚父〉校釋四則》（《簡帛研究2016秋冬卷》，廣西師範大學出版社，2017年）讀。

楂與骸

《帛甲老子·德經》："人之生也柔弱，其死也楂（骸）仞（肕）賢（堅）強。"按，帛書《老子》乙本"楂"作"骺"，似並當讀作"骸"。《廣雅·釋器》："骸，骨也。"《公羊傳·宣公十五年》："易子而食之，析骸而炊之。"何休《注》："骸，人骨也。"《玉篇·肉部》："肕，堅肉也。"骸指骨，肕指肉。《抱樸子·內篇·仙藥》："服之百日，肌骨堅強。”可參。

洍與凝

《陰陽家》：“反山求金鐵，則地不能涷（凍），水不能洍（凝）。”按，“洍（凝）”字從苦行僧在 ee《〈北京大學藏西漢竹書［伍］〉小識》（簡帛網，簡帛論壇·簡帛研讀，2015年12月3日）一文下跟帖讀。《逸周書·周月》：“立冬之日，水始冰。又五日，地始凍。又五日，雉入大水爲蜃。水不冰，是爲陰負；地不始凍，咎徵之咎；雉不入大水，國多淫婦。”可參。

栖與恆

《周病方》：“栖（恆）多取櫌（擾）桑木，燔以爲炭火，而取牛肉剝（劙）之。”

《周病方》：“先農笱（苟）令某禾多一邑，先農栖（恆）先泰父食。”

骴與骸

《帛乙老子·德經》：“人之生也柔弱，其死也骴（骸）信（肕）堅強。”按，“骴”似當讀作“骸”。

郖與期

《窮達》：“孫雪（叔）三弜（謝）郖（期）思少司馬，出而爲命（令）尹，堣（遇）楚臧（莊）也。”按，“郖（期）”字從陳偉《包山楚簡初探》（武漢大學出版社，1996年，216頁、225頁、226頁）讀。

迺與極

《陳公》：“不智（知）進帀（師）徒迺（極）於王所而疌（止）帀（師）徒虐（乎）？”按，“迺（極）”字從蘇建洲《初讀〈上博九〉札記（一）》（簡帛網，2013年1月6日）讀。

亙與恆

《緇衣》：“君子道人以言，而亙（恆）以行。”

《天子甲》：“士視目亙（恆），寡（顧）還面。”

《天子乙》：“士視目亙（恆），寡（顧）還面。”

《芮良夫》：“尚（當）亙₌（恆恆）敬䛏（哉）！寡（顧）皮（彼）後復。”

亙與極

《文王》：“☐不智（知）其所亙（極）。”按，“亙（極）”字從鄔可晶《〈上博（九）·舉治王天下〉“文王訪之於尚父舉治”篇編連小議》（復旦大學出土文獻與古文字研究中心網，2013年1月11日）讀。

絚與恆

《周易·恆》：“九厽（三）：不絚（恆）其悳（德），或承其憵（羞），貞吝。”

《周易·恆》：“六五：絚（恆）其悳（德），貞，婦人吉，夫子凶。”

《管仲》：“𠂹（乘）其欲而絚（恆）其怂（過），既㥯（怠）於正（政），或（又）以民戲。”

貢與恆

《緇衣》：“宋人又（有）言曰：人而無貢（恆），不可爲卜筮也。”

貢與亙

《緇衣》：“宋人又（有）言曰：人而無貢（恆），不可爲卜筮也。”按，上博簡本《緇衣》貢（恆）作亙。

兢字聲系

兢與恆

《唐勒》：“馬汁（協）險（斂）正（整）齊，周（調）均不摯（縶），步騶（趨）兢（恆）久疾數（速）。”按，“兢（恆）”字從蔡偉《〈銀雀山漢墓竹簡（貳）〉札記》（復旦大學出土文獻與古文字研究中心網，2010年10月30日）讀。

兢與栖

《帛乙老子·德經》：“是以兵強則不朕

（勝），木強則兢（極）。”

厷字聲系

厷與宏

《民之》：“其才（在）許（語）也，敗（美）矣！厷（宏）矣！大矣！”

弘與肱

《引書》：“榣（搖）弘（肱）者，前揮兩臂，如擊狀。”

弘與泓

《春秋一三》：“宋荊戰弘（泓）水之上，宋人□□陳（敶）矣，荊人未濟。”

弘與閎

《帛五行·説》：“如文王之它（施）者（諸）弘（閎）夭、散宜生也。”

《帛五行·説》：“言所它（施）之者，不得如散宜生、弘（閎）夭者也。”

忲與宏

《曹沫》：“三者聿（盡）甬（用）不皆，邦家以忲（宏）。”

忲與閎

《良臣》：“文王又（有）忲（閎）夭，又（有）（泰）㝜（顛），又（有）柬（散）宜生。”

拡與肱

《周易·豐》：“九厽（三）：豐其芾（沛），日中見茇（沫），折其右拡（肱），亡（无）咎。”

《鄭甲》：“故（布）其腹心，奮其胥（股）拡（肱）。”

《鄭乙》：“故（布）其腹心，奮其股（股）拡（肱）。”

拡與弓

《周易·豐》：“九厽（三）：豐其芾（沛），日中見茇（沫），折其右拡（肱），亡（无）咎。”按，帛書本拡（肱）作弓。

雄與肱

《官一》：“齊兵以從（蹤）速（迹），庵結以人雄（肱）。”按，“雄（肱）”字從張震澤《孫臏兵法校理》（中華書局，1984 年，105 頁）讀。

弓字聲系

弓與芎

《一類》：“乾（幹）當歸二分，弓（芎）窮（藭）二分。”

《二類》：“弓（芎）窮（藭）一升，白茝（芷）一升，付（附）子卅果（顆）。”

《木牘》：“弓（芎）窮（藭）一升，付（附）子卅果（顆）。”

弓與肱

《帛易·豐》：“九三，豐其薠（沛），日中見茉（沫），折其右弓（肱），无咎。”

興字聲系

興與繩

《天子乙》：“天子坐以巨（矩），飤（食）以義（宜），立以縣（懸），行以興（繩），視侯量，寡（顧）還身。”按，“興（繩）”字從劉洪濤《讀上博竹書〈天子建州〉劄記》（簡帛網，2007 年 7 月 12 日）釋，從單育辰《佔畢隨録之二》（簡帛網，2007 年 7 月 28 日）讀。

興與孕

《三德》：“方縈（榮）勿伐，將興（孕）勿殺，牆（將）齊（濟）勿杭（抗），是奉（逢）凶脖（孽）。”按，“興（孕）”字從蚊首在 bulang《清華六〈管仲〉初讀》（簡帛網“簡帛論壇”，2016 年 4 月 17 日）一文下跟帖讀。

澳與熊

《容成氏》：“東方之羿（旗）以日，西方

之羿（旗）以月，南方之羿（旗）以它（蛇），审（中）正之羿（旗）以澳（熊），北方之羿（旗）以鳥。"

嬰與興

《五行》："和則𨞏₌（樂，樂）則又₌悳₌（有德，有德）則邦家嬰（興）。"

《曹沫》："☐又戒言曰：'牪尔正社；不牪而（尔）或嬰（興）或康以會。"

《季康子》："毋信玄曾，因邦斎₌（之所）臤（賢）而嬰（興）之。"

《季康子》："是古（故）臤（賢）人之居邦家也，夙嬰（興）夜寐，☐耑以比。"

《三德》："嬰（興）而记（起）之，思逿而勿救。"

《三德》："埤（卑）牆（牆）勿增，瀌（廢）人勿嬰（興），皇天之所弃，而句（后）帝之所憎。"

《三德》："嬰₌（興興）民事，行往視來。"

《三德》："敬天之敔，嬰（興）陞（地）之弡，亙（恆）道必𡈼。"

《三德》："☐皇天牆（將）嬰（興）之；母（毋）爲僞（僞）憈（詐），上帝牆（將）憎之。"

䋲與繩

《皇門》："乃隹（惟）又（有）奉俟（癡）夫，是糃（陽）是䋲（繩），是以爲上，是受（授）司事帀（師）長。"

《芮良夫》："約結䋲（繩）剆（準），民之閵（關）閟（閉）。"

《芮良夫》："女（如）閵（關）柭扂（扃）卷（管），䋲（繩）剆（準）既政（正）而五（互）想（相）柔訛（比）。"

《芮良夫》："女（如）閵（關）柭不閟（閉）而䋲（繩）剆（準）逵（失）楑，五（互）想（相）不䪉（脙）。"

《管仲》："豎（堅）磸（質）不匡（枉），執即（節）緣（履）䋲（繩），可埶（設）於承。"

《管仲》："執悳（德）女（如）縣，執正（政）女（如）䋲（繩）。"

蠅與蠅

《詩論》："《青蠅（蠅）》智（知）☐。"

雁字聲系

雁與膺

《子羔》："取而軟（吞）之，寃（懷）三忿（年）而畫於雁（膺），生乃呼曰：'鉋（金）！'是禼（契）也。"

《封許》："向（尚）晨（純）氒（厥）悳（德），雁（膺）受大命，旲（駿）尹亖（四）方。"

《封許》："馬亖（四）匹，攸[illegible]（勒），毬毲，羅緌（纓），鉤雁（膺），[illegible]，絣（緐），匿（柅）。"

《天乙·黃鐘》："廣顏，大唇，目，大雁（膺）。"

《天乙·黃鐘》："薄顏，短頸，惡，色蒼☐黑，善病北（背）、雁（膺）、瘇（腫）。"

《天乙·黃鐘》："衺雁（膺），長喙而脱。"

應與膺

《天乙·黃鐘》："啟顏，兑（鋭）頤，反應（膺），細胻，色蒼皙，善病要（腰）、脾。"

《引書》："手空（控）其纍，後足，前應（膺），力引之，三而已。"

《勢備》："發於肩應（膺）之閒，殺人百步之外，不識其所道至。"

廳與膺

《卜書》："𠧞（兆）女（如）卬（仰）首出止（趾），而屯（沌）不（背）困（混）廳（膺），是胃（謂）犻（蔽）卜。"

㶉與應

《帛乙老子·德經》："上禮爲之而莫之㶉

（應）也，則攘臂而乃（扔）之。”按，整理者釋“雁”爲“應”。不確。該字原形作“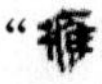”，當釋爲“雁”，讀作“應”。

纏與膺

《祭公》：“甬（用）纏（膺）受天之命，尃（敷）聒（聞）才（在）下。”

纏與應

《祭公》：“甬（用）纏受天之命，尃（敷）聒（聞）才（在）下。”按，今本《逸周書·祭公》纏作應。

鷹與鷹

《説命下》：“女（如）飛鶴（雀）罔鬼（矍）覞，不隹（惟）鹰（鷹）唯（椎），廼弗𢘓（虞）民，氒（厥）其悠（禍）亦羅于罟（罨）罘（罿）。”

冬部第二二

冬字聲系

冬與終

《老子》甲："臨事之紀，訢（慎）冬女（如）怡（始），此亡敗事矣。"按，今本、帛書甲本和郭店楚簡《老子》丙冬作終。

《五行》："君子之爲善也，又（有）與訂（始），又（有）與冬（終）也；君子之爲悳（德）也，又與訂，亡與終也。"

《用曰》："凡民之冬（終）穎（類），隹（唯）善是善。"

《日甲·生子》："辛丑生子，有心冬（終）。"

《日甲·生子》："癸亥生子，毋（無）冬（終）。"

《日甲·生子》："庚午生子，貧，有力，先〈无〉冬（終）。"

《日甲·生子》："癸酉生子，先〈无〉冬（終）。"

《治官》："事无冬（終）始，不欲多業；舉事而不意，不欲多聞。"

《帛甲老子·德經》："是以聖人冬（終）不爲大，故能成其大。"

《帛甲老子·道經》："飄風不冬（終）朝，暴雨不冬（終）日。"

《帛乙老子·德經》："塞其境（兑），閉其門，冬（終）身不堇（勤）。"

《帛乙老子·德經》："冬（終）日號而不嚘，和之至也。"

《帛乙老子·德經》："慎冬（終）若始，則无敗事矣。"

《帛乙老子·道經》："薊（飄）風不冬（終）朝，暴雨不冬（終）日。"

《帛乙老子·道經》："是以君子冬（終）日行，不遠其甾（輜）重。"

《論約》："一立一廢，一生一殺，四時代正，冬（終）而復始。"

《名理》："大盈冬（終）天地之閒而莫知其名。"

《名理》："審察名理〖名〗冬（終）始，是胃（謂）廄（究）理。"

《名理》："能與（舉）曲直，能與（舉）冬（終）始。"

《本伐》："萬乘之主□□希不自此始，鮮能冬（終）之。"

《稱》："誥（皓）誥（皓）作事，毋從我冬（終）始。"

《曹敖》："七至勿星，冬（終）身失〈无〉央（殃）。"

《帛易·訟》："訟，有復（孚），洫（窒）寧（惕），克〈中〉吉，冬（終）兇（凶）。"

《帛易·訟》："初六，不永所事，少（小）有言，冬（終）吉。"

《帛易·需》："九二，襦（需）于沙，少（小）有言，冬（終）吉。"

《帛易·比》："初六，有復（孚），比之，无咎。有復（孚）盈缶，冬（終）來或（有）池（它），吉。"

《帛易·既濟》："既濟，亨。小利貞。初吉，冬（終）乳（亂）。"

《帛易·既濟》："六四，襦有衣茹（袽），冬（終）日戒。"

《帛易·夬》："尚（上）六，无號，冬

（終）有兇（凶）。”
《帛易・旅》：“六五，射雉，一矢亡，冬（終）以舉（譽）命。”
《繫辭》：“印（仰）以觀于天文，頫（俛）以觀於地理，是故知幽明之故，觀始反（返）冬（終），故知死生之說。”
《繫辭》：“勞溓（謙），君子有冬（終），吉。”
《繫辭》：“易冬（終）則變，迵（通）則久，是以自天右（佑）之，吉，无不利也。”
《繫辭》：“君子見幾（機）而作，不位（立）冬（終）日。”
《繫辭》：“易曰：‘介于石，不冬（終）曰，貞吉。’”
《繫辭》：“介于石，毋用冬（終）日，斷可識矣。”
《二三子》：“卦曰：‘嗛（謙），亨，君子有冬（終），吉。’”
《易之義》：“‘君子冬（終）日鍵（乾）鍵（乾）’，用也。”
《易之義》：“‘或從王事，无成，有冬（終）’，學而能發也。”
《易之義》：“易曰‘君子冬（終）日鍵（乾）鍵（乾），夕泥（惕）若，厲，无咎’。”
《易之義》：“易曰‘或從事，无成又（有）冬（終）’。”
《易之義》：“君子笱（苟）得其冬（終），可必可盡也。”
《易之義》：“易之義，贊始反冬（終）以爲質，六肴（爻）相雜，唯侍（時）物也。”
《易之義》：“□則初如疑（擬）之，敬以成之，冬（終）而无咎。”
《繆和》：“故能而果□□□號耶（聖）君，亦可胃（謂）冬（終）矣，吉孰大焉？”
《繆和》：“故曰：劳謙，君子又（有）冬（終），吉，不亦宜乎？”
《繆和》：“初筮吉者，聞其始而知其冬（終），見其本而知其困，故曰初筮吉。”
《繆和》：“日夜不休，冬（終）身不卷（倦），日日載載，必成而後止。”
《繆和》：“今《周易》曰：嗛（謙），亨，君子又（有）冬（終）。敢問君子何享於此乎？”
《繆和》：“能至天下之人而又（有）之，□□□□□□孰能以此冬（終）？”
《昭力》：“比卦六十又□，冬（終）六合之内；四勿之卦，何不又（有）焉？”
《阜易・訟》：“□厲，冬（終）吉。”
《阜易・蠱》：“□咎。厲，冬（終）吉。”
《阜易・習坎》：“□□自牖，冬（終）无咎。”
《阜易・家人》：“□□□如，冬（終）吉。”
《阜易・家人》：“□冬（終）。以求，不得。”按，“冬”似當讀作“終”。下一例同。
《阜易・卜辭》：“官冬（終）免。”
《勢》：“冬（終）而復始，日月是也。”
《晏子五》：“景公登洛（路）寝（寢）之臺，不能冬（終）上而息於陛。”
《北大老子》：“是以君子冬（終）日行，而不遠其輜重。”
《周馴》：“維歲冬（終）享駕（賀）之日，龏（共）太子朝，周昭文公自身貳〈貣（敕）〉之，用兹念也。”
《趙正書》：“此三君者，皆冬（終）以失其國而央（殃）其身。”
《趙正書》：“故冬（終）以脅韓而弱魏，有（又）破趙而夷燕代，平齊楚。”
《趙正書》：“未能冬（終）其年，而果殺胡亥。”
《安稽》：“冬（終）不與女（汝）相留。”
《安稽》：“不與丈夫笑，不嫁冬（終）身。”

《堪輿》:“昔者瀶（既）建歲、日、辰、星，冬（終）有其鄉（嚮），辰、星乃與歲、日相逆，以正陰與陽。瀶（既）順或逆，以爲常。”

《六博》:“問取（娶）婦，在方中者，冬（終）生，安家。”

《六博》:“在詘者，婦多病，不冬（終）。”

冬與中

《太歲》：“大（太）歲：青₌（十月）、屈栾、亯₌（享月）才（在）西，夐₌（負月）、遠栾、夏栾才（在）北，獻馬、𦒻层、八月才（在）東，冬栾、夏层、九月才南。”按，睡虎地秦簡《日書》甲種《歲》篇冬作中。

《宿位》:“𦒻层朔於鎣（營室），夏层恚（奎），享月胃，夏栾畢（畢）。八月東井，九月遛（柳），十月□，□□□，獻馬房，冬栾心☐。”按，睡虎地秦簡《日書》楚月名“冬栾”之“冬”或作“中”。

《日乙・見人》：“戌以東得，西見兵，冬（中）之吉，南兇（凶）。”

終與冬

《老子》丙：“新（慎）終若詒（始），則無敗事喜（矣）。”按，郭店楚簡《老子》甲終作冬。

《性自》：“衍（道）訂（始）於青₌（情，情）生於眚（性）。訂（始）者近青（情），終者近義。”按，上博簡本《性情論》終作冬。

《周易・既濟》：“六四：需（繻）又（有）衣絮（袽），終日戒。”按，帛書本終作冬。下一例同。

《周易・訟》：“初六：不出御（所）事，少（小）又（有）言，終吉。”

《周易・訟》：“六厽（三）：飤（食）舊悳（德），貞厲，終吉；或從王事，亡（无）成。”按，阜陽漢簡本終作冬。下同。

《周易・蠱》：“初六：榦（幹）父之蠱，又（有）子，攷（考）亡（无）咎，厲終吉。”

終與衷

《裁衣》：“☐□於人，丁亥又（有）靁（靈），丁巳終（衷）其身，亡□☐。”

終與眾

《士相見》：“終（眾）皆如是。”

終與充

《帛五行・説》：“終（充）其不莊（藏）尤割（害）人之心，而仁腹（覆）四海；終（充）其不受許（吁）駐（嗟）之心，而義襄天下。”

紷與終

《周易・謙》：“壓（謙）：卿（亨），君子又（有）紷（終）。”

紷與忡

《五行》：“不悬（仁）不聖，未見君子，惪（憂）心不能紷₌（忡忡）；既見君子，心不能降。”

鱶與融

《啻門》：“燹（氣）鱶（融）交以備，是其爲力。”

中字聲系

中與仲

《詩論》：“《迺（將）中（仲）》之言，不可不韋（畏）也。”

《仲弓》：“中（仲）弓。”

《仲弓》：“季逭（桓）子使中（仲）弓爲剸（宰），中（仲）弓以告孔₌（孔子），曰：‘季是（氏）☐。’”

《仲弓》：“中（仲）弓曰：‘敢昏（問）爲正（政）可（何）先？’”

《仲弓》：“中（仲）弓曰：‘若夫老₌（老老）慈幼，既昏（聞）命喜（矣）。夫先又（有）司，爲之女（如）可（何）？’”

《仲弓》："中（仲）尼（尼）曰："夫民安舊而至（重）壆（遷）☐。"
《仲弓》："中（仲）弓曰：'售（雖）也不悔（敏），唯（雖）又（有）臤（賢）才，弗智（知）壆（舉）也。敢昏（問）壆（舉）才女（如）之可（何）？'"
《仲弓》："中（仲）尼（尼）：'夫臤（賢）才不可弇（掩）也。壆（舉）而（爾）所智（知），而（爾）所不智（知），人其豫（舍）之者？'"
《仲弓》："中（仲）弓曰：'惑（宥）怸（過）壆（赦）辠，則民可（何）系？'"
《仲弓》："中（仲）尼（尼）☐。"
《仲弓》："中（仲）弓曰：'敢昏（問）民悉（務）。'"
《仲弓》："中（仲）弓畣（答）曰：'售（雖）也弗昏（聞）也。'"
《仲弓》："中（仲）弓曰：'若此三者，既昏（聞）命喜（矣）。敢昏（問）道（導）民興悳（德）女（如）可（何）？'"
《仲弓》："中（仲）弓曰：'含（今）之君子，使人不𦘔（盡）其☐☐。'"
《仲弓》："中（仲）弓曰：'含（今）之孨₌（君子），孚（愎）怸（過）𢦏析，𢙇（難）以内（納）柬（諫）。'"
《仲弓》："中（仲）☐。"
《季康子》："虘（且）笶（管）中（仲）又（有）言曰。"
《季康子》："丘昏（聞）之牀（臧）彣（文）中（仲）有言曰。"
《君子》："子人、子羽聕（問）於子贛（貢）曰：'中（仲）尼（尼）與虗（吾）子₌（子子）産管（孰）臤（賢）？'"
《君子》："昔者中（仲）尼（尼）纖（？）徒三人，窜徒五人，芫贅之徒☐。"
《楚居》："季䜌（連）聕（聞）其又（有）甹（聘），從，及之盤（判），爰生䋎白（伯）、遠中（仲）。"
《繫年三》："秦中（仲）安（焉）東居周坨（地），以獸（守）周之𡑞（墳）𦵼（墓），秦以刣（始）大。"
《良臣》："奠（鄭）桓（桓）公與（舉）周之遺老史百（伯）、宦中（仲）、虔（虢）弔（叔）、土（杜）白（伯），後出邦（封）。"
《良臣》："子産之帀（師）：王子白（伯）忨（願）、肥中（仲）、土（杜）啻（逝）、蘄（渾）厈（罕）。"
《管仲》："齊桓（桓）公聕（問）於笶（管）中（仲）曰。"
《管仲》："中（仲）父，君子季（學）與不季（學），女（如）可（何）？"
《管仲》："笶（管）中（仲）畣（答）曰。"
《管仲》："桓（桓）公或（又）聕（問）於笶（管）中（仲）曰。"
《管仲》："中（仲）父，㞢（起）事之杳（本）系（奚）從？"
《管仲》："笶（管）中（仲）畣（答）曰：'從人。'"
《管仲》："桓（桓）公或（又）聕（問）於笶（管）中（仲）曰。"
《管仲》："中（仲）父，其從人之道可得聕（聞）虖（乎）？"
《管仲》："笶（管）中（仲）畣（答）。"
《管仲》："桓（桓）公或（又）聕（問）於笶（管）中（仲）曰。"
《管仲》："中（仲）父，埶（設）承女（如）之可（何）？立補（輔）女（如）之可（何）？"
《管仲》："笶（管）中（仲）畣（答）。"
《管仲》："桓（桓）公或（又）聕（問）於笶（管）中（仲）曰。"
《管仲》："中（仲）父，它（施）正（政）之道系（奚）若？"

《管仲》:“笶（管）中（仲）畣（答)。”
《管仲》:“桓（桓）公或（又）䎽（問）於笶（管）中（仲）曰。”
《管仲》:“中（仲）父，千乘之都，型（刑）正（政）既萬（亂)，民人陸（惰）怠（怠)。”
《管仲》:“笶（管）中（仲）畣（答)。”
《管仲》:“桓（桓）公或（又）䎽（問）於笶（管）中（仲）曰。”
《管仲》:“中（仲）父，既埶（設）其紀，既訓（順）其經，敢䎽（問）可（何）以執成？”
《管仲》:“笶（管）中（仲）畣（答)。”
《管仲》:“桓（桓）公或（又）䎽（問）於笶（管）中（仲）曰。”
《管仲》:“中（仲）父，歬（前）又（有）道之君可（何）以寶（保）邦？”
《管仲》:“笶（管）中（仲）畣（答）曰。”
《管仲》:“桓（桓）公或（又）䎽（問）於笶（管）中（仲）曰。”
《管仲》:“中（仲）父，舊（舊）天下之邦君，箮（孰）可以爲君？箮（孰）不可以爲君？”
《管仲》:“笶（管）中（仲）畣（答）曰。”
《管仲》:“桓（桓）公或（又）䎽（問）於笶（管）中（仲）曰。”
《管仲》:“中（仲）父，亦㣲（微）是，其即（次）君箮（孰）諹（揚）也？”
《管仲》:“笶（管）中（仲）畣（答)。”
《管仲》:“桓（桓）公或（又）䎽（問）於笶（管）中（仲）曰。”
《管仲》:“中（仲）父，今夫年（佞）者之利燹（氣）亦可得而䎽（聞）虖（乎）？”
《管仲》:“笶（管）中（仲）畣（答)。”
《管仲》:“桓（桓）公或（又）䎽（問）於笶（管）中（仲)。”
《管仲》:“笶（管）中（仲）畣（答）曰。”
《管仲》:“笶（管）中（仲）曰。”
《子產》:“子產用䔿（尊）老先生之畯（俊)，乃又（有）喪（桑）丘中（仲）昬（文)、坢（杜）𥄶（逝)、肥中（仲)、王子白（伯）忨（願)。”
《日甲・入官》：“中（仲）春軫、角，中（仲）夏參、東井，中（仲）秋奎、東辟（壁)，中（仲）冬竹〈箕〉、斗，以取妻，棄。”按，“中（仲）”字從吳小強《秦簡日書集釋》(嶽麓書社，2000年，118頁）讀。
《春秋四》：“魯文公卒，叔中（仲）惠伯□□□佐之。”
《春秋四》：“東門襄中（仲）殺適（嫡）而羊（佯）以君令（命）召惠伯。”
《春秋一五》：“夫共中（仲）禺（圉）人犖旅（舉）其族以犯尚（黨）民〈氏〉之眾。”
《春秋一五》：“處二年，共中（仲）使卜奇（齮）賊閔公于武諱（闈)。”
《戰國二四》：“公中（仲）倗（倗）胃（謂）韓王曰。”
《戰國二四》：“乃警公中（仲）倗（倗）將使西講於秦。”
《戰國二四》：“韓王說（悅)，止公中（仲）之行。”
《戰國二四》：“公中（仲）曰。”
《儒言》：“中（仲）尼之楚至蔡。”
《儒言》：“子贛問中（仲）尼曰死□□知毋□。”
《儒言》：“中（仲）尼曰史鰌有君子之道三。”
《儒言》：“趙襄子謂中（仲）尼。”
《儒言》：“子路行辭中（仲）尼敢問新交取親。”
《儒言》：“子夏問中（仲）尼□淵之爲人。”
《儒言》：“子路行辭中=尼=（仲尼仲尼）曰

曾（贈）女（汝）以車。”
《阜春一〇》：“中（仲）父棄寡[人]，豎刁可使爲正（政）虖（乎）？”
《阜春一四》：“中（仲）尼[聞]之曰：‘文子☐。’”
《阜春一九》：“管中（仲）善制割[之]，習（隰）崩（朋）□□□之。”
《阜春二四》：“晉伐曹，魯使臧文中（仲）往，宿於重館。”
《晏子一五》：“中（仲）泥（尼）之齊，見景公。”
《晏子一五》：“中（仲）泥（尼）[迺]去。”
《月令》：“元始五年五月甲子朔丁丑，和中（仲）普使下部郡太守。”
《月令》：“羲和臣秀、羲中（仲）臣充等對曰：盡力奉行。”
《周馴》：“昔秦獻公有疾，乃召其嗣中（仲）敬子，而自身謂之曰。”
《周馴》：“中（仲）敬子曰：‘秦國有故，其何可變易？’”
《周馴》：“故中（仲）敬子之所以述（遂）不得爲後者，不聽親也。”
《周馴》：“於是述（遂）用管中（仲），使治齊國。”
《周馴》：“故桓公之所以九合諸侯而述（遂）柏（伯）於世者，則管中（仲）之力也。”
《儒說》：“粱（梁）君問於中（仲）尼曰。”
《儒說》：“中（仲）尼對曰。”

中與沖

《老子》乙：“大浧（盈）若中，其甬（用）不穿（窮）。”按，河上、王弼本中作沖。
《北大老子》：“萬物負陰抱陽，中（沖）氣以爲和。”

中與忠

《命訓》：“霝（臨）之以中，行之以耑₌（權，權）不讟（法），中不忠，罰[不服]，[賞]不從袋（勞）。”按，今本《逸周書·命訓》中作忠。
《爲吏》：“一曰中（忠）信敬上。”

中與盅

《老子》乙：“大浧（盈）若中，其甬（用）不穿（窮）。”按，傅奕本中作盅。

中與浊

《老子》乙：“大浧（盈）若中，其甬（用）不穿（窮）。”按，帛書甲本中作浊。

中與衷

《吳命》：“昔上天不中（衷），隆（降）悠（禍）於我二邑，非疾痼（疢）安（焉）加之，而葸（殄）𢇍（絕）我二邑之好。”
《命訓》：“霝（臨）之以中（衷），行之以耑₌（權，權）不讟（法），中（衷）不忠，罰[不服]，[賞]不從袋（勞）。”
《妄稽》：“濡（孺）子誠有賜小妾矣，妾合以中（衷）心報。”

中與冬

《周易·夬》：“上六：忘（无）啓（號），中（終）又（有）凶。”按，帛書本中（終）作冬。

中與終

《周易·夬》：“上六：忘（无）啓（號），中（終）又（有）凶。”
《趙正書》：“威（滅）其先人及自夷宗族，壞其社禝（稷），燔其律令及中（終）人之功力。”

中與螽

《詩論》：“《中（螽）氏（斯）》君子。”按，“中（螽）”字從李零《上博楚簡三篇校讀記》（臺北萬卷樓圖書股份有限公司，2002年，30頁）讀。

宙與仲

《說命上》：“王曰：‘旦（亶）肰（然）。天迺命敚（說）伐遂₌宙₌（失仲。’失仲）是（適）生子，生二戊（牡）豕。”

《説命上》："逵（失）宔（仲）卜曰：'我其殺（㡭）之？我其已，勿殺（勿㡭？'勿㡭）是吉。"
《説命上》："逵（失）宔（仲）愇（違）卜，乃殺（㡭）一豕。"
《説命上》："敓（説）于𡩜（圍）伐逵（失）宔（仲）。"
《説命上》："一豕𨸏（拖）宔（仲）之自行，是爲赤敄之戎。"
《説命上》："隹（惟）𣪊（殷）王賜敓（説）于天，甬（傭）爲逵（失）宔（仲）使人。"

宔與宮

《史蒥》："内（納）牙（與）賜（貨），幽（流）色牙（與）酉（酒），大鐘貞（鼎），美宔（宮）室，區（驅）軭（騁）畋邋（獵），与（舉）獄詥（訟），此所以逵（失）☐。"按，"宔（宮）"字從季旭昇《〈上博九·史蒥問於夫子〉釋讀及相關問題》（《吉林大學社會科學學報》2015年4期）釋讀。

忠與中

《性自》："智頪（類）五，唯宜（義）衍（道）爲忻（近）忠。"按，上博簡本《性情論》忠作中。
《命訓》："以中從忠則尚₌（賞，賞）不乜（必）中。"按，今本《逸周書·命訓》忠作中。
《行篡》："正衡再（載）纍暨（既）忠（中），是謂不窮。"

忠與中

《尊德義》："古（故）爲正（政）者，或侖（論）之，或羕之，或繇（由）宔（中）出，或埶（設）之外。"

衷與中

《脈書》："其衷（中）約隋（墮），上下不通，栿（矢）叚（瘕）殹（也）。"
《脈書》："鉅陽之脈，毄（繫）於蹱（踵）外踝中，出䣛（郄）衷（中）。"
《引書》："引心痛，係纍長五尋，毄（繫）其衷（中），令其高丈。"
《諸傷》："取三指最（撮）到節一，醇酒盈一衷（中）桮（杯）。"按，"衷（中）"字從馬繼興《馬王堆古醫書考釋》（湖南科學技術出版社，1992年，353頁）讀。
《㿈病》："瘁（㿈），痛於脬及衷（中），痛甚，弱（溺）☐痛益甚。"

盅與沖

《帛甲老子·德經》："大盈若盅（沖），其用不𥨊（窮）。"

農字聲系

農與膿

《脈書》："病在頭，農（膿）爲𩔇，疕爲禿，養（癢）爲鬐。"
《脈書》："其農（膿）出，爲澆。"
《脈書》："在腸，有農（膿）血，篡、脾（髀）、尻、少腹痛，爲腸辟（澼）。"
《脈書》："身病養（癢），農（膿）出，爲騷（瘙）。"
《脈書》："㿈穜（腫）有農（膿），稱其小大而爲之砭（砭）。"
《脈書》："砭（砭）有四害，一曰農（膿）深而砭（砭）淺，胃（謂）之不遝；二曰農（膿）淺而砭（砭）深，胃之泰（太）過；三日農（膿）大而砭（砭）小，胃（謂）之澰（斂），澰（斂）者惡不畢；四曰農（膿）小而砭（砭）大，胃（謂）之泛，泛者傷良肉殹（也）。"
《脈書》："農（膿）多而深者，上黑而大；農（膿）少而深者，上黑而小；農（膿）多而淺者，上白而大；農（膿）少而淺者，上白而小，此不可不察殹（也）。"
《脈書》："有農（膿）者不可久（灸）殹

（也）。”

《二類》：“其毋農（膿）者，行僉（瘉）；已有農（膿）者，潰。”

《木牘》：“多農（膿），加石脂二分。”

《木牘》：“有農（膿）者，自爲□□□□□□□□□出；有血不得爲農（膿）。”

癑與膿

《殘片一二》：“癑（膿）而⧄。”

膿與膿

《脈法》：“用碧（砭）啟脈（脈）者必如式，壅（癰）穜（腫）有膿（膿）。”

《脈法》：“膿（膿）深碧（砭）輚（淺），謂上〈之〉不遝，一害；膿（膿）輚（淺）而碧（砭）深，胃（謂）之過，二害；膿（膿）大而砭小，□□而大□□□，三害。”

《脈法》：“⧄膿（膿）小⧄。”

宗字聲系

宗與崇

《容成氏》：“於是虐（乎）九邦畔（叛）之，豐、禞（鎬）、郍（舟）、𨛭、于（邗）、鹿、坴（郜）、宗（崇）、畬（密）須是（氏）。”

《競公瘧》：“夫子之惪（德）登（升）矣，可（何）其宗（崇）。”

《春秋二》：“昔者文王軍宗（崇），能取而弗烕（滅），以申其德也。”

《蒼頡篇》：“宗（崇）幽不識。”

《見威王》：“舜擊讙收（兜），方（放）之宗（崇）。”

琮與簪

《周易·豫》：“九四：猷（由）余（豫），大又（有）得。母（毋）㲋（疑），堋（朋）𢻱（盍）琮（簪）。”按，“琮（簪）”字從陳劍《釋“琮”及相關諸字》（《甲骨金文考釋論集》，綫裝書局，2007年，273頁）釋讀。

琮與讒

《周易·豫》：“九四：猷（由）余（豫），大又（有）得。母（毋）㲋（疑），堋（朋）𢻱（盍）琮（簪）。”按，帛書本琮（簪）作讒。“琮”字從陳劍《釋“琮”及相關諸字》（《甲骨金文考釋論集》，綫裝書局，2007年，273頁）釋。

琮與漸

《卜書》：“兆（兆）頧₌（頯首）内（納）止（趾），是胃（謂）沓（沈），凥（處）宮無咎，又（有）疾乃琮（漸）。”按，“琮（漸）”字從mpsyx在youren《〈卜書〉初讀》（簡帛網“簡帛論壇”，2013年1月5日）一文下跟帖讀。

《保訓》：“發，朕疾琮（漸）甚，忑（恐）不女（汝）及受（授）之。”按，“琮”字從陳劍《釋“琮”及相關諸字》（《甲骨金文考釋論集》，綫裝書局，2007年，273頁）隸定，從孟蓬生《〈保訓〉“疾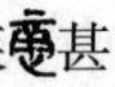甚”試解》（復旦大學出土文獻與古文字研究中心網，2009年7月10日）讀爲“漸”。

《子儀》：“鳥飛可（兮）琮（漸）永，余可（何）矰以還（就）之。”按，“琮（漸）”字從ee在ee《清華六〈子儀〉初讀》（簡帛網“簡帛論壇”，2016年4月16日）一文下跟帖讀。下同。

《子儀》：“級（給）織不能官凥，占夢琮（漸）永不休。”

𡫲與從

《緇衣》：“倀（長）民者，衣備（服）不改，𡫲（從）頌（容）又（有）常，則民惪（德）弌（一）。”按，“𡫲（從）”字從陳劍《釋“琮”及相關諸字》（《甲骨金文考釋論集》，綫裝書局，2007年，273頁）釋讀。“𡫲（從）”字原形作“”，上博簡本《緇衣》作，應是一字。

宋字聲系

宋與聳

《日甲·詰》："鬼恆宋（聳）傷（愓）人，是不辜鬼，以牡棘之劍刺之，則止矣。"

眾字聲系

眾與終

《帛甲老子·道經》："是以君子眾（終）日行，不蘺（離）其甾（輜）重。"

《晏子一二》："過（禍）始弗智（知）也，過（禍）眾（終）弗智（知）也。"

戎字聲系

戎與農

《成之》："戎（農）夫柔（務）飤（食），不弜（強）耕，糧弗足俟（矣）；士成（誠）言，不行，名弗得俟（矣）。"按，"戎（農）"字從裘按（《郭店楚墓竹簡·成之聞之》篇注［一五］）讀。

《容成氏》："訢（神）戎（農）是（氏）。"

《弟子問》："至老丘，有戎（農）植（持）其槈（耨）而訶（歌）安（焉）。"按，"戎（農）"字從陳劍《談談〈上博（五）〉的竹簡分篇、拼合與編聯問題》（簡帛網，2006年2月19日）釋讀。

《繫辭》："肆（包）戲（犧）是（氏）沒，神戎（農）是（氏）作。"

《繫辭》："神戎（農）是（氏）沒，黃[帝]、堯、舜是（氏）作。"

《昭力》："'不耕而穫（穫）'，戎（農）夫之義也。"按，"戎"似當讀作"農"。

《見威王》："昔者，神戎（農）戰斧（補）遂。"

《六守》："戎（農）壹其鄉則[穀足]，工壹其鄉⧄。"

《王法》："臣聞今世捶（垂）拱牟戎（農）粟而食者二人，隨戎（農）者一人，與戎（農）者三人，然世審節之而以足。"

戎與陑

《容成氏》："女（如）是而不可，肰（然）句（後）從而攻之，陞（升）自戎（陑）述（遂），内（入）自北門，立於中。"

夅字聲系

庳與膟

《妄稽》："淫瑟（蝨）緣辟（臂），魋（堆）暴（皺）庳（膟）訷（勃）。"按，"庳（膟）"字從蕭旭《北大漢簡（四）〈妄稽〉校補》（復旦大學出土文獻與古文字研究中心網，2016年7月4日）釋讀。

降與絳

《二年·秩律》："江陵、高奴、平陽、降（絳）、鄺、贊、城父。"

《戰國一五》："[割]晉國也，秦兵不功（攻）而魏效降（絳）、安邑。"

《周馴》："臣宦於降（絳），歸而糧絕，羞行气（乞）而曾（憎）自取，故至於若此。"

降與癃

《陰陽脈乙》："熱中，降（癃），隤（癩），扁（偏）山（疝）。"

隆與降

《保訓》："身茲備（服），隹（惟）允，翼=（翼翼）不解（懈），用作三隆（降）之悳（德）。"

《繫年十四》："女子芺（笑）于房审（中），郇（駒）之克隆（降）堂而折（誓）曰。"

隆與龍

《稱》："雷□爲車隆〈輪〉隆（龍）以爲馬。"

洚與隆

《天下至道》："勿困勿窮，筋骨洚（隆）強。"按，"洚（隆）"字從裘錫圭《馬王堆醫書釋讀瑣議》(《古文字論集》，中華書局，1992年，525頁）讀。

瘁與癃

《雜抄》:“匿敖童，及占瘁（癃）不審，典、老贖耐。”

《答問》:“罷瘁（癃）守官府，亡而得，得比公瘁（癃）不得？”

《爲吏》：“老弱瘁（癃）病。”

《日甲·玄戈》:“戊午去父母同生，異者焦（憔）寠，居瘁（癃)。”

《日甲·星》:“以生子，瘁（癃)。”

《日甲·室忌》:“以之，大主死；不死，瘁（癃)，弗居。”

《日甲·直室門》:“食過門，大凶，五歲弗更，其主瘁（癃)。”

《日甲·宅居》:“宇最邦之下，富而瘁(癃)。”

《日甲·宅居》：“井居西南匧（陋)，其君不瘁（癃）必窮。”

《日乙·五月》:“以生子，瘁（癃)。”

《日乙·室忌》:“勿筑（築）室，大主死、瘁（癃)，弗居。”

《日乙·失火》:“已失火，有瘁（癃）子。”

《天乙·直室門》：“食戠門：所利，數出戠喪，必瘁（癃)。”

《天乙·占疾》：“得其□，瘁（癃)。”

《治官》：“孤寡瘁（癃）病當巢，興繇毋擅，路賦稍（艄）賦毋銆。”

《第二組》:“敖童當行粟而子獨與老父老母居，老如免老，若獨與瘁（癃）病母居者，皆勿行。”

《第二組》:“黔首老弱及瘁（癃）病，不可令奔敬（警）者，牒書署其故，勿予符。”

《第二組》:“老弱瘁（癃）病不足以守，豫遺重卒期足以益守，令先智（知）所主。”

《第三組》:“隸臣妾、城旦、城旦舂司寇、鬼薪、白粲及毄（繫）城旦舂老、瘁（癃）病、毋（無）賴不能作者，遣就（僦）食蜀守。”

《第三組》:“徒隸老、瘁（癃）病毋（無）賴，縣官當就食者，請止，勿遣就食。”

《隨日·星官》：“生子=（子，子）瘁（癃)。”

《隨日·入官》：“不可入官，不死，必瘁（癃)。”

《隨日·生子》：“生子不中此日，不死，瘁（癃)，不行。”

《二年·戶律》：“及寡子年未盈十八，及夫妻皆瘁（癃）病。”

《二年·傅律》：“當傅，高不盈六尺二寸以下，及天烏者，以爲罷瘁（癃)。”

《二年·徭律》：“獨與若父母居老如晥老，若其父母罷瘁（癃）者，皆勿行。”

《二年·徭律》：“金痍、有□病，皆以爲罷瘁（癃)，可事如晥老。”

《脈書》：“其所產病：熱中，瘁（癃)，穨（癩)，扁（偏）山（疝)，爲五病。”

《引書》：“引瘁（癃)，端立，抱柱，令人𨋎其要（腰)，毋息，而力引尻。”

《目錄》：“瘁（癃）病。”

《癃病》：“瘁（癃)，痛於脬及衷（中)，痛甚，弱（溺）□痛益甚。”

《癃病》：“瘁（癃)，弱（溺）不利，脬盈者方。”

《癃病》：“瘁（癃)，取景天長尺、大圍束一，分以爲三。”

《癃病》：“瘁（癃)，坎方尺有半，深至肘，即燒陳稾其中。”

《癃病》：“瘁（癃)，燔陳芻若陳薪，令病者北（背）火炙之，兩人爲靡（磨）其尻，瘁（癃）已。”

《癃病》：“血瘁（癃)，煮荊，三溫之而飲之。”

《癃病》："石瘩（癃），三溫煮石韋若酒而飲之。"
《癃病》："膏瘩（癃），溴石大若李樺（核），已食飲之。"
《癃病》："女子瘩（癃），取三歲陳霍（藿），烝（蒸）而取其汁，□而飲之。"
《癃病》："女子瘩（癃），煮隱夫木，飲之。"
《癩》："瘩（癃），以月十六日始毀。"
《蒼頡篇》："癋瘩（癃）癰痤。"按，"瘩"字整理者未釋。
《萬物》："已瘩（癃）以石韋與燕矢（屎）也。"
《萬物》："□已石瘩（癃）也。"
《萬物》："□縈已瘩（癃）也。"
《阜易・同人》："卜病者，不死乃瘩（癃）。"
《萬物》："已瘩（癃）以石韋與燕矢（屎）也。"
《一類》："治諸瘩（癃）：石瘩（癃）出石，血瘩（癃）出血，膏瘩（癃）出膏，泔瘩（癃）出泔，此五瘩（癃）皆同樂（藥）治之。"
《北蒼・之職》："癋瘩（癃）癰痤，疢痛遬（嗽）欬。"

鋒與鋒

《第三組》："鐵椎（錐）鐵鋒（鋒）不可久劾，勿久劾。"

東部第二三

丰字聲系

丰與蜂

《瘨》："夕毋食，旦取丰（蜂）卵一，漬美醯一桮（杯），以飲之。"

坓與封

《容成氏》："壐（禹）乃因山陸（陵）坪（平）徑（隰）之可坓（封）邑者而緐（繁）實之。"

《繫年四》："乃先建衛弔（叔）坓（封）于庚（康）丘，以侯殷之叙（餘）民。"

《繫年二三》："昷（明）戢（歲），郎臧（莊）坪（平）君衛（率）自（師）戠（侵）奠=（鄭，鄭）皇子=（子、子）馬、子沱（池）、子坓（封）子衛（率）自（師）以这（邀）楚=人=（楚人，楚人）涉氾。"

佳與封

《凡物甲》："九囚（域）出誨（畝），管（孰）爲之佳（封）？"按，"佳（封）"字從凡國棟《上博七〈凡物流形〉簡4"九囿出牧"試説》（簡帛網，2009年1月3日）、范常喜《〈上博七·凡物流形〉短劄一則》（簡帛網，2009年1月3日）釋讀。下同。

《凡物乙》："九囚（域）出誨（畝），管（孰）爲之佳（封）？"

封與鋒

《勢備》："劍无封（鋒），唯（雖）孟賁之勇，不敢□□□。"

紨與奉

《秦律·金布律》："別紨（奉）以叚（假）之。"

《北蒼·之》："祁（祈）紨（豐）鐔（尋）幅，芒隒偏有（右）。"

蝅與蜂

《占夢書》："夢蛇則蝅（蜂）蠆赫（螫）之，有芮（退）者。"

夆與豐

《帛乙老子·德經》："脩（修）之國，其德乃夆（豐）。"

逢與蓬

《蓋廬》："毋擊堂=（堂堂）之陳（陣），毋攻逢=（蓬蓬）之氣。"

《疽病》："三汈煮逢（蓬）虆，取汁四斗，以洒雎（疽）癰。"

《陰陽脈乙》："得後与氣則逢（蓬）然衰，是巨陰脈主治。"按，"逢（蓬）"字從周一謀、蕭佐桃《馬王堆醫書考注》（天津科學技術出版社，1988年，240頁）讀。

《晏子四》："伊尹黑以短，□□以逢=（蓬，豐）上而兑（鋭）下，僂身而下聲。"

《妄稽》："目若別杏，逢（蓬）髮頗（皤）白。"

《妄稽》："手若陰逢（蓬），足若揣（踹）卵。"

逢與蜂

《帛甲老子·德經》："逢（蜂）㾗（蠆）蜾（虺）地（蛇）弗螫，攫鳥猛獸弗搏。"

《瘨》："陰乾之旁（房）逢（蜂）卵，以布裹□□。"

《養生方》："而係縣竿□□□□雞靡（摩）逢（蜂）房一大者，令蠭螫之。"

《胎產書》："取逢（蜂）房中子、狗陰，乾而冶之，以飲懷子，懷子產男。"

逢與鋒

《威王問》:“其陳(陣)無逢(鋒)也。”

《八陣》:“誨陳(陣)有蜂(鋒),誨逢(鋒)有後,皆侍(待)令而動。”

逢與豐

《晏子四》:“〼逢(豐)下,居(倨)身而陽(揚)聲。”

《晏子四》:“伊尹黑以短,□□以逢₌(蓬,豐)上而兑(鋭)下,僂身而下聲。”

《北大老子》:“脩之國,其德乃逢(豐);脩之天下,其德乃薄(溥)。”

《周馴》:“今如能瀝桓公之順(訓),去還忿,用賢仇,聽諫而毋復(覆)過,則而國雖小區區,其何患於不逢(豐)侈?”

逢與蜂

《北大老子》:“逢(蜂)蠆虺蛇弗赫(螫),猛獸攫(玃)鳥弗薄(搏)。”

蜂與鋒

《八陣》:“用陳(陣)參(三)分,誨陳(陣)有蜂(鋒)。”

《勢備》:“陳(陣)无蜂(鋒),非孟賁之勇也敢將而進者。”

《勢備》:“故有蜂(鋒)有後,相信不動,適(敵)人必走。”

絳與縫

《治官》:“女子之作,紡織載(裁)絳(縫),補褆(袪)治家。”

絳與豐

《雌雄節》:“厥身則壽,子孫則殖,是謂吉節,是胃(謂)絳(豐)德。”按,“絳(豐)”字從施謝捷《馬王漢墓堆帛書〈經法〉注釋商榷》(《文史》第39輯,中華書局,1994年)讀。

《戰國二一》:“臣聞甘洛(露)降,時雨至,禾穀絳(豐)盈。”

《禁》:“春毋伐木,華箮(蒠)生;夏毋犯火,精薪(熚)絳(豐);秋毋犯金,當(鎏)銀昭;冬毋犯水,甘泉出。”

《禁》:“火無禁則勿(物)不絳(豐),金無禁則筋〼。”

邦與封

《曹沫》:“昔周室之邦(封)魯,東西七百,南北五百,非山非澤,亡又(有)不民。”按,“邦(封)”字從陳劍《上博竹書〈曹沫之陳〉新編釋文》(簡帛研究網,2005年2月12日)讀。

《相宅》:“凡相坦(墠)、豉(樹)邦(封)、作邑之道。”按,“邦(封)”字從李家浩説讀。

《成王》:“成王既邦(封)周公二年,而王重(重)其責(任),乃訪於〼。”按,“邦(封)”字從復旦吉大古文字專業研究生聯合讀書會《上博八〈成王既邦〉校讀》(復旦大學出土文獻與古文字研究中心網,2011年7月17日)讀。

《良臣》:“奠(鄭)輗(桓)公與(舉)周之遺老史百(伯)、宦中(仲)、虔(虢)弔(叔)、土(杜)白(伯),後出邦(封)。”按,“邦(封)”字從陳偉《〈清華大學藏戰國竹簡·良臣〉初讀——在〈清華大學藏戰國竹簡(三)〉成果發布會上的講話》(簡帛網,2013年1月4日)讀。

豣與付

《周易·井》:“九二:井浴(谷)矤(射)豣(鮒),隹(唯)袭(敝)縷(漏)。”按,帛書本豣(鮒)作付。

豣與鮒

《周易·井》:“九二:井浴(谷)矤(射)豣(鮒),隹(唯)袭(敝)縷(漏)。”

寀與豐

《語叢一》:“豊(禮)不同,不寀(豐)不𣪠(殺)。”按,“寀(豐)”字從陳偉

《郭店楚簡別釋》(《江漢考古》1998 年 4 期）讀。

奉與捧

《妄稽》:“笑胃（謂）周春，奉（捧）頰壹嗺（咂)。”

奉與夆

《老子》乙：“攸（修）之邦，其悳（德）乃奉。”按，帛書甲本奉作夆。

奉與逢

《詩論》:“《又（有）兔》不奉（逢）時。”

《從政》:“☐而不知則奉（逢）𦔻（災）害。”

《三德》:“方縈（榮）勿伐，將興（孕）勿殺，腘（將）齊（濟）勿杭（抗)，是奉（逢）凶脖（孽)。”

《芮良夫》:“邦其康寍（寧)，不奉（逢）庶戁（難)，年穀（穀）焚（紛）成，風雨寺（時）至。”

《湯丘》:“吟（今）君迬（往）不以時，逿（歸）必夜，繬（適）奉（逢）道逄（路）之祙（祟)。”

《國次》:“功成不廢，後不奉（逢）央（殃)。”

《四度》:“外内皆順，命曰天當，功成而不廢，後不奉（逢）央（殃)。”

奉與封

《晏子一五》:“於是重其禮而留其奉（封)，敬見之而不問其道。”

奉與豐

《老子》乙：“攸（修）之邦，其悳（德）乃奉。”按，今本奉作豐。

逪與逢

《唐虞》:“古者堯生於天子而又（有）天下，聖以堣（遇）命，急（仁）以逪（逢）旹（時)，未嘗☐。”按，“逪（逢)”字從裘按（《郭店楚墓竹簡·唐虞之道》篇注［二〇］）讀。

霏與奉

《成之》:“言不霏（奉）大祟（常）者，文王之型（刑）莫𡎺（重）安（焉)。”按，“霏（奉)”字從白於藍《郭店楚簡補釋》(《江漢考古》2001 年 2 期）讀。

禮與豑

《有司》:“坐墳（奠）臬（糗）于禮（豑）南，脩（修）在賁（蕡）南。”

酆與豐

《别卦》:“酆（豐)。”

《易之義》:“是故鍵（乾）之‘炕（亢）龍’，壯之‘觸蕃（藩)’，句（姤）之‘離角’，鼎之‘折足’，酆（豐）之‘虛盈’，五繇者，剛之失也。”

《節》:“酆（豐）龍（隆)，司空也。”

《節》:“迎酆（豐）龍（隆）戰，削其土彊（疆)，亡其司空。”

《燕禮》:“公尊瓦泰（大）兩，有酆（豐)，幕（冪）如郤（綌）如錫。”

龙字聲系

龙與蒙

《周易·蒙》:“六四：困龙（蒙)，吝。”

《周易·蒙》:“上九：殸（擊）龙（蒙)；不利爲寇，利御（禦）寇。”

寵與冡

《窮達》:“𠯑（皋）繇（陶）衣胎（枲）蓋（褐）冒（帽）衽（絰）寵（冡）慬（巾)。”

惊與蒙

《别卦》:“惊（蒙)。”

東字聲系

東與冬

《木牘》:“疵（紫）𠥓七束，門冬一升，款東（冬）一升，槀吾一升。”

涷與凍

《易之義》："天氣作□□□□□□□□□，其寒不涷（凍），其暑不曷（渴）。"

《晏子八》："毋（無）死（朽）槖（蠹）之臧（藏），毋（無）涷（凍）餒之民。"

《三十時》："☐涷（凍）始澤（釋）。"

《陰陽家》："反山求金鐵，則地不能涷（凍），水不能溗（凝）。"

《節》："日至卌六日，陽涷（凍）澤（釋），四海雲至。"

練與棟

《繫辭》："上古穴居而野處，後世耶（聖）人易之以宮室，上練〈練（棟）〉下楣，以寺（待）風雨，蓋取者（諸）大莊（壯）也。"按，今本練作棟。練似即練之誤字，讀作棟。

重與動

《帛甲老子・道經》："女〈安〉以重（動）之余（徐）生。"

《帛乙老子・道經》："女〈安〉以重（動）之徐生。"

《道原》："規（蚑）行僥（蟯）重（動），戴根之徒，皆取生，道弗爲益少。"

重與踵

《效律》："誤自重（踵）殹（也），減罪一等。"

動與重

《繫辭》："因而動（重）之，教（爻）在其中矣。"按，今本動作重。

《揕輿》："若三動（重）於歲之一方，取二於前，是謂重惡申，凶。"

動與撞

《養生方》："以其汁漬□肉動（撞）者，□犬脯□□，復漬汁。"

蹱與動

《天下至道》："壹蹱（動）耳目葱（聰）明，再蹱（動）聲音章（彰），三蹱（動）皮革光，四蹱（動）脊骨強，五蹱（動）尻脾（髀）方，六蹱（動）水道行，七蹱（動）致（至）堅以強，八蹱（動）志驕以陽（揚），九蹱（動）順彼天蓋（英），十蹱（動）產神明。"

《天下至道》："幾已，内脊，毋蹱（動），翕氣，印（抑）下之，靜身須之。"

《天下至道》："七曰微蹱（動），八曰侍（待）盈。"

《天下至道》："乃祭（察）八蹱（動），觀氣所存。"

《天下至道》："八蹱（動）。"

《天下至道》："審蔡（察）五言〈音〉，以智（知）其心；審祭（察）八蹱（動），以智（知）其所樂所通。"

蹱與衝

《天下至道》："纍（纍）滾（哀）者，尻彼（頗）疾而蹱（衝）封紀。"按，"蹱（衝）"字從周一謀、蕭佐桃《馬王堆醫書考注》（天津科學技術出版社，1988 年，441 頁）讀。

蹱與踵

《天下至道》："蹱（踵）以玉泉，食以粉（芬）放（芳）。"

《天下至道》："將欲治之，必害（憲）其言，蹱（踵）以玉閉，可以壹遷（仙）。"

《善者》："故民見進而不見退，道（蹈）白刃而不還（旋）蹱（踵）。"

歱與動

《性自》："凡眚（性），或歱（動）之，或逆之，或交〈室（實）〉之，或萬（厲）之，或出之，或羕（養）之，或長之。"

歱與䡕

《性自》："凡眚（性），或歱（動）之，或逆之，或交〈室（實）〉之，或萬（厲）之，或出之，或羕（養）之，或長之。"按，上博簡本《性情論》歱（動）作䡕。

種與動

《定心》:"倅（猝）發而種（動），必（閉）心全志而不慕名譽。"

種與腫

《一類》:"身扁（遍）雝（臃）種（腫）上下左右☐。"

《木牘》:"治痹手足雝（臃）種（腫）方。"

瘇與腫

《天乙・黃鐘》:"薄顏，短頸，惡，色蒼☐黑，善病北（背）、瘫（膺）、瘇（腫）。"

衝與封

《阜春・章題》:"晉文君之時翟人獻衝（封）狐。"

箽與鐘

《鮑叔牙》:"乃命又（有）嗣（司）箸祚浮，老溺（弱）不型（刑），畝纆端（短），田纆長，百糧箽（鐘）。"按，"箽（鐘）"字從劉信芳《上博藏五試解續》（簡帛網，2006年3月20日）讀。

緟與重

《妄稽》:"妄稽因新製緟（重）緒之衣，穀帛之常（裳）。"按，"緟（重）"字從王曉明《北大簡〈妄稽〉校讀簡記（四）》（復旦大學出土文獻與古文字研究中心網"學術討論"，2016年6月13日）讀。

緟與動

《帛甲老子・道經》:"虛而不淈（屈），緟（動）而俞（愈）出。"

《帛甲老子・道經》:"正（政）善治，事善能，踵（動）善時。"

童與憧

《帛易・咸》:"九四，貞吉，悔亡。童（憧）童（憧）往來，傰（朋）從璽（爾）思。"

《繫辭》:"易曰：'童（憧）童（憧）往困，崩（朋）從璽（爾）思。'"

《繆和》:"易曰'童（憧）童（憧）往來'，仁不達也。"按，"童"當讀作"憧"。

童與瞳

《天乙・無毒》:"毋（無）毒之方：歙（飲）必審鴟棓（杯）中，不見童（瞳）子勿歙（飲）。"

《脈書》:"在目，泣出爲滘（浸），脈蔽童（瞳）子爲脈滘（浸）。"

童與重

《尊德義》:"童（重）義集（集）釐（理），言此章也，行此旻（文）也。"

《語叢四》:"不與智悔（謀），是胃（謂）自惎；蚤（早）與智悔（謀），是胃（謂）童（重）基。"

《容成氏》:"衣不褻（疊）媺（文），飤（食）不童（重）味，朝不車逆，穜（舂）不糧（毇）米，盨（羹）不折骨。"

《鄭壽》:"禍（禍）敗因童（重）於楚邦。"按，"童（重）"字從陳偉《讀〈上博六〉條記》（簡帛網，2007年7月9日）讀。

《成王》:"☐童=光=（重光，重光）其昌也，可羿（期）而須也。"

《芮良夫》:"卑（譬）之若童（重）載以行隋（嶞）險，莫之敖（扶）道（導），其由（猶）不遉（顛）（覆）？"

《鄭武》:"孚=（孺子）其童（重）得良臣，吏（使）戠（禦）寇也，尃（布）慉（圖）於君。"

《觀》:"宿陽脩（修）刑，童（重）陰長夜氣閉地繩（孕）者，所以繼之也。"

《春秋一三》:"吾聞之，君子不擊不成之列，不童（重）傷，不禽（擒）二毛。"

《禹王》:"坔（禹）奉舜童（重）悳（德），故（施）于四或（國）。"

童與動

《楚帛書》乙："母（毋）童（動）群民以☐。"

《窮達》:“童(動)非爲達也,古(故)穿(窮)而不□□□爲名也。”

《詩論》:“童(動)而皆臤(牽)於其初者也。”按,“童(動)”字從李零《上博楚簡校讀記(之一)——〈子羔〉篇“孔子詩論”部分》(簡帛研究網,2002年1月4日)等讀。

《季桓子》:“君子亙(恆)以眾福,句(後)□四方之立(位)以童(動)。”

《日甲·詰》:“一室人皆毋(無)氣以息,不能童(動)作,是狀(戕)神在其室。”

《引書》:“纍足指,上搖之,更上更下卅,曰纍童(動)。”

《繫辭》:“君子藏器於身,待者〈時〉而童(動),何不利之又(有)?”

《攻權》:“將吏士卒,童(動)靜如身。”

《攻權》:“發童(動)必蚤(早),畝凌而兵毋與戰矣。”

《攻權》:“其心童(動)☐。”

《攻權》:“☐心童(動)疑,支(肢)節☐。”

《攻權》:“☐下不節童(動),唯(雖)勝爲幸。”

《命訓》:“佾(訓)之以豊(禮),教之以埶(藝),正之以政,童(動)之以事,懽(勸)之以賞,䰠(畏)之以罰。”

《管仲》:“及句(后)辛之身,其童(動)亡(無)豊(禮),其言亡(無)宜(義)。”

童與踵

《陳公》:“陳公性(狂)安(焉)巽(選)楚邦之古(孤)童(踵)之於後,以厚王卒。”

童與同

《祝辭》:“引虘(且)言之,童(同)以心,𢼂(撫)咢(額),𢿂(射)戎也。”

《祝辭》:“引虘(且)言之,童(同)以目,𢼂(撫)咢(額),𢿂(射)禽也。”

《祝辭》:“引虘(且)言之,童(同)以骭,𢼂(撫)咢(額),𢿂(射)音(函)也。”

童與恫

《吳命》:“先=(先人)又(有)言曰:‘馬晒(將)害(猲),或童(恫)之,速羕。’”按,“童”似當讀作“恫”,訓作“恐”。

僮與童

《周易·蒙》:“六五:僮(童)尨(蒙),吉。”

《周易·大畜》:“六四:僮(童)牛之梏(牿),元吉。”

《周易·咸》:“九四:貞吉亡(无)悔(悔),僮☐志。”按,帛書本僮作童。

《周易·旅》:“六二:遜(旅)既宎(次),褱(懷)其次(羑),得僮(童)僕(僕)之貞。”

《周易·旅》:“九厽(三):遜(旅)焚其宎(次),喪其僮(童)僕(僕)貞=(貞,貞)厲。”

僮與重

《易之義》:“僮(重)陽者亡,故火不吉也。”

僮與動

《老子》甲:“返(反)也者,道僮也。”按,今本和帛書本僮作動。

《帛乙老子·德經》:“僮(動)皆之死地之十有三。”

《論》:“一曰觀,二曰論,三曰僮(動),四曰轉,五曰變,六曰化。”

《陰陽脈乙》:“是僮(動)則病。”

《易之義》:“萬物之義,不剛則不能僮(動),不僮(動)則無功,恆僮(動)而弗中則亡,此剛之失也。”

《易之義》:“不柔則不靜,不靜則不安,久靜不僮(動)則沈,此柔之失也。”

《易之義》："是故鍵（乾）之'炕（亢）龍'，壯之'觸蕃（藩）'，句（姤）之'離角'，鼎之'折足'，酆（豐）之'虛盈'，五繇者，剛之失也，僮（動）而不能靜者也。"

《易之義》："川（坤）之'牝馬'，小蓄（畜）之'密雲'，句（姤）之'蹢屬（躅）'，漸之'繩（孕）婦'，肫（屯）之'泣血'，五繇者，陰之失也，靜而不能僮（動）者也。"

《易之義》："是故天之義剛建（健）僮（動）發而不息，其吉保功也。"

《易之義》："地之義柔弱沈靜不僮（動），其吉保安也。"

《易之義》："見勇（用）則僮（動），不見用則靜。"

《易之義》："龍不侍（待）光而僮（動），无階而登。"

《易之義》："文人僮（動），小事時說，大事順成，知勿過數而務柔和。"

《易之義》："易之爲書也，難前，爲道就䙴（遷），變僮（動）而不居。"

《定心》："心不僮（動），氣不侈（移）。"

勭與動

《脈書》："是勭（動）則病。"

《脈書》："是勭（動）則病。"

《脈書》："是勭（動）則病。"

《脈書》："是勭（動）則病。"

《脈書》："是勭（動）則病。"

《脈書》："是勭（動）則病。"

《脈書》："是勭（動）則病。"

《脈書》："是勭（動）則病。"

《脈書》："是勭（動）即病。"

《脈書》："是勭（動）則病。"

《脈書》："是勭（動）則病。"

《脈書》："以其勭=（動。動）則實四支（肢）而虛五=臧=（五臟，五臟）虛則玉體利矣。"

《脈書》："肉痛如浮，氣勭（動）則憂（擾）。"

《脈書》："它脈靜，此獨勭（動），則主病。"

《脈書》："夫脈固有勭（動）者，骭之少陰，臂之鉅陰、少陰，是主勭（動），疾則病。"

《引書》："虛而不屈，勭（動）而俞（愈）出。"

《帛乙老子・道經》："虛而不淈（屈），勭（動）而俞（愈）出。"按，整理者直接釋"勭"爲"動"。

《要》："君子安其身而後勭（動），易其心而后（後）評（呼），定【其】位而后（後）求。"按，"勭"字從廖名春《帛書〈要〉釋文》（《國際易學研究》第一輯，華夏出版社，1995年1月）隸定。下二例同。

《要》："危以勭（動），則人弗與也；無立（位）而求，則人弗予也。"

《要》："是以察於損益之變者，不可勭（動）以憂憙（喜）。"按，"勭"字從裘錫圭《帛書〈要〉篇釋文校記》（《道家文化研究》第十八輯，三聯書店，2000年）隸定。

《形甲》："昔善守者，臧（藏）九地之下，勭（動）九☐。"

《形乙》："昔善守者，臧（藏）九地之下，勭（動）九天之上。"

《實虛》："故績（刺）之而知勭（動）靜之理。"

《妄稽》："妄聞之中，心勭（動）恐懼。"按，"勭（動）"字從王挺斌《北大簡〈妄稽〉與〈反淫〉研讀劄記》（簡帛網，2016年6月29日）釋讀。

《反淫》："靜居閒坐，觀勭（動）靜之孿（變），順風波之理。"

墥與動

《蓋廬》："其中有墥（動）志，戒以須之，不去且來。"

《蓋廬》："軍少以恐，不□不墥（動），欲後不敢者，攻之。"

潼與童

《痂》："以南（男）潼（童）弱（溺）一斗半并□，煮熟。"

潼與腫

《癰》："□□□□□□□□□□□之，以熨潼（腫）所。"

《陰陽脈乙》："潼（腫），頭痛，□□□□脊痛，要（腰）以（似）折。"

撞與動

《養生方》："一曰□□，二曰震撞（動）。"

《養生方》："食引：利益氣，食飲恆移音（陰）撞（動）之，卧有（又）引之。"

達與重

《魯邦》："否，殹（繄）虐（吾）子女達（重）命，其與（歟）！"

《祭公》："隹（惟）天奠（定）我文王之志，達之甬（用）畏（威）。"按，今本《逸周書·祭公》達作重。

達與動

《老子》甲："虛而不屈，達而愈出。"按，今本達作動。

《尊德義》："凡達（動）民必訓（順）民心。"

《君子》："達（動）而不義，身毋達（動）安（焉）。"

《楚帛書》甲："至於復（覆）天，旁達（動）攼（毀）敳（蔽）之青木、赤木、黃木、白木、墨木之精（楹）。"

《金縢》："今皇天達（動）鬼（威），以章公惪（德）。"

《唐勒》："月行而日達（動），星躍（燿）而玄慣（運），子神賁（奔）而鬼走，進退詘（屈）信（伸），莫見其墳埃，均□▨。"

達與動

《老子》甲："虛而不屈，達而愈出。"按，帛書乙本達作勭。

達與董

《祭公》："隹（惟）天奠（定）我文王之志，達（董）之甬（用）畏（威）。"

達與衝

《繫年二一》："晉嵬（魏）畀〈斯〉、竘（趙）关（浣）、趴（韓）啓章衒（率）自（師）回（圍）黃沱（池），達（衝）迵（通）而歸之於楚。"

達與踵

《老子》甲："虛而不屈，達而愈出。"按，帛書甲本達作踵。

墥與動

《日甲·詰》："毋（無）氣之徒而墥（動），終日，大事也；不終日，小事也。"

墥與踵

《封診式》："其前稠綦袤四寸，其中央稀者五寸，其墥（踵）稠者三寸。"

《面積》："并舌墥（踵）步數而半之以爲廣，道舌中丈徹墥（踵）中以爲從（縱），相乘即成積步。"

《戰國一八》："媼之送燕后也，攀其墥（踵），爲之泣，念其遠也，亦哀矣。"

橦與動

《蓋廬》："参（三）辰爲剛（綱），列星爲紀，維斗爲擊（繫），轉橦（動）更始。"

橦與棟

《阜易·大過》："大過，橦（棟）橈（撓），利用卣（攸）往，亨。"

橦與衝

《蓋廬》："坨（地）橦（衝）八日，日橦

（衝）八日，日旨十二日，皆可以攻。”
《守法》：“爲蜚（飛）橦（衝）及緻張，可以破蔽魯（櫓）百步之内者，遂十五。”

腫與動

《易之義》：“大牀（壯），小腫（動）而大從，□□□也。”

蝕與動

《性自》：“凡蝕（動）眚（性）者，勿（物）也。”
《性自》：“羕（永）思而蝕（動）心，胄（喟）女（如）也。”
《性自》：“哭之蝕（動）心也，瀸（蹴）濲（殺），其剌（烈）繺=（戀戀）女（如）也，慼（戚）肰（然）以終。樂之蝕（動）心也，濬深膩（鬱）舀（陶），其剌（烈）則流女（如）也以悲，絛（悠）肰（然）以思。”
《性自》：“凡眚（性），或敦（動）之，或逆之，或交〈室（實）〉之，或萬（厲）之，或出之，或羕（養）之，或長之。”按，上博簡本《性情論》敦（動）作蝕。

穜與種

《容成氏》：“受（紂）爲亡道，聒（昏）者（捨）百眚（姓），至（縶）約者（諸）侯，㡭（絕）穜（種）恣（侮）眚（姓），土玉水西（酒）。”
《王子木》：“曰：‘以穜（種）𣏟（麻）。’”
《啻門》：“其末燹（氣），是胃（謂）玉穜（種）。”
《龍簡》：“黔首或始穜（種）即故▨。”
《周病方》：“到明出種，即□邑最富者，與皆出穜（種）。”
《周病方》：“即已，禹步三，出穜（種）所。”
《周病方》：“取戶旁腏黍，裹臧（藏）到穜（種）禾時，燔治。”
《周病方》：“以殽穜=（種，種），令禾毋閬（稂）。”
《天乙·五種忌》：“五穜（種）忌：子麥、丑黍、寅稷、卯叔（菽）、辰麻、戊秫、亥稻，不可始穜（種）、穫及賞（嘗）。”
《學爲》：“丈人詔令癸出田南陽，因穜（種）食、錢貣（貸），以爲私【書】。”
《學爲》：“癸穜（種）姓雖賤，能權任人，有（又）能下人。”
《三十時》：“下六：莞華，穜（種）稻。可嫁女，取婦。”
《三十時》：“▨至，穜（種）葘冬葵，瓠以堅苞。”
《隨日·司歲》：“午朔，□□司歲，百資不成，三穜（種）。”
《隨日·朔占》：“丑朔敗穜（種），寡旱。”
《隨日·朔占》：“辰巳朔五穜（種）。”
《隨日·始種》：“始穜（種）。”
《隨日·始種》：“以穜（種），一人弗食也。”
《隨日·始種》：“辰、巳不可穜（種）、出穜（種）。”
《隨日·始種》：“乙巳、壬【辰】不可予、入五穜（種）。”
《隨日·始種》：“以秋禾孰（熟）時，取禾穜（種）數物各一斗粟。”
《隨日·始種》：“▨穜（種）之。”
《隨曆日》：“辛亥，出穜（種）。”

穜與腫

《脈書》：“顏（顏）墨（黑），病穜（腫）。”
《脈書》：“腹外穜（腫），腸痛，厀（膝）外、柎（跗）上踝〈踝（痹）〉。”
《脈書》：“領〈頷〉穜（腫）痛，不可以顧，肩以（似）脫，臑以（似）折。”
《脈書》：“耳煇=焞=（煇煇焞焞），益（嗌）穜（腫），是耳脈主治。”

《脈書》："齒痛，朏（頔）穜（腫），是齒脈主治。"
《脈書》："其所產病：齒痛，朏（頔）穜（腫），目黄，口乾，臑痛，爲五病。"
《脈書》："丈夫則積（㿗）山（疝），婦人則少（小）腹穜（腫）。"
《脈書》："癰穜（腫）有農（膿），稱其小大而爲之砭（砭）。"
《足臂脈·足》："聾，腂（枕）痛，耳前痛，目外漬（眥）痛，脅外穜（腫）。"
《足臂脈·足》："厀（膝）中穜（腫），腹穜（腫），乳内兼（廉）痛。"
《足臂脈·足》："□外穜（腫），頯痛。"
《足臂脈·足》："足柎（胕）穜（腫），疾畀（痹）。"
《陰陽脈甲》："腹外穜（腫），陽（腸）痛，厀（膝）跳，付（跗）□□。"
《陰陽脈甲》："耳聾，煇煇朜朜，嗌穜（腫），是耳脈（脈）主治。"
《陰陽脈甲》："齒痛，朏（頔）穜（腫），是齒脈（脈）主治。"
《陰陽脈甲》："齒痛，朏（頔）穜（腫），目黄，口乾，臑痛，爲五病。"
《脈法》："用碧（砭）啓脈（脈）者必如式，壅（癰）穜（腫）有膿（膿）。"
《腫囊》："穜（腫）囊。"
《腫囊》："穜（腫）囊者，黑實囊，不去。"
《腫囊》："壹用，智（知）；四五用，穜（腫）去。"
《㿗》："賁（坌）者種（腫），若以柏杵七，令某償（㿗）毋一。"按，"種（腫）"字從裘錫圭《馬王堆醫書釋讀瑣議》（《古文字論集》，中華書局，1992年，525頁）讀。
《疽病》："雎（疽）始起，取商〈商〉牢（陸）漬醯中，以熨其種（腫）處。"
《癰》："癰種（腫）者，取烏家（喙）、黎（藜）盧，冶之。"
《癰》："有可，□□手，令癰種（腫）者皆已。"
《癰》："身有體癰種（腫）者方。"
《癰》："稍取以塗身體（體）種（腫）者而炙之，□□□□□□癰種（腫）盡去，已。"
《養生方》："病最穜（腫）。"
《養生方》："冶柳付（柎），與志（膱）膏相挈（滓）和，以傅穜（腫）者。"
《養生方》："病最種（腫）。"
《天下至道》："強用之，不能道，產痤穜（腫）橐。"
《妄稽》："穜（腫）肵廣肺，垂（頔）顙折骼（額）。"
《妄稽》："曲指躅踝，穜（腫）朏廢脂（臆）。"

穜與舂

《容成氏》："衣不褻（疊）媺（文），飤（食）不童（重）味，朝不車逆，穜（舂）不粈（毇）米，盥（羹）不折骨。"

穜與重

《繫年十六》："楚龍（共）王立七年，命（令）尹子穜（重）伐奠（鄭）。"

動與重

《鄭武》："君共（拱）而不言，加動（重）於夫=（大夫）。"
《鄭武》："女（如）訢（慎）動（重）君㯻（葬）而舊（久）之於上，三月少（小）羕（祥）。"

糧與種

《用曰》："非稷之糧（種），而可畬（飲）飤（食）。"
《學爲》："☐萬及糧（種）食胡陽，以田。"
《學爲》："毋擇令癸□□□糧（種）食，以田。"

《學爲》："臣老，癸與人出田，不齎錢、穜（種）。"

緟與重

《用曰》："再（稱）秉緟（重）悳（德），冒難軋（犯）央（殃）。"

《李頌》："豐芋（華）緟（重）光，民之所好可（兮）。"

衝與衝

《龍簡》："衝（衝）道行禁苑中□☑。"

《隨日·徙》："建所當爲衝（衝）日，卒衝（衝）前爲飄，後爲敗。"按，"衝"字整理者未釋，即"衝"字。下同。

《隨日·反支》："從戌先行前□其□□□□□□□□□□□衝（衝）。"

衝與腫

《脈書》："衝（腫）頭，目以（似）脱，項以（似）伐（拔）。"

蹱與腫

《引書》："頭氣下流，足不痿癉〈痹〉，首不蹱（腫）鼽，毋事恆服之。"

蹱與踵

《脈書》："鉅陽之脈，毄（繫）於蹱（踵）外踝中，出胎（郤）衷（中）。"

《脈書》："肽如結，腨如裂，此爲蹱（踵）蹷（厥），是鉅陽之脈主治。"

《引書》："信（伸）胻直蹱（踵），并畬（搖）卅，曰埤堄。"

《引書》："兩手奉尻，僂〈俛（俛）〉頭，揗之，頭手皆下至蹱（踵），三而已。"

《引書》："□□上□，敦蹱（踵），壹敦左，壹敦右，三百而已。"

《引書》："引瘚，臥，詘（屈）兩厀（膝），直蹱（踵），并畬（搖）卅。"

《引書》："端立，被髮敦蹱（踵）三百，卻步三百而休。"

《引書》："其在左則（側）陰（陰）筋（筋）胕脈，雇（顧）右足蹱（踵），力引之。"

《引書》："周脈循奏（腠）理以利蹱（踵）首，廁（側）比以利耳，陽見以利目。"

《引書》："跌指以利足氣，敦蹱（踵）以利匈（胸）中，此物皆三而已。"

《引書》："信（伸）復（腹）折要（腰），力信（伸）手足，軵蹱（踵）曲指。"

軆與重

《尹至》："隹（惟）㦽（滋）虐（虐）悳（德）、瀑（暴）軆（重）、亡篢（典）。"按，"軆（重）"字從鄔可晶《〈尹至〉"惟㦽虐德暴軆亡典"句試解》（《出土文獻》第九輯，中西書局，2016年）讀。

鐘與鍾

《反淫》："乃使鐘（鍾）子期操觴（暢）其旁。"按，"鐘（鍾）"字從王挺斌《北大簡〈妄稽〉與〈反淫〉研讀劄記》（簡帛網，2016年6月29日）釋讀。

容字聲系

容與蓉

《木牘》："肉從（葰）容（蓉）、天雄、署（薯）與（蕷）、虵（蛇）☑。"

《妄稽》："夫（芙）容（蓉）江離，蘭谷〈茖〉熏（薰）妨（芳）。"

容與鎔

《封診式》："某里士五（伍）甲、乙縛詣男子丙、丁及新錢百一十錢、容(鎔)二合。"

《封診式》："甲、乙捕索（索）其室而得此錢、容（鎔），來詣之。"

《北蒼·陽》："贅（綴）拾銻鎔，鑄冶容（鎔）鑲。"

容與訟

《易之義》："容（訟）者，得之疑也。"

《易之義》："筮（噬）閘（嗑）紫（背）紀，恆言不已，容（訟）獄兇（凶）得也。"

容與頌

《泰射》："西階之西，容（頌）磬東面，其南鐘，其南鑮，皆南陳。"

容與諛

《春秋一六》："今彭生近君，□無盡言，容（諛）行阿君。"按，《管子·大匡》"容"作"諛"。

容與勇

《語叢二》："子（慈）生於眚（性），易生於子（慈），肆（肆）生於易，容（勇）生於肆（肆）。"按，"容（勇）"字從沈培《說郭店楚簡中的"肆"》（《語言》第二卷，首都師範大學出版社，2001年）讀。

容與欲

《帛易·頤》："六四，顛頤，吉。虎視沈（眈）沈（眈），其容（欲）笛（逐）笛（逐），无咎。"

容與戎

《帛易·同人于野》："九三，服（伏）容（戎）于莽，登（升）其高陵，三歲不興。"

《趙正書》："吾衣（哀）令（憐）吾子之孤弱，及吾蒙容（戎）之民，死且不忘。"

蓉與容

《李頌》："差₌（嗟嗟）君子，觀虗（吾）梪（樹）之蓉（容）可（兮）。"

《蘭賦》："蓉（容）惻（則）柬（閑）逸而莫之能斈（效）矣。"按，"蓉（容）"字從黃浩波《上博八〈蘭賦〉"容則"試解》（簡帛網，2011年9月9日）讀。

用字聲系

用與桶

《秦律·工律》："縣及工室聽官爲正衡石贏（纍）、斗用（桶）、升，毋過歲壺〈壹〉。"

用與庸

《繫年十九》："吳縵（洩）用（庸）以自（師）逆鄒（蔡）卲（昭）侯，居于州耒（來），是下鄒（蔡）。"

《四度》："聲華實寡者，用（庸）也。"按，"用（庸）"字從馬王堆漢墓帛書整理小組編《馬王堆漢墓帛書·經法》（文物出版社，1976年，23頁）讀。

甬與用

《老子》甲："以正之（治）邦，以戢（奇）甬兵，以亡事取天下。"按，今本和帛書本甬作用。下一例同。

《老子》甲："返（反）也者，道僮（動）也；溺（弱）也者，道之甬也。"

《老子》乙："大成若夬（缺），其甬不𢼸（敝）。大浧（盈）若中（盅），其甬不穿（窮）。"按，今本和帛書甲本甬作用。下一例同。

《老子》丙："古（故）曰兵者□□□□□，□得已而甬之，銛（恬）纏（愉）爲上，弗娓（美）也。"

《緇衣》："非甬（用）臸（令），折（制）以坓（刑），隹（惟）乍（作）五瘧（虐）之坓（刑）曰灋。"

《成之》："古之甬（用）民者，求之於吕（己）爲亙（恆）。"

《六德》："聚人民，貢（任）陸₌（土地），足此民尔生死之甬（用），非忠信者莫之能也。"

《性自》："其甬（用）心各異，斈（教）使肰（然）也。"

《性自》："凡思之甬（用）心爲甚。"

《性情論》："甬（用）心谷（欲）悳（德）而弗□。"

《性自》："凡甬（用）心之喿（躁）者，思爲戡（甚）；甬（用）智之疾者，患爲甚；甬（用）青（情）之至者，依（哀）樂爲甚；甬（用）身之弁者，兑（悦）爲甚；甬（用）

力之𦘔（盡）者，利爲甚。”
《詩論》：“《訔（詩）》，其猶坪（平）門，與戔（賤）民而豫之，其甬（用）心也𨟻（將）可（何）女（如）？”
《詩論》：“民之有慼惓（患）也，卡₌（上下）之不和者，其甬（用）心也𨟻（將）可（何）女（如）？”
《詩論》：“《兔蘆（罝）》其甬（用）人則虐（吾）取▨。”
《容成氏》：“舜乃欲會天陸（地）之燹（氣）而聖（聽）甬（用）之，乃立數（質）以爲樂正。”
《周易・謙》：“初六：壓（謙）君子，甬（用）涉大川，吉。”
《内豊》：“君子之立孝，炁（愛）是甬（用），豊（禮）是貴。”
《曹沫》：“三者𦘔（盡）甬（用）不皆，邦家以忶（宏）。”
《曹沫》：“是古（故）倀（長）民偖（者）毋図篧（爵），毋𢁒軍，毋辟（避）辠，甬（用）都𡥈（教）於邦□於民。”
《楚帛書》乙：“民勿甬（用）□□百神，山川澫（瀨）浴（谷），不欽□行。”按，以往諸家均直接釋“甬（用）”爲“用”。不確。
《競公瘧》：“善才（哉）！虐（吾）甬（用）晏子，是嬰（襄）亘（桓）之言也！”按，“甬（用）”字從林文華《〈上博六・景公瘧〉“吾用晏子是襄桓之言也”新解》（簡帛網，2007年8月2日）釋讀。
《慎子》：“▨襄，得甬（用）於殜（世）。”
《凡物甲》：“坐（坐）而思之，𦢝（際）於千里；迟（起）而甬（用）之，練（陳）於四海（海）。”
《吳命》：“古（故）甬（用）使其三臣，毋敢又（有）遲（遲）速之𣇛（期），敢告刓日。”
《卜書》：“少（小）子吉，倀₌（丈人）乃哭，甬（用）凥（處）宫▨。”
《文王》：“上（尚）父曰：‘黃帝攸（修）三員（損），備日行，習女智，於是甬（用）𨟻（將）安。’”
《堯王》：“▨譔（察）之於堯₌（堯，堯）㚸（始）甬（用）之嘉悳（德）▨。”
《尹誥》：“氒（厥）辟复（作）悁（怨）于民₌（民，民）復之甬（用）麗（離）心，我戩（翦）㳚（滅）夏。”
《程寤》：“於（嗚）虖（呼）！可（何）敬（警）非朋？可（何）戒非商？可（何）甬（用）非梪₌（樹？樹）因欲，不違芧（材）。”
《程寤》：“女（如）天降疾，旨味既甬（用），不可藥，時（時）不遠。”
《程寤》：“朕聒（聞）周長不忒（貳），孞（務）亡勿甬（用）。”
《程寤》：“人甬（用）女（汝）母（謀），炁（愛）日不跌（足）。”
《保訓》：“帝堯嘉之，甬（用）受（授）氒（厥）緒。”
《保訓》：“至于成康（湯），祗備（服）不解（懈），甬（用）受大命。”
《祭公》：“甬（用）纏（膺）受天之命，尃（敷）聒（聞）才（在）下。”
《祭公》：“㘸（兹）由（迪）彝斈（學）于文武之曼悳（德），克夾卲（紹）成康，甬（用）臧（畢）成大商。”
《祭公》：“隹（惟）天奠（定）我文王之志，適（董）之甬（用）畏（威）。”
《祭公》：“亦尚戸（寬）臧（壯）氒（厥）心，康受亦弋（式）甬（用）休。”
《説命上》：“敓（説）逨（來），自從事于殷（殷），王甬（用）命敓（説）爲公。”
《説命中》：“若金，甬（用）隹（惟）女（汝）

复（作）礪（礪）。"
《説命中》："隹（惟）庶想（相）之力，乘甬（用）孚自埶（邇）。"
《説命中》："敬之紶（哉），甬（用）隹（惟）多悳（德）。"
《説命中》："若詆（抵）不視，甬（用）剔（傷），吉不吉。"
《説命下》："敚（説），昔才（在）大戊，克漸（漸）五祀，天章（彰）之甬（用）九悳（德），弗易百青（姓）。"
《琴舞》："叚（假）才（哉）古之人，夫明思慙（慎），甬（用）戟（仇）其又（有）辟。"
《琴舞》："𤔔（亂）曰：已，不曹（造）紶（哉）！思型之，思毷（勖）彊（㦿）之，甬（用）求其定。"
《琴舞》："甬（用）頌（容）祝舍（余），甬（用）少（小）心寺（持）隹（惟）文人之若（若）。"
《琴舞》："介（匄）睪（澤）寺（恃）悳（德），不畀甬（用）非頌（雝）。"
《琴舞》："罔克甬（用）之，是隓（墜）于若（若）。"
《芮良夫》："甬（用）莫能走（止）欲，而莫肎（肯）齊好。"
《芮良夫》："此悳（德）型（刑）不齊，夫民甬（用）㥑（憂）愓（傷）。"
《芮良夫》："昔才（在）先王，幾（既）又（有）眾俑（庸），□□庶難（難），甬（用）建其邦，坪（平）和庶民，莫敢烈憧。"
《芮良夫》："□□□□□□□□□甬（用）劦（協）保，罔又（有）肙（怨）誦（痛）。"
《芮良夫》："古□□□□□□□□□□元君，甬（用）又（有）聖政悳（德）。"
《芮良夫》："褱（懷）忢（慈）學（幼）溺（弱）、羸（鰥）寡、貭（煢）蜀（獨），萬民具（俱）慭（憖），邦甬（用）昌熾（熾）。"
《芮良夫》："生□□難（難），不秉純悳（德），其度（度）甬（用）遊（失）縈（營）。"
《芮良夫》："自起（起）僕（殘）盧（虐），邦甬（用）不寍（寧）。"
《芮良夫》："反＝（板板）其亡（無）成，甬（用）生（皇）可畏。"
《芮良夫》："日月星晨（辰），甬（用）交嬲（亂）進退，而莫得其㳄（次），戠（歲）迺不尾（度），民甬（用）戾殔（盡）。"
《芮良夫》："虛（吾）甬（用）复（作）詇（毖）再終，以寓命達聖（聽）。"
《厚父》："弗甬（用）先折（哲）王孔甲之典刑，真（顛）復（覆）氒（厥）悳（德），湳（沉）湎于非彝。"
《厚父》："民曰隹（惟）酉（酒）甬（用）䘏（肆）祀，亦隹（惟）酉（酒）甬（用）庚（康）樂；曰酉（酒）非飤（食），隹（惟）神之卿（饗）；民亦【曰】隹（惟）酉（酒）甬（用）敗鬼（威）義（儀），亦隹（惟）酉（酒）甬（用）恆（癡）瘇（狂）。"
《命訓》："是古（故）明王奉此六者，以牧墧（萬）民＝（民，民）甬（用）不遊（失）。"
《三壽》："𢜓＝（惶惶）先反，大茖（路）甬（用）見兵。"
《三壽》："龏（恭）神以敬，和民甬（用）政（正），留（留）邦旻（偃）兵，四方達寍（寧）。"
《三壽》："甬（用）肖（艾）卲（昭）句（后）成湯，弋（代）傑（桀）尃（敷）又（佑）下方。"
《三壽》："神民並蠢（尤）而九（仇）悁（怨）所聚，天罰是加，甬（用）兇以見訽。"
《三壽》："天寡（顧）復之甬（用）休，

唯（雖）侌（陰）或（又）明。”

《鄭武》：“虘（吾）先君智（知）二三子之不忈₌（二心），甬（用）廉（兼）受（授）之邦。”

甬與勇

《楚居》：“至畬（熊）甬（勇）及畬（熊）嚴、畬（熊）相（霜）及畬（熊）霊（雪）及畬（熊）訓（徇）、畬（熊）咢及若囂（敖）畬（熊）義（儀），皆居喬多。”

《兵談》：“知（智）士不給慮，甬（勇）士不▨。”

甬與通

《彭祖》：“□□之悔（謀）不可行，述（怵）惕（易）之心不可長，遠慮甬（通）索（素），心白（泊）身湶（釋）。”按，“甬（通）”字從湯志彪《上博簡（三）〈彭祖〉篇校讀瑣記》（《江漢考古》2005年3期）讀。

甬與桶

《秦律·內史雜》：“有實官縣料者，各有衡石羸（纍）、斗甬（桶），期踐（足）。”

《效律》：“甬（桶）不正，二升以上，貲一甲。”

《治官》：“衡石權羸（纍），丈量斗甬（桶）。”

《穀物》：“▨粢甬（桶）少稻石三斗少半斗。”

《穀物》：“▨粢甬（桶）六之五而得一□有（又）□□▨。”

《穀物》：“▨得一，以稻甬（桶）求▨。”

《第二組》：“諸官縣料者各有衡石羸（纍）、斗甬（桶），期足，計其官，毋叚（假）黔首。”

《第二組》：“以鐵午（杵）閜（扃）甬（桶）口，皆壹用方櫼（槩），櫼（槩）毋得，用槩及圜櫼（槩）。”

《第三組》：“毋（無）衡石斗甬（桶）以縣米。”

《第三組》：“▨□斗甬（桶），里量□以□□□□爲□□□縣官衡石斗甬（桶）□□□□□□□□□□及□□□斗甬（桶）焉。”

《占書》：“无故而小其衡石斗甬（桶），是胃（謂）削▨。”

《趙正書》：“更劾（刻）畫斗甬（桶），度量壹，文章布之天下，以樹秦之名者。”

甬與痛

《引書》：“引北（背）甬（痛），熊經十，前據十，端立，夸（跨）足。”

《引書》：“引要（腰）甬（痛），兩手之指夾脜（脊），力輒以印（仰），極之。”

《引書》：“支尻之上甬（痛），引之。”

《引書》：“爲木鞠，談（倓）臥，以當甬（痛）者，前後榣（搖）之，三百而休。”

《引書》：“引腹甬（痛），縣（懸）纍版（板），令人高去垝（地）尺，足踐其上。”

《陰陽脈乙》：“顔（顔）甬（痛），鼻肍（鼽），領〈頷〉頸甬（痛），乳甬（痛）。”

《陰陽脈乙》：“腸甬（痛），厀（膝）足篔（痿）淠（痹），爲十病。”

《陰陽脈乙》：“嗌痛，頷腫甬（痛），不可以顧，肩以（似）脱，臑以（似）折。”

《陰陽脈乙》：“領〈頷〉甬（痛），矦（喉）淠（痹），臂甬（痛），肘甬（痛），爲四病。”

《陰陽脈乙》：“目外瀆（眥）甬（痛），頰甬（痛），耳聾，爲三病。”

《陰陽脈乙》：“齒甬（痛），朏（䪼）腫，是齒脈主治。”

《陰陽脈乙》：“齒甬（痛），朏（䪼）腫，目黄，口乾，臑甬（痛），爲五病。”

《陰陽脈乙》：“心甬（痛）与腹張（脹），死。”

《陰陽脈乙》：“□□□嗌中甬（痛），單（疸）。”

《陰陽脈乙》："要（腰）甬（痛）不可以卬（仰），甚則嗌乾。"

《陰陽脈乙》："心滂（彭）滂（彭）如甬（痛）。"按，"甬（痛）"字從裘錫圭《馬王堆醫書釋讀瑣議》（《古文字論集》，中華書局，1992年，525頁）釋讀。

《陰陽脈乙》："缺汾（盆）甬（痛），甚則交兩手而單（戰），此爲臂厥。"

《陰陽脈乙》："胸甬（痛），瘛（脘）甬（痛），心甬（痛），四胑甬（痛），假（瘕），爲五病。"

《陰陽脈乙》："心甬（痛），嗌乾欲飲，此爲臂厥，是臂少陰脈主治。"

《陰陽脈乙》："脅甬（痛），爲一病。"

甬與筩

《癩》："冶囷（菌）桂尺、獨□一升，并冶，而盛竹甬（筩）中。"

甬與踊

《天下至道》："一曰接手，二曰信（伸）紨〈紂（肘）〉，三曰平甬（踊），四曰直踵。"

《天下至道》："平甬（踊）者，欲淺；振銅（動）者，至善也。"

《晏子一二》："俅（遂）但（袒）免，枕君尸而哭，興，九甬（踊）而出。"

甬與踴

《合陰陽》："七曰平甬（踴），八曰振動。"

《合陰陽》："平甬（踴）者，欲淺也。"

甬與庸

《亙先》："𦦙（舉）天之事，自乍（作）爲，事甬（庸）以不可賡也。"

《亙先》："𦦙（舉）天下之乍（作），弝（強）者果天下之大乍（作），其寵龙不自若=乍=（若作，若作），甬（庸）又（有）果與不果？兩者不灋（廢）。"

《亙先》："𦦙（舉）天下之乍（作）也，無不得其亟（極）而果述（遂），甬（庸）或得之？甬（庸）或遠（失）之？𦦙（舉）天下之名，無又（有）灋（廢）者與（歟）？天下之明王、明君、明士，甬（庸）又（有）求而不患？"

《琴舞》："思豐其復，隹（惟）福思甬（庸），黃句（耇）隹（惟）程（盈）。"

《厚父》："迺弗𢘻（慎）氒（厥）悳（德），甬（庸）敘才（在）服？"按，"甬（庸）"字從白於藍《清華簡〈厚父〉校釋四則》（《簡帛研究2016秋冬卷》，廣西師範大學出版社，2017年）讀。

甬與傭

《説命上》："隹（惟）鬠（殷）王賜敚（説）于天，甬（傭）爲遠（失）宙（仲）使人。"按，"甬（傭）"字從白於藍《清華簡〈説命〉三篇校釋》（《中國文字研究》第二十三輯，上海書店出版社，2016年）讀。

甬與墉

《安稽》："謹築高甬（墉），重門設巨（拒）。"

甬與鏞

《子儀》："公命窮韋陞（昇）琹（琴）奏甬（鏞），哥（歌）曰。"

俑與庸

《昭王》："王逗（徙）尻（居）於坪澫，卒以夫=（大夫）畲=（飲酒）於坪澫，因命（令）至（致）俑（庸）毀室。"按，"俑（庸）"字從陳劍《釋上博竹書〈昭王毀室〉的"幸"字》（簡帛網，2005年12月16日）讀。

《顏淵問》："俑（庸）言之信，俑（庸）行之敬。"

《芮良夫》："昔才（在）先王，幾（既）又（有）眾俑（庸），□□庶懃（難），甬（用）建其邦，坪（平）和庶民，莫敢烈憧。"

《啻門》："记（起）役時訓（順），民備

（力）不俑（庸），此胃（謂）完（美）役。”

俑與寵

《鄭甲》：“印涇〈淫〉柔（慆）于庚（康），䨔（獲）皮（彼）智（荊）俑（寵）。”

勇與用

《易之義》：“見勇（用）則僮（動），不見用則靜。”

勇與踴

《妄稽》：“勇（踴）趯（躍）顮（俛）印（仰），揆（鵊）據（懅）鹿驚。”

埇與勇

《曹沫》：“埇（勇）者憙（喜）之，㠭者悔（悔）之，墧（萬）民贑（黔）首皆欲或之。”

通與踊

《性自》：“恩（慍）斯𢝊=（憂，憂）斯慼=（戚，戚）斯𢘜（歎，歎）斯𨺅=（辟，辟）斯通=（踊。踊），恩（慍）之終也。”按，“通=（踊。踊）”字從龐樸《初讀郭店楚簡》（《歷史研究》1998年4期）讀。

𤘽與橦

《楚居》：“爲椃（便）室=（室，室）既成，無以内（納）之，乃𥨍（竊）若（鄀）人之𤘽（橦）以祭。”

䤨與寵

《鄭乙》：“孚涇〈淫〉柔（慆）于康，䨔（獲）皮（彼）𦘒（荊）䤨（寵）。”

𤰇與踊

《説命上》：“敓（説）方笁（築）城，縢（騰）降𤰇（踊）力（陟）。”按，“𤰇（踊）”字從張富海《讀清華簡〈説命〉小識》（復旦大學歷史學系、出土文獻與古文字研究中心《“簡帛文獻與古代史”學術研討會暨第二屆出土文獻青年學者論壇會議論文集》，2013年，71頁）讀。

𤰇與重

《琴舞》：“𤰇（重）啟曰。”按，“𤰇（重）”字從段凱説讀。《爾雅·釋言》：“重，再也。”《廣雅·釋言》：“重，再也。”

筩與筒

《相狗方》：“喙欲如竽筩（筒），次鳿（鴻）同（洞），次服翼。”

誦與痛

《芮良夫》：“□□□□□□□□□甬（用）劦（協）保，罔又（有）肙（怨）誦（痛）。”按，“誦（痛）”字從馮勝君《讀清華簡〈芮良夫毖〉劄記》（《紀念何琳儀先生誕辰七十周年暨古文字學國際學術研討會會議論文集》，安徽大學漢字發展與應用研究中心，2013年）讀。

庸與傭

《封診式》：“自晝甲見丙陰市庸（傭）中，而捕以來自出。”

《猩敞》：“□□□□□樂，爲庸（傭），取銅草中。”

《猩敞》：“猩，達獨私分猩=（猩。猩）爲樂等庸（傭），取銅草中。”

《同顯》：“爲人庸（傭），除芝。”

《同顯》：“爲吏僕，内爲人庸（傭），恐吏毄（繫）辟同□□☐。”

《魏盜》：“魏曰：‘庸（傭）取錢。’”

《第一組》：“隸臣妾及諸當作縣[道]官者、僕、庸（傭），爲它作務。”

《奏讞書》：“十月不盡八日，爲走馬魁都庸（傭），與偕之咸陽。”

《奏讞書》：“它縣人來乘庸（傭），疑爲盜賊者，偏（徧）視其爲謂。”

庸與墉

《帛易·同人于野》：“[九][四]，[乘][其]庸（墉），弗克攻，吉。”

《帛易·解》：“尚（上）六，公用射敻（隼）于高庸（墉）之上，獲之，无不利。”

《特牲》：“尊兩壺于房中西庸（墉）下，

南上。”

庸與用

《第二組》:“獄校律曰:略妻及奴騷〈驕〉悍,斬爲城旦,當輸者,謹將之,勿庸(用)傳□,到輸所乃傳之。”

庸與誦

《治官》:“風(諷)庸(誦)爲首,精(精)正守事。”

《周馴》:“賢主之貴善言也,令工庸(誦)之於廟,令史繇(籀)之於朝,日聞於耳。”

《周馴》:“發謂庸(誦)曰:‘天監臨下,日臨九野,爾殺不當,司命在户,所遠不處,居以視女(汝)。’”

庸與松

《反淫》:“願稱王喬赤庸(松)之道☐。”按,“庸(松)”字從陳劍《〈妄稽〉〈反淫〉校字拾遺》(復旦大學出土文獻與古文字研究中心網,2016年7月4日)釋讀。

𩫖字聲系

𩫖與庸

《内豊》:“母(毋)忘姑姊妹而遠敬之,則民又(有)豊(禮),肰(然)句(後)奉之中𩫖(庸)。”按,“𩫖(庸)”字從許無咎《〈内禮〉劄記一則》(簡帛研究網,2005年3月1日)釋讀。“𩫖”即《説文》“墉”字古文。

《從政》:“從正(政)𩫖(庸)五悳(德)、⿷(固)三折(制)、敘(除)十怊(怨)。”按,“𩫖”似當讀作“庸”。下同。

《從政》:“𩫖(庸)行不伏(倦),時(持)善不猒(厭),唯(雖)殜(世)不𠑓,必或智(知)之。”

𢡟與庸

《窮達》:“古(故)君子𢡟(庸)於恆(反)㠯(己)。”按,“𢡟”似當讀作“庸”,訓爲“常”。

墉與庸

《六德》:“子也者,會墉(庸)長材以事上,胃(謂)之宜(義)。”按,“𩫖”似當讀作“庸”。

𦡟與庸

《弟子問》:“巨(蘧)白(伯)玉侊(侍)䖒(乎)?子𦡟=(庸庸)女(如)也其聖(聲)。”按,“𦡟”似當讀作“庸”,訓爲“和”。

𦄼與庸

《曹沫》:“使人不親則不𦄼(庸),不和則不祝(篤),不悉(義)則不備(服)。”按,“𦄼”似當讀作“庸”,訓爲“和”。

同字聲系

同與洞

《相狗方》:“喙欲如竽筩(筒),次鳴(鴻)同(洞),次服翼。”

《反淫》:“挂滂浩之艾,游同(洞)庭之薄(浦);臨石岸之上,陰(蔭)潦(樛)楊之下。”

同與通

《子産》:“又(有)以畣(答)天,能同(通)於神。”

《繫辭》:“耶(聖)人具以見天下之動,而觀其會同(通),以行其挨(等)膿(禮)。”按,今本同作通。

《繫辭》:“耶(聖)人有以見天下之動,而觀其會同(通),以行其挨(等)膿(禮)。”

同與庸

《良臣》:“雩(越)王句賤(踐)又(有)大(舌)同(庸),又(有)範(范)羅(蠡)。”按,“同(庸)”字從廣瀨薰雄《釋清華大學藏楚簡(三)〈良臣〉的“大同”——兼論姑馮句鑼所見的“昏同”》(復旦大學出土文獻與古文字研究中心網，2013 年 4 月 24 日）讀。

肩與聳

《君子》：“肯（肩）毋登（廢）毋肩（聳），身毋躳（偃）毋倩（傾），行毋蛩（跌）毋敎（搖），足毋支（偏）毋高。”按，“肩”似當讀作“聳”。

侗與筩

《筮法二九》：“爲瘇脹，爲魚，爲權（罐）侗（筩）。”

迵與同

《老子》甲：“和其光，迵其新（塵）。”按，今本和帛書本迵作同。

《六德》：“厽（三）者迵（同），言行皆迵（同）；厽（三）者不迵（同），非言行也；厽（三）者皆迵（同），肰（然）句（後）是也。”

《五正》：“男女畢迵（同），何患於國？”

迵與恫

《說命下》：“女（汝）亦隹（惟）克㬎（顯）天，迵（恫）罙（瘝）少（小）民，宑（中）乃罰。”

迵與用

《帛易・乾》：“迵（用）九，見群龍无首，吉。”

《帛易・坤》：“尚（上）六，龍戰于野，其血玄黃。迵（用）六，利永貞。”

迵與通

《語叢一》：“凡同者迵（通）。”

《容成氏》：“墨（禹）迵（通）淮與忻（沂），東豉（注）之溡（海），於是虖（乎）競州、簹（莒）州刣（始）可凥（處）也。”

《容成氏》：“墨（禹）乃迵（通）蔞（漊）與湯（易），東豉（注）之溡（海），於是虖（乎）荓（并）州刣（始）可凥（處）也。”

《容成氏》：“墨（禹）乃迵（通）三江五沽（湖），東豉（注）之溡（海），於是虖（乎）㓝（荊）州、鄒（揚）州刣（始）可凥（處）也。”

《容成氏》：“墨（禹）乃迵（通）泤（伊）、洛，並里〈廛（瀍）〉、干（澗），東豉（注）之河，於是於（乎）敘（豫）州刣（始）可凥（處）也。”

《容成氏》：“墨（禹）乃迵（通）經（涇）與渭，北豉（注）之河，於是虖（乎）虘州刣（始）可凥（處）也。”

《繫年十五》：“安（焉）刣（始）迵（通）吳晉之逄（路），教吳人反（叛）楚。”

《繫年二十》：“晉競（景）公立十又五年，紳（申）公屈晉（巫）自晉迈（蹠）吳，安（焉）刣（始）迵（通）吳晉之逄（路），二邦爲好。”

《繫年二一》：“晉嵬（魏）畀〈斯〉、㓞（趙）关（浣）、倝（韓）啓章衜（率）自（師）回（圍）黃沱（池），違（衝）迵（通）而歸之於楚。”

《子儀》：“君不尚芒鄗王之北叟，迵（通）之于崤（殽）道，敳（豈）于孫₌（子孫）若？”

《道原》：“亙（極）先之初，迵（通）同大虛。”按，“迵（通）”字從錢玄《帛書〈老子〉乙本卷前古佚書釋文補正》（《語言研究集刊》第一輯，江蘇教育出版社，1986 年）讀。下一例同。

《道原》：“古（故）无有刑（形），大迵（通）无名。”

《春秋二》：“燕以使人迵（通）言□□□□□敗而怒其反惡□□□寇屬愬（怨）之勝憂。”按，整理者釋“迵”爲“迥”。不確。

《春秋一六》：“文羌（姜）迵（通）於齊侯，亘（桓）公以訾文羌（姜）。”

《繫辭》：“極數知來之胃（謂）占，迵

（通）變之胃（謂）事，陰陽之胃（謂）神。”

《繫辭》：“廣大肥（配）天地，變迵（通）配四[時]，陰[陽]之合肥（配）日月，易閒（簡）之善肥（配）至德。”

《繫辭》：“一闔（闔）一辟胃（謂）之變，往來不窮胃（謂）之迵（通）。”

《繫辭》：“是故法馬〈象〉莫大乎天地，變迵（通）莫大乎四時。”

《繫辭》：“耶（聖）人位（立）馬〈象〉以盡意，設卦以盡請（情）僞，毄（繫）辭焉以盡其【言】，變而迵（通）之以盡利，鼓之舞之以[盡]神。”

《繫辭》：“化而制之存乎變，誰（推）而行之存乎迵（通），神而化之存乎其人。”

《繫辭》：“剛柔也者，立本者也；變迵（通）也者，聚（趣）者也；吉凶者，上朕（勝）者也。”

《繫辭》：“迵（通）其變，使民不亂（倦）。”

《繫辭》：“易冬（終）則變，迵（通）則久，是以自天右（佑）之，吉，无不利也。”

《繆和》：“其君也又（有）實，上下迵（通）實，此所以長又（有）令名於天下也。”

《延氣》：“氣不斷則迵₌（通，通）則不槫（專）易散，臨難易散必敗。”

迵與踊

《語叢三》：“迵（踊），哀也。三迵（踊），𡕒（文）也。”按，“迵（踊）”字從陳偉《郭店竹書別釋》（湖北教育出版社，2002年，221—223頁）讀。

桐與恫

《正亂》：“憂桐（恫）而窘（窘）之，收而爲之咎。”

桐與彤

《邶風》：“□我桐₌筦₌（彤管，彤管）有諱（煒）。”

詷與訟

《曹沫》：“佖（匹）夫寡婦之獄詷（訟），君必身聖（聽）之。”按，“詷（訟）”字從何有祖《上博楚竹書（四）劄記》（簡帛研究網，2005年4月15日）釋讀。

詷與誦

《保訓》：“昔前人連（傳）保（寶），必受（授）之以詷（誦）。”

銅與動

《天下至道》：“五曰交股，六曰振銅（動），七曰廁（側）枸（鉤），八曰上㮣（鉤）。”

《天下至道》：“振銅（動）者，至善也。”

弄字聲系

弄與寵

《帛乙老子·道經》：“弄（寵）辱若驚，貴大患若身。”

《帛乙老子·道經》：“何胃（謂）弄（寵）辱若驚？”

《帛乙老子·道經》：“弄（寵）之爲下也，得之若驚，失之若驚，是胃（謂）弄（寵）辱若驚。”

龍字聲系

龍與寵

《柬大王》：“相𡱂（徙）、中余（謝）與五連少（小）子及龍（寵）臣皆逗。”

《尹至》：“其又（有）句（后）氒（厥）志其倉（爽），龍（寵）二玉，弗悉（虞）其又（有）眾。”

《管仲》：“受命唯（雖）綒（約），出外必張，䢅（蠢）童（動）遳（謹）畏，叚（假）龍（寵）以方（放）。”

《帛甲老子·道經》：“龍（寵）辱若驚，貴大梡（患）若身。”

《帛甲老子·道經》："苛（何）胃（謂）龍（寵）辱若驚？"

《帛甲老子·道經》："龍（寵）之爲下，得之若驚，失[之]若驚，是胃（謂）龍（寵）辱若驚。"

《太公》："貽（貪）而廉，龍（寵）而敬，弱而強，柔而[剛]，起道也。"

龍與隆

《君人甲》："君王龍（隆）其祭而不爲其樂，此其三回（圍）也。"

《君人乙》："君王龍（隆）其祭而不爲其樂，此其三回（圍）也。"

《發啟》："毋（無）衝龍（隆）而功（攻），毋（無）渠詹（幨）而守。"

《節》："子午刑德，丑未豐龍（隆），寅申風伯，卯酉大音，辰戌雷公，巳亥雨師。"

《節》："酆（豐）龍（隆），司空也。"

《節》："迎酆（豐）龍（隆）戰，削其土彊（疆），亡其司空。"

龍與共

《繫年一》："垄₌（至于）東₌王₌（厲王，厲王）大瘧（虐）于周，卿李（士）、者（諸）正、萬民弗刃（忍）于氒（厥）心，乃歸東（厲）王于彘（彘），龍（共）白（伯）和立。"

《繫年一》："十又四年，東（厲）王生洹₌王₌（宣王，宣王）即立（位），龏（共）白（伯）和歸于宋〈宗〉。"

《繫年六》："乃詤（讒）大子龍（共）君而殺之，或詤（讒）惠公及文₌公₌（文公，文公）奔翟（狄），惠公奔于梁。"

《繫年十六》："楚龍（共）王立七年，命（令）尹子禮（重）伐奠（鄭），爲沃之自（師）。"

《繫年十六》："龍（共）王使芸（鄖）公嗎（聘）於晉，旻（且）許成。"

《繫年十六》："龍（共）王使王子晨嗎（聘）於晉，或（又）攸（修）成。"

《繫年十六》："龏（共）王亦衛（率）自（師）回（圍）鄭（鄭），東（厲）公救（救）鄭（鄭），敗楚自（師）於隰（鄢）。"

龍與恭

《緇衣》："共（恭）以位（涖）之，則民又（有）愻（遜）心。"按，上博簡本《緇衣》共（恭）作龍。

《用曰》："沁吝（文）惠武，龍（恭）弔（淑）以成。"

龍與愉

《性自》："凡古樂龍（愉）心，嗌（益）樂龍（愉）指，皆𢽾（教）其人者也。"按，"龍"似當讀作"愉"。

龏與寵

《用曰》："凡龏（寵）人，非人是龏（寵），氒（厥）身是戔（暴）。"按，"龏"似當讀作"寵"。

龏與龔

《昭王》："卲（昭）王迈（蹠）逃珤，龏（龔）之脽（脽）馭王。"

《昭王》："僕（僕）遇龏（龔）之脽（脽）酒（將）取車，被襦₌（襦衣）。"

《昭王》："龏（龔）之脽（脽）被之，其袷（衿）〈見（現）〉。樊（返）逃珤，王命龏（龔）之脽（脽）母（毋）見。"

《昭王》："三日安（焉），命龏（龔）之脽（脽）見。"

龏與共

《楚居》："至龏（共）王、康王、孠₌（子員）王皆居爲郢。"

《繫年十五》："臧（莊）王即殜（世），龏（共）王即立（位）。"

《周馴》："維歲正月更旦之日，龏（共）大子朝，周昭文公自身貳〈貣（敕）〉之，用茲念也。”

《周馴》：“維歲二月更旦之日，龏（共）大子朝，周昭文公自身貳〈貣（敕）〉之，用茲念也。”

《周馴》：“維歲三月更旦之日，龏（共）大子朝，周昭文公自身貳〈貣（敕）〉之，用茲念也。”

《周馴》：“維歲五月更旦之日，龏（共）大子朝，周昭文公自身貳〈貣（敕）〉之，用茲念也。”

《周馴》：“維歲六月更旦之日，龏（恭）大子朝，周昭文公自身貳〈貣（敕）〉之，用茲念也。”

《周馴》：“維歲七月更旦之日，龏（共）大子朝，周昭文公自身貳〈貣（敕）〉之，用茲念也。”

《周馴》：“維歲八月更旦之日，龏（共）太子朝，周昭文公自身貳〈貣（敕）〉之，用茲念也。”

《周馴》：“維歲十月更旦之日，龏（共）太子朝，周昭文公自身貳〈貣（敕）〉之，用茲念也。”

《周馴》：“維歲十一月更旦之日，龏（共）太子朝，周昭文公自身貳〈貣（敕）〉之，用茲念也。”

《周馴》：“維歲十二月更旦之日，龏（共）太子朝，周昭文公自身貳〈貣（敕）〉之，用茲念也。”

《周馴》：“維歲閏月更旦之日，龏（共）太子朝，周昭文公自身貳〈貣（敕）〉之，用茲念也。”

《周馴》：“維歲冬（終）享駕（賀）之日，龏（共）太子朝，周昭文公自身貳〈貣（敕）〉之，用茲念也。”

龏與拱

《鄭武》：“今君定，龏（拱）而不言。”

龏與恭

《緇衣》：“《寺（詩）》員（云）：‘虛（吾）夫₌（大夫）共（恭）虘（且）驁（儉），𢼸（靡）人不斂。’”按，上博簡本《緇衣》共（恭）作龏。

《尊德義》：“則民愋，正則民不㚏（吝），𢍏〈龏（恭）〉則民不悁（怨）。”按，“𢍏〈龏（恭）〉”字從裘按（《郭店楚墓竹簡・尊德義》篇注［二一］）釋讀。

《季康子》：“孨₌（君子）龏（恭）則述（遂），喬（驕）則㳄（侮），滿言多難▨。”

《墨子》：“▨遆龏（恭）享□▨。”

《鄭壽》：“囚（溫）龏（恭）㚇（淑）惠，民是瞻望。”

《祭公》：“亦㒵（美）忞妥（綏）心，敬龏（恭）之。”

《繫年一》：“昔周武王監觀商王之不龏（恭）帝₌（上帝），禋祀不寍（畏），乃作帝钕（籍），以鼜（登）祀帝₌（上帝）天神，名之曰千畳（畝），以克反商邑，尃（敷）政天下。”

《琴舞》：“𤔲（亂）曰：弼（弗）敢巟（荒）才（在）立（位），龏（恭）畏才（在）上，敬㬎（顯）才（在）下。”按，“龏（恭）”字從胡敕瑞《讀〈清華大學藏戰國竹簡（三）〉劄記之三》（清華大學出土文獻研究與保護中心網，2013 年 1 月 7 日）讀。

《琴舞》：“𤔲（亂）曰：仡（遹）舍（余）龏（恭）害怠（怠），孜（孝）敬肥（非）綯（怠）巟（荒）。”

《芮良夫》：“龏（恭）天之畏（威）載（哉），聖（聽）民之繇（繇）。”

《芮良夫》：“□□𥙥（功）𥙷（績），龏（恭）䜌（虔）享祀，和悳（德）定型（刑），政（正）百又（有）司。”

《三壽》：“龏（恭）神以敬，和民甬（用）

政（正），留（留）邦妟（偃）兵，四方達寍（寧）。”

《三壽》：“返（急）利囂（傲）神，慕（莫）龏（恭）而不寡（顧）于遂（後）。”

《三壽》：“聒（聞）孶（教）訫（訓），舍（餘）敬恙（養），龏（恭）神袭（勞）民，楑（揆）审（中）而毚（參）棠（常）。”

《治官》：“龏（恭）敬讓禮，敬長茲（慈）少。”

《治官》：“一曰忠信敬上，二曰精廉无旁（謗），三曰舉吏審當，四曰喜爲善行，五曰龔（恭）敬多壤（讓）。”

纗與愉

《老子》丙：“銛（恬）纗（愉）爲上，弗媺（美）也。敚〈媺（美）〉之，是樂殺人。”按，“纗（愉）”字從劉釗師《讀郭店楚簡字詞劄記》（《郭店楚簡國際學術研討會論文集》，湖北人民出版社，2000年）讀。

龔與龍

《容成》：“水溜（流）能遠，龔（龍）登能高，疾不力倦。”

龏與龍

《引書》：“龏（龍）興者，屈前厀（膝），信（伸）後。”

襱與愉

《帛乙老子·道經》：“不得已而用之，銛（恬）襱（愉）爲上，勿美也。”按，“襱（愉）”字從劉釗師（《讀郭店楚簡字詞劄記》，《郭店楚簡國際學術研討會論文集》，湖北人民出版社，2000年）讀。

寵與龍

《老子》乙：“人寵辱若纓（驚），貴大患若身。可（何）胃（謂）寵辱？寵爲下也。得之若纓（驚），遂（失）之若纓（驚），是胃（謂）寵辱纓（驚）。”按，帛書甲本寵作龍。

寵與寵

《老子》乙：“人寵辱若纓（驚），貴大患若身。可（何）胃（謂）寵辱？寵爲下也。得之若纓（驚），遂（失）之若纓（驚），是胃（謂）寵辱纓（驚）。”按，今本寵作寵。

寵與弄

《老子》乙：“人寵辱若纓（驚），貴大患若身。可（何）胃（謂）寵辱？寵爲下也。得之若纓（驚），遂（失）之若纓（驚），是胃（謂）寵辱纓（驚）。”按，帛書乙本寵作弄。

龏與寵

《鄭子甲》：“含（今）奠（鄭）子家殺其君，牆（將）保其龏（寵）炎〈光〉以叟（沒）内（入）隉（地）。”按，“龏（寵）”字從陳偉《〈鄭子家喪〉初讀》（簡帛網，2008年12月31日）讀。下同。

《鄭子乙》：“奠（鄭）子家殺其君，牆（將）保其龏（寵）炎〈光〉以及〈叟（沒）〉内（入）隉（地）。”

瘫與聾

《三壽》：“孯₌（君子）而不諱（讀）箸（書）占，則若尖₌（小人）之瘫（聾）痤（狂）而不沓（友）。”按，“瘫（聾）”字從楊鵬樺《清華伍〈殷高宗問於三壽〉“若小人之聾盲”試解》（簡帛網，2014年4月11日）讀。

觀與恭

《厚父》：“□□□□王監劼（懿）練（績），聒（問）前文人之觀（恭）明悳（德）。”

《厚父》：“朝夕肆（肆）祀，不盤于庚（康），以庶民隹（惟）政之觀（恭），天則弗臭（斁），永保夏邦。”

窬與喻

《五行》：“目而智（知）之胃（謂）之進之。窬（喻）而智（知）之，胃（謂）之進之。辟（譬）而智（知）之，胃（謂）之進之。幾而智（知）之，天也。”按，“𠝤”整理者認爲是“喻”之誤字。此字於馬王堆漢墓帛書本《五行·經》篇中作“諭”，於《五行·説》篇中作“榆”。“𠝤”字下部所從“削”旁屢見於楚文字，似當分析作從刀龍省聲，於此讀作“喻”。

龔與恭

《爲吏》：“五曰龔（恭）敬多讓。”

籠與寵

《帛易·剥》：“六五，貫魚，食（以）宫人籠（寵），无不利。”

籠與隆

《兵談》：“無衝籠（隆）而攻，無☐。”

蠪與龍

《日甲·詰》：“夏大暑，室毋（無）故而寒，幼蠪（龍）處之。”

《日甲·詰》：“取牡棘烰（炮）室中，蠪（龍）去矣。”

《王期》：“蠪（龍）息以晨，氣刑（形）乃剛。”

《易之義》：“‘見蠪（龍）在田’也者，德也。”

《易之義》：“‘翡（飛）蠪（龍）在天’，□而上也。”

《易之義》：“夫蠪（龍），下居而上達者□□□□□□□□□□□而成章。”

《易之義》：“易曰‘炕（亢）蠪（龍）有悔’，大人之義不實於心，則不見於德；不單於口，則不澤於面。能威能澤，謂之蠪（龍）。”

《易之義》：“易曰‘翡（飛）蠪（龍）在天，利見大人’。”

《易之義》：“易曰‘見群蠪（龍）无首’。”

《易之義》：“蠪（龍）單（戰）于野，其血玄黄。”

《阜易·坤》：“上六，蠪（龍）戰於野，其□玄黄。”

《曹氏》：“鱗虫（蟲）最陰者蠪（龍）蛇也。”

《人君》：“人君好徙邑里，易路巷，則水遷路徙，雉兔剋亢（坑），麇鹿剋朝，蜆魚剋□，蠪（龍）剋淵。”

《天六》：“象蠪（龍）曰興南方象鳥曰旌☐。”

《天六》：“☐□青蠪（龍）☐。”

《反淫》：“蠪（龍）門之桐，高百仞而无枝。”

《荊決》：“蠪（龍）處于澤，欲登于天。”

《荊決》：“玄蠪（龍）在淵，雲持（待）才（在）天。”

襲與愉

《帛甲老子·道經》：“不得已而用之，銛（恬）襲（愉）爲上，勿美也。”按，“襲（愉）”字從劉釗師（《讀郭店楚簡字詞劄記》，《郭店楚簡國際學術研討會論文集》，湖北人民出版社，2000年）讀。

韹與隆

《帛易·大過》：“泰（大）過，棟韹（隆），利有攸往，亨。”

《帛易·大過》：“九三，棟橈，凶。九四，棟韹（隆），吉，有它，閵（吝）。”

囱字聲系

茵與蔥

《胎產書》：“毋使朱（侏）儒，不觀木（沐）候（猴），不食茵（蔥）薑，不食兔羹。”

悤與聽

《琴舞》：“八啟曰：差（佐）寺（事）王悤（聽）明，其又（有）心不易。”

《日甲·馬禖》：“令其鼻能糗（嗅）鄉（香），令耳悤（聽）目明。”

《帛五行·經》：“不忘則悤（聽），悤（聽）

則聞君子道。”

《帛五行·經》:“未嘗聞君子道,胃(謂)之不悤(聰)。”

《帛五行·經》:“聞君子道,悤(聰)也。”

《德聖》:“☐目爲者,有悤(聰)明焉,不可☐。”

《德聖》:“☐坐而忘退,悤(聰)明去知,俞已而上同☐。”

《兵談》:“☐耳之生悤(聰),目之生明。”

窻與窗

《北蒼·陽》:“殿層屋内,窻(窗)牖戶房。”

憁與僭

《厚父》:“於(嗚)虖(呼),天子!天令(命)不可憁(僭)。”按,“憁(僭)”字從白於藍《清華簡〈厚父〉校釋四則》(《簡帛研究 2016 秋冬卷》,廣西師範大學出版社,2017年)讀。

蔥與總

《成法》:“夫百言有本,千言有要,萬言有蔥(總)。”

蔥與聰

《養生方》:“服之百日,令目明耳蔥(聰),末皆強,□□病及偏枯。”

《曹敖》:“壹至勿星,耳目蔥(聰)明。”

《容成》:“晝息之志,虖(呼)吸必微,耳目蔥(聰)明。”

《師癸》:“目明耳蔥(聰),被(皮)革有光,百脈充盈,陰乃□生。”

《文摯》:“目不蔡(察)者,食之恆明;耳不聞者,食之恆蔥(聰)。”

《文摯》:“夫雞者,陽獸也,發明聲蔥(聰),信(伸)頭羽張者也。”

《王期》:“夏三月去火,以日爨享(烹),則神慧而蔥(聰)明。”

《合陰陽》:“一動毋决,耳目蔥(聰)明,再而音聲章,三而皮革光。”

《天下至道》:“壹嗹(動)耳目蔥(聰)明,再嗹(動)聲音章(彰)。”

《天下至道》:“五十而起居衰,六十而耳目不蔥(聰)明,七十下枯上涚(脱)。”

《天下至道》:“故善用八益,去七孫(損),耳目蔥(聰)明,身體(體)輕利。”

《繫辭》:“古之蔥(聰)明叡知(智),神武而不恙者也乎?”

《繆和》:“蔥(聰)明夐(睿)知(智)守以愚,博聞強試(識)守以□。”

《形甲》:“視日月不爲明目,聞靁(雷)霆不爲蔥(聰)耳。”

《周馴》:“今女(汝)不能蔥(聰)明元聖,其何以獨得奉祭祀?”

窻與聰

《要言》:“有下不忠,焉能得窻(聰)明。”

璁與蔥

《封許》:“敀(路)車,璁(蔥)玒(衡)、玉룖(璲),䜌(鸞)鈴(鈴)索(素)旂,朱笄元(軏)。”

總與窗

《反淫》:“鏅(脩)鐔(掞)曲校,蒩(棼)壇(椽)總(窗)雷(欞)。”按,“總”似當讀作“窗”。《説文》:“囱,在牆曰牖,在屋曰囱。窗,或从穴。”字或作“窻”。《廣雅·釋宫》:“窻、牖,闢也。”《文選·王文考〈魯靈光殿賦〉》:“爾乃懸棟結阿,天窗綺疏。”“懸棟”與“天窗”對文。《説文》:“橑,椽也。”《全梁文·沈約〈桐賦〉》:“抗蘭橑以棲龍,拂雕窗而團露。”“蘭橑”與“雕窗”對文。

繱與總

《四時令》:“繱(總)版(別),列爵,選賢不宵(肖),受(授)士☐。”

繐與叢

《帛易·坎》："尚（上）六，系（係）用諱（徽）纆（纆），親（寘）于繐（叢）勒（棘），三歲弗得，兇（凶）。"

从字聲系

从與從

《忠信》："口吏（惠）而實弗从（從），君子弗言尔。"

從與蓯

《木牘》："肉從（蓯）容（蓉）、天雄、署（薯）與（蕷）、虵（蛇）☐。"

從與縱

《唐虞》："從（縱）急（仁）聖可牙（譽），旹（時）弗可及歖（矣）。"

《凡物甲》："天墜（降）五厇（度），虗（吾）系（奚）奐（衡）系（奚）從（縱）？"

《凡物乙》："天墜（降）五厇（度），虗（吾）系（奚）奐（衡）系（奚）從（縱）？"

《封診式》："某頭左角刃痏一所，北（背）二所，皆從（縱）頭北（背），袤各四寸。"

《面積》："甲〈田〉廣三步四分步三，從（縱）五步三分步二。"

《面積》："☐廣十五步大半₌（半，半）步，從（縱）十六步少半₌（半，半）成田卌二步卌六分步五。"

《面積》："田廣六步半步四分步三，從（縱）七步大半步五分步三。"

《面積》："田廣十六步大半₌（半，半）步，從（縱）十五步少半₌（半，半）步。"

《面積》："田廣十六步大半₌（半，半）步，從（縱）十五步半步少半步。"

《面積》："以從（縱）二百卌步者，除廣一步，得田一畝。"

《面積》："并舌墥（踵）步數而半之以爲廣，道舌中丈徹墥（踵）中以爲從（縱），相乘即成積步。"

《面積》："以百乘九十五步者，令如法一步，及陲宇之從（縱）也。"

《少廣》："除，如法得一步，爲從（縱）百六十。"

《少廣》："除之，如法得一步，爲從（縱）百一十五步有（又）廿五分步五，成一畝。"

《少廣》："除之，如法得一步，爲從（縱）百五步有（又）百卅七分步十五，成一畝。"

《少廣》："爲從（縱）九十二步有（又）千八十九分步六百一十二，成田一畝。"

《少廣》："爲從（縱）八十一步有（又）七千三百八十一分步之六千九百卅九，成田一畝。"

《少廣》："田廣五分步四，啟從（縱）三百步，成田一畝，以少廣求之。"

《算數書·啓廣》："啓從（縱）亦如此。"

《算數書·啓縱》："啓從（縱）。"

《算數書·啓縱》："廣廿三步，爲啓從（縱）【幾何】求田四畝。"

《算數書·啓縱》："而得從（縱）一步，不盈步者以廣命分。"

《算數書·啓縱》："其從（縱）廿一分【步】之十六。"

《算數書·啓縱》："其從（縱）一步六分步之一。"

《算數書·啓縱》："求從（縱）术（術）。"

《算數書·啓縱》："節（即）以廣、從（縱）相乘。"

《算數書·少廣》："除積步，如法得從（縱）一步。"

《算數書·少廣》："即以廣乘從（縱），令復爲二百卌步田一畝。"

《算數書·少廣》："其從（縱）有不分者，直（置）如法增（增）不分。"

《算數書·少廣》："如法得從（縱）一步，

爲從（縱）百六十步。”
《算數書·少廣》：“【如法】得從（縱）百卅步有（又）十一分步之十。”
《算數書·少廣》：“【如法】得從（縱）百一十五步有（又）廿五分步之五。”
《算數書·少廣》：“【如法】得從（縱）百五步有（又）百卅七分步之十五。”
《算數書·少廣》：“【如法】得從（縱）九十七步有（又）百卌七分【步之百卌一】。”
《算數書·少廣》：“【如法】得從（縱）九十二步五〈一〉百卌〈廿〉一【分步之六十八】。”
《算數書·少廣》：“【如法】得從（縱）八十八步有（又）二千二百八十三分步之六百九十六。”
《算數書·少廣》：“【如法】得從（縱）八十四步有（又）七千一百廿九分步之五千七〈九〉百六十四。”
《算數書·少廣》：“【如法】得從（縱）八十一步有（又）七千三百八十一分步之六千八〈九〉百卌九。”
《算數書·大廣》：“直（置）廣從（縱）而各以其分母乘其上全步。”
《算數書·里田》：“廣、從（縱）各一里，即直（置）一因而三之，有（又）三五之。”
《算數書·里田》：“其廣從（縱）不等者，先以里相乘，已乃因而三之。”
《算數書·里田》：“今有廣二百廿里，從(縱）三百五十里。”
《算數書·里田》：“廣一里、從（縱）一里爲田三頃七十五畝。”
《戰國一三》：“使從（縱）親之國，如帶而已。”
《戰國一四》：“功（攻）秦之事成，三晉之交完於齊，齊事從（縱）横盡利。”
《戰國一五》：“楚、趙怒於魏之先已也，必爭事秦，從(縱)已散而君后(後)擇焉。”
《戰國一六》：“異日者，從（縱）之不成也，楚魏疑而韓不可得也。”
《戰國一六》：“是故臣願以從（縱）事王。”
《戰國一七》：“天下且功（攻）齊，且屬從（縱），爲傳棼（焚）之約。”
《癃病》：“毒堇□□□堇葉異小，赤莖，葉從（縱）纗者，□葉、實味苦。”
《攻權》：“□□□故進迿（退）不稾（豪），從（縱）適（敵）不禽（擒）。”
《葆啟》：“從（縱）之不義，舍之不仁。”
《定心》：“虛者，愗（怵）惕，氣從（縱）而不反（返）者也。”按，“從（縱）”字從林志鵬《銀雀山漢墓竹書〈定心固氣〉探論》(《傳統中國研究集刊》第九、十合輯，上海人民出版社，2012年）讀。
《周馴》：“魯也，不智（知）好學之有賴也，不智（知）從（縱）欲之日敗也，不智（知）自以爲少而年已笞（暮）也。”
《節》：“《地陳》曰：易〈易〉則方之，險則員（圓）之，丘陵則從（縱）之。”
《節》：“冬爲從（縱）陳，殳（殳）爲前行。”
《荊決》：“用卅筭，分以爲三分，其上分衡（横），中分從（縱），下分衡（横）。”
《二類》：“用白羊矢（屎）乾（幹）之十余石置其阬中，從（縱）火其上。”
《神烏賦》：“尚（徜）羊（徉）其旁，涕泣從（縱）横。”

從與蹤

《封診式》：“能以書從（蹤）迹其言，毋治（笞）諒（掠）而得人請（情）爲上。”
《奏讞書》：“武出備盜賊〈賊〉而不反（返），其從（蹤）迹類或殺之。”
《順道》：“慎案其眾，以隋（隨）天地之從（蹤）。”

《官一》："齊兵以從（蹤）速（迹），庵結以人雄（肱）。"按，"從（蹤）"字從張震澤《孫臏兵法校理》（中華書局，1984年，105頁）讀。

從與鏦

《陳忌問壘》："從（鏦）次之者，所以爲長兵□也。"

從與送

《日乙·五月》："可以從（送）鬼。"按，"從"當讀作"送"。睡虎地秦簡《甲種·星》簡90正壹作"可以送鬼"。

葰與藂

《稱》："草葰（藂）可淺（殘）林，禁也。"

葰與凶

《患之》："四患曰：有國，天地之葰（凶）行其國，身死國亡，所謂威（滅）亡也。"按，"葰"似當讀作"凶"。下同。

《患之》："五患曰：有國，天地之葰（凶）行其國，國多戋（災）訣（殃），所謂溺國也。"

《患之》："六患曰：有國，天地之葰（凶）行其國，不出三年身死，所謂威（滅）溺也。"

葰與嫞

《反淫》："乃使陽文、洛（閭）纂（娵），西它（施）、毛葰（嫞），含芳被澤，燕服從容。"

縱與縱

《芮良夫》："母（毋）自縱（縱）于逸，以嚻（傲）不惛（圖），懯（悍）弁（變）改祟（常）。"

《奏讞書》："即縱（縱）之，罪，它如耆。"

雙字聲系

㗎與聽

《帛五行·説》："不忘則㗎（聽）。"

《帛五行·説》："㗎（聽）者，聖之臧（藏）於耳者也。"

《帛五行·説》："㗎（聽）則聞君子道。"

《帛五行·説》："不㗎（聽）不明。"

《帛五行·説》："㗎（聽）也者，聖之臧（藏）於耳者也。"

《帛五行·説》："㗎（聽），聖之始也；明，知（智）之始也。"

《帛五行·説》："故曰不㗎（聽）明則不聖知（智），聖知（智）必繇（由）㗎（聽）明。"

《帛五行·説》："未嘗聞君子之道，謂之不㗎（聽）。"

《帛五行·説》："同之聞也，獨不色然於君子道，故胃（謂）之不㗎（聽）。"

《帛五行·説》："聞君子道，㗎（聽）也。"

充字聲系

統與充

《特牲》："宗人視牲，告統（充），雝正作豕。"

舂字聲系

𦥑與舂

《毒烏喙》："取杞本長尺，大如指，削，𦥑（舂）木臼中，煮以酒〼。"按，整理者將"𦥑"隸定爲"㫋"。不確。下同。

《乾瘙》："壽（擣）之以𦥑（舂），脂弁之，以爲大丸，操。"

工字聲系

工與功

《成之》："君上卿（享）成不唯沓（本），工（功）〼。"按，"工（功）"字從裘按（《郭店楚墓竹簡·成之聞之》篇注[一四]）讀。

《詩論》："又（有）成工（功）者可（何）女（如）？"

《周易·隨》："初九：官又（有）愈（渝），貞吉。出門交又（有）工（功）。"

《周易·隨》："九四：陸（隨）又（有）臒（獲），貞工（功）。又（有）孚才（在）道，巳（以）明，可（何）咎。"

《繫年二一》："楚自（師）亡工（功），多云（棄）嘽（旃）、莫（幕），肖（宵）遯（遁）。"

《繫年二三》："與之戰於珪（桂）陵，楚自（師）亡工（功）。"

《厚父》："隹（惟）寺（時）余經念乃高且（祖）克害（憲）皇天之政工（功）。"

工與江

《戰國二七》："工（江）君奚洫曰。"

《戰國二七》："工（江）君奚洫曰。"

工與空

《建除》："工於栖（酉）。"按，睡虎地秦簡《日書》甲、乙種楚除工皆作空。下十二例同。

《建除》："工於戌。"

《建除》："工於亥。"

《建除》："工於子。"

《建除》："工於丑。"

《建除》："工於寅。"

《建除》："工於卯。"

《建除》："工於唇（辰）。"

《建除》："工於巳。"

《建除》："工於午。"

《建除》："工於未。"

《建除》："工於申。"

《建除》："凡工日，不吉，是胃（謂）無紅（功）。"

《容成氏》："不折（製）革，不釰（刃）金，不鉻（略）矢，田無㓻（蔡），乇（宅）不工（空），閘（關）市無賦。"

工與貢

《繫辭》："故箁之德員（圓）而神；卦之德方以知；六肴（爻）之義易以工（貢）。"按，今本工作貢。

功與工

《第一組》："〼空及入僕、養、老，它官徒輸宮司空、泰（大）匠、左司空、右司空者，皆作功（工）。"

功與邛

《緇衣》："非其疌（止）之共，唯王【之】䢼（邛）。"按，上博簡本《緇衣》䢼（邛）作功。

功與攻

《二年·盜律》："盜五人以上相與功（攻）盜，爲羣盜。"

《明君》："戰勝則君尊功（攻）取地□□□□□□□地者務在功（攻）戰而止矣。"

《明君》："是以賢士明君，知其存功（攻）戰也，故舆（舉）邦□積於兵。"

《明君》："夫故以氏（是）功（攻）戰，天下弗敢塞。"

《國次》："人埶（設）者流之四方，黨別𦇧□内相功（攻）。"

《君正》："以有餘守，不可拔也；以不足功（攻），反自伐也。"

《論約》："无主之國，逆順相功（攻）。"

《名理》："兩逆相功（攻），交相爲央（殃），國皆危亡。"

《戰國三》："□□□□雖未功（攻）齊，事必美者，以齊之任臣，以不功（攻）宋。"

《戰國三》："天下有謀齊者請功（攻）之。"

《戰國三》："臣之所□□□□□□□□不功（攻）齊，全（跧）於介（界），所見於薛公、徐爲，其功（攻）齊益疾。"

《戰國三》："王必勺（趙）之功（攻）齊，

若以天下□□□□□□□焉。”
《戰國三》：“勺（趙）非可與功（攻）齊也，無所用。”
《戰國四》：“王信田代〈伐〉縲〈縿（參）〉去疾之言功（攻）齊，使齊大戒而不信燕。”
《戰國四》：“勺（趙）疑燕而不功（攻）齊，王使襄安君東，以便事也。”
《戰國四》：“臣與於遇，約功（攻）秦去帝。”
《戰國四》：“後，薛公、乾（韓）徐爲與王約功（攻）齊。”
《戰國四》：“天下不功（攻）齊，將曰：善爲齊謀。”
《戰國四》：“天下功（攻）齊，將與齊兼棄臣。”
《戰國六》：“寡人牙（與）子謀功（攻）宋，寡人恃燕勺（趙）也。”
《戰國六》：“今燕王牙（與）群臣謀破齊於宋而功（攻）齊，甚急。”
《戰國六》：“王毋憂，齊雖欲功（攻）燕，未能，未敢。”
《戰國七》：“天下不能功（攻）秦，□道齊以取秦。”
《戰國七》：“齊先鬻勺（趙）以取秦，後賣秦以取勺（趙）而功（攻）宋。”
《戰國七》：“有（又）慎毋非令群臣衆義（議）功（攻）齊。”
《戰國七》：“齊王以燕爲必侍（待）其徶（弊）而功（攻）齊，未可解（懈）也。”
《戰國八》：“薛公相脊〈齊〉也，伐楚九歲，功（攻）秦三年。”
《戰國八》：“功（攻）宋，宋殘。”
《戰國八》：“秦雖強，終不敢出塞流河，絕中國而功（攻）齊。”
《戰國八》：“勺（趙）悍則伐之，愿則摯（執）而功（攻）宋。”
《戰國八》：“猶賁（珉）不知變事以功（攻）宋也。”
《戰國一〇》：“復牙（與）梁（梁）王遇，□功（攻）宋之事。”
《戰國一〇》：“兄（況）臣能以天下功（攻）秦，疾牙（與）秦相萃也而不解。”
《戰國一〇》：“王欲復功（攻）宋而復（覆）之，不而舍之，王爲制矣。”
《戰國一一》：“臣之勺（趙），所聞於乾（韓）、梁（梁）之功（攻）秦，無變志矣。”
《戰國一一》：“勺（趙）氏將悉上黨以功（攻）秦。”
《戰國一一》：“以爲齊秦復合，必爲兩啻（帝）以功（攻）勺（趙）。”
《戰國一二》：“寡人之所爲功（攻）秦者，爲梁（梁）爲多。”
《戰國一二》：“擇（釋）齊兵於熒陽、成皋，數月不從，而功（攻）宋，再。”
《戰國一二》：“寡人之呖（仍）功（攻）宋也，請於梁（梁）閉關於宋而不許。”
《戰國一二》：“今燕勺（趙）之兵皆至矣，俞（愈）疾功（攻）菑，四。”
《戰國一二》：“功（攻）秦，寡人之上計，講，最寡人之大（太）下也。”
《戰國一二》：“若牙（與）楚遇，將與乾（韓）梁（梁）四遇，以約功（攻）秦。”
《戰國一二》：“旞（遂）明（盟）功（攻）秦。”
《戰國一二》：“楷有私義（議），牙（與）國不先反而天下有功（攻）之者。”
《戰國一二》：“齊、勺（趙）功（攻）梁（梁）。”
《戰國一二》：“三晉牙（與）燕爲王功（攻）秦，以便王之功（攻）宋也。”
《戰國一四》：“宋以淮北牙（與）齊講，王功（攻）之，毄（擊）勺（趙）信。”

《戰國一四》："非薛公之信，莫能合三晉以功（攻）秦，願王之甘之也。"
《戰國一四》："功（攻）秦之事成，三晉之交完於齊，齊事從（縱）横盡利。"
《戰國一四》："功（攻）秦之事敗，三晉之約散，而静（爭）秦，事卬曲盡害。"
《戰國一四》："勸之爲一，以疾功（攻）秦，必破之。"
《戰國一四》："今功（攻）秦之兵方始合，王有（又）欲得兵以功（攻）平陵，是害功（攻）秦也。"
《戰國一四》："若三晉相竪〈堅〉也以功（攻）秦，案以負王而取秦則臣必先智（知）之。"
《戰國一五》："割晉國也，秦兵不功（攻）而魏效降（絳）、安邑。"
《戰國一七》："天下且功（攻）齊，且屬從（縱），爲傳棼（焚）之約。"
《戰國二一》："秦以三軍功（攻）王之上常（黨）而包其北，則注之西，非王之有也。"
《阜易・卜辭》："卜功（攻）戰。"按，"功"當讀作"攻"。
《威王問》："功（攻）其無備，出其不意。"
《發啟》："毋（無）衝龍（隆）而功（攻），毋（無）渠詹（幨）而守。"
《王兵》："器戒（械）備，功（攻）伐少費。"
《王兵》："主事者，將出令起卒有日，定所欲功（攻）伐國。"
《戰守》："☐功（攻）城，克登戰陷☐。"
《戰守》："☐節（即）功（攻）城加☐一☐。"
《隨日・建除》："以功（攻），不報。"
《隨日・忌日》："申不可功（攻）石玉，石玉不出。"
《隨日・建除》："危日，可以責、捕人、功（攻）□，射。"
《隨日・亘日》："以興土功（攻），是胃（謂）不居之，死。"
《占書》："☐觀其時，以占其德，亦可功（攻）也。"
《北大老子》："天下莫柔弱於水，而功（攻）堅強者莫之能失〈先〉也，以其無以易之也。"

巩與鞏

《周易・革》："初九：巩（鞏）用黄牛之革。"

巩與共

《周易・革》："初九：巩（鞏）用黄牛之革。"按，帛書本巩（鞏）作共。

叜與邛

《厚父》："啟隹（惟）后，帝亦弗叜（邛）啟之經悳（德）少，令（命）咎（皋）繇（繇）下爲之卿事。"按，"叜（邛）"字從清華大學出土文獻讀書會《清華簡第五冊整理報告補正》（清華大學出土文獻研究與保護中心網，2015年4月8日）讀。

攻與工

《楚帛書》甲："共攻（工）亢步，十日四寺（時）。"
《相邦》："百攻（工）懽（勸）於事，以實府庫；泵（庶）人懽（勸）於四枳（肢）之褻（藝），以備軍旅。"
《子道餓》："飤（食）而弗與爲豊（禮），是商攻（工）畜之也。"按，"攻（工）"字從陳劍《〈上博（八）・子道餓〉補説》（復旦大學出土文獻與古文字研究中心網，2011年7月19日）讀。下一例同。
《子道餓》："孜（偃）也攸（修）其悳（德）行，以受商攻（工）之飤（食）於子。"
《説命上》："王命氒（厥）百攻（工）向

（像），以貨旬（營）求敚（説）于邑人。”
《秦律·司空》：“爲鐵攻（工），以攻公大車。”
《日甲·生子》：“丁亥生子，攻（工）巧，孝。”
《日甲·生子》：“乙丑生子，武以攻（工）巧。”
《戰國一五》：“此非兵力之請（精）也，非計慮之攻（工）也，夫天幸爲多。”

攻與功

《老子》甲：“攻述（遂）身退，天之道也。”按，今本和帛書本攻作功。
《曹沫》：“繡（陳）攻（功）而飤（食），坓（刑）罰又（有）辠，而賞箮（爵）又（有）悳（德）。”
《曹沫》：“明慙（慎）以戒，如牆（將）弗克，毋冒以追（陷），必逃（禍）前攻（功），不可不慙（慎）。”按，“攻”似當讀作“功”。
《曹沫》：“繡（陳）攻（功）走（尚）臤（賢），能絧（治）百人，使倀（長）百人；能絧（治）三軍，思（使）衛（帥）。”
《三德》：“敚（奪）民旹（時）以土攻（功），是胃（謂）韻（稽）。”
《命訓》：“夫明王卲（昭）天訐（信）人以厇（度）攻₌（功，功）陸（地）以利之。”
《命訓》：“正（政）成則不長，事磬（震）則不攻（功）。”
《秦律·倉律》：“城旦舂、舂司寇、白粲操土攻（功），參食之。”
《秦律·倉律》：“不操土攻（功），以律食之。”
《秦律·徭律》：“吏程攻（功），贏員及減員自二日以上，爲不察。”
《秦律·徭律》：“上之所興，其程攻（功）而不當者，如縣然。”
《秦律·徭律》：“度攻（功）必令司空與匠度之，毋獨令匠。”
《雜抄》：“縣尉時循視其攻（功）及所爲，敢令爲它事，使者貲二甲。”
《日甲·土忌一》：“不可爲土攻（功）。”
《日甲·土忌一》：“不可興土攻（功），必死。”
《日甲·土忌一》：“五月六月不可興土攻（功）。”
《日甲·土忌一》：“十一月、十二月不可興土攻（功），必或死。”
《日甲·土忌一》：“申不可興土攻（功）。”
《日甲·土忌二》：“當其地不可起土攻（功）。”
《日甲·土忌二》：“是胃（謂）土神，毋起土攻（功），凶。”
《日甲·土忌二》：“是胃（謂）地衝，不可爲土攻（功）。”
《日甲·土忌二》：“以起土攻（功），有女喪。”
《日甲·土忌二》：“是胃（謂）地杓，神以毀宮，毋起土攻（功），凶。”
《日甲·門》：“田忌，丁亥、戊戌，不可初田及興土攻（功）。”
《日乙·除室二》：“不可築興土攻（功），命曰毋（無）後。”
《天甲·土功》：“凡甲申、乙酉，絕天氣，不可起土攻（功），不死必亡。”
《天乙·直室門》：“起門：八歲始富，男子若木攻（功），十六歲更。”
《天乙·干占行》：“戊己毋作土攻（功）。”
《天乙·土功二》：“凡是₌（此是）土星，不可興垣、土攻（功），大兇（凶）。”
《天乙·土功二》：“凡是₌（此是）地司空，不可操土攻（功），不死必亡。”

《天乙・候歲》:“正月甲乙雨，禾不享，邦有木攻（功）。”

《天乙・候歲》:“戊己雨，大有年，邦有土攻（功）。”

《天乙・土功三》:“凡甲申、乙酉，絕天氣，不可起土攻（功），不死必亡。”

《治官》:“勸毋失時，攻（功）成爲保。”

《衰分》:“今威有攻（功）五十尺，問各受幾可（何）？”

《衰分》:“凡食攻（功）之述（術）曰：以人數爲法。”

《衰分》:“以食攻（功）丈數爲貣₌（實，實）如法得一丈。”

《第二組》:“新嗇夫弗能任，免之，縣以攻（功）令任除有秩吏。”

《第三組》:“上攻（功）當守六百石以上，及五百石以下有當令者，亦免除。”

《隨日・蓋屋》:“□□所在，不可興土攻（功）。”

《算數書・婦織》:“今織有攻（功）五十尺，問各受幾何尺。”

《阜易・卜辭》:“□有攻（功），大□。”按，“攻”當讀作“功”。下同。

《阜易・卜辭》:“□□必有攻（功）。”

攻與空

《北蒼・陽》:“攻（空）穿襘（詹）魯，壘郭（障）墜京。”

攻與釭

《痂》:“冶僕纍（壘），以攻（釭）脂饍（膳）而傅。”

戉與瞽

《容成氏》:“於是虖（乎）唫（喑）聾執燭，相（矇）戉（瞽）鼓瑟，㲓（跛）𨇊（躃）獸（守）門，敉（侏）需（儒）爲矢。”

邛與紅

《繫年二十》:“晉敬公立十又一年，𧊒（趙）趄（桓）子會【諸】侯之夫₌（大夫），以與戉（越）命（令）尹宋盟（盟）于邛（紅）。”按，“邛（紅）”字從陳絜《清華簡〈繫年〉第二十章地名補正》（清華大學出土文獻研究與保護中心《清華簡〈繫年〉與古史新探學術研討會會議論文集》，2015年10月，47頁）讀。

忎與恐

《仲弓》:“售（雖）也從於剴（宰）夫之後，售（雖）也憧愚，忎（恐）怡（貽）虐（吾）子愿（羞），怟（愿）因虐（吾）子而訂（治）。”

《彭祖》:“朕孳（幼）不敏（敏），既得昏（聞）道，忎（恐）弗能守。”

《曹沫》:“毳（鄰）邦之君明，則不可以不攸（修）政而善於民。不肰（然），忎（恐）亡焉。”按，“忎（恐）”字從陳劍《上博竹書〈曹沫之陳〉新編釋文》（簡帛研究網，2005年2月12日）釋讀。

《季子》:“□忎（恐）懼□□□□□是爲□□□□□。”

《競公瘧》:“則忎（恐）後致（誅）於史者。”

《季桓子》:“女（如）迷〈悉〉言之，則忎（恐）舊（疚）虐（吾）子。”

《季桓子》:“虐（吾）子迷〈悉〉言之，猶忎（恐）弗智（知），皇（況）其女（如）𢼸（微）言之唐（乎）？”

《武王甲》:“武王聒（聞）之忎（恐）愳（懼）。”

《命》:“忎（恐）不能，以辱鈙（斧）疐（鑕）。”

《保訓》:“王念日之多鬲（歷），忎（恐）述（墜）保（寶）訓。”

《保訓》:“發，朕疾適（漸）甚，忎（恐）不女（汝）及受（授）之。”

《保訓》："昔舜（舜）舊（久）复（作）尖₌（小人），親勘（耕）于鬲（歷）茅，忎（恐）救（求）中。"
《保訓》："今朕疾允病，忎（恐）弗念（堪）終，女（汝）以箸（書）及尔（爾）身受大命。"
《芮良夫》："佳（兄）俤（弟）慝（鬩）矣，忎（恐）不和均（均）。"
《芮良夫》："虗（吾）忎（恐）辠（罪）之□身，我之不□，□□是逵（失），而邦受其不寍（寧）。"
《祝辭》："忎（恐）溺，乃敎（執）采（幣）以祝曰。"
《命訓》："夫民生而痌（痛）死喪，上以䰠（畏）之，能母（毋）忎（恐）嘑（乎）？夫女（如）忎（恐）而承季（教），則厇（度）至于亟（極）？"
《管仲》："忎（恐）辠（罪）之不堨（竭）而型（刑）之方（放），肙（怨）亦未逮（濟），邦以卒喪。"
《子儀》："既敗於㱿（殽），忎（恐）民之大肪（病）。"

空與控

《秦律·司空》："不攻閒（垸）車，車空（控）失（趺），大車軸紋（盭）。"
《引書》："令其高坨（地）四尺，居其上，兩手空（控）纍而更蹶之。"
《引書》："兩足踐板，端立，兩手空（控）纍，以力偃，極之，三而已。"
《引書》："夸（跨）足，折要（腰），空（控）丈（杖）而力引之，三而已。"
《引書》："手空（控）其纍，後足，前應（膺），力引之，三而已。"

空與孔

《第二組》："謹爲鲘空（孔），嬃（須）毋令錢能出。"
《成法》："萬物之多，皆閱一空（孔）。"
《傷痙》："以傅傷空（孔），蘩（蔽）□休得爲☐。"
《癩》："穿小瓠壺，令其空（孔）盡容穨（癩）者腎與腸。"
《癩》："即内（納）腎腸於壺空（孔）中，而以采爲四寸杙二七。"
《癩》："即内（納）腎腸於壺空（孔）中，而以采爲四寸杙二七。"
《牡痔》："有羸肉出，或如鼠乳狀，末大本小，有空（孔）其中。"
《牡痔》："以職膏濡，而入之其空（孔）中。"
《牡痔》："多空（孔）者，亨（烹）肥羭，取其汁滑（漬）美黍米三斗，炊之。"
《牡痔》："以傅痔空（孔），厚如韭葉，即以厚布裹。"
《牝痔》："牝痔有空（孔）而欒（孌）血出者方。"
《溝癢》："痔者其直（脜）旁有小空（孔），空（孔）兑兑然出，時從其空（孔）出有白蟲時從其空（孔）出，其直（脜）痛。"
《溝癢》："即被盄以衣，而毋蓋其盄空（孔）。"
《溝癢》："即令痔者居（踞）盄，令直（脜）直（值）盄空（孔），令煙熏直（脜）。"
《蟲蝕》："傅藥薄厚盈空（孔）而止。"
《蟲蝕》："貣（蟘）食（蝕）齒，以榆皮、白□、美桂，而并□□□□傅空（孔）☐。"
《治瘺》："瘺者有牝牡，牡高膚，牝有空（孔）。"
《治瘺》："以傅癰空（孔）中。"
《養生方》："用，取大如掌，竄鼻空（孔），小養（癢）而熱。"
《養生方》："□丸，大如指㽁，□□□□

□□空（孔）中，張且大。"

《雜療方》："即取入中身空（孔）中，舉，去之。"

紅與功

《老子》丙："成事述（遂）紅，而百眚（姓）曰我自肰（然）也。"按，今本和帛書本紅作功。

《太一》："聖人之從事也，亦恉（託）其名，古（故）紅（功）成而身不剔（傷）。"

《窮達》："子疋（胥）前多紅（功），後翏（戮）死，非其智懷（衰）也。"

《用曰》："事既無紅（功），眾▨。"按，"紅（功）"字從何有祖《讀〈上博六〉劄記》（簡帛網，2007年7月9日）釋讀。

《禹王》："墨（禹）奮中疾志，又（有）欲而弗達；深僪固疋（疏），又（有）紅（功）而弗發（伐）。"

《禹王》："前行建紅（功），中行固同，終行不▨。"

《祭公》："敢皋（告）天子，皇天改大邦壂（殷）之命，隹（惟）周文王受之，隹（惟）武王大敗之，成氒（厥）紅（功）。"

《琴舞》："𦅫（亂）曰：逸（肆）其㬎（顯）思，皇天之紅（功），晝之才（在）視日，夜之才（在）視晨（辰）。"

《芮良夫》："恆靜（爭）獻其力，畏（威）變（襲）方戳（讎），先君以多紅（功）。"

《芮良夫》："□□紅（功）禄（績），龏（恭）㬱（虔）享祀，和悳（德）定型（刑），政（正）百又（有）司。"

《鄭甲》："不能莫虗（吾）先君之武鼢（烈）臧（莊）紅（功）。"

《鄭乙》："不能莫虗（吾）先君之武鼢（烈）臧（莊）紅（功）。"

紅與攻

《內豊》："時昧紅（攻）縈（禜），行祝於五祀。"

《建除》："凡𦫳日，可以爲少（小）紅（攻）。"

《用曰》："紅（攻）之亡纏（敵），而亦不可□。"

《三壽》："余（餘）亯（享）獻紅（攻），𨑥（禬）還（禜）蚕（妖）𧖴（祥），寺（時）名曰恙（祥）。"

紅與貢

《容成氏》："四海（海）之內𠬪（及），四海（海）之外皆賽（請）紅（貢）。"

《天子甲》："朝不語內（納），紅（貢）不語戰。"

《天子乙》："朝不語內（納），紅（貢）不語戰。"

《金縢》："周公乃內（納）其所爲紅（貢）自以弋（代）王之敓（說）于金紒（縢）之匱。"按，"紅（貢）"字從米雁《清華簡〈金縢〉"紅"字試詁》（復旦大學出土文獻與古文字研究中心網，2011年1月12日）讀。下同。

《金縢》："王得周公之所自以爲紅（貢）以弋（代）武王之敓（說）。"

紅與功

《建除》："凡工日，不吉，是胃（謂）無紅（功）。"

《秦律·均工》："新工初工事，一歲半紅（功），其後歲賦紅（功）與故等。"

《秦律·徭律》："興徒以爲邑中之紅（功）者，令結（嫴）堵卒歲。"

《秦律·徭律》："司空將紅（功）及君子主堵者有罪，令其徒復垣之。"

《雜抄》："非歲紅（功）及毋（無）命書，敢爲它器，工師及丞貲各二甲。"

《雜抄》："賦歲紅（功），未取省而亡之，及弗備，貲其曹長一盾。"

鳿與鴻

《周易·漸》："初六：鳿（鴻）澌（漸）于澗（干），少（小）子厲，又（有）言，不終。"

《周易·漸》："六二：鳿（鴻）澌（漸）于阪（磐），畬（飲）飤（食）𠈇₌（衎衎），吉。"

《周易·漸》："九厽（三）：鳿（鴻）澌（漸）于陸（陸），夫征不復，婦孕而☐。"

《帛易·漸》："初六，鳿（鴻）漸于淵，小子瘍（厲），有言，无咎。"

《帛易·漸》："六二，鳿（鴻）漸于坂（磐），飲食衎（衎）衎（衎），吉。"

《帛易·漸》："九三，鳿（鴻）漸于陸，天征不復，婦繩（孕）不□，凶。利所（禦）寇。"

《帛易·漸》："六四，鳿（鴻）漸于木，或直（得）其寇（桷），㲄，无咎。"

《帛易·漸》："九五，鳿（鴻）漸于陵，婦三歲不繩（孕），終莫之勝，吉。"

《帛易·漸》："尚（上）九，鳿（鴻）漸于陸，其羽可用爲宜（儀），吉。"

《十陣》："是故末必閱（鋭），刃必溥（薄），本必鳿（鴻）。"

《曹氏》："鳥之陰，鳿（鴻）、鵠，若以時北南者，陰也，不害傷人☐。"

《相狗方》："喙欲如竽箭（筒），次鳿（鴻）同（洞），次服翼。"

《反淫》："鳿（鴻）鵠鶬鴰（鶬），弋（鳶）鷄鷫（鸘）相（鶒）。"

琟與共

《厚父》："隹（惟）寺（時）下民琟（共）帝之子，咸天之臣民。"按，"琟"即"鳿"字異構。

蟲與蛩

《語叢四》："善使其下，若蛩蟲（蛩）之足，眾而不割₌（害，害）而不𦍧（仆）。"

恭與功

《緇衣》："非其走（止）之共，唯王【之】恭（邛）。"按，上博簡本《緇衣》恭（邛）作功。

恭與邛

《緇衣》："非其走（止）之共，唯王【之】恭（邛）。"

共字聲系

共與供

《莊王》："以共（供）春秋之祟（嘗），以時（待）四笑（鄰）之賔（賓）。"

《三壽》："昔（措）勤不居，𡒧（攝）祇不易，共（供）枉（皇）思堥（修），內（納）諫受訾，神民莫責，寺（時）名曰智。"

《二年·戶律》："及止畜產放出者，令民共（供）食之，月二戶。"

《繆和》："湯之德及畣（禽）獸魚鱉矣，故共（供）皮幣以進者卌又（有）餘國。"

共與拱

《鄭武》："君共（拱）而不言，加𨌊（重）於夫₌（大夫）。"

《帛甲老子·德經》："雖有共（拱）之璧以先四（駟）馬，不善〈若〉坐而進此。"按，通行本共作拱。

《北大老子》："唯（雖）有共（拱）之璧以先四（駟）馬，不如坐而進此。"

共與恭

《五行》："不𧞣（遠）不₌敬₌（不敬，不敬）不₌嚴₌（不嚴，不嚴）不₌障₌（不尊，不尊）不₌共₌（不恭，不恭）亡豊（禮）。"

《五行》："障（尊）而不喬（驕），共（恭）也；共（恭）而專（博）交，豊（禮）也。"

《五行》："𦖞（聞）道而共（恭）者，好豊（禮）者也。"

《緇衣》："共（恭）以位（涖）之，則民又（有）愻（遜）心。"

《緇衣》："《寺（詩）》員（云）：'虗（吾）夫₌（大夫）共（恭）虘（且）韓（儉），𣚦（靡）人不斂。'"

《從政》："五悳（德）：一曰惓（寬），二曰共（恭），三曰惠，四曰悬（仁），五曰敬。"

《從政》："不共（恭）則無以敘（除）辱，不惠則無以聚民。"

《從政》："[illegible]悔（悔）而共（恭）孫（遜），𡥈（教）之纏（勸）也。"

《昔者》："☐尔司，各共（恭）尔事，發（發）命不夜。"

《曹沫》："肰（然）而古亦又（有）大道安（焉），必共（恭）僉（儉）以得之，而喬（驕）大（泰）以遊（失）之。"

《慎子》："共（恭）僉（儉）以立身，臤（堅）強以立志。"

《慎子》："訢（慎）子曰共（恭）僉（儉）。"

《慎子》："干共（恭）以爲體（禮）□，莫支（偏）。"

《吳命》："楚人爲不道，不思其先君之臣事先王，灋（廢）其瞳獻，不共（恭）承王事。"按，"共"似當讀作"恭"。"恭承"一詞典籍習見。

《皇門》："我聞（聞）昔才（在）二又（有）或（國）之折（哲）王，則不（丕）共（恭）于卹（恤）。"按，"共（恭）"字從孫飛燕在復旦大學出土文獻與古文字研究中心研究生讀書會《清華簡〈皇門〉研讀札記》（復旦大學出土文獻與古文字研究中心網，2011 年 1 月 5 日）一文下跟帖讀。

《祭公》："三公，尃（敷）求先王之共（恭）明悳（德）。"

《厚父》："斯民心難測，民弋（式）克共（恭）心芍（敬）愄（畏），鬼（畏）不恙（祥）。"

《湯丘》："句（后）古（固）共（恭）天畏（威），敬祀，雪（淑）慈我民。"

《湯丘》："少（小）臣畣（答）：'爲君炁（愛）民，爲臣共（恭）命。'"

《湯丘》："湯或（又）聒（問）於少（小）臣：'共（恭）命女（如）忖（台）？'"

《湯丘》："君既濬（睿）明，既受君命，退不寡（顧）死生，是非共（恭）命虖（乎）？"

《帛五行·經》："[尊]而不驕（驕），共（恭）也；共（恭）而博交，禮也。"

《帛五行·經》："聞道而共（恭），[好]禮者也。"

《帛五行·說》："不尊不共（恭）。"

《帛五行·說》："共（恭）也者，□□敬下也。"

《帛五行·說》："共（恭）而笱（後）禮也，有以體（體）氣也。"

《帛五行·說》："言尊而不有□□已事君與師長者，弗胃（謂）共（恭）矣。"

《帛五行·說》："故斯（廝）役人之道□□共（恭）焉。"

《帛五行·說》："共（恭）生於尊者。"

《帛五行·說》："聞道而共（恭），好禮者也。"

《帛五行·說》："言好禮者之聞君子道而以之其禮也，故能共（恭）。"

《帛五行·說》："共（恭）者刑（形）也。"

《雌雄節》："□□共（恭）驗（儉），是胃（謂）雌節。"

《順道》："晃（宛）濕（溼）共（恭）僉（儉），卑約主柔。"

《繫辭》："德言成（盛），體（禮）言共（恭）也。"

《昭力》："是故君以炁（愛）人爲德，則大夫共（恭）悳（德），將軍禁單（戰）。"

《王兵》："使百官共（恭）敬悉畏，毋敢㥯隨（惰）行□，以侍（待）主令。"

《五名》："軒（宣）驕之兵，則共（恭）敬而久之。"

《五名》："兵有五共（恭）五暴。何胃（謂）五共（恭）？入競（境）而共（恭），軍失其常。再舉而共（恭），軍毋（無）所粱（糧）。三舉而共（恭），軍失其事。四舉而共（恭），軍无食。五舉而共（恭），軍不及事。"

《五名》："再舉而共（恭），軍毋（無）所粱（糧）。"

《五名》："故五共（恭）、五暴，必使相錯也。"

《五名》："五共（恭）。"

《六博》："在曲者，婦共（恭）敬謹，少口。"

共與鞏

《帛易·革》："初九，共（鞏）用黃牛之勒（革）。"

共與龍

《緇衣》："共（恭）以位（涖）之，則民又（有）愻（遜）心。"按，上博簡本《緇衣》共（恭）作龍。

《鄭武》："娧（媚）妬之臣躳（躬）共（恭）其産（顔）色，盦（掩）於其考（巧）語，以亂（亂）夫＝（大夫）之正（政）。"

《鄭武》："孥＝（孺子）女（如）共（恭）夫＝（大夫），虘（且）以教安（焉）。"

《鄭武》："逗（屬）之夫＝（大夫）及百執事，人虐（皆）思（懼），各共（恭）其事。"

《子產》："共（恭）憸（儉）整齊，弇見（現）又（有）桼＝（次。次）所以從即（節）行＝禮＝（行禮，行禮）後（踐）政又（有）事。"

共與龏

《緇衣》："《寺（詩）》員（云）：'虐（吾）夫＝（大夫）共（恭）虘（且）韹（儉），𪏁（靡）人不斂。'"按，上博簡本《緇衣》共作龏。下同。

《緇衣》："《寺（詩）》員（云）：'情（靖）共尔（爾）立（位），好氏（是）貞（正）植（直）。'"

共與降

《三壽》："我䵍（寅）晨共（降）𡠦（在）九厇（宅），貾（診）夏之逯（歸）商，方曼（般）于落（路）。"

恭與共

《良臣》："楚恭（共）王又（有）郘（伯）州利（犁），以爲大宰。"

恭與恐

《楚帛書》乙："恭（恐）民未智（知），厝以爲則。"按，"恭（恐）"字從李零《長沙子彈庫戰國楚帛書研究》（中華書局，1985年，57頁）讀。

《三壽》："高宗恭（恐）思（懼），乃専（布）語彭且（祖）曰。"

迸與雝

《説命下》："余隹（惟）弗迸（雝）天之叚（嘏）命。"

戕與蕐

《曹沫》："☐白徒：'㚖（早）飤（食）戕（蕐）兵，各載尔臧（藏），既戰酒（將）鼓。'"

紝與紘

《鄭子甲》："命思（使）子家利（梨）木三沓（寸），綖（疏）索以紝（紘），毋敢丁門而出，斂（掩）之成（城）坖（基）。"按，"紝（紘）"字從復旦大學出土文獻與古文字研究中心研究生讀書會《〈上博七·鄭子家喪〉校讀》（復旦大學出土文獻與古文字研究中心網，2008年12月31日）讀。下同。

《鄭子乙》："命思（使）子家利（梨）木三沓（寸），綖（疏）索以紝（紘），毋敢丁門而出，敎（掩）之成（城）坖（基）。”

衖與港

《日甲·盜者》：“有死，其後必以子死，其咎在渡衖（港）。”

醯與甕

《王子木》：“王曰：‘醯（甕）不盍（蓋）。’”按，“醯（甕）”字從陳劍《釋上博竹書和春秋金文的“羹”字異體》（復旦大學出土文獻與古文字研究中心網，2008年1月6日）讀。下同。

《王子木》：“先君智（知）醯（甕）不盍（蓋），醢（酪）不焌（酸）。”

恙與邛

見東部工字聲系。

恙與功

見東部工字聲系。

公字聲系

伀與容

《五行》：“庴₌（顏色）伀（容）佼（貌）悃（溫）弁（變）也，以其审（中）心與人交兑（悅）也。”

伀與頌

《競公瘧》：“其左右相伀（頌）自善曰。”按，“伀（頌）”字從陳偉《讀〈上博六〉條記》（簡帛網，2007年7月9日）讀。

㕣與容

《凡物甲》：“捔（握）之不涅（盈）捔（握），専（敷）之亡（無）所㕣（容）。”

《凡物乙》：“捔（握）之不涅（盈）捔（握），専（敷）之亡（無）所㕣（容）。”

翁與雝

《戰國二二》：“齊宋攻魏，楚回（圍）翁（雝）是（氏），秦敗屈匄。”

訟與頌

《詩論》：“《訟（頌）》，坪（平）悳（德）也，多言後，其樂安而屖（遲），其訶（歌）申而蕩（易），其思深而遠。”

《詩論》：“《訟（頌）》氏（是）已。”

訟與容

《容成氏》：“訟（容）成氐（氏）。”

頌與訟

《芮良夫》：“罔肎（肯）獻言，人頌（訟）玟（扞）嗥（違），民乃㞷（嗥）囂，䜌（靡）所幷（屏）怅（依）。”

頌與鬆

《蒼頡篇》：“頌（鬆）緊□。”

頌與容

《老子》甲：“古之善爲士者，必非（微）溺（妙）玄達，深不可志（識），是以爲之頌。”按，今本和帛書本頌作容。

《緇衣》：“倀（長）民者，衣備（服）不改，𨓏（從）頌（容）又（有）常，則民悳（德）弌（一）。”

《緇衣》：“《寺（詩）》員（云）：‘其頌（容）不改，出言又（有）丨（章），利（黎）民所（望）。’”

《性自》：“至（致）頌（容）宙（貌），所以𡕒（文）即（節）也。”按，“頌（容）”字從裘按（《郭店楚墓竹簡·性自命出》篇注［一四］）讀。

《性自》：“君₌（君子）娩（美）其青（情），貴其宜，善其即（節），好其頌（容），樂其衍（道），兑（悅）其斆（教），是以敬安（焉）。”按，“頌（容）”字從裘按（《郭店楚墓竹簡·性自命出》篇注［一七］）讀。

《性自》：“賓客之豊（禮）必又（有）夫齊₌（齊齊）之頌（容）。”

《從政》：“君₌（君子）不悹（寬）則無以頌（容）百眚（姓）。”

《内豊》：“𠕀（冠）不奐（綰），行不頌（容），不卒立，不庶語。”按，“頌（容）”

字從廖名春《讀楚竹書〈內豊〉篇箚記（一）》（簡帛研究網，2005年2月20日）讀。

《用曰》："纏其又（有）戝（威）頌（容），而紋其又（有）寍（寧）□。"

《繫年十八》："䜣（許）人𤔔（亂），䜣（許）公旇出奔晉₌（晉，晉）人羅（罹），城汝昜（陽），居䜣（許）公旇於頌（容）城。"

《琴舞》："甬（用）頌（容）祝舍（余），甬（用）少（小）心寺（持）隹（惟）文人之若（若）。"

《北大老子》："夫唯不可識，故強爲之頌（容）。"

頌與雝

《琴舞》："介（匄）睪（澤）寺（恃）悳（德），不畀甬（用）非頌（雝）。"

䛪與捴

《凡物甲》："䛪（捴）勿（物）流型（形）。"按，"䛪（捴）"字從郭靜雲《再論〈物流形〉的""字與篇名之意》（簡帛研究網，2010年3月24日）讀。下同。

《凡物乙》："䛪（捴）勿（物）流型（形），系（奚）得而成？"

《凡物乙》："䛪（捴）勿（物）流型（形），系（奚）得而成？"

頌與容

《季桓子》："急（仁）人之道，衣備（服）北（必）中，頌（容）佁（貌）不求異於人。"按，"頌（容）"字從何有祖《讀〈上博六〉劄記》（簡帛網，2007年7月9日）釋讀。

凶字聲系

凶與兇

《周易·訟》："訟：又（有）孚，懥（窒）惪（惕），中吉，終凶。利用見大人，不利涉大川。"按，帛書本凶作兇。下七例同。

《周易·師》："初六：帀（師）出以聿（律），不（否）⿰爿吉（臧）凶。"

《周易·師》："六厽（三）：帀（師）或轝（輿）殍（尸），凶。"

《周易·比》："比：备（原）筮，元羕（永）貞，吉，亡（无）咎。不寍（寧）方來，後夫凶。"

《周易·比》："上六：比亡（无）首，凶。"

《周易·恆》："上六：叡（振）亙（恆），貞凶。"

《周易·姤》："九四：橐（包）亡（无）魚，巳（起）凶。"

《周易·豐》："上六：豐其芾（屋），坿（蔀）其家，閨（闚）其宋（戶），𩰫（闃）其亡（无）人，厽（三）戢（歲）不覿，凶。"

《周易·師》："六五：畋（田）又（有）禽，利執言，亡（无）咎。長子衒（帥）帀（師），弟子轝（輿）殍（尸），貞凶。"按，阜陽漢簡本凶作兇。下同。

《周易·豫》："初六：鳴余（豫），凶。"

《周易·頤》："初九：豫（舍）尔（爾）霝（靈）龜，觀我敚（朵）頤，凶。"

《周易·頤》："六二：曰遉（顛）頤，𦐊（拂）經，于北洍（頤），征凶。"

《周易·頤》："六厽（三）：𦐊（拂）頤，貞凶，十年勿用，亡（无）卣（攸）利。"

兇與凶

《叢辰》："利以逹（解）兇（凶），敍（除）不羊（祥）。"

《盜疾》："☐又（有）得，西兇（凶），南見疾。"

《盜疾》："困以東吉，又（有）得，北兇（凶），西南吉。"

《用曰》："視（示）之台（以）康樂，悳（忕）之台（以）兇（凶）荎（刑）。"

《用曰》："兇（凶）井（刑）厲政，玫其若弡。"

《用曰》："司民之降兇（凶），而亦不可逃。"
《武王甲》："義勳（勝）谷（欲）則從，谷（欲）勳（勝）義則兇（凶）。"
《武王乙》："志勳（勝）欲則從，欲勳（勝）志則兇（凶）。"
《卜書》："大貞，邦亦兇（凶）。"
《卜書》："☐兇（凶），兆（兆）不利邦貞。"
《日甲・行》："大顮（顧）是胃（謂）大楮（佇），兇（凶）。
《日甲・詰》："道（導）令民毋麗（罹）兇（凶）央（殃）。"
《日甲・盜者》："其咎在室馬牛豕也，日中死兇（凶）。"
《日甲・禹二》："是日在行不可以歸，在室不可以行，是₌（此是）大兇（凶）。"
《日乙・官》："百事兇（凶）。"
《日乙・四月》："☐此（觜）犧（巂），百事兇（凶）。"
《日乙・五月》："東井，百事兇（凶）。"
《日乙・六月》："七星，百事兇（凶）。"
《日乙・十月》："心，不可祠及行，兇（凶）。"
《日乙・十月》："尾，百事兇（凶）。"
《日乙・十月》："百事兇（凶）。"
《日乙・十二月》："[危]，百事兇（凶）。"
《日乙・除室二》："勿以作事、大祠，以大生（牲）兇（凶），小生（牲）兇（凶）。"
《日乙・行者》："以出，兇（凶）。"
《日乙・見人》："子以東吉，北得，西聞言兇（凶）。"
《日乙・見人》："辰以東吉，北兇（凶），先行，南得。"
《日乙・見人》："巳以東吉，北得，西兇（凶），南見疾。"
《日乙・見人》："午以東先行，北得，西聞言，南兇（凶）。"
《日乙・見人》："未以東得，北兇（凶），西南吉。"
《日乙・見人》："申以東北得，西吉，南兇（凶）。"
《日乙・見人》："酉以東藺（吝），南聞言，西兇（凶）。"
《日乙・見人》："戌以東得，西見兵，冬（中）之吉，南兇（凶）。"
《日乙・嫁子□》："丙丁死者，去室西南受兇（凶），東有憙（禧）。"
《日乙・嫁子□》："庚辛死者，其東受兇（凶），其西北有憙（禧）。"
《日乙・嫁子□》："壬癸死者，明鬼祟之，其東受兇（凶）。"
《日乙・嫁子□》："秋三月，[甲乙死者]，[其]東受兇（凶），男子[也]。"
《日乙・嫁子□》："丙丁死者，其西受兇（凶），其女子也。"
《日乙・嫁子□》："庚辛死者，其東北受兇（凶），正北有憙（禧）。"
《日乙・嫁子□》："壬癸死者，明鬼祟之，其東受兇（凶）。"
《日乙・入官二》："卯入官，兇（凶）。"
《日乙・生》："己巳生，兇（凶），爲臣妾。"
《天乙・日衝》："三月庚辛，六月壬癸，九月乙甲，十二月丙丁，不可興垣、蓋屋、上材、爲祠、大會，兇（凶）。"
《天乙・支占行》："子，西兇（凶），北得，東吉，南兇（凶）。"
《天乙・支占行》："丑，西兇（凶），東、北吉，南得。"
《天乙・支占行》："寅，西兇（凶），北得，東、南逢言。"
《天乙・支占行》："卯，西、東吉，南得，北兇（凶）。”
《天乙·支占行》：“辰，西毋行，北兇（凶），南得，東吉。”
《天乙·支占行》：“巳，西兇（凶），南吉，北得，東見疾人。”
《天乙·支占行》：“午，西見言，南兇（凶），北得，東毋行。”
《天乙·支占行》：“未，西、南吉，東得，北兇（凶）。”
《天乙·支占行》：“申，西吉，東、北得，南兇（凶）。”
《天乙·支占行》：“酉，西吉，北兇（凶），東少可，南逢言。”
《天乙·支占行》：“戌，西、北見兵，東得，南兇（凶）。”
《天乙·支占行》：“亥，西見祠者，東、北吉，南兇（凶）。”
《天乙·遠行》：“遠行兇（凶）。”
《天乙·土功一》：“己酉不可爲室，兇（凶），不死必亡。”
《天乙·六甲》：“若有死者，各四兇（凶），不出一月。”
《天乙·六甲》：“若有死者，各一兇（凶），不出一歲。”
《天乙·六甲》：“若有死者，各三兇（凶），不出一月旬。”
《天乙·六甲》：“若有死者，各參（三）兇（凶），不出五月。”
《天乙·六甲》：“若有死者，各五兇（凶），不出一歲。”
《天乙·歸行》：“百里大兇（凶），二百里外必死。”
《天乙·土功二》：“不可築室、爲嗇夫、取（娶）妻、嫁女，兇（凶）。”
《天乙·土功二》：“凡是₌（此是）土星，不可興垣、土攻（功），大兇（凶）。”
《天乙·土功二》：“以它辰垣杓鄉（向），不死大兇（凶）。”
《天乙·殘篇》：“☒可□其□央非□□兇（凶）□☒。”
《帛甲老子·道經》：“不知常，帀（妄），帀（妄）作，兇（凶）。”按，通行本兇作凶。
《帛易·履》：“六三，眇（眇）能視，跛能利。禮（履）虎尾，真（咥）人，兇（凶）。武人迵于大君。”按，今本兇作凶。
《帛易·訟》：“訟，有復（孚），洫（窒）寧（惕），克〈中〉吉，冬（終）兇（凶）。”
《帛易·訟》：“訟，有復（孚），洫（窒）寧（惕），克〈中〉吉，冬（終）兇（凶）。”
《帛易·姤》：“初六，擊（繫）于金梯（柅），貞吉。有攸往，見兇（凶）。”
《帛易·姤》：“九四，枹（包）无魚，正兇（凶）。”
《帛易·剥》：“初六，剥臧（牀）以足，蔑貞，兇（凶）。”
《帛易·剥》：“六二，剥臧（牀）以辯（辨），蔑貞，兇（凶）。”
《帛易·剥》：“六四，剥臧（牀）以膚，兇（凶）。”
《帛易·損》：“九二，利貞，正（征）兇（凶）。弗損，益之。”
《帛易·蠱》：“尚（上）九，不事王侯，高尚其德，兇（凶）。”
《帛易·坎》：“尚（上）六，系（係）用諱（徽）纆（纆），親（寘）于總（叢）勒（棘），三歲弗得，兇（凶）。”
《帛易·比》：“比，吉。原筮，元永貞，无咎。不寧方來，後夫兇（凶）。”
《帛易·比》：“尚（上）六，比无首，兇（凶）。”
《帛易·豐》：“尚（上）六，豐其屋，剖

（蔀）其家，閨（闚）其戶，哭〈瞑（闃）〉其无人，三歲不遂，兇（凶）。”
《帛易·恆》：“尚（上）六，夐（振）恆，兇（凶）。”
《帛易·師》：“初六，師出以律，不（否）臧，兇（凶）。”
《帛易·師》：“六三，師或與（輿）层（尸），兇（凶）。”
《帛易·復》：“尚（上）六，迷復，兇（凶）。”
《帛易·兑》：“九〈六〉三，來奪（兑），兇（凶）。”
《帛易·夬》：“尚（上）六，无號，冬（終）有兇（凶）。”
《帛易·旅》：“亡（喪）牛于易，兇（凶）。”
《帛易·噬嗑》：“尚（上）九，荷（何）校滅耳，兇（凶）。”
《帛易·小畜》：“月幾朢（望），君子正（征），兇（凶）。”
《帛易·益》：“尚（上）九，莫益之，或擊之，立心勿恆，兇（凶）。”
《二三子》：“存其人，不言吉兇（凶）焉。”
《易之義》：“是故鍵（乾）□□□九□□高尚□□□□□□順從而知畏兇（凶），義沾（覘）下就，地之道也。”按，“兇”字從廖名春《帛書〈周易〉論集》（上海古籍出版社，2008年，188頁）釋。
《易之義》：“筮（噬）閘（嗑）紫（背）紀，恆言不已，容（訟）獄兇（凶）得也。”
《阜易·屯》：“小貞吉，大貞兇（凶）。”
《阜易·師》：“□□□尸，貞兇（凶）。”
《阜易·履》：“□□尾，實（咥）人，兇（凶）。”
《阜易·同人》：“卜有罪者兇（凶）。”
《阜易·豫》：“□六，鳴豫，兇（凶）。”
《阜易·噬嗑》：“吉，不兇（凶）。”
《阜易·剥》：“蔑（蔑）貞，兇（凶）。”
《阜易·剥》：“□四，僕（剥）牀以父（膚），兇（凶）。”
《阜易·復》：“上六，迷復，兇（凶）。”
《阜易·頤》：“端頤兇（凶）濟。”
《阜易·頤》：“六二，奠（顛）頤，弗（拂）經，于丘頤，政（征）兇（凶）。”
《阜易·頤》：“弗（拂）頤，貞兇（凶）。”
《阜易·習坎》：“□歲不得，兇（凶）。”
《阜易·離》：“☑之上，吉，非則兇（凶）。”
《阜易·革》：“□□豹便（變），小人□面，戎（征）兇（凶）。”
《阜易·鼎》：“大事兇（凶）。”
《阜易·卜辭》：“□後必有兇（凶）。”
《阜易·卜辭》：“有兇（凶）。”
《阜易·卜辭》：“富家吉，貧家兇（凶）。”
《阜易·卜辭》：“掇（輟），不掇（輟）兇（凶）。”
《阜易·卜辭》：“兇（凶）。”
《阜易·卜辭》：“兇（凶）。”
《阜易·卜辭》：“兇（凶）。”
《阜易·卜辭》：“兇（凶）。”
《阜易·卜辭》：“兇（凶）。”
《阜易·卜辭》：“兇（凶）。”
《阜易·卜辭》：“兇（凶）。”
《阜易·卜辭》：“先吉後兇（凶）。”
《阜易·卜辭》：“貞兇（凶）。”
《阜易·卜辭》：“居家，兇（凶）。”
《阜易·卜辭》：“政，勿用，大兇（凶）。”
《阜易·卜辭》：“居家，兇（凶）。”
《阜易·卜辭》：“□居家，兇（凶）☑。”
《阜易·卜辭》：“臣吏，兇（凶）。”
《阜易·卜辭》：“居官者，兇（凶）。”

《阜易・卜辭》："以其邑君，兇（凶）。"
《阜易・卜辭》："不吉，有兇（凶）事。"
《阜易・卜辭》："百事兇（凶）。"
《阜易・卜辭》："若得，必後大兇（凶）。"
《阜易・卜辭》："☐者，大兇（凶）。"
《阜易・卜辭》："☐兇（凶）。"
《阜易・卜辭》："☐子兇（凶）。"
《阜易・卜辭》："☐□兇（凶）。"
《阜易・卜辭》："☐大兇（凶），後除。"
《阜易・卜辭》："☐事，兇（凶）。"
《阜易・卜辭》："□□後有兇（凶）。"
《阜易・卜辭》："□□有大兇（凶）。"

匑與胸

《養生方》："益力，敬除□心匑（胸）中惡氣，取槐莢中實。"

洶與洶

《戰國一二》："使天下洶（洶）洶（洶）然。"

茐與總

《程寤》："習（召）大（太）子𤼷（發），卑（俾）霝（靈）名茐（總）敂（蔽）。"按，"茐（總）"字從孟蓬生在復旦大學出土文獻與古文字研究中心研究生讀書會《清華簡〈尹至〉、〈尹誥〉研讀劄記（附〈尹至〉、〈尹誥〉、〈程寤〉釋文）》（復旦大學出土文獻與古文字研究中心網，2011年1月5日）一文下跟帖讀。

聦與聽

《五行》："聖之思也翌₌（輕，輕）則型₌（形，形）則不₌亡₌（不忘，不忘）則聦₌（聰，聰）則聋₌君₌子₌道₌（聞君子道，聞君子道）則玉₌音₌（玉音，玉音）則型₌（形，形）則聖。"

《五行》："不聦（聰）不明，不聖不₌智₌（不智，不智）不₌悬₌（不仁，不仁）不₌安₌（不安，不安）不₌樂₌（不樂，不樂）亡悳（德）。"

《五行》："未尚（嘗）聋（聞）君子道，胃（謂）之不聦（聰）。"

《五行》："聋（聞）君子道，聦（聰）也。"

《容成氏》："舜乃老，視不明，聖（聽）不聦（聰）。"

聦與聽

《容成氏》："堯乃老，視不明，聖（聽）不聦（聰）。"

匈與凶

《未央宮》："即中令匈（凶）鬼肴途室。"

匈與胸

《天乙・占疾》："九者首毆，八者肩、肘毆，七、六者匈（胸）、腹、腸毆，五者股、胻毆，四者厀（膝）、足毆。"

《天乙・黃鐘》："赤色，小頭，圜目而□，善病匈（胸）、脅。"

《引書》："夜日臥厥（蹶），學（覺）心腹及匈（胸）中有痛者。"

《引書》："跌指以利足氣，敦蹱（踵）以利匈（胸）中，此物皆三而已。"

《養生方》："有（又）取全黑雄雞，合翼成□□□三雞之心㐫（腦）匈（胸）。"

肔與胸

《脈書》："肘（疛），其從脊肔（胸）起，使腹張（脹）。"

《陰陽脈甲》："肔（胸）痛，瘛（脘）痛，【心痛】，四末痛，叚（瘕），爲五病。"

稯與叢

《日甲・叢辰》："稯〈稯（叢）〉辰。"

芇字聲系

䒦與巷

《緇衣》："好媺（美）女（如）好茲（緇）衣，亞（惡）亞（惡）女（如）亞（惡）䒦

（巷）白（伯）。”按，上博簡本《緇衣》遖作衖，遖與衖應是一字。

郶與巷

《采風》：“宮郶（巷）：《喪之末》。”

衖與巷

《魯邦》：“出遇子贛（貢），曰：‘賜，而（尔）昏（聞）衖（巷）迻（路）之言，毋乃胃（謂）丘之畣（答）非與（歟）？’”

《周易·睽》：“九二：遇宔（主）于衖（巷），亡（无）咎。”

㿝字聲系

躳與竆

《戰國一六》：“皆識秦之欲無躳（竆）也。”

躳與躳

《周易·蒙》：“六厽（三）：勿用取女；見金夫，不又（有）躳，亡（无）卣（攸）利。”按，帛書本與阜陽漢簡本躳作躳。

《周易·渙》：“六厽（三）：霰（渙）其躳，亡（无）咎。”按，帛書本躳作躳。

《周易·艮》：“六四：艮其躳。”按，帛書本躳作躳。

躳與躳

《帛易·艮》：“六四，根（艮）其躳（躳）。”

《帛易·蒙》：“六三，勿用取女。見金夫，不有躳（躳），无攸利。”

《帛易·震》：“辰（震）不于其躳（躳），于其鄰，往无咎。”

《帛易·渙》：“六三，渙其躳（躳），无咎。”

《阜易·蒙》：“□有躳（躳）。”

竆與躳

《唐虞》：“竆₌（身躳）不䵍，旻（沒）而弗利竆（躳），仁歆（矣）。”

竆與藭

《一類》：“乾（幹）當歸二分，弓（芎）竆（藭）二分。”

《二類》：“弓（芎）竆（藭）一升，白茝（芷）一升，付（附）子卅果（顆）。”

《木牘》：“弓（芎）竆（藭）一升，付（附）子卅果（顆）。”

竆與仁

《性自》：“誓（慎），㤖（仁）之方也，肰（然）而其怂（過）不亞（惡）。”按，上博簡本《性情論》㤖（仁）作竆。“竆”字從白於藍《〈上海博物館藏戰國楚竹書（一）〉釋注商榷》（《華南師範大學學報》2002年5期）釋。

售與雔

《仲弓》：“售（雔）也從於剸（宰）夫之後，售（雔）也憧愚，忑（恐）怡（貽）虐（吾）子愳（羞）。”

《仲弓》：“孔₌（孔子）曰：‘售（雔），〼。’”

《仲弓》：“售（雔）也不悔（敏），唯（雖）又（有）臤（賢）才，弗智（知）嬰（舉）也。”

《仲弓》：“售（雔），女（汝）智（知）者（諸）？”

《仲弓》：“中（仲）弓畣（答）曰：‘售（雔）也弗昏（聞）也。’”

《仲弓》：“孔₌（孔子）曰：‘售（雔），古₌（古之）事君者以忠與敬，唯（雖）其慗（難）也，女（汝）隹（惟）以〼。’”

遭與擁

《鮑叔牙》：“公身爲亡（無）道，遭（擁）芋（華）佣（孟）子以馳於倪（郳）者（都）。”按，“遭（擁）”字從趙平安《“進芋明（從人）子以馳於倪廷”解》（簡帛網，2006年3月31日）釋讀。

雝與壅

《三德》："母（毋）雝（壅）川，母（毋）剆（斷）阬（岡）。"

雝與壅

《秦律·田律》："春二月，毋敢伐材木山林及雝（壅）隄水。"

《六分》："大臣主，命曰雝（壅）塞。"

《亡論》："五曰左右比周以雝（壅）塞。"

《亡論》："三雝（壅）：内立（位）朕（勝）胃（謂）之塞，外立（位）朕（勝）胃（謂）之僨（拂），外内皆朕（勝）則君孤直（特）。"

《亡論》："此胃（謂）一雝（壅）。"

《亡論》："此胃（謂）二雝（壅）。"

《溝癢》："以土雝（壅）盎，會毋□，煙能炪（泄）。"

《月令》："完隄防，謹雝（壅）塞〼。"

《三十時》："可發粱（梁）通水，不可雝（壅）名川。"

《五令》："毋雝=塞=川=澤=（壅塞川澤。壅塞川澤），發令者有咎，民多腸（瘍）疾。"

雝與癰

《木牘》："治人卒（猝）雝（癰）方。"

《木牘》："冶赤石脂以寒水和塗雝（癰）上，以愈爲故，良。"

雝與臃

《一類》："身扁（遍）雝（臃）種（腫）上下左右〼。"

《二類》："薄以塗其雝（臃）者上，空者遺之，中央大如錢。"

《木牘》："治痹手足雝（臃）種（腫）方。"

雝與窮

《成王》："白（伯）𡰥（夷）、雪（叔）齊戗（餓）而死於雝（窮）瀆，不辱其身。"

按，"雝（窮）"字從孟蓬生在復旦吉大古文字專業研究生聯合讀書會《上博八〈成王既邦〉校讀》（復旦大學出土文獻與古文字研究中心網，2011年7月17日）一文下跟帖讀。

壅與甕

《隨日·始種》："盛新瓦壅（甕）中，臧（藏）燥地，到正月敉取其息最。"

壅與癰

《脈法》："用砭（砭）啟脈（脈）者必如式，壅（癰）穜（腫）有膿（膿）。"

廱與雝

《有司》："廱（雝）正執一匕以從，廱（雝）府執二匕以從。"

《有司》："廱（雝）人合執二俎，陳于羊俎西，并（並），皆西宿（縮）。"

《有司》："廱（雝）人授次賓疎（疏）匕與俎，受于鼎西。"

廱與壅

《亡論》："從中外周，此胃（謂）重廱（壅），外内爲一，國乃更。"

《亡論》："此胃（謂）三廱（壅）。"

《大成》："大（太）上執（藝）遇，廱（壅）坡（彼）玉竇。"

廱與甕

《養生方》："取守宮置新廱（甕）中，而置丹廱（甕）中，令守宮食之。"

廱與癰

《文摯》："是以内實外平，痤瘻弗處，廱（癰）壹（噎）不生，此道之至也。"

癰與雝

《戰國一六》："有鄭地，得垣癰（雝），决熒澤，大粱（梁）必亡。"

《繫年九》："猷求強君，乃命左行瘦（蔑）牙（與）隆（隨）會卲（召）壤（襄）公之弟癰（雝）也于秦。"

《繫年十》："秦康公衛（率）自（師）以邍（送）癰（雝）子，晉人记（起）自（師），敗之于㺇（堇）缶（陰）。"

甕與甕

《周病方》："令可下免甕（甕），𠃌下免繘甕（甕），左操杯，鯖甕（甕）水。

雝與雝

《繫年二一》："王命莫囂（敖）昜（陽）爲衛（率），自（師）以定公室，城黃沱（池），城雝（雝）丘。"

𤛺與𤛺

《十陣》："前列若𤛺（𤛺），後列若貍，三☐。"

陽部第二四

兵字聲系

兵與雱

《邶風》："雨雪其兵（雱）。"

丙字聲系

怲與更

《子產》："絢（怠）紟（慢）緷（懈）思（緩），怲（更）則任之，善則爲人，勛（黽）勉救善。"

怲與病

《鄭子甲》："以邦之怲（病），以急（及）於含（今）。"按，"怲（病）"字從陳偉《〈鄭子家喪〉初讀》（簡帛網，2008 年 12 月 31 日）、復旦大學出土文獻與古文字研究中心研究生讀書會《〈上博七・鄭子家喪〉校讀》（復旦大學出土文獻與古文字研究中心網，2008 年 12 月 31 日）讀，下一例同。

《鄭子乙》："以邦之怲（病），以急（及）於含（今）。"

《説命中》："隹（惟）㐾（衣）蔵（載）怲（病）。"

怲與猛

《從政》："獄則興，愄（威）則民不道，滷（嚴）則遂（失）眾，怲（猛）則無新（親），罰則民逃，好〼則民乍（作）瞾（亂）。"按，"怲（猛）"字從陳劍《上博簡〈子羔〉、〈從政〉篇的竹簡拼合與編連問題小議》（簡帛研究網，2003 年 1 月 8 日）讀。

怲與皿

《從政》："獄則興，愄（威）則民不道，滷（嚴）則遂（失）眾，怲（猛）則無新（親），罰則民逃，好〼則民乍（作）瞾（亂）。"按，上博簡《季康子問於孔子》怲作皿。

柄與枋

《特牲》："尊兩壺于作（阼）階東，加勺，南柄（枋），西方亦如之。"

《少牢》："朼（匕）皆加于鼎，東柄（枋）。"

柄與永

《衛風》："□未（寐）吾（寤）言，柄（永）矢弗諼（諼）。"

《衛風》："□□吾（寤）宿，柄（永）矢弗告。"

《衛風》："非（匪）報也，柄（永）以爲好□。"

《衛風》："非（匪）報也，柄（永）以爲好□。"

《衛風》："非（匪）報也，柄（永）以爲□□。"

梱與更

《三德》："梱（更）旦母（毋）哭，㲈（晦）母（毋）訶（歌），（弦）望齊（齋）宿（素），是胃（謂）川（順）天之祟（常）。"按，"梱（更）"字從程少軒《讀北大簡〈周訓〉首簡小札》（復旦大學出土文獻與古文字研究中心網，2010 年 7 月 26 日）讀。

猷與孟

《老子》甲："蟲（蜎）蠆＝（蠆虺）它（蛇）弗蓋，攫鳥猷獸弗哺（搏）。"按，帛書乙本猷作孟。

猷與猛

《老子》甲："蟲（蜎）蠆＝（蠆虺）它（蛇）

弗蚤，攫鳥猷獸弗哺（搏）。”按，今本猷作猛。

瘛與病

《筮法一》：“六麈（虛），其瘛（病）哭死。”

方字聲系

方與妨

《啻門》：“既（氣）戚（促）乃老，既（氣）緩（徐）乃猷，既（氣）逆矙（亂）以方（妨），是其爲疾央（殃）。”

《帛甲老子·道經》：“難得之價（貨）使人之行方（妨）。”

《雌雄節》：“凡人好用雄節，是胃（謂）方（妨）生。”

《稱》：“疑（擬）則相傷，雜則相方（妨）。”按，“方”當讀作“妨”。

《北大老子》：“五色令人目眊（盲），毆（驅）騁田獵令人心發狂，難得之貨令人行方（妨）。”

方與防

《弟子問》：“☐遼（就）人，不曲其方（防）以迲（去）人。”

《戰國一七》：“趙取濟西，以方（防）河東，燕趙共相，二國爲一。”

《牝痔》：“冶麋（蘼）蕪本、方（防）風、烏家（喙）、桂皆等。”

《養生方》：“□□、方（防）風、□三等，界（芥）當三物，冶”

《養生方》：“非（蜚）廉（蠊）、方（防）葵、石韋、桔梗、茈（紫）威各一小束。”

《養生方》：“石韋、方（防）風、伏（茯）兔（菟）各□，陰乾。”

《一類》：“術、方（防）風、細辛、姜、桂、付（附）子、蜀椒、桔梗，凡八物。”

《二類》：“人參、方（防）風、細辛各一兩。”

《木牘》：“牛膝、續斷、方（防）風。”

《木牘》：“方（防）风半斤，百。”

方與房

《日乙·九月》：“方（房），取婦、家（嫁）女、出入貨，吉。”

方與放

《見威王》：“舜擊讙收（兜），方（放）之宗（崇）；擊歸（鯀），方（放）之羽；殽（擊）三苗，方（放）之危。”

《啻門》：“型（刑）情（清）以不方（放），此胃（謂）㚇（美）型₌（刑；刑）𡣕（褻）以亡（無）祟（常），此胃（謂）亞（惡）型（刑）。”按，“方（放）”字從王寧《讀〈湯在啻門〉散札》（復旦大學出土文獻與古文字研究中心網，2015年5月6日）讀。

《管仲》：“忎（恐）辠（罪）之不堨（竭）而型（刑）之方（放），肙（怨）亦未逮（濟），邦以卒喪。”

《管仲》：“受命唯（雖）絧（約），出外必張，晨（蠢）童（動）遖（謹）畏，叚（假）龍（寵）以方（放）。”

方與肪

《諸傷》：“金傷者，以方（肪）膏、烏家（喙）□□，皆相□煎，鉈（施）之。”

方與祊

《程寤》：“敝（幣）告宗方（祊）杢（社）禝（稷），忻（祈）于六末山川，攻于商神，䁈（望）承（烝），占于明堂。”

方與紡

《妄稽》：“畸（奇）繡倚（綺）文（紋），雍錦蔡方（紡）。”

方與舫

《北蒼·陽》：“伊雒（洛）涇渭，維楫舩方（舫）。”

方與旁

《老子》甲：“萬勿（物）方复（作），居

以寡（顧）復也。”按，帛書本方作旁。

《蘭賦》：“備垈（修）庶戒，方（旁）時（時）安（焉）乍（作）。”

《皇門》：“廼方（旁）救（求）巽（選）睪（擇）元武聖夫，羞（羞）于王所。”

《祭公》：“隹（惟）我後嗣，方建宗子，不（丕）隹（惟）周之䧙（厚）荓（屏）。”按，今本《逸周書·祭公》方作旁。

《繫年四》：“方（旁）埶（設）出宗子，以乍（作）周厚嗙（屏）。”

《繫辭》：“方（旁）行不遺，樂天知命，故不憂。”

《官一》：“□□陳臨用方（旁）翼，氾戰接厝（錯）用喙逢。”按，“方（旁）”字從張震澤《孫臏兵法校理》（中華書局，1984年，110頁）讀。

《十陣》：“枋（方）陳（陣）之法，必薄（薄）中厚方（旁），居陳（陣）在後。”

《十陣》：“進則必遂，退則不戚（蹙），方（旁）戚（蹙）從流，以適（敵）之人爲召（的）。”

方與傍

《月戰》：“无方（傍）而戰者，小勝，以付（附）磿（歷）者也。”按，“方（傍）”字從張震澤《孫臏兵法校理》（中華書局，1984年，63頁）讀。

方與謗

《鮑叔牙》：“近臣不訐（諫），遠者不方（謗），則攸（修）者（諸）向（鄉）里。”按，“方（謗）”字從季旭昇《上博五芻議（上）》（簡帛網，2006年2月18日）讀。

方與並

《老子》甲：“萬勿（物）方乍（作），居以寡（顧）復也。”按，今本方作並。

方與秉

《慎子》：“均分天〈而〉生（廣）貤（施），時（持）悳（德）而方（秉）義。”按，“方（秉）”字從范常喜《讀〈上博六〉劄記六則》（簡帛網，2007年7月20日）讀。

《葆敀》：“君方（秉）明悳（德）而誅之，殺一夫而利天☐。”

《葆敀》：“我方（秉）明悳（德）而受之，其不可何也？”

仿與妨

《帛乙老子·道經》：“難得之貨使人之行仿（妨）。”

仿與防

《帛易·小過》：“九三，弗過仿（防）之，從或臧（戕）之，凶。”

仿與旁

《窮達》：“穿（窮）達以旹（時）時，悳（德）行弌（一）也；譽皇（毀）才（在）仿（旁），聖（聽）之弋（任）之。”

妨與芳

《妄稽》：“夫（芙）容（蓉）江離，蘭岔〈茖〉熏（薰）妨（芳）。”

妨與防

《晏子一》：“以刑罰自妨（防）者，勸乎爲非。”

坊與防

《晏子九》：“養民不苛，而坊（防）之以刑。”

坊與彷

《神烏賦》：“眾鳥皆昌，執（蟄）虫（蟲）坊（彷）皇（徨）。”

汸與放

《見威王》：“湯汸（放）桀，武王伐紂。”

汸與滂

《琴舞》：“五啟曰：於（嗚）虐（呼）！天多降悳（德），汸=（滂滂）才（在）下。”

芳與妨

《文摯》：“毋（無）芳（妨）也。”

芳與享

《帛易·損》："嵩（曷）之用，二巧（簋），可用芳（享）。"

《帛易·困》："九二，困于酒食，絑（朱）發（紱）方來，利用芳（享）祀。正（征）凶，无咎。"

《帛易·困》："九五，貳（鼿）椽（瓱），困于赤發（紱），乃徐有說。利用芳（享）祀。"

《帛易·隨》："尚（上）九〈六〉，枸（拘）係之，乃從巂（維）之，王用芳（享）于西山。"

《帛易·大有》："九三，公用芳（享）于天子，小人弗克。"

《帛易·益》："王用芳（享）于帝，吉。"

迈與方

《耆夜》："康藥（樂）而毋（毋）忘（荒），是（寔）隹（惟）良士之迈₌（方方）。"

防與妨

《月令》："毋作大事，以防（妨）農事。"

《月令》："謂興兵正（征）伐，以防（妨）農事者也，盡夏。"

邡與方

《繫年十八》："執郐（徐）公，述（遂）以伐郐（徐），克澫（賴）、邾（朱）邡（方）。"

房與防

《養生方》："滿（門）冬、莯（朮）、房（防）風，各冶之等，并之▨。"

房與旁

《合陰陽》："出捾（腕）陽，揗村（肘）房（旁），抵夜（腋）旁，上竈綱。"按，"房（旁）"字從周一謀、蕭佐桃《馬王堆醫書考注》（天津科學技術出版社，1988年，399頁）讀。

枋與方

《亙先》："先又（有）园（圓），安又（有）枋（方）。"

《十陣》："有枋（方）陳（陣），有員（圓）陳（陣）。"

《十陣》："枋（方）陳（陣）者，所以剸也。"

《十陣》："枋（方）陳（陣）之法，必醇（薄）中厚方（旁），居陳（陣）在後。"

《十陣》："鉤行之陳（陣），前列必枋（方），左右之和必鉤。"

《安稽》："虞士枋（方）醜（恥），色若庛（紫）英。"

枋與柄

《日甲·詰》："以莎芾（茇）、牡棘枋（柄），熱（爇）以寺（待）之，則不來矣。"

《論》："執六枋（柄）以令天下，審三名以爲萬事□。"

《論》："六枋（柄）。"

《論》："六枋（柄）備則王矣。"

《庫法》："長斧、連棰、長椎，枋（柄）七尺。"

《庫法》："長鉞、長木杸，枋（柄）八尺。"

放與方

《道法》："貴賤之恒立（位），賢不宵（肖）不相放（方）。"按，"放（方）"字從錢玄《帛書〈老子〉乙本卷前古佚書釋文補正》（《語言研究集刊》第一輯，江蘇教育出版社，1986年）讀。

《邶風》："就其深誒（矣），放（方）之州（舟）之。"

放與芳

《天下至道》："竰（踵）以玉泉，食以粉（芬）放（芳）。"

放與妨

《周馴》："不₌達₌（不達，不達）則氣₌不₌治₌（氣不治，氣不治）則放（妨）於壽。"

忞與怲

《詩論》："《黃鳥》，則困天〈而〉谷（欲）反其古（故）也，多恥者其忞（怲）之䖒（乎）？"按，"忞（怲）"字從姚小鷗《〈孔子詩論〉第九簡黃鳥句的釋文與考釋》（《北方論叢》2002年4期）等讀。

忞與謗

《王居》："蛊材以爲獻，或（又）不能節啓（處）所以辠（罪）人，然以誋（讒）言相忞（謗）。"

疠與病

《老子》甲："貴（得）與貢（亡）管（孰）疠？"按，今本和帛書甲本疠作病。

《柬大王》："龜尹智（知）王之庶（炙）於日而疠（病）。"

《柬大王》："膂尹智（知）王之疠（病），乘龜尹速卜。"

《柬大王》："不𣪠（穀）㾓甚疠（病），聚（驟）夢高山深溪。"

《柬大王》："王曰：'女（如）㬎（吝），速祭之，虐（吾）㾓㾐（益）疠（病）。'"

《柬大王》："夫帝＝（上帝）䰠（鬼）神高明甚，牆（將）必智（知）之。君王之疠（病）牆（將）從含（今）日以已。"

《嗇門》："记（起）事亡（無）穫，疠（病）民亡（無）古（故），此胃（謂）亞（惡）事。"

痣與病

《三德》："身虘（且）有痣（病），亞（惡）盉（羹）與飤（食）。"

紡與方

《語叢三》："晉（友），君臣之衍（道）也。長弟，孝之紡（方）也。"

貥與病

《子儀》："既敗於䖒（殽），忎（恐）民之大貥（病）。"按，"貥（病）"字從清華大學出土文獻讀書會《清華六整理報告補正》（清華大學出土文獻研究與保護中心網，2016年4月16日）引馬楠説讀。

飭與芳

《湯丘》："又（有）郗（莘）之女飤（食）之，䌛（絕）飭（芳）旨以飿（滑）。"

旁與膀

《木牘》："□丹下常悤（痛），溫溫下溜旁（膀）急。"

《木牘》："時腹中悤（痛），下弱（溺）旁（膀）光（胱）。"

旁與謗

《治官》："毋非（誹）旁（謗）人。"

《治官》："一曰忠信敬上，二曰精廉无旁（謗），三曰舉吏審當，四曰喜爲善行，五曰韓（恭）敬多壤（讓）。"

旁與方

《日乙·楚除》："成外陽之日，利以祭、之四旁（方）野外。"

旁與房

《癩》："陰乾之旁（房）逢（蜂）卵，以布裹□□。"

旁與並

《帛甲老子·道經》："萬物旁（並）作，吾以觀其復也。"

《帛乙老子·道經》："萬物旁（並）作，吾以觀其復也。"

滂與彭

《陰陽脈甲》："心滂（彭）滂（彭）如痛，缺盆痛。"按，"滂（彭）"字從馬繼興《馬王堆古醫書考釋》（湖南科學技術出版社，1992年，269頁）讀。下同。

《陰陽脈乙》："心滂（彭）滂（彭）[如]甬（痛），缺汾（盆）甬（痛）。"

蒡與旁

《祭公》："不（丕）隹（惟）周之蒡（旁），

不（丕）佳（惟）句（后）禝（稷）之受命是羕（永）叾（厚）。”

蹺與旁

《日乙・□祠》：“戊辰不可祠道蹺（旁），道蹺（旁）以死。”

匚字聲系

匳與鈁

《封許》：“贈尔廌（薦）彝：斸□豚、𨥮（銚），龍鎜（鬲）、𢇍（璉）、雚（鑵）、鉦（𨮒）、斧、丂（爵）、盤、監（鑑）、鏤（罍）、䀝（鐙）、周（雕）匳（鈁）、肅、盬（簋）、鈳（觵）、鎦（䚻）、恪（格）。”《説文》：“鈁，方鐘也。”朱駿聲《説文通訓定聲》：“鐘當爲鍾，酒器之方者。”

秉字聲系

秉與柄

《日甲・詰》：“以棘椎桃秉（柄）以䛰（敲）其心，則不來。”

秉與寎

《楚帛書》丙：“秉（寎）司春。”

棅與柄

《兵情》：“弩張棅（柄）不正，偏強偏若而不和，其兩洋之送矢也不壹。”

彭字聲系

彭與滂

《祝辭》：“又（有）上㐬₌（茫茫），又（有）下堂₌（湯湯），司湍彭₌（滂滂），句（侯）兹某也癹（發）陽（揚）。”

亡字聲系

亡與妄

《啻門》：“悳（德）𠭥（變）亟執譌以亡（妄）成，此胃（謂）亞（惡）悳（德），唯（雖）成或（又）澀（瀆）。”按，“亡”似當讀作“妄”。《説文》：“妄，亂也。”

《子產》：“乃歠（禁）辛道、敓（爽）語，虛言、亡（妄）實（諼）。”按，“亡”似當讀作“妄”。

《阜易・无妄》：“无亡（妄），元亨。”

《阜易・无妄》：“初九，無亡（妄）。”

亡與忘

《五行》：“智之思也倀₌（長，長）則得₌（得，得）則不₌亡₌（不忘，不忘）則明₌（明，明）則見₌臤₌人₌（見賢人，見賢人）則玉₌色₌（玉色，玉色）則型₌（形，形）則智。”

《五行》：“聖之思也䡖₌（輕，輕）則型₌（形，形）則不₌亡₌（不忘，不忘）則聦₌（聰，聰）則昚₌君₌子₌道₌（聞君子道，聞君子道）則玉₌音₌（玉音，玉音）則型₌（形，形）則聖。”

《治官》：“毋弃親戚，【恭】敬毋亡（忘），毋喜細説，毋犯大事。”

亡與罔

《皇門》：“自釐（𥂕）臣至于又（有）貧（分）私子，句（苟）克又（有）𥧈（諒），亡（罔）不𦌀達，獻言才（在）王所。”按，今本《逸周書・皇門》亡作罔。下一例同。

《皇門》：“百眚（姓）萬民，用亡（罔）不脜（柔）比才（在）王廷。”

《帛易・大壯》：“九二，貞吉。九三，小人用壯，君子用亡（罔），貞厲。羝羊觸藩，羸其角。”

亡與荒

《命訓》：“均一不和，哀至則貴（匱），樂繡（伸）則亡（荒）。”

亡與明

《尊德義》：“亡（明）悳（德）者，虘（且）莫大虐（乎）豊（禮）樂。”按，“亡（明）”字從陳偉《郭店竹書別釋》（湖北教育出版社，2002年，161頁）讀。

《別卦》："亯₌（明夷）。"

亡與毋

《語叢三》："亡（毋）音（意），亡（毋）古（固），亡（毋）義（我），亡（毋）必。"按，"亡（毋）"字從裘按（《郭店楚墓竹簡·語叢三》篇注［一三］）讀。

亡與喪

《帛易·既濟》："六二，婦亡（喪）其發（茀），勿遂〈逐〉，七日得。"

《帛易·井》："井，茝（改）邑不茝（改）井，无亡（喪）无得，往來井井。"

《帛易·震》："辰（震）敬（驚）百里，不亡（喪）釶（匕）觴（鬯）。"

《帛易·震》："六二，辰（震）來厲，意（億）亡（喪）貝，齍（躋）于九陵。勿遂〈逐〉，七日得。"

《帛易·震》："六五，辰（震）往來厲，意（億）无亡（喪），有事。"

《帛易·大壯》："六五，亡（喪）羊于易，无悔。"

《帛易·坤》："西南得朋，東北亡（喪）朋，安貞吉。"

《帛易·旅》："尚（上）九，鳥棼（焚）其巢，旅人先芺（笑）後摅（號）桃（咷）。亡（喪）牛于易，兇（凶）。"

《帛易·睽》："初九，悔亡。亡（喪）馬勿遂〈逐〉，自復。見亞（惡）人，无咎。"

《帛易·巽》："尚（上）九，筭（巽）在牀下，亡（喪）其溍（資）斧，貞凶。"

亡與無

《楚帛書》乙："寺（時）雨進退，亡（無）又（有）尚（常）亙（恆）。"

《尊德義》："爲邦而不以豊（禮），猷（猶）戻之亡（無）䍃也。"

《詩論》："《雨亡（無）正》、《即（節）南山》，皆言上之衰也，王公恥之。"

《詩論》："《宛（宛）丘》曰：'訇（洵）又（有）情，而亡（無）望。'虗（吾）善之。"

《子羔》："使亡（無）又（有）少（小）大、忈（絕）寵（饒），使膚（皆）得其社稷百眚（姓）而奉守之。"

《仲弓》："山又（有）堋（崩），川又（有）滐（竭），昌₌（日月）星唇（辰）猷（猶）差，民亡（無）不又（有）怂（過）。"

《仲弓》："宜尖₌（小人）之至者，季（教）而使之，孯₌（君子）亡（無）所猒（厭）人。"

《競公瘧》："公瘖（疥）虘（且）瘧（瘧），叡（逾）戢（歲）不巳，是虗（吾）亡（無）良祝、史也。"

《競公瘧》："是信虗（吾）亡（無）良祝、史，公盍致（誅）之。"

《競公瘧》："禮（詛）爲亡（無）敭（傷），祝亦亡（無）嗌（益）。"

《季桓子》："品勿（物）備矣，而亡（無）成惪（德）☐。"

《季桓子》："𫋲又（有）此佫（貌）也，而亡（無）以合者（諸）此矣（矣）。"

《季桓子》："上唯逃，智（知）亡（無）不𤔲（亂）矣。"

《莊王》："臧（莊）王既成亡（無）鎛〈鐸（射）〉。"

《鄭壽》："畣（答）：'女（如）毀新都𢦏陸（陵）、臨昜（陽），殺左尹𩜱（宛）、少帀（師）亡（無）悬（忌）。'"

《用曰》："☐人亡（無）彣（文），言台（以）爲章。"按，"亡（無）"字從何有祖《讀〈上博六〉劄記》（簡帛網，2007年7月9日）讀。

《用曰》："亡（無）咎隹（惟）浧（盈）。"

《君人甲》："民又（有）不能也，䰟（鬼）亡（無）不能也。"
《君人乙》："民又（有）不能也，䰟（鬼）亡（無）不能也。"
《凡物甲》："其來亡（無）厇（度），虗（吾）系（奚）旹（志）之？"
《凡物甲》："是古（故）又（有）䶒（一），天下亡（無）不又（有）；亡（無）䶒（一），天下亦亡（無）䶒（一）又（有）。"
《凡物甲》："亡（無）□而智（知）名，亡（無）耳而䎽（聞）聖（聲）。"
《凡物甲》："挶（握）之不浧（盈）挶（握），尃（敷）之亡（無）所㕯（容）。"
《凡物乙》："其來亡（無）厇（度）☒。"
《凡物乙》："挶（握）之不浧（盈）挶（握），尃（敷）之亡（無）所㕯（容）。"
《命》："君王竆（窮）亡（無）人，命虗（吾）爲楚邦。"
《王居》："虗（吾）安尔（爾）而埶（設）尔₌（爾，爾）亡（無）以㪔（勴）枉（匡）正我。"
《有皇》："亡（無）郙又（有）風含可（兮），同郙異心含可（兮）。"
《靈王》："爲之惹（怒）：'舉（舉）邦𦘔（盡）隻（獲），女（汝）獨亡（無）得。'"
《邦人》："☒亡（無）名安（焉），是古（故）弗智（知）也。"按，"亡（無）"字從易泉在海天遊蹤《邦人不稱札記》（簡帛網"簡帛論壇"，2013年1月5日）一文下跟帖讀。
《史留》："史留𡚶（曰）：'留也，古（故）齊邦𢼸（敝）吏之子也，亡（無）女（如）愭（圖）也。'"
《卜書》："若卜貞邦，三族句（椇）旨（枳）而惕（逖），三末唯（雖）敗，亡（無）大咎，又（有）吝于外。"
《卜書》："女（如）三末唯（雖）吉，三族是卒（萃），亦亡（無）大咎，又（有）吝於内。"
《文王》："三年不生粟，五年亡（無）凍□者，此□民之道也。"
《保訓》："㣲（微）亡（無）𡨦（害），迺（乃）追（歸）中于河。"
《金縢》："周公乃告二公曰：'我之□□□□亡（無）以復見於先王。'"
《皇門》："弗畏不恙（祥），不肯惠聖（聽）亡（無）辠（罪）之詞（辭），乃隹（惟）不訓（順）是綌（治）。"
《皇門》："我王訪良言於是人，斯乃非休悳（德）以𢙢（應），乃隹（維）乍（詐）區（詬）以盒（答），卑（俾）王之亡（無）依亡（無）𦔻（助）。"
《皇門》："𡚁（媢）夫又（有）埶（邇）亡（無）遠，乃𢍁（掩）盍（蓋）善₌夫₌（善夫，善夫）莫達才（在）王所。"
《皇門》："正（政）用迷𤔲（亂），獄用亡（無）成。"
《皇門》："少（小）民用𠷎（禱）亡（無）用祀（祠）。"
《祭公》："藍（鑑）于夏商之既敗，不（丕）則亡遺後，至于萬啻〖₌〗（億）年〖₌〗，參舒（敘）之。"按，今本《逸周書·祭公》亡作無。
《繫年十一》："穆王即殜（世），臧（莊）王即立（位），使孫（申）白（伯）亡（無）愄（畏）𦖞（聘）于齊。"
《繫年十一》："叚（假）洛（路）於宋₌（宋，宋）人是古（故）殺孫（申）白（伯）亡（無）愄（畏），敓（奪）其玉帛。"
《繫年十五》："少帀（師）亡（無）㥶（極）詨（讒）連尹頟（奢）而殺之，其子五（伍）員與五（伍）之雞逃歸吳。"
《芮良夫》："此心目亡（無）亟（極），福

（偪）而亡（無）況（厓）。”
《芮良夫》：“母（毋）自縱（縱）于逸，以囂（傲）不惜（圖），懟（悍）弁（變）改祟（常），絉（疢）而亡（無）又（有）絽（紀）紌（綱）。”
《芮良夫》：“二啟曰：天猷畏矣，豫（舍）命亡（無）成。”
《芮良夫》：“反₌（板板）其亡（無）成，甬（用）生（皇）可畏。”
《芮良夫》：“民亦又（有）言曰：‘悔（謀）亡（無）少（小）大，而器不再利，屯可與忨，而鮮可與惟。’”
《芮良夫》：“亡（無）父母能生，亡（無）君不能生。”
《赤鵠》：“紝巟受少（小）臣而嘗之，乃卲（超）然四巟（荒）之外，亡（無）不見也；少（小）臣受其余（餘）而嘗之，亦卲（超）然四晦（海）之外，亡（無）不見也。”
《命訓》：“夫民生而佴（恥）不明，走（上）以明之，能亡（無）佴（恥）嘘（乎）？”
《命訓》：“達道₌（道道）天以正₌人₌（正人。正人）莫女（如）又（有）亟（極），道天莫女（如）亡（無）亟（極）。”
《命訓》：“道天又（有）亟（極）則不₌禐₌（不威，不威）則不卲（昭），正人亡（無）亟（極）則不₌㖃₌（不信，不信）則不行。”
《命訓》：“亟（極）罰則民多₌虘₌（多詐，多詐）則不₌忠₌（不忠，不忠）則亡（無）復。”
《湯丘》：“型（刑）亡（無）卣（攸）恋（赦），民人皆紑（慬）禺（虞）瑟₌（瑟瑟），夏王不得其惜（圖）。”
《啻門》：“女（如）亡（無）又（有）良言清（情）至於今。”
《啻門》：“记（起）事亡（無）穫，疠（病）民亡（無）古（故），此胃（謂）亞（惡）事。”
《啻門》：“正（政）兼（濫）𤔲（亂）以亡（無）祟（常），民咸解體自卹（恤），此胃（謂）亞（惡）正（政）。”
《啻門》：“型（刑）情（清）以不方（放），此胃（謂）屶（美）型₌（刑；刑）𥪡（褻）以亡（無）祟（常），此胃（謂）亞（惡）型（刑）。”
《三壽》：“虐（吾）聒（聞）夫𨸏（險）非（必）矛返（及）干，肩（厭）非（必）福（富），亞（惡）非（必）亡（無）飤（食）。”
《三壽》：“高文成且（祖），敢聒（問）疋（胥）民古（胡）曰昜（揚？揚）則𢙇（悍）遠（佚）亡（無）祟（常）。”
《管仲》：“心亡（無）惜（圖）則目、耳豫，心惜（圖）亡（無）獸（守）則言不道。”
《管仲》：“及句（后）辛之身，其童（動）亡（無）豊（禮），其言亡（無）宜（義）。”
《鄭甲》：“君之亡（無）聒（問）也，則亦亡（無）聒（聞）也。”
《鄭甲》：“君之亡（無）出也，則亦亡（無）內（入）也。”
《鄭乙》：“君之亡（無）聒（問）也，則亦亡（無）聒（聞）也。”
《鄭乙》：“君之亡（無）出【也】，則亦亡（無）內（入）也。”
《日甲·詰》：“鬼入人宮室，勿（忽）見而亡，亡（無）已。”

亡與无

《周易·蒙》：“六厽（三）：勿用取女；見金夫，不又（有）躳（躬），亡（无）卣（攸）利。”
《周易·需》：“初九：㲻（需）于蒚（郊），利用亙（恆），亡（无）咎。”
《周易·訟》：“六厽（三）：飤（食）舊悳（德），貞厲，終吉；或從王事，亡（无）

成。”
《周易·師》：“帀（師）：貞，丈人吉，亡（无）咎。”
《周易·師》：“六四：帀（師）左宋（次），亡（无）咎。”
《周易·師》：“六五：畋（田）又（有）禽，利執言，亡（无）咎。長子�（帥）帀（師），弟子舉（輿）死（尸），貞凶。”
《周易·比》：“比：备（原）筮，元羕（永）貞，吉，亡（无）咎。不寍（寧）方來，後夫凶。”
《周易·比》：“初六：又（有）孚比之，亡（无）咎。又（有）孚浧（盈）缶，終來又（有）它吉。”
《周易·比》：“六四：外跛（比）之，亡（无）不利。”
《周易·比》：“上六：比亡（无）首，凶。”
《周易·大有》：“☐亡（无）咎。”
《周易·大有》：“上九：自天右（祐）之，吉亡（无）不利。”
《周易·謙》：“六五：不讆（富）以其𨛜（鄰），利用戠（侵）伐，亡（无）不利。”
《周易·隨》：“陸（隨）：元卿（亨）利貞，亡（无）咎。”
《周易·蠱》：“初六：榦（幹）父之蠱，又（有）子，攷（考）亡（无）咎，厲終吉。”
《周易·復》：“☐辜（敦）復，亡（无）悔（悔）。”
《周易·无妄》：“亡（无）忘（妄）：元卿（亨）利貞。其非（匪）復又（有）禂（眚），不利又（有）卣（攸）往。”
《周易·无妄》：“初九：亡（无）忘（妄），吉。”
《周易·无妄》：“九四：可貞，亡（无）咎。”
《周易·无妄》：“九五：亡（无）忘（妄）又（有）疾，勿藥又（有）菜（喜）。”
《周易·无妄》：“上九：亡（无）忘（妄），行又禂（眚），亡（无）卣（攸）利。”
《周易·頤》：“六厽（三）：𢁅（拂）頤，貞凶，十年勿用，亡（无）卣（攸）利。”
《周易·頤》：“六四：遉（顛）頤，吉，虎視䚡＝（眈眈），其猷（欲）攸＝（逐逐），亡（无）咎。”
《周易·咸》：“九四：貞吉亡（无）悔（悔），僮（憧）☐志。”
《周易·咸》：“九五：欽（咸）其拇（脢），亡（无）悔（悔）。”
《周易·恆》：“亙（恆）卿（亨），利貞，亡（无）咎。”
《周易·恆》：“初六：叡（浚）亙（恆），貞凶。亡（无）卣（攸）利。”
《周易·恆》：“九四：畋（田）亡（无）禽。”
《周易·遯》：“上九：肥豚（遯），亡（无）不利。”
《周易·睽》：“初九：悔（悔）芒＝（亡，亡）馬勿由（逐），自復。見亞（惡）人，亡（无）咎。”
《周易·睽》：“九二：遇宔（主）于衖（巷），亡（无）咎。”
《周易·睽》：“六厽（三）：見車（輿）遏（曳），其牛放（掣），其人天虘（且）劓，亡（无）初又（有）終。”
《周易·睽》：“九四：楑（睽）佤（孤），遇元夫，交孚，厲亡（无）咎。”
《周易·解》：“繲（解）：利西南，亡（无）所往，其來復，吉。又（有）卣（攸）往，宿（夙）吉。”
《周易·解》：“初六：亡（无）咎。”
《周易·夬》：“九厽（三）：藏（壯）于頄，又（有）凶。君子夬＝（夬夬），蜀（獨）行遇雨，女（如）雺又（有）厲，亡（无）咎。”
《周易·夬》：“九四：詠（臀）亡（无）

肤（膚），其行緁（次）疋（且）。芒（亡）羊悔（悔）亡，聒（聞）言不終。”

《周易·夬》：“九五：莧苂（陸）夬₌（夬夬），中行亡（无）咎。”

《周易·姤》：“九二：橐又（有）魚，亡（无）咎，不利穹（賓）。”

《周易·姤》：“九厽（三）：誫（臀）亡（无）肤（膚），其行緁（次）疋（且），厲，亡（无）大咎。”

《周易·萃》：“初六：又（有）孚不終，乃嬰（亂）迺（乃）啐（萃），若啓（號），一斛（握）于芺（笑），勿卹（恤），往亡（无）咎。”

《周易·井》：“初六：井替（泥）不飤（食），舊井亡（无）禽。”

《周易·井》：“六四：井鱅（甃），亡（无）咎。”

《周易·革》：“六二：改（巳）日乃革之，征吉，亡（无）咎。”

《周易·豐》：“九厽（三）：豐其芇（沛），日中見芟（沫），折其右拡（肱），亡（无）咎。”

《周易·豐》：“上六：豐其芇（屋），坿（蔀）其家，閨（闚）其床（戶），歖（闃）其亡（无）人，厽（三）戢（歲）不覿，凶。”

《周易·渙》：“六厽（三）：斂（渙）其躳（躬），亡（无）咎。”

《周易·渙》：“九五：斂（渙）其大啓（號），斂（渙）其凥（居），亡（无）咎。”

《別卦》：“寍₌（无妄）。”

亡與舞

《子儀》：“乃張大医於東奇之外，豊（禮）子義（儀），亡（舞）；豊（禮）隓（隋）貨，以贛（贛）。”按，“亡（舞）”字從楊蒙生《讀清華六〈子儀〉筆記五則》（清華大學出土文獻研究與保護中心網，2016年4月16日）讀。

亢與荒

《君人甲》：“民乍而囟（使）之，君王唯（雖）不亢（荒）年（寧），可也。”按，“亢（荒）”字從伊強《〈君人者何必安哉〉劄記一則》（簡帛網，2009年1月11日）讀。下同。

《君人乙》：“民乍而囟（使）之，君王唯（雖）不亢（荒）年（寧），可也。”

㕚與撫

《祝辭》：“引虞（且）言之，童（同）以心，㕚（撫）咢（額），𢒼（射）戎也。”

《祝辭》：“引虞（且）言之，童（同）以目，㕚（撫）咢（額），𢒼（射）禽也。”

《祝辭》：“引虞（且）言之，童（同）以骮，㕚（撫）咢（額），𢒼（射）音（函）也。”

妄與荒

《帛易·泰》：“九二，枹（包）妄（荒），用馮河，不騢（遐）遺，弗忘，得尚于中行。”

㠩與妄

《帛甲老子·道經》：“不知常，㠩（妄），㠩（妄）作，兇（凶）。”

㠩與荒

《王法》：“十月冬衣畢具，无余布人卌尺、余帛人十尺者，親死不得爲㠩（荒）。”按，“㠩（荒）”字從白於藍《銀雀山漢簡校釋》（《考古》2010年12期）讀。

巟與荒

《三德》：“四巟（荒）之内，是帝之闈（關）。”

《三德》：“憙（喜）樂無堇（期）厇（度），是胃（謂）大巟（荒），皇天弗京（諒），必復之以惪（憂）喪。”

《琴舞》：“𤔲（亂）曰：弼（弗）敢巟（荒）

才（在）立（位），龔（恭）畏才（在）上，敬𣈅（顯）才（在）下。”

《琴舞》：“𤔔（亂）曰：佐（遹）舍（余）龏（恭）害怠（怠），孜（孝）敬肥（非）紿（怠）巟（荒）。”

《琴舞》：“弼（弗）敢巟（荒）悳₌（德，德）非墮（惰）帀（思），純隹（惟）敬帀（思），文非敕（陳）帀（思）。”

《芮良夫》：“敬𦮃（哉）君子！恪𦮃（哉）母（毋）巟（荒），畏天之降載（災），衃邦之不㒷（臧）。”

《赤鴼》：“紝巟受少（小）臣而嘗之，乃卲（超）然四巟（荒）之外，亡（無）不見也。”

《子產》：“句（苟）我固善，不我能𤔔（亂），我是巟（荒）怠（怠），民屯𢽳（散）然。”

巟與忘

《唐虞》：“𢜰（愛）𥎿（親）巟（忘）臤（賢），㤅（仁）而未義也。”

巟與茫

《祝辭》：“又（有）上巟₌（茫茫），又（有）下堂₌（湯湯），司湍彭₌（滂滂），句（侯）兹某也𤼷（發）陽（揚）。”

巟與望

《緇衣》：“爲上可䀢（望）而智（知）也，爲下可頪〈𩓚（述）〉而篙（志）也，則君不㤀（疑）其臣₌（臣，臣）不惑於君。”按，上博簡本《緇衣》䀢（望）作㾊（巟）。上博簡之“㾊（巟）”字從施謝捷《説上博簡〈緇衣〉中用爲“望（朢）”、“湯”的字》（“先秦文本與思想國際學術研討會”論文，臺灣大學中文系，2010年8月）釋讀。

巟與惶

《鄭武》：“二三臣吏（事）於邦，巟₌安₌（惶焉，焉）宵（削）昔（錯）器於巽（選）𦵯（藏）之中。”

芒與亡

《緇衣》：“民以君爲心，君以民爲體。心好則體安之，君好則民谷（欲）之。古（故）心以體瀍〈廌（全）〉，君以民芒（亡）。”

《語叢四》：“皮（破）邦芒（亡）𨟭（將），流澤而行。”

《周易·睽》：“初九：𢘓（悔）芒₌（亡，亡）馬勿由（逐），自復。見亞（惡）人，亡（无）咎。”

《周易·夬》：“九四：䘵（臀）亡（无）肤（膚），其行緀（次）疋（且）。芒（亡）羊𢘓（悔）亡，昏（聞）言不終。”

《相宅》：“盍（蓋）西北之遇（寓），芒（亡）倀（長）子。”

《鄭壽》：“前冬言曰邦必芒（亡）我，及含（今）可（何）若？”

《天子甲》：“型（刑）屯用青（情），邦芒（亡）；屯用勿（物），邦芒（亡）。”按，“芒”字原形作“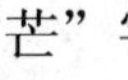”，當釋爲“芒”，讀作“亡”。下三例同。

《天子甲》：“臨成（城）不言毀，觀邦不言芒（亡）。”

《天子乙》：“型（刑）屯用青（情），邦芒（亡）；屯用勿（物），邦芒（亡）。”

《天子乙》：“臨成（城）不言毀，觀邦不言芒（亡）。”

《鄭子甲》：“奠（鄭）子家芒（亡），鄾（邊）人來告。”按，“芒（亡）”字從復旦大學出土文獻與古文字研究中心研究生讀書會《〈上博七·鄭子家喪〉校讀》（復旦大學出土文獻與古文字研究中心網，2008年12月31日）釋讀。下一例同。

《鄭子乙》：“鄭子家芒（亡），鄾（邊）人來告。”

《吳命》：“余必攷芒（亡）尔社禝（稷），以宔（廣）東㴦（海）之表。”按，“芒（亡）”字從復旦大學出土文獻與古文字研究中心研究生讀書會《〈上博七·吳命〉校讀》（復旦大學出土文獻與古文字研究中心網，2008年12月30日）釋讀。

《尹至》：“民沇（率）曰：‘余叏（及）女（汝）皆（偕）芒（亡）。’”

《祭公》：“芒（亡）惛（圖）不智（知）命。”

《祭公》：“女（汝）母（毋）以戾羿（兹）辠辜（辜）芒（亡）寺（時）寏（遠）大邦。”

芒與妄

《語叢四》：“罷（一）言之善，足以終殜（世）；厽（三）殜（世）之福，不足以出芒（妄）。”按，“芒（妄）”字從白於藍《郭店楚墓竹簡釋讀劄記》（《古文字論集（二）》，考古與文物叢刊第四號，2001年）讀。

《帛乙老子·道經》：“不知常，芒（妄），芒（妄）作，凶。”

芒與茫

《春秋六》：“伯有亦弗芒（茫），自歸其□。”

芒與眭

《陰陽脈乙》：“坐而起則目芒（眭）然無見，心如絕，病飢，氣不足。”按，馬王堆帛書《陰陽十一脈灸經甲本》“芒”作“䀮”，整理者讀作“眭”。可從。

芒與荒

《國次》：“是胃（謂）□逆以芒（荒），國危破亡。”

《國次》：“陽竊（察）者天奪其光，陰察者土地芒（荒）。”

《六分》：“主失立（位）則國芒（荒），臣失處則令不行。”

《六分》：“主暴臣亂，命曰大芒（荒），外戎内戎，天將降央（殃）。”

《六分》：“驅騁馳獵而不禽芒（荒），飲食喜樂而不面（湎）康。”

《六分》：“驅騁馳獵則禽芒（荒），飲食喜樂則面（湎）康。”

《六分》：“單（戰）朕（勝）而令不□□□失□□□□□□□空□與天□□則國貧而民芒（荒）。”

《觀》：“陰敝者土芒（荒），陽察者奪光，人埶（設）者摐兵。”

《春秋二》：“樂則芒（荒），芒（荒）則□□□憂□□□爲起民之暨也。”

《要言》：“芒（荒）治〼。”

《國法》：“〼者，以其國法之芒（荒），正（政）之壞，塞之扇（漏），俗之失，令之相傷、教之相害、物衡失、禁失。”

《國法》：“何以知法之芒（荒）？國之所以利民之道少，民之所苦於國者多，乃法之荒也。”

《富國》：“〼隨（惰）其身，芒（荒）其地者，後適（敵）人，兵无備□〼。”

《占書》：“无故而自田其城下，是胃（謂）窮德，乃有芒（荒）野，四競（境）不通。”

《周馴》：“爲人君者，不可以大₌酒₌（大酒，大酒）則大芒（荒），主大芒（荒）而臣不芒（荒）者，國非其國已。”

芒與恍

《北大老子》：“是謂無狀之狀，無物之象，是謂沒（惚）芒（恍）。”

《北大老子》：“芒（恍）虖，未央哉！”

《北大老子》：“芒（恍）旖（兮），其無所止。”

芒與莽

《萬物》：“殺魚者以芒（莽）草也。”

芒與喪

《周易·睽》："初九：悔（悔）芒₌（亡，亡）馬勿由（逐），自復。見亞（惡）人，亡（无）咎。"按，阜陽漢簡本"芒₌（亡，亡）"作"亡喪"。

殜與喪

《昭王》："又（有）一君子殜（喪）備（服）曼廷，牆（將）迈（蹠）閨。"

蒊與亡

《鮑叔牙》："百眚（姓）皆夗（怨）悆，濾（奄）肰（然）牆（將）蒊（亡）。"按，"蒊（亡）"字從季旭昇《上博五芻議（上）》（簡帛網，2006年2月18日）釋讀。下同。

《鮑叔牙》："又（有）夏是（氏）觀其容以使，及其蒊（亡）也，皆爲其容。殷人之所以弋（代）之，觀其容，聖（聽）其言，迵（凡）其所以蒊（亡），爲其容，爲其言。周人之所以弋（代）之，觀其容，聖（聽）言，迿倘者使。迵（凡）其所以衰蒊（亡），忘其迿倘也。"

迒與舞

《性自》："憙（喜）斯慆₌（陶，陶）斯奮₌（奮，奮）斯羕₌（咏，咏）斯猷₌（猶，猶）斯迒₌（舞。舞），憙（喜）之終也。"按，"迒₌（舞。舞）"字從龐樸《初讀郭店楚簡》（《歷史研究》1998年4期）讀。

忘與亡

《凡物甲》："邦家之砛（危）倇（安）廌（存）忘（亡），惻（賊）惥（盜）之复（作）。"按，"忘（亡）"字從復旦大學出土文獻與古文字研究中心研究生讀書會《〈上博（七）·凡物流形〉重編釋文》（復旦大學出土文獻與古文字研究中心網，2008年12月31日）讀。下一例同。

《凡物乙》："邦家之危倇（安）廌（存）忘（亡），惻（賊）惥（盜）之复（作）。"

《周易·无妄》："亡（无）忘（妄）：元卿（亨）利貞。其非（匪）復又（有）禬（眚），不利又（有）卣（攸）往。"按，阜陽漢簡本忘（妄）作亡。下一例同。

《周易·无妄》："初九：亡（无）忘（妄），吉。"

《爲國》："如以城量之，而人君以忘（亡）其國，故其☐。"

《定心》："天能忘（亡）其刑（形），不能棁（奪）其志。"

忘與妄

《尊德義》："叴（教）以攴（辯）兑（説），則民埶（褻）陸（陵）張（長）貴以忘（妄）。"按，"忘（妄）"字從陳偉《郭店竹書別釋》（湖北教育出版社，2002年，158頁）讀。

《語叢二》："楥（諼）生於谷（欲），吁（訏）生於楥（諼），忘（妄）生於吁（訏）。"按，"忘（妄）"字從劉釗師《郭店楚簡〈語叢二〉箋釋》（《古墓新知——紀念郭店楚簡出土十周年論文專輯》，國際炎黃文化出版社，2003年）讀。

《周易·无妄》："亡（无）忘（妄）：元卿（亨）利貞。其非（匪）復又（有）禬（眚），不利又（有）卣（攸）往。"

《周易·无妄》："初九：亡（无）忘（妄），吉。"

《周易·无妄》："九五：亡（无）忘（妄）又（有）疾，勿藥又（有）菜（喜）。"

《彭祖》："句（苟）是執心不忘（妄），受命羕（永）長。"按，"忘（妄）"字從湯志彪《上博簡（三）〈彭祖〉篇校讀瑣記》（《江漢考古》2005年3期）讀。

《用曰》："非憮於福，亦力免（勉）以母（毋）忘（妄）。"按，"忘"似當讀作"妄"。

《九主》："爲官者不以忘（妄）予人，故

知臣者不敢誣能。”

《九主》：“□主不忘（妄）予，以分恥（聽）名。”

《九主》：“臣不以忘（妄）進，曰蕴以受也。”

《戰國九》：“臣賢王於桓公，臣不敢忘（妄）請□□□□王誠重御臣。”

《要》：“夫易，罔（剛）者使知瞿（懼），柔者使知圖，愚人爲而不忘（妄），㫚人爲而去詐（詐）。”

《北大老子》：“不智（知）常，忘（妄）作，兇。”

《一類》：“良，禁勿忘（妄）傳也。”

忘與荒

《耆夜》：“今夫君子，不憙（喜）不藥（樂）。夫日□□，□□□忘（荒）。”

《耆夜》：“康藥（樂）而母（毋）忘（荒），是（寔）隹（惟）良士之迈₌（方方）。”

《耆夜》：“康藥（樂）而母（毋）忘（荒），是（寔）隹（惟）良士之愳₌（懼懼）。”

忘與望

《帛五行·説》：“詹（瞻）忘（望）弗及，泣涕如雨。”

忘與孟

《周易·无妄》：“亡（无）忘（妄）：元卿（亨）利貞。其非（匪）復又（有）禬（眚），不利又（有）卣（攸）往。”按，帛書本忘（妄）作孟。下同。

《周易·无妄》：“初九：亡（无）忘（妄），吉。”

《周易·无妄》：“九五：亡（无）忘（妄）又（有）疾，勿藥又（有）菜（喜）。”

《周易·无妄》：“上九：亡（无）忘（妄），行又禬（眚），亡（无）卣（攸）利。”

忘與无

《周易·夬》：“上六：忘（无）唇（號），中（終）又（有）凶。”

盳與茫

《節》：“迎大音戰，士卒罙（迷）盳（茫），令尉傷。”按，“盳（茫）”字從補白《關於〈北京大學藏西漢竹書（伍）〉釋文注釋的幾點意見》（復旦大學出土文獻與古文字研究中心網，2015 年 11 月 14 日）釋讀。

攺與撫

《曹沫》：“昔堯之卿（饗）舜也，飯於土輜（塯），欲〈歠〉於土型（鉶），而攺（撫）又（有）天下。”

宔與亡

《語叢一》：“凡勿（物）繇（由）宔（亡）生。”按，“宔（亡）”字從裘按（《郭店楚墓竹簡·語叢一》篇注［一］）讀。

宔與望

《窮達》：“郘（吕）宔（望）爲牂（臧）棘（棘）㴲（津），戰監門棘陸，行年七十而賭（屠）牛於朝訶（歌），興而爲天子帀（師），堣（遇）周文也。”

《語叢一》：“凡勿（物）繇（由）宔（亡）生。”按，同句話在《語叢一》出現兩次，另一處作“凡勿（物）蘣（由）望生。”

《語叢二》：“情生於眚（性），豊（禮）生於情，厰（嚴）生於豊（禮），敬生於厰（嚴），宔（望）生於敬，恥生於恴（望），悡（棃）生於恥，廏（慊）生於悡（棃）。”

《古公》：“者（胡）公見太公宔（望）於吕陸（隧），曰：‘虐（吾）䎽（聞）周宗有難而不☐。’”

恴與望

《語叢二》：“情生於眚（性），豊（禮）生於情，厰（嚴）生於豊（禮），敬生於厰（嚴），宔（望）生於敬，恥生於恴（望），悡（棃）生於恥，廏（慊）生於悡（棃）。”

䁖與巟

《緇衣》："爲上可䁖（望）而智（知）也，爲下可頪〈𩠞（述）〉而䇬（志）也，則君不㤔（疑）其臣₌（臣，臣）不惑於君。"按，上博簡本《緇衣》䁖（望）作㾓（巟）。上博簡之"㾓（巟）"字從施謝捷《説上博簡〈緇衣〉中用爲"望（朢）"、"湯"的字》（"先秦文本與思想國際學術研討會"論文，臺灣大學中文系，2010年8月）釋。

䁖與望

《緇衣》："爲上可䁖（望）而智（知）也，爲下可頪〈𩠞（述）〉而䇬（志）也，則君不㤔（疑）其臣₌（臣，臣）不惑於君。"

《武王乙》："武王䎽（問）於大（太）公䁖（望）曰。"

《武王乙》："大（太）公䁖（望）倉（答）曰：'又（有）。'"

《武王乙》："大（太）公䁖（望）倉（答）曰。"

《武王乙》："武王齋七日，大（太）公䁖（望）弄（奉）丹箸（書）以朝。"

《程寤》："敝（幣）告宗方（祊）杢（社）禝（稷），忻（祈）于六末山川，攻于商神，䁖（望）承（烝），占于明堂。"

罔與妄

《日甲·詰》："詰咎，鬼害民罔（妄）行，爲民不羊（祥），告如詰之。"

罔與輞

《爲吏》："觀民之詐（作），罔（輞）服必固。"

杗與撫

《命訓》："杗（撫）之以季（惠），和之以均，䜌（斂）之以哀，吳（娛）之以樂。"

訌與望

《季桓子》："則𢊁（斯）不足，豖〈豈（豈）〉敢訌（望）之？"按，"訌（望）"字從陳劍《〈上博（六）·孔子見季桓子〉重編新釋》（復旦大學出土文獻與古文字研究中心網，2008年3月22日）讀。

訌與恍

《北大老子》："道之物，唯訌（恍）唯沒（惚）。沒（惚）旖（兮）訌（恍）旖（兮），其中有象旖（兮）；訌（恍）旖（兮）沒（惚）旖（兮），其中有物旖（兮）。"

貢與亡

《老子》甲："貴（得）與貢篙（孰）疠（病）？"按，今本和帛書甲本貢作亡。下一例同。

《老子》甲："甚炁（愛）必大賈（費），厚（厚）䋲（藏）必多貢。"

《生、亡日》："貢（亡）於辰即，貢（亡）於巳衰，貢（亡）於午因☐。"

貢與旺

《三德》："天無不從：好昌天從之，好貢（旺）天從之，好犮（祓）天從之，好長天從之。"

貢與望

《競公瘧》："尚（倘）肰（然），是虐（吾）所貢（望）於女（汝）也，盍敌（誅）之。"

雨亡與霜

《楚帛書》乙："孛（李）戢（歲）□月，内（入）月吉（七日）台（八日）又（有）電、雨亡（霜）、雨土，不得其參職。"按，"雨亡（霜）"字從李學勤《論楚帛書中的天象》（《湖南考古輯刊》第一集，嶽麓書社，1982年）讀。

嚚與氓

《史蕾》："☐民嚚（氓）不可愢（侮）。衆之所植，莫之能瀘（廢）也；衆之□□，莫之能豊（豎）也。"按，"嚚（氓）"字從陳偉《讀〈上博六〉條記之二》（簡帛網，2007年7月10日）讀。

朢字聲系

朢與望

《帛易·歸妹》："六五，帝已歸妹，其君之袂不如其苐（娣）之快（袂）良。日月既（幾）朢（望），吉。"

《帛易·小畜》："尚（上）九，既雨既處，尚得（德）載，女貞厲。月幾朢（望），君子正（征），兇（凶）。"

《帛易·中孚》："六四，月既（幾）朢（望），馬必（匹）亡，无咎。"

《阜易·小畜》："月幾朢（望）君子正（征）。"

《阜易·中孚》："六四，月幾朢（望）。"

《唐勒》："此不如朢（望）子蕐大行者☐。"

望與荒

《帛乙老子·道經》："人之所畏，亦不可以不畏〖人〗。望（荒）呵其未央才（哉）！"按，通行本望作荒。

望與恍

《帛甲老子·道經》："忽呵（兮）其若海，望（恍）呵（兮）其若无所止。"

《帛甲老子·道經》："道之物，唯望（恍）唯忽。"

《帛甲老子·道經》："忽呵恍呵（兮），中有象呵（兮）；望（恍）呵（兮）忽呵（兮），中有物呵（兮）。"

《帛乙老子·道經》："是胃（謂）无狀之狀，无物之象，是胃（謂）沕（忽）望（恍）。"

《帛乙老子·道經》："沕（忽）呵（兮）其若海，望（恍）呵（兮）若无所止。"

《帛乙老子·道經》："道之物，唯望（恍）唯沕（忽）。"

《帛乙老子·道經》："沕（忽）呵望（恍）呵（兮），中又（有）象呵（兮）；望（恍）呵（兮）沕（忽）呵（兮），中有物呵（兮）。"

网字聲系

网與罔

《蘭賦》："信蕑（蘭）其穖（滅）也，風汗（旱）之不网（罔）。"

岡與剛

《天甲·剛柔》："男日亦如是，謂岡（剛）楺（柔）之日。"

《天乙·剛柔一》："男日亦如是，謂岡（剛）☐。"

《天乙·剛柔二》："是胃（謂）岡（剛）日、陽【日】、牡日殹，女子之吉日殹。"

《要》："夫易，岡（剛）者使知瞿（懼），柔者使知圖，愚人爲而不忘（妄），㦐人爲而去詐（詐）。"

岡與綱

《昭力》："昔之賢君也，明以察乎人之欲亞（惡），《詩》、《書》以成其慮，外内親賢以爲紀岡（綱）。"

罔與網

《禁》："☐數古（罟）罔（網）。"

《北大老子》："天罔（網）怪怪（恢恢），疏而不失。"

剛與綱

《蓋廬》："參（三）辰爲剛（綱），列星爲紀，維斗爲擊（繫）。"

《國次》："五逆皆成，□□□□□地之剛（綱），變故亂常，擅制更爽。"

《地葆》："凡地之道，陽爲表，陰爲裏，直者爲剛（綱），術者爲紀。"

《地葆》："紀剛（綱）則得，陳（陣）乃不惑。"

《地典》："吾將興師用兵，亂其紀剛（綱），請問其方。"

《泰射》："中離維剛（綱），陽（揚）觸，淳（捆）復。"

《泰射》："司馬正命退楅、解剛（綱）。"

《泰射》："小臣師退楅，巾車、量人解左下剛（綱）。"
《神烏賦》："天地剛（綱）紀，各有分理。"

明字聲系

明與萌

《亙先》："虛靑（靜）爲弌（一），若淢=夢=（寂寂夢夢），靑（靜）同而未或明（萌），未或茲（滋）生。"按，"明（萌）"字從董珊《楚簡〈恆先〉初探》（簡帛研究網，2004年5月12日）讀。
《要言》："大國外示諸侯以道悳（德），內示民明（萌）以仁愛。"
《王法》："諸侯胃（謂）之明（萌）。"
《田法》："☐□示民明（萌）以作務□□□☐。"
《田法》："☐□□□□□□□示民明（萌）毋解（懈）怠。"

明與盟

《耆夜》："不（丕）㬎（顯）逨（來）各（格），畬（歆）㫊醴（禋）明（盟）。"
《繫年十三》："晉中行林父衛（率）自（師）救（救）奠（鄭），臧（莊）王述（遂）北☐楚人明（盟）。"
《繫年十六》："昷（明）戢（歲），楚王子彼（罷）會晉文子燮（燮）及者（諸）侯之夫=（大夫），明（盟）於宋。"
《繫年十八》："命（令）尹子木會郘（趙）文子武及者（諸）侯之夫=（大夫），明（盟）于宋，曰：'爾（弭）天下之轅（甲）兵。'"
《繫年十八》："霝（靈）王爲命=尹=（令尹，令尹）會郊（趙）文子及者（諸）侯之夫=（大夫），明（盟）于鄉（虢）。"
《繫年十八》："述（遂）明（盟）者（諸）侯於聖（召）陵，伐中山。"
《繫年十八》："者（諸）侯同明（盟）于鹹泉以反晉，至今齊人以不服于晉=（晉，晉）公以㢸（弱）。"
《繫年二二》："戉（越）公與齊侯貣（貸）、魯侯侃（衍）明（盟）于魯稷門之外。"
《繫年二二》："齊人曼（且）有陳慶子牛之禍（禍），齊與晉成，齊侯明（盟）於晉軍。"
《繫年二二》："晉三子之夫=（大夫）入齊，明（盟）陳和與陳淏於溋門之外。"
《日甲·除》："利以兑（說）明（盟）組（詛）、百不羊（祥）。"
《隨日·忌日》："酉不可寇〈冠〉、餓（城），出入三歲，人必有詛明（盟）。"
《五正》："帝箸之明（盟），明（盟）曰：反義逆時，其刑視之（蚩）尤。"
《戰國一二》："旞（遂）明（盟）功（攻）秦。"
《戰國二〇》："則莫若招（遥）霸齊而尊之，使明（盟）周室而棼（焚）秦符。"

明與盲

《帛甲老子·道經》："五色使人目明（盲）。"

倗與孟

《鮑叔牙》："公身爲亡（無）道，遣（擁）芋（華）倗（孟）子以馳於倪（郳）者（都）。"按，"倗（孟）"字從趙平安《"進芋明（從人）子以馳於倪廷"解》（簡帛網，2006年3月31日）讀。

㫐與明

《詩論》："'☐褱（懷）爾㫐（明）悳（德）'害（曷）？"
《三德》："天共旹（時），陸（地）共材，民共力，㫐（明）王無思，是胃（謂）參（三）德。"
《叢辰》："利以敍（除）㫐（盟）禮（詛）。"

按，睡虎地秦簡《日書》甲種楚除絕日占辭䀄（盟）作明。

《凡物甲》："䰠（鬼）生於人，系（奚）古（故）神䀄（明）？"

《凡物甲》："敬天之䀄（明）系（奚）得？䰠（鬼）之神系（奚）飤（食）？先王之智系（奚）備？"

《凡物乙》："䰠（鬼）生於人，系（奚）古（故）神䀄（明）？"

䀄與孟

《叢辰》："利以敘（除）䀄（盟）禮（詛）。"按，睡虎地秦簡《日書》乙種楚除蓋、絕紀之日占辭䀄（盟）作孟。

《繫年十一》："乃行穆王，思（使）敺（驅）䀄（孟）者（諸）之麋，屖（徙）之徒啬。"

皿字聲系

孟與猛

《帛乙老子·德經》："據（攫）鳥孟（猛）獸弗捕（搏）。"

《稱》："虎狼爲孟（猛）可揗，昆弟相居，不能相順。"

《勢備》："察此四者，所以破強適（敵），取孟（猛）將也。"

《反淫》："孟（猛）獸聞之，垂耳不行；王孫聞之，兆（遥）思心愓（傷）。"

孟與盟

《日乙·楚除》："窞羅之日，利以説孟（盟）詐（詛）、棄疾、鑿宇、葬，吉。"

《日乙·楚除》："蓋絕紀之日，利以裚（製）衣常（裳）、説孟（盟）詐（詛）。"

孟與妄

《別卦》："䆨₌（无妄）。"

《帛易·无妄》："无孟（妄），元亨，利貞。非（匪）正，有省（眚）。不利有攸往。"

《帛易·无妄》："初九，无孟（妄），往吉。"

《帛易·无妄》："九五，无孟（妄）之疾，勿樂（藥），有喜。"

《帛易·无妄》："尚（上）九，无孟（妄）之行，有省（眚），无攸利。"

《易之義》："无孟（妄）之卦，有罪而死，无功而賞，所以啬，故□。"

䀁與明

《王居》："其䀁₌（明日），命（令）尹子春猷（厭）。"

《繫年五》："䀁（明）戢（歲），起自（師）伐賽（息），克之。"

《繫年十四》："䀁（明）戢（歲），齊同（頃）公朝于晉競（景）公。"

《繫年十六》："䀁（明）戢（歲），楚王子彼（罷）會晉文子燮（燮）及者（諸）侯之夫₌（大夫），明（盟）於宋。"

《繫年十六》："䀁（明）戢（歲），東（厲）公先起兵，衒（率）自（師）會者（諸）侯以伐秦，至₌（至于）涇。"

《繫年二三》："䀁（明）戢（歲），晉𨑓余衒（率）晉自（師）與奠（鄭）自（師）以内（入）王子定。"

《繫年二三》："䀁（明）戢（歲），郎臧（莊）坪（平）君衒（率）自（師）戠（侵）奠₌（鄭，鄭）皇子₌（子、子）馬、子沱（池）、子坓（封）子衒（率）自（師）以这（邀）楚₌人₌（楚人，楚人）涉汖。"

《繫年二三》："䀁（明）戢（歲），楚人歸奠（鄭）之四𨠚（將）軍與其萬民於奠（鄭）。"

《祝辭》："号（皋）！旨（詣）五（武）尸（夷），𢇁（絕）䀁（明）槿₌（冥冥），兹我經（逞）。"

䀁與明

《曹沫》："䀁₌（明日）𨠚（將）戰，思（使）爲前行。"

盄與明

《鄭壽》：“盄（明）戢（歲），王復见奠₌壽₌（鄭寿，鄭壽）出，居逄（路）以須。”按，“盄（明）”字從何有祖《讀〈上博六〉劄記》（簡帛網，2007 年 7 月 9 日）讀。

盄與明

《子羔》：“子羔曰：‘堯之得舜也，舜之悳（德）則成（誠）善𦔻（歟）？伊（抑）堯之悳（德）則甚盄（明）𦔻（歟）？’”按，“盄（明）”字從陳劍《上博簡〈子羔〉、〈從政〉篇的竹簡拼合與編連問題小議》（簡帛研究網，2003 年 1 月 8 日）讀。

盄與猛

《季康子》：“𦔻₌（君子）弝（強）則遺，愄（威）則民不道，𠷎（嚴）則逵（失）眾，盄（猛）則亡新（親），好型（刑）則不羊（祥），好殺則复（作）𤔔（亂）。”按，“盄（猛）”字從陳劍《談談〈上博（五）〉的竹簡分篇、拼合與編聯問題》（簡帛網，2006 年 2 月 19 日）釋讀。

盟與明

《鮑叔牙》：“則訢（祈）者（諸）禗（鬼）神曰：‘天陞（地）盟（明）棄我矣！’”按，“盟”爲《説文》“盄”字古文。

昜字聲系

昜與陽

《楚帛書》丙：“昜（陽）□羕。”

《楚帛書》丙：“昜（陽），不□燬（毀）事，可□折，敘（除）玆（去）不義于四▨。”

《太一》：“神明復相補（輔）也，是以成侌₌昜₌（陰陽。陰陽）復相補（輔）也，是以成四時。”

《太一》：“四時者，侌（陰）昜（陽）斎₌（之所）生。侌（陰）昜（陽）者，神明斎₌（之所）生也。”

《太一》：“此天斎₌（之所）不能殺，陞（地）斎₌（之所）不能蛪（蘳），侌（陰）昜（陽）斎₌（之所）不能成。”

《容成氏》：“咎（皋）䆘（陶）既已受命，乃攴（辨）侌（陰）昜（陽）之嚻（氣），而聖（聽）其訟獄。”

《三德》：“昜（陽）而幽，是胃（謂）大䕅（慼），幽而昜（陽），是胃（謂）不恙（祥）。”

《三德》：“高昜（陽）曰：‘母（毋）凶備（服）以享祀，母（毋）衾（錦）衣交（絞）祖偞子。’”

《叢辰》：“[卯]、[辰]、[巳]、午、未、申、栖（酉）、戌、亥、子、丑、寅，是胃（謂）昜（陽）日。”

《叢辰》：“[申]、栖（酉）、戌、亥、子、丑、寅、卯、辰、巳、午、未，是胃（謂）外昜（陽）日。”

《鄭壽》：“畣（答）：‘女（如）毀新都㦸陞（陵）、臨昜（陽），殺左尹䰜（宛）、少帀（師）亡（無）㤅（忌）。’”

《用曰》：“淦（陰）則或淦（陰），昜（陽）則或昜（陽）。”

《天子甲》：“文侌（陰）而武昜（陽），信文得事，信武得田。”

《天子乙》：“文侌（陰）而武昜（陽），信文得事，信武得田。”

《凡物甲》：“侌（陰）昜（陽）之尻〈凥（處）〉，系（奚）得而固？”

《凡物乙》：“侌（陰）昜（陽）[之凥]，系（奚）得而固？”

《命》：“子胃（謂）昜（陽）爲臤（賢）於先夫₌（大夫），請昏（問）其古（故）。”

《繫年十八》：“城汝昜（陽），居鄦（許）公旅於頌（容）城。”

《繫年二一》：“王命莫囂（敖）昜（陽）爲

衛（率），自（師）以定公室，城黃沱（池），城𤲄（雝）丘。”

《繫年二一》：“二年，王命莫囂（敖）昜（陽）爲衛（率），自（師）戠（侵）晉，敓（奪）宜昜（陽），回（圍）焱（赤）澾（岸），以復黃沱（池）之自（師）。”

《繫年二二》：“𨟻（韓）虔、灼（趙）蘆（籍）、䰩（魏）繫（擊）衛（率）自（師）與戉（越）公殹（翳）伐齊₌（齊，齊）與戉（越）成，以建（開）昜（陽）、邱陵之田，曼（且）男女服。”

《繫年二三》：“旅（魯）昜（陽）公衛（率）自（師）以这（邀）晉₌人₌（晉人，晉人）還，不果内（入）王子。”

《繫年二三》：“旅（魯）昜（陽）公衛（率）自（師）栽（救）武昜（陽），與晉自（師）戰於武昜（陽）之城下。”

《繫年二三》：“楚自（師）大敗，旅（魯）昜（陽）公、坪（平）亦（夜）悤（悼）武君、昜（陽）城洹（桓）恶（定）君，三執珪之君與右尹卲（昭）之𨐌（竢）死安（焉）。”

《繫年二三》：“楚自（師）𤋱（將）栽（救）武昜（陽），王命坪（平）亦（夜）悼武君李（使）人於齊陳淏求自（師）。”

《繫年二三》：“陳疾目衛（率）車千𨍭（乘），以從楚自（師）於武昜（陽）。”

《管仲》：“豎（堅）礩（質）以亢（抗），吉凶侌（陰）昜（陽），遠逐（邇）卡₌（上下），可立於楠（輔）。”

《管仲》：“既埶（設）承，既立楠（輔），僉（斂）之晶〈厽（三）〉，尃（博）之以五，其侌（陰）則晶〈厽（三）〉，其昜（陽）則五。”

《子儀》：“陰者思昜₌（陽，陽）者思陰。”

昜與揚

《窮達》：“母（梅）白（伯）初淊（醯）酭（醢），後名昜（揚），非其悳（德）加。”

《融師》：“淊（耽）㲻（淫）念惟，癹（發）昜（揚）𥹉僨。”

《顏淵問》：“录（禄）不足則青（請），又（有）余（餘）則詞（辭），所以昜（揚）信也。”按，“昜（揚）”字從劉雲在復旦吉大古文字專業研究生聯合讀書會《〈上博八·顏淵問於孔子〉校讀》（復旦大學出土文獻與古文字研究中心網，2011 年 7 月 17 日）一文下跟帖讀。

《皇門》：“廼隹（惟）大門宗子埶（邇）臣，楙（懋）昜（揚）嘉悳（德）。”

《三壽》：“高文成且（祖），敢䎽（問）疋（胥）民古（胡）曰昜（揚？揚）則𦧝（悍）遊（佚）亡（無）𡴧（常）。”

昜與傷

《子儀》：“此恩（愠）之昜（傷）僮，是不攷而猶，僮是尚求，弔（蹙）昜（惕）之怍，𡰥（處）虐（吾）以休，萬（賴）子是救。”

剔與傷

《太一》：“聖人之從事也，亦𢙾（託）其名，古（故）社（功）成而身不剔（傷）。”

《語叢四》：“往言剔（傷）人，坴（來）言剔（傷）吕（己）。”

《曹沫》：“死者弗收，剔（傷）者弗䎽（問）。”

《曹沫》：“三軍大敗，【死】者收之，剔（傷）者䎽（問）之，善於死者爲生者。”

《曹沫》：“則斯（訾）厇（度）剔（傷）亡，盤（擊）遱（蒐）行遊（失）車𢉖（甲），命之毋行。”

《曹沫》：“䁢（諜）人來告曰：其逕（將）衛（帥）𦘔（盡）剔（傷），車連（輦）皆栽，曰𤋱（將）棗（早）行。”

《説命中》：“若詆（抵）不視，甬（用）剔（傷），吉不吉。”

傷與傷

《容成》："頌事白〈自〉殺，亦傷（傷）悲戋（哉）。"

𩛵與蕩

《王期》："款以玉筴（策），心毋秝（怵）𩛵（蕩）。"

𠣿與揚

《啻門》："㓜（一）月刣（始）𠣿（揚），二月乃裹，三月乃刑（形）。"

湯與揚

《詩論》："《湯（揚）之水》，其忢（愛）婦悡。"

湯與傷

《文摯》："粏（危）湯（傷）劓（痹）惑，故道者敬卧。"

湯與蕩

《春秋七》："齊亘（桓）公與蔡夫人乘周（舟），夫人湯（蕩）周（舟）。"

《齊風》："魯道有湯（蕩），齊□□□。"

《齊風》："魯道有湯（蕩），齊□□□。"

《齊風》："□□有惕（蕩），齊子皋（翱）羊（翔）。"

《齊風》："魯道有湯（蕩）。"

《略甲》："分其眾，亂其治，孤其將，湯（蕩）其心，毄（擊）☐。"

湯與唐

《唐虞》："湯（唐）吳（虞）之道，禪（禪）而不徳（傳）。"

《唐虞》："古（故）湯（唐）吳（虞）之□□。"

《湯丘》："湯屋（處）於湯（唐）坓（丘），取妻於又₌郍₌（有莘。有莘）媵（媵）以少₌臣₌（小臣，小臣）善爲飤（食），享（烹）之和。"

湯與康

《緇衣》："《尹𢍰（誥）》員（云）：'隹（惟）尹允及湯，咸又（有）一悳（德）。'"

按，上博簡本《緇衣》湯作康。

惕與傷

《武王甲》："毋曰可（何）惕（傷），柴（禍）將長。"

《芮良夫》："此悳（德）型（刑）不齊，夫民甬（用）悥（憂）惕（傷）。"

《反淫》："蜚（飛）鳥聞之，簻（躡）翿（蹀）蜚（飛）陽（揚）；孟（猛）獸聞之，垂耳不行；王孫聞之，兆（遥）思心惕（傷）。"

按，"惕（傷）"字從王挺斌《北大簡〈妄稽〉與〈反淫〉研讀劄記》（簡帛網，2016 年 6 月 29 日）釋讀。

揚與暘

《月令》："揚（暘）穀（谷），咸趨南畝。"

揚與媵

《燕禮》："公坐取賓所揚（媵）柧（觚），興。"

《燕禮》："如與西方之賓燕，揚（媵）爵。"

蒻與蕩

《王兵》："山陵、林陸、丘虛、沮（沮）澤、蒲葦、平蒻（蕩）、尺（斥）魯（鹵）。"

陽與揚

《祝辭》："又（有）上㠩₌（茫茫），又（有）下堂₌（湯湯），司湍彭₌（滂滂），句（侯）兹某也癹（發）陽（揚）。"

《祝辭》："徒（隨）弓：'牆（將）豉（注）爲死，陽（揚）武即救（求）尚（當）。'"

《祝辭》："外弓：'牆（將）豉（注）爲肉，陽（揚）武即救（求）尚（當）。'"

《祝辭》："踵弓：'牆（將）㚔（射）㝵（干）音（函），陽（揚）武即救（求）尚（當）。'"

《日甲·詰》："鬼來，陽（揚）灰毄（擊）箕以喿（譟）之，則止。"

《曹敖》："再至勿星，音氣高陽（揚）。"

《天下至道》："七熥（動）致（至）堅以強，八熥（動）志驕以陽（揚）。"

《帛易・夬》："夬，陽（揚）于王廷。復（孚）號有厲。告自邑，不利節（即）戎。利有攸往。"

《晏子四》："▨逢（豐）下，居（倨）身而陽（揚）聲。"

《反淫》："蜚（飛）鳥聞之，籥（躡）翱（蹀）蜚（飛）陽（揚）；孟（猛）獸聞之，垂耳不行；王孫聞之，兆（遥）思心惕（傷）。"

《反淫》："陽（揚）鄭衛之浩樂，結敫（激）楚之遺風。"

《泰射》："立于物閒，左執付（弣），右執簫，南陽（揚）弓，命去矦。"

《泰射》："中離維剛（綱），陽（揚）觸，淳（捆）復，公則澤（釋）獲，眾則不與。"

《泰射》："下曰留，上曰陽（揚），左右曰方。"

《神烏賦》："張曰〈目〉陽（揚）麋（眉），𩑈（奮）翼申（伸）頸。"

陽與楊

《反淫》："若張義（儀）、蘚（蘇）秦，孟柯（軻）、敦（淳）于髡，陽（楊）朱、墨翟，子贛（貢）、孔穿，屈原、唐革（勒），宋玉、景瑣（差）之偷〈倫〉。"

陽與腸

《陰陽脈甲》："腹外穜（腫），陽（腸）痛，厀（膝）跳，付（跗）□□。"

陽與殤

《周日書》："卅六年，置居金，上公、兵死、陽（殤）主歲₌（歲，歲）在中。"

陽與唐

《繫年十九》："秦異〈畢〉公命子甫（蒲）、子虎衛（率）自（師）救（救）楚，與楚自（師）會伐陽（唐），閒（縣）之。"

《天乙・貞在》："貞在黃鐘，天下清明，以視陶陽（唐），啻（帝）乃詐（作）之。"

《戰國二一》："今增注、茬（踋）恒山而守三百里，過燕陽（唐）、曲逆（吾）。"

鄒與揚

《容成氏》："壘（禹）乃迵（通）三江五沽（湖），東敨（注）之泈（海），於是虐（乎）䎏（荊）州、鄒（揚）州䛐（始）可尻（處）也。"

楊與煬

《治官》："庫臧（藏）羽革，楊（煬）風必謹，工用必審，臧（藏）盍（蓋）必法。"

煬與陽

《六德》："君子言信言尔，言煬（陽）言尔，設外内皆得也。"按，"煬（陽）"字從陳偉《郭店竹書別釋》（湖北教育出版社，2002年，130頁）讀。

敭與傷

《唐虞》："□虖（乎）脂膚血䊭（氣）之青（情），羕（養）眚（性）命之正，安命而弗夭，羕（養）生而弗敭（傷），智□□。"

《從政》："䎽（聞）之曰：行險至（致）命，餡（饑）滄〈寒〉而毋畝（剷），從事而毋說（閱），君子不以流言敭（傷）人。"

《苦成》："句（苟）義毋舊（久）立，死可（何）敭（傷）才（哉）！"

《三德》："古（故）棠（常）不利，邦遂（失）軌（憲）棠（常），少（小）邦則戔（剗），大邦𨒅（過）敭（傷）。"

《競公瘧》："禎（詛）爲亡（無）敭（傷），祝亦亡（無）嗌（益）。"按，"敭（傷）"何有祖《讀〈上博六〉劄記》（簡帛網，2007年7月9日）釋讀。

《子產》："又（有）以來（徠）民，又（有）以得臤（賢），又（有）以御（禦）割（害）敭（傷）。"

殤與殤

《筮法二六》:“裳(勞)祟:風、長殤(殤)。”
《筮法二六》:“一四一五,長女殤(殤)。”
《筮法二六》:“巽祟:㝅(字)殤(殤)。”
《北蒼·陽》:“殣(墐)棄膢(臞)瘦,兒孺早殤(殤)。”
《服傳甲》:“子、女子₌(子子)之長殤(殤)、中殤(殤)。”
《服傳甲》:“年十九至十六爲長殤(殤),十五至十二爲中殤(殤),十一至八歲爲下殤(殤),不滿八歲以下皆爲無服之殤(殤)。”
《服傳甲》:“以日易月,以日易月之殤₌(殤,殤)而無服。”
《服傳甲》:“叔父之下殤(殤),從父昆弟之長殤(殤)。”
《服傳甲》:“問者曰:中殤(殤)何以不見也?”
《服傳甲》:“大功之殤(殤)中從上,小功之殤(殤)中從下。”
《服傳甲》:“長殤(殤)、中殤(殤)降一等,下殤(殤)降二等。”
《服傳甲》:“資(齊)衰之殤(殤)中從上,大功之殤(殤)中從下。”
《服傳乙》:“子、女子₌(子子)之長殤(殤)、中殤(殤)。”
《服傳乙》:“年十九[至][十][六][爲]長殤(殤),十五至十二[爲]中殤(殤),十一至八歲爲下殤(殤),不滿八歲以下皆爲無服之殤(殤)。”
《服傳乙》:“以日易月,日易月之殤₌(殤,殤)而無[服]。”
《服傳乙》:“叔父之下殤(殤),從父昆弟之長殤(殤)。”
《服傳乙》:“問者曰:中殤(殤)何以不見也?”
《服傳乙》:“大功之殤(殤)中從上,小功之殤(殤)中從下。”
《服傳乙》:“長殤(殤)、[中][殤]降一等,下殤(殤)降二等。”
《服傳乙》:“資(齊)衰之殤(殤)中從上,大功[之][殤][中][從][下]。”
《喪服》:“子、女子,女子子之長殤(殤)、中殤(殤),叔父之長殤(殤)、中殤(殤),姑姊妹之長殤(殤)、中殤(殤),昆[弟]之長殤(殤)、中殤(殤),夫之昆[弟][之][子]、[女][子]子之長殤(殤)、中殤(殤),適孫之長殤(殤)、中殤(殤),大夫之庶子爲適[昆][弟][之]長殤(殤)、中殤(殤),[公][爲]適子之長殤(殤)、中殤(殤)。”
《喪服》:“[其]長殤(殤)皆九月,纓絰;其中殤(殤)七月,不纓絰。”
《喪服》:“叔父之下殤(殤),適孫之下殤(殤),昆弟之下殤(殤),大夫之庶子爲適昆弟之下殤(殤)。”
《喪服》:“爲姑、姊妹、[女][子]子之下殤(殤),爲人後者爲其昆弟、從父昆弟之長殤(殤)。”
《喪服》:“爲夫之叔父之長殤(殤)。”
《喪服》:“昆弟之子女子子、夫之昆弟之子女子子之下殤(殤)。”
《喪服》:“爲絰(姪)、庶孫丈夫婦人之長殤(殤)。”
《喪服》:“大夫、[公][之]昆弟、大夫[之]子爲其昆弟、庶子、姑、姊妹、女子子之長殤(殤)。”
《喪服》:“大夫之妾爲庶子之長殤(殤)。”
《喪服》:“庶孫之婦,庶孫之中殤(殤)。”
《喪服》:“從祖父、從祖昆弟之長殤(殤)。”

《喪服》："從父昆弟經（姪）之下殤（殤）。"
《喪服》："夫之叔父之中殤（殤）、下殤（殤）。"
《喪服》："從母之長殤（殤）。"
《喪服》："咎（舅）、咎（舅）之子、夫之姑姊妹之長殤（殤）。"
《喪服》："從父昆弟之子之長殤（殤），昆弟之孫之長殤（殤）。"
《喪服》："宗子孤爲殤（殤），大功衰、小功衰皆三月。"

腸與陽

《詩論》："《君子腸₌（陽陽）》，少（小）人。"按，"腸₌（陽陽）"字從李零《上博楚簡三篇校讀記》（臺北萬卷樓圖書股份有限公司，2002 年，32 頁）讀。

腸與傷

《周病方》："某不能腸（傷）其富，農夫使其徒來代之。"
《占夢書》："夢見肉，憂腸（傷）。"

腸與瘍

《五令》："發令者有咎，民多腸（瘍）疾。"

暘與暘

《養生方》："已漬，暘（暘）之，乾，復漬。"

暘與煬

《效律》："官府臧（藏）皮革，數暘（煬）風之。"
《養生方》："已扁（漏），陰乾暘（煬）之。"
《養生方》："□□□□潰（沸），有（又）復漬暘（煬）如前，盡汁而已。"
《養生方》："暘（煬）之□脩，即以椎薄（拍）段（腵）之，令澤。"
《養生方》："復暘（煬）□□□之，令□澤。"

瘍與傷

《命訓》："亟（極）佴（恥）則民₌只₌（民枳，民枳）則瘍₌人₌（傷人，傷人）則不罚（義）。"
《命訓》："佴（恥）莫大於瘍（傷）人。"

糃與揚

《用曰》："弜（強）君桅（虐）政，糃（揚）武於外。"

糃與陽

《皇門》："是糃（陽）是緗（繩），是以爲上，是受（授）司事帀（師）長。"

諹與揚

《管仲》："中（仲）父，亦岂（微）是，其即（次）君管（孰）諹（揚）也？"按，"諹"似當讀作"揚"。

諹與祥

《士相見》："與眾言，言忠信慈諹（祥）。"

賜與腸

《占夢書》："夢□其腹，見其肺、肝、賜（腸）、胃者，必有親去之。"

傷與殤

《日甲・病》："庚辛有疾，外鬼傷（殤）死爲祟。"
《日甲・詰》："人恆亡赤子，是水亡傷（殤）取之。"
《日乙・有疾》："庚辛有疾，外鬼、傷（殤）死爲姓（眚）。"
《占夢書》："夢見羊者，傷（殤）欲食。"
《占夢書》："夢見彭者，兵死、傷（殤）欲食。"

湯與湯

《木牘》："治湯（湯）火涑方。"

陽與傷

《曹熬》："四至勿星，脊胠不陽（傷）。"

腸與腸

《二類》："治金【瘡】腸（腸）出方。"

《二類》："冶龍骨三指撮，以鼓〈豉〉汁飲之，日再三飲，腸（腸）自爲入。"

殤與陽

《生、亡日》："☐☐生會（陰）殤（陽）允，生於丑即，生於寅衰，生於卯夬；盲（亡）於辰即，盲（亡）於巳衰，盲（亡）於午因☐。"

旟與陽

《保訓》："迺（乃）易立（位）埶（設）詣（稽），測侌（陰）旟（陽）之勿（物），咸川（順）不諍（逆）。"

《繫年二》："楚文王以啓于灘（漢）旟（陽）。"

《繫年二三》："王衛（率）宋公以城鄟（榆）闡（關），是（寘）武旟（陽）。"

《繫年二三》："旟（陽）城洹（桓）忎（定）君衛（率）韋（榆）闡（關）之自（師）與上或（國）之自（師）以这（邀）之。"

《繫年二三》："奠（鄭）太剌（宰）慾（欣）亦记（起）禍（禍）於奠₌（鄭，鄭）子旟（陽）用滅，亡後於奠（鄭）。"

《繫年二三》："吾（期）年，䢵（韓）郰（取）、䰢（魏）繐（擊）衛（率）自（師）回（圍）武旟（陽）。"

瀉與湯

《楚帛書》乙："天梪（柱）酒（將）乍（作）瀉（湯），降於其方。"

遏與傷

《成王》："宅（沌）虐₌（乎！吾）欲舉（舉）之，不果，以進則遏（傷）安（焉）。"按，"遏（傷）"字從復旦吉大古文字專業研究生聯合讀書會《上博八〈成王既邦〉校讀》（復旦大學出土文獻與古文字研究中心網，2011年7月17日）讀。

颺與揚

《祭公》："以余少（小）子颺（揚）文、武之剌（烈），颺（揚）成、康、卲（昭）宔（主）之剌（烈）。"

觴與暢

《反淫》："乃使鐘（鍾）子期操觴（暢）其旁。"

觴與鬯

《帛易·震》："辰（震）敬（驚）百里，不亡（喪）鈚（匕）觴（鬯）。"

羊字聲系

羊與佯

《春秋四》："東門襄中（仲）殺適（嫡）而羊（佯）以君令（命）召惠伯。"

《春秋五》："乃令君羊（佯）囚已，斬桎埆（踰）☐☐☐☐☐☐☐。"

羊與洋

《蓋廬》："羊₌（洋洋）下之，孰智（知）其始？"

《荊决》："凡（鳳）鳥不處，羊₌（洋洋）四國。"

《荊决》："玄鳥朝蜚（飛），羊₌（洋洋）翠羽。"

羊與徉

《神烏賦》："尚（徜）羊（徉）其旁，涕泣從（縱）横。"

《楚居》："娩（毓）䢃（徜）羊（徉），先凥（處）于京（景）宗。"

羊與祥

《楚帛書》乙："群神五正，四☐堯羊（祥）。"

《季康子》："好型（刑）則不羊（祥），好殺則复（作）䜌（亂）。"

《叢辰》："利以達（解）兇（凶），敘（除）不羊（祥）。"

《日甲·除》："害日，利以除凶厲（厲），兑（説）不羊（祥）。"

《日甲·除》："利以兑（説）明（盟）組

（詛）、百不羊（祥）。”

《日甲·歲》：“以北大羊（祥），東旦（殫）亡，南遇英（殃），西數反其鄉。”

《日甲·歲》：“以東大羊（祥），南旦（殫）亡，西禺（遇）英（殃），北數反其鄉。”

《日甲·歲》：“以南大羊（祥），西旦（殫）亡，北禺（遇）英（殃），東數反其鄉。”

《日甲·歲》：“以西大羊（祥），北旦（殫）亡，東禺（遇）英（殃），南數反其鄉。”

《日甲·詰》：“詰咎，鬼害民罔（妄）行，爲民不羊（祥），告如詰之。”

《日甲·馬禖》：“主君笱屏詷馬，敺（驅）其央（殃），去其不羊（祥）。”

《前道》：“耶（聖）人舉事也，闔（合）於天地，順於民，羊（祥）於鬼神。”

《行守》：“驕洫（溢）好爭，陰謀不羊（祥），刑於雄節，危於死亡。”

《繫辭》：“是故變化具爲，吉事又（有）羊（祥）；馬〈象〉事知器，筭事知來。”

《要》：“前羊（祥）而至者，弗羊（祥）而巧也。”

《晏子六》：“攻義者不羊（祥），危安者必困。”

《妄稽》：“若此不憂，不爲羊（祥）父母？”按，“羊（祥）”字從陳劍《〈妄稽〉〈反淫〉校字拾遺》（復旦大學出土文獻與古文字研究中心網，2016年7月4日）釋讀。

羊與翔

《鄭風》：“□□將羊（翔），佩（佩）玉□□。”

《齊風》：“□□有愓（蕩），齊子皋（翱）羊（翔）。”

《神烏賦》：“眾烏〈鳥〉麗於羅罔（網），鳳皇孤而高羊（翔）。”

羊與詳

《戰國二一》：“臣願王兵〈與〉下吏羊（詳）計某言而竺（篤）慮之也。”

《易之義》：“此鍵（乾）之羊（詳）説也。”

《易之義》：“易曰“利永貞”，此川（坤）之羊（詳）説也。”

恙與佯

《語書》：“爭書（署），因恙（佯）瞋目扼揞（腕）以視（示）力。”

恙與祥

《亙先》：“恙（祥）宜（義）、利丂（巧）、采（綵）勿（物）出於乍＝（作。作）安（焉）又（有）事，不乍（作）無事。”按，“恙（祥）”字從廖名春《上博藏楚竹書〈恆先〉簡釋（修訂稿）》（confucius2000網，2004年4月22日）讀。

《三德》：“善勿威（滅），不恙（祥）勿爲。”

《三德》：“昜（陽）而幽，是胃（謂）大菽（慼），幽而昜（陽），是胃（謂）不恙（祥）。”

《鄭子甲》：“弗愄（畏）魂（鬼）神之不恙（祥），𢝗（戕）惻（賊）其君。”

《鄭子乙》：“弗思〈愄（畏）〉魂（鬼）神之不恙（祥），𢝗（戕）惻（賊）其君。”

《説命中》：“且（且）天出不恙（祥），不虘（徂）遠，才（在）乒（厥）胳（落）。”

《厚父》：“斯民心難測，民弋（式）克共（恭）心芍（敬）愄（畏），鬼（畏）不恙（祥）。”

《厚父》：“隹（惟）所役之，司民啟之。民其亡琼（良），迺弗鬼（畏）不恙（祥）。”

《三壽》：“可（何）胃（謂）恙（祥）？”

《三壽》：“余（餘）亯（享）獻社（攻），逌（禬）還（禜）蚕（妖）𧄒（祥），寺（時）名曰恙（祥）。”

《日甲·直室門》：“大伍門，命曰吉恙（祥）門，十二歲更。”

《日乙・失火》："甲失火，去不恙（祥）。"
《日乙・失火》："寅失火，去不恙（祥）。"
《日乙・失火》："辰失火，去不恙（祥）也。"
《占書》："用兵成名，攻者必先觀君臣之德，占天地之恙（祥），順時動之。"
《占書》："是故聖（聖）人慎觀侵（祲）恙（祥）。"
《占書》："夫名川絕，大徹（沼）固（涸），天雨血，星月並出，星貫月，反景，倍彵（僪），籊（慧）星，營（熒）或（惑），雲□，夭（妖）恙（祥）見於天。"
《占書》："天德華鈞侵（祲）恙（祥），件而倍（背）眾，侍（恃）強以幸殆於天下者，雖勝其民，不有其土。"
《北大老子》："受國之詢，是謂社禝〈禝（稷）〉之主；受國之不恙（祥），是謂天下之王。"
《北大老子》："夫觟（佳）美，不恙（祥）之器也。"
《北大老子》："兵者，非君子之器也，不恙（祥）之器也。"

恙與養

《三壽》："聒（聞）孝（教）怭（訓），舍（餘）敬恙（養），龏（恭）神袭（勞）民，楑（揆）审（中）而䰯（參）祟（常）。"

恙與陽

《尹至》："夏又（有）恙（陽），才（在）西才（在）東，見章于天。"按，"恙"似當讀作"陽"。《詩・小雅・湛露》："湛湛露斯，匪陽不晞。"毛《傳》："陽，日也。"《呂氏春秋・辯士》："下得陰，上得陽，然後咸生。"高誘《注》："陽，日也。"《呂氏春秋・慎大》："今昔天子夢西方有日，東方有日，兩日相鬭，西方日勝，東方日不勝。"可參。下同。
《尹至》："咸曰：'憲（曷）今東恙（陽）不章？'"

羧與養

《忠信》："不兑（説）而足羧（養）者，墬（地）也。"
《忠信》："忠之爲衍（道）也，百工不古（楛），而人羧（養）虘（皆）足。"
《唐虞》："垦（禹）紿（治）水，膉（益）紿（治）火，后褸（稷）紿（治）土，足民羧（養）[也]。"
《唐虞》："羧（養）眚（性）命之正，安命而弗夭，羧（養）生而弗敡（傷）。"
《唐虞》："古者堯之與（舉）舜也，昏（聞）舜孝，智（知）其能羧（養）天下之老也。"
《唐虞》："四枳（肢）胅（倦）陸（惰），耳目聍（聰）明衰，徸（禪）天下而受（授）臤（賢），退而羧（養）其生。"
《六德》："豫其志，求羧（養）新（親）志₌（之志）。"

迬與將

《繫年十五》："五（伍）雞迬（將）吳人以回（圍）州来（來）。"

逕與將

《曹沫》："三軍出，其逕（將）遑（卑），父覣（兄）不廌，繇（由）邦駟（御）之。此出帀（師）之幾（機）。"
《曹沫》："[毋]詎（誅）而賞，毋辠百眚（姓）而改其逕（將）。"
《曹沫》："𥈻（諜）人來告曰：其逕（將）衒（帥）⺺（盡）剔（傷），車連（輦）皆栽，曰䣼（將）𣊫（早）行。"

務與養

《明君》："有積也，有侍（待）也，有務（養）也。"
《明君》："所積者兵也，所寺（待）者時也，所務（養）者暴也。"

《明君》："積兵則必勝，寺（待）時則功大，務（養）暴則害除而天下利。"

務與攘

《春秋一三》："小邦□大邦，邪以務（攘）之，兵之所□也。"

羌與姜

《春秋一六》："魯亘（桓）公與文羌（姜）會齊侯于樂（濼）。"

《春秋一六》："文羌（姜）迵（通）於齊侯，亘（桓）公以訾文羌（姜），文羌（姜）以告齊侯。"

羕與祥

《楚帛書》乙："□□□夭（妖），天陉（地）乍（作）羕（祥）。"按，"羕（祥）"字從李零《〈長沙子彈庫戰國楚帛書研究〉補正》（《古文字研究》第二十輯，中華書局，2000年）讀。

《老子》甲："賹（益）生曰羕，心使熨（氣）曰勥（強）。"按，今本和帛書本羕作祥。

《容成氏》："戭（癘）役（疫）不至，祅（妖）羕（祥）不行，祡（禍）才（災）迲（去）亡。"

《鄭武》："女（如）訢（慎）䡈（重）君𦓤（葬）而舊（久）之於上，三月少（小）羕（祥）。"

羕與詳

《保訓》："敬才（哉）！母（毋）淫！日不足隹（維）宿不羕（詳）。"

羕與養

《尊德義》："民心又（有）恆（極），求其羕（養），童（重）義集（集）埶（理），言此章也，行此叟（文）也。"按，"羕（養）"字從陳偉《郭店竹書別釋》（湖北教育出版社，2002年，169頁）讀。

《尊德義》："羕（養）心於子（慈）佷（良），忠信日益而不自智（知）也。"

《性自》："凡眚（性），或敳（動）之，或逆之，或交〈室（實）〉之，或萬（厲）之，或出之，或羕（養）之，或長之。"

《性自》："羕（養）眚（性）者，習也。"

《容成氏》："孝羕（養）父母，以善其新（親），乃及邦子。"

《容成氏》："所曰聖人，其生賜羕（養）也，其死賜牂（葬），迲（去）琧（苛）匿（慝），是以爲名。"

羕與永

《性自》："羕（永）思而歕（動）心，胃（喟）女（如）也。"按，"羕（永）"字從陳偉《郭店楚簡〈人雖有性〉校釋》（《中國哲學史》2000年4期）讀。

《周易·比》："比：备（原）筮，元羕（永）貞，吉，亡（无）咎。不寍（寧）方來，後夫凶。"

《周易·艮》："〼其止（趾），亡（无）咎，利羕（永）貞。"

《彭祖》："句（苟）是執心不忘（妄），受命羕（永）長。"

《祭公》："不（丕）隹（惟）周之旁（旁），不（丕）隹（惟）句（后）禝（稷）之受命是羕（永）厚（厚）。"

《説命下》："弼羕（永）㢟（延），叓（助）余一人。"

《芮良夫》："各恈（圖）氒（厥）羕（永），以交罔悔（悔）。"

羕與咏

《性自》："憙（喜）斯慆₌（陶，陶）斯奮₌（奮，奮）斯羕₌（咏，咏）斯猷₌（猶，猶）斯迮₌（舞。舞），憙（喜）之終也。"

羕與亨

《周易·革》："革：改（巳）日迺（乃）孚，元羕（亨）貞，利貞，瑟（悔）亡。"按，今本和帛書本羕作亨。

羕與用

《柬大王》："君王元君₌（君，君）善，夫₌（大夫）可（何）羕（用）牂（静）。"按，"羕（用）"字從陳劍《上博竹書〈昭王與龔之脽〉和〈柬大王泊旱〉讀後記》（簡帛研究網，2005年2月15日）讀。

翔與祥

《帛易·履》："尚（上）九，視禮（履），巧（考）翔（祥）；其睘（旋），元吉。"

《神烏賦》："今歲不翔（祥），一烏被央（殃）。"

蚩與祥

《三壽》："殷邦之蚕（妖）蚩（祥）並记（起）。"

蠢與祥

《三壽》："余（餘）亯（享）獻社（攻），辿（襘）還（禜）蚕（妖）蠢（祥），寺（時）名曰恙（祥）。"

詳與佯

《奏讞書》："詳（佯）病臥車中，襲夫₌（大夫）虞傳，以闌出關。"

《奏讞書》："言雅欲蒯（剽）盜，詳（佯）爲券，操。"

《軍爭》："倍（背）丘勿迎，詳（佯）北勿從，圍師遺闕，歸師勿謁（遏）。"

《十問》："毄（擊）此者，或陳（敶）而支之，規而離之，合而詳（佯）北，殺將其後，匆令知之。此毄（擊）方之道也。"

詳與祥

《北大老子》："和曰常，智（知）和曰明，益生曰詳（祥），心使氣曰強。"

養與癢

《日甲·詰》："一室人皆養（癢）膿（體），癘鬼居之，燔生桐其室中，則已矣。"

《脈書》："病在頭，農（膿）爲皢，疕爲秃，養（癢）爲鬠。"

《脈書》："在身，疕如疏，養（癢），爲加（痂）。"

《脈書》："身病養（癢），農（膿）出，爲騷（瘙）。"

《目録》："朐（溝）養（癢）。"

《牡痔》："牡痔之居竅𤺌（廉），大如棗覈（核），時養（癢）時痛者方。"

《溝癢》："朐（溝）養（癢）。"

《身疕》："疕毋名而養（癢），用陵（菱）叔〈菽（芰）〉熬，冶之。"

《養生方》："取大如掌，竄鼻空（孔），小養（癢）而熱。"

《養生方》："以摞臂，臂大養（癢）堅熱。"

《養生方》："勿令獲（汙）面，獲（汙）面養（癢）不可支殹（也）。"

《養生方》："已飲，身膿（體）養（癢）者，靡（摩）之。"

《合陰陽》："爲得操揗之，使膿（體）皆樂養（癢），説（悦）澤（懌）以好。"

《合陰陽》："瀺者，玉茦（策）入而養（癢）乃始也。"

《天下至道》："疢（吙）者，鹽甘甚而養（癢）乃始。"

《一類》："冶金創（瘡）内痙創（瘡）養（癢）不悳（痛）腹張方。"

《二類》："此藥亦中治毒養（癢）。"

《木牘》："六曰橐下養（癢）濕。"

《木牘》："令人陰□小，橐下養（癢）濕，灘之，黄汁出。"

《木牘》："四曰橐下濕而養（癢），黄汁出，辛悳（痛）。"

㑊與癢

《養生方》："▨身若㑊（癢）若不㑊（癢），以▨。"

《養生方》："置竈□□□□□□□□□□□□

□□□五實，僟（癢）甚。”
《養生方》：“□之不僟（癢），益之，令身若僟（癢）若不僟（癢）☐。”

長字聲系

長與張

《十問》：“二者延陳（嗽）長（張）習（翼），一者財（材）士練（柬）兵，期其中極。”

長與萇

《詩論》：“《隰又（有）長（萇）楚》，得而悔（誨）之也。”

長與杖

《服傳甲》：“長（杖）各齋（齊）其心，皆下本。”

長與常

《成王》：“☐四峕（時）；長（常）事必至，西行弗枩（來）。”

長與當

《筮法二二》：“臾（坤）朔（晦）之日逆軌（乾）以長（當）巽。”
《筮法二二》：“内（入）月五日豫（舍）巽，軌（乾）臾（坤）長（當）艮。”

倀與長

《五行》：“思不精不諓（察），思不倀（長）不=型=（不形，不形）不=安=（不安，不安）不=藥=（不樂，不樂）亡悳（德）。”
《五行》：“不悬（仁），思不能清；不智，思不能倀（長）。”
《五行》：“智之思也倀=（長，長）則得=（得，得）則不=亡=（不忘，不忘）則明=（明，明）則見=臤=人=（見賢人，見賢人）則玉=色=（玉色，玉色）則型=（形，形）則智。”
《緇衣》：“上人悷（疑）則百眚（姓）賊（惑），下難智（知）則君倀（長）裻（勞）。”
《緇衣》：“古（故）倀（長）民者，章志以卲（昭）百眚（姓），則民至（致）行异（己）以敚（悦）上。”
《緇衣》：“倀（長）民者，衣備（服）不改，簭（從）頌（容）又（有）常。”
《緇衣》：“倀（長）民者孴（教）之以悳（德），齊之以豊（禮），則民又（有）懽（勸）心；孴（教）之以正（政），齊之以坓（刑），則民又（有）免（諰）心。”
《柬大王》：“君聖人，虘（且）良倀（長）子，牆（將）正於君。”
《曹沫》：“成（城）𩫖（郭）必攸（修），繕（繕）虖（甲）利兵，必又（有）戰心以獸（守），所以爲倀（長）也。”
《曹沫》：“凡又（有）司衛（率）倀（長）☐。”
《曹沫》：“毋辟（嬖）於伎（便）俾（嬖），毋倀（長）於父䀠（兄），賞均（均）聖（聽）中，則民和之。”
《曹沫》：“能絢（治）百人，使倀（長）百人；能絢（治）三軍，思（使）衛（帥）。”
《曹沫》：“卒又（有）倀（長），三軍又（有）衛（帥），邦又（有）君，此三者所以戰。”
《曹沫》：“是古（故）倀（長）民偖（者）毋図箁（爵），毋烪軍，毋辟（避）辠，甬（用）都孴（教）於邦□於民。”
《叢辰》：“倀（長）者吉，學（幼）者不吉。”
《禁忌》：“凡五子，不可以作大事，不成，必毀，其身又（有）大咎；非其身，倀（長）子受其咎。”
《相宅》：“盍（蓋）西北之遇（寓），芒（亡）倀（長）子。”
《有皇》：“慵（慮）余子其速倀（長）含可（兮）。”
《堯王》：“堯王天下備方，亙（恆）吝倀

（長）明，行四☐。”

倀與棖

《性自》：“牛生而倀（棖），鳶（雁）生而戟（陳），其告（性）☐。”按，“倀”當讀作“棖”、“敞”或“敹”，《廣雅·釋詁四》：“觸、敹，揬也。”王念孫《疏證》：“敹者，《衆經音義》卷三引《三倉》云‘敞，撞也。’卷十四引《字苑》云‘棖，觸也。’謝惠連《祭古塚文》：‘以物棖撥之。’李善《注》云：‘南人謂以物觸物爲棖。’敞、棖並與敹通。”“牛生而倀（棖）”是説牛生來就會牴觸。《淮南子·兵略》：“有角者觸，有齒者噬，有毒者螫，有蹄者趹，喜而相戲，怒而相害，天之性也。”可參。

倀與丈

《卜書》：“少（小）子吉，倀₌（丈人）乃哭，甬（用）凥（處）宮☐。”

《卜書》：“婦人幵以歙（飲）飤（食），倀（丈）夫容（深）以伏匿。”

㫻與長

《交交》：“君子相好，以自爲㫻（長）。”

張與脹

《脈書》：“肘（疛），其從脊胷（胸）起，使腹張（脹）。”

《脈書》：“其腹胗₌（胗胗）如膚張（脹）狀。”

《脈書》：“上走心，使腹張（脹）。”

《脈書》：“獨心煩死，心痛與腹張（脹）死。”

《引書》：“病腸之始也，必前張（脹）。”

《引書》：“當張（脹）之時，屬意少腹而精炊（吹）之，百而已。”

《引書》：“苦腹張（脹），夜日談（倓）臥而精炊（吹）之卅。”

《足臂脈·足》：“病足大指廢，胻內兼（廉）痛，股內痛，腹痛，腹張（脹）。”

《足臂脈·足》：“煩心，有（又）腹張（脹），死。”

《陰陽脈甲》：“上當走心，使復（腹）張（脹），善噫。”

《陰陽脈甲》：“心痛與復（腹）張（脹），死。”

《殘片七》：“痿入中，腹張（脹），寒溫不☐，用布五尺☐。”

《陰陽脈乙》：“上當走心，使腹張（脹），善意（噫），食則欲歐（嘔）。”

《陰陽脈乙》：“☐☐，心煩，死；心甬（痛）与腹張（脹），死；不食，不卧，強吹（欠），三者同則死。”

《萬物》：“商坴（陸）、羊頭之已鼓張（脹）也。”

張與腸

《窮達》：“驥（驥）馰（約）張（腸）山，驥塞於卲（鳩）坙（棘），非亡（無）體壯也。”按，“張（腸）”字從白於藍《郭店楚簡考釋（四篇）》（《簡帛研究2001》，廣西教育出版社，2001年）讀。

張與章

《趙正書》：“令將軍張（章）邯兵居外，卒士勞古（苦），委輸不給，外毋適（敵）而內有爭臣之志。”

《趙正書》：“將軍張（章）邯入夷其國，殺高。”

倀與長

《尊德義》：“季（教）以攴（辯）兑（説），則民埶（褻）陵（陵）倀（長）貴以忘（妄）。”按，“倀（長）”字從黄德寬、徐在國《郭店楚簡文字考釋》（《吉林大學古籍整理研究所建所十五周年紀念文集》，吉林大學出版社，1998年）讀。

裳與徜

見陽部尚字聲系。

丈字聲系

丈與杖

《六德》："綎（疏）斬布實（絰）丈（杖），爲父也，爲君亦肰（然）。"按，"丈（杖）"字從裘按（《郭店楚墓竹簡·六德》篇注［一六］）讀。

《日甲·詰》："以桑心爲丈（杖），鬼來而毄（擊）之，畏死矣。"

《日甲·詰》："毄（擊）以桃丈（杖），繹（釋）屨（屨）而投之，則已矣。"

《日甲·詰》："爲桑丈（杖）奇（倚）戶内，復（覆）鬴戶外，不來矣。"

《占夢書》："夢僞₌（人爲）丈（杖），勞心。"

《脈書》："緩帶，被髮，大丈（杖），重履而步。"

《引書》："右手把丈（杖），鄉（嚮）壁，毋息。"

《引書》："亦左手把丈（杖），右足踱（蹠）壁，亦卷（倦）而休。"

《引書》："夸（跨）足，折要（腰），空（控）丈（杖）而力引之，三而已。"

《陰陽脈甲》："皮（被）髮，大丈（杖），重履而步，久（灸）幾（既）息則病已矣。"

《題記》："以丈（杖）通陰陽。"按，整理者將"丈"直接釋讀爲"杖"。

仗與杖

《秦律·司空》："仗（杖）城旦勿將司。"

《二年·傅律》："公卒、士五（伍）卄（七十）五，皆受仗（杖）。"

杖與丈

《反淫》："☐葰葰，尋杖（丈）爲（僞）巧。"

良字聲系

良與蜋

《痂》："壽（擣）慶（蜣）良（蜋），饍以醯，封而灸之，蟲環出。"

《痂》："取慶（蜣）良（蜋）一斗，去其甲足，以烏豙（喙）五果（顆），礜大如李。"

良與梁

《爲吏》："悤（勇）能屈，剛能柔，仁能忍，強良（梁）不得。"

《帛甲老子·德經》："故強良（梁）者不得死，我[將]以爲學父。"

良與粱

《明君》："朱（侏）襦（儒）食良（粱）肉，戰士食参（糝）䵃之食。"

良與荒

《用曰》："非（誹）考（孝）免（謾）訢（慎），良（荒）台（怠）家（稼）啬（穡）。"按，"良"似當讀作"荒"。

俍與良

《尊德義》："羕（養）心於子（慈）俍（良），忠信日益而不自智（知）也。"按，"俍（良）"字從裘按（《郭店楚墓竹簡·尊德義》篇注［七］）讀。

狼與蜋

《題記》："螳狼（蜋）。"按，"狼（蜋）"字從馬繼興《馬王堆古醫書考釋》（湖南科學技術出版社，1992年，850頁）讀。

郎與廊

《國次》："佫其國郭，處其郎（廊）廟。"

《九地》："厲于郎（廊）上，以誅其事。"

《北蒼·陽》："開閉門閭，闕廷（庭）廟郎（廊）。"

郎與稂

《曹風》："□□□郎（稂）。"

朗與狼

《北蒼·魚》："麃欻朗（狼）芈。"按，"朗（狼）"字從胡平生《讀〈蒼〉劄記七》（復旦大學出土文獻與古文字研究中心網，2016年1月4日）讀。

閬與稂

《周病方》："以殺穜₌（種，種），令禾毋閬（稂）。"

兩字聲系

兩與輛

《秦律·金布律》："十人，車牛一兩（輛），見牛者一人。"

《秦律·金布律》："十五人，車牛一兩（輛），見牛者一人。"

《秦律·司空》："一脂、攻閒（垸）大車一兩（輛），用膠一兩、脂二錘。"按，整理者釋"兩"爲"輛"，又讀作"兩"，誤倒。

倆與兩

《陳公》："倆（兩）申（陳）後，乃右𣎴（靡）左𣎴（靡），申（陳）後若繩；或倆（兩）申（陳）前，右𣎴（靡）左☐。"

量字聲系

量與糧

《答問》："雖不養主而入量（糧）者，不收，畀其主。"

《稱》："毋籍（藉）賊兵，毋裹（賫）盗量（糧）。"

《稱》："籍（藉）賊兵，裹（賫）盗量（糧），短者長，弱者強。"

《耆老》："弱者使之強，短者使長，貧者使多㬥〈量（糧）〉。"按，"㬥〈量（糧）〉"字從裘錫圭《馬王堆醫書釋讀瑣議》（《古文字論集》，中華書局，1992年，525頁）釋讀。

《守權》："其後出要塞，担（但）擊其後，毋通其量（糧）食，中外相應。"

糧與量

《篡卒》："糧（量）適（敵）計險，勝。"

《客主》："富有勝乎？則糧（量）粟而戰耳。"

葬字聲系

葬與喪

《繫辭》："古之葬者，厚裹之以薪，葬諸中野，不封不樹，葬（喪）期無數，後世耶（聖）人易之以棺章（椁），蓋取者（諸）大過也。"按今本葬作喪。

葬與藏

《堪輿》："問亡人者，歲厭爲主人，辰爲亡人所葬（藏）。"

《堪輿》："歲爲主人，星爲所葬（藏），辰爲亡所，視所會以期之。"

倉字聲系

倉與蒼

《封許》："易（錫）女（汝）倉（蒼）珪、巨（秬）鬯一卣。"

《神烏賦》："倉₌天₌（蒼天，蒼天）！視頗（彼）不仁。"

倉與相

《楚帛書》丙："倉（相）莫得。"

《楚帛書》丙："倉（相），不可以川☐，大不訓（順）于邦，又（有）梟内（入）於卡₌（上下）。"

倉與爽

《尹至》："其又（有）句（后）𠂤（厥）志其倉（爽），龍（寵）二玉，弗𢘅（虞）其又（有）眾。"

《三壽》："内垦（基）而外比，上下毋倉（爽），左₌（左右）悔（毋）比，弜（強）敄（劮）丩（收）出（絀）。"按，"倉（爽）"字從紫竹道人在易泉《清華五〈殷高宗問於三壽〉初讀》（簡帛網"簡帛論壇"，2015年4月10日）一文下引郭永秉説讀。

創與瘡

《一類》："治金創（瘡）止恿（痛），令創（瘡）中溫方。"

《一類》："創（瘡）立不恿（痛）。"

《一類》："治金創（瘡）腸出方。"

《一類》："治金創（瘡）内痙創（瘡）養（癢）不恿（痛）腹張方。"

《一類》："☐□□□□身不創（瘡）者，名曰□□□。"

《二類》："治金創（瘡）内漏血不出方。"

《二類》："治金創（瘡）止慂（痛）方。"

《二類》："創（瘡）恿（痛）痙皆中之。"

《木牘》："治加（痂）及久（灸）創（瘡）馬脊方。"

《木牘》："治狗齧人創（瘡）恿（痛）方。"

《木牘》："創（瘡）乾（幹）者，和以膏傅（敷）之。"

創與壯

《管仲》："凡其民人，老者忨（愿）死，創（壯）者忨（愿）行。"

蒼與倉

《相邦》："☐實官蒼（倉）。"

飠與爽

《子產》："乃斅（禁）辛道、飠（爽）語，虛言、亡（妄）賓（諼）。"按，"飠（爽）"字從ee在ee《清華六〈子產〉初讀》（簡帛網"簡帛論壇"，2016年4月16日）一文下跟帖讀。

刅字聲系

沙與梁

《成之》："僑（津）沙（梁）埥（爭）舟，其先也不若其後也。"按，"沙（梁）"字從裘按（《郭店楚墓竹簡·成之聞之》篇注［三一］）讀。

《交交》："交交鳴鴬，集于中沙（梁）。"

洲與梁

《更修田律》："十月爲橋，脩（修）波（陂）隄，利津洲（梁），鮮草離。"按，"洲（梁）"字從周波《釋青川木牘"洲"字及其相關諸字》（復旦大學出土文獻與古文字研究中心網，2008年4月8日）釋讀。

粱與梁

《編年記》："廿二年，攻魏粱（梁）。"

《二年·秩律》："陳留、粱（梁）、圉、姊（秭）歸、臨沮。"按，整理者釋"粱"爲"梁"。不確。

《戰國一》："秦毋惡燕、粱（梁）以自持也。"

《戰國一》："使齊、韓、粱（梁）、燕□□□□□□□約徹（卻）軍之日。"

《戰國一》："有（又）不欲臣之之韓、粱（梁）也。"

《戰國一》："爲予趙甲因在粱（梁）者。"

《戰國三》："欲從韓、粱（梁）取秦以謹勺（趙）。"

《戰國六》："自粱（梁）獻書於燕王。"

《戰國六》："燕南方之交完，臣將令陳臣、許翦以韓、粱（梁）問之齊。"

《戰國七》："自粱（梁）獻書於燕王。"

《戰國七》："今粱（梁）、勺（趙）、韓、□□□□□□□□薛公、徐爲有辭。"

《戰國八》："以齊封奉陽君，使粱（梁）、乾（韓）皆效地。"

《戰國八》："身衛（率）粱（梁）王牙（與）成陽君北面而朝奉陽君於邯鄲。"

《戰國八》："楚、越遠，宋、魯弱，燕人承，乾（韓）、粱（梁）有秦患。"

《戰國八》："齊燕爲一，乾（韓）、粱（梁）必從。"

《戰國一〇》："復牙（與）粱（梁）王遇，□功（攻）宋之事。"
《戰國一一》："臣暨（既）從燕之粱（梁）矣。"
《戰國一一》："臣之勺（趙），所聞於乾（韓）、粱（梁）之功（攻）秦，無變志矣。"
《戰國一一》："乾（韓）、粱（梁）合，勺（趙）氏將悉上黨以功（攻）秦。"
《戰國一一》："欲王之赦粱（梁）王而復見之。"
《戰國一一》："乾（韓）、粱（梁）豈能得此於燕弍（哉）。"
《戰國一二》："寡人之所爲功（攻）秦者，爲粱（梁）爲多。"
《戰國一二》："粱（梁）氏留齊兵於觀，數月不逆，寡人失望。"
《戰國一二》："寡人之吻（仍）功（攻）宋也，請於粱（梁）閉關於宋而不許。"
《戰國一二》："寡人有（又）聞粱（梁）入兩使陰成於秦。"
《戰國一二》："吾縣（懸）免（勉）於粱（梁）是（氏），不能辭已。"
《戰國一二》："寡人恐粱（梁）氏之棄與國而獨取秦也，是以有溝（講）慮。"
《戰國一二》："粱（梁）氏不恃寡人。"
《戰國一二》："若牙（與）楚遇，將與乾（韓）粱（梁）四遇，以約功（攻）秦。"
《戰國一二》："韋非以粱（梁）王之令（命），欲以平陵〈陸〉蛇（貤）薛。"
《戰國一二》："平陵〈陸〉雖（唯）成（城）而已，其鄙〈鄙〉盡入粱（梁）氏矣。"
《戰國一二》："粱（梁）氏先反，齊、勺（趙）功（攻）粱（梁），齊必取大粱（梁）以東，勺（趙）必取河内，秦案不約而應，王何患於粱（梁）。"
《戰國一二》："粱（梁）、乾（韓）無變，三晉牙（與）燕爲王功（攻）秦。"
《戰國一三》："齊取宋，請令楚、粱（梁）毋敢有尺地於宋，盡以爲齊。"
《戰國一三》："秦取粱（梁）之上黨。"
《戰國一三》："乾（韓）粱（梁）從，以功（攻）勺（趙）。"
《戰國一五》："華軍，秦戰勝魏，走孟卯，攻大粱（梁）。"
《戰國一五》："初時者，惠王伐趙，戰勝三粱（梁），拔邯戰〈鄲〉。"
《戰國一五》："今有（又）走孟卯，入北宅，此非敢【攻】粱（梁）也。"
《戰國一五》："今有（又）走孟卯，入北宅，以攻大粱（梁），是以天幸自爲常也。"
《戰國一五》："臣聞魏氏悉其百縣勝甲以上，以戍大粱（梁）。"
《戰國一五》："願君遝（逮）楚、趙之兵未至於粱（梁）也，亟以小（少）割收魏。"
《戰國一五》："乃罷粱（梁）圍。"
《戰國一六》："韓亡，秦有鄭地，兵〈與〉大粱（梁）鄰（鄰），王以爲安乎。"
《戰國一六》："若道河外，倍（背）大粱（梁），右蔡、召。"
《戰國一六》："有鄭地，得垣瘫（雝），决熒澤，大粱（梁）必亡。"
《戰國一六》："異日者秦在河西、晉國，去粱（梁）千里。"
《戰國一六》："有（又）長毆（驅）粱（梁）北。"
《戰國一六》："秦乃在河西，晉國去粱（梁）千里而禍若是矣。"
《戰國一六》："去粱（梁）百里，禍必百此矣。"
《戰國一六》："魏得韓以爲縣，以衛〈衛〉大粱（梁），河北必安矣。"
《戰國一七》："與之攻齊，攻齊已，魏爲

□國，重楚爲□□□□重不在粱（梁）西矣。”
《戰國二五》：“秦使辛梧據粱（梁），合秦、粱（梁）而攻楚，李園憂之。”
《戰國二五》：“以秦之強，有粱（梁）之勁，東面而伐楚。”
《戰國二五》：“秦餘（與）楚爲上交，秦禍案環（還）中粱（梁）矣。”
《戰國二五》：“將軍必逐於粱（梁），恐誅於秦。”
《戰國二五》：“秦未得志於楚，必重粱（梁）；粱（梁）未得志於楚，必重秦，是將軍兩重。”
《戰國二五》：“粱（梁）兵未出，楚見粱（梁）之未出兵也，走秦必緩。”
《戰國二五》：“粱（梁）兵果六月乃出。”
《戰國二六》：“見田僕於粱（梁）南。”
《戰國二六》：“秦攻鄢陵，幾拔矣，粱（梁）計將奈何？”
《戰國二六》：“在楚之救粱（梁）。”
《戰國二六》：“在粱（梁）之計，必有以自恃也。”
《戰國二六》：“無自恃計，傳（專）恃楚之救，則粱（梁）必危矣。”
《戰國二六》：“粱（梁）之東地，尚方五百餘里。”
《戰國二六》：“而與粱（梁），千丈之城，萬家之邑，大縣十七，小縣有市者卅有餘。”
《戰國二六》：“令粱（梁）中都尉□□大將，其有親戚父母妻子，皆令從粱（梁）王葆（保）之東地單父，善爲守備。”
《戰國二六》：“粱（梁）之群臣皆曰：‘粱（梁）守百萬，秦人無奈粱（梁）何也。’”
《戰國二六》：“粱（梁）王出，顧危。”
《戰國二六》：“粱（梁）之群臣必大過矣，國必大危矣。”
《戰國二六》：“粱（梁）王自守，一舉而地畢，固秦之上計也。”
《戰國二六》：“今粱（梁）王居東地，其危何也？”
《戰國二六》：“秦必不倍（背）粱（梁）而東，是何也？”
《戰國二六》：“粱（梁）王出粱（梁），秦必不攻粱（梁），必歸休兵。”
《戰國二六》：“若秦拔鄢陵，必不能掊（背）粱（梁）、黄、濟陽陰、睢陽而攻單父。”
《戰國二六》：“若秦拔鄢陵而不能東攻單父，欲攻粱（梁），此粱（梁）、楚、齊之大福已。”
《戰國二六》：“粱（梁）王在單父，以萬丈之城，百萬之守，五年之食，以粱（梁）餌秦，以東地之兵爲齊、楚爲前行。”
《戰國二六》：“齊、楚見亡不叚（遐），爲粱（梁）賜矣。”
《戰國二六》：“將軍必聽臣，必破秦於粱（梁）下矣。”
《戰國二六》：“與楚、粱（梁）大戰長社，楚、粱（梁）不勝，秦攻鄢陵。”
《戰國二六》：“今戰勝不能倍（背）鄢陵而攻粱（梁）者□少也。”
《戰國二六》：“今粱（梁）守，城萬丈，卒百萬。”
《戰國二六》：“今粱（梁）守百萬，粱（梁）王有（又）出居單父。”
《戰國二六》：“若不休兵，而攻虛粱（梁），守必堅。”
《戰國二六》：“諸侯有爲救粱（梁），秦必可破粱（梁）下矣。”
《戰國二六》：“若粱（梁）王不出粱（梁），秦拔鄢陵，必攻粱（梁），必急。”
《戰國二六》：“之將，則以王在粱（梁）

中也，必輕；之武，則□□□如不□梁（梁）中必亂（亂）。”

《戰國二六》：“之梁（梁）將，則死王有兩心，無以出死救梁（梁），無以救東地而□□□□□□□王不出梁（梁）之禍也。”

《戰國二六》：“若王不□，秦必攻梁（梁），是梁（梁）無東地憂而王□□□□□□□□□□□□□□梁（梁）中，則秦☐攻梁（梁）必急，王出，則秦之攻梁（梁）必☐。”

《擒龐涓》：“昔者，梁（梁）君將攻邯鄲，使將軍龐涓、帶甲八萬至於茬丘。”

《擒龐涓》：“請遣輕車西馳梁（梁）郊，以怒其氣。”

《要》：“唯周梁（梁）山之占也，亦必從其多者而已矣。”按，“梁（梁）”字從池田知久《〈馬王堆漢墓帛書周易〉要篇之研究》（《東洋文化研究所紀要》第一百二十三冊，1994年2月，156頁）釋讀。

《儒說》：“梁（梁）君問於中（仲）尼曰。”

《三十時》：“☐□爲道梁（梁）。”

《三十時》：“可發梁（梁）通水，不可雝（壅）名川。”

《北大老子》：“故強梁（梁）者不得死，我將以爲學（教）父。”

《周馴》：“晉梁（梁）囚（由）靡已扣穆公之左驂矣。”

《反淫》：“今有廣夏（廈）宮加（架），連埦接梁（梁）。”

《荊決》：“奮羽將蜚（飛），路毋關梁（梁）。”

《荊決》：“唯（雖）欲行作，關梁（梁）之止。”

《六博》：“在張者，婦强梁（梁），多子，受家室。”

梁與糧

《五名》：“再舉而共（恭），軍毋（無）所梁（糧）。”

《十問》：“交和而舍，梁（糧）食鈞（均）足，人兵適（敵）衡，客主兩懼。”

《十問》：“交和而舍，梁（糧）食不屬，人兵不足恃（恃），絕根而攻，適（敵）人什（十）負（倍），毄（擊）之奈何？”

《十問》：“其將則威，其兵則武，而理（吏）強梁（糧）疌（接），諸侯莫之或待（待）。毄（擊）之奈何？”

梁與良

《唐勒》：“故論義（議）御有三，而王梁（良）、就（造）☐☐。”

桺與梁

《三德》：“竿之長，枸株復（覆）車，善游者死於桺（梁）下，豻貌飤（食）虎。”按，“桺（梁）”字從陳劍《談談〈上博（五）〉的竹簡分篇、拼合與編聯問題》（簡帛網，2006年2月18日）釋讀。

桺與梁

《魯邦》：“公剴（豈）不飯桺（粱）飤（食）肉才（哉）！殹（繄），亡女（如）澩（庶）民可（何）。”

秎與梁

《鮑叔牙》：“命九月敘（除）迻（路）。十月而徒秎（梁）成，一之日而車秎（梁）成。”

《王居》：“是楚邦之弝（強）秎（梁）人，反昃（側）其口舌，以斐（竊）謫王、夫₌（大夫）之言。”按，“秎（梁）”字從復旦吉大古文字專業研究生聯合讀書會《上博八〈王居〉、〈志書乃言〉校讀》（復旦大學出土文獻與古文字研究中心網，2011年7月17日）釋讀。

桼與梁

《競公瘧》：“羣（澤）桼（梁）使敏（漁）守之。”按，“桼（梁）”字從何有祖《讀〈上博六〉劄記》（簡帛網，2007年7月9

日）釋讀。

《競公瘧》："割（會）痰（譴）與梨（梁）丘虡（據）言於公曰。"按，"梨（梁）"字從陳偉《讀〈上博六〉條記》（簡帛網，2007年7月9日）釋讀。下同。

《競公瘧》："今内寵又（有）割（會）痰（譴），外=（外亦）又（有）與梨（梁）丘峑（據）。"

《競公瘧》："命割（會）痰（譴）不敢監祭，梨（梁）丘虡（據）不敢監正（貞）。"

爿字聲系

壯與莊

《春秋一五》："魯壯（莊）公有疾，訊公子牙。"

《晏子一二》："晏子爲壯（莊）公臣，言用，晦（每）朝，賜爵益邑。"

《晏子一二》："崔杼果式（弒）壯（莊）公。"

《晏子一四》："吾於壯（莊）公行之矣。"

壯與牆

《守法》："諸官府室屋壯（牆）垣及家人室屋器戒（械）可以給城守者盡用之。"

莊與壯

《王期》："可以卻老復莊（壯），曼澤有光。"

《天下至道》："萃（猝）而暴用，不寺（待）其莊（壯），不刃（忍）兩熱，是故亟傷。"

《繫辭》："上古穴居而野處，後世耶（聖）人易之以宮室，上練〈練（棟）〉下楣，以寺（待）風雨，蓋取者（諸）大莊（壯）也。"

莊與藏

《帛五行·說》："不莊（藏）尤割（害）人，仁之理也。"

《帛五行·說》："終（充）其不莊（藏）尤割（害）人之心，而仁腹（覆）四海。"

湍與曠

《帛乙老子·道經》："湷（混）呵（兮）其若濁，湍（曠）呵（兮）其若浴（谷）。"按，通行本湍作曠。

蔞與裝

《封診式》："五十尺，帛裏，絲絮五斤蔞（裝），繆繒五尺緣及殿（純）。"

《養生方》："以繒裝（裝）之，因以蓋□以韋□雄□堅□□□旬。"

柴與牀

《反淫》："▨紹，結以奇（琦）璜，土（杜）若申椒，燕茝秦衡（蘅），新（辛）雉（夷）槀本，木蘭之柴（牀），卑（薜）離（荔）要（幽）惠（蕙），江羅（離）雜芳。"

戕與壯

《陳公》："踞瀵以戕（壯）士，喬山以退之。"

牀與壯

《帛易·明夷》："六二，明夷，夷于左股，用撜（拯）馬牀（壯），吉。"

《帛易·夬》："初九，牀（壯）于前止（趾），往不勝，爲咎。"

《帛易·夬》："九三，牀（壯）于頯（頄），有凶。君子缺（夬）缺（夬），獨行愚（遇）雨若濡。有溫（慍），无咎。"

《易之義》："大牀（壯），小腫（動）而大從，□□□也。"

《易之義》："大牀（壯）以卑陰也。"

牀與臧

《季康子》："丘昏（聞）之牀（臧）旻（文）中（仲）有言曰。"

狀與戕

《日甲·詰》："一室人皆毋（無）氣以息，不能童（動）作，是狀（戕）神在其室。"

牂與葬

《容成氏》："所曰聖人，其生賜羕（養）

也，其死賜牁（葬），迲（去）亟（苛）匿（慝），是以爲名。”

圀與葬

《繫年八》：“晉文公卒，未圀（葬），壤（襄）公新（親）衒（率）自（師）御（禦）秦自（師）于嶇（崤），大敗之。”

《繫年九》：“乃立靁（靈）公，安（焉）圀（葬）壤（襄）公。”

𣧙與葬

《筮法二六》：“肴（淆）乃父之不𣧙=（葬死）。”

《鄭武》：“自是㠯（幾）以至𣧙（葬）日，孚=（孺子）母（毋）敢又（有）智（知）安（焉）。”

牂與莊

《語叢一》：“豊（禮）生於牂（莊），樂生於京（諒）。豊（禮）妻（齊）樂霝（靈）則戚，樂𡨦豊（禮）霝（靈）則謗（慢）。”按，“牂（莊）”字從李零《郭店楚簡校讀記》（《道家文化研究》第十七輯，三聯書店，1999年）讀。

牂與臧

《窮達》：“郘（呂）室（望）爲牂（臧）嗇（棘）濡（津），戰監門嗇陸，行年七十而賭（屠）牛於朝訶（歌），興而爲天子帀（師），堣（遇）周文也。”按，“牂（臧）”字從裘按（《郭店楚墓竹簡·窮達以時》篇注［六］）讀。

將與醬

《養生方》：“治陰，以將（醬）漬□□□□□□□□□□□□□□□□□□其中。”

將與漿

《日甲·詰》：“入人醯、醬、滫、將（漿）中，求而去之，則已矣。”

《牝痔》：“因（咽）敝（蔽），飲藥將（漿），毋飲它。”

《王期》：“五音進合（答），孰短孰長，翕其神稽（霧），飲夫天將（漿）。”

將與藏

《繫辭》：“神以知來，知以將（藏）往。”按，今本將作藏。

漿與將

《兵令》：“信比四時，令嚴如斧越（鉞），利如干漿（將）。”

醬與漿

《第二組》：“吏有縣官事使而無僕者，郵爲飭，有僕，叚（假）之器，勿爲飭，皆給水醬（漿）。”

《養生方》：“□□以瘨（顛）棘（勒）爲醬（漿）方。”

瓶與藏

《守國》：“秋道實，萬物盈；冬大瓶（藏）☐。”

《文啟》：“求而得之，不可不瓶（藏）。”

《文啟》：“暨（既）已瓶（藏）之，不可不行也。”

《庫法》：“器成必試乃瓶（藏）。”

《庫法》：“恐處瓶（藏）之空屚（漏），室屋毀敗而吏嗇夫弗知，大罪也。”

《田法》：“餘食不入於上，皆瓶（藏）於民也。”

《田法》：“叔（菽）萁（萁）民得用之，稾民得用其什一，芻人一斗，皆瓶（藏）於民。”

《田法》：“諸以令畜者，皆瓶（藏）其本，齎（資）其息，得用之。”

𤕤與莊

《楚帛書》乙：“民祀不𤕤（莊），帝牆（將）繇以𤔔（亂）□之行。”

𤕤與臧

《周易·師》：“初六：帀（師）出以聿（律），不（否）𤕤（臧）凶。”

《繫年十四》："齊同（頃）公回（圍）魯₌（魯，魯）㸒（臧）孫譬（許）迈（蹠）晉求敚（援）。"

䁩與臧

《芮良夫》："敬䢅（哉）君子！恪䢅（哉）母（毋）巟（荒），畏天之降載（災），卹邦之不䁩（臧）。"

䁩與藏

《三壽》："虛（吾）聒（聞）夫墜（險）莫墜（險）於心，肙（厭）非（必）䁩（藏），亞（惡）非（必）喪。"

寙與藏

《程寤》："人悔（謀）疆（彊），不可以寙（藏）。"

《筮法二四》："司寙（藏），是古（故）胃（謂）羅（離）。"

㽵與莊

《帛五行·經》："袁（遠）而㽵（莊）之，敬也。"

牆與莊

《曹沫》："牆（莊）公或（又）聒（問）：'爲和於戟（陳）女（如）可（何）？'"

《曹沫》："牆（莊）公曰：'既成叠（教）矣，出帀（師）又（有）幾（機）虖（乎）？'"

牆與將

《老子》甲："竺（孰）能濁以朿（靜）者，牆（將）舍（徐）清；竺（孰）能庀以迬（動）者，牆（將）舍（徐）生。"

《老子》甲："愋（化）而雒（欲）复（作），牆貞（鎮）之以亡名之歡（樸）。"按，今本和帛書本牆作將。下二例同。

《老子》甲："夫亦牆智₌足[₌]（知足，知足）以朿（靜），萬勿（物）牆自定。"

《老子》甲："侯王女（如）能獸（守）之，萬勿（物）牆自實。"

《老子》甲："名亦既又（有），夫亦牆智（知）止，智（知）止所以不訂（殆）。"按，今本和帛書乙本牆作將。

《老子》丙："古（故）吉事上左，喪事上右。是以支（偏）牆軍居左，上牆軍居右，言以喪豊（禮）居之也。"按，今本和帛書本牆作將。

《語叢四》："女（如）牆（將）又（有）敗，鴕（雄）是爲割（害）。"

《詩論》："《旹（詩）》，其猶坪（平）門，與戔（賤）民而豫之，其甬（用）心也牆（將）可（何）女（如）？"

《詩論》："民之有慼惓（患）也，卡₌（上下）之不和者，其甬（用）心也牆（將）可（何）女（如）？"

《詩論》："《牆（將）中（仲）》之言，不可不韋（畏）也。"

《民之》："善才（哉）！商也，牆（將）可季（教）時（詩）矣。"

《魯邦》："夫山，石以爲膚，木以爲民，女（如）天不雨，石牆（將）焦，木牆（將）死，其欲雨，或甚於我，或必寺（待）虐（乎）名（禜）虐（乎）？夫川，水以爲膚，魚以爲民，女（如）天不雨，水牆（將）沽（涸），魚牆（將）死，其欲雨，或甚於我，或必寺（待）虐（乎）名（禜）虐（乎）？"

《容成氏》："聒（昏）者（揞）百眚（姓），至（縶）約者（諸）侯，天牆（將）戜（誅）安（焉）。"

《容成氏》："聒（昏）者（揞）百眚（姓），至（縶）約者（諸）侯，𢇍（絕）穜（種）悉（侮）眚（姓），土玉水酉（酒），天牆（將）戜（誅）安（焉）。"

《彭祖》："休才（哉）！乃牆（將）多昏（問）因由，乃不遠（失）厇（度）。"

《昭王》："卲（昭）王爲室於死沱（沮）之滸（滸），室既成，牆（將）袼（落）之。"

《昭王》："王戒邦夫=（大夫）以歙=（飲酒），既䀇条之，王内（入）牆（將）袼（落）。"

《昭王》："又（有）一君子殜（喪）備（服）曼廷，牆（將）迈（蹠）閨。"

《昭王》："少（小）人之告牆（將）剆（斷）於含（今）日，爾必止少=人=（小人，小人）牆（將）訋（召）寇。"

《昭王》："不幸僕（僕）之父之骨才（在）於此室之隋（階）下，僕（僕）牆（將）埮（掩）亡老☐。"

《昭王》："君不爲僕（僕）告，僕（僕）牆（將）訋（召）寇。"

《昭王》："牆（將）取車，大尹遇之，被襦=（襦衣）。"

《昭王》："僕（僕）遇龏（龔）之脽（脽）牆（將）取車，被襦=（襦衣）。"

《柬大王》："女（如）𡡈（吝），牆（將）祭之。"

《柬大王》："☐厶（私）誋（便），人牆（將）芺（笑）君。"

《柬大王》："君聖人，虘（且）良倀（長）子，牆（將）正於君。"

《柬大王》："夫帝=（上帝）禔（鬼）神高明甚，牆（將）必智（知）之。君王之疠（病）牆（將）從含（今）日以已。"

《柬大王》："☐牆（將）爲客告。"

《柬大王》："君皆楚邦之牆（將）軍，乍（作）色而言于廷。"

《柬大王》："王若（諾），牆（將）鼓而涉之。"

《柬大王》："君王尚（當）以昏（問）大（太）剥（宰）晉侯，皮（彼）聖人之孫=（子孫），牆（將）必[智之]。"

《柬大王》："此所胃（謂）之'榦（旱）母'，帝牆（將）命之攸（修）。"

《曹沫》："魯臧（莊）公牆（將）爲大鐘，型既成矣。"

《曹沫》："進必又（有）二牆（將）軍，毋牆（將）軍必又（有）瞾（數）辟（嬖）夫=（大夫），毋俾（嬖）夫=（大夫）必又（有）瞾（數）大官之帀（師）、公孫公子。"

《曹沫》："人使士，我使夫=（大夫）。人使夫=（大夫），我使牆（將）軍。人使牆（將）軍，我君身進。"

《曹沫》："牆（將）復戰，則彔（禄）簹（爵）又（有）祟（常），幾莫之堂（當）。"

《曹沫》："既戰復豫（舍），虖（號）命（令）於軍中曰：'綟（繕）麐（甲）利兵，明日牆（將）戰。'"

《曹沫》："昷=（明日）牆（將）戰，思（使）爲前行。"

《曹沫》："明慙（慎）以戒，如牆（將）弗克，毋冒以追（陷）。"

《鮑叔牙》："害牆（將）來，牆（將）有兵，有惪（憂）於公身。"

《鮑叔牙》："百眚（姓）皆夗（怨）悘，瀘（奄）肰（然）牆（將）蔻（亡）。"

《鮑叔牙》："二厽（三）子免（勉）之，寡人牆（將）迿倚。"

《苦成》："参（三）坏（郤）家叓（度）取宔（主）君之眾以不聖（聽）命，牆（將）大害。"

《三德》："方縈（榮）勿伐，將興（孕）勿殺，牆（將）齊（濟）勿杭（抗），是奉（逢）凶脖（孽）。"

《三德》："☐皇天牆（將）𦥯（興）之；母（毋）爲愢（僞）慣（詐），上帝牆（將）憎之。"

《告武夷》："含（今）日某牆（將）欲飤（食），某敢以其妻☐妻女（汝）。"

《楚帛書》乙："天棤（柱）牆（將）乍（作）

瀉（湯），降於其方。”
《楚帛書》乙：“民祀不𢡃（莊），帝𨡓（將）繇以䜌（亂）□之行。”
《競公瘧》：“二子𤋮，𨡓（將）☐。”
《競公瘧》：“古（故）死亓（期）𨡓（將）至，可（何）㤅（仁）☐。”
《季桓子》：“唯（雖）虐（吾）子勿聒（問），古（固）𨡓（將）以告。”
《申公》：“臣不智（知）君王之𨡓（將）爲君，女（如）臣智（知）君王之爲君，臣𨡓（將）或（有）至（致）安（焉）。”
《王子木》：“臣𨡓（將）又（有）告。”
《武王甲》：“𨡓（將）以書視〈見〉。”
《武王乙》：“君齋，𨡓（將）道之；君不祈（齋），則弗道。”
《鄭子甲》：“含（今）奠（鄭）子家殺其君，𨡓（將）保其㦝（寵）炎〈光〉以叟（沒）内（入）陞（地）。”
《鄭子甲》：“女（如）上帝䰟（鬼）神以爲惹（怒），虐（吾）𨡓（將）可（何）以畣（答）？”
《鄭子甲》：“唯（雖）邦之恮，𨡓（將）必爲帀（師）。”
《鄭子甲》：“余𨡓（將）必囟（使）子家毋以成（盛）名立於上，而威宎於下。”
《鄭子甲》：“帀（師）未還，晉人涉，𨡓（將）救奠（鄭）。”
《鄭子甲》：“王𨡓（將）還，夫=（大夫）皆進曰。”
《鄭子甲》：“含（今）晉人𨡓（將）救子家，君王必進帀（師）以迈（應）之！”
《鄭子乙》：“奠（鄭）子家殺其君，𨡓（將）保其㦝（寵）炎〈光〉以及〈叟（沒）〉内（入）陞（地）。”
《鄭子乙》：“女（如）上帝䰟（鬼）神以爲惹（怒），虐（吾）𨡓（將）可（何）以畣（答）？”
《鄭子乙》：“唯（雖）邦之恮，𨡓（將）必爲帀（師）。”
《鄭子乙》：“我𨡓（將）必囟（使）子家☐。”
《鄭子乙》：“帀（師）未還，晉人涉，𨡓（將）救奠（鄭）。”
《鄭子乙》：“王𨡓（將）還，夫=（大夫）皆進曰。”
《凡物甲》：“足𨡓（將）至（致）千里，必從夯（寸）刣（始）。”
《凡物甲》：“日之又（有）耳（珥），𨡓（將）可（何）聖（聽）？月之又（有）軍（輪），𨡓（將）可（何）正（征）？”
《凡物甲》：“水之東流，𨡓（將）可（何）涅（盈）？”
《凡物乙》：“足𨡓（將）至（致）千里，必☐。”
《凡物乙》：“月之又（有）軍（輪），𨡓（將）可（何）正（征）？”
《凡物乙》：“水之東流，𨡓（將）可（何）涅（盈）？”
《吳命》：“先=（先人）又（有）言曰：‘馬𨡓（將）害（猲），或童（恫）之，速𢻱。’”
《子道餓》：“荼（除）虐（乎）！司寇𨡓（將）見我。”
《子道餓》：“☐𨡓（將）安（焉）往？”
《有皇》：“又（有）皇（凰）𨡓（將）记（起）含可（兮）。”
《有皇》：“迵（周）流天下含可（兮），𨡓（將）莫皇含可（兮）。”
《有皇》：“女=（如女）子𨡓（將）深（泣）含可（兮），若余子力含可（兮）。”
《靈王》：“君爲王臣，王𨡓（將）述（墜）邦，弗能走（止）而或欲得安（焉）？”
《陳公》：“尖=（小人）𨡓（將）☐。”

《陳公》:“女（如）既至𢦏（仇）人之閒，迺（將）出帀（師）。”
《陳公》:“既斯（徙）軍，左右司馬進於迺（將）軍，命出帀（師）徒，迺（將）軍乃許若（諾）。”
《陳公》:“☐之帀（師）徒乃出，伓（背）軍而戟（陳），迺（將）軍後出安（焉），名之曰弇行。”
《邦人》:“亯（就）白公之禍（禍），䎽（聞）命（令）尹、司馬既死，迺（將）迈（蹠）郢。”
《邦人》:“鄴（葉）公子高曰：‘不得王，迺（將）必死，可（何）以帀（師）爲？’”
《卜書》：“卜人無咎，迺（將）逵（去）其里，而它方安（焉）適（適）。”
《卜書》：“貞邦無咎，殹（抑）迺（將）有役，女（如）☐。”
《古公》：“子嘗以此謠之，其白墨（黑）迺（將）可智（知）也。”
《文王》：“☐乃往，既見，迺（將）反（返），文王乃卑（俾）☐。”
《文王》:“上（尚）父曰：‘黃帝攸（修）三員（損），備日行，習女智，於是甬（用）迺（將）安。’”
《金縢》:“官（管）弔（叔）返（及）其羣䏍（兄）俤（弟）乃流言于邦曰：‘公迺（將）不利于需（孺）子。’”
《繫年五》：“郗（蔡）哀侯取妻於陳，賽〖=〗（息）侯亦取妻於陳，是賽=爲=（息嬀。息嬀）迺（將）歸于賽（息），⿰（過）郗=（蔡，蔡）哀侯命𧻚（止之）。”
《繫年五》：“君坓（來）伐我=（我，我）迺（將）求𢦏（救）於郗（蔡），君安（焉）敗之。”
《繫年八》：“秦自（師）將東𩛥（襲）奠=（鄭，鄭）之賈人弦高迺（將）西市，遇之，乃以奠（鄭）君之命裳（勞）秦三衛（帥）。”
《繫年九》：“豫（舍）其君之子弗立，而卲（召）人于外，而安（焉）迺（將）實（寘）此子也？”
《繫年十一》:“迺（將）以伐宋=（宋。宋）右帀（師）芋（華）孫兀（元）欲裳（勞）楚帀（師）。”
《繫年十四》:“齊同（頃）公囟（使）其女子自房中觀郇=之=克=（駒之克，駒之克）迺（將）受齊侯𢈪（幣）。”
《繫年十五》:“吳王子晨迺（將）追（起）禍（禍）於吳=（吳，吳）王盍（闔）虍（盧）乃歸，卲（昭）王安（焉）復邦。”
《繫年二二》:“宋殞（悼）公迺（將）會晉公，卒于𩂣。”
《繫年二三》:“迺（將）與之戰，奠（鄭）自（師）逃内（入）於蔑。”
《繫年二三》:“昷（明）𢦔（歲），楚人歸奠（鄭）之四迺（將）軍與其萬民於奠（鄭）。”
《繫年二三》:“楚自（師）迺（將）𢦏（救）武昜（陽）。”
《祝辭》：“徦（隨）弓：‘迺（將）豉（注）爲死，陽（揚）武即救（求）尚（當）。’”
《祝辭》：“外弓：‘迺（將）豉（注）爲肉，陽（揚）武即救（求）尚（當）。’”
《祝辭》：“踵弓：‘迺（將）𢎾（射）㝵（干）音（函），陽（揚）武即救（求）尚（當）。’”
《赤鵠》：“眾鶩（烏）迺（將）飤（食）之。”
《赤鵠》：“夏句（后）又（有）疾，迺（將）𥙆（禦）楚，于飤（食）其祭。”
《筮法一》：“噬（筮）疾者，弌（一）卦（卦）亢之，乃曰迺（將）死。”
《湯丘》：“若自使朕身巳（已）桀（桀）之疾，句（后）迺（將）君又（有）夏才（哉）！”

《三壽》:“八絽(紀)則緍(紊),四厭(嚴)牆(將)行。”

《三壽》:“四晦(海)之㞕(夷)則乍(作),九牧九矣(有)牆(將)喪。”

《三壽》:“古民人迷𤔔(亂),毚(僭)柔(侮)康馱(瞀),而不智(知)邦之牆(將)喪。”

《鄭武》:“昔虐(吾)先君,女(如)邦牆(將)又(有)大事,北(必)再三進夫=(大夫)而與之𢈽(偕)𢉖(圖)。”

《鄭武》:“老婦亦牆(將)丩(糾)攸(修)宮中之正(政),門檻之外母(毋)敢又(有)智(知)安(焉)。”

《鄭武》:“虐(吾)先君北(必)牆(將)相孖=(孺子),以定奠(鄭)邦之社禝(稷)。”

寣與將

《語叢四》:“皮(破)邦芒(亡)寣(將),流澤而行。”

遒與將

《繫年二三》:“楚自(師)回(圍)之於鄭(蔑),𦘔(盡)逾(降)奠(鄭)自(師)與其四遒(將)軍,以歸於郢。”

𨚵與將

《啻門》:“九以成陸(地),五以𨚵(將)【之】。”

《啻門》:“九以成陸(地),五以𨚵(將)之,可(何)也?”

《啻門》:“五以𨚵(將)之,水、火、金、木、土,以成五曲,以穗(植)五穀(穀)。”

《子產》:“善君必狄(察)昔歬(前)善王之㶒(法)聿(律),救(求)婞(藎)之臤(賢)可,以自分至(重)任以果𨚵(將)。”

𨚵與莊

《封許》:“趄=(桓桓)不(丕)ち,嚴𨚵(莊)天命。”按,“𨚵”似當讀作“莊”,訓爲“敬”。

減與壯

《楚帛書》丙:“減(壯)杢□。”

《楚帛書》丙:“減(壯),不可以𥫗(築)室,不可以□□。”

《耆夜》:“方減(壯)方武,穆=(穆穆)克邦。”

《耆夜》:“方減(壯)方武,克㦽(襲)栽(仇)戳(讎)。”

《耆夜》:“乍(作)訶(歌)一終曰贔=(《焚焚》:“焚焚)戎備(服),減(壯)武悚=(赳赳)。”

《祭公》:“亦尚㝴(寬)減𠂆(厥)心,康受亦弋(式)甬(用)休。”按,今本《逸周書·祭公》減作壯。

減與莊

《窮達》:“孫𠬝(叔)三弦(謝)郘(期)思少司馬,出而爲命(令)尹,堣(遇)楚減(莊)也。”

《曹沫》:“魯減(莊)公牆(將)爲大鐘,型既成矣。”

《曹沫》:“減(莊)公曰:‘今天下之君子既可智(知)已,篙(孰)能並兼人才(哉)?’”

《曹沫》:“減(莊)公曰:‘昔沱(施)舶(伯)語寡人曰:君子得之遂(失)之,天命。今異於而(尔)言。’”

《曹沫》:“減(莊)公曰:‘曼(晚)才(哉),虐(吾)聒(聞)此言。’”

《曹沫》:“減(莊)公曰:‘爲和於邦女(如)之可(何)?’”

《曹沫》:“減(莊)公曰:‘爲和於豫(舍)女(如)可(何)?’”

《曹沫》:“減(莊)公曰:‘勿兵以克奚女(如)?’”

《曹沫》:“減(莊)公或(又)聒(問)曰:‘三軍𢦏果又(有)幾(機)虖(乎)?’”

《曹沫》:“減(莊)公或(又)聒(問)曰:‘戰又(有)幾(機)虖(乎)?’”

《曹沫》："臧（莊）公或（又）聕（問）曰：'既戰又（有）幾（機）虐（乎）？'"
《曹沫》："臧（莊）公或（又）聕（問）曰：'復敗戰又（有）道虐（乎）？'"
《曹沫》："臧（莊）公或（又）聕（問）曰：'復盤戰又（有）道虐（乎）？'"
《曹沫》："臧（莊）公或（又）聕（問）曰：'復甘戰又（有）道虐（乎）？'"
《曹沫》："臧（莊）公或（又）聕（問）曰：'復故戰又（有）道虐（乎）？'"
《曹沫》："臧（莊）公或（又）聕（問）曰：'善攻者奚女（如）？'"
《曹沫》："臧（莊）公曰：'善獸（守）者奚女（如）？'"
《曹沫》："臧（莊）公或（又）聕（問）曰：'虗（吾）又（有）所聕（聞）之：一出言三軍皆懽（勸），一出言三軍皆往。又（有）之虐（乎）？'"
《曹沫》："臧（莊）公曰：'爲親（親）女（如）可（何）？'"
《曹沫》："臧（莊）公或（又）聕（問）：'爲和女（如）可（何）？'"
《曹沫》："臧（莊）公或（又）聕（問）：'爲義女（如）可（何）？'"
《曹沫》："臧（莊）公曰：'此三者足以戰虐（乎）？'"
《曹沫》："臧（莊）公曰：'穠（沫），虗（吾）言氏（是）不（否），而毋或（惑）者（諸）少（小）道與（歟）？虗（吾）一谷（欲）聕（聞）三弋（代）斎₌（之所）。'"
《莊王》："臧（莊）王既成。"
《莊王》："臧（莊）王既成亡（無）鎛〈鐸（射）〉。"
《王子木》："虗（吾）先君臧（莊）王迈（蹠）河雝之行。"
《鄭子甲》："臧（莊）王辜（就）夫₌（大夫）而與之言。"
《鄭子乙》："臧（莊）王辜（就）夫₌（大夫）而與之言。"
《祭公》："女（汝）母（毋）以俾（嬖）詨（御）息（塞）尔（爾）臧（莊）句（后）。"
《楚居》："至臧（莊）王遷（徙）衮（襲）樊₌郢₌（樊郢，樊郢）遷（徙）居同宮之北。"
《繫年二》："武公即殜（世），臧（莊）公即立（位）；臧（莊）公即殜（世），卲（昭）公即立（位）。"
《繫年十一》："穆王即殜（世），臧（莊）王即立（位），使孫（申）白（伯）亡（無）愄（畏）聘（聘）于齊。"
《繫年十一》："臧（莊）王衒（率）自（師）回（圍）宋九月。"
《繫年十二》："楚臧（莊）王立十又四年，王會者（諸）侯于醽（厲），奠（鄭）成公自醽（厲）逃歸，臧（莊）王述（遂）加奠（鄭）亂。"
《繫年十三》："晉中行林父衒（率）自（師）救（救）奠（鄭），臧（莊）王述（遂）北☐楚人明（盟）。"
《繫年十五》："楚臧（莊）王立，吳人服于楚。"
《繫年十五》："臧（莊）王立十又五年，陳公子諻（徵）余（舒）殺其君霝（靈）公，臧（莊）王衒（率）自（師）回（圍）陳。"
《繫年十五》："臧（莊）王即殜（世），龏（共）王即立（位）。"
《繫年十七》："晉臧（莊）坪（平）公即立（位）兀（元）年，公會者（諸）侯於瞑（溴）梁。"
《繫年十七》："緣（欒）程（盈）出奔齊₌（齊。齊）臧（莊）公光衒（率）自（師）以逐緣₌程₌（欒盈。欒盈）䢵（襲）鄴（絳）而不果，奔内（入）於曲夭（沃）。"

《繫年十七》:“齊減(莊)公涉河寚(襲)朝訶(歌),以復坪(平)侌(陰)之自(師)。”
《繫年十七》:“齊蓑(崔)芧(杼)殺其君減(莊)公,以爲成於晉。”
《繫年十八》:“晉減(莊)坪(平)公立十又二年,楚康王立十又四年。”
《繫年十八》:“晉減(莊)坪(平)公即殜(世),卲(昭)公、同(頃)公虘(皆)綦(早)殜(世),柬(簡)公即立(位)。”
《繫年二三》:“昷(明)戢(歲),郎減(莊)坪(平)君衒(率)自(師)戠(侵)奠=(鄭,鄭)皇子=(子、子)馬、子沱(池)、子坓(封)子衒(率)自(師)以这(邀)楚=人=(楚人,楚人)涉汖。”
《鄭甲》:“枼(世)及虐(吾)先君減(莊)公,乃東伐齊巇之戎,爲戲(徹),北城邷(溫)、原,遺郐(陰)桑宋(次)。”
《鄭甲》:“不能莫虐(吾)先君之武戲(烈)減(莊)社(功)。”
《鄭乙》:“枼(世)及虐(吾)先君減(莊)公,乃東伐齊巇之戎,爲戲(徹),北城邷(溫)、原,遺郐(陰)桑事。”
《鄭乙》:“不能莫虐(吾)先君之武戲(烈)減(莊)社(功)。”

寂與臧

《詩論》:“《木苽(瓜)》又(有)寂(臧)忨(愿)而未得達也。”按,“寂”似當讀爲“臧”,訓爲“善”。

藏與壯

《周易·夬》:“九厽(三):藏(壯)于頄,又(有)凶。君子夬=(夬夬),蜀(獨)行遇雨,女(如)雺又(有)厲,亡(无)咎。”
《周易·姤》:“敂(姤):女藏(壯),勿用取女。”
《周易·渙》:“初六:𢃻(拯)馬藏(壯),吉,悔(悔)亡。”

藏與牀

《周易·夬》:“九厽(三):藏(壯)于頄,又(有)凶。君子夬=(夬夬),蜀(獨)行遇雨,女(如)雺又(有)厲,亡(无)咎。”按,帛書本藏(壯)作牀。

壓與壯

《老子》甲:“勿(物)壓則老,是胃(謂)不道。”按,今本壓作壯。

壓與藏

《競公瘧》:“番(播)涅(盈)壓(藏)萅,使☐。”按,“壓(藏)”字從何有祖《上博六〈景公瘧〉初探》(簡帛網,2007年7月11日)讀。

慼與戕

《鄭子甲》:“弗愄(畏)魂(鬼)神之不恙(祥),慼(戕)惻(賊)其君。”
《鄭子乙》:“弗思〈愄(畏)〉魂(鬼)神之不恙(祥),慼(戕)惻(賊)其君。”

𣪯與葬

《鄭武》:“女(如)訢(慎)䡅(重)君𣪯(葬)而舊(久)之於上,三月少(小)恙(祥)。”

𧷤與藏

《鄭武》:“二三臣吏(事)於邦,遑=安=(惶惶焉,焉)宵(削)昔(錯)器於巽(選)𧷤(藏)之中。”

𧷤與將

《詩論》:“《𧷤(將)大車》之囂也,則以爲不可女(如)可(何)也。”

㵾與壯

《封許》:“女(汝)隹(惟)㵾(壯)耆尔猷,虔(虔)血(恤)王家。”按,“㵾(壯)”字從ee《清華五〈封許之命〉初讀》(簡帛網“簡帛論壇”,2015年4月9日)讀。

𤕤與壯

《別卦》:“𤕤=(大壯)。”

臧與戕

《帛易·小過》："九三，弗過仿（防）之，從或臧（戕）之，凶。"

臧與牀

《帛易·剥》："初六，剥臧（牀）以足，蔑貞，兇（凶）。"

《帛易·剥》："六二，剥臧（牀）以辯（辨），蔑貞，兇（凶）。"

《帛易·剥》："六四，剥臧（牀）以膚，兇（凶）。"

臧與牂

《隨日·司歲》："辰朔，隤（敦）臧（牂）司歲，有兵。"

臧與藏

《秦律·倉律》："縣遺麥以爲種用者，殽禾以臧（藏）之。"

《秦律·内史雜》："毋敢以火入臧（藏）府、書府中。"

《秦律·内史雜》："吏已收臧（藏），官嗇夫及吏夜更行官。"

《秦律·内史雜》："節（即）新爲吏舍，毋依臧（藏）府、書府。"

《效律》："官府臧（藏）皮革，數穃（煬）風之。"

《雜抄》："臧（藏）皮革橐（蠹）突，貲嗇夫一甲，令、丞一盾。"

《雜抄》："臧（藏）律。"

《答問》："智（知）人通錢而爲臧（藏），其主已取錢。"

《答問》："甲把其衣錢匿臧（藏）乙室，即告亡。"

《封診式》："自宵臧（藏）乙復（複）結（裾）衣一乙房内中，閉其戶。"

《爲吏》："比（庇）臧（藏）封印。"

《日甲·秦除》："定日，可以臧（藏），爲官府室祠。"

《日甲·星》："不可臧（藏）。"

《日甲·宅居》："水瀆（竇）北出，毋（無）臧（藏）貨。"

《日甲·盜者》："臧（藏）於垣内中糞蔡下。"

《日甲·盜者》："臧（藏）牛廄中草木下。"

《日甲·盜者》："臧（藏）於瓦器閒。"

《日甲·盜者》："臧（藏）於草中。"

《日甲·盜者》："臧（藏）東南反（坂）下。"

《日甲·盜者》："臧（藏）於瓦器下。"

《日甲·盜者》："臧（藏）於草木下，必依阪險。"

《日甲·盜者》："臧（藏）於芻稾中，阪險。"

《日甲·盜者》："臧（藏）於園中草下，旦啟夕閉。"

《日甲·盜者》："臧（藏）於圂中垣下。"

《日乙·除》："虛日，不可以臧₌蓋₌（藏蓋，藏蓋）它人必發之。"

《日乙·除》："閈〈閉〉日，可以蓋臧（藏）及謀，毋可有爲也。"

《日乙·七月》："不可臧（藏）。"

《周日書》："☐以孤虛循求盜所道入者及臧（藏）處。"

《周病方》："取戶旁腏黍，裹臧（藏）到穜（種）禾時，燔冶。"

《天甲·建除》："定日：可以臧（藏）、爲府，可以祝祠。"

《天甲·支占盜》："以亡，盜者中人，取之，臧（藏）穴中、糞土中。"

《天甲·支占盜》："以亡，盜從東方入，有（又）從【之】出，臧（藏）山谷中。"

《天甲·支占盜》："以亡，盜從東方入，復從出，臧（藏）野林草茅中。"

《天甲·支占盜》："以亡，盜者從東方入，有（又）從【之】出，取者臧（藏）谿谷、窌穴中，外人毆。”

《天甲・支占盜》：“以亡，盜者中人毆，臧（藏）囷屋㡉糞土中、蹇木下。”

《天乙・建除》：“定日：可以臧（藏）、爲府，可以祝祠。”

《天乙・支占盜》：“子：鼠毆。以亡，盜者中人。取之，臧（藏）穴中、糞土中。”

《天乙・支占盜》：“以亡，盜從南方入，有（又）從【之】出，臧（藏）山谷中。”

《天乙・支占盜》：“以亡，盜從東方入，復從出，臧（藏）野林草茅中。”

《天乙・支占盜》：“☑方入，有（又）從之出，取者臧（藏）谿谷、窌穴中，外人毆。”

《天乙・支占盜》：“以是亡，盜者中人毆。臧（藏）囷屋㡉糞土中、蹇木下。”

《治官》：“關侖（鑰）不利，臧（藏）盇（蓋）不瀍。”

《治官》：“庫臧（藏）羽革，楊（煬）風必謹，工用必審，臧（藏）盇（蓋）必法。”

《治官》：“臧（藏）蓋聯（裂）扇（漏），毋薦毋草。”

《占夢書》：“春曰發時，夏曰陽，秋曰閉，冬曰臧（藏）。”

《第一組》：“臧（藏）不盈廿二錢，貲一甲，耐罪以下，令備前𣪠（繫）日。”

《第一組》：“正其隸臣妾毆（也），有（又）以亡日臧（藏）數，與盜同瀍（法）。”

《第一組》：“其錢財當入縣道官而逋未入去亡者，有（又）坐逋錢財臧（藏），與盜同瀍（法）。”

《第二組》：“錢輒輸少內，皆相與靡（磨）除封印，中辨臧（藏）縣廷。”

《第二組》：“諸亡縣官器者，必獄治，臧（贓）不盈百廿錢，其官自治，勿獄。”

《第二組》：“鄉官輒上奔書縣廷，廷轉臧（藏）獄，獄史月案計日。”

《第二組》：“籍書其初亡之年月于結（𡠹），善臧（藏）以戒其得。”

《隨日・建除》：“定日，可以臧（藏），爲府、□☑。”

《隨日・盜日》：“臧（藏）安內中糞蔡下，女子也。”

《隨日・盜日》：“臧（藏）牛牢中。”

《隨日・盜日》：“其盜決，疵善，象（喙）口，東臧（藏）之史耳若所（？）。”

《隨日・盜日》：“盜者大面，短豙，臧（藏）草□□。”

《隨日・盜日》：“盜者長而黑，蟲目而黃色，臧（藏）瓦器下。”

《隨日・盜日》：“其身不全，長躁=（躁躁）然，臧（藏）之草木下，販（阪）險。”

《隨日・盜日》：“其爲人我=（娥娥）然，好歌（歌）舞，臧（藏）之芻稾瘕（廄）中。”

《隨日・盜日》：“其盜女子也，禿，從臧（藏）西方，厭（壓）以石。”

《隨日・盜日》：“盜者言亂，黃色，臧（藏）之園中草木下。”

《隨日・盜日》：“臧（藏）之糞蔡之中，襄（壤）下。”

《隨日・盜日》：“盜者大鼻而細胻，長脊，其面有黑子，臧（藏）圂中壞垣下。”

《隨日・盜日》：“其盜女子也，出首，臧（藏）室西北。”

《隨日・盜日》：“[不]全於中，以上大辟（臂）臧（藏）。”

《隨日・始種》：“盛新瓦壅（甕）中，臧（藏）燥地，到正月救取其息最。”

《隨日・歲》：“於是令東方生，令南方長，令西方殺，令北方臧（藏），令中央兼收。”

《隨日・歲》：“子毋敢臧（藏），盡夏三月乃解於丑。”

《隨日・歲》：“冬徼未也，是胃（謂）吾

且臧（藏）。”
《隨日·歲》：“十月稱臧（藏）於子，必請風，忘有大事，受臧（藏）不成。”
《二年·賊律》：“軍（？）吏緣邊縣道，得和爲毒=（毒，毒）矢謹臧（藏）。”
《二年·賊律》：“節（即）追外蠻夷盜，以假之，事已輒收臧（藏）。”
《二年·戶律》：“恆以八月令鄉部嗇夫、吏、令史相襍案戶籍，副臧（藏）其廷。”
《二年·戶律》：“已，輒復緘閉封臧（藏），不從律者罰金各四兩。”
《二年·金布律》：“移居=縣=道=（居縣道，居縣道）皆封臧（藏）。”
《引書》：“春產、夏長、秋收、冬臧（藏），此彭祖之道也。”
《帛五行·説》：“嘍（聰）者，聖之臧（藏）於耳者也。”
《帛五行·説》：“嘍（聰）也者，聖之臧（藏）於耳者也。”
《帛五行·説》：“明也者，知（智）之臧（藏）於目者也。”
《帛五行·説》：“同之聞也，獨色然辯於君子道，道者聖之臧（藏）於耳者也。”
《帛五行·説》：“明也者，知（智）之臧（藏）於目者。”
《九主》：“天復（覆）地載，生長收臧（藏），分四時。”
《四度》：“黃金珠玉臧（藏）積，怨之本也。”
《名理》：“如衡之不臧（藏）重與輕。”
《本伐》：“諸（儲）庫臧（藏）兵之國，皆有兵道。”
《順道》：“我不臧（藏）故，不挾陳。”
《諸傷》：“藥已治，裹以繒臧（藏）。”
《癃病》：“裹以韋臧（藏），用，取之。”
《癰》：“候其洎不盡一斗，抒臧（藏）之。”
《養生方》：“⍁多爲善臧（藏）⍁。”
《養生方》：“即善臧（藏）之，節（即）用之。”
《養生方》：“臧（藏）汁及革英（薢），以復煮肉，三而去之。”
《養生方》：“乾，即善臧（藏）之。”
《雜療方》：“大如□□□臧（藏）筒中，勿令歇。”
《雜療方》：“□□烝（蒸），盡汁，善臧（藏）卯（留）。”
《雜療方》：“善臧（藏）筒中，勿令歇。”
《雜療方》：“禹臧（藏）貍（埋）包（胞）圖法。”
《胎產書》：“是胃（謂）始臧（藏）。”
《天師》：“食陰之道，虛而（爾）五臧（藏），廣而（爾）三咎。”
《天師》：“飲毋過五，口必甘昧（味），至之五臧（藏），刑（形）乃極退。”
《容成》：“如臧（藏）於淵，則陳氣日盡，而新氣日盈。”
《王期》：“棲（接）陰之道，以靜爲強，平心如水，靈路（露）內臧（藏）。”
《王期》：“致之五臧（藏），欲其深臧（藏）。”
《王期》：“五臧（藏）軲（固）白（薄），玉色重光，壽參日月，爲天地英。”
《合陰陽》：“當此之時，中極氣張，精神入臧（藏），乃生神明。”
《形甲》：“昔善守者，臧（藏）九地之下，勭（動）九⍁。”
《形乙》：“昔善守者，臧（藏）九地之下，勭（動）九天之上。”
《威王問》：“必臧（藏）其尾，令之能歸。”
《晏子八》：“毋（無）死（朽）橐（蠹）

之臧（藏），毋（無）湅（凍）餒之民。"
《庫法》："庫器處臧（藏）必高，燥濕適，牖戶必分節，出入器必以時。"
《有主》："☐不理，不安其臧（藏），傷都邑，有主以爲任者。"
《曹氏》："若事之陰陽不然，夫春夏者方啟，去（呿）者順陽勝，秋冬者閉臧（藏），唫者順陰勝，故以其時決成敗。"
《曹氏》："戴角若穴臧（藏）皆陰，不傷害人，少刑。"
《禁》："若以聚眾鑿土，是謂攻臧（藏），國大殚（顇）。"
《三十時》："☐命曰發臧（藏），不可發令。"
《三十時》："☐命曰發臧（藏）。"
《三十時》："天不西風，虫（蟲）不臧（藏），不吉。"
《四時令》："所以責天地之閉臧（藏）也。"
《五令》："罰令者，抶盜賊，開詗詐僞人而殺之，以助臧（藏）地氣，使民毋疾役（疫）。"
《人君》："磿（歷）四時，大火焚臧（藏）。"
《相狗方》："其臥也，臧（藏）頭喙若枕之。"
《北大老子》："是故甚愛必大費，多臧（藏）必厚亡。"
《周馴》："今我去女（汝），往臧（藏）鼓（髮）齒。"
《周馴》："爲人君者，不久臧（藏）怒。"
《趙正書》："因夷其宗族，摞（壞）其社禝（稷），燔其律令及古（故）世之臧（藏）。"
《趙正書》："今自夷宗族，壞其社禝（稷），燔其律令及古（故）世之臧（藏）。"
《陰陽家》："冬氣宜=臧=（宜藏，宜藏）而不臧（藏）。"
《陰陽家》："人君好臧（藏），掌竊十年而弗發，則地奪之財。"
《節》："有（又）卌六日，天氣始并〈升〉，地氣始臧（藏），斬殺轂（擊）伐，毋有天央（殃）。"
《節》："陽在室曰臧（藏），在堂溺（弱），在庭卑，在門順。"
《神烏賦》："魚鱉得於芘（笓）笱，交（蛟）龍執（蟄）而深臧（藏）。"

臧與臟

《癸瑣》："受人貸材（財）以枉律令，其所枉當貲以上，受者、貸者皆坐臧（臟）爲盜，有律，不當灋（讞）。"
《猩敞》："掾（録）江陵獄：上造敞、士五（伍）猩智（知）人埱冢，分臧（贓）。"
《猩敞》："猩、敞受分，臧（贓）過六百六十錢。"
《猩敞》："猩、敞受分，臧（贓）過六百六十錢。"
《芮盜》："地臧（贓）直（值）千錢。"
《脈書》："腐臧（臟）闌（爛）腸而主殺。"
《脈書》："動則實四支（肢）而虛五=臧=（五臟，五臟）虛則玉體利矣。"
《引書》："閉玄府，啓繆門，闔五臧（臟），達九竅，和啓闔奏（腠）理。"
《脈死候》："三陰胕（腐）臧（臟）煉（爛）腸而主殺。"

臧與贓

《答問》："五人盜，臧（贓）一錢以上，斬左止，有（又）黥以爲城旦。"
《答問》："或盜采人桑葉，臧（贓）不盈一錢，可（何）論？"
《答問》："甲盜，臧（贓）直（值）千錢，乙智（知）其盜，受分臧（贓）不盈一錢，問乙可（何）論？"

《答問》：“與甲言，即各盜，其臧（贓）直（值）各四百，已去而偕得。”
《答問》：“其前謀，當并臧（贓）以論；不謀，各坐臧（贓）。”
《答問》：“工盜以出，臧（贓）不盈一錢，其曹人當治（笞）不當？”
《答問》：“妻智（知）夫盜，以百一十爲盜；弗智（知），爲守臧（贓）。”
《答問》：“削（宵）盜，臧（贓）直（值）百一十。”
《答問》：“削（宵）盜，臧（贓）直（值）百五十。”
《答問》：“今或益〈盜〉₌一₌腎₌（盜一腎，盜一腎）臧（贓）不盈一錢，可（何）論？”
《答問》：“皆各爲一具，一具之臧（贓）不盈一錢，盜之當耐。”
《答問》：“士五（伍）甲盜，以得時直（值）臧₌（贓，贓）直（值）過六百六十，吏弗直（值），其獄鞫乃直（值）臧₌（贓，贓）直（值）百一十，以論耐。”
《答問》：“士五（伍）甲盜，以得時直（值）臧₌（贓，贓）直（值）百一十，吏弗直（值），獄鞫乃直（值）臧₌（贓，贓）直（值）過六百六十，黥甲爲城旦。”
《答問》：“當爲告盜駕（加）臧（贓）。”
《答問》：“爲告盜駕（加）臧（贓）。”
《答問》：“當并臧（贓）以論，且行真罪、有（又）以誣人論？”
《答問》：“其得，坐臧（贓）爲盜。”
《答問》：“‘臧（贓）人’者，甲把其衣錢匿臧（藏）乙室，即告亡，欲令乙爲盜之，而實弗盜之謂殹（也）。”
《龍簡》：“程田以爲臧（贓），與同灋。”
《龍簡》：“分以上，直（值）其所失臧（贓）及所受臧（贓），皆與盜同☐。”
《龍簡》：“坐其所匿税臧（贓），與灋沒入其匿田之稼。”
《龍簡》：“其所受臧（贓），亦與盜同灋。”
《龍簡》：“田及爲詐（詐）僞寫田籍皆坐臧（贓），與盜□☐。”
《龍簡》：“迸（併）徙其田中之臧（贓）而不☐。”
《龍簡》：“☐罪及稼臧（贓）論之。”
《龍簡》：“☐及棄臧（贓）焉☐。”
《龍簡》：“言吏入者，坐臧（贓）與盜同灋。”
《識劫》：“匿訾（貲）税及室、肆，臧（贓）直（值）各過六百六十錢。”
《同顯》：“臧（贓）直（值）☐。”
《巍盜》：“臧（贓）四百一十六錢，巳（已）論磔巍。”
《二年·賊律》：“其以避負償，若受賞賜財物，皆坐臧（贓）爲盜。”
《二年·賊律》：“當燔弗燔，及吏主者，皆坐脯肉臧（贓），與盜同灋。”
《二年·盜律》：“盜臧（贓）直（值）過六百卒（六十）錢，黥爲城旦舂。”
《二年·盜律》：“謀偕盜而各有取也，并直（值）其臧（贓）以論之。”
《二年·盜律》：“臧（贓）見存者，皆以畀其主。”
《二年·盜律》：“受賕以枉灋及行賕者，皆坐其臧（贓）爲盜。”
《二年·盜律》：“所捕告得者多，以人數購之，而勿責（債）其劫人所得臧（贓）。”
《二年·具律》：“城旦刑盡而盜臧（贓）百一十錢以上若賊傷人及殺人。”
《二年·具律》：“所予臧（贓）罪重，以重者論之，亦駕（加）二等。”
《二年·捕律》：“皆以取購嘗（賞）者坐臧（贓）爲盜。”

《二年・錢律》:“故毀銷行錢以爲銅、它物者，坐臧（贓）爲盜。”
《二年・傳食律》:“爲傳過員，及私使人而敢爲食傳者，皆坐食臧（贓）爲盜。”
《二年・□市律》:“市販匿不自占租，坐所匿租臧（贓）爲盜。”
《二年・□市律》:“皆坐臧（贓）與盜同灋，罪耐以下有（又）䙴（遷）之。”
《奏讞書》:“甑所臧（贓）過六百六十，不發告書，順等以其故不論，疑罪。”
《奏讞書》:“毄（繫）母媊亭中，受豚、酒臧（贓）九十，出媊，疑罪。”
《奏讞書》:“恢盜臧（贓）過六百六十錢，石亡不訊，它如舜（辭）。”
《奏讞書》:“盜臧（贓）直（值）過六百六十錢，黥爲城旦。”
《奏讞書》:“臧（贓）千二百錢，已亥（核），孔完爲城旦。”
《旱灘坡》:“坐臧（贓）爲盜，在公令第十九，丞相常用第三□。”

牂與莊

《語叢三》:“牙（與）牂（莊）者凥（處），嗌（益）。”

脜與莊

《五行》:“以其外心與人交，遠也。遠而脜（莊）之，敬也。”

脜與將

《琴舞》:“日臺（就）月脜（將），孚（學）其光明。”

牆與牆

《爲吏》:“困屋牆（牆）垣。”
《日甲・詰》:“取故丘之土，以爲偽人犬，置牆（牆）上。”
《蒼頡篇》:“街巷垣牆（牆）。”
《月令》:“謂垣牆（牆）□□。”
《月令》:“脩（修）宮室，坏垣牆（牆），補城郭。”
《第二組》:“芻稾廥、倉、庫、實官、積，垣高毋下丈四尺，瓦牆（牆）。”
《三十時》:“可以築宮室、牆（牆）垣、門。可以爲畜天□。”
《三十時》:“靜眾，深垣牆（牆），歸老弱。”
《三十時》:“可築垣牆（牆）、宮室。”
《北蒼・陽》:“徑路衝術，街巷垣牆（牆）。”
《周馴》:“《書》曰：‘木折必莭（節），牆（牆）懷必陊（隙）。’”
《安稽》:“時贏其死，扶牆（牆）而起。”
按，“牆（牆）”字從楊元途《北大漢簡〈妄稽〉、〈反淫〉校讀筆記》（復旦大學出土文獻與古文字研究中心網，2016 年 6 月 3 日）釋讀。

爽字聲系

爽與霜

《日甲・詰》:“食之以噴，飲以爽（霜）路（露），三日乃能人矣。”

喪字聲系

喪與桑

《子產》:“子產用𢿭（尊）老先生之畯（俊），乃又（有）喪（桑）丘中（仲）𢼸（文）、圤（杜）䢵（逝）、肥中（仲）、王子白（伯）忨（願）。”

喪與亡

《周易・井》:“井：改邑不改井，亡（无）喪亡（无）得，往來井=（井井）。气（汔）至，亦母（毋）𨒪（達）井。羸（羸）其缾（瓶），凶。”按，帛書本喪作亡。

喪與殤

《服傳甲》:“故喪（殤）之經不漻（樛）垂，蓋弗（未）成也。”

桑字聲系

桑與蒼

《容成氏》："湯或（又）從而攻之，述（遂）逃迲（去），之桑（蒼）虐（梧）之埜（野）。"

桑與喪

《民之》："三亡（無）虎（乎），亡（無）聖（聲）之樂，亡（無）體（體）☑豊（禮），亡（無）備（服）之桑（喪）。"

《民之》："亡（無）聖（聲）之樂、亡（無）體（體）之豊（禮）、亡（無）備（服）之桑（喪），可（何）志（詩）是匸（迡）？"

《民之》："亡（無）備（服）之桑（喪），内虐（恕）㽞悲。"

《民之》："亡（無）備（服）之桑（喪），爲民父母。"

嬰字聲系

嬰與襄

《成之》："《君奭》曰：'嬰（襄）我二人，毋又（有）合才（哉）音（言）。'"按，今本《尚書·君奭》嬰作襄。

《競公瘧》："善才（哉）！虐（吾）甬（用）晏子，是嬰（襄）逗（桓）之言也！"按，"嬰（襄）"字從郭永秉《〈景公瘧〉的"襄桓之言"》（簡帛網，2007年7月25日）讀。

嬰與壤

《語叢四》："君又（有）悔（謀）臣，則嬰（壤）陛（地）不鈔（削）；士又（有）悔（謀）友，則言談不勺（弱）。"

嬰與禳

《晏子一三》："柏常騫曰：'臣請嬰（禳）而去之。'"

《晏子一三》："騫爲君嬰（禳）之而梟已死矣。"

嬰與穰

《容成氏》："句（后）禝（稷）既已受命，乃飤（食）於埜（野），宿於埜（野），復穀（穀）豢土，五年乃嬰（穰）。"

嬰與讓

《成之》："君子簸（簟）笞（席）之上，嬰（讓）而𢆶學（幼）；朝廷之立（位），嬰（讓）而凥（處）戔（賤）。"

《成之》："貴而罷（揖）嬰（讓），則民谷（欲）其貴之上也。"

《君子》："貴而能嬰（讓），斯人欲其□貴也。"

《容成氏》："於是於（乎）刣（治）雀（爵）而行录（禄），以嬰（讓）於又=吳=迵=（有虞迵，有虞迵）曰：'悳（德）速蓑（衰）☑。'"

《容成氏》："堯爲之季（教）曰：'自内（納）安（焉），余穴規（窺）安（焉），以求臤（賢）者而嬰（讓）安（焉）。'"

《容成氏》："堯以天下嬰（讓）於臤（賢）者，天下之臤（賢）者莫之能受也。萬邦之君皆以其邦嬰（讓）於臤（賢）☑□□□臤（賢）者，而臤（賢）者莫之能受也。"

《容成氏》："墨（禹）乃五嬰（讓）以天下之臤（賢）者。"

《容成氏》："咎（皋）秀（陶）乃五嬰（讓）以天下之臤（賢）者，述（遂）再（稱）疾不出而死。"

《容成氏》："墨（禹）於是唐（乎）嬰（讓）嗌（益），啓於是唐（乎）攻嗌（益）自取。"

謖與讓

《子羔》："堯見舜之悳（德）臤（賢），古（故）謖（讓）之。"

襄與壤

《隨日·盜日》："臧（藏）之糞蔡之中，襄（壤）下。"

《鬉》："奚（雞）矢鼠襄（壤）涂（塗）

桼（漆）王。”
《雄牝城》：“□盡燒（磽）者，死襄（壤）也，可毄（擊）也。”按，整理者“壤”誤爲“壞”，蓋爲打印錯誤。

襄與攘

《日甲·詰》：“鬼恆襄（攘）人之畜，是暴鬼，以芻矢鳶（弋）之，則止矣。”
《帛甲老子·德經》：“是胃（謂）行无行，襄（攘）无臂，執无兵，乃（扔）无敵矣。”
《占書》：“春贏〈羸（雷）〉會旦，爲大襄（攘），爲亂，爲役（疫）。”按，“襄”似當讀作“攘”。《集韻·養韻》：“攘，擾也。”《淮南子·兵略》：“故至於攘天下。”高誘《注》：“攘，亂。”《漢書·嚴助傳》：“南夷相攘。”顏師古《注》：“攘，謂相侵奪也。”

襄與曩

《晏子一六》：“襄（曩）之昌（唱）善者皆欲若魚者也。”

襄與穰

《秦律·倉律》：“別粲（秈）、稬（糯）之襄（穰），歲異積之，勿增積。”
《占夢書》：“夢天雨□，歲大襄（穰）。”

儴與攘

《國法》：“吏弗禁，民相儴（攘）之所生也。”

壤與襄

《繫年八》：“晉文公卒，未闔（葬），壤（襄）公新（親）衛（率）自（師）御（禦）秦自（師）于嶠（崤），大敗之。”按，“壤”字原形從土，整理者徑釋爲“襄”，不確。下六例同。
《繫年九》：“晉壤（襄）公卒，霝（靈）公高幼，夫₌（大夫）聚㫨（謀）曰：‘君幼，未可奉承也，毋（毋）乃不能邦？’”
《繫年九》：“猷求強君，乃命左行蔑（蔑）牙（與）陸（隨）會卲（召）壤（襄）公之弟癰（雝）也于秦。”
《繫年九》：“壤（襄）而〈夫〉人聒（聞）之，乃俖（抱）霝（靈）公以啓（號）于廷。”
《繫年九》：“乃立霝（靈）公，安（焉）闔（葬）壤（襄）公。”
《繫年十五》：“連尹壤（襄）老與之爭，敓（奪）之少盁。”
《繫年二十》：“戉（越）公、宋公敗齊自（師）于壤（襄）坪（平）。”

壤與讓

《命訓》：“亟（極）賞則民賈₌亓₌上₌（賈其上，賈其上）則亡₌壤₌（無讓，無讓）則不川（順）。”
《命訓》：“福莫大於行，禍（禍）莫大於遥（淫）祭，佴（恥）莫大於瘍（傷）人，賞莫大於壤（讓），罰莫大於多虘（詐）。”

孃與娘

《北蒼·之》：“泫沄孃（娘）姪，髳（鬆）弟經臬。”

攘與壤

《戰國一七》：“交以趙爲死友，地不兵〈與〉秦攘（壤）介（界）。”

攘與讓

《有司》：“揖，乃攘（讓）。”

鄸與穰

《北蒼·陽》：“鄢鄧析酈，宛鄂邔鄸（穰）。”

瓖與讓

《治官》：“一曰忠信敬上，二曰精廉无旁（謗），三曰舉吏審當，四曰喜爲善行，五曰龔（恭）敬多瓖（讓）。”

相字聲系

相與將

《民之》：“亡（無）膿（體）之豊（禮），日逑（就）月相（將）。”

相與廂

《安稽》："周春追之，及之東相（廂）。"

相與霜

《日甲·作女子》："毋以戌亥家（嫁）子、取婦，是謂相（霜）。"

《楚居》："至酓（熊）甬（勇）及酓（熊）嚴、酓（熊）相（霜）及酓（熊）霝（雪）及酓（熊）訓（徇）、酓（熊）咢及若嚻（敖）酓（熊）義（儀），皆居喬多。"

相與鷞

《文摯》："舉凫雁、鵠、蕭（鷫）相（鷞）、蚖檀（蟺）、魚鼈（鼈）、耎（蝡）動之徒。"

相與鵴

《反淫》："鴋（鴻）鵠鵷鶵（雛），弋（鳶）鷄肅（鷫）相（鷞），運翟（翅）比翼，椄（接）遝（沓）苛（柯）閒。"

啪與爽

《帛甲老子·道經》："五味使人之口啪（爽）。"

想與相

《天子甲》："肙₌（日月）得其甫（輔），想（相）之以玉㪷（斗）。"按，"想（相）"字從劉信芳《讀〈上博六〉劄記六則》（簡帛網，2007年7月25日）釋讀。下一例同。

《天子甲》："肙₌（日月）得其甫（輔），想（相）之以玉㪷（斗）。"

《説命中》："隹（惟）庶想（相）之力，乘甬（用）孚自埶（邇）。"

《芮良夫》："以力及亡（作），燮（襲）㦰（仇）啟郲（國），以武丞（及）恿（勇），衛（衛）想（相）社禝（稷）。"

《芮良夫》："女（如）闡（關）柭㡑（扃）釜（管），繩（繩）剸（準）既政（正）而五（互）想（相）柔訛（比）。"

《芮良夫》："女（如）闡（關）柭不閟（閉）而繩（繩）剸（準）逵（失）楑，五（互）想（相）不彊（噉）。"

䰍與壯

《啻門》："其既（氣）畜（奮）昌，是其爲堂（當）䰍（壯）。"

象字聲系

象與像

《立命》："昔者黃宗質始好信，作自爲象（像），方四面，傅一心。"

《繫辭》："是故易也者，馬〈象〉；象也者，馬〈象（像）〉也。"按，今本"馬〈象〉也"之"馬〈象〉"作"像"。

象與暢

《秦風》："文茵象（暢）轂。"

豫與象

《泰射》："騰（媵）爵者洗豫（象）觚（觶），升實之。"

《泰射》："賓降，洗豫（象）柧（觚），升酌膳以致。"

《泰射》："賓降，洗豫（象）柧（觚），升酌膳。"

章字聲系

章與彰

《老子》甲："瀍勿（物）慈（滋）章，覜（盜）惻（賊）多又（有）。"按，河上、王弼本章作彰。

《從政》："弇戒先遼則自㠯（已）訇（始），㬎（顯）訪懽（勸）信則僞（僞）不章（彰）。"

《季康子》："☐者，因古（故）册豊（禮）而章（彰）之，毋逆百事，皆青（請）行之。"

《融師》："隹（惟）㝅（茲）作章（彰），䍃皮（彼）獸鼠，又（有）足而☐。"

《用曰》："又（有）泯₌（昏昏）之不達，而㬎（顯）其甚章（彰）。"按，"章（彰）"

字從董珊《讀〈上博六〉雜記（續一）》（簡帛網，2008年7月11日）讀。

《成王》："☐安（焉）不曰日章（彰）而冰澡（消）虐（乎）？"按，"章（彰）"字從復旦吉大古文字專業研究生聯合讀書會《上博八〈成王既邦〉校讀》（復旦大學出土文獻與古文字研究中心網，2011年7月17日）讀。

《成王》："☐皆見章（彰）于天。"

《金縢》："今皇天邇（動）鬼（威），以章公惪（德），隹（惟）余湝（沖）人其親（親）逆公，我邦家豊（禮）亦宜之。"按，今本《尚書·金縢》和《史記·魯周公世家》章作彰。

《説命下》："敓（説），昔才（在）大戊，克漸（漸）五祀，天章（彰）之甬（用）九惪（德），弗易百青（姓）。"按，"章"當讀爲"彰"。

《封許》："女（汝）亦隹（惟）臺（淑）章（彰）尔櫨（慮），祇敬尔猷，以永厚周邦，勿灋（廢）朕命，經嗣桀（世）亯（享）。"

《湯丘》："今少（小）臣能碮（展）章（彰）百義。"

《帛甲老子·道經》："自視（示）【者】不章（彰），自見者不明。"按，通行本章作彰。下四例同。

《帛甲老子·道經》："不自視（示）故明，不自見故章（彰）。"

《帛乙老子·德經》："法物茲（滋）章（彰），而盜賊多有。"

《帛乙老子·道經》："自視（示）者不章（彰），自見者不明。"

《帛乙老子·道經》："不自視（示）故章（彰），不自見也故明。"

《曹熬》："積必見章（彰），玉閉堅精。"按，"章（彰）"字從周一謀、蕭佐桃《馬王堆醫書考注》（天津科學技術出版社，1988年，373頁）讀。

《天下至道》："壹嗵（動）耳目蔥（聰）明，再嗵（動）聲音章（彰）。"按，"章（彰）"字從周一謀、蕭佐桃《馬王堆醫書考注》（天津科學技術出版社，1988年，421頁）讀。

《繫辭》："君子知物（微）知章（彰），知柔知剛，萬天之望。"

《易之義》："文人内其光，外其龍，不以其白陽人之黑，故其文茲（滋）章（彰）。"

《文啟》："天地不自明，故能長生，聖人弗復明，故名聲章（彰）。"

《北大老子》："人多智而苛（奇）物茲（滋）起，灋物茲（滋）章（彰）而盜賊多有。"

《北大老子》："不自見故明，不自視（示）故章（彰），不自發（伐）故有功，弗矜故長。"

《北大老子》："炊（企）者不立，自見者不明，自視（是）者不章（彰），自發（伐）者無功，矜者不長。"

章與漳

《戰國五》："楚將不出雎（沮）、章（漳），秦將不出商閹（於）。"

章與障

《文啟》："天下之人如流水，章（障）之則止，啟之則行，動之則濁，静之則清。"

章與商

《帛易·兑》："九四，章（商）奪（兑）未寧，介疾有喜。"

章與瞻

《邶風》："章（瞻）□□□。"

《邶風》："遠于將之，章（瞻）望□□。"

彰與章

《語叢三》："迟（起）習旻（文）彰（章），嗌（益）。"

滰與章

《陳公》："☒戰於涂（豫）滰（章）之滸（滸），帀（師）不Ꝏ（絕）。"按，"滰（章）"字從賴怡璇《〈上博九·陳公治兵〉簡4"戰於涂（豫）滰之□（滸）"考》（簡帛網，2013年5月31日）讀。

鄣與障

《二年·賊律》："以城邑亭鄣（障）反，降諸侯，及守乘城亭鄣（障），諸侯人來攻盜，不堅守而棄去之若降之。"按，"鄣（障）"字從張家山漢簡研讀班《張家山漢簡〈二年律令〉校讀記》（《簡帛研究2002、2003》，廣西師範大學出版社，2005年）釋讀。

《北蒼·陽》："攻（空）穿襜（詹）魯，壘鄣（障）墜京。"

暲與彰

《凡物甲》："其人审（中），系（奚）古（故）少（小）𡈼暲（彰）豉（著）？"按，"暲（彰）"字從李銳《〈凡物流形〉釋文新編（稿）》（confucius2000網，2008年12月31日）讀。

昌字聲系

昌與倡

《緇衣》："王言女（如）絲，其出女（如）緍；王言女（如）索，其出女（如）緈（紼）。古（故）大人不昌（倡）流。"

《成之》："走（上）句（苟）昌（倡）之，則民鮮不從俟（矣）。"按，"昌（倡）"字從裘按（《郭店楚墓竹簡·成之聞之》篇注［一一］）讀。

《三德》："母（毋）爲角言，母（毋）爲人昌（倡）。"

《二三子》："其子隨之，通也；昌（倡）而和之，和也。"

《發敀》："天道无央（殃），不可先昌（倡）。"

昌與唱

《晏子一六》："公射出質，堂上昌（唱）善者一口。"

《晏子一六》："今射出質，昌（唱）善者若出一口。"

《晏子一六》："褱（囊）之昌（唱）善者皆欲若魚者也。"

《晏子一六》："今諸臣凶（諂）臾（諛）以弋利，故出質而昌（唱）善若出一口。"

《迎四時》："☒天之□，昌（唱）之以羽，舞之以鼓桃（鼗），此迎☒。"

昌與菖

《萬物》："昌（菖）蒲求遊波也。"

商字聲系

商與章

《日甲·生子》："己酉生子，穀（瞉），有商（章）。"

商與猖

《稱》："商（猖）闕（獗）而栝（活），先人之連（烈）。"

商與賞

《帛易·未濟》："九四，貞吉，悔亡。震用伐鬼方，三年有商（賞）于大國。"

尚字聲系

尚與倘

《競公瘧》："尚（倘）肰（然），是虐（吾）所頁（望）於女（汝）也，盍豉（誅）之。"

尚與堂

《耆夜》："辛公誏䧟（甲）爲立（位），复（作）策（册）逸爲東尚（堂）之客。"

《耆夜》："周公秉爵（爵）未畬（飲），蟋（蟋）蟀（蟀）𨁇（躍）陞（升）于尚（堂）。"

《耆夜》："周公复（作）訶（歌）一終曰𧊒＝

螸₌（《蟋蟀》：蟋蟀）才（在）尚（堂），役車其行。”

尚與常

《楚帛書》乙：“綒（嬴）絀遳（失）□，卉木亡尚（常）；□□□禾（妖），天陸（地）乍（作）羕（祥）。”

《楚帛書》乙：“卉木民人以□四淺之尚（常），□□上禾（妖），三寺（時）是行。”

《楚帛書》乙：“寺（時）雨進退，亡（無）又（有）尚（常）亙（恆）。”

《楚帛書》乙：“三亙（恆）登（廢），四興兒（䘏），以□天尚（常）。”

《龍牘》：“令自尚（常）也。”

《封許》：“余既監（鑑）于殷之不若，囿童才（玆）憂（憂），𣟭（靡）念非尚（常）。”

《命訓》：“又（有）尚（常）則室（廣，廣）以敬命，則厇（度）至于亟（極）。”

尚與徜

《神烏賦》：“尚（徜）羊（徉）其旁，涕泣從（縱）横。”

尚與掌

《命》：“亡僕（僕）之尚（掌）楚邦之正（政），逊（坐）春（友）五人，立春（友）七人。”

尚與當

《柬大王》：“欲祭於楚邦者虐（乎）？尚（當）謐（蔽）而卜之於大頣（夏）。”

《柬大王》：“君王尚（當）以䎽（問）大（太）剶（宰）晉侯。”

《芮良夫》：“尚（當）巠₌（恆恆）敬𢦏（哉）！寡（顧）皮（彼）後復。”按，“尚”似當讀作“當”。

《芮良夫》：“民不日幸，尚（當）憂（憂）思殹（也）。”按，“尚”似當讀作“當”。

《祝辭》：“倢（隨）弓：‘晒（將）豉（注）爲死，陽（揚）武即救（求）尚（當）。’”

《祝辭》：“外弓：‘晒（將）豉（注）爲肉，陽（揚）武即救（求）尚（當）。’”

《祝辭》：“踵弓：‘晒（將）矦（射）䙷（干）音（函），陽（揚）武即救（求）尚（當）。’”

《命訓》：“以人之佴（恥）尚（當）天之命，以其市冒（帽［絻］）尚（當）天之福，以其斧戉（鉞）尚（當）天之禍（禍）。”

尚與嘗

《五行》：“未尚（嘗）聋（聞）君子道，胃（謂）之不聦（聰）；未尚（嘗）見臤（賢）人，胃（謂）之不明。”

《柬大王》：“蓍尹畣（答）曰：‘楚邦又有祟（常）古（故），安敢殺祭？以君王之身殺祭，未尚（嘗）又（有）。’”

《戰國一四》：“王尚（嘗）與臣言，甘薛公以就事，臣甚善之。”

《要》：“孔子繇（籀）易，至於損益一〈二〉卦，未尚（嘗）不廢書而英（歎）。”

《文王》：“尚（嘗）退而思之，其唯臤（賢）民虐（乎）？”按，“尚（嘗）”字從鄔可晶《〈上博（九）·舉治王天下〉“文王訪之於尚父舉治”篇編連小議》（復旦大學出土文獻與古文字研究中心網，2013年1月11日）讀。

《邦人》：“訇（辭）曰：‘君王㚔臣之青（請）命，未尚（嘗）不許。’”

尚與賞

《命訓》：“以中從忠則尚₌（賞，賞）不㧑（必）中。”

尚與黨

《語叢二》：“忿（欲）生於眚（性），慮生於忿（欲），㤏（倍）生於慮，静（爭）生於㤏（倍），尚（黨）生於静（爭）。”按，“尚（黨）”字從裘按（《郭店楚墓竹簡·語叢二》篇注［五］）讀。

《春秋一五》："夫共中（仲）䮾（圉）人𩦎旅（舉）其族以犯尚（黨）民〈氏〉之眾。"按，"尚（黨）"字從郭永秉《馬王堆漢墓帛書〈春秋事語〉補釋三則》（復旦大學出土文獻與簡帛研究中心網，2007 年 12 月 24 日）讀。

尚與上

《引書》："以兩手據兩顫，尚（上）無（撫）產（顏）而上下榣（搖）之。"

《帛五行・説》："'文王在尚（上），於昭于天'，此之胃（謂）也。"

《足臂脈・足》："洇（咽）□□□□舌輅，□旦（癉），尚（上）□，□□。"按，"尚（上）"字從馬繼興《馬王堆古醫書考釋》（湖南科學技術出版社，1992 年，195 頁）讀。

《容成》："尚（上）下皆精，塞〈寒〉溫安生？"

《容成》："尚（上）察於天，下播於地。"

《帛易・乾》："尚（上）九，抗（亢）龍有悔。"

《帛易・否》："尚（上）九，頃（傾）婦（否），先不（否）後喜。"

《帛易・遯》："尚（上）九，肥掾（遯），先〈无〉不利。"

《帛易・履》："尚（上）九，視禮（履），巧（考）翔（祥）；其睘（旋），元吉。"

《帛易・訟》："尚（上）九，或賜之般（鞶）帶，終朝三摅之。"

《帛易・同人于野》："尚（上）九，同人于茭（郊），无悔。"

《帛易・无妄》："尚（上）九，无孟（妄）之行，有省（眚），无攸利。"

《帛易・姤》："尚（上）九，狗（姤）其角，閵（吝），无咎。"

《帛易・艮》："尚（上）九，敦根（艮），吉。"

《帛易・大畜》："尚（上）九，何天之瞿（衢），亨。"

《帛易・剥》："尚（上）九，石（碩）果不食，君子得車（輿），小人剥蘆（廬）。"

《帛易・損》："尚（上）九，弗損，益之，无咎，貞吉，有攸往。得僕无家。"

《帛易・蠱》："尚（上）九，不事王侯，高尚其德，兇（凶）。"

《帛易・坎》："尚（上）六，系（係）用諱（徽）繩（纆），親（寘）于總（叢）勒（棘），三歲弗得，兇（凶）。"

《帛易・需》："尚（上）六，人〈入〉于穴，有不楚（速）之客三人來，敬之，終吉。"

《帛易・比》："尚（上）六，比无首，兇（凶）。"

《帛易・蹇》："尚（上）六，往蹇（蹇），來石（碩），吉。利見大人。"

《帛易・節》："尚（上）六，枯（苦）節，貞凶，悔亡。"

《帛易・既濟》："尚（上）六，濡其首，厲。"

《帛易・屯》："尚（上）六，乘馬煩（班）如，汲（泣）血連（漣）如。"

《帛易・井》："尚（上）六，井收，勿幕，有復（孚），元吉。"

《帛易・震》："尚（上）六，辰（震）昔（索）昔（索），視懼（矍）懼（矍），正（征）凶。"

《帛易・大壯》："尚（上）六，羝羊觸藩，不能退，不能遂，无攸利，根（艱）則吉。"

《帛易・豫》："尚（上）六，冥餘（豫）成，或（有）諭（渝），无咎。"

《帛易・小過》："尚（上）六，弗愚（遇）過之，翡（飛）鳥羅（離）之，凶。是謂茲（災）省（眚）。"

《帛易·歸妹》："尚（上）六，女承筐无實，士刲羊无血，无攸利。"

《帛易·解》："尚（上）六，公用射敻（隼）于高庯（墉）之上，獲之，无不利。"

《帛易·豐》："尚（上）六，豐其屋，剖（蔀）其家，閨（闚）其戶，哭〈瞑（闃）〉其无人，三歲不遂，兇（凶）。"

《帛易·恆》："尚（上）六，敻（振）恆，兇（凶）。"

《帛易·坤》："尚（上）六，龍戰于野，其血玄黃。迵（用）六，利永貞。"

《帛易·泰》："尚（上）六，城復于湟（隍），勿用師。自邑告命，貞閵（吝）。"

《帛易·謙》："尚（上）六，鳴謙，利用行師，征邑國。"

《帛易·師》："尚（上）六，大〖人〗君有命，啟國承家，小人勿用。"

《帛易·復》："尚（上）六，迷復，兇（凶）。有茲（災）省（眚），用行師，終有大敗。以其國君，凶。"

《帛易·升》："尚（上）六，冥登（升），利于不息之貞。"

《帛易·兌》："尚（上）六，景奪（兌）。"

《帛易·夬》："尚（上）六，无號，冬（終）有兇（凶）。"

《帛易·萃》："尚（上）六，粢（齎）欶（咨）涕洎（洟），无咎。"

《帛易·咸》："尚（上）六，欽（咸）其胶（輔）陜（頰）舌。"

《帛易·困》："尚（上）六，困于褐（葛）纍（藟），于貳（臲）椽（卼），曰悔夷有悔，貞（征）吉。"

《帛易·革》："尚（上）六，君子豹便（變），小人勒（革）面。征凶，居貞吉。"

《帛易·隨》："尚（上）九〈六〉，枸（拘）係之，乃從巂（維）之，王用芳（享）于西山。"

《帛易·大過》："尚（上）九〈六〉，過涉滅釘（頂），凶，无咎。"

《帛易·離》："尚（上）九，王出正（征），有嘉折首，獲不戠（醜），无咎。"

《帛易·大有》："尚（上）九，自天右（佑）之，吉，无不利。"

《帛易·晉》："尚（上）九，溍（晉）其角，唯用伐邑。厲吉，无咎，貞閵（吝）。"

《帛易·旅》："尚（上）九，烏棼（焚）其巢，旅人先芺（笑）後摅（號）桃（咷）。"

《帛易·睽》："尚（上）九，乖（睽）苽（孤）。見豨（豕）負塗，載鬼一車。"

《帛易·未濟》："尚（上）九，有復（孚），于飲酒，无咎，濡其首，有復（孚），失是。"

《帛易·噬嗑》："尚（上）九，荷（何）校滅耳，兇（凶）。"

《帛易·巽》："尚（上）九，筭（巽）在牀下，亡（喪）其溍（資）斧，貞凶。"

《帛易·小畜》："尚（上）九，既雨既處，尚得（德）載，女貞厲。月幾朢（望），君子正（征），兇（凶）。"

《帛易·觀》："尚（上）九，觀其生，君子无咎。"

《帛易·漸》："尚（上）九，鳿（鴻）漸于陸，其羽可用爲宜（儀），吉。"

《帛易·中孚》："尚（上）九，騲（翰）音登于天，貞凶。"

《帛易·渙》："尚（上）九，渙其血去，湯（逖）出，无咎。"

《帛易·家人》："尚（上）九，有復（孚），委（威）如，終吉。"

《帛易·益》："尚（上）九，莫益之，或擊之，立心勿恆，兇（凶）。"

《繆和》："左者、右者，尚（上）者、下者，率突乎土者，皆來乎吾罔（綱）。"

《繆和》：“左者使左，右者使右，尚（上）者使尚（上），下者使下。”
《晏子一三》：“臺成，公不尚（上）焉。”
《晏子一三》：“今成，何爲不尚（上）焉？”
《晏子一三》：“其聲无不爲也，吾是以不尚（上）焉。”
《晏子一三》：“前日公令脩（修）臺=（臺，臺）成而公不尚（上）焉。”
《晏子一三》：“有梟夜鳴焉，吾惡之，故不尚（上）焉。”
《文敨》：“上勞刑繄（繁），民憂尚（上）流。”
《爲國》：“欲下之尚（上）合，民之尚（上）親也。”
《爲國》：“故其下无道尚（上）合，民无道尚（上）親。”
《爲國》：“聖王明君之爲國也，下尚（上）合，民尚（上）親，孰能取之。”
《德在》：“□德在民利，威在下尚（上）合，爲□。”
《曹氏》：“此若言尚（上）可合星辰日月，下可合陰陽四時，博之可以爲君焉。”
《妄稽》：“雞鳴善式（飾），乃尚（上）入閒（諫）。”按，“尚”似當讀作“上”。
《妄稽》：“尚（上）堂扶（匍）服（匐），卑耳户樞。”

堂與當

《喪服》：“童子，唯堂（當）室緦。”

堂與湯

《祝辭》：“又（有）上亢=（茫茫），又（有）下堂=（湯湯），司湍彭=（滂滂），句（侯）兹某也登（發）陽（揚）。”

常與尚

《奏讞書》：“其除講以爲隱官，令自常（尚），畀其於=（於於）。”

常與掌

《陰陽脈乙》：“在於手常（掌）中，出内陰兩骨之間。”

常與裳

《日甲·除》：“寇〈冠〉、尋（探）車、折（製）衣常（裳）、服帶，吉。”
《日甲·叢辰》：“可取（娶）婦、家（嫁）女、尋（探）衣常（裳）。”
《日甲·星》：“軫，□乘車馬、衣常（裳）。”
《日甲·直室門》：“則耇〈光〉門，其主昌，柁（袘）衣常（裳）。”
《日甲·衣二》：“丁酉裚（製）衣常（裳），以西有（又）以東行。”
《日甲·衣二》：“丁酉材（裁）衣常（裳），以西有（又）以東行。”
《日乙·楚除》：“蓋絕紀之日，利以裚（製）衣常（裳）、説孟（盟）詐（詛）。”
《日乙·楚除》：“復秀之日，利以乘車、寇〈冠〉、帶劍、裚（製）衣常（裳）。”
《日乙·七月》：“軫，乘車、衣常（裳）、取妻，吉。”
《日乙·裚》：“丁丑在亢，裚（製）衣常（裳），丁巳衣之，必敝。”
《日乙·生》：“壬辰生，必善醫，衣常（裳）。”
《天乙·直室門》：“則光門：其主□□。好歌舞。必施（袘）衣常（裳）。”
《占夢書》：“夢死者復起，更爲官（棺）郭（椁）；死者食，欲求衣常（裳）。”
《隨日·叢辰》：“可取（娶）妻、嫁女，□衣常（裳）、冠帶。”
《隨日·裁衣》：“八月、九月、癸丑、寅、申、亥，不可裁衣常（裳），以之死。”
《隨日·五子》：“五酉不可蓋室，材（裁）衣常（裳）。”

《隨日·直室門》："好舞，必施衣常（裳），十六歲弗更，不爲巫乃狂。"
《二年·賜律》："二千石吏不起病者，賜衣襦、棺及官衣常（裳）；郡尉，賜衣、棺及官常（裳）。"
《二年·賜律》："常（裳）一，用縵二丈。"
《帛易·坤》："六五，黄常（裳），元吉。"
《繫辭》："黄帝、堯、舜陲（垂）衣常（裳）而天下治，蓋取者（諸）取諸鍵（乾）川（坤）也。"
《二三子》："至用也，而名之曰君子，兼，'黄常（裳）'近之矣。"
《易之義》："'黄常（裳），元吉'，有而弗發也。"
《易之義》："易曰'黄常（裳），元吉'。"
《繆和》："故其在《詩》也曰：女弄不敝衣常（裳），士弄不敝車輛。"
《昭力》："上正（政）陲（垂）衣常（裳）以來遠人，次正（政）橐弓矢以伏天下。"
《見威王》："曰我將欲責（積）仁義，式禮樂，垂（垂）衣常（裳），以禁爭挩（奪）。"
《妄稽》："妄稽因新製踵（重）緒之衣，縠帛之常（裳）。"
《妄稽》："蕢（繢）嫂（縷）之紽（袉），夏暴（襮）短常（裳）。"
《妄稽》："郢（捏）命（領）騫（褰）衣，齊阿之常（裳）。"
《服傳甲》："斬衰常（裳），苴絰、杖、絞帶，冠繩纓，菅屨（屨）者。"
《服傳甲》："疎（疏）衰常（裳）資（齊）、牡麻絰、冠布纓。"
《服傳甲》："疎（疏）衰常（裳）資（齊）、牡麻絰，無綬（受）者。"
《服傳甲》："大功布衰常（裳）、牡麻絰，無綬（受）者。"
《服傳甲》："大功布衰常（裳）、牡麻絰纓、布帶三月。"
《服傳甲》："繐衰常（裳）、牡麻絰，既葬除之者。"
《服傳甲》："小功布衰常（裳）、澡麻帶絰五月者。"
《服傳甲》："小功布衰常（裳）、即葛五月者。"
《特牲》："唯尸、祝、佐食玄端，玄常（裳）、黄常（裳）、雜常（裳）可也。"
《服傳乙》："斬衰常（裳），苴絰、杖、絞帶，冠繩纓，菅屨（屨）者。"
《服傳乙》："疎（疏）衰常（裳）資（齊）、牡麻絰、冠布纓。"
《服傳乙》："疎（疏）衰常（裳）資（齊）、牡麻絰、冠布纓。"
《服傳乙》："疎（疏）衰常（裳）資（齊）、牡麻絰，無綬（受）者。"
《服傳乙》："大功布衰常（裳）、牡麻絰，無綬（受）者。"
《服傳乙》："大功布衰常（裳）、牡麻絰纓、布帶三月。"
《服傳乙》："繐衰常（裳）、牡麻絰，既葬除之者。"
《服傳乙》："小功布衰常（裳）、澡麻帶絰五月者。"
《喪服》："斬衰常（裳），苴絰、杖、絞帶，冠繩纓，菅屨（屨）者。"
《喪服》："疏衰常（裳）【齊】、牡麻絰、冠布纓。"
《喪服》："疎（疏）衰常（裳）齊、牡麻絰、冠布纓。"
《喪服》："疎（疏）衰常（裳）齊、牡麻絰，無綬（受）者。"
《喪服》："大功布衰常（裳）、牡麻絰，無綬（受）者。”
《喪服》：“大功布衰常（裳）、帶、牡麻絰纓、布帶三月。”
《喪服》：“繐衰常（裳）、牡麻絰，溉（既）葬除之者。”
《喪服》：“小功布衰常（裳）、燥（澡）麻帶絰五月者。”
《喪服》：“小功布衰常（裳）、即葛五月者。”
《喪服》：“常（裳），内削幅，幅三絇（袧）。”
《喪服》：“若齋（齊），常（裳）内衰外。”
常與黨
《戰國二一》：“秦以三軍功（攻）王之上常（黨）而包其北。”
綃與裳
《叢辰》：“利以冠，斆（探）車馬，折（製）衣綃（裳）、表（服）紝（飾）。”
掌與常
《戰國五》：“三王代立，五相〈伯〉蛇（弛）政，皆以不復其掌（常）。”
《戰國五》：“若以復其掌（常）爲可王，治官之主，自復之術也，非進取之路也。”
當與璫
《安稽》：“邯鄲直美，鄭庫（褲）繒（鄫）帶，弱（翡）翠爲當（璫）。”
當與倘
《雜抄》：“當（倘）除弟子籍不得，置任不審，皆耐爲侯（候）。”
《答問》：“當（倘）者（諸）侯不治騷馬。”
當與堂
《二年・賜律》：“三殔在當（堂），給二棺。”
當與常
《爲吏》：“處如資（齋），言如盟，出則敬，毋施（驰）當（常）。”
《大成》：“君必食陰以爲當（常），助以柏實盛良。”
當與嘗
《明君》：“當（嘗）試近比之。”
《三十時》：“☐利爲事成勝此力也，可築宮室，當（嘗）麥☐☐。”
《三十時》：“☐爲嗇夫，婦〈嫁〉女，取婦，當（嘗）麻叔（菽）苐葘☐。”
《三十時》：“下六：生。可以嫁女，取婦、築室，當（嘗）蓄采（菜），薊（漂）麻，取稟☐。”
《士相見》：“如當（嘗）爲臣者，則禮辤（辭）其摯（摯）。”
《特牲》：“祝命當（嘗）食，選（饕）者、舉鄭（奠）許諾，升，入，東面。”
當與鎏
《禁》：“春毋伐木，華笢（簹）生；夏毋犯火，精薪（煋）絳（豐）；秋毋犯金，當（鎏）銀昭；冬毋犯水，甘泉出。”
堂與尚
《老子》甲：“保此衍（道）者不谷（欲）堂（尚）呈（盈）。”
堂與當
《季康子》：“凡欲勿崇，凡遂（失）勿詭（危），各堂（當）其曲以成之。”
《性自》：“堂（當）事因方而折（制）之，其先後之舍（敘）則宜（義）道也。”
《容成氏》：“古（故）堂（當）是旹（時）也，亡并☐。”
《容成氏》：“堂（當）是時也，戭（癘）役（疫）不至，祆（妖）羕（祥）不行，祡（禍）才（災）迲（去）亡。”
《容成氏》：“堂（當）是旹（時），弜（強）溺（弱）不絧諹，眾寡不聖訟，天陸（地）四旹（時）之事不攸（修）。”

《苦成》："唯（雖）不堂（當）殜（世），句（苟）義毋售（久）立，死可（何）戕（傷）才（哉）！"

《季桓子》："□輂（嫯）戔（暴），興道學圣（淫），言不堂（當）其所，虘（皆）同其□，此牙（邪）民也。"按，"堂（當）"字從何有祖《讀〈上博六〉劄記三則》（簡帛網，2007年7月17日）釋讀。

《芮良夫》："母（毋）潅（害）天棠（常），各堂（當）尔（爾）悳（德）。"

《芮良夫》："曰其罰寺（時）堂（當），其悳（德）型（刑）義（宜）利。"按，"堂"似當讀作"當"。"時當"與"宜利"對文。《荀子·大略》："不當宜。"楊倞《注》："當，謂得時。"

《筮法五》："堂（當）日、不遢（易）向，聒（昏）聒（聞）不至。"

《筮法十一》："凸（凡）雨，堂（當）日才（在）下，嚠（數）而内（入），雨。堂（當）日才（在）上，嚠（數）而出，乃宇（旱）。"

《筮法十八》："凸（凡）噬（筮）志事，而見堂（當）日奴（如）堂（當）晨（辰），乃曰迷（速），疾亦然。"

《筮法三十》："凸（凡）是，各堂（當）其卦（卦），乃力（扐）占₌之₌（占之，占之）必力（扐），卦（卦）乃不試（忒）。"

《湯丘》："必思（使）事與飤（食）相堂（當）。"

《啻門》："其獎（氣）畓（奮）昌，是其爲堂（當）䊄（壯）。"

《管仲》："君堂（當）戢（歲），夫₌（大夫）堂（當）月，帀（師）君（尹）堂（當）日，安（焉）智（知）少多。"

《鄭甲》："子人成子既死，犬白（伯）堂（當）邑。"

《鄭甲》："君，老臣□□□□母（毋）言而不堂（當）。"

《鄭乙》："[子]人成子既死，犬白（伯）堂（當）邑。"

《子儀》："臺上又（有）兔，栘枳（枝）堂（當）欞（榡），卍（誒）客而螒（翰）之。"

《子產》："官政罘（懷）帀（師）栗，堂（當）事乃進，亡好。"

堂與黨

《鮑叔牙》："二人也倗（朋）堂（黨），羣獸遱（摟）倗（朋），取與廟公。"

棠與常

《老子》甲："和曰県〈棠〉，智（知）和曰明。"按，今本和帛書本県〈棠〉作常。

《成之》："天埶（格）大棠（常），以里（理）人侖（倫）。"

《成之》："是古（故）小人變（亂）天棠（常）以逆大道，君子詞（治）人侖（倫）以川（順）天悳（德）。"

《成之》："害（蓋）言新（慎）求之於吕（己），而可以至川（順）天棠（常）悏（矣）。"

《成之》："言不霏（奉）大棠（常）者，文王之型（刑）莫至（重）安（焉）。"

《成之》："是古（故）君子新（慎）六位以巳（祀）天棠（常）。"

《彭祖》："臣可（何）埶（設）可（何）行，而舉（遷）於朕身，而謐于帝棠（常）？"

《柬大王》："楚邦又有棠（常）古（故），安敢殺祭？"

《柬大王》："君王元君，不以其身弁（變）贅尹之棠（常）古（故）；贅尹爲楚邦之䰧（鬼）神宔（主），不敢以君王之身弁（變）亂（亂）䰧（鬼）神之棠（常）古（故）。"

《曹沫》："牆（將）復戰，則彔（禄）簹（爵）又（有）棠（常），幾莫之堂（當）。"

《曹沫》："必約（約）邦之貴人及邦之可（奇）士敎卒，使兵母（毋）復前棠（常）。"

《三德》："㮯（更）旦母（毋）哭，䀄（晦）母（毋）訶（歌），𢎺（弦）望齊（齋）宿（素），是胃（謂）川（順）天之祟（常）。"
《三德》："古（故）祟（常）不利，邦遂（失）䡅（憲）祟（常），少（小）邦則𢦏（剗），大邦𨓚（過）敡（傷）。"
《三德》："弁（變）祟（常）惕（易）豊（禮），土陘（地）乃坼（坼），民乃嚻（夭）死。"
《三德》："敬者得之，㤈（怠）者遂（失）之，是胃（謂）天祟（常）。"
《三德》："母（毋）作大事，母（毋）剴祟（常）。"
《祭公》："康□之，𦘔（蠻）伓（服）之，肰（然）母（毋）夕（斁）□，維我周又（有）祟（常）型（刑）。"
《芮良夫》："母（毋）自縦（縱）于逸，以嚻（傲）不惜（圖），𢣚（悍）弁（變）改祟（常）。"
《芮良夫》："母（毋）濋（害）天祟（常），各堂（當）尔（爾）悳（德）。"
《芮良夫》："政命悳（德）型（刑）各又（有）祟（常）朿（次）。"
《命訓》："大命又（有）祟（常），少（小）命日₌成₌（日成。日成）則敬。"
《啻門》："正（政）兼（濫）䜌（亂）以亡（無）祟（常），民咸解體自卹（恤）。"
《啻門》："型（刑）情（清）以不方（放），此胃（謂）㒹（美）型₌（刑；刑）𡁑（褻）以亡（無）祟（常），此胃（謂）亞（惡）型（刑）。"
《三壽》："聒（聞）天之祟（常），祇神之明。"
《三壽》："高文成且（祖），敢聒（問）疋（胥）民古（胡）曰昜（揚？揚）則𤔲（悍）遂（佚）亡（無）祟（常）。"

《三壽》："聒（聞）孝（教）忈（訓），舍（餘）敬恙（養），龏（恭）神裳（勞）民，楑（揆）中（中）而𩵦（參）祟（常）。"
《鄭武》："虛（吾）先君之祟（常）心，其可（何）不述（遂）？"
《管仲》："既𣪠（蔽）於貨，彗（猶）䜌（亂）毀祟（常）。"
《子儀》："民恆不實（寘）乃毀祟（常），各敄（務）降上品之㚒（辨），官相弋（代）乃又（有）見工。"

祟與當

《楚帛書》乙："隹（惟）□□□，月則經（贏）絀，不得其祟（當）。"

祟與裳

《詩論》："《祟₌（裳裳）者芋（華）》，則□。"
《建除》："凡盍日，利以折（製）衣祟（裳）、絁褆，折（製）布𥬭（褐），爲門膚（閭）。"

祟與嘗

《莊王》："以共（供）春秋之祟（嘗），以時（待）四𠳵（鄰）之䝴（賓）。"

嘗與賞

《二年·捕律》："皆以取購嘗（賞）者坐臧（贓）爲盜。"按，"嘗（賞）"字從郭永秉《張家山漢簡〈二年律令〉釋文校讀記》（復旦大學出土文獻與古文字研究中心網，2008年4月4日）釋讀。

嘗與上

《帛五行·說》："'明明在下，赤（赫）赤（赫）在嘗（上）'，此之胃（謂）也。"
《帛五行·說》："明者始在下，赤（赫）者始在嘗（上）。"

賞與償

《秦律·廄苑律》："其入之其弗亟而令敗者，令以其未敗直（值）賞（償）之。"

《秦律・倉律》："更之而不備，令令、丞與賞（償）不備。"
《秦律・金布律》："公有責（債）百姓未賞（償），亦移其縣，縣賞（償）。"
《秦律・金布律》："百姓叚（假）公器及有責（債）未賞（償）。"
《秦律・金布律》："終歲衣食不踐（足）以稍賞（償），令居之。"
《秦律・金布律》："其弗令居之，其人死亡，令其官嗇夫及吏主者代賞（償）之。"
《秦律・金布律》："縣、都官坐效、計以負賞（償）者，已論。"
《秦律・金布律》："而坐其故官以貲賞（償）及有它責（債）。"
《秦律・金布律》："貧窶毋（無）以賞（償）者，稍減其秩、月食以賞（償）之。"
《秦律・金布律》："吏坐官以負賞（償），未而死，及有罪以收，抉出其分。"
《秦律・金布律》："未賞（償）及居之未備而死，皆出之，毋責妻、同居。"
《秦律・工律》："其叚（假）者死亡、有罪毋（無）責也，吏代賞（償）。"
《秦律・工律》："其久靡不可智（知）者，令齎賞（償）。"
《秦律・工律》："者（諸）擅叚（假）公器者有罪，毀傷公器及□者令賞（償）。"
《秦律・司空》："其弗能入及賞（償），以令日居之，日居八錢。"
《秦律・司空》："非適（謫）罪殹（也）而欲爲冗邊五歲，毋賞（償）興日。"
《秦律・效》："令官嗇夫、冗吏共賞（償）敗禾粟。"
《秦律・效》："及者（諸）移贏以賞（償）不備，群它物當負賞（償）而僞出之以彼（貱）賞（償）。"
《秦律・效》："有（又）與主廥者共賞（償）不備。"
《秦律・效》："效公器贏、不備，以齎律論及賞（償），毋齎者乃直（值）之。"
《效律》："官嗇夫、冗長皆共賞（償）不備之貨而入贏。"
《效律》："令官嗇夫、冗吏共賞（償）敗禾粟。"
《效律》："及者（諸）移贏以賞（償）不備。"
《效律》："群它物當負賞（償）而僞出之以彼（貱）賞（償）。"
《效律》："效公器贏、不備，以齎律論及賞（償），毋齎者乃直（值）之。"
《效律》："計用律不審而贏、不備，以效贏、不備之律貲之，而勿令賞（償）。"
《雜抄》："免，賞（償）四歲繇（徭）戍。"
《答問》："不當論及賞（償）稼。"
《治官》："官贏不備，亡器齊（齎）賞（償）。"
《贏不足》："三人共以五錢市，今欲賞（償）之，問人之出幾可（何）錢？"
《贏不足》："貣（貸）人錢三，今欲賞（償）米，斗二錢，賞（償）一斗，不足一錢，賞（償）二斗〼。"
《芮盜》："五日備賞（償）錢；不賞（償），朵以固賈（價）取肆。"
《芮盜》："巳（已）用錢，毋（無）以賞（償）。"
《識劫》："券責建等，建等未賞（償），識欲告婉₌（婉，婉）即折券，不責建。"
《學爲》："稼孰（熟）倍賞（償）。"
《二年・賊律》："犬殺傷人畜產，犬主賞（償）之，它〼。"
《二年・田律》："貧弗能賞（償）者，令居縣官。"
《二年・田律》："縣官皆爲賞（償）主，禁毋牧彘。"
《三十時》："得人之將，賞（償）以長

子。”

《三十時》：“得人之一里，賞（償）以十里；得人之將，賞（償）以長子。”

《三十時》：“得人之地一里，賞（償）以十里。得人民虜，賞（償）以長子。”

賞與嘗

《天乙·五種忌》：“五穜（種）忌：子麥、丑黍、寅稷、卯叔（菽）、辰麻、戍秫、亥稻，不可始穜（種）、穫及賞（嘗）。”

《封診式》：“甲未賞（嘗）身免丙。”

《封診式》：“甲賞（嘗）身免丙復臣之不殹（也）？”

《封診式》：“某賞（嘗）懷子而變，其前及血出如甲□。”

《日甲·門》：“不可以始種及穫、賞（嘗），其歲或弗食。”

《日乙·雞日》：“不可以始種穫、始賞（嘗）。”

償與賞

《聽有》：“故萬乘之主，務存於舉廢償（賞）罰，之兩主者是已。”

當與黨

《尊德義》：“因亙（恆）則古（固），戠（察）匸（匿）則亡避（僻），不當（黨）則亡情（怨）。”

黨與倘

《封診式》：“甲黨（倘）有它當封守而某等脱弗占書，且有罪。”

《封診式》：“當獨抵死（屍）所，即視索終₌（終，終）所黨（倘）有通迹。”

裳與徜

《楚居》：“婋（毓）裳（徜）羊（徉），先凥（處）于京（景）宗。”

上字聲系

上與尚

《曹沫》：“毋上（尚）膭（獲）而上（尚）聒（聞）命，所以爲母（毋）退。”按，“上（尚）”字從陳劍《上博竹書〈曹沫之陳〉新編釋文》注 24（簡帛研究網，2005 年 2 月 12 日）引沈培説法讀。

《武王甲》：“武王聒（問）於帀（師）上（尚）父曰。”

《武王甲》：“帀（師）上（尚）父曰：‘才（在）丹箸（書），王女（如）谷（欲）瞿〈觀（觀）〉之，盍䜭（齋）乎？’”

《武王甲》：“帀（師）上（尚）父曰：‘夫先王之箸（書），不𢍰（與）北面。’”

《武王甲》：“帀（師）上（尚）父弄（奉）箸（書），道箸（書）之言曰。”

《周易·訟》：“上九：或賜（錫）絻（鞶）緈（帶），終朝厶（三）𢇍之。”按，帛書本上作尚。下二十二例同。

《周易·師》：“上六：大君子又（有）命，啟邦承家，尖₌（小人）勿用。”

《周易·比》：“上六：比亡（无）首，凶。”

《周易·大有》：“上九：自天右（祐）之，吉亡（无）不利。”

《周易·謙》：“上六：鳴壓（謙），可用行帀（師），征邦。”

《周易·豫》：“上六：槙（冥）余（豫），成又愈（渝），亡（无）咎。”

《周易·隨》：“上六：係而敏（拘）之，從乃嚂（維）之。王用享（亨）于西山。”

《周易·无妄》：“上九：亡（无）忘（妄），行又禬（眚），亡（无）卣（攸）利。”

《周易·大畜》：“上九：𡵂（何）天之𣐕（衢），卿（亨）。”

《周易·咸》：“上六：欽（咸）頌（輔）夾（頰）舌。”

《周易·恆》：“上六：叡（振）亙（恆），貞凶。”

《周易·遯》：“上九：肥豚（遯），亡（无）

不利。”
《周易·睽》：“上九：楑（睽）伀（孤），見豕僨（負）坴（塗），載☐。”
《周易·蹇》：“上六：往訐（蹇）來碩，吉，利見大人。”
《周易·夬》：“上六：忘（无）唇（號），中（終）又（有）凶。”
《周易·姤》：“上九：敂（姤）其角，吝，亡（无）咎。”
《周易·困》：“上六：困于䔢（葛）藟，于剌（鯇）□，曰：迖（動）悔（悔）又（有）悔（悔），征吉。”
《周易·井》：“上六：井朻（收）勿寞（幕），又（有）孚元吉。”
《周易·艮》：“上九：辜（敦）艮，吉。”
《周易·豐》：“上六：豐其芾（屋），坿（蔀）其家，閨（闚）其层（戶），鬩（闃）其亡（无）人，厽（三）戢（歲）不觀，凶。”
《周易·渙》：“上九：䨣（渙）其血，欲易（逖）出。”
《周易·小過》：“上六：弗遇𨾴（過）之，飛鳥羅（離）之，凶，是胃（謂）亦烖（災）禬（眚）。”
《周易·既濟》：“上六：需（濡）其首，厲。”
《繫辭》：“易有聖人之道四焉，以言者尚其辭，以動者上（尚）其變，以制器者尚其象，以卜筮者上（尚）其占。”
《阜易·蠱》：“□□□侯，高上（尚）其事。”
《發敂》：“敗法亂刑，上（尚）不知覺，亡國之則也。”
《文王》：“☐子訪之，上（尚）父舉（與）詞（辭）。”
《文王》：“子爲我得上（尚）父，軑（載）我天下；子逵（失）上（尚）父，垙（墜）我周阻（祚）。”
《文王》：“既言而上（尚）父乃皆（階）至。”
《文王》：“隹（惟）七年，文王訪於上（尚）父。”
《文王》：“上（尚）父乃言曰：‘夫先四帝、二王之☐。’”
《文王》：“上（尚）父曰：‘黃帝𠆢光，堯☐。’”
《文王》：“上（尚）父曰：‘黃帝攸（修）三員（損），備日行，習女智，於是甬（用）牆（將）安。’”
《文王》：“上（尚）父曰：‘黃帝攸（修）厽（三）員（損）☐。’”
《文王》：“上（尚）父曰：‘日行唇（乎）？甬以果而潛以成，吝而均庶，遠而方達。此日行也。’”
《耆夜》：“郘（呂）上（尚）甫（父）命爲司政（正），監歙（飲）酉（酒）。”
《良臣》：“又（有）郲（芮）白（伯），又（有）白（伯）适（适），又（有）帀（師）上（尚）父，又（有）虔（虢）弔（叔）。”
《論士》：“強士之所欲₌上₌力₌（欲，欲尚力，尚力）之□☐。”
《論士》：“此強士之所以欲上（尚）力☐。”
《北大老子》：“不上（尚）賢，使民不爭。”
《北大老子》：“是以吉事上（尚）左，喪事上（尚）右。”
《周馴》：“夫從徒步而爲千乘，此世之所上（尚）也。”

上與常

《從政》：“三折（制）：時（時）行視，上（常）衣飤（食）☐。”按，“上”似當讀作“常”，“上（常）衣飤（食）”爲使動用法，即使衣食有常。

走與尚

《曹沬》：“緺（陳）攻（功）走（尚）臤（賢）。”

亢字聲系

亢與坑

《人君》：“人君好徙邑里，易路巷，則水遷路徙，雉兔剋亢（坑），麋鹿剋朝，蜆魚剋□，龔（龍）剋淵。”

亢與沆

《反淫》：“歆（飲）三危之甘露，哈（欲）亢（沆）鋻（瀣）而充虛。”

亢與抗

《管仲》：“豎（堅）礦（質）以亢（抗），吉凶侌（陰）昜（陽），遠逐（邇）卡₌（上下），可立於補（輔）。”

《北大老子》：“故亢（抗）兵相若，則哀者勝矣。”

抗與亢

《帛易·乾》：“尚（上）九，抗（亢）龍有悔。”

《二三子》：“易曰：‘抗（亢）龍有毋（悔）。’”按，“抗”字從廖名春《帛書〈周易〉論集》（上海古籍出版社，2008年，370頁）釋，從今本《周易·乾》讀作“亢”。下一例同。

《二三子》：“聖人之立正（政）也，若遁（循）木，俞（愈）高俞（愈）畏下，故曰‘抗（亢）龍有毋（悔）’。”

《繫辭》：“抗（亢）龍有毋（悔）。”按，今本抗作亢。

犺與亢

《日甲·玄戈》：“須女、斗、牽牛大凶，角、犺（亢）致死。”

《日甲·玄戈》：“胃、角、犺（亢）大凶，東井、輿鬼致死。”

《日甲·玄戈》：“角、犺（亢）大吉，斗、牽牛少吉。”

《堪輿》：“壬寅、辛丑、乙未、丙申，犺（亢）根（很），百治不吉，多反復。”

犺與伉

《巍盜》：“巍，晉人，材犺（伉）。”

《北蒼·耕》：“踝企瘟（掩）散，耤（耤）犺（伉）播耕。”

阬與岡

《三德》：“母（毋）雝（壅）川，母（毋）剆（斷）阬（岡）。”按，“阬（岡）”字從陳劍《試説戰國文字中寫法特殊的“亢”和从“亢”諸字》（《出土文獻與古文字研究》第三輯，復旦大學出版社，2010年7月）釋讀。

阬與崗

《陳公》：“申（陳）於陸（隮）阬（崗），則鳶（雁）飛。”按，“阬（崗）”字從苦行僧在youren《〈陳公治兵〉初讀》（簡帛網“簡帛論壇”，2013年1月5日）一文下跟貼釋讀。

阬與閌

《語書》：“阬（閌）閬強肮（伉）以視（示）強。”按，“阬”當讀作“閌”。《説文新附·門部》：“閌，閌閬，高門也。”

杭與抗

《三德》：“方縈（榮）勿伐，將興（孕）勿殺，酒（將）齊（濟）勿杭（抗），是奉（逢）凶脖（孽）。”按，“杭（抗）”字從陳劍《試説戰國文字中寫法特殊的“亢”和从“亢”諸字》（《出土文獻與古文字研究》第三輯，復旦大學出版社，2010年7月）釋讀。

炕與亢

《易之義》：“是故鍵（乾）之‘炕（亢）

龍'，壯之'觸蕃（藩）'，句（姤）之'離角'，鼎之'折足'，酆（豐）之'虚盈'，五繇者，剛之失也，僮（動）而不能静者也。"
《易之義》："'炕（亢）龍有悔'，高而爭也。"
《易之義》："在下爲橬（潛），在上爲炕（亢）。"
《易之義》："易曰'潛龍勿用'，'炕（亢）龍有悔（悔）'，言其過也。"
《易之義》："易曰'炕（亢）聾（龍）有悔'，大人之義不實於心，則不見於德；不單於口，則不澤於面。"

玩與璜

《筮法二九》："九象爲大獸，爲木，爲備戒，爲首，爲足，爲它（蛇），〖爲它〗，爲曲，爲瑀，爲弓、琥、玩（璜）。"

玩與衡

《封許》："敀（路）車，璁（蔥）玩（衡）、玉驘（璲），緣（鑾）鈴（鈴）索（素）旂，朱笄元（軏）。"

肮與伉

《語書》："阬（閌）閬強肮（伉）以視（示）強。"

紻與綱

《芮良夫》："母（毋）自縱（縱）于逸，以囂（傲）不惛（圖），懇（悍）弁（變）改祟（常），絉（庥）而亡（無）又（有）絽（紀）紻（綱）。"
《管仲》："好宜（義）秉惪（德），又（有）攷（虔）不解（懈），爲民紀紻（綱）。"

庚字聲系

庚與康

《季康子》："季庚（康）子曆（問）於孔₌（孔子）曰。"
《季康子》："庚（康）子曰：'青（請）昏（問）：可（何）胃（謂）急（仁）之以惪（德）？'"
《季康子》："庚（康）子曰：'肰（然）其宔（主）人亦曰：古之爲邦者必以此。'"
《季康子》："庚（康）子曰：'毋乃肥之昏也，是左虗（乎）？古（故）女（如）虗（吾）子之疋（疏）肥也。'"
《繫年四》："乃先建衛弔（叔）坓（封）于庚（康）丘，以侯殷之叙（餘）民。"
《繫年四》："衛人自庚（康）丘遷于沂（淇）衛。"
《厚父》："朝夕肆（肆）祀，不盤于庚（康），以庶民隹（惟）政之觀（恭），天則弗吳（斁），永保夏邦。"
《厚父》："民曰隹（惟）西（酒）甬（用）祼（肆）祀，亦隹（惟）西（酒）甬（用）庚（康）樂。"
《鄭甲》："印涇〈淫〉柔（慆）于庚（康），臒（獲）皮（彼）𦟝（荊）俑（寵）。"

庚與湯

《鄭甲》："虗（吾）若聒（聞）夫鬰（殷）邦：'庚（湯）爲語而受（紂）亦爲語。'"

唐與溏

《脈書》："在腸中，痛，左右不化，泄，爲唐（溏）叚（瘕）。"
《脈書》："唐（溏）泄死，水與閉同則死。"
《足臂脈·足》："唐（溏）泄恆出，死。"
《陰陽脈甲》："唐（溏）泄，死。"
《陰陽脈乙》："唐（溏）泄，死。"

唐與篖

《算數書·蘆篖》："盧（蘆）唐（篖）。"
《算數書·蘆篖》："一日伐竹六十箇，一日爲盧（蘆）唐（篖）十五，一竹爲三盧（蘆）唐（篖）。"
《算數書·蘆篖》："欲令一人自伐竹，因

爲盧（蘆）唐（簩），一日爲幾何？”
《算數書・蘆簩》：“曰：爲十三〈二〉盧（蘆）唐（簩）四分之三。”

康與糠

《日甲・詰》：“以脩（滫）康（糠），寺（待）其來也，沃之，則止矣。”

康與湯

《曹沫》：“君其亦隹（唯）聤（聞）夫垦（禹）、康（湯）、傑（桀）、受（紂）矣。”
《保訓》：“至于成康（湯），祗備（服）不解（懈），甬（用）受大命。”
《良臣》：“康（湯）又（有）伊君（尹），又（有）伊陟，又（有）臣扈（扈）。”
《鄭乙》：“康（湯）爲語而受（紂）亦爲語。”

漮與湯

《史蒥》：“北（必）跪（危）其邦家，則能貴於垦=漮=（禹湯，禹湯）則學。”

㾾與壤

《祭公》：“女（汝）母（毋）䀠（瞑）㝱（眩）㾾=（壤壤），戛（厚）䀠（顏）忍恥，寺（時）隹（惟）大不弔（淑）㢭（哉）。”按，“㾾=”似當讀作“壤壤”。《呂氏春秋・先識・知接》：“戎人見暴布者而問之曰：‘何以爲之莽莽也？’指麻而示之，怒曰：‘孰之壤壤也，可以爲之莽莽也？’”畢沅《呂氏春秋新校正》：“壤壤，紛錯之貌。”《史記・貨殖列傳》：“天下熙熙，皆爲利來；天下壤壤，皆爲利往。”

更字聲系

更與梗

《日甲・詰》：“人毋（無）故而憂也，爲桃更（梗）而敃（搢）之。”
《日甲・詰》：“以桃更（梗）毄（擊）之，則止矣。”

竟字聲系

竟與境

《戰國一七》：“且使燕盡陽地，以河爲竟（境），燕齊毋□難矣。”
《戰國二四》：“警四竟（境）之内，興師救韓，名（命）戰車，盈夏路。”
《戰國二四》：“乃警四竟（境）之内，興師，言救韓。”
《九地》：“□國越竟（境）而師者，絕地也。”
《妄稽》：“出之竟（境）外，離家甚久。”

竟與鏡

《觀》：“人則視（示）竟〈竟（鏡）〉，人靜則靜，人作則作。”按，“竟”似即“竟”之誤字，在此讀作“鏡”。

京字聲系

京與諒

《語叢一》：“豊（禮）生於牂（莊），樂生於京（諒）。豊（禮）妻（齊）樂霝（靈）則戚，樂衋豊（禮）霝（靈）則謣（慢）。”按，“京（諒）”字從曹方向《小議清華簡〈繫年〉及郭店簡中的“京”字》（簡帛網，2012年1月2日）釋讀。
《三德》：“☐京（諒），竿之長，枸株復（覆）車，善游者死於枊（梁）下。”按，“京（諒）”字從陳劍《談談〈上博（五）〉的竹簡分篇、拼合與編聯問題》（簡帛網，2006年2月18日）讀。下三例同。
《三德》：“皇天弗京（諒），必復之以惪（憂）喪。”
《三德》：“上帝弗京（諒），必復之以康。上帝弗京（諒），以祀不享。”
《三德》：“是胃（謂）違章，上帝弗京（諒）。”
《妄稽》：“教（姣）美佳好，致（至）京

（諒）以子（慈）。”

京與景

《楚居》：“毓（毓）寰（徜）羊（徉），先凥（處）于京（景）宗。穴酓（熊）遲（遲）遷（徙）於京（景）宗，爰得妣𠭯（列）。”按，“京（景）”字從李家浩《談清華戰國竹簡〈楚居〉的“夷屯”及其他——兼談包山楚簡的“埦人”等》（《清華簡研究（第一輯）——〈清華大學藏戰國竹簡（壹）〉國際學術研討會會議論文集》，中西書局，2012年，頁248）讀。下一例同。

《楚居》：“至酓（熊）甠（狂）亦居京（景）宗。”

《反淫》：“登京（景）夷之臺，以望汝海。”

景與影

《名理》：“如景（影）之隋（隨）刑（形）。”

《反淫》：“不若處无爲之事，行不言之教；虛靜恬愉，如景（影）之效。”

滜與涼

《天下至道》：“壹已清滜（涼）出，再已而糗（臭）如靡骨。”

㾓與諒

《皇門》：“自䖵（釐）臣至于又（有）貧（分）私子，句（苟）克又（有）㾓（諒），亡（罔）不䜌達，獻言才（在）王所。”

㾓與常

《皇門》：“自䖵（釐）臣至于又（有）貧（分）私子，句（苟）克又（有）㾓，亡（罔）不䜌達，獻言才（在）王所。”按，今本《逸周書·皇門》㾓作常。

㾓與良

《厚父》：“隹（惟）所役之，司民啟之。民其亡㾓（良），迺弗鬼（畏）不恙（祥）。”按，“㾓（良）”字從暮四郎在ee《清華五〈厚父〉初讀》（簡帛網“簡帛論壇”，2015年4月9日）一文下跟帖讀。

諒與掠

《封診式》：“治獄，能以書從（蹤）迹其言，毋治（笞）諒（掠）而得人請（情）爲上；治（笞）諒（掠）爲下；有恐爲敗。”

《封診式》：“其律當治（笞）諒（掠）者，乃治（笞）諒（掠）。”

《封診式》：“治（笞）諒（掠）之必書曰。”

《田與》：“弗治（笞）諒（掠），田、市仁（認）奸。”

《田與》：“夏陽吏不治（笞）諒（掠），田、市仁（認）奸。”

《奏讞書》：“吏笞諒（掠）毛₌（毛，毛）不能支疾痛，而誣指講。”

《北蒼·陽》：“寇賊盜殺，捕獄問諒（掠）。”按，“諒（掠）”字從胡平生《讀〈蒼〉劄記一》（復旦大學出土文獻與古文字研究中心網，2015年12月21日）讀。

諒與竟

《戰國一六》：“穰侯，咎（舅）也，功莫多焉，而諒（竟）逐之。”

輬與涼

《爲政》：“爲正（政）壹利（厲）則長風，再則輬（涼）風，三則凒（凱）風，四則發屋，五則折木，六則兵作，七則君殍（卒）。”

《雨書》：“旬三日斗，雨，輬（涼）風作。”

懇與懷

《文摯》：“故辟聶（懾）懇（懷）胠（怯）者，食之恆張。”

光字聲系

光與珖

《妄稽》：“户（扈）佩准珠，飭（飾）八漢光（珖）。”

光與胱

《木牘》：“時腹中恿（痛），下弱（溺）旁

（膀）光（朓）。”

光與廣

《稱》：“自光（廣）者人絕之。”

《十問》：“毄（擊）此者，當葆（保）險帶隘，慎避光（廣）易。故易則利車，險則利徒。此毄（擊）車之道也。”

光與景

《邶風》：“二子乘州（舟），芛₌（汎汎）其光（景）。”

銧與匡

《卻穀》：“旬六始銧（匡），日□一節，至晦而復質，與月進退。”

銧與黃

《卻穀》：“秋食一去□□、霜霚（霧）〖霜霚（霧）〗和以輸陽、銧（黃）【光】，昏清可。”按，“銧（黃）”字從魏啟鵬、胡翔驊《馬王堆漢墓醫書校釋（貳）》（成都出版社，1992年，4頁）讀。下同。

《卻穀》：“冬食一去凌陰，和以□陽、銧（黃）光、輸陽、輸〈淪〉陰，昏清可。”

畺字聲系

畺與薑

《諸傷》：“□□膏、甘草各二，桂、畺（薑）、椒▨。”

《疽病》：“冶白蘞（蘞）、黃蓍（耆）、芍樂（藥）、桂、畺（薑）、椒、朱（茱）臾（萸）。”

《疽病》：“□、畺（薑）、蜀焦（椒）、樹（茱）臾（萸）四物而當一物。”

《癰》：“白茝（芷）、白衡、菌桂、枯畺（薑）、薪（辛）雉（夷），凡五物等。”

《養生方》：“取烏豙（喙）三果（顆），乾畺（薑）五，焦□□，凡三物。”

畺與疆

《詩論》：“《天保》，其得彔（祿）蔑畺（疆）矣！巽寡悳（德）古（故）也。”

彊與疆

《語叢三》：“思亡彊（疆），思亡亓（期），思亡紁（邪）。”按，“彊（疆）”字從陳偉《郭店楚簡別釋》（《江漢考古》1998年4期）讀。

《龍簡》：“黔首皆從千（阡）佰（陌）彊（疆）畔之其▨。”

《更修田律》：“以秋八月脩（修）封捋（埒），正彊（疆）畔。”按，“彊（疆）”字從于豪亮《釋青川秦墓木牘》（《文物》1982年1期）釋讀。

《蒼頡篇》：“縣鄙封彊（疆）。”

《四時令》：“擅（繕）甲厲（利）兵，合什爲伍，脩封四彊（疆）。”

《周馴》：“賢主兼國，不宵（肖）無慧，失其彊（疆）士〈土〉，其誰有常所？”

《節》：“田脩封彊（疆），司空脩社稷，鄉騷（掃）除術，伐枯弃青，天將下享氣。”

《節》：“迎酆（豐）龍（隆）戰，削其土彊（疆），亡其司空。”

《節》：“其入也，脩宮庭，利爲間事、正封彊（疆）。”

《少牢》：“皇尸命工祝，承致多福無彊（疆）于女孝孫。”

彊與薑

《雜療方》：“取犬骨燔，與蕃（礬）石各二，桂、彊（薑）各一，蕉（皂）莢三。”

彊與強

《語叢三》：“彊（強）之尌（柱）也，彊（強）取之也。”

彊與剛

《語叢三》：“彊之尌（柱）也，彊取之也；莫得膳（善）其所。”按，郭店簡《性自命出》篇本句作“剛之梪也，剛取之也”。

㢝與強

《五行》："遙（肆）而不畏㢝（強）語（禦），果也。"

㢝與競

《五行》："'不㢝（競）不梂（絿），不㢝（剛）不矛（柔）'，此之胃（謂）也。"

㥶與強

《語叢二》："㥶（強）生於眚（性），立生於㥶（強），剴（斷）生於立。"按，"㥶（強）"字從裘按（《郭店楚墓竹簡·語叢二》篇注［九］）讀。

韁與彊

《程寤》："人㥸（謀）韁（彊），不可以䰩（藏）。"

薑與薑

《牝痔》："乾薑（薑）二果（顆），十沸。"

橿與薑

《疽病》："□雎（疽），橿（薑）、桂、椒□居四□。"

《妄稽》："足若縣（懸）橿（薑），脛若談（棪）株。"

梪與薑

《養生方》："取乾梪（薑），桂、要（葽）苕、蛇牀、□□，皆冶之，各等。"按，"梪"即"橿"字省寫。下同。

《養生方》："取牛肊（䏿）燔冶之，□乾梪（薑）、菌桂皆并□，□□囊盛之。"

《養生方》："取細辛、乾梪（薑）、菌桂、烏豙（喙），凡四物，各冶之。"

《養生方》："細辛四，乾梪（薑）、菌、烏豙（喙）各二，并之。"

《養生方》："梪（薑）十果（顆），桂三尺。"

薔與彊

《九主》："臣不以忘（妄）進，曰薔（彊）以受也。"按，薔字下部所從似即彊字，在此讀作彊。下同。

《九主》："自薔（彊）者先名，先名者自責。"

《九主》："名命者符節也，法君之所以薔（彊）也。"

《九主》："法君執符以聅（聽），故自薔（彊）之臣莫敢偽會以當其君。"

卿字聲系

卿與嚮

《容成氏》："文王乃迡（起）帀（師）以卿（嚮）豐、喬（鎬），三鼓而進之，三鼓而退之。"

卿與饗

《曹沫》："昔堯之卿（饗）舜也，飯於土輜（熘），欲〈歠〉於土型（鉶），而攺（撫）又（有）天下。"

《叢辰》："以爲卡₌（上下）之禱祠（祠），魂（鬼）神卿（饗）之，乃浧（盈）其志。"

《厚父》："曰酉（酒）非飤（食），隹（惟）神之卿（饗）。"

卿與向

《緇衣》："毋以少（小）㥸（謀）敗大愭（作），毋以卑（嬖）御息（疾）妝（莊）句（后），毋以卑（嬖）士息（疾）夫₌（大夫）、卿事（士）。"按，上博簡本《緇衣》卿作向。

卿與亨

《周易·需》："孠（需）：又（有）孚，光卿（亨），貞吉，利涉大川。"

《周易·謙》："壓（謙）：卿（亨），君子又（有）冬（終）。"

《周易·隨》："陸（隨）：元卿（亨）利貞，亡（无）咎。"

《周易·蠱》："蠱：元卿（亨），利涉大川。先甲厽（三）日，後甲厽（三）日。"

《周易·无妄》："亡（无）忘（妄）：元卿（亨）利貞。其非（匪）復又（有）禕（眚），不利又（有）卣（攸）往。"
《周易·大畜》："上九：坰（何）天之杲（衢），卿（亨）。"
《周易·咸》："欽（咸）：卿（亨），利貞，取女吉。"
《周易·恆》："亙（恆）卿（亨），利貞，亡（无）咎。"
《周易·遯》："豚（遯）：卿（亨），少（小）利貞。"
《周易·萃》："啐（萃）：王畧（假）于審（廟），利見大人，卿（亨），利貞。用大牲，利又（有）卣（攸）往。"
《周易·旅》："遊（旅）：少（小）卿（亨），遊（旅）貞吉。"
《周易·渙》："爨（渙）：卿（亨）。王叚（假）於審（廟），利見大人，利涉大川。"

卿與享

《成之》："君上卿（享）成不唯杳（本），工（功）〼。"按，"卿（享）"字從裘按（《郭店楚墓竹簡·成之聞之》篇注[一四]）讀。
《祭公》："隹（惟）寺（時）皇上帝厇（度）其心，卿（享）其明悳（德），府（付）畀四方。"
《厚父》："其才（在）寺（時）後王之卿（享）國，隸（肆）祀三后，永敘才（在）服，隹（惟）女（如）怡（台）？"

卿與鄉

《暨過》："卿（鄉）遣以羸（纍）論暨。"按，"卿（鄉）"字從陶安《〈嶽麓書院藏秦簡（叁）〉校勘記》（復旦大學出土文獻與古文字研究中心網，2013年8月20）釋讀。
《暨過》："□谿卿（鄉）倉天窻（窗）容鳥。"
《識劫》："卿（鄉）唐、佐更曰。"
《燕禮》："如射，則泰（大）射正爲司射，如卿（鄉）射之禮。"

慶字聲系

慶與蜣

《痂》："壽（擣）慶（蜣）良（螂），饍以醯，封而炙之，蟲環出。"
《痂》："取慶（蜣）良（螂）一斗，去其甲足，以烏家（喙）五果（顆），礜大如李。"

慶與獷

《占書》："地棄之，五穀□山，慶（獷）獸作恙。"

慶與卿

《北蒼·陽》："閱篽（徹）竈趣（蹕），滕（騰）先登慶（卿）。"
《掑輿》："子、丑、慶（卿）李（理）也。"
《掑輿》："甲、乙，慶（卿）李（理）也。"

盧與慶

《古公》："〼有盧（慶）。子嘗以此謠之，其白墨（黑）牆（將）可智（知）也。者（胡）公〼。"按，"盧（慶）"字從肖時華、白於藍《〈鴨雄綠齋藏中國古璽印精選〉校記》（《中國文字》新三十七期，【臺灣】藝文印書館，2011年）釋讀。

競字聲系

競與竟

《周曆譜》："甲午，宿競（竟）陵。"
《周曆譜》："二月丙申，宿競（竟）陵。"
《周曆譜》："己酉，宿競（竟）陵。"
《周曆譜》："乙卯，宿競（竟）陵。"
《周曆譜》："丙辰，治競（竟）陵。"
《周曆譜》："丁巳，治競（竟）陵。"
《周曆譜》："戊午，治競（竟）陵。"
《周曆譜》："己未，治競（竟）陵。"
《周曆譜》："庚申，治競（竟）陵。"

《周曆譜》："辛酉，治競（竟）陵。"
《周曆譜》："壬戌，治競（竟）陵。"
《周曆譜》："癸亥，治競（竟）陵。"
《周曆譜》："甲子，治競（竟）陵。"
《周曆譜》："三月乙丑，治競（竟）陵。"
《周曆譜》："丙寅，治競（竟）陵。"
《周曆譜》："丁亥，治競（竟）陵。"

競與境

《曹沫》："☑競（境）必勳（勝），可以又（有）怡（治）邦，周等（志）是廌（存）。"
《周日書》："凡大㣿（徹）之日，利以遠行、絶邊競（境）、攻毄（擊）。"
《蒼頡篇》："㦹□斥競（境）。"
《擒龐涓》："☑競（境）。"
《五名》："入競（境）而共（恭），軍失其常。"
《五名》："入競（境）而暴，胃（謂）之客。再舉而暴，胃（謂）之華。"
《占書》："无故而自田其城下，是胃（謂）窮德，乃有芒（荒）野，四競（境）不通。"
《占書》："國之強，四競（境）甚敬（儆）。"

競與景

《競公瘧》："齊競（景）公痊（疥）虘（且）瘧（瘧），飢（逾）戢（歲）不巳。"
《競公瘧》："競（景）公瘧（瘧）。"
《楚居》："競（景）坪（平）王即立（位），猷（猶）居秦（乾）溪之上。"
《繫年十四》："晉競（景）公立八年，陸（隨）會衛（率）自（師），會者（諸）侯于俎（斷）道。"
《繫年十四》："昷（明）戢（歲），齊同（頃）公朝于晉競（景）公。"
《繫年十四》："郇（駒）之克走敳（援）齊侯之綿（帶），獻之競（景）公。"
《繫年十五》："需（靈）王即殜（世），競（景）坪（平）王即立（位）。"
《繫年十五》："競（景）坪（平）王即殜（世），卲（昭）王即立（位）。"
《繫年十六》："晉競（景）公會者（諸）侯以戕（救）鄭₌（鄭，鄭）人戠（捷）芸（鄖）公義（儀）。"
《繫年十六》："獻者（諸）競₌公₌（景公，景公）以歸。"
《繫年十六》："一年，競（景）公欲與楚人爲好，乃敓（脱）芸（鄖）公，囟（使）歸求成。"
《繫年十六》："競（景）公使翟（糴）之伐（茷）聘（聘）於楚，虘（且）攸（修）成，未還，競（景）公卒，朿（厲）公即立（位）。"
《繫年十八》："需（靈）王見禍（禍），競（景）坪（平）王即立（位）。"
《繫年十八》："競（景）坪（平）王即殜（世），卲（昭）王即立（位）。"
《繫年十九》："競（景）坪（平）王即立（位），改邦陳、鄒（蔡）之君，囟（使）各復其邦。"
《繫年十九》："競（景）坪（平）王即殜（世），卲（昭）王即立（位），陳、鄒（蔡）、㝬（胡）反楚，與吳人伐楚。"
《繫年二十》："晉競（景）公立十又五年，繡（申）公屈晉（巫）自晉迒（蹠）吳，安（焉）鈶（始）迵（通）吳晉之洛（路），二邦爲好。"
《繫年二三》："競（景）之賈與醬（舒）子共戠（捷）而死。"

競與境

《月令》："備邊競（境），完要塞，謹關梁，塞蹊徑。"按，"競"即"競"之異構。

竞與境

《延氣》："臨竞（境）近適（敵），務在癘（勵）氣。"按，"竞"即"競"字省寫。

強字聲系

強與彊

《老子》甲：“果而弗登（伐），果而弗喬（驕），果而弗稐（矜），是胃（謂）果而不強。”按，傅奕本強作彊。

《鄘風》：“□□強₌（彊彊）。”

㑾與強

《老子》甲：“賹（益）生曰羕（祥），心使煲（氣）曰㑾。”按，河上、王弼及帛書本㑾作強。下一例同。

《老子》甲：“未智（知）其名，𡨚（字）之曰道，虐（吾）㑾爲之名曰大。”

《太一》：“天道貴溺（弱），雀（削）成者以益生者，伐於㑾（強），責（積）於□。”

《太一》：“天不□於西北，其下高以㑾（強）；隓（地）不足於東南，其上□以□。”

《尊德義》：“民可道也，而不可㑾（強）也。”

《從政》：“是古（故）䇂₌（君子）㑾（強）行，以時（待）名之至也。”

《相邦》：“先其欲，備（服）其㑾（強），牧其巻（倦），青（靜）以寺（待）時₌（時。時）出古此₌〈古₌（故，故）出〉事₌（事，事）出政₌（政，政）毋忘所鈶（始）。”

《競公瘧》：“公㑾（強）起（起），違笞（席）曰。”

《李頌》：“獸（守）勿（物）㑾（強）榦（幹），木一心可（兮）。”

㑾與彊

《老子》甲：“未智（知）其名，𡨚（字）之曰道，虐（吾）㑾爲之名曰大。”按，傅奕本㑾作彊。下同。

《老子》甲：“賹（益）生曰羕（祥），心使煲（氣）曰㑾。”

㑾與剛

《五行》：“㑾（剛），義之方。矛（柔），息（仁）之方也。‘不彊（競）不梂（絿），不㑾（剛）不矛（柔）’，此之胃（謂）也。”

卬字聲系

卬與仰

《柬大王》：“王卬（仰）而〈天〉而泣胃（謂）大（太）剶（宰）：‘一人不能訽（治）正（政），而百眚（姓）以㡭（絕）。’”按，“卬（仰）”字從陳劍《上博竹書〈昭王與龔之脽〉和〈柬大王泊旱〉讀後記》（簡帛研究網，2005年2月15日）釋讀。

《三德》：“卬（仰）天事君，嚴䍃（恪）必信；府（俯）視□□，敄（務）䢉（農）敬戒。”

《季桓子》：“不也，珇（好）睘隹聚，卬〈卬（仰）〉天而戁（歎）。”

《凡物甲》：“女（如）欲戠（察）𠤎（一），卬（仰）而視之，府（俯）而之，母（毋）遠怺（求）厇（度），於身旨（稽）之。”按，“卬（仰）”字從復旦大學出土文獻與古文字研究中心研究生讀書會《〈上博（七）·凡物流形〉重編釋文》（復旦大學出土文獻與古文字研究中心網，2008年12月31日）釋讀。下一例同。

《凡物乙》：“女（如）欲戠（察）𠤎（一），卬（仰）而視之，府（俯）而之。”

《卜書》：“兆（兆）卬（仰）首出止（趾），是胃（謂）闢。”

《卜書》：“兆（兆）女（如）卬（仰）首出止（趾），而屯（沌）不（背）困（混）鄘（膺），是胃（謂）犻（蔽）卜。”

《子產》：“用身之道，不以椇₌（冥冥）卬（仰）福，不以逸求得，不以利行直（德），不以㕹（虐）出民力。”按，“卬（仰）”字從ee在ee《清華六〈子產〉初讀》（簡帛網“簡帛論壇”，2016年4月16日）一文下跟帖讀。

《脈書》：“要（腰）痛，不可以卬（仰），則嗌乾，面驪，是蹷（厥）陰之脈主治。”

《引書》：“陽見者，反昔（錯）手北（背）而卬（仰），後雇（顧）。”

《引書》：“回周者，昔（錯）兩手而俛（俛）卬（仰），并揮之。”

《引書》：“屈前厀（膝），信（伸）後，昔（錯）兩手，據厀（膝）而卬（仰）。”

《引書》：“縣（懸）前者，俛（俛），撟兩手而卬（仰），如尋狀。”

《引書》：“引陽者，前昔（錯）手而卬（仰），極之。”

《引書》：“俛（俛），極，因余（徐）縱而精昫（呴）之，端卬（仰）而已，定。”

《引書》：“引要（腰）甬（痛），兩手之指夾脊（脊），力輾以卬（仰），極之。”

《引書》：“引朕（喉）痹，無（撫）乳，上舉頤，令下齒包上齒，力卬（仰）。”

《引書》：“令人騎其北（背），無（撫）顏（顏），舉頤而卬（仰）之，亟（極）而已。”

《引書》：“以手力循（揗）鼻以卬（仰），極，無（撫）心，以力引之。”

《引書》：“啓口以卬（仰）以利鼻，秅（吒）而勿發以利口。”

《果童》：“夫民卬（仰）天而生，侍（待）地而食。”

《陰陽脈甲》：“腰痛不可以卬（仰），甚則嗌乾，面疵，是厥陰眽（脈）主治。”

《陰陽脈乙》：“要（腰）甬（痛）不可以卬（仰），甚則嗌乾。”

《題記》：“卬（仰）謼（呼）。”按，整理者釋“卬”爲“仰”。不確。

《養生方》：“飲食□□□棄水已必以□□□□□氣鉤（呴）口卬（仰）之。”

《繫辭》：“卬（仰）以觀于天文，頫（俛）以觀於地理，是故知幽明之故，觀始反（返）冬（終），故知死生之說。”

《繫辭》：“卬（仰）則觀馬〈象〉於天，府（俯）則觀法於地。”

《晏子四》：“晏子付（俯），有閒，卬（仰）而合（答）曰。”

《四時令》：“☐□□□蟄虫（蟲）卬（仰）剽。”

《四時令》：“然則天無疾風，草木偃卬（仰）。”

《妄稽》：“勇（踴）趯（躍）頫（俛）卬（仰），揆（鶟）據（懅）鹿驚。”

《妄稽》：“吾頫（俛）卬（仰）自念，吾竊蜀（獨）何命。”

迎與仰

《兵談》：“俑（俛）者不得迎（仰），迎（仰）者不得俑（俛）。”

《虎韜》：“天下迎（仰）之，迎（仰）之而會，會□☐。”

枊與迎

《閻氏》：“強國可以廣地，弱國可以枊（迎）強適（敵）。”按，“枊”當讀作“迎”。

鄉字聲系

鄉與向

《周日書》：“十三日以到十八日，鄉（向）之。”

《周病方》：“操杯米之池，東鄉（向），禹步三步，投米。”

《周病方》：“禹步三，鄉（向）馬祝曰。”

《周病方》：“到困下，爲一席，東鄉（向），三腏（餟），以酒沃。”

《周病方》：“北鄉（向），禹步三步。”

《天甲・禹擇日》：“出邑門，禹步三，鄉（向）北斗，質畫地，視之曰：‘禹有直五横，今利行，行毋(無)咎，爲禹前除道。’”

《天乙·直室門》：“倉門：是₌（此是）富【門】。井居西南，囷居西北，廥必南鄉（向）。”

《天乙·歸行》：“凡爲行者，毋起其鄉（向）之忌日。”

《天乙·土功二》：“不可垣其鄉（向），必死亡。”

《天乙·土功二》：“以它辰垣杓鄉（向），不死大兇（凶）。以辰垣它鄉（向），吝。征行以杓辰鄉（向），必死亡。”

《天乙·禹擇日》：“出邑門，禹步三，鄉（向）北斗，質畫地。”

《雌雄節》：“以辯（辨）雌雄之節，乃分禍福之鄉（向）。”

《雌雄節》：“觀其所積，乃知禍福之鄉（向）。”

《成法》：“夫達望四海，困極上下，四鄉（向）相枹（抱），各以其道。”

《順道》：“鄉（向）者已去，至者乃新。”

《要》：“史巫之筮，鄉（向）之而未也，□之而非也。”按，“鄉（向）”字從郭沂《帛書〈要〉篇考釋》（《周易研究》2004年4期）讀。

《行篡》：“稱鄉（向）縣（懸）衡，雖（唯）其宜也。”

《晏子一一》：“叔鄉（向）曰：‘何謂也？’”

《兵令》：“有鄉（向）適（敵）者，有内鄉（向）者。”

《曹氏》：“夫物古（固）從其鄉（向）動其類矣。”

《節》：“動屋，父當之，動壁，母當之，鑿鄉（向）、爲戶牖之事者，子當之。”

鄉與卿

《帛乙老子·德經》：“故立天子，置三鄉（卿）。”按，通行本鄉作卿。

鄉與薌

《天下至道》：“三已而𡢁（燥），四已而膏，五已而鄉（薌），六已而精如黍粱。”

鄉與曏

《士相見》：“鄉（曏）者吾子辱，使某見。”

鄉與嚮

《封診式》：“丙死（屍）縣其室東内中北辟權（椽），南鄉（嚮）。”

《封診式》：“房内在其大内東，比大内，南鄉（嚮）有戶。”

《日甲·啻》：“夏三月，毋起南鄉（嚮）室。”

《日甲·啻》：“秋三月，毋起西鄉（嚮）室。”

《日甲·啻》：“春三月，毋起東鄉（嚮）室。”

《日甲·啻》：“冬三月，毋起北鄉（嚮）室。”

《日甲·啻》：“北鄉（嚮）門。”

《日甲·啻》：“南鄉（嚮）門。”

《日甲·啻》：“東鄉（嚮）門。”

《日甲·啻》：“西鄉（嚮）門。”

《日甲·直室門》：“倉門，富，井居西南，囷居北鄉（嚮）廥，廥毋絕縣（懸）肉。”

《日甲·直室門》：“獲門，其主必富，八歲更，左井右囷，囷北鄉（嚮）廥。”

《日甲·宅居》：“廡居東方，鄉（嚮）井，日出炙其。”

《日甲·詰》：“東北鄉（嚮）如（茹）之乃卧，則止矣。”

《日甲·詰》：“以北鄉（嚮）□之辨二七，燔，以灰□食₌（食食）之，鬼去。”

《日甲·詰》：“到（菿）雷焚人，不可止，以人火鄉（嚮）之，則已矣。”

《日甲·詰》:“雲氣襲人之宮，以人火鄉（嚮）之，則止矣。”
《日甲·詰》:“人過于丘虚，女鼠抱子逐人，張傘以鄉（嚮）之，則已矣。”
《日甲·土忌二》:“春三月毋起東鄉（嚮）室，夏三月毋起南鄉（嚮）室，秋三月毋起西鄉（嚮）室，冬三月毋起北鄉（嚮）室。”
《日甲·馬禖》:“東鄉（嚮）南（嚮）各一馬□□□□□中土，以爲馬禖。”
《日乙·雞日》:“生東鄉（嚮）者貴，南鄉（嚮）者富，西鄉（嚮）壽，北鄉（嚮）者賤，西北鄉（嚮）者被刑。”
《日乙·夢》:“西北鄉（嚮）擇（釋）髮而駟（呬）。”
《日乙·生》:“凡生子北首西鄉（嚮），必爲上卿，女子爲邦君妻。”
《隨日·土功》:“其鄉（嚮）垣、壞垣。”
《隨日·雞》:“老獻（？）其大者，一度南鄉（嚮）。”
《隨日·雞》:“東鄉（嚮）度二。”
《隨日·蓋屋》:“春毋築東嚮室，夏毋築南鄉（嚮）室，秋毋築西鄉（嚮）室，冬毋築北鄉（嚮）室，爲之或死之。”
《隨日·蓋屋》:“☐北鄉（嚮）。”
《隨日·歲》:“於是紀胃（謂）而定四鄉（嚮），和陰陽，雌雄乃通。”
《隨日·歲》:“是胃（謂）五勝者以占強弱，各居而鄉（嚮）。”
《蓋廬》:“丙午、丁未可以西鄉（嚮）戰，壬子、癸亥可以南鄉（嚮）戰，庚申、辛酉可以東鄉（嚮）戰，戊辰、己巳可以北鄉（嚮）戰，是胃（謂）日有八勝。”
《蓋廬》:“適（敵）人鄉（嚮）我以心，吾以胠禺（遇）之。”
《引書》:“右手把丈（杖），鄉（嚮）壁，毋息，左足踱（蹠）壁，卷（倦）而休。”
《戰國二四》:“秦、韓并兵南鄉（嚮）楚，此秦之所廟祀而求也。”
《騍者》:“侯（候）天甸（電）而兩手相靡（摩），鄉（嚮）甸（電）祝之。”
《蚖》:“湮汲一音（杯）入奚蠡中，左承之，北鄉（嚮），鄉（嚮）人禹步三。”
《癃病》:“以己巳晨虒（嗁），東鄉（嚮）弱（溺）之。”
《癩》:“必令同族抱□穨（癩）者，直（置）東鄉（嚮）窗道外，改椎之。”
《癩》:“令斬足者清明東鄉（嚮），以筩赿之二七。”
《癩》:“以日出爲之，令穨（癩）者東鄉（嚮）。”
《癩》:“以日出時，令穨（癩）者屋霤下東鄉（嚮），令人操築西鄉（嚮）。”
《癩》:“以辛卯日，立堂下東鄉（嚮），鄉（嚮）日，令人挾提穨（癩）者。”
《癩》:“令穨（癩）者北首卧北鄉（嚮）廡中，禹步三。”
《癩》:“即令穨（癩）者煩（反）夸（瓠），東鄉（嚮）坐於東陳垣下。”
《癩》:“穨（癩），以奎（奚）蠡蓋其堅（腎），即取桃支（枝）東鄉（嚮）者。”
《牝痔》:“後而潰出血，不後上鄉（嚮）者方。”
《癰》:“涶（唾）□□□□□朝日未食，東鄉（嚮）涶（唾）之。”
《身疕》:“以槐東鄉（嚮）本、枝、葉，三汈煮，以汁☐。”
《蠱》:“燔北鄉（嚮）并符，而烝（蒸）羊尼（層），以下湯敦（淳）符灰。”
《蠱》:“□東鄉（嚮）竈炊之，令雞、蛇盡燋，即出而冶之。”
《殘片一》:“☐出舌，取蛇兑（蛻）□鄉（嚮）者，與□☐。”

《卻穀》："□□□者北鄉（嚮）□□□□□□□□多食。"
《養生方》："東鄉（嚮）謼（呼）。"
《養生方》："行欲毋足痛者，南鄉（嚮）禹步三。"
《二三子》："陵處則雷神養之，風雨辟（避）鄉（嚮），鳥守（獸）弗干。"
《軍爭》："不用鄉（嚮）道（導）☐。"
《恆失》："善陳（陳），知倍（背）鄉（嚮），知地刑（形），而兵數困，不明於國勝兵勝者也。"
《地典》："雖（唯）六月不可逆水南鄉（嚮），二月不可逆系（溪）南鄉（嚮）。"
《節》："迎雷公戰，中折其兵，司馬不得其鄉（嚮）。"
《節》："毋鄉（嚮）室以兵，不可塞污滿（壑）井窌（窖）。"
《節》："刑德所并，兵不可鄉（嚮）行。"
《堪輿》："昔者濭（既）建歲、日、辰、星，冬（終）有其鄉（嚮），辰、星乃與歲、日相逆，以正陰與陽。"
《堪輿》："若皆槫（轉），利皮（彼）正鄉（嚮）。"
《堪輿》："以其會庚辰，昭甲得罪，以七月游（流）西南，四鄉（嚮）皆然。"
《六博》："在兼（廉），未去，近，居方鄉（嚮）。"
《二類》："其中爲東鄉（嚮）造，炊以葦薪若桑☐。"

鄉與響

《儒言》："曾子曰鄉（響）不辭聖（聲）。"
《兵令》："兵之用文武也，如鄉（響）之應聲，而影之隨身也。"

鄉與饗

《筮法三》："凸（凡）亯（享），月朝屯（純）牝，乃鄉（饗）。"
《筮法三》："月夕屯（純）戊（牡），乃亦鄉（饗）。"
《日甲・除》："以蔡（祭），上下群神鄉（饗）之，乃盈志。"
《隨日・忌日》："不可禱祠、歸以禮傷，百鬼不鄉（饗）。"
《二年・賜律》："□□□□□室毋以相鄉（饗）者，賜米二石、一豚、酒一石。"
《帛甲老子・道經》："眾人配（熙）配（熙），若鄉（饗）於大牢，而春登臺。"
《帛乙老子・道經》："眾人配（熙）配（熙），若鄉（饗）於大牢，而春登臺。"
《兵容》："□不鄉（饗）其功，環（還）受其央（殃）。"
《兵容》："事无成功，慶且不鄉（饗）其功。"
《特牲》："尸合（荅）拜，執鄭（奠），祝鄉（饗），主人拜如初。"

鄉與香

《日甲・馬禖》："令其鼻能糗（嗅）鄉（香），令耳悤（聰）目明。"

鄉與享

《北大老子》："眾人配配（熙熙），若鄉（享）大牢，而春登臺。"

薌與鄉

《燕禮》："遂歌薌（鄉）樂，《周南》：《關雎》、《葛勝（覃）》、《綰（卷）耳》。"

薌與饗

《少牢》："以其〈某〉肥（妃）肥（配）某是（氏）。尚薌（饗）！"
《少牢》："以其〈某〉肥（妃）肥（配）某是（氏）。尚薌（饗）！"
《少牢》："以某肥肥（配）某是（氏），以某之某爲尸。尚薌（饗）！"
《少牢》："以其〈某〉肥（妃）肥（配）某是（氏）。尚薌（饗）！"

鄉與向

《阜春・章題》:"晉平公使叔鄉(向)聘於吴。"

《阜春八》:"晉平公問於叔鄉(向)曰。"

《阜春八》:"叔鄉(向)合(答)曰。"

《阜春八》:"叔鄉(向)☑。"

《阜春九》:"晉平公問於叔鄉(向)曰。"

《阜春九》:"叔鄉(向)合(答)曰。"

《阜春一七》:"趙文子問於叔鄉(向)曰。"

《阜春一七》:"叔鄉(向)合(答)曰。"

《阜春一七》:"叔鄉(向)合(答)曰。"

《阜春一九》:"晉平公問於叔鄉(向)曰。"

《阜春一九》:"鄉(向)合(答)曰。"

享字聲系

享與亨

《周易・隨》:"上六:係而敂(拘)之,從乃嚂(維)之。王用享(亨)于西山。"

《帛易・乾》:"鍵(乾),元享(亨),利貞。"按,整理者認爲"享"爲"亨"之誤字。不確。

《燕禮》:"享(亨)于門=(門,門)外東方。"

享與烹

《爲吏》:"享(烹)牛食士,賜之參飯而勿鼠(予)殽。"

《日甲・詰》:"享(烹)而食之,美氣。"

《日甲・詰》:"享(烹)而食之,不害矣。"

《日甲・詰》:"殺而享(烹)食之,有美味。"

《湯丘》:"取妻於又=郲=(有莘。有莘)嫙(媵)以少=臣=(小臣,小臣)善爲飤(食),享(烹)之和。"

享與芳

《周易・隨》:"上六:係而敂(拘)之,從乃嚂(維)之。王用享(亨)于西山。"按,帛書本享(亨)作芳。

享與紡

《太歲》:"大(太)歲:肓=(十月)、屈奈、育=(享月)才(在)西,魯=(負月)、遠奈、夏奈才(在)北,獻馬、䢜尿、八月才(在)東,冬奈、夏尿、九月才南。"按,睡虎地秦簡《日書》甲種《歲》篇"育=(享月)"作"紡月"。

享與饗

《繫年二二》:"戉(越)公内(入)享(饗)於魯=(魯,魯)侯馭(御)。"

《萬物》:"☑以鼠享(饗)與豪☑。"

享與烹

《帛乙老子・德經》:"治大國若亨(烹)小鮮,以道立(莅)天下,其鬼不神。"

《蚖》:"亨(烹)三宿雄雞二,洎水三斗,孰(熟)而出,及汁更洎。"

《癃病》:"亨(烹)葵而飲其汁,冬□□本,沃以□□。"

《癃病》:"亨(烹)葵,熱歠(歠)其汁。"

《癩》:"漬女子布,以汁亨(烹)肉,食之,歠(歠)其汁。"

《牡痔》:"多空(孔)者,亨(烹)肥羭,取其汁滑(漬)美黍米三斗,炊之。"

《牝痔》:"菌者,荊名曰盧(蕳)茹,其葉可亨(烹)而酸,其莖有刺(刺)。"

《胎產書》:"懷子者,爲亨(烹)白牡狗首,令獨食之,其子美皙,有(又)易出。"

《王期》:"夏三月去火,以日爨亨(烹),則神慧而蔥(聰)明。"

《北大老子》:"治大國若亨(烹)小鮮,以道位(蒞)天下,其鬼不神。"

向字聲系

向與上

《程寤》："卑（俾）行量亡乏，明=（明明）才（在）向（上），隹（惟）容内（納）棶（棘），意（抑）欲隹（惟）柏。"按，整理者認爲"向"爲"尚"之誤，讀作"上"。《説文》云"尚""从八向聲"，"向"可讀作"上"。

向與像

《説命上》："王命氒（厥）百攻（工）向（像），以貨旬（營）求敓（説）于邑人。"

向與鄉

《老子》乙："攸（修）之向，其悳（德）乃長。"按，今本和帛書乙本向作鄉。

《老子》乙："□□□家，以向觀向，以邦觀邦，以天下觀天下。"按，今本和帛書甲本向作鄉。

《語叢四》："佖（匹）婦禺（偶）夫，不智（知）其向（鄉）之小人君子。"

《緇衣》："古（故）君子之友也又（有）向（鄉），其亞（惡）又（有）方。"

《鮑叔牙》："近臣不訐（諫），遠者不方（謗），則攸（修）者（諸）向（鄉）里。"

向與嚮

《魯穆公》："向（嚮）者虗（吾）昏（問）忠臣於子思。"

《隨日·直室門》："倉門：富門，困居西南而北向（嚮）廥。"按，"向（嚮）"字從張顯成《〈孔家坡漢簡·日書〉文字釋讀訂誤劄記（摘要）》（"網絡時代與中國文字研究"國際高級專家研討會論文，華東師範大學中國文字與應用研究中心，2010年8月16日）釋讀。

向與晢

《緇衣》："古（故）君子之友也又（有）向（鄉），其亞（惡）又（有）方。"按，上博簡本《緇衣》向（鄉）作晢。

向與尚

《彭祖》："毋啟（逐）賜（富），毋劼臤（賢），毋向（尚）梪（樹）。"按，"向（尚）"字從季旭昇《〈上海博物館藏戰國楚竹書（三）〉讀本》（臺北萬卷樓圖書股份有限公司，2005年，253頁）讀。

《封許》："向（尚）晨（純）氒（厥）悳（德），雁（膺）受大命，炅（駿）尹亖（四）方。"

向與響

《名理》："如向（響）之隋（隨）聲。"

向與饗

《叢辰》："以祭門、㣆（行），向（饗）之。"按，"向（饗）"字從陳劍説釋讀。

《告武夷》："君向（饗）受某之𦟼（聶）㡀（幣）芳糧，囟（使）某來歸飤（食）故□。"按，"向（饗）"字原形作""，此從冀小軍《釋楚簡中的字》（簡帛研究網，2002年7月21日）讀，但其釋""爲"皿"。不確。

迵與向

《成之》："唯君子道可近求而可遠迵（向）也。"按，"迵（向）"字從白於藍《〈郭店楚墓竹簡〉讀後記》（《中國古文字研究》第一輯，吉林大學出版社，1999年）釋讀。

兄字聲系

兄與況

《帛乙老子·道經》："孰爲此？天地，而弗能久，有（又）兄（況）於人乎？"

《戰國一〇》："兄（況）臣能以天下功（攻）秦，疾牙（與）秦相萃也而不解。"

《戰國一六》："此於親戚若此而兄（況）仇讎之國乎。"

《戰國一八》："然兄（況）人臣乎。"

《繆和》："夫忠言請（情）愛而實弗隋

（隨），此鬼神之所疑也，而兄（況）人乎？”
《昭力》：“士數言數百，猶又（有）所廣用之，兄（況）于易乎？”
《計》：“多筭勝少筭，而兄（況）无筭乎!”
《北大老子》：“天地弗能久，而兄（況）於人虖？”
《神烏賦》：“鳥獸且相㥑（憂），何兄（況）人乎？”
《周馴》：“故壹德一士，猶生其身，兄（況）德萬人虖（乎）？”

兄與曠

《立命》：“吾愛民而民不亡，吾愛地而地不兄（曠）。”

侃與況

《繫辭》：“君子居其室，言善則千里之外應之，侃（況）乎其近者乎？”
《繫辭》：“出言而不善，則十里之外回（違）之，侃（況）乎其近者乎？”
《繆和》：“□□□□又（有）是心者，侃（況）□□而伐之乎？”
《昭力》：“若輿且可以闌然衛之，侃（況）以德乎？可（何）不吉之又（有）？”

況與貺

《燕禮》：“君況（貺）寫〈寡〉君易〈多〉，辱賜于使臣₌（臣，臣）敢拜賜命。”

䏜與兄

《多薪》：“䏜（兄）及弟斯，鮮我二人。”
《多薪》：“多₌人₌（多人多人），莫奴（如）䏜（兄）□。”
《曹沫》：“三軍出，其逘（將）䢆（卑），父䏜（兄）不廌，繇（由）邦𩣵（御）之。此出帀（師）之幾（機）。”
《曹沫》：“毋辟（嬖）於㑀（便）俾（嬖），毋倀（長）於父䏜（兄），賞均（均）聖（聽）中，則民和之。”
《三德》：“母（毋）焚（煩）古（姑）謱（嫂），母（毋）恥父䏜（兄）。”
《天子甲》：“豊（禮）者，義（儀）之䏜（兄）也。”
《天子乙》：“豊（禮）者，義（儀）之䏜（兄）也。”
《王居》：“虗（吾）父䏜（兄）甥（甥）咎（舅）之又（有）□善。”
《耆夜》：“紝（恁）𡰥（仁）䏜（兄）俤（弟），庶民和同。”
《金縢》：“官（管）弔（叔）返（及）其羣䏜（兄）俤（弟）乃流言于邦曰：‘公𨡓（將）不利于需（孺）子。’”
《鄭武》：“老婦亦不敢以䏜（兄）弟昏（婚）因（姻）之言以𤔔（亂）夫₌（大夫）之正（政）。”

行字聲系

行與沆

《卻穀》：“夏食一去湯風，和以朝暇（霞）、行（沆）暨（瀣），昏清可。”

行與枉

《積疏》：“積勝疏，盈勝虛，侹（徑）勝行（枉），疾勝徐，眾勝寡，㑫（佚）勝勞。”按，“行”似當讀作“枉”，訓爲“曲”。《逸周書·武稱》：“長勝短，輕勝重，直勝曲，眾勝寡，強勝弱，飽勝饑，肅勝怒，先勝後，疾勝遲，武之勝也。”下同。
《積疏》：“積故積之，疏故疏之，盈故盈之，虛故虛之，徑故徑之，行（枉）故行（枉）之，疾故疾之，徐故徐之，眾故眾之，寡故寡之，㑫（佚）故㑫（佚）之，勞故勞之。”
《積疏》：“適（敵）積故可疏，盈故可虛，徑故可行（枉），疾故可徐，眾故可寡，佚故可勞。”
《積疏》：“□其□則疏，美其欲則虛，動

其婺（務）則行（枉），驕（驕）其志則徐，□其輕則寡，欲其□則勞。”

衡與横

《戰國二一》：“且五國之主嘗合衡（横）謀伐趙，疏分趙壤。”

《五度》：“五度暨（既）明，兵乃衡（横）行。”

《十問》：“一者延而衡（横），二者□□□□□恐而下惑，下上氣（既）亂，三軍大北。”

《十問》：“交和而舍，適（敵）氣（既）衆以強，延陳（陣）以衡（横），我陳（陣）而侍（待）之，人少不能，毄（擊）之奈何？”

《十問》：“此殺將毄（擊）衡（横）之道也。”

《安稽》：“令設衡（横）桐，紛髮縣（懸）之。”

《荊決》：“用卅筭，分以爲三分，其上分衡（横），中分從（縱），下分衡（横）。”

《特牲》：“右肩、臂、臑、肫、胳，正脊二骨，衡（横）脊，長脅二骨，短脅。”

《特牲》：“臂，正脊二骨，衡（横）脊，長脅二，短脅。”

《少牢》：“正脊一、脡脊一、衡（横）脊一、短脅一、正脊一、代脅一。”

《少牢》：“正脊一、脡脊一、衡（横）脊一、短脅一、正脊一、代脅一。”

《少牢》：“舌皆切本末，亦午割勿沒，其載于甄（所），衡（横）之。”

《少牢》：“正脊一、脡脊一、衡（横）脊一、短脅一、正脅一、代脅一。”

《少牢》：“佐食受，加于甄（所），衡（横）之。”

《少牢》：“佐食設俎，牢，衡（横）脊，短脅，腸一，胃一，膚三，魚一，衡（横）之，腊兩髀（髀）屬于尻。”

《有司》：“宰授几，主人受，二手衡（横）執几，揖尸。”

《有司》：“二手衡（横）執几，進授尸于延（筵）前。”

《有司》：“正膐（脊）一、脡膐（脊）一、衡（横）膐（脊）一、短脅一、正脅一。”

《有司》：“尸俎五魚，衡（横）載之。”

《有司》：“或（侑）、主人皆一魚，亦衡（横）載之。”

《有司》：“司馬衡（横）執羊俎以升，設于豆東。”

《有司》：“衡（横）載于羊柤（俎），卒，乃摵（縮）執柤（俎）以降。”

《有司》：“乃盛柤（俎），臑、臂、肫、脡脊、衡（横）脊、短脅、代脅，皆牢。”

《泰射》：“上射揖進，坐衡（横）弓，郤（卻）手自弓下取一个，兼諸符（弣）。”

衡與蘅

《安稽》：“衡（蘅）若麋（蘪）無（蕪），茝惠（蕙）連房。”

《反淫》：“□紹，結以奇（琦）璜，土（杜）若申椒，燕茝秦衡（蘅），新（辛）雉（夷）槀本，木蘭之柴（牀），卑（薜）離（荔）要（幽）惠（蕙），江羅（離）雜芳。”

皇字聲系

皇與凰

《有皇》：“又（有）皇（凰）迺（將）记（起）含可（兮）。”

皇與徨

《神烏賦》：“衆烏皆昌，執（蟄）虫（蟲）坊（彷）皇（徨）。”

皇與横

《民之》：“民之父母虎（乎），必達於豊（禮）樂之篮（源），以至（致）五至、以行三亡（無），以皇（横）于天下。”

《民之》：“三亡（無）虎（乎），亡（無）

聖（聲）之樂，亡（無）體（體）之豊（禮），亡（無）備（服）之桒（喪）。君子以此皇（横）于天下。”

皇與誑

《忠信》：“君子女（如）此，古（故）不皇（誑）生，不伓（背）死也。”按，“皇（誑）”字從裘按（《郭店楚墓竹簡·忠信之道》篇注［五］）讀。

《周馴》：“爲人君者，不可以大穀=（愨，愨）則大=信=人=（大信人，大信人）則可皇（誑），可皇（誑）則可奪。”

皇與光

《一類》：“□常飯五茶大麥飯，禁房内，勿見火皇（光）日月。”按，“皇”似當讀作“光”。

皇與況

《緇衣》：“龜筮猷（猶）弗智（知），而皇（況）於人虖（乎）？”

《季桓子》：“虗（吾）子迷〈悉〉言之，猶忈（恐）弗智（知），皇（況）其女（如）峗（微）言之虖（乎）？”按，“皇（況）”字從李鋭《〈孔子見季桓子〉新編（稿）》（簡帛網，2007年7月11日）讀。

《實虚》：“皇（況）遠者數十里，近者數里乎？”

《五度》：“皇（況）近□□□□□數百里，此程兵之極也。”

《周馴》：“徒步之人，布衣之士，猷（猶）有羞辱（辱），惡大詢醜（恥），皇（況）在千乘人君之大子？”

《周馴》：“罪猷（猶）有赦〈赦（赦）〉，而皇（況）無罪乎？”

湟與隍

《帛易·泰》：“尚（上）六，城復于湟（隍），勿用師。自邑告命，貞閵（吝）。”按，今本湟作隍。

黄字聲系

黄與廣

《二年·秩律》：“太醫、祝長及它都官長，黄（廣）鄉長。”

黄與蝗

《天下至道》：“三曰尺扜（蠖），四曰囷（麕）桌，五曰黄（蝗）柘（磔），息内。”

廣與黄

《二年·秩律》：“内廣（黄）、蘩（繁）陽、陜、盧氏、新安、新城（成）。”

廣與曠

《順道》：“不廣（曠）其衆，不以兵邾（主）。”

《北大老子》：“廣（曠）虖其如浴（谷）。”

廣與匡

《答問》：“廣（匡）衆心，聲聞左右者，賞。”按，“廣”似當讀作“匡”。

《八陣》：“勇不足，將兵，自廣（匡）也。”按，“廣（匡）”字從白於藍《銀雀山漢簡校釋》（《考古》2010年12期）讀。下同。

《八陣》：“夫安萬乘國，廣（匡）萬乘王，全萬乘之民命者。”

潢與璜

《妄稽》：“白環佩（佩）首，結末垂潢（璜）。”

横與黄

《擒龐涓》：“□二夫=（大夫）□以□□□臧□□都横（黄）、卷，四達環涂（途），□横（黄）、卷所□陳也。”按，“横（黄）”字從張震澤《孫臏兵法校理》（中華書局，1984年，10頁）讀。

王字聲系

王與往

《天乙·往見》：“甲午、庚午日，王（往）

見貴人，□。”

㞷與匡

《容成氏》：“又（有）吴（虞）迵㞷（匡）天下之正（政）十又九年而王天下，卅=（三十）又七年而終。”

《芮良夫》：“凡隹（惟）君子，尚藍（鑑）于先舊，道（導）譚（讀）善敗，卑㞷（匡）以戒（誡）。”

《管仲》：“㞷（匡）之以厽（三），乇（度）之以五，少（小）事逸以惕，大事柬（簡）以成（誠），”

㞷與廣

《老子》乙：“㞷悳（德）女（如）不足。”按，今本和帛書乙本㞷作廣。

《詩論》：“《闡（關）疋（雎）》之改、《梂（樛）木》之旹（時）、《灘（漢）㞷（廣）》之智、《鵲樔（巢）》之歸、《甘棠》之保（報）、《緑衣》之思、《鸚=（燕燕）》之情害（曷）？”

《詩論》：“《灘（漢）㞷（廣）》之智，則智（知）不可得也。”

《容成氏》：“以穜（厲）於溪浴（谷），淒（濟）於㞷（廣）川，高山陞（登），蓁（榛）林⊠□泉。”

《慎子》：“均分天〈而〉㞷（廣）貥（施），時（持）悳（德）而方（秉）義。”

㞷與皇

《芮良夫》：“反=（板板）其亡（無）成，甬（用）㞷（皇）可畏。”

㞷與杭

《性自》：“孠=（君子）執志必又（有）夫㞷=（往往）之心，出言必又（有）夫柬=（柬柬）之信。”按，上博簡《性情論》㞷作杭。

佳與兄

《芮良夫》：“佳（兄）俤（弟）慝（鬩）矣，忑（恐）不和均（均）。”

匡與尪

《兵容》：“其國家以危，社稷以匡（尪）。”按，“匡（尪）”字從戎輝兵《〈馬王堆漢墓帛書·老子乙本卷前古佚書〉校讀劄記》（《東南文化》2005年2期）讀。

《國次》：“國失其次，則社稷大匡（尪）。”按，“匡（尪）”字從錢玄《帛書〈老子〉乙本卷前古佚書釋文補正》（《語言研究集刊》第一輯，江蘇教育出版社，1986年）讀。下同。

《觀》：“刑德皇皇，日月相望，以明其當，而盈□无匡（尪）。”

匡與枉

《管仲》：“豎（堅）磏（質）不匡（枉），執即（節）緣（履）繩（繩），可埶（設）於承。”

宔與皇

《祭公》：“天子，三公，我亦走（上）下卑（譬）于文武之受命，宔（皇）㝒（苦）方邦。”

宔與廣

《吴命》：“余必攺芒（亡）尔社禝（稷），以宔（廣）東浿（海）之表。”

《命訓》：“又（有）尚（常）則宔（廣，廣）以敬命，則乇（度）至于亟（極）。”

宔與壙

《管仲》：“然則或弛（弛）或張，或緩或縕（急），田陸（地）宔（壙）虛，眾利不及，是胃（謂）學（幽）悳（德）。”

宔與曠

《命訓》：“亟（極）命則民陸（墮）乏，乃宔（曠）命以弋（代）其上，怠（殆）於亂（亂）矣。”

汪與枉

《帛乙老子·道經》：“曲則全，汪（枉）

則正，洼則盈，幣（敝）則新。”

狂與匡

《仲弓》：“夫子唯（雖）有與（舉），女（汝）蜀（獨）正之，幾（豈）不又（有）狂（匡）也？”按，“狂”字原文從心，即《説文》古文狂。“狂（匡）”字從季旭昇《〈上海博物館藏戰國楚竹書（三）〉讀本》（臺北萬卷樓圖書股份有限公司，2005年，196頁）讀。

狂與枉

《奏讞書》：“廷報：甑、順等受行賕狂（枉）灋也。”

《蓋廬》：“爲吏不直，狂（枉）灋式，留難必得者，攻之。”

狂與誑

《競公瘧》：“縈（營）狂（誑）公退（納）武夫、亞（惡）聖人。”按，“狂”字原文從心，即《説文》古文狂。按，“狂（誑）”字從范常喜《讀〈上博六〉劄記六則》（簡帛網，2007年7月25日）讀，但其將“縈（營）性（誑）”上讀。似不確。本句似説迷惑公做出納武夫、惡聖人之事。

枉與匡

《王居》：“虐（吾）安尔（爾）而埶（設）尔₌（爾，爾）亡（無）以叡（勴）枉（匡）正我。”按，“枉（匡）”字從復旦吉大古文字專業研究生聯合讀書會《上博八〈王居〉、〈志書乃言〉校讀》（復旦大學出土文獻與古文字研究中心網，2011年7月17日）讀。

枉與往

《成之》：“戢（勇）而行之不果，其恢（疑）也弗枉（往）恢（矣）。”

《三壽》：“遻（邇）則文之惢（化），鬲（厤）龜（參）天時，枉（往）厇（宅）毋譨（徙），戟（申）豊（禮）觀（勸）怾（佳）。”

枉與皇

《三壽》：“昔（措）勤不居，肁（攝）祇不易，共（供）枉（皇）思攸（修），内（納）諫受訾，神民莫責，寺（時）名曰智。”

枉與誑

《芮盜》：“欲益賈（價）令方勿取，即枉（誑）謂方：‘賤！’”

敱與往

《周易·睽》：“六五：悔（悔）亡，隓宗嗜（噬）肤（膚），敱（往）可（何）咎。”

狌與惶

《三壽》：“狌₌（惶惶）先反，大荅（路）甬（用）見兵。”

瘂與狂

《筮法二六》：“五，乃瘂（狂）者。”

《筮法二六》：“四，非瘂（狂）乃繿（縊）者。”

《厚父》：“民亦【曰】隹（惟）酉（酒）甬（用）敗鬼（威）義（儀），亦隹（惟）酉（酒）甬（用）恆（癡）瘂（狂）。”

《三壽》：“孝₌（君子）而不諱（讀）箸（書）占，則若尖₌（小人）之瘽（聾）瘂（狂）而不春（友）。”

瘂與誑

《説命下》：“敚（説），女（汝）母（毋）瘂（狂）。”按，“瘂”似當讀作“誑”。《説文》：“誑，欺也。”

㲋與兄

見陽部兄字聲系。

央字聲系

央與殃

《彭祖》：“一命弌（一）膿，氏（是）胃（謂）散（遭）央（殃）。”

《三德》：“女（如）反之，必禺（遇）凶央（殃）。”

《用曰》："爯（稱）秉經（重）悳（德），冒難軋（犯）央（殃）。"
《啻門》："燛（氣）戚（促）乃老，燛（氣）鏉（徐）乃猷，燛（氣）逆䜌（亂）以方（妨），是其爲疾央（殃）。"
《日甲·叢辰》："敫，是胃（謂）又（有）小逆，毋（無）大央（殃）。"
《日甲·病》："有妻子，母以己巳、壬寅殺犬，有央（殃）。"
《日甲·行》："節（即）有爲也，其央（殃）不出歲中，小大必至。"
《日甲·行》："有爲而禺（遇）雨，命曰央（殃）蚤（早）至。"
《日甲·詰》："道（導）令民毋罹（罹）兇（凶）央（殃）。"
《日甲·詰》："有祭，十日收祭，裹以白茅，貍（埋）野，則毋（無）央（殃）矣。"
《日甲·詰》："則毋（無）央（殃）矣。"
《日甲·禹二》："此皆不可殺，小殺小央（殃），大殺大央（殃）。"
《日甲·馬禖》："主君笱屏詷馬，敺（驅）其央（殃），去其不羊（祥）。"
《日乙·秦》："敫，有細喪，□□央（殃）。"
《日乙·寄人室》："凡是日赤啻（帝）恆以開臨下民而降央（殃）。"
《日乙·寄人室》："節（即）以有爲也，其央（殃）不出歲，小大必致（至）。"
《日乙·寄人室》："命之央（殃）蚤（早）至，不出三月，有死亡之志致（至）。"
《日乙·嫁子□》："夏三月，甲乙死者，東南受央（殃）。"
《天乙·直室門》："高門：宜豕，五歲更。弗更，必爲巫，有宜央（殃）。"
《天乙·五音日》："角日：長者死，有從女吉；少男死，毋（無）後央（殃）。"
《天乙·鼠食》："鼠食寇〈冠〉則□，□□則有央（殃），食領則有朋。"
《天乙·殘篇》："七曰星央（殃），八曰風央（殃），九曰州央（殃）毆。"
《隨日·叢辰》："見人，若之，有小喪，毋（無）央（殃）。"
《隨日·臨日》："帝以此日開臨下降央（殃）。"
《隨日·臨日》："以有爲，不出歲，其央（殃）小大必至。"
《隨日·臨日》："以有爲而遇雨，命曰央（殃）蚤（早）至。"
《隨日·雞》："今日庚午爲雞血社，此毋（無）央（殃）邪。"
《隨日·入内》："□，以北□□□，從東方□，以西以土，胃去□吏發者有央（殃）。"
《隨日·忌日》："毋傷巫，受其央（殃）。"
《蓋廬》："使民之方，安之則昌，危之則亡，利之則富，害之有央（殃）。"
《蓋廬》："是胃（謂）從天四央（殃），以戰必慶。"
《帛甲老子·德經》："毋道〈遺〉身央（殃），是胃（謂）襲常。"
《帛乙老子·德經》："[无]遺身央（殃），是胃（謂）[襲]常。"
《國次》："誅禁不當，反受其央（殃）。"
《國次》："過極失[當]，天將降央（殃）。"
《國次》："功成而不止，身危又（有）央（殃）。"
《國次》："功成不廢，後不奉（逢）央（殃）。"
《六分》："主暴臣亂，命曰大芒（荒），外戎内戎，天將降央（殃）。"
《四度》："内外皆逆，是胃（謂）重央（殃），身危爲僇（戮），國危破亡。"
《四度》："外内皆順，命曰天當，功成而

不廢，後不奉（逢）央（殃）。”
《四度》：“伓（倍）逆合當，爲若又（有）事，雖无成功，亦无天央（殃）。”
《四度》：“大則國亡，小則身受其央（殃）。”
《亡論》：“興兵失理，所伐不當，天降二央（殃）。”
《名理》：“重逆□□，守道是行，國危有央（殃）。”
《名理》：“兩逆相功（攻），交相爲央（殃），國皆危亡。”
《姓爭》：“望失其當，環視其央（殃）。”
《兵容》：“天固有奪有予，有祥□□□□□弗受，反隋（隨）以央（殃）。”
《兵容》：“□不鄉（饗）其功，環（還）受其央（殃）。”
《兵容》：“國家有幸，當者受央（殃）。”
《稱》：“天有環（還）刑，反受其央（殃）。”
《稱》：“貞良而亡，先人餘央（殃）。”
《胎產書》：“晏起□沐，厚衣居堂，朝吸天光，辟（避）寒央（殃）。”
《曹熬》：“七至勿星，冬（終）身失〈无〉央（殃）。”
《容成》：“陰陰拏氣，中不蓄（潰）腐，故身無苛（疴）央（殃）。”
《容成》：“坡（彼）生有央（殃），必其陰精屚（漏）泄。”
《師癸》：“血氣宜行而不行，此胃（謂）款（窾）央（殃），六極之宗也。”
《繆和》：“故曰貢福又（有）央（殃）。”
《月戰》：“天時、地利、人和，三者不得，雖勝有央（殃）。”
《六守》：“君无央（殃），九交親則君□〼。”
《發啟》：“天道无央（殃），不可先昌（倡）。”
《發啟》：“必見其央（殃），有（又）見其𢦏（災），乃可以謀。”
《王法》：“弱而不事強，胃（謂）之撓（饒）央（殃）。”
《日占》：“己毋射侯，還受其央（殃）。”
《三十時》：“可始（以）脩（修）田野溝，可始（以）入人之地，不可亟刃₌（亟刃，亟刃）有央（殃），壹得而三其央（殃）。”
《三十時》：“〼輕之時也，先小者有央（殃），不可〼。”
《三十時》：“不可興眾，不可爲百丈千丈城，大將有央（殃）。”
《三十時》：“用入人之地，至秋三月必破，上長有央（殃），不死必亡。”
《三十時》：“不可爲嗇夫，嫁女，取婦。以居官，不久，必有天央（殃）。”
《三十時》：“〼可用₌（用。用）出其地者有央（殃）。”
《三十時》：“〼□成功₌（功，功）若成，必十其央（殃）。”
《三十時》：“〼勝而十其央（殃）。”
《北大老子》：“用其光，復歸其明，毋遺身央（殃），是謂襲常。”
《周馴》：“爾能畏天，則壽命永長；爾能事神，則無疾央（殃）。”
《趙正書》：“此三君者，皆冬（終）以失其國而央（殃）其身。”
《趙正書》：“斯見其央（殃）今至矣。”
《陰陽家》：“春氣作生，君氣作仁，不仁而張，六風王₌（王王），公門改行，中龏之央（殃）。”
《陰陽家》：“誅殺甚明，萬物銷亡，公門改行，國有大喪，中襲之央（殃）。”
《節》：“天氣始并〈升〉，地氣始臧（藏），斬殺毄（擊）伐，毋有天央（殃）。”
《節》：“有盜室中者，盜報有央（殃）。”
《節》：“農夫毋休禦（御）、灰瘳（瞭）莀菅、弋邋（獵）羅罔（網），毋操斧鏺入山林中，毋罪田吏，毋執人田山林中，有央（殃）。”
《節》：“歌田者報有喜，哭田者報有央（殃）。”
《雨書》：“七日衰，草木心，民毋疾。風，草木有央（殃）。”
《堪輿》：“郢人不可盡稽，獨受其央（殃），若爲不吉，其期以丙午。”
《神烏賦》：“今歲不翔（祥），一烏被央（殃）。”

央與鞅

《戰國二三》：“公孫央（鞅）功臣也，襄子親因（姻）也，皆不免，封近故也。”

央與瑤

《子羔》：“遊於央（瑤）臺（臺）之上，又（有）鴳（燕）監（銜）卵而階（錯）者（諸）其前，取而軟（吞）之。”

姎與怏

《北蒼・支》：“姎（怏）婞黠媿（愧），magnet嫛嫣（嫛）媞。”

怏與陽

《占書》：“月九垣（暈），有怏（陽）民亡；月八垣（暈），有扈民亡。”

湙與詇

《語叢四》：“棗（早）與臤（賢）人，是胃（謂）湙（詇）行。”

英與殃

《日甲・歲》：“以北大羊（祥），東旦（殫）亡，南遇英（殃），西數反其鄉。”
《日甲・歲》：“以東大羊（祥），南旦（殫）亡，西禺（遇）英（殃），北數反其鄉。”
《日甲・歲》：“以南大羊（祥），西旦（殫）亡，北禺（遇）英（殃），東數反其鄉。”
《日甲・歲》：“以西大羊（祥），北旦（殫）亡，東禺（遇）英（殃），南數反其鄉。”
《日甲・毀棄》：“毋以巳壽（禱），反受其英（殃）。”
《日甲・毀棄》：“毋以木〈未〉斬大木，必有大英（殃）。”
《日甲・行》：“凡是日赤啻（帝）恆以開臨下民而降其英（殃）。”
《雌雄節》：“夫雄節而數得，是胃（謂）積英（殃）。”

蕮與英

《天下至道》：“九嵟（動）順彼天蕮（英），十嵟（動）產神明。”

詇與殃

《患之》：“五患曰：有國，天地之莚（凶）行其國，國多戋（災）詇（殃），所謂溺國也。”

耕部第二五

幷字聲系

幷與並

《算數書·羽矢》："幷（並）矢、羽以爲法，以矢、羽相乘爲實。"

《有司》："廱（雝）人合執二俎，陳于羊俎西，幷（並），皆西宿（縮）。"

幷與屏

《凡物甲》："敔（？）牅（墉）而豊（禮），幷（屏）㷉（氣）而言，不遂（失）其所然，古（故）曰力𢼄（賢）。"

《芮良夫》："罔肎（肯）獻言，人頌（訟）攼（扞）韋（違），民乃𦾞（嗥）嚻，𦫵（靡）所幷（屏）怔（依）。"

《見威王》："西面而幷（屏）三苗□□〼。"

幷與餅

《果童》："負幷（缾）而巒（欒），營行氣（乞）食。"

㔙與平

《湯丘》："身體𩪣（痊）㔙（平），九𥦙（竅）發明，以道心嗌，惜（懌）快以恆。"

姘與駢

《北蒼·支》："某柟早（草）𧔧（權），㝠椅（倚）姘（駢）觟。"

屏與庰

《守法》："廿步一屏（庰），離城毋過十五步。下之屏（庰）者必衙枚，二人俱斬。"

荓與幷

《容成氏》："墨（禹）乃迵（通）蔞（淒）與湯（易），東𣪊（注）之沺（海），於是虖（乎）荓（幷）州衍（始）可凥（處）也。"

按，"荓（幷）"字從白於藍《讀上博簡（二）劄記》（《江漢考古》2005年4期）釋讀。

《祭公》："隹（惟）我後嗣，方建宗子，不（丕）隹（惟）周之䢋（厚）荓。"按，今本《逸周書·祭公》荓作幷。

荓與屏

《祭公》："隹（惟）我後嗣，方建宗子，不（丕）隹（惟）周之䢋（厚）荓（屏）。"

迸與併

《龍簡》："迸（併）徙其田中之臧（贓）而不〼。"

敓與屏

《三壽》："元折（哲）並進，謧（讒）䚻（諛）則敓（屏），寺（時）名曰聖（聖）。"

敓與㔙

《三壽》："𡯁₌（左右）悔（毋）比，弜（強）敓（㔙）ㄐ（收）出（絀）。"按，"敓（㔙）"字從補白《清華簡〈殷高宗問於三壽〉臆説四則》（復旦大學出土文獻與古文字研究中心網，2015年4月16日）讀。

誁與幷

《少牢》："皆二骨以誁（幷）。"

《少牢》："皆二骨以誁（幷）。"

《少牢》："皆二骨以誁（幷）。"

缾與垪

《周易·井》："井：改邑不改井，亡（无）喪亡（无）得，往來井₌（井井）。气（汔）至，亦母（毋）𩍈（達）井。羸（羸）其缾，凶。"按，帛書本缾作垪。

骿與屏

《子產》："乃斆（禁）𢍰單、相會、𨋵樂、勑（飾）屮（美）宮室衣裘、好酓（飲）飤（食）、以爰（遠）賆（屏）者。”

騈與賆

《繆和》：“禹□其四枝（肢），苦其思□，至於手足騈（賆）胝，顔（顔）色□□□□，☐。”

騈與艴

《養生方》：“□谷名有泰室、少室，其中有石，名曰騈（艴）石。”按，“騈（艴）”字從張顯成《馬王堆醫書疑難藥名考釋二則》（《甘肅中醫學院學報》第13卷第4期，1996年12月）讀。

甹字聲系

哹與屏

《王居》：“不爯（稱）掔（賢）進可，以哹（屏）補（輔）我？則戠（職）爲民窮窩。”

《皇門》：“於（嗚）虐（呼）！朕寡邑少（小）邦，穢（蔑）又（有）耆耇梡（慮）事哹（屏）朕立（位）。”

《繫年四》：“方（旁）埶（設）出宗子，以乍（作）周厚哹（屏）。”

哹與聘

《楚居》：“季緣（連）聍（聞）其又（有）哹（聘），從，及之盤（判），爰生絽白（伯）、遠中（仲）。”

《繫年十一》：“穆王即殜（世），臧（莊）王即立（位），使孫（申）白（伯）亡（無）愄（畏）哹（聘）于齊。”

《繫年十四》：“公命郇（駒）之克先哹（聘）于齊。”

《繫年十五》：“王命緧（申）公哹（聘）於齊，緧（申）公瀫（竊）載少盁以行。”

《繫年十六》：“龍（共）王使芸（鄖）公哹（聘）於晉，叀（且）許成。”

《繫年十六》：“競（景）公使翟（糴）之伐（茷）哹（聘）於楚。”

《繫年十六》：“龍（共）王使王子晨哹（聘）於晉，或（又）攸（修）成。”

平字聲系

坪與平

《楚帛書》甲：“千又百戢（歲），冃=（日月）允生，九州不坪（平），山陵（陵）備（崩）峡，四神□乍（作）。”按，“坪（平）”字從嚴一萍《楚繒書新考（上、中、下）》（《中國文字》第廿六冊，1967年，9–10頁）讀。

《老子》丙：“埶（設）大象，天下往。往而不害，安坪大。”按，今本和帛書本坪作平。

《尊德義》：“不訂（治）不川（順），不川（順）不坪（平）。”

《尊德義》：“坸（均）不足以坪（平）正（政），愋（緩）不足以安民，甬（勇）不足以沬（潰）眾。”

《詩論》：“《訟（頌）》，坪（平）悳（德）也，多言後，其樂安而屖（遲），其訶（歌）申而蕩（易），其思深而遠。至矣！”

《詩論》：“《訔（詩）》，其猶坪（平）門。”

《子羔》：“昔者【禪】而弗殜（世）也，善與善相尋也，古（故）能紿（治）天下，坪（平）萬邦。”

《容成氏》：“墨（禹）乃因山陵（陵）坪（平）隆（隰）之可坓（封）邑者而緐（繁）實之。”

《鮑叔牙》：“是戢（歲）也，晉人戮（伐）齊，既至齊陸（地），晉邦又（有）嬰（亂），帀（師）乃歸。雩（雨）坪（平）陸（地）至厀（膝），復。日旋亦不爲忢（災），公蠹（瘧）亦不爲戢（害）。”按，“坪（平）”

字從侯乃峰《上博（五）幾個固定詞語和句式補説》（簡帛網，2006年3月20日）讀。

《季康子》："肰（然）則邦坪（平）而民頫（擾）矣。"

《鄭壽》："競坪（平）王𦎫（就）奠（鄭）壽，𡝊（稽）之於𡰪（禰）𢈈（廟）。"

《王子木》："競坪（平）王命王子木迈（蹠）成（城）父。"

《凡物甲》："土系（奚）得而坪（平）？水系（奚）得而清？卉木系（奚）得而生？含（禽）獸系（奚）得而鳴？"

《建除》："坪於未。"按，睡虎地秦簡《日書》甲、乙種楚除坪皆作平。下十二例同。

《建除》："坪於申。"

《建除》："坪於栖（酉）。"

《建除》："坪於戌。"

《建除》："坪於亥。"

《建除》："坪於子。"

《建除》："坪於丑。"

《建除》："坪於寅。"

《建除》："坪於卯。"

《建除》："坪於唇（辰）。"

《建除》："坪於巳。"

《建除》："坪於午。"

《建除》："凡坪日，利以祭祀、和人民、誼（屬）事。"

《繫年二》："周幽王取妻于西繲（申），生坪（平）王₌（王，王）或臤〈取〉孚（褒）人之女，是孚（褒）忈（姒）。"

《繫年二》："孚（褒）忈（姒）辟（嬖）于王₌（王，王）與白（伯）盤达（逐）坪₌王₌（平王，平王）走西繲（申）。"

《繫年二》："幽王起自（師），回（圍）坪（平）王于西繲₌（申，申）人弗敚（畀）。"

《繫年二》："晉文侯乃逆坪（平）王于少鄂，立之于京自（師）。"

《繫年三》："周室即〈既〉𡉚（卑），坪（平）王東遷，止于成周。"

《繫年十五》："霝（靈）王即殜（世），競（景）坪（平）王即立（位）。"

《繫年十五》："競（景）坪（平）王即殜（世），卲（昭）王即立（位）。"

《繫年十七》："晉減（莊）坪（平）公即立（位）兀（元）年，公會者（諸）侯於瞑（湨）梁。"

《繫年十七》："坪（平）公衛（率）自（師）會者（諸）侯，爲坪（平）侌（陰）之自（師）以回（圍）齊。"

《繫年十七》："坪（平）公立五年，晉𤔲（亂）。"

《繫年十七》："齊減（莊）公涉河𩀌（襲）朝訶（歌），以復坪（平）侌（陰）之自（師）。"

《繫年十七》："坪（平）公衛（率）自（師）會者（諸）侯，伐齊，以復朝訶（歌）之自（師）。"

《繫年十八》："晉減（莊）坪（平）公立十又二年，楚康王立十又四年。"

《繫年十八》："霝（靈）王見禍（禍），競（景）坪（平）王即立（位）。"

《繫年十八》："競（景）坪（平）王即殜（世），卲（昭）王即立（位）。"

《繫年十九》："競（景）坪（平）王即立（位），改邦陳、鄗（蔡）之君。"

《繫年十九》："競（景）坪（平）王即殜（世），卲（昭）王即立（位）。"

《繫年二十》："戉（越）公、宋公敗齊自（師）于壤（襄）坪（平）。"

《繫年二三》："𥁰（明）戝（歲），郎減（莊）坪（平）君衛（率）自（師）戠（侵）奠₌（鄭，鄭）皇子₌（子、子）馬、子沱（池）、子垟（封）子衛（率）自（師）以这（邀）

楚=人=（楚人，楚人）涉汦。”

《繫年二三》：“王命坪（平）亦（夜）悼武君衛（率）自（師）戠（侵）晉。”

《繫年二三》：“楚自（師）大敗，旅（魯）昜（陽）公、坪（平）亦（夜）悊（悼）武君、昜（陽）城洹（桓）忈（定）君，三執珪之君與右尹卲（昭）之迡（竢）死安（焉）。”

《繫年二三》：“楚自（師）牆（將）栽（救）武昜（陽），王命坪（平）亦（夜）悼武君李（使）人於齊陳淏求自（師）。”

《芮良夫》：“昔才（在）先王，幾（既）又（有）眾俑（庸），□□庶戁（難），甬（用）建其邦，坪（平）和庶民，莫敢烈憧。”

《三壽》：“虛（吾）聒（聞）夫隚（險）莫隚（險）於褢（鬼），肙（厭）非（必）坪（平），亞（惡）非（必）䏀（傾）。”

鳴字聲系

鳴與冥

《帛甲老子·道經》：“灣（窈）呵（兮）鳴（冥）呵（兮），中有請（精）吔〈呵（兮）〉。”

名字聲系

名與銘

《武王甲》：“爲名（銘）於笞（席）之四耑（端）曰：‘安樂必戒。’”

《武王甲》：“檻（鑑）名（銘）曰。”

《武王甲》：“㸚名（銘）曰。”

《武王甲》：“桯（楹）名（銘）隹（唯）【曰】。”

《武王甲》：“枳（枝）名（銘）隹（唯）曰。”

《武王甲》：“卣（牖）名（銘）隹（唯）曰。”

名與禜

《魯邦》：“夫山，石以爲膚，木以爲民，女（如）天不雨，石牆（將）焦，木牆（將）死，其欲雨，或甚於我，或必寺（待）虗（乎）名（禜）虗（乎）？夫川，水以爲膚，魚以爲民，女（如）天不雨，水牆（將）沽（涸），魚牆（將）死，其欲雨，或甚於我，或必寺（待）虗（乎）名（禜）虗（乎）？”按，“名（禜）”字從陳劍（2003年1月9日清華大學思想文化研究所討論會發言）讀。

名與命

《戰國二四》：“警四竟（境）之内，興師救韓，名（命）戰車，盈夏路。”

冥字聲系

冥與螟

《目録》：“冥（螟）。”

《螟》：“冥（螟）病方。”

《螟》：“冥（螟）者，蟲，所齧穿者□。”

《爲政》：“爲正（政）壹擾則虫（蟲），再則蛾（蟻），三則冥（螟），四則蹢（蝝），五則膢，六則兵作，七則君殚（卒）。”

冥與冪

《蚖》：“盛以新瓦甕，冥（冪）口以布三□，即封涂（塗）厚二寸。”

《白處》：“以□□□□□冥（冪）甕以布四▨。”

《白處》：“冥（冪）以布，蓋以鍽（甂），縣（懸）之陰燥所。”

蓂與冪

《癩》：“即蓂（冪）以布，而傅之隋（脽）下，爲二處。”

蓂與緜

《妄稽》：“嫖（眇）蓂（緜）便圜（旋），桃（逃）入北房。”按，“嫖蓂”似當讀作“眇緜”。《法言·先知》：“忽眇緜作眪。”司馬光《集注》：“眇緜，遠視。”汪榮寶《義疏》：“《上林賦》：‘微睇緜藐。’郭璞《注》：‘緜藐，遠視貌。’弘範以‘眇緜’雙聲連語，即‘緜藐’之倒言，故用郭義爲訓。”

榠與冥

《墨子》：“☐含（今）爲州，昊₌（昊昊）榠₌（冥冥），又（有）胃日☐。”按，“榠₌（冥冥）”字從李零《長台關楚簡〈申徒狄〉研究》（簡帛研究網，2000年8月8日）釋讀。下同。

《周易·豫》：“上六：榠（冥）余（豫），成又（有）愈（渝），亡（无）咎。”

《三德》：“母（毋）曰榠₌（冥冥），上天又（有）下政，晝□☐。”

《祝辭》：“号（皋）！旨（詣）五（武）𡰥（夷），𢇍（絕）𥁰（明）榠₌（冥冥），玆我絰（逞）。”

《子產》：“用身之道，不以榠₌（冥冥）卬（仰）福，不以逸求得，不以利行直（德），不以唐（虐）出民力。”

瞑與冥

《曹氏》：“☐□月陰也；月陽也，星陰也；星陽也，窅（窈）瞑（冥）陰也。”

瞑與眠

《妄稽》：“晝瞑（眠）夜視，反夜爲日。”

《妄稽》：“勞者未畢，虞士吾（寤）瞑（眠）。”

《妄稽》：“我妬也，疾蹢（墮）甖瓦毀襲杯（坏），解擇（釋）成索別瓶橘（繘），而離（罹）卑李（悝），晝肖（宵）不瞑（眠）。”

丁字聲系

亭與葶

《痂》：“冶亭（葶）磿（藶）、莁夷（荑），熬叔（菽）□□皆等。”

《二類》：“藥用亭（葶）磨〈磿（藶）〉二分，甘逐〈遂〉二分，大黃一分。”

《二類》：“藥用利（藜）廬一本，亭（葶）磨〈磿（藶）〉二分，付（附）子一分。”

亭與成

《北大老子》：“故道生之畜之，長之逐（育）之，亭（成）之孰之，養之復（覆）之。”

釘與頂

《帛易·大過》：“尚（上）九〈六〉，過涉滅釘（頂），凶，无咎。”

成與城

《楚帛書》丙：“姑（辜），利䜈（侵）伐，可以攻成（城），可以聚眾，會者（諸）侯，型百事，殄（戮）不義。”

《語叢四》：“山亡𨸏則坨（陁），成（城）無蓑則坨（陁）。”

《采風》：“訐（衍）皇（徵）：《牧人》，《募人䧁亡》，《𩃬氏》，《成（城）上生之葦》，《道之遠尔》，《良人亡不宜也》，《列也遺夬（玦）》。”

《曹沫》：“還年而䎽（問）於散（曹）𣪊（沫）曰：‘虗（吾）欲與齊戰，䎽（問）戟（陳）奚女（如）？獸（守）鄵（邊）成（城）奚女（如）？’”

《曹沫》：“臣䎽（聞）之：又（有）固悔（謀）而亡固成（城），又（有）克正（政）而亡克戟（陳）。”

《曹沫》：“成（城）𩫏（郭）必攸（修），繕（繕）㡀（甲）利兵，必又（有）戰心以獸（守），所以爲倀（長）也。”

《曹沫》：“民又（有）寶（保）：曰成（城），曰固，曰䖒（阻）。”

《曹沫》：“其飤（食）足以飤（食）之，其兵足以利之，其成（城）固足以攼（毀）之。”

《王子木》：“競坪（平）王命王子木迈（蹠）成（城）父。”
《天子甲》：“臨成（城）不[言]毀，觀邦不言芒（亡）。”
《天子乙》：“臨成（城）不[言]毀，觀邦不言芒（亡）。”
《鄭子甲》：“命思（使）子家利（梨）木三眷（寸），紝（疏）索以�札（紘），毋敢丁門而出，斂（掩）之成（城）垄（基）。”
《鄭子乙》：“命思（使）子家利（梨）木三眷（寸），紝（疏）索以紘（紘），毋敢丁門而出，斂（掩）之成（城）垄（基）。”
《城濮》：“成王爲成（城）僕（濮）之行，王囟（使）子夏（文）叠（教）子玉。”
《陳公》：“女（如）既滐成（城）安（焉），紳兩和而紉之，必靳（慎）☐。”
《繫年四》：“譬（戴）公卒，齊超（桓）公會者（諸）侯以成（城）楚丘。”
《繫年五》：“文王以北啓出方成（城），圾〈封〉（畛）於汝，改遊（旅）於陳，安（焉）取邨（頓）以贛（脅）陳侯。”
《繫年十七》：“自（師）造於方成（城），齊高厚自自（師）逃歸。”
《二年・秩律》：“胡陽、祭（蔡）陽、隋、西平、葉、陽成（城）。”
《戰國一二》：“平陵〈陸〉雖（唯）成（城）而已，其鄙〈鄙〉盡入梁（梁）氏矣。”

成與盛

《仲弓》：“夫季是（氏），河東之成（盛）家也。”
《鮑叔牙》：“列（厲）民䑕（獵）樂，篙（篤）怀忨，皮（疲）散（敝）齊邦，日成（盛）于縱，弗覭（顧）前後。”
《鄭子甲》：“余䣡（將）必囟（使）子家毋以成（盛）名立於上，而烕㝃於下。”按，“成（盛）”字從復旦大學出土文獻與古文字研究中心研究生讀書會《〈上博七・鄭子家喪〉校讀》（復旦大學出土文獻與古文字研究中心網，2008年12月31日）讀。
《繫辭》：“德言成（盛），體（禮）言共（恭）也。溓（謙）也者，至（致）恭以存其立（位）者也。”
《二類》：“先取雞子中黃者置梧〈梧〉中，撓之三百，取藥成（盛）。”

成與誠

《成之》：“戎（農）夫柔（務）飤（食），不弝（強）耕，糧弗足怏（矣）；士成（誠）言，不行，名弗得怏（矣）。”按，“成（誠）”字從白於藍《〈郭店楚墓竹簡〉釋文正誤一例》（《吉林大學學報》1999年2期）讀。
《詩論》：“成（誠）胃（謂）之也。”
《詩論》：“成（誠）命之也。”
《子羔》：“堯之得舜也，舜之悳（德）則成（誠）善嬰（歟）？”
《子羔》：“古（故）夫舜之悳（德）其成（誠）臤（賢）矣。”
《管仲》：“少（小）事逸以愓，大事柬（簡）以成（誠）。”
《帛五行・説》：“君子知而舉之也者，猶堯之舉舜□□之舉伊尹也。舉之也者，成（誠）舉之也。”
《帛五行・説》：“士（事）之者成（誠）士（事）之也。”
《定心》：“一志成（誠）必，脩（修）獨内懎（奮），終身不拳（倦）。”按，“成（誠）”字從蔡偉《古書校勘釋例——以出土簡帛古書與幾種早期寫本爲中心》（復旦大學博士學位論文，2014年，19頁）讀。

城與成

《二年・秩律》：“内廣（黃）、蘩（繁）

陽、陜、盧氏、新安、新城（成）。”

城與盈

《耆夜》：“月又（有）城（盈）嘏（缺），戢（歲）又（有）剁（䠥）行。”

盛與成

《□爛者》：“置突[上]二、三月，盛（成），即□□□囊而傅之。”

攍與盛

《易之義》：“物之上攍（盛）而下絕者，不久大立（位），必多其咎。”

誠與成

《戰國二一》：“恐事之不誠（成），故出兵以割（劫）革（勒）趙、魏。”

《繫辭》：“誠（成）生（性）[存存]，道義之門。”按，今本誠作成。

誠與盛

《繫辭》：“富有之胃（謂）大業，日新之胃（謂）誠（盛）德，生之胃（謂）馬〈象〉。”按，今本誠作盛。

貞字聲系

貞與楨

《秦律·司空》：“縣、都官用貞（楨）、栽爲傰（棚）牏。”

貞與正

《緇衣》：“情（靖）共尔（爾）立（位），好氏（是）貞（正）植（直）。”

《緇衣》：“隹（誰）秉或（國）成，不自爲貞（正），卒袋（勞）百眚（姓）。”

《程寤》：“隹（惟）王元祀貞（正）月既生朗（霸），大（太）姒夢見商廷隹（惟）棶（棘）。”

《耆門》：“貞（正）月己咳（亥），湯才（在）耆門，睧（問）於少（小）臣。”

《春秋一六》：“幾（豈）[及]彭生而能貞（正）之乎？”

《北大老子》：“國家揗（昏）亂，安（焉）有貞（正）臣。”

貞與征

《帛易·困》：“尚（上）六，困于褐（葛）纍（藟），于貳（䠥）椽（卼），曰悔夷有悔，貞（征）吉。”

貞與真

《老子》乙：“建悳（德）女（如）□□貞女（如）愉。”按，今本貞作真。

《老子》乙：“攸（修）之身，其悳（德）乃貞。”按，今本和帛書乙本貞作真。

貞與鎮

《老子》甲：“愚（化）而雒（欲）复（作），酒（將）貞之以亡名之歖（樸）。”按，今本貞作鎮。

貞與闐

《老子》甲：“愚（化）而雒（欲）复（作），酒（將）貞之以亡名之歖（樸）。”按，帛書乙本貞作闐。

貞與畛

《君人甲》：“楚邦之中又（有）飤（食）田五貞（畛），竽麗（篪）奂（衡）於前。”按，“貞（畛）”字從張崇禮《釋〈君人者何必安哉〉的“貞”》（復旦大學出土文獻與古文字研究中心網，2009年1月11日）讀。下三例同。

《君人甲》：“珪=（珪玉）之君，百貞（畛）之宔（主），宮妾以十百婁（數）。”

《君人乙》：“楚邦之中又（有）飤（食）田五貞（畛），竽麗（篪）奂（衡）於前。”

《君人乙》：“珪=（珪玉）之君，百貞（畛）之宔（主），宮妾以十百婁（數）。”

《邦人》：“□寍（寧）禓（禍），賞之以西畦田百貞（畛）。”按，“貞（畛）”字從沈培《清華簡和上博簡“就”字用法合證》（簡帛網，2013年1月6日）讀。

貞與鼎

《史留》：“内（納）牙（與）賜（貨），幽（流）色牙（與）西（酒），大鐘貞（鼎），美宙（宫）室，區（驅）軽（騁）畋邋（獵），与（舉）獄詥（訟），此所以遠（失）☐。”

《別卦》：“貞（鼎）。”按，“貞”字原形作“”，可釋爲“貞”。

偵與貞

《曹熬》：“長生之稽，偵（貞）用玉閉，玉閉時辟，神明來積。”按，“偵（貞）”字從連劭名《馬王堆三號墓竹簡〈十問〉注釋補正》（《考古》1994年5期）讀。

𣅤與顛

《良臣》：“文王又（有）忲（閎）夭，又（有）（泰）𣅤（顛），又（有）柬（散）宜生。”

壬字聲系

廷與庭

《周易·艮》：“艮：其伓（背），不臒（獲）其身，行其廷（庭），不☐。”

《北蒼·陽》：“開閉門閭，闕廷（庭）廟郎（廊）。”

廷與梃

《諸傷》：“獨□長支（枝）者二廷（梃），黄魿（芩）二梃，甘草□廷（梃）。”

《癃病》：“以其汁煮膠一廷（梃）半，爲汁一参。”

《養生方》：“桂尺者五廷（梃）□□□□□之荅半□□者一汧（栞）。”按，“廷”當讀作“梃”。

涏與筳

《北蒼·支》：“箸涏（筳）縞（犒）給，勸怖槈桂。”

庭與霆

《殘簡一》：“如雷如庭（霆），振振冥冥。”

𡨄與庭

《隨日·刑德》：“十月：刑在𡨄（庭），德在門。”

《隨日·刑德》：“十一月：刑在堂，德在𡨄（庭）。”

𡈼與庭

《金縢》：“命于帝𡈼（庭），尃（溥）又（有）四方，以奠（定）尓（爾）子孫于下陸（地）。”

鋌與梃

《牝痔》：“先道（導）以滑夏（榎）鋌（梃），令血出。”按，“鋌（梃）”字從魏啟鵬、胡翔驊《馬王堆漢墓醫書校釋（壹）》（成都出版社，1992年，110頁）讀。

袵與領

《昭王》：“王訋（召）而余（予）之袵（領）䘵（袍）。”按，“袵（領）”字從陳劍《上博竹書〈昭王與龔之脽〉和〈柬大王泊旱〉讀後記》（簡帛研究網，2005年2月15日）讀。

呈與盈

《老子》甲：“保此衍（道）者不谷（欲）尚（尚）呈。”按，今本和帛書乙本呈作盈。

浧與郢

《楚居》：“乃渭（潰）疆浧（郢）之波（陂）而宇人安（焉），氏（抵）今曰郢。”

《楚居》：“至文王自疆浧（郢）遷（徙）居湫=郢=（湫郢，湫郢）遷（徙）居樊=郢=（樊郢，樊郢）遷（徙）居爲=郢=（爲郢，爲郢）復遷（徙）居免郢，安（焉）改名之曰福丘。”

《楚居》：“至成王自箬（鄀）郢遷（徙）衮（襲）湫=浧=（湫郢，湫郢）遷（徙）□□□□居睽（睽）郢。”

浧與傾

《老子》甲：“長耑（短）之相型（形）也，

高下之相浧也。”按，今本浧作傾。

浧與盈

《老子》甲：“長耑（短）之相型（形）也，高下之相浧也。”按，帛書本浧作盈。

《老子》甲：“朱（持）而浧之，不〖不〗若已【也】。”按，今本和帛書本浧作盈。

《老子》甲：“金玉浧室，莫能獸（守）也。”按，帛書甲本浧作盈。

《老子》乙：“大浧若中（盅），其甬（用）不穿（窮）。”按，河上、王弼本及帛書本浧作盈。

《太一》：“罷（一）块（缺）罷（一）浧（盈），以忌（己）爲墣（萬）勿（物）經。”

《性自》：“惹（怒）谷（欲）浧（盈）而毋暴。”

《語叢四》：“金玉浧（盈）室，不女（如）悔（謀）。”

《亙先》：“云₌（云云）相生，信浧（盈）天陻（地）。”

《叢辰》：“以爲卡₌（上下）之禱祒（祠），䰩（鬼）神卿（饗）之，乃浧（盈）其志。”

《競公瘧》：“番（播）浧（盈）壓（藏）萻，使〼。”按，“浧（盈）”字從何有祖《上博六〈景公瘧〉初探》（簡帛網，2007 年 7 月 11 日）讀。

《用曰》：“硃（積）浧（盈）天之下，而莫之能□。”

《武王乙》：“亦又（有）不浧（盈）於十言而百殜（世）不逵（失）之道，又（有）之虖（乎）？”

《凡物甲》：“水之東流，牆（將）可（何）浧（盈）？”

《凡物甲》：“扌录（握）之不浧（盈）扌录（握），尃（敷）之亡（無）所峃（容）。”

《凡物乙》：“水之東流，牆（將）可（何）浧（盈）？”

《凡物乙》：“扌录（握）之不浧（盈）扌录（握），尃（敷）之亡（無）所峃（容）。”

《雌雄節》：“夫雄節者，浧（盈）之徒也；雌節者，兼（謙）之徒也。”

浧與馨

《蘭賦》：“□□攸（搖）茖（落）而猷（猶）不逵（失）氒（厥）芳₌（芳，芳）浧（馨）訛（佖）迡（迟）而達晤（聞）于四方。”按，“浧（馨）”字從復旦吉大古文字專業研究生聯合讀書會《上博八〈蘭賦〉校讀》（復旦大學出土文獻與古文字研究中心網，2011 年 7 月 17 日）讀。

溋與盈

《三德》：“〼邦四嗌（益），是胃（謂）方芋，唯（雖）溋（盈）必虛。”

《相宅》：“中坦，中□，又汙（穿）安（洝），凥（居）之不溋（盈）志。”

《用曰》：“亡（無）咎隹（惟）溋（盈）。”

《芮良夫》：“母（毋）惏（婪）愈（貪）、豨（淆）昆（混）、圓（滿）溋（盈）、康戲而不智（知）萲（寤）告（覺）。”

《芮良夫》：“莫爯（稱）氒（厥）立（位），而不智（知）允（滿）溋（盈）。”

莛與庭

《順道》：“大莛（庭）氏之有天下也，不辨陰陽，不數日月。”

《順道》：“大莛（庭）之有天下也，安徐正靜，柔節先定。”

郢與捏

《妄稽》：“郢（捏）命（領）騫（褰）衣，齊阿之常（裳）。”

桯與楹

《武王甲》：“桯（楹）名（銘）隹（唯）【曰】。”

《正亂》：“不死不生，慤（愨）爲地桯（楹）。”

珵與挺

《養生方》："已後再欼（歠）一，已後三□，不過三欼（歠），珵（挺）後用□□。"

珵與嬴

《城濮》："遠（蔿）白（伯）珵（嬴）猶約（弱），寡（拒）寺（持）侜（舟）酓₌（飲酒）。"按，"珵（嬴）"字從陳偉《〈成王爲城濮之行〉初讀》（簡帛網，2013年1月5日）讀。下同。

《城濮》："子〖₌〗叏（文）舉（舉）胵眮（貽）白（伯）珵（嬴）曰。"

程與盈

《琴舞》："思豐其復，隹（惟）福思甬（庸），黃句（耇）隹（惟）程（盈）。"

緹與逞

《成之》："少（小）人不緹（逞）人於刃（恩），君子不緹（逞）人於豊（禮）。"按，"緹（逞）"字從裘按（《郭店楚墓竹簡·成之聞之》篇注［三〇］）讀。

《祝辭》："号（皋）！旨（詣）五（武）𡰥（夷），𦇧（絕）皿（明）榠₌（冥冥），茲我緹（逞）。"按，"緹（逞）"字從黃傑《初讀清華簡（叁）〈良臣〉、〈祝辭〉筆記》（簡帛網，2013年1月7日）讀。

緹與盈

《繫年十七》："䜌（欒）緹（盈）出奔齊₌（齊。齊）臧（莊）公光衒（率）自（師）以逐䜌₌緹₌（欒盈。欒盈）譶（襲）郛（絳）而不果，奔内（入）於曲夭（沃）。"

《繫年十七》："晉人既殺䜌（欒）緹（盈）于曲夭（沃），坪（平）公衒（率）自（師）會者（諸）侯，伐齊。"

緹與田

《容成氏》："天下之民居奠，乃飭飤（食），乃立句（后）禝（稷）以爲緹（田）。"按，"緹（田）"字從張富海《讀楚簡劄記五則》（《古文字研究》第二十五輯，中華書局，2004年）讀。

緹與嬴

《楚帛書》乙："隹（惟）□□□，月則緹（嬴）絀，不得其棠（當）。"

《楚帛書》乙："緹（嬴）絀遊（失）□，卉木亡尚（常）。"

緹與懲

《陳公》："以緹（懲）帀₌徒₌（師徒。師徒）𪕭（皆）懼，乃各得其行。"按，"緹（懲）"字從張崇禮《讀上博九〈陳公治兵〉劄記》（復旦大學出土文獻與古文字研究中心網，2013年1月29日）讀。

戴與鐵

《養生方》："而醉（淬）戴（鐵），即以汁傅之。"

輕與騁

《史蒥》："内（納）牙（與）賜（貨），幽（流）色牙（與）西（酒），大鐘貞（鼎），美宙（宮）室，區（驅）輕（騁）畋邋（獵），与（舉）獄謟（訟），此所以遊（失）〼。"

𠾏與嬴

《城濮》："白（伯）𠾏（嬴）曰。"按，"𠾏（嬴）"字從陳偉《〈成王爲城濮之行〉初讀》（簡帛網，2013年1月5日）讀。

癥與正

《軍爭》："毋要（邀）癥癥（正正）之旗，毋擊堂堂之陳（陣），此治變者也。"按，今本《孫子·軍爭》癥作正。"癥"字所從"星"旁似即"呈"字之訛。

恥與聽

《九主》："以无職并恥（聽）有職，主分也。"

《九主》："恥（聽）□□敬□□誘□分□□之胃（謂）明分。"

《九主》："故知臣者不敢誣能，□主不忘

（妄）予，以分恥（聽）名。”

《九主》：“法君執符以恥（聽），故自薑（彊）之臣莫敢偽會以當其君。”

《九主》：“其臣爲一，以恥（聽）其君，恐懼而不敢盡□□。”

《明君》：“目極色而視之，口極味而食之，耳極聲而恥（聽）之。”

聖與聲

見耕部耶字聲系。

聖與耶

見耕部耶字聲系。

聖與聽

見耕部耶字聲系。

⿰犭聖與狌

見耕部耶字聲系。

⿰耳呈與傾

見耕部耶字聲系。

⿱⿰耳壬心與聖

見耕部耶字聲系。

聽與聖

見耕部耶字聲系。

耶字聲系

耶與聖

《帛乙老子·德經》：“耶（聖）人之在天下也，欱（歙）欱（歙）焉。”

《帛乙老子·德經》：“夫輕若（諾）必寡信，多易必多難，是以耶（聖）人猶難之。”

《帛乙老子·德經》：“是以耶（聖）人无爲也，故无敗也。”

《帛乙老子·德經》：“是以耶（聖）人欲不欲，而不貴難得之貨。”

《帛乙老子·德經》：“是以耶（聖）人之欲上民也，必以其言下之。”

《帛乙老子·德經》：“耶（聖）人无積，既以爲人，己俞（愈）有。”

《帛乙老子·德經》：“是以耶（聖）人被褐而褱（懷）玉。”

《帛乙老子·德經》：“是以耶（聖）人之不病也，以其病病也，是以不病。”

《帛乙老子·德經》：“是以耶（聖）人自知而不自見也，自愛而不自貴也。”

《帛乙老子·德經》：“是以耶（聖）人爲而弗又（有），成功而弗居也。”

《帛乙老子·德經》：“是故耶（聖）人之言云。”

《帛乙老子·德經》：“是以耶（聖）人執左〈右〉芥（契）而不以責於人。”

《帛乙老子·道經》：“是以耶（聖）人居无爲之事，行不言之教。”

《帛乙老子·道經》：“是以耶（聖）人之治也，虛其心，實其腹，弱其志，強其骨。”

《帛乙老子·道經》：“耶（聖）人不仁，以百姓爲芻狗。”

《帛乙老子·道經》：“是以耶（聖）人退其身而身先，〖外其身而身先〗，外其身而身存。”

《帛乙老子·道經》：“是以耶（聖）人之治也，爲腹而不爲目。”

《帛乙老子·道經》：“絕耶（聖）棄知（智），而民利百倍。”

《帛乙老子·道經》：“是以耶（聖）人執一，以爲天下牧。”

《帛乙老子·道經》：“是以耶（聖）人恆善怺（救）人，而无棄人，物无棄財。”

《帛乙老子·道經》：“樸散則爲器，耶（聖）人用則爲官長。”

《帛乙老子·道經》：“是以耶（聖）人去甚，去大（泰），去諸（奢）。”

《帛乙老子·道經》：“是以耶（聖）人之能成大也，以其不爲大也，故能成大。”

《道法》：“【至】公者明，至明者有功，

至正者靜，至靜者耶（聖）。”
《國次》：“天地立（位），耶（聖）人故載。”
《國次》：“故唯耶（聖）人能盡天極，能用天當。”
《國次》：“故耶（聖）人之伐殹（也）。”
《六分》：“□耶（聖）之人弗留，天下弗與。”
《四度》：“守怨之本，養亂之基，雖有耶（聖）人，不能爲謀。”
《觀》：“耶（聖）人之事。”
《觀》：“耶（聖）人不巧，時反是守。”
《觀》：“耶（聖）人正以侍（待）天，靜以須人。”
《兵容》：“天地刑（形）之，耶（聖）人因而成之。”
《兵容》：“耶（聖）人之功，時爲之庸，因時秉□，是必有成功。”
《兵容》：“耶（聖）人不達刑，不襦（繻）傳。”
《前道》：“耶（聖）人舉事也，闔（合）於天地，順於民，羊（祥）於鬼神。”
《稱》：“耶（聖）人不爲始，不剸（專）己，不豫謀，不爲得，不辭福，因天之則。”
《稱》：“不用輔佐之助，不聽耶（聖）慧之慮。”
《道原》：“故唯耶（聖）人能察无刑（形），能聽无聲。”
《道原》：“耶（聖）王用此，天下服。”
《繫辭》：“耶（聖）人設卦觀馬〈象〉，毄（繫）辭焉而明吉凶。”
《繫辭》：“耶（聖）者仁，壯者勇，鼓萬物而不與衆人同憂，盛德大業至矣幾〈哉〉！”
《繫辭》：“易其至矣乎！夫易，耶（聖）人所以高（崇）德而廣業也。”
《繫辭》：“耶（聖）人具以見天下之業，而□疑（擬）者（諸）其刑（形）容。”
《繫辭》：“耶（聖）人具以見天下之動，而觀其會同（通），以行其挨（等）膿（禮）。”
《繫辭》：“夫易，耶（聖）人之所以極深而達幾（機）也。”
《繫辭》：“易有耶（聖）人之道四焉者，此言之謂也。”
《繫辭》：“是故耶（聖）人以達天下之志，以達天下之業，以斷天下之疑。”
《繫辭》：“耶（聖）人以此佚〈洗〉心，内（退）藏於閉（密）。”
《繫辭》：“耶（聖）人以此齋戒，以神明其德夫。”
《繫辭》：“備物致用，位（立）成器以爲天下利，莫大乎耶（聖）人。”
《繫辭》：“是故，天生神物，耶（聖）人則之；天【地】變化，耶（聖）人效之。”
《繫辭》：“天垂馬〈象〉，見吉凶，而耶（聖）人馬〈象〉之；河出圖，雒（洛）出書，而耶（聖）人則之。”
《繫辭》：“子曰：‘書不盡言，言不盡意。然則耶（聖）人之意，其義可見已乎？’”
《繫辭》：“耶（聖）人位（立）馬〈象〉以盡意，設卦以盡請（情）僞，毄（繫）辭焉以盡其【言】，變而迵（通）之以盡利，鼓之舞之以盡神。”
《繫辭》：“是故夫馬〈象〉，耶（聖）人具以見天下之請（情）而不疑（擬）者（諸）其刑（形）容。”
《繫辭》：“耶（聖）人有以見天下之動，而觀其會同（通），以行其挨（等）膿（禮）。”
《繫辭》：“效（爻）馬〈象〉動乎内，吉凶見乎外，功業見乎變，耶（聖）人之請（情）見乎辭。”
《繫辭》：“天地之大思曰生，耶（聖）人

之大費曰立〖=〗（位）。”

《繫辭》：“上古穴居而野處，後世耶（聖）人易之以宮室，上練〈綀（棟）〉下楣，以寺（待）風雨，蓋取者（諸）大莊（壯）也。”

《繫辭》：“古之葬者，厚裹之以薪，葬諸中野，不封不樹，葬（喪）期無數，後世耶（聖）人易之以棺章（椁），蓋取者（諸）大過也。”

《繫辭》：“上古結繩而治，後世耶（聖）人易之以書契（栔），百官以治，萬民以察，蓋取者（諸）大有也。”

《繫辭》：“天地設馬〈象〉，耶（聖）人成能；人謀鬼謀，百姓與能。”

《易之義》：“‘群龍无首’，文而耶（聖）也。”

《易之義》：“子曰：耶（聖）人信戈（哉）！隱文且靜，必見之胃（謂）也。”

《繆和》：“耶（聖）人知福之難得而賁也，是以又（有）矣。”

《繆和》：“子曰：此耶（聖）人之所重言也。”

《繆和》：“故能而果□□□號耶（聖）君，亦可胃（謂）冬（終）矣，吉孰大焉？”

《繆和》：“夫易，上耶（聖）之治也。”

《繆和》：“物未夢（萌）兆而先知之者，耶（聖）人之志也，三代所以治其國也。”

《繆和》：“夫易，耶（聖）君之所尊也，吾庸與焉乎？”

《繆和》：“耶（聖）人不敢又（有）立（位）也。”

《繆和》：“彼其貴之也，此非耶（聖）之所貴也。”

《繆和》：“夫耶（聖）君卑贈（體）屈貌以舒孫（遜）。”

《繆和》：“耶（聖）君之道，尊嚴夐（睿）知（智）而弗以驕人。”

《繆和》：“故耶（聖）君以爲豐茬，是以盛盈。”

《繆和》：“是故耶（聖）君求報於人，士饒壯而不能□□□□□□□□□□□□矣。”

耶與聲

《性自》：“聕（聞）芙（笑）聖（聲），則羴（鮮）女（如）也斯憙（喜）。”按，上博簡本《性情論》聖（聲）作耶。

矦與聖

《季桓子》：“害（蓋）臤（賢）者是能皋〈睪（親）〉急（仁），皋〈睪（親）〉急（仁）者是能行矦（聖）人之道。”

《季桓子》：“女（如）子（茲）皋〈睪（親）〉急（仁）、行矦（聖）人之道。”

矦與聽

《季桓子》：“憲（蓋）君子矦（聽）之。”

聖與聖

《唐虞》：“古者聖（聖）人廿而冠，卅而又（有）家，五十而紿（治）天下，七十而至（致）正（政）。”

聖與耶

《老子》甲：“聖人之才（在）民前也，以身後之。”按，帛書乙本聖作耶。下五例同。

《老子》甲：“是以聖人亡爲古（故）亡敗，亡執古（故）亡遳（失）。”

《老子》甲：“聖人谷（欲）不谷（欲），不貴難得之貨，孝（教）不孝（教），復眾之所华（過）。”

《老子》甲：“是以聖人猷（猶）難之，古（故）終亡難。”

《老子》甲：“是以聖人居亡爲之事，行不言之孝（教）。”

《老子》丙：“聖人無爲，古無敗也。”

《緇衣》：“《君迪（陳）》員（云）：‘未見聖，如其弗克見；我既見，我弗迪聖。’”按，上博簡本《緇衣》聖作耶。

《性自》："䎽（聞）芺（笑）聖（聲），則羴（鮮）女（如）也斯憙（喜）。"按，上博簡本《性情論》聖（聲）作耶。

聖與聽

《老子》丙："視之不足見，聖之不足䎽（聞），而不可既也。"按，今本和帛書本聖作聽。

《窮達》："穿（窮）達以旹（時），悳（德）行弌（一）也；譽皇（毀）才（在）仿（旁），聖（聽）之弋（任）之。"

《性自》："聖（聽）銮（琴）开（瑟）之聖（聲），則誖（悸）女（如）也斯戁（歎）。"

《語叢四》："聖（聽）君而會，視庿（朝）而内（入）。"按，"聖（聽）"字從裘按（《郭店楚墓竹簡·語叢四》篇注［二六］）讀。

《民之》："鬲（傾）耳而聖（聽）之，不可得而䎽（聞）也。"

《昔者》："大（太）子昃（側）聖（聽），庶醢₌進。"

《昔者》："再三，肰（然）句（後）並聖（聽）之。"

《昔者》："君卒，大（太）子乃亡䎽（聞）、亡聖（聽），不䎽（問）、不命。"

《容成氏》："堯乃老，視不明，聖（聽）不聰（聰）。"

《容成氏》："舜聖（聽）正（政）三年，山陵（陵）不凥（處），水潦（潦）不湝（？），乃立墨（禹）以爲司工。"

《容成氏》："咎（皋）垚（陶）既已受命，乃支（辨）侌（陰）昜（陽）之䨱（氣），而聖（聽）其訟獄，三年而天下之人無訟獄者，天下大和點（均）。"

《容成氏》："舜乃欲會天陛（地）之𣱛（氣）而聖（聽）甬（用）之，乃立數（質）以爲樂正。"

《容成氏》："舜乃老，視不明，聖（聽）不聰（聰）。"

《容成氏》："墨（禹）聖（聽）正（政）三年，不折（製）革，不釰（刃）金，不鉻（略）矢。"

《容成氏》："尚（當）是旹（時），弜（強）溺（弱）不紿諹，衆寡不聖（聽）訟，天陛（地）四旹（時）之事不攸（修）。"

《容成氏》："尃（溥）亦（夜）以爲槿（淫），不聖（聽）其邦之正（政）。"

《内豊》："古（故）爲孚（少）必聖（聽）長之命，爲戔（賤）必聖（聽）貴之命。"

《曹沫》："乃命毀鐘型而聖（聽）邦政。"

《曹沫》："不晝寢，不畬₌（飲酒），不聖（聽）樂。"

《曹沫》："佖（匹）夫寡婦之獄詷（訟），君必身聖（聽）之。"

《曹沫》："毋辟（嬖）於伎（便）俾（嬖），毋倀（長）於父覞（兄），賞垍（均）聖（聽）中，則民和之。"

《鮑叔牙》："殷人之所以弋（代）之，觀其容，聖（聽）其言，迵（凡）其所以蕘（亡），爲其容，爲其言。周人之所以弋（代）之，觀其容，聖（聽）言，迨倡者使。"

《苦成》："參（三）埗（郤）家叓（度）取宔（主）君之眾以不聖（聽）命，牆（將）大害。"

《君子》："聖（聽）之而不義，耳勿聖（聽）也。"

《三德》："不攸（修）其成，而聖（聽）其縈（營），百事不述（遂），慮事不成。"

《競公瘧》："夫子使其厶（私）吏聖（聽）獄于晉邦，塼（薄）情而不。"

《競公瘧》："則言不聖（聽）、青（情）不䨼（獲）。"

《君人甲》："君王又（有）楚，不聖（聽）

鼓鐘之聖（聲），此其一回（圍）也。”
《君人乙》：“君王又（有）楚，不聖（聽）鼓鐘之聖（聲），此其一回（圍）也。”
《凡物甲》：“日之又（有）耳（珥），酒（將）可（何）聖（聽）？”
《凡物甲》：“之〈先〉智（知）四海（海），至聖（聽）千里，達見百里。”
《凡物乙》：“☐可（何）聖（聽）？”
《凡物乙》：“先智（知）四海（海），至聖（聽）千里，達見百里。”
《王居》：“非而所以復，我不能畢（貫）壁而視聖（聽）。”
《陳公》：“☐既聖（聽）命，乃誓（逝）整帀（師）徒。”
《陳公》：“陳公復聖（聽）命於君王。”
《程寤》：“發！女（汝）敬聖（聽）吉夢。”
《皇門》：“弗畏不恙（祥），不肯惠聖（聽）亡（無）辠（罪）之詞（辭），乃隹（惟）不訓（順）是綯（治）。”
《説命中》：“汖（咨）！各（格）女（汝）敚（説），聖（聽）戒朕言，漸（漸）之于乃心。”
《芮良夫》：“龏（恭）天之畏（威）載（哉），聖（聽）民之繇（繇）。”
《芮良夫》：“虐（吾）审（中）心念詿（絓），莫我或聖（聽）。”
《芮良夫》：“虐（吾）甬（用）复（作）謐（毖）再終，以寓命達聖（聽）。”
《爲吏》：“爲人上則明，爲人下則聖（聽）。”
《爲吏》：“志徹官治，上明下聖（聽），治之紀殹（也）。”
《日甲·生子》：“丙寅生子，武以聖（聽）。”

聖與聲

《老子》甲：“音聖之相和也，先後之相隓（隨）也。”按，今本和帛書本聖作聲。
《老子》甲：“是以聖人居亡爲之事，行不言之季（教）。”按，帛書甲本聖作聲。
《老子》乙：“大音祗（希）聖，天象亡垩（形）。”按，今本和帛書乙本聖作聲。
《五行》：“金聖（聲）而玉晷（振）之，又（有）悳（德）者也。金聖（聲），善也；玉音，聖也。善，人道也；悳（德），而〈天〉道也。唯又（有）悳（德）者，肰（然）句（後）能金聖（聲）而玉晷（振）之。”
《緇衣》：“人句（苟）又（有）言，必聒（聞）其聖（聲）；句（苟）又（有）行，必見其成。”
《性情論》：“金石之又（有）聖（聲）也，弗鉤（扣）不鳴。”
《性自》：“凡聖（聲），其出於情也信，肰（然）句（後）其内拔（撥）人之心也敂（厚）。”
《性自》：“聒（聞）芖（笑）聖（聲），則鮮（鮮）女（如）也斯憙（喜）。”
《性自》：“聖（聽）銮（琴）开（瑟）之聖（聲），則誘（悸）女（如）也斯懟（歎）。”
《性自》：“奠（鄭）衛之樂，則非其聖（聲）而從之也。”按，“聖(聲)”字從裘按(《郭店楚墓竹簡·性自命出》篇注［二八］)讀。
《性自》：“其聖（聲）弁（變）則其心從之矣，其心弁（變）則其聖（聲）亦肰（然）。”
《性自》：“謠（吟）遊依（哀）也，喿（噪）遊樂也，湫（啾）遊聖（聲），戤遊心也。”
《性自》：“目之好色，耳之樂聖（聲），賊（鬱）舀（陶）之燹（氣）也，人不難爲之死。”
《語叢一》：“其豊（體）又（有）容，又（有）頟（色）又（有）聖（聲），又（有）臭（嗅）又（有）未（味），又（有）燹（氣）

又（有）志。”

《語叢一》：“聖（聲），耳詼（司）也。”

《民之》：“三亡（無）虎（乎），亡（無）聖（聲）之樂，亡（無）膿（體）☐豊（禮），亡（無）備（服）之桑（喪）。”

《民之》：“亡（無）聖（聲）之樂、亡（無）體之豊（禮）、亡（無）備（服）之喪，可（何）志（詩）是汇（迡）？”

《民之》：“亡（無）聖（聲）之樂，䫍（威）我（儀）𡰥₌（遲遲）。”

《民之》：“亡（無）聖（聲）之樂，既（氣）志不愇（違）。”

《民之》：“亡（無）聖（聲）之樂，塞于四方。”

《民之》：“亡（無）聖（聲）之樂，它（施）返（及）孫₌（孫子）。”

《民之》：“亡（無）聖（聲）之樂，既（氣）☐既得。”

《民之》：“亡（無）聖（聲）之樂，既（氣）志既從。”

《容成氏》：“敱（質）既受命，乍（作）爲六頪（律）六郘〈郘（呂）〉，攴（辨）爲五音，以定男女之聖（聲）。”

《君子》：“聖（聲）之僭（疾）俆（徐），爯（稱）其衆寡。”按，“聖（聲）”字從季旭昇《上博五芻議（下）》（簡帛網，2006年2月18日）讀。

《弟子問》：“巨（蘧）白（伯）玉侸（侍）唇（乎）？子膻₌（庸庸）女（如）也其聖（聲）。”按，“聖”似當讀作“聲”。

《弟子問》：“☐☐風也，𤔲（亂）節而惊（哀）聖（聲）。”

《君人甲》：“君王又（有）楚，不聖（聽）鼓鐘之聖（聲），此其一回（圍）也。”

《君人乙》：“君王又（有）楚，不聖（聽）鼓鐘之聖（聲），此其一回（圍）也。”

《凡物甲》：“亡（無）□而智（知）名，亡（無）耳而聒（聞）聖（聲）。”

《凡物甲》：“鼓之又（有）聖（聲）。”

《凡物乙》：“鼓之又（有）聖（聲）。”

《凡物甲》：“和尻（居）和既（氣），☐聖（聲）好色☐。”按，“聖（聲）”字從復旦大學出土文獻與古文字研究中心研究生讀書會《〈上博七・凡物流形〉重編釋文》（復旦大學出土文獻與古文字研究中心網，2008年12月31日）讀。

《繫年二三》：“楚聖（聲）超（桓）王立四年。”

《繫年二三》：“聖（聲）王即殜（世），匆（悼）折（哲）王即立（位）。”

《儒言》：“曾子曰鄉（饗）不辭聖（聲）。”

狸與狌

《神烏賦》：“爲狸貍（狌）得，圍樹以棘。”

䏌與傾

《三壽》：“虐（吾）聒（聞）夫隥（險）莫隥（險）於褢（鬼），肩（厭）非（必）坪（平），亞（惡）非（必）䏌（傾）。”

㖪與聖

《三壽》：“可（何）胃（謂）㖪（聖）？”

《三壽》：“元折（哲）並進，譢（讒）䜌（謏）則敝（屏），寺（時）名曰㖪（聖）。”

聽與聖

《脈法》：“以脤（脈）法明教下，脤（脈）亦聽（聖）人之所貴殹（也）。”

《脈法》：“聽（聖）人寒頭而煖足，治病者取有餘而益不足殹（也）。”

盈字聲系

盈與傾

《帛甲老子・道經》：“長短之相刑（形）也，高下之相盈（傾）也。”

《帛乙老子·道經》："長短之相刑（形）也，高下之相盈（傾）也。"

盈與成

《繫辭》："君不閉（密）則失臣，臣不閉（密）則失身，幾（機）事不閉（密）則害盈（成），是以君子慎閉（密）而不出也。"按，今本盈作成。

盈與逞

《周馴》："子孫繼嗣，非徒不廢，有（又）柏（伯）於世，大盈（逞）其志。"

《周馴》："處上立（位）者，將盈（逞）其志。"

寍字聲系

寍與寧

《緇衣》："邦家之不寍（寧）也，則大臣不台（治），而埶（邇）臣怋（託）也。"

《周易·比》："比：备（原）筮，元羕（永）貞，吉，亡（无）咎。不寍（寧）方來，後夫凶。"

《亙先》："昏₌（昏昏）不寍（寧），求其所生。"

《苦成》："姑（苦）成家父乃寍（寧）百豫，不思（使）從㠯（己）立（蒞）於廷。"

《用曰》："用曰：寍（寧）事虩₌（赫赫）。"按，"寍（寧）"字從凡國棟《〈用曰〉篇中的"寧"字》（簡帛網，2008年7月12日）釋讀。下二例同。

《用曰》："用曰：自其又（有）保（寶）貨，寍（寧）又（有）保（寶）悳（德）。"

《用曰》："纏其又（有）戡（威）頌（容），而綊其又（有）寍（寧）□。"

《武王甲》："鑋名（銘）曰：'與其溺於人，寍（寧）溺₌於₌宋₌（溺於淵，溺於淵）猶可游，溺於人不可求（救）。'"

《吳命》："寍（寧）心孜（抛）憂（憂），亦隹（唯）吳白（伯）父。"

《邦人》："☑寍（寧）禍（禍），賞之以西畦田百貞（畛）。"

《建除》："寍於申。"按，睡虎地秦簡《日書》楚除甲種寍作寧。下十二例同。

《建除》："寍於栖（酉）。"

《建除》："寍於戌。"

《建除》："寍於亥。"

《建除》："寍於子。"

《建除》："寍於丑。"

《建除》："寍於寅。"

《建除》："寍於卯。"

《建除》："寍於唇（辰）。"

《建除》："寍於巳。"

《建除》："寍於午。"

《建除》："寍於未。"

《建除》："凡寍日，利以取（娶）妻、内（入）人、𨑋（徙）家室。"

《皇門》："王邦用寍，少（小）民用叚（格）、能家（稼）嗇（穡），戋（咸）祀天神，戎兵以能興，軍用多實。"按，今本《逸周書·皇門》寍作寧。下一例同。

《皇門》："天用弗寶（保），悉（媢）夫先受吝（殄）罰，邦亦不寍。"

《琴舞》："不（丕）寍（寧）其又（有）心，孛₌（翼翼）其才（在）立（位），㬎（顯）于上下。"

《芮良夫》："乒（厥）辟、敔（御）事，各縈（營）其身，恆靜（爭）于福（富），莫絧（治）庶戁（難），莫衈邦之不寍（寧）。"

《芮良夫》："自记（起）俴（殘）蠱（虐），邦甬（用）不寍（寧）。"

《芮良夫》："邦其康寍（寧），不奉（逢）庶戁（難），年敦（穀）焚（紛）成，風雨寺（時）至。"

《芮良夫》："虐（吾）忎（恐）辠（罪）

之□身，我之不□，□□是遊（失），而邦受其不寍（寧）。”

《三壽》：“龏（恭）神以敬，和民甬（用）政（正），留（留）邦𡪣（偃）兵，四方達寍（寧）。”

《鄭武》：“☑爲敗，者（姑）寍（寧）君，是又（有）臣而爲埶（褻）辟（嬖）。”

《管仲》：“四或（國）和同，邦以安寍（寧），民乃保（保）昌。”

寍與成

《建除》：“寍於申。”按，睡虎地秦簡《日書》楚除乙種寍作成。下同。

《建除》：“寍於栖（酉）。”

《建除》：“寍於戌。”

《建除》：“寍於亥。”

《建除》：“寍於子。”

《建除》：“寍於丑。”

《建除》：“寍於寅。”

《建除》：“寍於卯。”

《建除》：“寍於㫳（辰）。”

《建除》：“寍於巳。”

《建除》：“寍於午。”

《建除》：“寍於未。”

《建除》：“凡寍日，利以取（娶）妻、内（入）人、㞒（徙）家室。”

寧與甯

《春秋九》：“獻公使公子段胃（謂）寧（甯）召（悼）子。”

《春秋九》：“寧（甯）召（悼）子弗聽。”

寧與惕

《帛易·訟》：“訟，有復（孚），洫（窒）寧（惕），克〈中〉吉，冬（終）兇（凶）。”

甯與寧

《占書》：“无故而皆長其纓，是胃（謂）女德，國不甯（寧），女子爲正（政）。”按，“甯”似當讀作“寧”。

霝字聲系

霝與靈

《緇衣》：“《呂坓（刑）》員（云）：‘非甬（用）臸（令），折（制）以坓（刑），隹（惟）乍（作）五瘧（虐）之坓（刑）曰灋。’”按，“非甬（用）臸（令）”，上博簡本《緇衣》作“覭（苗）民非甬（用）霝”，今本《尚書·呂刑》霝作靈。

《周易·頤》：“初九：豫（舍）尔（爾）霝（靈）龜，觀我㪔（朵）頤，凶。”

《裁衣》：“☑□於人，丁亥又（有）霝（靈），丁巳終（衷）其身，亡□☑。”

《君人甲》：“先君霝（靈）王𠃡（乾）溪〈溪（溪）〉云（殞）莤（沈）。”

《君人乙》：“先君霝（靈）王𠃡（乾）溪〈溪（溪）〉云（殞）莤（沈）。”

《吳命》：“𨤏（理）先王之福，天子之霝（靈）。”

《吳命》：“孤也敢至（致）先王之福，天子之霝（靈）。”

《靈王》：“霝（靈）王既立，紳（申）、賽（息）不憖。”

《靈王》：“王敗郗（蔡）霝（靈）侯於呂，命紳（申）人室出，取郗（蔡）之器。”

《程寤》：“習（召）大（太）子發（發），卑（俾）霝（靈）名兇（總）故（蔽）。”

《楚居》：“至霝（靈）王自爲郢遷（徙）居秦（乾）溪之上，以爲凥（處）於章華之臺。”

《繫年九》：“晉壞（襄）公卒，霝（靈）公高幼，夫=（大夫）聚㫖（謀）曰：‘君幼，未可奉承也，母（毋）乃不能邦？’”

《繫年九》：“壞（襄）而〈夫〉人聒（聞）之，乃㧗（抱）霝（靈）公以虐（號）于廷。”

《繫年九》：“乃立霝（靈）公，安（焉）𦬆（葬）壞（襄）公。”

《繫年十》："霝（靈）公高立六年，秦公以戰于曓（堇）砳（陰）之故，衒（率）自（師）爲河曲之戰。"

《繫年十五》："臧（莊）王立十又五年，陳公子諻（徵）余（舒）殺其君霝（靈）公，臧（莊）王衒（率）自（師）回（圍）陳。"

《繫年十五》："以至霝₌王₌（靈王，靈王）伐吳，爲南深（懷）之行。"

《繫年十五》："霝（靈）王即殜（世），競（景）坪（平）王即立（位）。"

《繫年十八》："霝（靈）王爲命₌尹₌（令尹，令尹）會郊（趙）文子及者（諸）侯之夫₌（大夫），明（盟）于鄭（虢）。"

《繫年十八》："霝（靈）王先起兵，會者（諸）侯于繡（申）。"

《繫年十八》："閈（縣）陳、郗（蔡），殺郗（蔡）霝（靈）侯。"

《繫年十八》："霝（靈）王見禍（禍），競（景）坪（平）王即立（位）。"

《繫年十九》："楚霝（靈）王立，既閈（縣）陳、郗（蔡），競（景）坪（平）王即立（位），改邦陳、郗（蔡）之君，囟（使）各復其邦。"

《子儀》："昔畱（贊）之跫（來）也，不瑴（穀）宿之霝（靈）砳（陰）。"

《帛甲老子·德經》："神得一以霝（靈），浴（谷）得一以盈。"

《帛甲老子·德經》："胃（謂）神毋已霝（靈）將恐歇。"

《帛乙老子·德經》："神得一以霝（靈），浴（谷）得一【以】盈。"

《要》："悳（德）行亡者，神霝（靈）之趨；知（智）謀遠者，卜筮之蘩（繁）。"

霝與令

《緇衣》："《呂埜（刑）》員（云）：'非甬（用）霝（令），折（制）以埜（刑），隹（惟）乍（作）五瘧（虐）之埜（刑）曰灋。'"按，上博簡本《緇衣》霝作霝，今本《禮記·緇衣》霝作命。學者多認爲今本之"命"是"令"字之訛誤（參孫詒讓《墨子閒詁》，《諸子集成》第四冊，上海書店，1986年，51頁。皮錫瑞《今文尚書考證》，中華書局，1989年，439頁）。

霝與苓

《養生方》："益甘□伏（茯）霝（苓）去滓，以汁肥豯，以食女子，令益甘中美。"

《養生方》："取白苻（符）、紅符、伏（茯）霝（苓）各二兩，桓（薑）十果（顆）。"

霝與零

《管仲》："廷里霝（零）茖（落），卉（草）木不辟。"

蘦與零

《子產》："以厶（私）事₌（事使）民，事起貨₌行₌辠₌起₌民₌蘦₌（禍行，禍行罪起，罪起民零，民零）上危。"按，"蘦（零）"字從 bulang 在 ee《清華六〈子產〉初讀》（簡帛網"簡帛論壇"，2016年4月16日）一文下跟帖讀。

靁與靈

《語叢一》："豊（禮）生於牂（莊），樂生於京（諒）。豊（禮）妻（齊）樂靁（靈）則戚，樂蘤豊（禮）靁（靈）則詯（慢）。"

靈與苓

《養生方》："須其乾，□以稗□五、門冬二、伏（茯）靈（苓）一，即并擣。"

靈與瓴

《守法》："積大瓦及石於城上，靈（瓴）辟（甓）之重皆五斗以上，毋下人五十。"

《守法》："積石及毀瓦、靈（瓴）辟（甓）、疾（蒺）莉（藜）於城下。"

靈與蛉

《天下至道》："九曰青（蜻）靈（蛉），思外，十曰魚族（噣）。"

靈與軨

《反淫》："乘靈（軨）獵車，駕誘騁之馬，攝下（夏）服之筴，載烏嗃（號）之弓，馬四扶，車折風，取射千金之重。"

爭字聲系

爭與靜

《帛乙老子·道經》："水善利萬物而有爭（靜）。"

《姓爭》："爭（靜）作得時，天地與之。"按，"爭（靜）"字從馬王堆漢墓帛書整理小組編《馬王堆漢墓帛書·經法》（文物出版社，1976年，65頁）釋讀。

《北大老子》："上善如水，水善利萬物而有爭（靜）。"

掙與爭

《六分》："主兩則失其明，男女掙（爭）威，國有亂兵，此胃（謂）亡國。"

《六分》："自此以下，兵單（戰）力掙（爭），危亡无日，而莫知其所從來。"

《姓爭》："天地已定，規（蚑）僥（蟯）畢掙（爭）。"

枠與櫛

《服傳甲》："惡栞（笄）者，枠（櫛）栞（笄）也。"

《服傳乙》："惡栞（笄）者，枠（櫛）栞（笄）也。"

諍與靜

《脈書》："脈盈而洫之，虛而實之，諍（靜）則侍（待）之。"

《八噉》："見勝而戰，弗見而諍（靜），此王者之將也。"

諍與爭

《九主》："制命在主，下不別黨，邦无私門，諍（爭）李（理）皆塞。"

《九主》："二道之邦，長諍（爭）之李（理），辨黨長爭。"

《戰國一》："燕事小大之諍（爭），必且美矣。"

《戰國四》："齊勹（趙）未嘗謀燕，而俱諍（爭）王於天下。"

《戰國一二》："寡人已舉（與）宋講矣，乃來諍（爭）得，三。"

《戰國一四》："天下之兵皆去秦而牙（與）齊諍（爭）宋地，此其爲禍不難矣。"

靜與爭

《老子》甲："以其不靜也，古（故）天下莫能與之靜。"按，今本和帛書乙本靜作爭。

《緇衣》："上好急（仁），則下之爲急（仁）也耕（爭）先。"按，上博簡本《緇衣》耕（爭）作靜。

《尊德義》："民五之方各（格），十之方靜（爭），百之而句（後）葥（服）。"按，"靜（爭）"字從裘按（《郭店楚墓竹簡·尊德義》篇注［一二］）讀。

《尊德義》："夅（教）以埶（勢），則民埜（野）以靜（爭）。"

《語叢二》："忩（欲）生於眚（性），慮生於忩（欲），愔（倍）生於慮，靜（爭）生於愔（倍），尚（黨）生於靜（爭）。"按，"靜（爭）"字從裘按（《郭店楚墓竹簡·語叢二》篇注［四］）讀。

《從政》："聕（聞）之曰：行才（在）异（己）而名才（在）人，名難靜（爭）也。"

《內豊》："才（在）少（小）不靜（爭），才（在）大不亂（亂）。"

《顏淵問》："前之以讓，則民不靜（爭）矣。"

《顏淵問》："☐君子讓而得之，少（小）人靜（爭）而遂（失）之。"

《芮良夫》："氒（厥）辟、戠（御）事，

各縈（營）其身，恆靜（爭）于禍（富）。”
《芮良夫》：“恆靜（爭）獻其力，畏（威）燮（襲）方戬（讎），先君以多社（功）。”
《芮良夫》：“莫好安情，于可（何）又（有）靜（爭）？”
《帛甲老子·德經》：“天下樂隼（推）而弗猒（厭）也，非以其无靜（爭）與？故天下莫能與靜（爭）。”
《帛甲老子·德經》：“是胃（謂）不靜（爭）之德。”
《帛甲老子·道經》：“夫唯不靜（爭），故无尤。”
《論》：“名實不相應則定，名實不相應則靜（爭）。”
《亡論》：“外內遂靜（爭），則危都國。”
《戰國一四》：“功（攻）秦之事敗，三晉之約散，而靜（爭）秦，事印曲盡害。”

靜與靖

《緇衣》：“《寺（詩）》員（云）：‘情（靖）共尔（爾）立（位），好氏（是）貞（正）植（直）。’”按，上博簡本《緇衣》情（靖）作靜。

靜與耕

《容成氏》：“昔舜靜（耕）於鬲（歷）丘，匋（陶）於河賓（濱），魚（漁）於靁（雷）澤。”

𢫨與諍

《柬大王》：“命（令）尹子林昏（問）於大（太）𡧱（宰）子步：‘爲人臣者亦又（有）𢫨（諍）㠯（乎）？’大（太）𡧱（宰）畣（答）曰：‘君王元君₌（君，君）善，夫₌（大夫）可（何）羕（用）𢫨（諍）。’”按，“𢫨（諍）”字從劉樂賢《讀上博（四）劄記》（簡帛研究網，2005 年 2 月 15 日）讀。

𢫨與耕

《周易·无妄》：“六二：不𢫨（耕）而穫，不畜之，☐。”

井字聲系

井與刑

《用曰》：“戁（攝）好弃（棄）忧（尤），五井（刑）不行。”
《用曰》：“折（制）瀳即（節）井（刑），恆民趕敗。”
《用曰》：“兇（凶）井（刑）厲政，攻其若弡。”

井與形

《用曰》：“茅（務）之台（以）元色，柬（簡）其又（有）亙（恆）井（形）。”
《帛五行·説》：“金聲而玉辰（振）之者動□□□□井（形）善於外，有德者之□。”

𡉦與刑

《老子》乙：“大音祗（希）聖（聲），天象亡𡉦。”按，帛書乙本𡉦作刑。
《緇衣》：“好媺（美）女（如）好茲（緇）衣，亞₌（惡惡）女（如）亞（惡）遊（巷）白（伯），則民臧〈咸〉放（服）而𡉦（刑）不屯〈弋（試）〉。《寺（詩）》員（云）：‘愻（儀）𡉦（刑）文王，萬邦乍（作）孚。’”
《緇衣》：“《郘（呂）𡉦（刑）》員（云）：‘一人又（有）慶，壜（萬）民賶（賴）之。’”
《緇衣》：“《呂𡉦（刑）》員（云）：‘非甬（用）臸（令），折（制）以𡉦（刑），隹（惟）乍（作）五瘧（虐）之𡉦（刑）曰灋。’”
《緇衣》：“正（政）之不行，季（教）之不成也，則𡉦（刑）罰不足恥，而雀（爵）不足懽（勸）也。古（故）上不可以埶（褻）𡉦（刑）而翠（輕）雀（爵）。”
《緇衣》：“《呂𡉦（刑）》員（云）：‘翻（播）𡉦（刑）之迪。’”
《尊德義》：“賞與𡉦（刑），祡（禍）福之羿（基）也，或前之者矣。”

《尊德義》：“荎（刑）罰，所以□𡫸（舉）也。”

《尊德義》：“荎（刑）不隶（逮）於君子，豊（禮）不隶（逮）於小人。”

《六德》：“乍（作）豊（禮）樂，折（制）荎（刑）灋。”

《曹沫》：“繡（陳）攻（功）而飤（食），荎（刑）罰又（有）辠，而賞簭（爵）又（有）悳（德）。”

《曹沫》：“收而聚之，𣎆（束）而厚之，貤（重）賞泊（薄）荎（刑）。”

《用曰》：“視（示）之台（以）康樂，懕（恹）之台（以）兇（凶）荎（刑）。”

荎與形

《老子》乙：“大音祗（希）聖（聲），天象亡荎。”按，今本荎作形。

荎與型

《緇衣》：“好娧（美）女（如）好茲（緇）衣，亞₌（惡惡）女（如）亞（惡）遈（巷）白（伯），則民臧〈咸〉放（服）而荎（刑）不屯〈弋（試）〉。《寺（詩）》員（云）：‘悉（儀）荎（刑）文王，萬邦乍（作）孚。’”按，上博簡本《緇衣》荎（刑）作型。下同。

《緇衣》：“《郘（呂）荎（刑）》員（云）：‘一人又（有）慶，𡒊（萬）民贎（賴）之。’”

《緇衣》：“敎（教）之以正（政），齊之以荎（刑），則民又（有）免（謾）心。”

《緇衣》：“《呂荎（刑）》員（云）：‘非甬（用）臸（令），折（制）以荎（刑），隹（惟）乍（作）五瘧（虐）之荎（刑）曰灋。’”

《緇衣》：“正（政）之不行，季（教）之不成也，則荎（刑）罰不足恥，而雀（爵）不足懽（勸）也。古（故）上不可以埶（褻）荎（刑）而翌（輕）雀（爵）。”

《緇衣》：“《呂荎（刑）》員（云）：‘翻（播）荎（刑）之迪。’”

刑與形

《啻門》：“鼠（一）月紿（始）昜（揚），二月乃裹，三月乃刑（形）。”

《帛甲老子·德經》：“道生之而德畜之，物刑（形）之而器成之。”

《帛甲老子·道經》：“長短之相刑（形）也，高下之相盈（傾）也。”

《帛乙老子·德經》：“大音希聲，天〈大〉象无刑（形）。”

《帛乙老子·德經》：“道生之，德畜之，物刑（形）之而器成之。”

《帛乙老子·道經》：“長短之相刑（形）也，高下之相盈（傾）也。”

《帛五行·經》：“仁刑（形）於内胃（謂）之德之行，不刑（形）於内胃（謂）之行；知（智）刑（形）於内胃（謂）之德之行，不刑（形）於内胃（謂）之行；義形於内謂之德之行，不形於内謂之行；禮刑（形）於内胃（謂）之德之行，不刑（形）於内胃（謂）之行；聖刑（形）於内謂之德之行，不行於内謂之行。”

《帛五行·經》：“五行皆刑（形）於闕（厥）内，時行之，胃（謂）之君子。”

《帛五行·經》：“思【不】睛（精）不察，思不長不得，思不輕不刑（形）。”

《帛五行·經》：“不憂則玉色，玉色則刑（形），刑（形）則仁。”

《帛五行·經》：“不忘則明，明則□□□□□□□□則刑（形），刑（形）則知（智）。”

《帛五行·經》：“巠（輕）則刑（形），刑（形）則不忘。”

《帛五行·說》：“輕則刑（形）。”

《帛五行·說》：“刑（形）者，刑（形）其所思也。”

《帛五行·説》："路人如流，言其思之刑（形）也。"
《帛五行·説》："刑（形）則不忘。"
《帛五行·説》："説（悦）也者刑（形）也。"
《帛五行·説》："威（畏）也者刑（形）也。"
《帛五行·説》："共（恭）者刑（形）也。"
《九主》："是故同刑（形），共〖共〗謀爲一，民自□此王君所明號令。"
《德聖》："四行刑（形），聖氣作；五行刑（形），悳（德）心起。"
《道法》："虛无刑（形），其裻（寂）冥冥，萬物之所從生。"
《道法》："虛无有，秋稾（毫）成之，必有刑（形）名。"
《道法》："刑（形）名立，則黑白之分已。"
《道法》："是故天下有事，无不自爲刑（形）名聲號矣。"
《道法》："刑（形）名已立，聲號已建，則无所逃迹匿正矣。"
《道法》："反索之无刑（形），故知禍福之所從生。"
《道法》："名刑（形）已定，物自爲正。"
《道法》："故能至素至精，悎（浩）彌无刑（形），然后可以爲天下正。"
《四度》："高下不敝（蔽）其刑（形），美亞（惡）不匿其請（情）。"
《四度》："美亞（惡）有名，逆順有刑（形），請（情）僞有實。"
《論約》："故執道者之觀於天下也，必審觀事之所始起，審其刑（形）名。"
《論約》："刑（形）名已定，逆順有立（位），死生有分，存亡興壞有處。"
《名理》："有物始□，建於地而洫（溢）於天，莫見其刑（形）。"
《名理》："如景（影）之隋（隨）刑（形）。"
《名理》："亡刑（形）成於内而舉失於外者威（滅）。"
《觀》："柔剛相成，牝牡若刑（形）。"
《果童》："人有其中，物又（有）其刑（形），因之若成。"
《正亂》："寺（待）其來事之遂刑（形）而私〈和〉焉。"
《兵容》："天地刑（形）之，耶（聖）人因而成之。"
《成法》："昔天地既成，正若有名，合若有刑（形），□以守一名。"
《行守》："无刑（形）无名，先天地生，至今未成。"
《順道》："欲知得失請（情），必審名察刑（形）。"
《順道》："刑（形）恒自定，是我俞（愈）靜。"
《稱》："有物將來，其刑（形）先之。"
《稱》："建以其刑（形），名以其名。"
《道原》："古（故）无有刑（形），大迵（通）无名。"
《道原》："人皆以之，莫知其名；人皆用之，莫見其刑（形）。"
《道原》："顯明弗能爲名，廣大弗能爲刑（形），獨立不偶，萬物莫之能令。"
《道原》："故唯耶（聖）人能察无刑（形），能聽无聲。"
《戰國二四》："已伐刑（形），因興師言救韓，此必陳軫之謀也。"
《天師》："飲毋過五，口必甘味（味），至之五臧（藏），刑（形）乃極退。"
《曹熬》："侍（待）坡（彼）合氣，而微動其刑（形）。"
《曹熬》："能動其刑（形），以致五聲，乃入其精。”
《曹敖》：“刑（形）氣相葆。”
《容成》：“生於無徵，長於無刑（形），成於無膿（體）。”
《容成》：“則陳氣日盡，而新氣日盈，則刑（形）有云（雲）光。”
《容成》：“云（魂）〖云〗柏（魄）安刑（形），故能長生。”
《容成》：“夜半之息也，覺悟（寤）毋變侵（寢）刑（形）。”
《容成》：“以此充刑（形），此胃（謂）槫（摶）精。”
《容成》：“行年未半，刑（形）必夭貍（埋）。”
《容成》：“尚（上）察於天，下播於地，能者必神，故能刑（形）解。”
《王期》：“龔（龍）息以晨，氣刑（形）乃剛。”
《合陰陽》：“接刑（形）已沒，遂氣宗門，乃觀八動，聽五音，察十已之徵。”
《天下至道》：“九曰齊（濟）生，十曰息刑（形）。”
《天下至道》：“十脩暨（既）備，十埶（勢）豫陳，八道雜，椄（接）刑（形）以昏。”
《帛易·鼎》：“九四，鼎折足，復（覆）公莡（餗），其刑（形）屋（渥），凶。”
《繫辭》：“在天成象，在地成刑（形），變化見矣。”
《繫辭》：“耶（聖）人具以見天下之業，而□疑（擬）者（諸）其刑（形）容。”
《繫辭》：“見乃胃（謂）之馬〈象〉，刑（形）胃（謂）之器，製（制）而用之胃（謂）之法。”
《繫辭》：“是故刑（形）而上者胃（謂）之道，刑（形）而下者胃（謂）之器。”
《繫辭》：“是故夫馬〈象〉，耶（聖）人具以見天下之請（情）而不疑（擬）者（諸）其刑（形）容。”
《二三子》：“龍刑（形）畧（遷），叚（假）賓于帝，俔（見）神聖之德也。”
《二三子》：“蜚（飛）鳥蚰蟲，唯所欲化，而不失本刑（形），神能之至也。”
《二三子》：“鼎折足，復（覆）公莡（餗），其刑（形）屋（渥），凶。”按，整理者釋“刑”爲“形”。不確。下二例同。
《二三子》：“口養不至，饑餓不得食，謂‘刑（形）屋（渥）’。”
《二三子》：“□□□□□□公□□□□□□□□□饑不得食亓〈六〉月，此‘其刑（形）屋（渥）’也。”
《易之義》：“天地相衛（率），氣味相取，陰陽流刑（形），剛柔成湼。”
《易之義》：“外又（有）美刑（形），則中又（有）□□□□□□□□□乎昃以來羣，文德也。”
《要》：“易曰：‘鼎折足，復（覆）公莡（餗），其刑（形）屋（渥），凶。’言不朕（勝）任也。”按，“刑（形）”字從池田知久《〈馬王堆漢墓帛書周易〉要篇之思想》（《東洋文化研究所紀要》第一百二十六冊，1995年1月，8頁）釋讀。
《形甲》：“刑（形）。”
《形乙》：“稱勝者戰民也，如決積水於千邪（仞）之塝，刑（形）也。”
《勢》：“善動適（敵）者，刑（形）之，適（敵）必從之；予之，敵必取之。”
《實虛》：“故善將者，刑（形）人而无刑（形），則我槫（專）而適（敵）分。”
《實虛》：“刑（形）兵之極，至於无=刑=（无形，无形）則深閒弗能規（窺）也。”
《實虛》：“因刑（形）而錯勝於眾。”
《實虛》：“☐制刑（形）。”

《實虚》：“兵刑（形）象水，水行辟（避）高而走下，兵勝辟（避）實擊虚。”

《實虚》：“兵无成埶（勢），无恆刑（形），能與敵化之胃（謂）神。”

《軍爭》：“☐刑（形）者不能行軍。”

《地形二》：“凡地刑（形）東方爲左，西方爲右。”

《陳忌問壘》：“事已往而刑（形）不見。”

《兵談》：“故善者成其刑（形）而民□☐。”

《文敀》：“政教稍變，法俗不同，群曲曲化，變於刑（形）容。”

《文敀》：“天有恒刑（形），民有常生。”

《王兵》：“審地刑（形），選材官，量蓄積，譔（選）勇士。”

《恆失》：“兵不能見禍福於未刑（形），不知備者也。”

《恆失》：“善陳（陣），知倍（背）鄉（嚮），知地刑（形），而兵數困，不明於國勝兵勝者也。”

《奇正》：“有所有餘，有所不足，刑（形）埶（勢）是也。”

《奇正》：“故有刑（形）之徒，莫不可名。”

《奇正》：“戰者，以刑（形）相勝者也。”

《奇正》：“刑（形）莫不可以勝，而莫智（知）其所以勝之刑＝（形。形）勝之變，與天地相敝（畢）而不窮。”

《奇正》：“刑（形）勝，以楚、越之竹書之而不足。”

《奇正》：“刑（形）者，皆以其勝＝（勝勝）者也。”

《奇正》：“以一刑（形）之勝＝（勝勝）萬刑（形），不可。”

《奇正》：“所以裚（制）刑（形）壹也，所以勝不可壹也。”

《奇正》：“刑（形）以應刑（形），正也；無刑（形）而裚（制）刑（形），奇也。”

《奇正》：“分定則有刑（形）矣，刑（形）定則有名矣。”

《奇正》：“前敗而後不用，同刑（形）也。”

《十問》：“交和而舍，客主兩陳，適（敵）人刑（形）箕。”

《三算》：“謀勝則知（智）不用，力勝則刑（形）不用，威勝則氣不用。”

《曹氏》：“是以兩禾（和）女（如）化刑＝（形，形）成女（如）離，陽明女（如）昭明。”

《曹氏》：“存聖而无刑（形）☐。”

《定心》：“天能忘（亡）其刑（形），不能棁（奪）其志。”

《北大老子》：“大方無隅，大器勉（晚）成，大音希聲，天（大）象無刑（形）。”

《北大老子》：“短長之相刑（形），高下之相頃（傾）。”

《北大老子》：“道生之，德畜之，物刑（形）之，埶（勢）成之。”

《妄稽》：“辟（臂）浾（垂）九寸，耳刑（形）堇（僅）存。”

《妄稽》：“肸曷（鶡）抵（低）諱（準），示以都刑（形）。”

《反淫》：“☐緩刑（形）擾中，棄知（智）遺物，順道反宗，浩无所在，立於大（太）沖，吸呸（納）靈氣，食精自充。”

《反淫》：“勁莇（筋）强末，志氣高崇，真骨清血，蹀虚輕舉，刑（形）豚（遯）神化，乘雲游霧。”

《反淫》：“願得匃精神，奮卂（迅）刑（形）體（體），强觀清華。”

刑與邢

《封診式》：“甲，尉某私吏，與戰刑（邢）

丘城。”
《封診式》：“甲、丙戰刑（邢）丘城，此甲、丙得首毆（也）。”
《戰國一六》：“秦固有壞（懷）、茅、刑（邢）丘，城垝（圍）津，以臨河内。”
《衛風》：“衛侯之妻，東宮之妹，刑（邢）侯之姨。”

刑與型

《五正》：“后身未自知，乃深伏於淵，以求内刑（型）。”
《五正》：“内刑（型）已得，后□自知屈后身。”

刑與鉶

《特牲》：“壺、禁在東序，豆、邊（籩）、刑（鉶）在東房。”
《特牲》：“賓〈實〉豆、邊（籩）、刑（鉶），陳于房中，如初。”
《特牲》：“反〈及〉而〈兩〉刑（鉶），刑（鉶）芼埶（設）于豆南，南陳。”
《特牲》：“祝洗，酌鄭（奠），于刑（鉶）南，遂命佐食。”
《特牲》：“延（筵）對席，佐食分軌（簋）、刑（鉶）。”
《特牲》：“延（筵）對席，佐食分軌（簋）、刑（鉶）。”
《特牲》：“皆取舉、祭食、祭舉乃食，祭刑（鉶），食舉。”
《特牲》：“刑（鉶）芼，用枯（苦），若微（薇），皆有滑，夏葵、各（冬）亘（萓）。”
《少牢》：“上佐食羞兩刑（鉶），取一羊刑（鉶）于房中，坐設于韭菹之南。”
《少牢》：“下佐食有（又）取一豕刑（鉶）于房中以從。”
《少牢》：“上佐食受，坐埶（設）于羊刑（鉶）之南，皆芼，皆有柶。”
《少牢》：“尸扱以柶，祭羊刑（鉶），遂以祭豕刑（鉶），嘗羊刑（鉶）。”
《少牢》：“司土〈士〉進下刑（鉶）于上饌（餕），又進一刑（鉶）于饌（餕）。”
《有司》：“入于房，取一羊刑（鉶），坐鄭（奠）于韭菹西。”
《有司》：“婦贊者執豕刑（鉶）以從，主婦不興，受，設于羊刑（鉶）之西。”
《有司》：“以羊刑（鉶）之柶扱羊刑（鉶），遂以扱豕鉶，祭于豆祭，祭酒。”
《有司》：“【尸】坐啐酒，左執爵，嘗上刑（鉶），執爵以興，坐墳（奠）爵，拜。”
《有司》：“主婦設二刑（鉶）與臬（糗）、脩（修），如尸禮。”
《有司》：“主人其祭臬（糗）、脩（修），祭刑（鉶）、祭酒、受豕匕汁（湆）。”
《有司》：“嘗刑（鉶）不拜。”

型與刑

《老子》甲：“長耑（短）之相型也，高下之相浧（盈）也。”按，帛書本型作刑。
《緇衣》：“好娩（美）女（如）好茲（緇）衣，亞₌（惡惡）女（如）亞（惡）遀（巷）白（伯），則民臧〈咸〉放（服）而埊（刑）不屯〈弍（試）〉。《寺（詩）》員（云）：‘悉（儀）埊（刑）文王，萬邦乍（作）孚。’”按，上博簡本《緇衣》埊（刑）作型。下五例同。
《緇衣》：“《郘（吕）埊（刑）》員（云）：‘一人又（有）慶，壥（萬）民贎（賴）之。’”
《緇衣》：“óc（教）之以正（政），齊之以埊（刑），則民又（有）免（謾）心。”
《緇衣》：“《呂埊（刑）》員（云）：‘非甬（用）臸（令），折（制）以埊（刑），隹（惟）乍（作）五瘧（虐）之埊（刑）曰灋。’”
《緇衣》：“正（政）之不行，季（教）之不成也，則埊（刑）罰不足恥，而雀（爵）

不足懽（勸）也。古（故）上不可以埶（褻）坓（刑）而翠（輕）雀（爵）。”
《緇衣》：“《呂坓（刑）》員（云）：‘翻（播）坓（刑）之迪。’”
《唐虞》：“咎（皋）采（陶）内用五型（刑），出弋（式）兵革，辠（罪）涇暴☐。”
《成之》：“是古（故）畏（威）備（服）型（刑）罰之婁（屢）行也，繇（由）走（上）之弗身也。”
《成之》：“昔者君子有言曰：‘戰與型（刑），人君子之述悳（德）也。’”
《成之》：“《康弅（誥）》曰：‘不還大暊，文王复（作）罰，型（刑）玆亡怨（赦）。’害（蓋）此言也，言不霏（奉）大崇（常）者，文王之型（刑）莫至（重）安（焉）。”
《性自》：“未型（刑）而民愄（畏），又（有）心愄（畏）者也。”
《魯邦》：“邦大旱，毋乃遊（失）者（諸）型（刑）與悳（德）虖（乎）？”
《魯邦》：“羕（庶）民智（知）敓（說）之事禗（鬼）也，不智（知）型（刑）與悳（德）。”
《魯邦》：“女（若）夫政（正）型（刑）與悳（德），以事上天，此是才（哉）！”
《從政》：“教之以豊（禮）則寡（恪）而爲息（仁），詨（教）之以型（刑）則逐〈遯〉。”
《容成氏》：“☐□於是虖（乎）不賞不罰，不型（刑）不殺。”
《容成氏》：“堯戔（賤）貤（施）而峕=（時時）賽，不懽（勸）而民力，不型（刑）殺而無頪（盜）惻（賊），甚緩而民備（服）。”
《仲弓》：“型（刑）正（政）不緩（緩），悳（德）季（教）不巻（倦）。”
《鮑叔牙》：“齊邦至亞（惡）死，而走（上）穆其型（刑）；至欲飤（食），而上厚其僉（斂）；至亞（惡）何（苛），而上不峕（時）使。”
《鮑叔牙》：“乃命又（有）嗣（司）箸祚浮，老溺（弱）不型（刑）。”
《季康子》：“大辠殺之，臧辠型（刑）之，少（小）辠罰之。”
《季康子》：“好型（刑）則不羊（祥），好殺則复（作）𤔲（亂）。”
《季康子》：“救民以辟，大辠則夜（赦）之以型（刑），㘸辠則夜（赦）之以罰，小則訿（貲）之。”
《苦成》：“今虐（吾）亡（無）能絧（治）也，而因以害君，不義，型（刑）莫大安（焉）。”
《三德》：“母（毋）㬅（傲）貧，母（毋）笑型（刑）。”
《三德》：“至型（刑）㠯（以）㤖（哀），矰迲（去）以悔（謀）。”
《墨子》：“周公甙肰（然）乍（作）色曰：‘易，夫戔（賤）人畧（格）上則型（刑）殍（戮）至，剛☐。’”
《墨子》：“易，夫戔（賤）人剛恃而□於型（刑）者，又（有）走（上）孯（賢）☐。”
《天子甲》：“型（刑）屯用青（情），邦芒（亡）；屯用勿（物），邦芒（亡）。”
《天子甲》：“事禗（鬼）則行敬，褱（懷）民則以悳（德），剌（斷）型（刑）則以衮（哀）。”
《天子乙》：“型（刑）屯用青（情），邦芒（亡）；屯用勿（物），邦芒（亡）。”
《天子乙》：“事禗（鬼）則行敬，褱（懷）民則以悳（德），剌（斷）型（刑）則以衮（哀）。”
《祭公》：“型（刑）四方，克审（中）尔（爾）罰。”
《祭公》：“康□之，㻂（蠻）伓（服）之，肰（然）母（毋）夕（斁）□，維我周又（有）棠（常）型（刑）。”

《芮良夫》：“此悳（德）型（刑）不齊，夫民甬（用）憂（憂）惕（傷）。”

《芮良夫》：“□□社（功）祙（績），龏（恭）晵（虔）享祀，和悳（德）定型（刑），政（正）百又（有）司。”

《芮良夫》：“悳（德）型（刑）態（怠）絿（惰），民所訞（妖）訛（僻）。”

《芮良夫》：“矞（遹）易兇心，覒（研）慭（甄）嘉惟，枌（敉）和庶民，政命悳（德）型（刑）各又（有）棠（常）朿（次）。”

《芮良夫》：“曰其罰寺（時）堂（當），其悳（德）型（刑）義（宜）利。”

《封許》：“珷（武王）司（嗣）明型（刑），蚕（釐）氒（厥）猷，祗事帝（上帝）。”

《湯丘》：“型（刑）亡（無）卣（攸）恋（赦），民人皆紸（懂）禹（虞）瑟₌（瑟瑟），夏王不得其惜（圖）。”

《啻門》：“唯皮（彼）四神，是胃（謂）四正，五以相之，悳（德）、事、役、正（政）、型（刑）。”

《啻門》：“㝵（美）型（刑）系（奚）若？亞（惡）型（刑）系（奚）若？”

《啻門》：“型（刑）情（清）以不方（放），此胃（謂）㝵（美）型₌（刑；刑）竵（褻）以亡（無）棠（常），此胃（謂）亞（惡）型（刑）。”

《三壽》：“楑（揆）审（中）水（準）奐（衡），不力，寺（持）型（刑）罰跡（赦）。”

《管仲》：“中（仲）父，千乘之都，型（刑）正（政）既萬（亂），民人陸（惰）忄（怠）。”

《管仲》：“忎（恐）辠（罪）之不埕（竭）而型（刑）之方（放），肓（怨）亦未謱（濟），邦以卒喪。”

《子產》：“隶（肆）参（三）邦之型（刑），以爲奠（鄭）型（刑）、埜（野）型（刑）。”

《子產》：“爲民型（刑）程，上下驄（和）咠（輯）。”

型與形

《老子》甲：“長耑（短）之相型也，高下之相浧（盈）也。”按，河上、傅奕本型作形。

《五行》：“急（仁）型（形）於内胃（謂）之悳（德）之行，不型（形）於内胃（謂）之行。義型（形）於内胃（謂）之悳（德）之行，不型（形）於内胃（謂）之行。豊（禮）型（形）於内胃（謂）之悳（德）之行，不型（形）於内謂之[行]。[智型]（形）於内胃（謂）之悳（德）之行，不型（形）於内胃（謂）之行。聖型（形）於内胃（謂）之悳（德）之行，不型（形）於内胃（謂）之悳（德）之行。”

《五行》：“五行皆型（形）於内而時行之，胃（謂）之君[子]；士又（有）志於君子道，胃（謂）之時（志）士。”

《五行》：“思不精不譞（察），思不倀（長）不₌型₌（不形，不形）不₌安₌（不安，不安）不₌藥₌（不樂，不樂）亡悳（德）。”

《五行》：“愛則玉₌色₌（玉色，玉色）則型₌（形，形）則急（仁）。”

《五行》：“見賢人則玉₌色₌（玉色，玉色）則型₌（形，形）則智。”

《五行》：“聖之思也翠₌（輕，輕）則型₌（形，形）則不₌亡₌（不忘，不忘）則聣₌（聰，聰）則奔₌君₌子₌道₌（聞君子道，聞君子道）則玉₌音₌（玉音，玉音）則型₌（形，形）則聖。”

《成之》：“型（形）於中，發於色，其𧷦也固悏（矣），民管（孰）弗信。”

《語叢一》：“其生也亡爲虖（乎）其型（形）。”

《語叢一》："又（有）迱（地）又（有）型（形）又（有）聿，而句（後）又（有）厚。"
《凡物甲》："毻（捻）勿（物）流型（形）。"
《凡物甲》："毻（捻）勿（物）流型（形），系（奚）得而成？流型（形）成豊（體），系（奚）得而不死？"
《凡物甲》："民人流型（形），系（奚）得而生？流型（形）成豊（體），系（奚）逵（失）而死？"
《凡物乙》："毻（捻）勿（物）流型（形），系（奚）得而成？流型（形）成豊（體），系（奚）得而不死？"
《凡物乙》："民人流型（形），系（奚）得而生？流型（形）成豊（體），系（奚）逵（失）而死？"
《子產》："整政才（在）身，閔（文）腥（理）、型（形）體（體）、惴（端）夻（冕）。"

型與鉶

《曹沫》："昔堯之卿（饗）舜也，飯於土轁（塯），欲〈歠〉於土型（鉶），而攺（撫）又（有）天下。"

烴與形

《語叢一》："又（有）天又（有）命，又（有）迱（地）又（有）烴（形）。"

罶與刑

《太歲》："獻馬、罶尿、八月才（在）東。"按，睡虎地秦簡《日書》楚月名"罶尿"之"罶"作"刑"。下同。
《宿位》："罶尿朔於瑩（營室），夏尿恚（奎），享月胃，夏栾畢（畢）。"
《往亡》："☐往，亡；歸，死。罶尿☐。"
《移徙》："罶尿、夏尿、享月，春可東徙。"

罶與荊

《容成氏》："埾（禹）乃迵（通）三江五沽（湖），東致（注）之海（海），於是虐（乎）罶（荊）州、鄢（揚）州訂（始）可尻（處）也。"

剼與荊

《吳命》："剼（荊）爲不道，胃（謂）余曰：'女（汝）周之肻（孽）子☐。'"

畱與荊

《鄭甲》："印涇〈淫〉柔（慆）于庚（康），臒（獲）皮（彼）畱（荊）俑（寵）。"

剳與荊

《鄭乙》："乎涇〈淫〉柔（慆）于康，臒（獲）皮（彼）剳（荊）甙（寵）。"

型與刑

《柬大王》："者（諸）侯之君之不能詞（治）者，而罣（刑）之以榦（旱）。夫唯（雖）母（毋）榦（旱），而百眚（姓）迻（移）以迲（去）邦家。此爲君者之罣（刑）。"

搼與耕

見耕部爭字聲系。

搼與諍

見耕部爭字聲系。

青字聲系

青與清

《老子》乙："喿（燥）勳（勝）蒼（寒），青（清）勳（勝）然（熱），清=（清靜）爲天下定（正）。"
《嬰兒瘈》："息癭（嚶）癭（嚶）然，戻（矢）不化而青（清）。"按，"青（清）"字從魏啟鵬、胡翔驊《馬王堆漢墓醫書校釋（壹）》（成都出版社，1992年，60頁）讀。

青與情

《緇衣》："又（有）邨（國）者章好章亞（惡），以視民厚，則民青（情）不紑（忒）。"

《唐虞》："□虖（乎）脂膚血叚（氣）之青（情），羧（養）眚（性）命之正，安命而弗夭，羧（養）生而弗敡（傷），智□□。"

《性自》："衍（道）司（始）於青=（情，情）生於眚（性）。司（始）者近青（情），終者近義。"

《性自》："體其宜（義）而即（節）𤕫（文）之，里（理）其青（情）而出内（入）之。"

《性自》："豊（禮）乍（作）於青（情），或興之也。"

《性自》："孝=（君子）㜅（美）其青（情），賈其宜，善其即（節），好其頌（容），樂其衍（道），兑（悦）其孷（教），是以敬安（焉）。"

《性自》："凡人青（情）爲可兑（悦）也。句（苟）以其青（情），唯（雖）怂（過）不亞（惡）；不以其青（情），唯（雖）難（戁）不貴。句（苟）又（有）其青（情），唯（雖）未之爲斯，人信之喜（矣）。"

《性自》："戝（察）其見者，青（情）安遂（失）才（哉）？"

《性自》："忠，信之方也；信，青（情）之方也。青（情）出於眚（性）。"

《性自》："甬（用）青（情）之至者，依（哀）樂爲甚。"

《性自》："人之迯肰（然）可牙（與）和安者，不又（有）夫懽（奮）犷（作）之青（情）則忞（侮）。"

《語叢一》："穷（賓）客，青（情）䆠（貌）之𤕫（文）也。"按，"青（情）"字從李家浩《説"青廟"——關於郭店竹簡〈語叢一〉88號的解釋》（"2007年中國簡帛學國際論壇"論文，臺灣大學，2007年11月）讀。

《語叢三》："𤕫（文）衣（依）勿（物）以青（情）行之者。"

《詩論》："⧄青（情）㤅（愛）也。"

《曹沫》："君毋憚自袋（勞），以觀卡=（上下）之青（情）𢡺（僞）。"

《競公瘧》："⧄君祝敓（説）毋〈女（如）〉尃（薄）青（情）忍辠〈罜（親）〉虐（乎）？則言不聖（聽）、青（情）不䢒（獲）。"

《天子甲》："型（刑）屯用青（情），邦芒（亡）；屯用勿（物），邦芒（亡）。"

《天子甲》："必中青（情）以翟（羅）於勿（物），幾（階）殺而邦正。"

《天子乙》："型（刑）屯用青（情），邦芒（亡）；屯用勿（物），邦芒（亡）。"

《天子乙》："必中青（情）以翟（羅）於勿（物），幾（階）殺而邦正。"

《顏淵問》："先有司，所以得青（情）〖=〗【也】。"

《啻門》："古之先帝亦有良言青（情）至於今虏（乎）？"

《子產》："君人立（蒞）民又（有）道，青（情）以㔻（勉），得立（位）命固。"

青與靖

《老子》甲："我好青而民自正，我谷（欲）不谷（欲）而民自檏（樸）。"按，傅奕本青作靖。下同。

《老子》乙："喿（燥）勳（勝）蒼（寒），青勳（勝）然（熱），清=（清靜）爲天下定（正）。"

青與精

《仲弓》："含（今）女（汝）相夫子所，渫（竭）其青（精）、悊（盡）其新（慎）者，三害近[illegible]矣。"按，"青"似當讀作"精"，即"殫精竭慮"之"精"。

《德聖》："⧄經經者至率〈素〉至青（精）何以能爲者⧄。"

青與蜻

《合陰陽》："九曰青（蜻）令（蛉），十曰魚曝。”

《天下至道》：“九曰青（蜻）靈（蛉），思外，十曰魚族（曝）。”

青與請

《太一》：“道亦其志（字）也，青（請）昏（問）其名。”

《容成氏》：“凡民俾（罷）敝（弊）者，教而悔（誨）之，歙（飲）而飤（食）之，思（使）役百官而月青（請）之。”

《鮑叔牙》：“含（今）此祭之得福者也，青（請）量之以衰滯。既祭之後安（焉），攸（修）先王之灋。”按，“青（請）”字從陳劍《談談〈上博（五）〉的竹簡分篇、拼合與編聯問題》（簡帛網，2006年2月19日）釋讀。

《季康子》：“青（請）昏（問）：孝=（君子）之從事者，於民之⍁。”

《季康子》：“青（請）昏（問）：可（何）胃（謂）㤅（仁）之以悳（德）？”

《季康子》：“⍁者，因古（故）冊豊（禮）而章（彰）之，毋逆百事，皆青（請）行之。”

《苦成》：“虐（吾）聒（聞）爲臣者必思（使）君得志於吕（己）而又（有）後青（請）。”

《競公瘧》：“⍁青（請）祭與正（貞）。”按，“青（請）”字從沈培《〈上博（六）·競公瘧〉“正”字小議》（簡帛網，2007年7月31日）讀。

《鄭子甲》：“奠（鄭）人青（請）其古（故）。”按，“青（請）”字從復旦大學出土文獻與古文字研究中心研究生讀書會《〈上博七·鄭子家喪〉校讀》（復旦大學出土文獻與古文字研究中心網，2008年12月31日）釋讀。

《吳命》：“孤使一介使，蒠（親）於桃迺裳（勞）其夫=（大夫），虘（且）青（請）其行。”

《吳命》：“兩君之弗怸（順），敢不芒道以告，吳青（請）成於楚。”

《顏淵問》：“录（祿）不足則青（請），又（有）余（餘）則詞（辭）。”

《顏淵問》：“录（祿）不足則青（請），又（有）余（餘）則詞（辭），所以昜（揚）信也。”

《成王》：“成王曰：‘青（請）聒（問）天子之正道。’”

《成王》：“成王曰：“‘青（請）聒（問）其事。’”

《成王》：“成王曰：“‘青（請）聒（問）其方。’”

《邦人》：“詞（辭）曰：‘君王□臣之青（請）命，未尚（嘗）不許。’”

青與靚

《老子》乙：“喿（燥）勳（勝）蹇（寒），青勳（勝）然（熱），清=（清靜）爲天下定（正）。”按，帛書甲本青作靚。

青與靜

《老子》甲：“我好青而民自正，我谷（欲）不谷（欲）而民自檏（樸）。”按，河上、王弼本和帛書本青作靜。

《老子》乙：“喿（燥）勳（勝）蹇（寒），青勳（勝）然（熱），清=（清靜）爲天下定（正）。”按，河上、王弼本青作靜。

青與姓

《説命下》：“敚（説），昔才（在）大戊，克潮（漸）五祀，天章（彰）之甬（用）九悳（德），弗易百青（姓）。”

《説命下》：“弋（式）隹（惟）參（三）悳（德）賜我，虐（吾）乃尃（敷）之于百青（姓）。”

倩與靜

《治官》：“安倩（靜）毋苛，審當賞罰。”

倩與傾

《君子》："肙(肩)毋發(廢)毋同(聳)，身毋躳(偃)毋倩(傾)，行毋𧿹(跌)毋䌛(搖)，足毋支(偏)毋高。"按，"倩"似當讀作"傾"。

婧與爭

《成之》："𣿡(津)汾(梁)婧(爭)舟，其先也不若其後也。言語啐(狎)之，其𠳿(勝)也不若其已也。"按，"婧(爭)"字從裘按(《郭店楚墓竹簡·成之聞之》篇注[三一])讀。

青與情

《語叢四》："言以司，青(情)以舊。"按，"青(情)"字從裘按(《郭店楚墓竹簡·語叢四》篇注[一])讀。

青與請

《容成氏》："四海(海)之内𠬝(及)，四海(海)之外皆青(請)社(貢)。"

青與靜

《性自》："身谷(欲)青(靜)而毋敨(滯)。"

《亙先》："亙(極)先無又(有)，𥻘(質)、青(靜)、虛。"

《亙先》："𥻘(質)，大𥻘(質)；青(靜)，大青(靜)；虛，大虛。"

《亙先》："未又(有)天陸(地)，未又(有)乍(作)行、出生，虛青(靜)爲弌(一)，若淑=夢=(寂寂夢夢)，青(靜)同而未或明(萌)，未或茲(滋)生。"

《相邦》："青(靜)以寺(待)時=(時。時)出古此=〈古=(故，故)出〉事=(事，事)出政=(政，政)毋忘所刣(始)。"

《蘭賦》："身體甠(重)青(靜)而目耳褮(勞)矣。"按，"青(靜)"字從鄔可晶在復旦吉大古文字專業研究生聯合讀書會《上博八〈蘭賦〉校讀》(復旦大學出土文獻與古文字研究中心網，2011年7月17日)一文下跟帖讀。

清與青

《日甲·啻》："其生(牲)清(青)。"

清與淸

《觀》："正名脩(修)刑，執(蟄)虫不出，雪霜復淸(清)，孟穀乃蕭(肅)。"

清與情

《引書》："人生於淸(情)，不智(知)愛其氣，故多病而易〈易〉死。"

《啻門》："女(如)亡(無)又(有)良言淸(情)至於今。"

清與靖

《老子》乙："喿(燥)𠳿(勝)蹇(寒)，青(清)𠳿(勝)然(熱)，淸=爲天下定(正)。"按，傅奕本淸=作清靖。

清與請

《老子》乙："喿(燥)𠳿(勝)蹇(寒)，青(清)𠳿(勝)然(熱)，淸=爲天下定(正)。"按，帛書甲本淸=作請靚。

《阜易·卜辭》："清(請)益祿者，不得。"按，"清"似當讀作"請"。

清與靚

《老子》乙："喿(燥)𠳿(勝)蹇(寒)，青(清)𠳿(勝)然(熱)，淸=爲天下定(正)。"按，帛書甲本淸=作請靚。

清與靜

《老子》乙："喿(燥)𠳿(勝)蹇(寒)，青(清)𠳿(勝)然(熱)，淸=爲天下定(正)。"按，河上、王弼本淸=作清靜。

《帛甲老子·道經》："[重]爲巠(輕)根，清(靜)爲趮(躁)君。"

猜與青

《曹氏》："☐冬夏不足，則天无以成其天焉。天者非昭=(昭昭)猜=(青青)謂☐。"按，"猜=(青青)"字從鄔可晶《銀雀山漢簡“陰陽時令、占候之類”叢札》(《出土文獻》第七輯，中西書局，2015年）讀。

情與清

《啻門》：“型（刑）情（清）以不方（放），此胃（謂）岦（美）型₌（刑；刑）𢝟（褻）以亡（無）祟（常），此胃（謂）亞（惡）型（刑）。”按，“情（清）”字從段凱《〈清華藏簡（五）〉拾遺》(《簡帛》第十四輯，上海古籍出版社，2017 年）讀。

情與靖

《緇衣》：“情（靖）共尔（爾）立（位），好氏（是）貞（正）植（直）。”

情與精

《耆夜》：“宓（毖）情（精）悬（謀）猷，䘵（裕）悳（德）乃救（求）。”

情與請

《鄭子乙》：“奠（鄭）人情（請）其古（故）。”

情與靜

《緇衣》：“《寺（詩）》員（云）：‘情（靖）共尔（爾）立（位），好氏（是）貞（正）植（直）。’”按，上博簡本《緇衣》情（靖）作靜。

《管仲》：“止（趾）不正則心卓（逴），心不情（靜）則手毄（躁）。”

《帛甲老子・道經》：“濁而情（靜）之余（徐）清。”

《帛甲老子・道經》：“至（致）虛極也，守情（靜）表〈裻（篤）〉也。”

《帛甲老子・道經》：“情（靜），是胃（謂）復命。”

《帛甲老子・道經》：“不辱以情（靜），天地將自正（定）。”

菁與旌

《泰射》：“司馬師命負侯者：‘執〈執〉菁（旌）以負侯。’”

《泰射》：“負侯者皆適侯，執菁（旌）負侯而䢋（俟）。”

《泰射》：“舉菁（旌）以宮，偃菁（旌）以商。”

《泰射》：“負侯許若（諾），如去侯，皆執其菁（旌）以負其侯而䢋（俟）。”

《泰射》：“公將射，則司馬命負侯，皆執其菁（旌）以負其侯而䢋（俟）。”

《泰射》：“負侯許若（諾），以菁（旌）負侯如初。”

《泰射》：“師命護（獲）者以菁（旌）與薦柤（俎）退。”

陼與峭

《芮良夫》：“𢌿（譬）之若童（重）載以行陼（峭）險，莫之枎（扶）道（導），其由（猶）不遉（顛）（覆）？”

精與楹

《楚帛書》甲：“至於復（覆）天，旁遰（動）攼（毀）煛（蔽）之青木、赤木、黃木、白木、墨木之精（楹）。”按，“精”似當讀作“楹”，訓爲“柱”。

腈與精

《天子甲》：“不腈（精）爲腈（精），不媺（美）爲媺（美）。”

《天子甲》：“腈（精）爲不腈（精），媺（美）爲不媺（美）。”

《天子乙》：“不腈（精）爲腈（精），不媺（美）爲媺（美）。”

《天子乙》：“腈（精）爲不腈（精），媺（美）爲不媺（美）。”

稍與精

《治官》：“風（諷）庸（誦）爲首，稍（精）正守事。”

靖與婧

《北蒼・耕》：“㱙（毀）顊（頤）娑（沙）孅，婠婈眇靖（婧）。”

睛與精

《帛五行·經》："思【不】睛（精）不察，思不長不得，思不輕不刑（形）。"

《帛五行·經》："不仁，思不能睛（精）；不知（智），思不能長。"

《帛五行·經》："不仁，思不能睛（精）；不聖，思不能輕。"

《帛五行·經》："仁之思也睛（精）。"

《帛五行·經》："睛（精）則察，察則安，安則溫。"

婧與精

《唐勒》："☐胸中，婧（精）神俞（喻）六馬。"

綪與青

《荊決》："樹木未產，其葉綪綪（青青）。"

精與青

《緇衣》："精智（知），逄（略）而行之。"按，上博簡本《緇衣》精作青。

精與清

《爲吏》："二曰精（清）廉毋謗。"

《同顯》："洋精（清）絜（潔），毋（無）害。"

《兵談》："怒，精（清）不可事以財。"

《北大老子》："天得一以精（清），地得一以寧。"

《北大老子》："天毋已精（清）將恐死〈列〉，地毋已寧將恐發（廢）。"

《二類》："音䜭（聲）雖櫆（嘶）敗能復精（清）。"

精與情

《繫辭》："精氣爲物，斿（游）魂爲變，故知鬼神之精（情）狀。"

精與蜻

《三十時》："精（蜻）列（蛚）登堂☐。"

《三十時》："人之三日，精（蜻）列（蛚）☐。"

精與靜

《繫辭》："以言乎遠則不過，以言乎近則精（靜）而正，以言乎天地之閒則備。"

鯖與菁

《詩論》："《鯖=（菁菁）者莪》，則以人嗌也。"

䔳與旌

《正亂》："劗（翦）其髮而建之天，名曰之（蚩）尤之䔳（旌）。"

請與清

《巍盜》："皆請（清）絜（潔），毋（無）害，敦毄（慤）。"

《帛甲老子·德經》："請（清）靚（靜），可以爲天下正。"

《胎產書》："字者，且垂字，先取市土濡請（清）者，☐之方三四尺，高三四寸。"

請與情

《凡物甲》："又（有）得而成，未智（知）左右之請（情）？"按，"請（情）"字從復旦大學出土文獻與古文字研究中心研究生讀書會《〈上博（七）·凡物流形〉重編釋文》（復旦大學出土文獻與古文字研究中心網，2008年12月31日）讀。下一例同。

《凡物乙》："又（有）得而成，未智（知）左右之請（情）？"

《三壽》："尔（爾）是先生，尔（爾）是智（知）二又（有）或阝（國）之請（情）。"

《答問》："甲弗告請（情），居二歲，生子，乃告請（情）。"

《封診式》："能以書從（蹤）迹其言，毋治（笞）諒（掠）而得人請（情）爲上。"

《龍簡》："智（知）請（情）入之，與同罪。"

《天乙·自天》："主台（始）有☐毆，後智（知）其請（情）。"

《治官》："人請（情）難智（知），非親毋親。”
《魏盜》：“今吏智（知）之，未可奈可（何），請言請（情）。”
《得之》：“得之曰：‘幸吏不得得之請（情）。’”
《學爲》：“即獄治請（情）。”
《第一組》：“匿罪人雖弗敝（蔽）貍（埋），智（知）其請（情），舍其室。”
《第一組》：“以論失者，覆治之而即言請（情）者，以自出律論之。”
《第一組》：“舍人室，室主舍者，智（知）其請（情），以律罨（遷）之。”
《第一組》：“不智（知）其請（情），主舍，貲二甲；典、伍不告，貲一盾。”
《第一組》：“取罪人、羣亡人以爲庸，智（知）其請（情），爲匿之；不智（知）其請（情），取過五日以上，以舍罪人律論之。”
《第二組》：“田時先行富有賢人，以閒時行貧者，皆月券書其行月及所爲日數，而署其都發及縣請（情）。”
《二年・盜律》：“買者智（知）其請（情），與同罪。”
《二年・具律》：“證不言請（情）以出入罪人者，死罪，黥爲城旦舂。”
《二年・具律》：“獄未鞫而更言請（情）者，除。”
《二年・具律》：“其證不言請（情）、誣人。”
《二年・亡律》：“智（知）其請（情）而捕告，及詷〈詗〉告吏捕得之。”
《二年・津關令》：“智（知）其請（情）而出入之，及假予人符傳。”
《二年・津關令》：“將吏智（知）其請（情），與同罪。”
《奏讞書》：“解雖不智（知）其請（情），當以取（娶）亡人爲妻論。”
《奏讞書》：“其請（情）講不與毛謀盜牛。”
《奏讞書》：“毛謂獨也，騰曰非請（情），即笞毛北（背），可六伐。”
《奏讞書》：“毛改言請（情），曰盜和牛。”
《奏讞書》：“毛何故不蚤（早）言請（情）？”
《奏讞書》：“覆者初訊毛，毛欲言請（情）。”
《奏讞書》：“恐不如前言，即復治（笞），此以不蚤（早）言請（情）。”
《奏讞書》：“實須駐（鬘）來別籍，以偕捕之，請（情）也。”
《明君》：“臣以賢士之請（情）爲不以虛卷（券）言。”
《明君》：“此其請（情）美才（哉）闌（爛）乎。”
《四度》：“高[下]不敝（蔽）其刑（形），美亞（惡）不匿其請（情）。”
《四度》：“美亞（惡）有名，逆順有刑（形），請（情）僞有實。”
《論》：“盡知請（情）僞而不惑，然后帝王之道成。”
《論》：“逆順有理，則請（情）僞密矣。”
《論》：“三名察則盡知請（情）僞而[不]惑矣。”
《順道》：“中請（情）不剌（綠），執一毋求。”
《順道》：“欲知得失請（情），必審名察刑（形）。”
《養生方》：“以渴（竭）請（情）故。”
按，“請（情）”字從裘錫圭《馬王堆醫書釋讀瑣議》（《古文字論集》，中華書局，1992年，525頁）讀。
《天師》：“璽（爾）察天之請（情），陰陽爲正。”

《容成》："君必察天地之請（情），而行之以身。"
《繫辭》："耶（聖）人位（立）馬〈象〉以盡意，設卦以盡請（情）僞，般（繫）辭焉以盡其【言】，變而迵（通）之以盡利，鼓之舞之以盡神。"
《繫辭》："是故夫馬〈象〉，耶（聖）人具以見天下之請（情）而不疑（擬）者（諸）其刑（形）容。"
《繫辭》："極天下之請（情）存乎卦，鼓天下之動者存乎辭。"
《繫辭》："效（爻）馬〈象〉動乎内，吉凶見乎外，功業見乎變，耶（聖）人之請（情）見乎辭。"
《繫辭》："於是始作八卦，以達神明之德，以類萬物之請（情）。"
《繫辭》："動作以利言，吉凶以請（情）遷。"
《繫辭》："是故愛惡相攻而吉凶生，遠近相取而悔（悔）笑（吝）生，請（情）僞相欽（感）而利害生。"
《繫辭》："凡易之請（情），近而不相得則凶，或害之則悔（悔）且笑（吝），將反（叛）則其辭乳（亂）。"
《易之義》："'含章可貞'，言美請（情）也。"
《易之義》："易曰'含章可貞，吉'，言美請（情）之胃（謂）也。"
《要》："故易之爲書也，一類不足以亟（極）之，變以備其請（情）者也，故謂之易。"
《繆和》："以使其下，所以治人請（情），牧羣臣之僞也。"
《繆和》："夫忠言請（情）愛而實弗隋（隨），此鬼神之所疑也，而兄（況）人乎？"
《計》："故輕（經）之以五，效（校）之以計，以索其請（情）。"
《九地》："兵之請（情）主數（速）也，乘人之不給也。"
《九地》："詘（屈）信（伸）之利，人請（情）之理，不可不察也。"
《九地》："諸侯之請（情）：遝則禦（御），不得已則鬬，過則從。"
《用閒》："不知適（敵）之請（情）者，不仁之至也。"
《黄帝伐赤帝》："一帝二王皆得天之道、□之□、民之請（情），故〼。"
《地形二》："九地之法，人請（情）之里（理），不可不察。"
《陳忌問壘》："田忌請問兵請（情）奈何？"
《陳忌問壘》："〼兵請（情）奈何？"
《八陳》："内得其民之心，外知適（敵）之請（情）。"
《勢備》："陳（陳）无後，非巧士敢將而進者，不知兵之請（情）者。"
《兵情》："孫子曰：若欲知兵之請（情），弩矢其法也。"
《兵談》："〼地利，中失民請（情）。"
《將理》："罷囚之請（情），不侍（待）陳水（箠）楚囚而之請（情）可畢。"
《將理》："以得囚請（情），則國士勝□，不宵（肖）自□。"
《將理》："□□□者，人之請（情）也。"
《晏子一〇》："非譽不徵乎請（情）而言不合乎行。"
《文師》："夫漁求得，其請（情）深〼。"
《文師》："〼請（情）也。"
《文師》："君子情同而親，親生而事生之，請（情）也。"
《守國》："敢問天地【之】經、四時之所生、仁聖之道、民機之請（情）。"
《發啟》："必見其人，有（又）見其親，

乃知其請（情）。”
《發啟》：“同利相死，同請（情）相成，同亞（惡）相助，同好相趨。”
《守法》：“以視適（敵）進芮（退）變能（態）請（情）爲（僞）。”
《百里奚》：“柏（百）里係（奚）曰：‘惡聞其請（情）。’”
《百里奚》：“柏（百）里係（奚）曰：‘惡聞其請（情）。’”
《民之情》：“民盡力致死，民之請（情）也。”
《民之情》：“☐不□其官，民₌知₌分₌（民知分。民知分）死誼（義），民之請（情）也。”
《民之情》：“三曰：卿夫₌（大夫）官吏士民儆（敬）節，高其誼（義），佴（恥）其□。民行其俗，民之請（情）也。”
《民之情》：“四曰：卿夫₌（大夫）官吏士民之守職也固。民死分，民之請（情）也。”
《民之情》：“五曰：知所輕所重之分，而俗₌高₌賢₌（俗高賢。俗高賢）而民₌志₌（民志。民志），可與犯難，民之請（情）也。”
《民之情》：“六曰：□□而國₌力₌槫₌（國力摶。國力摶）而民₌出₌於₌爲₌上₌（民出於爲上。民出於爲上），可與堅戰固守，民之請（情）也。”
《民之情》：“七曰：□士卒共甘苦，卧（赴）堅難，俖（冒）白刃，蒙矢石。民難敝，民之請（情）也。”
《民之情》：“八曰：賞罰信，功貴勞利，所以致顯榮，佚（逸）樂之涂（途）陜（狹）。民勸賞猥（畏）罰，民之請（情）也。”
《有國》：“有國之效與民之請（情）。”
《北大老子》：“幽旖（兮）冥旖（兮），其中有請（情）旖（兮）。”
《北大老子》：“其請（情）甚真，其中有信。”
《周馴》：“爲人君者，不可以不₌好₌聽₌（不好聽，不好聽）則毋從智（知）下之請（情）。”
《陰陽家》：“國家失請（情），必害卿正。”
《陰陽家》：“國家失請（情），必害卿正。”
《陰陽家》：“宜死者生，宜蟄者鳴，宜實者榮，國家失請（情）。”
《妄稽》：“妄直敝（蔽）之，不言其請（情）。”
《妄稽》：“若（諾），吾察其請（情）必得。一小婦人，亦甚昜〈易〉伓（伏）。”

請與精

《帛甲老子·道經》：“灣（窈）呵（兮）鳴（冥）呵（兮），中有請（精）吔〈呵（兮）〉。”
《帛甲老子·道經》：“其請（精）甚真，其中有信。”
《帛乙老子·道經》：“幼（窈）呵（兮）冥呵（兮），其中有請（精）呵（兮）。”
《帛乙老子·道經》：“其請（精）甚真，其中有信。”
《戰國一五》：“此非兵力之請（精）也，非計慮之攻（工）也，夫天幸爲多。”
《繫辭》：“請（精）義入神，以至（致）用，利用安身，以祟（崇）德也。”
《要》：“天地困（混），萬勿（物）潤，男女購（構）請（精）而萬物成。”

請與爭

《鄭乙》：“☐不惠，或爰（援）然與不㝅（穀）請（爭）白（伯）父。”

靚與靜

《帛甲老子·德經》：“趮（躁）勝寒，靚（靜）勝炅（熱）。”
《帛甲老子·德經》：“請（清）靚（靜），可以爲天下正。”
《帛甲老子·德經》：“天下之郊（交）也，牝恆以靚（靜）勝牡。”

《帛甲老子·德經》："爲其靚（靜）也，故宜爲下。"

靜與靖

見耕部爭字聲系。

靜與爭

見耕部爭字聲系。

靜與耕

見耕部爭字聲系。

生字聲系

生與姓

《史蒥》："子之事行，百生（姓）得其利，邦家以豫（夷）；子之事不行，百生（姓）□。"

《鮑叔牙》："含（今）内之不得百生（姓），外之爲者（諸）侯猍（笑）。"

《繫年五》："曰：'以同生（姓）之古（故），必内（入）。'"

《蓋廬》："行坨（地）之德，得時則歲年孰（熟），百生（姓）飽食。"

《帛乙老子·德經》："百生（姓）皆注其耳目焉。"

《帛乙老子·德經》："百生（姓）之不治也，以其上之有以爲也，是以不治。"

《前道》："長利國家社稷，世利萬夫百生（姓）。"

《繫辭》："百生（姓）日用而弗知也，故君子之道鮮。"

《要》："易之道□□□□□□□□□□此百生（姓）之道□□易也。"

《昭力》："幾兵而弗用者，調㤅（愛）其百生（姓）而敬其士臣，強爭其時而讓其成利。"

《用聞》："百生（姓）之費，公家之奉。"

《簒卒》："不信于賞，百生（姓）弗德。不敢去不善，百生（姓）弗畏。"

《晏子七》："故鄰國患之，百生（姓）親之。"

《葆啟》："□百生（姓）。"

《葆啟》："今夫受（紂）外失天下，内失百生（姓）。"

《葆啟》："夫以百生（姓）而攻天子，可華（諱）而舍乎？"

《爲政》："爲正（政）多使百生（姓）恆於利，風畏運，比三，有天火下，大如輪（鶾）。"

《爲政》："爲正（政）多使百生（姓）分壇（廛）羣居，壤動列（裂），比三，有天火下，大如鷄。"

《占書》："□□□□□□□百生（姓）□食，君子不處其□。"

《北大老子》："聖人恆無心，以百生（姓）之心爲心。"

《妄稽》："人有妾也，比之子生（姓）；濡（孺）子有妾也，比之禍【星】。"

生與性

《性自》："凡人唯（雖）又（有）眚（性），心亡奠志。"按，上博簡本《性情論》眚（性）作生。

《亙先》："又（有）出於或（域），生（性）出於又（有），音（意）出於生（性），言出於音（意），名出於言，事出於名。"

《亙先》："生（性）非生（性），無胃（謂）生（性）。"

《亙先》："云=（云云）相生，信浧（盈）天陞（地），同出而異生（性），因生其所欲。"

《鮑叔牙》："人之生（性）厽（三），飤（食）、色、息。"

《帛五行·説》："遁（循）草木之生（性）則有生焉，而无好惡；循禽獸之生（性）則有好惡焉，而无禮義焉；遁（循）人之生（性）則巍然知其好仁義也。"

《帛五行·説》："故目萬物之生（性）而□□獨有仁義也，進耳。"
《帛五行·説》："文王源耳目之生（性）而知其好聲色也，源鼻口之生（性）而知其好犨（臭）味也，源手足之生（性）而知其好㑥（佚）餘（豫）也，源心之生（性）則巍然知其好仁義也。"
《論》："極而反者，天之生（性）也。"
《繫辭》："一陰一陽之胃（謂）道，係（繼）之者善也，成之者生（性）也。"
《易之義》："窮理盡生（性）而至於命□□□□□□□□□□□□理也。"
《易之義》："子曰：生（性）文武也，雖強學，是弗能及之矣。"
《易之義》："本生（性）仁義，所以義（儀）剛柔之制也。"
《繫辭》："誠（成）生（性）存存，道義之門。"按，今本生作性。
《勢》："木石之生（性），安則靜，危則動。"
《奇正》："故行水得其理，剽（漂）石折舟；用民得其生（性），則令行如留（流）。"

生與牲

《楚帛書》丙："▨妻，畜生（牲）分▨。"
《鮑叔牙》："器必蠲悊（潔），毋内錢器，犧（犧）生（牲）珪璧必全。"
《競公瘧》："▨明悳（德）觀（勸）行，勿而祟者也，非爲媺（美）玉肴生（牲）也。"
《日甲·秦除》："閉日，可以劈絕池，入臣徒、馬牛、它生（牲）。"
《日甲·叢辰》："不可取（娶）婦、家（嫁）女、出入貨及生（牲）。"
《日甲·叢辰》："利居室、入貨及生（牲）。"
《日甲·叢辰》："不可以見人、取（娶）婦、家（嫁）女，出入貨及生（牲）。"
《日甲·星》："以殺生（牲），必五生（牲）死。"
《日甲·啻》："其生（牲）赤。"
《日甲·啻》："其生（牲）黑。"
《日甲·啻》："其生（牲）白。"
《日甲·啻》："其生（牲）清（青）。"
《日甲·毀棄》："大祠，以大生（牲）大凶，以小生（牲）小凶，以腊古（腒）吉。"
《日甲·禹一》："不可祠祀、殺生（牲）。"
《日乙·五月》："殺生（牲），必五生（牲）死。"
《日乙·除室二》："勿以作事、大祠，以大生（牲）兇（凶），小生（牲）兇（凶）。"
《天甲·建除》："建日：良日殹。可爲嗇夫，可以祝祠，可以畜大生（牲），不可入黔首。"
《天甲·建除》："盈日：可築閒（閑）牢，可入生（牲），利築宫室、爲小嗇夫，有疾難瘳。"
《天甲·建除》："收【日】：可以氏〈民〉，馬、牛、畜生（牲）盡可，及入禾粟，可以居處。"
《天乙·建除》："建日：良日殹。可爲嗇夫，可以祝祠，可以畜大生（牲），不可入黔首。"
《天乙·建除》："收【日】：可以氏〈民〉，馬、牛、畜生（牲）盡可，及入禾粟。可以居處。"
《天乙·直室門》："雲門：其主富三枼（世），之後乃宜畜生（牲），利爵禄。"
《天乙·反支》："歌樂鼓舞，殺畜生（牲）見血，人死之，利以出，不利以入。"按，"生（牲）"字從劉青《放馬灘秦簡〈日書〉乙種集釋》（武漢大學碩士學位論文，2010年，64頁）讀。
《天乙·自天》："卦類雜虛，孰爲大祝，靈巫，畜生（牲）之□。”

《隨日·建除》：“閉日，可以入馬牛、畜生（牲）、禾粟。”

《隨日·叢辰》：“不可取（娶）妻、嫁女、出入畜生（牲）、爲嗇夫、臨官。”

《隨日·叢辰》：“不可見人、取（娶）妻、嫁女，出入人、畜生（牲）。”

《隨日·星官》：“不可食六畜生（牲）。”

《隨日·臨日》：“不可遠行、酓（飲）食、[口可欠]（歌）樂、取（聚）眾、畜生（牲）。”

《隨日·離日》：“離日不可取（娶）妻、嫁女及入人、畜生（牲）、貨。”

《帛易·萃》：“卒（萃），亨，王叚（假）于廟，利見大人，亨，利貞。用大生（牲），吉。利有攸往。”

《晏子七》：“今吾欲具圭璧犧生（牲），令祝宗薦之上下，意者體可奸（干）福乎？”

《周馴》：“今女（汝）有民而不能聖，則齊侯之生（姓），剴（豈）必爲吕？”

《趙正書》：“大臣外謀而百生（姓）内宛（怨）。”

《燕禮》：“其生（牲），狗也。”

生與星

《要》：“故易又（有）天道焉，而不可以日月生（星）辰盡稱也，故爲之以陰陽。”

生與猩

《融師》：“螎（融）帀（師）又（有）成，氏（是）脜（狀）若生（猩）。”按，“生（猩）”字從廖名春《讀〈上博五·融師有成氏〉篇劄記四則》（簡帛研究網，2006年2月20日）讀。

生與腥

《占夢書》：“夢見貒、豚、狐生（腥）臬（臊），在丈夫取（娶）妻，女子家（嫁）。”

生與眚

《説命中》：“隹（惟）戉（干）戈生（眚）氒（厥）身。”

《日甲·生子》：“丁丑生子，好言語，或生（眚）於目。”

《日乙·生》：“丁丑生，好言五（語），有生（眚）目。”

生與笙

《燕禮》：“主〈生（笙）〉人〈入〉，立于縣中。”

《燕禮》：“主人洗，升，獻生（笙）于西階上。”

《燕禮》：“乃間歌《魚麗》，生（笙）《由庚》。”

《燕禮》：“歌《南有嘉魚》，生（笙）《崇立〈丘〉》。”

《燕禮》：“歌《南山有壺〈臺〉》，生（笙）《由儀》。”

《燕禮》：“升歌《鹿鳴》，下管《新宫》，生（笙）入三成。”

生與甥

《吳命》：“咎（舅）生（甥）之邦，聶（攝）周孫=（子孫），隹（唯）舍（余）一人所豊（禮）。”按，“生（甥）”字從復旦大學出土文獻與古文字研究中心研究生讀書會《〈上博七·吳命〉校讀》（復旦大學出土文獻與古文字研究中心網，2008年12月30日）讀。

姓與生

《稱》：“取（娶）婦姓（生）子陽，有喪陰。”

《北大老子》：“生之徒十有三，死之徒十有三，而民姓（生）生焉。”

《北大老子》：“夫何故也？以其姓（生）生也。”

姓與性

《神烏賦》：“其姓（性）好仁，反餔（哺）於親。”

姓與眚

《日乙·見人》："外鬼父葉（世）爲姓（眚），高王父譴適（謫），豕〼。"

《日乙·見人》："外鬼爲姓（眚），巫亦爲姓（眚）。"

《日乙·見人》："〼巫爲姓（眚）。"

《日乙·見人》："中鬼見社爲姓（眚）。"

《日乙·見人》："把者精（青）色，巫爲姓（眚）。"

《日乙·見人》："高王父譴姓（眚）。"

《日乙·見人》："把者赤色，外鬼兄枼（世）爲姓（眚）。"

《日乙·見人》："赤肉從南方來，把者【赤】色，母葉（世）外死爲姓（眚）。"

《日乙·見人》："王父譴，牂爲姓（眚）。"

《日乙·見人》："外鬼父枼（世）見而欲，巫爲姓（眚），室鬼欲狗（拘）。"

《日乙·見人》："把者白色，高王父爲姓（眚），野立爲〼。"

《日乙·見人》："母枼（世）見之爲姓（眚）。"

《日乙·有疾》："甲乙有疾，禺（遇）御於豕肉，王父欲殺，生人爲姓（眚）。"

《日乙·有疾》："丙丁有疾，王父爲姓（眚），得赤肉、雄雞、酒。"

《日乙·有疾》："戊己有疾，巫堪，王父爲姓（眚）。"

《日乙·有疾》："庚辛有疾，外鬼、傷（殤）死爲姓（眚）。"

《日乙·有疾》："壬癸□□□□□人，外鬼爲姓（眚）。"

牲與生

《秦律·司空》："百姓有母及同牲（生）爲隸妾。"

星與生

《戰國五》："叚（假）臣孝如增（曾）參，信如尾星（生），廉如相〈伯〉夷。"

《戰國五》："信如尾星（生），乃不延（誕），不足而（以）益國。"

星與腥

《日甲·詰》："一室井血而星（腥）臭。"

《臊者》："東方之王，西方□□□□主冥冥人星（腥）。"

《胎產書》："一月名曰留（流）刑，食飲必精，酸羹必[孰]，毋食辛星（腥）。"

《妄稽》："星（腥）腐臊簫（嘯），艾（鶡）艾（鶡）蛇臭。"

星與晴

《阜易·卜辭》："卜雨，數雨，數星（晴）。"

《阜易·卜辭》："卜星（晴），不星（晴）。"

《雨書》："子以雨，二日不星（晴），乃四日而星（晴）。"

《雨書》："丑以雨，二日不星（晴），乃四日而星（晴）。"

《雨書》："寅以雨，一日星（晴）。"

《雨書》："卯以雨，三日不星（晴），乃五日，五日不星（晴），乃旬星（晴）。"

《雨書》："辰以雨，一日不星（晴），乃三日而星（晴）。"

《雨書》："巳以雨，一日而星（晴）。"

《雨書》："午以雨，一日星（晴）。"

《雨書》："[酉以]雨，一日星（晴）。"

《雨書》："戌以雨，四日不星（晴），乃八日而星（晴）。"

《雨書》："亥以雨，二日不星（晴），乃五日星（晴）。"

胜與姓

《姓爭》："胜（姓）生已定，敵者生爭，不諶（戡）不定。"

胜與猩

《反淫》："胜（猩）胜（猩）之呫，旄象之槑（約）。"

疰與眚

《日甲·星》："生子，疰（眚）。"

眚與生

《性自》："凡人唯（雖）又（有）眚（性），心亡奠志。"按，上博簡本《性情論》眚（性）作生。

《程寤》："思（使）卑脜（柔）和川（順），眚（生）民不芽（災），褱（懷）允。"

眚與姓

《老子》丙："成事述（遂）社（功），而百眚曰我自肰（然）也。"按，今本和帛書乙本眚作姓。

《緇衣》："古（故）倀（長）民者，章志以卲（昭）百眚（姓），則民至（致）行异（己）以敓（悅）上。"

《緇衣》："𨻰（禹）立三年，百眚（姓）以𢜔（仁）道，剴（豈）必𦘔（盡）𢜔（仁）。"

《緇衣》："上人𢜔（疑）則百眚（姓）賊（惑），下難智（知）則君倀（長）袋（勞）。"

《緇衣》："隹（誰）秉𢦏（國）成，不自爲貞（正），卒袋（勞）百眚（姓）。"

《子羔》："使亡（無）又（有）少（小）大、𢇍（絕）𥨪（鐃），使𧯎（皆）得其社稷百眚（姓）而奉守之。"

《從政》："𡥈＝（君子）不愋（寬）則無以頌（容）百眚（姓）。"

《容成氏》："☐是（氏）之又（有）天下，厚𢙈（愛）而泊（薄）僉（斂）安（焉），身力以袋（勞）百眚（姓）。"

《容成氏》："虗（吾）所智（知）多廌，一人爲亡道，百眚（姓）其可（何）皋？"

《容成氏》："含（今）受（紂）爲無道，昏（昏）者（捨）百眚（姓），至（縶）約者（諸）侯，天𨡎（將）戜（誅）安（焉）。"

《容成氏》："受（紂）爲亡道，昏（昏）者（捨）百眚（姓），至（縶）約者（諸）侯，𢇍（絕）穜（種）悉（侮）眚（姓），土玉水酉（酒）。"

《彭祖》："三命四𡰥（俯），氏（是）胃（謂）百眚（姓）之宔（主）。"

《柬大王》："夫唯（雖）母（毋）榦（旱），而百眚（姓）迻（移）以迲（去）邦家。"

《柬大王》："一人不能詞（治）正（政），而百眚（姓）以𢇍（絕）。"

《曹沫》："▢詎（誅）而賞，毋皋百眚（姓）而改其逞（將）。"

《鮑叔牙》："百眚（姓）皆死（怨）怠，瀘（奄）肰（然）𨡎（將）㣇（亡）。"

《季康子》："𡥈＝（君子）才（在）民之上，執民之中，紽（施）𤕝（教）於百眚（姓），而民不備（服）安（焉），氏（是）𡥈＝（君子）之恥也。"

《季康子》："其嚾（勸）而弝（強）之，則邦又（有）榦童，百眚（姓）送之以☐。"

《鬼神》："返（及）桀受（紂）學（幽）萬（厲），焚聖人，殺訐（諫）者，惻（賊）百眚（姓），𤔔（亂）邦家。"

《武王乙》："使民不逆而訓（順）成，百眚（姓）之爲絓（？）。"

《凡物甲》："百眚（姓）𢇁＝（之所）貴唯君＝（君，君）𢇁＝（之所）貴唯心＝（心，心）𢇁＝（之所）貴唯𠘨（一）。"

《凡物乙》："百眚（姓）𢇁＝（之所）貴唯君＝（君，君）𢇁＝（之所）貴唯心＝（心，心）𢇁＝（之所）貴唯𠘨（一）。"

《凡物甲》："虗（吾）欲得百眚（姓）之和，虗（吾）系（奚）事之？"

《保訓》："自詣（稽）𠂔（厥）志，不諱（違）于庶萬眚（姓）之多欲。"

《皇門》："百眚（姓）萬民，用亡（罔）不脜（柔）比才（在）王廷。"

《筮法二十》："子眚（姓）之立（位）。"

眚與性

《唐虞》："羖（養）眚（性）命之正，安命而弗夭，羖（養）生而弗敡（傷）。"

《成之》："聖人之眚（性）與中人之眚（性），其生而未又（有）非之，節於而（能）也，則猷（猶）是也。"

《成之》："及其専（溥）長而厚大也則聖，人不可由與墠之，此以民皆又（有）眚（性）而聖人不可莫也。"

《性自》："凡人唯（雖）又（有）眚（性），心亡奠志。"

《性自》："憙（喜）惹（怒）依（哀）悲之槩（氣），眚（性）也。及其見於外，則勿（物）取之也。"

《性自》："衍（道）訂（始）於青₌（情，情）生於眚（性）。訂（始）者近青（情），終者近義。"

《性自》："凡眚（性）爲宔（主），勿（物）取之也。"

《性情論》："善不善，眚（性）也；所善所不善，埶（勢）也。"

《性自》："四海（海）之内，其眚（性）弌（一）也。"

《性自》："凡眚（性），或數（動）之，或逆之，或交〈室（實）〉之，或萬（厲）之，或出之，或羕（養）之，或長之。"

《性自》："凡數（動）眚（性）者，勿（物）也；逆眚（性）者，兑（悦）也；交眚（性）者，古（故）也；萬（厲）眚（性）者，宜（義）也；出眚（性）者，埶（勢）也；羕（養）眚（性）者，習也；長眚（性）者，衍（道）也。"

《性自》："習也者，又（有）以習其眚（性）也。"

《性自》："依（哀）、樂，其眚（性）相近也，是古（故）其心不遠。"

《性自》："未斈（教）而民亙（恆），眚（性）善者也。"

《性自》："忠，信之方也；信，青（情）之方也。青（情）出於眚（性）。"

《性自》："篙（篤），悬（仁）之方也；悬（仁），眚（性）之方也。眚（性）或生之。"

《性自》："怣（愛）頪（類）七，唯眚（性）怣（愛）爲近悬（仁）。"

《性自》："眚（性）自命出，命自天降。"

《性自》："好亞（惡），眚（性）也；所好所亞（惡），勿（物）也。"

《性自》："☐唯（雖）又（有）眚（性），心弗取不出。"

《性自》："牛生而倀（根），鳶（雁）生而戦（陳），其眚（性）☐。"

《語叢二》："情生於眚（性），豊（禮）生於情，厰（嚴）生於豊（禮），敬生於厰（嚴），室（望）生於敬，恥生於恴（望），悡（黎）生於恥，豰（慊）生於悡（黎）。"

《語叢二》："悉（愛）生於眚（性），罙（親）生於悉（愛），忠生於罙（親）。"

《語叢二》："智生於眚（性），卯生於智，敚（悦）生於卯，好生於敚（悦），從生於好。"

《語叢二》："子（慈）生於眚（性），易生於子（慈），帑（肆）生於易，容（勇）生於帑（肆）。"

《語叢二》："惡生於眚（性），忞（怒）生於惡，乘生於忞（怒），惎生於輮（乘），惻（賊）生於惎。"

《語叢二》："憙（喜）生於眚（性），樂生於憙（喜），悲生於樂。"

《語叢二》："恩（慍）生於眚（性），怎（憂）生於恩（慍），惊（哀）生於怎（憂）。"

《語叢二》："瞿（懼）生於眚（性），監生於瞿（懼），望生於監。”
《語叢二》：“彊（強）生於眚（性），立生於彊（強），剸（斷）生於立。”
《語叢二》：“㰾〈溺（弱）〉生於眚（性），㤵（疑）生於伓〈溺（弱）〉。”
《語叢三》：“人之眚（性）非與止虖（乎）其☐。”
《語叢三》：“又（有）眚（性）又生虖（乎）生又（有）逌。”
《語叢三》：“又（有）眚（性）又（有）生虖（乎）☐。”
《語叢三》：“又（有）眚（性）又（有）生。”
《詩論》：“吾以《蕅（葛）𦿆（覃）》得氏（祇）初之峕（詩），民眚（性）古（固）肰（然）。”
《詩論》：“虗（吾）以《甘棠》得宗宙（廟）之敬，民眚（性）古（固）肰（然）。”
《詩論》：“☐希（幣）帛之不可去也，民眚（性）古（固）肰（然）。”

眚與甥

《王居》：“虗（吾）父䏊（兄）眚（甥）咎（舅）之又（有）□善。”按，“眚（甥）”字從復旦吉大古文字專業研究生聯合讀書會《上博八〈王居〉、〈志書乃言〉校讀》（復旦大學出土文獻與古文字研究中心網，2011年7月17日）讀。

褃與眚

《周易·訟》：“九二：不克訟，歸肰（逋），其邑人厽（三）四戶，亡（无）褃（眚）。”
《周易·无妄》：“亡（无）忘（妄）：元卿（亨）利貞。其非（匪）復又（有）褃（眚），不利又（有）卣（攸）往。”
《周易·无妄》：“上九：亡（无）忘（妄），行又褃（眚），亡（无）卣（攸）利。”
《周易·小過》：“上六：弗遇𠈇（過）之，飛鳥羅（離）之，凶，是胃（謂）亦㷭（災）褃（眚）。”

褃與省

《周易·訟》：“九二：不克訟，歸肰（逋），其邑人厽（三）四戶，亡（无）褃（眚）。”按，帛書本褃（眚）作省。下同。
《周易·无妄》：“亡（无）忘（妄）：元卿（亨）利貞。其非（匪）復又（有）褃（眚），不利又（有）卣（攸）往。”
《周易·无妄》：“上九：亡（无）忘（妄），行又褃（眚），亡（无）卣（攸）利。”

省字聲系

省與姓

《帛甲老子·道經》：“聲（聖）人不仁，以百省（姓）爲芻狗。”
《帛甲老子·道經》：“成功遂事，而百省（姓）胃（謂）我自然。”
《帛乙老子·德經》：“聖人恆无心，以百省（姓）之心爲心。”

省與眚

《帛易·訟》：“九二，不克訟，歸而逋，其邑人三百戶，无省（眚）。”
《帛易·无妄》：“无孟（妄），元亨，利貞。非（匪）正，有省（眚）。不利有攸往。”
《帛易·无妄》：“尚（上）九，无孟（妄）之行，有省（眚），无攸利。”
《帛易·震》：“六三，辰（震）疏（蘇）疏（蘇），辰（震）行無省（眚）。”
《帛易·小過》：“尚（上）六，弗愚（遇）過之，翡（飛）鳥羅（離）之，凶。是謂茲（災）省（眚）。”
《帛易·復》：“尚（上）六，迷復，兇（凶）。有茲（災）省（眚），用行師，終有大敗。以其國君，凶。"

雀與胜

《算數書·挐脂》："米一斗、水一斗半升〈斗〉，雀（胜）脂廿斤，爲挐脂卅六斤。"按，"雀"似即"省"之異構，讀作"胜"。《説文》："胜，犬膏臭也。从肉生聲。一曰不熟也。""胜脂"即未熟之脂。下同。

《算數書·挐脂》："其以挐【脂】、米、雀（胜）【脂】亦一兩，得省（胜）【脂十】九分之五也。"

省與胜

《算數書·挐脂》："今有省（胜）脂五斤，問用米、水爲挐【脂】各幾何。"按，"省"與"雀"似爲一字，亦即"省"之異構，讀作"胜"。

《算數書·挐脂》："其以挐【脂】、米、雀（胜）【脂】亦一兩，得省（胜）【脂十】九分之五也。"

正字聲系

正與征

《唐虞》："□用戕（棘），夏用戈，正（征）不備（服）也。"按，"正（征）"字從陳偉《郭店竹書别釋》（湖北教育出版社，2002年，61頁）讀。

《容成氏》："湯乃尃爲正（征）隻（籍），以正（征）閘（關）市。"

《叢辰》："利以行帀（師）徒，出正（征），得。"

《凡物甲》："月之又（有）軍（輪），牆（將）可（何）正（征）？"

《凡物乙》："月之又（有）軍（輪），牆（將）可（何）正（征）？"

《日甲·除》："達日，利以行帥〈師〉出正（征）、見人。"

《蓋廬》："〼室毋度，名其臺榭，重其正（征）賦者，攻之。"

《君正》："七年而可以正（征）。"

《君正》："七年而可以正（征），則朕（勝）強適（敵）。"

《君正》："有得者，發禁拕（弛）關市之正（征）殹（也）。"

《君正》："可以正（征）者，民死節殹（也）。"

《六分》："朝（霸）主積甲士而正（征）不備（服），誅禁當罪而不私其利。"

《帛易·損》："九二，利貞，正（征）兇（凶）。弗損，益之。"

《帛易·頤》："六二，曰顛頤，柫（拂）經，于北〈丘〉頤，正（征）凶。"

《帛易·震》："尚（上）六，辰（震）昔（索）昔（索），視懼（矍）懼（矍），正（征）凶。"

《帛易·大壯》："初九，壯于止（趾），正（征）凶，有復（孚）。"

《帛易·歸妹》："歸妹，正（征）凶，无攸利。"

《帛易·歸妹》："初九，歸妹以弟（娣），跛能利（履），正（征）吉。"

《帛易·復》："尚（上）六，迷復，兇（凶）。有茲（災）省（眚），用行師，終有大敗。以其國君，凶。"

《帛易·升》："登（升），元亨。利見大人，勿血（恤）。南正（征），吉。"

《帛易·困》："九二，困于酒食，絑（朱）發（紱）方來，利用芳（享）祀。正（征）凶，无咎。"

《帛易·革》："六二，已日乃勒（革）之，正（征）吉，无咎。"

《帛易·離》："尚（上）九，王出正（征），有嘉折首，獲不戴（醜），无咎。"

《帛易·未濟》：“六三，未濟，正（征）凶。利涉大川。”

《帛易·小畜》：“尚（上）九，既雨既處，尚得（德）載，女貞厲。月幾望（望），君子正（征），兇（凶）。”

《繆和》：“惠（嘒）彼小星，參（三）五在東，瀟（肅）瀟（肅）宵正（征），蚤（早）夜在公，是（寔）命不同。”

《阜易·小畜》：“月幾望（望）君子正（征）。”

《晏子六》：“國安民和，然后可以興兵而正（征）暴。”

《市法》：“輕正（征）賦，毋有庶孽，毋煩其力事。”

《月令》：“謂興兵正（征）伐，以防（妨）農事者也，盡夏。”

正與政

《緇衣》：“倀（長）民者叁（教）之以悳（德），齊之以豊（禮），則民又（有）懽（勸）心；叁（教）之以正（政），齊之以埜（刑），則民又（有）免（謾）心。”

《緇衣》：“正（政）之不行，季（教）之不成也，則埜（刑）罰不足恥，而雀（爵）不足懽（勸）也。”

《唐虞》：“古者聖（聖）人廿而冠，卅而又（有）家，五十而紿（治）天下，七十而至（致）正（政）。”

《尊德義》：“是以爲正（政）者叁（教）道之取先。”

《尊德義》：“坸（均）不足以坪（平）正（政），愋（緩）不足以安民，甬（勇）不足以沬（潰）眾。”

《尊德義》：“古（故）爲正（政）者，或侖（論）之，或羕之，或繇（由）宔（中）出，或埶（設）之外。”

《尊德義》：“叁（教）其正（政），不叁（教）其人，正（政）弗行矣。”

《性自》：“上交近事君，下交得眾近，從正（政）攸（修）身近至悬（仁）。”

《語叢一》：“正其㦽（然）而行[怠]安尔也。”按，同句話在《語叢一》出現兩次，另一處作“政其㦽（然）而行怠安。”

《從政》：“從正（政）䩞（庸）五悳（德）、𠤷（固）三折（制）、敘（除）十情（怨）。”

《從政》：“不悬（仁）則無以行正（政），不敬則事無成。”

《從政》：“興邦家綯（司）正（政）教從命則正（政）不勞。”

《從政》：“從正（政）又（有）七幾（機）。”

《從政》：“凡此七者，正（政）斎₌（之所）怡（殆）也。”

《從政》：“從正（政）所矛（務）三：敬、誂（謙）、信₌（信。信）則得眾，誂（謙）則遠₌戾₌（遠戾，遠戾）所以☐。”

《從政》：“孠₌（君子）藥（樂）則綯（治）正（政），惪（憂）則☐復。”按，“正（政）”字從陳劍《上博簡〈子羔〉、〈從政〉篇的竹簡拼合與編連問題小議》（簡帛研究網，2003年1月8日）讀。

《從政》：“從正（政），不綯（治）則嬰（亂）。綯（治）已至，則☐。”

《容成氏》：“又（有）吳（虞）迵生（匡）天下之正（政）十又九年而王天下，卅₌（三十）又七年而[illegible]終。”

《容成氏》：“内（入）安（焉）以行正（政）。”

《容成氏》：“與之言正（政），敚（悅）柬（簡）以行。”

《容成氏》：“舜聖（聽）正（政）三年，山陵（陵）不尻（處），水棨（潦）不湝（？），乃立墨（禹）以爲司工。”

《容成氏》：“墨（禹）聖（聽）正（政）

三年，不折（製）革，不釼（刃）金，不鉻（略）矢。”

《容成氏》：“既爲金桎，或（又）爲酉（酒）池，詨（厚）樂於酉（酒），尃（溥）亦（夜）以爲槿（淫），不聖（聽）其邦之正（政）。”

《容成氏》：“受（紂）不智（知）其未又（有）成正（政），而得（德）�койст（失）行於民之厛（厚）也。”

《仲弓》：“中（仲）弓曰：‘敢昏（問）爲正（政）可（何）先？’”

《仲弓》：“☐皐，正（政）之訇（始）也。”

《仲弓》：“型（刑）正（政）不緩（緩），悳（德）季（教）不巻（倦）。”

《仲弓》：“唯正（政）者，正也。”

《柬大王》：“一人不能詞（治）正（政），而百眚（姓）以㡭（絕）。”

《曹沫》：“又（有）克正（政）而亡克戦（陳）。”

《苦成》：“姑（苦）成家父事敕（厲）公，爲士序，行正（政）逎（迅）弜（強）。”

《天子甲》：“才（在）道不訢（語）匿，凥（居）正（政）不訢（語）樂。”

《天子乙》：“才（在）道不訢（語）匿，凥（居）正（政）不訢（語）樂。”

《命》：“先夫₌（大夫）訇（嗣）命（令）尹，受司馬，絧（治）楚邦之正（政）。”

《命》：“亡儯（僕）之尚（掌）楚邦之正（政），迣（坐）沓（友）五人，立沓（友）七人。”

《命》：“迣（坐）沓（友）亡一人，立沓（友）亡一人，而邦正（政）不敗。”

《堯王》：“☐訪之於子曰：‘從正（政）可（何）先？’”

《舜王》：“明則保或（國），智臤（賢）正（政）絧（治），教媺（美）民備（服）。”

《皇門》：“王用又（有）監，多憲正（政）命，用克和又（有）成，王用能承天之魯命。”

《皇門》：“正（政）用迷𤔔（亂），獄用亡（無）成。”

《命訓》：“凡氒（厥）六者，正（政）之所訇（殆）。”

《命訓》：“事不朁（震），正（政）不成，埶（藝）不逕（淫），豊（禮）又（有）旹（時）。”

《命訓》：“正（政）成則不長，事朁（震）則不攻（功）。”

《湯丘》：“以和利萬民，以攸（修）四時之正（政），以埶（設）九事之人，以長奉社禝（稷）。”

《啻門》：“唯皮（彼）四神，是胃（謂）四正，五以相之，悳（德）、事、役、正（政）、型（刑）。”

《啻門》：“㼝（美）正（政）系（奚）若？亞（惡）正（政）系（奚）若？”

《啻門》：“正（政）柬（簡）以成，此胃（謂）㼝（美）正（政）；正（政）兼（濫）𤔔（亂）以亡（無）祟（常），民咸解體自卹（恤），此胃（謂）亞（惡）正（政）。”

《鄭武》：“孠₌（孺子）女（如）母（毋）智（知）邦正（政），諥（屬）之夫₌（大夫）。”

《鄭武》：“老婦亦㴸（將）丩（糾）攸（修）宮中之正（政），門檻之外母（毋）敢又（有）智（知）安（焉）。”

《鄭武》：“老婦亦不敢以䛐（兄）弟昏（婚）因（姻）之言以𤔔（亂）夫₌（大夫）之正（政）。”

《鄭武》：“媺（媚）妬之臣躳（躬）共（恭）其㡯（顏）色，𥁰（掩）於其考（巧）語，以𤔔（亂）夫₌（大夫）之正（政）。”

《管仲》：“中（仲）父，它（施）正（政）之道系（奚）若？”

《管仲》：“中（仲）父，千乘之都，型（刑）

正（政）既萬（亂），民人陸（惰）怠（怠）。”《管仲》：“正五紀，新（慎）四再（稱），執五尾（度），攸（修）六正（政）。”《管仲》：“執悳（德）女（如）縣，執正（政）女（如）繩（繩）。”《管仲》：“是古（故）它（施）正（政）命（令），得以時尾（度）。”《管仲》：“勑（乘）其欲而絚（恆）其怂（過），既怠（怠）於正（政），或（又）以民戲。”《日甲·叢辰》：“利祠、飲食、歌樂，臨官立（涖）正（政）相宜也。”《天乙·貞在》：“天子失正（政），乃亡其福。”《隨日·叢辰》：“臨官立（涖）正（政）相宜。”《隨日·歲》：“五穀不成，草木不實，兵革且作，六畜脊，民多不丰，刑正（政）亂。”《隨日·歲》：“五穀必成，草木盡實，兵革不作，刑正（政）盡治。”《隨日·歲》：“忘，正（政）亂，下不聽（聽）。”《隨日·歲》：“忘，執正（政）、置官不治，若有大事。”《蓋廬》：“治民之道，食爲大葆（寶），刑罰爲末，德正（政）爲首。”《蓋廬》：“刑正（政）危，使民苛者，攻之。”《帛甲老子·德經》：“其正（政）察察，其邦夬（缺）夬（缺）。”《帛甲老子·道經》：“正（政）善治，事善能，踵（動）善時。”《帛乙老子·德經》：“其正（政）閔（悶）閔（悶），其民屯（淳）屯（淳）；其正（政）察察，其民缺缺。”《帛乙老子·道經》：“正（政）善治，事善能，動善時。”

《君正》：“天有死生之時，國有死生之正（政）。”《春秋九》：“后（苟）入我□正（政）必寧氏之門出，蔡（祭）則我也。”《師癸》：“凡治正（政）之紀，必自身始。”《二三子》：“聖人之立正（政）也，若遁（循）木，俞（愈）高俞（愈）畏下。”《二三子》：“明君立正（政），賢輔弼之，將何爲而不利？故曰‘大吉’。”《二三子》：“聖人之正（政），牛參弗服，馬恆弗駕。”《二三子》：“聖人之立正（政）也，必尊天而敬眾，理順五行。”《昭力》：“上正（政）衛國以德，次正（政）衛國以力，下正（政）衛國以兵。”《昭力》：“上正（政）衛兵而弗用，次正（政）用兵而弗先也，下正（政）鋭兵而後威。”《昭力》：“上正（政）陲（垂）衣常（裳）以來遠人，次正（政）橐弓矢以伏天下。”《阜春一〇》：“中（仲）父棄寡人，豎刁可使爲正（政）虖（乎）？”《雜篇》：“樂與正（政）爲正（政），樂與治爲治。”《形乙》：“☐敗正（政）。”《九地》：“无法之賞，無正（政）之令。”《九地》：“是故正（政）與（舉）□之日。”《官一》：“制卒以周（州）閭，授正（政）以鄉曲。”《強兵》：“有教寡人以正（政）教者，有教寡人以□斂者。”《原官》：“☐原，正（政）事之均也。”《原官》：“上无慶賞，民无獄訟，國无商賈，成王至正（政）也。”《晏子六》：“伐人者德足以安其國，正

（政）足以和其民。”
《晏子六》：“厚耤（藉）斂，急使令，正（政）无以和民。”
《晏子六》：“德无以安之則危，正（政）无以和之則亂。”
《晏子七》：“古者先君之干福也，正（政）必合乎民，行必順乎神。”
《晏子七》：“今君之正（政）反乎民，行孛（悖）乎神。”
《晏子八》：“其正（政）任賢，其行愛民，其取下節，其自養斂（儉）。”
《晏子八》：“其正（政）刻上而饒下，正𢾢（徹）而杙（救）窮。”
《晏子一三》：“嬰聞之，雖（唯）正（政）順乎神可以益壽而已矣。”
《文敵》：“正（政）之所施，莫知其化。”
《文敵》：“別其正₌教₌（政教，政教）稍變，法俗不同，群曲曲化，變於刑（形）容。”
《葆敵》：“行般（盤）庚之正（政），使人人里其里，田其田。”
《恆失》：“兵之恆失，正（政）爲民之所不安爲☐。”
《太公》：“大（太）公曰：‘國不法₌（法法）以爲正（政），不☐。’”
《國法》：“☐者，以其國法之芒（荒），正（政）之壞，塞之扁（漏），俗之失，令之相傷、教之相害、物衡失、禁失。”
《曹氏》：“☐動天壞，正（政）出陰陽，權動諸侯，義動君子，利動小人。”
《爲政》：“爲正（政）壹擾則虫（蟲），再則蛾（蟻），三則冥（螟），四則蹢（蝝），五則螣，六則兵作，七則君殍（卒）。”
《爲政》：“爲正（政）壹暴則胞（雹），再則如垸（丸），三則盈握，四則穿屋，五則如杌，六則兵作，七則君殍（卒）。”
《爲政》：“爲正（政）壹□則盈淵，再則盈空，三則□虖，四則□□，五則□□，六則兵作，七則君殍（卒）。”
《爲政》：“爲正（政）壹利（厲）則長風，再則輬（涼）風，三則頎（凱）風，四則發屋，五則折木，六則兵作，七則君殍（卒）。”
《爲政》：“爲正（政）壹緩則雨☐。”
《爲政》：“爲正（政）多使百生（姓）恆於利，風賈運，比三，有天火下，大如軨（鶾）。”
《爲政》：“爲正（政）多使百生（姓）分壇（廛）羣居，壞動列（裂），比三，有天火下，大如雞。”
《爲政》：“爲正（政）多使☐。”
《人君》：“爲正（政）者不易，死☐。”
《占書》：“无故而皆長其纓，是胃（謂）女德，國不甯（寧），女子爲正（政）。”
《北大老子》：“其正（政）昏昏，其民春春（蠢蠢）；其正（政）計計（察察），其國夬夬（缺缺）。”
《北大老子》：“居善地，心善淵，予善天，言善信，正（政）善治，事善能，動善時。”
《趙正書》：“臣謹奉法令，陰脩甲兵，飭正（政）教，官鬬（鬭）士，尊大臣，盈其爵祿。”
《泰射》：“自作（阼）階前曰：‘爲正（政）請射。’”

正與鉦

《軍令》：“兵車御右及把摩（麾）干（竿）、鼓正（鉦）成者，拜爵賜論。”

正與整

《九地》：“適（敵）眾以正（整）將來，侍（待）之若何？”
《威王問》：“埤壘廣志，嚴正（整）輯眾。”按，“正（整）”字從張震澤《孫臏兵法校理》（中華書局，1984 年，38 頁）讀。
《唐勒》：“馬汁（協）險（斂）正（整）齊，

周（調）均不摯（縶），步騶（趨）兢（恆）久疾數（速）。”

正與定

《帛甲老子·道經》：“不辱以情（靜），天地將自正（定）。”按，通行本正作定。

正與貞

《老子》丙：“邦家緍□安，又（有）正臣。”按，傅奕本及帛書甲正作貞。

《競公瘧》：“祭、正（貞）不贗（獲）祟，以至於此，神見虐（吾）逕〈淫〉暴☐。”按，“正（貞）”字從沈培《〈上博（六）·競公瘧〉“正”字小議》（簡帛網，2007年7月31日）讀。下同。

《競公瘧》：“☐青（請）祭與正（貞）。”

《競公瘧》：“命割（會）痰（譴）不敢監祭，梨（梁）丘虡（據）不敢監正（貞）。”

正與震

《命訓》：“佾（訓）之以豊（禮），教之以教（藝），正之以政，童（動）之以事，懽（勸）之以賞，䰧（畏）之以罰。”按，今本《逸周書·命訓》正作震。

《命訓》：“正（政）成則不長，事朁（震）則不攻（功）。”

征與正

《周易·頤》：“六二：曰遉（顛）頤，翟（拂）經，于北洍（頤），征凶。”按，帛書本征作正。下同。

《周易·未濟》：“六訟（三）：未淒（濟），征凶，利涉大川。”

征與貞

《周易·困》：“上六：困于𦯬（葛）藟，于剶（鯢）□，曰：迖（動）悔（悔）又（有）悔（悔），征吉。”按，帛書本征作貞。

《用曰》：“征（貞）虫飛鳥，受勿（物）於天。”按，“征（貞）”字從陳偉《〈用曰〉校讀》（簡帛網，2008年7月15日）讀。

延與正

《阜易·无妄》：“其非（匪）延（正），有眚。”

政與正

《魯邦》：“女（如）母（毋）悉（愛）珪璧𢇁（幣）帛於山川，政（正）型（刑）與☐。”

《魯邦》：“女（若）夫政（正）型（刑）與悳（德），以事上天，此是才（哉）！”

《耆夜》：“郘（呂）上（尚）甫（父）命爲司政（正），監歙（飲）酉（酒）。”

《祭公》：“昔才（在）先王，我亦不以我辟竂（陷）于戁（難），弗逵（失）于政，我亦隹（惟）以沒我殀（世）。”按，今本《逸周書·祭公》政作正。

《繫年二》：“晉人安（焉）訇（始）啓于京自（師），奠（鄭）武公亦政（正）東方之者（諸）侯。”

《繫年二》：“奠（鄭）以訇（始）政（正）。”

《芮良夫》：“和悳（德）定型（刑），政（正）百又（有）司。”

《芮良夫》：“女（如）闢（關）柭㢃（扃）𥮑（管），緪（繩）剸（準）既政（正）而五（互）想（相）柔訛（比）。”

《三壽》：“龏（恭）神以敬，和民甬（用）政（正），留（留）邦㝃（偃）兵，四方達盜（寧）。”

《爲吏》：“將發令，索其政（正），毋發可異史（使）煩請。”

《道原》：“操正以政（正）畸（倚）。”

《地葆》：“軍與陳（陬）皆毋政（正）前右，右周毋左周。”按，“政（正）”字從張震澤《孫臏兵法校理》（中華書局，1984年，78頁）讀。

《北大老子》：“趮（躁）勝寒，靜勝熱，清靜爲天下政（正）。”

《泰射》："太（大）射正退，反司政（正）之位。"
《泰射》："公即席，司政（正）以命升賓。"
《泰射》："司政（正）升自西階，東楹之東，北面告于公：'請徹柤（俎）。'"
《泰射》："司政（正）升賓，賓、諸公、卿、大夫皆挩（說）屨（屨），升就席。"
《泰射》："司政（正）升受命，皆命。"
《泰射》："乃薦司政（正）與射人于觶（觶）南，北面，東上，司政（正）爲上。"
《泰射》："司政（正）命：'執爵者爵辨（辯），卒受者興以州（酬）。'"

政與征

《天甲·建除》："危日：可以責人及摯（執）人、毄（擊）人、外政（征）。"按，"政（征）"字從劉樂賢《簡帛數術文獻談論》（湖北教育出版社，2003年，55頁）讀。下同。
《天乙·建除》："危日：可以責人及摯（執）人、毄（擊）人、外政（征）。"
《天乙·貞在》："啻（帝）復右□，以政（征）九野。"
《阜易·頤》："六二，奠（顛）頤，弗（拂）經，于丘頤，政（征）兇（凶）。"

政與徵

《節》："司空斆（徹）道，令關市輕政（徵）賦。"

忎與定

《繫年二三》："旟（陽）城洹（桓）忎（定）君衛（率）韋（榆）閘（關）之自（師）與上或（國）之自（師）以这（邀）之。"
《繫年二三》："楚自（師）大敗，旅（魯）昜（陽）公、坪（平）亦（夜）恖（悼）武君、昜（陽）城洹（桓）忎（定）君，三執珪之君與右尹卲（昭）之迡（竢）死安（焉）。"

丧與正

《掑輿》："至十一月，司馬除，除而游（流）於狂，狂丧（正）在楚國西南。"
《掑輿》："免旬二日，丧（正）死。"

跀與正

《引書》："臥欲莫（暮）起，臥信（伸）必有跀（正）也。"

鉦與蠤

《封許》："贈尔鳫（薦）彝：斸□豚、鮡（銚），龍鬸（鬲）、緟（璉）、雚（鑵）、鉦（蠤）、斊、歺（爵）、盤、監（鑑）、鑅（罍）、盟（鐙）、周（雕）匜（鈁）、肅、盬（簋）、鈄（觥）、鎦（鰡）、恪（格）。"

定與正

《老子》甲："夫亦晒（將）智₌足₌（知足，知足）以束（靜），萬勿（物）晒（將）自定。"按，傅奕本和帛書本定作正。
《老子》乙："喿（燥）剩（勝）蒼（寒），青（清）剩（勝）然（熱），清₌（清靜）爲天下定。"按，今本和帛書甲本定作正。
《帛甲老子·道經》："曲則金〈全〉，枉則定（正）。"

定與淀

《答問》："癘者有罪，定（淀）殺。"按，"定"似當讀作"淀"。"淀"或作"澱"，指沉澱。下同。
《答問》："'定（淀）殺'可（何）如？生定（淀）殺水中之謂殹（也）。"
《答問》："當署（遷）癘所處之；或曰當署（遷）署（遷）所定（淀）殺。"

定與頂

《算數書·除》："美〈羡〉除，其定（頂）方丈，高丈二尺。"

定與成

《繫辭》："夫易，古物定（成）命，樂天下之道，如此（斯）而已者也。"按，今本

定作成。下同

《繫辭》："定天下吉凶，定（成）天下之勿（亹）勿（亹）者，莫善乎蓍龜。"

惦與定

《用曰》："☐樹惠蓄，惦（定）保之亟。"

耕字聲系

耕與爭

《緇衣》："上好息（仁），則下之爲息（仁）也耕（爭）先。"按，"耕（爭）"字從馮勝君《論郭店簡〈唐虞之道〉、〈忠信之道〉、〈語叢〉一——三以及〈緇衣〉爲具有齊系文字特點的抄本》（北京大學博士後研究工作報告，2004年，240頁）釋讀。

耕與靜

《緇衣》："上好息（仁），則下之爲息（仁）也耕（爭）先。"按，上博簡本《緇衣》耕（爭）作靜。"耕（爭）"字從馮勝君《論郭店簡〈唐虞之道〉、〈忠信之道〉、〈語叢〉一——三以及〈緇衣〉爲具有齊系文字特點的抄本》（北京大學博士後研究工作報告，2004年，240頁）釋讀。

苟字聲系

苟與敬

《厚父》："斯民心難測，民弋（式）克共（恭）心苟（敬）愄（畏），鬼（畏）不恙（祥）。"

《厚父》："曰天龕（監）司民，氒（厥）𦀚女（如）有之服于人，民弋（式）克苟（敬）悳（德）。"

敬與儆

《琴舞》："周公叏（作）多士敬（儆）怭（毖），埾（琴）舞（舞）九絉（闋）。"

《琴舞》："成王叏（作）敬（儆）怭（毖），埾（琴）舞（舞）九絉（闋）。"

《秦律·內史雜》："善宿衛，閉門輒靡其旁火，慎守唯敬（儆）。"

《占書》："國之強，四競（境）甚敬（儆）。"

《周馴》："昔殷武湯身敬（儆）大甲曰。"

《節》："有（又）卌六日，雷戒（駴）執（蟄），燕登，令暴布，敬（儆）禁，始言盜賊，收斂會計。"

敬與檠

《明君》："務敬（檠）弓弩，脩車馬馳騋（驟）也。"

《戰國一四》："驕（矯）敬（檠）三晉，勸之爲一，以疾功（攻）秦，必破之。"

敬與警

《程寤》："於（嗚）虖（呼）！可（何）敬（警）非朋？可（何）戒非商？可（何）甬（用）非桓=（樹？樹）因欲，不違芽（材）。"

《三壽》："晤（聞）天之祟（常），祇神之明，走（上）卲（昭）怭（順）穆而敬（警）民之行。"

《編年記》："十九年，□□□□南郡備敬（警）。"

《日甲·盜者》："其咎在四室，外有火敬（警）。"

《日甲·盜者》："其後必有敬（警），有言見，其咎在五室馬牛。"

《天乙·邦居軍》："丙丁畾（雷），軍後徙。戊己畾（雷），軍敬（警）。庚辛畾（雷），軍前徙，爲雨不徙。"

《治官》："船隧毋廡，深楫（？）不具，船人不敬（警）。"

《第二組》："奔敬（警）律曰。"

《第二組》："先粼黔首當奔敬（警）者，爲五寸符，人一，右在【縣官】，左在黔首，黔首佩之節（即）奔敬（警）。"

《第二組》："諸挾符者皆奔敬（警）故徼外盜徹所，合符焉，以譔（選）伍之。"

《第二組》："黔首老弱及痒（癃）病，不可令奔敬（警）者，牒書署其故，勿予符。"
《第二組》："節（即）奔敬（警），各亟走，所主將吏善辨治之。"
《二年・行書律》："長安廣郵廿四室，敬（警）事郵十八室。"
《蓋廬》："我敬（警）皮（彼）台（怠），何爲弗衰。"
《官一》："夜退以明簡，夜敬（警）以傳節。"
《官一》："夜退以明簡，夜敬（警）☐。"
《要言》："謹中如備外，敬（警）内如慎適（敵）。"

敬與驚

《程寤》："悟（寤）敬（驚），告王=（王。王）弗敢占。"
《帛易・震》："辰（震）敬（驚）百里，不亡（喪）鈚（匕）觴（鬯）。"

敬與矜

《顏淵問》："敬（矜）又（有）[illegible]（過）而[先]又（有）司，老=（老老）而慈（慈）學（幼），豫（予）絞（約）而收貧。"按，"敬"似當讀作"矜"，訓哀憐。下同。
《顏淵問》："敬（矜）又（有）[illegible]（過），所以爲縵（寬）也。"

憼與警

《蒼頡篇》："憼（警）惕署□。"按，"憼"似當讀作"警"。

敬與傾

《管仲》："夫年（佞）者之事君，必爿（前）敬（傾）與考（巧），而後晉（讒）與譌（僞），以大又（有）求。"按，"敬"即"敬"字，似當讀作"傾"。

儆與敬

《民之情》："三曰：卿夫=（大夫）官吏士民儆（敬）節，高其誼（義），佴（恥）其□。[民]行其俗，民之請（情）也。"

巠字聲系

巠與勁

《十問》："交和而舍，適（敵）人氣（既）眾以強，巠（勁）疌（捷）以剛，兑（鋭）陳（陳）以胥，毄（擊）之奈何？"

巠與徑

《性自》："退谷（欲）耑（端）而毋巠（徑）。"按，"巠（徑）"字從白於藍《郭店楚墓竹簡釋讀劄記》（《古文字論集（二）》，考古與文物叢刊第四號，2001年）讀。

巠與脛

《天乙・土功二》："到刴（膝）少子死，到要（腰）中子死，到夜（腋）長子死，到巠（脛）妻死，沒人母父死。"

巠與經

《王兵》："故兵者，尊主安國之主〈巠（經）〉☐。"

巠與輕

《唐虞》："方才（在）下立（位），不以匹夫爲巠（輕）。"
《帛甲老子・德經》："民之巠（輕）死，以其求生之厚也，是以巠（輕）死。"
《帛甲老子・道經》："[重]爲巠（輕）根，清（靜）爲趮（躁）君。"
《帛甲老子・道經》："若何萬乘之王而以身巠（輕）於天下？"
《帛甲老子・道經》："巠（輕）則失本，趮（躁）則失君。"
《帛五行・經》："聖之思也巠（輕），巠（輕）則刑（形）。"
《養生方》："巠（輕）身益力。"
《要言》："☐事之惑，重法而巠（輕）利。"

《要言》："學而巠（輕）其師☐。"

《要言》："☐人而巠（輕）其上者，不能相冣（聚）。"

《要言》："官人而巠（輕）其治者☐。"

《王兵》："有風雨之疾則不難遠道，有蜚（飛）鳥之起則巠（輕）犯山河。"

《王兵》："巠（輕）犯山河，故能制侍（恃）固【之】國。"

《李法》："吏嗇夫有罪，巠（輕）重皆在國□謹以從事。"

《將過》："將有勇而主〈巠（輕）〉死者，有急而心逞（促）者。"

《將過》："勇而主〈巠（輕）〉死者可秀（誘），急而心逞（促）者可久。"

俓與徑

《三禁》："進不氐，立不讓，俓（徑）遂淩節，是胃（謂）大凶。"

《積疏》："積勝疏，盈勝虛，俓（徑）勝行（枉），疾勝徐，眾勝寡，𢧵（佚）勝勞。"按，"俓"似當讀作"徑"，訓爲"直"。《逸周書·武稱》："長勝短，輕勝重，直勝曲，眾勝寡，強勝弱，飽勝饑，肅勝怒，先勝後，疾勝遲，武之勝也。"

陘與脛

《容成氏》："墨（禹）既已受命，乃卉備（服）蓋（箁）若（箬），冒（帽）芙（蒲）蓻（笠）□足□☐面䡈（乾）䱜（皵），陘（脛）不生之毛，□潩湝流。"按，"陘（脛）"字從徐在國《上博竹書（二）文字雜考》（簡帛研究網，2003年1月14日）、孟蓬生《上博竹書（二）字詞劄記》（簡帛研究網，2003年1月14日）釋讀。

坙與經

《子產》："子產不大宅䢖（域），不坙（經）臺寢，不勑（飾）㒹（美）車馬衣裘。"按，"坙（經）"字從何有祖《讀清華六短札（三則）》（簡帛網，2016年4月19日）釋讀。

莖與葝

《犬噬人》："煮莖（葝），以汁洒之。"按，"莖（葝）"字從馬繼興《馬王堆古醫書考釋》（湖南科學技術出版社，1992年，385頁）讀。

陘與輕

《將德》："不陘（輕）寡，不泐（劫）於適（敵），慎終若始，將軍之敬也。"

桱與莖

《莊王》："以昏（問）酭（沈）尹子桱（莖）曰。"

《莊王》："酭（沈）尹子桱（莖）𣋡（答）曰。"

《莊王》："酭（沈）尹子桱（莖）曰：'四艁（艖）以逾（輸）。'"

㢕與扃

《芮良夫》："女（如）閘（關）柭㢕（扃）龹（管），緷（繩）剸（準）既政（正）而五（互）想（相）柔訿（比）。"

脛與痙

《傷痙》："傷脛（痙）者，擇薤一把，以敦（淳）酒半斗者（煮）潰（沸）。"

經與徑

《苦成》："虔（吾）植（直）立經（徑）行，遠慮（慮）惂（圖）後。"按，"經（徑）"字從沈培《上博簡〈姑成家父〉一個編聯組位置的調整》（簡帛網，2006年2月22日）讀。

經與涇

《容成氏》："墨（禹）乃迵（通）經（涇）與渭，北豉（注）之河，於是虖（乎）虞州㚸（始）可凥（處）也。"

《戰國二〇》："然則王何不使可信者棲〈捷〉收燕、趙，如經（涇）陽君，如高陵君。"

輕與經

《計》："故輕（經）之以五，效（校）之以計，以索其請（情）。"

毆與煢

《芮良夫》："褱（懷）忈（慈）學（幼）溺（弱）、羸（鰥）寡、毆（煢）蜀（獨），萬民具（俱）慭（憖），邦甬（用）昌簑（熾）。"按，"毆（煢）"字從黄傑《初讀清華簡（叁）〈芮良夫毖〉筆記》（簡帛網，2013年1月6日）讀。

頸與頸

《春秋一三》："且宋君不佴（恥）不全宋人之腹頸（頸）。"

頸與痙

《傷痙》："傷而頸（痙）者，以水財（纔）煮李實。"

《傷痙》："傷而頸（痙）者，小劊一犬，漰與薛（糵）半斗，毋去其足。"

《傷痙》："即有頸（痙）者，冶，以三指一撮，和以溫酒一音（杯），飲之。"

聽與聽

《隨日・歲》："忘，正（政）亂，下不聽（聽）。"

頃字聲系

頃與傾

《蓋廬》："失時則危其國家，頃（傾）其社禝（稷）。"

《蓋廬》："右水而軍，命曰大頃（傾）；左水而軍，命曰順行。"

《姓爭》："莫循天德，謀相復（覆）頃（傾）。"

《姓爭》："繆（穆）繆（穆）天刑，非德必頃（傾）。"

《曹熬》："必使玉泉毋頃（傾），則百疾弗嬰（纓），故能長生。"

《天下至道》："五曰和沫，六曰竊（積）氣，七曰寺（待）羸，八曰定頃（傾）。"

《天下至道》："已而洒（洗）之，怒而舍之，曰定頃（傾），此胃（謂）八益。"

《帛易・否》："尚（上）九，頃（傾）婦（否），先不（否）後喜。"

《北大老子》："短長之相刑（形），高下之相頃（傾）。"

《荊決》："以車馳之，壹反壹頃（傾）。"

𡑞與傾

《爲吏》："彼邦之𡑞（傾），下恒行巧而威故移。"

穎與潁

《二年・秩律》："穎（潁）陽、長社、解陵、武泉、沙陵、南輿、蔓（曼）柏。"

《二年・秩律》："壞（褱）德、共、館陰、隆慮、□□、中牟、穎（潁）陰。"

殸字聲系

殸與聲

《順道》："用力甚少，名殸（聲）章明。"

磬與磬

《反淫》："竽瑟陳前，鐘磬（磬）曁（既）張。"

聲與聲

《一類》："治鴈聲（聲）□□□言方。"

《二類》："音聲（聲）雖㯰（嘶）敗能復精（清）。"

聲與聖

《帛甲老子・道經》："是以聲（聖）人居无爲之事，行[不言之教]。"

《帛甲老子・道經》："是以聲（聖）人之[治也]。"

《帛甲老子・道經》："聲（聖）人不仁，以百省（姓）[爲芻]狗。"

《帛甲老子・道經》："是以聲（聖）人芮

（退）其身而身先，外其身而身存。”

《帛甲老子·道經》：“是以聲（聖）人之治也，爲腹不爲目。”

《帛甲老子·道經》：“絕聲（聖）棄知（智），民利百負（倍）。”

《帛甲老子·道經》：“是以聲（聖）人執一，以爲天下牧。”

《帛甲老子·道經》：“是以聲（聖）人恆善悈（救）人，而无棄人，物无棄財。”

《帛甲老子·道經》：“是以聲（聖）人去甚，去大（泰），去楮（奢）。”

《帛甲老子·道經》：“是以聲（聖）人之能成大也，以其不爲大也，故能成大。”

《二三子》：“此言聲（聖）君之下舉乎山林垪（畎）畝之中也，故曰‘公射取皮（彼）在穴。’”

夐字聲系

夐與隼

《帛易·解》：“尚（上）六，公用射夐（隼）于高庯（墉）之上，獲之，无不利。”

夐與浚

《帛易·恆》：“初六，夐（浚）恆，貞凶，无攸利。”

《繆和》：“恆之初六曰：夐（浚）恆，貞凶，无攸利。”按，“夐”當讀作“浚”。下同。

《繆和》：“夐（浚），治□□□□□□□□□□□□□□，人之所非也，凶必產☑。”

夐與振

《帛易·恆》：“尚（上）六，夐（振）恆，兇（凶）。”

夐與睿

《繆和》：“蔥（聰）明夐（睿）知（智）守以愚，博聞強試（識）守以□。”按，“夐”當讀作“睿”。下同。

《繆和》：“耶（聖）君之道，尊嚴夐（睿）知（智）而弗以驕人。”

讂與夐

《北蒼·幽》：“冤砮暖（睅）通，坐䙴（遷）讂（夐）求。”

幸字聲系

幸與倖

《君正》：“五年以刑正，則民不幸（倖）。”

熒字聲系

熒與滎

《二年·秩律》：“成皋、熒（滎）陽、卷、岐。”

《奏讞書》：“以堅守熒（滎）陽，賜爵爲廣武君，秩六百石。”

熒與營

《北大老子》：“載熒（營）魄抱一，能毋離虖，槫（摶）氣致柔，能嬰兒虖？”

營與滎

《妄稽》：“營（滎）陽幼進，名族周春。”按，“營（滎）”字從楊元途《北大漢簡〈妄稽〉、〈反淫〉校讀筆記》（復旦大學出土文獻與古文字研究中心網，2016年6月3日）釋讀。

縈與榮

《三德》：“方縈（榮）勿伐，將興（孕）勿殺，晒（將）齊（濟）勿杭（抗），是奉（逢）凶脖（孽）。”按，“縈（榮）”字從陳偉武《上博簡考釋掇瑣》（《古文字研究》第二十七輯，中華書局，2008年）讀。

縈與禜

《內豊》：“時昧社（攻）縈（禜），行祝於五祀，剴（豈）必又（有）益，君子以成其考（孝）。”

《尹至》：“𦕉（災）乃柔（擾），大縈

（禜）。”按，“縈（禜）”字從陳民鎮在復旦大學出土文獻與古文字研究中心研究生讀書會《清華簡〈尹至〉、〈尹誥〉研讀札記（附：〈尹至〉、〈尹誥〉、〈程寤〉釋文》（復旦大學出土文獻與古文字研究網，2011年1月5日）一文下跟帖讀。

縈與營

《三德》：“不攸（修）其成，而聖（聽）其縈（營），百事不述（遂），慮事不成。”

《競公瘧》：“縈（營）狂（誑）公退（納）武夫、亞（惡）聖人。”

《芮良夫》：“㚔（厥）辟、戠（御）事，各縈（營）其身，恆靜（爭）于福（富），莫絧（治）庶戁（難），莫卹邦之不寍（寧）。”

《芮良夫》：“不秉純悳（德），其尾（度）甬（用）逵（失）縈（營）。”

鎣與罌

《封許》：“贈尔鳶（薦）彝：𠟭□豚、𨋲（銚），龍鼉（鬲）、緣（璉）、雚（罐）、鉦（鼒）、弆、彔（爵）、盤、監（鑑）、鎣（罌）、𤯍（鍶）、周（雕）匜（鈁）、鼒、盥（簋）、鈄（觥）、鋊（鎦）、恪（格）。”按，“鎣”似當讀作“罌”。《説文》：“罌，缶也。”《漢書·趙廣漢傳》：“椎破盧罌。”顔師古《注》：“罌，所以盛酒也。”

縈與驚

《老子》乙：“人態（寵）辱若縈。貴大患若身。可（何）胃（謂）態（寵）辱？態（寵）爲下也。得之若縈，逵（失）之若縈，是胃（謂）態（寵）辱縈。”按，今本和帛書本縈作驚。

營與熒

《蓋廬》：“大（太）白入月、營（熒）或（惑）入月可以戰，日月並食可以戰。”

《蓋廬》：“營（熒）或（惑）火也，四月火强，可以攻金。”

《占書》：“夫名川絕，大徹（沼）固（涸），天雨血，星月並出，星貫月，反景，倍蝕（僪），篲（彗）星，營（熒）或（惑），雲□，夭（妖）恙（祥）見於天。”

營與榮

《繫辭》：“區（樞）幾（機）之發，營（榮）辰〈辱〉之斗（主）也。”

《節》：“十月毋爲營（榮）華、建文章、始乘車。”

嚶與營

《妄稽》：“見富不爲變，見美不爲嚶（營），氏（是）胃（謂）大誠。”按，“嚶（營）”字從蕭旭《北大漢簡（四）〈妄稽〉校補》（復旦大學出土文獻與古文字研究中心網，2016年7月4日）讀。

冋字聲系

冋與炯

《楚帛書》乙：“冃=（日月）虘（皆）𤔔（亂），星唇（辰）不冋（炯）。”按，“冋（炯）”字從高明《楚繒書研究》（《古文字研究》第十二輯，中華書局，1985年）釋讀。

冋與頃

《繫年十四》：“齊冋（頃）公囟（使）其女子自房中觀郇=之=克=（駒之克，駒之克）牆（將）受齊侯帑（幣）。”

《繫年十四》：“齊冋（頃）公回（圍）魯=（魯，魯）𦛗（臧）孫𧥰（許）迈（蹠）晉求敚（援）。”

《繫年十四》：“昷（明）戢（歲），齊冋（頃）公朝于晉競（景）公。”

《繫年十八》：“晉㓖（莊）坪（平）公即殜（世），卲（昭）公、冋（頃）公虘（皆）㬥（早）殜（世），柬（簡）公即立（位）。”

冋與傾

《容成氏》：“□北迲（去）其邦，□爲𠭁

〈同（傾）〉宮，䇺（築）爲璿室，玳（飾）爲瑤（瑤）臺（臺），立爲玉閏（門）。”按，“昍”字似是“同”之誤字。古本《竹書紀年》有桀“作傾宮”的記載，典籍中從“同”聲之字與從“頃”聲之字常可互通，參高亨《古字通假會典》（齊魯書社，1989年，52頁）“同字聲系”。

賏字聲系

鼎與熒

《耆夜》：“复（作）訶（歌）一終曰鼎＝（《熒熒》：“熒熒）戎備（服），臧（壯）武怵＝（赳赳）。”按，“鼎＝”似當讀作“熒熒”。《玉篇・炎部》：“熒熒，猶灼灼也。”

嬰與櫻

《一類》：“凡六物，冶合，和，丸以白密（蜜），大如嬰（櫻）桃。”

《木牘》：“凡六物，皆冶合，和，丸白密（蜜），大如嬰（櫻）桃。”

嬰與纓

《曹熬》：“必使玉泉毋頃（傾），則百疾弗嬰（纓），故能長生。”按，“嬰（纓）”字從魏啟鵬、胡翔驊《馬王堆漢墓醫書校釋（貳）》（成都出版社，1992年，103頁）讀。

嬰與罌

《養生方》：“善封其嬰（罌）口。”

《養生方》：“先置□嬰（罌）中，即釀黍其上。”

嬰與燕

《帛五行・經》：“圜（燕）嬰（燕）于蜚（飛），眩（差）池其羽。”

《帛五行・説》：“嬰（燕）嬰（燕）于翡（飛），眩（差）貤（池）其羽。”

《帛五行・説》：“嬰（燕），與〈興〉也，言其相送海（晦）也。”

嬰與縈

《北萫・之職》：“嬰（縈）但（邅）掐援，何竭負戴。”按，“嬰”似當讀作“縈”。“縈”、“邅”義近。《廣韻・清韻》：“縈，繞也。”《慧琳音義》卷八“所繞”《注》引《考聲》：“縈，繞也。”《廣雅・釋詁四》：“邅，轉也。”王念孫《疏證》：“邅之言纏繞也。”

瘻與嚶

《嬰兒瘈》：“息瘻（嚶）瘻（嚶）然，戻（矢）不化而青（清）。”

罌與嬰

《養生方》：“煎白罌（嬰）丘（蚯）引（蚓），殺智（蜘）蛛罔（網）及苦瓠。”

譞與嚶

《鹿鳴之什》：“□□譞＝（嚶嚶）。”

《北萫・幽》：“□鋭斟掇，譽譞（嚶）觡（搦）聊（摎）。”

元部第二六

班字聲系

班與斑

《二類》："班（斑）毦（貓）十枚，地膽一枚，桂一寸。"按，《神農本草經》"班毦"作"斑貓"。整理者引作"班貓"。不確。

班與般

《祭公》："乃詔（召）羅（畢）𩉛（桓），井（井）利、毛班。"按，今本《逸周書·祭公》班作般。

班與盤

《二類》："班（斑）毦（貓）十枚，地膽一枚，桂一寸。"按，典籍中"斑貓"或作"盤蝥"。

班與閑

《周易·大畜》："九厶（三）：良馬由（逐），利堇（艱）貞。曰：班（閑）車（輿）戔（衛），利又（有）卣（攸）往。"

班與闌

《周易·大畜》："九厶（三）：良馬由（逐），利堇（艱）貞。曰：班（閑）車（輿）戔（衛），利又（有）卣（攸）往。"按，帛書本班（閑）作闌。

㝷字聲系

㝷與邊

《鄭武》："㝷（邊）父詃（規）夫=（大夫）。"

《鄭武》："夫=（大夫）聚昬（謀），乃吏（使）㝷（邊）父於君。"

《鄭武》："君畣（答）㝷（邊）父曰。"

㝷與煩

《北蒼·幽》："塵埃票（飄）風，嫯（傲）鬞（漠）㝷（煩）擾（獶）。"

㝷與眄

《北蒼·耕》："婳嬧窺㝷（眄），恩㛹（擾）嫖娙。"

邊與籩

《特牲》："壺、禁在東序，豆、邊（籩）、刑（鉶）在東房。"

《特牲》："宗人升自西階，視壺濯及豆邊（籩），反降，東北面告濯具。"

《特牲》："賓〈實〉豆、邊（籩）、刑（鉶），陳于房中，如初。"

《特牲》："尸合（荅）拜，主人寫嗇于房，祝以邊（籩）受。"

《特牲》："宗婦執兩邊（籩），戶外坐。"

《特牲》："祝贊邊（籩）祭。"

《特牲》："獻祝，邊（籩）、燔從，如初義（儀）。"

《特牲》："主婦受，執（設）兩豆、邊（籩）。"

《特牲》："祝命徹作（阼）柤（俎）、邊（籩）、豆，執（設）于東序下。"

《特牲》："宗婦徹祝邊（籩）、豆入于房，徹主婦薦、柤（俎）。"

《特牲》："邊（籩）、巾郤（綌）也，熏（纁）裏。"

《少牢》："司宮溉（概）豆、邊（籩）、勺、爵、柧（觚）、觗（觶）、几、洗、匪（篚）。"

《少牢》："卒溉（概），選（饌）豆、邊（籩）與匪（篚）于房中，枋（放）于西方。"

《少牢》："改選（饌）豆、邊（籩）于房中，南面，如餽（饋）之設，實豆、邊（籩）

實。”

《少牢》：“宰夫以邊（籩）受嗇黍。”

《有司》：“興，取邊（籩）于房，糟（麷）、賁（蕡）坐設于豆西，當外列。”

《有司》：“主婦不興，受，設于初邊（籩）之南，白【在】西方。”

《有司》：“婦贊者執二邊（籩）糟（麷）、賁（蕡），主婦不興，受之。”

《有司》：“主人坐，左執爵，祭豆邊（籩），如或（侑）之祭。”

《有司》：“主婦贩（反）【取】邊（籩）于房中，執棗、糗（糗）。”

《有司》：“祭于豆閒，遂祭邊（籩），鄭（奠）爵。”

《有司》：“左執爵，右取菹擩〈抨〉于醢，祭之，祭邊（籩），鄭（奠）爵。”

鄭與邊

《曹沫》：“虗（吾）欲與齊戰，聒（問）戟（陳）奚女（如）？獸（守）鄭（邊）成（城）奚女（如）？”

《曹沫》：“疆陞（地）毋先而必取□焉，所以佢（距）鄭（邊）。”

《鄭子甲》：“奠（鄭）子家芒（亡），鄭（邊）人來告。”按，“鄭（邊）”字從復旦大學出土文獻與古文字研究中心研究生讀書會《〈上博七・鄭子家喪〉校讀》（復旦大學出土文獻與古文字研究中心網，2008年12月31日）釋讀。下同。

《鄭子乙》：“奠子家芒（亡），鄭（邊）人來告。”

櫋與邊

《戰國一六》：“秦七攻魏，五入囿中，櫋（邊）城盡拔。”

翯與翩

《鶹鷅》：“婁（鶹）栗（鷅）翯（翩）飛含可（兮），不戠（織）而欲衣含可（兮）。”

按，“翯（翩）”字從復旦吉大古文字專業研究生聯合讀書會《上博八〈鶹鷅〉校讀》（復旦大學出土文獻與古文字研究中心網，2011年7月17日）釋讀。

般字聲系

般與盤

《牝痔》：“置般（盤）中而居（踞）之，其蟲出。”

《葆啟》：“行般（盤）庚之正（政），使人人里其里，田其田。”

《特牲》：“尸浣（盥）匜水，實于般（盤）中，匰（箪）巾，在門內之右。”

《特牲》：“奉般（盤）東面，執鉇（匜）者西面淳沃，執巾者在鉇（匜）北。”

《少牢》：“小祝設般（盤）、鉇（匜）與匰（箪）、巾于西階東。”

《少牢》：“宗人奉般（盤），東面于庭南。一宗人奉鉇（匜）水，西面于般（盤）東。一宗人奉匰（箪）巾，南面于般（盤）北。”

般與瘢

《諸傷》：“令傷毋般（瘢），取彘膏、□衍幷冶，傅之。”

《諸傷》：“以男子洎傅之，皆不般（瘢）。”

《□爛者》：“般（瘢）者，以水銀二，男子惡四，丹一，幷和。”

《□爛者》：“去故般（瘢）。”

《□爛者》：“其□如兩指，以靡（磨）般（瘢）令□□之，以□□傅之。”

《□爛者》：“般（瘢）□□□□□□□□□□□□者，燔之令灰。”

般與磐

《阜易・屯》：“初九，般（磐）□。”

般與鞶

《帛易・訟》：“尚（上）九，或賜之般

（鞶）帶，終朝三摅之。”

《穀物》：“券朱（銖）升，券兩斗，券斤石，券鈞般（鞶），券十朱（銖）者▨。”

盤與鞶

《曹沫》：“則斯（訾）尾（度）剔（傷）亡，盤（鞶）還（蒐）行遊（失）車𡩜（甲），命之毋行。”按，“盤（鞶）”字從白於藍《〈曹沫之陳〉新編釋文及相關問題探討》（《中國文字》新三十一期，藝文印書館，2006年）讀。

盤與判

《楚居》：“季䜌（連）聒（聞）其又（有）嗙（聘），從，及之盤（判），爰生絰白（伯）、遠中（仲）。”按，“盤（判）”字從李家浩《談清華戰國竹簡〈楚居〉的“夷宅”及其他——兼談包山楚簡的“𡟰人”等》（《清華簡研究（第一輯）——〈清華大學藏戰國竹簡（壹）〉國際學術研討會會議論文集》，中西書局，2012年，頁248）讀。

督與變

《帛五行·經》：“不督（變）不説（悦），不説（悦）不戚。”

督與眅

《周病方》：“女毋辟（避）督（眅）瞙₌（瞙瞙）者，目毋辟（避）胡者。”

盤與斑

《養生方》：“治巾，取楊思一升、赤蛾（蟻）一升、盤（斑）蝐（貓）廿。”

半字聲系

半與判

《阜易·井》：“卜半（判）及家彼（破）半（判）▨。”

《阜易·卜辭》：“卜半（判）君，非良。”

半與畔

《答問》：“頃半（畔）‘封’殹（也），且非是？”

《道法》：“故唯執道者能上明於天之反，而中達君臣之半（畔）。”

半與磐

《帛易·屯》：“初九，半（磐）遠（桓），利居貞，利建侯。”

半與播

《文摯》：“后櫻（稷）半（播）鞣（耰），草千歲者唯韭，故因而命之。”

柈與判

《曹氏》：“▨此其柈（判）也。”

《曹氏》：“▨□月陰也；月陽也，星陰也；星陽也，窅（窈）瞑（冥）陰也。凡此皆天地陰陽之大柈（判）也。”

《曹氏》：“夫去（呿）生而唫死，此其大柈（判）也。”

胖與半

《算表》：“胖（半）。”

《算表》：“胖（半）。”

《算表》：“胖（半）。”

《算表》：“一胖（半）。”

《算表》：“一胖（半）。”

《算表》：“二胖（半）。”

《算表》：“二胖（半）。”

《算表》：“三胖（半）。”

《算表》：“三胖（半）。”

《算表》：“四胖（半）。”

《算表》：“四胖（半）。”

畔與判

《老子》甲：“其霾（脆）也，易畔也。”按，傅奕本畔作判。

畔與泮

《老子》甲：“其霾（脆）也，易畔也。”按，王弼本畔作泮。

畔與破

《老子》甲：“其霾（脆）也，易畔也。”

按，河上本畔作破。

畔與叛

《老子》甲：“夫天多昗（忌）韋（諱），而民爾（彌）畔（叛）。”

《容成氏》：“於是㡪（乎）九邦畔（叛）之。”

《妄稽》：“君不義（宜）聽買妾，家室恐畔（叛）。”

繙與般

《周易・訟》：“上九：或賜（錫）繙（鞶）緖（帶），終朝𢓜（三）[illegible]之。”按，帛書本繙（鞶）作般。

繙與鞶

《周易・訟》：“上九：或賜（錫）繙（鞶）緖（帶），終朝𢓜（三）[illegible]之。”

反字聲系

反與返

《老子》甲：“大曰潛=（逝，逝）曰連=（轉，轉）曰反（返）。”按，傅奕本反作返。

《文王》：“☐乃往，既見，湎（將）反（返），文王乃卑（俾）☐。”

《子儀》：“臣見遺者弗復，翯（翌）明而反（返）之。”

《日甲・玄戈》：“離日不可以行，行不反（返）。”

《日甲・禹一》：“午，北吉，東得，南凶，西不反（返）。”

《穀物》：“☐籥反（返）十，券叔（菽）、荅、麥十斗者反（返）十。”

《隨日・到室》：“西大母以丁酉西不反（返），揄以壬戌北不反（返），禹以丙戌南不反（返），女過（媧）與天子以庚東不反（返）。”

《隨日・直室門》：“反（返），是主必劂（？）。”

《隨日・直室門》：“反（返）入貨不吉，十一年而更。”

《二年・津關令》：“出入盈五日不反（返），伍人弗言將吏。”

《奏讞書》：“武出備盜戝〈賊〉而不反（返），其從（蹤）迹類或殺之。”

《稱》：“惑而極（亟）反（返），迷道不遠。”

《春秋一六》：“寡君來勒〈勤〉舊好，禮成而不反（返）。”

《戰國七》：“慮從楚取秦，慮反（返）乾（韓）量（珉），有（又）慮從勹（趙）取秦。”

《戰國一二》：“寡人將反（返）量（珉）也。寡人無之。”

《戰國一二》：“寡人有反（返）量（珉）之慮，必先牙（與）君謀之。”

《戰國一二》：“王不棄牙（與）國而先取秦，不棄槽而反（返）量（珉）也。”

《戰國一二》：“今王棄三晉而收秦、反（返）量（珉）也，是王破三晉而復臣天下也。”

《戰國一三》：“齊秦復合，使量（珉）反（返），且復故事，秦印曲盡聽王。”

《戰國一五》：“齊人攻燕，拔故國，殺子之，燕人不割而故國復反（返）。”

《戰國一六》：“此士民不勞而故地盡反（返）矣。”

《戰國一八》：“祭祀則祝之曰：‘必勿使反（返）。’”

《戰國二〇》：“必反（返）宋，歸楚淮北。”

《戰國二〇》：“反（返）宋，歸楚淮北，燕、趙之所利也。”

《戰國二一》：“反（返）溫、軹、高平於魏，反（返）王公，符逾於趙。”

《繆和》：“沈尹樹反（返），至（致）令

曰。”

《繆和》：“期以卅日，六十日焉反（返）。”

《本伐》：“非心之恒也，窮而反（返）矣。”

《姓爭》：“明明至微，時反（返）以爲幾（機）。”按，“反（返）”字從馬王堆漢墓帛書整理小組編《馬王堆漢墓帛書·經法》（文物出版社，1976年，65頁）讀。下一例同。

《姓爭》：“天道環（還）於人，反（返）爲之客。”

《阜春一二》：“晉人已勝智氏，反（返）而組（繕）甲砥兵。”

《行軍》：“懸罃（甀）者不反（返）其舍者，窮寇也。”

《殘簡四》：“上涂（途）不遠，戒之毋反（返）。”

《曹氏》：“☑秋月者，諸物盡反（返）陰，以此徙，與物俱入靜，吉。”

《三十時》：“用兵，擊後與反（返）入。”

《三十時》：“可溝漆（洫）。用兵，毄（擊）反（返）入與右與後。”

《定心》：“實者，心定氣固也；虛者，愻（怵）惕，氣從（縱）而不反（返）者也。”

《北大老子》：“大曰懯（逝），懯（逝）曰遠，遠曰反（返）。”

《周馴》：“故《書》曰‘失之於本，不可反（返）於末’，此之謂乎？”

《周馴》：“乃反（返），至于干（邗）王之所，令吳闔廬一夜未嘗不三徙卧。”

《六博》：“在長下者，意欲反（返）還，未敢也。”

《六博》：“在長下，反（返）還未至。”

《六博》：“過方復出者，更期當復到方中，唯（雖）未至，當近還反（返）之日，以期之。”

《六博》：“在長下，無罪。在高者，留久而毋傷也，其還反（返），昜〈易〉解。”

反與坂

《日甲·盜者》：“臧（藏）東南反（坂）下。”

反與阪

《黃帝伐赤帝》：“戰於反（阪）山之原（泉），右陰，順術，倍（背）衝，大威（滅）有之。”

反與板

《芮良夫》：“反=（板板）其亡（無）成，甬（用）生（皇）可畏。”

反與叛

《繫年十五》：“安（焉）訇（始）迵（通）吳晉之逄（路），教吳人反（叛）楚。”

《繫年二三》：“陳人安（焉）反（叛），而內（入）王子定於陳。”按，“反（叛）”字從清華大學出土文獻讀書會《〈清華大學藏戰國竹簡（貳）〉研讀劄記（二）》，復旦大學出土文獻與古文字研究中心網，2011年12月31日）讀。

《繫辭》：“凡易之請（情），近而不相得則凶，或害之則愳（悔）且笑（吝），將反（叛）則其辭乳（亂）。”按，今本反作叛。

反與飯

《服傳乙》：“既練，舍外寢，始食菜果，反（飯）素食，哭無時。”

反與翻

《脈死候》：“脣反（翻）人盈，則肉先死。”按，“反（翻）”字從馬繼興《馬王堆古醫書考釋》（湖南科學技術出版社，1992年，307頁）讀。

仮與返

《日乙·楚除》：“生子，年（佞）。不可遠行，遠行不仮（返）。”

仮與叛

《葆啟》：“道先非之，而后天下仮（叛）之。”

坂與反

《從政》："遳（失）掔（賢）士一人，方亦坂（反）是₌（是。是）故孝₌（君子）新（慎）言而不新（慎）事。"

坂與磐

《帛易·漸》："六二，鳿（鴻）漸于坂（磐），飲食衍（衎）衍（衎），吉。"

仮與反

《窮達》："古（故）君子憧（庸）於仮（反）吕（己）。"

返與反

《老子》甲："返也者，道僮（動）也；溺（弱）也者，道之甬（用）也。"按，今本和帛書乙本返作反。

《六德》："其返（反），夫不夫，婦不婦，父不父，子不子，君不君，臣不臣，緍（昏）所繇（由）迮（作）也。"

阪與磐

《周易·漸》："六二：鳿（鴻）瀳（漸）于阪（磐），畬（飲）飤（食）䚄₌（衎衎），吉。"

板與鞭

《窮達》："白（百）里逗（轉）迭（鬻）五羊，爲敀（伯）斆（牧）牛，馭（釋）板（鞭）桎（箠）而爲㬥卿，堣（遇）秦穆。"按，"板（鞭）"字從白於藍《郭店楚簡考釋（四篇）》（《簡帛研究 2001》，廣西教育出版社，2001 年）讀。

版與板

《引書》："引腹甬（痛），縣（懸）纍版（板），令人高去坨（地）尺，足踐其上。"

版與別

《四時令》："繱（總）版（別），列爵，選賢不宵（肖），受（授）士☐。"

鈑與盤

《戰國二一》："箸之鈑（盤）竽（盂），屬之祝譖（詛）。"

販與反

《有司》："主婦販（反）【取】邊（籩）于房中，執棗、糗（糗）。"

販與阪

《隨日·盜日》："其身不全，長躁₌（躁躁）然，臧（藏）之草木下，販（阪）險。"

《隨日·盜日》："盜者曲身而猲（邪）行，有病，足胻，依販（阪）險，稷之。"

軷與蹣

《十陣》："笲之而無閒（間），軷（蹣）山（跚）而退。"

釆字聲系

釆與幣

《祝辭》："忎（恐）溺，乃埶（執）釆（幣）以祝曰。"

《祝辭》："乃㝵（舍）釆（幣）。"

釆與敝

《老子》乙："大成若夬（缺），其甬（用）不釆。"按，傅奕本釆作敝。

《緇衣》："古（故）言必慮（慮）其所終，行則䭬（稽）其所釆（敝），則民新（慎）於言而慬（謹）於行。"

《緇衣》："句（苟）又（有）車，必見其歔（轍）；句（苟）又（有）衣，必見其釆（敝）。"

《吳命》："自䙽（是）日以往，必（比）五六日，皆釆（敝）邑之昇（期）也。"

《史蕾》："史蕾叀（曰）：'蕾也，古（故）齊邦釆（敝）吏之子也，亡（無）女（如）楮（圖）也。'"

釆與幣

《性自》："釆（幣）帛，所以爲信與諻（徵）也，其訂（詞）宜（義）道也。"

《詩論》："☐釆（幣）帛之不可去也，民

眚（性）古（固）肰（然）。”

《魯邦》：“女（如）母（毋）忢（愛）珪璧币（幣）帛於山川，政（正）型（刑）與☐。”

《魯邦》：“女（若）夫母（毋）忢（愛）珪璧币（幣）帛於山川，母（毋）乃不可。”

《告武夷》：“㯰币（幣）芳糧以譴犢某于武䢔（夷）之所。”

《告武夷》：“君向（饗）受某之㱿（聶）币（幣）芳糧，囟（使）某來歸飤（食）故□。”

《競公瘧》：“虐（吾）币（幣）帛甚娧（偉）於虐（吾）先君之量矣。”

《競公瘧》：“夫婦皆祖（詛），一丈夫執㪟（尋）之币（幣）、三布之玉。”

《繫年十四》：“齊同（頃）公囟（使）其女子自房中觀郇$_{=}$之$_{=}$克$_{=}$（駒之克，駒之克）䣽（將）受齊侯币（幣）。”

币與弊

《老子》乙：“大成若夬（缺），其甬（用）不币。”按，河上、王弼本币作弊。

币與蔽

《緇衣》：“古（故）言必慮（慮）其所終，行則䭫（稽）其所币（敝），則民訢（慎）於言而慬（謹）於行。”按，上博簡本《緇衣》币（敝）作蔽。

币與避

《競公瘧》：“今君之貪惛（昏）、䖵（苛）匿（慝）、币（避）韋（違）。”按，“币（避）”字從何有祖《上博六〈景公瘧〉初探》（簡帛網，2007年7月11日）讀。

𨔣與敝

《六德》：“厽（三）者，君子所生與之立，死與之𨔣（敝）也。”

㡀與敝

《鮑叔牙》：“列（厲）民䡅（獵）樂，篙（篤）伓忨，皮（疲）㡀（敝）齊邦，日成（盛）于縱，弗覭（顧）前後。”

《程寤》：“隹（惟）杍（梓）㡀（敝），不義（宜）䢦于商。”

㡀與幣

《程寤》：“㡀（幣）告宗方（祊）杢（社）禝（稷），忻（祈）于六末山川，攻于商神，䁯（望）承（烝），占于明堂。”

㡀與蔽

《管仲》：“既㡀（蔽）於貨，彗（獪）䜌（亂）毀㦃（常）。”

蔽與敝

《緇衣》：“古（故）言必慮（慮）其所終，行則䭫（稽）其所币（敝），則民訢（慎）於言而慬（謹）於行。”按，上博簡本《緇衣》币（敝）作蔽。

繙與幣

《語叢三》：“寅（賓）客之用繙（幣）也，非正內（納）賜（貨）也，豊（禮）北（必）兼。”

䈀與播

《緇衣》：“《呂坓（刑）》員（云）：‘翻（播）坓（刑）之迪。’”按，上博簡本《緇衣》翻（播）作䈀。“䈀”字從馮勝君《論郭店簡〈唐虞之道〉、〈忠信之道〉、〈語叢〉一一三以及〈緇衣〉爲具有齊系文字特點的抄本》（北京大學博士後研究工作報告，2004年，268頁）隸釋。

番與蕃

《禁》：“不效天之道，□地之宜，五穀不番（蕃），六畜不遂，草木檮（凋）枎（枯），萬物果蓏不成。”

《節》：“有（又）卌六日，日夏至，草木番（蕃）昌，人主利居高明。”

番與播

《競公瘧》：“番（播）浧（盈）㙚（藏）葟，使☐。”按，“番（播）”字從何有祖《上博六〈景公瘧〉初探》(簡帛網，2007 年 7 月 11 日）讀。

《用曰》：“番（播）愲（圖）綌（裕）眾，台（以）免民生。”

《凡物甲》：“得而解之，上穷（賓）於天，下番（播）於困（淵）。”按，“番（播）”字從復旦大學出土文獻與古文字研究中心研究生讀書會《〈上博（七）·凡物流形〉重編釋文》(復旦大學出土文獻與古文字研究中心網，2008 年 12 月 31 日）讀。下一例同。

《凡物乙》：“☐下番（播）於困（淵）。”

《三禁》：“天道壽（悠）壽（悠），番（播）于下土，施于九州。”

番與藩

《二三子》：“易曰：‘康侯用錫馬番（藩）庶，晝日三接。’”

《二三子》：“天地無菑（災），民□不傷，甘露時雨聚降，剽（飄）風苦雨不至，民也相暘以壽，故曰‘番（藩）庶’。”

番與帆

《萬物》：“石番（帆）之令弱（溺）不遺也。”

潘與礬

《養生方》：“□□蛇牀泰半參、藴（菻）本二斗半、潘（礬）石三指最（撮）一。”

墦與燔

《隨日·裁衣》：“入月旬七，不可裁衣，不墦（燔）乃亡。”

蕃與皤

《帛易·賁》：“六四，蘩（賁）茹（如）蕃（皤）茹（如），白馬斡（翰）茹（如），非（匪）寇閩（婚）詬（媾）。”

蕃與藩

《秦律·司空》：“及不芥（介）車，車蕃（藩）蓋強折列（裂）。”

《易之義》：“是故鍵（乾）之‘炕（亢）龍’，壯之‘觸蕃（藩）’，句（姤）之‘離角’，鼎之‘折足’，酆（豐）之‘虛盈’，五繇者，剛之失也，僮(動)而不能靜者也。”

《管仲》：“唯（雖）齊邦區₌（區區），不若蕃（藩）箅（蔽）☐。”

蕃與礬

《雜療方》：“約：取蕃（礬）石、蕉（皂）莢、禹熏三物等，□□□一物，皆冶。”

《雜療方》：“約：取桂、乾薑各一，蕃（礬）石二，蕉（皂）[莢]三，皆冶，合。”

《雜療方》：“取犬骨燔，與蕃（礬）石各二，桂、彊（薑）各一，蕉（皂）莢三。”

《雜療方》：“約：取蕃（礬）石、桃毛[各]一，巴叔（菽）二，[三]物皆冶，合。”

藩與蕃

《晏子八》：“是以其士民藩（蕃）茲（滋）而尚同，民安樂而尚親。”

藩與藩

《帛易·大壯》：“九四，貞吉，悔亡。藩（藩）块（決）不羸，壯于泰（大）車（輿）之緮（輹）。”

燔與蕃

《天乙·五音日》：“宮日：人父及兄以死，子孫燔(蕃)昌；母死，有毀，少者【死】，小【者】有（又）死。”

《天乙·五音日》：“☐燔（蕃）昌；小者以死，有（又）之少者。”

燔與繁

《占夢書》：“春夢飛登丘陵，緣木生長燔（繁）華，吉。”

《四度》：“女樂玩好燔（繁）材（載），亂之基也。”

翻與播

《緇衣》：“《呂彗（刑）》員（云）：‘翻（播）彗（刑）之迪。’”

翻與耓

《緇衣》："《呂坓（刑）》員（云）：'翻（播）坓（刑）之迪。'"按，上博簡本《緇衣》翻（播）作耓。"耓"字從馮勝君《論郭店簡〈唐虞之道〉、〈忠信之道〉、〈語叢〉一一三以及〈緇衣〉爲具有齊系文字特點的抄本》（北京大學博士後研究工作報告，2004年，268頁）隸釋。

弅與敝

《周易·井》："九二：井浴（谷）弞（射）豿（鮒），隹（唯）弅（敝）縷（漏）。"

耇與聞

《五行》："未尚（嘗）耇（聞）君子道，胃（謂）之不聦（聰）；未尚（嘗）見臤（賢）人，胃（謂）之不明。耇（聞）君子道而不智（知）其君子道也，胃（謂）之不聖；見臤（賢）人而不智（知）其又（有）悳（德）也，胃（謂）之不智。見而智（知）之，智也；耇（聞）而智（知）之，聖也。"

《五行》："耇（聞）君子道，聦（聰）也。耇（聞）而智（知）之，聖也。"

《五行》："耇（聞）道而兑（悦）者，好㤅（仁）者也。耇（聞）道而畏（威）者，好義者也。耇（聞）道而共（恭）者，好豊（禮）者也。耇（聞）道而轡（樂）者，好悳（德）者也。"

鼇與鱉

《容成氏》："肣（禽）獸朝，魚鼇（鱉）獻。"

便字聲系

便與鞭

《日甲·詰》："人臥而鬼夜屈其頭，以若（箬）便（鞭）毄（擊）之，則已矣。"

《日甲·詰》："鳥獸虫豸甚眾，獨入一人室，以若（箬）便（鞭）毄（擊）之，則止矣。"

便與變

《帛易·革》："九五，大人虎便（變），未占有復（孚）。"

《帛易·革》："尚（上）六，君子豹便（變），小人勒（革）面。征凶，居貞吉。"

《阜易·革》："□□豹便（變），小人□面，戠（征）兇（凶）。"

便與偏

《帛甲老子·道經》："是以便（偏）將軍居左，上將軍居右，言以喪禮居之也。"

辡字聲系

辨與辦

《兵情》："陳（陳）之則辨（辦），趣之適（敵）則不聽人，治卒不法矢也。"

辨與辯

《五行》："不柬（簡），不行。不匿，不辨於道。"按，馬王堆漢墓帛書本《五行》篇"辨"作"辯"。"辨"原文作"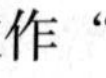"，此從林澐師《究竟是"翦伐"還是"撲伐"》（《古文字研究》第二十五輯，中華書局，2004年）釋。下一例同。

《五行》："又（有）少（小）辠（罪）而弗亦（赦）也，不辨於道也。"按，"辨"原文作""。

《阜易·剥》："僕（剥）牀以辨（辯）。"

《士相見》："君在堂，升見無方階，辨（辯）君所在。"

《特牲》："眾賓及兄弟交錯以辨（辯），皆如初義（儀）。"

《特牲》："長兄弟州（酬）賓，如賓州（酬）兄弟之義（儀），以辨（辯）。"

《少牢》："尸取韭菹，辨（辯）擩〈抨〉于三豆，祭于豆閒。"

《少牢》："司土〈士〉乃辨（辯）舉，饑（養）者皆祭黍、祭舉。"

《少牢》："主人受于戶内，以授次餴（饎），若是以辨（辯）。"
《有司》："皆如是以辨（辯）。"
《有司》："辨（辯）受爵。"
《有司》："如是以辨（辯），亦有薦升（胥）。"
《有司》："相州（酬）辨（辯）。"
《有司》："魚七，腊辨（辯），無脾（髀）。"
《有司》："卒，乃差于賓、兄弟、内賓、私人，辨（辯）。"
《燕禮》："大夫辨（辯）受州（酬），如受賓州（酬）之禮，不祭。"
《燕禮》："辨（辯）獻卿，主人以虚爵降。"
《燕禮》："辨（辯）就夫₌（大夫），送〈遂〉薦之，繼賓以西，東上。"
《燕禮》："辨（辯）有脯醢，弗祭。"
《燕禮》："辨（辯）獻士。"
《燕禮》："大夫拜送，士柧〈旅〉于西階上，辨（辯）。"
《燕禮》："司正命執爵者爵辨（辯），卒受者興，以州（酬）士。"
《燕禮》："辨（辯），降洗，遂獻左右正與内小臣，皆於作（阼）階上。"
《泰射》："辨（辯）獻卿。"
《泰射》："辨（辯）有脯盍（醢），弗祭。"
《泰射》："射爵辨（辯），乃徹豐與觶。"
《泰射》："士旅于西階上，辨（辯）。"
《泰射》："辨（辯）獻。"
《泰射》："司政（正）命：'執爵者爵辨（辯），卒受者興以州（酬）。'"

辨與胖

《服傳甲》："夫妻，辨（胖）合也。"
《服傳乙》："夫妻，辨（胖）合也。"

辨與胖

《少牢》："司馬升羊右辨（胖），脾（髀）不升。"
《少牢》："司士升豕右辨（胖），脾（髀）不升。"
《少牢》："上利升羊，右辨（胖），脾（髀）不升，肩、臂、臑、肫、胳（骼）。"

辨與別

《語書》："有（又）能自端毆（也），而惡與人辨（別）治，是以不爭書（署）。"

辨與甓

《作醬法》："乃□煮辨（甓）汁之，如家人之煮辨（甓）也。"
《作醬法》："☒辨（甓）之日滑（漬）鞠（麴）□□□□□□，如家人之□□☒。"
《作醬法》："☒辨（甓）□上使之清，并置☒。"
《作醬法》："☒辨（甓）汁器中應□之□□□☒。"
《作醬法》："☒□□辨（甓）使□□☒。"

辦與辨

《田與》："主治辦（辨）市，聞田數從市奸觳（繫）所，令毋智捕。弗治（笞）諒（掠），田、市仁（認）奸。"

辯與辨

《雌雄節》："皇后屯磿（歷）吉凶之常，以辯（辨）雌雄之節。"
《帛易·剥》："六二，剥臧（牀）以辯（辨），蔑貞，兇（凶）。"
《官一》："辯（辨）疑以旌輿（旟），申令以金鼓。"
《十陣》："參（三）聲氣（既）全，五菜（彩）必具，辯（辨）吾號聲，知五旗。"

辯與辦

《官一》："還退以蓬錯，繞山林以曲次，襲國邑以水，則辯（辦）。"按，"辯（辦）"字從張震澤《孫臏兵法校理》（中華書局，1984年，113頁）讀。

辯與徧

《妄稽》："辯（徧）告鄉黨，父母兄弟。"

《妄稽》："辯（徧）告眾人，拜請馮（朋）友。"

卞字聲系

卞與變

《六德》："君子不卞（變）女（如）衍（道）。衍（道），人之☐。"

卞與辨

《六德》："男女卞（辨）生言，父子新（親）生言，君臣宜（義）生言。"

《六德》："男女不卞（辨），父子不新（親）。"

㚇與辨

《成之》："折（制）爲君臣之義，愭（著）爲父子之新（親），分爲夫婦之㚇（辨）。"

《容成氏》："咎（皋）埱（陶）既已受命，乃㚇（辨）侌（陰）昜（陽）之驚（氣），而聖（聽）其訟獄，三年而天下之人無訟獄者，天下大和翆（均）。"

《容成氏》："歔（質）既受命，复（作）爲六頪（律）六郘〈郘（呂）〉，㚇（辨）爲五音，以定男女之聖（聲）。"

《容成氏》："壘（禹）肰（然）句（後）訂（始）爲之唐（號）羿（旗），以㚇（辨）其左右，思（使）民毋惑。"

《子儀》："民恆不賓（寘）乃毀祟（常），各敄（務）降上品之㚇（辨），官相弋（代）乃又（有）見工。"

㚇與辯

《老子》甲："㡭（絕）智弃㚇（辯），民利百伓（倍）。"按，裘按（《郭店楚墓竹簡·老子甲》篇注［一］）釋㚇爲鞭。下同。

《尊德義》："叴（教）以㚇（辯）兑（説），則民埶（褻）陖（陵）倀（長）貴以忘（妄）。"

㚇與便

《老子》丙："古（故）吉事上左，喪事上右。是以㚇牆（將）軍居左，上牆（將）軍居右，言以喪豊（禮）居之也。"按，帛書甲本㚇作便。

《管仲》："夫₌（大夫）叚（假）事（使），㚇（便）俾（嬖）智（知）官事長。"

㚇與偏

《老子》丙："是以㚇牆（將）軍居左，上牆（將）軍居右，言以喪豊（禮）居之也。"按，今本和帛書乙本㚇作偏。

《君子》："肻（肩）毋登（廢）毋同（聳），身毋躳（偃）毋倩（傾），行毋昳（跌）毋敹（搖），足毋㚇（偏）毋高。"按，"㚇（偏）"字從禤健聰《上博楚簡（五）零札（二）》（簡帛網，2006年2月26日）釋讀。

《慎子》："干共（恭）以爲體（禮）□，莫㚇（偏）；干信以爲言，莫㚇（偏）；干強以庚志☐。"

《子產》："子產所旨（嗜）欲，不可智（知），内君子亡㚇（偏）。"按，"㚇（偏）"字從ee在ee《清華六〈子產〉初讀》（簡帛網"簡帛論壇"，2016年4月16日）一文下跟帖讀。

㚇與弁

《筮法四》："凸（凡）㚇（弁），簪（數）而出，乃述（遂）。"

《筮法四》："凸（凡）㚇（弁），簪（數）而内（入），乃復。"

佊與便

《曹沫》："毋忎（愛）貨資子女，以事其佊（便）連（嬖），所以佢（距）内。"

《曹沫》："毋辟（嬖）於佊（便）俾（嬖），毋倀（長）於父覞（兄）。"

叏與變

《啻門》：“悳（德）叏（變）亟執譌以亡（妄）成，此胃（謂）亞（惡）悳（德），唯（雖）成或（又）澀（瀆）。”

枝與便

《楚居》：“爲枝（便）室₌（室，室）既成，無以内（納）之，乃欑（竊）莙（都）人之犝（犝）以祭。”按，“枝（便）”字從復旦大學出土文獻與古文字研究中心研究生讀書會《清華簡〈楚居〉研讀札記》（復旦大學出土文獻與古文字研究中心網，2011年1月5日）讀。

衺與褊

《用曰》：“又（有）竷₌（坎坎）之綌（裕），而又（有）縸₌（莫莫）之衺（褊）。”按，“衺（褊）”字從劉剛《釋〈上博六・用曰〉20號簡的“裕”和“褊”——兼説“扁”聲字的上古音歸部問題》（待刊）釋讀。

誏與辨

《三德》：“齊₌（齊齊）節₌（節節），外内又（有）誏（辨），男女又（有）節，是胃（謂）天豊（禮）。”

誏與辯

《五行》：“宔（中）心誏（辯）肰（然）而正行之，植（直）也。”

誏與便

《柬大王》：“☑厶（私）誏（便），人粞（將）芺（笑）君。”按，“誏（便）”字從陳劍《上博竹書〈昭王與龔之脽〉和〈柬大王泊旱〉讀後記》（簡帛研究網，2005年2月15日）讀。但其將“便”字下讀，斷句恐有誤。“私便”一詞典籍很常見，與“公利”相對。《韓非子・八説》：“匹夫有私便，人主有公利。”《後漢紀・孝順皇帝紀》：“斯乃征討者之私便，非國家之公利也。”

弁字聲系

弁與變

《五行》：“不弁（變）不₌兑₌（不悦，不悦）不₌臺₌（不戚，不戚）不₌新₌（不親，不親）不₌炁₌（不愛，不愛）不悬（仁）。”

《五行》：“巵₌（顔色）佁（容）佼（貌）悃（温）弁（變）也，以其宔（中）心與人交兑（悦）也。”

《性自》：“其聖（聲）弁（變）則其心從之矣，其心弁（變）則其聖（聲）亦肰（然）。”

《柬大王》：“君王元君，不以其身弁（變）贅尹之祟（常）古（故）；贅尹爲楚邦之魂（鬼）神宔（主），不敢以君王之身弁（變）亂（亂）魂（鬼）神之祟（常）古（故）。”

《内豊》：“君子孝子，不▢若才腹中攷（巧）弁（變），古（故）父母安。”

《鮑叔牙》：“鞄（鮑）雷（叔）牙會（答）曰：‘星弁（變）子曰：爲齊☑。’”按，“弁（變）”字從陳劍《談談〈上博（五）〉的竹簡分篇、拼合與編聯問題》（簡帛網，2006年2月19日）釋讀。

《鮑叔牙》：“甚才（哉）！虛（吾）不澫（勵），二三子不誇（責）忞（怒）寡人，至於弁（變）日飤（食）。”按，“弁（變）”字從許無咎《上博楚竹書（五）〈競建内之〉篇劄記》（簡帛研究網，2006年2月25日）、唐洪志《上博（五）劄記（兩則）》（簡帛網，2006年3月8日）釋讀。

《三德》：“弁（變）祟（常）惕（易）豊（禮），土陸（地）乃迈（坼），民乃囂（夭）死。”

《三德》：“母（毋）□敔，母（毋）弁（變）事。”

《有皇》：“又（有）不善心耳含可（兮），莫不弁（變）改含可（兮）。”按，“弁（變）”

字從復旦吉大古文字專業研究生聯合讀書會《上博八〈有皇將起〉校讀》（復旦大學出土文獻與古文字研究中心網，2011 年 7 月 17 日）釋讀。

《保訓》：“鍪（舜）既得中，言不易實弁（變）名。”

《芮良夫》：“母（毋）自縱（縱）于逸，以囂（傲）不惛（圖），變（悍）弁（變）改棠（常），絉（疢）而亡（無）又（有）絽（紀）紡（綱）。”

《三壽》：“龜噬（筮）孚貣（忒），五寶弁（變）色，而星月𤔲（亂）行。”

弁與反

《詩論》：“《於（猗）差（嗟）》曰：‘四矢弁（反），以御（禦）嬰（亂）。’”

弁與偏

《湯丘》：“古先₌（之先）聖人所以自悉（愛），不弁（偏）聒（聞），不屋（處）矣（疑）。”按，“弁”似當讀作“偏”。“偏聞”有如“偏聽”。《史記·鄒陽傳》：“故偏聽生奸，獨任成亂。”

畚與弁

《養生方》：“到春，以牡鳥卵汁畚（弁），完（丸）如鼠矢，陰乾。”

絣與變

《緇衣》：“大人不新（親）其所𢼸（賢），而信其所戔（賤），耆（教）此以遊（失），民此以絣（變）。”

絣與煩

《用曰》：“民道絣（煩）多，而亦不可沽。”

絣與緐

《封許》：“馬亖（四）匹，攸[illegible]（勒），毴毯，羅緄（纓），鉤雁（膺），[illegible]，絣（緐），匿（柅）。”按，“絣（緐）”字從陳劍《〈清華簡（伍）〉與舊説互證兩則》（復旦大學出土文獻與古文字研究中心網，2015 年 4 月 14 日）釋讀。

絣與慢

《子産》：“絢（怠）絣（慢）繲（懈）思（緩），㥄（更）則任之，善則爲人，勛（黽）勉救善。”按，“絣（慢）”字從清華大學出土文獻讀書會《清華六整理報告補正》（清華大學出土文獻研究與保護中心網，2016 年 4 月 16 日）引石小力説讀。

煩字聲系

煩與反

《癩》：“即令積（癩）者煩（反）夸（瓠），東鄉（嚮）坐於東陳垣下。”

煩與般

《春秋一五》：“臣以死奉煩（般）也。”按，《左传·莊公三十二年》“煩”作“般”。下同。

《春秋一五》：“五月，公薨，子煩（般）即立（位）。”

《春秋一五》：“公子慶父殺子煩（般）而立公子啟方。”

《春秋一五》：“殺子煩（般）而立君，除君愆（怨）也。”

煩與班

《帛易·屯》：“六二，屯如壇（邅）如，乘馬煩（班）如，匪寇閩（婚）厚（媾）。”

《帛易·屯》：“尚（上）六，乘馬煩（班）如，汲（泣）血連（漣）如。”

煩與斑

《春秋一五》：“臣以死奉煩（般）也。”按，《史記·鲁世家》“煩”作“斑”。下同。

《春秋一五》：“五月，公薨，子煩（般）即立（位）。”

《春秋一五》：“公子慶父殺子煩（般）而立公子啟方。”

《春秋一五》：“殺子煩（般）而立君，除君窻（怨）也。”

蕡與沛

《帛易·豐》：“九三，豐其蕡（沛），日中見茉（沫），折其右弓（肱），无咎。”

蕡與棼

《反淫》：“鏅（脩）鐔（掞）曲校，蕡（棼）壇（椽）總（窗）雷（欞）。”按，“蕡”似當讀作“棼”。《周禮·春官·巾車》：“素車，棼蔽。”鄭玄《注》：“棼，讀爲蕡。蕡麻以爲蔽。”《説文》：“棼，複屋棟也。”段玉裁《注》：“木部曰：‘檼、棼也。’是曰檼、曰棼者，複屋之棟也。曰橑者，複屋之椽也。”《廣雅·釋宮》：“檼，棟也。”《説文》：“檼，棼也。”“檼”、“棼”音近義通。

頯與燔

《諸傷》：“以刃傷，頯（燔）羊矢，傅之。”

楙字聲系

樊與判

《容成氏》：“於是虖（乎）天下之兵大迟（起），於是虖（乎）樊（判）宗鹿（戮）族，戔（殘）群安備（服）。”按，“樊（判）”字從李守奎《〈楚居〉中的樊字及出土楚文獻中與樊相關文例的釋讀》（《文物》2011年3期）釋讀。

樊與返

《昭王》：“樊（返）逃珤，王命龏（龔）之脽（脽）母（毋）見。”按，“樊（返）”字從李守奎《〈楚居〉中的樊字及出土楚文獻中與樊相關文例的釋讀》（《文物》2011年3期）釋讀。

《王居》：“彭徒樊（返）諪（鄗）閳（關）至（致）命。”按，“樊（返）”字從復旦吉大古文字專業研究生聯合讀書會《上博八〈王居〉、〈志書乃言〉校讀》（復旦大學出土文獻與古文字研究中心網，2011年7月17日）釋讀。

《赤鴼》：“湯樊（返）駬，少（小）臣饋（匱）。”

樊與盤

《楚居》：“至酓（熊）只〈孓（艾）〉、酓（熊）䏓（䵣）、酓（熊）樊（盤）及酓（熊）賜（錫）、酓（熊）追（渠），聿（盡）居疐（夷）宅（乇）。”

緐字聲系

蘩與繁

《二年·秩律》：“内廣（黃）、蘩（繁）陽、陝、盧氏、新安、新城（成）。”按，整理者釋“蘩”爲“蘩”。不確。但認爲讀作“繁”則是正確的。

蘩與繁

《帛易·賁》：“六二，蘩（賁）其頞。”

《帛易·賁》：“九三，蘩（賁）茹（如）濡茹（如），永貞吉。”

《帛易·賁》：“六四，蘩（賁）茹（如）蕃（皤）茹（如），白馬榦（翰）茹（如），非（匪）寇閩（婚）詬（媾）。”

《帛易·賁》：“六五，蘩（賁）于丘園，束白（帛）戔戔，閵（吝），終吉。”

《要》：“悳（德）行亡者，神需（靈）之趨；知（智）謀遠者，卜筮之蘩（繁）。”按，“蘩（繁）”字從池田知久《〈馬王堆漢墓帛書周易〉要篇之研究》（《東洋文化研究所紀要》第一百二十三冊，1994年2月，164頁）釋讀。

《文啟》：“上勞刑蘩（繁），民憂尚（上）流。”

《禁》：“華文蘩（繁）章害五色，君☐。”

蘩與繁

《晏子一五》："威儀加多而民行茲（滋）薄，聲樂蘩（繁）充而世茲（滋）衰。"

《晏子一五》："蘩（繁）飭（飾）降登，以營世君，盛爲聲樂，以淫愚民。"

《周馴》："昔堯舜之所愛子曰丹朱，不好玆（慈）孝，蘩（繁）樂以倫（淪）。"按，"蘩"字從華東師範大學中文系出土文獻研究工作室《讀新出版〈北京大學藏西漢竹書〉書後（三）》（簡帛網，2015年11月19日）隸定。整理者將"蘩"隸定爲"藚"，不確。

蘩與緐

《北蒼·幽》："遮迣沓詾，鍏（犖）鍵蘩（緐）總。"

蘩與磐

《官一》："禪袥（髺）蘩（磐）避（辟），所以莠（誘）橐（躡）也。"

蘻與繁

《國法》："刑罰蘻（繁），賞罰極，民之靡敝不得☐。"

《四時令》："草木養長，五穀蘻（繁）實而英大矣。"

瀿與繁

《曹氏》："時者，理=謝=終=始=（理序終始，理序終始）而神=咳=（神該，神該）而智=瀿=（智繁，智繁）然后（後）生具象焉。"

蘻與賁

《別卦》："蘻（賁）。"

面字聲系

面與湎

《六分》："驅騁馳獵而不禽芒（荒），飲食喜樂而不面（湎）康。"

《六分》："驅騁馳獵則禽芒（荒），飲食喜樂則面（湎）康。"

《三禁》："剛強而虎質者丘，康沈而流面（湎）者亡。"

丏字聲系

丏與勉

《子產》："丏（勉）政、利政、固政又（有）事。"

《子產》："君人立（蒞）民又（有）道，青（情）以丏（勉），得立（位）命固。"

丏與冕

《子產》："整政才（在）身，閔（文）腥（理）、型（形）膿（體）、惴（端）丏（冕）。"

丏與萬

《唐虞》："大明不出，丏（萬）勿（物）皆（皆）訇（暗）。"按，"丏（萬）"字從裘按（《郭店楚墓竹簡·唐虞之道》篇注［三三］）讀。

寅與賓

《語叢一》："寅（賓）客，青（情）㵟（貌）之𡖓（文）也。"

《語叢三》："寅（賓）客之用繙（幣）也，非正內（納）賜（貨）也，豊（禮）北（必）兼。"

《容成氏》："四海（海）之外寅（賓），四海（海）之內貞。"

《周易·姤》："九二：橐（包）又（有）魚，亡（无）咎，不利寅（賓）。"

《凡物甲》："得而解之，上寅（賓）於天，下番（播）於困（淵）。"按，"寅（賓）"字從復旦大學出土文獻與古文字研究中心研究生讀書會《〈上博（七）·凡物流形〉重編釋文》（復旦大學出土文獻與古文字研究中心網，2008年12月31日）讀。

《良臣》："齊軭（桓）公又（有）龠〈管〉寺（夷）虗（吾），又（有）寅（賓）須亡，又（有）垩（隰）朋。”

㝉與濱

《吳命》:“☐𦣞敢居我江㝉（濱）。”按，“㝉（濱）”字從復旦大學出土文獻與古文字研究中心研究生讀書會《〈上博七·吳命〉校讀》（復旦大學出土文獻與古文字研究中心網，2008年12月30日）釋讀。

賓與儐

《有司》:“其獻祝與二佐食，其位、其薦脀，皆如賓（儐）。”

《有司》:“主婦其洗獻于尸，亦如賓（儐）。”

《有司》:“主婦獻祝，其酌如賓（儐）。”

《有司》:“上佐食繻〈緌（綏）〉祭，如賓（儐）。”

《有司》:“其薦脀，其位、其作（醋）州（酬），皆如賓（儐）醴（禮）。”

《有司》:“主人洗，獻兄弟與内賓與私人，皆如賓（儐）醴（禮）。”

賓與濱

《容成氏》:“昔舜靜（耕）於鬲（歷）丘，匋（陶）於河賓（濱），魚（漁）於靁（雷）澤，孝羕（養）父母，以善其新（親），乃及邦子。”

賓與擯

《戰國一二》:“大（太）上破之，其次賓（擯）之，其下完交而□講。”

《戰國一四》:“不然則賓（擯）之，不則牙（與）齊共講，欲而復之。”

《泰射》:“賓（擯）者請賓。”

賓與髕

《陰陽脈乙》:“毄（繫）於骭骨外廉，揗（循）骭骨而上，穿賓（髕）。”

賓與頻

《妄稽》:“周春見之，曾弗賓（頻）視。”

《妄稽》:“訛（叱）！來！女（汝）猶賓（頻）言虖（乎）？”

謾與慢

《語叢一》:“豊（禮）生於牂（莊），樂生於京（諒）。豊（禮）妻（齊）樂𩆜（靈）則戚，樂𩆜豊（禮）𩆜（靈）則謾（慢）。”按，“謾（慢）”字從劉釗師《郭店楚簡校釋》（福建人民出版社，2003年，189頁）讀。

㒼字聲系

㒺與俛

《題記》:“㒺（俛）欶（厥）。”

《兵談》:“㒺（俛）者不得迎（仰），迎（仰）者不得㒺（俛）。”

《周馴》:“闔廬無聊，不㒺（俛）楚得，恐失其身，乃復歸郢，若其始也。”

㑌與俛

《引書》:“引䏲（㞕）者，反昔（錯）手北（背）而前㑌（俛）。”按，“㑌”字右旁所從應即“㒼”之省形。下同。

《引書》:“窮（窮）視者，反昔（錯）手北（背）而㑌（俛），後雇（顧）踵。”

《引書》:“折陰者，前一足，昔（錯）手，㑌（俛）而反鉤之。”

《引書》:“回周者，昔（錯）兩手而㑌（俛）卬（仰），并揮之。”

《引書》:“□□者，大決足，右手據左足而㑌（俛）左右。”

《引書》:“受〈爰〉據者，右手據左足，撟左手負而㑌（俛）左右。”

《引書》:“縣（懸）前者，㑌（俛），撟兩手而卬（仰），如尋狀。”

《引書》:“引陰者，反昔（錯）撟手而㑌（俛），極之。”

《引書》:“復鹿者，撟兩手，負而㑌（俛），極之。”

《引書》："鼻胃者，偌（俛）而左右招兩臂。"

《引書》："偌（俛），極，因余（徐）縱而精眴（呴）之，端印（仰）而已，定。"

《引書》："前後偌（俛），手傅坨（地），十而已。"

《引書》："兩手奉尻，傋〈偌（俛）〉頭，揗之，頭手皆下至蹱（踵），三而已。"

《引書》："去立，夸（跨）足，以偌（俛）據坨（地），極之，三而已。"

《引書》："引癥（瘻），其在右恆陽之胕脈，視左足之指，偌（俛），力引之。"

滿與懣

《荊決》："有隱者，雲（云）古（胡）滿₌（懣懣）。"

滿與門

《養生方》："滿（門）冬、莁（术）、房（防）風，各冶之等，并之▨。"按，"滿（門）"字從馬繼興《馬王堆古醫書考釋》（湖南科學技術出版社，1992年，709頁）讀。

懣與滿

《一類》："▨懣（滿）僉（痛），出箴（鍼）。"

《一類》："寒氣在胃，莞（脘）腹懣（滿）腸▨。"

譾與滿

《容成》："其入也椤（揆）坡（彼）閨誳〈譾（滿）〉。"

顢與俛

《繫辭》："印（仰）以觀于天文，顢（俛）以觀於地理，是故知幽明之故，觀始反（返）冬（終），故知死生之説。"

《安稽》："勇（踴）趯（躍）顢（俛）印（仰），揆（鶏）據（懅）鹿驚。"

《安稽》："吾顢（俛）印（仰）自念，吾竊蜀（獨）何命。"

曼字聲系

曼與幔

《養生方》："孰（熟）煮，令濆（沸），而以布巾曼（幔）其□□□汁。"按，"曼（幔）"字從馬繼興《馬王堆古醫書考釋》（湖南科學技術出版社，1992年，691頁）讀。

曼與慢

《性情論》："居尻（處）谷（欲）豫□而毋曼（慢）。"

《性自》："又（有）其爲人之柬₌（簡簡）女（如）也，不又（有）夫亙（恆）怡之志則縵（慢）。"按，上博簡本《性情論》縵作曼。"縵（慢）"字從趙建偉《郭店竹簡〈忠信之道〉、〈性自命出〉校釋》（《中國哲學史》1999年2期）讀。

《用曰》："曼₌（慢慢）柬₌（簡簡），其頌之作。"按，"曼₌"似當讀作"慢慢"。

《繫辭》："上曼（慢）下暴，盜思伐之。"

《繫辭》："曼（慢）暴謀（誨）盜思奪之。"

《晏子一〇》："工於取，蜚（菲）乎予，觀（歡）於新，曼（慢）乎故。"

《周馴》："烏（嗚）乎（呼）！戒哉！尚勉承教，而謹慎勿曼（慢）。"

《周馴》："節欲而聽諫，敬賢勿曼（慢），使能勿賤。"

《周馴》："無衈（恤）好學而智（知）貴善言，孝弟（悌）兹（慈）仁而主令弗曼（慢）。"

曼與免

《老子》乙："大方亡禺（隅），大器曼成。"按，帛書乙本曼作免。

曼與晚

《老子》乙："大方亡禺（隅），大器曼成。"按，今本曼作晚。

《曹沫》："臧（莊）公曰：'曼（晚）才（哉），虐（吾）聒（聞）此言。'"按，

"曼（晚）"字從陳劍《上博竹書〈曹沫之陳〉新編釋文》（簡帛研究網，2005年2月12日）讀。

曼與冕

《武王甲》："武王䵬（齋）三日，耑（端）備（服）曼（冕），逾（降）堂幾（階），南面而立。"按，"曼（冕）"字從趙平安《上博簡釋字四篇》（《簡帛》第四輯，上海古籍出版社，2009年）釋讀。

曼與蔑

《祭公》："𢆶（兹）由（迪）彝季（學）于文武之曼悳（德），克夾卲（紹）成康，甬（用）臧（畢）成大商。"按，今本《逸周書·祭公》曼作蔑。

曼與般

《三壽》："我㪵（寅）晨共（降）𢆶（在）九厇（宅），𥉄（診）夏之遈（歸）商，方曼（般）于茖（路）。"

蔓與曼

《二年·秩律》："穎（潁）陽、長社、解陵、武泉、沙陵、南輿、蔓（曼）柏。"

褑與冕

《成之》："君𪐴（衮）褑（冕）立於隻（阼），一宮之人不勑（勝）其敬。"按，"褑（冕）"字從裘按（《郭店楚墓竹簡·成之聞之》篇注［七］）讀。

縵與曼

《性自》："又（有）其爲人之柬₌（簡簡）女（如）也，不又（有）夫亙（恆）怡之志則縵（慢）。"按，上博簡本《性情論》縵作曼。"縵（慢）"字從趙建偉《郭店竹簡〈忠信之道〉、〈性自命出〉校釋》（《中國哲學史》1999年2期）讀。

縵與慢

《性自》："又（有）其爲人之柬₌（簡簡）女（如）也，不又（有）夫亙（恆）怡之志則縵（慢）。"按，"縵（慢）"字從趙建偉《郭店竹簡〈忠信之道〉、〈性自命出〉校釋》（《中國哲學史》1999年2期）讀。

縵與挽

《子儀》："强弓可縵（挽）其䜅（絕）也，矰追而稚（集）之。"

縵與鞔

《答問》："以絲雜織履，履有文，乃爲'錦履'，以錦縵（鞔）履不爲。"

縵與謾

《衛風》："□未（寐）吾（寤）言，柄（永）矢弗縵（諼）。"

縵與洩

《繫年十九》："吳縵（洩）用（庸）以自（師）逆鄒（蔡）卲（昭）侯，居于州坴（來），是下鄒（蔡）。"

輚與冕

《吳命》："又（有）軒輚（冕）之賞，或又（有）釜（斧）戉（鉞）之愄（威）。"按，"輚（冕）"字從復旦大學出土文獻與古文字研究中心研究生讀書會《〈上博七·吳命〉校讀》（復旦大學出土文獻與古文字研究中心網，2008年12月30日）釋讀。

謾與謾

《奏讞書》："騰曰：以毛謾（謾），笞。"按，整理者釋"謾"爲"譩"。不確。但認爲該字用作"謾"則是正確的。

萬字聲系

萬與厲

《性自》："凡眚（性），或敳（動）之，或逆之，或交〈室（實）〉之，或萬（厲）之，或出之，或羕（養）之，或長之。"

《性自》："萬（厲）眚（性）者，宜（義）也。"

《鬼神》："返（及）桀受（紂）學（幽）

萬（厲），焚聖人，殺訐（諫）者，惻（賊）百眚（姓），𤔔（亂）邦家。”

《君人甲》：“傑（桀）、受（紂）、幽、萬（厲）殄（戮）死於人手。”

《君人乙》：“傑（桀）、受（紂）、幽、萬（厲）殄（戮）死於人手。”

萬與勱

《交交》：“豑（豈）敓是好，隹（唯）心是萬（勱）。”

萬與墤

《緇衣》：“《寺（詩）》員（云）：‘悉（儀）坓（刑）文王，萬邦乍（作）孚。’”按，上博簡本《緇衣》萬作墤。

萬與慲

《性自》：“凡眚（性），或敳（動）之，或逆之，或交〈室（實）〉之，或萬（厲）之，或出之，或羕（養）之，或長之。”按，上博簡本《性情論》萬（厲）作慲。下同。

《性自》：“萬（厲）眚（性）者，宜（義）也。”

萬與勵

《容成氏》：“其政綌（治）而不賞，官而不箳（爵），無萬（勵）於民，而綌（治）𤔔（亂）不□。”

萬與賴

《啻門》：“记（起）事又（有）穫，民長萬（賴）之，此胃（謂）岜（美）事。”

《子儀》：“弔（蹙）易（惕）之作，尻（處）虐（吾）以休，萬（賴）子是救。”

萬與亂

《管仲》：“中（仲）父，千乘之都，型（刑）正（政）既萬（亂），民人陸（惰）怈（怠）。”按，“萬”似當讀作“亂”。

厲與勵

《延氣》：“短衣絜裘，以勸士志，所以厲（勵）氣也。”按，“厲（勵）”字從張震澤《孫臏兵法校理》（中華書局，1984年，96頁）讀。

厲與蠣

《癃病》：“冶厲（蠣），毒堇不暴（曝）。”

《養生方》：“取芍（菌）桂二，細辛四，萩一，戊（牡）厲（蠣）一。”

《萬物》：“牡厲（蠣）冰□可以爲漿也。”

厲與癘

《周易・漸》：“初六：鳿（鴻）漸（漸）于淵（干），少（小）子厲，又（有）言，不終。”按，帛書本厲作癘。

厲與洌

《阜易・井》：“九五，井厲（洌）□□□。”

厲與利

《四時令》：“擅（繕）甲厲（利）兵，合什爲伍，脩封四彊（疆）。”按，“厲”似當讀作“利”。上博簡《曹沫之陣》有“繕甲利兵”語，凡二見。

廣與癘

《封診式》：“疑廣（癘），來詣。”

《封診式》：“廣（癘）殹（也）。”

《脈書》：“四節疕如牛目，麋（眉）突（脱），爲廣（癘）。”

《北蒼・魚》：“瘅熱疥廣（癘），瘕痹癰疽。”

廣與厲

《日甲・除》：“害日，利以除凶廣（厲），兑（説）不羊（祥）。”

墤與萬

《老子》丙：“是以能補（輔）墤勿（物）之自肰（然），而弗敢爲。”按，今本和帛書本墤作萬。

《太一》：“逌（周）而或□□□□墤（萬）勿（物）母；罷（一）块（缺）罷（一）浧（盈），以忌（己）爲墤（萬）勿（物）經。”

《緇衣》："一人又（有）慶，墧（萬）民贎（賴）之。"

《容成氏》："武王於是虖（乎）乍（作）爲革車千輮（乘），繻（帶）虖（甲）墧（萬）人，戊午旹₌（之日），涉於孟澅（津）。"

《仲弓》："☐子又（有）臣墧（萬）人道（導）汝，思老其家，夫☐。"

《曹沫》："居（裾）不褻（疊）㬜（文），飤（食）不貳（貳）盥（羹），兼悉（愛）墧（萬）民，而亡又（有）厶（私）也。"

《曹沫》："君乃自怹（過）以敓（悦）於墧（萬）民，弗琒（陷）跪（危）地。"

《曹沫》："埇（勇）者憙（喜）之，巟者悔（悔）之，墧（萬）民贛（黔）首皆欲或之。"

《鮑叔牙》："含（今）豎迡（刁），佖（匹）夫而欲智（知）墧（萬）輮（乘）之邦而貴尹，其爲志（災）也深矣。"

《君子》："子贛（貢）曰：'夫子絧（治）十室之邑亦樂，絧（治）墧（萬）室之邦亦樂，肰（然）則☐喜（矣）。'"

《命》："驢（黔）頁（首）墧（萬）民莫不忻（欣）憙（喜），四海之内莫弗聣（信）。"

《命訓》："是古（故）明王奉此六者，以牧墧（萬）民₌（民，民）甬（用）不遂（失）。"

墧與沫

《曹沫》："敨（曹）墧（沫）曰：君其毋員（昏）。"

澫與勵

《鮑叔牙》："甚才（哉）！虐（吾）不澫（勵），二三子不謫（責）忞（怒）寡人，至於使日飤（食）。"按，"澫（勵）"字從唐洪志《上博（五）劄記（兩則）》（簡帛網，2006年3月8日）引白於藍説讀。

澫與賴

《繫年十八》："執郐（徐）公，述（遂）以伐郐（徐），克澫（賴）、邾（朱）邡（方）。"

澫與瀨

《交交》："交₌（交交）鳴鷥（烏），集于中澫（瀨）。"按，"澫（瀨）"字從孟蓬生《上博竹書（四）閒詁（續）》（簡帛研究網，2005年3月6日）讀。

《楚帛書》甲："以涉山陞（陵），瀧汨凼澫（瀨），未又（有）肙₌（日月）。"按，"澫（瀨）"字從李零《古文字雜識（六篇）》（《古文字研究》第十七輯，中華書局，1989年）讀。下同。

《楚帛書》乙："民勿甬（用）□□百神，山川澫（瀨）浴（谷），不欽□行。"

萬與萬

《競公瘧》："☐忘矣而湯清者，與得薑（萬）福安（焉）。"

薑與厲

《性自》："凡眚（性），或數（動）之，或逆之，或交〈室（實）〉之，或萬（厲）之，或出之，或羕（養）之，或長之。"按，上博簡本《性情論》萬（厲）作薑。下同。

《性自》："萬（厲）眚（性）者，宜（義）也。"

薑與賴

《柬大王》："三日，大雨，邦薑（賴）之。癹（發）駐（馹）迈（蹠）四₌疆₌（四疆，四疆）皆管（熟）。"按，"薑（賴）"字從陳劍《上博竹書〈昭王與龔之脽〉和〈柬大王泊旱〉讀後記》（簡帛研究網，2005年2月15日）、孟蓬生《上博竹書（四）閒詁》（簡帛研究網，2005年2月15日）讀。

礪與礪

《説命中》："若金，甬（用）隹（惟）女（汝）乍（作）礪（礪）。"

礓與礪

《曹沫》："人之兵不砥礓（礪），我兵必砥礓（礪）；人之虖（甲）不緊（堅），我虖

（甲）必緊（堅）。”

癘與厲

《帛易·漸》：“初六，鳿（鴻）漸于淵，小子癘（厲），有言，无咎。”

《延氣》：“☒氣不癘（厲）則聶₌（懾，懾）則眾₌□₌（眾□，眾□）☒。”

癘與勵

《延氣》：“臨竞（境）近適（敵），務在癘（勵）氣。”按，“癘（勵）”字從張震澤《孫臏兵法校理》（中華書局，1984年，96頁）讀。

癘與蠆

《帛乙老子·德經》：“夆（蜂）癘（蠆）虫（虺）蛇弗赫（螫）。”

癘與蠣

《萬物》：“燔牡癘（蠣）止氣臾也。”

癘與靨

《目録》：“癘（靨）。”

糲與糲

《秦律·倉律》：“[粟一]石六斗大半斗，舂之爲糲（糲）米一石，糲（糲）米一石爲鑿（鑿）米九斗，九[斗]爲毀（毇）米八斗。”

《秦律·傳食律》：“使者之從者，食糲（糲）米半斗。”

《秦律·傳食律》：“糲（糲）米一斗，有采（菜）羹。”

《穀物》：“糲（糲）一升爲粺十分升九。”

《穀物》：“粺一升爲糲（糲）一升九分升一。”

《穀物》：“糲（糲）米廿斗重一石。”

賴與萛

《緇衣》：“一人又（有）慶，墻（萬）民賴（賴）之。”按，上博簡本《緇衣》賴（賴）作萛。

賴與賴

《緇衣》：“一人又（有）慶，墻（萬）民賴（賴）之。”

醨與厲

《繫年十二》：“楚臧（莊）王立十又四年，王會者（諸）侯于醨（厲），奠（鄭）成公自醨（厲）逃歸，臧（莊）王述（遂）加奠（鄭）亂。”

丹字聲系

丹與端

《北蒼·之職》：“丹（端）勝誤亂，圄奪侵試（弑）。”

旃與氈

《北蒼·魚》：“旃（氈）翳簦笠，羽扇聶（翣）轝（旟）。”

旦字聲系

旦與亶

《説命上》：“王曰：‘旦（亶）肰（然）。天廼命敚（説）伐遳₌宔₌（失仲。’失仲）是（適）生子，生二戉（牡）豕。”

旦與鴠

《反淫》：“朝日即離（鸝）黄、蓋（鳱）且〈旦（鴠）〉鳴焉，莫（暮）日即奇（羈）雌獨鳥宿焉。”

旦與殫

《日甲·歲》：“以北大羊（祥），東旦（殫）亡，南遇英（殃），西數反其鄉。”

《日甲·歲》：“以東大羊（祥），南旦（殫）亡，西禺（遇）英（殃），北數反其鄉。”

《日甲·歲》：“以南大羊（祥），西旦（殫）亡，北禺（遇）英（殃），東數反其鄉。”

《日甲·歲》：“以西大羊（祥），北旦（殫）亡，東禺（遇）英（殃），南數反其鄉。”

旦與癉

《足臂脈·足》：“洇（咽）□□□□舌輅，□旦（癉），尚（上）□，□□。”按，“旦

（癉）”字從馬繼興《馬王堆古醫書考釋》（湖南科學技術出版社，1992年，195頁）讀。

但與旦

《金縢》：“隹（惟）尔（爾）元孫癹（發）也，不若但（旦）也。”

但與袒

《用曰》：“又（有）但（袒）之深，而又（有）弔之湝（淺）。”按，“但（袒）”字從何有祖《讀〈上博六〉劄記》（簡帛網，2007年7月9日）讀。

《晏子一二》：“休（遂）但（袒）免，枕君尸而哭，興，九甬（踊）而出。”

《泰射》：“司射適次，但（袒）、決、述（遂），執弓，挾乘矢於弓外。”

《泰射》：“司馬正適次，但（袒）、決、述（遂），執弓，右挾之，出。”

《泰射》：“司馬正但（袒）、決、述（遂），執弓，右挾之，出。”

《泰射》：“若矢不備，則司馬正有（又）但（袒）執弓，升，命取矢如初。”

《泰射》：“皆但（袒）、決、述（遂），執弓，右挾之。”

《泰射》：“小臣正贊但（袒），公朱繻（襦），卒但（袒）。”

《泰射》：“諸公卿取弓矢于次中，但（袒）、決、述（遂），執弓，晉（搢）三挾一个。”

《泰射》：“司馬但（袒）執弓，升，命取矢如初。”

《泰射》：“司射適西堂，但（袒）、決、述（遂）述（遂），取弓，挾一个。”

《泰射》：“命三偶（耦）皆但（袒）、決、述（遂），執弓，徐（序）出取矢。”

《泰射》：“司射猶但（袒）、決、述（遂），左執弓，右執一个，兼諸弦，面鏃。”

《泰射》：“三偶（耦）及諸公、卿、大夫、眾射者皆但（袒）、決、述（遂）。”

《喪服》：“崩（朋）友皆在也（他）國，但（袒）免，歸則已。”

但與亶

《北蒼·之職》：“嬰（縈）但（亶）揞援，何竭負戴。”

但與撣

《奏讞書》：“但（撣）錢千二百，操簦，道市歸，到巷中。”

《奏讞書》：“孔見一女子操簦但（撣）錢。”

坦與壇

《相宅》：“凡坦（壇）南□☒。”

《金縢》：“周公乃爲三坦（壇）同鍷（墠），爲一坦（壇）於南方。”

坦與墠

《相宅》：“凡相坦（墠）、豉（樹）邦（封）、作邑之道。”

鍷與墠

《金縢》：“周公乃爲三坦（壇）同鍷（墠），爲一坦（壇）於南方。”

怛與亶

《忠信》：“其言尔信，古（故）怛（亶）而可受也。”

担與但

《守權》：“其後出要塞，担（但）擊其後，毋通其量（糧）食，中外相應。”

担與癉

《緇衣》：“《大夏（雅）》員（云）：‘上帝板₌（板板），下民卒担（癉）。’”按，今本担作癉。整理者讀“担”爲“疸”，未知所據何本。

迌與邅

《尊德義》：“夫唯是古（故），悳（德）可易而攺（施）可迌（邅）也。又（有）是攺（施）少（小）又（有）利，迌（邅）而大又（有）憲（害）者，又（有）之；又（有）是攺（施）少（小）又（有）憲（害），退（遭）而大又（有）利者，又（有）之。”按，“退（遭）”字從陳偉《郭店竹書別釋》（湖北教育出版社，2002 年，167 頁）讀。

退與轉

《窮達》：“白（百）里退（轉）迭（鬻）五羊，爲敀（伯）斁（牧）牛，叕（釋）板（鞭）柽（箠）而爲譻卿，堣（遇）秦穆。”按，“退（轉）”字從裘按（《郭店楚墓竹簡·窮達以時》篇注［九］）讀。

疸與饘

《養生方》：“一日一夜而出，以汁漬疸（饘）糗九分升二。”

組與繕

《阜春一二》：“晉人已勝智氏，反（返）而組（繕）甲砥兵。”

舶與黚

《楚居》：“至畬（熊）只〈孓（艾）〉、畬（熊）舶（黚）、畬（熊）樊（盤）及畬（熊）賜（錫）、畬（熊）逗（渠），聿（盡）居臺（夷）宅（屯）。”

亶與壇

《雜禁方》：“又（有）犬善皋（嗥）於亶（壇）與門，坴（塗）井上方五尺。”

亶與擅

《治官》：“一曰夸（誇）而夬，二曰貴而企，三曰亶（擅）歹割，四曰犯上不智（知）其害，五曰閒（賤）士貴貨貝。”

《二年·史律》：“吏備（憊）罷、佐勞少者，毋敢亶（擅）史、卜。”

《二年·史律》：“及亶（擅）不視事盈三月，庌（斥）勿以爲史、卜。”

亶與妲

《妄稽》：“殷紂大亂，用被（彼）亶（妲）己。”

亶與坦

《帛易·履》：“九二，禮（履）道亶（坦）亶（坦），幽人貞吉。”

亶與殫

《明君》：“故□苑則亶（殫）群，汙池則盡漁，以食戰士。”

《晏子一五》：“纍（累）雔（壽）不能亶（殫）其教。”

亶與袒

《引書》：“去起寬亶（袒），偃治巨引，以與相求也，故能毋病。”

壇與邅

《帛易·屯》：“六二，屯如壇（邅）如，乘馬煩（班）如，匪寇閩（婚）厚（媾）。”

壇與廛

《爲政》：“爲正（政）多使百生（姓）分壇（廛）羣居，壞動列（裂），比三，有天火下，大如鶏。”

壇與椽

《反淫》：“謅（脩）鐔（掞）曲校，薠（棼）壇（椽）總（窗）雷（欞）。”按，“壇”似當讀作“椽”。《説文》：“椽，榱也。”《説文》：“榱，秦名爲屋椽。周謂之榱，齊魯謂之桷。”《説文》：“桷，榱也。椽方曰桷。”《説文》：“橑，椽也。”《玉篇·木部》：“橑，榱也。”《廣雅·釋宮》：“榱、橑、桷、棟，椽也。”《玄應音義》卷十六“椽桷”《注》：“椽、桷、榱、橑，皆一物而異名也。”《後漢書·班固傳》：“列棼橑以布翼，荷棟桴而高驤。”李賢《注》：“《説文》曰‘棼，複屋之棟’，‘橑，椽也’。”“棼橑”即此“薠（棼）壇（椽）”。

幝與氈

《秦律·司空》：“城旦舂衣赤衣，冒赤幝（氈），拘櫝欙杕之。”

擅與繕

《四時令》："擅（繕）甲厲（利）兵，合什爲伍，脩封四彊（疆）。"

亶與饘

《奏讞書》："采〈采〉鐵長山私使城旦田，舂女爲亶（饘），令内作。"

檀與蟺

《文摯》："舉凫雁、鵠、蕭（鷫）相（鷞）、蚖檀（蟺）、魚鱉（鼈）、耎（蝡）動之徒。"

單字聲系

單與憚

《六德》："句（苟）淒夫人之善[illegible]，懞（勞）其胻忧之力弗敢單（憚）也，危其死弗敢炁（愛）也。"

《周病方》："溫，猷（飲）之，令人不單（憚）病。"

《妄稽》："吾不單（憚）買妾，君財恐散。"

單與鄲

《編年記》："五十年，攻邯單（鄲）。"

單與戰

《尹至》："夏料民，内（入）于水，曰單（戰）。"

《日乙·秦》："徹，大徹，利單（戰）伐。"

《帛乙老子·德經》："夫茲（慈），以單（戰）則朕（勝），以守則固。"

《帛乙老子·德經》："故善爲士者不武，善單（戰）者不怒。"

《帛乙老子·德經》："不單（戰）而善朕（勝），不言而善。"

《君正》："然后可以守單（戰）矣。"

《君正》："號令成俗而刑伐（罰）不犯，則守固單（戰）朕（勝）之道也。"

《六分》："單（戰）朕（勝）而令不□□□失□□□□□□□空□與天□□則國貧而民芒（荒）。"

《六分》："自此以下，兵單（戰）力掙（爭），危亡无日，而莫知其所從來。"

《亡論》："以此有國，守不固，單（戰）不克。"

《五正》："單（戰）才（哉）。"

《正亂》："單（戰）盈才（哉）。"

《正亂》："單（戰）數盈六十而高陽未夫〈失〉。"

《雌雄節》："以守則寧，以作事則成，以求則得，以單（戰）則克。"

《順道》："單（戰）視（示）不敢，明埶（設）不能。"

《順道》："若此者，單（戰）朕（勝）不報，取地不反。"

《順道》："單（戰）朕（勝）於外，福生於内。"

《稱》："以守不固，以單（戰）不克。"

《陰陽脈乙》："缺汾（盆）甬（痛），甚則交兩手而單（戰），此爲臂厥。"

《易之義》："'龍單（戰）于野'，文而能達也。"

《易之義》："龏（龍）單（戰）于野，其血玄黃。"

《昭力》："言國脩（修）兵不單（戰）而威之胃（謂）也。"

《昭力》："是故君以炁（愛）人爲德，則大夫共（恭）悳（德），將軍禁單（戰）。"

《月戰》："戰□□□□不單（戰）。"

《略甲》："▨□以國章，欲單（戰）若狂。"

單與癉

《五令》："□之，則五穀有菑（災），民多單（癉）疾。"

單與坦

《帛乙老子·德經》："弗召而自來，單（坦）而善謀。"

單與疸

《陰陽脈乙》："□□□嗌中甬（痛），單（疸）。"按，"單（疸）"字從馬繼興《馬王堆古醫書考釋》（湖南科學技術出版社，1992年，264頁）讀。

單與擅

《六博》："在長下，婦單（擅）事。"

單與旃

《繫年十三》："邻（趙）單（旃）不欲成，弗卲（召），射（席）于楚軍之門。"

匰與簞

《特牲》："尸浣（盥）匜水，實于般（盤）中，匰（簞）巾，在門内之右。"

《少牢》："小祝設般（盤）、鉈（匜）與匰（簞）、巾于西階東。"

《少牢》："一宗人奉匰（簞）巾，南面于般（盤）北。"

幝與旃

《繫年二一》："楚自（師）亡工（功），多云（棄）幝（旃）、莫（幕），肖（宵）遯（遁）。"

《繫年二三》："楚人聿（盡）云（棄）其幝（旃）、幕、車、兵，犬逵（逸）而還。"

彈與坦

《帛甲老子·德經》："不言而善應，不召而自來，彈（坦）而善謀。"

䵣與鱓

《胎產書》："四月而水受（授）之，乃始成血，其食稻麥，䵣（鱓）魚□□。"

鄲與戰

《節》："德在閤，閤不可塞正也，樹不可伐，巷狗不可鄲（戰）也。"

禪與單

《獎懲》："☐其士吏以上拜爵者，皆禪（單）行，得至☐。"

癉與疸

《脈書》："内癉，身痛，艮（眼）蚤（爪）黄，弱（溺）赤，爲黄癉（疸）。"

《陰陽脈甲》："癉（疸），耆（嗜）卧，欬（咳），音（瘖），爲十病。"按，"癉（疸）"字從馬繼興《馬王堆古醫書考釋》（湖南科學技術出版社，1992年，264頁）讀。

蟬與單

《戰國一五》："有（又）爲陶啟兩幾（機），盡故宋，而衛〈衛〉效蟬（單）尤〈父〉。"

展字聲系

展與輾

《文啟》："☐之游之，展（輾）槫（轉）而求之。"

耑字聲系

耑與端

《性自》："退谷（欲）耑（端）而毋巠（徑）。"按，"耑（端）"字從白於藍《郭店楚墓竹簡釋讀劄記》（《古文字論集（二）》，考古與文物叢刊第四號，2001年）釋讀。

《語叢一》："喪，急（仁）之耑（端）也。"

《語叢三》："□，□之耑（端）也。"

《容成氏》："文王於是虐（乎）素耑（端）[illegible]裳以行九邦。"

《武王甲》："武王𩐁（齋）三日，耑（端）備（服）曼（冕），逾（降）堂幾（階），南面而立。"

《武王甲》："武王聒（聞）之忑（恐）僳（懼），爲名（銘）於笞（席）之四耑（端）曰：'安樂必戒。'右耑（端）曰：'毋行可悔（悔）。'笞（席）後左耑（端）曰：'民之反[illegible]（側），亦不可【不】志。'後右耑（端）曰：'殷諫（鑑）不遠，視而（邇）所弋（代）。'"

《凡物甲》："戠（察）此，言记（起）於鼠（一）耑（端）。"

《凡物甲》："戠（察）此，言记（起）於鼠（一）耑（端）。"

《凡物乙》："戠（察）此，言记（起）於鼠（一）耑（端）。"

《凡物乙》："☐於鼠（一）耑（端）。"

《子產》："袋（勞）惠邦政，耑（端）使（使）於四笅（鄰）。"

《北蒼·陽》："耑（端）末根本，榮葉莠英。"

耑與揣

《凡物甲》："戠（察）道，俟（坐）不下笞（席）；耑（揣）曼（文），箸（書）不與事。"按，"耑（揣）"字從復旦大學出土文獻與古文字研究中心研究生讀書會《〈上博（七）·凡物流形〉重編釋文》（復旦大學出土文獻與古文字研究中心網，2008 年 12 月 31 日）讀。下同。

《凡物乙》："戠（察）道，俟（坐）不下笞（席）；耑（揣）曼（文）☐。"

耑與顓

《武王甲》："不智（知）黃帝、耑（顓）琂（頊）、堯、舜之道在［存］虐（乎）？"

耑與短

《老子》甲："長耑之相型（形）也，高下之相浧（盈）也。"按，今本和帛書本耑作短。

《亙先》："先又（有）耑（短），安（焉）又（有）長。"

《曹沫》："三行之後，句（苟）見耑（短）兵，攸毋怡（怠），毋思（使）民矣（疑）。"

《天子甲》："臨壯不言螽（亂）、不言㝲（寢）、不言威（滅）、不言友（拔）、不言耑（短），古（故）龜又（有）五昇（忌）。"

《天子乙》："臨壯不言螽（亂）、不言㝲（寢）、不言威（滅）、不言友（拔）、不言耑（短），古（故）龜又（有）五昇（忌）。"

耑與權

《命訓》："霝（臨）之以中（衷），行之以耑₌（權，權）不鸕（法），中（衷）不忠，罰不服，賞不從袋（勞）。"

《命訓》："凡此，勿（物）氒（厥）耑（權）之欘（屬）也。"

《命訓》："以耑（權）從墟（法）則不行₌（行，行）不必墟₌（法，法）以智（知）耑₌（權，權）以智（知）敚₌（微，微）以智（知）䚧₌（始，始）以智（知）終。"

湍與揣

《老子》甲："湍而羣之，不可長保也。"按，河上、王弼本湍作揣。

湍與敲

《老子》甲："湍而羣之，不可長保也。"按，傅奕本湍作敲。

湍與掓

《老子》甲："湍而羣之，不可長保也。"按，帛書本湍作掓。

揣與踹

《妄稽》："手若陰逢（蓬），足若揣（踹）卵。"

惴與端

《三壽》："衣備（服）惴（端）而好訐（信），丂（孝）忐（慈）而依（哀）眔（鰥）。"

《子產》："整政才（在）身，閔（文）腥（理）、型（形）體（體）、惴（端）毎（冕）。"

椯與喘

《天下至道》："疾使内，不能道，產病出汗椯（喘）息，中煩氣亂。"

《天下至道》："五言〈音〉：一曰候（喉）息，二曰椯（喘）息，三曰纍哀，四曰疢（吹），五曰齘（齧）。"

《天下至道》："椯（喘）息，氣上相薄，

自宫（宫）張。”

㯄與揣

《三德》：“母（毋）㯄（揣）深，母（毋）厇（度）山，母（毋）逸其身而多其言。”

《帛甲老子·德經》：“矢（兕）无所㯄（揣）其角，虎无所昔（措）其蚤（爪）。”

《北大老子》：“虎無所錯（措）其蚤（爪），冢（兕）無所㯄（揣）其角，兵無所容其刃。”

㯄與端

《治官》：“移徙上㯄（端），案戶定數，狠（墾）田少員。”

㯄與段

《日甲·詰》：“取西南隅，去地五尺，以鐵椎㯄（段）之，必中蟲首。”

《日甲·詰》：“取桃枱〈棓〉㯄（段）四隅中央，以牡棘刀刊其宮蘠（牆）。”

惴與喘

《合陰陽》：“惴（喘）息，至美也。”

瑞與項

《揕輿》：“許尚以帝諯（顓）瑞（項）之法占之，胃（謂）城父將不免。”

《揕輿》：“許尚以帝諯（顓）瑞（項）之法占之，以其當斗以祭大神，王身无（無）咎，吉，臨祠不免。”

《揕輿》：“許尚以帝諯（顓）瑞（項）之法占之，以其當斗也，將有咎。”

《揕輿》：“許尚以帝諯（顓）瑞（項）之法占之，其所得者，共工徒也，得之東北臨水，其得者，家之少子也。”

端與遄

《帛易·損》：“初九，巳事端（遄）往，无咎，酌損之。”

《帛易·損》：“六四，損其疾，事（使）端（遄）有喜，无咎。”

端與專

《妄稽》：“妾乃端（專）誠，不能更始。”

耑與短

《鮑叔牙》：“乃命又（有）嗣（司）箸祚浮，老甥（弱）不型（刑），畝纆耑（短），田纆長，百糧篁（鐘）。”按，“耑（短）”字從何有祖《上博五〈鮑叔牙與隰朋之諫〉試讀》（簡帛網，2006年2月19日）讀。

諯與端

《子儀》：“義（儀）父！昔畐（贊）之行，不彀（穀）欲裕我亡反副（復），尚諯（端）項瞻遊目以晉我秦邦。”

諯與顓

《揕輿》：“許尚以帝諯（顓）瑞（項）之法占之，胃（謂）城父將不免。”

《揕輿》：“許尚以帝諯（顓）瑞（項）之法占之，以其當斗以祭大神，王身无（無）咎，吉，臨祠不免。”

《揕輿》：“許尚以帝諯（顓）瑞（項）之法占之，以其當斗也，將有咎。”

《揕輿》：“許尚以帝諯（顓）瑞（項）之法占之，其所得者，共工徒也，得之東北臨水，其得者，家之少子也。”

彖字聲系

彖與喙

《隨日·盜日》：“其盜決，疵善，彖（喙）口，東臧（藏）之史耳若所（？）。”

剶與劙

《周病方》：“柂（恒）多取櫌（擾）桑木，燔以爲炭火，而取牛肉剶（劙）之。”

《癲疾》：“發，即以刀剶（劙）其頭，從顛到項，即以犬矢濕之，而中剶（劙）雞□。”

《養生方》：“取牛肉薄剶（劙）之，即取萆荚（薢）寸者，置□□牛肉中，炊沸，休，有（又）炊沸，有（又）休，三而出肉食之。”

《牡痔》：“先剶（劙）之；弗能剶（劙），

□龜𡿦（腦）與地膽蟲相半，和以傅之。"

掾與遯

《帛易·遯》："掾（遯），亨，小利貞。"

《帛易·遯》："初六，掾（遯）尾，厲，勿用有攸往。"

《帛易·遯》："九三，爲掾（遯），有疾，厲。畜僕妾，吉。"

《帛易·遯》："九四，好掾（遯），君子吉，小人不（否）。"

《帛易·遯》："九五，嘉掾（遯），貞吉。"

《帛易·遯》："尚（上）九，肥掾（遯），先〈无〉不利。"

椽與遯

《阜易·遯》："初六，椽（遯）□，厲。"

《阜易·遯》："九五，嘉椽（遯），貞吉。"

椽與𩠐

《帛易·困》："九五，貳（鯢）椽（𩠐），困于赤發（紱），乃徐有說。利用芳（享）祀。"

《帛易·困》："尚（上）六，困于褐（葛）纍（藟），于貳（鯢）椽（𩠐），曰悔夷有悔，貞（征）吉。"

腞與遯

《爲國》："▨數，腞（遯）伍，行姦，避事▨。"

《國法》："▨□下无弗爲之心，而以腞（遯）罪辟（避）刑爲故。"

緣與彖

《繫辭》："緣（彖）者，言如馬〈象〉者也。"

《繫辭》："緣（彖）也者，制也；肴（爻）也者，效天下之動者也。"

《易之義》："渙之緣（彖）辭，武而知安矣。"

《易之義》："子曰：知者觀其緣（彖）辭而說過半矣。"

延字聲系

延與涎

《日甲·詰》："人毋（無）故一室人皆箠（垂）延（涎），爰母處其室。"

延與筵

《天子乙》："天子四辟，延（筵）笞（席），邦君三辟，夫=（大夫）二辟，士一辟。"

《特牲》："几、延（筵）、兩敦〈敦〉在西堂。"

《特牲》："祝延（筵）几于室中，東面。"

《特牲》："尸即延（筵）坐，主人拜綏（妥）尸。"

《特牲》："延（筵）祝，南面。"

《特牲》："延（筵）于戶內。"

《特牲》："延（筵）末坐，卒爵，拜。"

《特牲》："延（筵）于房中，南面。"

《特牲》："延（筵）對席，佐食分軌（簋）、刑（鉶）。"

《特牲》："几菲（厞）用延（筵），入（納）一尊。"

《少牢》："司宮延（筵）于㖼（奧），祝設几于延（筵）上，右之。"

《少牢》："薦自東房，韭菹、湛（醓）醢，坐鄭（奠）于延（筵）前。"

《少牢》："佐食壐（爾）上敦黍于延（筵）上，右之。"

《少牢》："祝祭酒，啐酒，鄭（奠）爵于其延（筵）前。"

《有司》："司宮延（筵）于戶西，南面。以延（筵）于西序，東面。"

《有司》："二手衡（横）執几，進授尸于延（筵）前。"

《有司》："北面墳（奠）于延（筵）上，左之，南宿（縮），不坐。"

《有司》："主婦自東房薦韭、菹、酭（醓），坐墳（奠）于延（筵）前，菹在西方。"

《有司》："尸升延（筵）自西方，坐。"
《有司》："尸降延（筵），北面于西楹西，坐卒爵。"
《有司》："尸升延（筵），立于延（筵）末。"
《有司》："主婦薦韭、菹、酭（醢），坐墺（奠）于延（筵）前，酭（醢）在南方。"
《有司》："或（侑）升延（筵）自北方，司馬衡（横）執羊俎以升，設于豆東。"
《有司》："或（侑）降延（筵）自北方，北面于西楹西，坐卒爵。"
《有司》："主婦薦韭、菹、酭（醢），坐墺（奠）于延（筵）前，菹在北方。"
《有司》："主人升延（筵）自北方，主婦入于房。"
《有司》："主人降延（筵）自北面，于階上，坐卒爵，執爵以興。"
《有司》："主人及尸、或（侑）皆就延（筵）。"
《有司》："尸拜于延（筵）上，受。"
《有司》："主人延（筵）上拜受爵，主婦北面于阼階上荅拜。"
《有司》："尸降延（筵），受主婦爵以降。"
《有司》："婦贊者薦韭、菹、酭（醢），坐設于延（筵）前，菹在西方。"
《有司》："主婦升延（筵）。"
《有司》："尸、主人及或（侑）皆就延（筵）。"
《有司》："尸、或（侑）、主人皆升延（筵），乃羞。"
《有司》："尸升延（筵），南面合（荅）拜。"
《有司》："尸降延（筵），受三獻爵，酌以昨（酢）之。"
《有司》："主人拜受，尸拜送。尸就延（筵）。"
《有司》："主人復延（筵），乃升長賓。"
《有司》："興，加于柤（俎），坐挩手，祭酒，執興，延（筵）北東面立卒爵，拜。"
《有司》："主婦升延（筵），坐，左執爵，右取菹擩〈抨〉于醢，祭之。"
《燕禮》："司宮延（筵）賓于戶西，東上，無加席。"
《燕禮》："主人延（筵）前獻賓₌（賓，賓）西階上拜，延（筵）前受爵，反位。"
《燕禮》："膳宰薦脯醢，賓升延（筵）。"
《燕禮》："降延（筵），北面合（荅）拜。"
《燕禮》："受爵于延（筵）前，反位。"
《燕禮》："賓降延（筵）西，東南面立。"
《泰射》："延（筵）前獻賓。"
《泰射》："賓西階上拜，受爵于延（筵）前，反位。"
《泰射》："賓升延（筵）。"
《泰射》："賓西面上拜，受爵于延（筵）前，反位。"
《泰射》："賓降延（筵）西，東南面立。"
《泰射》："賓升復延（筵），而後卿大夫繼射。"

延與誕

《鄭武》："邦人既𦘔（盡）聒（聞）之，孠₌（孺子）或延（誕）告。"
《戰國五》："信如尾星（生），乃不延（誕），不足而（以）益國。"

挻與埏

《北大老子》："挻（埏）殖（埴）器，當其無，有殖（埴）器之用也。"

涎與誕

《保訓》："朕聒（聞）'兹不舊（久）命，未有所涎（誕）'。"按，"涎（誕）"字從白於藍、段凱《清華簡〈保訓〉篇竹簡編連問題芻議》(《古文字研究》第三十輯，中華書局，2014 年）讀。

脡與延

《弟子問》：“脡（延）陵（陵）季子，其天民也啓（乎）？生而不因其浴（俗）。”按，“脡（延）”字從小蟲《説〈上博五·弟子問〉“延陵季子”的“延”字》（簡帛網，2006 年 5 月 20 日）釋讀。但其文認爲該字“應該釋作‘脡’（從月）”的表述似不確切。字書未見從月之脡，僅見從肉之脡。該字所從之“月”旁可能起表音作用。下一例同。

《弟子問》：“脡（延）陵（陵）季₌（季子）僑而弗受。脡（延）陵（陵）季₌（季子），其天民也啓（乎）？”

《説命下》：“弼羕（永）脡（延），乍（助）余一人。”

繟與延

《楚居》：“至酓（熊）繟（延）自旁岍遷（徙）居喬多。”

豩與延

《子儀》：“辟（譬）之女（如）兩犬豩（延）河啜（啜）而獄（猌），敳（豈）愧（畏）不跌（足），心則不戭（察）？”按，“豩（延）”字從程燕《清華六考釋三則》（簡帛網，2016 年 4 月 19 日）釋讀。

沚與延

《延氣》：“今日將戰，務在沚（延）氣。”按，“沚”即“涎”字省寫。

《延氣》：“［所］以沚（延）氣☐。”

衍字聲系

衍與愆

《帛易·歸妹》：“九四，歸妹衍（愆）期，遲歸有時。”

衍與衎

《帛易·漸》：“六二，鳿（鴻）漸于坂（磐），飲食衍（衎）衍（衎），吉。”

㕣字聲系

㕣與薰

《周易·艮》：“九厽（三）：艮其朣（限），剫（列）其胤（夤），厲㕣（薰）心。”按，“㕣（薰）”字從徐在國《上博三〈周易〉釋文補正》（簡帛研究網，2004 年 4 月 24 日）釋讀。

廛字聲系

廛與瀍

《容成氏》：“墬（禹）乃迵（通）泜（伊）、洛，並里〈廛（瀍）〉、干（澗），東豉（注）之河，於是於（乎）敍（豫）州訋（始）可凥（處）也。”

段字聲系

段與煅

《衰分》：“段（煅）鐵一鈞用炭三石一鈞，斤用十三斤，兩用十三兩。”

段與腶

《養生方》：“穆（煬）之□脩，即以椎薄（拍）段（腶）之，令澤。”按，“段（腶）”字從周一謀、蕭佐桃《馬王堆醫書考注》（天津科學技術出版社，1988 年，292 頁）讀。

《有司》：“興，入于房，取臬（糗）與段（腶）脩（修），執以出，坐設之。”

段與碫

《勢》：“［兵之所加］，如以段（碫）☐。”

段與鍛

《去人馬疕》：“取段（鍛）鐵者灰三□□□□□□□□□□□□□□□□□□□□□□。”

《服傳甲》：“冠［六升］，［外］縪（畢），段（鍛）而勿灰。”

《服傳乙》："冠六升，外縪（畢），段（鍛）而勿灰。"

段與專

《春秋九》："獻公使公子段胃（謂）寧（甯）召（悼）子。"按，《穀梁傳·襄公二十六年》"段"作"專"。

段與鱄

《春秋九》："獻公使公子段胃（謂）寧（甯）召（悼）子。"按，《左傳·襄公二十六年》、《公羊傳·襄公二十六年》"段"作"鱄"。

段與斷

《擒龐涓》："於是段（斷）齊城、高唐爲兩，直將蟻傅（附）平陵。"

葮與鍛

《癩》："獨產穨（癩）九，乖巳，操葮（鍛）石毄（擊）而母。"

連字聲系

連與漣

《帛易·屯》："尚（上）六，乘馬煩（班）如，汲（泣）血連（漣）如。"

連與烈

《稱》："商（猖）闕（獗）而栝（活），先人之連（烈）。"

連與聯

《田法》："五人爲伍，十人爲連（聯），貧富相▨。"

《兵令》："使什伍相連（聯）也，明其▨。"

連與憚

《武王甲》："亞（惡）危₌（危？危）於忿連（憚）。"按，"連"似當讀作"憚"。《方言》卷六："戲、憚，怒也。齊曰戲，楚曰憚。"《廣雅·釋詁二》："憚，怒也。"

連與輦

《曹沬》："曄（諜）人來告曰：其逕（將）銜（帥）聿（盡）剔（傷），車連（輦）皆栽，曰酒（將）曩（早）行。"按，"連（輦）"字從陳劍《上博竹書〈曹沬之陳〉新編釋文》（簡帛研究網，2005年2月12日）讀。

《戰國一八》："老婦持（恃）連（輦）而睘（還）。"

蓮與裂

《帛乙老子·德經》："其胃（謂）天毋已清將恐蓮（裂）。"

𨔶與散

《別卦》："𨔶（散）。"

䜌字聲系

䜌與變

《六德》："是古（故）夫死又（有）宔（主），終身不䜌（變），胃（謂）之婦，以信從人多也。"按，"䜌（變）"字從裘按（《郭店楚墓竹簡·六德》篇注［一三］）讀。

䜌與攣

《足臂脈·足》："病足小指廢，膞（腨）痛，胳（卻）䜌（攣），脾（臀）痛。"

《帛易·小畜》："九五，有復（孚）䜌（攣）如，富以其鄰。"

䜌與欒

《繫年十七》："晉人既殺䜌（欒）浧（盈）于曲夭（沃），坪（平）公銜（率）自（師）會者（諸）侯，伐齊。"

䜌與蠻

《忠信》："君₌（君子）其它（施）也忠，古（故）䜌（蠻）睪（親）尃（附）也。"按，"䜌（蠻）"字從周鳳五《郭店楚簡〈忠信之道〉考釋》（《郭店簡與儒學研究》，《中國哲學》第二十一輯，遼寧教育出版社，2000年）讀。

《繫年七》："命（令）尹子玉述（遂）銜（率）

奠（鄭）、衛、陳、鄀（蔡）及群緣（蠻）𡰥（夷）之自（師）以交（邀）文=公=（文公，文公）衒（率）秦、齊、宋及群戎之自（師）以敗楚自（師）於城僕（濮）。”

緣與鸞

《封許》：“敓（路）車，璁（蔥）玩（衡）、玉𩐂（璲），緣（鸞）鈐（鈴）索（素）旂，朱弁元（軏）。”

變與攣

《嬰兒索痙》：“其肎（肎）直而口唫（噤），筋變（攣）難以信（伸）。”

攣與變

《蓋廬》：“埃氣亂攣（變），濁以高遠者，其中有壿（動）志，戒以須之，不去且來。”

巒與欒

《果童》：“負并（缾）而巒（欒），營行氣（乞）食。”

緣與欒

《繫年十七》：“緣（欒）綎（盈）出奔齊=（齊。齊）臧（莊）公光衒（率）自（師）以逐緣=綎=（欒盈。欒盈）襄（襲）鄴（絳）而不果，奔内（入）於曲夭（沃）。”

攣與變

《反淫》：“靜居閒坐，觀動（動）靜之攣（變），順風波之理。”按，“攣（變）”字從楊元途《北大漢簡〈妄稽〉、〈反淫〉校讀筆記》（復旦大學出土文獻與古文字研究中心網。2016年6月3日）釋讀。

攣與鸞

《反淫》：“攣（鸞）馮（鳳）之卵，臒=（䨼䨼）之濡（臑）。”按，“攣（鸞）”字從楊元途《北大漢簡〈妄稽〉、〈反淫〉校讀筆記》（復旦大學出土文獻與古文字研究中心網。2016年6月3日）釋讀。

變與蠻

《奏讞書》：“變（蠻）夷大男子歲出五十六錢以當繇（徭）賦，不當爲屯。”

《奏讞書》：“南郡尉發屯有令，變（蠻）夷律不曰勿令爲屯，即遣之。”

《奏讞書》：“律變（蠻）夷男子歲出賨錢，以當繇（徭）賦。”

《奏讞書》：“毋憂變（蠻）夷大男子，歲出賨錢，以當繇（徭）賦。”

《蓋廬》：“變（蠻）夷賓服，國無盜賊。”

變與臠

《妄稽》：“齒若膌骨，口類變（臠）脩（脩）。”按，“變（臠）”字從楊元途《北大漢簡〈妄稽〉、〈反淫〉校讀筆記》（復旦大學出土文獻與古文字研究中心網，2016年6月3日）釋讀。

變與便

《帛五行·說》：“和也者，小體（體）變（便）變（便）然不圛（違）於心也。”

欒與欒

《牝痔》：“牝痔有空（孔）而欒（欒）血出者方。”按，“欒（欒）”字從孟蓬生《〈五十二病方〉詞語拾零》（《中國語文》2003年3期）讀。

鑾與欒

《苦成》：“鑾（欒）箸（書）欲乍（作）難（難），害參（三）坏（郤）。”

《苦成》：“鑾（欒）箸（書）乃退，言於敕（厲）公曰。”

《苦成》：“參（三）坏（郤）既亡，公家乃溺（弱），鑾（欒）箸（書）弋（弑）敕（厲）公。”

䜌與戀

《性自》：“哭之𢽳（動）心也，濺（踐）濲（殺），其剌（烈）䜌=（戀戀）女（如）也，慼（戚）肰（然）以終。”

《性自》：“居喪必又（有）夫䜌=（戀戀）之㤅（哀）。”

䜌與璉

《封許》:“贈尔鳶(薦)彝:斸□豚、𣏤(銚),龍䰙(鬲)、䜌(璉)、雚(鑵)、鉦(𥃩)、卉、丂(爵)、盤、監(鑑)、鑗(罌)、盟(鋞)、周(雕)匳(鈁)、𬊤、盤(簋)、釙(觥)、鋊(峪)、恪(格)。”

䜌與憚

《尊德義》:“淮忿䜌(憚),改惎(𢘊)勳(勝),爲人上者之柔(務)也。”按,“䜌(憚)”字從白於藍《睡虎地秦簡〈爲吏之道〉校讀劄記》(《江漢考古》2010年3期)讀。

䜌與連

《楚居》:“季䜌(連)初降於鄗(騩)山,氐(抵)于空(穴)窮(窮)。”

《楚居》:“季䜌(連)聒(聞)其又(有)嘍(聘),從,及之盤(判),爰生絽白(伯)、遠中(仲)。”

關與擐

見元部卯字聲系。

關與貫

見元部卯字聲系。

䜌與卯

見元部卯字聲系。

聯與裂

見元部卯字聲系。

卯字聲系

卯與關

《交交》:“閟(間)卯(關)悔司,皆上皆下。”按,“卯”字原形作“”,整理者釋爲“卄”,非是。相同字形亦見於上博簡《子羔》篇簡11,原文是“又(有)鷃(燕)監(銜)卯而階(錯)者(諸)其前”。下同。

《交交》:“閟(間)卯(關)悔司,皆少皆大。”

卯與鸞

《北蒼·魚》:“犂雞芸(䲨)卯(鸞),葆(蒜)堇菰菹。”按,“卯”似當讀作“鸞”。《説文》:“鸞,亦神靈之精也。赤色,五采,雞形,鳴中五音,頌聲作則至。”

閈與關

《龍簡》:“盜死獸直(值)賈(價)以閈(關)□☒。”按,“閈”字“門”内所從即“卯”字。

釙與觥

《封許》:“贈尔鳶(薦)彝:斸□豚、𣏤(銚),龍䰙(鬲)、䜌(璉)、雚(鑵)、鉦(𥃩)、卉、丂(爵)、盤、監(鑑)、鑗(罌)、盟(鋞)、周(雕)匳(鈁)、𬊤、盤(簋)、釙(觥)、鋊(峪)、恪(格)。”按,“釙”字右旁所從即“卯”字。

橐與卯

《脈死候》:“舌掐(陷)橐(卯)卷,則筋先死。”

關與擐

《戰國二三》:“若夫越趙、魏,關(擐)甲於燕,幾(豈)楚之任𢦏(哉)。”

關與貫

《封診式》:“即疏書甲等名事關(貫)諜(牒)北(背)。”

《戰國二六》:“所説謀者爲之,而秦無所關(貫)其計矣。”

《泰射》:“命曰:‘不關(貫)不舍(釋)。’”

䜌與卯

《秦律·田律》:“不夏月,毋敢夜(炙)草爲灰,取生荔(甲)、麛䜌(卯)鷇。”按,“䜌”應即《説文》“絭”字異構。“絭”字下部所從即“卯”字。

聯與裂

《治官》："衣聯（裂）弗補，不洗沐浴。"按，"聯（裂）"字從陳松長主編《嶽麓書院藏秦簡［肆］》（上海辭書出版社，2015年，第三組注釋123，231頁）讀。下同。

《治官》："臧（藏）蓋聯（裂）屚（漏），毋薦毋草。"

《治官》："室屋聯（裂）屚（漏）。"

《第三組》："□新□而後，冬若夏賤（餞）衣而聯（裂）寒者，冬袍裘絝履及它物可衣履者，盡四月收。"

𤔔字聲系

𤔔與孌

《日甲·盜者》："盜者𤔔（孌）而黃色，疵在面。"

亂與倦

《繫辭》："迵（通）其變，使民不亂（倦）。"按，今本亂作倦。

𡒊與巒

《陳公》："君王安（焉）先居灾（災）𡒊（巒）之上，以雚（觀）市（師）徒安（焉）。"按，"𡒊（巒）"字從張崇禮《讀上博九〈陳公治兵〉劄記》（復旦大學出土文獻與古文字研究中心網，2013年1月29日）讀。

乿與亂

《戰國一六》："今韓氏以一女子奉一弱主，内有大乿（亂），外支秦、魏之兵。"

《戰國二三》："君不如北兵以德趙，淺（踐）乿（亂）燕國，以定身封。"

《戰國二六》："之武，則□□□如不□粱（梁）中必乿（亂）。"

贊字聲系

贊與翦

《服傳甲》："既虞，贊（翦）楄（屏）柱麋（楣），寑（寢）有席，食疎（疏）食。"

鑽與贊

《戰國三》："齊趙之惡從已，願王之定慮而羽鑽（贊）臣也。"

䙴字聲系

䙴與遷

《繫年四》："翟（狄）述（遂）居衛＝（衛，衛）人乃東涉河，䙴（遷）于曹，安（焉）立悳（戴）公申，公子啓方奔齊。"

《繫年四》："翟（狄）人或涉河，伐衛于楚丘，衛人自楚丘䙴（遷）于帝丘。"

《秦律·司空》："或贖䙴（遷），欲入錢者，日八錢。"

《秦律·軍爵律》："從軍當以勞論及賜，未拜而死，有罪法耐䙴（遷）其後；及法耐䙴（遷）者，皆不得受其爵及賜。"

《秦律·軍爵律》："其已拜，賜未受而死及法耐䙴（遷）者，鼠（予）賜。"

《雜抄》："故大夫斬首者，䙴（遷）。"

《雜抄》："吏自佐、史以上負從馬、守書私卒，令市取錢焉，皆䙴（遷）。"

《雜抄》："伍人，戶一盾，皆䙴（遷）之。"

《答問》："不盈二百廿以下到一錢，䙴（遷）之。"

《答問》："廷行事有罪當䙴（遷），已斷已令，未行而死若亡，其所包（保）當詣䙴（遷）所。"

《答問》："當䙴（遷），䙴（遷）者妻當包（保）不當？不當包（保）。"

《答問》："當䙴（遷），其妻先自告，當包（保）。"

《答問》："當䙴（遷）癘所處之；或曰當䙴（遷）䙴（遷）所定（淀）殺。"

《答問》："當䙴（遷）癘䙴（遷）所。"

《封診式》："䙴（遷）子。"
《封診式》："䙴（遷）蜀邊縣，令終身毋得去䙴（遷）所。"
《封診式》："䙴（遷）蜀邊縣，令終身毋得去䙴（遷）所論之，䙴（遷）丙如甲告。"
《封診式》："外大母同里丁坐有寧毒言，以卅餘歲時䙴（遷）。"
《龍簡》："敢行馳道中者，皆䙴（遷）之。"
《龍簡》："宦者其有言䙴（遷）及有罪者☑。"
《天乙·自天》："或䙴（遷）徙投其戶。"
《第一組》："郡及襄武、上雒、商、函谷關外人及䙴（遷）郡、襄武、上雒、商、函谷關外男女去，闌亡、將陽，來入之中縣、道，無少長，舍人室，室主舍者，智（知）其請（情），以律䙴（遷）之。"
《第一組》："諸䙴（遷）者，䙴（遷）者所包（保）去䙴（遷）所，亡□□得，䙴（遷）處所，去亡而得者，皆耐以爲隸臣妾，不得者，論令出會之，復付䙴（遷）所縣。"
《第一組》："䙴（遷）者，䙴（遷）者所包（保）其有罪它縣道官者，罪自刑城旦舂以下。已論報之，復付䙴（遷）所縣道官。"
《第一組》："䙴（遷）者，䙴（遷）者所包有罪已論，當復詣䙴（遷）所；及罪人、收人當論而弗詣弗輸者，皆䙴（遷）之。"
《第一組》："有能捕若詗告，當復詣䙴（遷）所。"
《第一組》："☑灋（法），耐辠（罪）以下䙴（遷）之。"
《第一組》："刑城旦辠（罪）以下到䙴（遷）辠（罪）一人，購金二兩，及當輸不輸者一人，購金二兩。"
《第一組》："後復亡，軵盈三月，亦復以爲隸臣妾，皆復炊（吹）謳于官䙴（遷），貲二甲。"
《第二組》："黔首居田舍者毋敢醘〈醢（酤）〉酒，不從令者䙴（遷）之。"
《第二組》："有販殹（也），旬以上必於市，不者令續（贖）䙴（遷），沒入其所販及賈錢于縣官。"
《第二組》："有能捕告贖䙴（遷）辠（罪）一人，購金一兩。"
《第二組》："不當乘，竊久（灸）及詐僞令人久（灸），皆䙴（遷）之，沒入馬縣官。"
《第二組》："質奴婢、馬、牛者，各質其鄉，鄉遠都市，欲徙老爲占者皆䙴（遷）之。"
《第二組》："有辠（罪）以䙴（遷）者及贖耐以上居官有辠（罪）以廢者，虜、收人、人奴、羣耐子、免者、贖子，輒傅其計籍。"
《第二組》："䙴（遷）者、䙴（遷）者包及諸辠（罪）當輸□及會獄治它縣官而當傳者，縣官皆言獄斷及行年日月及會獄治者行年日月。"
《第二組》："其䙴（遷）、輸□會獄治，詣所縣官屬所執灋（法），即亟遣，爲質日，署行日，日行六十里。"
《第二組》："繇（徭）多員少員，穨（隤）計後年繇（徭）戍數。"
《第二組》："發吏力足以均繇（徭）日，盡歲弗均，鄉嗇夫、吏及令史、尉史主者貲各二甲，左䙴（遷）。"
《第二組》："黔首居田舍者毋敢醘〈醢（酤）〉酒，有不從令者䙴（遷）之，田嗇夫、士吏、吏部弗得，貲二甲。"
《第三組》："諸書當傳者勿漕，斷辠（罪）輸䙴（遷）蜀巴者，令獨水道漕傳。"
《二年·賊律》："其殺馬牛及傷人，船人贖耐，船嗇夫、吏贖䙴（遷）。"
《二年·具律》："毄（繫）不盈三歲，贖耐、贖䙴（遷）、及不盈一斤以下罪。"

《二年·具律》："贖䙴（遷），金八兩。"
《二年·具律》："城旦舂、鬼薪白粲有罪䙴（遷）、耐以上而當刑復城旦舂。"
《二年·具律》："奴婢有刑城旦舂以下至䙴（遷）、耐罪，黥顏（顔）頯畀主。"
《二年·告律》："司寇䙴（遷）及黥顏（顔）頯罪贖耐。"
《二年·□市律》："皆坐臧（贓）與盜同灋，罪耐以下有（又）䙴（遷）之。"
《四度》："周䙴（遷）動作，天爲之稽。"
《二三子》："龍刑（形）䙴（遷），叚（假）賓于帝，俔（見）神聖之德也。"
《易之義》："易之爲書也，難前，爲道就䙴（遷），𧇾僮（動）而不居。"
《阜易·大過》："戰斲（鬬）適（敵）強而有勝，有罪而䙴（遷）徙。"
《阜易·卜辭》："處官者，䙴（遷）。"
《阜易·卜辭》："☐家，必䙴（遷）。"
《阜易·卜辭》："☐□求䙴（遷）。"
《阜易·卜辭》："☐求䙴（遷）。"
《北蒼·幽》："冤晷暖（晛）通，坐䙴（遷）䜣（复）求。"
《周馴》："令之守祭，其使能使民毋去已䙴（遷）。"

遷與仙

《天下至道》："將欲治之，必害（憲）其言，嶂（踵）以玉閉，可以壹遷（仙）。"

竄字聲系

竄與撮

《周病方》："取車前草實，以三指竄（撮），入酒若鬻（粥）中。"

奴字聲系

粲與餐

《引書》："漬產（顔）以塞〈寒〉水，如粲（餐）頃，去水。"
《毒烏喙》："以□汁粲（餐）叔（菽）若苦，已。"

粲與秈

《秦律·倉律》："已獲上數，別粲（秈）、穤（糯）秙（黏）稻。"
《秦律·倉律》："別粲（秈）、穤（糯）之襄（穰），歲異積之，勿增積。"

鋻與蓮

《身疕》："咀鋻（蓮），以封之。"
《養生方》："男□□□以稱醴煮鋻（蓮）☐。"

鋻與瀅

《反淫》："歙（飲）三危之甘露，哈（欱）亢（沆）鋻（瀅）而充虛。"

餐與餐

《引書》："苦頯（？）及顏（顔）痛，漬以寒水，如餐（餐）頃，掌安（按）顫。"

雋字聲系

劕與翦

《正亂》："劕（翦）其髮而建之天，名曰之（蚩）尤之旌（旌）。"

鐫與鑽

《陰陽家》："□於□□十二室（室）十二竈而月佚（迭），鐫（鑽）燧易〈易〉火，而必食歲之所美。"按，"鐫"似當讀作"鑽"。
《荊決》："鐫（鑽）龜告筮，不如荊決。"

戔字聲系

戔與剗

《三德》："少（小）邦則戔（剗），大邦逃（過）䝳（傷）。"

戔與淺

《老子》甲："不可得而貴，亦可不可得而

戔。”按，帛書甲本戔作淺。

戔與殘

《容成氏》：“於是虖（乎）天下之兵大记（起），於是虖（乎）樊（判）宗鹿（戮）族，戔（殘）群安備（服）。”

《三德》：“救（求）利，戔（殘）其新（親），是胃（謂）違（皋）；君無宝（主）臣，是胃（謂）畏（危），邦家其褱（壞）。”

《天子甲》：“戕（仇）戠（讎）戔（殘）亡。”按，“戔（殘）”字從陳偉《〈天子建州〉校讀》（簡帛網，2007年7月13日）讀。下一例同。

《天子乙》：“戕（仇）戠（讎）戔（殘）亡。”

《武王甲》：“毋曰可（何）戔（殘），祡（禍）將言（然）。”

《蘭賦》：“☐戔（殘）惻（賊），螻蛾（蟻）虫（虺）蛇。”

戔與籛

《君人甲》：“君王又（有）白玉三回（圍）而不戔（籛）。”按，“戔（籛）”字從田河《〈君人者何必安哉〉補議》（復旦大學出土文獻與古文字研究中心網，2009年2月7日）讀。下同。

《君人甲》：“虛（吾）軌（焉）又（有）白玉三回（圍）而不戔（籛）才（哉）？”

《君人乙》：“君王又（有）白玉三回（圍）而不戔（籛）。”

《君人乙》：“虛（吾）軌（焉）又（有）白玉三回（圍）而不戔（籛）才（哉）？”

戔與賤

《老子》甲：“不可得而貴，亦可不可得而戔。”按，今本和帛書乙本戔作賤。

《緇衣》：“大人不新（親）其所臤（賢），而信其所戔（賤），𡥈（教）此以遂（失），民此以絲（變）。”

《緇衣》：“翌（輕）㡭（絕）貧戔（賤），而垔（重）㡭（絕）賏（富）貴，則好悬（仁）不𦣝（堅），而亞₌（惡惡）不紑（著）也。”

《成之》：“君子簐（簟）笞（席）之上，嬰（讓）而ㄓ學（幼）；朝廷之立（位），嬰（讓）而尻（處）戔（賤）。”

《性自》：“戔（賤）而民貴之，又（有）悳（德）者也。”

《詩論》：“《告（詩）》，其猶坪（平）門，與戔（賤）民而豫之，其甬（用）心也㪽（將）可（何）女（如）？”

《子羔》：“厽（三）王者之乍（作）也，虘（皆）人子也，而其父戔（賤）而不足爯（偁）也與（歟）？殹（抑）亦成天子也與（歟）？”

《容成氏》：“上下貴戔（賤），各得其殜（所）。”

《容成氏》：“堯戔（賤）貤（施）而峕₌（時時）賽，不懽（勸）而民力，不型（刑）殺而無㥯（盜）惻（賊），甚緩而民備（服）。”

《内豊》：“古（故）爲孚（少）必聖（聽）長之命，爲戔（賤）必聖（聽）貴之命。”

《曹沫》：“凡畜羣臣，貴戔（賤）同走（等），彔（祿）毋貣（倍）。”

《弟子問》：“貧戔（賤）而不約者，虛（吾）見之喜（矣）；賏（富）貴而不喬（驕）者，虛（吾）聒（聞）而☐。”

《顏淵問》：“或迪而教之能₌（能能），戔（賤）不喿（肖）而遠之，則民智（知）欽（禁）矣。”按，“戔（賤）”字從復旦吉大古文字專業研究生聯合讀書會《〈上博八·顏淵問於孔子〉校讀》（復旦大學出土文獻與古文字研究中心網，2011年7月17日）讀。

《墨子》：“周公甙肰（然）乍（作）色曰：‘易，夫戔（賤）人𡕒（格）上則型（刑）𣩵（戮）至，剛☐。’”按，“戔（賤）”

字從中山大學古文字研究室楚簡整理小組《一篇浸透著奴隸主思想的反面教材——談信陽長台關出土的竹書》(《文物》1976年6期)讀。下同。

《墨子》:"周公曰:'易,夫戔(賤)人剛恃而□於型(刑)者,又(有)走(上)掔(賢)□。'"

戔與濺

《牝痔》:"胥出者,而到(倒)縣(懸)其人,以寒水戔(濺)其心腹,入矣。"

戔與踐

《融師》:"蔑帀(師)見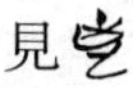,毀折鹿戔(踐),隹(惟)孳(茲)作章(彰),皮(彼)獸鼠,又(有)足而□。"

《用曰》:"克轍(獵)戎事,台(以)員(損)四戔(踐)。"

《繫年二十》:"戉(越)公句(勾)戔(踐)克吳,戉(越)人因袞(襲)吳之與晉爲好。"

《繆和》:"天下吳爲強,以戉(越)戔(踐)吳,其鋭者必盡,其餘不足□也。"

《繆和》:"天下吳爲強,吾既戔(踐)吳,其餘不足以辱大國。"

《繆和》:"天下吳爲強,以我戔(踐)吳,吾鋭者既盡,其餘不足用也。"

戔與前

《養生方》:"氣□□□□□□□□□□□□□車戔(前)□□□者,以布橐若盛。"

俴與殘

《芮良夫》:"民之俴(殘)矣,而隹(惟)啻(譎)爲王:'皮(彼)人不敬,不藍(鑑)于夏商。'"按,"俴(殘)"字從魚游春水《清華簡三〈芮良夫毖〉初讀》(簡帛網"簡帛論壇",2013年1月5日)讀。

《芮良夫》:"自迟(起)俴(殘)蘆(虐),邦甬(用)不盜(寧)。"

淺與殘

《明君》:"先王之養□□鐘鼎壺沺(鑑),淺(殘)而爲□□□□凧(佩)飭(飾)。"

《稱》:"草茭(蘘)可淺(殘)林,禁也。"

淺與賤

《帛甲老子·德經》:"不可得而貴,亦不可得而淺(賤)。"

淺與濺

《養生方》:"若已施,以寒水淺(濺),毋□□必有(又)欼(歠)。"

《天師》:"淺(濺)坡(彼)陽炥(勃),堅蹇不死,飲食賓體(體)。"

《安稽》:"趍(跪)進湩(唾)淺(濺),以時閒之。"

淺與踐

《戰國二〇》:"句(勾)淺(踐)棲會稽,其後殘吳,霸天下。"

《戰國二三》:"君不如北兵以德趙,淺(踐)亂(亂)燕國,以定身封。"

《見威王》:"帝〈商〉奄反,故周公淺(踐)之。"

後與散

《老子》甲:"其幾(微)也,易後也。"按,今本後作散。

後與踐

《子產》:"共(恭)憸(儉)整齊,弁見(現)又(有)桼=(次。次)所以從即(節)行=禮=(行禮,行禮)後(踐)政又(有)事。"

遂與踐

《説命上》:"一豕乃覩(旋),保以逭(誓),廼遂(踐),邑人皆從。"

遂與遷

《鮑叔牙》:"汲(隰)倗(朋)瑬(答)曰:'公身爲亡道,不遂(遷)於善而敚(説)

之，可虐（乎）才（哉）？’”按，“遚（遷）”字從陳劍《談談〈上博（五）〉的竹簡分篇、拼合與編聯問題》（簡帛網，2006年2月19日）讀。

《鄭壽》：“君王遚（遷）凥（處），辱於孝（老）夫。”按，“遚（遷）”字從何有祖《讀〈上博六〉劄記》（簡帛網，2007年7月9日）讀。

陖與斬

《閻氏》：“金之數勝木，一斧之力不能陖（斬）一山之林。”按，“陖（斬）”字從白於藍《虎溪山漢簡〈閻氏五勝〉校讀二記》（《出土文獻與古文字研究》第三輯，復旦大學出版社，2010年）釋讀。

鄝與蔡

《繫年十四》：“齊三辟（嬖）夫=（大夫）南亭（郭）子、鄝（蔡）子、安（晏）子衛（率）自（師）以會于㡭（斷）道。”

《繫年十四》：“郇（駒）之克乃執南亭（郭）子、鄝（蔡）子、安（晏）子以歸。”

朘與戔

《封診式》：“其頭所不齊朘=（戔戔）然。”

戙與殘

《奏讞書》：“診視鞞刀=（刀，刀）環噲旁戙=（殘，殘）傅鞞者處獨青有錢（殘），類刀故鞞也。”

踐與前

《養生方》：“取車踐（前），產烝（蒸）之。”

諓與翦

《召南》：“□諓（翦）勿捧（拜）”

賤與踐

《繆和》：“戉（越）王勾賤（踐）困於會稽。”

《繆和》：“越王句賤（踐）即〈既〉已克吳，環周而欲均荊方城之外。”

《官一》：“賤（踐）令以采章，乘削（旓）以倫物，序行以□□。”

《周馴》：“昔越王句賤（踐）有疾，乃召其嗣，而與之言曰。”

《周馴》：“昔越王苟（句）賤（踐）過闔廬之丘。”

賤與濺

《養生方》：“☐賤（濺）而陰乾，乾即☐。”

賤與餞

《第三組》：“輸者或不還冬夏賤（餞）衣。”

《第三組》：“□新□而後，冬若夏賤（餞）衣而聯（裂）寒者。”

《第三組》：“其後賤（餞）夏衣者，假襌帬（裙）襦，盡九月收。”

輚與淺

《脈法》：“膿（膿）深砭（砭）輚（淺），謂上〈之〉不遝，一害；膿（膿）輚（淺）而砭（砭）深，胃（謂）之過，二害。”

錢與殘

《奏讞書》：“診視鞞刀=（刀，刀）環噲旁戙=（殘，殘）傅鞞者處獨青有錢（殘），類刀故鞞也。”

賤與踐

《良臣》：“雩（越）王句賤（踐）又（有）大（舌）同（庸），又（有）範（范）羅（蠡）。”

泉字聲系

泉與前

《邶風》：“日之方中，在泉（前）□□。”

原與源

《用曰》：“絕原（源）流澞（瀦），其由（猶）能不沽（涸）？”按，“原（源）”字從何有祖《讀〈上博六〉劄記》（簡帛網，2007年7月9日）釋讀。

篨與源

《民之》："民[之]父母虎（乎），必達於豊（禮）樂之篨（源），以至（致）五至、以行三亡（無），以皇（横）于天下。"

湶與源

《成之》："非從末流者之貴，窮（窮）湶（源）反沓（本）者之貴。"

灥與源

《成之》："非從末流者之貴，窮（窮）灥（源）反沓（本）者之貴。"

歬字聲系

前與煎

《二類》："用淳（醇）溢（醯）三升漬之卒時，取賁（豶）豬肪三斤先前（煎）之。"

湔與煎

《疽病》："以彘膏未湔（煎）者炙銷（消）以和□傅之。"

《治瘍》："鬻（煮）叔（菽）取汁洒（洗）□，以彘膏已湔（煎）者膏之。"

湔與螓

《衛風》："齒如會（瓠）諍（犀），湔（螓）首蛾麋（眉）。"

萷與葥

《疣》："有（又）以殺（椴）本若道旁萷（葥）根二七，投澤若淵下。"

葥與揃

《妄稽》："髮黑以澤，狀若葥（揃）斷。"

鬋與揃

《北蒼·魚》："鬑髦鬋（揃）搣，須髯髮膚。"

全字聲系

全與跧

《戰國三》："臣之所□□□□□□□□□不功（攻）齊，全（跧）於介（界）。"

牷與全

《日甲·盜者》："其咎在二室，生子不牷（全）。"

《天甲·支占盜》："爲人美、不牷（全），名曰環。"按，"牷（全）"字從施謝捷《簡帛文字考釋劄記》（《簡帛研究》第三輯，廣西教育出版社，1998年）讀。下同。

《天乙·支占盜》："爲人美、不牷（全）。名曰環。"

𢿱字聲系

𦜐與散

《子產》："此胃（謂）由善𦜐（散）巻（慫）。"

𦜐與顯

《用曰》："又（有）泯=（昏昏）之不達，而𦜐（顯）其甚章（彰）。"按，"𦜐"似當分析作從月𢿱省聲，讀作"顯"。

刪字聲系

姍與刪

《北蒼·耕》："姑觺（薤）姍（刪）賸（勝），訐㜸竄犖。"

山字聲系

山與疝

《脈書》："是動則病，丈夫則隤（癩）山（疝）。"

《脈書》："其所産病：熱中，瘁（癃），穨（癩），扁（偏）山（疝），爲五病。"

《陰陽脈乙》："丈夫則隤（癩）山（疝），婦人則少腹腫。"

《陰陽脈乙》："熱中，降（癃），隤（癩），扁（偏）山（疝）。"

山與跚

《十陣》："軷（蹣）山（跚）而退。"

鮮字聲系

緋與綫

《王法》："諸周（雕）文、刻婁（鏤）、補（黼）紱（黻）、纂（纂）組、鍼緋（綫）之事。"

蘚與蹁

《雜抄》："虎未越泛（蹤）蘚（蹁），從之，虎環（還），貲一甲。"按，"蘚（蹁）"從裘錫圭《〈睡虎地秦墓竹簡〉註釋商榷》（《古文字論集》，中華書局，1992年，537頁）讀。

算字聲系

算與選

《選卒》："禹以算（選）卒萬人勝三苗。"

《選卒》："越以算（選）卒萬二千復吳而伐▨。"

篡與纂

《妄稽》："篡（纂）齊白珠，穿以係臂。"

篡與選

《威王問》："篡（選）卒力士者何也？"

《威王問》："篡（選）卒力士者，所以絕陳（陳）取將也。"

《篡卒》："篡（選）卒。"

《篡卒》："兵之勝在於篡（選）卒。"

《行篡》："行篡（選）。"

《行篡》："權衡，所以篡（選）賢取良也。"

《守權》："城堅而厚，士民眾篡（選）。"

《晏子一〇》："篡（選）▨。"

《選卒》："湯以篡（選）卒七千人遂〈逐〉桀，挩（奪）之天下。"

《選卒》："武王以篡（選）卒虎賁萬三千人□牧之野，殺紂，挩（奪）之天□。"

《選卒》："故曰：人眾而兵弱者，民不篡（選），卒不□也。"

《略甲》："夫若此者，以眾卒從之，篡（選）卒因之，必將▨。"

《略甲》："▨篡（選）卒因之，必▨。"

潩與算

《北蒼・耕》："豣（研）潩（算）僂（數）繚（料），頗（秛）科樹莖。"

纂與篡

《牝痔》："涂（塗）乾，食雞，以羽熏纂（篡）。"

纂與娵

《反淫》："乃使陽文、洛（閭）纂（娵），西它（施）、毛莈（嬙），含芳被澤，燕服從容。"

筭字聲系

筭與算

《二年・具律》："女子庶人，毋筭（算）事其身，令自尚。"

《二年・亡律》："奴命曰私屬，婢爲庶人，皆復使及筭（算），事之如奴婢。"

《二年・復律》："丁女子各二人，它各一人，勿筭（算）繇（徭）賦。"

《算數書》："筭（算）數書。"

《算數書・醫》："醫治病者得六十筭（算）□□廿筭（算）□□程□弗▨"

《算數書・醫》："負十七筭（算）二百六十九分筭（算）十一。"

《算數書・醫》："以今得筭（算）爲法，令六十乘負筭（算）爲實。"

《客主》："眾者勝乎？則投筭（算）而戰耳。"

《北蒼・幽》："弄數券契，筆研筭（算）籌。"

筭與孱

《養生方》："筭（孱）：以五月望取蚩鄉軵者，入籥□盈。"

筭與巽

《帛易・巽》："九二，筭（巽）在牀下，

用使（史）巫，忿（紛）若，吉，无咎。”
《帛易·巽》：“九三，編（頻）筭（巽），閵（吝）。”
《帛易·巽》：“尚（上）九，筭（巽）在牀下，亡（喪）其溍（資）斧，貞凶。”

饌與養

《少牢》：“主人西面，三拜饌（養）者。”
《少牢》：“饌（養）者鄭（奠）舉于柤（俎），皆合（荅）拜，皆反，取舉。”

次字聲系

次與羨

《周易·旅》：“六二：遾（旅）既宋（次），褢（懷）其次（羨），得僮（童）儥（僕）之貞。”按，“次（羨）”字從陳劍《上博竹書〈周易〉異文選釋（六則）》（《出土簡帛文獻與古代學術國際研討會會議論文集》，臺北市政治大學，2005年）釋讀。

次與誕

《保訓》：“朕聒（聞）‘兹不舊（久）命，未有所次（誕）’。”

旋字聲系

旋與還

《封診式》：“以枲索大如大指，旋（還）通繫頸，旋（還）終在項。”

旋與玄

《反淫》：“楚苗之食，旋（玄）山之飯，捖【之】不毀，壹啜而散。”

漩與璇

《養生方》：“禹乃□□入於漩（璇）房，其狀變，色甚雄以美，乃若台（始）壯。”

扇字聲系

扇與蠉

《論》：“岐（蚑）行喙息，扇（蠉）蜚（飛）耎（蝡）動。”

叀字聲系

叀與惠

《忠信》：“口叀（惠）而實弗从（從），君子弗言尔。”按，“叀（惠）”字從裘按（《郭店楚墓竹簡·忠信之道》篇注［一二］）讀。

剸與專

《芮良夫》：“和剸（專）同心，母（毋）又（有）相放（負）。”
《子儀》：“君及不瞉（穀）剸（專）心穆（戮）力以左右者（諸）侯，則可（何）爲而不可？”

剸與摶

《李頌》：“剸（摶）外罡（疏）审（中），眾木之紀可（兮）。”按，“剸（摶）”字從復旦吉大古文字專業研究生聯合讀書會《上博八〈李頌〉校讀》（復旦大學出土文獻與古文字研究中心網，2011年7月17日）讀。

剸與斷

《六德》：“孝，畬（本）也。下攸（修）亓（其）畬（本），可以剸（斷）狱。”按，“剸（斷）”字從裘按（《郭店楚墓竹簡·六德》篇注［二五］）釋讀。下三例同。
《六德》：“生民斯必又（有）夫婦、父子、君臣，君子明虐（乎）此六者，肰（然）句（後）可以剸（斷）狱。”
《六德》：“衍（道）不可徧也，能獸（守）弌（一）曲安（焉），可以緯其亞（惡），是以其剸（斷）狱速。”
《語叢二》：“强（強）生於眚（性），立生於强（強），剸（斷）生於立。”
《昭王》：“少（小）人之告牆（將）剸（斷）於含（今）日，爾必止少=人=（小人，小人）牆（將）訋（召）寇（寇）。”按，

"剸（斷）"字從董珊《讀〈上博藏戰國楚竹書（四）〉雜記》（簡帛研究網，2005年2月20日）釋讀。

《曹沫》："五人以敔（伍），𠆢₌（一人）又（有）多，四人皆賞，所以爲剸（斷）。"

《三德》："母（毋）雝（壅）川，母（毋）剸（斷）阬（岡）。"

《慎子》："古（故）曰：'青剸（斷）□〼。'"

《天子甲》："事視（鬼）則行敬，褱（懷）民則以悳（德），剸（斷）型（刑）則以衮（哀）。"按，"剸（斷）"字從陳偉《讀〈上博六〉條記》（簡帛網，2007年7月9日）讀。下一例同。

《天子乙》："事視（鬼）則行敬，褱（懷）民則以悳（德），剸（斷）型（刑）則以衮（哀）。"

《成王》："弗邇（招）而自至，弗審而自周，弗會（劊）而自剸（斷）。"按，"剸（斷）"字從復旦吉大古文字專業研究生聯合讀書會《上博八〈成王既邦〉校讀》（復旦大學出土文獻與古文字研究中心網，2011年7月17日）讀。

《陳公》："又（有）所胃（謂）視（威），又（有）所胃（謂）恭，又（有）所胃（謂）谿，又（有）所胃（謂）一，又（有）所胃（謂）剸（斷）。"按，"剸（斷）"字從高佑仁《〈上博九〉初讀》（簡帛網，2013年1月8日）讀。

剸與轉

《采風》："㞷（徵）和：《碮（輾）剸（轉）之賓》。"按，"剸（轉）"字從董珊《讀〈上博藏戰國楚竹書（四）〉雜記》（簡帛研究網，2005年2月20日）讀。

剸與準

《芮良夫》："約結緐（繩）剸（準），民之闡（關）閟（閉）。"按，"剸（準）"字從沈培《試説清華簡〈芮良夫毖〉跟"繩准"有關的一段話》（"出土文獻與中國古代文明"國際學術研討會論文，清華大學出土文獻研究與保護中心、出土文獻與中國古代文明研究協同創新中心主辦，2013年）讀。下同。

《芮良夫》："女（如）闡（關）柭扂（扃）叁（管），緐（繩）剸（準）既政（正）而五（互）想（相）柔訛（比）。"

《芮良夫》："女（如）闡（關）柭不閟（閉）而緐（繩）剸（準）遂（失）楑，五（互）想（相）不彊（𦟣）。"

𨗨與轉

《楚帛書》甲："乃□冃₌（日月）以𨗨（轉）相□，思（使）又（有）宵又（有）潮（朝），又（有）晝又（有）夕。"

《語叢四》："善事其友者，若兩輪之相𨗨（轉），而終不相敗。"

塼與轉

《莊王》："肘（載）之塼（轉）車以𨑒（上）虖（乎）？殹（抑）四艕（艖）以逾（輪）虖（乎）？"按，"塼"似當讀作"轉"。《説文》："轉，運也。"《玉篇·車部》："轉，轉運也。""轉車"即轉運之車。

德與傳

《唐虞》："湯（唐）吳（虞）之道，徸（禪）而不德（傳）。"

《唐虞》："徸（禪）而不德（傳），聖之盛也；利天下而弗利也，㤋（仁）之至也。"

連與專

《厚父》："肄（肆）女（如）其若龜筮之言，亦勿可連（專）改。"

連與傳

《唐虞》："徸（禪）而不連（傳），義亙（恆）〼。"

《尊德義》："悳（德）之流，速虖（乎）楷（置）丞（郵）而連（傳）命。"按，"連（傳）"字從裘按（《郭店楚墓竹簡·尊德義》篇注［一五］）讀。

《季康子》："巤（世）三代之連（傳）史，幾（豈）敢不以其先₌（先人）之連（傳）等（志）告。"

《保訓》："㣲（微）寺（志）弗忘，連（傳）貽（貽）孫₌（子孫）。"

《保訓》："昔前人連（傳）保（寶），必受（授）之以詷（誦）。"

連與轉

《老子》甲："大曰𧼛₌（逝，逝）曰連₌（轉，轉）曰反（返）。"按，"連"似當讀作"轉"。《説文》："專，六寸簿也。从寸叀聲。"今本連作遠，"遠"可讀作"還"。《説文》："睘，目驚視也。从目袁聲。""轉"、"還"義近。《説文》"轉，運也。"小徐本作"還也"，段《注》從之。

《用曰》："春秋還連（轉），而譮既返（及）。"

專與轉

《守法》："爲專（轉）牖於葉（堞）之中，可以密射外者，廿步而一。"

傳與專

《春秋九》："居者疾其功，必傷以傳（專）君。"按，"傳（專）"字從裘錫圭《帛書〈春秋事語〉校讀》(《湖南省博物館館刊》第1期，《船山學社》雜誌社編輯出版，2004年7月）釋讀。

《戰國二六》："無自恃計，傳（專）恃楚之救，則梁（梁）必危矣。"

剸與專

《田與》："以告田₌（田，田）曰：'剸（專）爲之。"

《九主》："剸（專）授之君一，勞君一，半君一，寄【君】一，破邦之主二。"

《九主》："剸（專）授失道之君也，故得乎人，非得人者也。"

《九主》："勞君者剸（專）授之能吾（悟）者也。"

《九主》："□吾（悟）於剸（專）授主者也。"

《九主》："剸（專）授之臣擅主之前，虖（御）下蔽（蔽）上。"

《九主》："半君者，剸（專）授而不悟者也。"

《九主》："破邦之主，剸（專）授之不吾（悟）者也。"

《明君》："夫先王□□必勝也，非剸（專）以爲身，以爲天下也。"

《稱》："耶（聖）人不爲始，不剸（專）己，不豫謀，不爲得，不辭福，因天之則。"

《戰國一九》："願君之剸（專）志於攻齊而毋有它慮也。"

《易之義》："此以剸（專）名，孰能及□？"

《篡卒》："得主剸（專）制，勝。"

塼與膞

《妄稽》："尻若冣笱，塼（膞）膭（腨）格格。"

敷與專

《九主》："是故敷（專）授失正之君也，過在主。"

槫與專

《戰國四》："王若欲剸舍臣而槫（專）任所善，臣請歸擇（釋）事。"

《實虛》："故善將者，刑（形）人而无刑（形），則我槫（專）而適（敵）分。"

《實虛》："我槫（專）而爲壹，適（敵）分而爲十，是以十擊壹也。"

《軍爭》："民灊（既）已槫（專）壹，則勇者不☐。”

《行軍》：“卒已槫（專）親而罰不行，則不用。”

《九地》：“凡爲客，深則槫（專），淺則散。”

《延氣》：“氣不斷則週=（通，通）則不槫（專）易散，臨難易散必敗。”

《攻權》：“☐☐☐，固以槫（專）勝。”

《十陣》：“圓陳（陣）者，所以槫（專）也。”

槫與團

《將義》：“將者不可以不=信=（不信，不信）則令=不=行=（令不行，令不行）則軍=不=槫=（軍不團，軍不團）則无名。”

槫與摶

《帛乙老子・道經》：“槫（摶）氣至（致）柔，能嬰兒乎？”

《戰國二二》：“傰（倗）將槫（摶）三國之兵，乘屈匄之敝，南割於楚，故地必盡。”

《戰國二二》：“義（儀）將槫（摶）三國之兵，乘屈匄之敝，南割於楚。”

《容成》：“故善治氣槫（摶）精者，以無徵爲積。”

《容成》：“以此充刑（形），此胃（謂）槫（摶）精。”

《民之情》：“六曰：☐☐而國=力=槫=（國力摶。國力摶）而民=出=於=爲=上=（民出於爲上。民出於爲上），可與堅戰固守，民之請（情）也。”

《北大老子》：“載熒（營）魄抱一，能毋離虖，槫（摶）氣致柔，能嬰兒虖？”按，整理者認爲“槫”爲“摶”之訛。“槫”可讀作“摶”。

槫與轉

《帛五行・説》：“繇（悠）才（哉）繇（悠）才（哉），婘（輾）槫（轉）反廁（側）。”

《論》：“動則能破強興弱，槫（轉）則不失諱（韙）非之☐。”

《戰國二二》：“槫（轉）辭也。”

《戰國二二》：“秦、韓之兵毋東，旬餘，魏是（氏）槫（轉），韓是（氏）從。”

《文𢼸》：“☐之游之，展（輾）槫（轉）而求之。”

《揕輿》：“若皆槫（轉），利皮（彼）正鄉（嚮）。”

《揕輿》：“其臨水，以其槫（轉）水也。”

膞與腨

《足臂脈・足》：“出外踝窶（婁）中，上貫膞（腨），出於郤。”

《足臂脈・足》：“病足小指廢，膞（腨）痛，胳（郤）繺（攣），脽（臀）痛。”

《足臂脈・足》：“出内踝窶（婁）中，上貫膞（腨），入胳（郤），出股，入腹。”

《足臂脈・足》：“病足熱，膞（腨）内痛，股内痛，腹街、脊内兼（廉）痛。”

轉與傳

《爲吏》：“毋=罪=（毋罪無罪），可赦孤寡窮困、老弱獨轉（傳）。”按，整理者直接釋“轉”爲“傳”。不確。

撙與摶

《天師》：“撙（摶）而肌膚，及夫髮末，毛脈乃遂，陰水乃至。”按，“撙（摶）”字從裘錫圭《馬王堆醫書釋讀瑣議》（《古文字論集》，中華書局，1992 年，525 頁）釋讀。

善字聲系

善與繕

《雜抄》：“稟卒兵，不完善（繕），丞、庫嗇夫、吏貲二甲，灋（廢）。”

《奏讞書》：“教謂庫新黔首當捕者，不得，勉力善（繕）備，弗謂害難，恐爲敗。”

善與膳

《禁》："大雨至則海善（膳）不減。"

《燕禮》："善（膳）宰具官選（饌）于寝（寢）東。"

《燕禮》："執幕（冪）者舉幕（冪），主人酌善（膳），執幕（冪）者反幕（冪）。"

善與仙

《老子》甲："古之善爲士者，必非（微）溺（妙）玄達，深不可志（識），是以爲之頌（容）。"按，帛書乙本善作仙。

樿與善

《妄稽》："吾暨（既）執箕帚，幾（豈）能毋樿（善）。"

膳與善

《語叢一》："又（有）勿（物）又（有）容，又（有）肁又（有）厚，又（有）頗（美）又（有）膳（善）。"

《語叢一》："悉（愛）膳（善）之胃（謂）悬（仁）。"

《語叢三》："悉（義），膳（善）之方也。"

《語叢三》："不膳（善）睪（擇），不爲智。"

《語叢三》："莫得膳（善）其所。"

《語叢三》："膳（善）日過（化）我，我日過（化）膳（善），臤（賢）☑。"

《語叢一》："又悰（察）膳（善），亡爲膳（善）。"

饍與膳

《痂》："冶僕纍（壘），以攻（釭）脂饍（膳）而傅。"按，"饍（膳）"字從周一謀、蕭佐桃《馬王堆醫書考注》（天津科學技術出版社，1988年，189頁）讀。

肰字聲系

肰與然

《老子》甲："是古（故）聖人能尃（輔）萬勿（物）之自肰，而弗能爲。"按，今本和帛書乙本肰作然。下四例同。

《老子》甲："人灋陸（地），陸（地）灋天，天灋道，道灋自肰。"

《老子》甲："虐（吾）可（何）以智（知）其肰也。"

《老子》丙："成事述（遂）社（功），而百眚（姓）曰我自肰也。"

《老子》丙："是以能補（輔）壖（萬）勿（物）之自肰，而弗敢爲。"

《五行》："能爲罷（一），肰（然）句（後）能爲君君[=]子[=]（君子，君子）慙（慎）其蜀（獨）也。"

《五行》："能遟（差）沱（池）其罤（羽），肰（然）句（後）能至哀。"

《五行》："[唯]又（有）悳（德）者，肰（然）句（後）能金聖（聲）而玉晷（振）之。"

《五行》："宙（中）心設（辯）肰（然）而正行之，植（直）也。"

《唐虞》："北（必）正其身，肰（然）后（後）正世，聖道備歖（矣）。"

《成之》："唯（雖）肰（然），其鷹也不厚，其重也弗多悈（矣）。"

《尊德義》："雀（爵）立（位），所以信其肰（然）也。"

《六德》："紝（疏）斬布實（絰）丈（杖），爲父也，爲君亦肰（然）。紝（疏）衰齊戊（牡）緥（麻）實（絰），爲昆弟也，爲妻亦肰（然）。袒免，爲宗族也，爲倗（朋）習（友）亦肰（然）。"

《六德》："生民斯必又（有）夫婦、父子、君臣，君子明虐（乎）此六者，肰（然）句（後）可以剅（斷）狃。"

《六德》："厽（三）者皆迵（同），肰（然）句（後）是也。"

《性自》："其甬（用）心各異，퓝（教）

使肰（然）也。”

《性自》：“肰（然）句（後）復以𢽤₌（教。教），所以生悳（德）於审（中）者也。”

《性自》：“凡聖（聲），其出於情也信，肰（然）句（後）其内拔（撥）人之心也敂（厚）。”

《性自》：“哭之𢾸（動）心也，𣶏（𨅆）𣿖（殺），其剌（烈）䜌₌（戀戀）女（如）也，慼（戚）肰（然）以終。樂之𢾸（動）心也，濬深𨿽（鬱）舀（陶），其剌（烈）則流女（如）也以悲，條（悠）肰（然）以思。”

《性自》：“其聖（聲）弁（變）則其心從之矣，其心弁（變）則其聖（聲）亦肰（然）。”

《性自》：“人之说肰（然）可牙（與）和安者，不又（有）夫𢞁（奮）𤜣（作）之青（情）則𢘓（侮）。”

《性自》：“𣂑（慎），𡰥（仁）之方也，肰（然）而其𢛜（過）不亞（惡）。”

《語叢一》：“□□者悉肰（然）不肰（然）。”

《詩論》：“吾以《𦸇（葛）𧊒（覃）》得氏（祗）初之訔（詩），民眚（性）古（固）肰（然）。”

《詩論》：“虗（吾）以《甘棠》得宗審（廟）之敬，民眚（性）古（固）肰（然）。”

《詩論》：“甚貴其人，必敬其立（位）；敓（悦）其人，必好其所爲。亞（惡）其人者亦肰（然）。”

《詩論》：“☐㡀（幣）帛之不可去也，民眚（性）古（固）肰（然）。”

《子羔》：“子羔曰：‘肰（然）則厽（三）王者筥（孰）爲☐。’”

《從政》：“肰（然）句（後）能立道。”

《昔者》：“大（太）子前之母₌俤₌（母弟，母弟）𢓡（送），退，前之大（太）子，再三，肰（然）句（後）並聖（聽）之。”

《容成氏》：“墨（禹）乃五𦧝（讓）以天下之臤（賢）者，不得已，肰（然）句（後）敢受之。”

《容成氏》：“墨（禹）肰（然）句（後）訂（始）爲之啓（號）羿（旗），以𢆶（辨）其左右，思（使）民毋惑。”

《容成氏》：“墨（禹）肰（然）句（後）訂（始）行以僉（儉）。”

《容成氏》：“女（如）是而不可，肰（然）句（後）從而攻之。”

《柬大王》：“女（如）君王攸（修）郢高（郊），方若肰（然）里。”

《内豊》：“母（毋）忘姑姊妹而遠敬之，則民又（有）豊（禮），肰（然）句（後）奉之中章（庸）。”

《内豊》：“從人觀（勸），肰（然）則免於戾。”

《曹沫》：“𨛭（鄰）邦之君明，則不可以不攸（修）政而善於民。不肰（然），𢗁（恐）亡焉；𡚁（鄰）邦之君亡道，則亦不可以不攸（修）政而善於民。不肰（然），亡以取之。”

《曹沫》：“不肰（然），君子以臤（賢）稱，害（曷）又（有）弗得？以亡道爯（稱），害（曷）又（有）弗逵（失）？”

《曹沫》：“思（使）其志迟（起），𢦏（勇）者思（使）憙（喜），𦕦（葸）者思（使）𢘓（悔），肰（然）句（後）改訂（始）。”

《曹沫》：“肰（然）而古亦又（有）大道安（焉）。”

《鮑叔牙》：“公曰：‘肰（然）則可敓（説）與（歟）？’”

《鮑叔牙》：“百眚（姓）皆宛（怨）悘，𣽣（奄）肰（然）㬜（將）𦬁（亡）。”

《鮑叔牙》："公曰：'肰（然）則奚女（如）？'"

《季康子》："庚（康）子曰：'肰（然）其宔（主）人亦曰：古之爲邦者必以此。'"

《季康子》："凡欲勿棠，凡遾（失）勿跪（危），各堂（當）其曲以成之，肰（然）則邦坪（平）而民脜（擾）矣。"

《季康子》："肰（然）則民迯不善，眯（迷）父兄子俤（弟）而爯賕☐。"

《君子》："肰（然）。虐（吾）新（親）�（聞）言於夫子，欲行之不能，欲迲（去）之而不可，虐（吾）是以膣（瘠）也。"

《君子》："夫子絧（治）十室之邑亦樂，絧（治）壙（萬）室之邦亦樂，肰（然）則☐喜（矣）。"

《君子》："墨（禹）絧（治）天下之川，☐以爲异（己）名；夫子絧（治）《時（詩）》、《箸（書）》，非以异（己）名，肰（然）則臤（賢）於墨（禹）也。"

《弟子問》："☐也，求爲之言；又（有）夫言也，求爲之行。言行相惩（宜），肰（然）句（後）君子。"

《弟子問》："君子道朝，肰（然）則夫二厽（三）子者☐。"

《三德》："惪（憂）懼之閟（閒），怟（疏）達之宗（際），母（毋）胃（謂）之不敢，母（毋）胃（謂）之不肰（然）。"

《墨子》："周公戒肰（然）乍（作）色曰：'易，夫戔（賤）人夅（格）上則型（刑）殄（戮）至，剛☐。'"

《競公瘧》："尚（倘）肰（然），是虐（吾）所𧠟（望）於女（汝）也，盍敁（誅）之。"

《王居》："是則𦘦（盡）不𣪊（穀）之皋（罪）也，後舍勿肰（然）。"

《祭公》："女（汝）母（毋）各家相而（爾）室，肰（然）莫血（恤）其外。"

《祭公》："康☐之，𢦏（蠥）伓（服）之，肰（然）母（毋）夕（斁）☐，維我周又（有）棠（常）型（刑）。"

《鄭武》："不是肰（然），或（又）爯（稱）记（起）虐（吾）先君於大難之中？"

《鄭甲》："今天爲不惠，或爰（援）肰（然）與不𦎫（穀）爭白（伯）父。"

《説命上》："王曰：'旦（亶）肰（然）。天𨒅命敓（説）伐遾=宔=（失仲。'失仲）是（適）生子，生二戊（牡）豕。"

然與燃

《戰國一六》："支臺隨（墮），垂都然（燃），林木伐，麋鹿盡，而國繢以圍。"

然與蹨

《奇正》："後不得乘前，前不得然（蹨）後；進者有道出，退者有道入。"

然與熱

《老子》乙："喿（燥）勑（勝）蒼（滄），青（清）勑（勝）然，清=（清靜）爲天下定（正）。"按，今本然作熱。

《太一》："四時復𥙊（輔）也，是以成倉〈寒〉=然=（寒熱。寒熱）復相𥙊（輔）也，是以成溼=澡=（濕燥。濕燥）復相𥙊（輔）也，成𢧁（歲）而𡳿（止）。"

《太一》："溼（濕）澡（燥）者，倉〈寒〉然（熱）𢊁=（之所）生也。倉〈寒〉然（熱）者。"

然與炅

《老子》乙："喿（燥）勑（勝）蒼（滄），青（清）勑（勝）然，清=（清靜）爲天下定（正）。"按，帛書甲本然作炅。

然與埏

《帛甲老子·道經》："然（埏）埴爲器，當其无有，埴器[之][用][也]。"

然與赧

《戰國二七》："頳然（赧）進其左耳而後

其右耳。”按，“然（赧）”從白於藍《〈戰國縱横家書〉“赦”字考》(《古籍整理研究學刊》2002 年 4 期）讀。下同。

《戰國二七》：“夫頳然（赧）見於左耳，麏（麛）皮已計之矣。”

然與㷗

《北蒼·幽》：“飫猒（厭）然（㷗）稀（晞），丈袤（懋）牒（諜）膠。”

燃與埏

《帛乙老子·道經》：“燃（埏）埴而爲器，當其无有，埴器之用也。”

肰與然

《語叢一》：“其智（知）専（博），肰（然）句（後）智（知）命。”

《語叢一》：“智（知）天所爲，智（知）人所爲，肰（然）句（後）智（知）道，智（知）道肰（然）句（後）智（知）命。”

《語叢一》：“智（知）豊（禮）肰（然）後智（知）型。”

《語叢一》：“正其肰（然）而行悳安尔也。正不達𡕒生虖（乎）不達其肰（然）也。”

《語叢一》：“政其肰（然）而行怠安。”

耎字聲系

耎與堧

《龍簡》：“諸禁苑爲耎（堧），去苑卌里，禁毋敢取耎（堧）中獸。”

《龍簡》：“諸禁苑有耎（堧）者，□去耎（堧）廿里毋敢毒殺□。”

《龍簡》：“射耎（堧）中□□□之□有□□殹（也）□□□其□☑。”

《龍簡》：“時來鳥，黔首其欲弋射耎（堧）獸者，勿禁。”

《龍簡》：“□□宗廟耎（堧）☑。”

耎與蝡

《論》：“岐（蚑）行喙息，扇（蠉）蜚（飛）耎（蝡）動。”

《文摯》：“舉鳧雁、鵠、蕭（鷫）相（鸘）、蚖檀（蟺）、魚鱉（鼈）、耎（蝡）動之徒。”

緛與挼

《特牲》：“祝命繻〈緛（挼）〉祭。”按，“繻”字今本作“挼”。“繻”似即“緛”之誤字，讀作“挼”。下同。

《特牲》：“佐食繻〈緛（挼）〉祭。”

緛與綏

《少牢》：“上佐食上佐食以繻〈緛（綏）〉祭。”按，“繻”字今本作“綏”。“繻”似即“緛”之誤字，讀作“綏”。下同。

《少牢》：“上佐食繻〈緛（綏）〉祭。”

《少牢》：“其繻〈緛（綏）〉祭如主人之禮，不假（嘏）。”

《有司》：“上佐食繻〈緛（綏）〉祭，如賓（儐）。”

干字聲系

干與竿

《軍令》：“兵車御右及把摩（麾）干（竿）、鼓正（鉦）成者，拜爵賜論。”

干與邗

《周馴》：“乃反（返），至于干（邗）王之所，令吳闔廬一夜未嘗不三徙臥。”

《周馴》：“越之城旦發墓於干（邗），吳既爲盂（虛），其孰衛〈衛〉闔廬？”

《周馴》：“今越烕（滅）干（邗），則剴（豈）獨不可以自爲諫？”

干與玕

《荊决》：“海有琅干（玕），南山有時（植）。”

干與澗

《容成氏》：“墨（禹）乃迵（通）泿（伊）、洛，並里〈廛（瀍）〉、干（澗），東豉（注）之河。”

厈與罕

《良臣》："子產之帀（師）：王子白（伯）忨（願）、肥中（仲）、土（杜）言（逝）、鄯（渾）厈（罕）。"按，"厈（罕）"字從羅小華《試論清華簡中的幾個人名》（簡帛網，2016年4月8日）讀。

奸與干

《晏子七》："今吾欲具圭璧犧生（牲），令祝宗薦之上下，意者體（禮）可奸（干）福乎？"

宇與旱

《筮法十一》："堂（當）日才（在）上，轡（數）而出，乃宇（旱）。"

《筮法三十》："凸（凡）十七命：曰果，曰至，曰喜，曰死生，曰得，曰見，曰瘳，曰咎，曰男女，曰雨，曰取（娶）妻，曰戰，曰成，曰行，曰讎（售），曰宇（旱），曰祟。"

汗與旱

《蘭賦》："☐汗（旱），雨露（露）不墜（降）矣。"

《蘭賦》："☐汗（旱）其不雨，可（何）湫而不沽（涸）？"

《蘭賦》："信蕑（蘭）其穢（滅）也，風汗（旱）之不网（罔）。"

汗與閒

《隨日・有疾》："☐至汗（閒）。"

《隨日・有疾》："☐甲有瘳，乙汗（閒）。"

《隨日・有疾》："非白色，丙有瘳，丁汗（閒）。"

《隨日・有疾》："非黑色，戊有瘳，己汗（閒）。"

《隨日・死》："子有疾，四日小汗（閒），七日大汗（閒）。"

《隨日・死》："丑有疾，三日小汗（閒），九日大汗（閒）。"

《隨日・死》："寅有疾，四日小汗（閒），五日大汗（閒）。"

《隨日・死》："卯有疾，三日小汗（閒），九日大汗（閒）。"

《隨日・死》："辰有疾，四日小汗（閒），七日大汗（閒）。"

《隨日・死》："巳有疾，三日小汗（閒），九日大汗（閒）。"

《隨日・死》："午有疾，三日小汗（閒），七日大汗（閒）。"

衎與旰

《筮法二六》："衎（旰）日，監天。"按，"衎（旰）"字從駱珍伊《說"旰日"》（簡帛網，2014年1月11日）釋讀。

芊與稈

《明君》："卷（圈）馬食叔（菽）粟，戎馬食苦（枯）芊（稈）、復庾。"

迁與干

《命訓》："亟（極）福則民=录=（民祿，民祿）迁=善=（干善，干善）韋（違）則不行。"

迁與寬

《慎子》："忠赱（質）以反俞（渝），迁（寬）友（柔）以載道，精瀘以巽（順）埶（勢）。"按，"迁"字從陳偉《上博竹書〈慎子曰恭儉〉初讀》（簡帛網，2007年7月5日）釋，但在此似當讀作"寬"。

迁與間

《命訓》："六亟（極）既達，九迁（間）具（俱）寒（塞）。"

攼與扞

《芮良夫》："罔肎（肯）獻言，人頌（訟）攼（扞）嘖（違）。"

攼與斁

《楚帛書》甲："至於復（覆）天，旁達（動）攼（斁）敃（蔽）之青木、赤木、黃木、白木、墨木之精（楹）。"

《曹沫》："其飤（食）足以飤（食）之，其兵足以利之，其成（城）固足以攼（斁）之。"

攼與搴

《子羔》："遊於玄咎（丘）之内，冬見芺，攼（搴）而薦之，乃見人武。"按，"攼（搴）"字從張富海《上博簡〈子羔〉篇"后稷之母"節考釋》（簡帛研究網，2003年1月17日）讀。

攼與翦

《封許》："亦隹（惟）女（汝）呂丁，馭（扞）補（輔）珷（武王），攼（翦）敦殷受（紂），咸成商邑。"按，"攼（翦）"字從 ee 在 ee《清華五〈封許之命〉初讀》（簡帛網"簡帛論壇"，2015年4月9日）一文下跟帖讀。

攼與虔

《管仲》："好宜（義）秉悳（德），又（有）攼（虔）不解（懈），爲民紀紌（綱）。"按，"攼（虔）"字從清華大學出土文獻讀書會《清華六整理報告補正》（清華大學出土文獻研究與保護中心網，2016年4月16日）引王挺斌説讀。

杆與樊

《神烏賦》："云₌（營營）青繩（蠅），止于杆（樊）。"按，"杆"當從今本《詩·小雅·青蠅》讀作"樊"。

罕與炭

《帛五行·經》："簡之爲言也猷（猶）賀，大而罕者。"按，馬王堆漢墓帛書本《五行·説》"罕"作"炭"。下同。

《帛五行·經》："大而罕者，能有取焉。"

肝與汗

《帛易·渙》："九五，渙其肝（汗）大號，渙王居，无咎。"按，今本肝作汗。

《二三子》："[卦]曰：'奐（渙）其肝（汗），大號。'"

《二三子》："肝（汗）言其内，其内大美，其外必有大聲問。"

竿與干

《鄘風》："□□竿（干）旌，在孫（浚）之城。"

《泰射》："[大侯九]十，參七十，竿（干）五十，埶（設）乏各去其侯西十、北十。"

《泰射》："大侯之崇，見鵠於參，參見鵠於竿（干），竿（干）不及地武。"

《泰射》："大史在竿（干）侯之東北，北面，東上。"

《泰射》："射三侯，將乘矢，始射竿（干），有（又）射參，泰（大）侯再發。"

訐與蹇

《周易·蹇》："訐（蹇）：利西南，不利東北，利見大人。"

《周易·蹇》："初六：往訐（蹇）來譽。"

《周易·蹇》："六二：王臣訐₌（蹇蹇），非今（躬）之古（故）。"

《周易·蹇》："九厽（三）：往訐（蹇）來反。"

《周易·蹇》："六四：往訐（蹇）來連。"

《周易·蹇》："九五：大訐（蹇）不（朋）㚒（來）。"

《周易·蹇》："上六：往訐（蹇）來碩，吉，利見大人。"

訐與衍

《采風》："宮訐（衍）：《疋[?]月》，《埜（野）又（有）[?]（葛）》，《出門以東》。"按，"訐（衍）"字從董珊《讀〈上博藏戰國楚竹書（四）〉雜記》（簡帛研究網，2005年2月20日）讀。下同。

《采風》："訐（衍）商：蛙□。"

《采風》："訐（衍）峕（徵）：《牧人》，《募人蠶亡》，《靁氏》，《成（城）上生之葦》，《道之遠尔》，《良人亡不宜也》，《列也遺夬

（玦）》。”

《采風》：“訏（衍）羽：《北（邶）埜（野）人》，《鳥虎》，《咎比》，《王音深浴（谷）》。”

紆與觀

《反淫》：“於是攓芳莽，爲蒹（擥）芳；張豯子之弩，發宛路之矰；紆（觀）奇直，別雌雄；合蒲苴之數，察逆順之風。”

訏與諫

《鮑叔牙》：“近臣不訏（諫），遠者不方（謗），則攸（修）者（諸）向（鄉）里。”

《鮑叔牙》：“臣唯（雖）欲訏（諫），或不得見，公沽（固）弗諓（察）。”按，“訏（諫）”字從季旭昇《上博五芻議（上）》（簡帛網，2006年2月18日）釋讀。

《鬼神》：“焚聖人，殺訏（諫）者，惻（賊）百眚（姓），𤔔（亂）邦家。”按，“訏（諫）”字從陳偉《上博五〈鬼神之明〉篇初讀》（簡帛網，2006年2月18日）讀。

軒與杌

《柬大王》：“王事可（何）必三軍又（有）大事，邦家以軒（杌）輗〈軌（隉）〉，社禝（稷）以迸（危）與（歟）？”按，“軒（杌）”字從陳劍《上博竹書〈昭王與龔之脽〉和〈柬大王泊旱〉讀後記》（簡帛研究網，2005年2月15日）讀。

軒與宣

《五名》：“兵有五名：一曰威強，二曰軒（宣）驕，三曰剛至（恎），四曰助（冒）忌，五曰重桼（柔）。”按，“軒（宣）”字從劉桓《讀〈孫臏兵法〉劄記》（《簡帛研究》第二輯，法律出版社，1996年）讀。下同。

《五名》：“軒（宣）驕之兵，則共（恭）敬而久之。”

雈與歡

《帛五行·説》：“左雈（歡）而右飯之，未得敬□□□。”

㪋與干

《祝辭》：“踵弓：‘酒（將）𥎦（射）㪋（干）音（函），陽（揚）武即救（求）尚（當）。’”

焊與殺

《性自》：“哭之歕（動）心也，𣲷（踧）𣵀（殺），其剌（烈）䜌＝（戀戀）女（如）也，慼（戚）肰（然）以終。”按，上博簡本《性情論》𣵀（殺）作焊。“𣵀（殺）”字從劉釗師《讀郭店楚簡字詞劄記》（《郭店楚簡國際學術研討會論文集》，湖北人民出版社，2000年）讀。

箄與竿

《用曰》：“用曰：𦦙（舉）箄（竿）於埜（野）☐。”按，“箄（竿）”字從何有祖《讀〈上博六〉劄記》（簡帛網，2007年7月9日）釋讀。

倝字聲系

倝與乾

《容成氏》：“墨（禹）既已受命，乃卉備（服）藎（箁）若（箬），冒（帽）芺（蒲）蓻（笠）□足□☐面倝（乾）鮨（皵），𦚔（脛）不生之毛，□𣻌湝流。”按，“倝（乾）”字從孟蓬生《上博竹書（二）字詞劄記》（簡帛研究網，2003年1月14日）讀。

《季子》：“☐事又器四放不倝（乾）炣（煦）𥨶（煎）齊（劑）□☐。”

《王子木》：“成公倝（乾）友（櫌）於菅（疇）中。”按，“倝（乾）”字從陳偉《讀〈上博六〉條記》（簡帛網，2007年7月9日）讀。

《君人甲》：“先君霝（靈）王倝（乾）浞〈溪（溪）〉云（殞）莒（沈）。”按，“倝（乾）”字從復旦大學出土文獻與古文字研究中心研究生讀書會《〈上博七·君人者何必安哉〉校讀》(復旦大學出土文獻與古文字研究中心網，2008年12月31日)釋讀。下一例同。
《君人乙》："先君霝(靈)王倝(乾)浨〈滐(溪)〉云(殞)莕(沈)。"
《筮法十四》："凸(凡)貞丈夫，月夕倝(乾)之卒(萃)，乃屯(純)吉，亡春夏秋冬。"
《筮法二二》："凸(凡)倝(乾)，月₌(月夕)吉；臾(坤)，月朝吉。"
《筮法二二》："臾(坤)朢(晦)之日逆倝(乾)以長(當)巽。"
《筮法二二》："内(入)月五日豫(舍)巽，倝(乾)臾(坤)長(當)艮。"
《筮法二二》："旬，倝(乾)、臾(坤)乃各彶(返)其所。"
《筮法二五》："倝(乾)，甲壬。臾(坤)，乙癸。"
《筮法二六》："倝(乾)祟：屯(純)、五，宴(祖)宗。"

倝與韓

《繫年六》："立六年，秦公衛(率)自(師)牙(與)惠公戰于倝(韓)，戠(捷)惠公以歸。"
《繫年二一》："晉䰳(魏)畀〈斯〉、竘(趙)关(浣)、倝(韓)啓章衛(率)自(師)回(圍)黃沱(池)，違(衝)迵(通)而歸之於楚。"
《繫年二一》："䰳(魏)畀〈斯〉、竘(趙)关(浣)、倝(韓)啓章衛(率)自(師)戕(救)灾(赤)墉(岸)，楚人豫(舍)回(圍)而還，與晉自(師)戰於長城。"
《繫年二二》："倝(韓)虔、竘(趙)䴬(籍)、䰳(魏)繫(擊)衛(率)自(師)與戉(越)公殹(翳)伐齊₌(齊，齊)與戉(越)成，以建(開)昜(陽)、邔陵之田，旻(且)男女服。"
《繫年二三》："貣(期)年，倝(韓)緅(取)、䰳(魏)繐(擊)衛(率)自(師)回(圍)武旝(陽)，以復郚(部)之自(師)。"

倝與焉

《君人甲》："虐(吾)倝(焉)又(有)白玉三回(圍)而不戔(篯)才(哉)？"按，"倝(焉)"字從復旦大學出土文獻與古文字研究中心研究生讀書會《〈上博七·君人者何必安哉〉校讀》(復旦大學出土文獻與古文字研究中心網，2008年12月31日)讀。下同。
《君人乙》："虐(吾)倝(焉)又(有)白玉三回(圍)而不戔(篯)才(哉)？"

倝與晉

《李頌》："倝(晉)冬之旨(祁)寒，喿(燥)其方荅(落)可(兮)。"按，"倝(晉)"字從復旦吉大古文字專業研究生聯合讀書會《上博八〈李頌〉校讀》(復旦大學出土文獻與古文字研究中心網，2011年7月17日)讀。

倝與憲

《三德》："古(故)祟(常)不利，邦遂(失)倝(憲)祟(常)。"按，"倝(憲)"字從孟蓬生《〈三德〉零詁(二則)》(簡帛網，2006年2月28日)讀。

倝與扞

《封許》："亦隹(惟)女(汝)呂丁，倝(扞)補(輔)珷(武王)，攼(翦)敦殷受(紂)，咸成商邑。"

乾與幹

《特牲》："佐食舉乾(幹)。"
《特牲》："舉獸乾(幹)、魚一，亦如之。"
《少牢》："上佐食舉尸牢乾(幹)，尸受，振祭，嚌之。"
《一類》："乾(幹)當歸二分，弓(芎)

窌（蒴）二分。”
《二類》：“用白羊矢（屎）乾（幹）之十余石置其阬中，從（縱）火其上。”
《二類》：“藥乾（幹），復塗之，如前法三塗，去其故藥。”
《二類》：“咽乾（幹），摩之。”
《二類》：“腸中有益爲度，摩之，皆三乾（幹）而止。”
《木牘》：“取□駱蘇（酥）一升，付（附）子廿枚，蜀椒一升，乾（幹）當歸二兩。”
《木牘》：“創（瘡）乾（幹）者，和以膏傅（敷）之。”

乾與韓

《戰國四》：“後，薛公、乾（韓）徐爲與王約功（攻）齊。”
《戰國四》：“王謂乾（韓）徐爲：‘止某不道，迺（猶）免寡人之冠也。’”
《戰國七》：“慮從楚取秦，慮反（返）乾（韓）㬚（珉），有（又）慮從勺（趙）取秦。”
《戰國八》：“以齊封奉陽君，使梁（梁）、乾（韓）皆效地。”
《戰國八》：“楚、越遠，宋、魯弱，燕人承，乾（韓）、梁（梁）有秦患。”
《戰國八》：“齊燕爲一，乾（韓）、梁（梁）必從。”
《戰國一一》：“臣之勺（趙），所聞於乾（韓）、梁（梁）之功（攻）秦，無變志矣。”
《戰國一一》：“乾（韓）、梁（梁）合，勺（趙）氏將悉上黨以功（攻）秦。”
《戰國一一》：“乾（韓）、梁（梁）豈能得此於燕𢦏（哉）。”
《戰國一二》：“雖乾（韓）亦然。”
《戰國一二》：“若牙（與）楚遇，將與乾（韓）梁（梁）四遇，以約功（攻）秦。”
《戰國一二》：“梁（梁）、乾（韓）無變，三晉牙（與）燕爲王功（攻）秦。”
《戰國一三》：“乾（韓）㬚（珉）獻書於齊。”
《戰國一三》：“乾（韓）梁（梁）從，以功（攻）勺（趙），秦取勺（趙）之上地，齊取河東。”
《戰國一三》：“勺（趙）從，秦取乾（韓）之上地，齊取燕之陽地。”

榦與翰

《帛易·賁》：“六四，蘩（賁）茹（如）蕃（皤）茹（如），白馬榦（翰）茹（如），非（匪）寇閩（婚）詬（媾）。”

鶾與翰

《反淫》：“菌鶴鷫義（鷞），孔鶾（鸞）鵾鶾（翰），芬（紛）雲（紜）窈（幽）海（晦），浩洋於上。”

榦與旱

《柬大王》：“柬（簡）大王泊榦（旱），命龜尹羅貞於大夏，王自臨卜。”
《柬大王》：“邦家大榦（旱），痼（疚）瘢（疵）智於邦。”
《柬大王》：“此所胃（謂）之‘榦（旱）母’，帝牆（將）命之攸（修）。”
《柬大王》：“者（諸）侯之君之不能詞（治）者，而壂（刑）之以榦（旱）。夫唯（雖）母（毋）榦（旱），而百眚（姓）逘（移）以迲（去）邦家。此爲君者之壂（刑）。”

榦與澣

《雜療方》：“即以流水及井水清者，孰（熟）洒（洗）榦（澣）其包（胞），孰（熟）捉。”

榦與笴

《暨過》：“其七月丁亥劾榦（笴），其八月癸丑劾非𣪠（繫）。”

韐與翰

《子儀》：“臺上又（有）兔，柂枳（枝）堂（當）欞（榡），汜（竢）客而韐（翰）之。”

榦與澣

《胎產書》："凡治字者，以清水榦（澣）包（胞）☐。"

《胎產書》："必孰（熟）洎（洗）榦（澣）胞，有（又）以酒榦（澣）☐☐☐☐☐☐☐☐小☐☐☐☐☐☐☐☐☐☐☐☐☐☐以瓦甌。"

鶾與甗

《繫年十四》："齊人爲成，以鶾（甗）、骼（輅）、玉笷（筎）與𦎫（淳）于之田。"

鶾與鸞

《反淫》："菌鶴鵾義（鸃），孔鶾（鸞）鵙鶾（鵫），芬（紛）雲（紜）窈（幽）海（晦），浩洋於上。"

柬字聲系

柬與諫

《仲弓》："中（仲）弓曰：'含（今）之孯₌（君子），孚（愎）怂（過）戉析，戁（難）以內（納）柬（諫）。'"

《子道餓》："門人柬（諫）曰。"

《邦人》："鄴（葉）之者（諸）老皆柬（諫）曰：'不可，必以币（師）。'"

柬與欄

《周病方》："取東〈柬（欄）〉灰一升，漬之。"

《周病方》："沶（和）稾（藁）本東〈柬（欄）〉灰中，以𪎌（摩）之，令血欲出。"

《周病方》："取東〈柬（欄）〉灰一斗，淳（醇）毋下三斗，孰（熟）☐而鬺（煮）☐。"

柬與簡

《五行》："不悳（直）不₌逸₌（不肆，不肆）不₌果₌（不果，不果）不₌柬₌（不簡，不簡）不行（不行，不行）不義。"

《五行》："不以少（小）道𡩜（害）大道，柬（簡）也。"

《五行》："不柬（簡），不行；不匿，不辨於道。又（有）大辠而大豉（誅）之，柬（簡）也；又（有）少（小）辠而亦（赦）之，匿也。"

《五行》："柬（簡）之爲言猷（猶）練也，大而晏者也。"

《五行》："柬（簡），義之方也；匿，㤅（仁）之方也。"

《性自》："又（有）其爲人之迎₌（節節）女（如）也，不又（有）夫柬₌（簡簡）之心則采（悈）；又（有）其爲人之柬₌（簡簡）女（如）也，不又（有）夫亙（恆）怡之志則縵（慢）。"按，"柬₌（簡簡）"字從陳偉《郭店楚簡〈六德〉諸篇零釋》（《武漢大學學報》1999年5期）讀。

《容成氏》："與之言正（政），敓（悅）柬（簡）以行。"

《容成氏》："乃因迡（迡）以智（知）遠，迲（去）䟝（苛）而行柬（簡）。"

《柬大王》："柬（簡）大王泊𣂰（旱），命龜尹羅貞於大夏，王自臨卜。"

《用曰》："柬₌（簡簡）疋₌（疏疏），事非與又（有）方。"

《用曰》："茅（務）之台（以）元色，柬（簡）其又（有）亙（恆）井（形）。"

《用曰》："曼₌（慢慢）柬₌（簡簡），其頌之作。"

《楚居》："柬（簡）大王自疆郢遅（徙）居藍₌郢₌（藍郢，藍郢）遅（徙）居䣄₌郢₌（䣄郢，䣄郢）復於鄩（鄩）。"

《繫年十八》："晉減（莊）坪（平）公即殜（世），卲（昭）公、同（頃）公䏶（皆）棗（早）殜（世），柬（簡）公即立（位）。"

《繫年二十》："晉柬（簡）公立五年，與吳王盍（闔）虜（盧）伐楚。"

《繫年二十》："晉柬（簡）公會者（諸）

侯，以與夫秦（差）王相見于黃沱（池）。”

《繫年二一》：“楚柬（簡）大王立七年，宋悼公朝于楚，告以宋司城皷之約公室。”

《封許》：“女（汝）隹（惟）臧（壯）耆尔猷，虔（虔）血（恤）王家，柬（簡）膀（乂）亖（四）方不娍（賓），以堇（勤）余𠬝（一人）。”

《啻門》：“正（政）柬（簡）以成，此胃（謂）㠯（美）正（政）。”

《三壽》：“束柬（簡）和募（慕），尃（補）歟（缺）而救枉。”

《管仲》：“少（小）事逸以惕，大事柬（簡）以成（誠）。”

柬與閑

《蘭賦》：“蓉（容）惻（則）柬（閑）逸而莫之能斈（效）矣。”按，“柬”似當讀作“閑”。“閑逸”一詞多見於典籍。

柬與散

《良臣》：“文王又（有）忶（閎）夭，又（有）（泰）咠（顛），又（有）柬（散）宜生。”

蕑與蘭

《墨子》：“☐猷（猶）芑（芝）蕑（蘭）與（歟）？”

《蘭賦》：“緩才（哉）蕑（蘭）可（兮）。”

《蘭賦》：“視（親）眾秉志，綽（逴）遠行道，不舩又（有）折，蕑（蘭）斯秉悳（德）。”

《蘭賦》：“年（佞）前其約僉（儉），㦌（美）後其不長，女（如）蕑（蘭）之不芳。”

《蘭賦》：“信蕑（蘭）其檅（滅）也，風汗（旱）之不网（罔）。”

《蘭賦》：“蕑（蘭）又（有）異勿（物）。”

煉與爛

《脈死候》：“三陰胥（腐）臧（臟）煉（爛）腸而主殺。”

練與柬

《十問》：“毄（擊）此者，必將參（三）分我兵，練（柬）我死士，二者延陳（陬）長（張）習（翼），一者財（材）士練（柬）兵，期其中極。”按，“練”似當讀作“柬”。《説文》：“柬，分別簡之也。”《爾雅·釋詁》：“柬，擇也。”下同。

《十問》：“毄（擊）此者，渴者不飲，飢者不食，三分用其二，期於中極，皮（彼）氣（既）□□，財（材）士練（柬）兵。”

練與賀

《五行》：“柬（簡）之爲言猷（猶）練也，大而晏者也；匿之爲言也猷（猶）匿₌（匿匿）也，少（小）而訪〈診（軫）〉者也。”按，馬王堆漢墓帛書本《五行·經》“練”作“賀”。

練與衡

《五行》：“柬（簡）之爲言猷（猶）練也，大而晏者也；匿之爲言也猷（猶）匿₌（匿匿）也，少（小）而訪〈診（軫）〉者也。”按，馬王堆漢墓帛書本《五行·説》“練”作“衡”。

諫與鑑

《武王甲》：“後右耑（端）曰：‘𣪊諫（鑑）不遠，視而（邇）所弋（代）。’”按，“諫（鑑）”字從復旦大學出土文獻與古文字研究中心研究生讀書會《〈上博七·武王踐阼〉校讀》（復旦大學出土文獻與古文字研究中心網，2008年12月30日）釋讀。

《周馴》：“曰：‘䰜₌戒₌（畏戒！畏戒）！取諫（鑑）不遠，視而所代！’”按，“諫”似當讀作“鑑”。

闌與蘭

《乾瘙》：“取闌（蘭）根、白付（符），小刌一升，舂之。”

《雜療方》：“每朝啜闌（蘭）實三，及啜

陵（菱）攴（芰）。”
《雜療方》：“取闌（蘭）葉，產壽（擣），烝（蒸），熨之。”
闌與爛
《脈書》：“坨（地）氣殹（也），死脈殹（也），腐臧（臟）闌（爛）腸而主殺。”
《脈書》：“夫乘車食肉者，春秋必滔，不滔則脈闌（爛）而肉死。”
《脈書》：“氣血腐闌（爛），百節皆沈，款（窾）廿末，反而走心。”
《明君》：“此其請（情）美才（哉）闌（爛）乎。”
《癩》：“取皋垢，以艾裹，以久（灸）積（癩）者中顛，令闌（爛）而已。”
《□爛者》：“□闌（爛）者方。”
《□爛者》：“闌（爛）者，爵（嚼）糵米，足（捉）取汁而煎，令類膠。”
闌與連
《爲國》：“欲民之易牧也，不定國風，而欲徒以名數、闌（連）伍、刑罰牧之。”
闌與練
《王兵》：“春秋穀（角）試，以闌（練）精材。”
闌與閑
《帛易·大畜》：“九三，良馬遂〈逐〉，利根（艱）貞。曰闌（閑）車（輿）衞，利有攸往。”
蘭與闌
《安稽》：“陰象簪，封（駐）觭（奇）牙，步蘭（闌）下。”

閒字聲系

閒與蕑
《鄭風》：“士與女，方秉閒（蕑）□。”
閒與癇
《脈書》：“反折，爲閒（癇）。”
《目録》：“嬰兒病閒（癇）。”
《目録》：“人病馬不閒（癇）。”
《目録》：“人病□不閒（癇）。”
《目録》：“人病羊不閒（癇）。”
《目録》：“人病蛇不閒（癇）。”
《嬰兒病癇》：“嬰兒病閒（癇）方。”
《嬰兒病癇》：“閒（癇）者，身熱而數驚，頸脊強而復（腹）大。”
《嬰兒病癇》：“□閒（癇）多衆，以此藥皆已。”
《馬不癇》：“人病馬不閒（癇）者。”
閒與鐗
《第二組》：“☐□而□傅于計，令徒善攻閒（鐗）車。”
閒與間
《十陣》：“故必疏鉅（距）閒（間），多其旌旗羽旄，砥刃以爲旁。”
《十陣》：“數陳（陣）之法，毋疏鉅（距）閒（間），戚（蹙）而行。”
《十陣》：“箅之而無閒（間），軗（蹦）山（跚）而退。”
閒與澗
《鄭甲》：“枼（世）及虐（吾）先君武公，西城洢（伊）閒（澗），北遼（就）鄉（鄔）、鄙（劉）。”
《鄭乙》：“枼（世）及虐（吾）先君武公，西城淇〈洢（伊）〉閒（澗），北𢓜（就）鄉（鄔）、鄙（劉）。”
閒與簡
《春秋一》：“☐韓閒（簡）午（忤）秦□□今君將先□。”
《繫辭》：“鍵（乾）以易【知】，川（坤）以閒（簡）能，易則傷（易）知，閒（簡）則易從。”
《繫辭》：“〖閒〗易閒（簡）而天下之理得，理得而成立（位）乎其中。”

《繫辭》：“廣大肥（配）天地，變迵（通）配四時，陰陽之合肥（配）日月，易閒（簡）之善肥（配）至德。”

《繫辭》：“夫鍵（乾），蒿（確）然視（示）人易；夫川（坤），魋（隤）然視（示）人閒（簡）。”

《繫辭》：“夫川（坤），魋（隤）然天下之至順也，德行恆閒（簡）以知阻。”

《易之義》：“其稱名也少，其取類也多，其指閒（簡），其辭文，其言幽而中，其事隱而單。”

《繆和》：“趙閒（簡）子欲伐衛，使史黑往睹之。”

《繆和》：“閒（簡）子大怒，以爲又（有）外志也。”

《邶風》：“閒=旖=（簡兮簡兮），方將萬舞。”

《周馴》：“昔趙閒（簡）子身書二牘，而親自繇（籀）之。”

《周馴》：“閒（簡）子曰。”

《周馴》：“閒（簡）子已終，無卹（恤）即立（位），述（遂）爲賢主。”

《周馴》：“今我不如趙閒（簡）鞅，而爾有（又）不及襄子無卹（恤）。”

閒與干

《湯丘》：“女（如）幸余閒（干）於天畏（威），朕隹（惟）逆訓（順）是悎（圖）。”按，“閒”似當讀作“干”，訓爲“犯”。《晉書·李勢載紀》：“將士狂愚，干犯天威。”《周書·晉蕩公護列傳》：“臣所以勤勤懇懇，干觸天威者，但不負太祖之顧托，保安國家之鼎祚耳。”

《語書》：“法律未足，民多詐巧，故後有閒（干）令下者。”

閒與奸

《語書》：“故騰爲是而脩（修）法律令、田令及爲閒（奸）私方而下之。”

《語書》：“聞吏民犯法爲閒（奸）私者不止，私好、鄉俗之心不變。”

閒與垸

《秦律·司空》：“不攻閒（垸）車，車空（控）失（跌），大車軲紋（盭）。”按，“閒”似當讀作“垸”。《說文》：“以桼和灰而鬃也。从土完聲。一曰補垸。”下二例同。

《秦律·司空》：“一脂、攻閒（垸）大車一輛（兩），用膠一兩、脂二錘。”

《秦律·司空》：“攻閒（垸）其扁（辨）解，以數分膠以之。”

《治官》：“牛飢，車不攻閒（垸）。”

閒與諫

《爲吏》：“茲（慈）下勿陵，敬上勿犯，聽閒（諫）勿塞。”

《治官》：“聽閒（諫）勿塞，審智（知）民能，善度黔首力。”

《阜春一三》：“昔者桀辜閒（諫）者，紂炃（焚）聖人⊠。”

《阜春二二》：“⊠受規閒（諫），仁也。”

《阜春二二》：“人而好學受規閒（諫）。”

《周馴》：“或進閒（諫）曰：‘夷吾之罪大矣，奈何不以爲僇（戮）而授之相也？’”

《周馴》：“人君其強適足以復（覆）過，其智足以遂（郤）閒（諫），若此者，失国之主也。”

《趙正書》：“子嬰進閒（諫）曰。”

《趙正書》：“子嬰進閒（諫）曰。”

《趙正書》：“胡亥所謂不聽閒（諫）者也，立四年而身死國亡。”

《妄稽》：“雞鳴善式（飾），乃尚（嘗）入閒（諫）。”

《妄稽》：“凡人□產，必將相閒（諫）。”

《妄稽》：“小妾忠閒（諫），乃以爲妬。”

閒與閑

《日甲・秦除》："盈日，可以築閒（閑）牢，可以産，可以築宫室、爲嗇夫。"

《天甲・建除》："盈日：可築閒（閑）牢，可入生（牲），利築宫室、爲小嗇夫，有疾難瘳。"

《天乙・黄鐘》："廣顔，大鼻，大目，裹重，言閒₌（閑閑）。"

《隨日・建除》："盈日，可以築閒（閑）牢，築宫室、入六畜、爲嗇[夫]。"

《魏風》："□者閒₌（閑閑）旖（兮），行□□□□。"

《秦風》："柶（四）馬既閒（閑）。"

《阜易・家人》："閒（閑）有家，悔亡。"

《儒言》："孔子閒（閑）處（居）氣焉歎。"

閒與縣

《繫年十八》："閒（縣）陳、郗（蔡），殺郗（蔡）霝（靈）侯。"

《繫年十九》："楚霝（靈）王立，既閒（縣）陳、郗（蔡），競（景）坪（平）王即立（位），改邦陳、郗（蔡）之君，囟（使）各復其邦。"

《繫年十九》："秦異〈畢〉公命子甫（蒲）、子虎衛（率）自（師）敉（救）楚，與楚自（師）會伐陽（唐），閒（縣）之。"

《繫年十九》："吴縵（洩）用（庸）以自（師）逆郗（蔡）卲（昭）侯，居于州坖（來），是下郗（蔡）。楚人安（焉）閒（縣）郗（蔡）。"

閒與賤

《治官》："一曰夸（誇）而央，二曰貴而企，三曰亶（擅）歹割，四曰犯上不智（知）其害，五曰閒（賤）士貴貨貝。"

閒與宣

《聽有》："中心不虛，耳目不閒（宣），唯（雖）聞善言，不褚（儲）於心，内二患也。"按，"閒"似當讀作"宣"，訓爲"明"。

澗與簡

《官一》："澗（簡）練歎（剽）便，所以逆喙也。"

《官一》："澗（簡）練□便，所以逆☐。"

澗與干

《周易・漸》："初六：鳿（鴻）澌（漸）于澗（干），少（小）子厲，又（有）言，不終。"

澗與淵

《周易・漸》："初六：鳿（鴻）澌（漸）于澗（干），少（小）子厲，又（有）言，不終。"按，帛書本澗（干）作淵。

姦字聲系

姦與閒

《戰國二五》："燕使蔡鳥股符胠璧，姦（閒）趙入秦，以河閒十城封秦相文信侯。"

姦與奸

《奏讞書》："坐以毄（繫）者毋毄（繫）牒，疑有姦（奸）詐（詐）。"

《奏讞書》："復（覆）其姦（奸）詐（詐）及智（知）縱不捕賊〈賊〉者，必盡得。"

串字聲系

串與穿

《叢辰》："利以串（穿）戸秀（牖），㞚（鑿）汬（井），行水事，吉。"按，"串（穿）"字從李零《讀九店楚簡》（《考古學報》1999年2期）釋讀。

串與患

《成王》："此六者皆逆，民皆又（有）夬（解）鹿〈麗（離）〉之心，而或（國）又（有）相串（患）割（害）之志，是胃（謂）童₌☐。"

《文王》："我左串（患）右難，虛（吾）

欲達中持（持）道。”

弴與卷

《説命上》:“氒（厥）卑（俾）纓（繃）弓紳（引）弴（卷）辟矢。”按，“弴”似當讀作“卷”。《漢書・司馬遷傳》:“張空卷。”顔師古《注》引李奇曰:“卷，弩弓也。”《集韻・綫韻》:“卷，連弩也。”

患與梡

《老子》乙：“人態（寵）辱若纓（驚）。貴大患若身。”按，帛書甲本患作梡。下同。

《老子》乙：“虗（吾）所以又（有）大患者，爲虗（吾）又（有）身。”

患與惓

《性自》：“凡惪（憂）患之事谷（欲）妊（任），樂事欲谷（欲）後。”按，上博簡本《性情論》患作惓。下同。

《性自》：“甬（用）智之疾者，患爲甚。”

患與貫

《城濮》：“以子玉之未患（貫），君王命余遈（閱）師於敹，一日而畢（畢），不遨（抶）一人。”按，“患（貫）”字從 jiaguwen1899 在海天遊蹤《讀〈成王爲城濮之行〉劄記》（簡帛網“簡帛論壇”，2013 年 1 月 5 日）一文下跟貼讀。下同。

《城濮》：“君王胃（謂）子玉未患（貫），命君砉（教）之。”

聥與貫

《王居》：“非而所以復，我不能聥（貫）壁而視聖（聽）。”

閵與宣

《三壽》：“惠民由壬（任），均（徇）賓（句）傑（遏）悭〈悭（淫）〉，閵（宣）義（儀）和藥（樂），非褱（壞）于慲（湛）。”

閵與關

《詩論》：“《閵（關）疋（雎）》之改、《梂（樛）木》之峕（時）、《灘（漢）生（廣）》之智、《鵲樔（巢）》之歸、《甘棠》之保（報）、《緑衣》之思、《鷃₌（燕燕）》之情害（曷）？”

《詩論》：“《閵（關）疋（雎）》以色俞（喻）於豊（禮）。”

《詩論》：“《閵（關）疋（雎）》之改，則其思賹（益）矣。”

《容成氏》：“不折（製）革，不釰（刃）金，不鉻（略）矢，田無剬（蔡），厇（宅）不工（空），閵（關）市無賦。”

《容成氏》：“湯乃尃爲正（征）笅（籍），以正（征）閵（關）市。”

《三德》：“四亢（荒）之内，是帝之閵（關）。”按，“閵（關）”字從范常喜《〈上博五・三德〉劄記三則》（簡帛網，2006 年 2 月 24 日）、禤健聰《上博楚簡（五）零札（一）》（簡帛網，2006 年 2 月 24 日）釋讀。

《競公瘧》：“嬰（舉）邦爲欽（禁），約夾（挾）者（諸）閵（關），縛纚（棸）者（諸）貴（市）。”按，“閵（關）”字從陳偉《讀〈上博六〉條記》（簡帛網，2007 年 7 月 9 日）釋讀。

《用曰》：“丨其又（有）成悳（德），閟（閉）言自閵（關）。”

《王居》：“彭徒樊（返）詩（鄩）閵（關）至（致）命。”

《王居》：“述（遂）日，徒自閵（關）至（致）命，昌爲之告。”

《繫年二三》：“王衛（率）宋公以城鄟（榆）閵（關），是（寘）武旚（陽）。”

《繫年二三》：“奠（鄭）人戠（侵）僤（榆）閵（關）。”

《繫年二三》：“旚（陽）城洹（桓）恶（定）君衛（率）韋（榆）閵（關）之自（師）與上或（國）之自（師）以迖（邀）之。”

《芮良夫》：“約結緭（繩）剌（準），民之闌（關）閟（閉）。”

《芮良夫》：“女（如）闌（關）柭扂（扃）叁（管），纙（繩）剸（準）既政（正）而五（互）想（相）柔訛（比）。”

《芮良夫》：“女（如）闌（關）柭不閟（閉）而纙（繩）剸（準）逹（失）楑，五（互）想（相）不䜌（畯）。”

《帛甲老子·道經》：“善閉者无闌（關）籥（鬮）而不可啟也。”

关字聲系

关與券

《子儀》：“昬（謀）慶而賞之，乃关（券）冊秦邦之孯（賢），余（敘）自蠶月孚₌（至于）秋窰，備安（焉）。”

关與管

《窮達》：“关（管）寺（夷）虗（吾）寍（拘）繇（囚）束縛，叡（釋）杙（桎）樺（柙）而爲者（諸）侯相，堣（遇）齊逗（桓）也。”

关與涴

《繫年二一》：“晉嵬（魏）畀〈斯〉、尐（趙）关（涴）、䡅（韓）啓章衛（率）自（師）回（圍）黃沱（池），遼（衝）迵（通）而歸之於楚。”

《繫年二一》：“嵬（魏）畀〈斯〉、尐（趙）关（涴）、䡅（韓）啓章衛（率）自（師）戟（救）烾（赤）壛（岸），楚人豫（舍）回（圍）而還，與晉自（師）戰於長城。”

券與倦

《季桓子》：“女（如）夫見人不猒（厭），昏（問）豊（禮）不券（倦）。”

佚與倦

《從政》：“𦎫（庸）行不佚（倦），時（持）善不猒（厭），唯（雖）殜（世）不儠，必或智（知）之。”

卷與倦

《引書》：“左足踱（蹠）壁，卷（倦）而休。”

《引書》：“亦左手把丈（杖），右足踱（蹠）壁，亦卷（倦）而休。”

《引書》：“勞卷（倦）飢〈飢〉渴，白汗夬（決）絕。”

《痂》：“以頭脂□□□布炙以熨，卷（倦）而休。”

《繆和》：“日夜不休，冬（終）身不卷（倦），日日載載，必成而後止。”

《善者》：“卷（倦）病而不得息，飢渴而不得食，以此薄適（敵），戰必不勝矣。”

《定心》：“一志成（誠）必，脩（修）獨內憢（奮），終身不拳（倦）。”

卷與券

《明君》：“皆巫祝之言也，以虛卷（券）言之者也。”

《明君》：“臣以賢士之請（情）爲不以虛卷（券）言。”

卷與圈

《明君》：“卷（圈）馬食叔（菽）粟，戎馬食苦（枯）芊（稈）。”

卷與拳

《溝癢》：“取石大如卷（拳）二七，孰（熟）燔之。”

卷與患

《春秋八》：“是不見亡之在一邦之後，而卷（患）在耳目之前。”按，“卷”似當讀作“患”。

卷與讙

《養生方》：“取雞䨲（䨲）能卷（讙）者，產搣，盡去毛，遺兩翼之末。”

圈與豢

《禁》：“天善圈（豢）其末，故生而不死。”

圈與倦

《溝瘇》："熏直（膇）熱，則舉之；寒，則下之；圈（倦）而休。"

圈與專

《繫辭》："夫鍵（乾）其靜也圈（專），其動也榣，是以大生焉。"

婘與輾

《帛五行·説》："繇（悠）才（哉）繇（悠）才（哉），婘（輾）槫（轉）反廁（側）。"按，"婘"當讀作"輾"。

捲與卷

《泰射》："司宮兼捲（卷）重席，埶（設）于賓左，東上。"

脊與厥

《足臂脈·足》："足帣（厥）陰温（脈）。"

《足臂脈·足》："諸病此物者，[久]（[灸]）帣（厥）陰温（脈）。"

拳與卷

《脈書》："舌掴橐拳（卷），則筋（筋）先死。"

拳與倦

《行軍》："[見利]而不進者，勞拳（倦）也。"

朕與倦

《唐虞》："四枳（肢）朕（倦）陸（惰），耳目聍（聰）明衰。"按，"朕（倦）"字從裘按（《郭店楚墓竹簡·唐虞之道》篇注［三〇］）讀。

劵與患

《詩論》："民之有慼劵（患）也，卡₌（上下）之不和者。"按，"劵（患）"字從劉樂賢《讀上博簡劄記》（《上博館藏戰國楚竹書研究》，上海書店出版社，2002 年）讀。

《詩論》："☐劵（患）而不智（知）人。"

劵與倦

《仲弓》："型（刑）正（政）不繧（緩），悳（德）季（教）不劵（倦）。"

《相邦》："先其欲，備（服）其雳（強），牧其劵（倦），青（靜）以寺（待）時₌（時。時）出古此₌〈古₌（故，故）出〉事₌（事，事）出政₌（政，政）毋忘所訇（始）。"按，"劵（倦）"字從裘錫圭《上博簡〈相邦之道〉1 號簡考釋》（《中國文字學報》第一輯，商務印書館，2006 年）讀。

巻與愆

《子產》："此胃（謂）由善朏（散）巻（愆）。"

疾與讙

《競公瘧》："割（會）疾（讙）與梨（梁）丘虡（據）言於公曰。"按，"疾（讙）"字從何有祖《讀〈上博六〉劄記》（簡帛網，2007 年 7 月 9 日）讀。下同。

《競公瘧》："今内寵又（有）割（會）疾（讙），外₌（外亦）又（有）與梨（梁）丘坣（據）。"

《競公瘧》："命割（會）疾（讙）不敢監祭，梨（梁）丘虡（據）不敢監正（貞）。"

桊與患

《隨日·有疾》："大父桊（患）。"

《隨日·有疾》："☐人炊桊（患）。"

《隨日·有疾》："巫及室桊（患）。"

《隨日·有疾》："街行，人炊、兵桊（患）。"

《隨日·有疾》："蚤（竈）神及水桊（患）。"

《隨日·死》："其桊（患）天土。"

《隨日·死》："其桊（患）三土君。"

《隨日·死》："桊（患）北君冣主。"

《隨日·死》："桊（患）三公主。"

《隨日·死》："桊（患）大父。"

《隨日·死》："桊（患）高姑姊□。"

《隨日·死》："☐桊（患）門臽之鬼。"

《隨日·死》："[戌有疾]桊（患）門、街。"

《隨日·死》："☐桊（患）人炊、老人。"

筦與管

《季康子》："虞（且）筦（管）中（仲）又（有）言曰：'君₌（君子）龏（恭）則述（遂），喬（驕）則泛（侮），湍言多難☐。'"

《繫年八》："秦人豫（舍）戍於奠₌（鄭，鄭）人致（屬）北門之筦（管）於秦₌之₌戍₌人₌（秦之戍人，秦之戍人）使人歸告。"

《繫年八》："我既得奠（鄭）之門筦（管）巳（矣），來（來）竆（襲）之。"

《管仲》："齊逗（桓）公聒（問）於筦（管）中（仲）曰。"

《管仲》："筦（管）中（仲）盒（答）曰。"

《管仲》："逗（桓）公或（又）聒（問）於筦（管）中（仲）曰。"

《管仲》："筦（管）中（仲）盒（答）曰：'從人。'"

《管仲》："逗（桓）公或（又）聒（問）於筦（管）中（仲）曰。"

《管仲》："筦（管）中（仲）盒（答）。"

《管仲》："逗（桓）公或（又）聒（問）於筦（管）中（仲）曰。"

《管仲》："筦（管）中（仲）盒（答）。"

《管仲》："逗（桓）公或（又）聒（問）於筦（管）中（仲）曰。"

《管仲》："筦（管）中（仲）盒（答）。"

《管仲》："逗（桓）公或（又）聒（問）於筦（管）中（仲）曰。"

《管仲》："筦（管）中（仲）盒（答）。"

《管仲》："逗（桓）公或（又）聒（問）於筦（管）中（仲）曰。"

《管仲》："筦（管）中（仲）盒（答）。"

《管仲》："逗（桓）公或（又）聒（問）於筦（管）中（仲）曰。"

《管仲》："筦（管）中（仲）盒（答）曰。"

《管仲》："逗（桓）公或（又）聒（問）於筦（管）中（仲）曰。"

《管仲》："筦（管）中（仲）盒（答）曰。"

《管仲》："逗（桓）公或（又）聒（問）於筦（管）中（仲）曰。"

《管仲》："筦（管）中（仲）盒（答）。"

《管仲》："逗（桓）公或（又）聒（問）於筦（管）中（仲）曰。"

《管仲》："筦（管）中（仲）盒（答）。"

《管仲》："逗（桓）公或（又）聒（問）於筦（管）中（仲）。"

《管仲》："筦（管）中（仲）盒（答）曰。"

《管仲》："筦（管）中（仲）曰。"

絭與卷

《軍爭》："是故絭（卷）甲而趨利，日夜不處。"

錈與管

《芮良夫》："女（如）闢（關）柭㡳（扃）錈（管），緗（繩）剸（準）既政（正）而五（互）想（相）柔訛（比）。"

䍐字聲系

䍐與願

《帛五行·說》："外心者也，其䍐（願）謜然者也，言之心交袁（遠）者也。"

櫑與榞

《子儀》："臺上又（有）兔，柂枳（枝）堂（當）櫑（榞），汜（竢）客而韓（翰）之。"

嬛與嬛

《北蒼·魚》："盨（嫣）娶褭（嬈）嬛（嬛），鄭舞炊竽。"

顨與願

《北蒼·之職》："戲（麾）蘘奢掩（奄），顛顨（願）重該（陔）。"

顨與愿

《爲吏》："反赦其身，止欲去顨（愿）。"按，"顨"當讀作"愿"。下同。

《學爲》："顲（願）丞主叚（假）錢二萬貣（貸）、食支卒歲。"

《學爲》："顲（願）公詔少吏，毋令環（還）。"

《奏讞書》："臣操黴（敝）席麗媚衣絮者，顲（愿）與飯中蔡比之。

《邶風》："顲（願）言思子。"

《邶風》："顲（願）言思□。"

《見吳王》："不穀顲（愿）以婦人。"

《葆啟》："顲（愿）聞□▨。"

《善卷》："堯問善卷曰：'顲（愿）聞有國之大失。'"

《善卷》："堯問許囚（由）曰：'顲（愿）聞有國之大失。'"

《善卷》："堯曰：'顲（愿）聞▨。'"

《善卷》："堯曰：'顲（愿）▨。'"

《善卷》："堯曰：'顲（愿）▨。'"

《善卷》："堯曰：'顲（愿）▨。'"

《善卷》："堯曰：'顲（愿）聞▨。'"

《務光》："湯問婺（務）光曰：'顲（愿）聞有國之大失。'婺（務）光▨。"

《務光》："'▨君不□爲大。'湯曰：'顲（愿）聞治▨。'"

《務光》："'▨□利爲故。'湯曰：'顲（愿）聞▨。'"

《務光》："'▨也。'湯曰：'顲（愿）聞自□▨。'"

《太公》："文王曰：'顲（愿）聞肣（貪）□之用。'"

《太公》："文王問大（太）公曰：'顲（愿）聞有國之大失。'"

《太公》："文王曰：'顲（愿）聞其所以爲大。'"

《周公旦》："成王問周公旦曰：'顲（愿）聞有國▨。'"

《管子》："桓公曰：'顲（愿）聞下賢▨。'"

《管子》："桓公曰：'顲（愿）聞□□□▨。'"

《十問》："交和而舍，客主兩陳，適（敵）人刑（形）箕，計啻（敵）所顲（愿），欲我陷復（覆），轂（擊）之奈何？"

隭與鄢

《繫年十六》："柬（厲）公救（救）鄭（鄭），敗楚自（師）於隭（鄢）。"

幵字聲系

幵與汧

《子儀》："幵（汧）可（兮）非=（霏霏），渭可（兮）滔=（滔滔），楊栖（柳）可（兮）依=（依依），其下之濢=（浩浩）。"

幵與笄

《繫年十四》："郇（駒）之克衛（率）自（師）救（救）魯，敗齊自（師）于毳（靡）幵（笄）。"

幵與攜

《容成氏》："舜於是虖（乎）台（始）免蓻（笠）幵（攜）槈（耨）、蒌（芰）㑹（芥）而坐之。"按，"幵（攜）"字從牛新房《戰國竹書研究方法探析》（華南師範大學博士學位論文，2010年，99頁）讀。

犴與研

《北蒼·耕》："犴（研）潭（算）僂（數）繚（料），頗（秡）科樹莖。"

汧與峴

《繫年二二》："齊自（師）北，晉自（師）逃（逐）之，内（入）至汧（峴）水。"按，"汧（峴）"字從小狐《讀〈繫年〉臆劄》（復旦大學出土文獻與古文字研究中心網，2012年1月3日）讀。

拼與萁

《瘽病》："取贏牛二七，薤一拼（萁），并以酒煮而飲之。"

《疽病》："▨三拼（萁），細切，淳酒一斗

☐。”

《養生方》：“桂尺者五廷（梃）□□□□□之菩半□□者一拼（枼）。”

《養生方》：“革薢、牛𦏧（膝）各五拼（枼）。”

《養生方》：“節（即）行，濆，拼（枼）東行水一棓（杯）。”

《王法》：“中□之木把拼（枼）以上，室中不盈百枚者，親死不得爲郭（椁）。”

《妄稽》：“股不盈拼（枼），脛大五摠（擭）。”按，“拼（枼）”字從陳劍《〈妄稽〉〈反淫〉校字拾遺》（復旦大學出土文獻與古文字研究中心網，2016年7月4日）釋讀。

芹與菅

《秦律・司空》：“其縣山之多芹（菅）者，以芹（菅）纏書。”

《秦律・司空》：“毋（無）芹（菅）者以蒲、藺以枲萷（𧝎）之。”

枅與汧

《奏讞書》：“守枅（汧）邑南門，已嘉平不識日，晦夜半時，毛牽黑牝牛來。”

枈與笄

《服傳甲》：“布總，晉（箭）枈（笄），絟（髽），衰，三年。”

《服傳甲》：“《傳》曰：總六升，長六寸，晉（箭）枈（笄）長尺，吉枈（笄）尺二寸。”

《服傳甲》：“女子₌（子子）適人者爲父母，婦爲咎（舅）姑，惡枈（笄）有首以絟（髽）。卒哭，子折枈（笄）首以枈₌（笄。笄）有首者，惡枈（笄）有首也。惡枈（笄）者，椫（櫛）枈（笄）也。子折枈（笄）首者，折吉枈（笄）之首也。吉枈（笄）者，象枈（笄）也。何以言子折枈（笄）首而不言婦也？終之也。”

《特牲》：“主婦絖枈（笄）宵衣，立于房中，南面。”

《服傳乙》：“布總，晉（箭）枈（笄），絟（髽），衰，三年。”

《服傳乙》：“《傳》曰：總六升，長六寸，箭枈（笄）長尺，吉枈（笄）尺二寸。”

《服傳乙》：“女子₌（子子）適人者爲父母，婦爲咎（舅）姑，惡枈（笄）有首以絟（髽）。卒哭，子折枈（笄）首以枈₌（笄。笄）有首者，惡枈（笄）有首也。惡枈（笄）者，椫（櫛）枈（笄）也。子折枈（笄）首者，折吉枈（笄）之首也。吉枈（笄）者，象枈（笄）也。何以言子折枈（笄）首而不言婦也？終之也。”

《喪服》：“女子子在室爲父，布總，晉（箭）枈（笄），絟（髽），衰，三年。”

笄與枅

《反淫》：“素笄（枅）檐榱，連檻通房。”按，“笄（枅）”字從黔之菜《釋北大簡〈反淫〉篇之“素笄（枅）”》（復旦大學出土文獻與古文字研究中心網，2016年6月5日）釋讀。

笄與羿

《勢備》：“笄（羿）作弓弩，以埶（勢）象之。”

訮與研

《融師》：“昔融（融）之氏帀（師），訮（研）尋夏邦。”按，訮（研）”字從廖名春《讀〈上博五・融師有成氏〉篇劄記四則》（簡帛研究網，2006年2月20日）讀。

《同顯》：“洋以智治訮（研）詷，謙（覝）求而得之。”

《奏讞書》：“訮（研）詷謙（廉）問不日作市販，貧急窴（窮）困，出入不節。”

《奏讞書》：“舉闟以智訮（研）詷求得。”

覔與研

《芮良夫》：“喬（遹）易兇心，覔（研）甖

（甄）嘉惟，粉（敉）和庶民，政命悳（德）型（刑）各又（有）祟（常）朿（次）。”

萛與開

《皇門》：“緣（肆）朕沓（沖）人非敢不用明刑，隹（惟）莫萛（開）余嘉悳（德）之兑（説）。”

開與扞

《陳公》：“女（如）閔（門），女（如）逆閔（門），女（如）閈（扞）阦（術），女（如）攻阦（術），女（如）御逗，必慚（慎）☐。”按，“閈（扞）”字從林清源《〈上博九·陳公治兵〉編聯及相關問題》（《“中央研究院”歷史語言研究所集刊》第八十六本第三分，2015年）讀。

見字聲系

見與現

《昭王》：“龏（龔）之腓（脽）被之，其裣（衿）視〈見（現）〉。”按，“視”似即“見”之誤字，在此讀作“現”。

《子產》：“共（恭）憸（儉）整齊，弇見（現）又（有）桼₌（次。次）所以從即（節）行₌禮₌（行禮，行禮）後（踐）政又（有）事。”

《效律》：“縣料而不備其見（現）數五分一以上，直（值）其賈（價）。”

《天乙·乘馬》：“鼠臾其尾而有定見（現），邦有盜。”

《第三組》：“令到縣，縣各盡以見（現）錢，不禁者，勿令巨（歫）辠（罪）。”

《第三組》：“令到縣，縣各盡以見（現）錢不禁者亟予之。”

《脈書》：“凡徵五，一徵見（現），先〈无〉活人。”

見與覞

《日甲·星》：“生子，男爲見（覞），【女】爲巫。”

《日乙·七月》：“翼，利行。不可臧（藏）。以祠，必有火起。取妻，必棄。生子，男爲見（覞），女爲巫。”

見與霓

《雨書》：“旬一日奎，雨，山有見（霓）䨓（雪）。”按，“霓”即《説文》“霰”字或體。

見與繭

《雜療方》：“服見（繭），若以繒（綴）衣。”

俔與見

《二三子》：“龍刑（形）䙴（遷），叚（假）賓于帝，俔（見）神聖之德也。”按，俔似當讀作見，訓爲顯。

絸與勉

《琴舞》：“粢（咨）尔多子，笁（篤）其絸（勉）卲（劭），舍（余）彔（逯）思念，畏天之載（則），勿請福之侃（愆）。”按，“絸（勉）”字從吳祺説讀。

絸與瞑

《祭公》：“女（汝）母（毋）絸（瞑）㝅（眩）瘪₌（壞壞），𠅃（厚）庢（顔）忍恥，寺（時）隹（惟）大不弔（淑）𢦏（哉）。”按，“絸（瞑）”字從吳祺説讀。

䁘與虔

《芮良夫》：“☐☐社（功）祩（績），龏（恭）䁘（虔）享祀，和悳（德）定型（刑），政（正）百又（有）司。”按，“䁘”字原形作“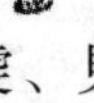”，似從“見”聲，可讀爲“虔”。上古音虔、見俱爲喉音元部字。

霓與霰

《筮法二九》：“四之象爲陞（地），爲圓，爲壴（鼓），爲耳（珥），爲環，爲腫，爲雪，爲䨞（露），爲霓（霰）。”

《反淫》：“夏即票（飄）風雷辟（霹）磿（靂）之所繳（激）也，冬即蜚（飛）雪焦（霄）霓（霰）之所雜。”

官字聲系

官與棺

《占夢書》："夢死者復起，更爲官（棺）郭（椁）；死者食，欲求衣常（裳）。"

官與管

《金縢》："官（管）弔（叔）返（及）其羣晛（兄）俤（弟）乃流言于邦曰：'公𨠵（將）不利于需（孺）子。'"

官與館

《李頌》："相虐（吾）官（館）桓（樹），桐虘（且）怠（治）可（兮）。"按，"官（館）"字從天生牙在復旦吉大古文字專業研究生聯合讀書會《上博八〈李頌〉校讀》（復旦大學出土文獻與古文字研究中心網，2011年7月17日）一文下跟帖讀。

《秦律・工律》："邦中之繇（徭）及公事官（館）舍。"

《答問》："舍公官（館），旞（遺）火燔其舍，雖有公器，勿責。"

《答問》："今舍公官（館），旞（遺）火燔其叚（假）乘車馬，當負不當出？"

官與觀

《帛甲老子・道經》："唯（雖）有環（榮）官（觀），燕處則昭若。"按，通行本官作觀。下同。

《帛乙老子・道經》："雖有環（榮）官（觀），燕處則昭若。"

涫與盥

《有司》："降涫（盥），尸、或（侑）降。"

《有司》："卒涫（盥），主人揖，升，尸、或（侑）升。"

《有司》："卒涫（盥），主人升。"

《有司》："尸易爵于匪（篚），涫（盥），洗爵。"

捾與腕

《語書》："爭書（署），因恙（佯）瞋目扼捾（腕）以視（示）力。"

《引書》："危坐，手操左捾（腕）而力舉手，信（伸）臂，以力引之。"

《引書》："夸（跨）股，把捾（腕），印（抑）股，以力榣（搖）肩，百而已。"

《引書》："其捾（腕）痛在左，右手把左捾（腕）而前後榣（搖）之，千而休。"

《引書》："其在右，左手把右捾（腕），前後榣（搖）之，千而休。"

《引書》："其在右手，左手杷（把）右捾（腕），前後榣（搖）之，千而休。"

《合陰陽》："出捾（腕）陽，揗村（肘）房（旁），抵夜（腋）旁，上竈綱。"

綰與棺

《秦律・田律》："唯不幸死而伐綰（棺）享（椁）者，是不用時。"

管與脘

《脈書》："在胃管（脘），癰，爲鬲（隔）中。"

管與娟

《妄稽》："兆（眺）目鉤（流）折（睇），蟻（蛾）犁（眉）睞（連）管（娟）。"按，"睞管"似當讀作"連娟"。典籍中"連娟"或作"聯娟"、"連卷"等。《史記・司馬相如列傳》："長眉連娟，微睇綿藐。"司馬貞《索隱》引郭璞曰："連娟，眉曲細也。"《文選・傅武仲〈舞賦〉》："眉連娟以增繞兮，目流睇而橫波。"李善《注》："連娟，細貌。"《文選・宋玉〈神女賦〉》："眉聯娟以蛾揚兮，朱脣的其若丹。"李善《注》："聯娟，微曲貌。"《文選・曹子建〈《洛神賦》〉》："雲髻峨峨，脩眉聯娟。"《文選・張平子〈南都賦〉》："微眺流睇，蛾眉連卷。"李善《注》："連卷，曲貌。"

綰與管

《戰國九》："綰（管）子之請貴，循也，

非以自爲也。”

館與腕

《脈書》：“出肘内廉，出臂外館（腕）上，乘手北（背）。”

雚字聲系

雚與勸

《顔淵問》：“女（如）進者雚（勸）行，退者智（知）欽（禁），則其於教也不遠矣。”按，“雚（勸）”字從復旦吉大古文字專業研究生聯合讀書會《〈上博八·顔淵問於孔子〉校讀》（復旦大學出土文獻與古文字研究中心網，2011年7月17日）讀。

《皇門》：“先王用又（有）雚（勸），以瀕（賓）右（佑）于上。”

《封許》：“雩（越）才（在）天下，古（故）天雚（勸）之乍〈亡〉臭（斁）。”

雚與歡

《邦人》：“君之言怂（過），昔周盍睪（擇）而立之？邦既有王，毋亦雚（歡）虐（乎）？”按，“雚（歡）”字從王寧《上博九〈邦人不稱〉釋文補正簡評》（復旦大學出土文獻與古文字研究網，2015年4月5日）讀。

雚與觀

《六德》：“雚（觀）者（諸）《時（詩）》、《箸（書）》則亦才（在）喜（矣），雚（觀）者（諸）《豊（禮）》、《樂》則亦才（在）喜（矣），雚（觀）者（諸）《易》、《春秋》則亦才（在）喜（矣）。”

《性自》：“聖人比其頪（類）而侖（論）會之，雚（觀）其之〈先〉逡〈後〉而逆訓（順）之。”

《性自》：“雚（觀）《坴（賚）》、《武》，則齊女（如）也斯复（作）；雚（觀）《卲（韶）》、《夏》，則免（勉）女（如）也斯僉（儉）。”

《季康子》：“孝₌（君子）涉之，尐₌（小人）雚（觀）之。”

《陳公》：“君王安（焉）先居灾（災）壥（戀）之上，以雚（觀）帀（師）徒安（焉）。”

嚾與勸

《季康子》：“其嚾（勸）而弜（強）之，則邦又（有）榦童，百眚（姓）送之以□。”

嚾與觀

《季康子》：“繇（由）丘嚾（觀）之，則散（美）言也已。”

懽與勸

《緇衣》：“倀（長）民者𤕫（教）之以悳（德），齊之以豊（禮），則民又（有）懽（勸）心。”按，“懽（勸）”字從裘按（《郭店楚墓竹簡·緇衣》篇注［六五］）讀。

《緇衣》：“則坓（刑）罰不足恥，而雀（爵）不足懽（勸）也。”

《尊德義》：“让（上）思〈畏（威）〉則往者復，依（哀）惠則民材（財）足，不時則亡懽（勸）。”按，“懽（勸）”字從裘按（《郭店楚墓竹簡·尊德義》篇注［一八］）讀。

《性自》：“未賞而民懽（勸），含福者也。”按，“懽（勸）”字從裘按（《郭店楚墓竹簡·性自命出》篇注［四四］）讀。

《從政》：“弇戒先遻則自异（己）訇（始），㬎（顯）訪懽（勸）信則愢（僞）不章（彰）。”

《容成氏》：“堯戔（賤）貤（施）而旹₌（時時）賽，不懽（勸）而民力，不型（刑）殺而無頪（盜）惻（賊），甚緩而民備（服）。”

《相邦》：“百攻（工）懽（勸）於事，以實府庫；豖（庶）人懽（勸）於四枳（肢）之褻（藝），以備軍旅。”按，二“懽”字，整理者將第一個讀作“勸”，第二個讀作“觀”。應均讀作“勸”。

《曹沫》：“爲之賞膢（獲）□葬（蒽），以懽（勸）其志。”

《曹沫》：“臧（莊）公或（又）聒（問）曰：‘虗（吾）又（有）所聒（聞）之：一出言三軍皆懽（勸），一出言三軍皆往。又（有）之虖（乎）？’”按，“懽（勸）”字從陳劍《上博竹書〈曹沫之陳〉新編釋文》（簡帛研究網，2005 年 2 月 12 日）讀。

《命訓》：“夫民生而樂生穀（穀），上以穀（穀）之，能母（毋）懽（勸）嘑（乎）？女（如）懽（勸）以忠訐（信），則尾（度）至于亟（極）。”

《命訓》：“侮（訓）之以豊（禮），教之以埶（藝），正之以政，童（動）之以事，懽（勸）之以賞，䰟（畏）之以罰。”

懽與歡

《仲弓》：“卡₌（上下）相復以忠，則民懽（歡）承學（教）。”

懽與權

《尊德義》：“䜴（教）以懽（權）悔（謀），則民[illegible]悃遠豊（禮）亡新（親）忎（仁）。”

灌與觀

《反淫》：“大灌（觀）者弗小□，湛於道者弗无閒。”

權與勸

《王兵》：“賞罰□，民不幸生，則賢臣權（勸）盡。”

權與罐

《筮法二九》：“爲瘇脹，爲魚，爲權（罐）祠（筩）。”

權與顴

《相狗方》：“權（顴）間四寸，及大禽；深四寸，及大禽。”

權與椽

《封診式》：“丙死（屍）縣其室東内中北廦權（椽），南鄉（嚮）。”

《封診式》：“索上終權（椽），再周結索，餘末袤二尺。”

《封診式》：“頭上去權（椽）二尺，足不傅地二寸。”

《封診式》：“權（椽）大一圍，袤三尺。”

雚與權

《治官》：“二曰不智（知）所使則以雚（權）索利。”

蠸與權

《北蒼・支》：“某柟早（草）蠸（權），窦椅（倚）姘（騈）觟。”

蠸與蠖

《反淫》：“若吾比夫子，猶庌（斥）蠸（蠖）之與騰蛇，身方浸（寢）病，力弗能爲。”

觀與勸

《緇衣》：“昔才（在）上帝，𢧜（割）紳（申）觀（勸）文王之悳（德）。”按，古文《尚書・君奭》觀作勸。

《内豊》：“古（故）爲尐（少）必聖（聽）長之命，爲戔（賤）必聖（聽）貴之命，從人觀（勸），肰（然）則免於戾。”

《競公瘧》：“▨明悳（德）觀（勸）行，勿而祟者也，非爲媺（美）玉肴生（牲）也。”按，“觀（勸）”字從凡國棟《上博六〈景公瘧〉劄記》（簡帛網，2007 年 7 月 17 日）讀。

觀與歡

《君人甲》：“州徒之樂，而天下莫不語（娛），之〈先〉王斎₌（之所）以爲目觀（歡）也。”按，“觀”似當讀作“歡”。下一例同。

《君人乙》：“州徒之樂，而天下莫不語（娛），先王斎₌（之所）以爲目觀（歡）也。”

《晏子一〇》：“工於取，蜚（菲）乎予，觀（歡）於新，曼（慢）乎故。”

觀與勸

《三壽》：“遻（邇）則文之愢（化），鬲

（麻）龜（参）天時，枉（往）厇（宅）毋譔（徙），戟（申）豊（禮）觀（勸）忯（佳）。”

《三壽》：“尃（輔）民之悠（化），民觀（勸）毋皮（罷），寺（時）名曰義。”

《三壽》：“四方觀（勸）季（教），監（濫）莌（媚）莫淦（感），寺（時）名曰音。”

觀與觀

《三壽》：“觀（觀）臺（覺）悤（聰）明，音色柔丂（巧）而觀（叡）武不罔，夭（效）屯（純）恒（宣）猷，牧民而馯（御）王。”

雚與觀

《武王甲》：“帀（師）上（尚）父曰：‘才（在）丹箸（書），王女（如）谷（欲）雚〈雚（觀）〉之，盍誓（齋）乎？’”

驩與歡

《容成》：“治氣之精，出死入生，驩（歡）欣咪（美）穀（穀）。”按，“驩（歡）”字從馬繼興《馬王堆古醫書考釋》（湖南科學技術出版社，1992年，914頁）讀。

《殺士》：“☐勉之驩（歡），或死州☐☐。”

《繆和》：“□臣□□其人也，訢（欣）焉而欲利之；忠臣之事其君也，驩（歡）然而欲明之。”按，“驩”當讀作“歡”。下同。

《繆和》：“驩（歡）訢（欣）交迵（通），此耶（聖）王之所以君天下也。”

《繆和》：“故奢多（侈）廣大斿（游）樂之鄉不敢渝其身焉，是以而〈天〉下驩（歡）然歸之而弗猒（厭）也。”

《三十時》：“☐爲驩（歡）事不合，以驚不起。”

獲與顴

《妄稽》：“鬼（魋）獲（顴）氏（低）誰（準），堅根隱（殷）軫。”

毌字聲系

思與緩

《子產》：“絢（怠）絣（慢）繲（懈）思（緩），怲（更）則任之，善則爲人，勛（黽）勉救善。”

建字聲系

建與健

《易之義》：“是故天之義剛建（健）僮（動）發而不息，其吉保功也。”

《蒼頡篇》：“莊建（健）武□。”

建與開

《繫年二二》：“䢵（韓）虔、㲅（趙）蘆（籍）、嵬（魏）繫（擊）衒（率）自（師）與戉（越）公殹（翳）伐齊₌（齊，齊）與戉（越）成，以建（開）昜（陽）、郈陵之田，旻（且）男女服。”

楗與健

《王期》：“襄□□□，□□近水，精氣淩（陵）楗（健）久長。”

鍵與乾

《帛易·乾》：“鍵（乾），元享（亨），利貞。”

《帛易·乾》：“九三，君子終日鍵（乾）鍵（乾），夕泥（愓）若，厲，无咎。”

《繫辭》：“天奠〈尊〉地庳（卑），鍵（乾）川（坤）定矣。”

《繫辭》：“鍵（乾）道成男，川（坤）道成女。”

《繫辭》：“鍵（乾）知大始，川（坤）作成物。”

《繫辭》：“鍵（乾）以易【知】，川（坤）以閒（簡）能，易則傷（易）知，閒（簡）則易從。”

《繫辭》：“成馬〈象〉之胃（謂）鍵（乾），教（效）法之胃（謂）川（坤）。”

《繫辭》："夫鍵（乾）其靜也圈（專），其動也榣，是以大生焉。"

《繫辭》："是故閤（闔）戶胃（謂）之川（坤），辟門胃（謂）之鍵（乾）。"

《繫辭》："鍵（乾）川（坤），其易之經與（邪）？"

《繫辭》："鍵（乾）川（坤）成列，易位（立）乎其中。"

《繫辭》："鍵（乾）川（坤）毀，則無以見易矣。"

《繫辭》："易不可〖則〗見，則鍵（乾）川（坤）不可見；鍵（乾）川（坤）不可見，則鍵（乾）川（坤）或幾乎息矣。"

《繫辭》："夫鍵（乾），蒿（確）然視（示）人易；夫川（坤），魋（隤）然視（示）人閒（簡）。"

《繫辭》："黃帝、堯、舜陲（垂）衣常（裳）而天下治，蓋取者（諸）取諸鍵（乾）川（坤）也。"

《繫辭》："鍵（乾），【天下之至健也】，德行恆易以知險。"

《二三子》："卦曰：'君子終日鍵（乾）鍵（乾），夕泥（惕）若，厲，无咎。'"

《二三子》："君子之務時，猶馳驅也，故曰'君子終日鍵（乾）鍵（乾）'。"

《易之義》："是故鍵（乾）□□□九□□高尚□□□□□□□順從而知畏兇（凶），義沾（覘）下就，地之道也。"

《易之義》："是故鍵（乾）者，得之陽也；坤者，得之陰也。"

《易之義》："是故鍵（乾）之'炕（亢）龍'，壯之'觸蕃（藩）'，句（姤）之'離角'，鼎之'折足'，豐（豐）之'虛盈'，五繇者，剛之失也，僮（動）而不能靜者也。"

《易之義》："鍵（乾）六剛能方，湯武之德也。"

《易之義》："'君子冬（終）日鍵（乾）鍵（乾）'，用也。"

《易之義》："川（坤）之至德，柔而反於方，鍵（乾）之至德，剛而能讓。"

《易之義》："此鍵（乾）川（坤）之厽（參）說也。"

《易之義》："易曰又（有）名焉曰鍵（乾）。"

《易之義》："鍵（乾）也者，八卦之長也。"

《易之義》："易曰'君子冬（終）日鍵（乾）鍵（乾），夕泥（惕）若，厲，无咎'。"

《易之義》："龍不侍（待）光而僮（動），无階而登，□□□□□□□□□□□□□□，此鍵（乾）之羊（詳）說也。"

《易之義》："鍵（乾）川（坤）也者，易之門戶也。"

《易之義》："鍵（乾），陽物也；川（坤），陰物也。"

侃字聲系

侃與訾

《緇衣》："《寺（詩）》員（云）：'雪（淑）訢（慎）尔走（止），不侃（訾）于義（儀）。'"

侃與衍

《繫年二二》："戉（越）公與齊侯貣（貸）、魯侯侃（衍）明（盟）于魯稷門之外。"

侃與愆

《琴舞》："桼（咨）尔多子，笁（篤）其絸（勉）卲（劭），舍（余）彖（逯）思念，畏天之載（則），勿請福之侃（愆）。"

⿱侃皿與衎

《周易·漸》："六二：鳿（鴻）漸（漸）于阪（磐），酓（飲）飤（食）⿱侃皿=（衎衎），吉。”按，“㣈₌（衎衎）”字從陳偉《楚竹書〈周易〉文字試釋》（簡帛研究網，2004年4月18日）釋讀。

㣈與衎

《周易·漸》：“六二：鳴（鴻）漸（漸）于阪（磐），畬（飲）飤（食）㣈₌（衎衎），吉。”按，帛書本㣈作衎。“㣈”字從陳偉《楚竹書〈周易〉文字試釋》（簡帛研究網，2004年4月18日）釋。

辛字聲系

�與逝

《語叢四》：“善使其民者，若四旹（時）一遾（逝）一迲（來），而民弗害也。”按，“遾（逝）”字從李零《郭店楚簡校讀記》（《道家文化研究》第十七輯，三聯書店，1999年）讀。

𨌨與滯

《性自》：“身谷（欲）害（靜）而毋訬〈歃（滯）〉。”按，上博簡本《性情論》訬〈歃（滯）〉作𨌨。“訬〈歃（滯）〉”字從陳劍《郭店簡補釋三篇》（《古墓新知——紀念郭店楚簡出土十周年論文專輯》，國際炎黃文化出版社，2003年）釋讀。

歃與滯

《性自》：“身谷（欲）害（靜）而毋訬〈歃（滯）〉。”按，“訬〈歃（滯）〉”字從陳劍《郭店簡補釋三篇》（《古墓新知——紀念郭店楚簡出土十周年論文專輯》，國際炎黃文化出版社，2003年）釋讀。下同。

《彭祖》：“戒之毋喬（驕），誓（慎）冬（終）保裳（勞）。大箸之婁（數），斳（難）易歃（滯）欲。”

歃與𨌨

《性自》：“身谷（欲）害（靜）而毋訬〈歃（滯）〉。”按，上博簡本《性情論》歃（滯）作𨌨。

噬與噬

《語叢四》：“善事其上者，若齒之事昏（舌），而終弗噬（噬）。”按，“噬（噬）”字從李零《郭店楚簡校讀記》（《道家文化研究》第十七輯，三聯書店，1999年）讀。

《周易·睽》：“六五：㥑（悔）亡，隓宗噬（噬）肤（膚），𢼸（往）可（何）咎。”

噬與筮

《周易·睽》：“六五：㥑（悔）亡，隓宗噬（噬）肤（膚），𢼸（往）可（何）咎。”按，帛書本與阜陽漢簡本噬（噬）作筮。

噬與逝

《陳公》：“☐既聖（聽）命，乃噬（逝）整帀（師）徒。”按，“噬（逝）”字從張崇禮《讀上博九〈陳公治兵〉劄記》（復旦大學出土文獻與古文字研究中心網，2013年1月29日）讀。

《子產》：“子產用䨶（尊）老先生之畯（俊），乃又（有）喪（桑）丘中（仲）𩠐（文）、坉（杜）噬（逝）、肥中（仲）、王子白（伯）忨（願）。”

澨與逝

《老子》甲：“大曰澨₌（逝，逝）曰連₌（轉，轉）曰反（返）。”按，今本澨作逝。

澨與筮

《老子》甲：“大曰澨₌（逝，逝）曰連₌（轉，轉）曰反（返）。”按，帛書本澨作筮。

澨與澨

《子儀》：“臣觀於湋澨（澨），見𢽙䭾徛淒（濟），不終，需䭾。”

遾與逝

《靈王》：“緟（申）成公𣲖（識）其子虎未畜頍（髮），命之遾（逝）。”按，“遾（逝）”字從暮四郎在youren《〈靈王遂申〉初讀》（簡帛網“簡帛論壇”，2013年1月5日）一文

下跟貼讀。

𧷤與逝

《良臣》："子產之帀（師）：王子白（伯）忨（願）、肥中（仲）、土（杜）𧷤（逝）、𨌮（渾）厈（罕）。"

𨗒與誓

《説命上》："一豕乃觀（旋），保以𨗒（誓），廼𨓯（踐），邑人皆從。"按，"𨗒"似當讀作"誓"。《集韻·祭韻》："誓，誓約。"

𥓚與褻

《湯丘》："飤（食）時不旨（嗜）𩝞（珍），五味皆哉（滋），不又（有）所𥓚（褻）。"按，"𥓚（褻）"字從程燕《清華五劄記》（簡帛網，2015年4月10日）隸定，從段凱《〈清華藏簡（五）〉拾遺》（《簡帛》第十四輯，上海古籍出版社，2017年）讀作"褻"。下同。

《啻門》："型（刑）情（清）以不方（放），此胃（謂）𡭊（美）型₌（刑；刑）𥓚（褻）以亡（無）祟（常），此胃（謂）亞（惡）型（刑）。"

虔字聲系

虔與虔

《封許》："女（汝）隹（惟）臧（壯）耆尔猷，虔（虔）血（恤）王家，柬（簡）胯（乂）亖（四）方不𡚸（賓）。"

彥字聲系

𢊁與言

《子道餓》："魯司寇奇，𢊁（言）遊於逃（術）楚（胥）。"

《子道餓》："𢊁（言）遊去。"

《子道餓》："𢊁（言）遊曰。"

《子道餓》："𢊁（言）遊☐。"

𢊁與顏

《君子》："𢊁（顏）困（淵）時（侍）於夫子₌（夫子。夫子）曰：'韋（回）！君子爲豊（禮），以依於𢚩（仁）。'"

《君子》："𢊁（顏）困（淵）作而倉（答）曰：'韋（回）不悔（敏），弗能少居也。'"

《君子》："𢊁（顏）困（淵）退，𤕟（數）日不出。"

《君子》："𢊁（顏）困（淵）時（侍）於夫子₌（夫子。夫子）曰：'韋（回），蜀（獨）智，人所亞（惡）也；蜀（獨）貴，人所亞（惡）也；蜀（獨）𩔲（富），人所亞（惡）☐。'"

𡨁與顏

《顏淵問》："𡨁（顏）困（淵）𨶹（問）於孔₌（孔子）曰。"

《顏淵問》："𡨁（顏）困（淵）：'敢𨶹（問）可（何）女（如）？'"

《顏淵問》："𡨁（顏）困（淵）曰。"

《顏淵問》："𡨁（顏）困（淵）：'敢𨶹（問）可（何）女（如）？'"

《顏淵問》："𡨁（顏）困（淵）曰。"

《顏淵問》："𡨁（顏）困（淵）西☐。"

鴈與顏

《晏子一六》："智不足以智（知）君之不善，勇不足不以犯君之鴈（顏）。"按，"鴈"即"鳫"或"雁"字異構。參裘錫圭《戰國貨幣考（十二篇）》（《北京大學學報（哲社版）》1978年2期）。

㢑與炭

《容成氏》："於是虐（乎）乍（作）爲九成之臺（臺），視（寘）盂㢑（炭）其下，加𤦡（圜）木於其上。"

產與顏

《引書》："濆產（顏）以塞〈寒〉水，如粲（餐）頃，去水。"

《引書》："以兩手據兩顫，尚（上）無（撫）產（顔）而上下榣（搖）之。"

𩔗與顔

《大成》："民何失而𩔗（顔）色鹿〈麄〉貍〈貍（黎）〉黑而蒼？"按，整理者將"𩔗"隸定爲"𩔗"。不確。"𩔗"即"顔"字。

彥與彥

《琴舞》："不𥫞（墜）卣（修）彥（彥）。"

顔與顔

《奏讞書》："吏當：黥媚顔（顔）頯，畀禄，或曰當爲庶人。"

《第一組》："其奴婢之毋（無）罪者殹（也），黥其顔（顔）頯，畀其主。"

《第一組》："奴婢毄（繫）城旦舂而去亡者，毄（繫）六歲者，黥其顔（顔）頯。"

《第一組》："奴亡，以庶人以上爲妻，婢亡，爲司寇以上妻，黥奴婢顔（顔）頯，畀其主。"

《第一組》："舂司寇、白粲、奴婢以亡，黥爲城旦舂，黥奴婢顔（顔）頯，畀其主。"

《第一組》："奴婢亡而得，顔（顔）頯，畀其主。"

《第一組》："☐□主，不自出而得，黥顔（顔）頯，畀其主。"

《第一組》："奴婢從誘，其得徼中，黥顔（顔）頯；其得故徼外，城旦黥之；皆畀主。"

《第一組》："其從誘者，年自十四歲以上耐爲隸臣妾，奴婢黥顔（顔）頯，畀其主。"

《第一組》："顔（顔）頯，其得故徼外，城旦黥之，皆畀主。"

《第一組》："☐黥顔（顔）。"

《二年·具律》："奴婢有刑城旦舂以下至䙴（遷）、耐罪，黥顔（顔）頯畀主。"

《二年·告律》："司寇䙴（遷）及黥顔（顔）頯罪贖耐。"

《二年·告律》："奴婢自訟不審，斬奴左止（趾），黥婢顔（顔）頯，畀其主。"

《脈書》："下顔（顔），夾覞（頞），毄（繫）目内廉。"

《脈書》："穿臏（髕），出魚股之廉，上穿乳，穿頰，出目外廉，環顔（顔）。"

《脈書》："顔（顔）墨（黑），病穜（腫）。"

《脈書》："顔（顔）痛，鼻肒（鼽），領〈頷〉疢，乳痛，脊痛。"

《引書》："令人騎其北（背），無（撫）顔（顔），舉頤而卬（仰）之，亟（極）而已。"

《引書》："苦頯（？）及顔（顔）痛，漬以寒水，如餐（餐）頃，掌安（按）顫。"

《帛五行·經》："顔（顔）色容貌□□也。"

《帛五行·説》："心□然笱（後）顔（顔）色容貌溫以説（悦），變也。"

《帛五行·説》："君子從而士（事）之也者，猶顔（顔）子、子路之士（事）孔子也。"

《足臂脈·足》："枝顔（顔）下，之耳。"

《足臂脈·足》："顔（顔）寒，產聾，目痛。"

《足臂脈·足》："數熱汗出，脞瘦，顔（顔）寒。"

《陰陽脈甲》："洒洒病寒，喜龍〈伸〉，婁（數）吹〈欠〉，顔（顔）黑。"

《陰陽脈甲》："顔（顔）痛，鼻肒（鼽），領〈頷〉頸痛，乳痛，心與胠痛。"

《陰陽脈乙》："夾（挾）脊，出於項，□頭角，下顔（顔）。"

《陰陽脈乙》："出魚股□□□□，穿乳，穿頰，出目外廉，環顔（顔）□。"

《陰陽脈乙》："洒洒病寒，喜信（伸），數吹（欠），顔（顔）黑，病腫。"

《陰陽脈乙》："顔（顔）甬（痛），鼻肒（鼽），領〈頷〉頸甬（痛），乳甬（痛）。"

《趙正書》："夫趙王鉅殺其良將李徼（微）而用顔（顔）聚。"

鳶與雁

《性自》："牛生而倀（棖），鳶（雁）生而戟（陳），其眚（性）☐。"

《陳公》："申（陳）於陸（隮）阬（崗），則鳶（雁）飛。"

墟與岸

《繫年二一》："嵬（魏）畀〈斯〉、尐（趙）关（浣）、𨊠（韓）啓章衛（率）自（師）救（救）灰（赤）墟（岸），楚人豫（舍）回（圍）而還，與晉自（師）戰於長城。"

澭與岸

《繫年二一》："二年，王命莫囂（敖）昜（陽）爲衛（率），自（師）戠（侵）晉，敓（奪）宜昜（陽），回（圍）灰（赤）澭（岸）。"

言字聲系

言與然

《武王甲》："毋曰可（何）戔（殘），祟（禍）將言（然）。"

《君人甲》："戊行年七₌（七十）矣，言（然）不敢睪（懌）身，君人者可（何）必安才（哉）！"按，"言（然）"字從復旦大學出土文獻與古文字研究中心研究生讀書會《〈上博七·君人者何必安哉〉校讀》（復旦大學出土文獻與古文字研究中心網，2008年12月31日）讀。下同。

《君人乙》："戊行年七₌（七十）矣，言（然）不敢睪（懌）身，君人者可（何）必安才（哉）！"

言與焉

《子儀》："莫往可₌（兮何）以寶（寘）言（焉），余愧（畏）其弍（式）而不託（信），余隼（誰）思（使）于劦（協）之。"

訇與暗

《唐虞》："《吳（虞）時（詩）》曰：'大明不出，[illegible]（萬）勿（物）膚（皆）訇（暗）。'"按，"訇（暗）"字從白於藍《〈郭店楚墓竹簡〉讀後記》（《中國古文字研究》第一輯，吉林大學出版社，1999年）讀。

元字聲系

元與刓

《四時令》："不列（裂）抈雛縠，不列（裂）元（刓）嬰兒。"

元與頑

《帛乙老子·道經》："衆人皆有以，我獨〖門〗元（頑）以鄙。"

元與黿

《蒼頡篇》："鼂元（黿）虯鼂。"

元與愿

《子道餓》："元（愿）虐（吾）子之悎（圖）之也。"按，整理者讀"元"爲"願"，非是。古"願"、"愿"不同字。

元與軏

《封許》："敋（路）車，璁（蔥）玩（衡）、玉翻（璲），緣（鸞）鈴（鈴）索（素）旂，朱笄元（軏）。"

妧與玩

《繫辭》："所樂而妧（玩），教（爻）之始（辭）也。"

《繫辭》："君子居則觀其馬〈象〉而妧（玩）其辭，動則觀其變而妧（玩）其占，是以自天右（佑）之，吉，無不利也。"

抏與頑

《北大老子》："衆人皆有以，而我獨抏（頑）以鄙。"

忨與元

《皇門》："既告女（汝）忨（元）悳（德）之行。"

忨與愿

《詩論》："《木苽（瓜）》又（有）臧（藏）

忨（愿）而未得達也。”按，整理者讀“忨”爲“願”，非是。古“願”、“愿”不同字。下四例同。

《詩論》：“以琴瑟（瑟）之敓（悦），㤅（擬）好色之忨（愿）。”

《柬大王》：“陸（陵）尹與贅尹：‘又（有）古（故）虐（乎）？忨（愿）聒（聞）之。’”

《李頌》：“忨（愿）歲之啟時，思（使）虛（吾）梪（樹）秀可（兮）。”

《仲弓》：“售（雖）也從於剌（宰）夫之後，售（雖）也憧愚，忑（恐）怡（貽）虛（吾）子愳（羞），忨（愿）因虛（吾）子而訂（治）。”

《王居》：“忨（愿）夫₌（大夫）之母（毋）徒，以員（損）不斅（穀）之☐。”

《管仲》：“凡其民人，老者忨（愿）死，飭（壯）者忨（愿）行。”按，“忨”當讀作“愿”。

忨與願

《競公瘧》：“古（故）君之忨（願）、良、恩（溫）、聖，外内不発（廢），可因於民者。”按，“忨（願）”字從趙炳清《上博簡三〈彭祖〉補釋》（簡帛研究網，2005 年 1 月 26 日）讀。

《良臣》：“子產之帀（師）：王子白（伯）忨（願）、肥中（仲）、土（杜）䢜（逝）、鼾（渾）厈（罕）。”

《子產》：“子產用麐（尊）老先生之畯（俊），乃又（有）喪（桑）丘中（仲）昬（文）、坉（杜）誓（逝）、肥中（仲）、王子白（伯）忨（願）。”

阮與阬

《北蒼·陽》：“崋巒岑崩，阮（阬）嵬陀（池）阬。”

杬與芫

《養生方》：“取白杬（芫）本，陰乾而冶之，以馬醬和，☐丸。”

原字聲系

原與源

《名理》：“道者，神明之原（源）也。”

《閻氏》：“土之數勝水，一絫（蔂）【之】壤不能止一河之原（源）。”

原與泉

《黄帝伐赤帝》：“戰於反（阪）山之原（泉），右陰，順術，倍（背）衝，大威（滅）有之。”

願與患

《繫辭》：“耶（聖）人以此佚〈洗〉心，内（退）藏於閉（密），吉凶能民同願（患）。”按，今本願作患。

邍字聲系

备與原

《周易·比》：“比：备（原）筮，元羕（永）貞，吉，亡（无）咎。不寍（寧）方來，後夫凶。”按，“备”字原形作“”，即“邍”字省形。

谻與原

《説命中》：“王谻（原）比氒（厥）夢，曰：‘女（汝）速（來）隹（惟）帝命。’”按，“谻”字原形作“”，左下所從即“邍”字省形。

谻與洹

《三壽》：“高宗觀於谻（洹）水之上，参（三）壽與從。”按，“谻”字原形作“”，左下所從即“邍”字省形。

鬳字聲系

鬳與獻

《日甲·歲》：“九月楚鬳（獻）馬，日七夕九。”

《日甲·毀棄》："虞（獻）馬、中夕、屈夕作事東方，皆吉。"

獻與讞

《第二組》："金布律曰：黔首賣馬牛勿獻（讞）廷，縣官其買殹（也），與和市若室，勿敢强。"

《第三組》："昭襄王命曰：置酒節（即）徵錢金及它物以賜人，令獻（讞），丞請出；丞獻（讞），令請出，以爲恆。"

灋與獻

《答問》："'甸人'守孝公、灋（獻）公冢者殹（也）。"

灋與讞

《秦律·徭律》："其有欲壞更殹（也），必灋（讞）之。"

《秦律·徭律》："欲以城旦舂益爲公舍官府及補繕之，爲之，勿灋（讞）。"

《秦律·徭律》："縣爲恒事及灋（讞）有爲殹（也）。"

《答問》："能捕者購臣妾二人，毄（繫）投書者鞫審灋（讞）之。"

《答問》："投者得，書不燔，鞫審灋（讞）之之謂殹（也）。"

《答問》："擅殺、刑、髡其後子，灋（讞）之。"

《癸瑣》："廿（二十）五年六月丙辰朔癸未，州陵守綰、丞越敢灋（讞）之。"

《癸瑣》："敢灋（讞）之。"

《癸瑣》："子灋（讞）。"

《癸瑣》："灋（讞）固有審矣。"

《癸瑣》："受人貨材（財）以枉律令，其所枉當貲以上，受者、貨者皆坐臧（贓）爲盗，有律，不當灋（讞）。"

《尸等》："廿（二十）五年五月丁亥朔壬寅，州陵守綰、丞越敢灋（讞）之。"

《尸等》："它縣論。敢灋（讞）之。"

《尸等》："子灋（讞）。"

《尸等》："灋（讞）固有審矣。"

《猩敞》："廿（二十）三年四月，江陵丞文敢灋（讞）之。"

《猩敞》："鞫審，灋（讞）。"

《猩敞》："敢灋（讞）之。"

《芮盗》："敢灋（讞）之。"

《芮盗》："鞫審，灋（讞）。"

《多小》："敢灋（讞）之。"

《多小》："敢灋（讞）之。"

《暨過》："敢灋（讞）之。"按，"灋（讞）"字從陶安《〈嶽麓書院藏秦簡（叁）〉校勘記》（復旦大學出土文獻與古文字研究中心網，2013年8月20）釋讀。

《暨過》："謁灋（讞）。"

《暨過》："敢灋（讞）之。"

《識劫》："敢灋（讞）之。"

《學爲》："廿（二十）二年八月癸卯朔辛亥，胡陽丞唐敢灋（讞）之。"

《學爲》："敢灋（讞）之。"

《學爲》："灋（讞）報。"

《二年·具律》："縣道官守丞毋得斷獄及灋（讞）。"

《二年·具律》："若丞缺，令一尉爲守丞，皆得斷獄、灋（讞）。"

《奏讞書》："奏灋（讞）書。"

《奏讞書》："十一年八月甲申朔己丑，夷道汾、丞嘉敢灋（讞）之。"

《奏讞書》："疑毋憂罪，它縣論，敢灋（讞）之，謁報。"

《奏讞書》："十一年八月甲申朔丙戌，江陵丞鶩敢灋（讞）之。"

《奏讞書》："疑媚罪，它縣論，敢灋（讞）之，謁報，署如廥發。"

《奏讞書》："十年七月辛卯朔癸巳，胡狀、丞憙敢灋（讞）之。"

《奏讞書》："疑闌罪，毄（繫），它縣論，敢瀻（讞）之。"
《奏讞書》："謂胡嗇夫瀻（讞）獄史闌，瀻（讞）固有審。"
《奏讞書》："胡丞憙敢瀻（讞）之，十二月壬申夫₌（大夫）莳詣女子符，告亡。"
《奏讞書》："疑解罪，毄（繫），它縣論，敢瀻（讞）之。"
《奏讞書》："廷報曰：取（娶）亡人爲妻論之，律白，不當瀻（讞）。"
《奏讞書》："十年七月辛卯朔甲寅，江陵餘、丞鶩敢瀻（讞）之。"
《奏讞書》："疑武、視罪，敢瀻（讞）之，謁報，署獄如廥發。"
《奏讞書》："漢中守瀻（讞）。"
《奏讞書》："北坨（地）守瀻（讞）。"
《奏讞書》："北坨（地）守瀻（讞）。"
《奏讞書》："蜀守瀻（讞）。"
《奏讞書》："蜀守瀻（讞）。"
《奏讞書》："蜀守瀻（讞）。"
《奏讞書》："河東守瀻（讞）。"
《奏讞書》："河東守瀻（讞）。"

厂字聲系

鴈與雁

《威王問》："鴈（雁）行者何也？"
《威王問》："鴈（雁）行者，所以觸廁（側）應□也。"
《官一》："便罷（擺）以鴈（雁）行，險厄以雜管。"
《官一》："秦（蓁）怫（茀）以委（逶）施（迤），便罷（擺）以鴈（雁）☐。"
《十陣》："鴈（雁）行之陳（陣）者，所以椄（接）射也。"
《十陣》："☐中，此謂鴈（雁）陳（陣）之任。"
《十陣》："□□□闕羅而自存，此之胃（謂）鴈（雁）陳（陣）之任。"

纆與㯫

《競公瘧》："罌（舉）邦爲欽（禁），約夾（挾）者（諸）閘（關），縛纆（㯫）者（諸）貴（市）。"按，"纆"似當讀作"㯫"。《廣雅·釋詁三》："約、縛、㯫，束也。"

𩏂字聲系

𩏂與鮮

《性自》："聒（聞）芺（笑）聖（聲），則𩏂（鮮）女（如）也斯憙（喜）。"

𩏂與顯

《繫年二二》："晉公獻齊俘馘於周王，述（遂）以齊侯貣（貸）、魯侯𩏂（顯）、宋公畋（田）、衛侯虔、奠（鄭）白（伯）怡（駘）朝周王于周。"

莫字聲系

莫與嘆

《要》："孔子繇（籀）易，至於損益一〈二〉卦，未尚（嘗）不廢書而莫（嘆）。"按，"莫（嘆）"字從池田知久《〈馬王堆漢墓帛書周易〉要篇之思想》（《東洋文化研究所紀要》第百二十六冊，1995年1月，12頁）釋讀。

莫與難

《王兵》："不莫（難）遠道，故禽（擒）絕地之民。"
《王法》："不能審此三者而言王者，是虛而爲大，跂（企）而爲長，臣以爲莫（難）。"

漢與暵

《占書》："川棄之，水漢（暵）乃昌。"

僕與嘆

《晏子一二》："爵邑盡，退朝而乘，渭（喟）然僕₌（嘆，嘆）終而笑。"

《晏子一二》："何慎（嘆）笑相從之數（速）也？"

《晏子一二》："吾慎（嘆）也，哀吾君必不免於難也。"

難與歎

《性自》："聖（聽）銮（琴）汧（瑟）之聖（聲），則誖（悸）女（如）也斯戁（歎）。"按，上博簡本《性情論》戁（歎）作難。下同。

難與嘆

《曹風》："氣（愾）我吾（寤）難（嘆），念彼□□。"

難與戁

《性自》："句（苟）以其青（情），唯（雖）怸（過）不亞（惡）；不以其青（情），唯（雖）難（戁）不貴。"按，"難"似當讀作"戁"。《淮南子·繆稱》："凡行戴情，雖過無怨；不戴其情，雖忠來惡。"《文子·上德》："苟向善，雖過無怨，苟不向善，雖忠來惡。"《説文》："忠，敬也。"《説文》："戁，敬也。"

灘與漢

《詩論》："《闈（關）疋（雎）》之改、《梂（樛）木》之旹（時）、《灘（漢）生（廣）》之智、《鵲樔（巢）》之歸、《甘棠》之保（報）、《緑衣》之思、《鴡=（燕燕）》之情害（曷）？"

《詩論》："《灘（漢）生（廣）》之智，則智（知）不可得也。"

《容成氏》："墨（禹）乃從灘（漢）以南爲名浴（谷）五百，從灘（漢）以北爲名浴（谷）五百。"

《繫年二》："楚文王以啓于灘（漢）旟（陽）。"

𡏅與難

《老子》甲："大少（小）之多惕（易）必多𡏅。是以聖人猷（猶）𡏅之，古（故）終亡𡏅。"按，今本和帛書本𡏅作難。

《苦成》："鑾（欒）箸（書）欲乍（作）𡏅（難），害参（三）垟（郤）。"

《弟子問》："夫以眾軛（犯）𡏅（難），以新（親）受录（禄）；褮（勞）以成事，色（嗇）以官。"

蘸與燃

《北蒼·耕》："戳（截）烄（交）熱樠，蘸（燃）火燭熒。"

戁與歎

《性自》："聖（聽）銮（琴）汧（瑟）之聖（聲），則誖（悸）女（如）也斯戁（歎）。"

《性自》："戁（歎），思之方也。"

《性自》："恩（慍）斯惪=（憂，憂）斯慼=（戚，戚）斯戁（歎，歎）斯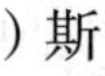=（辟，辟）斯通=（踊。踊），恩（慍）之終也。"

《弟子問》："子戁（歎）曰：'於！莫我智（知）也夫。'"

《季桓子》："不也，丑（好）睘隹聚，印〈印（仰）〉天而戁（歎）。"

戁與難

《老子》甲："又（有）亡之相生也，戁惕（易）之相成也。"按，今本和帛書本戁作難。

《老子》丙："是以□人欲不欲，不貴戁得之貨；學不學，復眾之所逃（過）。"按，今本、帛書本和郭店楚簡《老子》甲戁作難。

《六德》："新（親）民易，使民相新（親）也戁（難）。

《性自》："聖（聽）銮（琴）汧（瑟）之聖（聲），則誖（悸）女（如）也斯戁（歎）。"按，上博簡本《性情論》戁（歎）作難。下一例同。

《性自》："戁（歎），思之方也。"

《仲弓》："譎=（譎譎）猷（厭）人，戁（難）爲從正。"

《仲弓》："孔=（孔子）曰：'售（雖），古=（古之）事君者以忠與敬，唯（雖）其戁（難）也，女（汝）隹（惟）以☐。'"
《仲弓》："中（仲）弓曰：'含（今）之孝=（君子），孚（愎）怂（過）𢦏析，戁（難）以内（納）柬（諫）。'"
《彭祖》："大箸之窶，戁（難）易訦（滯）欲。"
《内豊》："☐亡戁（難）。"
《鄭壽》："奠（鄭）壽：'女（如）不能，君王與楚邦懼戁（難）。'"
《祭公》："昔才（在）先王，我亦不以我辟竆（陷）于戁（難），弗逹（失）于政，我亦隹（惟）以沒我殀（世）。"
《芮良夫》："氒（厥）辟、戠（御）事，各縈（營）其身，恆靜（爭）于福（富），莫絅（治）庶戁（難），莫衃邦之不寍（寧）。"
《芮良夫》："昔才（在）先王，幾（既）又（有）眾俑（庸），☐☐庶戁（難），甬（用）建其邦，坪（平）和庶民，莫敢刭憧。"
《芮良夫》："生☐☐戁（難），不秉純悳（德），其尾（度）甬（用）逹（失）縈（營）。"
《芮良夫》："邦其康寍（寧），不奉（逢）庶戁（難）。"
《芮良夫》："於（嗚）虗（呼）畏㚇（哉）！言罙（深）于𣶒（淵），莫之能惻（測）；民多勤（艱）戁（難），我心不快。"

戁與悍

《芮良夫》："母（毋）自縱（縱）于逸，以嚻（傲）不恀（圖），戁（悍）弁（變）改祟（常），絉（痳）而亡（無）又（有）絽（紀）統（綱）。"按，"戁（悍）"字從白於藍《清華簡〈芮良夫毖〉6—8號簡校釋》（《古文字研究》第三十一輯，中華書局，2016年）讀。

漸與漸

《周易·漸》："漸（漸）：女歸吉，利貞。"
《周易·漸》："初六：鳴（鴻）漸（漸）于澗（干），少（小）子厲，又（有）言，不終。"
《周易·漸》："六二：鳴（鴻）漸（漸）于阪（磐），畬（飲）飤（食）㠯=（衎衎），吉。"
《周易·漸》："九厽（三）：鳴（鴻）漸（漸）于陸（陸），夫征不復，婦孕而☐。"

爀與熯

《陰陽家》："昜〈易〉火而爀（熯），發火正。"

奐字聲系

奐與渙

《繫辭》："杅（刳）木爲周（舟），剡木而爲楫，齍（濟）不達，至（致）遠以利天下，蓋取者（諸）奐（渙）也。"
《二三子》："卦曰：'奐（渙）其肝（汗），大號。'"
《二三子》："奐（渙），大美也。"

奐與綰

《内豊》："冕（冠）不奐（綰），行不頌（容），不卒立，不庶語。"按，"奐（綰）"字從田煒《讀上博竹書（四）瑣記》（簡帛研究網，2005年4月3日）釋讀。

寒字聲系

寒與汗

《柬大王》："王向日而立，王滄〈寒（汗）〉至𦆑（帶）。"按，"滄〈寒（汗）〉"字從郭永秉《從戰國文字所見的類"倉"形"寒"字論古文獻中表"寒"義的"滄／凔"是轉寫誤釋的産物》（《出土文獻與古文字研究》第六輯，上海古籍出版社，2015

年）釋，從陳劍《上博竹書〈昭王與龔之脽〉和〈柬大王泊旱〉讀後記》（簡帛研究網，2005年2月15日）讀。

蒃與寒

《老子》乙："喿（燥）勳（勝）蒃（寒），青（清）勳（勝）然（熱），清=（清靜）爲天下定（正）。"按，"蒃（寒）"字從郭永秉《從戰國文字所見的類"倉"形"寒"字論古文獻中表"寒"義的"滄/滄"是轉寫誤釋的產物》（《出土文獻與古文字研究》第六輯，上海古籍出版社，2015年）釋讀。下同。

《容成氏》："冬不敢以蒃（寒）訇（辭），夏不敢以㬥（暑）訇（辭）。"

騫與騫

《晏子一三》："柏常騫見。"按，明活字本《晏子春秋》"柏常騫"作"栢常騫"。下同。

《晏子一三》："柏常騫曰：'臣請嚻（禳）而去之。'"

《晏子一三》："令官具柏常騫之求。"

《晏子一三》："柏常騫曰：'无求也，請筑（築）新室，以茅菽（茨）之。'"

《晏子一三》："柏常騫夜用事焉，旦見於公。"

《晏子一三》："柏常騫曰：'□令人視之，梟□□矣。'"

《晏子一三》："柏常騫曰：'能。'"

《晏子一三》："柏常騫曰：'然。益壽地將動。'"

《晏子一三》："令官具柏常騫之求，後者□不用令之罪。"

《晏子一三》："柏常騫出，曹（遭）晏子於涂（途）。"

《晏子一三》："騫爲君嚻（禳）之而梟已死矣。"

《晏子一三》："君謂騫曰。"

《晏子一三》："騫合（答）曰：'能。'"

《晏子一三》："今騫將大祭，以爲君請壽。"

《晏子一三》："柏常騫曰：'可。'"

《晏子一三》："柏常騫曰：'得壽地將動。'"

騫與褰

《妄稽》："郢（挰）命（領）騫（褰）衣，齊阿之常（裳）。"按，"騫（褰）"字從何有祖《讀北大簡〈妄稽〉條記（一）》（簡帛網，2016年6月5日）釋讀。

袁字聲系

袁與遠

《帛五行·經》："之子于歸，袁（遠）送于野。"

《帛五行·經》："不袁（遠）不敬，不敬不嚴。"

《帛五行·經》："以其外心與人交，袁（遠）也。"

《帛五行·經》："袁（遠）而裝（莊）之，敬也。"

《帛五行·説》："之子于歸，袁（遠）送于野。"

《帛五行·説》："不袁（遠）不敬。袁（遠），心也者，禮氣也。"

《帛五行·説》："袁（遠）者動敬心，作敬心者也。"

《帛五行·説》："以其外心與人交，袁（遠）也。"

《帛五行·説》："外心者也，其圌（願）謕然者也，言之心交袁（遠）者也。"

《帛五行·説》："袁（遠）而莊之，敬。"

《九主》："則賤不事貴，袁（遠）不事近，皆反其職，信□在忌（己）心。"

《九主》："賤不事貴，袁（遠）不事【近】。"

園與員

《龍簡》："有言縣道官，園（員）程□□。"

園與圓

《日甲·盜者》："盜者園（圓）面，其爲人也鞞₌（埤埤）然。"

《體積》："乘園（圓）亭之述（術）曰：下周耤之，下周耤之□。"

《句股》："□有園（圓）材薶（埋）地，不智（知）小大，斲之，入材一寸而得平一尺，問材周大幾可（何）？"

寰與寬

《衛風》："寰（寬）旖（兮）綽旖（兮），依（猗）重□□。"

遠與桓

《帛易·屯》："初九，半（磐）遠（桓），利居貞，利建侯。"

遠與援

《建除》："遠柰：建於卯，籛於唇（辰），敚於巳，坪於午，盜於未，工於申，坐於栖（酉），盍於戌，成於亥，復於子，菑於丑，散於寅。"按，睡虎地秦簡《日書》楚月名"遠柰"之"遠"作"援"。

《太歲》："大（太）歲：肯₌（十月）、屈柰、亯₌（享月）才（在）西，旾₌（負月）、遠柰、夏柰才（在）北，獻馬、刑尸、八月才（在）東，冬柰、夏尸、九月才南。"按，睡虎地秦簡《日書》甲種《歲》篇遠作援。

遠與蔿

《城濮》："遠（蔿）白（伯）珵（嬴）猶約（弱），寡（拒）寺（持）倗（舟）畬₌（飲酒）。"按，"遠（蔿）"字從陳偉《〈成王爲城濮之行〉初讀》（簡帛網，2013年1月5日）讀。

睘與遠

《五行》："不睘（遠）不₌敬₌（不敬，不敬）不₌嚴₌（不嚴，不嚴）不₌隮₌（不尊，不尊）不₌共₌（不恭，不恭）亡豊（禮）。"

覩與渙

《老子》甲："覩唇（乎）其奴（若）懌（釋）。"按，王弼、傅奕、河上及帛書本覩作渙。

睘與圜

《天甲·支占盜》："其爲人方面、面廣頰、睘（圜）目。"

《天乙·支占盜》："其爲人方面、面廣頰、睘（圜）目。"

《算數書·圜亭》："睘（圜）亭。"

《算數書·以圜裁方》："以睘（圜）材（裁）方。"

《算數書·以方裁圜》："以方材（裁）睘（圜）。"

《算數書·圜材》："睘（圜）材。"

睘與還

《戰國一八》："老婦持（恃）連（輦）而睘（還）。"

《將失》："二曰，收亂民而睘（還）用之，止北卒而睘（還）斯（鬭）之，无資而有資，可敗也。"

《將德》："賞不榆（逾）日，罰不睘（還）面，不維其人，不何□。"

《北大老子》："以道佐人主，不以兵強於天下，其事好睘（還）。"

《妄稽》："行步周睘（還），進退〈退〉矜倚。"

睘與環

《日甲·詰》："置蘠（牆）上，五步一人一犬，睘（環）其宮。"

睘與旋

《帛易·履》："尚（上）九，視禮（履），巧（考）翔（祥）；其睘（旋），元吉。"

睘與熒

《繫年四》："周惠王立十又七年，⾚（赤）翟（狄）王峁唐迟（起）自（師）伐衛，大敗衛自（師）於睘（熒），幽侯滅安（焉）。"

儇與還

《有司》："尸儇（還）几，宿（縮）之。"

圜與旋

《妄稽》："嫖（眇）蒖（繇）便圜（旋），桃（逃）入北房。"

還與環

《蚖》："取井中泥，以還（環）封其傷，已。"

還與旋

《善者》："故民見進而不見退，道（蹈）白刃而不還（旋）踵（踵）。"

《周馴》："爲人君者，喜怒不可以還（旋）發之於前。"

《周馴》："有所唯，未可以還（旋）唯之；有所非，未可以還（旋）非之。"

《周馴》："夫爲人君而有所唯，則還（旋）唯之，則所唯者，其庸必唯虖（乎）？"

《周馴》："有所非，則還（旋）非之，則所非者，其庸必非乎？"

還與縈

《邦人》："安（焉）叚（假）爲司馬，不取其折（實），而邦人不再（稱）還（縈）安（焉）。"按，"還（縈）"字從沈培《清華簡和上博簡"就"字用法合證》（簡帛網，2013年1月6日）讀。

還與禜

《三壽》："余（餘）亯（享）獻祍（攻），适（禬）還（禜）蚕（妖）蠢（祥），寺（時）名曰恙（祥）。"按，"還（禜）"字從暮四郎在易泉《清華五〈殷高宗問於三壽〉初讀》（簡帛網"簡帛論壇"，2015年4月10日）一文下跟帖讀。

環與還

《特牲》："筮者許若（諾），環（還），即席，西面坐，卦者在左。"

《特牲》："賓坐取觚（觶），環（還），東面。"

《泰射》："興，右環（還），北面少立，坐取觗（觶）。"

《泰射》："興，再拜稽首，左環（還），南面坐舉環（還）。"

《泰射》："皆左足履物，環（還）視侯中，合足而氾（俟）。"

《泰射》："司馬出于下射之南，環（還）其後，降自西階，述（遂）適次。"

《泰射》："興，順羽，且左環（還），每（毋）周，反面揖。"

《泰射》："兼挾乘矢，皆内環（還），南面揖。"

《泰射》："適楅南，皆左環（還），北面，箬（搢）三挾一个。"

《泰射》："揖，以偶（耦）左環（還），上射於左。"

《泰射》："公環（還）而後賓降，澤（釋）弓于堂西，反位于階西，東面。"

《泰射》："環（還）復位，坐，兼斂筭，實八筭于中，委其餘中西。"

毄與轘

《繫年二》："齊襄公會者（諸）侯于首壯（止），殺子沫（亹）壽，車毄（轘）高之巨（渠）爾（彌），改立柬（厲）公。"

環與睘

《脈死候》："面黑，目環（睘）視褏（衺），則氣先死。"

環與還

《雜抄》："虎未越泛（蹣）蘚（蹣），從之，虎環（還），貲一甲。"

《答問》："免老告人以爲不孝，謁殺，當

三環(還)之不?不當環(還),亟執勿失。”按,“環(還)”字從朱紅林《張家山漢簡釋叢》(《考古》2006年6期)讀。

《日乙·十二月》:“☐禹符,左行,置,右環(還),曰□□□□右環(還)。”

《癸瑣》:“癸、瑣等當耐爲侯(候),令瑣等環(還)癸等錢。”

《芮盜》:“二千弗取,環(還)方錢。”

《芮盜》:“芮毋(無)錢環(還)。”

《芮盜》:“即弗環(還)錢,去往漁。”

《芮盜》:“芮母索後環(還)二百錢,未備八百。”

《芮盜》:“方弗取,有(又)弗環(還)錢,去往漁,是即盜紿人買(賣)公列地,非令。”

《芮盜》:“後環(還)二百。”

《田與》:“毋智□受錢,恐吏智(知),不敢自言。環(還)錢。”

《學爲》:“勿環₌(還!還)之,毋擇不得爲丞主臣走。”

《學爲》:“顯(願)公詔少吏,毋令環(還)。”

《學爲》:“毋(無)以爲衣被資用,去環(還)歸。”

《綰等》:“☐□不敢獨前,畏耎,與偕環(還)走十二步。”

《綰等》:“☐敢獨前,誠畏耎而與偕環(還)走可十二步。”

《綰等》:“得等環(還)走卌(四十)六步,獿等十二步。”

《綰等》:“畏耎,去環(還)走卌(四十)六步。”

《待考》:“與偕環(還)走可十☐。”

《待考》:“☐反寇戰,去環(還)☐。”

《待考》:“☐□環(還)走☐。”

《第二組》:“移居縣,家弗能入而環(還)者,貲一甲。”

《第二組》:“告而弗署,署而環(還)及弗告,及不署手,貲各一甲。”

《第三組》:“縣官上計執灋(法),執灋(法)上計最皇帝所,皆用筭橐□,告巂(雟)已,復環(還)筭橐,令報訵縣官。”

《二年·賊律》:“年卄(七十)以上告子不孝,必三₌環₌之₌(三還之。三還之)各不同日而尚告,乃聽之。”

《二年·捕律》:“亟詣盜賊發及之所,以窮(窮)追捕之,毋敢□界而環(還)。”

《蓋廬》:“皮(彼)有勝慮,我環(還)擊之,皮(彼)必不虞,從而觸之,可使毋去。”

《蓋廬》:“皮(彼)必去,將有環(還)志,卒有歸慮,從而擊之,可使毋顧。”

《蓋廬》:“卒鹵(虜)則重,眾環(還)不恐,將去不戒。”

《奏讞書》:“及除坐者貲₌(貲,貲)□人環(還)之。”按,“環”似當讀作“還”。

《姓爭》:“天道環(還)於人,反(返)爲之客。”

《兵容》:“□不鄉(饗)其功,環(還)受其央(殃)。”

《三禁》:“天有恒日,民自則之,爽則損命,環(還)自服之,天之道也。”

《順道》:“見地奪力,天逆其時,因而飾(飭)之,事環(還)克之。”

《稱》:“天有環(還)刑,反受其央(殃)。”

《稱》:“淺□以力,既成其功,環(還)復其從,人莫能代。”

《春秋八》:“獻公之帀(師)襲郭(虢)環(還),遂□虞。”

《戰國二五》:“秦餘(與)楚爲上交,秦禍案環(還)中粱(梁)矣。”

《戰國二五》:“餘(與)燕爲上交,秦禍案環(還)歸於趙矣。”

《勢》:“奇正環(還)相生,如環之毋

（無）端，孰能窮之？”

《兵令》：“戰而失其將吏，及將吏戰而死，卒獨北而環（還），其法當盡斬之。”

《周馴》：“環（還）斲（鬬）而死。宣孟述（遂）生。”

《趙正書》：“昔者，秦王趙正出斿（遊）天下，環（還）至白（柏）人而病。”

《雨書》：“日入時，有雲如羣羊，雨環（還）至。”

《雨書》：“子盡，以此雨則環（還）雨。”

《雨書》：“□平旦雨，多，食時少，環（還）霽，見日。”

環與茂

《爲吏》：“槍閵（藺）環（茂）殳。”

環與旋

《周馴》：“及文王薨（薨），大子發立，節（即）有天下，環（旋）正海内。”

《周馴》：“圉子立（莅）事，德仁無行，布惠弗亟，羣臣莫臣，弗肎（肯）爲使，失立（位）亡國，其身環（旋）代。”

環與琁

《晏子五》：“殷之袠也，其王紂作爲環（琁）室玉門。”

環與猨

《日甲・盜者》：“申，環（猨）也。”

環與榮

《帛甲老子・道經》：“唯（雖）有環（榮）官（觀），燕處則昭若。”按，通行本環作榮。下同。

《帛乙老子・道經》：“雖有環（榮）官（觀），燕處則昭若。”

儇與圜

《容成氏》：“於是虖（乎）乍（作）爲九成之壹（臺），視（寘）盂炭（炭）其下，加儇（圜）木於其上，思（使）民道（蹈）之。”

爰字聲系

爰與援

《史蕾》：“詒（始）得可人而与（舉）之,悬（仁）爰（援）悬（仁）而進之，不悬（仁）人弗得進矣。”按，“爰（援）”字從陳劍《〈上博（六）・孔子見季桓子〉重編新釋》（復旦大學出土文獻與古文字研究中心網，2008年3月22日）讀。

《芮良夫》：“非瞉（觀）折（哲）人，虗（吾）豐（靡）所爰（援）□詣（稽）。”

《鄭甲》：“今天爲不惠，或爰（援）肰（然）與不孛（穀）爭白（伯）父。”

《鄭乙》：“〼不惠，或爰（援）然與不瞉（穀）請（爭）白（伯）父。”

爰與猨

《引書》：“引肩痛，其在肩上，爰（猨）行三百。”

《題記》：“爰（猨）嫭（呼）。”按，原題作“爰”，整理者直接讀寫作“猨”。

《養生方》：“一曰麇□，二爰（猨）據。”

《合陰陽》：“五曰蝗磔，六曰爰（猨）據，七曰瞻（詹）諸，八曰兔鶩。”

《妄稽》：“大（太）息歌詠（吟），謬（嗷）謬（嗷）爰（猨）恤（饑）。”按，“爰（猨）”字從黔之菜《讀北大漢簡〈妄稽〉小札一則》（復旦大學出土文獻與古文字研究中心網，2016年6月22日）讀。

爰與猿

《天下至道》：“六曰爰（猿）居，思外。”

爰與遠

《子產》：“乃歔（禁）巻單、相畲、躭樂、勑（飾）岂（美）宮室衣裘、好畲（飲）飤（食）、以爰（遠）賆（屏）者。”

爰與蘊

《十問》：“攻其所必救，使離其固，以揆其慮，施伏設爰（蘊），毄（擊）其移庶。”

按，“爰（蘊）”字從白於藍《銀雀山漢簡（二）校讀六記》（《簡帛》第十輯，上海古籍出版社，2015 年）讀。

寏與遠

《祭公》：“女（汝）毋（毋）以戾孳（兹）辠讎（辜）芒（亡）寺（時）寏（遠）大邦。”

愋與緩

《尊德義》：“均（均）不足以坪（平）正（政），愋（緩）不足以安民，甬（勇）不足以沬（潰）眾。”按，“愋（緩）”字從白於藍《〈郭店楚墓竹簡〉讀後記》（《中國古文字研究》第一輯，吉林大學出版社，1999 年）釋讀。

愋與寬

《從政》：“五悳（德）：一曰愋（寬），二曰共（恭），三曰惠，四曰悬（仁），五曰敬。”

《從政》：“孝₌（君子）不愋（寬）則無以頌（容）百眚（姓）。”

援與猿

《神烏賦》：“欲動南山，畏懼猴援（猿）。”

敱與援

《繫年十四》：“齊同（頃）公回（圍）魯₌（魯，魯）䏝（臧）孫譽（許）迈（蹠）晉求敱（援）。”

《繫年十四》：“邭（駒）之克走敱（援）齊侯之繻（帶），獻之競（景）公。”

《繫年二三》：“秦人敗晉自（師）於茖（洛）侌（陰），以爲楚敱（援）。”

楥與諼

《語叢二》：“楥（諼）生於忿（欲），吁（訏）生於楥（諼），忘（妄）生於吁（訏）。”按，“楥（諼）”字從劉釗師《郭店楚簡〈語叢二〉箋釋》（《古墓新知——紀念郭店楚簡出土十周年論文專輯》，國際炎黃文化出版社，2003 年）讀。

暖與睅

《北蒼·幽》：“冤畧暖（睅）通，坐萶（遷）諼（夐）求。”

緩與援

《陳公》：“執事人必善命之，命相敷（輔）緩（援）。”按，“緩（援）”字從馬楠《〈上博九·陳公治兵〉初讀》（清華大學出土文獻研究與保護中心網，2013 年 4 月 22 日）讀。

緩與轅

《容成氏》：“軒緩（轅）是（氏）。”

繧與寬

《顏淵問》：“敬（矜）又（有）（過），所以爲繧（寬）也。”按，“繧（寬）”字從單玉辰在復旦吉大古文字專業研究生聯合讀書會《〈上博八·顏淵問於孔子〉校讀》（復旦大學出土文獻與古文字研究中心網，2011 年 7 月 17 日）一文下跟帖讀。

緩與緩

《仲弓》：“型（刑）正（政）不緩（緩），悳（德）季（教）不巻（倦）。”

《仲弓》：“迪（申）之備之，緩（緩）悆（施）而巻（遜）放（服）之。”

韱與渙

見真部睿字聲系。

韲與渙

見真部睿字聲系。

亘字聲系

亘與荁

《特牲》：“刑（鉶）芼，用枯（苦），若微（薇），皆有滑，夏葵、各（冬）亘（荁）。”

亘與桓

《春秋七》：“齊亘（桓）公與蔡夫人乘周（舟），夫人湯（蕩）周（舟）。”

《春秋七》：“亘（桓）公衡（率）帀（師）

以侵蔡，蔡人遂潰。”

《春秋一一》：“魯亘（桓）公少，隱公立以奉孤。”

《春秋一一》：“亘（桓）公長，公子翬果以其言隻（詐）之。”

《春秋一二》：“魯亘（桓）公少，隱公立以奉孤。”

《春秋一六》：“魯亘（桓）公與文羌（姜）會齊侯于樂（濼）。”

《春秋一六》：“亘（桓）公以訾文羌（姜），文羌（姜）以告齊侯。”

亙與宣

《三壽》：“躍（觀）憙（覺）恩（聰）明，音色柔丂（巧）而睿（叡）武不罔，孝（效）屯（純）亙（宣）猷，牧民而馯（御）王。”

亙與桓

《琴舞》：“𤔔（亂）曰：亙（桓）爯（稱）其又（有）若（若），曰享倉（答）舍（余）一人。”

垣與援

《帛甲老子·德經》：“天將建之，女（如）以茲（慈）垣（援）之。”按，“垣”似當讀作“援”。今本作“衛”。《文選·謝靈運〈田南樹園激流植援〉》：“田南樹園激流植援。”張銑《注》：“援，衛也。”《慧琳音義》卷七十引《玄應音義》“防援”《注》：“援，謂守護、視衛之言也。”下同。

《帛乙老子·德經》：“天將建之，如以茲（慈）垣（援）之。”

垣與暈

《占書》：“此三王之授伐之道也。其在古之亡國志也，月十三垣（暈），共工亡，離（驪）民亡；星貫月，苗民亡；月十一垣（暈），昆吾民亡，有狄民亡；月九垣（暈），有快（陽）民亡；月八垣（暈），有扈民亡；月七垣（暈），有盡（莘）民亡；月六垣（暈），有吳（虞）民亡；月五垣（暈），夏侯民亡；月四垣（暈），冢〈豕〉憚（韋）民亡；月並出，啻〈商〉人亡；反景三日，天下□周；日倍儘（僪），智氏亡；月日垣（暈），鄭人亡。”

戹與寬

《祭公》：“亦尚戹臧氒（厥）心，康受亦弋（式）甬（用）休。”按，今本《逸周書·祭公》戹作寬。

洹與宣

《繫年一》：“十又四年，東（厲）王生洹₌王₌（宣王，宣王）即立（位），龏（共）白（伯）和歸于宋〈宗〉。洹（宣）王是刣（始）弃（棄）帝𥬡（籍），弗畋（田），立卅₌（三十）又九年，戎乃大敗周自（師）于千畝（畝）。”

《厚父》：“曰民心隹（惟）本，氒（厥）复（作）隹（惟）枼（葉），引（矧）其能丁，良于春（友）人，迺洹（宣）弔（淑）氒（厥）心。”

洹與桓

《繫年二三》：“昜（陽）城洹（桓）恶（定）君衛（率）䡓（榆）闗（關）之自（師）與上或（國）之自（師）以这（邀）之。”

《繫年二三》：“楚自（師）大敗，旅（魯）昜（陽）公、坪（平）亦（夜）悍（悼）武君、昜（陽）城洹（桓）恶（定）君，三執珪之君與右尹卲（昭）之迎（竢）死安（焉）。”

逗與桓

《窮達》：“关（管）寺（夷）虐（吾）句（拘）繇（囚）束縛，𥁕（釋）杙（桎）𣐈（柙）而爲者（諸）侯相，堣（遇）齊逗（桓）也。”

《仲弓》：“季逗（桓）子使中（仲）弓爲剸（宰）。”

《競公瘧》："善才（哉）！虐（吾）甬（用）晏子，是嬰（襄）逗（桓）之言也！"按，"逗（桓）"字從程燕《讀上博六劄記》（簡帛網，2007年7月24日）釋，從郭永秉《〈景公瘧〉的"襄桓之言"》（簡帛網，2007年7月25日）讀。

《鄭甲》："昔虐（吾）先君逗（桓）公後出自周，以車七乘，徒卅₌（三十）人。"

䡕與桓

《繆和》："其次秦翏（繆）公、荊莊、晉文、齊䡕（桓）是也。"

《良臣》："齊䡕（桓）公又（有）龠〈管〉寺（夷）虐（吾），又（有）寘（賓）須亡，又（有）堊（隰）朋。"

《良臣》："奠（鄭）䡕（桓）公與（舉）周之遺老史百（伯）、宦中（仲）、虐（虢）弔（叔）、土（杜）白（伯），後出邦（封）。"

趄與桓

《季桓子》："子見季趄（桓）子。"

《季桓子》："趄（桓）子曰。"

《季桓子》："趄（桓）子曰。"

《季桓子》："趄（桓）子曰：'二道者可得聒（聞）與（歟）？'"

《季桓子》："趄（桓）子曰。"

《繫年四》："晉（戴）公卒，齊趄（桓）公會者（諸）侯以成（城）楚丘。"

《繫年二十》："晉敬公立十又一年，灼（趙）趄（桓）子會【諸】侯之夫₌（大夫），以與戉（越）命（令）尹宋盟（盟）于邧（紅）。"

《繫年二二》："楚聖（聲）趄（桓）王即立（位），兀（元）年，晉公止會者（諸）侯於邘（任）。"

《繫年二三》："楚聖（聲）趄（桓）王立四年，宋公畋（田）、奠（鄭）白（伯）怡（駘）皆朝于楚。"

《封許》："趄₌（桓桓）不（丕）𡉉，嚴𩁹（莊）天命。"

《管仲》："齊趄（桓）公聒（問）於筭（管）中（仲）曰。"

《管仲》："趄（桓）公或（又）聒（問）於筭（管）中（仲）曰。"

《管仲》："趄（桓）公或（又）聒（問）於筭（管）中（仲）曰。"

《管仲》："趄（桓）公或（又）聒（問）於筭（管）中（仲）曰。"

《管仲》："趄（桓）公或（又）聒（問）於筭（管）中（仲）曰。"

《管仲》："趄（桓）公或（又）聒（問）於筭（管）中（仲）曰。"

《管仲》："趄（桓）公或（又）聒（問）於筭（管）中（仲）曰。"

《管仲》："趄（桓）公或（又）聒（問）於筭（管）中（仲）曰。"

《管仲》："趄（桓）公或（又）聒（問）於筭（管）中（仲）曰。"

《管仲》："趄（桓）公或（又）聒（問）於筭（管）中（仲）曰。"

《管許》："趄（桓）公或（又）聒（問）於筭（管）中（仲）曰。"

《管仲》："趄（桓）公或（又）聒（問）於筭（管）中（仲）。"

覝與覴

《説命中》："女（汝）克覝（覴）視，四方乃府（俯）；視陸（地），心毀隹（惟）備（服）。"

駍與桓

《祭公》："乃詔（召）羅（畢）駍（桓），丼（井）利、毛班。"

綰與卷

《燕禮》："遂歌薌（鄉）樂，《周南》：《關雎》、《葛勝（覃）》、《綰（卷）耳》。"

宦字聲系

宦與擐

《戰國一一》："宦（擐）二萬甲自食以功（攻）宋，二萬甲自食以功（攻）秦。"

縣字聲系

縣與懸

《天子甲》："天子坐以巨（矩），飤（食）以義（宜），立以縣（懸），行以䋲，視侯量，寡（顧）還身。"
《天子乙》："天子坐以巨（矩），飤（食）以義（宜），立以縣（懸），行以興（繩），視侯量，寡（顧）還身。"
《秦律・司空》："及載縣（懸）鐘虡〈虡〉用輻（膈），皆不勝任而折。"
《日甲・直室門》："倉門，富，井居西南，囷居北鄉（嚮）廥，廥毋絕縣（懸）肉。"
《日甲・詰》："乃爲灰室而牢之，縣（懸）以葷，則得矣。"
《周病方》："取肥牛膽盛黑叔（菽）中，盛之而係（繫），縣（懸）陰所，乾。"
《二年・盜律》："及投書、縣（懸）人書，恐猲人以求錢財。"
《脈書》："心如縣（懸），病飢，氣不足，善怒，心狄＝（惕惕）恐人將捕之。"
《引書》："縣（懸）前者，俛（俛），撟兩手而卬（仰），如尋狀。"
《引書》："令其大杷，長四尺，係其兩端，以新纍縣（懸）之。"
《引書》："引腹甬（痛），縣（懸）纍版（板），令人高去坨（地）尺，足踐其上。"
《春秋六》："伯有閉室，縣（懸）鐘而長歙＝（飲酒）。"
《春秋六》："令有不行而□□咎君□□□□□□□□□□□□□□縣（懸）鐘而長飲西（酒）。"
《戰國一二》："吾縣（懸）免（勉）於粱（梁）是（氏），不能辭已。"
《戰國一四》："欲王之縣（懸）陶、平陵於薛公、奉陽君之上以勉之。"
《戰國一七》："秦兩縣（懸）齊、晉以持大重，秦之上也。"
《陰陽脈甲》："坐而起則目瞙（䀮）如毋見，心如縣（懸）。"
《白處》："已涂（塗）之，即縣（懸）陰燥▨。"
《白處》："冥（冪）以布，蓋以鍽（甂），縣（懸）之陰燥所。"
《癩》："縣（懸）茅比（礼）所，且塞壽（禱）。"
《牝痔》："膏出者，而到（倒）縣（懸）其人，以寒水戔（濺）其心腹，入矣。"
《養生方》："取女子未嘗男子者布縣（懸）枲，懷之，見旋風以投之。"按，"縣（懸）"字從馬繼興《馬王堆古醫書考釋》（湖南科學技術出版社，1992年，737頁）讀。
《萬物》："□事到高縣（懸）大鏡也。"
《軍爭》："▨分利，縣（懸）權而動。"
《行篹》："稱鄉（向）縣（懸）衡，雖（唯）其宜也。"
《妄稽》："足若縣（懸）橿（薑），脛若談（棪）株。"
《妄稽》："令設衡（横）桐，紛髮縣（懸）之。"
《妄稽》："縣（懸）纍紡之，息息鞭之。"

縣與玄

《脈法》："此□□□□□□□□□□□□□□□□脈（脈）之縣（玄），書而熟學之。"

完字聲系

完與院

《答問》："越里中之與它里界者，垣爲

‘完（院）’不爲？”

完與丸

《日甲・詰》：“以犬矢爲完（丸），操以咼（過）之，見其神以投之，不害人矣。”

《養生方》：“完（丸）如鼠矢，陰乾，□入八完（丸）叔（菽）醬中，以食。”

《養生方》：“即以松脂和，以爲完（丸），後飯，少多自☐。”

《養生方》：“□□□□□□□□□□□□□□□□□雄二之血和完（丸），大如酸棗。”

《養生方》：“各蠱（冶），并以□若棗脂完（丸），大如羊矢。”

垸與丸

《諸傷》：“毀一垸（丸）音（杯）酒中，飲之。”

《諸傷》：“冶而□□□□□□□一垸（丸）溫酒一音（杯）中，飲之。”

《犬噬人》：“而以美醯□□□□之，稍垸（丸），以熨其傷。”

《牝痔》：“漬以淳酒而垸（丸）之。”

《養生方》：“勿□手，令大如酸棗，□之吞一垸（丸）。”

《養生方》：“日益一垸（丸），至十日。”

《養生方》：“日後日捐一垸（丸），至十日。”

浣與盥

《特牲》：“尸浣（盥）匜水，實于般（盤）中，匰（簞）巾，在門内之右。”

《特牲》：“主婦浣（盥）于房中，薦南〈兩〉豆，葵菹、蠃（蝸）盇（醢）。”

《特牲》：“宗人遣佐食及執事浣（盥），出。”

《特牲》：“主人降，及賓浣（盥），出。”

《特牲》：“尸入門左，北面浣（盥），宗人授巾。”

《特牲》：“嗣舉奠，浣（盥），入，北面再拜稽首。”

《特牲》：“宗人遣舉鄭（奠）及長兄弟浣（盥），立于西階下，東面北上。”

《特牲》：“沃尸浣（盥）者一人。”

《少牢》：“土〈士〉浣（盥），舉鼎，主人先入。”

《少牢》：“宗人遣賓就主人，皆浣（盥）于洗，長出〈匕（朼）〉。”

《少牢》：“卒脀，祝浣（盥）于洗，升自西階。”

《少牢》：“主人浣（盥），升自作（阼）階。”

《少牢》：“祝與二佐食皆出，浣（盥）于洗，入。”

《有司》：“降浣（盥），主人降，尸辤（辭），主人對。”

《泰射》：“卒浣（盥）。”

《泰射》：“賓坐取柧（觚），鄭（奠）于匪（篚）下，浣（盥）洗。”

《泰射》：“賓辤（辭）降，卒浣（盥），揖升。”

《泰射》：“主人浣（盥）洗，升騰（媵）柧（觚）于賓。”

《泰射》：“騰（媵）爵者立于洗南，西面北上，遂進，浣（盥）洗角觗（觶）。”

捖與丸

《養生方》：“□春日鳥卵一，毀投蘗糗中，捖（丸）之如大牛戒，食多之善。”

《養生方》：“冶雲母、銷松脂等，并以麥麴捖（丸）之。”

莞與脘

《一類》：“寒氣在胃，莞（脘）腹懣（滿）腸☐。”

梡與患

《帛甲老子・道經》：“龍（寵）辱若驚，貴大梡（患）若身。”

《帛甲老子·道經》："何胃（謂）貴大梡（患）若身？"

《帛甲老子·道經》："吾所以有大梡（患）者，爲吾有身也。"

《帛甲老子·道經》："及吾无身，有何梡（患）？"

睆與遠

《北蒼·魚》："肸蠐尼（昵）睆（遠），飵餓鰜餔。"

筦與管

《郙風》："□我桐₌筦₌（彤管，彤管）有諱（煒）。"

莞與莞

《胎產書》："取烏□□□□男子獨食肉瀶（歠）汁，女子席莞（莞）□。"

錧與管

《三十時》："可脩（修）外□，□人弗入也。可脩（修）闢閉，鑄錧（管）籥（鑰）。"

丸字聲系

丸與筦

《北蒼·耕》："律丸（筦）宂戍，闒（蹋）踐纍杇。"

丸與紈

《妄稽》："絳熏（纁）贊茈（紫），宂〈丸（紈）〉冰絹霜。"按，"宂〈丸（紈）〉"字從王挺斌《北大簡〈妄稽〉與〈反淫〉研讀劄記》（簡帛網，2016年6月29日）釋讀。

安字聲系

安與洝

《相宅》："中坦，中□，又汙（穿）安（洝），凥（居）之不盪（盈）志。"

安與按

《爲吏》："與民有期，安（按）騶而步，毋使民懼。"

《引書》："苦頯（？）及顔（顏）痛，漬以寒水，如餐（餐）頃，掌安（按）顫。"

《諸傷》："止血出者，燔髮，以安（按）其痏。"

《客主》："主人安（按）地抚埶（勢）以胥。"按，"安"似當讀作"按"。《漢書·楊雄傳上》："曲隊堅重，各按行伍。"顏師古《注》："按，依也。"

《客主》："是以安（按）左抶右，右敗而左弗能救；安（按）右抶左，左敗而右弗能救。"

《客主》："能分人之兵，能安（按）人之兵，則錙銖而有余。"

安與晏

《競公瘧》："安（晏）子夕。"

《競公瘧》："二夫₌（大夫）退，公内（入）安（晏）子而告之。"

《競公瘧》："安（晏）子訋（辭）。"

《競公瘧》："公國（或）胃（謂）之，安（晏）子許若（諾）。"

《繫年十四》："齊三辟（嬖）夫₌（大夫）南章（郭）子、鄵（蔡）子、安（晏）子衒（率）自（師）以會于斷（斷）道。"

《繫年十四》："既會者（諸）侯，郇（駒）之克乃執南章（郭）子、鄵（蔡）子、安（晏）子以歸。"

《天甲·禹見人》："子，旦吉，安（晏）食吉，日中凶，日失（昳）吉，夕日凶。"

《天甲·禹見人》："丑，旦凶，安（晏）食吉，日中凶，日失（昳）可，夕日凶。"

《天甲·禹見人》："寅，旦凶，安（晏）食吉，日中凶，日失（昳）凶，夕日凶。"

《天甲·禹見人》："卯，旦吉，安（晏）食吉，日中凶，日失（昳）凶，夕日凶。"

《天甲·禹見人》："辰，旦凶，安（晏）食吉，【日中□】，日失（昳）凶，夕日吉。"

《天甲·禹見人》："巳，旦凶，安（晏）

食吉，日中凶，日失（昳）凶，夕日可。”

《天甲·禹見人》：“午，旦凶，安（晏）食凶，日中吉，【日失（昳）□】，夕日凶。”

《天甲·禹見人》：“未，旦吉，安（晏）食可，日中凶，日失（昳）吉，夕日凶。”

《天甲·禹見人》：“申，旦吉，安（晏）食凶，日中吉，日失（昳）吉，夕日凶。”

《天甲·禹見人》：“酉，旦吉，安（晏）食凶，日中吉，日失（昳）吉，夕日凶。”

《天甲·禹見人》：“戌，旦凶，安（晏）食凶，日中吉，日失（昳）吉，夕日凶。”

《天甲·吏》：“子，旦有言，喜，聽；安（晏）不聽；晝得美言；夕得美言。”

《天甲·吏》：“丑，旦有言，怒；安（晏）得美言；晝遇惡言；夕惡言。”

《天甲·吏》：“卯，旦有言，聽；安（晏）説（悦）；晝聽；夕不聽。”

《天甲·吏》：“辰，旦有言，不聽；安（晏）許；晝不聽；夕請謁，聽。”

《天甲·吏》：“巳，旦不聽；安（晏）聽；晝不聽；夕得後言。”

《天甲·吏》：“午，旦不聽；安（晏）百事不聽；晝許；夕許。”

《天甲·吏》：“未，旦有美言；安（晏）後見之；晝得惡言；夕不聽。”

《天甲·吏》：“申，旦遇惡言；安（晏）許；晝不説（悦）；夕許。”

《天甲·吏》：“酉，旦得美言；安（晏）遇惡言；晝不説；夕許。”

《天甲·吏》：“戌，旦不聽；安（晏）遇惡言；晝得言；夕有惡【言】。”

《天甲·吏》：“亥，旦有求，得後【言】；安（晏）不聽；晝、夕有求，後見之。”

《天乙·禹見人》：“子，旦吉，安（晏）食吉，日中凶，日失（昳）吉，夕日凶。”

《天乙·禹見人》：“丑，旦凶，安（晏）食吉，日中凶，日失（昳）可，夕日凶。”

《天乙·禹見人》：“寅，旦凶，安（晏）食吉，日中凶，日失（昳）凶，夕日凶。”

《天乙·禹見人》：“卯，旦吉，安（晏）食吉，日中凶，日失（昳）凶，夕日凶。”

《天乙·禹見人》：“辰，旦凶，安（晏）食吉，日失（昳）凶，夕日吉。”

《天乙·禹見人》：“巳，旦凶，安（晏）食吉，日中凶，日失（昳）凶，夕日可。”

《天乙·禹見人》：“未，旦吉，安（晏）食可，日中凶，日失（昳）吉，夕日凶。”

《天乙·禹見人》：“申，旦吉，安（晏）食凶，日中吉，日失（昳）吉，夕日凶。”

《天乙·禹見人》：“酉，旦吉，安（晏）食凶，日中吉，日失（昳）吉，夕日凶。”

《天乙·禹見人》：“戌，旦凶，安（晏）食凶，日中吉，日失（昳）吉，夕日凶。”

《天乙·吏》：“子：旦有言，喜，聽；安（晏）不聽；晝得美言；夕得美言。”

《天乙·吏》：“丑：旦有言，怒；安（晏）得美言；晝遇惡言；夕惡言。”

《天乙·吏》：“寅：旦有言，怒；安（晏）説（悦）；晝不得言；夕聽。”

《天乙·吏》：“卯：旦有言，聽；安（晏）説（悦）；晝聽；夕不聽。”

《天乙·吏》：“辰：旦有言，不聽；安（晏）許；晝不聽；夕請謁，聽。”

《天乙·吏》：“巳：旦不聽；安（晏）聽；晝不聽；夕得後言。”

《天乙·吏》：“午：旦不聽；安（晏）百事不聽；晝許；夕許。”

《天乙·吏》：“未：旦有美言；安（晏）後見之；晝得惡言；夕不聽。”

《天乙·吏》：“申：旦遇惡言；安（晏）許；晝不説（悦）；夕許。”

《天乙·吏》：“酉：旦得美言；安（晏）

遇惡言；晝不說（悅）；夕許。”

《天乙・吏》：“戌：旦不聽；安（晏）遇惡言；晝得言；夕有惡【言】。”

《天乙・吏》：“亥：旦有求；得後言；安（晏）不聽；晝、夕有求，後見之。”

安與案

《老子》丙：“信不足，安（焉）又（有）不信。”按，帛書甲本安作案。下同。

《老子》丙：“古（故）大道發（廢）安（焉），又（有）㤅（仁）義；六新（親）不和安（焉），又（有）孝孿（慈）。”

安與焉

《老子》甲：“王凥（居）一安。”按，王弼、河上和帛書本安作焉。

《老子》甲：“民莫之命（令）天〈而〉自均安。”按，傅奕本和帛書本安作焉。

《老子》丙：“信不足，安又（有）不信。”按，今本安作焉。

《老子》丙：“古（故）大道發（廢）安，又（有）㤅（仁）義；六新（親）不和安，又（有）孝孿（慈）。”按，傅奕本安作焉。

《魯穆公》：“寡人惑安（焉），而未之得也。”

《五行》：“大而晏者，能又（有）取安（焉）。少（小）而軫者，能又（有）取安（焉）。”

《緇衣》：“上好此勿（物）也，下必又（有）甚安（焉）者矣。”

《緇衣》：“厶（私）惠不壞〈壞（懷）〉悳（德），君子不自窗（留）女〈安（焉）〉。”

《成之》：“是古（故）⺊（上）句（苟）身備（服）之，則民必有甚安（焉）者。”

《成之》：“害（蓋）此言也，言不霏（奉）大祟（常）者，文王之型（刑）莫至（重）安（焉）。”

《尊德義》：“莫不又（有）道安（焉），人道爲近。”

《尊德義》：“先之以悳（德），則民進善安（焉）。”

《尊德義》：“其載也亡厚安（焉），交矣而弗智（知）也。”

《尊德義》：“上好是勿（物）也，下必有甚安（焉）者。”

《尊德義》：“古（故）（終？）是勿（物）也而又深安（焉）者。”

《六德》：“☐賞慶安（焉），智（知）其以又（有）所逯（歸）也。”

《六德》：“子弟大材埶（設）者（諸）大官，少（小）材埶（設）者（諸）少（小）官，因而它（施）录（祿）安（焉）。”

《六德》：“衍（道）不可徧也，能獸（守）弌（一）曲安（焉），可以緯其亞（惡），是以其劃（斷）犾速。”

《六德》：“得其人則㙯（舉）安（焉），不得其人則止也。”

《性自》：“𦫳₌（君子）㒲（美）其青（情），貴其宜，善其即（節），好其頌（容），樂其衍（道），兑（悅）其𢻻（教），是以敬安（焉）。”

《性自》：“貧而民聚安（焉），又（有）衍（道）者也。”

《性自》：“☐逃（過）十丕（舉），其心必才（在）安（焉）。”

《語叢一》：“亡勿（物）不勿（物），𡟦（皆）至安（焉），而亡非㠯（己）取之者。”

《語叢三》：“亡勿（物）不勿（物），𡟦（皆）至安（焉）。”

《詩論》：“《邦風》，其内（納）勿（物）也尃（溥），觀人谷（俗）安（焉），大僉（斂）材安（焉），其言文，其聲善。”

《詩論》：“《少（小）𩞁（宛）》，其言不亞（惡），少有忎（佞）安（焉）。”

《民之》："勿（物）之所至者，志亦至安（焉）；志之所至者，豊（禮）亦至安（焉）；豊（禮）之所至者，樂亦至安（焉）；樂之所至者，哀亦至安（焉）。"

《從政》："是以曰少（小）人惕（易）得而難事也，其使人，必求備安（焉）。"

《容成氏》："☐是（氏）之又（有）天下，厚悉（愛）而泊（薄）僉（斂）安（焉），身力以袋（勞）百眚（姓）。"

《容成氏》："内（入）安（焉）以行正（政）。"

《容成氏》："堯爲之季（教）曰：'自内（納）安（焉），余穴規（窺）安（焉），以求臤（賢）者而罭（讓）安（焉）。'"

《容成氏》："墨（禹）乃建鼓於廷，以爲民之又（有）詓（謁）告者訐（訊）安（焉）。"

《容成氏》："受（紂）聒（聞）之，乃出文王於夏臺（臺）之下而聒（問）安（焉）。"

《容成氏》："天酒（將）戜（誅）安（焉）。"

《容成氏》："天酒（將）戜（誅）安（焉）。"

《亙先》："又（有）或（域）安（焉）又=㲹=（有氣，有氣）安（焉）又=又=（有有，有有）安（焉）又=詒=（有始，有始）安（焉）又（有）往者。"

《亙先》："先又（有）审（中），安（焉）又（有）外；先又（有）少（小），安（焉）又（有）大；先又（有）柔（柔），安（焉）又（有）剛；先又（有）园（圓），安（焉）又（有）枋（方）；先又（有）晦（晦），安（焉）又（有）明；先又（有）耑（短），安（焉）又（有）長。"

《亙先》："恙（祥）宜（義）、利丂（巧）、采（綵）勿（物）出於叏=（作。作）安（焉）又（有）事，不叏（作）無事。"

《亙先》："先者又（有）善，又（有）綸（治）無嬰（亂）。又（有）人安（焉）又（有）不善，嬰（亂）出於人。"

《亙先》："凡言名，先者又（有）悁（疑），慌言之，後者季（效）比安（焉）。"

《亙先》："或（域），亙安（焉），生或（域）者同安（焉）。"

《昭王》："虗（吾）不智（知）其尔蕬（墓），尔古（胡）須既裕（落）安（焉）從事。"按，"安（焉）"字從孟蓬生《上博竹書（四）閒詁》（簡帛研究網，2005年2月15日）讀。

《昭王》："大尹之言脾（雕），可（何）訟又（有）安（焉）？"按，"安（焉）"字從陳劍《上博竹書〈昭王與龔之脽〉和〈柬大王泊旱〉讀後記》（簡帛研究網，2005年2月15日）讀。

《昭王》："三日安（焉），命龏（龔）之脾（脽）見。"

《柬大王》："☐大（太）剶（宰）：'我可（何）爲，戢（歲）安（焉）筥（熟）？'"

《曹沫》："肰（然）而古亦又（有）大道安（焉）。"

《鮑叔牙》："詔（召）祖已而昏（問）安（焉），曰：'是可（何）也？'"按，"安（焉）"字從季旭昇《上博五芻議（上）》（簡帛網，2006年2月18日）讀。

《鮑叔牙》："既祭之後安（焉），攸（修）先王之灋。"

《鮑叔牙》："既祭安（焉），命行先王之灋。"

《季康子》："孚=（君子）玉其言而硻（展）其行，敬成其惪（德）以臨民=（民，民）望其道而備（服）安（焉）。"

《苦成》："今虗（吾）亡（無）能絧（治）也，而因以害君，不義，型（刑）莫大安（焉）。"

《苦成》："虗（吾）毋又（有）它，正公事，唯（雖）死，安（焉）逃之？"
《君子》："違（動）而不義，身毋違（動）安（焉）。"
《弟子問》："爲君子虖（乎）？女（汝）安（焉）能也。"
《弟子問》："☐安（焉）。"
《弟子問》："☐弗王，善歖（矣）夫！安（焉）能王人？繇（由）！"
《弟子問》："☐安（焉）終。"
《鬼神》："啻（抑）其力古（固）不能至安（焉）虖（乎）？"
《競公瘧》："身爲新（親），或（又）可（何）忎（愛）安（焉）。"
《競公瘧》："王命屈木昏（問）軛（范）武子之行安（焉）。"
《競公瘧》："☐忘矣而湯清者，與得蕙（萬）福安（焉）。"
《季桓子》："夫士，品勿（物）不窮（窮），君子流其觀安（焉）。"
《季桓子》："☐者也，女（如）此者安（焉）。"
《申公》："臣牆（將）或（有）至（致）安（焉）。"
《用曰》："詮其又（有）审（中）墨，良人真（貞）安（焉）。"
《鄭子甲》："王安，還軍辺（應）之，與之戰於兩棠，大敗晉帀（師）安（焉）。"
《鄭子乙》："王安，還軍以辺（應）之，與之戰於兩棠，大敗晉帀（師）安（焉）。"
《吳命》："孤也可（何）袭（勞）力之又（有）安（焉）！"
《吳命》："昔上天不中（衷），隆（降）怂（禍）於我二邑，非疾痌（疢）安（焉）加之，而䓹（殄）𢇍（絕）我二邑之好。"
《子道餓》："述（遂）行，至宋衛之閒，其一子道餓而死安（焉）。"
《顏淵問》："而母（毋）谷（欲）得安（焉）。"
《成王》："☐安（焉）不曰日章（彰）而冰澡（消）虗（乎）？"
《成王》："宅（沌）虖₌（乎！吾）欲㥽（舉）之，不果，以進則𨓥（傷）安（焉）。"
《命》："必内𠂢之於十䀝（友）又厽（三），皆亡𢛳（留）安（焉）而行之。"
《蘭賦》："備坙（修）庶戒，方（旁）時（時）安（焉）迮（作）。"
《靈王》："虎秉策以歸，至𣪊澂，或弃（棄）其策安（焉）。"
《靈王》："成公懼，其又取安（焉），而逆之京。"
《靈王》："君爲王臣，王牆（將）述（墜）邦，弗能走（止）而或欲得安（焉）？"
《陳公》："君王安（焉）先居灾（災）壩（巒）之上。"按，"安（焉）"字從高佑仁《〈上博九〉初讀》（簡帛網，2013年1月8日）讀。
《陳公》："以雚（觀）帀（師）徒安（焉）。"
《陳公》："☐車爲宔（主）安（焉），或時（持）八鼓。"
《陳公》："陳公怿（狂）安（焉）巽（選）楚邦之古（孤）童（踵）之於後，以厚王卒。"按，"安（焉）"字從張崇禮《讀上博九〈陳公治兵〉劄記》（復旦大學出土文獻與古文字研究中心網，2013年1月29日）讀。
《陳公》："君王憙（喜）之，安（焉）命陳公怿（狂）寺₌（侍之）。"
《陳公》："酓（熊）䨮（雪）子𣎆與郙（巴）人戰於鵅州，帀（師）不㡭（絕），安（焉）得其䝤（猨）羿（旗）。"
《陳公》："☐之帀（師）徒乃出，伓（背）軍而戟（陳），牆（將）軍後出安（焉），名之曰弇行。"
《陳公》："女（如）既濼成（城）安（焉），

紳兩和而紉之，必𣂪（慎）▨。”

《邦人》：“▨亡（無）名安（焉），是古（故）弗智（知）也。”按，“安（焉）”字從易泉在海天遊蹤《邦人不稱札記》（簡帛網“簡帛論壇”，2013 年 1 月 5 日）一文下跟帖讀。

《邦人》：“戰於澈，戰於[illegible]，戰於長□、曲陸（隨），三戰而三𠯑（捷），而邦人不爯（稱）勇安（焉）。”按，“安（焉）”字從沈培《清華簡和上博簡“就”字用法合證》（簡帛網，2013 年 1 月 6 日）讀。下三例同。

《邦人》：“亯（就）復邦之後，盍（蓋）冠爲王列，而邦人不爯（稱）媺（美）安（焉）。”

《邦人》：“安（焉）叚（假）爲司馬，不取其折（實），而邦人不爯（稱）還（榮）安（焉）。”

《邦人》：“亯（就）王之長也，賞之以焚𢦚（域）百貞（畛），古（故）爲鄴（葉）連囂（敖）與都（蔡）樂尹，而邦人不爯（稱）畬（貪）安（焉）。”

《卜書》：“卜人無咎，牐（將）迲（去）其里，而它方安（焉）適（適）。”

《金縢》：“周公立安（焉），秉璧𦬫（植）珪。”

《楚居》：“至武王畬（熊）[illegible]自宵遷（徙）居免，安（焉）刣（始）□□□□□福。”

《楚居》：“眾不容於免，乃渭（潰）疆浧（郢）之波（陂）而宇人安（焉），氏（抵）今曰郢。”

《楚居》：“至文王自疆浧（郢）遷（徙）居湫=郢=（湫郢，湫郢）遷（徙）居樊=郢=（樊郢，樊郢）遷（徙）居爲=郢=（爲郢，爲郢）復遷（徙）居免郢，安（焉）改名之曰福丘。”

《楚居》：“若囂（敖）记（起）禍，安（焉）遷（徙）居承=之=埜=（蒸之野，蒸之野）□□□，□衮（襲）爲郢。”

《楚居》：“盍（闔）虜（廬）内（入）郢，安（焉）復遷（徙）居秦=溪=之=上=（乾溪之上，乾溪之上）復遷（徙）衮（襲）媺（媺）郢。”

《楚居》：“白公记（起）禍，安（焉）遷（徙）衮（襲）湫郢，改爲之，安（焉）曰肥遺。”

《楚居》：“中（中）[illegible]（謝）记（起）禍，安（焉）遷（徙）衮（襲）肥遺。邦大瘢（疵），安（焉）遷（徙）居鄩郢。”

《繫年二》：“周亡王九年，邦君者（諸）侯安（焉）刣（始）不朝于周。”

《繫年二》：“晉人安（焉）刣（始）啓于京𠂤（師），奠（鄭）武公亦政（正）東方之者（諸）侯。”

《繫年三》：“秦中（仲）安（焉）東居周𡌫（地），以獸（守）周之堻（墳）𦵯（墓），秦以刣（始）大。”

《繫年四》：“周惠王立十又七年，㶣（赤）翟（狄）王峁唐迟（起）𠂤（師）伐衛，大敗衛𠂤（師）於睘（熒），幽侯滅安（焉）。”

《繫年四》：“翟（狄）述（遂）居衛=（衛，衛）人乃東涉河，䙴（遷）于曹，安（焉）立悳（戴）公申，公子啓方奔齊。”

《繫年四》：“安（焉）是文=公=（文公。文公）即殜（世），成公即立（位）。”

《繫年五》：“君𡴎（來）伐我=（我，我）牐（將）求𢽒（救）於都（蔡），君安（焉）敗之。”

《繫年五》：“文王以北啓出方成（城），圾〈封〉[illegible]（畛）於汝，改遊（旅）於陳，安（焉）取邨（頓）以贛（脅）陳侯。”

《繫年六》：“惠公安（焉）以其子褱（懷）公爲執（贄）于秦=（秦，秦）穆公以其子妻之。”

《繫年六》：“秦晉安（焉）刣（始）會（合）

好，穆（戮）力同心。”

《繫年八》：“秦穆公欲與楚人爲好，安（焉）綮（脱）繡（申）公義（儀），囟（使）歸求成。”

《繫年八》：“秦安（焉）訇（始）與晉執亂，牙（與）楚爲好。”

《繫年九》：“豫（舍）其君之子弗立，而卲（召）人于外，而安（焉）牆（將）實（寘）此子也？”

《繫年九》：“乃立靁（靈）公，安（焉）䢅（葬）壤（襄）公。”

《繫年十一》：“宋人安（焉）爲成，以女子與兵車百輮（乘），以芋（華）孫兀（元）爲執（贄）。”

《繫年十五》：“安（焉）訇（始）迵（通）吳晉之逄（路），教吳人反（叛）楚。”

《繫年十五》：“執吳王子鱥（蹶）繇（由），吳人安（焉）或（又）服於楚。”

《繫年十五》：“吳王子晨牆（將）违（起）禍（禍）於吳₌（吳，吳）王盍（闔）虏（盧）乃歸，卲（昭）王安（焉）復邦。”

《繫年十九》：“卲（昭）王既復邦，安（焉）克猒（胡）、回（圍）郗（蔡）。”

《繫年十九》：“吳縵（洩）用（庸）以自（師）逆郗（蔡）卲（昭）侯，居于州來（來），是下郗（蔡）。楚人安（焉）閒（縣）郗（蔡）。”

《繫年二十》：“晉競（景）公立十又五年，繡（申）公屈晉（巫）自晉迈（蹠）吳，安（焉）訇（始）迵（通）吳晉之逄（路），二邦爲好。”

《繫年二十》：“述（遂）以伐齊₌（齊，齊）人安（焉）始爲長城於濟，自南山逗（屬）之北海（海）。”

《繫年二三》：“楚自（師）大敗，旅（魯）昜（陽）公、坪（平）亦（夜）悼（悼）武君、昜（陽）城洹（桓）恶（定）君，三執珪之君與右尹卲（昭）之迡（竢）死安（焉）。”

《繫年二三》：“陳人安（焉）反（叛），而内（入）王子定於陳。”

《鄭武》：“既得慛（圖），乃爲之；毁慛（圖）所臤（賢）者，安（焉）繡（申）之以龜噬（筮）。”

《鄭武》：“古（故）君與夫₌（大夫）韰（晏）安（焉），不相得啞（惡）。”

《鄭武》：“老婦亦牆（將）丩（糾）攸（修）宫中之正（政），門檻之外母（毋）敢又（有）智（知）安（焉）。”

《鄭武》：“孓₌（孺子）女（如）共（恭）夫₌（大夫），虘（且）以教安（焉）。”

《鄭武》：“思（斯）羣臣得執安（焉），□臣、四鄰（鄰）以虐（吾）先君爲能敘。”

《鄭武》：“自是呂（幾）以至䢅（葬）日，孓₌（孺子）母（毋）敢又（有）智（知）安（焉）。”

《鄭武》：“今二三夫₌（大夫）畜孤而乍（作）安（焉）。”

《管仲》：“見善者譔（侔）安（焉），見不善者戒安（焉）。”

《管仲》：“君堂（當）戢（歲），夫₌（大夫）堂（當）月，帀（師）君（尹）堂（當）日，安（焉）智（知）少多。”

《管仲》：“皮荅（落）賅成，安（焉）爲賞罰。”

《管仲》：“歬（前）又（有）道之君所以寶（保）邦，天子之明者，能得僮（僕）四人同心，而侶（己）五安（焉）；者（諸）侯之明者，能得僮（僕）三人同心，而侶（己）四安（焉）；夫₌（大夫）之明者，能得僮（僕）二人同心，而侶（己）三安（焉）。”

《子儀》：“余（敘）自蠶月爭₌（至于）秋窆，備安（焉）。”

《北大老子》：“信不足，安（焉）有不信。”

《北大老子》："故大道廢，安（焉）有仁義；智慧出，安（焉）有大僞；六親不和，安（焉）有孝茲（慈）；國家揞（昏）亂，安（焉）有貞（正）臣。"

《北大老子》："信不足，安（焉）有不信。"

《北大老子》："天地相合，以俞（輸）甘露，民莫之令而自均安（焉）。"

《北大老子》："埶（設）大象，天下往；往而不害，安（焉）平大（太）。"

侒與安

《凡物甲》："邦家之砛（危）侒（安）廌（存）忘（亡），惻（賊）悠（盜）之复（作）。"按，"侒（安）"字從復旦大學出土文獻與古文字研究中心研究生讀書會《〈上博（七）·凡物流形〉重編釋文》（復旦大學出土文獻與古文字研究中心網，2008年12月31日）釋讀。下同。

《凡物乙》："邦家之危侒（安）廌（存）忘（亡），惻（賊）悠（盜）之复（作），可先智（知）。"

郊與鄢

《楚居》："以爲凥（處）於栖=湛=（栖湛，栖湛）遷（徙）居郊=郢=（鄢郢，鄢郢）遷（徙）居鄃吁。"

《楚居》："王自鄀（蔡）復郊（鄢）。"

晏與罕

《五行》："柬（簡）之爲言猷（猶）練也，大而晏者也；匿之爲言也猷（猶）匿=（匿匿）也，少（小）而訪〈診（軫）〉者也。"按，馬王堆漢墓帛書本《五行·經》"晏"作"罕"。下同。

《五行》："大而晏者，能又（有）取安（焉）。少（小）而軫者，能又（有）取安（焉）。"

晏與炭

《五行》："柬（簡）之爲言猷（猶）練也，大而晏者也；匿之爲言也猷（猶）匿=（匿匿）也，少（小）而訪〈診（軫）〉者也。"按，馬王堆漢墓帛書本《五行·説》"晏"作"炭"。下同。

《五行》："大而晏者，能又（有）取安（焉）。少（小）而軫者，能又（有）取安（焉）。"

案與按

《脈書》："相脈之道，左□□□□□案（按）之，右手直踝而簞之。"

《戰國二二》："【秦】、韓欲地而兵案（按），聲榮發於魏。"

《戰國二五》："蔡鳥明日見，帶長劍，案（按）其劍，舉其末。"

《戰國二五》："今臣竊爲將軍私計，不如少案（按）之，毋庸出兵。"

《客主》："不能分人之兵，不能案（按）人之兵，則數負（倍）而不足。"

案與焉

《帛甲老子·道經》："信不足，案（焉）有不信。"

《帛甲老子·道經》："故大道廢，案（焉）有仁義；知（智）快（慧）出，案（焉）有大僞；六親不和，案（焉）有畜（孝）茲（慈）；邦家闅（昏）亂，案（焉）有貞臣。"

案與雁

《三十時》："□□韭生，蒼案（雁）夕鳴。"

妝與偃

《子道餓》："妝（偃）也攸（修）其悳（德）行，以受商攻（工）之飤（食）於子。於妝（偃）僞，於子員（損），於是虐（乎）可（何）侍（待）？"

娊與頞

《脈書》："下顮（顏），夾娊（頞），毄（繫）目内廉。"

躿與偃

《君子》："肩（肩）毋發（廢）毋同（聳），身毋躿（偃）毋倩（傾），行毋蚤（趺）毋敥（搖），足毋支（偏）毋高。"

旋與焉

《筮法一》："參（三）吉同兇，亞（惡）肴（爻）尻（處）之，今旋（焉）死。"

《筮法一》："參（三）兇同吉，亞（惡）肴（爻）尻（處）之，今旋（焉）死。"

旋與偃

《弟子問》："子曰：'旋（偃）□。'"按，"旋（偃）"字從陳劍《〈上博（五）〉零劄兩則》（簡帛網，2006年2月21日）讀。

妟字聲系

妟與偃

《金縢》："天疾風以雷，禾斯妟（偃），大木斯臧（拔）。邦人大恐。"

《三壽》："龏（恭）神以敬，和民甬（用）政（正），留（留）邦妟（偃）兵，四方達寍（寧）。"

匽與偃

《引書》："支胦者，以手□要（腰），撟一臂與足□而匽（偃）。"按，整理者釋"匽"爲"屈"。不確。

《引書》："反指者，并兩手，撟而後匽（偃），極之。"

《引書》："渠引者，前一足，危撟一臂而匽（偃）。"

《引書》："虎匽（偃）者，并兩臂，後揮肩上左右。"

匽與燕

《邶風》："匽=（燕燕）于非（飛），吉（頡）□□□。"

《邶風》："匽=（燕燕）于非（飛），下土其音。"

偃與安

《論》："一曰正名〖一曰〗立而偃（安）。"

偃與匽

《蒼頡篇》："□豎偃（匽）鼂。"

偃與晏

《北蒼·陽》："顗（覬）視歠（就）豎，偃（晏）鼂（朝）運糧。"

宴與晏

《士相見》："凡侍坐於君子，君子吹〈欠〉伸，問日之蚤（早）宴（晏），以食具告。"

揠與偃

《得之》："得之曰：'捽揠（偃）吏，欲與奸。'"

䬳與宴

《耆夜》："复（作）訶（歌）一終曰藥=脂=酉=（《樂樂旨酒》：樂樂旨酒），䬳（宴）以二公。"

瘦與瘻

《容成氏》："長者酥尾（宅），婁（僂）者坆𡪢（數），瘦（瘻）者煮盧（鹽），尾𧓾者鮁（漁）澤。"

《容成氏》："於是唇（乎）又（有）諳（喑）、聾、皮（跛）、瞑、瘦（瘻）、秃、婁（僂）㠯（始）㠯（起）。"

緀與纓

《封許》："馬亖（四）匹，攸□（勒），毬毯，羅緀（纓），鉤雁（膺），□，紟（絲），匿（柅）。"

鳦與燕

《詩論》："《鳦=（燕燕）》之情害（曷）？"

《詩論》："《鳦=（燕燕）》之情，以其蜀（獨）也。"

《子羔》："遊於央（瑤）臺（臺）之上，又（有）鳦（燕）監（銜）卵而階（錯）者（諸）其前，取而軟（吞）之。"

燕字聲系

燕與宴

《邶風》："燕（宴）爾新□。"

焉字聲系

焉與蔫

《北蒼·支》："戾（莀）弇（黔）焉（蔫）宛，郤（佮）窶（摟）埒畦。"

傿與鄢

《二年·秩律》："索（索）、傿（鄢）陵、東阿、聊城。"按，整理者釋"傿"爲"焉"。不確。

冤字聲系

冤與菀

《養生方》："春秋時取冤（菀），陰乾，冶之。"

冤與婉

《妄稽》："言語節譣（檢），辭令愉冤（婉）。"

婏與畹

《吳問》："笵（范）、中行是（氏）制田，以八十步爲婏（畹），以百六十步爲畛。"

《吳問》："韓、巍（魏）制田，以百步爲婏（畹），以二百步爲畛。"

《吳問》："趙是（氏）制田，以百廿步爲婏（畹），以二百卌步爲畛。"

䨲與駌

《北蒼·陽》："黚黶黯黮，䨲（駌）黝黔騴。"

勹字聲系

㔑與需

《周易·需》："㔑（需）：又（有）孚，光卿（亨），貞吉，利涉大川。初九：㔑（需）于蒿（郊），利用亙（恆），亡（无）咎。九二：㔑（需）于堰（沙）。少（小）又（有）言，終吉。九厽（三）：㔑（需）于垪（泥），至（致）寇至。六四：㔑（需）于血，出▨吉。"按，"㔑（需）"字從李家浩《甲骨文北方神名"勹"與戰國文字从"勹"之字——談古文字"勹"有讀如"宛"的音》（《文史》2012年3期）釋讀。

㔑與孺

《鄭武》："奠（鄭）武公卒，既䢦（殔），武夫人設（規）㔑₌（孺子）。"按，"㔑"字從李家浩《甲骨文北方神名"勹"與戰國文字从"勹"之字——談古文字"勹"有讀如"宛"的音》（《文史》2012年3期）釋。下同。

《鄭武》："㔑₌（孺子）女（如）母（毋）智（知）邦正（政），諈（屬）之夫₌（大夫）。"

《鄭武》："㔑₌（孺子）母（毋）以埶（褻）豎（豎）卑（嬖）御，勤力射馯（馭）。"

《鄭武》："㔑₌（孺子）女（如）共（恭）夫₌（大夫），虘（且）以教安（焉）。"

《鄭武》："㔑₌（孺子）其童（重）得良臣，吏（使）戠（禦）寇也，尃（布）愐（圖）於君。"

《鄭武》："女（如）弗果善，欯虗（吾）先君而孤㔑₌（孺子），其辠（罪）亦跌（足）婁（數）也。"

《鄭武》："邦人既𦘔（盡）䎽（聞）之，㔑₌（孺子）或延（誕）告。"

《鄭武》："虗（吾）先君北（必）𨡓（將）相㔑₌（孺子），以定奠（鄭）邦之社禝（稷）。"

《鄭武》："㔑₌（孺子）拜，乃麕（皆）臨。"

《鄭武》："自是旮（幾）以至㱚（葬）日，㔑₌（孺子）母（毋）敢又（有）智（知）安（焉）。"

㔑與襦

《周易·需》："㔑（需）：又（有）孚，光卿（亨），貞吉，利涉大川。初九：㐹（需）于蒿（郊），利用亙（恆），亡（无）咎。九二：㐹（需）于壖（沙）。少（小）又（有）言，終吉。九厽（三）：㐹（需）于坭（泥），至（致）寇至。六四：㐹（需）于血，出⊠吉。"按，帛書本㝁（需）作襦。"㐹"字從李家浩《甲骨文北方神名"勹"與戰國文字从"勹"之字——談古文字"勹"有讀如"宛"的音》（《文史》2012年3期）釋。

孚與員

《楚居》："至龔（共）王、康王、孚₌（子員）王皆居爲郢。"按，"孚₌（子員）"字從李家浩《甲骨文北方神名"勹"與戰國文字从"勹"之字——談古文字"勹"有讀如"宛"的音》（《文史》2012年3期）釋讀。下同。

《繫年十八》："康王即殜（世），孚₌（子員）王即立（位）。"

《繫年十八》："孚₌（子員）王即殜（世），靈王即立（位）。"

甸與宛

《詩論》："《甸（宛）丘》虗（吾）善之。"按，"甸（宛）"字從李家浩《甲骨文北方神名"勹"與戰國文字从"勹"之字——談古文字"勹"有讀如"宛"的音》（《文史》2012年3期）釋讀。下同。

《詩論》："《甸（宛）丘》曰：'訇（洵）又（有）情，而亡（無）望。'虗（吾）善之。"

苟與宛

《文王》："苟（宛）丘之眾人也，非能龕（合）悳（德）於殜（世）者也。"按，"苟"字從李家浩《甲骨文北方神名"勹"與戰國文字从"勹"之字——談古文字"勹"有讀如"宛"的音》（《文史》2012年3期）釋，從單玉辰《佔畢隨録之十六》（簡帛網，2013年1月9日）讀爲"宛"。

苟與窓

《建除》："苟於寅。"按，睡虎地秦簡《日書》楚除乙種苟或作窓。"苟"字從李家浩《甲骨文北方神名"勹"與戰國文字从"勹"之字——談古文字"勹"有讀如"宛"的音》（《文史》2012年3期）釋。下同。

《建除》："苟於卯。"

《建除》："苟於唇（辰）。"

《建除》："苟於巳。"

《建除》："苟於午。"

《建除》："苟於未。"

《建除》："苟於申。"

《建除》："苟於梄（酉）。"

《建除》："苟於戌。"

《建除》："苟於亥。"

《建除》："苟於子。"

《建除》："苟於丑。"

《建除》："凡苟日，可以爲少（小）紅（攻）。"

苟與窓

《建除》："苟於寅。"按，睡虎地秦簡《日書》楚除乙種苟或作窓。"苟"字從李家浩《甲骨文北方神名"勹"與戰國文字从"勹"之字——談古文字"勹"有讀如"宛"的音》（《文史》2012年3期）釋讀。下同。

《建除》："苟於卯。"

《建除》："苟於唇（辰）。"

《建除》："苟於巳。"

《建除》："苟於午。"

《建除》："苟於未。"

《建除》："苟於申。"

《建除》："苟於梄（酉）。"

《建除》："苟於戌。"

《建除》："苟於亥。"

《建除》："苟於子。"

《建除》："苟於丑。"

《建除》："凡萄日，可以爲少（小）社（攻）。"

萄與濡

《建除》："萄於寅。"按，睡虎地秦簡《日書》楚除甲種萄作濡。"萄"字從李家浩《甲骨文北方神名"勹"與戰國文字从"勹"之字——談古文字"勹"有讀如"宛"的音》（《文史》2012年3期）釋讀。下同。

《建除》："萄於卯。"

《建除》："萄於唇（辰）。"

《建除》："萄於巳。"

《建除》："萄於午。"

《建除》："萄於未。"

《建除》："萄於申。"

《建除》："萄於栖（酉）。"

《建除》："萄於戌。"

《建除》："萄於亥。"

《建除》："萄於子。"

《建除》："萄於丑。"

《建除》："凡萄日，可以爲少（小）社（攻）。"

夗字聲系

夗與怨

《緇衣》："日昬（暑）雨，少（小）民隹（惟）日情（怨），晉冬旨（祁）寒，少（小）民亦隹（惟）日情（怨）。"按，上博簡本《緇衣》情（怨）作夗。"夗"字從馮勝君《釋戰國文字中的"怨"》（《古文字研究》第二十五輯，中華書局，2004年）釋。下一例同。

《緇衣》："古（故）君不與少（小）悔（謀）大，則大臣不情（怨）。"按，上博簡本《緇衣》情（怨）作夗。

《鮑叔牙》："百眚（姓）皆夗（怨）恴，瀘（奄）肰（然）牆（將）薨（亡）。"

《虎韜》："☐民夗（怨）生。"

宛與菀

《容成》："百脈宛（菀）廢，喜怒不時，不明大道，生氣去之。"

《王子》："竣（朘）氣宛（菀）閉，百脈生疾。"

宛與怨

《順道》："若此者其民勞不□，几（飢）不飴（怠），死不宛（怨）。"

《順道》："不爲亂首，不爲宛（怨）謀（媒）。"

《趙正書》："大臣外謀而百生（姓）内宛（怨）。"

宛與豽

《日乙·夢》："𥿍（皋）！敢告壐（爾）宛奇。"按，睡虎地秦簡《甲種·夢》"宛奇"作"豽䶗"。下同。

《日乙·夢》："宛奇強飲食，賜某大畐（富），不錢則布，不壐〈繭〉則絮。"

垸與丸

《爲政》："爲正（政）壹暴則胞（雹），再則如垸（丸），三則盈握，四則穿屋，五則如杍，六則兵作，七則君殀（卒）。"

惌與怨

《奏讞書》："黨有與爭鬬、相惌（怨），□□取葆（保）庸。"

《春秋二》："燕以使人迵（通）言□□□□□敗而怒其反惡□□□寇屬惌（怨）之勝憂。"

《春秋六》："吾聞之，□□事君无罪，禮下无惌（怨）。"

《春秋六》："其次明備以候適（敵），□□□有惌（怨）而使公子往。"

《春秋七》："今聽女辭而嫁之，以絕齊，是□惌（怨）以□也。"

《春秋一四》："刑人佴（耻）刑而哀不辜，

□窸（怨）以司（伺）閒，千萬必有幸矣。”
《春秋一五》：“殺子煩（般）而立君，除君窸（怨）也。”
《春秋一五》：“今[召]而公子侑（友）俱人〈入〉，不窸（怨）也。”
《春秋一五》：“若不窸（怨）窸（怨）則德，无事矣。”
《春秋一五》：“悔（侮）德詐（詐）窸（怨），何叚（瑕）之不圖。”
《春秋一六》：“惡[於]諸侯，無所歸窸（怨）。”
《戰國二五》：“秦王怒於楚之緩也，窸（怨）必深。”

宛與宛

《順道》：“宛（宛）濕（溼）共（恭）僉（儉），卑約主柔。”

瘛與脘

《陰陽脈甲》：“胭（胸）痛，瘛（脘）痛。”

肙字聲系

捐與娟

《北蒼·魚》：“嬰捐（娟）婏嬧，柳櫟檀柘，枉橈枝柣（扶）。”

肙與怨

《容成氏》：“民乃宜肙（怨），虐（虐）疾訂（始）生。”
《繫年二一》：“楚以與晉固爲肙（怨）。”
《芮良夫》：“□□□□□□□□□□甬（用）劦（協）保，罔又（有）肙（怨）誦（痛）。”
《管仲》：“忎（恐）辠（罪）之不堨（竭）而型（刑）之方（放），肙（怨）亦未謥（濟），邦以卒喪。”

悁與夗

《緇衣》：“日昬（暑）雨，少（小）民隹（惟）日悁（怨），晉冬旨（祁）寒，少（小）民亦隹（惟）日悁（怨）。”按，上博簡本《緇衣》悁（怨）作夗。“夗”字從馮勝君《釋戰國文字中的“怨”》（《古文字研究》第二十五輯，中華書局，2004 年）釋。下一例同。
《緇衣》：“古（故）君不與少（小）悔（謀）大，則大臣不悁（怨）。”
《三壽》：“經緯𢗀（順）齊，土（妒）悁（怨）毋亼（作），而天目毋眉（眯），寺（時）名曰利。”
《三壽》：“神民並蠢（尤）而九（仇）悁（怨）所聚，天罰是加，甬（用）兇以見詢。”

悁與怨

《緇衣》：“日昬（暑）雨，少（小）民隹（惟）日悁（怨），晉冬旨（祁）寒，少（小）民亦隹（惟）日悁（怨）。”
《緇衣》：“古（故）君不與少（小）悔（謀）大，則大臣不悁（怨）。”
《尊德義》：“因亙（恆）則古（固），戢（察）讵（匿）則亡避（僻），不噹（黨）則亡悁（怨）。”
《尊德義》：“[illegible]則民悭，正則民不𠅤（吝），龏〈龔（恭）〉則民不悁（怨）。”按，“悁（怨）”字從裘按（《郭店楚墓竹簡·尊德義》篇注［二一］）讀。
《詩論》：“《北風》不巤（絕）人之悁（怨）。”
《詩論》：“〼□志，既曰天也，猷（猶）又（有）悁（怨）言。”
《從政》：“從正（政）𦡀（庸）五悳（德）、匿（固）三折（制）、敘（除）十悁（怨）。”
《從政》：“毋占（佔）民賶（斂）則同不庸，瀍羸亞（惡）則民不悁（怨）。”
《曹沫》：“少（小）邦尻（處）大邦之閼（閒），啻（敵）邦交陸（地），不可以先复（作）悁（怨）。”
《王居》：“虐（吾）聕（聞）古之善臣，不以厶（私）思〈惠〉厶（私）悁（怨）内（入）于王門。”

《尹誥》：“氒（厥）辟复（作）悁（怨）于民＝（民，民）復之甬（用）麗（離）心。”

⿱宀悁與怨

《詩論》：“多言難而⿱宀悁（怨）退（懟）者也；衰矣，少（小）矣！”

⿰身肙與鳶

《説命上》：“氒（厥）敓（説）之⿰爿百（狀），⿰身肙（鳶）肩女（如）惟（椎）。”按，“⿰身肙（鳶）”字從胡敕瑞《讀〈清華大學藏戰國竹簡（三）〉劄記之一》（清華大學出土文獻研究與保護中心網，2013年1月5日）讀。

⿱鳥心與和

《子産》：“爲民型（刑）程，上下⿱鳥心（和）咠（輯）。”按，“⿱鳥心（和）”字從徐在國《談清華六〈子産〉中的三個字》（簡帛網，2016年4月19日）釋讀。

真部第二七

頻字聲系

瀕與賓

《皇門》："先王用又（有）藿（勸），以瀕（賓）右（佑）于上。"

扁字聲系

扁與偏

《二年・傅律》："毋適（嫡）子，以扁（偏）妻子、孽子，皆先以長者。"

《脈書》："其所産病：熱中，瘁（癃），積（癩），扁（偏）山（疝），爲五病。"

《九主》："佐者无扁（偏）職，有分守也。"

《陰陽脈乙》："熱中，降（癃），隤（癩），扁（偏）山（疝）。"

《北大老子》："扁（偏）將軍居左，上將軍居右，言以喪禮居之。"

扁與徧

《脈死候》："五者扁（徧）有，則不沽〈活〉矣。"

《周馴》："其同生三人，莭（即）扁（徧）封之，其地之廣夾（狹）既大於岐周。"

扁與遍

《衰分》："以十尺扁（遍）乘其直（置）各自爲𡕗（實，實）如法得一尺。"

《道原》："上信无事，則萬物周扁（遍）。"

《嬰兒索痙》："以扁（遍）熨直肎（肎）攣筋所。"

《白處》："扁（遍）施所而止。"

《一類》："身扁（遍）雝（臃）種（腫）上下左右☐。"

扁與篇

《要》："而《詩》、《書》、《禮》、《樂》不□百扁（篇），難以致之。"按，"扁（篇）"字從池田知久《〈馬王堆漢墓帛書周易〉要篇之思想》（《東洋文化研究所紀要》第一百二十六冊，1995年1月，15頁）釋讀。

《見吳王》："若□十三扁（篇）所☐。"

《見吳王》："卄三扁（篇）所明道言功也，誠將聞□☐。"

《篇題木牘》："上扁（篇）。"

《篇題木牘》："下扁（篇）。"

扁與蝙

《周病方》："人所恆炊（吹）者，上橐莫以丸礜，大如扁（蝙）蝠矢（屎）而乾之。"

《蠱》："燔扁（蝙）輻（蝠）以荊薪，即以食邪者。"

扁與辨

《秦律・司空》："攻閒（垸）其扁（辨）解，以數分膠以之。"

偏與徧

《二年・賊律》："其坐謀反者，能偏（徧）捕若先告吏，皆除坐者罪。"

《二年・盜律》："其妻子當坐者偏（徧）捕，若告吏₌（吏，吏）捕得之。"

《二年・盜律》："劫人者去，未盈一日，能自頗捕若偏（徧）告吏，皆除。"

《二年・告律》："令、丞、令史或偏（徧）先自得之，相除。"

《奏讞書》："它縣人來乘庸（傭），疑爲盜賊者，偏（徧）視其爲謂。"

《奏讞書》："舉閱求偏（徧）悉，弗得。"

《奏讞書》："偏（徧）令人徵（微）隨視爲謂、出入、居處狀，數日。"

《算數書·女織》："以五尺偏（徧）乘之各自爲實₌（實。實）如法得尺。"

《算數書·米粟并》："以二石扁（徧）乘所直（置）各自爲實。"

《北大老子》："偏（徧）行而不殆，可以爲天地母。"

偏與翩

《荊決》："偏₌（翩翩）蜚（飛）鴿，不歙不食。"

楄與屏

《服傳甲》："既虞，贊（翦）楄（屏）柱麋（楣），寑（寢）有席，食疎（疏）食。"

編與頻

《帛易·復》："六三，編（頻）復，厲，无咎。"

《帛易·巽》："九三，編（頻）筭（巽），閵（吝）。"

民字聲系

民與萌

《六德》："君子不帝（諦），明虖（乎）民（萌）敚（微）而已，或以智（知）其弌（一）喜（矣）。"按，"民（萌）"字從陳偉《郭店竹書別釋》（湖北教育出版社，2002年，131頁）讀。

民與彌

《季桓子》："行年民（彌）舊（久），聕（問）學不訾（察）不倿。"按，"民（彌）"字從陳劍《〈上博（六）·孔子見季桓子〉重編新釋》（復旦大學出土文獻與古文字研究中心網，2008年3月22日）讀。

泯與昏

《用曰》："又（有）泯₌（昏昏）之不達，而

（顯）其甚章（彰）。"按，"泯₌"當讀作"昏昏"。

抿與捪

《養生方》："卧，以抿（捪）男女。"

《養生方》："已，卧而漬巾，以抿（捪）男，令牝亦☐。"

《雜療方》："即用，用布抿（捪）揗中身及前，舉而去之。"

敃與文

《秦律·倉律》："女子操敃（文）紅及服者，不得贖。"

敃與昏

《治官》："敃₌（昏昏）之某（謀）不可行，術（怵）狄（易）之心不可長。"按，"敃₌"似當讀作"昏昏"。《説文》："昏，……一曰民聲。"《管子·大匡》："昏生無醜也。"戴望《校正》："昏，讀爲泯。"《尚書·顧命》："無敢昏逾。"孫星衍《今古文注疏》："昏與泯通。"《列子·力命》："今昏昏昧昧，紛紛若若。"

敃與捪

《日甲·詰》："人毋（無）故而憂也，爲桃更（梗）而敃（捪）之。"

擎與捪

《答問》："邦客與主人鬬，以兵刃、投（殳）梃、拳指傷人，擎（捪）以布。"

《答問》："可（何）謂'擎₌（捪？'捪）布入公，如貲布，入齎錢如律。"

昬與昏

《日乙·見人》："牛羊入戌，黃昬（昏）亥，人定子。"按，《説文》云"昬"即"昏"字異體。

《天乙·禹行日》："☐吉，昬（昏）東吉，【中夜】南吉。"

《天乙·禹行日》："入月二日，旦西吉，日中北吉，昬（昏）東吉，中夜南吉。"

《天乙·禹行日》："入月三日，旦西吉，日中北吉，昏（昏）東吉，中夜南吉。"
《天乙·禹行日》："入月四日，旦西吉，日中南吉，昏（昏）北吉，中夜東吉。"
《天乙·禹行日》："入月五日，旦南吉，日中西吉，昏（昏）北吉，中夜東吉。"
《天乙·禹行日》："入月六日，旦南吉，日中西吉，昏（昏）北吉，中夜東吉。"
《天乙·禹行日》："入月七日：旦南吉，日中西吉，昏（昏）北吉，中夜【東吉】。"
《天乙·禹行日》："入月八日，旦南吉，日中西吉，昏（昏）北吉，中夜東吉。"
《天乙·禹行日》："入月九日，旦南吉，日中西吉，昏（昏）北吉，中夜南吉。"
《天乙·禹行日》："入月十日，旦南吉，日中西吉，昏（昏）北吉，中夜南吉。"
《天乙·禹行日》："入月十一日，旦東吉，日中南吉，昏（昏）北吉，中夜北吉。"
《天乙·禹行日》："入月十二日，旦東吉，日中南吉，昏（昏）西吉，中夜北吉。"
《天乙·禹行日》："入月十三日，旦東吉，日中南吉，昏（昏）西吉，中夜北吉。"
《天乙·禹行日》："入月十四日，旦東吉，日中南吉，昏（昏）西吉，中夜北吉。"
《天乙·禹行日》："入月十五日，旦東吉，日中南吉，昏（昏）西吉，中夜北吉。"
《天乙·禹行日》："入月十六日：旦東吉，日中南吉，昏（昏）西吉，中夜北吉。"
《天乙·禹行日》："入月十八日，旦東吉，日中南吉，昏（昏）西吉，中夜北吉。"
《天乙·禹行日》："□吉，昏（昏）南吉，中夜西吉。"
《天乙·禹行日》："入月廿日，旦北吉，日中東吉，昏（昏）南吉，中夜西吉。"
《天乙·禹行日》："入月廿一日，旦北吉，日中東吉，昏（昏）南吉，中夜西吉。"
《天乙·禹行日》："入月廿二日，旦北吉，日中東吉，昏（昏）南吉，中夜西吉。"
《天乙·禹行日》："入月廿三日，旦北吉，日中東吉，昏（昏）南吉，中夜西吉。"
《天乙·禹行日》："入月廿四日，旦北吉，日中東吉，昏（昏）南吉，中夜西吉。"
《天乙·禹行日》："入月廿五日，旦北吉，日中東吉，昏（昏）南吉，中夜西吉。"
《天乙·禹行日》："入月廿六日，旦西吉，日中北吉，昏（昏）東吉，中夜南吉。"
《天乙·禹行日》："入月廿七日，旦西吉，日中北吉，昏（昏）東吉，中夜南吉。"
《天乙·禹行日》："入月廿八日，旦西吉，日中北吉，昏（昏）東吉，中夜南吉。"
《天乙·禹行日》："入月廿九日，旦西吉，日中北吉，昏（昏）東吉，中夜南吉。"
《天乙·禹行日》："入月卅日，旦西吉，日中北吉，昏（昏）東吉，中夜南吉。"
《天六》："正月斗昏（昏）建寅。"

昏與婚

《阜易·睽》："非（匪）寇，昏（婚）媾。"

緍與文

《秦律·工人程》："隸妾及女子用箴（針）爲緍（文）綉綉它物。"

顅與顧

《北蒼·耕》："㪜（毀）顅（顧）娑（沙）孅，婠㜞眇靖（婧）。"

㬝與吝

《柬大王》："女（如）㬝（吝），酒（將）祭之。"按，"㬝"字原形作"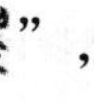"，似當隸作"㬝"，讀作"吝"。下同。
《柬大王》："贅尹許諾，謐（蔽）而卜之，㬝（吝）。"
《柬大王》："贅尹至（致）命于君王：'既謐（蔽）而卜之，㬝（吝）。'"
《柬大王》："王曰：'女（如）㬝（吝），

速祭之，虐（吾）瘵𤕫（益）疠（病）。’”

昏與昏

《引書》：“入宫從昏（昏）到夜大半止之，益之傷氣。”按，整理者釋“昏”爲“昏”。不確。下同。

《引書》：“入宫從昏（昏）到夜半止，益之傷氣。”

《引書》：“入宫從昏（昏）到夜少半止之，益之傷氣。”

彣與文

《良臣》：“楚成王又（有）命（令）君（尹）子彣（文）。”

《子産》：“子産用𢊁（尊）老先生之畯（俊），乃又（有）喪（桑）丘中（仲）彣（文）、圠（杜）誓（逝）、肥中（仲）、王子白（伯）忨（願）。”

𡕦與文

《尊德義》：“民心又（有）恆（極），求其羕（養），童（重）義蘗（集）釐（理），言此章也，行此𡕦（文）也，然句（後）可逾（論）也。”按，“𡕦（文）”字從李天虹《釋楚簡文字“𡕦”》（《華學》第四輯，紫禁城出版社，2000年）；《郭店竹簡〈性自命出〉研究》（湖北教育出版社，2003年，14—22頁）讀，從陳劍《甲骨金文舊釋“尤”之字及相關諸字新釋》（《北京大學中國古文獻研究中心集刊》第四輯，北京大學出版社，2004年，74頁）隸釋。下十四例同。

《性自》：“體其宜（義）而即（節）𡕦（文）之，里（理）其青（情）而出内（入）之。”

《性自》：“𡔟（當）事因方而折（制）之，其先後之舍（敘）則宜（義）道也，或舍（敘）爲之即（節）則𡕦（文）也。”

《性自》：“至（致）頌（容）䆓（貌），所以𡕦（文）即（節）也。”

《性自》：“拜，所以□□□其𧭈𡕦（文）也。”

《性自》：“谷（欲）皆𡕦（文）而毋憍（僞）。”

《語叢一》：“又（有）命又（有）𡕦（文）又（有）名，而句（後）又（有）緜（倫）。”

《語叢一》：“豊（禮），因人之情而爲之即（節）𡕦（文）者也。”

《語叢一》：“寅（賓）客，青（情）䆓（貌）之𡕦（文）也。”

《語叢二》：“𡕦（文）生於豊（禮），尃（博）生於𡕦（文）。”

《語叢三》：“迵（踊），哀也。三迵（踊），𡕦（文）也。”

《語叢三》：“𡕦（文）衣（依）勿（物）以青（情）行之者。”

《語叢三》：“命牙（邪）𡕦（文）牙（邪）。”

《語叢三》：“记（起）習𡕦（文）彰（章），嗌（益）。”

《語叢四》：“鋊之而不可，必𡕦（文）以訛，母（毋）命（令）智（知）我。”

《子羔》：“☐或以𡕦（文）而遠。”

《曹沬》：“居（裾）不褻（疊）𡕦（文），飤（食）不訁弍（貳）盥（羹），兼㤅（愛）𡌆（萬）民，而亡又（有）厶（私）也。”

《季康子》：“丘昏（聞）之肰（臧）𡕦（文）中（仲）有言曰。”

《用曰》：“□人亡（無）𡕦（文），言台（以）爲章。”按，“𡕦（文）”字從陳偉《讀〈上博六〉條記》（簡帛網，2008年7月9日）、何有祖《讀〈上博六〉劄記》（簡帛網，2007年7月9日）釋讀。

《凡物甲》：“戠（察）道，坐（坐）不下箬（席）；耑（揣）𡕦（文），箸（書）不與事。”

《凡物乙》：“戠（察）道，坐（坐）不下箬（席）；耑（揣）𡕦（文）☐。”

《城濮》："成王爲成（城）僕（濮）之行，王囟（使）子㪉（文）𠄞（教）子玉。"按，"㪉（文）"字從陳偉《〈成王爲城濮之行〉初讀》（簡帛網，2013年1月5日）釋讀。下四例同。

《城濮》："子㪉（文）逿（閱）帀（師）於敔，一日而𩁹（畢），不㪉（抶）一人。"

《城濮》："𦦙（舉）邦加（賀）子㪉（文），以其善行帀（師）。"

《城濮》："王歸，客於子₌㪉〔₌〕（子文，子文）甚憙（喜）。"

《城濮》："子〔₌〕㪉（文）𦦙（舉）肧眮（貽）白（伯）珵（嬴）曰。"

㪉與憫

《詩論》："☐亞（惡）而不㪉（憫）。"按，"㪉（憫）"字從李學勤《上海博物館藏楚竹書〈詩論〉分章釋文》（簡帛研究網，2002年1月16日）讀。

鍐與緡

《繫年七》："晉文公立四年，楚成王衛（率）者（諸）侯以回（圍）宋伐齊，成敦（穀）居（據）鍐（緡）。"按，"鍐（緡）"字從孫飛燕《讀〈繫年〉劄記三則》（復旦大學出土文獻與古文字研究中心網，2012年3月9日）釋讀。

䀢與瞑

《説命中》："若藥，女（如）不䀢（瞑）眴（眩），邸（越）疾罔瘳。"

鍲與緡

《北蒼·魚》："陷阱鍲（緡）釣，罾笱罘罝。"

天字聲系

宎與殄

《亙先》："智（知）既而巟（荒）思不宎（殄）。"

寅字聲系

貴與珉

《戰國七》："慮反（返）乾（韓）貴（珉），有（又）慮從勺（趙）取秦。"

《戰國八》："貴（珉）謂臣曰。"

《戰國八》："臣謂貴（珉）曰。"

《戰國八》："貴（珉）以爲善。"

《戰國八》："臣以車百五十乘入齊，貴（珉）逆於高閭，身御臣以入。"

《戰國八》："猶貴（珉）不知變事以功（攻）宋也，不然，貴（珉）之所與臣前約者善矣。"

《戰國九》："有（又）使蘇秦□□□大貴□□□□□□□□□□□□□□□□□□□齊□貴（珉）之□□□□之車也。"

《戰國一二》："寡人將反（返）貴（珉）也。寡人無之。"

《戰國一二》："乃貴（珉）固於齊，使人於齊大夫之所而俞（偷）語則有之。"

《戰國一二》："寡人有反（返）貴（珉）之慮，必先牙（與）君謀之。"

《戰國一二》："王不棄牙（與）國而先取秦，不棄樁而反（返）貴（珉）也。"

《戰國一二》："今王棄三晉而收秦、反（返）貴（珉）也，是王破三晉而復臣天下也。"

《戰國一三》："乾（韓）貴（珉）獻書於齊。"

《戰國一三》："齊秦復合，使貴（珉）反（返），且復故事，秦印曲盡聽王。"

禸與寅

《厚父》："才（在）夏之折（哲）王，廼嚴禸（寅）鬼（畏）皇天上帝之令（命）。"

胤字聲系

胤與夤

《周易·艮》："九厽（三）：艮其䁂（限），剫（列）其胤（夤），厲㕣（薰）心。"

引字聲系

引與矧

《厚父》："引（矧）其能丁，良于沓（友）人，迺洹（宣）弔（淑）氒（厥）心。"

引與蚓

《犬噬人》："取丘（蚯）引（蚓）矢二升，以井上甕𨻰（係）處土與等，并熬之。"

《養生方》："煎白罌（嬰）丘（蚯）引（蚓），殺智（蜘）蛛罔（網）及苦瓠。"

《雜療方》："取丘（蚯）引（蚓）之矢，烝（蒸），以熨之。"

紖與朋

《奏讞書》："治（笞）紖（朋）大如指者十三所，小紖（朋）瘢相質五也。"

《奏讞書》："診毛北（背），笞紖（朋）瘢相質五也，道肩下到要（腰），稠不可數。"

廴字聲系

廴與引

《九主》："湯乃廴（引）三公，伊尹布圖陳笄（策），以明法君法臣。"按，"廴（引）"字從白於藍《虎溪山漢簡〈閻氏五勝〉校讀二記》（《出土文獻與古文字研究》第三輯，復旦大學出版社，2010 年）釋讀。下同。

《閻氏》："萬物皆興，歲乃大肻（熟），年讎（壽）益廴（引），民不疾役（疫）。"

匀字聲系

匀與旬

《尹至》："句（后）！我逨（來）越今昀₌（旬日）。"

均與徇

《二年·賊律》："僞寫皇帝信璽、皇帝行璽，要（腰）斬以均（徇）。"按，"均（徇）"字從郭永秉《張家山漢簡〈二年律令〉釋文校讀記》（復旦大學出土文獻與古文字研究中心網，2008 年 4 月 4 日）釋讀。

均與彴

《答問》："可（何）謂'宮均（彴）人'？"

彴與徇

《北蒼·陽》："顙豫録（麓）恢，彴（徇）隋（隨）愷襄。"

芍與菌

《養生方》："取芍（菌）桂二，細辛四，萩一，戊（牡）厲（蠣）一。"

約與紃

《楚居》："至酓（熊）罼（繹）與屈約（紃）。"

訡與洵

《詩論》："《甸（宛）丘》曰：'訡（洵）又（有）情，而亡（無）望。'虐（吾）善之。"

䵣與均

《容成氏》："三年而天下之人無訟獄者，天下大和䵣（均）。"

䵣與寅

《三壽》："我䵣（寅）晨共（降）孳（在）九厇（宅），䁠（診）夏之遈（歸）商，方曼（般）于荅（路）。"

鈞與均

《子羔》："孔₌（孔子）曰：'鈞（均）也。舜嗇（穡）於童土之田，則▨。'"按，"鈞（均）"字從陳劍《上博簡〈子羔〉、〈從政〉篇的竹簡拼合與編連問題小議》（簡帛研究網，2003 年 1 月 8 日）讀。

《治官》："望之不往者，萬世不到；盧（慮）之弗爲，與已鈞（均）也。"

《引書》："苦兩足步不能鈞（均）而𦝫（膝）善痛。"

《威王問》："毄（擊）鈞（均）奈何？"

《地葆》："絕水、迎陵、逆溜（流）、居殺地、迎眾樹者，鈞（均）舉也，五者皆不勝。”

《十問》：“交和而舍，粱（糧）食鈞（均）足，人兵適（敵）衡，客主兩懼。”

《周馴》：“昔魏文侯有子二人，曰頎，曰擊。其少長鈞（均），而頎也愛。”

黔與袞

《成之》：“君黔（袞）禮（冕）立於复（阼），一宮之人不勳（勝）其敬。”按，“黔（袞）”字從白於藍《讀郭店簡瑣記（三篇）》（《古文字研究》第二十六輯，中華書局，2006年）讀。

旬與徇

《天乙·黃鐘》：“善弄，隋₌（隋隋），不旬（徇）人。”

旬與畎

《容成氏》：“堯於是虖（乎）爲車十又五輮（乘），以三從舜於旬（畎）嗇（畝）之中。”

旬與營

《説命上》：“王命氒（厥）百攻（工）向（像），以貨旬（營）求敓（説）于邑人。”按，《書序》、《史記·殷本紀》“旬”作“營”。

旬與槆

《北蒼·脂》：“媿（謾）欺蒙期（倛），耒旬（槆）隸氏。”

坸與均

《尊德義》：“坸（均）不足以坪（平）正（政），愋（緩）不足以安民，甬（勇）不足以沬（潰）眾。”

《曹沫》：“賞坸（均）聖（聽）中，則民和之。”

《芮良夫》：“佳（兄）俤（弟）慝（鬩）矣，忎（恐）不和坸（均）。”

《芮良夫》：“疋（胥）收（糾）疋（胥）由，疋（胥）簝（穀）疋（胥）坸（均）。”

坸與徇

《三壽》：“惠民由壬（任），坸（徇）寶（句）傑（遏）恎〈怪（淫）〉，閫（宣）義（儀）和藥（樂），非褱（壞）于慪（湛）。”

坸與眩

《説命中》：“若藥，女（如）不閔（瞑）坸（眩），邶（越）疾罔瘳。”

姁與侚

《北蒼·支》：“癘效姁（侚）卧，㳄（烽）雒（鴿）鶩趚（跂）。”

恂與營

《芮良夫》：“恂（營）求又（有）忎（才），聖智恿（勇）力。”按，“恂”似當讀作“營”。“營求”一詞典籍習見。

恂與眩

《赤鵠》：“其下舍（予）句（后）疾，是思（使）句（后）慭₌（棼棼）恂₌（眩眩）而不智（知）人。”

筍與旋

《奇正》：“使民唯（雖）不利，進死而不筍（旋）踵，孟賁之所難也，而責之民，是使水逆留（流）也。”

《奇正》：“故民見□人而未見死，道（蹈）白刃而不筍（旋）踵。”

詢與諼

《語書》：“訏詢（諼）疾言以視（示）治。”

槆與栒

《第一組》：“虜學、炊（吹）槆（栒）邑、壞（懷）德、杜陽、陰密、沂陽及在左樂、樂府者，及左樂、樂府謳隸臣妾，免爲學子、炊（吹）人。”

軍與輪

《凡物甲》：“月之又（有）軍（輪），酒（將）可（何）正（征）？”按，“軍（輪）”字從宋華強《〈上博（七）·凡物流形〉劄記四則》(簡帛網，2009年1月3日）讀。下同。

《凡物乙》："月之又（有）軍（輪)，洒（將）可（何）正（征）？"

運與混

《北大老子》："參（三）也，不可致計，故運（混）而爲一。"

煇與渾

《陰陽脈甲》："耳聾，煇煇朜朜，嗌穜（腫），是耳脈（脈）主治。"按，《靈樞·經脈》"煇煇朜朜"作"渾渾焞焞"，《太素》卷八作"渾渾淳淳"。

筆與運

《武王甲》："急（仁）以得之，急（仁）以獸（守）之，其筆（運）百世；不急（仁）以得之，急（仁）以獸（守）之，其筆（運）十殜（世）。"

筆與揮

《德聖》："聖□踣然者，誠然者，發筆（揮）而盈天下者。"

《春秋一一》："公子筆胃（謂）隱公曰：'胡不代之？'"按，《史記·魯世家》"筆"作"揮"。下同。

《春秋一二》："公子筆胃（謂）隱公曰：'胡不代之？'"

筆與翬

《春秋一一》："公子筆胃（謂）隱公曰：'胡不代之？'"按，《左傳》、《公羊傳》和《谷梁傳》"筆"作"翬"。下同。

《春秋一二》："公子筆胃（謂）隱公曰：'胡不代之？'"

𠁁字聲系

閵與吝

《日甲·除》："以祭，閵（吝）。"

《帛易·同人于野》："六二，同人于宗，閵（吝）。"

《帛易·姤》："尚（上）九，狗（姤）其角，閵（吝)，无咎。"

《帛易·蒙》："初六，廢（發）蒙。利用刑人，用説桎梏。巳（以）往，閵（吝)。"

《帛易·蒙》："六四，困蒙，閵（吝)。"

《帛易·賁》："六五，蘩（賁）于丘園，束白（帛）戔戔，閵（吝)，終吉。"

《帛易·蠱》："六四，浴（裕）父之箇（蠱)，往見閵（吝)。"

《帛易·解》："六三，負且乘，致寇至，貞閵（吝)。"

《帛易·恆》："九三，不恆其德，或承之羞，貞閵（吝)。"

《帛易·泰》："尚（上）六，城復于湟（隍)，勿用師。自邑告命，貞閵（吝)。"

《帛易·萃》："六三，卒（萃）若鼓（嗟）若，无攸利。往无咎，少（小）閵（吝)。"

《帛易·咸》："九三，欽（咸）其䏿〈股〉，執其隨，閵（吝)。"

《帛易·困》："九四，來徐，困于金車。閵（吝)，有終。"

《帛易·大過》："九三，棟橈，凶。九四，棟轓（隆)，吉，有它，閵（吝)。"

《帛易·晉》："尚（上）九，溍（晉）其角，唯用伐邑。厲吉，无咎，貞閵（吝)。"

《帛易·未濟》："初六，濡其尾，閵（吝)。"

《帛易·噬嗑》："六三，筮（噬）臘肉，愚（遇）毒。少（小）閵（吝)，无咎。"

《帛易·巽》："九三，編（頻）筭（巽)，閵（吝)。"

《帛易·觀》："初六，童觀，小人无咎，君子閵（吝)。"

《帛易·家人》："九三，家人熑（嗃）熑（嗃)，悔厲吉。婦子裏（嘻）裏（嘻)，終閵（吝）。”

《繫辭》：“是故吉凶也者，得失之馬〈象〉也；悔（悔）閵（吝）也者，憂虞之馬〈象〉也；通變化也者，進退之馬〈象〉也。”

《繫辭》：“吉凶也者，言其失得也；悬（悔）閵（吝）也者，言如小疵也；無（无）咎也者，言補過也。”

《繫辭》：“憂悔（悔）閵（吝）者存乎分〈介〉，振（震）無咎存乎謀（悔）。”

《繫辭》：“吉凶悔（悔）閵（吝）也者，生乎動者也。”

《繫辭》：“是故吉凶生而悔（悔）閵（吝）著也。”

閵與藺

《爲吏》：“槍閵（藺）環（茂）殳。”

閵與鄰

《六分》：“主失立（位），臣不失處，命曰外根，將與禍閵（鄰）。”

藺與吝

《日乙・見人》：“西以東藺（吝），南聞言，西兇（凶）。”

《日乙・見人》：“以入，藺（吝）。”

《二三子》：“卦曰：‘同人于宗，貞藺（吝）。’”

《二三子》：“此言其所同唯其室人而已矣，□□□□□□，故曰‘貞藺（吝）’。”

《二三子》：“卦曰：‘不恆其德，或承之憂（羞），貞藺（吝）。’”

悶與兑

《帛甲老子・德經》：“塞其悶（兑），閉其門，終身不堇（勤）。啟其悶〈悶（兑）〉，濟其事，終身不棘。”按，“悶〈悶（兑）〉”字從高明《帛書老子校注》（中華書局，1996年，76頁）釋讀。下同。

《帛甲老子・德經》：“塞其悶〈悶（兑）〉，閉其門，和其光，同其墼（塵）。”

田字聲系

田與畋

《隨日・叢辰》：“利以田（畋）魚（漁）、弋邋（獵）、報讎。”按，“田”當讀作“畋”。

《晏子七》：“節飲食，毋敢多田（畋）魚（漁），以毋伓（偪）川罣（澤）。”

《阜易・无妄》：“田（畋）魚（漁），不得。”按，“田”當讀作“畋”。下同。

《阜易・無妄》：“卜田（畋）魚（漁）得而⧄。”

《阜易・卜辭》：“田（畋）魚（漁）。”

《阜易・卜辭》：“田（畋）魚（漁）。”

《阜易・卜辭》：“田（畋）魚（漁），□⧄。”

《阜易・卜辭》：“田（畋）魚（漁），不得。”

《阜易・卜辭》：“田（畋）魚（漁）。”

《阜易・卜辭》：“田（畋）魚（漁），賈⧄。”

《阜易・卜辭》：“田（畋）魚（漁）者，□⧄。”

《阜易・卜辭》：“卜田（畋）魚（漁）。”

《阜易・卜辭》：“田（畋）魚（漁）。”

《阜易・卜辭》：“田（畋）魚（漁）不獲。”

《阜易・卜辭》：“田（畋）魚（漁）不獲。”

《阜易・卜辭》：“田（畋）魚（漁）。”

甸與電

《臊者》：“侯（候）天甸（電）而兩手相靡（摩），鄉（嚮）甸（電）祝之。”

甸與霆

《繫辭》：“見故剛柔相摩，八卦相蕩，鼓之靁（雷）甸（霆），浸之風雨。”

畋與田

《周易・師》：“六五：畋（田）又（有）禽，利執言，亡（无）咎。長子衛（帥）帀（師），弟子嬰（輿）㞙（尸），貞凶。”

《周易・恆》：“九四：畋（田）亡（无）禽。”

《周易・解》：“九二：畋（田）䕶（獲）

厽（三）鼬（狐），得黄矢，貞吉。”
《繫年一》：“洹（宣）王是闬（始）弃（棄）帝钕（籍），弗畋（田），立卅₌（三十）又九年，戎乃大敗周自（師）于千畮（畝）。”
《繫年二二》：“晉公獻齊俘馘於周王，述（遂）以齊侯貣（貸）、魯侯羴（顯）、宋公畋（田）、衛侯虔、奠（鄭）白（伯）㤓（駘）朝周王于周。”
《繫年二三》：“楚聖（聲）趄（桓）王立四年，宋公畋（田）、奠（鄭）白（伯）㤓（駘）皆朝于楚。”

紳與申

《子產》：“愳（懼）逵（失）又戒₌（有戒，有戒）所以紳（申）命固立₌（位，位）固邦₌安₌（邦安，邦安）民蕐（遂），邦危民麗（離），此胃（謂）才［存］亡才（在）君。”

䌸與伸

《命訓》：“樂不䌸（伸），哀不至，均不䶵（一），季（惠）必仞₌（忍人）。”
《命訓》：“均一不和，哀至則貴（匱），樂䌸（伸）則亡（荒）。”

䌸與陳

《曹沫》：“䌸（陳）攻（功）而飤（食），坓（刑）罰又（有）辠，而賞雀（爵）又（有）悳（德）。”按，“䌸（陳）”字從陳劍《上博竹書〈曹沫之陳〉新編釋文》（簡帛研究網，2005 年 2 月 12 日）讀。
《申公》：“敌（禦）於枌述（隧），䌸（陳）公子胄（械）皇子。”按，“䌸（陳）”字從陳偉《讀〈上博六〉條記》（簡帛網，2007 年 7 月 9 日）讀。下同。
《申公》：“王子回（圍）敚（奪）之，䌸（陳）公爭之。”
《申公》：“王子回（圍）立爲王，䌸（陳）公子見王。”
《申公》：“王曰：‘䌸（陳）公，忘夫枌述（隧）之下虖（乎）？’”
《申公》：“䌸（陳）公曰：‘臣不智（知）君王之牆（將）爲君，女（如）臣智（知）君王之爲君，臣牆（將）或（有）至（致）安（焉）。’”
《申公》：“不毂（穀）以芺（笑）䌸（陳）公，氏（是）言弃（棄）之，含（今）日䌸（陳）公事不毂（穀），必以氏（是）心。”
《申公》：“䌸（陳）坐（跪）拜，记（起）畣（答）。”

䌸與申

《王子木》：“坐（過）䌸（申），睹（舍）飤（食）於鼪寬（宿）。”
《靈王》：“需（靈）王既立，䌸（申）、賽（息）不慭。”
《靈王》：“王敗鄵（蔡）需（靈）侯於吕，命䌸（申）人室出，取鄵（蔡）之器。”
《靈王》：“䌸（申）成公渻（識）其子虎未畜頾（髮），命之道（逝）。”
《繫年二》：“周幽王取妻于西䌸（申），生坪（平）王₌（王，王）或叙〈取〉孚（褒）人之女，是孚（褒）忈（姒），生白（伯）盤。”
《繫年二》：“孚（褒）忈（姒）辟（嬖）于王₌（王，王）與白（伯）盤迖（逐）坪₌王₌（平王，平王）走西䌸（申）。”
《繫年二》：“幽王起自（師），回（圍）坪（平）王于西䌸₌（申，申）人弗畀（畀）。”
《繫年六》：“二邦伐緒（都），遷（徙）之中城，回（圍）商寍（密），戠（捷）䌸（申）公子義（儀）以歸。”
《繫年八》：“秦穆公欲與楚人爲好，安（焉）繠（脱）䌸（申）公義（儀），囟（使）歸求成。”
《繫年十一》：“宋公爲左芋（盂），奠（鄭）白（伯）爲右芋（盂），䌸（申）公弔（叔）

侯智（知）之。”

《繫年十五》：“王命繡（申）公屈晉（巫）迈（蹠）秦求自（師）。”

《繫年十五》：“墨（黑）要也死，司馬子反與繡（申）公爭少盄。”

《繫年十五》：“繡（申）公曰：‘氏（是）余受妻也。’取(娶)以爲妻。司馬不訓(順)繡（申）公。”

《繫年十五》：“王命繡（申）公㖓（聘）於齊，繡（申）公𥟜（竊）載少盄以行。”

《繫年十八》：“需（靈）王先起兵，會者（諸）侯于繡（申）。”

《繫年十九》：“卲（昭）王即殜（世），獻惠王立十又一年，鄐(蔡)卲(昭)侯繡(申)懼，自歸於吳。”

《繫年二十》：“晉競(景)公立十又五年，繡（申）公屈晉（巫）自晉迈（蹠）吳，安（焉）訇（始）迵（通）吳晉之逄（路），二邦爲好。”

《芮良夫》：“閒（間）鬲（隔）若（若）否，以自訾讃(委)由(揂)，求聖人以繡(申)尔（爾）悔（謀）猷。”

緇與陳

《曹沫》：“緇（陳）攻（功）走（尚）臤（賢）。”按，“緇（陳）”字從陳劍《上博竹書〈曹沫之陳〉新編釋文》(簡帛研究網，2005年2月12日)讀。

涑與恃

《唐虞》：“升爲天子而不喬（驕），不涑（恃）也。”按，“涑”字原形作“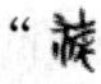”，右旁所從即金文中“齲”字右旁之省形，當讀作“恃”，參白於藍《郭店楚墓竹簡釋讀劄記》(《古文字論集（二）》，考古與文物叢刊第四號，2001年)。

涑與等

《唐虞》：“孝之柔（殺），炁（愛）天下之民；徸（禪）之涑（等），世亡忄(隱)直（德）。”按，“涑”字原形作“”，右旁所從即金文中“齲”字右旁之省形，當讀作“等”，參白於藍《郭店楚墓竹簡釋讀劄記》(《古文字論集（二）》，考古與文物叢刊第四號，2001年)。

敕與陳

《琴舞》：“弼（弗）敢巟（荒）悳₌（德，德）非墮（惰）帀（思），純隹（惟）敬帀（思），文非敕（陳）帀（思）。”按，“敕”字原形作“”，似當讀作“陳”。

練與陳

《凡物甲》：“侳（坐）而思之，姊（際）於千里；记（起）而甬（用）之，練（陳）於四泀（海）。”按，此字原形作“”，整理者認爲從“東”聲，不確。《昭王毀室》簡3“陳”字作“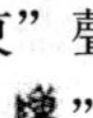”，右上所從與此字左旁所從相同。金文中有字作“齲”，裘錫圭、李家浩《談曾侯乙墓鐘磬銘文中的幾個字》(《古文字論集》，中華書局，1992年，418頁)釋爲“紳”。可信。“練”與“齲”當爲一字，右旁所從即“齲”字右旁所從之省。“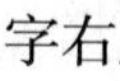”字右上所從亦爲“齲”字右旁所從之省。

彊與陳

《琴舞》：“翻（亂）曰：已，不曹（造）孳（哉）！思型之，思毷（勖）彊（陳）之，甬（用）求其定。”按，“彊（陳）”字從黄傑《再讀清華簡（叁）〈周公之琴舞〉筆記》（簡帛網，2013年1月14日）釋讀。

墮與陳

《芮良夫》：“女（如）闡（關）柭不闋（閉）而緸（繩）剸（準）遠（失）楑，五（互）想（相）不墮（陳）。”按，“墮（陳）”字從黄傑《初讀清華簡（叁）〈芮良夫毖〉筆記》(簡帛網，2013年1月6日)釋讀。

奠字聲系

奠與鄭

《性自》："奠（鄭）衛之樂，則非其聖（聲）而從之也。"

《鄭壽》："競坪（平）王豪（就）奠（鄭）壽，奞（稽）之於层（禰）庿（廟）。"

《鄭壽》："奠（鄭）壽怡（辭）不敢畣（答）。"

《鄭壽》："奠（鄭）壽：'女（如）不能，君王與楚邦懼戁（難）。'"

《鄭壽》："奠（鄭）壽告又（有）疾。"

《鄭壽》："王復见奠₌壽₌（鄭寿，鄭壽）出，居迻（路）以須。"

《鄭子甲》："奠（鄭）子家芒（亡），鄾（邊）人來告。"

《鄭子甲》："奠（鄭）子家殺其君，不敦（穀）日欲以告夫₌（大夫）。"

《鄭子甲》："含（今）奠（鄭）子家殺其君。"

《鄭子甲》："乃记（起）帀（師），回（圍）奠（鄭）三月。"

《鄭子甲》："奠（鄭）人青（請）其古（故）。"

《鄭子甲》："奠（鄭）子家遺（顛）復（覆）天下之豊（禮）。"

《鄭子甲》："奠（鄭）人命以子良爲執（贄）。"

《鄭子甲》："帀（師）未還，晉人涉，䣋（將）救奠（鄭）。"

《鄭子乙》："奠（鄭）子家殺其君，不敦（穀）日欲以告夫₌（大夫）。"

《鄭子乙》："奠（鄭）子家殺其君。"

《鄭子乙》："乃记（起）帀（師），回（圍）奠（鄭）三月。"

《鄭子乙》："奠（鄭）人情（請）其古（故）。"

《鄭子乙》："奠（鄭）人命以子良爲執（贄）。"

《鄭子乙》："帀（師）未還，晉人涉，䣋（將）救奠（鄭）。"

《繫年二》："奠（鄭）以笥（始）政（正）。"

《繫年七》："命（令）尹子玉述（遂）衛（率）奠（鄭）、衛、陳、鄒（蔡）及群緣（蠻）足（夷）之自（師）以交（邀）文₌公₌（文公，文公）衛（率）秦、齊、宋及群戎之自（師）以敗楚自（師）於城僕（濮）。"

《繫年八》："秦、晉回（圍）奠₌（鄭，鄭）降秦不降晉₌（晉，晉）人以不愁（慭）。"

《繫年八》："秦人豫（舍）成於奠₌（鄭，鄭）人致（屬）北門之笑（管）於秦₌之₌成₌人₌（秦之成人，秦之成人）使人歸告。"

《繫年八》："我既得奠（鄭）之門笑（管）巳（矣），幸（來）富（襲）之。"

《繫年八》："秦自（師）將東富（襲）奠₌（鄭，鄭）之賈人弦高䣋（將）西市，遇之，乃以奠（鄭）君之命裳（勞）秦三衛（帥）。"

《繫年十一》："宋公爲左芋（盂），奠（鄭）白（伯）爲右芋（盂），繡（申）公弔（叔）侯智（知）之。"

《繫年十二》："奠（鄭）成公自醻（厲）逃歸，臧（莊）王述（遂）加奠（鄭）亂。晉成公會者（諸）侯以敉（救）奠（鄭），楚自（師）未還，晉成公卒于扈。"

《繫年十三》："☐王回（圍）奠（鄭）三月，奠（鄭）人爲成。"

《繫年十三》："晉中行林父衛（率）自（師）敉（救）奠（鄭），臧（莊）王述（遂）北☐楚人明（盟）。"

《繫年十五》："陳公子諻（徵）郐（舒）取妻于奠（鄭）穆公，是少盐。"

《繫年十六》："楚龍（共）王立七年，命

（令）尹子褈（重）伐奠（鄭）。”
《繫年十六》：“龏（共）王亦衛（率）自（師）回（圍）鄭（鄭），東（厲）公救（救）鄭（鄭），敗楚自（師）於隰（鄢）。”
《繫年二二》：“晉公獻齊俘馘於周王，述（遂）以齊侯貣（貸）、魯侯羴（顯）、宋公畋（田）、衛侯虔、奠（鄭）白（伯）怡（駘）朝周王于周。”
《繫年二三》：“楚聖（聲）趄（桓）王立四年，宋公畋（田）、奠（鄭）白（伯）怡（駘）皆朝于楚。”
《繫年二三》：“奠（鄭）人戩（侵）僼（榆）闢（關）。”
《繫年二三》：“昷（明）戢（歲），晉䐁余衛（率）晉自（師）與奠（鄭）自（師）以内（入）王子定。”
《繫年二三》：“昷（明）戢（歲），郎減（莊）坪（平）君衛（率）自（師）戩（侵）奠₌（鄭，鄭）皇子₌（子、子）馬、子沱（池）、子坓（封）子衛（率）自（師）以这（邀）楚₌人₌（楚人，楚人）涉沶。”
《繫年二三》：“牆（將）與之戰，奠（鄭）自（師）逃内（入）於蔑。”
《繫年二三》：“楚自（師）回（圍）之於鄭（蔑），⿰（盡）逾（降）奠（鄭）自（師）與其四牆（將）軍，以歸於郢。”
《繫年二三》：“奠（鄭）太剸（宰）慭（欣）亦记（起）禍（禍）於奠₌（鄭，鄭）子旟（陽）用滅，亡後於奠（鄭）。”
《繫年二三》：“昷（明）戢（歲），楚人歸奠（鄭）之四牆（將）軍與其萬民於奠（鄭）。”
《良臣》：“奠（鄭）絙（桓）公與（舉）周之遺老史百（伯）、宦中（仲）、虔（虢）弔（叔）、土（杜）白（伯），後出邦（封）。”
《良臣》：“奠（鄭）定公之相又（有）子皽（皮），又（有）子產，又（有）子大弔（叔）。”
《鄭武》：“奠（鄭）武公卒，既𣪘（殯），武夫人詖（規）孠₌（孺子）。”
《鄭武》：“區₌（區區）奠（鄭）邦，軴（望）虗（吾）君亡（無）不溋（盈）其志於虗（吾）君之君㠯（己）也。”
《鄭武》：“自衜（衛）與奠（鄭）若，卑（比）耳而㑒（謀）。”
《鄭武》：“虗（吾）先君北（必）牆（將）相孠₌（孺子），以定奠（鄭）邦之社禝（稷）。”
《子產》：“乃隶（肄）参（三）邦之命（令），以爲奠（鄭）命（令）、埜（野）命（令）。”
《子產》：“隶（肄）参（三）邦之型（刑），以爲奠（鄭）型（刑）、埜（野）型（刑）。”

奠與墺

《性自》：“走（待）勿（物）而句（後）复（作），走（待）兑（悦）而句（後）行，走（待）習而句（後）奠。”按，上博簡本《性情論》奠作墺。

奠與正

《性自》：“凡人唯（雖）又（有）眚（性），心亡奠志。”按，上博簡本《性情論》奠作正。

奠與定

《金縢》：“命于帝䢓（庭），尃（溥）又（有）四方，以奠（定）尔（爾）子孫于下陘（地）。”
《祭公》：“隹（惟）天奠（定）我文王之志，逋（董）之甬（用）畏（威）。”

奠與顛

《阜易·頤》：“六二，奠（顛）頤，弗（拂）經，于丘頤，政（征）兇（凶）。”

墺與奠

《有司》：“北面墺（奠）于延（筵）上，左之，南宿（縮），不坐。”
《有司》：“主婦自東房薦韭、菹、醯（醢），坐墺（奠）于延（筵）前。”

《有司》："尸席末坐，啐酒，興，坐，壙（奠）爵，拜，告指（旨），執爵以興。"
《有司》："尸坐壙（奠）爵，興，取肺，坐絕祭，嚌之，興，反【加】于俎。"
《有司》："司馬宿（縮）壙（奠）俎于羊【湇】俎南，乃載于羊俎。"
《有司》："坐卒爵，執爵以興，坐壙（奠）爵，拜，執爵以興。"
《有司》："主婦薦韭、菹、酭（醢），坐壙（奠）于延（筵）前，酭（醢）在南方。"
《有司》："主婦不興，受之，壙（奠）糟（麷）于酭（醢）南。"
《有司》："坐卒爵，執爵以興，坐壙（奠）爵，拜。"
《有司》："尸【坐】壙（奠）爵于匪（篚），興，對。"
《有司》："尸北面于西楹西，坐壙（奠）爵，荅拜。"
《有司》："主婦薦韭、菹、酭（醢），坐壙（奠）于延（筵）前，菹在北方。"
《有司》："主人坐壙（奠）爵于左，興，受肺，坐絕祭，嚌之。"
《有司》："司馬宿（縮）壙（奠）汁（湇）俎于【羊】俎西，乃載之。"
《有司》："坐壙（奠）爵，拜，執爵以興。"
《有司》："主人坐壙（奠）爵于東序南。"
《有司》："【尸】坐啐酒，左執爵，嘗上刑（鉶），執爵以興，坐壙（奠）爵，拜。"
《有司》："尸坐壙（奠）爵，興，受，如羊肉汁（湇）之禮，坐取爵，興。"
《有司》："主婦羞臬（糗）、脩（修），坐壙（奠）臬（糗）于禮（麷）南。"
《有司》："司士宿（縮）壙（奠）豕升（脀）于羊俎之東，載于羊俎。"
《有司》："主婦壙（奠）爵，興，取肺，坐絕祭，嚌之。"
《有司》："賓西楹西，北面拜送爵，尸壙（奠）爵于左。"
《有司》："主人壙（奠）觗（觶）于匪（篚），辤（辭）。"
《有司》："主人賓〈實〉觶，州（酬）尸，東楹東，北面坐壙（奠）爵，拜。"
《有司》："主人壙（奠）觶于匪（篚），對。"
《有司》："尸北面坐壙（奠）爵于左。"
《有司》："主人壙（奠）爵于匪（篚），對。"
《有司》："坐壙（奠）爵，拜，執爵以興。"
《有司》："坐壙（奠）爵，拜。"
《有司》："主人坐壙（奠）爵，拜，賓荅拜。"
《有司》："主人坐壙（奠）爵于匪（篚），興，對，卒洗，升，酌，降復位。"
《有司》："賓西面坐壙（奠）爵于薦左。"
《有司》："以賓以爵，降，壙（奠）于匪（篚）。"

鄭與奠

《士相見》："賓入，鄭（奠）墊（摯），再拜。"
《特牲》："祝洗，酌鄭（奠），于刑（鉶）南，遂命佐食。"
《特牲》："尸合（荅）拜，執鄭（奠），祝鄉（饗），主人拜如初。"
《特牲》："主人拜，尸鄭（奠）觗（觶）荅拜。"
《特牲》："鄭（奠）爵，興，取肺。"
《特牲》："賓左執爵，祭豆，鄭（奠）爵，興。"
《特牲》："主人合（荅）拜，受爵，酌，酢，鄭（奠）爵，拜。"

《特牲》："賓合（荅）拜，揖，執祭以降，西面鄭（奠）于位，如初。"
《特牲》："主人鄭（奠）觗（觶）拜，賓合（荅）拜。"
《特牲》："主人鄭（奠）觗（觶）于薦北。"
《特牲》："賓鄭（奠）于薦南，揖，復位。"
《特牲》："尸執鄭（奠），進受，復位，祭酒，啐酒。"
《特牲》："舉鄭（奠）左執觗（觶），再拜稽首，進受肝。"
《特牲》："舉鄭（奠）洗酌入，尸拜受，舉鄭（奠）合（荅）拜。"
《特牲》："尸祭酒，啐酒，鄭（奠）之。"
《特牲》："舉鄭（奠）出，復位。"
《特牲》："賓鄭（奠）觗（觶）拜，長兄弟合（荅）拜。"
《特牲》："舉觗（觶）於其長，鄭（奠）觗（觶）拜，長皆合（荅）拜。"
《特牲》："舉觗（觶）者皆鄭（奠）于薦右。"
《特牲》："長皆鄭（奠）觗（觶）于其所，皆揖其弟子，弟子皆復其位。"
《特牲》："宗人遣舉鄭（奠）及長兄弟浣（盥），立于西階下，東面北上。"
《特牲》："祝命當（嘗）食，選（餕）者、舉鄭（奠）許諾，升，入，東面。"
《特牲》："兩選（餕）鄭（奠）舉于柤（俎），許若（諾），合（荅）拜。"
《特牲》："嗣舉鄭（奠），佐食埶（設）豆、鹽。"
《少牢》："乃剈（啟）二尊之蓋幕（冪），鄭（奠）于棜上。"
《少牢》："薦自東房，韭菹、湛（醓）醢，坐鄭（奠）于延（筵）前。"
《少牢》："祝酌，鄭（奠），遂命佐食剈（啟）會。"
《少牢》："主人西面鄭（奠）爵，有（又）拜。"
《少牢》："主人坐鄭（奠）爵，興。"
《少牢》："坐卒爵，執以興，坐鄭（奠）爵，拜。"
《少牢》："賓坐鄭（奠）爵，遂拜，執爵以興。"
《少牢》："坐鄭（奠）爵，拜。"
《少牢》："祝祭酒，啐酒，鄭（奠）爵于其延（筵）前。"
《少牢》："餕（餕）者鄭（奠）舉于柤（俎），皆合（荅）拜，皆反，取舉。"
《少牢》："主人興，坐鄭（奠）爵，拜，執爵以興，坐卒爵，拜。"
《有司》："主人東楹東，北面鄭（奠）爵，荅拜。"
《有司》："入于房，取一羊刑（鉶），坐鄭（奠）于韭菹西。"
《有司》："司士搣（縮）鄭（奠）柤（俎）于羊柤（俎）南。"
《有司》："尸鄭（奠）爵，拜，三獻北面合（荅）拜，受爵，酌，獻或（侑）。"
《有司》："坐鄭（奠）爵，拜，執爵以興。"
《有司》："坐祭，遂飲，卒爵，執以興，坐鄭（奠）爵，拜。"
《有司》："或（侑）鄭（奠）觗（觶）于右。"
《有司》："坐鄭（奠）爵，拜，主人合（荅）拜，不祭，立飲，卒爵，不拜既爵。"
《有司》："酌，鄭（奠）于阼階上州（酬）主人。"
《有司》："坐鄭（奠）爵，拜，執爵興，或（侑）合（荅）拜。"
《有司》："坐鄭（奠）爵，拜，執爵以興，長合（荅）拜。"

《有司》："佐食取一柤（俎）于堂下以入，鄭（奠）于羊柤（俎）東。"

《有司》："祭于豆閒，遂祭邊（籩），鄭（奠）爵。"

《有司》："左執爵，右取菹擩〈抨〉于醢，祭之，祭邊（籩），鄭（奠）爵。"

《有司》："獻祝，祝受，祭酒，啐酒，鄭（奠）之。"

《燕禮》："主人坐鄭（奠）柧（觚）于匪（篚），興對。"

《燕禮》："主人賓右鄭（奠）柧（觚）合（荅）拜，降盥。"

《燕禮》："賓洗南坐鄭（奠）柧（觚），少進，辤（辭）降，主人東面對。"

《燕禮》："坐鄭（奠）爵，拜。"

《燕禮》："西階上坐鄭（奠）爵，拜賓。"

《燕禮》："主人拜送爵，賓升席，坐祭酒，遂鄭（奠）于幕東。"

《燕禮》："降，作（阼）階下皆鄭（奠）䚊（觶），再拜稽首，執觶興，公答再拜。"

《燕禮》："賸爵者皆坐祭，遂卒䚊（觶），與〈興〉，坐鄭（奠）䚊（觶）。"

《燕禮》："賸爵者洗象䚊（觶），升賓〈實〉之，序進，坐鄭（奠）于薦南。"

《燕禮》："公坐鄭（奠）䚊（觶），合（荅）再拜，執䚊（觶）興，立卒䚊（觶）。"

《燕禮》："公坐鄭（奠）䚊（觶），合（荅）再拜，執䚊（觶）興。"

《燕禮》："賓進受虛䚊（觶），降鄭（奠）于匪（篚），易䚊（觶）洗。"

《燕禮》："賓夫₌（大夫）之右坐鄭（奠）䚊（觶），拜。"

《燕禮》："卒受者以虛䚊（觶）降，鄭（奠）于匪（篚）。"

《燕禮》："興，坐鄭（奠）爵，拜，執爵興。"

《燕禮》："若命長致，則勝（賸）爵者鄭（奠）䚊（觶）于匪（篚）。"

《燕禮》："公有（又）舉鄭（奠）䚊（觶）。"

《燕禮》："【司正】洗角䚊（觶），南西〈面〉坐鄭（奠）于中庭。"

《燕禮》："司正降自西階，南面坐取䚊（觶），升酌散，降，南面坐鄭（奠）䚊（觶），右興，北面少立，坐取䚊（觶），興，坐不祭，卒䚊（觶），鄭（奠）之，興，再拜稽首。"

《燕禮》："左還，南面坐取䚊（觶），洗，南面反鄭（奠）于其所。"

《燕禮》："賓降洗象柧（觚），升酌膳，坐鄭（奠）于薦南，降拜。"

《燕禮》："士升，大夫鄭（奠）爵拜，士合（荅）拜。"

《燕禮》："所賜者興，受爵，降席下，鄭（奠）爵，再拜稽首。"

《燕禮》："執膳爵者受公爵，酌，反鄭（奠）之。"

《泰射》："興，席末坐啐酒，降席，坐鄭（奠）爵。"

《泰射》："賓西階上北面坐，卒爵，興，坐鄭（奠）爵，拜，執爵興。"

《泰射》："賓坐取柧（觚），鄭（奠）于匪（篚）下，浣（盥）洗。"

《泰射》："賓坐鄭（奠）柧（觚）于匪（篚），興對，卒洗，及階，揖升。"

《泰射》："述（遂）卒爵，興，坐鄭（奠）爵，拜，執爵興。"

《泰射》："賓洗南，西北面，坐鄭（奠）析〈柧（觚）〉，少進，辤（辭）降。"

《泰射》："不拜酒，立卒爵，坐鄭（奠）爵，拜，執爵興。"

《泰射》："主人不崇酒，以虛爵降，鄭（奠）于匪（篚）。"

《泰射》："升受爵，降鄭（奠）于膳匪

（簠）。”
《泰射》：“更爵洗，升酌散以降，酢于作（阼）階下，北面鄭（奠）爵，再拜稽首。”
《泰射》：“主人鄭（奠）爵于匪（簠）。”
《泰射》：“主人坐祭，述（遂）卒爵，興，坐鄭（奠）爵，再拜稽首。”
《泰射》：“升賸（媵）柧（觚）于賓，酌散，西階上坐鄭（奠）爵，拜。”
《泰射》：“賓升席，坐祭酒，述（遂）鄭（奠）于薦東。”
《泰射》：“卒爵興，坐鄭（奠）爵，拜，執爵興。”
《泰射》：“降，作（阼）階下，皆鄭（奠）觗（觶），再拜稽首，執觗（觶）。”
《泰射》：“興，坐鄭（奠）觗（觶），再拜稽首，執鄭（奠）觗（觶）興。”
《泰射》：“如命皆致，則徐（序）鄭（奠）觗（觶）于匪（簠）。”
《泰射》：“賸（媵）爵者洗瑑（象）觗（觶），升實之，徐（序）進，坐鄭（奠）于薦南。”
《泰射》：“公坐鄭（奠）觗（觶），合（荅）拜，執觗（觶）興，立卒觗（觶）。”
《泰射》：“公坐鄭（奠）觗（觶），合（荅）拜，執觗（觶）興。”
《泰射》：“賓進，受虛觗（觶），降，鄭（奠）于匪（簠），易觗（觶），洗。”
《泰射》：“賓大夫之右坐鄭（奠）觗（觶），拜，執觗（觶）興。”
《泰射》：“主人以虛爵降，鄭（奠）于匪（簠）。”
《泰射》：“主人受爵，降鄭（奠）于匪（簠），復位。”
《泰射》：“大夫卒受者以虛觗（觶）降，鄭（奠）于匪（簠）。”
《泰射》：“適洗，洗角觗（觶），南面坐鄭（奠）于中庭。”
《泰射》：“南面坐取觗（觶），升酌散，降，南面坐鄭（奠）觗（觶）。”
《泰射》：“興，坐，不祭，卒觗（觶），鄭（奠）之。”
《泰射》：“洗，南面反鄭（奠）于其所，北面立。”
《泰射》：“贊執（設）拾，以笥退鄭（奠）于坫上，復位。”
《泰射》：“小射正坐鄭（奠）笥于物南，述（遂）拂以巾，取決。”
《泰射》：“太（大）射正受弓，小射正以笥受決、拾，退鄭（奠）于坫上，復位。”
《泰射》：“勝者之弟子洗觗（觶），升酌散，南面坐鄭（奠）于豐上，降反位。”
《泰射》：“進，坐鄭（奠）于豐下，與，揖。”
《泰射》：“取觗（觶）實之，反鄭（奠）于豐上，退卲（俟）于序端。”
《泰射》：“卒，司馬師受虛爵，鄭（奠）于匪（簠）。”
《泰射》：“司射受虛爵，鄭（奠）于匪（簠），澤（釋）獲者少西辟薦，反位。”
《泰射》：“公有（又）舉鄭（奠）觗（觶），唯公所賜。”
《泰射》：“大夫卒受者以虛觗（觶）降，鄭（奠）于匪（簠），反位。”
《泰射》：“主人執虛爵，鄭（奠）于匪（簠），復位。”
《泰射》：“賓降，洗瑑（象）柧（觚），升酌膳，坐鄭（奠）于薦南，降拜。”
《泰射》：“所賜者興受爵，降席下，鄭（奠）爵，再拜稽首。”
《泰射》：“士升，大夫鄭（奠）爵拜，士合（荅）拜。”
《泰射》：“執膳爵者受公爵，酌，反鄭

（奠）之。”

鄭與定

《周日書》：“入鄭（定），東辟（壁）。”

《天乙・時二》：“人鄭（定）、中鳴六。”

《隨日・擊》：“辰巳午未申酉戌亥子丑寅卯擊人鄭（定）。”

《隨日・死》：“癸亥人鄭（定）有疾死。”

《隨日・日時》：“日入到人鄭（定）【壬】，人鄭（定）到癸。”

《隨日・占》：“☐小童死五日，中年死九日，是胃（謂）歸老鄭（定）。”

《少牢》：“羹鄭（定），雝人陳鼎【五】。”

闐與填

《節》：“利以鄉（饗）大客，利塞下、闐（填）污淋（壑），不可鼓〈尌〉柱。”

粦字聲系

粦與吝

《晏子一一》：“嗇者，君子之道也，粦（吝）愛者，小人之行也。”

《晏子一一》：“積財不能分人獨自養之謂粦（吝）。”

《晏子一一》：“故嗇者君子□□□□，粦（吝）愛者小人之行也。”

鄰與鄰

《戰國一六》：“韓亡，秦有鄭地，兵〈與〉大粱（梁）鄰（鄰），王以爲安乎。”

《戰國一六》：“其功多於兵〈與〉秦共伐韓，而必無兵〈與〉強秦鄰（鄰）之禍。”

《戰國一九》：“☐爲鄰（鄰）。”

鄰與遴

《第三組》：“縣恆以十月鄰（遴）牒，書署當賣及就（僦）食狀，須卒史、屬糞兵，取省以令，令案視。”

鄰與齡

《秦律・倉律》：“隸臣欲以人丁鄰（齡）者二人贖，許之。”

《秦律・倉律》：“其老當免老、小高五尺以下及隸妾欲以丁鄰（齡）者一人贖。”

鄰與吝

《晏子一〇》：“觀（歡）於新，曼（慢）乎故，鄰（吝）於財，薄乎施。”

《晏子一一》：“鄰（吝）嗇之於行何如？”

嶙與吟

《妄稽》：“朝嶙（吟）聲聲，當門塞户。”按，“嶙（吟）”字從蕭旭《北大漢簡（四）〈妄稽〉校補》（復旦大學出土文獻與古文字研究中心網，2016 年 7 月 4 日）讀。

粼與鄰

《帛甲老子・德經》：“粼（鄰）邦相塈〈望〉，雞狗之聲相聞。”

厶字聲系

叜與吝

見文部文字聲系。

叜與毖

見文部文字聲系。

叜與鄰

見文部文字聲系。

荅與鄰

見文部文字聲系。

黟與鄰

見文部文字聲系。

陖與隱

見文部文字聲系。

毖與吝

見文部文字聲系。

毖與鄰

見文部文字聲系。

毖與隱

見文部文字聲系。

隧與隱

見文部文字聲系。

令字聲系

令與命

《厚父》："令（命）咎（皋）繇（繇）下爲之卿事。"按，整理者直接釋"令"爲"命"，下四例同。

《厚父》："亂（亂）下民之匿（慝）王，廼渴（竭）逸（失）其令（命）。"

《厚父》："才（在）夏之折（哲）王，廼嚴禎（寅）鬼（畏）皇天上帝之令（命）。"

《厚父》："天廼弗若（赦），廼述（墜）氒（厥）令（命），亡氒（厥）邦。"

《厚父》："於（嗚）虖（呼），天子！天令（命）不可漶（僭）。"

《田與》："田即受令（命）。"

《九主》："伊尹受令（命）於湯，乃論海（海）内四邦□□□□□□□□□□□圖。"

《春秋四》："東門襄中（仲）殺適（嫡）而羊（佯）以君令（命）召惠伯。"

《春秋四》："惠伯曰：'入死，死者君令（命）也。'"

《春秋四》："非君令（命）也，有子之所以去也。"

《春秋四》："不與君者，顧寶（持）君令（命）以召子，其事惡矣。"

《戰國四》："今王使慶令（命）臣曰：'魚（吾）欲用所善。'"

《戰國一二》："韋非以粱（梁）王之令（命），欲以平陵〈陸〉蛇（貤）薛。"

《戰國一二》："王有（又）使周濕、長駟重令（命）捝（兑），捝（兑）也敬受令（命）。"

《戰國一四》："豎之死也，非齊之令（命）也，涅子之私也。"

《戰國一四》："是故臣以王令（命）甘薛公，驕（矯）敬（檠）三晉，勸之爲一。"

《戰國二七》："□□□□邯鄲□□□□□□□□□未將令（命）也。"

《戰國二七》："麐（麐）皮歸，復令（命）於邯鄲君。"

《戰國二七》："子使，未將令（命）也。"

《晏子一五》："立令（命）而殆（怠）事，不可使守職。"

令與蛉

《合陰陽》："九曰青（蜻）令（蛉），十曰魚嘬。"

令與憐

《趙正書》："吾衣（哀）令（憐）吾子之孤弱，及吾蒙容（戎）之民，死且不忘。"

令與零

《陰陽家》："參，則大臣疾，滎竽令（零），苴多朧，山多螟，大兵起，天下訖。"

泠與陵

《晏子一二》："夫君人者幾（豈）以泠（陵）民，社禝（稷）是主也。"

命與令

《老子》甲："三言以爲使不足，或命之或啓（所）豆（屬）。"按，今本和帛書本命作令。

《老子》甲："民莫之命天〈而〉自均安（焉）。"按，今本和帛書乙本命作令。

《窮達》："孫雪（叔）三弜（謝）郖（期）思少司馬，出而爲命（令）尹，堣（遇）楚臧（莊）也。"

《語叢四》："鉻之而不可，必叟（文）以訛，母（毋）命（令）智（知）我。"

《昭王》："至閨，辻（卜）命（令）尹陳眚爲視日。"

《昭王》："辻（卜）命（令）尹不爲之告。"

《昭王》："辻（卜）命（令）尹爲之告。"

《昭王》：“王遷（徙）凥（居）於坪澫，卒以夫=（大夫）歈=（飲酒）於坪澫，因命（令）至（致）俑（庸）毀室。”

《柬大王》：“命（令）尹子林昏（問）於大（太）剁（宰）子步。”

《柬大王》：“命（令）尹胃（謂）大（太）剁（宰）：‘唯☐。’”

《曹沫》：“既戰復豫（舍），虗（號）命（令）於軍中曰：‘綅（繕）虖（甲）利兵，明日牆（將）戰。’”

《命》：“鄴（葉）公子高之子見於命（令）尹子=萅=（子春，子春）胃（謂）之曰。”

《命》：“命（令）尹曰。”

《命》：“先夫=（大夫）飼（嗣）命（令）尹，受司馬，綯（治）楚邦之正（政）。”

《命》：“命（令）尹曰：‘甚善。’”

《命》：“含（今）視日爲楚命（令）尹。”

《王居》：“其昷=（明日），命（令）尹子春猒（厭）。”

《王居》：“命（令）尹畣（答）：‘命須其倳（儘）。’”

《王居》：“王𦎫（就）命（令）尹，少進。”

《王居》：“命（令）尹許諾，乃命彭徒爲洛迅尹。”

《邦人》：“𦎫（就）白公之禍（禍），昏（聞）命（令）尹、司馬既死，牆（將）迈（蹠）郢。”

《邦人》：“命之爲命（令）尹，訽（辭）。”

《繫年七》：“命（令）尹子玉述（遂）衒（率）奠（鄭）、衛、陳、郗（蔡）及群緣（蠻）尸（夷）之自（師）以交（邀）文=公=（文公，文公）衒（率）秦、齊、宋及群戎之自（師）以敗楚自（師）於城僕（濮）。”

《繫年十六》：“楚龍（共）王立七年，命（令）尹子褈（重）伐奠（鄭），爲沬之自（師）。”

《繫年十八》：“命（令）尹子木會邻（趙）文子武及者（諸）侯之夫=（大夫），明（盟）于宋，曰：‘爾（弭）天下之虢（甲）兵。’”

《繫年十八》：“霝（靈）王爲命=尹=（令尹，令尹）會郊（趙）文子及者（諸）侯之夫=（大夫），明（盟）于虢（虢）。”

《繫年二十》：“灼（趙）趄（桓）子會【諸】侯之夫=（大夫），以與戉（越）命（令）尹宋盟（盟）于邦（江）。”

《良臣》：“楚成王又（有）命（令）君（尹）子文（文）。”

《良臣》：“楚䣊（昭）王又（有）命（令）君（尹）子西，又（有）司馬子忍（期），又（有）鄴（葉）公子高（高）。”

《管仲》：“是古（故）它（施）正（政）命（令），得以時厇（度）。”

《子產》：“乃隶（肆）參（三）邦之命（令），以爲奠（鄭）命（令）、埜（野）命（令）。”

《子產》：“行以尊（尊）命（令）、裕義（儀），以臭（釋）亡季（教）、不姑（辜）。”

命與領

《妄稽》：“郢（捏）命（領）鶱（褰）衣，齊阿之常（裳）。”

命與名

《帛乙老子·道經》：“聽之而弗聞，命（名）之曰希。揗之而弗得，命（名）之曰夷。”

《帛乙老子·道經》：“尋尋呵（兮）不可命（名）也，復歸於无物。”

《帛乙老子·道經》：“萬物歸焉而弗爲主，可命（名）於大。”

《北大老子》：“是以聖人弗行而智（知），弗見而命（名），弗爲而成。”

《服傳甲》：“故子生三月，則父命（名）之，死則哭之，未命（名）則弗哭也。”

《服傳乙》：“故子生三月，則父命（名）

之，死則哭之，未命（名）則弗哭也。”

畬與令

《陳公》：“五人於吾（伍），十人於行₌（行，行）戚（蹙）不成，粹（卒）衛（帥）粹（卒）畬（令）從瀍。”

䶖與命

《子產》：“宅大心張，光（美）外䶖（怠）䶖（命），乃自遂（失）。”

穚與矜

《老子》甲：“果而弗穚。”按，今本和帛書本穚作矜。

瓮與賓

《莊王》：“以共（供）春秋之祟（嘗），以時（待）四芰（鄰）之瓮（賓）。”按，“瓮（賓）”字從蘇建洲《初讀〈上博（六）〉》（簡帛網，2007 年 7 月 19 日）釋讀。

鯩與鱗

《禹王》：“首（手）丩（梖）旨（枳），身鯩（鱗）鰭（皵）。”按，“鯩（鱗）”字從蔡偉《釋“百丩旨身鯩鰭”》（復旦大學出土文獻與古文字研究中心網，2013 年 1 月 16 日）讀。

軨與鄰

《明君》：“已而人主非有守禦戰鬭之勝李（理）也，以爲軨（鄰）適（敵）必危之矣。”

零與苓

《乾瘙》：“以般〈服〉服（茯）零（苓），最（撮）取大者一枚，壽（擣）。”

夌與苓

《養生方》：“以五月□備（茯）夌（苓）、䨑（纔）黃。”

魿與鱗

《妄稽》：“年始十五，面盡魿（鱗）腊。”按，“魿（鱗）”字從抱小《北大漢簡〈妄稽〉初讀》（復旦大學出土文獻與古文字研究中心網，2015 年 12 月 19 日）讀。

《妄稽》：“魿（鱗）若陵（鯪）鯉，色若腐蚄。”

聿字聲系

聿與盡

《緇衣》：“墨（禹）立三年，百眚（姓）以息（仁）道，剴（豈）必聿（盡）息（仁）。”

《性自》：“甬（用）力之聿（盡）者，利爲甚。”

《語叢一》：“婁（數），不聿（盡）也。”按，“聿（盡）”字從裘按（《郭店楚墓竹簡·語叢一》篇注［一九］）讀。

《語叢四》：“及之而弗亞（惡），必聿（盡）其古（故）。聿（盡）之而恔（疑），必㧊鉻之。”

《民之》：“其才（在）許（語）也，敗（美）矣！厷（宏）矣！大矣！聿（盡）〼可得而䎽（聞）與（歟）？”

《從政》：“又（有）所又（有）舍（餘）而不敢聿（盡）之，又（有）所不足而不敢弗〼。”

《容成氏》：“文王時（持）故時而孝（教）民時，高下肥毳（磽）之利聿（盡）智（知）之。”

《仲弓》：“中（仲）弓曰：‘含（今）之君子，使人不聿（盡）其𢓊〼。’”

《曹沫》：“君弗聿（盡），臣䎽（聞）之曰。”

《曹沫》：“其逘（將）衛（帥）聿（盡）剔（傷），車連（輦）皆栽。”

《曹沫》：“三者聿（盡）甬（用）不皆，邦家以忲（宏）。”

《君人甲》：“含（今）君王聿（盡）去耳目之欲，人以君王爲㕥（忤）以戲（矯）。”

《君人乙》：“含（今）君王聿（盡）去耳目之欲，人以君王爲□以戲（矯）。”

《王居》："是則𦘒（盡）不穀（穀）之辠（罪）也，後舍勿肰（然）。"

《靈王》："爲之惹（怒）：'𦥯（舉）邦𦘒（盡）隻（獲），女（汝）獨亡（無）得。'"

《禹王》："虽（禹）使民以二和，民乃𦘒（盡）力。"

《禹王》："虽（禹）奉舜童（重）悳（德），攺（施）于四或（國），㥹（敏）以勞民，□而𦘒（盡）力。"

《文王》："或以興，或以亡，公其𦘒（盡）之。"按，"𦘒（盡）"字從王瑜楨《〈舉治王天下〉小記》（簡帛網，2013年1月6日）釋讀。

《金縢》："是夕，天反風，禾斯起（起），凡大木斎₌（之所）𢧢（拔），二公命邦人𦘒（盡）復笙（築）之。"

《祭公》："𢜽（遜）惜（措）乃心，𦘒（盡）府（付）畀余一人。"

《楚居》："至酓（熊）只〈孓（艾）〉、酓（熊）䏉（𪐴）、酓（熊）樊（盤）及酓（熊）賜（錫）、酓（熊）讵（渠），𦘒（盡）居𡨧（夷）宅（屯）。"

《繫年二三》："楚自（師）回（圍）之於鄟（蔑），𦘒（盡）逾（降）奠（鄭）自（師）與其四𨒥（將）軍，以歸於郢。"

《繫年二三》："楚人𦘒（盡）𠫓（棄）其幝（旃）、幕、車、兵，犬遂（逸）而還。"

《鄭武》："邦人既𦘒（盡）𦖞（聞）之，孨₌（孺子）或延（誕）告。"

𦘒與藎

《芮良夫》："凡百君子，返（及）尔（爾）𦘒（藎）臣。"

𦘒與進

《語叢三》："𦏴（義），悳（德）之𦘒（進）也。"按，"𦘒（進）"字從裘按（《郭店楚墓竹簡·語叢三》篇注［三］）讀。下同。

《語叢三》："行𦘒（進）此友矣。"

侓與藎

《皇門》："朕遺父兄眔朕侓（藎）臣，夫明尔（爾）悳（德），以𦥑（助）余一人𢝊（憂）。"

《鄭武》："幾（豈）既臣之䑛（獲）辠（罪），或（又）辱虐（吾）先君，曰是其侓（藎）臣也？"

婕與藎

《子產》："救（求）婕（藎）之臤（賢）可，以自分埶（重）任以果𨹥（將）。"

㥶與盡

《仲弓》："含（今）女（汝）相夫子所，渫（竭）其青（精）、㥶（盡）其𣃔（慎）者，三害近□矣。"

盡與進

《泰射》："澤（釋）獲者述（遂）盡（進）取賢獲執之，由作（阼）階下北面告于公。"

盡與荸

《占書》："月七垣（暈），有盡（荸）民亡。"

殣與盡

《芮良夫》："日月星晨（辰），甬（用）交𤔲（亂）進退，而莫得其㳄（次），戢（歲）迺不厇（度），民甬（用）戾殣（盡）。"

𦓤字聲系

𦓤與祭

《緇衣》："晋（祭）公之寡（顧）命員（云）：'毋以少（小）悔（謀）敗大惰（作），毋以卑（嬖）御息（疾）妝（莊）句（后），毋以卑（嬖）士息（疾）夫₌（大夫）、卿事（士）。'"按，上博簡本《緇衣》晋（祭）作𦓤。"晋（祭）"字從李家浩《楚大府鎬銘文新釋》（《語言學論叢》第二十二輯，商務印書館，1999年）釋讀。郭店簡本

《緇衣》晉（祭）作，上博簡本《緇衣》臸作。《説文》云晉"从日从臸"，可見可釋爲臸。《説文》"晉"字徐鉉反切注音爲"即刃切"。《正字通·至部》："臸，即刃切。前往也。"可見晉、臸讀音相同。

臸與令

《緇衣》："非甬（用）臸（令），折（制）以坓（刑），隹（惟）乍（作）五瘧（虐）之坓（刑）曰灋。"按，今本《禮記·緇衣》臸作命，學者多認爲"命"爲"令"字之訛誤，參孫詒讓《墨子閒詁》（《諸子集成》第四冊，上海書店，1986年，51頁）、皮錫瑞《今文尚書考證》（中華書局，1989年，439頁）。

臸與霝

《緇衣》："非甬（用）臸（令），折（制）以坓（刑），隹（惟）乍（作）五瘧（虐）之坓（刑）曰灋。"按，上博簡本《緇衣》臸（令）作霝。

臸與薦

《凡物甲》："虗（吾）既長而或（又）老，筥（孰）爲臸（薦）奉？"按，"臸"原文作""。復旦大學出土文獻與古文字研究中心研究生讀書會《〈上博（七）·凡物流形〉重編釋文》（復旦大學出土文獻與古文字研究中心網，2008年12月31日）釋爲"箭"，讀爲"薦"。《儀禮·大射》："綴諸箭蓋。"鄭玄《注》："古文箭作晉。"《周禮·夏官·職方氏》："其利金錫竹箭。"鄭玄《注》："故書箭爲晉。"《説文》云晉"从日从臸"。據此，臸、晉與箭三字蓋一字分化。古從晉聲之字與薦字常可互通，參高亨《古字通假會典》（齊魯書社，1989年，84頁）。下同。

《凡物乙》："虗（吾）既長而或（又）老，筥（孰）爲臸（薦）奉？"

窒與令

《弟子問》："考（巧）言窒（令）色，未可胃（謂）急（仁）也。"

窒與煎

《季子》："☐事又器四放不𠃊（乾）炣（煦）窒（煎）齊（劑）□☐。"

晉與搢

《泰射》："反，晉（搢）符（撲），述（遂）命澤（釋）獲者埶（設）中。"

《泰射》："述（遂）晉（搢）符（撲），反位。"

《泰射》："諸公卿取弓矢于次中，但（袒）、決、述（遂），執弓，晉（搢）三挾一个。"

晉與臸

《緇衣》："晉（祭）公之寡（顧）命員（云）：'毋以少（小）悔（謀）敗大愭（作），毋以卑（嬖）御息（疾）妝（莊）句（后），毋以卑（嬖）士息（疾）夫₌（大夫）、卿事（士）。'"按，上博簡本《緇衣》晉（祭）作臸。

晉與祭

《緇衣》："晉（祭）公之寡（顧）命員（云）：'毋以少（小）悔（謀）敗大愭（作），毋以卑（嬖）御息（疾）妝（莊）句（后），毋以卑（嬖）士息（疾）夫₌（大夫）、卿事（士）。'"按，"晉（祭）"字從李家浩《楚大府鎬銘文新釋》（《語言學論叢》第二十二輯，商務印書館，1999年）釋讀。

晉與煎

《周病方》："取大白礜，大如母（拇）指，置晉（煎）斧（釜）中，涂而燔之。"

晉與箭

《雜療方》："而晉（箭）□未□，璽（爾）效（教）爲宗孫。"

僭與疾

《君子》："聖（聲）之僭（疾）俆（徐），爯（稱）其眾寡。"按，"僭（疾）"字從季旭昇《上博五芻議（下）》（簡帛網，2006年2月18日）讀。

溍與晉

《帛易·晉》："溍（晉），康侯用睗（錫）馬蕃庶，晝日三綾（接）。"

《帛易·晉》："初九〈六〉，溍（晉）如浚（摧）如，貞吉。悔亡，復（孚）浴（裕），无咎。"

《帛易·晉》："六二，溍（晉）如愁如，貞吉。受茲介福，于其王母。"

《帛易·晉》："九四，溍（晉）如炙（鼫）鼠，貞厲。"

溍與資

《帛易·旅》："九四，旅于處，得其溍（資）斧，我心不快。"

《帛易·巽》："尚（上）九，筭（巽）在牀下，亡（喪）其溍（資）斧，貞凶。"

溍與齏

《腋下》："□□□□□□□搗（搗）而煮之，令沸，而溍（齏）去其宰（滓）。"按，"溍（齏）"字從孟蓬生《〈五十二病方〉詞語拾零》（《中國語文》2003年3期）讀。

榗與晉

《易之義》："'榗（晉）如秋（愁）如'，所以辟（避）怒也。"按，"榗"字從廖名春《帛書〈周易〉論集》（上海古籍出版社，2008年，382頁）釋，當讀作"晉"。

簮與搢

《泰射》："司射入于次，簮（搢）三挾一个，出于次。"

《泰射》："述（遂）取符（撲）簮（搢）之，以竢（俟）于所執（設）中之南。"

《泰射》："反，簮（搢）符（撲），復位。"

《泰射》："司射先降，簮（搢）符（撲），反位。"

《泰射》："適楅南，皆左環（還），北面，簮（搢）三挾一个。"

《泰射》："適西階，簮（搢）符（撲）以反位。"

《泰射》："反簮（搢）符（撲），適次。"

《泰射》："北面簮（搢）三挾一个，揖退。"

《泰射》："司射反，簮（搢）符（撲）。"

簮與箭

《服傳甲》："《傳》曰：總六升，長六寸，簮（箭）栞（笄）長尺，吉栞（笄）尺二寸。"

《泰射》："幕（冪）錫若絺，綴諸簮（箭），蓋幕（冪），加〈如〉勺，有（又）反之。"

譖與晉

《別卦》："譖（晉）。"

千字聲系

千與阡

《答問》："可（何）如爲'封'？'封'即田千（阡）佰（陌）。"

《爲吏》："千（阡）佰（陌）津橋。"

《龍簡》："侵食道、千（阡）郜（陌）及斬（塹）人疇企（畦），貲一甲。"

《龍簡》："黔首皆從千（阡）佰（陌）彊（疆）畔之其〼。"

《更修田律》："百畝爲頃，一千（阡）道₌（道，道）廣三步。"

《更修田律》："及癹（發）千（阡）百（陌）之大草。"

《魏盜》："即將司寇晦，別居千（阡）佰（陌）、徶（徹）道，徼（邀）迣苛視不狁〈狀〉者。"

《二年·田律》："百畝爲頃，十頃一千（阡）道₌（道，道）廣二丈。"

《二年·田律》："恆以秋七月除千（阡）

佰（陌）之大草。"

《二年·田律》："盗侵□千（阡）佰（陌）及蜇土，罰金二兩。"按，"千（阡）"字從武漢大學簡帛研究中心、荊州博物館、早稻田大學長江流域文化研究所《張家山漢簡〈二年律令〉釋文校訂》（《中國文字》新32期，藝文印書館，2006年）釋讀。

千與仞

《帛乙老子·德經》："九成之臺，作於虆（蘽）土；百千（仞）之高，始於足下。"

忎與仁

《有皇》："囟（使）遊於忎（仁）☐。"按，"忎（仁）"字從復旦吉大古文字專業研究生聯合讀書會《上博八〈有皇將起〉校讀》（復旦大學出土文獻與古文字研究中心網，2011年7月17日）釋讀。

《管仲》："既年（佞）或（又）忎（仁），此胃（謂）成器。"

訐與信

《金縢》："王䎽（問）執事人，曰：'訐（信）。殹（噫）！公命我勿敢言。'"

《命訓》："女（如）懽（勸）以忠訐（信），則乇（度）至于亟（極）。"

《命訓》："夫明王卲（昭）天訐（信）人以乇（度）攻₌（功，功）陛（地）以利之。"

《啻門》："悳（德）濬（睿）明執訐（信）以義成。"

《三壽》："可（何）胃（謂）訐（信）？"

《三壽》："衣備（服）惴（端）而好訐（信），丂（孝）忈（慈）而忞（哀）眔（鰥）。"

《三壽》："天下甖（甄）再（稱），以羣（誥）四方，寺（時）名曰觀（叡）訐（信）之行。"

《管仲》："及學（幽）王之身，好吏（使）年（佞）人而不訐（信）慼（貞）良。"

《子儀》："莫往可₌（兮何）以實（寘）言（焉），余愧（畏）其式（式）而不訐（信），余隼（誰）思（使）于劦（協）之。"

𢝊與仁

《三壽》："可（何）胃（謂）𢝊（仁）？"

《三壽》："卹（恤）遠而恈（撫）新（親），憙（喜）神而履（禮）人，寺（時）名曰𢝊（仁）。"

訐與訊

《容成氏》："墨（禹）乃建鼓於廷，以爲民之又（有）詓（謁）告者訐（訊）安（焉）。"按，"訐（訊）"字從陳劍《上博楚簡〈容成氏〉與古史傳説》注44（臺灣"中央研究院"史語所"中國南方文明研討會"論文，2003年）讀。

秦字聲系

秦與蓁

《官一》："爲畏（隈）以山胠（陆），秦（蓁）怫（茀）以委（逶）施（迤）。"按，"秦（蓁）"字從張震澤《孫臏兵法校理》（中華書局，1984年，112頁）讀。下同。

《官一》："秦（蓁）怫（茀）以委（逶）施（迤），便罷（擺）以鴈（雁）☐。"

秦與溱

《詩論》："《涉秦（溱）》其𢇍（絕）柎而士。"

秦與榛

《李頌》："木斯蜀（獨）生，秦（榛）朸（棘）之閒可（兮）。"

秦與臻

《天下至道》："秦（臻）欲之而不能，曰帶（勿）。"

《天下至道》："爲之秦（臻）疾，曰費，此謂七孫（損）。"

秦與差

《繫年二十》："盍（闔）虜（盧）即殜（世），夫秦（差）王即立（位）。"

《繫年二十》："晉柬（簡）公會者（諸）侯，以與夫秦（差）王相見于黃沱（池）。"

秦與乾

《楚居》："至需（靈）王自爲郢遷（徙）居秦（乾）溪之上，以爲凥（處）於章華之臺。競（景）坪（平）王即立（位），猷（猶）居秦（乾）溪之上。至卲（昭）王自秦（乾）溪之上遷（徙）居㜪₌郢₌（嫐郢，嫐郢）遷（徙）居鶚₌郢₌（鄂郢，鄂郢）遷（徙）衮（襲）爲郢。"

《楚居》："盍（闔）虜（盧）内（入）郢，安（焉）復遷（徙）居秦₌溪₌之₌上₌（乾溪之上，乾溪之上）復遷（徙）衮（襲）㜪（嫐）郢。"

蓁與榛

《容成氏》："以僊（厲）於溪浴（谷），淒（濟）於𡉚（廣）川，高山隥（登），蓁（榛）林▨□泉。"按，"蓁"似當讀作"榛"，參《故訓匯纂》1134頁。

卂字聲系

卂與迅

《反淫》："願得匄精神，奮卂（迅）刑（形）體（體），强觀清華。"

迅與佞

《季桓子》："𡰥（斯）不迅（佞）。"按，"迅"字原形作"[illegible]"，陳劍《〈上博（六）·孔子見季桓子〉重編新釋》（復旦大學出土文獻與古文字研究中心網，2008年3月22日）認爲該字右上所從爲"年"字省形，讀作"佞"。讀作"佞"可從，但該字似當釋爲"迅"，右上所從即"卂"字。

囟字聲系

囟與使

《太一》："天隍（地）名志（字）並₌（並立），古（故）怭（過）其方，不囟（使）相□。"按，"囟（使）"字從孟鵬生《上博竹書（二）字詞劄記》（簡帛研究網，2003年1月14日）、陳斯鵬《論周原甲骨和楚系簡帛中的"囟"與"思"——兼論卜辭命辭的性質》（《第四屆國際中國古文字學研討會論文集》，香港中文大學中國語言及文學系編集，2003年）讀。

《昭王》："其子脽（脽）既與虐（吾）同車，或𠊎之衣，囟（使）邦人䖒（皆）見之。"

《曹沫》："凡貴人囟（使）凥（處）前立（位）一行，後則見亡。"

《告武夷》："君向（饗）受某之䎘（聶）帋（幣）芳糧，囟（使）某來歸飤（食）故□。"

《鄭壽》："懼䰠（鬼）神以爲妄（怒），囟（使）先王亡所逯（饋）。"

《鄭子甲》："天後（厚）楚邦，囟（使）爲者（諸）侯正。"

《鄭子甲》："余𨠭（將）必囟（使）子家毋以成（盛）名立於上，而威𡧍於下。"

《鄭子乙》："天後（厚）楚邦，囟（使）爲者（諸）侯正。"

《鄭子乙》："我𨠭（將）必囟（使）子家▨。"

《君人甲》："民乍而囟（使）[illegible]之，君王唯（雖）不亢（荒）年（寧）"

《君人乙》："民乍而囟（使）[illegible]之，君王唯（雖）不亢（荒）年（寧），可也。"

《有皇》："囟（使）遊於忎（仁）▨。"按，"囟（使）"字從鄔可晶在復旦吉大古文字專業研究生聯合讀書會《上博八〈有皇將起〉校讀》（復旦大學出土文獻與古文字研究中心網，2011年7月17日）一文下跟帖讀。

《城濮》："成王爲成（城）僕（濮）之行，

王囟（使）子㪅（文）𡥈（教）子玉。”

《繫年六》：“秦穆公乃内（納）惠公于晉，惠公賂秦公曰：‘我句（苟）果内（入），囟（使）君涉河，至于梁城。’”

《繫年六》：“褱（懷）公自秦逃歸，秦穆公乃訋（召）文公於楚，囟（使）衺（襲）褱（懷）公之室。”

《繫年八》：“秦穆公欲與楚人爲好，安（焉）䋜（脱）繡（申）公義（儀），囟（使）歸求成。”

《繫年十四》：“齊同（頃）公囟（使）其女子自房中觀郇=之=克=（駒之克，駒之克）牆（將）受齊侯𢂋（幣）。”

《繫年十六》：“一年，競（景）公欲與楚人爲好，乃敚（脱）芸（鄖）公，囟（使）歸求成。”

《繫年十九》：“楚霝（靈）王立，既閒（縣）陳、鄦（蔡），競（景）坪（平）王即立（位），改邦陳、鄦（蔡）之君，囟（使）各復其邦。”

《赤鵠》：“其下舍（予）句（后）疾，是囟（使）句（后）㾊（疾）疾而不智（知）人。”

囟與思

《繫年七》：“晉文公囟（思）齊及宋之悳（德），乃及秦𠂤（師）回（圍）曹及五麇（鹿），伐衛以敚（脱）齊之戍及宋之回（圍）。”

洒與洗

《雜療方》：“欲止之，取黍米泔若流水，以洒（洗）之。”按，“洒（洗）”字從劉釗師《馬王堆漢墓帛書〈雜療方〉校釋劄記》（《古文字研究》第二十八輯，中華書局，2010年）釋讀。下同。

《諸傷》：“稍（消）石直（置）温湯中，以洒（洗）癰。”

《嬰兒瘛》：“因以匕周揖嬰兒瘛（瘛）所，而洒（洗）之桮（杯）水中。”

《白處》：“二日，洒（洗），以新布孰暨（摡）之，復傅。”

《疽病》：“日一傅樂（藥），傅樂（藥）前洒（洗）以温水。”

《□□》：“煮麥，麥孰（熟），以汁洒（洗）之。”

《痂》：“以肥滿剡豶膏□夷□□□□□□□善以水洒（洗）加（痂），乾而傅之，以布約之。”

《痂》：“先善以水洒（洗），而炙蛇膏令消，傅。”

《痂》：“先孰（熟）洒（洗）加（痂）以湯，乃傅。”

《痂》：“先以酒洒（洗），燔朴炙之，乃傅。”

《痂》：“善洒（洗），靡（磨）之血，以水銀傅，又以金鐐（鋊）冶末皆等。”

《痂》：“冶牛厀（膝）、燔髶灰等，并□□，孰（熟）洒（洗）加（痂）而傅之。”

《蟲蝕》：“毀而取□□而□□，以□洒（洗）之，令僕僕然，即以傅。”

《蟲蝕》：“□□□□□□□□□□明日有（又）洒（洗）以湯，傅藥如前。”

《蟲蝕》：“日壹洒（洗），日壹傅藥。”

《蟲蝕》：“止，即洒（洗）去藥。”

《乾瘙》：“先孰（熟）洒（洗）騷（瘙）以湯，潰其灌，撫以布，令□□而傅之。”

《乾瘙》：“善洒（洗），乾，節（即）炙裹樂（藥），以靡（磨）其騷（瘙）。”

《身疕》：“先以黍潘孰（熟）洒（洗）涿（瘃），即燔數年陳藁。”

《治瘍》：“再膏傅，而洒（洗）以叔（菽）汁。”

《治瘍》：“有去者，輒逋（補）之，勿洒

（洗）。”
《治瘍》：“傅藥必先洒（洗）之。日一洒（洗），傅藥。”
《治瘍》：“鬻（煮）叔（菽）取汁洒（洗）□，以彘膏已湔（煎）者膏之。”
《養生方》：“用槙（顛）棘（勒）根刌之，長寸者二參，善洒（洗）之。”
《養生方》：“☐三斗，漬梓實一斗五日，以洒（洗）男，男強。”
《養生方》：“如食頃，以水洒（洗），支七八□□□。”
《養生方》：“洒（洗）男。”
《雜療方》：“即以流水及井水清者，孰（熟）洒（洗）輡（澣）其包（胞），孰（熟）捉。”
《胎產書》：“必孰（熟）洒（洗）輡（澣）胞。”
《天下至道》：“已而洒（洗）之，怒而舍之，曰定頃（傾），此胃（謂）八益。”

思與使

《楚帛書》甲：“炎帝乃命祝融（融）以四神降奠三天□□，思（使）敄（保）奠四亟（極）。”按，“思（使）”字從劉信芳《子彈庫楚墓出土文獻研究》（藝文印書館，2002年，227頁）讀。下二例同。
《楚帛書》甲：“母（毋）思（使）百神風雨晨（辰）禕（緯）亂（亂）乍（作）。”
《楚帛書》甲：“思（使）又（有）宵又（有）潮（朝），又（有）晝又（有）夕。”
《容成氏》：“凡民俾（罷）敝（弊）者，教而謀（誨）之，歙（飲）而飤（食）之，思（使）役百官而月青（請）之。”
《容成氏》：“墨（禹）肰（然）句（後）訂（始）爲之唐（號）羿（旗），以支（辨）其左右，思（使）民毋惑。”
《容成氏》：“思（使）民道（蹈）之，能述（遂）者述（遂），不能述（遂）者，内（墜）而死，不從命者，從而桎琌（梏）之。”
《容成氏》：“文王時（持）故時而孝（教）民時，高下肥毳（磽）之利聿（盡）智（知）之，智（知）天之道，智（知）陛（地）之利，思（使）民不疾。”
《曹沫》：“古（故）衛（帥）不可思（使）牪₌（牪，牪）則不行。”
《曹沫》：“昷₌（明日）酒（將）戰，思（使）爲前行。”
《曹沫》：“乃□□厚（蓐）飤（食），思（使）爲前行。”
《曹沫》：“三行之後，句（苟）見耑（短）兵，攸毋怠（怠），毋思（使）民矣（疑）。”
《曹沫》：“收而聚之，束（束）而厚之，賕（重）賞泊（薄）坓（刑），思（使）忘其死而見其生，思（使）良車良士往取之餌（耳）。思（使）其志记（起），献（勇）者思（使）憙（喜），孳（葸）者思（使）昏（悔），肰（然）句（後）改訂（始）。”
《曹沫》：“能絧（治）百人，使倀（長）百人；能絧（治）三軍，思（使）衛（帥）。”
《苦成》：“姑（苦）成家父以其族參（三）垪（郤）征百豫，不思（使）反。”
《苦成》：“躬與士凥（處）埻，旦夕絧（治）之，思（使）有君臣之節。”
《苦成》：“虐（吾）聑（聞）爲臣者必思（使）君得志於㠯（己）而又（有）後青（請）。”
《苦成》：“姑（苦）成家父乃寍（寧）百豫，不思（使）從㠯（己）立（蒞）於廷。”
《競公瘧》：“今新（薪）登（蒸）思（使）吳（虞）守之。”按，“思（使）”字從何有祖《讀〈上博六〉劄記》（簡帛網，2007年7月9日）讀。
《鄭子甲》：“命思（使）子家利（梨）木

三眷（寸），絽（疏）索以絣（紘），毋敢丁門而出，斂（掩）之成（城）坖（基）。”

《鄭子乙》：“命思（使）子家利（梨）木三眷（寸），絽（疏）索以絣（紘），毋敢丁門而出，斂（掩）之成（城）坖（基）。”

《凡物甲》：“窒祭員系（奚）逐，虐（吾）女（如）之可（何）思（使）餐（飽）？”

《凡物乙》：“窒祭員系（奚）逐，虐（吾）女（如）之可（何）思（使）餐（飽）？”

《王居》：“尔（爾）思（使）我得忧（尤）於邦多巳（矣）。”

《李頌》：“忨（愿）歲之啟時，思（使）虐（吾）梪（樹）秀可（兮）。”按，“思（使）”字從復旦吉大古文字專業研究生聯合讀書會《上博八〈李頌〉校讀》（復旦大學出土文獻與古文字研究中心網，2011 年 7 月 17 日）讀。

《程寤》：“思（使）卑脜（柔）和川（順），眚（生）民不牙（災），褱（懷）允。”

《楚居》：“思（使）若（鄀）嗌卜遷（徙）於臺（夷）宅（屯）。”

《繫年十一》：“乃行穆王，思（使）歐（驅）褁（孟）者（諸）之麋，屢（徙）之徒啬。”

《説命下》：“敓（説），余既訳（諟）故（劼）謐（毖）女（汝），思（使）若玉冰，上下罔不我義（儀）。”

《赤鵠》：“其走（上）片（刺）句（后）之體，是思（使）句（后）之身蚵（疴）蓋（蘁），不可壐（極）于笞（席）。”

《赤鵠》：“其下舍（予）句（后）疾，是思（使）句（后）慭₌（棼棼）恂₌（眩眩）而不智（知）人。”

《赤鵠》：“其走（上）片（刺）句（后）之身，是思（使）句（后）瘄（昏）嬰（亂）甘（憨）心。”

《湯丘》：“今少（小）臣又（有）疾，女（如）思（使）哬（召），少閑（閒）於疾，朝而䭬（稽）之，不猷（猶）受君賜？”

《湯丘》：“必思（使）事與飤（食）相堂（當）。”

《子儀》：“遠人可（何）麗（離）宿，君又譚（尋）言（焉），余隼（誰）思（使）于告之。”

《子儀》：“莫往可₌（兮何）以實（寘）言（焉），余愧（畏）其式（式）而不訐（信），余隼（誰）思（使）于劦（協）之。”

思與斯

《鄭武》：“思（斯）羣臣得執安（焉），□臣、四鄰（鄰）以虐（吾）先君爲能敘。”

《奏讞書》：“黔首畏害之，出入不敢，若思（斯）甚大害也。”

《北蒼・之職》：“長緩肆延，渙奐若思（斯）。”

思與息

《湯丘》：“遠又（有）所亟，裳（勞）又（有）所思（息），飴（饑）又（有）所飤（食）。”按，“思（息）”字從陳偉《讀〈清華竹簡〔伍〕〉札記（三則）》（簡帛網，2015 年 4 月 11 日）讀。

戥與棘

《唐虞》：“□用戥（棘），夏用戈，正（征）不備（服）也。”按，“戥”字原形作“”，過去一般隸定作“戥”，讀作“威”，不確。上博簡《三德》簡 20 有字作“”，與此當是一字。當隸定作“戥”，在此似當讀作“棘”。《左傳・隱公十一年》：“子都不拔棘以逐之。”杜預《注》：“棘，戟也。”

腮與鰓

《養生方》：“取牛腮（鰓）燔冶之，□乾桓（薑）、菌桂皆并□，□□囊盛之。”

鰓與鰓

《北蒼・陽》：“鰓（鰓）展賁（奮）達，

游（遊）敖（遨）周章。”

辛字聲系

辛與腥

《木牘》：“☐□□豬肉魚辛（腥）□□，卅日知，六十日僾（瘉）。”按，“辛”似當讀作“腥”。

亲與新

《天乙·伐木三》：“不可之山谷亲（新）以材木及伐空桑。”

亲與腥

《一類》：“禁魚葷菜魚亲（腥）。”按，“亲”似當讀作“腥”。

亲與榛

《邶風》：“山有業〈亲（榛）〉，濕（隰）有□，云□□□。”

《北蒼·魚》：“果蓏茄蓮，亲（榛）栗瓠瓜。”

新與莘

《湯丘》：“湯凥（處）於湯（唐）垄（丘），取妻於又₌郑₌（有莘。有莘）嫪（媵）以少₌臣₌（小臣，小臣）善爲飤（食），亨（烹）之和。”

《湯丘》：“又（有）郑（莘）之女飤（食）之，鱶（絕）䉆（芳）旨以飿（滑）。”

新與辛

《反淫》：“☐紹，結以奇（琦）璜，土（杜）若申椒，燕茝秦衡（蘅），新（辛）雉（夷）稾本，木蘭之桀（牀），卑（薜）離（荔）要（幽）惠（蕙），江羅（離）雜芳。”

新與莘

《繫年五》：“文王敗之於新（莘），䑋（獲）哀侯以歸。”

新與新

《從政》：“獄則興，愄（威）則民不道，滷（嚴）則遠（失）眾，㤝（猛）則無新（親），罰則民逃，好☐則民复（作）斁（亂）。”

按，《季康子》新作斩。“斩”即“新”字異構。

新與䍃

《緇衣》：“大人不新（親）其所臤（賢），而信其所戔（賤），䜭（教）此以遊（失），民此以絲（變）。”按，上博簡本《緇衣》新（親）作䍃。下同。“䍃”即“親”字異構。

《緇衣》：“大臣之不新（親）也，則忠敬不足，而賏（富）貴已逃（過）也。”

《緇衣》：“古（故）君子多䎽（聞），齊而獸（守）之；多志，齊而新（親）之；精智（知），逄（略）而行之。”

新與親

《老子》甲：“古（故）不可得天〈而〉新，亦不可得而疋（疏）。”按，今本和帛書本新作親。

《老子》甲：“名與身簹（孰）新？”按，今本和帛書甲本新作親。下二例同。

《老子》丙：“大上下智（知）又（有）之，其即（次）新譽之，其既〈即（次）〉愄（畏）之，其即（次）爻（侮）之。”

《老子》丙：“六新不和安（焉），又（有）孝孳（慈）。”

《五行》：“戚則新₌（親，親）則炁₌（愛，愛）則玉₌色₌（玉色，玉色）則型₌（形，形）則息（仁）。”

《五行》：“不戚不₌新₌（不親，不親）不₌炁₌（不愛，不愛）不息（仁）。”

《五行》：“亯（戚）而信之，新₌（親；親）而簹（篤）之，炁（愛）也。”

《緇衣》：“大人不新（親）其所臤（賢），而信其所戔（賤），䜭（教）此以遊（失），民此以絲（變）。”

《緇衣》：“大臣之不新（親）也，則忠敬不足，而賏（富）貴已逃（過）也。”

《緇衣》："古（故）君子多聒（聞），齊而獸（守）之；多志，齊而新（親）之；精智（知），逄（略）而行之。"

《成之》："折（制）爲君臣之義，愲（著）爲父子之新（親），分爲夫婦之支（辨）。"

《尊德義》："⿱（教）以懽（權）悔（謀），則民𢒼惃遠豊（禮）亡新（親）息（仁）。"

《尊德義》："不𢜔（愛）則不新（親），不□則弗𢜶（懷），不釐則亡愄（威），不忠則不信，弗恿（勇）則亡復。"

《尊德義》："尊息（仁）、新（親）忠、敬壯、逯（歸）豊（禮）。"

《六德》："新（親）父子，和大臣，帰（寢）四𤇾（鄰）之朿（策）𢼸（慮），非息（仁）宜（義）者莫之能也。"

《六德》："非我血𣱜（氣）之新（親），畜我女（如）其子弟。"

《六德》："人又（有）六𢛳（德），厽（三）新（親）不𢼄。"

《六德》："豫其志，求𢽳（養）新（親）志₌（之志）。"按，"新（親）"字從裘按（《郭店楚墓竹簡·六德》篇注［三］）讀。

《六德》："男女卞（辨）生言，父子新（親）生言，君臣宜（義）生言。"

《六德》："男女不卞（辨），父子不新（親）。父子不新（親），君臣亡宜（義）。"

《六德》："新（親）𨗫（戚）遠近，唯其人所才（在），得其人則𦥯（舉）安（焉），不得其人則止也。"

《六德》："新（親）民易，㕜（使）民相新（親）也𪇓（難）。"

《從政》："獄則興，愄（威）則民不道，𠪚（嚴）則遊（失）眾，怲（猛）則無新（親），罰則民逃，好□則民𢀵（作）𤔔（亂）。"

《容成氏》："昔舜静（耕）於鬲（歷）丘，匋（陶）於河賓（濱），魚（漁）於靁（雷）澤，孝羕（養）父母，以善其新（親），乃及邦子。"

《曹沫》："卡₌（上下）和䖒（且）祝（篤），繧（因）紀於大₌國₌（大國，大國）新（親）之，而下□。"

《曹沫》："又智（知）不足，亡所不中，則民新（親）之。"

《君子》："虗（吾）新（親）聒（聞）言於夫子，欲行之不能，欲迲（去）之而不可，虗（吾）是以膳（瘠）也。"

《弟子問》："子贛（貢）𠧪（曰）：'莫新（親）唇（乎）父母，死不𡩋（顧）生，可（何）言唇（乎）其信也？'"

《三德》："敕（求）利，戔（殘）其新（親），是胃（謂）遑（皐）；君無宔（主）臣，是胃（謂）𢒃（危），邦家其褱（壞）。"

《三德》："臨民以息（仁），民莫弗新（親）。"按，"新（親）"字從陳劍《談談〈上博（五）〉的竹簡分篇、拼合與編聯問題》（簡帛網，2006年2月18日）讀。

《三德》："天才（哉）人才（哉），朋（凭）可（何）新（親）才（哉），𡕝（沒）其身才（哉）。"

《三德》："智（知）天足以川（順）旹（時），智（知）陛（地）足以由（育）材，智（知）人足以會新（親）。"

《競公瘧》："身爲新（親），或（又）可（何）𢜔（愛）安（焉）。"按，"新（親）"字從陳偉《讀〈上博六〉條記》（簡帛網，2007年7月9日）讀。

《顏淵問》："豫（予）紋（約）而收貧，所以取新（親）也。"

《成王》："民皆欲豫（捨）其新（親）而新（親）之，皆欲以其邦𦎫（就）之，是胃（謂）天子之正道。"按，第一個"新（親）"字從復旦吉大古文字專業研究生聯合讀書會《上博八〈成王既邦〉校讀》(復旦大學出土文獻與古文字研究中心網,2011 年 7 月 17 日)讀。

《成王》:"☐□而臤(賢)者,能以其六贓(藏)之獸(守)取新(親)安(焉),是胃(謂)六新(親)之約。"按,"新(親)"字從復旦吉大古文字專業研究生聯合讀書會《上博八〈成王既邦〉校讀》(復旦大學出土文獻與古文字研究中心網,2011 年 7 月 17 日)讀。

《顔淵問》:"攸(修)身以先,則民莫不從矣;前以尃(博)俧〈忎(愛)〉,則民莫遺新(親)矣。"

《繫年八》:"晉文公卒,未圅(葬),壤(襄)公新(親)銜(率)自(師)御(禦)秦自(師)于嵴(崤),大敗之。"

《三壽》:"衂(恤)遠而㥴(撫)新(親),憙(喜)神而履(禮)人,寺(時)名曰悬(仁)。"

新與薪

《多薪》:"多₌新₌(多薪多薪),莫奴(如)雚葦。"

《多薪》:"多₌新₌(多薪多薪),莫奴(如)松杍(梓)。"

《季子》:"☐少則□之新(薪)炣(煦)齊(劑)☐。"

《競公瘧》:"今新(薪)登(蒸)思(使)吴(虞)守之。"

《占夢書》:"夢新(薪)夫焦(樵),乃大旱。"

《穀物》:"芻新(薪)積廿八尺一石。"

《穀物》:"芻新(薪)積廿八尺一石。"

《第二組》:"黔首爲隸臣、城旦、城旦司寇、鬼新(薪)妻而内〈冗〉作者,皆勿稟食。"

《稱》:"地有財而不憂民之貧也,百姓斬木剚(刈)新(薪)而各取富焉。"

《奨懲》:"☐將長及死不出營,營私卒將吏皆耐爲鬼新(薪),其☐。"

薪與辛

《諸傷》:"□□、薪(辛)夷、甘草各與鼢鼠等,皆合撓。"

《癰》:"白茝(芷)、白衡、菌桂、枯畺(薑)、薪(辛)雉(夷),凡五物等。"

薪與焊

《禁》:"春毋伐木,華竕(箞)生;夏毋犯火,精薪(焊)絳(豐);秋毋犯金,當(鎏)銀昭;冬毋犯水,甘泉出。"按,"薪"似當讀作"焊"。《集韻·青韻》:"焊,火烈也。"《正字通·火部》:"焊,火光散見四出者。"

親與新

《周馴》:"斯乃受(授)之書,而自身屬(囑)之曰:女(汝)勉毋忘臘之明日親(新)歲之馴(訓)。"

《儒説》:"桓公問焉曰:'子年何少,得國之親(新),失之₌(之之)速也?'"

親與寘

《帛易·坎》:"尚(上)六,系(係)用諱(徽)纆(纆),親(寘)于繱(叢)勒(棘),三歲弗得,兇(凶)。"

新與親

《唐虞》:"夫聖人上事天,效(教)民又(有)尊也;下事陸(地),效(教)民又(有)新(親)也;旹(時)事山川,效(教)民又(有)敬也;新(親)事且(祖)寣(廟),效(教)民孝也。"

《季康子》:"羣₌(君子)弫(強)則遺,愄(威)則民不道,僉(嚴)則遳(失)眾,凰(猛)則亡新(親),好型(刑)則不羊(祥),好殺則叏(作)𤔔(亂)。"

《弟子問》:"夫以眾軛(犯)墜(難),以新(親)受录(禄);袋(勞)以成事,色

（嗇）以𠂤官。”

新與親

《吳命》：“孤使一介使，慹（親）於桃乇袋（勞）其夫₌（大夫），虘（且）青（請）其行。”

慹與親

《昔者》：“能事其慹（親）。”

罙與親

《緇衣》：“大人不新（親）其所臤（賢），而信其所戔（賤），敎（教）此以遊（失），民此以絣（變）。”按，上博簡本《緇衣》新（親）作罙。下二例同。

《緇衣》：“大臣之不新（親）也，則忠敬不足，而賵（富）貴已逃（過）也。”

《緇衣》：“古（故）君子多聒（聞），齊而獸（守）之；多志，齊而新（親）之；精智（知），迲（略）而行之。”

《忠信》：“忠硃（積）則可罙（親）也，信硃（積）則可信也。”按，“罙”即“親”字異構。

《忠信》：“忠信硃（積）而民弗罙（親）信者，未之又（有）也。”

《忠信》：“心□□□罙（親），君子弗申尔。”

《忠信》：“君₌（君子）其它（施）也忠，古（故）繺（蠻）罙（親）尃（博）也。”

《唐虞》：“大（太）教（學）之中，天子罙（親）齒，效（教）民弟也；先聖牙（與）後耶（聖），考後而歸先，效（教）民大川（順）之道也。”

《唐虞》：“堯舜之行，悉（愛）罙（親）障（尊）臤（賢）。悉（愛）罙（親）古（故）孝，尊臤（賢）古（故）徸（禪）。”

《唐虞》：“悉（愛）罙（親）㠩（忘）臤（賢），息（仁）而未義也；尊臤（賢）遺罙（親），我（義）而未息（仁）也。”

《唐虞》：“悉（愛）罙（親）尊臤（賢），吳（虞）舜其人也。”

《語叢一》：“息（仁），人也；義，道也。厚於仁，薄於義，罙（親）而不障（尊）；厚于義，尃（薄）於息（仁），障（尊）而不罙（親）。”

《語叢一》：“又（有）罙（親）有障（尊）。”

《語叢一》：“長弟，罙（親）道也。習（友）君臣，毋罙（親）也。”

《語叢二》：“悉（愛）生於眚（性），罙（親）生於悉（愛），忠生於罙（親）。”

《語叢三》：“悉（愛）罙（親）則其𣏌（殺）悉（愛）人。”

《語叢三》：“悉（愛）銁者罙（親）。”

《競公瘧》：“☐君祝敓（説）毋〈女（如）〉尃（薄）青（情）忍辠〈罙（親）〉唇（乎）？”按，“辠〈罙（親）〉”字從陳偉《讀〈上博六〉條記》（簡帛網，2007年7月9日）釋讀。

《季桓子》：“害（蓋）臤（賢）者是能辠〈罙（親）〉息（仁），辠〈罙（親）〉息（仁）者是能行叟（聖）人之道。”按，“辠〈罙（親）〉”字從陳偉《讀〈上博六〉條記》（簡帛網，2007年7月9日）釋讀。下二例同。

《季桓子》：“女（如）子（玆）辠〈罙（親）〉息（仁）、行叟（聖）人之道。”

《季桓子》：“上不辠〈罙（親）〉息（仁），而粲（敷）〖専〗聒（聞）其訇（辭）於逯（逸）人唇（乎）？”

《芮良夫》：“必罙（探）其尾（宅），以罙（親）其脂（狀），身與之語，以求其上。”

親與親

《曹沫》：“君女（如）親（親）衛（率），必聚羣又（有）司而告之。”按，“親”即“親”字異構。

《曹沫》：“果勳（勝）矣，親（親）衛（率）

勳（勝）。”

《曹沫》：“臧（莊）公曰：‘爲親（親）女（如）可（何）？’”

《蘭賦》：“親（親）眾秉志，綽（逴）遠行道，不韬又（有）折，蕑（蘭）斯秉惪（德）。”

《金縢》：“隹（惟）余湝（沖）人其親（親）逆公，我邦家豊（禮）亦宜之。”

睿字聲系

悫與渙

《別卦》：“悫（渙）。”

叡與浚

《周易·恆》：“初六：叡（浚）亙（恆），貞凶。亡（无）卣（攸）利。”

叡與振

《周易·恆》：“上六：叡（振）亙（恆），貞凶。”

叡與敻

《周易·恆》：“初六：叡（浚）亙（恆），貞凶。亡（无）卣（攸）利。”按，帛書本叡作敻。下同。

《周易·恆》：“上六：叡（振）亙（恆），貞凶。”

濬與睿

《湯丘》：“少（小）臣畣（答）：‘君既濬（睿）明，既受君命，退不寡（顧）死生，是非共（恭）命虏（乎）？’”

《啻門》：“惪（德）濬（睿）明執訐（信）以義成，此胃（謂）完（美）惪（德），可以䒭（保）成。”按，“濬”似當讀作“睿”。“睿明”一詞典籍習見。

觀與旋

《説命上》：“一豕乃觀（旋），保以遣（誓），廼遂（踐），邑人皆從。”

觀與叡

《三壽》：“䚎（觀）臺（覺）恖（聰）明，音色柔丂（巧）而觀（叡）武不罔，㚔（效）屯（純）佰（宣）猷，牧民而馯（御）王。”

《三壽》：“天下甖（甄）再（稱），以羣（誥）四方，寺（時）名曰觀（叡）訐（信）之行。”

䨥與渙

《周易·渙》：“九二：䨥（渙）走其尻，悔（悔）亡。”

《周易·渙》：“六厽（三）：䨥（渙）其躳（躬），亡（无）咎。”

《周易·渙》：“六四：䨥（渙）其群，元吉。䨥（渙）其丘，非（匪）㠯（夷）所思。”

《周易·渙》：“九五：䨥（渙）其大唐（號），䨥（渙）其尻（居），亡（无）咎。”

《周易·渙》：“上九：䨥（渙）其血，欲易（逖）出。”

䨥與渙

《周易·渙》：“䨥（渙）：卿（亨）。王叚（假）於宙（廟），利見大人，利涉大川。”

真字聲系

真與瞋

《妄稽》：“真（瞋）目而怒，齘折其齒。”

《妄稽》：“妄稽大怒，真（瞋）目瞲視。”

真與顛

《厚父》：“真（顛）復（覆）氒（厥）惪（德），湳（沉）湎于非彝。”

真與咥

《帛易·履》：“禮（履）虎尾，不真（咥）人，亨。”

《帛易·履》：“六三，眇（眇）能視，跛能利。禮（履）虎尾，真（咥）人，兇（凶）。武人迵于大君。”

填與顛

《帛易·鼎》：“初六，鼎填（顛）止（趾），利▢不（否），得妾以其子，无咎。”

填與塵

《蓋廬》："相其前後，與其進芮（退），慎其填（塵）埃，與其緂（炎）氣。"

寘與填

《戰國一八》："雖少，願及未寘（填）叡（壑）谷而託之。"

寘與鎮

《北大老子》："化而欲作，吾將寘（鎮）之以無名之樸。"

遉與顛

《芮良夫》："莫之敖（扶）道（導），其由（猶）不遉（顛）（覆）？"按，"遉（顛）"字從丁若山《讀清華三懸想一則》（簡帛網，2013年1月12日）釋讀。

瞋與填

《引書》："端談（倓），吸精氣而咽之，瞋（填）少腹，以力引陰，三而已。"

窴與填

《天甲・填穴》："正月壬子窴（填）穴，鼠弗居。"

瘨與癲

《足臂脈・足》："㞘（䏰）㴒（衄），數瘨（癲）疾。"

《癲疾》："瘨（癲）疾者，取犬尾及禾在圈垣上者，段冶，湮汲以飲之。"

瘨與顛

《養生方》："□□以瘨（顛）棘（勒）爲醬（漿）方。"

《養生方》："刌瘨（顛）棘（勒）長寸□節者三斗，□□□□□□□□之。"

《養生方》："用瘨（顛）棘（勒）根刌之，長寸者二參，善洒（洗）之。"

謓與慎

《天下至道》："於（嗚）虖（呼）謓（慎）才（哉），神明之事，在於所閉。"

《天下至道》："虖（虛）實有常，謓（慎）用勿忘。"

輴與輴

《北蒼・支》："魃袳婃（媄）再，篳暈輴（輴）解。"

闐與鎮

《帛乙老子・道經》："化而欲作，吾將闐（鎮）之以无名之樸。"

《帛乙老子・道經》："闐（鎮）之以无名之樸，夫將不辱。"

顛與癲

《癲疾》："顛（癲）疾。"

申字聲系

申與伸

《神烏賦》："張曰〈目〉陽（揚）麋（眉），𡄷（奮）翼申（伸）頸。"

申與神

《帛甲老子・德經》："非其申（神）不傷人也，聖人亦弗傷也。"

申與陳

《容成氏》："武王素麐（甲）以申（陳）於騜（殷）蒿（郊），而騜（殷）⧄。"

申與陳

《陳公》："申（陳）於聾（坎），則徒麐（甲）進退；申（陳）於陸（隮）阬（崗），則鳶（雁）飛；申（陳）於埸壄（野）、罙（深）卉、霜雺（露），車則⧄。"按，"申（陳）"字從林清源《〈上博九・陳公治兵〉編聯及相關問題》（《"中央研究院"歷史語言研究所集刊》第八十六本第三分，2015年）讀。下同。

《陳公》："倆（兩）申（陳）後，乃右𦉪（靡）左𦉪（靡），申（陳）後若繩；或倆（兩）申（陳）前，右𦉪（靡）左⧄。"

伸與陳

《兵令》："伸（陳）斧越（鉞），飭章旗，有功必賞，犯令必死。”

《兵令》：“及至兩適（敵）之相起（距），行伸（陳）薄近☐。”

《兵令》：“出卒伸（陳）兵，行伸（陳）視適（敵）。”

呻與紳

《胎產書》：“欲產女，佩蠶（簪）耳（珥），呻（紳）朱（珠）子，是謂内象成子。”

呻與吞

《戰國二一》：“欲以亡韓、呻（吞）兩周，故以齊餌天下。”

《胎產書》：“懷子未出三月者，呻（吞）爵（雀）瓮（甕）二，其子男殹（也）。”

《胎產書》：“取爵（雀）瓮（甕）中虫青北（背）者三，產呻（吞）之。”

迧與申

《仲弓》：“迧（申）之備之，緩（緩）㤃（施）而㢧（遜）放（服）之。”按，“迧（申）”字從陳劍《上博竹書〈仲弓〉篇新編釋文（稿）》（簡帛研究網，2004年4月18日）讀。

迧與陳

《緇衣》：“《君迧（陳）》員（云）：‘未見聖，如其弗克見；我既見，我弗迪聖。’”

《緇衣》：“《君迧（陳）》員（云）：‘出内（入）自尔帀（師）于（虞），庶言同。’”

迧與紳

《緇衣》：“《君迧（陳）》員（云）：‘未見聖，如其弗克見；我既見，我弗迪聖。’”按，上博簡本《緇衣》迧（陳）作紳。

陣與陳

《良臣》：“武王又（有）君奭，又（有）君陣（陳），又（有）君牙，又（有）周公旦，又（有）邵（召）公，述（遂）差（佐）成王。”

軟與吞

《子羔》：“遊於央（瑤）臺（臺）之上，又（有）鷰（燕）監（銜）卵而階（錯）者（諸）其前，取而軟（吞）之。”

戟與申

《三壽》：“枉（往）尾（宅）毋譔（徙），戟（申）豊（禮）勸（勸）怭（佳）。”

戟與陳

《祭公》：“滕（朕）之皇且（祖）周文王、剌（烈）且（祖）武王，尾（宅）下鄭（國），乍（作）戟（陳）周邦。”

《王兵》：“不明其士卒弗先戟（陳），不審其將不可軍。”

《王兵》：“故號令行，卒□戟（陳），則士知勝矣。”

《兵令》：“戟（陳）以數必（密）固，以疏□達。”

《兵令》：“出卒戟（陳）兵，固有恆令，行伍之疏數，固有恆法。”

《兵令》：“兵之恆戟（陳），有鄉（向）適（敵）者，有内鄉（向）者，有立戟（陳）者，有坐戟（陳）☐。”

戟與陳

《性自》：“牛生而倀（根），鳶（雁）生而戟（陳），其眚（性）☐。”按，“戟”當讀作“陳”。從楚簡中的普遍用法來看，“戟”可能就是“陳”之異構。“鳶（雁）生而戟（陳）”是説雁生來就會排成陳列。古代有“雁陳”一詞，指排成陳列的雁群。銀雀山漢簡《孫臏兵法·十陣》還見有“雁行之陳”和“雁陳”的陳名，其取象蓋即來源於大雁飛行的陳列。

《曹沫》：“散（曹）蔑（沫）之戟（陳）。”

《曹沫》：“虗（吾）欲與齊戰，昏（問）戟（陳）奚女（如）？獸（守）鄾（邊）成（城）奚女（如）？”

《曹沫》："又（有）克正（政）而亡克戟（陳）。"

《曹沫》："三弋（代）之戟（陳）皆廌（存），或以克，或以亡。"

《曹沫》："不和於邦，不可以出豫（舍）；不和於豫（舍），不可以出戟（陳）；不和於戟（陳），不可以戰。"

《曹沫》："是古（故），夫戟（陳）者，三教之末。"

《曹沫》："𨟻（莊）公或（又）䎽（問）：'爲和於戟（陳）女（如）可（何）？'"

《曹沫》："三軍未成戟（陳），未豫（舍），行阪淒（濟）障，此□果之幾（機）。"

《曹沫》："是古（故）矣（疑）戟（陳）敗，矣（疑）戰死。"

《曹沫》："明日復戟（陳），必逃（過）其所。"

《陳公》："☐之帀（師）徒乃出，伓（背）軍而戟（陳）。"按，"戟（陳）"字從林清源《〈上博九·陳公治兵〉編聯及相關問題》（《"中央研究院"歷史語言研究所集刊》第八十六本第三分，2015年）讀。

神與電

《凡物甲》："簹（孰）爲雷神（電）？簹（孰）爲啻（霆）？"按，"神（電）"字從復旦大學出土文獻與古文字研究中心研究生讀書會《〈上博（七）·凡物流形〉重編釋文》（復旦大學出土文獻與古文字研究中心網，2008年12月31日）釋讀。

《王兵》："動如雷神（電），起如蜚（飛）鳥，往如風雨。"

《王兵》："有雷神（電）之戰則能獨制而毋（無）適（敵）。"

紳與申

《緇衣》："《君奭》員（云）：'昔才（在）上帝，戡（割）紳（申）觀（勸）文王之悳（德），其集大命于氒（厥）身（躬）。'"按，古文《尚書·君奭》紳作申。

紳與引

《説命上》："氒（厥）卑（俾）纆（繃）弓紳（引）弸（弮）辟矢。"

紳與陳

《緇衣》："《君迪（陳）》員（云）：'未見聖，如其弗克見；我既見，我弗迪聖。'"按，上博簡本《緇衣》迪（陳）作紳。

鞞與靷

《答問》："騷馬蟲皆麗衡厄（軛）鞅韅（韅）轅鞞（靷）。"

陳與敶

《蓋廬》："鼓于陰以攻其耳，陳（敶）于陽以觀其耳目，異章惑以非其陳（敶）。"

《蓋廬》："毋要（邀）堤₌（正正）之期（旗），毋擊堂₌（堂堂）之陳（敶）。"

《蓋廬》："適（敵）人陳（敶）以實，吾禺（遇）以希。"

《蓋廬》："皮（彼）人陳（敶）以實，吾禺（遇）以希。"

《蓋廬》："適（敵）人來陳（敶），我勿用卻，日且莫（暮），我則不出。"

《春秋一三》："宋荊戰弘（泓）水之上，宋人□□陳（敶）矣，荊人未濟。"

《春秋一三》："今宋用兵而不□，見閒而弗從，非德伐回，陳（敶）何爲。"

《春秋一三》："而佴（耻）不金〈全〉荊陳（敶）之義，逆矣。"

《軍爭》："毋要（邀）𤸫𤸫（正正）之旗，毋擊堂堂之陳（敶）。"

《地形二》："三軍出陳（敶），不問朝夕，右負（倍）丘陵，左前水澤。"

《見吳王》："之國左後璽（邇）囿之中，以爲二陳（敶）。"

《見吳王》："陳（敶）未成，不足見也。"

《見吳王》："陳（陣）已成矣，教□□聽
〼。"
《威王問》："爲之微陳（陣）以觸其廁
（側），是胃（謂）大得。"
《威王問》："險成，適（敵）將爲正，出
爲三陳（陣）。"
《威王問》："其陳（陣）無逢（鋒）也。"
《威王問》："行陳（陣）已定，動而令士
必聽，奈何？"
《威王問》："剽（飄）風之陳（陣）者何
也？"
《威王問》："篡（選）卒力士者，所以絕
陳（陣）取將也。"
《威王問》："剽（飄）風之陳（陣）者，
所以回□□□也。"
《威王問》："孫子曰：'八陳（陣）已陳
〼。'"
《陳忌問壘》："〼也，勁將之陳（陣）
也。"
《八陣》："八陳（陣）。"
《八陣》："陳（陣）則知八陳（陣）之經，
見勝而戰。"
《八陣》："用八陳（陣）戰者，因地之利，
用八陳（陣）之宜。"
《八陣》："用陳（陣）參（三）分，誨陳
（陣）有蜂（鋒）。"
《地葆》："紀剛（綱）則得，陳（陣）乃
不惑。"
《地葆》："軍與陳（陣）皆毋政（正）前
右，右周毋左周。"
《勢備》："黃帝作劍，以陳（陣）象之。"
《勢備》："何以知劍之爲陳（陣）也？"
《勢備》："陳（陣）而不戰，劍之爲陳
（陣）也。"
《勢備》："陳（陣）无蜂（鋒），非孟賁之
勇也敢將而進者。"

《勢備》："陳（陣）无後，非巧士敢將而
進者，不知兵之請（情）者。"
《勢備》："凡兵之道四：曰陳（陣），曰埶
（勢），曰變，曰權。"
《兵情》："陳（陣）之則辨（辦），趣之適
（敵）則不聽人，治卒不法矢也。"
《官一》："凡處卒利陳（陣）膿（體）甲
兵者，立官則以身宜。"
《官一》："邋（躐）軍以索陳（陣），茭肆
以因逆。"
《官一》："陳師以危□，射戰以雲陳
（陣）。"
《官一》："攻兼用行城□地□□用方，迎
陵而陳（陣）用封（圭）。"
《官一》："戰勝而陳（陣）以奮國，而
〼。"
《官一》："火輪積以車，陳（陣）刃以錐
行，陳（陣）少卒以合雜。"
《官一》："脩行連削（旓），所以結陳（陣）
也。"
《官一》："猋（飆）凡（風）振（震）陳
（陣），所以乘疑也。"
《官一》："歜（剽）陳（陣）輊車，所以
從遺也。"
《官一》："堅陳（陣）敦□，所以攻槥
也。"
《官一》："〼雲陳（陣），圉（御）裹以羸
渭，取喙以闔〼。"
《官一》："〼輿，火輪積以車，陳（陣）
〼。"
《官一》："〼龍隋陳（陣）〼。"
《五教法》："兵革車甲，陳（陣）之器
也。"
《五教法》："然而陳（陣）暨（既）利而
陳（陣）實蘩。"
《五教法》："處陳（陣）之教如此。"

《將失》："卅曰，不能以成陳（陣），出於夾（狹）道，可敗也。"

《將失》："卅一曰，兵之前行後行之，兵不參齊於陳（陣）前，可敗也。"

《恆失》："善陳（陣），知倍（背）鄉（嚮），知地刑（形），而兵數困，不明於國勝兵勝者也。"

《地典》："左邑火陳（陣），適（敵）人奔走。"

《奇正》："故戰埶（勢），大陳（陣）□斷，小陳（陣）□解。"

《有國》："效曰：愛踰（喻），信結，威立，士用，陳（陣）固，備應，兵中其用☑。"

《有國》："愛不踰（喻），信不結，威不立，士不用，陳（陣）不固、備不應，□☑。"

《十陣》："十陳（陣）。"

《十陣》："凡陳（陣）有十：有枋（方）陳（陣），有員（圓）陳（陣），有疏陳（陣），有數陳（陣），有錐行之陳（陣），有鴈（雁）行之陳（陣），有鉤行之陳（陣），有玄襄之陳（陣），有火陳（陣），有水陳（陣）。"

《十陣》："枋（方）陳（陣）者，所以剸也。圓陳（陣）者，所以槫（專）也。疏陳（陣）者，所以吠也。數陳（陣）者，爲不可掇（剟）。錐行之陳（陣）者，所以夬（決）絕也。鴈（雁）行之陳（陣）者，所以椄（接）射也。鉤行之陳（陣）者，所以變質（慎）易慮也。玄翼之陳（陣）者，所以疑眾難故也。火陳（陣）者，所以拔也。水陳（陣）者，所以伥固也。"

《十陣》："枋（方）陳（陣）之法，必䈴（薄）中厚方（旁），居陳（陣）在後。"

《十陣》："凡疏陳（陣）之法，在爲數醜，或進或退，或毄（擊）或額，或與之征，或要（邀）其衰。"

《十陣》："數陳（陣）之法，毋疏鉅（距）閒（間），戚（蹙）而行，首積刃而信（伸）之，前後相葆（保）。"

《十陣》："錐行之陳（陣），卑（譬）之若劍，末不閱（鋭）則不入，刃不溥（薄）則不剸，本不厚則不可以列陳（陣）。"

《十陣》："然則錐行之陳（陣）可以夬（決）絕矣。"

《十陣》："☑中，此謂鴈（雁）陳（陣）之任。"

《十陣》："□□□闕羅而自存，此之胃（謂）鴈（雁）陳（陣）之任。"

《十陣》："鉤行之陳（陣），前列必枋（方），左右之和必鉤。"

《十陣》："玄翼之陳（陣），必多旌旗羽旄。"

《十陣》："此之胃（謂）玄翼之陳（陣）。"

《十陣》："適（敵）往則遂，適（敵）來則戚（蹙），推攘因慎而飭之，移而革之，陳（陣）而支之，規而離之。"

《十問》："適（敵）人員（圓）陳（陣）以胥，因以爲固，毄（擊）此奈何？"

《十問》："毄（擊）此者，或陳（陣）而支之，規而離之，合而詳（佯）北，殺將其後，勿令知之。此毄（擊）方之道也。"

《十問》："交和而舍，適（敵）人氣（既）眾以強，巠（勁）走（捷）以剛，兑（鋭）陳（陣）以胥，毄（擊）之奈何？"

《十問》："交和而舍，適（敵）氣（既）眾以強，延陳（陣）以衡（橫），我陳（陣）而侍（待）之，人少不能，毄（擊）之奈何？"

《十問》："二者延陳（陣）長（張）翌（翼），一者財（材）士練（束）兵，期其中極。"

《略甲》："略甲之法，啇（敵）之人方陳（陣），士卒无□☑。"

《天六》："兵陳（陣）。"

《天六》："木陳（陣）直。"

《天六》："土陳（陣）圜。"
《天六》："水陳（陣）曲。"
《天六》："金陳（陣）[历]。"
《天六》："木陳（陣）直。"
《天六》："東方以金陳（陣），司馬先應。"
《天六》："西方以火陳（陣）。"
《北大老子》："夫茲（慈），以陳（陣）則正，以守則固。"
《佈陣》："☐子曰：軍患陳=不=堅=（陣不堅，陣不堅）則前破而☐。"
《佈陣》："☐□制爲堅陳（陣）☐。"
《佈陣》："☐陳（陣）毋乾□出□☐。"
《佈陣》："☐□陳（陣）過故善☐。"
《佈陣》："☐陳（陣）爲右當其☐。"
《佈陣》："牡陳（陣）：右沖方之☐。"
《佈陣》："☐□而止陳（陣）定分燧☐。"
《部曲》："聞鼓音，左部前曲左右官後遂，皆左閒容□陳（陣）爲將車。"

身字聲系

身與人

《命訓》："事（使）身=（信人）禍（畏）天，則厇（度）至于亟（極）。"

身與信

《命訓》："事（使）身=（信人）禍（畏）天，則厇（度）至于亟（極）。"

身與躳

《緇衣》："《君奭》員（云）：'昔才（在）上帝，戠（割）紳（申）觀（勸）文王之悳（德），其集大命于氒（厥）身（躳）。'"按，古文《尚書·君奭》身作躳。

𠱫與信

《命訓》："正人亡（無）亟（極）則不=𠱫=（不信，不信）則不行。"

穿與窮

《老子》乙："大浧（盈）若中（盅），其甬（用）不穿。"按，今本穿作窮。
《窮達》："穿（窮）四沔（海），至（致）千里，堣（遇）造古（故）也。"
《窮達》："穿（窮）達以旹（時），惪（德）行弌（一）也。"
《窮達》："童（動）非爲達也，古（故）穿（窮）而不□□□爲名也。"
《窮達》："穿（窮）達以旹（時），𠌶（幽）明不再。"

穿與窘

《老子》乙："大浧（盈）若中（盅），其甬（用）不穿。"按，帛書甲本穿作窘。

躬與窮

《曹氏》："躬（窮）☐。"

㐰與身

《從政》："𡥈=（君子）聒（聞）善言，以改其言；見善行，内（納）其㐰（身）焉。可胃（謂）學矣。"按，"㐰（身）"字從陳劍《上博簡〈子羔〉、〈從政〉篇的竹簡拼合與編連問題小議》（簡帛研究網，2003年1月8日）讀。

㐰與仁

《老子》丙："古（故）大道發（廢）安（焉），又（有）㐰義。"按，今本和帛書本㐰作仁。
《五行》："㐰（仁）型（形）於内胃（謂）之惪（德）之行，不型（形）於内胃（謂）之行。"
《五行》："不㐰（仁），思不能清；不智，思不能倀（長）。不㐰（仁）不智，未見君子，憂（憂）心不能惙=（惙惙）；既見君子，心不能兑（悦）。"
《五行》："[不]㐰（仁），思不能清；不聖，思不能翌（輕）。不㐰（仁）不聖，未見君子，憂（憂）心不能惢=（忡忡）；既見君子，心不能降。"
《五行》："㐰（仁）之思也清=（清，清）

則諓=（察，察）則安=（安，安）則悃=（溫，溫）則兑=（悦，悦）則豪=（戚，戚）則新=（親，親）則悉=（愛，愛）則玉=色=（玉色，玉色）則型=（形，形）則息（仁）。”

《五行》：“不聦（聰）不明，不聖不=智=（不智，不智）不=息=（不仁，不仁）不=安=（不安，不安）不=樂=（不樂，不樂）亡悳（德）。”

《五行》：“不弁（變）不=兑=（不悦，不悦）不=豪=（不戚，不戚）不=新=（不親，不親）不=悉=（不愛，不愛）不息（仁）。”

《五行》：“見臤（賢）人，明也；見而智（知）之，智也；智（知）而安之，息（仁）也；安而敬之，豊（禮）也。”

《五行》：“見而智（知）之，智也；智（知）而安之，息（仁）也；安而行之，義也；行而敬之，豊（禮）也。息（仁）義豊（禮）所毂（由）生也，四行之所和也。”

《五行》：“悉（愛）父其稽（繼）悉（愛）人，息（仁）也。”

《五行》：“柬（簡），義之方也；匿，息（仁）之方也。”

《五行》：“耸（聞）道而兑（悦）者，好息（仁）者也。”

《緇衣》：“上好息（仁），則下之爲息（仁）也耕（爭）先。”

《緇衣》：“墨（禹）立三年，百眚（姓）以息（仁）道，剀（豈）必聿（盡）息（仁）。”

《緇衣》：“翌（輕）㡭（絕）貧戔（賤），而至（重）㡭（絕）賶（富）貴，則好息（仁）不硻（堅），而亞=（惡惡）不紙（著）也。”

《忠信》：“忠，息（仁）之實也。”

《唐虞》：“徸（禪）而不徝（傳），聖之盛也；利天下而弗利也，息（仁）之至也。”

《唐虞》：“古（故）昔臤（賢）息（仁）聖者女（如）此。”

《唐虞》：“孝，息（仁）之免（冕）也；徸（禪），義之至也。”

《唐虞》：“悉（愛）罙（親）亢（忘）臤（賢），息（仁）而未義也；尊臤（賢）遺罙（親），我（義）而未息（仁）也。”

《唐虞》：“聖以堣（遇）命，息（仁）以逄（逢）旹（時），未嘗☐。”

《唐虞》：“從（縱）息（仁）聖可牙（譽），旹（時）弗可及欸（矣）。”

《唐虞》：“亟（極）息（仁）之至，利天下而弗利也。”

《唐虞》：“息（仁）者爲此進絧（治）也。”

《尊德義》：“息（仁）爲可新（親）也，義爲可尊也，忠爲可信也，學爲可益也，季（教）爲可頪（類）也。”

《尊德義》：“季（教）以懽（權）㤂（謀），則民[illegible]悃遠豊（禮）亡新（親）息（仁）。”

《尊德義》：“尊息（仁）、新（親）忠、敬壯、逯（歸）豊（禮）。”

《六德》：“可（何）胃（謂）六悳（德）？聖智也，息（仁）宜（義）也，忠信也。”

《六德》：“聖與智豪（就）喜（矣），息（仁）與宜（義）豪（就）喜（矣），忠與信豪（就）▨。”

《六德》：“新（親）父子，和大臣，帰（寢）四哭（鄰）之束（策）㾑（慮），非息（仁）宜（義）者莫之能也。”

《六德》：“息（仁）者，子悳（德）也。”

《六德》：“息（仁），内也；宜（義），外也；豊（禮）樂，共也。”

《六德》：“息（仁）頪（類）蕿而速，宜（義）頪（類）弃而㡭（絕）。”

《六德》：“息（仁）蕿而敔，宜（義）弜（強）而柬。”

《六德》：“父聖，子息（仁），夫智，婦

信，君宜（義），臣宜〈忠〉。”
《性自》：“亞（惡）之而不可非者，達於義者也；非之而不可亞（惡）者，篙（篤）於息（仁）者也。”
《性自》：“上交近事君，下交得眾近，從正（政）攸（修）身近至息（仁）。”
《性自》：“篙（篤），息（仁）之方也；息（仁），眚（性）之方也。眚（性）或生之。”
《性自》：“炁（愛）頪（類）七，唯眚（性）炁（愛）爲近息（仁）。”
《性自》：“亞（惡）頪（類）厽（三），唯亞（惡）不息（仁）爲忻（近）宜（義）。”
《性自》：“新（慎），息（仁）之方也，肰（然）而其怂（過）不亞（惡）。”
《語叢一》：“又（有）息（仁）又（有）智，又（有）義又（有）豊（禮），又（有）聖又（有）善。”
《語叢一》：“遙（由）中出者，息（仁）、忠、信。”
《語叢一》：“息（仁）生於人，我（義）生於道。或生於内，或生於外。”
《語叢一》：“息（仁），人也；義，道也。厚於仁，薄於義，睪（親）而不障（尊）；厚于義，尃（薄）於息（仁），障（尊）而不睪（親）。”
《語叢一》：“悉（愛）膳（善）之胃（謂）息（仁）。”
《語叢一》：“息（仁）悉（義）爲之桯（毁）。”
《語叢一》：“喪，息（仁）之耑（端）也。”
《語叢三》：“息（仁），厚之□□。”
《語叢三》：“未又（有）其至，則息（仁）錒者至亡閒，則成名。”
《語叢三》：“喪，息（仁）也；悉（義），宜也；悉（愛），息（仁）也。悉（義），尻（處）之也；豊（禮），行之也。”
《語叢三》：“勿（物）不葡（備），不成息（仁）。”
《語叢三》：“志於衍（道），虖（據）於悳（德），瓜（依）於息（仁），遊於埶（藝）。”
《從政》：“教之以豊（禮）則寡（恪）而爲息（仁），設（教）之以型（刑）則逐〈遯〉。”
《從政》：“五悳（德）：一曰愋（寬），二曰共（恭），三曰惠，四曰息（仁），五曰敬。”
《從政》：“不息（仁）則無以行正（政），不敬則事無成。”
《從政》：“恩（溫）良而忠敬，息（仁）之宗也。”
《從政》：“不武則志不逵，息（仁）而不智則☐。”
《鮑叔牙》：“惕（易）牙，人之與偖（者）而飤（食）人，其爲不息（仁）厚矣。”
《季康子》：“青（請）昏（問）：可（何）胃（謂）息（仁）之以悳（德）？”
《季康子》：“君=（君子）玉其言而碮（展）其行，敬成其悳（德）以臨民=（民，民）望其道而備（服）安（焉），此之胃（謂）息（仁）之以悳（德）。”
《君子》：“韋（回）！君子爲豊（禮），以依於息（仁）。”
《弟子問》：“☐□也，此之胃（謂）息（仁）。”
《弟子問》：“考（巧）言窒（令）色，未可胃（謂）息（仁）也。”
《三德》：“臨民以息（仁），民莫弗新（親）。”
《鬼神》：“昔者堯舜墨（禹）湯，息（仁）義聖智，天下灋之。”
《競公瘧》：“古（故）死亓（期）晒（將）至，可（何）息（仁）☐。”

《季桓子》："害（蓋）臤（賢）者是能皋〈罕（親）〉𢝋（仁），皋〈罕（親）〉𢝋（仁）者是能行㗊（聖）人之道。"

《季桓子》："女（如）子（兹）皋〈罕（親）〉𢝋（仁）、行㗊（聖）人之道。"

《季桓子》："上不皋〈罕（親）〉𢝋（仁），而鯊（敷）〖専〗聒（聞）其訇（辭）於逵（逸）人虐（乎）？"

《季桓子》："☐繇（由）𢝋（仁）與（歟）？"

《季桓子》："女（如）夫𢝋（仁）人之未嘗（察），其行居（處）可明而智（知）牙（歟）？"

《季桓子》："虗（吾）聒（聞）之，唯𢝋（仁）人□□☐。"

《季桓子》："唯非𢝋（仁）人也，乃☐。"

《季桓子》："𢝋（仁）人之道，衣備（服）北（必）中，覫（容）佫（貌）不求異於人。"

《季桓子》："𡥆（好）刓㒭（孅）以爲□，此牙（與）𢝋（仁）人弍（二）者也。"

《季桓子》："爲詅以事其上，𢝋（仁）其女（如）此也。"

《慎子》："爲民之古（故），𢝋（仁）之至。"

《武王甲》："𢝋（仁）以得之，𢝋（仁）以獸（守）之，其箽（運）百世；不𢝋（仁）以得之，𢝋（仁）以獸（守）之，其箽（運）十殜（世）；不𢝋（仁）以得之，不𢝋（仁）以獸（守）之，及於身。"

《顔淵問》："老₌（老老）而𢝋（慈）學（幼），所以凥（處）𢝋（仁）也。"按，"𢝋（仁）"字從復旦吉大古文字專業研究生聯合讀書會《〈上博八·顔淵問於孔子〉校讀》（復旦大學出土文獻與古文字研究中心網，2011年7月17日）釋讀。

《史蕾》："詞（始）得可人而与（舉）之，𢝋（仁）爰（援）𢝋（仁）而進之，不𢝋（仁）人弗得進矣。"

𢝋與𢝋

《性自》："新（慎），𢝋（仁）之方也，肰（然）而其怂（過）不亞（惡）。"按，上博簡本《性情論》𢝋（仁）作𢝋。"𢝋"字從白於藍《〈上海博物館藏戰國楚竹書（一）〉釋注商榷》（《華南師範大學學報》2002年5期）釋。

竆與窮

《文敁》："聖人守此而萬物化，何竆（窮）之有？"

䛸與信

《命》："黷（黔）頁（首）墧（萬）民莫不忻（欣）憙（喜），四海之内莫弗䛸（信）。"按，"䛸（信）"字從單玉辰在復旦吉大古文字專業研究生聯合讀書會《上博八〈命〉校讀》（復旦大學出土文獻與古文字研究中心網，2011年7月17日）一文下跟帖釋讀。

訫與信

《子產》："勉以利民₌（民，民）用訫（信）之；不₌訫₌（不信不信）。"

《子產》："求訫（信）又（有）事，淺（淺）以訫（信）深₌（深，深）以訫（信）淺（淺）。"

《子產》："能訫（信），卡₌（上下）乃周。"

《子產》："曰：'固身堇訫₌（謹信。'謹信）又（有）事，所以自乘（勝）立中（中），此胃（謂）亡好惡。"

《子產》："下能弋（式）上，此胃（謂）民訫（信）志之。"

人字聲系

人與仁

《日甲·詰》："以沙（砂）人（仁）一升揎（實）其舂臼，以黍肉食宲人，則止矣。"

《德聖》："清濁者悳（德）之人（仁），悳

（德）者清濁之潚（淵）。”

《諸傷》：“久傷者，薺（齏）杏靍〈覈（核）〉中人（仁），以職（膱）膏弁。”

《白處》：“□□鳥殹（也），其卵雖有人（仁），猶可用殹（也）。”

《繫辭》：“何以守立（位）？曰人（仁）；何以聚人？曰材（財）。”按，今本人作仁。

人與仞

《爲吏》：“根（墾）田人（仞）邑。”

仁與仞

《帛甲老子·德經》：“百仁（仞）之高，台（始）於足下。”

《守法》：“萬乘之國，郭方【十】七里，城方九里，城高九仁（仞），池廣百步。”

《守法》：“⧄郭方十五里，城方五里，城高七仁（仞），池廣八十步。”

《王兵》：“是故張軍有不能戰，圍邑有不能拔，得地有不能仁（仞）。”

《王法》：“凡欲富國狠（墾）草仁（仞）邑，必外示之以利，内爲禁邪除害。”

《兵令》：“然而見適（敵）走之如歸，前唯（雖）有千仁（仞）之溪，折膭（脊）⧄。”

仁與認

《田與》：“弗治（笞）諒（掠），田、市仁（認）奸。”

《田與》：“巳（已）服仁（認）奸，今獄夬（決）乃曰不奸。”

《田與》：“夏陽吏不治（笞）諒（掠），田、市仁（認）奸。”

《田與》：“毋智捕田=（田，田）仁（認）奸，其實未奸。”

《田與》：“□捕詣田、市，服仁（認）奸。”

《第一組》：“亡不仁（認）邑里、官，毋以智（知）何人殹（也）。”

《第一組》：“匿亡不仁（認）邑里、【官】者，貲二甲。”

仁與韌

《守權》：“仁（韌）矢盡於郭中。”

《守權》：“薪食經□□勁矢仁（韌），矛戟□□□□策也。”

《守權》：“鼓其藁（豪）桀（傑）俊雄，堅甲利兵勁弩仁（韌）矢幷於前。”

仁與信

《戰國五》：“然則仁（信）義不可爲與？”

《戰國五》：“仁（信）義所以自爲也，非所以爲人也。”

忩與年

《子羔》：“觀於伊而得之，寷（懷）厽（三）忩（年）而畫於伓（背）而生=（生，生）而能言，是垔（禹）也。”按，“忩（年）”字從陳劍《上博簡〈子羔〉、〈從政〉篇的竹簡拼合與編連問題小議》（簡帛研究網，2003年1月8日）讀。下同。

《子羔》：“取而軟（吞）之，寷（懷）三忩（年）而畫於雁（膺），生乃呼曰：‘銫（金）！’是离（契）也。”

《子羔》：“取而軟（吞）之，寷（懷）三忩（年）而畫於雁（膺），生乃呼曰：‘銫（金）！’是离（契）也。”

年與寧

《君人甲》：“民乍而囟（使）之，君王唯（雖）不亢（荒）年（寧），可也。”按，“年（寧）”字從伊強《〈君人者何必安哉〉劄記一則》（簡帛網，2009年1月11日）讀。下同。

《君人乙》：“民乍而囟（使）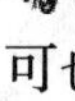之，君王唯（雖）不亢（荒）年（寧），可也。”

年與佞

《蘭賦》：“年（佞）前其約僉（儉），焼（美）後其不長，女（如）蘽（蘭）之不芳。”

《金縢》：“是年（佞）若丂（巧）能，多志

（才）多埶（藝），能事禔（鬼）神。”

《管仲》：“及學（幽）王之身，好吏（使）年（佞）人而不訐（信）惪（貞）良。”

《管仲》：“夫年（佞）又（有）利嬖（氣），管（篤）利而弗行。”

《管仲》：“中（仲）父，今夫年（佞）者之利嬖（氣）亦可得而瞃（聞）虏（乎）？”

《管仲》：“既年（佞）或（又）忎（仁），此胃（謂）成器。”

《管仲》：“夫年（佞）者之事君，必歬（前）敧（傾）與考（巧），而後詧（讒）與譌（僞）。”

《日乙·楚除》：“生子，年（佞）。不可遠行，遠行不仮（返）。”按，“年（佞）”字從李家浩《睡虎地秦簡〈日書〉‘楚除’的性質及其他》（《“中央研究院”歷史語言研究所集刊》第七十本第四分，1999年）讀。

《成法》：“滑（猾）民將生，年（佞）辯用知（智），不可法組。”

《成法》：“夫是故毚（讒）民皆退，賢人減（咸）起，五邪乃逃，年（佞）辯乃止。”

年與仁

《金縢》：“是年若丂（巧）能，多忎（才）多埶（藝），能事禔（鬼）神。”按，今本《尚書·金縢》年作仁。

恁與佞

《詩論》：“《少（小）鶪（宛）》，其言不亞（惡），少有恁（佞）安（焉）。”按，“恁（佞）”字從李零《上博楚簡校讀記（之一）——〈子羔〉篇“孔子詩論”部分》（簡帛研究網，2002年1月4日）讀。

信與伸

《脈書》：“洒₌（洒洒）病塞〈寒〉，喜信（伸），數吹（欠）。”

《引書》：“臥欲莫（暮）起，臥信（伸）必有趾（正）也。”

《引書》：“信（伸）胻詘（屈）指卅，曰尺汙（蠖）。”

《引書》：“信（伸）胻直踵（踵），并傜（踰）卅，曰埤垷。”

《引書》：“正信（伸）兩足卅，曰引陽筋（筋）。”

《引書》：“旋信（伸）者，昔（錯）手，撟而後揮。”

《引書》：“屈前厀（膝），信（伸）後，昔（錯）兩手，據厀（膝）而卬（仰）。”

《引書》：“引膜（胸）者，屈前厀（膝），信（伸）後，昔（錯）手，撟而後旋。”

《引書》：“其下者，屈前厀（膝），信（伸）後，危撟一臂，力引之。”

《引書》：“武指者，前左足，右手前指，信（伸）臂。”

《引書》：“信（伸）手足□〼。”

《引書》：“壹倚左，信（伸）右股，厀（膝）傅（附）坨（地）。”

《引書》：“壹倚右，信（伸）左足股，厀（膝）傅（附）坨（地）。”

《引書》：“股□□□痛，引之，端坐，信（伸）左足，撟右臂，力引之。”

《引書》：“其在右，信（伸）右足，撟左臂，而力引之，十而已。”

《引書》：“據兩股，折要（腰），信（伸）少腹，力極之。”

《引書》：“信（伸）左足，右股危坐，右手據坨（地），左手句（勾）左足指。”

《引書》：“信（伸）右足，左股危坐，左手據坨（地），右手句（勾）右足指。”

《引書》：“引蹶（厥），危坐，信（伸）左足，右足支尻。”

《引書》：“信（伸）左足，右手據右厀（膝），左手撫左股。”

《引書》：“引膺痛，前膺後手十，引信

（伸）十，後反復十而已。”

《引書》：“危坐，手操左捾（腕）而力舉手，信（伸）臂，以力引之。”

《引書》：“左手承下，右手無（撫）上，折要（腰），信（伸）少腹，力引尻。”

《引書》：“詘（屈）左厀（膝），後信（伸）右足，詘（屈）右手而左雇（顧）三。”

《引書》：“前左足，詘（屈）其厀（膝），信（伸）右足而力引之，極。”

《引書》：“因前右足，詘（屈）其厀（膝），信（伸）左足，各三而已。”

《引書》：“引辟，在【左】頰，左手據右顫之髮，信（伸）左手而右手引之。”

《引書》：“聾在左，信（伸）左臂，撟母（拇）指端，信（伸）臂，力引頸與耳。”

《引書》：“雞信（伸）以利肩婢（髀），反榣（搖）以利腹心。”

《引書》：“信（伸）復（腹）折要（腰），力信（伸）手足，軵踵（踵）曲指。”

《明君》：“安邦信（伸）志，莫若□□□使天下工畛，諸侯有職。”

《國次》：“先屈後信（伸），必盡天極，而毋擅天功。”

《傷痙》：“痙者，傷，風入傷，身信（伸）而不能詘（屈）。”

《傷痙》：“一熨寒汗出，汗出多，能詘（屈）信（伸），止。”

《嬰兒索痙》：“其脊（肎）直而口唫（噤），筋攣（攣）難以信（伸）。”

《陰陽脈乙》：“洒洒病寒，喜信（伸），數吹（欠），顏（顏）黑，病腫。”

《師癸》：“既信（伸）有（又）詘（屈），此胃（謂）練骨。”

《文摯》：“夫雞者，陽獸也，發明聲蔥（聰），信（伸）頭羽張者也。”

《合陰陽》：“一曰接手，二曰信（伸）拑（肘）。”

《合陰陽》：“信（伸）拑（肘）者，欲上之攠（摩）且距也。”

《天下至道》：“一曰接手，二曰信（伸）紂〈紂（肘）〉，三曰平甬（踊），四曰直踵。”

《天下至道》：“信（伸）紂（肘）者，欲上之麻（摩）且據（距）也。”

《九地》：“詘（屈）信（伸）之利，人請（情）之理，不可不察也。”

《四變》：“淺入則前事不信（伸），深入則後利不椄（接）。”

《善者》：“故善者制僉（險）量柤（阻），敦三軍，利詘（屈）信（伸）。”

《十陣》：“數陳（陣）之法，毋疏鉅（距）閒（間），戚（蹙）而行，首積刃而信（伸）之，前後相葆（保）。”

《曹氏》：“是故陰陽不禾（和）水蹶（瘚）作，屈信（伸）☐。”

《唐勒》：“月行而日違（動），星躍（燿）而玄慣（運），子神賁（奔）而鬼走，進退詘（屈）信（伸），莫見其墳埃，均□☐。”

《服傳甲》：“至尊在，不敢信（伸）其私尊也。”

信與肕

《帛乙老子・德經》：“人之生也柔弱，其死也髖（骸）信（肕）堅強。”

《北大老子》：“人之生也柔弱，其死也倰（骸）信（肕）堅強。”按，“信”似當讀作“肕”。《玉篇・肉部》：“肕，堅肉也。”

閏字聲系

閏與潤

《繆和》：“今易曰：‘屯其膏。’此言自閏（潤）者也。”

《北蒼・之》：“祱（蛇）虺隖闉，鈐鏅閏（潤）悝（理）。”

臤字聲系

臤與堅

《緇衣》："翌（輕）絕（絕）貧戔（賤），而至（重）絕（絕）賦（富）貴，則好息（仁）不硻（堅），而亞₌（惡惡）不紙（著）也。"按，上博簡本《緇衣》硻（堅）作臤。

《慎子》："共（恭）僉（儉）以立身，臤（堅）強以立志。"

臤與賢

《五行》："不忘則明₌（明，明）則見₌臤₌人₌（見賢人，見賢人）則玉₌色₌（玉色，玉色）則型₌（形，形）則智。"

《五行》："未尚（嘗）見臤（賢）人，胃（謂）之不明。"

《五行》："見臤（賢）人而不智（知）其又（有）悳（德）也，胃（謂）之不智。"

《五行》："見臤（賢）人，明也。"

《五行》："貴₌（貴貴），其迲（等）障（尊）臤（賢），義也。"

《五行》："疋膚₌（儢儢）達者（諸）君子道，胃（謂）之臤（賢）。"

《五行》："君子智（知）而與（舉）之，胃（謂）之障（尊）臤（賢）；智（知）而事之，胃（謂）之障（尊）臤（賢）者也。後，士之障（尊）臤（賢）者也。"

《緇衣》："大人不新（親）其所臤（賢），而信其所戔（賤），畬（教）此以遊（失），民此以絲（變）。"

《窮達》："又（有）其人，亡其殜（世），唯（雖）臤（賢）弗行矣。"

《唐虞》："古（故）昔臤（賢）息（仁）聖者女（如）此。"

《唐虞》："堯舜之行，炁（愛）睪（親）障（尊）臤（賢）。炁（愛）睪（親）古（故）孝，尊臤（賢）古（故）徸（禪）。"

《唐虞》："炁（愛）睪（親）亢（忘）臤（賢），息（仁）而未義也；尊臤（賢）遺睪（親），我（義）而未息（仁）也。"

《唐虞》："炁（愛）睪（親）尊臤（賢），吳（虞）舜其人也。"

《唐虞》："徸（禪）也者，上直（德）受（授）臤（賢）之胃（謂）也。上直（德）則天下又（有）君而世明，受（授）臤（賢）則民興效（教）而蟡（化）虖（乎）道。"

《唐虞》："徸（禪）天下而受（授）臤（賢），退而敎（養）其生。"

《唐虞》："紿（治）之，至養不喿（肖）；亂之，至滅臤（賢）。"

《六德》："唯（雖）才（在）艸（草）茆（茅）之审（中），句（苟）臤（賢）☒。"

《語叢一》："臤（賢）者能里（理）之。"

《語叢三》："膳（善）日過（化）我，我日過（化）膳（善），臤（賢）☒。"

《語叢四》："棗（早）與臤（賢）人，是胃（謂）浃（訣）行；臤（賢）人不才（在）昃（側），是胃（謂）迷惑。"

《子羔》："堯見舜之悳（德）臤（賢），古（故）讓（讓）之。"

《子羔》："古（故）夫舜之悳（德）其成（誠）臤（賢）矣。"

《容成氏》："古（故）曰：臤（賢）及□☒。"

《容成氏》："皆不受（授）其子而受（授）臤（賢）。"

《容成氏》："是以視臤（賢），履陛（地）戠（戴）天，竺（篤）義與信。"

《容成氏》："堯爲之季（教）曰：'自内（納）安（焉），余穴規（窺）安（焉），以求臤（賢）者而畏（讓）安（焉）。'"

《容成氏》："堯以天下畏（讓）於臤（賢）者，天下之臤（賢）者莫之能受也。萬邦之君皆以其邦畏（讓）於臤（賢）☒□□□臤

（賢）者，而臤（賢）者莫之能受也。”
《容成氏》：“於是𪸕（乎）天下之人，以堯爲善興臤（賢），而卒立之。”
《容成氏》：“堯又（有）子九人，不以其子爲後，見舜之臤（賢）也，而欲以爲後。”
《容成氏》：“舜又（有）子七人，不以其子爲後，見虗（禹）之臤（賢）也，而欲以爲後。虗（禹）乃五𧦝（讓）以天下之臤（賢）者，不得已，肰（然）句（後）敢受之。”
《容成氏》：“虗（禹）又（有）子五人，不以其子爲後，見叴（皋）咎（陶）之臤（賢）也，而欲以爲後。”
《容成氏》：“叴（皋）秀（陶）乃五𧦝（讓）以天下之臤（賢）者，述（遂）爯（稱）疾不出而死。”
《容成氏》：“湯䎽（聞）之，於是𪸕（乎）新（慎）戒陞（徵）臤（賢），悳（德）惠而不暇，𨙷（訾）三十仁而能之。”
《容成氏》：“湯乃㥿戒求臤（賢），乃立泗（伊）尹以爲差（佐）。”
《仲弓》：“老₌（老老）慈幼，先又（有）司，舉（舉）臤（賢）才，惑（宥）怂（過）恕（赦）辠☐。”
《仲弓》：“售（雝）也不悔（敏），唯（雖）又（有）臤（賢）才，弗智（知）𦦙（舉）也。”
《仲弓》：“夫臤（賢）才不可弇（掩）也。”
《仲弓》：“山又（有）堋（崩），川又（有）滐（竭），昌₌（日月）星唇（辰）猷（猶）差，民亡（無）不又（有）怂（過）。臤（賢）者☐。”
《彭祖》：“毋敀（逐）賗（富），毋励臤（賢），毋向（尚）梪（樹）。”
《曹沫》：“君子以臤（賢）爯（稱）而遊（失）之，天命。”
《曹沫》：“君子以臤（賢）稱，害（曷）又（有）弗得？”
《曹沫》：“繣（陳）攻（功）走（尚）臤（賢）。”
《季康子》：“毋信玄曽，因邦斎₌（之所）臤（賢）而𦥑（興）之。”
《季康子》：“是古（故）臤（賢）人之居邦家也，夙𦥑（興）夜寐，☐耑以比。”
《季康子》：“氏（是）古（故）臤（賢）人大於邦，而又（有）㝵心，能爲䰟（鬼）☐。”
《季康子》：“☐☐速，毋亙（恆）才後₌（後，後）𣎆（世）比𤔔（亂），邦相褱（壞）毁，眾必亞（惡）善，臤（賢）人☐。”
《君子》：“子人、子羽䎽（問）於子贛（貢）曰：‘中（仲）尼（尼）與虗（吾）子₌（子子）產管（孰）臤（賢）？’”
《君子》：“與虗（禹）管（孰）臤（賢）？”
《君子》：“夫子絧（治）《時（詩）》、《箸（書）》，非以异（己）名，肰（然）則臤（賢）於虗（禹）也。”
《君子》：“與舜管（孰）臤（賢）？”
《弟子問》：“隹（雖）多䎽（聞）而不晉（友）臤（賢），其☐。”
《弟子問》：“荳年不亙（恆）至，耇老不復壯，臤（賢）者伋☐。”
《季桓子》：“害（蓋）臤（賢）者是能皋〈罤（親）〉𢖵（仁），皋〈罤（親）〉𢖵（仁）者是能行𦔻（聖）人之道。”按，“臤（賢）”字從福田哲之《〈孔子見季桓子〉1號簡的釋讀與綴合》（簡帛網，2007年8月6日）讀。
《成王》：“☐☐而臤（賢）者，能以其六𡩜（藏）之獸（守）取新（親）安（焉），是胃（謂）六新（親）之約。”
《蘭賦》：“臤（賢）☐。”
《文王》：“尚（嘗）退而思之，其唯臤

（賢）民虖（乎）？”

《舜王》：“明則保或（國），智臤（賢）正（政）綺（治），教媺（美）民備（服）。”

《鄭武》：“既得慖（圖），乃爲之；毀慖（圖）所臤（賢）者，安（焉）繙（申）之以龜噬（筮）。”

《子產》：“又（有）以枩（徠）民，又（有）以得臤（賢），又（有）以御（禦）割（害）戬（傷）。”

《子產》：“救（求）婕（藎）之臤（賢）可，以自分笙（重）任以果埥（將）。”

臤與牽

《詩論》：“童（動）而皆臤（牽）於其初者也。”按，“臤”似當讀爲“牽”。《玄應音義》卷五十七“掔我”注引《三蒼》：“掔，亦牽字。”

臤與賢

《凡物甲》：“敔（？）牅（墻）而豊（禮），并（屏）槩（氣）而言，不遠（失）其所然，古（故）曰力臤（賢）。”

臤與眩

《祭公》：“女（汝）母（毋）絸（瞑）臤（眩）慼₌（壞壞），厚（厚）㡯（顔）忍恥，寺（時）隹（惟）大不弔（淑）彝（哉）。”

掔與牽

《成之》：“是以民可敬道（導）也，而不可弇（按）也；可駗（御）也，而不可掔（牽）也。”按，“掔（牽）”字從裘按（《郭店楚墓竹簡·成之聞之》篇注［一七］）讀。

堅與腎

《瘨》：“積（瘨），以奎（奚）蠡蓋其堅（腎），即取桃支（枝）東鄉（嚮）者，以爲弧。”

堅與牽

《答問》：“大夫甲堅（牽）鬼薪，鬼薪亡，問甲可（何）論？”按，“堅”似當讀作“牽”。

《帛易·小畜》：“九二，堅（牽）復，吉。”

掔與堅

《治官》：“精絜（潔）正直，慎謹掔（堅）固。審悉毋私，徵〈微〉密咸祭（察），安倩（靜）毋苛，審當賞罰。”

臤與賢

《管仲》：“走（上）臤（賢）以正，百官之典。”

䁔與臤

《緇衣》：“翌（輕）㡭（絕）貧戔（賤），而笙（重）㡭（絕）賏（富）貴，則好急（仁）不䁔（堅），而亞₌（惡惡）不紙（著）也。”按，上博簡本《緇衣》䁔（堅）作臤。

䁔與堅

《緇衣》：“翌（輕）㡭（絕）貧戔（賤），而笙（重）㡭（絕）賏（富）貴，則好急（仁）不䁔（堅），而亞₌（惡惡）不紙（著）也。”

緊與堅

《曹沫》：“人之兵不砥礪（礪），我兵必砥礪（礪）；人之虖（甲）不緊（堅），我虖（甲）必緊（堅）。”

賢與堅

《帛甲老子·德經》：“人之生也柔弱，其死也莅（骸）仞（肕）賢（堅）強；萬物草木之生也柔脆，其死也棹（枯）薨（槁）。”

豎與堅

《管仲》：“豎（堅）磸（質）不匡（枉），執即（節）緣（履）纓（繩），可埶（設）於承。”按，“豎（堅）”字從黔之菜《釋清華簡（陸）〈管仲〉篇之“堅緻”》（簡帛網，2016年4月16日）讀。下同。

《管仲》：“豎（堅）磸（質）以亢（抗），吉凶侌（陰）昜（陽），遠逐（邇）卡₌（上下），可立於楠（輔）。”

玄字聲系

泫與眩

《官一》："棪（掞）𢇍（繼）藩薄，所以泫（眩）疑也。"

《官一》："掞𢇍（繼）藩薄，所以泫（眩）疑也。"

弦字聲系

弦與元

《奏讞書》："除弦（元）、伏不治，它獄四百卌九日，定治十八日。"

因字聲系

因與咽

《牝痔》："因（咽）敝（蔽），飲藥將（漿），毋飲它。"

《天下至道》："汗不及走，遂氣血門，翕因（咽）榣（搖）前，通辰（脈）利筋。"

《天下至道》："下夕（液）股濕，徐操；益（嗌）乾因（咽）唾，徐緘（撼）。"

因與姻

《鄭武》："老婦亦不敢以䀠（兄）弟昏（婚）因（姻）之言以𤔔（亂）夫=（大夫）之正（政）。"

《戰國二三》："公孫央（鞅）功臣也，襄子親因（姻）也，皆不免，封近故也。"

洇與咽

《足臂脈・足》："洇（咽）□□□□舌輅，□旦（瘴），尚（上）□，□□。"按，"洇（咽）"字從魏啟鵬、胡翔驊《馬王堆漢墓醫書校釋（壹）》（成都出版社，1992 年，8 頁）讀。

悃與溫

《五行》："悬（仁）之思也清=（清，清）則諓=（察，察）則安=（安，安）則悃=（溫，溫）則兑=（悅，悅）則𢥁=（戚，戚）則新=（親，親）則悉=（愛，愛）則玉=色=（玉色，玉色）則型=（形，形）則悬（仁）。"

《五行》："㢑=（顔色）伀（容）佼（貌）悃（溫）弁（變）也，以其宙（中）心與人交兑（悅）也。"

恩與忍

《苦成》："公恩（忍），亡（無）告=（鞫，告）弫=門=大=夫=（強門大夫。強門大夫）曰：'女（汝）出𦕒（因）而余（予）之内庫之兵。'"按，"恩（忍）"字從陳偉《〈苦成家父〉通釋》（簡帛網，2006 年 2 月 26 日）讀。

胭與咽

《引書》："撫心舉頤以利脥（喉）胭（咽），臯栗以利柎項，虎雇（顧）以利項尼。"

《萬物》："馬胭（咽）潛居水中使人不弱（溺）死也。"

痼與疢

《柬大王》："邦家大𩋬（旱），痼（疢）𤻮（疵）智於邦。"按，"痼"似即"疢"字，疢或作疹。《説文》："疢，熱病也。"下同。

《吳命》："昔上天不中（衷），隆（降）𢗰（禍）於我二邑，非疾痼（疢）安（焉）加之，而𢧝（殄）𢇍（絕）我二邑之好。"按，"疾疢"一詞典籍習見。

䋭與因

《曹沫》："卡=（上下）和𧆨（且）祝（篤），䋭（因）紀於大=國=（大國，大國）新（親）之，而下□。"按，"䋭（因）"字從陳劍《上博竹書〈曹沫之陳〉新編釋文》（簡帛研究網，2005 年 2 月 12 日）釋讀。

印字聲系

印與抑

《琴舞》："参（三）啟曰：悳（德）元佳（惟）可（何）？曰䚻（淵）亦印（抑）。"

《三壽》:“我思天風既寧(回)或走(止),虛(吾)孛(勉)自印(抑)畏以敬,夫𦔻(茲)□。”
《鄭武》:“昔虛(吾)先君吏(使)二三臣,印(抑)棗(早)歬(前)句(後)之以言。”
《鄭武》:“幾(豈)孤其跃(足)爲免(勉),印(抑)亡(無)女(如)虛(吾)先君之悬(憂)可(何)?”
《引書》:“極因下手𤸰(摩)面,以下印(抑)兩股,力引之,三百而已。”
《引書》:“印(抑)頤,引之,而賈(固)箸(著)少腹及股厀(膝)。”
《引書》:“夸(跨)股,把揁(腕),印(抑)股,以力榣(搖)肩,百而已。”
《帛甲老子·德經》:“高者印(抑)之,下者舉之。”
《帛乙老子·德經》:“高者印(抑)之,下者舉之。”
《天下至道》:“旦起起坐,直脊,開尻,翕州,印(抑)下之,曰治氣。”
《天下至道》:“幾已,内脊,毋𤴁(動),翕氣,印(抑)下之,靜身須之。”

印與殷

《召南》:“印(殷)其離(雷),在南山之下。”
《鄭風》:“印(殷)其盈誒(矣),女曰觀吾(乎)?”

吅與抑

《天下至道》:“爲而耎脊,翕周(州),吅(抑)下之,曰蓄氣。”

鬪與闉

《謀攻》:“□距鬪(闉),有(又)三月然☐。”

抑與懿

《祭公》:“公其告我抑(懿)德。”

文部第二八

本字聲系

畚與本

《語叢一》：“凡勿（物）又（有）畚（本）又（有）卯（流），又（有）終又（有）絧（始）。”

奮字聲系

慉與奮

《性自》：“人之巡肰（然）可牙（與）和安者，不又（有）夫慉（奮）犻（作）之青（情）則悉（侮）。”按，“慉（奮）”字從裘按（《郭店楚墓竹簡·性自命出》篇注［四三］）釋讀。

《定心》：“一志成（誠）必，脩（修）獨内慉（奮），終身不拳（倦）。”

焚字聲系

焚與紛

《亙先》：“羙羙=（羙羙羙羙）天陞（地），焚=（紛紛）而多采（綵）勿（物）。”

《芮良夫》：“年穀（穀）焚（紛）成，風雨寺（時）至。”

焚與蚡

《楚居》：“至焚（蚡）冒、酓（熊）帥（率）自箬（鄀）遷（徙）居焚。”

焚與棼

《北蒼·魚》：“瓦蓋焚（棼）櫋，晋（堊）溉（墍）幔（獿）杅。”

焚與煩

《三德》：“母（毋）焚（煩）古（姑）謏（嫂），母（毋）恥父䫉（兄）。”按，“焚（煩）”字從劉國勝《上博（五）零劄（六則）》（簡帛網，2006年3月31日）讀。

惄與棼

《赤鵠》：“其下舍（予）句（后）疾，是思（使）句（后）惄=（棼棼）恂=（眩眩）而不智（知）人。”

分字聲系

分與紛

《趙正書》：“其後不勝大臣之分（紛）爭=（爭，爭）侵主。”

汾與芬

《養生方》：“治中者，以汾（芬）困（菌）始汾(墳)以出者，取，□令見日，陰乾之。”按，“汾（芬）”字從張顯成《馬王堆醫書藥名“汾困”試考》（《中華醫史雜誌》第26卷第4期，1996年10月）讀。

汾與盆

《陰陽脈乙》：“心滂（彭）滂（彭）[如]甬（痛），缺汾（盆）甬（痛）。”

汾與墳

《養生方》：“治中者，以汾（芬）困（菌）始汾(墳)以出者，取，□令見日，陰乾之。”

芬與紛

《帛乙老子·道經》：“銼(挫)其兑(鋭)，解其芬（紛），和其光，同其塵。”

《反淫》：“菌鶴鷦義（鵝），孔鶾（鸞）鵃鶔(䳄)，芬(紛)雲(紜)窈(幽)海(晦)，浩洋於上。”

芬與豶

《周易·大畜》：“六五：芬（豶）豕之牙，

吉。”

炃與焚

《阜春一三》：“昔者桀辜閒（諫）者，紂炃（焚）聖人☐。”

枌與畚

《容成氏》：“墨（禹）親執枌（畚）北（耜），以波（陂）明者（都）之澤，決九河之洡（阻），於是虗（乎）夾州、浍（徐）州訂（始）可凥（處）。”按，“枌（畚）”字從陳劍《上博簡〈容成氏〉的竹簡拼合與編連問題小議》（簡帛研究網，2003 年 1 月 10 日）讀。

忿與紛

《帛易・巽》：“九二，筭（巽）在牀下，用使（史）巫，忿（紛）若，吉，无咎。”

粉與芬

《天下至道》：“㖩（踵）以玉泉，食以粉（芬）放（芳）。”

紛與焚

《帛易・離》：“九四，出（突）如來如，紛（焚）如，死如，棄如。”

貧與分

《爲吏》：“人各食其所耆（嗜），不踐（足）以貧（分）人；各樂其所樂，而踐（足）以貧（分）人。”

《皇門》：“自蚉（釐）臣至于又（有）貧（分）私子，句（苟）克又（有）琼（諒），亡（罔）不囂達，獻言才（在）王所。”

《筮法十五》：“埅（邦）去政已，於公利貧（分）。”

棼與焚

《國次》：“兼人之國，隋（墮）其城郭，棼（焚）其鐘鼓，布其齍（資）財。”

《戰國一七》：“天下且功（攻）齊，且屬從（縱），爲傳棼（焚）之約。”

《戰國二〇》：“則莫若招（遥）霸齊而尊之，使明（盟）周室而棼（焚）秦符。”

《帛易・旅》：“尚（上）九，鳥棼（焚）其巢，旅人先芺（笑）後摅（號）桃（咷）。亡（喪）牛于易，兇（凶）。”

釁與虋

《養生方》：“□□□□□□□□□□□輿、釁（虋）冬各□□”按，“釁（虋）”字從周一謀、蕭佐桃《馬王堆醫書考注》（天津科學技術出版社，1988 年，296 頁）、裘錫圭《馬王堆醫書釋讀瑣議》（《古文字論集》，中華書局，1992 年，525 頁）讀。

釁與畏

《周馴》：“曰：‘釁₌戒₌（畏戒！畏戒）！取諫（鑑）不遠，視而所代！’”

門字聲系

門與問

《晏子四》：“公疑之，則嬰請門（問）湯☐。”

問與聞

《日乙・生》：“壬申生，有問（聞）邦。”

《日乙・興律》：“問（聞）二₌千₌石₌官₌（二千石官，二千石官）丞謹録，當論。”

閔與門

《繫年十八》：“晉與吳會（合）爲一，以伐楚，閔（門）方城。”

《繫年二十》：“晉幽公立四年，勺（趙）狗衛（率）自（師）與戉（越）公株（朱）句伐齊，晉師閔（門）長城句俞（瀆）之門。”

閩與門

《容成氏》：“□北迲（去）其邦，□爲㕣〈同（傾）〉宮，篁（築）爲璿室，式（飾）爲杀（瑤）壴（臺），立爲玉閩（門）。”

聞與昏

《神烏賦》：“隨（墜）起擊耳（？），聞（昏）不能起。”

閡與悶

《帛乙老子·德經》：“其正（政）閡（悶）閡（悶），其民屯（淳）屯（淳）。”按，通行本閡作悶。

閩與悶

《帛乙老子·道經》：“鬻（俗）人察察，我獨閩（悶）閩（悶）呵（兮）。”按，通行本閩作悶。

閩與閽

《春秋一四》：“吳子餘蔡觀周（舟），閩（閽）人殺之。”

閩與婚

《帛易·賁》：“六四，蘩（賁）茹（如）蕃（皤）茹（如），白馬榦（翰）茹（如），非（匪）寇閩（婚）詬（媾）。”

《帛易·屯》：“六二，屯如壇（邅）如，乘馬煩（班）如，匪寇閩（婚）厚（媾）。”

《帛易·屯》：“六四，乘馬班如，求閩（婚）厚（媾），往吉，无不利。”

《帛易·震》：“辰（震）不于其躳（躬），于其鄰，往无咎。閩（婚）詬（媾）有言。”

閩與蚊

《三十時》：“閩（蚊）蚊（虻）不食駒犢，蜼（虺）蠆不螫（螫）☐。”

《趙正書》：“牛馬鬬（鬭），而閩（蚊）寅（虻）死其下；大臣爭，齎（齊）民古（苦）。”

《趙正書》：“先王之所謂牛馬鬬（鬭）而閩（蚊）寅（虻）死其下，大臣爭而齎（齊）民苦，此之謂夫！”

閺與悶

《帛甲老子·道經》：“鬻（俗）人蔡（察）蔡（察），我獨閺（悶）閺（悶）呵（兮）。”

閺與昏

《帛甲老子·道經》：“邦家閺（昏）亂，案（焉）有貞臣。”

《帛乙老子·道經》：“國家閺（昏）亂，安有貞臣。”

《帛乙老子·道經》：“鬻（俗）人昭昭，我獨若閺（昏）呵（兮）。”

閒與昏

《帛甲老子·道經》：“鬻（俗）人昭昭，我獨若閒（昏）呵（兮）。”

闅與婚

《帛易·睽》：“非（匪）寇，闅（婚）厚（媾）。往愚（遇）雨，即（則）吉。”

文字聲系

文與旻

《詩論》：“《少（小）文（旻）》，多恢₌（疑矣）！言不中志者也。”

文與旼

《琴舞》：“四啟曰：文₌（旼旼）其又（有）家，缶（保）藍（監）其又（有）後，需（孺）子王矣。”按，“文₌（旼旼）”字從黃傑《再讀清華簡（叁）〈周公之琴舞〉筆記》（簡帛網，2013年1月14日）讀。

文與紋

《安稽》：“畸（奇）繡倚（綺）文（紋），雍錦蔡方（紡）。”

文與紊

《堯王》：“堯以四割（害）之文（紊）爲未也。”

彣與文

《管仲》：“彣（文）之以色，均之以音，和之以味，行之以行。”按，“彣”字原形作“”，整理者直接釋爲“文”。不確。

吝與文

《用曰》：“沁吝（文）惠武，龍（恭）弔（淑）以成。”按，“吝（文）”字從凡國棟《上博六〈用曰〉篇初讀》（簡帛網，2008年7月10日）讀。

《鄭甲》：“犬白（伯）又（有）疾，吝（文）

公迬（往）聑（問）之。”

《鄭乙》：“犬白（伯）又（有）疾，吝（文）公迬（往）聑（問）之。”

吝與殄

《皇門》：“天用弗寶（保），忢（媢）夫先受吝（殄）罰，邦亦不寍。”

吝與類

《容成氏》：“武王於是虗（乎）素冕（冠）夰（弁），以造吝（類）于天。”按，“吝（類）”字從陳劍《上博楚簡〈容成氏〉與古史傳説》注 76（臺灣“中央研究院”史語所“中國南方文明研討會”論文，2003 年）讀。

吝與閵

《周易·蒙》：“六四：困尨（蒙），吝。”按，帛書本吝作閵。下同。

《周易·咸》：“九厽（三）：欽（咸）其脊（腓），執其陸（隨），吝。”

《周易·恆》：“九厽（三）：不緪（恆）其悳（德），或承其慐（羞），貞吝。”

《周易·姤》：“上九：敂（姤）其角，吝，亡（无）咎。”

玟與文

《三壽》：“☐戲愼〈悭（淫）〉自嘉而不縷（數），諗（感）高玟（文）福（富）而昏忘賓（詢）。”

忞與閔

《鄭甲》：“忞（閔）龏（喪）虐（吾）君，卑（譬）若鷄䳋（雛）。”

《鄭乙》：“忞（閔）龏（喪）虐（吾）君，卑（譬）☐。”

笅與吝

《尊德義》：“𢽷（教）以只（技），則民少以笅（吝）。”

《尊德義》：“𢼸則民悭，正則民不笅（吝），龏〈龔（恭）〉則民不惰（怨）。”

《性自》：“憍（僞）斯笅（吝）喜（矣），笅（吝）斯慮喜（矣）。”按，“笅（吝）”字從李零《郭店楚簡校讀記（增訂本）》（北京大學出版社，2002 年，107 頁）讀。

《叢辰》：“以祭，笅（吝）。”

《叢辰》：“以鼠（納）田邑，笅（吝）。”

《筮法二九》：“复（作）於上，外又（有）笅（吝）；复（作）於下，内又（有）笅（吝）。”

《帛易·屯》：“六三，即鹿毋（无）華（虞），唯人〈入〉于林中，君子幾不如舍，往笅（吝）。”

《繫辭》：“是故愛惡相攻而吉凶生，遠近相取而悔（悔）笅（吝）生，請（情）僞相欽（感）而利害生。”

《繫辭》：“凡易之請（情），近而不相得則凶，或害之則悔（悔）且笅（吝），將反（叛）則其辭乳（亂）。”

笅與㖹

《性自》：“憍（僞）斯笅（吝）喜（矣），笅（吝）斯慮喜（矣），慮斯莫牙（與）之結喜（矣）。”按，上博簡本《性情論》笅（吝）作㖹。

笅與鄰

《老子》甲：“猷虐（乎）其奴（若）恨（畏）四笅。”按，王弼本、傅奕本笅作鄰。

《從政》：“是以得臤（賢）士一=人=（一人，一人）譽☐四笅（鄰）。”

《曹沬》：“㖹（鄰）邦之君明，則不可以不攸（修）政而善於民。不肰（然），忎（恐）亡焉；笅（鄰）邦之君亡道，則亦不可以不攸（修）政而善於民。不肰（然），亡以取之。”

《莊王》：“以共（供）春秋之祟（嘗），以時（待）四笅（鄰）之會（賓）。”

《皇門》：“王用能盍（奄）又（有）四笅

（鄰），遠土不（丕）承，孫₌（子孫）用穠（末）被先王之耿光。”

《子產》：“裳（勞）惠邦政，耑（端）使（使）於四笅（鄰）。”

《帛乙老子·德經》：“笅（鄰）國相望，鷄犬之聲相聞，民至老死不相往來。”

《帛乙老子·道經》：“猷（猶）呵（兮）其若畏四笅（鄰）。”

答與鄰

《周易·謙》：“六五：不䙴（富）以其答（鄰），利用戠（侵）伐，亡（无）不利。”

《周易·既濟》：“九五：東答（鄰）殺牛，不女（如）西答（鄰）之酌（禴）祭，是受福吉。”

䗲與鄰

《鄭武》：“思（斯）羣臣得執安（焉），□臣、四䗲（鄰）以虐（吾）先君爲能敘。”

陖與隱

《詩論》：“其陖（隱）志必又（有）以俞（喻）也，其言又（有）所載而句（後）內（納），或前之而句（後）交。”按，“陖（隱）”字從李學勤《〈詩論〉簡“隱”字說》（清華大學“簡帛講讀班”第十二次研討會論文，2000 年 10 月 19 日）等讀。

㤆與吝

《性自》：“慍（僞）斯笅（吝）喜（矣），笅（吝）斯慮喜（矣），慮斯莫牙（與）之結喜（矣）。”按，博簡本《性情論》笅（吝）作㤆。“笅（吝）”字從李零《郭店楚簡校讀記（增訂本）》（北京大學出版社，2002 年，107 頁）讀。

《性自》：“凡兑（悦）人勿㤆（吝）也，身必從之，言及則明丞（舉）之而毋慍（僞）。”

㤆與鄰

《曹沬》：“㤆（鄰）邦之君明，則不可以不攸（修）政而善於民。不肰（然），忎（恐）亡焉。”

㤆與隱

《內豊》：“善則從之，不善則走₌之₌（止之；止之）而不可，㤆（隱）而任之，如從㠯（己）记（起）。”

㥯與隱

《詩論》：“《旹（詩）》亡㥯（隱）志，樂亡㥯（隱）情，文亡㥯（隱）言。”按，“㥯（隱）”字從李學勤《〈詩論〉簡“隱”字說》（清華大學“簡帛講讀班”第十二次研討會論文，2000 年 10 月 19 日）等讀。

蚊與虻

《三十時》：“閩（蚊）蚊（虻）不食駒犢，蜼（虺）蠆不䗪（螫）☐。”

閔與閽

《燕禮》：“甸人執大燭於庭，閔（閽）人爲燭於門外。”

《泰射》：“甸人執大燭於庭，閔（閽）人爲燭於門外。”

閔與冥

《反淫》：“精氣洞於九野，至大極之虛无，騎豹從虎，滃（幽）閔（冥）浩洋。”按，“滃閔”似當讀作“幽冥”。典籍中“幽冥”或作“幽昏”、“幽暗”、“窈冥”、“杳冥”、“窅冥”等，參朱啟鳳《辭通》（長春古籍書店，1991 年，544 頁、978 頁）。

閿與文

《子產》：“整政才（在）身，閿（文）腥（理）、型（形）體（體）、惴（端）㚅（冕）。”

免字聲系

免與俛

《君子》：“☐免（俛）視，毋昃（側）賍（覷）。”按，“免（俛）”字從陳斯鵬《讀〈上博竹書（五）〉小記》（簡帛網，2006

年4月1日）讀。

《天乙·黃鐘》:“兑（鋭）顔，兑（鋭）頤、赤黑，免（俛）僂。”

《天乙·黃鐘》:“免（俛）顔，大頸，長面。”

《天乙·黃鐘》:“免（俛）顔，□口，大耳，肩僂。”

《天乙·黃鐘》:“長面，長頤，免（俛）耳。”

《天乙·黃鐘》:“蒼皙，圜面，免（俛）僂。”

《天乙·黃鐘》:“葴眉，多□，色□，免（俛）僂，皙色，善病要（腰）。”

《天乙·黃鐘》:“免（俛）顔，□鼻，長靖₌（靖靖）毆，其行隕，黃皙毆。”

《天乙·黃鐘》:“長頤，折鼻，爲人免（俛）僂。”

免與勉

《性自》:“雚（觀）《卲（韶）》、《夏》，則免（勉）女（如）也斯僉（儉）。”

《曹沫》:“二厽（三）子免（勉）之，怊（過）不才（在）子才（在）寡人。”

《鮑叔牙》:“二厽（三）子免（勉）之，寡人涺（將）迿侮。”

《用曰》:“非憮於福，亦力免（勉）以母（毋）忘（妄）。”

《三壽》:“我思天風既寧（回）或走（止），虐（吾）免（勉）自印（抑）畏以敬，夫孳（兹）□。”

《三壽》:“民之有瞢（晦，晦）而本由生光，則隹（唯）小心異₌（翼翼），寡（顧）復免（勉）祗。”

《鄭武》:“幾（豈）孤其跌（足）爲免（勉），印（抑）亡（無）女（如）虐（吾）先君之恳（憂）可（何）？”

《戰國一二》:“吾縣（懸）免（勉）於粱（梁）是（氏），不能辭已。”

免與冕

《唐虞》:“孝，㤙（仁）之免（冕）也；禮（禪），義之至也。”

免與晚

《帛乙老子·德經》:“大方无禺（隅），大器免（晚）成。”

免與曼

《妄稽》:“靡免（曼）白皙，長髮誘（秀）紿。”

免與謾

《緇衣》:“諅（教）之以正（政），齊之以埑（刑），則民又（有）免（謾）心。”按，“免（謾）”字從白於藍《釋“孚”、“䈋”》（《古文字研究》第二十二輯，中華書局，2000年）讀。

《用曰》:“非（誹）考（孝）免（謾）訢（慎），良（荒）台（怠）家（稼）嗇（穡）。”按，“免”似當讀作“謾”。

免與面

《養生方》:“三指最（撮）以爲後飯，益氣，有（又）令人免（面）澤。”

免與鴷

《唐勒》:“馬心愈（愉）而安勞，輕車樂進，騁若蜚（飛）龔（龍），免（鴷）若歸（遺）風，反騶（趨）逆□，夜□夕日而入日千里。”按，“免”字似與《淮南子·覽冥》“馳騖若滅”之“馳騖”對應。“免”似當讀作“鴷”或“厲”。《廣雅·釋宫》:“鴷、馳、騖、騁，犇也。”王念孫《疏證》:“《説文》:‘鴷，次第馳也。’《玉篇》音‘厲’。《荀子·禮論》云‘步驟馳騁厲騖不外是矣’，《楚辭·遠遊》云‘颯弭節而高厲’。厲與鴷通，厲亦疾意也。《月令》云‘征鳥厲疾’是也。”下同。

《唐勒》:“步趨襲□，緩急若意，□若蜚（飛），免（鴷）若絕，反趨逆□，夜□夕日而入日蒙汜。”按，“免（鴷）”字是與《淮南子·覽冥》作“騁若飛，騖若絕”之“騖”字對應。

勉與晚

《北大老子》:“大方無隅，大器勉（晚）成，大音希聲，天（大）象無刑（形）。”

䖀與勉

《帛五行·説》：“變也者䖀（勉）也，仁氣也。”

《帛五行·説》：“䖀（勉）䖀（勉）也，孫（遜）孫（遜）也，能行變者也。”

忞與憫

《繫年九》：“夫₌（大夫）忞（憫），乃虘（皆）北（背）之曰：‘我莫命卲（召）之。’”按，“忞（憫）”字從清華大學出土文獻讀書會《〈清華大學藏戰國竹簡（貳）〉研讀劄記（一）》，復旦大學出土文獻與古文字研究中心網，2011年12月22日）讀。

忞與懣

《神烏賦》：“長炊〈歎〉泰（太）息，憂忞（懣）嘑〈唬〉呼，毋（無）所告愬（訴）。”

嬔與謾

《北蒼·脂》：“嬔（謾）欺蒙期（倛），耒旬（樛）隸氏。”按，“嬔”似當讀作“謾”。《説文》：“謾，欺也。”

典字聲系

醰與腆

《燕禮》：“寫〈寡〉君有不醰（腆）酒，以請子之與寫〈寡〉君須臾焉。”

《燕禮》：“寫〈寡〉君固曰‘不醰（腆）’，使某固以請！”

《燕禮》：“寫〈寡〉君曰‘不醰（腆）’。”

《燕禮》：“寫〈寡〉君使某，有不醰（腆）酒，以請子之與寫〈寡〉君須臾焉。”

敶與殿

《二年·史律》：“太史誦課，取冣（最）一人以爲其縣令史，敶（殿）者勿以爲史。”按，整理者直接釋“敶”爲“殿”。

《脈書》：“在足下，爲敶（殿）。”

敶與臀

《奏讞書》：“即磔治（笞）毛北（背）敶（臀）股，不審伐數，血下汙沱（地）。”按，整理者將“敶”隸定作“殿”。不確。下同。

《奏讞書》：“其敶（臀）瘢大如指四所，其兩股瘢大如指。”

敶與純

《封診式》：“五十尺，帛裏，絲絮五斤褽（裝），繆繒五尺緣及敶（純）。”按，整理者直接釋“敶”爲“殿”。下同。

《封診式》：“見乙有結（裾）復（複）衣，繆緣及敶（純），新毆（也）。”

臇與臀

《脈書》：“上穿臇（臀），出厭（厭）中，夾（挾）脊，出於項，上頭角。”

尹字聲系

尹與伊

《天子甲》：“洛（格）尹（伊）行，身和二：一憙（喜）一忞（怒）。”按，“尹”似當讀作“伊”，爲句中語助詞。下同。

《天子乙》：“洛（格）尹（伊）行，身和二：一憙（喜）一忞（怒）。”

洢與伊

《鄭乙》：“桀（世）及虐（吾）先君武公，西城湨〈洢（伊）〉閒（澗），北寰（就）鄬（鄔）、鄙（劉）。”

君與尹

《良臣》：“康（湯）又（有）伊君（尹），又（有）伊陟，又（有）臣㡯（扈）。”

《良臣》：“楚成王又（有）命（令）君（尹）子䎽（文）。”

《良臣》：“楚韶（昭）王又（有）命（令）君（尹）子西，又（有）司馬子忑（期），又（有）鄴（葉）公子高（高）。”

洢與伊

《鄭甲》：“枼（世）及虛（吾）先君武公，西城洢（伊）閒（澗），北遼（就）郲（鄔）、鄬（劉）。”

允字聲系

允與滿

《芮良夫》：“莫爯（稱）氒（厥）立（位），而不智（知）允（滿）溋（盈）。”按，“允”似當讀作“滿”。《説文》：“璊，玉經色也。从玉㒼聲。禾之赤苗謂之虋，言璊玉色如之。玧，璊或从允。”

允與捃

《北大老子》：“梪（揣）而允（捃）之，不可長葆（保）。”

沇與允

《葆啟》：“沇（允）才（哉）！日不足。”

沇與率

《尹至》：“民沇（率）曰：‘余返（及）女（汝）皆（偕）芒（亡）。’”按，“沇（率）”字從孟蓬生在復旦大學出土文獻與古文字研究中心研究生讀書會《清華簡〈尹至〉、〈尹誥〉研讀札記（附：〈尹至〉、〈尹誥〉、〈程寤〉釋文》（復旦大學出土文獻與古文字研究網，2011年1月5日）一文下跟帖讀。

迏與術

《子道餓》：“魯司寇奇，誩（言）遊於迏（術）楚（胥）。”按，“迏（術）”字從陳劍《〈上博（八）·子道餓〉補説》（復旦大學出土文獻與古文字研究中心網，2011年7月19日）讀。

旻與駿

《封許》：“向（尚）晨（純）氒（厥）悳（德），雁（膺）受大命，旻（駿）尹亖（四）方。”

畯與俊

《子產》：“子產用㕑（尊）老先生之畯（俊），乃又（有）喪（桑）丘中（仲）閔（文）、坣（杜）誓（逝）、肥中（仲）、王子白（伯）忨（願）。”

《子產》：“子產既由善用聖，班羞（好）勿（物）畯（俊）之行。”

浚與摧

《帛易·晉》：“初九〈六〉，溍（晉）如浚（摧）如，貞吉。悔亡，復（孚）浴（裕），无咎。”

狻與朘

《北大老子》：“骨弱筋柔而揊（握）固，未智（知）牝牡之合而狻（朘）怒。”

焌與酸

《王子木》：“睹（舍）飤（食）於鼪寬（宿），醯（酪）烝（羹）不焌（酸）。”按，“焌（酸）”字從單育辰《佔畢隨録》（簡帛網，2007年7月27日）讀。下同。

《王子木》：“先君智（知）醯（甕）不盍（蓋），醯（酪）不焌（酸）。”

竣與朘

《王子》：“人氣莫如竣（朘）精。”

《王子》：“竣（朘）氣宛（菀）閉，百脈生疾；竣（朘）氣不成，不能繁生，故壽盡在竣（朘）。”

《王子》：“竣（朘）之葆愛，兼予成貹（佐）。”

《王子》：“必先吐陳，乃翕竣（朘）氣，與竣（朘）通息，與竣（朘）飲食，飲食完竣（朘），如養赤子。”

踆與蹲

《妄稽》：“淮北有惡人焉，中淮踆（蹲）。”

夋與俊

《説命下》：“少（小）臣罔夋（俊）才（在）朕備（服），余隹（惟）命女（汝）

敓（説）螕（融）朕命。”

屯字聲系

屯與沌

《老子》甲：“屯唐（乎）其奴（若）樸（樸）。”按，帛書乙本屯作沌。

《卜書》：“兆（兆）女（如）印（仰）首出止（趾），而屯（沌）不（背）困（混）鄉（膺），是胃（謂）犻（蔽）卜。”按，“屯（沌）”字從一上示三王在 youren《〈卜書〉初讀》（簡帛網“簡帛論壇”，2013 年 1 月 5 日）一文下跟帖讀。

屯與純

《民之》：“亡（無）膿（體〈服〉）之圂，屯（純）得（德）同明。”

《卜書》：“含（肣）高上，㚟屯（純）睿（深），是胃（謂）幵。”

《筮法三》：“凸（凡）亯（享），月朝屯（純）牝，乃鄉（饗）。”

《筮法三》：“月夕屯（純）戊（牡），乃亦鄉（饗）。”

《筮法十四》：“凸（凡）貞丈夫，月夕𠃓（乾）之卒（萃），乃屯（純）吉，亡春夏秋冬。”

《筮法十四》：“凸（凡）貞女子，月朝臾（坤）之卒（萃），乃吉，亡春夏秋冬。”

《筮法二六》：“𠃓（乾）祟：屯（純）、五，𡨦（祖）宗。”

《筮法二六》：“莫（暮）屯（純）乃室中，乃父。”

《筮法二六》：“臾（坤）祟：門、行。屯（純）乃母。”

《三壽》：“觀（觀）𡨦（覺）恖（聰）明，音色柔丂（巧）而叡（叡）武不罔，夭（效）屯（純）佪（宣）猷，牧民而馯（御）王。”

《雜療方》：“衣赤纆（纆）衣及黑涅衣，屯（純）以馬㔖（氂）。”

《雜療方》：“以田暘豕邋屯（純）衣，令蝛及虫（虺）蛇〖蛇〗弗敢射。”

《曹氏》：“屯（純）陰不生，屯（純）陽不長。”

《曹氏》：“雞者屯（純）赤，故其同陽尤精▨。”

屯與淳

《帛乙老子·德經》：“其正（政）閔（悶）閔（悶），其民屯（淳）屯（淳）。”按，通行本屯作淳。

屯與敦

《老子》甲：“屯唐（乎）其奴（若）樸（樸）。”按，今本屯作敦。

坉與涬

《老子》甲：“坉唐（乎）其奴（若）濁。”按，帛書本坉作涬。

坉與混

《老子》甲：“坉唐（乎）其奴（若）濁。”按，王弼本、傅奕本坉作混。

坉與渾

《老子》甲：“坉唐（乎）其奴（若）濁。”按，河上本坉作渾。

沌與敦

《帛乙老子·道經》：“涣呵（兮）其若淩（凌）澤（釋），沌（敦）呵（兮）其若樸。”按，通行本沌作敦。

宔與屯

《楚居》：“思（使）若（鄀）嗌卜遷（徙）於𡦹（夷）宔（屯）。”按，“宔（屯）”字從復旦大學出土文獻與古文字研究中心研究生讀書會《清華簡〈楚居〉研讀札記》（復旦大學出土文獻與古文字研究中心網，2011 年 1 月 5 日）讀。下同。

《楚居》：“至酓（熊）只〈孓（艾）〉、酓（熊）𦨶（䵣）、酓（熊）樊（盤）及酓（熊）

賜（錫）、酓（熊）逗（渠），聿（盡）居亖（夷）宅（屯）。”

宅與沌

《成王》：“宅（沌）虐₌（乎！吾）欲舉（舉）之，不果，以進則遏（傷）安（焉）。”按，“宅（沌）”字從黃傑在復旦吉大古文字專業研究生聯合讀書會《上博八〈成王既邦〉校讀》（復旦大學出土文獻與古文字研究中心網，2011 年 7 月 17 日）一文下跟帖讀。

抶與純

《文摯》：“食不化，必如抶（純）鞫（鞠），是生甘（箝）心密墨（默）。”

邨與頓

《繫年五》：“文王以北啓出方成（城），圾〈封〉[illegible]（畛）於汝，改遊（旅）於陳，安（焉）取邨（頓）以贛（脅）陳侯。”

杶與敦

《北大老子》：“杶（敦）虖其如樸，沌虖其如濁，廣（曠）虖其如浴（谷）。”

肫與屯

《易之義》：“肫（屯）者，得之難也。”按，“肫（屯）”字從廖名春《帛書〈周易〉論集》（上海古籍出版社，2008 年，193 頁）釋讀。

《易之義》：“川（坤）之‘牝馬’，小蓄（畜）之‘密雲’，句（姤）之‘蹢屬（躅）’，漸之‘繩（孕）婦’，肫（屯）之‘泣血’，五繇者，陰之失也，靜而不能僮（動）者也。”

《阜易·屯》：“肫（屯）。”

《阜易·屯》：“九五，肫（屯）其膏。”

肫與純

《少牢》：“司士又升魚、腊，魚十有五而鼎，腊一肫（純）而鼎，腊用麋。”

《少牢》：“腊一肫（純）而柤（俎），亦進下，肩在上。”

鈍與錞

《陳公》：“五禹（稱）：鉦、[illegible]以左，鈍（錞）釪（于）以右，鎮₌（金鐸）以跪（坐），木鎮（鐸）以迟（起）。”

頓與鈍

《作戰》：“用戰勝久，則頓（鈍）□。”

《地典》：“吾不頓（鈍）一兵，不殺一人，而破軍殺將。”

舂與蠢

《說命中》：“故（古）我先王泧（滅）夏，燮（襲）弜（強），戩（翦）舂（蠢）邦。”

《北大老子》：“其正（政）昏昏，其民舂舂（蠢蠢）；其正（政）訧訧（察察），其國夬夬（缺缺）。”

湷與沌

《帛乙老子·道經》：“我愚人之心也，湷（沌）湷（沌）呵（兮）。”

湷與混

《帛甲老子·道經》：“湷（混）呵其若濁，湴呵其若浴（谷）。”按，通行本湷作混。下同。

《帛乙老子·道經》：“湷（混）呵（兮）其若濁，湴（曠）呵（兮）其若浴（谷）。”

蠢與沌

《帛甲老子·道經》：“我禺（愚）人之心也，蠢（沌）蠢（沌）呵（兮）。”按，通行本蠢作沌。

蠢與鬊

《日甲·詰》：“鳥獸恆鳴人之室，燔蠢（鬊）及六畜毛邋（鬣）其止所，則止矣。”

豚字聲系

豚與遯

《反淫》：“勁莇（筋）强末，志氣高崇，真骨清血，蹀虛輕舉，刑（形）豚（遯）神化，乘雲游霧。”

遯與遁

《繫年二一》：“楚自（師）亡工（功），多云（棄）幝（旃）、莫（幕），肖（宵）遯（遁）。”

盾字聲系

盾與循

《蓋廬》：“盾（循）天之則，何去何服？行坨（地）之德，何范何極？”

循與盾

《第二組》：“市衟術者，沒入其賣殹（也）于縣官，吏循行弗得，貲一循（盾）。”按，整理者認爲“循”是“盾”之誤字。不確。“循”可讀作“盾”。

循與揗

《引書》：“以手力循（揗）鼻以卬（仰），極，無（撫）心，以力引之，三而已。”

《引書》：“兩手之指㾬（摩）兩目內脈而上循（揗）之，至項，十而已。”

《引書》：“起臥而危坐，摩（摩）兩手，令指熱，以循（揗）兩目，十而已。”

《養生方》：“即善臧（藏）之，節（即）用之，操以循（揗）玉筴（策），馬因驚矣。”

循與遁

《戰國一五》：“今王循（遁）楚、趙而講，楚、趙怒而兵〈與〉王爭秦，秦必受之。”

遁與循

《帛五行・說》：“遁（循）草木之生（性）則有生焉，而无好惡；循禽獸之生（性）則有好惡焉，而无禮義焉；遁（循）人之生（性）則巍然知其好仁義也。”

《帛五行・說》：“不遁（循）其所以受命也，遁（循）之則得之矣。”

《二三子》：“聖人之立正（政）也，若遁（循）木，俞（愈）高俞（愈）畏下，故曰‘抗（亢）龍有悔（悔）’。”

《庫法》：“⧄□暑濕，邑嗇夫與庫嗇夫相參遁（循）行之。”

揗與循

《足臂脈・足》：“揗（循）胻內兼（廉），□厀（膝）內兼（廉），出股內兼（廉）。”按，“揗（循）”字從裘錫圭《馬王堆醫書釋讀瑣議》（《古文字論集》，中華書局，1992年，525頁）釋讀。

《陰陽脈乙》：“毄（繫）於骭骨外廉，揗（循）骭骨而上，穿賓（髕）。”

揗與頓

《二年・秩律》：“荏平、甄（鄄）城、揗（頓）丘。”

揗與順

《泰射》：“太（大）射正執弓，以袂揗（順）左右畏（隈），上再下壹。”

蹢與蝝

《爲政》：“爲正（政）壹擾則虫（蟲），再則蛾（蟻），三則冥（螟），四則蹢（蝝），五則螣，六則兵作，七則君殍（卒）。”

侖字聲系

侖與倫

《成之》：“天夆（格）大祟（常），以里（理）人侖（倫）。”

《成之》：“是古（故）小人夑（亂）天祟（常）以逆大道，君子訂（治）人侖（倫）以川（順）天悳（德）。”

《尊德義》：“尊悳（德）義，明虖（乎）民侖（倫），可以爲君。”

《尊德義》：“叁（教）非改道也，敎（教）之也；學非改侖（倫）也，學异（己）也。”

《尊德義》：“非侖（倫）而民備（服），殜（世）此亂矣。”

《尊德義》：“尃（博）不足以智（知）善，快（慧）不足以智（知）侖（倫），殺不足以勳（勝）民。”

侖與崙

《反淫》："西游昆（崑）侖（崙），東觀枎（扶）桑。"

侖與掄

《明君》："以夫先王者爲□□□侖（掄）蚤（爪）衙（牙）之士。"

侖與論

《尊德義》："古（故）爲正（政）者，或侖（論）之，或羕之，或繇（由）宔（中）出，或執（設）之外。"

《性自》："聖人比其頪（類）而侖（論）會之，雚（觀）其之〈先〉逯〈後〉而逆訓（順）之。"

惀與淪

《周馴》："昔堯舜之所愛子曰丹朱，不好茲（慈）孝，虆（繁）樂以惀（淪）。"

綸與倫

《彭祖》："于（吁）！女（汝）孳₌（幼子）尃（博）昏（問），舍（余）告女（汝）人綸（倫）。"

《用曰》："戔其又（有）綸（倫）絽（紀）。"

《九主》："禮數四則，曰天綸（倫），唯天不失乏（範），四綸（倫）□則。"

《九主》："古今四綸（倫），道數不代（忒）。"

《九主》："胃（謂）天之命四則，四則當□，天綸（倫）乃得。"

《九主》："爭道得主者薨（萌）起，大干天綸（倫）。"

《妄稽》："吾爲妾亦誠苦，大不得人綸（倫）。"

綸與崙

《戰國二一》："此代馬、胡狗不東，綸（崙）山之玉不出。"

綸與輪

《帛易・既濟》："初六〈九〉，抴（曳）其綸（輪），濡其尾，无咎。"

《帛易・未濟》："九二，抴（曳）其綸（輪），貞。"

《神烏賦》："高樹綸（輪）棍（困），支（枝）格相連。"

綸與混

《北大老子》："有物綸（混）成，先天地生。"

論與倫

《陰陽家》："宜春不春，萬物皆失其論（倫）。"

《少牢》："雝人論（倫）膚九，實于一鼎。"

《妄稽》："鄉黨莫及，於國无論（倫）。"

論與掄

《周馴》："及桓公之爲君也，論（掄）其賢臣，而智（知）其莫能及管夷吾也，於是召管夷吾於魯而授之相。"

論與綸

《稱》："耶（聖）人麋（彌）論（綸）天地之紀，廣乎蜀（獨）見。"

《繫辭》："易與天地順（準），故能彌（彌）論（綸）天地之道。"

論與攣

《帛易・中孚》："九五，有復（孚）論（攣）如，无咎。"

輪與綸

《周易・未濟》："九二：逸（曳）其輪，貞吉。利涉大川。"按，帛書本輪作綸。

尊字聲系

尊與樽

《帛易・坎》："六四，奠〈尊（樽）〉酒巧（簋）訞（簠）用缶，人〈入（納）〉葯（約）自牖，終无咎。"按，"奠"應爲"尊"之誤字，此從今本讀作樽。馬王堆漢墓帛書《繫辭》“天奠地庳”，今本作“天尊地卑”，“尊”亦誤爲“奠”，與此同類。

尊與寸

《日甲·詰》：“人毋（無）故而心悲也，以桂長尺有尊（寸）而中折。”

尊與薦

《帛易·觀》：“觀，盥而不尊（薦），有復（孚）□若。”

障與尊

《五行》：“不賬（遠）不=敬=（不敬，不敬）不=嚴=（不嚴，不嚴）不=障=（不尊，不尊）不=共=（不恭，不恭）亡豊（禮）。”

《五行》：“貴=（貴貴），其迠（等）障（尊）臤（賢），義也。”

《五行》：“嚴而畏之，障（尊）也；障（尊）而不喬（驕），共（恭）也。”

《五行》：“君子智（知）而與（舉）之，胃（謂）之障（尊）臤（賢）；智（知）而事之，胃（謂）之障（尊）臤（賢）者也。後，士之障（尊）臤（賢）者也。”

《唐虞》：“堯舜之行，悉（愛）睪（親）障（尊）臤（賢）。”

《語叢一》：“悬（仁），人也；義，道也。厚於仁，薄於義，睪（親）而不障（尊）；厚于義，尃（薄）於悬（仁），障（尊）而不睪（親）。”

《語叢一》：“又（有）睪（親）有障（尊）。”

先字聲系

先與洗

《天乙·律數一》：“姑先（洗）十三萬九千九百六十八，下應。”

《天乙·自天》：“參（三）黃鐘、古（姑）先（洗）、夷則之卦曰。”按，“先（洗）”字從劉青《放馬灘秦簡〈日書〉乙種集釋》（武漢大學碩士學位論文，2010年，32頁）讀。

《天乙·自天》：“姑先（洗）、夷則、黃鐘之卦曰。”

《天乙·自天》：“夷則、黃鐘、姑先（洗）之卦曰。”

《天乙·貞在》：“姑先（洗），善毆，喜毆。”

《天乙·律吉凶》：“黃鐘、大呂、姑先（洗）、中呂、林鐘皆曰。”

洗與前

《有司》：“尸休（謖），祝洗（前），尸從，遂出于廟門。”

孫字聲系

孫與遜

《唐虞》：“□豊（禮），怬（夔）守樂，孫（遜）民效（教）也。”按，“孫（遜）”字從陳偉《郭店竹書別釋》（湖北教育出版社，2002年，65頁）讀。

《性自》：“進谷（欲）孫（遜）而毋攷（巧）。”

《從政》：“悔（悔）而共（恭）孫（遜），賫（教）之纏（勸）也；恩（溫）良而忠敬，悬（仁）之宗也。”

《帛五行·說》：“勉（勉）勉（勉）也，孫（遜）孫（遜）也，能行變者也。”

《易之義》：“大有之卦，孫（遜）位也。”

《易之義》：“子曰：孫（遜）從之胃（謂）也。”

《要》：“賜聞諸夫子曰：‘孫（遜）正而行義，則人不惑矣。’”

《繆和》：“夫耶（聖）君卑膿（體）屈貌以舒孫（遜）。”

《昭力》：“若爲人君毆（驅）者，其人孫（遜）戒在前，何不吉之又（有）？”

《安稽》：“孝弟（悌）玆（慈）悔（敏），恭敬仁孫（遜）。”

孫與浚

《鄘風》："在孫（浚）之郊。"

《鄘風》："□□□與（旟），在孫（浚）之都。"

《鄘風》："□□竿（干）旌，在孫（浚）之城。"

《鄘風》："□□□與（旟），在孫（浚）之都。"

孫與損

《天下至道》："氣有八益，有（又）有七孫（損）。"

《天下至道》："不能用八益、去七孫（損），則行年卌而陰氣自半也。"

《天下至道》："去七孫（損）以振其病，用八益以貳其氣。"

《天下至道》："故善用八益、去七孫（損），五病者不作。"

《天下至道》："七孫（損）。"

《天下至道》："七孫（損）。"

《天下至道》："爲之秦（臻）疾，曰費，此謂七孫（損）。"

《天下至道》："故善用八益，去七孫（損），耳目蔥（聰）明，身膿（體）輕利。"

《天下至道》："故貳生者食也，孫（損）生者色也，是以聖人合男女必有則也。"

孫與申

《繫年十一》："穆王即殜（世），臧（莊）王即立（位），使孫（申）白（伯）亡（無）愄（畏）嘙（聘）于齊。"

《繫年十一》："叚（假）迲（路）於宋₌（宋，宋）人是古（故）殺孫（申）白（伯）亡（無）愄（畏），敓（奪）其玉帛。"

悉與遜

《緇衣》："共（恭）以位（涖）之，則民又（有）悉（遜）心。"

《祭公》："悉（遜）惜（措）乃心，𦘔（盡）府（付）畀余一人。"

悉與恙

《緇衣》："共（恭）以位（涖）之，則民又（有）悉（遜）心。"按，上博簡本《緇衣》悉（遜）作恙。

飧字聲系

飧與餕

《阜春二五》："凌負羅〈羈〉遺之飧（餕），加璧焉。"按，"飧（餕）"字從白於藍《阜陽漢簡〈春秋事語〉校讀二記》（待刊）釋讀。

巽字聲系

巽與選

《陳公》："陳公性（狂）安（焉）巽（選）楚邦之古（孤）童（踵）之於後，以厚王卒。"按，"巽（選）"字從張崇禮《讀上博九〈陳公治兵〉劄記》（復旦大學出土文獻與古文字研究中心網，2013年1月29日）讀。

《皇門》："廼方（旁）救（求）巽（選）睪（擇）元武聖夫，膳（羞）于王所。"

《鄭武》："二三臣吏（事）於邦，巟₌安₌（惶惶焉，焉）宵（削）昔（錯）器於巽（選）贇（藏）之中。"

《明君》："材巽（選）海内之衆，簡令天下之材。"

《明君》："稾（豪）巽（選）㴭（海）内之衆，以爲兵首釰（刃）。"

《君正》："號令者，連爲什伍，巽（選）練賢不宵（肖）有別殹（也）。"

《篡卒》："勝在盡□，明賞，巽（選）卒，乘敵之□。"

《妄稽》："言語節譣（檢），辭令愉宛（婉）。好聲宜笑，厭（靨）父（輔）之有巽（選）。"

巽與順

《慎子》："忠㚒（質）以反俞（渝），迁（寬）友（柔）以載道，精瀍以巽（順）埶（勢）。"按，"巽（順）"字從李學勤《談楚簡〈慎子〉》（《中國文化》第25、26期合刊，2007年10月）讀。

選與饌

《特牲》："壺、於（棜）禁，選（饌）于東序，南順，覆兩壺焉，蓋在南。"

《少牢》："卒溉（摡），選（饌）豆、邊（籩）與匪（篚）于房中，枋（放）于西方。"

《少牢》："改選（饌）豆、邊（籩）于房中，南面。"

《燕禮》："善（膳）宰具官選（饌）于寑（寢）東。"

選與羸

《養生方》："取弟（蛈）選（羸）一斗，二分之，以截漬一分而暴（曝）之。"

《養生方》："冬日置竈上，令極瀆（沸），即出弟（蛈）選（羸）。"

選與篿

《服傳甲》："野人曰：'父母何選（篿）焉！'"

選與餕

《特牲》："祝命當（嘗）食，選（餕）者、舉鄭（奠）許諾，升，入，東面。"

《特牲》："主人西面再拜，祝曰：'選（餕）有以也。'"

《特牲》："兩選（餕）鄭（奠）舉于柤（俎），許若（諾），合（荅）拜。"

《特牲》："主人升，酌，酳上選（餕），選（餕）拜受爵，主人合（荅）拜。"

《特牲》："酳下選（餕）亦如之。"

《特牲》："兩選（餕）執爵，祭酒，卒爵，拜。"

《特牲》："兩選（餕）皆降，賓〈實〉爵于匪（篚）。"

《特牲》："上選（餕）洗爵，升酌，誶（酢）主₌人₌（主人，主人）拜受爵。"

《特牲》："上選（餕）即坐，合（荅）拜。"

《特牲》："上選（餕）合（荅）拜，受爵，降，賓〈實〉于匪（篚）。"

橍與撰

《慎子》："首沓（戴）茅芺（蒲），橍（撰）筱（銚）執櫨（鉏），送（蹲）畎備（伏）畂〈畮（畝）〉，必於☐。"按，"橍"字從陳偉《〈慎子曰恭儉〉校讀》（簡帛網，2007年7月19日）讀。"橍"似亦可讀作"攥"。《慧琳音義》卷六十二注引《字林》："攥，把也。"《廣韻·末韻》："攥，手把。"

譔與選

《第二組》："諸挾符者皆奔敬（警）故徼外盜徹所，合符焉，以譔（選）伍之。"

《帛五行·説》："賢賢，長長，親親，爵爵，譔（選）貴者无私焉。"

《帛五行·説》："尊賢者，言等賢者也，言譔（選）賢者也，言足（屬）諸上位。"

《戰國二六》："將軍皆令縣急急爲守備，譔（選）擇賢者，令之堅守，將以救亡。"

《王兵》："審地刑（形），選材官，量蓄積，譔（選）勇士。"

䠣與痊

《湯丘》："身體䠣（痊）朸（平），九㝗（竅）發明，以道心嗌，惜（懌）快以恆。"

饌與餕

《少牢》："司宮設對席，乃四饌（餕）。"

《少牢》："司土〈士〉進下刑（鉶）于上饌（餕），又進一刑（鉶）于饌（餕）。"

《少牢》："主人洗一爵，升，酌，以授上饌（餕）。"

《少牢》："主人受于戶內，以授次饌

（饔），若是以辨（辯）。”
《少牢》：“主人西面，三拜饌（饔）者。”

饌與饔

《少牢》：“司土〈士〉乃辨（辯）舉，饌（饔）者皆祭黍、祭舉。”
《少牢》：“上饌（饔）合（荅）拜。”
《少牢》：“上饌（饔）興，出。”

隼字聲系

隼與推

《帛甲老子・德經》：“天下樂隼（推）而弗猒（厭）也。”
《繆和》：“關龍逢、王子比干、五（伍）子胥、介子隼（推）是也。”按，“隼”當讀作“推”。

隼與誰

《子儀》：“遠人可（何）麗（離）宿，君又譚（尋）言（焉），余隼（誰）思（使）于告之。”
《子儀》：“余愧（畏）其式（式）而不訏（信），余隼（誰）思（使）于劦（協）之。”

隼與殉

《戰國二四》：“願大國肄（肆）意於秦，不穀將以楚隹〈隼（殉）〉韓。”

庫與魁

《戰國四》：“齊殺張庫（魁），臣請屬事辭爲臣於齊。”
《戰國四》：“庫（魁）之死也，王辱之。”

榫與椎

《二年・賊律》：“鬬而以釰（刃）及金鐵銳、錘、榫（椎）傷人，皆完爲城旦舂。”按，整理者直接釋“榫”爲“椎”。
《官一》：“榫（椎）下移師，所以備強也。”

膞與脽

《昭王》：“卲（昭）王迈（蹠）逃珤，龏（龔）之膞（脽）馭王。”按，“膞（脽）”字從陳劍《上博竹書〈昭王與龔之脽〉和〈柬大王泊旱〉讀後記》（簡帛研究網，2005年2月15日）釋讀。下同。
《昭王》：“僕（僕）遇龏（龔）之膞（脽）牆（將）取車，被襦=（襦衣），膞（脽）介趣（趨）君王，不隻（獲）要頸之辠君王，至於定冬而被襦=（襦衣）！”
《昭王》：“龏（龔）之膞（脽）被之，其袷（衿）視〈見（現）〉。樊（返）逃珤，王命龏（龔）之膞（脽）母（毋）見。”
《昭王》：“僕（僕）見膞（脽）之寒也，以告君王。今君王或命膞（脽）母（毋）見，此則僕（僕）之辠也。”
《昭王》：“大尹之言膞（脽），可（何）訙又（有）安（焉）？”
《昭王》：“三日安（焉），命龏（龔）之膞（脽）見。”
《昭王》：“其子膞（脽）既與虛（吾）同車，或舍之衣，囟（使）邦人虐（皆）見之。”

膞與臀

《足臂脈・足》：“病足小指廢，膞（腨）痛，胳（卻）䜌（攣），膞（臀）痛。”按，“膞（臀）”字從周一謀、蕭佐桃《馬王堆醫書考注》（天津科學技術出版社，1988年，3頁）釋讀。

譐與推

《二年・傳食律》：“縣各署食盡日，前縣以譐（推）續食。”按，整理者釋“譐”爲“誰”。

譐與誰

《奏讞書》：“史騰訊毛謂盜牭（把）牛，騰曰譐（誰）與盜？”按，整理者釋“譐”爲“誰”。下五例同。
《奏讞書》：“騰曰譐（誰）與盜？毛謂獨也。”
《奏讞書》：“有子不聽生父教，譐（誰）與不聽死父教罪重？”
《奏讞書》：“夫生而自嫁罪，誰（誰）與夫死而自嫁罪重？”
《奏讞書》：“欺生夫，誰（誰）與欺死夫罪重？”
《奏讞書》：“起市中，誰（誰）逢見？”
《春秋一〇》：“會諸侯而止衛〈衛〉君，誰（誰）敢不愳（懼）。”按，“誰（誰）”字從裘錫圭《帛書〈春秋事語〉校讀》(《湖南省博物館館刊》第1期，《船山學社》雜誌社編輯出版，2004年7月）釋讀。下同。
《春秋一五》：“訊公子牙曰：‘吾將誰（誰）以（與）爲子？’”
誰與準
《妄稽》：“鬼（魋）獲（顴）氏（低）誰（準），堅根隱（殷）軫。”
《妄稽》：“肸曷（鶡）抵（低）誰（準），示以都刑（形）。”
騅與錐
《妄稽》：“擊陰，騅（錐）韲之，蚤（早）死之。”

西字聲系

西與洒
《日甲・詰》：“取白茅及黃土而西（洒）之，周其室，則去矣。”
垔與湮
《引書》：“梟栗者，反昔（錯）手北（背）而宿（縮）頸垔（湮）頭。”
《引書》：“蛇垔（湮）者，反昔（錯）手北（背），齧而垔（湮）頭。”
甄與鄄
《二年・秩律》：“茬平、甄（鄄）城、揗（頓）丘。”
甄與胻
《特牲》：“佐食升甄（胻），密（鼏）之，埶（設）于作（阼）階西。”
《特牲》：“佐食受，加于甄（胻）。”
《特牲》：“羞燔者受，加于甄（胻），出。”
《特牲》：“甄（胻），心、舌皆去本末，午創之，實于牲鼎，載。”
《少牢》：“甄（胻）柤（俎）在羊柤（俎）之北，亦西肂（肆）。”
《少牢》：“佐食上私〈利〉升牢心、舌，載于甄（胻）柤（俎）。”
《少牢》：“載于甄（胻），末在上。”
《少牢》：“舌皆刌本末，亦午割勿沒，其載于甄（胻），衡（横）之。”
《少牢》：“佐食遷甄（胻）柤（俎）于作（阼）階西，西摵（縮），乃反。”
《少牢》：“主人羞甄（胻），升自作（阼）階，置于膚北。”
《少牢》：“佐食受，加于甄（胻）。”
《少牢》：“佐食受，加于甄（胻），衡（横）之。”
《少牢》：“上佐食舉尸腊肩，尸受，振祭，嚌之，受加于甄（胻）。”
《少牢》：“上佐食舉尸牢肩，尸受，振祭，嚌之，佐食受，加于甄（胻）。”
《少牢》：“尸三飯，上佐食受尸牢肺、脊，加于甄（胻）。”
《少牢》：“祝命佐食徹甄（胻）俎，降埶（設）于堂下作（阼）階南。”
禋與姻
《北蒼・耕》：“禋（姻）稰（婿）姪娣，叚（假）耤（籍）合冥。”
甈與甄
《三壽》：“天下甈（甄）爯（稱），以斁（誥）四方，寺（時）名曰觀（叡）訐（信）之行。”
甈與診
《三壽》：“我敳（寅）晨共（降）孶（在）九厇（宅），甈（診）夏之遏（歸）商，方曼（般）于菭（路）。"

醓與禋

《耆夜》："不（丕）㬎（顯）逨（來）各（格），畬（歆）毕醓（禋）明（盟）。"

闉與堙

《天乙·土功一》："丙子不可壞垣，闉（堙）谷，妻必死。"

鄄與禋

《三德》："魂（鬼）神鄄（禋）祀，上帝乃訂（怡）。"

慗與甄

《芮良夫》："矞（遹）易兇心，覒（研）慗（甄）嘉惟，㪗（敉）和庶民，政命悳（德）型（刑）各又（有）祟（常）朿（次）。"

詗與訊

《相邦》："孔₌（孔子）曰：'女（如）詗（訊）。'"按，"詗（訊）"字從孟蓬生《上博竹書（四）閒詁》（簡帛研究網，2005年2月15日）釋讀。

詗與迅

《苦成》："姑（苦）成家父事敕（厲）公，爲士序，行正（政）詗（迅）弝（強）。"按，"詗（迅）"字從沈培《上博簡〈姑成家父〉一個編聯組位置的調整》（簡帛網，2006年2月22日）讀。

㐱字聲系

珍與填

《蓋廬》："珍（填）星土也，六月土强，可以攻水。"

袗與塵

《北大老子》："桂（挫）其脫（銳），解其紛，和其光，同其袗（塵）。"

畛與塵

《北大老子》："塞其脫（兑），閉其門，和其光，同其畛（塵），挫其兑（銳），解其紛，是謂玄同。"

殄與畛

《妄稽》："矆（蔑）殄（畛）領亦（腋），食既相澤。"

診與軫

《五行》："匿之爲言也猷（猶）匿₌（匿匿）也，少（小）而訪〈診（軫）〉者也。"

軫與胗

《卻穀》："爲首重足輕體（體）軫（胗），則昫（呴）炊（吹）之，視利止。"

𩬊與塵

《帛甲老子·德經》："和其光，同其𩬊（塵），坐（挫）其閱（銳），解其紛。"

川字聲系

川與順

《緇衣》："《寺（詩）》員（云）：'又（有）匊（梏）悳（德）行，四方𢘝（順）之。'"按，上博簡本《緇衣》𢘝（順）作川。

《唐虞》："先聖牙（與）後耶（聖），考後而歸先，效（教）民大川（順）之道也。"

《成之》："是古（故）小人孌（亂）天祟（常）以逆大道，君子詞（治）人侖（倫）以川（順）天悳（德）。"

《成之》："害（蓋）言新（慎）求之於吕（己），而可以至川（順）天祟（常）悏（矣）。"

《尊德義》："不詞（治）不川（順），不川（順）不坪（平）。"

《三德》："梄（更）旦母（毋）哭，瞓（晦）母（毋）訶（歌），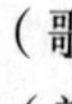（弦）望齊（齋）宿（素），是胃（謂）川（順）天之祟（常）。"

《三德》："川（順）天旹₌（之時），迟（起）陞（地）之☐。"

《三德》："智（知）天足以川（順）旹（時），智（知）陞（地）足以由（育）材，智（知）人足以會新（親）。”
《競公瘧》：“女（如）川（順）言弇（掩）亞（惡）虖（乎）？”
《凡物甲》：“川（順）天之道，虛（吾）系（奚）以爲頁（首）？”
《凡物乙》：“川（順）天之道，虛（吾）系（奚）以爲頁（首）？”
《程寤》：“思（使）卑脜（柔）和川（順），眚（生）民不芽（災），褱（懷）允。”
《保訓》：“迺（乃）易立（位）埶（設）詣（稽），測侌（陰）旟（陽）之勿（物），咸川（順）不詳（逆）。”
《命訓》：“亟（極）賞則民賈₌亓₌上₌（賈其上，賈其上）則亡₌壤₌（無讓，無讓）則不川（順）。”
《子產》：“道（導）之以季（教），乃恋（迹）天陞（地）、逆川（順）、強柔，以咸斀（禁）御（禦）。”

川與坤

《帛易·坤》：“川（坤），元亨，利牝馬之貞。君子有攸往，先迷，後得主，利。”
《繫辭》：“天奠〈尊〉地庳（卑），鍵（乾）川（坤）定矣。”
《繫辭》：“鍵（乾）道成男，川（坤）道成女。”
《繫辭》：“鍵（乾）知大始，川（坤）作成物。”
《繫辭》：“鍵（乾）以易【知】，川（坤）以閒（簡）能，易則傷（易）知，閒（簡）則易從。”
《繫辭》：“成馬〈象〉之胃（謂）鍵（乾），教（效）法之胃（謂）川（坤）。”
《繫辭》：“夫川（坤）其靜也斂，其動也辟，是以廣生焉。”
《繫辭》：“是故闔（闔）戶胃（謂）之川（坤），辟門胃（謂）之鍵（乾）。”
《繫辭》：“鍵（乾）川（坤），其易之經與（邪）？”
《繫辭》：“鍵（乾）川（坤）成列，易位（立）乎其中。”
《繫辭》：“鍵（乾）川（坤）毀，則無以見易矣。”
《繫辭》：“易不可〖則〗見，則鍵（乾）川（坤）不可見；鍵（乾）川（坤）不可見，則鍵（乾）川（坤）或幾乎息矣。”
《繫辭》：“夫鍵（乾），蒿（確）然視（示）人易；夫川（坤），魋（隤）然視（示）人閒（簡）。”
《繫辭》：“黃帝、堯、舜陲（垂）衣常（裳）而天下治，蓋取者（諸）取諸鍵（乾）川（坤）也。”
《繫辭》：“夫川（坤），魋（隤）然天下之至順也，德行恆閒（簡）以知阻。”
《二三子》：“其卦上川（坤）而下根（艮），川（坤），也。”
《易之義》：“川（坤）之‘牝馬’，小蓄（畜）之‘密雲’，句（姤）之‘蹢屬（躅）’，漸之‘繩（孕）婦’，肫（屯）之‘泣血’，五繇者，陰之失也，靜而不能僮（動）者也。”
《易之義》：“川（坤）六柔相從順，文之至也。”
《易之義》：“川（坤）之至德，柔而反於方，鍵（乾）之至德，剛而能讓。”
《易之義》：“此鍵（乾）川（坤）之厽（參）說也。”
《易之義》：“子曰：易又（有）名曰川（坤），雌道也。”
《易之義》：“故曰‘牝馬之貞’，童獸也，川（坤）之類也。”
《易之義》：“易曰“利永貞”，此川（坤）之羊（詳）說也。”

《易之義》："鍵（乾）川（坤）也者，易之門戶也。"
《易之義》："鍵（乾），陽物也；川（坤），陰物也。"
《繆和》："用涉大川，吉者，夫明夷離下而川（坤）上。"
《繆和》："川（坤）者，順也。"
《繆和》："且夫川（坤）者，下之爲也。"
《繆和》："川（坤）之六二曰：直方，大，不習，无不利。"

㤜與川

《緇衣》："《寺（詩）》員（云）：'又（有）𥎦（梏）悳（德）行，四方㤜（順）之。'"按，上博簡本《緇衣》㤜（順）作川。

㤜與訓

《芮良夫》："疋（胥）㤜（訓）疋（胥）季（教），疋（胥）戠（語）疋（胥）悔（誨）。"
《三壽》："敢聒（問）先王之遺㤜（訓）。"
《三壽》："聒（聞）季（教）㤜（訓），舍（餘）敬恙（養），龏（恭）神袋（勞）民，楑（揆）审（中）而龜（參）祟（常）。"

㤜與順

《緇衣》："《寺（詩）》員（云）：'又（有）𥎦（梏）悳（德）行，四方㤜（順）之。'"
《吳命》："君之㤜（順）之，則君之志也。"
《吳命》："兩君之弗㤜（順），敢不芒道以告，吳青（請）成於楚。"
《三壽》："聒（聞）天之祟（常），祇神之明，走（上）卲（昭）㤜（順）穆而敬（警）民之行。"
《三壽》："經緯㤜（順）齊，土（妒）悄（怨）毋隻（作），而天目毋眉（眯），寺（時）名曰利。"

訓與順

《楚帛書》丙："倉（相），不可以川□，大不訓（順）于邦，又（有）梟内（入）於卡₌（上下）。"按，"訓（順）"字從李零《長沙子彈庫戰國楚帛書研究》（中華書局，1985年，78頁）釋讀。
《尊德義》："凡達（動）民必訓（順）民心。"
《性自》："聖人比其頪（類）而侖（論）會之，雚（觀）其之〈先〉逡〈後〉而逆訓（順）之。"
《性自》："其居即（次）也舊（久），其反善復詞（始）也新（慎），其出内（入）也訓（順），訂（始）其悳（德）也。"
《從政》："以軋（犯）賡軺（犯），見不訓（順）行以出之。"
《曹沫》："虐（吾）戰啻（敵）不訓（順）於天命，反帀（師）。"
《叢辰》："百事訓（順）成。"
《武王乙》："使民不逆而訓（順）成，百眚（姓）之爲絓（？）。"
《皇門》："弗畏不恙（祥），不肯惠聖（聽）亡（無）辠（罪）之詞（辭），乃隹（惟）不訓（順）是緺（治）。"
《繫年五》："賽（息）侯弗訓（順），乃使人于楚文王。"
《繫年十五》："司馬不訓（順）繡（申）公。"
《湯丘》："女（如）幸余閈（干）於天畏（威），朕隹（惟）逆訓（順）是悇（圖）。"
《啻門》："记（起）役時訓（順），民備（力）不俑（庸），此胃（謂）皃（美）役。"
《管仲》："既埶（設）其紀，既訓（順）其經，敢聒（問）可（何）以執成？"

訓與徇

《楚居》："至酓（熊）甬（勇）及酓（熊）嚴、酓（熊）相（霜）及酓（熊）霎（雪）及酓（熊）訓（徇）、酓（熊）咢及若嚻（敖）

酓（熊）義（儀），皆居喬多。”

順與訓

《周馴》：“今如能瀘桓公之順（訓），去還忿，用賢仇，聽諫而毋復（覆）過，則而國雖小區區，其何患於不逢（豐）侈？”

順與巡

《官一》：“順（巡）明到聲，所以夜軍也。”按，“順（巡）”字從張震澤《孫臏兵法校理》（中華書局，1984年，119頁）讀。

順與準

《繫辭》：“易與天地順（準），故能彌（彌）論（綸）天地之道。”

順與象

《繫辭》：“八卦以馬〈象〉告也，教（爻）順（象）以論語，剛柔雜處（居），吉凶可識。”按，今本順作象。

馴與訓

《周馴》：“周馴（訓）。”

《周馴》：“欺〈斯〉乃受（授）之書，而〖曰〗自身屬（囑）之曰：女（汝）勉毋忘歲正月更旦之馴（訓）。”

《周馴》：“斯乃受（授）之書，而自身屬（囑）之曰：女（汝）勉毋忘歲二月更旦之馴（訓）。”

《周馴》：“斯乃受（授）之書，而自身屬（囑）之曰：女（汝）勉毋忘歲三月更旦之馴（訓）。”

《周馴》：“斯乃受（授）之書，而自身屬（囑）之曰：女（汝）勉毋忘歲四月更旦之馴（訓）。”

《周馴》：“女（汝）勉毋忘歲五月更旦之馴（訓）。”

《周馴》：“斯乃受（授）之書，而自身屬（囑）之曰：女（汝）勉毋忘歲六月更旦之馴（訓）。”

《周馴》：“斯乃受（授）之書，而自身屬（囑）之曰：女（汝）勉毋忘歲七月更旦之馴（訓）。”

《周馴》：“斯乃受（授）之書，而自身屬（囑）之曰：女（汝）勉毋忘歲八月更旦之馴（訓）。”

《周馴》：“斯乃受（授）之書，而自身屬（囑）之曰：女（汝）勉毋忘歲九月更旦之馴（訓）。”

《周馴》：“斯乃受（授）之書，而自身屬（囑）之曰：女（汝）勉毋忘歲十月更旦之馴（訓）。”

《周馴》：“斯乃受（授）之書，而自身屬（囑）之曰：女（汝）勉毋忘歲十一月更旦之馴（訓）。”

《周馴》：“〼月更旦之馴（訓）。”

《周馴》：“斯乃受（授）之書，而自身屬（囑）之曰：女（汝）勉毋忘歲閏月更旦之馴（訓）。”

《周馴》：“斯乃受（授）之書，而自身屬（囑）之曰：女（汝）勉毋忘臘之明日親（新）歲之馴（訓）。”

章字聲系

章與敦

《周易・復》：“〼章（敦）復，亡（无）悔（悔）。”

《周易・艮》：“上九：章（敦）艮，吉。”

章與淳

《繫年十四》：“齊人爲成，以鶾（甗）、骼（輅）、玉笯（筊）與章（淳）于之田。”

淳與醇

《周病方》：“溫病不汗者，以淳（醇）酒漬布，歙（飲）之。”

《周病方》：“以正月取桃橐（蠹）矢（屎）少半升，置淳（醇）酒中。”

《周病方》：“取東〈柬（欄）〉灰一斗，淳（醇）毋下三斗，孰（熟）□而鬻（煮）〼。”

《養生方》：“令蠭（蜂）□□□□□□□□□□□□□□□□□□淳（醇）曹（糟）四斗。”

《一類》：“凡□□皆冶合，以淳（醇）酒和。”

《二類》：“凡七物皆父（㕮）且（咀），漬以淳（醇）酒五升，卒（晬）時。”

《二類》：“用淳（醇）溘（醯）三升漬之

卒時，取賁（豶）豬肪三斤先前（煎）之。”

《木牘》：“凡四物父（㕮）且（咀），漬以淳（醇）醢三升。”

淳與捆

《泰射》：“中離維剛（綱），陽（揚）觸，淳（捆）復，公則澤（釋）獲，眾則不與。”

敦與屯

《雜抄》：“徒食、敦（屯）長、僕射弗告，貲戍一歲。”

《雜抄》：“同車食、敦（屯）長、僕射弗告，戍一歲。”

《雜抄》：“徒卒不上宿，署君子、敦（屯）長、僕射不告，貲各一盾。”

《雜抄》：“敦（屯）長、什伍智（知）弗告，貲一甲。”

《雜抄》：“敦（屯）表律。”

《答問》：“已閱及敦（屯）車食若行到繇（徭）所乃亡，皆爲‘乏繇（徭）’。”

《龍簡》：“☐善射者敦（屯）□☐。”

《二年·均輸律》：“嗇夫、吏與敦（屯）長、方長各□□而□□□□發□出□置皆如關□。”

敦與淳

《傷痙》：“傷脛（痙）者，擇薤一把，以敦（淳）酒半斗者（煮）潰（沸）。”

《蠱》：“燔北鄉（嚮）并符，而烝（蒸）羊尼（㞙），以下湯敦（淳）符灰。”

《反淫》：“若張義（儀）、蘇（蘇）秦，孟柯（軻）、敦（淳）于髡，陽（楊）朱、墨翟，子贛（貢）、孔穿，屈原、唐革（勒），宋玉、景瑣（差）之倫〈倫〉。”

敦與橔

《第三組》：“善密緻（致）其槽，以枲堅約兩敦（橔），勿令解絕。”

脝與淳

《陰陽脈甲》：“耳聾，煇煇脝脝，嗌穜（腫），是耳脈（脈）主治。”按，《太素》卷八“煇煇脝脝”作“渾渾淳淳”。

脝與焞

《陰陽脈甲》：“耳聾，煇煇脝脝，嗌穜（腫），是耳脈（脈）主治。”按，《靈樞·經脈》“煇煇脝脝”作“渾渾焞焞”。

脝與諄

《陰陽脈甲》：“耳聾，煇煇脝脝，嗌穜（腫），是耳脈（脈）主治。”按，馬王堆漢墓帛書本《陰陽十一脈灸經乙本》“煇煇脝脝”作“煇煇諄諄”。

辰字聲系

辰與振

《帛五行·説》：“雖（唯）有德者然笱（後）能金聲而玉辰（振）之。”

《帛五行·説》：“金聲而玉辰（振）之者動□□□□井（形）善於外。”

《帛五行·説》：“大成也者，金聲玉辰（振）之也。”

辰與晨

《天乙·時二》：“晦食、大辰（晨）八。”

辰與震

《帛易·震》：“辰（震），亨。辰（震）來朔（虩）朔（虩），芺（笑）言亞（啞）亞（啞），辰（震）敬（驚）百里，不亡（喪）鈚（匕）觴（鬯）。”

《帛易·震》：“初九，辰（震）來朔（虩）朔（虩），後芺（笑）言啞啞，吉。”

《帛易·震》：“六二，辰（震）來厲，意（億）亡（喪）貝，齍（躋）于九陵。勿遂〈逐〉，七日得。”

《帛易·震》：“六三，辰（震）疏（蘇）疏（蘇），辰（震）行無省（眚）。”

《帛易·震》：“九四，辰（震）遂泥。”

《帛易·震》：“六五，辰（震）往來厲，

意（億）无亡（喪），有事。”

《帛易・震》：“尚（上）六，辰（震）昔（索）昔（索），視懼（矍）懼（矍），正（征）凶。”

《帛易・震》：“辰（震）不于其躳（躬），于其鄰，往无咎。閩（婚）詬（媾）有言。”

辰與臀

《帛易・困》：“初六，辰（臀）困于株木，入于要（幽）浴（谷），三歲不擅（覿），凶。”

派與辰

《日乙・見人》：“以有疾，派（辰）少翏（瘳），午大翏（瘳），死生在申。”

振與震

《繫辭》：“憂悔（悔）閵（吝）者存乎分〈介〉，振（震）無咎存乎謀（悔）。”

《官一》：“猋（飆）凡（風）振（震）陳（陳），所以乘疑也。”按，“振（震）”字從張震澤《孫臏兵法校理》（中華書局，1984年，115頁）讀。

《葆啟》：“雨甚雷疾，武王之乘黃振（震）而死。”

《摴輿》：“壬子以期之，不祭，乃必振（震）於南方。”

晨與脣

《日甲・星》：“生子，三月死，不死毋（無）晨（脣）。”

《日乙・十二月》：“生子，三月死，毋（無）晨（脣）。”

晨與辰

《楚帛書》乙：“月=（日月）星晨（辰），䜌（亂）遊（失）其行。”

《楚帛書》乙：“月=（日月）虐（皆）䜌（亂），星晨（辰）不同（炯）。”

《說命下》：“敓（說），晝女（汝）視日，夜女（汝）視晨（辰），寺（時）罔非乃載。”

《琴舞》：“𤔲（亂）曰：逸（肆）其㬎（顯）思，皇天之社（功），晝之才（在）視日，夜之才（在）視晨（辰）。”

《芮良夫》：“日月星晨（辰），甬（用）交䜌（亂）進退，而莫得其㳄（次），戢（歲）迺不𡰥（度），民甬（用）戾𡉉（盡）。”

《筮法十八》：“凸（凡）噬（筮）志事，而見堂（當）日奴（如）堂（當）晨（辰），乃曰迷（速），疾亦然。”

《筮法二七》：“晨（辰）、戌，艮。”

《筮法二八》：“晨（辰）、戌，五。”

《天乙・陰陽鐘》：“日爲夫，晨（辰）爲妻，星爲子，欲夫妻之和而中數毆。”

《論約》：“日月星晨（辰）有數，天地之紀也。”

晨與振

《三壽》：“晨（振）若（若）敘（除）態（慝），冒神之福，同民之力，寺（時）名曰悳（德）。”

《脈書》：“厀（膝）外廉痛，晨（振）塞〈寒〉，足中指踝〈踝（痹）〉。”

晨與純

《封許》：“向（尚）晨（純）氒（厥）悳（德），雁（膺）受大命，旻（駿）尹亖（四）方。”

晨與蠢

《管仲》：“受命唯（雖）絎（約），出外必張，晨（蠢）童（動）遵（謹）畏，叚（假）龍（寵）以方（放）。”

脤與臀

《帛易・夬》：“九四，脤（臀）无膚，其行郪（次）胥（且），牽羊悔亡，聞言不信。”

脣與脣

《天乙・黃鐘》：“連面，天目，裹大，脣（脣）□，吻倨。”

《脈書》：“在脣（脣），爲□。”

《脈書》：“凡視死徵，脣（脣）反人盈，

則肉先死。”

誫與脤

《周易·夬》：“九四：誫（臀）亡（无）肤（膚），其緀（次）疋（且）。”按，帛書本誫（臀）作脤。

誫與臀

《周易·夬》：“九四：誫（臀）亡（无）肤（膚），其行緀（次）疋（且）。”

《周易·姤》：“九厽（三）：誫（臀）亡（无）肤（膚），其行緀（次）疋（且），厲，亡（无）大咎。”

觗與觶

《特牲》：“主人拜，尸鄭（奠）觗（觶）荅拜。”

《特牲》：“主人洗觗（觶），酌于西方之尊，西階前北面州（酬）賓。”

《特牲》：“主人鄭（奠）觗（觶）拜，賓合（荅）拜。”

《特牲》：“主人坐祭，卒觗（觶），拜，賓合（荅）拜。”

《特牲》：“主人鄭（奠）觗（觶）于薦北。”

《特牲》：“賓坐取觗（觶），瞏（還），東面。”

《特牲》：“舉鄭（奠）左執觗（觶），再拜稽首，進受肝。”

《特牲》：“復位，坐食肝，卒觗（觶），拜。”

《特牲》：“作（阼）階前北面舉觗（觶）于長兄弟，如主人州（酬）賓義（儀）。”

《特牲》：“賓坐舉（取）觗（觶），作（阼）階前北面州（酬）長兄弟，長兄弟在右。”

《特牲》：“賓鄭（奠）觗（觶）拜，長兄弟合（荅）拜。”

《特牲》：“賓立卒觗（觶），酌于其尊，東面立。”

《特牲》：“長兄弟拜受觗（觶）。”

《特牲》：“長兄弟卒觗（觶），酌于其尊，西面立。”

《特牲》：“卒受者實觗（觶）于匪（篚）。”

《特牲》：“舉觗（觶）於其長，鄭（奠）觗（觶）拜，長皆合（荅）拜。”

《特牲》：“舉觗（觶）者祭，卒觗（觶），拜，長皆合（荅）拜。”

《特牲》：“舉觗（觶）者洗，各酌于其尊，復初位，長皆拜。”

《特牲》：“舉觗（觶）者皆鄭（奠）于薦右。”

《特牲》：“長皆執以興，舉觗（觶）者皆復位，合（荅）拜。”

《特牲》：“長皆鄭（奠）觗（觶）于其所，皆揖其弟子，弟子皆復其位。”

《特牲》：“匪（篚）在洗西，南順，實二爵、柧（觚）、四觗（觶）、一角、一散。”

《少牢》：“司宮溉（摡）豆、邊（籩）、勺、爵、柧（觚）、觗（觶）、几、洗、匪（篚），于房東堂下，勺、爵、柧（觚）、觗（觶），實于匪（篚）。”

《有司》：“主人降，洗觗（觶）。”

《有司》：“主人墳（奠）觗（觶）于匪（篚），辤（辭）。”

《有司》：“卒洗，主人升，尸升，主人實觗（觶），尸拜受爵。”

《有司》：“宰夫洗觗（觶）以升。”

《有司》：“二人洗觗（觶），升，實爵，西楹西，北面東上。”

《有司》：“尸、或（侑）皆拜受，舉觗（觶）者皆拜送。”

《有司》：“或（侑）鄭（奠）觗（觶）于右。”

《有司》：“尸遂執觗（觶）以【興】，北面于作（阼）階上州（酬）主人，主人在右。”

《有司》：“卒飲者賓〈實〉觛（觶）于匪（篚）。”

《燕禮》：“降，作（阼）階下皆鄭（奠）觛（觶），再拜稽首，執觶興，公答再拜。”

《燕禮》：“序進，盥，洗角觛（觶），升自西階，序汋（酌）散，交于楹北。”

《燕禮》：“媵爵者皆坐祭，遂卒觛（觶），與〈興〉，坐鄭（奠）觛（觶），再拜稽首，執觛（觶）興。”

《燕禮》：“勝（媵）爵者執觛（觶）持（待）于洗南。”

《燕禮》：“媵爵者洗象觛（觶），升賓〈實〉之，序進，坐鄭（奠）于薦南。”

《燕禮》：“北上，降，作（阼）階下皆再拜稽首，送觛（觶）。”

《燕禮》：“公坐，取夫₌（大夫）所勝（媵）觛（觶），興以州（酬）賓。”

《燕禮》：“公坐鄭（奠）觛（觶），合（荅）再拜，執觛（觶）興，立卒觛（觶）。”

《燕禮》：“公坐鄭（奠）觛（觶），合（荅）再拜，執觛（觶）興。”

《燕禮》：“賓進受虛觛（觶），降鄭（奠）于匪（篚），易觛（觶）洗。”

《燕禮》：“賓坐祭，立【飲】，卒觛（觶），不拜。”

《燕禮》：“如膳觛（觶）也，則降更觛（觶）洗，升實散。”

《燕禮》：“賓夫₌（大夫）之右坐鄭（奠）觛（觶），拜，執觛（觶）興。”

《燕禮》：“卒受者以虛觛（觶）降，鄭（奠）于匪（篚）。”

《燕禮》：“若命長致，則勝（媵）爵者鄭（奠）觛（觶）于匪（篚）。”

《燕禮》：“洗象觛（觶），升實之。”

《燕禮》：“公有（又）舉鄭（奠）觛（觶）。”

《燕禮》：“【司正】洗角觛（觶），南西〈面〉坐鄭（奠）于中庭。”

《燕禮》：“司正降自西階，南面坐取觛（觶），升酌散，降，南面坐鄭（奠）觛（觶），右興，北面少立，坐取觛（觶），興，坐不祭，卒觛（觶），鄭（奠）之，興，再拜稽首。”

《燕禮》：“左還，南面坐取觛（觶），洗，南面反鄭（奠）于其所。”

《燕禮》：“乃薦司正與射人一人、司士一人、執幕（冪）二人，于觛（觶）南，東上。”

《泰射》：“騰（媵）爵者立于洗南，西面北上，遂進，浣（盥）洗角觛（觶）。”

《泰射》：“降，作（阼）階下，皆鄭（奠）觛（觶），再拜稽首，執觛（觶）。”

《泰射》：“興，坐鄭（奠）觛（觶），再拜稽首，執鄭（奠）觛（觶）興。”

《泰射》：“如命皆致，則徐（序）鄭（奠）觛（觶）于匪（篚）。”

《泰射》：“騰（媵）爵者皆坐祭，述（遂）卒觛（觶）。”

《泰射》：“騰（媵）爵者執觛（觶）寺（待）于洗南。”

《泰射》：“騰（媵）爵者洗豫（象）觛（觶），升實之，徐（序）進。”

《泰射》：“北上，降，作（阼）階下，皆再拜稽首送觛（觶）。”

《泰射》：“公坐鄭（奠）觛（觶），合（荅）拜，執觛（觶）興，立卒觛（觶）。”

《泰射》：“公坐取大夫所騰（媵）觛（觶），興以州（酬）賓。”

《泰射》：“公坐鄭（奠）觛（觶），合（荅）拜，執觛（觶）興。”

《泰射》：“賓進，受虛觛（觶），降，鄭（奠）于匪（篚），易觛（觶），洗。”

《泰射》：“賓大夫之右坐鄭（奠）觛（觶），拜，執觛（觶）興。”

《泰射》：“賓坐祭，立卒觛（觶），不拜。”

《泰射》："若膳觶（觶）也，則降，更觶（觶），洗，升實散。"

《泰射》："大夫卒受者以虛觶（觶）降，鄭（奠）于匪（篚）。"

《泰射》："二人皆再拜稽首，送觶（觶）。"

《泰射》："適洗，洗角觶（觶），南面坐鄭（奠）于中庭。"

《泰射》："南面坐取觶（觶），升酌散，降，南面坐鄭（奠）觶（觶）。"

《泰射》："興，坐，不祭，卒觶（觶），鄭（奠）之。"

《泰射》："勝者之弟子洗觶（觶），升酌散，南面坐鄭（奠）于豐上，降反位。"

《泰射》："不勝者進，北面坐取豐上之觶（觶），興，少退，立卒觶（觶）。"

《泰射》："僕人師降洗，升實觶（觶）以授。"

《泰射》："賓、諸公、卿、大夫受觶（觶）于席，以降，適西階上，北面立飲。"

《泰射》："卒觶（觶），授執爵者，反就席。"

《泰射》："若飲公，則侍射者降，洗角觶（觶），升酌散。"

《泰射》："取觶（觶）實之，反鄭（奠）于豐上，退卮（俟）于序端。"

《泰射》："公卒觶（觶），賓進受，降洗散觶（觶），升實散，下拜。"

《泰射》："司射命執（設）豐、執（設）豐、賓〈實〉觶（觶），如初。"

《泰射》："升、飲，如初，卒，退豐與觶（觶），如初。"

《泰射》："公有（又）舉鄭（奠）觶（觶），唯公所賜。"

《泰射》："乃薦司政（正）與射人于觶（觶）南，北面，東上，司政（正）爲上。"

《泰射》："大夫卒受者以虛觶（觶）降，鄭（奠）于匪（篚），反位。"

晨與辰

《楚帛書》甲："母（毋）思（使）百神風雨晨（辰）禕（緯）亂（亂）乍（作）。"

晨與振

《五行》："金聖（聲）而玉晨（振）之，又（有）悳（德）者也。"

《五行》："唯又（有）悳（德）者，肰（然）句（後）能金聖（聲）而玉晨（振）之。"

晨與震

《筮法二四》："系（奚）古（故）胃（謂）之晨（震）？司雷，是古（故）胃（謂）之晨（震）。"

《筮法二五》："裳（勞），戊。羅（離），己。晨（震），庚。巽，辛。"

《筮法二六》："晨（震）祟：日出，東方。"

《筮法二七》："子、午，晨（震）。"

刃字聲系

刃與仞

《戰國一五》："夫輕倍（背）楚、趙之兵，陵七刃（仞）之城，犯卅萬之眾。"

刃與忍

《天下至道》："萃（猝）而暴用，不寺（待）其莊（壯），不刃（忍）兩熱，是故亟傷。"

《阜春一〇》："其身之刃（忍），將何有於君？"

《繫年一》："卿李（士）、者（諸）正、萬民弗刃（忍）于氒（厥）心，乃歸東（厲）王于彘（彘），龍（共）白（伯）和立。"

刃與恩

《成之》："少（小）人不緹（逞）人於刃（恩），君子不緹（逞）人於豊（禮）。"按，"刃（恩）"字從陳偉《郭店楚簡別釋》（《江漢考古》1998年4期）讀。

仞與忍

《命訓》："樂不纆（伸），哀不至，均不鼠（一），季（惠）必仞₌（忍人）。"

《命訓》："季（惠）而不仞₌（忍人），人不乘（勝）害₌（害，害）不智（知）死。"

仞與肕

《帛甲老子・德經》："人之生也柔弱，其死也蓷（骸）仞（肕）賢（堅）強。"

仞與訒

《妄稽》："見春而笑，仞（訒）仞（訒）□□。"按，"仞（訒）仞（訒）"字從蕭旭《北大漢簡（四）〈妄稽〉校補》（復旦大學出土文獻與古文字研究中心網，2016年7月4日）讀。

邢與仞

《形甲》："稱勝者戰民也，如決積水於千邢（仞）☐。"

《形乙》："稱勝者戰民也，如決積水於千邢（仞）之塛，刑（形）也。"

忍與牣

《亙先》："自猒（厭）不自忍（牣），或（域）乍（作）。"按，"忍（牣）"字從李學勤《楚簡〈恆先〉首章釋義》（《中國哲學史》2004年3期）讀。

涊與仞

《天乙・貞在》："穆王入正，河之滔₌（滔滔），則〈懸〉水百涊（仞），有人自處。"按，"涊（仞）"字從yihai在方勇《讀〈天水放馬灘秦簡〉小劄（二）》（復旦大學出土文獻與古文字研究中心網，2009年10月15日）一文下跟帖讀。

紉與恩

《六德》："門内之綯（治）紉（恩）弇（掩）宜（義），門外之綯（治）宜（義）斬紉（恩）。"按，"紉（恩）"字從龐樸《初讀郭店楚簡》（《歷史研究》1998年4期）讀。

艮字聲系

艮與根

《周易・艮》："艮：其伓（背），不膭（獲）其身，行其廷（庭），不☐。"按，帛書本艮作根。下四例同。

《周易・艮》："六二：艮其足，不陞（拯）其陸（隨），其心不悸（快）。"

《周易・艮》："六四：艮其躳（身）。"

《周易・艮》："六五：艮其頌（輔），言又（有）舒（序），㥑（悔）亡。"

《周易・艮》："上九：辜（敦）艮，吉。"

《封診式》："丙毋（無）麋（眉），艮（根）本絕，鼻腔壞。"

艮與眼

《天乙・黃鐘》："小面，多黑艮（眼），善下視，黑色。"

《天乙・黃鐘》："戩色，大口，多黃艮（眼），長要（腰）延₌（延延）殹，晳。"

《脈書》："内癉，身痛，艮（眼）蚤（爪）黃，弱（溺）赤，爲黃癉（疸）。"

《相狗方》："相成狗，其臥也，兔起而栗，目中皮復（覆）艮（眼），須臾乃視☐。"

《妄稽》："目□□□，□艮（眼）以垂。"按，"艮"字從楊元途《北大漢簡〈妄稽〉、〈反淫〉校讀筆記》（復旦大學出土文獻與古文字研究中心網，2016年6月3日）釋。從張傳官《北大漢簡〈妄稽〉拼綴、編聯瑣記》（復旦大學出土文獻與古文字研究中心網，2016年7月13日）讀爲"眼"。

根與艮

《隨日・離日》："是胃（謂）根（艮）山禹離日也，數從上右方數朔初，日及字（支）各居一日。"

《帛易・艮》："根（艮）其背，不濩（獲）其身，行其廷，不見其人。无咎。"
《帛易・艮》："初六，根（艮）其止（趾），无咎，利永貞。"
《帛易・艮》："六二，根（艮）其肥（腓），不登（拯）其隨，其心不快。"
《帛易・艮》："六四，根（艮）其躳（躬）。"
《帛易・艮》："六五，根（艮）其胶（輔），言有序，悔亡。"
《帛易・艮》："尚（上）九，敦根（艮），吉。"
《二三子》："亓卦上川（坤）而下根（艮），川（坤），也；根（艮），精質也，君子之行也。"
《二三子》："'根（艮）其北（背）'者，言□事也。"

根與垠

《兵談》："絕苦（阽）俞（逾）根（垠）而無主，左提鼓右慮（攎）枹而無生焉。"
《兵談》："得帶甲十萬，□車千乘，兵絕苦（阽）俞（逾）根（垠），不□☑。"

根與很

《堪輿》："壬寅、辛丑、乙未、丙申，犺（亢）根（很），百治不吉，多反復。"

根與恨

《荊決》："吾召不來，或爲是根（恨）。"

根與限

《繆和》："其於小人也，賦斂無根（限），耆（嗜）欲无猒（厭），徵求无時。"

根與艱

《帛易・大畜》："九三，良馬遂〈逐〉，利根（艱）貞。曰闌（閑）車（輿）衛，利有攸往。"
《帛易・大壯》："尚（上）六，羝羊觸藩，不能退，不能遂，无攸利，根（艱）則吉。"
《帛易・泰》："九三，无平不波（陂），无往不復，根（艱）貞，无咎。勿恤其復（孚），于食有福。"
《帛易・明夷》："明夷，利根（艱）貞。"
《帛易・大有》："初九，无交禼（害），非（匪）咎，根（艱）則无咎。"
《帛易・噬嗑》："九四，筮（噬）乾𤩹（胏），得金矢，根（艱）貞吉。"

根與墾

《爲吏》："根（墾）田人（仞）邑。"

根與隱

《繫辭》："深（探）備〈賾〉錯（索）根（隱），枸（鉤）險（深）至（致）遠。"

豤與墾

《秦律・田律》："輒以書言澍〈澍〉稼、誘（秀）粟及豤（墾）田場毋（無）稼者頃數。"
《秦律・田律》："無豤（墾）不豤（墾），頃入芻三石、稾二石。"
《治官》："移徙上椯（端），案戶定數，豤（墾）田少員。"
《第二組》："服𨏥車及豤（墾）田、爲人就（僦）載，及禁賈人毋得以牡馬、牝馬高五尺五寸以上者載以賈市及爲人就（僦）載。"
《第二組》："馬齒至四以上當服𨏥車、豤（墾）田、就（僦）載者，令廄嗇夫丈齒令、丞前，久（灸）右肩。"
《二年・田律》："縣道已豤（墾）田，上其數二千石官，以戶數嬰之。"
《二年・田律》："田不可豤（墾）而欲歸，毋受償者，許之。"
《二年・田律》："盜侵巷術、谷巷、樹巷及豤（墾）食之，罰金二兩。"
《王法》："凡欲富國豤（墾）草仁（仞）邑，必外示之以利，內爲禁邪除害。"
《王法》："一縣半豤（墾）者，足以養其

民。"

狠與溷

《治官》："歺（朽）敗狠（溷）靡（糜）。資責（債）不收。"按，"狠"似當讀作"溷"。《説文》："溷，亂也。一曰水濁皃。"

狠與艱

《秦律·金布律》："狠（艱）生者，食其母日粟一斗，旬五日而止之。"

梩與根

《帛甲老子·德經》："是胃（謂）深梩（根）固氏（柢），長生久視之道也。"按，"梩（根）"字從高明《帛書老子校注》（中華書局，1996年，117頁）釋讀。

豤與圂

《爲國》："夫君萬民而以豤（圂）畜之，故其☐。"按，"豤（圂）"字從白於藍《銀雀山漢簡（二）校讀六記》（《簡帛》第十輯，上海古籍出版社，2015年）讀。

豤與懇

《北蒼·之職》："係孫褎（葆）俗，豤（懇）鬻（僭）吉忌。"

鋃與更

《周馴》："䛮（諺）曰：'揜（掩）雉弗得，鋃（更）順其風。'"

斤字聲系

斤與近

《帛甲老子·德經》："无適（敵）斤（近）亡吾〖吾〗葆（寶）矣。"

斤與宜

《季康子》："夫義（儀）者，以斤（宜）孯₌（君子）之行也。"按，"斤"似當讀作"宜"。上古音"宜"爲疑母歌部字，"斤"爲見母文部字，從"斤"聲之"沂"爲疑母微部字。《文選·鮑明遠〈苦熱行〉》："焦煙起石圻。"李善《注》："《楚辭》曰：'觸石碕而衡遊。'《埤蒼》：'碕，曲岸。'碕與圻同。"《文選·謝靈運〈富春渚〉》："臨圻阻參錯。"李善《注》："《埤蒼》：'碕，曲岸頭也。'碕與圻同。"《廣韻·微韻》："崎，曲岸。碕，上同。圻，亦上同。""崎"、"碕"亦歌部字。《釋名·釋典藝》："儀，宜也。得事宜也。"王先謙《釋名疏證補》："畢沅曰：'此謂今所傳十七篇之《儀禮》也。'"

忻與近

《性自》："智頪（類）五，唯宜（義）衍（道）爲忻（近）忠。"

《性自》："亞（惡）頪（類）厽（三），唯亞（惡）不悬（仁）爲忻（近）宜（義）。"

《凡物甲》："鼓之又（有）聖（聲），忻（近）之可見，操之可操，掾（握）之則逵（失），敗之則高（槁），測（賊）之則滅。"

忻與沂

《容成氏》："墨（禹）迵（通）淮與忻（沂），東敨（注）之泃（海），於是虐（乎）競州、簹（莒）州鈶（始）可凥（處）也。"

忻與欣

《命》："䜌（黔）頁（首）壿（萬）民莫不忻（欣）憙（喜），四海之内莫弗聤（信）。"

忻與祈

《程寤》："敹（幣）告宗方（祊）杢（社）禝（稷），忻（祈）于六末山川，攻于商神，踀（望）承（烝），占于明堂。"

惁與忻

《性情論》："又（有）其爲人之柬₌（簡簡）女（如）也，不又（有）夫亙（恆）惁（忻）之志則曼（慢）。"

惁與近

《子產》："敗（損）難又（有）事，多難惁（近）亡，此胃（謂）庫（卑）逸樂。"

恣與宜

《弟子問》："☐也，求爲之言；又（有）夫言也，求爲之行。言行相恣（宜），肰（然）句(後)君子。"按，"恣"似當讀作"宜"。

忞與祈

《子羔》："履以忞（祈）禱曰：'帝之武尚使☐。'是句（后）稷之母也。"

忞與欣

《繫年二三》："奠（鄭）太刘（宰）忞（欣）亦记（起）禍（禍）於奠₌（鄭，鄭）子瘍（陽）用滅，亡後於奠（鄭）。"

忻與近

《凡物甲》："遠之弋（？）天，忻（近）之矢人。"

近與靳

《春秋十二》："今罪而弗誅，恥（耻）而近（靳）之。"按，"近（靳）"字從郭永秉《馬王堆漢墓帛書〈春秋事語〉補釋三則》（復旦大學出土文獻與簡帛研究中心網，2007年12月24日）讀。

祁與祈

《北蒼·之》："祁（祈）紂（豐）鏝（尋）幅，芒隣偏有（右）。"

祈與齋

《武王乙》："君齋，牺（將）道之；君不祈（齋），則弗道。"按，"祈（齋）"字從侯乃峰《〈上博七·武王踐阼〉小劄三則》（復旦大學出土文獻與古文字研究中心網，2009年1月3日）讀。

晢與祈

《天子甲》："古（故）見傷而爲之晢（祈），見窔而爲之内。"

《天子乙》："古（故）視傷而爲之晢（祈）。"

蓋與齋

《武王甲》："帀（師）上（尚）父曰：'才（在）丹箸（書），王女（如）谷（欲）雚〈讙（觀）〉之，盍蓋（齋）乎？'"按，"蓋（齋）"字從侯乃峰《〈上博七·武王踐阼〉小劄三則》（復旦大學出土文獻與古文字研究中心網，2009年1月3日）讀。下同。

《武王甲》："武王蓋（齋）三日，耑（端）備（服）曼（冕），逾（降）堂幾（階），南面而立。"

紤與近

《秦律·田律》："邑之紤（近）皂及它禁苑者，麛時毋敢將犬以之田。"

《秦律·司空》："官相紤（近）者，盡九月而告其計所官，計之其作年。"

《秦律·内史雜》："令人勿紤（近）舍。"

訢與祈

《鮑叔牙》："昔先君客（格）王，天不見夭（妖），隉（地）不生（孽），則訢（祈）者（諸）魂（鬼）神，曰：'天隉（地）盟（明）棄我矣！'"按，"訢（祈）"字從季旭昇《上博五芻議（上）》（簡帛網，2006年2月18日）讀。

訢與欣

《繆和》："□臣□□其人也，訢（欣）焉而欲利之；忠臣之事其君也，驩（歡）然而欲明之。"按，"訢"當讀作"欣"。下同。

《繆和》："驩（歡）訢（欣）交迵（通），此耶（聖）王之所以君天下也。"

頎與凱

《爲政》："爲正（政）壹利（厲）則長風，再則輬（涼）風，三則頎（凱）風，四則發屋，五則折木，六則兵作，七則君殚（卒）。"

靳與祈

《晏子七》："司過薦至而祝宗靳（祈）福。"

《晏子七》："辞（辭）罪而不敢有靳（祈）求也。"

斳與旂

《迎四時》:“☐九等，白□九乘，斳（旂）☐。”

《迎四時》:“□六等，黑□六乘，斳（旂）□□☐。”

靳與旂

《天六》:“☐旌₌（旌，旌）在七星，後軍見靳₌（旂，旂）□☐。”

蘄與驥

《神烏賦》:“良馬僕於衡下，勒（騏）蘄（驥）爲之余（徐）行。”

鄿與渾

《良臣》:“子産之帀（師）：王子白（伯）忨（願）、肥中（仲）、土（杜）斎（逝）、鄿（渾）厈（罕）。”按，“鄿（渾）”字從羅小華《試論清華簡中的幾個人名》（簡帛網，2016年4月8日）引袁金平説讀。

堇字聲系

堇與僅

《妄稽》:“辟（臂）涶（垂）九寸，耳刑（形）堇（僅）存。”

堇與勤

《老子》乙：“上士昏（聞）道，堇能行於其中。”按，今本堇作勤。

《武王甲》:“毋堇（勤）弗志，曰余智（知）之。”

《金縢》:“昔公堇（勤）勞王家，隹（惟）余谘（沖）人亦弗返（及）智（知）。”

《皇門》:“乞（迄）又（有）寳（孚），以蕙（助）氒（厥）辟，堇（勤）卹（恤）王邦王家。”

《皇門》:“是人斯既蕙（助）氒（厥）辟，堇（勤）勞王邦王家。”

《封許》:“女（汝）隹（惟）臧（壯）耆尔猷，虔（虔）血（恤）王家，柬（簡）朕（乂）亖（四）方不炽（賓），以堇（勤）余入（一人）。”

《帛甲老子·德經》:“塞其悶（兑），閉其門，終身不堇（勤）。”

《帛甲老子·道經》:“綿綿呵（兮）若存，用之不堇（勤）。”

《帛乙老子·德經》:“上士聞道，堇（勤）能行之。”

《帛乙老子·德經》:“塞其境（兑），閉其門，冬（終）身不堇（勤）。”

《帛乙老子·道經》:“緜緜呵（兮）其若存，用之不堇（勤）。”

《月令》:“降〈隋（惰）〉農自安，不堇（勤）作勞，是以數被菑（災）害。”

《北大老子》:“上士聞道，堇（勤）能行。”

《妄稽》:“不忍隱（憫），何不走？不勝堇（勤），何不逃？”

堇與菫

《蚖》:“以堇（菫）一陽筑（築）封之，即燔鹿角，以弱（溺）飲之。”

堇與槿

《三十時》:“☐□鳥不執（鷙），木堇（槿）華，雞鷄鳴☐。”

堇與根

《老子》甲：“天道員員，各復其堇。”按，河上、王弼及帛書乙本堇作根。

《周易·大畜》:“九厽（三）：良馬由（逐），利堇（艱）貞。”按，帛書本堇（艱）作根。

《程寤》:“明武褁（威），女（如）棫柞亡堇（根）。”

堇與艱

《周易·大畜》:“九厽（三）：良馬由（逐），利堇（艱）貞。曰：班（閑）車（輿）戔（衛），利又（有）卣（攸）往。”

堇與期

《三德》："憙（喜）樂無堇（期）厇（度），是胃（謂）大巟（荒），皇天弗京（諒），必復之以憂（憂）喪。"按，"堇（期）"字從孟蓬生《〈三德〉零詁（二則）》（簡帛網，2006年2月28日）讀。

僅與勤

《北大老子》："塞其脱（兑），閉其門，終身不僅（勤），啟其脱（兑），齊（濟）其事，終身不來（勑）。"

勤與艱

《琴舞》："思輔舍（余）于勤（艱），廼是（寔）隹（惟）民，亦思不忘。"

《芮良夫》："於（嗚）虖（呼）畏孳（哉）！言罙（深）于凼（淵），莫之能惻（測）；民多勤（艱）戁（難），我心不快。"

墐與勤

《北大老子》："緜虖若存，用之不墐（勤）。"

慬與歎

《緇衣》："古（故）君民者，章好以視（示）民忩（俗），慬（謹）亞（惡）以渫（遏）民涇〈淫〉，則民不賊（惑）。"按，上博簡本《緇衣》慬（謹）作歎。下同。

《緇衣》："古（故）言必慵（慮）其所終，行則餢（稽）其所希（敝），則民訢（慎）於言而慬（謹）於行。"

慬與謹

《緇衣》："古（故）君民者，章好以視（示）民忩（俗），慬（謹）亞（惡）以渫（遏）民涇〈淫〉，則民不賊（惑）。"

《緇衣》："古（故）言必慵（慮）其所終，行則餢（稽）其所希（敝），則民訢（慎）於言而慬（謹）於行。"

慬與巾

《窮達》："卲（皋）䌛（陶）衣胎（枲）蓋（褐）冒（帽）衽（絰）冢（冢）慬（巾），戴（釋）板筥（築）而差（佐）天子，堣（遇）武丁也。"

慬與艱

《窮達》："句（苟）又（有）其殜（世），可（何）慬（艱）之又（有）才（哉）。"按，"慬"似當讀作"艱"。

堇與堇

《天乙・候歲》："□□二月□□侯（候）歲：戊雨，堇（堇）蒿毀。"

堇與瑾

《窮達》："無（璑）茖（璐）堇（瑾）愈（瑜）坾（包）山石，不爲□□□□不耋（理）。"按，"堇（瑾）"字從劉釗師《讀郭店楚簡字詞劄記》（《郭店楚簡國際學術研討會論文集》，湖北人民出版社，2000年）讀。

堇與筋

《老子》甲："骨溺（弱）堇秝（柔）而捉固。"按，今本和帛書本堇作筋。

蓮與勤

《管仲》："湯之行正，而蓮（勤）事也，必哉於宜（義），而成於厇（度）。"

蓮與謹

《管仲》："受命唯（雖）絧（約），出外必張，䖵（蠢）童（動）蓮（謹）畏，叚（假）龍（寵）以方（放）。"

槿與淫

《容成氏》："既爲金桎，或（又）爲酉（酒）池，謱（厚）樂於酉（酒），尃（溥）亦（夜）以爲槿（淫），不聖（聽）其邦之正（政）。"

槿與根

《凡物甲》："既杲（本）既槿（根），系（奚）後之系（奚）先？"

《凡物乙》："既杲（本）既槿（根），系

（奚）後之系（奚）先？”

歎與謹

《緇衣》：“古（故）君民者，章好以視（示）民忩（俗），慬（謹）亞（惡）以渫（遏）民淫〈淫〉，則民不贓（惑）。”按，上博簡本《緇衣》慬（謹）作歎。下同。

《緇衣》：“古（故）言必慵（慮）其所終，行則餡（稽）其所毇（敝），則民訢（慎）於言而慬（謹）於行。”

殣與墐

《北蒼·陽》：“殣（墐）棄膢（髏）瘦，兒孺早殤（殤）。”

瞳與限

《周易·艮》：“九厽（三）：艮其瞳（限），剢（列）其胤（夤），厲㕣（薰）心。”

謹與堇

《二年·賊律》：“有挾毒矢若謹（堇）毒、糒〈蘸〉，及和爲謹（堇）毒者。”

謹與艮

《易之義》：“謹（艮）者，得之代阩也。”

顭與堇

《蟲蝕》：“貣（蟘）食（蝕）口鼻，冶顭（堇）葵□□□。”

昆字聲系

昆與混

《芮良夫》：“母（毋）惏（婪）悆（貪）、狎（淆）昆（混）、圓（滿）盜（盈）、康戲而不智（知）𦷜（寤）告（覺）。”按，“昆”似當讀作“混”或“渾”。《玄應音義》卷五“五渾”《注》：“混，亂也。”《集韻·混韻》：“混，或作渾。”《玄應音義》卷二十三“是渾”《注》引《説文》“渾，亂也。”

《帛甲老子·道經》：“有物昆（混）成，先天地生。”

《帛乙老子·道經》：“有物昆（混）成，先天地生。”

昆與崑

《反淫》：“西游昆（崑）侖（崙），東觀枎（扶）桑。”

棍與困

《神烏賦》：“高樹綸（輪）棍（困），支（枝）格相連。”

緄與混

《妄稽》：“笞擊伓（伾）伓（伾），誶（捽）扻（揻）緄（混）緄（混）。”

䖵字聲系

䖵與昆

《老子》甲：“又（有）脜（狀）蟲〈䖵〉成，先天隉（地）生。”按，帛書本蟲〈䖵〉作昆。

䖵與混

《老子》甲：“又（有）脜（狀）蟲〈䖵〉成，先天隉（地）生。”按，今本蟲〈䖵〉作混。

蝩與混

《三德》：“天材（災）繡₌〈蝩₌（混混）〉，弗殺（滅）不隕。”按，“繡₌〈蝩₌（混混）〉”字從范常喜《〈上博五·三德〉札記三則》（簡帛網，2006年2月24日）釋讀。

䋣字聲系

䋣與倫

《語叢一》：“天生䋣（倫），人生卯。”按，“䋣（倫）”字從裘按（《郭店楚墓竹簡·語叢一》）篇注［二］）讀。下同。

《語叢一》：“又（有）命又（有）㝕（文）又（有）名，而句（後）又（有）䋣（倫）。”

《語叢二》：“名婁也，䢜（由）㚖䋣（倫）生。”

君字聲系

君與郡

《叢辰》："邦君得年，少（小）夫四成。"按，"邦君"在秦簡《日書》甲種楚除陽日占辭中作"邦郡"。

《起師》："者（諸）君（郡）嬰兒桑蠶巨事在外，六畜散而在野，故□□爲客者利矣。"

君與尹

《九主》："伊君（尹）對曰。"

宭與窘

《四度》："伓（倍）約則宭（窘），達（汰）刑則傷。"

《論》："則事宭（窘）於内而舉宭（窘）於外。"

《正亂》："憂桐（恫）而宭（窘）之，收而爲之咎。"

《陳忌問壘》："用此者，所以應卒（猝）宭（窘）處隘塞死地之中也。"

《妄稽》："妄亦誠惡，未以取宭（窘）。"

宭與羣

《趙正書》："今道遠而詔期宭（羣）臣，恐大臣之有謀，請立子胡亥爲代後。"

宭與捆

《泰射》："既枱（拾）取矢，宭（捆）之。"

郡與羣

《第三組》："上計最、志、郡（羣）課、徒隸員簿，會十月朢。"

䆲與窘

《周日書》："畢：斗乘畢，門有客，所言者，急相䆲（窘）事也。"

《奏讞書》："公粱亭校長丙坐以頌毄（繫），毋毄（繫）牒，弗䆲（窘）訊。"按，整理者直接釋"䆲"爲"窘"。下二例同。

《奏讞書》："獄告出入廿日弗䆲（窘）訊，吏莫追求。"

《奏讞書》："令戝〈賊〉殺武，以此不䆲（窘）治甲之它₌（詑，它）如誋。"

《帛甲老子·德經》："大盈若盅（沖），其用不䆲（窘）。"按，"䆲（窘）字從高明《帛書老子校注》（中華書局，1996 年，41 頁）讀。

羣與允

《老子》甲："湍（揣）而羣之，不可長保也。"按，帛書本羣作允。

緄與混

《帛乙老子·道經》："三者不可至（致）計（詰），故緄（混）而爲一。"

蝹與㾮

《鮑叔牙》："日旇亦不爲志（災），公蝹（㾮）亦不爲戢（害）。"按，"蝹（㾮）"字從張富海《上博簡五〈鮑叔牙與隰朋之諫〉補釋》（簡帛網，2006 年 5 月 10 日）釋讀。

囷字聲系

囷與菌

《瘨》："冶囷（菌）桂尺、獨□一升，并冶，而盛竹甬（筩）中。"

《養生方》："冶中者，以汾（芬）囷（菌）始汾（墳）以出者，取，□令見日，陰乾之。"

《養生方》："陰囷（菌）出雒□□□□□□□□。"

囷與䴢

《合陰陽》："一曰虎游，二曰蟬柎（附），三曰斥（尺）蠖，四曰囷（䴢）桷。"

《天下至道》"一曰虎流，二曰蟬付（附），思外，三曰尺扜（蠖），四曰囷（䴢）暴。"

困字聲系

困與閫

《日甲·禹二》："行到邦門困（閫），禹步三，勉壹步，謼（呼）：‘皋，敢告曰：某行毋（無）咎，先爲禹除道。’”

困與混

《卜書》：“兆（兆）女（如）印（仰）首出止（趾），而屯（沌）不（背）困（混）鄺（膺）。”按，“困（混）”字從程少軒《小議上博九〈卜書〉的“三族”和“三末”》（復旦大學出土文獻與古文字研究中心網，2013年1月16日）讀。

《帛甲老子·道經》：“三者不可至（致）計（詰），故困（混）而爲一。”按，“困”字原文作“囷”，從劉洪濤《也說師䚄鼎銘的“困韔伯太師武”》（《故宫博物院院刊》，2012年5期）釋。

《要》：“天地困（混），萬勿（物）潤，男女購（構）請（精）而萬物成。”按，“困（混）”字從池田知久《〈馬王堆漢墓帛書周易〉要篇之研究》（《東洋文化研究所紀要》第一百二十三冊，1994年2月，156頁）釋讀。

獙與浾

《子儀》：“辟（譬）之女（如）兩犬䌛（延）河敪（啜）而獙（浾），敳（豈）愧（畏）不跃（足），心則不数（察）？”

熏字聲系

熏與薰

《妄稽》：“夫（芙）容（蓉）江離，蘭茖〈苕〉熏（薰）妨（芳）。”

熏與纁

《妄稽》：“絳熏（纁）贊茈（紫），宂〈丸（紈）〉冰絹霜。”

《特牲》：“邊（籩）、巾郤（綌）也，熏（纁）裏。”

櫄與椿

《北蒼·支》：“齎購件妖（夭），兼櫄（椿）杪柴。”

昏字聲系

昏與婚

《周易·睽》：“上九：楑（睽）佤（孤），見豕僨（負）坌（塗），載▨寇，昏（婚）佝（媾），往，遇雨則吉。”

《鄭武》：“老婦亦不敢以睍（兄）弟昏（婚）因（姻）之言以𤔔（亂）夫₌（大夫）之正（政）。”

昏與岷

《容成氏》：“不量其力之不足，起（起）帀（師）以伐昏（岷）山是（氏），取其兩女晉（琰）、𩟃（琬）。”

昏與昬

《周易·睽》：“上九：楑（睽）佤（孤），見豕僨（負）坌（塗），載▨寇，昏（婚）佝（媾），往，遇雨則吉。”按，阜陽漢簡本昏（婚）作昬。

昏與存

《老子》乙：“若昏若亡。”按，今本和帛書乙本昏作存。

昏與昧

《昭王》：“或昏（昧）死言：僕（僕）見腓（雕）之寒也，以告君王。今君王或命腓（雕）母（毋）見，此則僕（僕）之辠也。”按，“昏（昧）”字從陳劍《上博竹書〈昭王與龔之雕〉和〈柬大王泊旱〉讀後記》（簡帛研究網，2005年2月15日）讀。

昏與問

《魯穆公》：“魯穆公昏（問）於子思曰。”

《魯穆公》：“向（鄉）者虗（吾）昏（問）忠臣於子思。”

《太一》：“道亦其志（字）也，青（請）昏（問）其名。”

《子羔》：“子羔昏（問）於孔₌（孔子）曰：

‘厽（三）王者之乍（作）也，䁍（皆）人子也，而其父戔（賤）而不足爯（偁）也與（歟）？殹（抑）亦成天子也與（歟）？’”
《子羔》：“善！而（爾）昏（問）之也。舊（久）矣。”
《仲弓》：“中（仲）弓曰：‘敢昏（問）爲正（政）可（何）先？’”
《仲弓》：“敢昏（問）舉（舉）才女（如）之可（何）？’”
《仲弓》：“中（仲）弓曰：‘敢昏（問）民悉（務）。’”
《仲弓》：“中（仲）弓曰：‘若此三者，既昏（聞）命喜（矣）。敢昏（問）道（導）民興惪（德）女（如）可（何）？’”
《彭祖》：“狗（耇）老昏（問）于彭祖曰。”
《彭祖》：“狗（耇）老曰：‘眊₌（眊眊）舍（余），朕孥（幼）未則于天，敢昏（問）爲人？’”
《彭祖》：“昏（問）：‘三去其二，幾（豈）若已？’”
《彭祖》：“于（吁）！女（汝）孥₌（幼子）尃（博）昏（問），舍（余）告女（汝）人綸（倫）。”
《彭祖》：“休才（哉）！乃䣾（將）多昏（問）因由，乃不遂（失）尾（度）。”
《相邦》：“敢昏（問）民事。”
《相邦》：“虗（吾）見於君，不昏（問）又（有）邦之道，而昏（問）相邦之道，不亦埜䖒（乎）？”
《鮑叔牙》：“日既，公昏（問）二夫₌（大夫）：‘日之飤（食）也，害（曷）爲？’”
《鮑叔牙》：“詔（召）祖已而昏（問）安（焉），曰：‘是可（何）也？’”
《季康子》：“唯子之訇（治）脜（擾），青（請）昏（問）：君₌（君子）之從事者，於民之▨。”
《季康子》：“庚（康）子曰：‘青（請）昏（問）：可（何）胃（謂）急（仁）之以惪（德）？’”
《弟子問》：“宰我昏（問）‘君子₌（子’。子）曰：‘余（予），女（汝）能新（慎）訇（始）與終，斯善歖（矣）！爲君子䖒（乎）？女（汝）安（焉）能也。’”
《競公瘧》：“王命屈木昏（問）軛（范）武子之行安（焉）。”
《莊王》：“以昏（問）酷（沈）尹子桱（莖）曰。”
《莊王》：“酷（沈）尹固怡（辭），王固昏（問）之。”
《吳命》：“寡君昏（問）左右。”
《吳命》：“隹三夫₌（大夫）其辱昏（問）之，今日隹（雖）不悔（悔），既氾（犯）矣。”
《命》：“子胃（謂）昜（陽）爲掔（賢）於先夫₌（大夫），請昏（問）其古（故）。”

昏與聞

《老子》乙：“上士昏道，堇（勤）能行於其中。”按，今本昏作聞。
《老子》乙：“中士昏道。”按，今本和帛書乙本昏作聞。
《老子》乙：“若昏（聞）若亡。”
《老子》乙：“下士昏道，大芺（笑）之。”按，今本和帛書乙本昏作聞。
《魯穆公》：“義而遠彔（祿）䜭（爵），非子思，虗（吾）亞（惡）昏（聞）之矣。”
《唐虞》：“古者堯之與（舉）舜也，昏（聞）舜孝，智（知）其能敥（養）天下之老也；昏（聞）舜弟，智（知）其能約（事）天下之長也；昏（聞）舜茲（慈）虖（乎）弟□□□□□□爲民宔（主）也。”
《性自》：“昏（聞）訶（歌）謠（謠），則舀（陶）女（如）也斯奮。”

《性自》："昏（聞）道反上₌（上，上）交者也；昏（聞）衍（道）反下₌（下，下）交者也；昏（聞）道反吕（己），攸（修）身者也。"

《子羔》："虘（吾）昏（聞）夫舜其幼也，每（敏）以好寺（詩），其言☐。"

《魯邦》："出遇子贛（貢），曰：'賜，而（尔）昏（聞）衖（巷）逄（路）之言，毋乃胃（謂）丘之畣（答）非與（歟）？'"

《仲弓》："昏（聞）之，夫季是（氏），河東之成（盛）家也。"

《仲弓》："若夫老₌（老老）慈幼，既昏（聞）命喜（矣）。"

《仲弓》："中（仲）弓畣（答）曰：'售（雖）也弗昏（聞）也。'"

《仲弓》："中（仲）弓曰：'若此三者，既昏（聞）命喜（矣）。敢昏（問）道（導）民興悳（德）女（如）可（何）？'"

《彭祖》："朕孳（幼）不敂（敏），既得昏（聞）道，忑（恐）弗能守。"

《昭王》："大尹昏（聞）之，自訟於王。"

《季康子》："丘昏（聞）之孟者吳（餘）曰。"

《季康子》："言則媺（美）矣，然異於丘㪽₌（之所）昏（聞）。"

《季康子》："丘昏（聞）之牀（臧）𡕒（文）中（仲）有言曰。"

《季康子》："子之言也已𡎺（重），丘也昏（聞）孝₌（君子）☐。"

《競公瘧》："☐二夫可不受𦍋瓔，則未得與昏（聞）。"

昏與闋

《周易·睽》："上九：楑（睽）佤（孤），見豕負（負）坴（塗），載☐寇，昏（婚）佝（媾），往，遇雨則吉。"按，帛書本昏（婚）作闋。

惛與昏

《競公瘧》："今君之貪惛（昏）、𧊒（苛）匿（慝）、𢓋（避）韋（違）。"

揗與昏

《北大老子》："國家揗（昏）亂，安（焉）有貞（正）臣。"

緍與昏

《老子》丙："邦家緍☐安，又（有）正臣。"按，王弼本緍作昏。

《六德》："其返（反），夫不夫，婦不婦，父不父，子不子，君不君，臣不臣，緍（昏）所繇（由）迮（作）也。

緍與昬

《老子》丙："邦家緍☐安，又（有）正臣。"按，河上、傅奕本緍作昬。

緍與悶

《老子》丙："邦家緍☐安，又（有）正臣。"按，帛書本緍作悶。

緍與紊

《三壽》："八絽（紀）則緍（紊），四厰（嚴）牆（將）行。"

聒與昏

《從政》："小人藥（樂）則悘（疑），惪（憂）則聒（昏），𢙈（怒）則勳（勝），愳（懼）則伓（背），恥則𨊠（犯）。"

《筮法五》："堂（當）日、不遏（易）向，聒（昏）聒（聞）不至。"

聒與昬

《容成氏》："含（今）受（紂）爲無道，聒（昬）者（捨）百眚（姓），至（縶）約者（諸）侯，天牆（將）戓（誅）安（焉）。"

《容成氏》："受（紂）爲亡道，聒（昬）者（捨）百眚（姓），至（縶）約者（諸）侯，𢇍（絕）穜（種）𢘽（侮）眚（姓）。"

聒與文

《祭公》："甬（用）纏（膺）受天之命，

尃（敷）聕才（在）下。”按，今本《逸周書·祭公》聕作文。

聕與問

《昔者》：“君卒，大（太）子乃亡聕（聞）、亡聖（聽），不聕（問）、不命，唯怺（哀）悲是思，唯邦之大柔（務）是敬。”

《容成氏》：“受（紂）聕（聞）之，乃出文王於夏耋（臺）之下而聕（問）安（焉）。”

《柬大王》：“王以聕（問）贅尹高。”

《柬大王》：“命（令）尹子林聕（問）於大（太）剸（宰）子步：‘爲人臣者亦又（有）靜（諍）虐（乎）？’”

《柬大王》：“君王尚（當）以聕（問）大（太）剸（宰）晉侯，皮（彼）聖人之孫=（子孫），牆（將）必智之。”

《曹沫》：“還年而聕（問）於散（曹）蔑（沫）曰。”

《曹沫》：“牆（莊）公或（又）聕（問）：‘爲和於戟（陳）女（如）可（何）？’”

《曹沫》：“臧（莊）公或（又）聕（問）曰：‘三軍[illegible]果又（有）幾（機）虐（乎）？’”

《曹沫》：“臧（莊）公或（又）聕（問）曰：‘戰又（有）幾（機）虐（乎）？’”

《曹沫》：“臧（莊）公或（又）聕（問）曰：‘既戰又（有）幾（機）虐（乎）？’”

《曹沫》：“死者弗收，剔（傷）者弗聕（問）。”

《曹沫》：“臧（莊）公或（又）聕（問）曰：‘復敗戰又（有）道虐（乎）？’”

《曹沫》：“三軍大敗，死者收之，剔（傷）者聕（問）之，善於死者爲生者。”

《曹沫》：“臧（莊）公或（又）聕（問）曰：‘復盤戰又（有）道虐（乎）？’”

《曹沫》：“臧（莊）公或（又）聕（問）曰：‘復甘戰又（有）道虐（乎）？’”

《曹沫》：“臧（莊）公或（又）聕（問）曰：‘復故戰又（有）道虐（乎）？’”

《曹沫》：“臧（莊）公或（又）聕（問）曰：‘善攻者奚女（如）？’”

《曹沫》：“臧（莊）公或（又）聕（問）曰：‘虗（吾）又（有）所聕（聞）之：一出言三軍皆懽（勸），一出言三軍皆往。又（有）之虐（乎）？’”

《曹沫》：“臧（莊）公或（又）聕（問）：‘爲和女（如）可（何）？’”

《曹沫》：“臧（莊）公或（又）聕（問）：‘爲義女（如）可（何）？’”

《季康子》：“季庚（康）子聕（問）於孔=（孔子）曰。”

《君子》：“□困（淵）记（起），迲（去）笞（席）曰：‘敢聕（問）可（何）胃（謂）也？’”

《君子》：“子人、子羽聕（問）於子贛（貢）曰：‘中（仲）尼（尼）與虗（吾）子=（子子）產管（孰）臤（賢）？’”

《季桓子》：“女（如）夫見人不猒（厭），聕（問）豊（禮）不券（倦）。”

《季桓子》：“與之居（處）而詧（察）聕（問）其所學，先□。”

《季桓子》：“言即至矣（矣），唯（雖）虗（吾）子勿聕（問），古（固）牆（將）以告。”

《季桓子》：“行年民（彌）舊（久），聕（問）學不詧（察）不倞。”

《王子木》：“王子聕（問）成公：‘此可（何）？’”

《武王甲》：“武王聕（問）於帀（師）上（尚）父曰。”

《武王乙》：“武王聕（問）於大（太）公䏿（望）曰。”

《武王乙》：“大（太）公南面，武王北面而復聕（問）。”

《凡物甲》："聒（問）之曰。"
《凡物甲》："聒（問）。"
《凡物乙》："聒（問）之曰。"
《成王》："成王曰：'青（請）聒（問）天子之正道。'"
《成王》："成王曰："'青（請）聒（問）其事。'"
《成王》："成王曰："'青（請）聒（問）其方。'"
《文王》："文王曰：'請聒（問）其茖（略）。'"
《文王》："文王曰：'請聒（問）日行。'"
《堯王》："乃聒（問）於坖（禹）曰：'大割（害）既折（制），少（小）☐。'"
《金縢》："王聒（問）執事人，曰：'訐（信）。殹（噫）！公命我勿敢言。'"
《厚父》："□□□□王監劼（懿）練（績），聒（問）前文人之龏（恭）明惪（德）。"
《厚父》："兹咸又（有）神，能畧（格）于上，智（知）天之鬼（威）𢦏（哉），聒（問）民之若否，隹（惟）天乃永保夏邑。"
《湯丘》："湯或（又）聒（問）於少（小）臣：'又（有）夏之惪（德）可（何）若才（哉）？'"
《湯丘》："湯或（又）聒（問）於少（小）臣：'虗（吾）戏（戡）夏女（如）怡（台）？'"
《湯丘》："湯或（又）聒（問）於少（小）臣：'古先₌（之先）聖人，可（何）以自炁（愛）？'"
《湯丘》："湯或（又）聒（問）於少（小）臣：'爲君系（奚）若？爲臣系（奚）若？'"
《湯丘》："湯或（又）聒（問）於少（小）臣：'共（恭）命女（如）怡（台）？'"
《啻門》："貞（正）月己咳（亥），湯才（在）啻門，聒（問）於少（小）臣。"
《啻門》："湯或（又）聒（問）於少（小）臣曰。"
《啻門》："湯或（又）聒（問）於少（小）臣曰。"
《啻門》："湯或（又）聒（問）於少（小）臣。"
《啻門》："湯或（又）聒（問）於少（小）臣。"
《啻門》："湯或（又）聒（問）於少（小）臣。"
《啻門》："湯或（又）聒（問）於少（小）臣。"
《三壽》："高宗乃聒（問）與少壽曰。"
《三壽》："敢聒（問）人可（何）胃（謂）長？可（何）胃（謂）隓（險）？可（何）胃（謂）肩（厭）？可（何）胃（謂）亞（惡）？"
《三壽》："敢聒（問）人可（何）胃（謂）長？可（何）胃（謂）隓（險）？可（何）胃（謂）肩（厭）？可（何）胃（謂）亞（惡）？"
《三壽》："高宗乃或（又）聒（問）與彭且（祖）曰。"
《三壽》："敢聒（問）人可（何）胃（謂）長？可（何）胃（謂）隓（險）？可（何）胃（謂）肩（厭）？可（何）胃（謂）亞（惡）？"
《三壽》："敢聒（問）先王之遺思（訓）。"
《三壽》："高宗或（又）聒（問）與彭且（祖）曰。"
《三壽》："高文成且（祖），敢聒（問）疋（胥）民古（胡）曰昜（揚？揚）則𦣻（悍）逵（佚）亡（無）棠（常）。"
《管仲》："齊逗（桓）公聒（問）於筭（管）中（仲）曰。"
《管仲》："逗（桓）公或（又）聒（問）於筭（管）中（仲）曰。"
《管仲》："逗（桓）公或（又）聒（問）於筭（管）中（仲）曰。"
《管仲》："逗（桓）公或（又）聒（問）於

笶（管）中（仲）曰。”
《管仲》：“趄（桓）公或（又）聕（問）於笶（管）中（仲）曰。”
《管仲》：“趄（桓）公或（又）聕（問）於笶（管）中（仲）曰。”
《管仲》：“敢聕（問）歬（前）文句（后）爲之奴（如）可（何）？”
《管仲》：“趄（桓）公或（又）聕（問）於笶（管）中（仲）曰。”
《管仲》：“中（仲）父，既埶（設）其紀，既訓（順）其經，敢聕（問）可（何）以執成？”
《管仲》：“趄（桓）公或（又）聕（問）於笶（管）中（仲）曰。”
《管仲》：“趄（桓）公或（又）聕（問）於笶（管）中（仲）曰。”
《管仲》：“趄（桓）公或（又）聕（問）於笶（管）中（仲）曰。”
《管仲》：“趄（桓）公或（又）聕（問）於笶（管）中（仲）曰。”
《管仲》：“趄（桓）公或（又）聕（問）於笶（管）中（仲）。”
《鄭甲》：“犬白（伯）又（有）疾，吝（文）公逹（往）聕（問）之。”
《鄭甲》：“君之亡（無）聕（問）也，則亦亡（無）聕（聞）也。”
《鄭乙》：“犬白（伯）又（有）疾，吝（文）公逹（往）聕（問）之。”
《鄭乙》：“君之亡（無）聕（問）也，則亦亡（無）聕（聞）也。”

聕與聞

《老子》丙：“視之不足見，聖（聽）之不足聕，而不可既也。”按，今本和帛書本聕作聞。
《緇衣》：“古（故）君子多聕（聞），齊而獸（守）之。”
《緇衣》：“人句（苟）又（有）言，必聕（聞）其聖（聲）；句（苟）又（有）行，必見其成。”
《成之》：“成之聕（聞）之曰：古之甬（用）民者，求之於㠯（己）爲亙（恆）。”
《性自》：“聕（聞）芺（笑）聖（聲），則羴（鮮）女（如）也斯憙（喜）。”
《語叢四》：“唯（雖）戠（勇）力聕（聞）於邦，不女（如）材。”
《從政》：“聕（聞）之曰：昔三弋（代）之明王之又（有）天下者，莫之舍也，而□取之，民皆以爲義。”
《從政》：“聕（聞）之曰：善＝人＝（善人，善人）也。”
《從政》：“聕（聞）之曰：從正（政）章（庸）五悳（德）、固（固）三折（制）、敘（除）十悁（怨）。”
《從政》：“聕（聞）之曰▨。”
《從政》：“聕（聞）之曰：從正（政）又（有）七幾（機）。”
《從政》：“聕（聞）之曰：志燹（氣）不旨，其事不▨。”
《從政》：“聕（聞）之曰：孝＝（君子）之相譸（就）也，不必才（在）近迡（邇）。”
《從政》：“聕（聞）之曰：孝＝（君子）藥（樂）則紿（治）正（政），惪（憂）則▨復。”
《從政》：“聕（聞）之曰：從正（政），不紿（治）則嬰（亂）。紿（治）已至，則▨。”
《從政》：“聕（聞）之曰：行才（在）异（己）而名才（在）人，名難靜（爭）也。”
《從政》：“孝＝（君子）聕（聞）善言，以改其言；見善行，內（納）其息（身）焉。”
《從政》：“聕（聞）之曰：可言而不可行，君子不言；可行而不可言，君子不行。”
《從政》：“聕（聞）之曰：悔（悔）而

共（恭）孫（遜），𢽾（教）之纙（勸）也；恖（溫）良而忠敬，𢝬（仁）之宗也。”

《昔者》：“君卒，大（太）子乃亡聒（聞）、亡聖（聽），不聒（問）、不命，唯依（哀）悲是思，唯邦之大𣒚（務）是敬。”

《容成氏》：“堯聒（聞）之而敚（美）其行。”

《容成氏》：“湯聒（聞）之，於是𧦝（乎）新（慎）戒陞（徵）臤（賢），悳（德）惠而不暇，𥣚（訾）三十仁而能之。”

《容成氏》：“文王聒（聞）之，曰：‘唯（雖）君亡道，臣敢勿事虖（乎）？唯（雖）父亡道，子敢勿事虖（乎）？箮（孰）天子而可反？’”

《容成氏》：“受（紂）聒（聞）之，乃出文王於夏臺（臺）之下而聒（問）安（焉）。”

《容成氏》：“豐、喬（鎬）之民聒（聞）之，乃陞〈降〉文王。”

《周易·夬》：“九四：𦉰（臀）亡（无）肤（膚），其行𦃇（次）疋（且）。芒（亡）羊㥻（悔）亡，聒（聞）言不終。”

《柬大王》：“陸（陵）尹與𦬁尹：‘又（有）古（故）𧦝（乎）？忨（愿）聒（聞）之。’”

《曹沫》：“臣聒（聞）之曰：‘𨟻（鄰）邦之君明，則不可以不攸（修）政而善於民。不肰（然），忈（恐）亡焉；𨟻（鄰）邦之君亡道，則亦不可以不攸（修）政而善於民。不肰（然），亡以取之。’”

《曹沫》：“臣聒（聞）之曰：‘君子以臤（賢）再（稱）而遳（失）之，天命；以亡道再（稱）而𠬛（沒）身𡨄（就）殜（殂），亦天命。’”

《曹沫》：“𢦔（莊）公曰：‘曼（晚）才（哉），𡞞（吾）聒（聞）此言。’”

《曹沫》：“臣聒（聞）之：‘又（有）固𢘃（謀）而亡固成（城），又（有）克正（政）而亡克戟（陳）。’”

《曹沫》：“虘（且）臣之聒（聞）之：‘不和於邦，不可以出豫（舍）；不和於豫（舍），不可以出戟（陳）；不和於戟（陳），不可以戰。’”

《曹沫》：“毋上（尚）𦢊（獲）而上（尚）聒（聞）命，所以爲母（毋）退。”

《曹沫》：“臣聒（聞）之：‘三軍出，其逩（將）逋（卑），父䝕（兄）不廌，繇（由）邦𩣵（御）之。此出帀（師）之幾（機）。’”

《曹沫》：“臣聒（聞）之：‘三軍未成戟（陳），未豫（舍），行阪淒（濟）障，此[illegible]果之幾（機）。’”

《曹沫》：“𡞞（吾）又（有）所聒（聞）之：‘一出言三軍皆懽（勸），一出言三軍皆往。’”

《曹沫》：“虘（且）臣聒（聞）之：‘卒又（有）倀（長），三軍又（有）𧗠（帥），邦又（有）君，此三者所以戰。’”

《曹沫》：“𡞞（吾）一谷（欲）聒（聞）三弋（代）𣏟=（之所）。”

《曹沫》：“臣聒（聞）之：‘昔之明王之记（起）於天下者，各以其殜（世），以及其身。’”

《曹沫》：“君其亦隹（唯）聒（聞）夫䍃（禹）、康（湯）、傑（桀）、受（紂）矣。”

《苦成》：“坓（郤）宭（錡）聒（聞）之，告姑（苦）成家父曰。”

《苦成》：“𡞞（吾）聒（聞）爲臣者必思（使）君得志於㠯（己）而又（有）後青（請）。”

《君子》：“𡞞（吾）新（親）聒（聞）言於夫子，欲行之不能，欲迲（去）之而不可，𡞞（吾）是以𦢿（瘠）也。”

《君子》：“子聒（聞）之，曰：‘賜，不𡞞（吾）智（知）也。夙興夜𥧗（寐），以求䎽（聞）⧄。’”
《弟子問》：“虗（吾）䎽（聞）父母之喪，飤（食）肉女（如）飯土，酓（飲）西（酒）如泾〈歠水〉，信虖（乎）？”
《弟子問》：“其組繼虖（乎）？隹（雖）多䎽（聞）而不舀（友）臤（賢），其⧄。”
《弟子問》：“䝳（富）貴而不喬（驕）者，虗（吾）䎽（聞）而⧄。”
《弟子問》：“事而弗受者，虗（吾）䎽（聞）而未見之也。”
《弟子問》：“子曰：‘寡䎽（聞）則沽（孤），寡見則；多䎽（聞）則賊（惑），多見則⧄。’”
《融師》：“䡾（融）帀（師）又（有）成，氏（是）䏶（狀）若生（猩），又（有）耳不䎽（聞），又（有）口不鳴，又（有）目不見，又（有）足不趣（趨）。”
《融師》：“⧄䎽（聞）瑩昜，顏色深䀲（晦），而志行㬎（顯）明。”
《叢辰》：“逃人不得，無䎽（聞）。”
《盜疾》：“⧄北得，西䎽（聞）言，南兇。”
《墨子》：“易之䎽（聞）之於先王之灋也。”
《墨子》：“虗（吾）䎽（聞）周公⧄。”
《墨子》：“⧄□䎽（聞）之也，武又（有）⧄。”
《墨子》：“子是䎽（聞）於⧄。”
《季桓子》：“厮（斯）䎽（聞）之。”
《季桓子》：“上不皋〈罤（親）〉忎（仁），而粲（敷）〖尃〗䎽（聞）其詞（辭）於遳（逸）人虖（乎）？”
《季桓子》：“虗（吾）䎽（聞）之，唯忎（仁）人□□⧄。”
《季桓子》：“趄（桓）子曰：‘二道者可得䎽（聞）與（歟）？’”
《天子甲》：“不可以不䎽（聞）恥（止）厇（度），民之也。”
《天子乙》：“不可以不䎽（聞）恥（止）厇（度），民之也。”
《武王甲》：“武王䎽（聞）之忑（恐）愳（懼）。”
《武王乙》：“其道可得以䎽（聞）虖（乎）？”
《凡物甲》：“䎽（聞）之曰。”
《凡物甲》：“䎽（聞）之曰。”
《凡物甲》：“䎽（聞）之曰。”
《凡物甲》：“䎽（聞）之𠕁（曰）。”
《凡物甲》：“䎽（聞）之曰。”
《凡物甲》：“亡（無）□而智（知）名，亡（無）耳而䎽（聞）聖（聲）。”
《凡物甲》：“䎽（聞）之曰。”
《凡物甲》：“䎽（聞）之曰。”
《凡物乙》：“䎽（聞）之曰。”
《凡物乙》：“䎽（聞）之曰。”
《凡物乙》：“䎽（聞）之曰。”
《凡物乙》：“䎽（聞）之曰。”
《凡物甲》：“䎽（聞）之曰。”
《成王》：“周公曰：‘旦之䎽（聞）之也，各才（在）其身，而⧄。’”
《成王》：“亞（鳴）虖（呼），敬之才（哉）！賸（朕）䎽（聞）才（哉）⧄。”
《王居》：“虗（吾）䎽（聞）古之善臣，不以厶（私）思〈惠〉厶（私）悁（怨）內（入）于王門。”
《王居》：“是言既䎽（聞）於眾巳（矣），邦人其濾（沮）志解體，胃（謂）⧄。”
《蘭賦》：“□□攸（搖）茖（落）而猷（猶）不遳（失）氒（厥）芳=（芳，芳）涅（馨）訛（佖）辷（迟）而達䎽（聞）于四方。”
《城濮》：“⧄言虖（乎）！君子才（哉）！䎽（聞）⧄。”

《邦人》:“豪(就)白公之禍(禍),聒(聞)命(令)尹、司馬既死,牆(將)迈(蹠)郢。”

《史留》:“聒(聞)子之言,大瞿(懼),不志(識)所爲。”

《古公》:“者(胡)公見太公室(望)於呂陸(隧),曰:‘虐(吾)聒(聞)周宗有難而不〼。’”

《古公》:“〼楫,聒(聞)光剌(烈)之族。”

《程寤》:“朕聒(聞)周長不式(貳),秀(務)亡勿甬(用)。”

《保訓》:“朕聒(聞)‘兹不舊(久)命,未有所涎(誕)’。”

《皇門》:“我聒(聞)昔才(在)二又(有)或(國)之折(哲)王,則不(丕)共(恭)于卹(恤)。”

《祭公》:“我聒(聞)且(祖)不余(豫)又(有)巳(遲)。”

《祭公》:“甬(用)纏(膺)受天之命,專(敷)聒(聞)才(在)下。”

《楚居》:“季繼(連)聒(聞)其又(有)嘍(聘),從,及之盤(判),爰生經白(伯)、遠中(仲)。”

《繫年九》:“壤(襄)而〈夫〉人聒(聞)之,乃伍(抱)霝(靈)公以唐(號)于廷。”

《芮良夫》:“母(毋)脜(擾)聒(聞)繇(繇),厇(度)母(毋)又(有)諮(咎)。”

《筮法五》:“堂(當)日、不遇(易)向,聒(昏)聒(聞)不至。”

《厚父》:“厚父!感聒(聞)禹□□□□□□□□□□□川,乃降之民,建夏邦。”

《湯丘》:“方惟聒(聞)之乃織(箴)。”

《湯丘》:“民人聒(聞)之,其胃(謂)虐(吾)君可(何)?”

《湯丘》:“唯(雖)臣死而或(又)生,此言弗或(又)可得而聒(聞)巳(矣)。”

《湯丘》:“古先₌(之先)聖人所以自悉(愛),不弁(偏)聒(聞),不屋(處)矣(疑)。”

《三壽》:“虐(吾)聒(聞)夫長莫長於風,虐(吾)聒(聞)夫險(險)莫險(險)於心,肩(厭)非(必)昍(藏),亞(惡)非(必)喪。”

《三壽》:“虐(吾)聒(聞)夫長莫長於水,虐(吾)聒(聞)夫險(險)莫險(險)於視(鬼),肩(厭)非(必)坪(平),亞(惡)非(必)聖(傾)。”

《三壽》:“虐(吾)聒(聞)夫長莫長於□,虐(吾)聒(聞)夫險(險)非(必)矛返(及)干,肩(厭)非(必)福(富),亞(惡)非(必)亡(無)飤(食)。”

《三壽》:“聒(聞)天之祟(常),祇神之明,走(上)卲(昭)思(順)穆而敬(警)民之行。”

《三壽》:“聒(聞)季(教)思(訓),舍(餘)敬恙(養),龔(恭)神袋(勞)民,楑(揆)审(中)而龜(參)祟(常)。”

《鄭武》:“吏(使)人姚(遙)聒(聞)於邦₌(邦,邦)亦無大繇(徭)賻(賦)於萬民。”

《鄭武》:“邦人既聿(盡)聒(聞)之,孕₌(孺子)或延(誕)告。”

《管仲》:“中(仲)父,其從人之道可得聒(聞)虖(乎)?”

《管仲》:“臣聒(聞)之,湯可以爲君。”

《管仲》:“臣之聒(聞)之也,夫周武王甚元以智,而武以良。”

《管仲》:“中(仲)父,今夫年(佞)者之利既(氣)亦可得而聒(聞)虖(乎)?”

《鄭甲》:“君之亡(無)聒(問)也,則亦亡(無)聒(聞)也。”

《鄭甲》:“虐(吾)若聒(聞)夫暨(殷)

邦：'庚（湯）爲語而受（紂）亦爲語。'"

《鄭乙》："君之亡（無）聕（問）也，則亦亡（無）聕（聞）也。"

《鄭乙》："虛（吾）若聕（聞）夫鄬〈鄦（殷）〉邦曰：'康（湯）爲語而受（紂）亦爲語。'"

䎽與問

《民之》："子夏䎽（問）於孔子：'《䛡（詩）》曰：幾（凱）俤（悌）君子，民之父母。敢䎽（問）可（何）女（如）而可胃（謂）民之父母？'"

《民之》："子夏曰：'敢䎽（問）可（何）胃（謂）五至？'"

《民之》："子夏曰：'五至既䎽（聞）之矣，敢䎽（問）可（何）胃（謂）三亡（無）？'"

《顏淵問》："䆠（顏）困（淵）䎽（問）於孔₌（孔子）曰。"

《顏淵問》："敢䎽（問）君子之内事也又（有）道虗（乎）？"

《顏淵問》："䆠（顏）困（淵）：'敢䎽（問）可（何）女（如）？'"

《顏淵問》："敢䎽（問）君子之内教也又（有）道虗（乎）？"

《顏淵問》："䆠（顏）困（淵）：'敢䎽（問）可（何）女（如）？'"

《顏淵問》："君子之内教也，愇（回）既䎽（聞）矣〖₌〗，敢䎽（問）至明〈名〉。"

䎽與聞

《民之》："子夏曰：'五至既䎽（聞）之矣，敢䎽（問）可（何）胃（謂）三亡（無）？'"

《民之》："系（傾）耳而聖（聽）之，不可得而䎽（聞）也。"

《民之》："其才（在）許（語）也，敗（美）矣！厷（宏）矣！大矣！聿（盡）☐可得而䎽（聞）與（歟）？"

《用曰》："韓（諱）眾諎（孽）諫，脜（羞）䎽（聞）亞（惡）悔（謀）。"

《顏淵問》："君子之内事也，愇（回）既䎽（聞）命矣。"

《顏淵問》："君子之内教也，愇（回）既䎽（聞）矣〖₌〗，敢䎽（問）至明〈名〉。"

云字聲系

云與芸

《北大老子》："天物云云（芸芸），各復歸其根。"

云與雲

《容成》："則陳氣日盡，而新氣日盈，則刑（形）有云（雲）光。"

云與魂

《容成》："云（魂）〖云〗柏（魄）安刑（形），故能長生。"

《王期》："神和内得，云（魂）柏（魄）皇☐。"

云與員

《緇衣》："《大夏（雅）》云：'白圭之石，尚可䂲（磨）也；此言之砧（玷），不可爲也。'"按，上博簡本《緇衣》云作員。

云與損

《帛乙老子·德經》："物或益之而云（損），云（損）之而益。"

《帛乙老子·德經》："聞道者日云（損），云（損）之有（又）云（損），以至於无爲。"

《帛乙老子·德經》："有余（餘）者云（損）之，不足者補之。"

《帛乙老子·德經》："故天之道，云（損）有余（餘）而益不足；人之道，云（損）不足而奉又（有）余（餘）。"

云與殞

《君人甲》："先君靁（靈）王軓（乾）涹〈溹（溪）〉云（殞）萏（沈）。"按，"云（殞）"字從何有祖《上博七〈君人者何必安哉〉校讀》（簡帛網，2008年12月31日）

讀。下一例同。

《君人乙》："先君霝（靈）王軌（乾）溹〈溪（溪）〉云（殞）菩（沈）。"

《周馴》："兹四主者，非不已嘗君百姓，有嗣不智不慧，故皆云（殞）極（殛）。"

云與營

《神烏賦》："云₌（營營）青繩（蠅），止于杆（樊）。"按，"云"當從今本《詩·小雅·青蠅》讀作"營"。

园與圓

《亙先》："先又（有）园（圓），安（焉）又（有）枋（方）。"

芸與隕

《衛風》："云〈其〉□□芸（隕）。"

芸與鄖

《繫年十六》："晉競（景）公會者（諸）侯以救（救）鄭₌（鄭，鄭）人截（捷）芸（鄖）公義（儀）。"

《繫年十六》："一年，競（景）公欲與楚人爲好，乃敓（脱）芸（鄖）公，囟（使）歸求成。"

《繫年十六》："龍（共）王使芸（鄖）公嘍（聘）於晉，旻（且）許成。"

芸與䲰

《北薔·魚》："鵻鷂芸（䲰）卵（鸞），桼（蒜）堇菧菹。"按，"芸"似當讀作"䲰"。《廣韻·問韻》："䲰，鳥名。似鳥。一名同力。"《集韻·焮韻》："䲰，交、廣人謂鴆曰䲰。一曰雄鴆。"

邧與鄖

《陳公》："先君武王與邧（鄖）人戰於莆（蒲）寞，帀（師）不兦（絕）。"

祮與蕓

《帛乙老子·道經》："天物祮（蕓）祮（蕓），各復歸於其根。"按，通行本祮作蕓。

痃與瘨

《瘨》："痃（瘨）：取蘭□。"

《瘨》："灸㮶□痃（瘨）。"

雲與云

《荊決》："有隱者，雲（云）古（胡）滿₌（濍濍）。"

雲與蕓

《帛甲老子·道經》："天物雲（蕓）雲（蕓），各復歸於其根。"按，通行本雲作蕓。

員字聲系

員與圓

《芮良夫》："屯員（圓）㒼（滿）諡（溢），曰余（予）未均。"

《爲吏》："中不方，名不章；外不員（圓），禍之門。"

《體積》："員（圓）亭上周五丈，下丈，高二丈。"

《隨日·土功》："員（圓），女子死之。"

《隨日·土功》："員（圓），女子死之。"

《隨日·穿地》："穿地大、深各三尺，方男、員（圓）女各坐之。"

《四度》："規之内曰員（圓），柜（矩）之内曰方，縣之下曰正，水之曰平。"

《卻穀》："凡食□□□□□□□□□□□□□□□□□□□□□□□□□□□□□氣者食員（圓），員（圓）者天也，方□□□。"

《大成》："春斱（雀）員（圓）駘（子），興坡（彼）鳴雄。"

《大成》："盛乃從之，員（圓）駘（子）送之。"

《繫辭》："故筮之德員（圓）而神；卦之德方以知；六肴（爻）之義易以工（貢）。"

《見吳王》："引而員（圓）之，員（圓）中規；引而方之，方中巨（矩）。"

《陳忌問壘》：“高則方之，下則員（圓）之。”

《十陣》：“有枋（方）陳（陳），有員（圓）陳（陳）。”

《十問》：“適（敵）人員（圓）陳（陳）以胥，因以爲固，毄（擊）此奈何？”

《十問》：“駟（四）鼓同舉，五遂（隊）俱傅（薄）。五遂（隊）俱至，三軍同利。此毄（擊）員（圓）之道也。”

《節》：“《地陳》曰：易〈易〉則方之，險則員（圓）之，丘陵則從（縱）之。”

《節》：“六月爲員（圓）陳，劍爲前行。”

員與損

《老子》乙：“學者日益，爲道者日員。員之或員，以至亡爲也。亡爲而亡不爲。”按，今本員作損。

《唐虞》：“又（有）天下弗能益，亡天下弗能員（損）。”

《語叢三》：“牙（與）者凥（處），員（損）。牙（與）不好學者遊，員（損）。凥（居）而亡𠭇（獵）習也，員（損）。自視（示）其所能，員（損）。”

《用曰》：“克𤞞（獵）戎事，台（以）員（損）四𢦏（踐）。”按，“員（損）”字從蘇建洲《讀〈上博（六）·用曰〉筆記五則》（簡帛網，2008年7月20日）釋讀。

《子道餓》：“於𤖻（偃）僞，於子員（損），於是虐（乎）可（何）侍（待）？”

《王居》：“忨（愿）夫₌（大夫）之母（毋）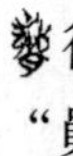徒，以員（損）不𣪊（穀）之☐。”按，“員（損）”字從復旦吉大古文字專業研究生聯合讀書會《上博八〈王居〉、〈志書乃言〉校讀》（復旦大學出土文獻與古文字研究中心網，2011年7月17日）讀。

《果童》：“前世法之，後世既員（損），繇（由）果童始。”

《文王》：“上（尚）父曰：‘黃帝攸（修）三員（損），備日行，習女智，於是甬（用）𨠔（將）安。’”按，“員（損）”字從鄔可晶《〈上博（九）·舉治王天下〉“文王訪之於尚父舉治”篇編連小議》（復旦大學出土文獻與古文字研究中心網，2013年1月11日）引蘇建洲、陳劍説讀。下同。

《文王》：“上（尚）父曰：‘黃帝攸（修）厽（三）員（損）☐。’”

員與云

《緇衣》：“《寺（詩）》員（云）：‘𢘓（儀）坓（刑）文王，萬邦乍（作）孚。’”

《緇衣》：“《寺（詩）》員（云）：‘情（靖）共尔（爾）立（位），好氏（是）貞（正）植（直）。’”

《緇衣》：“《寺（詩）》員（云）：‘雪（淑）人君子，其義（儀）不弋（忒）。’”

《緇衣》：“《大夏（雅）》員（云）：‘上帝板₌（板板），下民卒担（癉）。’”

《緇衣》：“《少（小）夏（雅）》員（云）：‘非其走（止）之共，唯王【之】蒍（邛）。’”

《緇衣》：“《寺（詩）》員（云）：‘隹（誰）秉𢦏（國）成，不自爲貞（正），卒𢚩（勞）百眚（姓）。’”

《緇衣》：“《君𨙶（牙）》員（云）：‘日𣅀（暑）雨，少（小）民隹（惟）日情（怨），晉冬旨（祁）寒，少（小）民亦隹（惟）日情（怨）。’”

《緇衣》：“《寺（詩）》員（云）：‘又（有）𣛥（梏）悳（德）行，四方𢘿（順）之。’”

《緇衣》：“《郘（呂）坓（刑）》員（云）：‘一人又（有）慶，𡉚（萬）民𧶜（賴）之。’”

《緇衣》：“《寺（詩）》員（云）：‘虩₌（赫赫）帀（師）尹，民具尔瞻。’”

《緇衣》：“《寺（詩）》員（云）：‘其頌（容）不改，出言又（有）（章），利（黎）

民所䛍（望）。’”

《緇衣》：“《寺（詩）》員（云）：‘皮（彼）求我則，女（如）不我得；執我栽₌（仇仇），亦不我力。’”

《緇衣》：“《君迪（陳）》員（云）：‘未見聖，如其弗克見；我既見，我弗迪聖。’”

《緇衣》：“晉（祭）公之寡（顧）命員（云）。”

《緇衣》：“《寺（詩）》員（云）：‘虐（吾）夫₌（大夫）共（恭）虘（且）韽（儉），靡（靡）人不斂。’”

《緇衣》：“《呂坓（刑）》員（云）：‘非甬（用）臸（令），折（制）以坓（刑），隹（惟）乍（作）五瘧（虐）之坓（刑）曰灋。’”

《緇衣》：“《康奡（誥）》員（云）：‘敬明乃罰。’”

《緇衣》：“《呂坓（刑）》員（云）：‘翻（播）坓（刑）之迪。’”

《緇衣》：“《寺（詩）》員（云）：‘誓（慎）尔出話（話），敬尔愄（威）義（儀）。’”

《緇衣》：“《寺（詩）》員（云）：‘弔（淑）誓（慎）尔走（止），不侃（諐）于義（儀）。’”

《緇衣》：“《寺（詩）》員（云）：‘穆₌（穆穆）文王，於卙（緝）遟（熙）敬走（止）。’”

《緇衣》：“《少（小）夏（雅）》員（云）：‘允也君子，礘（展）也大成。’”

《緇衣》：“《君奭》員（云）：‘昔才（在）上帝，戡（割）紳（申）觀（勸）文王之悳（德），其集大命于氒（厥）身（躬）。’”

《緇衣》：“《寺（詩）》員（云）：‘弔（淑）人君子，其義（儀）弌（一）也。’”

《緇衣》：“《君迪（陳）》員（云）：‘出内（入）自尔帀（師）于（虞），庶言同。’”

《緇衣》：“《寺（詩）》員（云）：‘備（服）之亡（無）懌（斁）。’”

《緇衣》：“《寺（詩）》員（云）：‘人之好我，旨（示）我周行。’”

《緇衣》：“《寺（詩）》員（云）：‘君子好栽（仇）。’”

《緇衣》：“《寺（詩）》員（云）：‘倗（朋）友卣（攸）槼₌（攝，攝）以愄（威）義（儀）。’”

《緇衣》：“《寺（詩）》員（云）：‘我龜既猒（厭），不我告猷。’”

《墨子》：“☐不員（云）虐（乎）？𢾊（愷）弟君子，民之父母。”按，“員（云）”字從李零《長台關楚簡〈申徒狄〉研究》（簡帛研究網，2000年8月8日）讀。

《耆夜》：“蟋（蟋）蟀（蟀）才（在）笞（席），戢（歲）矞（聿）員（云）莕（莫）。”

《耆夜》：“蟋（蟋）蟀（蟀）才（在）舒（序），戢（歲）矞（聿）員（云）☐。”

《湯丘》：“善才（哉）！子之員（云）。”

《湯丘》：“善才（哉）！子之員（云）也。”

《帛五行·說》：“《詩》員（云）：‘不勮（競）不𧩙（絿），不剛不柔’。”

員與芸

《老子》甲：“天道員員，各復其堇（根）。”按，河上、王弼本員作芸。

員與秐

《老子》甲：“天道員員，各復其堇（根）。”按，帛書乙本員作秐。

員與雲

《老子》甲：“天道員員，各復其堇（根）。”按，帛書甲本員作雲。

員與貶

《老子》甲：“天道員員，各復其堇（根）。”按，傅奕本員作貶。

員與昏

《曹沫》：“君其毋員（昏），臣聒（聞）之曰。”按，“員（昏）”字從白於藍《〈曹沫之陳〉新編釋文及相關問題探討》(《中國文字》新三十一期，藝文印書館，2006年）讀。

員與圜

《説命上》:“其隹（惟）敚（説）邑，才（在）北晦（海）之州，是隹（惟）員（圜）土。”

《泰射》：“尊士旅食于西餺（鏄）之南，北面，兩員（圜）壺。”

勛與黽

《子產》：“絢（怠）紟（慢）繲（懈）思（緩），怲（更）則任之，善則爲人，勛（黽）勉救善。”按，“勛（黽）”字從黔之菜《清華簡（陸）〈子產〉篇之“勛勉”或可讀爲“黽勉”》(復旦大學出土文獻與古文字研究網，2016年5月12日）讀。

勛與溫

《子產》:“虡勛（溫）和憙（喜），可用而不勛（遇）大=或=（大國，大國）古（故）肎（肯）雯（作）其悔（謀）。”

塤與隕

《帛易·姤》：“五〈九〉五，以忌（杞）枹（包）瓜，含章，或（有）塤（隕）自天。”

實與諼

《子產》：“乃斆（禁）辛道、飤（爽）語，虛言、亡（妄）實（諼）。”按，“實”字原形作“”，整理者釋爲“實”。不確。下部所從當爲“員”字，似當讀作“諼”。《説文》：“諼，詐也。”

愪與運

《唐勒》：“月行而日達（動），星躍（燿）而玄愪（運）。”

涓與員

《疽病》：“氣雎（疽）始發，涓（員）涓（員）以痒，如□狀。”

損與隕

《豳風》：“十月損（隕）擇（蘀），一之日于貉。”

敗與損

《子產》：“敗（損）難又（有）事，多難忶（近）亡，此胃（謂）宑（卑）逸樂。”

《帛甲老子·德經》：“勿（物）或敗（損）之而益，益之而敗（損）。”

《帛甲老子·德經》：“高者印（抑）之，下者舉之，有餘者敗（損）之，不足者補之。”

《帛甲老子·德經》：“故天之道，敗（損）有餘而補不足；人之道則不然，敗（損）不足以奉有餘。”

磒與瘨

《晏子四》：“公恐，學（覺），痛磒（瘨），辟（闢）門召占甍（夢）者。”按，“磒（瘨）”字從劉冬《銀雀山漢簡校讀叢劄》(南京師範大學2004年碩士學位論文，35頁）讀。

䰟與魂

《祭公》：“縢（朕）身尚才（在）孶（玆），縢（朕）䰟（魂）才（在）縢（朕）辟卲（昭）王𠦪=（之所）。”

殷字聲系

壂與殷

《祭公》：“敢皋（告）天子，皇天改大邦壂（殷）之命。”

鄬與殷

《鄭乙》:“虗（吾）若䎽（聞）夫鄬〈鄩（殷）〉邦曰：‘康（湯）爲語而受（紂）亦爲語。’”按，“鄬”似即“鄩”之誤字，讀作“殷”。

㥯字聲系

㥯與隱

《六守》：“使之，觀其毋㥯（隱）。”

《六守》：“使之不㥯（隱）者，信。”

隱與殷

《妄稽》：“鬼（魋）獲（䪻）氏（低）讙

（準），堅根隱（殷）軫。”

隱與憫

《妄稽》：“不忍隱（憫），何不走？不勝堇（勤），何不逃？”按，“隱”似當讀作“憫”。《廣雅·釋詁二》：“憫，濍也。”《集韻·準韻》：“憫，憂也。”

㶏與隱

《反淫》：“魄子乃洫（侐）然㶏（隱）机（几），衍然汗出，渙然病俞（愈）。”

乚字聲系

忆與隱

《唐虞》：“孝之肴（殺），悉（愛）天下之民；禕（禪）之涑（等），世亡忆（隱）直（德）。”

囚字聲系

囚與溫

《鄭壽》：“囚（溫）龏（恭）坓（淑）惠，民是瞻望。”按，“囚（溫）”字從何有祖《讀〈上博六〉劄記》（簡帛網，2007年7月9日）釋讀。

邷與溫

《鄭甲》：“枼（世）及虐（吾）先君臧（莊）公，乃東伐齊酄之戎，爲敲（徹），北城邷（溫）、原，遺郐（陰）桑宋（次）。”

《鄭乙》：“枼（世）及虐（吾）先君臧（莊）公，乃東伐齊酄之戎，爲敲（徹），北城邷（溫）、原，遺郐（陰）桑事。”

恖與溫

《從政》：“[illegible]悔（悔）而共（恭）孫（遜），𡥈（教）之纙（勸）也；恖（溫）良而忠敬，息（仁）之宗也。”

《競公瘧》：“古（故）君之忨（願）、良、恖（溫）、聖，外內不癹（廢），可因於民者。”

按，“恖（溫）”字從程鵬萬《上博三〈彭祖〉第4簡的歸屬與拼合》（復旦大學出土文獻與古文字研究中心網，2010年1月17日）讀。

恖與慍

《性自》：“恖（慍）斯悥=（憂，憂）斯慼=（戚，戚）斯戁（歎，歎）斯[illegible]=（辟，辟）斯通=（踊。踊），恖（慍）之終也。”

《語叢二》：“恖（慍）生於悥（憂）。”按，“恖（慍）”字從裘按（《郭店楚墓竹簡·語叢二》篇注［三］）讀。

《語叢二》：“恖（慍）生於眚（性），悥（憂）生於恖（慍）。”

《昔者》：“恖（慍）於外，不見於內=（內。內）言不以出，外言不以内（入）。”

《楚帛書》甲：“是巸而戔，是各（格）參柴（化）灋逃（兆），爲恖（慍）爲萬，以司堵巸。”按，此“恖（慍）”字過去有多種釋法，從字形上來看，應即“恖（慍）”字，讀若何字待考。

《子儀》：“此恖（慍）之昜（傷）僮，是不攼而猶，僮是尚求，弔（蹙）昜（惕）之怍，尻（處）虐（吾）以休，萬（賴）子是救。”

溫與慍

《帛易·夬》：“九三，牀（壯）于頯（頄），有凶。君子缺（夬）缺（夬），獨行愚（遇）雨若濡。有溫（慍），无咎。”

《火攻》：“主不可以怒興軍，將不可以溫（慍）戰。”

《火攻》：“怒可復喜也，溫（慍）可復說也。”

《行篹》：“死者不毒，奪者不溫（慍）。”

煴與溫

《周病方》：“以給、顛首、沐汩歆，并參（三）煴（溫）鬻（煮）之，令[illegible]。”

侵部第二九

品字聲系

葴與菻

《養生方》：“□□蛇牀泰半參、葴（菻）本二斗半、潘（礬）石三指最（撮）一。”

霝與臨

《命訓》：“霝（臨）之以中（衷），行之以耑₌（權，權）不灋（法），中（衷）不忠，罰不服，賞不從褮（勞）。”

凡字聲系

凡與風

《凡物甲》：“夫雨之至，箮（孰）之？夫凡（風）之至，箮（孰）颮飄（歙）而迸之？”

《凡物乙》：“夫雨之至，箮（孰）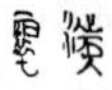之？夫凡（風）之至，箮（孰）颮飄（歙）而迸之？”

《官一》：“猋（飆）凡（風）振（震）陳（陣），所以乘疑也。”

凡與鳳

《荊決》：“凡（鳳）鳥不處，羊₌（洋洋）四國。”

凧與佩

《明君》：“先王之養□□鐘鼎壺泔（鑑），淺（殘）而爲□□□□凧（佩）飭（飾）。”按，“凧”或即“佩”字省寫。

杋與附

《治官》：“親戚不杋（附），不欲外交。”按，“杋”似當讀作“附”。典籍中從“凡”聲之字與從“咅”聲之字音近可通。《荀子·大略》：“蘭茝槁本，漸於蜜醴，一佩易之。”楊倞《注》：“佩，或爲倍，謂其一倍也。”《釋名·釋衣服》：“佩，倍也。言其非一物，有倍貳也。”而典籍中“附”字與從“咅”聲之字亦音近可通。《說文》：“附，附婁，小土山也。”徐鍇《系傳》：“今《左傳》作培。”《玉篇·土部》：“附，今作培。”《墨子·修身》：“親戚不附，無務外交。”

風與諷

《治官》：“風（諷）庸（誦）爲首，積（精）正守事。”

《命》：“先夫₌（大夫）之風（諷）逻命，亦可以告我。”

《二年·史律》：“試史學童以十五篇，能風（諷）書五千字以上，乃得爲史。”

《二年·史律》：“下學童能風（諷）書史書三千字，徵卜書三千字。”

風與封

《日乙·楚除》：“建交之日，以風（封），鑿井□☐。”

偑與佩

《龍簡》：“闌合符，及以傳書閱入之，及䛩偑（佩）入司馬門久（？）☐。”

《奏讞書》：“衣故有帶，黑帶₌（帶，帶）有偑（佩）處而毋偑（佩）也。”

《奏讞書》：“爲走士，未嘗偑（佩）鞞刀，盜傷人，毋坐也。”

《奏讞書》：“孔雅偑（佩）刀，今弗偑（佩），不智（知）存所。”

《奏讞書》：“買鞞刀不智（知）何人所，偑（佩）之市，人盜紺（拑）刀，即以鞞予僕。”

《奏讞書》：“前曰：得鞞及未嘗佩（佩），謾。”

《鄭風》：“□□將羊（翔），佩（佩）玉□□。”

《儒説》：“曾子有三言，可穿而佩（佩）也。”

《安稽》：“白環佩（佩）首，結末垂潢（璜）。”

渢與汎

《帛乙老子·道經》：“道渢（汎）呵（兮），其可左右也，成功遂事而弗名有也。”

冘字聲系

沈與眈

《帛易·頤》：“六四，顛頤，吉。虎視沈（眈）沈（眈），其容（欲）笛（逐）笛（逐），无咎。”

沓與沈

《卜書》：“兆（兆）䭫₌（頫首）内（納）止（趾），是胃（謂）沓（沈），尻（處）宫無咎，又（有）疾乃瘥（漸）。”按，“沓（沈）”字從高佑仁《〈上博九〉初讀》（簡帛網，2013年1月8日）釋讀。

湷與忱

《琴舞》：“流（攸）自求敓（悦），者（諸）尔多子，逐（篤）思湷（忱）之。”

湷與耽

《融師》：“湷（耽）丞（淫）念惟，癹（發）昜（揚）絭償。”按，“湷（耽）”字從劉釗師《〈上博五·融師有成氏〉“耽淫念惟”解》（簡帛網，2007年7月25日）讀。

湷與醓

《窮達》：“母（梅）白（伯）初湷（醓）酭（醢），後名昜（揚），非其悳（德）加。”按，“湷（醓）”字從趙平安《〈窮達以時〉第九號簡考論——兼及先秦兩漢文獻中比干故事的衍變》（《古籍整理研究學刊》2002年2期）讀。

湷與沖

《金縢》：“昔公堇（勤）勞王家，隹（惟）余湷（沖）人亦弗汲（及）智（知）。”

《金縢》：“隹（惟）余湷（沖）人其視（親）逆公，我邦家豊（禮）亦宜之。”

《皇門》：“䌛（肆）朕湷（沖）人非敢不用明刑，隹（惟）莫覺（開）余嘉悳（德）之兑（説）。”

《琴舞》：“六啟曰：“其舍（余）湷（沖）人，備（服）才（在）清富（廟），隹（惟）克少（小）心。”

《芮良夫》：“桊（朕）隹（惟）湷（沖）人，則女（如）禾之又（有）稆（稺）。”

鄐與沈

《卜書》：“兆（兆）少（小）鄐（沈），是胃（謂）族。”按，“鄐（沈）”字從高佑仁《〈上博九〉初讀》（簡帛網，2013年1月8日）釋讀。

棔與枕

《詩論》：“《角棔（枕）》婦。”按，“棔”字從季旭昇《〈上海博物館藏戰國楚竹書（一）〉讀本》（臺北萬卷樓圖書股份有限公司，2004年，67頁）隸定，從廖明春《上海博物館藏詩論簡校釋劄記》（簡帛研究網，2002年7月3日）讀爲枕。

醓與沈

《莊王》：“以昏（問）醓（沈）尹子桱（莖）曰。”按，“醓（沈）”字從陳偉《讀〈上博六〉條記》（簡帛網，2007年7月9日）釋讀。下同。

《莊王》：“醓（沈）尹固愲（辭），王固昏（問）之。”

《莊王》：“醓（沈）尹子桱（莖）畣（答）

曰。”

《莊王》：“酭（沈）尹子桱（莖）曰：‘四艅（艖）以逾（輪）。’”

訦與枕

《帛易·坎》：“六三，來之贛（坎）贛（坎），噞（險）且訦（枕）。”

訦與險

《帛易·坎》：“九二，贛（坎）有訦（險），求少（小）得。”

霃與沈

《田法》：“美霃（沈）澤蒲葦☒。”

㸒字聲系

㸒與淫

《季桓子》：“□輦（婁）戔（暴），興道學㸒（淫），言不堂（當）其所，虘（皆）同其□，此牙（邪）民也。”按，“㸒（淫）”字從陳劍《〈上博（六）·孔子見季桓子〉重編新釋》（復旦大學出土文獻與古文字研究中心網，2008年3月22日）釋讀。

《融師》：“湝（耽）㸒（淫）念惟，癹（發）昜（揚）桊償。”按，“㸒（淫）”字從劉釗師《〈上博五·融師有成氏〉“耽淫念惟”解》（簡帛網，2007年7月25日）釋讀。

《成王》：“其䞣（狀）膏（驕）㸒（淫）。”按，“㸒（淫）”字從復旦吉大古文字專業研究生聯合讀書會《上博八〈成王既邦〉校讀》（復旦大學出土文獻與古文字研究中心網，2011年7月17日）釋讀。

悭與淫

《説命中》：“若天䍐（旱），女（汝）复（作）悭〈悭（淫）〉雨。”

《三壽》：“惠民由壬（任），均（徇）寊（句）傑（遏）悭〈悭（淫）〉，闐（宣）義（儀）和藥（樂），非褱（壞）于慖（湛）。”

《三壽》：“☒戲悭〈悭（淫）〉自嘉而不縷（數），詮（感）高玟（文）福（富）而昏忘賓（詢）。”

逕與淫

《命訓》：“亟（極）禍（禍）則民₌鬼₌（民畏，民畏）則逕₌祭₌（淫祭，淫祭）皮（罷）家。”

《命訓》：“福莫大於行，禍（禍）莫大於逕（淫）祭，佴（恥）莫大於瘍（傷）人，賞莫大於壤（讓），罰莫大於多虞（詐）。”

《命訓》：“事不替（震），正（政）不成，埶（藝）不逕（淫），豊（禮）又（有）旹（時）。”

《命訓》：“豊（禮）無時則不貴，埶（藝）逕（淫）則割（害）於材（才）。”

覃字聲系

蕈與苫

《服傳甲》：“居倚廬，寑（寢）蕈（苫）枕塊，哭晝夜無時。”

《服傳乙》：“居倚廬，寑（寢）蕈（苫）枕塊，哭晝夜無時。”

鐔與尋

《北蒼·之》：“祁（祈）紨（豐）鐔（尋）幅，芒隞偏有（右）。”

鐔與掞

《反淫》：“鏅（脩）鐔（掞）曲校，蕿（棼）壇（椽）總（窗）雷（欞）。”

南字聲系

南與男

《痂》：“以南（男）潼（童）弱（溺）一斗半并□，煮熟。”

《胎產書》：“其一日南（男），其二日女殹（也）。”

湳與沉

《厚父》：“弗甬（用）先折（哲）王孔甲之典刑，真（顛）復（覆）氒（厥）惪（德），湳（沉）湎于非彝。”

林字聲系

林與淋

《木牘》：“六曰莖中恿（痛）如林（淋）狀。”

林與臨

《帛易·臨》：“初九，禁（咸）林（臨），貞吉。”

《帛易·臨》：“九二，禁（咸）林（臨），吉，无不利。”

《帛易·臨》：“六三，甘林（臨），无攸利，既憂之，无咎。”

《帛易·臨》：“六四，至林（臨），无咎。”

《帛易·臨》：“六五，知林（臨），大君之宜，吉。”

《帛易·臨》：“上六，敦林（臨），吉，无咎。”

《易之義》：“林（臨）之卦，自誰（推）不无瞿（懼）。”

《阜易·臨》：“林（臨）。”

棽與林

《競公瘧》：“山棽（林）使莫（衡）守之。”

惏與婪

《芮良夫》：“母（毋）惏（婪）悆（貪）、猍（淆）昆（混）、圂（滿）湿（盈）、康戲而不智（知）甍（寤）告（覺）。”

郴與懍

《定心》：“故其色不郴（懍）於天子，不困於百萬之眾。”

禁與襟

《妄稽》：“虞士涕洽禁（襟），周春涕交頤。”

禁與咸

《帛易·臨》：“初九，禁（咸）林（臨），貞吉。”

《帛易·臨》：“九二，禁（咸）林（臨），吉，无不利。”

誺與吟

《妄稽》：“大（太）息歌誺（吟），謬（嗷）謬（嗷）爰（猨）恤（鹹）。”按，“誺（吟）”字從王曉明《北大簡〈妄稽〉校讀簡記（三）》（復旦大學出土文獻與古文字研究中心網“學術討論”，2016年6月9日）讀。

襛與農

《三德》：“卬（仰）天事君，嚴畧（恪）必信；府（俯）視□□，敄（務）襛（農）敬戒。”

輦與婪

《季桓子》：“□輦（婪）戔（暴），興道學垩（淫），言不堂（當）其所。”按，“輦”似當讀作“婪”。

譧與臨

《別卦》：“譧（臨）。”

亩字聲系

畣與沈

《君人甲》：“先君需（靈）王軌（乾）湠〈溪（溪）〉云（殞）畣（沈）。”按，“畣”似當讀作“沈”。下同。

《君人乙》：“先君需（靈）王軌（乾）湠〈溪（溪）〉云（殞）畣（沈）。”

箇與廩

《相宅》：“箇（廩）尻（居）西北，不吉，尻（居）是室☐。”

亩與廩

《隨日·歲》：“十【一】月亩（廩）事於西，必請風。”

稟與廩

《繫年二二》：“母（毋）攸（修）長城，毋伐稟（廩）丘。”

《五令》："德令者，求諸孤幼不能自衣食者，稟（廩）氣（餼）之，以助生。"

斅與禁

《子產》："乃斅（禁）辛道、飮（爽）語，虛言、亡（妄）賔（諼）；乃斅（禁）巻單、相佮、執樂、勑（飾）党（美）宮室衣裘、好畲（飲）飤（食）、以爰（遠）胼（屏）者。"按，"斅（禁）"字從徐在國《談清華六〈子產〉中的三個字》（簡帛網，2016 年 4 月 19 日）讀。下同。

《子產》："道（導）之以季（教），乃恋（迹）天陸（地）、逆川（順）、強柔，以咸斅（禁）御（禦）。"

㑴字聲系

侵與祲

《占書》："是故聖（聖）人慎觀侵（祲）恙（祥）。"

《占書》："天德華鈞侵（祲）恙（祥），件而倍（背）眾，侍（恃）強以幸殆於天下者，雖勝其民，不有其土。"

侵與寢

《容成》："夜半之息也，覺牾（寤）毋變侵（寢）刑（形）。"

《師癸》："故覺侵（寢）而引陰，此胃（謂）練筋。"

寑與寢

《見威王》："伐共工而后兵寑（寢）而不起，施（馳）而不用。"

《服傳甲》："既虞，贊（翦）槁（屏）柱麋（楣），寑（寢）有席，食疎（疏）食。"

《服傳甲》："寑（寢）不挩（說）經帶。"

《燕禮》："善（膳）宰具官選（饌）于寑（寢）東。"

寑與潛

《二三子》："易曰：'寑（潛）龍勿用。'"按，"寑"當讀作"潛"。下同。

《二三子》："孔子曰：龍寑（潛）矣而不陽，時至矣而不出，可胃（謂）寑（潛）矣。"

《二三子》："大人安失（佚）矣而不朝，䛄猒在廷，亦猷龍之寑（潛）也。"

《二三子》："其行滅而不可用也，故曰'寑（潛）龍勿用'。"

浸與寑

《反淫》："曰：'浸（寑）病未能。'"

《反淫》："曰：'浸（寑）病未能。'"

《反淫》："曰：'浸（寑）病未能。'"

《反淫》："曰：'浸（寑）病未能。'"

《反淫》："曰：'浸（寑）病未能。'"

《反淫》："曰：'浸（寑）病未能。'"

《反淫》："曰：'浸（寑）病未能。'"

《反淫》："若吾比夫子，猶㡯（斥）蠸（蠖）之與騰蛇，身方浸（寑）病，力弗能爲。"

浸與潛

《觀》："[黃帝]令力黑（牧）浸（潛）行伏匿，周留（流）四國。"

《帛易·乾》："初九，浸（潛）龍勿用。"

浸與參

《牝痔》："駱阮一名曰白苦、苦浸（參）。"按，"浸（參）"字從周一謀、蕭佐桃《馬王堆醫書考注》（天津科學技術出版社，1988 年，161 頁）讀。

寖與寢

《服傳甲》："居倚廬，寖（寢）蕈（苫）枕塊，哭晝夜無時。"

《燕禮》："燕，朝服於寖（寢）。"

《服傳乙》："居倚廬，寖（寢）蕈（苫）枕塊，哭晝夜無時。"

蘉與參

《萬物》："玼（紫）蘉（參）之□□已辟（癖）也。"

侵與寢

《容成》："莫（暮）息之志，深息長徐，使耳勿聞，且以安侵（寢）。"

浸與侵

《語叢二》："浸（侵）生於忩（欲），恧生於浸（侵），逃（盜）生於恧。"

瀸與踧

《性自》："哭之皷（動）心也，瀸（踧）浟（殺），其剌（烈）戀（戀戀）女（如）也，慼（戚）肰（然）以終。"按，"瀸"似當讀作"踧"，聲韻俱近。《史記·樂書》："其聲噍以殺。"裴駰《集解》："鄭玄曰：'噍，踧也。'"張守節《正義》："噍，踧急也。若外境痛苦，則其心哀戚，哀戚在心，故樂聲踧急而殺也。"上博簡本《性情論》瀸作浸，瀸與浸應爲一字，即浸字。

帰與寢

《天子甲》："臨牀不言亂（亂）、不言帰（寢）、不言威（滅）、不言友（拔）、不言耑（短），古（故）龜又（有）五昇（忌）。"

《天子乙》："臨牀不言亂（亂）、不言帰（寢）、不言威（滅）、不言友（拔）、不言耑（短），古（故）龜又（有）五昇（忌）。"

《赤鵠》："湯乃袸（祓）之。少（小）臣乃疾（忽）而帰（寢）於逄（路），視而不能言。"

《赤鵠》："帝命二黃它（蛇）與二白兔凥（處）句（后）之帰（寢）室之棟。"

《赤鵠》："帝命二黃它（蛇）與二白兔凥（處）句（后）之帰（寢）室之棟。"

寑與寢

《晏子一》："一日飲酒，三日寑（寢）之，國治怨□外，左右亂乎內。"

《晏子二》："及晏子寑（寢）病也。"

《晏子五》："景公登洛（路）寑（寢）之臺，不能冬（終）上而息於陛。"

《晏子一三》："景公令脩（修）茖（路）寑（寢）之臺，臺成，公不尚（上）焉。"

㝲與浸

《成之》："君子之于耈（教）也，其道民也不㝲（浸），則其淳也弗深悿（矣）。"按，"㝲（浸）"字從裘按（《郭店楚墓竹簡·成之聞之》篇注［三］）讀。

㴆與浸

《李頌》："𤔔（亂）本曾（層）枳（枝），㴆（浸）㲻（毀）丨可（兮）。"

兓字聲系

朁與僭

《用曰》："□亞（惡）猷慨，𤔔（亂）節朁（僭）行。"

朁與琰

《容成氏》："不量其力之不足，迠（起）帀（師）以伐昏（岷）山是（氏），取其兩女朁（琰）、鶨（琬）。"

朁與譖

《管仲》："夫年（佞）者之事君，必歬（前）敧（傾）與考（巧），而後朁（譖）與譌（僞），以大又（有）求。"按，"朁（譖）"字從吳祺説讀。

朁與箭

《服傳甲》："布總，朁（箭）枽（笄），縗（髽），衰，三年。"

《服傳乙》："布總，朁（箭）枽（笄），縗（髽），衰，三年。"

《喪服》："女子子在室爲父，布總，朁（箭）枽（笄），縗（髽），衰，三年。"

㬱與潛

《易之義》："在下爲㬱（潛），在上爲炕（亢）。"

㮸與僭

《尹至》："執（摯）尾（度）執（摯）悳

（德）不曡（僭）。”

糣與糝

《疽病》：“□□□□□□雎（疽）□□□□□□□□□□□□□戴糣（糝）、黄芩、白蘞（蘝），皆居三日。”

譖與潛

《同顯》：“☐狀，及譖（潛）訊居處、薄宿所，讎。”

《同顯》：“譖（潛）訊同歸義狀及邑里居處狀。”

《同顯》：“□譖（潛）謂同。”

《同顯》：“復譖（潛）謂同。”

《魏盜》：“即各日夜別薄譖（潛）訊都官旁縣中、縣中城旦及牒書其亡者□☐。”

《魏盜》：“觸等盡別譖（潛）訊安旁田人。”

《文摯》：“夫食氣譖（潛）人〈入〉而默〈默〉移，夜半而□□□□□□氣。”

鐕與鬵

《殘片七》：“完者相雜咀，以鐵鐕（鬵）煮，煮☐。”

鬵與僭

《北蒼·之職》：“係孫褒（葆）俗，貇（懇）鬵（僭）吉忌。”

蠶與簪

《胎產書》：“欲產女，佩蠶（簪）耳（珥），呻（紳）朱（珠）子，是謂內象成子。”

灊與慘

《北大老子》：“故罪莫大於可欲，禍莫大於不智（知）足，咎莫灊（慘）於欲得。”

參字聲系

厽與三

《六德》：“厽（三）者皆迵（同），肰（然）句（後）是也。”按，“厽”即“參”之省形。下同。

《六德》：“人又（有）六悳（德），厽（三）新（親）不卲。”

《六德》：“凡君子所以立身大灋厽（三），其睪（釋）之也六，其篽十又二。”

《六德》：“厽（三）者迵（同），言行皆迵（同）；厽（三）者不迵（同），非言行也；厽（三）者皆迵（同），肰（然）句（後）是也。”

《六德》：“厽（三）者，君子所生與之立，死與之遜（敝）也。”

《性自》：“亞（惡）頪（類）厽（三），唯亞（惡）不悥（仁）爲忻（近）宜（義）。”

《性自》：“其厽（三）述（術）者，衍（道）之而已。”

《語叢四》：“罷（一）言之善，足以終殜（世）；厽（三）殜（世）之福，不足以出芒（妄）。”

《子羔》：“觀於伊而得之，寠（懷）厽（三）忞（年）而畫於伓（背）而生＝（生，生）而能言，是垦（禹）也。”

《子羔》：“厽（三）王者之乍（作）也，膚（皆）人子也，而其父戔（賤）而不足爯（偁）也與（歟）？毆（抑）亦成天子也與（歟）？”

《子羔》：“厽（三）王者之乍（作）也女（如）是。”

《子羔》：“孔＝（孔子）曰：‘舜其可胃（謂）受命之民矣。舜，人子也，而厽（三）天子事之。’”

《子羔》：“子羔曰：‘肰（然）則厽（三）王者管（孰）爲☐。’”

《曹沫》：“二厽（三）子免（勉）之，怢（過）不才（在）子才（在）寡人。”

《柬大王》：“厽（三）日，王又（有）埜（野）色，逗者又（有）欿人。”

《柬大王》：“王夢厽（三），閨未啟。

《鮑叔牙》：“人之生（性）厽（三），飤

（食）、色、息。”

《鮑叔牙》：“二厽（三）子免（勉）之，寡人湎（將）迿倍。”

《弟子問》：“君子道朝，肰（然）則夫二厽（三）子者☐。”

《凡物甲》：“䶵（一）生兩，兩生厽（三），厽（三）生女₌〈四₌（四，四）〉成結。”

《墨子》：“教箸（書）三戢（歲），教言厽（三）戢（歲），教射與馭（御）☐。”

《周易·蒙》：“六厽（三）：勿用取女；見金夫，不又（有）躳（躬），亡（无）卣（攸）利。”

《周易·需》：“九厽（三）：䨳（需）于坭（泥），至（致）寇至。”

《周易·訟》：“九二：不克訟，歸肰（逋），其邑人厽（三）四戶，亡（无）褙（眚）。”

《周易·訟》：“六厽（三）：飤（食）舊悳（德），貞厲，終吉；或從王事，亡（无）成。”

《周易·訟》：“上九：或賜（錫）繙（鞶）緍（帶），終朝厽（三）☐之。”

《周易·師》：“九二：才（在）帀（師）审（中）吉，亡（无）咎，王厽（三）賜（錫）命。”

《周易·師》：“六厽（三）：帀（師）或舉（輿）尸（尸），凶。”

《周易·比》：“六厽（三）：比之非（匪）人。”

《周易·比》：“九五：顯比。王厽（三）驅，遾（失）前禽。邑人不戒（誡），吉。”

《周易·豫》：“六厽（三）：可（盱）余（豫）悔（悔），迟（遲）又（有）悔（悔）。”

《周易·隨》：“六厽（三）：係丈夫，遾（失）少（小）子。陵（隨）求又（有）得，利凥（居）貞。”

《周易·蠱》：“蠱：元卿（亨），利涉大川。先甲厽（三）日，後甲厽（三）日。”

《周易·蠱》：“九厽（三）：榦（幹）父之蠱，少（小）又（有）☐。”

《周易·大畜》：“九厽（三）：良馬由（逐），利堇（艱）貞。曰：班（閑）車（輿）戔（衛），利又（有）卣（攸）往。”

《周易·頤》：“六厽（三）：䨽（拂）頤，貞凶，十年勿用，亡（无）卣（攸）利。”

《周易·咸》：“九厽（三）：欽（咸）其膌（腓），執其陵（隨），吝。”

《周易·恆》：“九厽（三）：不經（恆）其悳（德），或承其愳（羞），貞吝。”

《周易·遯》：“九厽（三）：係豚（遯），又（有）疾厲，畜臣妾，吉。”

《周易·睽》：“六厽（三）：見車（輿）遏（曳），其牛觢（掣），其人天虘（且）劓，亡（无）初又（有）終。”

《周易·蹇》：“九厽（三）：往訐（蹇）來反。”

《周易·解》：“九二：畋（田）䨕（獲）厽（三）䶂（狐），得黃矢，貞吉。”

《周易·解》：“六厽（三）：貟（負）虘（且）輮（乘），至（致）寇至。”

《周易·夬》：“九厽（三）：藏（壯）于頄，又（有）凶。”

《周易·姤》：“九厽（三）：誫（臀）亡（无）肤（膚），其行緀（次）疋（且），厲，亡（无）大咎。”

《周易·井》：“九厽（三）：井㓐不飤（食），爲我心寒（惻），可以汲，王明，並受其福。”

《周易·革》：“九厽（三）：征凶，革言厽（三）𣪊（就），又（有）孚。”

《周易·艮》：“九厽（三）：艮其瞳（限），剢（列）其胤（夤），厲㕣（薰）心。”

《周易·漸》：“九厽（三）：鳴（鴻）漸

（漸）于陸（陸），夫征不復，婦孕而☐。”
《周易·豐》：“九厽（三）：豐其芾（沛），日中見茇（沫），折其右拡（肱），亡（无）咎。”
《周易·豐》：“上六：豐其芾（屋），坿（蔀）其家，閨（闚）其床（戶），歎（闃）其亡（无）人，厽（三）戢（歲）不覿，凶。”
《周易·旅》：“九厽（三）：遊（旅）焚其宋（次），喪其僮（童）僕（僕）貞₌（貞，貞）厲。”
《周易·渙》：“六厽（三）：䆝（渙）其船，亡（无）咎。”
《周易·未濟》：“六厽（三）：未淒（濟），征凶，利涉大川。”
《管仲》：“既埶（設）承，既立楠（輔），僉（斂）之晶〈厽（三）〉，尃（博）之以五，其侌（陰）則晶〈厽（三）〉，其昜（陽）則五。”
《管仲》：“𡉀（匡）之以厽（三），厇（度）之以五。”
《二三子》：“二厽（三）子問曰：‘易屢稱於龍，龍之德何如？’”
《二三子》：“二厽（三）子問曰：‘人君至於饑乎？’”
《二三子》：“聖王各有厽（三）公厽（三）卿，‘晝日三[接]’，☐☐☐☐☐☐者也。”
《二三子》：“二厽（三）子問曰。”
《要》：“二厽（三）子！夫損益之道，不可不審察也，吉凶之[門]也。”按，“厽(三)”字從裘錫圭《帛書〈要〉篇釋文校記》(《道家文化研究》第十八輯，三聯書店，2000年）讀。
《命》：“女（如）以𠈃（僕）之觀視日也，十又厽（三）亡𠈃（僕）。”
《命》：“必内㕯之於十沓（友）又厽（三），皆亡恖（留）安（焉）而行之。”
《命》：“𠈃（僕）以此胃（謂）視日十又厽（三）亡𠈃（僕）。”
《靈王》：“虎厽（三）徒出，執事人志₌（止之）。”
《文王》：“上（尚）父曰：‘黃帝攸（修）厽（三）員（損）☐。’”

厽與驂

《繫年二二》：“戉（越）公内（入）享（饗）於魯₌（魯，魯）侯䮞（御），齊侯厽（驂）輮（乘）以内（入）。”

參與三

《語叢三》：“名弍（二），勿（物）參（三）。”
《苦成》：“姑（苦）成家父以其族參（三）坿（郤）征百豫，不思（使）反。”
《苦成》：“參（三）坿（郤）中立，以正上下之譌，弜（強）于公家。”
《苦成》：“鑾（欒）箸（書）欲乍（作）難（難），害參（三）坿（郤）。”
《苦成》：“鑾（欒）箸（書）乃退，言於敕（厲）公曰：‘參（三）坿（郤）家亙（度）取宔（主）君之眾以不聖（聽）命，𨟻（將）大害。’”
《苦成》：“以虗（吾）族參（三）坿（郤）與☐☐☐☐於君，幸則晉邦之社稷可得而事也，不幸則取字（免）而出，者（諸）侯畜我，隹（誰）不以厚？”
《苦成》：“惻（賊）參（三）坿₌（郤，郤）㚔（錡）、坿（郤）至、姑（苦）成家父立死，不用其眾。”
《苦成》：“參（三）坿（郤）既亡，公家乃溺（弱），鑾（欒）箸（書）弋（弒）敕（厲）公。”
《三德》：“天共峕（時），陸（地）共材，民共力，盟（明）王無思，是胃（謂）參（三）德。”

《三德》："善=才=（善哉，善哉），參（三）善才（哉）。"

《用曰》："參（三）節之未得，豫（舍）命乃縈。"按，"參（三）"字從李銳《〈用曰〉新編（稿）》（簡帛網，2008年7月13日）讀。

《祭公》："天子，參（三）公，余隹（惟）弗迟（起）縢（朕）疾。"

《説命下》："弋（式）隹（惟）參（三）悳（德）賜我，虐（吾）乃尃（敷）之于百青（姓）。"

《琴舞》："參（三）啟曰：悳（德）元隹（惟）可（何）？曰𡿺（淵）亦印（抑）。"

《筮法一》："參（三）吉同兇，寺（待）死。"

《筮法一》："參（三）兇同吉，寺（待）死。"

《筮法一》："參（三）吉同兇，亞（惡）肴（爻）凥（處）之，今旇（焉）死。"

《筮法一》："參（三）兇同吉，亞（惡）肴（爻）凥（處）之，今旇（焉）死。"

《筮法二》："參（三）左同右，乃得。參（三）右同左，乃得。參（三）男同女，乃得。參（三）女同男，乃得。"

《筮法六》："𠙴（凡）取（娶）妻，參（三）女同男，吉。"

《筮法六》："𠙴（凡）取（娶）妻，參（三）男同女，兇。"

《筮法七》："𠙴（凡）讎（售），參（三）男同女=（女，女）才（在）昏（毋）上，妻夫相見，讎（售）。"

《筮法八》："𠙴（凡）見，參（三）女同男=（男，男）見。𠙴（凡）見，參（三）男同女=（女，女）見。"

《筮法十五》："參（三）同弌（一），乃得之。"

《三壽》："高宗觀於匔（洹）水之上，參（三）壽與從。"

《子產》："乃隶（肄）參（三）邦之命（令），以爲奠（鄭）命（令）、埜（野）命（令）。"

《子產》："隶（肄）參（三）邦之型（刑），以爲奠（鄭）型（刑）、埜（野）型（刑）。"

《子產》："埜（野）參（三）分，粟參（三）分，兵參（三）分，是胃（謂）虞固。"

《養生方》："令盡其乾，即冶，參（三）指最（撮），以□半桮（杯）飲之。"按，"參"當讀作"三"。

《周病方》："以紿、顛首、沐氵□歈，并參（三）煴（溫）鬻（煮）之，令☐。"

《天乙・直室門》："寡門：不寡濡泥輿，輿毋（無）所定。妻不吉，必參（三）寡。"

《天乙・陰陽鐘》："殳（投）者參（三）合日辰求星從，期三而一。"

《天乙・陰陽鐘》："中期如參（三）合之數，遠數有（又）參（三）之，即以鐘音之數矣。"

《天乙・占亡貨》："得其前參（三）爲始；得其後參（三）爲巳，爲往，爲去。"

《天乙・自天》："參（三）黃鐘、古（姑）先（洗）、夷則之卦曰。"

《天乙・即有生》："投日、辰、星而參（三）合之，奇者男毆，禺（偶）者女毆。因而參（三）之，即以所中鐘數爲卜□。"

《第二組》："以令若丞印封缿而入，與入錢者參（三）辨券之。"

《第二組》："食縣官者日居六錢，居官府食縣官者男子參（三），女子駟（四）。"

《蓋廬》："參（三）辰爲剛（綱），列星爲紀，維斗爲擊（繫）。"

《算數書・負米》："直（置）一關【餘不稅者】而參（三）倍爲法。"

《算數書・粺毇》："麥少半升爲米九分升

之二，參（三）母，再子，二之，三而一。”
《六分》：“參（三）者參用之，□□而有天下矣。”
《立命》：“四達自中，前參（三）後參（三），左參（三）右參（三），踐立（位）履參（三），是以能爲天下宗。”
《稱》：“數舉參（三）者，有身弗能葆（保），何國能守？”
《稱》：“天下有參（三）死：忿不量力死，耆（嗜）欲无窮死，寡不辟（避）衆死。”
《戰國二一》：“韓亡參（三）川，魏亡晉國，市朝未罷，過（禍）及於趙。”
《癃病》：“參（三）潰（沸），止。”
《天師》：“距而兩柠（峙），參（三）築而毋遂。”按，“參（三）”字從馬繼興《馬王堆古醫書考釋》（湖南科學技術出版社，1992年，873頁）讀。
《帛易・蒙》：“初筮吉〈告〉，再參（三）手擅（瀆），擅（瀆）即（則）不吉〈告〉。”
《繆和》：“惠（嘒）彼小星，參（三）五在東，蕭（肅）蕭（肅）宵正（征），蚤（早）夜在公，是（寔）命不同。”
《八陳》：“用陳（陣）參（三）分，誨陳（陣）有蜂（鋒）。”
《王兵》：“☐壹至，參（三）至當壹戰。”
《王兵》：“參（三）者見一焉，則可破取也。”
《十陣》：“參（三）聲氣（既）全，五菜（彩）必具，辯（辨）吾號聲，知五旗。”
《十問》：“毄（擊）此者，必參（三）而離之。”
《十問》：“毄（擊）此者，必將參（三）分我兵，練（柬）我死士。”
《禁》：“大委至則養參（三）族。”
《爲政》：“☐□樹，比參（三），有天火下，大如□。”
《人君》：“☐□□及□有□□□參（三）發而國亡。”
《人君》：“☐參（三）發而國亡。”
《定心》：“積之以參（三）氣，守之以大（太）一，臨之以天。”按，“參”似當讀作“三”。“三氣”一詞典籍習見。
《相狗方》：“肩□間參（三）瓣者，及大禽；二者，及中禽。”
《北大老子》：“參（三）也，不可致計，故運（混）而爲一。”
《北大老子》：“參（三）也，其上不杲（皦），其下不沒（忽）。”
《北大老子》：“此參（三）言以爲文未足，故令之有所屬。”

參與驂

《明君》：“朱（侏）襦（儒）食良（粱）肉，戰士食參（驂）駟之食。”

縿與參

《戰國四》：“王信田代〈伐〉繰〈縿（參）〉去疾之言功（攻）齊，使齊大戒而不信燕。”

毚字聲系

毚與纔

《答問》：“甲乙雅不相智（知），甲往盜丙，毚（纔）到，乙亦往盜丙。”
《周日書》：“毚（纔）旦，尾。”
《周日書》：“日毚（纔）入，卯（昴）。”
《周病方》：“浴蠶必以日毚（纔）始出時浴之，十五日乃已。”
《癃病》：“浚取其汁，以蠠（蜜）和，令毚（纔）甘，寒溫適，□飲之。”
《□爛者》：“煮秫米期足，毚（纔）孰（熟），浚而敖（熬）之，令爲灰。”
《癰》：“并以金銚煏桑炭，毚（纔）涕（沸），發享（歊），有（又）復煏涕（沸）。”
《乾瘙》：“以䤄、沐相半洎之，毚（纔）

□□，置溫所三日。”

《養生方》：“以五月□備（茯）麥（苓）、毚（纔）黄。”

《養生方》：“漬以水，令毚（纔）閹（掩），□而泚（滓）取汁。”

《養生方》：“取雞毚（纔）能卷（讙）者，産搣，盡去毛，遺兩翼之末。”

《養生方》：“以巾抏牝，馬毚（纔）▨。”

《要》：“吾好學而毚（纔）聞要，安得益吾年乎？”

毚與讒

《治官》：“毋信毚（讒）言。苦言藥也，甘言毒也。”

《成法》：“夫是故毚（讒）民皆退，賢人減（咸）起。”

《春秋五》：“□□會果使僕（諜）毚（讒）之。”

毚與僭

《琴舞》：“㗊（亂）曰：訖（適）我宿（夙）夜，不毚（僭）敬之（止），日臺（就）月脜（將），季（學）其光明。”按，“毚（僭）”字從白於藍《釋“𣪠”》（《中國文字研究》第二十一輯，上海書店出版社，2015年）釋讀。下同。

《三壽》：“古民人迷矚（亂），毚（僭）柔（侮）康駇（昏），而不智（知）邦之晒（將）喪。”

毚與參

《三壽》：“鬲（厤）毚（參）天時，枉（往）厇（宅）毋譔（徙），戟（申）豊（禮）觀（勸）怾（佳）。”按，“毚”字從白於藍《釋“𣪠”》（《中國文字研究》第二十一輯，上海書店出版社，2015年）釋，於此似當讀作“參”。下同。

《三壽》：“聦（聞）季（教）㤕（訓），舍（餘）敬恙（養），龏（恭）神袋（勞）民，楑（揆）审（中）而毚（参）尚（常）。”按，《漢書·貢禹傳》：“參諸天地，揆之往古。”《漢書·李尋傳》：“揆山川變動，參人民繇俗。”

儳與讒

《神烏賦》：“幾（豈）□君子，毋（無）信儳（讒）言。”

讒與簪

《帛易·豫》：“九四，允〈穴〉餘（豫），大有得，勿疑，傰（朋）甲（盍）讒（簪）。”

心字聲系

沁與咸

《祭公》：“既沁（咸），乃又（有）履宗，不（丕）隹（惟）文武之由。”

尋字聲系

尋與㷋

《溝瘠》：“其直（脜）痛，尋（㷋）然類辛狀。”

尋與繩

《帛甲老子·道經》：“尋（繩）尋（繩）呵（兮）不可名也，復歸於无物。”

尋與探

《日甲·除》：“寇〈冠〉、尋（探）車、折（製）衣常（裳）、服帶，吉。”按，“尋（探）”字從劉釗師《讀秦簡字詞劄記》（《簡帛研究》第二輯，法律出版社，1996年）釋讀。下同。

《日甲·叢辰》：“可取（娶）婦、家（嫁）女、尋（探）衣常（裳）。”

尋與感

《反淫》：“芬惑（郁）尋（感）忽，不知旦▨。”

敤與尋

《競公瘧》：“夫婦皆祖（詛），一丈夫執敤

（尋）之悉（幣）、三布之玉。”按，“尋（尋）”字從何有祖《讀〈上博六〉劄記》（簡帛網，2007年7月9日）釋讀。

尋與探

《叢辰》：“利以冠，尋（探）車馬，折（製）衣常（裳）、表（服）紋（飾）。”按，“尋（探）”字從馮勝君說隸定，從劉釗師《讀秦簡字詞劄記》（《簡帛研究》第二輯，法律出版社，1996年）讀。

襑與探

《日甲·衣良日》：“六月己未，不可以襑（探）新衣，必死。”按，“尋（探）”字從劉釗師《讀秦簡字詞劄記》（《簡帛研究》第二輯，法律出版社，1996年）釋讀。下同。

《日乙·初冠》：“凡襑（探）車及寇〈冠〉□□□□□申，吉。”

簐與簟

《成之》：“君子簐（簟）筃（席）之上，讓（讓）而𡿪學（幼）；朝廷之立（位），讓（讓）而凥（處）戔（賤），所厇（宅）不逡（陵）俟（矣）。”按，“簐（簟）”字從李學勤《續釋“尋”字》（《故宮博物院院刊》2000年6期）釋讀。

馴與覃

《詩論》：“吾以《蒿（葛）馴（覃）》得氏（祇）初之峕（詩），民眚（性）古（固）肰（然）。”按，“馴（覃）”字從李零《上博楚簡校讀記（之一）——〈子羔〉篇“孔子詩論”部分》（簡帛研究網，2002年1月4日）釋讀。

誳與尋

《子儀》：“遠人可（何）麗（離）宿，君又誳（尋）言（焉），余隼（誰）思（使）于告之。”

誳與鄩

《王居》：“彭徒樊（返）誳（鄩）閘（關）至（致）命。”按，“誳（鄩）”字從復旦吉大古文字專業研究生聯合讀書會《上博八〈王居〉、〈志書乃言〉校讀》（復旦大學出土文獻與古文字研究中心網，2011年7月17日）釋讀。

占字聲系

占與佔

《從政》：“毋占（佔）民瞼（斂）則同不肩，瀍赢亞（惡）則民不情（怨）。”

呫與遍

《士相見》：“如君賜之食，則君祭先飯，呫（遍）嘗膳，飲而俟。”

沾與覘

《易之義》：“是故鍵（乾）□□□九□□高尚□□□□□□順從而知畏兇（凶），義沾（覘）下就，地之道也。”按，“沾（覘）”字從廖名春《帛書〈周易〉論集》（上海古籍出版社，2008年，189頁）讀。

苫與阽

《兵談》：“絕苫（阽）俞（逾）根（垠）而無主，左提鼓右慮（攎）枹而無生焉。”按，“苫”似當讀作“阽”，訓危，與險同義。下同。

《兵談》：“得帶甲十萬，□車千乘，兵絕苫（阽）俞（逾）根（垠），不□▨。”

砧與玷

《緇衣》：“《大夏（雅）》云：‘白圭之石，尚可䂳（磨）也；此言之砧（玷），不可爲也。’”

詁與厭

《老子》甲：“天下樂進（推）而弗詁。”按，今本詁作厭。

詁與猒

《老子》甲：“天下樂進（推）而弗詁。”按，帛書本詁作猒。

啚與炎

《凡物甲》：“日之訇（始）出，可（何）古（故）大而不啚（炎）？”按，“啚（炎）”字從復旦大學出土文獻與古文字研究中心研究生讀書會《〈上博（七）·凡物流形〉重編釋文》（復旦大學出土文獻與古文字研究中心網，2008年12月31日）讀。下同。

《凡物乙》：“日之訇（始）出，可（何）古（故）大而不啚（炎）？”

審字聲系

審與湛

《詩論》：“《審（湛）零（露）》之賹也，其猷（猶）軨與？”

罙字聲系

罙與深

《陳公》：“申（陳）於場壂（野）、罙（深）卉、霜零（露），車則▨。”

《芮良夫》：“於（嗚）虐（呼）畏孳（哉）！言罙（深）于㴋（淵），莫之能惻（測）；民多勤（艱）戁（難），我心不快。”

《湯丘》：“罙（深）㴋（淵）是淒（濟），高山是逾（逾），遠民皆亟（極），是非悉（愛）民虖（乎）？”

《子產》：“求諮（信）又（有）事，淺（淺）以諮（信）罙₌（深，深）以諮（信）淺（淺）。”

《天乙·自天》：“是₌（此是）有□大木，有窌（窖）罙（深）□▨。”

《戰國四》：“臣之德王，罙（深）於骨隨（髓）。”

《戰國二五》：“以秦之強，有燕之怒，割勺（趙）必罙（深）。”

《天下至道》：“五曰罙（深）之，六曰淺之，七曰疾之，八曰徐之。”

《天下至道》：“直踵者，罙（深）不及。”

罙與探

《芮良夫》：“必罙（探）其尾（宅），以䍃（親）其㠯（狀），身與之語，以求其上。”

《養生方》：“□汁，以牛若鹿朋殽，令女子自罙（探）入其戒▨。”

深與探

《繫辭》：“深（探）備〈賾〉錯（索）根（隱），枸（鉤）險（深）至（致）遠。”

深與甚

《秦律·田律》：“稟大田而毋（無）恒籍者，以其致到日稟之，勿深（甚）致。”

《雜抄》：“敢深（甚）益其勞歲數者，貲一甲，棄勞。”

深與㸒

《有司》：“司宮聶（攝）酒，乃深（㸒）尸俎。”

《有司》：“卒深（㸒），乃升羊、豕、魚三鼎，無腊與膚。”

深與審

《秦律·金布律》：“工獻輸官者，皆深（審）以其年計之。”

探與深

《容成》：“息必探（深）而久，新氣易守。”

《容成》：“探（深）余（徐）去埶（勢），六府皆發，以長爲極。”

棎與深

《容成》：“必去四咎，乃棎（深）息以爲壽。”

甚字聲系

㝂與苦

《祭公》：“天子，三公，我亦走（上）下卑（譬）于文武之受命，皇（皇）㝂（苦）方邦。”按，今本《逸周書·祭公》㝂作開。“㝂”似當讀作“苦”。《廣雅·釋詁三》：

“苦，開也。”

湛與沈

《師癸》：“上均湛（沈）地，下因江水，至會稽之山，處水十年矣。”

湛與醓

《少牢》：“薦自東房，韭菹、湛（醓）醢，坐鄭（奠）于延（筵）前。”

湛與瀋

《養生方》：“君何不鬻（羹）茅艾，取其湛（瀋）。”

湛與漸

《陰陽家》：“人君好水居湛（漸）臺，行舟歙（飲）酒移居。”

愖與湛

《三壽》：“惠民由壬（任），均（徇）寶（句）傑（遏）悭〈怪（淫）〉，閘（宣）義（儀）和藥（樂），非褱（壞）于愖（湛）。”

戡與甚

《性自》：“凡甬（用）心之喿（躁）者，思爲戡（甚）。”按，“戡”字原文作“”，從戈，當釋爲“戡”，讀爲“甚”。

腤與枕

《足臂脈·足》：“其直（植）者貫腋，出於項、耳，出腤（枕），出目外漬（眥）。”

《足臂脈·足》：“聾，腤（枕）痛，耳前痛，目外漬（眥）痛，脅外穜（腫）。”

《足臂脈·臂》：“循骨上兼（廉），出臑□□，上奏（走）腤（枕），之口。”

諶與勘

《果童》：“險若得平，諶若得正，貴賤必諶（勘），貧富又（有）等。”

諶與戡

《觀》：“姓生已定，而適（敵）者生爭，不諶（戡）不定。”

《觀》：“凡諶（戡）之極，在刑與德。”

《姓爭》：“胜（姓）生已定，敵者生爭，不諶（戡）不定。”

《姓爭》：“凡諶（戡）之極，在刑與德。”

壬字聲系

壬與任

《三壽》：“惠民由壬（任），均（徇）寶（句）傑（遏）悭〈怪（淫）〉，閘（宣）義（儀）和藥（樂），非褱（壞）于愖（湛）。”

任與妊

《月令》：“謂禽獸、六畜懷任（妊）有抬（胎）者也，盡十二月常禁。”

《月令》：“雷□懷任（妊），盡其日。”

任與賃

《北蒼·魚》：“幣帛羞獻，請謁任（賃）辜（雇）。”按，“任”似當讀作“賃”。《説文》：“賃，庸也。”段玉裁《注》：“凡傭僦皆曰庸、曰賃。”《玄應音義》卷六“傭賃”《注》引《説文》：“賃，傭也。”

賃與任

《爲吏》：“審民能，以賃（任）吏，非以官祿夬〈史（使）〉助治。”

《爲吏》：“不賃（任）其人，及官之暋豈可悔？”

䜣與任

《性自》：“凡恴（憂）患之事谷（欲）䜣（任），樂事欲谷（欲）後。”

邘與任

《繫年二二》：“楚聖（聲）趄（桓）王即立（位），兀（元）年，晉公止會者（諸）侯於邘（任）。”

《子儀》：“公及三方者（諸）邘（任）君不瞻皮（彼）沍（沮）漳之川屛（開）而不廅（闔）欧（也）！”

衽與紝

《癃病》：“以衣中衽（紝）緇〈繢〉約左手大指一，三日□。”

紝與恁

《耆夜》："紝（恁）尸（仁）兇（兄）俤（弟），庶民和同。"

貢與任

《六德》："聚人民，貢（任）陞=（土地），足此民尔生死之甬（用），非忠信者莫之能也。"

《六德》："既又（有）夫六立（位）也，以貢（任）此六職也。"

《六德》："☐父兄貢（任）者，子弟大材埶（設）者（諸）大官，少（小）材埶（設）者（諸）少（小）官，因而它（施）录（禄）安（焉）。"

《愼子》："中尻（處）而不皮（頗），貢（任）悳（德）以记（職）。"

《成王》："成王既邦（封）周公二年，而王垔（重）其貢（任），乃訪於☐。"按，"貢（任）"字從復旦吉大古文字專業研究生聯合讀書會《上博八〈成王既邦〉校讀》（復旦大學出土文獻與古文字研究中心網，2011年7月17日）讀。

績與任

《文王》："埶（設）皆紀，四正受績（任），五事皆李（理）。"

今字聲系

今與躬

《周易·蹇》："六二：王臣訐=（蹇蹇），非今（躬）之古（故）。"

岑與戡

《尹至》："自西戢（翦）西邑，岑（戡）其又（有）夏。"

含與今

《語叢一》："《詩》所以會古含（今）之恃（志）也者。"

《語叢一》："《春秋》所以會古含（今）之事也。"

《子羔》："女（如）舜才（在）含（今）之殜（世）則可（何）若？"

《容成氏》："含（今）受（紂）爲無道，昏（昏）者（捨）百眚（姓），至（縶）約者（諸）侯，天牆（將）戝（誅）安（焉）。"

《仲弓》："中（仲）弓曰：'含（今）之君子，使人不聿（盡）其☐。'"

《仲弓》："孔=（孔子）曰：'含（今）之君☐。'"

《仲弓》："中（仲）弓曰：'含（今）之孝=（君子），孚（愎）怂（過）祅析，𢟪（難）以内（納）柬（諫）。'"

《仲弓》："含（今）女（汝）相夫子所，渫（竭）其青（精）、律（盡）其新（慎）者，三害近矣。"

《昭王》："少（小）人之告酒（將）剆（斷）於含（今）日，爾必止少=人=（小人，小人）牆（將）韵（召）寇（寇）。"

《柬大王》："君内（入）而語儯（僕）之言于君=王=（君王：君王）之瘵從含（今）日以瘛（瘥）。"

《柬大王》："夫帝=（上帝）䰠（鬼）神高明甚，牆（將）必智（知）之。君王之疠（病）牆（將）從含（今）日以已。"

《柬大王》："含（今）夕不敦（穀）夢若此，可（何）？"

《鮑叔牙》："含（今）此祭之得福者也，青（請）量之以衰滂。"

《鮑叔牙》："含（今）内之不得百生（姓），外之爲者（諸）侯𦙶（笑）。"

《鮑叔牙》："含（今）豎逗（刁），佖（匹）夫而欲智（知）壙（萬）輮（乘）之邦而貴尹，其爲忐（災）也深矣。"

《季康子》："（葛）戱含（今）語肥也以凥（居）邦家之述（術）。"

《苦成》："祴（顑）裣（頷）以至於含（今）才（哉）！"
《弟子問》："虐（吾）未見邦而信者，未見善事人而悥（憂）者。含（今）之殜（世）☐。"
《告武夷》："含（今）日某晒（將）欲飤（食），某敢以其妻□妻女（汝）。"
《墨子》："含（今）卿夫₌（大夫）☐。"
《墨子》："☐含（今）爲州，昊₌（昊昊）榠₌（冥冥），又（有）胃日☐。"
《申公》："含（今）日繡（陳）公事不㲉（穀），必以氏（是）心。"
《鄭壽》："前冬言曰邦必芒（亡）我，及含（今）可（何）若？"
《鄭子甲》："以邦之怲（病），以急（及）於含（今）。"
《鄭子甲》："含（今）奠（鄭）子家殺其君。"
《鄭子甲》："含（今）晉人晒（將）救子家，君王必進帀（師）以辸（應）之！"
《鄭子乙》："以邦之怲（病），以急（及）於含（今）。"
《鄭子乙》："含（今）晉人將救子家，君王必進帀（師）以辸（應）之！"
《君人甲》："含（今）君王孝（盡）去耳目之欲，人以君王爲烎（忤）以戳（矯）。"
《君人乙》："含（今）君王孝（盡）去耳目之欲，人以君王爲□以戳（矯）。"
《命》："含（今）視日爲楚命（令）尹。"
《史蒥》："含（今）史（使）子帀（師）之，君之睪（擇）之靳（慎）矣。"

含與唅

《王法》："歲十月，卒歲之食具，无余食人七石九斗者，親死不得含（唅）。"

含與禽

《凡物甲》："土系（奚）得而坪（平）？水系（奚）得而清？卉木系（奚）得而生？含（禽）獸系（奚）得而鳴？"
《凡物甲》："卉木得之以生，含（禽）獸得之以嗚〈鳴〉。"
《凡物乙》："卉木系（奚）得而生？含（禽）獸系（奚）得而鳴？"

悆與念

《成之》："民不從上之命，不信其言，而能悆（念）悳（德）者，未之又（有）也。"按，"悆（念）"字從裘按（《郭店楚墓竹簡·成之聞之》篇注釋［一］）讀。

悆與貪

《語叢二》："悆（貪）生於谷（欲），伓（倍）生於念（貪），豨生於伓（倍）。"按，"悆（貪）"字從李零《郭店楚簡校讀記（增訂本）》（北京大學出版社，2002年，169頁）讀。
《從政》："毋暴、毋禠（虐）、毋惻（賊）、毋悆（貪）。"

侌與陰

《叢辰》："午、未、申、栖（酉）、戌、亥、子、丑、寅、卯、辰、巳，是胃（謂）侌（陰）日。"
《生、亡日》："☐□生侌（陰）殤（陽）允，生於丑即，生於寅衰，生於卯央。"

侌與陰

《叢辰》："戌、亥、子、丑、寅、卯、辰、巳、午、未、申、栖（酉），是胃（謂）侌（陰）日。"

吟與今

《湯丘》："吟（今）君逹（往）不以時，逯（歸）必夜，繬（適）奉（逢）道洛（路）之祩（祟）。"

柃與芩

《腋下》："以黃柃（芩），黃柃（芩）長三寸。"

戓與戡

《耆夜》："武王八年，征伐郘（耆），大戓（戡）之。"

《祭公》："隹（惟）文武中大命，戓（戡）氒（厥）敵。"

《湯丘》："虐（吾）戓（戡）夏女（如）怡（台）？"

衾與禽

《陳公》："命帀（師）徒殺取衾（禽）獸枽（雉）兔。"

衾與肣

《卜書》："衾（肣）高上，㝵屯（純）宮（深），是胃（謂）开。"

衿與頷

《苦成》："裓（顧）衿（頷）以至於含（今）才（哉）！"按，"衿（頷）"字從季旭昇《上博五芻議（下）》（簡帛網，2006年2月18日）讀。下同。

《苦成》："虐（吾）敢欲裓（顧）衿（頷）以事殜（世）才（哉）？"

麐與咸

《唐虞》："六帝興於古，麐（咸）采（由）此也。"

念與貪

《語叢二》："悆（貪）生於忿（欲），伓（倍）生於念（貪），쭈生於伓（倍）。"按，"念（貪）"字從李零《郭店楚簡校讀記（增訂本）》（北京大學出版社，2002年，169頁）讀。

念與堪

《保訓》："今朕疾允病，忎（恐）弗念（堪）終，女（汝）以箸（書）及尔（爾）身受大命。"

念與飪

《特牲》："請期，曰'羹念（飪）'。"

《特牲》："羹念（飪），實鼎，陳于門外，如初。"

肣與貪

《太公》："肣（貪）而廉，龍（寵）而敬，弱而強，柔而䎙，起道也。"

《太公》："文王曰：'顒（愿）聞肣（貪）□之用。'"

《太公》："大（太）公曰：'肣（貪）者能大，能大者，能以士之所長用之☒。'"

肣與禽

《容成氏》："肣（禽）獸朝，魚鼈（鱉）獻。"

《容成氏》："瞉（癘）役（疫）不至，祅（妖）羕（祥）不行，祡（禍）才（災）迲（去）亡，肣（禽）獸肥大，卉木晉長。"

《皇門》："卑（譬）女（如）戎夫，喬（驕）用從肣（禽），其由（猶）克又（有）臒（獲）？"

肏與禽

《繆和》："湯之德及肏（禽）獸魚鱉矣，故共（供）皮幣以進者卌又（有）餘國。"按，"肏"字從廖名春《帛書〈周易〉論集》（上海古籍出版社，2008年，396頁）釋。當讀作"禽"。

肏與擒

《正亂》："黃帝身禺（遇）之（蚩）尤，因而肏（擒）之。"

侌與陰

《太一》："神明復相補（輔）也，是以成侌=昜=（陰陽。陰陽）復相補（輔）也，是以成四時。"

《太一》："四時者，侌（陰）昜（陽）斎=（之所）生。侌（陰）昜（陽）者，神明斎=（之所）生也。"

《太一》："此天斎=（之所）不能殺，陸（地）斎=（之所）不能釐（薶），侌（陰）昜（陽）斎=（之所）不能成。"

《語叢四》："利木侌（陰）者，不折其楃

（枝）；利其渚者，不賽（塞）其溹（溪）。”
《容成氏》：“咎（皋）䍃（陶）既已受命，乃支（辨）侌（陰）昜（陽）之氣（氣），而聖（聽）其訟獄。”
《天子甲》：“文侌（陰）而武昜（陽），信文得事，信武得田。”
《天子乙》：“文侌（陰）而武昜（陽），信文得事，信武得田。”
《凡物甲》：“侌（陰）昜（陽）之尻〈凥（處）〉，系（奚）得而固？”
《凡物乙》：“侌（陰）昜（陽）之凥，系（奚）得而固？”
《保訓》：“迺（乃）易立（位）埶（設）詣（稽），測侌（陰）旞（陽）之勿（物），咸川（順）不詳（逆）。”
《繫年十七》：“坪（平）公衒（率）自（師）會者（諸）侯，爲坪（平）侌（陰）之自（師）以回（圍）齊。”
《繫年十七》：“齊減（莊）公涉河𩔷（襲）朝訶（歌），以復坪（平）侌（陰）之自（師）。”
《繫年二三》：“秦人敗晉自（師）於茖（洛）侌（陰），以爲楚敫（援）。”
《筮法二》：“乍（作）於陽，内（入）於侌（陰），亦得。”
《筮法十一》：“金木相見才（在）上，侌（陰）。水火相見才（在）下，風。”
《三壽》：“天寡（顧）復之甬（用）休，唯（雖）侌（陰）或（又）明。”
《管仲》：“豎（堅）礩（質）以亢（抗），吉凶侌（陰）昜（陽），遠逐（邇）卡₌（上下），可立於楠（輔）。”
《管仲》：“其侌（陰）則晶〈厽（三）〉，其昜（陽）則五。”

陰與蔭

《反淫》：“挂滂浩之艾，游同（洞）庭之薄（浦）；臨石岸之上，陰（蔭）瀿（樛）楊之下。”

龕與監

《厚父》：“曰天龕（監）司民，氒（厥）女（如）有之服于人，民弋（式）克苟（敬）悳（德）。”

躳與窮

《凡物甲》：“鼠一（一）言而禾〈終〉不躳（窮），鼠一（一）言而又（有）眾〖眾〗，鼠一（一）言而萬民之利，鼠一（一）言而爲天陸（地）旨。”按，“躳（窮）”字從復旦大學出土文獻與古文字研究中心研究生讀書會《〈上博（七）·凡物流形〉重編釋文》（復旦大學出土文獻與古文字研究中心網，2008年12月31日）釋讀。
《凡物乙》：“鼠一（一）言而禾〈終〉不躳（窮），鼠一（一）言而又（有）眾，鼠一（一）言☐。”

衾與貪

《湯丘》：“唯（雖）余孤之與卡₌（上下）交，剴（豈）敢以衾（貪）舉（舉）？”

衾與錦

《三德》：“母（毋）凶備（服）以享祀，母（毋）衾（錦）衣交（絞）祖係子。”

酓與含

《老子》甲：“酓悳（德）之厚者，比於赤子。”按，今本和帛書乙本酓作含。

酓與飲

《周易·漸》：“六二：鳿（鴻）漸（漸）于阪（磐），酓（飲）飤（食）衎₌（衎衎），吉。”
《曹沫》：“不晝寢，不酓₌（飲酒），不聖（聽）樂。”
《弟子問》：“虐（吾）聵（聞）父母之喪，飤（食）肉女（如）飯土，酓（飲）酉（酒）如涇〈歠水〉，信虐（乎）？”
《叢辰》：“利於酓（飲）飤（食）；女（如）

遠行，剉（挫）。”

《城濮》：“畬（合）邦以畬=（飲酒）。”

《城濮》：“遠（蔿）白（伯）珵（贏）猶約（弱），寡（拒）寺（持）俼（舟）畬=（飲酒）。”

《子產》：“乃數（禁）巻單、相會、軌樂、勑（飾）岂（美）宮室衣裘、好畬（飲）飤（食）、以爰（遠）賆（屏）者。”

《隨日·叢辰》：“☐以畬（飲），哥（歌）樂。”

《隨日·叢辰》：“出入畜生（牲）、爲嗇夫、臨官、畬（飲）食、歌樂、祠祀。”

《隨日·叢辰》：“利以穿井、溝、竇（瀆），行水、蓋屋、畬（飲）藥、外（禬）除。”

《隨日·叢辰》：“哥（歌）樂、畬（飲）食。”

《隨日·叢辰》：“以祠祀、畬（飲）食、哥（歌）樂，吉。”

《隨日·臨日》：“不可遠行、畬（飲）食、哥（歌）樂、取（聚）眾、畜生（牲）。”

《田法》：“乃爲分職之數，齊其食畬（飲）之量，均其作務之業。”

畬與貪

《邦人》：“亯（就）王之長也，賞之以焚或（域）百貞（畛），古（故）爲鄴（葉）連囂（敖）與郗（蔡）樂尹，而邦人不再（稱）畬（貪）安（焉）。”按，“畬（貪）”字從何有祖《讀〈上海博物館藏戰國楚竹書（九）〉札記》（簡帛網，2013年1月6日）讀。

畬與熊

《陳公》：“畬（熊）霝（雪）子䊤與鄁（巴）人戰於鹆州，帀（師）不㡭（絕）。”按，“畬（熊）”字從張峰《〈上博九〉讀書筆記》（簡帛網，2013年1月7日）讀。

《楚居》：“穴畬（熊）遅（遲）遷（徙）於京（景）宗，爰得妣𠭯（列）。”

《楚居》：“至畬（熊）性（狂）亦居京（景）宗。”

《楚居》：“至畬（熊）罼（繹）與屈約（紃）。”

《楚居》：“至畬（熊）只〈孓（艾）〉、畬（熊）䑕（䵢）、畬（熊）樊（盤）及畬（熊）賜（錫）、畬（熊）洰（渠），聿（盡）居𡑞（夷）宅（屯）。”

《楚居》：“畬（熊）洰（渠）遷（徙）居發漸。至畬（熊）胯（艾）、畬（熊）執（摯）居發漸。畬（熊）執（摯）遷（徙）居旁屽。至畬（熊）繏（延）自旁屽遷（徙）居喬多。至畬（熊）甬（勇）及畬（熊）嚴、畬（熊）相（霜）及畬（熊）霝（雪）及畬（熊）訓（徇）、畬（熊）咢及若囂（敖）畬（熊）義（儀），皆居喬多。若囂（敖）畬（熊）義（儀）遷（徙）居箬（鄀）。至焚（蚡）冒、畬（熊）帥（率）自箬（鄀）遷（徙）居焚。至宵囂（敖）畬（熊）鹿自焚遷（徙）居宵。至武王畬（熊）䞓自宵遷（徙）居免，安（焉）訇（始）□□□□□福。”

僉與貪

《芮良夫》：“母（毋）惏（婪）僉（貪）、㹐（淆）昆（混）、㒼（滿）溋（盈）、康戲而不智（知）薆（寤）告（覺）。”

歓與飲

《卜書》：“婦人幵以歓（飲）飤（食），倀（丈）夫容（深）以伏匿。”

《耆夜》：“還，乃歓（飲）至于文大（太）室。”

《耆夜》：“郘（呂）上（尚）甫（父）命爲司政（正），監歓（飲）酉（酒）。”

《耆夜》：“稈（嘉）篧（爵）速歓（飲），後篧（爵）乃從。”

《耆夜》：“稈（嘉）篧（爵）速歓（飲），

後篧（爵）乃復。”

《耆夜》：“周公秉篧（爵）未歙（飲），蚩（蟋）𧒒（蟀）（躍）陞（升）于尚（堂）。”

《繫年五》：“文王爲客於賽（息），郗（蔡）侯與從，賽（息）侯以文王歙₌（飲酒）。”

《周病方》：“用之，取十餘叔（菽）置鬻（粥）中而歙（飲）之，已腸辟。”

《周病方》：“不已，復益歙（飲）之。”

《周病方》：“溫病不汗者，以淳（醇）酒漬布，歙（飲）之。”

《周病方》：“溫，歙（飲）之，令人不單（憚）病。”

《周病方》：“即發，以四分升一歙（飲）之。”

《周病方》：“男子歙（飲）二七，女子欲〈歙（飲）〉七。”

《周病方》：“女子二七，男子七，以歙（飲）之，已。”

《周病方》：“即以左手撟杯水歙（飲）女子，而投杯垤（地）。”

《周病方》：“肥牛，善食之，而歙（飲）以秫（粖），一月已。”

《周病方》：“置壄（野）後數宿，□之乾，即出，冶，和合樂□□歙（飲）食。”

《周病方》：“取車前草實，以三指竄（撮），入酒若鬻（粥）中，歙（飲）之。”

《天乙・無毒》：“歙（飲）必審鳴棓（杯）中，不見童（瞳）子勿歙（飲）。”

《天乙・貞在》：“有人將來₌（來，來）遺錢資財，歙（飲）食□□，□□□未。”

《治官》：“涂（塗）壍（塹）陀（阤）隋（墮），苑水歙（飲）不利。”

《治官》：“☐用時，歙（飲）食用節。”

《治官》：“出入不時，歙（飲）食不節。”

《識劫》：“欲令婉入宗，出里單賦，與里人通歙（飲）食。”

《譊妘》：“譊歙（飲）宗妘，亡☐。”

《第三組》：“里人令軍人得爵受賜者出錢酒肉歙（飲）食之，及予錢酒肉者。”

《第三組》：“丞相下，尉布，御史議，吏敢令後入官者出錢財酒肉，入時共分歙（飲）食及出者，皆【貲】二甲，責費。”

《二年・盜律》：“智（知）人爲羣盜而通歙（飲）食餽遺之，與同罪。”

《奏讞書》：“歙（飲）食靡大，疑爲盜賊者。”

《春秋二》：“歸而歙（飲）至，而樂。”

《春秋六》：“伯有閉室，縣（懸）鐘而長歙₌（飲酒）。”

《脈書》：“心痛，嗌渴欲歙（飲），此爲臂蹷（厥），是臂少陰之脈主治。”

《引書》：“游（遊）堂下，逆霧（露）之清，受天之精，歙（飲）水一棓（杯）。”

《引書》：“步足堂下，有閒而歙（飲）水一棓（杯）。”

《引書》：“秋日，數浴沐，歙（飲）食飢飽，次（恣）身所欲。”

《引書》：“奏（腠）理啓闔，食歙（飲）不和，起居不能與寒暑相應。”

《算數書・飲漆》：“歙（飲）桼（漆）。”

《算數書・飲漆》：“鬏（髹）一斗歙（飲）水三斗，而槃（盤）歙（飲）水二斗七升即槃（盤）。”

《二三子》：“唯歙（飲）與食，絕甘分少。”

《萬物》：“鋻藍（濫）歙（飲）酒每不傷也。”

《萬物》：“☐□魚歙（飲）酒也。”

《阜春・章題》：“衛文侯與大₌（大夫）歙（飲）。”

《阜春・章題》：“趙襄子欠歙（飲）酒五日。”

《阜春·章題》："齊景公歙（飲）酒而樂。"
《行軍》："汲役先歙（飲）▨。"
《延氣》："將軍召將衛人者而告之曰："歙（飲）食毋▨。"
《人君》："人君好水居壍（漸）臺，極舟歙（飲）酒游居，磿（歷）二時，五穀湛涂。"
《陰陽家》："人君好水居湛（漸）臺，行舟歙（飲）酒移居。"
《反淫》："含箬漱酒，夜歙（飲）柘漿。"
《反淫》："歙（飲）三危之甘露，哈（飲）亢（沆）鋆（瀣）而充虛。"

雂與鶴

《三十時》："李木葉成，不可伐木。雂（鶴）鳴。"

貪與含

《語叢三》："陸（地）能貪（含）之生之者，才（在）棗（早）。"按，"貪（含）"字從裘按（《郭店楚墓竹簡·語叢三》篇注［二］）讀。

訡與讒

《皇門》："是人斯廼訡（讒）惻（賊）□□，以不利氒（厥）辟氒（厥）邦。"

禽與擒

《五正》："以禺（遇）之（蚩）尤，因而禽（擒）之。"
《春秋一三》："吾聞之，君子不擊不成之列，不童（重）傷，不禽（擒）二毛。"
《戰國二四》："兵爲秦禽（擒），知（智）爲楚笑者，過聽於陳軫，失計韓傰（倗）。"
《戰國二七》："主君何爲亡邯鄲以敝魏氏，而兼爲楚人禽（擒）戋（哉）。"
《擒龐涓》："禽（擒）龐涓。"
《擒龐涓》："孫子弗息而毄（擊）之桂陵，而禽（擒）龐涓。"
《陳忌問壘》："是吾所以取龐□而禽（擒）泰（太）子申也。"
《強兵》："▨□人於盥桑而禽（擒）氾（范）皋也。"
《強兵》："▨禽（擒）唐□也。"
《強兵》："▨禽（擒）□罠▨。"
《兵談》："小魚（漁）魚（漁）淵而禽（擒）其魚，中魚（漁）魚（漁）國而禽（擒）其士大夫，大魚（漁）魚（漁）天下而禽（擒）其萬國諸侯。"
《攻權》："□□□故進退（退）不稾（豪），從（縱）適（敵）不禽（擒）。"
《葆啟》："禽（擒）受（紂），毄（繫）其首於白旗。"
《王兵》："不莫（難）遠道，故禽（擒）絕地之民。"
《兵令》："將前不能明其賞，後不能□其嚴，則敗軍死將禽（擒）卒也。"
《天二》："風從溗風來，疾而暴。擊之，破軍禽（擒）將。"
《天二》："風從弱【風】來，疾而暴。疾從而擊之，破軍禽（擒）將。"

黔與芩

《傷痙》："冶黃黔（芩）、甘草相半，即以彘膏財（纔）足以煎之。"
《牝痔》："冶黃黔（芩）而婁（屢）傅之。"
《諸傷》："□者，冶黃黔（芩）與□□□□□彘膏□□之。"

鈐與芩

《諸傷》："獨□長支（枝）者二廷（梃），黃鈐（芩）二梃，甘草□廷（梃）。"

金字聲系

唫與禁

《戰國二一》："齊乃西師以唫（禁）強秦。"

唫與噤

《嬰兒索痙》："其肎（肎）直而口唫（噤），筋䜌（攣）難以信（伸）。"

唫與喑

《容成氏》："於是虖（乎）唫（喑）聾執燭，相（矇）戉（瞽）鼓瑟，坙（跛）皇（躃）獸（守）門，敉（侏）需（儒）爲矢。"

《容成氏》："於是虐（乎）又（有）訡（喑）、聾、皮（跛）、瞑、瘦（瘻）、禿、婁（僂）㚸（始）迟（起）。"

淦與陰

《用曰》："淦（陰）則或淦（陰），昜（陽）則或昜（陽）。"

淦與感

《三壽》："四方䴡（勸）季（教），監（濫）莧（媚）莫淦（感），寺（時）名曰音。"

险與陰

《引書》："其在左則（側）险（陰）筋（筋）胕脈，雇（顧）右足蹱（踵），力引之。"

《引書》："其在右則（側）险（陰）筋（筋）胕脈，亦如左。"

《引書》："其在前险（陰）筋（筋），兩手無（撫）乳上，以力舉頤，此物皆十而已。"

《引書》："偃臥炊（吹）昫（呴）、引险（陰），春日再昫（呴），壹虖（呼）壹炊（吹）。"

《引書》："能善節其氣而實其险（陰），則利其身矣。"

《引書》："喜則陽氣多，怒則险（陰）氣多。"

《引書》："吸天㘯（地）之精氣，實其险（陰），故能毋病。"

《引書》："燥則婁（數）虖（呼）婁（數）臥，濕則婁（數）炊（吹）毋臥實险（陰）。"

郐與陰

《鄭甲》："枼（世）及虛（吾）先君臧（莊）公，乃東伐齊藿之戎，爲敳（徹），北城郘（溫）、原，遺郐（陰）桑宋（次）。"

《鄭乙》："枼（世）及虛（吾）先君臧（莊）公，乃東伐齊藿之戎，爲敳（徹），北城郘（溫）、原，遺郐（陰）桑事。"

欽與禁

《容成氏》："泗（伊）尹既已受命，乃執兵欽（禁）瀑（暴），羕得於民。"按，"欽（禁）"字從陳劍《上博簡〈容成氏〉的拼合與編連問題小議》（簡帛研究網，2003年1月9日）引董珊説釋讀。

《競公瘧》："舉（舉）邦爲欽（禁），約夾（挾）者（諸）闈（關），縛纏（棨）者（諸）貴（市）。"按，"欽（禁）"字從楊澤生《説〈上博六·競公瘧〉中的"欽"字》（簡帛網，2007年7月20日）讀。

《顏淵問》："或迪而教之能=（能能），戔（賤）不䊵（肖）而遠之，則民智（知）欽（禁）矣。"按，"欽（禁）"字從復旦吉大古文字專業研究生聯合讀書會《〈上博八·顏淵問於孔子〉校讀》（復旦大學出土文獻與古文字研究中心網，2011年7月17日）讀。下同。

《顏淵問》："女（如）進者藿（勸）行，退者智（知）欽（禁），則其於教也不遠矣。"

欽與咸

《周易·咸》："欽（咸）：卿（亨），利貞，取女吉。"

《周易·咸》："初六：欽（咸）其拇。"

《周易·咸》："六二：欽（咸）其躄（腓），凶，凥（居）吉。"

《周易·咸》："九厽（三）：欽（咸）其躄（腓），執其陮（隨），吝。"

《周易·咸》："九五：欽（咸）其拇（脢），亡（无）悔（悔）。"

《周易·咸》："上六：欽（咸）頌（輔）

夾（頰）舌。”
《效律》：“縣料而不備者，欽（咸）書其縣料殹（也）之數。”
《帛易·咸》：“欽（咸），亨，利貞，取女吉。”
《帛易·咸》：“初六，欽（咸）其栂（拇）。”
《帛易·咸》：“六二，欽（咸）其𣐼（腓），凶。居吉。”
《帛易·咸》：“九五，欽（咸）其股〈脢〉，无悔。”
《帛易·咸》：“尚（上）六，欽（咸）其肞（輔）陜（頰）舌。”

欽與感

《繫辭》：“易，無思也，無爲也，寂然不動，欽（感）而述（遂）達天下之故。”
《繫辭》：“往者，屈也；來者，伸也。詘（屈）伸相钦（感），而利生焉。”
《繫辭》：“是故愛惡相攻而吉凶生，遠近相取而㑋（悔）𠯑（吝）生，請（情）僞相欽（感）而利害生。”

欽與歆

《天子甲》：“凡天子欽（歆）㲉（氣），邦君飤（食）盨（濁），夫₌（大夫）承廌（餕），士受余（餘）。”按，“欽（歆）”字從裘錫圭《〈天子建州〉（甲本）小劄》（簡帛網，2007年7月16日）讀。下同。
《天子乙》：“凡天子欽（歆）㲉（氣），邦君飤（食）盨（濁），夫₌（大夫）承廌（餕），士受舍（餘）。”

欽與含

《周易·姤》：“九五：以芑（杞）橐（包）苽（瓜）。欽（含）章，又（有）惪（隕）自天。”

鈙與陷

《命》：“唯（雖）鈙（陷）於鈥（斧）𨐔（鑕），命勿之敢韋（違）。”按，“鈙（陷）”字從曹方向《據清華簡釋上博簡的“鈙”字》（簡帛網，2014年1月9日）讀。

菣與戎

《黃帝伐赤帝》：“武王之伐紂，至於菣（戎）遂（隧），戰牧之野。”按，“菣（戎）”字從白於藍《銀雀山漢簡校釋》（《考古》2010年12期）讀。

慾與咸

《別卦》：“慾（咸）。”

悆與歆

《耆夜》：“不（丕）㬎（顯）逨（來）各（格），悆（歆）㫋醒（禋）明（盟）。”

𤨽與琴

《性自》：“聖（聽）𤨽（琴）幵（瑟）之聖（聲），則誘（悸）女（如）也斯𢿚（歎）。”

𤨽與琴

《琴舞》：“成王乍（作）敬（儆）怭（毖），𤨽（琴）㒇（舞）九絉（闋）。”
《琴舞》：“周公之𤨽（琴）舞。”

𤨽與琴

《琴舞》：“周公乍（作）多士敬（儆）怭（毖），𤨽（琴）㒇（舞）九絉（闋）。”

𤨽與琴

《子儀》：“公命窮韋陞（昇）𤨽（琴）奏甬（鏞），䛩（歌）曰。”
《子儀》：“乃命陞（昇）𤨽（琴）訶（歌）於子義（儀），楚樂和之。”

衿與衿

《昭王》：“䶜（龔）之脽（脽）被之，其衿（衿）視。”按，“衿（衿）”字從陳劍《上博竹書〈昭王與龔之脽〉和〈柬大王泊旱〉讀後記》（簡帛研究網，2005年2月15日）讀。

鉈與金

《子羔》：“取而軟（吞）之，寃（懷）三忞（年）而畫於雁（膺），生乃呼曰：‘鉈（金）！’是禼（契）也。”按，“鉈（金）”字從裘錫圭《釋〈子羔〉篇“鉈”字並論商得金德之說》（《簡帛》第二輯，上海古籍出版社，2007年）釋讀。

諗與感

《三壽》：“☐戲㤅〈恎（淫）〉自嘉而不縷（數），諗（感）高玟（文）禧（富）而昏忘賓（詢）。”

諗與含

《琴舞》：“𤔲（亂）曰：非天諗（含）悳（德），殹（繄）莫肎（肯）曹（造）之。”按，“諗（含）”字從吴雪飛《清華簡（三）〈周公之琴舞〉補釋》（簡帛網，2013年1月17日）讀。

譣與吟

《性自》：“譣（吟）遊依（哀）也，喿（噪）遊樂也，湫（啾）遊聖（聲），䛷遊心也。”按，“譣（吟）”字從趙建偉《郭店竹簡〈忠信之道〉、〈性自命出〉校釋》（《中國哲學史》1999年2期）讀。

琹與琴

《鄭風》：“琹（琴）瑟在蘇（御）。”

《阜春一四》：“異日，吾好音，子遺我琹（琴）。”

黔與黮

《北蒼·陽》：“黔（黮）黤赫赧，儵赤白黄。”按，“黔”似當讀作“黮”。《廣雅·釋器》：“黮，黑也。”《説文》：“黤，青黑也。”

嵒字聲系

嵒與攝

《繫年二三》：“甲戌，晉楚以戰。丙子，齊自（師）至嵒（攝），述（遂）還。”

咸字聲系

減與咸

《日甲·衣一》：“五丑不可以巫，啻（帝）以殺巫減（咸）。”

《成法》：“夫是故毚（讒）民皆退，賢人減（咸）起。”

搣與撼

《合陰陽》：“五曰嗌乾咽唾，徐搣（撼），此胃（謂）五欲之徵。”

椷與箴

《北蒼·魚》：“頑祐椷（箴）師，鰥寡特孤。”

感與咸

《北蒼·幽宵》：“贛（陷）害輟感（咸），甄觳燔窯。”

褔與顑

《苦成》：“褔（顑）袷（頷）以至於含（今）才（哉）！”按，“褔（顑）”字從季旭昇《上博五芻議（下）》（簡帛網，2006年2月18日）讀。下同。

《苦成》：“虐（吾）敢欲褔（顑）袷（頷）以事殜（世）才（哉）？”

緘與撼

《天下至道》：“下夕（液）股濕，徐操；益（嗌）乾因（咽）唾，徐緘（撼）。”

箴與鍼

《一類》：“☐□當刺，欲留箴，病者，呼四五十乃出箴（鍼）。”

《一類》：“留箴（鍼）如炊一升米頃，出箴（鍼），名曰三里。”

《一類》：“留箴（鍼）百廿息，乃出箴（鍼），名曰肺輸（腧）。”

《一類》：“年過百歲者不可灸刺，氣脈壹絕，灸刺者隨箴（鍼）灸死矣。”

箴與針

《秦律·工人程》：“隸妾及女子用箴（針）

爲緡（文）綏綉它物。”

《答問》：“鬭以箴（針）、鉥、錐，若箴（針）、鉥、錐傷人，各可（何）論？”

纖與箴

《湯丘》：“方惟聒（聞）之乃纖（箴）。”

函字聲系

函與陷

《鄭武》：“虗（吾）君函（陷）於大難之中，凥（處）於�（衛）三年，不見其邦，亦不見其室。”

𢎘字聲系

氾與范

《強兵》：“☐☐人於鬶桑而禽（擒）氾（范）皋也。”

砭與砭

《脈法》：“用砭（砭）啟脈（脈）者必如式。”

《脈法》：“膿小而砭（砭）大，胃（謂）之砭（砭）☐，砭（砭）☐者，石食（蝕）肉毆（也），四害。”

笵與犯

《曲將》：“其年老長而數笵（犯）大戰者，使居大後。”

笵與范

《吳問》：“孫子曰：‘笵（范）、中行是（氏）先亡。’”

《吳問》：“笵（范）、中行是（氏）制田，以八十步爲婉（畹），以百六十步爲畛。”

《吳問》：“主喬（驕）臣奢，冀功數戰，故爲笵（范）、中行是（氏）次。”

犯與範

《繫辭》：“犯（範）回（圍）天地之化而不過，曲萬物而不遺，達諸晝夜之道而知。”

䢪與犯

《吳命》：“隹三夫₌（大夫）其辱昏（問）之，今日隹（雖）不悔（悔），既䢪（犯）矣。”按，“䢪（犯）”字從復旦大學出土文獻與古文字研究中心研究生讀書會《〈上博七·吳命〉校讀》（復旦大學出土文獻與古文字研究中心網，2008年12月30日）釋讀。

砨與砭

《脈書》：“氣壹上壹下，當胎（郤）與胕（跗）之脈而砨（砭）之。”

《脈書》：“用砨（砭）啟脈者必如式。”

《脈書》：“癰穜（腫）有農（膿），稱其小大而爲之砨（砭）。”

《脈書》：“砨（砭）有四害，一曰農（膿）深而砨（砭）淺，胃（謂）之不遝；二曰農（膿）淺而砨（砭）深，胃之泰（太）過；三日農（膿）大而砨（砭）小，胃（謂）之澰（斂），澰（斂）者惡不畢；四曰農（膿）小而砨（砭）大，胃（謂）之泛，泛者傷良肉毆（也）。”

《癩》：“積（癩），先上卵，引下其皮，以砨（砭）穿其脽旁。”

軋與犯

《從政》：“九曰軋（犯）人之柔（務），十曰口惠而不係（繼）。”

《從政》：“以軋（犯）賡軳（犯），見不訓（順）行以出之。”按，“軋（犯）”字從陳劍《上博簡〈子羔〉、〈從政〉篇的竹簡拼合與編連問題小議》（簡帛研究網，2003年1月8日）讀。

《從政》：“小人藥（樂）則恔（疑），怎（憂）則䁔（昏），妄（怒）則勑（勝），思（懼）則伓（背），恥則軋（犯）。”

《容成氏》：“戊午峕₌（之日），涉於孟濞（津），至於共、緂（滕）之閼（閒），三軍大軋（犯）。”按，“軋（犯）”字從許全勝《〈容成氏〉補釋》（簡帛研究網，2003年1月14日）讀。

《弟子問》：“夫以眾軋（犯）鞿（難），以新（親）受录（禄）；裟（勞）以成事，色（嗇）以𠂤官。”

《用曰》：“再（稱）秉纏（重）悳（德），冒難軋（犯）央（殃）。”

軋與范

《競公瘧》：“王命屈木昏（問）軋（范）武子之行安（焉）。”

《君人甲》：“軋（范）戊曰：‘君王又（有）白玉三回（圍）而不戔（箋），命爲君王戔（箋）之，敢告於見〈視〉日。’”

《君人甲》：“王曰：‘軋（范）乘，虗（吾）戠（焉）又（有）白玉三回（圍）而不戔（箋）才（哉）？’”

《君人甲》：“軋（范）乘曰。”

《君人乙》：“軋（范）戊曰：‘君王又（有）白玉三回（圍）而不戔（箋），命爲君王戔（箋）之，敢告於見〈視〉日。’”

《君人乙》：“王曰：‘軋（范）乘，虗（吾）戠（焉）又（有）白玉三回（圍）而不戔（箋）才（哉）？’”

《君人乙》：“軋（范）乘曰。”

《繫年十八》：“晉人旻（且）有軋（范）氏與中行氏之禍（禍），七戢（歲）不解虢（甲）。”

範與犯

《良臣》：“晉文公又（有）子範（犯），又（有）子余（餘），又（有）咎範（犯），後又（有）弔（叔）向。”

範與范

《良臣》：“雩（越）王句戔（踐）又（有）大（舌）同（庸），又（有）範（范）羅（蠡）。”

軺與犯

《從政》：“以軋（犯）賡軺（犯），見不訓（順）行以出之。”按，“軺（犯）”字從陳劍《上博簡〈子羔〉、〈從政〉篇的竹簡拼合與編連問題小議》（簡帛研究網，2003年1月8日）讀。

軺與犯

《語叢三》：“卯則戠〈難〉軺（犯）也。”

郙與函

《鄭甲》：“戰於魚羅（麗），虗（吾）乃膢（獲）郙（函）、邶（訾），輹（覆）車閥（襲）絲（介）。”

《鄭乙》：“戰於魚羅（麗），虗（吾）乃膢（獲）郙（函）、邶（訾），輹（覆）車閥（襲）絲（介）。”

音字聲系

音與意

《亙先》：“又（有）出於或（域），生（性）出於又（有），音（意）出於生（性），言出於音（意），名出於言，事出於名。”按，“音（意）”字從季旭昇《〈上博三·恆先〉“意出於生，言出於意”說》（簡帛研究網，2003年6月22日）讀。下一例同。

《亙先》：“音（意）非音（意），無胃（謂）音（意）。”

《同顯》：“同和不首一吏（事）者，而言〈音（意）〉毋（無）坐殹（也）？”

《魏盜》：“毋（無）音（意）殹（也）。”

《魏盜》：“触等音（意）以爲安□死所有赤衣，殺安等者□□□☑。”

《荊決》：“津橋氣（既）行，願欲中音（意）。”按，整理者認爲“音”是“意”之誤字。不確。“音”、“意”古音相近，可以相通。

音與瘖

《脈書》：“者〈耆〉臥，欬（咳），音（瘖）。”

《陰陽脈甲》：“㾓（疸），耆（嗜）卧，欬（咳），音（瘖），爲十病。”

《陰陽脈乙》："耆（嗜）卧，欬（咳），音（瘖），爲十病。"

音與言

《成之》："《君奭》曰：'䍜（襄）我二人，毋又（有）合才（哉）音（言）。'"按，今本《尚書·君奭》音作言。

音與陰

《養生方》："食引：利益氣，食飲恆移音（陰）撞（動）之，卧有（又）引之。"

音與函

《祝辭》："踵弓：'牺（將）䠶（射）㝵（干）音（函），陽（揚）武即救（求）尚（當）。'"

《祝辭》："引𧆛（且）言之，童（同）以骭，攺（撫）咢（額），䠶（射）音（函）也。"

腤與臆

《妄稽》："曲指䠞踝，穜（腫）胎廢腤（臆）。"按，"腤"似當讀作"臆"。《說文》："肊，胸骨也。从肉乙聲。臆，肊或从意。"《文選·潘岳〈射雉賦〉》："青鞦莎靡，丹臆蘭綷。"李善《注》引徐爰曰："臆，膺也。"《玉篇·肉部》："胎，臀也。"與"臆"相對。

談部第三〇

鹽字聲系

僉與嚴

《季康子》：“孠₌（君子）弜（強）則遺，愄（威）則民不道，僉（嚴）則遾（失）眾，黽（猛）則亡新（親），好型（刑）則不羊（祥），好殺則乍（作）𣀓（亂）。”按，“僉（嚴）”字從楊澤生《〈上博五〉零釋十二則》（簡帛網，2006年3月20日）讀。

澸與僉

《從政》：“澸（嚴）則遾（失）眾，怲（猛）則無新（親）。”按，《季康子》澸作僉。

澸與嚴

《從政》：“澸（嚴）則遾（失）眾，怲（猛）則無新（親）。”按，“澸（嚴）”字從陳劍《上海博物館藏戰國楚竹書〈從政〉篇研究（三題）》（第三屆國際簡帛研討會論文，2004年4月，MountHolyokeCollege，U.S.A.）釋讀。

盦與掩

《鄭武》：“娩（媚）妬之臣躳（躬）共（恭）其産（顏）色，盦（掩）於其考（巧）語，以𤔲（亂）夫₌（大夫）之正（政）。”

瀘與奄

《鮑叔牙》：“百眚（姓）皆夗（怨）悆，瀘（奄）肰（然）牆（將）薨（亡）。”按，“瀘（奄）”字從季旭昇《上博五芻議（上）》（簡帛網，2006年2月18日）釋讀。

甜字聲系

恬與銛

《北大老子》：“不得已而用之，恬（銛）僂（鏤）爲上，弗美。”

銛與恬

《帛甲老子·道經》：“不得已而用之，銛（恬）襲（愉）爲上，勿美也。若美之，是樂殺人也。”按，通行本銛作恬。下同。

《帛乙老子·道經》：“不得已而用之，銛（恬）憹（愉）爲上，勿美也。若美之，是樂殺人也。”

銛與錟

《守法》：“弩矢甲戟鐵銛（錟）諸有束□〼。”

惰與恬

《奏讞書》：“解書廷，佐惰（恬）等詐薄（簿）爲徒養，疑罪。”按，“惰”似即“恬”字異構。下同。

《奏讞書》：“廷報：惰（恬）爲僞書也。”

鏞與恬

《老子》丙：“銿纓（愉）爲上，弗娩（美）也。敨〈娩（美）〉之，是樂殺人。”按，今本銿作恬。

鏞與銛

《老子》丙：“銿纓（愉）爲上，弗娩（美）也。敨〈娩（美）〉之，是樂殺人。”按，帛書本銿作銛。

斬字聲系

斬與塹

《秦律·徭律》：“興徒以斬（塹）垣離（籬）散及補繕之。”

《龍簡》：“侵食道、千（阡）邵（陌）及斬（塹）人疇企（畦），貲一甲。”

塹與暫

《奏讞書》："或道後類塹（暫）軵，婢債，有頃乃起，錢已亡。"

漸與斬

《城濮》："子玉受帀（師）出之敭，三日而蠶（畢），漸（斬）三人。"

《城濮》："子玉出之犬，三日而蠶（畢），漸（斬）三人。"

漸與塹

《第二組》："補繕邑院、除田道橋、穿汲〈波（陂）〉池、漸（塹）奴苑。"

《十陣》："火戰之法，溝壘已成，重爲溝漸（塹），五步積薪，必均疏數。"

蟴與漸

《人君》："人君好水居蟴（漸）臺，極舟歙（飲）酒游居，曆（歷）二時，五穀湛涂。"

塹與慚

《戰國四》："王爲臣有之兩，臣舉天下使臣之封不塹（慚）。"

《戰國五》："節（即）有惡臣者，可毋塹（慚）乎？"

僉字聲系

僉與儉

《性自》："雚（觀）《卲（韶）》、《夏》，則免（勉）女（如）也斯僉（儉）。"

《容成氏》："墨（禹）肰（然）句（後）訇（始）行以僉（儉）。"

《曹沫》："肰（然）而古亦又（有）大道安（焉），必共（恭）僉（儉）以得之，而喬（驕）大（泰）以達（失）之。"

《緇衣》："《寺（詩）》員（云）：'虐（吾）夫₌（大夫）共（恭）虘（且）韹（儉），靡（靡）人不斂。'"按，上博簡本《緇衣》韹（儉）作僉。

《慎子》："共（恭）僉（儉）以立身，臤（堅）強以立志。"

《慎子》："訢（慎）子曰共（恭）僉（儉）。"

《順道》："晃（宛）濕（溼）共（恭）僉（儉），卑約主柔。"

《吳問》："公家貧，其置士少，主僉（儉）臣收，以御富民，故曰固國。"按，"僉"似當讀作"儉"，訓卑謙、恭儉。

《顏淵問》："道（導）之以僉（儉），則民智（知）足矣。"

《蘭賦》："年（佞）前其約僉（儉），烷（美）後其不長，女（如）蕑（蘭）之不芳。"

僉與斂

《容成氏》："☐是（氏）之又（有）天下，厚悉（愛）而泊（薄）僉（斂）安（焉），身力以袋（勞）百眚（姓）。"

《鮑叔牙》："齊邦至亞（惡）死，而走（上）穆其型（刑）；至欲飤（食），而上厚其僉（斂）；至亞（惡）何（苛），而上不旹（時）使。"

《詩論》："《邦風》，其內（納）勿（物）也尃（溥），觀人谷（俗）安（焉），大僉（斂）材安（焉），其言文，其聲善。"

《管仲》："既埶（設）承，既立桶（輔），僉（斂）之晶〈厽（三）〉，尃（博）之以五，其侌（陰）則晶〈厽（三）〉，其昜（陽）則五。"

《繆和》："且夫君國又（有）人而厚僉（斂）致正以自封也，而不顧其人，此除也。"

僉與險

《凡物甲》："至情而智（知），戠（察）智（知）而神，戠（察）神而同，【戠（察）同】而僉（險），戠（察）僉（險）而困，戠（察）困而復。"

《凡物乙》："至情而智（知），戠（察）智（知）而神，戠（察）神而同，戠同而僉（險），戠（察）僉（險）而困，戠（察）困而復。”

《善者》：“故善者制僉（險）量柤（阻），敦三軍，利詘（屈）信（伸）。”

僉與憯

《老子》甲：“咎莫僉虐（乎）谷（欲）得。”按，帛書甲本僉作憯。

儉與險

《封診式》：“山儉（險）不能出身山中。”

噞與險

《帛易·坎》：“六三，來之贛（坎）贛（坎），噞（險）且訦（枕），人〈入〉于贛（坎）閻（窞），勿用。”

嬐與劍

《北蒼·耕》：“瓂嬐（劍）婚瞀。”

澰與斂

《脈書》：“三日農（膿）大而砭（砭）小，胃（謂）之澰（斂），澰（斂）者惡不畢。”

薟與蘞

《疽病》：“冶白薟（蘞）、黃蓍（耆）、芍樂（藥）、桂、畺（薑）、椒、朱（茱）臾（萸）。”

《疽病》：“骨雎（疽）倍白薟（蘞），肉雎（疽）倍黃蓍（耆），腎雎（疽）倍芍藥。”

蓟與蘞

《疽病》：“□□□□□□雎（疽）□□□□□□□□□□□□戴糵（糝）、黃芩、白蓟（蘞），皆居三日。”

險與檢

《語書》：“誈（駐）訆（詩）醜言麃（僄）斫以視（示）險（檢）。”

險與斂

《唐勒》：“馬汁（協）險（斂）正（整）齊，周（調）均不摯（縶），步騶（趨）兢（恆）久疾數（速）。”

險與深

《繫辭》：“无又（有）遠近幽險（深），述（遂）知來勿（物）。”

《繫辭》：“深（探）備〈賾〉錯（索）根（隱），枸（鉤）險（深）至（致）遠。”

檢與儉

《帛甲老子·德經》：“一曰茲（慈），二曰檢（儉），三曰不敢爲天下先。”

《帛乙老子·德經》：“一曰茲（慈），二曰檢（儉），三曰不敢爲天下先。”

《帛乙老子·德經》：“檢（儉），敢〈故〉能廣。”

《帛乙老子·德經》：“舍其檢（儉），且廣。”

斂與儉

《晏子八》：“其正（政）任賢，其行愛民，其取下節，其自養斂（儉）。”

斂與險

《春秋九》：“是權近斂（險）以幾（冀）遠福。”按，“斂（險）”字從裘錫圭《帛書〈春秋事語〉校讀》（《湖南省博物館館刊》第1期，《船山學社》雜誌社編輯出版，2004年7月）讀。

《十問》：“毄（擊）此者，皮（避）斂（險）阻移□□□□□則危之。”按，“斂（險）”字從吳九龍《銀雀山漢簡釋文》（文物出版社，1985年，16頁）讀。

籢與奩

《蒼頡篇》：“筐篋籢（奩）笥。”

歛與儉

《北大老子》：“一曰茲（慈），二曰歛（儉），三曰不敢爲天下先。”

《北大老子》：“茲（慈），故能勇；歛（儉），故能廣；不敢爲天下先，故能爲成器長。”

《北大老子》：“今舍其茲（慈）且勇，舍其歛（儉）且廣，舍其後且先，則死矣。”

譣與檢

《妄稽》：“言語節譣（檢），辭令愉冤

（婉）。”

險與斂

《從政》：“毋占（佔）民險（斂）則同不膚，瀌羸亞（惡）則民不悁（怨）。”

鐱與劍

《明君》：“三軍之士握鐱（劍）者（屠）敲（敵）若報父母之台（仇）者。”

驗與儉

《雌雄節》：“□□共（恭）驗（儉），是胃（謂）雌節。”

憸與儉

《子產》：“共（恭）憸（儉）整齊，弇見（現）又（有）桼₌（次。次）所以從即（節）行₌禮₌（行禮，行禮）後（踐）政又（有）事。”

憸與驗

《子產》：“古之狂君，寍（卑）不足先善君之憸（驗），以自余（餘）智，民亡可事，任𡍮（重）不果，邦以褱（壞）。”

韟與僉

《緇衣》：“虐（吾）夫₌（大夫）共（恭）虘（且）韟（儉），𢆶（靡）人不斂。”按，上博簡本《緇衣》韟（儉）作僉。

韟與儉

《緇衣》：“虐（吾）夫₌（大夫）共（恭）虘（且）韟（儉），𢆶（靡）人不斂。”

𢦏字聲系

𢦏與咸

《皇門》：“王邦用寍，少（小）民用叚（格）、能家（稼）嗇（穡），𢦏（咸）祀天神，戎兵以能興，軍用多實。”按，“𢦏（咸）”字從復旦大學出土文獻與古文字研究中心研究生讀書會《清華簡〈皇門〉研讀札記》（復旦大學出土文獻與古文字研究中心網，2011 年 1 月 5 日）讀。

《楚居》：“麗不從行，渭（潰）自䏿（脅）出，妣𨈓（列）賓于天，晉（巫）𢦏（咸）賅（該）其䏿（脅）以楚，氏（抵）今曰楚人。”按，“𢦏（咸）”字從復旦大學出土文獻與古文字研究中心研究生讀書會《清華簡〈楚居〉研讀札記》（復旦大學出土文獻與古文字研究中心網,2011 年 1 月 5 日）釋讀。

韱與纖

《爲吏》：“必精絜（潔）正直，慎謹堅固，審悉毋（無）私，微密韱（纖）察。”

《天乙・黃鐘》：“韱（纖）色，大口，長要（腰）。”

《巍盜》：“觸等以智治韱（纖）微，謙（廉）求得。”

《妄稽》：“韱（纖）費績純，裏以鄭黃。”

《妄稽》：“韱（纖）隄（緹）襲糙（屣），虞士宜服。”

籤與纖

《妄稽》：“髮黑以澤，狀若籤（纖）緇。”

芟字聲系

𦶟與散

《子產》：“句（苟）我固善，不我能𤔲（亂），我是㠩（荒）怡（怠），民屯𦶟（散）然。”按，“𦶟（散）”字從段凱説釋讀。

詹字聲系

詹與幨

《發啟》：“毋（無）渠詹（幨）而守。”

詹與瞻

《史蒥》：“夫子曰：‘敬也者，詹（瞻）人之𩒨₌（顏色）而爲之爲，視其所谷（欲）而☐。’”按，“詹（瞻）”字從無語在 youren《〈史蒥問於夫子〉初讀》（簡帛網“簡帛論壇”，2013 年 1 月 6 日）一文下跟帖釋讀。

《帛五行・説》："詹（瞻）忘（望）弗及，泣涕如雨。"

儋與憺

《奏讞書》："詰庫：毄（擊）反群盜，儋（憺）乏不鬬，論之有瀌。"

《奏讞書》："吏所興與羣盜遇，去北，以儋（憺）乏不鬬律論。"

《奏讞書》："律：儋（憺）乏不鬬，斬。"

儋與擔

《服傳甲》："無爵而杖者何也？儋（擔）主也。"

《服傳乙》："無爵而杖者何也？儋（擔）主也。"

儋與涉

《蒼頡篇》："軷（跋）儋（涉）闟（旅）屠（途）。"

澹與詹

《語叢一》："快（决）与信，器也，各以澹（詹）詞（詞）毀也。"按，"澹（詹）"字從裘按（《郭店楚墓竹簡・語叢一》篇注［二一］）讀。

檐與擔

《數量》："奮一⿰禾坐又五來，敌⿰禾冊之三檐（擔）。奮二⿰禾坐，敌⿰禾冊之四檐（擔）。奮二⿰禾坐又五來，敌⿰禾冊之五檐（擔）。奮三稯，敌⿰禾冊之六檐（擔）。奮三稯又五來，敌⿰禾冊之七檐。奮四稯，敌⿰禾冊之八檐（擔）。奮四稯又五來，敌⿰禾冊之九檐。奮五稯，敌⿰禾冊之十檐（擔）。奮五稯又五來，敌⿰禾冊之十檐（擔）一檐（擔）。奮六稯，敌⿰禾冊之十檐（擔）二檐（擔）。"

《數量》："奮四檐（擔）。"

《數量》："奮十檐（擔）又三檐（擔）。"

《數量》："奮廿=（二十）檐（擔）。"

《數量》："奮□=檐（擔）。"

《數量》："奮□檐（擔）三檐（擔）。"

《數量》："奮卌=（四十）檐（擔）六檐（擔）。"

《陳公》："□檐（擔）徒，州（調）其徒戔（衛）。"按，"檐（擔）"字從曹建敦《上博簡（九）〈陳公治兵〉研讀劄記（二）》（復旦大學出土文獻與古文字研究中心，2013年4月23日）釋讀。

瞻與詹

《緇衣》："《寺（詩）》員（云）：'虩=（赫赫）帀（師）尹，民具尔瞻。'"按，上博簡本《緇衣》瞻作詹〈詹〉。

《鄭甲》："是四人者，方諫虐（吾）君於外，玆瞻（詹）父内謫於中。"

《鄭乙》："是四人者，方諫虐（吾）君於外，玆瞻（詹）父内謫於中。"

《合陰陽》："五曰蝗磔，六曰爰（猨）據，七曰瞻（詹）諸，八曰兔鶩。"

《天下至道》："七曰瞻（詹）諸，八曰兔務（鶩）。"

《妄稽》："狀若瞻（蟾）諸，前龜後胇（痱）。"按，"瞻（蟾）"字從餘曉春在易泉《北大漢簡〈妄稽〉初讀》（簡帛網"簡帛論壇"，2016年6月4日）一文下跟帖讀。

襜與詹

《北蒼・陽》："攻（空）穿襜（詹）魯，壘鄣（障）墜京。"

譫與贍

《晏子一五》："積材（財）不能譫（贍）其樂。"按，明活字本《晏子春秋》"譫"作"贍"。

譫與贍

《晏子一五》："積材（財）不能譫（贍）其樂。"

冉字聲系

冉與姌

《北蒼・幽》："鷂（蹻）氾冉（姌）愁

（擎），雋雠□□。”

甘字聲系

甘與箝

《文摯》：“食不化，必如扽（純）鞫（鞠），是生甘（箝）心密墨（默）。”按，“甘（箝）”字從魏啟鵬、胡翔驊《馬王堆漢墓醫書校釋（貳）》（成都出版社，1992年，124頁）讀。

甘與憨

《赤鵠》：“其𡔖（上）片（刺）句（后）之身，是思（使）句（后）䀢（昏）𤔔（亂）甘（憨）心。”按，“甘（憨）”字從王寧《讀清華簡三〈赤鵠之集湯之屋〉散札》（簡帛網，2013年1月16日）讀。

泔與鑑

《明君》：“先王之養□□鐘鼎壺泔（鑑）。”

紺與拑

《奏讞書》：“佩（佩）之市，人盜紺（拑）刀，即以鞞予僕。”

敢字聲系

敢與嚴

《老子》甲：“敢虖（乎）其奴（若）客。”按，帛書乙本敢作嚴。

《爲吏》：“凡治事，敢（嚴）爲固，謁（遏）私圖，畫局陳㚃（棋）以爲楉（籍）。”按，“敢”似當讀作“嚴”。

敢與儼

《老子》甲：“敢虖（乎）其奴（若）客。”按，今本敢作儼。

敢與甘

《齊風》：“敢（甘）與子同夢。”

厰與嚴

《語叢二》：“厰（嚴）生於豊（禮），敬生於厰（嚴）。”

《琴舞》：“厰（嚴）余不解（懈），業₌（業業）畏載（忌）。”

《三壽》：“八絽（紀）則緍（紊），四厰（嚴）𤕦（將）行。”

《治官》：“厰（嚴）剛毋暴，廉而毋□。”

厰與巖

《説命上》：“以貨旬（營）求敚（説）于邑人，隹（惟）弜（罪）人得敚（説）于専（傅）厰（巖）。”

《説命中》：“敚（説）逨（來）自専（傅）厰（巖），才（在）𣪊（殷）。”

嚴與儼

《北大老子》：“嚴（儼）虖其若客，渙虖其如冰之澤（釋）。”

監字聲系

監與濫

《三壽》：“四方𧶹（勸）季（教），監（濫）莧（媚）莫洤（感），寺（時）名曰音。”

監與礛

《戰國一九》：“攻齊不成，陶爲廉（磏）監（礛）而莫之據。”

監與鑑

《墨子》：“□□監（鑑）於此，以□□。”按，“監（鑑）”字從李零《長台關楚簡〈申徒狄〉研究》（簡帛研究網，2000年8月8日）讀。

《皇門》：“於（嗚）虖（呼）！敬才（哉），監于兹。”按，今本《逸周書·皇門》監作鑑。

《封許》：“贈尔鳶（薦）彝：𣂚□脉、𣂚（銚），龍𧊒（鬲）、䜌（璉）、雚（鑵）、鉦（𥂑）、耆、𢆶（爵）、盤、監（鑑）、鑗（罍）、𥁕（鎧）、周（雕）匽（鈁）、鼒、盤（簋）、釙（觥）、鋊（鉛）、㕡（格）。”

《封許》："余既監（鑑）于殷之不若，囿童才（兹）思（憂），㳻（靡）念非尚（常）。"按，"監"似當讀作"鑑"。

《帛乙老子・道經》："脩（滌）除玄監（鑑），能毋有疵乎？"

《周馴》："而勉監（鑑）於兹。"

《周馴》："人之求多聞見也，以監（鑑）戒也。"

監與鹽

《特牲》："取肝擩〈抨〉于監（鹽），振祭，嚌之，加于柤（俎），卒角，拜。"

《特牲》："左執爵，取肝擩〈抨〉監（鹽），坐振爵，嚌之。"

《有司》："次賓羞牢燔，用柤（俎），監（鹽）左〈在〉右。"

《有司》："【尸】兼取燔擩〈抨〉于監（鹽），振祭，齎（嚌）之。"

監與覽

《反淫》："别同異，離堅白，孔老監（覽）聽，弟子偷〈倫〉屬而爭。"

監與闞

《戰國一六》："東至虖（乎）陶、衛之郊，北至乎監（闞）。"

監與銜

《子羔》："遊於央（瑤）臺（臺）之上，又（有）鷃（燕）監（銜）卵而階（錯）者（諸）其前，取而軟（吞）之。"

嚂與銜

《唐勒》："去嚂（銜）臻（轡），𦧵（撤）□鞁，馬□□□自駕，車莫⊠。"

藍與監

《祭公》："藍于夏商之既敗，不（丕）則亡遺後，至于萬音〚=〛（億）年〚=〛，參舒（敘）之。"按，今本《逸周書・祭公》藍作監。

《琴舞》："母（毋）曰高=（高高）才（在）上，砎（陟）降其事（士），卑藍（監）才（在）笲（兹）。"

《琴舞》："褎（欲）其文人，不逸藍（監）舍（余）。"

《琴舞》："四啟曰：文=（旼旼）其又（有）家，缶（保）藍（監）其又（有）後，需（孺）子王矣。"

《治官》："弗治以藍（監）它人。"

藍與鑑

《尹誥》："今句（后）害（曷）不藍（鑑）？"按，"藍"似當讀作"鑑"。下一例同。

《祭公》："藍（鑑）于夏商之既敗，不（丕）則亡遺後，至于萬音〚=〛（億）年〚=〛，參舒（敘）之。"

《芮良夫》："民之俴（殘）矣，而隹（惟）啻（謫）爲王：'皮（彼）人不敬，不藍（鑑）于夏商。'"

《芮良夫》："凡隹（惟）君子，尚藍（鑑）于先舊，道（導）諱（讀）善敗，卑㞷（匡）以戒（誡）。"

《帛甲老子・道經》："脩（滌）除玄藍（鑑），能毋疵乎？"按，"藍（鑑）"字從高明《帛書老子校注》（中華書局，1996年，265頁）釋讀。

藍與濫

《萬物》："銎藍（濫）歙（飲）酒每不傷也。"

檻與鑑

《武王甲》："檻（鑑）名（銘）曰：'見其前，必慮其後。'"

鹽與監

《二年・秩律》："御府鹽（監）、和〈私〉府鹽（監）。"

蘫與藍

《二年・秩律》："蘫（藍）田、新野、宜成、蒲反、成固。"

兼字聲系

兼與廉

《帛乙老子·德經》："是以方而不割，兼（廉）而不刺〈刺（瘌）〉。"

《足臂脈·足》："上貫䣛（膝）外兼（廉），出於股外兼（廉），出脅。"

《足臂脈·足》："胻外兼（廉）痛，胻寒，䣛（膝）外兼（廉）痛，股外兼（廉）痛，脾（髀）外兼（廉）痛。"

《足臂脈·足》："夾（挾）少腹，上出乳内兼（廉），出膉（嗌）。"

《足臂脈·足》："䣛（膝）中穜（腫），腹穜（腫），乳内兼（廉）痛。"

《足臂脈·足》："循脊内□兼（廉），出肝，入胠，毄（繫）舌□。"

《足臂脈·足》："病足熱，膞（腨）内痛，股内痛，腹街、脊内兼（廉）痛。"

《足臂脈·足》："出大指内兼（廉）骨蔡（際），出内踝上兼（廉）。"

《足臂脈·足》："揗（循）胻内兼（廉），□䣛（膝）内兼（廉），出股内兼（廉）。"

《足臂脈·足》："病足大指廢，胻内兼（廉）痛，股内痛，腹痛，腹張（脹）。"

《足臂脈·足》："以上出胻内兼（廉），上【踝】八寸，交泰（太）陰温（脈）。"

《足臂脈·臂》："循筋上兼（廉），以奏（走）臑内，出夜（腋）内兼（廉），之心。"

《足臂脈·臂》："循筋下兼（廉），出臑内下兼（廉），出夜（腋），奏（走）脅。"

《足臂脈·臂》："出小指，循骨下兼（廉），出臑下兼（廉），出肩外兼（廉）。"

《足臂脈·臂》："臂外兼（廉）痛。"

《足臂脈·臂》："出中指，循臂上骨下兼（廉），奏（走）耳。"

《足臂脈·臂》："出中指閒，循骨上兼（廉）。"

《陰陽脈乙》："起於手北（背），出臂外兩骨之閒，上骨下兼（廉），出肘中，入耳中。"

《六博》："在兼（廉），未去，近，居方鄉（嚮）。"

《六博》："在兼（廉），不過一日，行者至。"

《六博》："出在兼（廉）者，毋罪，昜〈易〉解。"

《六博》："在兼（廉）者，死。"

《六博》："在兼（廉）者，婦疾作，後不冬（終）。"按，整理者釋"兼"爲"廉"，又讀作"廉"。不確。

兼與謙

《曹沬》："不卒則不亙（恆），不和則不祴（篤），不兼（謙）畏則不勳（勝）。"按，"兼（謙）"字從白於藍《〈曹沬之陳〉新編釋文及相關問題探討》（《中國文字》新三十一期，藝文印書館，2006年）讀。

《雌雄節》："夫雄節者，浧（盈）之徒也；雌節者，兼（謙）之徒也。"

《易之義》："兼（謙）之卦，□□□於不壹。"按，"兼"字從廖名春《帛書〈周易〉論集》（上海古籍出版社，2008年，382頁）釋，當讀作"謙"。

兼與濫

《啻門》："正（政）兼（濫）𤔔（亂）以亡（無）㡾（常）。"按，"兼"字原形作""，整理者隸定作"𠈍"，讀作"禍"。該字亦見於《詛楚文》和《湯處於湯丘》，似即"兼"字省形。《說文》："獫，犬吠不止也。从犬兼聲。讀若檻。"簡文此處似當讀作"濫"。《後漢書·襄楷傳》："宦官專朝，政刑暴濫。"《北史·僭僞附庸列傳》："政刑酷濫，内外崩離，部人多叛。"

廉與兼

《鄭武》："虐（吾）先君智（知）二三子

之不忘₌（二心），甬（用）廉（兼）受（授）之邦。”按，“廉（兼）”字從李守奎《〈鄭武夫人規孺子〉中的喪禮用語與相關的禮制問題》（《中國史研究》2016 年 1 期）釋讀。

壓與謙

《周易・謙》：“壓（謙）：卿（亨），君子又（有）毖（終）。”

《周易・謙》：“初六：壓（謙）君子，甬（用）涉大川，吉。”

《周易・謙》：“六二：鳴壓（謙）□。”

《周易・謙》：“□四：亡（无）不利，蒦（撝）壓（謙）。”

《周易・謙》：“上六：鳴壓（謙），可用行帀（師），征邦。”

壓與嗛

《周易・謙》：“初六：壓（謙）君子，甬（用）涉大川，吉。”按，帛書本壓（謙）作嗛。下同。

《周易・謙》：“□四：亡（无）不利，蒦（撝）壓（謙）。”

厤與廉

《繫年三》：“成王屖（纘）伐商邑，殺彔（祿）子耿，飛厤（廉）東逃于商盍（奄）氏。”按，“厤（廉）”字從陳劍《簡談對金文“蔑懋”問題的一些新認識》（復旦大學出土文獻與古文字研究中心網，2017 年 5 月 5 日）釋讀。下同。

《繫年三》：“成王伐商盍（奄），殺飛厤（廉），西遷商盍（奄）之民于邾（朱）虘（圉），以御奴虘（虘）之戎。”

廉與磏

《戰國一九》：“攻齊不成，陶爲廉（磏）監（礛）而莫[之]據。”

廉與蠊

《養生方》：“非（蜚）廉（蠊）、方（防）葵、石韋、桔梗、茈（紫）威各一小束。”

嗛與謙

《帛易・謙》：“初六，嗛（謙）嗛（謙）君子，用涉大川，吉。”

《帛易・謙》：“六二，鳴嗛（謙），貞吉。”

《帛易・謙》：“九三，勞嗛（謙），君子有終，吉。”

《帛易・謙》：“六四，无不利，譌（撝）嗛（謙）。”

《二三子》：“卑嗛（謙），易告也；就民，易遇也，聖人君子之貞也。”

《二三子》：“卦曰：‘嗛（謙），亨，君子有冬（終），吉。’”

《二三子》：“吉，嗛（謙）也；凶，橋（驕）也。”

《二三子》：“天乳（亂）驕而成嗛（謙），地徹驕而實嗛（謙），鬼神禍福嗛（謙），人亞（惡）驕而好[謙]。”

《易之義》：“‘鳴嗛（謙）’也者，柔而□[也]。”

《易之義》：“嗛（謙）也者，德之□也。”

《易之義》：“履和而至，嗛（謙）尊而光。”

《易之義》：“是故履以果（和）行也，嗛（謙）以制禮也。”

《易之義》：“近也者，嗛（謙）之胃（謂）也。”

《易之義》：“‘鳴嗛（謙）’也者，柔而□[也]。”

《繆和》：“今易溓（謙）之初六，其辭曰：嗛（謙）嗛（謙）[君子]，用涉大川，吉，將何以此論也？”按，“嗛”當讀作“謙”。下同。

《繆和》：“嗛（謙）之初六，嗛（謙）之明夷也。”

《繆和》：“今《周易》曰：嗛（謙），亨，君子又（有）冬（終）。敢問君子何享於此

乎？”

《繆和》：“嗛（謙）然比德而好後，故□□□□□。”

《繆和》：“嗛（謙）者，溓（謙）然不足也；亨者，嘉好之會也。”

《繆和》：“天道毀盈而益嗛（謙），地道銷盈而流嗛（謙），鬼神害盈而福謙，人道惡盈而好溓（謙）。”

嗛與攬

《唐勒》：“人謂就（造）父登車嗛（攬）㯱（轡）。”

蒹與鐮

《田法》：“☐□□蒹（鐮）纆得入焉，十而當一。”

蒹與擥

《反淫》：“於是擭芳莽，爲蒹（擥）芳；張谿子之弩，發宛路之矰。”

溓與謙

《繫辭》：“勞溓（謙），君子有冬（終），吉。”

《繫辭》：“溓（謙）也者，至（致）恭以存其立（位）者也。”

《繆和》：“今易溓（謙）之初六，其辭曰：嗛（謙）嗛（謙）君子，用涉大川，吉，將何以此論也？”按，“溓”當讀作“謙”。下同。

《繆和》：“易曰：‘溓（謙），亨，君子又（有）冬（終）。’”

《繆和》：“嗛（謙）者，溓（謙）然不足也；亨者，嘉好之會也。”

《繆和》：“天道毀盈而益嗛（謙），地道銷盈而流嗛（謙），鬼神害盈而福謙，人道惡盈而好溓（謙）。”

《繆和》：“溓（謙）者，一物而四益者也；盈者，一物而四損者也。”

《繆和》：“溓（謙）之爲道也，君子貴之，故曰溓（謙），亨，君子有終。”

㾣與廉

《牡痔》：“牡痔之居竅㾣（廉），大如棗覈（核），時養（癢）時痛者方。”

謙與廉

《巍盜》：“日夜謙（廉）求櫟陽及它縣。”

《巍盜》：“觸等以智治韱（纖）微，謙（廉）求得。”

《奏讞書》：“其謙（廉）求捕其戝〈賊〉。”

《奏讞書》：“舉闒以婢僨所券謙（廉）視賈市者，類繒中券也。”

《奏讞書》：“即薄（簿）出入所以爲衣食者，謙（廉）問其居處之狀。”

《奏讞書》：“訮（研）詷謙（廉）問不日作市販，貧急窶（窮）困，出入不節。”

《奏讞書》：“舉闒毋害謙（廉）絜（潔）敦穀（愨）。”

謙與覝

《同顯》：“洋以智治訮（研）詷，謙（覝）求而得之。”

𠭖與慊

《語叢二》：“恝（槩）生於恥，𠭖（慊）生於恝（槩）。”按，“𠭖（慊）”字從劉釗師《郭店楚簡〈語叢二〉箋釋》（《古墓新知——紀念郭店楚簡出土十周年論文專輯》，國際炎黃文化出版社，2003年）讀。

𩏂字聲系

𩏂與陷

《建除》：“𩏂於巳。”按，睡虎地秦簡《日書》楚除甲種𩏂作陷。下十二例同。

《建除》：“𩏂於午。”

《建除》：“𩏂於未。”

《建除》：“𩏂於申。”

《建除》：“𩏂於栖（酉）。”

《建除》：“𩏂於戌。”

《建除》："竷於亥。"
《建除》："竷於子。"
《建除》："竷於丑。"
《建除》："竷於寅。"
《建除》："竷於卯。"
《建除》："竷於唇（辰）。"
《建除》："凡竷日，不利以□□，利以爲張罔（網）。"
《季康子》："亞（惡）人勿竷（陷），好人勿貴。"按，"竷（陷）"字從楊澤生《〈上博五〉零釋十二則》（簡帛網，2006年3月20日）、冀小軍《〈季康子問於孔子〉補説》（簡帛研究網，2006年6月26日）讀。

竷與窞

《建除》："竷於巳。"按，睡虎地秦簡《日書》楚除乙種竷作窞。下同。
《建除》："竷於午。"
《建除》："竷於未。"
《建除》："竷於申。"
《建除》："竷於栖（酉）。"
《建除》："竷於戌。"
《建除》："竷於亥。"
《建除》："竷於子。"
《建除》："竷於丑。"
《建除》："竷於寅。"
《建除》："竷於卯。"
《建除》："竷於唇（辰）。"
《建除》："凡竷日，不利以□□，利以爲張罔（網）。"

竷與坎

《用曰》："又（有）竷₌（坎坎）之綌（裕），而又（有）縸₌（莫莫）之袠（褊）。"

韸與坎

《陳公》："申（陳）於韸（坎），則徒虖（甲）進退。"按，"韸（坎）"字從苦行僧在youren《〈陳公治兵〉初讀》（簡帛網"簡帛論壇"，2013年1月5日）一文下跟貼讀。

韽與斂

《命訓》："杚（撫）之以季（惠），和之以均，韽（斂）之以哀，吳（娛）之以樂。"

贑與䰛

《癃病》："贑（䰛）戎鹽若美鹽，盈隋（脽）。"按，"贑（䰛）"字從周一謀、蕭佐桃《馬王堆醫書考注》（天津科學技術出版社，1988年，123頁）讀。

贑與蘱

《養生方》："□□者，狀如贑（蘱）皮。"
《雜療方》："取下贑（蘱）汁□□□□□□□□□□□□□其味盡而已。"按，"贑（蘱）"字從周一謀、蕭佐桃《馬王堆醫書考注》（天津科學技術出版社，1988年，332頁）讀。

贑與竷

《子儀》："乃張大㡿於東奇之外，豊（禮）子義（儀），亡（舞）；豊（禮）檃（隋）貨，以贑（竷）。"

贑與坎

《用曰》："贑₌（坎坎）險₌（險險），其自視之泊。"
《帛易·坎》："習贑（坎），有復（孚），巂（維）心，亨，行有尚。"
《帛易·坎》："初六，習贑（坎），人〈入〉贑（坎）閻（窞），凶。"
《帛易·坎》："九二，贑（坎）有訦（險），求少（小）得。"
《帛易·坎》："六三，來之贑（坎）贑（坎），噞（險）且訦（枕），人〈入〉于贑（坎）閻（窞），勿用。"
《帛易·坎》："九五，贑（坎）不盈，塭〈堤（祗）〉既平，无咎。"
《易之義》："用六，贑（坎）也；用九，盈也。"

贛與貢

《魯邦》："出遇子贛（貢），曰：'賜，而（爾）昏（聞）衎（巷）逄（路）之言，毋乃胃（謂）丘之畣（答）非與（歟）？'"

《相邦》："孔=（孔子）退，告子贛（貢）曰：'虗（吾）見於君，不昏（問）又（有）邦之道，而昏（問）相邦之道，不亦埅麐（乎）？'"

《相邦》："子贛（貢）㬱（曰）：'虗（吾）子之畣（答）也可（何）女（如）？'"

《君子》："子人、子羽睧（問）於子贛（貢）曰：'中（仲）尼（尼）與虗（吾）子=（子子）產管（孰）臤（賢）？'"

《君子》："子贛（貢）曰：'夫子綯（治）十室之邑亦樂，綯（治）墧（萬）室之邦亦樂，肰（然）則〼喜（矣）。'"

《君子》："子贛（貢）曰：'墨（禹）綯（治）天下之川，□以爲异（己）名；夫子綯（治）《時（詩）》、《箸（書）》，非以异（己）名，肰（然）則臤（賢）於墨（禹）也。'"

《君子》："子贛（貢）曰："舜君天下〼。"

《弟子問》："子贛（貢）〼。"

《弟子問》："子贛（貢）㬱（曰）：'莫新（親）麐（乎）父母，死不䫃（顧）生，可（何）言麐（乎）其信也？'"

《春秋一〇》："子贛（貢）見大（太）寧〈宰〉喜（嚭），語及衛〈衛〉故。"

《春秋一〇》："子贛（貢）曰。"

《反淫》："若張義（儀）、蘚（蘇）秦，孟柯（軻）、敦（淳）于髡，陽（楊）朱、墨翟，子贛（貢）、孔穿，屈原、唐革（勒），宋玉、景瑣（差）之倫〈倫〉。"

贛與黔

《曹沫》："埇（勇）者憙（喜）之，巟者悔（悔）之，墧（萬）民贛（黔）首皆欲或之。"按，"贛（黔）"字從陳劍《上博竹書〈曹沫之陳〉新編釋文》（簡帛研究網，2005年2月12日）讀。

贛與脅

《繫年五》："圾〈封〉𨑩（畛）於汝，改遊（旅）於陳，安（焉）取邨（頓）以贛（脅）陳侯。"按，"贛"似當讀作"脅"或"愶"，訓爲"脅迫"、"恐懼"。

贛與陷

《北蒼·幽冥》："贛（陷）害輟感（咸），甄瞉熵窯。"

竷與陷

《祭公》："昔才（在）先王，我亦不以我辟竷（陷）于戁（難），弗遳（失）于政。"

贛與黔

《命》："贛（黔）頁（首）墧（萬）民莫不忻（欣）憙（喜），四海之内莫弗聑（信）。"按，"贛（黔）"字從復旦吉大古文字專業研究生聯合讀書會《上博八〈命〉校讀》（復旦大學出土文獻與古文字研究中心網，2011年7月17日）讀釋讀。

凵字聲系

凷與諂

《晏子八》："上无喬（驕）行，下无凷（諂）德，上毋（無）私眾，下无私義。"

《晏子一六》："君其有食乎凷（諂）人之言輿（歟）？"

《晏子一六》："今諸臣凷（諂）臾（諛）以弋利，故出質而昌（唱）善若出一口。"

《晏子一六》："是反晏子之義而順凷（諂）臾（諛）之欲也。"

臽字聲系

臽與陷

《日甲·詰》："一室中，卧者容席以臽（陷），是地辟（蠻）居之。"

《春秋一二》："是絕其幾而臽（陷）之惡□□□何□丘之聞之也。"

《善者》："故進不可迎於前，退不可絕於後，左右不可臽（陷）於柤（阻），墨（默）然而處，威加於敵之人。"

《善者》："進則傅（薄）於前，退則絕於後，左右則臽（陷）於柤（阻），墨（默）然而處，軍不免於患。"

掐與陷

《脈死候》："舌掐（陷）橐（卵）卷，[則筋]先死。"

追與陷

《曹沫》："明慙（慎）以戒，如牆（將）弗克，毋冒以追（陷），必逃（禍）前攻（功），不可不慙（慎）。"

陷與含

《勢備》："夫陷（含）齒戴角，前蚤（爪）後鋸（距）。"

閻與窞

《帛易·坎》："初六，習贛（坎），人〈入〉贛（坎）閻（窞），凶。"

《帛易·坎》："六三，來之贛（坎）贛（坎），噞（險）且訦（枕），人〈入〉[于]贛（坎）閻（窞），[勿用]。"

炎字聲系

炎與倓

《引書》："項痛不可以雇（顧），引之，炎（倓）臥。"

《引書》："□鳧沃卅，虎雇（顧）卅，有（又）復炎（倓）臥如前，廿而休。"

《引書》："有（又）起，危坐，鳧沃卌，虎雇（顧）卌，復炎（倓）臥如前，卅而休。"

剡與炎

《隨日·主歲》："壬癸朔，剡（炎）啻（帝）主歲，群巫【行】沒。"

埮與掩

《昭王》："不幸僕（僕）之父之骨才（在）於此室之隮（階）下，僕（僕）牆（將）埮（掩）亡老□。"按，"埮（掩）"字從劉樂賢《讀上博（四）劄記》（簡帛研究網，2005年2月15日）讀。

斂與掩

《鄭子甲》："命思（使）子家利（梨）木三眷（寸），紑（疏）索以紐（紘），毋敢丁門而出，斂（掩）之成（城）坖（基）。"按，"斂（掩）"字從復旦大學出土文獻與古文字研究中心研究生讀書會《〈上博七·鄭子家喪〉校讀》（復旦大學出土文獻與古文字研究中心網，2008年12月31日）讀。下同。

《鄭子乙》："命思（使）子家利（梨）木三眷（寸），紑（疏）索以紐（紘），毋敢丁門而出，斂（掩）之成（城）坖（基）。"

惔與淡

《發啟》："詸=譂=（詸詸譂譂），恬惔（淡）隨意，好道无極。"

棪與剡

《繫辭》："弦木爲柧（弧），棪（剡）木爲矢，柧（弧）矢之利，以威天[下]，蓋取者（諸）䁩（睽）也。"

緂與炎

《蓋廬》："相其前後，與其進芮（退），慎其填（塵）埃，與其緂（炎）氣。"

談與倓

《引書》："爲木鞠，談（倓）臥，以當甬（痛）者，前後㨱（搖）之，三百而休。"

《引書》："端談（倓），吸精氣而咽之，膜（填）少腹，以力引陰，三而已。"

《引書》："苦腹張（脹），夜日談（倓）臥而精炊（吹）之卅，無益，精嘑（呼）之十。"

談與淡

《帛甲老子・道經》："談（淡）呵（兮）其无味也。"

《繆和》："夫人盡忠於上，其於小人也，必談（淡）博（泊），知其又（有）无而□□□□。"按，"談"似當讀作"淡"。

談與惔

《五正》："上於博望之山，談（惔）臥三年以自求也。"按，"談"似當讀作"惔"，訓爲安，與"恬"同義。

談與棪

《妄稽》："足若縣（懸）橿（薑），脛若談（棪）株。"

㘓與列

《周易・艮》："九厽（三）：艮其瞳（限），㘓（列）其肵（夤），厲㕦（薰）心。"

㘓與戾

《周易・艮》："九厽（三）：艮其瞳（限），㘓（列）其肵（夤），厲㕦（薰）心。"按，帛書本㘓（列）作戾。

㓫與厲

《周易・井》："九五：井㓫（冽），寒湶（泉）飤（食）。"按，阜陽漢簡本㓫（冽）作厲。

㓫與洌

《周易・井》："九五：井㓫（冽），寒湶（泉）飤（食）。"

㓫與戾

《周易・井》："九五：井㓫（冽），寒湶（泉）飤（食）。"按，帛書本㓫（冽）作戾。

𢧵與列

《楚居》："穴酓（熊）遟（遲）逿（徙）於京（景）宗，爰得妣𢧵（列）。"按，"𢧵（列）"字從復旦大學出土文獻與古文字研究中心研究生讀書會《清華簡〈楚居〉研讀札記》（復旦大學出土文獻與古文字研究中心網，2011年1月5日）讀。下同。

《楚居》："麗不從行，渭（潰）自䯏（脅）出，妣𢧵（列）賓于天，晉（巫）戕（咸）晐（該）其䯏（脅）以楚，氏（抵）今曰楚人。"

𢧵與癘

《容成氏》："𢧵（癘）役（疫）不至，祅（妖）羕（祥）不行，祡（禍）才（災）迲（去）亡。"

㢊與掩

《二年・金布律》："不智（知）何人，㢊（掩）貍（埋）而讂之。"

𠛱與掩

《封診式》："令甲以布帬𠛱（掩）貍（埋）男子某所，侍（待）令。"

䌛與罽

《二年・□市律》："絺緒（紛）、縞繙、纔緣、朱縷、䌛（罽）、緍（紵）布、縠（縠）、荃蔞，不用此律。"

奄字聲系

奄與掩

《養生方》："以美□半斗幷漬之，奄（掩）□□□□其汁，以漬細布一尺。"

掩與奄

《北蒼・之職》："戲（麾）蘘奢掩（奄），顛顆（願）重該（陔）。"按，"掩（奄）"字從jileijilei《北大漢簡〈蒼頡篇〉釋文商榷》（復旦大學出土文獻與古文字研究中心網"學術討論"，2015年11月14日）釋，從胡平生《讀〈蒼〉劄記一》（復旦大學出土文獻與古文字研究中心網，2015年12月21日）讀。

䑴與掩

《隨日・直室門》："辟門：䑴（掩）之蓋，

廿歲其主必□仆屬，吉。”

闇與掩

《養生方》：“漬以水，令毚（纔）闇（掩），□而泚（滜）取汁，以漬汾困，亦令纔闇（掩），即出而乾之。”

《堪輿》：“闇（掩）衡。”

《堪輿》：“闇（掩）衡。”

《堪輿》：“闇（掩）衡。”

《堪輿》：“闇（掩）衡。”

《堪輿》：“凡厭、衝、無堯、陷、闇（掩）衡、折衡、負衡、杓、荚、臺、堵、刦連以祭，咎至死，及酒肉。”

闇與於

《戰國五》：“楚將不出雎（沮）、章（漳），秦將不出商闇（於）。”

猒字聲系

猒與厭

《緇衣》：“《寺（詩）》員（云）：‘我龜既猒（厭），不我告猷。’”

《詩論》：“《鹿（鹿）鳴》以樂司而會，以道交，見善而孝（傚），終虐（乎）不猒（厭）人。”

《從政》：“章（庸）行不倦（倦），時（持）善不猒（厭），唯（雖）殜（世）不儯，必或智（知）之。”

《仲弓》：“諑₌（諑諑）猒（厭）人，𢝊（難）爲從正。”按，“猒（厭）”字從陳劍《上博竹書〈仲弓〉篇新編釋文（稿）》（簡帛研究網，2004年4月18日）讀。

《仲弓》：“宜尖₌（小人）之至者，孝（教）而使之，孨₌（君子）亡（無）所猒（厭）人。”

《亙先》：“自猒（厭）不自忍（牣），或（域）乍（作）。”

《季桓子》：“女（如）夫見人不猒（厭），聐（問）豊（禮）不券（倦）。”按，“猒（厭）”字從陳偉《讀〈上博六〉條記》（簡帛網，2007年7月9日）釋讀。

《王居》：“其昷₌（明日），命（令）尹子春猒（厭）。”按，“猒（厭）”字從復旦吉大古文字專業研究生聯合讀書會《上博八〈王居〉、〈志書乃言〉校讀》（復旦大學出土文獻與古文字研究中心網，2011年7月17日）釋讀。

《帛甲老子・德經》：“天下樂隼（推）而弗猒（厭）也。”

《帛甲老子・德經》：“母（毋）閘（狎）其所居，毋猒（厭）其所生。”

《帛甲老子・德經》：“夫唯弗猒（厭），是以不厭。”

《帛乙老子・德經》：“服文采，帶利劍，猒（厭）食而齎（資）財有餘，是謂盜□。”

《帛乙老子・德經》：“天下皆樂誰（推）而弗猒（厭）也。”

《帛乙老子・德經》：“毋伊（狎）其所居，毋猒（厭）其所生。”

《帛乙老子・德經》：“夫唯弗猒（厭），是以不猒（厭）。”

《陰陽脈乙》：“潼外腂（踝）婁中，出郤中，上穿賑，出猒（厭）中。”

《繆和》：“故奢多（侈）廣大斿（游）樂之鄉不敢渝其身焉，是以而〈天〉下驩（歡）然歸之而弗猒（厭）也。”

《繆和》：“其於小人也，賦斂無根（限），耆（嗜）欲无猒（厭），徵求无時。”

《北蒼・幽》：“飫猒（厭）然（熯）稀（晞），丈衺（懋）牒（諜）膠。”

厭與壓

《官一》：“□□乖舉，所以厭（壓）津也。”

《十問》：“使適（敵）弗織（識），因轂

（擊）其不□，攻其不御（禦），厭（壓）其駘（怠），攻其疑。”

厭與靨

《妄稽》：“好聲宜笑，厭（靨）父（輔）之有巽（選）。”

厭與饜

《戰國一五》：“夫秦何厭（饜）之有戈（哉）。”

《白處》：“已傅藥，即飲善酒，極厭（饜）而止，即炙□。”

《養生方》：“▨稻醴孰（熟），即誨（每）朝厭（饜）歠（歠）□□□□□□□更▨。”

厭與期

《子儀》：“厭（期）年而見之，亦唯咎之古（故）。”

壓與厭

《脈書》：“上穿脤（臀），出壓（厭）中，夾（挾）脊，出於項，上頭角。”

猒與壓

《兵談》：“▨之猒（壓）人，如雲鯢（霓）復（覆）人。”

癋與厭

《治官》：“癋（厭）忿止欲，擇言出之。”

《隨日·嫁女》：“戊己毋取（娶）妻，取（娶）妻癋（厭）姑一。”

癋與壓

《隨日·盜日》：“其盜女子也，禿，從臧（藏）西方，癋（壓）以石。”

瘳與擪

《引書》：“左目痛，右手指瘳（擪）內脈，左手指無（撫）顫而力引之，三而已。”

《引書》：“兩手之指瘳（擪）兩目內脈而上循（揗）之，至項，十而已。”

蠒與蛅

《雜療方》：“棲木者爲蠭（蜂）、蠒（蛅）斯（蟴），蜚（飛）而之荊南者爲蜮。”

肩與厭

《三壽》：“敢聒（問）人可（何）胃（謂）長？可（何）胃（謂）隆（險）？可（何）胃（謂）肩（厭）？可（何）胃（謂）亞（惡）？”按，“肩”似即“厭”之省形。下同。

《三壽》：“敢聒（問）人可（何）胃（謂）長？可（何）胃（謂）隆（險）？可（何）胃（謂）肩（厭）？可（何）胃（謂）亞（惡）？”

《三壽》：“虛（吾）聒（聞）夫隆（險）莫隆（險）於心，肩（厭）非（必）䐡（藏），亞（惡）非（必）喪。”

《三壽》：“敢聒（問）人可（何）胃（謂）長？可（何）胃（謂）隆（險）？可（何）胃（謂）肩（厭）？可（何）胃（謂）亞（惡）？”

《三壽》：“虛（吾）聒（聞）夫隆（險）莫隆（險）於䰣（鬼），肩（厭）非（必）坪（平），亞（惡）非（必）䀿（傾）。”

《三壽》：“虛（吾）聒（聞）夫隆（險）非（必）矛返（及）干，肩（厭）非（必）福（富），亞（惡）非（必）亡（無）飤（食）。”

附　　録

丨與章

《緇衣》："《寺（詩）》員（云）：'其頌（容）不改，出言又（有）丨（章），利（黎）民所〓（望）。'"按，今本《禮記·緇衣》與《詩·小雅·都人士》丨均作章。

〓與望

《緇衣》："《寺（詩）》員（云）：'其頌（容）不改，出言又（有）丨（章），利（黎）民所〓（望）。'"按，今本《禮記·緇衣》與《詩·小雅·都人士》〓均作望。上博簡本《緇衣》〓作〓。

〓與辟

《性自》："怘（慍）斯悥₌（憂，憂）斯慼₌（戚，戚）斯戁（歎，歎）斯〓₌（辟，辟）斯通₌（踊。踊），怘（慍）之終也。"按，今本《禮記·檀弓下》〓作辟。

〓與詩

《民之》："《〓（詩）》曰：'幾（凱）俤（悌）君子，民之父母。'"

〓與葛

《周易·困》："上六：困于〓（葛）藟，于剌（鯢）□。"

〓與褐

《周易·困》："上六：困于〓（葛）藟，于剌（鯢）□。"按，帛書本〓（葛）作褐。

〓與葛

《采風》："宮訐（衍）：《疋〓月》，《埜（野）又（有）〓（葛）》，《出門以東》。"

按，"〓（葛）"字從陳劍《上博竹書"葛"字小考》（簡帛網，2006年3月10日）釋讀。

〓與葛

《季康子》："〓（葛）戱含（今）語肥也以尻（居）邦家之述（術）。"按，"〓（葛）"字從陳劍《上博竹書"葛"字小考》（簡帛網，2006年3月10日）釋讀。

〓與褫

《周易·訟》："上九：或賜（錫）繿（鞶）縹（帶），終朝厶（三）〓之。"按，今本〓作褫。

〓與搋

《周易·訟》："上九：或賜（錫）繿（鞶）縹（帶），終朝厶（三）〓之。"按，帛書本〓作搋。

〓與解

《別卦》："〓（解）。"

〓與拯

《周易·渙》："初六：〓（拯）馬藏（壯），吉，悔（悔）亡。"

〓與撜

《周易·渙》："初六：〓（拯）馬藏（壯），吉，悔（悔）亡。"按，帛書本〓（拯）作撜。

〓與孽

《鮑叔牙》："昔先君客（格）王，天不見夭（妖），隉（地）不生〓（孽），則訢（祈）者（諸）魂（鬼）神。"按，"〓（孽）"

字從季旭昇《上博五芻議（上）》（簡帛網，2006 年 2 月 18 日）讀。郭店簡《語叢三》簡 58 有字作“逍”，上博簡六《用曰》簡 17、《天子建州甲》簡 4 和《天子建州乙》簡 3 有字作“誚”，所從偏旁與“ ”字下部所從相同。

與蘖

《凡物甲》：“十回（圍）之木，其訇（始）生女（如） （蘖）。”

《凡物乙》：“十回（圍）之木，其訇（始）生女（如） （蘖）。”

與弦

《三德》：“槾（更）旦母（毋）哭，䀉（晦）母（毋）訶（歌）， （弦）望齊（齋）宿（素），是胃（謂）川（順）天之祟（常）。”

與籥

《三德》：“敓（奪）民旹（時）以水事，是胃（謂） （籥），喪悳（以）係（繼）樂，四方來嚻（虐）。”按，“ （籥）”字從范常喜《〈上博五・三德〉劄記三則》（簡帛網，2006 年 2 月 24 日）讀。

與躍

《耆夜》：“周公秉篧（爵）未畬（飲），蛬（蟋）蟼（蟀） （躍）陞（升）于尚（堂）。”按，“ （躍）”字從復旦大學出土文獻與古文字研究中心研究生讀書會《清華簡〈耆夜〉研讀札記》（復旦大學出土文獻與古文字研究中心網，2011 年 1 月 5 日）讀。

與嗅

《凡物甲》：“虘（咀）之又（有）未（味）， （嗅）【之有臭】。”按，“ （嗅）”字從復旦大學出土文獻與古文字研究中心研究生讀書會《〈上博（七）・凡物流形〉重編釋文》（復旦大學出土文獻與古文字研究中心網，2008 年 12 月 31 日）讀。下同。

《凡物乙》：“虘（咀）之又（有）未（味）， （嗅）之有 （臭）。”按，“ ”字右上殘損。

與側

《武王甲》：“笞（席）後左耑（端）曰：‘民之反 （側），亦不可【不】志。’”

與過

《顔淵問》：“敬（矜）又（有） （過）而先又（有）司，老₌（老老）而慈（慈）學（幼），豫（予）絞（約）而收貧。”按，“ （過）”字從鄭公渡在復旦吉大古文字專業研究生聯合讀書會《〈上博八・顔淵問於孔子〉校讀》（復旦大學出土文獻與古文字研究中心網，2011 年 7 月 17 日）一文下跟帖讀。下同。

《顔淵問》：“敬（矜）又（有） （過），所以爲緩（寬）也。”

與畛

《繫年五》：“文王以北啓出方成（城），圾〈封〉 （畛）於汝，改遊（旅）於陳，安（焉）取邨（頓）以贛（脅）陳侯。”

與奚

《繫年六》：“晉獻公之婢（嬖）妾曰驪姬，欲其子 （奚）肰（齊）之爲君也。”

與奚

《繫年六》：“獻公卒，乃立 （奚）肰（齊）。”

與奚

《繫年六》：“其夫₌（大夫）里之克乃殺 （奚）肰（齊），而立其弟悼子，里之克或

（又）殺悼子。”

與覆

《芮良夫》：“臯（譬）之若童（重）載以行隋（峭）險，莫之敖（扶）道（導），其由（猶）不遉（顛）（覆）？”按，“（覆）”字從丁若山《讀清華三懸想一則》（簡帛網，2013年1月12日）讀。下同。

《赤鵠》：“其一白兔不得，是訁（始）爲埤（畢），（覆）者（諸）屋，以戠（御）白兔。”

與泰

《良臣》：“文王又（有）忲（閎）夭，又（有）（泰）𣇃（顛），又（有）柬（散）宜生。”

與泰

《別卦》：“（泰）。”

與勒

《封許》：“馬亖（四）匹，攸（勒），毯䍍，羅緅（纓），鉤雁（膺），，紟（鯀），匿（枳）。”

丞與堇

《老子》乙：“閟（閉）其門，賽（塞）其逸（兑），終身不丞；啟其逸（兑），賽（思）其事，終身不洍（救）。”按，帛書本丞作堇。

丞與勤

《老子》乙：“閟（閉）其門，賽（塞）其逸（兑），終身不丞；啟其逸（兑），賽（思）其事，終身不洍（救）。”按，今本丞作勤。

絓與慬

《湯丘》：“型（刑）亡（無）卣（攸）恋（赦），民人皆絓（慬）禺（虞）瑟₌（瑟瑟），夏王不得其慉（圖）。”按，“絓”似當讀作“慬”。《玉篇·心部》：“慬，憂也。煩也。”

�與失

《老子》甲：“爲之者敗之，執之者遠之。是以聖人亡爲古（故）亡敗；亡執古（故）亡遪。”按，今本和帛書甲本遪作失。下一例同。

《老子》乙：“得之若纓（驚），遪之若纓（驚），是胃（謂）龍（寵）辱纓（驚）。”

《老子》丙：“爲之者敗之，執之者遪之。”按，今本和帛書乙本遪作失。

《六德》：“是古（故）先王之孝（教）民也，不使此民也惪（憂）其身，遪（失）其𢿱。”

《性自》：“戠（察）其見者，青（情）安遪（失）才（哉）？”

《語叢二》：“凡逃（過），正一以遪（失）其迱（它）者也。”

《語叢二》：“母（毋）遪（失）虐（吾）枈（圖），此枈（圖）得矣。”

《語叢三》：“得者樂，遪（失）者哀。”

《魯邦》：“邦大旱，毋乃遪（失）者（諸）型（刑）與悳（德）虐（乎）？”

《從政》：“獄則興，愄（威）則民不道，滷（嚴）則遪（失）眾，怲（猛）則無新（親），罰則民逃，好□則民复（作）𤔲（亂）。”

《從政》：“遪（失）孯（賢）士一人，方亦坂（反）是₌（是。是）故孝₌（君子）新（慎）言而不新（慎）事。”

《容成氏》：“受（紂）不智（知）其未又（有）成正（政），而得（德）遪（失）行於民之⿸（厚）也，或亦记（起）帀（師）以逆之。”

《周易·比》：“九五：顯比。王厽（三）驅，遪（失）前禽。邑人不戒（誡），吉。”

《周易·隨》："六二：係少（小）子，�койл（失）丈夫。"
《周易·隨》："六厽（三）：係丈夫，遊（失）少（小）子。陸（隨）求又（有）得，利凥（居）貞。"
《亙先》："舉（舉）天下之复（作）也，無不得其亟（極）而果述（遂），甬（庸）或得之？甬（庸）或遊（失）之？"
《彭祖》："五紀必（畢）周，唯（雖）貧必攸（修）；五紀不工，唯（雖）福（富）必遊（失）。"
《彭祖》："休才（哉）！乃晒（將）多昏（問）因由，乃不遊（失）厇（度）。"
《曹沫》："昔沱（施）舶（伯）語寡人曰：君子得之遊（失）之，天命。今異於而（尔）言。"
《曹沫》："君子以臤（賢）爯（稱）而遊（失）之，天命；以亡道爯（稱）而叟（沒）身遪（就）殑（殂），亦天命。不肰（然），君子以臤（賢）稱，害（曷）又（有）弗得？以亡道爯（稱），害（曷）又（有）弗遊（失）？"
《曹沫》："則斯（訾）厇（度）剔（傷）亡，盤（擊）遪（蒐）行遊（失）車虖（甲），命之毋行。"
《曹沫》："改𥿮爾鼓，乃遊（失）其備（服）。"
《曹沫》："肰（然）而古亦又（有）大道安（焉），必共（恭）僉（儉）以得之，而喬（驕）大（泰）以遊（失）之。"
《季康子》："孝=（君子）弜（強）則遺，愄（威）則民不道，龠（嚴）則遊（失）眾，盟（猛）則亡新（親），好型（刑）則不羊（祥），好殺則复（作）𤔔（亂）。"
《季康子》："凡欲勿賞，凡遊（失）勿詭（危），各堂（當）其曲以成之。"
《三德》："古（故）祟（常）不利，邦遊（失）軌（憲）祟（常），少（小）邦則戔（剗），大邦洮（過）駁（傷）。"
《三德》："敬者得之，忥（怠）者遊（失）之，是胃（謂）天祟（常）。"
《三德》："宮室汙池，各慙（慎）其厇（度），母（毋）遊（失）其道。"
《三德》："衣備（服）逃（過）折（制），遊（失）於媺（美），是胃（謂）違章，上帝弗京（諒）。"
《武王乙》："亦又（有）不浧（盈）於十言而百殜（世）不遊（失）之道，又（有）之唇（乎）？"
《凡物甲》："流型（形）成豊（體），系（奚）遊（失）而死？"
《凡物甲》："能戠（察）鼠一（一），則百勿（物）不遊（失）；女（如）不能戠（察）鼠一（一），則百勿（物）具遊（失）。"
《凡物甲》："鼓之又（有）聖（聲），忻（近）之可見，操之可操，掾（握）之則遊（失），敗之則高（槁），測（賊）之則滅。"
《凡物甲》："𢽳（？）牆（墻）而豊（禮），并（屏）燹（氣）而言，不遊（失）其所然，古（故）曰力𦣞（賢）。"
《凡物乙》："流型（形）成豊（體），系（奚）遊（失）而死？"
《凡物乙》："戠（察）鼠一（一），則百勿（物）不遊（失）；女（如）不能戠（察）鼠一（一），則百勿（物）具遊（失）。"
《顏淵問》："▢君子讓而得之，少（小）人靜（爭）而遊（失）之。"
《蘭賦》："□□攸（搖）茖（落）而猷（猶）不遊（失）氒（厥）芳=（芳，芳）浧（馨）訛（佖）迡（迡）而達聒（聞）于四方。"
《蘭賦》："日月遊（失）時，荁（萴）薛茅（茂）豐。"
《邦人》："既遊（失）邦，或得之。"

《文王》："子爲我得上（尚）父，軷（載）我天下；子�郪（失）上（尚）父，坏（墜）我周咀（祚）。"

《文王》："☐遆（失）也；萄（宛）丘之眾人也，非能佮（合）悳（德）於殜（世）者也。"

《楚帛書》乙："肙₌（日月）星晨（辰），𤔔（亂）遆（失）其行；綅（嬴）絀遆（失）□，卉木亡尚（常）。"按，楚帛書"遆"字，過去學者多釋爲"逆"，今知此字用爲"失"。下二例同。

《楚帛書》乙："天雨□□，是遆（失）月，閏之勿行。"

《楚帛書》乙："一月、二月、三月，是胃（謂）遆（失）終亡，奉□□其邦。"

《祭公》："昔才（在）先王，我亦不以我辟竅（陷）于鸈（難），弗遆（失）于政，我亦隹（惟）以沒我殀（世）。"

《説命上》："隹（惟）鬠（殷）王賜敓（説）于天，甬（傭）爲遆（失）宔（仲）使人。"

《説命上》："王曰：'旦（亶）肰（然）。天廼命敓（説）伐遆₌宔₌（失仲。'失仲）是（適）生子，生二戊（牡）豕。"

《説命上》："遆（失）宔（仲）卜曰：'我其殺（𣪠）之？我其已，勿殺（勿𣪠？'勿𣪠）是吉。"

《説命上》："遆（失）宔（仲）愇（違）卜，乃殺（𣪠）一豕。"

《説命上》："敓（説）于𡫏（圍）伐遆（失）宔（仲）。"

《芮良夫》："不秉純悳（德），其𡰥（度）甬（用）遆（失）縈（營）。"

《芮良夫》："女（如）闢（關）枝不閟（閉）而繩（繩）剸（準）遆（失）楑，五（互）想（相）不彊（𠤷）。"

《芮良夫》："虐（吾）忎（恐）辠（罪）之□身，我之不□，□□是遆（失），而邦受其不寍（寧）。"

《命訓》："是古（故）明王奉此六者，以牧㺟（萬）民₌（民，民）甬（用）不遆（失）。"

《子產》："不良君古（怙）立（位）劼（固）福（富），不思（懼）遆（失）民。"

《子產》："思（懼）遆（失）又₌戒₌（有戒，有戒）所以紳（申）命固立₌（位，位）固邦₌安₌（邦安，邦安）民𩏂（遂），邦危民麗（離），此胃（謂）才［存］亡才（在）君。"

《子產》："宅大心張，㒸（美）外𧨝（怠）𧨆（命），乃自遆（失）。"

《子產》："以勸（助）上牧民₌（民。民）又（有）怂（過）遆（失）、囂（傲）遆（佚），弗𧩙（誅）。"

迖與失

《武王甲》："亞（惡）迖₌（失？失）道於脂（嗜）谷（慾）。"按，"迖"即"遆"字省訛之形。

《武王甲》："立（位）難得而惕（易）迖（失），士難得而惕（易）㸁（外）。"

遆與佚

《琴舞》："不（丕）㬎（顯）其又（有）立（位），右帝才（在）茖（落），不遆（佚）隹（惟）同。"

《三壽》："高文成且（祖），敢䎽（問）疋（胥）民古（胡）曰昜（揚？揚）則𢡖（悍）遆（佚）亡（無）㦰（常）。"

《鄭甲》："君女（如）由皮（彼）孔𦘔（叔）、遆（佚）之𡰥（夷）、帀（師）之佢鹿、𡍬（堵）之俞彌（彌）。"

《鄭乙》："君女（如）由皮（彼）孔𦘔（叔）、遆（佚）之𡰥（夷）、帀（師）之佢鹿、𡍬（堵）之俞彌（彌）。"

《子產》："以勸（助）上牧民₌（民。民）

又（有）怹（過）遳（失）、囂（傲）遳（佚），弗訨（誅）。”

遳與逸

《季桓子》：“上不辠〈罕（親）〉悬（仁），而絭（敷）〖専〗聕（聞）其訇（辭）於遳（逸）人唇（乎）？”

《繫年二三》：“楚人𦘦（盡）厶（棄）其幝（旃）、幕、車、兵，犬遳（逸）而還。”

斐與竊

《王居》：“是楚邦之弜（強）秎（梁）人，反昃（側）其口舌，以斐（竊）譌王、夫=（大夫）之言。”按，“斐”似當讀作“竊”，訓爲“私”。

戠與察

《成之》：“古（故）君子所復之不多，所求之不逡（陵），戠（察）反者（諸）㠯（己）而可以智（知）人。”按，“戠（察）”字從周鳳五《讀郭店竹簡〈成之聞之〉劄記》（《古文字與古文獻》試刊號，臺灣楚文化研究籌備處，1999年）、劉釗師《讀郭店楚簡字詞劄記》（《郭店楚簡國際學術研討會論文集》，湖北人民出版社，2000年）讀。

《尊德義》：“戠（察）者（諸）出所以智（知）㠯（己）。”按，“戠（察）”字從劉釗師《讀郭店楚簡字詞劄記》（《郭店楚簡國際學術研討會論文集》，湖北人民出版社，2000年）讀。

《尊德義》：“因亙（恆）則古（固），戠（察）匸（匿）則亡避（僻），不當（黨）則亡悁（怨）。”

戩與察

《性自》：“戩（察）其見者，青（情）安遳（失）才（哉）？”按，“戩（察）”字從裘按（《郭店楚墓竹簡·性自命出》篇注［四〇］）讀。

敚與察

《子儀》：“辟（譬）之女（如）兩犬貕（延）河敹（啜）而獙（䀆），敳（豈）愧（畏）不跌（足），心則不敚（察）？”

剉與蔡

《容成氏》：“不折（製）革，不釰（刃）金，不鉻（略）矢，田無剉（蔡），厇（宅）不工（空），閘（關）市無賦。”

詧與察

《季桓子》：“與之居（處）而詧（察）聕（問）其所學，先▨。”按，“詧（察）”字從陳偉《讀〈上博六〉條記之二》（簡帛網，2007年7月10日）釋讀。下同。

《季桓子》：“女（如）夫悬（仁）人之未詧（察），其行居（處）可明而智（知）牙（歟）？”

《季桓子》：“行年民（彌）舊（久），聕（問）學不詧（察）不倞。”

《季桓子》：“是詧（察），求之於中，此以不惪（惑），而民道（導）之。”

坶與踐

《繫年七》：“述（遂）朝周襄王于衡雝，獻楚俘馘，盟（盟）者（諸）侯於坶（踐）土。”

淺與淺

《子產》：“求訫（信）又（有）事，淺（淺）以訫（信）罙=（深，深）以訫（信）淺（淺）。”

滯與淺

《五行》：“深，莫敢不深；滯（淺），莫敢不滯（淺）。”

湔與淺

《用曰》：“又（有）但（祖）之深，而又（有）弔之湔（淺）。”

濼與淺

《性自》：“芺（笑），憘〈憙〉之濼=（淺澤）也。樂，憘〈憙〉之深澤也。”按，“濼=（淺澤）”字從裘按（《郭店楚墓竹簡·性自命出》篇注［一九］）讀。

廙與質

《亙先》：“亙（極）先無又（有），廙（質）、青（靜）、虚。”

《亙先》：“廙（質），大廙（質）；青（靜），大青（靜）；虚，大虚。”

敹與竊

《語叢四》：“敹（竊）鉤（鈎）者戝（誅），敹（竊）邦者爲者（諸）侯。者（諸）侯之門，義士之所廌（存）。”按，“敹（竊）”字從裘按（《郭店楚墓竹簡·語叢四》篇注［七］）讀。

敹與質

《容成氏》：“舜乃欲會天陛（地）之熈（氣）而聖（聽）甬（用）之，乃立敹（質）以爲樂正。敹（質）既受命，乍（作）爲六頪（律）六郘〈郘（呂）〉，支（辨）爲五音，以定男女之聖（聲）。”

𥢶與竊

《楚居》：“爲梫（便）室₌（室，室）既成，無以内（納）之，乃𥢶（竊）若（鄀）人之犅（犝）以祭。”

誇與察

《堯王》：“☐誇（察）之於堯₌（堯，堯）刣（始）甬（用）之嘉悳（德）☐。”按，“誇”原形作“”，似當讀作“察”。

諓與察

《五行》：“思不精不諓（察），思不倀（長）不₌型₌（不形，不形）不₌安₌（不安，不安）不₌藥₌（不樂，不樂）亡悳（德）。”按，“諓”字原文作“”，目前一般認爲所從“”旁即“辛”之變體。但是，楚簡中讀作噬、筮、滯、逝的嗇、澨、畝、章、遾等字所從之“辛”旁均不作此形。

《五行》：“悬（仁）之思也清₌（清，清）則諓₌（察，察）則安₌（安，安）則悃₌（溫，溫）則兑₌（悦，悦）則㝷₌（戚，戚）則新₌（親，親）則忢₌（愛，愛）則玉₌色₌（玉色，玉色）則型₌（形，形）則悬（仁）。”

《五行》：“悬（仁）之思也清₌（清，清）則諓₌（察，察）則安₌（安，安）則悃₌（溫，溫）則兑₌（悦，悦）則㝷₌（戚，戚）則新₌（親，親）則忢₌（愛，愛）則玉₌色₌（玉色，玉色）則型₌（形，形）則悬（仁）。”

《窮達》：“諓（察）天人之分，而智（知）所行矣。”

《語叢一》：“諓（察）天道以愢（化）民熈（氣）。”

《曹沫》：“其賞譏（淺）虘（且）不中，其誼（誅）堊（重）虘（且）不諓（察）。”

《鮑叔牙》：“公弗詰躅（誅），臣唯（雖）欲訐（諫），或不得見，公沽（固）弗諓（察）。”

倂與㤝

《語叢二》：“返（急）生於忩（欲），倂（㤝）生於返（急）。”按，“倂（㤝）”字從劉釗師《郭店楚簡〈語叢二〉箋釋》（《古墓新知——紀念郭店楚簡出土十周年論文專輯》，國際炎黃文化出版社，2003年）讀。

禮與禪

《唐虞》：“湯（唐）吴（虞）之道，禮（禪）而不徳（傳）。”

《唐虞》：“禮（禪）而不徳（傳），聖之盛也；利天下而弗利也，悬（仁）之至也。”

《唐虞》：“忢（愛）親古（故）孝，尊臤（賢）古（故）禮（禪）。孝之杀（殺），忢（愛）天下之民；禮（禪）之湅（等），世亡忄（隱）直（德）。孝，悬（仁）之免（冕）也；禮（禪），義之至也。”

《唐虞》：“禮（禪）而不連（傳），義亙（恆）☐。”

《唐虞》：“禮（禪）也者，上直（德）受（授）臤（賢）之胃（謂）也。”

《唐虞》："不禮（禪）而能蟡（化）民者，自生民未之又（有）也。"

《唐虞》："☐之正者，能以天下禮（禪）歖（矣）。"

《唐虞》："堯禮（禪）天下而受（授）之，南面而王而〈天〉下而甚君。古（故）堯之禮（禪）虖（乎）舜也，女（如）此也。"

《唐虞》："四枳（肢）朕（倦）陰（惰），耳目旿（聒）明衰，禮（禪）天下而受（授）臤（賢），退而敎（養）其生，此以智（知）其弗利也。"

罨與然

《五行》："审（中）心兑（悦）罨（然），遷（遷）於瑅₌（兄弟），臺（戚）也。"按，"罨（然）"字從白於藍讀《郭店楚墓竹簡釋讀劄記》（《古文字論集（二）》，考古與文物叢刊第四號，2001年）讀。

晢與鄉

《緇衣》："古（故）君子之友也又（有）向（鄉），其亞（惡）又（有）方。"按，上博簡本《緇衣》向（鄉）作晢。

憂與隕

《周易·姤》："九五：以芑（杞）橐（包）苽（瓜）。欽（含）章，又（有）憂（隕）自天。"

憂與塤

《周易·姤》："九五：以芑（杞）橐（包）苽（瓜）。欽（含）章，又（有）憂（隕）自天。"按，帛書本憂（隕）作塤。

戔與衛

《周易·大畜》："九厽（三）：良馬由（逐），利堇（艱）貞。曰：班（閑）車（輿）戔（衛），利又（有）卣（攸）往。"

《陳公》："☐檐（擔）徒，州（調）其徒戔（衛）。"

《芮良夫》："以力及笅（作），燮（襲）㦰（仇）啟鄭（國），以武圣（及）恿（勇），戔（衛）想（相）社禝（稷）。"

𩞁與宛

《詩論》："《少（小）𩞁（宛）》，其言不亞（惡），少有怎（佞）安（焉）。"

《鄭壽》："畣（答）：'女（如）毀新都戕陸（陵）、臨昜（陽），殺左尹𩞁（宛）、少帀（師）亡（無）忌（忌）。'"按，"𩞁（宛）"字從陳偉《讀〈上博六〉條記》（簡帛網，2007年7月9日）、何有祖《讀〈上博六〉劄記》（簡帛網，2007年7月9日）讀。

𩞁與琬

《容成氏》："不量其力之不足，记（起）帀（師）以伐昏（岷）山是（氏），取其兩女晉（琰）、𩞁（琬）。"

𩞁與晏

《鄭武》："古（故）君與夫₌（大夫）𩞁（晏）安（焉），不相得啞（惡）。"

夶與依

《語叢三》："志於衍（道），㢧（據）於悳（德），夶（依）於悬（仁），遊於埶（藝）。"按，"夶（依）"字從龐樸《初讀郭店楚簡》（《歷史研究》1998年4期）讀。此字原形作""，也可能應當分析作從㚘厂聲，在此讀作"倚"。《說文》："㚘，並行也。从二夫，輦字从此。讀若伴侶之伴。""㚘"有可能就是"伴侶"之"伴"的本字。伴、依義近。《廣韻·緩韻》："伴，依也。"《楚辭·九章·悲回風》："伴張弛之信期。"蔣驥《注》："伴，依也。"上古音"厂"

爲曉母元部字，“倚”爲影母歌部字，讀音相近。《説文》：“依，倚也。”《論語·述而》：“依於仁。”何晏《集解》：“依，倚也。”劉寶楠《正義》：“依仁猶言親仁，謂於仁人當依倚之也。”

㲽與罪

《説命上》：“王命氒（厥）百攻（工）向（像），以貨旬（營）求敓（説）于邑人，隹（惟）㲽（罪）人得敓（説）于専（傅）厰（巖）。”按，“㲽（罪）”字從白於藍《清華簡〈説命〉三篇校釋》（《中國文字研究》第二十三輯，上海書店出版社，2016年）釋讀。

胷與腓

《周易·咸》：“六二：欽（咸）其胷（腓），凶，凥（居）吉。”

《周易·咸》：“九厽（三）：欽（咸）其胷（腓），執其陸（隨），吝。”

胷與矍

《周易·咸》：“六二：欽（咸）其胷（腓），凶，凥（居）吉。”按，帛書本胷（腓）作矍。下同。

《周易·咸》：“九厽（三）：欽（咸）其胷，執其陸（隨），吝。”

䖍與脣

《用曰》：“用曰：䖍（脣）亡齒倉〈寒〉。”

㣇與達

《周易·井》：“井：改邑不改井，亡（无）喪亡（无）得，往來井＝（井井）。气（汔）至，亦母（毋）㣇（達）井。羸（羸）其絣（瓶），凶。”按，“㣇（達）”字從陳劍《上博竹書〈周易〉異文選釋（六則）》（《出土簡帛文獻與古代學術國際研討會會議論文集》，臺北市政治大學，2005年）釋讀。

鼢與一

《凡物甲》：“能寡言，虐（吾）能鼢（一）虐（吾）。”按，“鼢（一）”字從沈培《略説〈上博（七）〉新見的“一”字》（復旦大學出土文獻與古文字研究中心網，2008年12月31日）讀。下十八例同。

《凡物甲》：“百眚（姓）𠩺＝（之所）貴唯君＝（君，君）𠩺＝（之所）貴唯心＝（心，心）𠩺＝（之所）貴唯鼢（一）。”

《凡物甲》：“戠（察）此，言㞭（起）於鼢（一）耑（端）。”

《凡物甲》：“鼢（一）生兩，兩生厽（三），厽（三）生女＝〈四＝（四，四）〉成結。”

《凡物甲》：“是古（故）又（有）鼢（一），天下亡（無）不又（有）；亡（無）鼢（一），天下亦亡（無）鼢（一）又（有）。”

《凡物甲》：“能戠（察）鼢（一），則百勿（物）不遊（失）；女（如）不能戠（察）鼢（一），則百勿（物）具遊（失）。”

《凡物甲》：“女（如）欲戠（察）鼢（一），卬（仰）而視之，府（俯）而𡉈之，母（毋）遠怺（求）乇（度），於身旨（稽）之。”

《凡物甲》：“得鼢（一）［而］慖（圖）之，女（如）并天下而叡（抯）之；得鼢（一）而思之，若并天下而詞（治）之。□鼢（一）以爲天陛（地）旨。”

《凡物甲》：“是（？）古（故）鼢（一），叡（咀）之又（有）未（味），𪖨（嗅）【之有臭】，鼓之又（有）聖（聲），忻（近）之可見，操之可操，㨥（握）之則遊（失），敗之則高（槁），測（賊）之則滅。”

《凡物甲》：“戠（察）此，言㞭（起）於鼢（一）耑（端）。”

《凡物甲》：“鼢（一）言而禾〈終〉不𣎆

（窮），鼠（一）言而又（有）眾〖眾〗，鼠（一）言而萬民之利，鼠（一）言而爲天陞（地）旨。”

《凡物乙》：“戠（察）鼠（一），則百勿（物）不遊（失）；女（如）不能戠（察）鼠（一），則百勿（物）具遊（失）。”

《凡物乙》：“得鼠（一）而惛（圖）之，女（如）并天下而虘（抯）之；得鼠（一）而思之，若并天下☐。”

《凡物乙》：“能寡言，虘（吾）能鼠（一）虘（吾）。”

《凡物乙》：“百眚（姓）斎=（之所）貴唯君=（君，君）斎=（之所）貴唯心=（心，心）斎=（之所）貴唯鼠（一）。”

《凡物乙》：“戠（察）此，言迟（起）於鼠（一）耑（端）。”

《凡物乙》：“鼠（一）生兩☐。”

《凡物乙》：“☐於鼠（一）耑（端）。”

《凡物乙》：“鼠（一）言而禾〈終〉不膾（窮），鼠（一）言而又（有）眾，鼠（一）言☐。”

《王居》：“於此，虘（吾）鼠（一）恥於告夫=（大夫）。”按，“鼠（一）”字從復旦吉大古文字專業研究生聯合讀書會《上博八〈王居〉、〈志書乃言〉校讀》（復旦大學出土文獻與古文字研究中心網，2011 年 7 月 17 日）釋讀。

《史蒥》：“立於陞（地）之上，鼠（一）或不免又（有）謂（禍）。”按，“鼠（一）”字從何有祖《讀〈上海博物館藏戰國楚竹書（九）〉札記》（簡帛網，2013 年 1 月 6 日）讀。

《命訓》：“樂不緍（伸），哀不至，均不鼠（一），季（惠）必仞=（忍人）。”

《啻門》：“鼠（一）月飤（始）昜（揚），二月乃裹，三月乃刑（形）。”

鼠與益

《柬大王》：“王曰：‘女（如）㲋（吝），速祭之，虘（吾）㾜鼠（益）疠（病）。’”按，“鼠”似當讀作“益”。

戠與察

《凡物甲》：“戠（察）道，坐（坐）不下笞（席）；耑（揣）𡕛（文），箸（書）不與事。”按，“戠（察）”字從何有祖《〈凡物流形〉劄記》（簡帛網，2008 年 12 月 31 日）讀。下同。

《凡物甲》：“系（奚）胃（謂）少（小）敡（徹）？人白（泊）爲戠（察）。”

《凡物甲》：“至情而智（知），戠（察）智（知）而神，戠（察）神而同，【戠（察）同】而僉（險），戠（察）僉（險）而困，戠（察）困而復。”

《凡物甲》：“戠（察）此，言迟（起）於鼠（一）耑（端）。”

《凡物甲》：“是古（故）戠（察）道，所以攸（修）身而詞（治）邦家。”

《凡物甲》：“能戠（察）鼠（一），則百勿（物）不遊（失）；女（如）不能戠（察）鼠（一），則百勿（物）具遊（失）。”

《凡物甲》：“女（如）欲戠（察）鼠（一），卬（仰）而視之，府（俯）而☐之，母（毋）遠怺（求）厇（度），於身旨（稽）之。”

《凡物甲》：“戠（察）此，言迟（起）於鼠（一）耑（端）。”

《凡物乙》：“戠（察）道，坐（坐）不下笞（席）；耑（揣）𡕛（文）☐。”

《凡物乙》：“戠（察）鼠（一），則百勿（物）不遊（失）；女（如）不能戠（察）鼠（一），則百勿（物）具遊（失）。”

《凡物乙》：“女（如）欲戠（察）鼠（一），卬（仰）而視之，府（俯）而☐之，母（毋）

遠悎（求）尾（度），於身旨（稽）之。”

《凡物乙》：“至情而智（知），戠（察）智（知）而神，戠（察）神而同，戠同而僉（險），戠（察）僉（險）而困，戠（察）困而復。”

《凡物乙》：“戠（察）此，言卲（起）於鼠（一）耑（端）。”

剉與挫

《老子》甲：“剉其顏（銳），解其紛，是胃（謂）玄同。”按，今本剉作挫。

剉與坐

《老子》甲：“剉其顏（銳），解其紛，是胃（謂）玄同。”按，帛書甲本剉作坐。

剉與銼

《老子》甲：“剉其顏（銳），解其紛，是胃（謂）玄同。”按，帛書乙本剉作銼。

勧與助

《子產》：“以勧（助）上牧民₌（民。民）又（有）怹（過）遠（失）、囂（傲）遠（佚），弗誼（誅）。”

《子產》：“以勧（助）政直（德）之固₌（固。固）以自守。”

䖝與助

《有皇》：“又（有）皇（凰）酒（將）记（起）含可（兮），䖝（助）余孝（教）保子含可（兮）。”按，“䖝（助）”字從復旦吉大古文字專業研究生聯合讀書會《上博八〈有皇將起〉校讀》（復旦大學出土文獻與古文字研究中心網，2011年7月17日）讀。下同。

《有皇》：“能與余相䖝（助）含可₌（兮。可）㠯（幾）成夫含可（兮）。”

勧與助

《厚父》：“者（都）！魯天子！古天降下民，埶（設）萬邦，复（作）之君，复（作）之币（師），隹（惟）曰其勧（助）上帝。”

藼與助

《皇門》：“乞（迄）又（有）寳（孚），以藼（助）氒（厥）辟，堇（勤）卹（恤）王邦王家。”

《皇門》：“我王訪良言於是人，斯乃非休悳（德）以膺（應），乃隹（維）乍（詐）區（詬）以畣（答），卑（俾）王之亡（無）依亡（無）藼（助）。”

《皇門》：“朕遺父兄眔朕律（藎）臣，夫明尔（爾）悳（德），以藼（助）余一人悳（憂）。”

《皇門》：“是人斯藼（助）王共（恭）明祀，敷（布）明刑。”

《皇門》：“是人斯既藼（助）氒（厥）辟，堇（勤）勞王邦王家。”

𣥠與捷

《邦人》：“戰於瀲，戰於，戰於長□、曲陸（隨），三戰而三𣥠（捷），而邦人不再（稱）勇安（焉）。”按，“𢧵（捷）”字從陳劍《簡談〈繫年〉的“𢧵”和楚簡部分“𣥠”字當釋讀爲“捷”》（復旦大學出土文獻與古文字研究中心網，2013年1月16日）讀。

𢧵與捷

《繫年六》：“立六年，秦公衒（率）自（師）牙（與）惠公戰于魜（韓），𢧵（捷）惠公以歸。”按，“𢧵（捷）”字從陳劍《簡談〈繫年〉的“𢧵”和楚簡部分“𣥠”字當釋讀爲“捷”》（復旦大學出土文獻與古文字研究中心網，2013年1月16日）讀。下同。

《繫年六》：“二邦伐緒（都），遷（徙）之中城，回（圍）商寗（密），𢧵（捷）繡（申）公子義（儀）以歸。”

《繫年十五》:“連尹戠(捷)於河雝,其子墨(黑)要也或(又)室少盐。”
《繫年十六》:“晉競(景)公會者(諸)侯以救(救)鄭₌(鄭,鄭)人戠(捷)芸(鄖)公義(儀)。”
《繫年二三》:“競(景)之賈與虘(舒)子共戠(捷)而死。”
《繫年二三》:“逾(降)郛(部),戠(捷)郑(滕)公涉澗以歸,以復長陵之自(師)。”

眀與乂

《祭公》:“我亦隹(惟)又(有)若且(祖)禮(祭)公,坙(修)和周邦,保眀(乂)王家。”

叟與乂

《祭公》:“其皆自寺(時)审(中)叟(乂)萬邦。”

皇與堵

《楚居》:“至皇(堵)嚣(敖)自福丘遲(徙)袠(襲)箬(鄀)郢。”
《繫年五》:“殺賽(息)侯,取賽(息)爲(嬀)以歸,是生皇(堵)嚣(敖)及成王。”
《鄭甲》:“君女(如)由皮(彼)孔雪(叔)、逵(佚)之巳(夷)、帀(師)之佢鹿、皇(堵)之俞瓕(彌)。”
《鄭乙》:“君女(如)由皮(彼)孔雪(叔)、逵(佚)之巳(夷)、帀(師)之佢鹿、皇(堵)之俞瓕(彌)。”

孨與纘

《繫年三》:“成王孨(纘)伐商邑,殺宗(禄)子耿,飛曆(廉)東逃于商盍(奄)氏。”按,“孨(纘)”字從清華大學出土文獻讀書會《〈清華大學藏戰國竹簡〉(貳)研讀劄記(二)》(復旦大學出土文獻與古文字研究中心網,2011年12月31日)釋讀。

鄁與絳

《繫年十七》:“繳(樂)緹(盈)出奔齊₌(齊。齊)臧(莊)公光衛(率)自(師)以逐繳₌緹₌(樂盈。樂盈)富(襲)鄁(絳)而不果,奔内(入)於曲夭(沃)。”

圚與厲

《説命中》:“若圚(厲)水,女(汝)叏(作)舟。”按,“圚(厲)”字從白於藍《清華簡〈説命〉三篇校釋》(《中國文字研究》第二十三輯,上海書店出版社,2016年)讀。

圚與滿

《芮良夫》:“母(毋)惏(婪)惫(貪)、猍(淆)昆(混)、圚(滿)盪(盈)、康戲而不智(知)萛(寤)告(覺)。”
《芮良夫》:“屯員(圓)圚(滿)溢(溢),曰余(予)未均。”

臾與坤

《筮法十四》:“凸(凡)貞女子,月朝臾(坤)之卒(萃),乃吉,亡春夏秋冬。”
《筮法二二》:“凸(凡)倝(乾),月₌(月夕)吉;臾(坤),月朝吉。”
《筮法二二》:“臾(坤)朗(晦)之日逆倝(乾)以長(當)巽。”
《筮法二二》:“内(入)月五日豫(舍)巽,倝(乾)臾(坤)長(當)艮。”
《筮法二二》:“旬,倝(乾)、臾(坤)乃各彼(返)其所。”
《筮法二五》:“倝(乾),甲壬。臾(坤),乙癸。”
《筮法二六》:“臾(坤)祟:門、行。屯(純)

乃母。”

緐與歡

《啻門》:“其槩（氣）晉緐（歡）發綯（治），是其爲長虘（且）好才（哉）。”

譖與震

《命訓》:“事不譖（震），正（政）不成，教（藝）不逕（淫），豊（禮）又（有）岩（時）。”

覭與蔑

《子產》:“乃埶（設）六専（輔）：子羽、子剌、覭（蔑）明、卑登、佰（富）之芠、王子百。”

温與脈

《足臂脈・足》：“足泰（太）陽温（脈）。”

《足臂脈・足》：“諸病此物者，皆久（灸）泰（太）陽温（脈）。”

《足臂脈・足》：“足少陽温（脈）。”

《足臂脈・足》：“諸【病】此物者，皆久（灸）少陽温（脈）。”

《足臂脈・足》：“足陽明温（脈）。”

《足臂脈・足》：“諸病此物者，皆久（灸）陽明温（脈）。”

《足臂脈・足》：“足少陰温（脈）。”

《足臂脈・足》：“足泰（太）陰温（脈）。”

《足臂脈・足》：“諸病此物者，皆久（灸）足泰（太）陰温（脈）。”

《足臂脈・足》：“足帣（厥）陰温（脈）。”

《足臂脈・足》：“以上出胻内兼（廉），上【踝】八寸，交泰（太）陰温（脈）。”

《足臂脈・足》：“諸病此物者，久（灸）帣（厥）陰温（脈）。”

《足臂脈・足》：“揗温（脈）如三人参春，不過三日死。”

《足臂脈・足》：“温〈温（脈）〉絕如食頃，不過三日死。”

《足臂脈・臂》：“臂泰（太）陰温（脈）。”

《足臂脈・臂》：“諸病此物者，皆久（灸）臂泰（太）陰温（脈）。”

《足臂脈・臂》：“臂泰（太）陽温（脈）。”

《足臂脈・臂》：“諸病此物者，皆久（灸）臂泰（太）陽温（脈）。”

《足臂脈・臂》：“臂少陽温（脈）。”

《足臂脈・臂》：“諸病此物者，皆久（灸）臂少陽之温（脈）。”

《足臂脈・臂》：“臂陽明温（脈）。”

《足臂脈・臂》：“諸病此物者，皆久（灸）臂陽明𧖴（脈）。”

《足臂脈・臂》：“上足温（脈）六、手𧖴五。”

誹與包

《繫辭》:“誹（包）戲（犧）是（氏）沒，神戎（農）是（氏）作。”

主要參考文獻

專 著：

白於藍：《簡牘帛書通假字字典》，福建人民出版社，2008 年。

白於蓝：《戰國秦漢簡帛古書通假字彙纂》，福建人民出版社，2012 年。

陳 偉：《包山楚簡初探》，武漢大學出版社，1996 年。

陳 偉：《郭店竹書別釋》，湖北教育出版社，2002 年。

馮勝君：《論郭店簡〈唐虞之道〉、〈忠信之道〉、〈語叢〉——三以及〈緇衣〉爲具有齊系文字特點的抄本》，北京大學博士後研究工作報告，2004 年。

高 明：《帛書老子校注》，中華書局，1996 年。

高 亨：《古字通假會典》，齊魯書社，1989 年。

季旭昇：《〈上海博物館藏戰國楚竹書（一）〉讀本》，臺北萬卷樓圖書股份有限公司，2004 年。

季旭昇：《〈上海博物館藏戰國楚竹書（二）〉讀本》，臺北萬卷樓圖書股份有限公司，2003 年。

季旭昇：《〈上海博物館藏戰國楚竹書（三）〉讀本》，臺北萬卷樓圖書股份有限公司，2005 年。

季旭昇：《〈上海博物館藏戰國楚竹書（四）〉讀本》，臺北萬卷樓圖書股份有限公司，2007 年。

李 零：《長沙子彈庫戰國楚帛研究》，中華書局，1985 年。

李 零：《郭店楚簡校讀記（增訂本）》，北京大學出版社，2002 年。

李 零：《上博楚簡三篇校讀記》，臺北萬卷樓圖書股份有限公司，2002 年。

李守奎：《楚文字編》，華東師範大學出版社，2003 年。

李天虹：《郭店竹簡〈性自命出〉研究》，湖北教育出版社，2003 年。

廖名春：《帛書〈周易〉論集》，上海古籍出版社，2008 年。

劉 冬：《銀雀山漢簡校讀叢劄》，南京師範大學 2004 年碩士學位論文。

劉樂賢：《睡虎地秦簡日書研究》，文津出版社，1994 年。

劉信芳：《荊門郭店竹簡〈老子〉解詁》，藝文印書館，1999 年。

劉信芳：《子彈庫楚墓出土文獻研究》，藝文印書館，2002 年。

劉 釗：《郭店楚簡校釋》，福建人民出版社，2003 年。

馬繼興：《馬王堆古醫書考釋》，湖南科學技術出版社，1992 年。

馬王堆漢墓帛書整理小組編：《馬王堆漢墓帛書・經法》，文物出版社，1976 年。

牛新房：《戰國竹書研究方法探析》，華南師範大學博士學位論文，2010 年。

龐　樸：《帛書五行篇研究》，齊魯書社，1980年。
蘇建洲：《〈上博楚竹書〉文字及相關問題研究》，臺北萬卷樓圖書股份有限公司，2008年。
王子今：《睡虎地秦簡〈日書〉甲種疏證》，湖北教育出版社，2003年版。
魏啟鵬、胡翔驊：《馬王堆漢墓醫書校釋（壹）》，成都出版社，1992年。
魏啟鵬、胡翔驊：《馬王堆漢墓醫書校釋（貳）》，成都出版社，1992年。
吳小強：《秦簡日書集釋》，嶽麓書社，2000年。
銀雀山漢墓竹簡整理小組：《銀雀山漢墓竹簡·孫子兵法》，文物出版社，1976年。
于省吾：《雙劍誃諸子新證》，中華書局，1962年。
張富海：《郭店楚簡〈緇衣〉研究》，北京大學碩士學位論文，2002年。
張震澤：《孫臏兵法校理》，中華書局，1984年。
周一謀、蕭佐桃：《馬王堆醫書考注》，天津科學技術出版社，1988年。
朱謙之：《老子校釋》，中華書局，1984年。

論　文：

安徽大學古文字研究室：《上海楚竹書（二）研讀記》，簡帛研究網，2003年1月13日。
白於藍：《〈郭店楚墓竹簡〉釋文正誤一例》，《吉林大學學報》1999年2期。
白於藍：《〈郭店楚墓竹簡〉讀後記》，《中國古文字研究》第一輯，吉林大學出版社，1999年。
白於藍：《郭店楚簡〈老子〉"孟"、"賽"、"坙"校釋》，《古籍整理研究學刊》2000年3期。
白於藍：《郭店楚簡拾遺》，《華南師範大學學報》2000年3期。
白於藍：《釋"孚"、"䡥"》，《古文字研究》第二十二輯，中華書局，2000年。
白於藍：《郭店楚簡補釋》，《江漢考古》2001年2期。
白於藍：《包山楚簡補釋》，《中國文字》新二十七期，藝文印書館，2001年。
白於藍：《孫叔敖"三相三去"考》，《中國史研究》2001年2期。
白於藍：《郭店楚簡考釋（四篇）》，《簡帛研究2001》，廣西教育出版社，2001年。
白於藍：《郭店楚墓竹簡釋讀劄記》，《古文字論集（二）》，考古與文物叢刊第四號，2001年。
白於藍：《〈戰國縱橫家書〉"赬"字考》，《古籍整理研究學刊》2002年4期。
白於藍：《〈上海博物館藏戰國楚竹書（一）〉釋注商榷》，《華南師範大學學報》2002年5期。
白於藍：《釋"[illegible]"》，《古文字研究》第二十四輯，中華書局，2002年。
白於藍：《"玄咎"考》，《吉林大學古籍整理研究所建所二十周年紀念文集》，吉林文史出版社，2003年。
白於藍：《〈容成氏〉編連問題補議》，《華南師範大學學報》2004年4期。
白於藍：《讀上博簡（二）劄記》，《江漢考古》2005年4期。
白於藍：《上海博物館藏竹簡〈容成氏〉"凡民俾敂者"考》，《文物》2005年11期。

白於藍:《讀郭店簡瑣記（三篇）》,《古文字研究》第二十六輯，中華書局，2006年。
白於藍:《〈曹沬之陳〉新編釋文及相關問題探討》,《中國文字》新三十一期，藝文印書館，2006年。
白於藍:《〈簡牘帛書通假字字典〉部分按語的補充説明》,《新果集——慶祝林澐先生七十歲論文集》，科學出版社，2008年。
白於藍:《利用郭店楚簡校讀古書二例》,《華南師範大學學報》2010年2期。
白於藍:《睡虎地秦簡〈爲吏之道〉校讀劄記》,《江漢考古》2010年3期。
白於藍:《銀雀山漢簡校釋》,《考古》2010年12期。
白於藍:《釋"叓"》,《古文字研究》第二十八輯，中華書局，2010年10月。
白於藍:《虎溪山漢簡〈閻氏五勝〉校讀二記》,《出土文獻與古文字研究》第三輯，復旦大學出版社，2010年。
白於藍:《釋"乲"》,《中國文字研究》第十四輯，大象出版社，2011年。
白於藍:《釋"䍃"、"屖"》,《古漢語研究》2011年3期。
白於藍:《銀雀山漢簡（二）校讀六記》,《簡帛》第十輯，上海古籍出版社，2015年。
白於藍、段　凱:《清華簡〈保訓〉篇竹簡編連問題芻議》,《古文字研究》第三十輯，中華書局，2014年。
白於藍:《釋"鳥"》,《中國文字研究》第二十一輯，上海書店出版社，2015年。
白於藍、段　凱:《清華簡〈説命〉三篇校釋》,《中國文字研究》第二十三輯，上海書店出版社，2016年。
白於藍:《清華簡〈芮良夫毖〉6—8號簡校釋》,《古文字研究》第三十一輯，中華書局，2016年。
白於藍、吴　祺:《清華簡〈厚父〉校釋四則》,《簡帛研究2016秋冬卷》，廣西師範大學出版社，2017年。
抱　小:《簡帛拾遺》，國學網，2004年8月26日。
抱　小:《北大漢簡〈妄稽〉初讀》，復旦大學出土文獻與古文字研究中心網，2015年12月19日。
補　白:《清華簡〈殷高宗問於三壽〉臆説四則》，復旦大學出土文獻與古文字研究中心網，2015年4月16日。
補　白:《關於〈北京大學藏西漢竹書（伍）〉釋文注釋的幾點意見》，復旦大學出土文獻與古文字研究中心網，2015年11月14日。
補　白:《北大簡〈妄稽〉中與簡61、62有關的簡序試調》，復旦大學出土文獻與古文字研究中心網，2016年6月7日。
蔡　偉:《〈銀雀山漢墓竹簡（貳）〉札記》，復旦大學出土文獻與古文字研究中心網，2010年10月30日。
蔡　偉:《讀竹簡札記四則》，復旦大學出土文獻與古文字研究中心網，2011年4月9日。
蔡　偉:《試説北大漢簡〈妄稽〉之"臂肤八寸"》，復旦大學出土文獻與古文字研究中心網，

2012年12月22日。

蔡　偉:《釋"百丩旨身鯩鮨"》,復旦大學出土文獻與古文字研究中心網,2013年1月16日。

蔡　偉:《古書校勘釋例——以出土簡帛古書與幾種早期寫本爲中心》,復旦大學博士學位論文,2014年。

曹方向:《清華簡〈湯處於湯丘〉補論一則》,簡帛網,2015年4月13日。

曹方向:《據清華簡釋上博簡的"鈙"字》,簡帛網,2014年1月9日。

曹建敦:《上博簡(九)〈陳公治兵〉研讀劄記(二)》,復旦大學出土文獻與古文字研究中心,2013年4月23日。

池田知久:《〈馬王堆漢墓帛書周易〉要篇之研究》,《東洋文化研究所紀要》第一百二十三冊,1994年。

池田知久:《〈馬王堆漢墓帛書周易〉要篇之思想》,《東洋文化研究所紀要》第一百二十六冊,1995年。

陳　劍:《〈孔子詩論〉補釋一則》,《國際簡帛研究通訊》第二卷第三期,2002年。

陳　劍:《郭店簡〈窮達以時〉、〈語叢四〉的幾處簡序調整》,《國際簡帛研究通訊》第二卷第五期,2002年。

陳　劍:《上博簡〈子羔〉、〈從政〉篇的竹簡拼合與編連問題小議》,簡帛研究網,2003年1月8日。

陳　劍:《上博簡〈容成氏〉的拼合與編連問題小議》,簡帛研究網,2003年1月9日。

陳　劍:《上博楚簡〈容成氏〉與古史傳説》,臺灣"中央研究院"史語所"中國南方文明研討會"論文,2003年。

陳　劍:《郭店簡補釋三篇》,《古墓新知——紀念郭店楚簡出土十周年論文專輯》,國際炎黃文化出版社,2003年。

陳　劍:《上博竹書〈仲弓〉篇新編釋文(稿)》,簡帛研究網,2004年4月18日。

陳　劍:《上海博物館藏戰國楚竹書〈從政〉篇研究(三題)》,第三屆國際簡帛研討會(Mount Holyoke College, U.S.A.)論文,2004年4月。

陳　劍:《甲骨金文舊釋"尤"之字及相關諸字新釋》,《北京大學中國古文獻研究中心集刊》第四輯,北京大學出版社,2004年。

陳　劍:《上博竹書〈周易〉異文選釋(六則)》,《出土簡帛文獻與古代學術國際研討會會議論文集》,臺北市政治大學,2005年。

陳　劍:《上博竹書〈曹沫之陳〉新編釋文》,簡帛研究網,2005年2月12日。

陳　劍:《上博竹書〈昭王與龔之脽〉和〈柬大王泊旱〉讀後記》,簡帛研究網,2005年2月15日。

陳　劍:《釋上博竹書〈昭王毁室〉的"幸"字》,簡帛網,2005年12月16日。

陳　劍:《談談〈上博(五)〉的竹簡分篇、拼合與編聯問題》,簡帛網,2006年2月19日。

陳　劍:《〈上博(五)〉零劄兩則》,簡帛網,2006年2月21日。

陳　劍:《上博竹書“葛”字小考》,簡帛網,2006年3月10日。
陳　劍:《〈三德〉竹簡編聯的一處補正》,簡帛網,2006年4月1日。
陳　劍:《也談〈竞建内之〉簡7的所謂“害”字》,簡帛網,2006年6月16日。
陳　劍:《讀〈上博(六)〉短札五則》,簡帛網,2007年7月20日。
陳　劍:《郭店簡〈尊德義〉和〈成之聞之〉的簡背數字與其簡序關係的考察》,《簡帛》第二輯,上海古籍出版社,2007年。
陳　劍:《釋“琮”及相關諸字》,《甲骨金文考釋論集》,綫裝書局,2007年。
陳　劍:《釋上博竹書和春秋金文的“羹”字異體》,復旦大學出土文獻與古文字研究中心網,2008年1月6日。
陳　劍:《〈上博(六)·孔子見季桓子〉重編新釋》,復旦大學出土文獻與古文字研究中心網,2008年3月22日。
陳　劍:《清華簡〈金縢〉研讀三題》,《出土文獻與古文字研究》第四輯,上海古籍出版社,2011年。
陳　劍:《〈上博(八)·子道餓〉補説》,復旦大學出土文獻與古文字研究中心網,2011年7月19日。
陳　劍:《〈上博(八)·王居〉復原》,復旦大學出土文獻與古文字研究中心網,2011年7月20日。
陳　劍:《簡談〈繫年〉的“戠”和楚簡部分“耆”字當釋讀爲“捷”》,復旦大學出土文獻與古文字研究中心網,2013年1月16日。
陳　劍:《〈成王爲城濮之行〉的“受”字和“縠菟余”》,復旦大學出土文獻與古文字研究中心網,2013年10月21日。
陳　劍:《〈清華簡(伍)〉與舊説互證兩則》,復旦大學出土文獻與古文字研究中心網,2015年4月14日。
陳　劍:《〈妄稽〉〈反淫〉校字拾遺》,復旦大學出土文獻與古文字研究中心網,2016年7月4日。
陳　絜:《清華簡〈繫年〉第二十章地名補正》,清華大學出土文獻研究與保護中心《清華簡〈繫年〉與古史新探學術研討會會議論文集》,2015年10月。
陳斯鵬:《論周原甲骨和楚系簡帛中的“囟”與“思”——兼論卜辭命辭的性質》,《第四屆國際中國古文字學研討會論文集》,香港中文大學中國語言及文學系,2003年。
陳斯鵬:《上海博物館藏楚簡〈彭祖〉新釋》,《華學》第七輯,中山大學出版社,2004年。
陳斯鵬:《上海博物館藏楚簡〈曹沫之陳〉釋文校理稿》,簡帛研究網,2005年2月20日。
陳斯鵬:《初讀上博竹書(四)文字小記》,簡帛研究網,2005年3月6日。
陳斯鵬:《〈柬大王泊旱〉編聯補議》,簡帛研究網,2005年3月10日。
陳斯鵬:《讀〈上博竹書(五)〉小記》,簡帛網,2006年4月1日。
陳松長:《帛書〈繫辭〉釋文》,《道家文化研究》第三輯,上海古籍出版社,1993年。
陳　偉:《郭店楚簡別釋》,《江漢考古》1998年4期。

陳　偉:《郭店楚簡〈六德〉諸篇零釋》,《武漢大學學報》1999 年 5 期。
陳　偉:《郭店楚簡〈人雖有性〉校釋》,《中國哲學史》2000 年 4 期。
陳　偉:《上海博物館藏楚竹書〈從政〉校讀》, 簡帛研究網, 2003 年 1 月 10 日。
陳　偉:《〈上海博物館藏戰國楚竹書(二)〉零釋》, 簡帛研究網, 2003 年 3 月 17 日。
陳　偉:《楚竹書〈周易〉文字試釋》, 簡帛研究網, 2004 年 4 月 18 日。
陳　偉:《上博五〈鬼神之明〉篇初讀》, 簡帛網, 2006 年 2 月 18 日。
陳　偉:《上博五〈三德〉初讀》, 簡帛網, 2006 年 2 月 19 日。
陳　偉:《上博五〈弟子問〉零釋》, 簡帛網, 2006 年 2 月 21 日。
陳　偉:《〈競建內之〉〈鮑叔牙與隰朋之諫〉零識》, 簡帛網, 2006 年 2 月 22 日。
陳　偉:《〈苦成家父〉通釋》, 簡帛網, 2006 年 2 月 26 日。
陳　偉:《〈季康子問孔子〉零釋(續)》, 簡帛網, 2006 年 3 月 2 日。
陳　偉:《〈弟子問〉零識(續)》, 簡帛網, 2006 年 3 月 7 日。
陳　偉:《上博竹書〈慎子曰恭儉〉初讀》, 簡帛網, 2007 年 7 月 5 日
陳　偉:《讀〈上博六〉條記》, 簡帛網, 2007 年 7 月 9 日。
陳　偉:《讀〈上博六〉條記之二》, 簡帛網, 2007 年 7 月 10 日。
陳　偉:《〈天子建州〉校讀》, 簡帛網, 2007 年 7 月 13 日。
陳　偉:《〈用曰〉校讀》, 簡帛網, 2008 年 7 月 15 日。
陳　偉:《〈慎子曰恭儉〉校讀》, 簡帛網, 2007 年 7 月 19 日。
陳　偉:《〈柬大王泊旱〉新研》,《簡帛》第 2 輯, 上海古籍出版社, 2007 年。
陳　偉:《〈鄭子家喪〉初讀》, 簡帛網, 2008 年 12 月 31 日。
陳　偉:《讀〈吳命〉小劄》, 簡帛網, 2009 年 1 月 2 日。
陳　偉:《讀〈凡物流形〉小札》, 簡帛網, 2009 年 1 月 2 日。
陳　偉:《〈成王爲城濮之行〉初讀》, 簡帛網, 2013 年 1 月 5 日。
陳　偉:《〈嶽麓書院藏秦簡(三)〉識小》, 簡帛網, 2013 年 9 月 10 日。
陳　偉:《〈清華大學藏戰國竹簡・良臣〉初讀——在〈清華大學藏戰國竹簡(三)〉成果發布會上的講話》, 簡帛網, 2013 年 1 月 4 日。
陳　偉:《讀〈清華竹簡〔伍〕〉札記(三則)》, 簡帛網, 2015 年 4 月 11 日。
陳　偉:《嶽麓秦簡"尉卒律"校讀(一)》, 簡帛網, 2016 年 3 月 21 日。
程鵬萬:《上博三〈彭祖〉第 4 簡的歸屬與拼合》, 復旦大學出土文獻與古文字研究中心網, 2010 年 1 月 17 日。
程少軒:《小議上博九〈卜書〉的"三族"和"三末"》, 復旦大學出土文獻與古文字研究中心網, 2013 年 1 月 16 日。
程　燕:《讀上博六劄記》, 簡帛網, 2007 年 7 月 24 日。
程　燕:《讀〈上博九〉劄記(二)》, 簡帛網, 2013 年 1 月 7 日。
程　燕:《清華六考釋三則》, 簡帛網, 2016 年 4 月 19 日。
大　丙:《〈吳命〉篇"暑日"補説》, 復旦大學出土文獻與古文字研究網, 2009 年 1 月 5 日。

丁若山：《讀清華三懸想一則》，簡帛網，2013年1月12日。
丁四新：《楚簡〈恆先〉章句釋義》，簡帛研究網，2003年7月25日。
董　珊：《楚簡〈恆先〉初探》，簡帛研究網，2004年5月12日。
董　珊：《楚簡〈恆先〉"詳宜利巧"解釋》，簡帛研究網，2004年11月9日。
董　珊：《讀〈上博藏戰國楚竹書（四）〉雜記》，簡帛研究網，2005年2月20日。
董　珊：《讀〈上博六〉雜記（續一）》，簡帛網，2007年7月11日。
董　珊：《讀〈上博六〉雜記（續二）》，簡帛網，2007年7月11日。
董　珊：《讀〈上博七〉雜記（一）》，復旦大學出土文獻與古文字研究中心網，2008年12月31日。
段　凱：《〈清華藏簡（五）〉拾遺》，《簡帛》第十四輯，上海古籍出版社，2017年。
范常喜：《〈上博五·三德〉劄記三則》，簡帛網，2006年2月24日。
范常喜：《讀〈上博六〉劄記六則》，簡帛網，2007年7月20日。
范常喜：《〈上博七·凡物流形〉短劄一則》，簡帛網，2009年1月3日。
凡國棟：《〈上博六〉楚平王逸篇初讀》，簡帛網，2007年7月9日。
凡國棟：《讀〈上博楚竹書六〉記》，簡帛網，2007年7月9日。
凡國棟：《上博六〈景公瘧〉劄記》，簡帛網，2007年7月17日。
凡國棟：《上博六〈用曰〉篇初讀》，簡帛網，2008年7月10日。
凡國棟：《〈用曰〉篇中的"寧"字》，簡帛網，2008年7月12日。
凡國棟：《〈上博七·鄭子家喪〉校讀劄記兩則》，簡帛網，2008年12月31日。
凡國棟：《上博七〈凡物流形〉簡4"九囿出牧"試說》，簡帛網，2009年1月3日。
方　勇：《讀〈天水放馬灘秦簡〉小劄（二）》，復旦大學出土文獻與古文字研究中心網，2009年10月15日。
方　勇：《讀秦漢簡札記二則》，簡帛網，2011年10月28日。
馮勝君：《讀〈郭店楚墓竹簡〉劄記》，《古文字研究》第二十二輯，中華書局，2000年。
馮勝君：《讀上博簡〈孔子詩論〉劄記》，簡帛研究網，2002年1月11日。
馮勝君：《讀上博簡〈緇衣〉劄記二則》，《上博館藏戰國楚竹書研究》，上海書店出版社，2002年。
馮勝君：《釋戰國文字中的"怨"》，《古文字研究》第二十五輯，中華書局，2004年。
馮勝君：《讀清華簡〈芮良夫毖〉劄記》，《紀念何琳儀先生誕辰七十周年暨古文字學國際學術研討會會議論文集》，安徽大學漢字發展與應用研究中心，2013年。
馮勝君：《清華簡〈尹至〉"兹乃柔大縈"解》，《出土文獻研究》第十三輯，中西書局，2014年。
福田哲之：《〈孔子見季桓子〉1號簡的釋讀與綴合》，簡帛網，2007年8月6日。
復旦大學出土文獻與古文字研究中心讀書會：《嶽麓簡〈爲吏治官及黔首〉部份簡文釋文》，復旦大學出土文獻與古文字研究中心網，2009年11月27日。
復旦大學出土文獻與古文字研究中心研究生讀書會：《〈上博七·武王踐阼〉校讀》，復旦大學出土文獻與古文字研究中心網，2008 年 12 月 30 日。
復旦大學出土文獻與古文字研究中心研究生讀書會：《〈上博七・吳命〉校讀》，復旦大學出土文獻與古文字研究中心網，2008 年 12 月 30 日。
復旦大學出土文獻與古文字研究中心研究生讀書會：《〈上博七・鄭子家喪〉校讀》（復旦大學出土文獻與古文字研究中心網，2008 年 12 月 31 日。
復旦大學出土文獻與古文字研究中心研究生讀書會：《〈上博七・君人者何必安哉〉校讀》，復旦大學出土文獻與古文字研究中心網，2008 年 12 月 31 日。
復旦大學出土文獻與古文字研究中心研究生讀書會：《〈上博（七）・凡物流形〉重編釋文》，復旦大學出土文獻與古文字研究中心網，2008 年 12 月 31 日。
復旦大學出土文獻與古文字研究中心研究生讀書會：《清華九簡研讀札記》，復旦大學出土文獻與古文字研究中心網，2010 年 5 月 31 日。
復旦大學出土文獻與古文字研究中心研究生讀書會：《清華簡〈尹至〉、〈尹誥〉研讀札記（附：〈尹至〉、〈尹誥〉、〈程寤〉釋文》，復旦大學出土文獻與古文字研究網，2011 年 1 月 5 日。
復旦大學出土文獻與古文字研究中心研究生讀書會：《清華簡〈皇門〉研讀札記》，復旦大學出土文獻與古文字研究中心網，2011 年 1 月 5 日。
復旦大學出土文獻與古文字研究中心研究生讀書會：《清華簡〈耆夜〉研讀札記》，復旦大學出土文獻與古文字研究中心網，2011 年 1 月 5 日。
復旦大學出土文獻與古文字研究中心研究生讀書會：《清華簡〈祭公〉研讀札記》，復旦大學出土文獻與古文字研究中心網，2011 年 1 月 5 日。
復旦大學出土文獻與古文字研究中心研究生讀書會：《清華簡〈楚居〉研讀札記》，復旦大學出土文獻與古文字研究中心網，2011 年 1 月 5 日。
復旦大學出土文獻與古文字研究中心研究生讀書會：《清華簡〈金縢〉研讀札記》，復旦大學出土文獻與古文字研究中心網，2011 年 1 月 5 日。
復旦大學出土文獻與古文字研究中心研究生讀書會：《讀〈嶽麓書院藏秦簡（壹）〉》，復旦大學出土文獻與古文字研究中心網，2011 年 2 月 28 日。
復旦大學出土文獻與古文字研究中心讀書會：《〈清華（貳）〉討論記錄》，復旦大學出土文獻與古文字研究中心網，2011 年 12 月 23 日。
復旦吉大古文字專業研究生聯合讀書會：《上博八〈子道餓〉校讀》，復旦大學出土文獻與古文字研究中心網，2011 年 7 月 17 日。
復旦吉大古文字專業研究生聯合讀書會：《〈上博八・顏淵問於孔子〉校讀》，復旦大學出土文獻與古文字研究中心網，2011 年 7 月 17 日。
復旦吉大古文字專業研究生聯合讀書會：《上博八〈成王既邦〉校讀》，復旦大學出土文獻與古文字研究中心網，2011 年 7 月 17 日。
復旦吉大古文字專業研究生聯合讀書會：《上博八〈命〉校讀》，復旦大學出土文獻與古文字研究中心網，2011 年 7 月 17 日。

復旦吉大古文字專業研究生聯合讀書會：《上博八〈王居〉、〈志書乃言〉校讀》，復旦大學出土文獻與古文字研究中心網，2011 年 7 月 17 日。
復旦吉大古文字專業研究生聯合讀書會：《上博八〈有皇將起〉校讀》，復旦大學出土文獻與古文字研究中心網，2011 年 7 月 17 日。
復旦吉大古文字專業研究生聯合讀書會：《上博八〈蘭賦〉校讀》，復旦大學出土文獻與古文字研究中心網，2011 年 7 月 17 日。
復旦吉大古文字專業研究生聯合讀書會：《上博八〈李頌〉校讀》，復旦大學出土文獻與古文字研究中心網，2011 年 7 月 17 日。
復旦吉大古文字專業研究生聯合讀書會：《上博八〈鶹鷅〉校讀》，復旦大學出土文獻與古文字研究中心網，2011 年 7 月 17 日。
高　明：《楚繒書研究》，《古文字研究》第十二輯，中華書局，1985 年。
高榮鴻：《〈上博九・靈王遂申〉2 號簡"澫"字釋讀》，簡帛網，2013 年 1 月 10 日。
高佑仁：《〈上博九〉初讀》，簡帛網，2013 年 1 月 8 日。
高　智：《釋古文字中的"盅"及相關文字》，中國古文字研究會第十四次年會論文，2004 年 11 月。
顧史考：《郭店楚簡〈尊德義〉篇簡序調整三則》，復旦大學出土文獻與古文字研究中心網，2010 年 12 月 15 日。
廣瀨薰雄：《釋清華大學藏楚簡（三）〈良臣〉的"大同"——兼論姑馮句鑃所見的"昏同"》，復旦大學出土文獻與古文字研究中心網，2013 年 4 月 24 日。
郭靜雲：《再論〈物流形〉的""字與篇名之意》，簡帛研究網，2010 年 3 月 24 日。
郭　沂：《帛書〈要〉篇考釋》，《周易研究》2004 年 4 期。
郭永秉：《從上博楚簡〈容成氏〉的"有虞迵"説到唐虞史事的疑問》，簡帛研究網，2005 年 11 月 7 日。
郭永秉：《讀〈六德〉、〈子羔〉、〈容成氏〉劄記三則》，簡帛網，2006 年 5 月 26 日。
郭永秉：《〈景公瘧〉的"襄桓之言"》，簡帛網，2007 年 7 月 25 日。
郭永秉：《讀〈平王問鄭壽〉篇小記二則》，簡帛網，2007 年 8 月 30 日。
郭永秉：《馬王堆漢墓帛書〈春秋事語〉補釋三則》，復旦大學出土文獻與簡帛研究中心網，2007 年 12 月 24 日。
郭永秉：《張家山漢簡〈二年律令〉釋文校讀記》，復旦大學出土文獻與古文字研究中心網，2008 年 4 月 4 日。
郭永秉：《由〈凡物流形〉"鳶"字寫法推測郭店〈老子〉甲組與"朘"相當之字應爲"鳶"字變體》，復旦大學出土文獻與古文字研究中心網，2008 年 12 月 31 日。
郭永秉：《説"蒜"、"祘"》，《出土文獻與古文字研究》第三輯，復旦大學出版社，2010 年。
海天遊蹤：《讀〈成王爲城濮之行〉劄記》，簡帛網"簡帛論壇"，2013 年 1 月 5 日。
海天遊蹤：《邦人不稱札記》，簡帛網"簡帛論壇"，2013 年 1 月 5 日。

何琳儀:《長沙帛書通釋》,《江漢考古》1986 年 2 期。
何琳儀:《郭店楚簡選釋》,《文物研究》第十二輯,黃山書社,2000 年。
何琳儀:《滬簡詩論選釋》,簡帛研究網,2002 年 1 月 17 日。
何琳儀:《滬簡二冊選釋》,簡帛研究網,2003 年 1 月 14 日。
何琳儀、程燕:《滬簡〈周易〉選釋》,簡帛研究網,2004 年 5 月 16 日。
何有祖:《上博楚竹書(四)劄記》,簡帛研究網,2005 年 4 月 15 日。
何有祖:《上博五〈鮑叔牙與隰朋之諫〉試讀》,簡帛網,2006 年 2 月 19 日。
何有祖:《〈季康子問於孔子〉與〈姑成家父〉試讀》,簡帛網,2006 年 2 月 19 日。
何有祖:《上博五〈弟子問〉試讀三則》,簡帛網,2006 年 2 月 20 日。
何有祖:《也説孔家坡漢簡〈日書〉所見歲名》,簡帛網,2006 年 10 月 10 日。
何有祖:《上博六〈景公瘧〉初探》,簡帛網,2007 年 7 月 11 日。
何有祖:《〈景公瘧〉劄記四則》,簡帛網,2007 年 7 月 27 日。
何有祖:《〈慎子曰恭儉〉劄記》,簡帛網,2008 年 7 月 5 日。
何有祖:《讀〈上博六〉劄記》,簡帛網,2008 年 7 月 9 日。
何有祖:《讀〈上博六〉劄記(二)》,簡帛網,2008 年 7 月 9 日。
何有祖:《上博六劄記(三)》,簡帛網,2007 年 7 月 13 日。
何有祖:《讀〈上博六〉劄記(四)》,簡帛網,2007 年 7 月 14 日。
何有祖:《讀〈上博六〉劄記三則》,簡帛網,2007 年 7 月 17 日。
何有祖:《上博七〈君人者何必安哉〉校讀》,簡帛網,2008 年 12 月 31 日。
何有祖:《〈凡物流形〉劄記》,簡帛網,2009 年 1 月 1 日。
何有祖:《讀〈上海博物館藏戰國楚竹書(九)〉札記》,簡帛網,2013 年 1 月 6 日。
何有祖:《讀嶽麓秦簡肆札記(一)》,簡帛網,2016 年 3 月 24 日。
何有祖:《讀清華六短札(三則)》,簡帛網,2016 年 4 月 19 日。
何有祖:《讀北大簡〈妄稽〉條記(一)》,簡帛網,2016 年 6 月 5 日。
侯乃峰:《讀上博(五)〈三德〉劄記四則》,簡帛網,2006 年 2 月 27 日。
侯乃峰:《上博(五)幾個固定詞語和句式補説》,簡帛網,2006 年 3 月 20 日。
侯乃峰:《〈天子建州〉"恥度"解》,簡帛網,2008 年 2 月 16 日。
侯乃峰:《〈上博七·武王踐阼〉小劄三則》,復旦大學出土文獻與古文字研究中心網,2009 年 1 月 3 日。
侯乃峰:《〈上博(七)·鄭子家喪〉"天後(厚)楚邦"小考》,復旦大學出土文獻與古文字研究中心網,2009 年 1 月 6 日。
侯乃峰:《〈赤鵠之集湯之屋〉的"赤鵠"或當是"赤鳩"》,簡帛網,2013 年 1 月 8 日。
胡敕瑞:《讀〈清華大學藏戰國竹簡(三)〉劄記之一》,清華大學出土文獻研究與保護中心網,2013 年 1 月 5 日。
胡敕瑞:《讀〈清華大學藏戰國竹簡(三)〉劄記之三》,清華大學出土文獻研究與保護中心網,2013 年 1 月 7 日。

胡　平、張德芳:《懸泉漢簡釋粹》，上海古籍出版社，2001 年。
胡平生:《讀上博藏戰國楚竹書〈詩論〉劄記》，簡帛研究網，2002 年 6 月 4 日。
胡平生:《讀〈蒼〉劄記一》，復旦大學出土文獻與古文字研究中心網，2015 年 12 月 21 日。
胡平生:《讀〈蒼〉劄記五》，復旦大學出土文獻與古文字研究中心網，2015 年 12 月 31 日。
胡平生:《讀〈蒼〉劄記六》，復旦大學出土文獻與古文字研究中心網，2016 年 1 月 2 日。
胡平生:《讀〈蒼〉劄記七》，復旦大學出土文獻與古文字研究中心網，2016 年 1 月 4 日。
胡平生:《讀〈蒼〉劄記九》，復旦大學出土文獻與古文字研究中心網，2016 年 1 月 9 日。
華東師範大學中文系出土文獻研究工作室:《讀新出版〈北京大學藏西漢竹書〉書後（一）》，簡帛網，2015 年 11 月 12 日。
華東師範大學中文系出土文獻研究工作室:《讀新出版〈北京大學藏西漢竹書〉書後（三）》，簡帛網，2015 年 11 月 19 日。
黃德寬、徐在國:《郭店楚簡文字考釋》，《吉林大學古籍整理研究所建所十五周年紀念文集》，吉林大學出版社，1998 年。
黃德寬:《戰國楚竹書（二）釋文補正》，簡帛研究網，2003 年 1 月 21 日。
黃浩波:《上博八〈蘭賦〉"容則"試解》，簡帛網，2011 年 9 月 9 日。
黃　傑:《初讀清華簡（叁）〈芮良夫毖〉筆記》，簡帛網，2013 年 1 月 6 日。
黃　傑:《初讀清華簡（叁）〈良臣〉、〈祝辭〉筆記》，簡帛網，2013 年 1 月 7 日。
黃　傑:《讀清華簡（叁）〈説命〉筆記》，簡帛網，2013 年 1 月 9 日。
黃　傑:《再讀清華簡（叁）〈周公之琴舞〉筆記》，簡帛網，2013 年 1 月 14 日。
黃　傑:《再讀清華簡（叁）〈芮良夫毖〉筆記》，簡帛網，2013 年 1 月 16 日。
黃　傑:《初讀〈上海博物館藏戰國楚竹書（八）〉筆記》，簡帛網，2011 年 7 月 19 日。
黃人二、林志鵬:《上博藏簡第三冊彭祖試探》，簡帛研究網，2004 年 4 月 29 日。
黃甜甜:《〈周公之琴舞〉札記三則》，confucius2000 網，2013 年 1 月 15 日。
黃錫全:《讀上博楚簡劄記》，《新出楚簡與儒學思想國際學術研討會論文集》，清華大學思想文化研究所，2002 年。
冀小軍:《釋楚簡中的字》，簡帛研究網，2002 年 7 月 21 日。
季旭昇:《〈上博三・恆先〉"意出於生，言出於意"説》，簡帛研究網，2003 年 6 月 22 日。
季旭昇:《〈上博三・仲弓〉篇零釋三則》，簡帛研究網，2004 年 4 月 23 日。
季旭昇:《〈上博四・柬大王泊旱〉三題》，簡帛研究網，2005 年 2 月 12 日。
季旭昇:《上博四零拾》，簡帛研究網，2005 年 2 月 15 日。
季旭昇:《上博五芻議（上）》，簡帛網，2006 年 2 月 18 日。
季旭昇:《上博五芻議（下）》，簡帛網，2006 年 2 月 18 日。
季旭昇:《〈上博九・史蒥問於夫子〉釋讀及相關問題》，《吉林大學社會科學學報》2015 年 4 期。
孔仲溫:《郭店楚簡〈緇衣〉字詞補釋》，《古文字研究》第二十二輯，中華書局，2000 年。
賴怡璇:《〈上博九・陳公治兵〉簡 4"戰於涂（豫）漳之□（滸）"考》，簡帛網，2013 年 5

月 31 日。

李家浩:《讀書劄記四則》,《盡心集——張政烺先生八十慶壽論文集》,中國社會科學出版社,1996 年。

李家浩:《南越王墓車馹虎節銘文考釋——戰國符節銘文研究之四》,《容庚先生百年誕辰紀念文集(古文字研究專號)》,廣東人民出版社,1998 年。

李家浩:《讀〈郭店楚墓竹簡〉瑣議》,《郭店楚簡研究》,《中國哲學》第二十輯,遼寧教育出版社,1999 年。

李家浩:《楚大府鎬銘文新釋》,《語言學論叢》第二十二輯,商務印書館,1999 年。

李家浩:《讀睡虎地秦簡〈日書〉"占盜疾"等劄記三則》,《北京大學古文獻研究所集刊(1)》,北京燕山出版社,1999 年。

李家浩:《睡虎地秦簡〈日書〉"楚除"的性質及其他》,《"中央研究院"歷史語言研究所集刊》第七十本第四分冊,1999 年。

李家浩:《九店五六號墓竹簡釋文與考釋》,湖北省文物考古研究所、北京大學中文系:《九店楚簡》,中華書局,2000 年。

李家浩:《釋上博戰國竹書〈緇衣〉中的"茲臣"合文》,《康樂集:曾憲通教授七十壽慶論文集》,中山大學出版社,2006 年。

李家浩:《説"青廟"——關於郭店竹簡〈語叢一〉88 號的解釋》,"2007 年中國簡帛學國際論壇"論文,臺灣大學,2007 年 11 月。

李家浩、楊澤生:《談上博竹書〈鬼神之明〉中的"送盉公"》,《簡帛》第四輯,上海古籍出版社,2009 年。

李家浩:《談清華戰國竹簡〈楚居〉的"夷宅"及其他——兼談包山楚簡的"踠人"等》,《清華簡研究(第一輯)——〈清華大學藏戰國竹簡(壹)〉國際學術研討會會議論文集》,中西書局,2012 年。

李家浩:《甲骨文北方神名"勹"與戰國文字从"勹"之字——談古文字"勹"有讀如"宛"的音》,《文史》2012 年 3 期。

李　零:《古文字雜識(六篇)》,《古文字研究》第十七輯,中華書局,1989 年。

李　零:《古文字雜識(五則)》,《國學研究》第三卷,北京大學出版社,1994 年。

李　零:《讀九店楚簡》,《考古學報》1999 年 2 期。

李　零:《郭店楚簡校讀記》,《道家文化研究》第十七輯,三聯書店,1999 年。

李　零:《長臺關楚簡〈申徒狄〉研究》,簡帛研究網,2000 年 8 月 8 日。

李　零:《〈長沙子彈庫戰國楚帛書研究〉補正》,《古文字研究》第二十輯,中華書局,2000 年。

李　零:《上博楚簡校讀記(之一)——〈子羔〉篇"孔子詩論"部分》,簡帛研究網,2002 年 1 月 4 日。

李　零:《讀清華簡〈保訓〉釋文》,《中國文物報》2009 年 8 月 21 日第 7 版。

李　鋭:《〈恆先〉淺釋》,簡帛研究網,2003 年 4 月 23 日。

李　銳:《〈孔子見季桓子〉新編(稿)》,簡帛網,2007年7月11日。
李　銳:《〈用曰〉新編(稿)》,簡帛網,2008年7月13日。
李　銳:《讀清華簡3劄記(一)》,confucius2000網,2013年1月4日。
李　銳:《讀清華簡3劄記(二)》,confucius2000網,2013年1月6日。
李松儒:《上博九編聯二題》,《"簡帛文獻與古代史"——第二屆出土文獻青年學者國際論壇論文集》,中西書局,2015年。
李天虹:《郭店楚簡文字雜釋》,《郭店楚簡國際學術研討會論文集》,湖北人民出版社,2000年。
李天虹:《釋楚簡文字"㝅"》,《華學》第四輯,紫禁城出版社,2000年。
李天虹:《釋郭店楚簡〈成之聞之〉篇中的"肘"》,《古文字研究》第二十二輯,中華書局,2000年。
李天虹:《上博五〈競〉、〈鮑〉篇校讀四則》,簡帛網,2006年2月19日。
李天虹:《讀〈季康子問於孔子〉劄記》,簡帛網,2006年2月24日。
李天虹:《〈上博(五)〉零識三則》,簡帛網,2006年2月26日。
李天虹:《〈景公瘧〉校讀二則》,簡帛網,2007年7月26日。
李天虹:《〈君人者何必安哉〉補説》,簡帛網,2009年1月21日。
李守奎:《江陵九店五六號墓竹簡考釋四則》,《江漢考古》1997年4期。
李守奎:《〈楚居〉中的樊字及出土楚文獻中與樊相關文例的釋讀》,《文物》2011年3期。
李學勤:《論楚帛書中的天象》,《湖南考古輯刊》第一集,嶽麓書社,1982年。
李學勤:《〈詩論〉簡"隱"字説》,清華大學"簡帛講讀班"第十二次研討會論文,2000年10月19日。
李學勤:《續釋"尋"字》,《故宫博物院院刊》2000年6期。
李學勤:《"梪"字與真山楚官璽》,《國學研究》第八卷,北京大學出版社,2001年。
李學勤:《上海博物館藏楚竹書〈詩論〉分章釋文》,簡帛研究網,2002年1月16日。
李學勤:《〈詩論〉説〈關雎〉等七篇釋義》,《齊魯學刊》2002年2期。
李學勤:《楚簡〈子羔〉研究》,《上博館藏戰國楚竹書研究續編》,上海書店出版社,2004年。
李學勤:《楚簡〈恆先〉首章釋義》,《中國哲學史》2004年3期。
李學勤:《談楚簡〈慎子〉》,《中國文化》第25、26期合刊,2007年10月。
連劭名:《馬王堆三號墓竹簡〈十問〉注釋補正》,《考古》1994年5期。
梁　静:《〈孔子見季桓子〉校讀》,簡帛網,2008年3月4日。
梁月娥:《説清華(叁)〈赤鵠之集湯之屋〉之"洀"》,簡帛網,2013年1月8日。
廖名春:《帛書〈要〉釋文》,《國際易學研究》第一輯,華夏出版社,1995年1月。
廖明春:《上海博物館藏詩論簡校釋劄記》,簡帛研究網,2002年7月3日。
廖名春:《讀上博簡〈容成氏〉劄記(一)》,簡帛研究網,2002年12月27日。
廖名春:《上博藏楚竹書〈恆先〉簡釋(修訂稿)》,confucius2000網,2004年4月22日。

廖名春:《上博藏楚竹書〈恆先〉新釋》,《中國哲學史》2004 年 3 期。
廖名春:《楚簡〈逸詩·交交鳴鳥〉補釋》, 簡帛研究網, 2005 年 2 月 12 日。
廖名春:《讀楚竹書〈內豊〉篇箚記（一）》, 簡帛研究網, 2005 年 2 月 20 日。
廖名春:《讀〈上博五·融師有成氏〉篇劄記四則》, 簡帛研究網, 2006 年 2 月 20 日。
廖名春:《讀〈上博五·鬼神之明〉篇劄記》, 簡帛研究網, 2006 年 2 月 20 日。
廖名春:《清華簡〈尹誥〉篇補釋》, Confucius2000 網, 2011 年 1 月 4 日。
林清源:《上博九〈陳公治兵〉通釋》,《第四屆古文字與古代史國際學術研討會——紀念董作賓逝世五十周年》, "中央研究院"歷史語言研究所, 2013 年。
林清源:《〈上博九·陳公治兵〉編聯及相關問題》,《"中央研究院"歷史語言研究所集刊》第八十六本第三分, 2015 年。
林文華:《〈上博六·景公瘧〉"吾用晏子是襄桓之言也"新解》, 簡帛網, 2007 年 8 月 2 日。
林　澐:《釋古璽中從"朿"的兩個字》,《古文字研究》第十九輯, 中華書局, 1992 年。
林　澐:《究竟是"翦伐"還是"撲伐"》,《古文字研究》第二十五輯, 中華書局, 2004 年。
林志鵬:《上博楚竹書〈競建內之〉重編釋文》, 簡帛網, 2006 年 2 月 25 日。
林志鵬:《戰國楚竹書〈彭祖〉考論——兼論〈漢志〉"小説家"之成立（一）》, 簡帛網, 2007 年 8 月 18 日。
林志鵬:《銀雀山漢墓竹書〈定心固氣〉探論》,《傳統中國研究集刊》第九、十合輯, 上海人民出版社, 2012 年。
林志鵬:《讀上博簡第九冊〈卜書〉札記》, 簡帛網, 2013 年 3 月 11 日。
劉　剛:《説"閔嘍"》, 復旦大學出土文獻與古文字研究中心網, 2008 年 10 月 27 日。
劉國勝:《九店〈日書〉"相宅"篇釋文校補》, 長沙三國吳簡及百年來簡帛發現與研究國際學術研討會會議論文, 2001 年。
劉國勝:《上博（五）零劄（六則）》, 簡帛網, 2006 年 3 月 31 日。
劉　桓:《讀〈孫臏兵法〉劄記》,《簡帛研究》第二輯, 法律出版社, 1996 年。
劉洪濤:《上博竹書〈慎子曰恭儉〉校讀》, 簡帛網, 2007 年 7 月 6 日。
劉洪濤:《讀上博竹書〈天子建州〉劄記》, 簡帛網, 2007 年 7 月 12 日。
劉洪濤:《清華簡補釋四則》, 復旦大學出土文獻與古文字研究中心網, 2011 年 4 月 27 日。
劉洪濤:《上博竹簡〈凡物流形〉釋字二則》,《簡帛》第六輯, 上海古籍出版社, 2011 年。
劉洪濤:《也説師𩛥鼎銘的"困韡伯太師武"》,《故宮博物院院刊》2012 年 5 期。
劉樂賢:《讀郭店楚簡劄記三則》,《郭店楚簡研究》,《中國哲學》第二十輯, 遼寧教育出版社, 1999 年。
劉樂賢:《郭店楚簡雜考（五則）》,《古文字研究》第二十二輯, 中華書局, 2000 年。
劉樂賢:《讀上博簡劄記》,《上博館藏戰國楚竹書研究》, 上海書店出版社, 2002 年。
劉樂賢:《讀上博簡〈民之父母〉等三篇劄記》, 簡帛研究網, 2003 年 1 月 10 日。
劉樂賢:《虎溪山漢簡〈閻氏五勝〉及相關問題》,《文物》2003 年 7 期。
劉樂賢:《讀上博（四）劄記》, 簡帛研究網, 2005 年 2 月 15 日。

劉樂賢:《馬王堆帛書劄記四則》,《簡帛研究 2002、2003》，廣西師範大學出版社，2005 年。
劉樂賢:《孔家坡漢簡〈司歲〉篇補釋》，簡帛網，2006 年 10 月 10 日。
劉　青:《放馬灘秦簡〈日書〉乙種集釋》，武漢大學碩士學位論文，2010 年。
劉樂賢:《簡帛數術文獻談論》，湖北教育出版社，2003 年。
劉昕嵐:《郭店楚簡〈性自命出〉篇箋釋》,《郭店楚簡國際學術研討會論文集》，湖北人民出版社，2000 年。
劉信芳:《九店楚簡日書與秦簡日書比較研究》,《第三屆國際中國古文字研討會論文集》，香港中文大學，1997 年。
劉信芳:《上博藏竹書試讀》，簡帛研究網，2003 年 1 月 9 日。
劉信芳:《上博藏五試解續》，簡帛網，2006 年 3 月 20 日。
劉信芳:《讀〈上博六〉劄記六則》，簡帛網，2007 年 7 月 25 日。
劉信芳:《上博藏六〈用曰〉12、13 號簡試解》，簡帛網，2008 年 7 月 28 日。
劉　雲:《説〈上博七・吳命〉中所謂的“走”字》，復旦大學出土文獻與古文字研究中心網，2009 年 1 月 16 日。
劉　釗:《談睡虎地秦簡中的“瀆”字》,《古漢語研究》1995 年 3 期。
劉　釗:《讀秦簡字詞劄記》,《簡帛研究》第二輯，法律出版社，1996 年。
劉　釗:《讀郭店楚簡字詞劄記》,《郭店楚簡國際學術研討會論文集》，湖北人民出版社，2000 年。
劉　釗:《讀〈上海博物館藏戰國竹書（一）〉劄記》,《上博館藏戰國楚竹書研究》，上海書店出版社，2002 年。
劉　釗:《利用郭店楚簡字形考釋金文一例》,《古文字研究》第二十四輯，中華書局，2002 年。
劉　釗:《郭店楚簡〈語叢二〉箋釋》,《古墓新知——紀念郭店楚簡出土十周年論文專輯》，國際炎黃文化出版社，2003 年。
劉　釗:《説“度天心”》，簡帛研究網，2004 年 9 月 10 日。
劉　釗:《“瘍”字源流考》，復旦大學出土文獻與古文字研究中心網，2009 年 5 月 8 日。
劉　釗:《馬王堆漢墓帛書〈雜療方〉校釋劄記》,《古文字研究》第二十八輯，中華書局，2010 年。
羅小華:《試論清華簡中的幾個人名》，簡帛網，2016 年 4 月 8 日。
駱珍伊:《説“旰日”》，簡帛網，2014 年 1 月 11 日。
駱珍尹:《〈上博九・卜書〉“散于百邦”小議》，簡帛網，2013 年 2 月 26 日。
駱珍伊:《試説〈封許之命〉的“武王司明型”》，復旦大學出土文獻與古文字研究中心網，2015 年 7 月 10 日。
馬　楠:《〈上博九・陳公治兵〉初讀》，清華大學出土文獻研究與保護中心網，2013 年 4 月 22 日。
孟蓬生:《上博簡〈緇衣〉三解》,《上博館藏戰國楚竹書研究》，上海書店出版社，2002 年。

孟蓬生:《〈五十二病方〉詞語拾零》,《中國語文》2003 年 3 期。
孟蓬生:《上博竹書(二)字詞劄記》,簡帛研究網,2003 年 1 月 14 日。
孟蓬生:《上博竹書(三)字詞考釋》,簡帛研究網,2004 年 4 月 26 日。
孟蓬生:《上博竹書(四)閒詁》,簡帛研究網,2005 年 2 月 15 日。
孟蓬生:《上博竹書(四)閒詁(續)》,簡帛研究網,2005 年 3 月 6 日。
孟蓬生:《〈彭祖〉字義疏證》,簡帛研究網,2005 年 6 月 21 日。
孟蓬生:《〈三德〉零詁(二則)》,簡帛網,2006 年 2 月 28 日。
孟蓬生:《〈君人者何必安哉〉賸義掇拾》,復旦大學出土文獻與古文字研究中心網,2009 年 1 月 4 日。
孟蓬生:《"迈"讀爲"應"補證》,復旦大學出土文獻與古文字研究中心網,2009 年 1 月 6 日。
孟蓬生:《〈保訓〉"疾[illegible]甚"試解》,復旦大學出土文獻與古文字研究中心網,2009 年 7 月 10 日。
孟蓬生:《清華簡"叕"字試釋——談歌通轉例説之一》,復旦大學出土文獻與古文字研究中心網,2013 年 5 月 13 日。
米 雁:《清華簡〈金縢〉"衽"字試詁》,復旦大學出土文獻與古文字研究中心網,2011 年 1 月 12 日。
牛新房:《讀上博(五)〈弟子問〉劄記一則》,簡帛網,2006 年 3 月 4 日。
牛新房:《讀上博五劄記》,簡帛網,2006 年 9 月 17 日。
牛新房:《釋郭店楚簡〈老子〉中的"御"字》,《古文字研究》第二十八輯,中華書局,2010 年。
龐 樸:《初讀郭店楚簡》,《歷史研究》1998 年 4 期。
彭裕商:《讀〈郭店楚墓竹簡〉劄記》,《古文字研究》第二十四輯,中華書局,2002 年。
鵬 宇:《〈清華大學藏戰國竹簡(伍)〉零識》,清華大學出土文獻研究與保護中心網,2015 年 4 月 10 日。
錢 玄:《帛書〈老子〉乙本卷前古佚書釋文補正》,《語言研究集刊》第一輯,江蘇教育出版社,1986 年。
黔之菜:《釋清華簡(陸)〈管仲〉篇之"堅緻"》,簡帛網,2016 年 4 月 16 日。
黔之菜:《清華簡(陸)〈子産〉篇之"勛勉"或可讀爲"黽勉"》,復旦大學出土文獻與古文字研究網,2016 年 5 月 12 日。
黔之菜:《釋北大簡〈反淫〉篇之"素笄(枅)"》,復旦大學出土文獻與古文字研究中心網,2016 年 6 月 5 日。
黔之菜:《讀北大漢簡〈妄稽〉小札一則》,復旦大學出土文獻與古文字研究中心網,2016 年 6 月 22 日。
黔之菜:《説北大簡〈妄稽〉篇之"孝弟(悌)茲(慈)悔"》,復旦大學出土文獻與古文字研究中心網,2016 年 7 月 15 日。

秦曉華:《上博（五）〈三德〉釋讀一則》，簡帛網，2006年2月27日。
清華大學出土文獻讀書會:《〈清華大學藏戰國竹簡〉（貳）研讀劄記（一）》，復旦大學出土文獻與古文字研究中心網，2011年12月22日。
清華大學出土文獻讀書會:《〈清華大學藏戰國竹簡〉（貳）研讀劄記（二）》，復旦大學出土文獻與古文字研究中心網，2011年12月31日。
清華大學出土文獻讀書會:《〈上博九・靈王遂申〉研讀》，清華大學出土文獻研究與保護中心網，2013年3月29日。
清華大學出土文獻讀書會:《清華簡第五冊整理報告補正》，清華大學出土文獻研究與保護中心網，2015年4月8日。
清華大學出土文獻讀書會:《清華六整理報告補正》，清華大學出土文獻研究與保護中心網，2016年4月16日。
裘錫圭:《戰國貨幣考（十二篇）》,《北京大學學報（哲社版）》1978年2期。
裘錫圭:《釋虽》,《古文字學論集》初編，香港中文大學，1983年。
裘錫圭:《讀〈戰國縱横家書釋文注釋〉劄記》,《文史》第36輯，中華書局，1992年。
裘錫圭:《〈睡虎地秦墓竹簡〉註釋商榷》,《古文字論集》，中華書局，1992年。
裘錫圭:《馬王堆醫書釋讀瑣議》,《古文字論集》，中華書局，1992年。
裘錫圭、李家浩:《談曾侯乙墓鐘磬銘文中的幾個字》,《古文字論集》，中華書局，1992年。
裘锡圭:《"佐子"應讀爲"嗟子"》,《文物》1998年3期。
裘錫圭:《帛書〈要〉篇釋文校記》,《道家文化研究》第十八輯，三聯書店，2000年。
裘錫圭:《糾正我在郭店〈老子〉簡釋讀中的一個錯誤——關於"絕偽棄詐"》,《郭店楚簡國際學術研討會論文集》，湖北人民出版社，2000年。
裘錫圭:《談談上博簡和郭店簡中的錯别字》,《新出楚簡與儒學思想國際學術研討會論文集》，清華大學，2002年。
裘錫圭:《帛書〈春秋事語〉校讀》,《湖南省博物館館刊》第1期,《船山學社》雜誌社編輯出版，2004年7月。
裘錫圭:《讀上博簡〈容成氏〉劄記二則》,《古文字研究》第二十五輯，中華書局，2004年。
裘錫圭:《上博簡〈相邦之道〉1號簡考釋》,《中國文字學報》第一輯，商務印書館，2006年。
裘錫圭:《釋戰國楚簡中的"𠯑"字》,《古文字研究》第二十六輯，中華書局，2006年。
裘錫圭:《〈天子建州〉（甲本）小劄》，簡帛網，2007年7月16日。
裘錫圭:《釋〈子羔〉篇"銫"字並論商得金德之説》,《簡帛》第二輯，上海古籍出版社，2007年。
裘錫圭:《是"恆先"還是"極先"？》，復旦大學出土文獻與古文字研究中心網，2009年6月2日。
裘錫圭:《再談古文獻以"埶"表"設"》,《先秦兩漢古籍國際學術研討會論文集》，社科文獻出版社，2011年。

裘錫圭:《説“夜爵”》,《出土文獻》第二輯，中西書局，2011年。
戎輝兵:《〈馬王堆漢墓帛書·老子乙本卷前古佚書〉校讀劄記》,《東南文化》2005年2期。
單育辰:《上博五短劄（三則）》，簡帛網，2006年4月30日。
單育辰:《佔畢隨錄》，簡帛網，2007年7月27日。
單育辰:《佔畢隨錄之二》，簡帛網，2007年7月28日。
單育辰:《佔畢隨錄之七》，復旦大學出土文獻與古文字研究中心網，2009年1月1日。
單育辰:《佔畢隨錄之十六》，簡帛網，2013年1月9日。
尚志鈞:《〈五十二病方〉藥物消石、恆石、澡石、封殖土考釋》,《中藥材》第11卷第1期，1988年1月。
尚志鈞:《〈五十二病方〉藥物萆根、筴蓂、莁夷考釋》,《中藥材》第11卷第4期，1988年7月。
沈兼士:《希、殺、祭古語同源考》,《沈兼士學術論文集》，中華書局，1986年。
沈　培:《説郭店楚簡中的“肆”》,《語言》第二卷，首都師範大學出版社，2001年。
沈　培:《説古文字裏的“祝”及相關之字》，“中國簡帛學國際論壇2006”論文，武漢大學簡帛研究中心，2006年11月。
沈　培:《上博簡〈姑成家父〉一個編聯組位置的調整》，簡帛網，2006年2月22日。
沈　培:《從戰國簡看古人占卜的“蔽志”——兼論“移祟”説》,第一屆古文字與古代史學術研討會，臺北“中央研究院”歷史語言研究所，2006年9月。
沈　培:《説“壽敝金石”和“壽敝天地”》，簡帛網，2007年2月10日。
沈　培:《〈上博（六）·競公瘧〉“正”字小議》，簡帛網，2007年7月31日。
沈　培:《略説〈上博（七）〉新見的“一”字》，復旦大學出土文獻與古文字研究中心網，2008年12月31日。
沈　培:《〈上博（七）〉字詞補説二則》，復旦大學出土文獻與古文字研究中心網，2009年1月3日。
沈　培:《試説清華簡〈芮良夫毖〉跟“繩准”有關的一段話》,“出土文獻與中國古代文明”國際學術研討會論文，清華大學出土文獻研究與保護中心、出土文獻與中國古代文明研究協同創新中心主辦，2013年。
沈　培:《清華簡和上博簡“就”字用法合證》，簡帛網，2013年1月6日。
施謝捷:《武威、馬王堆漢墓出土古醫籍雜考》,《古籍整理研究學刊》1991年5期。
施謝捷:《馬王漢墓堆帛書〈經法〉注釋商榷》,《文史》第39輯，中華書局，1994年。
施謝捷:《説上博簡〈緇衣〉中用爲“望（朢）”、“湯”的字》，“先秦文本與思想國際學術研討會”論文，臺灣大學中文系，2010年8月。
施謝捷:《簡帛文字考釋劄記》,《簡帛研究》第三輯，廣西教育出版社，1998年。
史傑鵬:《談上海博物館楚簡的“𠊱”字》，新學院網站“國故新知”論壇，2002年7月3日。
宋華強:《由新蔡簡“肩背疾”説到平夜君成所患爲心痛之症》,簡帛網，2005年12月7日。

宋華強:《〈上博（七）·吳命〉“姑姊大姬”小考》，簡帛網，2009年1月1日。
宋華強:《〈上博（七）·凡物流形〉劄記四則》，簡帛網，2009年1月3日
宋華強:《放馬灘秦簡〈日書〉識小錄》，簡帛網，2010年2月14日。
宋華強:《釋〈上博六·莊王既成〉的“船”》，簡帛網，2011年1月6日。
宋華強:《清華簡校讀散札》，簡帛網，2011年1月10日。
蘇建洲:《上博楚竹書（二）考釋四則》，簡帛研究網，2003年1月18日。
蘇建洲:《初讀〈上博五〉淺説》，簡帛網，2006年2月18日。
蘇建洲:《初讀〈上博（六）〉》，簡帛網，2007年7月19日。
蘇建洲:《讀〈上博（六）·天子建州〉筆記》，簡帛網，2007年7月22日。
蘇建洲:《讀〈上博（六）·用曰〉筆記五則》，簡帛網，2008年7月20日。
蘇建洲:《也説〈君人者何必安哉〉“人以君王爲所以囂”》，復旦大學出土文獻與古文字研究中心網，2009年1月10日。
蘇建洲:《初讀〈上博九〉札記（一）》，簡帛網，2013年1月6日。
蘇建洲:《由清華二考釋舊有文字一例》，復旦大學出土文獻與古文字研究中心網“學術討論”，2013年1月7日。
蘇建洲:《初讀〈上博九〉札記（二）》，簡帛網，2013年1月14日。
孫飛燕:《讀〈繫年〉劄記三則》，復旦大學出土文獻與古文字研究中心網，2012年3月9日。
唐洪志:《上博（五）劄記（兩則）》，簡帛網，2006年3月8日。
唐洪志:《清華簡〈皇門〉“舡舟”試釋》，復旦大學出土文獻與古文字研究中心網，2011年1月10日。
湯志彪:《上博簡（三）〈彭祖〉篇校讀瑣記》，《江漢考古》2005年3期。
陶　安:《〈嶽麓書院藏秦簡（叁）〉校勘記》，復旦大學出土文獻與古文字研究中心網，2013年8月20。
田　河:《〈君人者何必安哉〉補議》，復旦大學出土文獻與古文字研究中心網，2009年2月7日。
田　煒:《讀上博竹書（四）瑣記》，簡帛研究網，2005年4月3日。
王坤鵬:《清華簡〈芮良夫毖〉篇箋釋》，簡帛網，2013年2月26日。
王　寧:《讀清華簡三〈赤鵠之集湯之屋〉散札》，簡帛網，2013年1月16日。
王　寧:《上博九〈邦人不稱〉釋文補正簡評》，復旦大學出土文獻與古文字研究網，2015年4月5日。
王　寧:《讀《〈封許之命〉散札》，復旦大學出土文獻與古文字研究網，2015年4月28日。
王　寧:《讀〈湯在啻門〉散札》，復旦大學出土文獻與古文字研究中心網，2015年5月6日。
王　寧:《讀〈殷高宗問於三壽〉散札》，復旦大學出土文獻與古文字研究中心網，2015年5月17日。

王　寧:《北大簡三〈陰陽家言〉零釋》，簡帛網，2016 年 1 月 2 日。
王　寧:《讀北大簡四〈妄稽〉零識》，簡帛網，2016 年 7 月 14 日。
王挺斌:《北大簡〈妄稽〉與〈反淫〉研讀劄記》，簡帛網，2016 年 6 月 29 日。
王曉明:《北大簡〈妄稽〉校讀簡記（三）》，復旦大學出土文獻與古文字研究中心網"學術討論"，2016 年 6 月 9 日。
王曉明:《北大簡〈妄稽〉校讀簡記（四）》，復旦大學出土文獻與古文字研究中心網"學術討論"，2016 年 6 月 13 日。
王曉明:《北大簡〈妄稽〉校讀簡記（五）》，復旦大學出土文獻與古文字研究中心網"學術討論"，2016 年 6 月 19 日。
王瑜楨:《〈舉治王天下〉小記》，簡帛網，2013 年 1 月 6 日。
王志平:《清華簡"皇門"異文與周代的朝儀制度》，《〈清華大學藏戰國竹簡（壹）〉國際學術研討會會議論文集》，清華大學出土文獻研究與保護中心，2011 年。
王中江:《〈從政〉重編校注》，簡帛研究網，2003 年 1 月 16 日。
魏啟鵬:《帛書〈卻穀食氣〉研究》，《四川大學學報》，1990 年 2 期。
魏啟鵬:《楚簡〈老子〉柬釋》，《道家文化研究》第十七輯，三聯書店，1999 年。
魏宜輝:《讀上博楚簡（四）劄記》，簡帛研究網，2005 年 3 月 10 日。
魏宜輝:《簡帛〈老子〉校讀劄記》，《古典文獻研究》第十六輯，鳳凰出版社，2013 年。
鄔可晶:《談〈上博（七）·凡物流形〉甲乙本編聯及相關問題》，復旦大學出土文獻與古文字研究中心網，2009 年 1 月 7 日。
鄔可晶:《〈上博（九）·舉治王天下〉"文王訪之於尚父舉治"篇編連小議》，復旦大學出土文獻與古文字研究中心網，2013 年 1 月 11 日。
鄔可晶:《銀雀山漢簡"陰陽時令、占候之類"叢札》，《出土文獻》第七輯，中西書局，2015 年。
鄔可晶:《〈尹至〉"惟胾虐德暴䡅亡典"句試解》，《出土文獻》第九輯，中西書局，2016 年。
吳九龍:《簡牘帛書中的"夭"字》，《出土文獻研究》，文物出版社，1985 年。
吳九龍:《銀雀山漢簡釋文》，文物出版社，1985 年。
吳振武:《楚帛書"誇步"解》，《簡帛研究》第二輯，法律出版社，1996 年。
吳振武:《談虎溪山漢簡〈閻氏五勝〉中的幾個字》，《康樂集：曾憲通教授七十壽慶論文集》，中山大學出版社，2006 年。
吳雪飛:《清華簡（三）〈周公之琴舞〉補釋》，簡帛網，2013 年 1 月 17 日。
武漢大學簡帛研究中心、荊州博物館、早稻田大學長江流域文化研究所:《張家山漢簡〈二年律令〉釋文校訂》，《中國文字》新 32 期，藝文印書館，2006 年。
肖時華、白於藍:《〈鴨雄綠齋藏中國古璽印精選〉校記》，《中國文字》新三十七期，【臺灣】藝文印書館，2011 年。
蕭　旭:《清華簡〈芮良夫毖〉"富而無淣"補證》，復旦大學出土文獻與古文字研究中心網，2013 年 3 月 9 日。

蕭　旭:《北大漢簡(四)〈妄稽〉校補》,復旦大學出土文獻與古文字研究中心網,2016年7月4日。

小　蟲:《説〈上博五·弟子問〉"延陵季子"的"延"字》,簡帛網,2006年5月20日。

小　狐:《讀〈繫年〉臆劄》,復旦大學出土文獻與古文字研究中心網,2012年1月3日。

心　包:《清華六〈鄭文公問太伯〉初讀》(簡帛網"簡帛論壇",2016年4月16日。

徐俊剛:《釋清華簡〈説命中〉的"岽"字》,復旦大學出土文獻與古文字研究中心網,2013年3月29日。

徐莉莉:《帛書〈五十二病方〉中的"財"》,《辭書研究》1999年6期。

徐在國:《釋"㕣蹏"》,《古籍整理研究學刊》1999年3期。

徐在國:《郭店楚簡文字三考》,《簡帛研究2001》,廣西教育出版社,2001年。

徐在國、黄德寬:《〈上海博物館藏戰國楚竹書(一)緇衣·性情論〉釋文補正》,《古籍整理研究學刊》2002年2期。

徐在國:《上博竹書(二)文字雜考》,簡帛研究網,2003年1月14日。

徐在國:《上博三〈周易〉釋文補正》,簡帛研究網,2004年4月24日。

徐在國:《上博竹書(三)劄記二則》,簡帛研究網,2004年4月26日。

徐在國:《上博(六)文字考釋二則》,簡帛網,2007年7月23日。

徐在國:《談清華六〈子產〉中的三個字》,簡帛網,2016年4月19日。

許抗生:《初讀郭店竹簡〈老子〉》,《郭店楚簡研究》,《中國哲學》第二十輯,遼寧教育出版社,1999年。

許全勝:《〈容成氏〉補釋》,簡帛研究網,2003年1月14日。

許無咎:《〈内禮〉劄記一則》,簡帛研究網,2005年3月1日。

許無咎:《上博楚竹書(五)〈競建内之〉篇劄記》,簡帛研究網,2006年2月25日。

禤健聰:《上博楚簡(五)零札(一)》,簡帛網,2006年2月24日。

禤健聰:《上博楚簡(五)零札(二)》,簡帛網,2006年2月26日。

嚴一萍:《楚繒書新考(上、中、下)》,《中國文字》第廿六冊,1967年。

晏昌貴:《上博簡〈容成氏〉九州柬釋》,簡帛研究網,2003年4月6日。

晏昌貴:《虎溪山漢簡〈閻氏五勝〉校釋》,《長江學術》第五輯,長江文藝出版社,2003年。

晏昌貴:《〈三德〉四劄》,簡帛網,2006年3月7日。

晏昌貴:《〈三德〉"不墮祭祀"補説》,簡帛網,2006年5月3日。

顏世鉉:《郭店楚簡散論(二)》,《江漢考古》2000年1期。

顏世鉉:《郭店楚簡〈六德〉諸篇零拾》,《"中央研究院"歷史語言研究所集刊》第七十二本第二分,2001年。

楊　安:《〈銀雀山漢墓竹簡·貳〉讀書記之一——釋文校訂和一些問題的説明》,簡帛網,2012年10月19日。

楊蒙生:《讀清華六〈子儀〉筆記五則》,清華大學出土文獻研究與保護中心網,2016年4月16日。

楊鵬樺:《清華伍〈殷高宗問於三壽〉"若小人之聾盲"試解》，簡帛網，2014 年 4 月 11 日。
楊元途:《北大漢簡〈妄稽〉、〈反淫〉校讀筆記》，復旦大學出土文獻與古文字研究中心網，2016 年 6 月 3 日。
楊澤生:《〈太一生水〉"成歲而止"和楚帛書"止以爲歲"》，《古墓新知——紀念郭店楚簡出土十周年論文專輯》，國際炎黃文化出版社，2003 年。
楊澤生:《讀上博竹簡劄記（六則）》，《古文字研究》第二十五輯，中華書局，2004 年。
楊澤生:《讀〈上博四〉劄記》，簡帛研究網，2005 年 3 月 24 日。
楊澤生:《〈上博五〉劄記兩則》，簡帛網，2006 年 2 月 28 日，。
楊澤生:《〈上博五〉零釋十二則》，簡帛網，2006 年 3 月 20 日。
楊澤生:《説〈上博六・競公瘧〉中的"欽"字》，簡帛網，2007 年 7 月 20 日。
楊澤生:《讀〈上博六〉小劄》，簡帛網，2008 年 7 月 21 日。
姚小鷗:《〈孔子詩論〉第九簡黃鳥句的釋文與考釋》，《北方論叢》2002 年 4 期。
一上示三王:《曹錦炎：上博簡〈楚辭〉》，復旦大學出土文獻與古文字研究中心網，2010 年 3 月 24 日。
伊　強:《〈君人者何必安哉〉劄記一則》，簡帛網，2009 年 1 月 11 日。
伊　強:《試釋〈忘稽〉中的"搣"字》，簡帛網，2016 年 6 月 20 日。
易　泉:《清華五〈殷高宗問於三壽〉初讀》，簡帛網"簡帛論壇"，2015 年 4 月 10 日。
易　泉:《北大漢簡〈妄稽〉初讀》，簡帛網"簡帛論壇"，2016 年 6 月 4 日。
于豪亮:《釋青川秦墓木牘》，《文物》1982 年 1 期。
于豪亮:《帛書〈周易〉》，《文物》1984 年 3 期。
魚游春水:《清華簡三〈芮良夫毖〉初讀》，簡帛網"簡帛論壇"，2013 年 1 月 5 日。
魚游春水:《清華簡三〈芮良夫毖〉臆解續一例》，簡帛網"簡帛論壇"，2013 年 1 月 6 日。
張傳官:《北大漢簡〈妄稽〉拼綴、編聯瑣記》，復旦大學出土文獻與古文字研究中心網，2016 年 7 月 13 日。
張崇禮:《釋〈君人者何必安哉〉的"貞"》，復旦大學出土文獻與古文字研究中心網，2009 年 1 月 11 日。
張崇禮:《釋〈凡物流形〉的"其夬奚適，孰知其疆"》，復旦大學出土文獻與古文字研究中心網，2009 年 3 月 19 日。
張崇禮:《讀上博九〈陳公治兵〉劄記》，復旦大學出土文獻與古文字研究中心網，2013 年 1 月 29 日。
張存良:《〈蒼頡篇〉研讀獻芹（四）——北大簡〈蒼頡篇〉釋文商兑（二）》，簡帛網，2015 年 12 月 18 日。
張存良:《〈蒼頡篇〉研讀獻芹（八）——北大簡〈蒼頡篇〉釋文商兑（六）》，簡帛網，2015 年 12 月 24 日。
張　峰:《〈上博九〉讀書筆記》，簡帛網，2013 年 1 月 7 日。
張　峰:《〈上博九・史蒥問於夫子〉初讀》，簡帛網，2013 年 1 月 6 日。

張富海:《上博簡〈子羔〉篇“后稷之母”節考釋》，簡帛研究網，2003 年 1 月 17 日。
張富海:《北大中國古文獻研究中心“郭店楚簡研究”項目新動態》，簡帛研究網，2003 年 6 月 2 日。
張富海:《讀楚簡劄記五則》，《古文字研究》第二十五輯，中華書局，2004 年。
張富海:《上博簡五〈鮑叔牙與隰朋之諫〉補釋》，簡帛網，2006 年 5 月 10 日。
張富海:《讀清華簡〈説命〉小識》，復旦大學歷史學系、出土文獻與古文字研究中心《“簡帛文獻與古代史”學術研討會暨第二届出土文獻青年學者論壇會議論文集》，2013 年。
張桂光:《〈郭店楚墓竹簡〉釋注續商榷》，《簡帛研究 2001》，廣西教育出版社，2001 年。
張家山漢簡研讀班:《張家山漢簡〈二年律令〉校讀記》，《簡帛研究 2002、2003》，廣西師範大學出版社，2005 年。
張顯成:《馬王堆醫書疑難藥名考釋二則》，《甘肅中醫學院學報》第 13 卷第 4 期，1996 年 12 月。
張顯成:《〈孔家坡漢簡・日書〉文字釋讀訂誤劄記（摘要）》，“網絡時代與中國文字研究”國際高級專家研討會論文，華東師範大學中國文字與應用研究中心，2010 年。
張新俊:《〈成王爲城濮之行〉札記二則》，簡帛網，2013 年 1 月 7 日。
張巖巖:《嶽麓書院藏秦簡（三）第一類簡集釋》，武漢大學碩士學位論文，2014 年，52 頁。
張振謙:《上博（五）劄記二則》，簡帛網，2007 年 2 月 27 日。
張正霞:《〈五十二病方〉辭彙二題》，《中華醫史雜誌》第 34 卷第 4 期，2004 年 10 月。
趙炳清:《上博簡三〈彭祖〉補釋》，簡帛研究網，2005 年 1 月 26 日。
趙建偉:《郭店竹簡〈忠信之道〉、〈性自命出〉校釋》，《中國哲學史》1999 年 2 期。
趙平安:《釋郭店簡〈成之聞之〉中的“逡”字》，《簡帛研究 2001》，廣西師範大學出版社，2001 年。
趙平安:《〈窮達以時〉第九號簡考論——兼及先秦兩漢文獻中比干故事的衍變》，《古籍整理研究學刊》2002 年 2 期。
趙平安:《“進芋明（從人）子以馳於倪廷”解》，簡帛網，2006 年 3 月 31 日。
趙平安:《上博簡〈三德〉“毋亲貧”解讀》，簡帛網，2007 年 1 月 1 日。
趙平安:《上博簡釋字四篇》，《簡帛》第四輯，上海古籍出版社，2009 年。
鄭　剛:《戰國文字中的“陵”和“李”》，中國古文字學研究會成立十周年學術研討會論文，1988 年。
鄭玉珊:《讀〈上博（三）〉劄記》，簡帛研究網，2005 年 4 月 15 日。
知北遊:《上博九〈靈王遂申〉簡析》，新浪博客，2013 年 1 月 20 日。
中山大學古文字研究室楚簡整理小組:《一篇浸透著奴隸主思想的反面教材——談信陽長臺關出土的竹書》，《文物》1976 年 6 期。
周　波:《〈九店楚簡〉釋文注釋校補》，簡帛研究網，2004 年 9 月 10 日。
周　波:《讀〈容成氏〉、〈君子爲禮〉劄記（二則）》，《出土文獻與古文字研究》第一輯，復旦大學出版社，2006年。
周　波:《釋青川木牘“洂”字及其相關諸字》,復旦大學出土文獻與古文字研究中心網,2008年4月8日。
周　飛:《北大簡〈蒼頡篇〉初讀》,清華大學出土文獻研究與保護中心網，2015年11月16日。
周鳳五:《讀郭店竹簡〈成之聞之〉劄記》,《古文字與古文獻》試刊號，臺灣楚文化研究籌備處，1999年。
周鳳五:《郭店楚簡〈忠信之道〉考釋》,《郭店簡與儒學研究》,《中國哲學》第二十一輯，遼寧教育出版社，2000年。
周鳳五:《〈孔子詩論〉新釋文及注解》,《上博館藏戰國楚竹書研究》,上海書店出版社，2002年。
周鳳五:《讀上博楚竹書〈從政(甲篇)〉劄記》,簡帛研究網，2003年1月10日。
周鳳五:《上博六〈莊王既成〉、〈申公臣靈王〉、〈平王問鄭壽〉、〈平王與王子木〉新訂釋文注解語譯》,“中國簡帛學國際論壇2007”論文集，臺灣大學，2007年。
朱德熙:《長沙帛書考釋(五篇)》,《古文字研究》第十九輯，中華書局，1992年。
朱紅林:《張家山漢簡釋叢》,《考古》2006年6期。
紫竹道人:《北大漢簡〈趙正書〉注釋小議》,復旦大學出土文獻與古文字研究中心網“學術討論”,2015年11月14日。

bulang:《清華六〈管仲〉初讀》:簡帛網“簡帛論壇”,2016年4月17日。
ee:《〈北京大學藏西漢竹書[伍]〉小識》,簡帛網“簡帛論壇”,2015年12月3日。
ee:《清華五〈厚父〉初讀》,簡帛網“簡帛論壇”,2015年4月9日。
ee:《清華五〈封許之命〉初讀》,簡帛網“簡帛論壇”,2015年4月9日。
ee:《清華五〈湯處於湯丘〉初讀》,簡帛網“簡帛論壇”,2015年4月9日。
ee:《清華六〈子儀〉初讀》,簡帛網“簡帛論壇”,2016年4月16日。
ee:《清華六〈子產〉初讀》,簡帛網“簡帛論壇”,2016年4月16日。
ee:《清華六〈鄭武夫人規孺子〉初讀》,簡帛網“簡帛論壇”,2016年4月18日。
jileijilei:《北大漢簡〈蒼頡篇〉釋文商榷》,復旦大學出土文獻與古文字研究中心網“學術討論”,2015年11月14日。
youren:《〈舉治王天下〉初讀》,簡帛網“簡帛論壇”,2013年1月5日。
youren:《〈靈王遂申〉初讀》,簡帛網“簡帛論壇”,2013年1月5日。
youren:《〈陳公治兵〉初讀》,簡帛網“簡帛論壇”,2013年1月5日。
youren:《〈卜書〉初讀》,簡帛網“簡帛論壇”,2013年1月5日。
youren:《〈史蒥問於夫子〉初讀》,簡帛網“簡帛論壇”,2013年1月6日。

條目索引

之部第一

㠯字聲系

乃字聲系

廼字聲系

耐字聲系

里字聲系

來字聲系

李字聲系

甾字聲系

茲字聲系

子字聲系

宰字聲系

再字聲系

采字聲系

士字聲系

才字聲系

史字聲系

司字聲系

辭字聲系

巳字聲系

止字聲系

之字聲系

而字聲系

耳字聲系

龜字聲系

其字聲系

己字聲系

久字聲系

丘字聲系

畀字聲系

矣字聲系

孚字聲系

戊字聲系

卯字聲系

冒字聲系

矛字聲系

牟字聲系

肘字聲系

鳥字聲系

丑字聲系

攸字聲系

芻字聲系

須字聲系

需字聲系

主字聲系

朱字聲系

殳字聲系

句字聲系

冓字聲系

口字聲系

㲋字聲系

無字聲系

毋字聲系

巫字聲系

馬字聲系

土字聲系

兔字聲系

余字聲系

予字聲系

與字聲系

㼌字聲系

宁字聲系

女字聲系

奴字聲系

鹵字聲系

旅字聲系

呂字聲系

且字聲系

氏字聲系

兒字聲系

解字聲系

圭字聲系

規字聲系

企字聲系

启字聲系

歌部第七

𣏟字聲系

皮字聲系

罷字聲系

多字聲系

脂部第八

覺部第一一

鐸部第一四

月部第一六

折字聲系

匃字聲系

會字聲系

夬字聲系

孑字聲系

乚字聲系

介字聲系

丯字聲系

欮字聲系

乇字聲系

物部第一八

東部第二三

丰字聲系

龙字聲系

東字聲系

容字聲系

用字聲系

凶字聲系

䒑字聲系

邕字聲系

陽部第二四

兵字聲系

丙字聲系

方字聲系

匚字聲系

秉字聲系

彭字聲系

亡字聲系

央字聲系

耕部第二五

幷字聲系

甹字聲系

平字聲系

鳴字聲系

名字聲系

冥字聲系

丁字聲系

貞字聲系

王字聲系

耵字聲系

元部第二六

見字聲系

官字聲系

雚字聲系

毌字聲系

建字聲系

侃字聲系

辛字聲系

虔字聲系

彥字聲系

言字聲系

元字聲系

原字聲系

邍字聲系

鬳字聲系

厂字聲系

鼻字聲系

莫字聲系

㕡字聲系

真字聲系

申字聲系

身字聲系

人字聲系

閏字聲系

臤字聲系

玄字聲系

弦字聲系

因字聲系

印字聲系

文部第二八

本字聲系

奮字聲系

焚字聲系

分字聲系

門字聲系

文字聲系

免字聲系

典字聲系

尹字聲系

允字聲系

屯字聲系

豚字聲系

盾字聲系

嵒字聲系

咸字聲系

函字聲系

马字聲系

音字聲系

談部第三〇

鹽字聲系

甜字聲系

斬字聲系

僉字聲系

𢦏字聲系

芟字聲系

詹字聲系

冉字聲系

甘字聲系

附録

筆畫檢字表

六畫

【一】

七畫

【一】

【丨】

【丨】

十畫

【一】

【丶】

十三畫

【一】

【、】

十五畫

【一】

十六畫

十九畫

【一】

【丨】

二十畫

【一】

【丨】

【丿】

【丶】

二十三畫

二十四畫

後　記

我對簡帛古書通假字的整理和研究，始於1998年郭店楚簡公佈之後的一個想法，2001年初決心正式啟動，沒想到在這個領域一做就是十七年。一路走來，已是滿目風塵，一身疲憊。

整理和研究通假字，我的體會其實就是在尋找通假字的真相。我確信自己找到并整理出了很多真相，但由于能力和學識局限，有可能雜入了很多假相并放弃或遺漏了很多真相，這是一件十分令我遺憾的事情，亦十分期盼學界前輩和方家批評指正。

新資料在不斷湧現，學術研究也在不斷前進，研究成果自然也需要不斷完善和充實。我自2013年從華南師大調到華東師大中國文字研究與應用中心以來，繼續從事簡帛古書通假字的整理和研究工作，本書即是之前編著的《戰國秦漢簡帛古書通假字彙纂》一書的升級。學無止境，我本人未來也許還會繼續從事出土簡帛古書的整理和研究工作，所以也許今後還會有修訂版或升級版問世。

感謝我的導師劉釗先生和林澐先生！是他們的啓蒙和教導，使我走上了學術研究的道路。感謝本書責任編輯賴炳偉先生的幫助和支持！也感謝我的學生段凱、王錦城、吳祺、周悦和陽欣，他們爲本書校勘、編筆畫索引付出了辛勞。

白於藍

2017年10月於上海嘉怡水岸